PARKIN
ECONOMIA

8ª EDIÇÃO

PARKIN
ECONOMIA

8ª EDIÇÃO

Michael Parkin
University of Western Ontario

Tradução
Cristina Yamagami

Revisão Técnica
Nelson Carvalheiro
*Doutor em Economia pela USP e
Professor do Departamento de Economia da FEA/PUC-SP*

Pearson

© 2009 by Pearson Education do Brasil

Todos os direitos reservados. Nenhuma parte desta publicação poderá ser reproduzida ou transmitida de qualquer modo ou por qualquer outro meio, eletrônico ou mecânico, incluindo fotocópia, gravação ou qualquer outro tipo de sistema de armazenamento e transmissão de informação, sem prévia autorização, por escrito, da Pearson Education do Brasil.

Diretor editorial: Roger Trimer
Gerente editorial: Sabrina Cairo
Supervisor de produção editorial: Marcelo Françozo
Editora sênior: Tatiana Pavanelli Valsi
Editoras: Thelma Babaoka e Josie Rogero
Preparação: Patrícia Carla Rodrigues, Carla Montagner e Felipe Galvão
Revisão: Sandra Scapin, Célia Regina Arruda e Mônica Reis
Capa: Rafael Mazzo sob o projeto original de Leslie Haimes
Projeto gráfico e diagramação: Figurativa Editorial MM Ltda.

Dados Internacionais de Catalogação na Publicação (CIP)
(Câmara Brasileira do Livro, SP, Brasil)

Parkin, Michael
    Economia / Michael Parkin ; tradução Cristina Yamagami ; revisão técnica Nelson Carvalheiro. – 8. ed. – São Paulo : Addison Wesley, 2009.

    Título original: Economics.
    Bibliografia.
    ISBN 978-85-88639-32-4

    1. Economia I. Título.

008-08516   CDD-330

Índice para catálogo sistemático:

1. Economia   330

Direitos exclusivos cedidos à
Pearson Education do Brasil Ltda.,
uma empresa do grupo Pearson Education
Avenida Santa Marina, 1193
CEP 05036-001 - São Paulo - SP - Brasil
Fone: 19 3743-2155
pearsonuniversidades@pearson.com

Distribuição
Grupo A Educação
www.grupoa.com.br
Fone: 0800 703 3444

Para Robin

SOBRE O AUTOR

Michael Parkin obteve sua formação em economia nas Universidades de Leicester e Essex, na Inglaterra. Atualmente no Departamento de Economia da University of Western Ontario, no Canadá, o professor Parkin colabora no corpo docente da Brown University, na University of Manchester, na University of Essex e na Bond University. Foi presidente da Canadian Economics Association – Associação Canadense de Economia –, participou dos conselhos editoriais da *American Economic Review*, do *Journal of Monetary Economics* e atuou como editor geral do *Canadian Journal of Economics*. Suas pesquisas nos campos de macroeconomia, economia monetária e economia internacional resultaram em mais de 160 publicações em volumes editados e periódicos, entre os quais *American Economic Review*, *Journal of Political Economy*, *Review of Economic Studies*, *Journal of Monetary Economics* e *Journal of Money, Credit and Banking*. Ele ganhou mais visibilidade pública com seu trabalho sobre a inflação que desacreditou a utilização de controles de preços e salários. Michael Parkin também foi um pioneiro do movimento para a criação da união monetária européia e é um experiente e dedicado professor de introdução à economia.

SUMÁRIO

PARTE 1
Introdução 1

CAPÍTULO 1
O que é economia? 1

Definição de economia............................. 1
Duas grandes questões econômicas 2
O modo econômico de pensar 7
Economia: uma ciência social..................... 10
APÊNDICE
    Os gráficos em economia......................15
OBSERVAÇÃO MATEMÁTICA
    Equações de linhas retas......................24

CAPÍTULO 2
O problema econômico............ 29

Possibilidades de produção e custo
de oportunidade................................. 29
Utilização eficiente dos recursos................. 32
Crescimento econômico 35
Ganhos obtidos do comércio...................... 36
Coordenação econômica.......................... 39
LEITURA DAS ENTRELINHAS
OBSERVATÓRIO ECONÔMICO
    O custo e o benefício da educação.............41
CENÁRIO BRASILEIRO
    Custos e benefícios da educação no Brasil 46

PARTE 1
ENTENDIMENTO DO ÂMBITO DA ECONOMIA
    Sua revolução econômica......................48
ANÁLISE DE IDÉIAS
    As fontes da riqueza econômica 49
PONTO DE VISTA ECONÔMICO – PERSONALIDADE BRASILEIRA
    Eduardo Giannetti da Fonseca.................51

PARTE 2
Como os mercados funcionam 54

CAPÍTULO 3
Demanda e oferta 54

Mercados e preços................................ 54
Demanda.. 55
Oferta 60
Equilíbrio de mercado............................ 63
Previsão de mudanças de preço e quantidade 65
LEITURA DAS ENTRELINHAS
    Demanda e oferta: o preço da gasolina..........68

OBSERVAÇÃO MATEMÁTICA
    Demanda, oferta e equilíbrio..................70
CENÁRIO BRASILEIRO
    O preço dos combustíveis no Brasil............75

CAPÍTULO 4
Elasticidade 77

Elasticidade-preço da demanda 77
Mais elasticidades da demanda..................... 83
Elasticidade da oferta 86
LEITURA DAS ENTRELINHAS
    As elasticidades da demanda por notebooks
    e computadores de mesa 90
CENÁRIO BRASILEIRO
    A elasticidade de preços e as decisões
    dos produtores agrícolas......................95

CAPÍTULO 5
Eficiência e eqüidade 97

Métodos de alocação de recursos................... 97
Demanda e benefício marginal 99
Oferta e custo marginal 100
O mercado competitivo é eficiente?............... 103
O mercado competitivo é justo?...................106
LEITURA DAS ENTRELINHAS
OBSERVATÓRIO ECONÔMICO
    Ineficiência na utilização da água.............110
CENÁRIO BRASILEIRO
    Exploração de petróleo e eficiência –
    o caso da Petrobras 115

CAPÍTULO 6
Os mercados em ação 119

Mercados imobiliários e aluguéis máximos..........119
O mercado de trabalho e o salário mínimo..........124
Impostos 127
Subsídios e cotas................................131
Mercados de bens ilegais.........................134
LEITURA DAS ENTRELINHAS
OBSERVATÓRIO ECONÔMICO
    O mercado de downloads ilegais..............136
CENÁRIO BRASILEIRO
    'Mercado' da pirataria: uma visão econômica
    da indústria fonográfica.....................142

PARTE 2
COMO OS MERCADOS FUNCIONAM
    O fascinante mercado.......................144
ANÁLISE DE IDÉIAS
    Revelando as leis da demanda e da oferta.......145

Todos os capítulos contêm: Sumário (pontos-chave, figuras-chave e palavras-chave), Exercícios, Pensamento crítico e Atividades na Internet.

PONTO DE VISTA ECONÔMICO
  Charles A. Holt 147

PARTE 3
Escolhas individuais 150

CAPÍTULO 7
Utilidade e demanda 150
O orçamento do consumidor......................150
Preferências e utilidade 152
Maximização da utilidade 154
Previsões da teoria da utilidade marginal 156
Eficiência, preço e valor 159
LEITURA DAS ENTRELINHAS
  Um paradoxo do valor no mercado de trabalho..161

CAPÍTULO 8
Possibilidades, preferências e escolhas 166
Possibilidades de consumo.......................166
Preferências e curvas de indiferença 169
Previsão do comportamento do consumidor........172
Escolhas entre trabalho e lazer 176
LEITURA DAS ENTRELINHAS
  A taxa marginal de substituição entre CDs
  e downloads 177
APÊNDICE
  Utilidade marginal e curvas de indiferença 182
CENÁRIO BRASILEIRO
  Os desafios do envelhecimento da população
  brasileira 184

PARTE 3
ENTENDIMENTO DAS ESCOLHAS DOS CONSUMIDORES
  Aproveitando a vida ao máximo 186
ANÁLISE DE IDÉIAS
  As pessoas tomam decisões racionalmente 187
PONTO DE VISTA ECONÔMICO
  Steven D. Levitt 189

PARTE 4
Empresas e mercados 192

CAPÍTULO 9
Organização da produção 192
A empresa e seu problema econômico 192
Eficiência econômica e tecnológica................195
Informações e organização......................197
Mercados e ambiente competitivo.................200
Mercados e empresas 204
LEITURA DAS ENTRELINHAS
  A batalha por mercados na área de busca
  na Internet...................................206
CENÁRIO BRASILEIRO
  A privatização das empresas de telefonia
  e o fim do mercado de telefones fixos no Brasil..211

CAPÍTULO 10
Produção e custos 215
Os momentos de decisão 215
Restrições tecnológicas de curto prazo 216
Custo de curto prazo............................220
Custo de longo prazo 224
LEITURA DAS ENTRELINHAS
  Fusões e custos...............................228
CENÁRIO BRASILEIRO
  Produtividade do trabalho no Brasil 232

CAPÍTULO 11
Concorrência perfeita 234
O que é concorrência perfeita? 234
As decisões da empresa na concorrência perfeita ...236
Produção, preço e lucro na concorrência perfeita....241
Mudanças nas preferências e avanços
tecnológicos...................................245
Concorrência e eficiência........................248
LEITURA DAS ENTRELINHAS
  Concorrência no pomar.......................250
CENÁRIO BRASILEIRO
  Crescimento de pequenas e médias empresas
  no Brasil.....................................255

CAPÍTULO 12
Monopólio 257
Poder de mercado 257
Decisão de preço e de produção de um
monopólio de preço único 259
Comparação entre monopólio de preço único
e concorrência 262
Discriminação de preços 265
Questões políticas do monopólio..................269
LEITURA DAS ENTRELINHAS
OBSERVATÓRIO ECONÔMICO
  Os monopólios das companhias aéreas
  perdem a força 272
CENÁRIO BRASILEIRO
  Práticas monopolistas no transporte
  aéreo brasileiro...............................277

CAPÍTULO 13
Concorrência monopolista e oligopólio 280
O que é a concorrência monopolista?..............280
Preço e produção na concorrência monopolista.....282
Desenvolvimento e marketing de produto.........286
O que é oligopólio?.............................289
Dois modelos tradicionais de oligopólio 291
Jogos oligopolistas.............................292
Jogos repetidos e seqüenciais....................301
LEITURA DAS ENTRELINHAS
  A Dell e a HP em um jogo pela participação
  no mercado 304
CONTEXTO BRASILEIRO
  Oligopólios no Brasil 309

PARTE 4
ENTENDIMENTO DE EMPRESAS E MERCADOS
  Gerenciamento da mudança 315
ANÁLISE DE IDÉIAS
  Poder de mercado 316
PONTO DE VISTA ECONÔMICO
  Drew Fudenberg 318

PARTE 5
Falhas de mercado e o governo 321

CAPÍTULO 14
Regulação e legislação antitruste.... 321

A teoria econômica do governo 321
Regulação do monopólio e do oligopólio..........323
Regulação e desregulação........................324
Legislação antitruste 331
LEITURA DAS ENTRELINHAS
OBSERVATÓRIO ECONÔMICO
  O poder de mercado das empresas
  farmacêuticas 334
CONTEXTO BRASILEIRO
  Regulação econômica e defesa
  da concorrência no Brasil 339

CAPÍTULO 15
Externalidades 342

Externalidades na nossa vida 342
Externalidades negativas: poluição 343
Externalidades positivas: conhecimento 349
LEITURA DAS ENTRELINHAS
OBSERVATÓRIO ECONÔMICO
  Combate da poluição do ar na Califórnia....353
CENÁRIO BRASILEIRO
  A poluição ambiental no Brasil 358

CAPÍTULO 16
Bens públicos e recursos comuns.... 360

Classificação de bens e recursos 360
Bens públicos e o problema do 'carona' 361
Recursos comuns 365
LEITURA DAS ENTRELINHAS
OBSERVATÓRIO ECONÔMICO
  Florestas tropicais: uma tragédia dos comuns...371
CENÁRIO BRASILEIRO
  O desmatamento da floresta amazônica 376

PARTE 5
ENTENDIMENTO DO GOVERNO E DAS FALHAS DE MERCADO
  Nós, o povo...............................379
ANÁLISE DE IDÉIAS
  Externalidades e direitos de propriedade 380
PONTO DE VISTA ECONÔMICO – PERSONALIDADE BRASILEIRA
  José Alexandre Scheinkman 382

PARTE 6
Mercados de fatores, desigualdade
e incerteza 384

CAPÍTULO 17
Mercados de fatores de produção 384

Preços e rendas dos fatores......................384
Mercados de trabalho 385
Poder no mercado de trabalho 392
Mercados de capitais............................396
Mercados de recursos naturais 399
Renda econômica, custo de oportunidade
e impostos......................................401
LEITURA DAS ENTRELINHAS
  Os mercados de trabalho em ação............403
APÊNDICE
  Valor presente e desconto...................408
CENÁRIO BRASILEIRO
  Mercado de trabalho no Brasil 411

CAPÍTULO 18
Desigualdade econômica 414

Mensurando a desigualdade econômica.............414
As fontes da desigualdade econômica 419
Redistribuição de renda 424
LEITURA DAS ENTRELINHAS
OBSERVATÓRIO ECONÔMICO
  Tendências na desigualdade.................427
CONTEXTO BRASILEIRO
  Distribuição de renda no Brasil 432

CAPÍTULO 19
Incerteza e informação........... 435

Incerteza e risco................................435
Seguros 438
Informações 440
Informações privadas 441
A administração do risco nos mercados financeiros.444
Incerteza, informação e a mão invisível 445
LEITURA DAS ENTRELINHAS
  Notas como sinais..........................446

PARTE 6
ENTENDENDO OS MERCADOS DE FATORES, A DESIGUALDADE
E A INCERTEZA
  Para quem?................................451
ANÁLISE DE IDÉIAS
  Os recursos estão se esgotando.............452
PONTO DE VISTA ECONÔMICO
  David Card 454

PARTE 7
Visão geral da macroeconomia.......457

CAPÍTULO 20
Introdução à macroeconomia 457

Origens e questões da macroeconomia.............457
Crescimento e flutuações da atividade econômica..458
Empregos e desemprego 463
A inflação e o dólar.............................465
Superávits, déficits e dívidas..................468

Desafios e ferramentas da política
macroeconômica 471
LEITURA DAS ENTRELINHAS
   A expansão de 2006......................472
CENÁRIO BRASILEIRO
   A liberalização financeira no Brasil
   da década de 1990......................477

CAPÍTULO 21
Mensuração do PIB e do crescimento econômico 479

Produto interno bruto......................479
Mensuração do PIB dos Estados Unidos............484
PIB real e o nível de preços 485
As utilizações e limitações do PIB real............488
LEITURA DAS ENTRELINHAS
   O PIB real na expansão corrente..............491
CONTEXTO BRASILEIRO
   As contas nacionais no Brasil..............496

CAPÍTULO 22
Monitoramento de empregos e do nível de preços 500

Emprego e salários.................................500
Desemprego e pleno emprego 505
O índice de preços ao consumidor.................509
LEITURA DAS ENTRELINHAS
   Empregos na expansão de 2002-2006..........513
CENÁRIO BRASILEIRO
   A elaboração de índice de emprego
   e de preços no Brasil....................517

PARTE 7
ENTENDIMENTO DOS TEMAS DA MACROECONOMIA
   O quadro geral...........................520
ANÁLISE DE IDÉIAS
   Economistas *versus* mercantilistas............521
PONTO DE VISTA ECONÔMICO – PERSONALIDADE BRASILEIRA
   Gustavo H. B. Franco......................523

PARTE 8
A economia no longo prazo..........526

CAPÍTULO 23
Pleno emprego: o modelo clássico... 526

O modelo clássico: apresentação 526
PIB real e emprego.................................527
O mercado de trabalho e o PIB potencial............528
Desemprego no pleno emprego......................534
Fundos disponíveis para empréstimos
e taxa de juros real.................................536
Utilização do modelo clássico 541
LEITURA DAS ENTRELINHAS
   Estados Unidos *versus* Europa................542
CENÁRIO BRASILEIRO
   Os efeitos do Mercosul na economia
   brasileira...............................548

CAPÍTULO 24
Crescimento econômico........... 552

Os fundamentos do crescimento econômico........552
Tendências do crescimento econômico............554
As fontes do crescimento econômico..............556
Contabilidade do crescimento....................559
Teorias do crescimento............................561
LEITURA DAS ENTRELINHAS
OBSERVATÓRIO ECONÔMICO
   Crescimento econômico na Ásia..........568
CENÁRIO BRASILEIRO
   Crescimento na América Latina..........573

CAPÍTULO 25
Moeda, nível de preços e inflação ... 576

O que é a moeda?..................................576
Instituições depositárias.........................579
O Federal Reserve System 582
Como os bancos criam moeda....................585
O mercado monetário.............................588
A teoria quantitativa da moeda...................592
LEITURA DAS ENTRELINHAS
   A teoria quantitativa da moeda no Zimbábue...594
CENÁRIO BRASILEIRO
   O sistema financeiro nacional
   e o Banco Central do Brasil................599

CAPÍTULO 26
A taxa de câmbio e o balanço de pagamentos 604

Moedas e taxas de câmbio 604
O mercado de câmbio internacional..............607
Variações da demanda e da oferta: flutuações
da taxa de câmbio.................................611
Financiamento do comércio internacional 615
Política cambial..................................619
LEITURA DAS ENTRELINHAS
OBSERVATÓRIO ECONÔMICO
   O dólar em queda.......................622
CONTEXTO BRASILEIRO
   Taxa de câmbio e balanço de pagamentos 628

PARTE 8
ENTENDIMENTO DA ECONOMIA NO LONGO PRAZO
   Expansão das fronteiras...................632
ANÁLISE DE IDÉIAS
   Incentivos para inovar, poupar e investir......633
PONTO DE VISTA ECONÔMICO – PERSONALIDADE BRASILEIRA
   Antônio Delfim Netto......................635

PARTE 9
A economia no curto prazo 638

CAPÍTULO 27
Oferta agregada e demanda agregada 638

O longo prazo e o curto prazo
macroeconômicos 638
Oferta agregada 639
Demanda agregada................................642
Equilíbrio macroeconômico 645
Escolas de pensamento macroeconômico 650
LEITURA DAS ENTRELINHAS
  Oferta e demanda agregadas em ação..........652

CAPÍTULO 28
Multiplicadores dos gastos: o modelo keynesiano 657

Preços fixos e planos de gastos 657
PIB real com um nível de preços fixo 662
O multiplicador 666
O multiplicador e o nível de preços 669
LEITURA DAS ENTRELINHAS
  Estoques em expansão 674
NOTA MATEMÁTICA
  A álgebra do modelo keynesiano...............676
CENÁRIO BRASILEIRO
  Multiplicadores de despesas e programas de
  transferências de renda no Brasil 683

CAPÍTULO 29
Inflação, desemprego e ciclos econômicos nos Estados Unidos 686

A evolução da economia dos Estados Unidos 686
Ciclos de inflação 688
Inflação e desemprego: a curva de Phillips 693
Ciclos econômicos 696
LEITURA DAS ENTRELINHAS
  O trade-off de curto prazo entre o desemprego
  e a inflação em 2006 700
CONTEXTO BRASILEIRO
  Inflação e desemprego 705

PARTE 9
ENTENDIMENTO DA ECONOMIA NO CURTO PRAZO
  Alta e queda..................................708
ANÁLISE DE IDÉIAS
  Ciclos econômicos 709
PONTO DE VISTA ECONÔMICO
  Ricardo J. Caballero..........................711

PARTE 10
Política macroeconômica............714

CAPÍTULO 30
Política fiscal 714

O orçamento federal dos Estados Unidos 714
O lado da oferta: emprego e PIB potencial 719
O lado da oferta: investimento, poupança
e crescimento econômico.........................722
Efeitos intergerações da política fiscal 725
Estabilização dos ciclos econômicos 728
LEITURA DAS ENTRELINHAS
OBSERVATÓRIO ECONÔMICO
  A política fiscal hoje..........................732
CONTEXTO BRASILEIRO
  Considerações sobre a política fiscal do Brasil
  no período recente 737

CAPÍTULO 31
Política monetária................. 743

Objetivos e estrutura conceitual da política
monetária 743
A condução da política monetária
dos Estados Unidos 745
Transmissão da política monetária................749
Estratégias alternativas da política monetária 756
LEITURA DAS ENTRELINHAS
OBSERVATÓRIO ECONÔMICO
  A política monetária em ação 759
CONTEXTO BRASILEIRO
  Banco Central e política monetária no Brasil ...764

PARTE 10
ENTENDIMENTO DA POLÍTICA MACROECONÔMICA
  Trade-offs ou almoços grátis 769
ANÁLISE DE IDÉIAS
  Incentivos e surpresas 770
PONTO DE VISTA ECONÔMICO
  Peter N. Ireland..............................772

PARTE 11
A economia global 775

CAPÍTULO 32
Comercializando com o mundo..... 775

Padrões e tendências do comércio internacional 775
Os ganhos proporcionados pelo comércio
internacional 776
Restrições ao comércio internacional 782
O argumento contra a proteção 785
Por que o comércio internacional é restringido? 788
LEITURA DAS ENTRELINHAS
OBSERVATÓRIO ECONÔMICO
  Os ganhos proporcionados pela globalização....790
CENÁRIO BRASILEIRO
  Efeitos da globalização no Brasil
  e na América Latina 795

PARTE 11
ENTENDIMENTO DA ECONOMIA GLOBAL
  O mundo é pequeno! 797
ANÁLISE DE IDÉIAS
  Os ganhos proporcionados pelo comércio
  internacional.................................798
PONTO DE VISTA ECONÔMICO
  Jagdish Bhagwati.............................800

Índice remissivo.....................803

Crédito das fotos 814

PREFÁCIO

Este livro apresenta a economia como uma ciência séria, vivaz e dinâmica. Sua meta é abrir os olhos dos estudantes para o 'modo econômico de pensar' e ajudá-los a aprofundar sua visão sobre como a economia funciona e como pode funcionar melhor. Proporciona uma cobertura profunda e completa do assunto, com um estilo direto, preciso e claro.

Como sei que muitos alunos consideram a economia um assunto difícil, coloco o estudante no centro do palco e escrevo diretamente para ele, por meio de uma linguagem que não intimida e que permite que ele se concentre na essência do que está sendo explicado.

Cada capítulo é aberto com uma lista clara dos objetivos de aprendizado, uma situação do mundo real e de interesse do estudante e uma breve apresentação. Os princípios são ilustrados com exemplos selecionados para que o tema seja interessante para o aluno. Coloco os princípios em ação usando-os para lançar luz sobre problemas e questões atuais do mundo real.

Explico temas modernos, como vantagem comparativa dinâmica, teoria dos jogos, problema da relação principal–agente, e teoria moderna da empresa, teoria da escolha pública, e informação e incerteza utilizando as idéias centrais e ferramentas apresentadas.

O curso surge de questões contemporâneas – a revolução das informações e a nova economia, as ondas de choque econômico que se seguiram aos ataques de 11 de setembro e que continuam a afetar a vida das pessoas e a expansão do comércio global, dos investimentos e da terceirização no exterior. Mas os princípios que utilizamos para compreender essas questões continuam sendo essenciais de nossa ciência.

Governos e órgãos internacionais enfatizam a desregulação e as reformas orientadas para o mercado enquanto buscam promover o bem-estar econômico. Este livro ajuda os estudantes a avaliar essas políticas.

Esta edição

A oitava edição de *Economia* possui uma ampla e detalhada apresentação da economia moderna, obtida por meio de exemplos do mundo real e do desenvolvimento do pensamento crítico.

Nos capítulos introdutórios e naqueles sobre tópicos da microeconomia, salientei o desafio essencial de elaborar mecanismos de incentivos para permitir escolhas feitas de acordo com o interesse pessoal e em harmonia com o interesse social.

Nos capítulos de macroeconomia, os tópicos buscam explicar claramente a teoria macroeconômica moderna e mostrar como ela é utilizada para orientar e avaliar a política macroeconômica.

Características para melhorar o ensino e o aprendizado

Descrevo aqui as características dos capítulos elaboradas para melhorar o processo de aprendizagem. Cada capítulo contém os seguintes recursos de aprendizagem:

Aberturas de capítulo

Cada capítulo é aberto com uma situação do mundo real que interessa ao estudante. Essa situação levanta questões que ao mesmo tempo motivam o aluno e definem o foco do capítulo. E a história é retomada ao longo do texto e também na seção "Leitura das entrelinhas", para uma experiência de aprendizagem integrada. Essa seção está localizada no final dos capítulos, a partir do Capítulo 2.

Objetivos do capítulo

Uma lista de objetivos de aprendizagem permite que os estudantes vejam exatamente aonde o capítulo os levará e definam suas metas antes de iniciar a leitura. Essas metas são diretamente relacionadas aos principais assuntos abordados no capítulo.

Questões para revisão ao longo do texto

Questões para revisão no final da maioria das seções principais permitem que os estudantes determinem se um tópico precisa ser revisto antes de prosseguirem a leitura.

Palavras-chave

Termos em destaque simplificam o aprendizado do vocabulário da economia. Cada termo destacado aparece em uma lista no final do capítulo e no glossário disponível no site de apoio do livro.

Figuras que mostram a ação

Minha meta sempre foi mostrar 'onde está a ação econômica'. As figuras deste livro têm receptividade tremendamente positiva entre os leitores, o que confirma minha visão de que a análise gráfica é a ferramenta mais poderosa para ensinar e aprender economia. Entretanto, muitos estudantes têm dificuldades com os gráficos. Por esse motivo, desenvolvi um programa visual tendo em mente as necessidades de estudo e revisão.

As figuras apresentam:

- Curvas originais em destaque.
- Curvas deslocadas, pontos de equilíbrio e outras características importantes em destaque.
- Setas para sugerir movimento.
- Gráficos acompanhados de tabelas com dados.
- Figuras incluindo observações em quadros.
- Textos explicativos que fazem de cada figura e de seu texto um objeto independente para estudo e revisão.

...nal de estudo ao final de cada capítulo

O capítulo é concluído com um resumo conciso organizado por tópicos principais, listas de pontos-chave, palavras-chave e figuras-chave, exercícios e questões de pensamento crítico. E a seção de exercícios no final do capítulo inclui problemas baseados em notícias do mundo real.

Leitura das entrelinhas

A análise de um artigo de jornal ou um site Web, na seção "Leitura das entrelinhas", mostra ao estudante como aplicar as ferramentas que ele acabou de aprender. Os textos foram selecionados para esclarecer as questões levantadas no início de cada capítulo.

As seções especiais "Você decide", apresentadas em capítulos selecionados, convidam os estudantes a analisar tópicos característicos de campanhas eleitorais e explorar seu próprio posicionamento em relação a discussões de políticas públicas. E, ao final do capítulo, a seção "Pensamento crítico" propõe questões sobre o artigo.

Edição brasileira

Esta edição brasileira apresenta acréscimos importantíssimos para auxiliar a compreensão do conteúdo e, principalmente, criar uma relação entre os assuntos estudados e a realidade do país.

- **Contexto brasileiro:** anexos elaborados por profissionais e acadêmicos da área, esses textos foram criados para complementar o estudo de alguns temas, enriquecendo-os.

- **Cenário brasileiro:** estudos de caso muito úteis para que o estudante reflita sobre o tema estudado e transporte a teoria para sua realidade. Ao final de cada texto, foram inseridas questões para que o leitor coloque em prática suas reflexões.

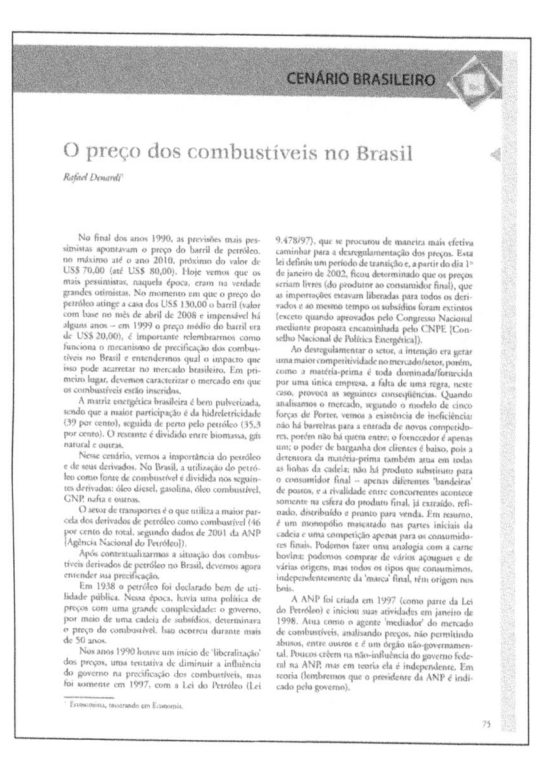

- **Ponto de vista econômico – personalidade brasileira:** para complementar as entrevistas com personalidades internacionais, esta edição traz entrevistas com economistas brasileiros, o que também ajuda a aproximar a teoria da realidade dos estudantes.

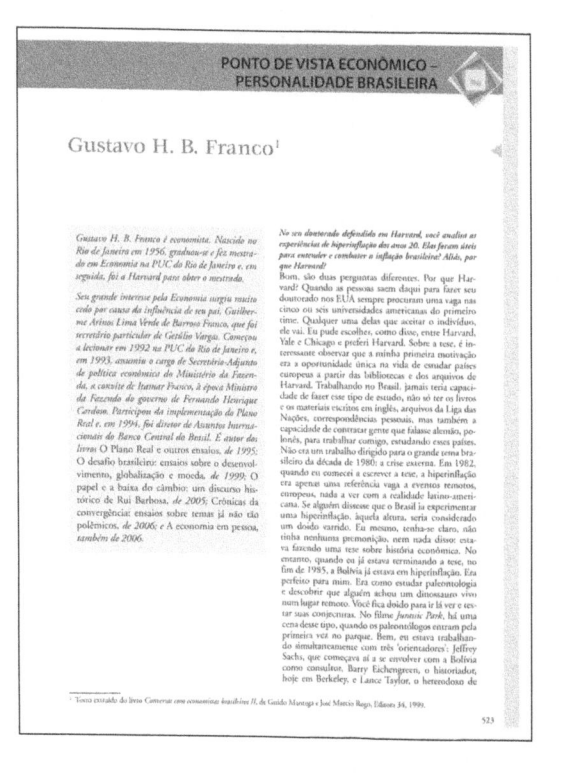

Material de apoio do livro

No site www.grupoa.com.br professores e alunos podem acessar os seguintes materiais adicionais:

Para o professor
- Manual do professor (em inglês).
- Galeria de imagens.
- Apresentações em PowerPoint.

Esse material é de uso exclusivo para professores e está protegido por senha. Para ter acesso a ele, os professores que adotam o livro devem entrar em con-tato através do e-mail divulgacao@grupoa.com.br.

Para o estudante
- Questões de múltipla escolha.
- Entrevistas com economistas internacionais adicionais.
- Glossário com os principais termos da área.

Agradecimentos

Gostaria de agradecer aos meus colegas e amigos da University of Western Ontario, que tanto me ensinaram. São eles: Jim Davies, Jeremy Greenwood, Ig Horstmann, Peter Howitt, Greg Huffman, David Laidler, Phil Reny, Chris Robinson, John Whalley e Ron Wonnacott. Também agradeço a Doug McTaggart e Christopher Findlay, co-autores da edição australiana, e Melanie Powell e Kent Matthews, co-autores da edição européia. As sugestões resultantes de suas adaptações de edições anteriores foram muito úteis na preparação desta oitava edição.

Agradeço aos vários milhares de estudantes que tive o privilégio de ensinar. A reação instantânea no olhar de espanto ou de esclarecimento tem me ajudado muito a ensinar economia.

É um prazer especial agradecer aos vários incríveis editores, especialistas de mídia e outros profissionais da Addison Wesley que contribuíram com o esforço coordenado que culminou na publicação desta edição. Denise Clinton, editora-chefe de Economia e Finanças, foi uma fonte constante de inspiração e incentivo e proporcionou o direcionamento geral para o projeto. Adrienne D'Ambrosio, editora de aquisições de economia e minha editora, exerceu um importante papel para moldar esta revisão e os vários incríveis suplementos que a acompanham. Adrienne traz inteligência e *insight* a seu trabalho e é uma editora excepcional. Kay Ueno, diretora de desenvolvimento, aplicou sua enorme experiência profissional para coordenar o processo. Cynthia Sheridan, editora de desenvolvimento, trabalhou incansavelmente para que as revisões fossem entregues a tempo e para consolidá-las e resumi-las. M... diretora de mídia, deu continuidade a seu notável traba... para melhorar o MyEconLab, e Melissa Honig, produtora sênior de mídia, e Doug Ruby, líder de conteúdo do MyEconLab, asseguraram que todo o material fosse corretamente montado. Roxanne Hoch, gerente sênior de marketing, proporcionou a estratégia e o direcionamento do marketing. Barbara Willette assegurou uma preparação de texto incrivelmente detalhada e consistente. Charles Spaulding, designer sênior, desenvolveu a capa e o projeto gráfico e mais uma vez excedeu o desafio de atingir os mais altos padrões de design. Joe Vetere proporcionou uma enorme assistência técnica para o desenvolvimento dos arquivos de texto e da arte. Ingrid Benson, com os outros membros de uma incrível equipe editorial e de produção na Elm Street, mantiveram o projeto sob controle em um cronograma incrivelmente apertado. Agradeço a todas essas maravilhosas pessoas. Foi uma inspiração trabalhar com elas na criação do que eu acredito ser uma ferramenta educativa verdadeiramente fora de série.

Agradeço aos talentosos autores dos suplementos da oitava edição – Sue Bartlett, da University of South Florida; Constantin Ogloblin, da Georgia Southern University; Pat Kuzyk, da Washington State University; e Jeff Reynolds, da Northern Illinois University.

Meus agradecimentos especiais para Mark Rush, que mais uma vez teve um importante papel na criação de uma outra edição para este livro. Mark tem sido uma fonte constante de bons conselhos e bom humor.

Agradeço aos vários e excepcionais revisores técnicos que propuseram suas sugestões e opiniões para as várias edições deste livro. Suas contribuições são de valor inestimável. Agradeço especialmente a Barry Falk e Kenneth Christianson por seus comentários muito precisos e detalhados.

Gostaria de agradecer também às pessoas que trabalham diretamente comigo. Jeannie Gillmore proporcionou uma assistência fora de série na pesquisas de vários tópicos, incluindo os artigos apresentados nas seções "Leitura das entrelinhas". Richard Parkin criou os arquivos eletrônicos de arte e ofereceu várias idéias para melhorar as ilustrações do livro. E Laurel Davies, responsável pelo banco de dados MyEconLab, que está cada vez maior e mais complexo.

Como nas edições anteriores, esta oitava edição deve muito a Robin Bade. Dedico este livro a ela e mais uma vez agradeço por seu trabalho. Eu não poderia ter escrito esta obra sem sua generosa ajuda. Minha gratidão a ela não tem limites.

A experiência em sala de aula testará o valor deste livro. Eu gostaria de ouvir a opinião de professores e estudantes sobre como posso continuar a melhorá-lo nas edições futuras.

Michael Parkin
Londres, Ontário, Canadá
michael.parkin@uwo.ca

Revisores

Eric Abrams, Hawaii Pacific University
Christopher Adams, Federal Trade Commission
Tajudeen Adenekan, Bronx Community College
Syed Ahmed, Cameron University
Frank Albritton, Seminole Community College
Milton Alderfer, Miami-Dade Community College
William Aldridge, Shelton State Community College
Donald L. Alexander, Western Michigan University
Terence Alexander, Iowa State University
Stuart Allen, University of North Carolina, Greensboro
Sam Allgood, University of Nebraska, Lincoln
Neil Alper, Northeastern University
Alan Anderson, Fordham University
Lisa R. Anderson, College of William and Mary
Jeff Ankrom, Wittenberg University
Fatma Antar, Manchester Community Technical College
Kofi Apraku, University of North Carolina, Asheville
Moshen Bahmani-Oskooee, University of Wisconsin, Milwaukee
Donald Balch, University of South Carolina
Mehmet Balcilar, Wayne State University
Paul Ballantyne, University of Colorado
Sue Bartlett, University of South Florida
Jose Juan Bautista, Xavier University of Louisiana
Valerie R. Bencivenga, University of Texas, Austin
Ben Bernanke, Chairman of Federal Reserve
Margot Biery, Tarrant County Community College South
John Bittorowitz, Ball State University
David Black, University of Toledo
Kelly Blanchard, Purdue University
S. Brock Blomberg, Claremont McKenna College
William T. Bogart, Case Western Reserve University
Giacomo Bonanno, University of California, Davis
Tan Khay Boon, Nanyard Technological University
Sunne Brandmeyer, University of South Florida
Audie Brewton, Northeastern Illinois University
Baird Brock, Central Missouri State University
Byron Brown, Michigan State University
Jeffrey Buser, Columbus State Community College
Alison Butler, Florida International University
Tania Carbiener, Southern Methodist University
Kevin Carey, American University
Kathleen A. Carroll, University of Maryland, Baltimore County
Michael Carter, University of Massachusetts, Lowell
Edward Castronova, California State University, Fullerton
Subir Chakrabarti, Indiana University-Purdue University
Joni Charles, Texas State University
Adhip Chaudhuri, Georgetown University
Gopal Chengalath, Texas Tech University
Daniel Christiansen, Albion College
Kenny Christianson, Binghampton University
John J. Clark, Community College of Allegheny County, Allegheny Campus
Meredith Clement, Dartmouth College
Michael B. Cohn, U. S. Merchant Marine Academy
Robert Collinge, University of Texas, San Antonio
Carol Condon, Kean University

Doug Conway, Mesa Community College
Larry Cook, University of Toledo
Bobby Corcoran, Middle Tennessee State University, retired
Kevin Cotter, Wayne State University
James Peery Cover, University of Alabama, Tuscaloosa
Erik Craft, University of Richmond
Eleanor D. Craig, University of Delaware
Jim Craven, Clark College
Elizabeth Crowell, University of Michigan, Dearborn
Stephen Cullenberg, University of California, Riverside
David Culp, Slippery Rock University
Norman V. Cure, Macomb Community College
Dan Dabney, University of Texas, Austin
Andrew Dane, Angelo State University
Joseph Daniels, Marquette University
Gregory DeFreitas, Hofstra University
David Denslow, University of Florida
Mark Dickie, University of Central Florida
James Dietz, California State University, Fullerton
Carol Dole, State University of West Georgia
Ronald Dorf, Inver Hills Community College
John Dorsey, University of Maryland, College Park
Eric Drabkin, Hawaii Pacific University
Amrik Singh Dua, Mt. San Antonio College
Thomas Duchesneau, University of Maine, Orono
Lucia Dunn, Ohio State University
Donald Dutkowsky, Syracuse University
John Edgren, Eastern Michigan University
David J. Eger, Alpena Community College
Harry Ellis, Jr., University of North Texas
Ibrahim Elsaify, Goldey-Beacom College
Kenneth G. Elzinga, University of Virginia
Antonina Espiritu, Hawaii Pacific University
Gwen Eudey, University of Pennsylvania
Barry Falk, Iowa State University
M. Fazeli, Hofstra University
Philip Fincher, Louisiana Tech University
F. Firoozi, University of Texas, San Antonio
Nancy Folbre, University of Massachusetts at Amherst
Kenneth Fong, Temasek Polytechnic (Singapore)
Steven Francis, Holy Cross College
David Franck, University of North Carolina, Charlotte
Roger Frantz, San Diego State University
Mark Frascatore, Clarkson University
Alwyn Fraser, Atlantic Union College
Marc Fusaro, East Carolina University
James Gale, Michigan Technological University
Susan Gale, New York University
Roy Gardner, Indiana University
Eugene Gentzel, Pensacola Junior College
Scott Gilbert, Southern Illinois University at Carbondale
Andrew Gill, California State University, Fullerton
Robert Giller, Virginia Polytechnic Institute and State University
Robert Gillette, University of Kentucky
James N. Giordano, Villanova University
Maria Giuili, Diablo College
Susan Glanz, St. John's University
Robert Gordon, San Diego State University
Richard Gosselin, Houston Community College
John Graham, Rutgers University
John Griffen, Worcester Polytechnic Institute
Wayne Grove, Syracuse University
Robert Guell, Indiana State University
Jamie Haag, Pacific University, Oregon

Gail Heyne Hafer, Lindenwood University
Rik W. Hafer, Southern Illinois University, Edwardsville
Daniel Hagen, Western Washington University
David R. Hakes, University of Northern Iowa
Craig Hakkio, Federal Reserve Bank, Kansas City
Bridget Gleeson Hanna, Rochester Institute of Technology
Ann Hansen, Westminster College
Seid Hassan, Murray State University
Jonathan Haughton, Suffolk University
Randall Haydon, Wichita State University
Denise Hazlett, Whitman College
Julia Heath, University of Memphis
Jac Heckelman, Wake Forest University
Jolien A. Helsel, Kent State University
James Henderson, Baylor University
Jill Boylston Herndon, University of Florida
Gus Herring, Brookhaven College
John Herrmann, Rutgers University
John M. Hill, Delgado Community College
Jonathan Hill, Florida International University
Lewis Hill, Texas Tech University
Steve Hoagland, University of Akron
Tom Hoerger, Fellow, Research Triangle Institute
Calvin Hoerneman, Delta College
George Hoffer, Virginia Commonwealth University
Dennis L. Hoffman, Arizona State University
Paul Hohenberg, Rensselaer Polytechnic Institute
Jim H. Holcomb, University of Texas, El Paso
Harry Holzer, Georgetown University
Linda Hooks, Washington and Lee University
Jim Horner, Cameron University
Djehane Hosni, University of Central Florida
Harold Hotelling, Jr., Lawrence Technical University
Calvin Hoy, County College of Morris
Ing-Wei Huang, Assumption University, Thailand
Julie Hunsaker, Wayne State University
Beth Ingram, University of Iowa
Jayvanth Ishwaran, Stephen F. Austin State University
Michael Jacobs, Lehman College
S. Hussain Ali Jafri, Tarleton State University
Dennis Jansen, Texas A&M University
Garrett Jones, Southern Florida University
Frederick Jungman, Northwestern Oklahoma State University
Paul Junk, University of Minnesota, Duluth
Leo Kahane, California State University, Hayward
Veronica Kalich, Baldwin-Wallace College
John Kane, State University of New York, Oswego
Eungmin Kang, St. Cloud State University
Arthur Kartman, San Diego State University
Gurmit Kaur, Universiti Teknologi (Malaysia)
Louise Keely, University of Wisconsin at Madison
Manfred W. Keil, Claremont McKenna College
Elizabeth Sawyer Kelly, University of Wisconsin at Madison
Rose Kilburn, Modesto Junior College
Robert Kirk, Indiana University–Purdue University, Indianapolis
Norman Kleinberg, City University of New York, Baruch College
Robert Kleinhenz, California State University, Fullerton
John Krantz, University of Utah
Joseph Kreitzer, University of St. Thomas
Patricia Kuzyk, Washington State University
David Lages, Southwest Missouri State University
W. J. Lane, University of New Orleans

Leonard Lardaro, University of Rhode Island
Kathryn Larson, Elon College
Luther D. Lawson, University of North Carolina, Wilmington
Elroy M. Leach, Chicago State University
Jim Lee, Texas A & M, Corpus Christi
Sang Lee, Southeastern Louisiana University
Robert Lemke, Florida International University
Mary Lesser, Iona College
Jay Levin, Wayne State University
Arik Levinson, University of Wisconsin, Madison
Tony Lima, California State University, Hayward
William Lord, University of Maryland, Baltimore County
Nancy Lutz, Virginia Polytechnic Institute and State University
Murugappa Madhavan, San Diego State University
K. T. Magnusson, Salt Lake Community College
Mark Maier, Glendale Community College
Jean Mangan, Staffordshire University Business School
Michael Marlow, California Polytechnic State University
Akbar Marvasti, University of Houston
Wolfgang Mayer, University of Cincinnati
John McArthur, Wofford College
Amy McCormick, Mary Baldwin College
Russel McCullough, Iowa State University
Gerald McDougall, Wichita State University
Stephen McGary, Brigham Young University-Idaho
Richard D. McGrath, Armstrong Atlantic State University
Richard McIntyre, University of Rhode Island
John McLeod, Georgia Institute of Technology
Mark McLeod, Virginia Tech
B. Starr McMullen, Oregon State University
Mary Ruth McRae, Appalachian State University
Kimberly Merritt, Cameron University
Charles Meyer, Iowa State University
Peter Mieszkowski, Rice University
John Mijares, University of North Carolina, Asheville
Richard A. Miller, Wesleyan University
Judith W. Mills, Southern Connecticut State University
Glen Mitchell, Nassau Community College
Jeannette C. Mitchell, Rochester Institute of Technology
Khan Mohabbat, Northern Illinois University
Bagher Modjtahedi, University of California, Davis
W. Douglas Morgan, University of California, Santa Barbara
William Morgan, University of Wyoming
James Morley, Washington University in St. Louis
William Mosher, Clark University
Joanne Moss, San Francisco State University
Nivedita Mukherji, Oakland University
Francis Mummery, Fullerton College
Edward Murphy, Southwest Texas State University
Kevin J. Murphy, Oakland University
Kathryn Nantz, Fairfield University
William S. Neilson, Texas A&M University
Bart C. Nemmers, University of Nebraska, Lincoln
Melinda Nish, Orange Coast College
Anthony O'Brien, Lehigh University
Norman Obst, Michigan State University
Constantin Ogloblin, Georgia Southern University
Mary Olson, Tulane University
Terry Olson, Truman State University
James B. O'Neill, University of Delaware
Farley Ordovensky, University of the Pacific

Z. Edward O'Relley, North Dakota State University
Donald Oswald, California State University, Bakersfield
Jan Palmer, Ohio University
Michael Palumbo, Chief, Federal Reserve Board
Chris Papageorgiou, Louisiana State University
G. Hossein Parandvash, Western Oregon State College
Randall Parker, East Carolina University
Robert Parks, Washington University
David Pate, St. John Fisher College
James E. Payne, Illinois State University
Donald Pearson, Eastern Michigan University
Steven Peterson, University of Idaho
Mary Anne Pettit, Southern Illinois University, Edwardsville
William A. Phillips, University of Southern Maine
Dennis Placone, Clemson University
Charles Plot, California Institute of Technology, Pasadena
Mannie Poen, Houston Community College
Kathleen Possai, Wayne State University
Ulrika Praski-Stahlgren, University College in Gavle-Sandviken, Suécia
Edward Price, Oklahoma State University
Rula Qalyoubi, University of Wisconsin, Eau Claire
K. A. Quartey, Talladega College
Herman Quirmbach, Iowa State University
Jeffrey R. Racine, University of South Florida
Peter Rangazas, Indiana University-Purdue University, Indianapolis
Vaman Rao, Western Illinois University
Laura Razzolini, University of Mississippi
Rob Rebelein, University of Cincinnati
J. David Reed, Bowling Green State University
Robert H. Renshaw, Northern Illinois University
Javier Reyes, University of Arkansas
Jeff Reynolds, Northern Illinois University
Rupert Rhodd, Florida Atlantic University
W. Gregory Rhodus, Bentley College
Jennifer Rice, Indiana University, Bloomington
John Robertson, Paducah Community College
Malcolm Robinson, University of North Carolina, Greensboro
Richard Roehl, University of Michigan, Dearborn
Carol Rogers, Georgetown University
William Rogers, University of Northern Colorado
Thomas Romans, State University of New York, Buffalo
David R. Ross, Bryn Mawr College
Thomas Ross, Baldwin Wallace College
Robert J. Rossana, Wayne State University
Jeffrey Rous, University of North Texas
Rochelle Ruffer, Youngstown State University
Mark Rush, University of Florida
Allen R. Sanderson, University of Chicago
Gary Santoni, Ball State University
John Saussy, Harrisburg Area Community College
Don Schlagenhauf, Florida State University
David Schlow, Pennsylvania State University
Paul Schmitt, St. Clair County Community College
Jeremy Schwartz, Hampden-Sydney College
Martin Sefton, University of Nottingham
Esther-Mirjam Sent, University of Notre Dame
Rod Shadbegian, University of Massachusetts, Dartmouth
Gerald Shilling, Eastfield College
Dorothy R. Siden, Salem State College
Mark Siegler, California State University at Sacramento

Scott Simkins, North Carolina Agricultural and Technical State University
Chuck Skoro, Boise State University
Phil Smith, DeKalb College
William Doyle Smith, University of Texas, El Paso
Sarah Stafford, College of William and Mary
Frank Steindl, Oklahoma State University
Jeffrey Stewart, New York University
Allan Stone, Southwest Missouri State University
Courtenay Stone, Ball State University
Paul Storer, Western Washington University
Richard W. Stratton, University of Akron
Mark Strazicich, Ohio State University, Newark
Michael Stroup, Stephen F. Austin State University
Robert Stuart, Rutgers University
Della Lee Sue, Marist College
Abdulhamid Sukar, Cameron University
Terry Sutton, Southeast Missouri State University
Gilbert Suzawa, University of Rhode Island
David Swaine, Andrews University
Jason Taylor, Central Michigan University
Mark Thoma, University of Oregon
Janet Thomas, Bentley College
Kiril Tochkov, SUNY at Binghamton
Kay Unger, University of Montana
Anthony Uremovic, Joliet Junior College
David Vaughn, City University, Washington
Don Waldman, Colgate University
Francis Wambalaba, Portland State University
Rob Wassmer, California State University, Sacramento
Paul A. Weinstein, University of Maryland, College Park
Lee Weissert, St. Vincent College
Robert Whaples, Wake Forest University
David Wharton, Washington College
Mark Wheeler, Western Michigan University
Charles H. Whiteman, University of Iowa
Sandra Williamson, University of Pittsburgh
Brenda Wilson, Brookhaven Community College
Larry Wimmer, Brigham Young University
Mark Witte, Northwestern University
Willard E. Witte, Indiana University
Mark Wohar, University of Nebraska, Omaha
Laura Wolff, Southern Illinois University, Edwardsville
Cheonsik Woo, Vice President, Korea Development Institute
Douglas Wooley, Radford University
Arthur G. Woolf, University of Vermont
John T. Young, Riverside Community College
Michael Youngblood, Rock Valley College
Peter Zaleski, Villanova University
Jason Zimmerman, South Dakota State University
David Zucker, Martha Stewart Living Omnimedia

Autores-colaboradores
Sue Bartlett, University of South Florida
James Cobbe, Florida State University
Carol Dole, State University of West Georgia
John Graham, Rutgers University
Jill Herndon, University of Florida
Sang Lee, Southeastern Louisiana University
Patricia Kuzyk, Washington State University
James Morley, Washington University, St. Louis
William Mosher, Clark University
Constantin Ogloblin, Georgia Southern University
Edward Price, Oklahoma State University
Jeff Reynolds, Northern Illinois University
Mark Rush, University of Florida
Della Lee Sue, Marist College
Michael Stroup, Stephen F. Austin State University

PARTE **1** Introdução

CAPÍTULO **1**

O que é economia?

Ao término do estudo deste capítulo, você saberá:

▶ Definir a economia e distinguir entre microeconomia e macroeconomia.
▶ Explicar as duas grandes questões da economia.
▶ Explicar os principais conceitos que definem o modo econômico de pensar.
▶ Explicar como os economistas realizam seu trabalho como cientistas sociais.

Compreensão de nosso mundo em rápidas mudanças

Você está estudando economia em uma época de enormes mudanças. Grande parte delas é para melhor. A era da informação, com seus computadores portáteis, conexões de Internet sem fio, iPods, filmes em DVD, telefones celulares, videogames e uma série de outras parafernálias e brinquedos, mudou a maneira como trabalhamos e nos divertimos. À medida que alavancamos a taxa de produção desses bens e serviços de alta tecnologia, nossa renda e a renda das pessoas na China, na Índia e em outros países aumentam rapidamente.
Mas algumas mudanças são para pior. No início do novo milênio, a economia dos Estados Unidos começou a entrar em recessão. As empresas demitiram centenas de milhares de trabalhadores e reduziram a produção. Então, no dia 11 de setembro de 2001, ataques terroristas provocaram um choque que ainda repercute na economia global e para o qual não há previsão de fim. Desastres naturais como o furacão Katrina e o *tsunami* no oceano Índico destruíram a casa e devastaram a vida de milhões de pessoas. A epidemia de Aids reduziu a expectativa de vida em alguns países da África para apenas 33 anos.

◊ Os fatos e as forças que acabamos de descrever estão alterando o mundo atual. Seu curso de economia o ajudará a entender como essas poderosas forças moldam nosso mundo. Este capítulo representa o primeiro passo nessa direção. Ele descreve as perguntas a que os economistas tentam responder, o modo como eles refletem sobre essas questões e os métodos que utilizam na busca das respostas. Um apêndice explica os tipos de gráficos que os economistas utilizam na procura dessas respostas.

Definição de economia

Todas as questões econômicas surgem porque queremos mais do que podemos ter. Queremos um mundo pacífico e seguro; ar puro e rios e lagos límpidos. Queremos uma vida longa e saudável. Queremos boas escolas, faculdades e universidades. Queremos um lar espaçoso e confortável. Queremos uma enorme variedade de equipamentos esportivos e recreativos, de tênis para corrida a *jet skis*. Queremos ter tempo para nos divertirmos com esportes, jogos, livros, filmes, música, viagens e a convivência com nossos amigos.

O que cada um de nós pode ter é limitado pelo tempo, pela nossa renda e pelos preços que temos de pagar. Todos nós acabamos tendo alguma necessidade insatisfeita. O que podemos obter como uma sociedade é limitado pelos nossos recursos produtivos, que incluem as dádivas da natureza, o trabalho e a engenhosidade humanos e as ferramentas e equipamentos que produzimos.

Nossa incapacidade de satisfazer todas as nossas necessidades é chamada de **escassez**. Tanto os pobres quanto os ricos defrontam-se com a escassez. Uma criança deseja um refrigerante de $ 1 e dois pacotes de balas de $ 0,50, mas só tem $ 1 no bolso. Ela está diante da escassez. Um milionário quer passar o fim de semana jogando golfe *e* quer passar o mesmo fim de semana no escritório em uma reunião para definir uma estratégia de negócios. Ele está diante da escassez. Uma sociedade deseja proporcionar um sistema de saúde pública melhor, instalar um computador em cada sala de aula, explorar o espaço, limpar lagos e rios poluídos e assim por diante. A sociedade enfrenta a escassez. Até mesmo os papagaios enfrentam a escassez!

Não sou só eu que quero um biscoito – todos nós queremos um biscoito!

© The New Yorker Collection 1985
Frank Modell, de cartoonbank.com. Todos os direitos reservados.

Diante da escassez, devemos *escolher* entre as alternativas disponíveis. A criança deve *escolher* o refrigerante *ou* as balas. O milionário precisa *escolher* o campo de golfe *ou* a reunião. Como uma sociedade, devemos *escolher* entre a saúde pública, a defesa nacional e a educação.

As escolhas que fazemos dependem dos incentivos que encontramos. Um **incentivo** é uma recompensa que estimula uma ação ou uma penalidade que desestimula outra. Se o preço do refrigerante diminui, a criança tem um *incentivo* para escolher mais refrigerante. Se está em jogo um lucro de $ 10 milhões, o milionário tem um *incentivo* para abrir mão do jogo de golfe. À medida que os preços dos computadores caem, as escolas têm um *incentivo* para proporcionar conexão à Internet a mais salas de aula.

Economia é a ciência social que estuda as *escolhas* que as pessoas, as empresas, os governos e sociedades inteiras fazem à medida que se defrontam com a *escassez* e com os *incentivos* que influenciam e conciliam essas escolhas. Ela se divide em duas grandes partes:

- Microeconomia
- Macroeconomia

Microeconomia

Microeconomia é o estudo das escolhas que pessoas e empresas fazem, do modo como essas escolhas interagem nos mercados e da influência dos governos. Alguns exemplos de questões microeconômicas são: Por que as pessoas estão comprando mais DVDs e menos entradas de cinema? Como um imposto sobre o comércio eletrônico afetaria o eBay?

Macroeconomia

Macroeconomia é o estudo do desempenho das economias nacional e mundial. Alguns exemplos de questões macroeconômicas são: Por que a renda nos Estados Unidos cresceu rapidamente em 2006? O Banco Central norte-americano tem como influenciar o crescimento da renda por meio da redução das taxas de juros?

> **QUESTÕES PARA REVISÃO**
>
> **1** Cite alguns exemplos de escassez em âmbito nacional nos dias de hoje.
> **2** Utilize as manchetes dos jornais de hoje para listar alguns exemplos de escassez no mundo.
> **3** Utilize as manchetes dos jornais de hoje para ilustrar a distinção entre microeconomia e macroeconomia.

Duas grandes questões econômicas

Duas grandes questões resumem o âmbito da economia:

- Como as escolhas acabam determinando *o quê, como* e *para quem* produzir bens e serviços?
- Quando as escolhas motivadas pelo *interesse pessoal* também promovem o *interesse social*?

O quê, como e para quem?

Bens e serviços são os objetos que as pessoas valorizam e produzem para satisfazer as necessidades humanas. Os bens são objetos físicos, como bolas de golfe. Os serviços são tarefas realizadas para as pessoas, como cortes de cabelo. A maior parte do que os Estados Unidos produzem hoje é composta de serviços, como comércio varejista e atacadista, serviços médicos e educação. Os bens constituem uma pequena parcela da produção total.

O quê? O que produzimos muda com o tempo. Setenta anos atrás, 25 por cento dos norte-americanos trabalhavam em fazendas. Esse número diminuiu para 3 por cento hoje em dia. Ao longo do mesmo período, o número de pessoas que produzem bens – na mineração, construção civil e indústria manufatureira – caiu de 31 para 17 por cento. A diminuição das atividades agropecuárias e industriais reflete-se em uma expansão dos serviços. Setenta anos atrás, 45 por cento da população norte-americana produzia serviços. Hoje em dia, mais de 80 por cento dos norte-americanos que trabalham estão empregados no setor de serviços. A Figura 1.1 mostra essas tendências.

O que determina a quantidade de milho, DVDs, cortes de cabelo e todos os outros milhões de itens que produzimos?

Como? Os bens e serviços são produzidos usando-se recursos produtivos que os economistas chamam de **fatores de produção**, os quais são agrupados em quatro categorias:

- Terra (ou recursos naturais)
- Trabalho
- Capital
- Capacidade empresarial

Terra. As 'dádivas da natureza' que utilizamos para produzir bens e serviços são chamadas de **terra**. Em economia, a terra é o que chamamos, na linguagem cotidiana,

Figura 1.1 As tendências da produção nos Estados Unidos

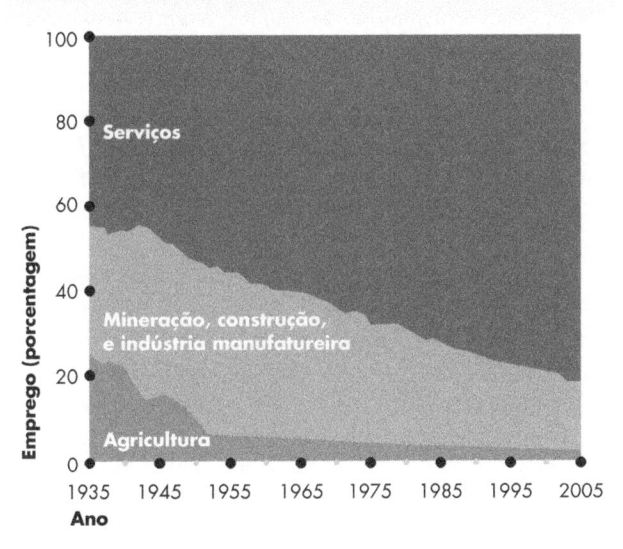

Os serviços se expandiram enquanto a agricultura, a mineração, a construção e a indústria manufatureira diminuíram nos Estados Unidos.

Fonte: U.S. Census Bureau, *Statistical abstract of the United States.*

Figura 1.2 Uma medida do capital humano nos Estados Unidos

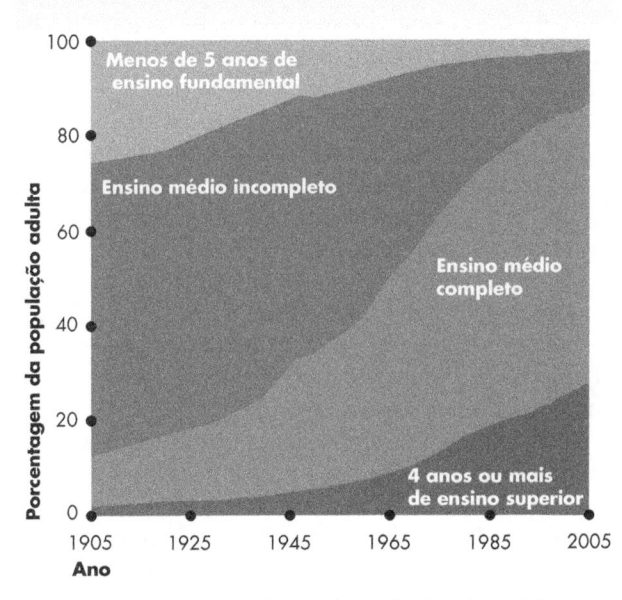

Hoje em dia, 28 por cento da população dos Estados Unidos têm 4 anos ou mais de ensino superior (em comparação com 2 por cento em 1905). Outros 58 por cento concluíram o ensino médio (em comparação com 10 por cento em 1905).

Fonte: U.S. Census Bureau, *Statistical abstract of the United States.*

de *recursos naturais*. Ela inclui a terra, no sentido de 'solo', além de minérios, petróleo, gás, carvão, água e ar.

Os recursos da água e da superfície da terra são renováveis e alguns dos nossos recursos minerais podem ser reciclados. Mas os recursos que utilizamos para gerar energia não são renováveis – eles só podem ser utilizados uma vez.

Trabalho. O tempo e o esforço que as pessoas dedicam à produção de bens e serviços são chamados de trabalho. O trabalho inclui os esforços físicos e mentais de todas as pessoas que trabalham em fazendas, na construção civil e em fábricas, lojas e escritórios.

A *qualidade* do trabalho depende do **capital humano**, que é o conhecimento e as qualificações que as pessoas acumulam por meio de educação, treinamento no trabalho e experiência profissional. Você está desenvolvendo seu próprio capital humano neste exato momento ao estudar economia, e seu capital humano continuará a aumentar à medida que você acumular experiência profissional.

O capital humano aumenta com o tempo. Hoje em dia, 86 por cento dos norte-americanos concluíram o ensino médio e 28 por cento têm formação superior. A Figura 1.2 mostra esses indicativos de crescimento do capital humano nos Estados Unidos ao longo do último século.

Capital. As ferramentas, instrumentos, maquinário, prédios e outras instalações que as empresas utilizam para produzir bens e serviços são chamados de **capital**.

Na linguagem cotidiana, falamos de dinheiro, ações e títulos como sendo capital. Esses itens se referem ao capital *financeiro*, o qual exerce um importante papel ao permitir que as empresas tomem empréstimos para comprar capi-

tal. Mas o capital financeiro não é utilizado para produzir bens e serviços. Como não é um recurso produtivo, ele não é capital.

Capacidade empresarial. O recurso humano que organiza o trabalho, a terra e o capital é chamado de **capacidade empresarial**. Os empreendedores têm novas idéias sobre o que e como produzir, tomam decisões de negócios e assumem os riscos provenientes dessas decisões.

Como são determinadas as quantidades dos fatores de produção utilizados para produzir os diferentes bens e serviços?

Para quem? Quem obtém os bens e os serviços produzidos é questão diretamente relacionada à renda que as pessoas auferem. Uma renda elevada permite que a pessoa compre grandes quantidades de bens e serviços, enquanto uma renda reduzida a deixa com poucas opções de compra e pequenas quantidades de bens e serviços.

As pessoas ganham sua renda por meio da venda dos serviços dos fatores de produção que possuem:

- A terra é remunerada pela chamada **renda da terra**.
- O trabalho é pago pelo **salário**.
- O capital é recompensado pelos **juros**.
- A capacidade empresarial é recompensada pelo **lucro**.

Qual fator de produção recebe a maior renda? A resposta é o trabalho. Os salários e benefícios representam cerca de 70 por cento da renda total nos Estados Unidos. A terra, o capital e a capacidade empresarial respondem pelos 30 por cento restantes. Essas porcentagens se mantiveram notavelmente constantes ao longo do tempo.

Saber como a renda é dividida entre os fatores de produção não nos faz saber como ela é dividida entre as pessoas. Você conhece muitas pessoas que têm renda muito elevada. O diretor de cinema Steven Spielberg ganhou US$ 332 milhões em 2005. A fortuna de Bill Gates aumentou US$ 5 bilhões em 2005 com as operações da Microsoft.

Você conhece ainda mais pessoas com renda muito reduzida. Nos Estados Unidos, os atendentes do McDonald's recebem em média US$ 6,35 por hora; caixas de supermercado, garçons, faxineiros e operários da indústria têxtil ganham menos de US$ 10 por hora.

Você provavelmente sabe de outras diferenças de renda constantes. Os homens, em média, ganham mais do que as mulheres; os brancos ganham mais dos que os negros; as pessoas com formação superior ganham mais do que as que só concluíram o ensino médio.

Podemos ter uma boa idéia de quem consome os bens e serviços produzidos analisando as porcentagens da renda total recebida pelos diferentes grupos de pessoas. Nos Estados Unidos, os 20 por cento das pessoas com as menores rendas ganham cerca de 5 por cento da renda total, enquanto os 20 por cento mais ricos ganham aproximadamente 50 da renda total. Deste modo, em média as pessoas que fazem parte dos 20 por cento superiores da renda total ganham mais de 10 vezes a renda das pessoas que fazem parte dos 20 por cento inferiores da renda total.

Por que a distribuição de renda é tão desigual? Por que as mulheres e os negros ganham menos do que os homens brancos?

A economia fornece algumas respostas para essas questões sobre o que, como e para quem produzir bens e serviços.

A segunda grande questão da economia que examinaremos agora é mais difícil tanto de entender quanto de responder.

Quando a busca do interesse pessoal promove o interesse social?

Todos os dias 300 milhões de norte-americanos, além de 6,6 bilhões de pessoas no resto do mundo, fazem escolhas econômicas que resultam em: *o quê*, *como* e *para quem* produzir bens e serviços.

Os bens e serviços produzidos, e suas respectivas quantidades, são os corretos? Os fatores de produção empregados são utilizados da melhor maneira possível? E os bens e serviços que produzimos vão para as pessoas que mais se beneficiam deles?

Você sabe que suas próprias escolhas são as melhores para você — ou pelo menos pensa que são as melhores no momento em que as faz. Você utiliza seu tempo e outros recursos do modo que faz mais sentido para você, mas não pensa muito a respeito de como suas escolhas afetam as outras pessoas. Você pede uma pizza por telefone porque está com fome e quer comer, e não porque o entregador ou o cozinheiro precisam de uma renda. Você faz escolhas que vão ao encontro do seu **interesse pessoal** — escolhas que acredita ser as melhores para você.

Quando age de acordo com suas decisões econômicas, você entra em contato com milhares de outras pessoas que produzem e entregam os bens e serviços que você decide comprar ou que compram as coisas que você vende. Essas pessoas tomaram suas próprias decisões — o que e como produzir, quem contratar ou para quem trabalhar e assim por diante. Como você, todas as outras pessoas fazem escolhas que consideram ser as melhores para elas. Quando o entregador de pizza chega à sua casa, ele não está fazendo um favor a você; está ganhando a renda dele e esperando uma boa gorjeta.

É possível que as escolhas que cada um de nós faz de acordo com nossos próprios interesses também acabem sendo as melhores para a sociedade como um todo? As melhores escolhas para a sociedade como um todo são aquelas que estão de acordo com o **interesse social**.

Os economistas vêm tentando encontrar a resposta para essa questão desde 1776, o ano em que ocorreu a independência dos Estados Unidos e em que foi publicado o importante livro de Adam Smith *A riqueza das nações*. A pergunta é difícil de responder, mas muito tem sido feito para respondê-la. Grande parte deste livro vai ajudá-lo a aprender o que se sabe sobre essa questão e a resposta a ela. Para o ajudarmos a começar a pensar a respeito, vamos ilustrar a questão com dez temas que têm gerado acaloradas discussões no mundo de hoje e dos quais você pelo menos já ouviu falar. Eles são:

- Privatização
- Globalização
- A nova economia
- Reações econômicas aos ataques de 11 de setembro
- Escândalos corporativos
- HIV/Aids
- Destruição das florestas tropicais
- Escassez de água
- Desemprego
- Déficits e dívidas

Privatização A data de 9 de novembro de 1989 será lembrada durante muito tempo nos livros de história econômica. Foi o dia em que o Muro de Berlim caiu, e, com isso, as duas Alemanhas seguiram rumo à unificação.

A Alemanha Ocidental era uma nação baseada no modelo dos Estados Unidos e da Europa Ocidental. Nesses países, as pessoas têm propriedades e controlam negócios. Empresas privadas produzem bens e serviços e os comercializam livremente com clientes em lojas e mercados. Toda essa atividade econômica é conduzida por pessoas que buscam satisfazer seu interesse pessoal.

A Alemanha Oriental era uma nação baseada no modelo da União Soviética — uma economia de planejamento central. Em uma economia como essa, as pessoas não são livres para controlar negócios e comercializar livremente umas com as outras. As fábricas, lojas e escritórios são de propriedade do governo, que decide o que, como e para quem produzir. A vida econômica é meticulosamente administrada por um órgão de planejamento econômico do governo, e cada pessoa deve seguir as regras estabelecidas. A economia toda funciona como uma gigantesca empresa.

A União Soviética entrou em colapso logo após a queda do Muro de Berlim e se dividiu em uma série de estados independentes, e cada um deles deu início a um processo de privatização. A China, uma outra economia de planejamento central, começou a incentivar os empreendimentos privados e a se distanciar da dependência exclusiva da propriedade pública e do planejamento econômico central durante a década de 1980.

Hoje em dia, somente Cuba, Coréia do Norte e Vietnã continuam a ser economias de planejamento central.

Os negócios de propriedade pública coordenados pelo planejamento econômico central atendem melhor aos interesses sociais do que os negócios privados que comercializam livremente nos mercados? Ou é possível que o sistema econômico com base na propriedade privada atenda aos interesses sociais de maneira mais eficaz?

Globalização Quando os líderes mundiais se reúnem, esses eventos costumam ser acompanhados de protestos antiglobalização. A *globalização* – a expansão do comércio e investimento internacionais – vem ocorrendo há séculos, mas, na década de 1990, avanços nas tecnologias de microchips, satélites e fibras óticas levaram a uma enorme queda do custo das comunicações e aceleraram o processo. Uma ligação telefônica ou mesmo uma videoconferência com pessoas que vivem a milhares de quilômetros de distância umas das outras passaram a ser eventos cotidianos e acessíveis em termos de preço. Todos os dias, 20 mil pessoas fazem viagens de avião entre os Estados Unidos e a Ásia, e aproximadamente outras 20 mil fazem viagens entre os Estados Unidos e a Europa.

A explosão das comunicações globalizou as decisões de produção. Quando a Nike produz mais tênis esportivos, as pessoas na China, Indonésia ou Malásia trabalham mais. Quando mais pessoas usam cartões de crédito, pessoas em Barbados digitam os dados que constam nos boletos de compras. Quando a Sony desenvolve um novo jogo para o PlayStation 3 ou Steven Spielberg cria uma seqüência de animação em um filme, programadores na Índia escrevem o código. Quando a China Airlines compra novos aviões, os norte-americanos que trabalham para a Boeing os constroem.

Como parte do processo de globalização, os Estados Unidos produzem mais serviços e menos bens industrializados, e a China e as pequenas economias da Ásia Oriental produzem um volume crescente de produtos industrializados.

Algumas economias da Ásia também estão crescendo mais rapidamente do que a dos Estados Unidos e as da Europa. Se as tendências atuais se mantiverem, a China será a maior economia do mundo em 2013. A rápida expansão econômica na Ásia trará outras mudanças para a economia global à medida que os chineses e outros asiáticos mais abastados viajarem pelo mundo e comprarem mais bens e serviços produzidos em outros países. A globalização prosseguirá em um ritmo acelerado.

Mas a globalização está deixando alguns para trás. As nações da África e partes da América do Sul não estão partilhando da prosperidade que a globalização leva a outras partes do mundo.

Será que a globalização é positiva? Quem se beneficia dela? A globalização claramente atende aos interesses dos proprietários de empresas multinacionais que lucram com a produção em regiões de custo reduzido e a venda em regiões de preços mais elevados. Mas será que a globalização vai ao encontro de *seu* interesse e do interesse do jovem trabalhador na Malásia que costura os tênis que você usa? Ela vai ao encontro do interesse social?

A nova economia As décadas de 1980 e 1990 foram uma época de extraordinária mudança econômica, chamada de *revolução da informação*. As revoluções econômicas não acontecem com muita freqüência. A última, a *Revolução Industrial*, ocorreu entre 1760 e 1830 e representou, para a maioria das pessoas, a mudança da vida agrícola rural para a vida industrial urbana. A revolução anterior, a *revolução agrícola*, ocorreu cerca de 12 mil anos atrás e representou a mudança da vida nômade de caça e coleta de alimentos para uma vida sedentária de criação de animais e cultivo.

Os eventos dos últimos 25 anos podem ser considerados uma extensão dessas duas revoluções anteriores. Mas as mudanças que ocorreram ao longo desses 25 anos foram incríveis e baseadas em uma importante tecnologia: o microprocessador, ou chip de computador. Gordon Moore, da Intel, previu em 1965 que o número de transistores que poderiam ser incorporados a um único chip integrado dobraria a cada 18 meses (lei de Moore). Essa previsão acabou se mostrando notavelmente precisa. Em 1980, um chip de computador pessoal tinha 60 mil transistores. Em 2000, chips com mais de 40 milhões de transistores podiam ser encontrados em computadores pessoais como os que você utiliza.

Os desdobramentos de computadores mais rápidos e mais acessíveis foram amplos. As telecomunicações se tornaram muito mais ágeis e de preço mais acessível, a gravação de músicas e filmes se tornou mais realista e barata, e milhões de tarefas rotineiras que antes demandavam decisões e ações humanas foram automatizadas. É possível encontrar essas tarefas automatizadas todos os dias ao passar pelo caixa de um supermercado, ligar para a companhia telefônica para consultar um número ou telefonar para um órgão do governo ou para uma grande empresa.

Todos os novos produtos e processos e o poder da informática de baixo custo que os possibilitaram foram produzidos por pessoas que fizeram escolhas em busca do interesse pessoal. Eles não resultaram de nenhum projeto grandioso ou plano econômico governamental.

Quando Gordon Moore fundou a Intel e começou a produzir chips, ninguém lhe tinha dito para fazer isso, e ele não estava pensando em como um computador mais rápido tornaria mais fácil para você entregar um trabalho escolar no prazo. Quando Bill Gates abandonou seus estudos em Harvard para fundar a Microsoft, ele não estava tentando criar um sistema operacional para melhorar a experiência das pessoas com os computadores. Moore e Gates e milhares de outros empreendedores estavam engajados em uma intensa busca de maiores resultados, que muitos deles conseguiram. E mesmo assim suas ações melhoraram a vida de milhões de pessoas. Eles promoveram avanços no interesse social.

Mas será que os recursos foram utilizados da melhor maneira possível durante a revolução da informação? A Intel produziu chips com a qualidade certa e os vendeu nas quantidades certas pelos preços certos? Ou a qualidade foi pequena demais, e o preço, elevado demais? E o que dizer da Microsoft? Bill Gates precisava ganhar US$ 30 bilhões para produzir as sucessivas gerações do Windows? Esse programa foi desenvolvido de acordo com o interesse social?

Reações econômicas aos ataques de 11 de setembro Os terríveis acontecimentos de 11 de setembro de 2001 criaram choques econômicos que se manterão por mais alguns anos e mudaram o *o quê*, o *como* e o *para quem*.

As maiores mudanças na produção ocorreram no setor de viagens, hotelaria e segurança. Grande parte das viagens de negócios foi substituída por teleconferências. Muitos viajantes em férias passaram a evitar o transporte aéreo, preferindo viajar de carro ou ônibus. As viagens internacionais sofreram uma queda. As companhias aéreas sofreram uma queda nos negócios e passaram a comprar menos aviões. Os bancos tiveram prejuízos de milhões de dólares devido a empréstimos feitos a companhias aéreas.

Mas as vendas de veículos utilitários e trailers aumentaram. Os aeroportos, apesar de operarem com uma capacidade inferior, reforçaram seus serviços de segurança. Foram contratados dezenas de milhares de novos agentes de segurança e foram instalados aparelhos de raio X de última geração.

Milhares de pessoas fizeram escolhas de acordo com seus interesses pessoais que levaram a essas mudanças na produção. Mas será que essas mudanças também estavam de acordo com o interesse social?

Escândalos corporativos. Em 2000, os nomes Enron e WorldCom eram sinônimos de integridade corporativa e sucesso espetacular. Hoje em dia, eles estão maculados pelo escândalo.

Fundada em 1985, a Enron se expandiu até que, em 2001, era o sétimo maior negócio dos Estados Unidos. Mas sua expansão foi fundamentada em uma complexa rede de mentiras, trapaças e fraude. Em outubro de 2001, depois de revelações feitas por um de seus ex-executivos, os diretores da Enron reconheceram que, ao inflar a receita divulgada e ocultar dívidas, eles tinham feito com que a empresa aparentasse ter um valor muito maior do que realmente tinha. Os executivos da Enron Jeffrey Skilling e Kenneth Lay foram condenados por atividades fraudulentas que lhes permitiram acumular uma fortuna de milhões de dólares à custa dos acionistas.

Scott Sullivan, um executivo de finanças altamente respeitado, entrou na WorldCom em 1992 e ajudou a empresa a se tornar um dos gigantes mundiais das telecomunicações. Em seu último ano na empresa, o salário de Sullivan era de US$ 700 mil, e seu bônus (em opções sobre ações) era de US$ 10 milhões. Mas, somente dez anos depois de ter entrado na empresa, Sullivan foi demitido e preso por ter falsificado os relatórios financeiros da WorldCom, inflado seus lucros contábeis em quase US$ 4 bilhões e engordado seu próprio bônus. Logo após esses acontecimentos, a WorldCom entrou em processo de proteção contra a falência no maior processo de falência da história dos Estados Unidos, demitiu 17 mil funcionários e acabou com o dinheiro de seus acionistas.

Esses casos ilustram o fato de que, algumas vezes, na busca pelo interesse pessoal, as pessoas podem violar as leis. Esse comportamento não vai ao encontro do interesse social. Com efeito, as leis foram criadas justamente para restringir comportamentos como esses.

Contudo, parte do comportamento corporativo legal é considerado por alguns como inapropriado. Por exemplo, muitas pessoas acham que os salários dos altos executivos estão fora de controle. Em alguns casos, executivos que recebem uma renda enorme provocam a ruína das empresas que administram.

As pessoas que contrataram esses executivos agiram de acordo com seus interesses pessoais e escolheram as melhores pessoas que conseguiram encontrar. Os executivos agiram orientados pelo seu interesse pessoal. Mas o que dizer do interesse pessoal dos acionistas e dos clientes dessas empresas? Eles não sofreram as conseqüências? Estes não poderiam ser considerados exemplos claros de conflito entre o interesse pessoal e o social?

HIV/Aids A Organização Mundial de Saúde e as Nações Unidas estimam que em 2005 cerca de 40 milhões de pessoas eram portadoras do vírus HIV. Ao longo daquele ano, 3 milhões de pessoas morreram da doença e outros 4 milhões de pessoas a contraíram. A maioria dos casos de HIV/Aids – 25 milhões em 2005 – ocorreu na África, onde a média da renda diária é de aproximadamente US$ 7. O tratamento mais eficaz para essa doença consiste em um medicamento anti-retroviral produzido por grandes empresas farmacêuticas multinacionais. O custo desse tratamento é de cerca de US$ 2.700 por ano – mais do que US$ 7 por dia. Para as vendas a países pobres, o custo foi reduzido para cerca de US$ 1.200 por ano – US$ 3,30 por dia.

O desenvolvimento de novos medicamentos representa uma atividade de custo e risco elevados, e, se não estivesse de acordo com o interesse das empresas farmacêuticas, elas cessariam o esforço. Mas, uma vez que um medicamento é desenvolvido, o custo de sua produção é de apenas alguns centavos de dólar por dose. Seria de interesse social que os medicamentos fossem disponibilizados ao baixo custo de sua produção?

Destruição das florestas tropicais As florestas tropicais da América do Sul, África e Ásia abrigam 30 milhões de espécies de plantas, animais e insetos – aproximadamente 50 por cento de todas as espécies do planeta. Essas florestas nos proporcionam os ingredientes para muitos produtos, incluindo sabonetes, anti-sépticos bucais, xampus, conservantes de alimentos e borracha, e também sementes e frutas. Só a Floresta Amazônica converte cerca de 450 milhões de quilogramas de dióxido de carbono em oxigênio a cada ano.

No entanto, as florestas tropicais cobrem menos de 2 por cento da superfície do planeta e estão em via de extinção. Atividades madeireiras, de criação de gado, mineração, extração de petróleo, usinas hidroelétricas e agricultura de subsistência estão devastando uma área do tamanho de dois campos de futebol americano a cada segundo, ou uma região maior do que a cidade de Nova York a cada dia. Se a velocidade atual de destruição for mantida, quase todos os ecossistemas de floresta tropical desaparecerão até 2030.

Cada um de nós faz escolhas econômicas de acordo com nosso interesse pessoal de consumir produtos, alguns dos quais estão destruindo esses recursos naturais. Nossas escolhas estão prejudicando o interesse social? Se estiverem, o que pode ser feito para alterar os incentivos que temos e mudar nosso comportamento?

Escassez de água O mundo está coberto de água – nosso recurso mais abundante. Mas 97 por cento dessa água é salgada. Outros 2 por cento estão congelados em geleiras. O 1 por cento de água do planeta que está disponível para o consumo humano só seria suficiente se estivesse nos lugares certos. A Finlândia, o Canadá e alguns outros lugares têm mais água do que podem consumir, mas a Austrália, a África e a Califórnia (e muitas outras regiões) poderiam utilizar muito mais água do que a que têm à disposição.

Algumas pessoas pagam menos do que outras pela água. Os fazendeiros da Califórnia, por exemplo, pagam menos do que os consumidores residenciais do mesmo Estado. Alguns dos preços mais elevados da água são cobrados de pessoas dos países mais pobres que precisam comprar água de um caminhão-pipa ou percorrer muitos quilômetros carregando a água em baldes.

No Reino Unido, a água é fornecida por empresas privadas e, nos Estados Unidos, por empresas públicas.

Chove muito na Índia e em Bangladesh, mas isso ocorre durante uma curta estação chuvosa, e o resto do ano é seco. Represas ajudariam, mas não foram construídas em quantidade suficiente nesses países.

Os recursos mundiais de água estão sendo administrados de maneira adequada? As decisões motivadas por interesses pessoais que cada um de nós toma quanto à utilização, conservação e transporte de água também são compatíveis com os interesses sociais?

Desemprego Na década de 1930, em um período conhecido como *Grande Depressão*, mais de 20 por cento da força de trabalho norte-americana estava desempregada. Mesmo nos dias de hoje, cerca de 30 por cento dos adolescentes afro-americanos com idade para trabalhar estão desempregados nos Estados Unidos. Por que pessoas que desejam trabalhar não conseguem encontrar emprego? Se as escolhas econômicas são decorrentes da escassez, como pode haver recursos não utilizados?

As pessoas conseguem emprego porque os outros esperam obter lucro ao contratá-las, e elas aceitam um emprego quando consideram que a remuneração e outras condições são atraentes. Desse modo, o número de pessoas com emprego é determinado pelo interesse pessoal dos empregadores e dos trabalhadores. Mas será que o número de empregos também está de acordo com o interesse social?

Déficits e dívidas Em qualquer dia desde 30 de setembro de 2002, o governo dos Estados Unidos apresenta um déficit orçamentário de US$ 1,71 bilhão, o que significa que a dívida do governo cresce todos os dias nesse mesmo montante. Em julho de 2006, se a dívida do governo norte-americano fosse dividida entre todos os moradores do país, cada um teria de pagar a impressionante quantia de US$ 28.140.

Além disso, ao longo de 2006, os norte-americanos compraram mais bens e serviços do resto do mundo do que os estrangeiros compraram dos Estados Unidos, em uma diferença de quase US$ 800 bilhões. Para pagar por esses bens e serviços, o país tomou dinheiro emprestado do resto do mundo.

Os déficits e dívidas enormes que essa situação cria não podem persistir indefinidamente, e a dívida deverá ser saldada de alguma maneira. Muito provavelmente será paga pela atual geração de jovens norte-americanos, não pelos pais deles.

Será que as escolhas em que votamos e que fazemos por meio do governo federal e as escolhas que fazemos nas operações de compra e venda efetuadas com o resto do mundo estão em conformidade com o interesse social?

Acabamos de examinar dez tópicos que ilustram a grande questão: as escolhas que fazemos orientados pelo interesse pessoal também estão de acordo com o interesse social?

Você verá, à medida que estudar o conteúdo deste livro, que grande parte do que fazemos em busca do nosso interesse pessoal de fato reforça o interesse social. Mas existem áreas nas quais o interesse social e o interesse pessoal entram em conflito. Você aprenderá os princípios que ajudam os economistas a identificar quando o interesse social está sendo atendido ou não e, quando não está, o que pode ser feito a respeito.

QUESTÕES PARA REVISÃO

1 Descreva de maneira geral os fatos sobre *o quê*, *como* e *para quem* produzir bens e serviços.
2 Utilize manchetes de jornais e noticiários recentes para ilustrar a possibilidade de conflito entre o interesse pessoal e o interesse social.

O modo econômico de pensar

As perguntas a que os economistas tentam responder estão relacionadas ao *âmbito da economia*, mas elas não nos dizem como os economistas *refletem* sobre essas questões e buscam as respostas para elas.

A partir de agora você começará a ver como os economistas abordam as questões econômicas. Para começar, nesta seção, analisaremos as idéias que definem o *modo econômico de pensar*. Essa maneira de pensar requer prática, mas é bastante eficaz e, à medida que você se familiarizar com ela, começará a ver o mundo ao seu redor de modo diferente e mais preciso.

Escolhas e *trade-offs*

Por nos defrontarmos com a escassez, precisamos fazer escolhas. Quando fazemos uma escolha, selecionamos uma das várias alternativas disponíveis. Por exemplo, você pode passar o final de semana estudando para sua próxima prova de economia e divertindo-se com seus amigos, mas não pode se envolver nas duas atividades ao mesmo tempo. Você deve decidir quanto tempo dedicará a cada uma delas. Qualquer que seja sua decisão, você também pode optar por fazer alguma outra coisa que não essas duas.

Você pode pensar sobre a sua escolha como um *trade-off*. Um **trade-off** é uma troca – abrir mão de uma coisa para receber alguma outra. Quando decide como passar seu fim de semana, você está diante de um *trade-off* entre estudar e passar o tempo com seus amigos.

Canhões versus manteiga O *trade-off* clássico é entre canhões e manteiga. 'Canhões' e 'manteiga' representam qualquer par de bens. Eles podem ser realmente canhões e manteiga ou podem também representar categorias mais amplas, como defesa nacional e alimentação. Também podem ser qualquer par de bens ou serviços específicos, como refrigerante e água mineral, tacos de beisebol e raquetes de tênis, universidades e hospitais, serviços de corretagem de imóveis e aconselhamento profissional.

Independentemente dos objetos específicos que canhões e manteiga representem, o conceito do *trade-off* 'canhões *versus* manteiga' traduz um exemplo concreto da vida: se quisermos mais de uma coisa, precisamos abrir mão de algo em troca.

A idéia de *trade-off* é essencial para a economia. Examinaremos alguns exemplos, a começar pelas grandes questões: o que, como e para quem produzir? Podemos analisar cada uma dessas questões sobre bens e serviços em termos de *trade-offs*.

Os *trade-offs* do tipo *o quê, como* e *para quem produzir*

Essas três questões – o quê, como e para quem produzir bens e serviços – envolvem *trade-offs* similares àquele entre canhões e manteiga.

Trade-offs do tipo o que produzir Quais bens e serviços são produzidos dependem de escolhas feitas por nós, pelo nosso governo e pelas empresas que produzem os itens que compramos.

Cada uma dessas escolhas envolve um *trade-off*. Cada um de nós está diante de um *trade-off* quando decide como gastar a própria renda. Você vai ao cinema esta semana, mas deixa de comprar algumas xícaras de café para pagar a entrada de cinema. Você troca café por um filme.

O governo federal está diante de um *trade-off* quando decide como gastar o dinheiro dos contribuintes. O Congresso vota a favor do reforço da defesa nacional, mas reduz os programas educativos. O Congresso troca a instrução pela defesa nacional.

As empresas estão diante de um *trade-off* quando decidem o que produzir. A Nike fecha um contrato com Tiger Woods e aloca recursos ao projeto e marketing de uma nova bola de golfe, mas reduz os recursos para o desenvolvimento de um novo tênis para correr. A Nike troca tênis para correr por bolas de golfe.

Trade-offs do tipo como produzir O modo como os bens e serviços são produzidos depende das escolhas feitas pelas empresas que produzem os itens que compramos. Essas escolhas envolvem um *trade-off*. Por exemplo, a rede norte-americana Krispy Kreme abre uma nova loja de donuts com uma linha de produção automatizada e fecha uma loja antiga com uma cozinha tradicional. A Krispy Kreme troca trabalho por capital.

Trade-offs do tipo para quem produzir Para quem os bens e serviços são produzidos depende da distribuição do poder de compra. Este pode ser redistribuído – transferido de uma pessoa para outra – de três modos: por meio de pagamentos voluntários, por meio de roubo ou por meio de impostos e benefícios administrados pelo governo. A redistribuição leva a *trade-offs*.

Cada um de nós se vê diante de um *trade-off* do tipo *para quem* quando decide com quanto contribuir, por exemplo, para um fundo de combate à fome organizado pelo governo federal. Você doa $ 50 e reduz seus gastos. Você troca seus próprios gastos por um pequeno incremento à igualdade econômica.

Estamos diante de um *trade-off* do tipo *para quem* quando votamos pelo aumento dos recursos usados para prender ladrões e reforçar o cumprimento das leis. Trocamos bens e serviços pela maior segurança de nossas propriedades.

Também estamos diante de um *trade-off* do tipo *para quem* quando votamos por impostos e programas sociais que redistribuem o poder de compra dos ricos para os pobres. Os programas de redistribuição de renda confrontam a sociedade com o que é conhecido como o **grande trade-off** – a escolha entre igualdade e eficiência. Cobrar impostos dos ricos e transferir recursos aos pobres conduz a uma maior igualdade econômica. Mas cobrar impostos sobre atividades produtivas como a administração de um negócio próprio, o trabalho duro e a economia de dinheiro para investir em capital desencoraja essas atividades. Deste modo, impostos sobre atividades produtivas significam menos produção. Uma distribuição mais igualitária significa que há menos a compartilhar.

Pense no problema de como dividir uma torta que todos ajudaram a fazer. Se cada pessoa receber um pedaço da torta proporcional ao seu esforço, todos se empenharão e a torta será o maior possível. Mas, se a torta for dividida igualmente, independentemente de contribuição, alguns excelentes cozinheiros vão preferir não se empenhar tanto e a torta será menor. O grande *trade-off* implica escolher entre o tamanho da torta e o nível de igualdade em que ela é dividida. Trocamos parte da torta por uma igualdade maior.

Escolhas geram mudanças

O que, como e para quem produzir bens e serviços mudam ao longo do tempo. E escolhas geram mudanças. A quantidade e a variedade de bens e serviços disponíveis hoje nos Estados Unidos são muito maiores do que na África, por exemplo. As condições econômicas nos Estados Unidos hoje são muito melhores do que há uma geração. Mas a qualidade da vida econômica (e sua taxa de melhoria) não depende exclusivamente da natureza e da sorte. Depende de muitas das escolhas feitas por nós, pelos governos e pelas empresas; escolhas estas que envolvem *trade-offs*.

Uma das escolhas que fazemos diz respeito a quanto de nossa renda gastar e quanto poupar. Nossa poupança pode ser canalizada por meio do sistema financeiro para as empresas do setor financeiro e utilizada para adquirir novo capital, o que aumenta a produção. Quanto mais economizarmos e investirmos, mais bens e serviços seremos capazes de produzir no futuro. Quando você decide poupar $ 1.000 a mais e abrir mão de suas férias, troca as férias por uma maior renda futura. Se todos economizarem $ 1.000 e as empresas investirem em mais equipamentos que aumentam a produção, o consumo futuro por pessoa aumentará. Como uma sociedade, trocamos o consumo atual pelo crescimento econômico e um consumo maior no futuro.

Uma segunda escolha refere-se a quanto esforço dedicar a educação e treinamento. Ao aumentarmos nosso nível de instrução e desenvolvermos novas habilidades, nós nos tornamos mais produtivos e mais capazes de produzir mais bens e serviços. Quando decide estudar mais dois anos para fazer um curso de pós-graduação e abre mão de uma grande parte do seu tempo de lazer, você troca o lazer de hoje por uma renda maior no futuro. Se todos aumentam o nível de instrução, a produção aumenta e a renda per capita aumentam. Como uma sociedade, trocamos o consumo e o tempo de lazer atuais pelo crescimento econômico e um maior consumo no futuro.

Uma terceira escolha diz respeito a quanto esforço dedicar à pesquisa e ao desenvolvimento de novos produtos e métodos de produção. A Ford Motor Company pode contratar pessoas para projetar uma nova linha de montagem automatizada ou trabalhar na fábrica existente e produzir carros. A fábrica automatizada resulta em maior produtividade no futuro, mas em uma menor produção atual – uma troca da produção atual por uma maior produção no futuro.

Ver as escolhas como *trade-offs* enfatiza a idéia de que, para obter uma coisa, precisamos abrir mão de outra. O que abdicamos é o custo do que obtemos, o qual os economistas chamam de *custo de oportunidade*.

Custo de oportunidade

A expressão "nada é de graça" traduz a idéia central da economia: cada escolha tem um custo. O **custo de oportunidade** de algo é a alternativa de maior valor da qual abrimos mão para obtê-lo.

Você pode abandonar a faculdade ou continuar na faculdade. Se você abandonar e aceitar um emprego no McDonald's, pode ganhar o suficiente para comprar alguns CDs, ir ao cinema e passar muito tempo livre como seus amigos. Se permanecer na faculdade, você não pode se dar ao luxo de fazer essas coisas. Você poderá comprar essas coisas quando se formar e conseguir um emprego, o que é uma das recompensas por estudar. Mas, por enquanto, quando você compra seus livros, não lhe sobra nada para comprar CDs e ir ao cinema. As tarefas para acompanhar o curso lhe deixam pouco tempo para sair com os amigos. O custo de oportunidade de continuar na faculdade é a alternativa de maior valor em que você incorreria se precisasse abandonar a faculdade.

Todos os *trade-offs* do tipo *o quê*, *como* e *para quem* produzir que acabamos de examinar envolvem um custo de oportunidade. O custo de oportunidade de alguns canhões é a manteiga da qual se abre mão; o custo de oportunidade de um bilhete de cinema é o número de xícaras de café que se deixa de comprar.

As escolhas que geram mudanças também envolvem custos de oportunidade. O custo de oportunidade de mais bens e serviços no futuro é um menor consumo hoje.

Escolha na margem

Você pode alocar a próxima hora ao estudo e ao envio de e-mails para seus amigos. Mas a escolha não é entre tudo ou nada. Você deve decidir quantos minutos alocar a cada atividade. Para tomar essa decisão, você compara o benefício de um pouco mais de tempo de estudo com o custo disso – você faz sua escolha **'na margem'**.

O benefício resultante de um aumento de uma atividade é chamado de **benefício marginal**. Por exemplo, suponha que você passe quatro noites por semana estudando e sua nota média seja 7,0. Você quer uma nota média maior e decide estudar uma noite a mais por semana. Sua nota média aumenta para 7,5. O benefício marginal de estudar uma noite a mais por semana é o aumento de 0,5 em sua nota média, e *não* 7,5. Você já obtém nota 7,0 estudando quatro noites por semana, de modo que não é necessário considerar esse benefício como resultante da decisão que você está tomando agora.

O custo de um aumento de uma atividade é chamado de **custo marginal**. Para você, o custo marginal de estudar uma noite a mais por semana é o custo de uma noite a menos com seus amigos (se essa for sua melhor alternativa para a utilização desse tempo). Esse custo não inclui o das quatro noites que você já passa estudando.

Para tomar sua decisão, você compara o benefício marginal de uma noite a mais de estudos com o custo marginal disso. Se o benefício marginal for maior do que o custo marginal, você passa a noite extra estudando. Se o custo marginal for maior do que o benefício marginal, você não passa a noite extra estudando.

Ao avaliar os benefícios e os custos marginais e escolher apenas as ações que resultam em mais benefício do que custo, utilizamos nossos recursos escassos de um modo que nos deixe na melhor situação possível.

Respostas a incentivos

Nossas escolhas respondem a incentivos. Uma mudança no custo marginal ou no benefício marginal altera os incentivos que encontramos e nos leva a mudar nossa escolha.

Por exemplo, suponha que o seu professor de economia lhe dê uma série de exercícios e informe que todos constarão na próxima prova. O benefício marginal de estudar esses exercícios é grande, de modo que você se esforça para fazer todos. Por outro lado, se o seu professor de matemática lhe dá uma série de exercícios e informa que nenhum deles constará na próxima prova, o benefício marginal de estudá-los é menor, de modo que você deixa de resolver a maioria deles.

A idéia central da economia é que é possível prever como as escolhas mudarão analisando as mudanças nos incentivos. Uma atividade passa a ser mais realizada quando seu custo marginal diminui ou seu benefício marginal aumenta; uma atividade passa a ser menos realizada quando seu custo marginal aumenta ou seu benefício marginal diminui.

Os incentivos também são a chave para conciliar o interesse pessoal com o interesse social. O fato de nossas escolhas *não* estarem de acordo com o interesse social deve-se aos incentivos que encontramos. Um dos desafios dos economistas é compreender os sistemas de incentivos que fazem com que as escolhas movidas pelo interesse pessoal estejam de acordo com o interesse social.

Natureza humana, incentivos e instituições

Os economistas levam em conta a natureza humana e consideram que as pessoas agem de acordo com o interesse pessoal. Todas as pessoas – consumidores, produtores, políticos e funcionários públicos – agem movidas pelo interesse pessoal.

As ações motivadas pelo interesse pessoal não são necessariamente *egoístas*. Você pode decidir utilizar seus recursos de maneiras que gerem satisfação para os outros, bem como para você mesmo. Mas uma ação de interesse pessoal adquire mais valor *para você* com base na *sua* visão de valor.

Se a natureza humana é levada em conta e as pessoas agem de acordo com seus interesses pessoais, como é possível cuidar do interesse social? Os economistas respondem a essa questão salientando o papel crucial das instituições ao influenciar os incentivos com que as pessoas se defrontam ao buscar o interesse pessoal.

A propriedade privada protegida por um sistema de leis e os mercados que permitem a troca voluntária são instituições fundamentais. À medida que prosseguir no seu estudo de economia você verá que, na presença dessas instituições, o interesse pessoal de fato pode promover o interesse social.

QUESTÕES PARA REVISÃO

1 Dê três exemplos cotidianos de *trade-offs* e descreva o custo de oportunidade envolvido em cada um deles.
2 Dê três exemplos cotidianos que ilustrem o que queremos dizer com escolha 'na margem'.
3 Como os economistas prevêem mudanças nas escolhas?
4 O que os economistas dizem sobre o papel das instituições na promoção do interesse social?

Economia: uma ciência social

A economia é uma ciência social (juntamente com as ciências políticas, a psicologia e a sociologia). Os economistas tentam descobrir como o mundo econômico funciona e, na busca por esse objetivo (como todos os cientistas), eles distinguem dois tipos de afirmação:

- O que *é*.
- O que *deveria ser*.

As afirmações sobre o que *é* são chamadas de afirmações *positivas* e podem estar certas ou erradas. Podemos testar uma afirmação positiva verificando-a em relação aos fatos. Quando um químico faz um experimento em seu laboratório, ele está tentando verificar uma afirmação positiva em relação aos fatos.

As afirmações sobre o que *deveria ser* são chamadas de afirmações *normativas*. Essas afirmações dependem de valores e não podem ser testadas. Quando o Congresso discute uma proposta, está, em última análise, tentando decidir o que deveria ser. Ele está fazendo uma afirmação normativa.

Para entender a distinção entre afirmações positivas e normativas, pense na controvérsia sobre o aquecimento global. Alguns cientistas acreditam que séculos de queima de carvão e petróleo estão aumentando a quantidade de dióxido de carbono na atmosfera do planeta e levando a temperaturas mais elevadas, que, mais cedo ou mais tarde, terão conseqüências devastadoras sobre a vida na Terra. "Está ocorrendo um aquecimento de nosso planeta devido a uma maior concentração de dióxido de carbono na atmosfera" é uma afirmação positiva, que pode (em princípio e com dados suficientes) ser testada. "Devemos reduzir nossa utilização de combustíveis à base de carbono, como carvão e petróleo" é uma afirmação normativa, que podemos concordar ou não com ela, mas não podemos testá-la. Ela se baseia em valores.

A reforma do sistema de saúde pública de um país representa outro exemplo econômico dessa distinção. "A assistência médica para todos reduzirá o tempo produtivo perdido com problemas de saúde" é uma afirmação positiva. "Cada cidadão deveria ter acesso igualitário ao sistema de saúde" é uma afirmação normativa.

A tarefa das ciências econômicas é descobrir afirmações positivas coerentes com o que observamos e que nos ajudem a compreender o mundo econômico. Essa tarefa pode ser dividida em três passos:
- Observação e mensuração
- Construção de modelos
- Teste dos modelos

Observação e mensuração

O primeiro passo para compreender como o mundo econômico funciona é observá-lo. Toda ciência precisa de dados. Os economistas observam e mensuram dados em todos os aspectos do comportamento econômico, como, por exemplo, quantidades de recursos disponíveis, médias salariais e horas trabalhadas, quantidades e preços de bens e serviços produzidos e consumidos, entre outros.

Construção de modelos

O segundo passo para entender o funcionamento do mundo econômico é construir um modelo. Um **modelo econômico** é uma descrição de algum aspecto do mundo econômico que inclui somente as características do mundo necessárias para a finalidade em questão. Um modelo é mais simples do que a realidade que ele descreve. O que um modelo inclui e ignora é resultado de pressupostos sobre quais detalhes são essenciais e quais não são.

É possível perceber como pode ser útil – e até mesmo essencial – para nossa compreensão ignorar detalhes, pensando em um modelo que provavelmente vemos todos os dias: o mapa meteorológico da TV. O mapa meteorológico é um modelo que ajuda a prever a temperatura, a velocidade e a direção do vento e o nível de precipitação pluviométrica em um período futuro. Esse mapa mostra linhas chamadas de isobáricas – linhas de mesma pressão barométrica. Ele não mostra as rodovias interestaduais. A razão para isso é que, de acordo com nossa teoria sobre o clima, é o padrão da pressão atmosférica, e não a localização das estradas, que determina o clima.

Um modelo econômico é similar a um mapa meteorológico. Por exemplo, um modelo econômico de uma rede de telefonia celular pode nos mostrar os efeitos do desenvolvimento de uma nova tecnologia de baixo custo sobre o número de assinantes de telefones celulares e o volume de utilização dos serviços de telefonia celular. Mas o modelo ignoraria detalhes como a cor dos aparelhos celulares das pessoas e os toques que elas escolhem.

Teste dos modelos

O terceiro passo é testar os modelos. As previsões de um modelo podem corresponder aos fatos ou entrar em conflito com eles. Ao compararmos as previsões do modelo com os fatos, podemos testar um modelo e desenvolver uma **teoria econômica**. Uma teoria econômica é uma generalização que resume o que achamos que entendemos sobre as escolhas econômicas que as pessoas fazem e o desempenho de indústrias e de economias inteiras. Ela é uma ponte entre um modelo econômico e a economia real.

O processo de construção e teste de modelos resulta em teorias. Por exemplo, os meteorologistas têm a teoria de que, se as linhas isobáricas formarem determinado padrão em determinado local e determinada época do ano (um modelo) isso quer dizer que nevará (realidade). Eles desenvolveram essa teoria fazendo observações repetidas e registrando cuidadosamente o clima que se segue a padrões específicos de pressão.

A economia é uma ciência jovem. Ela nasceu em 1776 com a publicação de *A riqueza das nações*, de Adam Smith. Desde então, os economistas desenvolveram várias teorias úteis, mas, em muitas áreas, eles ainda estão buscando respostas. O acúmulo gradual de conhecimento econômico dá à maioria dos economistas alguma esperança de que seus métodos, mais cedo ou mais tarde, proporcionarão respostas viáveis às grandes questões econômicas.

Mas o progresso no estudo da economia é lento. Vejamos alguns dos obstáculos ao progresso da economia.

Obstáculos e armadilhas em economia

Não é fácil fazer experimentos econômicos. Além disso, a maior parte do comportamento econômico tem várias causas simultâneas. Por esses dois motivos, é difícil separar causa e efeito em economia.

Distinção entre causa e efeito. Ao alterar um fator por vez e manter todos os outros fatores relevantes constantes, isolamos o fator que interessa e podemos investigar seus efeitos da maneira mais clara possível. Esse recurso lógico, que todos os cientistas utilizam para identificar causa e efeito, é chamado de *ceteris paribus*. **Ceteris paribus** é um termo do latim que significa "todas as demais condições mantidas iguais" ou "se todos os outros fatores relevantes forem mantidos constantes". Em muitas atividades é fundamental assegurar-se de que os outros fatores sejam constantes, e todas as tentativas bem-sucedidas de obter progresso científico utilizam esse recurso.

Os modelos econômicos (como os modelos em todas as outras ciências) permitem o isolamento da influência de um fator por vez no mundo imaginário do modelo. Quando utilizamos um modelo, somos capazes de imaginar o que aconteceria se apenas um fator sofresse mudança. Mas, em economia, o *ceteris paribus* pode ser um problema quando tentamos testar um modelo.

Os cientistas de laboratório, como químicos e físicos, conduzem experimentos realmente mantendo constantes todos os fatores relevantes com exceção do fator que está sendo investigado. Nas ciências não experimentais, como a economia (e a meteorologia), normalmente observamos os resultados da operação simultânea de vários fatores. Em conseqüência, é difícil separar os efeitos de cada fator individual e compará-los com aquilo que um modelo prevê. Para lidar com esse problema, os economistas utilizam três abordagens complementares.

Em primeiro lugar, eles procuram pares de eventos em que todos os outros fatores sejam iguais (ou similares). Um exemplo disso pode ser o estudo dos efeitos do seguro-desemprego sobre a taxa de desemprego comparando-se os Estados Unidos com o Canadá, a partir da premissa de que as pessoas nas duas economias sejam suficientemente similares. Em segundo lugar, utilizam ferramentas estatísticas – chamadas econometria. Em terceiro lugar, quando podem, eles conduzem experimentos. Essa abordagem relativamente nova coloca pessoas reais (normalmente estudantes) em uma situação de tomada de decisões e promove variações de seus incentivos para descobrir como eles reagem à mudança de um fator por vez.

Os economistas tentam evitar falácias – erros de lógica que levam a uma conclusão errada. Mas são comuns duas falácias, e é necessário manter-se alerta para evitá-las. São elas:

- Falácia da composição
- Falácia *post hoc*

Falácia da composição A falácia da composição é a afirmação (falsa) de que o que é verdadeiro para as partes também é verdadeiro para o todo ou de que o que é verdadeiro para o todo também é verdadeiro para as partes. Há muitos exemplos cotidianos desse tipo de falácia. Ficar em pé na arquibancada de um jogo de futebol para ter uma visão melhor funciona para uma pessoa, mas não para todas – o que é verdadeiro para parte de uma multidão não é verdadeiro para toda a multidão.

A falácia da composição surge em muitas situações econômicas em que as partes interagem umas com as outras para produzir um resultado para o todo que pode diferir da intenção das partes.

Por exemplo, uma empresa demite alguns funcionários para cortar custos e aumentar os lucros. Se todas as empresas praticarem ações similares, a renda diminui e, conseqüentemente, os gastos também. A empresa vende menos e seus lucros não aumentam.

Suponha que uma empresa imagine que poderá conquistar uma maior participação de mercado reduzindo preços e promovendo uma grande campanha publicitária. Mais uma vez, se apenas uma empresa promover essas ações, elas funcionarão. Mas se todas as empresas em uma indústria promoverem as mesmas ações, as empresas acabarão tendo a mesma participação de mercado que antes e lucros mais baixos.

Falácia *post hoc* Uma outra expressão do latim – *post hoc, ergo propter hoc* – significa "depois disto, logo por causa disto". A falácia *post hoc* é o erro de raciocínio de considerar que um primeiro evento *causou* um segundo evento porque ocorreu antes do que o outro. Suponha que você seja um visitante de um outro planeta. Você observa várias pessoas fazendo compras no início de dezembro e as vê abrindo presentes e festejando a época de Natal. "As compras causam a época de Natal?", você se pergunta. Depois de um estudo mais aprofundado, descobre que na verdade é a época de Natal que causa a febre de compras. Um evento posterior causa um evento anterior.

É difícil, em economia, fazer a distinção entre causa e efeito. A mera análise do momento em que os eventos ocorrem não ajuda. Por exemplo, o mercado de ações está em alta e alguns meses depois a economia se expande – os empregos e as rendas aumentam. O mercado de ações em alta causou a expansão da economia? É possível, mas talvez as empresas tivessem começado a planejar a expansão da produção porque uma nova tecnologia que reduzia os custos tivesse se tornado disponível. À medida que a notícia desses planos se espalha, o mercado de ações reage *antecipando* a expansão econômica. Para distinguir entre causa e efeito, os economistas utilizam modelos e dados econômicos e, até onde podem, conduzem experimentos.

A economia é uma ciência desafiadora. Será que a dificuldade de obter respostas em economia significa que qualquer argumento é aceitável e que os economistas discordam na maioria das questões? Talvez você já tenha ouvido a piada: "Se você colocasse todos os economistas do mundo lado a lado, nem assim eles chegariam a um acordo". Pode ser surpreendente, mas a piada não descreve a realidade.

Acordos e desacordos

Os economistas concordam em uma considerável variedade de questões. Além disso, muitas vezes o consenso dos economistas está em desacordo com a visão popular e, por vezes, com a visão politicamente correta. Quando o presidente do Banco Central norte-americano Ben Bernanke depõe diante do Comitê Bancário do Senado norte-americano, suas palavras raramente causam controvérsia entre os economistas, mesmo quando geram um interminável debate na imprensa e no Congresso.

Veja a seguir 12 proposições com as quais pelo menos 7 em cada 10 economistas em geral concordam:

- Tarifas e restrições a importações prejudicam a maioria das pessoas.
- Um grande déficit fiscal exerce um efeito adverso sobre a economia.
- O salário mínimo aumenta o desemprego entre trabalhadores jovens e de baixa qualificação.
- O pagamento em dinheiro de alguma ajuda que o governo dá às pessoas as beneficiam mais do que o pagamento em mercadorias ou serviços de mesmo valor monetário.
- Uma redução de impostos pode ajudar a diminuir o desemprego quando a taxa de desemprego for elevada.
- A distribuição de renda deveria ser mais igualitária.
- A inflação é causada principalmente por uma rápida velocidade de expansão monetária.
- O governo deveria reestruturar os programas sociais como se fosse um 'imposto de renda negativo'.
- Os controles de aluguel reduzem a disponibilidade de moradias.
- Impostos sobre a poluição são mais eficazes do que limites à poluição.
- A redistribuição de renda é uma função legal do governo federal.

- O orçamento federal deveria ser equilibrado de acordo com a média ao longo do ciclo econômico, mas não em todos os anos.

Quais dessas proposições são positivas e quais são normativas? Observe que os economistas estão dispostos a oferecer suas opiniões sobre questões normativas, bem como seu parecer profissional sobre questões positivas. Fique atento a proposições normativas disfarçadas de proposições positivas.

QUESTÕES PARA REVISÃO

1. Qual é a diferença entre uma afirmação positiva e uma afirmação normativa? Dê um exemplo (diferente daqueles apresentados no capítulo) de cada tipo de afirmação.
2. O que é um modelo? Você consegue pensar em um modelo que poderia utilizar (provavelmente sem pensar nele como um modelo) em sua vida cotidiana?
3. O que é uma teoria? Por que a afirmação "pode funcionar na teoria, mas não funciona na prática" é uma afirmação sem fundamento?
4. O que é a condição *ceteris paribus* e como ela é utilizada?
5. Tente pensar em alguns exemplos reais da falácia da composição e da falácia *post hoc*.

RESUMO

Pontos-chave

Definição de economia (p. 1-2)
- Todas as questões econômicas surgem da escassez – do fato de que as necessidades excedem os recursos disponíveis para satisfazê-las.
- A economia é a ciência social que estuda as escolhas que as pessoas fazem à medida que se defrontam com a escassez.
- A economia se divide em microeconomia e macroeconomia.

Duas grandes questões econômicas (p. 2-7)
- Duas grandes questões resumem o âmbito da economia:
  1. Como as escolhas acabam determinando *o quê*, *como* e *para quem* produzir bens e serviços?
  2. Quando as escolhas motivadas pelo *interesse pessoal* também promovem o *interesse social*?

O modo econômico de pensar (p. 7-10)
- Cada escolha é um *trade-off* – a troca de uma quantidade maior de uma coisa por uma quantidade maior de outra.
- O *trade-off* clássico canhões versus manteiga representa todos os *trade-offs*.
- Todas as questões econômicas envolvem *trade-offs*.
- O grande *trade-off* social é aquele entre igualdade e eficiência.
- A alternativa de maior valor da qual se abre mão é o custo de oportunidade do que é escolhido.
- Escolhas são feitas 'na margem' e respondem a incentivos.

Economia: uma ciência social (p. 10-13)
- Os economistas distinguem entre afirmações positivas – o que é – e afirmações normativas – o que deveria ser.
- Para explicar o mundo econômico, os economistas elaboram teorias construindo e testando modelos econômicos.
- Os economistas utilizam a condição *ceteris paribus* para tentar distinguir entre causa e efeito e procuram evitar a falácia da composição e a falácia post hoc.
- Os economistas concordam em uma considerável variedade de questões sobre como a economia funciona.

Palavras-chave

Benefício marginal, 9
Bens e serviços, 2
Capacidade empresarial, 3
Capital, 3
Capital humano, 3
Ceteris paribus, 11
Custo marginal, 9
Custo de oportunidade, 9
Economia, 2
Escassez, 1
Fatores de produção, 2
Grande *trade-off*, 8
Incentivo, 2
Interesse pessoal, 4
Interesse social, 4
Juros, 3
Lucro, 3
Macroeconomia, 2
Margem, 9
Microeconomia, 2
Modelo econômico, 11
Renda da terra, 3
Salário, 3
Teoria econômica, 11
Terra, 2
Trabalho, 3
Trade-off, 8

EXERCÍCIOS

1. A Apple Computer Inc. decide disponibilizar de graça músicas no iTunes, em quantidades ilimitadas.
    a. A decisão da Apple significa que as músicas não são mais escassas?
    b. A decisão da Apple muda os incentivos que as pessoas encontram?
    c. A decisão da Apple é um exemplo de uma questão microeconômica ou macroeconômica?
    d. Como a decisão da Apple altera o custo de oportunidade de uma música?

2. Qual dos seguintes pares não combina:
    a. Trabalho e salários?
    b. Terra e renda da terra?
    c. Capacidade empresarial e lucro?
    d. Capital e lucro?

3. Explique como as manchetes a seguir dizem respeito ao interesse pessoal e ao interesse social:
    a. O Wal-Mart se expande na Europa.
    b. A rede norte-americana de comida mexicana Taco Bell entra no Canadá.
    c. O McDonald's passa a vender saladas.
    d. Os alimentos devem conter rótulos com informações nutricionais.

4. Um dia antes de uma prova de economia, você decide ir ao cinema em vez de ficar em casa e estudar. Você acerta 50 por cento das questões da prova, em comparação com os 70 por cento que normalmente acerta.
    a. Você estava diante de um *trade-off*?
    b. Qual foi o custo de oportunidade de ter ido ao cinema?

5. Qual das seguintes declarações é positiva, qual é normativa e qual pode ser testada?
    a. O governo norte-americano deveria reduzir suas importações.
    b. A China é o maior parceiro comercial dos Estados Unidos.
    c. Se o preço de medicamentos anti-retrovirais aumentar, os portadores do vírus HIV reduzirão o consumo desses medicamentos.

6. Qual afirmação ilustra a falácia da composição e qual é um exemplo da falácia *post hoc*?
    a. Você vai conseguir ver mais coisas se ficar na ponta dos pés.
    b. Todas as pessoas deveriam sair de casa uma hora antes para evitar o trânsito da hora do rush.
    c. Os fumantes têm mais riscos de desenvolver doenças pulmonares e cardíacas.

PENSAMENTO CRÍTICO

1. À medida que Londres se prepara para as Olimpíadas de 2012, as preocupações referentes ao custo do evento aumentam. Um exemplo:

    Os custos das Olimpíadas de Londres elevam-se muito – Estima-se que a recuperação da região leste de Londres sobrecarregará a conta dos contribuintes em 1,5 bilhão de libras a mais.

    The Times, Londres, 6 jul. 2006.

    O custo da recuperação da região leste de Londres representa um custo de oportunidade para sediar os Jogos Olímpicos de 2012? Explique por quê.

ATIVIDADES NA INTERNET

1. Visite o site CNNMoney.com. Se preferir, visite qualquer outro site de notícias econômicas.
    a. Qual é a principal notícia econômica de hoje?
    b. Quais são as grandes questões a que ela se refere? (Ela deve se referir a pelo menos uma delas e pode se referir a mais de uma.)
    c. Quais *trade-offs* a notícia aborda?
    d. Escreva um breve resumo da notícia em alguns tópicos utilizando ao máximo o vocabulário econômico que você aprendeu neste capítulo e que consta na lista de palavras-chave.

2. Visite o site Resources for Economists on the Internet (recursos para economistas na Internet). É um bom local para pesquisar informações econômicas na Internet. Clique em "Blogs, commentaries, and podcasts" (blogs, comentários e *podcasts*).
    a. Acesse o blog de Becker e Posner e leia o último blog desses dois reconhecidos economistas. Se preferir, visite qualquer outro site ou blog de um economista de sua preferência.
    b. Enquanto lê o blog, pense no que ele está dizendo sobre as questões 'o quê', 'como' e 'para quem' produzir.
    c. Enquanto lê o blog, pense no que ele está dizendo sobre interesse pessoal e interesse social.

3. Visite o site do Bureau of Labor Statistics (Gabinete de Estatísticas sobre o Trabalho) e encontre informações sobre emprego, desemprego e renda em qualquer Estado dos Estados Unidos. Encontre também informações sobre emprego, desemprego e renda dos Estados Unidos como um todo e compare o Estado escolhido com o país inteiro. Se preferir, visite o portal do IBGE para pesquisar essas informações sobre o Brasil.

APÊNDICE

Os gráficos em economia

Ao término do estudo deste apêndice, você saberá:

▶ Traçar e interpretar um gráfico de série temporal, um gráfico de dados transversais e um diagrama de dispersão.

▶ Distinguir entre relações lineares e não lineares e entre relações que apresentam um máximo e um mínimo.

▶ Definir e calcular a inclinação de uma linha.

▶ Representar graficamente relações entre mais de duas variáveis.

Representação gráfica de dados

Um gráfico representa uma quantidade como uma distância em uma linha. Na Figura A1.1, a distância na linha horizontal representa a temperatura, medida em graus centígrados. Um deslocamento da esquerda para a direita indica um aumento da temperatura. O ponto 0 representa zero grau centígrado. À direita de 0, a temperatura é positiva. À esquerda de 0 (conforme indicado pelo sinal de menos), a temperatura é negativa. Uma distância da linha vertical representa a altitude, medida em milhares de metros. O ponto 0 representa o nível do mar. Os pontos acima de 0 representam metros acima do nível do mar. Os pontos abaixo de 0 (indicados por um sinal de menos) representam metros abaixo do nível do mar.

Ao se definirem duas escalas perpendiculares uma à outra, como na Figura A1.1, é possível visualizar a relação entre as duas variáveis. As linhas da escala são chamadas de *eixos*. A linha vertical é o eixo *y*, e a linha horizontal, o eixo *x*. Cada eixo tem um ponto zero, compartilhado pelos dois eixos e chamado de *origem*.

Precisamos de dois dados para traçar um gráfico de variáveis: o valor da variável *x* e o valor da variável *y*. Por exemplo, na costa do Alasca, a temperatura é de 10 graus centígrados – o valor de *x*. Um barco de pesca está localizado 0 metro acima do nível do mar – o valor de *y*. Esses dois dados são indicados como o ponto *A* na Figura A1.1. Um alpinista no topo do monte McKinley, em um dia moderadamente frio, está 6 mil metros acima do nível do mar e a 0 grau centígrado. Esses dois dados são indicados como o ponto *B*. Em um dia mais ameno, um alpinista pode estar no topo do monte McKinley à temperatura de 10 graus centígrados, no ponto *C*.

Podemos traçar duas linhas, chamadas de *coordenadas*, a partir do ponto *C*. Uma, chamada de coordenada *y*, vai de *C* ao eixo horizontal. Sua extensão é igual ao valor indicado no eixo *y*. A outra, chamada de coordenada *x*, vai de *C* ao eixo vertical. Sua extensão é igual ao valor indicado no eixo *x*. Descrevemos um ponto em um gráfico pelos valores de sua coordenada *x* e sua coordenada *y*.

Gráficos como o apresentado na Figura A1.1 podem mostrar qualquer tipo de dados quantitativos em duas variáveis. Os economistas utilizam três tipos de gráficos baseados nos princípios da Figura A1.1 para visualizar e descrever as relações entre as variáveis. Eles são:

- Gráficos de série temporal
- Gráficos de dados transversais
- Diagramas de dispersão

Gráficos de série temporal

Um **gráfico de série temporal** mensura o tempo (por exemplo, meses ou anos) no eixo *x* e a variável ou variáveis nas quais estamos interessados no eixo *y*. A Figura A1.2 é um exemplo de um gráfico de série temporal, que fornece algumas informações sobre o preço da gasolina. Na figura, mensuramos o tempo em anos, a partir de 1973. Indicamos o preço da gasolina (a variável na qual estamos interessados) no eixo *y*.

Um gráfico de série temporal nos permite visualizar como uma variável muda ao longo do tempo e como seu valor em um período se relaciona com seu valor em outro período.

Além disso, ele transmite uma enorme quantidade de informações rápida e facilmente, como este exemplo ilustra. Ele mostra:

Figura A1.1 Traçando um gráfico

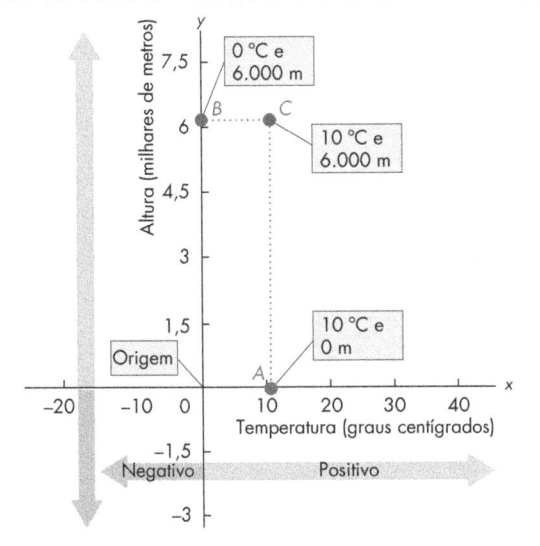

Os gráficos têm eixos que medem quantidades, como distâncias. Neste caso, o eixo horizontal (eixo *x*) indica a temperatura e o eixo vertical (eixo *y*) indica a altura. O ponto *A* representa um barco de pesca no nível do mar (0 no eixo *y*) em um dia no qual a temperatura é de 10 °C. O ponto *B* representa um alpinista no topo do monte McKinley, 6 mil metros acima do nível do mar e a uma temperatura de 0 °C. O ponto *C* representa um alpinista no topo do monte McKinley, 6 mil metros acima do nível do mar e a uma temperatura de 10 °C.

Figura A1.2 Um gráfico de série temporal

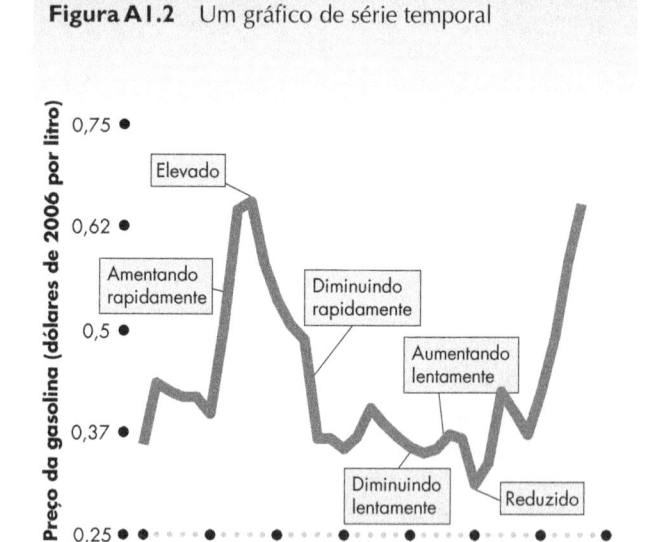

Um gráfico de série temporal representa o nível de uma variável no eixo *y* em relação ao tempo (dia, semana, mês ou ano) no eixo *x*. Este gráfico mostra o preço da gasolina (em dólares de 2006 por litro) a cada ano, de 1973 a 2006. Ele nos mostra quando o preço da gasolina estava *elevado* e quando estava *reduzido*, quando o preço *aumentou* e quando *diminuiu* e quando o preço mudou *rapidamente* e quando mudou *lentamente*.

- O *nível* do preço da gasolina – quando ele está *alto* e *baixo*. Quando a linha está distante do eixo *x*, o preço é elevado, como ocorreu, por exemplo, em 1981. Quando a linha está próxima do eixo *x*, o preço é reduzido, como, por exemplo, em 1998.
- Como o preço muda – se ele *aumenta* ou *diminui*. Quando a linha se inclina para cima, como ocorreu em 1979, o preço está aumentando. Quando a linha se inclina para baixo, como em 1986, o preço está diminuindo.
- A *velocidade* na qual o preço muda – se ele *aumenta* ou *diminui rapidamente* ou *lentamente*. Se a linha é muito inclinada, o preço aumenta ou diminui rapidamente. Se a linha não é muito inclinada, o preço aumenta ou diminui lentamente. Por exemplo, o preço aumentou rapidamente entre 1978 e 1980 e lentamente entre 1994 e 1996. O preço diminuiu rapidamente entre 1985 e 1986 e lentamente entre 1990 e 1994.

Um gráfico de série temporal também revela se há ou não uma **tendência** – uma tendência geral de uma variável se deslocar em uma direção, a qual pode ser ascendente ou descendente. Na Figura A1.2, o preço da gasolina apresentou uma tendência geral de queda durante as décadas de 1980 e 1990. Isto é, apesar de o preço ter aumentado e diminuído, a tendência geral foi de queda – o preço apresentou uma tendência descendente. A partir de 2000, a tendência foi ascendente.

Um gráfico de série temporal também nos ajuda a detectar flutuações em uma variável em relação à sua tendência.

Podemos ver algumas altas e baixas no preço da gasolina na Figura A1.2.

Para completar, um gráfico de série temporal também nos permite comparar rapidamente a variável em diferentes períodos. A Figura A1.2 mostra que as décadas de 1970 e 1980 foram diferentes da década de 1990. O preço da gasolina apresentou mais flutuações durante as décadas de 1970 e 1980 do que na década de 1990.

É possível ver que um gráfico de série temporal transmite muitas informações. E isso é feito em muito menos espaço do que seria necessário para descrever apenas uma de suas características. Mas você precisa 'ler' o gráfico para obter todas essas informações.

Gráficos de dados transversais

Um **gráfico de dados transversais** mostra os valores de uma variável econômica para diferentes grupos ou categorias em um momento. A Figura A1.3, chamada de *gráfico de barras*, é um exemplo de gráfico de dados transversais.

O gráfico de barras da Figura A1.3 mostra dez atividades de lazer e a porcentagem da população dos Estados Unidos que se envolveu nelas em 2005. A extensão de cada barra indica a porcentagem da população. Esta figura nos permite comparar a popularidade dessas dez atividades. E muito mais rápida e claramente do que se o fizéssemos em uma lista de números.

Diagramas de dispersão

Um **diagrama de dispersão** representa o valor de uma variável em comparação com o valor de outra. Um gráfico como esse revela se há uma relação entre duas variáveis e a descreve. A Figura A1.4(a) mostra a relação entre gastos e

Figura A1.3 Um gráfico de dados transversais

Um gráfico de dados transversais mostra o nível de uma variável ao longo de categorias ou grupos. Este gráfico de barras mostra dez atividades populares de lazer e a porcentagem da população norte-americana que se envolve em cada uma delas.

Figura A1.4 Diagramas de dispersão

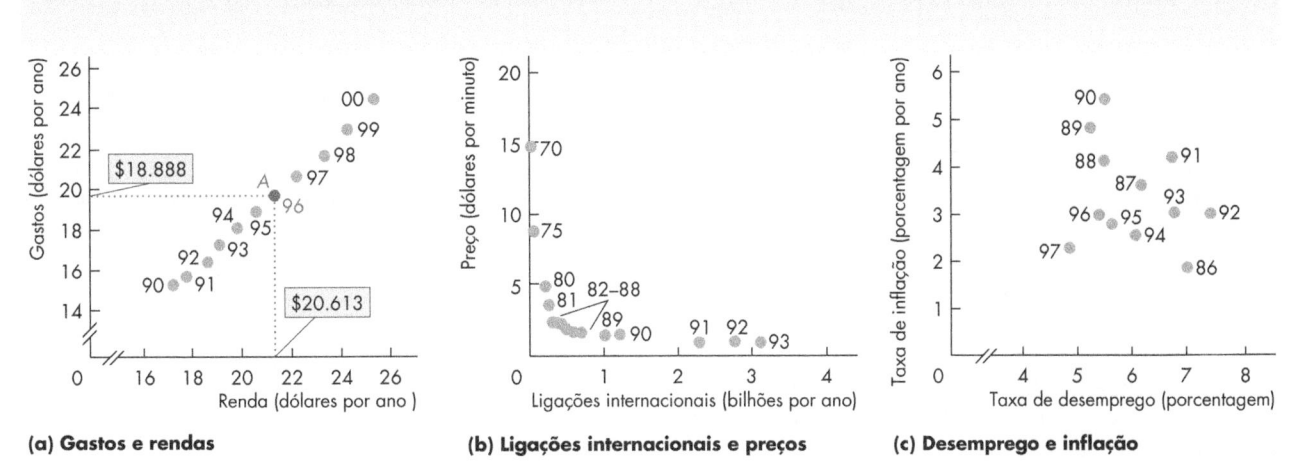

(a) Gastos e rendas   **(b) Ligações internacionais e preços**   **(c) Desemprego e inflação**

Um diagrama de dispersão revela a relação entre duas variáveis. A parte (a) mostra a relação entre gastos e renda. Cada ponto mostra os valores das duas variáveis em determinado ano. Por exemplo, o ponto A nos indica que, em 1996, a renda média por pessoa era de $ 20.613 e os gastos médios por pessoa eram de $ 18.888. O padrão formado pelos pontos revela que, à medida que a renda aumenta, os gastos também aumentam.

A parte (b) mostra a relação entre o preço de uma ligação telefônica internacional e o número de ligações feitas. Este gráfico mostra que, à medida que o preço de uma ligação telefônica diminui, o número de ligações aumenta. A parte (c) mostra um diagrama de dispersão da taxa de inflação e da taxa de desemprego nos Estados Unidos. Este gráfico mostra que a inflação e o desemprego não estão estreitamente relacionados.

renda. Cada ponto mostra os gastos por pessoa e a renda por pessoa em um determinado ano entre 1990 e 2000. Os pontos estão 'dispersos' pelo gráfico. O ponto A nos indica que, em 1996, a renda por pessoa era de $ 20.613 e os gastos por pessoa eram de $ 18.888. Os pontos nesse gráfico formam um padrão, o qual revela que, conforme a renda aumenta, os gastos também aumentam.

A Figura A1.4(b) mostra a relação entre o número de ligações telefônicas internacionais e o preço de uma ligação. Esse gráfico mostra que, à medida que o preço por minuto diminui, o número de ligações aumenta.

A Figura A1.4(c) mostra um diagrama de dispersão da inflação e do desemprego nos Estados Unidos. Neste caso, os pontos não mostram uma relação clara entre as duas variáveis. Eles revelam que não há uma relação simples entre essas variáveis.

Quebras nos eixos Dois dos gráficos que acabamos de analisar – Figura A1.4(a) e Figura A1.4(c) – apresentam quebras em seu eixos, representadas por pequenas lacunas. As quebras indicam que há saltos da origem, 0, aos primeiros valores registrados.

Na Figura A1.4(a), as quebras são utilizadas porque o menor valor dos gastos é maior que $ 14.000 e o menor valor da renda é maior que $ 16.000. Sem as quebras nos eixos, haveria muito espaço em branco, todos os pontos estariam aglomerados no canto superior direito e não poderíamos visualizar se existe uma relação entre as duas variáveis. Ao quebrarmos os eixos, somos capazes de visualizar a relação.

Quebrar os eixos é como utilizar uma lente de aumento para trazer a relação ao centro do gráfico e ampliá-la para que ela o preencha adequadamente.

Gráficos enganosos As quebras podem ser utilizadas para salientar uma relação, mas também podem ser utilizadas para enganar – para fazer um gráfico que iluda. A maneira mais comum de fazer um gráfico ilusório é utilizar quebras nos eixos e estender ou comprimir uma escala. Por exemplo, suponha que, na Figura A1.4(a), o eixo y, que mede os gastos, vá de zero a $ 45.000, enquanto o eixo x é mantido como apresentado na figura. Neste caso, o gráfico criaria a impressão de que, apesar de um enorme aumento da renda, os gastos se mantiveram praticamente inalterados.

Para evitar a ilusão, é uma boa idéia se habituar a sempre observar com atenção os valores e os nomes dos eixos de um gráfico antes de começar a interpretá-lo.

Correlação e causação Um diagrama de dispersão que mostra uma relação clara entre duas variáveis, como a Figura A1.4(a) ou a A1.4(b), nos diz que as duas variáveis têm elevada correlação. Na presença de uma elevada correlação, é possível prever o valor de uma variável com base no valor da outra variável. Mas a correlação não implica causação.

Algumas vezes uma elevada correlação não passa de uma coincidência, mas outras vezes de fato surge de uma relação causal. É provável, por exemplo, que o aumento da renda cause um aumento dos gastos (Figura A1.4a) e que a queda do preço de uma ligação telefônica cause um aumento do número de ligações feitas (Figura A1.4b).

Agora você já viu como podemos utilizar os gráficos na economia para mostrar dados econômicos e revelar relações. Em seguida, aprenderemos como os economistas os utilizam para construir e expor modelos econômicos.

Gráficos utilizados em modelos econômicos

Os gráficos utilizados em economia não são sempre elaborados para mostrar dados do mundo real. Eles muitas vezes são utilizados para mostrar relações gerais entre as variáveis em um modelo econômico.

Um *modelo econômico* é uma descrição simplificada de uma economia ou de um componente de uma economia, como uma empresa ou um consumidor. Ele consiste em declarações sobre o comportamento econômico que podem ser expressas como equações ou como curvas em um gráfico. Os economistas utilizam modelos para explorar os efeitos de diferentes políticas ou outras influências sobre a economia, de um modo similar ao da utilização de modelos de aviões em túneis de vento e modelos climáticos.

Você encontrará muitos tipos diferentes de gráficos nos modelos econômicos, mas há alguns padrões que se repetem. Uma vez que tenha aprendido a reconhecê-los, você entenderá automaticamente o significado de um gráfico. Nesta seção, examinaremos os diferentes tipos de curvas utilizadas em modelos econômicos e veremos alguns exemplos cotidianos para cada tipo de curva. Os padrões a serem observados nos gráficos são os quatro casos nos quais:

- As variáveis se movem na mesma direção.
- As variáveis se movem em direções opostas.
- As variáveis têm um máximo ou um mínimo.
- As variáveis não estão relacionadas.

Examinemos agora esses quatro casos.

Variáveis que se movem na mesma direção

A Figura A1.5 mostra gráficos das relações entre duas variáveis que se movem juntas para cima e para baixo. Uma relação entre duas variáveis que se movem na mesma direção é chamada de **relação positiva** ou **relação direta**. Uma linha que se inclina para cima mostra esse tipo de relação.

A Figura A1.5 mostra três tipos de relações: uma que apresenta uma linha reta e duas que apresentam linhas curvas. Mas todas as linhas nesses três gráficos são chamadas de curvas. Qualquer linha em um gráfico – independentemente de ser reta ou curva – é chamada de *curva*.

Uma relação mostrada por uma linha reta é chamada de **relação linear**. A Figura Al.5(a) mostra uma relação linear entre o número de quilômetros percorridos em 5 horas e a velocidade. Por exemplo, o ponto A mostra que percorreremos 300 quilômetros em 5 horas se a nossa velocidade for de 60 quilômetros por hora. Se dobrarmos nossa velocidade para 120 quilômetros por hora, percorreremos 600 quilômetros em 5 horas.

A Figura Al.5(b) mostra a relação entre a distância percorrida correndo a toda velocidade e o tempo de recuperação (o tempo necessário para que a freqüência cardíaca volte à freqüência normal de repouso). A relação é de inclinação ascendente, que começa quase horizontalmente, mas fica mais inclinada à medida que nos movemos ao longo da curva e nos distanciamos da origem. A razão pela qual essa curva se inclina para cima e fica mais inclinada é que o tempo adicional de recuperação para correr 100 metros a mais aumenta. Leva-se menos de 5 minutos para se recuperar de uma corrida de 100 metros, mas mais de 10 minutos para se recuperar de uma corrida de 200 metros.

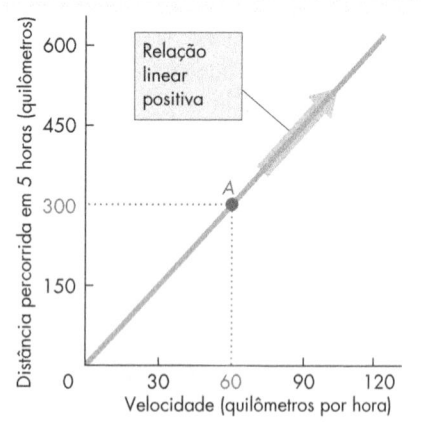

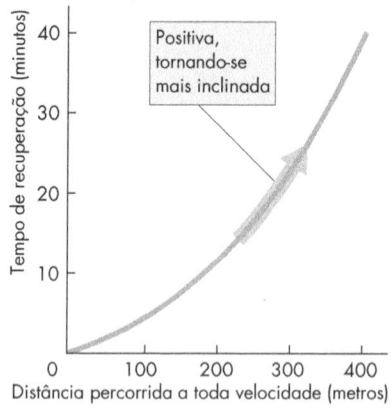

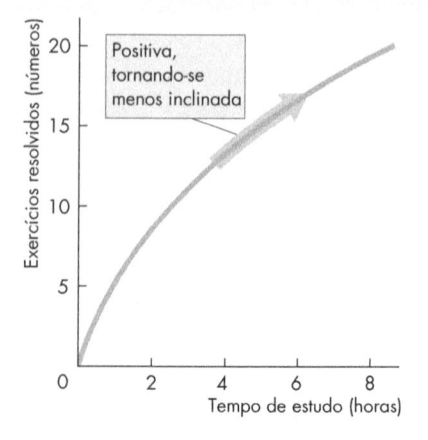

Figura A1.5 Relações positivas (diretas)

(a) Relação linear positiva

(b) Positiva, tornando-se mais inclinada

(c) Positiva, tornando-se menos inclinada

Cada parte desta figura mostra uma relação positiva (direta) entre duas variáveis. Em outras palavras, à medida que o valor da variável medida no eixo x aumenta, o mesmo acontece com o valor da variável medida no eixo y. A parte (a) mostra uma relação linear – à medida que as duas variáveis aumentam juntas, movemo-nos ao longo de uma linha reta. A parte (b) mostra uma relação positiva na qual, à medida que as duas variáveis aumentam juntas, movemo-nos ao longo de uma curva que fica mais inclinada. A parte (c) mostra uma relação positiva na qual, à medida que as duas variáveis aumentam juntas, movemo-nos ao longo de uma curva que fica menos inclinada.

A Figura Al.5(c) mostra a relação entre o número de exercícios resolvidos por um aluno e o tempo de estudo. Essa relação é de inclinação ascendente, começando relativamente inclinada e tornando-se mais horizontal à medida que nos distanciamos da origem. O tempo de estudo passa a ser menos produtivo à medida que o aluno passa mais horas estudando e fica mais cansado.

Variáveis que se movem em direções opostas

A Figura A1.6 mostra relações entre variáveis que se movem em direções opostas. Esse tipo de relação é chamada de **relação negativa** ou **relação inversa**.

A Figura A1.6(a) mostra a relação entre o número de horas disponíveis para jogar *squash* e o número de horas para jogar tênis quando o total é de 5 horas. Uma hora a mais jogando tênis significa uma hora a menos jogando *squash* e vice-versa. Essa relação é negativa e linear.

A Figura A1.6(b) mostra a relação entre o custo por quilômetro percorrido e a distância de uma viagem. Quando mais longa é a viagem, menor é o custo por quilômetro. Mas, à medida que a distância da viagem aumenta, apesar de o custo por quilômetro diminuir, a queda do custo se torna menor quanto mais longa for a viagem. Essa característica da relação é indicada pelo fato de a curva se inclinar para baixo, começando mais inclinada em uma curta distância percorrida e tornando-se mais horizontal à medida que a distância percorrida aumenta. Essa relação surge porque alguns custos são fixos, como o seguro do carro, e os custos fixos são mais diluídos ao longo de uma viagem mais longa.

A Figura A1.6(c) mostra a relação entre o tempo de lazer e o número de exercícios resolvidos por um aluno. O aumento do tempo de lazer produz uma redução cada vez maior do número de exercícios resolvidos. A relação é negativa e se inicia com uma inclinação suave para um reduzido número de horas de lazer e se torna mais inclinada à medida que o número de horas de lazer aumenta. Essa relação representa uma visão diferente da idéia mostrada na Figura A1.5(c).

Variáveis que têm um máximo ou um mínimo

Muitas relações nos modelos econômicos apresentam um máximo ou um mínimo. Por exemplo, as empresas tentam ganhar o máximo lucro possível e produzir ao mínimo custo possível. A Figura A1.7 mostra relações que apresentam um máximo ou um mínimo.

A Figura Al.7(a) mostra a relação entre os dias de chuva e a safra de trigo. Quando não chove, o trigo não cresce, de modo que a safra é zero. À medida que a chuva aumenta até 10 dias por mês, a safra de trigo aumenta. Com 10 dias de chuva por mês, a safra de trigo atinge seu máximo em mil quilos por acre (ponto *A*). Se chove mais de 10 dias no mês, a safra de trigo começa a diminuir. Se todos os dias são chuvosos, o trigo sofre a falta de luz do sol e a safra cai a zero. Essa relação começa com uma inclinação ascendente, atinge um máximo e passa a ter uma inclinação descendente.

A Figura A1.7(b) mostra o caso inverso – uma relação que começa com uma inclinação descendente, atinge um mínimo e passa a se inclinar para cima. A maioria dos custos econômicos é como essa relação. Um exemplo é a relação entre o custo por quilômetro e a velocidade para um trajeto de carro. Em baixas velocidades, o carro está se movendo lentamente em um congestionamento. O número de quilômetros por litro é reduzido, de modo que o custo por quilômetro é elevado.

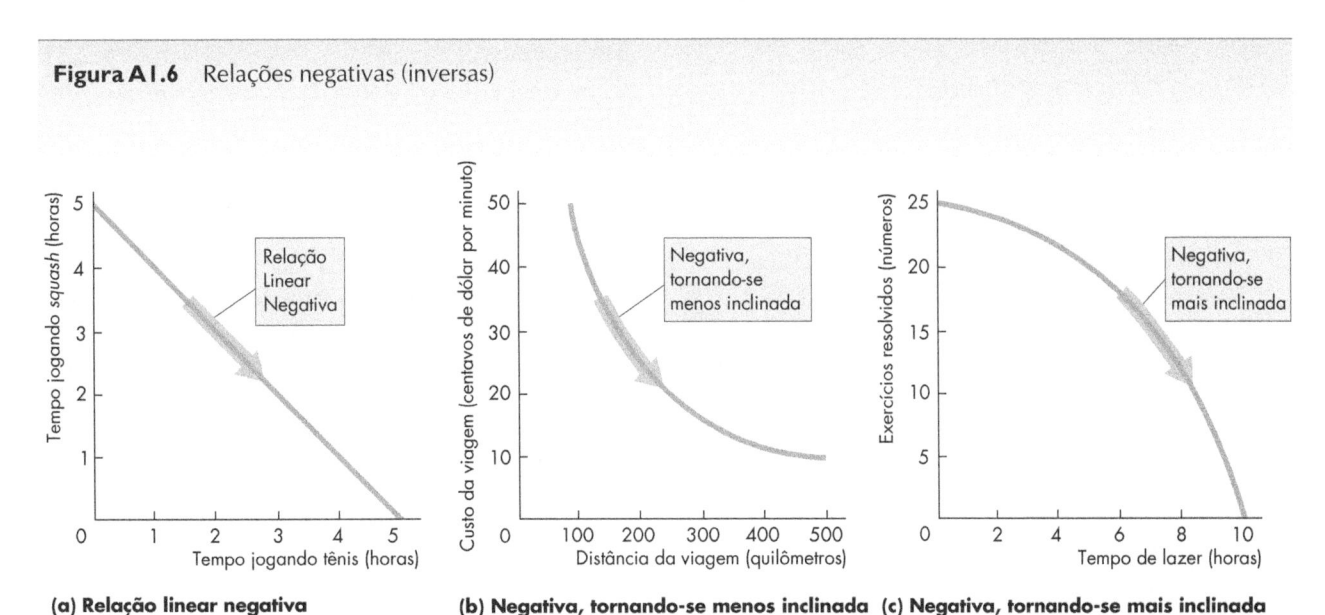

Figura A1.6 Relações negativas (inversas)

(a) Relação linear negativa

(b) Negativa, tornando-se menos inclinada

(c) Negativa, tornando-se mais inclinada

Cada parte desta figura mostra uma relação negativa (inversa) entre duas variáveis. Em outras palavras, à medida que o valor da variável mensurada no eixo *x* aumenta, o valor da variável mensurada no eixo *y* diminui. A parte (a) mostra uma relação linear. O tempo total gasto jogando tênis e *squash* é de 5 horas. À medida que o tempo gasto jogando tênis aumenta, o tempo gasto jogando *squash* diminui e nos movemos ao longo de uma linha reta. A parte (b) mostra uma relação negativa na qual, à medida que a distância percorrida aumenta o custo da viagem diminui e nos movemos em uma curva que fica menos inclinada. A parte (c) mostra uma relação negativa na qual, à medida que o tempo de lazer aumenta, o número de exercícios resolvidos diminui e nos movemos em uma curva que fica mais inclinada.

Figura A1.7 Pontos máximos e mínimos

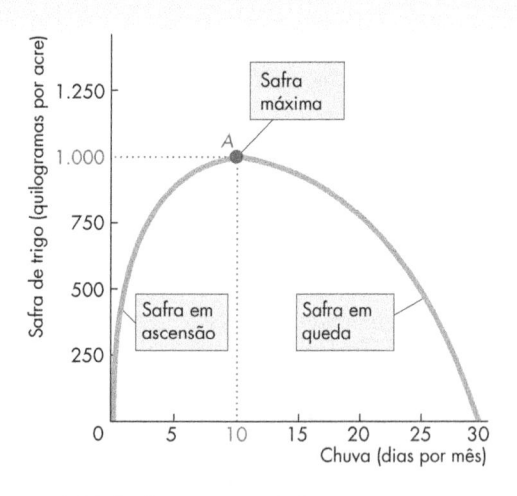

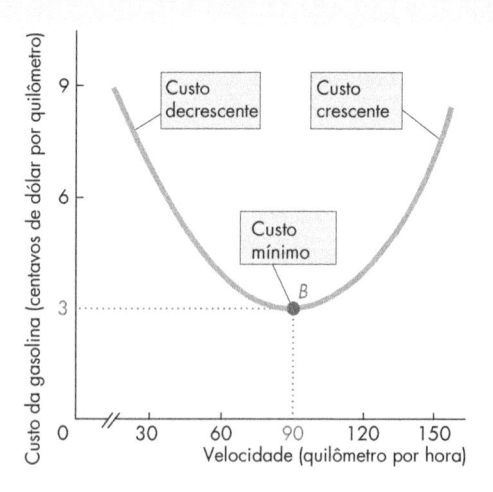

(a) Relação com um máximo

(b) Relação com um mínimo

A parte (a) mostra uma relação que tem um ponto máximo, A. A curva se inclina para cima à medida que sobe até seu ponto máximo, é horizontal em seu máximo e depois se inclina para baixo.
A parte (b) mostra uma relação com um ponto mínimo, B. A curva se inclina para baixo à medida que desce até seu mínimo, é horizontal em seu mínimo e depois se inclina para cima.

Em altas velocidades, o carro está se movendo mais rápido do que à sua velocidade mais eficiente, está utilizando uma grande quantidade de gasolina, e, mais uma vez, o número de quilômetros por litro é baixo e o custo por quilômetro é elevado. A uma velocidade de 90 quilômetros por hora, o custo por quilômetro atinge seu mínimo (ponto B). Essa relação começa com uma inclinação descendente, atinge um mínimo e depois tem inclinação ascendente.

Variáveis não relacionadas

Há muitas situações nas quais, independentemente do que acontece com o valor de uma variável, a outra variável permanece constante. Algumas vezes queremos mostrar a independência entre duas variáveis em um gráfico, e a Figura A1.8 mostra duas maneiras de fazer isso.

Ao descrevermos os gráficos das figuras A1.5, A1.6 e A1.7, falamos sobre curvas que se inclinam para cima ou para baixo e curvas que ficam menos ou mais inclinadas. Vamos dedicar algum tempo à discussão do que queremos dizer exatamente com inclinação e do modo como medimos a inclinação de uma curva.

A inclinação de uma relação

É possível medir a influência de uma variável sobre outra por meio da inclinação da relação. A **inclinação** de uma relação é a mudança no valor da variável mensurada no eixo y dividida pela mudança no valor da variável medida no eixo x. Utilizamos a letra grega Δ (*delta*) para representar 'mudança em'. Deste modo, Δy significa a mudança no valor da variável mensurada no eixo y, e Δx é a mudança no valor da variável medida no eixo x. Assim, a inclinação da relação é:

$$\Delta y / \Delta x.$$

Se uma grande mudança na variável mensurada no eixo y (Δy) está associada a uma pequena mudança na variável medida no eixo x (Δx), a inclinação é grande e a curva é quase vertical. Se uma pequena mudança na variável mensurada no eixo y (Δy) está associada a uma grande mudança na variável medida no eixo x (Δx), a inclinação é pequena e a curva é quase horizontal.

Podemos esclarecer a idéia da inclinação fazendo alguns cálculos.

A inclinação de uma linha reta

A inclinação de uma linha reta se mantém a mesma, independentemente do ponto da linha em que o cálculo é feito, ou seja, ela é constante. Vamos calcular as inclinações das linhas da Figura A1.9. Na parte (a), quando x aumenta de 2 para 6, y aumenta de 3 para 6. A mudança em x é +4 – isto é, Δx é 4. A mudança em y é +3 – isto é, Δy é 3. A inclinação dessa linha é:

$$\frac{\Delta y}{\Delta x} = \frac{3}{4}.$$

Na parte (b), quando x aumenta de 2 para 6, y diminui de 6 para 3. A mudança em y é *menos* 3, isto é, Δy é –3. A mudança em x é *mais* 4, isto é, Δx é 4. A inclinação da curva é:

$$\frac{\Delta y}{\Delta x} = -\frac{3}{4}.$$

Figura A1.8 Variáveis não relacionadas

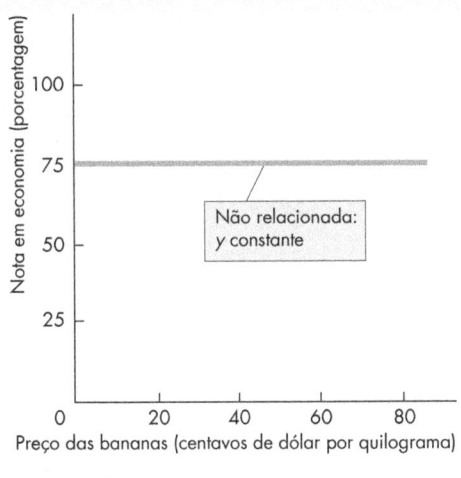

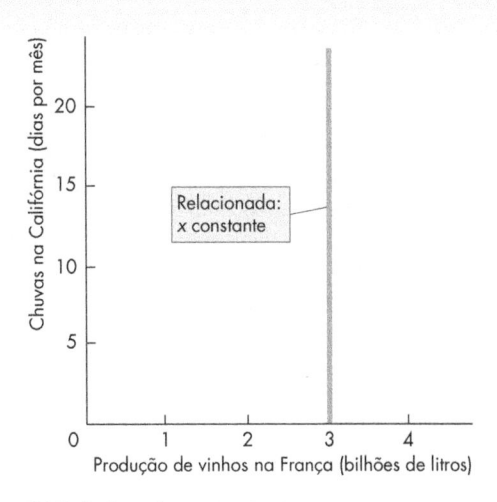

(a) Não relacionada: y constante

(b) Relacionada: x constante

A figura mostra como podemos visualizar em um gráfico duas variáveis não relacionadas entre si. Na parte (a), a nota de um aluno na disciplina de economia se mantém em 75 por cento no eixo y, independentemente do preço das bananas no eixo x. A curva é horizontal. Na parte (b), a produção dos vinhedos da França no eixo x não varia de acordo com as chuvas na Califórnia no eixo y. A curva é vertical.

Observe que as duas inclinações apresentam a mesma magnitude $\frac{3}{4}$, mas a inclinação da linha na parte (a) é positiva ($\frac{+3}{+4} = \frac{3}{4}$), enquanto na parte (b) é negativa ($\frac{-3}{+4} = -\frac{3}{4}$). A inclinação de uma relação positiva é positiva; a inclinação de uma relação negativa é negativa.

A inclinação de uma linha curva

A inclinação de uma linha curva é mais complicada. Ela não é constante, de modo que depende do ponto em que fazemos o cálculo na linha curva. Há duas maneiras de cal-

Figura A1.9 A inclinação de uma linha reta

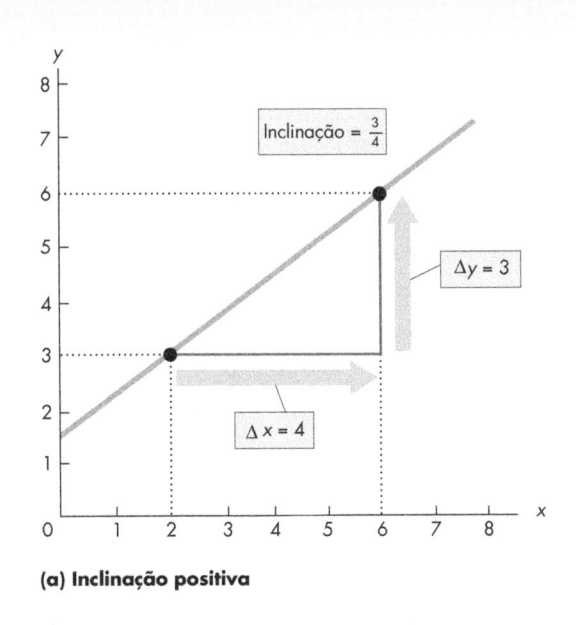

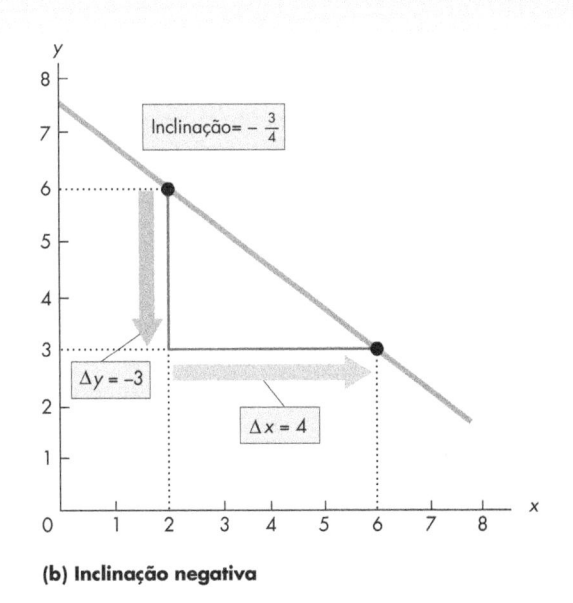

(a) Inclinação positiva

(b) Inclinação negativa

Para calcularmos a inclinação de uma linha reta, dividimos a mudança no valor da variável mensurada no eixo y (Δy) pela mudança no valor da variável medida no eixo x (Δx), à medida que nos movemos ao longo da curva. A parte (a) mostra o cálculo de uma inclinação positiva. Quando x aumenta de 2 para 6, Δx é igual a 4. Essa mudança em x corresponde a um aumento em y de 3 para 6, de modo que Δy é igual a 3. A inclinação ($\frac{\Delta y}{\Delta x}$) é igual a $\frac{3}{4}$. A parte (b) mostra o cálculo de uma inclinação negativa. Quando x aumenta de 2 para 6, Δx é igual a 4. Essa mudança em x corresponde a uma redução em y de 6 para 3, de modo que Δy é igual a –3. A inclinação ($\frac{\Delta y}{\Delta x}$) é igual a $-\frac{3}{4}$.

cular a inclinação de uma linha curva: podemos fazê-lo em um ponto ou em um arco da curva. Examinemos as duas alternativas.

Inclinação em um ponto Para calcular a inclinação em um ponto de uma curva, é necessário traçar uma linha reta que tenha a mesma inclinação que a curva no ponto em questão. A Figura A1.10 mostra como isso é feito. Suponha que você queira calcular a inclinação da curva no ponto A. Coloque uma régua no gráfico de modo que ela toque o ponto A e nenhum outro ponto da curva e depois trace uma linha reta acompanhando a régua. Essa linha é a linha reta cinza-escuro no gráfico, que é a tangente da curva no ponto A. Se a régua tocar a curva apenas no ponto A, a inclinação da curva no ponto A deverá ser a mesma que a inclinação da régua. Se a curva e a régua não tiverem a mesma inclinação, a linha ao longo da régua cortará a curva em vez de apenas tocá-la.

Depois de se ter traçado uma linha reta com a mesma inclinação que a curva no ponto A, é possível calcular a inclinação da curva no ponto A por meio do cálculo da inclinação da linha reta. Ao longo da linha reta, à medida que x aumenta de 0 para 4 ($\Delta x = 4$) y aumenta de 2 para 5 ($\Delta y = 3$). Assim, a inclinação da linha reta é:

$$\frac{\Delta y}{\Delta x} = \frac{3}{4}.$$

Deste modo, a inclinação da curva no ponto A é $\frac{3}{4}$.

Inclinação em um arco Um arco de uma curva é um pedaço da curva. Na Figura A1.11, você observa a mesma curva que a apresentada na Figura A1.10. Mas, em vez de calcularmos a inclinação no ponto A, calcularemos a inclinação do arco de B a C. É possível notar que a inclinação em B é maior que em C. Quando calculamos a inclinação de um arco, estamos calculando a inclinação média entre dois pontos. À medida que percorremos o arco de B a C, x aumenta de 3 para 5 e y aumenta de 4 para 5,5. A mudança em x é 2 ($\Delta x = 2$) e em y é 1,5 ($\Delta y = 1,5$). Deste modo, a inclinação é:

$$\frac{\Delta y}{\Delta x} = \frac{1,5}{2} = \frac{3}{4}.$$

Assim, a inclinação da curva no arco BC é $\frac{3}{4}$.

Esse cálculo nos informa a inclinação da curva entre os pontos B e C. Na verdade, a inclinação calculada é a inclinação da linha reta de B a C. Essa inclinação se aproxima da inclinação média da curva ao longo do arco BC. Neste exemplo específico, a inclinação no arco BC é idêntica à inclinação da curva no ponto A. Mas o cálculo da inclinação de uma curva nem sempre é tão simples. Você pode se divertir um pouco construindo outros exemplos e também alguns contra-exemplos.

Agora você sabe como traçar e interpretar um gráfico. Mas, até o momento, limitamos nossa atenção a gráficos de duas variáveis. Agora vamos aprender como traçar e interpretar gráficos com mais de duas variáveis.

Figura A1.10 Inclinação em um ponto

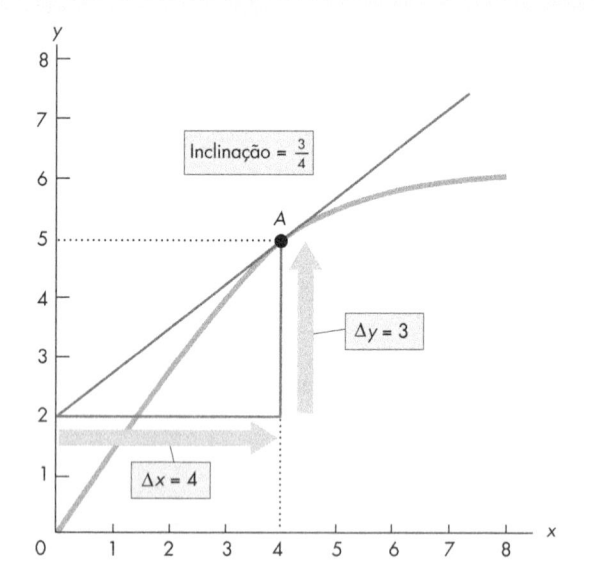

Para calcular a inclinação da curva no ponto A, trace a linha cinza-escuro que somente toca a curva em A – a tangente. A inclinação dessa linha reta é calculada dividindo-se a mudança de y pela mudança de x ao longo da linha. Quando x aumenta de 0 para 4, Δx é igual a 4. Essa mudança de x é associada a um aumento de y de 2 para 5, de modo que Δy é igual a 3. A inclinação da linha cinza-escuro é $\frac{3}{4}$. Deste modo, a inclinação da curva no ponto A é $\frac{3}{4}$.

Figura A1.11 Inclinação de um arco

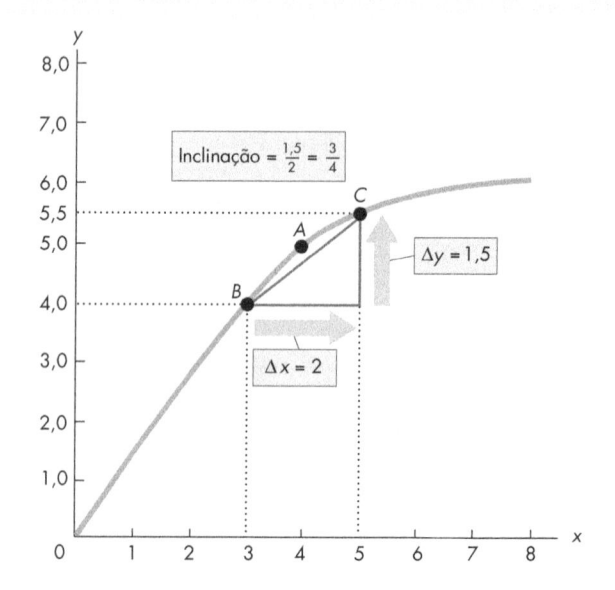

Para calcular a inclinação média da curva no arco BC, trace uma linha reta de B a C. A inclinação da linha BC é calculada dividindo-se a mudança em y pela mudança em x. Ao se deslocar de B para C, Δx é igual a 2 e Δy é igual a 1,5. A inclinação da linha BC é 1,5 dividido por 2, ou $\frac{3}{4}$. Desta maneira, a inclinação da curva no arco BC é $\frac{3}{4}$.

Representação gráfica das relações entre mais de duas variáveis

Vimos que podemos traçar em um gráfico a relação entre duas variáveis como um ponto formado pelas coordenadas x e y em um gráfico bidimensional. Você pode estar pensando que, apesar de um gráfico bidimensional ser informativo, a maioria das coisas pelas quais você provavelmente se interessa envolve relações entre muitas variáveis, não apenas duas. Por exemplo, a quantidade de sorvete consumida depende do preço do sorvete e da temperatura. Se o sorvete é caro e a temperatura é baixa, as pessoas consomem muito menos sorvete do que quando o sorvete é barato e a temperatura é elevada. Para qualquer determinado preço de sorvete, a quantidade consumida varia com a temperatura, e, para qualquer determinada temperatura, a quantidade de sorvete consumida varia de acordo com o preço.

A Figura A1.12 mostra uma relação entre três variáveis. A tabela mostra o número de litros de sorvete consumidos por dia em várias temperaturas e os preços do sorvete. Como podemos apresentar esses dados em um gráfico?

Para traçar em um gráfico uma relação que envolve mais de duas variáveis, utilizamos a condição *ceteris paribus*.

Ceteris paribus. Observamos neste capítulo (veja a página 11) que cada experimento de laboratório é uma tentativa de criar a condição *ceteris paribus* e isolar a relação de interesse. Utilizamos o mesmo método para traçar um gráfico quando há mais de duas variáveis envolvidas.

A Figura A1.12(a) mostra um exemplo. Nela, é possível visualizar o que acontece com a quantidade de sorvete consumida quando o preço do sorvete varia e a temperatura se mantém constante. A linha indicada por 30 °C mostra a relação entre o consumo de sorvete e o preço do sorvete se a temperatura se mantém em 30 °C. Os números utilizados para representar essa linha são aqueles apresentados na terceira coluna da tabela da Figura A1.12. Por exemplo, se a temperatura é de 30 °C, são consumidos 40 litros de sorvete quando o preço da bola de sorvete é de 0,60 e 72 litros quando o preço da bola de sorvete é de 0,30. A curva indi-

Figura A1.12 Representação gráfica de uma relação entre três variáveis

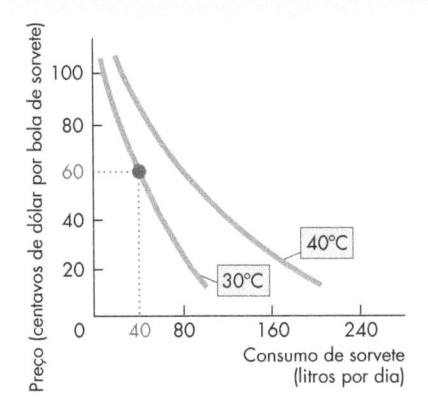

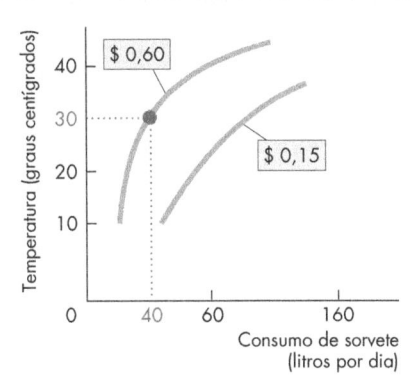

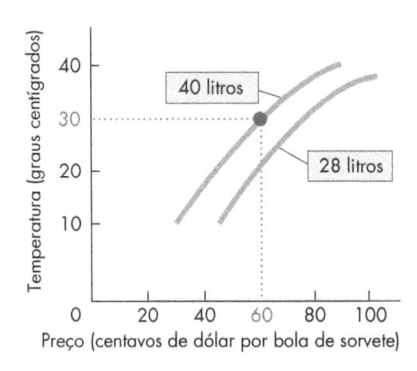

(a) Preço e consumo a determinada temperatura

(b) Temperatura e consumo a determinado preço

(c) Temperatura e preço a determinado nível de consumo

Preço (centavos de dólar por bola de sorvete)	Consumo de sorvete (litros por dia)			
	10 °C	20 °C	30 °C	40 °C
15	48	72	100	200
30	40	48	72	148
45	28	40	52	108
60	20	28	40	80
75	12	20	28	56
90	8	12	20	40
105	4	8	12	24

O consumo de sorvete depende de seu preço e da temperatura. A tabela nos indica quantos litros de sorvete são consumidos por dia a diferentes preços e diferentes temperaturas. Por exemplo, se o preço da bola de sorvete for $ 0,60 e a temperatura for 30 °C, são consumidos 40 litros de sorvete. Esse conjunto de valores está destacado na tabela e em cada parte da figura.

Para traçar um gráfico de uma relação entre três variáveis, o valor de uma variável é mantido constante. A parte (a) mostra a relação entre o preço e o consumo quando a temperatura é mantida constante. Uma curva mantém a temperatura em 40 °C e a outra a mantém em 30 °C. A parte (b) mostra a relação entre a temperatura e o consumo quando o preço é mantido constante. Uma curva mantém o preço em $ 0,60 por bola de sorvete, e a outra o mantém em $ 0,15. A parte (c) mostra a relação entre a temperatura e o preço quando o consumo é mantido constante. Uma curva mantém o consumo em 40 litros, e a outra o mantém em 28 litros.

cada por 40 °C mostra o consumo à medida que o preço varia se a temperatura se mantém em 40 °C.

Também podemos mostrar a relação entre o consumo de sorvete e a temperatura quando o preço do sorvete permanece constante, como mostrado na Figura A1.12(b). A curva indicada por $ 0,60 mostra como o consumo de sorvete varia com a temperatura quando o preço da bola de sorvete é de $ 0,60, e uma segunda curva mostra a relação quando o preço da bola de sorvete é de $ 0,15. Por exemplo, quando o preço da bola de sorvete é de $ 0,60, são consumidos 40 litros quando a temperatura é de 30 °C e 80 litros quando a temperatura é de 40 °C.

A Figura A1.12(c) mostra as combinações de temperatura e preço que levam a um consumo constante de sorvete. Uma curva mostra as combinações que levam a um consumo constante de 40 litros por dia, e a outra mostra as combinações que levam a um consumo constante de 28 litros por dia. Um preço e uma temperatura elevados levam ao mesmo consumo que um preço reduzido e uma temperatura baixa. Por exemplo, 40 litros de sorvete são consumidos em diferentes combinações: a uma temperatura de 30 °C e $ 0,60 por bola de sorvete, a uma temperatura de 40 °C e $ 0,90 por bola de sorvete e a uma temperatura de 20 °C e $ 0,45 por bola de sorvete.

◇ Com o que aprendeu sobre os gráficos, você pode prosseguir com seu estudo da economia. Não há nenhum gráfico neste livro mais complicado do que os que analisamos neste apêndice.

Observação matemática
Equações de linhas retas

Se uma linha reta em um gráfico descreve a relação entre duas variáveis, ela é chamada de relação linear. A Figura 1 mostra a *relação linear* entre os gastos e a renda de uma pessoa. Essa pessoa gasta $ 100 por semana (pedindo dinheiro emprestado ou tirando dinheiro da poupança) quando a renda é zero. E, para cada dólar que ganha, essa pessoa gasta $ 0,50 (e economiza $ 0,50).

Todas as relações lineares são descritas pela mesma equação geral. Chamamos a quantidade medida no eixo horizontal (ou eixo x) de x, e a quantidade medida no eixo vertical (ou eixo y), de y. No caso da Figura 1, x é a renda e y representa os gastos.

Uma equação linear

A equação que descreve uma relação de linha reta entre x e y é:

$$y = a + bx.$$

Nesta equação, a e b são números fixos e são chamados de constantes. Os valores de x e y variam, de modo que esses números são chamados de variáveis. Como a equação descreve uma linha reta, é chamada de *equação linear*.

A equação nos informa que, quando o valor de x é zero, o valor de y é a. Chamamos a constante a de intercepto no eixo y. A razão para isso é que, no gráfico, a linha reta atinge o eixo y em um valor igual a a. A Figura 1 ilustra o intercepto no eixo y.

Para valores positivos de x, o valor de y é maior que a. A constante b nos informa o quanto y aumenta acima de a à medida que x aumenta. A constante b é a inclinação da linha.

Inclinação da linha

Como explicamos neste capítulo, a *inclinação* de uma relação é a mudança no valor de y dividida pela mudança no valor de x. Utilizamos a letra grega Δ (delta) para representar 'mudança em'. Deste modo, Δy significa a mudança no valor da variável medida no eixo y, e Δx é a mudança no valor da variável representada no eixo x. Assim, a inclinação da relação é:

$$\frac{\Delta y}{\Delta x}.$$

Para entender por que a inclinação é b, suponha que o valor inicial de x seja x_1, ou $ 200 na Figura 2. O valor correspondente de y é y_1, também $ 200 na Figura 2. A equação da linha diz que:

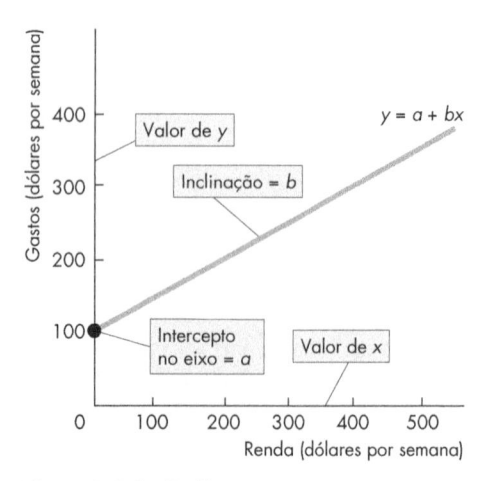

Figura 1: Relação linear

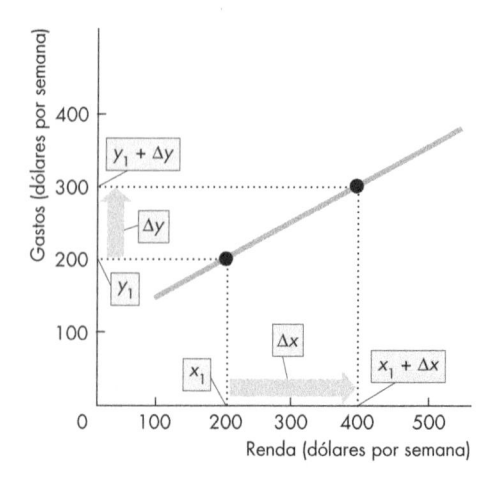

Figura 2: Cálculo da inclinação

$$y_1 = a + bx_1. \tag{1}$$

Agora, o valor de x aumenta Δx para $x_1 + \Delta x$ (ou $ 400 na Figura 2). E o valor de y aumenta Δy para $y_1 + \Delta y$ (ou $ 300 na Figura 2).

A equação da linha agora diz que:

$$y_1 + \Delta y = a + b(x_1 + \Delta x) \tag{2}$$

Para calcular a inclinação da linha, subtraia a equação (1) da equação (2) para obter:

$$\Delta y = b\Delta x \tag{3}$$

e divida a equação (3) por Δx para obter:

$$\frac{\Delta y}{\Delta x} = b.$$

Deste modo, temos que a inclinação da linha é b.

Posição da linha

O intercepto no eixo y determina a posição da linha no gráfico. A Figura 3 ilustra a relação entre o intercepto no eixo y e a posição da linha no gráfico. Neste gráfico, o eixo y representa a poupança, e o eixo x, a renda.

Quando o intercepto no eixo y, a, é positivo, a linha corta o eixo y em um valor positivo de y – como ocorre com a linha cinza-claro. Neste caso, o intercepto no eixo y é 100. Quando o intercepto no eixo y, a, é zero, a linha corta o eixo y na origem – como ocorre com a linha tracejada. Neste caso, o intercepto no eixo y é 0. Quando o intercepto no eixo y, a, é negativo, a linha corta o eixo y em um valor negativo de y – como ocorre com a linha cinza-escuro. Neste caso, o intercepto no eixo y é –100.

Como mostram as equações das três linhas, o valor do intercepto no eixo y não influencia a inclinação da linha. Todas as três linhas apresentam uma inclinação igual a 0,5.

Relações positivas

A Figura 1 mostra uma relação positiva – as duas variáveis x e y movem-se na mesma direção. Todas as relações positivas têm uma inclinação que é positiva. Na equação da linha, a constante b é positiva. Neste exemplo, o intercepto no eixo y, a, é 100. A inclinação b é igual a $\frac{\Delta y}{\Delta x}$, isto é, 100/200 ou 0,5. Assim, a equação da linha é:

$$y = 100 + 0,5x.$$

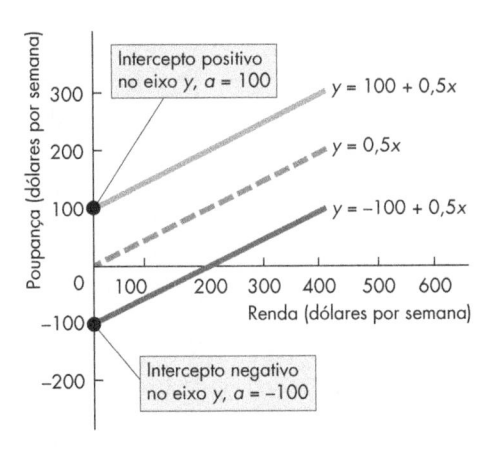

Relações negativas

A Figura 4 mostra uma relação negativa — as duas variáveis x e y movem-se em direções opostas. Todas as relações negativas têm uma inclinação que é negativa. Na equação da linha, a constante b é negativa. No exemplo da Figura 4, o intercepto no eixo y, a, é 30. A inclinação, b, é igual a $\frac{\Delta y}{\Delta x}$, isto é, –20/2 ou –10. Desta maneira, a equação da linha é:

$$y = 30 + (-10)x$$

ou

$$y = 30 - 10x.$$

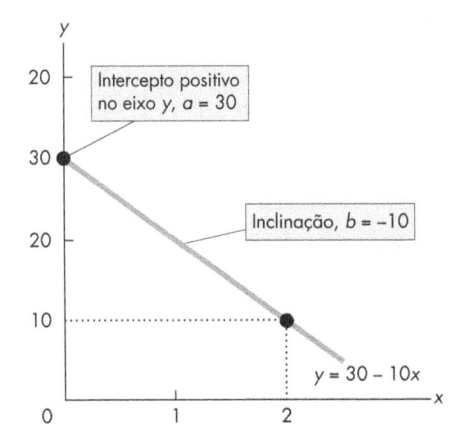

Figura 4: Relação negativa

RESUMO

Pontos-chave

Representação gráfica de dados (p. 15-17)

- Um gráfico de série temporal mostra a tendência e as flutuações de uma variável ao longo do tempo.
- Um gráfico de dados transversais mostra como as variáveis mudam ao longo de categorias ou grupos de uma população.
- Um diagrama de dispersão mostra a relação entre duas variáveis. Ele mostra se duas variáveis estão positivamente relacionadas, negativamente relacionadas ou não relacionadas.

Gráficos utilizados em modelos econômicos (p. 18-20)

- Os gráficos são utilizados para mostrar relações entre variáveis nos modelos econômicos.
- As relações podem ser positivas (uma curva inclinada para cima), negativas (uma curva inclinada para baixo), positi-

Figura 3: O intercepto no eixo y

vas e depois negativas (apresentando um ponto máximo), negativas e depois positivas (apresentando um ponto mínimo) ou não relacionadas (uma curva horizontal ou vertical).

A inclinação de uma relação (p. 20-22)

- A inclinação de uma relação é calculada como a mudança no valor da variável mensurada no eixo *y* dividida pela mudança no valor da variável medida no eixo *x*, isto é, $\frac{\Delta y}{\Delta x}$.
- Uma linha reta tem uma inclinação constante.
- Uma linha curva tem uma inclinação variável. Para conhecer a inclinação de uma linha curva, calculamos a inclinação em um ponto ou em um arco da curva.

Representação gráfica das relações entre mais de duas variáveis (p. 23-24)

- Para representar graficamente uma relação entre mais de duas variáveis, são mantidos constantes os valores de todas as variáveis com a exceção de duas.
- Em seguida, plotamos o valor de uma das variáveis em comparação com o valor da outra variável.

Figuras-chave

Figura A1.1: Traçando um gráfico, 15
Figura A1.5: Relações positivas (diretas), 18
Figura A1.6: Relações negativas (inversas), 19
Figura A1.7: Pontos máximos e mínimos, 20
Figura A1.9: A inclinação de uma linha reta, 21
Figura A1.10: Inclinação em um ponto, 22
Figura A1.11: Inclinação de um arco, 22

Palavras-chave

Diagrama de dispersão, 16
Gráfico de dados transversais, 16
Gráfico de série temporal, 15
Inclinação, 20
Relação direta, 18
Relação inversa, 19
Relação linear, 18
Relação negativa, 19
Relação positiva, 18
Tendência, 16

QUESTÕES PARA REVISÃO

1. Quais são os três tipos de gráficos utilizados para mostrar os dados econômicos?
2. Dê um exemplo de gráfico de série temporal.
3. Cite três elementos que um gráfico de série temporal mostra rápida e facilmente.
4. Dê três exemplos, diferentes dos apresentados neste capítulo, de diagramas de dispersão que mostram uma relação positiva, uma relação negativa e nenhuma relação.
5. Trace alguns gráficos para mostrar a relação entre duas variáveis:
   a. Que se movem na mesma direção.
   b. Que se movem em direções opostas.
   c. Que apresentam um máximo.
   d. Que apresentam um mínimo.
6. Qual das relações da questão 5 é uma relação positiva e qual é uma relação negativa?
7. Quais são as duas maneiras de calcular a inclinação de uma linha curva?
8. Como representamos graficamente as relações entre mais de duas variáveis?

EXERCÍCIOS

A tabela abaixo apresenta dados sobre a economia dos Estados Unidos: A coluna A indica o ano; a coluna B, a taxa de inflação; a coluna C, a taxa de juros; a coluna D, a taxa de crescimento, e a coluna E, a taxa de desemprego. Utilize os dados da tabela para os exercícios 1, 2, 3 e 4.

	A	B	C	D	E
1	1995	2,8	7,6	2,5	5,6
2	1996	2,9	7,4	3,7	5,4
3	1997	2,3	7,3	4,5	4,9
4	1998	1,6	6,5	4,2	4,5
5	1999	2,2	7,0	4,4	4,2
6	2000	3,4	7,6	3,7	4,0
7	2001	2,8	7,1	0,8	4,7
8	2002	1,6	6,5	1,6	5,8
9	2003	2,3	5,7	2,7	6,0
10	2004	2,7	5,6	4,2	5,5
11	2005	3,4	5,2	3,5	5,1

1. a. Trace um gráfico de série temporal da taxa de inflação.
   b. Em que ano(s) a inflação (i) estava mais elevada, (ii) estava mais reduzida, (iii) aumentou, (iv) diminuiu, (v) aumentou mais e (vi) diminuiu mais?
   c. Qual foi a principal tendência da inflação?

2. a. Trace um gráfico de série temporal da taxa de juros.
   b. Em que ano(s) a taxa de juros (i) estava mais elevada, (ii) estava mais reduzida, (iii) aumentou, (iv) diminuiu, (v) aumentou mais e (vi) diminuiu mais?
   c. Qual foi a principal tendência da taxa de juros?

3. Trace um diagrama de dispersão para mostrar a relação entre a taxa de inflação e a taxa de juros. Descreva a relação.

4. Trace um diagrama de dispersão para mostrar a relação entre a taxa de crescimento e a taxa de desemprego. Descreva a relação.

5. Trace um gráfico para mostrar a relação entre as duas variáveis x e y:

x	0	1	2	3	4	5	6	7	8
y	0	1	4	9	16	25	36	49	64

   a. A relação é positiva ou negativa?
   b. A inclinação da relação aumenta ou diminui à medida que o valor de x aumenta?
   c. Pense em algumas relações econômicas que possam ser similares a esta.

6. Trace um gráfico que mostre a relação entre as duas variáveis x e y:

x	0	1	2	3	4	5
y	25	24	22	16	8	0

   a. A relação é positiva ou negativa?
   b. A inclinação da relação aumenta ou diminui à medida que o valor de x aumenta?
   c. Pense em algumas relações econômicas que possam ser similares a esta.

7. No exercício 5, calcule a inclinação da relação entre x e y quando x é igual a 4.

8. No exercício 6, calcule a inclinação da relação entre x e y quando x é igual a 3.

9. No exercício 5, calcule a inclinação da relação no arco quando x aumenta de 3 para 4.

10. No exercício 6, calcule a inclinação da relação no arco quando x aumenta de 4 para 5.

11. Calcule a inclinação da relação indicada pelo ponto A da figura a seguir.

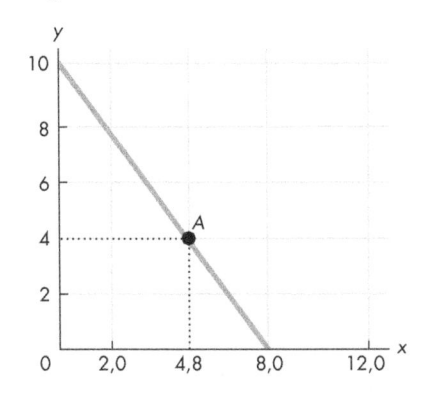

12. Calcule a inclinação da relação indicada pelo ponto A da figura a seguir.

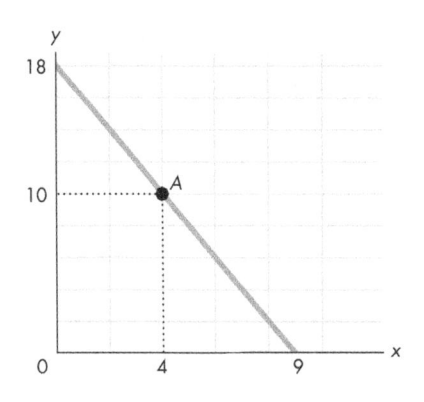

13. Utilize a figura a seguir para calcular a inclinação da relação.

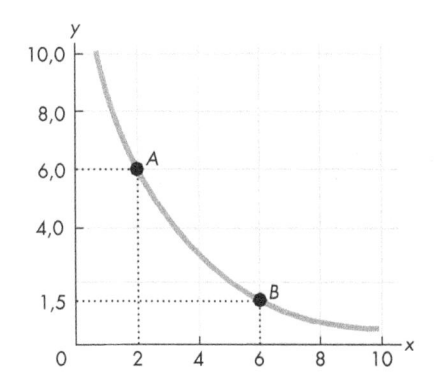

   a. Nos pontos A e B.
   b. No arco AB.

14. Utilize a figura a seguir para calcular a inclinação da relação.

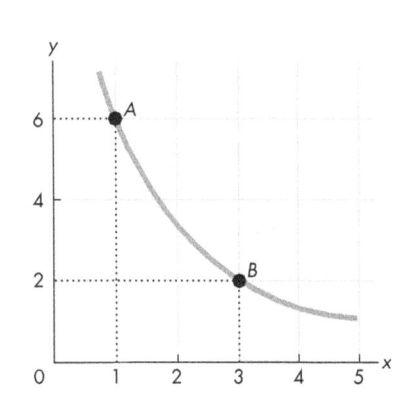

   a. Nos pontos A e B.
   b. No arco AB.

15. A tabela apresenta o preço de um passeio de balão, a temperatura e o número de passeios feitos por dia.

Preço (dólares por passeio)	Passeios de balão (número por dia)		
	10 °C	20 °C	30 °C
5,00	32	40	50
10,00	27	32	40
15,00	18	27	32
20,00	10	18	27

Trace gráficos para mostrar a relação entre:
a. O preço e o número de passeios, mantendo a temperatura constante.
b. O número de passeios e a temperatura, mantendo o preço constante.
c. A temperatura e o preço, mantendo o número de passeios constante.

16. A tabela apresenta o preço de um guarda-chuva, a precipitação pluviométrica e o número de guarda-chuvas comprados.

Preço ($ por guarda-chuva)	Guarda-chuvas (número por dia)		
	0	1	2
	(centímetros de precipitação)		
10	7	8	12
20	4	7	8
30	2	4	7
40	1	2	4

Trace gráficos para mostrar a relação entre:
a. O preço e o número de guarda-chuvas comprados, mantendo a precipitação pluviométrica constante.
b. O número de guarda-chuvas comprados e a precipitação pluviométrica, mantendo o preço constante.
c. A precipitação pluviométrica e o preço, mantendo o número de guarda-chuvas comprados constante.

ATIVIDADES NA INTERNET

Procure na Internet um portal que tenha um banco de dados de séries econômicas (como, por exemplo, o do Banco Central do Brasil ou o Ipeadata).

1. Encontre o índice de preços ao consumidor dos últimos 12 meses e trace um gráfico correspondente. No mês mais recente, o índice estava aumentando ou diminuindo? Seu crescimento (ou diminuição) era crescente ou decrescente?

2. Encontre a taxa de desemprego dos últimos 12 meses e trace um gráfico correspondente. No mês mais recente, a taxa estava aumentando ou diminuindo? Seu crescimento (ou diminuição) era crescente ou decrescente?

3. Use os dados obtidos nos exercícios 1 e 2 e trace um gráfico para mostrar se o índice de preços ao consumidor e a taxa de desemprego estão relacionadas entre si.

4. Use os dados obtidos nos exercícios 1 e 2 e calcule a mudança percentual mensal no índice de preços ao consumidor. Depois trace um gráfico para mostrar se a mudança percentual no índice de preços ao consumidor e a taxa de desemprego estão relacionadas entre si.

CAPÍTULO 2

O problema econômico

Ao término do estudo deste capítulo, você saberá:

- Definir a fronteira de possibilidades de produção e calcular o custo de oportunidade.
- Distinguir entre as possibilidades de produção e as preferências e descrever uma alocação eficiente de recursos.
- Explicar como as escolhas atuais da produção expandem as possibilidades futuras de produção.
- Explicar como a especialização e o comércio expandem nossas possibilidades de produção.
- Descrever as instituições econômicas que coordenam as decisões.

Bom, melhor, melhor ainda!

Temos um estilo de vida que surpreende nossos avós e que teria deixado nossos bisavôs estupefatos.
MP3, videogames, telefones celulares, engenharia genética e computadores pessoais, que não existiam há 25 anos, transformaram nossa vida cotidiana. Para a maioria de nós, a vida é boa e está melhorando. Mas ainda precisamos fazer escolhas e nos defrontar com custos.
Talvez a escolha mais importante que você precise fazer se refere a quando parar de estudar e passar apenas a trabalhar. Quando se formar, você pretende fazer pós-graduação ou não? Quais são os custos e as conseqüências dessa escolha? Retornaremos a essa questão na seção "Leitura das entrelinhas", no final deste capítulo.
Quando fazemos nossas escolhas, somos motivados por nosso interesse pessoal. Será que nossas escolhas também estão de acordo com o interesse social? O que significa 'interesse social'?
Testemunhamos um incrível crescimento do nível de especialização e do comércio no mundo. Cada um de nós se especializa em um trabalho específico – como advogado, jornalista, engenheiro. Por quê? Como nos beneficiamos da especialização e do comércio?
Ao longo de muitos séculos, instituições sociais cuja existência hoje não nos surpreende evoluíram muito. Elas incluem empresas, mercados e um sistema político e legal que protege a propriedade privada. Por que essas instituições evoluíram?

São essas as questões que estudaremos neste capítulo. Começaremos com o principal problema econômico – escassez e escolha – e o conceito da fronteira de possibilidades de produção. Depois analisaremos a idéia central da economia: a busca do interesse social implica a utilização eficiente de recursos. Também veremos como podemos expandir a produção acumulando capital, ampliando nosso conhecimento, especializando-nos e negociando uns com os outros. O que você aprenderá neste capítulo constitui as bases para o desenvolvimento da economia.

Possibilidades de produção e custo de oportunidade

A cada dia útil, em minas, fábricas, lojas e escritórios e em fazendas e canteiros de obras em todo o território norte-americano, 138 milhões de pessoas produzem uma ampla variedade de bens e serviços avaliados em 50 bilhões de dólares. Mas as quantidades de bens e serviços que podemos produzir são limitadas tanto pelos recursos disponíveis quanto pela tecnologia. Se quisermos aumentar nossa produção de um bem, deveremos reduzir a produção de alguma outra coisa – estamos diante de *trade-offs*. Você conhecerá a fronteira de possibilidades de produção que descreve o limite até o qual é possível produzir e proporciona uma maneira prática de pensar sobre o conceito de *trade-off* e de ilustrá-lo.

A **fronteira de possibilidades de produção** (*FPP*) é a fronteira entre as combinações de bens e serviços que podem ser produzidas e as que não podem. Para ilustrar a *FPP*, podemos nos concentrar em dois bens em um determinado momento e manter constantes as quantidades produzidas de todos os outros bens e serviços. Em outras palavras, observamos um *modelo* econômico no qual tudo permanece constante (*ceteris paribus*), exceto a produção dos dois bens em questão.

Vamos examinar a fronteira de possibilidades de produção para CDs e pizzas, que representam *qualquer* par de bens e serviços.

Fronteira de possibilidades de produção

A *fronteira de possibilidades de produção* para CDs e pizzas mostra os limites da produção desses dois bens, considerando os recursos totais disponíveis para produzi-los. A Figura 2.1 mostra essa fronteira de possibilidades de produção. A tabela apresenta algumas combinações das quantidades de pizzas e CDs que podem ser produzidas em um mês considerando os recursos disponíveis. A figura representa essas combinações em um gráfico. O eixo x mostra a quantidade de pizzas produzidas, e o eixo y mostra a quantidade de CDs produzidos.

A *FPP* ilustra a *escassez* porque não é possível alcançar os pontos fora da fronteira, os quais descrevem necessidades que não podem ser satisfeitas. Podemos produzir em qualquer ponto *dentro* da *FPP* e *sobre* a *FPP*. Esses pontos são alcançáveis. Suponha que, em um mês qualquer, produzamos 4 milhões de pizzas e 5 milhões de CDs. A Figura 2.1 mostra essa combinação como o ponto E e como a possibilidade E na tabela. Mostra também outras possibilidades de produção. Por exemplo, podemos parar de produzir pizzas e transferir para a produção de CDs todas as pessoas que fazem pizzas. O ponto A da figura e a possibilidade A da tabela demonstram esse caso. A quantidade de CDs produzidos aumenta para 15 milhões e a produção de pizzas termina. Por outro lado, podemos fechar as fábricas de CDs e transferir todos os recursos para a produção de pizzas. Nessa situação, produzimos 5 milhões de pizzas. O ponto F da figura e a possibilidade F da tabela demonstram esse caso.

Eficiência produtiva

Atingimos a **eficiência produtiva** se não conseguimos produzir uma quantidade maior de um bem sem produzir uma quantidade menor de outro. Quando a produção é eficiente, estamos em um ponto *sobre* a *FPP*. Se estamos em um ponto *dentro* da *FPP*, como no ponto Z da Figura 2.1, a produção é *ineficiente* porque temos alguns recursos *não utilizados* ou *mal alocados* ou ambos.

Os recursos são *não utilizados* quando estão ociosos, mas poderiam estar em funcionamento. Por exemplo, podemos manter algumas das fábricas ociosas ou alguns trabalhadores desempregados.

Os recursos são *mal alocados* quando são alocados para tarefas para as quais a correspondência não é a ideal. Por exemplo, podemos colocar experientes pizzaiolos para trabalhar em uma fábrica de CDs e produtores experientes de CDs para trabalhar em uma pizzaria. Poderíamos obter mais pizzas *e* mais CDs desses mesmos trabalhadores se os alocássemos para tarefas que estivessem mais de acordo com suas aptidões e experiência.

Se produzimos em um ponto dentro da *FPP*, como o ponto Z da Figura 2.1, podemos utilizar nossos recursos com mais eficiência para produzir mais pizzas, mais CDs ou mais pizzas *e* mais CDs. Mas, se produzirmos em um ponto *sobre* a *FPP*, estamos utilizando nossos recursos com eficiência. Podemos produzir uma quantidade maior de um bem somente se produzirmos uma quantidade menor do outro. Em outras palavras, ao longo da *FPP*, estamos diante de um *trade-off*.

Figura 2.1 Fronteira de possibilidades de produção

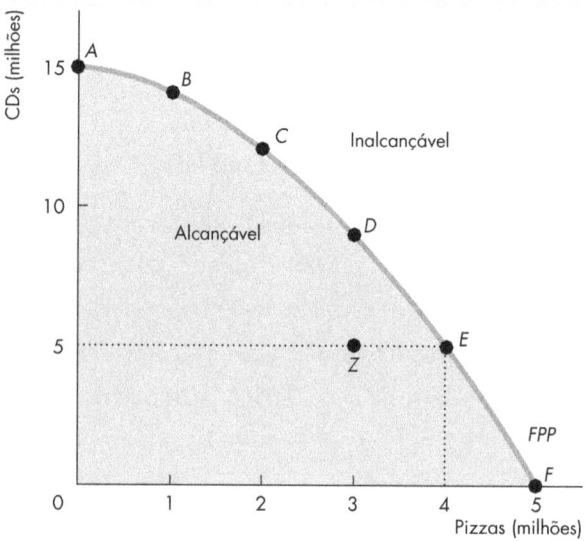

Possibilidade	Pizzas (milhões)		CDs (milhões)
A	0	e	15
B	1	e	14
C	2	e	12
D	3	e	9
E	4	e	5
F	5	e	0

A tabela apresenta seis pontos sobre a fronteira de possibilidades de produção para CDs e pizzas. A linha A nos mostra que, se não produzimos nenhuma pizza, a quantidade máxima de CDs que podemos produzir é de 15 milhões. Os pontos A, B, C, D, E e F na figura representam as linhas da tabela. A linha que passa por esses pontos é a fronteira de possibilidades de produção (*FPP*).

A *FPP* separa o alcançável do inalcançável. A produção é possível em qualquer ponto *dentro* da área cinza ou *sobre* a fronteira. Os pontos fora da fronteira são inalcançáveis. Os pontos dentro da fronteira, como o ponto Z, são ineficientes, porque os recursos são desperdiçados ou mal alocados. Nesses pontos, é possível utilizar os recursos disponíveis para produzir uma quantidade maior de qualquer um dos bens ou de ambos.

Trade-off ao longo da FPP

Cada escolha *ao longo* da *FPP* envolve um *trade-off* – precisamos abrir mão de alguma coisa para obter alguma outra coisa. Sobre a *FPP* da Figura 2.1, precisamos abrir mão de alguns CDs para obter mais pizzas ou abrir mão de algumas pizzas para obter mais CDs.

Os *trade-offs* surgem em qualquer situação imaginável do mundo real, e vimos várias dessas situações no Capítulo 1. Em qualquer momento, temos uma quantidade fixa de trabalho, terra, capital e capacidade empresarial. Utilizando nossas tecnologias disponíveis, podemos empregar esses recursos para produzir bens e serviços. Mas o que podemos produzir é limitado. Esse limite define uma divisa entre o que podemos e o que não podemos alcançar, que é a fronteira de possibilidades de produção no mundo real e define os *trade-offs* que devemos fazer. Na *FPP* do nosso mundo real podemos produzir uma quantidade maior de um bem ou serviço somente se produzirmos uma quantidade menor de outros bens ou serviços.

Quando os médicos dizem que devemos alocar mais recursos à pesquisa da Aids e do câncer, eles estão sugerindo um *trade-off*: mais pesquisas médicas por menos de algumas outras coisas. Quando o presidente de um país diz que quer gastar mais em educação e saúde pública, ele está sugerindo um *trade-off* entre mais educação e saúde pública por menos defesa nacional ou menos gastos privados (devido a impostos mais elevados). Quando um grupo de defesa ambiental pede menos exploração madeireira, ele está sugerindo um *trade-off*: maior conservação das espécies em extinção por menos papel. Quando seus pais dizem que você deveria estudar mais, eles estão sugerindo um *trade-off*: mais tempo de estudo por menos de lazer ou sono.

Todos os *trade-offs* envolvem um custo – um custo de oportunidade.

Custo de oportunidade

O *custo de oportunidade* de uma ação é a alternativa de maior valor da qual abrimos mão. A *FPP* nos ajuda a entender o conceito de custo de oportunidade e nos permite calculá-lo. Ao longo da *FPP* há somente dois bens, de modo que se abdica de apenas uma alternativa: alguma quantidade do outro bem. Considerando nossos recursos e tecnologia atuais, podemos produzir mais pizzas somente se produzirmos menos CDs. O custo de oportunidade de produzir uma pizza adicional é o número de CDs dos quais *precisamos* abdicar. De modo similar, o custo de oportunidade de produzir um CD adicional é a quantidade de pizzas de que *precisamos* abdicar.

Por exemplo, no ponto *C* da Figura 2.1, produzimos menos pizzas e mais CDs do que no ponto *D*. Se escolhermos o ponto *D*, em vez do ponto *C*, o 1 milhão de pizzas adicionais *custa* 3 milhões de CDs. Uma pizza custa 3 CDs.

Também podemos calcular o custo de oportunidade de escolher o ponto *C*, em vez do ponto *D*, na Figura 2.1. Se passarmos do ponto *D* ao ponto *C*, a quantidade de CDs produzidos aumentará 3 milhões e a quantidade de pizzas produzidas diminuirá 1 milhão. Se escolhermos o ponto *C*, em vez do ponto *D*, os 3 milhões de CDs adicionais *custam* 1 milhão de pizzas. Um CD custa $\frac{1}{3}$ de uma pizza.

O custo de oportunidade é um quociente O custo de oportunidade é um quociente. Ele corresponde à redução da quantidade produzida de um bem dividida pelo aumento da quantidade produzida de outro bem, à medida que percorremos a fronteira de possibilidades de produção.

Devido ao fato de o custo de oportunidade ser um quociente, o custo de oportunidade de produzir um CD adicional é igual ao *inverso* do custo de oportunidade de produzir uma pizza adicional. Verifique essa proposição repassando os cálculos que acabamos de fazer. Quando percorremos a *FPP* de *C* a *D*, o custo de oportunidade de uma pizza é de 3 CDs. O inverso de 3 é $\frac{1}{3}$, de modo que, se reduzimos a produção de pizzas e aumentamos a produção de CDs passando de *D* para *C*, o custo de oportunidade de um CD deve ser $\frac{1}{3}$ de uma pizza. Você pode verificar se esse número está correto. Se passamos de *D* para *C*, produzimos 3 milhões de CDs a mais e 1 milhão de pizzas a menos. Como 3 milhões de CDs custam 1 milhão de pizzas, o custo de oportunidade de 1 CD é $\frac{1}{3}$ de uma pizza.

Custo de oportunidade crescente O custo de oportunidade de uma pizza aumenta à medida que aumenta a quantidade de pizzas produzidas. Além disso, o custo de oportunidade de um CD aumenta à medida que aumenta a quantidade de CDs produzidos. Esse fenômeno do custo de oportunidade crescente se reflete no formato da *FPP* – ela tem a concavidade voltada para a origem dos eixos.

Quando se produzem uma grande quantidade de CDs e uma pequena quantidade de pizzas – entre os pontos *A* e *B* da Figura 2.1 –, a fronteira apresenta uma inclinação suave. Um determinado incremento da quantidade de pizzas *custa* uma pequena redução da quantidade de CDs, de modo que o custo de oportunidade de uma pizza é uma pequena quantidade de CDs.

Quando se produzem uma grande quantidade de pizzas e uma pequena quantidade de CDs – entre os pontos *E* e *F* da Figura 2.1 –, a fronteira apresenta uma inclinação acentuada. Um determinado incremento da quantidade de pizzas *custa* uma grande redução da quantidade de CDs, de modo que o custo de oportunidade de uma pizza é uma grande quantidade de CDs.

A *FPP* tem a concavidade voltada para a origem dos eixos porque os recursos não são todos igualmente produtivos em todas as atividades. Pessoas com muitos anos de experiência e que trabalham na Sony produzem CDs muito bem, mas não fazem pizzas tão bem. Desta maneira, se transferirmos algumas dessas pessoas da Sony para a rede de pizzarias Domino's teremos um pequeno aumento na quantidade de pizzas mas uma grande redução na quantidade de CDs.

De maneira similar, as pessoas que trabalham há anos na Domino's são eficientes na produção de pizzas, mas não fazem idéia de como produzir CDs. Deste modo, se transferirmos algumas dessas pessoas da Domino's para a Sony, teremos um pequeno aumento na quantidade de CDs mas uma grande redução na quantidade de pizzas. Quanto mais de um bem tentamos produzir, menos produtivos são os recursos adicionais que utilizamos para produzir esse bem e maior é o custo de oportunidade de uma unidade desse bem.

Custos de oportunidade crescentes estão por toda parte Praticamente qualquer atividade que você possa imaginar apresenta um custo de oportunidade crescente. Alocamos os fazendeiros mais aptos e as terras mais férteis à produção dos alimentos. Também alocamos os melhores médicos e as terras menos férteis à produção de serviços hospitalares. Se transformarmos terras férteis em hospitais e os tratores das fazendas em ambulâncias e solicitarmos aos fazendeiros que passem a trabalhar como porteiros do hospital, a produção dos alimentos diminuirá radicalmente e o incremento da produção de serviços hospitalares será pequeno. O custo de oportunidade de uma unidade de serviços hospitalares aumentará. De maneira similar, se transferirmos nossos recursos dos serviços hospitalares para a agricultura, seremos forçados a usar mais médicos e enfermeiras como fazendeiros e mais hospitais como locais de produção de tomates hidropônicos. A redução da produção de serviços hospitalares é grande, mas o aumento da produção de alimentos é pequeno. O custo de oportunidade de uma unidade de alimento aumenta.

Este exemplo é extremo e improvável, mas essas mesmas considerações se aplicam a qualquer par de bens que você possa imaginar.

QUESTÕES PARA REVISÃO

1 Como a fronteira de possibilidades de produção ilustra a escassez?
2 Como a fronteira de possibilidades de produção ilustra a eficiência produtiva?
3 Como a fronteira de possibilidades de produção mostra que cada escolha envolve um *trade-off*?
4 Como a fronteira de possibilidades de produção ilustra o custo de oportunidade?
5 Por que o custo de oportunidade é um quociente?
6 Por que a FPP para a maioria dos bens tem a concavidade voltada para a origem dos eixos, de modo que o custo de oportunidade aumenta à medida que aumenta a quantidade produzida de um bem?

Vimos que a fronteira de possibilidades de produção limita o que podemos produzir. Também vimos que a produção sobre a *FPP* é eficiente. Podemos, contudo, produzir muitas quantidades diferentes ao longo da *FPP*. Como escolhemos entre elas? Como sabemos qual é o melhor ponto da *FPP*?

Utilização eficiente dos recursos

Vimos que atingimos a eficiência na produção em todos os pontos ao longo da *FPP*. Mas qual é o melhor ponto? Quais quantidades de CDs e pizzas atendem melhor ao interesse social?

Essa pergunta é um exemplo de questões do mundo real com enormes conseqüências, tais como: deveríamos gastar quanto no tratamento da Aids e quanto em pesquisas do câncer? Deveríamos expandir os programas de educação e saúde ou reduzir os impostos? Deveríamos gastar mais na preservação das florestas tropicais e dos animais em extinção?

Para respondermos a essas perguntas, devemos encontrar uma maneira de medir e comparar custos e benefícios.

A *FPP* e o custo marginal

O **custo marginal** de um bem é o custo de oportunidade de produzir uma unidade adicional desse bem. Calculamos o custo marginal com base na inclinação da *FPP*. À medida que a quantidade de pizzas produzidas aumenta, a *FPP* fica mais inclinada e o custo marginal de uma pizza aumenta. A Figura 2.2 ilustra o cálculo do custo marginal de uma pizza.

Figura 2.2 A *FPP* e o custo marginal

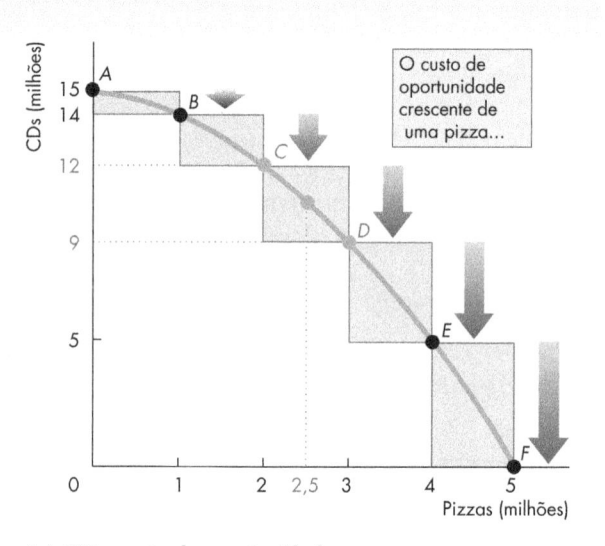

(a) FPP e custo de oportunidade

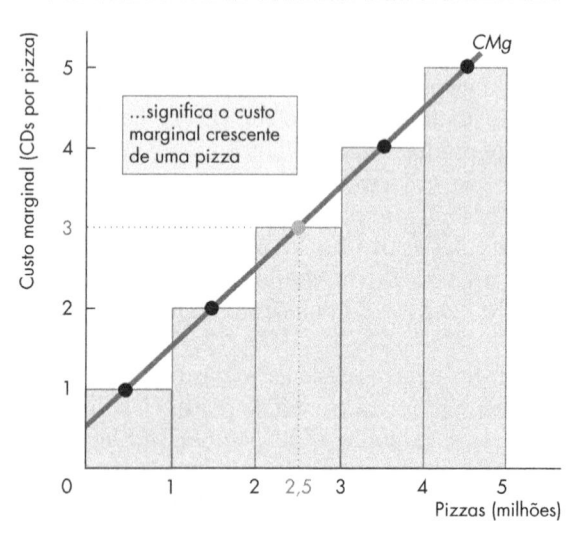

(b) Custo marginal

O custo marginal é calculado com base na inclinação da *FPP*. À medida que a quantidade de pizzas produzidas aumenta, a *FPP* fica mais inclinada e o custo marginal de uma pizza aumenta. As barras na parte (a) mostram o custo de oportunidade da pizza em blocos de 1 milhão de pizzas. As barras na parte (b) mostram o custo de uma pizza média em cada um dos blocos de 1 milhão de pizzas. A curva cinza-escuro, *CMg*, mostra o custo marginal de uma pizza em cada ponto ao longo da *FPP*. Essa curva passa pelo centro de cada uma das barras na parte (b).

Comece identificando o custo de oportunidade da pizza em blocos de 1 milhão de pizzas. O primeiro milhão de pizzas custa 1 milhão de CDs, o segundo milhão de pizzas custa 2 milhões de CDs, o terceiro milhão de pizzas custa 3 milhões de CDs e assim por diante. As barras da parte (a) ilustram esses cálculos.

As barras da parte (b) mostram o custo de uma pizza média em cada um dos blocos de 1 milhão de pizzas. Concentre-se no terceiro milhão de pizzas – o deslocamento de C para D na parte (a). Nesse intervalo, como 1 milhão de pizzas custam 3 milhões de CDs, uma dessas pizzas, em média, custa 3 CDs – a altura da barra na parte (b).

Em seguida, encontre o custo de oportunidade de cada pizza adicional – o custo marginal de uma pizza. O custo marginal de uma pizza aumenta à medida que aumenta a quantidade de pizzas produzidas. O custo marginal no ponto C é menor do que no ponto D. Em média, ao longo do intervalo entre C e D, o custo marginal de uma pizza é de 3 CDs. Mas ele só é exatamente igual a 3 CDs na metade do intervalo entre C e D.

O ponto cinza-claro da parte (b) indica que o custo marginal de uma pizza é de 3 CDs quando são produzidos 2,5 milhões de pizzas. Cada ponto preto da parte (b) é interpretado da mesma maneira. A curva cinza-escuro que passa por esses pontos, chamada de CMg, é a curva do custo marginal. Ela mostra o custo marginal de uma pizza em cada quantidade de pizzas à medida que nos movemos ao longo da *FPP*.

Preferências e benefício marginal

Dê uma olhada em sua sala de aula e observe a ampla variedade de camisetas, bonés, calças e sapatos que você e seus colegas estão usando hoje. Por que há uma variedade tão grande? Por que vocês não usam os mesmos estilos e cores? A resposta reside no que os economistas chamam de preferências. As **preferências** são uma descrição do que uma pessoa gosta e do que não gosta.

Você viu que temos uma maneira concreta de descrever os limites da produção: a *FPP*. Precisamos de uma maneira igualmente concreta de descrever as preferências. Para descrever as preferências, os economistas utilizam o conceito de benefício marginal. O **benefício marginal** de um bem ou serviço é o benefício obtido do consumo de uma unidade adicional dele.

Mensuramos o benefício marginal de um bem ou serviço pelo valor máximo que as pessoas estão *dispostas a pagar* por uma unidade adicional dele. A idéia é que você não está disposto a pagar por um bem mais do que acha que ele vale. Mas está disposto a pagar até a quantia que corresponde ao valor que você percebe nele. Deste modo, a disposição de pagar por algum bem mede o benefício marginal dele.

Os economistas utilizam a curva de benefício marginal para ilustrar as preferências. A **curva de benefício marginal** mostra a relação entre o benefício marginal de um bem e a quantidade consumida desse bem. Um princípio geral é que, quanto maior a quantidade que temos de qualquer bem ou serviço, menor é seu benefício marginal e menos dispostos estamos a pagar por uma unidade adicional. Essa tendência é tão natural e forte que a consideramos um princípio – o *princípio do benefício marginal decrescente*.

A razão básica pela qual o benefício marginal de um bem ou serviço diminui à medida que consumimos mais dele é que gostamos de variedade. Quanto mais consumimos de qualquer bem ou serviço, maior é a possibilidade de encontrarmos outras coisas das quais gostaríamos mais.

Pense na sua disposição de pagar por uma pizza (ou qualquer outro item). Se a pizza for difícil de achar e você conseguir comprar apenas algumas fatias por ano, talvez você esteja disposto a pagar um preço elevado para conseguir uma fatia adicional. Mas, se você comeu apenas pizza nos últimos dias, estará disposto a pagar quase nada por outro pedaço.

Na vida cotidiana, pensamos no que pagamos por bens e serviços como o dinheiro do qual abrimos mão. Mas você aprendeu a pensar no custo como sendo outros bens ou serviços de que abdica, não um custo em dinheiro. Você pode pensar na disposição de pagar sob esse mesmo aspecto. O preço que você está disposto a pagar por algo é a quantidade de outros bens e serviços dos quais está disposto a abdicar. Vamos prosseguir com o exemplo de CDs e pizzas e ilustrar as preferências dessa maneira.

A Figura 2.3 ilustra as preferências como a disposição de pagar por pizza em termos de CDs. Na linha A, a produção de pizzas é de 0,5 milhão, e, nessa quantidade, as pessoas estão dispostas a pagar 5 CDs por pizza. À medida que a quantidade de pizzas produzidas aumenta, o montante que as pessoas estão dispostas a pagar por pizza diminui. Se a produção de pizzas é de 4,5 milhões, as pessoas estão dispostas a pagar 1 CD por pizza.

Utilizaremos agora os conceitos do custo marginal e do benefício marginal para descrever a quantidade eficiente de pizzas a produzir.

Utilização eficiente dos recursos

Quando não podemos produzir uma quantidade maior de um bem sem abrir mão de algum outro bem, atingimos a *eficiência produtiva* e estamos produzindo em um ponto ao longo da *FPP*. Quando não podemos produzir uma quantidade maior de um bem sem abrir mão de algum outro bem que *valorizamos mais*, atingimos a **eficiência alocativa** e estamos produzindo no ponto da *FPP* que preferimos.

Suponha, na Figura 2.4, que produzimos 1,5 milhões de pizzas. O custo marginal de uma pizza é de 2 CDs, e o benefício marginal, de 4 CDs. Como alguém atribui a uma pizza adicional um valor maior do que seu custo de produção, podemos obter mais valor dos nossos recursos transferindo alguns deles da produção de CDs para a de pizzas.

Agora, suponha que produzimos 3,5 milhões de pizzas. O custo marginal de uma pizza agora é de 4 CDs, mas seu benefício marginal é de apenas 2 CDs. Como o custo da produção da pizza adicional é maior do que o valor que qualquer pessoa atribui a ela, podemos obter mais valor

Figura 2.3 Preferências e curva de benefício marginal

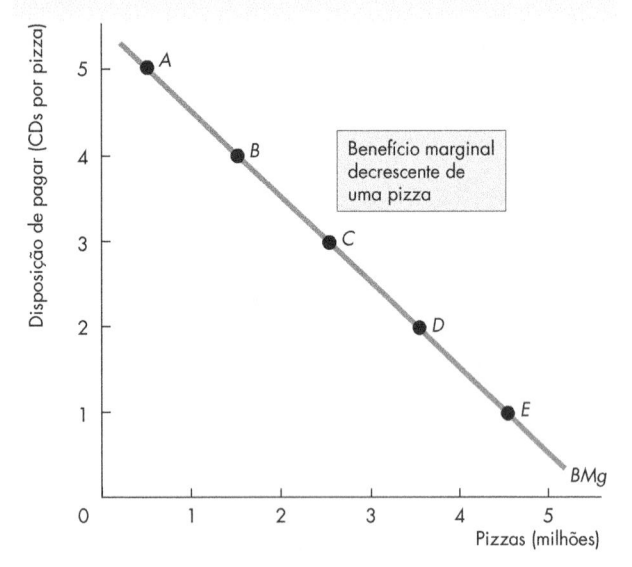

Possibilidade	Pizzas (milhões)	Disposição de pagar (CDs por pizza)
A	0,5	5
B	1,5	4
C	2,5	3
D	3,5	2
E	4,5	1

Quanto menor é a quantidade de pizzas produzidas, maior é a quantidade de CDs de que as pessoas estão dispostas a abrir mão por uma pizza adicional. Se a produção de pizzas é de 0,5 milhão, as pessoas estão dispostas a pagar 5 CDs por pizza, mas, se a produção de pizzas é de 4,5 milhão, as pessoas estão dispostas a pagar apenas 1 CD por pizza. A disposição de pagar mede o benefício marginal. O benefício marginal decrescente é uma característica universal das preferências das pessoas.

dos nossos recursos transferindo alguns deles da produção de pizzas para a de CDs.

Mas suponha que produzimos 2,5 milhões de pizzas. O custo marginal e o benefício marginal agora são iguais a 3 CDs. Essa alocação de recursos entre pizzas e CDs é eficiente. Se mais pizzas são produzidas, os CDs dos quais se abre mão valem mais do que as pizzas adicionais. Se menos pizzas são produzidas, as pizzas das quais se abre mão valem mais do que os CDs adicionais.

QUESTÕES PARA REVISÃO

1 O que é custo marginal? Como ele é medido?
2 O que é benefício marginal? Como ele é medido?
3 Como o benefício marginal de um bem muda à medida que aumenta a quantidade produzida desse bem?
4 O que é eficiência alocativa e como ela se relaciona com a fronteira de possibilidades de produção?
5 Quais condições devem ser satisfeitas se os recursos forem utilizados de maneira eficiente?

Figura 2.4 Utilização eficiente dos recursos

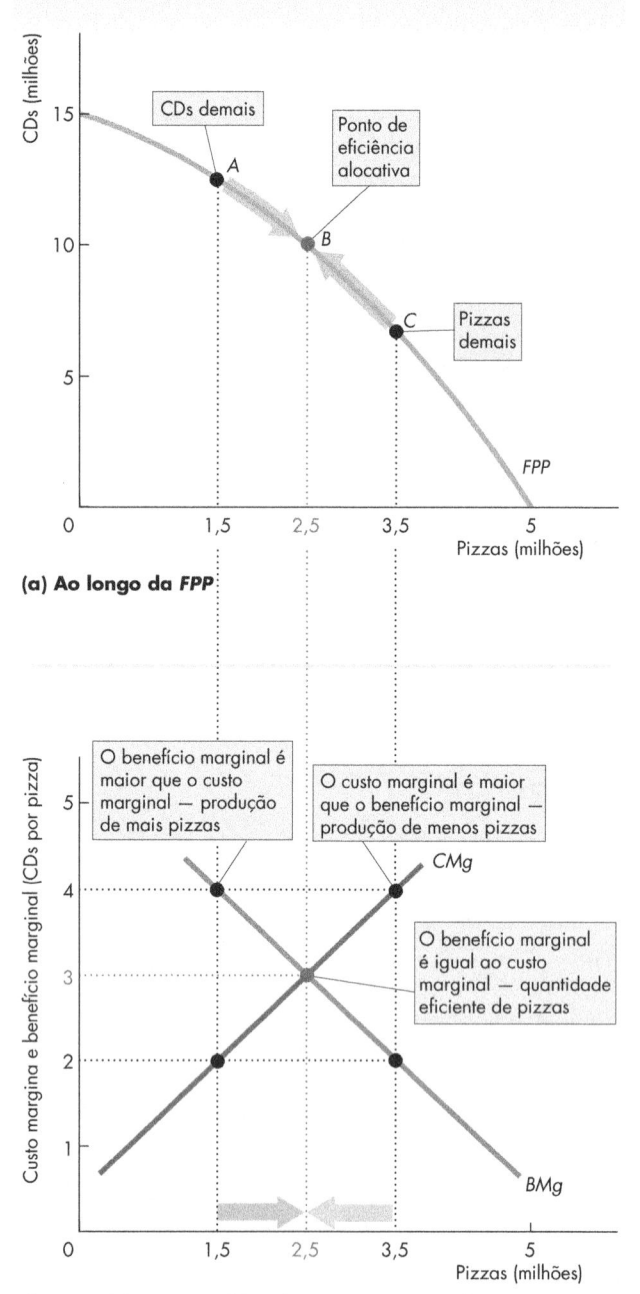

(a) Ao longo da FPP

(b) Benefício marginal igual ao custo marginal

Quanto maior é a quantidade de pizzas produzidas, menor é o benefício marginal (BMg) da pizza – as pessoas estão dispostas a abrir mão de menos CDs para obter uma pizza adicional. Mas, quanto maior é a quantidade de pizzas produzidas, maior é o custo marginal (CMg) da pizza – as pessoas estão dispostas a abrir mão de mais CDs para obter uma pizza adicional. Quando o benefício marginal é igual ao custo marginal, os recursos estão sendo utilizados de maneira eficiente.

Agora você já compreende os limites à produção e as condições nas quais os recursos são utilizados de modo eficiente. Sua próxima tarefa é estudar a expansão das possibilidades de produção.

Crescimento econômico

Nos últimos 30 anos, a produção por pessoa nos Estados Unidos dobrou. Uma expansão de produção como essa é chamada de **crescimento econômico**. Este eleva nosso *padrão de vida*, mas não elimina a escassez e não evita o custo de oportunidade. Para fazermos nossa economia crescer, enfrentamos um *trade-off* – quanto mais rapidamente fazemos a produção crescer, maior é o custo de oportunidade do crescimento econômico.

O custo do crescimento econômico

O crescimento econômico é proveniente da mudança tecnológica e da acumulação de capital. A **mudança tecnológica** é o desenvolvimento de novos bens e melhores maneiras de produzir bens e serviços. A **acumulação de capital** é o crescimento dos recursos de capital, incluindo o *capital humano*.

Devido à mudança tecnológica e à acumulação de capital, temos uma enorme quantidade de automóveis que nos permitem proporcionar mais transporte do que estava disponível quando tínhamos somente cavalos e carruagens; temos satélites que possibilitam as comunicações globais em uma escala muito maior do que a produzida anteriormente pela tecnologia a cabo. Mas, se utilizamos nossos recursos para desenvolver novas tecnologias e produzir capital, precisamos reduzir nossa produção de bens de consumo e serviços. As novas tecnologias e o novo capital têm um custo de oportunidade, o qual examinaremos agora.

Em vez de estudarmos a *FPP* de pizzas e CDs, manteremos constante a quantidade de CDs produzidos e examinaremos a *FPP* para pizzas e fornos de pizza. A Figura 2.5 representa essa *FPP* como a curva cinza-claro *ABC*. Se não alocamos nenhum recurso à produção de fornos de pizza, produzimos no ponto *A*. Se produzimos 3 milhões de pizzas, podemos produzir 6 fornos de pizza no ponto *B*. Se não produzimos nenhuma pizza, podemos produzir 10 fornos no ponto *C*.

O nível do aumento de nossas possibilidades de produção depende dos recursos que alocamos à mudança tecnológica e à acumulação de capital. Se não dedicamos nenhum recurso a essa atividade (ponto *A*), nossa *FPP* permanece na curva *ABC* – a curva cinza-claro na Figura 2.5. Se reduzirmos a produção atual de pizzas e produzirmos 6 fornos (ponto *B*), no futuro teremos mais capital e nossa *FPP* sofrerá um movimento de rotação para a direita, em direção à posição representada pela curva cinza-escuro. Quanto menos recursos alocarmos à produção de pizzas e mais recursos alocarmos à produção de fornos, mais nossas possibilidades de produção se expandirão no futuro.

O crescimento econômico tem um preço. Para que ele seja possível, alocamos recursos à produção de novos fornos e destinamos menos recursos à produção de pizzas. Na Figura 2.5, fizemos um movimento de *A* para *B*. Nada é de graça. O custo de oportunidade de mais pizzas no futuro é uma quantidade menor de pizzas hoje. Além disso, o cres-

Figura 2.5 Crescimento econômico

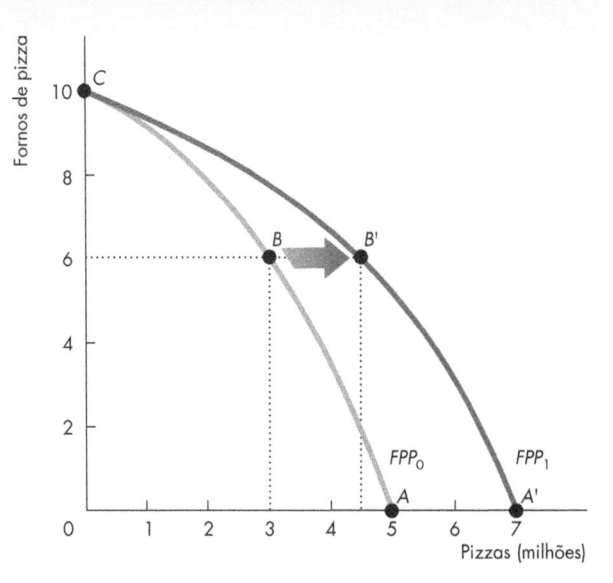

A curva FPP_0 mostra os limites da produção de pizzas e fornos de pizza, com a produção de todos os outros bens e serviços mantida constante. Se não alocamos recursos à produção de fornos de pizza e produzimos 5 milhões de pizzas, nossas possibilidades de produção permanecem na mesma FPP_0. Mas, se reduzimos a produção de pizzas a 3 milhões e produzimos 6 fornos, no ponto *B*, nossas possibilidades de produção aumentam. Depois de um período, a curva *FPP* sofre um movimento de rotação para a direita, em direção à curva FPP_1, e podemos produzir no ponto *B'*, que está fora da FPP_0 original. Podemos deslocar a *FPP* dessa maneira, mas não podemos evitar o custo de oportunidade. O custo de oportunidade de produzir mais pizzas no futuro é uma quantidade menor de pizzas hoje.

cimento econômico não é nenhuma fórmula mágica para eliminar a escassez. Na nova fronteira de possibilidades de produção, continuamos a nos defrontar com um *trade-off* e o custo de oportunidade.

As idéias sobre crescimento econômico que exploramos no cenário de produção de pizzas também se aplicam a nações. Vamos examinar dois exemplos.

Crescimento econômico nos Estados Unidos e em Hong Kong

Se uma nação destinar todos os seus recursos à produção de bens de consumo e nenhum ao avanço da tecnologia e à acumulação de capital, suas possibilidades de produção no futuro serão as mesmas que as de hoje. Para expandirmos as possibilidades de produção no futuro, devemos destinar menos recursos à produção de bens de consumo e alguns recursos à acumulação de capital e ao desenvolvimento de tecnologias. A redução do consumo de hoje é o custo de oportunidade para o maior consumo de amanhã.

As experiências dos Estados Unidos e de Hong Kong representam um excelente exemplo dos efeitos das nossas escolhas sobre a taxa de crescimento econômico. Em 1966, as possibilidades de produção por pessoa nos Estados Unidos eram mais de quatro vezes maiores que as de Hong Kong (veja a Figura 2.6). Os Estados Unidos destinavam um quinto de seus recursos à acumulação de capital e quatro quintos ao consumo. Em 1966, os Estados Unidos estavam no ponto A de sua *FPP*. Hong Kong destinava um terço de seus recursos à acumulação de capital e dois terços ao consumo. Em 1966, Hong Kong estava no ponto A de sua *FPP*.

Desde 1966, ambos os países vêm passando por um crescimento econômico, mas o crescimento de Hong Kong foi mais rápido que o dos Estados Unidos. Pelo fato de Hong Kong ter alocado uma parcela maior de seus recursos à acumulação de capital, suas possibilidades de produção se expandiram mais rapidamente.

Em 2006, as possibilidades de produção em Hong Kong por pessoa tinham atingido 80 por cento das possibilidades de produção nos Estados Unidos. Se Hong Kong continuar a destinar à acumulação de capital mais recursos que os norte-americanos (no ponto B de sua *FPP* de 2006), continuará a crescer mais rapidamente que os Estados Unidos. Mas, se Hong Kong aumentar seu consumo e reduzir a acumulação de capital (passando para o ponto D de sua *FPP* de 2006), sua taxa de crescimento econômico vai se desacelerar.

Figura 2.6 Crescimento econômico nos Estados Unidos e em Hong Kong

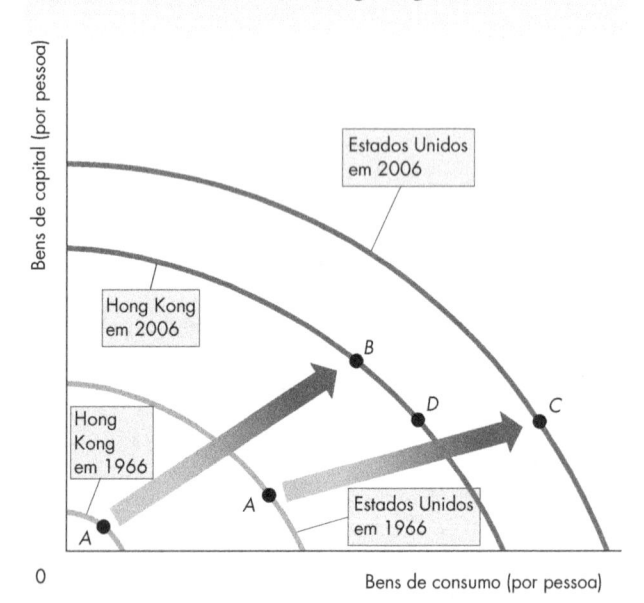

Em 1966, as possibilidades de produção por pessoa nos Estados Unidos eram muito maiores do que em Hong Kong. Mas Hong Kong dedicou à acumulação de capital uma parcela de recursos maior que a adotada pelos Estados Unidos, de modo que sua fronteira de possibilidades de produção se deslocou para fora mais rapidamente do que a dos Estados Unidos. Em 2006, as possibilidades de produção em Hong Kong por pessoa representavam 80 por cento das possibilidades de produção nos Estados Unidos.

Os Estados Unidos são um típico país industrializado, categoria na qual se incluem também a Europa Ocidental e o Japão. Hong Kong é uma típica economia asiática de rápido crescimento, grupo que inclui Taiwan, Tailândia, Coréia do Sul e China. O crescimento nesses países se desacelerou durante a crise asiática de 1998, mas voltou rapidamente a aumentar. As possibilidades de produção se expandem nesses países entre 5 e quase 10 por cento ao ano. Se essas elevadas taxas de crescimento forem mantidas, esses outros países asiáticos mais cedo ou mais tarde reduzirão a distância entre eles e os Estados Unidos, como Hong Kong fez.

QUESTÕES PARA REVISÃO

1 O que gera o crescimento econômico?
2 Como o crescimento econômico influencia a fronteira de possibilidades de produção?
3 Qual é o custo de oportunidade do crescimento econômico?
4 Por que Hong Kong experimentou um crescimento econômico mais rápido do que os Estados Unidos?

Em seguida, estudaremos outra maneira pela qual expandimos nossas possibilidades de produção – o incrível fato de que *tanto* os compradores *quanto* os vendedores ganham com a especialização e o comércio.

Ganhos obtidos do comércio

As pessoas podem produzir por si mesmas todos os bens que consomem ou podem concentrar-se na produção de um único bem (ou talvez de alguns) e comercializá-lo com outras pessoas – trocar alguns de seus produtos pelos produtos das outras pessoas. Quando alguém se concentra na produção de apenas um bem ou alguns bens, diz-se que há *especialização*. Descobriremos como as pessoas ganham especializando-se na produção do bem que lhes proporciona *vantagem comparativa* e comercializando umas com as outras.

Vantagem comparativa e vantagem absoluta

Uma pessoa tem **vantagem comparativa** em uma atividade se pode realizá-la a um custo de oportunidade mais baixo que o disponível para qualquer outra pessoa. As diferenças no custo de oportunidade resultam de diferenças nas capacidades individuais e nas características dos outros recursos.

Ninguém se sobressai em tudo. Uma pessoa é um zagueiro espetacular, mas um atacante ruim; uma outra é um advogado brilhante, mas um péssimo professor. Em quase todos os empreendimentos humanos, o que uma pessoa faz com facilidade outra faz com dificuldade. O mesmo se aplica à terra e ao capital. Um lote é fértil, mas não tem depósitos minerais; outro lote tem uma vista espetacular, mas não é fértil. Uma máquina tem alto nível de precisão, mas é difícil de operar; outra é rápida, mas quebra com freqüência.

Apesar de ninguém se destacar em tudo, algumas pessoas se sobressaem e podem apresentar um desempenho superior ao de outras em um grande número de atividades – talvez até mesmo em todas as atividades. Uma pessoa mais produtiva que as outras tem **vantagem absoluta**.

A vantagem absoluta envolve a comparação dos níveis de produtividade – produção por hora –, enquanto a vantagem comparativa envolve a comparação do custo de oportunidade.

Observe que uma pessoa que tem vantagem absoluta não tem vantagem *comparativa* em todas as atividades. John Grisham se sobressai mais do que a maioria das pessoas como advogado e autor de livros de suspense. Ele tem vantagem absoluta nessas duas atividades. Mas, em comparação com os outros, ele é melhor escritor do que advogado, de modo que sua vantagem *comparativa* está em escrever livros.

Pelo fato de as aptidões das pessoas e a qualidade de seus recursos serem diferentes, seus custos de oportunidade para a produção de vários bens também diferem. Essas diferenças no custo de oportunidade são a fonte da vantagem comparativa.

Exploraremos agora o conceito da vantagem comparativa observando duas casas de sucos hipotéticas: uma dirigida por Liz, e outra, por Joe.

A casa de sucos de Liz Liz produz vitaminas e saladas de frutas. No estabelecimento *high-tech* de Liz, ela consegue produzir uma vitamina ou uma salada de frutas a cada 90 segundos – veja a Tabela 2.1. Se Liz passa o tempo todo produzindo vitaminas, ela consegue fazer 40 por hora. E, se passa o tempo todo produzindo saladas de frutas, também consegue fazer 40 por hora. Se divide seu tempo igualmente entre as duas atividades, ela consegue produzir 20 vitaminas e 20 saladas de frutas por hora. Para cada vitamina adicional que Liz produz, deve fazer uma salada de frutas a menos e, para cada salada de frutas adicional que produz, deve fazer uma vitamina a menos. Desta maneira:

o custo de oportunidade de Liz para produzir 1 vitamina é de 1 salada de frutas

e

o custo de oportunidade de Liz para produzir 1 salada de frutas é de 1 vitamina.

Os clientes de Liz compram vitaminas e saladas de frutas em quantidades iguais, de modo que ela divide seu tempo igualmente entre os dois itens e produz 20 vitaminas e 20 saladas de frutas por hora.

A casa de sucos de Joe Joe também produz tanto vitaminas quanto saladas de frutas, mas seu estabelecimento é menor do que o de Liz. Além disso, Joe só tem um liquidificador, que é lento e velho. Mesmo que Joe utilize todos os seus recursos para produzir vitaminas, ele consegue produzir apenas 6 por hora – veja a Tabela 2.2. Mas Joe é bom na produção de saladas de frutas, de modo que, se utilizar todos os seus recursos para saladas de frutas, conseguirá produzir 30 por hora.

A capacidade de Joe de fazer vitaminas e salada de frutas é a mesma independentemente de como ele divide uma hora entre as duas tarefas. Ele consegue fazer uma salada de frutas em 2 minutos ou uma vitamina em 10 minutos. Para cada vitamina adicional que Joe produz, ele deve fazer 5 saladas de frutas a menos. E, para cada salada de frutas adicional que produz, deve fazer $\frac{1}{5}$ de vitamina a menos. Desta maneira:

o custo de oportunidade de Joe para produzir 1 vitamina é de 5 saladas de frutas

e

o custo de oportunidade de Joe para produzir 1 salada de frutas é de $\frac{1}{5}$ de vitamina.

Os clientes de Joe, como os de Liz, compram vitaminas e salada de frutas em quantidades iguais. Assim, Joe passa 50 minutos de cada hora fazendo vitaminas e 10 minutos de cada hora fazendo saladas de frutas. Dividindo seu tempo deste modo, Joe produz 5 vitaminas e 5 saladas de frutas por hora.

A vantagem absoluta de Liz É possível ver pelos números que descrevem as duas casas de suco que Liz é quatro vezes mais produtiva do que Joe – as 20 vitaminas e 20 saladas de frutas de Liz por hora representam 4 vezes a produção de Joe, que é de 5 unidades de cada. Liz tem vantagem absoluta – ela é mais produtiva do que Joe fazendo tanto vitaminas quanto saladas de frutas. Mas Liz tem vantagem comparativa em somente uma das atividades.

A vantagem comparativa de Liz Em qual das duas atividades Liz tem vantagem comparativa? Lembre-se de que uma vantagem comparativa é uma situação na qual o custo de oportunidade de uma pessoa para produzir um bem é menor do que o custo de oportunidade de outra pessoa para produzir o mesmo bem. Liz tem vantagem comparativa na produção de vitaminas. Seu custo de oportunidade para uma vitamina é de 1 salada de frutas, ao passo que o custo de oportunidade de Joe para uma vitamina é de 5 saladas de frutas.

A vantagem comparativa de Joe Se Liz tem vantagem comparativa na produção de vitaminas, Joe deve ter van-

Tabela 2.1	As possibilidades de produção de Liz	
Item	Minutos para produzir 1	Quantidade por hora
Vitaminas	1,5	40
Saladas de frutas	1,5	40

Tabela 2.2	As possibilidades de produção de Joe	
Item	Minutos para produzir 1	Quantidade por hora
Vitaminas	10	6
Saladas de frutas	2	30

tagem comparativa na produção de saladas de frutas. Seu custo de oportunidade para uma salada é de $\frac{1}{5}$ de uma vitamina, ao passo que o custo de oportunidade de Liz para uma salada é de 1 vitamina.

A obtenção de ganhos de comercialização

Liz e Joe se conhecem uma noite em um bar. Depois de alguns minutos conversando, Liz conta a Joe sobre sua casa de sucos lucrativa, na qual vende 20 vitaminas e 20 saladas de frutas por hora. O único problema, ela conta a Joe, é que gostaria de poder produzir mais porque percebe que os clientes potenciais saem da lanchonete quando as filas ficam grandes demais.

Joe não está certo se deve se expor contando a Liz sobre seu próprio negócio em dificuldades, mas decide correr o risco. Quando explica a Liz que passa 50 minutos de cada hora fazendo 5 vitaminas e 10 minutos fazendo 5 saladas de frutas, os olhos de Liz se iluminam. "Eu tenho uma proposta para você!", ela exclama.

Veja qual é a proposta que Liz esboça em um guardanapo de papel: Joe pára de fazer vitaminas e aloca todo o seu tempo à produção de saladas de frutas. E Liz aumenta sua produção de vitaminas para 35 por hora e reduz sua produção de saladas de frutas para 5 por hora – veja a Tabela 2.3(a).

Eles então prosseguem com o plano. Liz vende 10 vitaminas a Joe, que vende 20 saladas de frutas a Liz – o preço de uma vitamina é 2 saladas de frutas – veja a Tabela 2.3(b).

Depois da transação, Joe fica com 10 saladas de frutas – as 30 que ele produz menos as 20 que vende para Liz. E ele tem as 10 vitaminas que compra de Liz. Desta maneira, Joe dobra a quantidade de vitaminas e saladas de frutas que pode vender – veja a Tabela 2.3(c).

Liz fica com 25 vitaminas – as 35 que ela produz menos as 10 que vende para Joe. E também fica com 25 saladas de frutas – as 5 que produz mais as 20 que compra de Joe – veja a Tabela 2.3(c). Tanto Liz quando Joe ganham 5 vitaminas e 5 saladas de frutas – veja a Tabela 2.3(d).

Tabela 2.3	Os ganhos que Liz e Joe obtêm do comércio	
(a) Produção	**Liz**	**Joe**
Vitaminas	35	0
Saladas de frutas	5	30
(b) Comercialização	**Liz**	**Joe**
Vitaminas	vende 10	compra 10
Saladas de frutas	compra 20	vende 20
(c) Depois da comercialização	**Liz**	**Joe**
Vitaminas	25	10
Saladas de frutas	25	10
(d) Ganhos de comercialização	**Liz**	**Joe**
Vitaminas	+5	+5
Saladas de frutas	+5	+5

Liz esboça um gráfico (Figura 2.7) para ilustrar sua sugestão. A *FPP* cinza-claro na parte (a) mostra as possibilidades de produção de Joe. Ele produz 5 vitaminas e 5 saladas de frutas por hora no ponto *A*. A *FPP* cinza-claro na parte (b) mostra as possibilidades de produção de Liz. Ela produz 20 vitaminas e 20 saladas de frutas por hora no ponto *A*.

A proposta de Liz é que cada um deles produza mais do bem no qual tem vantagem comparativa. Joe produz 30 saladas de frutas e nenhuma vitamina no ponto *B* de sua *FPP*. Liz produz 35 vitaminas e 5 saladas de frutas no ponto *B* de sua *FPP*.

Liz e Joe trocam – comercializam – vitaminas e saladas de frutas ao preço de 2 saladas de frutas por vitamina ou $\frac{1}{2}$ vitamina por 1 salada de frutas. Joe compra vitaminas por 2 saladas de frutas cada, o que é menos do que as 5 saladas de frutas que lhe custaria a produção de cada vitamina. E Liz compra saladas de frutas por $\frac{1}{2}$ vitamina cada, o que é menos do que a 1 vitamina que lhe custaria para produzir cada salada de frutas.

Com a comercialização, Joe fica com 10 vitaminas e 10 saladas de frutas no ponto *C*, um ganho de 5 vitaminas e 5 saladas de frutas. Com isso, Joe se desloca para um ponto *fora* de sua *FPP*.

Com a comercialização, Liz fica com 25 vitaminas e 25 saladas de frutas no ponto *C* – um ganho de 5 vitaminas e 5 saladas de frutas. Liz se desloca para um ponto *fora* de sua *FPP*.

Apesar da vantagem absoluta de Liz na produção de vitaminas e saladas de frutas, tanto Liz quanto Joe ganham com a produção de uma quantidade maior do bem no qual cada um tem vantagem comparativa e com o comércio.

Os ganhos que obtemos do comércio internacional são similares aos obtidos por Joe e Liz neste exemplo. Quando os norte-americanos compram camisetas da China e quando a China compra aviões da Boeing, dos Estados Unidos, ambos os países saem ganhando. Os Estados Unidos obtêm camisetas a um custo mais baixo do que aquele ao qual conseguem produzi-las, e o mesmo ocorre com a China no caso dos aviões.

Vantagem comparativa dinâmica

Em qualquer dado momento, os recursos e as tecnologias disponíveis determinam as vantagens comparativas de pessoas e nações. Mas, pelo simples fato de produzirem repetidamente um determinado bem ou serviço, as pessoas se tornam mais produtivas nessa atividade, um fenômeno chamado de **aprender fazendo** (*learning by doing*). O aprender fazendo é a base da vantagem comparativa *dinâmica*. A **vantagem comparativa dinâmica** é a vantagem comparativa que uma pessoa (ou país) tem em virtude de ter se especializado em uma atividade específica e, como resultado de aprender fazendo, de ter conseguido produzir ao menor custo de oportunidade.

Cingapura, por exemplo, buscou a vantagem comparativa dinâmica quando decidiu investir na indústria de biotecnologia, na qual inicialmente não tinha vantagem comparativa.

Figura 2.7 Os ganhos obtidos do comércio

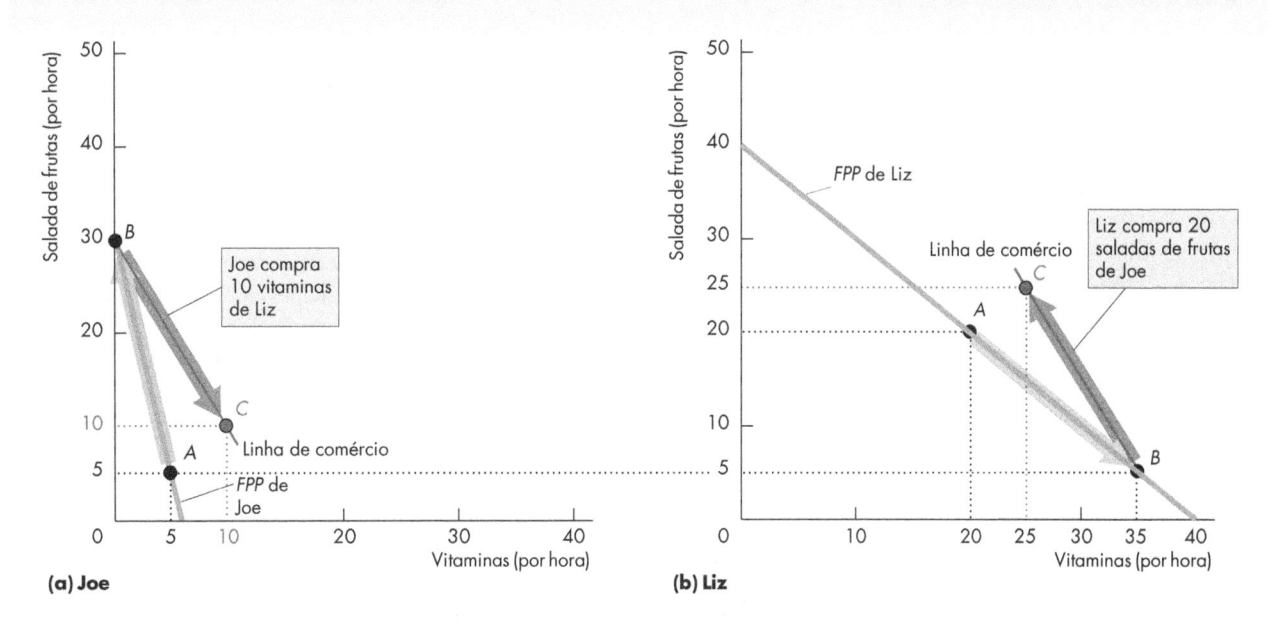

(a) Joe

(b) Liz

Joe inicialmente produz no ponto A de sua FPP na parte (a) e Liz inicialmente produz no ponto A de sua FPP na parte (b). O custo de oportunidade de Joe para produzir uma salada de frutas é menor que o de Liz, de modo que Joe tem vantagem comparativa na produção de saladas de frutas. O custo de oportunidade de Liz para produzir uma vitamina é menor do que o de Joe, de modo que Liz tem vantagem comparativa na produção de vitaminas. Se Joe se especializa em saladas de frutas, ele produz 30 saladas de frutas e nenhuma vitamina no ponto B de sua FPP. Se Liz fizer 35 vitaminas e 5 saladas de frutas, ela produz no ponto B de sua FPP.
Eles trocam saladas de frutas por vitaminas ao longo da 'linha de comércio' cinza-escuro. Liz compra saladas de frutas de Joe por menos do que seu custo de oportunidade para produzi-las. E Joe com pra vitaminas de Liz por menos do que seu custo de oportunidade para produzi-las. Os dois se deslocam para o ponto C – um ponto fora de suas FPPs. Tanto Joe quanto Liz aumentam sua produção em 5 vitaminas e 5 saladas de frutas sem nenhuma alteração dos recursos.

QUESTÕES PARA REVISÃO

1 O que dá a uma pessoa vantagem comparativa?
2 Quais são as diferenças entre a vantagem comparativa e a vantagem absoluta?
3 Por que as pessoas se especializam e comercializam?
4 Quais são os ganhos obtidos da especialização e do comércio?
5 Qual é a fonte dos ganhos obtidos do comércio?
6 Como surge uma vantagem comparativa dinâmica?

Coordenação econômica

As pessoas ganham ao se especializar na produção dos bens e serviços nos quais têm vantagem comparativa e ao comercializar esses bens e serviços com outras pessoas. Liz e Joe, cuja produção de saladas de frutas e vitaminas estudamos anteriormente neste capítulo, podem se unir e fazer um acordo que lhes possibilite obter os ganhos que a especialização e o comércio proporcionam. Mas, para que bilhões de pessoas se especializem e produzam milhões de diferentes bens e serviços, suas escolhas devem, de alguma maneira, ser coordenadas.

Dois sistemas opostos de coordenação econômica foram utilizados: planejamento econômico central e mercados descentralizados.

O planejamento econômico central pode parecer o melhor sistema, porque pode expressar as prioridades nacionais. Mas, quando esse sistema foi adotado, como na Rússia, durante 60 anos, e na China, durante 30 anos, ele provou ser um enorme fracasso. Hoje em dia, estas e a maioria das outras economias que anteriormente eram de planejamento central estão adotando um sistema de mercado descentralizado.

Para que a coordenação descentralizada funcione, são necessárias quatro instituições sociais complementares que evoluíram ao longo de vários séculos. São elas:

- Empresas
- Mercados
- Direitos de propriedade
- Moeda

Empresas

Uma **empresa** é uma unidade econômica que contrata fatores de produção e os organiza para produzir e vender bens e serviços. Exemplos de empresas são o posto de gasolina do seu bairro, o Wal-Mart e a General Electric.

As empresas coordenam um enorme volume de atividade econômica. A Starbucks, por exemplo, pode comprar os equipamentos e os serviços de mão-de-obra de Liz e Joe e começar a produzir saladas de frutas e vitaminas em todas as suas lojas.

Mas, se uma empresa fica grande demais, não consegue monitorar todas as informações de que precisa para coordenar suas atividades. Por esse motivo, as próprias empresas se especializam e comercializam umas com as outras. Por exemplo, o Wal-Mart poderia produzir tudo o que vende em suas lojas. Também poderia produzir todas as matérias-primas utilizadas para fabricar os itens que vende. Mas Sam Walton, o fundador do Wal-Mart, não seria hoje uma das pessoas mais ricas do mundo se tivesse feito essa opção. Em vez disso, o Wal-Mart compra de outras empresas que se especializam na produção de uma pequena variedade de itens. Esse comércio tem lugar nos mercados.

Mercados

Na linguagem comum, a palavra *mercado* significa um local onde as pessoas compram e vendem bens, como peixes, carne, frutas e vegetais. Em economia, *mercado* tem um significado mais amplo. Um **mercado** é qualquer estrutura que permite que compradores e vendedores obtenham informações e façam negócios uns com os outros. Um exemplo é o mercado no qual o petróleo é comprado e vendido – o mercado internacional de petróleo. O mercado internacional de petróleo não é um local, mas a rede formada por produtores de petróleo, usuários de petróleo, atacadistas e corretores que compram e vendem petróleo. No mercado internacional de petróleo, aqueles que tomam as decisões não se encontram fisicamente. Eles fazem negócios ao redor do mundo por telefone, fax e conexões diretas via computador.

Os mercados evoluíram porque facilitam o comércio. Sem mercados organizados, perderíamos uma parcela substancial dos ganhos potenciais do comércio. Pessoas e empresas empreendedoras, em busca de seu próprio interesse pessoal, lucram quando constroem mercados –ficando prontas para comprar ou vender os itens nos quais se especializaram. Mas os mercados só podem funcionar quando existem direitos de propriedade.

Direitos de propriedade

Os acordos sociais que governam a propriedade, a utilização e a disponibilidade de qualquer coisa que as pessoas valorizam são chamados de **direitos de propriedade**. A propriedade de *bens imóveis* inclui terra e prédios – as coisas que chamamos de propriedade na linguagem comum – e bens duráveis, como fábricas e equipamentos. A *propriedade de bens financeiros* inclui ações e obrigações e dinheiro no banco. A *propriedade intelectual* é o produto intangível do esforço criativo. Esse tipo de propriedade inclui livros, músicas, programas de computador e invenções de todos os tipos e é protegido por direitos autorais e patentes.

Sempre que os direitos de propriedade estão em vigor, as pessoas são incentivadas a se especializar e a produzir os bens nos quais têm vantagem comparativa. Quando as pessoas podem roubar a produção das outras, os recursos são dedicados não à produção, mas à proteção das posses. Sem os direitos de propriedade, ainda estaríamos caçando e colhendo vegetais, como nossos ancestrais da Idade da Pedra.

Moeda

Moeda é qualquer mercadoria ou representação de dinheiro (peças de metal, papel ou plástico) geralmente aceita como meio de pagamento. Liz e Joe não utilizaram dinheiro no exemplo que apresentamos. Eles trocaram saladas de frutas e vitaminas. Em princípio, o comércio em mercados pode ser a troca de qualquer item por qualquer outro item. Mas você pode imaginar como a vida seria complicada se trocássemos bens por outros bens. A 'invenção' do dinheiro faz com que o comércio nos mercados seja muito mais eficiente.

Fluxos circulares dos mercados

A Figura 2.8 mostra os fluxos resultantes das escolhas feitas por pessoas e empresas. As pessoas se especializam e escolhem as quantidades de trabalho, terra, capital e capacidade empresarial para vender ou alugar às empresas. As empresas escolhem as quantidades de fatores de produção que contratarão. Esses fluxos (setas à direita) transitam pelos *mercados de fatores*. As pessoas escolhem as quantidades de bens e serviços que vão adquirir, e as empresas escolhem as quantidades que vão produzir. Esses fluxos (setas à esquerda) transitam pelos *mercados de bens*. As pessoas recebem renda e gastam em bens e serviços (setas internas).

Como os mercados coordenam todas essas decisões?

Coordenação das decisões

Os mercados coordenam as decisões por meio dos ajustes de preços. Para entender como isso acontece, pense no mercado de hambúrgueres. Suponha que algumas pessoas que queiram comprar hambúrgueres não possam fazê-lo. Para que as escolhas dos compradores e dos vendedores sejam compatíveis, é preciso que os compradores reduzam seu apetite por hambúrguer ou que sejam oferecidos mais hambúrgueres para venda (ou ambas as alternativas). Um aumento no preço de um hambúrguer gera esse resultado. Um preço mais elevado incentiva os produtores a oferecer mais hambúrgueres para venda. Isso também incentiva algumas pessoas a mudar seus planos para o almoço. Menos pessoas compram hambúrgueres e mais pessoas compram cachorros-quentes. Mais hambúrgueres (e mais cachorros-quentes) são oferecidos para venda.

Por outro lado, suponha que sejam disponibilizados mais hambúrgueres do que as pessoas desejam comprar. Neste caso, para fazer com que as escolhas dos compradores e dos vendedores sejam compatíveis, é preciso que mais hambúrgueres sejam comprados ou que menos hambúr-

Figura 2.8 Fluxos circulares na economia de mercado

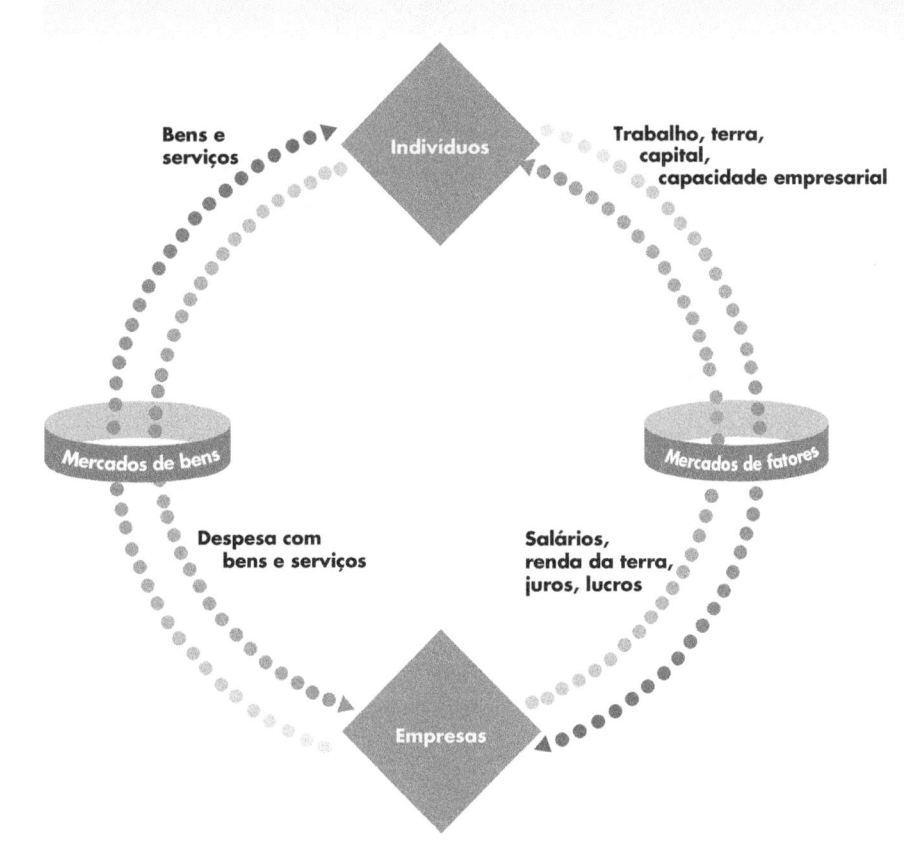

[Diagrama: Indivíduos (topo), Empresas (base), Mercados de bens (esquerda), Mercados de fatores (direita). Setas externas no sentido horário: Bens e serviços (de mercados de bens para indivíduos); Trabalho, terra, capital, capacidade empresarial (de indivíduos para mercados de fatores). Setas internas no sentido anti-horário: Despesa com bens e serviços; Salários, renda da terra, juros, lucros.]

Os indivíduos e as empresas fazem escolhas econômicas, e os mercados coordenam essas escolhas.

As pessoas escolhem as quantidades de trabalho, terra, capital e capacidade empresarial para vender ou alugar às empresas em troca de salários, renda da terra, juros e lucros. As pessoas também escolhem como gastar sua renda com os vários tipos de bens e serviços disponíveis.

As empresas escolhem as quantidades de fatores de produção que contratarão e as quantidades de bens e serviços que produzirão.

Os mercados de bens e os mercados de fatores coordenam essas escolhas das pessoas e das empresas.

Os fluxos externos, no sentido horário, são fluxos reais – os fluxos de fatores de produção de indivíduos para empresas e os fluxos de bens e serviços de empresas para pessoas.

Os fluxos internos, no sentido anti-horário, são os pagamentos pelos fluxos externos. Eles representam o fluxo de renda de empresas para pessoas e o fluxo de gastos com bens e serviços de pessoas para empresas.

---

gueres sejam oferecidos para venda (ou ambas as alternativas). Uma queda no preço do hambúrguer produz esse resultado. Um preço mais reduzido incentiva as empresas a produzir uma quantidade menor de hambúrgueres e também incentiva as pessoas a comprar mais hambúrgueres.

QUESTÕES PARA REVISÃO

1. Por que instituições sociais como empresas, mercados, direitos de propriedade e dinheiro são necessárias?
2. Quais são as principais funções dos mercados?
3. Quais são os fluxos da economia de mercado que vão de empresas para pessoas e de pessoas para empresas?

◊ Você já começou a aprender como os economistas abordam as questões econômicas. Escassez, escolha e custos de oportunidade divergentes explicam por que nos especializamos e comercializamos e por que empresas, mercados, direitos de propriedade e moeda foram desenvolvidos. Você pode ver por toda parte as lições que aprendeu neste capítulo. A seção *Leitura das entrelinhas* contém um exemplo. Nela analisa-se a *FPP* de um estudante como você e as escolhas que os estudantes precisam fazer e que influenciam o próprio crescimento econômico deles – o crescimento da renda deles.

LEITURA DAS ENTRELINHAS

OBSERVATÓRIO ECONÔMICO

O custo e o benefício da educação

Pessoas com diploma de MBA podem ter remuneração mais elevada

29 de maio de 2005

Boas notícias para os formados em administração e economia: um diploma de MBA provavelmente lhes renderá um gordo salário.

Foi o que anunciou a *Consultants News*, uma publicação da New Hampshire-based Kennedy Information Inc. que atende à indústria de consultoria. Eles descobriram que as pessoas formadas nas melhores faculdades da área de negócios dos Estados Unidos têm a expectativa de que seu diploma lhes proporcione salários mais altos, e alguns podem conseguir isso.

A publicação afirmou que os alunos de MBA das melhores faculdades norte-americanas da área de negócios esperam receber até 20 por cento a mais de remuneração total neste ano com base em suas entrevistas em empresas de consultoria.

"Em média, o salário-base para uma pessoa com diploma de MBA este ano é de quase US$ 110.000, um incremento de cerca de 10 por cento em relação ao ano passado", anunciou a publicação. Ela observou que algumas empresas, buscando conter o aumento dos salários, aumentaram os bônus contratuais em quase 30 por cento.

A publicação baseou suas informações em dados coletados de 85 estudantes de MBA de 12 bem-conceituadas faculdades da área de negócios, incluindo a Universidade de Yale, a Universidade da Pensilvânia, a Universidade de Chicago e a Universidade da Califórnia em Los Angeles. Ela descobriu que o salário médio neste ano será de US$ 109.000, em comparação com os US$ 98.751 de 2004. O aumento é o primeiro desde 2002, quando os salários subiram para US$ 99.082, em comparação com US$ 92.253 em 2000.

Fonte: ©2005 Globe Newspaper Company – MA. Reproduzido com permissão da Globe Newspaper Company para utilização em livros didáticos por meio do Copyright Clearance Center. Disponível em: http://bostonworks.boston.com

Essência da notícia

▸ A *Consultants News* relata os resultados de um levantamento feito com 85 pessoas com diploma de MBA de 12 das melhores faculdades da área de negócios dos Estados Unidos.

▸ Estimou-se uma remuneração média 20 por cento superior à do ano anterior para pessoas com MBA.

▸ O salário-base médio para alguém com diploma de MBA em 2005 era de US$ 109.000, um aumento de cerca de 10 por cento em relação ao ano anterior.

▸ Os últimos salários médios foram de US$ 92.253 em 2000, US$ 99.082 em 2002 e US$ 98.751 em 2004.

Análise econômica

▸ A educação aumenta o capital humano e expande as possibilidades de produção.

▸ O custo de oportunidade de um diploma é o adiamento do consumo. A recompensa é uma maior possibilidade de produção ao longo da vida.

▸ A Figura 1 mostra, na *FPP* cinza-claro, o *trade-off* diante de uma pessoa com ensino médio completo entre os bens e serviços de educação e os bens e serviços de consumo.

▸ Se trabalha em período integral, essa pessoa está no ponto A da *FPP* cinza-claro da Figura 1.

▸ Se vai para a faculdade, o estudante passa do ponto A para o ponto B ao longo de sua *FPP*, abdica do consumo atual (o custo de oportunidade da educação) e aumenta a utilização de bens e serviços educativos.

▸ Quando a pessoa completa o nível superior, sua renda aumenta, de modo que as possibilidades de produção se expandem para a *FPP* cinza-escuro da Figura 1.

▸ A Figura 2 mostra o *trade-off* de uma pessoa com nível superior completo. A curva cinza-claro é a mesma *FPP* que a *FPP* cinza-escuro da Figura 1.

▸ Se trabalha em período integral, essa pessoa ganha o suficiente para consumir no ponto C da *FPP* cinza-claro da Figura 2.

▸ Ao começar a cursar um MBA, o estudante passa do ponto C para o ponto D ao longo de sua *FPP*, abdica do consumo atual (o custo de oportunidade de um diploma de MBA) e aumenta a utilização de bens e serviços educativos.

▸ Com um diploma de MBA, a renda da pessoa aumenta novamente, de modo que suas possibilidades de produção se expandem para a *FPP* cinza-escuro da Figura 2.

▸ Para as pessoas com as aptidões exigidas, são grandes os benefícios de um curso superior e uma pós-graduação.

Figura 1 Escolhas de uma pessoa com enino médio completo

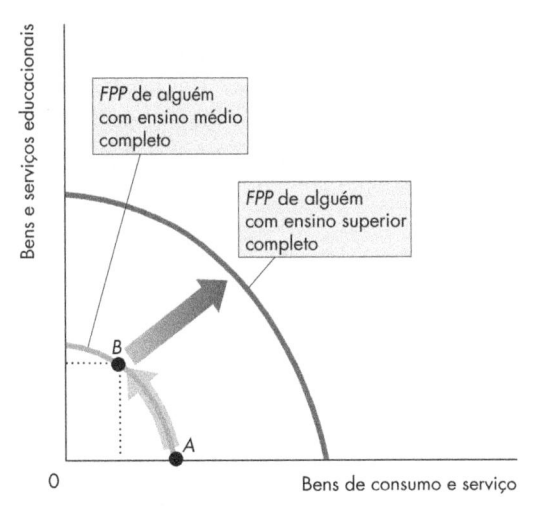

Figura 2 Escolhas de uma pessoa com ensino superior completo

Você decide

▶ Considerando o enorme retorno do nível superior completo e de uma pós-graduação, por que mais pessoas não passam mais tempo estudando?

▶ Você aumentaria os impostos para possibilitar bolsas de estudo públicas e incentivar mais pessoas a buscar um diploma de pós-graduação? Explique por quê.

RESUMO

Pontos-chave

Possibilidades de produção e custo de oportunidade (p. 29-32)

- A fronteira de possibilidades de produção, *FPP*, é a fronteira entre os níveis de produção alcançáveis e os inalcançáveis, quando todos os recursos disponíveis são utilizados até seu limite.
- A eficiência na produção ocorre nos pontos sobre a *FPP*.
- Ao longo da *FPP*, o custo de oportunidade de produzir uma quantidade maior de um bem é a quantidade do outro bem da qual se deve abdicar.
- O custo de oportunidade de todos os bens aumenta à medida que aumenta a produção do bem.

Utilização eficiente dos recursos (p. 32-34)

- O custo marginal de um bem é o custo de oportunidade de produzir uma unidade adicional desse bem.
- O benefício marginal de um bem é a quantidade máxima de outro bem da qual uma pessoa está disposta a abrir mão para obter mais do primeiro.
- O benefício marginal de um bem diminui à medida que aumenta a quantidade disponível desse bem.
- Os recursos são utilizados com eficiência quando o custo marginal de cada bem é igual a seu benefício marginal.

Crescimento econômico (p. 35-36)

- O crescimento econômico, que é a expansão das possibilidades de produção, resulta da acumulação de capital e da mudança tecnológica.
- O custo de oportunidade do crescimento econômico é o consumo atual de que se abre mão.

Ganhos obtidos do comércio (p. 36-39)

- Uma pessoa tem vantagem comparativa na produção de um bem se é capaz de produzir a um custo de oportunidade menor do que o de qualquer outra pessoa.
- As pessoas ganham ao se especializar na atividade na qual têm vantagem comparativa e ao comercializar com outras.
- A vantagem comparativa dinâmica resulta do aprender fazendo (*learning by doing*).

Coordenação econômica (p. 39-41)

- As empresas coordenam um grande volume de atividade econômica, mas há um limite para o tamanho eficiente de uma empresa.
- Os mercados coordenam as escolhas econômicas de pessoas e empresas.
- Os mercados só podem funcionar com eficiência quando existem direitos de propriedade.
- O dinheiro faz com que o comércio nos mercados seja mais eficiente.

Figuras-chave

Figura 2.1 Fronteira de possibilidades de produção, 30
Figura 2.4 Utilização eficiente dos recursos, 34
Figura 2.7 Os ganhos obtidos do comércio, 39
Figura 2.8 Fluxos circulares na economia de mercado, 41

Palavras-chave

Acumulação de capital, 35
Aprender fazendo, 38
Benefício marginal, 33
Crescimento econômico, 35
Curva de benefício marginal, 33
Custo marginal, 32
Direitos de propriedade, 40
Eficiência alocativa, 33
Eficiência produtiva, 30
Empresa, 39
Fronteira de possibilidades de produção, 29
Mercado, 40
Moeda, 40
Mudança tecnológica, 35
Preferências, 33
Vantagem absoluta, 37
Vantagem comparativa, 36
Vantagem comparativa dinâmica, 38

EXERCÍCIOS

1. Utilize a figura para calcular o custo de oportunidade de Wendell para uma hora jogando tênis se ele aumentar o tempo em que joga:
   a. De 4 para 6 horas por semana.
   b. De 6 para 8 horas por semana.

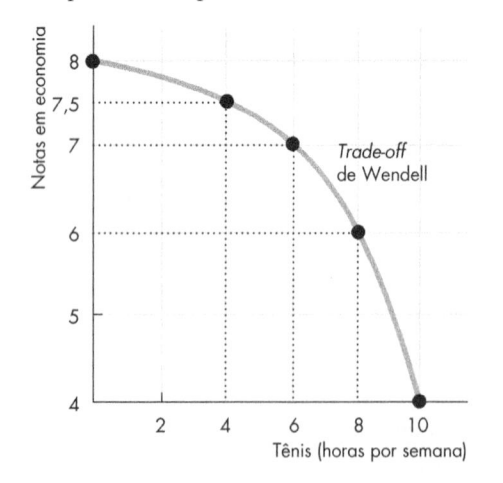

2. Wendell, cuja *FPP* é mostrada no exercício 1, tem a curva de benefício marginal que é apresentada a seguir.

   a. Se Wendell alocar seu tempo de modo eficiente, qual será sua nota e quantas horas de tênis jogará?
   b. Explique por que Wendell estaria em pior situação se obtivesse uma nota mais alta.

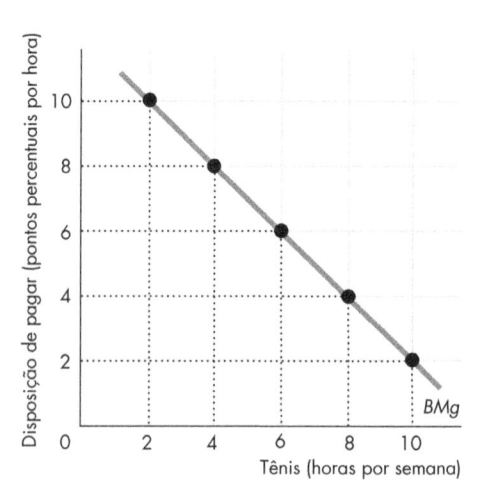

3. As possibilidades de produção na cidade de Sunland são:

Comida (quilogramas por mês)		Protetor solar (litros por mês)
300	e	0
200	e	50
100	e	100
0	e	150

   a. Trace um gráfico da *FPP* de Sunland.
   b. Qual é o custo de oportunidade em Sunland para produzir 1 quilo de comida?
   c. Qual é o custo de oportunidade em Sunland para produzir 1 litro de protetor solar?

4. Em Sunland, que tem as possibilidades de produção mostradas na tabela do exercício 3, as preferências são descritas pela tabela a seguir.

Protetor solar (litros por mês)	Disposição de pagar (quilogramas por litro)
25	3
75	2
125	1

   a. Trace um gráfico do benefício marginal em Sunland para protetor solar.
   b. Qual é a quantidade de protetor solar produzida em Sunland se a cidade atinge a eficiência alocativa?

5. Em determinada fazenda cultiva-se trigo e criam-se porcos. O custo marginal de produzir cada um desses produtos aumenta à medida que aumenta a produção.
   a. Trace um gráfico para ilustrar a *FPP* da fazenda.

b. A fazenda adota uma nova tecnologia que lhe permite utilizar menos recursos para engordar os porcos. Utilize seu gráfico para ilustrar o impacto da nova tecnologia na *FPP* da fazenda.

c. Com a utilização da nova tecnologia pela fazenda, o custo de oportunidade de produzir uma tonelada de trigo aumenta, diminui ou permanece constante? Explique e ilustre sua resposta.

d. A fazenda é mais eficiente com a nova tecnologia do que era com a antiga?

6. Tom consegue produzir 40 bolas por hora ou 4 tacos por hora. Tessa consegue produzir 80 bolas por hora ou 4 tacos por hora.

   a. Calcule o custo de oportunidade de Tom para produzir uma bola.

   b. Calcule o custo de oportunidade de Tessa para produzir uma bola.

   c. Quem tem vantagem comparativa na produção de bolas?

   d. Se Tom e Tessa se especializarem na produção do bem no qual cada um deles tem vantagem comparativa e se trocarem 1 taco por 15 bolas, quem ganhará com a especialização e com o comércio?

   Suponha que Tessa compre uma nova máquina para produzir tacos que lhe permita fazer 20 tacos por hora. (Ela ainda consegue produzir apenas 80 bolas por hora.)

   e. Agora, quem tem vantagem comparativa na produção de tacos?

   f. Tom e Tessa ainda conseguem ganhar com o comércio?

   g. Tom e Tessa ainda estariam dispostos a trocar 1 taco por 15 bolas?

PENSAMENTO CRÍTICO

1. Depois de ter estudado a seção *Leitura das entrelinhas*, responda às seguintes questões:

   a. Em que ponto da *FPP* cinza-claro da Figura 1 os recursos são alocados com eficiência? Explique e ilustre sua resposta.

   b. Suponha que aumentem as mensalidades escolares. Como uma mensalidade mais elevada altera o custo de oportunidade da educação e como isso muda as *FPP*s do estudante nas figuras 1 e 2?

   c. Você pensa que as pessoas obtêm uma quantidade eficiente de educação? Explique por quê.

2. Antes da Guerra Civil nos Estados Unidos, o Sul do país comercializava com o Norte e com a Inglaterra, vendendo algodão e comprando bens manufaturados e alimentos. Durante a guerra, uma das primeiras ações de Lincoln foi bloquear os portos, o que impediu esse comércio. O Sul foi forçado a aumentar sua produção de armamentos e alimentos.

   a. Em que o Sul tinha vantagem comparativa?

   b. Trace um gráfico para ilustrar a produção, o consumo e o comércio do Sul antes da Guerra Civil. O Sul estava consumindo abaixo de sua *FPP*, sobre sua *FPP* ou fora de sua *FPP*?

   c. Trace um gráfico para mostrar os efeitos da Guerra Civil sobre o consumo e a produção do Sul.

   d. A Guerra Civil mudou algum custo de oportunidade do Sul? O custo de oportunidade de tudo aumentou? Ou os itens passaram a custar menos? Utilize gráficos para ilustrar suas respostas.

3. O etanol pode ser produzido a partir da cana-de-açúcar ou do milho. Suponha que a produção de um litro de etanol custe $ 0,20 se ele for feito a partir da cana-de-açúcar brasileira e $ 0,25 se for feito a partir de milho norte-americano. O Ministério da Agricultura dos Estados Unidos espera que 20 por cento da safra de milho seja utilizada para produzir etanol em 2007, um aumento de 34 por cento em relação a 2006.

   a. Os Estados Unidos têm vantagem comparativa na produção do etanol?

   b. O custo de oportunidade de produzir etanol nos Estados Unidos aumentará em 2007?

   c. Os Estados Unidos poderiam ganhar se importassem etanol (ou cana-de-açúcar) do Brasil?

4. "A geração pós-guerra dos Estados Unidos está consumindo mais chá em virtude dos benefícios à saúde", proclamou o *The Economist* (8 jul. 2005, p. 65). O artigo prosseguiu: "Apesar de as condições climáticas serem apropriadas, o cultivo de chá [nos Estados Unidos] é simplesmente custoso demais, uma vez que o processo requer muita mão-de-obra e não é passível de automação".

   Utilizando as informações fornecidas:

   a. Esboce duas *FPP*s para a produção de chá e de outros bens e serviços: uma nos Estados Unidos e a outra na Índia.

   b. Esboce a curva de benefício marginal para o chá nos Estados Unidos antes e depois de a geração pós-guerra ter passado a valorizar os benefícios do chá à saúde.

   c. Os Estados Unidos produzem ou importam chá?

   d. A mudança nas preferências por chá teve algum efeito sobre o custo de oportunidade da produção desse bem?

ATIVIDADES NA INTERNET

1. Obtenha dados sobre o custo de um curso de MBA em uma escola que seja de seu interesse.

   a. Trace uma *FPP* que mostre o *trade-off* com que você se defrontará se decidir matricular-se em um curso de MBA.

   b. Na sua opinião, o benefício marginal de um curso de MBA é superior ao custo marginal dele? Por quê?

Custos e benefícios da educação no Brasil

André Mountian[1]
Daniel Ferrara[2]

O Brasil é uma das principais economias do mundo. Possui um território extenso, rico em recursos naturais e uma base industrial consolidada.[3] No entanto, o país apresenta uma das piores distribuições de renda do mundo, caracterizada por Barros et al (2001) como a "estabilidade inaceitável".[4] Apesar de uma diminuição dos níveis de desigualdade verificada entre 2001 e 2005, nossa iniqüidade é aquela em que o 1 por cento mais rico da população se apropria da mesma parcela da renda do que os 50 por cento mais pobres. Associado a este fenômeno, o país convive com significativa parcela da população vivendo em condições precárias de alimentação, moradia, saúde e educação. Aproximadamente 34 por cento da população é pobre e 17 por cento é extremamente pobre.

Há amplo debate na academia e na sociedade brasileira sobre os mecanismos que devem ser utilizados para tornar a distribuição de renda mais equitativa e os índices de pobreza compatíveis com aqueles existentes nos países com renda *per capita* similares à do Brasil. Um dos aspectos mais discutidos na literatura é o papel da *educação* no desenvolvimento socioeconômico, que teria fundamentalmente duas vias de transmissão. A expansão educacional permitiria, em primeiro lugar, melhorar a eficiência da economia, contribuindo com o aumento dos salários e o crescimento econômico. Além disso, promoveria maior igualdade e mobilidade social, especialmente quando envolve os setores mais pobres da população.

A iniqüidade na distribuição da renda está intimamente relacionada à dispersão dos rendimentos obtidos no mercado de trabalho. Nesse sentido, Barros et al (2002) avaliam que a heterogeneidade educacional entre os trabalhadores é o principal fator explicativo para a desigualdade salarial no Brasil, explicando também o hiato da distribuição de renda do Brasil com relação aos países industrializados.

Uma maneira simplificada de compreender a relação entre educação e renda é a que ocorre no mercado de trabalho competitivo. Nesta situação, o salário é igual à produtividade marginal do trabalho, ou seja, é proporcional à contribuição do trabalhador ao produto. Assim, uma melhora na qualificação da mão-de-obra possibilita ganhos salariais cada vez maiores por tornar o trabalho mais produtivo. Trata-se da teoria do *capital humano*, entendido como o acúmulo de conhecimentos e habilidades dos indivíduos, com vias a retornos futuros.[5]

Além de benefícios individuais, a expansão educacional é central para o crescimento da economia, contribuindo inclusive com sua sustentabilidade. A teoria macroeconômica destaca cada vez mais a importância do investimento em capital humano para o crescimento, além da necessidade de infra-estrutura e capital físico.

O investimento em educação também tem sido colocado como elemento-chave no combate à pobreza. O Banco Mundial (2000) enfatiza que o investimento no capital humano dos pobres é fundamental para fazer com que eles possam aproveitar mais adequadamente as oportunidades geradas pelo crescimento econômico, fator que acaba por potencializar o próprio crescimento.[6]

---

[1] Matemático, mestre em Economia.
[2] Economista, mestrando em Economia.
[3] Segundo o Banco Mundial (2006) o Brasil é a décima quarta economia do mundo.
[4] O índice de Gini permaneceu estável entre 1977 e 2000, em 0,60, caracterizando-se como uma das maiores iniqüidades de renda do mundo. O índice de Gini é um indicador de desigualdade de renda, que varia entre 0 e 1. Quanto mais próximo de 1, o país é mais desigual, e quanto mais próximo de 0, maior é a igualdade.
[5] Além da educação, todos os fatores que elevam à produtividade dos indivíduos são considerados investimentos em capital humano, como cuidados com a saúde e alimentação. Para uma investigação mais aprofundada sobre a teoria do capital humano, ver Schultz (1973).
[6] O debate sobre a importância do desenvolvimento tecnológico para o crescimento dos países se inicia na década de 1950. Robert Solow, com o artigo "A contribution to the theory of economic growth", publicado em 1956, aborda a questão do desenvolvimento econômico, em que a taxa de crescimento é determinada pela taxa de progresso tecnológico.

Essa lógica de desenvolvimento constituiu a estratégia de uma série de países asiáticos, notadamente o caso da Coréia. Neste país, a legislação tornou prioritário o ensino básico, e os primeiros oito anos de estudo tornaram-se obrigatórios e gratuitos. Após a reforma educacional, a Coréia passou a apresentar taxas de crescimento médio de 9 por cento ao ano durante mais de três décadas. Hoje sua economia tem como principal característica a inovação tecnológica.

No Brasil, com maior ou menor destaque, todas as constituições dispensaram tratamento ao tema da educação. Na Constituição de 1988, o direito à educação é colocado como um direito social. No contexto da época, a preocupação era prover instrumentos para a efetivação da democracia.[7] Desde então, apesar do grande caminho que ainda deve ser percorrido pelo país, algumas vitórias foram conquistadas. Segundo dados do Instituto de Pesquisa Econômica Aplicada (Ipea), a taxa de analfabetismo entre as pessoas com 15 anos ou mais caiu de 19,2 por cento em 1988 para 11,1 por cento em 2005, enquanto a média dos anos de estudo das pessoas com mais de 25 anos aumentou de 4,6 anos em 1988 para 6,5 anos em 2005.

Contudo, apesar do avanço recente, as taxas de analfabetismo no país são elevadas quando comparadas com outros países. Segundo os dados do INEP (2005), entre os países do Mercosul, o Brasil é o que possui a maior taxa de analfabetismo e também o que tem uma das menores taxas de investimento em relação ao PIB. Em 2005, enquanto o Chile e o Paraguai aplicaram, respectivamente, 6,9 por cento e 6,3 por cento do PIB em educação, o Brasil aplicou apenas 4,0 por cento.

Pelas características apresentadas, o Brasil necessita de políticas públicas que estimulem, simultaneamente, o crescimento da economia e a diminuição das desigualdades sociais, e a educação é o elemento central desse modelo de desenvolvimento, tanto por considerações de eficiência econômica quanto por justiça social e cidadania.

REFERÊNCIAS

BANCO MUNDIAL. *World development report*: equity and development. Nova York: Oxford University Press, 2006.

_____. *Relatório sobre o desenvolvimento mundial*: atacando a pobreza. Nova York: Oxford University Press, 2000.

BARROS, R. P.; HENRIQUES, R.; MENDONÇA, R. "A estabilidade inaceitável: desigualdade e pobreza no Brasil". Texto para discussão. Rio de Janeiro, IPEA, n. 800, 2001.

_____. "Pelo fim das décadas perdidas: educação e desenvolvimento sustentado no Brasil". Texto para discussão. Rio de Janeiro, IPEA, n. 857, 2002.

INEP. "Mercosur – indicadores estadísticos del sistema educativo del Mercosur", 2005. Disponível em: http://www.sic.inep.gov.br/. Acesso em: 15 jun. 2008.

SCHULTZ, T. *O capital humano*. Rio de Janeiro: Zahar, 1973.

VIEIRA, S. L. "A educação nas constituições brasileiras: texto e contexto". In: *Revista Brasileira de Estudos Pedagógicos*, v. 88, n. 219, maio-ago. 2007.

QUESTÕES

1. Explique a importância econômica da expansão educacional e qual a relação entre educação e distribuição de renda.

2. Considerando a questão anterior, explique qual a situação do Brasil no contexto da educação atual e qual sua posição relativa quando comparado com os outros países do Mercosul.

---

[7] Para uma descrição da abordagem dispensada por cada constituição, veja Vieira (2007).

ENTENDIMENTO DO ÂMBITO DA ECONOMIA — PARTE 1

Sua revolução econômica

Você está progredindo no seu estudo de economia; já deparou com as grandes questões e as grandes idéias econômicas e passou a conhecer o raciocínio básico elaborado por Adam Smith, o fundador da economia: a especialização e a troca criam riqueza econômica.

Você está estudando economia em um momento que os futuros historiadores chamarão de a *revolução da informação*. Reservamos a palavra 'revolução' para grandes eventos que influenciam todas as gerações futuras.

Durante a *revolução agrícola*, que ocorreu há dez mil anos, as pessoas aprenderam domesticar animais e cultivar plantas. Elas deixaram de perambular de um lugar para outro em busca de comida e se estabeleceram em vilarejos e, mais tarde, em vilas e cidades, onde desenvolveram mercados nos quais trocariam seus produtos.

Durante a *Revolução Industrial*, que começou há 240 anos, as pessoas utilizaram a ciência para criar novas tecnologias. Essa revolução gerou uma extraordinária fortuna para alguns, mas criou condições nas quais outras pessoas foram deixadas para trás. Ela provocou tensões sociais e políticas que perduram até hoje.

Durante a atual *revolução da informação*, as pessoas que adotaram as novas tecnologias prosperaram em uma escala inimaginável. Mas a renda e o padrão de vida das pessoas com menor grau de instrução estão diminuindo, e as tensões sociais e políticas, aumentando. A revolução de hoje tem dimensão global. Alguns dos vencedores vivem em países da Ásia que antes eram pobres, e alguns dos perdedores vivem nos Estados Unidos.

Deste modo, você está estudando economia em uma época muito interessante. Não importa qual seja *sua* motivação para estudar economia, *meu* objetivo é ajudá-lo a progredir bastante no seu curso, a divertir-se no processo e a desenvolver um conhecimento mais profundo do mundo econômico que o cerca.

Há três razões pelas quais espero que nós dois tenhamos sucesso: para começar, um bom entendimento de economia o ajudará a se tornar um verdadeiro participante da revolução da informação. Em segundo lugar, o conhecimento da economia o ajudará a exercer um papel mais eficaz como cidadão e eleitor e lhe permitirá se unir a pessoas que estão em busca de soluções para nossos problemas sociais e políticos. Em terceiro lugar, sua visão de mundo se enriquecerá com a *compreensão* das forças em ação e como elas estão moldando nosso mundo.

Se você está considerando economia interessante, pense seriamente em se especializar na área. Um diploma de economia lhe dará o melhor treinamento disponível para a resolução de problemas, oferecerá muitas oportunidades de desenvolver o raciocínio conceitual e abrirá portas para uma ampla variedade de cursos de pós-graduação, incluindo um MBA, e para uma ampla variedade de profissões.

A economia nasceu durante a Revolução Industrial. A seguir, examinaremos seu nascimento e conheceremos seu fundador, Adam Smith.

ANÁLISE DE IDÉIAS

As fontes da riqueza econômica

> "Não é da benevolência do padeiro, do açougueiro ou do cervejeiro que esperamos o nosso jantar, mas sim do empenho deles em promover seu próprio interesse pessoal."
>
> ADAM SMITH
>
> A riqueza das nações

O pai da economia

Adam Smith *foi um pensador brilhante que contribuiu para a ética e o direito, bem como para a economia. Nascido em 1723 em Kirkcaldy, uma pequena vila portuária perto de Edimburgo, Escócia, ele era o filho único de um fiscal alfandegário da vila (que faleceu antes de Adam nascer).*

Sua primeira posição acadêmica, aos 28 anos de idade, foi como professor de lógica na Universidade de Glasgow. Em seguida ele se tornou o tutor de um abastado duque escocês, a quem acompanhou em uma longa viagem de dois anos pela Europa, depois da qual passou a receber uma pensão de 300 libras ao ano – dez vezes a renda média da época.

Com a estabilidade financeira proporcionada por sua pensão, Smith passou dez anos escrevendo **A riqueza das nações**, *publicada em 1776. Muitas pessoas já tinham escrito sobre questões econômicas antes de Adam Smith, mas ele transformou a economia em uma ciência. As explicações de Smith eram tão amplas e precisas que nenhum escritor depois dele conseguiu promover avanços na economia sem recorrer às idéias criadas por ele.*

As questões

Por que algumas nações são ricas e outras são pobres? Essa questão está no âmago da economia. Ela leva diretamente a uma segunda questão: como as nações pobres podem ficar mais ricas?

Adam Smith, considerado por muitos acadêmicos o construtor dos fundamentos da economia, tentou responder a essas perguntas em seu livro *A riqueza das nações*, publicado em 1776. Smith refletia sobre essas questões no auge da Revolução Industrial. Naquela época, novas tecnologias estavam sendo inventadas e aplicadas à manufatura de tecidos de algodão e de malhas de lã, à exploração de ferro, ao transporte e à agricultura.

Smith queria saber quais eram as fontes da riqueza econômica e aplicou seus aguçados talentos de observação e abstração para tentar responder à questão. A sua resposta:

- A divisão do trabalho
- Mercados livres

A divisão do trabalho – segmentar tarefas em tarefas mais simples e se especializar nelas – é a fonte do "maior avanço na energia produtiva da mão-de-obra", dizia Smith. A divisão do trabalho se tornou ainda mais produtiva quando passou a ser aplicada na criação de novas tecnologias. Cientistas e engenheiros, com treinamento em áreas extremamente especializadas, tornaram-se peritos em invenções. Suas poderosas aptidões aceleraram o avanço da tecnologia, de modo que, na década de 1820, máquinas eram capazes de produzir bens de consumo mais rápida e precisamente do que qualquer artesão. Além disso, na década de 1850, máquinas podiam fazer outras máquinas que a mão-de-obra sozinha jamais conseguiria produzir.

Mas, como Smith afirmou, os frutos da divisão do trabalho são limitados pela extensão do mercado. Para fazer com que o mercado seja o maior possível, não deve haver restrições ao livre comércio nem dentro de um país nem entre países. Smith argumentou que, quando cada pessoa faz a melhor escolha econômica possível, essa escolha conduz, como 'uma mão invisível', ao melhor resultado possível para a sociedade como um todo. O padeiro, o açougueiro e o cervejeiro estão em busca dos seus próprios interesses pessoais, mas, ao fazê-lo, também atendem aos interesses de todas as outras pessoas.

Antes

Adam Smith imaginou que uma pessoa, empenhando-se ao máximo e utilizando as ferramentas manuais disponíveis na década de 1770, seria capaz de fazer 20 alfinetes por dia. Contudo, observou ele, com a utilização dessas mesmas ferramentas manuais, mas com a divisão do processo em uma série de operações individualmente pequenas nas quais as pessoas se especializam – por meio da *divisão do trabalho* –, dez pessoas poderiam fazer a quantidade impressionante de 48 mil alfinetes por dia. Uma pessoa desenrola o arame, uma outra o endireita, uma terceira pessoa o corta, uma quarta faz a ponta, uma quinta afia a ponta. Três especialistas fazem a cabeça do alfinete e um quarto a coloca no alfinete. Finalmente, o alfinete é polido e embalado. Mas é necessário um grande mercado para sustentar a divisão do trabalho: uma fábrica que empregue dez trabalhadores precisaria vender mais de 15 milhões de alfinetes ao ano para continuar no negócio.

Hoje

Se Adam Smith estivesse vivo hoje, o chip de computador o fascinaria. Ele o veria como um exemplo extraordinário da produtividade da divisão do trabalho e da utilização de máquinas para fazer máquinas que fazem outras máquinas. A partir de uma intrincada rede de circuitos de chips, câmeras transferem uma imagem a placas de vidro que funcionam como estênceis. Trabalhadores preparam pastilhas de silício nas quais os circuitos são impressos. Alguns cortam as pastilhas, outros dão polimento a elas, outros as aquecem e outros as recobrem com uma substância química sensível à luz. Máquinas transferem uma cópia do circuito para a pastilha e substâncias químicas gravam o desenho do circuito. Processos posteriores depositam transistores do tamanho de átomos e conectores de alumínio. Finalmente, um laser separa as centenas de chips na pastilha. Cada estágio do processo de criação de um chip de computador utiliza outros chips de computador. E, como o alfinete da década de 1770, o chip de computador de hoje se beneficia de um grande mercado – um mercado global – que compra os chips nas enormes quantidades em que eles são produzidos com eficiência.

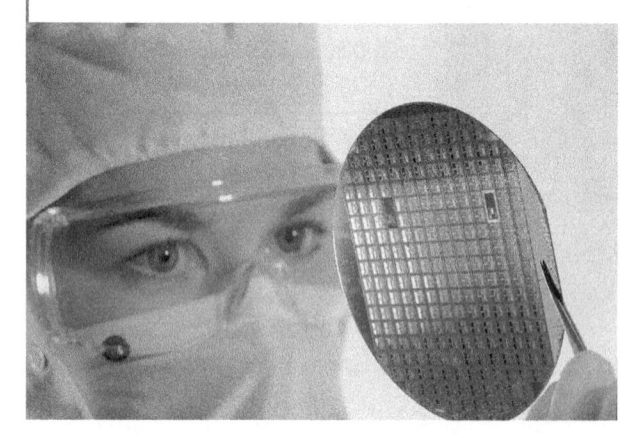

PONTO DE VISTA ECONÔMICO – PERSONALIDADE BRASILEIRA

Eduardo Giannetti da Fonseca[1]

Eduardo Giannetti da Fonseca é economista. Nascido em Belo Horizonte em 1957, formou-se em Ciências Econômicas em 1978 e em Ciências Sociais em 1980, na Universidade de São Paulo, ano em que atuou como professor de Microeconomia na Pontifícia Universidade Católica de São Paulo e pesquisador da Fipe-USP.

Fez doutorado em Economia na Universidade de Cambrigde, na Inglaterrra, em 1981. É autor de vários livros e artigos e ganhador, em duas ocasiões, do Prêmio Jabuti da Câmara Brasileira do Livro: em 1994, com o livro Vícios privados, benefícios públicos? A ética na riqueza das nações *e, em 1995, com o livro* As partes e o todo *(coletânea de textos jornalísticos). Nesse mesmo ano, também editou* A economia brasileira: estrutura e desempenho, *com Maria José Willumsen.*

Qual é o papel da Matemática e da Econometria na teoria econômica?

Eu me recuso a criticar o uso da Matemática porque não tenho competência para fazê-lo e vejo que a maior parte dos críticos também não tem. Muitas vezes, essa crítica é mais um ressentimento por estar excluído do que uma tentativa de contribuir para o avanço da Economia como disciplina científica. Se tem uma coisa que eu não faço é ficar jogando pedra em uma coisa que não alcanço e que não consigo entender.

O que eu não gostaria é de estar num mundo em que *só houvesse* espaço para quem usasse instrumental matemático sofisticado. Diversos ganhadores recentes do Nobel em Economia, como Coase, Stigler e North, não usaram Matemática em seus trabalhos e o mesmo vale para pesquisadores notáveis como Thomas Schelling, George Ainslie, Mancur Olson e Oliver Williamson, entre tantos outros. Sou defensor de um pluralismo não-permissivo, da existência de espaço para diferentes modos de investigar e produzir conhecimento.

Algumas das maiores descobertas científicas da humanidade não dependeram de instrumental matemático ou de formalizações sofisticadas: a revolução darwiniana e a descoberta do DNA não dependeram em nada da Matemática. Há uma diversidade muito grande de caminhos que podem gerar conhecimento relevante, conhecimento objetivo. A Matemática não tem e não pode ter monopólio no campo da Economia enquanto linguagem.

A Matemática é uma linguagem, ela não explica nada. Uma fórmula ou uma equação não significa que a coisa foi explicada, apenas que ela foi descrita. A explicação nunca é matemática. Usamos a Matemática para derivar, de proposições que não são matemáticas, outras proposições que também não o são. É uma linguagem, uma maneira de raciocinar. Quando é possível introduzi-la, traz um ganho de rigor e de precisão que de outra maneira não poderia ser alcançado. Mas ela também não pode virar um fetiche, um fim em si mesma.

---

[1] Texto extraído do livro *Conversas com economistas brasileiros*, de Ciro Biderman, Luis Felipe L. Cozac e José Marcio Rego, Editora 34, 1996.

A formalização matemática pode ser uma regra de retórica?
Sim, um dos problemas de qualquer comunidade científica é criar critérios de hierarquização e de promoção. Eu tenho impressão de que a Matemática na Economia e a formalização funcionam como um critério objetivo de exclusão, porque é muito difícil enganar em Matemática. Na Filosofia hegeliana, a coisa mais fácil do mundo é enganar, quanto mais obscuro, mais profundo, é a regra básica.

É melhor uma página de Hume do que as obras completas de Hegel?
(risos) Eu aprendi a entender essa colocação de Schopenhauer em O mundo como vontade e como representação[2]. Depois de alguns anos na Filosofia Analítica e na Inglaterra, aprendi a entender o que está por trás dessa comparação. Não é tão estapafúrdia quanto possa parecer.

É possível escrever com rigor sem a utilização de linguagem matemática?
Admiro muito os autores que escrevem com rigor e precisão analítica. Quando pego um texto de Kenneth Arrow, no qual ele não usa Matemática, sinto que está escrevendo com um grau de precisão e de rigor que é como se ele estivesse escrevendo Matemática em linguagem natural. Essa é a minha aspiração. Eu leio textos de [Willard] Quine, grande lógico norte-americano, e sinto que aquilo tem uma amarração e um aperto analítico extraordinários.

Você indicaria dois intelectuais brasileiros que admira ou respeita?
O primeiro nome que me vem à cabeça é o de Sérgio Buarque de Holanda. Considero *Raízes do Brasil* [1936] o melhor estudo existente sobre o modo de ser e a psicologia social do brasileiro. Eugênio Gudin continua sendo, na minha opinião, o maior economista brasileiro de todos os tempos.

Qual a sua opinião sobre Econometria?
Acho que é um instrumento útil. Deve ser usado sempre que possível. Agora, não pode virar um fim em si mesmo. Eu tenho muita dificuldade também em Econometria, porque hoje a exigência de instrumental estatístico e de técnicas sofisticadas é muito grande. Não tenho nenhuma pretensão de acompanhar ou de entender o que se faz hoje em Econometria avançada. Eu tive uma experiência terrível na Inglaterra, que foi ter que fazer um curso de Econometria a duras penas. Foi muito sofrido, e espero não ter que passar por isso nunca mais (risos). Agora, é parte da formação de qualquer economista hoje. Eu consegui por um milagre sobreviver como economista sem ter aprendido devidamente esse instrumental, mas sofri muito, paguei muito caro, e não acho que seja caminho para ninguém.

O economista que está se formando hoje deve ter um bom conhecimento do instrumental necessário tanto para Matemática, quanto para Econometria. Eu até gostaria, se pudesse, de ter esse instrumental. É que eu não consegui. Várias vezes eu pensei: "Agora eu vou estudar isso, vou ter uma competência mínima, eu preciso me alfabetizar nisso, não é possível querer ser um economista e não conseguir ler dois terços dos *papers* que aparecem nos principais *journals*". Eu não consegui, fui derrotado, não tenho cabeça para isso. Eu me sinto até mais à vontade lendo Hegel do que lendo um *paper* de Economia Matemática (risos).

> O economista que está se formando hoje deve ter um bom conhecimento do instrumental necessário tanto para Matemática, quanto para Econometria

Como podemos comparar a importância da Matemática com o estudo das idéias e da Filosofia na Economia?
A Economia no pós-guerra se orientou muito para Engenharia Econômica e acabou dando uma ênfase muito grande na formalização e no avanço máximo das técnicas e do instrumental matemático. Isso foi feito, em larga medida, em detrimento de um avanço de uma Economia mais filosófica e mais reflexiva. No entanto, ao ler o número do *Economic Journal* publicado há cerca de dois anos[3], que perguntava aos maiores nomes do pensamento econômico mundial como serão os próximos cem anos da Economia, a maior parte deles acredita que a Economia já entrou em fase de rendimentos decrescentes nessa linha da modelagem e da matematização e que daqui para frente é possível que haja uma reorientação para a interdisciplinaridade, para abordagens menos sofisticadas, menos refinadas formalmente mas mais substanciais em termos de reflexão. Eu me senti reconfortado ao ver que grandes economistas, inclusive matemáticos, reconhecem hoje que houve um exagero no pós-guerra nessa direção.

Qual o método que você usa em suas pesquisas e análises?
Meu método é o seguinte: qual é a pergunta? Quem escreve alguma coisa tem que saber dizer o que está per-

---

[2] Schopenhauer (1818) *Le monde comme volanté et comme representation*.

[3] *Economic Journal* (1991) Número comemorativo do centenário da publicação, com artigos de W. Baumol, J.M. Buchanam, P. Dasgupta, M. Friedman, J.K. Galbraith, F. Hahn, E. Malinvaud, M. Morishima, J. Stiglitz, entre outros.

guntando e o que está oferecendo como resposta. Uma das coisas que me assustam nesses filósofos brasileiros é que não se consegue saber qual é a pergunta, o que eles querem dizer.

Na sua opinião, qual a influência das instituições na economia?
Ah, muito grande! Hoje nós sabemos que o problema do desenvolvimento não é tanto um problema de Engenharia Econômica, ou seja, ter a poupança na proporção certa, fazer aqueles investimentos, obter a relação capital/produto. O problema do desenvolvimento, hoje, está muito ligado às instituições, à cultura, à psicologia, à ética. O problema é bem mais complexo do que pareceu para os grandes teóricos do desenvolvimento no pós-guerra.

Você acha que a teoria dos jogos, quando considera que os indivíduos podem agir estrategicamente, derruba ou sustenta os argumentos neoclássicos?
Em si, nem uma coisa nem outra. A teoria dos jogos é mais um instrumento, provavelmente muito útil, para elucidar certos problemas. Um livro que aplica teoria dos jogos e que traz *insights* fabulosos é *The evolution of cooperation*, de Axelrod [1984]. Todo sistema econômico é uma combinação de competição e cooperação. Por que sem alguns sistemas econômicos, a cooperação é tão difícil e tão precária? – o que inclusive me parece ser o caso do Brasil. A teoria dos jogos tem muitas reflexões interessantes a oferecer sobre questões desse tipo. O que favorece o estabelecimento e o que pode ser um obstáculo ao florescimento de relações de cooperação e assim por diante.

PARTE **2** Como os mercados funcionam

CAPÍTULO **3**

Demanda e oferta

Ao término do estudo deste capítulo, você saberá:

▶ Descrever um mercado competitivo e pensar no preço como um custo de oportunidade.

▶ Explicar as influências sobre a demanda.

▶ Explicar as influências sobre a oferta.

▶ Explicar como a demanda e a oferta determinam preços e quantidades compradas e vendidas.

▶ Utilizar a demanda e a oferta para fazer previsões sobre mudanças de preços e de quantidades.

Queda livre, foguete e montanha-russa

Queda livre, foguete e montanha-russa – atrações de um parque de diversões? Não, são descrições utilizadas no dia-a-dia para as mudanças de preços.
O preço de um computador despencou em queda livre de cerca de $ 3.000 em 2000 para $ 300 em 2006. O preço da gasolina subiu como um foguete em 2006. Os preços do café, da banana e de outros produtos agrícolas sobem e descem como em uma montanha-russa.
Você aprendeu que economia diz respeito às escolhas que as pessoas fazem para lidar com a escassez e ao modo como essas escolhas respondem a incentivos. Os preços são um dos incentivos aos quais as pessoas respondem. Agora você verá como os preços são determinados pela demanda e pela oferta.
O modelo de demanda e oferta é a principal ferramenta da economia. Ele nos ajuda a responder à grande questão econômica: o quê, como e para quem produzir bens e serviços? Também nos ajuda a saber quando a busca pelo interesse pessoal promove o interesse social.

◇ O estudo atento deste tópico lhe trará grandes compensações tanto no estudo posterior de economia quanto em sua vida cotidiana. Quando tiver concluído o estudo da demanda e da oferta, você será capaz de explicar como os preços são determinados e fazer previsões sobre 'quedas livres', 'foguetes' e 'montanhas-russas' de preços. Ao compreender a demanda e a oferta, você passará a ver o mundo com novos olhos. Poderá começar a praticar aplicando as ferramentas da demanda e da oferta na seção *Leitura das entrelinhas*, ao final deste capítulo, em que você entenderá *por que* o preço da gasolina aumentou tanto em 2006.

Mercados e preços

Quando precisa de um novo par de tênis, quer um pedaço de torta e uma xícara de café, planeja comprar um telefone celular mais moderno ou precisa viajar para passar o Natal na casa dos seus pais, você tem de encontrar um lugar onde as pessoas vendem esses itens ou oferecem esses serviços. Esse lugar é o *mercado*. Você viu no Capítulo 2 que um mercado é qualquer estrutura que permite a compradores e vendedores obter informações e fazer negócios uns com os outros.

Um mercado tem dois lados: compradores e vendedores. Existem mercados para *bens*, como maçãs e botas de escalada, para *serviços*, como cortes de cabelo e aulas de tênis, para *recursos*, como programadores de computador e operadores de escavadeiras, e para *insumos* manufaturados, como chips de memória e autopeças. Também existem mercados para moedas, como o iene japonês, e para títulos financeiros, como o Yahoo! Finanças. Só nossa imaginação limita o que pode ser negociado nos mercados.

Alguns mercados são locais físicos onde compradores e vendedores se encontram e onde um leiloeiro ou um corretor ajudam a determinar os preços. Exemplos desse tipo de mercado são a Bolsa de Valores de Nova York e os mercados atacadistas de peixe, carne e produtos agrícolas.

Alguns mercados são grupos de pessoas espalhadas pelo mundo que nunca se encontram e sabem pouco umas das outras mas estão conectadas pela Internet, telefone ou fax. São exemplos dessa modalidade os mercados de comércio eletrônico e de câmbio.

Mas a maioria dos mercados consiste em um grupo desorganizado de compradores e vendedores. Você faz a maioria de suas negociações nesse tipo de mercado. Um exemplo disso é o mercado para tênis de basquete. Os compradores nesse mercado de $ 3 bilhões ao ano nos Estados Unidos são os 45 milhões de norte-americanos que jogam basquete (ou que adotam um estilo). Os vendedores são as dezenas de milhares de lojas de varejo de equipamentos e calçados esportivos. Cada comprador pode visitar várias lojas diferentes, e cada vendedor sabe que o comprador tem várias opções de lojas à sua escolha.

Os mercados variam na intensidade da concorrência que compradores e vendedores enfrentam. Neste capítulo, estudaremos o **mercado competitivo** – um mercado com muitos compradores e muitos vendedores, de modo que nenhum comprador ou vendedor individual pode influenciar o preço.

Os produtores oferecem itens para venda somente se o preço é alto o suficiente para cobrir seu custo de oportunidade. Os consumidores reagem às variações do custo de oportunidade buscando alternativas mais baratas para itens caros.

Veremos mais adiante como as pessoas respondem aos *preços* e às forças que os determinam. Mas, para isso, precisamos entender a relação entre preço e custo de oportunidade.

Na vida cotidiana, o *preço* de um objeto é o número de unidades monetárias que devem ser dadas em troca desse objeto. Os economistas chamam esse preço de **preço monetário**.

O *custo de oportunidade* de uma ação é a alternativa de maior valor da qual se abre mão. Se, quando compra uma xícara de café, a coisa de maior valor da qual você abre mão é chiclete, o custo de oportunidade do café é a *quantidade* de chicletes da qual você abdica. É possível calcular a quantidade de chicletes da qual se abre mão com base nos preços monetários do café e do chiclete.

Se o preço monetário de uma xícara de café é $ 2 e o preço monetário de um pacote de chicletes é $ 1, o custo de oportunidade de uma xícara de café são dois pacotes de chicletes. Para calcularmos esse custo de oportunidade, dividimos o preço de uma xícara de café pelo preço de um pacote de chicletes e computamos o *quociente* de um preço em relação ao outro. O quociente de um preço em relação ao outro é chamado de **preço relativo**, e *um preço relativo é um custo de oportunidade*.

Podemos expressar o preço relativo do café em termos de chicletes ou de qualquer outro bem. O modo mais comum de expressar um preço relativo é em termos de uma 'cesta' de todos os bens e serviços. Para calcularmos esse preço relativo, dividimos o preço monetário de um bem pelo preço monetário de uma 'cesta' de todos os bens (chamada de *índice de preços*). O preço relativo resultante nos informa o custo de oportunidade do bem em termos da parcela da 'cesta' de que precisamos abrir mão para comprar esse bem.

A teoria da demanda e da oferta que estudaremos a seguir determina os preços relativos e, a partir deste ponto, a palavra 'preço' será utilizada para expressar o preço *relativo*.

Quando prevemos que o preço de um bem diminuirá, não queremos dizer que seu preço *monetário* se reduzirá – apesar de isso também ser possível. Queremos dizer que seu preço *relativo* diminuirá. Isto é, seu preço se reduzirá *em relação ao* preço médio de outros bens e serviços.

QUESTÕES PARA REVISÃO

1 Qual é a diferença entre preço monetário e preço relativo?
2 Explique por que um preço relativo é um custo de oportunidade.
3 Pense em exemplos de bens cujo preço relativo aumentou ou diminuiu muito.

Iniciaremos agora nosso estudo da demanda e da oferta, a começar pela demanda.

Demanda

Se você demanda alguma coisa, isso quer dizer que você:
1. deseja essa coisa,
2. pode pagar por ela e
3. planeja comprá-la.

Necessidades são desejos ou vontades ilimitados que as pessoas têm por bens e serviços. Quantas vezes você já pensou que gostaria de algo "se tivesse como pagar" ou "se não fosse tão caro"? A escassez faz com que muitas – talvez a maioria – de nossas necessidades nunca sejam satisfeitas. A demanda reflete uma decisão sobre quais necessidades satisfazer.

A **quantidade demandada** de um bem ou serviço é a quantidade que os consumidores planejam comprar durante determinado período a um determinado preço. A quantidade demandada não é necessariamente igual à quantidade de fato comprada. Algumas vezes, ela é maior que o número de bens disponíveis, de modo que a quantidade comprada é menor que a quantidade demandada.

A quantidade demandada é mensurada como uma quantidade por unidade de tempo. Por exemplo, suponha que você compre uma xícara de café por dia. A quantidade de café que você demanda pode ser expressa como 1 xícara por dia, 7 xícaras por semana ou 365 xícaras por ano.

Muitos fatores influenciam os planos de compras, e o preço é um deles. Examinaremos primeiro a relação entre a quantidade demandada de um bem e seu preço. Para estudarmos essa relação, mantemos constantes todas as outras influências sobre os planos de compras e perguntamos: se todos os outros fatores forem mantidos constantes, como a quantidade demandada de um bem mudará com as alterações de preços?

A lei da demanda nos fornece a resposta.

A lei da demanda

A **lei da demanda** afirma que:

Se todos os outros fatores forem mantidos constantes, quanto mais elevado for o preço de um bem, menor será a quantidade demandada dele, e, quanto mais reduzido for o preço de um bem, maior será a quantidade demandada dele.

Por que um preço mais elevado reduz a quantidade demandada? Por duas razões:

- Efeito substituição
- Efeito renda

Efeito substituição Quando o preço de um bem aumenta, se todos os outros fatores são mantidos constantes, seu preço *relativo* – seu custo de oportunidade – aumenta. Apesar de cada bem ser único, ele tem *substitutos* – outros bens que podem ser utilizados em seu lugar. À medida que o custo de oportunidade de um bem aumenta, as pessoas compram menos desse bem e mais de seus substitutos.

Efeito renda Quando um preço aumenta e todas as outras influências sobre os planos de compras permanecem inalteradas, o preço aumenta *em relação* à renda das pessoas. Desta maneira, diante de um preço mais elevado e uma renda inalterada, as pessoas não têm condições de comprar todas as coisas que compravam antes. Elas precisam reduzir a quantidade demandadas de pelo menos alguns bens e serviços e, normalmente, o bem cujo preço aumentou será um dos bens que as pessoas comprarão menos.

Para saber como ocorrem o efeito substituição e o efeito renda, pense sobre os efeitos de uma mudança do preço de uma barra energética. Vários bens diferentes são substitutos para uma barra energética. Por exemplo, poderia ser consumida uma bebida energética em vez de uma barra energética.

Suponha que uma barra energética seja inicialmente vendida por $ 3 e seu preço diminua para $ 1,50. Agora as pessoas substituem as bebidas energéticas por barras energéticas – o efeito substituição. Como o orçamento fica mais folgado devido ao preço mais baixo de uma unidade de barra energética, as pessoas compram ainda mais unidades – o efeito renda. A quantidade demandada de barras energéticas aumenta por essas duas razões.

Agora suponha que uma barra energética seja inicialmente vendida por $ 3 e então seu preço dobre para $ 6. As pessoas passarão a comprar menos barras energéticas e mais bebidas energéticas – o efeito substituição. Diante de um orçamento mais apertado, as pessoas compram ainda menos barras energéticas – o efeito renda. A quantidade demandada de barras energéticas diminui por essas duas razões.

Curva de demanda e tabela de demanda

Estudaremos agora uma das duas curvas mais utilizadas no estudo da economia: a curva de demanda, e vamos encontrar uma das distinções mais importantes em economia: a distinção entre *demanda* e *quantidade demandada*.

O termo **demanda** se refere à relação completa entre o preço de um bem e a quantidade demandada desse bem. A demanda é ilustrada pela curva de demanda e pela tabela de demanda. O termo *quantidade demandada* se refere a um ponto na curva de demanda – a quantidade demandada a determinado preço.

A Figura 3.1 mostra a curva de demanda de barras energéticas. Uma **curva de demanda** mostra a relação entre a quantidade demandada de um bem e seu preço quando todas as outras influências sobre as compras planejadas pelos consumidores permanecem constantes.

A Figura 3.1 mostra a tabela de demanda de barras energéticas. Uma *tabela de demanda* contém as quantida-

Figura 3.1 A curva de demanda

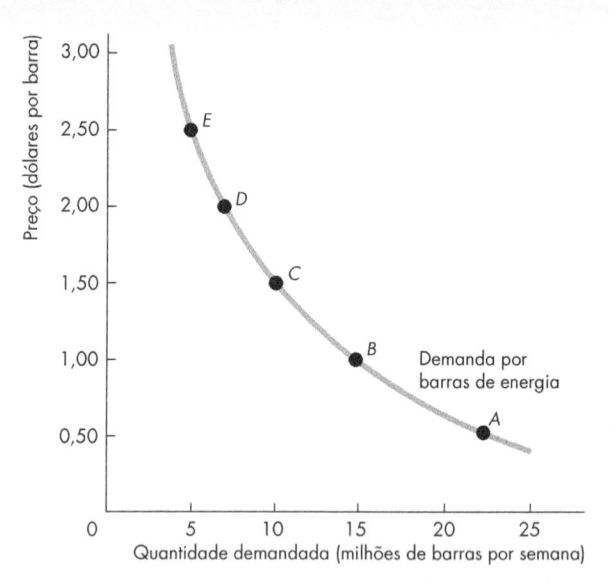

	Preço (dólares por barra)	Quantidade demandada (milhões de barras por semana)
A	0,50	22
B	1,00	15
C	1,50	10
D	2,00	7
E	2,50	5

A tabela de demanda de barras energéticas mostra que, ao preço de $ 0,50 por barra, são demandados 22 milhões de barras por semana; a um preço de $ 1,50 por barra, são demandados 10 milhões de barras por semana. A curva de demanda mostra a relação entre a quantidade demandada e o preço, se todos os outros fatores forem mantidos constantes. A curva de demanda se inclina para baixo: à medida que o preço diminui, a quantidade demandada aumenta.

A curva de demanda pode ser interpretada de duas maneiras. Para um determinado preço, a curva de demanda nos indica a quantidade que as pessoas planejam comprar. Por exemplo, a um preço de $ 1,50 por barra, as pessoas planejam comprar 10 milhões de barras por semana. Para uma determinada quantidade, a curva de demanda nos indica o preço máximo que os consumidores estão dispostos a pagar e são capazes de pagar pela última barra disponível. Por exemplo, o preço máximo que os consumidores pagarão pela barra de número 15 milhões é $ 1.

des demandadas a cada preço quando todas as outras influências sobre as compras planejadas pelos consumidores permanecem constantes. Por exemplo, se o preço de uma barra é $ 0,50, a quantidade demandada é de 22 milhões de unidades por semana. Se o preço é $ 2,50, a quantidade demandada é de 5 milhões de unidades por semana. As outras linhas da tabela mostram as quantidades demandadas aos preços de $ 1, $ 1,50 e $ 2.

Representamos graficamente a tabela de demanda como uma curva de demanda com a quantidade demandada no eixo x e o preço no eixo y. Os pontos na curva de demanda indicados com letras de A a E correspondem às linhas da tabela de demanda. Por exemplo, o ponto A do gráfico mostra uma quantidade demandada de 22 milhões de barras energéticas por semana a um preço de $ 0,50 por unidade.

Disposição e capacidade de pagar Uma outra maneira de interpretar a curva de demanda é como uma curva de disposição e capacidade de pagar. A disposição e a capacidade de pagar por algo é uma medida do *benefício marginal*.

Se está disponível uma pequena quantidade, o preço mais elevado que uma pessoa está disposta a pagar e é capaz de pagar por uma ou mais unidades é maior. Mas, à medida que a quantidade disponível aumenta, o benefício marginal de cada unidade adicional diminui e o preço mais alto que uma pessoa está disposta a pagar e é capaz de pagar também diminui ao longo da curva de demanda.

Na Figura 3.1, se estão disponíveis apenas 5 milhões de barras energéticas a cada semana, o preço mais alto que uma pessoa está disposta a pagar pela última barra comprada é $ 2,50. Mas, se estão disponíveis 22 milhões de barras energéticas a cada semana, uma pessoa está disposta a pagar $ 0,50 pela última barra comprada.

Mudança da demanda

Quando há uma mudança de qualquer um dos fatores que influenciam os planos de compras, que não seja o preço do bem, temos uma **mudança da demanda**. A Figura 3.2 ilustra um aumento da demanda. Quando a demanda aumenta, a curva de demanda se desloca para a direita e a quantidade demandada a cada preço é maior. Por exemplo, a um preço de $ 2,50, na curva de demanda original (cinza-claro), a quantidade demandada é de 5 milhões de barras energéticas por semana e, na nova curva de demanda (cinza-escuro), é de 15 milhões de barras energéticas por semana. Observe com atenção os números apresentados na tabela e note que a quantidade demandada a cada preço é cada vez maior.

Seis principais fatores levam a mudanças da demanda. Eles são mudanças de:

- Preços dos bens relacionados
- Preços futuros esperados
- Renda
- Renda futura esperada
- População
- Preferências

Figura 3.2 Aumento da demanda

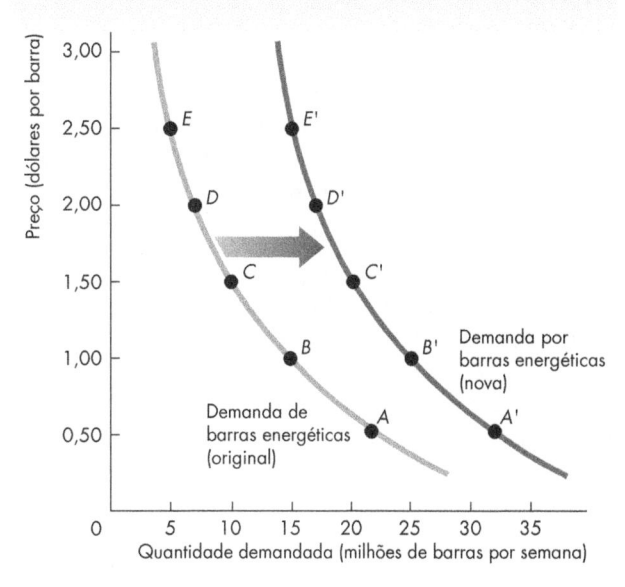

Tabela original de demanda Renda original		Nova tabela de demanda Nova renda, mais alta	
Preço (dólares por barra)	Quantidade demandada (milhões de barras por semana)	Preço (dólares por barra)	Quantidade demandada (milhões de barras por semana)
A 0,50	22	A′ 0,50	32
B 1,00	15	B′ 1,00	25
C 1,50	10	C′ 1,50	20
D 2,00	7	D′ 2,00	17
E 2,50	5	E′ 2,50	15

Uma mudança em qualquer fator que influencie os planos dos compradores, que não seja o preço do bem, resulta em uma nova tabela de demanda e um deslocamento da curva de demanda. Uma mudança na renda altera a demanda por barras energéticas. Ao preço de $ 1,50 por barra, são demandados 10 milhões de barras por semana com a renda original (linha *C* da tabela) e 20 milhões de barras por semana com a nova renda, que é mais alta. Um aumento da renda aumenta a demanda por barras energéticas. A curva de demanda se desloca *para a direita*, como indicado pela seta e pela curva cinza-escuro resultante.

Preços dos bens relacionados A quantidade de barras energéticas que os consumidores planejam comprar depende em parte dos preços dos bens substitutos para as barras energéticas. Um **bem substituto** é um bem que pode ser utilizado no lugar de outro. Por exemplo, uma viagem de ônibus é um bem substituto para uma viagem de trem; um hambúrguer é um bem substituto para um cachorro-quente, e uma bebida energética é um bem substituto para uma barra energética. Se o preço de um bem substituto para uma barra energética aumenta, as pessoas compram menos unidades do bem substituto e mais barras energéticas. Por exemplo, se o preço de uma bebida energética aumentar, as pessoas comprarão menos bebidas energéticas e mais barras energéticas. A demanda por barras energéticas aumentará.

A quantidade de barras energéticas que as pessoas planejam comprar também depende dos preços dos bens complementares das barras energéticas. Um **bem complementar** é um bem utilizado em combinação com outro. Hambúrgueres e batatas fritas são bens complementares, da mesma maneira que barras energéticas e exercícios físicos. Se o preço de uma hora na academia de ginástica diminuir, as pessoas comprarão mais tempo na academia de ginástica *e mais* barras energéticas.

Preços futuros esperados Caso se espere que o preço de um bem aumente no futuro e esse bem possa ser estocado, o custo de oportunidade de obter o bem para utilização futura é mais baixo hoje do que será quando o preço aumentar. Deste modo, as pessoas decidem comprar em um outro momento – elas fazem uma substituição temporal. Elas compram mais desse bem agora, antes de seu preço aumentar (e menos depois), de modo que hoje a demanda pelo bem aumenta.

Por exemplo, suponha que uma geada na maior região produtora de laranjas do país prejudique a safra atual. Você espera que o preço do suco de laranja aumente, de modo que abastece seu freezer com suco congelado suficiente para os próximos seis meses. Sua demanda atual por suco de laranja congelado aumentou e sua demanda futura diminuiu.

De maneira similar, caso se espere que o preço de um bem diminua no futuro, o custo de oportunidade de comprar o bem hoje é alto em relação ao que se espera do preço dele no futuro. Assim, mais uma vez, as pessoas decidem comprar em um outro momento. Elas compram menos do bem hoje, quando o preço ainda não diminuiu, de modo que a demanda pelo bem diminui hoje e aumenta no futuro.

Os preços dos computadores estão em constante queda, fato que provoca um dilema. Você comprará um novo computador agora, no início do ano escolar, ou esperará até que o preço se reduza um pouco mais? Como as pessoas esperam que os preços dos computadores continuem a diminuir, a demanda atual de computadores é menor (a demanda futura é maior) do que seria se as pessoas não esperassem por essa diminuição dos preços.

Renda A renda dos consumidores influencia a demanda. Quando a renda aumenta, os consumidores compram mais da maioria dos bens; e, quando a renda diminui, os consumidores compram menos da maioria dos bens. Apesar de um aumento da renda levar a um aumento da demanda pela *maioria* dos bens, não leva a um aumento da demanda por *todos* os bens. Um **bem normal** é um bem cuja demanda aumenta à medida que a renda aumenta. Um **bem inferior** é um bem cuja demanda diminui à medida que a renda aumenta. O setor de transporte de longa distância apresenta exemplos tanto de bens normais quanto de bens inferiores. À medida que a renda aumenta, a demanda por passagens aéreas (um bem normal) aumenta e a demanda por passagens de ônibus (um bem inferior) diminui.

Renda futura esperada Quando se espera que a renda aumente no futuro, a demanda pode aumentar hoje. Por exemplo, um vendedor recebe a notícia de que receberá um grande bônus no final do ano, então decide comprar um carro novo agora.

População A demanda também depende do tamanho e da distribuição etária da população. Quanto maior é a população, maior é a demanda por todos os bens e serviços; quanto menor é a população, menor é a demanda por todos os bens e serviços.

Por exemplo, a demanda por vagas de estacionamento, filmes, barras energéticas ou qualquer coisa que você possa imaginar é muito maior em uma metrópole com 7 milhões de habitantes, por exemplo, do que em uma cidade com 150 mil habitantes.

Além disso, quanto maior é a parcela da população em uma determinada faixa etária, maior é a demanda pelos bens e serviços utilizados por essa faixa etária.

Por exemplo, durante a década de 1990, nos Estados Unidos, uma redução na população com idade para cursar o ensino superior reduziu a demanda por vagas nas faculdades. Durante esse mesmo período, o número de norte-americanos com 85 anos ou mais aumentou em mais de 1 milhão. Como resultado, a demanda por serviços de casas de repouso aumentou.

Preferências A demanda depende das *preferências*, as quais determinam o valor que as pessoas atribuem a cada bem e serviço. As preferências dependem de fatores como clima, informações e moda. Por exemplo, a maior conscientização em relação à saúde e ao condicionamento físico amplia a preferência por barras energéticas, de modo que a demanda por barras energéticas aumenta.

A Tabela 3.1 resume as influências sobre a demanda e a direção dessas influências.

Mudança da quantidade demandada *versus* mudança da demanda

As mudanças dos fatores que influenciam os planos dos compradores resultam em uma **mudança da quantidade demandada** ou em uma mudança da demanda. De modo similar, elas causam um movimento ao longo da curva de demanda ou um deslocamento da curva de demanda. A distinção entre uma mudança da quantidade demandada e uma mudança da demanda é a mesma que a distinção entre um movimento ao longo da curva de demanda e um deslocamento da curva de demanda.

Um ponto na curva de demanda mostra a quantidade demandada a determinado preço. Desta maneira, um movimento ao longo da curva de demanda indica uma mudança da quantidade demandada. A curva de demanda completa mostra a demanda. Assim, um deslocamento da curva de demanda indica uma *mudança da demanda*. A Figura 3.3 ilustra essas distinções.

Movimento ao longo da curva de demanda Se o preço de um bem muda, mas todos os outros fatores permanecem constantes, há um movimento ao longo da

Tabela 3.1 Demanda por barras energéticas

A lei da demanda

A quantidade demandada de barras energéticas

Diminui se:	*Aumenta se:*
■ O preço de uma barra energética aumenta.	■ O preço de uma barra energética diminui.

Mudanças da demanda

A demanda por barras energéticas

Diminui se:	*Aumenta se:*
■ O preço de um bem substituto diminui.	■ O preço de um bem substituto aumenta.
■ O preço de um bem complementar aumenta.	■ O preço de um bem complementar diminui.
■ Espera-se que o preço de uma barra energética diminua no futuro.	■ Espera-se que o preço de uma barra energética aumente no futuro.
■ A renda diminui*.	■ A renda aumenta*.
■ A renda futura esperada diminui.	■ A renda futura esperada aumenta.
■ A população diminui.	■ A população cresce.

*Uma barra energética é um bem normal.

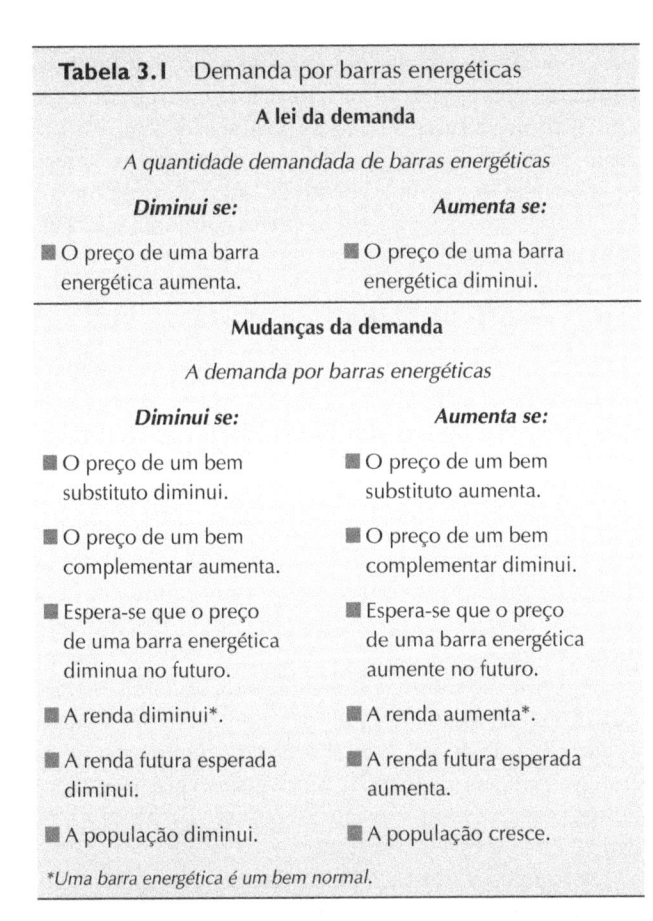

Figura 3.3 Mudança da quantidade demandada *versus* mudança da demanda

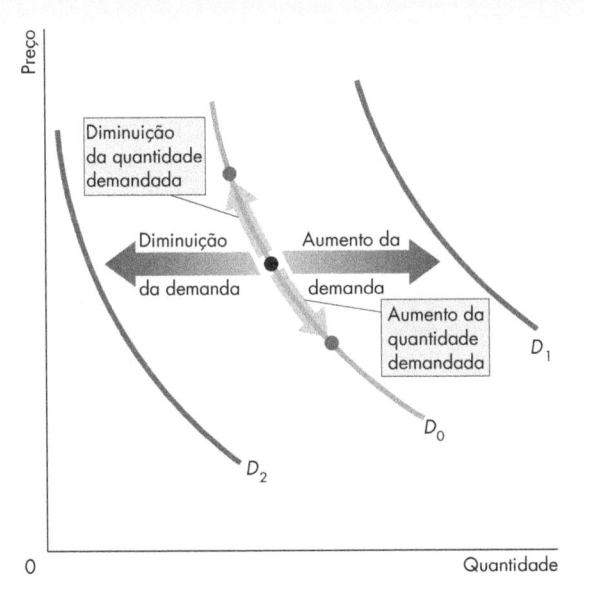

Quando o preço do bem muda, há um movimento ao longo da curva de demanda e uma *mudança da quantidade demandada*, indicada pelas setas na curva de demanda D_0. Quando qualquer outra influência sobre os planos dos compradores muda, há um deslocamento da curva de demanda e uma *mudança da demanda*. Um aumento da demanda desloca a curva de demanda para a direita (de D_0 para D_1). Uma diminuição da demanda desloca a curva de demanda para a esquerda (de D_0 para D_2).

curva de demanda. Como a curva de demanda se inclina para baixo, uma queda do preço de um bem aumenta a quantidade demandada desse bem e um aumento do preço do bem reduz a quantidade demandada desse bem – a lei da demanda.

Na Figura 3.3, se o preço de um bem diminui e todos os outros fatores permanecem constantes, a quantidade demandada desse bem aumenta e há um movimento para baixo ao longo da curva de demanda D_0. Se o preço aumenta e todos os outros fatores permanecem constantes, a quantidade demandada desse bem diminui e há um movimento para cima ao longo da curva de demanda D_0.

Deslocamento da curva de demanda Se o preço de um bem permanece constante, mas alguma outra influência sobre os planos dos compradores é alterada, há uma mudança da demanda por esse bem. Ilustramos uma mudança da demanda como um deslocamento da curva de demanda. Por exemplo, se mais pessoas se exercitarem em academias de ginástica, os consumidores comprarão mais barras energéticas independentemente do preço de uma barra. É isso o que mostra um deslocamento da curva de demanda para a direita – mais barras energéticas são demandadas a cada preço.

Na Figura 3.3, quando há uma mudança de qualquer um dos fatores que influenciam os planos de compras, que não seja o preço do bem, há uma *mudança da demanda* e a curva de demanda se desloca. A demanda *aumenta* e a curva de demanda *se desloca para a direita* (para a curva de demanda cinza-escuro D_1) se o preço de um bem substituto aumenta, o preço de um bem complementar diminui, o preço futuro esperado do bem aumenta, a renda aumenta (para um bem normal), a renda futura esperada aumenta ou a população cresce. A demanda *diminui* e a curva de demanda *se desloca para a esquerda* (para a curva de demanda cinza-escuro D_2) se o preço de um bem substituto diminui, o preço de um bem complementar aumenta, o preço futuro esperado do bem diminui, a renda diminui (para um bem normal), a renda futura esperada diminui ou a população diminui. (Para um bem inferior, os efeitos das mudanças na renda ocorrem na direção oposta à dos que acabaram de ser descritos.)

QUESTÕES PARA REVISÃO

1. Defina a quantidade demandada de um bem ou serviço.
2. O que é a lei da demanda e como ela é ilustrada graficamente?
3. O que a curva de demanda nos diz sobre o preço que os consumidores estão dispostos a pagar?
4. Cite todas as influências sobre os planos de compras que mudam a demanda e diga se cada influência aumenta ou reduz a demanda.
5. Por que a demanda não muda quando o preço de um bem muda sem que haja nenhuma alteração das outras influências sobre os planos de compras?

Oferta

Se uma empresa oferece um bem ou serviço, ela:
1. tem os recursos e a tecnologia para produzi-lo,
2. pode lucrar com a produção desse bem ou serviço e
3. planeja produzi-lo e vendê-lo.

Uma oferta é mais do que meramente ter os *recursos* e a *tecnologia* para produzir algo. *Recursos* e *tecnologia* são as restrições que limitam o que é possível produzir.

Muitas coisas úteis podem ser produzidas, mas elas somente são produzidas se é lucrativo fazê-lo. A oferta reflete uma decisão sobre quais itens tecnologicamente viáveis produzir.

A **quantidade ofertada** de um bem ou serviço é a quantidade que os produtores planejam vender durante determinado período a determinado preço. A quantidade ofertada não é necessariamente igual à quantidade de fato vendida. Algumas vezes a quantidade ofertada é maior que a quantidade demandada, de modo que a quantidade comprada é menor do que a quantidade ofertada.

Da mesma maneira que a quantidade demandada, a quantidade ofertada é medida como uma quantidade por unidade de tempo. Por exemplo, suponha que a GM produza mil automóveis por dia. A quantidade de automóveis ofertada pela GM pode ser expressa por mil automóveis por dia, 7 mil automóveis por semana ou 365 mil automóveis por ano. Sem a dimensão de tempo, não é possível saber se determinado número é grande ou pequeno.

Muitos fatores influenciam os planos de vendas, e, novamente, o preço é um deles. Examinaremos primeiro a relação entre a quantidade ofertada de um bem e seu preço. Mais uma vez, como fizemos quando estudamos a demanda, para isolarmos essa relação, mantemos constantes todas as outras influências sobre os planos de vendas e perguntamos: se todos os outros fatores forem mantidos constantes, como a quantidade ofertada de um bem mudará com as alterações de preços?

A lei da oferta nos fornece a resposta.

A lei da oferta

A **lei da oferta** afirma que:

> Se todos os outros fatores forem mantidos constantes, quanto mais elevado for o preço de um bem, maior será a quantidade ofertada dele, e, quanto mais reduzido for o preço de um bem, menor será a quantidade ofertada dele.

Por que um preço mais elevado aumenta a quantidade ofertada? Isso ocorre porque o *custo marginal aumenta*. À medida que a quantidade produzida de qualquer bem aumenta, o custo marginal da produção desse bem aumenta. (Você pode rever a explicação sobre o aumento do custo marginal no Capítulo 2.)

Nunca vale a pena produzir um bem se o preço que se recebe por ele não chega a cobrir o custo marginal de sua produção. Desta maneira, quando o preço de um bem aumentar, se todos os outros fatores forem mantidos constantes, os produtores estarão dispostos a incorrer em um custo marginal maior e aumentar a produção. O preço mais elevado leva a um aumento da quantidade ofertada.

Ilustraremos agora a lei da oferta com uma curva de oferta e uma tabela de oferta.

Curva de oferta e tabela de oferta

Estudaremos agora a segunda das duas curvas mais utilizadas no estudo de economia: a curva de oferta. Veremos também a distinção fundamental entre *oferta* e *quantidade ofertada*.

O termo **oferta** se refere à relação completa entre o preço de um bem e a quantidade ofertada desse bem. Ela é ilustrada pela curva de oferta e pela tabela de oferta. O termo *quantidade ofertada* se refere a um ponto em uma curva de oferta – a quantidade ofertada a determinado preço.

A Figura 3.4 mostra a curva de oferta de barras energéticas. Uma **curva de oferta** mostra a relação entre a quantidade ofertada de um bem e o preço dele quando todas as outras influências sobre as vendas planejadas pelos produtores permanecem constantes. A curva de oferta é um gráfico de uma tabela de oferta.

A Figura 3.4 mostra a tabela de oferta de barras energéticas. Uma *tabela de oferta* contém as quantidades ofertadas a cada preço quando todas as outras influências sobre as vendas planejadas pelos produtores permanecem constantes. Por exemplo, se o preço de uma barra é $ 0,50, a quantidade ofertada é zero – na linha A da tabela. Se o preço de uma barra é $ 1, a quantidade ofertada é de 6 milhões de barras energéticas por semana – na linha B. As outras linhas da tabela mostram as quantidades ofertadas aos preços de $ 1,50, $ 2 e $ 2,50.

Para traçarmos uma curva de oferta, representamos no eixo x a quantidade ofertada e no eixo y o preço, como se fez para a curva de demanda. Os pontos na curva de oferta indicados com letras de A a E correspondem às linhas da tabela de oferta. Por exemplo, o ponto A do gráfico mostra a quantidade ofertada zero ao preço de $ 0,50 por unidade.

Preço mínimo de oferta Assim como a curva de demanda tem duas interpretações, a curva de oferta também tem. A curva de demanda pode ser interpretada como uma curva de disposição e capacidade de pagar. A curva de oferta pode ser interpretada como uma curva de preço mínimo de oferta – uma curva que mostra o preço mais baixo ao qual alguém está disposto a vender. Esse preço mais baixo é o *custo marginal*.

Se é produzida uma pequena quantidade, o preço mais baixo ao qual alguém está disposto a vender uma unidade adicional é baixo. Mas, à medida que a quantidade produzida aumenta, o custo marginal de cada unidade adicional também aumenta e o preço mais baixo ao qual alguém está disposto a vender também cresce ao longo da curva de oferta.

Figura 3.4 A curva da oferta

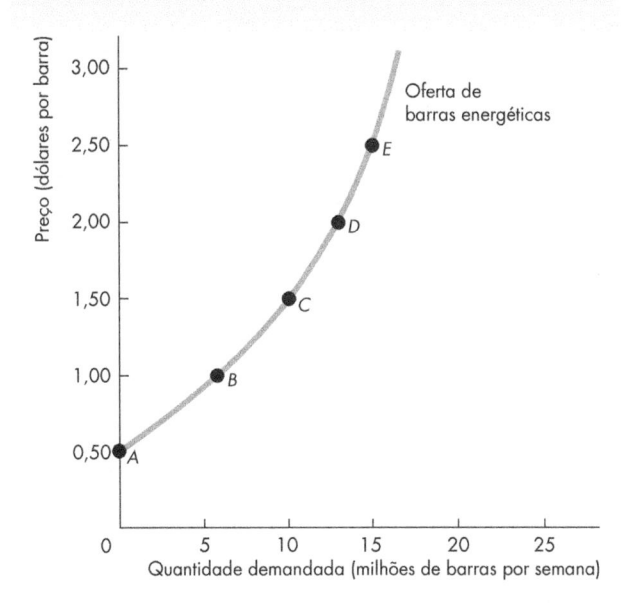

	Preço (dólares por barra)	Quantidade ofertada (milhões de barras por semana)
A	0,50	0
B	1,00	6
C	1,50	10
D	2,00	13
E	2,50	15

A tabela de oferta de barras energéticas mostra, por exemplo, que ao preço de $ 1 são ofertados 6 milhões de barras por semana; ao preço de $ 2,50 são ofertados 15 milhões de barras por semana. A curva de oferta mostra a relação entre a quantidade ofertada e o preço, com todos os outros fatores mantidos constantes. A curva de oferta se inclina para cima: à medida que o preço de um bem aumenta, a quantidade ofertada também aumenta.

A curva de oferta pode ser interpretada de duas maneiras. Para um determinado preço, a curva de oferta nos indica a quantidade que os produtores planejam vender a esse preço. Por exemplo, ao preço de $ 1,50 por barra, os produtores estão dispostos a ofertar 10 milhões de barras por semana. Para uma determinada quantidade, a curva de oferta nos indica o preço mínimo ao qual os produtores estão dispostos a vender uma unidade adicional de barra. Por exemplo, se são produzidos 15 milhões de barras cada semana, o preço mais baixo ao qual alguém se dispõe a vender a última barra é $ 2,50.

Na Figura 3.4, se são produzidos 15 milhões de barras a cada semana, o preço mais baixo ao qual alguém se dispõe a vender a última barra é de $ 2,50. Mas, se são produzidos 10 milhões de barras energéticas a cada semana, alguém está disposto a aceitar $ 1,50 pela última barra vendida.

Mudança da oferta

Quando há uma mudança de qualquer fator que influencia os planos de vendas, que não seja o preço do bem, temos uma **mudança da oferta**.

Cinco fatores principais levam a mudanças da oferta. Eles são mudanças de:
- Preços dos recursos produtivos
- Preços dos bens relacionados produzidos
- Preços futuros esperados
- Número de fornecedores
- Tecnologia

Preços dos recursos produtivos Os preços dos recursos produtivos utilizados para produzir um bem influenciam a oferta dele. A maneira mais fácil de ver essa influência é pensar na curva de oferta como uma curva de preço mínimo de oferta. Se o preço de um recurso produtivo aumenta, o preço mais baixo que um produtor está disposto a aceitar aumenta, de modo que a oferta diminui. Por exemplo, ao longo de 2006, à medida que o preço do combustível para aviões aumentou, a oferta de transportes aéreos diminuiu. De modo similar, um aumento do salário mínimo reduz a oferta de hambúrgueres.

Preços dos bens relacionados produzidos Os preços dos bens e serviços relacionados que as empresas produzem influenciam a oferta. Por exemplo, se o preço de energético em gel aumenta, a oferta de barras energéticas diminui. Barras energéticas e energético em gel são *bens substitutos na produção* – bens que podem ser produzidos com a utilização dos mesmos recursos. Se o preço da carne bovina aumenta, a oferta de couro bovino também aumenta. Carne bovina e couro bovino são *bens complementares na produção* – bens que devem ser produzidos juntos.

Preços futuros esperados Caso se espere que o preço de um bem aumente, o retorno da venda do bem no futuro é maior do que o de hoje. Assim, a oferta diminui hoje e aumenta no futuro.

O número de fornecedores Quanto maior o número de empresas que produzem um bem, maior é a oferta desse bem. À medida que novas empresas entram em uma indústria, a oferta nessa indústria aumenta. À medida que as empresas saem de uma indústria, a oferta nessa indústria diminui.

Tecnologia O termo 'tecnologia' é amplamente utilizado para expressar a maneira como os fatores de produção são utilizados para produzir um bem. A tecnologia muda tanto positiva quanto negativamente. Uma mudança tecnológica positiva ocorre quando se descobre um novo método para reduzir o custo de produção de um bem. Um exemplo disso são os novos métodos utilizados nas fábricas de chips de computador. Uma mudança tecnológica negativa ocorre quando um evento como temperaturas extremas ou desastres naturais aumenta o custo de produção de um bem. Uma mudança tecnológica positiva aumenta a oferta, e uma mudança tecnológica negativa a diminui.

A Figura 3.5 ilustra um aumento da oferta. Quando a oferta aumenta, a curva de oferta se desloca para a direita, e a quantidade ofertada a cada preço é maior. Por exemplo, a $ 1 por barra, na curva de oferta original (cinza-claro), a quantidade ofertada é de 6 milhões de barras por semana. Na nova curva de oferta (cinza-escuro), a quantidade ofer-

Figura 3.5 Aumento da oferta

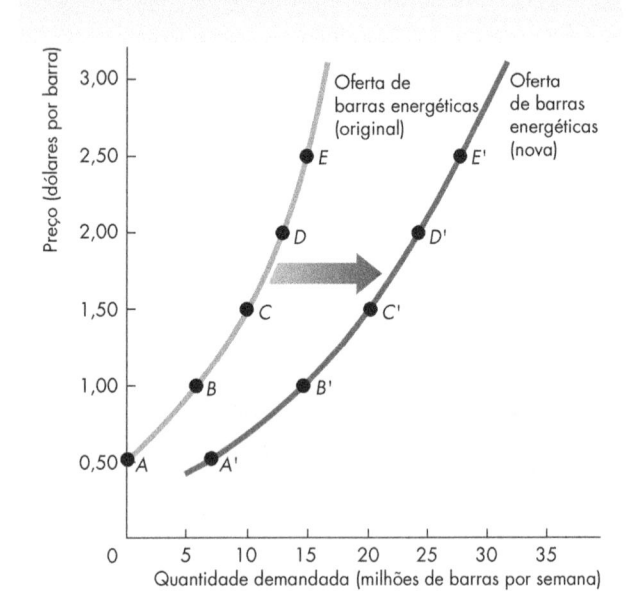

	Tabela original de oferta			Nova tabela de oferta	
	Tecnologia antiga			Nova tecnologia	
	Preço (dólares por barra)	Quantidade ofertada (milhões de barras por semana)		Preço (dólares por barra)	Quantidade ofertada (milhões de barras por semana)
A	0,50	0	A'	0,50	7
B	1,00	6	B'	1,00	15
C	1,50	10	C'	1,50	20
D	2,00	13	D'	2,00	25
E	2,50	15	E'	2,50	30

Uma mudança em qualquer influência sobre os planos dos vendedores, que não seja o preço do bem, resulta em uma nova tabela de oferta e um deslocamento da curva de oferta. Por exemplo, com uma nova tecnologia que possibilite a redução do custo de produção de barras energéticas, a oferta desse bem muda. Ao preço de $ 1,50 por barra, são ofertados 10 milhões de barras por semana quando os produtores utilizam a antiga tecnologia (linha C da tabela) e 20 milhões quando os produtores utilizam a nova tecnologia. Um avanço tecnológico *aumenta* a oferta de barras energéticas. A curva de oferta se desloca *para a direita*, como indicado pela seta e pela curva cinza-escuro resultante.

---

tada é de 15 milhões de barras por semana. Observe atentamente os números mostrados na tabela da Figura 3.5 e note que a quantidade ofertada é maior a cada preço.

A Tabela 3.2 resume as influências sobre a oferta e a direção dessas influências.

Mudança da quantidade ofertada *versus* mudança da oferta

As mudanças dos fatores que influenciam as vendas planejadas pelos produtores resultam em uma mudança da

Tabela 3.2 Oferta de barras energéticas

A lei da oferta

A quantidade de barras energéticas ofertadas

Diminui se:	**Aumenta se:**
■ O preço de uma barra energética diminui.	■ O preço de uma barra energética aumenta.

Mudanças na oferta

A oferta de barras energéticas

Diminui se:	**Aumenta se:**
■ O preço de um recurso utilizado para produzir barras energéticas aumenta.	■ O preço de um recurso utilizado para produzir barras energéticas diminui.
■ O preço de um bem substituto na produção aumenta.	■ O preço de um bem substituto na produção diminui.
■ O preço de um bem complementar na produção diminui.	■ O preço de um bem complementar na produção aumenta.
■ Espera-se que o preço de uma barra energética aumente no futuro.	■ Espera-se que o preço de uma barra energética diminua no futuro.
■ O número de produtores de barras energéticas diminui.	■ O número de produtores de barras energéticas aumenta.
■ Ocorre uma mudança tecnológica negativa na produção de barras energéticas.	■ Ocorre uma mudança tecnológica positiva na produção de barras energéticas.

quantidade ofertada ou da oferta. Correspondentemente, elas causam um movimento ao longo da curva de oferta ou um deslocamento da curva de oferta.

Um ponto na curva de oferta mostra a quantidade ofertada a um determinado preço. Um movimento ao longo da curva de oferta indica uma **mudança da quantidade ofertada**.

A curva de oferta completa mostra a oferta. Um deslocamento da curva de oferta indica uma *mudança da oferta*.

A Figura 3.6 ilustra e resume essas distinções. Se o preço de um bem diminui e todos os outros fatores permanecem constantes, a quantidade ofertada desse bem diminui e há um movimento para baixo ao longo da curva de oferta S_0. Se o preço de um bem aumenta e todos os outros fatores permanecem constantes, a quantidade ofertada desse bem aumenta e há um movimento para cima ao longo da curva de oferta S_0. No caso de uma mudança em qualquer outra influência sobre os planos de vendas, a curva de oferta se desloca e há uma *mudança da oferta*. Supondo que a curva de oferta seja S_0 e os custos de produção diminuam, a oferta aumenta e a curva de oferta se desloca para a curva de oferta cinza-escuro S_1. Se os custos de produção aumentam, a oferta diminui e a curva de oferta se desloca para a curva de oferta cinza-escuro S_2.

Figura 3.6 Mudança da quantidade ofertada *versus* mudança da oferta

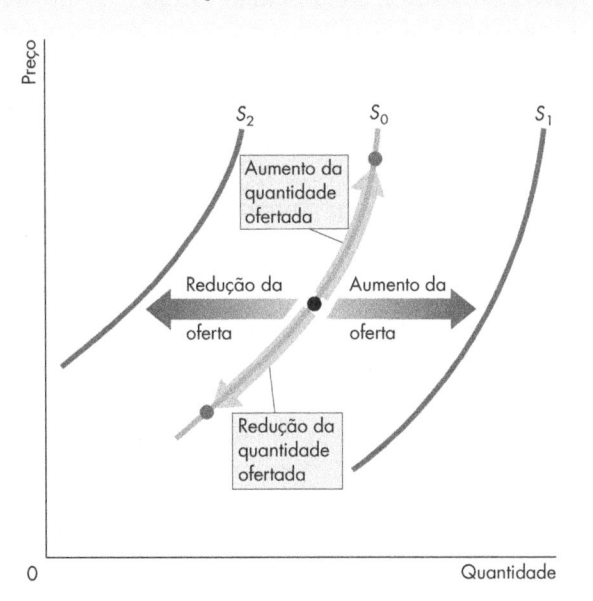

Quando o preço do bem muda, há um movimento ao longo da curva de oferta e uma *mudança da quantidade ofertada*, indicada pelas setas sobre a curva de oferta S_0. Quando qualquer outra influência sobre os planos de vendas muda, há um deslocamento da curva de oferta e uma *mudança da oferta*. Um aumento da oferta desloca a curva de oferta para a direita (de S_0 para S_1), e uma redução da oferta desloca a curva de oferta para a esquerda (de S_0 para S_2).

QUESTÕES PARA REVISÃO

1 Defina a quantidade ofertada de um bem ou serviço.
2 O que é a lei da oferta e como ela é ilustrada graficamente?
3 O que a curva de oferta nos diz sobre o preço mínimo de oferta do produtor?
4 Cite todas as influências sobre os planos de vendas e diga se cada influência altera a oferta.
5 O que acontece com a quantidade ofertada e a oferta de Palm Pilots se o preço de um Palm Pilot diminui?

Combinaremos agora demanda e oferta e veremos como os preços e as quantidades são determinados.

Equilíbrio de mercado

Vimos que, quando o preço de um bem aumenta, a quantidade demandada *diminui* e a quantidade ofertada *aumenta*. Veremos agora como os preços coordenam os planos dos compradores com os dos vendedores e atingem um equilíbrio.

Um *equilíbrio* é uma situação na qual forças opostas se contrabalançam. O equilíbrio em um mercado ocorre quando o preço equilibra os planos dos compradores e os dos vendedores. Um **preço de equilíbrio** é o preço no qual a quantidade demandada é igual à quantidade ofertada. A **quantidade de equilíbrio** é a quantidade comprada e vendida ao preço de equilíbrio. Um mercado tende ao equilíbrio porque:

- O preço regula os planos de compras e vendas.
- O preço se ajusta quando os planos não coincidem.

O preço como regulador

O preço de um bem regula as quantidades demandada e ofertada. Se o preço é elevado demais, a quantidade ofertada excede a quantidade demandada. Se o preço é baixo demais, a quantidade demandada excede a quantidade ofertada. Há um preço no qual a quantidade demandada é igual à quantidade ofertada. Analisaremos agora que preço é esse.

A Figura 3.7 mostra o mercado de barras energéticas e contém as tabelas de demanda (da Figura 3.1) e de oferta (da Figura 3.4). Se o preço de uma barra é $ 0,50, a quantidade demandada é de 22 milhões de barras por semana, mas não é ofertada nenhuma barra. Há uma escassez de 22 milhões de barras por semana, que é mostrada na última coluna da tabela. Ao preço de $ 1 por barra, ainda há uma escassez, mas de apenas 9 milhões de barras por semana. Se o preço de uma barra é $ 2,50, a quantidade ofertada é de 15 milhões de barras por semana, mas a quantidade demandada é de apenas 5 milhões. Há um excedente de 10 milhões de barras por semana. O preço no qual não há escassez nem excedente é $ 1,50 por barra. A esse preço, a quantidade demandada é igual à quantidade ofertada: 10 milhões de barras por semana. O preço de equilíbrio é $ 1,50 por barra, e a quantidade de equilíbrio é de 10 milhões de barras por semana.

A Figura 3.7 mostra que a curva de demanda e a curva de oferta se cruzam no preço de equilíbrio de $ 1,50 por barra. A cada preço *acima* de $ 1,50 por barra, há um excedente de barras. Por exemplo, a $ 2 por barra, o excedente é de 6 milhões de barras por semana, como indicado pela seta cinza-claro. A cada preço *abaixo* de $ 1,50 por barra, há uma escassez de barras. Por exemplo, a um preço de $ 1 por barra, a escassez é de 9 milhões de barras por semana, como indicado pela seta cinza-escuro.

Ajustes de preço

Vimos que, se o preço está abaixo do equilíbrio, há uma escassez e que, se o preço está acima do equilíbrio, há um excedente. Mas será que realmente podemos esperar que o preço se ajuste e elimine a escassez ou o excedente? Podemos, porque essas mudanças de preços são benéficas tanto para compradores quanto para vendedores. Vejamos por que o preço muda quando há uma escassez ou um excedente.

Uma escassez força o preço a aumentar Suponha que o preço de uma barra energética seja $ 1. Os consumidores planejam comprar 15 milhões de barras por semana, e os produtores planejam vender 6 milhões de barras por semana. Os consumidores não podem forçar os produto-

Figura 3.7 Equilíbrio

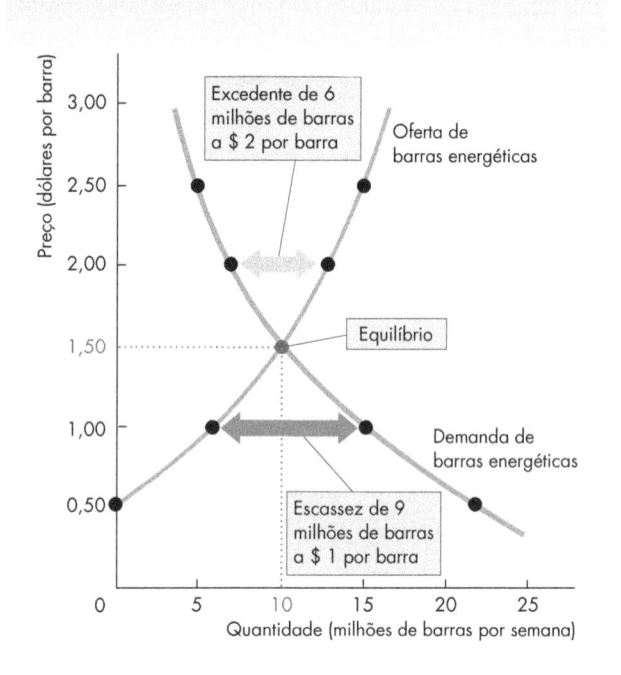

Preço (dólares por barra)	Quantidade demandada	Quantidade ofertada	Escassez (–) ou excedente (+)
	(milhões de barras por semana)		
0,50	22	0	–22
1,00	15	6	–9
1,50	10	10	0
2,00	7	13	+6
2,50	5	15	+10

A tabela mostra a quantidade demandada e a quantidade ofertada, bem como a escassez ou o excedente de barras a cada preço. Se o preço é $ 1 por barra, são demandados 15 milhões de barras por semana e são ofertados 6 milhões. Há uma escassez de 9 milhões de barras por semana, e o preço aumenta.

Se o preço é $ 2 por barra, são demandados 7 milhões de barras por semana e são ofertados 13 milhões. Há um excedente de 6 milhões de barras por semana, e o preço diminui.

Se o preço for $1,50 por barra, são demandados 10 milhões de barras por semana e são ofertados 10 milhões. Não há escassez nem excedente. Nem os compradores nem os vendedores têm algum incentivo para mudar o preço. O preço no qual a quantidade demandada é igual à quantidade ofertada é o preço de equilíbrio. Dez milhões de barras por semana é a quantidade de equilíbrio.

res a vender mais do que eles planejam, portanto a quantidade efetivamente oferecida para venda é de 6 milhões de barras por semana. Nessa situação, forças poderosas atuam para elevar o preço e aproximá-lo do preço de equilíbrio. Alguns produtores, notando que há grupos de consumidores insatisfeitos, elevam o preço. Outros aumentam a produção. À medida que os produtores forçam o preço a aumentar, o preço aumenta na direção de seu equilíbrio.

O preço em elevação reduz a escassez porque diminui a quantidade demandada e aumenta a quantidade ofertada. Quando o preço chega ao ponto no qual não há mais escassez, as forças que o regulam param de atuar e ele se mantém no equilíbrio.

Um excedente força o preço a diminuir Suponha que o preço de uma barra energética seja $ 2. Os produtores planejam vender 13 milhões de barras por semana, e os consumidores planejam comprar 7 milhões de barras por semana. Os produtores não podem forçar os consumidores a comprar mais do que eles planejam, portanto a quantidade efetivamente comprada é de 7 milhões de barras por semana. Nessa situação, forças poderosas atuam para reduzir o preço e aproximá-lo do preço de equilíbrio. Alguns produtores, incapazes de vender as quantidades de barras energéticas que planejavam vender, reduzem seus preços. Além disso, alguns produtores diminuem a produção. À medida que os produtores reduzem o preço, o preço se aproxima de seu equilíbrio. O preço em queda reduz o excedente porque aumenta a quantidade demandada e reduz a quantidade ofertada. Quando o preço chega ao ponto no qual não há mais um excedente, as forças que o regulam param de atuar e ele se mantém no equilíbrio.

O melhor acordo possível para compradores e vendedores Quando o preço está abaixo do equilíbrio, ele é forçado a aumentar. Por que os compradores não resistem ao aumento e se recusam a comprar a um preço mais alto? Porque eles dão mais valor ao bem do que a seu preço atual e não têm como satisfazer sua demanda ao preço atual. Em alguns mercados – como, por exemplo, os mercados que operam no eBay –, os próprios compradores podem forçar os preços a aumentar oferecendo um preço mais elevado.

Quando o preço está acima do equilíbrio, ele é forçado a diminuir. Por que os vendedores não resistem a essa queda e se recusam a vender a um preço mais baixo? Porque seu preço mínimo de oferta está abaixo do preço atual e eles não têm como vender, ao preço atual, tudo o que gostariam de vender. Normalmente, são os vendedores que forçam os preços a diminuir oferecendo preços mais baixos para conquistar participação de mercado.

Ao preço no qual a quantidade demandada é igual à quantidade ofertada, nem os compradores nem os vendedores podem fazer negócios a um preço melhor. Os compradores pagam o preço mais alto que estão dispostos a pagar pela última unidade comprada, e os vendedores recebem o preço mais baixo pelo qual estão dispostos a ofertar a última unidade vendida.

Quando as pessoas se oferecem livremente para comprar e vender e quando os compradores tentam comprar ao menor preço possível e os vendedores tentam vender ao maior preço possível, o preço no qual a negociação é feita é o preço de equilíbrio – o preço no qual a quantidade demandada é igual à quantidade ofertada. O preço coordena os planos de compradores com os de vendedores, e ninguém tem incentivo para mudá-lo.

> **QUESTÕES PARA REVISÃO**
>
> 1. Qual é o preço de equilíbrio de um bem ou serviço?
> 2. Em qual faixa de preços ocorre uma escassez?
> 3. Em qual faixa de preços ocorre um excedente?
> 4. O que acontece ao preço em uma situação de escassez?
> 5. O que acontece ao preço em uma situação de excedente?
> 6. Por que o preço no qual a quantidade demandada é igual à quantidade ofertada é o preço de equilíbrio?
> 7. Por que o preço de equilíbrio representa o melhor acordo possível tanto para compradores quanto para vendedores?

Previsão de mudanças de preço e quantidade

A teoria da demanda e da oferta que acabamos de estudar nos proporciona uma maneira eficaz de analisar as influências sobre os preços e as quantidades compradas e vendidas. De acordo com a teoria, uma mudança do preço resulta de uma mudança da demanda, uma mudança da oferta ou uma mudança de ambas. Vejamos primeiro os efeitos de uma mudança da demanda.

Aumento da demanda

Quando cada vez mais pessoas passarem a freqüentar academias de ginástica, a demanda por barras energéticas aumentará. A tabela da Figura 3.8 mostra as tabelas de demanda original e nova de barras energéticas (como na Figura 3.2) e também de oferta de barras energéticas.

Quando a demanda aumenta, há uma escassez ao preço de equilíbrio original de $ 1,50 por barra. Para se eliminar a escassez, o preço deve aumentar. O preço que faz com que a quantidade demandada e quantidade ofertada voltem a ser iguais é de $ 2,50 por barra. A esse preço, são comprados e vendidos 15 milhões de barras a cada semana. Quando a demanda aumenta, tanto o preço quanto a quantidade aumentam.

A Figura 3.8 mostra essas mudanças. Ela mostra a demanda e a oferta originais de barras energéticas. O preço de equilíbrio original é $ 1,50 por barra energética, e a quantidade é de 10 milhões de barras energéticas por semana. Quando a demanda aumenta, a curva de demanda se desloca para a direita. O preço de equilíbrio aumenta para $ 2,50 por barra energética, e a quantidade ofertada aumenta para 15 milhões de barras energéticas por semana, como indicado na figura. Há um *aumento da quantidade ofertada*, mas nenhuma *mudança da oferta* — um movimento ao longo da curva de oferta, mas não um deslocamento da curva de oferta.

Diminuição da demanda

Podemos inverter essa mudança da demanda. Começamos com um preço de $ 2,50 por barra e 15 milhões de

Figura 3.8 Efeitos de uma mudança de demanda

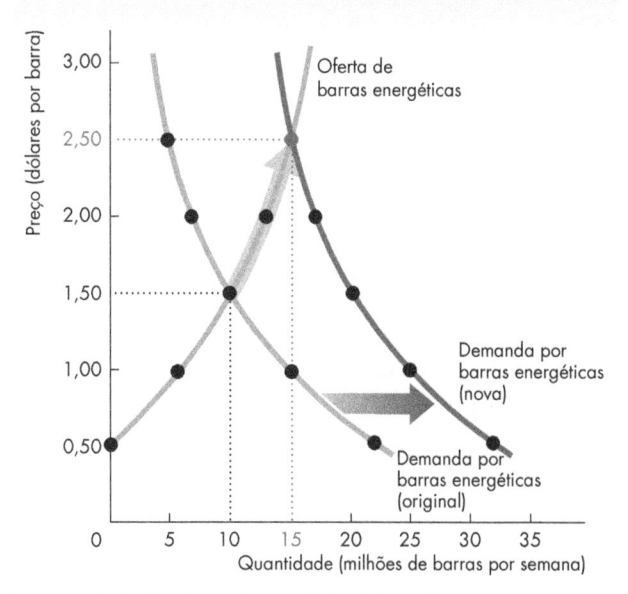

Preço (dólares por barra)	Quantidade demandada (milhões de barras por semana)		Quantidade ofertada (milhões de barras por semana)
	Original	Nova	
0,50	22	32	0
1,00	15	25	6
1,50	10	20	10
2,00	7	17	13
2,50	5	15	15

Inicialmente, a demanda por barras energéticas é a curva de demanda cinza-claro. O preço de equilíbrio é de $ 1,50 por barra, e a quantidade de equilíbrio é de 10 milhões de barras por semana. Quando mais pessoas preocupadas com seu bem-estar passam a fazer mais exercícios, a demanda por barras energéticas aumenta e a curva de demanda se desloca para a direita e se torna a curva cinza-escuro.

Agora, a $ 1,50 por barra, há uma escassez de 10 milhões de barras por semana. O preço de uma barra aumenta para um novo equilíbrio de $ 2,50. À medida que o preço aumenta para $ 2,50, a quantidade ofertada aumenta – como indicado pela seta cinza-claro na curva de oferta – para a nova quantidade de equilíbrio de 15 milhões de barras por semana. Com o aumento da demanda, a quantidade ofertada aumenta, mas a oferta permanece inalterada – a curva de oferta não se desloca.

barras energéticas sendo compradas e vendidas por semana e calculamos o que acontece se a demanda diminui para seu nível original. Uma diminuição da demanda como essa pode ocorrer se as pessoas passarem a usar um energético em gel (um bem substituto para barras energéticas). A redução da demanda desloca a curva de demanda para a esquerda. O preço de equilíbrio diminui para $ 1,50 por barra, e a quantidade de equilíbrio diminui para 10 milhões de barras por semana.

Agora podemos fazer nossas duas primeiras previsões:

1. Quando a demanda aumenta, tanto o preço quanto a quantidade aumentam.

2. Quando a demanda diminui, tanto o preço quanto a quantidade diminuem.

Aumento da oferta

Quando a Nestlé (fabricante da barra energética Power-Bar) e outros produtores de barras energéticas migram para uma nova tecnologia para reduzir custos, a oferta de barras energéticas aumenta. A Figura 3.9 mostra a nova tabela de oferta (a mesma mostrada na Figura 3.5). Quais serão o novo preço de equilíbrio e a nova quantidade? O preço diminui para $ 1 por barra, e a quantidade aumenta para 15 milhões por semana. É possível entender o porquê disso procurando as quantidades demandada e ofertada ao preço antigo de $ 1,50 por barra. A quantidade ofertada a esse preço é de 20 milhões de barras por semana, e há um excedente de barras. O preço se reduz. Somente quando o preço é de $ 1 por barra a quantidade ofertada é igual à quantidade demandada.

A Figura 3.9 ilustra o efeito de um aumento da oferta. Ela mostra a curva de demanda de barras energéticas e as curvas de oferta original e nova. O preço de equilíbrio original é de $1,50 por barra, e a quantidade é de 10 milhões de barras por semana. Quando a oferta aumenta, a curva de oferta se desloca para a direita. O preço de equilíbrio diminui para $ 1 por barra, e a quantidade demandada aumenta para 15 milhões de barras por semana, como indicam os valores em destaque na figura. Há um *aumento da quantidade demandada*, mas nenhuma *mudança da demanda* – um movimento ao longo da curva de demanda, mas não um deslocamento da curva de demanda.

Diminuição da oferta

Começamos com um preço de $ 1 por barra e 15 milhões de barras compradas e vendidas por semana. Em seguida, vamos supor que o custo da mão-de-obra ou das matérias-primas aumente e a oferta de barras energéticas diminua. A redução da oferta desloca a curva de oferta para a esquerda. O preço de equilíbrio aumenta para $ 1,50 por barra, e a quantidade de equilíbrio diminui para 10 milhões de barras por semana.

Podemos, com isso, fazer mais duas previsões:

1. Quando a oferta aumenta, a quantidade aumenta e o preço diminui.
2. Quando a oferta diminui, a quantidade diminui e o preço aumenta.

Todas as mudanças possíveis da demanda e da oferta

Agora é possível prever os efeitos de uma mudança tanto da demanda quanto da oferta sobre o preço e a quantidade. Com o que já aprendeu, você também pode prever o que acontece se *tanto* a demanda *quanto* a oferta mudarem juntas. Para vermos o que acontece quando tanto a demanda quanto a oferta mudam, vamos resumir o que você já sabe.

Mudança da demanda sem mudança da oferta A primeira fileira da Figura 3.10, partes (a), (b) e (c), resume os efeitos de uma mudança da demanda sem mudança da oferta. Na parte (a), sem nenhuma mudança da demanda nem da oferta, nem o preço nem a quantidade mudam. Com um *aumento* da demanda e nenhuma mudança da oferta, na parte (b), tanto o preço quanto a quantidade aumentam. Com uma *diminuição* da demanda e nenhuma mudança da oferta, na parte (c), tanto o preço quanto a quantidade diminuem.

Mudança da oferta sem mudança da demanda A primeira coluna da Figura 3.10, partes (a), (d) e (g), resume os efeitos de uma mudança da oferta sem mudança da demanda. Com um aumento da oferta e nenhuma

---

Figura 3.9 Efeitos de uma mudança de oferta

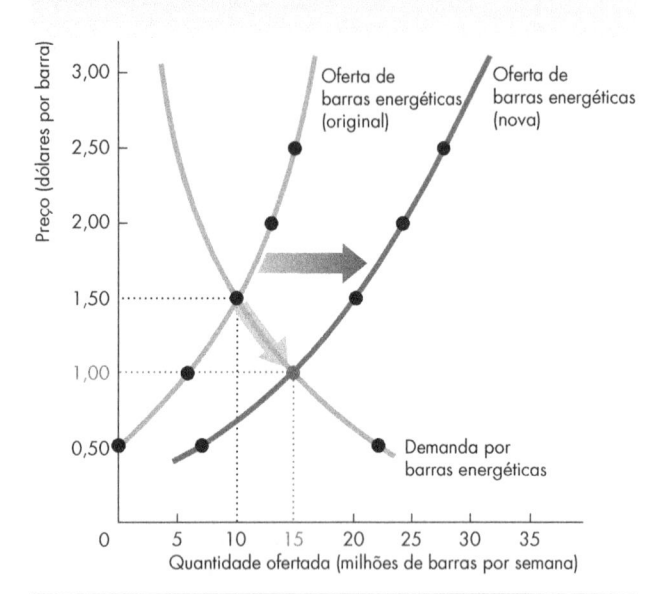

Preço (dólares por barra)	Quantidade demandada (milhões de barras por semana)	Quantidade ofertada (milhões de barras por semana)	
		Original	Nova
0,50	22	0	7
1,00	15	6	15
1,50	10	10	20
2,00	7	13	25
2,50	5	15	30

Inicialmente, a oferta de barras energéticas é mostrada pela curva de oferta cinza-claro. O preço de equilíbrio é de $ 1,50 por barra e a quantidade de equilíbrio é de 10 milhões de barras por semana. Quando a nova tecnologia que reduz o custo é adotada, a oferta de barras energéticas aumenta e a curva de oferta se desloca para a direita e se torna a curva cinza-escuro.

Agora, a $ 1,50 por barra, há um excedente de 10 milhões de barras por semana. O preço de uma barra energética diminui para um novo equilíbrio de $ 1 por barra. À medida que o preço se reduz para $1, a quantidade demandada aumenta – como mostrado pela seta cinza-claro na curva de demanda – para a nova quantidade de equilíbrio de 15 milhões de barras por semana. Com um aumento da oferta, a quantidade demandada aumenta, mas a demanda não se altera – a curva de demanda não se desloca.

mudança da demanda, na parte (d), o preço diminui e a quantidade aumenta. Com uma diminuição da oferta e nenhuma mudança da demanda, na parte (g), o preço aumenta e a quantidade diminui.

Aumento da demanda e da oferta Você viu que um aumento da demanda eleva o preço e aumenta a quantidade. Também viu que um aumento da oferta reduz o preço e aumenta a quantidade. A Figura 3.10(e) combina essas duas mudanças. Pelo fato de que tanto um aumento da demanda quanto um aumento da oferta aumentam a quantidade, a quantidade também aumenta quando tanto a demanda quanto a oferta aumentam. Mas o efeito sobre o preço é incerto. Um aumento da demanda eleva o preço, e um aumento da oferta reduz o preço, de modo que não é possível dizer se o preço aumentará ou diminuirá quando tanto a oferta quanto a demanda aumentarem. Precisamos conhecer a extensão das mudanças da demanda e da oferta para prever os efeitos delas sobre o preço. No exemplo mostrado na Figura 3.10(e), o preço permanece sem mudanças. Mas observe que, se a demanda aumentar um

Figura 3.10 Efeitos de todas as mudanças possíveis da demanda e da oferta

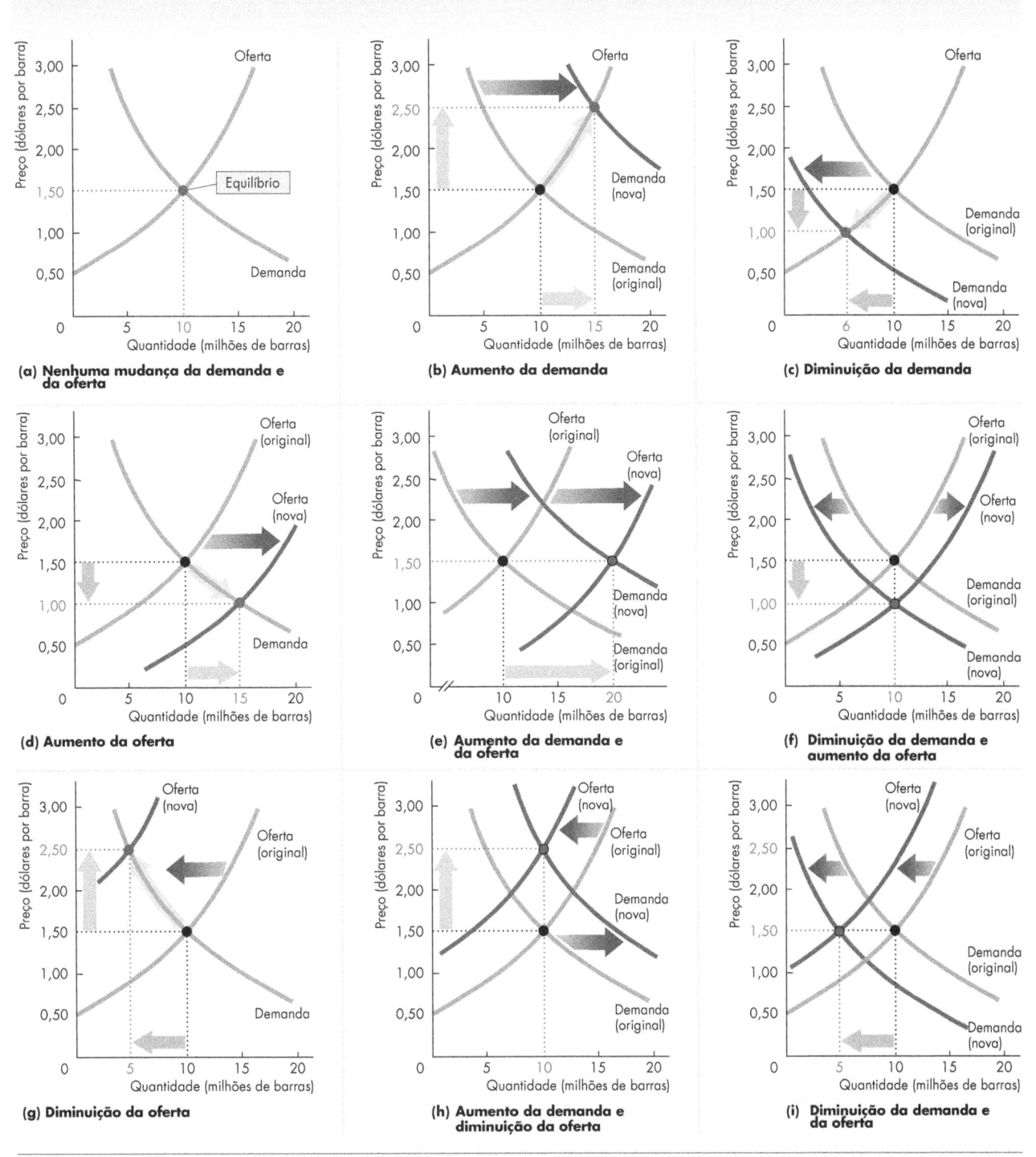

(a) Nenhuma mudança da demanda e da oferta

(b) Aumento da demanda

(c) Diminuição da demanda

(d) Aumento da oferta

(e) Aumento da demanda e da oferta

(f) Diminuição da demanda e aumento da oferta

(g) Diminuição da oferta

(h) Aumento da demanda e diminuição da oferta

(i) Diminuição da demanda e da oferta

pouco mais que o mostrado na figura, o preço aumentará. E, se a oferta aumentar um pouco mais que o mostrado na figura, o preço diminuirá.

Diminuição da demanda e da oferta A Figura 3.10(i) mostra uma situação na qual *tanto* a demanda *quanto* a oferta *diminuem*. Pelas mesmas razões que acabamos de rever, quando tanto a oferta quanto a demanda diminuem, a quantidade diminui e, mais uma vez, a direção da mudança do preço é incerta.

Diminuição da demanda e aumento da oferta Você viu que uma diminuição da demanda reduz o preço e diminui a quantidade. E também viu que um aumento da oferta reduz o preço e aumenta a quantidade. A Figura 3.10(f) combina essas duas mudanças. Tanto a diminuição da demanda quanto o aumento da oferta reduzem o preço. Assim, o preço diminui. Mas uma diminuição da demanda reduz a quantidade, e um aumento da oferta eleva a quantidade, de modo que só podemos prever a direção na qual a quantidade mudará se sabemos a extensão das mudanças da demanda e da oferta. No exemplo mostrado na Figura 3.10(f), a quantidade permanece sem mudanças. Mas observe que, se a demanda diminuir um pouco mais que o mostrado na figura, a quantidade diminuirá. E, se a oferta aumentar um pouco mais do que o mostrado na figura, a quantidade aumentará.

Aumento da demanda e diminuição da oferta A Figura 3.10(h) mostra uma situação na qual a demanda aumenta e a oferta diminui. Neste caso, o preço aumenta e, mais uma vez, a direção da mudança da quantidade é incerta.

QUESTÕES PARA REVISÃO

1 Qual é o efeito sobre o preço de um aparelho de MP3 (como o iPod) e a quantidade de aparelhos de MP3 se (a) o preço de um PC diminui, ou (b) o preço de um download para um aparelho de MP3 aumenta, ou (c) mais empresas passam a produzir aparelhos de MP3, ou (d) o salário dos trabalhadores do setor de fabricação de produtos eletrônicos aumenta, ou (e) dois desses eventos ocorrem juntos? (Trace os diagramas!)

◆ Agora que você já conhece o modelo de demanda e oferta e as previsões que ele possibilita, tente adquirir o hábito de utilizar o modelo na sua vida cotidiana. Para ver como é possível utilizar o modelo, dê uma olhada na seção "Leitura das entrelinhas" que utiliza as ferramentas da demanda e da oferta para explicar o aumento do preço da gasolina em 2006 nos Estados Unidos.

LEITURA DAS ENTRELINHAS

Demanda e oferta: o preço da gasolina

Oito razões pelas quais o preço da gasolina pode aumentar

30 de junho de 2006

[Oito razões pelas quais o preço da gasolina pode aumentar são:]...

1. Demanda agregada: Quando o preço de uma mercadoria aumenta, os livros didáticos de economia afirmam que a demanda deve diminuir. Por um breve período neste segundo trimestre, houve sinais de que os preços mais elevados da gasolina estavam tornando as viagens de lazer menos freqüentes. As vendas de automóveis utilitários bebedores de gasolina também caíram.

Mas uma economia norte-americana relativamente forte continua a estimular uma grande demanda por gasolina e diesel...

Em seu último relatório semanal, o Ministério da Energia dos Estados Unidos afirmou que os norte-americanos queimaram mais de 9,5 milhões de barris de gasolina por dia durante a semana de 23 de junho de 2006, a maior média semanal da história do país durante o mês de junho...

2. Grandes planos de viagens: A American Automobile Association – Associação Automobilística dos Estados Unidos – estima que um número recorde de 34,3 milhões de viajantes viajará de automóvel no final de semana de 4 de julho – um aumento de 1,3 por cento em relação ao ano passado...

3. Interrupções na produção: As refinarias norte-americanas repararam a maior parte dos estragos provocados pelos furacões do último outono e, até a semana passada, estavam operando com mais de 93 por cento da capacidade de produção – um aumento em relação aos 75 por cento da capacidade em outubro passado, depois que os furacões Katrina e Rita comprometeram um quarto da capacidade de produção das refinarias dos Estados Unidos...

4. Etanol: ...O súbito aumento da demanda por etanol ampliou a produção e o sistema de distribuição desse produto, que já estavam em rápida expansão nos Estados Unidos – e elevou acentuadamente os preços... a gasolina vendida no verão normalmente inclui 10 por cento de etanol...

5. Importações menores: ...Regulações mais rigorosas para a composição de gasolina vendida no verão fizeram com que ficasse cada vez mais difícil encontrar gasolina estrangeira que satisfaça esses requisitos.

6. Estoques reduzidos

7. Fator medo futuro: No final, o clima tem o potencial de criar um grande caos – como a série de furacões demonstrou no último outono. Apesar de as probabilidades de recorrência de danos tão sérios serem pequenas, ainda não se esqueceu o que o clima pode causar aos preços da gasolina...

8. Mãe natureza: Apesar de ser impossível prever exatamente como será a próxima temporada de furacões, é provável que o tipo de danos devastadores vistos no outono passado se repita no corredor relativamente estreito da Costa do Golfo, que produz quase a metade da gasolina vendida nos Estados Unidos...

Fonte: De MSNBC.com. Escrito por John W. Schoen. © 2006 MSNBC INTERACTIVE NEWS, LLC. Reproduzido com permissão da MSNBC via Copyright Clearance Center. Disponível em: http://www.msnbc.msn.com

Essência da notícia

▶ Oito fatores podem elevar o preço da gasolina em 2006.

▶ A forte economia dos Estados Unidos manteve a demanda elevada.

▶ Mais pessoas planejavam viajar de automóvel.

▶ Podem ocorrer interrupções na produção.

▶ A demanda por etanol aumentou.

▶ Regulações mais rigorosas para a composição da gasolina reduziram as importações.

▶ Os estoques estavam baixos.

▶ Temia-se por interrupções futuras na oferta.

▶ Furacões poderiam voltar a reduzir a produção.

Análise econômica

▶ Em 2005, nos Estados Unidos, o preço médio da gasolina era de US$ 0,55 por litro e eram consumidos 9,64 milhões de barris de gasolina em média todos os dias.

▶ A Figura 1 mostra o mercado da gasolina em 2005. A curva de demanda é D_{05}, a curva de oferta é S_{05} e o equilíbrio do mercado está em 9,64 milhões de barris por dia e US$ 0,55 por litro.

▶ Os oito eventos discutidos no artigo mudam a demanda e a oferta.

▶ Os eventos 1 e 2 – um aumento da renda e mais planos para viagens de automóvel – aumentam a demanda por gasolina.

▶ Os eventos 3 a 8 – interrupções da produção, um aumento da demanda por etanol, regulações mais rigorosas que reduzem as importações, menores estoques, preocupações sobre interrupções do fornecimento futuro e temores referentes aos furacões – reduzem a oferta de gasolina.

▶ Você pode estar se perguntando como um aumento da demanda por etanol reduz a oferta de gasolina. Esse efeito ocorre porque o etanol é um aditivo para a gasolina vendida no verão. Com o aumento da demanda por etanol, seu preço aumentou, o que, por sua vez, aumentou o custo da produção de gasolina vendida no verão e reduziu a oferta de gasolina.

▶ A Figura 2 mostra o que ocorreu no mercado da gasolina em 2006.

▶ A demanda aumentou de D_{05} para D_{06}, e a oferta diminuiu de S_{05} para S_{06}.

▶ Como a demanda aumentou e a oferta diminuiu, o preço aumentou. O preço de equilíbrio aumentou de US$ 0,55 para US$ 0,70 por litro.

▶ Como o aumento da demanda por gasolina foi maior que a redução da oferta, a quantidade de equilíbrio aumentou de 9,64 milhões para 9,81 milhões de barris por dia.

▶ Apenas uma parte do artigo requer comentários adicionais. Você notou o que o autor disse sobre livros didáticos de economia? Ele disse: "Quando os preços de uma mercadoria aumentam, os livros didáticos de economia afirmam que a demanda deve diminuir".

▶ O que os livros didáticos de economia na verdade dizem é: "Quando os preços de uma mercadoria aumentam *e outros fatores permanecem constantes, a quantidade demandada* diminui".

▶ O artigo confunde 'demanda' com 'quantidade demandada'.

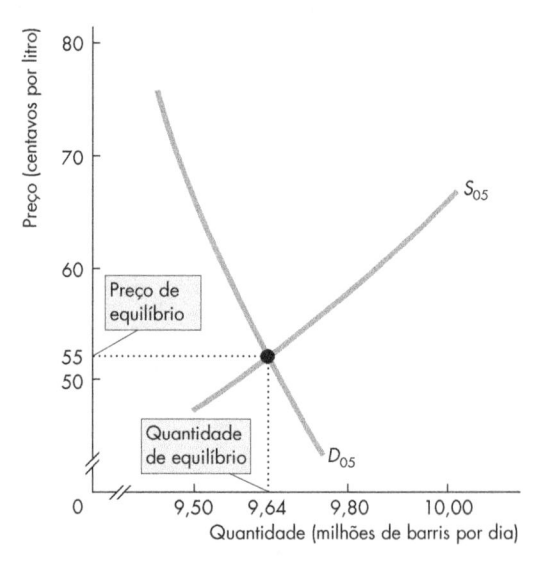

Figura 1 O mercado de gasolina nos Estados Unidos em 2005

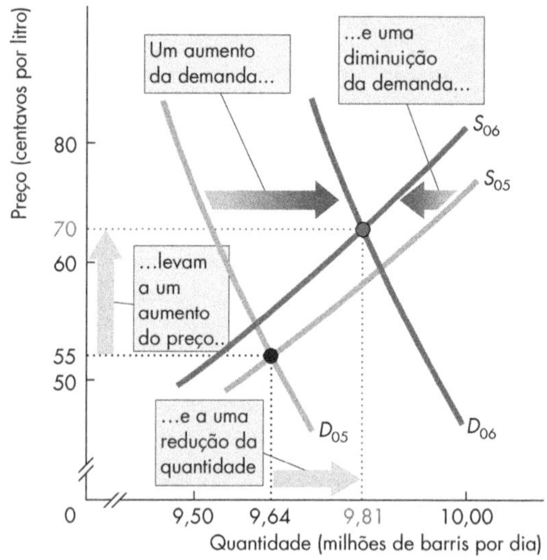

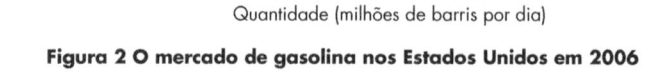

Figura 2 O mercado de gasolina nos Estados Unidos em 2006

Observação matemática
Demanda, oferta e equilíbrio

Curva de demanda

A lei da demanda afirma que, à medida que o preço de um bem ou serviço diminui, a quantidade demandada desse bem ou serviço aumenta. Podemos ilustrar a lei da demanda traçando um gráfico da curva de demanda ou formulando uma equação. Quando a curva de demanda é uma linha reta, a seguinte equação a descreve:

$$P = a - bQ_D,$$

onde P é o preço e Q_D é a quantidade demandada; a e b são constantes positivas.

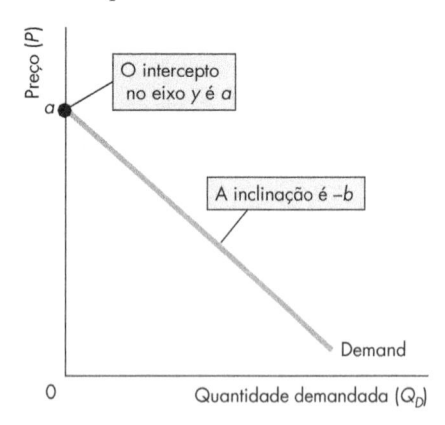

A equação da demanda nos informa três coisas:

1. O preço pelo qual ninguém está disposto a comprar o bem (Q_D é zero). Ou seja, se o preço é a, a quantidade demandada é zero. É possível visualizar o preço a no gráfico. É o preço no qual a curva de demanda atinge o eixo y – que chamamos de 'intercepto no eixo y' da curva de demanda.

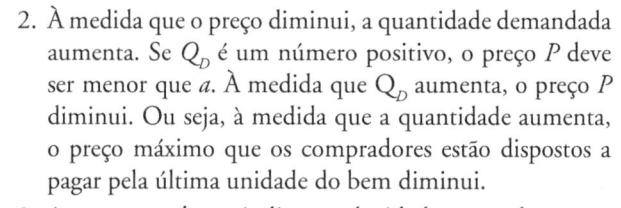

2. À medida que o preço diminui, a quantidade demandada aumenta. Se Q_D é um número positivo, o preço P deve ser menor que a. À medida que Q_D aumenta, o preço P diminui. Ou seja, à medida que a quantidade aumenta, o preço máximo que os compradores estão dispostos a pagar pela última unidade do bem diminui.

3. A constante b nos indica a velocidade na qual o preço máximo que alguém está disposto a pagar pelo bem diminui à medida que a quantidade aumenta. Ou seja, a constante b nos diz o grau de inclinação da curva de demanda. A equação nos diz que a inclinação da curva de demanda é $-b$.

Curva de oferta

A lei da oferta afirma que, à medida que o preço de um bem ou serviço aumenta, a quantidade ofertada desse bem ou serviço também aumenta. Podemos ilustrar a lei da oferta traçando um gráfico da curva de oferta ou formulando uma equação. Quando a curva de oferta é uma linha reta, a seguinte equação a descreve:

$$P = c + dQ_S,$$

onde P é o preço e Q_S é a quantidade ofertada; c e d são constantes positivas.

A equação da oferta nos informa três coisas:

1. O preço pelo qual os vendedores não estão dispostos a ofertar o bem (Q_S é zero). Ou seja, se o preço é c, ninguém está disposto a vender o bem. É possível visualizar o preço c no gráfico. Ele é o preço no qual a curva de oferta corta o eixo y – que chamamos de "intercepto no eixo y" da curva de oferta.

2. À medida que o preço aumenta, a quantidade ofertada aumenta. Se Q_S é um número positivo, o preço P deve ser maior que c. E, à medida que Q_S aumenta, o preço P aumenta. Ou seja, à medida que a quantidade aumenta, o preço mínimo que os vendedores estão dispostos a aceitar pela última unidade também aumenta.

3. A constante d nos informa em que ritmo o preço mínimo pelo qual alguém está disposto a vender o bem aumenta à medida que a quantidade aumenta. Ou seja, a constante d nos informa a inclinação da curva de oferta. A equação nos diz que a inclinação da curva de oferta é d.

Equilíbrio de mercado

A demanda e a oferta determinam o equilíbrio de mercado. A figura mostra o preço de equilíbrio (P^*) e a quantidade de equilíbrio (Q^*) na intersecção da curva de demanda e da curva de oferta.

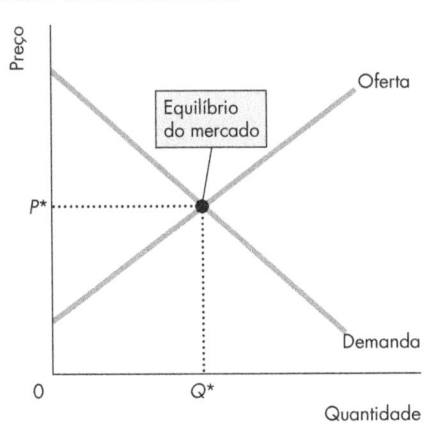

Podemos utilizar as equações para calcular o preço de equilíbrio e a quantidade de equilíbrio. O preço de um bem se ajusta até que a quantidade demandada seja igual à quantidade ofertada. Isto é,

$$Q_D = Q_S.$$

Assim, no preço de equilíbrio (P^*) e na quantidade de equilíbrio (Q^*),

$$Q_D = Q_S = Q^*.$$

Para descobrir o preço de equilíbrio e a quantidade de equilíbrio, substitua Q_D por Q^* na equação da demanda e Q_S por Q^* na equação da oferta. Assim, o preço é o preço de equilíbrio (P^*), e temos:

$$P^* = a - bQ^*$$
$$P^* = c + dQ^*.$$

Observe que:

$$a - bQ^* = c + dQ^*.$$

Agora, calcule Q^*:

$$a - c = bQ^* + dQ^*$$
$$a - c = (b + d)Q^*$$
$$Q^* = \frac{a - c}{b - d}.$$

Para descobrir o preço de equilíbrio, (P^*), substitua Q_D ou Q_S por Q^* na equação da demanda ou na equação da oferta, respectivamente.

Utilizando a equação da demanda, temos:

$$P^* = a - b\left(\frac{a - c}{b + d}\right)$$
$$P^* = \frac{a(b + d) - b(a - c)}{b + d}$$
$$P^* = \frac{d + b}{b + d}.$$

Alternativamente, usando a equação da oferta, temos:

$$P^* = c + d\left(\frac{a - c}{b + d}\right)$$
$$P^* = \frac{c(b + d) + d(a - c)}{b + d}$$
$$P^* = \frac{ad + bc}{b + d}.$$

Um exemplo

A demanda por picolés é:

$$P = 800 - 2Q_D.$$

A oferta de picolés é:

$$P = 200 + 1Q_S.$$

O preço de um picolé é expresso em centavos e as quantidades são expressas em picolés por dia.

Para calcular o preço de equilíbrio (P^*) e a quantidade de equilíbrio (Q^*), substitua Q_D e Q_S por Q^* Q^* e P por P^*. Isto é,

$$P^* = 800 - 2Q^*$$
$$P^* = 200 + 1Q^*.$$

Agora, calcule Q^*:

$$800 - 2Q^* = 200 + 1Q^*$$
$$600 = 3Q^*$$
$$Q^* = 200.$$

E

$$P^* = 800 - 2(200)$$
$$= 400$$

O preço de equilíbrio é $ 4 por picolé, e a quantidade de equilíbrio é de 200 picolés por dia.

RESUMO

Pontos-chave

Mercados e preços (p. 54-55)
- Um mercado competitivo é aquele que tem tantos compradores e vendedores que ninguém pode influenciar o preço.
- O custo de oportunidade é um preço relativo.
- A demanda e a oferta determinam os preços relativos.

Demanda (p. 55-59)
- A demanda é a relação entre a quantidade demandada de um bem e seu preço quando todas as outras influências sobre os planos de compras permanecem constantes.
- Se todos os outros fatores forem mantidos constantes, quanto mais elevado for o preço de um bem, , menor será a quantidade demandada dele – a lei da demanda.
- A demanda depende dos preços de bens relacionados (bens substitutos e bens complementares), dos preços futuros esperados, da renda, da renda futura esperada, da população e das preferências.

Oferta (p. 60-63)
- A oferta é a relação entre a quantidade ofertada de um bem e seu preço quando todas as outras influências sobre os planos de vendas permanecem constantes.
- Se todos os outros fatores forem mantidos constantes, quanto mais elevado for o preço de um bem, maior será a quantidade ofertada dele – a lei da oferta.
- A oferta depende dos preços dos recursos utilizados para produzir um bem, dos preços dos bens relacionados produzidos, dos preços futuros esperados, do número de fornecedores e da tecnologia.

Equilíbrio de mercado (p. 63-65)
- Ao preço de equilíbrio, a quantidade demandada é igual à quantidade ofertada.
- A preços acima do equilíbrio, há um excedente e o preço diminui.
- A preços abaixo do equilíbrio, há uma escassez e o preço aumenta.

Previsão das mudanças de preço e quantidade (p. 65-68)
- Um aumento da demanda eleva o preço e aumenta a quantidade ofertada. Uma diminuição da demanda reduz o preço e diminui a quantidade ofertada.
- Um aumento da oferta reduz o preço e aumenta a quantidade demandada. Uma diminuição da oferta eleva o preço e diminui a quantidade demandada.
- Um aumento da demanda e um aumento da oferta aumentam a quantidade, mas a mudança de preço é incerta. Um aumento da demanda e uma diminuição da oferta aumentam o preço, mas a mudança de quantidade é incerta.

Figuras-chave

Figura 3.1   A curva de demanda, 56
Figura 3.3   Mudança da quantidade demandada *versus* mudança da demanda, 59
Figura 3.4   A curva da oferta, 61
Figura 3.6   Mudança da quantidade ofertada *versus* mudança da oferta, 63
Figura 3.7   Equilíbrio, 64
Figura 3.10 Efeitos de todas as mudanças possíveis da demanda e da oferta, 67

Palavras-chave

Bem complementar, 58
Bem inferior, 58
Bem normal, 58
Bem substituto, 57
Curva de demanda, 56
Curva de oferta, 60
Demanda, 56
Lei da demanda, 55
Lei da oferta, 60
Mercado competitivo, 55
Mudança da demanda, 57
Mudança da oferta, 61
Mudança da quantidade demandada, 58
Mudança da quantidade ofertada, 62
Oferta, 60
Preço de equilíbrio, 63
Preço monetário, 55
Preço relativo, 55
Quantidade demandada, 55
Quantidade de equilíbrio, 63
Quantidade ofertada, 60

EXERCÍCIOS

1. William Gregg era proprietário de uma fábrica têxtil na Carolina do Sul. Em dezembro de 1862, ele publicou um anúncio no jornal de sua região divulgando sua disposição de trocar tecidos por alimentos e outros itens. Veja um resumo:

    1 metro de tecido por 0,5 quilo de bacon

    2 metros de tecido por 0,5 quilo de manteiga

    4 metros de tecido por 0,5 quilo de lã

    8 metros de tecido por 25 quilos de sal

    a. Qual é o preço da manteiga em termos de lã?

    b. Se o preço do bacon fosse $ 0,40 o quilo, qual seria o preço da manteiga?

    c. Se o preço do bacon fosse $ 0,40 o quilo e o preço do sal fosse $ 0,8 o quilo, você acha que alguém aceitaria a oferta do sr. Gregg de trocar tecido por sal?

2. Classifique os pares de bens e serviços a seguir como substitutos, complementares, substitutos na produção ou complementares na produção.
   a. Água mineral e matrículas em academias de ginástica
   b. Batatas fritas e batatas assadas
   c. Bolsas de couro e sapatos de couro
   d. Automóveis utilitários e picapes
   e. Refrigerante diet e refrigerante normal
   f. Leite desnatado e creme de leite

3. "À medida que mais pessoas compram computadores, a demanda por serviços de Internet aumenta e o preço dos serviços de Internet diminui. A queda do preço dos serviços de Internet reduz a oferta deles." Esta afirmação é verdadeira ou falsa? Explique sua resposta.

4. Qual é o efeito sobre o preço de um CD gravável e sobre a quantidade de CDs graváveis vendidos se:
   a. O preço de um download de MP3 aumentar?
   b. O preço de um iPod diminuir?
   c. A oferta de aparelhos de CD aumentar?
   d. A renda dos consumidores aumentar?
   e. Os trabalhadores que produzem CDs receberem um aumento salarial?
   f. Os eventos (a) e (e) ocorrerem juntos?

5. Os eventos seguintes ocorrem isoladamente:
   (i) O preço do petróleo bruto aumenta.
   (ii) O preço de um automóvel aumenta.
   (iii) Todos os limites de velocidade das estradas são abolidos.
   (iv) Robôs reduzem os custos de produção de automóveis.

   Quais desses eventos aumentarão ou reduzirão (explique o que ocorre):
   a. A demanda por gasolina?
   b. A oferta de gasolina?
   c. A quantidade demandada de gasolina?
   d. A quantidade ofertada de gasolina?

6. A figura ilustra o mercado de pizza.

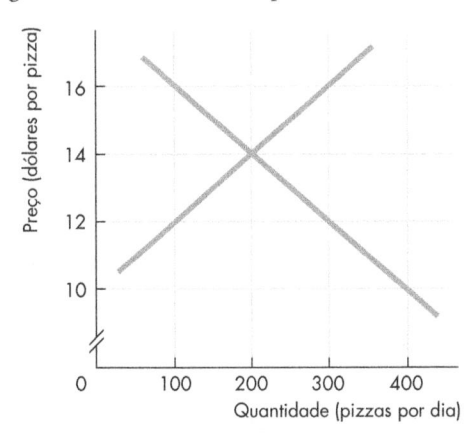

   Identifique as curvas e explique o que ocorre se:
   a. O preço de uma pizza é $ 16.
   b. O preço de uma pizza é $ 12.

7. A figura a seguir mostra as tabelas de demanda e oferta de chicletes.

Preço (centavos por pacote)	Quantidade demandada	Quantidade ofertada
	(milhões de pacotes por semana)	
20	180	60
40	140	100
60	100	140
80	60	180

   a. Trace um gráfico do mercado de chicletes, identifique os eixos e as curvas e indique o preço de equilíbrio e a quantidade de equilíbrio.
   b. Suponha que o preço do chiclete seja $ 0,70 por pacote. Descreva a situação no mercado de chicletes e explique como o preço se ajusta.
   c. Suponha que o preço do chiclete seja $ 0,30 por pacote. Descreva a situação no mercado de chicletes e explique como o preço se ajusta.
   d. Se um incêndio destruir algumas fábricas de chicletes e a quantidade ofertada de chicletes tiver uma redução de 40 milhões de pacotes por semana para cada preço, explique o que ocorrerá no mercado de chicletes e ilustre as mudanças no seu gráfico do mercado de chicletes.
   e. Se um aumento da população adolescente aumentar a quantidade demandada de chicletes em 40 milhões de pacotes por semana a cada preço, ao mesmo tempo em que ocorrer o incêndio, quais serão o novo preço de equilíbrio e a nova quantidade de equilíbrio? Ilustre essas mudanças no seu gráfico.

8. Constam a seguir as tabelas de demanda e oferta de batatas chips.

Preço (centavos por pacote)	Quantidade demandada	Quantidade ofertada
	(milhões de pacotes por semana)	
50	160	130
60	150	140
70	140	150
80	130	160
90	120	170
100	110	180

   a. Trace um gráfico para o mercado de batatas chips e indique o preço de equilíbrio e a quantidade de equilíbrio.
   b. Descreva a situação no mercado de batatas chips e explique como o preço se ajusta se um pacote de batatas chips custa $ 0,60.

c. Se um novo molho aumenta a quantidade demandada de batatas chips em 30 milhões de pacotes por semana a cada preço, como o preço e a quantidade de batatas chips mudam?

d. Se uma praga destrói a safra de batatas e a quantidade ofertada de batatas chips diminui em 40 milhões de pacotes por semana a cada preço, simultaneamente à entrada do novo molho no mercado, como o preço e a quantidade de batatas chips mudam?

PENSAMENTO CRÍTICO

1. Depois de ter estudado a seção "Leitura das entrelinhas", responda às seguintes questões:
   a. Como o artigo confunde os conceitos de 'mudança da demanda' e 'mudança da quantidade demandada'?
   b. Qual(is) das oito razões para um aumento do preço da gasolina aumentaria(m) a demanda por gasolina e por quê?
   c. Qual(is) das oito razões para um aumento do preço da gasolina reduziria(m) a oferta de gasolina e por quê?
   d. Como sabemos que no verão de 2006 o aumento da demanda por gasolina foi maior que a diminuição da oferta de gasolina?

2. **Eurostar alavancado pelo *Código da Vinci*.**
   O Eurostar, serviço de transporte ferroviário de alta velocidade que liga Londres a Paris... divulgou na última quarta-feira que as vendas de passagens no primeiro semestre aumentaram 6 por cento, impulsionadas por fãs do filme *Código da Vinci*.

   CNN, 26 de julho de 2006

   a. Explique como os fãs do *Código da Vinci* ajudaram a aumentar as vendas do Eurostar.
   b. A CNN fez comentários sobre a "feroz concorrência das companhias aéreas mais baratas". Explique o efeito dessa concorrência sobre as vendas do Eurostar.
   c. Quais mercados de Paris você acha que esses fãs influenciaram? Explique as influências sobre três mercados.

3. Sobre a jogatina, os idosos e o bom senso.
   Nevada é o Estado norte-americano cuja população idosa é a que aumenta mais rápido ... Las Vegas oferece... muitos empregos para pessoas com mais de 50 anos.

   The Economist, 26 de julho de 2006

   Explique como os idosos influenciaram:
   a. A demanda em alguns mercados de Las Vegas.
   b. A oferta em alguns mercados de Las Vegas.

ATIVIDADES NA INTERNET

1. Obtenha dados sobre preços e quantidades de algum produto agrícola em dois anos diferentes. Não se esqueça de que esses preços são efetivamente preços de equilíbrio, assim como as quantidades são efetivamente quantidades de equilíbrio.
   a. Trace um gráfico para ilustrar o mercado desse produto nos dois anos.
   b. Mostre no gráfico as mudanças da oferta e da demanda, assim como as mudanças da quantidade demandada e da quantidade ofertada que são consistentes com os dados de preços e quantidades que você coletou.
   c. Qual é sua opinião sobre as razões que levaram a mudanças da oferta e da demanda desse produto, de um ano para o outro?

2. Obtenha uma série temporal dos preços internacionais do petróleo desde 2000.
   a. Descreva as alterações do preço do petróleo.
   b. Use um gráfico de oferta e demanda para explicar o que acontece com o preço quando a oferta aumenta ou diminui, enquanto a demanda permanece a mesma.
   c. Na sua opinião, o que aconteceria com o preço do petróleo se uma nova tecnologia de perfuração permitisse a exploração de fontes oceânicas mais profundas?
   d. Na sua opinião, o que aconteceria com o preço do petróleo se fosse desenvolvida uma nova tecnologia de energia nuclear, limpa e segura?

CENÁRIO BRASILEIRO

O preço dos combustíveis no Brasil

Rafael Denardi[1]

No final dos anos 1990, as previsões mais pessimistas apontavam o preço do barril de petróleo, no máximo até o ano 2010, próximo do valor de US$ 70,00 (até US$ 80,00). Hoje vemos que os mais pessimistas, naquela época, eram na verdade grandes otimistas. No momento em que o preço do petróleo atinge a casa dos US$ 130,00 o barril (valor com base no mês de abril de 2008 e impensável há alguns anos – em 1999 o preço médio do barril era de US$ 20,00), é importante relembrarmos como funciona o mecanismo de precificação dos combustíveis no Brasil e entendermos qual o impacto que isso pode acarretar no mercado brasileiro. Em primeiro lugar, devemos caracterizar o mercado em que os combustíveis estão inseridos.

A matriz energética brasileira é bem pulverizada, sendo que a maior participação é da hidreletricidade (39 por cento), seguida de perto pelo petróleo (35,3 por cento). O restante é dividido entre biomassa, gás natural e outras.

Nesse cenário, vemos a importância do petróleo e de seus derivados. No Brasil, a utilização do petróleo como fonte de combustível é dividida nos seguintes derivados: óleo diesel, gasolina, óleo combustível, GNP, nafta e outros.

O setor de transportes é o que utiliza a maior parcela dos derivados de petróleo como combustível (46 por cento do total, segundo dados de 2001 da ANP [Agência Nacional do Petróleo]).

Após contextualizarmos a situação dos combustíveis derivados de petróleo no Brasil, devemos agora entender sua precificação.

Em 1938 o petróleo foi declarado bem de utilidade pública. Nessa época, havia uma política de preços com uma grande complexidade: o governo, por meio de uma cadeia de subsídios, determinava o preço do combustível. Isso ocorreu durante mais de 50 anos.

Nos anos 1990 houve um início de 'liberalização' dos preços, uma tentativa de diminuir a influência do governo na precificação dos combustíveis, mas foi somente em 1997, com a Lei do Petróleo (Lei 9.478/97), que se procurou de maneira mais efetiva caminhar para a desregulamentação dos preços. Esta lei definiu um período de transição e, a partir do dia 1º de janeiro de 2002, ficou determinado que os preços seriam livres (do produtor ao consumidor final), que as importações estavam liberadas para todos os derivados e ao mesmo tempo os subsídios foram extintos (exceto quando aprovados pelo Congresso Nacional mediante proposta encaminhada pelo CNPE [Conselho Nacional de Política Energética]).

Ao desregulamentar o setor, a intenção era gerar uma maior competitividade no mercado/setor, porém, como a matéria-prima é toda dominada/fornecida por uma única empresa, a falta de uma regra, neste caso, provoca as seguintes consequências. Quando analisamos o mercado, segundo o modelo de cinco forças de Porter, vemos a existência de ineficiência: não há barreiras para a entrada de novos competidores, porém não há quem entre; o fornecedor é apenas um; o poder de barganha dos clientes é baixo, pois a detentora da matéria-prima também atua em todas as linhas da cadeia; não há produto substituto para o consumidor final – apenas diferentes 'bandeiras' de postos, e a rivalidade entre concorrentes acontece somente na esfera do produto final, já extraído, refinado, distribuído e pronto para venda. Em resumo, é um monopólio mascarado nas partes iniciais da cadeia e uma competição apenas para os consumidores finais. Podemos fazer uma analogia com a carne bovina: podemos comprar de vários açougues e de várias origens, mas todos os tipos que consumimos, independentemente da 'marca' final, têm origem nos bois.

A ANP foi criada em 1997 (como parte da Lei do Petróleo) e iniciou suas atividades em janeiro de 1998. Atua como o agente 'mediador' do mercado de combustíveis, analisando preços, não permitindo abusos, entre outros e é um órgão não-governamental. Poucos crêem na não-influência do governo federal na ANP, mas em teoria ela é independente. Em teoria (lembremos que o presidente da ANP é indicado pelo governo).

---

[1] Economista, mestrando em Economia.

E quanto pagamos pelo combustível? Mais de 50 por cento do valor do preço de um litro de gasolina é composto de impostos (ICMS + tributos federais), enquanto no óleo diesel os impostos representam, no preço por litro, mais de 23 por cento.

Logo, quando um consumidor paga R$ 100,00 em um posto de gasolina para completar o tanque de seu carro, pelo menos R$ 50,00 são impostos. Não é intenção deste artigo ser a favor ou contra, apenas relatar algo que acontece no dia-a-dia de todos os brasileiros (e que tende a ser ainda mais comum, pois com o alto crescimento do setor automotivo – mais de 35 por cento de crescimento entre 2006/2007 e com a mesma previsão para 2008), haverá cada vez mais consumidores para combustíveis no Brasil, pois existirão cada vez mais automóveis circulando.

O álcool combustível

O álcool é um combustível com um preço mais baixo. Porém, seu rendimento nos motores também é mais baixo em relação à gasolina, por exemplo (citamos este caso, pois faz parte da vida da maioria dos brasileiros – grandes consumidores dos carros de passeio). Há quem prefira pagar um combustível mais caro (como a gasolina) e que rende em média 35 por cento mais que o álcool.

A diferença de preços entre álcool e gasolina era muito grande há alguns anos. Porém, com o crescimento da demanda, os produtores de álcool se aproveitaram do momento favorável e introduziram sucessivos aumentos no preço do produto, o que fez com que os carros 'flex', que possuem motores bicombustíveis, tivessem um crescimento nas vendas. O consumidor escolheria, naquele momento, qual o custo-benefício melhor (álcool mais barato com menor rendimento ou gasolina mais cara com melhor rendimento?). Tudo dependeria da diferença do preço (e ainda depende). Contudo o álcool ainda é utilizado em uma parcela pequena do total de veículos. Sua participação têm aumentado mas ainda não possui a representatividade da gasolina. Desde janeiro de 2008, segundo a ANFAVEA (Associação Nacional dos Fabricantes de Veículos Automotores), 20 por cento dos veículos fabricados no Brasil possuem motores somente à gasolina; 70 por cento possuem motores 'flex' (para álcool e gasolina), 9 por cento possuem motores movidos a óleo diesel e apenas 1 por cento dos motores são fabricados para uso exclusivo com álcool (em 2007 esse número não chegou a 1 por cento).

O que podemos concluir é que, de maneira indireta, por não haver uma regra e uma regulamentação dos preços no setor, temos uma empresa estatal que é a total detentora do poder de decisão no aumento (ou não) dos preços no setor.

As constantes descobertas de novas reservas, a autossuficiência brasileira para a produção de petróleo, as plantações de cana-de-açúcar voltadas para a produção de combustíveis e a explosão de consumo de automóveis são motivos para nos deixar otimistas com relação à economia e sua maturidade, mas não permitem concluir de fato como os preços, no médio prazo, serão afetados. A desvalorização do dólar, a crise do mercado internacional e o preço do petróleo, subindo (mundialmente) todos os dias, são argumentos que trazem cenários pessimistas, exatamente o oposto do que acontece na economia brasileira.

Apenas o tempo mostrará se o Brasil passou ileso por essas turbulências ou se algo respingará em nossa economia, tal como um vazamento de óleo deixa sua mancha no oceano.

REFERÊNCIAS

Informações adicionais disponíveis em: www.anfavea.com.br e www.anp.gov.br/

QUESTÕES

1 O que diz a Lei do Petróleo?

2 Qual é a função da Agência Nacional do Petróleo? Comente sobre a atuação desse órgão.

3 Na sua opinião, o preço do barril de petróleo continuará a subir? Sim ou não? Por quê? Justifique desenvolvendo a argumentação.

CAPÍTULO 4

Elasticidade

Ao término do estudo deste capítulo, você saberá:

▶ Definir, calcular e explicar os fatores que influenciam a elasticidade-preço da demanda.

▶ Definir, calcular e explicar os fatores que influenciam a elasticidade cruzada da demanda e a elasticidade-renda da demanda.

▶ Definir, calcular e explicar os fatores que influenciam a elasticidade-preço da oferta.

Quando os preços diminuem, a receita cresce?

A indústria de computadores pessoais opera em condições altamente competitivas. Nos Estados Unidos, por exemplo, os preços dos notebooks reduziram-se para uma média de menos de US$ 1.000 em 2006. Os preços dos computadores de mesa também diminuíram em 2006 para uma média de menos de US$ 500. À medida que os preços dos computadores pessoais diminuíam, a quantidade de computadores comprados aumentava. Mas será que as receitas da Acer, da Apple, da Gateway, da Dell, da Hewlett-Packard e de outros fabricantes de computadores cresceu?

Quando os preços dos computadores diminuem, a receita total dos fabricantes de computadores ainda pode crescer, mas, para haver esse crescimento, o aumento percentual da quantidade de computadores vendidos deve exceder a queda percentual do preço. Será que isso acontece? E o que determina o efeito de uma variação do preço sobre a quantidade vendida e a receita? Você descobrirá as respostas neste capítulo.

◊ Neste capítulo, você estudará uma ferramenta que nos ajuda a responder a várias perguntas sobre as mudanças de preços e de quantidades negociadas nos mercados. Estudará também as elasticidades da demanda e da oferta. Ao final do capítulo, retomaremos o exemplo do mercado de computadores pessoais e veremos se computadores mais baratos diminuem ou aumentam a receita dos fabricantes de computadores.

Elasticidade-preço da demanda

Sabemos que, quando a oferta aumenta, o preço de equilíbrio diminui e a quantidade de equilíbrio aumenta. Mas será que o preço diminui muito e a quantidade aumenta pouco? Ou será que o preço diminui ligeiramente e a quantidade aumenta bastante?

Isso depende da sensibilidade da quantidade demandada a uma variação do preço. É possível visualizar isso na Figura 4.1, que mostra dois cenários possíveis em um mercado local de pizzas. A Figura 4.1(a) mostra um cenário e a 4.1(b) mostra outro.

Em ambos os casos, a oferta inicial é S_0. Na parte (a), a demanda por pizzas é mostrada pela curva de demanda D_A. Na parte (b), a demanda por pizzas é mostrada pela curva de demanda D_B. Inicialmente, nos dois casos, o preço é de $ 20 por pizza, e a quantidade de pizzas produzidas e consumidas é de 10 pizzas por hora.

Em determinado momento, é aberta uma grande rede de pizzarias, e a oferta de pizzas aumenta. A curva de oferta se desloca para a direita, para S_1. No caso (a), o preço sofre uma queda acentuada de $ 15, diminuindo para $ 5 por pizza, e a quantidade aumenta em apenas 3 pizzas, elevando-se para 13 pizzas por hora. Já no caso (b), o preço diminui apenas $ 5, passando para $ 15 por pizza, e a quantidade aumenta em 7, subindo para 17 pizzas por hora.

As diferentes conseqüências surgem de diferentes níveis de sensibilidade da quantidade demandada a uma variação do preço. O que queremos dizer com sensibilidade? Uma resposta possível a essa pergunta é a inclinação. A inclinação da curva de demanda D_A é mais acentuada do que a da curva de demanda D_B.

Neste exemplo, podemos comparar as inclinações das duas curvas de demanda. Mas isso nem sempre é possível, pois a inclinação de uma curva de demanda depende das unidades nas quais medimos o preço e a quantidade. Em muitas ocasiões precisamos comparar as curvas de demanda de diferentes bens e serviços que são medidos em unidades não relacionadas. Por exemplo, um produtor de pizzas pode querer comparar a demanda por pizzas com a demanda por refrigerantes. Que quantidade demandada

Figura 4.1 Como uma mudança na oferta afeta o preço e a quantidade

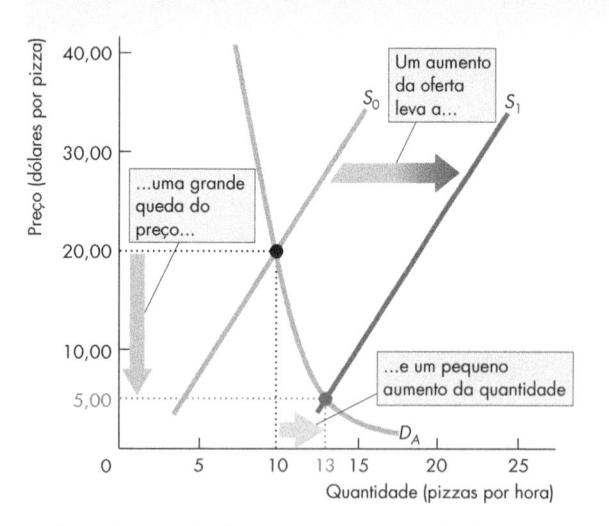

(a) Grande variação do preço e pequena variação da quantidade

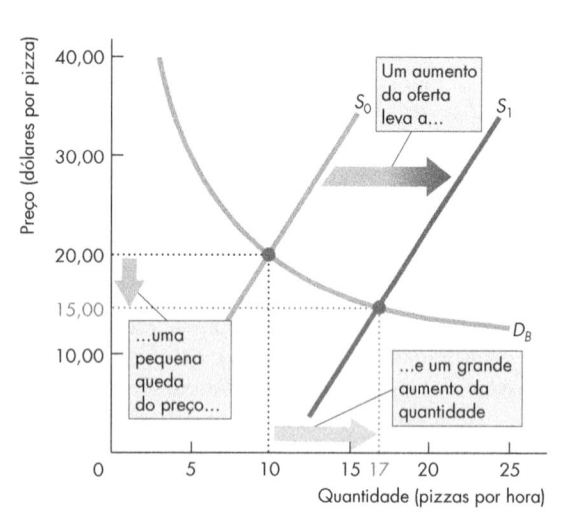

(b) Pequena variação do preço e grande variação da quantidade

Inicialmente, o preço é de $ 20 por pizza, e a quantidade vendida é de 10 pizzas por hora. Então, a oferta aumenta de S_0 para S_1. Na parte (a), o preço diminui $ 15, reduzindo-se para $ 5 por pizza, e a quantidade aumenta em 3, elevando-se para 13 pizzas por hora. Na parte (b), o preço diminui apenas $ 5, passando para $ 15 por pizza, e a quantidade sofre um aumento de 7, elevando-se para 17 pizzas por hora. A variação do preço é menor, e a variação da quantidade é maior no caso (b) do que no (a). A quantidade demandada responde mais ao preço no caso (b) do que no (a).

responde mais a uma mudança de preço? Essa questão não pode ser respondida comparando-se as inclinações das duas curvas de demanda. As unidades de medida – pizzas e refrigerantes – não se relacionam. A questão pode ser respondida com uma medida de sensibilidade que seja independente das unidades de medida. Uma dessas medidas é a elasticidade.

A **elasticidade-preço da demanda** é um número puro que mede a sensibilidade da quantidade demandada de um bem a uma mudança de seu preço, quando todas as outras influências sobre os planos dos compradores permanecem constantes.

Cálculo da elasticidade-preço da demanda

Calculamos a *elasticidade-preço da demanda* por meio da fórmula:

$$\text{Elasticidade-preço da demanda} = \frac{\text{Variação percentual da quantidade demandada}}{\text{Variação percentual do preço}}.$$

Para utilizarmos essa fórmula, precisamos conhecer as quantidades demandadas a diferentes preços quando todas as outras influências sobre os planos dos compradores permanecem constantes. Suponha que tenhamos os dados sobre os preços e as quantidades demandadas de pizzas e que calculemos a elasticidade-preço da demanda por pizzas.

A Figura 4.2 mostra um detalhe da curva de demanda por pizzas e indica como a quantidade demandada responde a uma pequena variação do preço. Inicialmente, o preço é de $ 20,50 por pizza, e são vendidas 9 pizzas por hora – o ponto inicial da figura. Em seguida o preço diminui para $ 19,50 por pizza, e a quantidade demandada aumenta para 11 pizzas por hora – o novo ponto da figura. Quando o preço diminui $ 1 por pizza, a quantidade demandada aumenta em 2 pizzas por hora.

Para calcularmos a elasticidade-preço da demanda, expressamos as variações de preço e quantidade demandada como porcentagens do *preço médio* e da *quantidade média*. Utilizando o preço médio e a quantidade média, calculamos a elasticidade em um ponto da curva de demanda na metade da distância entre o ponto inicial e o novo ponto. O preço inicial é $ 20,50, e o novo preço é $ 19,50, de modo que o preço médio é $ 20. A queda de $ 1 no preço representa 5 por cento do preço médio. Isto é,

$$\Delta P/P_{médio} = (\$ 1/\$ 20) \times 100 = 5\%.$$

A quantidade demandada inicial é de 9 pizzas, e a nova quantidade demandada é de 11 pizzas, de modo que a quantidade demandada média é de 10 pizzas. O aumento de 2 pizzas nessa quantidade representa 20 por cento da quantidade média. Isto é,

$$\Delta Q/Q_{médio} = (2/10) \times 100 = 20\%.$$

Desta maneira, a elasticidade-preço da demanda, que é a variação percentual da quantidade demandada (20 por cento) dividida pela variação percentual do preço (5 por cento), é igual a 4. Isto é,

$$\text{Elasticidade-preço da demanda} = \frac{\%\Delta Q}{\%\Delta P} = \frac{20\%}{5\%} = 4.$$

Preço e quantidade médios Observe que estamos utilizando o preço *médio* e a quantidade *média*. Fazemos isso

Figura 4.2 Cálculo da elasticidade da demanda

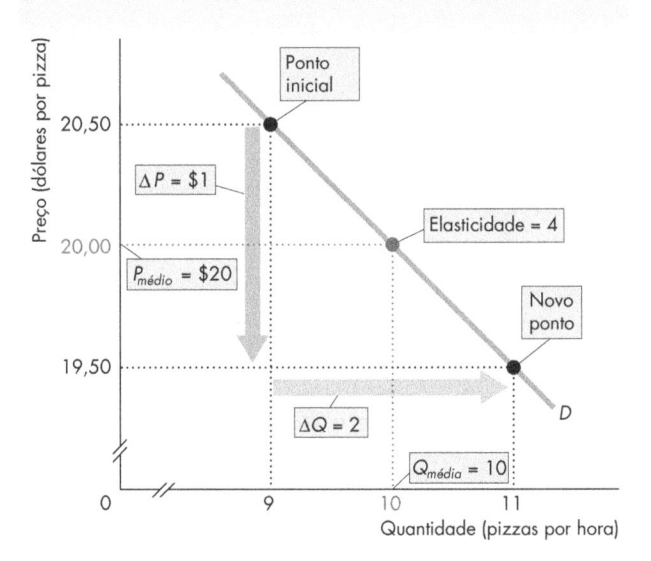

[Gráfico: Preço (dólares por pizza) vs Quantidade (pizzas por hora). Ponto inicial em (9, 20,50); Novo ponto em (11, 19,50); Elasticidade = 4 no ponto médio (10, 20,00). $\Delta P = \$1$, $P_{médio} = \$20$, $\Delta Q = 2$, $Q_{média} = 10$. Curva D descendente.]

A elasticidade da demanda é calculada por meio da fórmula:*

$$\text{Elasticidade-preço da demanda} = \frac{\text{Variação percentual da quantidade demandada}}{\text{Variação percentual do preço}}$$

$$\frac{\%\Delta Q}{\%\Delta P} = \frac{\Delta Q/Q_{média}}{\Delta P/P_{médio}} = \frac{2/10}{1/20} = 4.$$

Esse cálculo mede a elasticidade a um preço médio de $ 20 por pizza e uma quantidade média de 10 pizzas por hora.

* Na fórmula, a letra grega delta (Δ) representa 'variação de', e %Δ representa 'variação percentual de'.

---

porque eles nos dão uma medida mais precisa da elasticidade – o ponto médio entre o preço inicial e o novo preço. Se o preço diminuir de $ 20,50 para $ 19,50, a variação de $ 1 no preço representará 4,9 por cento de $ 20,50. A variação de 2 pizzas na quantidade representa 22,2 por cento de 9 pizzas, a quantidade inicial. Assim, com base nesses números, temos que a elasticidade-preço da demanda é de 22,2 dividido por 4,9, o que é igual a 4,5. Se o preço aumentar de $ 19,50 para $ 20,50, a variação de $ 1 no preço representará 5,1 por cento de $ 19,50. A variação de 2 pizzas na quantidade representa 18,2 por cento de 11 pizzas, a quantidade inicial. Assim, com base nesses números, temos que a elasticidade-preço da demanda é de 18,2 dividido por 5,1, o que é igual a 3,6.

Ao utilizar as porcentagens do preço *médio* e da quantidade *média*, obtemos o mesmo valor para a elasticidade, independentemente de o preço diminuir de $ 20,50 para $ 19,50 ou aumentar de $ 19,50 para $ 20,50.

Porcentagens e proporções A elasticidade é o quociente de duas variações percentuais. Assim, quando dividimos uma variação percentual por outra, as centenas do numerador e do denominador são canceladas. Uma variação percentual é uma variação *proporcional* multiplicada por 100. A variação proporcional do preço é $\Delta P/P_{médio}$,

e a variação proporcional da quantidade demandada é $\Delta Q/Q_{média}$. Desta maneira, se dividirmos $\Delta Q/Q_{média}$ por $\Delta P/P_{médio}$, obteremos a mesma resposta que obtivemos com a utilização das variações percentuais.

Um número puro como medida Agora que calculamos a elasticidade-preço da demanda, podemos ver por que ela é um *número puro*. A elasticidade é um número puro porque a variação percentual de cada variável independe das unidades nas quais ela é medida. Além disso, o quociente das duas porcentagens é um número sem unidades.

Sinal de menos e elasticidade Quando o preço de um bem *aumenta*, a quantidade demandada *diminui* ao longo da curva de demanda. Como uma variação *positiva* do preço leva a uma variação *negativa* da quantidade demandada, a elasticidade-preço da demanda é um número negativo. Mas é a magnitude, ou *valor absoluto*, da elasticidade-preço da demanda que nos informa a sensibilidade – ou a elasticidade – da demanda. Para compararmos elasticidades-preço da demanda, utilizamos a magnitude da elasticidade e ignoramos o sinal de menos.

Demanda elástica e inelástica

A Figura 4.3 mostra três curvas de demanda que cobrem praticamente todas as possibilidades de elasticidades da demanda. Na Figura 4.3(a), a quantidade demandada é constante independentemente do preço. Se a quantidade demandada permanece constante quando o preço varia, a elasticidade-preço da demanda é zero e diz-se que o bem tem uma **demanda perfeitamente inelástica**. A insulina é um exemplo de bem com elasticidade-preço da demanda muito baixa (possivelmente zero em determinada faixa de preços) – ela tem tanta importância para alguns diabéticos que, independentemente de o preço aumentar ou diminuir, a quantidade comprada não se altera.

Se a variação percentual da quantidade demandada é igual à variação percentual do preço, a elasticidade-preço é igual a 1 e diz-se que o bem apresenta uma **demanda com elasticidade unitária**. A demanda mostrada na Figura 4.3(b) é um exemplo de demanda com elasticidade unitária.

Entre os casos mostrados nas figuras 4.3(a) e 4.3(b) está o caso geral no qual a variação percentual da quantidade demandada é menor que a variação percentual do preço. Nesse caso, a elasticidade-preço da demanda está entre zero e 1 e diz-se que o bem apresenta uma **demanda inelástica**. Alimentação e moradia são exemplos de bens com demanda inelástica.

Se a quantidade demandada varia em uma porcentagem infinitamente grande em resposta a uma pequena variação do preço, a elasticidade-preço da demanda é infinita e diz-se que o bem apresenta uma **demanda perfeitamente elástica**. A Figura 4.3(c) mostra uma demanda perfeitamente elástica. Um exemplo de bem com elasticidade da demanda muito alta (quase infinita) é o refrigerante vendido em duas máquinas instaladas lado a lado. Se as duas máquinas oferecerem os mesmos refrigerantes pelo mesmo preço, algumas pessoas comprarão refrigeran-

Figura 4.3 Demanda elástica e inelástica

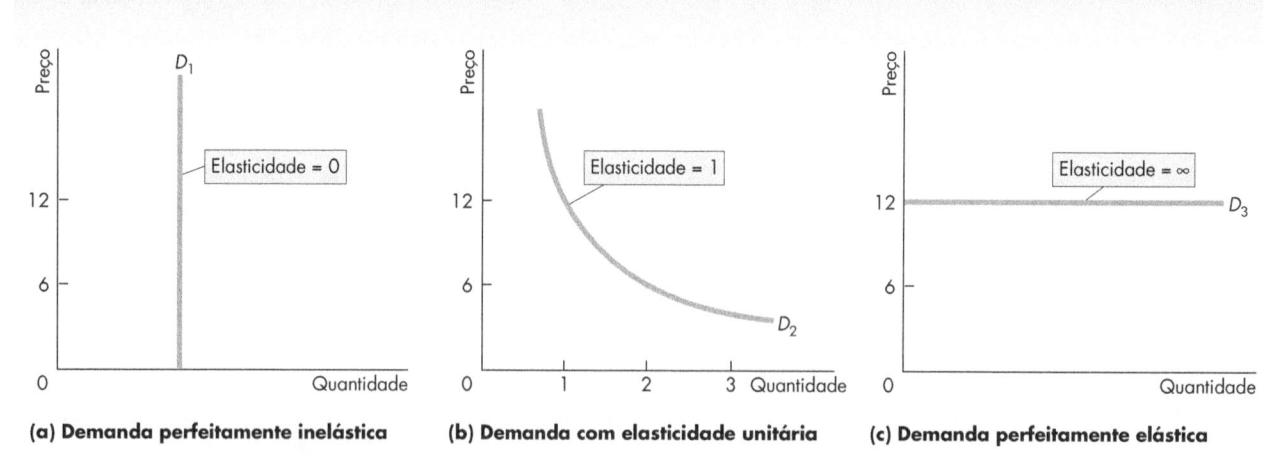

(a) Demanda perfeitamente inelástica

(b) Demanda com elasticidade unitária

(c) Demanda perfeitamente elástica

Cada demanda ilustrada aqui apresenta uma elasticidade constante. A curva de demanda da parte (a) ilustra a demanda por um bem com elasticidade nula. A curva de demanda da parte (b) ilustra a demanda por um bem com elasticidade unitária. E a curva de demanda da parte (c) ilustra a demanda por um bem com elasticidade infinita.

tes de uma máquina e outras comprarão da outra. Mas, se o preço de uma máquina for mais alto do que o da outra, mesmo que a diferença seja irrisória, ninguém comprará da máquina com o preço mais alto. Os refrigerantes das duas máquinas são bens substitutos perfeitos.

Entre os casos da Figura 4.3(b) e da Figura 4.3(c) está o caso geral, no qual a variação percentual da quantidade demandada é maior que a variação percentual do preço. Nesse caso, a elasticidade-preço da demanda é maior que 1 e diz-se que o bem apresenta uma **demanda elástica**. Automóveis e móveis são exemplos de bens com demanda elástica.

Elasticidade ao longo de uma curva de demanda representada por uma linha reta

Elasticidade e inclinação não são a mesma coisa, mas estão relacionadas. Para entendermos como elas se relacionam, analisaremos a elasticidade ao longo de uma curva de demanda representada por uma linha reta – uma curva de demanda com inclinação constante.

A Figura 4.4 ilustra o cálculo da elasticidade ao longo de uma curva de demanda representada por uma linha reta. Em primeiro lugar, suponha que o preço diminua de $ 25 para $ 15 por pizza e a quantidade demandada aumente de zero para 20 pizzas por hora. O preço médio, então, passa a ser de $ 20 por pizza, e a quantidade média, de 10 pizzas. Desta maneira,

$$\text{Elasticidade-preço da demanda} = \frac{\Delta Q/Q_{média}}{\Delta P/P_{médio}} = \frac{2/10}{10/20} = 4.$$

Ou seja, a elasticidade-preço da demanda ao preço médio de $ 20 por pizza é igual a 4.

Em seguida, suponha que o preço diminua de $ 15 para $ 10 por pizza e a quantidade demandada aumente de 20 para 30 pizzas por hora. O preço médio, agora, passa

Figura 4.4 Elasticidade ao longo de uma curva de demanda representada por uma linha reta

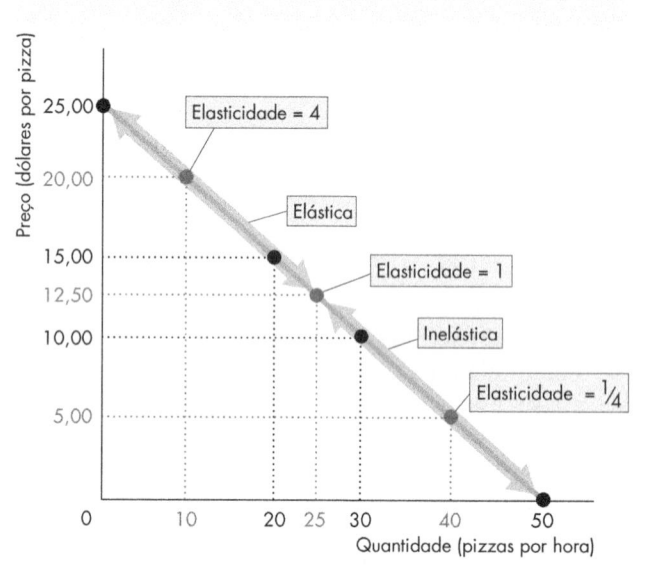

Em uma curva de demanda representada por uma linha reta, a elasticidade diminui à medida que o preço diminui e a quantidade demandada aumenta. A demanda tem elasticidade unitária no ponto médio da curva de demanda (a elasticidade é 1). Acima do ponto médio, a demanda é elástica; abaixo do ponto médio, é inelástica.

a ser de $ 12,50 por pizza, e a quantidade média, de 25 pizzas por hora. Deste modo,

$$\text{Elasticidade-preço da demanda} = \frac{10/25}{5/12,50} = 1.$$

Em outras palavras, a elasticidade-preço da demanda no preço médio de $ 12,50 por pizza é igual a 1.

Por fim, suponha que o preço diminua de $ 10 para zero. A quantidade demandada aumenta de 30 para 50 pizzas por hora. O preço médio é agora de $ 5, e a quantidade média é de 40 pizzas por hora. Desta maneira,

$$\text{Elasticidade-preço da demanda} = \frac{20/40}{10/5} = \frac{1}{4}.$$

Ou seja, a elasticidade-preço da demanda ao preço médio de $ 5 por pizza é igual a $\frac{1}{4}$.

Você viu como a elasticidade varia ao longo de uma curva de demanda representada por uma linha reta. No ponto médio da curva, a demanda apresenta elasticidade unitária. Acima do ponto médio, ela é elástica. E, abaixo do ponto médio, é inelástica.

Receita total e elasticidade

A **receita total** da venda de um bem é igual ao preço do bem multiplicado pela quantidade vendida. Quando o preço varia, a receita total também varia. Mas um aumento do preço nem sempre aumenta a receita total. A variação da receita total depende da elasticidade da demanda da seguinte maneira:

- Se a demanda é elástica, uma redução de 1 por cento no preço aumenta a quantidade vendida em mais de 1 por cento, e a receita total aumenta.
- Se a demanda é inelástica, uma redução de 1 por cento no preço aumenta a quantidade vendida em menos de 1 por cento, e a receita total diminui.
- Se a demanda tem elasticidade unitária, uma redução de 1 por cento no preço aumenta a quantidade vendida em 1 por cento, e, assim, a receita total se mantém invariável.

A Figura 4.5 mostra como é possível utilizar essa relação entre a elasticidade e a receita total para estimar a elasticidade por meio do teste da receita total. O **teste da receita total** é um método para estimar a elasticidade-preço da demanda pela observação da mudança da receita total resultante de uma mudança do preço, quando todas as outras influências sobre a quantidade vendida são mantidas constantes.

- Se uma redução do preço aumenta a receita total, a demanda é elástica.
- Se uma redução do preço reduz a receita total, a demanda é inelástica.
- Se uma redução do preço mantém a receita total inalterada, a demanda tem elasticidade unitária.

Na Figura 4.5(a), na faixa de preços de $ 25 a $ 12,50, a demanda é elástica. Na faixa de preços de $ 12,50 a zero, a demanda é inelástica. No preço de $ 12,50, a demanda tem elasticidade unitária.

A Figura 4.5(b) mostra a receita total. Ao preço de $ 25, a quantidade vendida é zero, de modo que a receita total é zero. Ao preço zero, a quantidade demandada é de 50 pizzas por hora, e a receita total, mais uma vez, é zero. Uma redução de preço na faixa elástica leva a um aumento da receita total – o aumento percentual da quantidade demandada é maior que a redução percentual do preço. Uma redução de preço na faixa inelástica leva a uma redução da receita total – o aumento percentual da quantidade demandada é menor que a redução percentual do preço. Na elasticidade unitária, a receita total está no seu máximo.

Figura 4.5 Elasticidade e receita total

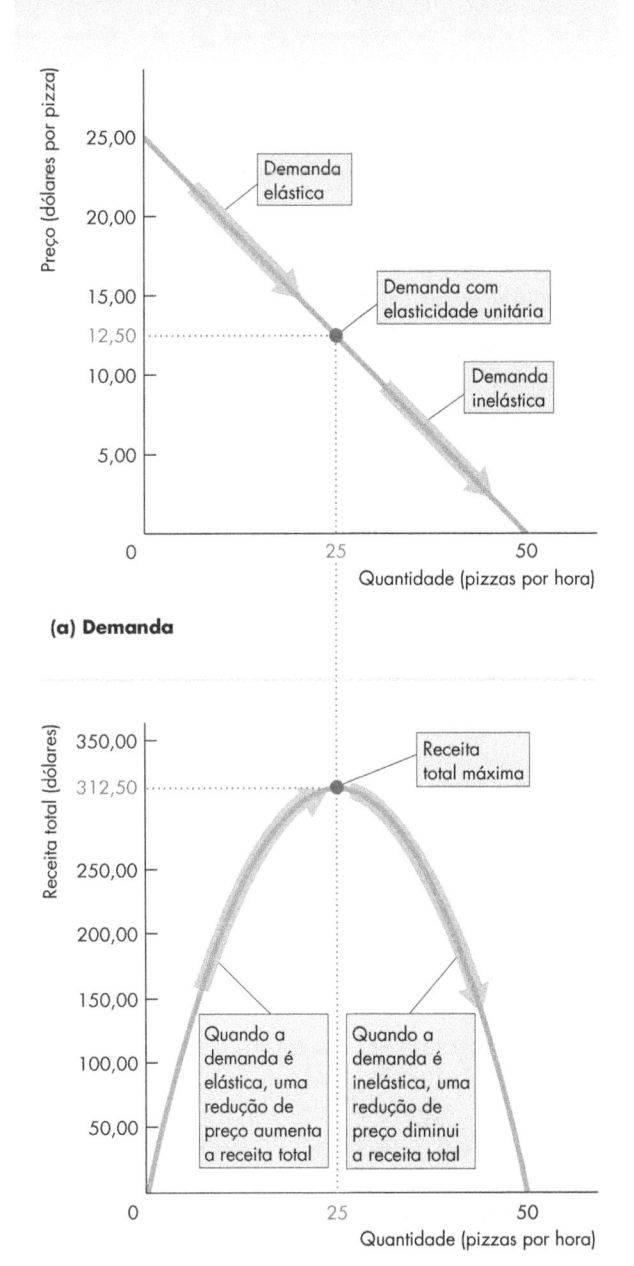

(a) Demanda

(b) Receita total

Quando a demanda é elástica, na faixa de preços de $ 25 a $ 12,50, uma redução de preço (parte a) leva a um aumento da receita total (parte b). Quando a demanda é inelástica, na faixa de preços de $ 12,50 a zero, uma redução de preço (parte a) leva a uma diminuição da receita total (parte b). Quando a demanda tem elasticidade unitária, ao preço de $ 12,50 (parte a), a receita total está no máximo (parte b).

Seus gastos e sua elasticidade

Quando o preço de um bem varia, a alteração do que você gasta com ele depende da *sua* elasticidade de demanda.

- Se sua demanda é elástica, uma redução de 1 por cento no preço aumenta em mais de 1 por cento a quantidade que você compra, e os seus gastos com o item aumentam.
- Se sua demanda é inelástica, uma redução de 1 por cento no preço aumenta em menos de 1 por cento a quantidade que você compra, e seus gastos com o item diminuem.
- Se sua demanda tem elasticidade unitária, uma redução de 1 por cento no preço aumenta em 1 por cento a quantidade que você compra, e seus gastos com o item permanecem inalterados.

Deste modo, se você gasta mais com um item quando o preço dele diminui, sua demanda por esse item é elástica; se você gasta a mesma quantia, sua demanda tem elasticidade unitária; e se você gasta menos, sua demanda é inelástica.

Os fatores que influenciam a elasticidade da demanda

A Tabela 4.1 relaciona algumas estimativas de elasticidades efetivas no mundo real. Podemos observar que essas elasticidades de demanda no mundo real variam de 1,52 para metais, o item com a demanda mais elástica da tabela, a 0,05 para petróleo, o item com a demanda mais inelástica da tabela. O que faz a demanda por alguns bens ser elástica e a demanda por outros bens ser inelástica?

A magnitude da elasticidade da demanda depende dos seguintes fatores:

- Proximidade de bens substitutos.
- Proporção da renda gasta com o bem.
- Tempo transcorrido desde a variação do preço.

Proximidade de bens substitutos Quanto mais próximos forem os bens ou serviços substitutos, mais elástica é a demanda por eles. Por exemplo, o petróleo, utilizado para produzir a gasolina, tem bens substitutos, mas, no presente momento, nenhum que seja muito próximo (imagine um carro movido a vapor ou a carvão). Desta maneira, a demanda por petróleo é inelástica. Já os plásticos são substitutos próximos dos metais, de modo que a demanda por metais é elástica.

O grau de substitutibilidade entre dois bens também depende de quão estreita ou amplamente os definimos. Por exemplo, um computador pessoal, na verdade, não tem substitutos próximos, mas um PC da Dell é um substituto próximo para um PC da Hewlett-Packard. Assim, a elasticidade da demanda por computadores pessoais é menor que a elasticidade da demanda por um Dell ou por um Hewlett-Packard.

Em linguagem cotidiana, chamamos alguns bens, como alimentação e moradia, de *bens essenciais* e outros, como férias em um lugar exótico, de *bens de luxo*. Um bem essencial é aquele que tem substitutos ruins e é fundamental para nosso bem-estar. Desta maneira, geralmente um bem essencial tem uma demanda inelástica. Na Tabela 4.1, alimentação e petróleo podem ser classificados como bens essenciais.

Um bem de luxo é aquele que normalmente tem muitos substitutos, entre os quais está a opção de não comprá-lo. Desta maneira, um bem de luxo em geral tem demanda elástica. Na Tabela 4.1, móveis e veículos motorizados podem ser classificados como bens de luxo.

Proporção da renda gasta com o bem Se todos os outros fatores são mantidos constantes, quanto maior é a proporção da renda gasta em um bem, mais elástica é a demanda por esse bem.

Pense em sua própria elasticidade da demanda por chicletes e moradia. Se o preço dos chicletes dobra, você continua a consumir praticamente a mesma quantidade de chicletes que antes – sua demanda por chicletes é inelástica. Se o aluguel de seu apartamento dobra, você se assusta e procura mais estudantes para dividir as acomodações com você – sua demanda por moradia é mais elástica do que sua demanda por chicletes. O que explica essa diferença? A moradia representa uma grande proporção de seu orçamento, e os chicletes representam uma proporção muito pequena. Você não gosta de nenhum dos dois aumentos de preço, mas mal percebe o preço mais alto do chiclete, enquanto o aluguel mais elevado deixa seu orçamento bastante apertado.

Tabela 4.1 Algumas elasticidades-preço da demanda no mundo real

Bem ou serviço	Elasticidade
Demanda elástica	
Metais	1,52
Produtos de engenharia elétrica	1,39
Produtos de engenharia mecânica	1,30
Móveis	1,26
Veículos motorizados	1,14
Produtos de engenharia de equipamentos	1,10
Serviços profissionais	1,09
Serviços de transporte	1,03
Demanda inelástica	
Gás, eletricidade e água	0,92
Produtos químicos	0,89
Bebidas (todos os tipos)	0,78
Vestuário	0,64
Tabaco	0,61
Serviços bancários e de seguros	0,56
Serviços habitacionais	0,55
Produtos agrícolas, carnes, aves e peixes	0,42
Livros, revistas e jornais	0,34
Alimentos	0,12
Petróleo	0,05

Fontes dos dados: Ahsan Mansur e John Whalley, "Numerical specification of applied general equilibrium models: estimation, calibration, and data". In: *Applied general equilibrium analysis*, Herbert E. Scarf e John B. Shoven (eds.). Nova York: Cambridge University Press, 1984, 109, e Henri Theil, Ching-Fan Chung e James L. Seale, Jr., *Advances in Econometrics*, Supplement 1, International Evidence on Consumption Patterns. Greenwich, Conn.: JAI Press Inc., 1989) e Geoffrey Heal, Universidade de Colúmbia, site Web.

Figura 4.6 Elasticidades-preço em dez países

País	Orçamento para alimentação (porcentagem da renda)
Tanzânia	62
Índia	56
Coréia do Sul	40
Brasil	35
Grécia	31
Espanha	28
França	17
Alemanha	15
Canadá	14
Estados Unidos	12

Elasticidade-preço da demanda (eixo: 0 – 1,0)

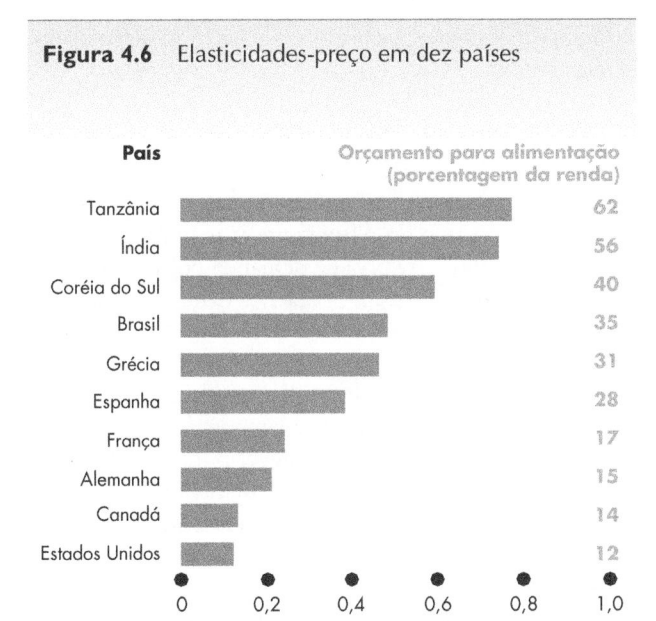

À medida que a renda aumenta e a proporção da renda gasta em alimentação diminui, a demanda por alimentos se torna menos elástica.

Fonte dos dados: Henri Theil, Ching-Fan Chung e James L. Seale, Jr., *Advances in Econometrics*, Supplement 1, *International Evidence on Consumption Patterns*. Greenwich, Conn.: JAI Press, Inc., 1989.

A Figura 4.6 mostra a elasticidade-preço da demanda por alimentos e a proporção da renda gasta em alimentação em 10 países. Ela confirma a tendência geral que acabamos de descrever. Quanto maior é a proporção da renda gasta em alimentação, maior é a elasticidade-preço da demanda por alimentação. Por exemplo, na Tanzânia, um país no qual a renda média representa 3,3 por cento da renda média nos Estados Unidos e onde 62 por cento da renda é gasta em alimentos, a elasticidade-preço da demanda por alimentação é de 0,77. Em comparação, nos Estados Unidos, onde 12 por cento da renda é gasta em alimentos, a elasticidade-preço da demanda por alimentação é de 0,12.

Tempo transcorrido desde a variação do preço Quanto mais tempo transcorre desde uma variação de preço, mais elástica é a demanda. Nos Estados Unidos, quando o preço do petróleo aumentou 400 por cento na década de 1970, as pessoas praticamente não mudaram a quantidade de petróleo e gasolina que consumiam. Mas, aos poucos, à medida que motores mais eficientes de automóveis e aviões foram desenvolvidos, a quantidade consumida diminuiu. A demanda por petróleo foi se tornando mais elástica à medida que mais tempo transcorria desde a enorme alta dos preços. De modo similar, quando o preço de um PC diminuiu, a quantidade demandada de PCs aumentou apenas ligeiramente no início. Mas, à medida que mais pessoas ficaram mais bem-informadas sobre as diferentes utilizações de um PC, a quantidade de PCs comprados aumentou acentuadamente. A demanda por PCs se tornou mais elástica.

QUESTÕES PARA REVISÃO

1 Por que precisamos de um número puro para medir a sensibilidade da quantidade demandada de um bem ou serviço a uma mudança de seu preço?
2 Você consegue definir e calcular a elasticidade-preço da demanda?
3 Porque, quando calculamos a elasticidade-preço da demanda, expressamos as variações de preço como uma porcentagem do preço *médio* e a quantidade demandada como uma porcentagem da quantidade *média*?
4 O que é o teste da receita total e por que ele funciona?
5 Quais são as principais influências sobre a elasticidade da demanda que fazem com que a demanda por alguns bens seja elástica e a demanda por outros bens seja inelástica?
6 Por que a demanda por um bem de luxo é em geral mais elástica do que a demanda por um bem essencial?

Agora você concluiu seu estudo sobre a elasticidade-*preço* da demanda. Dois outros conceitos de elasticidade tratam dos efeitos das outras influências sobre a demanda. Analisaremos, a seguir, essas outras elasticidades da demanda.

Mais elasticidades da demanda

Voltando ao exemplo da pizzaria, você está tentando descobrir como um aumento de preço promovido pela lanchonete ao lado afetará a demanda por suas pizzas. Você sabe que pizzas e sanduíches são bens substitutos e que, quando o preço de um substituto para a pizza se eleva, a demanda por pizzas aumenta. Mas em que extensão?

Você também sabe que pizzas e refrigerantes são bens complementares e que, se o preço de um bem complementar da pizza aumenta, a demanda por pizzas diminui. Assim, você se pergunta quanto um aumento do preço de um refrigerante reduz a demanda por sua pizza.

Para responder a essas questões, você precisa calcular a elasticidade cruzada da demanda. Analisaremos agora essa medida de elasticidade.

Elasticidade cruzada da demanda

Medimos a influência de uma mudança do preço de um bem substituto ou de um bem complementar utilizando o conceito da **elasticidade cruzada da demanda**.

A elasticidade cruzada da demanda é uma medida da sensibilidade da demanda por um bem a uma mudança no preço de um bem substituto ou complementar, se todos os outros fatores são mantidos constantes.

Calculamos a *elasticidade cruzada da demanda* por meio da fórmula:

$$\text{Elasticidade cruzada da demanda} = \frac{\text{Variação percentual da quantidade demandada}}{\text{Variação percentual do preço de um bem substituto ou complementar}}.$$

A elasticidade cruzada da demanda pode ser positiva ou negativa. Ela é *positiva* para um *bem substituto* e *negativa* para um *bem complementar*.

Bens substitutos Suponha que o preço da pizza seja constante e sejam vendidas 9 pizzas por hora. Nesse momento, o preço de um sanduíche aumenta de $ 1,50 para $ 2,50. Não há alteração de nenhuma outra influência sobre os planos de compras, e a quantidade de pizzas vendidas aumenta para 11 por hora.

A mudança na quantidade demandada é de +2 pizzas – a nova quantidade, 11 pizzas, menos a quantidade original, de 9 pizzas. A quantidade média é de 10 pizzas. Desta maneira, a quantidade demandada de pizzas aumenta 20 por cento (+20). Isto é,

$$\Delta Q/Q_{média} = (+2/10) \times 100 = +20\%.$$

A variação do preço de um sanduíche, um bem substituto para a pizza, é de +$ 1 – o novo preço, $ 2,50, menos o preço inicial, de $ 1,50. O preço médio é de $ 2 por sanduíche. Deste modo, o preço de um sanduíche aumenta 50 por cento (+50). Isto é,

$$\Delta P/P_{médio} = (+1/2) \times 100 = +50\%.$$

Assim, a elasticidade cruzada da demanda por pizzas em relação ao preço de um sanduíche é:

$$\frac{+20\%}{+50\%} = 0,4$$

A Figura 4.7 ilustra a elasticidade cruzada da demanda. Pizzas e sanduíches são bens substitutos. Por esse motivo, quando o preço do sanduíche aumenta, a demanda por pizzas aumenta. A curva de demanda por pizzas se desloca para a direita, de D_0 para D_1. Como um *aumento* do preço de um sanduíche leva a um *aumento* da demanda por pizzas, a elasticidade cruzada da demanda por pizzas em relação ao preço de um sanduíche é *positiva*. Tanto o preço quanto a quantidade mudam na mesma direção.

Bens complementares Agora, suponha que o preço da pizza seja constante e sejam vendidas 11 pizzas por hora. Nesse momento, o preço de um refrigerante aumenta de $ 1,50 para $ 2,50. Não há alteração de nenhuma outra influência sobre os planos de compras, e a quantidade de pizzas vendidas diminui para 9 por hora.

A mudança na quantidade demandada é o oposto da que acabamos de calcular: a quantidade demandada de pizzas diminui 20 por cento (–20).

A variação do preço de um refrigerante, um bem complementar da pizza, é igual à variação percentual do preço de um sanduíche que acabamos de calcular: o preço aumenta 50 por cento (+50). Desta maneira, a elasticidade cruzada da demanda por pizzas em relação ao preço de um refrigerante é:

$$\frac{-20\%}{+50\%} = -0,4.$$

Como pizzas e refrigerantes são bens complementares, quando o preço do refrigerante aumenta, a demanda por pizzas diminui. A curva de demanda por pizzas se desloca para a esquerda, de D_0 para D_2. Como um *aumento* do preço de um refrigerante leva a uma *diminuição* da demanda por pizzas, a elasticidade cruzada da demanda por pizzas em relação ao preço de um refrigerante é *negativa*. O preço e a quantidade mudam em direções *opostas*.

A magnitude da elasticidade cruzada da demanda determina o quanto a curva de demanda se desloca. Quanto maior é a elasticidade cruzada (valor absoluto), maiores são a mudança na demanda e o deslocamento da curva de demanda.

Se dois itens são bens substitutos próximos, como duas marcas de água mineral, a elasticidade cruzada é grande. Se dois itens são bens complementares próximos, como filmes e pipocas, a elasticidade cruzada também é grande.

Se dois itens não estão relacionados de alguma maneira, como jornais e suco de laranja, a elasticidade cruzada é pequena – talvez até mesmo zero.

Elasticidade-renda da demanda

Suponha que a economia esteja em expansão e as pessoas estejam desfrutando de rendas crescentes. Essa pros-

Figura 4.7 Elasticidade cruzada da demanda

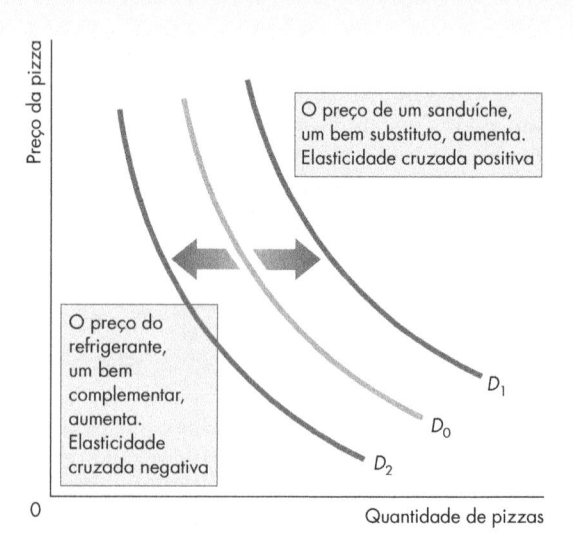

Um sanduíche é um *bem substituto* para a pizza. Quando o preço de um sanduíche aumenta, a demanda por pizzas aumenta e a curva de demanda por pizzas se desloca para a direita, de D_0 para D_1. A elasticidade cruzada da demanda é *positiva*.

Os refrigerantes são um *bem complementar* da pizza. Quando o preço de um refrigerante aumenta, a demanda por pizzas diminui, e a curva de demanda por pizzas se desloca para a esquerda, de D_0 para D_2. A elasticidade cruzada da demanda é *negativa*.

peridade leva a um aumento da demanda pela maioria dos tipos de bens e serviços. Mas quanto a demanda por pizzas aumentará? A resposta depende da **elasticidade-renda da demanda**, que é uma medida da sensibilidade da demanda por um bem ou serviço a uma mudança da renda, se todos os outros fatores são mantidos constantes.

A elasticidade-renda da demanda é calculada por meio da fórmula:

$$\text{Elasticidade-renda da demanda} = \frac{\text{Variação percentual da quantidade demandada}}{\text{Variação percentual da renda}}.$$

As elasticidades-renda da demanda podem ser positivas ou negativas e podem ser classificadas em três faixas:

- Maior que 1 (bem *normal*, demanda elástica em relação à renda)
- Positiva e menor que 1 (bem *normal*, demanda inelástica em relação à renda)
- Negativa (bem *inferior*)

Demanda elástica em relação à renda Suponha que o preço da pizza seja constante e sejam vendidas 9 pizzas por hora. Nesse momento, a renda aumenta de $ 975 para $ 1.025 por semana. Não há alteração de nenhuma outra influência sobre os planos de compras, e a quantidade de pizzas vendidas aumenta para 11 por hora.

A mudança da quantidade demandada é de +2 pizzas. A quantidade média é de 10 pizzas, de modo que a quantidade demandada aumenta 20 por cento. A variação da renda é de +$ 50, e a renda média é de $ 1.000, de maneira que a renda aumenta 5 por cento. A elasticidade-renda da demanda por pizzas é:

$$\frac{20\%}{5\%} = 4.$$

A demanda por pizzas é elástica em relação à renda. O aumento percentual da quantidade demandada de pizzas excede o aumento percentual da renda. *Quando a demanda por um bem é elástica em relação à renda, à medida que a renda aumenta, a porcentagem da renda gasta com esse bem aumenta.*

Demanda inelástica em relação à renda Se a elasticidade-renda da demanda é positiva, mas menor que 1, a demanda é inelástica em relação à renda. O aumento percentual da quantidade demandada é positivo, mas menor que o aumento percentual da renda.

Quando a demanda por um bem é inelástica em relação à renda, à medida que a renda aumenta, a porcentagem da renda gasta com esse bem diminui.

Bens inferiores Se a elasticidade-renda da demanda é negativa, o bem é *inferior*. A quantidade demandada de um bem inferior e a quantia gasta com esse bem *diminui* quando a renda aumenta.

Os bens dessa categoria incluem bicicletas, batatas e arroz. Os consumidores de baixa renda compram a maioria desses bens!

Elasticidades-renda da demanda no mundo real

A Tabela 4.2 mostra estimativas de algumas elasticidades-renda da demanda no mundo real. A demanda por um bem essencial, como alimentação ou vestuário, é inelástica em relação à renda, ao passo que a demanda por um bem de luxo, como transporte, que inclui viagens aéreas e internacionais, é elástica em relação à renda.

A definição de um bem como essencial ou de luxo depende do nível de renda. Para pessoas com baixa renda, alimentação e moradia podem ser bens de luxo. Deste modo, o *nível* da renda tem um grande efeito sobre as elasticidades-renda da demanda. A Figura 4.8 mostra esse efeito sobre a elasticidade-renda da demanda por alimentação em 10 países. Em países com baixas rendas, como a Tanzânia e a Índia, a elasticidade-renda da demanda por alimentos é alta. Em países com rendas mais altas, como os Estados Unidos, a elasticidade-renda da demanda por alimentos é baixa.

QUESTÕES PARA REVISÃO

1. O que a elasticidade cruzada da demanda mede?
2. O que o sinal (positivo ou negativo) da elasticidade cruzada da demanda nos informa sobre a relação entre dois bens?
3. O que a elasticidade-renda da demanda mede?
4. O que o sinal (positivo ou negativo) da elasticidade-renda da demanda nos informa sobre um bem?
5. Por que o nível de renda influencia a magnitude da elasticidade-renda da demanda?

Tabela 4.2 Algumas elasticidades-renda da demanda no mundo real

Demanda elástica	
Viagens aéreas	5,82
Filmes	3,41
Viagens internacionais	3,08
Eletricidade	1,94
Refeições em restaurantes	1,61
Transporte rodoviário e ferroviário local	1,38
Cortes de cabelo	1,36
Automóveis	1,07
Demanda inelástica	
Tabaco	0,86
Bebidas alcoólicas	0,62
Móveis	0,53
Vestuário	0,51
Jornais e revistas	0,38
Telefone	0,32
Alimentos	0,14

Fontes dos dados: H. S. Houthakker e Lester D. Taylor, *Consumer demand in the United States*. Cambridge, Mass.: Harvard University Press, 1970, e Henri Theil, Ching-Fan Chung e James L. Seale, Jr., *Advances in Econometrics*, Supplement 1, *International Evidence on Consumption Patterns*. Greenwich, Conn.: JAI Press, Inc., 1989.

Figura 4.8 Elasticidades-renda em dez países

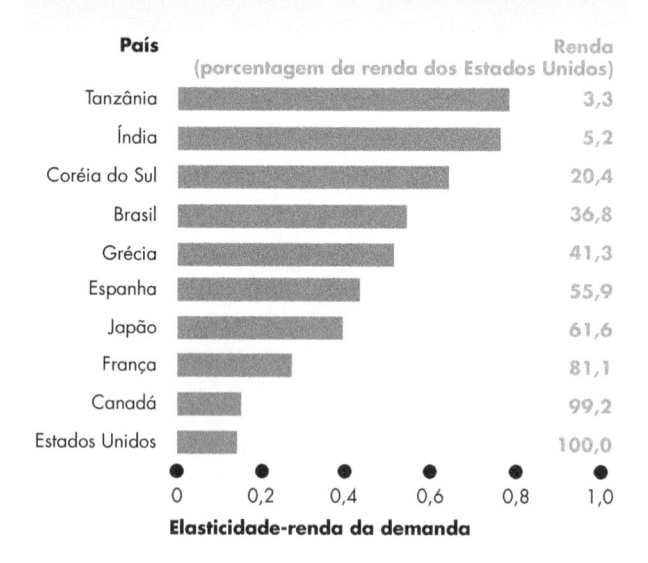

País	Renda (porcentagem da renda dos Estados Unidos)
Tanzânia	3,3
Índia	5,2
Coréia do Sul	20,4
Brasil	36,8
Grécia	41,3
Espanha	55,9
Japão	61,6
França	81,1
Canadá	99,2
Estados Unidos	100,0

Elasticidade-renda da demanda

À medida que a renda aumenta, a elasticidade-renda da demanda por alimentação diminui. Consumidores de baixa renda gastam em alimentos uma porcentagem maior de qualquer aumento na renda do que consumidores de alta renda.

Fonte dos dados: Henri Theil, Ching-Fan Chung e James L. Seale, Jr., *Advances in Econometrics,* Supplement 1, *International Evidence on Consumption Patterns.* Greenwich, Conn.: JAI Press, Inc., 1989.

Você concluiu seu estudo sobre a *elasticidade cruzada* da demanda e a *elasticidade-renda* da demanda. Passaremos agora para o outro lado do mercado e examinaremos a elasticidade da oferta.

Elasticidade da oferta

Você sabe que, quando a demanda aumenta, o preço e a quantidade aumentam. Mas será que o preço aumenta muito e a quantidade aumenta pouco? Ou será que o preço aumenta ligeiramente e a quantidade aumenta bastante?

A resposta depende da sensibilidade da quantidade ofertada a uma mudança do preço. É possível visualizar isso na Figura 4.9, que mostra dois cenários possíveis em um mercado local de pizzas. A Figura 4.9(a) mostra um cenário, e a 4.9(b) mostra o outro.

Em ambos os casos, a demanda é inicialmente D_0. Na parte (a), a oferta de pizzas é mostrada pela curva de oferta S_A. Na parte (b), a oferta de pizzas é mostrada pela curva de oferta S_B. Inicialmente, em ambos os casos, o preço é de $ 20 por pizza, e a quantidade de pizzas produzidas e consumidas é de 10 pizzas por hora.

Em seguida, aumentos da renda e da população aumentam a demanda por pizzas. A curva de demanda se desloca para a direita, para D_1. Na parte (a) o preço aumenta $ 10, elevando-se para $ 30 por pizza, e a quantidade sofre um aumento de apenas 3, passando para 13 pizzas por hora. Já no caso (b), o preço aumenta apenas $ 1, elevando-se para $ 21 por pizza, e a quantidade sofre um aumento de 10, passando para 20 pizzas por hora.

Figura 4.9 Como uma mudança na demanda modifica preço e quantidade

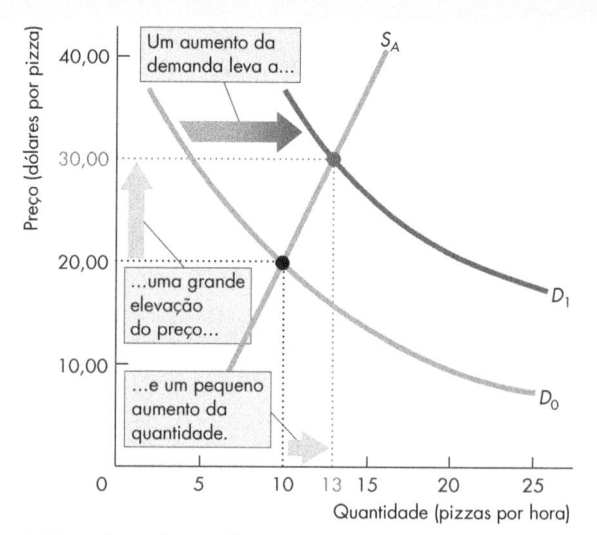

(a) Grande variação do preço e pequena variação da quantidade

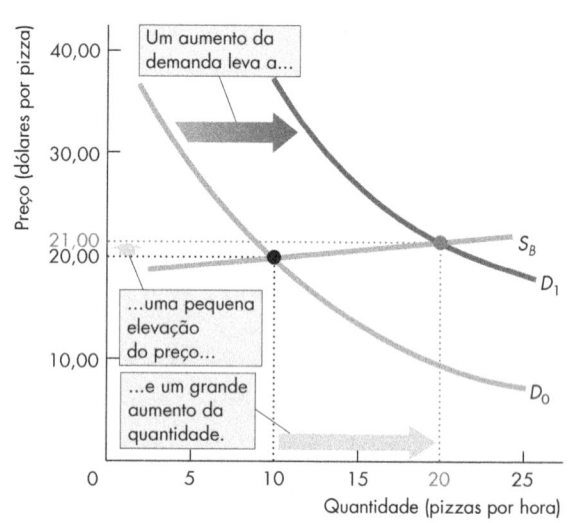

(b) Pequena variação do preço e grande variação da quantidade

Inicialmente, o preço é de $ 20 por pizza, e a quantidade vendida é de 10 pizzas por hora. Nesse momento, aumentos da renda e da população aumentam a demanda por pizzas. A curva de demanda se desloca para a direita, para D_1. Na parte (a) o preço aumenta $ 10, elevando-se para $ 30 por pizza, e a quantidade sofre um aumento de 3, passando para 13 pizzas por hora. Na parte (b), o preço aumenta apenas $ 1, elevando-se para $ 21 por pizza, e a quantidade sofre um aumento de 10, passando para 20 pizzas por hora. A variação de preço é menor e a variação de quantidade é maior no caso (b) do que no caso (a). A quantidade ofertada é mais sensível ao preço no caso (b) do que no caso (a).

As diferentes conseqüências surgem de diferentes níveis de sensibilidade da quantidade ofertada a uma variação do preço. Mensuramos o nível de sensibilidade utilizando o conceito de elasticidade da oferta.

Cálculo da elasticidade da oferta

A **elasticidade da oferta** mede a sensibilidade da quantidade ofertada de um bem a uma mudança de seu preço quando todas as outras influências sobre os planos de vendas permanecem constantes. Ela é calculada por meio da fórmula:

$$\text{Elasticidade da oferta} = \frac{\text{Variação percentual da quantidade ofertada}}{\text{Variação percentual do preço}}.$$

Utilizamos o mesmo método que você aprendeu quando estudou a elasticidade da demanda. (Reveja esse método na p. 85.) Vamos calcular agora a elasticidade da oferta ao longo das curvas de oferta da Figura 4.9.

Na Figura 4.9(a), quando o preço aumenta de $ 20 para $ 30, o aumento de preço é de $ 10, e o preço médio é de $ 25, de modo que o aumento do preço representa 40 por cento do preço médio. A quantidade aumenta de 10 para 13 pizzas por hora, de modo que o aumento é de 3 pizzas, a quantidade média é de 11,5 pizzas por hora, e a quantidade aumenta 26 por cento. A elasticidade da oferta é igual a 26 por cento dividido por 40 por cento, o que equivale a 0,65.

Na Figura 4.9(b), quando o preço aumenta de $ 20 para $ 21, o aumento de preço é de $ 1, e o preço médio é $ 20,50, de modo que o preço aumenta 4,9 por cento do preço médio. A quantidade aumenta de 10 para 20 pizzas por hora, de maneira que o aumento é de 10 pizzas, a quantidade média é de 15 pizzas por hora, e a quantidade aumenta 67 por cento. A elasticidade da oferta é igual a 67 por cento dividido por 4,9 por cento, o que equivale a 13,67.

A Figura 4.10 mostra as possíveis elasticidades da oferta. Se a quantidade ofertada é fixa independentemente do preço, a curva de oferta é vertical, e a elasticidade da oferta é zero. A oferta é perfeitamente inelástica. Este caso é mostrado na Figura 4.10(a). Um caso intermediário especial é aquele em que a variação percentual do preço é igual à variação percentual da quantidade. A oferta, então, tem elasticidade unitária. Este caso é mostrado na Figura 4.10(b). Independentemente de quão acentuada é a curva de oferta, se ela é linear e passa pela origem, a oferta tem elasticidade unitária. Se há um preço no qual os vendedores estão dispostos a oferecer qualquer quantidade para venda, a curva de oferta é horizontal, e a elasticidade da oferta é infinita. A oferta é perfeitamente elástica. Este caso é mostrado na Figura 4.10(c).

Os fatores que influenciam a elasticidade da oferta

A magnitude da elasticidade da oferta depende dos seguintes fatores:

- Possibilidades de substituição de recursos.
- Tempo transcorrido para a decisão sobre a oferta.

Possibilidades de substituição de recursos Alguns bens e serviços só podem ser produzidos com a utilização de recursos raros ou únicos. Esses itens têm elasticidade de oferta baixa, talvez chegando a zero. Outros bens e serviços podem ser produzidos com a utilização de recursos comumente disponíveis que podem ser alocados a uma ampla variedade de tarefas alternativas. Esses itens têm elasticidade de oferta alta.

Um quadro de Van Gogh é um exemplo de bem com uma curva de oferta vertical e elasticidade de oferta zero. No outro extremo, o trigo pode ser cultivado em uma terra praticamente igual à terra utilizada para o cultivo de milho. Desta maneira, é tão fácil cultivar trigo quanto milho, e o

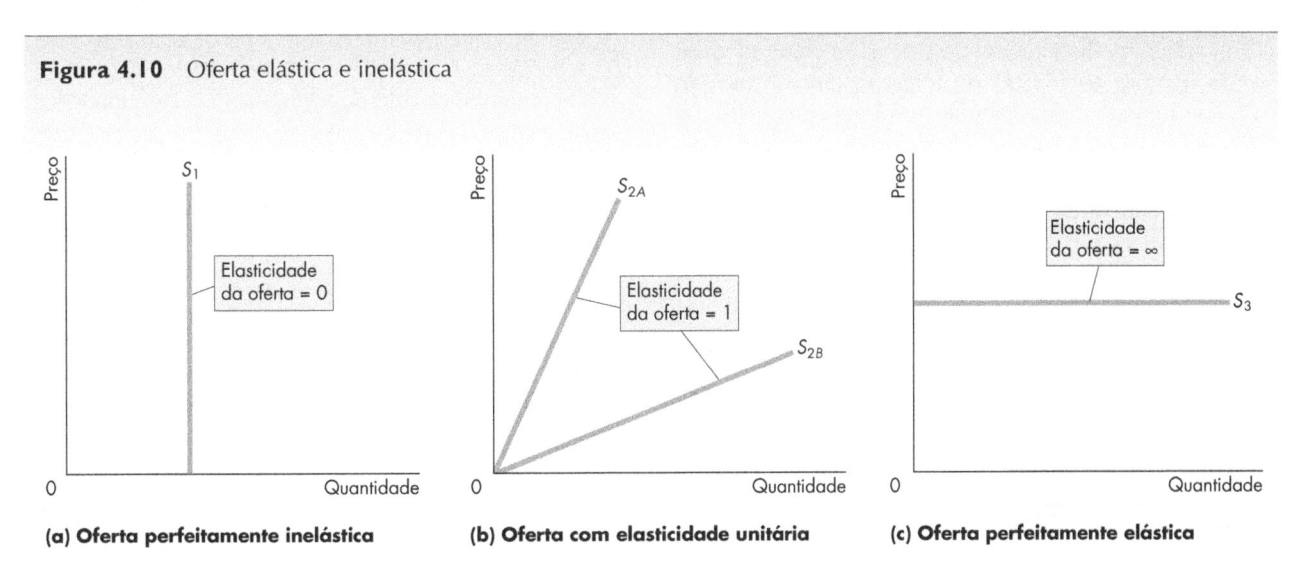

Figura 4.10 Oferta elástica e inelástica

(a) Oferta perfeitamente inelástica

(b) Oferta com elasticidade unitária

(c) Oferta perfeitamente elástica

Cada oferta ilustrada aqui apresenta uma elasticidade constante. A curva de oferta da parte (a) ilustra a oferta de um bem com elasticidade zero. A curva de oferta da parte (b) ilustra a oferta de um bem com elasticidade unitária. Todas as curvas de oferta lineares que passam pela origem ilustram ofertas com elasticidade unitária. A curva de oferta da parte (c) ilustra a oferta de um bem com elasticidade infinita.

custo de oportunidade do trigo em termos do milho do qual se abre mão é quase constante. Como resultado, a curva de oferta do trigo é praticamente horizontal, e sua elasticidade de oferta é muito grande. De modo similar, quando um bem é produzido em vários países diferentes (por exemplo, açúcar e carne bovina), a oferta do bem é altamente elástica.

A oferta da maioria dos bens e serviços fica entre esses dois extremos. A quantidade produzida pode ser aumentada, mas somente incorrendo-se em um custo mais elevado. Se o bem é oferecido a um preço mais alto, a quantidade ofertada aumenta. Bens e serviços como esses têm uma elasticidade de oferta entre zero e infinito.

Tempo transcorrido para a decisão sobre a oferta Para estudar a influência do período transcorrido desde uma mudança de preço, fazemos a distinção entre três tipos de oferta no que se refere ao prazo:

1. Oferta momentânea
2. Oferta de longo prazo
3. Oferta de curto prazo

Quando o preço de um bem aumenta ou diminui, a *curva de oferta momentânea* mostra a resposta da quantidade ofertada que ocorre imediatamente após a mudança do preço.

Alguns bens, como frutas, verduras e legumes, apresentam uma oferta momentânea perfeitamente inelástica – uma curva de oferta vertical. As quantidades ofertadas dependem das decisões de cultivo tomadas anteriormente. No caso de laranjas, por exemplo, as decisões de plantio precisam ser tomadas muitos anos antes de a safra se tornar disponível. A curva de oferta momentânea é vertical porque, em determinado dia, independentemente do preço da laranja, os produtores não têm como mudar sua produção. Eles já a colheram, encaixotaram e transportaram para o mercado, e a quantidade disponível para aquele dia é fixa.

Por outro lado, alguns bens apresentam uma oferta momentânea perfeitamente elástica. Um exemplo disso são as ligações telefônicas de longa distância. Quando simultaneamente muitas pessoas fazem um telefonema, há uma explosão da demanda por cabos telefônicos, comutação de computadores e tempo de satélite, e a quantidade comprada aumenta, mas o preço permanece constante. As operadoras de telefonia de longa distância monitoram as flutuações da demanda e redirecionam as ligações para garantir que a quantidade ofertada seja igual à quantidade demandada sem alterar o preço.

A *curva de oferta de longo prazo* mostra a resposta da quantidade ofertada a uma variação do preço depois que todas as maneiras tecnologicamente possíveis de ajustar a oferta foram exploradas. No caso das laranjas, o longo prazo é o tempo necessário para as novas plantações atingirem a plena maturidade – cerca de 15 anos. Em alguns casos, o ajuste de longo prazo só ocorre depois que instalações para produção completamente novas foram construídas e os trabalhadores foram treinados para operá-las – um processo que normalmente pode levar vários anos.

A *curva de oferta de curto prazo* mostra como a quantidade ofertada responde a uma mudança de preço quando foram feitos apenas *alguns* ajustes tecnologicamente possíveis à produção. A resposta de curto prazo a uma mudança de preço é uma seqüência de ajustes. O primeiro ajuste normalmente é feito na quantidade de mão-de-obra empregada. Para aumentar a produção no curto prazo, as empresas operam com sua força de trabalho fazendo horas extras e talvez contratem mais funcionários. Para reduzir sua produção no curto prazo, as empresas demitem funcionários ou reduzem as horas de trabalho deles. Com a passagem do tempo, elas podem fazer outros ajustes, talvez treinando mais funcionários ou comprando ferramentas adicionais e outros equipamentos.

A curva de oferta de curto prazo se inclina para cima porque os produtores podem agir bem rápido para alterar a quantidade ofertada em resposta a uma mudança de preço. Por exemplo, se o preço da laranja diminui, os produtores podem interromper a colheita e deixar a laranja apodrecer nas árvores. Se o preço aumenta, eles podem utilizar mais fertilizantes e uma irrigação melhor para aumentar o rendimento de suas árvores. No longo prazo, podem plantar mais árvores e aumentar ainda mais a quantidade ofertada em resposta a determinado aumento de preço.

QUESTÕES PARA REVISÃO

1 Por que precisamos medir a sensibilidade da quantidade ofertada de um bem ou serviço a uma mudança de seu preço?

2 Defina e calcule a elasticidade da oferta.

3 Quais são as principais influências sobre a elasticidade da oferta que fazem com que a oferta de alguns bens seja elástica e a oferta de outros seja inelástica?

4 Dê exemplos de bens ou serviços cujas elasticidades de oferta são (a) zero, (b) maior que zero, mas não infinitas e (c) infinitas.

5 Como o prazo para a tomada de decisão sobre a oferta influencia a elasticidade da oferta? Explique sua resposta.

◆ Você estudou as elasticidades da demanda e da oferta. A Tabela 4.3 resume todas as elasticidades apresentadas neste capítulo. No próximo, abordaremos a eficiência dos mercados competitivos. Mas, antes disso, veja a seção "Leitura das entrelinhas", que analisa a elasticidade da demanda em ação e examina o mercado de computadores pessoais que descrevemos no início deste capítulo.

Tabela 4.3 Glossário compacto das elasticidades

Elasticidades-preço da demanda

Uma relação é descrita como	Quando sua magnitude é	O que significa que
Perfeitamente elástica	Infinita	O menor aumento possível do preço causa uma diminuição infinitamente grande da quantidade demandada*
Elástica	Menor que infinita, mas maior que 1	A diminuição percentual da quantidade demandada excede o aumento percentual do preço
De elasticidade unitária	1	A diminuição percentual da quantidade demandada é igual ao aumento percentual do preço
Inelástica	Maior que zero, mas menor que 1	A diminuição percentual da quantidade demandada é menor que o aumento percentual do preço
Perfeitamente inelástica	Zero	A quantidade demandada é constante em todos os preços

Elasticidades cruzadas da demanda

Uma relação é descrita como	Quando seu valor é	O que significa que
Bens substitutos próximos	Alto	O menor aumento possível do preço de um bem causa um aumento infinitamente grande da quantidade demandada do outro bem
Bens substitutos	Positivo	Se o preço de um bem aumenta, a quantidade demandada do outro bem também aumenta
Bens não relacionados	Zero	Se o preço de um bem aumenta, a quantidade demandada do outro bem permanece constante
Bens complementares	Negativo	Se o preço de um bem aumenta, a quantidade demandada do outro bem diminui

Elasticidades-renda da demanda

Uma relação é descrita como	Quando seu valor é	O que significa que
Elástica em relação à renda (bem normal)	Maior que 1	O aumento percentual da quantidade demandada é maior que o aumento percentual da renda
Inelástica em relação à renda (bem normal)	Menor que 1, mas maior que zero	O aumento percentual da quantidade demandada é menor que o aumento percentual da renda
Elástica em relação à renda e negativa (bem inferior)	Menor que zero	Quando a renda aumenta, a quantidade demandada diminui

Elasticidades da oferta

Uma relação é descrita como	Quando sua magnitude é	O que significa que
Perfeitamente elástica	Infinita	O menor aumento possível do preço causa um aumento infinitamente grande da quantidade ofertada
Elástica	Menor que infinita, mas maior que 1	O aumento percentual da quantidade ofertada excede o aumento percentual do preço
Inelástica	Maior que zero mas menor que 1	O aumento percentual da quantidade ofertada é menor que o aumento percentual do preço
Perfeitamente inelástica	Zero	A quantidade ofertada é constante em todos os preços

* Em cada descrição, as direções da mudança podem ser invertidas. Por exemplo, neste caso, a menor *redução* possível do preço causa um *aumento* infinitamente grande da quantidade demandada.

LEITURA DAS ENTRELINHAS

As elasticidades da demanda por notebooks e computadores de mesa

Escolha do melhor momento do mercado de eletrônicos para comprar um PC novo

27 de maio de 2006

Preços mais baixos fazem parte da ordem natural no mundo dos produtos eletrônicos. Em alguns casos, contudo, uma queda lenta, mas contínua, dos preços se transforma em um grande despencamento. É o que está acontecendo agora com os computadores pessoais...

Os notebooks, que estão mais baratos, também estão forçando os preços dos computadores de mesa para baixo. "Eu esperaria uma concorrência de preços ainda mais intensa", disse Charles Smulders, um analista da Gartner, outra empresa de pesquisa de mercado...

Quando um aparelho eletrônico rompe a barreira psicológica dos US$ 1.000, as vendas decolam. Samir Bhavnani, diretor de pesquisas da Current Analysis, explicou que as vendas de notebooks nos Estados Unidos aumentaram 37 por cento do início do ano até o momento. Cerca de 60 por cento de todos os notebooks vendidos no país no mês passado custavam menos de US$ 1.000. Ele credita isso à Dell, dizendo: "Eles adoram chafurdar na lama"...

Outra estatística mostra quanto os consumidores estão se beneficiando disso. Apesar de o número de notebooks vendidos ter subido 37 por cento, o aumento da receita no mesmo período foi de apenas 15,5 por cento, de acordo com Bhavnani. As empresas estão ganhando menos dinheiro com cada notebook. Os computadores de mesa estão literalmente sendo dados de presente. Os varejistas venderam 14,8 por cento mais computadores de mesa nos primeiros cinco meses do ano, mas a receita diminuiu 4 por cento, afirmou Bhavnani. Metade dos computadores foi vendida por menos de US$ 500...

Fonte: Copyright 2006 The New York Times Company. Reproduzido com permissão. Proibido nova reprodução. Disponível em: http://www.nytimes.com

Essência da notícia

▶ Cerca de 60 por cento dos notebooks vendidos nos Estados Unidos custam menos de US$ 1.000.

▶ O preço mais baixo dos notebooks forçou o preço dos computadores de mesa a diminuir, e metade dos computadores de mesa está sendo vendida a menos de US$ 500.

▶ Quando um aparelho eletrônico rompe a barreira psicológica dos US$ 1.000, as vendas decolam.

▶ A quantidade de notebooks vendidos aumentou 37 por cento em 2006, e a receita total das vendas de notebooks aumentou 15,5 por cento.

▶ A quantidade de computadores de mesa vendidos aumentou 14,8 por cento em 2006, e a receita total das vendas de computadores de mesa diminuiu 4 por cento.

Análise econômica

▶ Esse artigo fornece informações sobre as mudanças das quantidades e da receita total nos mercados de notebooks e computadores de mesa.

▶ Se todos os outros fatores são mantidos constantes, as informações sobre a mudança da quantidade e da receita total são suficientes para calcular a elasticidade-preço da demanda.

▶ Se o preço diminui e a receita total aumenta (como ocorreu no mercado de notebooks), a demanda é elástica.

▶ Se o preço e a receita total *diminuem* (como ocorreu no mercado de computadores de mesa), a demanda é inelástica.

▶ Mas nem todos os fatores permaneceram constantes nos mercados de notebooks e computadores de mesa.

▶ Notebooks e computadores de mesa são *bens substitutos*. Se o preço de um notebook diminui, a demanda por computadores de mesa diminui. E, se o preço de um computador de mesa diminui, a demanda por notebooks diminui.

▶ A Figura 1 ilustra o mercado de notebooks *supondo* que a elasticidade-preço da demanda seja igual a 4 e considerando as informações do artigo.

▶ Quando o preço de um computador de mesa é de US$ 600, a demanda por notebooks é D_0, e, quando o preço de um computador de mesa é US$ 500, a demanda por notebooks diminui para D_1.

▶ Em 2006, o preço de um notebook diminuiu de quase US$ 1.200 para cerca de US$ 1.000 (em média), e a quantidade comprada aumentou 37 por cento.

▶ Se supuséssemos que não houve alteração da demanda por notebooks, a curva de demanda seria a curva cinza-claro e estimaríamos que a elasticidade-preço da demanda é de 1,83.

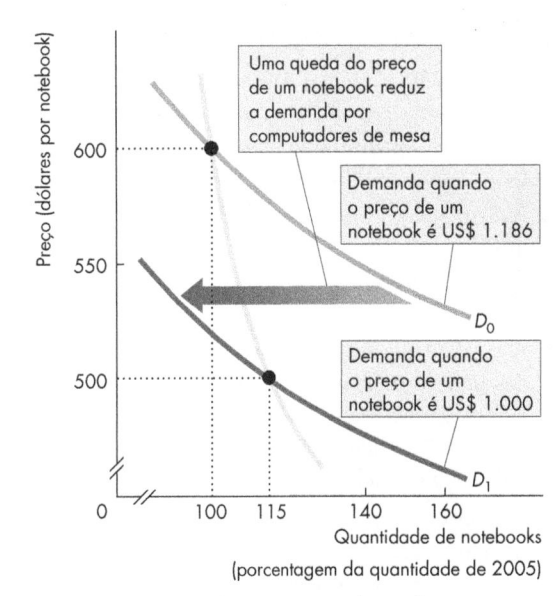

▶ A Figura 2 ilustra o mercado de computadores de mesa *supondo* que a elasticidade-preço da demanda seja igual a 4 e considerando as informações do artigo.

▶ Quando o preço de um notebook é US$ 1.186, a demanda por computadores de mesa é D_0, e, quando o preço de um notebook é US$ 1.000, a demanda por computadores de mesa diminui para D_1.

▶ Em 2006, o preço de um computador de mesa diminuiu de aproximadamente US$ 600 para cerca de US$ 500 (em média) e a quantidade comprada aumentou quase 15 por cento.

▶ Se supuséssemos que não houve alteração da demanda por computadores de mesa, a curva de demanda seria a curva cinza-claro e estimaríamos que a elasticidade-preço da demanda é de 0,77.

▶ Devido ao fato de os outros fatores não permanecerem constantes, não há informações suficientes no artigo para calcular as elasticidades-preço da demanda por computadores pessoais.

▶ Mas outras informações sugerem que a demanda por computadores é elástica. O artigo diz que a demanda se torna altamente elástica a preços abaixo de US$ 1.000 – o que é caracterizado como a 'barreira psicológica' abaixo da qual 'as vendas decolam'.

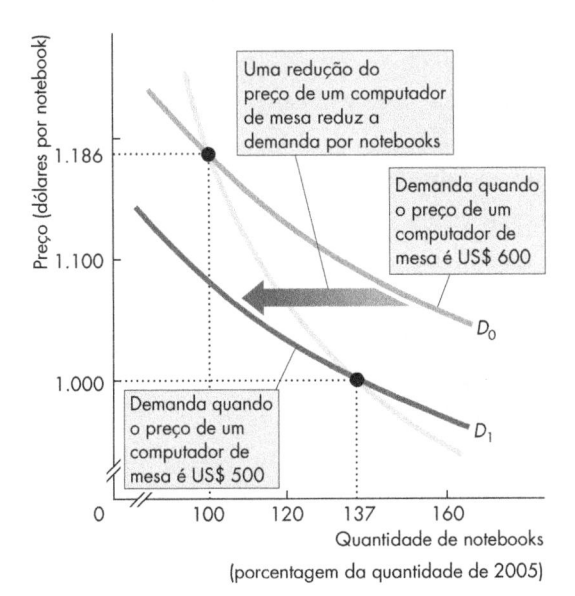

Figura 1: O mercado de notebooks

Figura 2: O mercado de computadores de mesa

RESUMO

Pontos-chave

Elasticidade-preço da demanda (p. 77-83)

- A elasticidade é uma medida da sensibilidade da quantidade demandada de um bem a uma mudança de seu preço, se todos os outros fatores são mantidos constantes.
- A elasticidade-preço da demanda é igual à variação percentual da quantidade demandada dividida pela variação percentual do preço.
- Quanto maior é a magnitude da elasticidade-preço da demanda, maior é a sensibilidade da quantidade demandada a uma determinada variação do preço.
- A elasticidade-preço da demanda depende da facilidade com que um bem atua como substituto de outro bem, da proporção da renda gasta com o bem e do tempo transcorrido desde a mudança do preço.
- Se a demanda é elástica, uma queda do preço leva a um aumento da receita total. Se a demanda tem elasticidade unitária, uma queda do preço deixa a receita total inalterada. Se a demanda é inelástica, uma queda do preço leva a uma redução da receita total.

Mais elasticidades da demanda (p. 83-86)

- A elasticidade cruzada da demanda mede a sensibilidade da demanda por um bem a uma mudança no preço de um bem substituto ou complementar, se todos os outros fatores são mantidos constantes.
- A elasticidade cruzada da demanda em relação ao preço de um bem substituto é positiva. A elasticidade cruzada da demanda em relação ao preço de um bem complementar é negativa.
- A elasticidade-renda da demanda mede a sensibilidade da demanda a uma mudança da renda, se todos os outros fatores são mantidos constantes. Para um bem normal, a elasticidade-renda da demanda é positiva. Para um bem inferior, a elasticidade-renda da demanda é negativa.
- Quando a elasticidade-renda da demanda é maior que 1 (demanda elástica em relação à renda), a porcentagem da renda gasta com o bem aumenta à medida que a renda aumenta.
- Quando a elasticidade-renda da demanda é menor que 1 (demanda inelástica em relação à renda), a porcentagem da renda gasta com o bem diminui à medida que a renda aumenta.

Elasticidade da oferta (p. 86-89)

- A elasticidade da oferta mede a sensibilidade da quantidade ofertada de um bem a uma mudança de seu preço.
- A elasticidade da oferta normalmente é positiva e varia entre zero (curva de oferta vertical) e infinita (curva de oferta horizontal).
- As decisões de oferta podem ser tomadas em três momentos: momentânea, de longo prazo e de curto prazo.
- A oferta momentânea se refere à resposta dos vendedores a uma mudança de preço no exato momento em que o preço muda.
- A oferta de longo prazo se refere à resposta dos vendedores a uma mudança de preço quando todos os ajustes tecnologicamente viáveis da produção tiverem sido feitos.
- A oferta de curto prazo se refere à resposta dos vendedores a uma mudança de preço depois que alguns dos ajustes tecnologicamente viáveis da produção tiverem sido feitos.

Tabela e figuras-chave

Figura 4.2   Cálculo da elasticidade da demanda, 79
Figura 4.3   Demanda elástica e inelástica, 80
Figura 4.4   Elasticidade ao longo de uma curva de demanda representada por uma linha reta, 80
Figura 4.5   Elasticidade e receita total, 81
Figura 4.7   Elasticidade cruzada da demanda, 84
Tabela 4.3   Glossário compacto das elasticidades, 89

Palavras-chave

Demanda com elasticidade unitária, 79
Demanda elástica, 80
Demanda inelástica, 79
Demanda perfeitamente elástica, 79
Demanda perfeitamente inelástica, 79
Elasticidade cruzada da demanda, 83
Elasticidade da oferta, 87
Elasticidade-preço da demanda, 78
Elasticidade-renda da demanda, 85
Receita total, 81
Teste da receita total, 81

EXERCÍCIOS

1. A chuva prejudica a safra de morangos. Como resultado, o preço aumenta de $ 4 para $ 6 por caixa, e a quantidade demandada diminui de 1.000 para 600 caixas por semana. Nessa faixa de preços,
    a. Qual é a elasticidade-preço da demanda?
    b. Descreva a demanda por morangos.

2. A figura mostra a demanda por locação de DVDs.

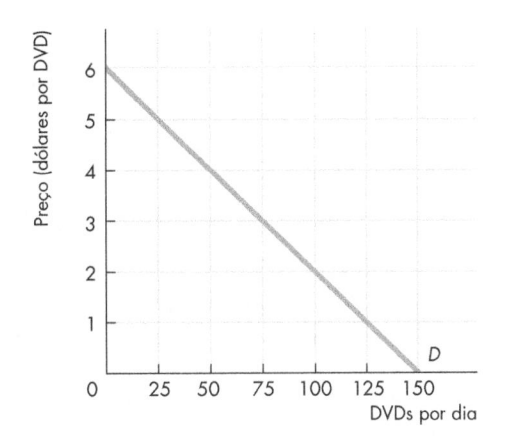

a. Calcule a elasticidade da demanda quando o preço aumenta de $ 3 para $ 5 por DVD.

b. A qual preço a elasticidade da demanda é igual a 1?

3. Se a quantidade de serviços odontológicos demandados aumenta 10 por cento quando o preço desses serviços diminui 10 por cento, a demanda por eles é inelástica, elástica ou tem elasticidade unitária?

4. A tabela de demanda para *chips* de computador é

Preço (dólares por chip)	Quantidade demandada (milhões de chips por ano)
200	50
250	45
300	40
350	35
400	30

a. O que acontece com a receita total se o preço diminui de $ 400 para $ 350 por chip?

b. O que acontece com a receita total se o preço diminui de $ 350 para $ 300 por chip?

c. A que preço a receita total estará no seu máximo?

d. A um preço médio de $ 350, a demanda por chips é elástica ou inelástica?

5. No exercício 4, ao preço de $ 250 por chip, a demanda por chips é elástica ou inelástica? Utilize o teste da receita total para responder a essa questão.

6. A elasticidade-preço da demanda para bananas é 4. Se o preço das bananas aumenta 5 por cento, qual é a variação percentual

a. Do seu gasto com bananas?

b. Da quantidade de bananas que você compra?

7. Se um aumento de 12 por cento do preço de suco de laranja reduz em 22 por cento a quantidade demandada de suco de laranja e aumenta em 14 por cento a quantidade demandada de suco de maçã, calcule:

a. A elasticidade-preço da demanda de suco de laranja.

b. A elasticidade cruzada da demanda entre suco de laranja e suco de maçã.

8. Quando a renda de Alex aumentou de $ 3.000 para $ 5.000, ele aumentou seu consumo de esfihas de 4 para 8 por mês e reduziu seu consumo de quibes de 12 para 6 por mês.

Calcule a elasticidade-renda da demanda de Alex por

a. Esfihas.

b. Quibes.

9. Em 2003, quando as pessoas começaram a fazer maciçamente downloads de músicas, a Universal Music derrubou os preços de CDs de uma média de $ 21 para uma média de $ 15. A empresa afirmou que esperava que o corte de preços aumentasse em 30 por cento a quantidade de CDs vendidos.

a. Qual era a elasticidade-preço da demanda por CDs estimada pela Universal Music?

b. Com base na sua resposta à parte (a), se você tivesse de tomar a decisão sobre a determinação de preços na Universal Music, reduziria o preço, o aumentaria ou manteria o preço sem modificações? Explique sua decisão.

10. Consta a seguir a tabela de oferta de ligações telefônicas de longa distância.

Preço (centavos por minuto)	Quantidade ofertada (milhões de minutos por dia)
10	200
20	400
30	600
40	800

Calcule a elasticidade da oferta quando:

a. O preço diminui de 40 centavos para 30 centavos por minuto.

b. O preço médio é de 20 centavos por minuto.

PENSAMENTO CRÍTICO

1. Estude a seção "Leitura das entrelinhas" e responda às seguintes questões:

a. Você acha que a demanda por notebooks é de 1,83 como sugerido pelos números apresentados no artigo? Explique por quê.

b. Você acha que a demanda por computadores de mesa é de 0,77 como sugerido pelos números apresentados no artigo? Explique por quê.

c. Quais informações sobre a elasticidade são necessárias para prever a variação da demanda por computadores pessoais ao longo dos próximos cinco anos?

2. A demanda por drogas ilícitas é inelástica. Grande parte dos gastos com drogas ilícitas é proveniente do crime. Supondo que essas afirmações sejam verdadeiras,
   a. Como uma boa campanha para reduzir a oferta de drogas influenciará o preço das drogas e a quantia gasta com elas?
   b. O que acontecerá com o nível de criminalidade?
   c. Qual é o modo mais eficaz de reduzir a quantidade de drogas consumidas e reduzir o número de crimes relacionados às drogas?

3. O que explica uma resposta tão indiferente aos preços mais altos da gasolina?

   A maioria dos estudos revela que, no curto prazo – digamos, ao longo de um ano – ...um aumento de 10 por cento dos preços da gasolina... pode ser associado a uma redução de 1 a 2 por cento da quantidade de gasolina comprada...
   De setembro de 2004 a setembro de 2005, o preço médio de varejo da gasolina nos Estados Unidos aumentou de US$ 0,49 por litro para US$ 0,76 por litro... mesmo assim, o consumo de gasolina diminuiu apenas 3,5 por cento...

   The New York Times, 13 de outubro de 2005

   a. Qual é a elasticidade-preço da demanda por gasolina sugerida pelas conclusões da "maioria dos estudos" que se mencionou no texto?
   b. Se outros fatores permaneceram constantes, o que os dados de setembro de 2004 até setembro de 2005 sugerem sobre a elasticidade-preço da demanda por gasolina?
   c. Como a sua resposta à parte (a) se compara com a sua resposta à parte (b) e o que você acha que poderia justificar a diferença?

4. Estimativas da resposta de longo prazo a flutuações dos preços [da gasolina] no passado sugerem que um aumento de 10 por cento no preço provoca um consumo entre 5 e 10 por cento menor, se todos os outros fatores permanecem constantes.

   ...O preço médio da gasolina nos Estados Unidos aumentou 53 por cento de 1998 a 2004, já considerado o ajuste da inflação. No entanto, o consumo aumentou 10 por cento no mesmo período.

   É claro que muitas outras coisas mudaram nesse período. Talvez o fator mais importante seja que [a renda] aumentou 19 por cento... Normalmente seria de esperar que isso estimulasse um aumento de aproximadamente 20 por cento das vendas da gasolina...

   The New York Times, 13 de outubro de 2005

   a. O que as informações acima sobre as estimativas da resposta de longo prazo às flutuações de preço sugerem sobre a elasticidade-preço da demanda por gasolina no longo prazo?
   b. Qual é a elasticidade-preço da demanda por gasolina sugerida pelas informações apresentadas acima?
   c. Se outros fatores permanecem constantes exceto o aumento da renda e o aumento do preço, o que os dados de 1998 a 2004 sugerem sobre a elasticidade-preço da demanda por gasolina?
   d. Relacione todos os fatores em que você conseguir pensar para o que poderia influenciar a estimativa da elasticidade-preço da demanda por gasolina, somente com base nos dados de 1998 a 2004.

ATIVIDADES NA INTERNET

1. a. Faça uma pesquisa e encontre o preço da gasolina no Brasil em janeiro de 2006.
   b. Utilize os conceitos de demanda, oferta e elasticidade para explicar mudanças recentes no preço da gasolina no Brasil.
   c. Faça uma pesquisa e encontre o preço internacional do petróleo bruto em janeiro de 2006.
   d. Utilize os conceitos de demanda, oferta e elasticidade para explicar mudanças recentes no preço internacional do petróleo bruto.

2. a. Descubra o número de litros em um barril de petróleo, assim como o custo do petróleo bruto em um litro de gasolina.
   b. Quais são os outros custos que compõem o custo total de um litro de gasolina?
   c. Se o preço internacional do petróleo bruto diminuir 10 por cento, qual você espera que será o percentual de variação do preço de gasolina no Brasil, se outros fatores forem mantidos constantes?
   d. Qual demanda você acredita que seja mais elástica: a de petróleo bruto ou a de gasolina? Por quê?

A elasticidade de preços e as decisões dos produtores agrícolas

Luis Alberto de Jezus[1]

Os produtos agrícolas, em geral, apresentam elevada elasticidade-preço da oferta. Devido à facilidade de se optar pela produção de 'A' ou de 'B', as quantidades plantadas reagem rapidamente às variações do preço. Pelo lado da demanda, ao contrário, os produtos agrícolas básicos apresentam baixa elasticidade-preço, pelo fato de estes normalmente terem baixo preço e poucos substitutos. É difícil imaginar, por exemplo, que alguém vá comer muito mais feijão porque o preço baixou. Desta forma, via de regra, o aumento da quantidade vendida não compensa a queda no preço, assim a receita e o lucro do produtor diminuem.

Existe também uma incerteza por parte dos produtores agrícolas com relação ao preço de mercado de seu produto, no momento em que este for vendido. Uma geladeira ou um automóvel são produzidos em algumas horas, enquanto produtos agrícolas demoram meses ou até mesmo anos para ficarem prontos e serem destinados ao mercado. No momento da plantação, o feijão pode estar com preço mais elevado que o milho. Um número muito grande de agricultores trocará a cultura do milho pela cultura da feijão. Passados os meses necessários para a maturação, no momento da colheita, haverá uma grande oferta de feijão no mercado, reduzindo seu preço e haverá uma escassez de milho, que terá seu preço majorado. Neste momento, todos vão plantar milho e a história se repetirá, de forma contrária!

Para evitar essa instabilidade, prejudicial principalmente para os produtores, o Ministério da Agricultura criou, já na década de 1950, um programa de preços mínimos. Com isso, o produtor já sabe o preço mínimo que receberá por seu produto, antes do plantio, e poderá fazer a escolha. Esta política foi capaz de trazer uma maior estabilidade aos preços dos produtos agrícolas, além de permitir que o governo oriente a produção, definindo preços mais elevados ou mais baixos, de acordo com a necessidade da sociedade.

Um caso especial dentro dos produtos agrícolas paulistas foi o da cana-de-açúcar. Até 1997 ela tinha seu preço fixado com base em custos da produção, elaborados pela Fundação Getúlio Vargas. Em 1998 – ano de uma super-safra – ocorreu a desregulamentação total do setor, que entrou em crise. O preço para o produtor que, em 1997, era em média de R$ 21,00 por tonelada foi reestabelecido pelo mercado para uma média de R$ 14,50, em 1998. O preço do açúcar e do álcool (produtos finais) também caiu.

Como o prazo de maturação da plantação de cana-de-açúcar é de aproximadamente 18 meses, a área colhida, em 1999, não foi afetada pela desregulamentação. Contudo, a área plantada no Estado de São Paulo, em 1999, foi reduzida para o nível de 1997. O plantio reduzido em 1999, a redução dos tratos cultivados e as condições climáticas desfavoráveis apontaram para uma redução de 10-15 por cento na produção de cana da safra 2000-2001. A redução (da área plantada) não foi maior porque, além da elasticidade preço-oferta, existiram outros fatores que afetaram a decisão dos produtores de cana: a elevada resistência da cana-de-açúcar às adversidades climáticas, o uso de implementos agrícolas específicos para a produção sucroalcooleira e a certeza de venda do produto, mesmo que a preços baixos. Com relação a este último ponto, é importante ressaltar que algumas vezes a oferta é tão superior à demanda que não há mercado para o produto, devendo ser destruído.

As usinas produtoras de açúcar e álcool fazem parte da cadeia produtiva que se inicia com a cana-de-açúcar e também foram afetadas com o pacote de medidas de 1997. Os preços de ambos os produtos caíram. Na época, porém, o açúcar era produto de exportação, enquanto o álcool era produto destinado somente ao mercado interno. A cotação no mercado internacional não se alterou devido à mudança nos preços domésticos (o Brasil não tem volume de produção ou participação no comércio internacional deste produto suficiente para isso). Desta forma, as usinas passaram a modificar o mix de produção entre açúcar e álcool. No início da década de 1990, o volume era bem definido: 1/3 da cana era destinada à produção de açúcar e 1/3 da cana era destinada à produção de

---

[1] Economista, mestrando em Economia.

álcool. Em 1999, o percentual destinado ao açúcar já superava os 40 por cento da produção de cana. Isto acabou provocando modificações nos preços internos, que tendem a equiparar-se com os internacionais.

A conclusão que se chega é que os produtores agrícolas reagem às mudanças nos preços dos produtos. Esta reação se dá de forma mais intensa de acordo com a facilidade de mudar de cultura e com os riscos das outras culturas, ou seja, a elasticidade-preço para os produtores é maior ou menor de produto para produto. Como foi visto, em 1999, alguns produtores não modificaram suas culturas por motivos que independem do preço. Já no caso das usinas, que apesar de estarem no setor agrícola se aproximam mais de uma indústria, o mix de produção foi modificado mais facilmente, o que sugere uma maior elasticidade desta parte da cadeia produtiva.

O governo, por sua vez, deve agir para diminuir a instabilidade no setor agrícola, por meio de políticas como a de preços mínimos e estoques reguladores. Todavia, isto sempre deve ocorrer quando o mercado não é capaz de fazê-lo por si mesmo, pelo mecanismo de preços. O preço mínimo, se estipulado acima do preço médio de mercado, provocará uma alocação ineficiente.

Passados alguns anos da crise que atingiu o setor sucroalcooleiro, ele soube reagir às novas exigências do mercado e hoje é altamente competitivo, em todo o país. Ainda hoje muitos produtores agrícolas estão trocando suas culturas pela cana-de-açúcar, principalmente no Estado de São Paulo.

REFERÊNCIAS

CARVALHO, Maria Auxiliadora. Estabilização dos preços agrícolas no Brasil: A política de garantia de preços mínimos. São Paulo: IEA, 1994.

KRISHNA, Raj. Política de preços agrícolas e desenvolvimento econômico. In: ARAÚJO, Paulo Fernando Cidade e SCHUH, G. Edward (coordenação). Desenvolvimento da agricultura – análise de política econômica. São Paulo: Ed. Pioneira, 1977.

Preços agrícolas – mercados e negócios imobiliários. Dezembro/1999. Periódico mensal da USP/ESALQ e CEPEA.

QUESTÕES

1. Por que a elasticidade-preço de oferta cria, no setor agrícola, uma grande instabilidade?

2. No caso do açúcar – na época, produto destinado ao mercado externo –, o preço não reagiu às mudanças internas. De que forma o preço internacional afeta o preço no mercado interno?

3. Alguns produtos apresentam elasticidade-preço de oferta menor que outros. No caso dos agrícolas, quais fatores podem interferir na elasticidade?

CAPÍTULO 5

Eficiência e eqüidade

Ao término do estudo deste capítulo, você saberá:

▶ Descrever os métodos alternativos de alocação de recursos escassos.
▶ Explicar a relação entre demanda e benefício marginal e definir o excedente do consumidor.
▶ Explicar a relação entre oferta e custo marginal e definir o excedente do produtor.
▶ Explicar as condições nas quais os mercados movem os recursos para suas utilizações de maior valor e as fontes de ineficiência em nossa economia.
▶ Explicar as principais idéias de justiça e analisar os argumentos de que os mercados levam a conseqüências injustas.

Interesse pessoal e interesse social

Cada vez que você compra um par de tênis ou um livro, enche o tanque do carro, faz o download de alguns arquivos de MP3, grava um CD, pede uma pizza, pega um avião ou simplesmente toma um banho, expressa sua visão sobre como os recursos escassos devem ser utilizados. Você tenta gastar sua renda e seu tempo de um modo em que tire o máximo proveito dos *seus* recursos escassos – você faz escolhas que favorecem seu *interesse pessoal*. Os mercados coordenam suas decisões com as de todas as outras pessoas. Mas será que fazem isso adequadamente? Será que eles nos permitem distribuir recursos entre tênis, livros, combustível, música, CDs graváveis, pizzas, transporte aéreo, água e todas as outras coisas que compramos de acordo com o *interesse social*? Será que nós, como integrantes de uma sociedade, poderíamos estar em melhores condições se gastássemos mais em algumas coisas e menos em outras?

A economia de mercado gera rendas enormes para algumas pessoas e meras migalhas para outras. Por exemplo, ao longo dos últimos dez anos, as vendas de software da Microsoft geraram lucros suficientes para elevar Bill Gates, um de seus fundadores, à posição de uma das pessoas mais ricas do mundo. É *justo* que Bill Gates seja incrivelmente tão rico enquanto outras pessoas vivem em condições miseráveis?

O interesse social apresenta as duas dimensões que acabamos de discutir: eficiência e justiça (ou eqüidade). Assim, a principal questão que este capítulo procura responder é: será que o mercado propicia uma utilização eficiente e justa dos recursos?

◇ No final do capítulo, na seção "Leitura das entrelinhas", retomaremos a questão que levantamos pela primeira vez no Capítulo 1 sobre a utilização dos recursos globais de água. Será que utilizamos com eficiência os mercados e outros métodos em que se alocam os recursos globais de água?

Métodos de alocação de recursos

O objetivo deste capítulo é avaliar a capacidade de os mercados alocarem recursos de maneira eficiente e justa. Mas, para sabermos se o mercado faz isso adequadamente, devemos compará-lo com suas alternativas. Os recursos são escassos, portanto devem ser alocados de algum modo. Negociar nos mercados é apenas um dentre vários métodos alternativos.

Os recursos podem ser alocados por:

- Preço de mercado
- Comando
- Opinião da maioria
- Competição
- Atendimento por ordem de chegada
- Sorteio
- Características pessoais
- Força

Façamos agora um breve exame de cada método.

Preço de mercado

Quando um preço de mercado aloca um recurso escasso, as pessoas que estão dispostas a pagar esse preço e podem fazê-lo obtêm o recurso. Dois tipos de pessoas escolhem não pagar o preço de mercado: as que podem pagar o preço, mas optam por não comprar, e as que são pobres demais e simplesmente não têm condições de comprar.

No caso de muitos bens e serviços, não é importante distinguir entre as pessoas que decidem não comprar e as que não têm condições de comprar, mas, no caso de alguns itens, essa distinção faz diferença. Por exemplo, as pessoas pobres não têm como pagar mensalidades de escolas particulares nem consultas médicas. Como elas não podem pagar por itens que a maioria das pessoas considera essenciais, esses itens normalmente são alocados de acordo com um dos outros métodos.

Comando

Um **sistema de comando** aloca recursos com base na solicitação (comando) de uma pessoa em posição de autoridade. Em geral, o sistema de comando é amplamente utilizado em empresas e órgãos públicos. Por exemplo, se você tem um emprego, provavelmente alguém lhe diz o que fazer. Seu trabalho é alocado a tarefas específicas por meio de um comando.

Um sistema de comando funciona bem em organizações nas quais os níveis de autoridade e responsabilidade são claros e é fácil monitorar as atividades que estão sendo executadas. Mas um sistema de comando não funciona bem quando é grande a variedade de atividades a serem monitoradas e é fácil ludibriar uma outra pessoa em posição de autoridade. O sistema funciona tão mal na Coréia do Norte, onde é amplamente utilizado nos mercados, que chega a fracassar até no fornecimento adequado de alimentos.

Opinião da maioria

A opinião da maioria aloca recursos da mesma maneira que uma maioria de eleitores escolhe algo. As sociedades utilizam a opinião da maioria para eleger governos representativos que tomam algumas das decisões mais importantes. Por exemplo, a opinião da maioria determina as alíquotas tributárias que acabam distribuindo recursos escassos entre a utilização privada e a pública, e decide como o dinheiro proveniente de impostos é distribuído entre diferentes utilizações, como educação e saúde.

A opinião da maioria funciona bem quando as decisões afetam muitas pessoas e quando o interesse pessoal deve ser suprimido para que os recursos sejam utilizados de maneira mais eficaz.

Competição

Uma competição aloca recursos a um vencedor (ou grupo de vencedores). Eventos esportivos utilizam esse método. Tiger Woods compete com outros jogadores de golfe, e o vencedor obtém o maior ganho. Mas as competições não estão limitadas ao contexto dos esportes, apesar de normalmente não as chamarmos de 'competições'. Por exemplo, Bill Gates ganhou uma competição para fornecer o sistema operacional para computadores pessoais utilizados no mundo inteiro.

As competições funcionam bem quando os esforços dos 'jogadores' são difíceis de ser monitorado e recompensados diretamente. Quando um gestor oferece a qualquer pessoa de uma empresa a oportunidade de ganhar um grande prêmio, as pessoas são motivadas a se empenhar mais e tentar vencer a competição. Só algumas ganham o grande prêmio, mas muitas se empenham mais no processo de tentar vencer. Assim, a produção total dos trabalhadores é muito maior do que seria sem a competição.

Atendimento por ordem de chegada

Um método de atendimento por ordem de chegada aloca recursos aos primeiros da fila. Muitos restaurantes não aceitam reservas; eles utilizam o atendimento por ordem de chegada para alocar suas mesas escassas. O espaço das estradas também é alocado de acordo com esse método: o primeiro a chegar à rodovia obtém o espaço. Se muitos veículos entrarem na rodovia, a velocidade é reduzida, e as pessoas esperam na fila até que algum espaço se torne disponível.

O atendimento por ordem de chegada funciona melhor quando, como nos exemplos anteriores, um recurso escasso pode atender apenas um usuário por vez, em seqüência. Ao atender o usuário que chega primeiro, este método minimiza o tempo que se espera até que os recursos fiquem disponíveis.

Sorteio

Os sorteios alocam recursos às pessoas que estão com o número vencedor, escolhem as cartas certas ou têm sorte em algum outro sistema de aposta. Loterias e cassinos realocam milhões de dólares em bens e serviços todos os anos.

Mas os sorteios não se limitam aos caça-níqueis e às roletas dos cassinos. Eles são utilizados para alocar a ordem de pouso a companhias aéreas em alguns aeroportos e têm sido utilizados para alocar autorizações de pesca e o espectro eletromagnético utilizado por telefones celulares.

Os sorteios funcionam melhor quando não há uma maneira eficaz de fazer a distinção entre os usuários potenciais de um recurso escasso.

Características pessoais

Quando os recursos são alocados com base em características pessoais, os indivíduos com as características 'certas' obtêm os recursos. Alguns dos recursos que são mais importantes para você são alocados dessa maneira. Por exemplo, você escolherá um marido ou uma esposa com base nas características pessoais. Mas esse método também é utilizado de maneira inaceitável, como a alocação dos melhores empregos a homens brancos e a discriminação de minorias étnicas e mulheres.

Força

A força exerce um papel fundamental, tanto de maneira positiva quanto negativa, na alocação de recursos escassos. Vamos começar com o aspecto negativo.

A guerra – a utilização de força militar por uma nação contra outra – tem exercido, historicamente, um papel importantíssimo na alocação dos recursos. A supremacia econômica dos colonizadores europeus nas Américas e na Austrália deve-se muito à utilização deste método.

O furto, que consiste em tomar a propriedade dos outros sem o consentimento deles, também exerce um importante papel. Tanto o crime organizado, de grande escala, quanto os pequenos delitos, de pequena escala, alocam, coletivamente, bilhões de dólares em recursos anualmente.

Mas a força também exerce um papel positivo fundamental na alocação dos recursos. Ela proporciona ao Estado um método eficaz para a transferência da riqueza dos ricos para os pobres e fornece a estrutura legal para a troca voluntária em mercados.

Um sistema legal constitui a base do funcionamento da nossa economia de mercado. Sem tribunais para garantir o cumprimento dos contratos, não seria possível fazer negócios. Mas os tribunais não teriam como garantir o cumprimento dos contratos sem a possibilidade de aplicar a força quando necessário. O Estado proporciona a força que permite que os tribunais façam seu trabalho.

A força do Estado é essencial para sustentar o princípio do estado de direito, que constitui o fundamento da vida econômica (e social e política) civilizada. Com o estado de direito assegurado, as pessoas podem manter sua vida econômica cotidiana com a garantia de que sua propriedade será protegida – que elas poderão abrir processos contra violações de sua propriedade (e ser processadas se violarem a propriedade dos outros).

Livres do encargo de proteger sua propriedade e confiantes em que as pessoas com quem negociam honrarão os acordos firmados, as pessoas podem se concentrar na atividade na qual têm uma vantagem comparativa e se envolver em transações visando a ganhos mútuos.

> **QUESTÕES PARA REVISÃO**
>
> 1 Por que precisamos de métodos para a alocação de recursos escassos?
> 2 Descreva os métodos alternativos de alocação de recursos escassos.
> 3 Dê um exemplo de cada método de alocação que mostre quando ele funciona bem.
> 4 Dê um exemplo de cada método de alocação que ilustre quando ele não funciona bem.

Nas seções a seguir, veremos como um mercado pode alcançar uma utilização eficiente dos recursos, examinaremos os obstáculos à eficiência e veremos como, em algumas ocasiões, um método alternativo pode ser melhor que o mercado.

Depois de investigar a questão da eficiência, voltaremos nossa atenção para a questão mais complexa da justiça.

Demanda e benefício marginal

Os recursos são alocados com eficiência quando utilizados das maneiras que as pessoas mais valorizam. Isso ocorre quando o benefício marginal é igual ao custo marginal (Capítulo 2). Assim, para saber se um mercado competitivo é eficiente, é preciso verificar se, na quantidade de equilíbrio do mercado, o benefício marginal é igual ao custo marginal. Começaremos vendo como a demanda do mercado reflete o benefício marginal.

Demanda, disposição de pagar e valor

Na vida cotidiana, falamos em 'valorizar o dinheiro'. Quando utilizamos essa expressão, estamos fazendo uma distinção entre *valor* e *preço*. O valor é o que obtemos, e o preço é o que pagamos.

O valor de uma unidade adicional de um bem ou serviço é seu benefício marginal. Medimos o benefício marginal pelo preço máximo que alguém está disposto a pagar por outra unidade do bem ou serviço. Mas a disposição de pagar define a demanda. *Uma curva de demanda é uma curva de benefício marginal.*

Na Figura 5.1(a), Lisa está disposta a pagar $ 1 pela 30ª fatia de pizza, e $ 1 é o benefício marginal que ela obtém dessa fatia. Na Figura 5.1(b), Nick está disposto a pagar $ 1 pela 10ª fatia de pizza, e $ 1 é o benefício marginal que ele obtém dessa fatia. Mas por qual quantidade a economia está disposta a pagar $ 1? A resposta é dada pela curva de demanda do mercado.

Demanda individual e demanda do mercado

A relação entre o preço de um bem e a quantidade demandada por alguém é chamada de *demanda individual*. A relação entre o preço de um bem e a quantidade demandada por todos os compradores é chamada de *demanda do mercado.*

A curva de demanda do mercado é a soma horizontal das curvas de demanda individuais e é formada pela soma das quantidades demandadas por todas as pessoas a cada preço.

A Figura 5.1(c) ilustra a demanda do mercado por pizzas se Lisa e Nick são as duas únicas pessoas existentes nele. A curva de demanda de Lisa, na parte (a), e a curva de demanda de Nick, na parte (b), são somadas horizontalmente para formar a curva de demanda do mercado, na parte (c).

Ao preço de $ 1 por fatia, Lisa demanda 30 fatias, e Nick demanda 10 fatias, de modo que a quantidade demandada pelo mercado a $ 1 por fatia é de 40 fatias.

Assim, é possível observar, na curva de demanda do mercado, que a economia (ou a sociedade) está disposta a pagar $ 1 por 40 fatias por mês. *A curva de demanda do mercado é a curva de benefício marginal social (BMgS) da economia.*

Pense no preço como uma medida que nos informa o número de *unidades monetárias em outros bens e serviços dos quais se abdica voluntariamente* para obter uma fatia adicional de pizza.

Figura 5.1 Demanda individual, demanda de mercado e benefício marginal social

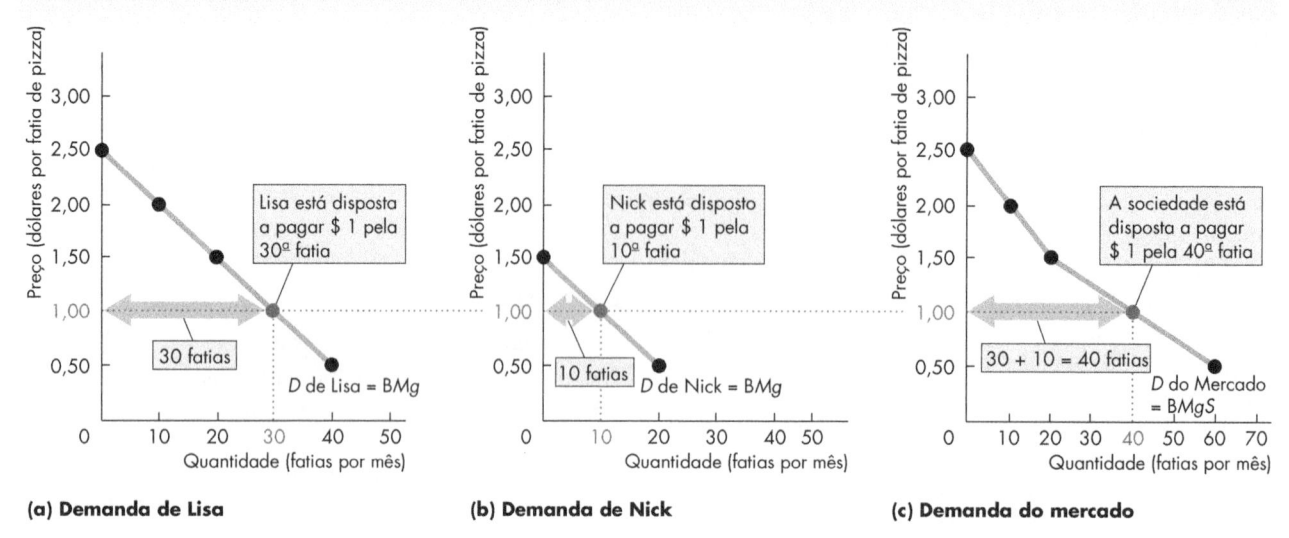

(a) Demanda de Lisa

(b) Demanda de Nick

(c) Demanda do mercado

Ao preço de $ 1 por fatia, a quantidade demandada por Lisa é de 30 fatias, e a demandada por Nick é de 10 fatias, de modo que a quantidade demandada pelo mercado é de 40 fatias. A curva de demanda de Lisa, na parte (a), e a curva de demanda de Nick, na parte (b), são somadas horizontalmente para formar a curva de demanda do mercado, na parte (c). A curva de demanda do mercado é a curva de benefício marginal social (*BMgS*).

Excedente do consumidor

Nem sempre precisamos pagar o que estamos dispostos a pagar – obtemos uma barganha. Quando as pessoas compram algo por menos do que vale para elas, recebem um excedente do consumidor. Um **excedente do consumidor** é o valor (ou benefício marginal) de um bem menos o preço pago por ele, para cada uma das quantidades compradas.

A Figura 5.2(a) mostra o excedente do consumidor de Lisa para pizzas quando o preço é de $ 1 por fatia. A esse preço, ela compra 30 por mês porque a 30ª fatia vale só $ 1 para ela. Mas Lisa estaria disposta a pagar $ 2 pela 10ª fatia, de modo que o benefício marginal que obtém dessa fatia é $ 1 a mais do que paga por ela – Lisa recebe um *excedente do consumidor* de $ 1 pela 10ª fatia.

O excedente do consumidor de Lisa é a soma dos excedentes de *todas as fatias que ela compra*. Essa soma é a área do triângulo cinza – a área abaixo da curva de demanda e acima da linha do preço de mercado. A área desse triângulo é obtida multiplicando-se sua base (30 fatias) por sua altura ($ 1,50) e dividindo-se o produto por 2, o que resulta em $ 22,50. A área do retângulo hachurado da Figura 5.2(a) indica o que Lisa paga por 30 fatias de pizza.

A Figura 5.2(b) mostra o excedente do consumidor de Nick e a parte (c) mostra o excedente do consumidor da economia como um todo. O excedente do consumidor da economia é a soma dos excedentes do consumidor de Lisa e Nick.

Todos os bens e serviços, como a pizza, têm um benefício marginal decrescente. Desta maneira, as pessoas recebem mais benefícios de seu consumo do que a quantia que elas pagam.

QUESTÕES PARA REVISÃO

1. Como medimos o valor ou benefício marginal de um bem ou serviço?
2. O que é o excedente do consumidor? Como ele é medido?

Oferta e custo marginal

Veremos agora como a oferta do mercado reflete o custo marginal. Esta seção traça um paralelo muito próximo entre as idéias sobre a demanda de mercado e o benefício marginal que você acabou de estudar. As empresas operam para obter lucros. Para tanto, elas devem vender sua produção por um preço que exceda o custo de produção. Investigaremos, agora, a relação entre custo e preço.

Oferta, custo e preço mínimo de oferta

Gerar lucro significa receber mais pela venda de um bem ou serviço do que o custo que se teve para produzi-lo. Assim como os consumidores fazem a distinção entre valor e preço, os produtores distinguem entre custo e preço. O custo é o que o produtor paga, e o preço é o que o produtor recebe.

O custo da produção de uma unidade adicional de um bem ou serviço é seu custo marginal. O custo marginal é o preço mínimo que os produtores devem receber para serem induzidos a oferecer para venda uma unidade a mais do bem ou serviço. Mas é o preço mínimo de oferta que define a oferta. *Uma curva de oferta é uma curva de custo marginal.*

Na Figura 5.3(a), Max está disposto a produzir a 100ª pizza por $ 15, seu custo marginal para essa pizza. Na Figura 5.3(b), Mário está disposto a produzir a 50ª pizza por $ 15, seu custo marginal para essa pizza. Mas qual quantidade a economia está disposta a produzir a $ 15 por pizza? A resposta é fornecida pela *curva de oferta do mercado.*

Oferta individual e oferta do mercado

A relação entre o preço de um bem e a quantidade ofertada por um produtor é chamada de *oferta individual.*

Figura 5.2 Demanda e excedente do consumidor

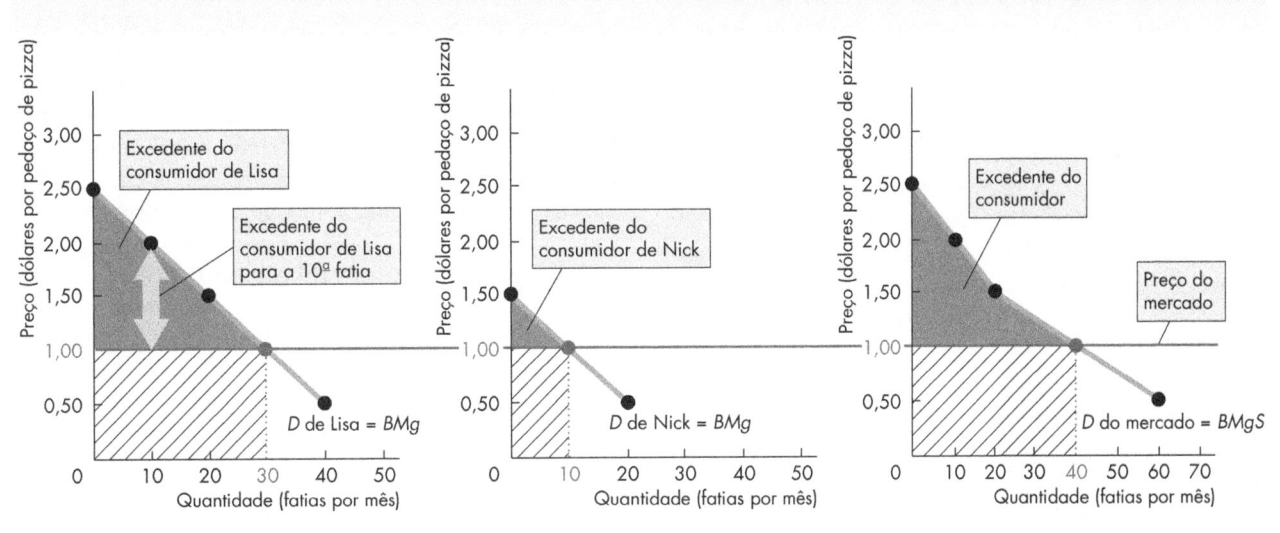

(a) Excedente do consumidor de Lisa

(b) Excedente do consumidor de Nick

(c) Excedente do consumidor do mercado

Lisa está disposta a pagar $ 2 pela 10ª fatia de pizza, como mostrado na parte (a). Ao preço de mercado de $ 1 por fatia, Lisa recebe um excedente do consumidor de $ 1 pela 10ª fatia. O triângulo cinza mostra o excedente do consumidor de Lisa para as 30 fatias que compra a $ 1 cada. O triângulo cinza na parte (b) mostra o excedente do consumidor de Nick para as 10 fatias que ele compra a $ 1 cada. A área cinza da parte (c) mostra o excedente do consumidor da economia. Os retângulos hachurados mostram as quantias gastas em pizzas.

Figura 5.3 Oferta individual, oferta do mercado e custo marginal social

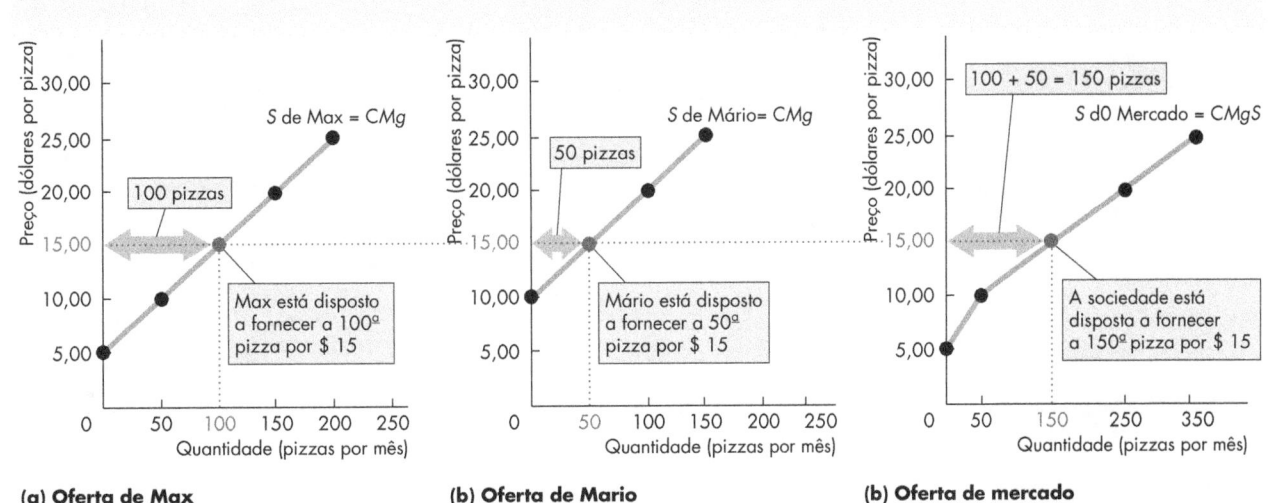

(a) Oferta de Max

(b) Oferta de Mario

(b) Oferta de mercado

Ao preço de $ 15 por pizza, a quantidade ofertada por Max é de 100 pizzas, e a quantidade ofertada por Mário é de 50 pizzas, de modo que a quantidade ofertada pelo mercado é de 150 pizzas. A curva de oferta de Max, na parte (a), e a curva de oferta de Mário, na parte (b), são somadas horizontalmente para formar a curva de oferta do mercado, na parte (c). A curva de oferta do mercado é a curva de custo marginal social (*CMgS*).

A relação entre o preço de um bem e a quantidade ofertada por todos os produtores é chamada de *oferta do mercado*.

> A curva de oferta do mercado é a soma horizontal das curvas de oferta individuais e é formada pela soma das quantidades ofertadas por todos os produtores a cada preço.

A Figura 5.3(c) ilustra a oferta do mercado se Max e Mário forem os únicos produtores. A curva de oferta de Max, na parte (a), e a curva de oferta de Mário, na parte (b), são somadas horizontalmente para formar a curva de oferta do mercado, na parte (c).

Ao preço de $ 15 por pizza, Max fornece 100 pizzas, e Mário fornece 50 pizzas, de modo que a quantidade ofertada pelo mercado a $ 15 por pizza é de 150 pizzas.

Assim, é possível observar, na curva de oferta do mercado, que a economia (ou a sociedade) está disposta a produzir 150 pizzas por mês a $ 15 cada. *A curva de oferta do mercado é a curva de custo marginal social (CMgS) da economia.*

Mais uma vez, pense no preço como uma medida que nos informa o número de *unidades monetárias em outros bens e serviços de que se deve abdicar* para obter uma pizza adicional.

Excedente do produtor

Quando o preço excede o custo marginal, a empresa recebe um excedente do produtor. Um **excedente do produtor** é o preço que se recebe por um bem menos seu preço mínimo de oferta (ou custo marginal), para todas as quantidades vendidas.

A Figura 5.4(a) mostra o excedente do produtor de Max para pizzas quando o preço é de $ 15 por pizza. A esse preço, ele vende 100 pizzas por mês, porque a produção da 100ª pizza lhe custa $ 15. Mas Max está disposto a produzir a 50ª pizza por seu custo marginal, que é de $ 10. Desta maneira, ele recebe um *excedente do produtor* de $ 5 para essa pizza.

O excedente do produtor de Max é a soma dos excedentes de cada pizza que ele vende. Essa soma é a área do triângulo cinza-claro – a área abaixo do preço de mercado e acima da curva de oferta. A área desse triângulo é obtida multiplicando-se sua base (100) por sua altura ($ 10) e dividindo-se o produto por 2, o que resulta em $ 500. A área hachurada da Figura 5.4(a), abaixo da curva de oferta, mostra quanto custa para Max a produção de 100 pizzas.

A Figura 5.4(b) mostra o excedente do produtor de Mário, e a parte (c) mostra o excedente do produtor para a economia. O excedente do produtor para a economia é a soma dos excedentes do produtor de Max e de Mário.

> **QUESTÕES PARA REVISÃO**
>
> **1** Qual é a relação entre o custo marginal, o preço mínimo de oferta e a oferta?
>
> **2** O que é o excedente do produtor? Como ele é medido?

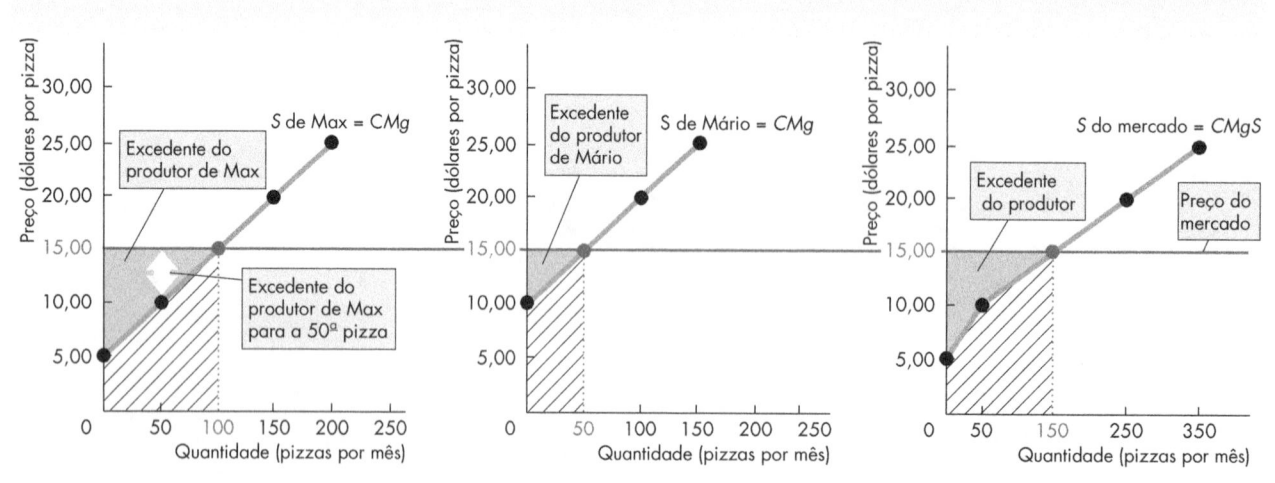

Figura 5.4 Oferta e excedente do produtor

(a) Excedente do produtor de Max

(b) Excedente do produtor de Mário

(c) Excedente do produtor do mercado

Max está disposto a produzir a 50ª pizza por $ 10, como mostrado na parte (a). A um preço de mercado de $ 15 por pizza, Max obtém um excedente do produtor de $ 5 para a 50ª pizza. O triângulo cinza-claro mostra o excedente do produtor de Max para as 100 pizzas que ele vende a $ 15 cada. O triângulo cinza-claro na parte (b) mostra o excedente do produtor de Mário para as 50 pizzas que ele vende a $ 15 cada. A área cinza-claro da parte (c) mostra o excedente do produtor para a economia. As áreas hachuradas mostram o custo da produção das pizzas vendidas.

O excedente do consumidor e o excedente do produtor podem ser utilizados para medir a eficiência de um mercado. Veremos agora como é possível utilizar esses conceitos para estudar a eficiência de um mercado competitivo.

O mercado competitivo é eficiente?

A Figura 5.5(a) mostra o mercado de pizzas. As forças do mercado que você estudou no Capítulo 3 impulsionam o mercado de pizzas para seu preço de equilíbrio de $ 15 por pizza e para a quantidade de equilíbrio de 10 mil pizzas por dia. Os compradores se beneficiam de um excedente do consumidor (área hachurada), e os vendedores se beneficiam de um excedente do produtor (área cinza), mas será que esse equilíbrio competitivo é eficiente?

Eficiência do equilíbrio competitivo

Vimos que a curva de demanda nos informa o benefício marginal das pizzas. Se as únicas pessoas que se beneficiam da pizzas são aquelas que as compram, então a curva de demanda por pizzas mede o benefício marginal que toda a sociedade obtém das pizzas. Chamamos o benefício marginal da sociedade inteira de benefício marginal *social*, *BMgS*. Neste caso, a curva de demanda também é a curva *BMgS*.

Você também viu que a curva de oferta nos mostra o custo marginal das pizzas. Se as únicas pessoas que arcam com o custo das pizzas são aquelas que as produzem, a curva de oferta de pizzas mede o custo marginal das pizzas para toda a sociedade. Chamamos o custo marginal para a sociedade inteira de custo marginal *social*, *CMgS*. Neste caso, a curva de oferta também é a curva *CMgS*.

Desta maneira, no ponto em que a curva de demanda e a curva de oferta se cruzam na parte (a), o benefício marginal social é igual ao custo marginal social na parte (b). Essa condição proporciona uma utilização eficiente dos recursos para a sociedade toda.

Se a produção é de menos que 10 mil pizzas por dia, a pizza marginal tem um valor mais alto do que seu custo de oportunidade. Se a produção excede 10 mil pizzas por dia, o custo da produção da pizza marginal é maior do que o valor que os consumidores atribuem a ela. Somente quando são produzidas 10 mil pizzas por dia é que a pizza marginal vale exatamente o que custa.

O mercado competitivo leva a quantidade produzida de pizzas até seu nível eficiente de 10 mil pizzas por dia. Se a produção for de menos que 10 mil pizzas por dia, uma escassez eleva o preço, o que aumenta a produção. Se a produção for de mais que 10 mil pizzas por dia, um excedente reduz o preço, o que diminui a produção. Desta maneira, o mercado competitivo de pizzas é eficiente.

Quando a quantidade eficiente é produzida, o *excedente total* (a soma do excedente do consumidor e do excedente do produtor) é maximizado. Compradores e vendedores agindo por interesse pessoal acabam por promover o interesse social.

Figura 5.5 Um mercado eficiente para pizzas

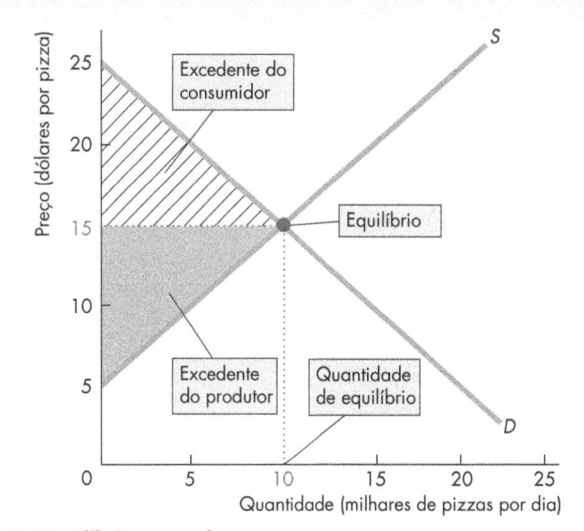

(a) Equilíbrio e excedentes

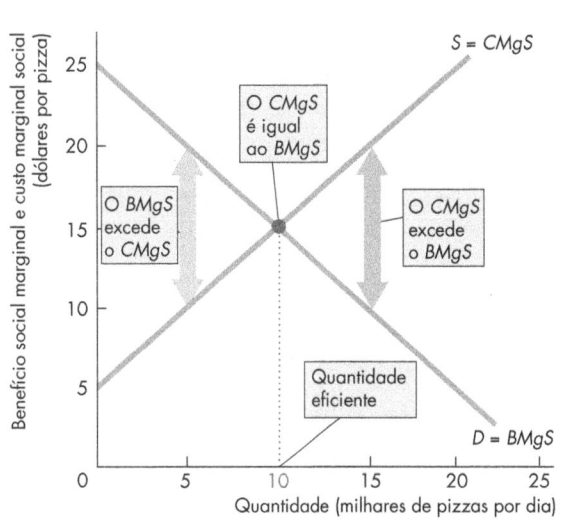

(b) Eficiência

O equilíbrio competitivo mostrado na parte (a) ocorre quando a quantidade demandada é igual à quantidade ofertada. O excedente do consumidor é a área abaixo da curva de demanda e acima do preço – o triângulo hachurado. O excedente do produtor é a área acima da curva de oferta e abaixo do preço – o triângulo cinza.

Os recursos são utilizados com eficiência na parte (b) quando o benefício marginal social, *BMgS*, é igual ao custo marginal social, *CMgS*.

A quantidade eficiente na parte (b) é igual à quantidade de equilíbrio na parte (a). O mercado competitivo de pizzas produz a quantidade eficiente de pizzas.

A mão invisível

Ao escrever *A riqueza das nações* em 1776, Adam Smith foi o primeiro a sugerir que os mercados competitivos aloquem recursos aos usos nos quais eles têm o maior valor. Smith acreditava que cada participante de um mercado competitivo é "levado por uma mão invisível a promover um resultado [a utilização eficiente de recursos] que não fazia parte da intenção inicial".

Você pode ver a mão invisível em ação na história em quadrinhos. O vendedor de bebidas geladas tem tanto bebidas geladas quanto sombra. Ele tem um custo de oportunidade para cada um e um preço mínimo de oferta para cada um. O leitor sentado no banco do parque recebe um benefício marginal da bebida gelada e da sombra. Você pode ver que o benefício marginal da sombra excede o preço, mas o preço de um refrigerante excede seu benefício marginal. A transação que ocorre cria um excedente do produtor e um excedente do consumidor. O vendedor obtém um excedente do produtor ao vender a sombra por mais que o custo de oportunidade dela, e o leitor obtém um excedente do consumidor ao comprar a sombra por menos do que o benefício marginal dela. No terceiro quadrinho da história, tanto o consumidor quanto o produtor estão em melhor condição do que estavam no primeiro quadrinho. O guarda-sol foi passado para a utilização de maior valor dele.

A mão invisível em ação nos dias de hoje

Para alcançar uma alocação eficiente de recursos, a economia de mercado exerce incansavelmente a atividade ilustrada na história em quadrinhos e na Figura 5.5. Poucas vezes o mercado se empenhou tanto nisso quanto se empenha hoje. Pense em algumas das mudanças ocorridas em nossa economia que estejam sendo pelo mercado para uma utilização eficiente dos recursos.

Novas tecnologias reduziram o custo de produção de computadores. À medida que esses avanços ocorreram, a oferta aumentou e o preço diminuiu. Os preços mais baixos levaram a um aumento da quantidade demandada desse produto que hoje custa muito menos do que antes. O benefício marginal social dos computadores é levado a uma condição de igualdade com seu custo marginal social.

Uma geada na Flórida reduz a oferta de laranjas nos Estados Unidos. Com menos laranjas disponíveis, o benefício marginal social aumenta nesse país. Uma escassez de laranjas eleva seu preço, de modo que o mercado aloca a quantidade disponível, agora menor, às pessoas que mais valorizam as laranjas.

As forças do mercado levam, incansavelmente, o custo marginal e o benefício marginal à condição de igualdade e maximizam o excedente total (o excedente do consumidor mais o excedente do produtor).

Insuficiência e excesso de produção

Pode ocorrer ineficiência quando a produção de um item é pequena demais – insuficiência de produção – ou grande demais – excesso de produção.

Insuficiência de produção Na Figura 5.6(a), a quantidade produzida de pizzas é de 5 mil por dia. Para essa quantidade, os consumidores estão dispostos a pagar $ 20 por uma pizza que custa apenas $ 10 para ser produzida. A quantidade produzida é ineficiente – há uma insuficiência de produção.

A dimensão da ineficiência é medida pela **perda de peso morto**, que é a redução do excedente total resultante de um nível ineficiente de produção. O triângulo cinza-claro da Figura 5.6(a) mostra a perda de peso morto.

Excesso de produção Na Figura 5.6(b), a quantidade produzida de pizzas é de 15 mil por dia. Para essa quantidade, os consumidores estão dispostos a pagar apenas $ 10 por uma pizza que custa $ 20 para ser produzida. Ao se produzir a 15.000ª pizza, $ 10 dos recursos são desperdiçados. Mais uma vez, o triângulo cinza-claro mostra a perda de peso morto. O excedente total (a soma do excedente do

© The New Yorker Collection, 1985
Mike Twohy, de cartoonbank.com. Todos os direitos reservados.

Figura 5.6 Insuficiência e excesso de produção

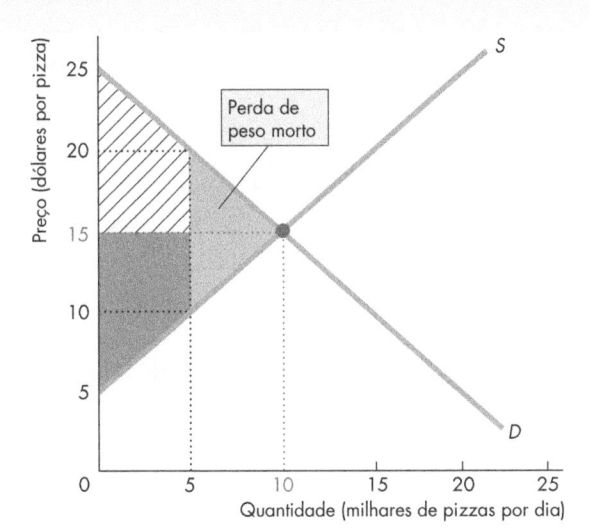

(a) Insuficiência de produção

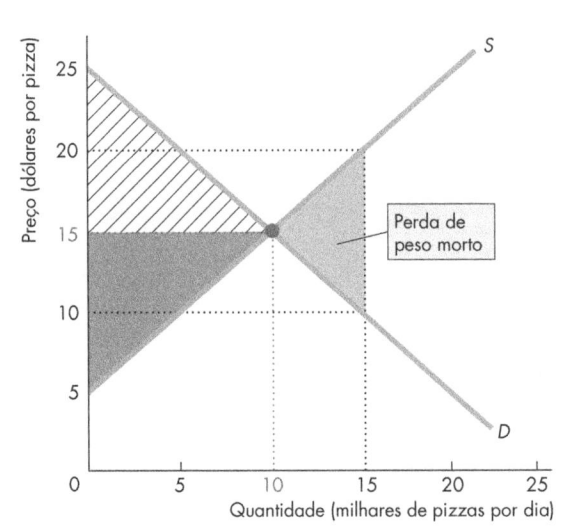

(b) Excesso de produção

Se a produção diminui para apenas 5 mil pizzas por dia, há uma perda de peso morto (o triângulo cinza-claro). O excedente total (as áreas cinza-escuro e hachurada) é reduzido. Na quantidade de 5 mil pizzas, o benefício de uma pizza adicional excede seu custo. O mesmo se aplica a todos os níveis de produção até a quantidade de 10 mil pizzas por dia.

Se a produção aumenta para 15 mil pizzas, há uma perda de peso morto, como mostrado na parte (b). Na quantidade de 15 mil pizzas por dia, o custo da 15.000ª pizza excede seu benefício. O custo de cada pizza acima da 10.000ª excede seu benefício. O excedente total é igual à soma das áreas cinza-escuro e hachurada menos a perda de peso morto.

consumidor e do excedente do produtor) é menor do que seu máximo na quantia equivalente à perda de peso morto. A perda de peso morto é gerada pela sociedade inteira. Não se trata de uma perda para os consumidores e de um ganho para os produtores. Trata-se de uma perda *social*.

Obstáculos à eficiência

Os obstáculos à eficiência que levam à insuficiência ou ao excesso de produção são:

- Regulações de preços e quantidades
- Impostos e subsídios
- Externalidades
- Bens públicos e recursos comuns
- Monopólio
- Custos de transações elevados

Regulações de preços e quantidades As *regulações de preços* que impõem um teto para o aluguel que o proprietário de um imóvel pode cobrar e leis que requerem que os empregadores paguem um salário mínimo representam, em algumas circunstâncias, obstáculos aos ajustes de preço que equilibram a quantidade demandada e a quantidade ofertada e levam à insuficiência de produção. As *regulações de quantidades* que limitam o volume de produção de uma fazenda também levam à insuficiência de produção.

Impostos e subsídios Os *impostos* aumentam o preço pago pelos compradores e reduzem o preço recebido pelos vendedores. Deste modo, os impostos reduzem a quantidade produzida e levam à insuficiência de produção. Os *subsídios*, que são pagamentos do governo aos produtores, reduzem os preços pagos pelos compradores e aumentam os preços recebidos pelos vendedores. Assim, os subsídios aumentam a quantidade produzida e levam ao excesso de produção.

Externalidades Uma *externalidade* é um custo ou um benefício que afeta outro participante que não seja o vendedor ou o comprador de um bem. Uma concessionária de energia elétrica gera um custo externo ao queimar carvão, o que resulta em chuva ácida e danos às plantações. A concessionária não leva em consideração o custo da poluição quando decide quanta energia produzirá. O resultado é o excesso de produção. O proprietário de um apartamento forneceria um *benefício externo* se instalasse um detector de fumaça. Mas ele não leva em consideração o benefício marginal dos vizinhos quando decide se instala ou não um detector de fumaça. Neste caso, há uma insuficiência de produção.

Bens públicos e recursos comuns Um *bem público* é um bem ou serviço consumido simultaneamente por todos, mesmo que ninguém pague por ele. A defesa nacional e a garantia do cumprimento da lei são exemplos de bens públicos. Os mercados competitivos poderiam apresentar uma insuficiência de produção de um bem público devido a um *problema do 'carona'* – é do interesse de cada pessoa 'pegar carona' com os outros e evitar pagar por seu próprio consumo de um bem público.

Um *recurso comum* não pertence a ninguém, mas é utilizado por todos. A pesca é um exemplo de utilização de um recurso comum. É do interesse pessoal de todos ignorar os custos de sua própria utilização de um recurso comum que recaem sobre os outros (o que chamamos de *tragédia dos comuns*), o que leva ao excesso de produção.

Monopólio Um *monopólio* é caracterizado por uma empresa que é a única fornecedora de um bem ou serviço. Em geral, a água e a eletricidade são fornecidas por empresas monopolistas. O interesse particular dessas empresas é maximizar seu lucro, e, como não têm concorrentes, podem determinar o preço para atingir sua meta particular. Para atingir sua meta, um monopolista produz uma quantidade insuficiente e cobra um preço elevado demais, o que leva à insuficiência de produção.

Custos de transações elevados Basta dar um passeio por um shopping center para observar os mercados de varejo dos quais você participa. Verá que esses mercados empregam enormes quantidades de recursos escassos de capital e trabalho. Custa caro operar em qualquer mercado. Os economistas chamam os custos de oportunidade da negociação em um mercado de **custos de transações**.

Para se utilizar o preço de mercado para alocar recursos escassos, deve valer a pena arcar com o custo de oportunidade de estabelecer um mercado. Alguns mercados apresentam custos altos demais para operar neles. Por exemplo, quando quer utilizar a quadra de esportes pública de seu bairro, você não paga um preço de mercado por seu lugar na quadra. Você fica por perto até que a quadra fique livre e 'paga' com seu tempo de espera. Quando os custos de transações forem elevados, o mercado pode apresentar uma insuficiência de produção.

Agora você já conhece as condições sob as quais a alocação de recursos é eficiente. Viu como um mercado competitivo pode ser eficiente e conheceu alguns obstáculos à eficiência. Mas será que métodos de alocação alternativos podem ser melhores que o mercado?

Alternativas ao mercado

Quando um mercado é ineficiente, será que alguma das alternativas ao mercado que descrevemos no início deste capítulo podem ser mais eficientes? Algumas vezes, sim.

Em muitas situações, a opinião da maioria pode ser utilizada de várias maneiras em uma tentativa de melhorar a alocação de recursos. Mas a opinião da maioria também tem suas desvantagens. Um grupo que age de acordo com o interesse pessoal de seus membros pode se tornar a maioria. Por exemplo, uma regulação de preço ou de quantidade que gera uma perda de peso morto quase sempre é ocasionada por um grupo movido por interesse pessoal que se torna a maioria e impõe custos à minoria. Além disso, com a opinião da maioria, os votos devem ser traduzidos em ações por burocratas que também agem de acordo com seu interesse pessoal.

Os gestores de empresas emitem comandos e evitam os custos de transações que teriam se recorressem ao mercado toda vez que precisassem executar uma tarefa. O atendimento por ordem de chegada poupa muitos aborrecimentos em filas de espera. Essas filas poderiam ter mercados nos quais as pessoas negociariam seu lugar na fila – mas alguém teria de garantir a execução dos acordos. Você consegue imaginar como seria desagradável ter de comprar um lugar no começo da fila de um caixa eletrônico?

Não existe um único mecanismo adequado para uma alocação eficiente de recursos. Mas os mercados, quando complementados pela opinião da maioria, por sistemas de comando em empresas e pela utilização ocasional do atendimento por ordem de chegada, funcionam incrivelmente bem.

QUESTÕES PARA REVISÃO

1 Os mercados competitivos utilizam os recursos com eficiência? Explique por quê.
2 O que é perda de peso morto e em quais condições ela ocorre?
3 Quais são os obstáculos à obtenção de uma alocação eficiente de recursos na economia de mercado?

Uma alocação eficiente de recursos também é uma alocação justa? O mercado competitivo proporciona às pessoas uma remuneração justa por seu trabalho? As pessoas sempre pagam um preço justo pelo que compram? Será que não precisamos que o governo entre em cena em alguns mercados competitivos para impedir que o preço aumente demais ou diminua muito? Passaremos, agora, ao estudo dessas questões.

O mercado competitivo é justo?

Quando ocorre um fenômeno calamitoso da natureza, como uma tempestade que provoca muitos danos ou um furacão, os preços de muitos itens essenciais vão às alturas. A razão para isso é que algumas pessoas passam a ter uma demanda maior e uma maior disposição de pagar quando os itens apresentam uma oferta limitada. Desta maneira, os preços mais altos proporcionam uma alocação eficiente dos recursos escassos. As notícias na mídia sobre esses aumentos de preço quase nunca mencionam a questão da eficiência. Em vez disso, falam sobre eqüidade ou justiça. A argumentação normalmente é de que é injusto que os comerciantes, em busca de lucros, explorem as vítimas de um fenômeno da natureza.

De maneira similar, quando pessoas com pouca qualificação profissional trabalham por um salário que está abaixo do que a maioria consideraria um 'salário digno', a mídia e os políticos falam de empregadores que se aproveitam injustamente de seus funcionários.

Como definir se algo é justo ou injusto? Você sabe quando *acha* que algo é injusto. Mas como *saber*? Quais são os *princípios* da justiça?

Há séculos os filósofos tentam responder a essa questão. Os economistas também têm oferecido suas respostas. Mas, antes de examinar as respostas propostas, você deve saber que não existe uma resposta de consenso universal.

Os economistas concordam quanto à questão da eficiência. Isto é, concordam que faz sentido fazer com que a 'torta' econômica seja a maior possível e seja feita ao menor custo possível. Mas eles ainda não chegaram a um consenso quanto à questão da eqüidade. Ou seja, não concordam sobre qual é o tamanho justo das fatias da torta econômica para todas as pessoas que a fazem. A razão para isso é que as idéias de justiça não são exclusivamente econômicas, mas envolvem idéias políticas, éticas e religiosas. Contudo, os economistas têm refletido sobre essas questões e também têm uma contribuição a fazer. Desta maneira, agora observaremos atentamente os pontos de vista dos economistas sobre esse tema.

Para pensar sobre justiça, pense na vida econômica como um jogo – um jogo sério. Todas as idéias sobre justiça podem ser divididas em dois grandes grupos. São eles:

- Não há justiça se o *resultado* não é justo.
- Não há justiça se as *regras* não são justas.

Não há justiça se o *resultado* não é justo

Os esforços mais antigos para consolidar um princípio de justiça estavam baseados na visão de que o que importa é o resultado. A idéia geral era que é injusto as pessoas terem rendas desiguais. É injusto que presidentes de bancos ganhem milhões de dólares por ano enquanto os caixas do mesmo banco recebam apenas milhares de dólares por ano. É injusto que o proprietário de uma mercearia obtenha um lucro maior e seus clientes paguem preços mais altos logo após um inverno rigoroso.

Houve muita empolgação durante o século XIX quando os economistas pensaram que tinham feito a incrível descoberta de que a eficiência requer igualdade de rendas. Para que a torta econômica seja a maior possível, ela deve ser dividida em fatias iguais, uma para cada pessoa. Essa idéia acabou se mostrando errada, mas a razão de ela estar errada nos ensina uma lição. Assim, esse conceito desenvolvido no século XIX merece um exame mais atento.

Utilitarismo A idéia desenvolvida no século XIX de que somente a igualdade leva à eficiência é chamada de *utilitarismo*. O **utilitarismo** é um princípio que afirma que deveríamos nos empenhar para conquistar 'a maior felicidade para o maior número de pessoas'. As pessoas que desenvolveram esse conceito eram conhecidas como utilitaristas e incluíam eminentes pensadores, como Jeremy Bentham e John Stuart Mill.

Os utilitaristas argumentavam que, para atingir 'a maior felicidade para o maior número de pessoas', a renda deveria ser transferida dos ricos para os pobres até o ponto da total igualdade – o ponto em que não houvesse ricos nem pobres.

A lógica era a seguinte: em primeiro lugar, todos têm as mesmas necessidades básicas e uma capacidade similar de apreciar a vida. Em segundo lugar, quanto maior é a renda de alguém, menor é o benefício marginal de uma unidade monetária. A milionésima unidade monetária gasta por uma pessoa rica gera para ela um benefício marginal menor do que aquele que a milésima unidade monetária gasta gera para um pessoa mais pobre. Assim, com a transferência de uma unidade monetária do milionário para a pessoa mais pobre, ganha-se mais do que se perde. As duas pessoas juntas estão em melhores condições do que antes.

A Figura 5.7 ilustra essa idéia utilitária. Tom e Jerry têm a mesma curva de benefício marginal, *BMg*. (O benefício marginal é medido na mesma escala de 1 a 3 tanto para Tom quanto para Jerry.) Tom está no ponto *A*. Ele ganha $ 5.000 por ano, e seu benefício marginal para um dólar de renda é 3. Jerry está no ponto *B*. Ele ganha $ 45.000 por ano, e seu benefício marginal para um dólar de renda é 1. Se se transfere um dólar de Jerry para Tom, Jerry perde 1 unidade de benefício marginal, e Tom ganha 3 unidades. Desta maneira, juntos, Tom e Jerry estão em melhores condições do que antes. Eles estão dividindo a torta econômica de modo mais eficiente. Caso se transfira um segundo dólar, acontece o mesmo: Tom ganha mais do que Jerry perde. E isso continua a acontecer para cada dólar transferido até que ambos atinjam o ponto *C*. No ponto *C*, Tom e Jerry têm $ 25.000 cada, e cada um deles tem um benefício marginal de 2 unidades. Agora eles estão dividindo a torta econômica da maneira mais eficiente possível, o que resulta maior felicidade possível para Tom e para Jerry.

O grande *trade-off* Um grande problema com o ideal utilitarista da igualdade total é que ele ignora os custos das transferências de renda. O reconhecimento destes custos leva ao que se chama de **grande trade-off**, que é um *trade-off* entre eficiência e justiça.

O grande *trade-off* é baseado nos fatos a seguir. A renda pode ser transferida de pessoas com renda alta para pessoas

Figura 5.7 Justiça utilitarista

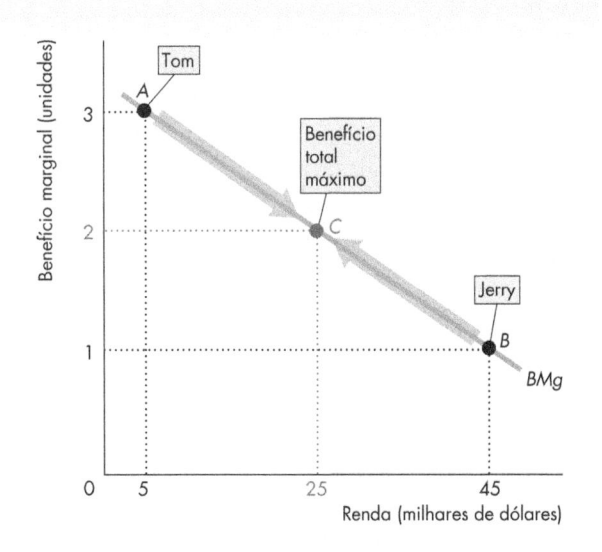

Tom ganha $ 5.000 e tem 3 unidades de benefício marginal no ponto *A*. Jerry ganha $ 45.000 e tem 1 unidade de benefício marginal no ponto *B*. Se é transferida renda de Jerry para Tom, a perda de Jerry é menor do que o ganho de Tom. Somente quando cada um deles tem $ 25.000 e 2 unidades de benefício marginal (no ponto *C*) é que a soma de seu benefício total atinge o máximo.

com renda baixa somente por meio de impostos sobre rendas altas. A tributação da renda proveniente do trabalho faz com que as pessoas trabalhem menos. Isso resulta em uma quantidade de trabalho menor que a eficiente. A tributação da renda proveniente do capital faz com que as pessoas poupem menos. Isso resulta em uma quantidade de capital menor que a eficiente. Com menores quantidades tanto de trabalho quanto de capital, a quantidade de bens e serviços produzidos é menor que a eficiente. Com isso, a torta econômica encolhe.

O *trade-off* é entre o tamanho da torta econômica e o nível de igualdade em que ela é compartilhada. Quanto maior for a quantia correspondente à redistribuição de renda feita por meio dos impostos sobre a renda, maior será a ineficiência – menor será a torta econômica.

Há, ainda, uma segunda fonte de ineficiência. Uma unidade monetária retirada de uma pessoa rica não significa uma unidade monetária nas mãos de uma pessoa pobre. Parte dessa quantia é gasta na administração do sistema de arrecadação e transferência de impostos. O custo de todos os órgãos de arrecadação de impostos, assim como das agências responsáveis pela seguridade social, deve ser pago com alguns dos impostos arrecadados. Além disso, os contribuintes contratam contadores, auditores e advogados para assegurar-se de que estão pagando a quantia correta de impostos. Essas atividades requerem mão-de-obra qualificada e recursos de capital que, de outra maneira, poderiam ser utilizados para produzir bens e serviços valorizados pelas pessoas.

É possível notar que, quando todos esses custos são levados em consideração, a retirada de uma unidade monetária de uma pessoa rica não implica a transferência de uma unidade monetária para uma pessoa pobre. É até possível que, com impostos mais altos, as pessoas com renda baixa acabem ficando em situação pior do que antes. Suponha, por exemplo, que empresários submetidos a uma pesada carga tributária decidam se empenhar menos e encerrar alguns de seus negócios. Trabalhadores de baixa renda são demitidos e forçados a procurar outro emprego, talvez com salário ainda menor.

Devido ao grande *trade-off*, aqueles que dizem que justiça significa igualdade propõem uma versão modificada do utilitarismo.

Fazer com que os mais pobres fiquem na melhor situação possível O filósofo John Rawls propôs uma versão modificada do utilitarismo em um livro clássico intitulado *Uma teoria da justiça*, publicado em 1971. Rawls afirma que, levando em consideração todos os custos das transferências de renda, a distribuição justa da torta econômica é aquela que faz com que a pessoa mais pobre fique na melhor situação possível. A renda das pessoas ricas deve ser taxada e, após o pagamento dos custos de administração do sistema de impostos e transferências, o que sobra deve ser transferido aos pobres. Mas os impostos não devem ser altos demais, para não fazer a torta econômica diminuir até o ponto em que a pessoa mais pobre acabe com um pedaço menor. Um pedaço maior de uma torta menor pode ser menor que um pedaço menor de uma torta maior. O objetivo é fazer com que o pedaço que favorece a pessoa mais pobre seja o maior possível. Muito provavelmente, esse pedaço não representará uma participação igualitária.

A idéia de 'resultados justos' requer uma mudança dos resultados após o final do jogo. Alguns economistas dizem que essas mudanças são, por si só, injustas e propõem um modo diferente de pensar sobre a questão da justiça.

Não há justiça se as *regras* não são justas

A idéia de que não há justiça se as regras não são justas se baseia no princípio fundamental que aparentemente está infundido no cérebro humano: o princípio da simetria. O **princípio da simetria** é aquele segundo o qual pessoas em situações similares devem ser tratadas de maneira similar. É o princípio moral que está no centro de todas as grandes religiões e que diz, de um modo ou de outro: "Comporte-se com os outros como você espera que eles se comportem com você".

Na vida econômica, esse princípio se traduz em *oportunidades iguais*. Mas oportunidades iguais para fazer o quê? Essa questão é respondida pelo filósofo Robert Nozick em um livro intitulado *Anarquia, Estado e utopia*, publicado em 1974.

Nozick argumenta que o conceito de justiça como um resultado ou uma conseqüência não pode funcionar e que a justiça deve se basear na justiça das regras. Ele sugere que a justiça siga duas regras:

1. O Estado deve garantir o cumprimento das leis que instituem e protegem a propriedade privada.
2. A propriedade privada pode ser transferida de uma pessoa para outra somente por meio de troca voluntária.

A primeira regra diz que tudo o que é valorizado deve ser de propriedade de indivíduos e que o Estado deve garantir a prevenção do roubo. A segunda regra diz que a única maneira legítima de uma pessoa adquirir uma propriedade é comprando-a, dando em troca algo que ela tem. Se essas regras, que são as únicas regras justas, forem seguidas, o resultado será justo. Não importa em que nível de desigualdade a torta econômica é dividida, contanto que seja feita por pessoas, cada uma oferecendo voluntariamente serviços em troca do pedaço de torta fornecido como remuneração.

Essas regras satisfazem ao princípio da simetria. Quando elas não são seguidas, o princípio da simetria é violado. Podemos observar esses fatos imaginando um mundo no qual as regras não são seguidas.

Em primeiro lugar, suponha que alguns recursos ou bens não sejam propriedade de ninguém, mas constituam propriedade comum. Todas as pessoas são livres para participar de uma competição para utilizar esses recursos ou bens, e o mais forte prevalecerá. Mas, quando o mais forte prevalece, ele passa a ser o *proprietário* dos recursos ou bens em questão e impede os outros de se beneficiar deles.

Em segundo lugar, suponha que não insistamos na troca voluntária para a transferência da propriedade dos recursos de uma pessoa para outra. A alternativa, então, será a transferência *involuntária* – em outras palavras, o roubo.

Ambas as situações violam o princípio da simetria. Só os fortes conseguem o que querem. Os fracos ficam apenas com os recursos e bens que os fortes não querem.

Em um sistema político baseado na opinião da maioria, os fortes fazem parte da maioria ou têm recursos suficientes para influenciar a opinião dos outros e conquistar a maioria.

Por outro lado, se as duas regras de justiça forem seguidas, todos – fortes e fracos – serão tratados de modo similar. Todos serão livres para utilizar seus recursos e suas habilidades humanas para criar itens valorizados por eles mesmos e pelos outros e para trocar uns com os outros os frutos de seus esforços. Esse conjunto de acordos é o único que obedece ao princípio da simetria.

Justiça e eficiência Se os direitos de propriedade privada forem garantidos e se ocorrer a troca voluntária em um mercado competitivo, os recursos serão alocados de maneira eficiente quando não houver:

1. Regulações de preços e quantidades
2. Impostos e subsídios
3. Externalidades
4. Bens públicos e recursos comuns
5. Monopólios
6. Custos de transações elevados

De acordo com as regras de Nozick, a distribuição de renda e de riqueza resultante será justa. Vamos estudar um exemplo concreto para examinar a afirmação de que, se os recursos forem alocados de maneira eficiente, eles também serão alocados de maneira justa.

Estudo de caso: a escassez de água após um fenômeno calamitoso da natureza

Um terremoto rompeu a tubulação que abastece uma cidade de água potável. A cidade tem água mineral disponível, mas o fornecimento de água de torneira foi interrompido. Qual é a maneira justa de alocar a água mineral?

Preço de mercado Suponha que, se a água é alocada pelo preço de mercado, o preço aumente para $ 8 por garrafa – cinco vezes o preço normal. A esse preço, aqueles que têm água podem ter grandes lucros com sua venda. As pessoas que estão dispostas a pagar $ 8 por garrafa e podem pagar esse preço obtêm a água. Como a maioria das pessoas não tem como pagar o preço de $ 8, elas ficam sem água ou consumem apenas algumas gotas ao dia.

É possível notar que a água está sendo utilizada de maneira eficiente. Há uma quantidade fixa disponível, algumas pessoas estão dispostas a pagar $ 8 para obter uma garrafa, e a água vai para essas pessoas. As pessoas que têm e vendem a água recebem um grande excedente do produtor, e o excedente total (a soma do excedente do consumidor e do excedente do produtor) é maximizado.

Do ponto de vista das regras, o resultado também é justo. Todas as pessoas recebem a água pela qual estão dispostas a pagar. Do ponto de vista dos resultados, a situação muito provavelmente seria considerada injusta. Os felizes proprietários da água se aproveitam ao máximo da situação, e os mais pobres acabam sendo as pessoas com mais sede.

Métodos alternativos ao mercado Suponha que, pelo voto da maioria, os cidadãos decidam que o governo comprará toda a água, pagará por ela com a arrecadação de um imposto e utilizará um dos métodos alternativos ao mercado para alocar a água aos cidadãos. Agora, as possibilidades são:

Comando Alguém decide quem merece mais e quem tem mais necessidade de água. Talvez todas as pessoas recebam um volume igual ou talvez os funcionários públicos e sua família acabem ficando com a maior parte da água.

Competição As garrafas de água são prêmios concedidos aos melhores em uma determinada competição.

Atendimento por ordem de chegada A água vai para os mais rápidos ou para os que valorizam menos seu tempo e podem se dar ao luxo de esperar na fila.

Sorteio A água vai para as pessoas com mais sorte.

Características pessoais A água vai para pessoas com 'certas' características. Talvez os idosos, as crianças ou as mulheres grávidas obtenham a água.

Nenhum desses métodos, a não ser por acaso, resulta uma alocação justa ou eficiente de água. Eles são injustos do ponto de vista das regras, porque o imposto envolve transferências involuntárias de recursos entre os cidadãos, e são injustos do ponto de vista dos resultados, porque os mais pobres não acabam nas melhores condições possíveis.

A alocação é ineficiente por duas razões. Em primeiro lugar, alguns recursos são utilizados para operar o esquema de alocação. Em segundo lugar, algumas pessoas estão dispostas a pagar por mais água do que podem receber e outras recebem mais água do que a quantidade pela qual estão dispostas a pagar.

A segunda fonte de ineficiência pode ser superada se, após a alocação com base nas alternativas ao mercado, as pessoas puderem negociar a água ao preço de mercado. As pessoas que atribuem à água que possuem um valor menor que o preço de mercado vendem, e as que estão dispostas a pagar o preço de mercado pra obter mais água compram. As pessoas que valorizam mais a água são aquelas que a consomem.

Preço de mercado com impostos Uma outra abordagem é alocar a água escassa utilizando o preço de mercado, mas após a redistribuição do poder de compra feita por meio da cobrança de impostos dos vendedores de água e de benefícios proporcionados aos mais pobres.

Suponha que os proprietários da água sejam taxados a cada garrafa vendida e a receita desses impostos seja alocada às pessoas mais pobres. As pessoas, então, são livres, a partir dessa nova distribuição do poder de compra, para negociar a água ao preço de mercado.

Como os proprietários da água são forçados a pagar impostos sobre o que vendem, eles têm um incentivo menor para vender a água, e a oferta diminui. O preço de equilíbrio aumenta para mais de $ 8 por garrafa. Há agora uma perda de peso morto no mercado de água – similar à perda resultante da insuficiência de produção. (Estudaremos os efeitos de um imposto e mostraremos sua ineficiência no Capítulo 6.)

Assim, os impostos são ineficientes. Do ponto de vista das regras, os impostos também são injustos, pois forçam os proprietários da água a fazer uma transferência para outros. Do ponto de vista dos resultados, a situação pode ser considerada justa.

Este breve estudo de caso ilustra a complexidade das idéias sobre a questão da justiça. Os economistas têm critérios claros de eficiência, mas nenhum critério comparavelmente claro de justiça. A maioria dos economistas considera Nozick radical demais e deseja a inclusão de um imposto justo nas regras, mas não há um consenso sobre o que seria um imposto justo.

> **QUESTÕES PARA REVISÃO**
>
> **1** Quais são as duas grandes abordagens da questão da justiça?
>
> **2** Qual é a idéia utilitarista de justiça e o que há de errado nela?
>
> **3** Explique o grande *trade-off*. Que idéia de justiça foi desenvolvida para resolvê-lo?
>
> **4** Qual é a principal idéia de justiça baseada em regras justas?

Você estudou neste capítulo as duas principais questões que permeiam todo o estudo da economia: eficiência e eqüidade, ou justiça. No próximo capítulo, estudaremos algumas fontes de ineficiência e injustiça.

Em muitos pontos ao longo deste livro – e de sua vida –, você retomará e utilizará as idéias de eficiência e justiça aprendidas neste capítulo.

A seção "Leitura das entrelinhas" apresenta um exemplo de ineficiência na economia.

LEITURA DAS ENTRELINHAS

OBSERVATÓRIO ECONÔMICO

Ineficiência na utilização da água

A Índia continua escavando, mas os poços estão secando e uma crise na lavoura se aproxima

30 de setembro de 2006

...Por toda a Índia, um país no qual as pessoas ainda dependem da terra para sobreviver, a principal fonte de irrigação é a água subterrânea, pelo menos para aqueles que têm como pagar pela sua extração.

A legislação indiana praticamente não impõe restrições a quem pode extrair a água subterrânea, em qualquer quantidade e para qualquer finalidade. Aparentemente, qualquer um pode extrair água – o que de fato é feito –, contanto que os lençóis subterrâneos estejam em sua propriedade. Isso pode se aplicar a qualquer proprietário de terreno, fazenda ou indústria...

"Nós nos esquecemos de que a água é um bem caro", lamentou K. P. Singh, diretor regional do Conselho Administrativo Central de Águas Subterrâneas, em seu escritório na cidade de Jaipur. "Perdemos de vista a idéia do que seria uma utilização adequada e criteriosa da água."

...Em uma manhã quente e árida... um trem parou na estação ferroviária de um vilarejo chamado Peeplee Ka Bas. Ali os poços secaram, e os lençóis d'água estão a tamanha profundidade que a água é salgada demais até mesmo para irrigar o campo.

O trem chegou levando uma preciosa carga: 15 vagões-tanques carregados com quase 50 mil litros de água potável, doce e pura.

A água percorre regularmente mais de 240 quilômetros, levando quase dois dias, através de tubulações e depois por via férrea, de maneira que os moradores de um pequeno povoado vizinho podem encher seus baldes de água por 15 minutos a cada 48 horas.

Trata-se de uma proposição logisticamente complicada e absurdamente dispendiosa. Levar a água até lá custa ao Estado cerca de 53 dólares por aproximadamente 20 mil litros; o Estado cobra do consumidor uma taxa fixa mensal de 58 centavos de dólar por esses 20 mil litros, absorvendo as perdas...

Fonte: Copyright 2006 The New York Times Company. Reproduzido com permissão. Proibido nova reprodução. Disponível em: http://www.nytimes.com

---

Essência da notícia

▶ Na Índia, a água subterrânea é a principal fonte de irrigação.

▶ A legislação indiana impõe poucas restrições a quem pode explorar a água subterrânea.

▶ Um diretor regional do Conselho Administrativo Central de Águas Subterrâneas lamenta que os indianos se comportem como se a água fosse um recurso gratuito.

▶ Nos locais onde os poços secaram, a água é fornecida através de tubulações e depois por via férrea.

▶ A água é racionada, permitindo que os moradores encham seus baldes de água por 15 minutos a cada 48 horas.

▶ O transporte da água custa cerca de 53 dólares por 20 mil litros, mas os consumidores pagam menos de um dólar por esses 20 mil litros.

Análise econômica

▶ A água é um dos recursos mais vitais do mundo e é utilizada de maneira ineficiente.

▶ Os mercados de água não são competitivos. Eles são controlados por governos ou produtores privados e não funcionam como mercados competitivos que proporcionam uma utilização eficiente dos recursos.

▶ O principal problema para atingir uma utilização eficiente da água é transportá-la dos locais onde ela é mais abundante para os locais onde ela tem sua utilização de maior valor.

▶ Alguns locais têm pouquíssima água, e outros têm água demais.

▶ O artigo nos informa que os proprietários de terras com água subterrânea retiram a água e a vendem sem levar em consideração o fato de que o lençol freático secará.

▶ A Figura 1 ilustra essa situação. A curva D mostra a demanda por água e seu benefício marginal social, $BMgS$. A curva S mostra a oferta de água e seu custo marginal social, $CMgS$.

▶ Ignorando o elevado custo marginal social, os proprietários de terra produzem W_A litros por dia, um volume maior do que a quantidade eficiente. Os fazendeiros estão dispostos a pagar B, menos do que o custo marginal social C, mas o suficiente para gerar lucros ao proprietário da terra.

▶ Uma perda de peso morto resulta do excesso de produção.

▶ A Figura 2 mostra a situação em locais onde os poços secaram.

▶ Uma quantidade limitada de água, W_B, é transportada para o local e cada consumidor fica restrito à quantidade que pode ser coletada em um balde por 15 minutos a cada 48 horas.

▶ Os consumidores estão dispostos a pagar B por litro, o que é muito mais do que o custo marginal social, C.

▶ A área hachurada mostra o excedente do consumidor, e o retângulo pontilhado mostra o custo da água, que é paga pelo governo com a ajuda dos contribuintes.

▶ Uma perda de peso morto resulta da insuficiência de produção.

▶ A situação na Índia se repete em milhares de outros locais ao redor do mundo.

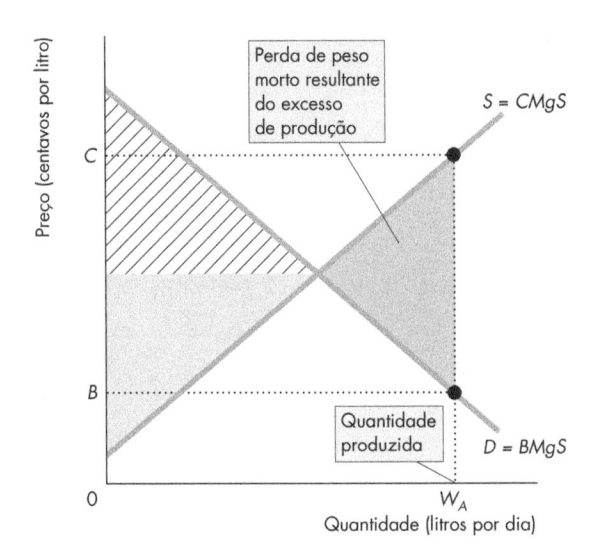

Figura 1 Excesso de produção onde os poços não secaram

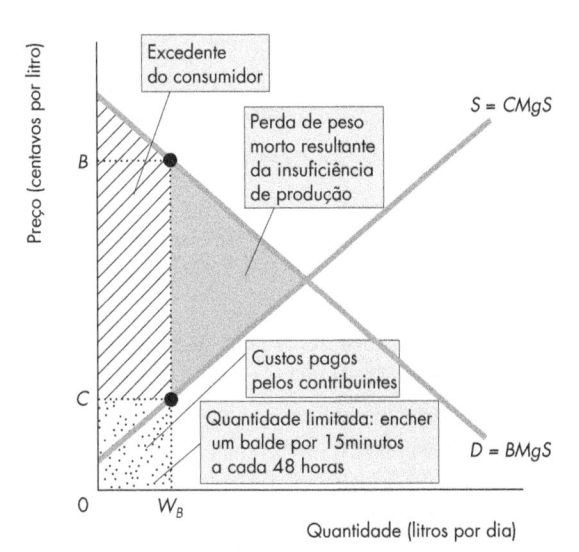

Figura 2 Insuficiência de produção onde os poços secaram

Você decide

▶ Na sua opinião, a água é importante demais para ser alocada apenas pelo mercado?

▶ Na sua opinião, a água deveria ser transportada de regiões com grandes mananciais para regiões áridas?

RESUMO

Pontos-chave

Métodos de alocação de recursos (p. 97-99)

- Como os recursos são escassos, deve ser utilizado algum mecanismo para alocá-los.
- Os métodos alternativos de alocação são: preço de mercado; comando; opinião da maioria; competição; atendimento por ordem de chegada; sorteio; características pessoais; e força.

Demanda e benefício marginal (p. 99-100)

- O benefício marginal determina a demanda, e uma curva de demanda é uma curva de benefício marginal.
- A curva de demanda de mercado é a soma horizontal das curvas de demanda individuais e é a curva de benefício marginal social.
- Valor é o que a pessoas estão *dispostas* a pagar; preço é o que as pessoas *devem* pagar.
- O excedente do consumidor é igual ao valor menos o preço, para cada uma das unidades compradas.

Oferta e custo marginal (p. 100-103)

- O preço mínimo de oferta define a oferta, e a curva de oferta é a curva de custo marginal.
- A curva de oferta do mercado é a soma horizontal das curvas de oferta individuais e é a curva de custo marginal social.
- Custo de oportunidade é o que os produtores pagam; preço é o que os produtores recebem.
- O excedente do produtor é igual ao preço menos o custo de oportunidade, para cada uma das unidades vendidas.

O mercado competitivo é eficiente? (p. 103-106)

- Em um equilíbrio competitivo, o benefício marginal social é igual ao custo marginal social, e a alocação de recursos é eficiente.
- Compradores e vendedores atuando por interesse pessoal acabam promovendo o interesse social.
- A soma do excedente do consumidor e do excedente do produtor é maximizada.
- A produção de uma quantidade menor ou maior do que a eficiente cria uma perda de peso morto.
- Regulações de preços e quantidades; impostos e subsídios; externalidades; bens públicos e recursos comuns; monopólio, e custos de transações elevados podem gerar ineficiência e perda de peso morto.

O mercado competitivo é justo? (p. 106-110)

- As idéias sobre justiça podem ser divididas em dois grupos: *resultados* justos e *regras* justas.
- As idéias de resultados justos requerem transferências de renda dos ricos para os pobres.
- As idéias de regras justas requerem direitos de propriedade e trocas voluntárias.

Figuras-chave

Figura 5.1: Demanda individual, demanda de mercado e benefício marginal social, 100
Figura 5.2: Demanda e excedente do consumidor, 101
Figura 5.3: Oferta individual, oferta do mercado e custo marginal social, 101
Figura 5.4: Oferta e excedente do produtor, 102
Figura 5.5: Um mercado eficiente para pizzas, 103
Figura 5.6: Insuficiência e excesso de produção, 105

Palavras-chave

Custos de transações, 106
Excedente do consumidor, 100
Excedente do produtor, 102
Grande *trade-off*, 107
Perda de peso morto, 104
Princípio da simetria, 108
Sistema de comando, 98
Utilitarismo, 107

EXERCÍCIOS

1. A tabela apresenta as demandas de viagens de trem de Ben, Beth e Bia.

Preço (dólares por quilômetro)	Quantidade demandada (quilômetros)		
	Ben	Beth	Bia
3	30	25	30
4	25	20	20
5	20	15	10
6	15	10	0
7	10	5	0
8	5	0	0
9	0	0	0

a. Construa a tabela de demanda de mercado se Ben, Beth e Bia forem as únicas pessoas do mercado.
b. Qual é o benefício marginal social quando a quantidade é 50 quilômetros? Por quê?
c. Qual é o excedente do consumidor de cada viajante quando o preço é $ 4 por quilômetro?
d. Qual é o excedente do consumidor da economia quando o preço é $ 4 por quilômetro?

2. A tabela apresenta as ofertas de passeios de jet ski por três proprietários: Ann, Arthur e Abby.

Preço (dólares por passeio)	Quantidade ofertada (passeios por dia)		
	Ann	Arthur	Abby
10,00	0	0	0
12,50	5	0	0
15,00	10	5	0
17,50	15	10	5
20,00	20	15	10

a. Qual é o preço mínimo de oferta de cada proprietário para 10 passeios por dia?
b. Qual proprietário tem o maior excedente do produtor quando o preço de um passeio é $ 17,50? Explique.
c. Qual é o custo marginal social para produzir 45 passeios por dia?
d. Construa a tabela de oferta do mercado se Ann, Arthur e Abby forem os únicos fornecedores de passeios de jet ski.

3. A figura ilustra o mercado de CDs.

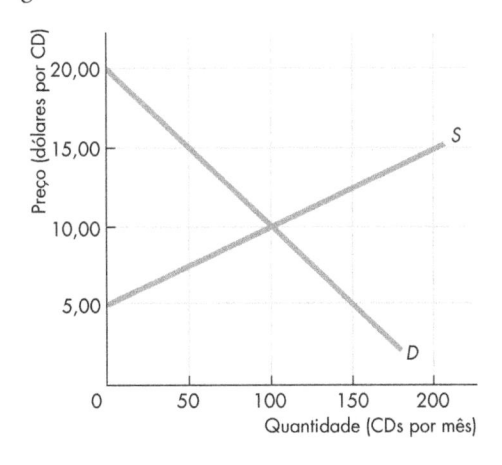

a. Qual é o preço de equilíbrio e a quantidade de equilíbrio de CDs?
b. Indique no gráfico o excedente do consumidor e o excedente do produtor.
c. Indique no gráfico o custo de produção dos CDs vendidos.
d. Calcule o excedente total.
e. Qual é a quantidade eficiente de CDs?

4. A tabela apresenta a demanda e a oferta de sanduíches.

Preço (dólares por sanduíche)	Quantidade demandada	Quantidade ofertada
	(sanduíches por hora)	
0	300	0
1	250	50
2	200	100
3	150	150
4	100	200
5	50	250
6	0	300

a. Qual é o preço máximo que os consumidores estão dispostos a pagar pelo 200º sanduíche?
b. Qual é o preço mínimo que os produtores estão dispostos a aceitar pelo 200º sanduíche?
c. A quantidade de 200 sanduíches por dia é maior ou menor do que a quantidade eficiente?
d. Se o mercado de sanduíches é eficiente, qual é o excedente do consumidor?
e. Se o mercado de sanduíches é eficiente, qual é o excedente do produtor?
f. Se os produtores fazem 200 sanduíches por dia, qual é a perda de peso morto?
g. Se a demanda por sanduíches aumenta e os produtores de sanduíches continuam a produzir 200 por dia, descreva a mudança do excedente do consumidor, do excedente do produtor, do excedente total e da perda de peso morto.

5. A tabela apresenta a demanda e a oferta de protetor solar. O fechamento de algumas fábricas reduz a quantidade produzida de protetor solar para 300 frascos por dia.

Preço (dólares por frasco)	Quantidade demandada	Quantidade ofertada
	(frascos por dia)	
0	800	0
5	700	100
10	600	200
15	500	300
20	400	400
25	300	500
30	200	600

a. Qual é o preço máximo que os consumidores estão dispostos a pagar pelo 300º frasco?
b. Qual é o preço mínimo que os produtores estão dispostos a aceitar pelo 300º frasco?
c. Descreva a situação no mercado de protetor solar.
d. Como os 300 frascos podem ser alocados aos freqüentadores de praias? Quais métodos possíveis seriam justos e quais seriam injustos?

PENSAMENTO CRÍTICO

1. Depois de estudar a seção "Leitura das entrelinhas", responda às seguintes perguntas:
   a. Qual é o principal problema para conseguir uma utilização eficiente da água do planeta?
   b. Se houvesse um mercado global para a água, como há para o petróleo, você acha que esse mercado funcionaria?
   c. Um mercado global gratuito de água proporcionaria uma utilização eficiente para a água do planeta? Explique por quê.
   d. Um mercado global gratuito de água proporcionaria uma utilização justa para a água do planeta? Explique por que e esclareça o conceito de justiça que você utilizar.

2. Briga pelo preço da água; fazendeiros da cidade de Escondido dizem que um aumento os forçaria a deixar de produzir.

   A cidade está levando em consideração um aumento significativo do preço da água para a agricultura, que historicamente paga menos que os usuários residenciais, industriais e comerciais... Desde 1993, o preço da água aumentou mais de 90 por cento para clientes residenciais, ao passo que os usuários agrícolas... foram submetidos a aumentos de apenas 50 por cento...

   The San Diego Union-Tribune, 14 de junho de 2006

   a. Na sua opinião, a alocação de água entre os usuários agrícolas e residenciais da cidade de Escondido é eficiente? Explique sua resposta.
   b. Se os usuários agrícolas passarem a pagar mais pela água, a alocação de recursos se tornará mais eficiente?
   c. Se os usuários agrícolas passarem a pagar mais pela água, o que acontecerá com o excedente do consumidor e o excedente do produtor?
   d. A diferença do preço pago por usuários agrícolas e residenciais é justa?

ATIVIDADES NA INTERNET

1. Faça uma pesquisa na Internet sobre a disponibilidade e os preços do AZT (medicamento utilizado no combate à Aids) em diferentes países. Em seguida, responda às seguintes questões utilizando os conceitos de benefício marginal, custo marginal, preço, excedente do consumidor e excedente do produtor.
   a. É de esperar que existam variações nos preços do AZT entre diferentes países?
   b. Esses preços diferentes poderiam influenciar a eficiência dos mercados do AZT?
   c. O que seria possível fazer para aumentar a disponibilidade de AZT e baixar seu preço?
   d. O que seria possível fazer para tornar o mercado de AZT eficiente?

CENÁRIO BRASILEIRO

Exploração de petróleo e eficiência – o caso da Petrobras

Joaquim Tavares[1]

As tecnologias do setor de exploração e produção têm sido desenvolvidas sob pressão constante dos ciclos econômicos que implicam necessidades de redução de custos e maior produtividade associadas às fronteiras cada vez mais hostis para a prospecção, observadas as requisições cada vez maiores da preservação do meio ambiente. A atividade de exploração e produção de petróleo tornou-se uma combinação de diversas ciências, como a engenharia em seus diversos campos, a geologia e a tecnologia da informação. Por sua vez o aumento dos preços do petróleo proporciona capacidade de investimentos na área tecnológica de modo sustentado (Hirsch, 2005).

No Brasil, desde 1953 a Petrobras é a empresa nacional de economia mista que foi constituída com o propósito de garantir a auto-suficiência em fontes de energia mineral em especial o petróleo e o gás. Ao longo de décadas, a empresa cresceu em tamanho e expandiu suas atividades por meio de diversos investimentos que efetuou na criação de outras empresas, de diversos setores, desde petroquímica até transportes e distribuição, além das recentes aquisições de empresas petrolíferas de grande porte no Brasil e em outros países.

A Petrobras atua nos dois setores da indústria petrolífera, em escala global. A eficiência das suas operações no setor *upstream*[2] se deve ao alto grau de desenvolvimento tecnológico e de seus investimentos em pesquisa e desenvolvimento que são demonstrados pelas suas conquistas na exploração *off-shore* de petróleo, desde a década de 1970, e pelos seus resultados obtidos em sua operação internacional.

Após as crises do petróleo ocorridas na década de 1970, foram cada vez mais reforçados os investimentos em busca de novos campos petrolíferos no Brasil. De acordo com Padilla, Martins e Silveira Neto (2006), cerca de 75 por cento das reservas totais de petróleo no Brasil estão localizadas em águas profundas e ultraprofundas, sendo 65 por cento abaixo de 400 metros de profundidade da lâmina de água. No entanto, na década de 1970, os custos de perfuração nestas condições eram altos para viabilizar a exploração e a produção.

Observadas as características de exploração na produção de petróleo em alto mar, a Petrobras efetuou investimentos em pesquisa e desenvolvimento de tecnologias de prospecção em águas profundas. No ano de 1977 explorou petróleo a uma profundidade recorde à época de 124 metros, no campo de Enchova. Depois disso sucessivamente bateu recordes até que, em 2007, perfurou a uma profundidade da lâmina de água de 2.777 metros. A empresa desenvolveu tecnologia para prospecção abaixo da camada geológica do pré-sal encontrando jazidas cerca de 6.000 metros abaixo da superfície. Esse desenvolvimento tecnológico lhe rendeu competências específicas para atuar internacionalmente, e por isso já foi premiada diversas vezes em eventos internacionais como a melhor empresa exploradora de petróleo em alto-mar.

Desse modo a empresa pôde atingir resultados como a produção média de 2.831.045 barris por dia em abril de 2008 (Petrobras, 2008) por meio de suas atividades *upstream*. No exterior a atuação em exploração de petróleo é efetuada nos seguintes países: Angola, Argentina, Bolívia, Colômbia, Estados Unidos, Guiné Equatorial, Nigéria e Trinidad e Tobago. Como resultado da aquisição da Perez Companc, as atividades de exploração e produção serão estendidas a mais três países: Equador, Peru e Venezuela. O setor de *upstream* irá receber investimentos da ordem de US$ 65,1 bilhões no ano de 2008, representando um acréscimo de 32 por cento em relação a 2007. Nesse sentido vale ressaltar que de 2007 a 2008, a empresa divulgou o descobrimento de novas reservas no pré-sal, a cerca de 6.000 metros de profundidade,

---

[1] Administrador, Mestre em Economia.
[2] As operações da indústria petrolífera estão divididas em dois setores básicos de acordo com a natureza das atividades:
 ■ Setor *Upstream* – Envolve as atividades de exploração e produção de petróleo.
 ■ Setor *Downstream* – Onde se encontram as atividades de refino, desenvolvimento de novos produtos, indústria petroquímica, e tantas outras nas quais se produzem mais de 2.300 tipos diferentes de produtos com inúmeras aplicações e usos (Gary e Handwerk, 1984).

Figura 1 Representação gráfica da evolução dos preços do barril de petróleo, produção e o consumo em milhares de barris ao dia e os recordes de profundidade alcançados pela Petrobras

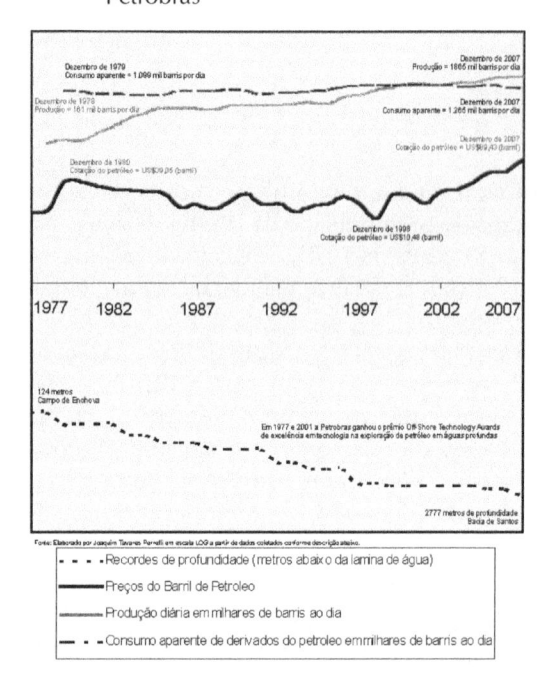

em quatro campos (Júpiter, Tupi, Carioca e Bem-te-vi), localizados na costa sudeste do Brasil, dentre os quais a Bacia de Santos, da ordem de mais de 30 bilhões de barris de petróleo leve, o melhor tipo para ser comercializado. Esses fatos levaram a empresa a se tornar a terceira empresa em valor entre as empresas das três Américas e a sexta no mundo, avaliada em US$ 295,6 bilhões de acordo com notícias divulgadas amplamente pela imprensa.

Conforme o relatório da administração de 2006, nesse ano a empresa ultrapassou a marca de 1.000 patentes registradas no Brasil, e obteve 69 patentes no exterior. De acordo com dados da própria empresa (Petrobras, 2005) os investimentos em P&D foram da ordem de US$ 201 milhões em 2003, US$ 248 milhões em 2004, US$ 399 milhões em 2005, em uma gama de atividades que vai desde as tecnologias de exploração em águas profundas, desenvolvimento da robótica submarina, pesquisa de novas fontes de energia e desenvolvimento de combustíveis para aplicações específicas. Nesse sentido, vale ressaltar que a empresa divulga o investimento de US$ 1,5 bilhão para o desenvolvimento de biocombustíveis no período de 2008 a 2012.

Em 2004 a Petrobras efetuou investimentos da ordem de US$ 280 milhões na integração de todas as suas bases de dados, efetuando a implantação de um sistema integrado de planejamento de recursos empre-

Tabela 1 Indicadores financeiros comparados das empresas de petróleo

Petróleo I	G500 II	Fortune 500 Oil Companies – 2007 com dados de 2005	Eficiencia Vendas/ativos	Margem Lucros/vendas	ROA Lucros/ativos	ROE Lucros/stockh.Eq.
1	2	Exxon Mobil	158,55%	11,37%	18,04%	34,70%
2	3	Royal Dutch Shell	135,52%	7,98%	10,81%	24,06%
3	4	BP	126,06%	8,02%	10,11%	26,00%
4	7	Chevron	151,23%	8,54%	12,92%	24,86%
5	9	Conoco Philips	104,65%	9,02%	9,44%	18,82%
6	10	Total	121,34%	8,77%	10,64%	27,77%
7	17	Sinopec	118,90%	2,81%	3,34%	9,59%
8	24	China National Petroleum	61,77%	12,00%	7,41%	11,82%
9	26	Eni	93,61%	10,61%	9,93%	22,47%
10	34	Pemex	87,60%	4,26%	3,73%	112,49%
11	43	Valero Energy	241,18%	6,00%	14,47%	29,36%
12	65	Petrobras	73,31%	**17,73%**	13,00%	28,95%
13	78	Statoil	130,82%	9,55%	12,50%	32,25%
14	90	Repsol / YPF	102,21%	6,43%	6,58%	17,05%
15	92	Marathon Oil	196,69%	8,63%	16,98%	35,83%

Fonte: Elaborado por Joaquim Tavares Perrelli com dados compilados e coletados em "Fortune Global 500" disponíveis em: http://money.cnn.com/magazines/fortune/global500/2007/snapshots/387.html.

I – Petróleo: Posição da empresa no ranking mundial das empresas de petróleo.
II – G500: Posição no ranking mundial das 500 maiores empresas.

sariais (ERP), que consumiu 700.000 horas de treinamento de cerca de 24.000 usuários em todos os níveis organizacionais nas diversas empresas do grupo. Esse sistema permitiu integrar diversas bases de dados e o principal objetivo de uma ação destas é a de aperfeiçoar os processos administrativos e priorizar a gestão do conhecimento como direcionador da criação de valor para o acionista. Um projeto dessa natureza promove a otimização dos recursos de TI e se reflete geralmente na *performance* de uma corporação no curto prazo, pois permite que as diversas áreas possam melhorar seus processos decisórios no que tange a produção e suas diversas operações (Carvalho, 2006).

Os resultados da empresa têm apresentado repetidos e sucessivos recordes nos últimos anos, e, em 2006, o lucro foi recorde na ordem de R$ 25,9 bilhões. A seguir apresenta-se uma tabela na qual se comparam dados das principais empresas de exploração e produção de petróleo do mundo, conforme dados da publicação *Fortune Global 500*:

Da análise da Tabela 1, nota-se que a maior margem ou a maior rentabilidade sobre vendas é da Petrobras, que também se classifica como a quarta colocada no índice de retorno sobre ativos (ROA) e sexta colocada no índice de retorno ao acionista (ROE). De acordo com o Plano Estratégico 2.020, entre os seus objetivos se encontra "ser uma das cinco empresas integradas de energia do mundo e a preferida pelos nossos públicos de interesse". Para tanto a sua estratégia corporativa deverá observar crescimento integrado, responsabilidade sócio-ambiental e rentabilidade.

De acordo com a Agência Estado, a empresa, em 2007, pagou cerca de R$ 14 bilhões em *royalties* ao governo e responde por cerca de 10 por cento da arrecadação nacional de tributos, arrecadando cerca de R$ 80 bilhões ao ano. Há uma previsão de que nos próximos anos a empresa venha a gerar cerca de R$ 30 bilhões de *royalties* ao ano com as novas descobertas na bacia de Santos. A título de demonstração do estágio de desenvolvimento da tecnologia de exploração de petróleo no Brasil, na ocasião da elaboração deste texto, foi publicado o artigo "Drill, drill, drill!", *The Wall Street Journal*, em que o editor recomenda aos Estados Unidos da América que façam como o Brasil e incentive a exploração em águas costeiras para melhorar as suas reservas de petróleo.

Tabela 2 Os recordes de profundidade na exploração de petróleo; a produção, o consumo e os preços internacionais de 1977 a 2007

Ano	1 Recorde de profundidade	2 Produção	3 Consumo aparente	4 Preço
1977	124			12,61
1978		161		14,05
1979	189	186	1.099	38,69
1980		183	1.110	39,05
1981		231	1.023	33,91
1982		299	1.026	30,06
1983	293	412	969	28,51
1984		523	956	26,88
1985	383	599	970	26,75
1986		586	1.090	15,44
1987		607	1.100	16,77
1988	492	566	1.133	14,68
1989		651	1.172	19,37
1990		676	1.163	26,61
1991		657	1.004	17,63
1992	781	652	1.033	17,93
1993		697	1.073	13,36
1994	1.027	733	1.107	16,13
1995		717	1.206	17,93
1996		885	1.286	23,51
1997	1.709	945	1.394	17,24
1998		1.170	1.382	10,41
1999	1.853	1.218	1.388	25,01
2000	1.877	1.459	1.375	25,28
2001		1.465	1.387	18,52
2002		1.391	1.363	27,89
2003	1.886	1.538	1.290	29,95
2004		1.564	1.337	39,09
2005	2.038	1.773	1.347	56,47
2006		1.875	1.329	61,00
2007	2.777	1.865	1.265	89,43

Fonte:

1 – Recorde de profundidade na perfuração de petróleo – obtido em: www.petrobras.com.br

2 – Produção diária de barris de petróleo – obtido em: www.ipeadata.gov.br

3 – Consumo aparente de derivados de petróleo (barris) – obtido em: www.Ipeadata.gov.br

4 – Preços do barril de petróleo – obtido em: www.ipeadata.gov.br

REFERÊNCIAS

Agência Petrobras de Notícias. Disponível em: http://www.agenciapetrobrasdenoticias.com.br. Acesso em: 12 jun. 2008.

CARVALHO, Humberto L. G. *A experiência da Petrobras S.A.* In: OLIVEIRA, Fátima B. (Org.). *Tecnologia da informação e da comunicação*, São Paulo, Pearson, 2006.

CHEVARRIA, Diego G. O investimento externo da Petrobras: uma análise com base em vantagens específicas. II Prêmio DEST/MP de Monografias Estatais. RJ 2006.

FORTUNE. *Fortune Global 500.* Disponível em: http://money.cnn.com/magazines/fortune/global500/2007/snapshots/387.html. Acesso em: 01 jun. 2008.

GARY, J. H.; HANDWERK, G. E. *Petroleum refining technology and economics*, 2 ed. Marcel Dekker, Inc., USA, 1984.

HIRSCH, Robert L. *The inevitable peaking of world oil production*, Atlantic Council Bulletin, v. XVI, n. 3, Atlantic Council of the United States, USA, 2005.

OFF-SHORE TECHONOLOGY CONFERENCE. Disponível em: http://www.otcnet.org. Acesso em: 12 jun. 2008.

PADILLA, Elie Luis Martinez; MARTINS, André Leibsohn; SILVEIRA Neto, Aristeu. Aplicação do Método de Fronteira Imersa à Tecnologia de Perfuração em Águas Profundas. In: ENAHPE 2006, Encontro Nacional de Hidráulica de Perfuração e Completação de Poços de Petróleo e Gás, Rio de Janeiro, 2006.

O ESTADO DE SÃO PAULO. *Petróleo vai render R$ 30 bi por ano ao país.* Edição de 09 jun. 2008.

PETROBRAS. Boletim de Geociências. Diversas edições. Disponível em: http://www.petrobras.com.br. Acesso em: 01 jun. 2008.

PETROBRAS. Plano estratégico 2020. Disponível em: http://www.petrobras.com.br. Acesso em: 01 jun, 2008.

PETROBRAS. Relatório anual 2006. Disponível em: http://www.petrobras.com.br. Acesso em: 01 jun. 2008.

THE WALL STREET JOURNAL. "Drill, drill, drill". Edição de 12 jun. 2008. Disponível para assinantes em: http://online.wsj.com/public/page/economy.html?mod= 2_1577.

QUESTÕES

1. Considerando a evolução dos recordes obtidos pela Petrobras na perfuração de poços de petróleo no fundo do mar, qual a recomendação que você faria para um chefe do Poder Executivo de um país dependente de energia mineral? Quais os principais investimentos que esse país deve efetuar no desenvolvimento de tecnologia? Energias alternativas ou novas formas de explorar as energias já existentes?

2. Analisando o caso da Petrobras nota-se claramente uma melhor rentabilidade dessa empresa em relação às principais empresas do mundo. No entanto essas empresas apresentam outros índices com melhores resultados do que a Petrobras, como o índice de eficiência, dado pela razão entre vendas/total de ativos. Na sua opinião por que isso ocorre?

   Sugestão: Considere o conceito de atividades *upstream* e *downstream* para fundamentar suas análises.

CAPÍTULO 6

Os mercados em ação

Ao término do estudo deste capítulo, você saberá:

▶ Explicar o funcionamento dos mercados imobiliários e como preços máximos resultam em escassez e ineficiência no setor de habitação.

▶ Explicar o funcionamento dos mercados de trabalho e como as leis que determinam o salário mínimo geram desemprego e ineficiência.

▶ Explicar os efeitos de um imposto.

▶ Explicar por que os preços e as receitas dos produtores rurais apresentam flutuações e como os subsídios e as cotas de produção influenciam a produção rural e seus custos e preços.

▶ Explicar o funcionamento dos mercados de bens ilegais.

Tempos turbulentos

Os aluguéis de apartamentos estão subindo vertiginosamente em Washington, e as pessoas estão clamando por ajuda. Será que o governo tem como controlar o aumento dos aluguéis para ajudar os locatários a viver em imóveis de preço acessível?

Praticamente todos os dias, é inventada uma nova máquina que substitui alguns trabalhadores e aumenta a produtividade. Um exemplo disso são os equipamentos do McDonald's que substituíram alguns funcionários pouco qualificados. Seria possível proteger profissionais pouco qualificados com leis de salário mínimo que lhes permitissem receber uma remuneração digna?

Quase tudo que compramos está sujeito à incidência de impostos. A cerveja é um dos itens com impostos mais altos. Quanto dos impostos sobre a cerveja é pago pelo comprador e quanto é pago pelo vendedor? Os impostos ajudam ou atrapalham o mercado em sua tentativa de transferir recursos para onde eles são mais valorizados?

Em 2000 e 2001, as safras não foram boas, e a produção global de grãos diminuiu. Em 2003, condições climáticas ideais proporcionaram safras recordes, e a produção global de grãos aumentou. Como os preços e as receitas dos produtores rurais reagem a essas flutuações de produção e como os subsídios e as cotas de produção afetam os produtores?

O comércio de drogas e o compartilhamento de arquivos de música são atividades ilegais. Como as leis que proíbem o comércio de determinado bem ou serviço afetam seu preço e a quantidade comprada e vendida?

◊ Neste capítulo, utilizamos a teoria da demanda e da oferta (Capítulo 3) e os conceitos de elasticidade (Capítulo 4) e eficiência (Capítulo 5) para responder a questões como essas. Na seção "Leitura das entrelinhas", no final deste capítulo, exploraremos o desafio de limitar downloads e compartilhamentos ilegais de arquivos de música.

Mercados imobiliários e aluguéis máximos

Para entendermos o funcionamento do mercado imobiliário, vejamos o exemplo de São Francisco em abril de 1906, quando a cidade foi atingida por um violento terremoto seguido de incêndio. É possível ter uma idéia da gravidade dos problemas de São Francisco lendo manchetes do *New York Times* de 19 de abril de 1906, sobre os primeiros dias da crise:

Mais de 500 mortos e perdas de US$ 200 milhões no terremoto de São Francisco.

Quase metade da cidade está em ruínas e 50 mil pessoas estão desabrigadas.

O comandante da equipe responsável pelo socorro às vítimas descreveu a seriedade do problema:

Nenhum hotel digno de nota ou de crédito foi poupado. Grandes prédios residenciais simplesmente desapareceram... 225 mil pessoas ficaram... desabrigadas.[1]

---

[1] Milton Friedman e George J. Stigler, "Roofs or ceilings? The current housing problem". In: *Popular Essays on Current Problems*, v. 1, n. 2. Nova York: Foundation for Economic Education, 1946, p. 3-159.

Praticamente da noite para o dia, mais da metade da população de uma cidade de 400 mil habitantes ficou sem ter onde morar. Abrigos e acampamentos temporários aliviaram parte do problema, mas também foi necessário utilizar os prédios residenciais e as casas que não tinham sido atingidos. Em conseqüência, esses imóveis precisaram acomodar 40 por cento a mais de pessoas do que abrigavam antes do terremoto.

O *San Francisco Chronicle* ficou mais de um mês sem ser publicado após o terremoto. Quando o jornal voltou a circular, no dia 24 de maio de 1906, a escassez de habitação da cidade – que supostamente ainda seria um assunto de grande importância – não chegou a ser mencionada. Milton Friedman e George Stigler descrevem a situação:

> *Não há uma única menção à escassez de habitação!* Os anúncios classificados listavam 64 ofertas de apartamentos e casas para alugar e 19 de casas à venda, em comparação com 5 anúncios de pessoas procurando imóveis para morar. Depois disso, anunciou-se um número considerável de todos os tipos de acomodações para alugar, com exceção de quartos de hotel.[2]

Como a cidade de São Francisco conseguiu superar uma redução tão grande na oferta de habitação?

O mercado antes e depois do terremoto

A Figura 6.1 mostra o mercado imobiliário de São Francisco. A curva de demanda por habitação é D. A figura também mostra uma curva de oferta de curto prazo, SS, e uma curva de oferta de longo prazo, LS.

Oferta de curto prazo A curva de oferta de curto prazo mostra a variação da quantidade ofertada de habitação à medida que o aluguel varia enquanto o número de casas e apartamentos permanece constante. A reação da oferta de curto prazo resulta da mudança da intensidade na qual os apartamentos e as casas existentes são utilizados. Quanto mais alto é o valor do aluguel, maior é o incentivo que as famílias têm para alugar alguns dos quartos que elas mesmas costumavam utilizar.

Oferta de longo prazo A curva de oferta de longo prazo mostra como a quantidade ofertada de habitação reage a uma variação de preço após ter se passado tempo suficiente para que novos prédios e casas fossem construídos ou para que os existentes fossem destruídos. Na Figura 6.1, a curva de oferta de longo prazo é *perfeitamente elástica*. O custo marginal de construir é o mesmo, independentemente do número de casas e apartamentos existentes. Enquanto o aluguel exceder o custo marginal de construir, as construtoras têm um incentivo para continuar a edificar imóveis. Assim, a oferta de longo prazo é perfeitamente elástica quando o aluguel é igual ao custo marginal.

Equilíbrio O aluguel de equilíbrio e a quantidade de equilíbrio são determinados pela oferta de *curto prazo* e pela demanda. Antes do terremoto, o aluguel de equilíbrio era $ 16 por mês e a quantidade era 100 mil unidades de habitação.

A Figura 6.1(a) mostra a situação imediatamente após o terremoto. Poucas pessoas morreram em decorrência dessa catástrofe, de modo que a demanda continuou a ser D. Mas a destruição dos imóveis reduziu a oferta, deslocando a curva de oferta de curto prazo, SS, para a esquerda, para SS_A. Se o aluguel continuasse em $ 16 por mês, apenas 44 mil unidades de habitação estariam disponíveis. Mas, com apenas 44 mil unidades de habitação disponíveis, o aluguel máximo que alguém estaria disposto a pagar pelo último apartamento disponível seria $ 24 por mês. Com isso, os aluguéis aumentaram. Na Figura 6.1(a), o aluguel aumentou para $ 20 por mês.

À medida que o aluguel aumentou, a quantidade demandada de habitação diminuiu e a quantidade ofertada aumentou para 72 mil unidades. Essas mudanças ocorreram porque as pessoas reduziram sua própria utilização de espaço para disponibilizar quartos, sótãos e porões para outras pessoas. O aluguel mais alto alocou a habitação escassa a pessoas que mais a valorizavam e que estariam dispostas a pagar mais por ela.

Mas o aluguel mais alto também teve outros efeitos, de longo prazo, que examinaremos a seguir.

Ajustes de longo prazo

Depois de um tempo suficiente para que novos apartamentos e casas fossem construídos, a oferta aumentou. A curva de oferta de longo prazo nos mostra que, no longo prazo, a habitação passou a ser oferecida para locação a $ 16 por mês. Como o aluguel de $ 20 por mês excedia o preço de oferta de longo prazo de $ 16 por mês, houve uma explosão do setor de construção. Mais apartamentos e casas foram então construídos, e a curva de oferta de curto prazo se deslocou aos poucos para a direita.

A Figura 6.1(b) mostra o ajuste de longo prazo. À medida que mais apartamentos e casas foram construídos, a curva de oferta de curto prazo se deslocou aos poucos para a direita, cruzando com a curva de demanda por aluguéis mais baixos e em maiores quantidades. O equilíbrio do mercado acompanha as setas para baixo, ao longo da curva de demanda. A explosão do setor de construção chegou ao fim quando não havia mais lucro na construção de novos apartamentos e casas. O processo acabou quando o aluguel voltou a ser de $ 16 por mês e havia 100 mil unidades de habitação disponíveis.

Acabamos de ver como o mercado imobiliário reage a uma redução da oferta. Vimos que um importante fator do processo de ajuste é o aumento do aluguel. Suponha que o governo aprove uma lei para congelar os aluguéis. O que aconteceria nesse caso?

Um mercado imobiliário regulado

Analisaremos agora os efeitos da determinação de um preço máximo para o mercado imobiliário. Um **preço máximo** é uma regulação que torna ilegal a cobrança

---
[2] *Ibid.*, p. 3.

Figura 6.1 O mercado imobiliário de São Francisco em 1906

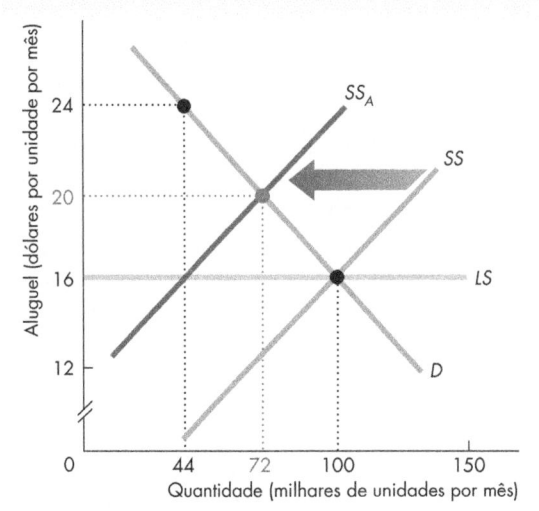

(a) Depois do terremoto

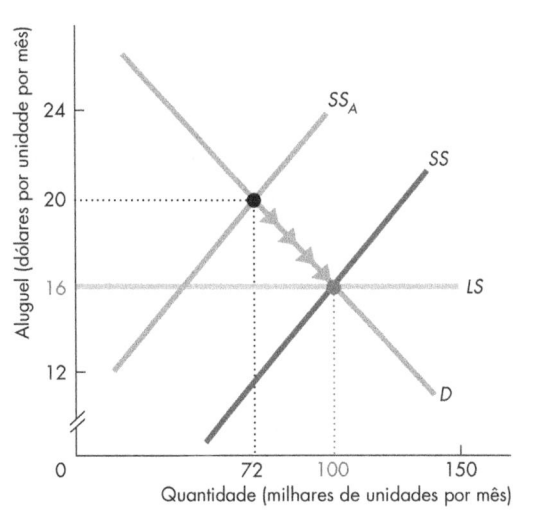

(b) Ajuste de longo prazo

A parte (a) mostra que, antes do terremoto, 100 mil unidades de habitação eram alugadas a $ 16 por mês. Depois do terremoto, a curva de oferta de curto prazo se deslocou de SS para SS_A. O aluguel aumentou para $ 20 por mês, e a quantidade de habitação diminuiu para 72 mil unidades.

Com o aluguel a $ 20 por mês, havia um lucro estimulando a construção de novos apartamentos e casas. À medida que mais imóveis eram construídos, a curva de oferta de curto prazo se deslocava para a direita, como mostrado na parte (b). O aluguel diminuiu aos poucos para $ 16 por mês, e a quantidade de habitação aumentou para 100 mil unidades – como indica a linha com setas.

de um preço maior do que um nível estabelecido. Quando um preço máximo é aplicado ao mercado de locação de imóveis, ele é chamado de **aluguel máximo**. Como um aluguel máximo afeta esse mercado?

O efeito de um preço (aluguel) máximo depende do nível em que ele é definido, se acima ou abaixo do preço de equilíbrio (aluguel). Um preço máximo acima do preço de equilíbrio não apresenta efeito algum. A razão para isso é que o preço máximo não restringe as forças do mercado. A força da lei e as forças do mercado não estão em conflito. Mas um preço máximo abaixo do preço de equilíbrio tem efeitos poderosos sobre um mercado. A razão para isso é que o preço máximo é uma tentativa de impedir que o preço ajuste as quantidades demandada e ofertada. A força da lei e as forças do mercado estão em conflito, e uma dessas forças (ou as duas) deve ceder em alguma medida. Veremos os efeitos de um preço máximo determinado abaixo do preço de equilíbrio retomando o exemplo de San Francisco. O que teria acontecido nessa cidade se um aluguel máximo de $ 16 por mês – o aluguel antes do terremoto – tivesse sido imposto?

A Figura 6.2 nos permite responder a essa questão. Um aluguel acima de $ 16 por mês estaria na área ilegal cinza na figura. Ao aluguel de $ 16 por mês, a quantidade ofertada de habitação depois do terremoto seria 44 mil unidades, e a quantidade demandada seria 100 mil unidades. Dessa maneira, haveria uma insuficiência de 56 mil unidades de habitação.

Mas a história não acaba aqui. De algum modo, as 44 mil unidades de habitação disponíveis deveriam ser alocadas a pessoas que demandavam 100 mil unidades. Como foi feita essa alocação? Quando um aluguel máximo cria uma insuficiência de habitação, isso tem duas conseqüências. São elas:

- Atividade de busca
- Mercados negros

Figura 6.2 Um aluguel máximo

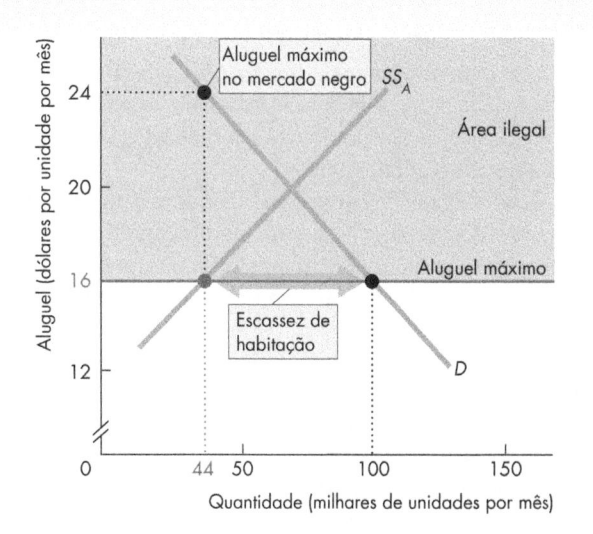

Um aluguel acima de $ 16 por mês é considerado ilegal (na área ilegal cinza). Ao aluguel de $ 16 por mês, a quantidade ofertada de habitação depois do terremoto seria 44 mil unidades. Alguém estaria disposto a pagar $ 24 por mês pela 44.000ª unidade. Locatários frustrados passariam muito tempo em busca de habitação e fariam acordos com proprietários no mercado negro.

Atividade de busca

O tempo gasto procurando alguém com quem fazer negócios é chamado de **atividade de busca**. Gastamos algum tempo em atividades de busca quase todas as vezes que compramos algo. Você quer o último CD da sua banda favorita e conhece quatro lojas em que ele está à venda. Mas qual loja oferece o melhor negócio? Você precisa gastar alguns minutos ao telefone para descobrir isso. Em alguns mercados, passamos muito tempo procurando. Um exemplo disso é o mercado imobiliário, no qual gastamos muito tempo pesquisando as alternativas disponíveis antes de fazer uma escolha.

Mas, quando um preço é regulado e há uma escassez, a atividade de busca aumenta. No caso de um mercado imobiliário com aluguéis controlados, locatários potenciais frustrados esquadrinham não somente os classificados dos jornais, mas também o obituário! Qualquer informação sobre imóveis que acabaram de ficar disponíveis é útil. Os locatários potenciais correm para ser os primeiros da fila sempre que ficam sabendo de um possível locador.

O *custo de oportunidade* de um bem é igual não apenas a seu preço, mas também ao valor do tempo de busca gasto para encontrar o bem. Dessa maneira, o custo de oportunidade da habitação é igual ao aluguel (um preço regulado) mais o tempo e outros recursos gastos na busca da quantidade restrita disponível. A atividade de busca é dispendiosa. Ela demanda tempo e outros recursos, como telefone, carro e combustível que poderiam ser utilizados em outras atividades produtivas. Um aluguel máximo controla a parte do custo da habitação que é representada pelo aluguel, mas não controla o custo de oportunidade, que pode ser até *mais alto* do que o aluguel seria se o mercado não fosse regulado.

Mercados negros

Um **mercado negro** é um mercado ilegal no qual o preço excede o preço máximo legalmente estabelecido. Os mercados negros são praticados em mercados imobiliários com aluguéis regulamentados.

Com aluguéis máximos em vigor, locatários e locadores frustrados estão constantemente procurando maneiras de aumentar os aluguéis. Uma prática comum é fazer com que o novo inquilino pague um preço alto por itens desnecessários, como cobrar $ 2 mil por cortinas esfarrapadas.

O nível do aluguel em um mercado negro depende do grau de capacidade do governo de garantir o cumprimento do aluguel máximo. Com pouca garantia do cumprimento das leis, o aluguel no mercado negro não difere muito do aluguel não regulamentado. Mas, com uma rigorosa garantia do cumprimento das leis, o aluguel no mercado negro é igual ao preço máximo que os locatários estão dispostos a pagar.

Com uma garantia rigorosa do cumprimento do aluguel máximo no exemplo de San Francisco mostrado na Figura 6.2, a quantidade de habitação disponível permaneceria em 44 mil unidades. Um pequeno número de pessoas ofereceria habitação para alugar ao preço de $ 24 por mês – o aluguel mais alto que alguém estaria disposto a pagar – e o governo identificaria e puniria algumas dessas pessoas que negociam no mercado negro.

Ineficiência dos aluguéis máximos

Na ausência de regulação, o mercado determina o aluguel no qual a quantidade demandada é igual à quantidade ofertada. Nessa situação, recursos escassos são alocados com eficiência. O *benefício marginal social* é igual ao *custo marginal social* (veja o Capítulo 5).

A Figura 6.3 mostra a ineficiência de um aluguel máximo. Se o aluguel for fixado em $ 16 por mês, são ofertadas 44 mil unidades de moradia. O benefício marginal é $ 24 por mês. O triângulo cinza-claro acima da curva de oferta e abaixo da linha do aluguel máximo mostra o excedente do produtor. Como a quantidade de habitação é menor que a quantidade competitiva, há uma perda de peso morto, indicada pelo triângulo cinza-escuro. Quem arca com essa perda são os consumidores que não encontram habitação e os produtores (locadores) que não podem oferecer a habitação ao novo preço mais baixo. Os consumidores que conseguem encontrar habitação com o aluguel controlado são beneficiados. Se ninguém incorre em custos de busca, o excedente do consumidor é o representado pela soma do triângulo hachurado e do retângulo pontilhado. Mas os custos de busca podem consumir parte do excedente do consumidor, possivelmente toda a quantidade representada pelo retângulo pontilhado.

Figura 6.3 A ineficiência de um aluguel máximo

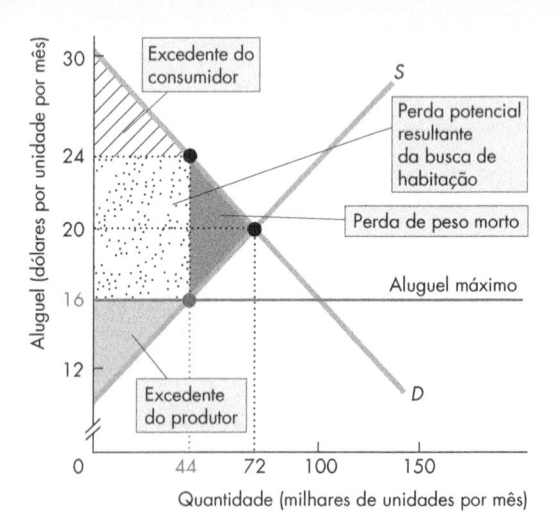

Um aluguel máximo de $ 16 por mês reduz a quantidade ofertada de habitação a 44 mil. O excedente do produtor diminui, e há uma perda de peso morto. Se as pessoas não utilizam nenhum recurso para a atividade de busca, o excedente do consumidor é a soma do triângulo hachurado e do retângulo pontilhado. Mas, se as pessoas utilizam, para a atividade de busca, recursos iguais à quantidade representada pelo retângulo pontilhado, o excedente do consumidor é composto somente pelo triângulo hachurado.

Os aluguéis máximos são justos?

Será que os aluguéis máximos possibilitam uma alocação mais justa de habitação escassa? O Capítulo 5 explorou as complexas idéias sobre a questão da justiça. De acordo com o ponto de vista das *regras justas*, qualquer elemento que impeça a troca voluntária é injusto, de modo que os aluguéis máximos são injustos. Mas, de acordo com o ponto de vista dos *resultados justos*, uma conseqüência justa é aquela que beneficia os mais necessitados. Dessa maneira, de acordo com esse ponto de vista, o resultado mais justo é aquele que aloca a habitação escassa aos mais pobres. Para verificarmos se os aluguéis máximos ajudam a produzir um resultado mais justo nesse sentido, precisamos levar em consideração o modo como o mercado aloca os recursos escassos de habitação diante de um aluguel máximo.

O impedimento dos ajustes de aluguel não elimina a escassez. Na verdade, por diminuir a quantidade disponível de habitação, é um desafio ainda maior para o mercado imobiliário. Assim, o mercado deve racionar, de algum modo, uma quantidade menor de habitação e alocar essa habitação às pessoas que a demandam.

Quando o aluguel não pode alocar a habitação escassa, quais outros mecanismos estão disponíveis? Algumas possibilidades são:

- Sorteio
- Fila de espera
- Discriminação

Será que esses mecanismos são justos?

Um sorteio aloca a habitação aos que têm sorte, e não àqueles que são pobres. Uma fila de espera (um método utilizado para alocar habitação na Inglaterra após a Segunda Guerra Mundial) aloca a habitação às pessoas que têm mais visão de futuro e, portanto, são as primeiras a incluir seu nome na lista de espera, e não necessariamente aos mais necessitados. A discriminação aloca a habitação escassa com base no ponto de vista e no interesse pessoal do proprietário do imóvel. No caso de alojamentos públicos, o que conta é o interesse particular do órgão burocrático que administra a alocação.

Em princípio, proprietários e burocratas que agem de acordo com seu interesse pessoal poderiam alocar a habitação para satisfazer alguns critérios de justiça. Mas eles provavelmente não farão isso. A discriminação com base em amizade, laços familiares e critérios como raça, sexo e nacionalidade tem mais chance de entrar na equação. É possível proibir legalmente esse tipo de discriminação, mas não seria possível impedir que ocorresse.

É difícil, portanto, justificar a determinação de aluguéis máximos com base na justiça. Quando se impedem os ajustes de aluguel, são utilizados outros métodos de alocação de recursos escassos de habitação que não produzem um resultado justo.

Aluguéis máximos na prática

Londres, Nova York, Paris e São Francisco, quatro das grandes cidades do mundo, têm algum tipo de aluguel máximo em algumas partes de seus mercados imobiliários. Boston teve aluguéis máximos durante muitos anos, mas os aboliu em 1997. Muitas outras cidades dos Estados Unidos não têm e nunca tiveram aluguéis máximos.

É possível verificar os efeitos dos aluguéis máximos por meio da comparação dos mercados imobiliários em cidades com e sem a determinação de um preço máximo. Aprendemos duas importantes lições com uma comparação como essa.

Em primeiro lugar, os aluguéis máximos definitivamente criam uma escassez de habitação. Em segundo lugar, eles reduzem os aluguéis para algumas pessoas, mas os aumentam para outras. Um levantamento* realizado em 1997 demonstrou que os valores de aluguel de imóveis *realmente disponíveis para locação* eram 2,5 vezes a média de todos os aluguéis de Nova York, mas iguais ao aluguel médio de Filadélfia. As pessoas que se beneficiam do aluguel máximo são famílias que moram há muito tempo na cidade. Em Nova York, essas famílias incluem alguns ricos e famosos. É o poder de voto desses beneficiários que mantém o nível dos aluguéis máximos. Os prejudicados são as pessoas que acabaram de chegar à cidade.

O resultado é que, em princípio e na prática, os aluguéis máximos são ineficientes e injustos. Eles impedem o mercado imobiliário de operar favorecendo o interesse social.

QUESTÕES PARA REVISÃO

1 Como uma redução da oferta de habitação altera o aluguel de equilíbrio no curto prazo?
2 Como o mercado aloca a habitação escassa quando a oferta de habitação diminui?
3 Quais são os efeitos de longo prazo dos aluguéis mais altos resultantes da redução da oferta de habitação?
4 O que é um aluguel máximo e quais são seus efeitos se ele é determinado acima do aluguel de equilíbrio?
5 Quais são os efeitos de um aluguel máximo determinado abaixo do aluguel de equilíbrio?
6 Como os recursos escassos de habitação são alocados quando há um aluguel máximo?

Agora você já sabe como um preço máximo (aluguel máximo) funciona. Aprenderemos, a seguir, os efeitos de um preço mínimo examinando os salários mínimos no mercado de trabalho.

---

* William Tucker, "How rent control drives out affordable housing".

O mercado de trabalho e o salário mínimo

Para cada um de nós, o mercado de trabalho é aquele que influencia os empregos que conseguimos e os salários que ganhamos. As empresas decidem quanta mão-de-obra demandar e, quanto mais baixo é o salário, maior é a quantidade de trabalho demandada. Os indivíduos decidem quanta mão-de-obra ofertar e, quanto mais alto é o salário, maior é a quantidade de trabalho ofertada. O salário se ajusta para fazer com que a quantidade demandada de trabalho seja igual à quantidade ofertada.

Os salários de equilíbrio possibilitam rendas altas para algumas pessoas, mas resultam em rendas baixas para muito mais pessoas. O mercado de trabalho é constantemente abalado por choques que muitas vezes atingem com maior impacto as pessoas que recebem remuneração mais baixa. O mais generalizado desses choques é o surgimento de novas tecnologias de substituição de mão-de-obra que reduzem a demanda por trabalhadores menos qualificados e também o salário deles. Durante as décadas de 1980 e 1990, por exemplo, a demanda por telefonistas e técnicos para o conserto de televisores diminuiu. Ao longo dos últimos 200 anos, a demanda por mão-de-obra rural pouco qualificada vem sofrendo uma constante diminuição.

Como o mercado de trabalho convive com essa contínua redução da demanda por mão-de-obra pouco qualificada? Será que isso não significa que o salário dos trabalhadores pouco qualificados está constantemente em queda?

Para responder a essas questões, precisamos analisar o mercado de mão-de-obra pouco qualificada tanto no curto quanto no longo prazo.

No curto prazo, há determinado número de pessoas que detêm habilidades, treinamento e experiência. A oferta de trabalho de curto prazo descreve como o número de horas de trabalho ofertadas por esse determinado número de pessoas muda à medida que o salário varia. Para que essas pessoas trabalhem mais horas, deve ser oferecido um salário mais alto para elas.

No longo prazo, as pessoas podem desenvolver novas habilidades e encontrar outros tipos de emprego. O número de pessoas no mercado de trabalho de baixa qualificação depende do salário oferecido nele em comparação com outras oportunidades. Se o salário da mão-de-obra pouco qualificada for alto o suficiente, as pessoas entrarão nesse mercado. Se o salário for baixo, as pessoas sairão do mercado. Algumas procurarão treinamento para entrar em mercados de trabalho de qualificação mais alta e outras pararão de trabalhar.

A oferta de trabalho de longo prazo é a relação entre a quantidade de trabalho ofertada e o salário depois de transcorrido tempo suficiente para que as pessoas entrem ou saiam do mercado de trabalho de baixa qualificação. Se as pessoas puderem entrar e sair livremente do mercado de mão-de-obra pouco qualificada, a oferta de trabalho de longo prazo é *perfeitamente elástica*.

A Figura 6.4 mostra o mercado de trabalho de baixa qualificação. Se todos os outros fatores forem mantidos constantes, quanto mais baixo for o salário, maior será a quantidade de trabalho demandada pelas empresas. A curva de demanda por trabalho, D, na parte (a), mostra a relação entre o salário e a quantidade demandada de trabalho. Se todos os outros fatores forem mantidos constantes,

Figura 6.4 Um mercado para a mão-de-obra pouco qualificada

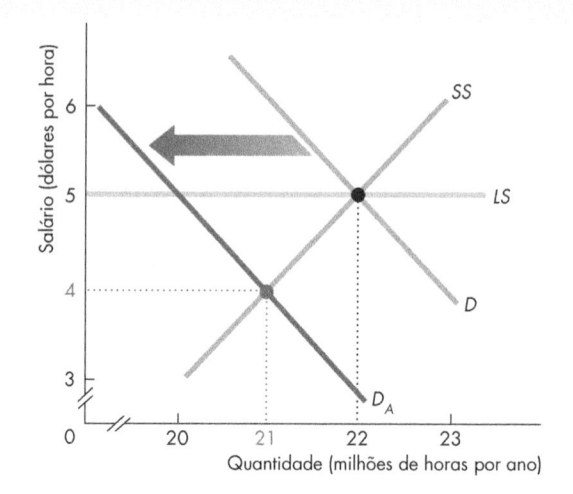

(a) Após a invenção

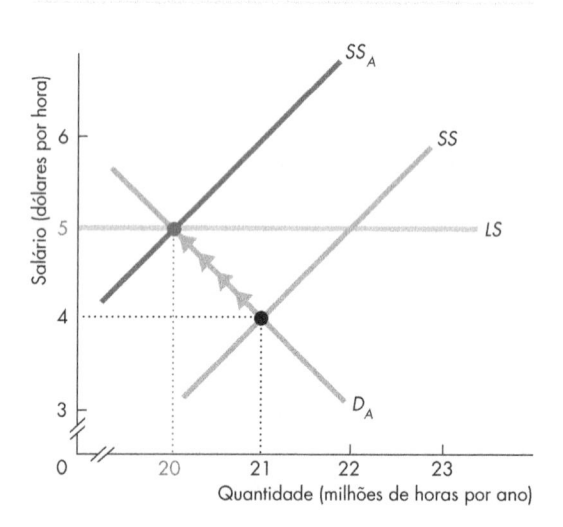

(b) Ajuste de longo prazo

A parte (a) mostra o efeito imediato de uma invenção que substitui mão-de-obra sobre o mercado de trabalho de baixa qualificação. Inicialmente, o salário é $ 5 por hora, e são empregados 22 milhões de horas por ano. A invenção desloca a curva de demanda de D para D_A. O salário diminui para $ 4 por hora, e o emprego diminui para 21 milhões de horas por ano. Com um salário mais baixo, alguns trabalhadores saem do mercado, e a curva de oferta de curto prazo começa a se deslocar aos poucos para a esquerda, para $SS_{A'}$ como mostrado na parte (b). O salário aumenta aos poucos, e o nível de emprego diminui. No longo prazo, o salário volta a ser $ 5 por hora, e o emprego diminui para 20 milhões de horas por ano.

quanto mais alto for o salário maior será a quantidade de mão-de-obra ofertada pelos indivíduos. Mas, quanto mais longo for o período de ajuste, maior será a *elasticidade da oferta* de mão-de-obra. A curva de oferta de curto prazo é *SS*, e a curva de oferta de longo prazo é *LS*. Na figura, presume-se que a oferta de longo prazo seja perfeitamente elástica (a curva *LS* é horizontal). Esse mercado está em equilíbrio com um salário de $ 5 por hora e 22 milhões de horas de trabalho empregadas.

O que ocorreria se uma invenção que substitui a mão-de-obra reduzisse a demanda por mão-de-obra pouco qualificada? A Figura 6.4(a) mostra os efeitos de curto prazo de uma mudança como essa. Antes da introdução da nova tecnologia, a curva de demanda é a curva *D*. Depois da nova tecnologia, a curva de demanda se desloca para a esquerda, para D_A. O salário diminui para $ 4 por hora, e a quantidade empregada de trabalho diminui para 21 milhões de horas. Mas esse efeito de curto prazo sobre o salário e o emprego não acaba por aqui.

As pessoas que atualmente ganham apenas $ 4 por hora partem em busca de novas oportunidades. Elas analisam vários outros empregos (em mercados que requerem outros tipos de habilidade) que paguem mais que $ 4 por hora. Um a um, os trabalhadores decidem voltar a estudar ou aceitam empregos que paguem menos, mas que ofereçam treinamento. Em virtude disso, a curva de oferta de curto prazo começa a se deslocar para a esquerda.

A Figura 6.4(b) mostra o ajuste de longo prazo. À medida que a curva de oferta de curto prazo se desloca para a esquerda, ela cruza a curva de demanda D_A em um ponto de salário mais elevado e menos horas empregadas. O processo chega ao fim quando os trabalhadores não têm mais incentivos para sair do mercado de trabalho de baixa qualificação e a curva de oferta de curto prazo se desloca para SS_A. Nesse ponto, o salário volta a ser $ 5 por hora, e a quantidade empregada de trabalho diminui para 20 milhões de horas por ano.

Preocupado com a renda dos trabalhadores mal remunerados, o Congresso dos Estados Unidos aprovou uma lei determinando um salário mínimo. Adicionalmente, muitas cidades e estados norte-americanos passaram a criar regulamentações a respeito do chamado salário digno, de acordo com as quais os empregadores devem pagar salários mais altos do que os definidos pelas forças do mercado.

Vamos examinar agora os efeitos das regulamentações que regem o salário mínimo e o salário digno.

O salário mínimo

Um **preço mínimo** é uma regulação que torna ilegal a cobrança de um preço menor do que determinado nível. Quando um preço mínimo é aplicado aos mercados de trabalho, é chamado de **salário mínimo**. Se um salário mínimo é definido *abaixo* do salário de equilíbrio, não tem efeito algum. O salário mínimo e as forças do mercado não estão em conflito. Se um salário mínimo é definido *acima* do salário de equilíbrio, está em conflito com as forças do mercado e resulta em alguns efeitos sobre o mercado de trabalho. Vamos estudar esses efeitos retomando o exemplo do mercado de trabalho de baixa qualificação.

Suponha que, com um salário de equilíbrio de $ 4 por hora (Figura 6.4a), o governo estabeleça um salário mínimo de $ 5 por hora. A Figura 6.5 mostra o salário mínimo como a linha cinza-escuro indicada como 'salário mínimo'. É ilegal pagar um salário abaixo desse nível – a área ilegal cinza. A esse salário mínimo são demandados 20 milhões de horas de trabalho (ponto *A*) e são ofertados 22 milhões de horas de trabalho (ponto *B*), de modo que deixam de ser empregados 2 milhões de horas disponíveis de mão-de-obra.

Com apenas 20 milhões de horas demandadas, alguns trabalhadores estão dispostos a oferecer essa vigésima milionésima hora por $ 3. Trabalhadores desempregados frustrados gastam tempo e outros recursos na difícil busca de emprego.

Ineficiência do salário mínimo

Em um mercado de trabalho não-regulado, todas as pessoas que estão dispostas a trabalhar pelo salário corrente conseguem emprego. O mercado aloca os recursos escassos de trabalho aos empregos em que são mais valorizados. O salário mínimo anula o mecanismo do mercado e resulta em desemprego – desperdício de recursos de mão-de-obra – e em uma quantidade ineficiente de busca de emprego.

A Figura 6.6 ilustra a ineficiência do salário mínimo. Há uma perda de peso morto porque, à quantidade empregada de trabalho – 20 milhões de horas –, o valor do trabalhador marginal para a empresa excede o salário pelo qual essa pessoa está disposta a trabalhar.

Figura 6.5 Salário mínimo e desemprego

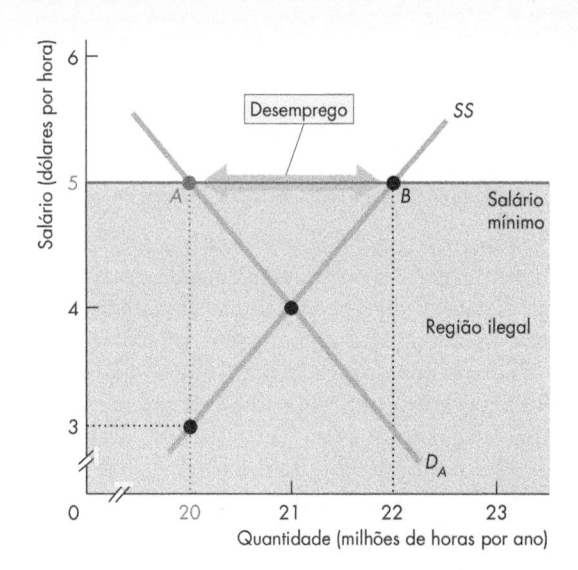

É ilegal pagar um salário abaixo de $ 5 por hora (indicado pela área ilegal cinza). Ao salário mínimo de $ 5 por hora são contratados 20 milhões de horas, mas estão disponíveis 22 milhões de horas. Isso resulta em um desemprego – *AB* – de 2 milhões de horas por ano.

Figura 6.6 A ineficiência de um salário mínimo

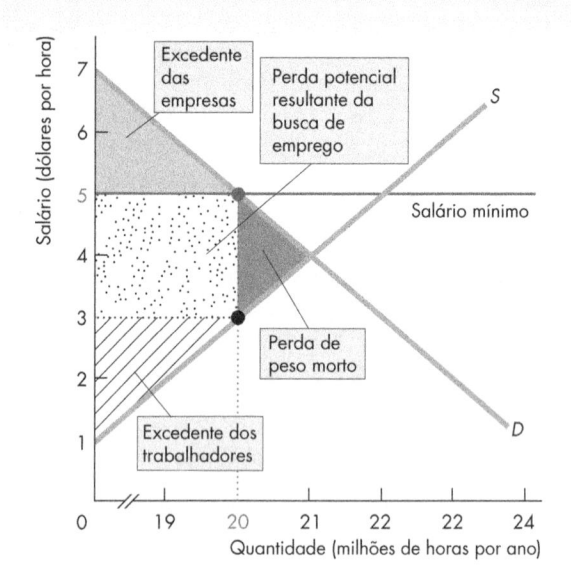

Um salário mínimo reduz o excedente das empresas (área cinza-claro) e o excedente dos trabalhadores (área hachurada), criando uma perda de peso morto (área cinza-escuro). Se as pessoas utilizarem recursos extras na busca de emprego, a área pontilhada mostra a perda potencial resultante da busca de emprego.

Nesse nível de emprego, os desempregados têm um grande incentivo para gastar tempo e esforço em busca de trabalho. O retângulo pontilhado mostra a perda potencial resultante dessa busca adicional de emprego. Essa perda surge porque alguém que encontra um emprego ganha $ 5 por hora (como indica a curva de demanda), mas estaria disposto a trabalhar a $ 3 por hora (como indica a curva de oferta). Dessa maneira, qualquer pessoa desempregada tem um incentivo para se empenhar na busca de emprego e utilizar recursos que compensem o excedente de $ 2 por hora para encontrar um emprego.

O salário mínimo federal e seus efeitos

Vimos, na Figura 6.5, que o salário mínimo resulta em desemprego. Mas de que quantidade de desemprego estamos falando? Os economistas não chegaram a um consenso sobre a resposta a essa questão. Até recentemente, a maioria dos economistas acreditava que o salário mínimo contribuía bastante para altos níveis de desemprego entre jovens trabalhadores pouco qualificados. Mas recentemente esse ponto de vista sofreu objeções, que, por sua vez, também têm sido questionadas.

David Card, da Universidade da Califórnia em Berkeley, e Alan Krueger, da Universidade de Princeton, afirmam que os aumentos do salário mínimo não reduziram o emprego nem resultaram em desemprego. Com base em sua análise dos salários mínimos na Califórnia, Nova Jersey e Texas, Card e Krueger sustentam que a taxa de emprego entre trabalhadores de baixa renda aumentou depois de um aumento do salário mínimo. Eles sugerem três razões pelas quais salários mais altos podem aumentar o nível de emprego. Em primeiro lugar, os trabalhadores são mais conscientes e mais produtivos. Em segundo lugar, é menos provável que os trabalhadores peçam demissão, de maneira que a rotatividade de mão-de-obra, que é custosa, é reduzida. Em terceiro lugar, os administradores aumentam a eficiência das operações de uma empresa.

A maioria dos economistas é cética quanto às sugestões de Card e Krueger. Eles levantam duas questões. Para começar, se os salários mais altos fazem com que os trabalhadores sejam mais produtivos e reduzem a rotatividade de mão-de-obra, por que as empresas não pagam voluntariamente salários acima do salário de equilíbrio para incentivar hábitos mais produtivos de trabalho? Em segundo lugar, será que não existem outras explicações para as variações do nível de emprego descobertas por Card e Krueger?

De acordo com Daniel Hamermesh, da Universidade do Texas em Austin, Card e Krueger se equivocaram na descrição da seqüência dos eventos. Ele afirma que as empresas demitem empregados *antes* do aumento do salário mínimo, adiantando-se ao aumento. Se ele estiver certo, a procura das conseqüências de um aumento *depois* que este ocorreu desconsidera seus efeitos mais significativos. Finis Welch, da Texas A&M University, e Kevin Murphy, da Universidade de Chicago, afirmam que os efeitos sobre o emprego revelados por Card e Krueger são causados por diferenças regionais, e não por variações do salário mínimo.

Um dos efeitos do salário mínimo, como mostra a Figura 6.5, é um aumento da quantidade ofertada de trabalho. Nesse caso, esse efeito pode surgir na forma de um aumento do número de pessoas que param de estudar antes de concluir o ensino médio para procurar trabalho. Alguns economistas dizem que essa reação de fato ocorre.

O salário digno

Você viu que o salário mínimo provavelmente causa desemprego e gera uma perda de peso morto. Apesar desses efeitos de um preço mínimo sobre o mercado de trabalho, um movimento popular está tentando criar um salário mínimo generalizado e mais alto, chamado de salário digno. O **salário digno** é definido como um salário que permite que uma pessoa que trabalhe 40 horas semanais alugue habitação adequada por não mais que 30 por cento do salário recebido. Por exemplo, se o aluguel corrente do mercado para um apartamento de um quarto é $ 180 por semana, o salário digno é $ 15 por hora. (Verifique: 40 horas a $ 15 por hora são $ 600, e $ 180 representam 30 por cento de $ 600.)

Nos Estados Unidos, leis que estabelecem o salário digno já estão em vigor em cidades como St. Louis, St. Paul, Minneapolis, Boston, Oakland, Denver, Chicago, Nova Orleans e a Nova York, e campanhas para que o salário digno seja expandido estão se difundido em muitas cidades e estados norte-americanos. Espera-se que os efeitos do salário digno sejam similares aos do salário mínimo.

> **QUESTÕES PARA REVISÃO**
>
> 1. Como uma redução da demanda por mão-de-obra de baixa qualificação altera o salário de trabalhadores pouco qualificados no curto prazo?
> 2. Quais são os efeitos de longo prazo de uma redução dos salários para a mão-de-obra pouco qualificada?
> 3. O que é um salário mínimo e quais são seus efeitos se ele é definido abaixo do salário de equilíbrio?
> 4. Quais são os efeitos de um salário mínimo ou de um salário digno definido acima do salário de equilíbrio?

Em seguida, você estudará uma medida governamental mais difundida nos mercados: os impostos. Veremos como os impostos alteram os preços e as quantidades. Você se surpreenderá com o fato de que, apesar de o governo ter o poder de impor um imposto, ele não tem como decidir quem pagará por esse imposto! E você verá que um imposto provoca uma perda de peso morto.

Impostos

Tudo o que você ganha e quase tudo o que compra está sujeito à incidência de impostos. São deduzidos de seus rendimentos impostos sobre a renda e contribuições para a previdência social, e, quando você compra alguma coisa, são acrescentados à conta tributos sobre a venda de mercadorias e serviços. Os empregadores também fazem uma contribuição de previdência social para seus funcionários, e os fabricantes de cigarros e bebidas alcoólicas pagam um imposto a cada venda.

E quem *de fato* paga esses impostos? Como o imposto sobre a renda e a contribuição para a previdência social são deduzidos do seu salário e os tributos sobre a venda de mercadorias e serviços são acrescentados aos preços que você paga, não é óbvio que quem paga esses impostos é *você*? E não é igualmente óbvio que o seu empregador também paga uma parcela da contribuição para a previdência social e que os fabricantes de cigarro recolhem impostos sobre os cigarros vendidos?

Você descobrirá que não é tão óbvio assim quem *de fato* paga um imposto e que os legisladores não tomam essa decisão. Começaremos com uma definição de incidência do imposto.

Incidência do imposto

A **incidência do imposto** é a divisão da carga tributária entre o comprador e o vendedor. Quando o governo cria um imposto sobre a venda de um bem*, o preço pago pelo comprador pode aumentar no valor total do imposto, em um valor inferior ao do imposto, ou pode simplesmente não aumentar. Se o preço pago pelo comprador aumenta em um valor equivalente ao total do imposto, a carga tributária recai integralmente sobre o comprador – o comprador paga o imposto. Se o preço pago pelo comprador aumenta em um valor inferior ao valor do imposto, a carga tributária recai parcialmente sobre o comprador e parcialmente sobre o vendedor. E, se o preço pago pelo comprador não tem alterações, a carga tributária recai integralmente sobre o vendedor.

A incidência do imposto não depende da lei fiscal. A lei pode impor um imposto aos vendedores ou compradores, mas o resultado é o mesmo em qualquer um dos casos. Para entender por que, vamos analisar o imposto sobre os cigarros na cidade de Nova York.

Um imposto para os vendedores

No dia 1º de julho de 2002, o prefeito da cidade de Nova York aumentou o imposto sobre a venda de cigarros de praticamente zero para $ 1,50 por maço. Para compreendermos os efeitos desse imposto sobre os vendedores de cigarros, começaremos examinando os efeitos sobre a demanda e a oferta no mercado de cigarros.

Na Figura 6.7, a curva de demanda é *D*, e a curva de oferta é *S*. Sem o imposto, o preço de equilíbrio é $ 3 por maço, e são comprados e vendidos 350 milhões de maços por ano.

Um imposto para os vendedores é como um aumento de custo, de modo que reduz a oferta. Para descobrirmos a posição da nova curva de oferta, adicionamos o imposto

Figura 6.7 Um imposto para os vendedores

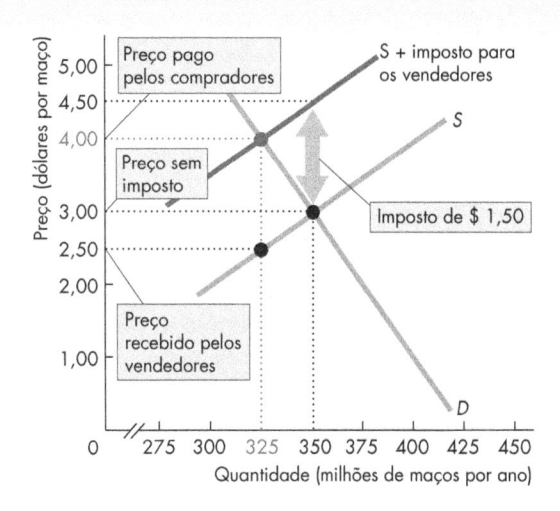

Sem o imposto, são comprados e vendidos 350 milhões de maços por ano a $ 3 por maço. Um imposto para os vendedores de $ 1,50 por maço desloca a curva de oferta para a esquerda, para *S + imposto para os vendedores*. A quantidade de equilíbrio diminui para 325 milhões de maços por ano, o preço pago pelos compradores aumenta para $ 4 por maço, e o preço recebido pelos vendedores diminui para $ 2,50 por maço. O imposto aumenta o preço pago pelos compradores em um valor menor que o imposto e reduz o preço recebido pelos vendedores, de modo que compradores e vendedores participam da carga tributária.

---

* Essas afirmações também se aplicam a serviços e fatores de produção (terra, trabalho, capital).

ao preço mínimo que os vendedores estão dispostos a aceitar a cada quantidade vendida. Podemos notar que, sem o imposto, eles estão dispostos a oferecer 350 milhões de maços por ano a $ 3 por maço. Dessa maneira, com um imposto de $ 1,50, eles ofertarão 350 milhões de maços por ano somente se o preço for $ 4,50 por maço. A curva de oferta se desloca para a curva cinza-escuro indicada por S + *imposto para os vendedores*.

O equilíbrio ocorre no ponto em que a curva de oferta cruza a curva de demanda na quantidade de 325 milhões de maços por ano. O preço pago pelos compradores aumenta $ 1, subindo para $ 4 por maço. O preço recebido pelos vendedores diminui $ 0,50, reduzindo-se para $ 2,50 por maço. Assim, os compradores pagam $ 1 do imposto, e os vendedores pagam os $ 0,50 restantes.

Um imposto para os compradores

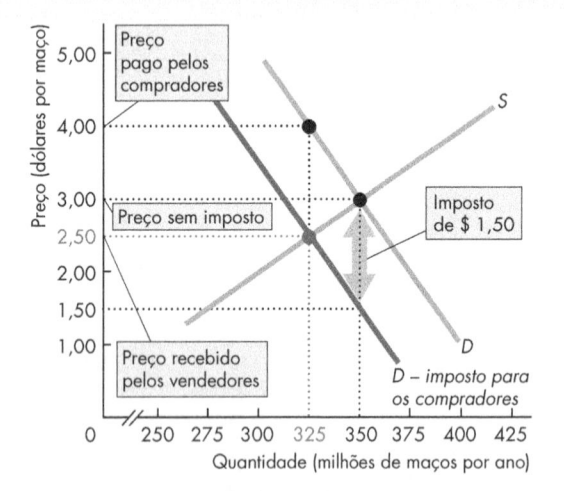

Suponha que, em vez de impor um imposto para os vendedores, a cidade de Nova York cobre dos compradores de cigarros $ 1,50 por maço.

Um imposto para os compradores reduz a quantia que eles estão dispostos a pagar ao vendedor, diminuindo a demanda e deslocando a curva de demanda para a esquerda. Para descobrirmos a posição dessa nova curva de demanda, subtraímos o imposto do preço máximo que os compradores estão dispostos a pagar a cada quantidade comprada. Podemos notar, na Figura 6.8, que, sem o imposto, os compradores estão dispostos a comprar 350 milhões de maços por ano a $ 3 por maço. Assim, com um imposto de $ 1,50, eles estão dispostos a comprar 350 milhões de maços por ano somente se o preço, incluindo o imposto, for $ 3 por maço, o que significa que eles estão dispostos a pagar ao vendedor apenas $ 1,50 por maço. A curva de demanda se desloca e se torna a curva cinza-escuro denominada D – *imposto para os compradores*.

O equilíbrio ocorre quando a nova curva de demanda cruza a curva de oferta na quantidade de 325 milhões de maços por ano. O preço recebido pelos vendedores é $ 2,50 por maço, e o preço pago pelos compradores é $ 4.

Equivalência do imposto para compradores e vendedores

É possível notar que o imposto para os compradores na Figura 6.8 tem os mesmos efeitos que o imposto para os vendedores na Figura 6.7. Em ambos os casos, a quantidade de equilíbrio diminui para 325 milhões de maços por ano, o preço pago pelos compradores aumenta para $ 4 por maço, e o preço recebido pelos vendedores diminui para $ 2,50 por maço. Os compradores pagam $ 1 do imposto de $ 1,50 e os vendedores pagam o $ 0,50 restante.

A carga tributária pode ser dividida igualmente? Suponha que o prefeito de Nova York quisesse que a carga tributária dos cigarros fosse igual para compradores e vendedores e declarasse que deveria ser cobrado um imposto de $ 0,75 de cada um deles. Será que isso faria com que a carga tributária fosse dividida igualmente?

Na verdade, não. O imposto continua a ser de $ 1,50 por maço. Vimos que o imposto tem o mesmo efeito independentemente de ser estipulado para vendedores ou compradores. Assim, a imposição de metade do imposto a um e a outra metade ao outro é como uma média dos dois casos que analisamos. (Trace o gráfico de demanda e oferta e veja o que acontece nesse caso. A curva de demanda se desloca $ 0,75 para baixo, e a curva de oferta se desloca $ 0,75 para cima. A nova quantidade de equilíbrio continua a ser 325 milhões de maços por ano. Os compradores pagam $ 4 por maço, e, desse valor, $ 0,75 correspondem ao imposto. Os vendedores recebem dos compradores $ 3,25, mas devem pagar um imposto de $ 0,75, de modo que recebem $ 2,50 por maço.)

A principal questão é que, quando uma transação fica sujeita à incidência de impostos, dois preços devem ser levados em consideração: o preço pago pelos compradores, que inclui o imposto, e o preço recebido pelos vendedores, que exclui o imposto. Os compradores só reagem ao preço que inclui o imposto, pois é o preço que pagam. Os vendedores só reagem ao preço que exclui o imposto, pois é o preço que recebem.

Um imposto é como uma cunha entre o preço de compra e o preço de venda. É o tamanho da cunha, e não o tamanho do mercado sobre o qual o imposto incide, que determina os efeitos do imposto.

A contribuição para a previdência social A contribuição para a previdência social é um exemplo de um tributo que o governo federal impõe igualmente a compradores e

Figura 6.8 Um imposto para os compradores

Sem o imposto, são comprados e vendidos 350 milhões de maços por ano a $ 3 por maço. Um imposto de $ 1,50 por maço para os compradores desloca a curva de demanda para a esquerda, para D – *imposto para os compradores*. A quantidade de equilíbrio diminui para 325 milhões de maços por ano, o preço pago pelos compradores aumenta para $ 4 por maço, e o preço recebido pelos vendedores diminui para $ 2,50 por maço. O imposto eleva o preço pago pelos compradores em um valor menor que o imposto e reduz o preço recebido pelos vendedores, de modo que compradores e vendedores participam da carga tributária.

a vendedores. Mas os princípios que acabamos de aprender também se aplicam a esse tipo de imposto. É o mercado de trabalho, e não o governo, que decide como a carga tributária da previdência social é dividida entre empresas e trabalhadores.

Nos exemplos dos impostos sobre cigarros na cidade de Nova York, a carga tributária para os compradores era o dobro daquela imposta aos vendedores. Em casos especiais, compradores ou vendedores pagam toda a carga tributária. A divisão da carga tributária entre compradores e vendedores depende das elasticidades da demanda e da oferta, como veremos a seguir.

Divisão do imposto e elasticidade da demanda

A divisão do imposto entre compradores e vendedores depende, em parte, da elasticidade da demanda. Dois casos extremos são possíveis:
- Demanda perfeitamente inelástica – os compradores pagam.
- Demanda perfeitamente elástica – os vendedores pagam.

Demanda perfeitamente inelástica A Figura 6.9(a) mostra o mercado de insulina, um medicamento diário vital para diabéticos. A demanda é perfeitamente inelástica em 100 mil doses diárias, independentemente do preço, como mostra a curva vertical D. Ou seja, um diabético sacrificaria todos os outros bens e serviços para consumir sua dose diária de insulina. A curva de oferta da insulina é S. Sem nenhum imposto, o preço é $ 2 por dose, e a quantidade é 100 mil doses por dia.

Se a insulina é taxada em $ 0,20 por dose, devemos acrescentar o imposto ao preço mínimo ao qual as empresas farmacêuticas estão dispostas a vender a insulina. O resultado é a nova curva de oferta $S + imposto$. O preço aumenta para $ 2,20 por dose, mas a quantidade permanece inalterada. Os compradores pagam todo o imposto sobre as vendas, de $ 0,20 por dose.

Demanda perfeitamente elástica A Figura 6.9(b) mostra o mercado de canetas azuis. A demanda é perfeitamente elástica em $ 1 por caneta, como mostra a curva horizontal D. Se as canetas azuis são mais baratas que as outras, todos usam azul. Se as canetas azuis são mais caras do que as outras, ninguém usa azul. A curva de oferta é S. Sem nenhum imposto, o preço de uma caneta azul é $ 1, e a quantidade é 4 mil canetas por semana.

Se um imposto de $ 0,10 por caneta passar a incidir sobre as canetas azuis, mas não sobre as canetas de outras cores, adicionamos o imposto ao preço mínimo pelo qual os vendedores estão dispostos a oferecer canetas azuis para venda, e a nova curva de oferta passa a ser $S + imposto$. O preço permanece em $ 1 por caneta, e a quantidade diminui para mil canetas por semana. O imposto de $ 0,10 deixa o preço pago pelos compradores inalterado, mas reduz o que os vendedores recebem em uma quantia igual ao valor total do imposto. Os vendedores pagam todo o imposto de $ 0,10 por caneta azul.

Figura 6.9 Imposto e elasticidade da demanda

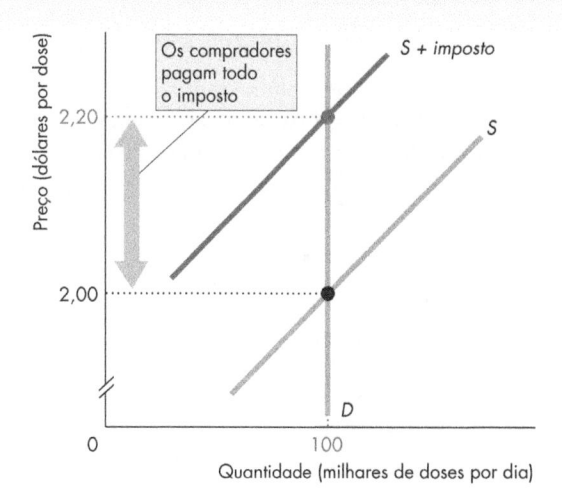

(a) Demanda perfeitamente inelástica

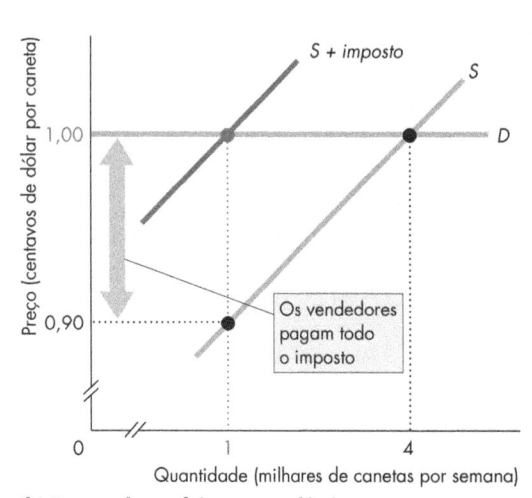

(b) Demanda perfeitamente elástica

A parte (a) mostra o mercado de insulina, no qual a demanda é perfeitamente inelástica. Sem nenhum imposto, o preço é $ 2 por dose, e a quantidade é 100 mil doses por dia. Um imposto de $ 0,20 por dose desloca a curva de oferta para $S + imposto$. O preço aumenta para $ 2,20 por dose, mas a quantidade comprada permanece inalterada. Os compradores pagam todo o imposto.

A parte (b) mostra o mercado de canetas azuis, no qual a demanda é perfeitamente elástica. Sem nenhum imposto, o preço de uma caneta é $ 1, e a quantidade é 4 mil canetas por semana. Um imposto de $ 0,10 por caneta azul desloca a curva de oferta para $S + imposto$. O preço permanece em $ 1 por caneta, e a quantidade de canetas azuis vendidas diminui para mil canetas por semana. Os vendedores pagam todo o imposto.

Vimos que, quando a demanda é perfeitamente inelástica, os compradores pagam todo o imposto e, quando a demanda é perfeitamente elástica, os vendedores pagam todo o imposto. Em situações comuns, a demanda não é nem perfeitamente inelástica nem perfeitamente elástica, e o imposto é dividido entre compradores e vendedores.

Mas a proporção dessa divisão depende da elasticidade da demanda. Quanto mais inelástica é a demanda, maior é a parcela do imposto paga pelos compradores.

Divisão do imposto e elasticidade da oferta

A divisão do imposto entre compradores e vendedores também depende, em parte, da elasticidade da oferta. Mais uma vez, dois casos extremos são possíveis:

- Oferta perfeitamente inelástica – os vendedores pagam.
- Oferta perfeitamente elástica – os compradores pagam.

Oferta perfeitamente inelástica A Figura 6.10(a) mostra o mercado de água mineral proveniente de uma fonte que flui em um volume constante que não pode ser controlado. A oferta é perfeitamente inelástica a 100 mil garrafas por semana, como mostra a curva de oferta S. A curva de demanda pela água dessa fonte é D. Sem nenhum imposto, o preço é $ 0,50 por garrafa, e as 100 mil garrafas provenientes da fonte são compradas.

Suponha que incida sobre essa água mineral um imposto de $ 0,05 por garrafa. A curva de oferta permanece inalterada porque os proprietários da fonte continuam a produzir 100 mil garrafas por semana, mesmo que o preço que recebem diminua. Mas os compradores estão dispostos a comprar as 100 mil garrafas somente se o preço for $ 0,50 por garrafa. Dessa maneira, o preço permanece em $ 0,50 por garrafa. O imposto reduz o preço recebido pelos vendedores para $ 0,45 por garrafa, e os vendedores pagam todo o imposto.

Oferta perfeitamente elástica A Figura 6.10(b) mostra o mercado de areia da qual os fabricantes de chips de computador extraem o silício. A oferta de areia é perfeitamente elástica ao preço de $ 0,10 por quilo, como mostrado pela curva de oferta S. A curva de demanda por areia é D. Sem nenhum imposto, o preço é de $ 0,10 por quilo e são comprados 5 mil quilos por semana.

Se a areia é taxada em $ 0,01 por quilo, devemos adicionar o imposto ao preço mínimo de oferta. Agora os vendedores estão dispostos a oferecer qualquer quantidade a $ 0,11 por quilo, ao longo da curva $S + imposto$. Um novo equilíbrio ocorre no ponto em que a nova curva de oferta cruza a curva de demanda: ao preço de $ 0,11 por quilo e à quantidade de 3 mil quilos por semana. O imposto aumentou o preço que os compradores pagam em uma quantia igual ao valor total do imposto – $ 0,01 por quilo – e reduziu a quantidade vendida. Os compradores pagam todo o imposto.

Vimos que, quando a oferta é perfeitamente inelástica, os vendedores pagam todo o imposto e, quando a oferta é perfeitamente elástica, os compradores pagam todo o imposto. Em situações comuns, a oferta não é nem perfeitamente inelástica nem perfeitamente elástica, e o imposto é dividido entre compradores e vendedores. Mas a proporção dessa divisão depende da elasticidade da oferta. Quanto mais elástica é a oferta, maior é a parcela do imposto paga pelos compradores.

Figura 6.10 Imposto e elasticidade da oferta

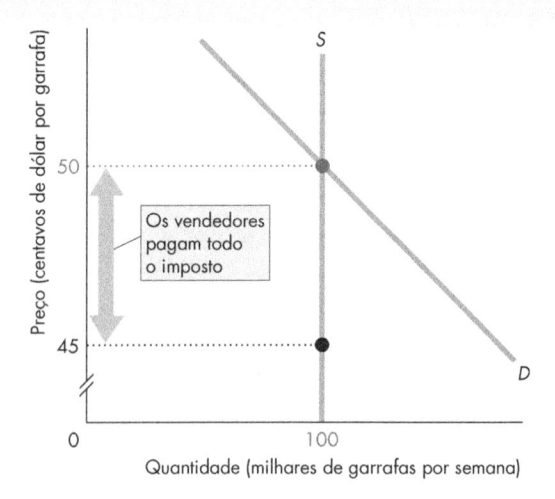

(a) Oferta perfeitamente inelástica

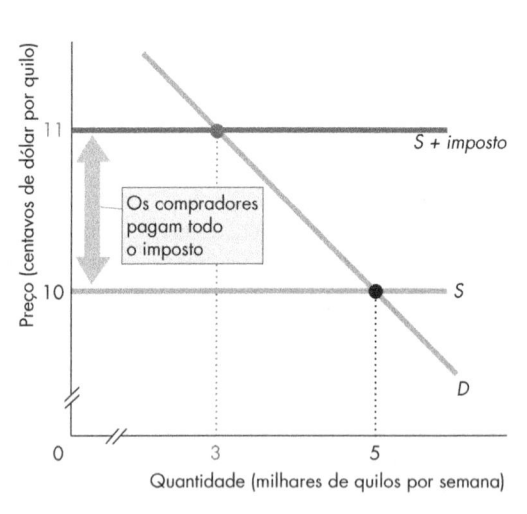

(b) Oferta perfeitamente elástica

A parte (a) mostra o mercado de água mineral proveniente de determinada fonte. A oferta é perfeitamente inelástica. Sem nenhum imposto, o preço é $ 0,50 por garrafa. Com um imposto de $ 0,05 por garrafa, o preço permanece em $ 0,50 por garrafa. O número de garrafas compradas permanece constante, mas o preço recebido pelos vendedores diminui para $ 0,45 por garrafa. Os vendedores pagam todo o imposto.

A parte (b) mostra o mercado de areia. A oferta é perfeitamente elástica. Sem nenhum imposto, o preço é $ 0,10 por quilo. Com um imposto de $ 0,01 por quilo, o preço mínimo de oferta aumenta para $ 0,11 por quilo. A curva de oferta se desloca para $S + imposto$. O preço aumenta para $ 0,11 por quilo. Os compradores pagam todo o imposto.

Os impostos na prática

A oferta e a demanda raramente são perfeitamente elásticas ou perfeitamente inelásticas. Mas alguns itens tendem a um desses extremos. Bebidas alcoólicas, cigarros e combustíveis, por exemplo, têm baixa elasticidade de demanda e alta elasticidade de oferta. Dessa maneira, o encargo desses impostos incide com mais peso sobre os compradores do que sobre os vendedores. O trabalho tem baixa elasticidade de oferta e alta elasticidade de demanda. Assim, apesar do desejo do governo de dividir igualmente a contribuição da previdência social entre trabalhadores e empregadores, o encargo desse tributo recai principalmente sobre os trabalhadores.

Os itens com maior carga tributária são aqueles que apresentam baixa elasticidade de demanda ou baixa elasticidade de oferta. Para esses itens, a quantidade de equilíbrio não diminui muito quando se implementa um imposto. Assim, o governo arrecada uma grande receita tributária, e a perda de peso morto resultante do imposto é pequena.

É incomum tributar pesadamente um item se nem a demanda nem a oferta são inelásticas. Com oferta e demanda elásticas, um imposto resulta em uma grande diminuição da quantidade de equilíbrio e em pequena receita tributária.

Impostos e eficiência

Vimos que um imposto coloca uma cunha entre o preço que os compradores pagam e o preço que os vendedores recebem. O preço que os compradores pagam também é a disposição deles de pagar, o que mede o benefício marginal. O preço que os vendedores recebem é também o preço mínimo de oferta dos vendedores, que é igual ao custo marginal.

Dessa maneira, uma vez que um imposto coloca uma cunha entre o preço dos compradores e o preço dos vendedores, ele também a coloca entre o benefício marginal e o custo marginal, gerando uma ineficiência. Com um preço mais alto para os compradores e um preço mais baixo para os vendedores, o imposto diminui a quantidade produzida e consumida, e há uma perda de peso morto. A Figura 6.11 mostra a ineficiência de um imposto sobre aparelhos de CD. Com um imposto, tanto o excedente do consumidor quanto o excedente do produtor diminuem. Parte de cada excedente vai para o governo na forma de receita tributária – a área pontilhada. E parte se torna uma perda de peso morto – a área hachurada.

Nos casos extremos de demanda e oferta perfeitamente inelásticas, um imposto não altera a quantidade comprada e vendida e não há uma perda de peso morto. Quanto mais inelástica é a demanda ou a oferta, menor é a diminuição da quantidade e menor é a perda de peso morto. Quando a demanda ou a oferta é perfeitamente inelástica, a quantidade permanece constante e não há perda de peso morto.

Figura 6.11 Impostos e eficiência

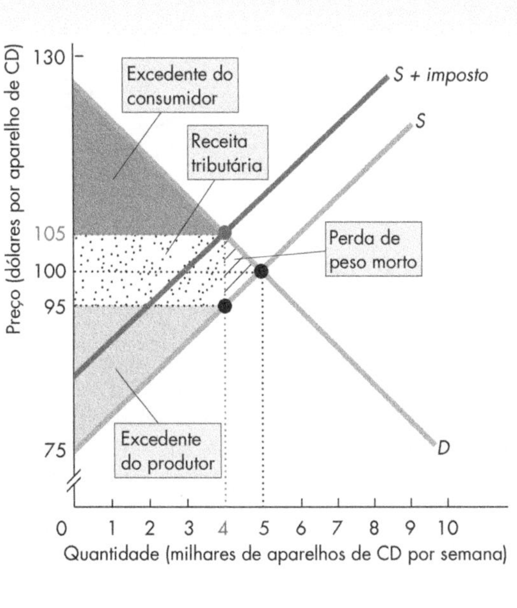

Sem nenhum imposto sobre os aparelhos de CD, são comprados e vendidos 5 mil aparelhos por semana a $ 100 cada unidade. Com um imposto de $ 10 por aparelho de CD, o preço pago pelos compradores aumenta para $ 105 por aparelho, o preço recebido pelos vendedores diminui para $ 95 por aparelho, e a quantidade diminui para 4 mil aparelhos de CD por semana. O excedente do consumidor se reduz para a área cinza-escuro, e o excedente do produtor se reduz para a área cinza-claro. Parte da perda do excedente total (a soma do excedente do consumidor e do excedente do produtor) vai para o governo na forma de receita tributária (a área pontilhada), e a perda de peso morto aumenta (a área hachurada).

> **QUESTÕES PARA REVISÃO**
>
> **1** Como a elasticidade da demanda influencia o efeito de um imposto sobre o preço pago pelos compradores, o preço recebido pelos vendedores, a quantidade, a receita tributária e a perda de peso morto?
>
> **2** Como a elasticidade da oferta influencia o efeito de um imposto sobre o preço pago pelos compradores, o preço recebido pelos vendedores, a quantidade, a receita tributária e a perda de peso morto?
>
> **3** Por que um imposto gera uma perda de peso morto?

Sua próxima tarefa é estudar a intervenção nos mercados de produtos agrícolas. Esses mercados apresentam problemas específicos e proporcionam exemplos de duas outras maneiras de alterar os resultados no mercado: subsídios e cotas.

Subsídios e cotas

Uma geada fora de época, um verão atipicamente quente e seco e um outono chuvoso demais são apenas alguns dos desafios que resultam em incerteza e, em algumas ocasiões, dificuldades econômicas para os produtores rurais. As variações climáticas levam a grandes flutuações na produção agrícola. Como as variações dessa produção afetam os preços e as receitas dos produtores? E como os produtores rurais podem ser ajudados por meio da intervenção do governo nos mercados de produtos agrícolas? Vamos examinar alguns mercados agrícolas e ver como eles são afetados.

Flutuações da colheita

A Figura 6.12 mostra um mercado hipotético de trigo. Em ambas as partes, a curva de demanda por trigo é D. Depois que os produtores fazem a colheita, eles não têm mais nenhum controle sobre a quantidade ofertada, e a oferta é inelástica ao longo de uma *curva de oferta momentânea*. Com uma colheita normal, a quantidade produzida é 20 bilhões de quilos, e a curva de oferta momentânea é SM_0. O preço é $ 4 por quilo, e a receita do produtor (preço multiplicado pela quantidade) é de $ 80 bilhões.

Colheita ruim Na Figura 6.12(a), uma colheita ruim reduz a quantidade ofertada para 15 bilhões de quilos. A curva de oferta momentânea se desloca para a esquerda, para SM_1, o preço aumenta para $ 6 por quilo, e a receita do produtor aumenta para $ 90 bilhões. Uma *redução* da oferta eleva o preço e *aumenta* a receita do produtor.

Colheita boa Na Figura 6.12(b), uma colheita boa aumenta a quantidade ofertada para 25 bilhões de quilos. A curva de oferta momentânea se desloca para a direita, para SM_2, o preço diminui para $ 2 por quilo, e a receita do produtor diminui para $ 50 bilhões. Um *aumento* da oferta reduz o preço e *diminui* a receita do produtor.

Elasticidade da demanda A receita do produtor e a quantidade produzida flutuam em direções opostas porque a demanda por trigo é *inelástica*. A variação percentual da quantidade demandada é menor que a variação percentual do preço. Na Figura 6.12(a), o aumento da receita resultante do preço mais alto ($ 30 bilhões – a área cinza-claro) excede a diminuição da receita resultante da quantidade menor ($ 20 bilhões – a área hachurada). Na Figura 6.12(b), a diminuição da receita resultante do preço mais baixo ($ 40 bilhões – a área hachurada) excede o aumento da receita resultante da quantidade maior.

Se a demanda é *elástica*, a receita do produtor e a quantidade produzida flutuam na mesma direção. Colheitas boas aumentam a receita, e colheitas ruins a diminuem. Mas a demanda pela maioria dos produtos agrícolas é inelástica, de modo que o caso que estudamos é o relevante.

Evitando a falácia da composição Apesar de a receita *total* do produtor rural aumentar no caso de uma colheita ruim, a receita dos produtores *individuais* cuja plantação inteira é destruída diminui. Os produtores cuja plantação não é afetada se beneficiam da situação. Dessa maneira, uma colheita ruim não representa boas notícias para todos os produtores.

Como os produtores nos mercados de produtos agrícolas muitas vezes se vêem diante de baixas rendas, ocorrem intervenções governamentais nesses mercados. Podem ser utilizados preços mínimos, que funcionam mais ou menos como o salário mínimo, o qual já estudamos. Você já viu que esse tipo de intervenção cria um excedente e é ineficiente. As mesmas conclusões se aplicam aos mercados de produtos agrícolas.

Figura 6.12 Colheitas, preços do produtor e receita do produtor

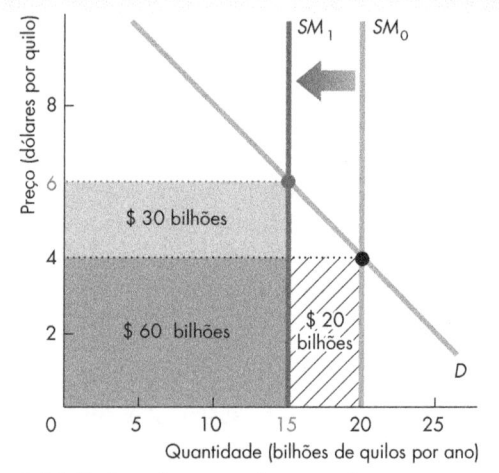

(a) Colheita ruim: a receita aumenta

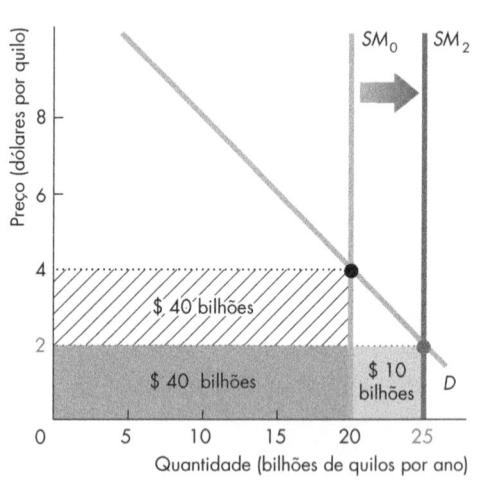

(b) Colheita boa: a receita diminui

A curva de demanda é D. Com uma colheita normal, a curva de oferta é SM_0, e são vendidos 20 bilhões de quilos a $ 4 por quilo. Uma colheita ruim diminui a quantidade ofertada. A curva de oferta se desloca para SM_1 como mostrado na parte (a). O preço sobe para $ 6 por quilo, e a receita do produtor sofre um aumento de $ 10 bilhões – o aumento de $ 30 bilhões resultante do preço mais alto (área cinza-claro) menos a diminuição de $ 20 bilhões resultante da quantidade menor (área hachurada).

Uma boa colheita aumenta a quantidade ofertada. A curva de oferta se desloca para SM_2, como mostrado na parte (b). O preço diminui para $ 2 por quilo, e a receita do produtor sofre uma diminuição de $ 30 bilhões – o aumento de $ 10 bilhões resultante da quantidade maior (área cinza-claro) menos a diminuição de $ 40 bilhões resultante do preço mais baixo (área hachurada).

Dois outros métodos de intervenção costumam ser utilizados nos mercados de produtos agrícolas. São eles:

- Subsídios
- Cotas de produção

Subsídios

Em muitos países ricos, os produtores de amendoim, beterraba, leite, trigo e muitos outros produtos agrícolas recebem subsídios. Um **subsídio** é um pagamento feito pelo governo a um produtor. Para verificarmos os efeitos de um subsídio, examinaremos o mercado de amendoim. A Figura 6.13 mostra esse mercado. A demanda por amendoim é D e a oferta de amendoim é S. Sem nenhum subsídio, o preço é $ 40 por tonelada, e a quantidade é 40 milhões de toneladas por ano.

Suponhamos que o governo passe a pagar um subsídio para os produtores de amendoim no valor de $ 20 por tonelada. Um subsídio como esse é como um imposto negativo. Você viu que um imposto equivale a um aumento do custo. Desse modo, um subsídio equivale a uma diminuição do custo. O subsídio leva a um aumento da oferta.

Para determinarmos a posição da nova curva de oferta, subtraímos o subsídio do preço mínimo de oferta dos produtores. Sem subsídio, os produtores estão dispostos a oferecer 40 milhões de toneladas por ano a $ 40 por tonelada. Assim, com um subsídio de $ 20 por tonelada, eles oferecerão 40 milhões de toneladas por ano apenas se o preço for $ 20 por tonelada. A curva de oferta se desloca para a curva cinza-escuro $S - subsídio$.

O equilíbrio ocorre no ponto em que a nova curva de oferta cruza a curva de demanda em 60 milhões de toneladas por ano. O preço diminui $ 10, reduzindo-se para $ 30 por tonelada. No entanto, o preço mais o subsídio recebido pelos produtores aumenta $ 10, elevando-se para $ 50 por tonelada.

Como a curva de oferta é a curva de custo marginal, e a curva de demanda é a curva de benefício marginal, um subsídio aumenta o custo marginal acima do benefício marginal e cria uma perda de peso morto resultante do excesso de produção.

As consequências dos subsídios têm reflexos pelo mundo todo. Como os produtores subsidiados reduzem o preço, eles colocam parte de sua produção à venda no mercado internacional, o que reduz o preço no resto do mundo. Diante de preços mais baixos, os produtores de outros países reduzem a produção e recebem receitas menores.

Os subsídios agrícolas representam um grande obstáculo à utilização eficiente de recursos nos mercados internacionais de produtos agrícolas e uma fonte de tensão entre os Estados Unidos, a Europa e nações em desenvolvimento mais pobres.

Cotas de produção

Os mercados de beterraba, tabaco e algodão (entre outros) são, de tempos em tempos, controlados por meio de cotas de produção. Uma **cota de produção** é um limite superior da quantidade de um bem que pode ser produzida em determinado período. Para verificarmos os efeitos das cotas, analisaremos o mercado de beterraba, mostrado na Figura 6.14. Sem nenhuma cota, o preço é $ 30 por tonelada, e são produzidos 60 milhões de toneladas de beterraba por ano.

Suponhamos que os produtores de beterraba queiram limitar a produção total para obter um preço mais alto. Eles convencem o governo a estabelecer uma cota de produção de 40 milhões de toneladas de beterraba por ano.

O efeito de uma cota de produção depende do nível em que ela é determinada, se abaixo ou acima da quantidade de equilíbrio. Se o governo determinasse uma cota acima de 60 milhões de toneladas por ano, a quantidade de equilíbrio na Figura 6.14, não haveria mudanças porque os produtores de beterraba já estão produzindo menos do que a cota. Mas uma cota de 40 milhões está abaixo da quantidade de equilíbrio. A Figura 6.14 mostra os efeitos dessa cota.

Para implementar a cota, é atribuído a cada produtor um limite de produção, e o limite total da produção é igual a 40 milhões de toneladas. A produção que, no total, excede 40 milhões de toneladas é ilegal – a área cinza acima da cota. Os produtores não podem mais produzir a quantidade de equilíbrio, já que ela está na área ilegal. Como no caso de preços máximos e mínimos, as forças políticas e as do mercado estão em conflito.

Quando o governo implementa uma cota de produção, ele não controla o preço. São as forças do mercado que o determinam. No exemplo mostrado na Figura 6.14, com a produção limitada a 40 milhões de toneladas por ano, o preço de mercado aumenta para $ 50.

Figura 6.13 Um subsídio aumenta a produção

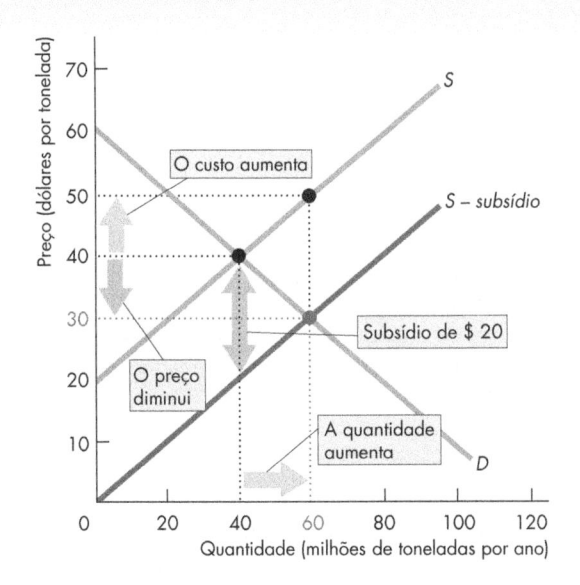

Sem nenhum subsídio, são produzidos 40 milhões de toneladas por ano a $ 40 por tonelada. Um subsídio de $ 20 por tonelada desloca a curva de oferta para a direita, para $S - subsídio$. A quantidade de equilíbrio aumenta para 60 milhões de toneladas por ano, o preço diminui para $ 30 por tonelada, e o preço mais o subsídio recebido pelos produtores aumenta para $ 50 por tonelada. No novo equilíbrio, o custo marginal (na curva de oferta) excede o benefício marginal (na curva de demanda), e resulta do excesso de produção uma perda de peso morto.

Figura 6.14 Uma cota limita a produção

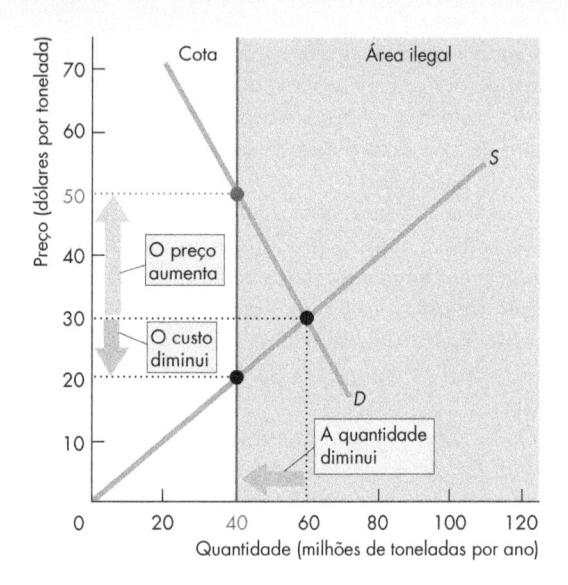

Sem nenhuma cota, são produzidos 60 milhões de toneladas por ano a $30 por tonelada. Uma cota de 40 milhões de toneladas por ano restringe a produção total a essa quantidade. A quantidade de equilíbrio diminui para 40 milhões de toneladas por ano, o preço aumenta para $50 por tonelada, e o custo marginal dos produtores diminui para $20 por tonelada. No novo equilíbrio, o custo marginal (na curva de oferta) é menor que o benefício marginal (na curva de demanda), e resulta da insuficiência de produção uma perda de peso morto.

A cota não apenas aumenta o preço como também *reduz* o custo marginal de sua produção, pois os produtores de beterraba percorrem suas curvas de oferta (e custo marginal) para baixo.

Uma cota de produção é ineficiente porque resulta em insuficiência de produção. Na quantidade da cota, o benefício marginal é igual ao preço de mercado, e o custo marginal é menor que o preço de mercado, de modo que o benefício marginal excede o custo marginal.

Devido a esses efeitos de uma cota, medidas como essas costumam ser populares entre os produtores, e, em alguns casos, são os produtores, e não os governos, que tentam implementá-las. Mas as cotas raramente funcionam quando são estabelecidas voluntariamente. A razão para isso é que cada produtor tem um incentivo para trapacear e produzir um pouco mais que a cota a ele atribuída. É possível verificar por que isso acontece comparando-se o preço de mercado e o custo marginal. Se um produtor pudesse promover um pequeno incremento de sua produção sem que isso fosse percebido, seu lucro aumentaria. Mas, se todos os produtores trapacearem produzindo acima da cota, o mercado retorna ao equilíbrio não controlado, e o ganho dos produtores é neutralizado.

QUESTÕES PARA REVISÃO

1. Como colheitas ruins e boas influenciam os preços e as receitas dos produtores?
2. Explique como um subsídio influencia os preços e a produção agrícola. Como um subsídio afeta as receitas do produtor rural?
3. Explique como uma cota de produção influencia os preços e a produção agrícola. Como uma cota de produção afeta as receitas do produtor rural?

Os governos intervêm em alguns mercados proibindo o comércio de um bem. Veremos a seguir como esses mercados funcionam.

Mercados de bens ilegais

Os mercados de muitos bens e serviços são controlados, e a compra e venda de alguns bens é ilegal. Os exemplos mais conhecidos desses bens são as drogas, como maconha, cocaína, ecstasy e heroína.

Apesar do fato de essas drogas ser ilegais, seu comércio é um negócio de bilhões de dólares. Ele pode ser entendido utilizando-se os mesmos modelos e princípios econômicos que explicam o comércio de bens legais. Para estudarmos o mercado de bens ilegais, começaremos examinando os preços e as quantidades que prevaleceriam se esses bens não fossem ilegais. Em seguida, veremos como funciona a proibição. Depois, veremos como um imposto poderia ser utilizado para limitar o consumo desses bens.

O livre mercado de uma droga

A Figura 6.15 mostra o mercado de uma droga. A curva de demanda, D, mostra que, se todos os outros fatores são mantidos constantes, quanto mais baixo é o preço da droga, maior é a quantidade demandada dela. A curva de oferta, S, mostra que, se todos os outros fatores são mantidos constantes, quanto mais baixo é o preço da droga, menor é a quantidade ofertada dela. Se a droga não fosse ilegal, a quantidade comprada e vendida seria Q_C e o preço seria P_C.

Mercado de uma droga ilegal

Quando um bem é ilegal, o custo da comercialização dele aumenta. O nível de aumento do custo e quem arca com esse custo dependem das punições que se recebem por violar a lei e da eficácia com que o cumprimento da lei é garantido pelas autoridades. Quanto mais severas forem as penalidades e quanto mais eficaz for o policiamento, mais altos serão os custos. As penalidades podem ser impostas aos vendedores, aos compradores ou a ambos.

Penalidades aos vendedores Os traficantes de drogas na maioria dos países estão sujeitos a severas penalidades se suas atividades forem descobertas. Por exemplo, um traficante de maconha poderia ser obrigado a pagar uma multa

Figura 6.15 Mercado de uma droga ilegal

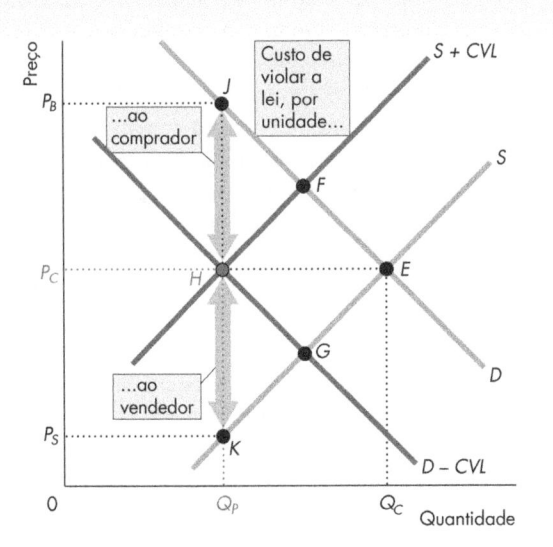

A curva de demanda por drogas é D, e a curva de oferta é S. Se as drogas não forem ilegais, a quantidade comprada e vendida é Q_C ao preço P_C – ponto E. Se a venda de drogas é ilegal, o custo de violar a lei com a venda de drogas (CVL) é adicionado ao preço mínimo de oferta, e a oferta diminui para $S + CVL$. O mercado se move para o ponto F. Se a compra de drogas é ilegal, o custo de violar a lei é subtraído do preço máximo que os compradores estão dispostos a pagar, e a demanda diminui para $D - CVL$. O mercado se move para o ponto G. Se tanto a compra quanto a venda são ilegais, a curva de oferta e a curva de demanda se deslocam, e o mercado se move para o ponto H. O preço de mercado permanece em P_C, mas o preço de mercado mais a penalidade para a compra aumenta – ponto J – e o preço de mercado menos a penalidade para a venda diminui – ponto K.

---

de $ 200 mil e cumprir 15 anos de prisão. Um traficante de heroína poderia pagar uma multa de $ 500 mil e cumprir 20 anos de prisão. Essas penalidades constituem uma parte do custo de fornecer drogas ilegais e levam a uma redução da oferta – um deslocamento da curva de oferta para a esquerda. Para descobrirmos a nova curva de oferta, adicionamos o custo de violar a lei ao preço mínimo que os traficantes de drogas estão dispostos a aceitar. Na Figura 6.15, o custo de violar a lei com a venda de drogas (CVL) é adicionado ao preço mínimo que os traficantes aceitarão, e a curva de oferta se desloca para a esquerda, para $S + CVL$. Se as penalidades fossem impostas apenas aos vendedores, o equilíbrio do mercado se moveria do ponto E para o ponto F.

Penalidades aos compradores Em muitos países, a *posse* de drogas como maconha, cocaína, ecstasy e heroína é ilegal. Nos Estados Unidos, por exemplo, a posse de maconha pode levar a um ano de prisão, e a de heroína, a dois anos de prisão. As penalidades recaem sobre os compradores, e o custo de violar a lei deve ser subtraído do valor do bem para calcular o preço máximo que os compradores estão dispostos a pagar pelas drogas. A demanda diminui, e a curva de demanda se desloca para a esquerda. Na Figura 6.15, a curva de demanda se desloca para $D - CVL$. Se fossem impostas penalidades apenas aos compradores, o equilíbrio do mercado se moveria do ponto E para o ponto G.

Penalidades a vendedores e compradores Se as penalidades forem impostas *tanto* aos vendedores *quanto* aos compradores, tanto a oferta quanto a demanda diminuem, e tanto a curva de oferta quanto a curva de demanda se deslocam. Na Figura 6.15, os custos de violar a lei são os mesmos tanto para os compradores quanto para os vendedores, de modo que ambas as curvas se deslocam para a esquerda na mesma distância. O equilíbrio do mercado se move para o ponto H. O preço de mercado se mantém no preço do mercado competitivo, P_C, mas a quantidade comprada diminui para Q_P. O comprador paga P_C mais o custo de violar a lei, que é igual a P_B, e o vendedor recebe P_C menos o custo de violar a lei, que é igual a P_S.

Quanto mais severas são as penalidades e maior é a eficácia na garantia do cumprimento das leis, maior é a redução da demanda e/ou da oferta. Se as penalidades são mais severas para os vendedores, a curva de oferta se desloca mais do que a curva de demanda, e o preço de mercado sobe e fica acima de P_C. Se as penalidades são mais severas para os compradores, a curva de demanda se desloca mais do que a curva de oferta e o preço de mercado cai e fica abaixo de P_C. Em muitos países, as penalidades são mais severas para os vendedores do que para os compradores, de modo que a quantidade comercializada de drogas diminui, e o preço de mercado aumenta em comparação com um mercado livre.

Com penalidades severas o suficiente e uma garantia eficaz do cumprimento da lei, é possível reduzir a demanda e/ou a oferta ao ponto em que a quantidade comprada é zero. Mas, na realidade, é raro ver um resultado como esse. A principal razão para isso é o alto custo para garantir o cumprimento da lei e recursos insuficientes para um policiamento eficaz. Devido a essa situação, alguns sugerem que as drogas (e outros bens ilegais) devem ser legalizadas e vendidas abertamente, mas com a incidência de altos impostos, como ocorre no caso de drogas legalizadas, como as bebidas alcoólicas. Como um arranjo desse tipo funcionaria?

Legalização e tributação das drogas

Com base no estudo dos efeitos dos impostos, é fácil notar que a quantidade comprada de uma droga poderia ser reduzida se ela fosse legalizada e tributada. Poderia ser estabelecido um imposto suficientemente alto para reduzir a oferta, elevar o preço e provocar a mesma diminuição da quantidade comprada que a proibição das drogas causa. O governo obteria uma maior receita tributária.

Comércio ilegal para sonegar o imposto É provável que seria necessário um imposto extremamente alto para reduzir a quantidade comprada de drogas ao nível mantido por uma proibição. Também é provável que muitos traficantes e consumidores de drogas tentariam ocultar suas atividades para sonegar o imposto. Se agissem dessa maneira, teriam o custo de violar a lei – o imposto legal.

Se a penalidade para a violação da lei for tão severa e tão respeitada quanto as leis que controlam o comércio de drogas, a análise que já conduzimos também se aplicará a esse caso. A quantidade comprada de drogas dependerá das penalidades pela violação da lei e da maneira como as penalidades forem determinadas para compradores e vendedores.

Impostos *versus* proibição: alguns prós e contras O que é mais eficaz: a proibição ou os impostos? A favor dos impostos e contra a proibição há o fato de que a receita tributária pode ser utilizada para fazer com que o cumprimento da lei seja mais eficaz. Ela também pode ser utilizada para lançar campanhas educativas mais eficazes contra a utilização de drogas ilegais. A favor da proibição e contra os impostos há o fato de que a proibição envia uma mensagem que pode influenciar preferências, reduzindo a demanda por drogas ilegais. Além disso, algumas pessoas são veementemente contra a idéia de o governo obter lucros com o comércio de substâncias prejudiciais à saúde.

QUESTÕES PARA REVISÃO

1 Como a imposição de uma penalidade para a venda de uma droga ilegal influencia a demanda, a oferta, o preço e a quantidade consumida da droga?
2 Como a imposição de uma penalidade para a posse de uma droga ilegal influencia a demanda, a oferta, o preço e a quantidade consumida da droga?
3 Como a imposição de uma penalidade para a venda *ou* a posse de uma droga ilegal influencia a demanda, a oferta, o preço e a quantidade consumida da droga?
4 Há algum argumento a favor da legalização das drogas?

Agora você já sabe como utilizar o modelo de demanda e oferta para prever preços, para compreender as ações do governo nos mercados e para estudar as fontes e os custos da ineficiência. Antes de concluir esse tema, leia a seção "Leitura das entrelinhas" sobre o mercado de downloads ilegais de músicas.

LEITURA DAS ENTRELINHAS

OBSERVATÓRIO ECONÔMICO

O mercado de downloads ilegais

Indústria musical processa proprietário de programa de compartilhamento de arquivos

5 de agosto de 2006

Uma coalizão de gravadoras processou as operadoras do programa de compartilhamento de arquivos LimeWire por violação de direitos autorais na última sexta-feira, alegando que a empresa incentivava os usuários a trocar músicas sem permissão.

A Recording Industry Association of America – organização que representa a indústria fonográfica nos Estados Unidos – declarou ter processado o Lime Group, os executivos da empresa e as subsidiárias que desenvolviam e distribuíam o LimeWire. O processo foi aberto no Tribunal Federal de Manhattan.

O caso representa a primeira ação judicial contra um distribuidor de programas de compartilhamento de arquivos desde que a Corte Suprema dos Estados Unidos decretou, no ano passado, que as empresas de tecnologia poderiam ser processadas por violação de direitos autorais com base no argumento de incentivar os clientes a roubar músicas e filmes pela Internet.

As gravadoras – Sony BMG Music Entertainment, Vivendi's Universal Music Group, Time Warner's Warner Music Group e EMI Music – exigem indenizações, incluindo pelo menos US$ 150 mil por ocasião na qual uma música protegida pela lei de direitos autorais foi distribuída sem permissão.

Na petição, as gravadoras sustentam que as operadoras do LimeWire estão "ativamente ajudando, incentivando e incitando" usuários de computadores a roubar músicas ao deixar de bloquear o acesso a obras protegidas pela lei de direitos autorais e ao desenvolver um modelo de negócios que lhes permite lucrar com a pirataria.

Como outros programas similares, o LimeWire permite que usuários de computador disponibilizem arquivos que estão em seus PCs a outras pessoas, todas conectadas umas às outras, um método conhecido como compartilhamento de arquivos P2P (*peer-to-peer file-sharing*).

O primeiro software a popularizar trocas on-line de arquivos foi o Napster, antes de ser forçado a sair do mercado em 2001, após a empresa que o desenvolveu ser processada pelas gravadoras...

Fonte: Copyright 2006 The New York Times Company. Reproduzido com permissão. Proibido nova reprodução. Disponível em: http://www.nytimes.com

Essência da notícia

▶ O Napster, o software que popularizou a troca on-line de arquivos musicais, foi bloqueado em 2001 após a empresa que o desenvolveu ter sido processada pelas gravadoras.

▶ Cinco anos mais tarde, as gravadoras alegaram que o LimeWire estava lucrando com um software que permitia que usuários de computadores se envolvessem no compartilhamento de arquivos P2P e no roubo de músicas protegidas pela lei de direitos autorais.

▶ As gravadoras processaram o LimeWire e exigiram indenizações, incluindo pelo menos US$ 150 mil por ocasião na qual uma música protegida pela lei de direitos autorais foi distribuída sem permissão.

Análise econômica

▶ Os usuários de computadores podem fazer facilmente o download de músicas por meio de programas de compartilhamento de arquivos.

▶ Os programas de compartilhamento de arquivos estão disponíveis na Internet.

▶ O custo marginal do download de um arquivo é zero.

▶ Na Figura 1, a curva de oferta, S, que também é a curva de custo marginal, é horizontal, ao longo do eixo x.

▶ A curva de demanda por downloads de músicas é a curva D, que é inclinada para baixo.

▶ A quantidade de equilíbrio ocorre no preço de equilíbrio zero, onde a curva de demanda D cruza o eixo x.

▶ Se as gravadoras processarem os usuários que fazem os downloads, eles estarão diante do custo de violar a lei.

▶ O custo de violar a lei é subtraído do valor do download de músicas para calcular o preço máximo que alguém está disposto a pagar por um download.

▶ Na Figura 1, a curva de demanda se desloca para a esquerda, de D para D − CVL, e a distância vertical entre as duas curvas é igual ao custo de violar a lei.

▶ A quantidade de downloads de arquivos diminui, mas, como a curva de oferta não se desloca, o preço de equilíbrio permanece zero.

▶ No entanto, se as gravadoras processam os criadores dos programas de compartilhamento de arquivos, como relatado no artigo, o custo de violar a lei recai sobre o lado da oferta do mercado.

▶ Na Figura 2, a curva de oferta se desloca para cima, de S para S + CVL, quando o criador do programa de compartilhamento de arquivos é obrigado a pagar uma quantia P por download ilegal de arquivo.

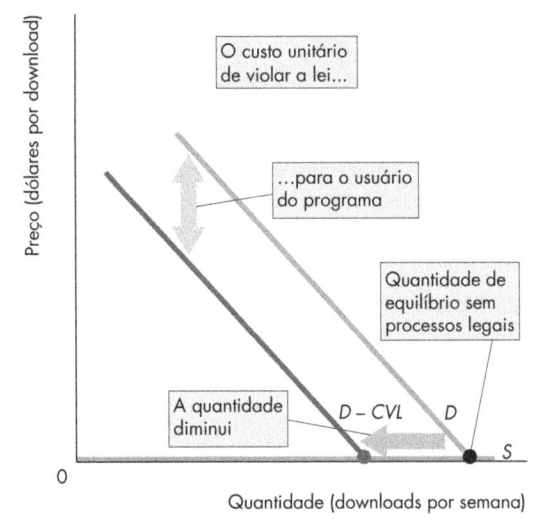

Figura 1 Usuários de programas de compartilhamento de arquivos diante do custo de violar a lei

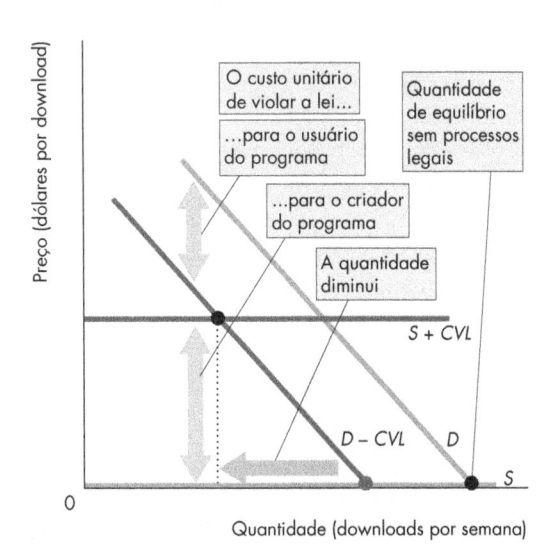

Figura 2: Usuários e criadores de programas de compartilhamento de arquivos diante do custo de violar a lei

▶ Se os usuários continuam diante do custo de violar a lei, a curva de demanda D – CVL é a mesma que a curva na Figura 1.

▶ Quando tanto os criadores quanto os usuários de programas de compartilhamento de arquivos enfrentam o custo de violar a lei, a quantidade de equilíbrio de downloads de arquivos diminui ainda mais. O preço de um download sobe até ficar igual ao custo de violar a lei com que arcam os criadores do programa.

Você decide

Por que as gravadoras estão processando os criadores de programas de compartilhamento de arquivos em vez de processar os usuários desses programas?

O que você acha que seria mais eficaz: processar os criadores de programas de compartilhamento de arquivos ou os usuários desses programas?

Você apoiaria uma alteração da lei para legalizar o compartilhamento de arquivos? Explique por quê.

RESUMO

Pontos-chave

Mercados imobiliários e aluguéis máximos (p. 119-123)

- Uma redução da oferta de habitação aumenta o valor dos aluguéis.
- Aluguéis mais altos incentivam a construção de imóveis e, no longo prazo, a quantidade de habitação aumenta e os aluguéis diminuem.
- Um aluguel máximo estabelecido abaixo do aluguel de equilíbrio gera escassez de habitação, desperdício de tempo na busca de moradia e mercado negro.

O mercado de trabalho e o salário mínimo (p. 124-127)

- Uma redução da demanda por mão-de-obra menos qualificada reduz o salário e o nível de emprego.
- O salário mais baixo incentiva os profissionais de baixa qualificação a aprimorar suas habilidades, o que reduz a oferta de mão-de-obra menos qualificada e, no longo prazo, aumenta o salário dessa mão-de-obra.
- Um salário mínimo estabelecido acima do salário de equilíbrio gera desemprego e aumenta o tempo que as pessoas gastam em busca de um novo emprego.
- Os jovens são os mais afetados por um salário mínimo.

Impostos (p. 127-131)

- Um imposto aumenta o preço, mas, em geral, o aumento é menor do que o imposto.
- A divisão da carga tributária entre compradores e vendedores depende das elasticidades da demanda e da oferta.
- Quanto menos elástica é a demanda ou quanto mais elástica é a oferta, maior é a parcela do imposto paga pelos compradores.
- Se a demanda é perfeitamente elástica ou a oferta é perfeitamente inelástica, os vendedores pagam todo o imposto. Se a demanda é perfeitamente inelástica ou a oferta é perfeitamente elástica, os compradores pagam todo o imposto.

Subsídios e cotas (p. 131-134)

- As receitas dos produtores rurais apresentam flutuações porque a oferta varia. Como a demanda pela maioria dos produtos agrícolas é inelástica, uma redução da oferta aumenta a receita do produtor rural, ao passo que um aumento da oferta diminui essa receita.
- Um subsídio é como um imposto negativo. Ele reduz o preço e resulta em um excesso ineficiente de produção.
- Uma cota leva a uma insuficiência ineficiente de produção, o que eleva o preço.

Mercados de bens ilegais (p. 134-136)

- Penalidades aos vendedores de um bem ilegal aumentam o custo de vender o bem e diminuem sua oferta. Penalidades aos compradores de um bem ilegal reduzem sua disposição de pagar e diminuem a demanda pelo bem.
- Quanto mais severas forem as penalidades e quanto mais eficaz for o policiamento, menor será a quantidade comprada.
- Um imposto suficientemente alto diminuirá a quantidade comprada de uma droga, mas haverá uma tendência à sonegação do imposto.

Figuras-chave

Figura 6.2:   Um aluguel máximo, 121
Figura 6.3:   A ineficiência de um aluguel máximo, 122
Figura 6.5:   Salário mínimo e desemprego, 125
Figura 6.6:   A ineficiência de um salário mínimo, 126
Figura 6.11: Impostos e eficiência, 131
Figura 6.12: Colheitas, preços do produtor e receita do produtor, 132
Figura 6.15: Mercado de uma droga ilegal, 135

Palavras-chave

Aluguel máximo, 121

Atividade de busca, 122

Cota de produção, 133

Incidência do imposto, 127

Mercado negro, 122

Preço máximo, 120

Preço mínimo, 125

Salário digno, 126

Salário mínimo, 125

Subsídio, 133

Salário (dólares por hora)	Quantidade demandada	Quantidade ofertada
	(horas por mês)	
4	3.000	1.000
5	2.500	1.500
6	2.000	2.000
7	1.500	2.500
8	1.000	3.000

EXERCÍCIOS

1. A figura mostra a demanda e a oferta de aluguéis de imóveis na cidade de Townsville.

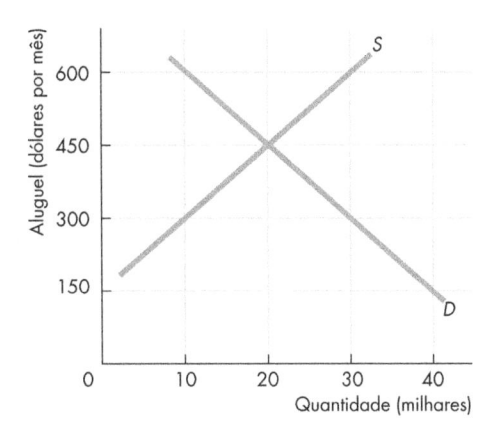

    a. Qual é o aluguel de equilíbrio e qual a quantidade de equilíbrio para aluguéis de imóveis?

    Se é definido um aluguel máximo de $ 300 por mês, qual é:

    b. A quantidade alugada de habitação?

    c. A escassez de habitação?

    d. O preço máximo que alguém está disposto a pagar pela última unidade disponível?

    Se é definido um aluguel máximo de $ 600 por mês, qual é:

    e. A quantidade alugada de habitação?

    f. A escassez de habitação?

    g. O preço máximo que alguém está disposto a pagar pela última unidade disponível?

2. A tabela apresenta a demanda e a oferta de mão-de-obra com idade entre 16 e 18 anos.

    a. Qual é o salário de equilíbrio e o nível de emprego?

    b. Qual é a quantidade de desemprego?

    c. Se for estabelecido um salário mínimo de $ 5 por hora para aqueles com idade entre 16 e 18 anos, quantas horas eles trabalharão?

    d. Se for estabelecido um salário mínimo de $ 5 por hora para aqueles com idade entre 16 e 18 anos, quantas horas eles deixarão de trabalhar por ficar desempregados?

    e. Se for estabelecido um salário mínimo de $ 7 por hora para aqueles com idade entre 16 e 18 anos, quais serão as quantidades de emprego e desemprego?

    f. Se for estabelecido um salário mínimo de $ 7 por hora e a demanda aumentar 500 horas por mês, qual será o salário pago àqueles com idade entre 16 e 18 anos e quantas horas eles deixarão de trabalhar por ficar desempregados?

3. A tabela apresenta a demanda e a oferta de bolinhos.

Preço (centavos de dólar por bolinho)	Quantidade demandada	Quantidade ofertada
	(milhões por dia)	
50	5	3
60	4	4
70	3	5
80	2	6
90	1	7

a. Se os bolinhos não estão sujeitos à incidência de impostos, qual é o preço de um bolinho e quantos são comprados?

b. Se os vendedores devem pagar um imposto de $ 0,20 por bolinho, qual é o preço e a quantidade comprada? Quem paga o imposto?

c. Se os compradores devem pagar um imposto de $ 0,20 por bolinho, qual é o preço e a quantidade comprada? Quem paga o imposto?

4. A demanda e a oferta de rosas são dadas pela seguinte tabela:

Preço (dólares por buquê)	Quantidade demandada	Quantidade ofertada
	(buquês por semana)	
10	100	40
12	90	60
14	80	80
16	70	100
18	60	120

   a. Se as rosas não estão sujeitas à incidência de imposto, qual é o preço dos buquês e quantos são comprados?

   b. Se é cobrado um imposto de $ 6 por buquê de rosas, qual é o preço e a quantidade comprada? Quem paga o imposto?

5. A demanda e a oferta de arroz são dadas pela seguinte tabela:

Preço (dólares por pacote)	Quantidade demandada	Quantidade ofertada
	(pacotes por semana)	
1,00	3.500	500
1,10	3.250	1.000
1,20	3.000	1.500
1,30	2.750	2.000
1,40	2.500	2.500
1,50	2.250	3.000
1,60	2.000	3.500

   Qual é o preço, o custo marginal da produção de arroz e a quantidade produzida se o governo:

   a. Cria um subsídio de $ 0,30 por pacote de arroz?

   b. Cria uma cota de 2 mil pacotes por semana em vez de um subsídio?

6. A figura ilustra o mercado de uma substância ilegal. Qual é o preço de equilíbrio e a quantidade se há uma multa de $ 20 por unidade para:

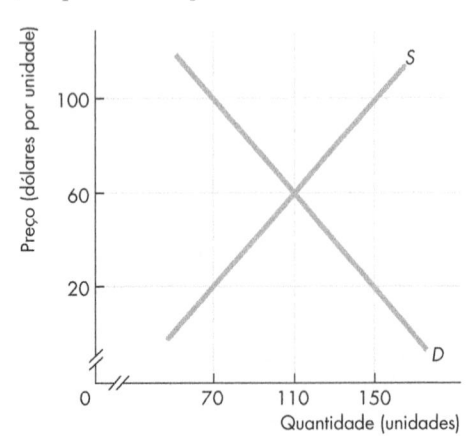

   a. Os vendedores apenas?
   b. Os compradores apenas?
   c. Para vendedores e compradores?

PENSAMENTO CRÍTICO

1. Leia com atenção a seção "Leitura das entrelinhas" sobre o mercado de downloads de arquivos de músicas.

   a. Se pudesse ser estabelecido um imposto sobre os downloads, quais fatores precisariam ser levados em consideração para usar o imposto para tornar o mercado eficiente?

   b. Se fosse inventada uma nova tecnologia para destruir um arquivo de música baixado ilegalmente da Internet, o que aconteceria ao mercado de downloads e a que preço ele operaria em comparação com o preço de um CD?

   c. Quem se beneficiaria e quem arcaria com o possível custo da nova tecnologia especificada na parte (b)?

   d. A nova tecnologia da parte (b) faria com que o mercado de downloads fosse eficiente?

2. No dia 31 de dezembro de 1776, o estado norte-americano de Rhode Island criou controles para limitar os salários a $ 0,70 por dia para carpinteiros e $ 0,42 por dia para alfaiates.

   a. Esses controles salariais estabelecem um preço máximo ou um preço mínimo? Quais são as possíveis razões para a criação desses controles?

   b. Se esses controles salariais fossem eficazes, poderíamos esperar um excedente ou uma escassez de carpinteiros e alfaiates?

3. A despeito dos protestos, órgão regulador permite um aumento de 7,25 por cento para os aluguéis

   Os aluguéis dos mais de 1 milhão de imóveis residenciais com aluguel controlado na cidade de Nova York podem aumentar até 7,25 por cento nos próximos dois anos, uma determinação aprovada pelo órgão regulador ontem à noite... De acordo com um estudo... os custos para os proprietários de imóveis com aluguel controlado aumentaram 7,8 por cento no ano passado... A permissão para o aumento dos aluguéis chega em um momento de crescente preocupação em relação à capacidade da classe média de pagar para morar na cidade de Nova York.

   The New York Times, 28 de junho de 2006

   a. Se os aluguéis de imóveis não aumentarem, você acha que o mercado de locação de imóveis em Nova York se desenvolverá?

   b. A classe média de Nova York se beneficia dos aluguéis máximos? Por quê?

   c. Que efeito o aumento do aluguel máximo terá sobre a quantidade dos imóveis?

ATIVIDADES NA INTERNET

1. Faça uma pesquisa na Internet sobre a questão do salário mínimo no Brasil.
   a. Seria possível iniciar uma campanha para implantar o chamado salário digno no Brasil?
   b. Quais seriam as diferenças entre o salário mínimo e o salário digno?
   c. Se o salário digno fosse implantado no Brasil, como ele afetaria (i) a quantidade de mão-de-obra demandada?, (ii) a quantidade de mão-de-obra ofertada e (iii) o desemprego?
   d. Esse salário digno seria eficiente?
   e. Quem ganharia e quem perderia se o salário digno fosse implantado no Brasil?
   f. Esse salário digno seria justo?

2. Faça uma pesquisa na Internet sobre a existência de cotas na agricultura brasileira. Na sua opinião, quem se beneficia e quem se prejudica com a imposição de cotas?

CENÁRIO BRASILEIRO

'Mercado' da pirataria: uma visão econômica da indústria fonográfica

Osmar Sanches[1]
Rodrigo Campos Gomes[2]

A questão da pirataria no Brasil, e também no mundo, é objeto de grande discussão e controvérsia. Por se tratar de uma realidade de difícil mensuração, os dados nem sempre são confiáveis, e os números podem até mesmo subestimar o efeito dessa prática perante os autores e detentores de direitos. Mas o que é a pirataria e quais suas implicações econômicas na sociedade? Essas questões serão respondidas brevemente neste artigo.

A pirataria pode ser definida como a "usurpação ou violação de direitos autorais ou da propriedade intelectual sobre obra científica, literária ou artística" (Fleming, 2000), ou seja, é uma prática ilícita que prejudica o criador de determinado bem ou serviço, tangível ou intangível. Os direitos autorais, que foram integrados ao mercado global por meio do Acordo de 1994 da OMC, possuem entidades representativas, de âmbito nacional e global, que lutam pela defesa de seus direitos, coibindo as práticas de pirataria. Dessas entidades são obtidas, na maioria das vezes, as fontes de dados para análise dos números referentes à pirataria.

O conceito de pirataria apresentado, mais ligado a fatores jurídicos e legais, pode ser aplicado também ao estudo no âmbito econômico. Sob essa ótica, são analisados dois aspectos importantes: a pirataria colaborativa e o mercado da pirataria.

A pirataria colaborativa, mais difundida com o uso de tecnologias modernas, consiste no compartilhamento de bens tangíveis e intangíveis sem custo direto para o receptor da informação, e sem pagamento direto ao detentor (não autor) desses bens. Normalmente são realizados por meio de programas de computador que permitem a troca ou cópia de arquivos de forma on-line, diretamente entre os detentores dos arquivos, sendo que os softwares e as músicas em formato digital são os produtos mais comuns nessa categoria. No entanto, as empresas de software vêm conseguindo reaver seu mercado, já a indústria fonográfica tem sido muito prejudicada.

O mercado da pirataria consiste na criação de um fluxo de comércio, no qual são comprados e vendidos produtos piratas de forma generalizada e ilícita, com geração de receita ao detentor (não autor) dos produtos. Este segmento da pirataria também é muito utilizado para a comercialização de produtos e bens relacionados ao setor industrial, como cosméticos, vestuário e calçados.

O mercado da pirataria aparece como uma alternativa ao consumo do bem de forma lícita, pois normalmente apresenta vantagens financeiras[3] em relação ao produto original. Esse mercado geralmente surge em segmentos nos quais o custo do direito autoral, da propriedade intelectual, ou da patente, é responsável por uma parcela significativa do preço total do bem, de forma que sua simples reprodução (sem o pagamento de nenhum destes direitos), consiga ser feita de forma mais barata e eficiente. Outra forma de surgimento do mercado é ligada à produção ou comercialização de bens sem o pagamento de impostos e taxas, barateando o custo final ao vendedor do produto.

Enquanto no lado da demanda do mercado da pirataria, o custo do produto original tem um peso significativo na procura por produtos piratas, no lado da oferta, algumas das causas mais prováveis do fortalecimento desse mercado são a precarização das condições de trabalho, o desemprego e a informalidade. As condições adversas do mercado de trabalho provocam um aumento no fluxo da informalidade, segmento no qual são comercializados os produtos piratas, e a falta de alternativas para um trabalho decente[4] leva ao surgimento desse tipo de mercado, que funciona às margens do sistema.

O mercado pirata ocorre nos mais variados segmentos econômicos, porém está muito relacionado ao setor industrial. A pirataria de vestuário, cosméti-

---

[1] Economista, mestrando em Economia.
[2] Economista, mestrando em Economia.
[3] De acordo com pesquisa realizada em 2007 (Fecomercio 2007), mais de 90 por cento dos consumidores ouvidos, que compraram produtos piratas, disseram que o principal motivo da compra é o preço mais em conta.
[4] A expressão 'trabalho decente' (*decent work*) é utilizado pela OIT para expressar um trabalho produtivo, em condições de liberdade, igualdade, segurança e dignidade humana.

cos, relógios, calçados, e muitos outros produtos, ocorre nos grandes centros urbanos de forma indiscriminada, porém não ameaça, ao menos no curto prazo, estes segmentos. Tomando como exemplo o caso da indústria de vestuário no Brasil, segundo a Associação Brasileira do Vestuário, cerca de 8 por cento do faturamento anual do setor fica com a pirataria, cifra muito abaixo do que ocorre com a indústria fonográfica.

A indústria fonográfica passa por um momento muito difícil. Segundo a ABPD[5], desde 2002 houve uma redução de quase 50 por cento no número de CDs vendidos no país. Eles ainda apresentam uma série de informações alarmantes a respeito do setor. Os dados obtidos vão de 1997 até 2005:

- Redução de 50 por cento no número de trabalhadores do setor.
- Redução de 50 por cento no número de artistas contratados.
- Mais de 3500 pontos-de-vendas fechados.
- Redução de 44 por cento nos lançamentos nacionais.

Esses números não são em sua totalidade causados pela pirataria, porém seria ingenuidade não considerá-la como um fator determinante para este retrospecto. Segundo a Fecomércio – RJ e o instituto Ipsos, em pesquisa realizada em 2007, de cada 100 CDs vendidos, 86 eram piratas, ou seja, cerca de 86 por cento do mercado é pirata.

Diante desse cenário algumas perguntas importantes são: qual o futuro da indústria fonográfica? Será que a fórmula por eles utilizada há anos não se esgotou? Quais as alternativas para o setor?

Na economia, o mercado funciona de forma simples, por meio da oferta e da demanda, e é desta forma que a indústria fonográfica vem atuando há décadas. Porém, os CDs piratas surgem como um fator desestabilizador deste mercado, sendo tratados como bem substituto, cujo preço é o maior de seus atrativos, e vem se mostrando uma variável-chave neste jogo. Sem contar que a pirataria colaborativa de música digital, que independe de preço, é gratuita. Segundo estimativas, para cada música comprada on-line, outras 20 são compartilhadas sem custos.

Talvez uma das alternativas da indústria fonográfica seja o que vem ocorrendo no mundo todo, que é a venda de músicas on-line. Estas vendas vêm se baseando em um novo formato, que é a venda da música de forma unitária e não do álbum todo. Antigamente as gravadoras lançavam os *singles*, ou mesmo os EPs para suprir essa demanda, e com isso praticavam preços mais competitivos, porém esta prática foi deixada de lado quando os LPs passaram a dominar o mercado. As gravadoras estão voltando a entender que o público não está disposto a pagar por 14 músicas, quando na verdade ele só deseja ouvir uma ou duas.

Em 2007 o mercado de música on-line cresceu cerca de 185 por cento no Brasil, e já representa cerca de 8 por cento do faturamento do setor, porém os analistas ainda acham que os preços das músicas on-line tupiniquins estão muito acima do que o nosso mercado está disposto a pagar. Enquanto, nos Estados Unidos, a média de preços gira em torno de US$ 0,99, no Brasil, este valor é de aproximadamente US$ 1,54 (câmbio a US$ 1,61), isso sem levar em conta o fato de que o poder de compra médio do norte-americano é muito superior ao nosso, tornando o preço da nossa música ainda mais abusivo. Este ano, nos Estados Unidos, o iTunes[6] ultrapassou o Wal-Mart como maior vendedor de músicas, sendo mais um dos sinais de que os tempos atuais estão mudando.

Uma constatação é a que o mercado fonográfico como ele existia, ao menos em suas proporções e cifras, dificilmente se recuperará e voltará a seus dias de glória. E caso as empresas desse mercado não hajam de forma rápida, para se adaptar aos novos tempos, ficarão apenas com uma franja de mercado. E os piratas avisam "Hollywood que se cuide", pois este é o próximo alvo.

REFERÊNCIAS

CASTRO, Gisela G. S. Pirataria na Música Digital: Internet, direito autoral e novas práticas de consumo. *Unirevista*, São Leopoldo-RS, v. 1, n. 3, jul. 2006.

FECOMERCIO-RJ. Pesquisa Nacional de Pirataria: O Consumo de Produtos Piratas no Brasil, out. 2007.

FLEMING, Gil Messias. Pirataria: uma abordagem social. Jus Navigandi, Teresina, ano 4, n. 42, jun. 2000. Disponível em: http://jus2.uol.com.br/doutrina/texto.asp?id=1042.

RODRIGUES, Ivanildo Dias. Camelotage" e "Pirataria". VI Semana de Geografia. maio 2005. Disponível em: http://www2.prudente.unesp.br/eventos/semana_geo/ivanildodiasrodrigues.pdf.

QUESTÕES

1 Quais os impactos da pirataria na forma como as empresas organizam a produção e a concorrência? Cite os maiores problemas causados pela pirataria, principalmente na indústria fonográfica.

2 Por que a pirataria vem mostrando mais força nos países subdesenvolvidos? É possível que a forma como ela se dá, sendo ela por meio de um mercado pirata ou a pirataria colaborativa, impactem de forma diferente na economia nacional?

---

[5] Associação Brasileira dos Produtores de Discos.
[6] Site de venda de música on-line, entre outros produtos, da Apple.

COMO OS MERCADOS FUNCIONAM

PARTE 2

O fascinante mercado

Os quatro capítulos que você acabou de estudar explicam como os mercados funcionam. O mercado é um instrumento incrível. Ele permite que pessoas que não se conhecem e não sabem nada umas das outras interajam e façam negócios. Ele também nos permite alocar nossos recursos escassos para as utilizações que mais valorizamos. Os mercados podem ser muito simples ou altamente organizados.

Um exemplo de mercado simples é o que o historiador norte-americano Daniel J. Boorstin descreve em *The Discoverers*. No final do século XIV,

As caravanas muçulmanas que partiam para o sul de Marrocos, cruzando as montanhas Atlas, chegavam vinte dias depois às margens do rio Senegal. Lá, os comerciantes marroquinos deixavam pequenos montes de sal, contas de corais e produtos toscamente manufaturados. Em seguida, eles desapareciam de vista. Os nativos, que viviam nas minas de onde extraíam ouro, iam ao local e colocavam uma pilha de ouro ao lado de cada pilha de produtos marroquinos. Feito isso, eles também saíam de vista, deixando aos comerciantes marroquinos a tarefa de aceitar o ouro oferecido por uma pilha específica ou reduzir a pilha de mercadoria de acordo com o valor oferecido em ouro. Mais uma vez, os comerciantes marroquinos se retiravam, e o processo continuava. Por meio desse sistema de regras comerciais, os marroquinos coletavam seu ouro.

Um exemplo de mercado organizado é a Bolsa de Valores de Nova York, que negocia vários milhões de ações todos os dias. Um outro exemplo é um leilão no qual o governo vende os direitos de utilização de ondas sonoras a emissoras de rádio e televisão e empresas de telefonia celular.

Todos esses mercados determinam os preços nos quais as trocas são realizadas e permitem que tanto compradores quanto vendedores se beneficiem.

Tudo o que pode ser trocado é comercializado nos mercados. Existem mercados para bens e serviços; para recursos como mão-de-obra, capital e matérias-primas; para dólares, libras e ienes; para bens de entrega imediata e bens que serão entregues no futuro. A imaginação é o limite para o que pode ser negociado nos mercados.

Começamos nosso estudo dos mercados no Capítulo 3 aprendendo sobre as leis da demanda e da oferta. Lá, você conheceu as forças que ajustam os preços, coordenando os planos de compra e de venda.

As leis da demanda e da oferta que você aprendeu e utilizou foram descobertas no século XIX por alguns notáveis economistas. Concluiremos, agora, nosso estudo da demanda e da oferta nos mercados observando as vidas e as épocas de alguns economistas e conversando com um dos mais influentes economistas da atualidade, que estuda os mercados com a utilização de métodos experimentais.

ANÁLISE DE IDÉIAS

Revelando as leis da demanda e da oferta

"As forças com as quais lidamos são... tão numerosas, que é melhor analisar algumas poucas por vez... Desta forma, começamos isolando as relações básicas de oferta, demanda e preço."

ALFRED MARSHALL

The Principles of Economics

O economista

Alfred Marshall *(1842–1924) cresceu em uma Inglaterra que estava sendo transformada pelas ferrovias e pela expansão industrial. Mary Paley foi uma das alunas de Marshall em Cambridge e, quando Alfred e Mary se casaram, em 1877, as regras do celibato proibiram Alfred de continuar lecionando em Cambridge. Em 1884, com regras mais liberais, os Marshalls voltaram a Cambridge, onde Alfred se tornou professor de economia política.*

Muitos outros contribuíram para refinar a teoria da demanda e da oferta, mas a primeira articulação completa e aprofundada da teoria como a conhecemos hoje foi elaborada por Alfred Marshall, com a ajuda de Mary Paley Marshall. Publicado em 1890, seu monumental tratado, The Principles of Economics, *tornou-se uma referência para o estudo da economia dos dois lados do Atlântico por quase meio século. Marshall era um excelente matemático, mas manteve a matemática e até mesmo os diagramas em segundo plano. Seu diagrama de oferta e demanda somente aparece em uma nota de rodapé.*

As questões

As leis da demanda e da oferta que estudamos no Capítulo 3 foram descobertas na década de 1830 por Antoine-Augustin Cournot (1801–1877), um professor de matemática da Universidade de Lyon, França. Apesar de Cournot ter sido o primeiro a utilizar os conceitos de demanda e oferta, foi o desenvolvimento e a expansão do sistema ferroviário durante os anos 1850 que proporcionaram à nova teoria suas primeiras aplicações práticas. As ferrovias representavam, na época, o que havia de mais tecnologicamente avançado em termos de transporte, como as companhias aéreas de hoje. Como no setor de transporte aéreo dos dias de hoje, a concorrência entre as ferrovias era feroz.

Dionysius Lardner (1793-1859), um professor irlandês de filosofia da University of London, utilizou a demanda e a oferta para mostrar às companhias ferroviárias como elas poderiam aumentar os lucros reduzindo os preços do transporte de longa distância, em que a concorrência era mais violenta, e aumentando os preços do transporte de curta distância, no qual eles tinham menos a temer dos concorrentes. Nos dias de hoje, os economistas utilizam os princípios elaborados por Lardner na década de 1850 para calcular os preços dos fretes e das passagens, visando possibilitar às companhias aéreas o maior lucro possível. Os preços calculados têm muito em comum com os preços do transporte ferroviário no século XIX. Nas rotas locais, nas quais há pouca concorrência, os preços por quilômetro são os mais altos e, em rotas de longa distância, nas quais as companhias aéreas concorrem agressivamente, os preços por quilômetro são os mais baixos.

Conhecido satiricamente entre cientistas da época como "Dionysius Diddler" (Dionysius, o vigarista), Lardner abordou uma impressionante variedade de problemas, de astronomia a engenharia de ferrovias e economia. Sujeito pitoresco, ele teria sido um convidado freqüente de David Letterman se houvesse programas de entrevistas de fim de noite nos anos 1850. Lardner visitou a École des Ponts et Chaussées

(Escola de Pontes e Estradas) em Paris e deve ter aprendido bastante com Jules Dupuit.

Na França, Jules Dupuit (1804–1866), um engenheiro/economista francês, utilizou a demanda para calcular os benefícios da construção de uma ponte e também para calcular o valor do pedágio a ser cobrado pela sua utilização. Seu trabalho foi o precursor do que hoje chamamos de *análise de custo-benefício*. Trabalhando com os princípios elaborados por Dupuit, os economistas de hoje calculam os custos e os benefícios de rodovias, aeroportos, represas e usinas de energia.

Antes

Dupuit utilizou a lei da demanda para calcular se uma ponte ou canal seria valorizado o suficiente pelos usuários para justificar o custo de sua construção. Lardner começou analisando a relação entre o custo de produção e a oferta e utilizou a teoria da demanda e da oferta para explicar os custos, preços e lucros de operações de transporte ferroviário. Ele também utilizou a teoria para descobrir formas de aumentar a receita aumentando os preços de rotas curtas e reduzindo os preços de fretes de longa distância.

Hoje

Hoje em dia, utilizando os princípios elaborados por Dupuit, os economistas calculam se os benefícios da expansão de aeroportos e instalações de controle de tráfego aéreo são suficientes para cobrir os custos. As companhias aéreas utilizam os princípios desenvolvidos por Lardner para determinar os preços e decidir quando oferecer passagens 'a preços especiais'. Como as ferrovias antes delas, as companhias aéreas cobram um preço alto por quilômetro em vôos curtos, nos quais enfrentam pouca concorrência, e um preço baixo por quilômetro em vôos longos, nos quais a concorrência é feroz.

Os mercados fazem um trabalho incrível. As leis da demanda e da oferta nos ajudam a entender o funcionamento dos mercados. Mas, em algumas situações, um mercado deve ser desenvolvido e instituições devem ser criadas para que o mercado funcione. Nos últimos anos, os economistas começaram a utilizar testes experimentais para projetar e criar mercados. Um dos mais importantes arquitetos dos métodos experimentais no estudo da economia é Charles Holt, que você conhecerá nas páginas a seguir.

PONTO DE VISTA ECONÔMICO

Charles A. Holt

Charles A. Holt é professor de economia política e diretor do Thomas Jefferson Center for Political Economy da University of Virginia.

Nascido em 1948 em Richmond, ele se formou pela Washington and Lee University e se pós-graduou pela Carnegie-Mellon University. O professor Holt se interessou por testes experimentais em seu trabalho sobre leilões e descobriu que os dados gerados pelos experimentos muitas vezes não se adequavam às teorias tradicionais. Essas descobertas o conduziram para o desenvolvimento de novas teorias que fossem compatíveis com os dados experimentais em áreas que incluem rent-seeking, leilões, barganhas e bens públicos. Essas pesquisas geraram mais de uma centena de artigos e vários livros.

Holt também é um professor empenhado. Ele desenvolve, em seu site Web, o Veconlab, uma série de jogos interativos e mercados experimentais para serem utilizados em sala de aula.

Michael Parkin conversou com Charles Holt sobre sua carreira e o potencial da utilização dos métodos experimentais para a pesquisa e o ensino da economia.

O que instigou seu interesse pela economia e sua decisão de se tornar um economista?

Um dia, quando eu estava no segundo grau, um professor de história observou: "Eu não entendo por que um time de futebol trocaria um jogador por outro; eles não percebem que um dos times sempre sai perdendo?" Aquele comentário me fez começar a pensar em como as trocas voluntárias podem beneficiar os dois lados. Por exemplo, um time com dois bons atacantes poderia trocar um deles por um zagueiro de um time com vários bons zagueiros mas nenhum bom atacante, e ambos os times teriam mais chances de vencer mais jogos na temporada. Da mesma forma, cada troca voluntária em uma economia pode fazer com que os dois lados se beneficiem e várias trocas podem gerar muita riqueza. Mais tarde, eu passei a gostar de ler as idéias de economistas como Adam Smith, Milton Friedman e John Maynard Keynes, que eram capazes de juntar o emaranhado de eventos econômicos cotidianos em uma estrutura conceitual geral com uma organização e um propósito coerentes.

Com base em sua ampla experiência com mercados experimentais, como o modelo da demanda e da oferta de Alfred Marshall se sustenta hoje em dia?

Quando comecei a estudar economia na faculdade, precisei memorizar uma lista de premissas do modelo da concorrência perfeita representado pelo gráfico de oferta e demanda. Essas premissas incluíam 'grandes números de compradores e vendedores' e 'informações perfeitas'. O professor invariavelmente acabava admitindo que poucos mercados reais se encaixam exatamente nesse modelo, mas que alguns mercados, como, por exemplo, o do trigo, podem se aproximar.

Os primeiros testes experimentais do mercado, de Vernon Smith, conduzidos em suas salas de aula mostravam que os preços acompanham surpreendentemente bem as projeções de oferta e demanda, mesmo com apenas 3 ou 4 negociadores de cada lado do mercado e sem que ninguém tivesse informações diretas sobre os valores e custos dos outros para as mercadorias negociadas. Eu mesmo conduzi alguns experimentos para tentar comprovar o modelo, dando mais 'poder' a um lado do mercado, mas os resultados foram surpreendentemente competitivos. Essa experiências reforçaram a minha confiança e entusiasmo como professor.

O que podemos aprender sobre o funcionamento dos mercados competitivos com os experimentos em sala de aula?
Meu co-autor, Doug Davis, e eu conduzimos alguns experimentos nos quais permitimos que os vendedores discutissem preços enquanto os compradores ficavam do lado de fora da sala, e os vendedores invariavelmente tentavam determinar os preços em níveis altos. Quando os preços eram divulgados a todos, essas conspirações elevariam os lucros dos vendedores e prejudicariam os compradores, mas as tentativas de conluio geralmente fracassavam quando os vendedores podiam oferecer descontos secretos aos compradores, sem serem vistos por outros vendedores. Neste caso, uma onda desenfreada de descontos reduzia os preços até níveis praticamente competitivos.

Eu me lembro de um grupo que acabou 'fixando' um preço, mas, sem que soubessem, o preço que eles fixaram estava muito próximo do nível da intersecção entre a oferta e a demanda. Nos experimentos, como nos mercados reais, os consumidores se beneficiam dos preços mais baixos, e o benefício dos compradores e os lucros dos vendedores aumentam à medida que os preços se aproximam dos níveis competitivos.

É possível aprender mais conduzindo testes experimentais na Web? Quais são os benefícios específicos de conduzir testes experimentais baseados nas Web, como os que o senhor criou?
Basta dar uma olhada nas telas de computadores dos operadores de muitos mercados para ver que eles têm grandes quantidades de informações disponíveis e mesmo assim precisam contar com as negociações no mercado, mesmo que não presenciais. Os experimentos baseados na Web levam esse tipo de complexidade realista aos mercados hipotéticos de sala de aula.

Por exemplo, os programas acompanham o caixa, os rendimentos dos juros, os dividendos e as participações em ações enquanto se compra e vende rapidamente. Muitas vezes, os 'insiders' têm acesso a fontes de informações privadas e os experimentos baseados na Web são capazes de gerar e preservar a privacidade dessas informações, à medida que os alunos as utilizam para orientar sua decisões de negociação no mercado. Mais especificamente, conduzir experimentos macroecômicos realistas antes de começar a elaborar os programas baseados na Web não passava de um sonho para mim, e hoje esses programas permitem que 'trabalhadores' e 'empresas' interajam em mercados conectados pelo 'fluxo circular' de moeda, bens e trabalho. Nesse ambiente, é possível ver como uma retração da oferta de moeda pode conter as transações e levar a uma queda geral na economia, na qual trabalho e bens não vendidos resultam em baixos níveis de consumo e produção. É uma experiência fascinante ver como um aumento da oferta de moeda em casos como esses pode ter 'efeitos reais' que tiram o mercado de uma queda geral na economia.

Um outro exemplo envolve o trabalho que tenho realizado com a Federal Communications Commission (FCC – comissão federal de comunicações dos Estados Unidos) para a elaboração de um novo sistema de leilões. Os leilões da comissão envolvem centenas ou milhares de licenças de transmissão de rádio e televisão e esses leilões são conduzidos em uma série de 'rodadas', enquanto os preços continuam a subir. Esses leilões envolvem licitantes de todo o país e, naturalmente, são controlados por um *software* de computador, da mesma forma que nossos testes experimentais para os leilões são conduzidos no laboratório, com telas para visualizar os lances, apresentando a mesma 'aparência e sensação' das telas utilizadas nos leilões reais.

Você pode estar se perguntando por que alguém se importaria em conduzir testes em um ambiente de laboratório com estudantes como você (ganhando somas de dinheiro relativamente altas) quando um leilão real ocorre aproximadamente a cada 6 meses. Pense desta forma: um leilão pode envolver bilhões de dólares em negociações e alguns leilões resultam em grandes fracassos, com preços que mal conseguem 'sair do chão'. Você não gostaria de tentar um novo sistema de leilões sem extensos testes em laboratórios, da mesma forma como não gostaria de lançar um ônibus espacial de bilhões de dólares sem antes conduzir muitos testes.

Eu me lembro de usar um crachá do "Centro de Compras para Missões da NASA" no Caltech (Instituto de Tecnologia da Califórnia), onde os resultados de experimentos em laboratório foram discutidos. Depois tive a oportunidade de conversar abertamente com alguns dos representantes da NASA no vôo noturno que nos levou de volta à Costa Leste. Mais especificamente, pude lhes perguntar o que eles esperavam aprender com aquelas simulações em pequena escala do processo de compras. A resposta foi que as quantias envolvidas eram tão grandes e o processo orçamento/compras era tão complexo que eles temiam 'perder o controle' e qualquer conhecimento resultante dos testes experimentais controlados em laboratório poderia ser extremamente valioso.

> Você não gostaria de tentar um novo sistema de leilões sem extensos testes em laboratórios, da mesma forma como não gostaria de lançar um ônibus espacial de bilhões de dólares sem antes conduzir muitos testes

Muitos estudantes foram apresentados à teoria dos jogos assistindo ao filme **Uma mente brilhante**, *com Russell Crowe interpretando o professor de matemática John Nash. O que aprendemos sobre os jogos com a utilização dos testes experimentais?*

A teoria dos jogos é um elegante recurso que pode resultar em projeções incrivelmente precisas do comportamento humano, em especial no que se refere à tendência dos 'participantes', motivados pelo lucro, a tomar decisões ponderadas e adquirir extensas informações sobre o que os concorrentes estão fazendo. Uma crítica à teoria dos jogos, contudo, é que ela em geral se baseia na premissa de que os participantes são 'perfeitamente racionais' e perfeitamente egoístas, sem se importar com o bem-estar econômico dos outros.

Todos pensamos sobre nós mesmos como seres racionais, mas muitos de nós temos dúvidas sobre a racionalidade dos outros. No artigo "Ten Little Treasures of Game Theory, and Ten Intuitive Contradictions" — algo como "dez pequenos tesouros da teoria dos jogos e dez contradições intuitivas", publicado na *American Economic Review* em 2001 —, o professor Jacob Goeree (do Caltech) e eu utilizamos experimentos para demonstarr que as previsões do 'equilíbrio de Nash', que se baseiam na teoria dos jogos, tendem a funcionar bem em alguns jogos (os 'tesouros') e mal em outros. A percepção intuitiva é que os jogos são interações entre seres humanos pensantes, de forma que as reações à incerteza em relação aos outros pode provocar 'efeitos de *feedback*', que desviam o comportamento das previsões teóricas baseadas no conhecimento perfeito e na racionalidade.

Algumas pessoas recebem os testes experimentais com ceticismo. Quais são algumas das críticas mais facilmente descartadas? Existem críticas convincentes contra a abordagem experimental? Como o senhor responde a elas?

Os experimentos com pessoas reais permitem incluir elementos realistas no estudo do comportamento econômico. Muitos movimentos econômicos (depressões) são como os movimentos dos planetas e não podem ser desfeitos ou reproduzidos exatamente, mas os experimentos controlados nos dão a oportunidade de obter observações repetidas em condições controladas. Por exemplo, o trabalho da FCC na elaboração de um novo sistema de leilões envolveu mais de 900 estudantes que participaram de centenas de leilões, o que nos permitiu observar os principais padrões resultantes de variações aleatórias devido a interações e diferenças individuais. Parte do que aprendemos pode soar óbvio, mas os experimentos nos proporcionaram a confiança de argumentar a favor ou contra propostas de mudanças específicas nos procedimentos dos leilões. Grande parte das análises alternativas levadas em consideração pelos representantes da FCC envolviam simulações por computadores, que são necessariamente baseadas em premissas um tanto quanto mecânicas. As simulações por computadores podem ser bastante úteis, especialmente quando testes experimentais em laboratório são utilizados para refinar as regras presumidas de comportamento.

Uma das críticas aos experimentos em laboratório diz respeito à estreita seleção da população analisada. Desta forma, alguns economistas e cientistas políticos têm utilizado a expressão 'experimentos de campo', nos quais os participantes estão em seu ambiente nativo. Isso envolve alguma perda de controle, mas o maior realismo pode ser justificado nos casos em que o 'contexto social' é importante. Por exemplo, os efeitos dos apelos para que um eleitor vote em um determinado candidato sobre o resultado da votação são provavelmente mais bem analisados com experimentos de campo, nos quais amostras aleatórias de indivíduos são expostas a diferentes 'apelos' — um telefonema ou uma argumentação presencial.

Qual seria seu conselho a um estudante que está pensando em se tornar um economista? A economia seria uma boa área para se especializar? Quais outras áreas representam uma boa interface com o estudo da economia?

Eu gostava tanto das disciplinas de política quanto de economia na faculdade, mas escolhi estudar economia porque senti que as teorias que estava aprendendo na época ainda estariam em grande medida intactas em 20 anos, o que acabou se comprovando. O estudo da economia oferece uma interessante combinação de uma sólida base científica que pode ser aplicada a importantes problemas sociais. Esses problemas são fascinantes devido à natureza estratégica, orientada para o futuro, dos seres humanos, inerentemente menos mecânica que o campo de estudo das ciências físicas. As ferramentas que se aprendem no estudo da economia, um misto de teoria, intuição, análise de dados e testes experimentais, podem ser proveitosamente aplicadas ao estudo de uma ampla variedade de questões sociais. O aspecto das pesquisas experimentais no estudo da economia se relaciona estreitamente com a psicologia e muitas das aplicações políticas mais interessantes ocorrem em cenários onde é útil ter um profundo conhecimento dos processos políticos.

PARTE 3 Escolhas individuais

CAPÍTULO 7

Utilidade e demanda

Ao término do estudo deste capítulo, você saberá:

▶ Explicar o que limita as escolhas de consumo de um indivíduo.
▶ Descrever as preferências utilizando o conceito de utilidade e entender a diferença entre utilidade total e utilidade marginal.
▶ Explicar a teoria da utilidade marginal da escolha do consumidor.
▶ Utilizar a teoria da utilidade marginal para prever os efeitos das variações de preço e renda.
▶ Explicar o paradoxo do valor.

Água, água por toda parte

A água é um dos nossos recursos mais vitais. Sem água, todos nós morreríamos. Trata-se literalmente de um recurso vital. Compare a água com diamantes. Dizem que um diamante é "o melhor amigo de uma mulher". E tanto mulheres quanto homens gostam de diamantes. Mas, apesar de os diamantes serem atraentes e nos dar satisfação, eles não são tão importantes como a água para nós. Podemos viver muito bem sem eles.
Se os benefícios da água superam em muito os benefícios dos diamantes, por que a água custa praticamente nada e os diamantes são tão caros?
Água e diamantes não são o único par de itens com preços que aparentemente não têm relação alguma com seu valor. Um jogador de futebol americano ganha muito mais do que uma babá, mas será que as pessoas valorizam menos quem cuida de seus filhos do que aqueles que as entretêm em jogos de futebol americano?

◊ Este capítulo apresenta uma teoria da escolha do consumidor. O principal objetivo dessa teoria é explicar a lei da demanda – a tendência de a quantidade demandada de um bem aumentar quando o preço dele diminui. A teoria também explica os efeitos que mudanças na renda e no preço de outros bens têm sobre a demanda.
A teoria da escolha que você estudará neste capítulo também explica o paradoxo que observamos no fato de o preço da água e dos diamantes ser tão desproporcional a seus benefícios. A seção "Leitura das entrelinhas" no final do capítulo usa a teoria para explicar o paradoxo do fato de um jogador de futebol americano aparentemente ser mais valorizado que uma babá.

O orçamento do consumidor

O orçamento de um indivíduo limita suas escolhas de consumo. As preferências de um indivíduo determinam quais escolhas ele faz dentre todas as opções possíveis. Começaremos estudando os fatores que determinam o orçamento de um indivíduo e suas possibilidades de consumo.[1]

Possibilidades de consumo

As escolhas de consumo de um indivíduo são limitadas pela renda individual e pelos preços dos bens e serviços que esse consumidor compra. O indivíduo tem determinada renda para gastar e não tem como influenciar o preço dos bens e serviços que compra.

A **linha orçamentária** de um consumidor descreve os limites de suas escolhas de consumo. Vejamos o exemplo de Lisa, que tem uma renda de $ 30 ao mês e planeja comprar somente dois bens: filmes e refrigerantes. O preço de um filme é $ 6; o preço do refrigerante é $ 3 por pacote de seis unidades. Se Lisa gastar toda a sua renda, ela atingirá os limites de seu consumo de filmes e refrigerantes.

A Figura 7.1 ilustra quanto Lisa pode consumir de filmes e refrigerantes. As linhas A a F da tabela mostram seis

---
[1] Este capítulo e o Capítulo 8 tratam do mesmo tema, mas explicam dois métodos de representação das preferências de um indivíduo. Os capítulos foram escritos com base na premissa de que você provavelmente estudará apenas um deles. Se estudar ambos, perceberá que as primeiras seções de cada um, que explicam a restrição orçamentária individual, são muito similares.

Figura 7.1 Possibilidades de consumo

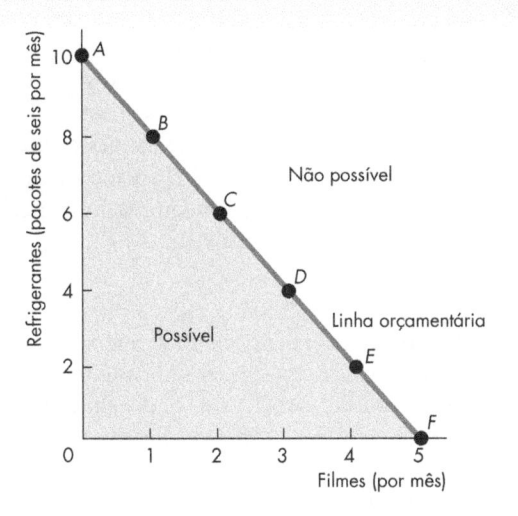

Possibili- dade	Filmes		Refrigerantes	
	Quanti- dade	Gasto (dólares)	Pacotes de seis	Gasto (dólares)
A	0	0	10	30
B	1	6	8	24
C	2	12	6	18
D	3	18	4	12
E	4	24	2	6
F	5	30	0	0

As linhas *A* a *F* da tabela mostram seis maneiras possíveis de Lisa dividir os $ 30 entre filmes e refrigerantes. Por exemplo, ela pode comprar 2 filmes e 6 pacotes de refrigerantes (linha *C*). A combinação em cada linha da tabela custa $ 30. Essas possibilidades são indicadas pelos pontos *A* a *F* no gráfico A linha que passa por esses pontos representa uma fronteira entre o que Lisa pode e o que não pode comprar. As escolhas dela devem se localizar ao longo da linha *AF* ou dentro da área cinza.

maneiras possíveis de dividir $ 30 entre esses dois bens. Por exemplo, Lisa pode assistir a 2 filmes por $ 12 e comprar 6 pacotes de refrigerantes por $ 18 (linha *C*). Os pontos *A* a *F* do gráfico ilustram as possibilidades apresentadas na tabela. A linha que passa por esses pontos é a linha orçamentária de Lisa.

A linha orçamentária de Lisa representa um limite a suas escolhas. Ela demarca a fronteira entre o que Lisa pode e o que não pode comprar. Ela pode adquirir todos os pontos da linha e todos os pontos à esquerda da linha. Ela não pode comprar os pontos à direita da linha. As possibilidades de consumo de Lisa dependem do preço do filme, do preço do refrigerante e da renda dela. As possibilidades de consumo de Lisa variam quando o preço do filme, o preço do pacote de seis refrigerantes ou sua renda variam.

A linha orçamentária pode ser descrita pelo preço relativo dos dois bens e pela renda real do consumidor.

Preço relativo

Um **preço relativo** é o preço de um bem dividido pelo preço de outro. O preço de um filme é $ 6, e o preço do refrigerante é $ 3 por pacote de 6 unidades, de modo que o preço relativo de um filme em termos do preço do refrigerante é $ 6 por filme divididos por $ 3 por pacote, o que equivale a 2 pacotes por filme. Ou seja, para ver um filme a mais, Lisa deve abrir mão de 2 pacotes de refrigerantes. O custo de oportunidade de um filme é de 2 pacotes de refrigerantes.

Variação do preço O preço relativo do bem medido no eixo *x* é a inclinação da linha orçamentária. Quando um preço varia, os preços relativos e a inclinação da linha orçamentária também variam. A Figura 7.2(a) ilustra duas variações. Se o preço de um filme diminui de $ 6 para $ 3, a linha orçamentária gira para a direita, e Lisa pode pagar por uma quantidade maior dos dois bens. Se o preço de um filme aumenta de $ 6 para $ 12, a linha orçamentária gira para a esquerda, e Lisa não pode pagar pela mesma quantidade de nenhum dos dois bens.

Renda real

A **renda real** de um indivíduo é a renda individual expressa como uma quantidade de bens que ele pode comprar. Em termos de refrigerantes, a renda real de Lisa é de 10 pacotes de 6 unidades. Essa quantidade é o número máximo de pacotes que ela pode comprar e é igual à sua renda monetária, $ 30, dividida pelo preço do refrigerante, $ 3 por pacote de 6 unidades.

Variação da renda A renda real em termos de refrigerantes é o ponto no qual a linha orçamentária cruza o eixo *y*. Quando a renda monetária varia, a renda real também varia, e a linha orçamentária se desloca. Mas a inclinação da linha orçamentária não varia. A Figura 7.2(b) ilustra duas variações da renda monetária. Quando a renda monetária de Lisa aumenta de $ 30 para $ 42, sua linha orçamentária se desloca para fora, e ela pode pagar por uma quantidade maior de ambos os bens. Quando a renda monetária de Lisa diminui para $ 18, sua linha orçamentária se desloca para dentro, e ela não pode pagar pela mesma quantidade de nenhum dos dois bens.

QUESTÕES PARA REVISÃO

1. O que mostra a linha orçamentária de um indivíduo?
2. Como a renda real e o preço relativo influenciam a linha orçamentária?
3. Se o preço de um bem varia, o que acontece com o preço relativo e com a inclinação da linha orçamentária do indivíduo?
4. Se a renda monetária de um indivíduo varia e os preços não se modificam, o que acontece com a renda real e a linha orçamentária dele?

Figura 7.2 Variações do preço e da renda

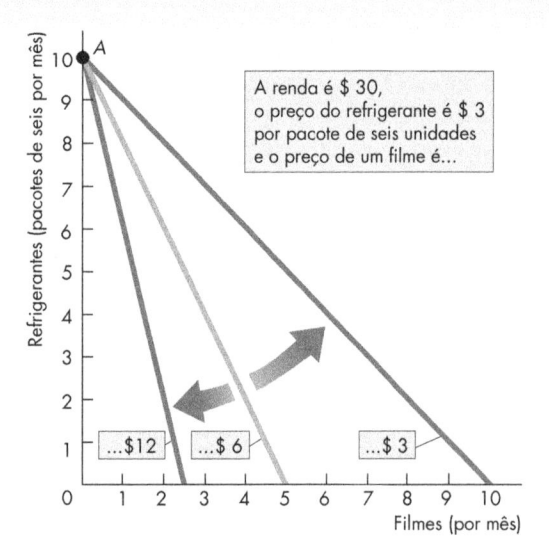

(a) Variação do preço

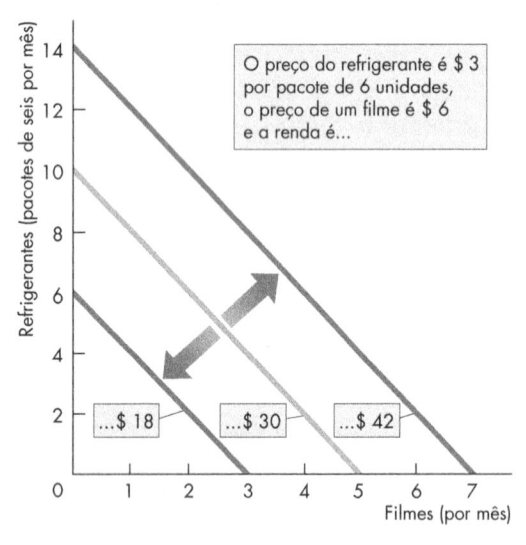

A renda é $ 30, o preço do refrigerante é $ 3 por pacote de seis unidades e o preço de um filme é...
...$12   ...$ 6   ...$ 3

(b) Variação da renda

O preço do refrigerante é $ 3 por pacote de 6 unidades, o preço de um filme é $ 6 e a renda é...
...$ 18   ...$ 30   ...$ 42

Na parte (a), o preço de um filme varia. Uma diminuição do preço de $ 6 para $ 3 gira a linha orçamentária para fora, tornando-a menos inclinada. Um aumento do preço de $ 6 para $ 12 gira a linha orçamentária para dentro, tornando-a mais inclinada.
Na parte (b), a renda varia. Um aumento da renda desloca a linha orçamentária para fora, e uma diminuição da renda desloca a linha orçamentária para dentro. Mas a inclinação da linha orçamentária não varia quando há uma variação da renda.

Preferências e utilidade

Como Lisa divide seu orçamento disponível entre filmes e refrigerantes? A resposta depende do que ela gosta e do que não gosta – suas preferências. Os economistas utilizam o conceito de utilidade para descrever as preferências. O benefício ou a satisfação que uma pessoa obtém do consumo de um bem ou serviço é chamado de **utilidade**. Veremos a seguir como é possível empregar o conceito de utilidade para descrever as preferências.

Utilidade total

A **utilidade total** é o benefício total que alguém obtém do consumo de bens e serviços. A utilidade total depende do nível de consumo – maior consumo em geral resulta em maior utilidade total. As unidades da utilidade são arbitrárias. Suponha que informemos a Lisa que gostaríamos de medir sua utilidade. Definimos como zero a utilidade resultante de nenhum consumo e como 50 unidades a utilidade que ela obtém do consumo de 1 filme por mês. Depois pedimos a ela que nos diga, na mesma escala, quanto gostaria de 2, 3 e mais filmes, até 14 por mês. Também pedimos a ela que nos diga, na mesma escala, quanto gostaria de 1 pacote de seis refrigerantes por mês, 2 pacotes e assim sucessivamente até 14 pacotes por mês. A Tabela 7.1 mostra as respostas de Lisa.

Utilidade marginal

A **utilidade marginal** é a variação da utilidade total resultante do aumento de uma unidade na quantidade de um bem consumido. Quando o número de pacotes de 6 refrigerantes que Lisa compra aumenta de 4 para 5 por mês, a utilidade total obtida do consumo de refrigeran-

Tabela 7.1 Utilidade total de Lisa obtida do consumo de filmes e refrigerantes

Filmes		Refrigerantes	
Quantidade por mês	Utilidade total	Pacotes de seis por mês	Utilidade total
0	0	0	0
1	50	1	75
2	88	2	117
3	121	3	153
4	150	4	181
5	175	5	206
6	196	6	225
7	214	7	243
8	229	8	260
9	241	9	276
10	250	10	291
11	256	11	305
12	259	12	318
13	261	13	330
14	262	14	341

tes aumenta de 181 unidades para 206 unidades. Dessa maneira, para Lisa, a utilidade marginal obtida do consumo do quinto pacote de 6 refrigerantes por mês é de 25 unidades. A tabela da Figura 7.3 mostra a utilidade marginal que Lisa obtém do consumo de refrigerantes. Observe que a utilidade marginal está no meio da distância entre as quantidades de refrigerante. Isso ocorre porque é a variação do consumo de 4 para 5 pacotes de refrigerantes que produz a utilidade marginal de 25 unidades. A tabela mostra os cálculos da utilidade marginal obtida do consumo de cada número de pacotes de refrigerantes que Lisa compra, de 1 a 5.

A Figura 7.3(a) ilustra a utilidade total que Lisa obtém do consumo de refrigerantes. Quanto mais refrigerantes Lisa consome por mês, mais utilidade total ela obtém. A Figura 7.3(b) ilustra a utilidade marginal dela. O gráfico indica que, à medida que Lisa consome mais refrigerantes, a utilidade marginal que ela obtém do refrigerante diminui. Por exemplo, sua utilidade marginal diminui de 75 unidades no primeiro pacote de refrigerantes para 42 unidades no segundo pacote e para 36 unidades no terceiro.

Utilidade marginal decrescente

Chamamos de princípio da **utilidade marginal decrescente** a redução da utilidade marginal que ocorre à medida que a quantidade consumida do bem aumenta.

A utilidade marginal é positiva, mas diminui à medida que o consumo de um bem aumenta. Por que a utilidade marginal apresenta essas duas características? No caso de Lisa, ela gosta de refrigerantes e, em conseqüência, quanto mais ela consome, melhor para ela. É por isso que a utilidade marginal é positiva. O benefício que Lisa obtém do último pacote de seis refrigerantes consumido é sua utilidade marginal.

Para entender por que a utilidade marginal diminui, pense em duas situações: na primeira delas, você estudou o dia inteiro e esteve ocupado demais fazendo suas lições para ir ao supermercado. Um amigo chega com um

Figura 7.3 Utilidade total e utilidade marginal

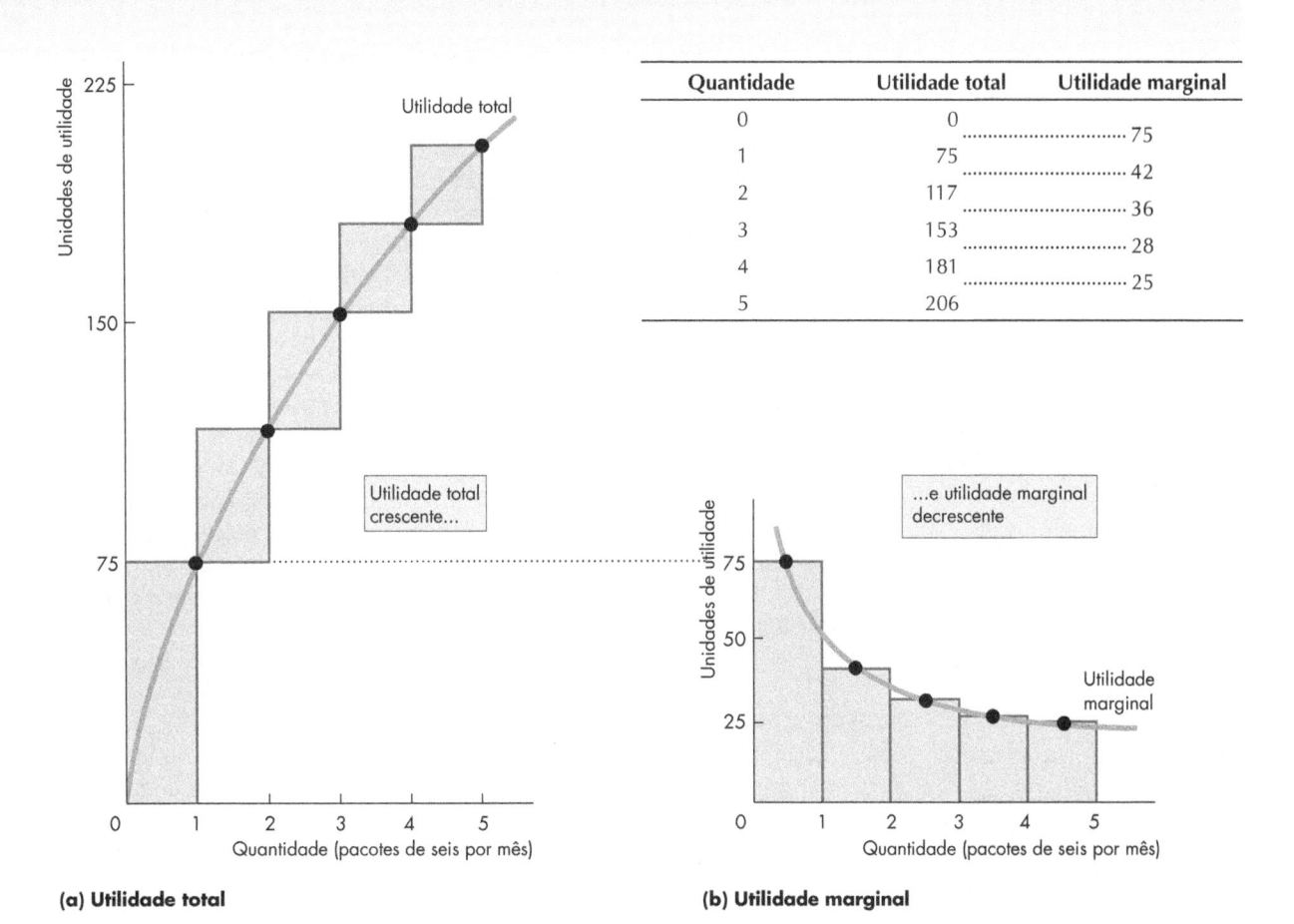

Quantidade	Utilidade total	Utilidade marginal
0	0	
		75
1	75	
		42
2	117	
		36
3	153	
		28
4	181	
		25
5	206	

(a) Utilidade total

(b) Utilidade marginal

A tabela mostra que, à medida que Lisa consome mais refrigerantes, a utilidade total que ela obtém do consumo de refrigerantes aumenta. Mostra também a utilidade marginal de Lisa – a variação da utilidade total obtida do último pacote de 6 refrigerantes que ela consome. A utilidade marginal diminui à medida que o consumo aumenta. Os gráficos mostram a utilidade total e a utilidade marginal que Lisa obtém do consumo de refrigerantes. A parte (a) mostra a utilidade total de Lisa e representa, com barras, a utilidade total que ela obtém do consumo de cada pacote de 6 refrigerantes – sua utilidade marginal. A parte (b) mostra como a utilidade marginal de Lisa diminui posicionando as barras mostradas na parte (a) lado a lado como uma série de patamares cada vez mais baixos.

pacote de 6 refrigerantes. A utilidade que você recebe desses refrigerantes é a utilidade marginal de um pacote de 6 refrigerantes.

Na segunda situação, você passou o dia inteiro tomando refrigerante. Você levou o dia todo para fazer suas lições, mas tomou 3 pacotes de 6 refrigerantes enquanto isso. Você se empanturrou de refrigerante e até agüentaria tomar mais uma lata, mas a satisfação que obtém disso não é muito grande. Essa é a utilidade marginal do consumo da 19ª lata de refrigerante em um dia.

Já descrevemos as preferências e o orçamento de Lisa. Nossa próxima tarefa é combinar esses dois elementos e ver como Lisa escolhe o que consome.

QUESTÕES PARA REVISÃO

1 O que é utilidade e como utilizamos esse conceito para descrever as preferências de um consumidor?
2 Qual é a diferença entre a utilidade total e a utilidade marginal?
3 Qual é a principal hipótese da utilidade marginal?

Maximização da utilidade

A renda de um indivíduo e os preços com que ele se defronta limitam suas escolhas de consumo, enquanto suas preferências determinam a utilidade que ele pode obter de cada possibilidade de consumo. A principal hipótese da teoria da utilidade marginal é que o indivíduo escolhe a possibilidade de consumo que maximize sua utilidade total. Essa hipótese da maximização da utilidade é um modo de expressar o problema econômico fundamental: a escassez. As necessidades das pessoas excedem os recursos disponíveis para satisfazer essas necessidades, de modo que elas precisam fazer escolhas difíceis. Ao fazer escolhas, elas tentam obter o máximo benefício possível – ou seja, tentam maximizar a utilidade total.

Vejamos como Lisa divide seus $ 30 por mês entre filmes e refrigerantes para maximizar sua utilidade total. Continuaremos a supor que os filmes custam $ 6 cada um e um pacote de 6 refrigerantes custa $ 3.

A escolha maximizadora de utilidade

A maneira mais direta de calcular como Lisa gasta sua renda para maximizar sua utilidade total é construindo uma tabela como a 7.2. As linhas dessa tabela mostram as combinações possíveis de filmes e refrigerantes ao longo da linha orçamentária de Lisa, apresentada na Figura 7.1. A tabela registra três coisas: em primeiro lugar, o número de filmes vistos e a utilidade total obtida desses filmes (o lado esquerdo da tabela); em segundo lugar, o número de pacotes de 6 refrigerantes e a utilidade total resultante (o lado direito da tabela); e, em terceiro lugar, a utilidade total obtida do consumo tanto de filmes quando de refrigerantes (a coluna central).

Tabela 7.2 Combinações maximizadoras de utilidade de Lisa

	Filmes		Utilidade total obtida de filmes e refrigerantes	Refrigerantes	
	Quantidade por mês	Utilidade total		Utilidade total	Pacotes de seis por mês
A	0	0	291	291	10
B	1	50	310	260	8
C	**2**	**88**	**313**	**225**	**6**
D	3	121	302	181	4
E	4	150	267	117	2
F	5	175	175	0	0

A primeira linha da Tabela 7.2 mostra a situação na qual Lisa não assiste a nenhum filme e compra 10 pacotes de 6 refrigerantes. Nesse caso, ela não obtém nenhuma utilidade dos filmes e recebe 291 unidades de utilidade total dos refrigerantes. A utilidade total de Lisa, obtida do consumo de filmes e refrigerantes (a coluna central), é de 291 unidades. O restante da tabela é construído da mesma maneira.

O consumo de filmes e refrigerantes que maximiza a utilidade total obtida por Lisa está destacado na tabela. Quando Lisa assiste a 2 filmes e compra 6 pacotes de refrigerantes, ela obtém 313 unidades de utilidade total. Isso é o melhor que Lisa pode fazer, considerando que só tem $ 30 para gastar e dados os preços de filmes e pacotes de 6 refrigerantes. Se ela compra 8 pacotes de refrigerantes, só pode assistir a 1 filme. Nesse caso, ela obtém 310 unidades de utilidade total, 3 a menos que o máximo possível. Se assiste a 3 filmes, ela só pode consumir 4 pacotes de refrigerantes. Nesse caso, ela obtém 302 unidades de utilidade total, 11 a menos que o máximo possível.

O que acabamos de descrever é o equilíbrio do consumidor de Lisa. O **equilíbrio do consumidor** é uma situação na qual um consumidor alocou toda a sua renda disponível de um modo que, considerando-se os preços dos bens e serviços, maximize sua utilidade total. O equilíbrio do consumidor de Lisa é de 2 filmes e 6 pacotes de 6 refrigerantes.

Ao calcularmos o equilíbrio do consumidor de Lisa, medimos sua utilidade *total* obtida do consumo de todas as combinações possíveis de filmes e refrigerantes. Mas há uma maneira melhor de determinar o equilíbrio do consumidor de Lisa, na qual se aplica a idéia de que as escolhas são feitas na margem — uma idéia que apresentamos no Capítulo 1. Examinaremos a seguir essa alternativa.

A igualdade da utilidade marginal por unidade monetária

A utilidade total de um consumidor é maximizada por meio da seguinte regra:

Gastar toda a renda disponível e igualar a utilidade marginal por unidade monetária para todos os bens.

A **utilidade marginal por unidade monetária** é a utilidade marginal de um bem dividida por seu preço. Por exemplo, a utilidade marginal que Lisa obtém ao assistir a 1 filme por mês, UMg_F, é 50 unidades de utilidade. O preço de 1 filme, P_F, é $ 6, o que significa que a utilidade marginal por unidade monetária de 1 filme por mês, UMg_F/P_F, é 50 unidades divididas por $ 6, ou 8,33 unidades de utilidade por unidade monetária.

É possível entender por que essa regra maximiza a utilidade total pensando em uma situação na qual Lisa gastou toda a sua renda, mas as utilidades marginais por unidade monetária não são iguais. Suponha que a utilidade marginal por unidade monetária que Lisa obtém do consumo de refrigerantes, UMg_R/P_R, seja maior que a dos filmes. Quando ela gasta uma unidade monetária a mais em refrigerantes e uma unidade monetária a menos em filmes, sua utilidade total dos refrigerantes aumenta, e sua utilidade total dos filmes diminui. Mas o seu ganho de utilidade dos refrigerantes excede sua perda de utilidade dos filmes, de modo que sua utilidade total aumenta. Como ela está consumindo mais refrigerantes, sua utilidade marginal dos refrigerantes diminui. Adicionalmente, como ela assiste a menos filmes, sua utilidade marginal dos filmes aumenta. Lisa continua a aumentar seu consumo de refrigerantes e a diminuir seu consumo de filmes até que as duas utilidades marginais por unidade monetária sejam iguais, ou quando:

$$\frac{UMg_F}{P_F} = \frac{UMg_R}{P_R}.$$

A Tabela 7.3 mostra o cálculo da utilidade marginal por unidade monetária que Lisa obtém do consumo de cada bem. Cada linha esgota a renda de Lisa, de $ 30. Na linha *B*, a utilidade marginal de Lisa obtida dos filmes é 50 unidades (utilize a Tabela 7.1 para calcular as utilidades marginais). Como o preço de um filme é $ 6, a utilidade marginal por unidade monetária que Lisa obtém dos filmes é 50 unidades divididas por $ 6, o que resulta em 8,33. A utilidade marginal por unidade monetária para cada bem, como a utilidade marginal, diminui à medida que o consumo do bem aumenta.

Lisa maximiza sua utilidade total quando a utilidade marginal por unidade monetária obtida dos filmes é igual à utilidade marginal por unidade monetária obtida dos refrigerantes – possibilidade *C*. Lisa consome 2 filmes e 6 pacotes de 6 refrigerantes.

A Figura 7.4 mostra por que a regra 'igualar a utilidade marginal por unidade monetária para todos os bens' funciona. Suponha que, em vez de consumir 2 filmes e 6 pacotes de 6 refrigerantes (possibilidade *C*), Lisa consuma 1 filme e 8 pacotes de 6 refrigerantes (possibilidade *B*). Nesse caso, ela obtém, do consumo de filmes, 8,33 unidades de utilidade por unidade monetária e, do consumo de refrigerantes, 5,67 unidades por unidade monetária. Lisa pode aumentar sua utilidade total comprando menos refrigerantes e assistindo a mais filmes. Se ela assiste a 1 filme a mais e gasta menos em refrigerantes, a utilidade

Figura 7.4 A igualdade das utilidades marginais por unidade monetária

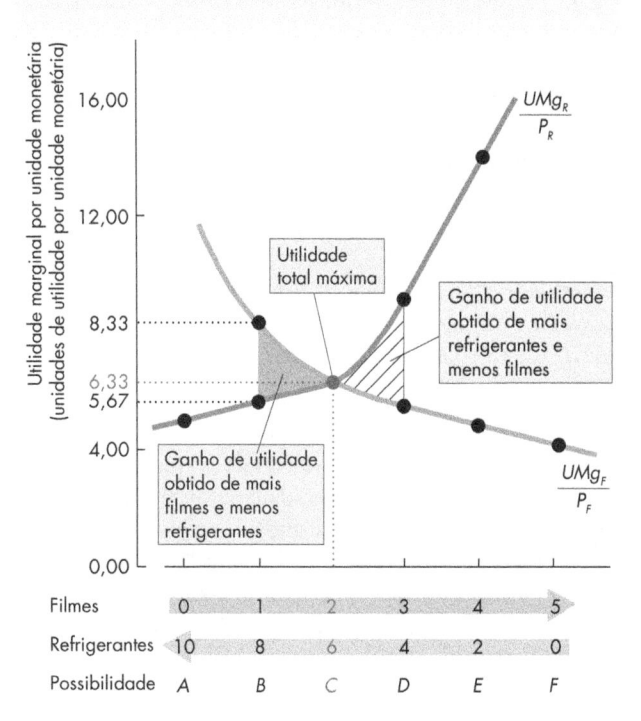

Tabela 7.3 A igualdade das utilidades marginais por unidade monetária

	Filmes ($ 6 cada)			Refrigerantes ($ 3 por pacote de seis)		
	Quantidade	Utilidade marginal	Utilidade marginal por unidade monetária	Pacotes de seis	Utilidade marginal	Utilidade marginal por unidade monetária
A	0	0		10	15	5,00
B	1	50	8,33	8	17	5,67
C	2	38	6,33	6	19	6,33
D	3	33	5,50	4	28	9,33
E	4	29	4,83	2	42	14,00
F	5	25	4,17	0	0	

Se Lisa assiste a 1 filme e consome 8 pacotes de 6 refrigerantes (possibilidade *B*), sua utilidade marginal por unidade monetária obtida dos filmes excede sua utilidade marginal por unidade monetária obtida dos refrigerantes. Ela pode obter uma maior utilidade total assistindo a um filme a mais e consumindo menos refrigerantes. Se Lisa consome 4 pacotes de 6 refrigerantes e assiste a 3 filmes (possibilidade *D*), sua utilidade marginal por unidade monetária obtida dos refrigerantes excede sua utilidade marginal por unidade monetária obtida dos filmes. Ela pode aumentar sua utilidade total assistindo a 1 filme a menos e consumindo mais refrigerantes. Quando Lisa obtém dos dois bens a mesma utilidade marginal por unidade monetária, sua utilidade total é maximizada.

total que obtém dos filmes aumenta 8,33 unidades por unidade monetária, e sua utilidade total obtida dos refrigerantes diminui 5,67 unidades por unidade monetária. Dessa maneira, sua utilidade total aumenta 2,66 unidades por unidade monetária, como mostra a área cinza.

Agora suponha que Lisa consuma 3 filmes e 4 pacotes de 6 refrigerantes (possibilidade *D*). Nessa situação, sua utilidade marginal por unidade monetária obtida do consumo de filmes (5,50) é menor que sua utilidade marginal por unidade monetária obtida do consumo de refrigerantes (9,33). Agora Lisa pode aumentar sua utilidade total assistindo a 1 filme a menos e gastando mais em refrigerantes, como mostra a área hachurada.

O poder da análise marginal O método que acabamos de utilizar para calcular a escolha maximizadora de utilidade que Lisa faz entre filmes e refrigerantes é um exemplo do poder da análise marginal. Ao comparar o ganho marginal de ter uma quantidade maior de um bem com a perda marginal de ter menos de outro bem, Lisa garante a máxima utilidade possível.

A regra a ser seguida é simples: se a utilidade marginal por unidade monetária obtida dos filmes é maior que a utilidade marginal por unidade monetária obtida dos refrigerantes, assista a mais filmes e compre menos refrigerantes; se a utilidade marginal por unidade monetária obtida dos refrigerantes é maior que a utilidade marginal por unidade monetária obtida dos filmes, compre mais refrigerantes e assista a menos filmes.

Em outras palavras, se o ganho marginal de uma ação excede a perda marginal, opte por essa ação. Você verá esse princípio muitas outras vezes ao estudar economia e perceberá que está utilizando o princípio ao fazer suas próprias escolhas econômicas, especialmente quando precisar tomar uma grande decisão.

Unidades de utilidade Ao maximizar a utilidade total igualando a utilidade marginal por unidade monetária de ambos os bens, as unidades nas quais se mede a utilidade são irrelevantes. Quaisquer unidades arbitrárias funcionarão. É nesse sentido que a utilidade é como a temperatura. Previsões sobre o ponto de congelamento da água não dependem da escala de temperatura, e previsões da escolha de consumo de um indivíduo não dependem das unidades de utilidade.

QUESTÕES PARA REVISÃO

1. Qual é o objetivo de Lisa quando ela escolhe as quantidades de filmes e refrigerantes que consumirá?
2. Quais são as duas condições que são satisfeitas quando um consumidor maximiza sua utilidade?
3. Explique por que o igualamento da utilidade marginal de cada bem não maximiza a utilidade.
4. Explique por que o igualamento da utilidade marginal por unidade monetária obtida do consumo de cada bem maximiza a utilidade.

Previsões da teoria da utilidade marginal

Utilizaremos agora a teoria da utilidade marginal para fazer algumas previsões. Você verá que a teoria da utilidade marginal prevê a lei da demanda. A teoria também prevê que uma diminuição do preço de um bem substituto reduz a demanda e que, para um bem normal, um aumento da renda aumenta a demanda. Todos esses efeitos, que foram simplesmente presumidos no Capítulo 3, são previsões da teoria da utilidade marginal.

Redução do preço de um filme

Uma redução do preço de 1 filme, se todos os outros fatores são mantidos constantes, altera a quantidade demandada de filmes e resulta em um movimento ao longo da curva de demanda por filmes. Já identificamos um ponto da curva de demanda de Lisa por filmes: quando o preço de um filme é $ 6, Lisa assiste a 2 filmes por mês. A Figura 7.5 mostra esse ponto da curva de demanda de Lisa por filmes.

Para identificarmos outro ponto da curva de demanda por filmes, precisamos calcular o que Lisa compra quando o preço de 1 filme muda. Suponha que o preço de um filme diminua de $ 6 para $ 3 e nada mais se modifique.

Para calcularmos o efeito dessa variação do preço de um filme sobre os planos de compra de Lisa, primeiro devemos determinar as combinações de filmes e refrigerantes que ela pode comprar aos novos preços. Depois, calculamos as novas utilidades marginais por unidade monetária. Por fim, determinamos a combinação que faz com que as utilidades marginais por unidade monetária obtidas dos filmes e refrigerantes sejam iguais.

As linhas da Tabela 7.4 mostram as combinações de filmes e refrigerantes que esgotam os $ 30 da renda de Lisa quando o preço de um filme é $ 3 e o preço de um pacote de 6 refrigerantes é $ 3. As preferências de Lisa não mudam com a variação dos preços, de modo que sua tabela de utilidade marginal continua igual à Tabela 7.3. Divida a utilidade marginal que Lisa obtém do consumo de filmes por $ 3 para calcular a utilidade marginal por unidade monetária obtida dos filmes.

Quando o preço de 1 filme diminui para $ 3, Lisa assiste a 5 filmes e consome 5 pacotes de 6 refrigerantes. Ela substitui refrigerantes por filmes. A Figura 7.5 mostra esses dois efeitos. Na parte (a), identificamos outro ponto da curva de demanda de Lisa por filmes. E descobrimos que sua curva de demanda segue a lei da demanda. Na parte (b), vemos que uma redução do preço de 1 filme reduz a demanda por refrigerantes. A curva de demanda por refrigerantes se desloca para a esquerda. Para Lisa, refrigerantes e filmes são bens substitutos.

Aumento do preço do refrigerante

Na Figura 7.5(b), conhecemos apenas um ponto da curva de demanda de Lisa por refrigerantes, quando o

Figura 7.5 Redução do preço de um filme

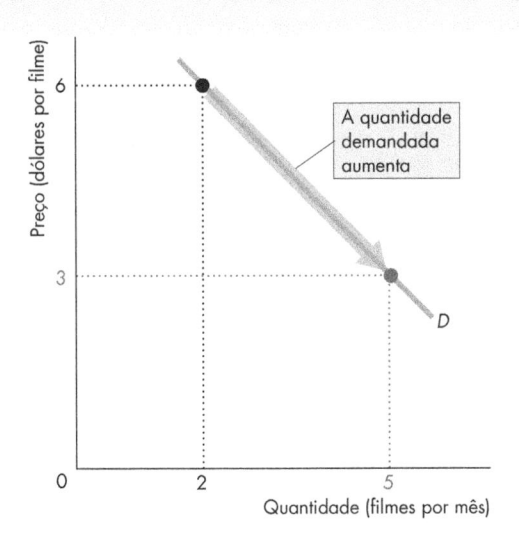

(a) Demanda por filmes

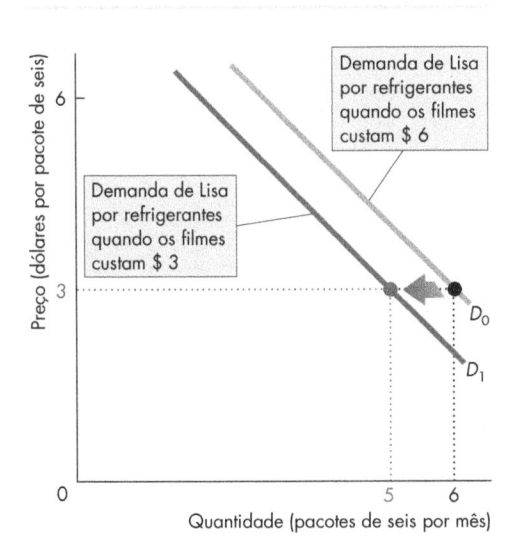

(b) Demanda por refrigerantes

Quando o preço de 1 filme diminui e o preço do refrigerante continua igual, a quantidade de filmes demandada por Lisa aumenta e, na parte (a), Lisa se move ao longo de sua curva de demanda por filmes. Além disso, quando o preço de 1 filme diminui, a demanda de Lisa por refrigerantes diminui e, na parte (b), sua curva de demanda por refrigerantes se desloca para a esquerda. Para Lisa, refrigerantes e filmes são bens substitutos.

---

preço de um filme é $ 3. Para identificarmos a curva de demanda de Lisa por refrigerantes, devemos verificar como ela reage a uma variação do preço dos refrigerantes. Suponhamos que o preço dos refrigerantes aumente de $ 3 para $ 6 por pacote de 6 unidades. As linhas da Tabela 7.5 mostram as combinações de filmes e refrigerantes que esgotam os $ 30 da renda de Lisa quando o preço de 1 filme é $ 3 e o preço de 1 pacote de 6 refrigerantes é $ 6. Mais uma vez, as preferências de Lisa não mudam com

Tabela 7.4 Como uma variação do preço dos filmes afeta as escolhas de Lisa

	Filmes ($ 3 cada)	Refrigerantes ($ 3 por pacote de seis)	
Quanti-dade	Utilidade marginal por unidade monetária	Pacotes de seis	Utilidade marginal por unidade monetária
0		10	5,00
1	16,67	9	5,33
2	**12,67**	8	5,67
3	11,00	7	6,00
4	9,67	**6**	**6,33**
5	**8,33**	5	**8,33**
6	7,00	4	9,33
7	6,00	3	12,00
8	5,00	2	14,00
9	4,00	1	25,00
10	3,00	0	

a variação do preço. Divida por $ 6 a utilidade marginal obtida por Lisa do consumo de refrigerantes para calcular sua utilidade marginal por unidade monetária obtida do consumo de refrigerantes.

Agora Lisa consome 2 pacotes de 6 refrigerantes por mês e assiste a 6 filmes por mês. Lisa *substitui* refrigerantes por filmes. A Figura 7.6 mostra esses dois efeitos. Na parte (a), identificamos outro ponto da curva de demanda de Lisa por refrigerantes e confirmamos que essa curva de demanda segue a lei da demanda. Na parte (b), vemos que um aumento do preço do refrigerante aumenta a demanda por filmes. A curva de demanda por filmes se desloca para a direita. Mais uma vez, a mudança comprova que, para Lisa, refrigerantes e filmes são bens substitutos.

A teoria da utilidade marginal prevê estes dois resultados:

1. Quando o preço de um bem aumenta, a quantidade demandada desse bem diminui.
2. Se o preço de um bem aumenta, a demanda por outro bem que pode servir de bem substituto aumenta.

Tabela 7.5 Como uma variação do preço do refrigerante afeta as escolhas de Lisa

	Filmes ($ 3 cada)	Refrigerantes ($ 3 por pacote de seis)	
Quanti-dade	Utilidade marginal por unidade monetária	Pacotes de seis	Utilidade marginal por unidade monetária
0		5	4,17
2	12,67	4	4,67
4	9,67	3	6,00
6	**7,00**	**2**	**7,00**
8	5,00	1	12,50
10	3,00	0	

Figura 7.6 Aumento do preço do refrigerante

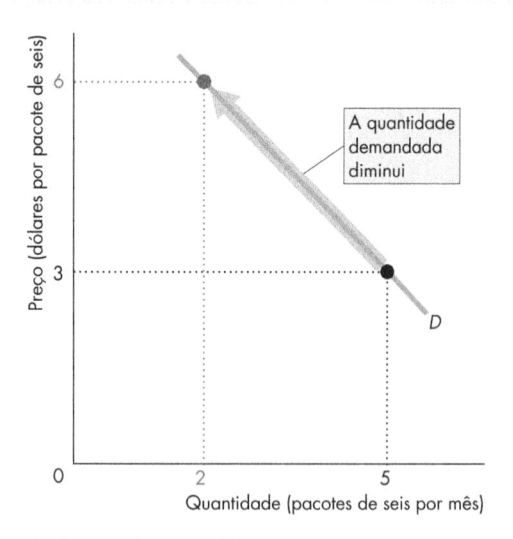

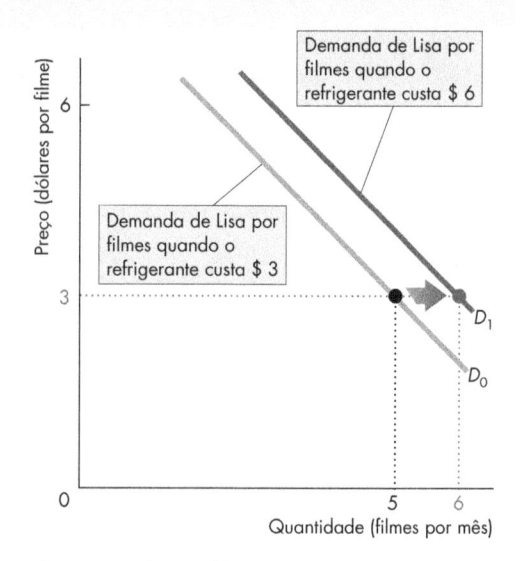

(a) Demanda por refrigerantes

(b) Demanda por filmes

Quando o preço do refrigerante aumenta e o preço de um filme continua igual, a quantidade de refrigerantes demandada por Lisa diminui e, na parte (a), Lisa se move ao longo de sua curva de demanda por refrigerantes. Além disso, quando o preço do refrigerante aumenta, a demanda de Lisa por filmes aumenta e, na parte (b), sua curva de demanda por filmes se desloca para a direita.

Essas previsões da teoria da utilidade marginal soam familiares porque correspondem aos pressupostos que adotamos sobre a demanda no Capítulo 3. Nele supusemos que a curva de demanda por um bem se inclina para baixo e que um aumento do preço de um bem substituto aumenta a demanda.

Vimos que a teoria da utilidade marginal prevê como a quantidade de bens e serviços que as pessoas demandam reage a mudanças de preço. A teoria nos permite construir a curva de demanda do consumidor e prever como a curva de demanda por um bem se desloca quando o preço de outro bem se altera.

A teoria da utilidade marginal também nos ajuda a prever como a demanda varia quando há uma variação da renda. Vamos estudar agora os efeitos de uma mudança da renda sobre a demanda.

Aumento da renda

Suponha que a renda de Lisa aumente para $ 42 por mês e que o preço de um filme seja $ 3 e o preço de um pacote de 6 refrigerantes seja $ 3. Vimos na Tabela 7.4 que, com esses preços e com uma renda de $ 30 por mês, Lisa assiste a 5 filmes e consome 5 pacotes de 6 refrigerantes por mês. Queremos comparar essa escolha de filmes e refrigerantes com a escolha de Lisa quando sua renda é $ 42. A Tabela 7.6 mostra os cálculos necessários para fazer essa comparação. Com $ 42, Lisa pode assistir a 14 filmes por mês e não comprar nenhum refrigerante, ou pode comprar 14 pacotes de 6 refrigerantes por mês e não assistir

Tabela 7.6 Escolha de Lisa com uma renda de $ 42 por mês

	Filmes ($ 3 cada)		Refrigerantes ($ 3 por pacote de seis)	
Quanti-dade	Utilidade marginal por unidade monetária	Pacotes de seis	Utilidade marginal por unidade monetária	
0		14	3,67	
1	16,67	13	4,00	
2	12,67	12	4,33	
3	11,00	11	4,67	
4	9,67	10	5,00	
5	**8,33**	9	5,33	
6	7,00	8	5,67	
7	**6,00**	7	**6,00**	
8	5,00	6	6,33	
9	4,00	**5**	**8,33**	
10	3,00	4	9,33	
11	2,00	3	12,00	
12	1,00	2	14,00	
13	0,67	1	25,00	
14	0,33	0		

a nenhum filme, ou pode escolher qualquer uma das combinações dos dois bens apresentados nas linhas da tabela. Calculamos a utilidade marginal por unidade monetária exatamente como antes e descobrimos as quantidades nas quais a utilidade marginal por unidade monetária obtida dos filmes e a utilidade marginal por unidade monetária obtida dos refrigerantes são iguais. Quando a renda de Lisa é $ 42, os dois bens proporcionam a mesma utilidade marginal por unidade monetária quando ela assiste a 7 filmes e consome 7 pacotes de 6 refrigerantes por mês.

Ao compararmos essa situação com a da Tabela 7.4, vemos que, com $ 12 a mais por mês, Lisa compra mais 2 pacotes de 6 refrigerantes e assiste a mais 2 filmes por mês. A reação de Lisa resulta de suas preferências, como descrito por suas utilidades marginais. Preferências diferentes resultariam em reações quantitativas diferentes. Com uma renda maior, o consumidor sempre compra mais de um bem *normal* e menos de um bem *inferior*. Para Lisa, refrigerantes e filmes são bens normais. À medida que sua renda aumenta, Lisa compra mais de ambos os bens.

Concluímos, com isso, nosso estudo da teoria da utilidade marginal das escolhas de consumo de um indivíduo. A Tabela 7.7 resume as principais premissas, implicações e previsões da teoria.

Temperatura: uma analogia

A utilidade é similar à temperatura. Ambos são conceitos abstratos e têm unidades de medida arbitrárias. Não é possível *observar* a temperatura. É possível observar a água transformando-se em vapor se ela estiver quente o suficiente ou se transformando em gelo se estiver fria o suficiente. Mas é possível construir um instrumento – um termômetro – que ajude a prever quando essas mudanças ocorrerão. Chamamos a escala do termômetro de *temperatura* e as unidades de temperatura de *graus*. No entanto, essas unidades de graus são arbitrárias. Podemos utilizar unidades Celsius ou unidades Fahrenheit ou alguma outra unidade.

O conceito de utilidade nos ajuda a fazer previsões sobre as escolhas de consumo da mesma maneira como o conceito de temperatura nos ajuda a fazer previsões sobre um fenômeno físico.

É bem verdade que a teoria da utilidade marginal não nos permite prever a variação dos planos de compra com a mesma precisão que um termômetro nos permite prever quando a água se transformará em vapor ou gelo. Mas a teoria nos proporciona importantes percepções sobre os planos de compra e apresenta algumas implicações intensas. Ela nos ajuda a entender por que as pessoas compram uma quantidade maior de um bem ou serviço quando o preço dele diminui e por que as pessoas compram uma quantidade maior da maioria dos bens quando sua renda aumenta. A teoria também soluciona o paradoxo do valor, que veremos em seguida.

QUESTÕES PARA REVISÃO

1 Quando o preço de um bem diminui e o preço de outros bens e a renda de um consumidor permanecem constantes, o que acontece com o consumo do bem cujo preço diminuiu e com o consumo dos outros bens?

2 Elabore sua resposta à pergunta anterior utilizando as curvas de demanda. Para qual bem há uma mudança na demanda e para qual bem há uma mudança na quantidade demandada?

3 Se a renda de um consumidor aumenta e se todos os bens são bens normais, como a quantidade comprada de cada bem se modifica?

Concluiremos este capítulo retomando o tema recorrente que tem acompanhado todo o nosso estudo da economia: o conceito de eficiência e a distinção entre preço e valor.

Eficiência, preço e valor

A teoria da utilidade marginal aprofunda nosso entendimento da eficiência e esclarece a distinção entre valor e preço. Veremos, a seguir, como isso acontece.

Eficiência do consumidor

Quando Lisa aloca seu orçamento limitado de um modo que maximize sua utilidade, ela está utilizando seus recursos com eficiência. Qualquer outra alocação de seu orçamento desperdiça alguns recursos.

No entanto, quando Lisa aloca seu orçamento limitado de um modo que maximize sua utilidade, ela está *em sua*

Tabela 7.7	Teoria da utilidade marginal
Hipóteses	
■ Um consumidor obtém utilidade dos bens consumidos.	
■ Cada unidade adicional de consumo resulta em uma utilidade total adicional – a utilidade marginal é positiva.	
■ À medida que a quantidade consumida de um bem aumenta, a utilidade marginal diminui.	
■ O objetivo de um consumidor é maximizar sua utilidade total.	
Implicação	
A utilidade total é maximizada quando toda a renda disponível é gasta e quando a utilidade marginal por unidade monetária é igual para todos os bens.	
Previsões	
■ Se todos os outros fatores são mantidos constantes, quanto mais alto é o preço de um bem, menor é a quantidade comprada desse bem (a lei da demanda).	
■ Quanto mais alto é o preço de um bem, maior é a quantidade comprada de substitutos desse bem.	
■ Quanto maior é a renda do consumidor, maior é a quantidade demandada de bens normais.	

curva de demanda por um bem. Uma curva de demanda é uma descrição da quantidade demandada a cada preço quando a utilidade é maximizada. Quando estudamos a eficiência no Capítulo 5, aprendemos que o valor é igual ao benefício marginal e que a curva de demanda também é uma curva de disposição de pagar. Ela nos informa o *benefício marginal* de um consumidor – o benefício obtido do consumo de uma unidade adicional de um bem. Com isso, a idéia de benefício marginal assume um significado mais profundo:

O benefício marginal é o preço máximo que um consumidor está disposto a pagar por uma unidade adicional de um bem ou serviço quando a utilidade é maximizada.

O paradoxo do valor

Há séculos os filósofos ficam intrigados com um paradoxo que mencionamos no início deste capítulo. A água, que é essencial à vida, custa pouco, mas os diamantes, que são inúteis em comparação à água, são caros. Por quê? Adam Smith tentou resolver esse paradoxo, mas foi só com o desenvolvimento da teoria da utilidade marginal que foi possível uma resposta satisfatória.

Pode-se decifrar esse quebra-cabeça percebendo a diferença entre utilidade *total* e utilidade *marginal*. A utilidade total que se obtém da água é enorme. Mas, lembre-se de que, quanto mais se consome alguma coisa, menor é sua utilidade marginal. Utiliza-se tanta água que sua utilidade marginal – o benefício que se obtém de mais um copo de água – é reduzida a um valor baixo. Os diamantes, por outro lado, têm uma pequena utilidade total em relação à água, mas, como se compram poucos diamantes, eles têm uma grande utilidade marginal. Quando um indivíduo maximiza sua utilidade total, ele aloca seu orçamento do modo pelo qual a utilidade marginal por unidade monetária para todos os bens é a mesma. Em outras palavras, a utilidade marginal de um bem dividida pelo preço dele é igual para todos os bens.

Essa igualdade das utilidades marginais por unidade monetária também se aplica a diamantes e água: os diamantes têm um preço alto e uma grande utilidade marginal. A água tem um preço baixo e uma pequena utilidade marginal. Quando a grande utilidade marginal dos diamantes é dividida pelo preço alto de um diamante, o resultado é um número igual à pequena utilidade marginal da água dividida pelo preço baixo da água. A utilidade marginal por unidade monetária é a mesma para os diamantes e para a água.

Valor e excedente do consumidor

Outra maneira de resolver o paradoxo do valor utiliza o conceito de *excedente do consumidor*. A Figura 7.7 explica o paradoxo do valor por meio da aplicação dessa idéia. A oferta de água, mostrada na parte (a), é perfeitamente elástica ao preço P_A, de modo que a quantidade consumida de água é Q_A, e o excedente do consumidor para a água é representado pela grande área cinza. A oferta de diamantes, mostrada na parte (b), é perfeitamente inelástica na

Figura 7.7 O paradoxo do valor

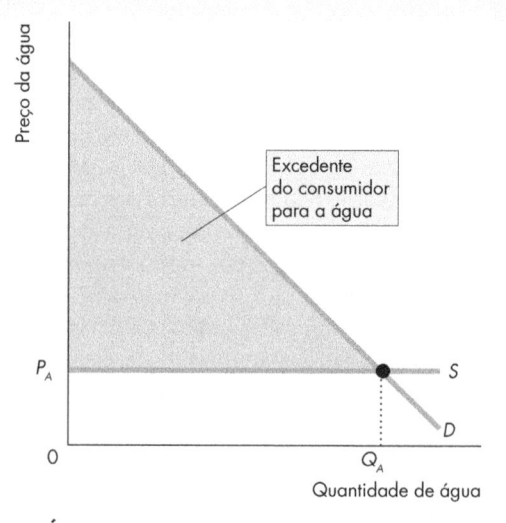

(a) Água

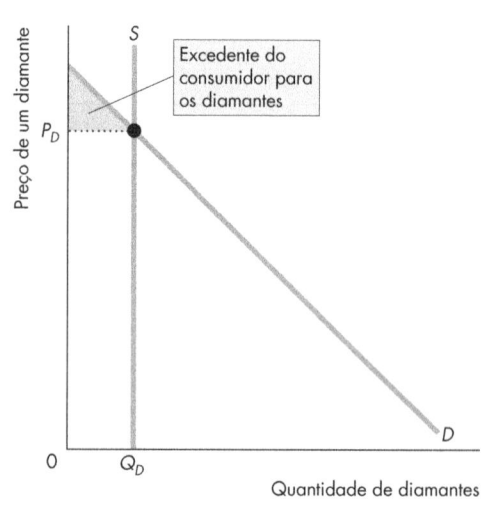

(b) Diamantes

A parte (a) mostra a demanda e a oferta de água. A oferta é perfeitamente elástica ao preço P_A. A esse preço, a quantidade consumida de água é Q_A, e o excedente do consumidor é o grande triângulo cinza. A parte (b) mostra a demanda e a oferta de diamantes. A oferta é perfeitamente inelástica na quantidade Q_D. Nessa quantidade, o preço de um diamante é P_D, e o excedente do consumidor é o pequeno triângulo cinza. A água é valiosa – tem um grande excedente do consumidor –, mas barata. Os diamantes são menos valiosos que a água – têm um excedente do consumidor menor –, mas são caros.

quantidade Q_D, de maneira que o preço dos diamantes é P_D, e o excedente do consumidor para os diamantes é representado pela pequena área cinza. A água é barata, mas resulta em um grande excedente do consumidor, ao passo que os diamantes são caros, mas resultam em um pequeno excedente do consumidor.

> QUESTÕES PARA REVISÃO
>
> 1 Você sabe explicar por que, ao longo da curva de demanda, as escolhas de um consumidor são eficientes?
> 2 Você sabe explicar o paradoxo do valor?
> 3 Entre a utilidade marginal da água e a dos diamantes, qual é maior? Entre a utilidade total da água e a dos diamantes, qual é maior? O excedente do consumidor é maior para a água ou para os diamantes?

◊ Você acabou de concluir seu estudo da teoria da utilidade marginal e viu como ela pode ser usada para explicar as escolhas de consumo. Veremos mais uma vez a aplicação dessa teoria na seção "Leitura das entrelinhas", na qual ela é utilizada para explicar por que babás ganham muito menos do que jogadores de futebol americano.

O próximo capítulo apresenta uma teoria alternativa para o comportamento do consumidor. Para ajudá-lo a perceber a relação entre as duas teorias, utilizaremos o mesmo exemplo. Reencontraremos Lisa e veremos outra maneira de entender como ela obtém o máximo de seus $ 30 de renda por mês.

LEITURA DAS ENTRELINHAS

Um paradoxo do valor no mercado de trabalho

Dias longos, clientes exigentes, treinamento para o uso do troninho
Experiências úteis

24 de setembro de 2006

Como o personagem interpretado por Eddie Murphy no filme *A creche do papai*, Todd Cole precisou do empurrãozinho de uma demissão para se unir ao pequeno número de homens que trabalham como babás...

Cole tirou sua licença oficial para trabalhar como babá em fevereiro e, com isso, tem a permissão do estado de Nova York para cuidar de seis crianças com mais de 2 anos de idade e também de duas crianças em idade escolar...

Nos Estados Unidos, os homens representam apenas 4 por cento dos profissionais que cuidam de crianças de até 5 anos de idade, proporção que é a mesma desde a década de 1980, de acordo com Bryan G. Nelson, fundador do MenTeach, um grupo sem fins lucrativos de Minneapolis que oferece apoio a educadores do sexo masculino...

Segundo uma estimativa do Bureau of Labor Statistics[2] de maio de 2005, os trabalhadores do estado de Nova York recebem um salário anual médio de US$ 21.850.

Fonte: Copyright 2006 The New York Times Company. Reproduzido com permissão. Proibido nova reprodução. Disponível em: http://www.nytimes.com

Vick assina um acordo de dez anos para continuar a jogar pelos Falcons

24 de dezembro de 2005

...Michael Vick, 24 anos, tornou-se ontem o jogador de futebol americano mais bem pago da NFL (a liga nacional de futebol americano nos Estados Unidos), quando fechou um contrato de dez anos, até 2013, que pode valer até US$ 130 milhões, de acordo com o executivo de um time da NFL que acompanhou as negociações. O acordo inclui um bônus de US$ 37 milhões, superando os US$ 34,5 milhões que o zagueiro do Indianapolis Colts, Peyton Manning, recebeu com seu contrato de US$ 98 milhões, de sete anos, na última primavera...

Fonte: Copyright 2005 The New York Times Company. Reproduzido com permissão. Proibido nova reprodução. Disponível em: http://www.nytimes.com

Essência da notícia

▸ Em Nova York, pessoas que trabalham como babás ganham um salário médio de US$ 21.850 ao ano.

▸ Todd Cole tem permissão para cuidar de oito crianças.

▸ Michael Vick fechou com o Atlanta Falcons um contrato de dez anos que lhe renderá US$ 130 milhões.

---

[2] Órgão do governo dos Estados Unidos que coleta dados sobre a economia e o mercado de trabalho e publica análises estatísticas para o público em geral (N. da T.).

Análise econômica

▶ Se os recursos são utilizados com eficiência, a utilidade marginal por unidade monetária dos serviços de uma babá são iguais à utilidade marginal por unidade monetária dos serviços de um jogador de futebol americano.

▶ Isto é,

$$\frac{UMg_B}{P_B} = \frac{UMg_J}{P_J}$$

onde UMg_B é a utilidade marginal e P_B é o preço dos serviços de uma babá, e UMg_J é a utilidade marginal e P_J é o preço dos serviços de um jogador de futebol americano.

▶ Vimos nas notícias de jornal que uma babá ganha US$ 21.850 ao ano (em média) e que o jogador de futebol americano Michael Vick receberá US$ 130 milhões em dez anos, ou US$ 13 milhões ao ano.

▶ Substituindo esses valores na fórmula acima, temos:

$$\frac{UMg_B}{US\$\ 21.850} = \frac{UMg_J}{US\$\ 13.000.000}.$$

Ou:

$$\frac{UMg_J}{UMg_B} = 595.$$

▶ Será que a utilidade marginal dos serviços de Michael Vick é realmente 595 vezes maior que a utilidade marginal dos serviços de Todd Cole, que trabalha cuidando de crianças, como sugerem as notícias do jornal?

▶ Pense por um minuto e você perceberá que uma babá atende cerca de oito consumidores por vez, enquanto um jogador de futebol americano, especialmente um tão bom quanto Michael Vick, atende, tanto no estádio quanto pela TV, milhões de consumidores por vez.

▶ Suponha que Michael Vick atenda apenas 1 milhão de consumidores e que Todd Cole atenda 8.

▶ Nesse caso, o preço dos serviços de Todd Cole por cliente atendido é:

$$\frac{US\$\ 21.850}{8} = US\$\ 2.731,25,$$

e o preço dos serviços de Michael Vick por cliente atendido é US$ 13.

▶ Aplicando esses valores aos serviços por cliente atendido, temos que Todd Cole vale 210 vezes mais que Michael Vick.

▶ A Figura 1 mostra o mercado de babás. A quantidade de equilíbrio é de 1 milhão de trabalhadores, e o salário é de US$ 21.850 ao ano.

▶ A Figura 2 mostra o mercado de jogadores de futebol americano profissional. A quantidade de equilíbrio é de 1,5 milhão de jogadores, e o salário é de US$ 1milhão ao ano. (Michael Vick ganha muito mais que um jogador médio.)

▶ Com base em nossos pressupostos, o excedente do consumidor para as babás é muito maior que para os jogadores de futebol americano.

▶ Apesar de as babás receberem um salário mais baixo do que o dos jogadores de futebol americano, o valor atribuído às babás é muito mais alto do que o valor atribuído aos jogadores de futebol americano, tanto pelo indivíduo que consome seus serviços quanto pela sociedade.

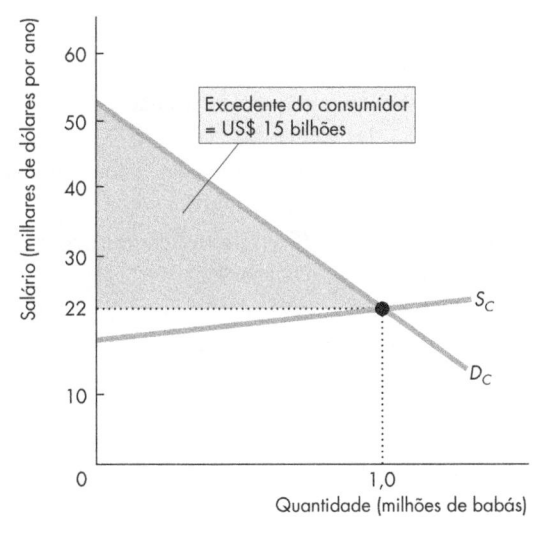

Figura 1: O valor das babás

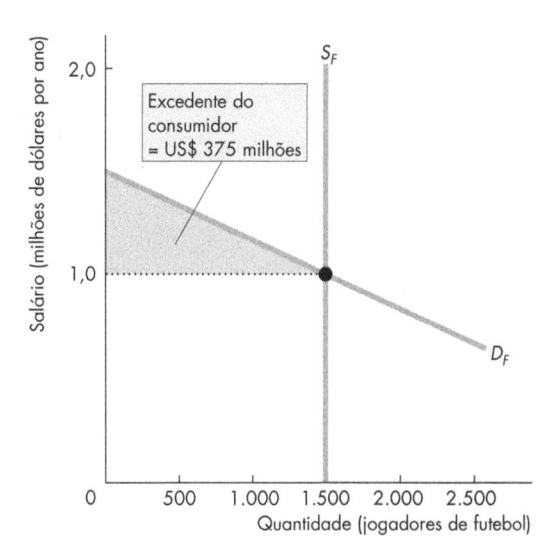

Figura 2: O valor dos jogadores de futebol americano

RESUMO

Pontos-chave

O orçamento do consumidor (p. 150-152)

- As escolhas de um indivíduo são determinadas por suas preferências e possibilidades de consumo.
- As possibilidades de consumo de um indivíduo são limitadas por sua renda e pelos preços dos bens e serviços. Algumas combinações de bens e serviços são acessíveis (podem ser pagas pelo indivíduo), e outras não.

Preferências e utilidade (p. 152-154)

- As preferências de um indivíduo podem ser descritas pela utilidade marginal.
- A hipótese central da teoria da utilidade marginal é que a utilidade marginal obtida do consumo de um bem ou serviço diminui à medida que o consumo do bem ou serviço aumenta.
- A teoria da utilidade marginal supõe que as pessoas compram a combinação acessível de bens e serviços que maximiza sua utilidade total.

Maximização da utilidade (p. 154-156)

- A utilidade total é maximizada quando toda a renda disponível é gasta e quando a utilidade marginal por unidade monetária é igual para cada um dos bens comprados.
- Se a utilidade marginal por unidade monetária do bem A é maior que a do bem B, a utilidade total aumenta se a quantidade comprada do bem A aumenta e a quantidade comprada do bem B diminui.

Previsões da teoria da utilidade marginal (p. 156-159)

- A teoria da utilidade marginal prevê a lei da demanda. Ou seja, se todos os outros fatores são mantidos constantes, quanto mais alto é o preço de um bem, menor é a quantidade demandada desse bem.
- A teoria da utilidade marginal também prevê que, se todos os outros fatores são mantidos constantes, quanto maior é a renda do consumidor, maior é a quantidade demandada de um bem normal.

Eficiência, preço e valor (p. 159-161)

- Quando um consumidor maximiza a utilidade, ele está utilizando os recursos com eficiência.
- A teoria da utilidade marginal soluciona o paradoxo do valor.
- Em geral, quando falamos sobre o valor, estamos pensando na utilidade *total* ou no excedente do consumidor. Mas, na verdade, o preço está relacionado à utilidade *marginal*.
- A água, que é consumida em grandes volumes, tem uma grande utilidade total e um grande excedente do consumidor, mas o preço da água é baixo, e a utilidade marginal obtida do consumo da água é pequena.
- Os diamantes, que são consumidos em pequenas quantidades, têm uma pequena utilidade total e um pequeno excedente do consumidor, mas o preço de um diamante é alto, e a utilidade marginal do consumo de diamantes é grande.

Tabela e figuras-chave

Figura 7.1: Possibilidades de consumo, 151
Figura 7.2: Variações do preço e da renda, 152
Figura 7.3: Utilidade total e utilidade marginal, 153
Figura 7.4: A igualdade das utilidades marginais por unidade monetária, 155
Figura 7.5: Redução do preço de um filme, 157
Figura 7.6: Aumento do preço do refrigerante, 158
Figura 7.7: O paradoxo do valor, 160
Tabela 7.7: Teoria da utilidade marginal, 159

Palavras-chave

Equilíbrio do consumidor, 154

Linha orçamentária, 150

Preço relativo, 151

Renda real, 151

Utilidade, 152

Utilidade marginal, 152

Utilidade marginal decrescente, 153

Utilidade marginal por unidade monetária, 155

Utilidade total, 152

EXERCÍCIOS

1. Jason gosta de DVDs e livros e gasta $ 60 por mês nesses bens. O preço de um DVD é $ 20, e o preço de um livro é $ 10.
   a. Desenhe a linha orçamentária de Jason. Indique as combinações de DVDs e livros que Jason não pode pagar e as combinações que Jason pode pagar.
   b. Qual é a renda real de Jason em termos de livros?
   c. Qual é o preço relativo de um DVD?

2. Jason, apresentado no exercício 1, recebe $ 30 adicionais por mês para gastar em DVDs e livros, de modo que agora tem um total de $ 90 por mês para gastar nesses bens. Os preços continuam os mesmos.
   a. Desenhe a nova linha orçamentária de Jason.
   b. Qual é a renda real de Jason em termos de livros?
   c. Qual é o preço relativo de um DVD?

3. Jason, do exercício 2, ainda recebe $ 30 adicionais por mês para gastar em DVDs e livros, de maneira que agora tem um total de $ 90 por mês para gastar nesses bens. Ao mesmo tempo, o preço de um DVD diminui para $ 15.
   a. Desenhe a nova linha orçamentária de Jason.
   b. Qual é a renda real de Jason em termos de DVDs?
   c. Qual é a renda real de Jason em termos de livros?
   d. Qual é o preço relativo de um DVD?

4. A tabela mostra a utilidade que Jason obtém de DVDs e livros.

Quantidade por mês	Utilidade obtida dos DVDs	Utilidade obtida dos livros
1	60	35
2	110	60
3	150	75
4	180	85
5	200	90
6	206	92

   a. Desenhe gráficos mostrando a utilidade total que Jason obtém de DVDs e livros.
   b. Compare os dois gráficos de utilidade. O que se pode dizer sobre as preferências de Jason?
   c. Desenhe gráficos mostrando a utilidade marginal que Jason obtém de DVDs e livros.
   d. O que os dois gráficos de utilidade marginal informam sobre as preferências de Jason?
   e. Se o preço de um DVD é $ 20 e o preço de um livro é $ 10 e se Jason tem $ 60 para gastar nesses dois bens, quantas unidades de cada bem ele compra?

5. Max gosta de praticar windsurfe e mergulho. A tabela mostra a utilidade marginal que ele obtém de cada atividade.

Horas por dia	Utilidade marginal obtida do windsurfe	Utilidade marginal obtida do mergulho
1	120	40
2	100	36
3	80	30
4	60	22
5	40	12
6	12	10
7	10	8

Max tem $ 35 para gastar e pode passar o tempo que quiser em atividades de lazer. Ele aluga o equipamento de windsurfe a $ 10 por hora e o equipamento de mergulho a $ 5 por hora.

Quanto tempo Max passa praticando windsurfe e quanto tempo passa mergulhando?

6. A irmã de Max lhe dá mais $ 20 por mês para gastar em atividades de lazer, de modo que agora ele tem $ 55 por mês. Todos os outros fatores permanecem iguais aos apresentados no exercício 5.
   a. Desenhe um gráfico que mostre as possibilidades de consumo de Max.
   b. Por quantas horas Max decide praticar windsurfe e por quantas horas ele decide mergulhar?

7. Max, apresentado no exercício 5, recebe uma oferta especial para a locação do equipamento de windsurfe: a locação sai por $ 5 por hora. Por quantas horas Max decide praticar windsurfe e por quantas horas ele decide mergulhar?

8. Max, do exercício 5, passa suas férias em um hotel que oferece atividades esportivas ilimitadas sem custo adicional. O preço da locação dos equipamentos está incluso no valor que ele já paga pela hospedagem. Se Max tem 6 horas ao dia para praticar windsurfe e mergulho, por quantas horas ele decide praticar windsurfe e por quantas horas ele decide mergulhar?

9. As tabelas de utilidade de Max são aquelas mostradas no exercício 5, e ele tem $ 55 por mês para gastar em windsurfe e mergulho. O equipamento de mergulho é alugado por $ 5 por hora.
   a. Identifique dois pontos na curva de demanda de Max pela locação de equipamento de windsurfe.
   b. Desenhe a curva de demanda de Max pela locação de equipamento de windsurfe.
   c. A demanda de Max pela locação de equipamento de windsurfe é elástica ou inelástica?

10. As tabelas de utilidade de Max são aquelas mostradas no exercício 5, e ele tem $ 55 por mês para gastar em windsurfe e mergulho. O equipamento de mergulho é alugado por $ 5 por hora. O preço da locação de equipamento de windsurfe diminui de $ 10 por hora para $ 5 por hora.
   a. O que acontece com a demanda de Max pelo equipamento de mergulho?
   b. Desenhe a curva de demanda de Max pelo equipamento de mergulho.
   c. Qual é a elasticidade cruzada da demanda de Max por equipamento de mergulho em relação ao preço do equipamento de windsurfe?
   d. Os equipamentos de mergulho e de windsurfe são para Max bens substitutos ou bens complementares?

11. As tabelas de utilidade de Max são as apresentadas no exercício 5. Mostre os efeitos sobre:
    a. A curva de demanda de Max por equipamento de windsurfe quando sua renda aumenta de $ 35 para $ 55, a locação do equipamento de winsurfe custa $ 10 por hora, e o equipamento de mergulho custa $ 5 por hora.
    b. A curva de demanda de Max por equipamento de mergulho quando sua renda aumenta de $ 35 para $ 55, o equipamento de winsurfe custa $ 10 por hora, e o equipamento de mergulho custa $ 5 por hora.
    c. A locação de equipamento de windsurfe é para Max um bem normal ou um bem inferior?
    d. A locação de equipamento de mergulho é para Max um bem normal ou um bem inferior?

12. Ben gasta $ 50 ao ano em 2 buquês de flores e $ 50 ao ano em 10.000 litros de água potável. Ben maximiza a utilidade, e a utilidade marginal obtida do consumo de água é de 0,5 unidade por litro.
    a. Ben valoriza mais as flores ou a água?
    b. Explique como os gastos de Ben em flores e água ilustram o paradoxo do valor.

PENSAMENTO CRÍTICO

1. Estude a seção "Leitura das entrelinhas" sobre a renda de babás e jogadores de futebol americano. Suponha que uma nova tecnologia permita que alguém cuide de 100 crianças de uma só vez e que uma tecnologia de bloqueio de anúncios impossibilite que as operadoras de televisão recebam receitas provenientes da propaganda. O que acontecerá com:
   a. A utilidade marginal de uma babá?
   b. O salário de uma babá?
   c. O número de babás?
   d. A utilidade marginal de um jogador de futebol americano?
   e. O salário de um jogador de futebol americano?
   f. O número de jogadores de futebol americano?

2. É proibido fumar nos vôos da maioria das companhias aéreas do mundo. Utilize a teoria da utilidade marginal para explicar:
   a. O efeito da proibição sobre a utilidade dos fumantes.
   b. Como a proibição influencia as decisões dos fumantes.
   c. O efeito da proibição sobre a utilidade dos não-fumantes.
   d. Como a proibição influencia as decisões dos não-fumantes.

ATIVIDADES NA INTERNET

1. Faça uma pesquisa na Internet sobre a produção de água mineral vendida em garrafas e copos plásticos. Em seguida, use a teoria da utilidade marginal para explicar e interpretar o funcionamento desse mercado.

2. Faça uma pesquisa sobre o sistema de preços de passagens de ônibus e metrô na cidade de São Paulo.
   a. Mostre os efeitos das diferentes opções de preço sobre a linha orçamentária do consumidor.
   b. Como uma pessoa decide se paga as viagens individualmente ou se utiliza um cartão magnético para períodos mais longos. Use a teoria da utilidade marginal para sua resposta.
   c. O que aconteceria com o número de passageiros se o preço de uma passagem para uma única viagem caísse e o preço para a utilização desses meios de transporte por um período de duas horas aumentasse?

CAPÍTULO 8

Possibilidades, preferências e escolhas

Ao término do estudo deste capítulo, você saberá:

▶ Descrever a linha orçamentária de um indivíduo e mostrar como ela se altera com a variação dos preços ou da renda.
▶ Desenhar um mapa de preferências utilizando curvas de indiferença e explicar o princípio da taxa marginal de substituição decrescente.
▶ Prever os efeitos das variações dos preços e da renda sobre as escolhas de consumo.
▶ Prever os efeitos das variações dos salários sobre as escolhas entre trabalho e lazer.

Movimentos subterrâneos

Da mesma maneira que os continentes se deslocam sobre o manto terrestre, nossos padrões de gasto mudam constantemente ao longo do tempo. Nesses movimentos subterrâneos, ocorrem ascensões e quedas de impérios empresariais. Hoje em dia podemos decidir se vamos adquirir um CD de música ou fazer downloads e ouvir as músicas em um iPod ou gravar nosso próprio CD. Com a queda acelerada dos preços de downloads de músicas, dos iPods e dos gravadores de CD, as pessoas estão cada vez mais pagando por downloads, e as vendas de CDs de música vêm sendo prejudicadas.
Os preços de livros eletrônicos – ou *e-books* – também diminuíram, e atualmente esses livros são mais baratos do que livros impressos. Mesmo assim, a maioria dos estudantes continua a comprar livros impressos. Se os *e-books* são mais baratos do que os livros impressos, por que não os substituíram da mesma maneira como as novas tecnologias de áudio substituíram os CDs?
Movimentos subterrâneos também governam o modo como passamos nosso tempo. A semana de trabalho média diminuiu gradualmente de 70 horas, no século XIX, para 40 horas, nos dias de hoje. Apesar de a semana de trabalho média atualmente ser muito mais curta do que no passado, muito mais pessoas hoje estão empregadas. Por que a semana de trabalho média diminuiu?

◇ Neste capítulo, estudaremos um modelo de escolha que prevê os efeitos de variações de preços e da renda sobre o que as pessoas compram e os efeitos das variações dos salários sobre como as pessoas dividem seu tempo entre lazer e trabalho. Ao final do capítulo, na seção "Leitura das entrelinhas", utilizaremos o modelo para explicar por que os downloads de músicas estão acabando com os CDs, mas os *e-books* não estão substituindo os livros impressos.

Possibilidades de consumo

As escolhas de consumo são limitadas pela renda e pelos preços. Um indivíduo tem determinada renda para gastar e não tem como influenciar os preços dos bens e serviços que compra. A **linha orçamentária** de um indivíduo descreve os limites de suas escolhas de consumo.
Vamos analisar a linha orçamentária de Lisa.[1] Ela tem uma renda de $ 30 ao mês para gastar e compra dois bens: filmes e refrigerantes. O preço de 1 filme é $ 6; o preço dos refrigerantes é $ 3 por pacote de 6 unidades. A Figura 8.1 mostra combinações alternativas de filmes e refrigerantes que Lisa pode pagar. A linha *A* mostra que ela pode comprar 10 pacotes de 6 refrigerantes sem assistir a nenhum filme, uma combinação de filmes e refrigerantes que esgota sua renda mensal de $ 30. A linha *F* mostra que Lisa pode assistir a 5 filmes e não tomar nenhum refrigerante – outra combinação que esgota os $ 30 que ela tem.

---
[1] Se você estudou o Capítulo 7, sobre a teoria da utilidade marginal, já conhece Lisa. Esta história sobre a sede de refrigerantes de Lisa e o entusiasmo dela por filmes vai lhe soar familiar – até certo ponto. Mas neste capítulo utilizaremos um método diferente para representar as preferências – que não requer que recorramos ao conceito de utilidade.

Figura 8.1 A linha orçamentária

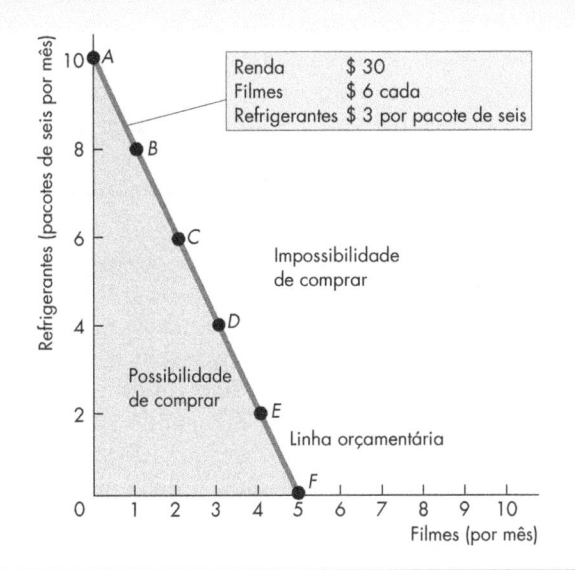

Renda	$ 30
Filmes	$ 6 cada
Refrigerantes	$ 3 por pacote de seis

Possibilidades de consumo	Filmes (por mês)	Refrigerantes (pacotes de seis por mês)
A	0	10
B	1	8
C	2	6
D	3	4
E	4	2
F	5	0

A linha orçamentária de Lisa indica a fronteira entre o que ela pode e o que não pode comprar. As linhas da tabela contêm as combinações de filmes e refrigerantes que Lisa pode comprar quando sua renda é $ 30, o preço do refrigerante é $ 3 por pacote de 6 unidades e o preço de 1 filme é $ 6. Por exemplo, a linha A mostra que Lisa gasta toda a sua renda de $ 30 quando compra 10 pacotes de 6 refrigerantes e não vê nenhum filme. A figura representa, em um gráfico, a linha orçamentária de Lisa. Os pontos A a F do gráfico representam as linhas da tabela. Para bens divisíveis, a linha orçamentária é a linha contínua AF. Para calcular a equação para a linha orçamentária de Lisa, comece igualando os gastos à renda:

$$\$3Q_R + \$6Q_F = \$30.$$

Divida por $ 3 para obter:

$$Q_R + 2Q_F = 10.$$

Subtraia $2Q_F$ de ambos os lados da equação para obter:

$$Q_R = 10 - 2Q_F.$$

Cada uma das combinações apresentadas nas outras linhas da tabela também esgotam a renda de Lisa. (Observe que cada uma das outras combinações custa exatamente $ 30.) Os números que constam na tabela definem as possibilidades de consumo de Lisa, as quais podem ser representadas graficamente pelos pontos A a F da Figura 8.1.

Bens divisíveis e indivisíveis Alguns bens – chamados de bens divisíveis – podem ser comprados em qualquer quantidade desejada. A gasolina e a eletricidade são exemplos desses bens. É possível entender melhor a escolha do consumidor supondo que todos os bens e serviços sejam divisíveis. Por exemplo, Lisa pode consumir em média meio filme por mês assistindo a 1 filme a cada dois meses. Quando pensamos nos bens como divisíveis, as possibilidades de consumo não são apenas os pontos A a F mostrados na Figura 8.1, mas sim esses pontos e todos os pontos intermediários que formam a linha que vai de A a F. Essa linha é a linha orçamentária.

A linha orçamentária de Lisa é uma restrição a suas escolhas. Ela marca a fronteira entre o que ela pode e o que não pode comprar. Ela pode comprar quaisquer pontos da linha e à esquerda da linha. Ela não pode comprar os pontos à direita da linha. A restrição ao consumo de Lisa depende dos preços e da renda dela, e essa limitação muda quando o preço de um bem ou a renda dela se modificam. Vejamos como isso acontece estudando a equação do orçamento.

A equação do orçamento

É possível descrever a linha orçamentária usando uma *equação do orçamento*. Começamos a montar a equação do orçamento com base no fato de que:

Gastos = Renda.

Os gastos são iguais à soma do preço de cada bem multiplicado pela quantidade comprada. No caso de Lisa,

Gastos = (Preço do refrigerante × Quantidade de refrigerantes) + (Preço do filme × Quantidade de filmes).

Chamaremos o preço do refrigerante de P_R, a quantidade de refrigerantes de Q_R, o preço de 1 filme de P_F, a quantidade de filmes de Q_F e a renda de Y. Agora podemos escrever a equação do orçamento de Lisa como:

$$P_R Q_R + P_F Q_F = Y.$$

Utilizando os preços com que Lisa se defronta, $ 3 por um pacote de 6 refrigerantes e $ 6 por 1 filme, e a renda dela, $ 30, temos:

$$\$3Q_R + \$6Q_F = \$30.$$

Lisa pode escolher quaisquer quantidades de refrigerantes (Q_R) e filmes (Q_F) que satisfaçam essa equação. Para descobrir a relação entre essas quantidades, divida os dois lados da equação pelo preço do refrigerante (P_R) para obter:

$$Q_R + \frac{P_F}{P_R} \times Q_F = \frac{Y}{P_R}.$$

Agora subtraia o termo $P_F/P_R \times Q_F$ de ambos os lados da equação para obter:

$$Q_R = \frac{Y}{P_R} - \frac{P_F}{P_R} \times Q_F.$$

Para Lisa, a renda (Y) é $ 30, o preço de um filme (P_F) é $ 6, e o preço do refrigerante (P_R) é $ 3 por pacote de 6.

Desta maneira, Lisa deve escolher as quantidades de filmes e refrigerantes que satisfaçam esta equação:

$$Q_R = \frac{\$30}{\$3} - \frac{\$6}{\$3} \times Q_F,$$

ou

$$Q_R = 10 - 2Q_F.$$

Para interpretar a equação, observe a linha orçamentária na Figura 8.1 e verifique se a equação de fato resulta nessa linha orçamentária. Primeiro, iguale Q_F a zero. A equação do orçamento nos informa que Q_R, a quantidade de refrigerante, é igual a Y/P_R, isto é, 10 pacotes de 6 unidades. Essa combinação de Q_F e Q_R é aquela mostrada na linha A da tabela da Figura 8.1. Em seguida, fazemos com que Q_F seja igual a 5. Agora Q_R é igual a zero (linha F da tabela). Veja se você consegue calcular as outras linhas.

A equação do orçamento contém duas variáveis escolhidas pelo indivíduo (Q_F e Q_R) e duas variáveis (Y/P_R e P_F/P_R) que o indivíduo não tem como alterar. Analisaremos agora essas variáveis.

Renda real A **renda real** de um consumidor é a renda individual expressa como a quantidade de mercadorias que ele pode comprar. Em termos de refrigerantes, a renda real de Lisa é Y/P_R. Essa quantidade representa o número máximo de pacotes de 6 unidades que ela pode comprar; é igual à sua renda monetária dividida pelo preço do refrigerante. A renda de Lisa é $ 30, e o preço do refrigerante é $ 3 por pacote de seis, de modo que sua renda real em termos de refrigerantes é de 10 pacotes, conforme mostrado na Figura 8.1 como o ponto no qual a linha orçamentária cruza o eixo y.

Preço relativo Um **preço relativo** é o preço de um bem dividido pelo preço de outro bem. Na equação do orçamento de Lisa, a variável P_F/P_R é o preço relativo de 1 filme em termos de refrigerantes. Para Lisa, P_F é $ 6 por filme, e P_R é $ 3 por pacote de 6 refrigerantes, de modo que P_F/P_R é igual a 2 pacotes de refrigerantes por filme. Ou seja, para ver 1 filme a mais, Lisa deve abrir mão de 2 pacotes de refrigerantes.

Você acabou de calcular o custo de oportunidade de Lisa para 1 filme. Lembre-se de que o custo de oportunidade de uma ação é a alternativa de maior valor da qual se abre mão. Para que Lisa veja 1 filme a mais por mês, ela deve abrir mão de 2 pacotes de refrigerantes. Você também acabou de calcular o custo de oportunidade de Lisa para refrigerantes. Para que Lisa consuma 2 pacotes de refrigerantes a mais por mês, ela deve deixar de assistir a 1 filme. Desta maneira, seu custo de oportunidade de 2 pacotes de refrigerantes é 1 filme.

O preço relativo de 1 filme em termos de refrigerantes é a inclinação da linha orçamentária de Lisa. Para calcular a inclinação da linha orçamentária, lembre-se da fórmula da inclinação (veja o Apêndice do Capítulo 1): a inclinação é igual à mudança no valor da variável mensurada no eixo y dividida pela mudança no valor da variável mensurada no eixo x à medida que nos movemos ao longo da linha. No caso de Lisa (Figura 8.1), a variável mensurada no eixo y é a quantidade de refrigerantes e a mensurada no eixo x é a quantidade de filmes. Ao longo da linha orçamentária de Lisa, à medida que a quantidade de refrigerantes diminui de 10 para 0 pacotes, a quantidade de filmes aumenta de 0 para 5. Desta maneira, a inclinação da linha orçamentária é de 10 pacotes de refrigerantes divididos por 5 filmes, ou 2 pacotes de refrigerantes por filme. A magnitude da inclinação é exatamente igual ao preço relativo que acabamos de calcular. É também o custo de oportunidade de um filme.

Variação dos preços Quando os preços variam, o mesmo acontece com a linha orçamentária. Se todos os outros fatores forem mantidos constantes, quanto mais baixo for o preço de um bem mensurado no eixo horizontal, menos inclinada será a linha orçamentária. Por exemplo, se o preço de 1 filme diminui de $ 6 para $ 3, a renda real em termos de refrigerantes não varia, mas o preço relativo de 1 filme diminui. A linha orçamentária gira para fora e fica menos inclinada, como ilustra a Figura 8.2(a). Se todos os outros fatores forem mantidos constantes, quanto mais alto for o preço de um bem mensurado no eixo horizontal, mais inclinada será a linha orçamentária. Por exemplo, se o preço de um filme aumenta de $ 6 para $ 12, o preço relativo de 1 filme aumenta. A linha orçamentária gira para dentro e fica mais inclinada, como ilustra a Figura 8.2(a).

Variação da renda Uma variação da renda monetária muda a renda real, mas não o preço relativo. A linha orçamentária se desloca, mas a inclinação continua a mesma. Quanto maior for a renda monetária de um indivíduo, maior será sua renda real e mais à direita se localizará sua linha orçamentária. Quanto menor for a renda monetária de um indivíduo, menor será a renda real e mais à esquerda ficará a linha orçamentária. A Figura 8.2(b) mostra o efeito de uma variação da renda monetária sobre a linha orçamentária de Lisa. A linha orçamentária inicial quando a renda de Lisa é $ 30 é a mesma que a da Figura 8.1. A nova linha orçamentária mostra quanto Lisa pode consumir se sua renda diminui para $ 15 ao mês. As duas linhas orçamentárias têm a mesma inclinação porque o preço relativo é o mesmo. A nova linha orçamentária fica mais próxima da origem porque a renda real de Lisa agora é menor.

QUESTÕES PARA REVISÃO

1 O que a linha orçamentária de um consumidor mostra?

2 Como o preço relativo e a renda real de um consumidor influenciam sua linha orçamentária?

3 Se um indivíduo tem uma renda de $ 40 e compra apenas passagens de ônibus a $ 4 cada e revistas a $ 2 cada, qual é a equação da linha orçamentária dele?

4 Se o preço de um bem varia, o que ocorre com o preço relativo e com a inclinação da linha orçamentária do consumidor?

5 Se a renda monetária de um consumidor varia e os preços não se alteram, o que ocorre com a renda real e a linha orçamentária dele?

Figura 8.2 Variações dos preços e da renda

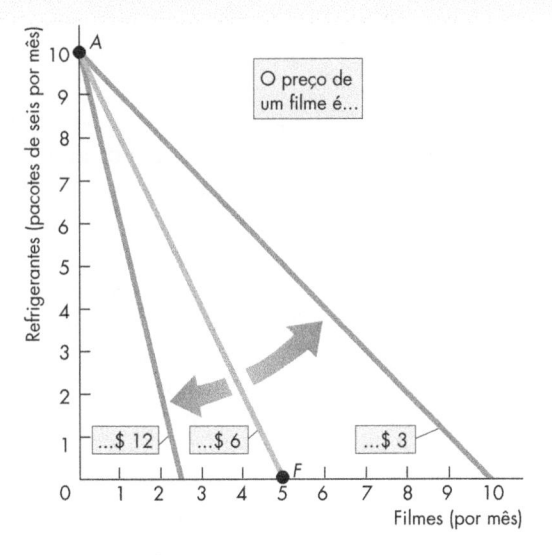

(a) Variação do preço

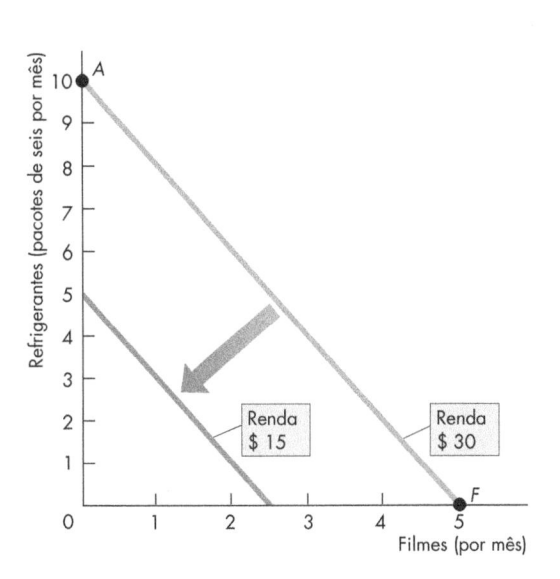

(b) Variação da renda

Na parte (a), o preço de 1 filme varia. Uma diminuição do preço de $ 6 para $ 3 gira a linha orçamentária para fora e a torna menos inclinada. Um aumento do preço de $ 6 para $ 12 gira a linha orçamentária para dentro e a torna mais inclinada.
Na parte (b), a renda diminui de $ 30 para $ 15, enquanto os preços de filmes e refrigerantes permanecem constantes. A linha orçamentária se desloca para a esquerda, mas a inclinação continua a mesma.

Estudamos os limites do consumo de um indivíduo. Agora veremos como é possível descrever as preferências e traçar um mapa que contenha várias informações sobre as preferências de um consumidor.

Preferências e curvas de indiferença

Você aprenderá agora algo muito interessante: como traçar um mapa das preferências de uma pessoa. Um mapa de preferências se baseia na idéia de que as pessoas podem classificar todas as combinações possíveis de bens em três categorias: preferível, não preferível e indiferente. Para tornarmos essa idéia mais concreta, pedimos que Lisa nos informasse como ela classificaria as várias combinações de filmes e refrigerantes em ordem de importância.

A Figura 8.3 mostra parte das respostas de Lisa. Ela nos informa que atualmente consome 2 filmes e 6 pacotes de 6 refrigerantes por mês no ponto *C*. Depois ela faz uma lista de todas as combinações de filmes e refrigerantes que considera tão aceitáveis quanto seu consumo atual. Quando plotamos essas combinações de filmes e refrigerantes, obtemos a curva cinza da Figura 8.3(a). Essa curva é o elemento central de um mapa de preferências e é chamada de curva de indiferença.

Uma **curva de indiferença** é uma linha que mostra as combinações de bens às quais um consumidor se mantém *indiferente*. A curva de indiferença da Figura 8.3(a) nos informa que, para Lisa, tanto faz consumir 2 filmes e 6 pacotes de 6 refrigerantes por mês no ponto *C* quanto consumir a combinação de filmes e refrigerantes do ponto *G* ou de qualquer outro ponto ao longo da curva.

Lisa também diz que prefere todas as combinações de filmes e refrigerantes localizadas acima da curva de indiferença da Figura 8.3(a) – a área cinza – às combinações que estão sobre a curva de indiferença. Ela também prefere qualquer combinação que está sobre a curva de indiferença a qualquer combinação localizada na área hachurada abaixo da curva de indiferença.

A curva de indiferença da Figura 8.3(a) é apenas uma de toda uma família de curvas como essa. Ela aparece novamente na Figura 8.3(b) como I_1. As curvas chamadas de I_0 e I_2 são duas outras curvas de indiferença. Lisa prefere qualquer ponto na curva de indiferença I_2 a qualquer ponto na curva de indiferença I_1 e prefere qualquer ponto de I_1 a qualquer ponto de I_0. Nós diremos que a curva I_2 é uma curva de indiferença mais alta do que a I_1 e que a curva I_1 é mais alta do que a I_0.

Um mapa de preferências é uma série de curvas de indiferença que se assemelham às curvas de nível em um mapa topográfico. Ao observarmos a forma das curvas de nível de um mapa, podemos tirar conclusões sobre o terreno. De maneira similar, ao analisarmos a forma das curvas de indiferença, podemos tirar conclusões sobre as preferências de um consumidor.

Aprenderemos agora a 'ler' um mapa de preferências.

Taxa marginal de substituição

A **taxa marginal de substituição** (*TMgS*) é a taxa na qual uma pessoa abre mão do bem *y* (o bem mensurado no eixo *y*) para obter uma unidade adicional do bem *x* (o

Figura 8.3 Um mapa de preferências

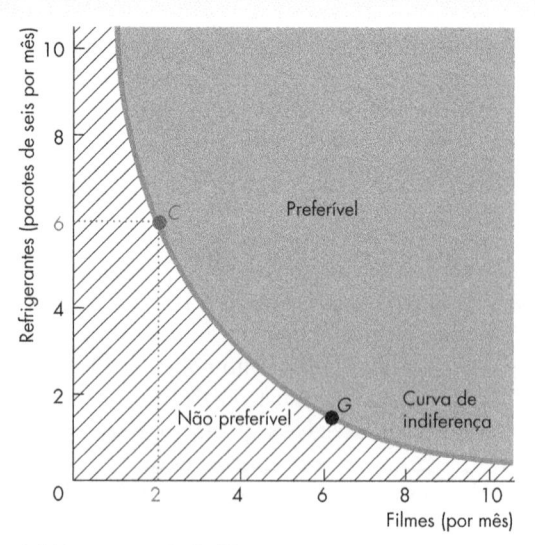

(a) Uma curva de indiferença

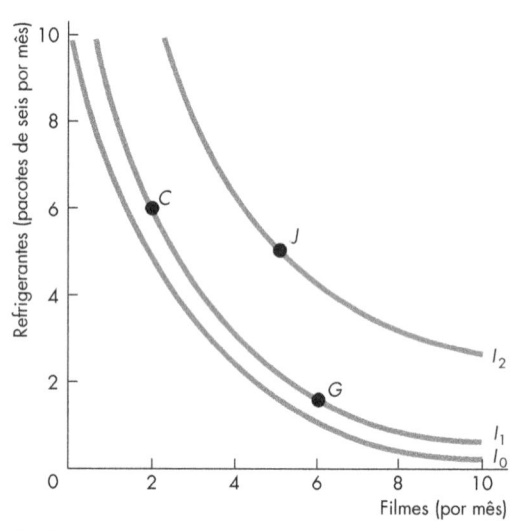

(b) Mapa de preferências de Lisa

Na parte (a), Lisa consome 6 pacotes de 6 refrigerantes e 2 filmes por mês no ponto C. Para ela é indiferente escolher entre qualquer um dos pontos da curva de indiferença cinza, como C e G. Ela prefere qualquer ponto acima da curva de indiferença (a área cinza) a qualquer ponto da curva e prefere qualquer ponto da curva de indiferença a qualquer ponto abaixo da curva (a área hachurada). A parte (b) mostra três curvas de indiferença – I_0, I_1 e I_2 – que fazem parte do mapa de preferências de Lisa. Ela prefere o ponto J aos pontos C ou G. Desta maneira, Lisa prefere qualquer ponto de I_2 a qualquer ponto de I_1.

bem mensurado no eixo x) e ao mesmo tempo permanece indiferente (permanece na mesma curva de indiferença). A inclinação de uma curva de indiferença mede a taxa marginal de substituição.

- Se a curva de indiferença for *bastante inclinada*, a taxa marginal de substituição será *alta*. A pessoa estará disposta a abrir mão de uma grande quantidade do bem y para obter uma unidade adicional do bem x enquanto permanece indiferente.

- Se a curva de indiferença for *pouco inclinada*, a taxa marginal de substituição será *baixa*. A pessoa estará disposta a abrir mão de uma pequena quantidade do bem y para obter uma unidade adicional do bem x para permanecer indiferente.

A Figura 8.4 mostra como calcular a taxa marginal de substituição. Suponha que Lisa consuma 6 pacotes de 6 refrigerantes e assista a 2 filmes no ponto C da curva de indiferença I_1. Para calcularmos a taxa marginal de substituição de Lisa, mensuramos a inclinação da curva de indiferença no ponto C. Para medir a inclinação, trace uma linha reta tangente à curva de indiferença no ponto C. Ao longo dessa linha, quando a quantidade de refrigerantes diminui 10 pacotes de 6 unidades, o número de filmes aumenta 5 unidades – uma média de 2 pacotes de refrigerantes por filme. Desta maneira, no ponto C, Lisa está disposta a abrir mão de refrigerantes por filmes na razão de 2 pacotes por filme – uma taxa marginal de substituição de 2.

Agora, suponha que Lisa consuma 1,5 pacote de 6 refrigerantes e assista a 6 filmes no ponto G da Figura 8.4. A taxa marginal de substituição de Lisa agora é mensu-

Figura 8.4 A taxa marginal de substituição

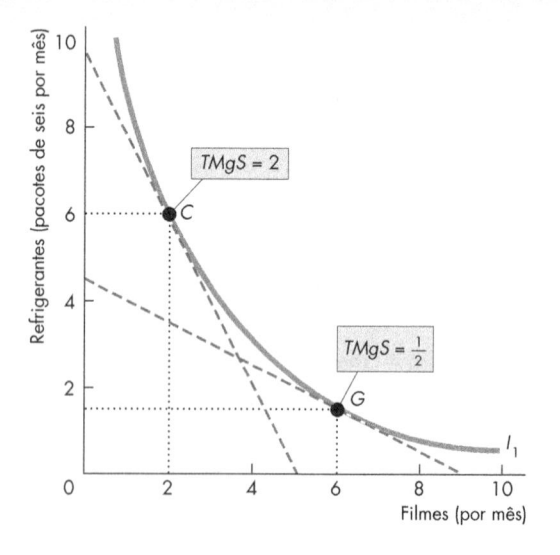

A inclinação de uma curva de indiferença é chamada de taxa marginal de substituição (*TMgS*). A linha tracejada no ponto C nos indica que Lisa está disposta a abrir mão de 10 pacotes de 6 refrigerantes para ver 5 filmes. A taxa marginal de substituição de Lisa no ponto C é 10 dividido por 5, o que equivale a 2. A linha tracejada no ponto G nos indica que Lisa está disposta a abrir mão de 4,5 pacotes de refrigerantes para ver 9 filmes. A taxa marginal de substituição de Lisa no ponto G é 4,5 dividido por 9, o que equivale a $\frac{1}{2}$.

rada pela inclinação da curva de indiferença no ponto G. Essa inclinação é igual à inclinação da tangente da curva de indiferença no ponto G. Neste caso, quando a quantidade de refrigerantes diminui 4,5 pacotes, o número de filmes aumenta 9 unidades – uma média de $\frac{1}{2}$ pacote por filme. Deste modo, no ponto G, Lisa está disposta a abrir mão de refrigerantes por filmes na razão de $\frac{1}{2}$ pacote por filme – uma taxa marginal de substituição de $\frac{1}{2}$.

À medida que Lisa assiste a mais filmes e bebe menos refrigerantes, sua taxa marginal de substituição diminui. A taxa marginal de substituição decrescente é a principal hipótese da teoria do consumidor. Uma **taxa marginal de substituição decrescente** é a tendência geral de uma pessoa se dispor a abrir mão de menos bem y para obter uma unidade adicional do bem x e ao mesmo tempo permanecer indiferente à medida que a quantidade do bem x aumenta. No caso de Lisa, ela se mostra menos disposta a abrir mão de refrigerantes para assistir a mais 1 filme à medida que o número de filmes que ela vê aumenta.

Sua taxa marginal de substituição decrescente Pense em sua própria taxa marginal de substituição decrescente. Imagine que, em uma semana, você consuma 10 pacotes de 6 refrigerantes e não veja nenhum filme. Provavelmente, você estará disposto a abrir mão de muitos refrigerantes para ver apenas 1 filme. Agora, imagine que, em uma semana, você consuma 1 pacote de 6 refrigerantes e assista a 6 filmes. Nessa situação, você provavelmente não estará disposto a abrir mão de muitos refrigerantes para ver o sétimo filme. Como regra geral, quanto maior for o número de filmes que você vir, menor será a quantidade de refrigerantes de que estará disposto a abrir mão para assistir a mais 1 filme.

A forma das curvas de indiferença de uma pessoa incorpora o princípio da taxa marginal de substituição decrescente, porque as curvas são convexas em relação à origem. A suavidade da curvatura de uma curva de indiferença nos informa o nível de disposição de alguém para substituir um bem por outro quando as opções lhe são indiferentes. Veremos agora alguns exemplos para esclarecer esse ponto.

Grau de possibilidades de substituição

A maioria de nós não consideraria filmes e refrigerantes bens substitutos próximos. Provavelmente temos uma idéia relativamente clara de quantos filmes queremos ver por mês e quantas latas de refrigerante queremos beber. Mas, até certo ponto, estamos dispostos a substituir um desses bens pelo outro. Por mais que você seja viciado em refrigerantes, com certeza algum aumento do número de filmes a que você poderia assistir compensaria a privação de uma lata de refrigerante. De modo similar, por mais que você seja fanático por filmes, com certeza algumas latas de refrigerantes compensariam um filme que você deixaria de assistir.

As curvas de indiferença de uma pessoa por filmes e refrigerantes podem ser parecidas com as mostradas na Figura 8.5(a).

Bens substitutos próximos Alguns bens são tão facilmente substituíveis por outros que a maioria de nós nem chega a notar qual deles está consumindo. As diferentes marcas de computadores pessoais são um exemplo disso. Contanto que o computador tenha um selo *Intel inside* e o sistema operacional Windows, a maioria de nós não se importa se o PC é um Dell, Compaq, Sony ou qualquer uma das dezenas de outras marcas. O mesmo se aplica a canetas. A maioria de nós não se importa se utiliza uma caneta comprada na livraria da faculdade ou no supermercado local. Quando dois bens são substitutos perfeitos, suas curvas de indiferença são linhas retas que se inclinam para baixo, como ilustra a Figura 8.5(b). A taxa marginal de substituição é constante.

Bens complementares Alguns bens simplesmente não têm como substituir uns aos outros. Em vez disso, eles se completam, ou seja, são bens complementares. Os bens complementares apresentados na Figura 8.5(c) são sapatos direitos e sapatos esquerdos. As curvas de indiferença dos bens complementares perfeitos têm o formato de L. Um sapato esquerdo e um sapato direito têm a mesma utilidade que um sapato esquerdo e dois sapatos direitos. Além disso, é melhor ter dois de cada sapato do que um de cada, mas ter dois de um desses sapatos e um do outro sapato não é melhor do que ter um de cada.

Os casos extremos de bens substitutos perfeitos e bens complementares perfeitos mostrados aqui são raros no mundo real. Mas eles ilustram como a forma da curva de indiferença mostra o grau de possibilidade de substituição entre dois bens. Quanto mais perfeitamente substituíveis forem os dois bens, mais próximas de linhas retas serão suas curvas de indiferença e menos rapidamente a taxa marginal de substituição diminuirá. Bens substitutos imperfeitos apresentam curvas de indiferença muito acentuadas, aproximando-se das formas das curvas ilustradas na Figura 8.5(c).

Como podemos ver na charge, de acordo com as preferências do garçom, Coca-Cola e vinho alsaciano são bens substitutos perfeitos e cada um deles complementa a carne de porco. Esperamos que os clientes concordem com ele.

> ### QUESTÕES PARA REVISÃO
>
> **1** O que é uma curva de indiferença e como um mapa de preferências mostra as preferências?
> **2** Por que uma curva de indiferença se inclina para baixo e por que é convexa em relação à origem?
> **3** Como é chamada a inclinação de uma curva de indiferença?
> **4** Qual é a principal hipótese sobre a taxa marginal de substituição de um consumidor?

Acabamos de estudar os dois componentes do modelo da escolha do consumidor: a linha orçamentária e o mapa de preferências. Agora utilizaremos esses componentes para analisar a escolha do consumidor e prever como as escolhas mudam à medida que os preços e a renda variam.

Figura 8.5 O grau de possibilidades de substituição

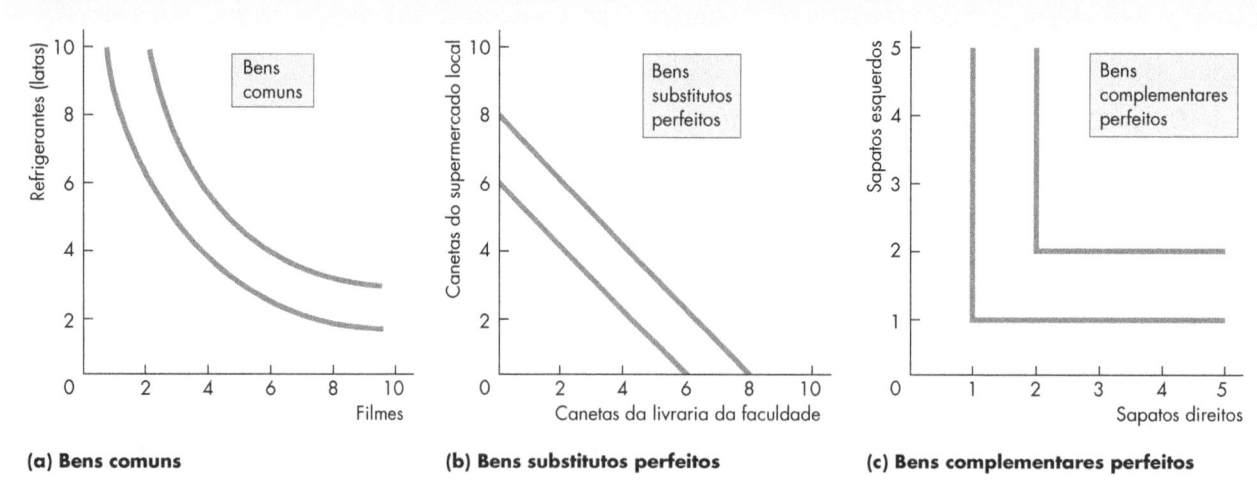

(a) Bens comuns

(b) Bens substitutos perfeitos

(c) Bens complementares perfeitos

A forma das curvas de indiferença indica o grau de possibilidade de substituição entre dois bens. A parte (a) mostra as curvas de indiferença de dois bens comuns: filmes e refrigerantes. Para tomar menos refrigerantes e permanecer indiferente, uma pessoa deve assistir a mais filmes. O número de filmes que compensa a redução dos refrigerantes aumenta à medida que são consumidos menos refrigerantes. A parte (b) mostra as curvas de indiferença de dois bens substitutos perfeitos. Para que as opções sejam indiferentes ao consumidor, uma caneta a menos do supermercado local deve ser substituída por uma caneta a mais da livraria da faculdade. A parte (c) mostra dois bens complementares perfeitos – bens que não podem ser substituídos um pelo outro. Não é melhor ter dois sapatos esquerdos e um sapato direito do que ter um de cada. Mas é preferível ter dois de cada a ter um de cada.

"Com a carne de porco, eu recomendaria um vinho alsaciano ou uma Coca-Cola."
© The New Yorker Collection, 1988
Robert Weber, de cartoonbank.com. Todos os direitos reservados.

Previsão do comportamento do consumidor

Vamos prever as quantidades de filmes e refrigerantes que Lisa decide comprar. A Figura 8.6 mostra a linha orçamentária de Lisa apresentada na Figura 8.1 e suas curvas de indiferença apresentadas na Figura 8.3(b). Consideramos que Lisa consuma a melhor combinação, isto é, 2 filmes e 6 pacotes de 6 refrigerantes – no ponto C. Com isso, Lisa:

- Está em sua linha orçamentária.
- Está na sua curva de indiferença mais alta possível.
- Apresenta uma taxa marginal de substituição entre filmes e refrigerantes igual ao preço relativo dos filmes e refrigerantes.

Para cada ponto à esquerda da linha orçamentária, como o ponto I, há pontos *na* linha orçamentária que são preferíveis para Lisa. Por exemplo, ela prefere todos os pontos da linha orçamentária entre F e H ao ponto I. Desta maneira, ela escolhe um ponto na linha orçamentária.

Cada ponto da linha orçamentária está em uma curva de indiferença. Por exemplo, o ponto H está na curva de indiferença I_0. No ponto H, a taxa marginal de substituição de Lisa é menor que o preço relativo. Lisa está disposta a abrir mão de mais filmes do que a linha orçamentária mostra que ela precisaria para obter refrigerantes em troca. Desta maneira, ela se move, ao longo de sua linha orçamentária, do ponto H na direção do ponto C. À medida que faz isso, ela passa por várias curvas de indiferença (não mostradas na figura) localizadas entre as curvas de indiferença I_0 e I_1. Todas essas curvas de indiferença estão acima de I_0 e, portanto, Lisa prefere qualquer ponto nessas curvas ao ponto H.

Mas, quando Lisa chega ao ponto C, ela está na curva de indiferença mais alta possível. Se continuar a se mover ao longo da linha orçamentária, começará a encontrar curvas de indiferença mais baixas que I_1. Desta maneira,

Figura 8.6 O melhor ponto possível

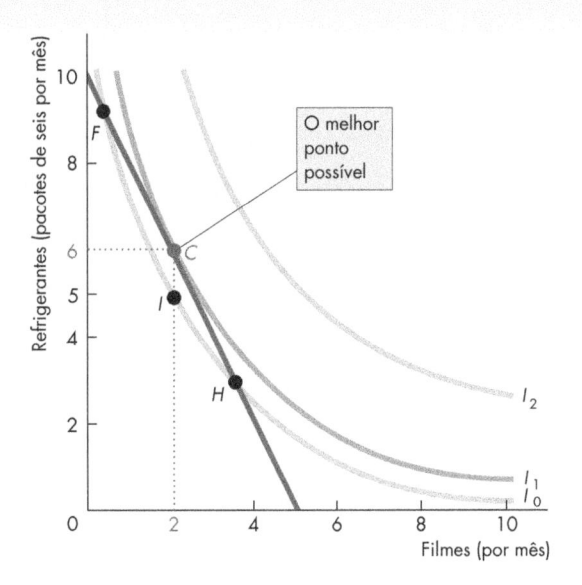

O melhor ponto possível que Lisa pode escolher é o ponto C. Nesse ponto, ela está em sua linha orçamentária e também na curva de indiferença mais alta possível. Em um ponto como H, Lisa está disposta a abrir mão de mais filmes em troca de refrigerantes do que seria necessário. Ela pode passar para o ponto I, que é tão bom quanto o ponto H, e deixar de gastar parte de sua renda. Ela pode gastar essa renda e passar para o ponto C, o qual ela prefere ao ponto I.

Lisa escolhe o ponto C, seu melhor ponto possível. No ponto escolhido, a taxa marginal de substituição (a inclinação da curva de indiferença) é igual ao preço relativo (a inclinação da linha orçamentária).

Agora utilizaremos esse modelo de escolha do consumidor para prever os efeitos das variações de preços e renda sobre o consumo. Começaremos estudando o efeito de uma mudança do preço.

Variação do preço

O efeito de uma variação do preço sobre a quantidade consumida de um bem, se todos os outros fatores são mantidos constantes, é chamado de **efeito preço**. Utilizaremos a Figura 8.7(a) para analisar o efeito preço de uma redução do preço de um filme. Começaremos com o preço de um filme a $ 6, o preço do refrigerantes a $ 3 por pacote de 6 e a renda de Lisa a $ 30 por mês. Nessa situação, ela consome 6 pacotes de 6 refrigerante e assiste a 2 filmes por mês no ponto C.

Agora, suponha que o preço de 1 filme diminua para $ 3. Com o preço mais baixo de 1 filme, a linha orçamentária gira para fora e se torna menos inclinada. (Reveja a Figura 8.2(a) para lembrar-se de como uma variação do preço afeta a linha orçamentária.) A nova linha orçamentária é representada pela linha cinza-escuro na Figura 8.7(a).

Figura 8.7 Efeito preço e curva de demanda

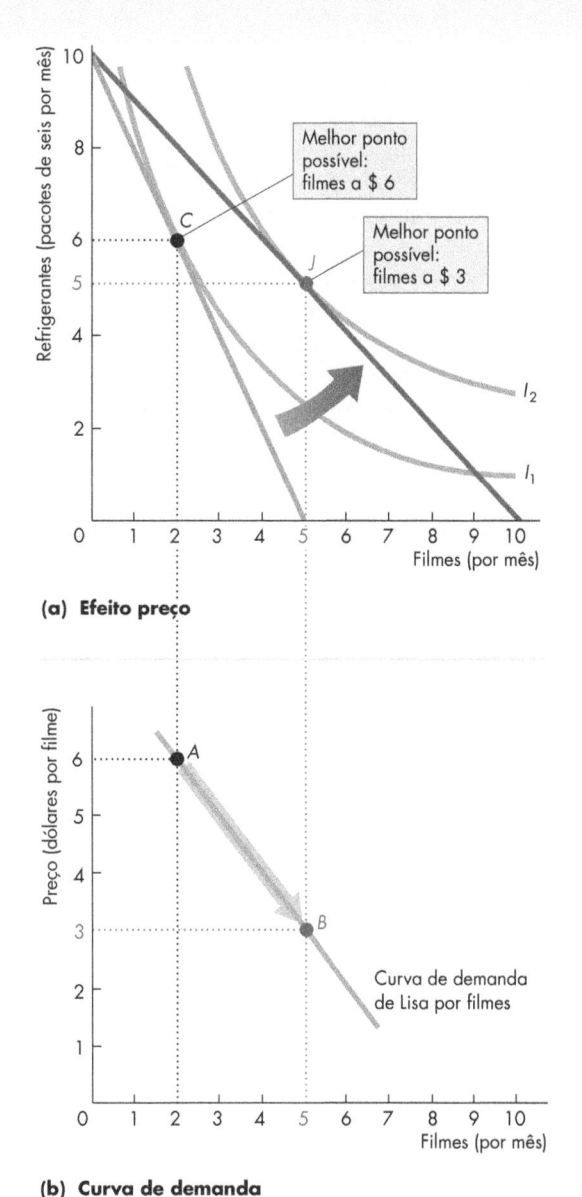

(a) Efeito preço

(b) Curva de demanda

Inicialmente, Lisa consome no ponto C, mostrado na parte (a). Se o preço de 1 filme diminui de $ 6 para $ 3, Lisa consume no ponto J. A mudança de C para J representa o efeito preço.

Ao preço de $ 6 por filme, Lisa assiste a 2 filmes por mês, no ponto A da parte (b). Ao preço de $ 3 por filme, ela assiste a 5 filmes por mês, no ponto B. A curva de demanda de Lisa acompanha sua melhor quantidade possível de filmes à medida que o preço de 1 filme varia.

Agora, o melhor ponto possível de Lisa é o ponto J, no qual ela assiste a 5 filmes e consome 5 pacotes de refrigerantes. Lisa toma menos refrigerante e assiste a mais filmes agora que os filmes estão mais baratos. Ela reduz seu consumo de refrigerantes de 6 para 5 pacotes e aumenta o número de filmes a que assiste de 2 para 5 por mês. Lisa substitui refrigerantes por filmes quando o preço de 1 filme diminui e o preço do refrigerante e sua renda permanecem constantes.

A curva de demanda. No Capítulo 3, afirmamos que a curva de demanda se inclina para baixo. Podemos, agora, construir uma curva de demanda a partir da linha orçamentária e das curvas de indiferença de um consumidor. Com isso, podemos notar que a lei da demanda e a curva de demanda inclinada para baixo são conseqüências da escolha que o consumidor faz de sua melhor combinação possível de bens.

Para construir a curva de demanda de Lisa por filmes, reduza o preço de um filme e descubra o melhor ponto possível dela a diferentes preços. Foi o que acabamos de fazer para dois preços de filmes na Figura 8.7(a), que mostra esses dois preços e dois pontos na curva de demanda de Lisa por filmes. Quando o preço de 1 filme é $ 6, Lisa assiste a 2 filmes por mês, no ponto A. Quando o preço diminui para $ 3, ela aumenta o número de filmes para 5 por mês, no ponto B. A curva de demanda é composta desses dois pontos mais todos os outros pontos que representam o melhor consumo possível de Lisa para filmes a cada preço, dados o preço dos refrigerantes e a renda de Lisa. Como podemos notar, a curva de demanda de Lisa por filmes se inclina para baixo – quanto mais baixo é o preço de 1 filme, mais filmes ela assiste por mês. Essa é a lei da demanda.

Em seguida, veremos como Lisa muda seu consumo de filmes e refrigerantes quando sua renda varia.

Variação da renda

O efeito de uma mudança da renda sobre o consumo é chamado de **efeito renda**. Examinaremos o efeito renda analisando como o consumo muda quando a renda varia e os preços permanecem constantes. A Figura 8.8 mostra o efeito renda quando a renda de Lisa diminui. Com uma renda de $ 30, o preço de 1 filme a $ 3 e o preço do refrigerante a $ 3 por pacote de 6, Lisa consome no ponto J – 5 filmes e 5 pacotes de 6 refrigerantes. Se a renda de Lisa diminui para $ 21, ela consome no ponto K – assiste a 4 filmes e toma 3 pacotes de 6 refrigerantes. Quando a renda de Lisa diminui, ela consome menos de ambos os bens. Refrigerantes e filmes são bens normais.

A curva de demanda e o efeito renda Uma variação da renda leva a um deslocamento da curva de demanda, como mostrado na Figura 8.8(b). Com uma renda de $ 30, a curva de demanda de Lisa é D_0, a mesma da Figura 8.7(b). Mas, quando sua renda diminui para $ 21, ela planeja assistir a menos filmes a cada preço, de modo que sua curva de demanda se desloca para a esquerda, para D_1.

Efeito substituição e efeito renda

Para um bem normal, uma redução do preço *sempre* aumenta a quantidade comprada. Podemos comprovar essa afirmação dividindo o efeito preço em duas partes:

- Efeito substituição
- Efeito renda

Figura 8.8 Efeito renda e mudança na demanda

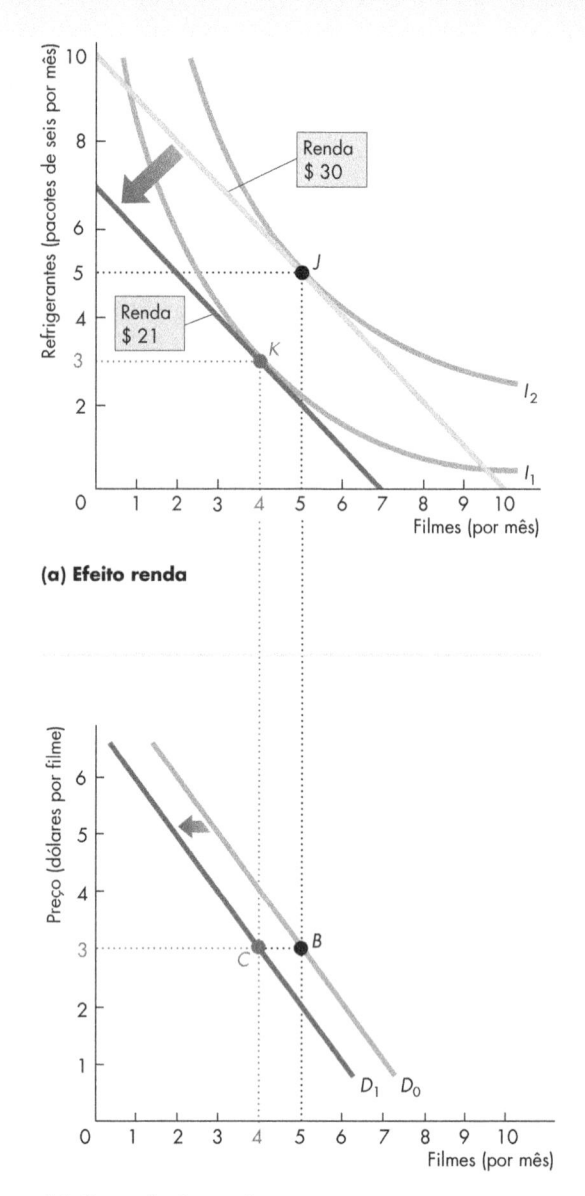

(a) Efeito renda

(b) Curva de demanda

Uma variação da renda desloca a linha orçamentária, altera o melhor ponto possível e muda o consumo.
Na parte (a), quando a renda de Lisa diminui de $ 30 para $ 21, ela consome uma quantidade menor tanto de filmes quanto de refrigerantes.
Na parte (b), a curva de demanda de Lisa por filmes quando sua renda é de $ 30 é D_0. Quando a renda de Lisa diminui para $ 21, sua curva de demanda por filmes se desloca para a esquerda, para D_1. A demanda de Lisa por filmes diminui porque agora ela vê menos filmes a cada preço.

A Figura 8.9(a) mostra o efeito preço, e, na Figura 8.9(b), separamos o efeito preço em suas duas partes.

Efeito substituição O **efeito substituição** é o efeito de uma variação do preço sobre a quantidade comprada

Figura 8.9 Efeito substituição e efeito renda

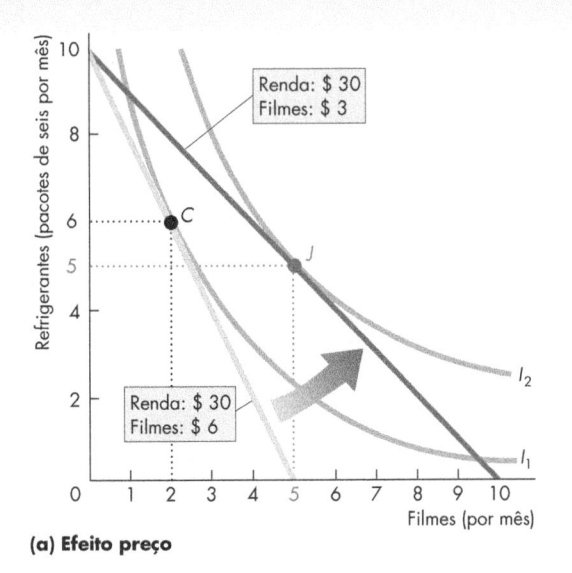

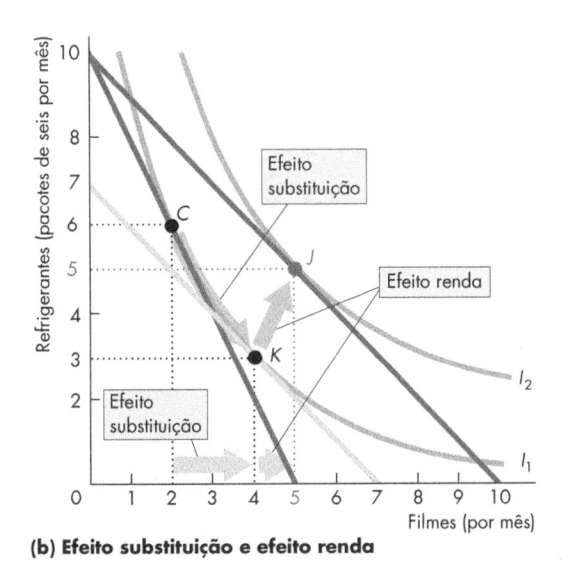

(a) Efeito preço

(b) Efeito substituição e efeito renda

O efeito preço da parte (a) pode ser dividido em um efeito substituição e um efeito renda, como mostrado na parte (b).
Para isolarmos o efeito substituição, confrontamos Lisa com o novo preço, mas a mantemos em sua curva de indiferença original, I_1. O efeito substituição é a mudança de C para K.
Para isolarmos o efeito renda, confrontamos Lisa com o novo preço dos filmes, mas aumentamos sua renda de modo que ela possa passar da curva de indiferença original, I_1, para a nova curva de indiferença, I_2. O efeito renda é a mudança de K para J.

quando (hipoteticamente), para o consumidor, é indiferente a situação original ou a nova situação. Para analisarmos o efeito substituição de Lisa, quando o preço de um filme diminui, reduzimos sua renda o suficiente para deixá-la na mesma curva de indiferença que antes.

Quando o preço de um filme diminui de $ 6 para $ 3, suponha que a renda de Lisa seja reduzida para $ 21. O que há de especial no valor de $ 21? Ele representa a renda suficiente, ao novo preço de um filme, para manter o melhor ponto possível de Lisa na mesma curva de indiferença de seu ponto de consumo original C. Agora, a linha orçamentária de Lisa é a linha cinza-claro da Figura 8.9(b). Com o preço mais baixo de um filme e uma renda menor, o melhor ponto possível de Lisa é K, na curva de indiferença I_1. A mudança de C para K representa o efeito substituição da mudança de preço. O efeito substituição da redução do preço de 1 filme é um aumento do consumo de filmes de 2 para 4. A direção do efeito substituição nunca varia: quando o preço relativo de um bem diminui, o consumidor consome mais desse bem, em substituição ao outro bem.

Efeito renda Para calcularmos o efeito substituição, reduzimos a renda de Lisa em $ 9. Para calcularmos o efeito renda, devolvemos a Lisa seus $ 9. O aumento de $ 9 na renda desloca a linha orçamentária de Lisa para fora, como mostra a Figura 8.9(b). A inclinação da linha orçamentária não varia porque ambos os preços permanecem constantes. Essa mudança da linha orçamentária de Lisa é similar àquela ilustrada na Figura 8.8. À medida que a linha orçamentária de Lisa se desloca para fora, suas possibilidades de consumo se expandem e seu melhor ponto possível passa a ser J, na curva de indiferença I_2. A mudança de K para J representa o efeito renda da mudança de preço. Neste exemplo, à medida que a renda de Lisa aumenta, ela aumenta seu consumo de filmes. Para Lisa, um filme é um bem normal. Para um bem normal, o efeito renda reforça o efeito substituição.

Bens inferiores O exemplo que acabamos de estudar representa uma variação do preço de um bem normal. O efeito de uma variação do preço de um bem inferior é diferente. Lembre-se de que um bem inferior é aquele cujo consumo diminui à medida que a renda aumenta. Para um bem inferior, o efeito renda é negativo. Desta maneira, para um bem inferior, um preço menor nem sempre leva a um aumento da quantidade demandada. O preço mais baixo tem um efeito substituição que aumenta a quantidade demandada. Mas o preço menor também tem um efeito renda negativo que reduz a demanda pelo bem inferior. Desta maneira, o efeito renda compensa o efeito substituição até certo ponto. Se o efeito renda negativo excedesse o efeito substituição positivo, a curva de demanda se inclinaria para cima. Esse caso aparentemente não ocorre no mundo real.

De volta aos fatos

Iniciamos este capítulo observando como os gastos do consumidor mudaram ao longo dos anos. O modelo da curva de indiferença explica essas mudanças. As melhores escolhas possíveis determinam os padrões de consumo. Variações dos preços e da renda mudam a melhor escolha possível e os padrões de consumo.

QUESTÕES PARA REVISÃO

1. Quando um consumidor escolhe uma combinação de bens e serviços para comprar, o que ele está tentando obter?
2. Você saberia explicar as condições que são satisfeitas quando um consumidor descobre sua melhor combinação possível de bens para comprar? (Utilize os termos linha orçamentária, taxa marginal de substituição e preço relativo na sua explicação.)
3. Se o preço de um bem normal diminui, o que acontece com a quantidade demandada desse bem?
4. Em quais dois efeitos podemos dividir o efeito de uma mudança do preço?
5. Para um bem normal, o efeito renda reforça o efeito substituição ou compensa parcialmente o efeito substituição?

O modelo da escolha do consumidor pode explicar muitas outras escolhas. Vamos analisar uma delas.

Escolhas entre trabalho e lazer

Os indivíduos fazem muitas escolhas além daquelas referentes a como gastar sua renda nos vários bens e serviços disponíveis. O modelo da escolha do consumidor pode explicar muitas outras escolhas. Algumas dessas escolhas são discutidas no final da Parte 3. Estudaremos aqui uma importante escolha: quanto trabalho ofertar.

Oferta de trabalho

Todas as semanas, dividimos nossas 168 horas entre atividades de *trabalho* e outras atividades – chamadas genericamente de *lazer*. Como decidimos dividir nosso tempo entre trabalho e lazer? Essa pergunta pode ser respondida utilizando-se a teoria da escolha do consumidor.

Quanto mais tempo passamos em atividades de *lazer*, menor é nossa renda. A relação entre lazer e renda é descrita por uma *linha orçamentária renda–tempo*. A Figura 8.10(a) mostra a linha orçamentária renda–tempo de Lisa. Se Lisa dedica toda a sua semana ao lazer – 168 horas – ela não tem nenhuma renda e está no ponto Z. Ao oferecer trabalho em troca de um salário, ela pode converter horas em renda ao longo da linha orçamentária renda–tempo. A inclinação dessa linha é determinada pelo salário por hora. Se o salário é $ 5 por hora, Lisa está na linha orçamentária menos inclinada. Se o salário é $ 10 por hora, ela está na linha orçamentária de inclinação média. E, se o salário é $ 15 por hora, ela está na linha orçamentária mais inclinada.

Lisa compra lazer deixando de ofertar trabalho e abdicando da renda. O custo de oportunidade de uma hora de lazer é o salário por hora do qual ela abre mão.

A Figura 8.10(a) também mostra as curvas de indiferença de Lisa para renda e lazer. Lisa escolhe seu melhor

Figura 8.10 A oferta de trabalho

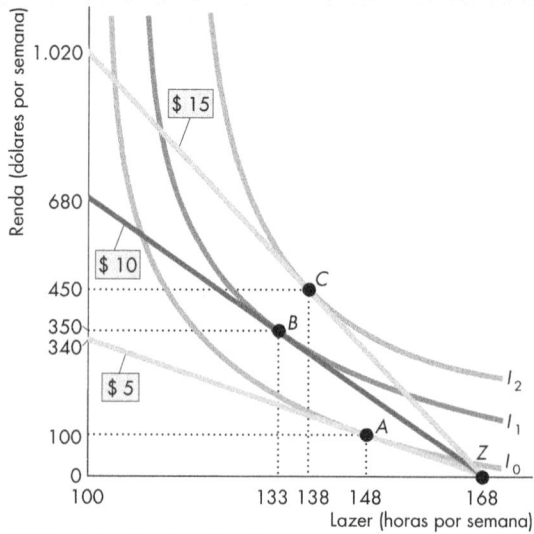

(a) Decisão de alocação de tempo

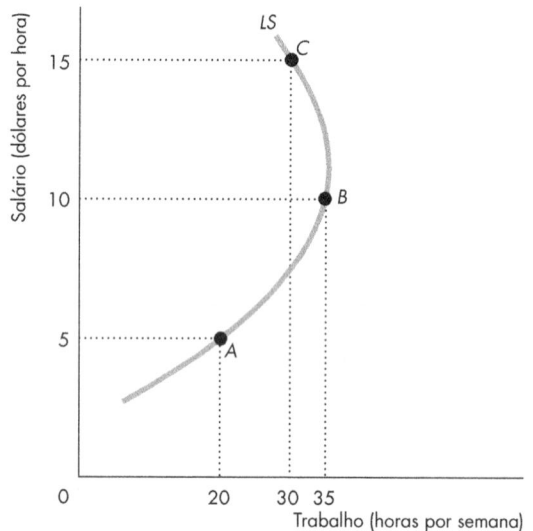

(b) Curva de oferta de trabalho

Na parte (a), com um salário de $ 5 por hora, Lisa escolhe 148 horas de lazer e trabalha 20 horas por semana, no ponto A. Se o salário aumenta de $ 5 para $ 10 por hora, ela reduz suas atividades de lazer para 133 horas e aumenta o trabalho para 35 horas por semana, no ponto B. Mas, se o salário aumenta de $ 10 para $ 15 por hora, Lisa *aumenta* suas atividades de lazer para 138 horas e *reduz* o trabalho para 30 horas por semana, no ponto C. A parte (b) mostra a curva de oferta de trabalho de Lisa. Os pontos A, B e C da curva de oferta correspondem às escolhas de Lisa na parte (a).

ponto possível. Essa escolha de alocação de renda e tempo é exatamente como a escolha da combinação de filmes e refrigerantes. Ela procura a curva de indiferença mais alta possível fazendo com que sua taxa marginal de substituição entre renda e lazer seja igual a seu salário.

A escolha de Lisa depende do salário que ela pode ganhar. Com um salário de $ 5 por hora, Lisa escolhe o ponto *A* e trabalha 20 horas por semana (168 menos 148) por uma renda de $ 100 por semana. Com um salário de $ 10 por hora, ela escolhe o ponto *B* e trabalha 35 horas por semana (168 menos 133) por uma renda de $ 350 por semana. Com um salário de $ 15 por hora, ela escolhe o ponto *C* e trabalha 30 horas por semana (168 menos 138) por uma renda de $ 450 por semana.

A curva de oferta de trabalho

A Figura 8.10(b) mostra a curva de oferta de trabalho de Lisa. Essa curva mostra que, quando o salário aumenta de $ 5 para $ 10 por hora, Lisa aumenta a quantidade ofertada de trabalho de 20 para 35 horas por semana. Mas, quando o salário aumenta para $ 15 por hora, ela reduz sua quantidade ofertada de trabalho para 30 horas semanais.

A oferta de trabalho de Lisa é similar àquela que descrevemos para a economia em geral no início deste capítulo. À medida que os salários aumentam, as horas de trabalho diminuem. Em princípio, esse padrão nos parece complexo. Vimos que o salário por hora é o custo de oportunidade do lazer. Assim, um salário mais elevado significa um maior custo de oportunidade do lazer. Esse fato, isoladamente, levaria a uma redução do lazer e a um aumento das horas de trabalho. Mas, em vez disso, reduzimos nossas horas de trabalho. Por quê? Porque nossa renda aumentou. À medida que o salário aumenta, a renda também aumenta, de modo que as pessoas demandam mais de todos os bens normais. O lazer é um bem normal, de maneira que, à medida que o salário aumenta, as pessoas demandam mais lazer.

O salário mais alto tem tanto um *efeito substituição* quanto um *efeito renda*. O salário maior aumenta o custo de oportunidade do lazer e, em consequência, leva a um efeito substituição que reduz a quantidade de lazer. Além disso, o salário mais elevado aumenta a renda e, assim, leva a um efeito renda que tende a aumentar a quantidade de lazer. Esse resultado da escolha racional do indivíduo explica por que a carga de trabalho semanal média fica cada vez menor à medida que os salários aumentam. Com um salário mais elevado, as pessoas decidem utilizar sua renda mais alta em parte para consumir mais lazer.

> **QUESTÕES PARA REVISÃO**
>
> 1 Qual é o custo de custo de oportunidade do lazer?
> 2 Por que um aumento salarial deve levar a um aumento do lazer e a uma diminuição das horas de trabalho?

◊ A seção "Leitura das entrelinhas" mostra como a teoria da escolha do consumidor explica por que, quando *e-books* são mais baratos que livros impressos e CDs são mais baratos que músicas baixadas da Internet, as pessoas fazem downloads de músicas e não compram *e-books*.

Nos capítulos a seguir, estudaremos as escolhas de empresas. Veremos como, visando ao lucro, as empresas fazem escolhas que determinam a oferta de bens e serviços e a demanda por recursos produtivos.

LEITURA DAS ENTRELINHAS

A taxa marginal de substituição entre CDs e downloads

Quando os 'grandes hits' são numerosos demais para baixar na Internet

2 de fevereiro de 2006

Mais de 20 anos depois de a banda de rock Survivor estourar nas paradas de sucesso com Eye of the tiger, a música está de volta à lista dos grandes hits, abocanhando grandes vendas individuais on-line. Desde que a música foi disponibilizada em serviços como o iTunes, cerca de um ano e meio atrás, mais de 275 mil cópias foram vendidas...

As vendas do álbum caíram durante quatro dos últimos cinco anos, enquanto as vendas das músicas individuais em formato eletrônico decolaram, o que ainda não tem sido suficiente para compensar a queda. A indústria fonográfica vendeu mais de 350 milhões de músicas individuais no ano passado, um salto de 150 por cento em relação ao total do ano anterior. As vendas de álbuns digitais aumentaram ainda mais, crescendo mais de 190 por cento, para 16,2 milhões...

Fonte: Copyright 2006 The New York Times Company. Reproduzido com permissão. Proibido nova reprodução. Disponível em: http://www.nytimes.com

Uma nova tentativa de tornar os livros obsoletos

12 de outubro de 2006

"O mercado de livros eletrônicos crescerá 400 por cento em cada um dos próximos dois anos, alcançando mais de US$ 25 bilhões até 2008", previu uma palestrante na reunião anual da Women's National Book Association em 2001. "Alguns anos depois do final desta década, os *e-books* representarão a versão predominante para o conteúdo dos livros."

Ops...

A grande fantasia dos *e-books* foi por terra logo após aquele discurso, com o restante da bolha das empresas ponto.com. Em 2003, a Barnes & Noble vendeu sua loja virtual de *e-books*, a Palm vendeu seu negócio de *e-books* para um site Web e a maioria das pessoas considerou que a idéia estava enterrada.

Mas nem todos pensaram assim. Alguns obstinados da Sony ainda acreditam que, se adequadamente projetado, o *e-books* tem futuro. A solução que eles inventaram é o Sony Reader, uma tela pequena, luxuosa e portátil que será lançada nos Estados Unidos este mês em alguns shopping centers, nas livrarias Borders e na sonystyle.com por US$ 350...

Fonte: Copyright 2006 The New York Times Company. Reproduzido com permissão. Proibido nova reprodução. Disponível em: http://www.nytimes.com

Essência da notícia

▸ O negócio de downloads de arquivos de música da Internet está em rápida expansão.

▸ As vendas de CDs de música diminuíram nos últimos cinco anos.

▸ Livros eletrônicos (*e-books*) também estão disponíveis para compra na Internet.

▸ Mas, diferentemente do que ocorre com as músicas, os *e-books* não estão substituindo os livros impressos.

▸ Uma tecnologia nova, mas cara, está sendo lançada para tornar os *e-books* mais populares.

Análise econômica

▸ Músicas em CD e músicas baixadas na Internet são bens substitutos.

▸ Mas, por duas razões, é mais conveniente fazer o download de arquivos de música do que comprar um CD: esses arquivos podem ser reproduzidos em um aparelho portátil e as músicas podem ser selecionadas individualmente, em vez de já estarem agrupadas em um álbum.

▸ A Figura 1 mostra as curvas de indiferença de Andy para CDs de música e músicas baixadas na Internet.

▸ Suponha que um CD proporcione a Andy 60 minutos de música por mês e que um download proporcione apenas 4 minutos de música por mês.

▸ Com um orçamento mensal de $ 30 para músicas e o preço de um CD a $ 10, Andy pode comprar 3 CDs por mês (180 minutos de música).

▸ Se o preço do download de uma música é $ 2, Andy compra 2 CDs (120 minutos de música) e faz o download de 5 músicas (20 minutos de música) por mês.

▸ Mas, se o preço do download de uma música é $ 1, Andy compra apenas 1 CD (60 minutos de música) e faz o download de 20 músicas (80 minutos de música) por mês.

▸ Para a maioria das pessoas, os *e-books* são bens substitutos imperfeitos para livros impressos. Um livro impresso é mais prático para a maioria das pessoas.

▸ Quando dois bens são substitutos imperfeitos, as curvas de indiferença que descrevem as preferências são pouco convexas e praticamente horizontais.

▸ A Figura 2 mostra as curvas de indiferença de Beth para livros impressos e *e-books*.

▸ Beth gosta de livros impressos e não gosta de *e-books*. Ela não está disposta a abrir mão de praticamente nenhuma quantidade de livros impressos para obter um *e-book*.

▸ Se livros impressos e *e-books* são vendidos ao mesmo preço e se Beth pode comprar 4 unidades de cada tipo de livro, sua linha orçamentária é a linha cinza-claro da Figura 2.

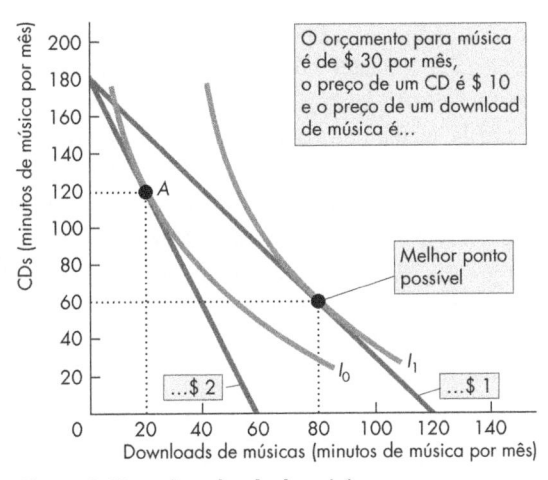

Figure 1 CDs e downloads de músicas

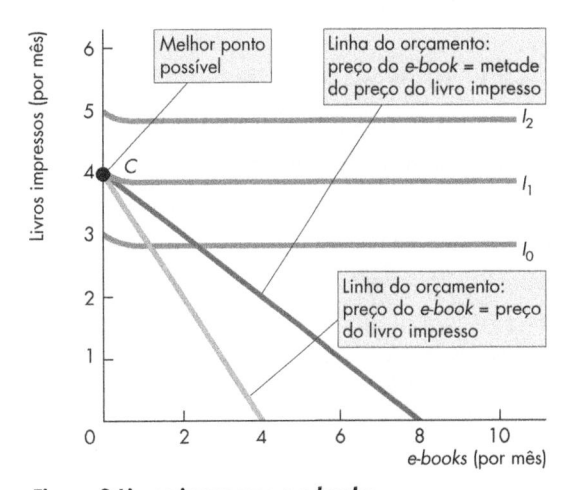

Figure 2 Livros impressos e e-books

▶ O melhor ponto possível que Beth pode consumir é o ponto C na curva I1. Ela compra 4 livros impressos e nenhum e-book.

▶ Mesmo com um e-book custando metade do preço de um livro impresso (a linha orçamentária cinza-escuro da Figura 2), Beth continua a comprar apenas livros impressos.

▶ Os e-books precisariam ser oferecidos praticamente de graça para induzir Beth a trocar livros impressos por eles.

RESUMO

Pontos-chave

Possibilidades de consumo (p. 166-169)

- A linha orçamentária é a fronteira entre o que um consumidor pode e o que não pode comprar, considerando sua renda e os preços dos bens.
- O ponto no qual a linha orçamentária cruza o eixo y é a renda real do consumidor em termos do bem mensurado nesse eixo.
- A inclinação da linha orçamentária é o preço relativo do bem mensurado no eixo x em termos do bem mensurado no eixo y.
- Uma variação do preço altera a inclinação da linha orçamentária. Uma variação da renda desloca a linha orçamentária, mas não altera sua inclinação.

Preferências e curvas de indiferença (p. 169-172)

- As preferências de um consumidor podem ser representadas pelas curvas de indiferença. Uma curva de indiferença mostra todas as combinações de bens que são indiferentes para um consumidor.
- Um consumidor prefere qualquer ponto acima de uma curva de indiferença a qualquer ponto na curva e também qualquer ponto na curva a qualquer ponto abaixo dela.
- A inclinação de uma curva de indiferença é chamada de taxa marginal de substituição.
- A taxa marginal de substituição diminui à medida que o consumo do bem mensurado no eixo y diminui e o consumo do bem mensurado no eixo x aumenta.

Previsão do comportamento do consumidor (p. 172-176)

- Um indivíduo consume no seu melhor ponto possível. O ponto está na linha orçamentária e na curva de indiferença mais alta possível e tem uma taxa marginal de substituição igual ao preço relativo.
- O efeito de uma variação do preço (o efeito preço) pode ser dividido em um efeito substituição e um efeito renda.
- O efeito substituição é o efeito de uma variação do preço sobre a quantidade comprada quando (hipoteticamente) para o consumidor é indiferente a situação original ou a nova.
- O efeito substituição sempre resulta em um aumento do consumo do bem cujo preço relativo diminuiu.
- O efeito renda é o efeito de uma mudança da renda sobre o consumo.
- Para um bem normal, o efeito renda reforça o efeito substituição. Para um bem inferior, o efeito renda age na direção oposta à do efeito substituição.

Escolhas entre trabalho e lazer (p. 176-177)

- O modelo da curva de indiferença da escolha do consumidor nos permite compreender como um indivíduo divide seu tempo entre trabalho e lazer.
- A carga horária de trabalho tem diminuído e as horas de lazer têm aumentado porque o efeito renda sobre a demanda por lazer tem sido maior do que o efeito substituição.

Figuras-chave

Figura 8.1   A linha orçamentária, 167

Figura 8.2   Variações dos preços e da renda, 169
Figura 8.3   Um mapa de preferências, 170
Figura 8.4   A taxa marginal de substituição, 170
Figura 8.6   O melhor ponto possível, 173
Figura 8.7   Efeito preço e curva de demanda, 173
Figura 8.8   Efeito renda e mudança na demanda, 174
Figura 8.9   Efeito substituição e efeito renda, 175

Palavras-chave

Curva de indiferença, 169

Efeito preço, 173

Efeito renda, 174

Efeito substituição, 174

Linha orçamentária, 166

Preço relativo, 168

Renda real, 168

Taxa marginal de substituição, 169

Taxa marginal de substituição decrescente, 171

EXERCÍCIOS

1. A renda de Sara é $ 12 por semana. Um pacote de pipoca custa $ 3, e uma lata de refrigerante custa $ 3.
   a. Qual é a renda real de Sara em termos de refrigerante?
   b. Qual é a renda real de Sara em termos de pipoca?
   c. Qual é o preço relativo do refrigerante em termos de pipoca?
   d. Qual é o custo de custo de oportunidade de uma lata de refrigerante?
   e. Calcule a equação para a linha orçamentária de Sara (colocando pacotes de pipoca no lado esquerdo da equação).
   f. Desenhe um gráfico da linha orçamentária de Sara com o refrigerante no eixo x.
   g. Na parte (f), qual é a inclinação da linha orçamentária de Sara? O que determina seu valor?

2. A renda de Sara diminui de $ 12 por semana para $ 9 por semana. Um pacote de pipoca continua a custar $ 3, e uma lata de refrigerante continua a custar $ 3.
   a. Qual é o efeito da redução da renda de Sara sobre sua renda real em termos de refrigerante?
   b. Qual é o efeito da redução da renda de Sara sobre sua renda real em termos de pipoca?
   c. Qual é o efeito da redução da renda de Sara sobre o preço relativo do refrigerante em termos de pipoca?
   d. Qual é a inclinação da nova linha orçamentária de Sara com o refrigerante no eixo x?

3. A renda de Sara é $ 12 por semana. Um pacote de pipoca aumenta de $ 3 para $ 6, e uma lata de refrigerante continua a custar $ 3.
   a. Qual é o efeito do aumento do preço da pipoca sobre a renda real de Sara em termos de refrigerante?
   b. Qual é o efeito do aumento do preço da pipoca sobre a renda real de Sara em termos de pipoca?
   c. Qual é o efeito do aumento do preço da pipoca sobre o preço relativo do refrigerante em termos de pipoca?
   d. Qual é a inclinação da nova linha orçamentária de Sara com o refrigerante no eixo x?

4. Rashid consome apenas livros e CDs, e a figura mostra suas preferências.

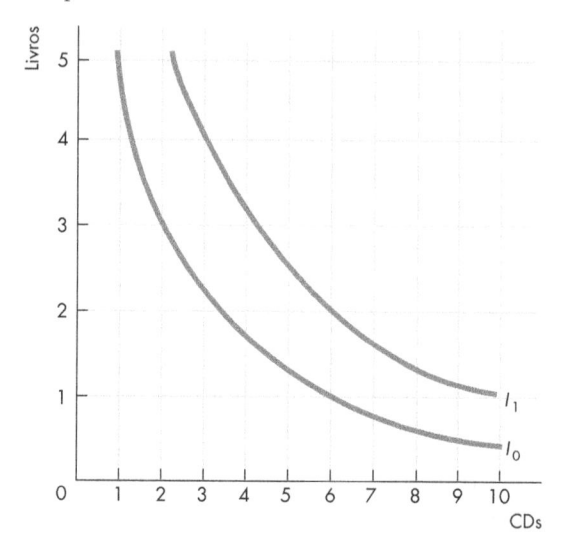

   a. Quando Rashid escolhe o consumo de 3 livros e 2 CDs, qual é sua taxa marginal de substituição?
   b. Quando Rashid escolhe o consumo de 2 livros e 6 CDs, qual é sua taxa marginal de substituição?
   c. As curvas de indiferença de Rashid indicam uma taxa marginal de substituição decrescente? Explique por quê.

5. Desenhe gráficos mostrando as suas próprias curvas de indiferença para os pares de bens indicados a seguir. Para cada par, explique se os bens são bens substitutos perfeitos, bens complementares perfeitos ou nenhum deles. Se os bens não forem substitutos nem complementares, descreva a forma da curva de indiferença que você desenhou e explique como sua taxa marginal de substituição muda à medida que as quantidades dos dois bens variam.

   Os pares de bens são:
   a. Luvas direitas e luvas esquerdas.
   b. Coca-Cola e Pepsi.
   c. Raquetes e bolas de tênis.
   d. Tylenol e paracetamol (a composição genérica do Tylenol).
   e. Óculos e lentes de contato.

f. Computadores de mesa e notebooks.
g. Arroz e feijão.

6. A renda de Sara é $ 12 por semana. Um pacote de pipoca custa $ 3, e uma lata de refrigerante custa $ 3. A figura ilustra as preferências de Sara por pipoca e refrigerante.

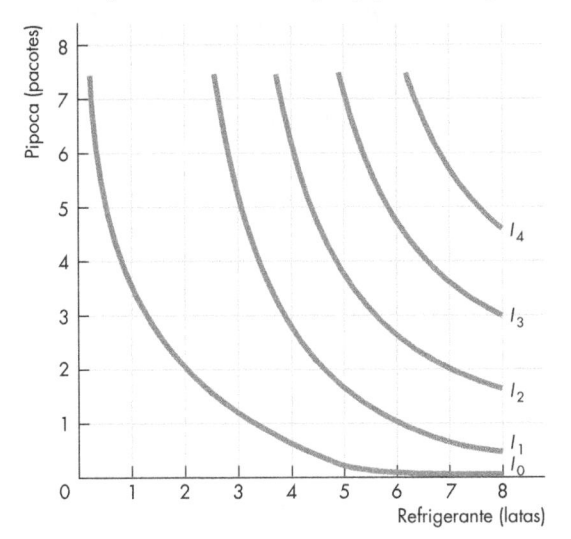

a. Quais quantidades de pipoca e refrigerante Sara compra?
b. Qual é a taxa marginal de substituição de Sara no ponto em que ela escolhe consumir?

7. Agora, suponha que, no exercício 6, o preço de uma lata de refrigerante diminua para $ 1,50, e o preço da pipoca e a renda de Sara permaneçam inalterados.
a. Quais quantidades de pipoca e refrigerante Sara passa a comprar?
b. Identifique dois pontos na curva de demanda de Sara por refrigerante. Desenhe a curva de demanda de Sara.
c. Descubra o efeito substituição da mudança do preço.
d. Descubra o efeito renda da mudança do preço.
e. O refrigerante é um bem normal ou um bem inferior?

8. Pam escolheu sua melhor combinação possível de bolinhos e revistas em quadrinhos. Ela gasta toda a sua renda em 30 bolinhos a $ 1 cada e em 5 revistas em quadrinhos a $ 2 cada. O preço de um bolinho diminui para $ 0,50, e o preço de uma revista em quadrinhos aumenta para $ 5.
a. Será que Pam poderá e desejará comprar 30 bolinhos e 5 revistas em quadrinhos no próximo mês?
b. Qual situação Pam prefere: bolinhos a $ 1 e revistas em quadrinhos a $ 2 ou bolinhos a $ 0,50 e revistas em quadrinhos a $ 5?
c. Se Pam mudar as quantidades compradas, qual dos bens ela comprará mais e qual comprará menos?
d. Se os preços mudarem no próximo mês, haverá um efeito substituição e um efeito renda em ação ou apenas um deles?

PENSAMENTO CRÍTICO

1. Releia a seção "Leitura das entrelinhas" sobre downloads de músicas e *e-books* e responda às seguintes perguntas:
   a. Como você costuma comprar músicas: em CDs ou downloads de arquivos?
   b. Esboce sua restrição orçamentária para música e outros itens.
   c. Esboce suas curvas de indiferença para música e outros bens.
   d. O que você acha que ocorreria com a maneira como você compra músicas se o preço de um CD aumentasse e o de um download de música diminuísse, permitindo-lhe comprar exatamente a mesma quantidade de músicas que compra atualmente?

2. O imposto incidente sobre as vendas é um imposto sobre os bens. Algumas pessoas dizem que seria melhor ter um imposto sobre o consumo, um imposto pago tanto sobre os bens quanto sobre os serviços. Se substituíssemos o imposto sobre as vendas por um imposto sobre o consumo:
   a. O que aconteceria com o preço relativo de CD graváveis e cortes de cabelo?
   b. O que aconteceria com a linha orçamentária mostrando as quantidades de CDs graváveis (CD-Rs) e cortes de cabelo que você pode comprar?
   c. Como você alteraria as quantidades compradas de CDs graváveis e cortes de cabelo?
   d. Que tipo de imposto é melhor para o consumidor e por quê?

Desenhe um gráfico para ilustrar suas respostas e mostrar o efeito substituição e o efeito renda da mudança de preço.

ATIVIDADES NA INTERNET

1. Obtenha informações sobre os preços de uma ligação de telefone celular e o envio de uma correspondência simples via Sedex, de sua cidade para a capital mais próxima, em 2000 e 2008.
   a. Desenhe a linha orçamentária de um consumidor que gasta $ 50 por mês com esses dois serviços, em 2000 e 2008.
   b. É possível dizer que o consumidor está melhor ou pior em 2008 do que estava em 2000?
   c. Desenhe algumas curvas de indiferença para os dois serviços e mostre o efeito renda e o efeito substituição decorrentes das mudanças de preços que ocorreram entre 2000 e 2008.

APÊNDICE

Utilidade marginal e curvas de indiferença

Ao término do estudo dos capítulos 7 e 8 e deste apêndice, você saberá:

▶ Explicar a relação entre utilidade e curvas de indiferença.

▶ Explicar por que maximizar a utilidade é o mesmo que escolher o melhor ponto possível.

▶ Explicar por que a utilidade existe.

Duas maneiras de descrever as preferências

O modelo de utilidade marginal descreve as preferências utilizando o conceito de utilidade. Um aumento da quantidade consumida de um bem leva a um aumento da utilidade total obtida do consumo desse bem e a uma diminuição de sua utilidade marginal (veja a Tabela 7.1 e a Figura 7.3).

O modelo da curva de indiferença descreve as preferências utilizando os conceitos de preferência e indiferença para criar um mapa de curvas de indiferença. É preferível uma curva de indiferença mais alta a uma mais baixa. A taxa marginal de substituição diminui ao longo de uma curva de indiferença (veja a Figura 8.3 e a Figura 8.4).

O modelo da curva de indiferença não precisa do conceito de utilidade. Na verdade, ele foi desenvolvido justamente porque os economistas queriam um modo mais objetivo de descrever as preferências. Mas é possível interpretar o modelo da curva de indiferença usando o conceito de utilidade.

Como para um consumidor são indiferentes as combinações de bens em todos os pontos de uma curva de indiferença, essas combinações proporcionam a mesma utilidade total. Uma curva de indiferença é uma curva de utilidade constante.

É possível observar a relação entre a utilidade e um mapa de indiferença analisando a Figura A8.1. A parte (a) fornece informações sobre a utilidade total obtida do consumo de filmes e refrigerantes. Ela se baseia na Tabela 7.1 (p. 156), mas, em vez de mostrar as quantidades dos dois bens e a utilidade total resultante de cada quantidade consumida, os números estão dispostos com os filmes no eixo *x* e os refrigerantes no eixo *y*, associados a seus respectivos níveis de utilidade total. Por exemplo, sem nenhum refrigerante, a utilidade total obtida de 6 filmes corresponde a 196 unidades. Sem nenhum filme, a utilidade total obtida de 2 pacotes de 6 refrigerantes corresponde a 117 unidades.

A Figura A8.1(a) também mostra a utilidade total de algumas outras combinações de filmes e refrigerantes. Por exemplo, a utilidade total obtida do consumo de 6 filmes e 2 pacotes de 6 refrigerantes é de 313 unidades (196 mais 117). A parte (a) mostra outra combinação que resulta em 313 unidades e três combinações que resultam em 331 unidades de utilidade.

Figura A8.1 Utilidade total e o mapa de indiferença

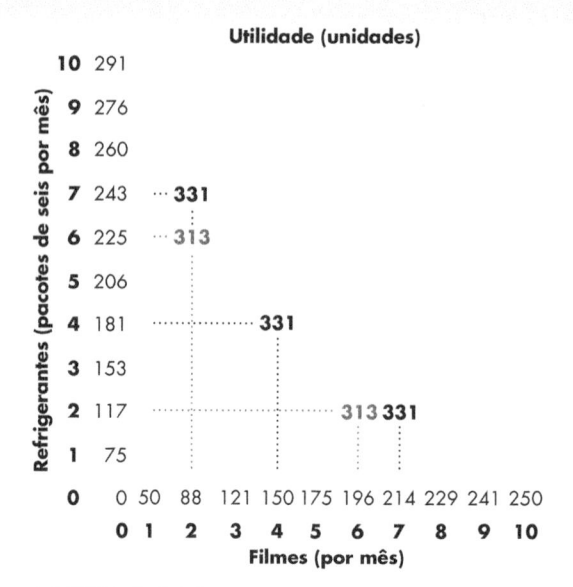

(a) Utilidade total

(b) Curvas de indiferença

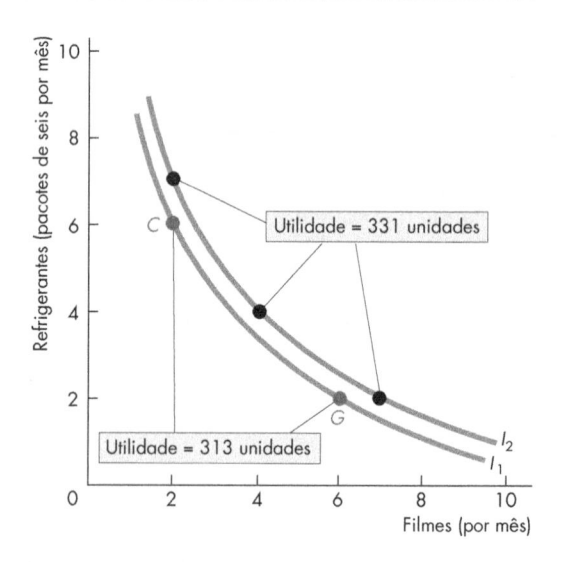

Podemos representar as preferências utilizando o conceito de utilidade ou as curvas de indiferença. Na tabela, a utilidade total de Lisa depende das quantidades de filmes e refrigerantes que ela consome. Diferentes combinações podem resultar na mesma utilidade total. Essas combinações situam-se na mesma curva de indiferença. A figura mostra duas curvas de indiferença: uma para 313 unidades de utilidade e outra para 331 unidades de utilidade.

A figura mostra as curvas de indiferença associadas a esses dois níveis de utilidade total.

Maximizar a utilidade é escolher o melhor ponto possível

No modelo de utilidade marginal, Lisa maximiza sua utilidade total gastando sua renda na combinação de filmes e refrigerantes, o que faz com que a utilidade marginal por unidade monetária gasta em filmes seja igual à utilidade marginal por unidade monetária gasta em refrigerantes. Isto é,

$$UMg_F/P_F = UMg_R/P_R, \quad (1)$$

onde UMg_F é a utilidade marginal de um filme, P_F é o preço de um filme, UMg_R é a utilidade marginal do refrigerante, e P_R é o preço do refrigerante.

No modelo da curva de indiferença, Lisa escolhe o melhor ponto possível, gastando sua renda na combinação de filmes e refrigerantes, o que faz com que a taxa marginal de substituição ($TMgS$) seja igual ao preço relativo dos dois bens. Isto é,

$$TMgS = P_F/P_R. \quad (2)$$

Maximizar a utilidade total é o mesmo que escolher o melhor ponto possível. Para entender por que, multiplique por P_F os dois lados da equação (1) e divida os dois lados por UMg_R para obter:

$$UMg_F/UMg_R = P_F/P_R. \quad (3)$$

Essa equação mostra que o quociente das utilidades marginais dos dois bens é igual ao preço relativo dos dois bens.

Observe nas equações (2) e (3) que, se as duas maneiras de descrever a escolha de um consumidor forem iguais, a taxa marginal de substituição deverá ser igual à razão das utilidades marginais dos dois bens. Isto é,

$$TMgS = UMg_F/UMg_R. \quad (4)$$

Para confirmar a veracidade dessa proposição, observe que a utilidade total muda com a variação das quantidades consumidas do seguinte modo:

$$\Delta U = UMg_F \times \Delta Q_F + UMg_R \times \Delta Q_R, \quad (5)$$

onde Δ significa 'variação de', Q_F é a quantidade consumida de filmes e Q_R é a quantidade consumida de refrigerantes.

Lembre-se que, ao longo de uma curva de indiferença, a utilidade total é constante, de modo que a variação da utilidade total é zero. Assim, ao longo de uma curva de indiferença:

$$0 = UMg_F \times \Delta Q_F + UMg_R \times \Delta Q_R, \quad (6)$$

ou

$$UMg_F \times \Delta Q_F = -UMg_R \times \Delta Q_R. \quad (7)$$

Divida os dois lados da equação (7) por UMg_R e por ΔQ_F para obter:

$$UMg_F/UMg_R = -\Delta Q_R/\Delta Q_F. \quad (8)$$

Essa equação nos informa que, ao longo de uma curva de indiferença, a variação da quantidade consumida de refrigerantes dividida pela variação da quantidade consumida de filmes é igual à razão das utilidades marginais de filmes e refrigerantes.

Mas $-\Delta Q_R/\Delta Q_F$ (o segmento do eixo y sobre o segmento do eixo x) é a inclinação da curva de indiferença. Retirando o sinal de menos, $\Delta Q_R/\Delta Q_F$ é a taxa marginal de substituição de refrigerantes por filme. Desta maneira,

$$TMgS = \Delta Q_R/\Delta Q_F = UMg_F/UMg_R. \quad (9)$$

É possível verificar que os dois modelos de escolha do consumidor fazem previsões idênticas sobre as quantidades escolhidas por um indivíduo. Gastar a renda disponível em dois bens mantendo iguais suas utilidades marginais por unidade monetária é o mesmo que gastar a mesma renda mantendo a taxa marginal de substituição entre os dois bens igual a seu preço relativo.

A utilidade existe!

O modelo da curva de indiferença é eficaz porque suas únicas hipóteses são de que as pessoas podem classificar combinações alternativas de bens como preferíveis ou indiferentes e que a taxa marginal de substituição é decrescente. A partir dessas premissas, podemos inferir a curva de demanda inclinada para baixo. Também podemos visualizar facilmente os efeitos das variações dos preços e da renda sobre as escolhas de um consumidor.

O modelo da curva de indiferença também é eficaz porque suas hipóteses implicam a existência da utilidade e, em geral, da utilidade marginal decrescente.

Ao observarmos os preços dos bens e as quantidades consumidas, podemos inferir as utilidades marginais de um consumidor a cada quantidade.

CENÁRIO BRASILEIRO

Os desafios do envelhecimento da população brasileira

Jorgemar Felix[1]

O envelhecimento da população brasileira está relacionado a um fenômeno mundial. Em 2050, o número de pessoas com mais de 60 anos de idade será três vezes superior ao atual, se mantida a média na taxa de natalidade. A estimativa é da Organização das Nações Unidas (ONU), em seu último relatório técnico "Previsões sobre a população mundial", elaborado pelo Departamento de Assuntos Econômicos e Sociais. Os idosos representarão um quarto da população mundial projetada, ou seja, cerca de 2 bilhões de indivíduos (no total de 9,2 bilhões)[2]. A expectativa de vida nos países desenvolvidos será de 87,5 anos para os homens e 92,5 para as mulheres (contra 70,6 e 78,4 anos em 1998). Já nos países em desenvolvimento, será de 82 anos para homens e 86 para mulheres, ou seja, 21 anos a mais do que os 62,1 e 65,2 atuais.

Esse processo ocorre devido à redução nas taxas de fecundidade e mortalidade. A mulher, sob a influência das mudanças sociais que ocorreram a partir da década de 1960, alterou seu comportamento com conseqüências no mercado de trabalho, no nível educacional e no casamento. A fecundidade passou a integrar os direitos individuais. No século XXI, a mulher tem a metade dos filhos que a geração de sua mãe[3]. Além disso, a medicina preventiva, o progresso tecnológico e os programas voltados para a qualidade de vida contribuem para ampliar a longevidade. Sem falar nas baixas taxas de mortalidade infantil (queda de 64% entre 1980 e 2006) ou prematura, que aumentam a esperança de vida, devido a uma nutrição adequada, ampliação do saneamento básico e tratamento de água ou, ainda, pelo uso de vacinas e antibióticos.

O Brasil, até 2025, será o sexto país do mundo com o maior número de pessoas idosas, segundo dados da OMS. Até o início dos anos 1980, a estrutura etária da população brasileira, revelada pelos Censos Demográficos, do Instituto Brasileiro de Geografia e Estatística (IBGE), mostrava um desenho bem definido de uma população predominantemente jovem. Esse quadro, porém, vem sendo alterado. Em 1996, eram 16 idosos para cada 100 crianças e, em 2000, há 30 idosos para cada 100 crianças.

No Censo Demográfico de 1991, os idosos representavam 7,3% da população brasileira. Em 2000, eram 8,6% (55,1% de mulheres e 54,9% de homens). Em 2006, 10,2%. A média da expectativa de vida do brasileiro hoje é de 72,3 anos (Pesquisa Tábua da Vida, IBGE, 2006) – um ano e quatro meses a mais do que em 2000. A diferença do processo de envelhecimento populacional no Brasil é sua rápida transição. Enquanto países desenvolvidos demoraram até seis gerações para alcançarem um percentual de 14% de idosos no total da população, o Brasil deve atingir esse patamar em menos de 20 anos (2025)[4].

Outra característica da dinâmica mundial é o aumento da expectativa de vida após os 60 anos, denominada tecnicamente de sobrevida. Ao chegar a esta idade, o brasileiro vive, hoje, em média, mais 20 anos – patamar equivalente ao dos países desenvolvidos. Esta é uma das causas determinantes do quadro de heterogeneidade da população idosa brasileira, constituída em mais de 55% por mulheres. A maior longevidade feminina é, por um lado, atribuída ao estilo de vida, à menor exposição à violência urbana e, segundo pesquisas recentes, a fatores genéticos. Por outro lado, a mulher idosa também amarga situação socioeconômica precária, reflexo direto da situação feminina desvantajosa no mercado de trabalho.

A heterogeneidade é também explicada pela distribuição desigual da renda no país. Embora o idoso de hoje seja privilegiado por um período histórico de crescimento econômico, o chamado 'milagre brasi-

---

[1] Jornalista, mestrando em Economia.

[2] No critério da Organização Mundial da Saúde (OMS) é considerado idoso o habitante de país em desenvolvimento com 60 anos ou mais e o habitante de país desenvolvido com 65 anos ou mais.

[3] Em 2006, a taxa de natalidade brasileira atingiu 2 filhos por mulher, índice considerado limite para permitir a reposição populacional.

[4] O percentual da população idosa considerado pela ONU para definir um país como uma sociedade envelhecida.

leiro', e por maior proteção social estabelecida desde a Constituição de 1988 que, entre outras inovações, criou a aposentadoria rural, o idoso do futuro certamente enfrentará uma situação bastante adversa e diferente. O envelhecimento populacional brasileiro comparece em meio a grandes alterações no arcabouço legal do país e, sobretudo, com mudanças e diretrizes impostas pela conjuntura econômica orientada, desde 1990, pela política de austeridade fiscal.

Se, por um ponto de vista, a estabilidade econômica mostrou-se eficaz em proporcionar um longo período de inflação baixa, beneficiando os idosos e a população em geral, por outro, impôs restrições a essa população e, hoje, compromete significativamente a qualidade e o padrão de vida do idoso do futuro, seja por sucatear os sistemas de educação e de saúde e empurrar a população para os custos altos da iniciativa privada, seja principalmente por manter a Previdência Social sob suspeita e estabelecer como regra – ou única saída – a esperança de sobreviver com recursos de uma previdência privada. Os bem-sucedidos neste mercado, no entanto, são aqueles poupadores disciplinados e com estabilidade no mercado de trabalho, com salários fixos e suficientes para permitir a escolha intertemporal de poupança presente contra consumo futuro. Diante da deterioração, precarização e flexibilização do mercado de trabalho do país, o brasileiro – sobretudo o jovem, cujo início da vida laboral é cada vez mais adiado – tem chances incertas de garantir seu bem-estar na velhice com este tipo de investimento.

Atualmente, embora com déficits persistentes e à prova de duas reformas constitucionais (1998 e 2003), nas quais estabeleceram-se regras com vistas a retardar ao máximo a idade de aposentadoria – seguindo tendência mundial –, a Previdência Social brasileira é ainda a grande provedora de rendimentos à população idosa. Em 67,85% dos municípios brasileiros a soma dos pagamentos de benefícios da Previdência Social é maior do que o volume de repasses do Fundo de Participação dos Municípios[5]. Essa realidade é resultado da aposentadoria formal, principalmente dos programas de seguridade social, como a Lei Orgânica da Assistência Social (Loas) e o Benefício de Prestação Continuada (BCP), com regras para atender aos trabalhadores desprovidos de sorte durante a fase laboral.

Esses programas constituíram-se mais importantes para redução da pobreza do que as transferências diretas de renda, como o Bolsa Família. Este duplo papel da Previdência Social é que está em jogo no momento de sustentabilidade do sistema diante do desafio do envelhecimento da população. Em alguns países, durante a década de 1990, este caráter social foi abandonado em favorecimento ao resultado contábil, levando à troca dos sistemas de repartição (benefício definido) pelos de contribuição definida. O caso clássico foi o Chile. Mas este, em 2008, adotou pilares solidários diante da enorme exclusão resultante da privatização de seu sistema de aposentadorias.

É necessário, portanto, encontrar um sistema de previdência brasileiro que exclua os privilégios e promova o máximo de igualdade entre os aposentados, o que será fundamental na nova pirâmide populacional. Uma população mais velha, no entanto, apresentará outros desafios para as políticas públicas. No âmbito econômico, exigirá esforço de várias áreas, como saúde, educação, demografia, seguro e, muito importante, urbanismo, constituindo-se assim o que poderíamos chamar de uma *economia da saúde*. Nela há responsabilidades para Estado, iniciativa privada e indivíduo. O sucesso do Brasil nesta economia é que definirá se o país escolheu enxergar a longevidade como uma crise ou como uma grande conquista.

REFERÊNCIAS

BUTLER, Robert N. *The longevity revolution*. Nova York: Public-Affairs, 2008.

CAMARANO, Ana Amélia. (Org.). *Os novos idosos brasileiros* – muito além dos 60? Rio de Janeiro: Ipea, 2004.

PALIER, Bruno. *La réforme des retraites* – travailler plus? Paris: PUF, 2003.

QUESTÕES

1. Quais os principais desafios para as políticas públicas diante do envelhecimento da população brasileira?

2. Analise a questão da Previdência Social atualmente e as perspectivas de reforma do sistema público de aposentadorias do país.

---

[5] Pesquisa da Associação Nacional dos Servidores da Previdência e da Seguridade Social (2004). Disponível em: www.anasps.org.br.

PARTE 3
ENTENDIMENTO DAS ESCOLHAS DOS CONSUMIDORES

Aproveitando a vida ao máximo

As poderosas forças da demanda e da oferta definem as fortunas de famílias, empresas, nações e impérios da mesma maneira implacável que as ondas do mar e os ventos moldam as rochas e os continentes. Vimos, nos capítulos 3 a 6, como essas forças elevam e reduzem os preços, aumentam e diminuem as quantidades compradas e vendidas, provocam flutuações das receitas e alocam recursos a suas utilizações mais valorizadas.

Essas poderosas forças começam a agir silenciosa e discretamente com as escolhas que cada um de nós faz.

Os capítulos 7 e 8 examinaram essas escolhas individuais. O Capítulo 7 explorou a teoria da utilidade marginal das decisões humanas. Essa teoria explica os planos de consumo das pessoas. Ela também explica o consumo de lazer por parte das pessoas e o outro lado da moeda: a oferta de horas de trabalho. A teoria da utilidade marginal pode até ser utilizada para explicar escolhas 'não econômicas', como a de casar-se ou de quantos filhos ter. Em certo sentido, não existem escolhas não econômicas. Se há escassez, deve haver escolha. A economia estuda todas essas escolhas.

O Capítulo 8 descreveu uma ferramenta que nos permite traçar um mapa daquilo de que as pessoas gostam e não gostam, uma ferramenta chamada *curva de indiferença*. As curvas de indiferença são consideradas um tópico avançado, de modo que esse capítulo é *estritamente opcional*. Mas a apresentação das curvas de indiferença do Capítulo 8 é a mais clara e objetiva possível, de maneira que, se você quiser aprender sobre essa ferramenta, esse capítulo o ajudará nessa tarefa.

Os primeiros economistas (Adam Smith e seus contemporâneos) não tinham um conhecimento muito profundo das escolhas do consumidor. Foi só no século XIX que houve progresso nessa área. Nas páginas a seguir, você conhecerá Jeremy Bentham, pioneiro da aplicação do conceito da utilidade ao estudo das escolhas humanas, e Steven Levitt, da Universidade de Chicago, um dos mais influentes estudiosos do comportamento humano nos dias de hoje.

ANÁLISE DE IDÉIAS

As pessoas tomam decisões racionalmente

"... a maior felicidade para o maior número de pessoas é a única medida do certo e do errado."

JEREMY BENTHAM

Fragment on Government
(Fragmento sobre o governo)

O economista

Jeremy Bentham *(1748-1832), que viveu em Londres, era filho e neto de advogados e foi criado para também ser advogado. No entanto, ele recusou a oportunidade de manter a tradição familiar e, em vez disso, dedicou sua vida às atividades de escritor, ativista e membro do Parlamento na tentativa de elaborar leis racionais que proporcionassem a maior felicidade possível ao maior número possível de pessoas.*

Bentham, cujo corpo foi embalsamado e é preservado até hoje em um caixão de vidro na Universidade de Londres, foi a primeira pessoa a utilizar o conceito de utilidade para explicar as escolhas humanas. Mas, na época de Bentham, a diferença entre explicar e prescrever não era muito clara, e Bentham desejava utilizar suas idéias para dizer às pessoas como elas deveriam se comportar. Ele foi um dos primeiros a propor pensões para os aposentados, garantia de estabilidade no emprego e salários mínimos, além de benefícios sociais como educação e atendimento médico gratuitos.

As questões

A análise econômica do comportamento humano no ambiente familiar, no trabalho, nos mercados de bens e serviços, nos mercados de trabalho e nos mercados financeiros baseia-se na idéia de que nosso comportamento pode ser compreendido como uma resposta à escassez. Tudo que fazemos pode ser visto como uma escolha que maximiza o benefício total sujeito às restrições impostas por nossos recursos e tecnologia limitados. Se as preferências das pessoas são estáveis diante de mudanças das restrições, temos a possibilidade de prever como elas reagirão a um ambiente dinâmico.

A abordagem econômica explica a enorme transformação ocorrida durante os últimos cem anos na maneira como as mulheres alocam seu tempo como uma conseqüência das mudanças das restrições, e não das atitudes. Avanços tecnológicos equiparam fazendas e fábricas com máquinas que aumentaram a produtividade tanto de mulheres quanto de homens, elevando, desse modo, os salários que eles podem ganhar. O mundo cada vez mais tecnológico possibilitou tanto para mulheres quanto para homens mais acesso à educação e levou a um grande aumento do número de pessoas com ensino médio e superior completos. Com uma variedade cada vez maior de parafernálias e apetrechos que reduzem o tempo necessário para as tarefas domésticas, uma proporção cada vez maior de mulheres participa da força de trabalho hoje.

A explicação econômica pode não ser correta, mas, sem dúvida, é de considerar. Se é correta, as mudanças nas atitudes são uma conseqüência, e não uma causa, da evolução econômica das mulheres.

Antes

Os economistas explicam as ações das pessoas como conseqüências das escolhas que maximizam a utilidade total sujeita a restrições. Na década de 1890, menos de 20 por cento das mulheres participavam do mercado de trabalho, e a maioria das que trabalhavam fora recebiam um salário baixo e tinham empregos sem muitos atrativos. Os outros 80 por cento das mulheres optavam por ser donas de casa. Quais restrições levavam a essas escolhas?

Hoje

Em 2002, mais de 60 por cento das mulheres participavam da força de trabalho e, apesar de muitas delas serem mal remuneradas, elas se profissionalizaram cada vez mais, e a proporção de mulheres em posições executivas aumentou. O que levou a essa drástica mudança em relação a cem anos atrás? Teria sido uma mudança das preferências ou uma mudança das restrições enfrentadas pelas mulheres?

Steven Levitt, que você conhecerá nas páginas seguintes, mostra-nos como o raciocínio econômico combinado com dados gerados por pesquisas experimentais naturais aprofundam nosso conhecimento sobre uma impressionante variedade de escolhas humanas.

PONTO DE VISTA ECONÔMICO

Steven D. Levitt

Steven D. Levitt é professor de Economia da Universdade de Chicago. Nascido em Minneapolis, ele se formou em Harvard e cursou pós-graduação no MIT. Dentre os vários prêmios com os quais foi agraciado, ele recentemente recebeu a Medalha John Bates Clark concedida ao melhor economista com menos de 40 anos.

O professor Levitt tem estudado uma impressionante variedade de escolhas humanas e seus resultados. Ele investigou os efeitos do policiamento sobre a criminalidade, demonstrou que corretores de imóveis obtêm um preço mais alto quando vendem seus próprios imóveis do que quando vendem imóveis dos outros, elaborou um teste para detectar enganadores e estudou as escolhas de traficantes de drogas e membros de gangues. Grande parte de suas pesquisas foi popularizada no livro Freakonomics (Steven D. Levitt e Stephen J. Dubner, Campus, 2007). O que coliga esse corpo aparentemente heterogêneo de pesquisas é a utilização de experimentos naturais. O professor Levitt tem uma incrível capacidade de identificar exatamente o conjunto correto de eventos e os dados gerados por esses eventos que lhe permitem isolar o efeito procurado.

Michael Parkin conversou com Steven Levitt sobre sua carreira e os progressos que os economistas fizeram na compreensão de como as pessoas reagem a incentivos em todos os aspectos da vida.

Por que você decidiu se tornar economista?
Fiz um curso em que tive a disciplina de introdução à economia. Todas as idéias apresentadas fizeram muito sentido para mim – era o modo como eu naturalmente pensava. Meus amigos ficaram perplexos. Eu pensei: "Essa é a área ideal para mim!".

A idéia da escolha racional feita na margem reside no cerne da economia. Você diria que, em geral, seu trabalho sustenta ou contesta essa idéia? Você poderia nos dar alguns exemplos?
Não gosto da palavra 'racional' nesse contexto. Acho que os economistas apresentam os agentes como racionais só pela praticidade. O que realmente interessa é se as pessoas reagem a incentivos. Meu trabalho, em grande parte, sustenta a idéia de que todos os seres humanos em todos os tipos de circunstâncias reagem firmemente a incentivos. Tenho visto isso no caso de traficantes de drogas, ladrões de carros, lutadores de sumô, corretores de imóveis e professores do ensino fundamental, para citar somente alguns exemplos.

Você poderia explicar melhor? Quais são os incentivos aos quais os traficantes de drogas reagem? Um entendimento dessas reações nos diz algo sobre como as políticas públicas podem influenciar o consumo de drogas?
Os incentivos dependem das circunstâncias específicas das pessoas. Os traficantes de drogas, por exemplo, querem ganhar dinheiro, mas também querem evitar ser presos ou mesmo mortos. Com base nos dados que temos sobre os traficantes de drogas, vemos que, quando o tráfico de drogas é mais lucrativo, os traficantes estão dispostos a correr um risco maior de serem presos para lucrar no mercado. Por outro lado, eles também se esforçam mais para minimizar os riscos. Por exemplo, nos Estados Unidos os traficantes de crack costumavam circular carregando toda a droga que tinham. Quando foram aprovadas leis impondo punições mais rigorosas a qualquer pessoa pega com mais do que uma quantidade mínima de crack, os traficantes reagiram armazenando a droga em algum outro lugar e carregando somente a quan-

tidade a ser vendida ao cliente atual. Os lutadores de sumô, por outro lado, estão mais interessados na classificação oficial. Em algumas circunstâncias, um lutador tem mais a perder ou ganhar do que o outro em uma luta. Descobrimos que os lutadores de sumô fazem acordos corruptos entre eles para garantir que o lutador que precisa vencer seja o que de fato vença a luta.

Por que um economista se interessa por criminalidade e trapaça?
Penso no estudo da economia principalmente como um modo de ver o mundo e como um conjunto de instrumentos que possibilitam pensar com clareza. Não há limites para os temas aos quais esses instrumentos podem ser aplicados. É por isso que acho que o estudo da economia é tão poderoso. Se você entender a economia e utilizar os instrumentos com critério será um administrador melhor, um médico melhor, um funcionário público melhor, um pai ou mãe melhor.

Qual é o modelo econômico da criminalidade e como ele ajuda a elaborar maneiras melhores de lidar com as atividades criminosas? Você poderia ilustrar sua resposta falando um pouco de seu trabalho sobre o comportamento de ladrões de carros?
O modelo econômico da criminalidade demonstra que as pessoas têm a opção de trabalhar legalmente em troca de um salário ou ganhar dinheiro em atividades ilícitas. O modelo explica meticulosamente a série de custos (por exemplo, os salários aos quais se renuncia e as punições) e benefícios (por exemplo, o produto do roubo) associados com a criminalidade e analisa como uma pessoa maximizadora escolherá cometer crimes ou não e até que ponto se envolverá na criminalidade. Uma das utilidades do modelo é a identificação das várias maneiras como as políticas públicas podem influenciar os índices de criminalidade. Por exemplo, é possível aumentar a probabilidade de um criminoso ser pego ou tornar a condenação mais longa para os que são presos. O governo também pode tentar intervir no mercado de trabalho, para que o trabalho legal seja mais atraente – por exemplo, com um piso salarial justo.

Qual é a dificuldade de descobrir se um maior policiamento de fato leva a menos criminalidade? Como vocês descobriram a resposta?
Achamos que, quando se aumenta o policiamento, os índices de criminalidade diminuem porque o custo de ser um criminoso aumenta em função da maior investigação. Do ponto de vista das políticas públicas, é importante saber até que ponto a criminalidade será reduzida em função do policiamento. Na prática, é difícil responder a essa questão, porque não contratamos policiais aleatoriamente. Em vez disso, quando os índices de criminalidade estão altos, há uma maior demanda por policiais e, portanto, há mais policiamento. Basta analisar diferentes cidades para perceber que os locais com mais policiamento também têm os maiores índices de criminalidade, mas não porque a polícia causa os crimes, e sim porque os crimes fazem com que mais policiais sejam contratados.

Para perceber o impacto causal do policiamento sobre a criminalidade, seria interessante conduzir um experimento no qual, aleatoriamente, muitos policiais seriam acrescentados em algumas cidades e retirados de outras. Isso é algo que não pode ser feito na vida real. Então, em vez disso, os economistas precisam procurar 'experimentos naturais' para responder à questão.

Estudei as temporadas de eleições para prefeito. O que acontece é que os prefeitos contratam muitos policiais antes das eleições para 'parecerem durões em relação ao crime'. Se as eleições não afetam, de outra maneira, a criminalidade, elas podem ser consideradas um dispositivo aleatório que coloca mais policiais em algumas cidades de tempos em tempos. Com efeito, descobri que a criminalidade cai no ano que se segue às eleições, quando os policiais contratados estão em plena operação. As evidências são indiretas, mas representam um exemplo de como os economistas utilizam as ferramentas disponíveis para lidar com questões difíceis.

Seu trabalho demonstra que a legalização do aborto leva a menos criminalidade. Você poderia explicar como chegou a essa conclusão? Você também poderia nos dizer quais são as implicações disso para o debate pró e contra o aborto?
A teoria é simples: crianças indesejadas têm vida difícil (incluindo o fato de que têm maior probabilidade de entrar para a vida criminosa); depois que o aborto foi legalizado [nos Estados Unidos], há menos crianças indesejadas. Desta maneira, deve haver menos crimes (considerando um período de 15 a 20 anos, o tempo que esses bebês levam para crescer e chegar às idades de maior criminalidade).

Analisamos o que aconteceu com a criminalidade entre 15 e 20 anos após o caso *Roe versus Wade*,* em estados com altos e baixos índices de aborto e em estados que legalizaram o aborto alguns anos antes do restante dos Estados Unidos. Foi até possível analisar as pessoas nascidas imediatamente antes ou depois da legalização do aborto nos Estados Unidos.

Todas as evidências apontavam para a mesma direção: a criminalidade caiu muito com a legalização do aborto. Nossos resultados, contudo, não apresentam grandes implicações para o debate sobre o aborto. Se o aborto for um assassinato, como argumentam as pessoas que são contra ele, então, em comparação, as mudanças que vimos na criminalidade são insignificantes. Se uma mulher simplesmente tem o direito de controlar o próprio corpo, como argumentam os defensores do aborto, então nossas estimativas sobre a criminalidade são, da mesma maneira, irrelevantes. Nossos resultados têm mais implicações sobre o fato de uma criança ser desejada ou não: há grandes benefícios em garantir que as crianças trazidas ao mundo sejam desejadas e bem cuidadas, independentemente de isso ser feito por meio do controle da natalidade, adoção, aborto ou educação dos pais.

O terrorismo está presente na mente de todas as pessoas nos dias de hoje. Supostamente, os terroristas também reagem a incentivos. Você já pensou em como seria possível utilizar o estudo da economia para entender melhor e talvez até mesmo combater o terrorismo?
O terrorismo é algo extraordinariamente difícil de ser enfrentado por meio de incentivos. Os terroristas religiosos que mais nos preocupam estão dispostos a abdicar de sua vida para executar atos terroristas. Deste modo, a única punição possível seria impedi-los de cometer o terrorismo prendendo-os antes do ato ou talvez minimizando os danos que eles podem causar. Diferentemente do que ocorre com os criminosos típicos, a ameaça de punição dada após o fato não ajudará a impedir o crime. Felizmente, mesmo entre extremistas, não há muitas pessoas dispostas a dar a vida por uma causa.

É possível para um aluno aprender a utilizar os experimentos naturais ou você tem um talento que não se aprende facilmente?
Não acho que seja questão de talento. A maioria das pessoas que se destacam em alguma coisa conseguem se destacar por meio do empenho e da prática. Isso certamente se aplica também a mim.

Durante um tempo, eu andava por aí e, cada vez que observava alguma coisa no mundo, eu me perguntava: 'Será que isso é um experimento natural?' De vez em quando deparava com um, porque estava sempre procurando.

O que mais um aluno que queira se tornar um economista da experimentação natural ou um cientista social pode fazer para se preparar melhor para a carreira?
Eu diria que a melhor coisa que um aluno pode fazer é tentar aplicar na vida o que está aprendendo, em vez de se limitar a memorizar as informações para uma prova e esquecê-las logo depois. Se você for um apaixonado pela economia (ou por qualquer outra coisa, na verdade), já está muito à frente dos outros, que só estão tentando se virar.

> ...a cada vez que observava alguma coisa no mundo, eu me perguntava: 'Será que isso é um experimento natural?'

---

* Caso que levou, em 1973, à legalização do aborto pela Corte Suprema dos Estados Unidos (N. da T.).

PARTE 4 Empresas e mercados

CAPÍTULO 9

Organização da produção

Ao término do estudo deste capítulo, você saberá:

▶ Definir o que é uma empresa e descrever o problema econômico que *todas* as empresas enfrentam.
▶ Fazer a distinção entre eficiência tecnológica e eficiência econômica.
▶ Definir e explicar o problema da relação agente–principal e descrever como diferentes tipos de organizações lidam com esse problema.
▶ Descrever e distinguir diferentes tipos de mercados nos quais as empresas operam.
▶ Explicar por que os mercados coordenam algumas atividades econômicas e as empresas coordenam outras.

A rede se expande

No outono de 1990, um cientista britânico chamado Tim Berners-Lee inventou a rede mundial da
Internet. Essa incrível idéia abriu caminho para o nascimento e o desenvolvimento de milhares de empresas lucrativas. Uma dessas empresas foi o Google, Inc. Criado com base na idéia de dois alunos de graduação da Universidade de Stanford, Larry Page e Sergey Brin, o Google, Inc. abriu suas portas – as portas de uma garagem! – em 1998. Em apenas alguns dias, o Google se tornou a ferramenta de busca na Internet mais utilizada, mais eficiente e mais lucrativa do mundo.
Como o Google e os outros 20 milhões de empresas que operam nos Estados Unidos tomam suas decisões de negócios? Como elas operam com eficiência?
Uma das maneiras nas quais as empresas procuram operar com eficiência é por meio da implementação de sistemas de incentivos para altos executivos, gestores e funcionários em geral. Quais são os esquemas de incentivos que as empresas utilizam e como eles funcionam?
A maioria das empresas cujo nome você conhece não produz nada. Elas compram e vendem coisas. Por exemplo, a maioria dos componentes de um computador pessoal da Dell é feita por outras empresas. A Intel faz o processador, outras empresas fabricam o disco rígido, o modem, o drive de CD, a placa de som etc. Por que a Dell não produz seus próprios componentes de computador? Como as empresas decidem o que elas mesmas produzirão e o que comprarão de outras empresas no mercado?

◆ Neste capítulo, estudaremos as empresas e as escolhas que elas fazem para lidar com a escassez. Na seção "Leitura das entrelinhas", no final do capítulo, examinaremos a concorrência entre o Google e o Yahoo! na área de ferramentas de busca. Mas começaremos examinando os problemas e as escolhas econômicas comuns a todas as empresas.

A empresa e seu problema econômico

As inúmeras empresas do mundo todo têm porte e campo de ação diferentes, mas todas desempenham as mesmas funções econômicas básicas. Cada **empresa** é uma instituição que contrata fatores de produção e os organiza para produzir e vender bens e serviços. Nosso objetivo é prever o comportamento das empresas. Para tanto, precisamos conhecer suas metas e as restrições que elas enfrentam. Começaremos pelas metas.

A meta da empresa

Se você perguntar a um grupo de empresários o que eles estão tentando alcançar, obterá muitas respostas diferentes. Alguns discorrerão sobre a fabricação de um produto de alta qualidade, outros sobre o crescimento do negócio, outros sobre participação no mercado e outros sobre satisfação no trabalho para seus funcionários. Todas essas metas podem ser perseguidas, mas não representam a meta fundamental. Elas são meios para uma finalidade mais profunda.

A meta de uma empresa é maximizar o lucro. Uma empresa que não busque a maximização do lucro é eliminada ou comprada por empresas que buscam isso. O que, exatamente, é o lucro que uma empresa procura maximizar? Para responder a essa pergunta, vamos analisar a Sidney's Sweaters.

Cálculo do lucro de uma empresa

Sidney tem uma bem-sucedida confecção de blusas. A Sidney's Sweaters recebe $ 400.000 ao ano pelas blusas que vende. Seus gastos são de $ 80.000 ao ano com lã, $ 20.000 com serviços públicos, $ 120.000 com salários, $ 5.000 com o aluguel de um computador da Dell, Inc. e $ 5.000 com juros por um empréstimo bancário. Com uma receita de $ 400.000 e gastos de $ 230.000, o excedente anual da Sidney's Sweaters é de $ 170.000.

O contador de Sidney reduz esse valor em $ 20.000, que, segundo ele, representam a depreciação (queda do valor) das instalações e máquinas de costura da empresa durante o ano. (Os contadores utilizam as regras legais para o cálculo da depreciação.) Assim, o contador declara que o lucro da Sidney's Sweaters é de $ 150.000 por ano.

O contador calcula o custo e o lucro para garantir que a empresa pague a quantia correta de imposto de renda e para demonstrar ao banco como o empréstimo foi utilizado. Mas queremos prever as decisões que uma empresa toma. Essas decisões são tomadas com base no *custo de oportunidade* e no *lucro econômico*.

Custo de oportunidade

O *custo de oportunidade* de qualquer ação é a alternativa de maior valor da qual se abre mão. A ação que você decide não executar – a alternativa de maior valor da qual se abre mão – é o custo da ação que você decide executar. Para uma empresa, o custo de oportunidade da produção é o valor da melhor utilização alternativa dos recursos por parte da empresa.

O custo de oportunidade é uma alternativa real da qual se abdicou. Mas, para que possamos comparar o custo de uma ação com o de outra ação, expressamos o custo de oportunidade em unidades monetárias. O custo de oportunidade de uma empresa inclui:

- Custos explícitos
- Custos implícitos

Custos explícitos Os custos explícitos são pagos em dinheiro. A quantia paga por um recurso poderia ter sido gasta em outra coisa, de maneira que ela representa o custo de oportunidade da utilização do recurso. No caso da Sidney's Sweaters, seus gastos em lã, serviços públicos, salários e juros são custos explícitos.

As empresas costumam alugar capital – computadores, fotocopiadoras, equipamento de terraplenagem etc. A Sidney's Sweaters aluga um computador, e o pagamento feito à Dell também representa um custo explícito.

Custos implícitos Uma empresa incorre em custos implícitos quando abdica de uma ação alternativa, mas não faz um pagamento. Isso acontece quando a empresa:

1. Utiliza seu próprio capital.
2. Utiliza tempo ou recursos financeiros do proprietário.

O custo da utilização de capital que pertence à empresa é um custo implícito – e um custo de oportunidade –, porque a empresa poderia ter alugado o capital a outra empresa. A renda do aluguel da qual se abdica é o custo de oportunidade da empresa de utilizar seu próprio capital. Esse custo de oportunidade é chamado de **taxa implícita de aluguel** do capital.

Se uma empresa utiliza seu capital, ela incorre em um custo implícito, composto de:

1. Depreciação econômica
2. Juros dos quais se abdica

A **depreciação econômica** é a variação do valor de *mercado* do capital ao longo de determinado período. Ela é calculada como o preço de mercado do capital no início do período menos esse preço ao final do período. Por exemplo, suponha que a Sidney's Sweaters poderia ter vendido suas instalações e máquinas de costura no dia 31 de dezembro de 2005 por $ 400.000. Se ela pudesse vender o mesmo capital no dia 31 de dezembro de 2006 por $ 375.000, sua depreciação econômica em 2006 seria de $ 25.000 – a diminuição do valor de mercado das instalações e das máquinas. Esses $ 25.000 representam o custo implícito da utilização do capital em 2006.

Os fundos utilizados para comprar capital poderiam ter sido usados para alguma outra finalidade. E, em sua melhor utilização, eles teriam rendido juros. Esses juros dos quais se abdica representam o custo de oportunidade de utilizar o capital. Por exemplo, a Sidney's Sweaters poderia ter comprado títulos em vez de uma confecção de blusas. Os juros dos títulos dos quais a empresa abriu mão representam um custo implícito da operação da confecção de blusas.

Custo dos recursos do proprietário O proprietário de uma empresa muitas vezes fornece sua capacidade empresarial – o fator de produção que organiza o negócio, toma decisões, inova e assume os riscos de operação do negócio. O retorno da capacidade empresarial é o lucro, e o retorno que um empresário pode esperar receber, em média, é chamado de **lucro normal**.

O lucro normal do empresário também faz parte do custo de oportunidade de uma empresa, porque é o custo de uma alternativa da qual se abdica – de fazer outra empresa funcionar. Se o lucro normal do negócio de vestuário é $ 50.000 ao ano, essa quantia representa o lucro normal de Sidney e parte dos custos de oportunidade da Sidney's Sweaters.

Além de estar na condição de empresário, o proprietário de uma empresa pode ofertar trabalho, que lhe rende um salário. O custo de oportunidade do trabalho do proprietário é a renda salarial da qual ele abdica ao não aceitar o melhor emprego alternativo. Suponha que, além de ser empresário, Sidney possa ofertar trabalho a uma outra empresa e ganhar $ 40.000 ao ano. Ao optar por trabalhar em seu próprio negócio, Sidney abre mão de $ 40.000 anuais e essa quantia passa a fazer parte do custo de oportunidade da Sidney's Sweaters.

Lucro econômico

Qual é o saldo final – o lucro ou o prejuízo da empresa? O **lucro econômico** de uma empresa é igual à sua receita total menos seu custo total. O custo total da empresa é a soma de seus custos explícitos e implícitos. Lembre-se de que os custos implícitos incluem o *lucro normal*. O retorno da capacidade empresarial é maior que o normal em uma empresa que gera um lucro econômico positivo. O retorno da capacidade empresarial é menor que o normal em uma empresa que gera um lucro econômico negativo – uma empresa que incorre em um prejuízo econômico.

Contabilidade econômica: um resumo

A Tabela 9.1 resume a contabilidade econômica. A receita total da Sidney's Sweaters é de $ 400.000. Seu custo de oportunidade (custos explícitos mais custos implícitos) é de $ 365.000. Seu lucro econômico é de $ 35.000.

Para atingir o objetivo do lucro máximo – máximo lucro econômico –, uma empresa deve tomar cinco decisões básicas:

1. Quais bens e serviços produzir e em quais quantidades.
2. Como produzir – quais técnicas de produção utilizar.
3. Como organizar e remunerar os gestores e trabalhadores.
4. Como comercializar e definir os preços dos produtos.
5. O que produzir e o que comprar de outras empresas.

Em todas essas decisões, as ações de uma empresa são limitadas pelas restrições que ela enfrenta. Nossa próxima tarefa é analisar essas restrições.

Tabela 9.1 Contabilidade econômica

Item	Quantia
Receita total	**$ 400.000**
Custos	
Lã	$ 80.000
Serviços públicos	20.000
Salários pagos	120.000
Pagamento do aluguel para a Dell	5.000
Pagamento de juros bancários	5.000
Custos explícitos totais	$ 230.000
Salário do qual Sidney abdica	40.000
Juros dos quais Sidney abdica	20.000
Depreciação econômica	$ 25.000
Lucro normal de Sidney	$ 50.000
Custos implícitos totais	$ 135.000
Custo total	**$ 365.000**
Lucro econômico	**$ 35.000**

As restrições da empresa

Três fatores do ambiente limitam o lucro máximo que uma empresa pode gerar. São eles:

- Tecnologia
- Informações
- Mercado

Restrições tecnológicas Os economistas definem a tecnologia de modo amplo. Uma **tecnologia** é qualquer método de produção de um bem ou serviço. A tecnologia inclui os projetos detalhados dos equipamentos, além do ambiente físico de trabalho e a organização da empresa. Por exemplo, o shopping center é uma tecnologia para a produção de serviços de varejo. É uma tecnologia diferente da loja de catálogo, que, por sua vez, é diferente da loja do centro da cidade.

Pode parecer surpreendente que os lucros de uma empresa sejam limitados pela tecnologia, já que, aparentemente, os avanços tecnológicos estão constantemente expandindo as oportunidades de lucro. Quase todos os dias ficamos surpresos com um novo avanço tecnológico. Com computadores que falam e reconhecem nossa voz e carros capazes de encontrar o endereço ao qual queremos ir em uma cidade que não conhecemos, podemos realizar muito mais coisas do que antes.

A tecnologia progride com o tempo. Mas, conforme o tempo avança, para produzir mais e gerar mais receita, uma empresa deve contratar mais recursos e incorrer em maiores custos. O incremento do lucro que a empresa pode atingir é limitado pela tecnologia disponível. Por exemplo, ao utilizar suas instalações e força de trabalho atuais, a Ford é capaz de produzir um determinado número máximo de carros por dia. Para produzir mais carros por dia, a Ford precisa contratar mais recursos, o que aumenta seus custos e limita o aumento do lucro que pode ser gerado com a venda dos carros adicionais.

Restrições de informação Nunca temos todas as informações que gostaríamos de ter para tomar decisões. Não temos informações suficientes nem sobre o futuro nem sobre o presente. Por exemplo, suponha que você planeje comprar um computador novo. Quando você deveria comprá-lo? A resposta depende das mudanças de preço que ocorrerão no futuro. Onde você deveria comprar o computador? A resposta depende dos preços em centenas de diferentes lojas de informática. Para conseguir o melhor negócio, você precisa comparar a qualidade e os preços em cada loja. Mas o custo de oportunidade dessa comparação excede o custo do computador!

De modo similar, uma empresa enfrenta a restrição das informações limitadas sobre a qualidade e o esforço de sua força de trabalho, os planos de compra atuais e futuros dos clientes e os planos dos concorrentes. Os trabalhadores podem estar se esforçando pouco quando o gestor acredita que eles estão trabalhando duro. Os clientes podem mudar para fornecedores concorrentes. As empresas talvez precisem concorrer com uma nova empresa.

As empresas tentam criar sistemas de incentivos para os trabalhadores para garantir que eles se empenhem mesmo quando não houver ninguém monitorando seus esforços. Elas gastam milhões de dólares em pesquisa de mercado. Mas nenhum desses esforços e gastos elimina os problemas causados por informações incompletas e incerteza. O próprio custo de lidar com informações limitadas restringe os lucros.

Restrições do mercado O que cada empresa pode vender e o preço que pode obter são restringidos pela disposição de pagar por parte dos clientes e pelos preços e atividades de marketing praticados por outras empresas. De maneira similar, os recursos que uma empresa pode adquirir e os preços que deve pagar por eles são limitados pela disposição das pessoas de trabalhar para a empresa e investir nela. As empresas gastam bilhões de dólares por ano para promover e vender seus produtos. Algumas das mentes mais criativas se esforçam para encontrar a mensagem correta que gerará um anúncio espetacular na televisão. As restrições do mercado e os gastos que as empresas fazem para superá-las limitam os lucros que uma empresa pode gerar.

QUESTÕES PARA REVISÃO

1 Por que as empresas procuram maximizar o lucro? O que acontece com empresas que não procuram atingir essa meta?

2 Por que contadores e economistas calculam o custo e o lucro de uma empresa de modos diferentes?

3 Quais são os itens que fazem com que o custo de oportunidade seja diferente do cálculo de custos feitos por um contador?

4 Por que o lucro normal é um custo de oportunidade?

5 Quais são as restrições enfrentadas por uma empresa? Como cada restrição limita o lucro da empresa?

No restante deste capítulo e do capítulo 10 ao 13, estudaremos as decisões tomadas pelas empresas. Aprenderemos como é possível prever o comportamento que as empresas têm em resposta tanto às restrições enfrentadas como às mudanças dessas restrições. Começaremos examinando as restrições tecnológicas com que as empresas se defrontam.

Eficiência econômica e tecnológica

A Microsoft emprega uma enorme força de trabalho e a maioria de seus funcionários possui uma grande quantidade de capital humano. Mas a empresa utiliza uma pequena quantidade de capital físico. Em comparação, uma empresa de mineração de carvão emprega uma enorme quantidade de equipamentos de mineração (capital físico) e quase nenhuma mão-de-obra. Por quê? A resposta é encontrada no conceito de eficiência. Existem dois conceitos de eficiência produtiva: eficiência tecnológica e eficiência econômica. A **eficiência tecnológica** ocorre quando a empresa gera determinada produção utilizando a menor quantidade possível de insumos. A **eficiência econômica** ocorre quando a empresa gera determinada produção ao menor custo possível. Vamos explorar os dois conceitos de eficiência estudando um exemplo.

Suponha que existam quatro técnicas alternativas para produzir televisores:

A. Produção robotizada. Uma pessoa monitora todo o processo, que é controlado por computador.

B. Linha de produção. Os trabalhadores se especializam em uma pequena parcela da produção, que executam à medida que o televisor passa por eles em uma linha de produção.

C. Produção em bancadas. Os trabalhadores se especializam em uma pequena parcela da produção, mas percorrem diferentes bancadas para realizar suas tarefas.

D. Produção manual. Um único trabalhador utiliza algumas ferramentas para produzir um televisor.

A Tabela 9.2 apresenta as quantidades de trabalho e capital necessárias em cada um desses quatro métodos para produzir 10 televisores por dia.

Quais desses métodos alternativos são tecnologicamente eficientes?

Eficiência tecnológica

Lembre-se de que a eficiência tecnológica ocorre quando a empresa gera determinada produção utilizando a menor quantidade possível de insumos. Observe os números apresentados na tabela e veja que o método *A* utiliza o máximo de capital, mas o mínimo de trabalho. O método *D* utiliza o máximo de trabalho mas o mínimo de capital. O método *B* e o método *C* estão entre esses dois extremos. Eles utilizam menos capital e mais trabalho que o método *A* e menos trabalho e mais capital do que o método *D*. Compare os métodos *B* e *C*. O método *C* requer 100 trabalhadores e 10 unidades de capital para produzir 10 televisores. Os mesmos 10 televisores podem ser produzidos pelo método *B* com 10 trabalhadores e as mesmas 10 unidades de capital. Como o método *C* utiliza a mesma quantidade de capital e mais trabalho do que o método *B*, não é tecnologicamente eficiente.

Algum outro método não é tecnologicamente eficiente? A resposta é não. Cada um dos outros três métodos é tecnologicamente eficiente. O método *A* utiliza mais

Tabela 9.2 Quatro modos de produzir 10 televisores por dia

Método		Quantidades de insumos	
		Trabalho	Capital
A	Produção robotizada	1	1.000
B	Linha de produção	10	10
C	Produção em bancadas	100	10
D	Produção manual	1.000	1

capital e menos trabalho do que o método *B*, e o método *D* utiliza mais trabalho e menos capital do que o método *B*.

Quais desses métodos alternativos são economicamente eficientes?

Eficiência econômica

Lembre-se de que a eficiência econômica ocorre quando a empresa gera determinada produção ao menor custo possível. Suponha que o trabalho custe $ 75 por pessoa-dia e que o capital custe $ 250 por máquina-dia. A Tabela 9.3(a) calcula os custos de utilização dos diferentes métodos. Analisando a tabela, podemos observar que o método *B* tem o menor custo. Apesar de o método *A* utilizar menos trabalho, utiliza capital muito caro. E, apesar de o método *D* utilizar menos capital, utiliza trabalho muito caro.

O método *C*, que é tecnologicamente ineficiente, também é economicamente ineficiente. Ele utiliza a mesma quantidade de capital que o método *B*, mas 10 vezes mais trabalho, portanto custa mais. Um método tecnologicamente ineficiente nunca é economicamente eficiente.

Apesar de *B* ser o método economicamente eficiente neste exemplo, os métodos *A* ou *D* poderiam ser economicamente eficiente com diferentes preços dos insumos.

Suponha que o trabalho custe $ 150 por pessoa-dia e que o capital custe $ 1 por máquina-dia. Agora a Tabela 9.3(b) mostra os custos de produção de um televisor. Neste caso, o método *A* é economicamente eficiente. O capital agora é tão barato em relação ao trabalho que o método que utiliza o máximo de capital passa a ser o método economicamente eficiente.

Em seguida, suponha que o trabalho custe apenas $ 1 por pessoa-dia e que o capital custe $ 1.000 por máquina-dia. A Tabela 9.3(c) mostra os custos neste caso. O método *D*, que utiliza muito trabalho e pouco capital, é agora o método de menor custo e o método economicamente eficiente.

A partir desses exemplos, podemos ver que, apesar de a eficiência tecnológica depender apenas do que é viável, a eficiência econômica depende dos custos relativos dos recursos. O método economicamente eficiente é o que utiliza uma quantidade menor de um recurso mais caro e uma quantidade maior de um recurso mais barato.

Uma empresa que não é economicamente eficiente não maximiza o lucro. A seleção natural favorece empresas eficientes e se contrapõe a empresas ineficientes. As empresas ineficientes deixam de funcionar ou são adquiridas por empresas com custos mais baixos.

> ### QUESTÕES PARA REVISÃO
>
> 1. Uma empresa é tecnologicamente eficiente se utiliza a tecnologia mais moderna? Por quê?
> 2. Uma empresa é economicamente ineficiente se pode reduzir os custos produzindo menos? Por quê?
> 3. Explique a principal diferença entre eficiência tecnológica e eficiência econômica.
> 4. Por que algumas empresas utilizam grandes quantidades de capital e pequenas quantidades de trabalho enquanto outras utilizam pequenas quantidades de capital e grandes quantidades de trabalho?

Analisaremos, em seguida, as restrições de informação enfrentadas pelas empresas e a conseqüente diversidade das estruturas organizacionais.

Tabela 9.3 Os custos de diferentes modos de produzir 10 televisores por dia

(a) Quatro modos de produzir televisores				
Método	Custo do trabalho ($ 75 por dia)	Custo do capital ($ 250 por dia)	Custo total	Custo por televisor
A	$ 75 +	$ 250.000 =	$ 250.075	$ 25.007,50
B	750 +	2.500 =	3.250	325,00
C	7.500 +	2.500 =	10.000	1.000,00
D	75.000 +	250 =	75.250	7.525,00
(b) Três modos de produzir televisores: altos custos do trabalho				
Método	Custo do trabalho ($ 150 por dia)	Custo do capital ($ 1 por dia)	Custo total	Custo por televisor
A	$ 150 +	$ 1.000 =	$ 1.150	$ 115,00
B	1.500 +	10 =	1.510	151,00
D	150.000 +	1 =	150.001	15.000,10
(c) Três modos de produzir televisores: altos custos do capital				
Método	Custo do trabalho ($ 1 por dia)	Custo do capital ($ 1.000 por dia)	Custo total	Custo por televisor
A	$ 1 +	$ 1.000.000 =	$ 1.000.001	$ 100.000,10
B	10 +	10.000 =	10.010	1.001,00
D	1.000 +	1.000 =	2.000	200,00

Informações e organização

Cada empresa organiza a produção de bens e serviços por meio da combinação e coordenação dos recursos produtivos que contrata. Mas a maneira como as empresas organizam a produção varia. Elas utilizam uma combinação de dois sistemas:

- Sistemas de comando
- Sistemas de incentivos

Sistemas de comando

Um **sistema de comando** é um método de organização da produção que utiliza uma hierarquia administrativa. Os comandos são transmitidos de cima para baixo pela hierarquia e as informações são transmitidas de baixo para cima. Os gestores passam a maior parte do tempo coletando e processando informações sobre o desempenho de seus subordinados e tomando decisões sobre quais comandos emitir e sobre o melhor modo de fazer esses comandos serem implementados.

Os militares utilizam a forma mais pura do sistema de comando. O comandante-em-chefe (nos Estados Unidos, o presidente) toma as grandes decisões sobre os objetivos estratégicos. Abaixo desse nível mais alto, os generais organizam seus recursos militares. Abaixo dos generais, escalões sucessivamente mais baixos organizam unidades cada vez menores, mas concentram-se em níveis cada vez maiores de detalhamento. Na base da hierarquia administrativa estão as pessoas que operam sistemas de armas.

Os sistemas de comando em empresas não são tão rigorosos quanto os utilizados pelos militares, mas compartilham algumas características em comum. Um *chief executive officer* (CEO) – um diretor-executivo – ocupa a posição mais alta do sistema de comando de uma empresa. Os executivos seniores que se reportam ao CEO e recebem comandos dele se especializam na administração da produção, do marketing, das finanças, do pessoal e talvez de outros aspectos das operações da empresa. Abaixo desses executivos seniores pode haver várias camadas de média gestão até se chegar os gerentes que supervisionam as operações do dia-a-dia do negócio. Abaixo desses gerentes estão as pessoas que operam os equipamentos da empresa e que vendem os bens e serviços produzidos.

Empresas pequenas têm uma ou duas camadas de gestão, enquanto empresas grandes têm várias camadas. À medida que os processos de produção ficaram cada vez mais complexos, as posições de gestão tornaram-se cada vez mais numerosas. Hoje em dia, mais pessoas do que nunca ocupam funções de gestão. Mas a revolução da informação na década de 1990 desacelerou o crescimento da administração e, em algumas indústrias, reduziu o número de camadas hierárquicas, eliminando muitos cargos de média gestão.

Os gestores fazem esforços enormes para se manter bem-informados. Eles se empenham para tomar boas decisões e emitir comandos visando à utilização eficiente dos recursos. Mas os gestores sempre têm informações incompletas sobre o que está ocorrendo nas divisões da empresa pelas quais são responsáveis. É por esse motivo que as empresas utilizam, além dos sistemas de comando, sistemas de incentivos para organizar a produção.

Sistemas de incentivos

Um **sistema de incentivos** é um método de organização da produção que utiliza um mecanismo similar ao do mercado dentro de uma empresa. Em vez de emitir comandos, os administradores seniores criam esquemas de remuneração que induzirão os funcionários a trabalhar de maneiras que maximizem o lucro da empresa.

As organizações de vendas utilizam os sistemas de incentivos de modo mais extensivo. Os representantes de vendas que passam a maior parte do tempo trabalhando sozinhos e sem supervisão são induzidos a se empenhar pelo recebimento de um pequeno salário fixo e grandes bônus vinculados ao desempenho.

Mas os sistemas de incentivos podem ser aplicados em todos os níveis de uma empresa. Os planos de remuneração dos CEOs incluem uma participação dos lucros da empresa e trabalhadores do chão de fábrica podem ser remunerados com base na quantidade produzida.

Combinação dos sistemas

As empresas utilizam uma combinação de sistemas de comando e de incentivos, escolhendo a combinação que maximiza o lucro. Elas utilizam os comandos quando é fácil monitorar o desempenho ou quando um pequeno desvio do desempenho ideal tem um custo muito alto. Elas utilizam incentivos quando o monitoramento do desempenho é impossível ou tem um custo alto demais para valer a pena.

Por exemplo, é fácil monitorar o desempenho dos trabalhadores de uma linha de produção – se uma pessoa for lenta demais, toda a linha ficará mais lenta. Assim, uma linha de produção é organizada com um sistema de comando.

Por outro lado, o monitoramento de um CEO tem um alto custo. Por exemplo, como Ken Lay (ex-CEO da Enron) contribuiu para o sucesso inicial e o fracasso subseqüente da Enron? Essa pergunta não pode ser respondida com certeza, mas os acionistas da Enron tiveram de colocar outra pessoa à frente do negócio e dar a essa pessoa um incentivo para maximizar os lucros deles. O desempenho da Enron ilustra a natureza desse problema, conhecido como o problema da relação agente–principal.

O problema da relação agente–principal

O **problema da relação agente–principal** é o problema da elaboração de regras de remuneração que induzem um *agente* a praticar atos que estejam de acordo com os interesses de um *principal*. Por exemplo, os acionistas da Enron são *principais*, e os gestores da empresa são *agentes*. Os acionistas (os principais) precisam induzir os gestores (agentes) a agir de acordo com os interesses deles – os acionistas. De modo similar, Bill Gates (um principal) deve induzir os programadores que estão desenvolvendo a próxima geração do Windows (agentes) a trabalhar com eficiência.

Os agentes, independentemente de serem gestores ou trabalhadores, empenham-se para atingir as próprias metas e muitas vezes impõem custos a um principal. Por exemplo, a meta dos acionistas do Citicorp (principais) é maximizar o lucro da empresa – o lucro real, não algum lucro fictício que esteja no papel. Mas o lucro da empresa depende das ações de seus gestores (agentes), que têm suas próprias metas. Um gerente de banco pode levar um cliente a um jogo de futebol com a desculpa de estar construindo a fidelidade do cliente, quando na verdade está simplesmente se beneficiando de um pouco de lazer durante o horário de trabalho. Esse mesmo gerente também é um principal, e os membros de sua equipe de caixas são agentes. O gestor quer que os caixas se empenhem mais para atrair novos clientes de modo que ele possa atingir suas metas operacionais. Mas os trabalhadores gostam de conversar entre si e também apreciam se divertir no trabalho.

Mesmo assim, a empresa está constantemente tentando descobrir maneiras de melhorar o desempenho e aumentar os lucros.

Lidando com o problema da relação agente–principal

A emissão de comandos não resolve o problema da relação agente–principal. Na maioria das empresas, os acionistas não têm como monitorar os gestores e muitas vezes os gestores não têm como monitorar os trabalhadores. Cada principal deve criar incentivos que induzam cada agente a trabalhar em prol dos interesses do principal. Três modos de tentar solucionar o problema da relação agente–principal são:

- Propriedade
- Pagamento de incentivos
- Contratos de longo prazo

Propriedade Ao conceder a propriedade (ou propriedade parcial) de um negócio a um gestor ou subordinado, em algumas circunstâncias é possível induzir um desempenho no trabalho que aumente os lucros de uma empresa. Esquemas de propriedade parcial para executivos seniores são relativamente comuns, mas são menos comuns para trabalhadores em geral. Quando a United Airlines passou por um período turbulento alguns anos atrás, ela concedeu parte da propriedade da empresa à maioria dos funcionários.

Pagamento de incentivos Esquemas de pagamento de incentivos – pagamento vinculado ao desempenho – são muito comuns. Eles se baseiam em uma série de critérios de desempenho como lucros, produção ou metas de vendas. A promoção de um funcionário por bom desempenho é outro exemplo de um esquema de pagamento de incentivos.

Contratos de longo prazo Contratos de longo prazo vinculam o destino de longo prazo de gestores e trabalhadores (agentes) ao sucesso do(s) principal(is) – o(s) proprietário(s) da empresa. Por exemplo, um contrato de emprego de vários anos para um CEO incentiva essa pessoa a assumir uma visão de longo prazo e elaborar estratégias para atingir o lucro máximo em um longo período.

Essas três maneiras de lidar com o problema da relação agente–principal resultam em diferentes tipos de organizações privadas. Cada tipo de organização privada representa uma reação diferente ao problema da relação agente–principal. Cada tipo utiliza propriedade, incentivos e contratos de longo prazo de modos diferentes. Vamos analisar os principais tipos de organizações privadas.

Tipos de organizações privadas

Os três principais tipos de organizações privadas são:
- Firma individual
- Sociedade
- Corporação

Firma individual Uma *firma individual* é uma empresa com um único proprietário que tem responsabilidade ilimitada sobre ela. *Responsabilidade ilimitada* é a responsabilidade legal por todas as dívidas de uma empresa até uma quantia igual a toda a riqueza do proprietário. Se uma firma individual não pode saldar suas dívidas, os credores da empresa podem reivindicar as propriedades pessoais do proprietário. Alguns fazendeiros, programadores de computador e artistas são exemplos de firmas individuais.

O proprietário toma decisões administrativas, recebe os lucros da empresa e se responsabiliza pelas suas perdas. Os lucros de uma firma individual são submetidos à mesma alíquota de impostos na que outras fontes de rendimento individual do proprietário.

Sociedade Uma *sociedade* é uma empresa com dois ou mais proprietários que têm responsabilidade ilimitada sobre ela. Os sócios devem concordar em uma estrutura administrativa apropriada e em como dividir os lucros da empresa entre si. Os lucros de uma sociedade são taxados como rendimento individual dos proprietários. Mas cada sócio é legalmente responsável por todas as dívidas da sociedade (limitadas somente pela riqueza do sócio individual). A responsabilidade por todas as dívidas de uma sociedade é chamada de *sociedade de responsabilidade ilimitada*. A maioria das empresas de advocacia é composta de sociedades.

Corporação Uma *corporação* é uma empresa de propriedade de um ou mais acionistas de responsabilidade limitada. *Responsabilidade limitada* significa que os proprietários são legalmente responsáveis somente pelo valor de seu investimento inicial. Essa limitação de responsabilidade significa que, se a corporação falir, seus proprietários não serão obrigados a utilizar sua riqueza pessoal para pagar as dívidas da corporação.

Os lucros das corporações são submetidos a impostos independentemente da renda dos acionistas. Os acionistas pagam um imposto sobre ganhos de capital que incide sobre o lucro que recebem quando vendem as ações por um preço superior àquele que pagaram. As ações corporativas rendem ganhos de capital quando uma corporação retém parte de seu lucro e o reinveste em atividades lucrativas. Desta maneira, os rendimentos retidos são submetidos duas vezes a impostos porque os ganhos de capital que geram são taxados. Nos Estados Unidos, até recentemente, os pagamentos de dividendos também eram tributados duas vezes, mas essa anomalia já foi corrigida.

Prós e contras dos diferentes tipos de empresas

Os diferentes tipos de organizações privadas surgem de diferentes maneiras de tentar lidar com o problema da relação agente–principal. Cada um deles tem suas vantagens em situações específicas. Devido a essas vantagens especiais, cada tipo de organização continua a existir. Cada tipo também tem suas desvantagens, que explicam por que os outros dois tipos não foram eliminados.

A Tabela 9.4 resume esses e outros prós e contras dos diferentes tipos de empresas.

As proporções dos diferentes tipos de empresas

A Figura 9.1(a) mostra as proporções dos três principais tipos de empresas na economia norte-americana. A figura também mostra que a receita das corporações é muito maior que a dos outros tipos de empresas. Apesar de apenas 18 por cento de todas as empresas serem corporações, elas geram 86 por cento da receita total.

A Figura 9.1(b) mostra a porcentagem da receita total gerada pelos diferentes tipos de empresas em várias indústrias. As firmas individuais na agricultura, silvicultura e pesca geram cerca de 40 por cento da receita total nesses setores. As firmas individuais nos setores de serviços, construção civil e comércio varejista também geram uma grande porcentagem da receita total. As sociedades na agricultura, silvicultura e pesca geram cerca de 15 por cento da receita total. As sociedades têm destaque maior nos setores de serviços, de mineração e de finanças, seguros e imóveis do que em outros setores. As corporações dominam todos os setores e detêm o controle quase exclusivo da indústria manufatureira.

Por que as corporações dominam o cenário das empresa privadas? Por que os outros tipos de empresas sobrevivem? E por que as firmas individuais e as sociedades se destacam mais em alguns setores? As respostas a essas questões podem ser encontradas nos prós e contras dos diferentes tipos de organizações privadas que são resumidos na Tabela 9.4. As corporações predominam em indústrias nas quais é utilizada uma grande quantidade de capital. Mas as firmas individuais preponderam onde é fundamental a flexibilidade no processo decisório.

> ### QUESTÕES PARA REVISÃO
>
> 1 Explique a distinção entre um sistema de comando e um sistema de incentivos.
> 2 Qual é o problema da relação agente–principal? Quais são as três maneiras pelas quais as empresas tentam lidar com esse problema?
> 3 Quais são os três tipos de empresa? Explique as principais vantagens e desvantagens de cada um.
> 4 Com base nos dados dos Estados Unidos, por que os três tipos de empresa sobrevivem e em quais setores cada tipo se destaca mais?

Você viu como as restrições tecnológicas e as restrições de informação influenciam as empresas. Estudaremos agora as restrições do mercado e veremos como elas influenciam o ambiente em que as empresas concorrem nos negócios.

Tabela 9.4 Os prós e contras dos diferentes tipos de empresas

Tipo de empresa	Prós	Contras
Firma individual	■ Facilmente constituída. ■ Processo decisório simples. ■ Lucros tributados apenas uma vez como renda do proprietário.	■ Decisões ruins não são verificadas, por não haver necessidade de consenso. ■ Toda a riqueza do proprietário está em risco. ■ A empresa morre com o proprietário. ■ O custo do capital e do trabalho é alto em relação ao de uma corporação.
Sociedade	■ Facilmente constituída. ■ Processo decisório diversificado. ■ Pode sobreviver se um sócio se retira. ■ Lucros são tributados apenas uma vez como renda dos proprietários.	■ Pode ser lento e dispendioso atingir o consenso. ■ Toda a riqueza dos proprietários está em risco. ■ A saída de um sócio pode gerar escassez de capital. ■ O custo do capital e do trabalho é alto em relação ao de uma corporação.
Corporação	■ Os proprietários têm responsabilidade limitada. ■ Capital de larga escala e baixo custo disponível. ■ Administração profissional não restringida pela capacidade dos proprietários. ■ Vida perpétua. ■ Contratos de trabalho de longo prazo reduzem os custos de trabalho.	■ A estrutura administrativa complexa pode fazer com que as decisões sejam lentas e dispendiosas. ■ Lucros retidos submetidos duas vezes ao impostos: como lucro da empresa e como ganhos de capital dos acionistas.

Figura 9.1 As proporções dos três tipos de empresas nos Estados Unidos

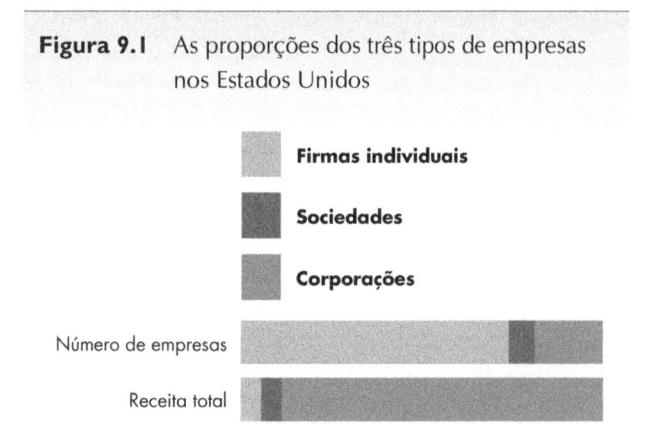

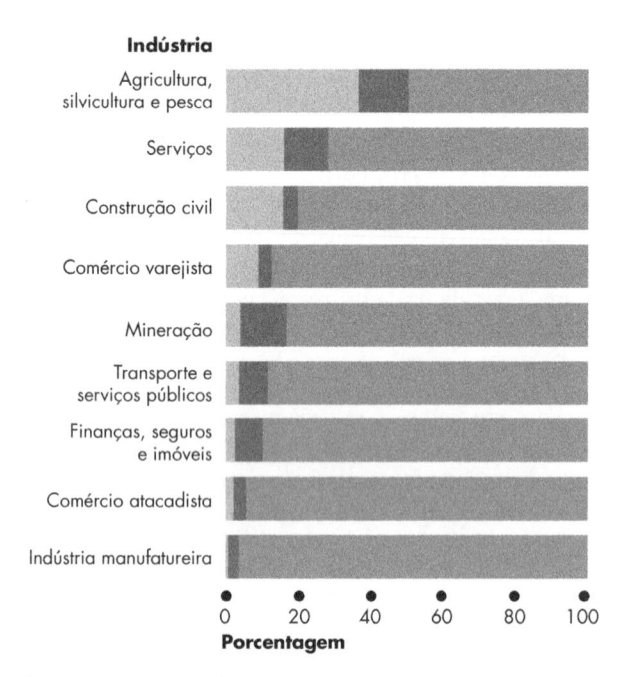

(a) Número de empresas e receita total

(b) Receita total em diversas indústrias

Três quartos de todas as empresas dos Estados Unidos são firmas individuais, quase um quinto é composto de corporações e apenas um vigésimo é formado por sociedades. As corporações respondem por 86 por cento da receita total, como mostrado na parte (a). Mas as firmas individuais e as sociedades respondem por uma porcentagem significativa da receita total em algumas indústrias, como indicado na parte (b).

Fonte dos dados: U.S. Bureau of the Census, *Statistical Abstract of the United States: 2001.*

Mercados e ambiente competitivo

Os mercados nos quais as empresas operam variam muito. Alguns são altamente competitivos, e os lucros nesses mercados são difíceis de obter. Outros parecem não ter quase nenhuma concorrência, e as empresas nesses mercados geram grandes lucros. Alguns mercados são dominados por campanhas publicitárias agressivas nas quais cada empresa tenta convencer os compradores de que oferece os melhores produtos. Outros mercados são caracterizados por intensas disputas.

Os economistas identificam quatro tipos de mercado:

1. Concorrência perfeita
2. Concorrência monopolista
3. Oligopólio
4. Monopólio

A **concorrência perfeita** surge quando há muitas empresas vendendo um produto idêntico, muitos compradores e nenhuma restrição à entrada na indústria. As várias empresas e compradores são bem-informados em relação ao preço dos produtos de cada empresa da indústria. Os mercados internacionais de milho, arroz e outros grãos são exemplos de concorrência perfeita.

A **concorrência monopolista** é uma estrutura de mercado na qual diversas empresas competem entre si produzindo produtos similares, mas ligeiramente diferentes. Quando se faz com que um produto seja ligeiramente diferente do produto de uma empresa concorrente, diz-se que há uma **diferenciação do produto**. A diferenciação do produto dá à empresa em uma concorrência monopolista um fator de poder de mercado. A empresa é a única produtora de uma versão específica do bem em questão. Por exemplo, no mercado de alimentos congelados, centenas de empresas produzem sua própria versão de "prato perfeito". Cada uma delas é a única produtora de determinada marca. Os produtos diferenciados não são necessariamente produtos diferentes. O que interessa é que os consumidores os percebam como diferentes. Por exemplo, diferentes marcas de aspirina são quimicamente idênticas (ácido acetilsalicílico) e só diferem na embalagem.

O **oligopólio** é uma estrutura de mercado na qual um pequeno número de empresas competem entre si. Desenvolvimento de software de computadores, fabricação de aviões e transporte aéreo internacional são exemplos de indústrias oligopolistas. Os oligopólios podem produzir produtos praticamente idênticos, como os refrigerantes à base de cola produzidos pela Coca-Cola e pela Pepsi. Ou podem produzir produtos diferenciados como o Lumina da Chevrolet e o Taurus da Ford.

O **monopólio** surge quando há uma empresa que produz um bem ou serviço sem substitutos próximos e é protegida da concorrência por uma barreira que impede a entrada de novas empresas. Em alguns lugares, operadoras de telefonia e empresas de fornecimento de gás, eletricidade e água são monopólios locais – monopólios restritos a determinada região. A Microsoft Corporation, a empresa de software que criou o Windows, o sistema operacional utilizado em PCs, é um exemplo de monopólio global.

A concorrência perfeita é a forma mais extrema de concorrência. O monopólio é a mais extrema ausência de concorrência. Os outros dois tipos de mercados se classificam entre esses extremos.

Muitos fatores devem ser levados em consideração para definir qual estrutura de mercado descreve determinado mercado do mundo real. Um desses fatores é a extensão na qual o mercado é dominado por um pequeno número de empresas. Para mensurar esse aspecto dos mercados, os economistas utilizam índices chamados de medidas de concentração. Consideraremos agora essas medidas.

Medidas de concentração

Os economistas utilizam duas medidas de concentração:

- O coeficiente de concentração de quatro empresas
- O índice de herfindahl-hirschman

O coeficiente de concentração de quatro empresas

O coeficiente de concentração de quatro empresas é a porcentagem do valor das vendas das quatro maiores empresas de uma indústria. O coeficiente de concentração varia de praticamente zero, para a concorrência perfeita, a 100 por cento, para o monopólio. Esse coeficiente é a principal medida utilizada para avaliar a estrutura de um mercado.

A Tabela 9.5 mostra dois cálculos do coeficiente de concentração de quatro empresas: um para fabricantes de pneus e outro para gráficas. Neste exemplo, 14 empresas produzem pneus. As quatro maiores detêm 80 por cento das vendas, de modo que o coeficiente de concentração de quatro empresas é de 80 por cento. Na indústria gráfica, que tem 1.004 empresas, as quatro maiores empresas detêm apenas 0,5 por cento das vendas, de maneira que o coeficiente de concentração de quatro empresas é de 0,5 por cento.

Um baixo coeficiente de concentração indica um alto nível de concorrência, e um alto coeficiente de concentração indica ausência de concorrência. Um monopólio tem um coeficiente de concentração de 100 por cento – a maior (e única) empresa detém 100 por cento das vendas.

Um coeficiente de concentração de quatro empresas maior que 60 por cento é considerado um indicativo de um mercado altamente concentrado e dominado por algumas empresas em um oligopólio. Um coeficiente menor que 60 por cento é considerado um indicativo de um mercado competitivo.

O Índice de Herfindahl-Hirschman **O Índice de Herfindahl-Hirschman** – também chamado de IHH – é o quadrado da participação de mercado de cada empresa (como uma porcentagem), levando em conta as 50 maiores empresas (ou todas as empresas, se houver menos de 50) em um mercado. Por exemplo, se houver quatro empresas em um mercado, e a participação de mercado das empresas for de 50 por cento, 25 por cento, 15 por cento e 10 por cento, o Índice de Herfindahl-Hirschman será:

$$IHH = 50^2 + 25^2 + 15^2 + 10^2 = 3.450.$$

Na concorrência perfeita, o IHH é pequeno. Por exemplo, se cada uma das 50 maiores empresas de uma indústria tiver uma participação de mercado de 0,1 por cento, o IHH será de $0,1^2 \times 50 = 0,5$. Em um monopólio, o IHH é de 10.000. A empresa detém 100 por cento do mercado: $100^2 = 10.000$.

O IHH se tornou uma medida popular do nível de concorrência durante a década de 1980, quando o órgão regulador dos mercados nos Estados Unidos passou a utilizá-lo para classificar os mercados. Um mercado no qual o IHH é menor que 1.000 é considerado um mercado competitivo. Um mercado no qual o IHH está entre 1.000 e 1.800 é considerado moderadamente competitivo. Mas um mercado no qual o IHH é maior que 1.800 é considerado um mercado não competitivo. O Departamento de Justiça norte-americano analisa qualquer fusão de empresas de um mercado no qual o IHH seja maior que 1.000 e tende a se opor a uma fusão se o IHH for maior que 1.800.

Medidas de concentração na economia norte-americana

A Figura 9.2 mostra uma seleção de coeficientes de concentração e IHHs dos Estados Unidos calculados pelo Departamento de Comércio norte-americano.

As indústrias que produzem gomas de mascar, máquinas de lavar roupa domésticas, lâmpadas, cereais matinais e veículos motorizados têm um alto nível de concentração e são oligopólios. As indústrias de sorvete, leite, vestuário, blocos de concreto e tijolos e impressão gráfica comercial apresentam baixas medidas de concentração e são altamente competitivas. As indústrias de ração para animais de estimação e biscoitos são moderadamente concentradas. Elas constituem exemplos de concorrência monopolista.

As medidas de concentração são um indicador útil do nível de concorrência em um mercado, mas precisam ser complementadas por outras informações para determinar a estrutura de um mercado. A Tabela 9.6 resume a variedade de outras informações, além das medidas de concentração que determinam qual estrutura de mercado descreve um mercado específico no mundo real.

Tabela 9.5 Cálculos do coeficiente de concentração

Fabricantes de pneus		Gráficas	
Empresa	Vendas (milhões de dólares)	Empresa	Vendas (milhões de dólares)
Top, Inc.	200	Fran's	2,5
ABC, Inc.	250	Ned's	2,0
Big, Inc.	150	Tom's	1,8
XYZ, Inc.	100	Jill's	1,7
4 maiores empresas	700	4 maiores empresas	8,0
Outras 10 empresas	175	Outras 1.000 empresas	1.592,0
Indústria	875	Indústria	1.600,0

Coeficiente de concentração de quatro empresas:

Fabricantes de pneus:	Gráficas:
$\frac{700}{875} \times 100 = 80$ por cento	$\frac{8}{1.600} \times 100 = 0,5$ por cento

Figura 9.2 Medidas de concentração nos Estados Unidos

Indústria	Índice de Herfindahl-Hirschman
Gomas de mascar	..
Máquinas de lavar roupa domésticas	2855
Lâmpadas	..
Cereais matinais	2253
Veículos motorizados	2676
Macarrão	2237
Produtos à base de chocolate	2188
Ração para animais de estimação	1229
Biscoitos	1169
Computadores	680
Refrigerantes	537
Produtos farmacêuticos	341
Jornais	241
Sorvete	293
Leite	181
Vestuário masculino	198
Vestuário feminino	61
Blocos de concreto e tijolos	30
Impressão gráfica comercial	22

Coeficiente de concentração de quatro empresas (porcentagem)

As indústrias que produzem gomas de mascar, máquinas de lavar roupa domésticas, lâmpadas, cereais matinais e veículos motorizados são altamente concentradas, ao passo que as indústrias de sorvete, leite, vestuário, blocos de concreto e tijolos e impressão gráfica comercial são altamente competitivas. As indústrias de ração para animais de estimação e biscoitos apresentam um nível intermediário de concentração.

Fonte dos dados: Concentration ratios in manufacturing, Washington, D.C.: U.S. Department of Commerce, 1996.

Limitações das medidas de concentração

As três principais limitações de utilizar somente as medidas de concentração para determinar a estrutura de mercado são que elas não conseguem explicar adequadamente:

Tabela 9.6 Estrutura de mercado

Características	Concorrência perfeita	Concorrência monopolista	Oligopólio	Monopólio
Número de empresas na indústria	Muitas	Muitas	Poucas	Uma
Produtos	Idênticos	Diferenciados	Idênticos ou diferenciados	Sem substitutos próximos
Barreiras à entrada	Nenhuma	Nenhuma	Moderadas	Altas
Controle da empresa sobre o preço	Nenhum	Algum	Considerável	Considerável ou regulado
Coeficiente de concentração	0	Baixo	Alto	100
IHH (faixas aproximadas)	Menor que 100	De 101 a 999	Maior que 1.000	10.000
Exemplos	Trigo, milho	Alimentos, vestuário	Automóveis, cereais	Abastecimento local de água

- A extensão geográfica do mercado.
- As barreiras à entrada e à troca de propriedade de empresas.
- A correspondência entre um mercado e uma indústria.

Extensão geográfica do mercado As medidas de concentração oferecem uma visão nacional do mercado. Muitos bens são vendidos no mercado *nacional*, mas alguns são vendidos em um mercado *regional* e outros no mercado *global*. A indústria de jornais consiste em mercados locais. As medidas de concentração para jornais são baixas, mas há um alto nível de concentração na indústria de jornais na maioria das cidades. A indústria automobilística tem um mercado global. Os três maiores fabricantes de automóveis dos Estados Unidos respondem por 92 por cento dos carros vendidos pelos fabricantes norte-americanos, mas representam uma porcentagem menor do mercado total de carros nos Estados Unidos (incluindo importações) e uma porcentagem menor do mercado global de automóveis.

Barreiras à entrada e troca de propriedade de empresas. As medidas de concentração não mensuram as barreiras à entrada. Algumas indústrias são altamente concentradas, mas são fáceis de entrar e apresentam uma intensa troca de propriedade de empresas. Por exemplo, muitas cidades pequenas têm poucos restaurantes, mas não há restrições para abrir um restaurante, e muitas empresas tentam fazê-lo.

Além disso, uma indústria pode ser competitiva devido à *entrada potencial* – porque algumas empresas em um mercado enfrentam a concorrência de muitas empresas que podem entrar facilmente no mercado e que o farão se houver lucros econômicos.

Correspondência entre mercado e indústria Para calcular os coeficientes de concentração, o Departamento de Comércio dos Estados Unidos classifica cada empresa em determinada indústria. Mas os mercados nem sempre correspondem às indústrias por três razões.

Para começar, os mercados costumam ser mais amplos que as indústrias. Por exemplo, a indústria farmacêutica, que tem baixo coeficiente de concentração, opera em muitos mercados distintos para produtos individuais – por exemplo, vacina contra rubéola e medicamentos para combater a Aids. Esses produtos não concorrem um com o outro, de modo que a indústria, que aparenta ser competitiva, inclui empresas que são monopólios (ou quase monopólios) em mercados para medicamentos individuais.

Em segundo lugar, a maioria das empresas fabrica vários produtos. Por exemplo, a Westinghouse produz equipamentos elétricos e, entre outras coisas, incineradores a gás e madeira compensada. Portanto, essa empresa opera em pelo menos três mercados diferentes. Contudo, o Departamento de Comércio dos Estados Unidos classifica a Westinghouse na indústria de equipamentos e bens elétricos. O fato de a Westinghouse concorrer com outros fabricantes de madeira compensada não é refletido nas medidas de concentração do mercado de madeira compensada.

Em terceiro lugar, as empresas passam de um mercado para outro dependendo das oportunidades de lucro. Por exemplo, a Motorola, que hoje fabrica telefones celulares e outros produtos de comunicação, antes produzia televisores e chips de computador. A Motorola não produz mais aparelhos de TV. Os editores de jornais, revistas e livros hoje estão se diversificando rapidamente e entrando no mercado de produtos multimídia e na Internet. Essas transições entre indústrias demonstram que há uma grande abertura para entrar e sair de uma indústria, de modo que as medidas de concentração apresentam utilidade limitada.

Apesar de suas limitações, as medidas de concentração proporcionam uma base para a determinação do nível de concorrência em uma indústria quando são combinadas com informações sobre a dimensão geográfica do mercado, as barreiras à entrada e a extensão na qual grandes empresas que fabricam produtos variados transitam em uma variedade de mercados.

Estruturas de mercado na economia norte-americana

Qual é o nível de competitividade dos mercados dos Estados Unidos? A maioria das empresas norte-americanas opera em mercados competitivos ou não competitivos?

A Figura 9.3 fornece parte da resposta a essas questões. Ela mostra a estrutura de mercado da economia norte-americana e as tendências da estrutura de mercado entre 1939 e 1980. (Infelizmente, não há dados disponíveis sobre as décadas de 1980 e 1990.)

Em 1980, três quartos do valor dos bens e serviços comprados e vendidos nos Estados Unidos foram comercializados em mercados essencialmente competitivos – mercados que apresentam uma concorrência quase perfeita ou uma concorrência monopolista. O monopólio e o domínio de uma única empresa representavam cerca de 5 por cento das vendas. O oligopólio, que é encontrado principalmente na indústria manufatureira, representava cerca de 18 por cento das vendas.

Ao longo do período coberto pelos dados apresentados na Figura 9.3, a economia norte-americana se tornou cada vez mais competitiva. Podemos notar que os mercados competitivos foram os que mais se expandiram (as áreas hachuradas) e que os mercados oligopolistas foram os que mais se contraíram (as áreas pontilhadas).

Mas, durante as últimas décadas, a economia dos Estados Unidos ficou muito mais exposta à concorrência do resto do mundo. A Figura 9.3 não reflete essa concorrência internacional.

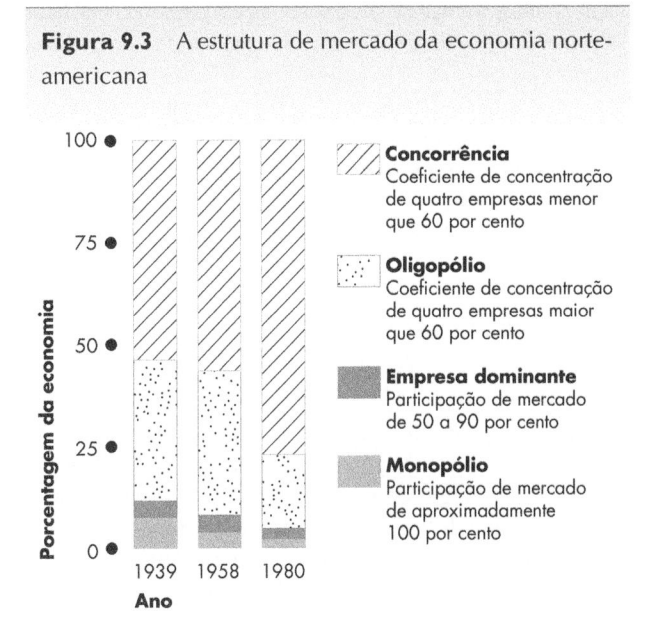

Figura 9.3 A estrutura de mercado da economia norte-americana

Concorrência
Coeficiente de concentração de quatro empresas menor que 60 por cento

Oligopólio
Coeficiente de concentração de quatro empresas maior que 60 por cento

Empresa dominante
Participação de mercado de 50 a 90 por cento

Monopólio
Participação de mercado de aproximadamente 100 por cento

Três quartos da economia norte-americana são efetivamente competitivos (concorrência perfeita ou concorrência monopolista), um quinto é oligopólio e o resto é monopólio. A economia se tornou mais competitiva entre 1939 e 1980. (O professor Shepherd, cujo estudo feito em 1982 continua a ser a última palavra sobre o assunto, suspeita que, apesar de algumas indústrias terem se tornado mais concentradas, outras se tornaram menos concentradas, de modo que a situação geral provavelmente não sofreu muitas alterações desde 1980.)

Fonte dos dados: William G. Shepherd, *"Causes of increased competition in the U.S. economy, 1939–1980"*, Review of Economics and Statistics, nov. 1982, p. 613–626. © MIT Press Journals. Reproduzido com permissão.

> **QUESTÕES PARA REVISÃO**
>
> 1 Quais são os quatro tipos de mercado? Explique as características distintivas de cada um deles.
> 2 Quais são as duas medidas de concentração? Explique como cada medida é calculada.
> 3 Sob quais condições as medidas de concentração proporcionam um bom indicativo do nível de concorrência de um mercado?
> 4 A economia norte-americana é competitiva? Ela está se tornando mais ou menos competitiva?

Você acabou de conhecer os tipos de mercado e o modo como empresas e indústrias são classificadas nos diferentes tipos de mercado. A última pergunta a ser respondida neste capítulo é: o que determina o que as empresas decidem comprar de outras empresas, em vez de elas mesmas produzirem?

Mercados e empresas

Uma empresa é uma instituição que contrata fatores de produção e os organiza para produzir e vender bens e serviços. Para organizar a produção, as empresas coordenam as decisões e atividades econômicas de muitos indivíduos. Mas as empresas não são as únicas coordenadoras das decisões econômicas. Vimos no Capítulo 3 que os mercados também coordenam as decisões. Isso é feito ajustando-se os preços e fazendo com que as decisões de compradores e vendedores sejam compatíveis – fazendo com que a quantidade demandada seja igual à quantidade ofertada para cada bem e serviço.

Coordenação pelo mercado

Os mercados podem coordenar a produção. Por exemplo, os mercados podem coordenar a produção de um show de rock. Um promotor aluga um estádio, os equipamentos necessários, contrata engenheiros e técnicos de gravação de áudio e vídeo, algumas bandas de rock, uma celebridade, uma assessoria de imprensa e um representante de vendas de ingressos – todas transações de mercado – e vende ingressos a milhares de fãs de rock, direitos de áudio a uma gravadora de músicas e direitos de vídeo e transmissão a uma rede de televisão – outro conjunto de transações de mercado. Por outro lado, se os shows de rock fossem produzidos como cereais matinais, a empresa que os produziria seria a proprietária de todo o capital utilizado (estádio, palco, equipamentos de som e vídeo) e empregaria todo o trabalho necessário (músicos, engenheiros e vendedores).

A terceirização, a compra de componentes ou produtos de outras empresas, é outro exemplo de coordenação feita pelo mercado. A Dell terceiriza a fabricação de todos os componentes dos computadores que produz. Os maiores fabricantes de automóveis utilizam a terceirização para janelas, pára-brisas, caixas de câmbio, pneus e muitos outros componentes de um carro.

O que determina se é uma empresa ou o mercado que coordena um conjunto específico de atividades? Como as empresas decidem comprar um item de outra empresa ou fabricá-lo elas mesmas? A resposta está no custo. Levando em consideração o custo de oportunidade do tempo, além dos custos dos outros insumos, as empresas utilizam o método que lhes custa menos. Em outras palavras, elas utilizam o método economicamente eficiente.

As empresas coordenam a atividade econômica quando podem realizar uma tarefa com mais eficiência do que os mercados. Em uma situação como essa, é lucrativo constituir uma empresa. Se os mercados puderem executar uma tarefa com mais eficiência do que uma empresa, as empresas utilizarão os mercados, e qualquer tentativa de constituir uma empresa para substituir essa coordenação feita pelo mercado será fadada ao fracasso.

Por que empresas?

As empresas costumam ser mais eficientes do que os mercados na coordenação da atividade econômica por serem capazes de conseguir:

- Menores custos de transações
- Economias de escala
- Economias de escopo
- Economias de produção em equipe

Custos de transações A idéia de que as empresas existem porque há atividades nas quais elas são mais eficientes do que os mercados foi sugerida pela primeira vez por Ronald Coase, economista da Universidade de Chicago e ganhador do Prêmio Nobel. Coase se concentrou na capacidade da empresa de reduzir ou eliminar custos de transações. Os **custos de transações** são aqueles que se tem para encontrar alguém com quem fazer negócios, para chegar a um acordo em relação ao preço e outros aspectos da negociação e para garantir que as condições do acordo sejam cumpridas. As transações no mercado requerem que compradores e vendedores se encontrem e negociem os termos e condições da transação. Algumas vezes, é necessário contratar advogados para elaborar contratos. Um contrato violado leva a mais gastos. Uma empresa pode reduzir esses custos de transações reduzindo o número de transações individuais feitas.

Considere, por exemplo, duas maneiras de consertar seu carro.

> *Coordenação pela empresa:* Você leva o carro à oficina mecânica. O dono da oficina coordena peças e ferramentas e também o tempo do mecânico que consertará seu carro. Você paga uma conta pelo serviço todo.
>
> *Coordenação pelo mercado:* Você contrata um mecânico que determina quais são os problemas e faz uma lista das peças e ferramentas necessárias para consertar o carro. Você compra as peças em um ferro-velho e aluga as ferramentas de uma loja. Você contrata novamente o mecânico para

fazer o conserto. Você devolve as ferramentas e paga as contas – a remuneração do mecânico, o aluguel das ferramentas e o custo das peças para o ferro-velho.

O que determina o método que você utiliza? A resposta é o custo. Levando em consideração o custo de oportunidade de seu tempo, bem como os custos dos outros insumos empregados, você utilizará o método que lhe custar menos. Em outras palavras, você utilizará o método economicamente eficiente.

O primeiro método requer apenas uma transação com uma empresa. É verdade que a empresa precisa fazer várias transações – contratar mão-de-obra e comprar as peças e ferramentas necessárias para o serviço. Mas a empresa não precisa se envolver nessas transações apenas para consertar seu carro. Um conjunto dessas transações permite que a empresa conserte centenas de carros. Desta maneira, há uma grande redução do número de transações individuais realizadas se as pessoas consertarem seus carros na oficina mecânica em vez de efetuarem uma elaborada seqüência de transações do mercado.

Economias de escala Quando o custo de produção de uma unidade de um bem diminui à medida que a produção aumenta, há **economias de escala.** Fabricantes de automóveis, por exemplo, se beneficiam de economias de escala porque, à medida que a escala da produção aumenta, a empresa pode utilizar mão-de-obra altamente especializada e equipamentos que reduzem o custo. Um fabricante de automóveis que produz apenas alguns carros por ano deve utilizar métodos manuais que são dispendiosos. As economias de escala resultam da especialização e da divisão do trabalho que podem ser obtidas mais eficazmente pela coordenação feita pela empresa do que pela coordenação feita pelo mercado.

Economias de escopo Uma empresa se beneficia de **economias de escopo** quando utiliza recursos especializados (e normalmente dispendiosos) para produzir *uma variedade de bens e serviços*. Por exemplo, a Microsoft contrata programadores especializados, designers e especialistas de marketing e aplica as habilidades deles a vários produtos de software. Em conseqüência, ela coordena esses recursos a um custo mais baixo do que o custo que um indivíduo teria para adquirir todos esses serviços nos mercados.

Economias de produção em equipe Um processo de produção no qual os indivíduos de um grupo se especializam em tarefas que se complementam consiste na produção em equipe. O melhor exemplo de atividade em equipe é o esporte. No beisebol, alguns membros do time se especializam no arremesso da bola e outros na rebatida. No basquete, alguns jogadores se especializam na defesa e outros no ataque. A produção de bens e serviços oferece muitos exemplos de atividades em equipe. Por exemplo, linhas de produção em fábricas de automóveis e televisores funcionam com mais eficiência quando a atividade individual é organizada em equipes, cada uma especializada em

uma pequena tarefa. Você também pode pensar em uma empresa inteira como uma equipe. A equipe tem compradores de matérias-primas e outros insumos, trabalhadores da produção e vendedores. Cada membro individual da equipe é especializado em alguma coisa, mas o valor da produção da equipe e o lucro gerado dependem das atividades coordenadas de todos os membros da equipe. A idéia de que as empresas surgem como uma conseqüência das economias de produção em equipe foi sugerida pela primeira vez por Armen Alchian e Harold Demsetz, da Universidade da Califórnia em Los Angeles.

Como as empresas podem economizar em custos de transações, beneficiar-se de economias de escala e economias de escopo e organizar uma produção eficiente em equipe, são elas, e não os mercados, que coordenam a maior parte da nossa atividade econômica. Mas há limites à eficiência econômica das empresas. Se uma empresa se tornar grande demais ou diversificada demais nas coisas que procura fazer, o custo de administração e monitoramento por unidade produzida começa a subir e, em algum ponto, o mercado passa a ser mais eficiente na coordenação da utilização dos recursos. A IBM é um exemplo de empresa que está grande demais para ser eficiente. Em uma tentativa de recuperar a eficiência das operações, a IBM desmembrou sua grande organização em uma série de divisões, chamadas de 'Baby Blues', cada uma especializada em um segmento do mercado de computadores.

Algumas vezes as empresas entram em relacionamentos de longo prazo com outras empresas, o que torna difícil saber onde uma termina e a outra começa. Por exemplo, a GM tem relacionamentos de longo prazo com fornecedores de janelas, pneus e outras peças. O Wal-Mart tem relacionamentos de longo prazo com fornecedores dos bens que vende. Esses relacionamentos permitem que os custos de transações sejam mais baixos do que seriam se a GM ou o Wal-Mart fossem comprar no mercado aberto a cada vez que precisassem de novas provisões.

QUESTÕES PARA REVISÃO

1 Quais são as duas maneiras de coordenar a atividade econômica?
2 O que determina se a produção é coordenada por uma empresa ou pelos mercados?
3 Quais são as principais razões pelas quais as empresas normalmente conseguem coordenar a produção a um custo mais baixo do que o alcançado pelos mercados?

◆ A seção "Leitura das entrelinhas" aborda o negócio de ferramentas de busca na Internet. Continuaremos a estudar as empresas e suas decisões nos próximos quatro capítulos. No Capítulo 10, aprenderemos sobre a relação entre custo e produção em diferentes níveis de produção. Essas relações entre custo e produção são comuns a todos os tipos de empresas em todos os tipos de mercados. Depois, voltaremos nossa atenção para problemas específicos de empresas em diferentes tipos de mercados.

LEITURA DAS ENTRELINHAS

A batalha por mercados na área de busca na Internet

Bocejos para o Yahoo, aplausos para o Google

Os rendimentos dos sites de busca líderes estão para ser divulgados e adivinhem... O Google está devorando o almoço do Yahoo.

13 de outubro de 2006

...O Yahoo surpreendeu Wall Street no mês passado quando sua principal executiva financeira Sue Decker disse casualmente em uma conferência da Goldman Sachs em Nova York que as vendas do trimestre estariam no limite inferior das projeções da empresa devido à queda dos investimentos publicitários da indústria automobilística e de serviços financeiros...

O Google, por outro lado, continua a impressionar Wall Street. Em julho, a empresa tinha superado as projeções de vendas e lucros pelo segundo trimestre consecutivo.

Nesta segunda-feira, o Google divulgou uma negociação para comprar o YouTube, o popular site de compartilhamento de vídeos, por US$ 1,6 bilhões, um casamento que unirá a principal ferramenta de busca ao site de vídeos número 1. Os analistas estão animados com a possibilidade de o Google conseguir um pedaço maior do potencialmente lucrativo mercado on-line de propaganda em vídeo.

O Yahoo está atrás do Google no promissor mercado de buscas pagas – anúncios vinculados a buscas de palavras específicas. De acordo com os números mais recentes da comScore Networks, empresa de monitoramento da Web, o Google ampliou a liderança sobre o Yahoo em agosto...

As perspectivas para o próximo ano são que o Yahoo pode enfrentar desafios ainda maiores do Google no *display advertising* – vendas de anúncios em vídeo, banners e outros anúncios não vinculados aos resultados das buscas –, graças à compra iminente do YouTube pelo Google.

O Yahoo até agora conseguiu manter a vantagem sobre o Google em *display advertising*, que tende a ser mais atraente para grandes empresas do que os anúncios em buscas. Mas essa é uma grande oportunidade de mercado para o Google.

Fonte: © 2006 Time Inc. Todos os direitos reservados. Disponível em: http://money.cnn.com.

Essência da notícia

▶ O Yahoo! está atrás do Google no mercado da propaganda vinculada a buscas de palavras específicas – conhecida como buscas pagas.

▶ O Yahoo! está à frente do Google em vendas de anúncios em vídeo, banners e outros anúncios não vinculados aos resultados das buscas – conhecidos como *display advertising*.

▶ Com a compra do YouTube (por US$ 1,6 bilhões), o Google criou um casamento entre a principal ferramenta de busca e o principal site de compartilhamento de vídeos.

▶ Espera-se que o Google conquiste uma participação maior do lucrativo mercado on-line de propaganda em vídeo, utilizado por grandes empresas.

Análise econômica

▶ Como todas as empresas, o Yahoo! e o Google visam a maximizar seus lucros.

▶ Além disso, como todas as empresas, o Yahoo! e o Google enfrentam restrições impostas pela tecnologia e pelo mercado.

▶ Essas empresas fornecem ferramentas de busca para acessar informações na Internet.

▶ As pessoas que utilizam uma ferramenta de busca demandam informações, e o Yahoo! e o Google (e outras empresas) fornecem informações.

▶ O preço de equilíbrio dos serviços de busca para os usuários é zero!

▶ Para gerar receita e lucro, os provedores de ferramentas de busca oferecem serviços de propaganda.

▶ São oferecidos dois tipos de propaganda: buscas pagas e *display advertising*.

▶ O Google se concentra nas buscas pagas – veja as figuras 1 e 2. O Yahoo! se concentra no *display advertising* – veja a Figura 3.

▶ Para atrair cada um dos tipos de propaganda, a empresa deve ser capaz de oferecer ao anunciante acesso a uma ampla base de clientes potenciais.

▶ Para maximizar a utilização das ferramentas de busca, o Google e o Yahoo! oferecem uma série de atrativos aos usuários.

▶ Um desses atrativos é a qualidade da própria ferramenta de busca. A maioria das pessoas acha que o Google tem a melhor tecnologia de busca. Mas o Yahoo! está trabalhando para melhorar seu serviço de busca.

▶ Outro apelo são as diversas atrações relacionadas. Um exemplo disso é o serviço de compartilhamento de fotos do Yahoo!.

▶ As ferramentas de busca também podem gerar mais receita ao permitir que os anunciantes sejam direcionados com mais precisão para seus clientes potenciais. Mais uma vez, a qualidade da tecnologia de busca é o elemento fundamental. Também nesse caso, o Google é considerado por muitos como o detentor da vantagem.

▶ O Google espera atrair ainda mais usuários e aumentar sua capacidade de utilizar vídeos e outras tecnologias de propaganda por meio da aquisição do YouTube.

Figura 1: Propaganda de busca paga

Figura 2: O foco do Google na busca

Figura 3: O Yahoo! oferece *display advertising*

RESUMO

Pontos-chave

A empresa e seu problema econômico (p. 192-195)

- As empresas contratam e organizam fatores de produção para produzir e vender bens e serviços.
- As empresas procuram maximizar o lucro econômico, que é a receita total menos o custo de oportunidade.
- O custo de oportunidade da produção de uma empresa é a soma dos custos explícitos e dos custos implícitos da utilização do capital da empresa e dos recursos do proprietário.
- O lucro normal é o custo de oportunidade da capacidade empresarial e é parte dos custos explícitos da empresa.
- A tecnologia, as informações e os mercados limitam o lucro de uma empresa.

Eficiência econômica e tecnológica (p. 195-196)

- Um método de produção é tecnologicamente eficiente quando a empresa gera determinada produção utilizando a menor quantidade de insumos.
- Um método de produção é economicamente eficiente quando o custo de produção de determinado produto é o mais baixo possível.

Informações e organização (p. 197-200)

- As empresas utilizam uma combinação de sistemas de comando e sistemas de incentivos para organizar a produção.
- Diante de informações incompletas e incertezas, as empresas induzem gestores e trabalhadores a ter um desempenho que esteja de acordo com as metas delas.
- Firmas individuais, sociedades e corporações utilizam propriedade, pagamentos de incentivos e contratos de longo prazo para lidar com o problema da relação agente–principal.

Mercados e ambiente competitivo (p. 200-204)

- Na concorrência perfeita, muitas empresas oferecem um produto idêntico a muitos compradores, e a entrada no mercado é livre.
- Na concorrência monopolista, muitas empresas oferecem produtos ligeiramente diferentes a muitos compradores, e a entrada no mercado é livre.
- No oligopólio, poucas empresas competem entre si.
- No monopólio, uma empresa produz um item que não tem substitutos próximos e é protegida por uma barreira que impede a entrada de concorrentes.

Mercados e empresas (p. 204-205)

- As empresas coordenam as atividades econômicas quando podem realizar uma tarefa com mais eficiência – e a um custo mais baixo – do que os mercados.
- As empresas economizam em custos de transações e se beneficiam de economias de escala, economias de escopo e economias de produção em equipe.

Tabelas e figuras-chave

Figura 9.1   As proporções dos três tipos de empresas nos Estados Unidos, 200

Figura 9.3   A estrutura de mercado da economia norte-americana, 203

Tabela 9.4   Os prós e contras dos diferentes tipos de empresas, 199

Tabela 9.5   Cálculos do coeficiente de concentração, 201

Tabela 9.6   Estrutura de mercado, 202

Palavras-chave

Coeficiente de concentração de quatro empresas, 200
Concorrência monopolista, 200
Concorrência perfeita, 200
Custos de transações, 204
Depreciação econômica, 193
Diferenciação do produto, 200
Economias de escala, 205
Economias de escopo, 205
Eficiência econômica, 195
Eficiência tecnológica, 195
Empresa, 192
Índice de Herfindahl-Hirschman, 201
Lucro econômico, 194
Lucro normal, 193
Monopólio, 200
Oligopólio, 200
Problema da relação agente–principal, 197
Sistema de comando, 197
Sistema de incentivos, 197
Taxa implícita de aluguel, 193
Tecnologia, 194

EXERCÍCIOS

1. No ano passado, Jack e Jill abriram uma empresa de engarrafamento de vinagre (chamada de JJEV). Utilize as informações a seguir para calcular os custos explícitos e implícitos da JJEV no seu primeiro ano de operação:

    a. Jack e Jill investiram $ 50.000 de seu próprio dinheiro na empresa.

    b. Eles compraram equipamentos por $ 30.000.

    c. Eles contrataram um funcionário para ajudá-los por um salário anual de $ 20.000.

    d. Jack pediu demissão de seu emprego anterior, no qual ganhava $ 30.000, e passou a dedicar todo o seu tempo à JJEV.

e. Jill continuou no emprego anterior, que pagava 30 por hora, mas abriu mão de 10 horas de lazer por semana (durante 50 semanas) para trabalhar na JJEV.
f. A JJEV comprou $ 10.000 de bens e serviços de outras empresas.
g. O valor de mercado do equipamento ao final do ano era de $ 28.000.
h. Jack e Jill têm uma casa com uma hipoteca de $ 100.000 pela qual pagam 6 por cento ao ano de juros.

2. Quatro métodos de preencher uma declaração de imposto de renda e o tempo gasto em cada método são: com um computador, uma hora; com uma calculadora, 12 horas; com uma calculadora e papel e caneta, 12 horas, e com papel e caneta, 16 horas. O computador e o software custam $ 1.000, a calculadora custa $ 10, e o papel e caneta custam $ 1.

   a. Algum desses métodos é tecnologicamente eficiente? Qual deles?
   b. Qual método é economicamente eficiente se o salário é:
      (i) $ 5 por hora?
      (ii) $ 50 por hora?
      (iii) $ 500 por hora?

3. Métodos alternativos para lavar 100 camisas são:

Método	Trabalho (horas)	Capital (máquinas)
A	1	10
B	5	8
C	20	4
D	50	1

   a. Quais métodos são tecnologicamente eficientes?
   b. Qual método é economicamente eficiente se o salário por hora e a taxa implícita de aluguel do capital são:
      (i) Salário de $ 1, aluguel de $ 100?
      (ii) Salário de $ 5, aluguel de $ 50?
      (iii) Salário de $ 50, aluguel de $ 5?

4. O Wal-Mart tem mais de 3.700 lojas, mais de um milhão de funcionários e receita total de aproximadamente 250 bilhões de dólares só nos Estados Unidos. Sarah Frey-Talley administra a fazenda familiar Frey Farms em Illinois e fornece abóboras e outros legumes frescos para o Wal-Mart.
   a. Como você acha que o Wal-Mart coordena suas atividades? O mais provável é que utilize principalmente um sistema de comando ou que também utilize sistemas de incentivos? Por quê?
   b. Como você acha que Sarah Frey-Talley coordena as atividades da Frey Farms? O mais provável é que utilize principalmente um sistema de comando ou que também utilize sistemas de incentivos? Por quê?
   c. Descreva, compare e confronte os problemas da relação agente–principal enfrentados pelo Wal-Mart e pela Frey Farms. Como essas empresas poderiam lidar com seus problemas da relação agente–principal?

5. As vendas das empresas da indústria de tatuagens são:

Empresa	Vendas (dólares por ano)
Bright Spots	450
Freckles	325
Love Galore	250
Native Birds	200
Outras 15 empresas	800

   a. Calcule o coeficiente de concentração de quatro empresas.
   b. Qual é a estrutura da indústria de tatuagens?

6. As participações de mercado de fabricantes de chocolate são:

Empresa	Participação de mercado (porcentagem)
Mayfair, Inc.	15
Bond, Inc.	10
Magic, Inc.	20
All Natural, Inc.	15
Truffles, Inc.	25
Gold, Inc.	15

   a. Calcule o Índice de Herfindahl-Hirschman.
   b. Qual é a estrutura da indústria de chocolates?

7. Em 2003 e 2004, a Lego, fabricante de brinquedos dinamarquesa que produz tijolinhos de plástico coloridos, incorreu em perdas econômicas. A empresa enfrentou a concorrência de cópias de baixo custo de seus produtos, além de uma redução do número de meninos de 5 a 9 anos de idade (seus principais clientes) em muitos países ricos. Em 2004, a Lego lançou um plano para recuperar os lucros. A empresa demitiu 3.500 de seus 8.000 funcionários, fechou fábricas na Suíça e nos Estados Unidos, abriu fábricas no Leste Europeu e no México e implementou a remuneração baseada no desempenho para seus gestores. A Lego declarou um aumento dos lucros em 2005. (Baseado em "Picking up the pieces", *The Economist*, 28 out. 2006.)
   a. Descreva os problemas enfrentados pela Lego em 2003 e 2004 utilizando os conceitos dos três tipos de restrição que todas as empresas enfrentam.
   b. Quais das ações adotadas pela Lego para recuperar os lucros combateu uma ineficiência? Como a Lego tentou atingir a eficiência econômica?
   c. Quais das ações adotadas pela Lego para recuperar os lucros combateu um problema de informação e organização? Como a Lego mudou a maneira de lidar com o problema da relação agente–principal?
   d. Em que tipo de mercado a Lego opera?

8. Duas importantes empresas de design, a Astro Studios de San Francisco e a Hers Experimental Design Laboratory, Inc. de Osaka, Japão, trabalharam com a Microsoft para projetar o console do videogame Xbox 360. A IBM, a ATI e a SiS desenvolveram o hardware do Xbox 360. Duas empresas, a Flextronics & Wistron e a Celestica, produzem o Xbox 360 em suas fábricas na China.

   a. Descreva os papéis da coordenação feita pelo mercado e da coordenação feita por empresas no projeto, na fabricação e na comercialização do Xbox 360.
   b. Por que você acha que a Microsoft trabalha com um grande número de outras empresas em vez de realizar em suas instalações em Seattle todas as tarefas necessárias para levar o Xbox ao mercado?
   c. Quais são os papéis dos custos de transações, das economias de escala, das economias de escopo e das economias de produção em equipe no design, fabricação e marketing do Xbox?
   d. Por que você acha que o Xbox é projetado nos Estados Unidos e no Japão, mas fabricado na China?

PENSAMENTO CRÍTICO

1. Releia a seção "Leitura das entrelinhas" sobre o Google e o Yahoo! e responda às seguintes perguntas:
   a. Quais são os produtos vendidos pelo Yahoo! e pelo Google?
   b. Como provedores de ferramentas de busca na Internet geram receita e ganham lucro?
   c. Qual é a diferença entre a propaganda de busca paga e o *display advertising*? Quais tipos de empresas utilizam o *display advertising*?
   d. Por que você acha que o Google comprou o YouTube? Como essa compra permitirá que o Google aumente sua receita e seu lucro?
   e. Quais mudanças tecnológicas podem aumentar a lucratividade da busca na Internet?

2. A Federal Express tem contratos com transportadoras independentes que lhe prestam serviços e são remuneradas de acordo com o volume (metros cúbicos) de pacotes transportados.
   a. Por que você acha que a FedEx opera dessa maneira em vez de contratar mais motoristas e remunerá-los com um salário?
   b. Quais problemas de incentivos podem resultar do tipo de operação utilizado pela FedEx?

3. Por que você acha que a Dell Computers compra componentes de computadores de outras empresas?

ATIVIDADES NA INTERNET

1. Faça uma pesquisa na Internet sobre o quadro geral do controle de vôos nos aeroportos brasileiros.
   a. Qual seria, na sua opinião, a melhor maneira de aumentar a segurança dos vôos?
   b. Em sua argumentação, destaque uma análise da relação agente–principal.
   c. Na sua opinião, a contratação de serviços privados para o controle de vôos aumentaria a segurança do transporte aéreo? Por quê?
   d. Na sua opinião, a contratação de serviços privados para o controle dos vôos levaria a um custo menor que o da situação atual? Por quê?

CENÁRIO BRASILEIRO

A privatização das empresas de telefonia e o fim do mercado de telefones fixos no Brasil

Cilene Cardoso[1]

A estrutura estatal do mercado de telecomunicações, no início dos anos de 1960, caracterizava-se por uma concentração de linhas nos estados de São Paulo, Minas Gerais, Rio de Janeiro, Espírito Santo e Rio Grande do Sul. Destes, mais de 65 por cento sob controle da CTB (Companhia Telefônica Brasileira), única existente na época. Os serviços eram precários, não atendiam toda a população e funcionavam sob regime de estatal administrado por governos estaduais e municipais. Já o número de pequenas operadoras controladas pelos governos municipais e estaduais era de aproximadamente 900 empresas.

Numa estrutura tão complexa e diante da falta de relacionamento entre as operadoras, onerando os assinantes, no ano de 1972 foi criada a Telebrás, como podemos ver no Gráfico 1, com os seguintes objetivos:

- Integrar as operadoras de forma regionalizada.
- Atender melhor a demanda.
- Facilitar o controle de investimentos.

A regionalização aconteceu com a existência de quatro operadoras (três privadas e uma municipal) que não se integraram, mantendo-se separadas.

Além disso, foi criada a Embratel, empresa de economia mista, inaugurada no mesmo período com a função de tratar as conexões de longa distância nacional e internacional, além do interurbano municipal, em todo o país.

No início dos anos de 1970, havia uma densidade de dois terminais para cada 100 assinantes. No final de 1995, o Sistema Telebrás havia cumprido com sua meta, integralizando as operadoras menores, aumentando em 500 por cento a planta instalada.

Ainda no início dos anos de 1970 foi criado o Ministério das Telecomunicações e promulgada uma importante lei que tornou a União responsável pela concessão no país e também responsável pelo investimento nas Teles, recém-regionalizadas.

No final da década de 1980, com as altas taxas de inflação e pesadas dívida interna e externa, era impossível para o governo investir nas empresas de telecomunicações. Não havia retorno considerável.

Esta falta de investimento gerou:

- Grande demanda reprimida, existia somente 14 milhões de linhas instaladas.
- Planos de expansão desacreditados, com linhas pagas e sem atendimento.
- Preço por linha telefônica era caro.
- Longo tempo para completar a operação.
- Dificuldade para encontrar telefone público em zonas rurais ou distantes.

Vale destacar que esse histórico trata do sistema de telefonia fixo. O sistema de telefonia celular, lançado no final dos anos de 1980, tornou-se parte integrante das empresas regionais do sistema Telebrás.

Gráfico 1 Operadoras do Sistema TELEBRÁS e operadoras independentes

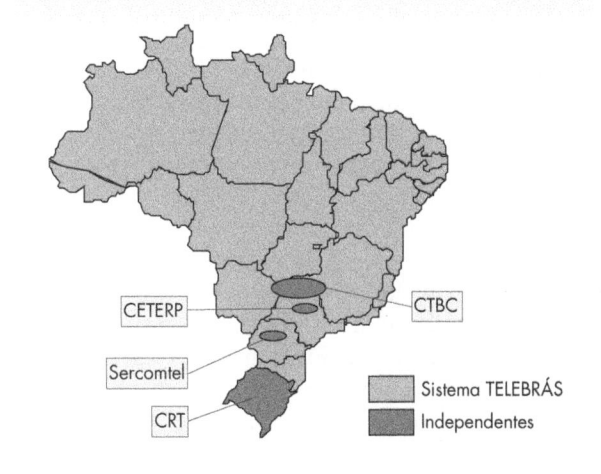

Fonte: Teleco

Privatização do setor

Com a pouca capacidade de investimento na rede e em tecnologia, a Telebrás viu-se incapaz de atender

---
[1] Economista, mestrando em Economia.

as necessidades dos clientes e acompanhar a tecnologia mundial na área.

Sendo assim, foi criada a ANATEL – Agência Nacional de Telecomunicações –, e com ela a Lei Geral das Telecomunicações (LGT) cujo principal objetivo era a universalização do serviço (atender todo o país) e a livre competição de operadoras, permitindo a concorrência e seguida baixa na tarifa de uso do cliente.

Essa lei, criada em julho de 1997, permitiu a transformação das empresas de celulares em concessão e dividiu o país em regiões de telefônica fixa e móvel. Dessas modificações, a telefonia foi divida em áreas por banda de acesso, como se segue:

Na telefonia fixa local, as regiões I, II, III, destacadas no Gráfico 2, possuem duas operadoras concorrentes. São elas: as concessionárias principais – Telemar, Brasil Telecom e a Telesp – e as empresas espelho[2] – Vésper S.A., Vésper e Global Village Telecom, respectivamente.

Assim como no sistema de telefonia fixa de telefonia móvel no país, foram divididos em três grandes regiões e, em seguida, subdivididos em dez áreas de atuação. Atualmente estão em funcionamento as bandas A, B, D, e E. Para os próximos anos estão previstas as licitações de uso de outras regiões de acesso: F, G, H, I, J, L e M.

Com a pouca capacidade de investimento na rede e em tecnologia, a Telebrás viu-se incapaz de atender as necessidades dos clientes e acompanhar a tecnologia

Gráfico 2 Mapa da Telefonia Fixa

Fonte: Teleco

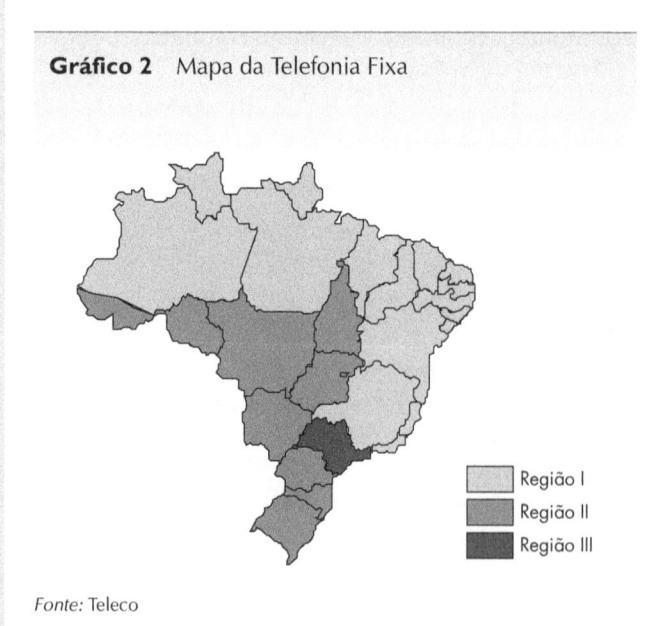

Tabela I Operadoras por banda e área de atuação

Região	Área	Operadora por banda e área			
		Banda A	Banda B	Banda D	Banda E
I	(3) RJ e ES	Vivo	Claro		TIM
	(8) Amazônia	Amazônia	Vivo		
	(4) MG	Telemig	TIM	Oi	Claro
	(9) BA e SE	Vivo	TIM		
	(10) Nordeste	TIM	Claro		—
II	(5) PR e SC	TIM	Vivo	Claro	Brasil Telecom
	(6) RS	Vivo	Claro	TIM	
	(7) Centro-oeste				
III	(1) SP - Metrop.	Vivo	Claro	TIM	—
	(2) SP - Interior				

Fonte: Teleco.

mundial na área, foi usado então o processo de privatização que trouxe significativas melhorias, dentre elas:

- Anatel, no acordo de concessão, obriga as prestadoras a cumprirem metas de universalização, serviços etc., punindo as operadoras em caso de não cumprimento.
- Geração de caixa (cerca de 22 bilhões de reais) para o governo brasileiro investir em outras áreas do social, saúde etc.
- Maior competitividade entre as operadoras, reduzindo preço de tarifa etc.
- Criação de significativa melhora na infra-estrutura.

Essa melhora no serviço, com o avanço tecnológico, deu-se com destaque no serviço de telefonia móvel. O número de linhas móveis cresceu vertiginosamente como se observa no Gráfico 3:

Tal diferença deve-se ao fato do lançamento de linhas celulares pré-pagas que atendem a todas as classes sociais, gerando proporções com as linhas fixas quase imbatíveis. Desde 2003 as linhas móveis sofreram um avanço tecnológico muito grande com acesso a banda larga, que permite visualização de fotos e filmes, entre outros serviços, o que tende a aumentar ainda mais esta diferença.

As operadoras fixas, detentoras das redes, já desenvolvem projetos de convergência fixo-móvel para alavancar as linhas fixas em conjunto com as móveis.

Com relação à densidade da telefonia fixa nacional, ou seja, a relação entre o número de telefones instalados e o número de habitantes do país, apresentou pratica-

---

[2] São empresas que realizam as mesmas funções das empresas concessionárias, porém com determinação de autorizadas pela Agência Nacional de Telecomunicações – Anatel.

Gráfico 3 Número de Tefones Fixos e Celulares
(em milhões de acessos em serviço)

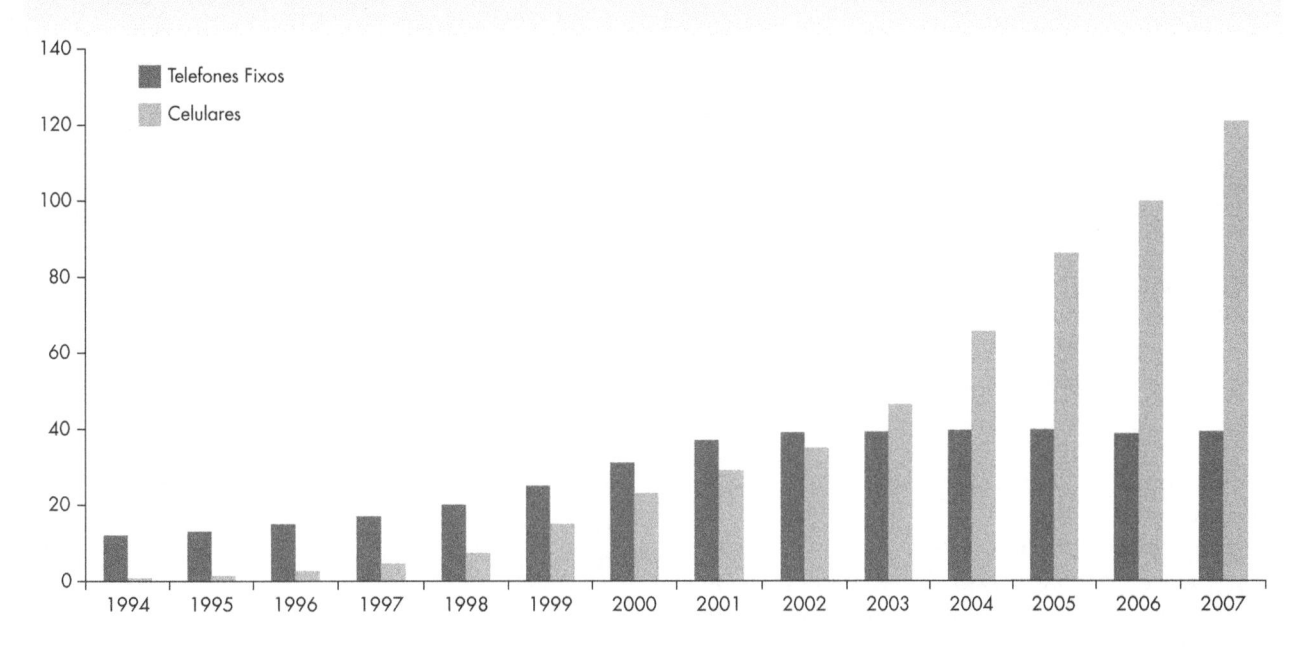

Fonte: Teleco/ Anatel.

mente o mesmo resultado se comparamos os anos de 2006 e 2007, conforme Gráfico 4.

Esses números refletem a situação atual do sistema de telefonia fixa no Brasil, onde a concorrência com os serviços móveis tem prejudicado diretamente seu desempenho. Além disso, essa baixa densidade reflete os problemas com os elevados custos desse tipo de serviço, levando-se em consideração a estrutura econômica da população brasileira.

Gráfico 4 Densidade da Telefonia Fixa e Móvel
(telefones por 100 habitantes)

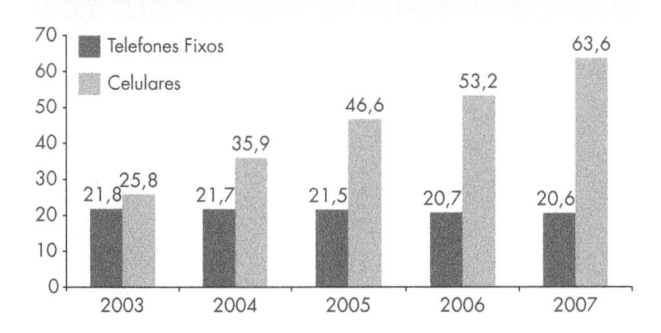

Fonte: Anatel. Elaboração própria.

Esse cenário é ainda mais prejudicial quando comparamos a densidade de telefones fixos de outros países, como por exemplo, a da Alemanha, cuja densidade é de 66,6; Estados Unidos, 59,7; França, 59 e do Reino Unido, que conta com 56,5 telefones para cada 100 habitantes.

Desempenho recente da indústria de telecomunicações – alguns números

O faturamento do segmento de telecomunicações, em 2007, foi de 17,5 bilhões de reais, de acordo com os números disponibilizados pela Associação Brasileira da Indústria Elétrica e Eletrônica, esse resultado representou um aumento de 4,32 por cento em comparação ao ano anterior.

Atualmente, o segmento de telecomunicações representa cerca de 18 por cento do faturamento total do setor de eletroeletrônicos. Para 2008, a estimativa de faturamento é de 20,3 bilhões de reais, ou seja, 16 por cento superior ao verificado em 2007. Esta estimativa considera um crescimento da economia brasileira da ordem de 4 por cento, em 2008, e a perspectiva de continuidade de crescimento de renda e emprego em um ambiente de inflação controlada. A expectativa é de que se tenha a continuidade das condições favoráveis ao

Gráfico 5 Faturamento do Segmento de Telecomunicações (em bilhões de R$)

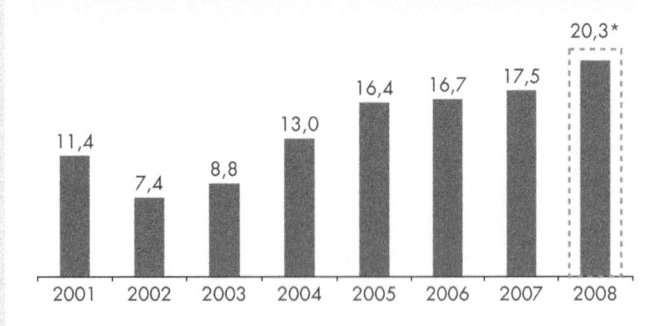

Ano	Valor
2001	11,4
2002	7,4
2003	8,8
2004	13,0
2005	16,4
2006	16,7
2007	17,5
2008	20,3*

Fonte: Abinee. (*) Para 2008, estimativa Abine

Gráfico 6 Balança Comercial de Telecomunicações (em milhões de R$)

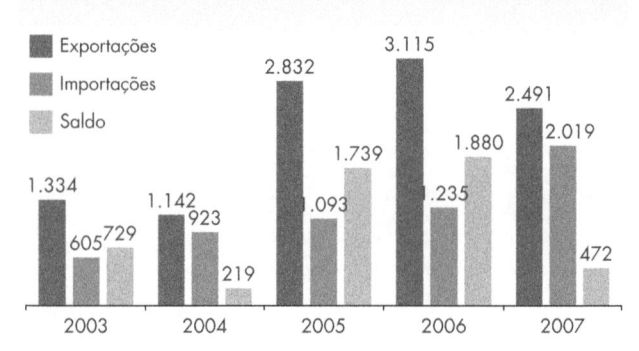

	Exportações	Importações	Saldo
2003	1.334	605	729
2004	1.142	923	219
2005	2.832	1.093	1.739
2006	3.115	1.235	1.880
2007	2.491	2.019	472

Fonte: Abinee.

crédito, como prazos e taxas de juros atrativas e abundância de recursos.

Em relação à balança comercial, em 2007 o segmento registrou um superávit de 472 milhões de dólares, resultado este bastante inferior em comparação ao de 2006, justificados, principalmente, pelo aumento das importações que foi da ordem de 63,5 por cento.

REFERÊNCIAS

Agência Nacional de Telecomunicações – Anatel. Disponível em: http://www.anatel.gov.br. Acesso em: 22 jun. 2008.

Associação Brasileira da Indústria Elétrica e Eletrônica – ABINEE. Disponível em: http://www.abinee.org.br/abinee/decon/decon15.htm. Acesso em: 20 jun. 2008.

Evolução das Telecomunicações no Brasil – apresentação disponibilizada pela empresa Telefônica e entrevistas com os profissionais da área.

Relatório Austin – Análise Setorial Telecomunicações, 2007.

Teleco. Disponível em: http://www.teleco.com.br/estatis.asp. Acesso em: 20 jun. 2008.

QUESTÕES

1. Qual o principal motivador da criação do Sistema Telebrás?

2. Analisando a densidade da telefonia fixa nos anos de 2005 a 2007, ficou praticamente estável. Quando comparamos com outros países, esse número se torna bem inferior. Descreva quais foram os principais motivos desse desempenho (considerando que o número de celulares ultrapassou o número de telefones fixos no país). Você acredita que a Anatel deveria promover alguma medida para o aumento do número de telefones fixos, como redução de tarifas, maior nível de investimentos por parte dos empresários etc.?

CAPÍTULO 10

Produção e custos

Ao término do estudo deste capítulo, você saberá:

▶ Fazer a distinção entre curto prazo e longo prazo.
▶ Explicar a relação entre a produção de uma empresa e o trabalho empregado no curto prazo.
▶ Explicar a relação entre a produção e os custos de curto prazo de uma empresa e desenhar as curvas de custo de curto prazo de uma empresa.
▶ Explicar a relação entre a produção e os custos de longo prazo de uma empresa e desenhar a curva de custo médio de longo prazo de uma empresa.

A sobrevivência do mais apto

O tamanho não garante a sobrevivência no mundo dos negócios. Mesmo empresas grandes desaparecem ou são devoradas por outras empresas. Mas o fato de uma empresa permanecer pequena também não garante sua sobrevivência. Todos os anos, milhões de pequenas empresas fecham as portas. Faça uma seleção aleatória de restaurantes e lojas de roupas no catálogo telefônico de 1995 e veja quantos não existem mais. O que uma empresa precisa fazer para sobreviver?
As empresas diferem em muitos aspectos – de mercearias de bairro a gigantes multinacionais que produzem bens de tecnologia de ponta. Mas, independentemente de seu porte ou do que produzem, todas as empresas devem decidir quanto e como produzir. Como as empresas tomam essas decisões?
A maioria dos fabricantes de automóveis nos Estados Unidos tem capacidade para produzir mais carros do que conseguiria vender. Por que os fabricantes de automóveis mantêm equipamentos caríssimos encostados em um canto sem ser plenamente utilizados? Muitas empresas de fornecimento de energia elétrica nos Estados Unidos não têm equipamentos de produção suficientes para satisfazer à demanda nos dias mais quentes e frios e precisam comprar energia de outras empresas geradoras. Por que essas empresas não instalam mais equipamentos para atender, elas mesmas, à demanda do mercado?

◇ Responderemos a essas questões neste capítulo. Para tanto, analisaremos as decisões econômicas de uma pequena empresa imaginária: a Cindy's Sweaters, Inc., uma confecção de blusas. Ao estudarmos o modo como Cindy lida com os problemas econômicos de sua empresa, poderemos ter uma visão mais clara dos problemas enfrentados por todas as empresas – as pequenas, como a mercearia de bairro, e também as grandes, como fabricantes de automóveis e empresas fornecedoras de energia elétrica. Começaremos descrevendo os momentos nos quais as empresas tomam as decisões. Ao final do capítulo, na seção "Leitura das entrelinhas", analisaremos as razões pelas quais uma suposta fusão entre a Ford e a GM não ocorreu e por que não teria sido uma boa idéia.

Os momentos de decisão

As pessoas que administram empresas tomam muitas decisões; todas visando a um grande objetivo: o maior lucro possível. Mas as decisões não são todas igualmente importantes. Algumas delas têm grandes proporções – uma vez tomadas, é caro (ou impossível) revertê-las. Se uma decisão como essas se mostra incorreta, pode levar à falência da empresa. Algumas decisões têm pequenas proporções – são facilmente alteradas. Se uma dessas decisões se mostra incorreta, a empresa pode mudar suas ações e sobreviver.

A maior decisão que qualquer empresa precisa tomar é em que indústria entrar. Para a maioria dos empresários, essa decisão é orientada por seus conhecimentos e interesses. Mas a decisão também depende das projeções de lucro – da expectativa de que a receita total excederá o custo total.

A empresa que estudaremos já escolheu a indústria na qual operar. Escolheu também seu método mais eficaz de organização, mas ainda não decidiu a quantidade que produzirá, a quantidade dos fatores de produção que contratará nem o preço ao qual venderá sua produção.

As decisões sobre a quantidade que produzirá e o preço que cobrará dependem do tipo de mercado no qual a empresa opera. Concorrência perfeita, concorrência monopolista, oligopólio e monopólio apresentam para a empresa problemas específicos.

Mas as decisões sobre *como* produzir determinada quantidade de bens não dependem do tipo de mercado no qual a empresa opera. Essas decisões são similares para *todos* os tipos de empresa em *todos* os tipos de mercado.

As ações que uma empresa pode adotar para influenciar a relação entre produção e custo dependem da rapidez com que a empresa deseja agir. Uma empresa que planeje mudar a quantidade produzida amanhã tem menos opções do que outra que planeje fazer essa mesma alteração em 6 meses ou 6 anos.

Para entender a relação entre a decisão de produção de uma empresa e seus custos, fazemos a distinção entre dois momentos de decisão:

- O curto prazo
- O longo prazo

O curto prazo

O **curto prazo** é um período no qual a quantidade de pelo menos um fator de produção é fixa. Para a maioria das empresas, capital, terra e capacidade empresarial são fatores de produção fixos, e o trabalho é o fator de produção variável. Chamamos os fatores de produção fixos de *instalações produtivas*. No curto prazo, as instalações produtivas de uma empresa são fixas.

No caso da Cindy's Sweaters, as instalações produtivas fixas são o prédio da fábrica e seus equipamentos de costura. No caso de uma empresa de fornecimento de energia elétrica, as instalações produtivas fixas são seus prédios, geradores, computadores e sistemas de controle.

Para aumentar a produção no curto prazo, uma empresa deve aumentar a quantidade de um fator de produção variável, que normalmente é o trabalho. Assim, para aumentar a produção, a Cindy's Sweaters deve contratar mais trabalho e fazer com que suas máquinas de costura operem durante mais horas por dia. De modo similar, uma empresa de fornecimento de energia elétrica deve contratar mais trabalho e operar seus geradores durante mais horas por dia.

Decisões de curto prazo são facilmente revertidas. A empresa pode aumentar ou reduzir sua produção no curto prazo aumentando ou reduzindo a quantidade contratada de trabalho.

O longo prazo

O **longo prazo** é um período no qual a quantidade de *todos* os fatores de produção pode ser alterada, ou seja, no qual a empresa pode alterar suas *instalações produtivas*.

Para aumentar a produção no longo prazo, uma empresa é capaz de decidir se vai alterar suas instalações produtivas, assim como a quantidade empregada de trabalho. A Cindy's Sweaters pode decidir instalar mais máquinas de costura, utilizar um novo tipo de máquina, reorganizar sua administração ou contratar mais trabalho. As decisões de longo prazo *não* são facilmente revertidas. Uma vez que seja tomada uma decisão referente às instalações produtivas, a empresa normalmente precisa conviver com ela por algum tempo. Para salientarmos esse fato, chamamos o custo passado de uma instalação de produção sem valor de revenda de **custo a fundo perdido**. Um custo a fundo perdido é irrelevante para as decisões atuais da empresa. Os únicos custos que influenciam as decisões atuais dela são o custo de curto prazo da alteração dos insumos de trabalho e o custo de longo prazo de alteração das instalações produtivas.

> **QUESTÕES PARA REVISÃO**
>
> 1. Faça a distinção entre curto prazo e longo prazo.
> 2. Por que um custo a fundo perdido é irrelevante?

Estudaremos agora os custos de curto e longo prazos. Começaremos com o curto prazo e descreveremos as restrições tecnológicas que uma empresa enfrenta.

Restrições tecnológicas de curto prazo

Para aumentar a produção no curto prazo, uma empresa deve aumentar a quantidade de trabalho empregada. Descrevemos a relação entre produção e quantidade de trabalho empregada usando três conceitos relacionados:

1. Produto total
2. Produto marginal
3. Produto médio

Esses conceitos de produto podem ser ilustrados em termos de tabelas ou curvas de produto. Vamos analisar as tabelas de produto.

Tabelas de produto

A Tabela 10.1 apresenta alguns dados que descrevem o produto total, o produto marginal e o produto médio da Cindy's Sweaters. Os números nos informam como a produção da Cindy's Sweaters aumenta à medida que mais trabalhadores são empregados. Eles também nos falam sobre a produtividade da força de trabalho dessa companhia.

Observe primeiro as colunas intituladas 'Trabalho' e 'Produto total'. **Produto total** é a máxima produção que determinada quantidade de trabalho é capaz de atingir. Podemos ver pelos números dessas colunas que, à medida que a Cindy's emprega mais trabalho, o produto total aumenta. Por exemplo, quando a Cindy's emprega 1 trabalhador, o produto total é de 4 blusas por dia e, quando a Cindy's emprega 2 trabalhadores, o produto total é de 10 blusas por dia. Cada incremento da quantidade empregada de trabalho aumenta o produto total.

O **produto marginal** do trabalho é o aumento do produto total resultante do aumento de uma unidade na quantidade de trabalho empregada, com todos os outros insumos mantidos constantes. Por exemplo, na Tabela 10.1, quando a Cindy's aumenta a quantidade de trabalho de 2 para 3 trabalhadores e não altera o capital, o produto marginal do terceiro trabalhador é de 3 blusas – o produto total aumenta de 10 para 13 blusas.

O produto médio nos informa o nível médio de produtividade dos trabalhadores. O **produto médio** do trabalho é igual ao produto total dividido pela quantidade de trabalho empregada. Por exemplo, na Tabela 10.1, o produto médio de 3 trabalhadores é de 4,33 blusas por trabalhador – 13 blusas por dia divididas por 3 trabalhadores.

Se você observar atentamente os números mostrados na Tabela 10.1, poderá identificar alguns padrões. À medida que a Cindy's contrata mais trabalho, o produto marginal inicialmente aumenta e depois começa a diminuir. Por exemplo, o produto marginal aumenta de 4 blusas por dia, do primeiro trabalhador, para 6 blusas por dia, do segundo trabalhador, e depois diminui para 3 blusas por dia, do terceiro trabalhador. Além disso, o produto médio também aumenta no começo e depois diminui. É possível perceber mais claramente as relações entre a quantidade de trabalho empregada e os três conceitos de produto analisando as curvas de produto.

Curvas de produto

As curvas de produto são gráficos das relações entre a quantidade de trabalho empregada e os três conceitos de produto que acabamos de estudar. Elas mostram como o produto total, o produto marginal e o produto médio mudam à medida que a quantidade de trabalho empregada varia. Elas também mostram as relações entre os três conceitos. Vamos analisar agora as curvas de produto.

Curva de produto total

A Figura 10.1 mostra a curva de produto total da Cindy's Sweaters, *PT*. À medida que a quantidade de trabalho empregada aumenta, o mesmo acontece com o número de blusas produzidas. Os pontos *A* a *F* da figura correspondem às linhas da Tabela 10.1. Esses pontos mostram o produto total à medida que há uma variação de um dia de trabalho na quantidade de trabalho. Mas o trabalho pode ser dividido em horas e até em minutos. Variando a quantidade de trabalho nas menores unidades possíveis, podemos traçar a curva de produto total mostrada na Figura 10.1.

Observe a forma da curva de produto total. À medida que a quantidade de trabalho aumenta de zero para 1 trabalhador por dia, a curva fica mais inclinada. Depois, à medida que a quantidade de trabalho aumenta para 3, 4 e 5 trabalhadores por dia, a curva vai ficando menos inclinada.

A curva de produto total é similar à *fronteira de possibilidades de produção* (que analisamos no Capítulo 2). Ela separa os níveis atingíveis de produção dos níveis inatingíveis. Todos os pontos acima da curva são inatingíveis. Os pontos abaixo da curva, na área cinza, são atingíveis, mas são ineficientes – utilizam mais trabalho do que o necessário para alcançar determinada produção. Só os pontos *sobre* a curva de produto total são tecnologicamente eficientes.

Tabela 10.1 Produto total, produto marginal e produto médio

	Trabalho (trabalhadores por dia)	Produto total (blusas por dia)	Produto marginal (blusas por trabalhador adicional)	Produto médio (blusas por trabalhador)
A	0	0	4	
B	1	4	6	4,00
C	2	10	3	5,00
D	3	13	2	4,33
E	4	15	1	3,75
F	5	16		3,20

O produto total é a quantidade total produzida. O produto marginal é a variação do produto total que resulta do incremento de uma unidade de trabalho. Por exemplo, quando o trabalho aumenta de 2 para 3 trabalhadores por dia (linha C para linha D), o produto total aumenta de 10 para 13 blusas por dia. O produto marginal da mudança de 2 para 3 trabalhadores é de 3 blusas. O produto médio é o produto total dividido pela quantidade de trabalho empregada. Por exemplo, o produto médio de 3 trabalhadores é de 4,33 blusas por trabalhador (13 blusas por dia divididas por 3 trabalhadores).

Figura 10.1 Curva de produto total

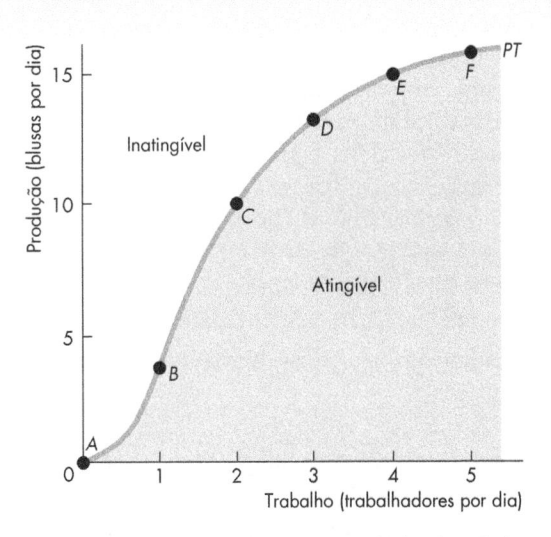

A curva de produto total, *PT*, baseia-se nos dados da Tabela 10.1. Essa curva mostra como a quantidade de blusas varia à medida que a quantidade de trabalho empregada varia. Por exemplo, 2 trabalhadores podem produzir 10 blusas por dia (ponto *C*). Os pontos *A* a *F* na curva correspondem às linhas da Tabela 10.1. A curva de produto total separa as produções atingíveis das inatingíveis. Os pontos abaixo da curva *PT* são ineficientes.

Curva de produto marginal

A Figura 10.2 mostra o produto marginal do trabalho da Cindy's Sweaters. A parte (a) reproduz a curva de produto total da Figura 10.1. A parte (b) mostra a curva de produto marginal, *PMg*.

Na parte (a), as barras cinza ilustram o produto marginal do trabalho. A altura de cada barra mede o produto marginal, o qual também é medido pela inclinação da curva de produto total. Lembre-se de que a inclinação de uma curva é a mudança do valor da variável mensurada no eixo y – a produção – dividida pela mudança do valor da variável mensurada no eixo x – o trabalho –, à medida que nos deslocamos ao longo da curva. Um aumento de uma unidade na quantidade de trabalho, de 2 para 3 trabalhadores, eleva a produção de 10 para 13 blusas, de modo que a inclinação entre o ponto C e o ponto D é de 3 blusas por trabalhador, igual ao produto marginal que acabamos de calcular.

Mais uma vez, variando a quantidade de trabalho nas menores unidades possíveis, podemos traçar a curva de produto marginal mostrada na Figura 10.2(b). A *altura* dessa curva mede a *inclinação* da curva de produto total em determinado ponto. A parte (a) mostra que um aumento da quantidade de trabalho de 2 para 3 trabalhadores faz crescer a produção de 10 para 13 blusas (um aumento de 3). O aumento de 3 blusas na produção é mostrado no eixo vertical da parte (b) como o produto marginal do aumento de 2 para 3 trabalhadores. Plotamos esse produto marginal no ponto médio entre 2 e 3 trabalhadores. Observe que o produto marginal mostrado na Figura 10.2(b) atinge o máximo em 1,5 trabalhador e que, nesse ponto, o produto marginal é de 6 blusas por trabalhador. O ponto máximo ocorre em 1,5 trabalhador porque a curva de produto total é mais inclinada quando a quantidade de trabalho aumenta de 1 para 2 trabalhadores.

As curvas de produto total e de produto marginal diferem de uma empresa para outra e de um tipo de bem para outro. As curvas de produto da Ford Motor Company são diferentes daquelas da barraca de cachorro-quente Jim's Hot Dogs, que, por sua vez, são diferentes daquelas da Cindy's Sweaters. Mas as curvas de produto apresentam formas similares porque quase todo processo de produção exibe duas características:

- Rendimentos marginais crescentes, no início.
- Rendimentos marginais decrescentes, a partir de certo ponto.

Rendimentos marginais crescentes Os rendimentos marginais crescentes ocorrem quando o produto marginal de um trabalhador adicional excede o produto marginal do trabalhador anterior. Os rendimentos marginais crescentes resultam de uma maior especialização e divisão do trabalho no processo de produção.

Por exemplo, se a Cindy's emprega apenas um trabalhador, essa pessoa precisa aprender todos os aspectos da produção de uma blusa: operação das máquinas de costura, conserto de falhas nos equipamentos, embalagem e envio das blusas, compra e verificação do tipo e da cor da lã. Todas essas tarefas devem ser desempenhadas por uma só pessoa.

Se a Cindy's contrata uma segunda pessoa, os dois trabalhadores podem se especializar em diferentes partes do processo de produção. Como resultado, dois trabalhadores produzem mais que o dobro do que produz um. O produto marginal do segundo trabalhador é maior que

Figura 10.2 Produto total e produto marginal

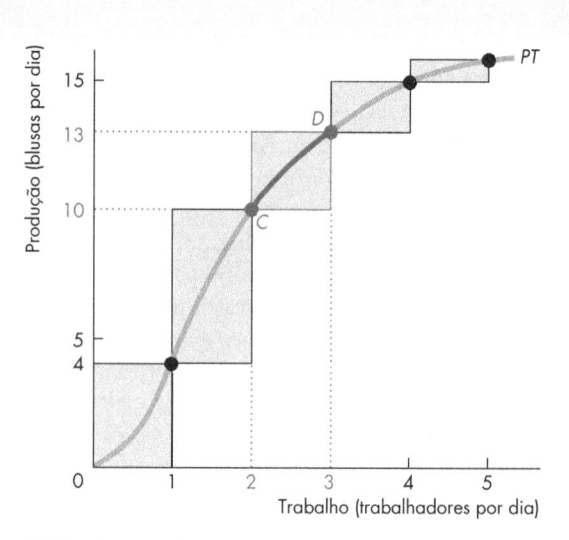

(a) Produto total

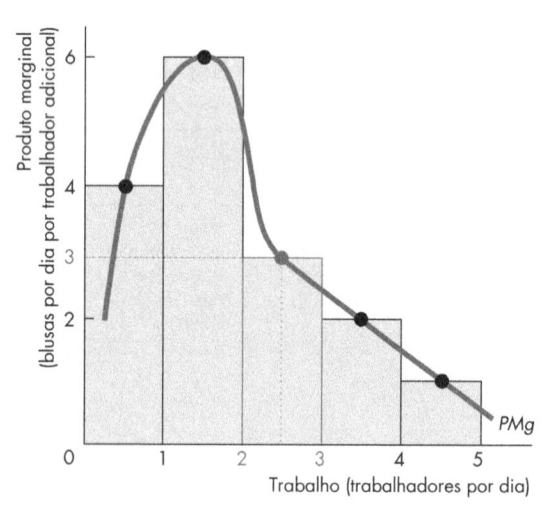

(b) Produto marginal

O produto marginal é ilustrado pelas barras cinza. Por exemplo, quando o trabalho aumenta de 2 para 3 trabalhadores por dia, o produto marginal é a barra cinza cuja altura é de 3 blusas por dia. (O produto marginal é mostrado no meio da distância entre as quantidades de trabalho para enfatizar que ele é o resultado da *variação* da quantidade do trabalho.) Quanto maior for a inclinação da curva de produto total (*PT*) na parte (a), maior será o produto marginal (*PMg*) na parte (b). O produto marginal atinge o máximo (neste exemplo, quando o segundo trabalhador é empregado) e depois começa a cair – produto marginal decrescente.

o produto marginal do primeiro. Os rendimentos marginais são crescentes.

Rendimentos marginais decrescentes A maior parte dos processos de produção passa inicialmente por um aumento dos rendimentos marginais. No entanto, todos os processos de produção mais cedo ou mais tarde atingem o ponto de rendimentos marginais *decrescentes*. Os **rendimentos marginais decrescentes** ocorrem quando o produto marginal de um trabalhador adicional é menor que o produto marginal do trabalhador anterior.

Os rendimentos marginais decrescentes resultam do fato de que cada vez mais trabalhadores estão utilizando o mesmo capital e trabalhando no mesmo espaço. À medida que são contratados mais trabalhadores, os adicionais produzem cada vez menos que os anteriores. Por exemplo, se a Cindy's contrata um terceiro trabalhador, a produção aumenta, mas não tanto quanto aumentou quando a empresa contratou o segundo trabalhador. Nesse caso, depois que dois trabalhadores são contratados, todos os ganhos proporcionados pela especialização e pela divisão do trabalho foram exauridos. Ao contratar um terceiro trabalhador, a fábrica produz mais blusas, porém os equipamentos passam a ser utilizados mais perto de seu limite. Chega a haver momentos nos quais o terceiro trabalhador não tem nada que fazer porque as máquinas estão funcionando sem necessidade de mais supervisão. A contratação contínua de mais trabalhadores garante o aumento da produção, mas em quantidades sucessivamente menores. Os rendimentos marginais são decrescentes. Esse fenômeno é tão comum que é considerado uma 'lei' – a lei dos rendimentos decrescentes. A **lei dos rendimentos decrescentes** afirma que:

À medida que uma empresa aumenta a utilização de um fator variável de produção, com dadas quantidades de fatores fixos de produção, o produto marginal do fator variável mais cedo ou mais tarde se reduz.

Veremos mais uma vez a lei dos rendimentos decrescentes quando estudarmos os custos de uma empresa. Mas, antes disso, vamos analisar o produto médio do trabalho e a curva de produto médio.

Curva de produto médio

A Figura 10.3 ilustra o produto médio do trabalho da Cindy's Sweaters e mostra a relação entre o produto médio e o produto marginal. Os pontos B a F do produto médio PMe correspondem às linhas da Tabela 10.1. O produto médio aumenta de 1 para 2 trabalhadores (seu valor máximo é o ponto C), mas depois diminui à medida que são empregados ainda mais trabalhadores. Observe também que o produto médio atinge o ponto máximo quando o produto médio e o produto marginal são iguais. Ou seja, a curva de produto marginal cruza a curva de produto médio no ponto mais alto do produto médio. Para o número de trabalhadores no qual o produto marginal excede o produto médio, o produto médio está aumentando. Para o número de trabalhadores no qual o produto marginal é menor que o produto médio, o produto médio está diminuindo.

Figura 10.3 Produto médio

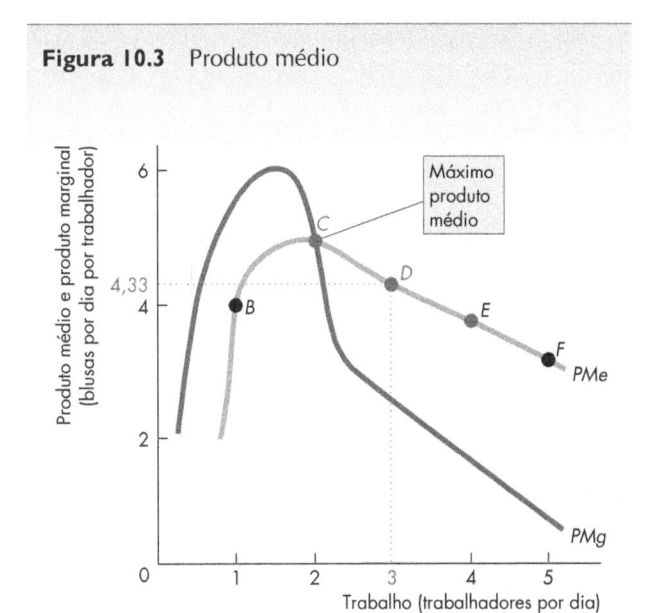

A figura mostra o produto médio do trabalho da Cindy's Sweaters e a relação entre o produto médio e o produto marginal. Com 1 trabalhador por dia, o produto marginal excede o produto médio, de modo que o produto médio está aumentando. Com 2 trabalhadores por dia, o produto marginal é igual ao produto médio, de maneira que o produto médio está no ponto máximo. Com mais de 2 trabalhadores por dia, o produto marginal é menor que o produto médio, assim o produto médio está diminuindo.

A relação entre as curvas de produto marginal e produto médio é uma característica geral da relação entre os valores médio e marginal de qualquer variável. Vamos analisar um exemplo bastante comum.

Nota marginal e nota média

Para entender a relação entre o produto médio e o produto marginal, pense na relação similar entre a nota marginal e a nota média de Cindy ao longo de cinco semestres. (Suponha que Cindy faça um curso por semestre.) No primeiro semestre, Cindy faz um curso de cálculo, e sua nota é C (5,0). Essa é sua nota marginal e também sua nota média. No segundo semestre, Cindy faz um curso de francês e recebe o conceito B (7,5). Francês é o curso marginal de Cindy, e sua nota marginal é 7,50. Com isso, a nota média de Cindy aumenta para 6,25. O fato de sua nota marginal ser maior que sua nota média puxa a nota para cima. No terceiro semestre, Cindy faz um curso de economia e recebe um A (10,0) – sua nova nota marginal. O fato de sua nota marginal ser maior que sua nota média mais uma vez aumenta a média de Cindy. A nota média de Cindy passa a ser 7,5, a média entre 5,0, 7,5 e 10,0. No quarto semestre, ela faz um curso de história e recebe um B (7,5). Como sua nota marginal é igual à sua média, a nota média não varia. No quinto semestre, Cindy faz um curso de inglês e obtém o conceito D (2,5). Como sua nota marginal é menor que sua nota média, a nota média diminui.

A nota média de Cindy aumenta quando sua nota marginal é maior que sua nota média. A nota média diminui quando sua nota marginal é menor que sua nota média. A nota média permanece constante quando a nota marginal é igual à nota média. A relação entre as notas marginal e média de Cindy é exatamente a mesma que a relação entre o produto marginal e o produto médio.

QUESTÕES PARA REVISÃO

1 Explique como o produto marginal do trabalho e o produto médio do trabalho variam à medida que a quantidade empregada de trabalho aumenta (a) inicialmente e (b) com o passar do tempo.
2 Qual é a lei dos rendimentos decrescentes? Por que o produto marginal mais cedo ou mais tarde diminui?
3 Explique a relação entre produto marginal e produto médio. Como o produto médio varia quando o produto marginal excede o produto médio? Como o produto médio varia quando o produto médio excede o produto marginal? Por quê?

Cindy se preocupa com suas curvas de produto porque elas influenciam os custos. Analisaremos agora os custos da Cindy's.

Custo de curto prazo

Para produzir mais no curto prazo, uma empresa deve empregar mais trabalho, o que significa que deve aumentar seus custos. Descrevemos a relação entre produção e custo utilizando três conceitos de custo:

- Custo total
- Custo marginal
- Custo médio

Custo total

O **custo total** (CT) de uma empresa é o custo de *todos* os fatores de produção utilizados. Dividimos o custo total em custo *fixo* total e custo *variável* total.

O **custo fixo total** (CFT) é o custo dos fatores fixos da empresa. No caso da Cindy's Sweaters, o custo fixo total inclui o custo do aluguel das máquinas de costura e o *lucro normal*, que é o custo de oportunidade da capacidade empresarial de Cindy (veja o Capítulo 9). A quantidade de fatores fixos não muda com a variação da produção, de modo que o custo fixo total é o mesmo para todas as quantidades de produção.

O **custo variável total** (CVT) é o custo dos fatores variáveis da empresa. No caso da Cindy's, o trabalho é o fator variável, de modo que esse componente do custo é a folha de pagamento. O custo variável total muda com a variação do produto total.

O custo total é a soma do custo fixo total e do custo variável total. Isto é,

$$CT = CFT + CVT.$$

A tabela da Figura 10.4 mostra os custos totais da Cindy's. Com uma máquina de costura cujo aluguel custa para a Cindy's $ 25 ao dia, o CFT é $ 25. Para produzir blusas, a Cindy's contrata trabalho, que custa $ 25 ao dia. O CVT é o número de trabalhadores multiplicado por $ 25. Por exemplo, para produzir 13 blusas por dia, a Cindy's contrata 3 trabalhadores, e o CVT é $ 75. O CT é a soma do CFT e do CVT, de modo que, para produzir 13 blusas por dia, o custo total da Cindy's, CT, é $ 100. Veja o cálculo em cada linha da tabela.

A Figura 10.4 mostra as curvas de custo total da Cindy's, que representam graficamente o custo total em re-

Figura 10.4 Curvas de custo total

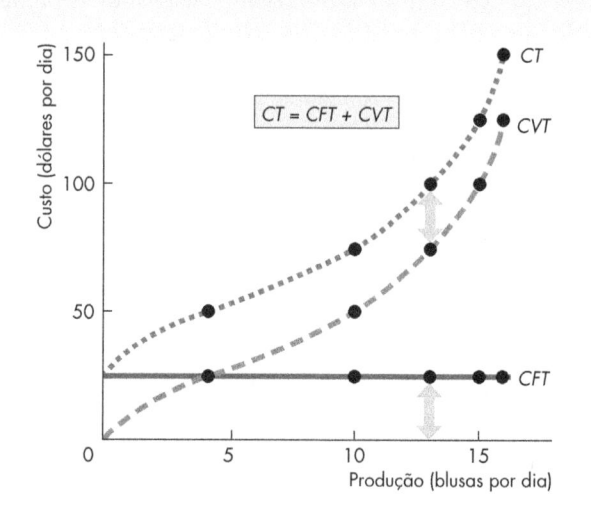

	Trabalho (trabalhadores por dia)	Produção (blusas por dia)	Custo fixo total (CFT)	Custo variável total (CVT)	Custo total (CT)
			(dólares por dia)		
A	0	0	25	0	25
B	1	4	25	25	50
C	2	10	25	50	75
D	3	13	25	75	100
E	4	15	25	100	125
F	5	16	25	125	150

A Cindy's paga $ 25 ao dia pelo aluguel de uma máquina de costura. Essa quantia é o custo fixo total da Cindy's. A empresa contrata trabalhadores por um salário de $ 25 ao dia, e esse é o seu custo variável total. Por exemplo, se a Cindy's emprega 3 trabalhadores, o custo variável total é de 3 × $ 25, o que equivale a $ 75. O custo total é a soma do custo fixo total e do custo variável total. Por exemplo, quando a Cindy's emprega 3 trabalhadores, o custo total é $ 100 – o custo fixo total de $ 25 mais o custo variável total de $ 75. O gráfico mostra as curvas de custo total da Cindy's Sweaters. O custo fixo total (CFT) é constante – representado graficamente como uma linha horizontal – e o custo variável total (CVT) aumenta à medida que a produção aumenta. O custo total (CT) aumenta à medida que a produção aumenta. A distância vertical entre a curva de custo total e a curva de custo variável total é o custo fixo total, como indicam as duas setas.

lação à produção. A curva cinza-escuro de custo fixo total (*CFT*) é horizontal porque o custo fixo total é uma constante no valor de $ 25. Ele não muda com a variação da produção. A curva tracejada de custo variável total (*CVT*) e a curva pontilhada de custo total (*CT*) se inclinam para cima porque o custo variável total aumenta à medida que a produção aumenta. As setas indicam o custo fixo total como a distância vertical entre as curvas *CVT* e *CT*.

Vamos examinar agora o custo marginal da Cindy's.

Custo marginal

Na Figura 10.4, o custo variável total e o custo total aumentam a uma taxa decrescente com baixos níveis de produção e começam a aumentar a uma taxa crescente à medida que a produção aumenta. Para entendermos esse padrão de variação do custo total à medida que a produção aumenta, recorremos ao conceito do *custo marginal*.

O **custo marginal** de uma empresa é o aumento do custo total que resulta do crescimento da produção em uma unidade. Calculamos o custo marginal como o aumento do custo total dividido pelo aumento da produção. A tabela da Figura 10.5 mostra esse cálculo. Quando, por exemplo, a produção aumenta de 10 para 13 blusas, o custo total aumenta de $ 75 para $ 100. A variação da produção é de 3 blusas, e a variação do custo total é de $ 25. O custo marginal de uma dessas 3 blusas é de ($ 25 ÷ 3), o que equivale a $ 8,33.

A Figura 10.5 representa graficamente os dados de custo marginal apresentados na tabela como a curva cinza-escuro de custo marginal, *CMg*. Essa curva tem formato de U porque, quando a Cindy's Sweaters contrata um segundo trabalhador, o custo marginal diminui, mas, quando contrata um terceiro, um quarto e um quinto trabalhador, o custo marginal aumenta sucessivamente.

O custo marginal diminui com baixos níveis de produção devido à economia resultante da maior especialização. Ele aumenta mais cedo ou mais tarde devido à *lei dos rendimentos decrescentes*, a qual significa que cada trabalhador adicional produz um incremento sucessivamente menor da produção. Desta maneira, para obter uma unidade adicional de produção, são necessários ainda mais trabalhadores. Pelo fato de ser necessários mais trabalhadores para produzir uma unidade adicional de produção, o custo da unidade adicional de produção – o custo marginal – deve aumentar mais cedo ou mais tarde.

O custo marginal nos informa como o custo total varia à medida que a produção varia. O conceito final nos informa quanto custa, em média, para fazer uma unidade de produção. Veremos agora os custos médios da Cindy's Sweaters.

Custo médio

Há três custos médios:
1. Custo fixo médio
2. Custo variável médio
3. Custo total médio

O **custo fixo médio** (*CFMe*) é o custo fixo total por unidade de produção. O **custo variável médio** (*CVMe*) é o custo variável total por unidade de produção. O **custo total médio** (*CTMe*) é o custo total por unidade de produção. Os conceitos de custo médio são calculados a partir dos conceitos de custo total, como segue:

$$CT = CFT + CVT.$$

Divida cada membro da equação do custo total pela quantidade produzida, *Q*, para obter:

$$\frac{CT}{Q} = \frac{CFT}{Q} + \frac{CVT}{Q},$$

ou

$$CTMe = CFMe + CVMe.$$

A tabela da Figura 10.5 mostra o cálculo do custo total médio. Por exemplo, na linha *C*, a produção é de 10 blusas. O custo fixo médio é ($ 25 ÷ 10), o que equivale a $ 2,50; o custo variável médio é ($ 50 ÷ 10), o que equivale a $ 5; e o custo total médio é ($ 75÷10), o que equivale a $ 7,50. Observe que o custo total médio é igual ao custo fixo médio ($ 2,50) mais o custo variável médio ($ 5).

A Figura 10.5 mostra as curvas de custo médio. A curva tracejada, de custo fixo médio (*CFMe*), se inclina para baixo. À medida que a produção aumenta, o mesmo custo fixo total constante é diluído em uma produção maior. A curva cinza-claro, de custo total médio (*CTMe*), e a curva pontilhada, de custo variável médio (*CVMe*), apresentam formato de U. A distância vertical entre as curvas de custo total médio e de custo variável médio é igual ao custo fixo médio – como indicam as duas setas. A distância diminui à medida que a produção aumenta, porque o custo fixo médio diminui com uma produção crescente.

A curva de custo marginal (*CMg*) cruza a curva de custo variável médio e a curva de custo total médio em seus pontos mínimos. Ou seja, quando o custo marginal é menor que o custo médio, o custo médio diminui e, quando o custo marginal excede o custo médio, o custo médio aumenta. A mesma relação se aplica tanto à curva *CTMe* quanto à curva *CVMe* e constitui outro exemplo da relação que vimos na Figura 10.3 para o produto médio e o produto marginal e no caso das notas que Cindy tirou nos cursos.

Por que a curva de custo total médio tem formato de U

O custo total médio, *CTMe*, é a soma do custo fixo médio, *CFMe*, e do custo variável médio, *CVMe*. Dessa maneira, o formato da curva *CTMe* combina o formato das curvas *CFMe* e *CVMe*. O formato de U da curva de custo total médio resulta da influência de duas forças opostas:

1. A diluição do custo fixo total em uma produção maior.
2. Rendimentos que mais cedo ou mais tarde diminuem.

Figura 10.5 Custo marginal e custos médios

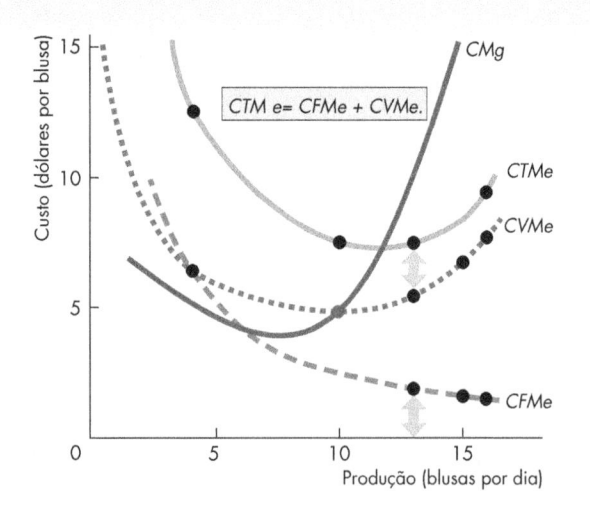

O custo marginal é calculado como a variação do custo total dividida pela variação da produção. Quando a produção aumenta de 4 para 10 blusas, um aumento de 6 blusas, o custo total aumenta em $ 25, e o custo marginal é de $ 25 ÷ 6, o que equivale a $ 4,17. Cada conceito do custo médio é calculado dividindo-se pela produção o custo total relacionado. Quando são produzidas 10 blusas, o *CFMe* é $ 2,50 ($ 25 ÷ 10), o *CVMe* é $ 5 ($ 50 ÷ 10) e o *CTMe* é $ 7,50 ($ 75 ÷ 10).

O gráfico mostra que a curva de custo marginal (*CMg*) tem formato de U e cruza a curva de custo variável médio e a curva de custo total médio em seus pontos mínimos. O custo fixo médio (*CFMe*) diminui à medida que a produção aumenta. As curvas de custo total médio (*CTMe*) e de custo variável médio (*CVMe*) apresentam formato de U. A distância vertical entre essas duas curvas é igual ao custo fixo médio, como indicam as duas setas.

	Trabalho (trabalhadores por dia)	Produção (blusas por dia)	Custo fixo total (CFT)	Custo variável total (CVT)	Custo total (CT)	Custo marginal (CMg)	Custo fixo médio (CFMe)	Custo variável médio (CVM)	Custo total médio (CTMe)
			(dólares por dia)			(dólares por blusa adicional)	(dólares por blusa)		
A	0	0	25	0	25		—	—	—
						6,25			
B	1	4	25	25	50		6,25	6,25	12,50
						4,17			
C	2	10	25	50	75		2,50	5,00	7,50
						8,33			
D	3	13	25	75	100		1,92	5,77	7,69
						12,50			
E	4	15	25	100	125		1,67	6,67	8,33
						25,00			
F	5	16	25	125	150		1,56	7,81	9,38

Quando a produção aumenta, a empresa dilui seu custo fixo total em uma produção maior e, dessa maneira, seu custo fixo médio diminui – sua curva de custo fixo médio se inclina para baixo.

Rendimentos decrescentes significam que, à medida que a produção aumenta, são necessárias maiores quantidades de trabalho para produzir uma unidade adicional de produção. Assim, o custo variável médio mais cedo ou mais tarde aumenta, e a curva *CVMe* mais cedo ou mais tarde se inclina para cima.

O formato da curva de custo total médio combina esses dois efeitos. Inicialmente, à medida que a produção aumenta, tanto o custo fixo médio quanto o custo variável médio diminuem, de modo que o custo total médio diminui e a curva *CTMe* se inclina para baixo. Mas, à medida que a produção continua a aumentar e os rendimentos decrescentes aparecem, o custo variável médio começa a aumentar. Com o tempo, o custo variável médio aumenta mais rapidamente do que o custo fixo médio diminui, de maneira que o custo total médio aumenta e a curva *CTMe* se inclina para cima.

Curvas de custo e curvas de produto

A tecnologia utilizada por uma empresa determina seus custos. A Figura 10.6 mostra as relações entre as restrições tecnológicas de uma empresa (suas curvas de produto) e suas curvas de custo. A parte superior da figura mostra as curvas de produto médio e de produto marginal – como as apresentadas na Figura 10.3. A parte inferior da figura mostra as curvas de custo variável médio e de custo marginal – como as apresentadas na Figura 10.5.

A figura mostra as relações entre tecnologia e custos. À medida que o trabalho inicialmente aumenta, o produto marginal e o produto médio aumentam, e o custo marginal e o custo variável médio diminuem. Depois, no ponto de máximo produto marginal, o custo marginal está no mínimo. À medida que o trabalho continua a aumentar, o produto marginal diminui, e o custo marginal aumenta. Mas o produto médio continua a aumentar, e o custo variável médio continua a diminuir. Então, no ponto de máximo produto médio, o custo variável médio está no mínimo. À medida que o trabalho continua a aumentar, o produto médio diminui e o custo variável médio aumenta.

Deslocamentos das curvas de custo

A posição das curvas de custo de curto prazo de uma empresa depende de dois fatores:

- Tecnologia
- Preços dos fatores de produção

Figura 10.6 Curvas de produto e curvas de custo

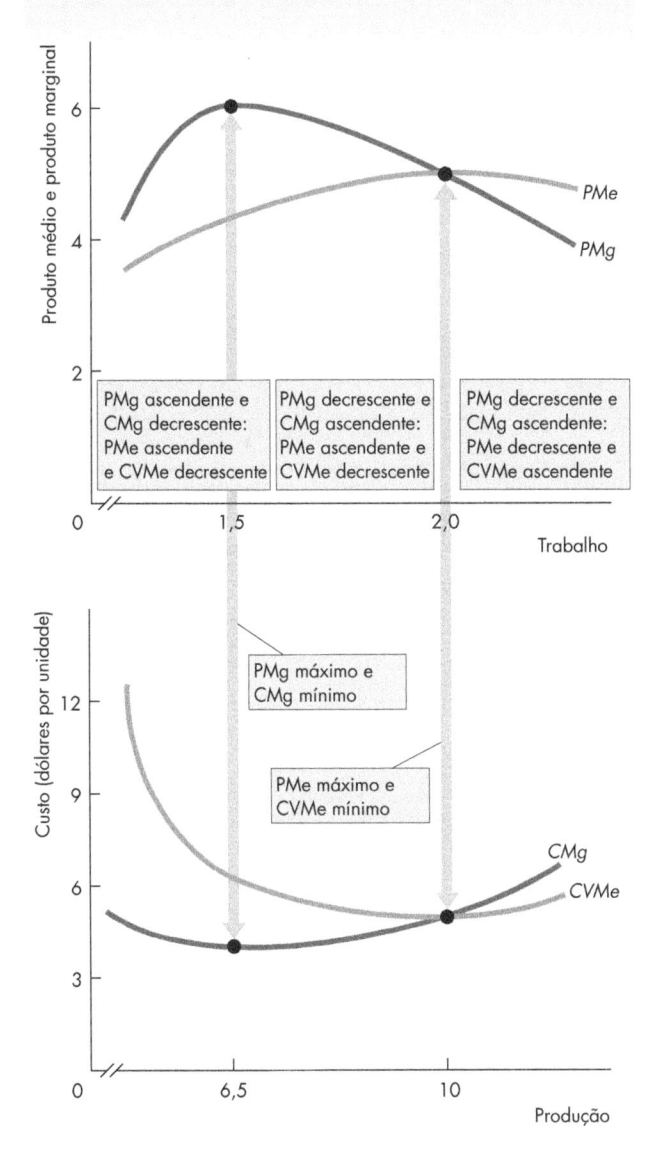

[Gráfico superior: Produto médio e produto marginal vs Trabalho, com curvas PMe e PMg, pontos em 1,5 e 2,0]

PMg ascendente e CMg decrescente: PMe ascendente e CVMe decrescente

PMg decrescente e CMg ascendente: PMe ascendente e CVMe decrescente

PMg decrescente e CMg ascendente: PMe decrescente e CVMe ascendente

[Gráfico inferior: Custo (dólares por unidade) vs Produção, com curvas CMg e CVMe, pontos em 6,5 e 10]

PMg máximo e CMg mínimo

PMe máximo e CVMe mínimo

A curva de produto marginal de uma empresa está relacionada com sua curva de custo marginal. Se, à medida que a empresa contrata mais trabalho, seu produto marginal aumenta, seu custo marginal diminui. Se o produto marginal está no máximo, o custo marginal está no mínimo. Se, à medida que a empresa contrata mais trabalho, seu produto marginal diminui, seu custo marginal aumenta. A curva de produto médio de uma empresa está relacionada com sua curva de custo variável médio. Se, à medida que a empresa contrata mais trabalho, seu produto médio aumenta, seu custo variável médio diminui. Se o produto médio está no máximo, o custo variável médio está no mínimo. Se, à medida que a empresa contrata mais trabalho, seu produto médio diminui, seu custo variável médio aumenta.

Tecnologia Uma mudança tecnológica que aumenta a produtividade desloca a curva de produto total para cima. Isso também desloca as curvas de produto marginal e de produto médio para cima. Com uma tecnologia melhor, os mesmos fatores de produção são capazes de produzir mais, de modo que uma mudança tecnológica reduz os custos e desloca as curvas de custo para baixo.

Por exemplo, avanços em técnicas de produção automatizadas aumentaram a produtividade da indústria automobilística. Como resultado, as curvas de produto da Chrysler, da Ford e da GM se deslocaram para cima, e suas curvas de custo se deslocaram para baixo. Mas a relação entre suas curvas de produto e suas curvas de custo não mudou. As curvas ainda estão relacionadas entre si, como mostra a Figura 10.6.

Muitas vezes, um avanço tecnológico resulta na utilização, pela empresa, de mais capital, um fator fixo, e menos trabalho, um fator variável. Por exemplo, hoje em dia as operadoras de telefonia utilizam computadores no serviço de informação de números de telefone no lugar dos atendentes empregados na década de 1980. Quando ocorre uma mudança tecnológica como essa, o custo total diminui, mas os custos fixos aumentam e os custos variáveis diminuem. Essa variação do mix de custo fixo e custo variável significa que, com níveis baixos de produção, o custo total médio pode aumentar, enquanto, com níveis altos de produção, o custo total médio diminui.

Preços dos fatores de produção Um aumento de preço de um fator de produção eleva os custos e desloca as curvas de custo. Mas a maneira como as curvas se deslocam depende de quais fatores têm mudanças de preço. Um aumento do aluguel ou de algum outro componente do custo *fixo* desloca para cima as curvas de custo fixo (*CFT* e *CFMe*) e a curva de custo total (*CT*), mas mantém inalteradas as curvas de custo variável (*CVMe* e *CVT*) e a curva de custo marginal (*CMg*). Um aumento nos salários ou em outro componente do custo *variável* desloca para cima as curvas de custo variável (*CVT* e *CVMe*) e a curva de custo marginal (*CMg*), mas mantém inalteradas as curvas de custo fixo (*CFMe* e *CFT*). Assim, por exemplo, se os salários dos motoristas de caminhão aumentam, o custo variável e o custo marginal dos serviços de transporte aumentam. Se os juros pagos por uma empresa de transporte aumentam, o custo fixo dos serviços de transporte aumenta.

Concluímos agora nosso estudo dos custos de curto prazo. Todos os conceitos que analisamos estão resumidos em um glossário conciso na Tabela 10.2.

QUESTÕES PARA REVISÃO

1. As curvas de custo de curto prazo de uma empresa mostram quais relações?
2. Como o custo marginal varia à medida que a produção aumenta (a) inicialmente e (b) com o passar do tempo?
3. Que implicações tem a lei dos rendimentos decrescentes no formato da curva de custo marginal?
4. Qual é o formato da curva de custo fixo médio e por que ela tem esse formato?
5. Quais são os formatos da curva de custo variável médio e da curva de custo total médio e por que elas têm esse formato?

Tabela 10.2 Um glossário conciso dos custos

Termo	Símbolo	Definição	Equação
Custo fixo		Custo que independe do nível de produção; custo de um insumo fixo	
Custo variável		Custo que varia com o nível de produção; custo de um insumo variável	
Custo fixo total	CFT	Custo dos insumos fixos	
Custo variável total	CVT	Custo dos insumos variáveis	
Custo total	CT	Custo de todos os insumos	$CT = CFT + CVT$
Produção (produto total)	PT	Quantidade total produzida (Q de produto)	
Custo marginal	CMg	Variação do custo total resultante do aumento de uma unidade do produto total	$CMg = \Delta CT \div \Delta Q$
Custo fixo médio	CFMe	Custo fixo total por unidade de produção	$CFMe = CFT \div Q$
Custo variável médio	CVMe	Custo variável total por unidade de produção	$CVMe = CVT \div Q$
Custo total médio	CTMe	Custo total por unidade de produção	$CTMe = CFMe + CVMe$

Custo de longo prazo

No curto prazo, uma empresa pode variar a quantidade de trabalho, mas a quantidade de capital é fixa. Dessa maneira, a empresa tem custos variáveis de trabalho e custos fixos de capital. No longo prazo, uma empresa pode variar tanto a quantidade de trabalho quanto a quantidade de capital. Assim, no longo prazo todos os custos de uma empresa são variáveis. Estudaremos agora os custos de longo prazo de uma empresa quando *todos* os custos são variáveis e quando as quantidades de trabalho e capital variam.

O comportamento do custo de longo prazo depende da *função de produção* da empresa, que é a relação entre a máxima produção atingível e as quantidades de trabalho e capital.

A função de produção

A Tabela 10.3 mostra a função de produção da Cindy's Sweaters. A tabela contém os números de produto total para quatro quantidades de capital. Identificamos a quantidade de capital por meio das instalações produtivas. Os números para a Fábrica 1 correspondem a uma fábrica com 1 máquina de costura – o caso que acabamos de estudar. As outras três fábricas têm 2, 3 e 4 máquinas. Se a Cindy's Sweaters dobra seu capital de 1 para 2 máquinas de costura, as várias quantidades de trabalho podem produzir as quantidades mostradas na segunda coluna da tabela. As outras duas colunas exibem a produção para quantidades ainda maiores de capital. Cada coluna da tabela poderia ser representada graficamente como uma curva de produto total para cada instalação produtiva.

Rendimentos decrescentes Os rendimentos decrescentes ocorrem em todas as quatro quantidades de capital à medida que a quantidade de trabalho aumenta. Podemos constatar esse fato calculando o produto marginal do trabalho para as unidades produtivas com 2, 3 e 4 máquinas. Para cada tamanho das instalações produtivas, à medida que a quantidade de trabalho aumenta, o produto marginal do trabalho (mais cedo ou mais tarde) diminui.

Tabela 10.3 A função de produção

Trabalho (trabalhadores por dia)	Produção (blusas por dia)			
	Fábrica 1	Fábrica 2	Fábrica 3	Fábrica 4
1	4	10	13	15
2	10	15	18	20
3	13	18	22	24
4	15	20	24	26
5	16	21	25	27
Máquinas de costura	1	2	3	4

A tabela mostra os dados de produto total para quatro quantidades de capital. Quanto maior é o tamanho das instalações produtivas, maior é o produto total para qualquer quantidade de trabalho. Mas, para determinado tamanho das instalações produtivas, o produto marginal do trabalho diminui, e, para determinada quantidade de trabalho, o produto marginal do capital diminui.

Produto marginal decrescente do capital Os rendimentos decrescentes também ocorrem à medida que a quantidade de capital aumenta. Podemos constatar esse fato calculando o produto marginal do capital para determinada quantidade de trabalho. O *produto marginal do capital* é a variação do produto total dividida pela variação do capital quando a quantidade de trabalho é constante – em outras palavras, a variação da produção resultante de um aumento da quantidade de capital em uma unidade. Por exemplo, se a Cindy's tem 3 trabalhadores e aumenta seu capital de 1 para 2 máquinas, a produção aumenta de 13 para 18 blusas por dia. O produto marginal do capital é de 5 blusas por dia. Se Cindy's aumenta o número de máquinas de 2 para 3, a produção aumenta de 18 para 22 blusas por dia. O produto marginal da terceira máquina é de 4 blusas por dia, menor que o de 5 blusas por dia da segunda máquina.

Veremos agora o que a função de produção implica para os custos de longo prazo.

Custo de curto prazo e custo de longo prazo

Continuaremos a presumir que a Cindy's pode contratar trabalhadores por $ 25 ao dia e alugar máquinas de costura por $ 25 ao dia cada uma. Utilizando esses preços dos fatores e os dados da Tabela 10.3, podemos calcular e representar graficamente as curvas de custo total médio para unidades produtivas com 1, 2, 3 e 4 máquinas de costura. Já estudamos os custos de uma fábrica com 1 máquina nas figuras 10.4 e 10.5. Na Figura 10.7, a curva de custo total médio para esse caso é $CTMe_1$. A Figura 10.7 também mostra a curva de custo total médio para uma fábrica com 2 máquinas, $CTMe_2$, com 3 máquinas, $CTMe_3$, e com 4 máquinas, $CTMe_4$.

Podemos observar, na Figura 10.7, que o tamanho das instalações produtivas tem um grande efeito sobre o custo total médio da empresa. Dois fatos se destacam:

1. Cada curva $CTMe$ de curto prazo tem formato de U.
2. Para cada curva $CTMe$ de curto prazo, quanto maiores são as instalações produtivas, maior é a produção na qual o custo total médio está no mínimo.

Cada curva de custo total médio de curto prazo tem formato de U porque, à medida que a quantidade de trabalho aumenta, seu produto marginal inicialmente aumenta e depois diminui. Esse padrão do produto marginal do trabalho, que analisamos com certo nível de detalhamento para a fábrica com 1 máquina de costura, ocorre para todos os tamanhos de instalações produtivas.

Para alcançar o custo total médio mínimo, uma fábrica maior precisa de uma produção maior do que aquela que é necessária para uma fábrica menor porque tem um custo fixo total mais alto e, portanto, para qualquer quantidade de produção, um custo fixo médio mais alto.

A curva de custo médio de curto prazo na qual a Cindy's opera depende do tamanho das instalações produtivas. Mas, no longo prazo, a Cindy's pode escolher o tamanho de suas instalações produtivas, e o tamanho escolhido depende da quantidade de produção planejada pela empresa. A razão disso é que o custo total médio de determinada quantidade de produção depende do tamanho das instalações produtivas.

Para entender por que, suponha que Cindy planeje produzir 13 blusas por dia. Com 1 máquina, a curva de custo total médio é $CTMe_1$ (na Figura 10.7), e o custo total médio de 13 blusas por dia é $ 7,69 por blusa. Com 2 máquinas, na curva $CTMe_2$, o custo total médio é $ 6,80 por blusa. Com 3 máquinas, na curva $CTMe_3$, o custo total médio é $ 7,69 por blusa, igual ao $CTMe$ para 1 máquina. Por fim, com 4 máquinas, na curva $CTMe_4$, o custo total médio é $ 9,50 por blusa.

O tamanho das instalações produtivas economicamente eficientes para determinada quantidade de produção é aquele que apresenta o custo total médio mais baixo. Para a Cindy's, a unidade produtiva economicamente eficiente a ser utilizada para produzir 13 blusas por dia é aquela com 2 máquinas.

No longo prazo, a Cindy's escolhe o tamanho das instalações produtivas que minimize seu custo total médio. Quando uma empresa produz determinada quantidade no menor custo possível, ela está operando na *curva de custo médio de longo prazo*.

A **curva de custo médio de longo prazo** é a relação entre o menor custo total médio atingível e a produção quando tanto o tamanho das instalações produtivas quanto o trabalho variam.

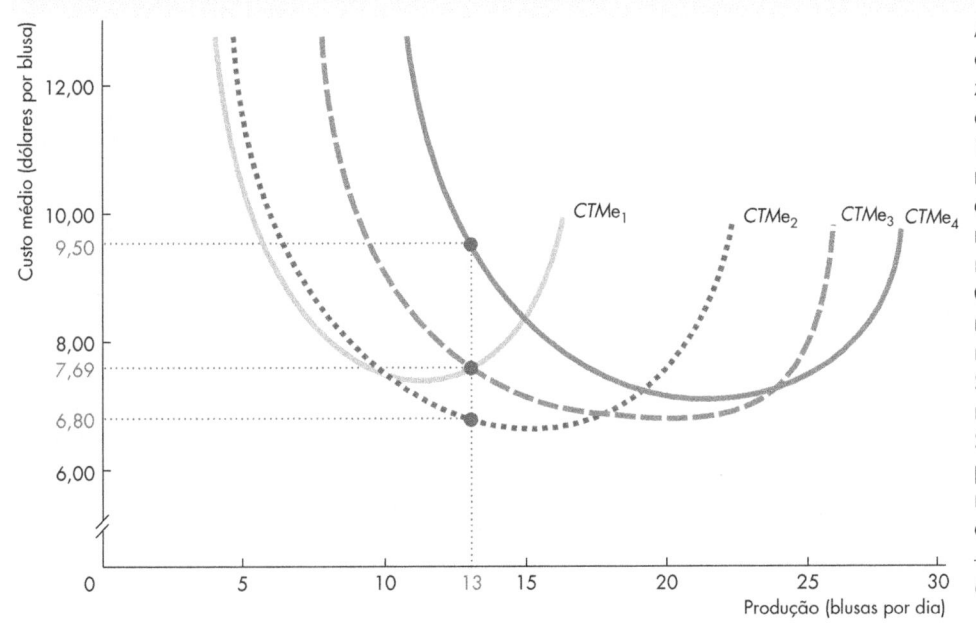

Figura 10.7 Custos de curto prazo de quatro fábricas

A figura mostra as curvas de custo total médio de curto prazo para quatro quantidades de capital. A Cindy's pode produzir 13 blusas por dia com 1 máquina de costura, na curva $CTMe_1$, ou com 3 máquinas de costura, na curva $CTMe_3$, por um custo médio de $ 7,69 por blusa. A Cindy's pode produzir o mesmo número de blusas utilizando 2 máquinas, na curva $CTMe_2$, por $ 6,80 por blusa ou utilizando 4 máquinas, na curva $CTMe_4$, por $ 9,50 por blusa. Se a Cindy's produz 13 blusas por dia, o método de produção de menor custo – o método de longo prazo – é com 2 máquinas, na curva $CTMe_2$.

A curva de custo médio de longo prazo é uma curva de planejamento. Ela informa o tamanho das instalações produtivas da empresa e a quantidade de trabalho que serão utilizados em cada quantidade de produção para minimizar o custo. Uma vez escolhido o tamanho das instalações produtivas, a empresa passa a operar nas curvas de custo de curto prazo que se aplicam a esse tamanho.

A curva de custo médio de longo prazo

A Figura 10.8 mostra a curva de custo médio de longo prazo, CMe_{LP}, da Cindy's Sweaters. Essa curva de custo médio de longo prazo é derivada das curvas de custo total médio de curto prazo da Figura 10.7. Para uma produção acima de 10 blusas por dia, o custo total médio é o mais baixo na curva $CTMe_1$. Para uma produção entre 10 e 18 blusas por dia, o custo total médio é o mais baixo na curva $CTMe_2$. Para uma produção entre 18 e 24 blusas por dia, o custo total médio é o mais baixo na curva $CTMe_3$. Por fim, para uma produção acima de 24 blusas por dia, o custo total médio é o mais baixo na curva $CTMe_4$. O segmento de cada curva de custo total médio com o mais baixo custo total médio está destacado em preto na Figura 10.8. Essa curva preta envoltória, composta de quatro segmentos das curvas de custo total médio, é a curva de custo médio de longo prazo.

Economias e deseconomias de escala

Economias de escala são características da tecnologia de uma empresa que levam a uma redução do custo médio de longo prazo à medida que a produção aumenta. Quando há economias de escala, a curva CMe_{LP} se inclina para baixo. A curva CMe_{LP} da Figura 10.8 mostra que a Cindy's Sweaters tem economias de escala para a produção de até 15 blusas por dia.

Com determinados preços de fatores, as economias de escala ocorrem se o aumento percentual da produção excede o de todos os fatores de produção. Por exemplo, se a produção aumenta mais de 10 por cento quando uma empresa aumenta seu trabalho e capital em 10 por cento, seu custo total médio diminui. Há economias de escala.

A principal fonte de economias de escala é a maior especialização tanto do trabalho quanto do capital. Por exemplo, se a GM produz 100 carros por semana, cada trabalhador deve desempenhar muitas tarefas diferentes e o capital deve ser composto de máquinas e ferramentas de uso geral. Mas, se a GM produz 10 mil carros por semana, cada trabalhador se especializa e se torna altamente hábil em um pequeno número de tarefas.

Deseconomias de escala são características da tecnologia de uma empresa que levam ao aumento do custo médio de longo prazo à medida que a produção aumenta. Quando há deseconomias de escala, a curva CMe_{LP} se inclina para cima. Na Figura 10.8, a Cindy's Sweaters tem deseconomias de escala com a produção acima de 15 blusas por dia.

Com determinados preços de fatores, ocorrem deseconomias de escala se o aumento percentual da produção é menor que o de todos os fatores de produção. Por exemplo, se a produção aumenta menos de 10 por cento quando a empresa aumenta seu trabalho e capital em 10 por cento, seu custo total médio aumenta. Ocorrem deseconomias de escala.

Figura 10.8 Curva de custo médio de longo prazo

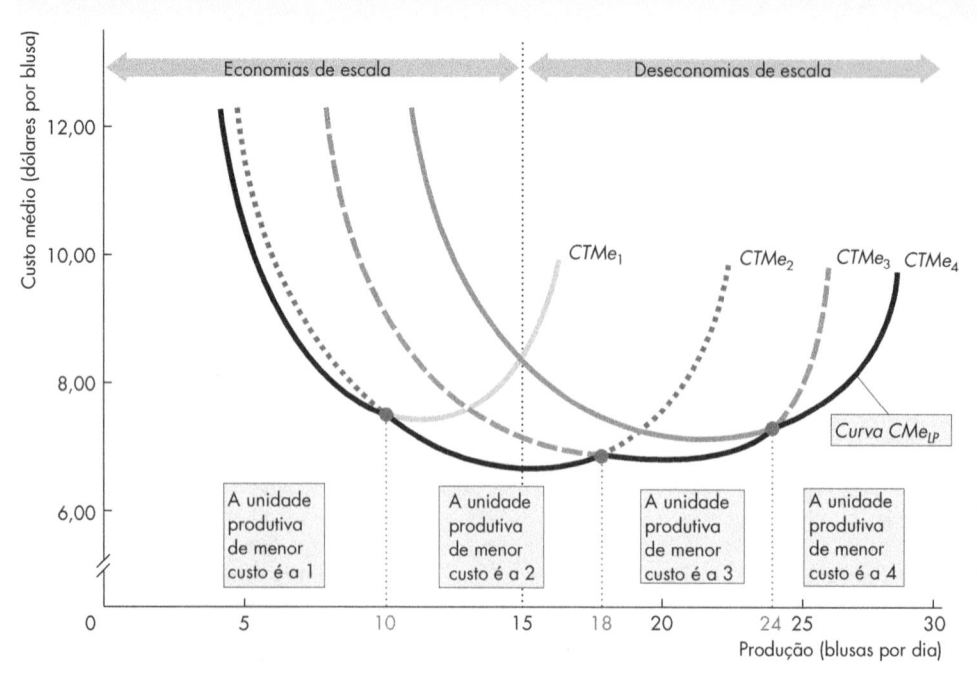

No longo prazo, a Cindy's Sweaters pode variar tanto seu capital quanto o trabalho. A curva de custo médio de longo prazo indica o mais baixo custo total médio de produção atingível. A Cindy's Sweaters produz em sua curva de custo médio de longo prazo, se utiliza 1 máquina para produzir, até 10 blusas por dia, 2 máquinas para produzir entre 10 e 18 blusas por dia, 3 máquinas para produzir entre 18 e 24 blusas por dia e 4 máquinas para produzir mais de 24 blusas por dia. Dentro dessas faixas, a Cindy's Sweaters altera sua produção modificando a quantidade de trabalho.

A principal fonte de deseconomias de escala é a dificuldade de administrar um empreendimento muito grande. Quanto maior é a empresa, maior é o desafio de organizá-la e maior é o custo de comunicação entre os gestores e na hierarquia administrativa, tanto de baixo para cima quanto de cima para baixo. Com o tempo, a complexidade administrativa leva ao aumento do custo médio.

Ocorrem deseconomias de escala em todos os processos de produção, mas talvez somente em um nível de produção muito elevado.

Rendimentos constantes de escala são características da tecnologia de uma empresa que levam a um custo médio de longo prazo constante à medida que a produção aumenta. Quando há rendimentos constantes de escala, a curva CMe_{LP} é horizontal.

Os rendimentos constantes de escala ocorrem se o aumento percentual da produção é igual ao de todos os fatores de produção. Por exemplo, se a produção aumenta exatamente 10 por cento quando uma empresa aumenta seu trabalho e capital em 10 por cento, há rendimentos constantes de escala.

Por exemplo, a Ford pode dobrar a produção de determinado modelo de carro duplicando suas instalações produtivas. A empresa pode construir uma linha de produção idêntica e contratar um número idêntico de trabalhadores. Com duas instalações produtivas idênticas, a Ford produz exatamente o dobro de carros.

Escala mínima eficiente Uma empresa tem economias de escala até determinado nível de produção. Além desse nível, ela passa para rendimentos constantes de escala ou deseconomias de escala. A **escala mínima eficiente** de uma empresa é a menor quantidade de produção na qual o custo médio de longo prazo atinge seu nível mais baixo.

A escala mínima eficiente desempenha um papel na determinação da estrutura de mercado, como você verá nos próximos três capítulos. A escala mínima eficiente também nos ajuda a responder a algumas questões sobre empresas reais.

Economias de escala na Cindy's Sweaters A tecnologia utilizada pela Cindy's Sweaters, mostrada na Tabela 10.3, ilustra as economias de escala e as deseconomias de escala. Se a Cindy's aumenta seus fatores de produção de 1 máquina e 1 trabalhador para 2 de cada, um aumento de 100 por cento, a produção aumenta mais de 100 por cento, de 4 para 15 blusas por dia. A Cindy's tem economias de escala, e seu custo médio de longo prazo diminui. Mas, se a Cindy's aumenta seus fatores de produção para 3 máquinas e 3 trabalhadores, um aumento de 50 por cento, a produção aumenta menos de 50 por cento, de 15 para 22 blusas por dia. Agora a Cindy's tem deseconomias de escala, e seu custo médio de longo prazo aumenta. Sua escala mínima eficiente é de 15 blusas por dia.

Produção de automóveis e geração de energia elétrica Por que os fabricantes de automóveis permitem que equipamentos caríssimos não sejam plenamente utilizados? Agora você tem como responder a essa pergunta. Um fabricante de automóveis utiliza as instalações produtivas que minimizam o custo total médio da produção da quantidade que ele pode vender. Mas ele opera abaixo da escala mínima eficiente. Sua curva de custo total médio de curto prazo se parece com a curva $CTMe_1$. Se ele pudesse vender mais carros, produziria mais, e seu custo total médio diminuiria.

Por que tantas empresas de fornecimento de energia elétrica têm uma quantidade de equipamentos de produção que é insuficiente para atender à demanda nos dias mais frios e quentes e, dessa maneira, precisam comprar energia de outras empresas geradoras? Agora você sabe por que isso acontece e por que uma empresa de energia elétrica não constrói mais instalações de geração de energia. Uma empresa geradora de energia utiliza as instalações produtivas que minimizam o custo total médio da produção da quantidade que ela pode vender em um dia normal. Mas ela produz acima da escala mínima eficiente e tem deseconomias de escala. Sua curva de custo total médio de curto prazo se parece com a curva $CTMe_3$. Com maiores instalações produtivas, seus custos totais médios da produção da quantidade normal seriam maiores.

QUESTÕES PARA REVISÃO

1. O que indica a função de produção de uma empresa e como ela está relacionada com uma curva de produto total?
2. A lei dos rendimentos decrescentes se aplica ao capital, bem como ao trabalho? Explique por quê.
3. O que a curva de custo médio de longo prazo de uma empresa mostra? Como ela está relacionada com as curvas de custo médio de curto prazo da empresa?
4. O que são economias de escala e deseconomias de escala? Como elas surgem? Que implicação têm para o formato da curva de custo médio de longo prazo?
5. O que é a escala mínima eficiente de uma empresa?

◆ A seção "Leitura das entrelinhas" aplica o que você aprendeu sobre as curvas de custo de curto e longo prazos de uma empresa. Nela, as curvas de custo da Ford e da GM são examinadas e explica-se por que uma fusão dessas duas empresas não seria uma boa estratégia.

LEITURA DAS ENTRELINHAS

Fusões e custos

A GM e a Ford negociam uma fusão, de acordo com uma reportagem
19 de setembro de 2006

Enquanto a indústria automobilística norte-americana espera para saber se a General Motors levará adiante uma aliança tricontinental com a Nissan e a Renault, surgiu um boato de que a empresa chegou a levar em consideração uma aliança com uma arquiinimiga em seu próprio território.

Executivos da GM e da Ford Motor, de acordo com uma reportagem publicada nesta segunda-feira no *Automotive News*, um periódico do setor, conversaram sobre uma parceria ou fusão ainda neste ano. Mas analistas da indústria rapidamente descartaram a possibilidade de os dois fabricantes de automóveis rivais unirem forças.

"Apesar de a idéia não ser tão impensável quanto já foi no passado", escreveu Efraim Levy, um analista da Standard & Poor especializado na indústria automobilística, em um comunicado para os clientes, "consideramos tal fusão altamente improvável e não vemos nenhum benefício para nenhuma das duas empresas em uma reestruturação como essa"...

As especulações de que os dois fabricantes de automóveis estejam ao menos considerando essa ampla parceria surgem no momento em que a indústria automobilística norte-americana é abalada com os planos das duas empresas de cortar milhares de empregos e fechar dezenas de fábricas como parte de seus esforços de revitalização. Os lucros têm sido modestos para os fabricantes de automóveis dos Estados Unidos porque os altos preços da gasolina reduziram as vendas de seus lucrativos utilitários esportivos e picapes...

Fonte: Copyright 2006 The New York Times Company. Reproduzido com permissão. Proibido nova reprodução. Disponível em: http://www.nytimes.com

---

Essência da notícia

▶ Foi divulgado em uma reportagem que a General Motors, a Nissan e a Renault podem tentar formar uma aliança.

▶ Outra reportagem diz que a General Motors e a Ford Motor Company podem tentar uma fusão.

▶ Um analista do setor, Efraim Levy, diz que é difícil ver quaisquer benefícios de uma fusão para qualquer uma das empresas.

▶ Ambas as empresas planejam cortar milhares de empregos e fechar dezenas de unidades produtivas.

Análise econômica

▶ Os três grandes fabricantes de automóveis dos Estados Unidos estão tendo dificuldades na competição com fabricantes japoneses e europeus.

▶ Especula-se que dois dos três grandes fabricantes de automóveis nos Estados Unidos, a Ford e a GM, poderiam tentar uma fusão.

▶ Ocorrem fusões quando duas empresas podem eliminar instalações produtivas duplicadas enquanto mantêm ou aumentam o produto total.

▶ Os grandes fabricantes de automóveis dos Estados Unidos apresentam a característica incomum de ter custos que são, na maioria, fixos.

▶ Grande parte do custo do trabalho é fixa porque os sindicatos negociaram pacotes de aposentadoria e demissão que remuneram os trabalhadores depois que eles saem das empresas.

▶ Ambas as empresas estão tentando reduzir seus custos fechando fábricas e dispensando milhares de trabalhadores.

▶ É pouco provável que uma fusão atinja economias de custo para qualquer uma dessas duas empresas além do que elas poderiam obter separadamente. As figuras ilustram por quê.

▶ A Figura 1 mostra como um fabricante de automóveis pode reduzir seu custo variável médio aumentando o produto total.

▶ Neste exemplo, se a empresa produz 8 milhões de veículos por ano (uma média aproximada do que a Ford e a GM produzem), o custo total médio é de US$ 25.000 por veículo (mais uma vez, uma média aproximada do custo total médio da Ford e da GM).

▶ Se a empresa pudesse aumentar a produção, o custo total médio diminuiria ao longo da curva CTMe.

▶ A Figura 2 ilustra os prováveis efeitos de uma fusão.

▶ Separadamente, cada empresa tem uma curva de custo total médio $CTMe_0$.

▶ Se as empresas se fundissem, não haveria economias de custo significativas. Assim, os custos fixos da nova empresa seriam aproximadamente o dobro dos custos de uma das empresas.

▶ A curva de custo total médio da nova empresa seria $CTMe_1$.

▶ O produto total da nova empresa seria (aproximadamente) o dobro do produto total de cada empresa antes da fusão, e o custo total médio ficaria inalterado.

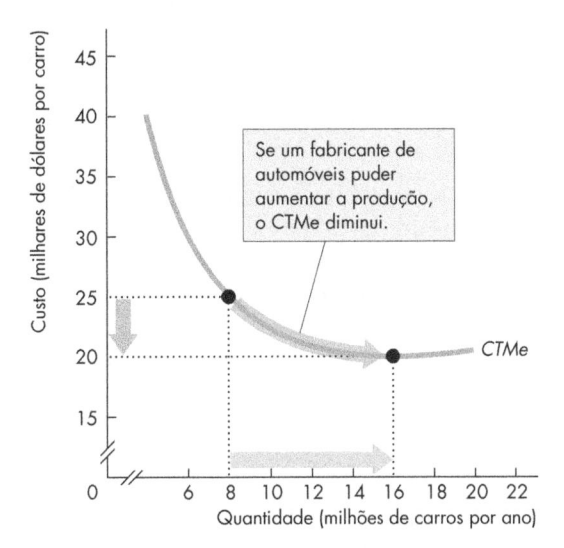

Figura 1: Um fabricante de automóveis como a GM ou a Ford

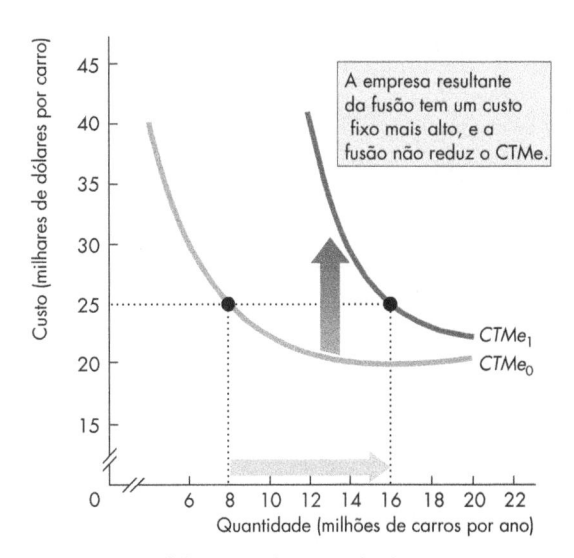

Figura 2: Um fabricante de automóveis como o resultante de uma fusão da GM e da Ford

RESUMO

Pontos-chave

Os momentos de decisão (p. 215-216)

■ No curto prazo, a quantidade de pelo menos um fator de produção é fixa e a quantidade dos outros fatores de produção pode variar.

■ No longo prazo, a quantidade de todos os fatores de produção pode ser alterada.

Restrições tecnológicas de curto prazo (p. 216-220)

■ Uma curva de produto total mostra a quantidade que uma empresa pode produzir com dada quantidade de capital e diferentes quantidades de trabalho.

■ Inicialmente, o produto marginal do trabalho aumenta à medida que a quantidade de trabalho aumenta, porém, mais cedo ou mais tarde, o produto marginal diminui – lei dos rendimentos decrescentes.

■ O produto médio aumenta inicialmente e diminui com o passar do tempo.

Custo de curto prazo (p. 220-224)

■ À medida que a produção aumenta, o custo fixo total se mantém constante, e o custo variável total e o custo total aumentam.

■ À medida que a produção aumenta, o custo fixo médio diminui e o custo variável médio, o custo total médio e o custo marginal diminuem com baixos níveis de produção e aumentam com altos níveis de produção. Essas curvas de custo têm formato de U.

Custo de longo prazo (p. 224-227)

■ Há uma série de curvas de custo de curto prazo para cada tamanho das instalações produtivas. Há um tamanho de instalações produtivas de custo mínimo para cada produção. Quanto maior é a produção, maior é o tamanho de instalações produtivas que minimizará o custo total médio.

■ A curva de custo médio de longo prazo mostra o menor custo total médio atingível para cada quantidade de produção quando tanto o capital como o trabalho podem ser alterados.

■ Com economias de escala, a curva de custo médio de longo prazo se inclina para baixo. Com deseconomias de escala, a curva de custo médio de longo prazo se inclina para cima.

Tabela e figuras-chave

Figura 10.2: Produto total e produto marginal, 218
Figura 10.3: Produto médio, 219
Figura 10.5: Custo marginal e custos médios, 222
Figura 10.6: Curvas de produto e curvas de custo, 223
Figura 10.7: Custos de curto prazo de quatro fábricas, 225
Figura 10.8: Curva de custo médio de longo prazo, 226
Tabela 10.2: Um glossário conciso dos custos, 224

Palavras-chave

Curto prazo, 216
Curva de custo médio de longo prazo, 225
Custo a fundo perdido, 216
Custo fixo médio, 221
Custo fixo total, 220
Custo marginal, 221
Custo total, 220
Custo total médio, 221
Custo variável médio, 221
Custo variável total, 220
Deseconomias de escala, 226
Economias de escala, 226
Escala mínima eficiente, 227
Lei dos rendimentos decrescentes, 219
Longo prazo, 216
Produto marginal, 217
Produto médio, 217
Produto total, 216
Rendimentos constantes de escala, 227
Rendimentos marginais decrescentes, 219

EXERCÍCIOS

1. A tabela de produto total da Sue's Surfboards é:

Trabalho (trabalhadores por semana)	Produção (pranchas de surfe por semana)
1	30
2	70
3	120
4	160
5	190
6	210
7	220

   a. Desenhe a curva de produto total.
   b. Calcule o produto médio do trabalho e desenhe a curva de produto médio.
   c. Calcule o produto marginal do trabalho e desenhe a curva de produto marginal.
   d. Em que faixa de produção a empresa se beneficia de maior especialização e divisão do trabalho?
   e. Em que faixa de produção a empresa tem um produto marginal do trabalho decrescente?
   f. Em que faixa de produção a empresa tem um produto médio do trabalho crescente, mas um produto marginal do trabalho decrescente?
   g. Explique como é possível para uma empresa ter simultaneamente um produto médio do trabalho crescente e um produto marginal do trabalho decrescente.

2. A tabela de produto total da Sue's Surfboards é a mesma do exercício 1. Cada trabalhador recebe $ 500 por semana, e o custo fixo total da empresa é de $ 1.000 por semana.
   a. Calcule o custo total, o custo variável total e o custo fixo total para cada nível de produção e desenhe as curvas de custo total de curto prazo.
   b. Calcule o custo total médio, o custo fixo médio, o custo variável médio e o custo marginal para cada nível de produção e desenhe as curvas de custo marginal e custo médio de curto prazo.
   c. Desenhe as curvas *PMe*, *PMg*, *CVMe* e *CMg* como as da Figura 10.6.

3. O proprietário do prédio alugado pela Sue's Surfboards aumenta o aluguel em $ 200 por semana. Todos os outros fatores permanecem iguais aos apresentados nos exercícios 1 e 2. Explique quais mudanças ocorrem na curva de custo médio de curto prazo e na curva de custo marginal da Sue's Surfboards.

4. O sindicato que representa os trabalhadores da Sue's Surfboards negocia um aumento salarial de $ 100 por semana para cada trabalhador. Todos os outros fatores permanecem iguais aos apresentados nos exercícios 1 e 2. Explique como a curva de custo médio de curto prazo e a curva de custo marginal da Sue's Surfboards mudam.

5. Ocorre um incêndio na Bill's Bakery, e Bill perde parte de seus dados de custos. Os pedaços de papel que ele consegue recuperar depois do incêndio proporcionam as informações apresentadas na tabela a seguir (todos os valores de custo são em unidades monetárias).

PT	CFMe	CVMe	CTMe	CMg
10	120	100	220	
20	A	B	150	80
30	40	90	130	90
40	30	C	D	130
50	24	108	132	E

   Bill lhe pede que o ajude a descobrir os dados que faltam nas cinco lacunas identificadas como *A*, *B*, *C*, *D* e *E*.

6. A Sue's Surfboards, descrita nos exercícios 1 e 2, compra uma segunda unidade produtiva, e o produto total de cada quantidade de trabalho aumenta 50 por cento.

O custo fixo total de operação de cada fábrica é de $ 1.000 por semana. Cada trabalhador recebe $ 500 por semana.

  a. Desenhe a curva de custo total médio da Sue's Surfboards quando ela opera duas unidades produtivas.
  b. Desenhe a curva de custo médio de longo prazo.
  c. Em que faixas de produção é eficiente operar uma e duas unidades produtivas?

7. A tabela mostra a função de produção da Bonnie's Balloon Rides, uma empresa que oferece passeios de balão.

Trabalho (trabalhadores por dia)	Produção (passeios de balão por dia)			
	Unidade 1	Unidade 2	Unidade 3	Unidade 4
10	4	10	13	15
20	10	15	18	20
30	13	18	22	24
40	15	20	24	26
50	16	21	25	27
Balões (número)	1	2	3	4

A Bonnie's paga $ 500 por dia por balão alugado e $ 25 por dia por operador de balão contratado.

  a. Calcule e represente graficamente a curva de custo total médio para cada tamanho de instalação produtiva.
  b. Trace a curva de custo médio de longo prazo da Bonnie's.
  c. Qual é a escala mínima eficiente da Bonnie's?
  d. Explique como a Bonnie's utiliza sua curva de custo médio de longo prazo para decidir quantos balões alugar.

8. Uma empresa está produzindo no mais baixo custo total médio com suas instalações produtivas atuais. Explique, utilizando os conceitos de economias de escala e deseconomias de escala, as circunstâncias nas quais a empresa:

  a. Pode reduzir seu custo total médio aumentando o tamanho das instalações produtivas.
  b. Pode reduzir seu custo total médio reduzindo o tamanho das instalações produtivas.
  c. Não pode reduzir seu custo total médio.

Desenhe a curva de custo total médio de curto prazo da empresa e a curva de custo médio de longo prazo para cada um dos três casos.

9. O custo da geração de eletricidade com a utilização de usinas hidroelétricas representa cerca de um terço do custo da utilização de usinas a carvão, petróleo ou energia nuclear e menos de um quarto do custo da utilização de usinas a gás. A maior parte das diferenças de custo resulta das diferenças do custo do combustível. Mas parte das diferenças de custo resulta das diferenças dos custos das instalações produtivas. A construção de uma usina hidroelétrica custa menos do que a de uma usina a carvão, petróleo ou nuclear. Usinas a gás custam menos para ser construídas, mas são as que apresentam operação mais dispendiosa.

(Baseado em *Projected costs of generating electricity*, Agência Internacional de Energia, 2005)

  a. Utilize as informações acima para desenhar as curvas de custo médio para a produção de eletricidade (*CFMe*, *CVMe* e *CTMe*) com a utilização de três tecnologias: (i) hidroelétrica, (ii) a carvão, a petróleo ou nuclear e (iii) a gás.
  b. Utilize as informações acima para desenhar as curvas de custo marginal para a produção de eletricidade com a utilização de três tecnologias: (i) hidroelétrica, (ii) a carvão, a petróleo ou nuclear e (iii) a gás.
  c. Considerando as diferenças de custo entre os vários métodos de geração de eletricidade, por que utilizamos mais de um método? Se pudéssemos utilizar um método só, qual seria?

PENSAMENTO CRÍTICO

1. Estude a seção "Leitura das entrelinhas" e responda às seguintes perguntas:

  a. Quais são as principais maneiras pelas quais a Ford e a GM podem reduzir seu custo total médio?
  b. Por que a maior parte dos custos da Ford e da GM é formada por custos fixos?
  c. A Ford e a GM têm economias de escala, rendimentos constantes de escala ou deseconomias de escala?
  d. Como o custo total médio da Ford e da GM mudaria se as empresas fechassem algumas unidades produtivas?
  e. Como o custo total médio da Ford e da GM mudaria se as empresas pudessem aumentar o produto total?
  f. Como o custo total médio da Ford e da GM mudaria se as empresas reduzissem o produto total?
  g. Por que seria improvável que uma fusão da Ford e da GM reduzisse o custo total médio da empresa resultante?

ATIVIDADES NA INTERNET

1. Faça uma pesquisa na Internet para obter informações sobre o custo da produção de cana-de-açúcar ou outro produto agrícola de seu interesse.

  a. Faça uma lista de todos os custos.
  b. Para cada item dos custos, assinale se é um custo fixo ou um custo variável.
  c. Faça algumas hipóteses sobre a produção de cana-de-açúcar e desenhe as curvas de custo médio e custo marginal da produção.
  d. Em sua opinião, a produção tem economias de escala, rendimentos constantes de escala ou deseconomias de escala. Justifique sua resposta.

CENÁRIO BRASILEIRO

Produtividade do trabalho no Brasil

James Habe[1]
Fernanda Feil[2]

A produtividade do trabalho no Brasil, que mede a relação entre a quantidade de trabalho e o nível de produção, vem crescendo desde o período após Segunda Guerra Mundial, à exceção da década de 1980. As principais finalidades de medidas de produtividade estão associadas à indicação de progresso técnico, eficiência do uso de recursos e evolução dos níveis de vida. Mais recentemente, o elevado ritmo da economia brasileira e a melhora no mercado de trabalho trouxeram de volta à discussão algumas análises sobre a utilização dos fatores de produção. Assim, a produtividade da mão-de-obra é um assunto que pode trazer algumas informações novas a respeito do desempenho dessa variável.

A mensuração da produtividade enfrenta algumas dificuldades devido à disponibilidade de informações[3] (Guerreiro, 2007). No caso da produtividade do trabalho no Brasil, a dificuldade se atenua um pouco mais em razão da disponibilidade do IBGE de algumas informações mais estruturadas. No caso, as informações da produção industrial permitem auferir uma boa medição de produtividade do trabalhador. A metodologia usada por Bonelli (2002) permite calcular a produção física da indústria por trabalhador e evita problemas de efeitos nominais.

A pesquisa do IBGE sobre o emprego na indústria é recente e foi divulgada inicialmente em dezembro de 2000. No gráfico, pode-se observar a evolução da produtividade na indústria e uma mudança do comportamento em 2003. Na primeira fase, o país conviveu com a crise da energia (2001) e da sucessão eleitoral (2002). As incertezas sobre a oferta de energia levaram o país a um ajuste profundo na utilização da energia elétrica, o que acabou ocasionando a redução no ritmo da atividade econômica. Neste período, a produtividade na indústria de transformação cresceu 0,1 por cento ao ano. A indústria extrativa foi responsável pela grande melhora na média, crescendo 24,6 por cento ao ano.

No segundo semestre de 2003, houve a mudança de nível na produtividade influenciada tanto pelo aumento na produção industrial quanto pelo nível de emprego. O crescimento de 3,9 por cento ao ano na indústria geral reforça a boa fase da economia. A melhoria nas condições domésticas aumentou a oferta para atender a demanda doméstica que se aqueceu. Esta nova necessidade forçou muitos setores a aumentar o número de turnos, como, por exemplo, os setores de bens de consumo duráveis. A indústria de transformação teve crescimento na produtividade de 3,7 por cento ao ano.

Já o setor da indústria extrativa (+8,5 por cento ao ano produtividade) foi beneficiado pela boa fase da economia mundial. Alguns produtos como minério de ferro e petróleo se beneficiaram do aumento da exportação, elevando os investimentos e a sua produção.

A valorização cambial foi outro fator que impulsionou o aumento no nível de importação de bens de consumo duráveis e intermediários. De acordo com Bonelli (2002), o aumento da importação observado nos anos de 1990 levou alguns setores da economia a aumentar sua competitividade diante da concorrência estrangeira. Nos anos recentes, o mesmo efeito pode ser um fator importante.

As informações sobre a indústria brasileira pode ser um bom indicador sobre a produtividade da mão-de-obra. Embora a falta de dados dos demais setores da economia inviabilize estudos com maior grau de precisão, o cenário mostra uma mudança no mercado de trabalho brasileiro, exigindo uma força de trabalho mais qualificada para manter o ritmo atual da produção. Ainda, dado que a melhora da competitividade atua diretamente no sentido de desenvolvimento da qualidade de vida da população, bem como coloca o país em melhor situação de competitividade internacional, esse movimento atua no sentido de aprimoramento dos indicadores econômicos e sociais.

---

[1] Economista, mestrando em Economia

[2] Economista.

[3] De acordo com o autor, as variáveis utilizadas devem ser muito bem definidas para não haver erros de interpretação.

Figura 1 Produtividade da Indústria
(Média móvel 3 meses – ajustado sazonalmente)

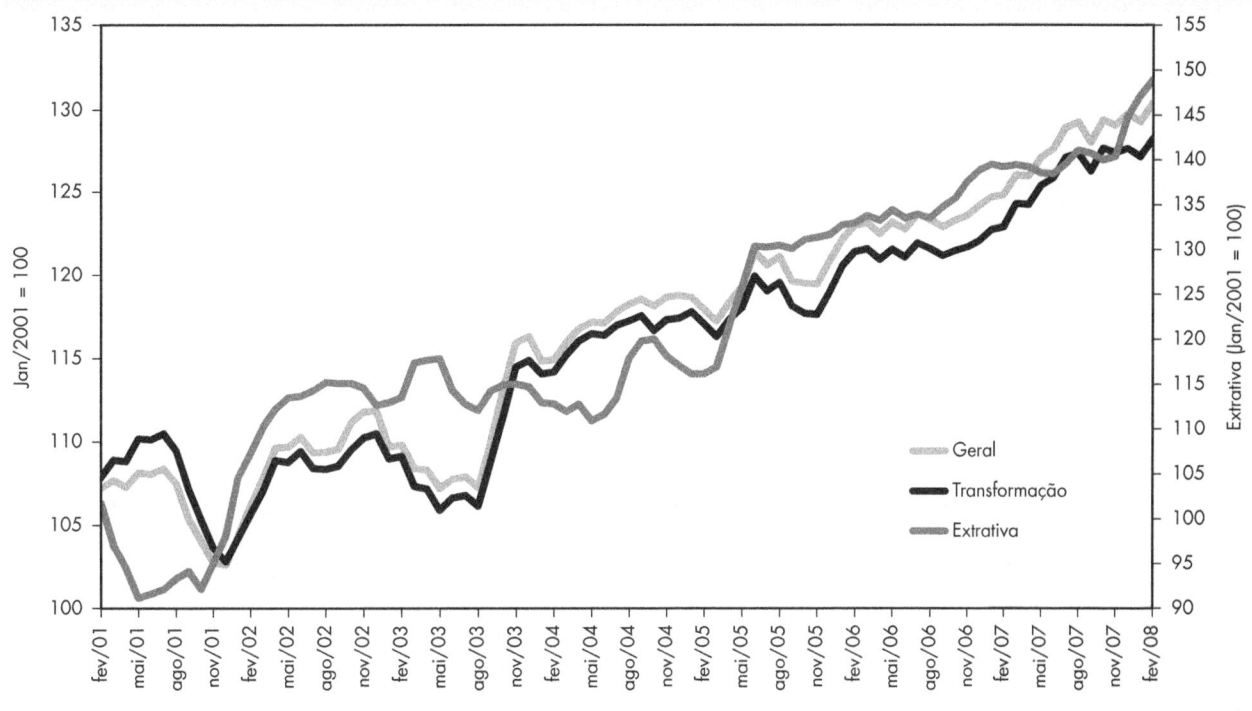

Fonte: IBGE

REFERÊNCIAS

BONELLI, Regis. Labor Productivity in Brazil during the 1990s. IPEA, TD 906, Rio de Janeiro, 2002.

GUERREIRO, Ian R. Produtividade do Trabalho no Brasil. *Boletim Informações FIPE*, n. 326, São Paulo, 2007.

QUESTÕES

1 Quais os fatores que podem influenciar a produtividade da mão-de-obra?

2 Como o aumento da importação de máquinas e equipamentos poderia elevar a produtividade da mão-de-obra?

3 Um trabalhador sendo mais produtivo, a quantidade vendida de um determinado produto por uma fábrica poderia se elevar? E como melhoraria a vida das pessoas?

CAPÍTULO 11

Concorrência perfeita

Ao término do estudo deste capítulo, você saberá:

▶ Definir concorrência perfeita.

▶ Explicar como as empresas tomam suas decisões de oferta e por que algumas vezes elas fecham suas portas temporariamente e demitem funcionários.

▶ Explicar como são determinados o preço e a produção de uma indústria e por que as empresas entram em uma indústria e saem dela.

▶ Prever os efeitos de uma mudança na demanda e de um avanço tecnológico.

▶ Explicar por que a concorrência perfeita é eficiente.

A abelha incansável

Da próxima vez que você comer uma fruta, pense sobre a abelha incansável que polinizou a árvore na qual a fruta cresceu e sobre os apicultores que alugaram suas colméias para os fazendeiros. De uma ponta a outra dos Estados Unidos, de Vermont à Califórnia, os apicultores estão lutando contra uma linhagem de parasitas que está matando suas abelhas. Mas o preço que os apicultores que ainda têm abelhas obtêm pelo aluguel das colméias para polinizar árvores frutíferas mais do que duplicou.

Como a concorrência na apicultura e em outras indústrias afeta os preços e os lucros? O que faz com que algumas empresas entrem em uma indústria e outras saiam dela? Quais efeitos a entrada de novas empresas em uma indústria e a saída de empresas antigas dessa mesma indústria provocam sobre os lucros e os preços?

Em outubro de 2006, mais de 3 milhões de pessoas estavam desempregadas nos Estados Unidos devido a cortes de funcionários feitos pelas empresas em que trabalhavam. Por que as empresas fazem esses cortes? Por que elas fecham as portas temporariamente?

Nos últimos anos, o preço dos computadores pessoais diminuiu acentuadamente. Por exemplo, um computador lento custava quase US$ 4.000 alguns anos atrás, e um computador veloz custa apenas US$ 500 hoje. O que acontece em uma indústria quando o preço de sua produção diminui bruscamente? O que acontece com o lucro das empresas que produzem esses bens? O serviço de polinização feito pelas abelhas, os computadores e a maioria dos outros bens são produzidos por mais de uma empresa, e essas empresas competem umas com as outras nas vendas.

◆ Para estudarmos os mercados competitivos, construiremos um modelo de mercado no qual a concorrência é a mais agressiva e extrema possível – mais extrema do que nos exemplos que acabamos de mencionar. Chamamos essa situação de 'concorrência perfeita'. Na seção "Leitura das entrelinhas", no final do capítulo, retomaremos o caso do mercado de serviços de polinização e veremos como ele se defronta com uma diminuição radical da quantidade de abelhas.

O que é concorrência perfeita?

As empresas que você estudará neste capítulo enfrentam a força da concorrência pura. Chamamos essa forma extrema de competição de concorrência perfeita. A **concorrência perfeita** é uma indústria na qual:

- Muitas empresas vendem produtos idênticos para muitos compradores.
- Não há restrições à entrada na indústria.
- Empresas já estabelecidas não têm vantagem alguma sobre novas empresas.
- Vendedores e compradores são bem informados em relação aos preços.

Agricultura, pesca, produção de celulose e papel, fabricação de copos de papel e sacolas plásticas de compras, varejo de alimentos, revelação de fotos e serviços de jardinagem, encanamento, pintura e lavanderia em geral são todos exemplos de indústrias altamente competitivas.

Como surge a concorrência perfeita

A concorrência perfeita surge se a escala mínima eficiente de um único produtor é pequena em relação à demanda pelo bem ou serviço. A *escala mínima eficiente* de uma empresa é a menor quantidade de produção na qual o custo médio de longo prazo atinge seu nível mais baixo. (Veja o Capítulo 10, p. 233.) Nos casos em que a escala mínima eficiente de uma empresa é pequena em relação à demanda do mercado, há espaço para muitas empresas na indústria.

Em segundo lugar, a concorrência perfeita surge se cada empresa é vista como produtora de um bem ou serviço que não apresenta características únicas, de modo que os consumidores não se importam de adquiri-lo de uma ou outra empresa.

Tomadoras de preços

As empresas na concorrência perfeita são tomadoras de preços. Uma **tomadora de preços** é uma empresa que não tem como influenciar o preço de mercado, determinando seu próprio preço ao nível daquele de mercado.

A principal razão pela qual uma empresa perfeitamente competitiva é uma tomadora de preços é que ela produz uma proporção muito pequena da produção total de determinado bem e os compradores conhecem os preços praticados pelas outras empresas.

Imagine um produtor de trigo no estado norte-americano do Kansas. Ele cultiva mil acres – o que parece ser bastante. Mas, em comparação com os milhões de acres cultivados nos estados do Colorado, Oklahoma, Texas, Nebraska e Dakota do Norte e do Sul, além de mais milhões de acres no Canadá, na Argentina, na Austrália e na Ucrânia, os mil acres dele não passam de uma gota no oceano. Nada faz com que o trigo dele seja melhor do que o de qualquer outro produtor, e todos os compradores de trigo conhecem o preço ao qual eles podem fazer negócios.

Se o preço de mercado do trigo é $ 4 por saca e ele pede $ 4,10, ninguém comprará dele. As pessoas podem procurar outros produtores e comprar tudo o que precisam por $ 4 a saca. Se ele definir seu preço em $ 3,90, terá muitos compradores. Entretanto, ele poderia vender toda a sua produção por $ 4 a saca, de modo que simplesmente está abrindo mão de $ 0,10 por saca. Não existe alternativa melhor do que vender pelo preço de mercado – nesse caso, esse produtor é um *tomador de preços*.

Lucro econômico e receita

A meta de uma empresa é maximizar o *lucro econômico*, que é igual à receita total menos o custo total. O custo total é o *custo de oportunidade* da produção, que inclui o *lucro normal*, o retorno que o empresário pode esperar receber em média em um negócio alternativo. (Veja o Capítulo 9.)

A **receita total** de uma empresa é igual ao preço de sua produção multiplicado pelo número de unidades de produção vendidas (preço × quantidade). A **receita marginal** é a mudança da receita total que resulta do aumento de uma unidade na quantidade vendida. A receita marginal é calculada dividindo-se a variação da receita total pela mudança da quantidade vendida.

A Figura 11.1 ilustra esses conceitos de receita. Na parte (a), a curva de demanda do mercado, D, e a curva de oferta do mercado, S, determinam o preço de mercado, o qual permanece em $ 25 por blusa, independentemente da quantidade de blusas produzida pela Cindy's. O melhor que a Cindy's pode fazer é vender suas blusas a esse preço.

Receita total A receita total é igual ao preço multiplicado pela quantidade vendida. Na tabela da Figura 11.1, se a Cindy's vende 9 blusas, a receita total da empresa é $9 \times $ 25$, o que equivale a $ 225.

A Figura 11.1(b) mostra a curva de receita total da empresa (RT), que representa graficamente a relação entre a receita total e a quantidade vendida. No ponto A da curva RT, a Cindy's vende 9 blusas e tem uma receita total de $ 225. Como cada blusa adicional resulta em uma quantia constante – $ 25 –, a curva de receita total é uma linha reta inclinada para cima.

Receita marginal A receita marginal é a variação da receita total que resulta do aumento de uma unidade na quantidade vendida. Na tabela da Figura 11.1, quando a quantidade vendida aumenta de 8 para 9 blusas, a receita total aumenta de $ 200 para $ 225. A receita marginal é de $ 25 por blusa. Como o preço permanece constante quando a quantidade vendida varia, a mudança da receita total que resulta do aumento de uma unidade na quantidade vendida é igual ao preço – na concorrência perfeita, a receita marginal é igual ao preço.

A Figura 11.1(c) mostra a curva de receita marginal (RMg) da Cindy's, que é uma linha horizontal ao preço de mercado corrente.

A empresa pode vender qualquer quantidade que escolher ao preço de mercado. Desse modo, a curva de demanda para o produto da empresa é uma linha horizontal ao preço de mercado, igual à curva de receita marginal da empresa.

Demanda pelo produto da empresa e demanda do mercado Uma curva de demanda horizontal é perfeitamente elástica. Dessa maneira, a empresa está diante de uma demanda perfeitamente elástica pela sua produção. Uma das blusas produzidas pela Cindy's é um *bem substituto perfeito* para as blusas da fábrica vizinha ou de qualquer outra fábrica. Observe, porém, que a demanda do *mercado* por blusas na Figura 11.1(a) não é perfeitamente elástica. A curva de demanda do mercado é inclinada para baixo, e sua elasticidade depende do grau de substituição das blusas por outros bens e serviços.

QUESTÕES PARA REVISÃO

1 Por que uma empresa em concorrência perfeita é uma tomadora de preços?

2 Na concorrência perfeita, qual é a relação entre a demanda pela produção da empresa e a demanda do mercado?

3 Na concorrência perfeita, por que a curva de receita marginal de uma empresa também é a curva de demanda pela produção da empresa?

Figura 11.1 Demanda, preço e receita na concorrência perfeita

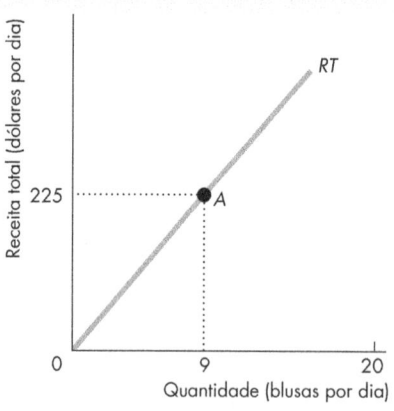

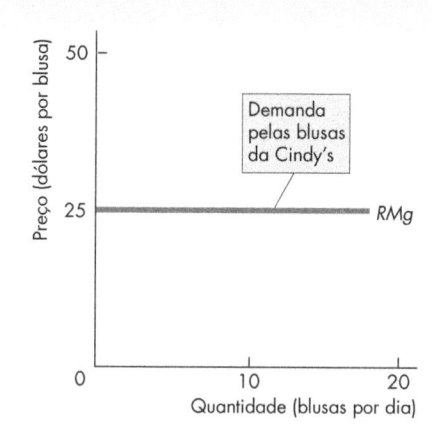

(a) Mercado de blusas

(b) Receita total da Cindy's

(c) Receita marginal da Cindy's

Quantidade vendida (Q) (blusas por dia)	Preço (P) (dólares por blusa)	Receita total (RT = P × Q) (dólares)	Receita marginal (RMg = ΔRT/ΔQ) (dólares por blusa adicional)
8	25	200	
9	25	225	25
10	25	250	25

Na parte (a), a demanda do mercado e a oferta do mercado determinam o preço de mercado (e a quantidade). A parte (b) mostra a curva de receita total (*RT*) da Cindy's. O ponto *A* corresponde à segunda linha da tabela – a Cindy's vende 9 blusas a $ 25 cada uma, de modo que a receita total é $ 225. A parte (c) mostra a curva de receita marginal (*RMg*) da Cindy's, que também é a curva de demanda pelas blusas da Cindy's. A Cindy's Sweaters está diante de uma demanda perfeitamente elástica por suas blusas ao preço de mercado de $ 25 por blusa.

As decisões da empresa na concorrência perfeita

As empresas em uma indústria perfeitamente competitiva defrontam-se com determinado preço de mercado e apresentam as curvas de receita que acabamos de estudar. Essas curvas de receita resumem as restrições do mercado com que uma empresa perfeitamente competitiva se defronta.

As empresas também enfrentam restrições tecnológicas, descritas pelas curvas de produto (produto total, produto médio e produto marginal) que você estudou no Capítulo 10. A tecnologia disponível para a empresa determina seus custos, descritos pelas curvas de custo (custo total, custo médio e custo marginal) que você também estudou no Capítulo 10.

O objetivo da empresa competitiva é obter o máximo lucro econômico possível, dadas as restrições que enfrenta. Para atingir esse objetivo, uma empresa deve tomar quatro decisões básicas: duas no curto prazo e duas no longo prazo.

Decisões de curto prazo O curto prazo é um período no qual cada empresa tem determinadas instalações produtivas e o número de empresas na indústria é fixo. Mas muita coisa pode mudar no curto prazo, e a empresa precisa reagir a essas mudanças. Por exemplo, o preço que a empresa estabelece para vender sua produção pode flutuar com as diferentes estações do ano ou com as circunstâncias gerais dos negócios. A empresa deve reagir a essas flutuações de preço de curto prazo e decidir:

1. Produzir ou fechar as portas temporariamente.
2. Se a decisão for produzir, qual a quantidade.

Decisões de longo prazo O longo prazo é um período no qual cada empresa pode alterar o tamanho de suas instalações produtivas e decidir se permanece na indústria ou sai dela. Outras empresas podem decidir entrar na indústria. Dessa maneira, no longo prazo, tanto o tamanho das instalações produtivas quanto o número de empresas na indústria podem mudar. Além disso, no longo prazo, as restrições enfrentadas pelas empresas também podem mudar. Por exemplo, a demanda pelo bem pode diminuir permanentemente ou um avanço tecnológico pode alterar os custos da indústria. A empresa deve reagir a essas mudanças de longo prazo e decidir:

1. Aumentar ou diminuir o tamanho de suas instalações produtivas.
2. Permanecer na indústria ou sair dela.

A empresa e a indústria no curto e no longo prazo Para estudarmos uma indústria competitiva, começamos analisando as decisões de curto prazo de uma empresa individual. Em seguida veremos como as decisões de curto prazo de todas as empresas em uma indústria competitiva se combinam para determinar o preço, a produção e o lucro econômico da indústria. Depois voltaremos para o longo prazo e estudaremos os efeitos das decisões de longo prazo sobre o preço, a produção e o lucro econômico da indústria. Todas essas decisões são motivadas por um único objetivo: a maximização do lucro econômico.

Produção maximizadora de lucro

Uma empresa perfeitamente competitiva maximiza o lucro econômico por meio da escolha de seu nível de produção. Um modo de calcular a produção maximizadora de lucro é analisar as curvas de receita total e custo total da empresa e encontrar o nível de produção no qual a receita total excede o custo total na maior quantia. A Figura 11.2 mostra como fazer isso no caso da Cindy's Sweaters. A tabela contém a receita total e o custo total da empresa em diferentes níveis de produção, e a parte (a) da figura mostra as curvas de receita total e de custo total da Cindy's. Essas curvas são representações gráficas dos números mostrados nas três primeiras colunas da tabela. A curva de receita total (RT) é a mesma que a da Figura 11.1(b). A curva de custo total (CT) é similar à que vimos no Capítulo 10: à medida que a produção aumenta, o custo total também aumenta.

O lucro econômico é igual à receita total menos o custo total. A quarta coluna da tabela da Figura 11.2 mostra o lucro econômico da Cindy's, e a parte (b) da figura ilustra esses números como a curva de lucro LT da Cindy's. Essa curva mostra que a Cindy's obtém lucro econômico em níveis de produção entre 4 e 12 blusas por dia. Com a produção abaixo de 4 blusas por dia, a Cindy's incorre em perda econômica. Ela também incorre em perda econômica se a produção excede 12 blusas por dia. Com níveis de produção entre 4 e 12 blusas por dia, o custo total é igual à receita total e o lucro econômico da Cindy's é zero. A produção na qual o custo total é igual à receita total é chamada de *break-even point*, e, nesse caso, o lucro econômico da empresa é zero. O lucro normal faz parte dos custos da empresa, de modo que, nesse ponto, o empresário obtém um lucro normal.

Figura 11.2 Receita total, custo total e lucro econômico

Quantidade vendida (Q) (blusas por dia)	Receita total (RT) (dólares)	Custo total (CT) (dólares)	Lucro econômico (RT – CT) (dólares)
0	0	22	–22
1	25	45	–20
2	50	66	–16
3	75	85	–10
4	100	100	0
5	125	114	11
6	150	126	24
7	175	141	34
8	200	160	40
9	225	183	42
10	250	210	40
11	275	245	30
12	300	300	0
13	325	360	–35

(a) Receita e custo

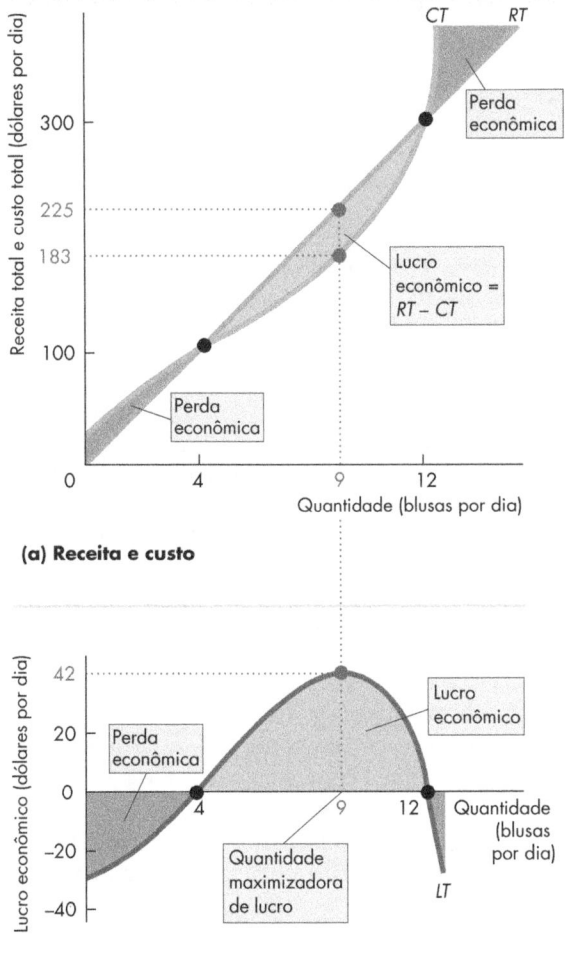

(b) Perda e lucro econômicos

A tabela mostra a receita total, o custo total e o lucro econômico da Cindy's. A parte (a) representa graficamente as curvas de receita total e custo total. O lucro econômico, na parte (a), é a altura da área cinza entre as curvas de custo total e receita total. A Cindy's obtém o máximo lucro econômico, $ 42 por dia ($ 225 – $ 183), quando produz 9 blusas – a produção na qual a distância vertical entre as curvas de receita total e custo total é a maior existente. Com níveis de produção de 4 e 12 blusas por dia, a Cindy's obtém lucro econômico zero – esses são os *break-even points*. Para níveis de produção abaixo de 4 e acima de 12 blusas por dia, a Cindy's incorre em perda econômica. A parte (b) da figura mostra a curva de lucro da Cindy's. A curva de lucro total atinge seu ponto mais alto quando o lucro econômico é máximo, o que corresponde a uma produção de 9 blusas por dia.

Observe a relação entre as curvas de receita total, custo total e lucro. O lucro econômico é medido pela distância vertical entre as curvas de receita total e custo total. Quando a curva de receita total da Figura 11.2(a) está acima da curva de custo total, entre 4 e 12 blusas, a empresa obtém lucro econômico e a curva de lucro da Figura 11.2(b) está acima do eixo horizontal. No ponto em que as curvas de custo total e de receita total se cruzam, a curva de lucro cruza o eixo horizontal. A curva de lucro atinge seu ponto mais alto quando a distância entre RT e CT atinge o máximo. Nesse exemplo, a maximização do lucro ocorre em um nível de produção de 9 blusas por dia. Com essa produção, a Cindy's Sweaters obtém um lucro econômico de $ 42 por dia.

Análise marginal

Outra maneira de identificar a produção maximizadora de lucro é utilizar a *análise marginal* e comparar a receita marginal, *RMg*, com o custo marginal, *CMg*. À medida que a produção aumenta, a receita marginal permanece constante, mas o custo marginal varia. Em baixos níveis de produção, o custo marginal diminui, porém, mais cedo ou mais tarde, aumenta. Assim, no ponto em que a curva de custo marginal cruza a curva de receita marginal, o custo marginal é crescente.

Se a receita marginal excede o custo marginal (se *RMg* > *CMg*), a receita extra da venda de uma unidade adicional excede o custo extra de sua produção. A empresa obtém lucro econômico sobre a unidade marginal, de modo que seu lucro econômico aumenta se a produção *aumenta*.

Se a receita marginal é menor que o custo marginal (se *RMg* < *CMg*), a receita extra da venda de uma unidade adicional é menor que o custo extra de sua produção. A empresa incorre em uma perda econômica sobre a unidade marginal, de maneira que seu lucro econômico diminui se a produção aumenta e aumenta se a produção *diminui*.

Se a receita marginal é igual ao custo marginal (se *RMg* = *CMg*), o lucro econômico é maximizado. A regra *RMg* = *CMg* é um exemplo de análise marginal. Vamos confirmar se essa regra funciona para encontrar a produção maximizadora de lucro, voltando ao exemplo da Cindy's Sweaters.

Observe a Figura 11.3. A tabela registra a receita marginal e o custo marginal da Cindy's. A receita marginal é uma constante de $ 25 por blusa. Na faixa de produção mostrada na tabela, o custo marginal aumenta de $ 19 para $ 35 por blusa.

Concentre-se nas colunas destacadas da tabela. Se a Cindy's aumenta a produção de 8 para 9 blusas, a receita marginal é $ 25 e o custo marginal é $ 23. Como a receita marginal excede o custo marginal, o lucro econômico aumenta. A última coluna da tabela mostra que o lucro econômico aumenta de $ 40 para $ 42, um aumento de $ 2. Esse lucro econômico obtido com a 9ª blusa é indicado pela área cinza da figura.

Se a Cindy's aumenta a produção de 9 para 10 blusas, a receita marginal continua a ser $ 25, mas o custo margi-

Figura 11.3 Produção maximizadora de lucro

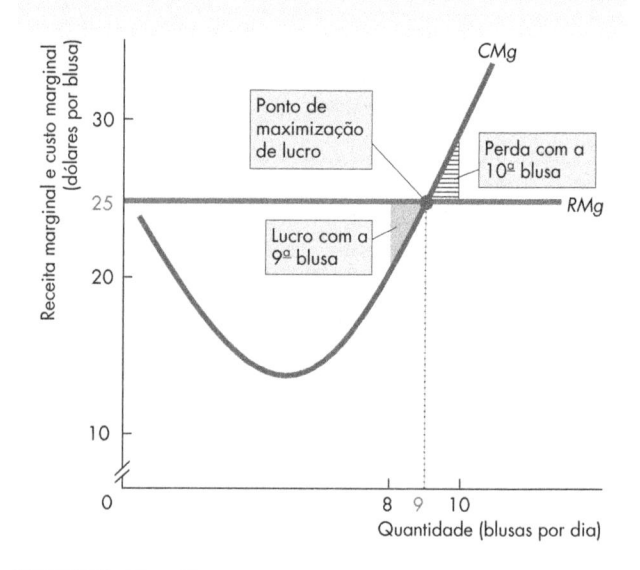

Quanti-dade (Q) (blusas por dia)	Receita total (RT) (dólares)	Receita marginal (RMg) (dólares por blusa adicional)	Custo total (CT) (dólares)	Custo marginal (CMg) (dólares por blusa adicional)	Lucro econômico (RT − CT) (dólares)
7	175		141		34
		25		19	
8	200		160		40
		25		23	
9	225		183		42
		25		27	
10	250		210		40
		25		35	
11	275		245		30

Outra maneira de identificar a produção maximizadora de lucro é determinar o nível de produção no qual a receita marginal é igual ao custo marginal. A tabela mostra que, se a produção aumenta de 8 para 9 blusas, o custo marginal é $ 23, menor que a receita marginal, de $ 25. Se a produção aumenta de 9 para 10 blusas, o custo marginal é $ 27, maior que a receita marginal, de $ 25. A figura mostra que o custo marginal e a receita marginal são iguais quando a Cindy's produz 9 blusas por dia. Se a receita marginal excede o custo marginal, um aumento da produção eleva o lucro econômico. Se a receita marginal é menor que o custo marginal, um aumento da produção diminui o lucro econômico. Se a receita marginal é igual ao custo marginal, o lucro econômico é maximizado.

nal é $ 27. Como a receita marginal é menor que o custo marginal, o lucro econômico diminui. A última coluna da tabela mostra que o lucro econômico diminui de $ 42 para $ 40. Essa perda que ocorre com a 10ª blusa é indicada pela área hachurada da figura.

A Cindy's maximiza o lucro econômico produzindo 9 blusas por dia, a quantidade na qual a receita marginal é igual ao custo marginal.

Lucros e perdas no curto prazo

No equilíbrio de curto prazo, apesar de a empresa gerar a produção maximizadora de lucro, não necessariamente ela acaba obtendo lucro econômico. Isso pode acontecer, mas a empresa também pode ter lucro nulo ou perda econômica. O lucro econômico (ou perda) por blusa é o preço, *P*, menos o custo total médio, *CTMe*. Dessa maneira, o lucro econômico (ou perda) é (*P* – *CTMe*) × *Q*. Se o preço é igual ao custo total médio, a empresa tem lucro nulo – o empresário obtém o lucro normal. Se o preço excede o custo total médio, a empresa obtém lucro econômico. Se o preço é menor que o custo total médio, a empresa incorre em perda econômica. A Figura 11.4 mostra essas três possibilidades de lucro no curto prazo.

Três possibilidades de lucro Na Figura 11.4(a), o preço de uma blusa é $ 20. A Cindy's produz 8 blusas por dia. O custo total médio é $ 20 por blusa. O preço é igual ao custo total médio (*CTMe*), de modo que a Cindy's Sweaters tem lucro econômico zero, e Cindy obtém o lucro normal.

Na Figura 11.4(b), o preço de uma blusa é $ 25. O lucro é maximizado quando a produção é de 9 blusas por dia. Nesse caso, o preço excede o custo total médio, de maneira que a Cindy's obtém lucro econômico, que é de $ 42 por dia. Ele é composto de $ 4,67 por blusa ($ 25,00 – $ 20,33) multiplicado pelo número de blusas ($ 4,67 × 9 = $ 42). O retângulo cinza-claro indica esse lucro econômico. A altura desse retângulo é o lucro por blusa, $ 4,67, e a largura é a quantidade produzida de blusas, 9 por dia, de modo que a área do retângulo é o lucro econômico da Cindy's, de $ 42 por dia.

Na Figura 11.4(c), o preço de uma blusa é $ 17. Nesse caso, o preço é menor que o custo total médio, e a Cindy's incorre em perda econômica. O preço e a receita marginal são $ 17 por blusa, e a produção maximizadora de lucro (nesse caso, minimizadora de perda) é de 7 blusas por dia. A receita total da Cindy's é $ 119 por dia (7 × $ 17). O custo total médio é $ 20,14 por blusa, de modo que a perda econômica é $ 3,14 por blusa ($ 20,14 – $ 17,00), Essa perda por blusa multiplicada pelo número de blusas é de $ 22 ($ 3,14 × 7 = $ 22). O retângulo cinza-escuro indica essa perda econômica. A altura desse retângulo é a perda econômica por blusa, $ 3,14, e a largura é a quantidade produzida de blusas, 7 por dia, de maneira que a área do retângulo é a perda econômica da Cindy's, de $ 22 por dia.

A curva de oferta de curto prazo da empresa

A curva de oferta de curto prazo de uma empresa perfeitamente competitiva mostra como a produção maximizadora de lucro da empresa varia com o preço de mercado, se todos os outros fatores são mantidos constantes. A Figura 11.5 mostra como derivar a curva de oferta da Cindy's. A parte (a) mostra as curvas de custo marginal e de custo variável médio da Cindy's, e a parte (b) mostra sua curva de oferta. Há uma relação direta entre as curvas de custo marginal e de custo variável médio e a curva de oferta. Examinaremos agora que relação é essa.

Encerramento temporário das atividades das instalações produtivas. No curto prazo, uma empresa não tem como evitar seu custo fixo, mas ela pode evitar os custos variáveis dispensando temporariamente seus trabalhadores e fechando as portas. Se uma empresa interrompe suas operações, ela não produz nada e tem uma perda igual ao custo fixo total. Essa perda é a maior que uma empresa precisa ter. Uma empresa interrompe as operações se o preço fica abaixo do custo variável médio mínimo. O **ponto de encerramento de atividades** é a produção e o preço nos quais a empresa meramente cobre seu custo variável total – o ponto *T* da Figura 11.5(a). Se o preço é $ 17, a curva de receita marginal é RMg_0, e a produção maximizadora de lucro é de 7 blusas por dia no ponto *T*. Mas tanto o preço

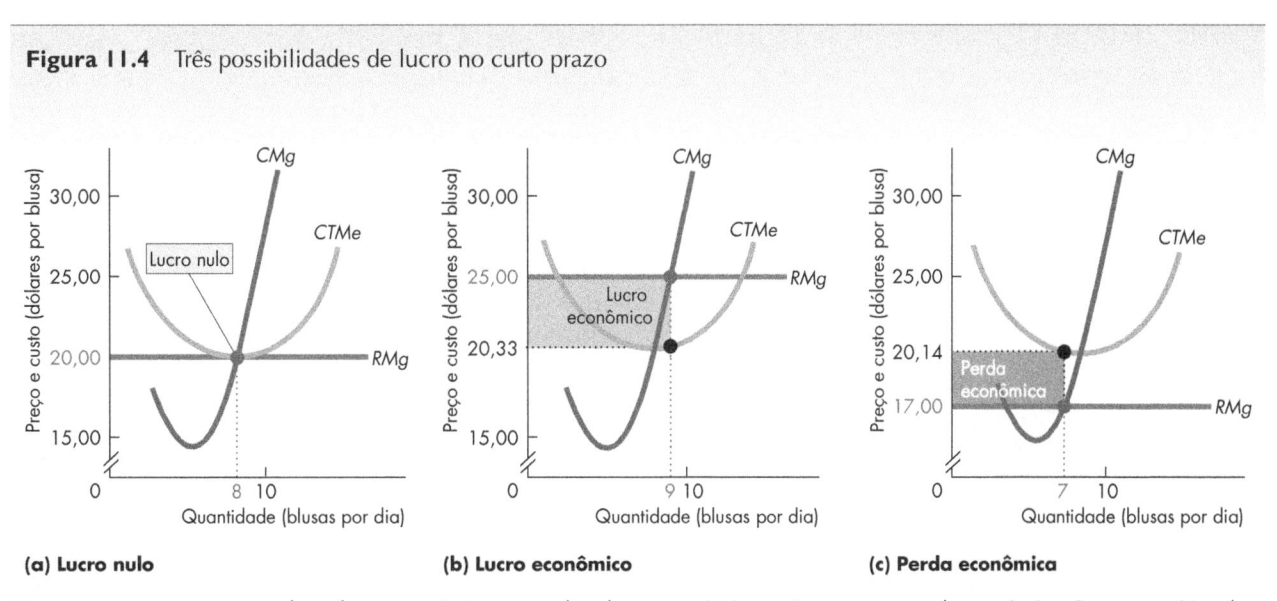

Figura 11.4 Três possibilidades de lucro no curto prazo

(a) Lucro nulo **(b) Lucro econômico** **(c) Perda econômica**

No curto prazo, a empresa pode ter lucro econômico zero, obter lucro econômico ou incorrer em perda econômica. Se o preço é igual ao custo total médio mínimo, a empresa obtém lucro econômico zero, como mostrado na parte (a). Se o preço excede o custo total médio da produção maximizadora de lucro, a empresa obtém um lucro econômico igual à área do retângulo cinza-claro, na parte (b). Se o preço é menor que o custo total médio mínimo, a empresa incorre em uma perda econômica igual à área do retângulo cinza-escuro, na parte (c).

Figura 11.5 Curva de oferta de uma empresa

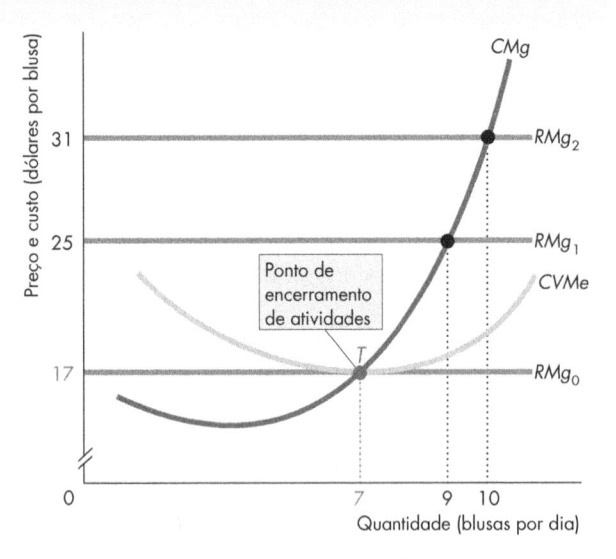

(a) Custo marginal e custo variável médio

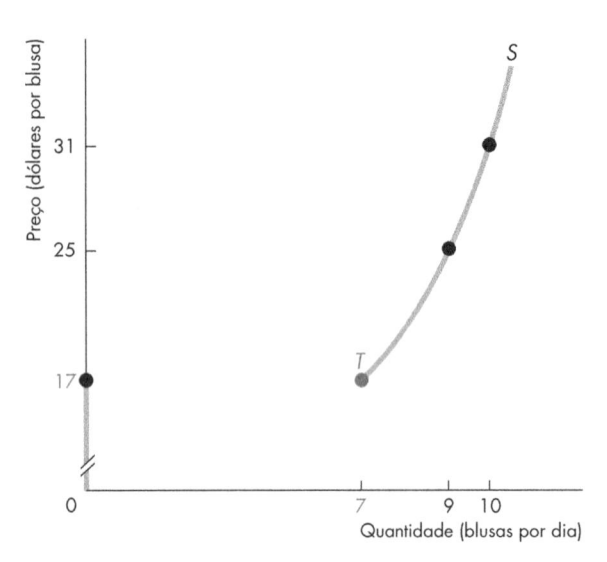

(b) Curva de oferta de curto prazo da Cindy's

A parte (a) mostra a produção maximizadora de lucro da Cindy's a vários preços de mercado. A $ 25 por blusa, a Cindy's produz 9 blusas. A $ 17 por blusa, essa loja produz 7 blusas. A qualquer preço abaixo de $ 17 por blusa, ela não produz nada. O ponto de encerramento de atividades da Cindy's é *T*. A parte (b) mostra a curva de oferta da Cindy's – o número de blusas que ela produzirá a cada preço. Ela é composta da curva de custo marginal, da parte (a), em todos os pontos acima do custo variável médio mínimo e do eixo vertical em todos os preços abaixo do custo variável médio mínimo.

---

quanto o custo variável médio são iguais a $ 17, de modo que a receita total da Cindy's é igual ao custo variável total. A Cindy's incorre em uma perda econômica igual ao custo fixo total. A um preço abaixo de $ 17, independentemente da quantidade produzida pela Cindy's, o custo *variável* médio excede o preço, e a perda da empresa excede o custo fixo total. A um preço abaixo de $ 17, a empresa interrompe temporariamente suas operações.

A curva de oferta de curto prazo Se o preço está acima do custo variável médio mínimo, a Cindy's maximiza o lucro com a produção na qual o custo marginal é igual ao preço. Ao preço de $ 25, a curva de receita marginal é RMg_1, e a loja maximiza o lucro produzindo 9 blusas. Ao preço de $ 31, a curva de receita marginal é RMg_2, e ela produz 10 blusas.

A curva de oferta de curto prazo da Cindy's, mostrada na Figura 11.5(b), tem duas partes separadas: em primeiro lugar, a preços que excedem o custo variável médio mínimo, a curva de oferta é a mesma que a curva de custo marginal acima do ponto de encerramento de atividades (*T*). Em segundo lugar, a preços abaixo do custo variável médio mínimo, a Cindy's interrompe as operações e não produz nada. A curva de oferta acompanha o eixo *y*. Ao preço de $ 17, para a loja é indiferente fechar as portas ou produzir 7 blusas por dia. De qualquer modo, a Cindy's incorre em uma perda econômica igual ao custo fixo total.

Curva de oferta da indústria de curto prazo

A **curva de oferta da indústria de curto prazo** mostra a quantidade ofertada pela indústria a cada preço quando o tamanho das instalações produtivas de cada empresa e o número de empresas da indústria são mantidos constantes. A quantidade ofertada pela indústria a determinado preço é a soma das quantidades ofertadas por todas as empresas na indústria a esse preço.

A Figura 11.6 mostra a curva de oferta para a indústria competitiva de blusas. Nesse exemplo, a indústria consiste em 1.000 empresas exatamente como a Cindy's Sweaters. A cada preço, a quantidade ofertada pela indústria é 1.000 vezes a quantidade ofertada por uma única empresa.

A tabela da Figura 11.6 mostra os dados de oferta da empresa e da indústria e como a curva de oferta da indústria é construída. A preços abaixo de $ 17, cada empresa na indústria interrompe as operações; a quantidade ofertada pela indústria é zero. Ao preço de $ 17, para cada empresa é indiferente fechar as portas e não produzir nada ou operar e produzir 7 blusas por dia. Algumas empresas fecharão as portas, e outras ofertarão 7 blusas por dia. A quantidade que cada empresa oferece é 0 *ou* 7 blusas, mas a quantidade que a indústria oferece está *entre* 0 (todas as empresas interrompem as operações) e 7.000 (todas as empresas produzem 7 blusas por dia).

Para construirmos a curva de oferta da indústria, somamos as quantidades ofertadas pelas empresas individuais. Cada uma das 1.000 empresas da indústria tem uma tabela de oferta igual à da Cindy's. A preços abaixo de $ 17, a curva de oferta da indústria acompanha o eixo *y*. Ao preço de $ 17, a curva de oferta da indústria é horizontal – a oferta é perfeitamente elástica. Se o preço fica acima de $ 17, cada empresa aumenta a quantidade ofertada, e a quantidade ofertada pela indústria aumenta 1.000 vezes o incremento de uma empresa.

Figura 11.6 Curva de oferta da indústria

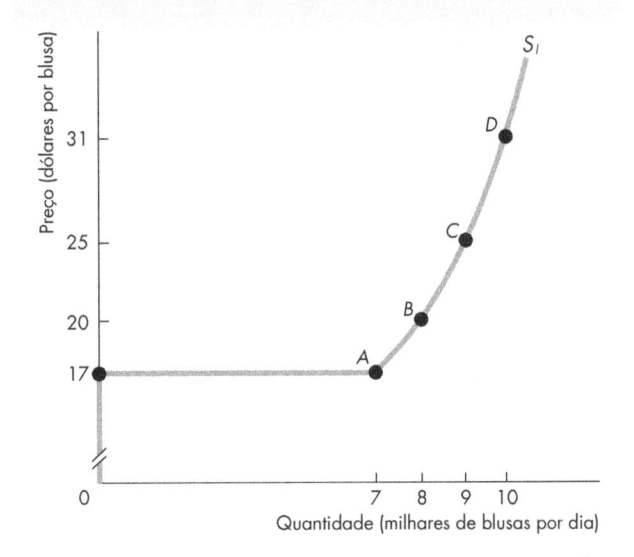

	Preço (dólares por blusa)	Quantidade ofertada pela Cindy's Sweaters (blusas por dia)	Quantidade ofertada pela indústria (blusas por dia)
A	17	0 ou 7	0 a 7.000
B	20	8	8.000
C	25	9	9.000
D	31	10	10.000

A tabela de oferta da indústria é a soma das tabelas de oferta de todas as empresas individuais. Uma indústria que consiste em 1.000 empresas idênticas tem uma tabela de oferta similar à de uma empresa individual, mas a quantidade ofertada pela indústria é 1.000 vezes maior que a da empresa individual (veja a tabela). A curva de oferta da indústria é S_I. Os pontos A, B, C e D correspondem às linhas da tabela. Ao preço de encerramento de atividades, que é $ 17, cada empresa produz 0 ou 7 blusas por dia. A oferta da indústria é perfeitamente elástica ao preço de encerramento de atividades.

QUESTÕES PARA REVISÃO

1. Por que uma empresa em concorrência perfeita produz a quantidade na qual o custo marginal é igual ao preço?
2. Qual é o menor preço ao qual uma empresa produz? Explique por quê.
3. Qual é a relação entre a curva de oferta de uma empresa, sua curva de custo marginal e sua curva de custo variável médio?
4. Como se constrói a curva de oferta de uma indústria?

Até agora, estudamos uma única empresa isoladamente. Vimos que as ações da empresa que maximizam o lucro dependem do preço de mercado, o qual é adotado pela empresa. Mas como o preço de mercado é determinado? Veremos, a seguir, como isso acontece.

Produção, preço e lucro na concorrência perfeita

Para determinar o preço e a quantidade comprada e vendida em um mercado perfeitamente competitivo, precisamos estudar como a demanda e a oferta interagem. Começaremos esse processo estudando um mercado perfeitamente competitivo de curto prazo em que o número de empresas é fixo e cada empresa tem instalações produtivas de determinado tamanho.

Equilíbrio de curto prazo

A demanda e a oferta do mercado determinam o preço de mercado e a produção da indústria. A Figura 11.7 mostra um equilíbrio de curto prazo. A curva de oferta S é igual à curva S_I da Figura 11.6. Se a demanda de mercado é mostrada pela curva de demanda D_1, o preço de equilíbrio é $ 20 por blusa. Cada empresa adota esse preço e produz a quantidade maximizadora de lucro, que é de 8 blusas por dia. Como a indústria tem 1.000 empresas, sua produção é de 8.000 blusas por dia.

Uma mudança da demanda

As mudanças da demanda levam a mudanças do equilíbrio de curto prazo da indústria. A Figura 11.7 mostra essas mudanças.

Se a demanda aumenta, a curva de demanda se desloca para a direita, para D_2. O preço aumenta para $ 25. A esse preço, cada empresa maximiza o lucro aumentando a produção. A nova produção é de 9 blusas por dia para cada empresa e 9.000 blusas por dia para a indústria.

Se a demanda diminui, a curva de demanda se desloca para a esquerda, para D_3. O preço agora diminui para $ 17. A esse preço, cada empresa maximiza o lucro reduzindo a produção. A nova produção é de 7 blusas por dia para cada empresa e 7.000 blusas por dia para a indústria.

Se a curva de demanda se desloca mais para a esquerda da curva D_3, o preço permanece constante em $ 17 porque a esse preço a curva de oferta da indústria é horizontal. Algumas empresas continuam a produzir 7 blusas por dia, e outras interrompem temporariamente suas operações. Para as empresas é indiferente uma ou outra dessas duas atitudes, e, independentemente da opção escolhida, elas incorrerão em uma perda econômica igual a seu custo fixo total. O número de empresas que decidem continuar a produzir é suficiente para satisfazer a demanda do mercado ao preço de $ 17 por blusa.

Ajustes de longo prazo

No equilíbrio de curto prazo, a empresa pode obter lucro econômico, incorrer em perda econômica ou ter lucro nulo. Apesar de cada uma dessas três situações ser um equilíbrio de curto prazo, só uma delas é um equilíbrio de longo prazo. Para entender por que isso acontece, precisamos examinar as forças que atuam em uma indústria competitiva no longo prazo.

Figura 11.7 Equilíbrio de curto prazo

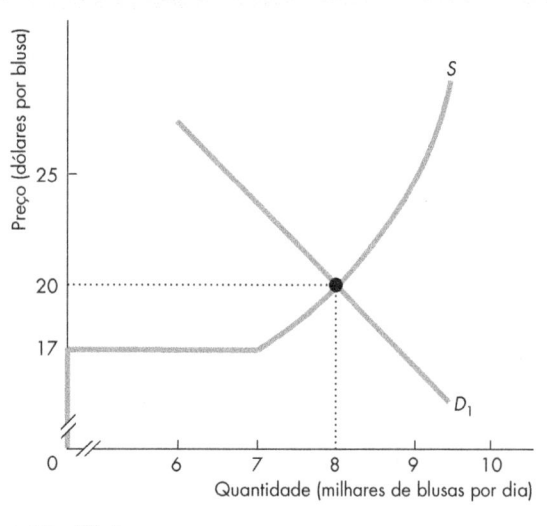

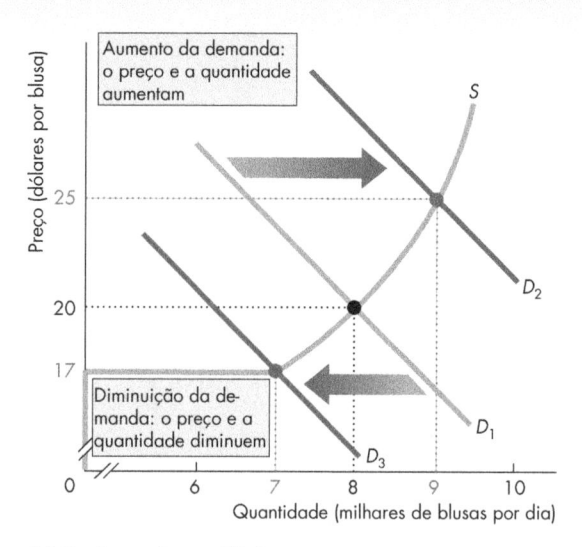

(a) Equilíbrio

(b) Mudança do equilíbrio

Na parte (a), a curva de oferta da indústria é S. A demanda é D_1, e o preço é $ 20. A esse preço, cada empresa produz 8 blusas por dia, e a indústria produz 8.000 blusas por dia. Na parte (b), quando a demanda aumenta para D_2, o preço aumenta para $ 25, e cada empresa aumenta sua produção para 9 blusas por dia. A produção da indústria é de 9.000 blusas por dia. Quando a demanda diminui para D_3, o preço diminui para $ 17, e cada empresa reduz sua produção para 7 blusas por dia. A produção da indústria é de 7.000 blusas por dia.

No longo prazo, uma indústria se ajusta de duas maneiras:

- Entrada e saída.
- Alterações do tamanho das instalações produtivas.

Vamos estudar primeiro a entrada e a saída.

Entrada e saída

No longo prazo, as empresas reagem ao lucro econômico e à perda econômica entrando em uma indústria ou saindo dela. As empresas entram em uma indústria na qual se está obtendo lucro econômico e saem de uma indústria na qual se está incorrendo em perda econômica. O lucro econômico e a perda econômica temporários não impulsionam a entrada nem a saída, mas a perspectiva de lucro econômico ou perda econômica persistentes o faz.

A entrada e a saída influenciam o preço, a quantidade produzida e o lucro econômico. O efeito imediato dessas decisões é o deslocamento da curva de oferta da indústria. Se mais empresas entram em uma indústria, a oferta aumenta, e a curva de oferta da indústria se desloca para a direita. Se as empresas saem de uma indústria, a oferta diminui, e a curva de oferta da indústria se desloca para a esquerda.

Vejamos o que acontece quando novas empresas entram em uma indústria.

Os efeitos da entrada A Figura 11.8 mostra os efeitos da entrada. Suponha que todas as empresas dessa indústria apresentem curvas de custo como as mostradas na Figura 11.4. A cada preço acima de $ 20 por blusa, as empresas obtêm lucro econômico. A cada preço abaixo de $ 20 por blusa, as empresas incorrem em perda econômica. Ao preço de $ 20 por blusa, as empresas obtêm lucro econômico zero. Suponha também que a curva de demanda por blusas seja D. Se a curva de oferta da indústria é S_1, as blusas são vendidas por $ 23, e são produzidas 7.000 blusas por dia. As empresas da indústria obtêm lucro econômico.

Esse lucro econômico é um sinal para que novas empresas entrem na indústria. À medida que esses eventos ocorrem, a oferta aumenta, e a curva de oferta da indústria se desloca para a direita, para S_0. Com uma oferta maior e uma demanda inalterada, o preço de mercado diminui de $ 23 para $ 20 por blusa, e a quantidade produzida pela indústria aumenta de 7.000 para 8.000 blusas por dia.

A produção da indústria aumenta, mas a Cindy's Sweaters, bem como todas as outras empresas da indústria, *reduz* a produção! Como o preço diminui, cada empresa se move para baixo sobre a curva de oferta e produz menos. Mas, como o número de empresas da indústria aumenta, a indústria como um todo produz mais.

Como o preço diminui, o lucro econômico de cada empresa se reduz. Quando o preço diminui para $ 20 por blusa, o lucro econômico desaparece, e cada empresa obtém lucro econômico zero.

Acabamos de descobrir uma importante proposição:

À medida que novas empresas entram em uma indústria, o preço diminui e o lucro econômico de cada empresa existente se reduz.

Um exemplo desse processo ocorreu na década de 1980 na indústria de computadores pessoais. Quando a IBM lançou seu primeiro PC, havia pouca concorrência, e

Figura 11.8 Entrada e saída

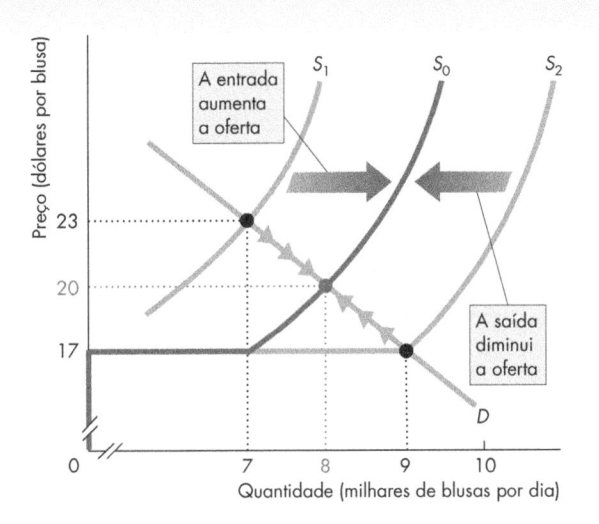

Quando novas empresas entram na indústria de blusas, a curva de oferta da indústria se desloca para a direita, de S_1 para S_0. O preço de equilíbrio diminui de $ 23 para $ 20, e a quantidade produzida aumenta de 7.000 para 8.000 blusas.

Quando as empresas saem da indústria de blusas, a curva de oferta da indústria se desloca para a esquerda, de S_2 para S_0. O preço de equilíbrio aumenta de $ 17 para $ 20, e a quantidade produzida diminui de 9.000 para 8.000 blusas.

---

o preço de um PC proporcionava um grande lucro à IBM. Mas novas empresas, como a Compaq, a NEC, a Dell e uma série de outras, entraram na indústria com computadores tecnologicamente idênticos aos da IBM. Com efeito, eles eram tão similares que passaram a ser chamados de 'clones'. A entrada maciça na indústria de computadores pessoais deslocou a curva de oferta da indústria para a direita e reduziu o preço e o lucro econômico.

Veremos agora os efeitos da saída.

Os efeitos da saída A Figura 11.8 também mostra os efeitos da saída. Suponha que os custos das empresas e a demanda do mercado permaneçam inalterados. Mas suponha que agora a curva de oferta seja S_2. O preço de mercado é $ 17, e são produzidas 9.000 blusas por dia. As empresas da indústria agora incorrem em perda econômica, que é um sinal para algumas empresas saírem da indústria. À medida que as empresas se retiram, a curva de oferta da indústria se desloca para a esquerda, para S_0. Com a diminuição da oferta, a produção da indústria diminui de 9.000 para 8.000 blusas, e o preço aumenta de $ 17 para $ 20 por blusa.

À medida que a produção aumenta, a Cindy's Sweaters, bem como todas as outras empresas da indústria, move-se para cima sobre a curva de oferta e aumenta a produção. Ou seja, para cada empresa que permanece na indústria, a produção maximizadora de lucro aumenta. Como o preço aumenta e cada empresa passa a vender mais, a perda econômica diminui. Quando o preço aumenta para $ 20, cada empresa obtém lucro econômico zero.

Descobrimos agora uma segunda importante proposição:

À medida que as empresas saem de uma indústria, o preço aumenta e a perda econômica de cada empresa que permanece diminui.

A mesma indústria de PCs que testemunhou muitas entradas durante as décadas de 1980 e 1990 também viu algumas saídas. Por exemplo, em 2001, a IBM, a empresa que lançou o PC no mercado, anunciou que deixaria de produzir PCs. A intensa concorrência da Compaq, NEC, Dell e outras que entraram na indústria seguindo o exemplo da IBM reduziu os preços e eliminou o lucro econômico. Assim, a IBM agora se concentra em servidores e outros componentes do mercado de computadores.

A IBM saiu do mercado de PCs por estar incorrendo em perdas econômicas. Sua saída diminuiu a oferta e possibilitou às empresas que permaneceram na indústria obter lucro econômico zero.

Acabamos de ver como os lucros econômicos induzem a entrada, que, por sua vez, reduz os lucros. Vimos também como as perdas econômicas induzem a saída, que, por sua vez, elimina as perdas. Vamos analisar agora as alterações no tamanho das instalações produtivas.

Alterações no tamanho das instalações produtivas

Uma empresa altera o tamanho de suas instalações produtivas se, com isso, pode reduzir seus custos e aumentar seu lucro econômico. Você provavelmente consegue pensar em vários exemplos de empresas que mudaram o tamanho de suas instalações produtivas.

Um exemplo muito comum nos Estados Unidos, que ocorreu nas proximidades dos *campi* universitários nos últimos anos, foi a mudança do tamanho das instalações produtivas da Kinko's ou de empresas de fotocópias similares. Outros exemplos são o número de vans da FedEx que circulam nas ruas e estradas norte-americanas e a área em metros quadrados de lojas dedicadas à venda de computadores e videogames. Esses são exemplos de empresas que aumentam o tamanho de suas instalações produtivas em busca de lucros maiores.

Também há muitos exemplos de empresas que reduziram o tamanho de suas instalações produtivas para evitar perdas econômicas. Um desses exemplos é a Schwinn, uma fabricante de bicicletas sediada em Chicago. À medida que a concorrência de fabricantes asiáticos de bicicletas se intensificou, a Schwinn recuou. Nos últimos anos, muitas empresas reduziram as operações – um processo chamado de *downsizing*.

A Figura 11.9 mostra uma situação na qual a Cindy's Sweaters tem um incentivo para aumentar o tamanho de suas instalações produtivas. Suponha que, com a fábrica atual, a curva de custo marginal da Cindy's seja CMg_0 e que sua curva de custo total médio de curto prazo seja CMe_{CP0}. O preço de mercado é $ 25 por blusa, de modo que a curva de receita marginal da Cindy's é RMg_0. A Cindy's maximiza o lucro produzindo 6 blusas por dia.

A curva de custo médio de longo prazo da Cindy's Sweaters é CMe_{LP}. Ao aumentar o tamanho de suas instalações produtivas – introduzindo mais máquinas de costura –, a Cindy's Sweaters pode mover-se ao longo de sua curva de custo médio de longo prazo. À medida que a Cindy's Sweaters aumenta o tamanho de suas instalações produtivas, a curva de custo marginal de curto prazo se desloca para a direita.

Lembre-se de que a curva de oferta de curto prazo de uma empresa se relaciona com sua curva de custo marginal. À medida que a curva de custo marginal da Cindy's se desloca para a direita, o mesmo ocorre com a curva de oferta. Se a Cindy's Sweaters e as outras empresas da indústria aumentam suas fábricas, a curva de oferta de curto prazo da indústria se desloca para a direita, e o preço de mercado diminui. A redução do preço de mercado limita a extensão na qual a Cindy's pode obter lucros com o aumento do tamanho de suas instalações produtivas.

A Figura 11.9 também mostra o equilíbrio competitivo de longo prazo da Cindy's Sweaters. Essa situação surge quando o preço de mercado diminui para $ 20 por blusa. A receita marginal é RMg_1, e a Cindy's maximiza o lucro produzindo 8 blusas por dia. Nessa situação, a Cindy's não pode aumentar o lucro alterando o tamanho das instalações produtivas. A Cindy's está produzindo no custo médio de longo prazo mínimo (ponto M da CMe_{LP}).

Como a Cindy's Sweaters está produzindo no custo médio mínimo de longo prazo, não tem nenhum incentivo para alterar o tamanho de suas instalações produtivas. Uma fábrica maior ou menor teria um custo médio de longo prazo maior. Se a Figura 11.9 descreve a situação de todas as empresas da indústria de blusas, a indústria está no equilíbrio de longo prazo. Nenhuma empresa tem incentivo para alterar o tamanho de suas instalações produtivas. Além disso, como todas as empresas estão obtendo lucro econômico zero, nenhuma delas tem incentivo para entrar na indústria ou sair dela.

Equilíbrio de longo prazo

O equilíbrio de longo prazo ocorre em uma indústria competitiva quando o lucro econômico é zero (quando as empresas obtêm lucro normal). Se as empresas em uma indústria competitiva estão obtendo lucro econômico, novas empresas entram na indústria. Se as empresas podem reduzir os custos aumentando o tamanho das instalações produtivas, elas se expandem. Cada uma dessas ações aumenta a oferta da indústria, desloca a curva de oferta da indústria para a direita, reduz o preço e diminui o lucro econômico.

Enquanto as empresas da indústria estão obtendo lucros econômicos positivos, mais empresas continuam a entrar nesse mercado e o lucro diminui. Quando o lucro econômico é eliminado, as empresas param de entrar na indústria. Quando as empresas estão operando com o tamanho das instalações produtivas de menor custo, elas param de se expandir.

Figura 11.9 Tamanho das instalações produtivas e equilíbrio de longo prazo

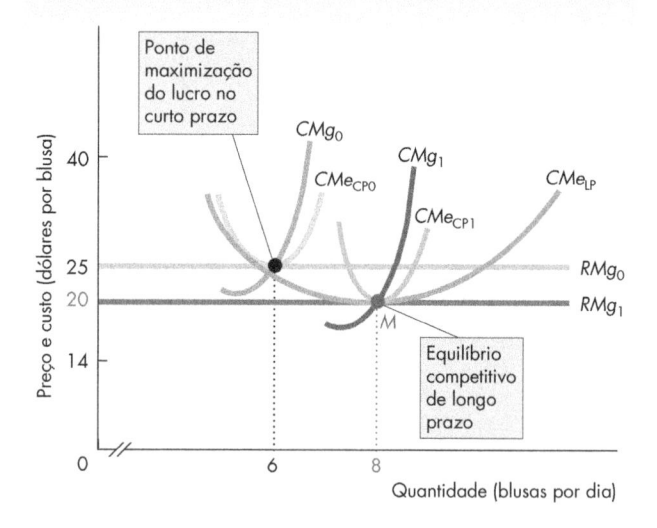

Inicialmente, as instalações produtivas da Cindy's têm uma curva de custo marginal CMg_0, e sua curva de custo total médio de curto prazo é CMe_{CP0}. O preço de mercado é $ 25 por blusa, e a receita marginal da Cindy's é RMg_0. A quantidade maximizadora de lucro de curto prazo é 6 blusas por dia. A Cindy's Sweaters pode aumentar os lucros aumentando o tamanho das instalações produtivas. Se todas as empresas da indústria de blusas aumentam o tamanho de suas instalações produtivas, a oferta da indústria de curto prazo aumenta e o preço de mercado diminui. No equilíbrio de longo prazo, uma empresa opera com o tamanho das instalações produtivas que minimize seu custo total médio. No caso, a Cindy's Sweaters opera a fábrica com custo marginal de curto prazo CMg_1 e custo médio de curto prazo CMe_{CP1}. A Cindy's Sweaters também está em sua curva de custo médio de longo prazo, CMe_{LP}, e produz no ponto M. Sua produção é de 8 blusas por dia, e seu custo total médio é igual ao preço de uma blusa: $ 20.

Se as empresas em uma indústria competitiva estão incorrendo em perda econômica, algumas empresas saem da indústria. Se as empresas podem reduzir os custos diminuindo o tamanho das instalações produtivas, elas fazem o *downsizing*. Cada uma dessas ações diminui a oferta da indústria, desloca a curva de oferta da indústria para a esquerda, aumenta o preço e diminui a perda econômica.

As empresas continuam a sair da indústria e a perda econômica continua a diminuir enquanto as empresas da indústria estão incorrendo em perdas econômicas. Quando a perda econômica é eliminada, as empresas param de sair da indústria. Quando as empresas estão operando com o tamanho das instalações produtivas de menor custo, elas param de fazer o *downsizing*. Dessa maneira, no equilíbrio de longo prazo em uma indústria competitiva, as empresas não entram na indústria nem saem dela, e as empresas existentes nem se expandem nem promovem o *downsizing*. Cada empresa obtém lucro econômico zero.

> ### QUESTÕES PARA REVISÃO
>
> 1. Na concorrência perfeita, quando a demanda de mercado diminui, explique como o preço do bem e a produção de cada empresa mudam no curto prazo.
> 2. Se as empresas em uma indústria competitiva obtêm um lucro econômico, o que acontece com a oferta, o preço, a produção e o lucro econômico no longo prazo?
> 3. Se as empresas em uma indústria competitiva incorrem em perda econômica, o que acontece com a oferta, o preço, a produção e o lucro econômico no longo prazo?

Vimos como uma indústria competitiva se ajusta para atingir o equilíbrio de longo prazo. Mas uma indústria competitiva raramente está *em* um estado de equilíbrio de longo prazo. Ela está constante e incansavelmente evoluindo na direção de um equilíbrio como esse. Mas as restrições que as empresas da indústria enfrentam estão em constantes mudanças. As duas fontes mais persistentes de mudança consistem nas preferências e na tecnologia. Veremos agora como uma indústria competitiva reage a mudanças como essas.

Mudanças nas preferências e avanços tecnológicos

A maior conscientização sobre os perigos do fumo para a saúde provocou uma diminuição da demanda por tabaco e cigarros. O desenvolvimento de automóveis e transporte aéreo mais baratos provocou uma grande redução na demanda por transporte ferroviário e de ônibus para longas distâncias. Avanços na indústria de eletroeletrônicos causaram uma grande diminuição na demanda por consertos de TV e rádio. A expansão de roupas baratas e de boa qualidade reduziu a demanda por máquinas de costura. O que acontece em uma indústria competitiva quando há uma redução permanente da demanda por seu produto?

O desenvolvimento do forno de microondas gerou um enorme aumento na demanda por utensílios de papel, vidro e plástico para cozinha e por filmes plásticos. A ampla utilização de computadores pessoais levou a um grande aumento da demanda por CD-Rs. O que acontece em uma indústria competitiva quando a demanda por sua produção aumenta?

Avanços tecnológicos estão constantemente reduzindo os custos de produção. Novas biotecnologias reduziram acentuadamente os custos de produção de muitos produtos alimentícios e farmacêuticos. Novas tecnologias eletrônicas reduziram o custo de produção de praticamente todos os bens e serviços. O que acontece em uma indústria competitiva quando uma mudança tecnológica reduz seus custos de produção?

Vamos utilizar a teoria da concorrência perfeita para responder a essas questões.

Uma mudança permanente na demanda

A Figura 11.10(a) mostra uma indústria competitiva que inicialmente está no equilíbrio de longo prazo. A curva de demanda é D_0, a curva de oferta é S_0, o preço de mercado é P_0, e a produção da indústria é Q_0. A Figura 11.10(b) mostra uma única empresa nesse equilíbrio de longo prazo inicial. A empresa produz q_0 e obtém lucro econômico zero.

Agora suponha que a demanda diminua e a curva de demanda se desloque para a esquerda, para D_1, como mostra a Figura 11.10(a). O preço diminui para P_1, e a quantidade ofertada pela indústria diminui de Q_0 para Q_1 à medida que a indústria se move para baixo ao longo de sua curva de oferta de curto prazo S_0. A Figura 11.10(b) mostra a situação que a empresa tem diante de si. O preço agora é menor que o custo total médio mínimo da empresa, de modo que ela incorre em perda econômica. Mas, para manter suas perdas no nível mínimo, a empresa ajusta sua produção para manter o custo marginal igual ao preço. Ao preço P_1, cada empresa produz q_1.

A indústria agora está em equilíbrio de curto prazo, mas não em equilíbrio de longo prazo. Ela está no equilíbrio de curto prazo porque cada empresa está maximizando os lucros. No entanto, não está no equilíbrio de longo prazo porque cada empresa está incorrendo em perda econômica – seu custo total médio excede o preço.

A perda econômica é um sinal para algumas empresas saírem da indústria. À medida que as empresas saem, a oferta de curto prazo da indústria diminui, e a curva de oferta gradualmente se desloca para a esquerda. À medida que a oferta da indústria diminui, o preço aumenta. A cada preço maior, a produção maximizadora de lucro de uma empresa é maior, de modo que as empresas que decidiram permanecer na indústria aumentam sua produção à medida que o preço se eleva. Cada empresa move-se para cima ao longo de sua curva de custo marginal ou curva de oferta na Figura 11.10(b). Ou seja, à medida que as empresas saem da indústria, a produção da indústria diminui, mas a produção das empresas que permanecem nela aumenta.

Mais cedo ou mais tarde, saem da indústria empresas suficientes para que a curva de oferta da indústria se desloque para S_1, na Figura 11.10(a). Quando isso acontece, o preço volta ao seu nível original, P_0. A esse preço, as empresas que permanecem na indústria produzem q_0, a mesma quantidade que produziam antes da diminuição da demanda. Como agora as empresas estão obtendo lucro econômico zero, nenhuma empresa quer entrar na indústria ou sair dela. A curva de oferta da indústria permanece em S_1, e a produção da indústria é Q_2. A indústria volta ao equilíbrio de longo prazo.

A diferença entre o equilíbrio de longo prazo inicial e o final é o número de empresas na indústria. Uma diminuição permanente na demanda diminui o número de empresas. Cada empresa que permanece na indústria gera a mesma produção no novo equilíbrio de longo prazo que gerava inicialmente e obtém lucro econômico zero.

Figura 11.10 Uma queda da demanda

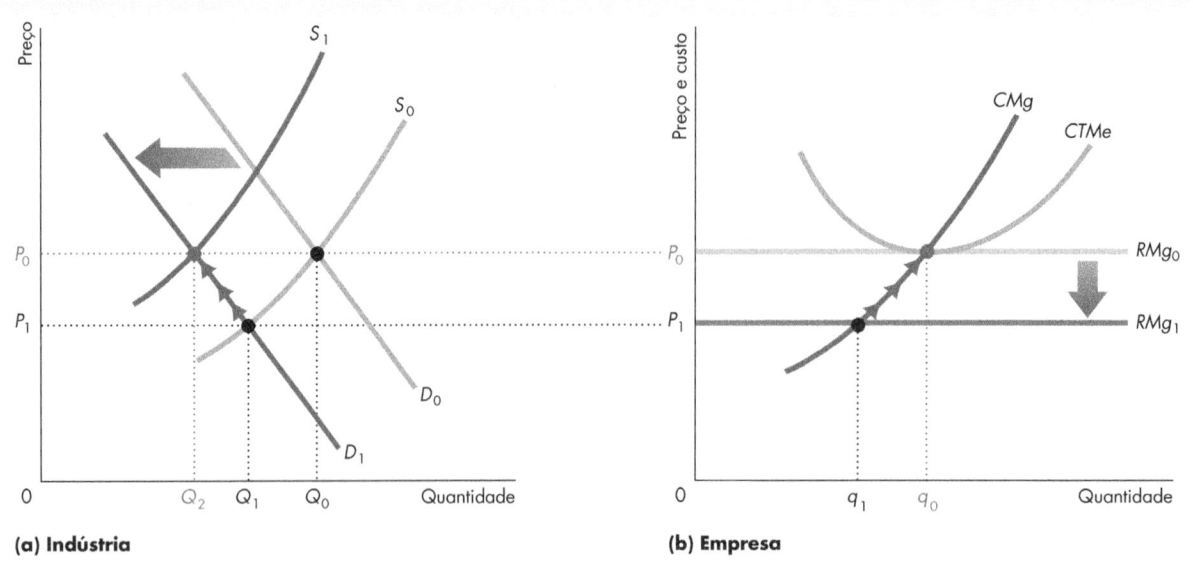

(a) Indústria

(b) Empresa

Uma indústria está em equilíbrio competitivo de longo prazo. A parte (a) mostra a curva de demanda da indústria D_0, a curva de oferta da indústria S_0, a quantidade de equilíbrio Q_0 e o preço de mercado P_0. Cada empresa vende sua produção ao preço P_0, de modo que sua curva de receita marginal é RMg_0 na parte (b). Cada empresa produz q_0 e obtém lucro econômico zero.

A demanda diminui permanentemente de D_0 para D_1 – parte (a). O preço de mercado diminui para P_1, cada empresa reduz sua produção para q_1 – parte (b) –, e a produção da indústria diminui para Q_1 – parte (a).

Nessa nova situação, as empresas incorrem em perdas econômicas, e algumas saem da indústria. À medida que as empresas saem, a curva de oferta da indústria gradualmente se desloca para a esquerda, de S_0 para S_1. Esse deslocamento aumenta aos poucos o preço de mercado, de P_1 de volta para P_0. Enquanto o preço está abaixo de P_0, as empresas incorrem em perdas econômicas, e algumas saem da indústria. Quando o preço volta para P_0, cada uma das empresas obtém lucro econômico zero. Elas não têm mais nenhum incentivo para sair da indústria. Cada uma produz q_0, e a produção da indústria é Q_2.

No processo de passar do equilíbrio inicial para o novo, as empresas incorrem em perdas econômicas.

Acabamos de examinar como uma indústria competitiva reage a uma *redução* permanente da demanda. Um aumento permanente da demanda provoca uma reação similar, mas na direção oposta. O aumento da demanda leva a um preço mais alto, a lucro econômico e à entrada na indústria. A entrada aumenta a oferta da indústria e, mais cedo ou mais tarde, reduz o preço a seu nível original e o lucro econômico a zero.

A demanda por serviços da Internet aumentou permanentemente durante a década de 1990, e surgiram enormes oportunidades de lucro nessa indústria. O resultado foi um enorme índice de entrada de provedores de serviços da Internet. O processo de concorrência e mudança da indústria de serviços da Internet é similar ao que acabamos de estudar, mas com um aumento da demanda, e não uma diminuição.

Acabamos de estudar os efeitos de uma mudança permanente na demanda por um bem. Nesse estudo, começamos e terminamos em um equilíbrio de longo prazo e examinamos o processo que leva um mercado de um equilíbrio para outro. É esse processo, e não os pontos de equilíbrio, que descreve o mundo real.

Um aspecto das previsões que acabamos de fazer soa estranho: no longo prazo, independentemente de a demanda aumentar ou diminuir, o preço de mercado retorna a seu nível original. Será que esse resultado é inevitável? Na verdade, não. O preço de mercado de equilíbrio no longo prazo pode permanecer igual, aumentar ou diminuir.

Economias e deseconomias externas

A mudança do preço de equilíbrio de longo prazo depende de economias e deseconomias externas. **Economias externas** são circunstâncias fora do controle de uma empresa individual que reduzem os custos dela à medida que a produção da *indústria* aumenta. **Deseconomias externas** são circunstâncias fora do controle de uma empresa que elevam os custos dela à medida que a produção da *indústria* aumenta. Sem economias externas ou deseconomias externas, os custos de uma empresa permanecem constantes à medida que a produção da indústria muda.

A Figura 11.11 ilustra esses três casos e apresenta um novo conceito de oferta: a curva de oferta de longo prazo da indústria.

Uma **curva de oferta da indústria de longo prazo** mostra como a quantidade ofertada por uma indústria varia com a mudança do preço de mercado depois que todos os ajustes possíveis foram feitos, incluindo alterações no tamanho das instalações produtivas e no número de empresas da indústria.

A Figura 11.11(a) mostra o caso que acabamos de estudar – ausência de economias ou deseconomias externas. A curva de oferta de longo prazo (S_{LPA}) é perfeitamente elástica. Nesse caso, um aumento permanente da demanda de D_0 para D_1 não tem efeito algum sobre o preço no longo prazo. O aumento da demanda leva a um aumento temporário do preço para P_{CP}, e a quantidade de curto prazo aumenta de Q_0 para Q_{CP}. A entrada aumenta a oferta de curto prazo de S_0 para S_1, o que reduz o preço de P_{CP} de volta para P_0 e aumenta a quantidade para Q_1.

A Figura 11.11(b) mostra o caso das deseconomias externas. A curva de oferta da indústria de longo prazo (S_{LPB}) se inclina para cima. Um aumento permanente da demanda de D_0 para D_1 aumenta o preço tanto no curto quanto no longo prazo. O aumento da demanda leva a um aumento temporário do preço para P_{CP}, e a quantidade de curto prazo aumenta de Q_0 para Q_{CP}. A entrada aumenta a oferta de curto prazo de S_0 para S_2, o que reduz o preço de P_{CP} para P_2 e aumenta a quantidade para Q_2.

Uma fonte de deseconomias externas é o congestionamento. A indústria de transporte aéreo é um bom exemplo disso. Com uma maior produção dessa indústria, o congestionamento em aeroportos e no espaço aéreo aumenta e resulta em maiores atrasos e tempo de espera adicional para passageiros e aviões. Essas deseconomias externas significam que, à medida que a produção de serviços de transporte aéreo aumenta (na ausência de avanços tecnológicos), o custo médio aumenta. Como resultado, a curva de oferta de longo prazo da indústria se inclina para cima.

Dessa maneira, um aumento permanente da demanda leva a um aumento da quantidade e uma elevação do preço. (Indústrias com deseconomias externas podem, mesmo assim, ter uma redução de preço, pois avanços tecnológicos deslocam a curva de oferta de longo prazo para baixo.)

A Figura 11.11(c) mostra o caso das economias externas. Nele, a curva de oferta de longo prazo da indústria (S_{LPC}) se inclina para baixo. Um aumento permanente da demanda de D_0 para D_1 aumenta o preço no curto prazo e o reduz no longo prazo. Mais uma vez, o aumento da demanda leva a um aumento temporário do preço para P_{CP}, e a quantidade de curto prazo aumenta de Q_0 para Q_{CP}. A entrada faz crescer a oferta de curto prazo de S_0 para S_3, o que reduz o preço para P_3 e aumenta a quantidade para Q_3.

Um exemplo de economias externas é o crescimento dos serviços de consultoria especializada para uma indústria à medida que ela se expande. À medida que a produção agrícola aumentou durante o século XIX e no início do século XX, os serviços disponíveis para os fazendeiros aumentaram. Novas empresas se especializaram no desenvolvimento e na comercialização de equipamentos agrícolas e fertilizantes. Como resultado, os custos médios da produção agrícola diminuíram. As fazendas se beneficiaram das economias externas. Em conseqüência, à medida que a demanda por produtos agrícolas aumentou, a produção aumentou, mas o preço diminuiu.

No longo prazo, os preços de muitos bens e serviços diminuíram, não por causa das economias externas, mas devido à mudança tecnológica. Veremos a seguir essa influência sobre um mercado competitivo.

Figura 11.11 Mudanças de longo prazo no preço e na quantidade

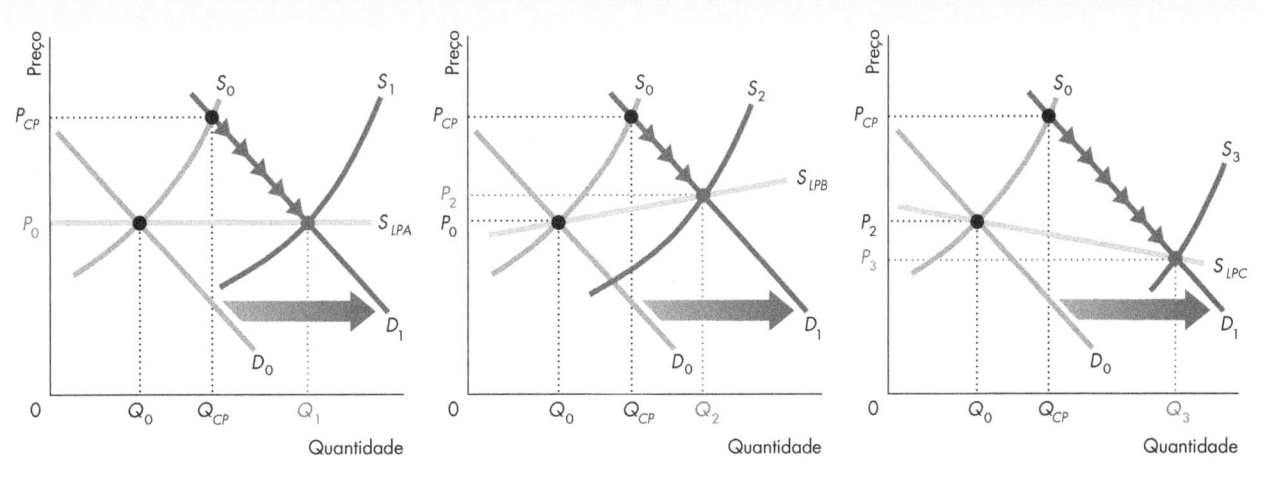

(a) Indústria de custo constante   **(b) Indústria de custo crescente**   **(c) Indústria de custo decrescente**

Três mudanças possíveis no preço e na quantidade ocorrem no longo prazo. Quando a demanda aumenta de D_0 para D_1, empresas entram na indústria, e a curva de oferta da indústria se desloca para a direita, de S_0 para S_1. Na parte (a), a curva de oferta de longo prazo da indústria, S_{LPA}, é horizontal. A quantidade aumenta de Q_0 para Q_1, e o preço permanece constante em P_0.
Na parte (b), a curva de oferta de longo prazo da indústria é S_{LPB}; o preço aumenta para P_2, e a quantidade aumenta para Q_2. Esse caso ocorre em indústrias com deseconomias externas. Na parte (c), a curva de oferta de longo prazo da indústria é S_{LPC}; o preço diminui para P_3, e a quantidade aumenta para Q_3. Esse caso ocorre em indústrias com economias externas.

Mudança tecnológica

As indústrias estão constantemente descobrindo técnicas de produção de custo mais baixo. A maioria das técnicas de produção que visam a economias de custo não pode ser implementada, contudo, sem investimentos em novas instalações produtivas e equipamentos. Em conseqüência, leva tempo para um avanço tecnológico se disseminar por uma indústria. Algumas empresas cujas instalações produtivas estão prestes a ser substituídas serão rápidas em adotar a nova tecnologia, enquanto outras empresas cujas instalações produtivas foram recentemente substituídas continuarão a operar com uma tecnologia antiga até não poderem mais cobrir seu custo variável médio. Uma vez que o custo variável médio não possa mais ser coberto, uma empresa se livrará até mesmo de uma instalação produtiva relativamente nova (que tenha tecnologia antiga) substituindo-a por uma instalação produtiva com uma nova tecnologia.

Novas tecnologias permitem que empresas produzam a um custo mais baixo. Como resultado, à medida que as empresas adotam uma nova tecnologia, suas curvas de custo se deslocam para baixo. Com custos mais baixos, as empresas estão dispostas a ofertar determinada quantidade a um preço mais baixo ou, de maneira equivalente, estão dispostas a ofertar uma quantidade maior a determinado preço. Em outras palavras, a oferta da indústria aumenta, e a curva de oferta da indústria se desloca para a direita. Com determinada demanda, a quantidade produzida aumenta, e o preço diminui.

Duas forças operam em uma indústria que passa por uma mudança tecnológica. As empresas que adotam a nova tecnologia obtêm lucro econômico. Desse modo, há a entrada de empresas que tenham a nova tecnologia. As empresas que permanecem com a tecnologia antiga incorrem em perdas econômicas. Ou elas saem da indústria ou adotam a nova tecnologia.

À medida que empresas com tecnologia obsoleta desaparecem e empresas com a nova tecnologia entram na indústria, o preço diminui e a quantidade produzida aumenta. Mais cedo ou mais tarde, a indústria atinge o equilíbrio de longo prazo no qual todas as empresas utilizam a nova tecnologia e obtêm lucro econômico zero. Como a concorrência de longo prazo elimina o lucro econômico, a mudança tecnológica só resulta em ganhos temporários para os produtores. Mas os preços mais baixos e os produtos melhores resultantes dos avanços tecnológicos representam ganhos permanentes para os consumidores.

O processo que acabamos de descrever, no qual algumas empresas obtêm lucros econômicos e outras incorrem em perdas econômicas, corresponde a um período de mudanças dinâmicas para uma indústria. Algumas empresas têm sucesso, outras fracassam. Muitas vezes, o processo tem uma dimensão geográfica – as empresas em expansão, que adotam a nova tecnologia, levam prosperidade a lugares que antes eram áreas remotas, e áreas industriais tradicionais entram em declínio. Algumas vezes, as empresas com a nova tecnologia estão em um país estrangeiro, enquanto as empresas com a tecnologia antiga estão na economia local. A revolução da informação da década de 1990 produziu muitos exemplos de mudanças como essas. Os bancos comerciais, que nos Estados Unidos tradicionalmente se concentravam em Nova York, San Francisco e outras grandes cidades, hoje prosperam na pequena cidade de Charlotte, no estado da Carolina do Norte, que se tornou o terceiro pólo de bancos comerciais do país. Programas de televisão e filmes, tradicionalmente produzidos em Los Angeles e Nova York, hoje também são produzidos em grande quantidade em Orlando.

Os avanços tecnológicos não se limitam às indústrias de informações e entretenimento. Até mesmo a produção de alimentos está passando por uma grande mudança tecnológica devido à engenharia genética.

QUESTÕES PARA REVISÃO

1 Descreva o desenrolar dos eventos em uma indústria competitiva após uma redução permanente da demanda. O que acontece com a produção, o preço e o lucro econômico no curto e no longo prazo?

2 Descreva o desenrolar dos eventos em uma indústria competitiva após um aumento permanente da demanda. O que acontece com a produção, o preço e o lucro econômico no curto e no longo prazo?

3 Descreva o desenrolar dos eventos em uma indústria competitiva após a adoção de uma nova tecnologia. O que acontece com a produção, o preço e o lucro econômico no curto e no longo prazo?

Vimos como uma indústria competitiva opera no curto e no longo prazo. Mas será que uma indústria competitiva é eficiente?

Concorrência e eficiência

Uma indústria competitiva pode ter uma utilização eficiente de recursos. Estudamos o conceito de eficiência pela primeira vez no Capítulo 2. Depois, no Capítulo 5, utilizando apenas os conceitos de demanda, oferta, excedente do consumidor e excedente do produtor, vimos como um mercado competitivo alcança a eficiência. Agora que você já sabe o que está por trás das curvas de demanda e oferta de um mercado competitivo, pode entender melhor a eficiência de um mercado competitivo.

Utilização eficiente dos recursos

Lembre-se de que a utilização de recursos é eficiente quando produzimos os bens e serviços que as pessoas mais valorizam (veja o Capítulo 2 e o Capítulo 5). Se alguém pode se beneficiar sem que outro se prejudique, os recursos *não* estão sendo utilizados com eficiência. Por exemplo, suponha que produzamos um computador que ninguém queira e ninguém jamais usará e que, ao mesmo tempo, algumas pessoas estejam clamando por mais videogames.

Se produzirmos um computador a menos e realocarmos os recursos não utilizados para produzir mais videogames, algumas pessoas se beneficiarão e ninguém se prejudicará. Nesse caso, a alocação de recursos inicial era ineficiente.

No linguajar mais técnico que você aprendeu, a utilização de recursos é eficiente quando o benefício marginal social é igual ao custo marginal social. No exemplo do computador e dos videogames, o benefício marginal social de um videogame excede seu custo marginal social, enquanto o custo marginal social de um computador excede seu benefício marginal social. Desse modo, ao produzirmos menos computadores e mais videogames, alocamos os recursos a uma utilização mais valorizada.

Escolhas, equilíbrio e eficiência

Podemos utilizar o que aprendemos sobre as decisões tomadas pelos consumidores e empresas competitivas e sobre o equilíbrio do mercado para descrever a utilização eficiente dos recursos.

Escolhas Os consumidores alocam seu orçamento de tal modo que obtenham o maior valor possível dele. Construímos a curva de demanda de um consumidor descobrindo como a melhor alocação do orçamento varia à medida que o preço de um bem se altera. Dessa maneira, os consumidores obtêm o maior valor de seus recursos em todos os pontos de suas curvas de demanda. Se as pessoas que consomem um bem ou serviço são as únicas a se beneficiar dele, não há benefícios externos, e a curva de demanda do mercado é a curva de benefício marginal social.

As empresas competitivas produzem a quantidade que maximiza o lucro. Construímos a curva de oferta de uma empresa identificando a quantidade maximizadora de lucro a cada preço. Desse modo, as empresas obtêm o maior valor de seus recursos em todos os pontos de suas curvas de oferta. Se as empresas que produzem um bem ou serviço arcam com todos os custos da produção dele, não há custos externos, e a curva de oferta do mercado é a curva de custo marginal social.

Equilíbrio e eficiência Os recursos são utilizados com eficiência quando o benefício marginal social é igual ao custo marginal social. O equilíbrio competitivo atinge esse resultado eficiente porque, para os consumidores, o preço é igual ao benefício marginal social e, para os produtores, o preço é igual ao custo marginal social.

Os ganhos proporcionados pelo comércio são o excedente do consumidor mais o excedente do produtor. Os ganhos que os consumidores obtêm do comércio são medidos pelo *excedente do consumidor*, que é a área abaixo da curva de demanda e acima do preço pago (veja o Capítulo 5). Os ganhos que os produtores obtêm do comércio são medidos pelo *excedente do produtor*, que é a área acima da curva de oferta e abaixo do preço recebido (veja o Capítulo 5). Os ganhos totais proporcionados pelo comércio são a soma do excedente do consumidor e do excedente do produtor. Quando o mercado de um bem ou serviço está em equilíbrio, os ganhos proporcionados pelo comércio são maximizados.

Exemplo de alocação eficiente A Figura 11.12 ilustra uma alocação eficiente na concorrência perfeita, no equilíbrio de longo prazo. A parte (a) mostra a situação de uma empresa individual, e a parte (b) mostra o mercado. O preço de mercado de equilíbrio é P^*. A esse preço, cada empresa obtém lucro econômico zero. Cada empresa tem instalações produtivas com um tamanho que lhe permite produzir ao menor custo total médio possível. Nessa situação, os consumidores estão nas melhores condições possíveis porque o bem não pode ser produzido a um custo mais baixo e o preço é igual ao menor custo possível.

Na parte (b), os consumidores são eficientes em todos os pontos da curva de demanda do mercado, $D = BMgS$. Os produtores são eficientes em todos os pontos da curva de oferta do mercado, $S = CMgS$. Os recursos são utilizados com eficiência na quantidade Q^* e no preço P^*. Nesse ponto, o benefício marginal social é igual ao custo marginal social, e a soma do excedente do produtor (a área cinza-claro) e o excedente do consumidor (a área cinza-escuro) é maximizada.

Quando as empresas em concorrência perfeita não estão no equilíbrio de longo prazo, a indústria apresenta entradas ou saídas, e o mercado está se movendo na direção da situação apresentada na Figura 11.12. Mas, mesmo assim, o mercado é eficiente. Enquanto o benefício marginal social (na curva de demanda do mercado) é igual ao custo marginal social (na curva de oferta do mercado), o mercado é eficiente. Mas é só no equilíbrio de longo prazo que os consumidores pagam o preço mais baixo possível.

QUESTÕES PARA REVISÃO

1 Quais são as condições necessárias para que os recursos sejam alocados com eficiência?
2 Descreva as escolhas que os consumidores fazem e explique por que eles são eficientes na curva de demanda do mercado.
3 Descreva as escolhas que os produtores fazem e explique por que eles são eficientes na curva de oferta do mercado.
4 Explique por que os recursos são utilizados com eficiência em um mercado competitivo.

◆ Acabamos de concluir nosso estudo da concorrência perfeita. A seção "Leitura das entrelinhas" lhe dará uma oportunidade de utilizar o que você aprendeu para entender eventos recentes no mercado competitivo de serviços de polinização de abelhas.

Apesar de diversos mercados se aproximarem do modelo da concorrência perfeita, isso não se aplica a muitos outros. No Capítulo 12, estudaremos os mercados no extremo oposto do poder de mercado: o monopólio. Depois, no Capítulo 13, abordaremos os mercados que se posicionam entre a concorrência perfeita e o monopólio: a concorrência monopolista (concorrência com elementos de monopólio) e o oligopólio (concorrência entre poucos produtores). Ao concluir esse estudo, você terá as bases para entender a variedade de mercados no mundo real.

Figura 11.12 Eficiência da concorrência perfeita

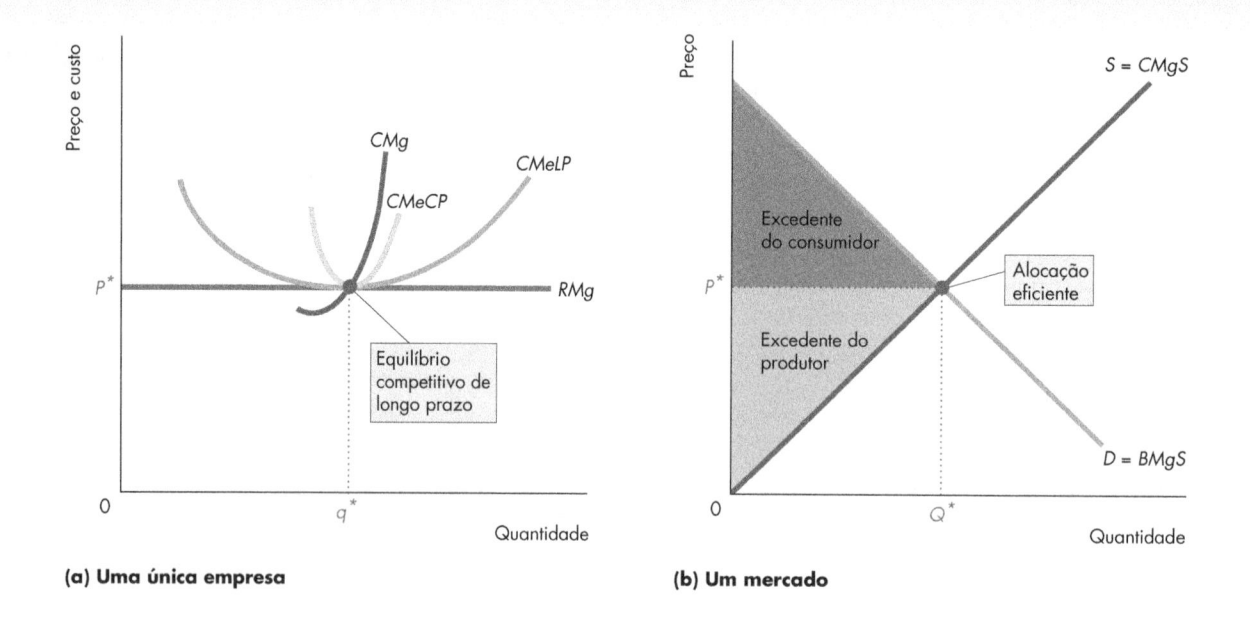

(a) Uma única empresa

(b) Um mercado

Na parte (a), uma empresa em concorrência perfeita produz no custo total médio de longo prazo mais baixo possível, em q^*. Na parte (b), os consumidores fizeram as melhores escolhas disponíveis e estão na curva de demanda do mercado, e as empresas estão produzindo no menor custo possível e estão na curva de oferta do mercado. Sem benefícios externos ou custos externos, os recursos são utilizados com eficiência na quantidade Q^* e no preço P^*. A concorrência perfeita atinge uma alocação eficiente de recursos.

LEITURA DAS ENTRELINHAS

Concorrência no pomar

Um parasita dizima as abelhas, e os fazendeiros estão preocupados

2 de maio de 2005

"Você quer ver uma cidade fantasma?", perguntou Joe Linelho. Ele abriu a tampa de uma de suas colméias e retirou os favos de mel com uma pequena lâmina. Nem uma única abelha reagiu à intrusão. As centenas de minúsculas células hexagonais, onde jovens abelhas deveriam estar em incubação, estavam vazias e, no centro, via-se um aglomerado de abelhas, todas mortas...

"Trata-se de um problema nacional", disse Kevin Hackett, coordenador do programa norte-americano voltado para abelhas e polinização, desenvolvido pelo Serviço de Pesquisas do Ministério de Agricultura dos Estados Unidos. "Perdemos pelo menos metade de nossas colméias e, em algumas regiões, até 70 por cento delas. Considerando que tínhamos alguns milhões de colméias nos Estados Unidos e essa população foi reduzida à metade, a situação é muito grave."

O problema não se restringe à produção de mel. As abelhas são necessárias para polinizar cultivos agrícolas estimados em US$ 15 bilhões anuais. Os produtores relatam uma concorrência crescente e preços ascendentes – devido às colméias que são transportadas pelo país no primeiro semestre – para produtos que vão de amêndoas na Califórnia, em fevereiro, a maçãs, *blueberries* e outras frutas em outro lugares, em junho...

...a maioria dessas perdas está sendo atribuída ao ácaro Varroa, que chegou ao país no início da década de 1980, segundo o Sr. Raybold, e começou a dizimar a população de abelhas selvagens do país...

Produtores de frutas costumam pagar entre US$ 30 e US$ 40 para ter uma colméia entre suas árvores na primavera, ficando o proprietário da colméia com o mel. Mas Chris Heintz, diretor de pesquisas da Almond Board of California – órgão que fiscaliza a produção de amêndoas na Califórnia –, disse que ouviu relatos de que havia produtores pagando mais de US$ 100 por colméia...

Fonte: Copyright 2005 The New York Times Company. Reproduzido com permissão. Proibido nova reprodução. Disponível em: http://nytimes.com

Essência da notícia

▶ O ácaro Varroa, que chegou aos Estados Unidos no início da década de 1980, está dizimando a população de abelhas.

▶ O número de colméias ativas diminuiu 50 por cento e, em algumas regiões, 70 por cento.

▶ Tanto a produção de mel quanto a polinização diminuíram.

▶ Os produtores de frutas normalmente pagam entre US$ 30 e US$ 40 por colméia, e o proprietário da colméia fica com o mel em troca dos serviços de polinização.

▶ O preço por colméia aumentou para mais de US$ 100.

Análise econômica

▶ Os apicultores produzem dois bens: mel e serviços de polinização.

▶ Aqui nos concentramos no mercado competitivo de serviços de polinização.

▶ Os produtores de frutas alugam colméias dos apicultores e pagam uma taxa pelo serviço.

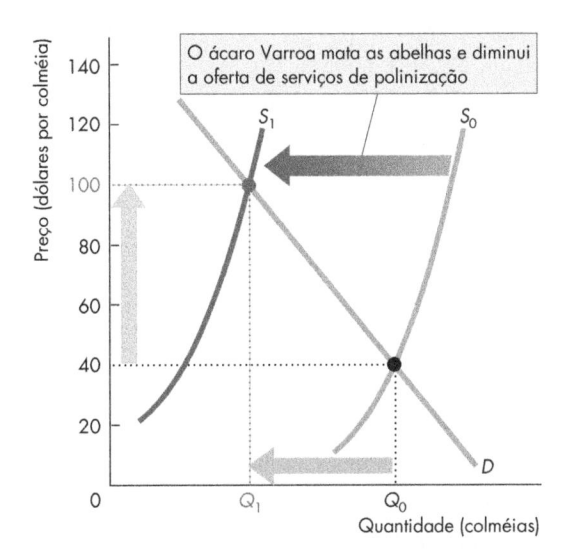

▶ A Figura 1 mostra o mercado de serviços de polinização.

▶ A curva de demanda D é a demanda por parte dos produtores de frutas.

▶ A curva de oferta S_0 é a oferta por parte dos apicultores antes de o ácaro Varroa dizimar a população de abelhas.

▶ O mercado estava em equilíbrio ao preço de US$ 40 por colméia e à quantidade Q_0.

▶ A Figura 2 mostra as curvas de custo e receita para um apicultor individual.

▶ Antes do ataque do ácaro, a curva de receita marginal é RMg_0, a curva de custo marginal é CMg, e a curva de custo total médio é $CTMe$.

▶ O apicultor maximiza o lucro produzindo q_0, e supõe-se que a empresa esteja no equilíbrio de longo prazo.

▶ Quando o ácaro Varroa ataca, muitos apicultores perdem suas colméias e saem do negócio.

▶ A oferta diminui, e, na Figura 1, a curva de oferta se desloca para a esquerda, para S_1.

▶ O preço do aluguel de uma colméia aumenta para US$ 100, e a quantidade de equilíbrio diminui para Q_1.

▶ A Figura 2 mostra o que acontece a um apicultor que permanece no negócio e consegue que suas abelhas fiquem a salvo do ácaro Varroa.

▶ O aumento do preço desloca a curva de receita marginal para cima, para RMg_1.

Figura 1: O mercado de serviços de polinização

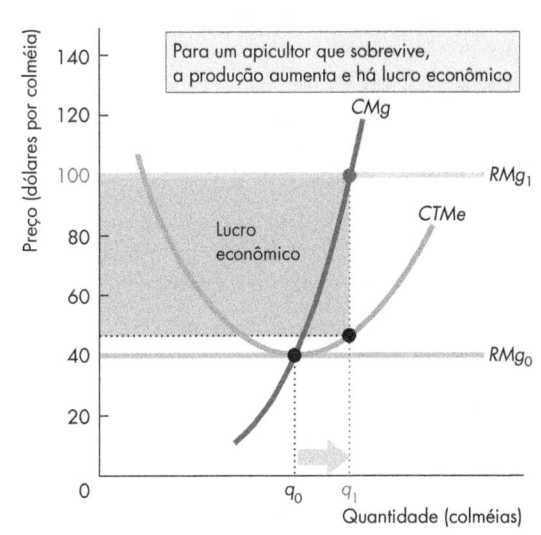

Figura 2: Um apicultor

- Para maximizar o lucro, o apicultor aumenta para q_1 o número de colméias alugadas aos produtores de frutas.

- A empresa agora obtém o lucro econômico indicado pelo retângulo cinza.

- A situação mostrada nas figuras 1 e 2 representa um equilíbrio de curto prazo. Como as empresas estão obtendo um lucro econômico positivo, a entrada ocorre no longo prazo à medida que as pessoas criam mais abelhas e tentam combater o ácaro Varroa.

- Se for muito dispendioso se livrar do ácaro Varroa, os custos da apicultura aumentarão e o lucro econômico diminuirá.

- Mais cedo ou mais tarde, devido ao fato ou de mais abelhas ser criadas ou de o custo da apicultura aumentar, vai se estabelecer um novo equilíbrio de longo prazo no qual o lucro econômico volta a ser zero e os apicultores obtêm lucro normal.

RESUMO

Pontos-chave

O que é concorrência perfeita? (p. 234-236)

- Uma empresa perfeitamente competitiva é uma tomadora de preços.

As decisões da empresa na concorrência perfeita (p. 236-241)

- A empresa produz a quantidade na qual a receita marginal (preço) é igual ao custo marginal.
- No equilíbrio de curto prazo, uma empresa pode obter lucro econômico, incorrer em perda econômica ou obter lucro nulo.
- Se o preço fica abaixo do custo variável médio mínimo, a empresa interrompe temporariamente as operações.
- A curva de oferta de uma empresa é a parte inclinada para cima de sua curva de custo marginal, acima do custo variável médio mínimo.
- A curva de oferta de uma indústria mostra a soma das quantidades ofertadas por empresa, a cada preço.

Produção, preço e lucro na concorrência perfeita (p. 241-245)

- A demanda e a oferta de mercado determinam o preço.
- O lucro econômico persistente induz a entrada. A perda econômica persistente induz a saída.
- A entrada e a expansão das instalações produtivas aumentam a oferta e diminuem o preço e o lucro. A saída e o *downsizing* diminuem a oferta e aumentam o preço e o lucro.
- No equilíbrio de longo prazo, o lucro econômico é zero (o empresário obtém lucro normal). Não há entrada, saída, expansão de instalações produtivas ou *downsizing*.

Mudanças nas preferências e avanços tecnológicos (p. 245-248)

- Uma diminuição permanente da demanda leva a uma produção menor da indústria e a um menor número de empresas.
- Um aumento permanente da demanda leva a uma maior produção da indústria e a um número maior de empresas.

- O efeito de longo prazo de uma mudança na demanda sobre o preço depende do fato de haver economias externas (o preço diminui) ou deseconomias externas (o preço aumenta) ou nenhuma delas (o preço permanece constante).

- Novas tecnologias aumentam a oferta e, no longo prazo, reduzem o preço e aumentam a quantidade.

Concorrência e eficiência (p. 248-250)

- Os recursos são alocados com eficiência quando produzimos bens e serviços nas quantidades mais valorizadas pelas pessoas.
- Na ausência de benefícios externos e custos externos, a concorrência perfeita atinge uma alocação eficiente. No equilíbrio de longo prazo, os consumidores pagam o menor preço possível, o benefício marginal social é igual ao custo marginal social, e a soma do excedente do consumidor e do excedente do produtor é maximizada.

Figuras-chave

Figura 11.2: Receita total, custo total e lucro econômico, 237

Figura 11.3: Produção maximizadora de lucro, 238

Figura 11.4: Três possibilidades de lucro no curto prazo, 239

Figura 11.5: Curva de oferta de uma empresa, 240

Figura 11.7: Equilíbrio de curto prazo, 242

Figura 11.8: Entrada e saída, 243

Figura 11.12: Eficiência da concorrência perfeita, 250

Palavras-chave

Concorrência perfeita, 234

Curva de oferta da indústria de curto prazo, 240

Curva de oferta da indústria de longo prazo, 246

Deseconomias externas, 246

Economias externas, 246

Ponto de encerramento de atividades, 239

Receita marginal, 235

Receita total, 235

Tomadora de preços, 235

EXERCÍCIOS

1. Os biscoitos da sorte da Lin's são idênticos aos de dezenas de outras empresas, e a entrada no mercado de biscoitos da sorte é livre. Compradores e vendedores são bem informados em relação aos preços.

   a. Com base nas informações acima, em qual tipo de mercado os biscoitos da sorte da Lin's são comercializados?

   b. O que determina o preço dos biscoitos da sorte?

   c. O que determina a receita marginal dos biscoitos da sorte da Lin's?

   d. Se os biscoitos da sorte forem vendidos a $ 10 por caixa e Lin oferecer seus biscoitos a $ 10,50 por caixa, quantas caixas ele venderá?

   e. Se os biscoitos da sorte forem vendidos a $ 10 por caixa e Lin oferecer seus biscoitos a $ 9,50 por caixa, quantas caixas ele venderá?

   f. Qual é a elasticidade da demanda dos biscoitos da sorte da Lin's e como ela difere da elasticidade da demanda do mercado de biscoitos da sorte?

2. A Quick Copy é uma das várias lojas de fotocópias próximas a um centro universitário. A figura mostra as curvas de custo da Quick Copy. O preço de mercado de uma fotocópia é de $ 0,10.

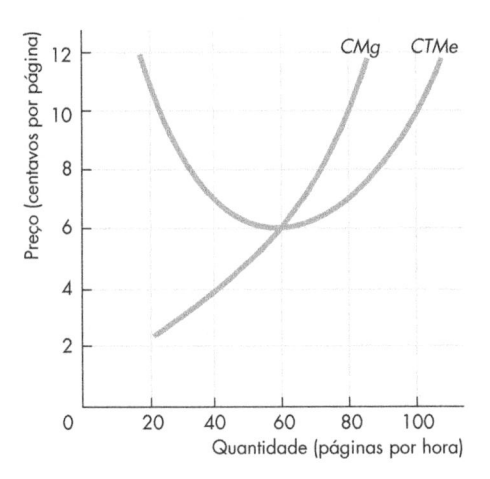

   a. Qual é a receita marginal da Quick Copy?

   b. Qual é a produção maximizadora de lucro da Quick Copy?

   c. Qual é o lucro econômico da Quick Copy?

3. A Pat's Pizza Kitchen é uma tomadora de preços. Seus custos são:

Produção (pizzas por hora)	Custo total (dólares por hora)
0	10
1	21
2	30
3	41
4	54
5	69

   a. Qual é a produção maximizadora de lucro da Pat's e quanto de lucro econômico Pat obtém se o preço de mercado é (i) $ 14, (ii) $ 12 e (iii) $ 10?

   b. Qual é o ponto de encerramento de atividades da Pat's?

   c. Desenhe a curva de oferta da Pat's.

   d. A que preço as empresas com custos iguais aos da Pat's saem da indústria de pizzas no longo prazo?

   e. A que preço as empresas com custos iguais aos da Pat's entram na indústria de pizzas no longo prazo?

4. A tabela de demanda de mercado por papel é:

Preço (dólares por pacote)	Quantidade demandada (milhares de pacotes por semana)
3,65	500
5,20	450
6,80	400
8,40	350
10,00	300
11,60	250
13,20	200

O mercado é perfeitamente competitivo, e cada empresa tem os seguintes custos quando utiliza o tamanho de suas instalações produtivas de menor custo:

Produção (pacotes por semana)	Custo marginal (dólares por pacote adicional)	Custo variável médio	Custo total médio
		(dólares por pacote)	
200	6,40	7,80	12,80
250	7,00	7,00	11,00
300	7,65	7,10	10,43
350	8,40	7,20	10,06
400	10,00	7,50	10,00
450	12,40	8,00	10,22
500	20,70	9,00	11,00

Há 1.000 empresas na indústria.

   a. Qual é o preço de mercado?

b. Qual é a produção da indústria?

c. Qual é a produção de cada empresa?

d. Qual é o lucro econômico ou a perda econômica que cada empresa tem?

e. As empresas entram na indústria ou saem dela no longo prazo?

f. Qual é o número de empresas no longo prazo?

g. Qual é o preço de mercado no longo prazo?

h. Qual é a quantidade de equilíbrio no longo prazo?

5. À medida que a qualidade dos monitores de computador melhora, cada vez mais pessoas deixam de imprimir documentos e os lêem na tela. No mercado de papel, a demanda diminui permanentemente, e a tabela de demanda passa a ser:

Preço (dólares por pacote)	Quantidade demandada (milhares de pacotes por semana)
2,95	500
4,13	450
5,30	400
6,48	350
7,65	300
8,83	250
10,00	200
11,18	150

Os custos são os mesmos que os apresentados na tabela da página anterior.

a. Quais são agora o preço de mercado, a produção da indústria e o lucro ou perda econômicos de cada empresa?

b. Quais são agora o preço de equilíbrio de longo prazo, a produção da indústria e o lucro ou perda econômicos de cada empresa?

c. Essa indústria tem economias externas, deseconomias externas ou custo constante? Ilustre sua resposta traçando a curva de oferta de longo prazo.

6. Uma indústria perfeitamente competitiva está em equilíbrio de longo prazo. Responda às seguintes perguntas e explique suas respostas.

a. O excedente do consumidor pode ser aumentado?

b. O excedente do produtor pode ser aumentado?

c. Um consumidor pode se beneficiar substituindo seu fornecedor por outro na mesma indústria?

d. O bem pode ser produzido por um custo total médio mais baixo?

PENSAMENTO CRÍTICO

1. Releia a seção "Leitura das entrelinhas" sobre o mercado de serviços de polinização e responda às seguintes perguntas.

a. Quais são as características do mercado de serviços de polinização que fazem com que ele seja um exemplo de concorrência perfeita?

b. Se o custo variável médio mínimo de um apicultor exceder o preço do aluguel de uma colméia, o que o apicultor fará e por quê?

c. Quais são as forças que movem o mercado de serviços de polinização para o equilíbrio de longo prazo e quais são os lucros no mercado no longo prazo?

d. Se descobrirem que o mel produzido localmente tem propriedades nutricionais antes desconhecidas que prolongam a vida, como os mercados de mel e serviços de polinização serão afetados no curto prazo e no longo prazo?

2. Por que os preços das calculadoras de bolso e aparelhos de DVD diminuíram? O que você acha que aconteceu com os custos e lucros econômicos das empresas que fabricam esses produtos?

3. Qual foi o efeito de um aumento da população mundial sobre o mercado de trigo e o produtor individual de trigo?

4. Como a indústria de fraldas de pano foi afetada pela redução da taxa de natalidade nos Estados Unidos e pelo desenvolvimento das fraldas descartáveis?

ATIVIDADES NA INTERNET

Faça uma pesquisa na Internet sobre as cotas de importações provenientes da China que vários países vêm criando.

a. Por que alguns países limitam as importações de produtos têxteis?

b. Desenhe um gráfico de oferta e demanda e construa curvas adicionais para ilustrar o custo e a receita de um produtor do país que está limitando as importações. Use esses gráficos para mostrar os efeitos das cotas sobre o preço, a quantidade, o lucro econômico e o excedente do consumidor.

c. Em sua opinião, a criação de cotas é boa para os consumidores do país que está limitando as importações? Justifique sua resposta.

CENÁRIO BRASILEIRO

Crescimento de pequenas e médias empresas no Brasil

Daiane Alcântara[1]

Vitais para geração de emprego e renda, as pequenas e médias empresas (PMEs) possuem vantagens relacionadas à flexibilização produtiva e organizacional, que permitem reagir de forma rápida à demanda de mercado.

Essas empresas possuem perfil empreendedor e apresentam menores entraves burocráticos, o que acelera a tomada de decisões e gera resultados mais rápidos. A especialização e o foco em nichos de mercado são fatores que, por um lado, levam ao aperfeiçoamento das habilidades das empresas e, por outro, limitam seu crescimento.

Seguindo a classificação de empresas criada pelo IBGE[2] podemos definir como pequena empresa aquela que emprega até 99 pessoas na indústria ou até 49 no comércio ou serviços. Já a média empresa emprega até 499 pessoas na indústria ou até 99 em comércio ou serviços.

Além da diferenciação quanto ao segmento (indústria, comércio ou serviços), as PMEs também podem ser classificadas de acordo com a intensidade tecnológica:
- Tradicionais – empresas intensivas em trabalho, com baixo conteúdo tecnológico;
- Dinâmicas – empresas com produtos com média intensidade tecnológica. São empresas que, embora realizem esforços de modernização, têm baixa capacidade de inovar;
- Base tecnológica – empresas que se encontram na fronteira tecnológica do seu setor, podem ser encontradas mais facilmente nas indústrias farmacêuticas, biotecnologia e tecnologia da informação.

No Brasil, infelizmente, a maioria das PMEs produz com máquinas obsoletas e apresenta baixo dinamismo tecnológico. Mesmo as de base tecnológica não são pioneiras na introdução de novos produtos, elas adaptam ou imitam produtos já existentes.

Como proporção do número total de empresas existentes no país e número de pessoal ocupado as PMEs representavam em 2005:

Quadro 1 Número total de empresas, com indicação do respectivo pessoal ocupado, segundo as faixas de pessoal ocupado. Brasil, 2005.

Faixas de pessoal ocupado	Número de empresas	%	Pessoal ocupado	%
0 a 4	4 029 342	83,14	6 412 483	23,30
5 a 19	665 892	13,74	5 741 009	20,86
20 a 99	128 202	2,65	4 839 729	17,58
100 e mais	22 724	0,47	10 533 214	38,26
Total	4 846 160	100	27 526 435	100

Fonte: Elaboração própria a partir de IBGE, Diretoria de Pesquisas, Cadastro Central de Empresas 2004-2005. Dados referentes a 2004. Exceto as seções da Administração Pública e dos Organismos Internacionais.

As reformas estruturais decorrentes da abertura comercial afetaram o comportamento das PMEs brasileiras. O processo, que teve início em 1989, com a eliminação de barreiras não tarifárias e redução de barreiras tarifárias, resultou num forte aumento da participação de insumos importados, com impactos diferenciados sobre setores e empresas, mas com redução geral do leque de produtos ofertados e especialização em produtos com mais vantagens competitivas.

Já o Plano Real, lançado em 1994, teve efeitos ambíguos sobre as PMEs. Por um lado, a sustentação do câmbio valorizado até 1999 limitou fortemente o crescimento da produção por inibir as exportações e estimular as importações. Os desequilíbrios decorrentes dessa política no balanço de pagamentos levaram o governo a elevar a taxa de juros para atrair capital, dificultando a tomada de crédito para investimento. Por outro lado, a estabilidade econômica proporcionada pela redução na inflação elevou o poder de compra real da parcela assalariada da população. Com efeito, nos anos que se seguiram, houve expansão do mercado interno e crescimento da venda de produtos das PMEs.

---

[1] Economista, mestranda em Economia.

[2] A classificação segundo número de empregados foi criada pelo IBGE e está disponível em: http://www.ibge.gov.br/home/presidencia/noticias/noticia_visualiza.php?id_noticia=630&id_pagina=1. Acesso em: 02 jun. 2008.

Já a política de câmbio flutuante, que vigora desde 1999, aliada ao sistema de metas de inflação e as elevadas taxas de juros, tem resultado em crescimento medíocre para as PMEs. A situação é agravada nos últimos anos pela entrada maciça dos produtos chineses no mercado brasileiro.

Do ponto de vista da natureza da firma, as PMEs enfrentam obstáculos relacionados à escala de produção ineficiente, que impede o aproveitamento de economias de escala e impossibilita a diluição dos custos na realização de P&D. Outro fator negativo é que muitas PMEs são geridas por familiares e apresentam problemas relativos à administração inadequada, dificuldade de comercialização dos produtos em novos mercados, deficiências técnicas e de informação.

Em relação aos obstáculos financeiros, que impedem as empresas de buscar novas tecnologias, devemos enfatizar a escassez de fontes de financiamento.

Mesmo com a estabilidade da economia, os bancos continuam concentrando suas operações de crédito em um universo de clientes limitado – qual sejam, empresas e pessoas capazes de oferecer garantias adequadas e rentabilidade de curto prazo –, que leva à eliminação de clientes definidos como de maior risco ou menor retorno imediato.

O financiamento público, por sua vez, realizado por meio de subsídio ou subvenção, apresenta enormes entraves, seja pela falta de capilaridade, articulação seja efetividade. Segundo o Sebrae (2004) ao nascer, cerca de 90 por cento das micro e pequenas empresas contam apenas com os recursos pessoais de seus donos ou de parentes.

Ainda assim o Estado é fundamental para o desenvolvimento dessas empresas. As recentes melhorias no marco regulatório e na legislação tributária contribuíram para alavancar essas empresas. Um exemplo relevante é o SIMPLES – Sistema Integrado de Pagamento de Impostos e Contribuições das Microempresas e das Empresas de Pequeno Porte –, que introduziu um sistema simplificado de pagamento de impostos, com alíquotas progressivas de acordo com o faturamento das PEs, segundo a Lei n. 9.317, de 05 de dezembro de 1996.

Por fim é preciso elevar as taxas de sobrevivência das PMEs. Segundo o IBGE (2005), a proporção de empresas sobreviventes em 2005 que foram criadas em 1997, observada para as empresas com até quatro pessoas ocupadas, foi de apenas 50 por cento. Medidas simples, como a ampliação da oferta de cursos gratuitos de capacitação gerencial e o estímulo à cooperação poderiam melhorar o desempenho e aumentar as chances de sobrevivência das PMEs.

Essas medidas são fundamentais, uma vez que tanto o tamanho da empresa como o tempo de permanência no mercado tem consideráveis implicações sobre o desenvolvimento de competências, o processo de aprendizado e a aquisição de conhecimentos.

REFERÊNCIAS

Demografia das Empresas 2005. IBGE. Disponível em: http://www.ibge.gov.br/home/estatistica/economia/demografiaempresa/2005/default.shtm. Acesso em: 16 jun. 2008.

Fatores condicionantes e taxas de sobrevivência e mortalidade das micro e pequenas empresas no Brasil 2003-2005. Sebrae. Brasília, ago. 2007.

Indústria investe para atender maior demanda interna em 2008. Sondagem Especial da CNI, ano 5, n. 4, nov. 2007. Disponível em: http://www.cni.org.br/f-ps-sondind.htm. Acesso em: 03 jun. de 2008.

LA ROVERE, Renata L. Perspectivas das micro, pequenas e médias empresas no Brasil. *Revista de Economia Contemporânea*, Rio de Janeiro, 2001. Edição especial. Disponível em: http://www2.desenvolvimento.gov.br/arquivo/sti/publicacoes/futAmaDilOportunidades/rev20010424_05.pdf. Acesso em: 04 jun. 2008.

Micro, Pequenas e Médias Empresas. Disponível em: http://www.bndes.gov.br/pme/default.asp. Acesso em: 16 jun. 2008.

Pequenas empresas se destacam em pesquisa da CNI. Agência Estado. 05 de fevereiro de 2007. Disponível em: http://www.administradores.com.br/noticias/pequenas_empresas_se_destacam_em_pesquisa_da_cni/9397/). Acesso em: 03 jun. 2008.

SANTOS, Carlos Alberto dos (Org.). *Sistema financeiro e as micro e pequenas empresas* – Diagnósticos e Perspectivas. Sebrae: Brasília, 2004.

QUESTÕES

1. Por que os bancos tradicionais têm dificuldades para conceder financiamento às PMEs?

2. Cite um obstáculo ao crescimento das PMEs decorrente do tamanho dessas empresas.

3. De que forma o Estado pode ajudar no desenvolvimento das PMEs?

4. De que forma as reformas estruturais, decorrentes da abertura comercial, afetaram o comportamento das PMEs brasileiras?

CAPÍTULO 12

Monopólio

Ao término do estudo deste capítulo, você saberá:

▶ Explicar como surge o monopólio e distinguir entre o monopólio de preço único e o monopólio de discriminação de preços.
▶ Explicar como o monopólio de preço único determina a produção e o preço.
▶ Comparar o desempenho e a eficiência do monopólio de preço único e da concorrência.
▶ Explicar como a discriminação de preços aumenta o lucro.
▶ Explicar como a regulação do monopólio influencia a produção, o preço, o lucro econômico e a eficiência.

A influência da Internet

O eBay e o Google dominam os mercados a que atendem. Como muitos compradores usam o eBay, muitos vendedores também o fazem. Analogamente, como muitos vendedores usam o eBay, muitos compradores fazem o mesmo. Esse fenômeno, chamado de externalidade de rede, faz com que seja difícil para qualquer outra empresa entrar no negócio de leilões pela Internet. Devido ao fato de o Google ser uma ferramenta de busca tão boa, a maioria das pessoas o utiliza para encontrar o que procura na Internet. Como a maioria das pessoas o utiliza, a maioria dos operadores de sites Web que desejam aparecer anuncia no Google.
É evidente que o eBay e o Google não são como empresas em concorrência perfeita. Eles não adotam um preço determinado pelo mercado; eles podem escolher os próprios preços. De que maneira empresas como essas escolhem a quantidade a ser produzida e o preço ao qual vender sua produção? Em que o comportamento delas se compara ao de empresas em indústrias perfeitamente competitivas? Será que elas cobram preços altos demais e prejudiciais aos interesses dos consumidores? E quais benefícios elas proporcionam?
Por ser estudante, você obtém vários descontos: quando vai a alguns restaurantes, a um museu ou ao cinema. Você também pode obter descontos em algumas livrarias. Será que os administradores de restaurantes, museus, cinemas e livrarias são simplesmente sujeitos generosos que não maximizam o lucro? Será que eles estão jogando fora os lucros ao oferecer esses descontos?

◇ Neste capítulo, estudaremos mercados nos quais a empresa pode influenciar o preço. Também compararemos o desempenho da empresa em um mercado como esse ao de uma empresa em um mercado competitivo e examinaremos se o monopólio é tão eficiente quanto a concorrência. Na seção "Leitura das entrelinhas" ao final deste capítulo, saberemos o que acontece com os preços das passagens aéreas à medida que as companhias aéreas de baixo custo pressionam as companhias aéreas tradicionais.

Poder de mercado

O poder de mercado e a competição são duas forças que operam na maioria dos mercados. O **poder de mercado** é a capacidade de influenciar o mercado e, em particular, o preço de mercado ao se influenciar a quantidade total oferecida para venda.

As empresas em concorrência perfeita que estudamos no Capítulo 11 não têm poder de mercado. Elas enfrentam a força da concorrência pura e são tomadoras de preços. As empresas que estudaremos neste capítulo operam no extremo oposto. Elas não enfrentam concorrência e exercitam o poder de mercado puro. Chamamos isso de monopólio extremo. Um **monopólio** é uma empresa que produz um bem ou serviço sem substitutos próximos e que é protegida da concorrência por uma barreira que impede outras empresas de vender esse bem ou serviço. No monopólio, a empresa é a indústria.

Exemplos de monopólio incluem as empresas que operam as tubulações e os cabos que abastecem sua casa com gás, água e eletricidade. A Microsoft Corporation, a empresa de software que criou o sistema operacional Windows, está próxima de ser um monopólio.

Como surge o monopólio

O monopólio apresenta duas características principais:

- Inexistência de substitutos próximos
- Barreiras à entrada

Inexistência de substitutos próximos Se um bem tem um bem substituto próximo, mesmo que só uma empresa o produza, esta enfrenta a concorrência dos produtores dos bens substitutos. A água com que uma empresa de fornecimento público de água abastece determinado local é um exemplo de bem que não tem bens substitutos próximos. Apesar de existir um bem substituto próximo para a água de torneira – a água mineral engarrafada –, não há bens substitutos para a água que se usa para lavar um carro.

Os monopólios estão constantemente sob o ataque de novos produtos e idéias que substituem os produtos fabricados por eles. Por exemplo, os serviços privados de entrega expressa, as transportadoras, o aparelho de fax e o e-mail enfraqueceram o monopólio dos Correios. De modo similar, a antena parabólica enfraqueceu o monopólio de empresas de televisão a cabo.

Entretanto, novos produtos também estão constantemente criando monopólios. Um exemplo disso é o monopólio da Microsoft com o sistema operacional DOS durante a década de 1980 e o Windows hoje em dia.

Barreiras à entrada Restrições legais ou naturais que protegem uma empresa de concorrentes potenciais são chamadas de **barreiras à entrada**. Algumas vezes, uma empresa pode criar sua própria barreira à entrada adquirindo uma parcela significativa de um recurso essencial. Por exemplo, a De Beers controla mais de 80 por cento do suprimento mundial de diamantes naturais. Contudo, a maioria dos monopólios surge de dois outros tipos de barreiras: as legais e as naturais.

Barreiras legais à entrada As barreiras legais à entrada criam um **monopólio legal**, que é um mercado no qual há uma empresa e a entrada é restringida pela concessão de fornecimento de serviço público, licença do governo, patente ou direito autoral.

O *fornecimento de serviço público* é um direito exclusivo concedido a uma empresa para oferecer um bem ou serviço. Exemplos são os Correios dos Estados Unidos, que têm o direito exclusivo de entregar correspondência de primeira classe – cartões postais, cartas, envelopes grandes e pequenos pacotes. Uma licença do governo controla a entrada em determinadas ocupações, profissões e indústrias. Exemplos desse tipo de barreira à entrada ocorrem na medicina, no direito, na odontologia, na arquitetura e em muitas outras áreas profissionais. O licenciamento nem sempre cria um monopólio, mas atua para restringir a concorrência.

Uma *patente* é um direito exclusivo concedido ao inventor de um produto ou serviço. Um *direito autoral* é um direito exclusivo concedido ao autor ou compositor de uma obra literária, musical, dramática ou artística. Patentes e direitos autorais são válidos por um período limitado, que varia de um país para outro. No Brasil, uma patente de invenção é válida por 20 anos. As patentes incentivam a *invenção* de novos produtos e métodos de produção. Elas também estimulam a *inovação* – a utilização de novas invenções – ao incentivar os inventores a divulgar suas descobertas e oferecê-las para utilização mediante a compra de uma licença. As patentes têm incentivado inovações em áreas tão variadas quanto as de desenvolvimento de sementes de soja, produtos farmacêuticos, chips de memória e videogames.

Barreiras naturais à entrada As barreiras naturais criam um **monopólio natural:** uma indústria na qual as economias de escala permitem que uma empresa abasteça todo o mercado ao menor custo possível.

A Figura 12.1 mostra um monopólio natural na distribuição de energia elétrica. Aqui, a curva de demanda de mercado por energia elétrica é D, e a curva de custo médio de longo prazo é CMe_{LP}. Como o custo médio de longo prazo diminui à medida que a produção aumenta, economias de escala prevalecem sobre toda a extensão da curva CMe_{LP}. Uma empresa é capaz de produzir 4 milhões de quilowatts-hora a 5 centavos por quilowatt-hora. A esse preço, a quantidade demandada é de 4 milhões de quilowatts-hora. Desta maneira, se o preço fosse 5 centavos, uma empresa poderia abastecer todo o mercado. Se duas

Figura 12.1 Monopólio natural

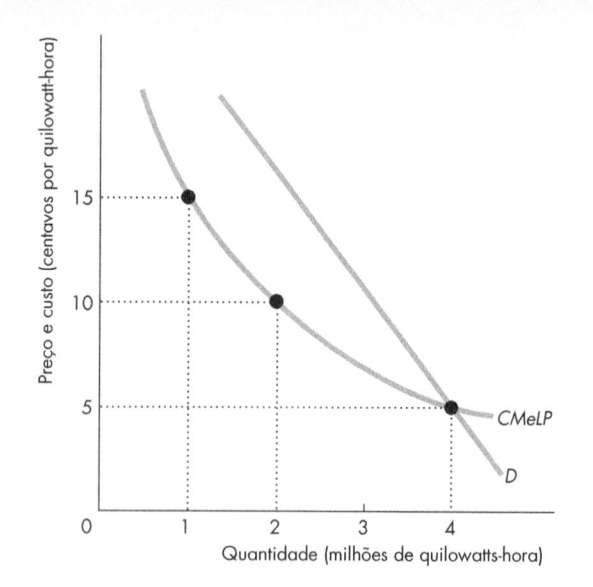

A curva de demanda do mercado por energia elétrica é D, e a curva de custo médio de longo prazo é CMe_{LP}. Há economias de escala ao longo de toda a curva CMe_{LP}. Uma empresa é capaz de distribuir 4 milhões de quilowatts-hora ao custo de 5 centavos por quilowatt-hora. A mesma produção total custa 10 centavos por quilowatt-hora com duas empresas e 15 centavos por quilowatt-hora com quatro empresas. Desta forma, uma empresa pode atender à demanda de mercado a um custo mais baixo do que duas ou mais empresas teriam, e o mercado é um monopólio natural.

empresas dividissem o mercado igualmente, custaria a cada uma delas 10 centavos por quilowatt-hora produzir um total de 4 milhões de quilowatts-hora. Se quatro empresas dividissem igualmente o mercado, a produção de um total de 4 milhões de quilowatts-hora custaria a cada uma delas 15 centavos por quilowatt-hora. Desta maneira, nas condições mostradas na Figura 12.1, uma empresa pode abastecer o mercado inteiro a um custo mais baixo do que duas ou mais empresas teriam. A distribuição de energia elétrica é um exemplo de monopólio natural.

A maioria dos monopólios é regulada de algum modo por órgãos governamentais. Estudaremos essas regulações no final deste capítulo. Mas, por duas razões, começaremos estudando o monopólio não regulado. Primeiramente, poderemos entender melhor por que os governos regulam os monopólios e os efeitos da regulação se soubermos como um monopólio não regulado se comporta. Em segundo lugar, mesmo em indústrias com mais de um produtor, as empresas geralmente têm certo grau de poder de monopólio, e a teoria do monopólio ajuda a esclarecer o comportamento dessas empresas e indústrias.

Uma importante diferença entre o monopólio e a concorrência é que o monopólio determina seu próprio preço, mas, ao fazer isso, ele enfrenta uma restrição de mercado. Vamos ver como o mercado limita as opções de determinação de preços de um monopólio.

Estratégias de determinação de preços de um monopólio

Todos os monopólios enfrentam um *trade-off* entre o preço e a quantidade vendida. Para vender uma quantidade maior, o monopólio deve cobrar um preço menor. Mas há duas amplas situações de monopólio que criam diferentes *trade-offs*. São elas:

- Preço único
- Discriminação de preços

Preço único. A De Beers vende diamantes (de determinado tamanho e qualidade) pelo mesmo preço a todos os seus clientes. Se tentasse vender a um preço baixo a alguns clientes e a um preço mais alto a outros, só os clientes de preço baixo comprariam dela. Outros comprariam dos clientes de preço baixo da De Beers. A De Beers é um monopólio de *preço único*. Um **monopólio de preço único** é uma empresa que precisa vender cada unidade de sua produção pelo mesmo preço a todos os seus clientes.

Discriminação de preços As companhias aéreas oferecem uma enorme variedade de preços pelo mesmo vôo. Muitos produtores de pizza cobram um preço por uma pizza e praticamente dão de graça uma segunda pizza. Esses são exemplos de *discriminação de preços*. A **discriminação de preços** é a prática de vender diferentes unidades de um bem ou serviço a diferentes preços.

Quando uma empresa pratica a discriminação de preços, à primeira vista ela está fazendo um favor aos clientes. Na verdade, ela está cobrando o preço mais alto possível por unidade vendida e obtendo o maior lucro possível.

> **QUESTÕES PARA REVISÃO**
>
> **1** Como surge o monopólio?
> **2** Qual é a diferença entre um monopólio natural e um monopólio legal?
> **3** Faça a distinção entre um monopólio de discriminação de preços e um monopólio de preço único.

Decisão de preço e de produção de um monopólio de preço único

Para entendermos como um monopólio de preço único toma decisões de preço e produção, devemos primeiramente estudar a relação entre preço e receita marginal.

Preço e receita marginal

Como no monopólio há uma única empresa, a curva de demanda que está diante da empresa é a curva de demanda do mercado. Vamos analisar a Bobbie's Barbershop, a única fornecedora de cortes de cabelo da pequena cidade de Cairo, Nebraska. A tabela da Figura 12.2 mostra a tabela de demanda de mercado. Ao preço de $ 20, Bobbie não vende nenhum corte de cabelo. Quanto mais baixo for o preço, mais cortes de cabelo por hora ela poderá vender. Por exemplo, a $ 12, os consumidores demandariam 4 cortes de cabelo por hora (linha E).

A *receita total* (RT) é igual ao preço (P) multiplicado pela quantidade vendida (Q). Por exemplo, na linha D, Bobbie vende 3 cortes de cabelo a $ 14 cada, de modo que a receita total é $ 42. A *receita marginal* (RMg) é a variação da receita total (ΔRT) que resulta do aumento de uma unidade na quantidade vendida. Por exemplo, se o preço diminui de $ 16 (linha C) para $ 14 (linha D), a quantidade vendida aumenta de 2 para 3 cortes de cabelo. A receita total aumenta de $ 32 para $ 42, de maneira que a variação da receita total é $ 10. Como a quantidade vendida aumenta em 1 corte de cabelo, a receita marginal é igual à variação da receita total, que equivale a $ 10. A receita marginal é indicada entre as duas linhas para enfatizar que está relacionada com a *variação* da quantidade vendida.

A Figura 12.2 mostra a curva de demanda do mercado e a curva de receita marginal (RMg) e ilustra o cálculo que acabamos de fazer. Observe que, a cada nível de produção, a receita marginal é menor que o preço – a curva de receita marginal fica abaixo da curva de demanda. Por que a receita marginal é *menor* que o preço? Porque, quando o preço é reduzido para se vender uma unidade a mais, duas forças opostas afetam a receita total. O preço menor resulta em uma perda de receita, e a quantidade vendida maior resulta em ganhos de receita. Por exemplo, ao preço de $ 16, a Bobbie vende 2 cortes de cabelo (ponto C). Se ela reduzir o preço para $ 14, venderá 3 cortes de cabelo e obterá um ganho de receita de $ 14 pelo terceiro corte de cabelo. Mas agora ela recebe apenas $ 14 pelos dois

Figura 12.2 Demanda e receita marginal

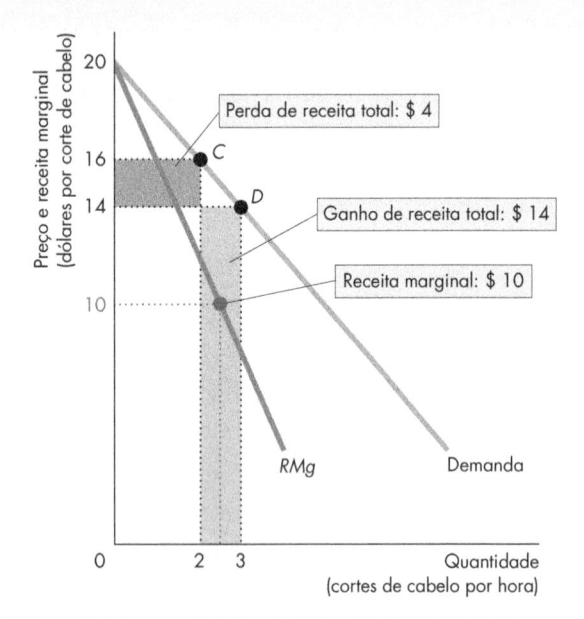

	Preço (P) (dólares por corte de cabelo)	Quantidade demandada (Q) (cortes de cabelo por hora)	Receita total (RT = P × Q) (dólares)	Receita marginal (RMg = ΔRT/ΔQ) (dólares por corte de cabelo)
A	20	0	0	
				18
B	18	1	18	
				14
C	**16**	**2**	**32**	
				10
D	**14**	**3**	**42**	
				6
E	12	4	48	
				2
F	10	5	50	

A tabela mostra os dados da demanda. A receita total (*RT*) é o preço multiplicado pela quantidade vendida. Por exemplo, na linha *C*, o preço é de $ 16 por corte de cabelo, e a Bobbie vende 2 cortes de cabelo, com receita total de $ 32. A receita marginal (*RMg*) é a variação da receita total que resulta do aumento de uma unidade na quantidade vendida. Por exemplo, quando o preço diminui de $ 16 para $ 14 por corte de cabelo, a quantidade vendida aumenta em 1 corte de cabelo e a receita total aumenta em $ 10. A receita marginal é $ 10. A curva de demanda e a curva de receita marginal, *RMg*, baseiam-se nos dados apresentados na tabela e ilustram o cálculo da receita marginal quando o preço do corte de cabelo diminui de $ 16 para $ 14.

primeiros – $ 2 a menos do que antes. Como resultado, perde $ 4 de receita nos 2 primeiros cortes de cabelo. Para calcular a receita marginal, ela deve deduzir essa quantia do ganho de receita de $ 14. Assim, sua receita marginal é de $ 10, que é menor que o preço.

Receita marginal e elasticidade

A receita marginal de um monopólio de preço único se relaciona com a *elasticidade da demanda* do bem produzido. A demanda por um bem pode ser *elástica* (a elasticidade da demanda é maior que 1), *inelástica* (a elasticidade da demanda é menor que 1) ou de *elasticidade unitária* (a elasticidade da demanda é igual a 1). A demanda será *elástica* se a redução de 1 por cento no preço resultar em um aumento de mais que 1 por cento na quantidade demandada. A demanda será *inelástica* se a diminuição de 1 por cento no preço resultar em um aumento de menos de 1 por cento na quantidade demandada. A demanda terá *elasticidade unitária* se a redução de 1 por cento no preço resultar em um aumento de 1 por cento na quantidade demandada (veja o Capítulo 4).

Se a demanda for elástica, uma redução do preço levará a um aumento da receita total – o ganho de receita resultante do aumento da quantidade vendida será maior que a perda de receita resultante do preço mais baixo – e a receita marginal será *positiva*. Se a demanda for inelástica, uma redução do preço levará a uma redução da receita total – o ganho de receita resultante do aumento da quantidade vendida será menor que a perda de receita resultante do preço mais baixo – e a receita marginal é *negativa*. Se a demanda tiver elasticidade unitária, a receita total não se alterará – o ganho de receita resultante do aumento da quantidade vendida será igual à perda de receita resultante do preço mais baixo – e a receita marginal será *zero*. (A relação entre a receita total e a elasticidade é explicada no Capítulo 4.)

A Figura 12.3 ilustra a relação entre a receita marginal, a receita total e a elasticidade. À medida que o preço de um corte de cabelo diminui gradativamente de $ 20 para $ 10, a quantidade demandada de cortes de cabelo aumenta de 0 para 5 por hora. Nessa faixa de produção, a receita marginal é positiva – parte (a) –, a receita total aumenta – parte (b), e a demanda por cortes de cabelo é elástica. À medida que o preço do corte de cabelo diminui de $ 10 para $ 0, a quantidade demandada de cortes de cabelo aumenta de 5 para 10 por hora. Nessa faixa de produção, a receita marginal é negativa – parte (a) –, a receita total diminui – parte (b) –, e a demanda por cortes de cabelo é inelástica. Quando o preço do corte de cabelo é $ 10, a receita marginal é zero – parte (a) –, a receita total atinge o máximo – parte (b), e a demanda por cortes de cabelo tem elasticidade unitária.

No monopólio, a demanda é sempre elástica A relação entre a receita marginal e a elasticidade da demanda que acabamos de estudar implica que um monopólio maximizador de lucro nunca produz na faixa inelástica da curva de demanda do mercado. Se isso acontecesse, seria mais vantajoso cobrar um preço mais alto, produzir uma quantidade menor e aumentar o lucro. Veremos a seguir as decisões de preço e de produção de um monopólio.

Decisão de preço e de produção

Um monopólio fixa seu preço e produção nos níveis que maximizam o lucro econômico. Para calcularmos esse preço e esse nível de produção, precisamos estudar o comportamento tanto do custo quanto da receita à medida que a produção varia. Um monopólio enfrenta os mesmos tipos de restrições tecnológicas e de custo que uma

Figura 12.3 Receita marginal e elasticidade

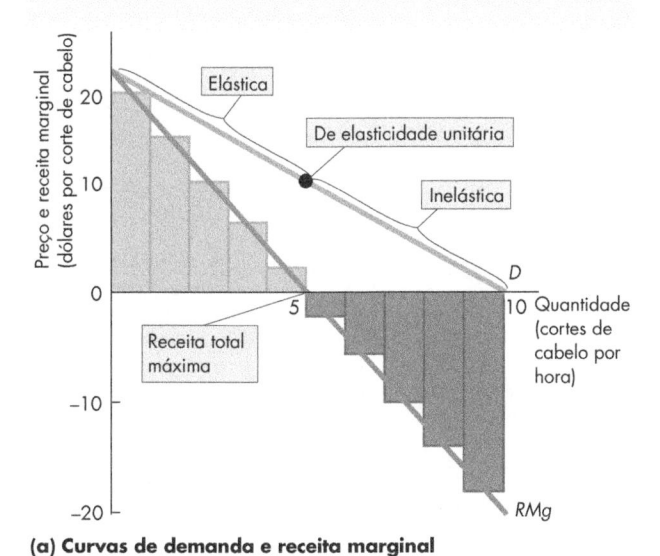

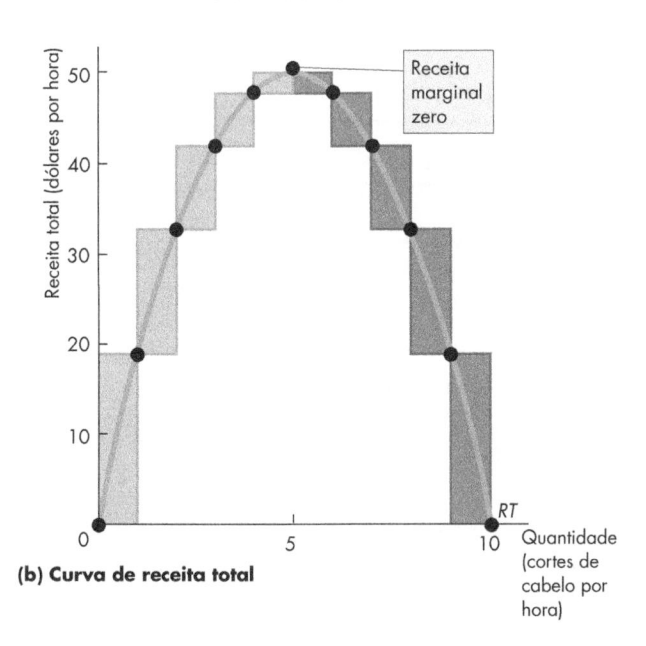

(a) Curvas de demanda e receita marginal

(b) Curva de receita total

Na parte (a), a curva de demanda é *D*, e a curva de receita marginal é *RMg*. Na parte (b), a curva de receita total é *RT*. Na faixa de 0 a 5 cortes de cabelo por hora, uma redução do preço aumenta a receita total, de modo que a receita marginal é positiva – como indicam as barras cinza-claro. A demanda é elástica. Na faixa de 5 a 10 cortes de cabelo por hora, uma redução do preço diminui a receita total, de maneira que a receita marginal é negativa – como indicam as barras cinza-escuro. A demanda é inelástica. Com 5 cortes de cabelo por hora, a receita total é maximizada, e a receita marginal é zero. A demanda tem elasticidade unitária.

---

empresa competitiva. Assim, seus custos (custo total, custo médio e custo marginal) se comportam como os de uma empresa em concorrência perfeita. Suas receitas (receita total, preço e receita marginal) se comportam da maneira que acabamos de descrever.

A Tabela 12.1 fornece informações sobre os custos, receitas e lucro econômico da Bobbie, e a Figura 12.4 mostra graficamente as mesmas informações.

Maximização do lucro econômico Podemos observar, na Tabela 12.1 e na Figura 12.4(a), que o custo total (*CT*) e a receita total (*RT*) aumentam à medida que a produção aumenta, mas *CT* aumenta a uma taxa crescente e *RT* aumenta a uma taxa decrescente. O lucro econômico, que equivale a *RT* menos *CT*, aumenta em pequenos incrementos de produção, atinge um máximo e depois diminui. O lucro máximo ($ 12) ocorre quando a Bobbie vende 3 cortes de cabelo por $ 14 cada. Se ela vender 2 cortes de cabelo por $ 16 cada ou 4 cortes de cabelo por $ 12 cada, seu lucro econômico será de apenas $ 8.

A receita marginal é igual ao custo marginal Podemos observar, na Tabela 12.1 e na Figura 12.4(b), a receita marginal (*RMg*) e o custo marginal (*CMg*) da Bobbie.

Quando a Bobbie aumenta a produção de 2 para 3 cortes de cabelo, *RMg* é $ 10 e *CMg* é $ 6. *RMg* excede *CMg* em $ 4, e o lucro da Bobbie aumenta nessa quantia. Se a Bobbie aumentar a produção ainda mais, de 3 para 4 cortes de cabelo, *RMg* será $ 6 e *CMg* é $ 10. Neste caso, *CMg* excede *RMg* em $ 4, de modo que o lucro diminui nessa quantia. Quando *RMg* excede *CMg*, o lucro aumenta se a produção aumenta. Quando *CMg* excede *RMg*, o lucro aumenta se a produção *diminui*. Quando *CMg* é igual a *RMg*, o lucro é maximizado.

A Figura 12.4(b) mostra o lucro máximo como o preço (na curva de demanda *D*) menos o custo total médio (na curva *CTMe*) multiplicado pela quantidade produzida – o retângulo cinza.

Preço máximo que o mercado suportará Diferentemente de uma empresa em concorrência perfeita, um monopólio influencia o preço do que vende, mas não fixa o preço no máximo valor *possível*. Ao máximo preço possível, a empresa seria capaz de vender apenas uma unidade de produção, que em geral é menor do que a quantidade maximizadora de lucro. Em vez disso, um monopólio produz a quantidade maximizadora de lucro e vende essa quantidade pelo maior preço possível.

Todas as empresas maximizam o lucro produzindo a quantidade na qual a receita marginal é igual ao custo marginal. Para uma empresa competitiva, o preço é igual à receita marginal, de maneira que o preço também é igual ao custo marginal. Para um monopólio, o preço excede a receita marginal, de modo que o preço também excede o custo marginal.

Um monopólio cobra um preço que excede o custo marginal, mas será que sempre obtém um lucro econômico? Na Figura 12.4(b), a Bobbie produz 3 cortes de cabelo por hora. Seu custo total médio é $ 10 (na curva *CTMe*), e seu preço é $ 14 (na curva *D*), assim seu lucro por corte de cabelo é $ 4 ($ 14 menos $ 10). O lucro econômico da Bobbie é representado pelo retângulo cinza, que é igual ao lucro por corte de cabelo ($ 4) multiplicado pelo número de cortes de cabelo (3), o que equivale a $ 12.

Tabela 12.1 Decisão de preço e de produção de um monopólio

Preço (P) (dólares por corte de cabelo)	Quantidade demandada (Q) (cortes de cabelo por hora)	Receita total (RT = P × Q) (dólares)	Receita marginal (RMg = $\Delta RT/\Delta Q$) (dólares por corte de cabelo)	Custo total (CT) (dólares)	Custo marginal (CMg = $\Delta CT/\Delta Q$) (dólares por corte de cabelo)	Lucro (RT – CT) (dólares)
20	0	0		20		–20
			18		1	
18	1	18		21		–3
			14		3	
16	2	32		24		+8
			10		6	
14	3	42		30		+12
			6		10	
12	4	48		40		–8
			2		15	
10	5	50		55		–5

Esta tabela fornece as informações necessárias para calcular o preço e a produção maximizadora de lucro. A receita total (RT) é igual ao preço multiplicado pela quantidade vendida. O lucro é igual à receita total menos o custo total (CT). O lucro é maximizado quando são vendidos 3 cortes de cabelo ao preço de $ 14 cada. A receita total é $ 42, o custo total é $ 30, e o lucro econômico é $ 12 ($ 42 – $ 30).

Se as empresas em uma indústria perfeitamente competitiva obtêm um lucro econômico positivo, novas empresas entram na indústria. Mas isso *não* ocorre em um monopólio. Barreiras à entrada impedem que novas empresas ingressem em uma indústria monopolista. Desta maneira, um monopólio pode obter um lucro econômico positivo e manter essa situação indefinidamente. Algumas vezes esse lucro é grande, como no comércio internacional de diamantes.

A Bobbie obtém lucro econômico positivo. Mas suponha que o proprietário da loja em que a Bobbie está instalada aumente o aluguel. Se a Bobbie pagar $ 12 adicionais por hora de aluguel, seu custo fixo aumentará em $ 12 por hora. Seu custo marginal e sua receita marginal não mudarão, de modo que sua produção maximizadora de lucro permanecerá em 3 cortes de cabelo por hora. Seu lucro diminuirá de $ 12 por hora para zero. Se Bobbie pagar mais de $ 12 adicionais por hora pelo aluguel de sua loja, incorrerá em perda econômica. Se essa situação fosse permanente, a Bobbie fecharia as portas.

QUESTÕES PARA REVISÃO

1. Qual é a relação entre o custo marginal e a receita marginal quando um monopólio de preço único maximiza o lucro?
2. Como um monopólio de preço único determina o preço que cobrará dos clientes?
3. Qual é a relação entre o preço, a receita marginal e o custo marginal quando um monopólio de preço único maximiza o lucro?
4. Por que um monopólio consegue obter lucro econômico positivo mesmo no longo prazo?

Comparação entre monopólio de preço único e concorrência

Imagine uma indústria composta de muitas pequenas empresas que operam em concorrência perfeita. Agora imagine que uma única empresa compre todas essas pequenas empresas e crie um monopólio.

O que acontecerá nessa indústria? O preço aumentará ou diminuirá? A quantidade produzida se elevará ou se reduzirá? E o lucro econômico? O que será eficiente: a situação competitiva original ou a nova situação de monopólio?

Essas são as perguntas a que responderemos a seguir. Primeiramente, examinaremos os efeitos do monopólio sobre o preço e a quantidade produzida. Depois nos voltaremos para as questões relativas à eficiência.

Comparação entre preço e produção

A Figura 12.5 mostra o mercado que estudaremos. A curva de demanda do mercado é *D*. A curva de demanda é a mesma, independentemente de como a indústria é organizada. Mas o lado da oferta e o equilíbrio são diferentes em um monopólio e na concorrência. Vamos analisar primeiro o caso da concorrência perfeita.

Concorrência perfeita Inicialmente, com muitas pequenas empresas perfeitamente competitivas no mercado, a curva de oferta do mercado é *S*. Essa curva de oferta é obtida por meio da soma das curvas de oferta de todas as empresas individuais do mercado.

Na concorrência perfeita, o equilíbrio ocorre no ponto em que a curva de oferta cruza a curva de demanda. O preço é P_C, e a quantidade produzida pela indústria é Q_C. Cada empresa cobra o preço P_C e maximiza o lucro produzindo a quantidade na qual seu próprio custo marginal é igual ao preço. Como cada empresa constitui uma pequena parcela da indústria total, não há nenhum incentivo para uma empresa tentar manipular o preço variando sua produção.

Monopólio Agora, suponha que essa indústria seja dominada por uma única empresa. Os consumidores são os mesmos, de modo que a curva de demanda do mercado permanece igual à do caso da concorrência perfeita. Mas agora o monopólio reconhece essa curva de demanda como uma restrição ao preço ao qual pode vender sua produção. A curva de receita marginal do monopólio é *RMg*.

Figura 12.4 Preço e produção de um monopólio

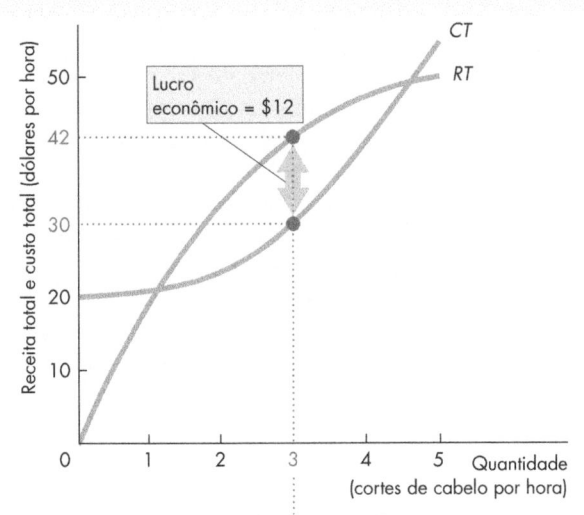

(a) Curvas de receita total e custo total

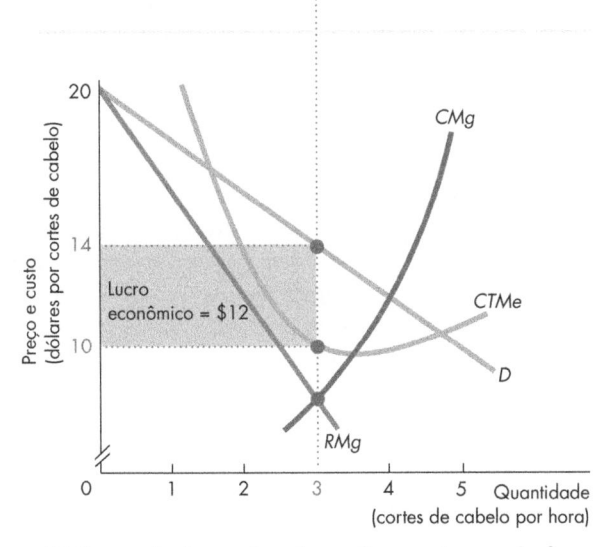

(b) Curvas de demanda e de receita e custo marginal

Na parte (a), o lucro econômico é a distância vertical igual à receita total (*RT*) menos o custo total (*CT*) e é maximizado em 3 cortes de cabelo por hora. Na parte (b), o lucro econômico é maximizado quando o custo marginal (*CMg*) é igual à receita marginal (*RMg*). A produção maximizadora de lucro é de 3 cortes de cabelo por hora. O preço é determinado pela curva de demanda (*D*) e equivale a $ 14 por corte de cabelo. O custo total médio de um corte de cabelo é de $ 10, de modo que o lucro econômico, o retângulo cinza, é $ 12 – o lucro por corte de cabelo ($ 4) multiplicado por 3 cortes de cabelo.

O monopólio maximiza o lucro produzindo a quantidade na qual a receita marginal é igual ao custo marginal. Para encontrar a curva de custo marginal do monopólio, primeiramente lembre-se de que, na concorrência perfeita, a curva de oferta da indústria é a soma das curvas de oferta de todas as empresas da indústria. Lembre-se também de que a curva de oferta de cada empresa é sua curva de custo marginal (veja o Capítulo 11). Desta maneira, quando

Figura 12.5 Preço maior e produção menor de um monopólio

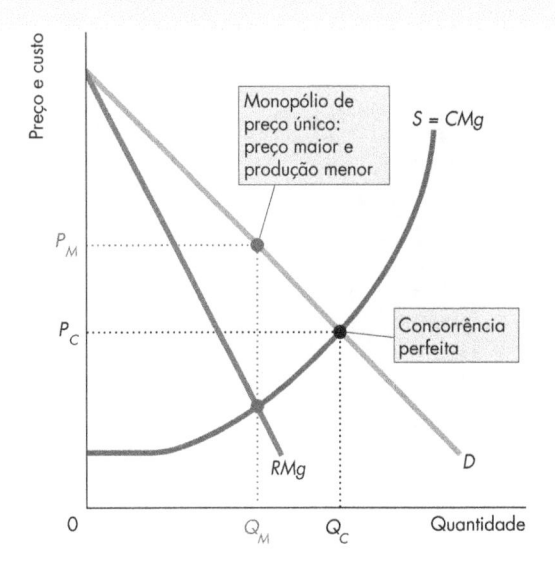

Uma indústria competitiva produz a quantidade Q_C ao preço P_C. Um monopólio de preço único produz a quantidade Q_M na qual a receita marginal é igual ao custo marginal e vende essa quantidade pelo preço P_M. Em comparação com a concorrência perfeita, um monopólio de preço único produz uma quantidade menor e cobra um preço maior.

uma única empresa assume o controle da indústria competitiva, a curva de oferta se torna a curva de custo marginal do monopólio. Para nos lembrar disso, a curva de oferta também é indicada como *CMg*.

A produção na qual a receita marginal é igual ao custo marginal é Q_M. Essa produção é menor que a produção competitiva Q_C. Além disso, o monopólio cobra o preço P_M, que é maior que P_C. Assim, estabelecemos que:

Em comparação com uma indústria perfeitamente competitiva, um monopólio de preço único produz uma quantidade menor e cobra um preço maior.

Vimos como a produção e o preço de um monopólio se comparam com os de uma indústria competitiva. Vamos agora comparar a eficiência dos dois tipos de mercado.

Comparação de eficiência

Vimos, no Capítulo 11, que a concorrência perfeita (sem custos e benefícios externos) é eficiente. A Figura 12.6(a) ilustra a eficiência da concorrência perfeita e serve de referência para medirmos a ineficiência do monopólio.

Ao longo da curva de demanda e da curva de benefício marginal social ($D = BMgS$), os consumidores são eficientes. Ao longo da curva de oferta e da curva de custo marginal social ($S = CMgS$), os produtores são eficientes. No equilíbrio competitivo, o preço é P_C, a quantidade é Q_C, e o benefício marginal social é igual ao custo marginal social.

Figura 12.6 Ineficiência do monopólio

(a) Concorrência perfeita

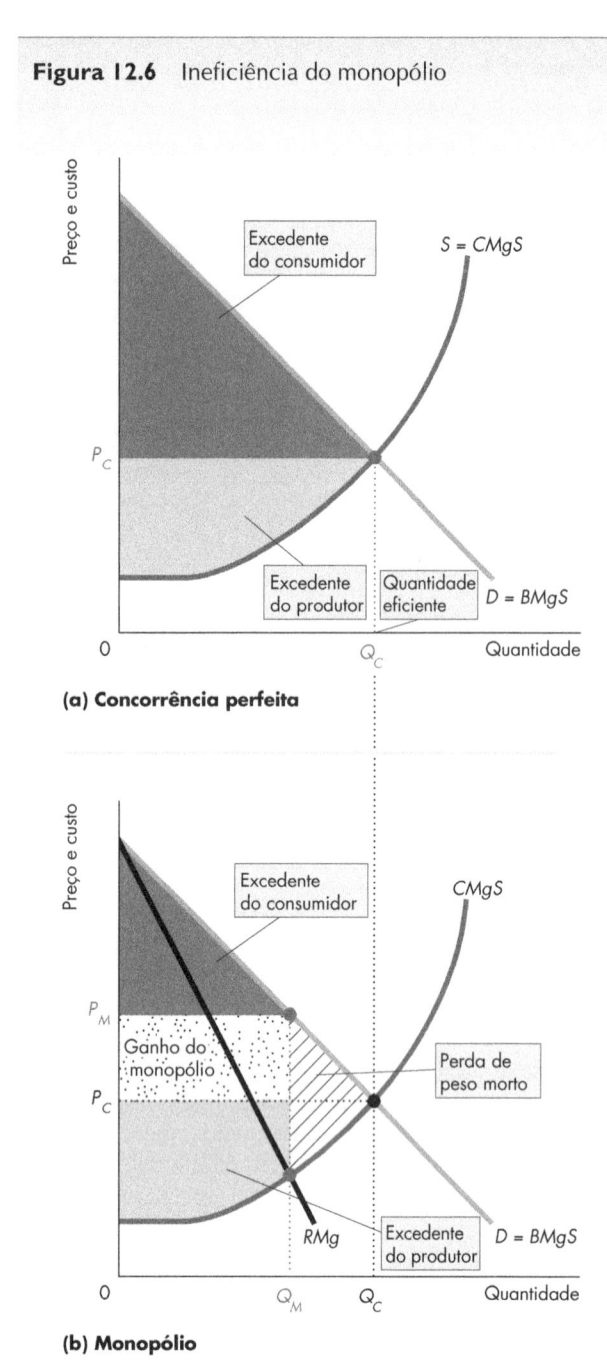

(b) Monopólio

Na concorrência perfeita – parte (a) –, a produção é Q_C, e o preço é P_C. O benefício marginal social (*BMgS*) é igual ao custo marginal social (*CMgS*); a soma do excedente do consumidor (o triângulo cinza-escuro) e do excedente do produtor (a área cinza-claro) é maximizada, e, no longo prazo, as empresas produzem no mais baixo custo médio possível. O monopólio – parte (b) – restringe a produção a Q_M e aumenta o preço para P_M. O excedente do consumidor diminui, o monopólio ganha, e surge uma perda de peso morto (o triângulo hachurado).

O *excedente do consumidor* é o triângulo cinza-escuro abaixo da curva de demanda e acima do preço de equilíbrio (veja o Capítulo 5). O *excedente do produtor* é a área cinza-claro acima da curva de oferta e abaixo do preço de equilíbrio (veja o Capítulo 5). A soma do excedente do consumidor e do excedente do produtor é maximizada.

Além disso, no equilíbrio competitivo de longo prazo, a entrada e a saída garantem que cada empresa produza ao menor custo médio de longo prazo possível.

Em resumo, no equilíbrio competitivo, o benefício marginal social é igual ao custo marginal social; a soma do excedente do consumidor e do excedente do produtor é maximizada; as empresas produzem ao menor custo médio de longo prazo possível, e a utilização dos recursos é eficiente.

A Figura 12.6(b) ilustra a ineficiência do monopólio e as fontes dessa ineficiência. Um monopólio produz Q_M e vende sua produção por P_M. A produção menor e o preço maior criam uma cunha entre o benefício marginal social e o custo marginal social e gera uma *perda de peso morto*. O triângulo hachurado mostra a perda de peso morto, e sua área é uma medida da ineficiência do monopólio.

O excedente do consumidor diminui por duas razões. Para começar, os consumidores perdem por ter de pagar mais pelo bem. Essa perda dos consumidores representa um ganho para o produtor e aumenta o excedente dele. Em segundo lugar, os consumidores perdem por obter menos unidades do bem, e essa perda constitui parte da perda de peso morto.

Apesar dos ganhos que o monopólio obtém de um preço superior, ele perde parte do excedente do produtor original em virtude da menor produção do monopólio. Essa perda constitui outra parte da perda de peso morto.

Como o monopólio restringe a produção, mantendo-a abaixo do nível da concorrência perfeita, e não enfrenta nenhuma ameaça competitiva, ele não produz no menor custo médio de longo prazo possível. Como resultado, o monopólio prejudica os interesses do consumidor de três modos: ele produz menos, aumenta o custo da produção e leva o preço para um nível que está acima do custo adicional da produção.

Redistribuição dos excedentes

Vimos que o monopólio é ineficiente porque o benefício marginal social excede o custo marginal social e há uma perda de peso morto – uma perda social. Mas o monopólio também leva a uma *redistribuição* dos excedentes.

Parte do excedente do consumidor perdido vai para o monopólio. Na Figura 12.6, o monopólio compensa a diferença entre o preço mais alto, P_M, e o preço competitivo, P_C, com a quantidade vendida, Q_M. Deste modo, o monopólio fica com a parte do excedente do consumidor representada pelo retângulo pontilhado. Essa parcela da perda do excedente do consumidor não representa uma perda para a sociedade – é uma redistribuição do excedente, do consumidor para o produtor.

Rent-seeking

Vimos que um monopólio cria uma perda de peso morto e é ineficiente. No entanto, o custo social do monopólio pode exceder a perda de peso morto devido a uma atividade chamada *rent-seeking*. Qualquer excedente – excedente do consumidor, excedente do produtor ou lucro econômico – é chamado de **renda econômica**. E o *rent-seeking* é a busca de riqueza por meio da captura de renda econômica.

Vimos que um monopólio obtém seu lucro econômico desviando parte do excedente do consumidor para si mesmo – convertendo o excedente do consumidor em lucro econômico. Assim, a busca do lucro econômico por um monopólio é uma busca de renda econômica, ou *rent-seeking*. Em outras palavras, é a tentativa de capturar excedente do consumidor.

Os praticantes de *rent-seeking* tentam atingir seus objetivos de duas maneiras principais. Eles podem:

- Comprar um monopólio
- Criar um monopólio

Comprar um monopólio Para praticar *rent-seeking* por meio da compra de um monopólio, alguém procura um monopólio que esteja à venda a um preço mais baixo que o seu lucro econômico. A negociação de licenças para dirigir táxis é um exemplo desse tipo de *rent-seeking*. Em algumas cidades, os táxis são regulamentados. A cidade restringe tanto os preços quanto o número de táxis, de modo que a posse de um táxi resulta em lucro econômico. Uma pessoa que queira ter um táxi deve comprar uma licença de alguém que seja dono de uma. As pessoas dedicam racionalmente tempo e esforço à busca de monopólios lucrativos para comprar. No processo, elas esgotam os recursos escassos que, de outra maneira, poderiam ter sido utilizados para produzir bens e serviços. O valor dessa produção perdida faz parte do custo social do monopólio. A quantia que se paga por um monopólio não é um custo social, porque o pagamento é apenas uma transferência de um excedente do produtor existente, do comprador para o vendedor.

Criar um monopólio A prática do *rent-seeking* por meio da criação de um monopólio é basicamente uma atividade política. Ela assume a forma de atividades de lobby e de tentativas de influenciar o processo político. Isso pode ser feito contribuindo-se para campanhas em troca de apoio legislativo ou tentando-se influenciar indiretamente os resultados políticos por meio de propaganda na mídia ou de contatos diretos com políticos e burocratas. Um exemplo de monopólio criado dessa maneira são as restrições do governo norte-americano às quantidades de produtos têxteis que podem ser importadas. Outro exemplo é uma regulação que limita o número de laranjas que podem ser vendidas nos Estados Unidos. Essas regulações restringem a produção e aumentam o preço.

Esse tipo de atividade de *rent-seeking* tem um custo alto e esgota os recursos escassos. Juntas, as empresas gastam bilhões de dólares em atividades de *lobby* no Congresso e com legisladores estaduais e funcionários públicos locais, em busca de licenças e leis que criem barreiras à entrada e estabeleçam um monopólio. Todos têm um incentivo para se envolver na prática do *rent-seeking* e, como não há barreiras à entrada nessa atividade, há muita concorrência nela. Os vencedores da concorrência se tornam monopolistas.

Equilíbrio no *rent-seeking*

As barreiras à entrada criam o monopólio. Mas no *rent-seeking* não há barreiras à entrada. A prática do *rent-seeking* é como a concorrência perfeita. Se estiver disponível um lucro econômico, um novo praticante do *rent-seeking* tentará obter parte dele. A concorrência entre os praticantes do *rent-seeking* aumenta o preço que se deve pagar por um monopólio, levando-o até o ponto no qual a empresa obtém lucro econômico zero ao operá-lo. Por exemplo, a concorrência pelo direito de ter um táxi na cidade de Nova York leva a um preço de mais de US$ 100.000 por uma licença de táxi, que é suficientemente alto para eliminar o lucro econômico obtido por donos de táxi.

A Figura 12.7 mostra um equilíbrio no *rent-seeking*. O custo do *rent-seeking* é um custo fixo que deve ser adicionado aos outros custos do monopólio. As atividades de *rent-seeking* e seus custos aumentam até o ponto em que não se obtém nenhum lucro econômico. A curva de custo total médio, que inclui o custo fixo do *rent-seeking*, desloca-se para cima até tocar a curva de demanda. O lucro econômico é zero. Ele foi perdido nas atividades de *rent-seeking*. O excedente do consumidor permanece inalterado, mas a perda de peso morto do monopólio agora inclui o triângulo original de perda de peso morto mais o excedente do produtor perdido, representados pela área hachurada da figura.

> **QUESTÕES PARA REVISÃO**
>
> 1 Por que um monopólio de preço único produz uma quantidade menor e cobra um preço maior do que os de uma indústria perfeitamente competitiva?
> 2 Como um monopólio transfere o excedente do consumidor para si mesmo?
> 3 Por que um monopólio de preço único é ineficiente?
> 4 O que é *rent-seeking* e como ele influencia a ineficiência do monopólio?

Até agora, consideramos somente o monopólio de preço único, mas muitos monopólios não operam com preço único. Em vez disso, eles praticam a discriminação de preços. Analisaremos a seguir como funciona o monopólio de discriminação de preços.

Discriminação de preços

A discriminação de preços – a venda de um bem ou serviço a vários preços diferentes – é amplamente praticada. Você depara com ela quando viaja, vai ao cinema, corta o cabelo, compra uma pizza ou visita um museu de arte. A maioria dos discriminadores de preços não são monopólios, mas os monopólios praticam a discriminação de preços quando podem.

Para poder discriminar os preços, um monopólio deve:

Figura 12.7 Equilíbrio no *rent-seeking*

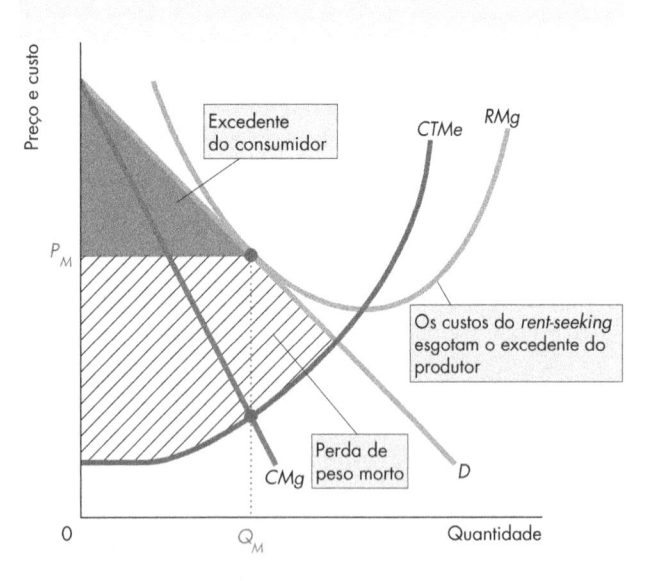

Com o *rent-seeking* competitivo, um monopólio utiliza todo o seu lucro econômico para manter sua condição monopolista. Os custos de *rent-seeking* da empresa são custos fixos. Eles se somam ao custo fixo total e ao custo total médio. A curva *CTMe* se desloca para cima até a empresa atingir o ponto de equilíbrio no preço maximizador de lucro.

1. Identificar e separar diferentes tipos de compradores.
2. Vender um produto que não possa ser revendido.

Discriminar preços é cobrar preços diferentes por um único bem ou serviço em função das diferentes disposições de pagar dos compradores, e não em função das diferenças nos custos de produção. Assim, nem todas as *diferenças* de preços consistem em *discriminação* de preços. Alguns bens que são similares, mas não idênticos, têm preços diferentes por possuírem diferentes custos de produção. Por exemplo, o custo da geração de eletricidade depende da hora do dia. Se uma empresa de fornecimento de energia elétrica cobra um preço mais alto durante os horários de pico de consumo do que cobra em outros horários do dia, não está praticando a discriminação de preços.

À primeira vista, pode parecer que a discriminação de preços contradiz a premissa da maximização de lucro. Por que um cinema permitiria que crianças assistissem aos filmes pela metade do preço? Por que uma livraria daria desconto a estudantes e aposentados? Essas empresas não estariam perdendo lucro para ser simpáticas aos olhos de seus clientes?

Uma investigação mais aprofundada mostra que, longe de perder lucro, as empresas que praticam a discriminação de preços obtêm lucros maiores do que obteriam de outra maneira. Assim, um monopólio tem um incentivo para descobrir maneiras de discriminar e cobrar de cada comprador o preço mais alto possível. Algumas pessoas pagam menos com a discriminação de preços, mas outras pagam mais.

Discriminação de preços e excedente do consumidor

A principal idéia por trás da discriminação de preços é converter o excedente do consumidor em lucro econômico. As curvas de demanda se inclinam para baixo porque o valor que as pessoas atribuem a cada bem diminui à medida que a quantidade desse bem aumenta. Quando todas as unidades do bem são vendidas por um preço único, os consumidores se beneficiam. O benefício é o valor que os consumidores obtêm de cada unidade do bem menos o preço pago por ele. Esse benefício é o *excedente do consumidor*. A discriminação de preços é uma tentativa de o monopólio capturar o máximo excedente do consumidor possível para si.

Para extrair de cada comprador cada unidade monetária do excedente do consumidor, o monopólio teria de oferecer a cada cliente uma tabela de preços individual, com base na disposição dele de pagar. É óbvio que uma discriminação de preços como essa não pode ser executada na prática, porque uma empresa não tem informações suficientes sobre a curva de demanda de cada consumidor.

No entanto as empresas tentam extrair o máximo possível de excedente do consumidor e, para isso, praticam a discriminação de preços de duas maneiras:

- Entre unidades de um bem
- Entre grupos de compradores

Discriminação entre unidades de um bem Um método de discriminação de preços cobra de cada comprador um preço diferente por unidade comprada de um bem. Um desconto por compras em grande quantidade é um exemplo desse tipo de discriminação. Quanto maior é a quantidade comprada, maior é o desconto – e menor é o preço. (Observe que alguns descontos por quantidade são resultantes dos custos mais baixos de produção para uma quantidade maior. Nesses casos, os descontos não constituem discriminação de preços.)

Discriminação entre grupos de compradores A discriminação de preços geralmente assume a forma de discriminação entre diferentes grupos de consumidores de acordo com a idade, a ocupação ou outra característica facilmente distinguível. Esse tipo de discriminação de preços funciona quando cada grupo tem uma diferente disposição média de pagar pelo bem ou serviço.

Por exemplo, uma reunião presencial de vendas com um cliente pode resultar em um grande e lucrativo pedido de compra. Para vendedores e outros viajantes a negócios, o benefício marginal de uma viagem é grande, e o preço que esse viajante pagará para fazê-la é alto. Em comparação, para um viajante em férias, qualquer uma das diferentes viagens ou mesmo nenhuma viagem de férias são opções válidas. Assim, para viajantes em férias, o benefício marginal de uma viagem é pequeno, e o preço que esse viajante pagará para fazê-la é baixo. Como os viajantes a negócios estão dispostos a pagar mais do que os viajantes a lazer, é possível uma companhia aérea lucrar com a prática da discriminação de preços entre esses dois grupos. De modo similar, como estudantes têm uma menor disposição de pagar para ver um filme do que as pessoas que têm emprego e recebem salários, é possível um cinema lucrar com a prática da discriminação de preços entre esses dois grupos.

Veremos como uma companhia aérea explora as diferenças de demanda por parte de viajantes a negócios e a lazer e aumenta seu lucro com a discriminação de preços.

Lucro obtido da discriminação de preços

A Global Airlines detém o monopólio de uma rota exótica. A Figura 12.8 mostra a curva de demanda do mercado (*D*) por viagens nessa rota. E também mostra a curva de receita marginal (*RMg*), a curva de custo marginal (*CMg*) e a curva de custo total médio (*CTMe*) da Global Airlines.

Inicialmente, a Global é um monopólio de preço único e maximiza seu lucro produzindo 8 mil viagens por ano (a quantidade na qual *RMg* é igual a *CMg*). O preço é $ 1.200 por viagem. O custo total médio da produção de uma viagem é $ 600, assim o lucro econômico é de $ 600 por viagem. Se vender 8 mil viagens, o lucro econômico da Global será de $ 4,8 milhões por ano, como indica o retângulo cinza-claro. Os clientes da Global se beneficiam do excedente do consumidor representado pelo triângulo cinza-escuro.

A Global percebe que muitos de seus clientes são viajantes a negócios e suspeita que eles estejam dispostos a pagar mais que $ 1.200 por viagem. Assim, ela conduz algumas pesquisas de mercado, as quais revelam o seguinte: alguns viajantes de negócios estão dispostos a pagar até $ 1.800 por viagem, mas costumam mudar seus planos no último instante; outros estão dispostos a pagar $ 1.600, sabem com uma semana de antecedência quando viajarão e nunca querem passar o fim de semana na cidade de destino; e outros, ainda, pagariam até $ 1.400, sabem duas semanas antes quando viajarão e também não querem passar o fim de semana na cidade de destino.

A Global, então, elabora uma nova tabela de preços: sem restrições, $ 1.800; compra com 7 dias de antecedência, sem direito a reembolso, $ 1.600; compra com 14 dias de antecedência, sem direito a reembolso, $ 1.400; compra com 14 dias de antecedência, com permanência na cidade de destino no fim de semana, $ 1.200.

A Figura 12.9 mostra o resultado dessa nova estrutura de preços e também mostra por que a Global está satisfeita com os novos preços. Ela vende 2 mil passagens a cada um dos quatro diferentes preços. O lucro econômico da Global aumenta conforme a área pontilhada. Seu lucro econômico agora é constituído dos $ 4,8 milhões originais por ano, mais $ 2,4 milhões adicionais, resultantes dos novos preços mais altos. O excedente do consumidor diminuiu para a área cinza-escuro, menor.

Discriminação perfeita de preços

A **discriminação perfeita de preços** ocorre se uma empresa é capaz de vender cada unidade de produção pelo

Figura 12.8 Um preço único para viagens aéreas

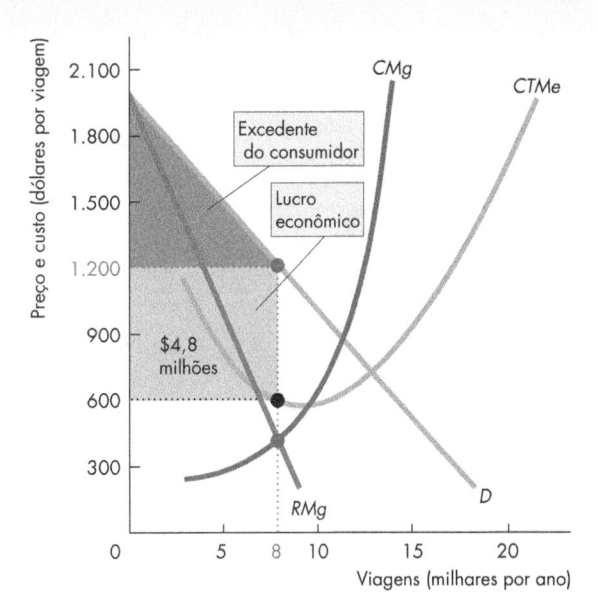

A Global Airlines tem o monopólio de uma rota aérea. A curva de demanda do mercado é *D*. A curva de receita marginal da Global Airlines é *RMg*, a curva de custo marginal é *CMg* e a curva de custo total médio é *CTMe*. Na qualidade de um monopólio de preço único, a Global maximiza o lucro vendendo 8 mil viagens ao ano a $ 1.200 por viagem. Seu lucro é de $ 4,8 milhões por ano – o retângulo cinza-claro. Os clientes da Global se beneficiam de um excedente do consumidor – o triângulo cinza-escuro.

---

preço mais alto que alguém está disposto a pagar. Neste caso, todo o excedente do consumidor é eliminado e capturado pelo produtor. Para praticar a discriminação perfeita de preços, uma empresa deve ser criativa e apresentar uma série de preços e condições especiais, capazes de atrair um pequeno segmento do mercado cada um.

Com a discriminação perfeita de preços, algo inusitado ocorre com a receita marginal. Para o praticante da discriminação perfeita de preços, a curva de demanda do mercado se torna a curva de receita marginal. A razão para isso é que, quando o preço é reduzido para se vender uma quantidade maior, a empresa vende apenas a unidade marginal ao preço mais baixo. Todas as outras unidades continuam a ser vendidas pelo preço mais alto que cada comprador está disposto a pagar. Assim, para o praticante da discriminação perfeita de preços, a receita marginal é *igual* ao preço, e a curva de demanda se torna a curva de receita marginal.

Com a receita marginal igual ao preço, a Global pode obter um lucro ainda maior, aumentando a produção até o ponto em que o preço (e a receita marginal) é igual ao custo marginal.

Deste modo, a Global agora busca viajantes adicionais que não pagarão $ 1.200 por viagem, mas que pagarão mais do que o custo marginal. Ela fica ainda mais criativa e elabora promoções de férias e outros preços que tenham diferentes combinações de reserva antecipada, estadia

Figura 12.9 Discriminação de preços

Figura 12.10 Discriminação perfeita de preços

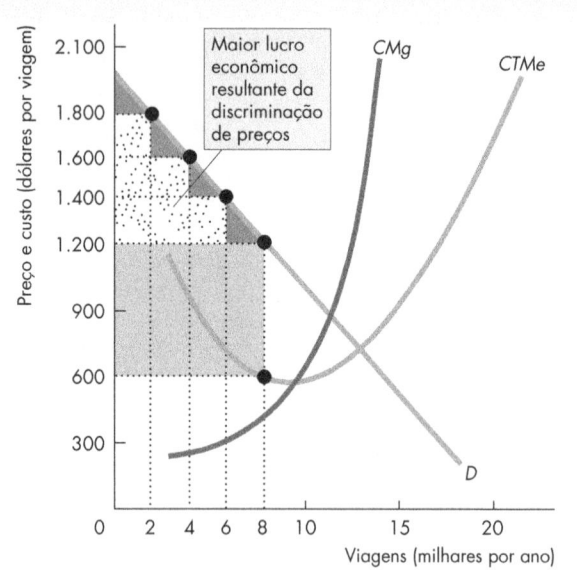

A Global revê sua estrutura de preços: sem restrições a $ 1.800; compra com 7 dias de antecedência a $ 1.600; compra com 14 dias de antecedência a $ 1.400; compra com 14 dias de antecedência e permanência na cidade de destino no fim de semana a $ 1.200. A Global vende 2 mil passagens a cada um dos quatro novos preços. Seu lucro econômico aumenta em $ 2,4 milhões ao ano, passando para $ 7,2 milhões ao ano, representado pelo retângulo cinza-claro original mais a área pontilhada. O excedente do consumidor dos clientes da Global diminui.

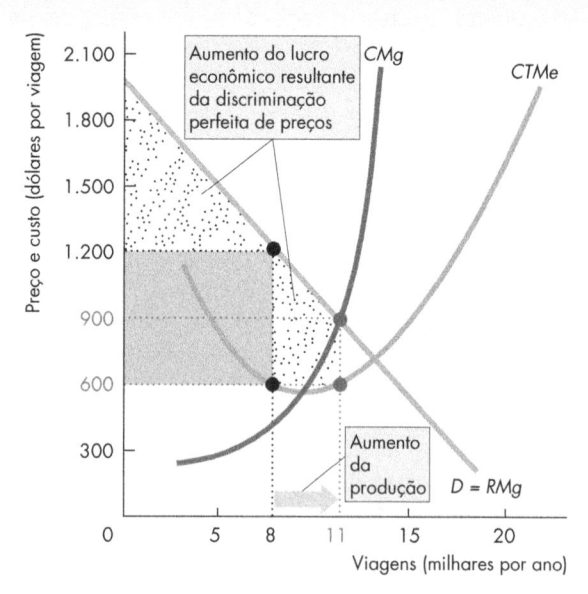

Dezenas de preços fazem discriminação entre vários tipos diferentes de viajantes a negócios, e muitos novos preços baixos com restrições atraem viajantes a lazer. Com a discriminação perfeita de preços, a curva de demanda de mercado se torna a curva de receita marginal da Global. O lucro econômico é maximizado quando o preço mais baixo é igual ao custo marginal. A Global vende 11 mil viagens, e obtém lucro econômico de $ 9,35 milhões ao ano.

mínima e outras restrições, que fazem com que essas passagens não sejam atraentes para os clientes existentes, mas atraiam um grupo diferente de viajantes. Com todos esses preços e promoções, a Global aumenta as vendas, extrai todo o excedente do consumidor e maximiza o lucro econômico.

A Figura 12.10 mostra o resultado da discriminação perfeita de preços. As dezenas de preços pagos pelos viajantes originais, que estão dispostos a pagar entre $ 1.200 e $ 2.000, extraíram todo o excedente do consumidor desse grupo e o converteram em lucro econômico para a Global.

Os novos preços, entre $ 900 e $ 1.200, atraíram 3 mil viajantes adicionais e também permitiram extrair todo o excedente do consumidor. Agora a Global obtém um lucro econômico de mais de $ 9 milhões.

As companhias aéreas no mundo real são tão criativas quanto a Global, como demonstra a charge!

Eficiência e *rent-seeking* com discriminação de preços

Com discriminação perfeita de preços, a produção aumenta até o ponto em que cada preço é igual ao custo marginal – o ponto de intersecção da curva de custo marginal com a curva de demanda. Essa produção é idêntica à da concorrência perfeita. A discriminação perfeita de preços

Você ficaria aborrecido se soubesse a pechincha que eu paguei por este vôo?

De William Hamilton, "Voodoo Economics", © 1992 de The Chronicle Publishing Company, p. 3. Reproduzido com permissão da Chronicle Books.

força o excedente do consumidor a passar para zero, mas aumenta o excedente do produtor do monopólio, para que seja igual à soma do excedente do consumidor e do excedente do produtor na concorrência perfeita. A perda de peso morto com a discriminação perfeita de preços é zero. Desta maneira, a discriminação perfeita de preços atinge a eficiência.

Quanto mais perfeitamente o monopólio puder praticar a discriminação de preços, mais próxima sua produção estará da produção competitiva, e mais eficiente será o resultado.

Mas há duas diferenças entre a concorrência perfeita e a discriminação perfeita de preços. Para começar, a distribuição do excedente total é diferente – ele é compartilhado por consumidores e produtores na concorrência perfeita, ao passo que o produtor o obtém inteiro com a discriminação perfeita de preços. Em segundo lugar, como o produtor captura todo o excedente, o *rent-seeking* passa a ser lucrativo.

As pessoas utilizam recursos em busca de renda econômica e, quanto maiores forem as rendas, mais recursos serão utilizados na sua busca. Com a entrada livre no *rent-seeking*, o resultado do equilíbrio de longo prazo é que os praticantes do *rent-seeking* esgotam todo o excedente do produtor.

QUESTÕES PARA REVISÃO

1 O que é discriminação de preços e como ela é utilizada para aumentar o lucro de um monopólio?
2 Explique como o excedente do consumidor muda quando um monopólio pratica a discriminação de preços.
3 Explique como o excedente do consumidor, o lucro econômico e a produção mudam quando um monopólio pratica a discriminação perfeita de preços.
4 Quais são algumas das maneiras utilizadas pelas companhias aéreas do mundo para praticar a discriminação de preços?

Vimos que o monopólio é lucrativo para o produtor monopolista, mas custa muito para os consumidores. Isso resulta em ineficiência. Devido a essas características do monopólio, ele está sujeito a regulações e a debates sobre a determinação de políticas. Estudaremos agora as principais questões políticas referentes ao monopólio.

Questões políticas do monopólio

O monopólio parece ruim quando comparado com a concorrência. O monopólio é ineficiente e captura o excedente do consumidor, convertendo-o em excedente do produtor ou em puro desperdício na forma de custos de *rent-seeking*.

Se um monopólio é tão ruim, por que o aturamos? Por que não temos leis que sejam tão duras contra o monopólio que impeçam seu surgimento? De fato temos leis que limitam o poder de monopólio e restringem os preços que os monopólios podem cobrar. Mas o monopólio também resulta em alguns benefícios. Começaremos esta análise das questões políticas referentes ao monopólio investigando os seus benefícios. Depois, examinaremos a regulação dos monopólios.

Ganhos obtidos do monopólio

A principal razão para a existência do monopólio é que ele tem vantagens potenciais sobre a alternativa competitiva. Essas vantagens resultam de:

- Incentivos à inovação
- Economias de escala e economias de escopo

Incentivos à inovação Uma invenção leva a uma onda de inovação à medida que o novo conhecimento é aplicado ao processo de produção. A inovação pode assumir a forma do desenvolvimento de um novo produto ou um método de custo mais baixo para produzir um produto existente. Há muita controvérsia sobre a questão de quais são mais inovadoras: as empresas grandes, com poder de mercado, ou as pequenas empresas, competitivas, mas sem esse poder de mercado. É evidente que algum poder de mercado temporário resulta da inovação. Uma empresa que desenvolve um novo produto ou processo e o patenteia obtém um direito exclusivo sobre esse produto ou processo durante a validade da patente.

Mas será que a concessão de um monopólio a um inovador, mesmo que temporária, aumenta a velocidade da inovação? Uma linha de raciocínio sugere que sim. Sem proteção, um inovador não é capaz de se beneficiar dos lucros da inovação por muito tempo. Assim, o incentivo à inovação é enfraquecido. Um argumento contrário é que um monopólio pode se dar ao luxo de ser vagaroso, enquanto empresas competitivas não podem. As empresas competitivas precisam se empenhar para inovar e para reduzir custos, apesar de saberem que não poderão obter os benefícios da inovação por muito tempo. Mas esse conhecimento as incentiva a fazer inovações maiores e mais rapidamente.

As evidências de que o monopólio resulta em maior inovação do que a concorrência não são claras. Empresas maiores têm mais recursos para pesquisa e desenvolvimento do que empresas menores. Mas pesquisa e desenvolvimento são insumos no processo de inovação, e o que importa não é o insumo, mas a produção. Dois indicadores da produção de pesquisa e desenvolvimento são o número de patentes e a taxa de crescimento da produtividade. Esses indicadores não deixam claro se maior, de fato, é melhor. Mas, à medida que um novo processo ou produto se dissemina em uma indústria, as empresas grandes o adotam mais rapidamente do que empresas pequenas. Deste modo, empresas grandes ajudam a acelerar o processo de difusão da mudança tecnológica.

Economias de escala e de escopo As economias de escala e as economias de escopo podem levar ao monopólio natural. Como vimos no início deste capítulo, no monopólio natural uma única empresa é capaz de produzir a um custo médio mais baixo do que o de várias empresas.

Uma empresa tem *economias de escala* quando um aumento da produção de um bem ou serviço leva a uma diminuição do custo total médio da produção (veja o Capítulo 10). Uma empresa tem *economias de escopo* quando um aumento da *variedade de produtos* leva a uma diminuição do custo total médio (veja o Capítulo 9). Ocorrem economias de escopo quando diferentes bens podem compartilhar recursos de capital especializados (e normalmente de custo alto). Por exemplo, o McDonald's pode produzir tanto hambúrgueres quanto batatas fritas a um custo total médio mais baixo do que duas empresas separadas – uma empresa de hambúrgueres e outra de batatas fritas – porque, no McDonald's, hambúrgueres e batatas fritas compartilham a utilização de instalações especiais para armazenamento e preparação de alimentos. Uma empresa que produz uma ampla variedade de produtos pode contratar programadores de computador especializados, designers e especialistas em marketing, cujas habilidades podem ser utilizadas para toda a variedade de produtos, diluindo, desta maneira, os custos e reduzindo o custo total médio de produção de cada um dos bens.

Há muitos exemplos de combinação de economias de escala e de economias de escopo, mas nem todos levam ao monopólio. Alguns exemplos são a fabricação de refrigeradores e de outros eletrodomésticos e de produtos farmacêuticos, a produção de cerveja e a refinação de petróleo.

Exemplos de indústrias nas quais as economias de escala são tão significativas que levam a um monopólio natural estão tornando-se raros. Empresas de serviços públicos como gás, energia elétrica, serviços de telefonia local e coleta de lixo eram, no passado, monopólios naturais. Mas os avanços tecnológicos agora nos permitem separar a *produção* de energia elétrica ou gás natural de sua *distribuição*. O abastecimento de água, contudo, continua a ser um monopólio natural.

Uma empresa de grande escala que tem controle sobre a oferta e pode influenciar o preço – e, portanto, se comporta como a empresa monopolista que estudamos neste capítulo – pode se beneficiar dessas economias de escala e de escopo. O mesmo não se aplica a pequenas empresas competitivas. Conseqüentemente, há situações nas quais a comparação que fizemos anteriormente neste capítulo entre o monopólio e a concorrência não é válida. Você deve se lembrar de que imaginamos uma empresa monopolista assumindo o controle de várias empresas competitivas. Mas também presumimos que o monopólio utilizaria exatamente a mesma tecnologia que as pequenas empresas e teria os mesmos custos. Se uma empresa grande puder se beneficiar de economias de escala e de escopo, sua curva de custo marginal ficará abaixo da curva de oferta de uma indústria competitiva composta de muitas empresas pequenas. É possível que essas economias de escala e de escopo sejam tão grandes que resultem em uma produção maior e um preço menor no monopólio do que em uma indústria competitiva.

Em geral, quando há significativas economias de escala e de escopo, vale a pena tolerar um monopólio e regulamentar seu preço.

Regulação do monopólio natural

Em situações nas quais as condições de demanda e de custo criam um monopólio natural, um órgão público federal, estadual ou local normalmente entra em cena para regular o preço praticado pelo monopólio. Quando se regula um monopólio, alguns dos piores aspectos dele podem ser evitados ou ao menos amenizados. Vamos analisar a regulação do preço de monopólio.

A Figura 12.11 mostra a curva de demanda D, a curva de receita marginal RMg, a curva de custo médio de longo prazo CMe_{LP} e a curva de custo marginal CMg de uma empresa hipotética de distribuição de gás natural, que é um monopólio natural.

O custo marginal da empresa é constante em 10 centavos por metro cúbico. Mas o custo médio diminui à medida que a produção aumenta. A razão para isso é que a empresa de gás natural faz um grande investimento em tubulações e tem economias de escala. Em baixos níveis de produção, o custo médio é extremamente alto. A curva de custo médio de longo prazo se inclina para baixo porque, à medida que o volume de gás natural vendido aumenta, o alto custo do sistema de distribuição é diluído em um número maior de unidades.

Figura 12.11 Regulação de um monopólio natural

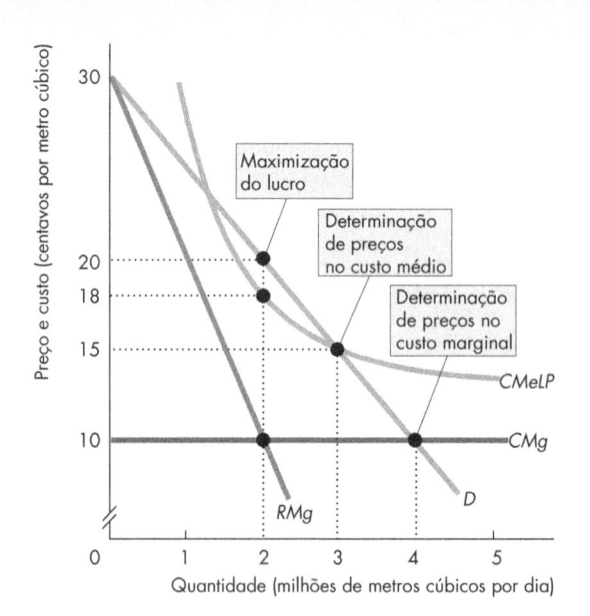

Um monopólio natural é uma indústria na qual o custo médio é decrescente, mesmo quando toda a demanda de mercado é satisfeita. Um produtor de gás natural tem a curva de demanda D. O custo marginal da empresa é constante em 10 centavos por metro cúbico, como mostra a curva CMg. A curva de custo médio de longo prazo é CMe_{LP}.

Um monopólio maximizador de lucro produz 2 milhões de metros cúbicos por dia e cobra um preço de 20 centavos por metro cúbico. Uma regra do custo médio para a determinação de preços estabelece o preço em 15 centavos por metro cúbico. O monopólio produz 3 milhões de metros cúbicos por dia e obtém lucro econômico zero. Uma regra do custo marginal para a determinação de preços estabelece o preço em 10 centavos por metro cúbico. O monopólio produz 4 milhões de metros cúbicos por dia e incorre em perda econômica.

Essa empresa é capaz de abastecer todo o mercado ao menor custo possível, porque o custo médio de longo prazo é decrescente mesmo quando o mercado todo é abastecido.

Maximização do lucro Para começar, suponha que a empresa de gás natural não seja regulada e, em vez disso, maximize o lucro. A Figura 12.11 mostra o resultado dessa situação. A empresa produz 2 milhões de metros cúbicos por dia, a quantidade na qual o custo marginal é igual à receita marginal. Ela estabelece o preço do gás em 20 centavos por metro cúbico e obtém um lucro econômico de 2 centavos por metro cúbico, ou $ 40.000 por dia.

Esse resultado é satisfatório para a empresa de gás, mas é ineficiente. O preço do gás é de 20 centavos por metro cúbico quando seu custo marginal é de apenas 10 centavos por metro cúbico. Além disso, a empresa de gás obtém um grande lucro. O que uma regulação pode fazer para melhorar esse resultado?

A regulação eficiente Se o regulador do monopólio quer proporcionar uma utilização eficiente dos recursos, deve exigir que a empresa monopolista produza a quantidade de gás que faça o benefício marginal social ser igual ao custo marginal social. Sem benefícios externos, o benefício marginal social é o que o consumidor está disposto a pagar e é mostrado pela curva de demanda. Sem custos externos, o custo marginal social é mostrado pela curva de custo marginal da empresa. Podemos observar na Figura 12.11 que esse resultado ocorre se o preço for restrito a 10 centavos por metro cúbico e se forem produzidos 4 milhões de metros cúbicos por dia.

A regulação que produz esse resultado é chamada de regra do custo marginal para a determinação de preços. Uma **regra do custo marginal para a determinação de preços** estabelece o preço no valor do custo marginal. Ela maximiza o excedente total na indústria regulada. Neste exemplo, esse excedente é inteiramente o excedente do consumidor e é igual à área do triângulo abaixo da curva de demanda e acima da curva de custo marginal.

A regra do custo marginal para a determinação de preços é eficiente, mas deixa o monopólio natural incorrendo em perda econômica. Como o custo médio diminui à medida que a produção aumenta, o custo marginal é menor que o custo médio. Como o preço é igual ao custo marginal, o preço é mais baixo que o custo médio. O custo médio menos o preço é a perda por unidade produzida. É evidente que uma empresa de gás natural à qual seja imposta uma regra do custo marginal para a determinação de preços não ficará no negócio por muito tempo. Como uma empresa pode cobrir seus custos e, ao mesmo tempo, estar em conformidade com uma regra do custo marginal para a determinação de preços?

Uma possibilidade é a discriminação de preços. A empresa pode cobrar um preço mais alto de alguns clientes e o custo marginal dos clientes dispostos a pagar menos. Outra possibilidade é utilizar um preço de duas partes (chamado de tarifa de duas partes). Por exemplo, a empresa de gás pode cobrar uma taxa fixa mensal que cubra seu custo fixo e depois cobrar pelo gás consumido ao custo marginal.

Mas um monopólio natural nem sempre pode cobrar seus custos dessas maneiras. Se um monopólio natural não consegue cobrir seu custo total com o preço cobrado dos clientes e se o governo quer que a empresa monopolista siga uma regra do custo marginal para a determinação de preços, o governo deve dar um subsídio à empresa. Neste caso, o governo aumenta a receita para o subsídio cobrando impostos de alguma outra atividade. Entretanto, como vimos no Capítulo 6, os próprios impostos geram perda de peso morto. Desta maneira, a perda de peso morto resultante de impostos adicionais deve ser subtraída da eficiência que se obtém ao se forçar o monopólio natural a adotar uma regra do custo marginal para a determinação de preços.

Determinação de preços no custo médio A regulação quase nunca impõe uma determinação de preços eficiente devido a suas conseqüências para o lucro econômico da empresa. Em vez disso, ela tenta chegar a um meio-termo, permitindo que a empresa cubra seus custos e obtenha lucro econômico zero. Deste modo, a determinação de preços para cobrir o custo total significa o estabelecimento de um preço igual ao custo médio – chamada de **regra do custo médio para a determinação de preços.**

A Figura 12.11 mostra o resultado da determinação de preços no custo médio. A empresa de gás natural cobra 15 centavos por metro cúbico e vende 3 milhões de metros cúbicos por dia. Esse resultado é melhor para os consumidores do que o resultado maximizador de lucro não regulado. O preço é 5 centavos por metro cúbico mais baixo, e a quantidade consumida é 1 milhão de metros cúbicos a mais por dia. O resultado também é melhor para o produtor que o resultado da regra do custo marginal para a determinação de preços. A empresa obtém lucro econômico zero. O resultado é ineficiente, porém mais eficiente do que o resultado não regulado maximizador de lucro.

QUESTÕES PARA REVISÃO

1. Quais são as duas principais razões pelas quais vale a pena tolerar um monopólio?
2. Dê alguns exemplos de economias de escala e economias de escopo.
3. Por que o incentivo para inovar poderia ser maior para um monopólio do que para uma pequena empresa competitiva?
4. Qual é o preço que proporciona um resultado eficiente para um monopólio regulado? Qual é o problema desse preço?
5. Compare o excedente do consumidor, o excedente do produtor e a perda de peso morto resultantes da determinação de preços no custo médio e os resultantes da determinação de preços maximizadores de lucro e da determinação de preços no custo marginal.

Concluímos agora nosso estudo da concorrência perfeita e do monopólio. A seção "Leitura das entrelinhas" analisa os preços das passagens aéreas nos Estados Unidos à medida que companhias aéreas de baixo custo reduzem o poder de mercado das companhias aéreas tradicionais. No próximo capítulo, estudaremos os mercados que se encontram entre os extremos da concorrência perfeita e do monopólio e que combinam elementos dos dois.

LEITURA DAS ENTRELINHAS

OBSERVATÓRIO ECONÔMICO

Os monopólios das companhias aéreas perdem a força

Viajantes a negócios sentem-se menos enganados...

14 de janeiro de 2006

Os clientes de sua empresa de software educativo, a Critical Skills Group, reembolsam os custos de viagens que ele tem, mas Charles C. Jett disse que ainda se sente ofendido com o preço de US$ 1.900 por uma viagem de ida e volta a Los Angeles. "Eu não cobraria isso de ninguém", disse o senhor Jett.

Cada vez mais, nem as companhias aéreas fazem isso, já que elas estão se tornando menos inclinadas a tentar cobrar preços muitos altos, uma tendência que agradou o senhor Jett. Ele recentemente pagou apenas US$ 400 por uma viagem de ida e volta a San Francisco. "O preço estava muito mais baixo do que eu pensava que estaria."

Os viajantes a negócios, há muito se irritam por saber que a pessoa com trajes informais sentada a seu lado no avião – um viajante a lazer ou um estudante voltando para a faculdade – pagou muito menos por uma passagem no mesmo vôo.

Ainda há uma lacuna substancial entre passagens para viajantes a negócios e a lazer. Mas... a razão entre os preços para viajantes a negócios e para viajantes a lazer em vôos domésticos, de acordo com a Harrell Associates, uma empresa de consultoria do setor de transporte aéreo de Nova York, caiu de cerca de seis para um, há um ano, para cerca de quatro para um atualmente. Os preços médios das passagens por trecho para viajantes a negócios diminuíram de US$ 600 para US$ 400, e os preços para viajantes a lazer permaneceram constantes, em cerca de US$ 100.

A expansão de companhias aéreas de baixo custo, como a Southwest Airlines, para mais mercados forçou as empresas tradicionais, incluindo a American Airlines e a United Airlines, a reduzir os preços das passagens, até mesmo para viajantes a negócios. A Internet, que permite aos viajantes comparar preços com muito mais eficácia do que no passado, também ajuda...

Fonte: Copyright 2006 The New York Times Company. Reproduzido com permissão. Proibido nova reprodução. Disponível em: http://www.nytimes.com

Essência da notícia

▶ Viajantes a negócios pagam pelas passagens, em média, preços mais altos do que viajantes a lazer.

▶ Uma empresa de consultoria de Nova York do setor de transporte aéreo relata que a razão entre os preços para viajantes a negócios e para lazer em vôos domésticos caiu de seis para um, em 2005, para cerca de quatro para um, em 2006.

▶ O preço médio das passagens por trecho para viajantes a negócios diminuiu de US$ 600 para US$ 400, e o preço para viajantes a lazer permaneceu constante em cerca de US$ 100.

▶ A entrada de companhias aéreas de baixo custo em mais mercados forçou as empresas tradicionais a reduzir todos os preços.

▶ A Internet facilitou a comparação de preços e a obtenção do melhor negócio.

Análise econômica

▶ Para analisarmos o monopólio no mercado de transporte aéreo, precisamos considerar cada rota como um mercado.

▶ Se apenas uma companhia aérea tem o direito de voar em determinada rota, ela atua como um monopólio nessa rota.

▶ Antes da expansão das companhias aéreas de baixo custo, empresas tradicionais, como a American Airlines e a United Airlines, detinham o monopólio em algumas rotas.

▶ Na maioria dessas rotas, as companhias aéreas atendiam tanto viajantes a negócios quanto a lazer.

▶ Os dois tipos de viajantes têm diferentes curvas de demanda. O viajante a negócios está disposto a pagar um preço mais alto, se necessário, e tem uma demanda menos elástica do que um viajante a lazer.

▶ A Figura 1 mostra a demanda por viagens a negócios em uma rota para a qual uma companhia aérea tradicional detém o monopólio.

▶ A companhia aérea maximiza o lucro vendendo um número de passagens para viajantes a negócios no qual a receita marginal é igual ao custo marginal, e cobrando o preço mais alto que esses viajantes pagarão por essa quantidade.

▶ O resultado maximizador de lucro mostrado na Figura 1 é uma quantidade de mil viagens por mês ao preço de US$ 600 por viagem.

▶ Como o custo marginal, neste exemplo, é constante em US$ 100 por viagem, o monopólio maximizaria o lucro oferecendo passagens a viajantes a lazer a US$ 100 por viagem.

▶ Como as companhias aéreas de baixo custo agora operam nas rotas que antes eram cobertas somente pelas companhias aéreas tradicionais, os viajantes a negócios têm uma escolha. Alguns deles escolhem a opção de preço baixo, que não oferece nenhum luxo.

▶ Essa concorrência por parte de companhias aéreas de preços baixos reduz a demanda por passagens para viagens a negócios e a disposição de pagar dos viajantes a negócios.

▶ A Figura 2 mostra esses efeitos sobre uma companhia aérea tradicional.

▶ A demanda se torna mais elástica, e a curva de demanda se desloca de D_0 para D_1.

▶ Este exemplo foi elaborado para deixar a quantidade maximizadora de lucro inalterada em mil viagens por mês, mas o preço diminui para US$ 400 por viagem.

▶ Como o custo marginal é constante em US$ 100 por viagem, o preço para os viajantes a lazer continua a ser US$ 100 por viagem.

Você decide

▶ Na sua opinião, as companhias aéreas são eficientes?

▶ Na sua opinião, os fornecedores de serviços de viagens aéreas operam em um mercado competitivo ou em um monopólio?

▶ Que mudanças na regulação ou desregulação de companhias aéreas você escolheria para que a indústria fosse mais eficiente?

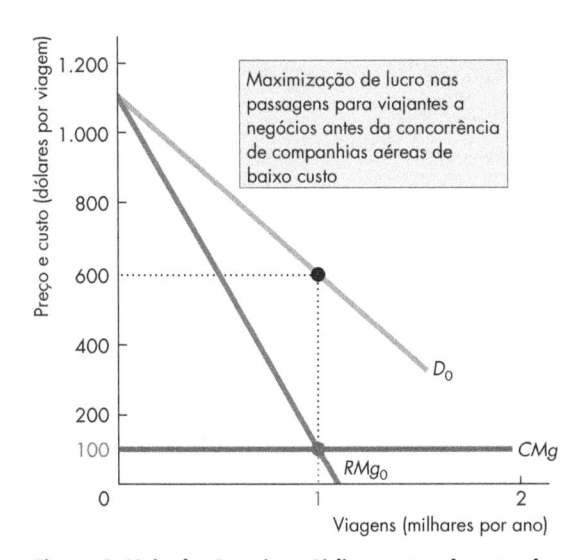

Figura 1: United e American Airlines antes da entrada

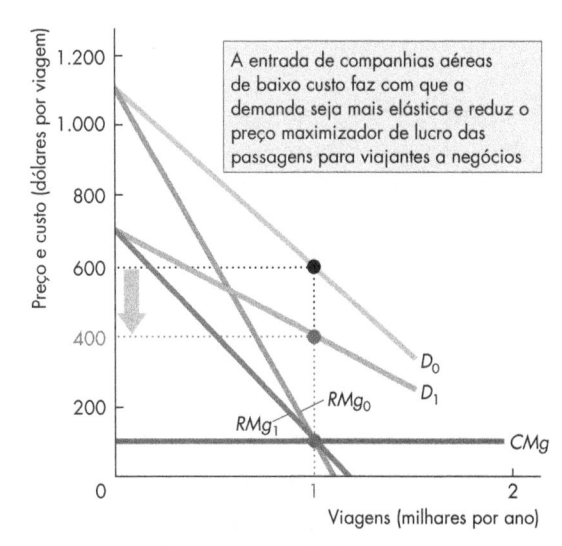

Figura 2: Os efeitos da entrada de companhias aéreas de baixo custo

RESUMO

Pontos-chave

Poder de mercado (p. 257-259)

- Um monopólio é uma indústria com um único fornecedor de um bem ou serviço que não tem substitutos próximos e na qual barreiras à entrada impedem a concorrência.
- As barreiras à entrada podem ser legais (concessão de fornecimento de serviço público, licença do governo, patente, direito autoral, controle exclusivo de um recurso) ou naturais (criadas por economias de escala).
- Um monopólio pode ser capaz de praticar a discriminação de preços quando não há possibilidade de revenda.
- Na possibilidade de revenda, a empresa cobra um preço único.

Decisão de preço e de produção de um monopólio de preço único (p. 259-262)

- A curva de demanda de um monopólio é a curva de demanda do mercado, e a receita marginal de um monopólio de preço único é menor que o preço.
- Um monopólio maximiza o lucro produzindo a quantidade na qual a receita marginal é igual ao custo marginal e cobrando o preço máximo que os consumidores estão dispostos a pagar por essa produção.

Comparação entre monopólio de preço único e concorrência (p. 262-265)

- Um monopólio de preço único cobra um preço mais alto e produz uma quantidade menor que uma indústria perfeitamente competitiva.
- Um monopólio de preço único restringe a produção e cria uma perda de peso morto.
- A perda total resultante do monopólio é igual à perda de peso morto mais o custo dos recursos dedicados a atividades de *rent-seeking*.

Discriminação de preços (p. 265-269)

- A discriminação de preços é uma tentativa de o monopólio converter o excedente do consumidor em lucro econômico.
- A discriminação perfeita de preços extrai todo o excedente do consumidor. Um monopólio como esse cobra um preço diferente para cada unidade vendida e obtém o preço máximo que cada consumidor está disposto a pagar por unidade comprada.
- Com a discriminação perfeita de preços, o monopólio produz a mesma quantidade que uma indústria perfeitamente competitiva produziria.
- O *rent-seeking* na discriminação perfeita de preços pode eliminar todo o excedente do consumidor e todo o excedente do produtor.

Questões políticas do monopólio (p. 269-272)

- Um monopólio com grandes economias de escala e economias de escopo pode produzir uma quantidade maior a um preço menor que uma indústria competitiva conseguiria, e o monopólio pode ser mais inovador que pequenas empresas competitivas.
- Uma regulação eficiente requer que um monopólio cobre um preço igual ao custo marginal, mas, para um monopólio natural, esse preço é mais baixo que o custo médio.
- A determinação de preços no custo médio é uma regra de determinação de preços que tenta chegar a um meio-termo, cobrindo os custos de uma empresa e permitindo que ela tenha lucro normal, mas não é eficiente.

Tabela e figuras-chave

Figura 12.2: Demanda e receita marginal, 260
Figura 12.3: Receita marginal e elasticidade, 261
Figura 12.4: Preço e produção de um monopólio, 263
Figura 12.5: Preço maior e produção menor de um monopólio, 263
Figura 12.6: Ineficiência do monopólio, 264
Figura 12.9: Discriminação de preços, 268
Figura 12.10: Discriminação perfeita de preços, 268
Figura 12.11: Regulação de um monopólio natural, 270
Tabela 12.1: Decisão de preço e de produção de um monopólio, 262

Palavras-chave

Barreiras à entrada, 258
Discriminação de preços, 259
Discriminação perfeita de preços, 267
Monopólio, 257
Monopólio de preço único, 259
Monopólio legal, 258
Monopólio natural, 258
Poder de mercado, 257
Regra do custo marginal para a determinação de preços, 271
Regra do custo médio para a determinação de preços, 271
Renda econômica, 265
Rent-seeking, 265

EXERCÍCIOS

1. Os Correios dos Estados Unidos detêm o monopólio da postagem de correspondência não urgente de primeira classe – cartões postais, cartas, envelopes grandes e pequenos pacotes – e o direito exclusivo de entregar a correspondência em caixas postais privadas. A Pfizer Inc. produz o Lipitor, um remédio controlado para a redução

do colesterol. A Cox Communications é a única fornecedora de serviços de televisão a cabo em alguns bairros da cidade de San Diego.

a. Quais são os substitutos, se houver, dos bens e serviços descritos acima?
b. Quais são as barreiras à entrada, se houver, que protegem essas três empresas da concorrência?
c. Alguma dessas três empresas é um monopólio natural? Explique sua resposta e ilustre-a com gráficos.
d. Alguma dessas três empresas é um monopólio legal? Explique sua resposta.
e. Qual dessas três empresas tem mais chances de lucrar com a discriminação de preços e qual tem mais chances de vender seu bem ou serviço por um preço único?

2. A Minnie's Mineral Springs, um monopólio de preço único para a venda de água mineral, tem a seguinte tabela de demanda do mercado:

Preço (dólares por garrafa)	Quantidade demandada (garrafas por hora)
10	0
8	1
6	2
4	3
2	4
0	5

a. Construa a tabela de receita total da Minnie's.
b. Construa a tabela de receita marginal da Minnie's.
c. Desenhe um gráfico com a curva de demanda do mercado e a curva de receita marginal da Minnie's.
d. Por que a receita marginal da Minnie's é menor que o preço?
e. Em qual preço a receita total da Minnie's é maximizada?
f. Em qual faixa de preços a demanda por água da Minnie's é elástica?
g. Por que Minnie's não produz uma quantidade na qual a demanda de mercado por água é inelástica?

3. A Minnie's Mineral Springs tem a tabela de demanda apresentada no exercício 2 e a seguinte tabela de custo total:

Quantidade produzida (garrafas por hora)	Custo total (dólares)
0	1
1	3
2	7
3	13
4	21
5	31

a. Calcule o custo marginal da produção de cada quantidade relacionada na tabela.
b. Calcule o preço e a produção maximizadora de lucro da Minnie's.
c. Calcule o lucro econômico.

4. A figura ilustra a situação de uma empresa que publica o único jornal local de uma comunidade isolada.

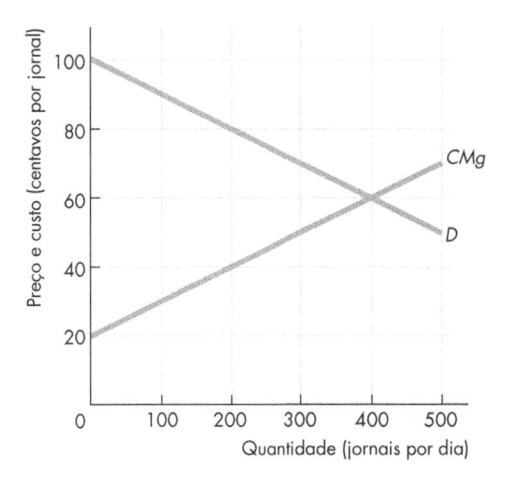

a. No gráfico, indique o preço e a quantidade maximizadora de lucro.
b. Qual é a receita total diária da empresa?
c. Ao preço cobrado, a demanda por esse jornal é elástica ou inelástica? Por quê?
d. Qual é o excedente do consumidor e a perda de peso morto? Indique cada um deles no gráfico.
e. Explique por que esse mercado pode encorajar atividades de *rent-seeking*.
f. Se esse mercado fosse perfeitamente competitivo, qual seria a quantidade, o preço, o excedente do consumidor e o excedente do produtor? Indique cada um deles no gráfico.

5. A La Bella Pizza pode produzir uma pizza a um custo marginal de $ 2. Seu preço-padrão é $ 14,99 por pizza. Ela oferece uma segunda pizza por $ 4,99. Além disso, ela distribui cupons de desconto que dão direito a um abatimento de $ 5 no preço-padrão de uma pizza.

a. Como a La Bella Pizza pode obter um lucro econômico maior nessa faixa de preços do que conseguiria obter se vendesse cada pizza por $ 14,99?
b. Desenhe um gráfico que ilustre sua resposta ao item (a).
c. Você consegue pensar em um modo de aumentar ainda mais o lucro econômico da La Bella Pizza?
d. A La Bella Pizza é mais eficiente do que seria se cobrasse apenas um preço?

6. A figura mostra uma situação similar à da Calypso U.S. Pipeline, uma empresa que opera um sistema de distribuição de gás natural nos Estados Unidos. A Calypso é

um monopólio natural que não pode praticar a discriminação de preços.

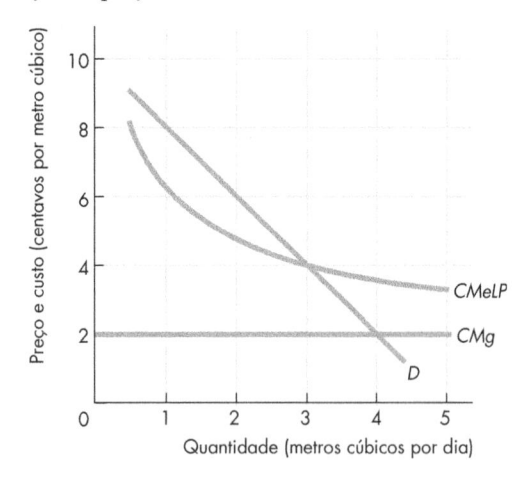

Qual quantidade a Calypso produziria e em qual preço a Calypso seria:

a. Uma empresa maximizadora de lucro não regulada?
b. Regulada para obter lucro econômico zero?
c. Regulada para ser eficiente?

7. Dadas as informações da figura do exercício 6, qual é o excedente do produtor, o excedente do consumidor e a perda de peso morto se a empresa for:

a. Maximizadora de lucro não regulada?
b. Regulada para obter lucro econômico zero?
c. Regulada para ser eficiente?

PENSAMENTO CRÍTICO

1. Analise a seção "Leitura das entrelinhas" e responda às seguintes perguntas.

a. Por que uma companhia aérea operaria como um monopólio apesar de haver muitas companhias aéreas?
b. Quais são as mudanças no setor de transporte aéreo relatadas no artigo que reduziram o preço das passagens aéreas para viajantes a negócios?
c. Se a Internet não existisse, como seria a demanda por passagens aéreas para viajantes a negócios?
d. Como explicar a grande diferença entre o preço de uma passagem aérea para viajantes a negócios e o preço de uma passagem para viajantes a lazer na mesma rota e até no mesmo avião?
e. As companhias aéreas deveriam ser reguladas para reduzir o preço de passagens aéreas para viajantes a negócios? Por quê?

ATIVIDADES NA INTERNET

1. Faça uma pesquisa na Internet a respeito das reclamações mais comuns contra os monopólios registradas nos órgãos de proteção a consumidores.

a. Quais são as principais reclamações registradas?
b. Você concorda com essas reclamações? Por quê?
c. Na sua opinião, é possível recomendar aos que fazem essas reclamações que mudem de fornecedor?
d. Na sua opinião, é possível mensurar os custos envolvidos nas práticas que motivaram as principais reclamações?

2. Faça uma pesquisa na Internet sobre os principais fabricantes de processadores para computadores.

a. É correto considerar a Intel um monopólio? Por quê?
b. Como a Intel tenta criar barreiras à entrada no mercado de processadores?

Práticas monopolistas no transporte aéreo brasileiro

Fernando Rejani[1]
José Américo da Silva[2]

Introdução

O segmento do transporte aéreo é um dos setores mais dinâmicos da economia mundial, uma vez que oferece a possibilidade de intercâmbio ágil de pessoas e mercadorias e viabiliza as relações econômicas e comerciais. Particularmente no Brasil, o segmento assume relevância cada vez mais crescente, tendo em vista a dimensão continental do país, bem como a existência de uma malha rodoviária extensa, porém mal conservada, ferrovias e rede fluvial escassas.

A liberalização do transporte aéreo brasileiro iniciou-se nos anos de 1990 e provocou uma gradual eliminação das barreiras à entrada de novas companhias, criando um ambiente de competição para as empresas que atuavam no setor, mas ao mesmo tempo permitiu que grandes empresas adotassem práticas monopolistas, deixando desigual a competição pelo mercado aéreo nacional.

Excesso de capacidade

No Brasil, em particular, o excesso de capacidade é uma freqüente estratégia utilizada pelas companhias aéreas para evitar a entrada ou para impedir o fornecimento de competidores. Diferentemente daqui, a forma de competição nos Estados Unidos se deu por meio do aumento de participação, por parte das companhias aéreas incumbentes, em determinados centros (hubs) e não pelo acúmulo de oferta. Desta forma, a concorrência é por aeroportos e não por rotas, como ocorre no Brasil. O excesso de oferta é a estratégia de competição utilizada no Brasil justamente porque não há *hubs* nem aeroportos secundários necessários à estrutura de malha *hub-and-spoke*.

A estratégia de manutenção de capacidade ociosa (excesso de capacidade) se torna ainda mais evidente em determinados pares de aeroportos que são mais movimentados (notadamente Congonhas, Santos Dumont e Pampulha), por não existirem regras claras e peremptórias, por parte dos órgãos regulatórios competentes, sobre a distribuição e disponibilização de infra-estrutura, como *slots* e *gates*. Assim, se uma empresa aérea decide retirar vôos de um dado aeroporto, não há como estimar a sua possibilidade de reentrada, o que incentiva ainda mais o uso dessa prática.

Preços predatórios

Uma das condutas clássicas de exclusão, tratadas pela teoria antitruste, consiste na prática de preços predatórios, representada por um tipo de comportamento em que os preços são baixos a ponto de afetar a estrutura competitiva. Considerando que preços baixos são também uma virtude do processo competitivo, as autoridades antitruste enfrentam a difícil tarefa de distinção entre preço predatório da competição saudável. A eliminação de firmas ineficientes resulta naturalmente do processo competitivo, mas tal processo pode ser prejudicado se rivais eficientes também são expulsos do mercado, por meio de redução excessiva de preços por firmas dominantes.

Preços promocionais *versus* preços predatórios à luz da Lei 8.884/1994

Para distinguir a predação ilícita de preços e a competição legítima é imprescindível conhecer o mercado relevante que, na presente pesquisa, representa o transporte aéreo, mais especificamente, o par de origem-destino. Dentre as particularidades desse setor encontram-se: a capacidade de oferta fixa que comporte as variações sazonais da demanda, segmentação da demanda entre turistas e passageiros de negócios e a possibilidade de criação de várias classes tarifárias. Um dos aspectos preponderantes do setor aéreo, que o diferencia de outros setores da economia, é o uso de uma ferramenta denominada *yield management*, que tem como objetivo identificar as melhores formas de maximizar lucro na venda de produtos ou serviços, baseando-se em previsões do comportamento e segmentação de demanda, permitindo uma discriminação de preços conforme o tipo do consumidor. Dessa forma, o objetivo dessa ferramenta seria alocar determinados assentos para deter-

---

[1] Economista, mestrando em Economia.
[2] Advogado, mestrando em Economia.

minada classe de pessoas, a um certo preço de tarifa, de modo a maximizar o lucro da empresa.

Como exemplo prático elucidativo da difícil tarefa de distinção entre preços predatórios de tarifas competitivas, cabe destacar a investigação, em 2004, sobre os preços praticados pela companhia aérea brasileira GOL que foi acusada, pelo então órgão regulador (DAC), de praticar preços predatórios. A investigação teve por objeto a análise da validade, à luz da Lei n. 8.884/94, da promoção "Viagem por R$ 50,00". Tal promoção, inicialmente anunciada para vigorar entre 10 de maio de 2004 e 04 de junho de 2004, consistia na venda de passagens aéreas, no valor de R$ 50,00, para vários trechos operados pela GOL. Como indícios da suposta prática predatório, o DAC apontou que: (i) o *yield* (razão entre o valor da tarifa e a distância do trecho) da tarifa promocional seria inferior aos custos médios total e variável (calculado em termos do custo do assento/km ofertado) na maioria dos trechos em que a promoção vigoraria, e (ii) em geral, a tarifa média estimada de cada trecho em que a promoção vigoraria também seria inferior aos custos médios totais variáveis do trecho correspondente[3].

Segundo o parecer da Seae/MF, "o DAC entendeu que tais ilações seriam indícios suficientes para caracterizar a prática de preços predatórios, mesmo diante do fato de que a promoção teria vigência por um prazo relativamente curto (30 dias) e que abrangeria um número limitado de assentos por vôo (50 assentos). Além disso, o DAC concluiu que a promoção poderia gerar danos ao setor aéreo, pois haveria o risco de um acirramento da competição e, conseqüentemente, a deflagração de uma suposta guerra tarifária pelas demais empresas, que, no afã de usar do mesmo artifício de preços reduzidos para conquistar novos consumidores, também poderiam reduzir os preços de seus serviços" (fls. 262).

No entanto, após intensas investigações, a SEAE/MF conclui que não houve ilicitude na prática: "(i) a tarifa da Gol de R$ 50,00 seria de fato uma promoção, pois foi restrita a um período de tempo e a um número limitado de assentos; (ii) havia justificativas para essa tarifa promocional, já que vigoraria em um período de baixa estação e para um produto perecível; e (iii) a promoção não poderia ser tipificada como uma tentativa de eliminar rivais do mercado. Na verdade, os indícios apontam que essa promoção teria por finalidade gerar à Gol o maior lucro possível dada as condições de mercado com as quais a Gol se deparava". Concluiu ainda que o DAC incorreu em um erro metodológico ao fazer uma análise de preços predatórios baseada somente na comparação entre preços e custos, dados: "(i) dificuldade de se calcular o custo variável médio; (ii) não observância das estratégias de longo prazo da empresa na simples comparação entre preços e custo variável médio; (iii) possibilidade de o custo variável não ser uma boa *proxy* do custo marginal" (fls. 274).

Cartel

O cartel é definido pelo Cade como acordos explícitos ou tácitos entre concorrentes do mesmo mercado, envolvendo parte substancial do mercado relevante, em torno de itens como preços, quotas de produção e distribuição e divisão territorial, na tentativa de aumentar preços e lucros conjuntamente para níveis mais próximos dos de monopólio.

As autoridades antitruste, não só no Brasil mas também nos Estados Unidos e na Europa, já identificaram que acordos de *codeshare* envolvendo rotas sobrepostas (disponibilização recíproca de assentos em vôos em que as companhias competiam entre si) incentivam, sobremaneira, a cartelização das companhias contratantes, sobretudo, no que se refere ao risco de ajustamento concertado de oferta. E o processo de cartelização pode não se limitar ao mero ajuste de horários, freqüência ou preços. As alianças entre companhias aéreas também podem erigir barreiras artificiais de modo concertado visando dificultar a entrada de outras companhias e, assim, prejudicar o processo competitivo. O controle de *slots* e a limitação de *gates*, em particular, pode funcionar como um inviabilizador para a entrada de novas empresas. Entre os principais efeitos dessa prática estão: a redução artificial da quantidade de vôos ofertada ao consumidor que fica, então, privado da freqüência e de opções de vôos/empresas que normalmente existiram num ambiente competitivo; e o comportamento artificial dos preços das tarifas dos serviços de transporte aéreo.

No Brasil o exemplo mais marcante de um acordo de *codeshare* envolvendo rotas sobrepostas foi o firmado entre Varig e TAM, em 2003. E, em 15 de setembro de 2004, as autoridades brasileiras de defesa da concorrência condenaram, por maioria, o primeiro caso de conduta anticompetitiva envolvendo companhias aéreas nacionais onde se comprovou a cartelização de quatro empresas de transporte aéreo, a saber: Varig, Tam, Vasp e Transbrasil.

Conclusões

Diante do surgimento de um cenário mais competitivo, cresce a importância do papel das autoridades de

---

[3] Cade, Averiguação Preliminar n. 08001.006298/2004-33.

defesa da concorrência, que precisam atuar na investigação das condutas e práticas anticompetitivas praticadas pelas empresas aéreas.

O caso brasileiro deixa claro que as práticas monopolistas adotadas nos últimos anos permitem a concentração de poder em poucas empresas, prejudicando a concorrência, e não contribui para atender a demanda existente em rotas menos atrativas. Além de sobrecarregar alguns aeroportos (por exemplo, aeroporto de Congonhas), diminui a qualidade dos serviços ofertados e aumenta o tempo de espera dos passageiros nos aeroportos.

REFERÊNCIAS

AREEDA, P. e TURNER, D. "Predatory prices and practices under section 2 of the Sherman Act". *Harvard Law Review*, 697, 1975.

BAUMOL, W. "Predation and the logic of the average variable cost test". *Journal of Law and Economics*, v. XXXIX, nº 1, abr. 1999, p. 49-72.

EDLIN, A.S. e FARRELL, J. *The American Airlines Case, 2001: A chance to clarify predation policy*. In: KWOKA, Jr., John E. e WHITE, Lawrence. *The Antitrust Revolution: economics, competition and policy*. 4. ed. Oxford University Press, 2004.

FRANCESCHINI, José Inácio. *Lei da Concorrência conforme interpretada pelo Cadê*. São Paulo: Singular, 1998.

SALOMÃO, Calixto Filho. *Direito concorrencial: as estruturas*. 2. ed. São Paulo: Malheiros, 2002.

QUESTÕES

1. Como é constituído o mercado de aviação comercial do país? Quais seus principais agentes e seus interesses?

2. A prática adotada pelas empresas aéreas de redução de suas tarifas, no mercado brasileiro, é uma boa saída para a companhia enfrentar a concorrência?

3. Quais medidas deveriam ser adotadas para evitar práticas monopolistas no mercado aéreo brasileiro?

CAPÍTULO 13

Concorrência monopolista e oligopólio

Ao término do estudo deste capítulo, você saberá:

▶ Definir e identificar a concorrência monopolista.
▶ Explicar como o preço e a produção são determinados em uma indústria monopolisticamente competitiva.
▶ Explicar por que os custos de propaganda são altos em uma indústria monopolisticamente competitiva.
▶ Definir e identificar um oligopólio.
▶ Explicar dois modelos tradicionais de oligopólio.
▶ Utilizar a teoria dos jogos para explicar como o preço e a produção são determinados em um oligopólio.
▶ Utilizar a teoria dos jogos para explicar outras decisões estratégicas.

Os jogos de guerra dos PCs

A guerra de preços dos PCs já ocorre há algum tempo, mas em 2006 se intensificou. Esse ano marcou o início da era do laptop de US$ 1.000 e do computador de mesa de US$ 500. A Dell foi uma das empresas mais agressivas no corte de preços, mas, apesar de reduzir seus preços em até US$ 700 por máquina, perdeu sua posição de líder de mercado para a Hewlett-Packard. Essas duas empresas, junto com a Lenovo, a Acer e a Toshiba, respondiam por metade do mercado global de 60 bilhões de PCs em 2006.
No mercado de PCs, as duas maiores empresas, a Dell e a Hewlett-Packard, precisam monitorar atentamente o que a outra está fazendo, porém elas também concorrem com outras empresas no mercado.
Em alguns mercados, há apenas duas empresas. Um exemplo disso é o mercado de chips de computador: os chips instalados na maioria absoluta dos PCs são fabricados pela Intel e pela Advanced Micro Devices. Como funciona a concorrência entre apenas dois fabricantes de chips?
Quando um pequeno número de empresas concorre em um mercado, será que, assim como as empresas em concorrência perfeita, elas operam de acordo com o interesse social? Ou será que, assim como um monopólio, elas restringem a produção para aumentar os lucros?

◇ As teorias da concorrência perfeita e do monopólio não preveem o comportamento das empresas que acabamos de descrever. Para entendermos como os mercados funcionam quando apenas algumas empresas concorrem neles, precisamos de modelos mais complexos, que serão explicados neste capítulo. Na seção "Leitura das entrelinhas", no fim deste capítulo, retomaremos o exemplo do mercado de computadores pessoais e veremos como a Dell e a Hewlett-Packard lutaram pelo domínio do mercado em 2006.

O que é a concorrência monopolista?

Já estudamos a concorrência perfeita, na qual um grande número de empresas produz ao mais baixo custo possível, obtém lucro econômico zero e é eficiente. Estudamos também o monopólio, no qual uma única empresa restringe a produção, produz a um custo e a um preço mais altos do que se estivesse em concorrência perfeita e é ineficiente.

A maioria dos mercados do mundo real é competitiva, mas não perfeitamente competitiva, porque as empresas, nesses mercados têm algum poder para determinar seus preços, como ocorre com os monopólios. Chamamos esse tipo de mercado de *concorrência monopolista*.

A **concorrência monopolista** é uma estrutura de mercado na qual:

- Um grande número de empresas concorre entre si.
- Cada empresa tem um produto diferenciado.

- Empresas concorrem em termos da qualidade, do preço e do marketing do produto.
- Empresas são livres para entrar no mercado e sair dele.

Grande número de empresas

Na concorrência monopolista, como na concorrência perfeita, a indústria consiste em um grande número de empresas. A presença de um grande número de empresas em uma indústria tem três implicações para elas.

Pequena participação no mercado Na concorrência monopolista, cada empresa fornece uma pequena parcela da produção total da indústria. Conseqüentemente, cada uma delas tem apenas poder limitado de influenciar o preço de seu produto. O preço de uma empresa pode diferir ligeiramente do preço médio de outras empresas.

Irrelevância de outras empresas Uma empresa em concorrência monopolista deve ser sensível ao preço médio de mercado do produto, mas ela não precisa prestar atenção a nenhum concorrente individual. Como todas as empresas são relativamente pequenas, nenhuma pode ditar isoladamente as condições do mercado, e, assim, as ações de nenhuma delas afetam diretamente as ações das outras.

Impossibilidade de colusão As empresas em concorrência monopolista gostariam de poder conspirar para determinar um preço superior – atividade chamada de *colusão* –, mas, como há muitas empresas, isso não é possível.

Diferenciação do produto

Uma empresa pratica a **diferenciação do produto** se faz um produto ligeiramente diferente daqueles das empresas concorrentes. Um produto diferenciado consiste em um bem substituto próximo, mas não um bem substituto perfeito, para os produtos de outras empresas. Algumas pessoas pagarão mais por uma variação do produto, de modo que, quando o preço dele aumenta, a quantidade demandada diminui, mas não (necessariamente) se reduz a zero. Por exemplo, as empresas Adidas, Asics, Diadora, Etonic, Fila, New Balance, Nike, Puma e Reebok produzem tênis de corrida diferenciados. Com todos os outros fatores mantidos constantes, se o preço dos tênis de corrida da Adidas aumenta e os preços dos outros tênis permanecem constantes, a Adidas vende menos calçados, e os outros fabricantes vendem mais. No entanto, os tênis da Adidas não desaparecerão do mercado, a menos que o preço aumente demais.

Concorrência em termos de qualidade, preço e marketing

A diferenciação do produto permite que uma empresa concorra com outras em três áreas: qualidade, preço e marketing do produto.

Qualidade A qualidade de um produto consiste nos atributos físicos que o tornam diferente dos produtos de outras empresas. A qualidade inclui o design, a confiabilidade, o serviço prestado ao comprador e a facilidade do acesso do comprador ao produto. A qualidade pode ser medida em uma escala que vai de alta a baixa. Algumas empresas – como a Dell Computer Corp. – oferecem produtos de alta qualidade. Todos são confiáveis e bem projetados, e o cliente recebe um serviço rápido e eficiente. Outras empresas oferecem um produto de qualidade mais baixa, não tão bem projetado, que pode não funcionar perfeitamente e que requer que o comprador se desloque para adquiri-lo.

Preço Devido à diferenciação do produto, uma empresa em concorrência monopolista fica diante de uma curva de demanda inclinada para baixo. Deste modo, como em um monopólio, a empresa pode determinar tanto seu preço quanto sua produção. Mas há um *trade-off* entre a qualidade e o preço do produto. Uma empresa que faz um produto de alta qualidade pode cobrar um preço mais alto que o de uma empresa que faz um produto de qualidade inferior.

Marketing Devido à diferenciação do produto, uma empresa em concorrência monopolista deve fazer marketing de seu produto. O marketing assume duas formas principais: propaganda e embalagem. Uma empresa que faz um produto de alta qualidade deseja vendê-lo por um preço adequadamente alto. Para isso, ela deve anunciar e embalar seu produto de um modo que convença os compradores de que estão obtendo a mais alta qualidade, pela qual estão pagando um preço superior. Por exemplo, empresas farmacêuticas anunciam e embalam seus medicamentos que têm nome de marca para persuadir os compradores de que esses itens são superiores às alternativas genéricas de preço mais baixo. Similarmente, um produtor de baixa qualidade utiliza a propaganda e a embalagem para convencer os compradores de que, apesar de a qualidade ser baixa, o preço inferior mais do que compensa o fato.

Entrada e saída

Na concorrência monopolista, é possível a entrada e a saída das empresas. Conseqüentemente, uma empresa não pode obter um lucro econômico no longo prazo. Quando as empresas obtêm um lucro econômico, novas empresas entram na indústria. Essa entrada reduz os preços e, com o tempo, elimina o lucro econômico. Quando as empresas incorrem em perdas econômicas, algumas delas saem da indústria. Essa saída faz com que os preços e os lucros aumentem e, mais cedo ou mais tarde, a perda econômica seja eliminada. No equilíbrio de longo prazo, não há entrada nem saída, e as empresas da indústria obtêm lucro econômico zero.

Exemplos de concorrência monopolista

A Figura 13.1 mostra dez indústrias que são bons exemplos de concorrência monopolista. Essas indústrias têm um grande número de empresas (mostrado entre parênteses depois do nome da indústria). Na mais concentrada dessas indústrias – a de equipamentos de áudio e vídeo – as 4 maiores empresas produzem apenas 30 por

Figura 13.1 Exemplos de concorrência monopolista

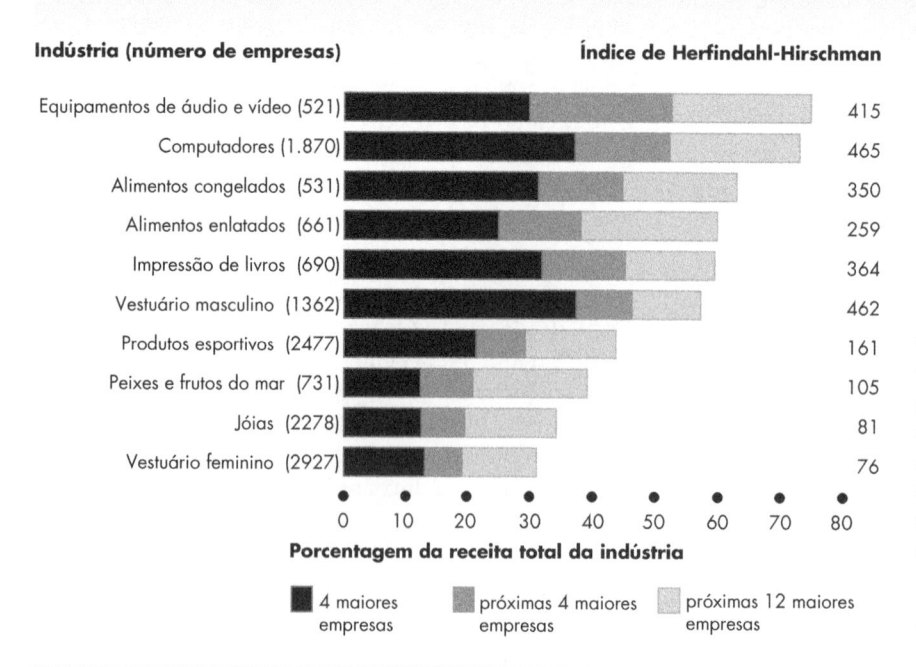

Indústria (número de empresas)	Índice de Herfindahl-Hirschman
Equipamentos de áudio e vídeo (521)	415
Computadores (1.870)	465
Alimentos congelados (531)	350
Alimentos enlatados (661)	259
Impressão de livros (690)	364
Vestuário masculino (1362)	462
Produtos esportivos (2477)	161
Peixes e frutos do mar (731)	105
Jóias (2278)	81
Vestuário feminino (2927)	76

Porcentagem da receita total da indústria (0–80)

■ 4 maiores empresas ■ próximas 4 maiores empresas ▫ próximas 12 maiores empresas

Essas indústrias operam em concorrência monopolista. O número de empresas da indústria é mostrado entre parênteses depois do nome dela. As barras pretas mostram a porcentagem das vendas da indústria alcançada pelas 4 maiores empresas. As barras cinza-escuro mostram a porcentagem das vendas da indústria atingida pelas próximas 4 maiores empresas, e as barras cinza-claro mostram a porcentagem das vendas da indústria obtida pelas próximas 12 maiores empresas. Desta maneira, a combinação das barras pretas, cinza-escuro e cinza-claro mostra a porcentagem das vendas da indústria alcançada pelas 20 maiores empresas. O Índice de Herfindahl-Hirschman é mostrado à direita.

Fonte dos dados: U.S. Census Bureau.

cento das vendas totais da indústria, e as 20 maiores produzem 75 por cento das vendas totais. O número à direita é o Índice de Herfindahl-Hirschman. Produtores de vestuário, jóias, computadores e produtos esportivos operam em concorrência monopolista.

QUESTÕES PARA REVISÃO

1. Quais são as características distintivas da concorrência monopolista?
2. Como as empresas em concorrência monopolista competem entre si?
3. Além dos exemplos mostrados na Figura 13.1, dê alguns exemplos de indústrias que operam em concorrência monopolista.

Preço e produção na concorrência monopolista

Suponha que você tenha sido contratado pela VF Corporation, dona da empresa de roupas Nautica Clothing Corporation, para administrar a produção e o marketing de jaquetas da empresa. Pense nas decisões que você deve tomar na empresa. Para começar, você deve decidir quais serão o design e a qualidade das jaquetas e seu programa de marketing. Em segundo lugar, deve decidir a quantidade de jaquetas a serem produzidas e o preço ao qual elas serão vendidas.

Vamos supor que a Nautica já tenha tomado as decisões sobre o design, a qualidade e o marketing; então, vamos nos concentrar nas decisões de produção e preço. Estudaremos as decisões referentes à qualidade e ao marketing na próxima seção.

Para qualquer qualidade de jaquetas e atividade de marketing, a Nautica enfrenta determinados custos e condições de mercado. Considerando seus custos e a demanda por suas jaquetas, como a Nautica decide a quantidade de jaquetas a serem produzidas e o preço ao qual elas serão vendidas?

Determinação de preço e de produção de curto prazo da empresa

No curto prazo, uma empresa em concorrência monopolista determina sua produção e seu preço da mesma maneira que uma empresa monopolista. A Figura 13.2 ilustra essa determinação para as jaquetas da Nautica.

A curva de demanda pelas jaquetas da Nautica é D, a qual nos informa a quantidade demandada de jaquetas da Nautica a cada preço, considerando os preços de outras jaquetas. Ela não representa a curva de demanda por jaquetas em geral.

A curva RMg mostra a curva de receita marginal associada à curva de demanda pelas jaquetas da Nautica. Ela é construída da mesma maneira que a curva de receita marginal de um monopólio de preço único, que estudamos no Capítulo 12.

As curvas CMe e CMg mostram o custo total médio e o custo marginal de produção de jaquetas da Nautica, respectivamente.

A meta da Nautica é maximizar o lucro econômico. Para isso, a produção da empresa é aquela na qual a receita marginal é igual ao custo marginal. Na Figura 13.2, essa produção é de 125 jaquetas por dia. A Nautica cobra o preço que os compradores estão dispostos a pagar por essa quantidade, que é determinada pela curva de demanda. Esse preço é de $ 75 por jaqueta. Quando a Nautica produz 125 jaquetas por dia, seu custo total médio é de $ 25 por jaqueta e ela obtém um lucro econômico de $ 6.250 por dia ($ 50 por jaqueta multiplicados por 125 jaquetas por dia). O retângulo cinza-claro indica o lucro econômico da Nautica.

A maximização do lucro pode minimizar a perda

A Figura 13.2 mostra que a Nautica está obtendo um grande lucro econômico. No entanto um resultado como esse não é inevitável. Uma empresa pode se defrontar com um nível de demanda por seu produto baixo demais para que obtenha lucro econômico.

A Excite@Home era uma empresa como essa. Oferecendo um serviço de Internet de alta velocidade pelo mesmo cabo de fornecimento do sinal de televisão, a Excite@Home esperava conquistar uma grande participação no mercado de portais de Internet, concorrendo com a AOL, o MSN e uma série de outros provedores.

A Figura 13.3 ilustra a situação da Excite@Home em 2001. A curva de demanda por seu serviço de portal é *D*, a curva de receita marginal é *RMg*, a curva de custo total médio é *CMe* e a curva de custo marginal é *CMg*. A Excite@Home maximizou o lucro – e minimizou igualmente a perda – com a produção na qual a receita marginal equivale ao custo marginal. Na Figura 13.3, essa produção é de 40 mil clientes. A Excite@Home cobrou o preço que os compradores estavam dispostos a pagar por essa quantidade, que foi determinado pela curva de demanda e era de $ 40 por mês. Com 40 mil clientes, o custo total médio da Excite@Home era de $ 50 por cliente, de modo que a empresa incorria em uma perda econômica de $ 400.000 por mês ($ 10 por cliente multiplicados por 40 mil clientes). O retângulo cinza-escuro indica a perda econômica da Excite@Home.

Até agora, a empresa em concorrência monopolista se parece com um monopólio de preço único. Ela produz a quantidade na qual a receita marginal é igual ao custo marginal e cobra o preço que os compradores estão dispostos a pagar por essa quantidade, determinado pela curva de demanda. A principal diferença entre o monopólio e a concorrência monopolista está no que acontece depois, quando as empresas obtêm lucro econômico ou incorrem em perda econômica.

Longo prazo: lucro econômico zero

Uma empresa como a Excite@Home não incorre em perda econômica por muito tempo. Mais cedo ou mais tarde, ela sai do negócio. Além disso, não há restrição à entrada na concorrência monopolista, de modo que, se as empresas de uma indústria estão obtendo lucro eco-

Figura 13.2 Lucro econômico no curto prazo

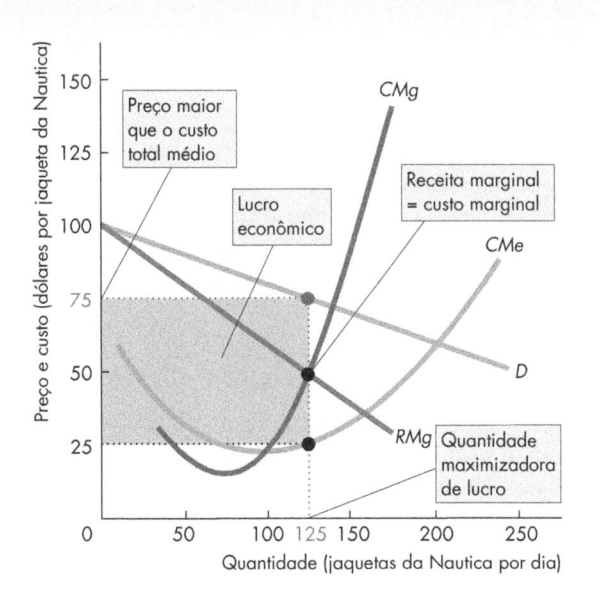

Figura 13.3 Perda econômica no curto prazo

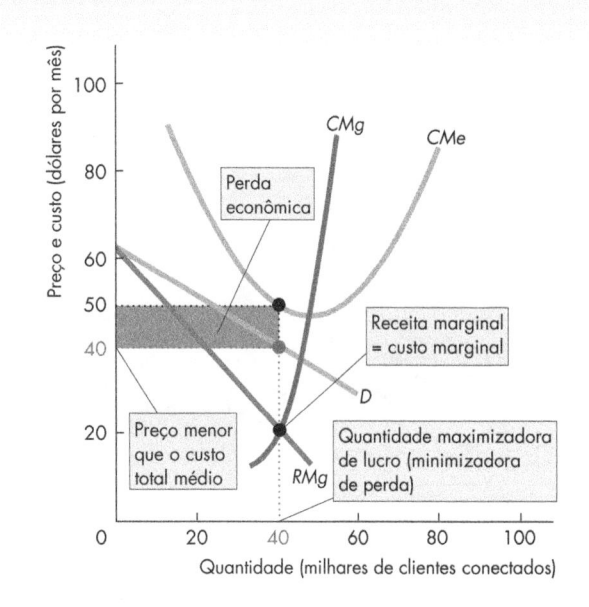

O lucro é maximizado quando a receita marginal é igual ao custo marginal. A quantidade maximizadora de lucro é de 125 jaquetas por dia. O preço de $ 75 por jaqueta excede o custo total médio de $ 25 por jaqueta, de modo que a empresa obtém um lucro econômico de $ 50 por jaqueta. O retângulo cinza-claro ilustra o lucro econômico, que equivale a $ 6.250 por dia ($ 50 por jaqueta multiplicados por 125 jaquetas por dia).

O lucro é maximizado quando a receita marginal é igual ao custo marginal. A quantidade minimizadora da perda é de 40 mil clientes. O preço de $ 40 por mês é menor que o custo total médio de $ 50 por mês, de modo que a empresa incorre em uma perda econômica de $ 10 por cliente. O retângulo cinza-escuro ilustra a perda econômica, que equivale a $ 400.000 por mês ($ 10 por cliente multiplicados por 40 mil clientes).

nômico, outras empresas têm incentivo para entrar nessa indústria.

À medida que a Gap e outras empresas começam a produzir jaquetas similares àquelas feitas pela Nautica, a demanda por jaquetas da Nautica diminui. A curva de demanda por jaquetas da Nautica e a curva de receita marginal se deslocam para a esquerda. À medida que essas curvas se deslocam para a esquerda, a quantidade maximizadora de lucro e o preço diminuem.

A Figura 13.4 mostra o equilíbrio de longo prazo. A curva de demanda por jaquetas da Nautica e a curva de receita marginal se deslocam para a esquerda. A empresa produz 75 jaquetas por dia e as vende por $ 25 cada. Nesse nível de produção, o custo total médio também é de $ 25 por jaqueta.

Assim, a Nautica está obtendo lucro econômico por suas jaquetas. Quando todas as empresas na indústria estão obtendo lucro econômico zero, não há incentivo para novas empresas entrarem.

Se a demanda em relação aos custos for tão baixa que as empresas incorram em perdas econômicas, haverá saídas. À medida que as empresas saem de uma indústria, a demanda pelos produtos das empresas que permanecem aumenta, e suas curvas de demanda se deslocam para a direita. O processo de saída chega ao fim quando todas as empresas da indústria estão obtendo lucro econômico zero.

Figura 13.4 Produção e preço no longo prazo

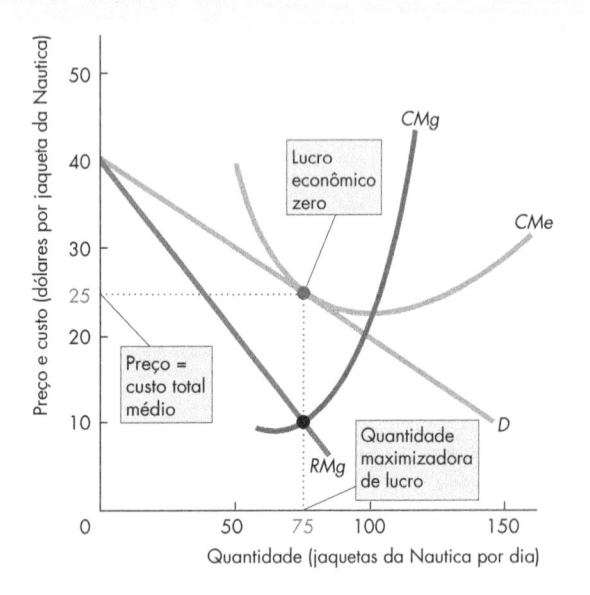

O lucro econômico incentiva a entrada, que diminui a demanda pelo produto de cada empresa. Quando a curva de demanda toca a curva *CMe* na quantidade em que *RMg* é igual a *CMg*, o mercado está no equilíbrio de longo prazo. A produção que maximiza o lucro é de 75 jaquetas por dia, e o preço é $ 25 por jaqueta. O custo total médio também é $ 25 por jaqueta, de modo que o lucro econômico é zero.

Concorrência monopolista e concorrência perfeita

A Figura 13.5 compara a concorrência monopolista e a concorrência perfeita e salienta duas diferenças fundamentais entre elas:

- Excesso de capacidade
- *Markup*

Excesso de capacidade Uma empresa tem excesso de capacidade se produz abaixo de sua escala eficiente, que é a quantidade na qual o custo total médio é mínimo – a quantidade no ponto mínimo da curva *CMe* em formato de U. Na Figura 13.5, a escala eficiente é de 100 jaquetas por dia. A Nautica, mostrada na parte (a), produz 75 jaquetas por dia e tem um *excesso de capacidade* de 25 jaquetas por dia. Mas, se todas as jaquetas são similares e são produzidas por empresas em concorrência perfeita, como mostrado na parte (b), cada empresa produz 100 jaquetas por dia, que é a escala eficiente. O custo total médio é o mais baixo possível somente na concorrência *perfeita*.

Você pode ver por toda parte o excesso de capacidade na concorrência monopolista. Restaurantes dirigidos por famílias (com exceção dos verdadeiramente excelentes) quase sempre têm algumas mesas vazias. Você quase sempre recebe em menos de 30 minutos a pizza que pediu por telefone. É raro chegar ao posto de gasolina e todas as bombas estarem sendo utilizadas, com clientes esperando na fila. Há sempre uma abundância de corretores prontos para ajudá-lo a comprar ou vender um imóvel. Essas indústrias são exemplos de concorrência monopolista. As empresas têm excesso de capacidade. Elas poderiam vender mais se reduzissem seus preços, mas incorreriam em perdas.

Markup O *markup* de uma empresa é a quantia na qual o preço excede o custo marginal. A Figura 13.5(a) mostra o *markup* da Nautica. Na concorrência perfeita, o preço quase sempre é igual ao custo marginal e não há *markup*. A Figura 13.5(b) mostra esse caso. Na concorrência monopolista, os compradores pagam um preço superior ao da concorrência perfeita e também pagam mais do que o custo marginal.

A concorrência monopolista é eficiente?

Os recursos são utilizados com eficiência quando o benefício marginal social é igual ao custo marginal social. O preço é igual ao benefício marginal social e o custo marginal da empresa é igual ao custo marginal social (supondo que não haja custos ou benefícios externos). Deste modo, se o preço de uma jaqueta da Nautica excede o custo marginal de sua produção, a quantidade produzida de jaquetas da Nautica é menor que a quantidade eficiente. Acabamos de ver que, no equilíbrio de longo prazo da concorrência monopolista, o preço *de fato* excede o custo marginal. Assim, será que a quantidade produzida na concorrência monopolista é menor que a quantidade eficiente?

Fazendo a comparação relevante Duas economistas se encontram na rua e uma pergunta à outra como vai

Figura 13.5 Excesso de capacidade e *markup*

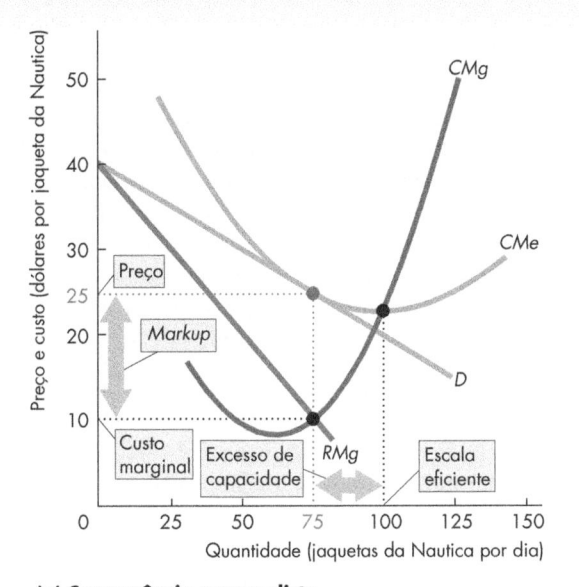

(a) Concorrência monopolista

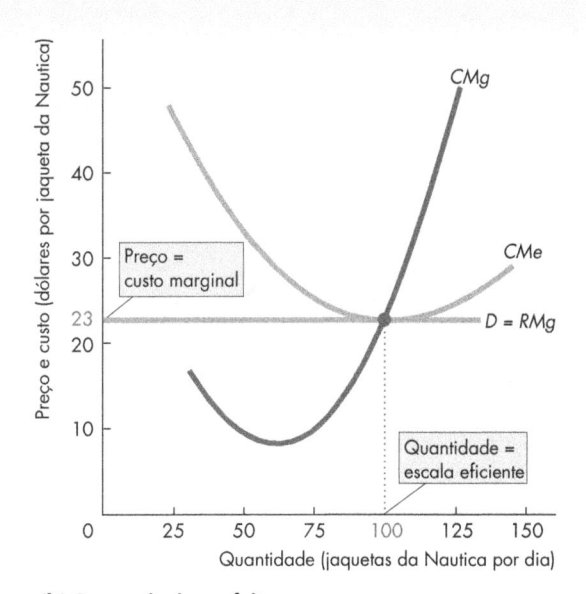

(b) Concorrência perfeita

A escala eficiente é de 100 jaquetas por dia. Na concorrência monopolista, no longo prazo, devido ao fato de a empresa enfrentar uma curva de demanda por seu produto inclinada para baixo, a quantidade produzida é menor que a escala eficiente e a empresa tem excesso de capacidade. O preço excede o custo marginal em uma quantia igual ao *markup*. Em comparação, como na concorrência perfeita a demanda pelo produto de cada empresa é perfeitamente elástica, a quantidade produzida é igual à escala eficiente e o preço é igual ao custo marginal. A empresa produz ao menor custo possível e não há markup.

---

o marido dela. "Comparado com o quê?", a outra rebate rapidamente. Essa pequena piada econômica ilustra um ponto-chave: antes de podermos concluir que algo precisa ser mudado, devemos verificar as alternativas disponíveis.

O *markup* que abre uma lacuna entre o preço e o custo marginal na concorrência monopolista é resultado da diferenciação do produto. Devido ao fato de as jaquetas da Nautica não serem exatamente iguais às da Banana Republic, da CK, da Diesel, da DKNY, da Earl Jackets, da Gap, da Levi's, da Ralph Lauren ou de qualquer um dos outros diversos produtores de jaquetas é que a demanda por jaquetas da Nautica não é perfeitamente elástica. Ela só seria perfeitamente elástica se houvesse apenas um tipo de jaqueta e todas as empresas a produzissem. Nessa situação, as jaquetas da Nautica seriam indistinguíveis de todas as outras. Elas nem ao menos teriam etiquetas de identificação.

Se houvesse apenas um tipo de jaqueta, o benefício total das jaquetas quase certamente seria menor do que é quando há variedade. As pessoas valorizam a variedade, e não apenas porque isso permite que cada uma escolha o que mais gosta, mas também porque proporciona um benefício externo. A maioria de nós gosta de ver a variedade nas escolhas dos outros. Compare uma cena da China da década de 1960, quanto todos vestiam uma túnica uniformizada, com a China atual, em que todos usam roupas de sua própria escolha. Ou compare uma cena da Alemanha da década de 1930, quando quase todas as pessoas que podiam comprar um carro tinham um veículo sedã da primeira geração da Volkswagen, com o mundo atual, com sua enorme variedade de estilos e tipos de automóveis.

Se as pessoas valorizam a variedade, por que não vemos uma variedade infinita? A resposta é que a variedade tem um custo alto. Cada diferente variedade de qualquer produto deve ser criada, e os clientes devem ser informados sobre ela. Esses custos iniciais de criação e marketing – chamados de custos de preparação, que correspondem aos custos em que uma empresa incorre quando entra numa indústria – significam que algumas variedades que são muito similares a outras já existentes simplesmente não merecem ser criadas.

A questão relevante A variedade de produtos é ao mesmo tempo valorizada e de custo alto. O nível eficiente de variedade de produtos é aquele no qual o benefício marginal social da variedade de produtos é igual a seu custo marginal social. A perda que resulta do fato de a quantidade produzida ser menor que a quantidade eficiente é compensada pelo ganho resultante do nível maior de variedade de produtos. Assim, em comparação com a alternativa – a uniformidade de produtos –, a concorrência monopolista pode ser eficiente.

> ### QUESTÕES PARA REVISÃO
>
> **1** Como uma empresa em concorrência monopolista decide quanto produzir e a que preço colocar seu produto à venda?
> **2** Por que uma empresa em concorrência monopolista pode obter lucro econômico somente no curto prazo?
> **3** Por que as empresas em concorrência monopolista operam com excesso de capacidade?
> **4** Por que há um *markup* de preço sobre o custo marginal na concorrência monopolista?
> **5** A concorrência monopolista é eficiente?

Vimos como a empresa em concorrência monopolista determina sua produção e seu preço tanto no curto quanto no longo prazo quando faz determinado produto e se envolve em *determinado* esforço de marketing. Mas como a empresa determina a qualidade de seu produto e o esforço de marketing? Analisaremos essas decisões a seguir.

Desenvolvimento e marketing de produto

Quando estudamos as decisões de preço e produção da Nautica, presumimos que ela já tinha tomado suas decisões de qualidade de produto e marketing. Estudaremos agora essas decisões e seu impacto sobre a produção, o preço e o lucro econômico da empresa.

Inovação e desenvolvimento de produto

A perspectiva de novas empresas que entram na indústria mantém as empresas em concorrência monopolista sempre alertas.

Para se beneficiar dos lucros econômicos, as empresas em concorrência monopolista devem buscar continuamente novas maneiras de se manter um passo à frente dos imitadores – outras empresas que imitam o sucesso de empresas economicamente lucrativas.

Uma das principais maneiras de tentar manter o lucro econômico é buscar novos produtos que o proporcionarão com uma vantagem competitiva, mesmo que apenas temporariamente. Uma empresa que lança um produto novo e diferenciado se depara com uma demanda menos elástica e é capaz de aumentar seu preço e obter lucro econômico. Mais cedo ou mais tarde, os imitadores farão bens substitutos próximos para o produto inovador e concorrerão pelo lucro econômico resultante da vantagem inicial. Assim, para recuperar o lucro econômico, a empresa deve voltar a inovar.

Inovação de produto maximizadora de lucro A decisão de inovar e desenvolver um produto novo ou melhorado se baseia no mesmo tipo de cálculo de maximização de lucro que já estudamos.

A inovação e o desenvolvimento de produto são atividades de custo alto, mas que também resultam em receita adicional. A empresa deve equilibrar o custo e a receita na margem. Uma unidade monetária marginal gasta no desenvolvimento de um produto novo ou melhorado é o custo marginal do desenvolvimento do produto. A unidade monetária marginal que o produto novo ou melhorado gera para a empresa é a receita marginal do desenvolvimento do produto. Em um baixo nível de desenvolvimento do produto, a receita marginal de um produto melhor excede o custo marginal. Em um alto nível de desenvolvimento do produto, o custo marginal de um produto melhor excede a receita marginal. Quando o custo marginal e a receita marginal do desenvolvimento do produto são iguais, a empresa está promovendo um nível de desenvolvimento do produto que é maximizador de lucro.

Eficiência e inovação de produto O nível da inovação de produto que é maximizador de lucro também é o nível eficiente? A eficiência é alcançada se o benefício marginal social de um produto novo e melhor for igual a seu custo marginal social.

O benefício marginal social de uma inovação é o aumento do preço que os consumidores estão dispostos a pagar por ela. O custo marginal social é a quantia que a empresa deve pagar para fazer a inovação. O lucro é maximizado quando a *receita* marginal é igual ao custo marginal. Mas, na concorrência monopolista, a receita marginal é menor que o preço, de modo que a inovação do produto provavelmente não é levada a seu nível eficiente.

A concorrência monopolista resulta em muitas inovações de produto que custam pouco para ser implementadas e são puramente estéticas, como uma embalagem nova e melhorada ou uma nova fragrância no sabão em pó. Mesmo quando há um produto verdadeiramente melhorado, ele nunca é tão bom quanto o produto pelo qual o cliente está disposto a pagar. Por exemplo, The Legend of Zelda: Twilight Princess é considerado um jogo excelente e quase perfeito, mas os críticos reclamam do fato de ele ainda não ser perfeito. É um jogo com características cuja receita marginal é igual ao custo marginal da criação delas.

Propaganda

Projetar e desenvolver produtos que são de fato diferentes daqueles dos concorrentes ajuda uma empresa a conseguir alguma diferenciação do produto. Mas as empresas também tentam fazer o consumidor ter uma percepção de diferenciação do produto, mesmo quando as diferenças reais são pequenas. A propaganda e a embalagem são os principais recursos utilizados pelas empresas para esse propósito. Uma câmera PowerShot da Canon é um produto diferente de uma EasyShare da Kodak, mas as diferenças reais não são as que a Canon enfatiza em seu marketing. A mensagem mais profunda é que, se você utilizar uma Canon, poderá ser como a Maria Sharapova (ou alguma outra celebridade bem-sucedida).

Gastos com propaganda As empresas em concorrência monopolista incorrem em custos enormes para garantir que os compradores apreciem e valorizem as diferenças entre seus produtos e os dos concorrentes. Desta maneira, uma grande proporção dos preços que pagamos cobre o custo da venda de um bem. Essa proporção aumenta cada vez mais. O principal custo de venda é representado por propaganda em jornais, revistas, rádio, televisão e Internet, mas não é o único custo. Os custos de venda incluem o custo de catálogos e brochuras sofisticados, shopping centers que mais se parecem com cenários de cinema e os salários, passagens aéreas e contas de hotel dos vendedores.

É difícil estimar a grandeza total dos custos com propaganda, mas alguns componentes podem ser mensurados. Um levantamento conduzido por uma agência comercial sugere que, para produtos de limpeza e brinquedos, cerca de 15 por cento do preço de um item é gasto em propaganda. A Figura 13.6 mostra as estimativas para algumas indústrias.

Na economia norte-americana como um todo, há cerca de 20 mil agências de publicidade, que empregam mais de 200 mil pessoas, com salário total de US$ 45 bilhões. Mas esses números representam apenas uma parte do custo total da propaganda porque as empresas têm seus próprios departamentos de propaganda internos, cujos custos só podem ser estimados.

Os gastos com propaganda e outros custos de vendas afetam os lucros das empresas de duas maneiras: aumentando os custos e alterando a demanda. Examinaremos, a seguir, esses efeitos.

Custos de venda e custos totais Custos de venda, como gastos com propaganda, aumentam os custos de uma empresa monopolisticamente competitiva, colocando-os acima dos de uma empresa perfeitamente competitiva ou de um monopólio. Os custos de propaganda e outros custos de venda são custos fixos, que não se alteram com a variação da produção total. Deste modo, assim como os custos fixos de produção, os custos de propaganda por unidade diminuem à medida que a produção aumenta.

A Figura 13.7 mostra como os custos de venda e gastos com propaganda alteram o custo total médio de uma empresa. A curva cinza-escuro mostra o custo total médio de produção. A curva preta mostra o custo total médio de produção de uma empresa mais seus custos com propaganda. A altura da área cinza entre as duas curvas mostra o custo fixo médio da propaganda. O custo *total* da propaganda é fixo, mas o custo *médio* da propaganda diminui à medida que a produção aumenta.

Essa figura mostra também que, se a propaganda aumenta a quantidade vendida em uma quantidade grande o suficiente, ela pode reduzir o custo total médio. Por exemplo, se a quantidade vendida aumenta de 25 jaquetas por dia sem propaganda para 100 jaquetas por dia com propaganda, o custo total médio diminui de $ 60 para $ 40 por jaqueta. A razão para isso é que, apesar de o custo fixo *total* ter aumentado, o custo fixo maior é diluído em uma produção maior, de modo que o custo total médio diminui.

Figura 13.6 Gastos com propaganda

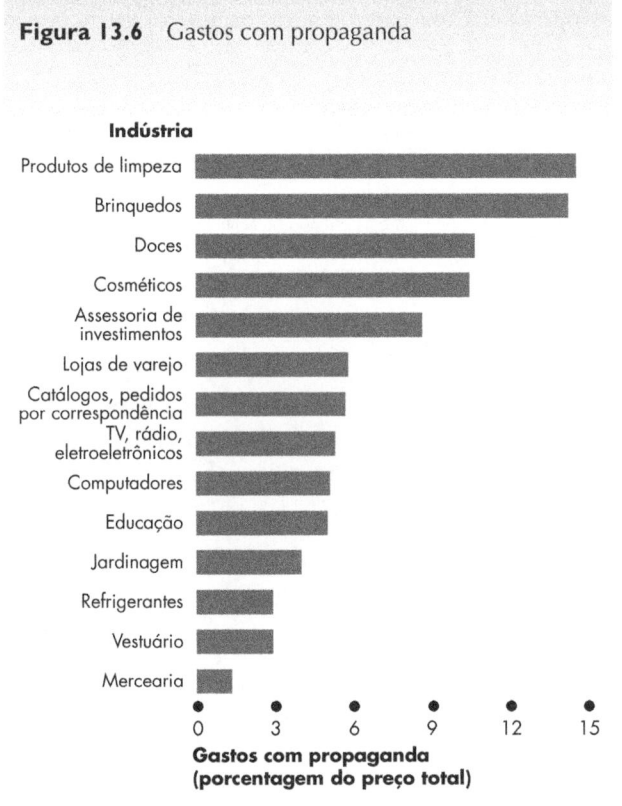

Os gastos com propaganda representam uma grande parte da receita total recebida por fabricantes de produtos de limpeza, brinquedos, doces e cosméticos.

Fonte dos dados: De Schoenfeld & Associates, Lincolnwood, IL. Disponível em: www.toolkit.cch.com/text/p03_7006.asp

Figura 13.7 Custos de venda e custo total

Custos de venda, como o custo da propaganda, são custos fixos. Quando adicionados ao custo total médio da produção, os custos de venda aumentam o custo total médio em uma quantia que é maior com produções pequenas do que com grandes produções. Se a propaganda possibilita o aumento das vendas de 25 jaquetas por dia para 100 jaquetas por dia, o custo total médio *diminui* de $ 60 para $ 40 por jaqueta.

Custos de venda e demanda A propaganda e outros esforços de venda alteram a demanda pelo produto de uma empresa. Mas como? A demanda aumenta ou diminui? A resposta mais natural é que a propaganda aumenta a demanda. Ao informar as pessoas sobre a qualidade de seus produtos ou ao persuadi-las a trocar os produtos de outras empresas pelos seus, uma empresa pode esperar aumentar a demanda por seus próprios produtos.

Mas todas as empresas na concorrência monopolista fazem propaganda. Todas buscam convencer os clientes de que oferecem o melhor negócio. Se a propaganda permite que uma empresa sobreviva, o número de empresas no mercado pode aumentar, e à medida que o número de empresas aumenta, a propaganda *diminui* a demanda disponível para cada empresa. Isso também faz com que a demanda pelo produto de qualquer empresa seja mais elástica. Assim, a propaganda pode acabar reduzindo não somente o custo total médio como também o *markup* e o preço.

A Figura 13.8 ilustra esse possível efeito da propaganda. Na parte (a), sem propaganda, a demanda por jaquetas da Nautica não é muito elástica. O lucro é maximizado na quantidade de 75 jaquetas por dia, e o *markup* é grande. Na parte (b), a propaganda, que é um custo fixo, aumenta o custo total médio de CMe_0 para CMe_1, mas deixa o custo marginal invariável em CMg. A demanda se torna muito mais elástica, a quantidade maximizadora de lucro aumenta, e o *markup* diminui.

Utilizando a propaganda como sinal de qualidade

Alguns anúncios, como os da câmera Maria Sharapova da Canon na televisão e em revistas, ou as enormes quantias que a Coca-Cola e a Pepsi gastam parecem difíceis de entender. Não parece haver nenhuma informação concreta sobre uma câmera no sorriso cintilante de uma jogadora de tênis. Por outro lado, certamente todos já conhecem a Coca-Cola e a Pepsi. Qual é a vantagem de gastar milhões de dólares por mês na propaganda desses refrigerantes já tão conhecidos?

Uma resposta é que a propaganda é um sinal ao consumidor de um produto de alta qualidade. Um **sinal** é uma ação que uma pessoa (ou empresa) informada realiza para enviar uma mensagem a pessoas não informadas. Pense sobre dois refrigerantes de cola: a Coca-Cola e a Oka-Kola. A Oka-Kola sabe que seu refrigerante não é muito bom e que o sabor varia muito dependendo do lote barato de xarope que sobra para a empresa comprar a cada semana. Desta maneira, a Oka-Kola sabe que, apesar de a propaganda conseguir fazer com que muitas pessoas experimentem seu refrigerante, elas rapidamente descobririam que se trata de um produto ruim e voltariam a comprar o refrigerante que consumiam antes. A Coca-Cola, por outro lado, sabe que seu produto tem um sabor consistente de alta qualidade e que, uma vez que os consumidores o experimentem, há boas chances de eles nunca consumirem outro refrigerante. Com base nesse raciocínio, a Oka-Kola não

Figura 13.8 Propaganda e o *markup*

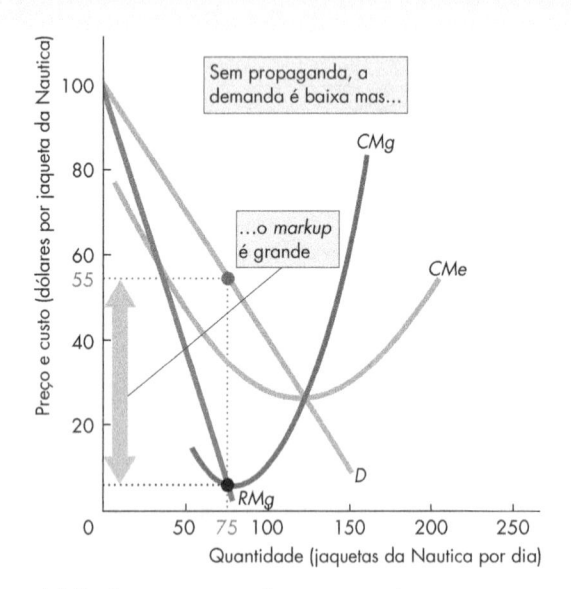

(a) Nenhuma empresa faz propaganda

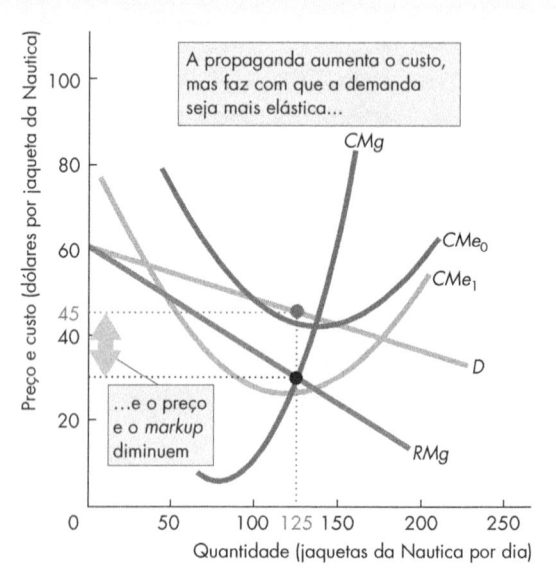

(b) Todas as empresas fazem propaganda

Se nenhuma empresa faz propaganda, a demanda pelo produto de cada empresa é baixa e não muito elástica. A produção maximizadora de lucro é pequena, o *markup* é grande e o preço é alto.
A propaganda aumenta o custo total médio e desloca a curva *CMe* para cima, de CMe_0 para CMe_1. Se todas as empresas fazem propaganda, a demanda pelo produto de cada empresa se torna mais elástica. A produção aumenta, e o preço e o *markup* diminuem.

faz propaganda, mas a Coca-Cola faz. A Coca-Cola gasta muito dinheiro para fazer um grande alarde.

Os consumidores de refrigerantes de cola que vêem os anúncios chamativos da Coca-Cola sabem que a empresa não gastaria tanto dinheiro em propaganda se o produto não fosse verdadeiramente bom. Assim, os consumidores inferem que a Coca-Cola é de fato um produto muito bom. O anúncio dispendioso e extravagante sinaliza que a Coca-Cola é excelente sem dizer nada sobre o produto.

Observe que, se a propaganda é um sinal, ela não precisa transmitir nenhuma informação específica sobre o produto. Ela só precisa ser cara e muito veiculada. É por isso que muitas propagandas são parecidas umas com as outras. Assim, a teoria da sinalização da propaganda prevê grande parte da propaganda que chega até nós.

Nomes de marca

Muitas empresas criam e gastam muito dinheiro promovendo um nome de marca. Por quê? Qual benefício um nome de marca traz para justificar o custo por vezes alto de sua criação e manutenção?

A resposta básica é que um nome de marca fornece aos consumidores informações sobre a qualidade de um produto e um incentivo ao produtor para atingir um alto e consistente padrão de qualidade.

Para ver como um nome de marca ajuda o consumidor, pense em como você utiliza nomes de marca para obter informações sobre qualidade. Você está viajando de carro e chega a hora de encontrar um lugar para passar a noite. Você vê anúncios na beira da estrada de redes de hotéis como Holiday Inn e Novotel e da Estalagem do Joe e da Pousada da Annie. Você conhece os hotéis Holiday Inn e Novotel porque já se hospedou neles antes. Além disso, costuma ver sua propaganda e sabe o que esperar deles. Mas você não tem informação alguma sobre a Estalagem do Joe e a Pousada da Annie. Eles podem ser melhores do que os hotéis que você conhece, mas, sem saber se realmente são, você prefere não arriscar. Você utiliza a informação transmitida pelo nome de marca e se hospeda no Holiday Inn.

Essa mesma história explica por que um nome de marca proporciona um incentivo para atingir uma qualidade alta e consistente. Como ninguém saberia se Joe e Annie oferecem um alto padrão de serviço, eles não têm incentivo nenhum para fazer isso. Mas, da mesma maneira, como todos esperam um determinado padrão de serviço do Holiday Inn, a não-satisfação das expectativas de um cliente quase certamente faria com que ele passasse para a concorrência. Assim, o Holiday Inn tem um grande incentivo para cumprir o que promete na propaganda que cria seu nome de marca.

Eficiência da propaganda e nomes de marca

Na medida em que a propaganda e os nomes de marca proporcionam aos consumidores informações sobre a natureza exata das diferenças entre produtos e sobre a qualidade do produto, eles beneficiam o consumidor e permitem uma melhor escolha de produtos. Mas o custo de oportunidade das informações adicionais deve ser ponderado levando-se em conta o ganho do consumidor.

O veredicto final sobre a eficiência da concorrência monopolista é ambíguo. Em alguns casos, os ganhos resultantes da maior variedade de produtos sem dúvida compensam os custos de venda e os custos extras que surgem do excesso de capacidade. As enormes variedades de livros e revistas, roupas, alimentos e bebidas são exemplos desses ganhos. É mais difícil identificar os ganhos da possibilidade de comprar um medicamento de marca que tem uma composição química idêntica ao de uma alternativa genérica. Mas muitas pessoas se dispõem a pagar mais pela alternativa de marca.

QUESTÕES PARA REVISÃO

1. Quais são as duas principais maneiras, além do ajuste do preço, pelas quais uma empresa em concorrência monopolista concorre com outras empresas?
2. Por que a inovação e o desenvolvimento de produtos podem ser eficientes e por que podem ser ineficientes?
3. Como os gastos de uma empresa com propaganda influenciam suas curvas de custo? O custo total médio aumenta ou diminui?
4. Como os gastos de uma empresa com propaganda influenciam a demanda por seu produto? A demanda aumenta ou diminui?
5. Por que é difícil saber se a concorrência monopolista é eficiente ou ineficiente? Qual é a sua opinião sobre o resultado final e por quê?

O que é oligopólio?

O oligopólio, tal qual a concorrência monopolista, fica em algum ponto entre a concorrência perfeita e o monopólio. As empresas em um oligopólio podem fabricar um produto idêntico e concorrer somente em termos de preço ou podem fabricar um produto diferenciado e competir em termos de preço, qualidade do produto e marketing. O **oligopólio** é uma estrutura de mercado na qual:

- Barreiras naturais ou legais impedem a entrada de novas empresas.
- Um pequeno número de empresas concorre entre si.

Barreiras à entrada

Barreiras naturais ou legais à entrada podem criar um oligopólio. Vimos, no Capítulo 12, como as economias de escala e a demanda formam uma barreira natural à entrada que pode criar um *monopólio natural*. Os mesmos fatores podem criar um *oligopólio natural*.

A Figura 13.9 ilustra dois oligopólios naturais. A curva de demanda, D (em ambas as partes da figura), mostra a demanda por viagens de táxi em uma cidade. Se a curva de custo total médio de uma empresa de táxi é CMe_1 na parte (a), o mercado é um **duopólio** natural – um mercado de

Figura 13.9 Oligopólio natural

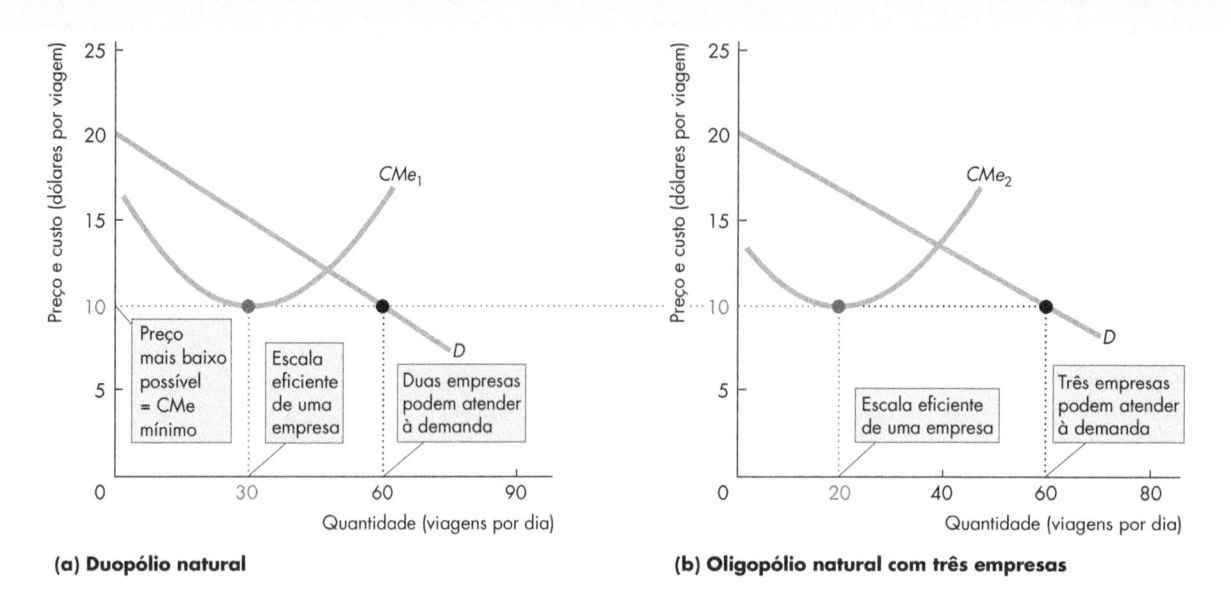

(a) Duopólio natural

(b) Oligopólio natural com três empresas

O preço mais baixo possível é de $ 10 por viagem, que é o custo total médio mínimo. Quando uma empresa produz 30 viagens por dia, que é a escala eficiente, duas empresas podem satisfazer à demanda do mercado. Esse oligopólio natural tem duas empresas – um duopólio natural. Quando a escala eficiente de uma empresa é de 20 viagens por dia, três empresas podem satisfazer à demanda de mercado ao menor preço possível. Esse oligopólio natural tem três empresas.

oligopólio com duas empresas. Talvez você já tenha visto alguns exemplos de duopólio. Algumas cidades têm apenas duas empresas de táxi, duas empresas de aluguel de carros, duas empresas de serviços de fotocópias, duas livrarias universitárias.

O preço mais baixo ao qual a empresa permaneceria no negócio é de $ 10 por viagem. A esse preço, a quantidade demandada de viagens é de 60 por dia, a quantidade que pode ser fornecida por apenas duas empresas. Não há espaço nesse mercado para três empresas. Mas, se houvesse apenas uma empresa, ela obteria um lucro econômico, e uma segunda empresa entraria no mercado para obter parte dos negócios e do lucro econômico.

Se a curva de custo total médio de uma empresa de táxi é CMe_2 como mostrado na parte (b), a escala eficiente de uma empresa é de 20 viagens por dia. Esse mercado é grande o suficiente para três empresas.

Um oligopólio legal surge quando uma barreira legal à entrada protege o pequeno número de empresas em um mercado. Uma cidade pode licenciar duas empresas de táxi ou duas empresas de ônibus, por exemplo, apesar de a combinação de demanda e economias de escala permitir a entrada de mais de duas empresas.

Pequeno número de empresas

Devido à existência de barreiras à entrada, o oligopólio consiste em um pequeno número de empresas, cada uma com uma grande participação no mercado. Essas empresas são interdependentes e estão diante da tentação de trabalhar juntas para aumentar o lucro econômico que compartilham.

Interdependência Com um pequeno número de empresas em um mercado, as ações de uma delas influenciam os lucros de todas as outras. Quando Penny Stafford abriu um café na cidade de Bellevue, Washington, um café Starbucks da região sofreu um golpe. Em poucos dias, a Starbucks começou a atrair os clientes de Penny com ofertas tentadoras e preços mais baixos. A Starbucks sobreviveu, mas Penny foi forçada a fechar as portas. Penny Stafford e a Starbucks eram interdependentes.

Tentação de se unir Quando um pequeno número de empresas compartilha um mercado, elas podem aumentar seus lucros formando um cartel e agindo como um monopólio. Um **cartel** é um grupo de empresas que atuam juntas – em conluio – para restringir a produção e aumentar os preços e os lucros econômicos. Os cartéis são ilegais, mas mesmo assim operam em alguns mercados. Entretanto, por razões que você descobrirá neste capítulo, os cartéis tendem a se desfazer.

Exemplos de oligopólio

A Figura 13.10 mostra alguns exemplos de oligopólio. A linha divisória entre um oligopólio e a concorrência monopolista é difícil de identificar. Por uma questão de praticidade, identificamos o oligopólio analisando os coeficientes de concentração, o Índice de Herfindahl-Hirschman – IHH – e informações sobre a extensão geográfica do mercado e as barreiras à entrada. Em geral, supõe-se que o IHH que separa o oligopólio da concorrência monopolista seja igual a mil. Um IHH abaixo de mil normalmente é um exemplo de concorrência monopolista, e um mercado

Figura 13.10 Exemplos de oligopólio

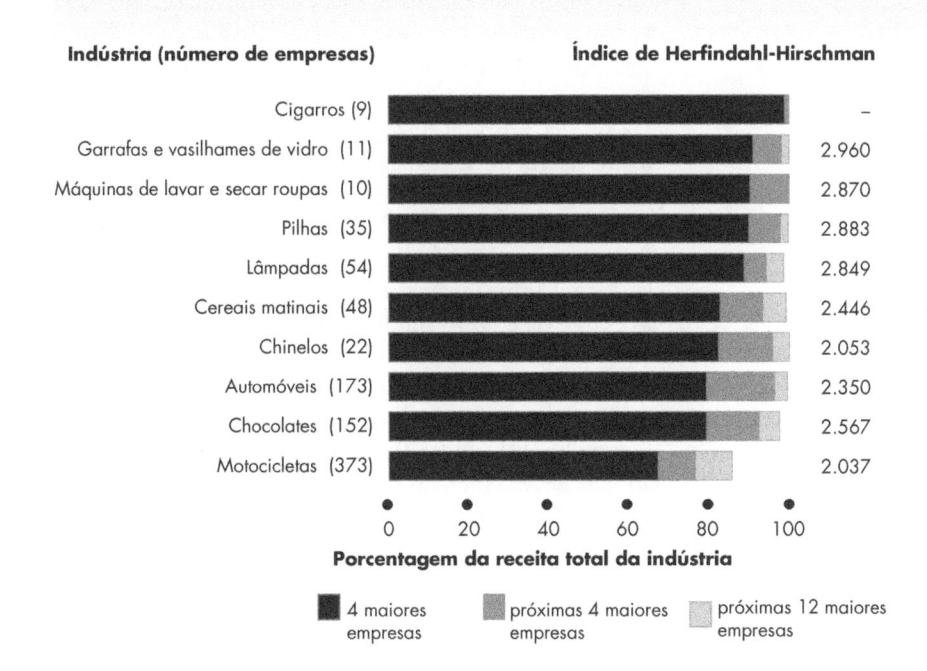

Indústria (número de empresas)	Índice de Herfindahl-Hirschman
Cigarros (9)	—
Garrafas e vasilhames de vidro (11)	2.960
Máquinas de lavar e secar roupas (10)	2.870
Pilhas (35)	2.883
Lâmpadas (54)	2.849
Cereais matinais (48)	2.446
Chinelos (22)	2.053
Automóveis (173)	2.350
Chocolates (152)	2.567
Motocicletas (373)	2.037

Porcentagem da receita total da indústria

■ 4 maiores empresas   ■ próximas 4 maiores empresas   ■ próximas 12 maiores empresas

Essas indústrias operam em um oligopólio. O número de empresas da indústria é mostrado entre parênteses depois do nome dela. As barras pretas mostram a porcentagem das vendas da indústria alcançada pelas 4 maiores empresas. As barras cinza-escuro mostram a porcentagem das vendas da indústria obtida pelas próximas 4 maiores empresas, e as barras cinza-claro mostram a porcentagem das vendas da indústria atingida pelas próximas 12 maiores empresas. Desta maneira, a combinação das barras pretas, cinza-escuro e cinza-claro mostra a porcentagem das vendas da indústria alcançada pelas 20 maiores empresas. O Índice de Herfindahl-Hirschman é mostrado à direita.

Fonte dos dados: U.S. Census Bureau.

---

no qual o IHH é maior que mil normalmente é um exemplo de oligopólio.

QUESTÕES PARA REVISÃO

1 Quais são as duas características distintivas do oligopólio?
2 Por que as empresas em um oligopólio são interdependentes?
3 Por que as empresas em um oligopólio estão diante da tentação de se envolver em atividades de conluio?
4 Você consegue pensar em alguns exemplos de oligopólios dos quais você compra?

Dois modelos tradicionais de oligopólio

Suponha que você administre um dos três postos de gasolina de uma pequena cidade e esteja tentando decidir se deve ou não reduzir seu preço. Para tomar essa decisão, você deve prever como as outras empresas reagirão e calcular os efeitos dessas reações sobre seu lucro. Se você reduzir seu preço e seus concorrentes não reduzirem os deles, você venderá mais e as outras empresas venderão menos. Mas será que as outras empresas também não reduziriam os preços, fazendo seus lucros diminuírem? Então, o que você decidirá fazer?

Muitos modelos foram desenvolvidos para explicar os preços e as quantidades em mercados oligopolistas. Os modelos se classificam em dois grupos amplos: modelos tradicionais e modelos da teoria dos jogos. Analisaremos exemplos dos dois tipos, a começar com dois modelos tradicionais.

O modelo da curva de demanda quebrada

O modelo da curva de demanda quebrada do oligopólio se baseia na hipótese de que cada empresa acredita que, se aumentar seu preço, as outras não a acompanharão, mas, se reduzir seu preço, as outras empresas farão o mesmo.

A Figura 13.11 mostra a curva de demanda (D) que uma empresa acredita ter. A curva de demanda apresenta uma 'quebra' no preço atual, P, e na quantidade, Q. A preços acima de P, um pequeno aumento do preço leva a uma grande diminuição da quantidade vendida. As outras empresas mantêm seus preços atuais, e a empresa tem o preço mais alto para o bem, de modo que perde participação no mercado. A preços abaixo de P, até mesmo uma grande redução do preço resulta apenas em um pequeno aumento da quantidade vendida. Neste caso, as outras empresas acompanham o corte de preço, de maneira que a empresa não obtém nenhuma vantagem sobre os concorrentes no preço.

A quebra da curva de demanda cria uma descontinuidade na curva de receita marginal (RMg). Para maximizar o lucro, a empresa produz a quantidade na qual o custo marginal é igual à receita marginal. A quantidade, Q, é o ponto no qual a curva de custo marginal passa pela descontinuidade AB na curva de receita marginal. Se o custo marginal flutuar entre A e B, como as curvas de custo marginal CMg_0 e CMg_1, a empresa não alterará seu preço ou sua produção. Somente se o custo marginal flutuar fora do segmento AB é que a empresa alterará seu preço e sua

Figura 13.11 O modelo da curva de demanda quebrada

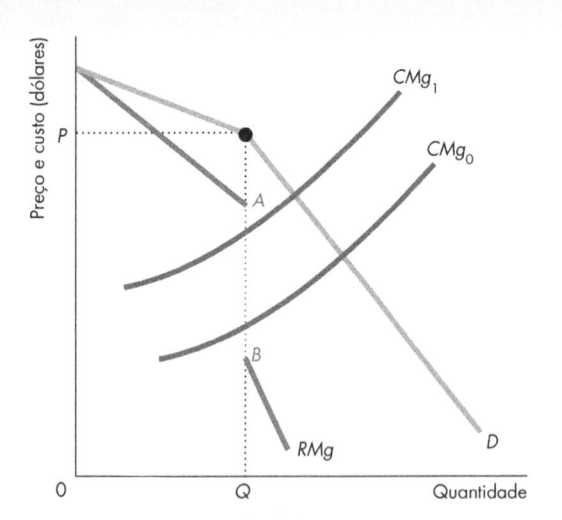

O preço em um mercado oligopolista é *P*. Cada empresa acredita estar diante da curva de demanda *D*. A preços acima de *P*, um pequeno aumento do preço leva a uma grande diminuição da quantidade vendida, porque as outras empresas não aumentam seus preços. A preços abaixo de *P*, até mesmo uma grande redução do preço resulta apenas em um pequeno aumento da quantidade vendida, porque as outras empresas também reduzem seus preços. Como a curva de demanda é quebrada, a curva de receita marginal, *RMg*, tem uma descontinuidade *AB*. O lucro é maximizado por meio da produção da quantidade *Q*. A curva de custo marginal passa pelo trecho descontínuo da curva de receita marginal. As variações do custo marginal dentro da faixa *AB* deixam o preço e a quantidade inalterados.

produção. Desta maneira, o modelo da curva de demanda quebrada prevê que o preço e a quantidade não são sensíveis a pequenas variações de custo.

Mas esse modelo tem um problema. Se o custo marginal aumenta o suficiente para fazer com que a empresa aumente seu preço e se todas as empresas incorrem no mesmo aumento do custo marginal, todas aumentam juntas seus preços. A crença da empresa de que as outras não acompanharão seu aumento de preço é incorreta. Uma empresa que baseia suas ações em crenças incorretas não maximiza o lucro e pode acabar incorrendo em perda econômica.

Oligopólio da empresa dominante

Um segundo modelo tradicional explica o oligopólio de uma empresa dominante, que surge quando uma empresa – a dominante – tem uma grande vantagem de custos sobre as outras e é responsável por uma grande parte da produção da indústria. A empresa dominante determina o preço de mercado, e as outras empresas são tomadoras de preços. Exemplos do oligopólio de empresa dominante são um grande varejista de gasolina ou uma grande videolocadora que domina seu mercado local.

Para entender como funciona um oligopólio de empresa dominante, suponha que 11 empresas operem postos de gasolina em uma cidade. A Big-G é a empresa dominante. A Figura 13.12 mostra o mercado de gasolina nessa cidade. Na parte (a), a curva de demanda *D* nos mostra a quantidade total demandada de gasolina na cidade a cada preço. A curva de oferta S_{10} é a curva de oferta das 10 empresas pequenas. A parte (b) mostra a situação da Big-G. Sua curva de custo marginal é *CMg*. A Big-G está diante da curva de demanda *XD*, e sua curva de receita marginal é *RMg*. A curva de demanda *XD* mostra o excesso de demanda não alcançada pelas 10 empresas pequenas. Por exemplo, a $ 1 o litro, a quantidade demandada é de 20 mil litros, a quantidade ofertada pelas 10 empresas pequenas é de 10 mil litros, e a quantidade demandada em excesso é de 10 mil litros, medida pela distância *AB* em ambas as partes da figura.

Para maximizar o lucro, a Big-G opera como um monopólio. Ela vende 10 mil litros por semana, no ponto em que sua receita marginal é igual a seu custo marginal, ao preço de $ 1 por litro. As 10 empresas pequenas aceitam o preço de $ 1 por litro. Elas se comportam exatamente como empresas em concorrência perfeita. A quantidade demandada de gasolina em toda a cidade a $ 1 por litro é de 20 mil litros, como mostra a parte (a). Dessa quantidade, a Big-G vende 10 mil litros e as 10 pequenas empresas vendem mil litros cada.

QUESTÕES PARA REVISÃO

1. O que o modelo da curva de demanda quebrada prevê e por que algumas vezes ele deve fazer uma previsão que contradiz sua hipótese básica?
2. Você acha que um mercado com uma empresa dominante está em equilíbrio de longo prazo? Explique por quê.

Os modelos tradicionais não nos permitem compreender todos os mercados oligopolistas e, por isso, estudaremos a seguir alguns modelos mais recentes baseados na teoria dos jogos.

Jogos oligopolistas

Os economistas pensam sobre o oligopólio como um jogo e, para estudar mercados oligopolistas, eles utilizam um conjunto de ferramentas chamado de teoria dos jogos. A **teoria dos jogos** é uma ferramenta para analisar o comportamento estratégico – aquele que leva em consideração o comportamento esperado dos outros e o reconhecimento da interdependência mútua. A teoria dos jogos foi criada por John von Neumann em 1937 e ampliada por Von Neumann e Oskar Morgenstern em 1944. Hoje em dia, ela representa um dos principais campos de pesquisa no estudo da economia.

A teoria dos jogos procura entender o oligopólio, assim como outras formas de competição econômica, política, social e até mesmo biológica, utilizando um método de

Figura 13.12 Um oligopólio de empresa dominante

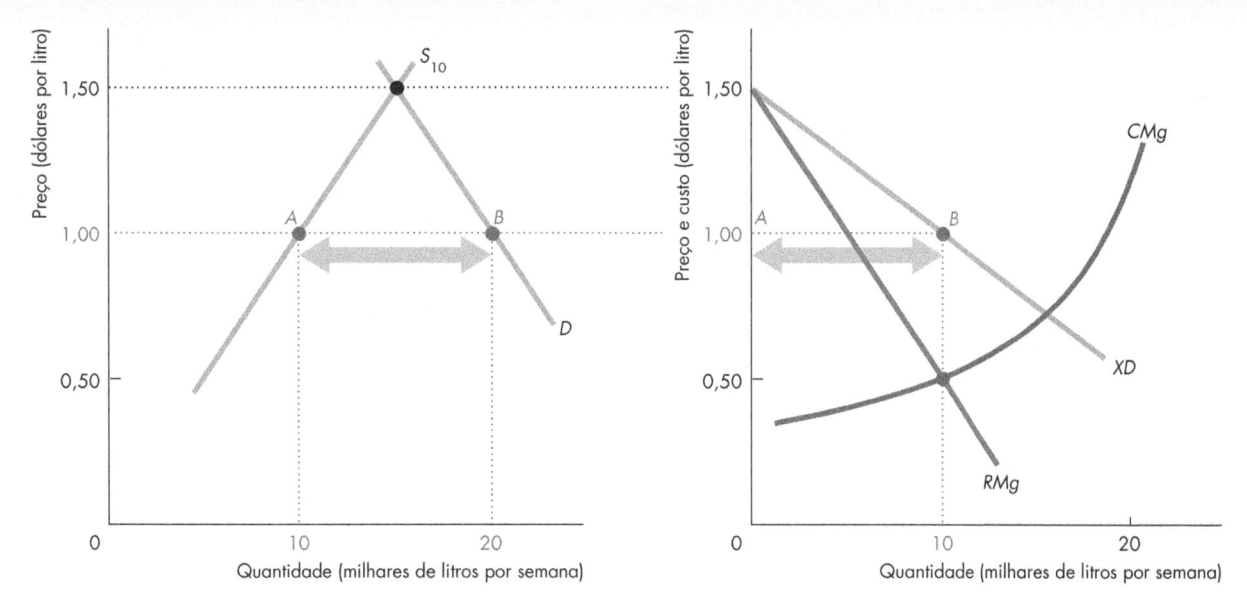

(a) Dez pequenas empresas e a demanda do mercado

(b) Decisão de preço e produção da Big-G

A curva de demanda por gasolina em uma cidade é *D*, como mostrado na parte (a). Existem 10 pequenas empresas competitivas que juntas têm a curva de oferta S_{10}. Além disso, há 1 empresa grande, a Big-G, mostrada na parte (b). A Big-G está diante da curva de demanda *XD*, determinada como a demanda do mercado *D* menos a oferta das 10 empresas pequenas, S_{10} – a demanda que não é satisfeita pelas empresas pequenas. A curva de receita marginal da Big-G é *RMg*, e a curva de custo marginal é *CMg*. A Big-G determina sua produção para maximizar o lucro igualando o custo marginal e a receita marginal. Essa produção é de 10 mil litros por semana. O preço ao qual a Big-G pode vender essa quantidade é de $ 1 por litro. As 10 empresas pequenas aceitam esse preço, e cada uma vende 1 mil litros por semana, no ponto *A* da parte (a).

---

análise especificamente elaborado para se compreenderem jogos de todos os tipos, inclusive os jogos comuns da vida cotidiana (veja "Ponto de vista econômico", com Drew Fudenberg). Daremos início a nosso estudo da teoria dos jogos e de sua aplicação ao comportamento das empresas pensando nos jogos comuns.

O que é um jogo?

O que é um jogo? Em primeira análise, a pergunta parece tola. Afinal de contas, há muitos jogos diferentes. Há jogos de bola e jogos de salão, jogos de azar e jogos de habilidade. Mas o que há em todas essas diferentes atividades que as caracterizam como jogos? O que todos esses jogos têm em comum? Responderemos a essas questões analisando um jogo chamado o 'dilema dos prisioneiros'. Esse jogo apresenta as características essenciais de muitos jogos, incluindo o oligopólio, e nos proporciona um bom exemplo de como a teoria dos jogos funciona e como ela gera previsões.

O dilema dos prisioneiros

Art e Bob foram pegos em flagrante roubando um carro. Diante de uma acusação incontestável como essa, a sentença para cada um pelo crime será de dois anos de prisão. Durante o interrogatório com os dois prisioneiros, o promotor público começa a suspeitar que está diante das duas pessoas responsáveis por um assalto de milhões de dólares a um banco alguns anos antes. Mas isso não passa de uma suspeita. Ele só terá uma prova que lhe permitirá condená-los pelo assalto a banco se conseguir fazer com que eles confessem. Mas como ele poderia forçar uma confissão? A resposta é: envolvendo os prisioneiros em um jogo. Deste modo, o promotor público envolve os prisioneiros no jogo que descreveremos a seguir.

Todos os jogos têm quatro características em comum:

- Regras
- Estratégias
- Ganhos
- Resultado

Regras Cada prisioneiro (jogador) é colocado em uma sala separada e não pode se comunicar com o outro. Cada um deles é informado de que é suspeito de ter participado no assalto ao banco e que:

Se os dois confessarem o crime maior, cada um receberá uma sentença de 3 anos por ambos os crimes.

Se só ele confessar e seu cúmplice não, ele receberá apenas uma sentença de um ano, enquanto seu cúmplice receberá uma sentença de 10 anos.

Estratégias Na teoria dos jogos, as **estratégias** são todas as ações possíveis de cada jogador. Tanto Art quanto Bob têm duas ações possíveis:

1. Confessar o assalto ao banco.
2. Negar ter cometido o assalto ao banco.

Pelo fato de haver dois jogadores, cada um com duas estratégias, há quatro resultados possíveis:

1. Ambos confessam.
2. Ambos negam.
3. Art confessa e Bob nega.
4. Bob confessa e Art nega.

Ganhos Cada prisioneiro pondera seu ganho em cada uma dessas situações, e é possível dispor os quatro ganhos possíveis para cada um dos prisioneiros no que chamamos de matriz de ganhos do jogo. A **matriz de ganhos** é uma tabela que mostra os ganhos que cada jogador obterá de cada ação possível para cada ação possível do outro jogador.

A Tabela 13.1 mostra a matriz de ganhos de Art e Bob. Os quadrados mostram os ganhos de cada prisioneiro – o triângulo cinza-claro de cada quadrado mostra o ganho de Art, e o triângulo cinza-escuro, o de Bob. Se ambos os prisioneiros confessam (acima, à esquerda), cada um deles é sentenciado a 3 anos de prisão. Se Bob confessa, mas Art negam (acima, à direita), a pena a Art é de 10 anos de prisão, e a Bob, de 1 ano. Se Art confessa e Bob nega (abaixo, à esquerda), Art é sentenciado a 1 ano, e Bob a 10 anos. Por fim, se ambos negam (abaixo, à direita), nenhum deles pode ser condenado pelo assalto ao banco, mas ambos são sentenciados pelo roubo do carro – uma pena de 2 anos de prisão.

Resultado As escolhas dos dois jogadores definem o resultado do jogo. Para prever esse resultado, utilizamos um conceito de equilíbrio proposto por John Nash da Universidade de Princeton (que recebeu o Prêmio Normal de Economia em 1994 e, em 2001, foi tema do filme *Uma mente brilhante*). No **equilíbrio de Nash**, o jogador A toma a melhor decisão possível dada a ação do jogador B, e o jogador B toma a melhor decisão possível dada a ação do jogador A.

No caso do dilema dos prisioneiros, o equilíbrio de Nash ocorre quando Art faz sua melhor escolha dada a escolha de Bob e quando Bob faz sua melhor escolha dada a escolha de Art.

Para encontrar o equilíbrio de Nash, comparamos todos os resultados possíveis associados a cada escolha e eliminamos os que não são tão bons quanto alguma outra escolha. Vamos encontrar o equilíbrio de Nash para o jogo do dilema dos prisioneiros.

Encontrando o equilíbrio de Nash Veja a situação do ponto de vista de Art. Se Bob confessa (a linha superior), a melhor ação de Art é confessar porque, neste caso, ele é sentenciado a 3 anos, e não a 10. Se Bob nega (linha inferior), a melhor ação de Art continua a ser confessar porque, neste caso, ele é sentenciado a 1 ano, e não a 2. Deste modo, a melhor ação de Art é confessar.

Veja agora a situação do ponto de vista de Bob. Se Art confessa (a coluna da esquerda), a melhor ação de Bob é confessar porque, neste caso, ele é sentenciado a 3 anos, e não a 10. Se Art negar (coluna da direita), a melhor ação de Bob continua a ser confessar porque, neste caso, ele é sentenciado a 1 ano, e não a 2. Desta maneira, a melhor ação de Bob é confessar.

Considerando que a melhor ação dos dois jogadores é confessar, os dois confessam, ambos vão para a cadeia por 3 anos e o promotor público soluciona o assalto ao banco. Esse é o equilíbrio de Nash do jogo.

O dilema Agora que você descobriu o resultado do dilema dos prisioneiros, consegue ver com facilidade o dilema que surge quando cada prisioneiro pondera as conseqüências de negar. Cada prisioneiro sabe que, se ambos negarem, eles receberão uma sentença de apenas 2 anos pelo roubo do carro, mas nenhum deles tem como saber se o cúmplice negará. Cada um está diante das seguintes questões: eu deveria negar e confiar que meu cúmplice fará o mesmo, de modo que ambos sejamos sentenciados a apenas 2 anos? Ou eu deveria confessar na esperança de ser condenado a apenas 1 ano (se meu cúmplice negar), sabendo que, se meu cúmplice confessar, ambos seremos sentenciados a 3 anos de prisão? O dilema leva ao equilíbrio do jogo.

Um resultado ruim Para os prisioneiros, o equilíbrio do jogo, com cada um confessando, não é o melhor resultado. Se nenhum deles confessa, cada um é sentenciado a

Tabela 13.1 Matriz de ganhos do dilema dos prisioneiros

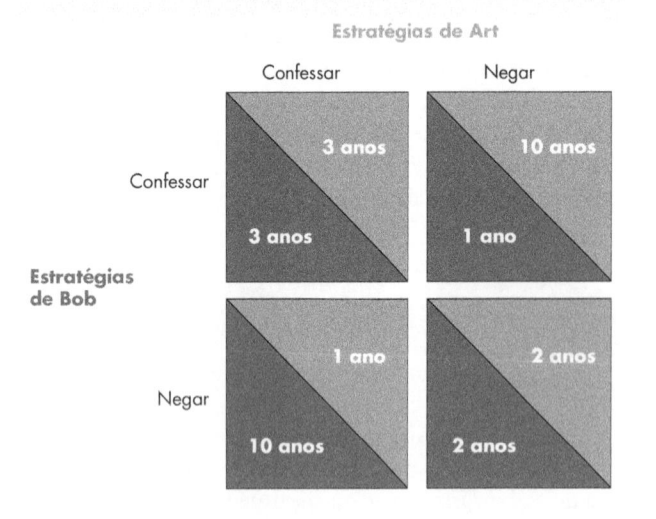

	Estratégias de Art	
Estratégias de Bob	Confessar	Negar
Confessar	Art: 3 anos / Bob: 3 anos	Art: 10 anos / Bob: 1 ano
Negar	Art: 1 ano / Bob: 10 anos	Art: 2 anos / Bob: 2 anos

Cada quadrado mostra os ganhos dos dois jogadores, Art e Bob, para cada possível par de ações. Em cada quadrado, o triângulo cinza-claro mostra o ganho de Art, e o triângulo cinza-escuro mostra o ganho de Bob. Por exemplo, se ambos confessam, os ganhos são os mostrados no quadrado superior à esquerda. O equilíbrio do jogo ocorre quando ambos os jogadores confessam e cada um recebe uma sentença de 3 anos de prisão.

apenas 2 anos pelo crime menor. Não seria possível atingir um resultado melhor? Parece que não, já que os jogadores não podem se comunicar um com o outro. Cada jogador pode se colocar no lugar do outro, assim cada um pode imaginar que há a melhor estratégia para cada um deles. Os prisioneiros de fato enfrentam um dilema. Cada um deles sabe que pode ser sentenciado a 2 anos somente se puder confiar que o outro negará. Mas cada prisioneiro também sabe que não é do interesse do outro negar. Então, cada prisioneiro sabe que deve confessar, proporcionando, desta maneira, um resultado ruim para ambos.

As empresas em um oligopólio estão em uma situação similar à de Art e Bob no jogo do dilema dos prisioneiros. Vejamos como podemos utilizar esse jogo para entender o oligopólio.

Um jogo de determinação de preço no oligopólio

Podemos utilizar a teoria dos jogos e um jogo como o dilema dos prisioneiros para entender a formação de cartel, guerras de preços e outros aspectos do comportamento das empresas no oligopólio. Começaremos com um jogo de determinação de preço.

Para entender a determinação de preço, estudaremos o caso especial do duopólio – um oligopólio com duas empresas. O duopólio é mais fácil de analisar do que o oligopólio com três ou mais empresas e traduz a essência de todas as situações de oligopólio. De algum modo, as duas empresas devem compartilhar o mercado. A maneira como fazem isso depende das ações de cada uma delas. Descreveremos os custos das duas empresas e a demanda do mercado pelo item que elas produzem. Veremos como a teoria dos jogos nos ajuda a prever os preços cobrados e as quantidades produzidas pelas duas empresas em um duopólio.

Condições de custos e demanda Duas empresas, a Trick e a Gear, produzem disjuntores eletrônicos. As duas têm custos idênticos. A Figura 13.13(a) mostra a curva de custo total médio delas (*CMe*) e a curva custo marginal (*CMg*). A Figura 13.13(b) mostra a curva de demanda do mercado por disjuntores eletrônicos (*D*). As duas empresas produzem disjuntores eletrônicos idênticos, de modo que o produto de uma empresa é um bem substituto perfeito para o de outra. Desta maneira, o preço de mercado para o produto de cada empresa é idêntico. A quantidade demandada depende do preço – quanto mais alto é o preço, menor é a quantidade demandada.

A indústria é um duopólio natural. Duas empresas podem produzir esse bem a um custo mais baixo do que o de uma ou três empresas. Para cada empresa, o custo total médio atinge o mínimo quando a produção é de 3 mil unidades por semana. Quando o preço é igual ao custo total médio mínimo, a quantidade demandada total é de 6 mil unidades por semana. Deste modo, duas empresas podem produzir apenas essa quantidade.

Colusão Vamos supor que a Trick e a Gear entrem em um acordo de colusão. Um **acordo de colusão** é um acordo entre dois (ou mais) produtores para formar um cartel visando a restringir a produção, a aumentar o preço e a elevar os lucros. Um acordo como esse é ilegal em todos os países e por isso é feito em segredo. As estratégias que as empresas em um cartel podem seguir são:

- Cumprir o acordo.
- Trapacear.

Uma empresa que cumpre o acordo, consente com ele. Uma empresa que trapaceia viola o acordo em benefício próprio e à custa da outra empresa.

Como cada uma das empresas tem duas estratégias, há quatro combinações possíveis de ações para elas:

1. Ambas as empresas cumprem o acordo.
2. Ambas as empresas trapaceiam.
3. A Trick cumpre o acordo, e a Gear trapaceia.
4. A Gear cumpre o acordo, e a Trick trapaceia.

Colusão para maximizar os lucros Vamos analisar os ganhos das duas empresas se eles se envolverem em uma

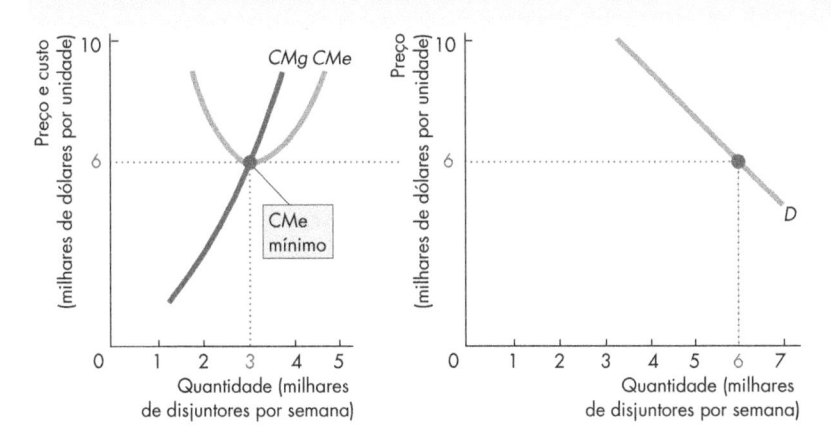

Figura 13.13 Custos e demanda

(a) Empresa individual

(b) Indústria

A curva de custo total médio para cada empresa é *Cme*, e a curva de custo marginal é *CMg*, como mostrado na parte (a). O custo total médio mínimo é de $ 6.000 por unidade e ocorre a uma produção de 3 mil unidades por semana.

A parte (b) mostra a curva de demanda do mercado. Ao preço de $ 6.000, a quantidade demandada é 6 mil unidades por semana. As duas empresas podem produzir essa quantidade ao menor custo médio possível. Se o mercado tivesse uma empresa, seria lucrativo para outra empresa entrar. Se o mercado tivesse três empresas, uma delas sairia. Há espaço para apenas duas empresas nessa indústria. Trata-se de um duopólio natural.

colusão para obter o lucro máximo para o cartel ao atuarem como um monopólio. Os cálculos feitos pelas duas empresas são os mesmos feitos por um monopólio. (Você pode rever a explicação sobre esses cálculos no Capítulo 12.) A única coisa que as empresas em um duopólio devem fazer além do que um monopólio faz é concordar sobre a quantidade total que cada uma delas produzirá.

A Figura 13.14 mostra o preço e a quantidade que maximizam o lucro da indústria para o duopólio. A parte (a) mostra a situação de cada empresa, e a parte (b) mostra a situação da indústria como um todo. A curva RMg é a curva de receita marginal da indústria. Essa curva de receita marginal é como a de um monopólio de preço único (Capítulo 12). A curva CMg_I é a curva de custo marginal da indústria se cada empresa produzir a mesma quantidade. Essa curva é construída juntando-se a produção das duas empresas em cada nível de custo marginal. Isto é, em cada nível de custo marginal, a produção da indústria é o dobro da produção de cada empresa individualmente. Desta maneira, a curva CMg_I na parte (b) está afastada do eixo vertical a uma distância duas vezes maior do que aquela relativa à curva CMg da parte (a).

Para maximizar o lucro da indústria, as empresas no duopólio concordam em restringir a produção até o nível em que o custo marginal da indústria se iguala à receita marginal. Esse nível de produção, como mostra a parte (b), é de 4 mil unidades por semana. A curva de demanda mostra que o preço máximo ao qual os 4 mil disjuntores podem ser vendidos é $ 9.000 cada. A Trick e a Gear concordam em cobrar esse preço.

Para manter o preço em $ 9.000 por unidade, a produção deve ser de 4 mil unidades por semana. Desta maneira, a Trick e a Gear devem concordar com as parcelas de produção de cada uma que totalizem 4 mil unidades por semana. Suponhamos que elas concordem em dividir igualmente o mercado de modo que cada empresa produza 2 mil disjuntores por semana. Como as empresas são idênticas, essa divisão é a mais provável.

O custo total médio (CMe) para produzir 2 mil disjuntores por semana é $ 8.000, de maneira que o lucro por unidade é $ 1.000, e o lucro econômico é $ 2 milhões (2 mil unidades × $ 1.000 por unidade). O lucro econômico de cada empresa é representado pelo retângulo cinza-claro na Figura 13.14(a).

Acabamos de descrever um resultado possível para um jogo de duopólio: as duas empresas fazem uma colusão para produzir a quantidade maximizadora de lucro do monopólio e dividir essa produção igualmente entre elas. Do ponto de vista da indústria, essa solução é idêntica à de um monopólio. Um duopólio que opera dessa maneira é indistinguível de um monopólio. O lucro econômico obtido por um monopólio é o lucro total máximo que pode ser obtido pelo duopólio quando as empresas se envolvem em uma colusão.

Mas, com o preço maior que o custo marginal, cada empresa pode pensar em tentar aumentar o lucro trapaceando no acordo e produzindo mais do que a quantidade combinada. Veremos o que acontece se uma das empresas trapaceia dessa maneira.

Uma empresa trapaceia em um acordo de colusão Preparando o terreno para trapacear no acordo, a Trick convence a Gear de que a demanda diminuiu e que não pode vender 2 mil unidades por semana. A Trick diz à Gear que planeja reduzir seu preço de modo que possa vender por semana as 2 mil unidades combinadas. Como as duas empresas produzem um produto idêntico, a Gear acompanha o preço da Trick, mas ainda produz apenas 2 mil unidades por semana.

Na verdade, não houve uma diminuição da demanda. A Trick planeja aumentar a produção, ciente de que isso reduzirá o preço, e quer se assegurar de que a produção da Gear continue no nível combinado.

A Figura 13.15 ilustra as conseqüências da trapaça da Trick. A parte (a) mostra a Gear (a empresa que cumpre o acordo), a parte (b) mostra a Trick (a empresa que trapaceia), e a parte (c) mostra a indústria como um todo.

Figura 13.14 Colusão para obter lucros de monopólio

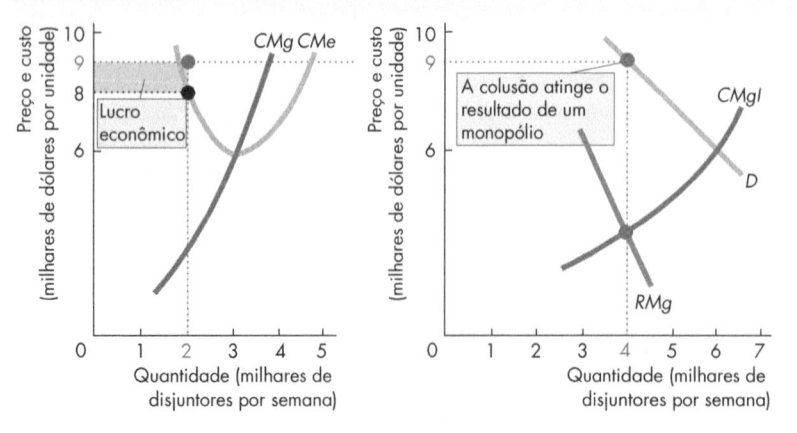

(a) Empresa individual

(b) Indústria

A curva de custo marginal da indústria, CMg_I, na parte (b), é a soma horizontal das curvas de custo marginal das duas empresas, CMg na parte (a). A curva de receita marginal da indústria é RMg. Para maximizar o lucro, as empresas produzem 4 mil unidades por semana (a quantidade na qual a receita marginal é igual ao custo marginal). Elas vendem essa produção a $ 9.000 por unidade. Cada empresa produz 2 mil unidades por semana. O custo total médio é $ 8.000 por unidade, de modo que cada empresa obtém um lucro econômico de $ 2 milhões (retângulo cinza-claro) – 2 mil unidades multiplicadas por $ 1.000 de lucro por unidade.

Figura 13.15 Uma empresa trapaceia

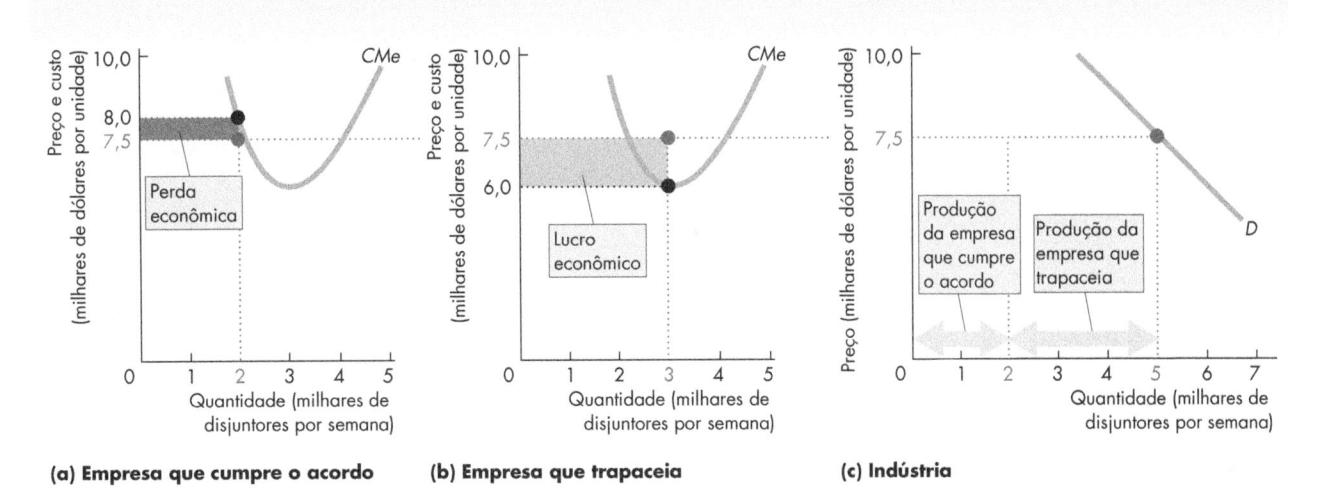

(a) Empresa que cumpre o acordo **(b) Empresa que trapaceia** **(c) Indústria**

Uma empresa, mostrada na parte (a), cumpre o acordo e produz 2 mil unidades. A outra empresa, mostrada na parte (b), trapaceia e aumenta sua produção para 3 mil unidades por semana. Considerando a curva de demanda do mercado, mostrada na parte (c), e com uma produção total de 5 mil unidades por semana, o preço diminui para $ 7.500 por unidade. A esse preço, a empresa que cumpre o acordo, na parte (a), incorre em uma perda econômica de $ 1 milhão ($ 500 por unidade × 2 mil unidades), indicada pelo retângulo cinza-escuro. Na parte (b), a empresa que trapaceia obtém um lucro econômico de $ 4,5 milhões ($ 1.500 por unidade × 3 mil unidades), mostrada pelo retângulo cinza-claro.

Suponha que a Trick aumente a produção para 3 mil unidades por semana. Se a Gear cumpre o acordo, produzindo apenas 2 mil unidades por semana, a produção total é de 5 mil por semana e, considerando a demanda mostrada na parte (c), o preço diminui para $ 7.500 por unidade.

A Gear continua a produzir 2 mil unidades por semana a um custo de $ 8.000 por unidade e incorre em perda de $ 500 por unidade, ou $ 1 milhão por semana. Essa perda econômica é indicada pelo retângulo cinza-escuro na parte (a). A Trick produz 3 mil unidades por semana a um custo total médio de $ 6.000 cada. Com um preço de $ 7.500, a Trick obtém um lucro de $ 1.500 por unidade e, portanto, um lucro econômico de $ 4,5 milhões. Esse lucro econômico é indicado pelo retângulo cinza-claro na parte (b).

Acabamos de descrever um segundo resultado possível para o jogo de duopólio: uma das empresas trapaceia no acordo de colusão. Neste caso, a produção da indústria é maior que a do monopólio, e o preço da indústria é menor que o de monopólio. O lucro econômico total obtido pela indústria também é menor que o do monopólio. A Trick (a empresa que trapaceia) obtém um lucro econômico de $ 4,5 milhões, e a Gear (a empresa que cumpre o acordo) incorre em uma perda econômica de $ 1 milhão. A indústria obtém um lucro econômico de $ 3,5 milhões. Esse lucro da indústria é $ 0,5 milhão menor do que o lucro econômico que um monopólio obteria, mas é distribuído de maneira desigual. A Trick obtém um lucro econômico maior do que obteria com o acordo de colusão, enquanto a Gear incorre em perda econômica.

Ocorreria um resultado similar caso a Gear trapaceasse e a Trick cumprisse o acordo. O lucro e o preço da indústria permaneceriam inalterados, mas, neste caso, a Gear (a empresa que trapaceia) obteria lucro econômico de $ 4,5 milhões, e a Trick (a empresa que cumpre o acordo) incorreria em perda econômica de $ 1 milhão.

Veremos, a seguir, o que acontece se ambas as empresas trapaceiam.

Ambas as empresas trapaceiam Suponha que ambas as empresas trapaceiem e que cada uma se comporte como a trapaceira que acabamos de analisar. Cada uma diz à outra que não conseguirá vender sua produção ao preço atual e que planeja reduzir o preço. Mas, como ambas as empresas trapaceiam, cada uma proporá um preço sucessivamente mais baixo. Enquanto o preço excede o custo marginal, cada empresa tem um incentivo para aumentar sua produção – trapacear. Apenas quando o preço é igual ao custo marginal não há mais incentivo para trapacear. Essa situação surge quando o preço atinge $ 6.000. A esse preço, o custo marginal é igual ao preço. Além disso, o preço é igual ao custo total médio mínimo. A um preço abaixo de $ 6.000, cada empresa incorre em perda econômica. Ao preço de $ 6.000, cada empresa cobre todos os seus custos e obtém lucro econômico zero. Além disso, ao preço de $ 6.000, cada empresa deseja produzir 3 mil unidades por semana, de modo que a produção da indústria é de 6 mil unidades por semana. Considerando as condições de demanda, podem ser vendidas 6 mil unidades ao preço de $ 6.000 cada.

A Figura 13.16 ilustra a situação que acabamos de descrever. Cada empresa, na parte (a), produz 3 mil unidades por semana, e seu custo total médio está no mínimo ($ 6.000 por unidade). O mercado como um todo, na parte (b), opera no ponto em que a curva de demanda do

Figura 13.16 Ambas as empresas trapaceiam

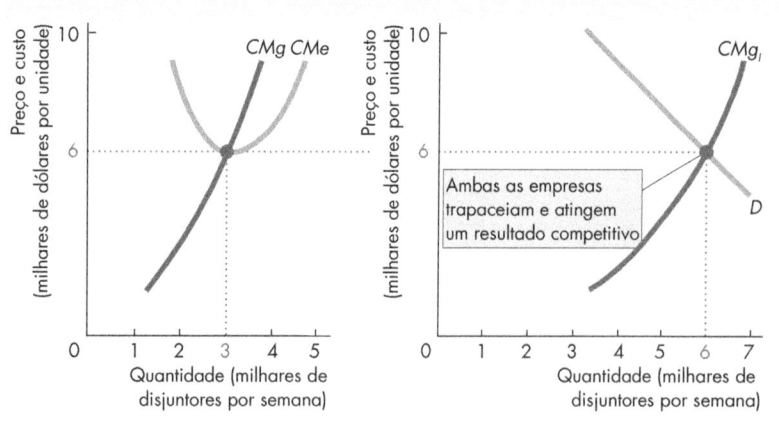

(a) Empresa individual

(b) Indústria

Se ambas as empresas trapaceiam, aumentando a produção, o acordo de colusão não se mantém. O limite do colapso do acordo é o equilíbrio competitivo. Nenhuma empresa reduz o preço para menos de $ 6.000 (custo total médio mínimo) porque isso resultaria em perdas. Na parte (a), cada empresa produz 3 mil unidades por semana a um custo total médio de $ 6.000 cada. Na parte (b), com uma produção total de 6 mil unidades, o preço diminui para $ 6.000. Cada empresa agora obtém lucro econômico zero. Essa produção e esse preço são os que prevaleceriam em uma indústria competitiva.

---

mercado (D) cruza a curva de custo marginal da indústria (CMg_I). Cada empresa reduziu seu preço e aumentou sua produção para tentar obter uma vantagem sobre a outra empresa. Cada uma forçou o processo o máximo possível sem incorrer em perda econômica.

Acabamos de descrever um terceiro resultado possível desse jogo de duopólio: ambas as empresas trapaceiam. Se ambas empresas trapaceiam no acordo de colusão, a produção de cada empresa é 3 mil unidades por semana e o preço, $ 6.000 por unidade. Cada empresa obtém lucro econômico zero.

A matriz de ganhos Agora que descrevemos as estratégias e os ganhos no jogo de duopólio, podemos resumir as estratégias e os ganhos na forma de uma matriz de ganhos do jogo. Com isso, podemos encontrar o equilíbrio de Nash.

A Tabela 13.2 mostra a matriz de ganhos desse jogo. Ela é construída da mesma maneira que a matriz de ganhos do dilema dos prisioneiros apresentada na Tabela 13.1. Os quadrados mostram os ganhos para as duas empresas – Gear e Trick. Neste caso, os ganhos são lucros. (No caso do dilema dos prisioneiros, os ganhos eram perdas.)

A tabela mostra que, se ambas as empresas trapaceiam (quadrado superior à esquerda), elas atingem o resultado perfeitamente competitivo – cada empresa obtém lucro econômico zero. Se ambas as empresas cumprem o acordo (quadrado inferior à direita), a indústria obtém o lucro de um monopólio, e cada empresa obtém um lucro econômico de $ 2 milhões. Os quadrados superior à direita e inferior à esquerda mostram os ganhos se uma empresa trapaceia enquanto a outra cumpre o acordo. A empresa que trapaceia obtém um lucro econômico de $ 4,5 milhões, e a que cumpre o acordo incorre em uma perda econômica de $ 1 milhão.

O equilíbrio de Nash no dilema dos duopolistas Os duopolistas estão diante de um dilema como o dilema dos

Tabela 13.2 Matriz de ganhos do duopólio

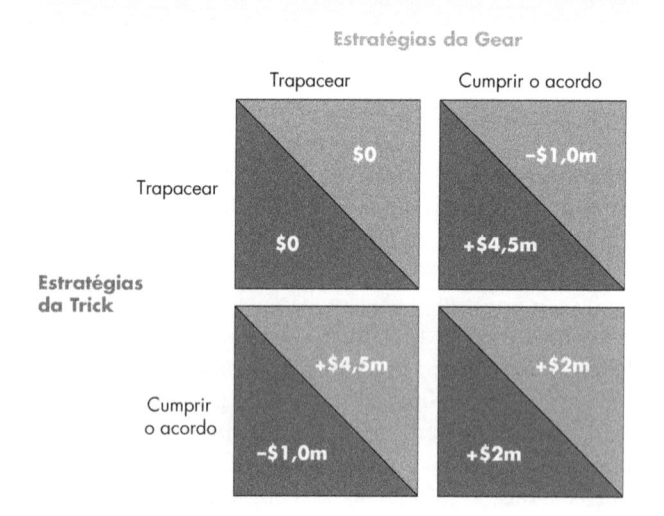

		Estratégias da Gear	
		Trapacear	Cumprir o acordo
Estratégias da Trick	Trapacear	$0 / $0	-$1,0m / +$4,5m
	Cumprir o acordo	+$4,5m / -$1,0m	+$2m / +$2m

Cada quadrado mostra os ganhos resultantes de um par de ações. Por exemplo, se ambas as empresas cumprem o acordo de colusão, os ganhos são registrados no quadrado inferior à direita. O triângulo cinza-claro mostra o ganho da Gear, e o triângulo cinza-escuro mostra o ganho da Trick. No equilíbrio de Nash, ambas as empresas trapaceiam.

prisioneiros. Elas cumprem o acordo ou trapaceiam? Para responder a essa questão, devemos encontrar o equilíbrio de Nash.

Veja a situação do ponto de vista da Gear. Ela raciocina como se segue: suponha que a Trick trapaceie. Se eu cumprir o acordo, incorrerei em uma perda econômica de $ 1 milhão. Se eu também trapacear, obterei lucro econômico zero. Zero é melhor que $ 1 milhão *negativo*, de modo que estarei em uma situação melhor se trapacear. Agora, suponha que a Trick cumpra o acordo. Se eu trapacear, obterei um lucro econômico de $ 4,5 milhões e, se eu cumprir o acordo, obterei um lucro econômico de $ 2 milhões. Um lucro de $ 4,5 milhões é melhor que um lucro de $ 2 milhões, então estarei em uma situação melhor se eu trapacear. Assim, independentemente de a Trick trapacear ou cumprir o acordo, para a Gear compensa trapacear. A melhor estratégia para a Gear é trapacear.

A Trick chega à mesma conclusão que a Gear porque as duas empresas estão diante de uma situação idêntica. Desta maneira, ambas as empresas trapaceiam. O equilíbrio de Nash do jogo de duopólio é aquele em que ambas as empresas trapaceiam. E, apesar de a indústria ter apenas duas empresas, elas cobram o mesmo preço e produzem a mesma quantidade que os de uma indústria competitiva. Além disso, como na concorrência perfeita, cada empresa obtém lucro econômico zero.

Essa conclusão não é geral e nem sempre ocorrerá. Veremos o motivo disso observando primeiro alguns outros jogos similares ao dilema dos prisioneiros. Depois, ampliaremos os tipos de jogos que estudaremos.

Outros jogos de oligopólio

As empresas em um oligopólio devem decidir se lançam dispendiosas campanhas publicitárias; se modificam seu produto; se fazem com que seu produto seja mais confiável e durável; se praticam a discriminação de preços e, se o fizerem, entre quais grupos de clientes e em que extensão; se se envolvem em um grande esforço de pesquisa e desenvolvimento (P&D) visando reduzir os custos de produção/fabricação, e se entram em uma indústria ou saem dela.

Todas essas escolhas podem ser analisadas como jogos similares ao que acabamos de estudar. Vamos analisar um exemplo: um jogo de P&D.

Um jogo de P&D

As fraldas descartáveis foram lançadas no mercado em 1966. Os dois líderes do mercado norte-americano desde o nascimento dessa indústria são a Procter & Gamble (a fabricante das fraldas Pampers) e a Kimberly-Clark (a fabricante das fraldas Huggies). A Procter & Gamble tem cerca de 40 por cento do mercado total, e a Kimberly-Clark, aproximadamente 33 por cento. Quando a fralda descartável foi lançada, ela tinha de ter uma boa relação custo–benefício em comparação com as fraldas de pano. Um dispendioso esforço de pesquisa e desenvolvimento resultou no aperfeiçoamento de máquinas que poderiam fabricar fraldas descartáveis a um custo baixo o suficiente para atingir essa vantagem competitiva inicial. Mas novas empresas tentaram entrar no negócio e tirar participação no mercado das duas líderes da indústria, enquanto uma lutava contra a outra para manter ou aumentar sua própria participação no mercado.

No início da década de 1990, a Kimberly-Clark foi a primeira a lançar fechos de Velcro. E, em 1996, a Procter & Gamble foi a primeira a lançar no mercado norte-americano fraldas 'que permitem que a pele respire'.

A chave para o sucesso nessa indústria (como em qualquer outra) é criar um produto que as pessoas valorizem muito em relação ao custo de sua produção. A empresa que cria o produto mais valorizado e que também desenvolve a tecnologia de menor custo para produzi-lo conquista uma vantagem competitiva, superando os concorrentes e aumentando sua participação no mercado e seu lucro. Mas é dispendioso fazer P&D para atingir melhorias de produto e reduções de custo. Desta maneira, o custo de P&D deve ser deduzido do lucro resultante da maior participação no mercado proporcionada pelos custos inferiores. Se nenhuma empresa investe em P&D, cada uma pode estar em melhores condições, mas, se uma empresa inicia atividades de P&D, todas devem acompanhá-la.

A Tabela 13.3 ilustra o dilema (com números hipotéticos) para o jogo de P&D entre a Kimberly-Clark e a Procter & Gamble. Cada empresa tem duas estratégias: gastar $ 25 milhões por ano em P&D ou não gastar nada em P&D. Se nenhuma empresa investe em P&D, elas obtêm um lucro total de $ 100 milhões: $ 30 milhões para a Kimberly-Clark e $ 70 milhões para a Procter & Gamble (quadrado inferior à direita na matriz de ganhos). Se cada empresa investe em P&D, as participações de mercado são mantidas, mas o lucro de cada empresa é menor, devido à quantidade gasta em P&D (quadrado superior à esquerda na matriz de ganhos). Se a Kimberly-Clark gasta com P&D, mas a Procter & Gamble não, a Kimberly-Clark

Tabela 13.3 Pampers *versus* Huggies: um jogo de P&D

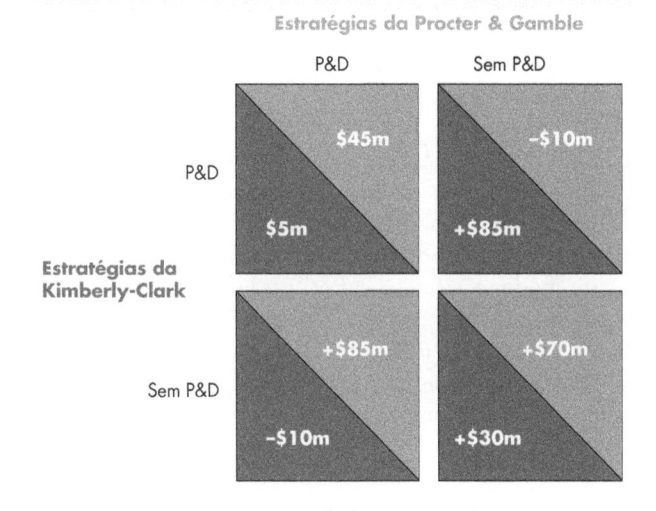

Estratégias da Procter & Gamble

	P&D	Sem P&D
P&D (Kimberly-Clark)	$45m / $5m	−$10m / +$85m
Sem P&D (Kimberly-Clark)	+$85m / −$10m	+$70m / +$30m

Se ambas as empresas investem em P&D, seus ganhos são os mostrados no quadrado superior à esquerda. Se nenhuma delas investe em P&D, os ganhos são os mostrados no quadrado inferior à direita. Quando uma empresa investe em P&D, e a outra não, seus ganhos são os mostrados nos quadrados superior à direita e inferior à esquerda. O triângulo cinza-claro mostra o ganho da Procter & Gamble, e o triângulo cinza-escuro mostra o da Kimberly-Clark. O equilíbrio de Nash para esse jogo é ambas as empresas investindo em P&D. A estrutura deste jogo é a mesma que a do dilema dos prisioneiros.

tira da Procter & Gamble uma grande participação no mercado. A Kimberly-Clark lucra, e a Procter & Gamble perde (quadrado superior à direita na matriz de ganhos). Por fim, se a Procter & Gamble investe em P&D, e a Kimberly-Clark não, a Procter & Gamble tira da Kimberly-Clark participação no mercado, aumentando seu lucro, enquanto a Kimberly-Clark incorre em perda (quadrado inferior à esquerda).

Diante da matriz de ganhos apresentada na Tabela 13.3, as duas empresas ponderam suas melhores estratégias. A Kimberly-Clark raciocina do seguinte modo: se a Procter & Gamble não investir em P&D, obteremos $ 85 milhões se investirmos e $ 30 milhões se não investirmos, de modo que compensa para nós investir em P&D. Se a Procter & Gamble realizar P&D, perderemos $ 10 milhões se não o fizermos e obteremos $ 5 milhões se também o fizermos. Mais uma vez, compensa investir em P&D. Assim, realizar P&D é a melhor estratégia para a Kimberly-Clark. Compensa fazê-lo, independentemente da decisão da Procter & Gamble.

A Procter & Gamble raciocina de modo similar: se a Kimberly-Clark não investir em P&D, obteremos $ 70 milhões se não o fizermos e $ 85 milhões se também o fizermos. Portanto, compensa para nós investir em P&D. Se a Kimberly-Clark investir em P&D, obteremos $ 45 milhões se fizermos o mesmo e perderemos $ 10 milhões se não o fizermos. Mais uma vez, compensa para nós investir em P&D. Desta maneira, para a Procter & Gamble, P&D também é a melhor estratégia.

Como o investimento em P&D é a melhor estratégia para ambos os jogadores, ele representa o equilíbrio de Nash. O resultado desse jogo é que ambas as empresas realizam P&D. Elas obtêm menos lucro do que conseguiriam se pudessem fazer um acordo de colusão para atingir o resultado cooperativo de não investir em P&D.

A situação no mundo real tem mais jogadores do que a Kimberly-Clark e a Procter & Gamble. Um grande número de outras empresas compartilha uma parcela menor do mercado, todas prontas para tirar da Procter & Gamble e da Kimberly-Clark participação no mercado. Deste modo, o esforço de P&D realizado por essas duas empresas não apenas serve para manter participação na batalha entre elas, mas também ajuda a manter barreiras à entrada altas o suficiente para preservar a participação conjunta delas no mercado.

A 'mão invisível' que desaparece

Todos os jogos que estudamos são versões do dilema dos prisioneiros. A essência desse jogo está na estrutura de seus ganhos. O pior resultado possível para cada jogador surge quando um deles coopera e o outro trapaceia. O melhor resultado possível, para que cada jogador coopere, não é o equilíbrio de Nash, porque não é do *interesse pessoal* de nenhum dos jogadores cooperar se o outro cooperar. É essa incapacidade de atingir o melhor resultado possível para ambos os jogadores – o melhor resultado social no caso de os dois jogadores serem a economia inteira – que fez John Nash (como retratado no filme *Uma mente brilhante*) contestar a idéia de Adam Smith de que somos sempre levados, como que por uma mão invisível, a promover o interesse social quando estamos em busca do nosso interesse pessoal.

O jogo 'da galinha'

O equilíbrio de Nash para o dilema dos prisioneiros é chamado de **equilíbrio de estratégias dominantes** – um equilíbrio no qual a melhor estratégia de cada jogador é trapacear (negar), independentemente da estratégia do outro jogador. Nem todos os jogos têm um equilíbrio como esse, como é o caso de um jogo chamado de jogo 'da galinha'.

Em uma versão descritiva, e um tanto inquietante, deste jogo, dois carros correm na direção um do outro. O primeiro motorista a se desviar e evitar a colisão é a galinha. Os resultados são uma grande perda para ambos se ninguém for a galinha, ou zero para a galinha e um ganho para o jogador que permanecer firme em sua rota.

Se o jogador 1 for a galinha, a melhor estratégia para o jogador 2 será permanecer firme. Se o jogador 1 permanecer firme, a melhor estratégia para o jogador 2 será desviar.

Para uma versão econômica desse jogo, suponha que a ação de P&D que cria uma nova tecnologia para a produção de fraldas resulte em informações que não possam ser mantidas em confidencialidade ou patenteadas, de modo que ambas as empresas se beneficiam do P&D de qualquer uma delas. A galinha, neste caso, é a empresa que faz P&D.

A Tabela 13.4 ilustra uma matriz de ganhos para um jogo de P&D como da galinha entre a Kimberly-Clark e a Procter & Gamble. Cada empresa tem duas estratégias: investir em P&D (e ser a galinha) ou não investir em P&D (e permanecer firme).

Se nenhuma delas for a galinha, não haverá P&D, e cada empresa obterá lucro adicional zero. Se cada empresa investir em P&D – as duas serão galinhas –, cada uma obterá $ 5 milhões (o lucro da nova tecnologia menos o custo da pesquisa). Se uma investir em P&D, os resultados serão $ 1 milhão para a galinha e $ 10 milhões para a empresa que permanecer firme.

Diante da matriz de ganhos apresentada na Tabela 13.4, as duas empresas ponderam suas melhores estratégias. A Kimberly-Clark ficará em melhores condições investindo em P&D se a Procter & Gamble não investir. A Procter & Gamble ficará em melhores condições investindo em P&D se a Kimberly-Clark não investir. Há dois resultados de equilíbrio: uma empresa investir em P&D, mas não podemos prever qual delas o fará.

Podemos ver que a situação na qual nenhuma das empresa investe em P&D não é um equilíbrio de Nash, porque, neste caso, uma delas estaria em melhores condições se o fizesse. Também podemos ver que, se ambas as empresas investem em P&D, a situação também não é um equilíbrio de Nash, porque, neste caso, uma das empresas estaria em melhores condições se não o fizesse.

Tabela 13.4 Um jogo de galinha em P&D

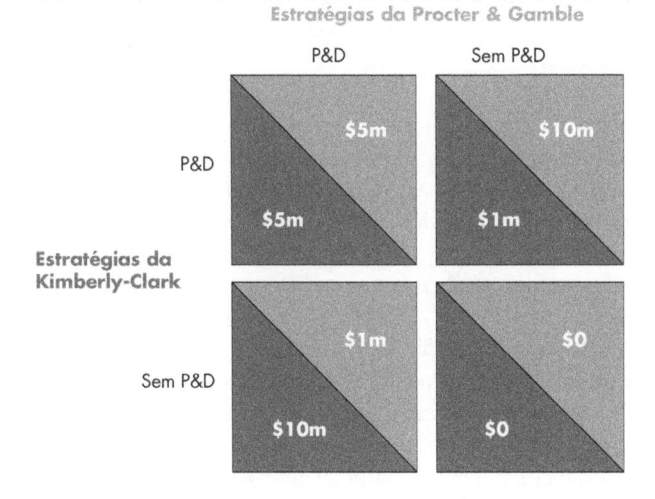

	Estratégias da Procter & Gamble	
Estratégias da Kimberly-Clark	**P&D**	**Sem P&D**
P&D	KC: $5m / PG: $5m	KC: $10m / PG: $1m
Sem P&D	KC: $1m / PG: $10m	KC: $0 / PG: $0

Se ambas as empresas investem em P&D, seus ganhos são os mostrados no quadrado superior à esquerda. Se nenhuma empresa investe em P&D, os ganhos são os mostrados no quadrado inferior à direita. Quando uma empresa investe em P&D, e a outra não, seus ganhos são os mostrados nos quadrados superior à direita e inferior à esquerda. O triângulo cinza-claro mostra o ganho da Procter & Gamble, e o triângulo cinza-escuro mostra o da Kimberly-Clark. O equilíbrio para esse jogo 'da galinha' em P&D é apenas uma empresa investindo em P&D. Não temos como prever qual será a empresa que investirá em P&D e qual não investirá.

As empresas poderiam jogar cara ou coroa ou utilizar outro recurso aleatório para tomar a decisão nesse jogo. Em algumas circunstâncias, uma estratégia como essa – chamada de estratégia mista – é na verdade melhor para ambas as empresas do que a escolha de qualquer uma das estratégias que analisamos.

QUESTÕES PARA REVISÃO

1. Quais são as características comuns de todos os jogos?
2. Descreva o jogo do dilema dos prisioneiros e explique por que o equilíbrio de Nash gera um resultado ruim para ambos os jogadores.
3. Por que um acordo de colusão para restringir a produção e aumentar o preço cria um jogo como o dilema dos prisioneiros?
4. O que gera um incentivo para as empresas, em um acordo de colusão, trapacearem e aumentarem a produção?
5. Qual é a estratégia de equilíbrio para cada empresa em um dilema dos duopolistas e por que as empresas não conseguem fazer a colusão para aumentar o preço e os lucros?
6. Descreva duas estruturas de ganhos para um jogo de P&D e compare-as com o dilema dos prisioneiros e o jogo da galinha.

Jogos repetidos e seqüenciais

Os jogos que estudamos até agora são jogados só uma vez. Por outro lado, muitos jogos do mundo real são jogados repetidamente. Essa característica dos jogos acaba permitindo que duopolistas no mundo real cooperem um com o outro, façam colusão e obtenham lucros de monopólio.

Outro aspecto dos jogos que estudamos é que os jogadores agem simultaneamente. Mas, em muitas situações no mundo real, primeiro um jogador age e depois o outro – o jogo é seqüencial, e não simultâneo. Essa característica dos jogos no mundo real cria um grande número de resultados possíveis.

Analisaremos agora esses dois aspectos da tomada de decisões estratégicas.

Um jogo de duopólio repetido

Se duas empresas participam repetidamente de um jogo, uma tem a oportunidade de penalizar a outra por um 'mau' comportamento anterior. Se a Gear trapacear nesta semana, a Trick trapaceará na próxima. Antes de a Gear trapacear nesta semana, será que ela não levaria em consideração a possibilidade de a Trick trapacear na próxima? Qual é o equilíbrio desse jogo?

Na verdade, há mais de uma possibilidade. Uma delas é o equilíbrio de Nash que acabamos de analisar. Ambos os jogadores trapaceiam, e cada um obtém lucro econômico zero indefinidamente. Em uma situação como essa, nunca compensa para um dos jogadores começar a cumprir o acordo unilateralmente, porque fazer isso resultaria em perda para esse jogador e lucro para o outro. Mas é possível um **equilíbrio cooperativo**, no qual os jogadores geram e compartilham os lucros de um monopólio.

Pode ocorrer um equilíbrio cooperativo se a trapaça é punida. Há dois extremos de punição. A menor penalidade é chamada de "olho por olho, dente por dente". A *estratégia do olho por olho, dente por dente* é aquela na qual um jogador coopera na rodada atual se o outro tiver cooperado na anterior, mas trapaceia na rodada atual se o outro tiver trapaceado na anterior. A forma mais severa de punição é chamada estratégia de gatilho. Uma *estratégia de gatilho* é aquela na qual um jogador coopera se o outro também coopera, mas joga a estratégia do equilíbrio de Nash indefinidamente depois que o outro jogador trapaceia.

No jogo duopolista entre a Gear e a Trick, a estratégia do olho por olho, dente por dente mantêm ambos os jogadores cooperando e obtendo lucros de monopólio. Vejamos por que isso acontece com um exemplo.

A Tabela 13.5 mostra o lucro econômico que a Trick e a Gear farão ao longo de uma série de rodadas com duas seqüências alternativas de eventos: colusão e trapaça com a reação do olho por olho, dente por dente por parte da outra empresa.

Se ambas as empresas cumprirem o acordo na rodada 1, cada uma obtém um lucro econômico de $ 2 milhões. Suponha que a Trick trapaceie na rodada 1. A trapaça produz um lucro econômico imediato de $ 4,5 milhões e

Tabela 13.5	Trapaça com punição			
	Colusão		Trapaça com olho por olho, dente por dente	
Rodada do jogo	Lucro da Trick	Lucro da Gear	Lucro da Trick	Lucro da Gear
	(milhões de dólares)		(milhões de dólares)	
1	2	2	4,5	–1,0
2	2	2	–1,0	4,5
3	2	2	2,0	2,0
4	.	.	.	.

Se os duopolistas se engajarem repetidamente na colusão, cada um obterá um lucro de $ 2 milhões por rodada de jogo. Se um jogador trapacear na rodada 1, o outro jogador adotará a estratégia o olho por olho, dente por dente e trapaceará na rodada 2. O lucro da trapaça pode ser obtido somente em uma rodada e deve ser pago na próxima, como uma perda. Ao longo de duas rodadas de jogo, o melhor que um duopolista pode obter com a trapaça é um lucro de $ 3,5 milhões, em comparação com um lucro econômico de $ 4 milhões com a colusão.

inflige uma perda econômica de $ 1 milhão à Gear. Mas uma trapaça na rodada 1 provoca uma reação por parte da Gear na rodada 2. Se a Trick quer retornar à situação em que obtém lucro, deve voltar a cumprir o acordo na rodada 2, mesmo sabendo que a Gear a punirá por trapaça no período 1. Desta maneira, na rodada 2, a Gear pune a Trick, e a Trick coopera. Agora a Gear obtém um lucro econômico de $ 4,5 milhões, e a Trick incorre em uma perda econômica de $ 1 milhão. Somando os lucros das duas rodadas de jogo, a Trick teria obtido mais lucro se cooperasse – $ 4 milhões em comparação com $ 3,5 milhões.

O que foi dito para a Trick também se aplica à Gear. Como cada empresa obtém um lucro maior se cumpre o acordo colusivo, ambas o fazem, e o preço, a quantidade e o lucro de monopólio prevalecem.

Na realidade, o funcionamento de um cartel como um jogo de uma rodada ou como um jogo repetido depende principalmente do número de jogadores e da facilidade de detectar e punir a trapaça. Quando maior for o número de jogadores, mais difícil é manter um cartel.

Jogos e guerras de preços Um jogo duopolista repetido pode nos ajudar a entender o comportamento das empresas no mundo real e, em particular, as guerras de preços. Algumas guerras de preços podem ser interpretadas como a implementação de uma estratégia do olho por olho, dente por dente. Mas o jogo é um pouco mais complicado do que o que analisamos, porque os jogadores não sabem ao certo qual é a demanda pelo produto.

Na estratégia do olho por olho, dente por dente, as empresas têm um incentivo para manter o preço de monopólio. Mas as flutuações na demanda levam a flutuações do preço de monopólio e, em algumas situações, quando o preço varia, pode parecer a uma das empresas que o preço diminuiu porque a outra trapaceou. Neste caso, irromperá uma guerra de preços, que só chegará ao fim quando cada empresa estiver convencida de que a outra está pronta para voltar a cooperar. Haverá ciclos de guerras de preços e a restauração dos acordos colusivos. As flutuações do preço internacional do petróleo podem ser interpretadas dessa maneira.

Algumas guerras de preços resultam da entrada de um pequeno número de empresas em uma indústria que antes era um monopólio. Apesar de a indústria ter um pequeno número de empresas, estas enfrentam o dilema dos prisioneiros e não podem impor penalidades eficazes contra os cortes de preços. O comportamento dos preços e das quantidades produzidas na indústria de chips de computador em 1995 e 1996 pode ser explicado desse modo. Até 1995, o mercado de chips Pentium para computadores compatíveis com a tecnologia IBM era dominado por uma única empresa, a Intel Corporation, que era capaz de obter o máximo lucro econômico produzindo a quantidade de chips na qual o custo marginal era igual à receita marginal. O preço dos chips da Intel era determinado para assegurar que a quantidade demandada fosse igual à quantidade produzida. Então, em 1995 e 1996, com a entrada de um pequeno número de novas empresas, a indústria passou a ser um oligopólio. Se as empresas tivessem mantido o preço da Intel e compartilhado o mercado, juntas elas poderiam ter obtido lucros econômicos iguais ao lucro da Intel. No entanto, elas enfrentavam um dilema dos prisioneiros. Desta maneira, os preços foram reduzidos para um nível competitivo.

Vamos examinar agora um jogo seqüencial. Há muitos desses jogos, e o que estudaremos está entre os mais simples. Ele tem uma implicação interessante e lhe dará uma amostra desse tipo de jogo. O jogo seqüencial que estudaremos é um jogo de entrada em um mercado contestável.

Um jogo seqüencial de entrada em um mercado contestável

Se duas empresas se envolvem em um jogo seqüencial, uma toma uma decisão no primeiro estágio do jogo e a outra, no segundo estágio.

Estudaremos um jogo seqüencial em um **mercado contestável** – um mercado no qual as empresas podem entrar e do qual podem sair tão facilmente que as empresas que estão nele enfrentam a concorrência de novos entrantes potenciais. Exemplos de mercados contestáveis são rotas cobertas por companhias aéreas e por empresas de barcos de carga que operam nas principais vias fluviais. Esses mercados são contestáveis, porque as empresas podem entrar neles se surgir uma oportunidade de lucro econômico e sair deles sem penalidades se a oportunidade por lucro econômico desaparecer.

Se o Índice de Herfindahl-Hirschman é utilizado para determinar o grau de concorrência, um mercado contestável parece ser não competitivo. Mas um mercado contestável pode se comportar como se fosse perfeitamente competitivo. Para entender por que isso acontece, vamos analisar um jogo de entrada em uma rota aérea contestável.

Uma rota aérea contestável A Agile Air é a única empresa que opera em determinada rota. As condições de demanda e custo são tais que há espaço para apenas mais uma companhia aérea na rota. A Wanabe, Inc. é outra companhia aérea que poderia oferecer serviços nessa rota.

Descreveremos a estrutura de um jogo seqüencial que utiliza uma *árvore dos jogos* como a apresentada na Figura 13.17. No primeiro estágio, a Agile Air deve determinar um preço. Uma vez que o preço tenha sido determinado e anunciado, a Agile não pode alterá-lo. Em outras palavras, uma vez definido, o preço da Agile é fixo, e a empresa não poderá reagir à decisão de entrada da Wanabe. A Agile pode determinar seu preço no nível de monopólio ou no nível competitivo.

No segundo estágio, a Wanabe deve decidir se entra ou não no mercado. Os clientes não são fiéis (não há programa de milhagens) e eles compram da empresa que tiver o preço mais baixo. Portanto, se a Wanabe entrar, ela definirá o preço logo abaixo do da Agile e tomará todos os negócios.

A Figura 13.17 mostra os ganhos resultantes das várias decisões (os da Agile nos triângulos cinza-claro e os da Wanabe nos triângulos cinza-escuro).

Para determinar o preço, o CEO da Agile raciocina da seguinte maneira: suponha que a Agile pratique o preço de monopólio. Se a Wanabe entrar, ganhará 90 (pense em todos os ganhos em termos de milhares de dólares). Se ela não entrar, não ganhará nada. Assim, a Wanabe entrará. Neste caso, a Agile perderá 50.

Agora, suponha que a Agile pratique o preço competitivo. Se a Wanabe ficar fora do mercado, ela não ganhará nada e, se entrar, perderá 10, de modo que ela não entrará. Neste caso, a Agile obterá lucro econômico zero.

A melhor estratégia do CEO da Agile é estabelecer seu preço no nível competitivo e obter lucro econômico zero. A opção de ganhar 100 praticando o preço de monopólio com a Wanabe permanecendo fora do mercado não está disponível para a Agile. Se a Agile estabelecer o preço de monopólio, a Wanabe entrará, cobrará menos que a Agile e tomará todos os negócios.

Neste exemplo, a Agile determina seu preço no nível competitivo e obtém lucro econômico zero. Uma estratégia de menor custo, chamada de **preço-limite**, determina o preço no nível mais alto possível para provocar perdas a um novo entrante. Qualquer perda é grande o suficiente para impedir a entrada, de modo que nem sempre é necessário que o preço fique tão baixo quanto o preço competitivo. No exemplo da Agile e da Wanabe, no preço competitivo, a Wanabe incorrerá em uma perda de 10 se entrar. Uma perda menor ainda manteria a Wanabe fora do mercado.

Esse jogo é interessante porque indica a possibilidade de um monopólio se comportar como uma indústria competitiva e atender ao interesse social sem regulação. Mas o resultado não é geral e depende de um aspecto fundamental da configuração do jogo: no segundo estágio, a Agile não pode alterar o preço determinado no primeiro estágio.

Se a Agile pudesse alterar seu preço no segundo estágio, ela desejaria determinar o preço de monopólio se a Wanabe ficasse fora do mercado – 100 com o preço de monopólio é melhor que zero com o preço competitivo. Mas a Wanabe pode imaginar o que a Agile faria, de modo que o preço determinado no primeiro estágio não tem nenhum efeito sobre a Wanabe. A Agile determina o preço de monopólio, e a Wanabe pode ficar fora ou entrar.

Examinamos dois dos vários jogos repetidos e seqüenciais possíveis, e vimos como esses tipos de jogos podem nos ajudar a compreender as complexas forças que determinam os preços e os lucros.

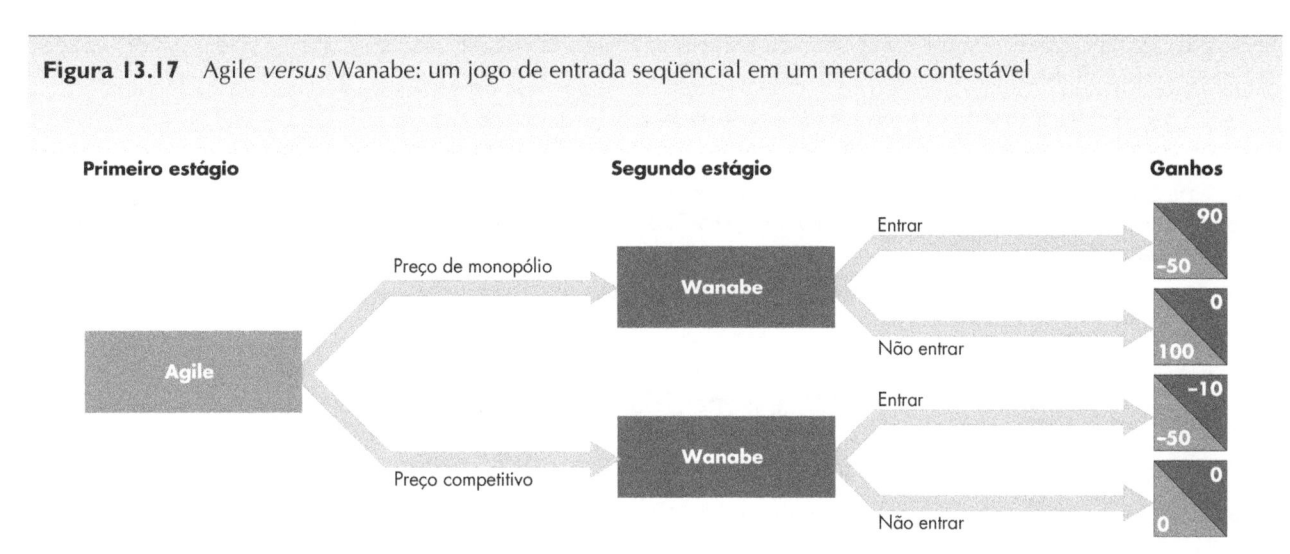

Figura 13.17 Agile *versus* Wanabe: um jogo de entrada seqüencial em um mercado contestável

Se a Agile praticar o preço de monopólio, a Wanabe ganhará 90 (milhares de dólares) se entrar e nada se não entrar. Deste modo, se a Agile praticar o preço de monopólio, a Wanabe entrará.

Se a Agile praticar o preço competitivo, a Wanabe não ganhará nada se não entrar e incorrerá em perda econômica se entrar. Desta maneira, se a Agile praticar o preço competitivo, a Wanabe ficará fora do mercado.

> **QUESTÕES PARA REVISÃO**
>
> **1** Se um jogo do dilema dos prisioneiros é jogado repetidamente, quais estratégias de punição os jogadores podem empregar e de que maneira essa repetição altera o equilíbrio?
>
> **2** Se um mercado é contestável, como o equilíbrio difere daquele de um monopólio?

◆ A concorrência monopolista e o oligopólio são as estruturas de mercado mais comuns que você pode encontrar na vida cotidiana. A seção "Leitura das entrelinhas" analisa um jogo entre a Dell e a HP no mercado de computadores pessoais.

Até agora, exceto por uma breve análise de questões políticas do monopólio que fizemos no fim do Capítulo 12, estudamos o poder de um mercado não regulado. Nossa tarefa no próximo capítulo é ver como a regulação e a legislação antitruste dos Estados Unidos influenciam o poder de mercado.

LEITURA DAS ENTRELINHAS

A Dell e a HP em um jogo pela participação no mercado

A velha tática da guerra de preços pode não intimidar mais os rivais

13 de maio de 2006

A Dell está reduzindo acentuadamente os preços de seus computadores.

A tática é clássica, diretamente do manual de estratégia que fez da empresa a maior fabricante de computadores do mundo. À medida que a demanda geral por computadores pessoais desacelera, reduza seus preços. As margens de lucro sofrerão um golpe temporário, mas a manobra prejudicará mais os concorrentes enquanto você conquista participação no mercado e se beneficia do crescimento da receita nos próximos anos.

Foi o que a Dell fez em 2000, e funcionou maravilhosamente. Mas, depois que a Dell implementou o plano no mês passado, reduzindo em até US$ 700 o preço de um Inspiron de US$ 1.200 e em US$ 500 o de um computador de mesa Dimension de US$ 1.079, muitos analistas financeiros que acompanham a empresa, sediada em Round Rock, Tex., disseram que desta vez a estratégia poderia não funcionar...

O que mudou?... Mais do que tudo, os concorrentes da Dell mudaram. Mais especificamente, a Hewlett-Packard não é mais a empresa morosa e pesada que era seis anos atrás...

A evidência mais reveladora do novo cenário do mercado de PCs foi vista nas estatísticas referentes a fretes internacionais. Enquanto a indústria cresceu 12,9 por cento nos primeiros três meses do ano, [...] os fretes da Dell cresceram 10,2 por cento. Essa foi a primeira vez, desde que os analistas começaram a acompanhar a Dell, que o crescimento dos fretes da empresa foi mais lento que o da indústria. Os fretes da Hewlett, enquanto isso, cresceram 22,2 por cento...

Na Hewlett, contudo, há um sentimento de que a empresa pode vencer a Dell sem recorrer a guerras de preços... A empresa deu início a uma ambiciosa campanha de marketing para salientar isso com anúncios proclamando: "O computador voltou a ser pessoal"...

A campanha... apresentará celebridades e mostrará como elas personalizam seus computadores... [A HP] acrescentou tecnologias como o QuickPlay, que permite que um usuário assista a um DVD ou ouça um CD sem esperar a inicialização do sistema operacional do laptop. Os anúncios dirão: "Não inicialize. Toque"...

Fonte: Copyright 2006 The New York Times Company. Reproduzido com permissão. Proibido nova reprodução. Disponível em: http://www.nytimes.com

Essência da notícia

▶ Em abril de 2006, a Dell derrubou seus preços.

▶ A Dell reduziu seus preços em 2000 e aumentou sua participação no mercado e sua receita nos anos que se seguiram.

▶ Especialistas dizem que a redução de preços não funcionaria tão bem hoje.

▶ A Hewlett-Packard (HP) está muito mais forte do que estava seis anos atrás.

▶ Os fretes totais de PCs aumentaram 12,9 por cento no primeiro trimestre de 2006: os fretes da Dell aumentaram 10,2 por cento, e os da HP aumentaram 22,2 por cento.

▶ A HP afirma que pode superar a Dell sem recorrer a diminuições de preços. Em vez disso, ela lançará uma campanha para comercializar PCs com recursos novos e melhorados para reproduzir DVDs e CDs sem inicializar o sistema operacional.

Análise econômica

▶ O mercado global de PCs tem muitas empresas, mas é dominado por duas: a Dell e a Hewlett-Packard (HP).

▶ A Figura 1 mostra as participações no mercado global de PCs. É possível ver que a Dell e a HP são os dois maiores participantes, mas que pequenas empresas atendem a quase 50 por cento do mercado.

▶ A Tabela 1 mostra a matriz de ganhos (milhões de dólares de lucro) para o jogo entre a Dell e a HP em 2000. (Os números são hipotéticos.)

▶ Esse jogo apresenta um equilíbrio de estratégias dominantes, similar ao do jogo duopolista.

▶ Se a HP reduzir seu preço, a Dell obterá um lucro maior se também reduzir seu preço (+US$ 20m *versus* –US$ 10m) e, se a HP mantiver seu preço constante, a Dell mais uma vez ganhará um lucro maior se reduzir seu preço (+US$ 40m *versus* zero).

▶ Desta maneira, a melhor estratégia da Dell é reduzir seus preços.

▶ Se a Dell reduzir seu preço, a HP obterá um lucro maior se também reduzir seu preço (+US$ 5m *versus* –US$ 20m) e, se a Dell mantiver seu preço constante, a HP mais uma vez ganhará um lucro maior se reduzir seu preço (+US$ 10m *versus* zero).

▶ Desta maneira, a melhor estratégia da HP é reduzir seus preços.

▶ A Tabela 2 mostra os ganhos do jogo entre a Dell e a HP em 2006.

▶ Esse jogo, novamente, tem um equilíbrio de estratégias dominantes.

▶ Se a HP reduzir seu preço, a Dell obterá um lucro maior se reduzir seu preço (+US$ 10m *versus* – US$ 10m) e, se a HP melhorar seu marketing e design, a Dell mais uma vez ganhará um lucro maior se reduzir seu preço (+US$ 5m *versus* – US$ 20m).

▶ Deste modo, a melhor estratégia da Dell é reduzir seus preços.

▶ Se a Dell reduzir seu preço, a HP obterá um lucro maior se melhorar seu marketing e design (+US$ 20m *versus* + US$ 10m) e, se a Dell mantiver seu preço constante, a HP mais uma vez ganhará um lucro maior se melhorar seu marketing e design (+US$ 40m *versus* + US$ 20m).

▶ Desta maneira, a melhor estratégia da HP é melhorar seu marketing e design.

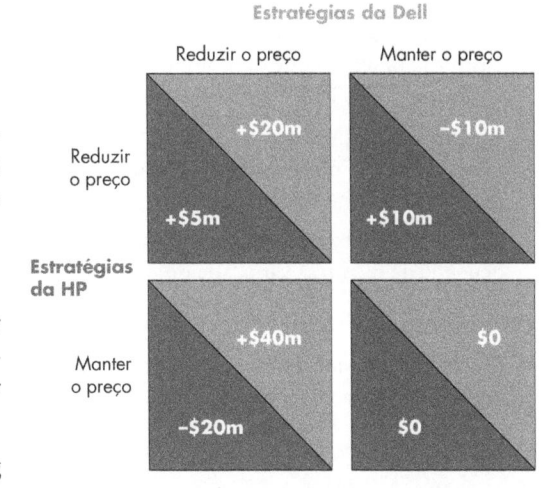

Tabela 1: As estratégias e o equilíbrio em 2000

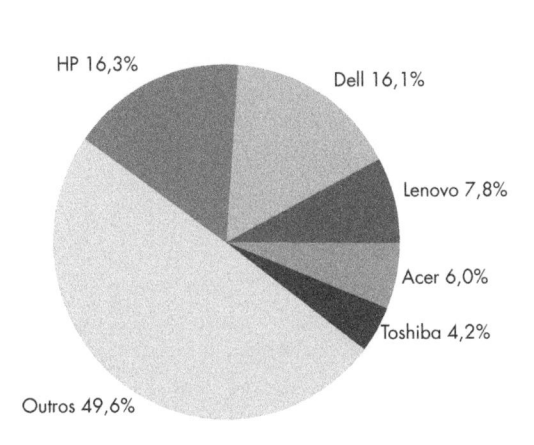

Figura 1: Participações no mercado de PCs em 2006

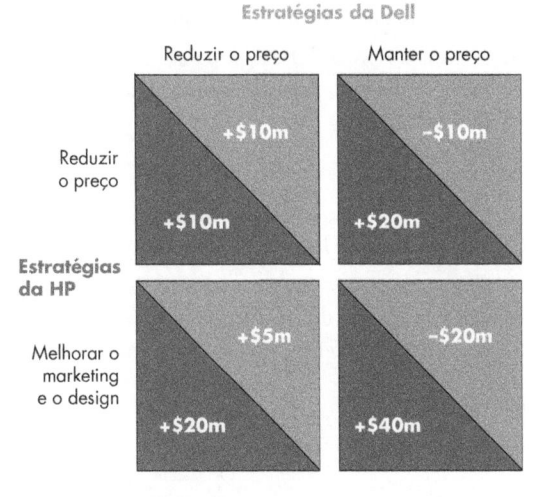

Tabela 2: As estratégias e o equilíbrio em 2006

RESUMO

Pontos-chave

O que é a concorrência monopolista? (p. 280-282)

- A concorrência monopolista ocorre quando diversas empresas competem umas com as outras na qualidade, no preço e no marketing do produto.

Preço e produção na concorrência monopolista (p. 282-286)

- Cada empresa na concorrência monopolista enfrenta uma curva de demanda inclinada para baixo e produz a quantidade maximizadora de lucro.
- A entrada e a saída resultam em lucro econômico zero e excesso de capacidade no equilíbrio de longo prazo.

Desenvolvimento e marketing de produto (p. 286-289)

- As empresas na concorrência monopolista inovam e desenvolvem novos produtos.
- Os gastos com propaganda aumentam o custo total, mas o custo total médio pode diminuir se a quantidade vendida aumentar o suficiente.
- Os gastos com propaganda podem aumentar a demanda, mas a demanda pode diminuir se a concorrência aumentar.
- O fato de a concorrência monopolista ser eficiente ou não depende de quanto a variedade do produto é valorizada.

O que é o oligopólio? (p. 289-291)

- O oligopólio é uma estrutura de mercado na qual algumas empresas competem entre si.

Dois modelos tradicionais de oligopólio (p. 291-292)

- Se os rivais acompanham reduções de preço, mas não acompanham aumentos de preços, cada empresa está diante de uma curva de demanda quebrada.
- Se uma empresa domina um mercado, ela atua como um monopólio, e as empresas pequenas atuam como tomadoras de preços.

Jogos oligopolistas (p. 292-301)

- O oligopólio é estudado utilizando-se a teoria dos jogos, que é um método de análise do comportamento estratégico.
- Em um dilema dos prisioneiros, dois prisioneiros agindo em interesse próprio prejudicam o interesse comum.
- Um jogo de determinação de preço de um oligopólio (duopólio) é um dilema dos prisioneiros no qual as empresas podem fazer um acordo de colusão ou trapacear.
- No equilíbrio de Nash, ambas as empresas trapaceiam, e a produção e o preço são os mesmos que na concorrência perfeita.
- As decisões das empresas referentes à propaganda e P&D podem ser estudadas com a utilização da teoria dos jogos.

Jogos repetidos e seqüenciais (p. 301-304)

- Em um jogo repetido, uma estratégia de punição pode produzir um equilíbrio cooperativo no qual o preço e a produção são os mesmos que em um monopólio.
- Em um jogo seqüencial de mercado contestável, um pequeno número de empresas pode se comportar como empresas em concorrência perfeita.

Tabelas e figuras-chave

Figura 13.2:   Lucro econômico no curto prazo, 283
Figura 13.4:   Produção e preço no longo prazo, 284
Figura 13.5:   Excesso de capacidade e *markup*, 285
Figura 13.7:   Custos de venda e custo total, 287
Figura 13.8:   Propaganda e o *markup*, 288
Figura 13.13: Custos e demanda, 295
Figura 13.14: Colusão para obter lucros de monopólio, 296
Figura 13.16: Ambas as empresas trapaceiam, 298
Tabela 13.1:   Matriz de ganhos do dilema dos prisioneiros, 294
Tabela 13.2:   Matriz de ganhos do duopólio, 298

Palavras-chave

Acordo de colusão, 295
Cartel, 290
Concorrência monopolista, 280
Diferenciação do produto, 281
Duopólio, 289
Equilíbrio cooperativo, 301
Equilíbrio de estratégias dominantes, 300
Equilíbrio de Nash, 294
Estratégias, 294
Matriz de ganhos, 294
Mercado contestável, 302
Oligopólio, 289
Preço-limite, 303
Sinal, 288
Teoria dos jogos, 292

EXERCÍCIOS

1. A figura mostra a situação diante da Lite and Kool, Inc., uma produtora de tênis de corrida.

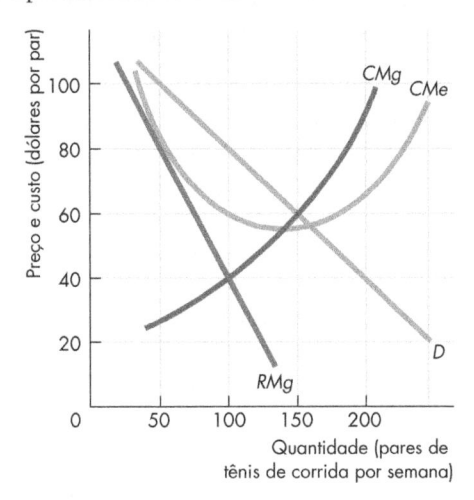

    a. Que quantidade a Lite and Kool produz?
    b. Qual é o preço de um par de tênis da Lite and Kool?
    c. Quanto lucro econômico a Lite and Kool obtém?

2. No mercado de tênis de corrida, toda as empresas estão diante de uma curva de demanda similar e têm curvas de custo similares às da Lite and Kool no exercício 1.

    a. O que ocorre com o preço dos tênis de corrida no longo prazo?
    b. O que ocorre com a quantidade de tênis de corrida produzidos pela Lite and Kool no longo prazo?
    c. O que ocorre com a quantidade de tênis de corrida produzidos por todo o mercado no longo prazo?
    d. A Lite and Kool produz no custo total médio mínimo no longo prazo? Explique sua resposta.
    e. Qual é a relação entre o preço da Lite and Kool e o custo marginal?

3. Suponha que o custo marginal de uma jaqueta da Tommy Hilfiger seja $ 100 e que em uma das lojas da empresa o custo fixo total seja de $ 2.000 por dia. A quantidade de jaquetas maximizadora de lucro vendida nessa loja é de 20 por dia. Então, as lojas da região começam a anunciar suas jaquetas. Agora, a loja Tommy Hilfiger gasta $ 2.000 por dia anunciando suas jaquetas, e o número maximizador de lucro de jaquetas vendidas aumenta para 50 por dia.

    a. Qual é o custo total médio dessa loja para uma jaqueta vendida antes do início da propaganda?
    b. Qual é o custo total médio dessa loja para uma jaqueta vendida depois do início da propaganda?
    c. É possível dizer o que ocorre com o preço de uma jaqueta da Tommy Hilfiger? Por que ou por que não?
    d. É possível dizer o que ocorre com o *markup* da Tommy Hilfiger? Por quê?
    e. É possível dizer o que ocorre com o lucro econômico da Tommy Hilfiger? Por quê?

4. Duas empresas fabricam a maioria dos chips para computadores pessoais: a Intel e a Advanced Micro Devices. O que faz do mercado de chips para PCs um duopólio? Esboce a curva de demanda do mercado e as curvas de custo que descrevem a situação nesse mercado e que impedem outras empresas de entrar.

5. O preço ao qual o Wal-Mart pode comprar TVs de tela plana diminuiu, e a empresa precisa decidir se reduz o preço de venda. Ela acredita que, se reduzir o preço, todos os concorrentes também o farão. O Wal-Mart também acredita que, se aumentar seu preço, nenhum dos concorrentes fará o mesmo.

    a. Desenhe uma figura para ilustrar a situação que o Wal-Mart acredita enfrentar no mercado de TVs de tela plana.
    b. Você acha que o Wal-Mart reduzirá seus preços de TVs de tela plana? Explique e ilustre sua resposta.

6. A Big Joe's Trucking tem custos mais baixos do que as outras 20 pequenas companhias de transporte rodoviário no mercado. O mercado opera como um oligopólio de empresa dominante e inicialmente está em equilíbrio. Então, a demanda por transporte rodoviário aumenta. Explique os efeitos do aumento da demanda sobre o preço, a produção e o lucro econômico de:

    a. Big Joe's.
    b. Uma pequena empresa típica.

7. Considere um jogo com dois participantes no qual se faz uma pergunta a cada um. Eles podem responder com honestidade ou mentir. Se ambos responderem com honestidade, cada um receberá $ 100. Se um responder com honestidade e o outro mentir, o mentiroso receberá $ 500, e o jogador honesto não ganhará nada. Se ambos mentirem, cada um ganhará $ 50.

    a. Descreva as estratégias e os ganhos desse jogo.
    b. Construa a matriz de ganhos.
    c. Qual é o equilíbrio desse jogo?
    d. Compare esse jogo com o dilema dos prisioneiros. Os dois jogos são similares ou diferentes? Explique sua resposta.

8. A Soapy, Inc. e a Suddies, Inc. são as únicas fabricantes de sabão em pó. Elas fazem um acordo de colusão e passam a compartilhar igualmente o mercado. Se nenhuma empresa trapacear, cada uma obterá um lucro de $ 1 milhão. Se uma das empresas trapacear, ela obterá um lucro de $ 1,5 milhão, enquanto a empresa que cumprir o acordo incorrerá em uma perda de $ 0,5 milhão. Se ambas trapacearem, elas terão lucro nulo. Nenhuma empresa tem como monitorar as ações da outra.

    a. Quais são as estratégias desse jogo?

b. Construa a matriz de ganhos desse jogo.

c. Qual é o equilíbrio desse jogo se ele for jogado apenas uma vez?

d. O equilíbrio é de estratégia dominante? Explique.

9. Se a Soapy, Inc. e a Suddies, Inc. participarem repetidamente do jogo duopolista cujos ganhos são descritos no exercício 8, em cada rodada,

a. Quais são as estratégias que cada empresa pode adotar?

b. O jogo agora tem um equilíbrio cooperativo?

c. Se os ganhos da empresa que trapaceie mudassem para um lucro de $ 1,4 milhões e a perda da empresa que cumprisse o acordo fosse de $ 0,5 milhão, o jogo teria um equilíbrio cooperativo?

PENSAMENTO CRÍTICO

1. Estude a seção "Leitura das entrelinhas" e responda às perguntas a seguir.

   a. Quais foram as estratégias da Dell e da HP em 2000 e em 2006?

   b. Por que, de acordo com a notícia, a Dell teve mais dificuldades em 2006 do que em 2000?

   c. Por que a HP não lançaria seu novo produto, faria uma campanha de marketing *e* reduziria seu preço?

   d. O que você acha que a Dell deveria fazer para recuperar sua posição de líder de mercado?

   e. Como você descreveria o mercado global de PCs? Ele é um exemplo de oligopólio ou de concorrência monopolista?

2. Suponha que a Netscape e a Microsoft desenvolvam suas próprias versões de um incrível novo navegador da Internet, que permite que os anunciantes se direcionem aos consumidores com maior precisão. Além disso, o novo navegador é mais fácil e mais divertido de utilizar do que os navegadores existentes. Cada empresa está tentando decidir se vende o navegador ou o oferece gratuitamente. Quais seriam os benefícios prováveis de cada ação? Qual ação tem maior probabilidade de ocorrer?

3. Por que a Coca-Cola e a PepsiCo gastam tanto em propaganda? Elas se beneficiam disso? Os consumidores se beneficiam? Explique sua resposta.

4. A Microsoft com o Xbox 360, a Nintendo com o Wii, e a Sony com o PlayStation 3 estão lutando no mercado da mais recente geração de consoles de videogames. O Xbox 360 foi o primeiro a entrar no mercado, o Wii tem o preço mais baixo, e o PS3 utiliza a tecnologia mais avançada e tem o preço mais alto.

   a. Descreva, em termos de um jogo, a concorrência entre essas empresas no mercado de consoles.

   b. Quais são as estratégias nesse jogo referentes ao design, marketing e preço?

   c. Qual acabou sendo o equilíbrio do jogo?

   d. Você consegue pensar em razões para os três consoles serem tão diferentes?

ATIVIDADES NA INTERNET

1. Faça uma pesquisa na Internet e obtenha informações sobre o mercado de pílulas de vitaminas no Brasil.

   a. Em que tipo de mercado essas vitaminas são vendidas?

   b. Descreva as possíveis ações de dois grandes fabricantes de vitaminas e construa uma matriz de ganhos hipotética para esse jogo.

   c. Esse jogo seria de apenas uma jogada ou repetido? Por quê?

2. Faça uma pesquisa na Internet e obtenha informações sobre o mercado de artes e antigüidades no Brasil.

   a. Como esse mercado pode ser caracterizado?

   b. É possível construir um jogo para descrever esse mercado? Por quê?

Oligopólios no Brasil

Renata Moura Sena[1]

O processo de industrialização no Brasil

A industrialização no Brasil ocorreu mais densamente a partir de 1955. Contudo, antes mesmo da década de 1930, há o surgimento de uma produção industrial, como forma de diversificação do capital oriundo do cultivo cafeeiro, que estava em seu auge. De 1933 a 1955, o país passa a crescer em um novo contexto, com a indústria se expandindo e iniciando o processo de acumulação de capital e ampliação das áreas urbanas. Ao mesmo tempo, essas forças produtivas eram insuficientes para instalar com consistência as grandes indústrias de base necessárias para o crescimento da capacidade produtiva.

Assim, para entendermos a industrialização brasileira com a 'constituição de forças produtivas especificamente capitalistas', ou seja, tendo o capital industrial como protagonista no processo de acumulação, é preciso observá-la a partir da década de 1950. Neste período, um agente econômico foi fundamental para implantar decisivamente a indústria no Brasil: o Estado. Sua ação foi crucial para a instalação da indústria pesada de bens de capital e de bens intermediários. Além disso, a entrada de empresas estrangeiras contribuiu "para a instalação de um setor diferenciado e dinâmico de bens de consumo capitalista" (Tavares, 1974, p. 115).

A industrialização no Brasil não atravessou o processo clássico ocorrido em outros países, em que há a acumulação inicial, em seguida, a manufatura e, por fim, o surgimento da grande indústria. Aqui, houve a forte participação do Estado, com a formação de grandes indústrias estatais, além da instalação das empresas multinacionais e do processo de importação e exportação de produção e financiamentos. Também houve participação de empresas nacionais grandes e médias de estrutura familiar. Portanto, "não existe um setor de bens de capital, nacional ou estrangeiro, com peso e grau de articulação semelhantes ao tripé brasileiro: empresas estatais, grande empresa estrangeira e grande e média empresas nacionais" (Tavares, 1974, p. 95).

As bases para o surgimento dos oligopólios no Brasil

As empresas estrangeiras têm papel diferenciado em relação às estatais e privadas nacionais. Isso porque se caracterizam pelo tamanho de sua planta, pela capacidade de produção e pelas economias de escala. E, devido à possibilidade de utilização dos recursos da matriz, têm vantagens no que se refere à redução de custos através de novas tecnologias. Além disso, há o apelo da marca internacional e das estratégias de marketing adaptadas ao nosso mercado. Outra grande vantagem dessas empresas é a relativa facilidade de acesso ao capital para seus investimentos, devido à possibilidade de transferência de recursos diretamente da matriz, sem a necessidade de endividamento externo.

O surgimento dos oligopólios no Brasil remonta a essa estrutura industrial do país, em que é fundamental a participação das empresas estrangeiras. Bastante sintonizadas no que se refere à incorporação do progresso técnico (vindo de suas matrizes) e ao crescimento da demanda (através de campanhas e do auxílio do Estado, notadamente em relação à indústria automobilística), elas tiveram atuação decisiva para o desenvolvimento dos bens de consumo nacionais. O investimento público participou como um acelerador da taxa de crescimento da economia, ampliando os gastos com infra-estrutura e com a indústria pesada de insumos básicos, de forma a reduzir os gargalos que surgiram após a segunda metade da década de 1950. O objetivo era minimizar possíveis entraves ao crescimento econômico e, por conseqüência, do crescimento da demanda por bens de consumo no país.

Por outro lado, para atender à demanda, havia necessidade de incentivo à oferta, que, ao se expandir, evitaria bloqueios ao crescimento do país. Assim, os investimentos públicos foram direcionados a setores estratégicos como energia, comunicações, transportes, urbanização, entre outros. Desse modo, a indústria de bens de consumo garantia sua participação

---

[1] Economista, Mestre em Economia.

através do incentivo do Estado. Isso provocou críticas de alguns autores – notadamente, de Maria da Conceição Tavares no que se refere à utilização dos recursos públicos. Segundo a autora, "o comprometimento crescente do gasto público com investimentos complementares e subordinados à dinâmica das grandes empresas internacionais, particularmente as do oligopólio diferenciado de bens de consumo durável, faz com que a capacidade de expansão das indústrias básicas se oriente, em última instância, pela demanda final de consumo diferenciado que aquela estrutura de investimento estimula" (Tavares, 1974, p. 97).

O ponto central da crítica feita pela autora está no fato de que as empresas estatais produzem bens intermediários e que as margens de lucro são comprometidas com a expansão do oligopólio formado pelas empresas estrangeiras. Desse modo, quando ocorre uma retração da atividade econômica que impacta nos resultados das multinacionais, há, simultaneamente, redução de receitas para o setor estatal que, para sua manutenção e investimento, se baseia na expansão das vendas de bens de consumo.

O novo ciclo industrial

A partir de 1955, com o Plano de Metas, inicia-se um novo ciclo industrial no país, em que o Estado passa a priorizar o investimento nos setores que mais interessam às empresas estrangeiras. As condições de implantação e as barreiras à entrada de novas empresas no país alteraram seu perfil, e passaram a contar com investimentos estatais e estrangeiros substanciais. Com isso, as empresas que aqui chegaram, principalmente entre 1955 e 1961, instalaram uma capacidade produtiva muito superior à demanda existente no período, com o objetivo de diversificar a produção e, por conseqüência, o consumo.

A existência de capacidade ociosa nas indústrias passou a ocorrer tanto porque as escalas mínimas de produção estavam acima das dimensões existentes no mercado, como pelo fato de chegarem ao país empresas do mesmo setor que disputavam as oportunidades de um novo e crescente mercado. Além disso, as empresas estavam protegidas pela força de suas matrizes e tinham seus gastos em equipamentos subsidiados pelos investimentos do governo brasileiro.

O processo de industrialização no país, baseado na substituição de importações, operou de forma particular no sentido de incorporar e difundir o progresso tecnológico, capital-intensivo na maior parte dos setores, alterando de forma substancial a oferta da indústria. A principal característica das empresas estrangeiras instaladas no Brasil era o oligopólio diferenciado com forte participação do Estado, que incentivava a ampliação de sua capacidade produtiva, fornecendo bens de capital e intermediários, e garantia à infra-estrutura necessária para que os bens gerados atingissem um novo consumidor: o urbano.

No que se refere à estrutura produtiva nacional de bens de capital, as empresas nacionais operavam com certas dificuldades na obtenção de financiamento e na aquisição de tecnologia, se comparadas às estrangeiras. Para que se mantivessem no mercado, contavam com seu poder político e com o apoio governamental. Portanto, de acordo com Barjas Negri, o Estado passava a ter um papel fundamental no que se refere à proteção do capital privado nacional. Principalmente no que tange à sua capacidade de acumulação de capital frente aos novos projetos. Assim, o agente Estado tornava-se essencial para a manutenção das fatias relativas de mercado das estruturas oligopolistas. Além dessa participação fundamental do Estado, há também o papel das empresas estatais, que estavam encarregadas de fornecer os insumos básicos e pesados para as demais estruturas produtivas (Negri, B. 1981, p. 6).

Em relação ao financiamento das empresas para instalação e expansão das escalas de produção, o aporte de recursos financeiros vinha do exterior, seja da matriz para as estrangeiras, seja via financiamento de agências internacionais ou, até mesmo, por meio de financiamentos internos via BNDE e Tesouro Nacional – esses últimos, principalmente, para as estatais. Restava às empresas nacionais certa dificuldade em manter seu ritmo de crescimento e de expansão no mercado. E a saída foi conseguir suporte financeiro de agências governamentais ou se associar a outras empresas nacionais ou estrangeiras, o que ampliou a concentração no mercado.

Fusões e aquisições

Posteriormente, a instauração do Decreto-Lei nº 1.346 de 1974 (vigente até dezembro de 1979), que suspendeu o recolhimento do imposto de renda, isto é, concedeu incentivos fiscais às empresas para estimular fusões e aquisições de empresas e, assim, ampliar as economias de escala, levou a um aumento da concentração industrial no país.

A partir de 1980, na considerada década perdida, as grandes empresas aproveitaram breves períodos de crescimento econômico para adquirir empresas menores, o que concentrou ainda mais o mercado brasileiro. Além disso, a economia fechada e o protecionismo existente devido à reserva de mercado no período contribuíram para que as empresas detivessem poderes próximos aos de um oligopólio.

De acordo com Vasconcelos e Vasconcellos, a década de 1990 teve uma característica distinta das anteriores. Isso porque a abertura econômica, a redução de tarifas e a crescente concorrência dos produtos importados levaram a uma redução do grau de concentração em boa parte dos setores industriais (Vasconcelos, 1996, p. 119). Além disso, o controle dos preços deixou de ser uma atribuição do governo, que passou a regulá-los através da implantação de um ambiente de concorrência na economia nacional (Vasconcellos, 2006, p. 574).

A abertura econômica

A abertura comercial ocorrida na década de 1990 levou à consolidação e à expansão de novas empresas multinacionais, além de favorecer o processo de fusão entre empresas nacionais, tendo ou não como participantes empresas estrangeiras. Também houve o programa de desestatização do governo, que privatizou empresas públicas, e todas as mudanças de estrutura e de concentração da economia. Esses fatores trouxeram a necessidade de consolidar uma lei de defesa da concorrência e um órgão destinado a regulá-la, para evitar que essas modificações prejudicassem a livre-concorrência (Vasconcellos, 2006, p. 584).

As empresas estatais tinham características monopolistas porque não havia concorrentes. Isso se devia a dois fatores importantes: a existência de monopólios naturais, por conta de recursos-chaves, e a falta de atração de empresas privadas para o setor em que a estatal operava. Dessa forma, reduziu-se a preocupação com a eficiência na utilização dos recursos e na inadequação da oferta dessas empresas em relação à demanda. Além disso, em muitos casos, havia plantas superdimensionadas, cujos excedentes de produção não poderiam ser transferidos para outros mercados ou outras regiões, aumentando o custo de manutenção dessas empresas. Devido a esses fatores, foi instituído no país o Programa Nacional de Desestatização (PND), cujos objetivos eram privatizar e regulamentar a concessão dos serviços prestados pelo governo, além de quebrar monopólios estatais.

A década de 1990 foi caracterizada por grandes transformações tecnológicas e desregulamentação, o que flexibilizou as fronteiras industriais e criou novas oportunidades de negócios. Deve-se considerar o papel fundamental da globalização no período, que levou a competição entre as empresas à escala mundial.

Dessa forma, para que as empresas se adequassem a esse novo perfil mundial, com o novo ambiente de pressão competitiva, as empresas buscaram manter sua posição no mercado ou ampliar sua participação, através de redução de custos, aproveitamento das economias de escala de ordens produtiva e gerencial, investimento em novas tecnologias e na busca constante de novas oportunidades de investimento. "As operações de F&A apresentaram-se, neste sentido, como um importante instrumento utilizado para alcançar tais objetivos" (Iooty, p. 440).

A mensuração do mercado

Uma medida utilizada para verificar o poder de mercado de uma empresa é analisar o tamanho do mercado que ela possui em relação às demais do mesmo setor. Para isso, é necessário que o mercado seja muito bem definido e claro, pois qualquer desvio para cima ou para baixo leva à interpretação errônea da participação dessa empresa.

Uma grande dificuldade que surge durante a definição de um mercado é a correta utilização do conceito de bens substitutos. Isso porque a substituição entre bens depende da variação dos preços relativos. Assim, dois bens que não sejam considerados substitutos, a uma certa variação dos preços relativos, podem passar a sê-los, a uma variação maior. Isso pode gerar uma interpretação incorreta do poder de mercado, os bens de empresas são considerados substitutos quando, de fato, não o são (Vasconcellos, 2006, p. 589).

Exemplos de oligopólios

Atualmente no Brasil, os oligopólios ocorrem em diversos setores, não apenas nos industriais. Pode-se perceber a extensão do conceito para o setor de serviços. O ramo de telefonia no país apresenta grande concentração: considerando a telefonia fixa, temos apenas nove empresas operando em todo o país. Quando levamos em conta a telefonia móvel, a concentração torna-se um pouco maior, pois oito empresas dividem todo o território brasileiro e, delas, três detêm cerca de 70 por cento do mercado. Os demais setores que apresentam elevado grau de concentração são: fertilizantes; distribuidores de combustíveis; energia; automóveis; instituições financeiras (bancárias); alimentos; bebidas.

Outra importante medida para analisar o mercado do país é a utilizada pelo Instituto Brasileiro de Geografia e Estatística (IBGE), que, em seu estudo Demografia das Empresas 2005, analisa o grau de barreiras à entrada. Essa medida é feita através da combinação das características estruturais do mercado e das ações realizadas pelas empresas no que se refere à concorrência tanto de empresas estabelecidas no mercado quanto de potenciais concorrentes. Para definir as barreiras à entrada, a análise considera combinações de elementos tecnológicos, de custos, de inovação, de ampliação de capacidade e de crescimento da demanda.

Segundo a análise microeconômica, quanto mais barreiras à entrada, maior o grau de concentração do mercado, tendo como característica um número pequeno de empresas grandes. Há também as barreiras à saída, que dependem dos custos irrecuperáveis. Os custos e as barreiras à saída são maiores à medida que se eleva a escala de produção e a relação dos fatores de produção (capital e trabalho). Desse modo, considera-se que esses custos sejam maiores para as empresas de maior porte e mais intensivas em capital (IBGE, p. 9). As taxas de entrada e saída são analisadas de acordo com o porte das empresas e dos setores de atividade e seus impactos sobre o número de pessoas ocupadas.

Entrada e saída de empresas do mercado

No ano de 2005, foram criadas cerca de 792 mil empresas no Brasil e extintas 544 mil, uma diferença de 248 mil novas empresas. Isso significou uma taxa de entrada de 16,3 por cento e uma taxa de saída do mercado de 11,2 por cento. Essas empresas criadas em 2005 foram responsáveis por um aumento de 1.586.400 no número total de pessoas ocupadas e de 598.700 no pessoal ocupado assalariado. A maior parte dessas empresas se inseria na faixa de 0 a 4 pessoas ocupadas, o que corresponde a um total de 63,6 por cento em relação a todas as faixas de pessoas contratadas[2].

Tamanho das empresas

A maioria das empresas que entram e saem do mercado são de pequeno porte, em que 94,4 por cento das empresas criadas e 97,2 por cento das extintas ocupavam até 4 pessoas no ano de 2005. Por outro lado, as menores taxas, tanto de entrada como de saída, encontraram-se na faixa das empresas com 100 e mais pessoas ocupadas (1,6 por cento e 1,2 por cento, respectivamente).

Assim, as taxas de entrada e saída do mercado possuem uma relação inversa ao tamanho das empresas.

Setores de atividades

Considerando as empresas novas, o comércio de reparação de veículos automotores, objetos pessoais e domésticos foi o setor econômico responsável pela entrada (53,1 por cento) e pela saída (56 por cento) do maior número de empresas em 2005. Na seqüência, surgem as atividades imobiliárias com aluguéis e serviços prestados às empresas, com 13,9 por cento das entradas e 11,6 por cento das saídas, e as indústrias de transformação, com participações próximas a 9 por cento em ambos os fluxos. Alojamento e alimentação representam cerca de 8 por cento das entradas e saídas de empresas no mercado.

Contudo, quando analisamos as taxas de entrada e saída considerando não apenas o setor de atividade econômica, mas também o tamanho da empresa, constata-se que tanto as taxas de saída como as de entrada, em todos os setores, se reduzem com o aumento do porte da empresa. Desse modo, as taxas de entrada superam o percentual de 17,8 por cento na faixa de 0 a 4 pessoas ocupadas e decrescem até alcançar valores situados entre 1,1 por cento e 2,7 por cento nas empresas de maior porte (100 e mais). As saídas afetam entre 10,4 por cento e 14,3 por cento das empresas de menor porte dos setores em análise e têm comportamento similar ao das entradas nas empresas de maior porte, com valores bem inferiores, variando de 0,7 por cento a 2,7 por cento.

Sob a ótica do fluxo de entrada e saída, torna-se relevante o papel das empresas com 0 a 4 pessoas ocupadas na criação de empresas e, por conseguinte, do número de empregos. Ao analisar os dados do IBGE,

Tabela I Entrada e saída de empresas por porte de acordo com o pessoal ocupado em 2005

	Faixas de pessoal ocupado				
	Total	0 a 4	5 a 19	20 a 99	100 e mais
Total de entradas	792.030	747.270	40.227	4.168	365
Taxa de entrada (%)	16,3	18,6	6	3,3	1,6
Total de saídas	544.067	529.025	13.000	1.762	280
Taxa de saída (%)	11,2	13,1	2	1,4	1,2
Diferença entre entrada e saída	247.963	218.245	27.227	2.406	85

Fonte: IBGE, Diretoria de Pesquisas, Cadastro Central de Empresas 2004-2005
Elaboração própria

---

[2] Quais sejam: 0 a 4; 5 a 19; 20 a 99; 100 e mais.

Tabela 2 Número de empresas criadas e extintas, total e respectiva distribuição percentual, com indicação de taxas de entrada e saída de empresas no mercado e a diferença entre taxas – 2005

	Nº de empresas criadas		Taxa de entrada de empresas no mercado	Nº de empresas extintas		Taxa de saída de empresas no mercado	Diferença entre taxas
	Total	%		Total	%		
Total	791.822	100,0%	16,3%	543.994	100,0%	11,2%	5,1%
Comércio: reparação de veículos automotores, objetos pessoais e domésticos	420.241	53,1%	16,0%	304.540	56,0%	11,6%	4,4%
Atividades imobiliárias, aluguéis e serviços prestados às empresas	109.662	13,8%	17,7%	63.166	11,6%	10,2%	7,5%
Indústrias de transformação	69.810	8,8%	14,1%	48.892	9,0%	9,8%	4,3%
Alojamento e alimentação	61.912	7,8%	17,3%	45.450	8,4%	12,7%	4,6%
Outras atividades	130.197	16,4%	16,8%	81.946	15,1%	11,4%	5,4%

Fonte: IBGE, Diretoria de Pesquisas, Cadastro Central de Empresas 2004-2005
Elaboração própria

Tabela 3 Taxas de entrada e saída de empresas no mercado, por faixas de pessoal ocupado e por setor – 2005

	Faixas de pessoal ocupado				
	Total	0 a 4	5 a 19	20 a 99	100 e mais
	Taxa de entrada no mercado				
Total	16,3	18,5	6,0	3,3	1,6
Agropecuária e pesca	18,0	21,7	8,9	4,5	2,7
Indústria	14,9	19,1	6,1	2,8	1,5
Comércio: reparação de veículos automotores, objetos pessoais e domésticos	16,0	17,8	5,2	3,2	1,4
Transporte, alojamento e alimentação	17,8	20,2	7,7	3,8	1,1
Educação e saúde	14,2	18,0	5,3	2,0	1,9
Outros	17,9	19,5	7,7	4,7	2,0
	Taxa de saída do mercado				
Total	11,2	13,1	2,0	1,4	1,2
Agropecuária e pesca	11,4	14,2	3,3	2,3	2,7
Indústria	10,7	14,3	2,5	1,4	0,8
Comércio: reparação de veículos automotores, objetos pessoais e domésticos	11,6	13,2	1,5	0,8	0,9
Transporte, alojamento e alimentação	11,8	14,0	2,1	1,1	0,7
Educação e saúde	8,1	10,4	2,4	1,4	1,1
Outros	10,7	11,9	2,5	2,8	2,7

Fonte: IBGE, Diretoria de Pesquisas, Cadastro Central de Empresas 2004-2005
Elaboração própria

verifica-se que as taxas de entrada e saída do mercado decrescem com o tamanho das empresas. Observando as atividades por setor, percebe-se uma relação positiva entre as taxas de entrada e saída em todos os setores da estrutura empresarial, ou seja, os segmentos que apresentam as maiores taxas de entrada são também os que registram as taxas de saída mais elevadas.

Analisando todo o processo de industrialização no Brasil e as ações realizadas ao longo dos anos, pode-se perceber que o surgimento dos oligopólios está diretamente ligado à influência do Estado, tanto no que se refere à produção das estatais, inicialmente, quanto ao processo de privatização e às leis de fusões e aquisições. Foi necessário criar um órgão de defesa da concorrência para evitar os altos níveis de concentração de mercado. Por outro lado, também conclui-se que os oligopólios são formados por grandes empresas. Ou seja, concentram-se em setores cujas barreiras à entrada para empresas menores faz com que o aumento da concorrência seja inviável.

REFERÊNCIAS

BRASIL. Decreto-Lei n. 1.346, 25 set. 1974. Altera o sistema de estímulos às fusões e incorporações de empresas e dá outras providências. Disponível em: <https://www.planalto.gov.br/ccivil_03/decreto-lei/1965-1988/_quadro.htm>. Acesso em: 15 maio 2008.

FARINA, E.M.M.Q. "Desregulamentação e o controle do abuso do poder econômico: teoria e prática". In: *Revista de Economia Política*, v. 14, n. 3, jul.-set. 1994.

IBGE – Instituto Brasileiro de Geografia e Estatística. *Demografia das Empresas 2005*. Rio de Janeiro, 2007.

NEGRI, Barjas. "A indústria brasileira de equipamentos para o setor produtor de açúcar e álcool: um estudo de oligopólio". In: *Revista de Economia Política*, v. 1, n. 3, jul.-set. 1981.

PINTO Jr., Helder Queiroz; IOOTTY, Mariana. "Avaliando os impactos microeconômicos das fusões e aquisições nas indústrias de energia no mundo: uma análise para a década de 90". In: *Revista de Economia Política*, v. 25, n. 4, out.-dez. 2005, p. 439-453.

TAVARES, M.C. Acumulação de capital e industrialização no Brasil. Campinas: Editora Unicamp, 1974.

VASCONCELOS, R.F. de. "Oligopólios: um estudo sobre o poder de monopólio e seus impactos na economia brasileira". São Paulo, 1996.

VASCONCELLOS, M.A.S. de; TONETO Júnior, R. *Economia brasileira contemporânea*. São Paulo: Atlas, 2006.

ENTENDIMENTO DE EMPRESAS E MERCADOS

PARTE 4

Gerenciamento da mudança

A economia está em constante mudança. Todos os anos, novos bens surgem, e bens antigos desaparecem. Novas empresas nascem, e empresas antigas morrem. Esse processo de mudança é iniciado e gerenciado por empresas que operam nos mercados. Quando um novo produto é inventado, inicialmente é vendido por apenas uma ou duas empresas. Por exemplo, quando os computadores pessoais ficaram disponíveis para o público em geral, havia o computador da Apple ou o da IBM. O PC da IBM tinha apenas um sistema operacional, o DOS, desenvolvido pela Microsoft. Uma única empresa, a Intel, produzia o chip para o PC da IBM. Esses são exemplos de indústrias nas quais o produtor tem poder de mercado para determinar o preço do produto e a quantidade produzida. O caso extremo de um único produtor que não pode ser desafiado por novos concorrentes é um *monopólio*, que explicamos no Capítulo 12.

Mas nem todas as indústrias com apenas um produtor são monopólios. Em muitos casos, a primeira empresa a produzir um novo bem enfrenta uma agressiva concorrência de novos rivais. Uma empresa diante de concorrência potencial representa um *mercado contestável*. Se a demanda aumenta e cria espaço para mais de uma empresa, a indústria se torna cada vez mais competitiva. Mesmo com apenas dois rivais, o aspecto da indústria muda radicalmente. O *duopólio* – o caso de apenas dois produtores – ilustra essa mudança drástica. As duas empresas devem observar atentamente a produção e os preços uma da outra e devem prever os efeitos de suas próprias ações sobre as ações da outra. Chamamos essa situação de *interdependência estratégica*. À medida que o número de rivais aumenta, a indústria se transforma em um *oligopólio*, um mercado no qual um pequeno número de empresas elabora estratégias e observa atentamente as estratégias dos concorrentes.

Com a entrada contínua de novas empresas em uma indústria, mais cedo ou mais tarde o mercado se torna competitivo. A concorrência pode ser limitada devido ao fato de cada empresa produzir sua própria versão especial de uma marca ou bem. Esse caso é chamado de *concorrência monopolista* por ter elementos tanto do monopólio quanto da concorrência. O Capítulo 13 analisou o comportamento de empresas em todos esses tipos de mercados que ficam entre o monopólio, em um extremo, e a concorrência perfeita, no outro.

Quando a concorrência é extrema – o caso que chamamos de *concorrência perfeita* –, o mercado muda novamente de maneira drástica. Agora a empresa é incapaz de influenciar o preço. Esse caso foi explicado no Capítulo 11.

Freqüentemente, uma indústria competitiva vai se tornando cada vez menos competitiva à medida que empresas maiores e mais bem-sucedidas começam a expulsar empresas menores, seja empurrando-as para fora do negócio, seja adquirindo ativos delas. Por meio desse processo, uma indústria pode retornar ao estado de oligopólio ou até mesmo de monopólio. É possível ver esse movimento nas indústrias automobilística e bancária dos dias de hoje.

Ao estudarmos empresas e mercados, aprofundamos nosso entendimento das forças que alocam recursos escassos e começamos a ver a anatomia da mão invisível.

Muitos economistas trabalharam para fomentar nosso conhecimento dessas forças, e conheceremos a seguir dois deles. John von Neumann foi o pioneiro da teoria dos jogos, e Drew Fudenberg é um dos mais importantes estudiosos do comportamento estratégico da atualidade.

ANÁLISE DE IDÉIAS

Poder de mercado

"A vida real consiste em blefar, em ter pequenas táticas de dissimulação, em perguntar a si mesmo o que o outro achará que você pretende fazer."

JOHN VON NEUMANN

dito a Jacob Bronowski (em um táxi, em Londres) e registrado em *A escalada do homem*.

O economista

John von Neumann *foi um dos maiores pensadores do século XX. Nascido em Budapeste, Hungria, em 1903, Johnny, como era conhecido, demonstrou seu brilhantismo em matemática desde muito cedo. Sua primeira publicação matemática foi um artigo originado de uma lição que recebeu de seu tutor e escrito quando ele tinha 18 anos de idade! Mas foi aos 25 anos, em 1928, que Von Neumann publicou o artigo que deu início a uma enxurrada de pesquisas sobre a teoria dos jogos – uma enxurrada que ainda se mantém. Naquele artigo, ele provou que em um jogo de soma zero (como a divisão de uma torta), há uma melhor estratégia para cada participante.*

Von Neumann inventou o computador, montou o primeiro computador factível moderno e trabalhou no Projeto Manhattan, que desenvolveu a bomba atômica em Los Alamos, Novo México, durante a Segunda Guerra Mundial.

Ele acreditava que as ciências sociais só avançariam se utilizassem ferramentas matemáticas, mas também que precisavam de ferramentas diferentes das desenvolvidas para as ciências físicas.

As questões

Não é de surpreender que empresas com poder de mercado cobrem preços mais altos do que os dos concorrentes. Mas quanto mais altos?

Essa pergunta tem intrigado gerações de economistas. Adam Smith disse: "O preço de um monopólio é, em qualquer ocasião, o preço mais alto que pode ser obtido", mas ele estava errado. Antoine-Augustin Cournot foi o primeiro a calcular o preço que um monopólio cobrará. Não é o "preço mais alto que pode ser obtido", mas o preço que maximiza o lucro. O trabalho de Cournot só foi valorizado quase um século depois, quando Joan Robinson explicou como um monopólio determina seu preço.

Questões sobre o monopólio se tornaram prementes e pragmáticas na década de 1870, época em que rápidas mudanças tecnológicas e custos cada vez mais baixos de transporte permitiram o surgimento de enormes monopólios nos Estados Unidos. Os monopólios dominaram as indústrias de petróleo, aço, ferrovias, tabaco e até mesmo açúcar. Os impérios industriais cresceram ainda mais.

O sucesso dos monopólios do século XIX levou à criação das leis antitruste norte-americanas – leis que limitam a utilização do poder de mercado. Essas leis têm sido aplicadas para impedir a formação de monopólios e desfazer os monopólios existentes. Elas foram utilizadas na década de 1960 para dar fim a uma conspiração entre a General Electric, a Westinghouse e outras empresas, que fizeram um acordo sobre os preços que praticariam em vez de concorrer umas com a outras. As leis foram utilizadas durante a década de 1980 para aumentar a concorrência na indústria de telecomunicações de longa distância. Mas, apesar das leis antitruste, quase monopólios ainda existem. Dentre os de maior destaque hoje em dia, estão os mercados de chips de computador e sistemas operacionais. Como seus precursores, os quase monopólios de hoje geram enormes lucros. Mas, diferentemente da situação no século XIX, as mudanças tecnológicas que ocorrem nos dias de hoje estão intensificando a força da concorrência. As tecnologias de informação atuais estão criando bens substitutos para serviços que antes não tinham nenhum substituto. A TV por satélite está concorrendo com a TV a cabo, e novas empresas de telefonia estão concorrendo com os monopólios tradicionais da indústria.

Antes

Ganância implacável, exploração tanto de trabalhadores quanto de clientes – essas são as imagens tradicionais dos monopólios e dos efeitos de seu poder de mercado. Essas imagens pareciam uma descrição precisa na década de 1880, quando os monopólios atingiram o ponto máximo de poder e influência. Um monopolista, John D. Rockefeller, construiu sua gigantesca companhia de petróleo, a Standard Oil Company, que em 1879 já refinava 90 por cento do petróleo dos Estados Unidos e controlava toda a capacidade de oleodutos do país.

Hoje

Apesar das leis antitruste que regulam os monopólios, eles ainda existem. Um deles é o monopólio no mercado de televisão a cabo. Em muitas cidades, uma empresa decide quais canais os telespectadores receberão e que preços eles pagarão. Durante a década de 1980, com o advento da tecnologia a satélite e produtores de programas especializados para a TV a cabo, como a CNN e a HBO, as empresas de TV a cabo expandiram suas ofertas. Ao mesmo tempo, elas aumentaram gradualmente os preços, e seus negócios se tornaram muito lucrativos. Mas as mesmas tecnologias que fizeram com que a televisão a cabo fosse lucrativa agora estão desafiando seu poder de mercado. Os serviços de TV por satélite e TV via Internet estão corroendo o monopólio da TV a cabo e levando uma maior concorrência a esse mercado.

Hoje em dia, muitos economistas que estudam a microeconomia utilizam as idéias desenvolvidas por John von Neumann. A teoria dos jogos é a ferramenta preferida. Um economista que tem utilizado bem essa ferramenta e se empenhado muito para aprimorá-la é Drew Fudenberg, da Universidade de Harvard, que você poderá conhecer nas páginas a seguir.

PONTO DE VISTA ECONÔMICO

Drew Fudenberg

Drew Fudenberg é professor de economia da Universidade de Harvard University. Nascido na cidade de Nova York em 1957, ele estudou matemática aplicada em Harvard e economia no MIT., onde obteve seu Ph.D. em 1981. Ele iniciou sua carreira de pesquisador e professor na Universidade da Califórnia, em Berkeley, foi para o MIT. em 1987 e para Harvard em 1993.

O professor Fudenberg é um dos mais importantes estudiosos da teoria dos jogos e tem trabalhado em uma variedade incrivelmente ampla de problemas que surgem nos jogos quando os participantes não têm informações suficientes para jogar do modo que descrevemos no Capítulo 13. Seu trabalho resultou em mais de 60 artigos e dois importantes livros: com Jean Tirole, Game theory *(MIT Press, 1991) e, com David K. Levine,* The theory of learning in games *(MIT Press, 1998).*

Michael Parkin conversou com Drew Fudenberg sobre sua carreira, o potencial da teoria dos jogos e alguns dos resultados de suas pesquisas.

Professor Fudenberg, a graduação em matemática foi uma opção melhor do que a economia para a sua carreira em economia?

A matemática é uma boa preparação para estudos de nível de graduação em economia, em particular para a teoria econômica, em parte porque alguns dos resultados são úteis, mas principalmente porque ela proporciona um bom treino de pensamento abstrato e argumentação sólida.

Entretanto, eu não me formei em matemática, mas em 'matemática aplicada', que em Harvard tem um currículo relativamente flexível que inclui física, ciência da computação e uma área prática que o aluno pode escolher, além da matemática e da matemática aplicada. Na graduação, assisti a tantas aulas de economia quanto de matemática e matemática aplicada juntas. Olhando para trás, dada a evolução dos meus interesses em pesquisa, eu provavelmente deveria ter tido mais aulas de matemática e probabilidade do que tive. Mas eu me graduei com o que provavelmente representa a habilidade em matemática mais importante para um economista: a disposição de pegar um livro para pesquisar novas ferramentas à medida que elas se fazem necessárias.

Por que você decidiu se tornar economista?

Eu gostava muito das aulas de economia do meu curso de graduação. Freqüentando algumas aulas do curso de pós-graduação quando ainda estava me formando, descobri que seria capaz de me sair bem na pós-graduação em economia. Eu tive a sorte de ter professores que me inspiraram profundamente, como Ken Arrow, Howard Raiffa e Michael Spence, e de ter um orientador (Steven Shavell) que me incentivou a pensar na pós-graduação e começar a ler periódicos enquanto me graduava. No último ano, eu já tinha reduzido as minhas possibilidades de carreira a economia ou direito, e decidi por economia naquela primavera.

Os livros (incluindo este) sobre os princípios da economia apresentam a teoria dos jogos como uma ferramenta para a compreensão do comportamento estratégico de oligopó-

lios. Você poderia nos dar alguns exemplos da utilização mais ampla da teoria dos jogos?

A teoria dos jogos é utilizada em muitas áreas da economia. Ela nos ajuda a estudar a credibilidade de um banco central em sua busca de uma política monetária antiinflacionária, o dilema enfrentado por um governo entre aumentar os impostos ou deixar de pagar sua dívida, as negociações entre sindicatos e empresas, as decisões de economias em desenvolvimento de estatizar ativos de propriedade estrangeira, negociações préjulgamento feitas por advogados e atividades de lobby feitas por parte de grupos de interesse.

A teoria dos jogos também é utilizada fora da economia. Cientistas políticos a utilizam para compreender corridas armamentistas e outras decisões estratégicas, e biólogos a utilizam para estudar a dinâmica da evolução e da sobrevivência das espécies.

Alguns economistas acham que a teoria dos jogos é o único jogo que vale a pena. Outros acham que ela não tem um conteúdo empírico. Como você explicaria as realizações e o potencial da teoria dos jogos para um estudante que está começando a estudá-la?

O estado atual da teoria dos jogos está longe da perfeição, mas ela nos ajuda a entender um conjunto muito amplo e importante de situações e fazer projeções sobre esse conjunto. Tudo na economia pode ser visto como um jogo. Não há ganho real em fazer isso no caso de decisões de um único agente (em que não há outros agentes) ou no caso de uma economia perfeitamente competitiva (em que cada agente só se preocupa com o preço de mercado e suas próprias decisões). Mas, em todos os outros casos, a única alternativa a uma análise da teoria dos jogos parece ser nenhuma análise.

> ...a única alternativa a uma análise da teoria dos jogos parece ser nenhuma análise

A teoria dos jogos provou que é uma maneira útil de pensar sobre questões qualitativas tais quais "como uma interação repetida ajuda a sustentar a cooperação" e "como uma empresa dominante em um mercado com externalidades de rede pode explorar sua posição" e é utilizada há muito tempo para motivar e explicar os resultados dos jogos aplicados em pesquisas experimentais da área da economia.

É mais difícil utilizar a teoria dos jogos em estudos econométricos de dados de campo, mas tem sido realizado muito progresso nessa área nos últimos anos, em parte devido ao trabalho de meus colegas Ariel Pakes e Susan Athey.

As origens da verdade por trás da crítica de que a teoria dos jogos "não tem conteúdo empírico" são que (a) mudanças aparentemente pequenas na especificação de um jogo algumas vezes podem levar a grandes mudanças em seu conjunto de equilíbrios e (b), mesmo quando estamos quase certos de que conhecemos o jogo que está sendo jogado, as projeções podem ser menos precisas do que gostaríamos. É claro que as mesmas críticas podem ser feitas em relação a muitos campos de conhecimento, mas devo admitir que tanto a vida acadêmica quanto a vida no mundo real seriam mais simples se essas críticas não fossem verdadeiras.

Nos jogos que você estuda, os jogadores têm conhecimento limitado. Como é possível para os economistas estudar jogos nos quais os jogadores não conhecem os ganhos e não podem prever as ações dos outros jogadores?

O conceito da solução padrão do equilíbrio de Nash diz que a estratégia de cada jogador é a melhor reação às estratégias utilizadas pelos outros. O próprio conceito não diz nada sobre o conhecimento que os jogadores têm do jogo nem sobre quando e como uma jogada pode passar a se assemelhar com um equilíbrio. Em alguns jogos, um raciocínio ponderado por parte de jogadores sofisticados os levará a atingir o equilíbrio na primeira vez em que estão no jogo.

Mas, nas pesquisas experimentais da teoria dos jogos é mais típico que uma jogada comece distante do equilíbrio e se aproxime dele à medida que o jogador obtém mais experiência no jogo. Esse ajuste pode ser o resultado do aprendizado por parte dos participantes humanos que sabem que estão em um jogo, mas isso não é necessário: o equilíbrio de Nash também pode surgir quando os jogadores são agentes geneticamente programados que não pensam, como nos jogos de que participam os genes que os biólogos evolucionários estudam.

Assim, o fato de os agentes não conhecerem o jogo não faz com que a teoria dos jogos seja irrelevante. Contudo, esses processos adaptativos levam tempo e, em muitos cenários, não fica claro se é possível esperar que a jogada observada se aproxime de um equilíbrio.

É relativamente fácil distinguir uma jogada de equilíbrio daquela de não equilíbrio em laboratório, onde o pesquisador controla os ganhos, e é mais difícil fazê-lo com dados de campo nos quais os ganhos fazem parte do que está sendo estimado.

A aplicação empírica da teoria dos jogos tem avançado muito nos últimos anos, mas, em geral, manteve o equilíbrio como uma hipótese. A elaboração de testes empíricos para o equilíbrio é um dos principais problemas em aberto da teoria aplicada dos jogos.

Como alguém conquista uma boa reputação e como isso ajuda a obter um resultado melhor? A boa reputação sempre melhora o resultado?

Para conquistar uma boa reputação por 'fazer x', você simplesmente precisa fazer x a cada oportunidade que tiver! Isso pode ter alguns custos de curto prazo, mas, se você participar desse jogo com muita freqüência e for paciente, poderá valer a pena incorrer nos custos para desenvolver a reputação desejada.

> Para conquistar uma boa reputação por 'fazer x', você simplesmente precisa fazer x a cada oportunidade que tiver!

Por outro lado, um jogador de curto prazo ou impaciente não está disposto a investir em uma reputação. O caso mais simples é o de um único jogador de longo prazo diante de um jogador de curto prazo após outro, em seqüência, com os dois lados escolhendo suas ações simultaneamente a cada rodada e as ações sendo observadas por todos os jogadores subseqüentes. Neste caso, a oportunidade de desenvolver uma reputação não pode prejudicar o jogador de longo prazo e, em geral, o ajuda. As coisas se complicam se há dois ou mais jogadores de longo prazo, cada um tentando desenvolver sua própria reputação, ou se as ações de uma rodada são seqüenciais, e não simultâneas.

Por exemplo, é difícil desenvolver a reputação de "fazer x depois que seu oponente fizer y", se o seu oponente nunca fizer y!

Um de seus primeiros artigos recebeu o intrigante título "O efeito do gato gordo, a manobra do filhote de cachorro e a aparência enxuta e faminta". O que você analisou nesse artigo e o que descobriu?

Os primeiros artigos de Michael Spence e Avinash Dixit demonstraram como uma empresa dominante pode querer 'superinvestir' em capital para induzir um entrante subseqüente ('segundo período') a começar com uma escala menor. A lógica desse raciocínio foi que, ao investir mais em capital, a empresa reduziria seu custo de produção no segundo período, o que a levaria a uma produção maior no segundo período, e isso, por sua vez, levaria o novo concorrente a produzir menos, favorecendo a empresa dominante.

Jean Tirole e eu fizemos uma análise sistemática e desenvolvemos uma taxonomia sobre o modo como uma empresa dominante pode alterar suas decisões de investimento para influenciar o comportamento de um novo concorrente potencial. Identificamos quatro estratégias possíveis e passamos várias semanas em busca de bons nomes para cada uma delas.

Veja a lista: a estratégia do 'cão superior' é aquela estudada por Spence e Dixit, isto é, o dominante investe mais para se tornar grande e forte. No caso da concorrência em produtos, essa estratégia induz o novo concorrente a produzir menos e, ao mesmo tempo, aumenta as chances de ele se manter fora do mercado, de modo que é uma boa estratégia tanto para um acordo de entrada quanto para a inibição da entrada.

A estratégia do 'gato gordo' é fazer um investimento extra para se tornar gordo e não agressivo. Essa estratégia é uma bom modo de fazer um acordo se a manobra não agressiva induz uma reação favorável do novo concorrente, mas nunca é uma boa maneira de inibir a entrada.

A 'manobra do filhote de cachorro' é mais ou menos o oposto: subinvestir para ser pequeno e não ameaçador. Por fim, a 'aparência enxuta e faminta' é se manter enxuto e sovina para intimidar os rivais. Essa estratégia se aplica quando o investimento do primeiro período é em propaganda, e não em capital físico.

Qual conselho você daria a alguém que está apenas começando a estudar a economia? Que outras áreas estão relacionadas à economia? Você teria algumas sugestões de leitura?

Eu li *The worldly philosophers* de Heilbronner no primeiro curso de economia que fiz e ainda gosto da obra como uma visão geral da área. Também recomendo a história econômica de Douglas North, mais especificamente sua *Structure and change in economic history*, e *The unbound Prometheus: technological change and industrial development in Western Europe from 1750 to the present*, de David S. Landes.

Aconselho meus alunos a desenvolver o hábito de dar uma olhada em periódicos como *The Economist*, *Financial Times* e *Wall Street Journal* em busca de artigos interessantes. À medida que alunos avançam mais nos estudos, eles devem se esforçar para ao menos folhear regularmente periódicos de economia para se informar sobre pesquisas correntes e descobrir temas de interesse.

Em termos de disciplinas optativas em outras áreas, aconselho os alunos interessados em um curso de pós-graduação em economia a aprender matemática por meio de um curso de introdução à análise real e fazer um curso de probabilidade e um de estatística. É útil ter alguma familiaridade com a programação de computador, que pode ser adquirida em sala de aula ou não. As outras escolhas vão depender dos interesses dos alunos.

PARTE 5 Falhas de mercado e o governo
CAPÍTULO 14

Regulação e legislação antitruste

Ao término do estudo deste capítulo, você saberá:

▶ Explicar a teoria econômica do governo e como a atividade governamental surge a partir das falhas de mercado e da redistribuição da renda e da riqueza.
▶ Definir regulação e legislação antitruste e distinguir as teorias do interesse social e da captura da regulação.
▶ Explicar como a regulação e a desregulação afetam os preços, a produção, os lucros e a distribuição dos ganhos.
▶ Explicar como a legislação antitruste foi aplicada em uma série de casos importantes e como ela é utilizada hoje.

Interesse social ou interesse pessoal?

Quando você abre a torneira, utiliza o serviço de telefonia local ou consome um medicamento de marca, está comprando de um monopólio regulado. Como essas indústrias são reguladas? Será que essa regulação atua em benefício de todos – para atender ao interesse social – ou serve ao interesse pessoal do produtor?
Alguns anos atrás, a PepsiCo e a 7-Up queriam fazer uma fusão. O mesmo estava sendo planejado pela Coca-Cola e a Dr Pepper. O governo norte-americano impediu essas fusões com suas leis antitruste. Ele utilizou essas mesmas leis para permitir a fusão de grandes bancos e a dissolução da American Telephone and Telegraph Company (AT&T), uma ação que possibilitou a concorrência que se vê hoje no mercado de serviços de telefonia de longa distância nos Estados Unidos.
O governo também utilizou sua legislação antitruste para acusar a Microsoft de monopolização dos mercados de sistemas operacionais de computadores e navegadores da Internet. Na seção "Leitura das entrelinhas", no final do capítulo, examinaremos o poder de mercado das empresas farmacêuticas protegidas por patentes para ver os efeitos da concorrência sobre o mercado de medicamentos.

◊ Este capítulo analisa a regulação e a legislação antitruste elaboradas para limitar o poder de empresas em monopólios e oligopólios e proteger os interesses do consumidor.

A teoria econômica do governo

A teoria econômica do governo explica o papel econômico dos governos, as escolhas econômicas que eles fazem e as conseqüências dessas escolhas.

Os governos existem por duas razões principais. Em primeiro lugar, eles estabelecem e mantêm direitos de propriedade e determinam as regras para a redistribuição da renda e da riqueza. Os direitos de propriedade são as bases sobre as quais todas as atividades do mercado ocorrem. Eles substituem o roubo por um sistema baseado em regras e no cumprimento das leis para redistribuir a renda e a riqueza.

Em segundo lugar, os governos proporcionam mecanismos para a alocação de recursos escassos quando a economia de mercado resulta em ineficiência – uma situação chamada de **falha de mercado**. Quando ocorrem falhas de mercado, são produzidas quantidades grandes demais de algumas coisas e pequenas demais de outras coisas. As escolhas feitas em busca do interesse pessoal não estão de acordo com o interesse social. Com a realocação de recursos, é possível fazer com que algumas pessoas se beneficiem, ao mesmo tempo em que ninguém seja prejudicado.

Neste capítulo e nos próximos, estudaremos cinco problemas econômicos que os governos e a escolhas públicas tentam solucionar. São eles:

- Regulação do monopólio e do oligopólio
- Externalidades
- Fornecimento de bens públicos
- Utilização de recursos comuns
- Redistribuição da renda

Regulação do monopólio e do oligopólio

O *monopólio* e o *oligopólio* podem impedir que os recursos sejam alocados de maneira eficiente. Cada empresa tenta maximizar seu lucro e, quando há monopólio ou oligopólio, as empresas tentam aumentar o lucro restringindo a produção e mantendo o preço alto. Por exemplo, a Microsoft tem um (quase) monopólio no mercado de sistemas operacionais de computadores pessoais, e o preço que ela pode cobrar por uma cópia do Windows excede em muito o custo marginal da produção dessa cópia. Outras práticas, como forçar os consumidores a comprar um sistema operacional e um navegador da Internet em um único pacote, podem ser contra o interesse social, mas também proporcionam um lucro maior à Microsoft.

Os governos regulam o monopólio e o oligopólio e sancionam leis antitruste que impedem a formação de cartéis e outras restrições sobre a concorrência. Estudaremos essas regulações e leis nas próximas seções deste capítulo.

Externalidades

Quando um produtor de substâncias químicas se desfaz (legalmente) de seus detritos em um rio e mata os peixes, isso impõe um custo – chamado de *custo externo* – aos membros de um clube de pesca que pescam ao longo do rio. Quando o proprietário de uma casa planta flores em seu quintal, ele gera um benefício externo para todas as pessoas que passam em frente à casa. Custos externos e benefícios externos nem sempre são levados em consideração pelas pessoas cujas ações os geram. O produtor de substâncias químicas pode não levar em consideração as necessidades do clube de pesca quando decide despejar seus detritos no rio. O proprietário da casa não leva em consideração o benefício aos vizinhos quando decide encher o jardim de flores. Estudaremos as externalidades no Capítulo 15.

O fornecimento de bens públicos

Alguns bens e serviços são consumidos por todos, e ninguém pode ser excluído dos benefícios gerados por eles. Exemplos disso são a defesa nacional, a execução das leis e os serviços de coleta de lixo e tratamento de esgotos. Um sistema de defesa nacional não pode isolar indivíduos e se recusar a protegê-los. Doenças transmitidas pelo ar em razão de esgotos não tratados não favorecem algumas pessoas e atingem outras. Um bem ou serviço consumido por todos é chamado de *bem público*.

A economia de mercado deixa de produzir a quantidade eficiente de bens públicos devido ao *problema do 'carona'*. Todos tentam pegar carona com os outros porque o bem está disponível para todos, independentemente de pagarem ou não por ele.

Apresentaremos uma descrição mais detalhada dos bens públicos e do problema do 'carona' no Capítulo 16 e estudaremos neste capítulo os fatores que influenciam a escala de provisão de bens públicos.

A utilização de recursos comuns

Alguns recursos não pertencem a ninguém, mas são utilizados por todos. Exemplos disso são os peixes no oceano, nos lagos e nos parques nacionais. Todas as semanas, centenas de navios retiram milhares de toneladas de peixes do oceano Atlântico. A conseqüência é que algumas espécies – como o bacalhau do Atlântico – são cada vez mais raras.

A economia de mercado não consegue utilizar os recursos comuns com eficiência porque ninguém tem um incentivo para conservar o que todos os outros podem utilizar sem restrições.

Descreveremos esse problema com mais detalhes no Capítulo 16, quando também revisaremos algumas idéias para lidar com ele.

Redistribuição de renda

A economia de mercado provoca uma distribuição desigual de renda e riqueza, enquanto sistemas de renda mínima e alíquotas progressivas do imposto de renda influenciam a distribuição dos ganhos gerados pela atividade econômica. Já vimos, no Capítulo 6, como os impostos afetam os mercados e criam perdas de peso morto. Analisaremos o papel dos impostos na redistribuição da renda no Capítulo 18, depois de saber como funcionam os mercados de fatores.

Antes de começarmos a estudar esses problemas, que a atividade governamental tenta solucionar, vamos analisar o cenário no qual os governos operam: o 'mercado político'.

Escolha pública e mercado político

O governo é uma organização complexa composta de milhões de indivíduos, cada um com seus próprios objetivos econômicos. As políticas públicas são resultado das escolhas feitas por esses indivíduos. Para analisarem essas escolhas, os economistas desenvolveram uma *teoria da escolha pública* do mercado político.

Os participantes do mercado político, mostrados na Figura 14.1, são:

- Eleitores
- Empresas
- Políticos
- Burocratas

Eleitores Os eleitores são os consumidores do mercado político. Nos mercados de bens e serviços, as pessoas expressam suas preferências por meio de sua disposição de pagar. No mercado político, elas expressam suas preferências por meio de seu voto, contribuições a campanhas e atividades de lobby. A teoria da escolha pública presume que as pessoas apóiam as políticas governamentais que elas acreditam que melhorarão sua situação e se opõem àquelas que acreditam que piorarão sua situação. São as percepções dos eleitores, e não a realidade, que orientam suas escolhas.

Empresas As empresas também são consumidores no mercado político. Elas não expressam suas preferências por meio de voto, mas são a principal fonte de contribuições a campanhas e atividades de lobby. A teoria da escolha pública presume que os empresários apóiam as políticas públicas que beneficiam suas empresas e se opõem àquelas que prejudicam seus interesses. Mais uma vez, são as percepções, e não a realidade, que orientam suas escolhas.

Figura 14.1 O mercado político

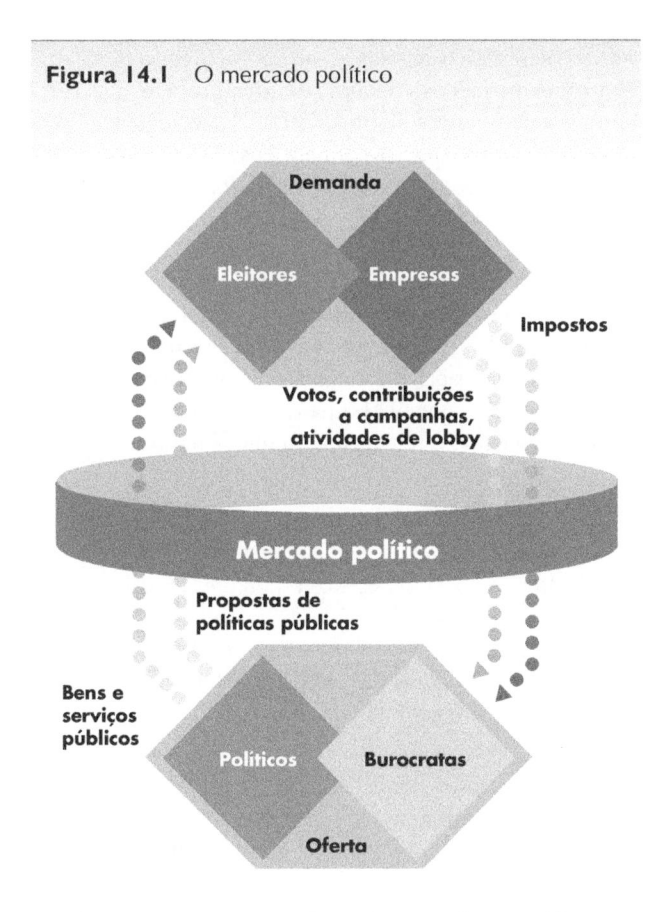

Os eleitores expressam sua demanda por políticas públicas por meio de seu voto e, junto com as empresas, fazem contribuições a campanhas e atividades de lobby. Os políticos propõem políticas públicas que interessam à maioria dos eleitores e às empresas cujas contribuições eles buscam para suas campanhas. Os burocratas tentam maximizar o orçamento dos órgãos públicos. Um equilíbrio político é uma situação na qual nenhum grupo pode melhorar sua condição ao fazer uma escolha diferente.

Políticos Os políticos são os 'empresários' do mercado político. A teoria da escolha pública presume que o objetivo de um político é se eleger e se manter no cargo. Os votos para um político são como o lucro econômico para uma empresa. Para conseguir votos suficientes, os políticos propõem políticas públicas que eles esperam que atrairão a maioria dos eleitores. Mas as campanhas eleitorais são operações que têm um alto custo. Desta maneira, os políticos também levam em consideração a demanda das empresas que proporcionam a maior parte dos fundos que são utilizados para financiar as campanhas.

Burocratas Os burocratas são funcionários de órgãos públicos. Eles são os produtores no mercado político. A teoria da escolha pública presume que os burocratas visam maximizar sua própria utilidade e que, para atingir esse objetivo, tentam maximizar o orçamento dos órgãos públicos para os quais trabalham.

Quanto maior é o orçamento de um órgão público, maior é o prestígio de seu responsável e maior é a oportunidade de promoção para as pessoas em posições inferiores na hierarquia. Desta maneira, todos os funcionários de um órgão público têm interesse em maximizar o orçamento. Para maximizar seu orçamento, os burocratas elaboram programas que esperam ser do interesse dos políticos e os ajudam a explicar esses programas aos eleitores.

Equilíbrio político

Eleitores, empresas, políticos e burocratas fazem escolhas que promovem a obtenção de seus próprios objetivos. Mas cada grupo é restringido pelas preferências dos outros grupos e pelo que é tecnologicamente viável. O resultado das escolhas de eleitores, empresas, políticos e burocratas é um **equilíbrio político**, que é uma situação na qual todas as escolhas são compatíveis e na qual nenhum grupo pode melhorar sua condição fazendo uma escolha diferente.

O equilíbrio político não significa que todos chegaram a um acordo. Alguns políticos e seus partidários dedicam recursos à tentativa de mudar as leis e regulações existentes em benefício próprio. Outros políticos e seus partidários dedicam recursos a uma mudança oposta. Mas nenhum político, burocrata, eleitor ou empresa pensa que vale a pena alterar os recursos que estão dedicando a essas atividades.

QUESTÕES PARA REVISÃO

1. Quais são as duas principais razões para a existência dos governos?
2. O que são falhas de mercado e quais são suas principais fontes? Você consegue pensar em alguns exemplos de falhas de mercado no *campus* onde estuda?
3. Descreva o mercado político. Quem são os consumidores e quem são os fornecedores no mercado político? Como os consumidores 'pagam' aos fornecedores?

O restante deste capítulo estuda as escolhas públicas que fazemos na regulação e no controle do monopólio e do oligopólio.

Regulação do monopólio e do oligopólio

O governo intervém nos mercados de monopólio e oligopólio para influenciar preços, quantidades produzidas e a distribuição dos ganhos resultantes da atividade econômica de duas principais maneiras:

- Regulação
- Legislação antitruste

A **regulação** consiste em regras administradas por uma agência governamental para influenciar a atividade econômica por meio da determinação de preços, padrões e tipos de produto e condições nas quais novas empresas podem entrar em uma indústria.

Legislação antitruste é uma legislação que regula e proíbe alguns tipos de comportamento de mercado, como monopólio e práticas monopolistas.

Antes de descrevermos esses métodos para influenciar o comportamento de empresas, estudaremos a teoria econômica da regulação do monopólio e do oligopólio.

A teoria econômica da regulação

A teoria econômica da regulação do monopólio e do oligopólio é parte da teoria mais ampla da escolha pública que acabamos de rever. Há uma demanda por regulação, uma oferta de regulação e um tipo e uma quantidade de equilíbrio de regulação.

A demanda por regulação Pessoas e empresas demandam por uma regulação que as beneficie e expressam essa demanda por meio da atividade política: votação, atividades de lobby e contribuições a campanhas.

Os consumidores demandam pela regulação que aumente o excedente do consumidor, e as empresas demandam pela regulação que aumente o excedente do produtor. Quanto maior é o número de pessoas ou empresas que podem se beneficiar de uma regulação, maior é a demanda por ela. Mas os números por si nem sempre se traduzem em uma força política eficaz porque é alto o custo de se organizar para a ação política. Uma influência mais poderosa sobre a demanda por regulação é o ganho por pessoa ou por empresa que resulta dela.

A oferta de regulação Os políticos oferecem as regulações que aumentem os fundos para suas campanhas e lhes garantam votos suficientes para conseguir e manter o cargo.

Se uma regulação beneficia um grande número de pessoas e proporciona um benefício suficiente para ser notada, ela oferece um apelo aos políticos e é ofertada. Se uma regulação beneficia um grande número de pessoas mas não proporciona um benefício suficiente por pessoa para ser notada, ela não oferece um apelo aos políticos e não é ofertada.

Se uma regulação beneficia um *pequeno* número de pessoas mas proporciona um benefício suficiente por pessoa, ela também oferece um apelo aos políticos porque os ajuda a obter fundos para suas campanhas provenientes das pessoas que se beneficiaram da regulação.

Equilíbrio de regulação No equilíbrio político, a regulação pode ser do interesse social ou do interesse pessoal de produtores. A **teoria do interesse social** da regulação sustenta que os políticos oferecem as regulações que proporcionam a alocação eficiente de recursos. De acordo com essa visão, o processo político funciona bem, procurando continuamente descobrir situações de perda de peso morto e adotando regulações que a eliminem. Por exemplo, quando existem práticas monopolistas, o processo político adota regulações de preço para assegurar que a produção aumente e os preços diminuam até os níveis competitivos.

A **teoria da captura** da regulação é uma teoria que sustenta que a regulação é definida com base no interesse dos produtores. A principal idéia da teoria da captura é que o custo da organização política é alto e o processo político só oferecerá as regulações que aumentem o excedente de grupos pequenos e facilmente identificáveis que apresentem baixos custos de organização. Essas regulações são ofertadas mesmo que imponham custos sobre os outros, contanto que esses custos sejam divididos o suficiente para não reduzir os votos.

Os políticos liberais tendem a acreditar que a regulação beneficia o interesse social e que, quando não é o caso, empenho e boa vontade suficientes podem assegurar que ela seja alterada. Os políticos conservadores tendem a acreditar que a maior parte da regulação é do interesse pessoal dos produtores e que nenhuma regulação é melhor para o interesse social do que a regulação que já temos.

QUESTÕES PARA REVISÃO

1 Como os consumidores e os produtores expressam sua demanda pela regulação?
2 Quais regulações os políticos oferecem?
3 Faça a distinção entre as teorias do interesse social e da captura, referentes à regulação.

Estudaremos agora as regulação existentes na economia norte-americana atual, examinaremos como elas funcionam e veremos se é possível determinar a quem elas beneficiam.

Regulação e desregulação

Os últimos 25 anos viram enormes mudanças no modo como a economia norte-americana é regulamentada. Examinaremos a seguir algumas delas. Para começar, estudaremos quais aspectos são regulados e qual é o alcance da regulação. Depois nos voltaremos para o processo regulador e examinaremos como os reguladores controlam os preços e outros aspectos do comportamento do mercado. Por fim, veremos as questões mais difíceis e controversas: por que algumas coisas são reguladas e outras não? Quem se beneficia das regulações existentes – os consumidores ou os produtores?

O alcance da regulação

A primeira agência reguladora federal dos Estados Unidos, a Interstate Commerce Commission (ICC – Comissão de Comércio Interestadual), foi criada em 1887 para controlar os preços, os itinerários e a qualidade dos serviços de ferrovias interestaduais. Seu alcance mais tarde foi ampliado para linhas de transporte rodoviário de cargas, linhas de ônibus, tubulações de água e, nos últimos anos, oleodutos. Depois do estabelecimento da ICC, o cenário regulador federal permaneceu estático até os anos da Grande Depressão. Então, na década de 1930, mais agências foram criadas: a Federal Power Commission (Comissão Federal de Energia), a Federal Communications Commission (Comissão Federal de Comunicações), a Securities and Exchange Commission (Comissão de Valores Mobiliários), a Federal Maritime Commission (Comissão Marítima Federal), a Federal Deposit Insurance Corporation (Companhia Federal de Seguro de Depósitos) e, em 1938, a Civil Aeronautical Agency (Agência Aeronáutica Civil), que foi substituída em 1940 pelo Civil Aeronautics Board (Conselho de Aeronáutica Civil). Depois disso, houve outro abrandamento até que foram estabelecidos, na década de 1970, o Copyright Royalty Tribunal (Tribunal dos Direitos Autorais) e a Federal Energy Regulatory Commission (Comissão Reguladora Federal da Energia). Além dessas, há muitas outras comissões reguladoras estaduais e locais.

Em meados da década de 1970, quase um quarto da economia estava sujeito a alguma forma de regulação. As indústrias de eletricidade, gás natural, telefonia, as companhias aéreas, os serviços de transporte rodoviário e as ferrovias eram altamente regulados – sujeitos tanto à regulação de preços quanto à regulação da entrada de novas empresas.

Durante as décadas de 1980 e 1990, um processo de desregulação estimulou a concorrência nas áreas de transmissão de rádio e televisão, telecomunicações, bancos e finanças e todas as formas de transporte (tanto de passageiros quanto de cargas, por via aérea, ferroviária e rodoviária).

O que exatamente as agências reguladoras fazem? Como elas executam as regulações?

O processo de regulação

Apesar de as agências reguladoras variarem em tamanho e alcance e nos aspectos detalhados da vida econômica que elas controlam, todas elas têm características comuns.

Para começar, os burocratas, que são os principais tomadores de decisão em uma agência reguladora, são designados pelo presidente ou pelo Congresso, no caso de agências federais, e pelos governos estaduais e locais. Além disso, todas as agências têm uma equipe permanente de burocratas composta de especialistas na indústria regulada e muitas vezes recrutados das empresas reguladas. As agências têm recursos financeiros, definidos pelo Congresso ou pelo poder legislativo estadual ou local, para cobrir os custos de suas operações.

Em segundo lugar, cada agência adota um conjunto de práticas ou regras operacionais para controlar preços e outros aspectos do desempenho econômico, as quais são baseadas em procedimentos contábeis físicos e financeiros bem definidos, mas extremamente complicados na prática e difíceis de administrar.

Em uma indústria regulada, empresas individuais costumam ter liberdade para determinar a tecnologia que utilizarão, mas não para determinar os preços pelos quais venderão sua produção, as quantidades que venderão ou os mercados a que atenderão. A agência reguladora concede uma certificação para uma empresa atender a determinado mercado com uma linha específica de produtos e estabelece o nível e a estrutura de preços que serão cobrados. Em alguns casos, a agência também determina a escala de produção permitida.

Para analisar a maneira como a regulação funciona, é útil fazer a distinção entre a regulação do monopólio natural e a regulação de cartéis. Começaremos pela regulação do monopólio natural.

Monopólio natural

O *monopólio natural* foi definido no Capítulo 12 como uma indústria na qual uma empresa é capaz de abastecer todo o mercado a um preço inferior ao que duas ou mais empresas podem cobrar. Exemplos de monopólio natural incluem a distribuição local de sinais de televisão a cabo, eletricidade e gás e serviços de transporte ferroviário urbano. Para essas atividades, a maior parte dos custos é fixa e, quanto maior é a produção, menor é o custo médio do monopólio. É muito mais caro ter dois ou mais conjuntos concorrentes de fios, tubulações e linhas de trem atendendo a cada bairro do que ter um único conjunto. (O que é um monopólio natural muda com o tempo, à medida que a tecnologia muda. Com a introdução de cabos de fibra óptica, as empresas de telefonia e TV a cabo podem competir umas com as outras em ambos os mercados, assim, o que antes era um monopólio natural agora está se tornando uma indústria mais competitiva. A TV por satélite também está começando a quebrar o monopólio da TV a cabo.)

Vejamos o exemplo da TV a cabo, mostrado na Figura 14.2. A curva de demanda por TV a cabo é D. A curva de custo marginal da empresa de TV a cabo é CMg. Esse custo marginal é (supostamente) horizontal em $ 10 por consumidor por mês – isto é, o custo de fornecimento de um mês de programação de TV a cabo a cada consumidor adicional é de $ 10. Mas, para atender apenas um cliente, a empresa de TV a cabo deve investir em receptores de sinal de satélite, cabos e equipamento de controle. Esses altos custos de capital significam que a empresa tem economias de escala. Sua curva de custo médio de longo prazo (CMe_{LP}) se inclina para baixo porque, à medida que o número de consumidores atendidos aumenta, o custo de capital é dividido entre um número maior de consumidores. (Para relembrar o custo de longo prazo e economias de escala, veja o Capítulo 10.)

Regulação de acordo com o interesse social Como a TV a cabo será regulada de acordo com a teoria do interesse social? De acordo com essa teoria, a regulação maximiza o excedente total (a soma do excedente do consumidor com o excedente do produtor), que ocorre se o custo marginal é igual ao preço. Como podemos observar na Figura 14.2, esse resultado ocorre se o preço é regulado em $ 10 por consumidor por mês e se 8 milhões de consumidores são atendidos. Uma regulação como essa é chamada de regra do custo marginal para a determinação de preços. Uma **regra do custo marginal para a determinação de preços** estabelece o preço como equivalente ao custo marginal. Ela maximiza o excedente total na indústria regulada.

Um monopólio natural regulado para que o preço seja igual ao custo marginal incorre em perda econômica. Como a curva de custo médio é descendente, o custo mar-

Figura 14.2 Monopólio natural: determinação de preços no custo marginal

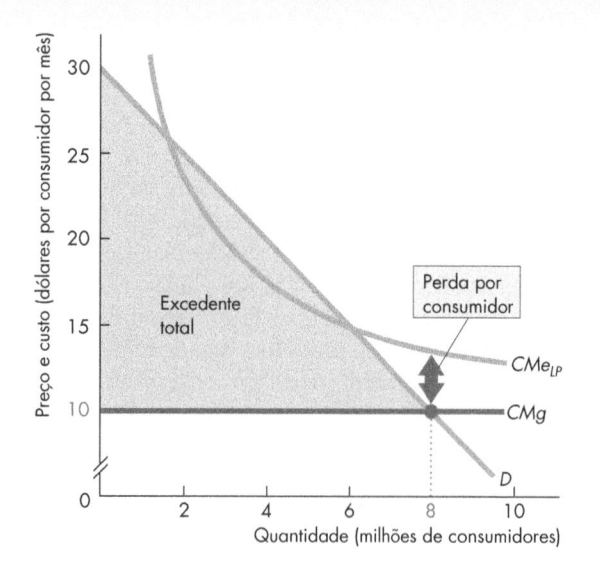

Um monopólio natural é uma empresa com economias de escala que lhe permitem abastecer todo o mercado ao menor custo possível. Uma operadora de TV a cabo está diante da curva de demanda D. O custo marginal da empresa é constante em $ 10 por consumidor ao mês, como mostra a curva CMg. Com economias de escala, a curva de custo médio de longo prazo, CMe_{LP}, se inclina para baixo. Uma regra do custo marginal para a determinação de preços estabelece o preço em $ 10 por mês, com 8 milhões de consumidores atendidos. O excedente do consumidor é mostrado pela área cinza-claro. A empresa incorre em uma perda para cada consumidor, indicada pela seta cinza-escuro. Para continuar no negócio, a empresa deve praticar a discriminação de preços, utilizar uma tarifa de duas partes ou receber um subsídio.

ginal é menor que o custo médio. Adicionalmente, como o preço é igual ao custo marginal, o preço é mais baixo que o custo médio. O custo médio menos o preço é a perda por unidade produzida. É evidente que uma empresa que deva utilizar uma regra do custo marginal para a determinação de preços não ficará no negócio por muito tempo. Como uma empresa pode cobrir seus custos e, ao mesmo tempo, operar em conformidade com uma regra do custo marginal para a determinação de preços?

Uma possibilidade é a discriminação de preços (veja o Capítulo 12). Outra é a utilização de um preço de duas partes (chamado de tarifa de duas partes). Por exemplo, empresas de telefonia local podem cobrar dos consumidores uma taxa mensal para eles ficarem conectados ao sistema telefônico e cobrar um preço igual ao custo marginal por ligação local. Uma operadora de TV a cabo pode cobrar uma taxa de conexão que cubra sua perda por unidade e depois cobrar uma taxa mensal igual ao custo marginal.

Se um monopólio natural não consegue cobrir seu custo total com o preço cobrado de seus clientes e se o governo quer que ele siga uma regra do custo marginal para a determinação de preços, o governo deve dar um subsídio à empresa. Neste caso, o governo aumenta a receita para o subsídio cobrando impostos de alguma outra atividade, mas, como vimos no Capítulo 6, os próprios impostos geram perda de peso morto.

A perda de peso morto resultante de impostos adicionais deve ser subtraída da eficiência obtida ao forçar o monopólio natural a operar de acordo com uma regra do custo marginal para a determinação de preços.

É possível minimizar a perda de peso morto permitindo que o monopólio natural cobre um preço mais alto que o custo marginal e não submetendo algum outro setor da economia a impostos para subsidiar o monopólio natural. Um acordo de preço como esse é chamado de regra do custo médio para a determinação de preços. Uma **regra do custo médio para a determinação de preços** estabelece o preço como equivalente ao custo médio. A Figura 14.3 mostra a solução da determinação de preços no custo médio. A operadora de TV a cabo cobra $ 15 por mês e atende 6 milhões de consumidores. Isso resulta em uma perda de peso morto, mostrada pelo triângulo hachurado na figura.

As regras do custo marginal para a determinação de preços e do custo médio para a determinação de preços que acabamos de examinar são mais fáceis de formular do que de implementar. O principal obstáculo à sua implementação é o fato de o regulador saber menos do que a empresa regulada sobre o custo da produção.

O regulador não observa diretamente os custos da empresa e não sabe com que empenho a empresa está tentando minimizar o custo. Por essa razão, os reguladores utilizam uma destas duas regras práticas:

Figura 14.3 Monopólio natural: determinação de preços no custo médio

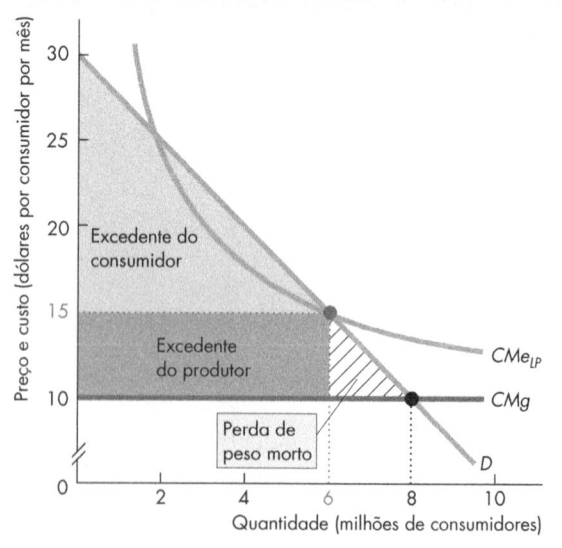

A determinação de preços no custo médio estabelece o preço como equivalente ao custo médio. A operadora de TV a cabo cobra $ 15 por mês e atende 6 milhões de consumidores. Nessa situação, a empresa tem lucro nulo – o custo médio é igual ao preço. É gerada uma perda de peso morto, mostrada pelo triângulo hachurado. O excedente do consumidor é reduzido à área cinza-claro.

- Regulação da taxa de retorno
- Regulação de preço máximo

Veremos a seguir se essas regras atendem ao interesse social ou ao interesse pessoal do produtor.

Regulação da taxa de retorno Com a **regulação da taxa de retorno**, uma empresa regulada deve justificar seu preço demonstrando que ele lhe permite obter uma meta de retorno percentual sobre seu capital. A meta de taxa de retorno é especificada de acordo com o que é considerado normal em indústrias competitivas. Essa taxa de retorno é parte do custo de oportunidade do monopólio natural e parte do custo médio da empresa.

Se o regulador pudesse observar o custo total da empresa e também se certificar de que a empresa minimizou o custo total, ele só aceitaria da empresa uma proposta de preço que fosse equivalente à determinação de preços no custo médio.

O resultado seria como o mostrado na Figura 14.3, em que o preço regulado é $ 15 por mês e 6 milhões de indivíduos são atendidos. Neste caso, a regulação da taxa de retorno resultaria em um preço que favorecesse o consumidor e impedisse o produtor de maximizar o lucro econômico. O monopólio terá falhado em capturar o regulador, e o resultado será mais próximo do previsto pela teoria do interesse social da regulação.

Mas os administradores de uma empresa regulada podem não minimizar o custo. Se a empresa é regulada para atingir uma meta de taxa de retorno, os administradores têm um incentivo para inflacionar os custos e elevar o preço. Uma maneira de inflacionar os custos da empresa é gastar em insumos que não são estritamente necessários para a produção do bem. Luxo excessivo no trabalho, na forma de escritórios suntuosos, limusines, ingressos gratuitos para jogos de futebol (disfarçados em despesas de relações públicas), aviões da empresa, viagens internacionais caras e entretenimento são maneiras pelas quais os administradores podem inflacionar os custos.

Os administradores também têm um incentivo para utilizar mais capital do que a quantidade eficiente porque, quanto mais capital utilizam, maior é o retorno total que se permite que eles obtenham. Eles também têm um incentivo para fazer lançamentos exagerados de depreciação e de perdas resultantes de inadimplência.

Se a operadora de TV a cabo de nosso exemplo conseguir convencer o regulador de que sua verdadeira curva de custo total médio é aquela chamada de CMe_{LP} (inflacionado) na Figura 14.4, então ele, aplicando o princípio da taxa de retorno normal, aceitará o preço proposto pela empresa de $ 20 por mês. Nesse exemplo, o preço e a quantidade serão os mesmos que os de um monopólio não regulado.

Regulação de preço máximo Pelas razões que acabamos de analisar, a regulação da taxa de retorno cada vez mais tem sido substituída pela regulação de preço máximo. Uma **regulação de preço máximo** é um teto de preços – uma regra que especifica o preço mais alto que

Figura 14.4 Monopólio natural: custo inflacionado

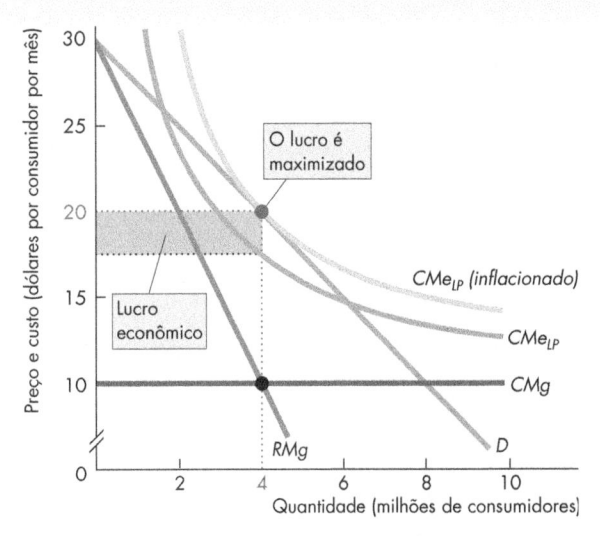

Se a operadora de TV a cabo é capaz de inflacionar seus custos usando a curva CMe_{LP} (inflacionado) e convencer o regulador de que esses são custos mínimos legítimos de produção, a regulação da taxa de retorno resulta em um preço de $ 20 por mês – o preço maximizador de lucro. Na medida em que o produtor pode inflacionar os custos acima do custo médio, o preço aumenta, a produção diminui e a perda de peso morto aumenta.

uma empresa pode determinar. Esse tipo de regulação dá à empresa um incentivo para operar com eficiência e manter os custos sob controle. A regulação de preço máximo se tornou comum nas indústrias de eletricidade e telecomunicações e está substituindo a regulação da taxa de retorno.

Para vermos como o preço máximo funciona, suponhamos que a operadora de TV a cabo de nosso exemplo esteja sujeita a esse tipo de regulação. A Figura 14.5 mostra o que acontece.

Sem a regulação, a empresa maximiza o lucro atendendo 4 milhões de consumidores e cobrando um preço de $ 20 por mês. Se é determinado um preço máximo de $ 15 por mês, a empresa recebe permissão de vender qualquer quantidade que escolher a esse preço ou menos. Com 4 milhões de consumidores, a empresa passa a incorrer em perda econômica. Ela pode reduzir a perda *aumentando* a produção para 6 milhões de consumidores. No entanto, para atender mais de 6 milhões de consumidores, a empresa teria de reduzir o preço e incorrer em perda econômica. Desse modo, a quantidade maximizadora de lucro é de 6 milhões de consumidores – o mesmo que na determinação de preços no custo médio.

Observe que um preço máximo em monopólio reduz o preço e aumenta a produção. Esse resultado representa um acentuado contraste com o efeito de um preço máximo em um mercado competitivo, como vimos no Capítulo 6. A razão para isso é que, em um monopólio não regulado, a produção maximizadora de lucro é menor que a produção competitiva, e a regulação do preço máximo reproduz as condições de um mercado competitivo.

Figura 14.5 Regulação de preço máximo do monopólio natural

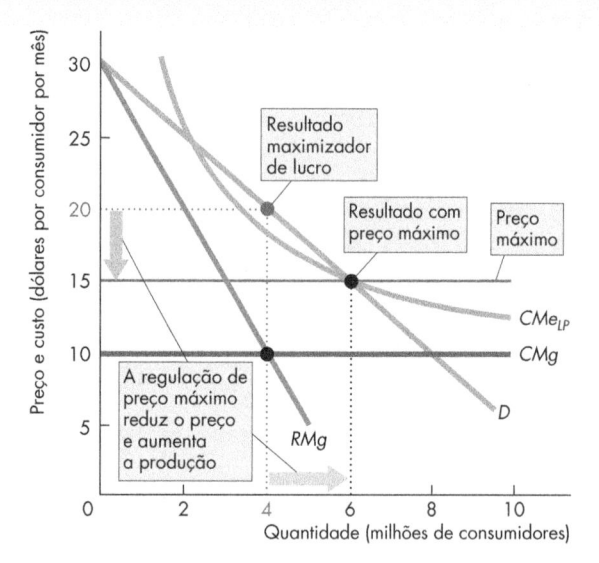

Se a operadora de TV a cabo está sujeita a uma regulação de preço máximo, este limita o preço que pode ser cobrado. Ao atender menos de 6 milhões de consumidores, a empresa incorre em perda econômica. Ao atender mais de 6 milhões de consumidores, a empresa também incorre em perda econômica. Somente com uma produção de 6 milhões é que a empresa pode obter lucro nulo. A empresa tem um incentivo para reduzir ao máximo os custos e para produzir a quantidade demandada ao preço máximo.

Na Figura 14.5, o preço máximo resulta em uma determinação de preços no custo médio. Na prática, o regulador pode definir um teto alto demais. Por esse motivo, a regulação de preço máximo é freqüentemente combinada com a **regulação da distribuição dos ganhos**, que estabelece que, se os lucros de uma empresa estão acima de determinado nível, eles devem ser compartilhados com os clientes da empresa.

O regulador também pode definir um preço baixo demais. Se isso ocorre, pode haver uma escassez, como aconteceu na indústria de energia elétrica da Califórnia em 2001.

Interesse social ou captura na regulação do monopólio natural?

Não fica claro se a regulação do monopólio natural produz preços e quantidades que correspondem mais estreitamente às previsões da teoria da captura ou da teoria do interesse social. Mas um aspecto é claro: a regulação do preço não requer que os monopólios naturais utilizem a regra do custo marginal para a determinação de preços. Se requeresse, a maioria dos monopólios naturais incorreria em perdas e teria de receber pesados subsídios do governo para permanecer no negócio.

Uma exceção a isso é o caso de muitas empresas de telefonia que utilizam a determinação de preços no custo marginal. Elas cobrem seu custo total cobrando uma taxa fixa a cada mês para que os consumidores fiquem conectados ao sistema e permitem que cada ligação seja feita pelo custo marginal delas – zero.

Um teste para verificar se a regulação do monopólio natural está de acordo com o interesse social ou com o interesse pessoal do produtor é analisar as taxas de retorno obtidas pelos monopólios naturais regulados. Se essas taxas de retorno são significativamente mais altas do que as do restante da economia, então, em certo grau, o regulador pode ter sido capturado pelo produtor. Se as taxas de retorno das indústrias monopolistas reguladas são similares às do restante da economia, não podemos dizer com certeza se o regulador foi capturado, pois desconhecemos a extensão na qual os custos foram inflacionados pelos administradores das empresas reguladas.

A Tabela 14.1 mostra as taxas de retorno nos monopólios naturais regulados e as taxas de retorno médias da economia norte-americana nas décadas de 1960 e 1970. Na década de 1960, as taxas de retorno nos monopólios naturais regulados estavam abaixo da média da economia; na década de 1970, esses retornos excediam a média da economia. Em geral, as taxas de retorno obtidas pelos monopólios naturais regulados não eram muito diferentes daquelas do restante da economia. Com isso, podemos concluir que a regulação do monopólio natural de fato atende, até certo ponto, ao interesse social ou que os administradores do monopólio natural inflacionam seus custos em quantias suficientemente grandes para encobrir o fato de eles terem capturado o regulador e de que não se está atendendo ao interesse social.

Um último teste para verificar se a regulação do monopólio natural está de acordo com o interesse social ou com o interesse pessoal do produtor é analisar as variações do excedente do consumidor e do excedente do produtor que se seguem à desregulação. Os microeconomistas pesquisaram a questão, e suas conclusões estão resumidas na Tabela 14.2. No caso da desregulação das estradas de ferro nos Estados Unidos, que ocorreu na década de 1980, tanto os consumidores quanto os produtores ganharam – e muito. Os ganhos resultantes da desregulação das telecomunicações e da televisão a cabo foram menores e se originaram apenas para os consumidores. Essas descobertas sugerem que a regulação das ferrovias prejudicava a todos, ao passo que a regulação das telecomunicações e da televisão a cabo prejudicava somente o consumidor.

Tabela 14.1 Taxas de retorno em monopólios regulados

Indústria	Taxas de retorno	
	1962–69	1970–77
Eletricidade	3,2	6,1
Gasolina	3,3	8,2
Ferrovias	5,1	7,2
Média das indústrias acima	3,9	7,2
Média da economia	6,6	5,1

Fonte dos dados: Paul W. MacAvoy, *The regulated industries and the economy.* Nova York: W.W. Norton, 1979, p. 49-60.

Tabela 14.2 Ganhos proporcionados pela desregulação dos monopólios naturais

Indústria	Aumento do excedente do consumidor	Aumento do excedente do produtor	Aumento do excedente total
	(bilhões de dólares de 1990)		
Ferrovias	8,5	3,2	11,7
Telecomunicações	1,2	0,0	1,2
Televisão a cabo	0,8	0,0	0,8
Total	10,5	3,2	13,7

Fonte dos dados: Clifford Winston, "Economic deregulation: days of reckoning for microeconomists", *Journal of Economic Literature*, v. 31, set. 1993, p. 1263-1289, e cálculos do autor.

Acabamos de estudar a regulação do monopólio natural. Vamos examinar agora a regulação do oligopólio – a regulação de cartéis.

Regulação de cartéis

Um *cartel* é um acordo de colusão entre algumas empresas com a finalidade de restringir a produção e proporcionar um lucro maior para os membros do cartel. Os cartéis são ilegais na maioria dos países. Entretanto, em algumas situações, cartéis internacionais podem operar legalmente, como no caso do cartel internacional de produtores de petróleo, conhecido como Opep (Organização dos Países Exportadores de Petróleo).

Cartéis ilegais podem surgir em indústrias de oligopólio. Um oligopólio é uma estrutura de mercado na qual algumas empresas competem entre si. Estudamos o oligopólio (e o duopólio – duas empresas competindo por um mercado) no Capítulo 13, no qual vimos que, se as empresas conseguem fazer um acordo de colusão e se comportar como um monopólio, elas podem praticar o mesmo preço e vender a mesma quantidade total que uma empresa monopolista. Mas também descobrimos que, em uma situação como essa, cada empresa ficará tentada a trapacear, aumentando sua própria produção e seu lucro à custa das outras empresas. O resultado de uma trapaça no acordo de colusão é a aproximação do equilíbrio do monopólio e o surgimento de um resultado competitivo com lucro econômico zero para os produtores. Um resultado como esse beneficia os consumidores à custa dos produtores.

Como o oligopólio é regulado? Será que a regulação impede ou incentiva as práticas do monopólio? De acordo com a teoria do interesse social, o oligopólio é regulado para assegurar um resultado competitivo. De acordo com a teoria da captura, os reguladores do oligopólio são capturados pelas empresas e a regulação permite que elas obtenham lucro econômico e operem em detrimento do interesse social.

Vamos examinar esses dois resultados possíveis no mercado oligopolista de transporte rodoviário de tomates do Vale San Joaquin para Los Angeles, ilustrado na Figura 14.6. A curva de demanda do mercado por viagens é *D*. A curva de custo marginal da indústria – e a curva de oferta competitiva – é *CMg*.

Se essa indústria for regulada de acordo com o interesse social, o preço será determinado de tal maneira que o benefício marginal social seja igual ao custo marginal. O preço será de $ 20 por viagem, e serão feitas por semana 300 viagens. Uma regulação de preço máximo de $ 20 por viagem proporcionaria esse resultado.

Como essa indústria seria regulada de acordo com a teoria da captura? A regulação que esteja de acordo com o interesse pessoal do produtor maximizará o lucro. Para calcularmos o resultado nesse caso, precisamos identificar o preço e a quantidade quando o custo marginal é igual à receita marginal. A curva de receita marginal é *RMg*. Desta maneira, o custo marginal é igual à receita marginal com 200 viagens por semana. O preço de uma viagem é de $ 30.

Uma maneira de obter esse resultado é instituir um limite de produção para cada empresa da indústria. Se há 10 empresas de transporte, um limite de produção de 20 viagens por empresa garante que o número total de viagens

Figura 14.6 Oligopólio com colusão

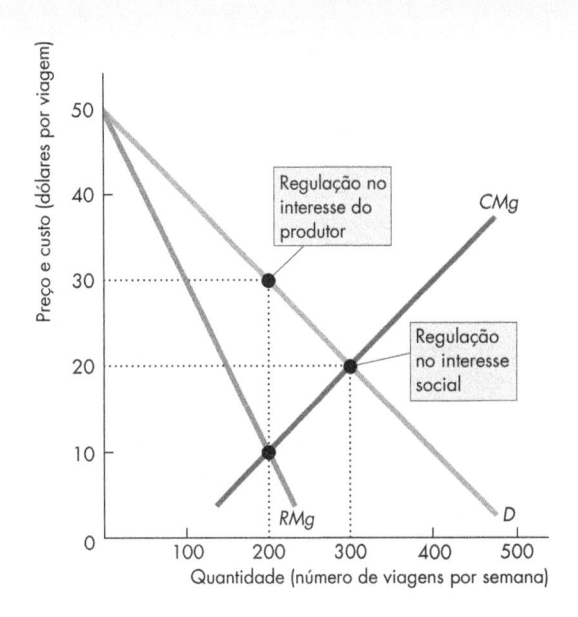

Dez empresas de transporte levam tomates do Vale San Joaquin para Los Angeles. A curva de demanda é *D*, e a curva de custo marginal da indústria é *CMg*. Em concorrência, a curva *CMg* é a curva de oferta da indústria. Se a indústria for competitiva, o preço de uma viagem será de $ 20, e serão feitas 300 viagens a cada semana. Os produtores demandarão uma regulação que restrinja a entrada e limite a produção a 200 viagens por semana, situação na qual a receita marginal da indústria (*RMg*) é igual ao custo marginal da indústria (*CMg*). Essa regulação aumenta o preço para $ 30 por viagem e resulta em lucro máximo para cada produtor – como que em um monopólio.

em uma semana seja de 200. Podem ser impostas penalidades para assegurar que nenhum produtor exceda esse limite.

Todas as empresas da indústria apoiariam esse tipo de regulação porque isso as ajudaria a evitar trapaças e a manter um resultado de monopólio. Cada empresa sabe que, sem o cumprimento das cotas de produção, há um incentivo para aumentá-la. (Para cada empresa, o preço excede o custo marginal, de modo que uma produção maior leva a um lucro maior.) Assim, cada empresa deseja um método para evitar que a produção seja superior ao nível maximizador de lucro da indústria, e as cotas determinadas pela regulação atingem esse objetivo. Com esse tipo de regulação, o regulador permite que um cartel opere legalmente e em seu próprio interesse.

Interesse social ou captura na regulação do cartel?

O que uma regulação de cartel faz na prática? Algumas regulações beneficiam o produtor. Nos Estados Unidos, quando a Interstate Commerce Commission (Comissão de Comércio Interestadual) regulou o transporte de cargas, os produtores obtiveram repetidamente lucros econômicos. Além disso, por meio da formação de um sindicato forte, os motoristas de caminhão capturaram grande parte do excedente do produtor.

Outras regulações beneficiam tanto o produtor quanto o consumidor. Quando o Civil Aeronautics Board (Conselho de Aeronáutica Civil) regulou as companhias aéreas norte-americanas, elas obtiveram lucros econômicos. No entanto, competiam entre si em termos de qualidade, o que aumentou os custos e acabou reduzindo os lucros.

A Tabela 14.3 fornece algumas evidências que sustentam a conclusão de que a regulação aumentou os lucros nas indústrias de transporte rodoviário de cargas e transporte aéreo. Se a regulação assegurasse um resultado competitivo, as taxas de retorno em oligopólios regulados não seriam mais altas do que as da economia como um todo. Como mostram os números da Tabela 14.3, na década de 1960 as taxas de retorno para companhias aéreas e empresas de transporte rodoviário de cargas eram aproximadamente o dobro da taxa de retorno média da economia. Na década de 1970, a taxa de retorno da indústria de transporte rodoviário de cargas permaneceu acima da média da economia (mas em uma margem menor do que a da década de 1960). As taxas de retorno de companhias aéreas na década de 1970 diminuíram para menos do que a média da economia. O panorama geral que surge da análise dos dados sobre as taxas de retorno não é claro. A regulação do oligopólio nem sempre resulta em lucro mais alto, mas há muitas situações nas quais isso ocorre.

Evidências adicionais sobre a regulação de cartéis e oligopólios podem ser obtidas do desempenho dos preços e lucros após a desregulação. Se, depois da desregulação, os preços e os lucros diminuem, então, em certo grau, a regulação deve estar atendendo ao interesse pessoal do produtor.

Por outro lado, se os preços e os lucros permanecem constantes ou aumentam depois da desregulação, pode-se presumir que a regulação está atendendo ao interesse social. Como tem havido uma quantidade substancial de desregulação nos últimos anos, podemos utilizar esse teste da regulação de oligopólios para verificar qual das duas teorias correspondem mais aos fatos.

As evidências não são claras, mas, no caso das indústrias de transporte aéreo e transporte rodoviário de cargas, os dois principais oligopólios que sofreram desregulação, os preços diminuíram e houve um grande aumento no volume de negócios. A Tabela 14.4 resume os efeitos estimados da desregulação do transporte aéreo e do transporte rodoviário de cargas sobre o excedente do consumidor, o excedente do produtor e o excedente total. A maioria dos ganhos foi no excedente do consumidor. No caso das companhias aéreas, houve também um ganho no excedente do produtor.

No entanto, a tabela mostra que, na indústria de transporte rodoviário de cargas, o excedente do produtor diminuiu quase $ 5 bilhões ao ano. Esse resultado indica que a regulação da indústria de transporte rodoviário de cargas beneficiava o produtor ao restringir a concorrência e permitir que os preços fossem mais altos do que seus níveis competitivos.

Fazendo previsões

A maioria das indústrias tem poucos produtores e muitos consumidores. Nessa situação, a teoria da escolha pública prevê que a regulação protege os interesses do pro-

Tabela 14.3 Taxas de retorno em oligopólios regulados

Indústria	Taxas de retorno	
	1962–69	1970–77
Transporte aéreo	12,8	3,0
Transporte rodoviário de cargas	13,6	8,1
Média da economia	**6,6**	**5,1**

Fonte dos dados: Paul W. MacAvoy, *The regulated industries and the economy.* Nova York: W.W. Norton, 1978, p. 49-60.

Tabela 14.4 Ganhos proporcionados pela desregulação dos oligopólios

Indústria	Ganhos no excedente do consumidor	Ganhos no excedente do produtor	Ganhos no excedente total
(bilhões de dólares de 1990)			
Transporte aéreo	11,8	4,9	16,7
Transporte rodoviário de cargas	15,4	–4,8	10,6
Total	27,2	0,1	27,3

Fonte dos dados: Clifford Winston, "Economic deregulation: days of reckoning for microeconomists", *Journal of Economic Literature,* v. 31, set. 1993, p. 1263-1289, e cálculos do autor.

dutor e que os políticos são recompensados com contribuições para sua campanha, em vez de votos. Mas há situações nas quais o interesse do consumidor prevalece. Também há casos nos quais o ganho passa do produtor para o consumidor, como vimos no processo de desregulação que teve início no fim da década de 1970 nos Estados Unidos.

A desregulação ocorreu por três motivos principais. Para começar, os economistas ficaram mais confiantes e com voz mais ativa na previsão dos ganhos resultantes da desregulação. Em segundo lugar, um grande aumento dos preços da energia na década de 1970 elevou o custo da regulação para os consumidores. Esse aumento de preços fez com que a regulação no setor de transporte tivesse um custo extremamente alto e alterou o equilíbrio político a favor dos consumidores. Em terceiro lugar, a mudança tecnológica deu fim a alguns monopólios naturais. Novas tecnologias permitiram que pequenos produtores oferecessem serviços de telefonia de longa distância a um custo baixo. Esses produtores queriam uma participação nos negócios – e nos lucros – da AT&T. Além disso, à medida que as tecnologias de comunicação melhoram, o custo da comunicação diminui, bem como o custo da organização de grupos maiores de consumidores.

Se essa linha de raciocínio estiver correta, haverá, no futuro, mais regulações e desregulações que estejam de acordo com o interesse social.

QUESTÕES PARA REVISÃO

1. Quando as regulações começaram a ser impostas nos Estados Unidos, o que era regulado? Quando a desregulação começou a se consolidar?
2. Por que um monopólio natural precisa ser regulado?
3. Qual regra de determinação de preços permite que um monopólio natural opere de acordo com o interesse social e por que essa regra é difícil de implementar?
4. Como funciona a regulação da taxa de retorno e quais problemas ela causa?
5. Como funciona a regulação de preço máximo? Ela foi elaborada para solucionar quais problemas?
6. Como os cartéis podem ser regulados visando ao interesse social?

Vamos agora abandonar a regulação e nos voltar, para o outro método de intervenção nos mercados: a legislação antitruste.

Legislação antitruste

A legislação antitruste proporciona uma maneira alternativa de o governo influenciar o mercado. Como no caso da regulação, a legislação antitruste pode ser formulada de acordo com o interesse social, para maximizar o excedente total, ou de acordo com interesses privados, para maximizar o excedente de grupos de interesse especial, como os produtores.

As leis antitruste

A primeira legislação antitruste dos Estados Unidos, a Lei Sherman, foi promulgada em 1890 em uma atmosfera de indignação e repulsa pelas ações e práticas de J. P. Morgan, John D. Rockefeller e W. H. Vanderbilt – os chamados barões do roubo. Ironicamente, as histórias mais chocantes sobre as ações desses grandes capitalistas norte-americanos não se referem à monopolização e exploração dos consumidores, mas às suas agressivas práticas, um contra os outros. De qualquer maneira, de fato foram criados monopólios – por exemplo, o controle da indústria de petróleo por John D. Rockefeller.

Uma onda de aquisições no início do século XX originou leis antitruste mais rigorosas. A Lei Clayton, de 1914, complementou a Lei Sherman, e foi criada a Federal Trade Commission (FTC – Comissão Federal de Comércio), uma agência responsável pela execução das leis antitruste.

A Tabela 14.5 resume as duas principais disposições da Lei Sherman. A Seção 1 da lei é precisa: é ilegal conspirar com outros para restringir a concorrência. Mas a Seção 2 é genérica e imprecisa. O que é exatamente uma "tentativa de monopolizar"? A Lei Clayton e suas duas emendas, a Lei Robinson-Patman, de 1936, e a Lei Celler-Kefauver, de 1950, que declaram a ilegalidade de práticas específicas, proporcionaram uma precisão maior. A Tabela 14.6 descreve essas práticas e resume as principais disposições dessas três leis.

Três polêmicas sobre a política antitruste

O preço determinado por um acordo é *sempre* uma violação da legislação antitruste. Se a Justiça dos Estados Unidos puder provar a existência do acordo, um réu não tem como oferecer uma justificativa aceitável. No entanto, outras práticas são mais controversas e geram polêmica entre legisladores antitruste e economistas. Vamos analisar três delas:

- Sustentação do preço de venda
- Vendas casadas
- Preços predatórios

Sustentação do preço de venda. A maioria dos produtores vende indiretamente seus produtos ao consumidor final por meio de um sistema de distribuição de atacado e

Tabela 14.5 A Lei Sherman, de 1890

Seção 1:
Todo contrato, coalizão na forma de truste ou qualquer outra forma ou conspiração, para restringir o comércio entre os vários estados ou com nações estrangeiras, são por meio desta declarados ilegais.
Seção 2:
Toda pessoa que exerça monopólio, tente exercer monopólio ou promova coalizões ou conspirações com outra pessoa ou outras pessoas, para monopolizar qualquer parte do comércio entre os vários estados ou com nações estrangeiras, será considerada culpada de crime.

Tabela 14.6	A Lei Clayton e suas emendas
Lei Clayton	1914
Lei Robinson-Patman	1936
Lei Celler-Kefauver	1950

Essas leis proíbem as práticas a seguir *somente se* reduzirem substancialmente a concorrência ou criarem um monopólio:

1. Discriminação de preços.
2. Contratos que requeiram que outros bens sejam comprados da mesma empresa (chamados de *vendas casadas*).
3. Contratos que requeiram que uma empresa compre toda a quantidade necessária de um item específico de uma única empresa fornecedora (chamados de *contratos de exclusividade de fornecimento*).
4. Contratos que impeçam uma empresa de vender itens concorrentes (chamados de *contratos de exclusividade*).
5. Contratos que impeçam um comprador de revender um produto fora de uma área especificada (chamados de *confinamento territorial*).
6. Aquisição de ações ou ativos de um concorrente.
7. Um profissional que se torna membro do conselho de administração de uma empresa concorrente.

varejo. A **sustentação do preço de venda** ocorre quando um produtor concorda com um distribuidor em relação ao preço pelo qual o produto será vendido ao consumidor.

Os *acordos* de sustentação do preço de venda (também chamados de acordos verticais) são ilegais conforme a Lei Sherman. Mas não é ilegal que um produtor se recuse a abastecer um varejista que não aceite orientações sobre qual deveria ser o preço.

Será que a sustentação do preço de venda gera uma utilização eficiente ou ineficiente dos recursos? Os economistas se dividem quanto a essa questão.

A sustentação do preço de venda é ineficiente se permite que os revendedores operem um cartel e alterem o preço de monopólio. Mas a sustentação do preço de venda pode ser eficiente se permite que um produtor induza os revendedores a fornecer o padrão eficiente de serviço na venda de um produto. Suponha, por exemplo, que a produtora de cosméticos SilkySkin queira que as lojas criem um espaço convidativo para expor e demonstrar a utilização de seu novo creme hidratante incrivelmente eficaz. Com a sustentação do preço de venda, a SilkySkin pode oferecer a todos os varejistas os mesmos incentivos e remuneração. Sem a sustentação do preço de venda, algumas lojas cuja estratégia se baseia na redução dos preços podem oferecer os produtos da SilkySkin a um valor tão baixo que as lojas com caros expositores não conseguirão vender nenhum produto.

Vendas casadas Uma **venda casada** é um acordo para vender um produto somente se o comprador concordar em comprar outro produto. Com a venda casada, a única maneira pela qual um comprador pode obter um produto é também comprar o outro produto. Imagine que alguém comprou um livro que lhe dê acesso ao site Web dessa obra.

Se a única maneira de comprar o acesso ao site Web fosse comprar o livro, esses produtos estariam sendo vinculados um ao outro pela prática da venda casada. (Não é possível comprar o livro, novo, sem o site Web, mas é possível comprar o acesso ao site Web sem o livro, de modo que os produtos na verdade não são vinculados.)

As editoras de livros ganhariam mais dinheiro se praticassem a venda casada do livro e do acesso ao site Web? A resposta é: algumas vezes, mas nem sempre. Suponha que haja alunos dispostos a pagar $ 40 por um livro e $ 10 pelo acesso a um site Web. A editora pode vender esses itens separadamente por esses preços ou vinculados por $ 50. A editora não ganha com a vinculação.

Agora suponha que só a metade dos estudantes esteja disposta a pagar $ 40 por um livro e $ 10 pelo acesso ao site Web, e a outra metade esteja disposta a pagar $ 40 pelo acesso ao site Web e $ 10 por um livro. Nesse caso, se os dois itens forem vendidos separadamente, a editora poderá cobrar $ 40 pelo livro e $ 40 pelo acesso ao site Web. Metade dos estudantes compra o livro, mas não o acesso ao site Web, e a outra metade compra o acesso ao site Web, mas não o livro. No entanto, se o livro e o site Web forem vinculados por $ 50, todos compram o pacote, e a editora recebe $ 10 adicionais por estudante. Nesse caso, a vinculação permite que a editora pratique a discriminação de preços.

Preços predatórios A prática dos **preços predatórios** é a determinação de um preço baixo para forçar os concorrentes a sair do negócio com a intenção de retornar ao preço de monopólio quando a concorrência tiver sido eliminada. A empresa de petróleo Standard Oil Company, de John D. Rockefeller, foi a primeira a ser acusada dessa prática na década de 1890, e tem sido citada em casos antitruste desde então. É fácil verificar que a prática dos preços predatórios é uma idéia, e não uma realidade. Os economistas são céticos em relação à ocorrência dos preços predatórios. Eles salientam que uma empresa que coloca seu preço abaixo do nível maximizador de lucro perde durante o período de preços baixos. Mesmo que ela consiga forçar os concorrentes a sair do negócio, novos concorrentes entrarão assim que o preço voltar a aumentar. Desse modo, qualquer ganho potencial resultante de uma posição de monopólio é temporário. Uma perda alta e certa representa uma permuta ruim por um ganho temporário e incerto. Não foi encontrado nenhum caso definitivo de preços predatórios.

Um exemplo recente de ação antitruste: os Estados Unidos *versus* a Microsoft

Em 1998, a Justiça dos Estados Unidos e vários estados do país acusaram a Microsoft, a maior produtora do mundo de software para computadores pessoais, de violação de ambas as seções da Lei Sherman. A acusação foi seguida de um julgamento de 78 dias que colocou dois professores de economia da MIT de lados diferentes (Franklin Fisher, a favor do governo, e Richard Schmalensee, a favor da Microsoft).

O argumento contra a Microsoft As acusações contra a Microsoft foram de que ela:

- Detinha poder de monopólio.
- Praticava preços predatórios e vendas casadas.
- Utilizava outras práticas anticompetitivas.

Foi alegado que, com 80 por cento do mercado de sistemas operacionais de PCs, a Microsoft tinha um poder de monopólio excessivo. Esse poder de monopólio era possibilitado por duas barreiras à entrada: economias de escala e economias de rede. O custo total médio da Microsoft diminui à medida que a produção aumenta (economias de escala) porque os custos fixos do desenvolvimento de um sistema operacional como o Windows são altos, ao passo que o custo marginal da produção de uma cópia do Windows é pequeno. Além disso, à medida que o número de usuários do Windows aumenta, a variedade de aplicativos do Windows também se expande (economias de rede), de modo que um concorrente potencial precisaria produzir não somente um sistema operacional como também toda uma variedade de aplicativos.

Quando a Microsoft entrou no mercado de navegadores da Internet com seu Internet Explorer (IE), ela ofereceu o navegador a preço zero. Isso foi visto como uma prática de *preços predatórios*. A Microsoft integrou o IE ao Windows de maneira que qualquer pessoa que utilizasse esse sistema operacional não precisaria de um navegador separado, como o Netscape Communicator. Os concorrentes da Microsoft alegaram que isso era uma prática ilegal de *venda casada*.

A reação da Microsoft A Microsoft contestou todas essas acusações. Ela afirmou que o Windows era vulnerável à concorrência de outros sistemas operacionais, como o Linux e o Mac OS da Apple, e que havia a ameaça permanente de concorrência de novos entrantes.

A Microsoft também alegou que a integração do Internet Explorer ao Windows proporcionou um produto único de maior valor para o consumidor, como um refrigerador com um dispositivo para servir água gelada ou um automóvel com um aparelho de som estéreo.

O resultado O tribunal concordou que a Microsoft estava violando a Lei Sherman e decretou que ela fosse dividida em duas empresas: uma produtora de sistemas operacionais e uma produtora de aplicativos. A Microsoft recorreu dessa decisão com sucesso, mas, no julgamento final, foi determinado que a Microsoft revelasse detalhes sobre o funcionamento de seu sistema operacional às outras empresas desenvolvedoras de software para que elas pudessem competir de modo eficaz contra a Microsoft. Em meados de 2002, a Microsoft começou a cumprir a determinação.

Concluiremos este capítulo analisando as regras que orientam as decisões de fusão.

Regras para fusões

Nos Estados Unidos, a Federal Trade Commission (FTC) utiliza indicadores para determinar quais fusões ela investigará e possivelmente impedirá. O Índice de Herfindahl-Hirschman (IHH) é um desses indicadores (veja o Capítulo 9). Um mercado no qual o IHH é menor que 1.000 é considerado competitivo. Um índice entre 1.000 e 1.800 indica um mercado moderadamente concentrado, e uma fusão nesse mercado que aumentaria o índice em 100 pontos é contestada pela FTC. Um índice acima de 1.800 indica um mercado concentrado, e uma fusão nesse mercado que aumentaria o índice em 50 pontos é contestada.

A FTC utilizou esses indicadores para impedir fusões propostas no mercado de refrigerantes. A PepsiCo queria comprar a 7-Up, e a Coca-Cola queria comprar a Dr Pepper. O mercado de refrigerantes é altamente concentrado. A Coca-Cola detém uma participação de 39 por cento, a PepsiCo tem 28 por cento, a Dr Pepper ocupa o terceiro lugar, com 7 por cento, seguida pela 7-Up, com 6 por cento. Outra fabricante, a RJR, tem 5 por cento de participação no mercado. Assim, as cinco maiores empresas desse mercado têm uma participação de 85 por cento.

A fusão entre a PepsiCo e a 7-Up teria aumentado o IHH em mais de 300 pontos, e a fusão entre a Coca-Cola e a Dr Pepper o teria aumentado em mais de 500 pontos. Juntas, as duas fusões aumentariam o índice em quase 800 pontos. A FTC decidiu que aumentos dessa magnitude do IHH não estavam de acordo com o interesse social e impediu as fusões.

Interesse social ou interesse pessoal?

Com base nos contextos históricos nos quais a legislação antitruste evoluiu, fica claro que sua intenção tem sido proteger e buscar o interesse social e restringir ações anticompetitivas e que visem somente ao lucro dos produtores. Mas também fica claro, com base no breve histórico da legislação antitruste apresentado acima e nos casos analisados, que, de tempos em tempos, os interesses do produtor influenciaram a maneira como a lei foi interpretada e aplicada. No entanto, o principal objetivo da legislação antitruste parece ter sido alcançar a eficiência e, desse modo, atender ao interesse social.

QUESTÕES PARA REVISÃO

1. Quais são as quatro leis aprovadas pelo Congresso norte-americano que compõem as leis antitruste dos Estados Unidos? Quando essas leis foram promulgadas?
2. Quando os acordos de preços não representam uma violação das leis antitruste?
3. O que é uma tentativa de monopolizar uma indústria?
4. Reveja as polêmicas relativas à sustentação do preço de venda, às vendas casadas e aos preços predatórios.
5. Em quais circunstâncias uma fusão provavelmente não seria aprovada?

◆ Na seção "Leitura das entrelinhas", você saberá mais sobre uma tentativa recente de utilizar as leis para limitar o poder de mercado exercido pelas empresas farmacêuticas e submetê-las a uma maior concorrência internacional.

LEITURA DAS ENTRELINHAS

OBSERVATÓRIO ECONÔMICO

O poder de mercado das empresas farmacêuticas

A Roche permite que a Indonésia produza o Tamiflu sem um contrato de licença

26 de novembro de 2005

A Roche, fabricante suíça de medicamentos, disse ontem que a Indonésia poderia produzir o Tamiflu sem licença porque o medicamento, capaz de tratar a gripe aviária, não é protegido por uma patente naquele país do sudeste asiático.

"Informamos ao governo que eles podem produzi-lo para utilização nacional", disse Martina Rupp, porta-voz da Roche na Suíça. "Os critérios de qualidade deverão ser assegurados pelo governo indonésio"...

A Roche disse ontem que forneceria a Taiwan 1,3 milhão a mais de tratamentos do Tamiflu no ano que vem, totalizando 2,3 milhões. O governo de Taiwan disse que emitiria uma licença compulsória para produzir localmente o Tamiflu em dezembro, mesmo sem a licença da Roche, se seus pedidos de compra não fossem atendidos a tempo. A Roche tem a patente do Tamiflu em Taiwan.

"Estamos confiantes em que estaremos em posição de fornecer as quantidades de Tamiflu solicitadas pelo governo de Taiwan no prazo determinado", disse David Reddy, líder da unidade de pandemias da Roche.

Países ao redor do mundo estão estocando o Tamiflu, preocupados com a possibilidade de o vírus H5N1, que matou 68 pessoas na Ásia, passar por uma mutação e se espalhar entre os seres humanos. Mais de 150 empresas terceirizadas estão dispostas a obter licenças para produzir o Tamiflu, afirmou a Roche neste mês. A Roche informou, no dia 10 de novembro, que as negociações para permitir que o Vietnã assuma localmente a última fase da produção estão avançadas.

A Índia disse no mês passado que permitiria que a Ranbaxy Laboratories e a Cipla, as duas maiores fabricantes de medicamentos do país, produzissem versões genéricas do Tamiflu. A Roche não tem uma patente para o Tamiflu na Índia ...

Fonte: Copyright 2005 *The New York Times Company*. Reproduzido com permissão. Proibido nova reprodução. Disponível em: http://www.nytimes.com

---

Essência da notícia

▶ O Tamiflu é uma droga patenteada produzida pela Roche e utilizada para combater o vírus H5N1, da gripe aviária, que matou 68 pessoas na Ásia.

▶ Mais de 150 fabricantes de medicamentos querem produzir o Tamiflu.

▶ A Roche tem a patente do Tamiflu em Taiwan e fornecerá a esse país um total de 2,3 milhões de tratamentos, sob a ameaça do governo de produzir o Tamiflu em Taiwan mesmo sem licença.

▶ A Roche não tem uma patente na Indonésia ou na Índia, e esses países podem vir a produzir o Tamiflu.

Análise econômica

▶ O custo de desenvolvimento de um novo medicamento é alto, e um novo medicamento recebe uma patente, que dá a seu desenvolvedor um monopólio para esse medicamento ao longo da duração da patente.

▶ O custo marginal da produção de um medicamento é baixo.

▶ A Figura 1 mostra o mercado para o Tamiflu patenteado.

▶ A curva de demanda é D, a curva de receita marginal é RMg e a curva de custo marginal é CMg. A posição e a inclinação da curva de demanda são presumidas, bem como o custo marginal de $ 2.

- A quantidade maximizadora de lucro é Q_M, ponto no qual a receita marginal, *RMg*, é igual ao custo marginal, *CMg*.

- O preço maximizador de lucro é de $ 5 por dose (aproximadamente o preço real de mercado do Tamiflu).

- Na quantidade e no preço maximizadores de lucro, o produtor (a Roche) obtém um excedente do produtor (parte do qual é usada para cobrir o custo de desenvolvimento do medicamento), e é gerada uma perda de peso morto.

- A Figura 2 mostra o mercado para o mesmo medicamento, mas desta vez vendido na forma genérica de oseltamivir em um mercado competitivo.

- Em um mercado competitivo, a curva de custo marginal também é a curva de oferta *S*. A quantidade de equilíbrio agora é Q_C, e o preço, que é igual ao custo marginal, é $ 2 por dose.

- Uma empresa farmacêutica como a Roche pode restringir o comércio internacional de seus medicamentos e operar um monopólio nos Estados Unidos, como o mostrado na Figura 1. Além disso, pode permitir que um mercado competitivo opere em outros países, como Taiwan, Indonésia, Índia e Vietnã, como mostrado na Figura 2.

- Mas, se farmácias on-line disponibilizarem no mercado norte-americano o oseltamivir produzido na Ásia, a Roche não será capaz de manter seu preço de monopólio.

- Apesar de a determinação de preços de monopólio para um medicamento levar a uma perda de peso morto, uma empresa farmacêutica não teria nenhum incentivo para arcar com os custos de desenvolvimento de um novo medicamento se o excedente do produtor fosse zero.

- Desta maneira, se ponderarmos os benefícios futuros em relação aos custos atuais, o mercado para um medicamento patenteado pode não ser tão ineficiente quanto a perda de peso morto implica.

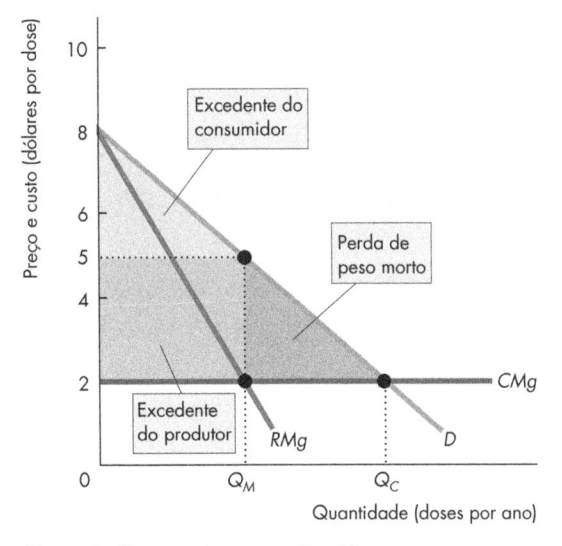

Figura 1: O mercado para o Tamiflu

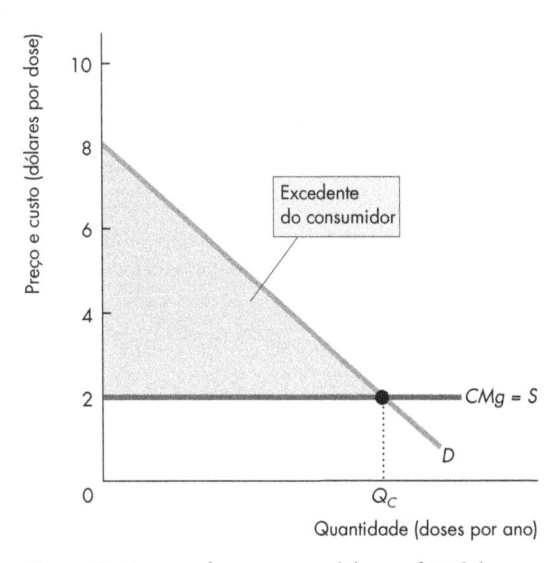

Figura 2: O mercado para o genérico oseltamivir

Você decide

- Uma empresa de medicamentos deveria ter permissão para vender um novo medicamento com uma patente que o protegesse da concorrência de um medicamento genérico? Por quê?

- O comércio internacional de medicamentos deveria ser permitido ou impedido? Por quê?

RESUMO

Pontos-chave

A teoria econômica do governo (p. 321-323)

- O governo existe para regular o monopólio e o oligopólio, lidar com externalidades, fornecer bens públicos, controlar a utilização de recursos comuns e reduzir a desigualdade econômica.
- A teoria da escolha pública explica como eleitores, empresas, políticos e burocratas interagem em um mercado político.

Regulação do monopólio e do oligopólio (p. 323-324)

- O governo utiliza a regulação e a legislação antitruste para intervir em mercados de monopólio e oligopólio.
- Os consumidores demandam uma regulação que aumente o excedente do consumidor, e as empresas demandam uma regulação que aumente o excedente do produtor.
- A regulação no equilíbrio pode atender ao interesse social e eliminar a perda de peso morto ou atender ao interesse pessoal dos produtores que capturam os reguladores.

Regulação e desregulação (p. 324-331)

- Burocratas designados por políticos conduzem a regulação.
- Um monopólio natural ou um cartel podem ser regulados por uma regra do custo marginal para a determinação de preços, uma regra do custo médio para a determinação de preços, uma meta de taxa de retorno ou um preço máximo.
- A regulação tanto do monopólio natural quanto do cartel muitas vezes é feita de acordo com o interesse pessoal do produtor e a desregulação geralmente beneficia o interesse social.

Legislação antitruste (p. 331-333)

- A primeira legislação antitruste dos Estados Unidos, a Lei Sherman, foi promulgada em 1890 e foi aperfeiçoada em 1914 com a promulgação da Lei Clayton e com a criação da Federal Trade Commission.
- Todos os acordos de formação de cartel são violações da Lei Sherman, e não existem desculpas aceitáveis para isso.
- A sustentação do preço de venda pode ser eficiente se permite que um produtor assegure o nível eficiente de serviço por parte dos distribuidores.
- Acordos de vendas casadas permitem que um monopólio pratique a discriminação de preços e aumente os lucros, mas, em muitos casos, as vendas casadas não aumentariam os lucros.
- A prática de preços predatórios tem poucas chances de ocorrer por gerar perdas e somente ganhos potenciais temporários.
- A Federal Trade Commission utiliza indicadores como o Índice de Herfindahl-Hirschman para determinar quais fusões ela investigará e possivelmente impedirá.
- O objetivo da legislação antitruste é proteger o interesse social. Esse objetivo tem sido alcançado na maior parte das vezes. Mas eventualmente o interesse pessoal do produtor influencia a aplicação das leis.

Tabela e figuras-chave

Figura 14.1: O mercado político, 323
Figura 14.2: Monopólio natural: determinação de preços no custo marginal, 326
Figura 14.3: Monopólio natural: determinação de preços no custo médio, 326
Figura 14.4: Monopólio natural: custo inflacionado, 327
Figura 14.5: Regulação de preço máximo do monopólio natural, 328
Figura 14.6: Oligopólio com colusão, 329
Tabela 14.5: A Lei Sherman, de 1890, 331

Palavras-chave

Equilíbrio político, 323
Falha de mercado, 321
Legislação antitruste, 323
Preços predatórios, 332
Regra do custo marginal para a determinação de preços, 325
Regra do custo médio para a determinação de preços, 326
Regulação, 323
Regulação da distribuição dos ganhos, 328
Regulação da taxa de retorno, 327
Regulação de preço máximo, 327
Sustentação do preço de venda, 332
Teoria da captura, 324
Teoria do interesse social, 324
Venda casada, 332

EXERCÍCIOS

1. A Elixir Springs, Inc. é um monopólio natural não regulado que engarrafa o Elixir, um produto para a saúde único sem bens substitutos. Os custos fixos da Elixir Springs são de $ 150.000 ao ano, e seu custo marginal é de $ 0,10 por frasco. A figura ilustra a demanda pelo Elixir.

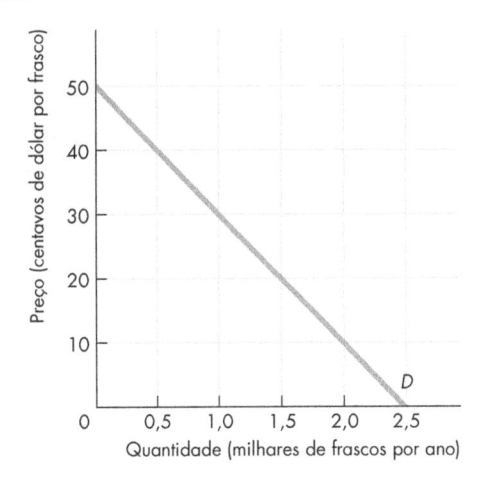

   a. Qual é o preço de um frasco de Elixir?
   b. Quantos frascos a Elixir Springs vende?
   c. A Elixir Springs maximiza o excedente total ou o excedente do produtor?

2. O governo impõe uma regra do custo marginal para a determinação de preços para a Elixir Springs, apresentada no exercício 1.
   a. Qual é o preço de um frasco de Elixir?
   b. Quantos frascos a Elixir Springs vende?
   c. Qual é o excedente do produtor da Elixir Springs?
   d. Qual é o excedente do consumidor?
   e. A regulação está de acordo com o interesse social? Explique.

3. O governo impõe uma regra do custo médio para a determinação de preços para a Elixir Springs, apresentada no exercício 1.
   a. Qual é o preço de um frasco de Elixir?
   b. Quantos frascos a Elixir Springs vende?
   c. Qual é o excedente do produtor da Elixir Springs?
   d. Qual é o excedente do consumidor?
   e. A regulação está de acordo com o interesse social? Explique.

4. O governo impõe uma regulação da taxa de retorno à Elixir Springs, apresentada no exercício 1. Se a Elixir Springs capturar o regulador...
   a. Qual é o preço de um frasco de Elixir?
   b. Quantos frascos a Elixir Springs vende?
   c. Qual é o custo total médio inflacionado na quantidade produzida?

5. Duas companhias aéreas compartilham uma rota internacional. A figura mostra a curva de demanda por viagens nessa rota e a curva de custo marginal de cada empresa. Essa rota aérea é regulada.

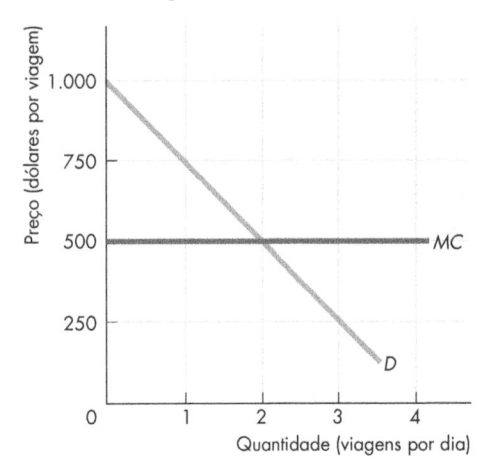

   a. Qual é o preço de uma viagem e qual é o número de viagens por dia se a regulação está de acordo com o interesse social?
   b. Qual é o preço de uma viagem e qual é o número de viagens por dia se a regulação está de acordo com o interesse do produtor?
   c. Qual é a perda de peso morto no item (b)?
   d. O que você precisa saber para prever se a regulação estará de acordo com o interesse social ou o interesse do produtor?

6. Suponha que, no exercício 5, a rota aérea não seja regulada. Qual é o preço de uma viagem e qual é o número de viagens por dia se as companhias aéreas podem formar um cartel eficaz?

7. Suponha que, no exercício 5, a rota aérea não seja regulada, mas o preço de uma viagem tenha sido reduzido para o nível competitivo porque as companhias aéreas não podem formar um cartel eficaz. Uma companhia aérea gostaria de forçar a outra a abandonar a rota e pensa em praticar preços predatórios. Essa companhia aérea poderia ter sucesso na eliminação da concorrência no curto prazo e no longo prazo? Por quê?

8. Quais acusações, se houver alguma, podem ser feitas com base na legislação antitruste em cada uma das situações a seguir?
   a. Os proprietários das duas únicas empresas de táxi de uma cidade são descobertos realizando reuniões secretas para determinar preços em cartel.

b. A Drogasil propõe comprar a Drogaria São Paulo e outras importantes redes de farmácias.

c. Um fabricante de produtos para cabelos abre uma rede de salões de cabeleireiros.

d. Uma videolocadora estabelece que os clientes devem alugar um filme nacional junto com cada filme estrangeiro que alugarem.

e. O acesso a um site Web de culinária só é concedido com a assinatura de uma revista de culinária mensal.

9. Explique a diferença entre regulação e legislação antitruste. A que situações cada uma delas se aplica? Dê um exemplo da utilização de cada uma.

10. Descreva a diferença entre as maneiras em que as duas partes da Lei Sherman têm sido aplicadas. Por que você acha que uma parte tem sido interpretada com mais rigor do que a outra?

11. Suponha que as redes de lanchonetes norte-americanas Burger King, McDonald's e Wendy's propusessem se fundir em uma única Super Rede de Hambúrgueres.
    a. Uma fusão como essa estaria de acordo com o interesse social? Explique.
    b. O que ocorreria com o preço de um hambúrguer?
    c. O que aconteceria com o excedente do consumidor, o excedente do produtor e a perda de peso morto se essa fusão ocorresse?
    d. As autoridades antitruste impediriam essa fusão? Por quê?

PENSAMENTO CRÍTICO

1. Depois de ter estudado a seção "Leitura das entrelinhas", responda às seguintes questões:
    a. A venda de um medicamento patenteado viola as leis antitruste dos Estados Unidos?
    b. Por que uma empresa farmacêutica desejaria praticar a discriminação de preços?
    c. Você acha que uma empresa farmacêutica pode praticar a discriminação de preços com sucesso?
    d. Se o Congresso legalizasse a importação de medicamentos do sudeste asiático, o que aconteceria com o preço dos medicamentos nos Estados Unidos? O que aconteceria com o excedente do produtor, o excedente do consumidor e a perda de peso morto?

2. **A Opep reduz a produção em 4 por cento para sustentar os preços**

    Os produtores da Opep buscaram reafirmar seu controle sobre os mercados em queda do petróleo na última quinta-feira promovendo uma redução de produção em 1,2 milhão de barris ao dia e sugeriram que poderia haver mais reduções neste ano para sustentar os preços em queda.

    The New York Times, 20 de outubro de 2006

    A Opep é um cartel internacional que opera fora do campo de atuação das leis antitruste dos Estados Unidos.
    a. Considerando as informações do artigo e se a legislação antitruste norte-americana pudesse ser estendida para cobrir as operações da Opep, ela estaria violando a lei? Se isso acontecesse, explique que parte da lei ela violaria. Se não violasse a lei, explique o por que disso.
    b. O que aconteceria com o preço mundial do petróleo e com a quantidade de petróleo consumida se a Opep fosse forçada a operar de acordo com leis antitruste como as dos Estados Unidos?

ATIVIDADES NA INTERNET

1. Visite os portais da Secretaria de Acompanhamento Econômico (SEAE), da Secretaria de Direito Econômico (SDE) e do Conselho Administrativo de Defesa Econômica (CADE) e explique quais são as regras vigentes no Brasil a respeito de fusões de empresas.

CONTEXTO BRASILEIRO

Regulação econômica e defesa da concorrência no Brasil

Roland Veras Saldanha Jr.[1]

Como ocorre na maior parte das economias modernas, o Brasil dispõe de mecanismos jurídico-institucionais para regular as atividades econômicas, combater os abusos de poder de mercado e promover a livre concorrência. Os fundamentos econômicos para a existência desses instrumentos regulatórios são basicamente similares ao redor do mundo, representando, em geral, esforços para minimizar os efeitos de falhas de mercado, problemas distributivos e ineficiências alocativas. O grau de eficácia e a extensão dos mecanismos usados, entretanto, variam significativamente de acordo com o estágio de desenvolvimento econômico de cada país e dos padrões específicos de intervenção estatal na economia.

Na experiência brasileira, o conceito de regulação econômica é bastante recente, uma vez que antes da década de 1990 a maior parte dos monopólios naturais no país permaneciam sob controle estatal direto e a legislação de defesa da concorrência (antitruste) era precária e pouco eficaz. Efetivamente, a Constituição de 1988 trouxe dispositivos emblemáticos de uma drástica alteração de contexto, redefinindo o papel do Estado brasileiro. Qualquer intervenção pública direta no domínio econômico foi reduzida a situações excepcionais e raras, ao mesmo tempo que as funções de fiscalização e gerenciamento indireto dos mercados se fortaleceram e se ampliaram.

Neste diapasão, é importante notar que qualquer comparação direta entre a experiência brasileira e a internacional, em matéria de regulação e defesa da concorrência, é complexa e delicada. O movimento de regulação econômica no Brasil deve ser associado à idéia de uma redução da intervenção pública direta, abrindo maior espaço à iniciativa privada, e um aumento da intervenção estatal indireta em determinados segmentos da economia, disciplinando e fiscalizando as operações de mercado livre e a prestação de serviços públicos por concessionários e permissionários privados. Num contraste com a experiência norte-americana, o que se convencionou chamar de regulação econômica no Brasil, no bojo de um movimento de privatizações de empresas estatais e de 'terceirização' de serviços públicos para agentes privados, encontra paralelo com o que nos Estados Unidos se denominou de segunda fase da regulação: a desregulação.

Mesmo feitas estas considerações, é possível interpretar genericamente a regulação econômica como uma espécie de gerenciamento público dos mercados, o que pressupõe uma idéia de primazia destes mercados e um papel residual do Estado na intervenção direta na economia. Sob este prisma geral, a leitura dos artigos 173 e 174 (caputs) da Constituição brasileira de 1988 é esclarecedora: "Art. 173 – Ressalvados os casos previstos nesta Constituição, a exploração direta de atividade econômica pelo Estado só será permitida quando necessária aos imperativos da segurança nacional ou a relevante interesse coletivo, conforme definidos em lei." e "Art. 174 – Como agente normativo e regulador da atividade econômica, o Estado exercerá, na forma da lei, as funções de fiscalização, incentivo e planejamento, sendo este determinante para o setor público e indicativo para o setor privado."

As atividades regulatórias desenvolvidas pelo Estado brasileiro a partir da Constituição de 1988 se espraiam sobre os mais diversos setores da economia do país. Com a mudança de enfoque, exigiram o desenvolvimento de novas formas de gerenciamento das atividades econômicas, em especial no que concerne à criação de agências reguladoras, como a Agência Nacional de Energia Elétrica (Aneel, de 1996), a Agência Nacional de Telecomunicações (Anatel, de 1997), a Agência Nacional de Petróleo (ANP, de 1997), a Agência Nacional de Vigilância Sanitária (Anvisa, de 1999), a Agência Nacional de Saúde Suplementar (ANS, de 2000), a Agência Nacional de Águas (ANA, de 2000), a Agência Nacional de Transportes Terrestres (ANTT, de 2001), a Agência Nacional de Transportes Aquaviários (Antaq, de 2001), a Agência Nacional de Cinema (Ancine, de 2001) e a Agência Nacional de Aviação Civil (Anac, de 2005). O princípio geral subjacente ao aparecimento de todas essas agências está no reconhecimento

---

[1] Administrador e advogado, Mestre em Economia, mestrando em Direito.

da importância e do papel social da livre empresa e da livre iniciativa, readaptando o Estado para as funções de orientação e regulação da atuação dos particulares.

Pelo caráter inovador das mudanças jurídico-institucionais e da redefinição do papel econômico do Estado, é prematura qualquer tentativa mais rigorosa de sistematizar a regulação econômica no Brasil. Pode-se, entretanto, buscar apoio na divisão clássica entre a regulação de monopólios naturais e a regulação de mercados, ou defesa da concorrência, para aprofundar a análise.

Agências reguladoras como a Aneel, a Anatel, a ANTT, a Antaq e a Anac freqüentemente lidam com setores econômicos em que a existência de significativas economias de escala e problemas de compartilhamento de infra-estrutura provoca dificuldades associadas a monopólios naturais. Aqui, a produção eficiente e as altas probabilidades de ocorrerem abusos de poder de mercado recomendam que se acompanhe de perto as atividades empresariais, com controle de custos, apreçamento e estímulos aos investimentos em tecnologia e universalização que demandem pessoal técnico especializado e rigor de fiscalização.

Normalmente, poucos agentes privados têm capacidade financeira e expertise para atuar nesses segmentos, o que torna prováveis – e hoje já perceptíveis no Brasil – os problemas típicos de captura das agências reguladoras pelas empresas reguladas. Superar essas disfunções das primeiras fases da regulação de monopólios naturais demanda tempo e amadurecimento institucional. A experiência internacional sugere ser possível alcançar significante evolução na administração, na responsabilização e um ganho de transparência nos esforços regulatórios nacionais num futuro pouco distante.

No que concerne à regulação concorrencial, embora haja embriões legislativos desde 1945, os principais avanços no Brasil são notáveis apenas a partir de meados da década de 1990, com a promulgação da Lei nº 8884/94, a Lei de Defesa da Concorrência. Ela transformou o Conselho Administrativo de Defesa Econômica (Cade) numa autarquia federal responsável pela prevenção e repressão de infrações contra a ordem econômica. O Cade encabeça o Sistema Brasileiro de Defesa da Concorrência (SBDC), em que atuam também a Secretaria de Direito Econômico (SDE), vinculada ao Ministério da Justiça, e a Secretaria Especial de Acompanhamento Econômico (SEAE), que está no organograma do Ministério da Fazenda.

O status de autarquia do Cade é fundamental para garantir sua autonomia decisória. Este tribunal administrativo é formado por um conselho de sete especialistas em Economia ou Direito, todos indicados pelo presidente da República e sabatinados pelo Senado antes de assumirem o mandato bianual, com direito a uma única recondução. O Cade tem jurisdição ampla sobre todo o território nacional e é responsável por zelar pela aplicação da Lei nº 8884/94, estando sujeitas a ela todas as pessoas, físicas ou jurídicas – inclusive os monopólios naturais e empresas reguladas. Entendendo que a livre concorrência e o uso eficiente de recursos é do interesse de toda a sociedade, a Lei de Defesa da Concorrência explicitamente atribui a titularidade dos bens jurídicos por ela protegidos à coletividade, como se lê em seu art. 1º, parágrafo único:

Art. 1º: Esta lei dispõe sobre a prevenção e a repressão às infrações contra a ordem econômica, orientada pelos ditames constitucionais de liberdade de iniciativa, livre concorrência, função social da propriedade, defesa dos consumidores e repressão ao abuso do poder econômico.

Parágrafo único. A coletividade é a titular dos bens jurídicos protegidos por esta lei.

Há basicamente dois tipos de situações fáticas consideradas pela Lei nº 8884/94: aquelas que envolvem a análise prévia de atos capazes de afetar significativamente a estrutura de mercado, e os casos de práticas consideradas concorrencialmente ilícitas.

Os casos de estrutura recebem a denominação de atos de concentração (ACs), devendo ser submetidos ao escrutínio do Cade, previamente ou num prazo de até 15 dias após sua realização: "os atos, sob qualquer forma manifestados, que possam limitar ou de qualquer forma prejudicar a livre concorrência, ou resultar na dominação de mercados relevantes de bens ou serviços..." (art. 54). Estão normalmente relacionados a operações de aquisição, fusão, incorporação ou mudança no controle acionário de empresas concorrentes ou verticalmente associadas – fornecedores/distribuidores. A Lei de Defesa da Concorrência estabelece que há presunção de risco concorrencial quando uma das empresas envolvidas auferir faturamento bruto igual ou superior a R$ 400 milhões no exercício anterior ao da operação ou quando ela implicar participação de 20 por cento ou mais de um mercado relevante por um grupo de empresas.

Destaca-se aqui o conceito de mercado relevante, híbrido econômico-jurídico. Trata-se da arena concorrencial a ser analisada pelas autoridades de defesa da concorrência, compreendendo as dimensões geográfica e do produto, em que os efeitos do AC merecem ser averiguados. Parte significativa da análise de um AC consiste exatamente na fixação dos limites do mercado relevante. Tendendo a uma delimitação conservadora, busca-se identificar o menor 'mercado' no qual os participantes do AC podem exercer, hipoteticamente, condutas concorrenciais abusivas. Para chegar a estas estimativas, analisam-se os produtos fabricados pelas empresas envolvidas diretamente na operação, seus substitutos próximos, sob a ótica dos consumidores, os concorrentes já atuantes e as barreiras à entrada e à saída neste mercado, de forma a delinear o papel de potenciais entrantes no disciplinamento do ambiente concorrencial.

Conforme a Lei nº 8884/94, a aprovação de um AC que aumenta significativamente o poder de mercado fica condicionada à existência de: a) ganhos de produtividade, melhorias de qualidade dos bens e serviços e ganhos de eficiência tecnológica ou desenvolvimento; b) distribuição equitativa dos benefícios indicados entre as empresas envolvidas e os consumidores ou usuários finais; c) preservação do ambiente concorrencial; d) observação dos limites necessários para alcançar os objetivos da operação. Avaliada tecnicamente a operação, o Cade pode autorizá-la ou não, total ou parcialmente, cabendo recurso da decisão ao próprio Cade e ao Judiciário.

O papel da SDE e da SEAE nestes procedimentos de concentração vertical ou horizontal é o de dar suporte ao Cade, emitindo pareceres separados e que não vinculam a decisão dos conselheiros da autarquia. A importância do suporte técnico das duas secretarias não pode ser menosprezada, mas a forma pela qual estas atividades são atualmente realizadas, inclusive pela obrigatoriedade de se instruir os ACs em três vias, uma para cada ente do SBDC, gera excessos burocráticos e ônus desnecessários às empresas que submetem suas operações ao sistema.

A outra função do SBDC é prevenir e reprimir condutas ou práticas ilícitas sob o prisma concorrencial, o que se faz por meio de Procedimentos Administrativos (PAs). As infrações da ordem econômica são previstas na Lei nº 8884/94 de forma bastante ampla, correspondendo a quaisquer atos, independente de culpa, que visem ou possam: a) produzir restrições à livre concorrência ou livre iniciativa; b) dominar mercado relevante; c) aumentar arbitrariamente os lucros; ou d) significar abuso de posição dominante. Não é necessário os efeitos nocivos se realizarem para que a infração se caracterize. A este propósito, vale notar que as penas aplicáveis pelo Cade são bastante severas, sendo calculadas como percentuais de 1 por cento a 30 por cento do faturamento da empresa e podendo ser duplicadas em caso de reincidência. Os administradores e responsáveis pelas infrações poderão ser também penalizados, até mesmo com detenção, tendo como motivação, inclusive, a criação de obstáculos às investigações.

As principais infrações à ordem econômica aparecem tipificadas no artigo 21 da Lei de Defesa da Concorrência, ainda que seja apenas exemplificativa. Dentre elas, sobressaem as práticas de cartelização, em que empresas concorrentes agem de forma coordenada com prejuízo aos consumidores ou usuários finais, atuando de forma concertada. Práticas de vendas casadas, restrição de acesso a recursos ou matérias-primas, fixação de preços de revenda também merecem previsão explícita na lei.

Considerando os vultosos ganhos possíveis como resultado de práticas concorrencialmente abusivas, o controle e a repressão destas condutas têm merecido atenção cada vez maior pelo SBDC. A este respeito, cumpre notar que as dificuldades de investigação costumam ser proporcionais aos danos causados pelos ilícitos. Isso porque os receios com a possibilidade de caracterização das condutas e as significativas penas previstas estimulam investimentos das pessoas e empresas envolvidas no intuito de ocultar suas ações criminosas. Efetivamente, o combate aos cartéis, protagonistas na causa de danos concorrenciais em todo o mundo, costuma exigir aparatos bastante sofisticados de investigação, com escutas telefônicas e acesso a dados gerenciais privativos, exigindo importantes dispêndios, suporte policial altamente preparado e especializado.

Seguindo os padrões internacionais, desde 2000 o Brasil conta com mecanismos de delação premiada, os Acordos de Leniência, que garantem imunidade, total ou parcial, aos indivíduos e empresas que colaborarem com a denúncia e a evidenciação de infrações à ordem econômica e, em especial, de cartéis. Em que pese o impressionante aumento no número de investigações contra condutas anticompetitivas no Brasil a partir de 1994, a eficácia dos mecanismos de combate a infrações econômicas no país permanece frágil. Fala-se novamente da necessidade de aperfeiçoamentos institucionais, uma vez que as condenações impostas pelo Cade, entidade da Administração, podem e costumam ser questionadas na esfera judiciária sempre que assumem valores expressivos, o que traz relativo conforto aos ainda numerosos cartéis em atuação no país.

Assim como se anteciparam aperfeiçoamentos na regulação de monopólios, as mudanças na regulação concorrencial estão em curso, e mais adiantadas. Uma leitura objetiva e pragmática dos desenvolvimentos em ambas as áreas não deve levar a ceticismo ou pessimismo em relação à regulação econômica no Brasil, mas apenas identificar os obstáculos naturais de um sistema de regras e controles bastante complexo e em evolução. Mesmo que distante de uma regulação ideal, paulatinamente um ambiente concorrencial e suas referências jurídicas e institucionais vão se cristalizando.

CAPÍTULO 15

Externalidades

Ao término do estudo deste capítulo, você saberá:

▶ Explicar como surgem as externalidades.

▶ Explicar por que as externalidades negativas levam ao excesso de produção ineficiente e como direitos de propriedade, taxas de emissão de poluentes, permissões comercializáveis e impostos podem ser utilizados para atingir um resultado mais eficaz.

▶ Explicar por que as externalidades positivas levam à insuficiência de produção ineficiente e como a provisão pública, subsídios, *vouchers* e patentes podem aumentar a eficiência econômica.

Mais ecológicos e mais espertos

Queimamos enormes quantidades de combustíveis fósseis – carvão, gás natural e petróleo –, o que provoca chuva ácida e aquecimento global. Jogamos lixo tóxico em rios, lagos e oceanos. Essas questões ambientais causam um problema que é ao mesmo tempo de todos e de ninguém. Como podemos levar em consideração os danos que causamos aos outros a cada vez que ligamos nossos aquecedores ou aparelhos de ar condicionado? Quase todos os dias, ouvimos falar de uma nova descoberta – na medicina, engenharia, química, física e até mesmo na economia. O progresso do conhecimento parece não ter limites. Cada vez mais pessoas estão aprendendo mais sobre o que já se sabe. O conhecimento aumenta, aparentemente sem fronteiras. Estamos ficando mais espertos, mas será que isso está acontecendo rápido o suficiente? Estamos investindo o suficiente em pesquisa e educação? Será que um número suficiente de pessoas permanece na escola por tempo suficiente? E será que nos empenhamos o suficiente na escola? Será que estaríamos em melhores condições se investíssemos mais em pesquisa e educação?

◆ Neste capítulo, estudaremos os problemas resultantes do fato de muitas de nossas ações criarem externalidades. Elas afetam outras pessoas, negativa ou positivamente, de maneira que normalmente não levamos em consideração quando fazemos nossas escolhas econômicas. Estudaremos duas grandes áreas – poluição e conhecimento – nas quais as externalidades são especialmente importantes. As externalidades constituem uma fonte considerável das falhas de mercado. Quando ocorre uma falha de mercado, precisamos conviver com a ineficiência resultante ou tentar alcançar uma maior eficiência fazendo algumas escolhas públicas. Este capítulo estuda essas escolhas. Na seção "Leitura das entrelinhas", no final do capítulo, examinaremos uma tentativa de lidar com a poluição do ar na Califórnia.

Externalidades na nossa vida

Um custo ou benefício que resulta da produção e incide em alguém que não o produtor ou que resulta do consumo e incide em alguém que não o consumidor é chamado de **externalidade**. Vamos rever a variedade de externalidades, classificá-las e analisar alguns exemplos cotidianos.

Uma externalidade pode surgir da *produção* ou do *consumo* e pode ser uma **externalidade negativa**, que impõe um custo externo, ou uma **externalidade positiva**, que proporciona um benefício externo. Assim, existem quatro tipos de externalidade:

- Externalidades negativas de produção
- Externalidades positivas de produção
- Externalidades negativas de consumo
- Externalidades positivas de consumo

Externalidades negativas de produção

O túnel Lincoln, que liga Nova Jersey a Manhattan sob o rio Hudson, tem cerca de 2,5 quilômetros de extensão. Contudo, pode-se levar até 2 horas para percorrer o túnel quando há congestionamento. Cada usuário do túnel Lincoln na hora do rush impõe uma externalidade negativa de produção aos outros usuários.

Quando você liga seu aparelho de ar condicionado, utiliza água quente, dirige um carro ou até mesmo pega um ônibus ou trem, sua ação contribui para a poluição da atmosfera. A poluição é outro exemplo de externalidade negativa de produção.

Externalidades positivas de produção

Se um apicultor coloca colméias em um pomar de laranjas, isso resulta em duas externalidades positivas de produção. O produtor de mel obtém uma externalidade positiva de produção do dono do pomar de laranjas porque as abelhas coletam pólen e néctar das flores das laranjeiras. E o dono do pomar de laranjas obtém uma externalidade positiva de produção porque as abelhas polinizam as flores.

Externalidades negativas de consumo

As externalidades negativas de consumo são uma fonte de irritação para a maioria de nós. Quando se fuma em um espaço fechado, gera-se fumaça, que muitas pessoas consideram desagradável e que representa um risco para a saúde. O ato de fumar cria uma externalidade negativa de consumo. Para lidar com essa externalidade, não se pode fumar em muitos locais, particularmente em quase todos os locais públicos. Mas a proibição do fumo impõe uma externalidade negativa de consumo aos fumantes! A maioria impõe um custo à minoria – os fumantes deixam de consumir tabaco enquanto jantam ou viajam de avião.

Festas barulhentas e shows de rock ao ar livre são outros exemplos de externalidades negativas de consumo. Também são exemplos do fato de que a simples proibição de uma atividade não representa uma solução. A proibição de festas ruidosas evita o custo externo dos vizinhos que querem dormir, mas resulta na imposição, por parte dos vizinhos, de um custo externo às pessoas que querem se divertir.

Permitir que ervas daninhas cresçam em quintais, não limpar as folhas caídas no outono, deixar um cachorro latir alto ou sujar o quintal de um vizinho, todos esses atos também são fontes de externalidades negativas de consumo.

Externalidades positivas de consumo

Quando toma uma vacina contra a gripe, você reduz seu risco de contrair a doença no inverno. E, se você evita a gripe, um vizinho que não tomou a vacina também tem mais chance de evitar a doença. A vacina contra a gripe é exemplo de externalidade positiva de consumo.

Quando o proprietário de um prédio histórico o restaura, todas as pessoas que vêem o prédio se deleitam com isso. De modo similar, quando alguém constrói uma casa espetacular – como as construídas por Frank Lloyd Wright nas décadas de 1920 e 1930 – ou outros prédios agradáveis de ver – como o Chrysler Building e o Empire State Building, em Nova York, ou o Wrigley Building, em Chicago –, um benefício externo de consumo é gerado a todas as pessoas que têm a oportunidade de vê-los. A educação, que analisaremos neste capítulo, é outro exemplo desse tipo de externalidade.

QUESTÕES PARA REVISÃO

1 Quais são os quatro tipos de externalidade?
2 Tente pensar em um exemplo de cada tipo de externalidade, diferente dos descritos acima.
3 Como o mercado ou as políticas públicas lidam com as externalidades que você descreveu?

Externalidades negativas: poluição

A poluição não é um problema recente e não se restringe a países ricos industrializados. Vilarejos e cidades pré-industrializados na Europa tinham problemas de eliminação de esgoto que causavam epidemias de cólera e pragas que matavam milhões de pessoas. O ar de Londres na Idade Média era mais impuro do que o de Los Angeles atualmente. Alguns dos piores índices de poluição nos dias de hoje são registrados na Rússia e na China. O desejo de encontrar soluções para a poluição também não é recente. O desenvolvimento no século XIV de sistemas de recolhimento de lixo e esgoto é um exemplo das primeiras tentativas de lidar com a poluição.

As discussões populares sobre a poluição normalmente não levam em conta os fatores econômicos. Elas costumam se concentrar nos aspectos físicos do problema, não nos custos e benefícios. Uma premissa comum é que, se as ações das pessoas causam *qualquer* tipo de poluição, essas ações devem cessar. Por outro lado, um estudo econômico da poluição enfatiza os custos e os benefícios. Um economista fala sobre a quantidade eficiente de poluição. Essa ênfase sobre os custos e benefícios não significa que os economistas, como cidadãos, não compartilhem das mesmas metas que as outras pessoas e não valorizam um meio ambiente saudável. Nem significa que os economistas tenham as respostas certas e que todos os outros tenham as erradas (ou vice-versa). O ponto de partida para uma análise econômica da poluição é a demanda por um meio ambiente sem poluição.

A demanda por um ambiente livre de poluição

A demanda por um meio ambiente sem poluição é maior hoje do que em qualquer momento do passado. Expressamos essa demanda associando-nos a organizações que defendem regulações e políticas antipoluição. Votamos em políticos que apóiam os projetos que queremos ver implementados. Compramos produtos 'ecológicos', mesmo que paguemos um pouco mais por isso. E pagamos maiores custos de moradia e de transporte para o trabalho para viver em bairros agradáveis.

A demanda por um ambiente sem poluição aumentou por duas principais razões. Para começar, à medida que nossa renda aumenta, demandamos uma maior variedade de bens e serviços e um desses 'bens' é um ambiente sem poluição. Valorizamos o ar puro, uma paisagem natural preservada e a vida selvagem, estamos dispostos a pagar por isso e temos recursos para fazê-lo.

Em segundo lugar, à medida que sabemos mais sobre os efeitos da poluição, somos capazes de implementar medidas que reduzam esses efeitos. Por exemplo, agora que sabemos como o dióxido de enxofre provoca a chuva ácida e como o desmatamento das florestas tropicais destrói os estoques naturais de dióxido de carbono, somos capazes, em princípio, de elaborar medidas que controlem esses problemas.

Vamos analisar uma série de problemas relacionados à poluição que foram identificados e as ações que criam esses problemas.

As fontes de poluição

A atividade econômica polui o ar, a água e a terra, e essas áreas individuais de poluição interagem por todo o *ecossistema*.

Poluição do ar Sessenta por cento da poluição do ar é originada por veículos automotivos e por processos industriais. Apenas 16 por cento resulta da geração de energia elétrica.

Uma crença comum é que a poluição do ar está piorando. Em muitos países em desenvolvimento, isso *está* acontecendo. Mas nos Estados Unidos está havendo uma diminuição da maioria das substâncias que poluem o ar. A Figura 15.1 mostra a tendência das concentrações de seis poluentes do ar. O chumbo foi quase totalmente eliminado do ar nos Estados Unidos. O dióxido de enxofre, o monóxido de carbono e partículas suspensas foram reduzidos para cerca da metade dos níveis de 1980. Até mesmo o ozônio e o dióxido de nitrogênio, mais persistentes, foram reduzidos a cerca de 70 por cento dos níveis de 1980.

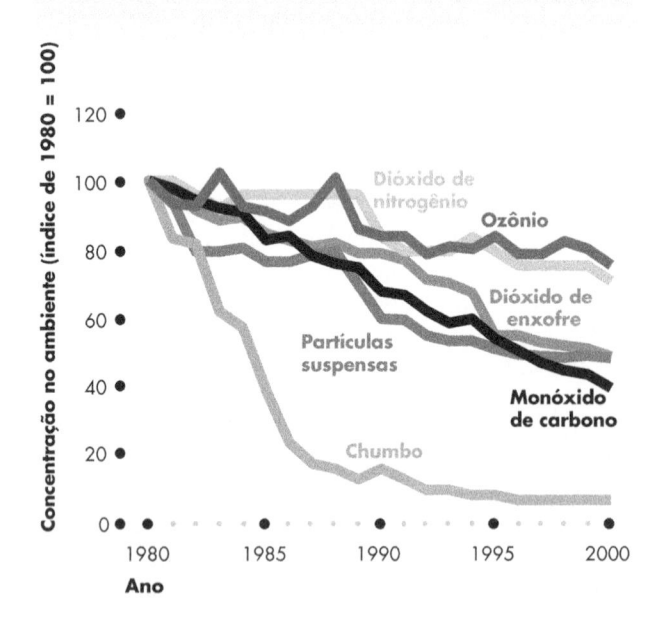

Figura 15.1 Tendências da poluição do ar

O chumbo foi praticamente eliminado do ar nos Estados Unidos; concentrações de monóxido de carbono, dióxido de enxofre e partículas suspensas diminuíram para cerca de 50 por cento dos níveis de 1980, e o dióxido de nitrogênio e o ozônio caíram para cerca de 70 por cento dos níveis de 1980.

Fonte dos dados: U.S. Environmental Protection Agency, *National Air Quality and Emissions Trends Report*, 1999 and 2000.

Essa redução nos níveis de poluição do ar é ainda mais impressionante quando comparada com o nível de atividade econômica. Entre 1970 e 2000, a produção total nos Estados Unidos aumentou 158 por cento. Durante o mesmo período, os quilômetros percorridos por veículos aumentaram 143 por cento, o consumo de energia aumentou 45 por cento e a população cresceu 36 por cento. Apesar desse aumento na atividade econômica, a poluição do ar provocada por todas as fontes *diminuiu* 29 por cento.

Apesar de os fatos sobre as fontes e tendências da poluição do ar não serem questionados, há desavenças sobre os *efeitos* da poluição do ar. O efeito menos controverso é a *chuva ácida*, causada por emissões de dióxido de enxofre e óxido de nitrogênio provocadas por geradores de energia elétrica a carvão e petróleo. A chuva ácida resulta da poluição do ar e leva à poluição da água, além de prejudicar a vegetação.

Mais controversas são as *partículas suspensas*, como o chumbo emitido pela combustão desse elemento com a gasolina. Alguns cientistas acreditam que, em concentrações suficientemente grandes, essas substâncias (189 das quais já foram identificadas) causam câncer e outras doenças graves.

Ainda mais controverso é o *aquecimento global*, que alguns cientistas acreditam resultar de emissões de dióxido de carbono. A temperatura média da Terra aumentou ao longo dos últimos cem anos, mas a maior parte desse aumento ocorreu *antes* de 1940. Está sendo difícil identificar o que causa as mudanças na temperatura do planeta e isolar o efeito do dióxido de carbono de outros fatores.

Igualmente controverso é o problema da *redução da camada de ozônio*. Não há dúvida de que existe um buraco na camada de ozônio sobre a Antártida e de que essa camada nos protege de raios solares ultravioleta, os quais provocam câncer. Mas até o momento simplesmente não sabemos como a atividade industrial influencia a camada de ozônio.

Um problema da poluição do ar foi quase praticamente eliminado: o chumbo da gasolina. Em parte, isso ocorreu porque se descobriu que o custo da supressão do chumbo da gasolina não é alto. Mas o dióxido de enxofre e os chamados gases de efeito estufa representam um problema muito mais complexo. As alternativas são caras ou geram seus próprios problemas de poluição. As principais fontes desses poluentes são os veículos automotivos e as usinas de geração de eletricidade. Os veículos automotivos podem passar a ser mais 'ecológicos' de várias maneiras. Uma delas é a utilização de novos combustíveis, e algumas alternativas, além do álcool e do gás natural, são o propano e butano e o hidrogênio. Uma outra maneira de fazer com que carros e caminhões sejam mais 'ecológicos' é alterar a composição química da gasolina. As refinarias estão trabalhando em reformulações da gasolina para reduzir as emissões de carburantes. De modo similar, a eletricidade pode ser gerada de forma mais limpa por meio da exploração da energia eólica, da energia solar, da energia das marés e da energia geotérmica. Apesar de tecnicamente possíveis, esses métodos são mais caros do que os convencionais. Uma alternativa é a energia nuclear. Esse método polui menos o ar, mas cria um problema potencial de longo prazo em termos de poluição do solo e da água, pelo fato de não se conhecer um sistema completamente seguro para eliminar o combustível nuclear utilizado.

Poluição da água As maiores fontes de poluição da água são o lançamento de detritos industriais e esgoto tratado em lagos e rios e o escoamento de fertilizantes. Uma fonte mais problemática é o vazamento acidental de petróleo bruto nos oceanos, como o derramamento do petroleiro Exxon Valdez no Alasca em 1989.

Há duas principais alternativas à emissão de poluentes em rios e oceanos. Uma delas é o processamento químico de detritos para transformá-los em substâncias biodegradáveis ou inertes. A outra, amplamente adotada para os resíduos nucleares, é utilizar terrenos para o armazenamento em contêineres seguros.

Poluição do solo A poluição do solo é provocada pelo despejo de resíduos tóxicos. O lixo doméstico comum só representa um problema de poluição se os contaminantes liberados por esse lixo atingirem a água que abastece a população. Essa possibilidade aumenta à medida que os depósitos de lixo atingem a capacidade máxima, e são utilizados para o despejo de lixo locais menos apropriados. Estima-se que 80 por cento dos depósitos de lixo existentes estarão cheios até 2010. Algumas regiões dos Estados Unidos (Nova York, Nova Jersey e outros estados da Costa Leste) e alguns países (Japão e Holanda) estão buscando alternativas mais baratas aos aterros sanitários, como reciclagem e incineração. A reciclagem é uma alternativa aparentemente atraente, mas requer um investimento em novas tecnologias para ser eficaz. A incineração é uma alternativa de alto custo aos aterros sanitários e polui o ar. Além disso, essas alternativas não são gratuitas e só se tornam eficientes quando o custo da utilização dos aterros sanitários é alto.

Vimos que a demanda por um meio ambiente sem poluição cresceu e descrevemos uma série de problemas de poluição. Vamos analisar agora os aspectos econômicos desses problemas. O ponto de partida é a distinção entre custos privados e custos sociais.

Custos privados e custos sociais

O custo privado da produção é o custo em que incorre o produtor de um bem ou serviço. O *custo marginal* é o custo da produção de uma *unidade adicional* de um bem ou serviço. Desse modo, o **custo marginal privado** (CMg) é o custo da produção de uma unidade adicional de um bem ou serviço em que incorre o produtor desse bem ou serviço.

Vimos que o *custo externo* é o custo da produção de uma unidade adicional de um bem ou serviço no qual quem incorre *não* é o produtor, mas sim outras pessoas. O **custo marginal externo** é o custo da produção de uma unidade adicional de um bem ou serviço que recai sobre as pessoas que não produzem esse bem ou serviço.

O **custo marginal social** (CMgS) é o custo marginal no qual incorre toda a sociedade – o produtor e todos os outros sobre os quais os custos recaem – e é a soma do custo marginal privado e do custo marginal externo. Isto é,

$CMgS = CMg +$ custo marginal externo.

Expressamos os custos em unidades monetárias, mas devemos ter em mente que o custo refere-se à oportunidade – aquilo de que abrimos mão para obter alguma coisa. Um custo marginal externo é aquilo de que alguém que não o produtor deve abrir mão para quando o produtor faz uma unidade adicional do bem ou serviço. Abre-se mão de algo real, como um rio limpo ou ar puro.

Cálculo de custo externo Os economistas utilizam preços de mercado para atribuir um valor em unidades monetárias ao custo da poluição. Por exemplo, suponha que haja dois rios similares, um poluído e o outro limpo. São construídas 500 casas idênticas às margens de cada rio. As casas do rio limpo são alugadas por $ 2.500 ao mês, e as do rio poluído são alugadas por $ 1.500. Se a poluição é a única diferença detectável entre os dois rios e as duas localizações, a diferença de $ 1.000 por mês no aluguel é o custo da poluição. Para as 500 casas no rio poluído, o custo externo é de $ 500.000 por mês.

Custo externo e produção A Figura 15.2 mostra um exemplo da relação entre produção e custo em uma indústria poluente que produz uma substância química. A curva de custo marginal, CMg, descreve o custo marginal privado em que incorrem as empresas que produzem a substância química. O custo marginal aumenta à medida que a quantidade produzida da substância química aumenta. Se as empresas se desfazem dos detritos em um rio, elas impõem um custo externo que aumenta com a quantidade produzida da substância química. A curva de custo marginal social, $CMgS$, é a soma do custo marginal privado e do custo marginal externo. Por exemplo, quando a produção é de 4.000 toneladas da substância química por mês, o custo marginal privado é $ 100 por tonelada, o custo marginal externo é $ 125 por tonelada e o custo marginal social é $ 225 por tonelada.

Na Figura 15.2, quando a quantidade produzida da substância química aumenta, a quantidade de poluição e o custo externo da poluição também aumentam.

A Figura 15.2 mostra a relação entre a quantidade produzida da substância química e o custo da poluição que isso gera, mas não nos informa quanta poluição é criada. Essa quantidade depende de como funciona o mercado para a substância química. Para começar, veremos o que acontece quando a indústria pode poluir livremente.

Produção e poluição: quanto?

Quando uma indústria não é regulada, a quantidade de poluição que ela cria depende do preço de equilíbrio do mercado e da quantidade produzida do bem. Na Figura 15.3, a curva de demanda por uma substância química geradora de poluição é D. Essa curva também mede o

Figura 15.2 Custo externo

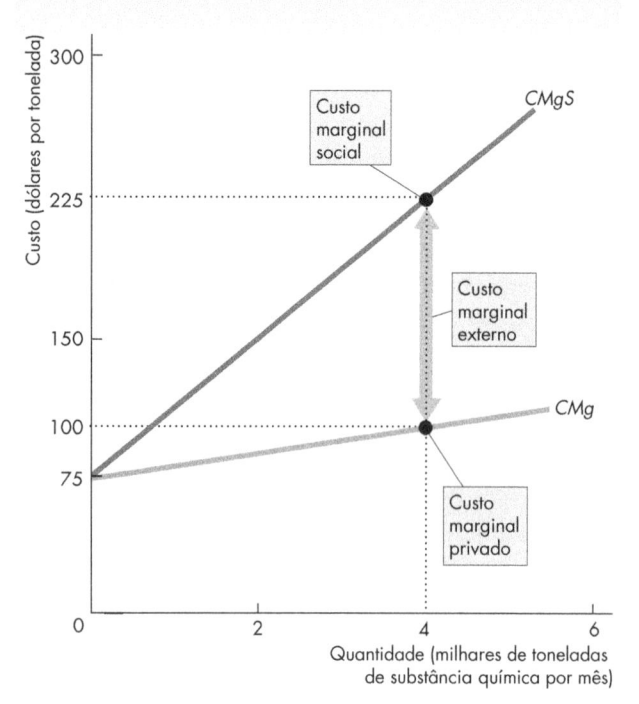

A curva *CMg* mostra o custo marginal privado em que incorrem as empresas que produzem uma substância química. A curva *CMgS* mostra a soma do custo marginal privado e do custo marginal externo. Quando a produção é de 4.000 toneladas da substância química por mês, o custo marginal privado é $ 100 por tonelada, o custo marginal externo é $ 125 por tonelada e o custo marginal social é $ 225 por tonelada.

Figura 15.3 Ineficiência com um custo externo

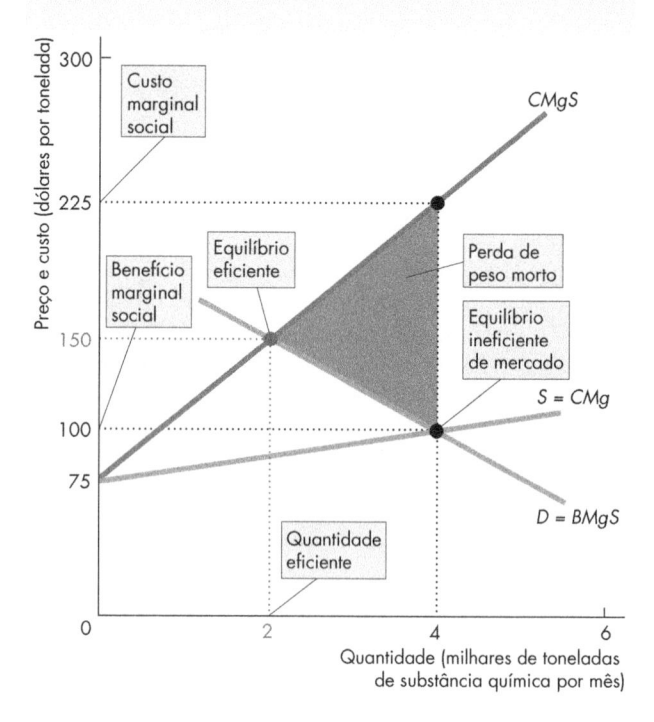

A curva de oferta é a curva de custo marginal privado, *S = CMg*. A curva de demanda é a curva de benefício marginal social, *D = BMgS*. O equilíbrio do mercado ao preço de $ 100 por tonelada e a 4.000 toneladas por mês é ineficiente porque o custo marginal social excede o benefício marginal social. A quantidade eficiente é de 2.000 toneladas por mês. O triângulo cinza-escuro mostra a perda de peso morto criada pela externalidade da poluição.

---

benefício marginal social, *BMgS*, da substância química. A curva de oferta é *S*. Essa curva também mensura o custo marginal privado dos produtores, *CMg*. A curva de oferta é a curva de custo marginal privado porque, quando as empresas tomam suas decisões de produção e oferta, elas levam em consideração somente os custos em que incorrerão. O equilíbrio do mercado ocorre ao preço de $ 100 por tonelada e a 4.000 toneladas da substância química por mês.

Esse equilíbrio é ineficiente. Vimos no Capítulo 5 que a alocação de recursos é eficiente quando o benefício marginal social é igual ao custo marginal social. Entretanto, devemos levar em consideração todos os custos – privados e externos – ao comparar o benefício marginal social e o custo marginal social. Assim, com um custo externo, a alocação é eficiente quando o benefício marginal social é igual ao custo marginal *social*. Esse resultado ocorre quando a quantidade produzida de substâncias químicas é de 2.000 toneladas por mês. O mercado não regulado produz 2.000 toneladas de substâncias química em excesso por mês e cria uma perda de peso morto mostrada pelo triângulo cinza-escuro.

Como as pessoas que vivem às margens do rio poluído podem fazer para que as fábricas de substâncias químicas diminuam sua produção e causem menos poluição? Se houver algum método para atingir esse resultado, todos – os proprietários das fábricas de substâncias química e os moradores das casas à beira do rio – poderão ganhar. Vamos analisar algumas soluções.

Direitos de propriedade

Algumas vezes é possível reduzir a ineficiência resultante de uma externalidade por meio do estabelecimento de um direito de propriedade onde atualmente não existe nenhum. Os **direitos de propriedade** são acordos sociais que governam a propriedade, a utilização e a disponibilidade de fatores de produção e de bens e serviços, cuja prática é garantida por lei.

Suponha que as fábricas de substâncias químicas sejam proprietárias do rio e das 500 casas às margens dele. O aluguel que as pessoas estão dispostas a pagar depende da quantidade de poluição. Utilizando o exemplo citado, as pessoas estão dispostas a pagar $ 2.500 por mês para morar às margens de um rio sem poluição, mas apenas $ 1.500 por mês para conviver com a poluição gerada pelas 4.000 toneladas de substâncias químicas por mês. Se as fábricas produzem essa quantidade, elas perdem $ 1.000 por mês para cada casa, totalizando $ 500.000 por mês. As fábricas de substâncias químicas agora estão diante do custo de sua poluição – o aluguel reduzido pago pelas pessoas que moram às margens do rio poluído.

A Figura 15.4 ilustra o resultado utilizando o mesmo exemplo da Figura 15.3. Com os direitos de propriedade, a curva *CMg* não mensura mais todos os custos com que as empresas se defrontam quando decidem produzir a substância química. Ela exclui os custos de poluição em que agora as fábricas devem incorrer. A curva *CMgS* agora é a curva de custo marginal privado *CMg*. Todos os custos recaem sobre as empresas, de modo que a curva de oferta do mercado se baseia em todos os custos marginais e é a curva identificada como *S = CMg = CMgS*.

O equilíbrio do mercado agora ocorre ao preço de $ 150 por tonelada e a 2.000 toneladas da substância química por mês. Esse resultado é eficiente. As fábricas continuam a produzir alguma poluição, mas na quantidade eficiente.

O teorema de Coase

Faz diferença o modo como os direitos de propriedade são implementados? Faz diferença se o recurso que pode vir a ser poluído pertence ao poluidor ou à vítima da poluição? Até 1960, todos pensavam que fazia diferença.

Figura 15.4 Os direitos de propriedade atingem um resultado eficiente

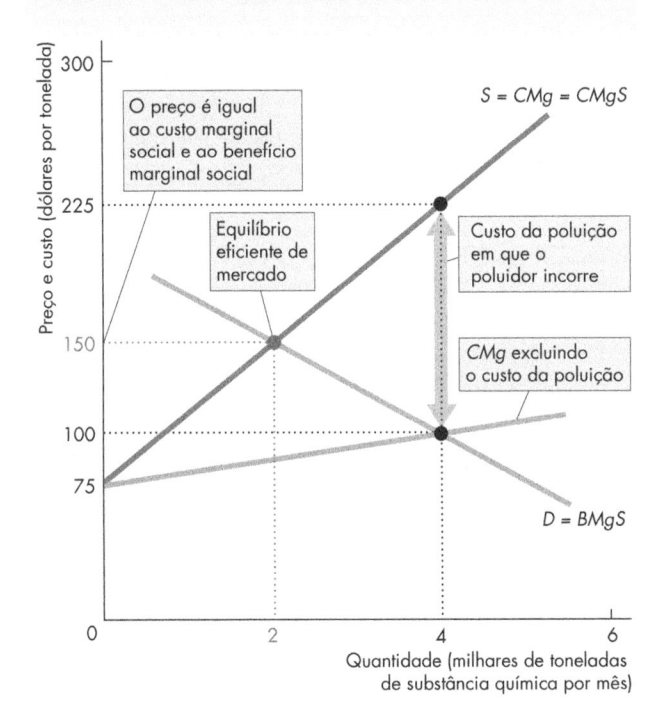

Com os direitos de propriedade, a curva de custo marginal que exclui os custos da poluição mostra somente parte do custo marginal dos produtores. A curva de custo marginal privado inclui o custo da poluição, de modo que a curva de oferta é *S = CMg = CMgS*. O equilíbrio do mercado ocorre ao preço de $ 150 por tonelada e a 2.000 toneladas de substância química por mês e é eficiente porque o custo marginal social é igual ao benefício marginal social. A quantidade eficiente de poluição não é zero.

Mas, em 1960, Ronald Coase teve uma idéia notável, hoje conhecida como teorema de Coase.

O **teorema de Coase** é a teoria segundo a qual, quando existirem direitos de propriedade, se somente um pequeno número de partes estiver envolvido e se os custos das transações forem baixos, as transações privadas serão eficientes. Não há externalidades porque as partes envolvidas nas transações levam todos os custos e benefícios em consideração. Além disso, não faz diferença quem detém os direitos de propriedade.

Aplicação do teorema de Coase No exemplo que acabamos de analisar, as empresas são proprietárias do rio e das casas. Suponha que, em vez disso, os moradores sejam proprietários de suas casas e do rio. Nesse caso, as empresas devem pagar uma taxa para os proprietários das casas pelo direito de se desfazer de seus resíduos no rio. Quanto maior for a quantidade de detritos lançados no rio, mais as empresas deverão pagar. Desse modo, mais uma vez, as empresas estão diante do custo de oportunidade da poluição que criam. A quantidade de substâncias químicas produzidas e a quantidade de detritos lançados são as mesmas, independentemente de quem é o proprietário das casas e do rio. Se as empresas são as proprietárias, elas arcam com o custo da poluição porque recebem uma renda menor proveniente dos aluguéis das casas. Se os moradores são os proprietários das casas e do rio, as empresas arcam com o custo da poluição porque devem pagar uma taxa aos proprietários. Em ambos os casos, as empresas arcam com o custo de sua poluição e lançam a quantidade eficiente de detritos no rio.

A solução de Coase só funciona quando os custos de transações são baixos. Os **custos de transações** são os custos de oportunidade para conduzir uma negociação. Por exemplo, quando compra uma casa, você incorre em uma série de custos de transações. Você pode pagar um corretor de imóveis para ajudá-lo a encontrar a melhor casa e um advogado para constatar que o vendedor de fato é dono da propriedade e que, depois que você pagar por ela, a responsabilidade será apropriadamente transferida a você.

No exemplo das casas às margens do rio, os custos de transações em que incorrem um pequeno número de produtores de substâncias químicas e alguns proprietários de imóveis podem ser baixos o suficiente para permitir que eles negociem os acordos que produzam um resultado eficiente. Mas, em muitas situações, os custos de transações são tão altos que seria ineficiente incorrer neles. Nessas situações, a solução de Coase não é possível.

Suponha, por exemplo, que todos sejam proprietários do espaço aéreo acima de suas casas até, digamos, a altura de 15 quilômetros. Se alguém polui seu espaço aéreo, você pode cobrar uma taxa. Mas, para receber a taxa, é preciso identificar o poluidor do seu espaço aéreo e convencê-lo a pagar. Imagine os custos da negociação e execução dos acordos com os milhares ou talvez milhões de pessoas que vivem na sua região e as inúmeras empresas que emitem dióxido de enxofre e geram a chuva ácida que cai sobre sua propriedade! Nessa situação, utilizamos escolhas públicas para lidar com as externalidades. Mas os custos de transações que impedem uma solução de mercado são custos reais, de modo que as tentativas do governo de lidar com as externalidades não oferecem uma solução simples. Examinaremos agora algumas dessas tentativas.

Ações governamentais diante de custos externos

Os três principais métodos utilizados pelos governos para lidar com as externalidades são:

- Impostos
- Taxas de emissão
- Permissões comercializáveis

Impostos O governo pode utilizar impostos como um incentivo para os produtores reduzirem a poluição. Os impostos utilizados desse modo são chamados de **impostos pigouvianos**, em homenagem a Arthur Cecil Pigou, o economista inglês que, na década de 1920, elaborou esse método para lidar com as externalidades.

Quando se estabelece que o imposto é igual ao custo marginal externo, as empresas podem ter de se comportar da mesma maneira que fariam se arcassem diretamente com o custo da externalidade. Para vermos como as ações governamentais podem mudar os resultados do mercado diante das externalidades, vamos retomar o exemplo das empresas produtoras de substâncias químicas e do rio.

Suponha que o governo tenha calculado com exatidão o custo marginal externo e estabeleça para as empresas um imposto que seja exatamente igual a esse custo. A Figura 15.5 ilustra os efeitos desse imposto.

A curva de demanda e a curva de benefício marginal social, $D = BMgS$, bem como a curva de custo marginal das empresas, CMg, são as mesmas que as apresentadas na Figura 15.3. O imposto é igual ao custo marginal externo da poluição. Adicionamos esse imposto ao custo marginal privado para encontrar a curva de oferta de mercado. Essa curva é a $S = CMg + imposto = CMgS$. Ela é a curva de oferta do mercado porque nos informa a quantidade ofertada a cada preço, considerando o custo marginal das empresas e o imposto que elas devem pagar. Essa curva também é a curva de custo marginal social porque se estabeleceu que o imposto sobre a poluição fosse igual ao custo marginal externo.

A demanda e a oferta agora determinam o preço de equilíbrio do mercado em $ 150 por tonelada e a quantidade de 2.000 toneladas de substâncias químicas por mês. A essa quantidade de produção de substâncias químicas, o custo marginal social é $ 150 e o benefício marginal social é $ 150, de modo que o resultado é eficiente. As empresas incorrem em um custo marginal de $ 88 por tonelada e pagam um imposto de $ 62 por tonelada. O governo arrecada receita tributária de $ 124.000 por mês.

Taxas de emissão As taxas de emissão são uma alternativa a um imposto para confrontar um poluidor com o custo externo da poluição. O governo determina um preço por unidade de poluição. Quanto mais poluição uma empresa cria, mais ela paga em taxas de emissão. Esse método para lidar com as externalidades da poluição tem sido utilizado apenas de modo reduzido nos Estados Unidos, mas é comum na Europa, onde, por exemplo, a França, a Alemanha e a Holanda fazem com que os poluidores da água paguem um taxa pela eliminação de resíduos.

Para calcular a taxa de emissão que atinja a eficiência, o governo precisa de muitas informações sobre a indústria poluidora, que, na prática, raramente estão disponíveis.

Permissões comercializáveis Em vez de se impor um imposto ou taxas de emissão para os poluidores, pode ser estabelecido para cada poluidor potencial um limite permitido de poluição. Cada empresa conhece seus próprios custos e benefícios da poluição, e fazer com que os limites de poluição sejam comercializáveis é uma maneira inteligente de utilizar informações privadas desconhecidas pelo governo. O governo concede a cada empresa um certificado para emitir determinada quantidade de poluição, e as empresas podem comprar e vender esses certificados. As empresas que têm um baixo custo marginal para reduzir a poluição vendem seus certificados, e aquelas com um alto custo marginal para reduzir a poluição os compram. O mercado de certificados determina o preço ao qual as

Figura 15.5 Imposto sobre a poluição para atingir um resultado eficiente

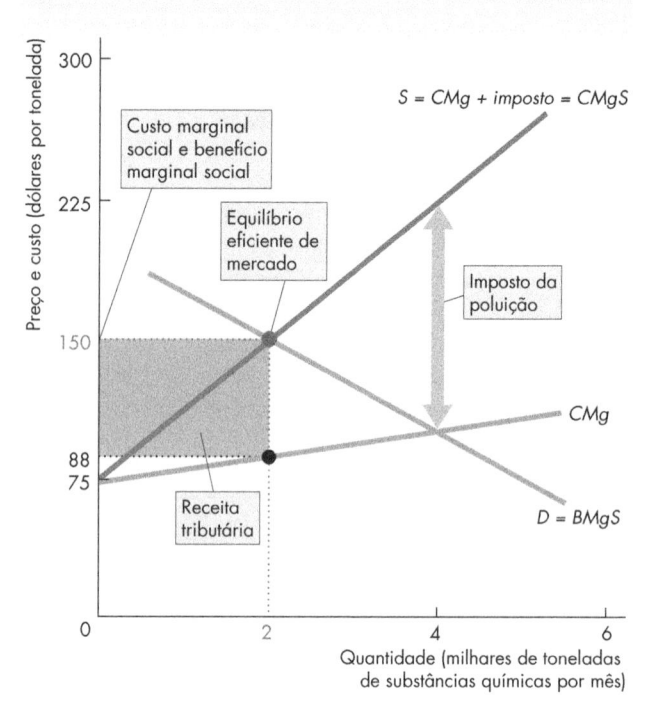

É estabelecido um imposto sobre a poluição, que é igual ao custo marginal externo da poluição. A curva de oferta se torna a curva de custo marginal privado, CMg, mais o imposto – $S = CMg + imposto$. O equilíbrio do mercado ocorre ao preço de $ 150 por tonelada e a 2.000 toneladas de substâncias químicas por mês e é eficiente porque o custo marginal social é igual ao benefício marginal social. O governo arrecada a receita tributária indicada pelo retângulo cinza.

empresas negociam os certificados. Cada empresa compra ou vende certificados até que seu custo marginal da poluição seja igual ao preço de mercado de um certificado.

Esse método para lidar com a poluição proporciona um incentivo ainda maior do que o das taxas de emissão para desenvolver tecnologias menos poluentes, pois o preço de um certificado para poluir aumenta à medida que a demanda por certificados aumenta.

O mercado de certificados de emissão nos Estados Unidos A negociação de certificados de poluição por chumbo se tornou comum durante a década de 1980, e esse programa de permissões comercializáveis foi considerado um sucesso. Ele possibilitou que o chumbo fosse praticamente eliminado da atmosfera dos Estados Unidos (veja a Figura 15.1). Mas esse sucesso pode não ser facilmente aplicável a outras situações porque a poluição por chumbo tem algumas características específicas. Para começar, a maior parte desse tipo de poluição tem uma única origem: a gasolina com chumbo. Em segundo lugar, o chumbo na gasolina é facilmente monitorado. Em terceiro lugar, o objetivo do programa era claro: eliminar o chumbo da gasolina.

A Environmental Protection Agency (Agência de Proteção Ambiental dos Estados Unidos) está atualmente analisando a utilização de permissões comercializáveis para promover a eficiência no controle de clorofluorcarbonos, os gases que, acredita-se, prejudicam a camada de ozônio.

QUESTÕES PARA REVISÃO

1 Qual é a diferença entre custo privado e custo social?
2 Como uma externalidade negativa impede um mercado competitivo de alocar recursos com eficiência?
3 Como uma externalidade negativa pode ser eliminada com a definição de direitos de propriedade? Como funciona esse método para lidar com uma externalidade?
4 Como os impostos nos ajudam a lidar com as externalidades negativas? Em que nível um imposto sobre a poluição deve ser determinado para induzir as empresas a produzir a quantidade eficiente de poluição?
5 Como funcionam as taxas de emissão e as permissões comercializáveis de poluição?

Externalidades positivas: conhecimento

O conhecimento resulta da educação e da pesquisa. Para estudarmos os fatores econômicos do conhecimento, devemos fazer a distinção entre benefícios privados e benefícios sociais.

Benefícios privados e benefícios sociais

Benefício privado é um benefício recebido pelo consumidor de um bem ou serviço. O *benefício marginal* é o benefício de uma *unidade adicional* de um bem ou serviço. Assim, o **benefício marginal privado** (BMg) é o benefício proporcionado por uma unidade adicional de um bem ou serviço e recebido pelo consumidor desse bem ou serviço.

O *benefício externo* proporcionado por um bem ou serviço é o benefício recebido por alguém que não seja o consumidor. Um **benefício marginal externo** é o benefício proporcionado por uma unidade adicional de um bem ou serviço e do qual desfrutam outras pessoas que não os consumidores.

O **benefício marginal social** (BMgS) é o benefício marginal de que desfruta a sociedade – o consumidor de um bem ou serviço (o benefício marginal privado) mais o benefício marginal de que outros desfrutam (o benefício marginal externo). Isto é,

$BMgS = BMg +$ benefício marginal externo.

A Figura 15.6 mostra um exemplo da relação entre o benefício marginal privado, o benefício marginal externo e o benefício marginal social. A curva de benefício marginal, *BMg*, descreve o benefício marginal privado – como maiores oportunidades de emprego e rendas mais altas – de que desfrutam pessoas com ensino superior completo. O benefício marginal privado diminui à medida que a quantidade de educação aumenta.

Entretanto, pessoas com ensino superior completo geram benefícios externos. Em média, elas tendem a ser melhores cidadãos. Seus índices de criminalidade são mais baixos, e elas são mais tolerantes com os pontos de vista alheios. Uma sociedade com um grande número de pessoas com ensino superior pode sustentar atividades como jornais, canais de televisão, música e teatro de alta qualidade, entre outras atividades sociais organizadas.

No exemplo mostrado na Figura 15.6, o benefício marginal externo é de $ 15.000 por estudante ao ano quando 15 milhões se matriculam em um curso superior. A curva de benefício marginal social, *BMgS*, é a soma do benefício marginal privado e do benefício marginal externo. Por exemplo, quando 15 milhões de estudantes por ano se matriculam em um curso superior, o benefício marginal privado é de $ 10.000 por estudante, e o benefício marginal externo é de $ 15.000 por estudante, de modo que o benefício marginal social é de $ 25.000 por estudante.

Quando as pessoas tomam decisões relativas a sua educação, elas ignoram os benefícios externos disso e só levam em consideração os benefícios privados. Deste modo, se a educação fosse oferecida somente por instituições privadas cobrando anuidades plenas, haveria muito poucos diplomados em cursos superiores.

A Figura 15.7 ilustra a insuficiência de produção se o governo deixasse a educação para o mercado privado. A curva de oferta é a curva de custo marginal social, $S = CMgS$. A curva de demanda é a curva de benefício marginal privado, $D = BMg$. O equilíbrio do mercado ocorre com uma anuidade de $ 15.000 por estudante e 7,5 milhões de estudantes por ano. Nesse equilíbrio, o benefício marginal social é de $ 38.000 por estudante, o que excede o custo marginal social em $ 15.000. Há muito poucos estudantes no ensino superior. O número eficiente é de 15 milhões

Figura 15.6 Benefício externo

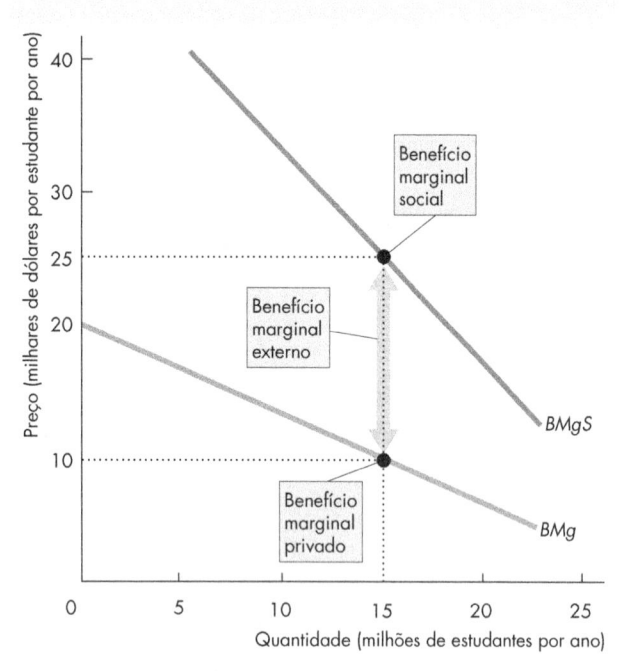

Figura 15.7 Ineficiência com um benefício externo

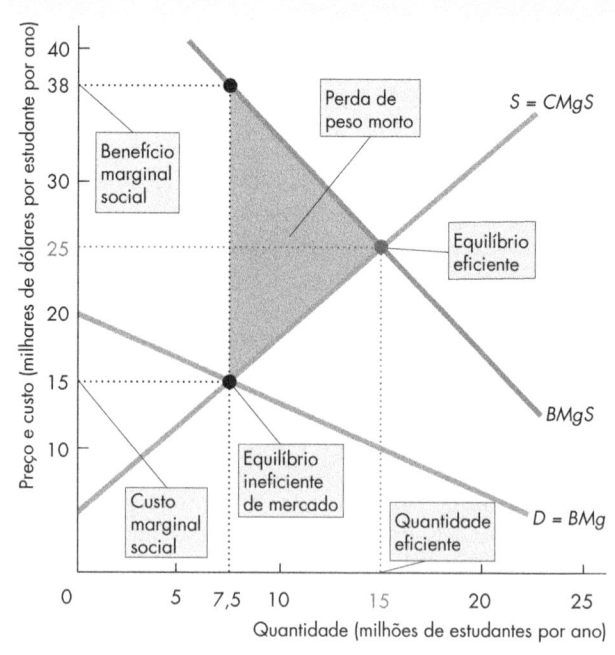

A curva *BMg* mostra o benefício marginal privado de que desfrutam as pessoas com ensino superior. A curva *BMgS* mostra a soma do benefício marginal privado e do benefício marginal externo. Quando 15 milhões de estudantes ao ano se matriculam em um curso superior, o benefício marginal privado é de $ 10.000 por estudante, o benefício marginal externo é de $ 15.000 por estudante, e o benefício marginal social é de $ 25.000 por estudante.

A curva de demanda do mercado é a curva de benefício marginal privado, *D = BMg*. A curva de oferta é a curva de custo marginal social *S = CMgS*. O equilíbrio do mercado com a anuidade de $ 15.000 e 7,5 milhões de estudantes é ineficiente porque o benefício marginal social excede o custo marginal social. A quantidade eficiente é de 15 milhões de estudantes. Surge uma perda de peso morto (triângulo cinza) porque um número insuficiente de estudantes se matricula em cursos superiores.

por ano, no qual o benefício marginal social é igual ao custo marginal social. O triângulo cinza mostra a perda de peso morto.

Uma insuficiência de produção similar à apresentada na Figura 15.7 ocorreria no ensino fundamental e no ensino médio se um mercado não regulado a produzisse. Quando as crianças aprendem a ler, escrever e contar, elas recebem o benefício privado de melhores possibilidades salariais. Mas mesmo essas habilidades básicas originam o benefício externo do desenvolvimento de cidadãos melhores.

Os benefícios externos também se originam da descoberta de um novo conhecimento. Quando Isaac Newton elaborou as fórmulas para calcular a taxa de resposta de uma variável a outra – o cálculo diferencial – todos puderam utilizar livremente esse método. Quando foi inventado um programa de planilha eletrônica chamado VisiCalc, a Lotus Corporation e a Microsoft puderam copiar a idéia básica e criaram o 1-2-3 e o Excel. Quando se construiu o primeiro shopping center e se descobriu que era um modo bem-sucedido de organizar o varejo, todos tiveram liberdade para copiar a idéia e os shoppings se propagaram muito.

Quando alguém descobre uma idéia básica, os outros podem copiá-la. Eles precisam trabalhar para copiar uma idéia, portanto enfrentam um custo de oportunidade. Mas normalmente não precisam pagar nada para utili-

zá-la. Quando as pessoas tomam decisões, elas ignoram os benefícios externos e só levam em consideração os benefícios privados.

Quando as pessoas tomam decisões sobre quanta educação adquirir ou quanta pesquisa realizar, elas equilibram o custo marginal privado com o benefício marginal privado. Elas ignoram o benefício externo. Como resultado, se deixássemos a educação e a pesquisa sujeitas a forças do mercado não reguladas, obteríamos muito pouco dessas atividades.

Para nos aproximarmos da produção da quantidade eficiente de um bem ou serviço que gere um benefício externo, fazemos escolhas públicas, por meio de governos, para alterar o resultado do mercado.

Ações governamentais diante dos benefícios externos

Quatro alternativas que os governos podem utilizar para alcançar uma alocação mais eficiente de recursos na presença de benefícios externos são:

- Provisão pública
- Subsídios privados
- *Vouchers*
- Patentes e direitos autorais

Provisão pública Na **provisão pública**, um órgão público que recebe sua receita do governo produz o bem ou serviço. Os serviços de educação produzidos pelas universidades, faculdades e escolas públicas são exemplos de provisão pública.

A Figura 15.8(a) mostra como a provisão pública pode superar a insuficiência de produção mostrada na Figura 15.7. A provisão pública não tem como reduzir o custo da produção, de modo que o custo marginal social permanece o mesmo. O benefício marginal privado e o benefício marginal externo também permanecem os mesmos.

A quantidade eficiente ocorre quando o benefício marginal social é igual ao custo marginal social. Na Figura 15.8(a), essa quantidade é de 15 milhões de estudantes. A anuidade é determinada para assegurar que o número eficiente de estudantes se matricule. Ou seja, a anuidade é igual ao benefício marginal privado na quantidade eficiente. Na Figura 15.8(a), a anuidade é de $ 10.000 por ano. O restante do custo da universidade pública é pago pelos contribuintes e, neste exemplo, é de $ 15.000 por estudante.

Subsídios privados **Subsídio** é o pagamento feito pelo governo a produtores privados. Ao fazer com que o subsídio dependa do nível de produção, o governo pode induzir tomadores de decisão privados a levar em consideração benefícios externos ao fazerem suas escolhas.

A Figura 15.8(b) mostra como funciona o subsídio para instituições de ensino superior privadas. Na ausência de subsídio, a curva de oferta do mercado é $S_0 = CMgS$. A curva de demanda é a curva de benefício marginal privado, $D = BMg$. Se o governo fornece subsídio às instituições de $ 15.000 por estudante por ano, devemos subtrair o subsídio do custo marginal da instituição para encontrar a nova curva de oferta do mercado. Essa curva é $S_1 = CMgS - subsídio$. O equilíbrio do mercado ocorre com uma anuidade de $ 10.000 e com 15 milhões de estudantes por ano. O custo marginal social para educar 15 milhões de estudantes é de $ 25.000, e o benefício marginal social é de $ 25.000. Assim, com o custo marginal social igual ao benefício marginal social, o subsídio atinge um resultado eficiente. A anuidade e o subsídio são apenas suficientes para cobrir o custo marginal das instituições de ensino.

Vouchers **Voucher** é uma espécie de documento fornecido pelo governo a indivíduos que pode ser utilizado para comprar determinados bens ou serviços. Um auxílio-alimentação concedido por meio de algum programa do governo é um exemplo de *voucher* e só deve ser gasto em alimentos que podem melhorar a dieta e a saúde de famílias extremamente pobres.

Vouchers de educação têm sido defendidos como uma forma de melhorar a qualidade da educação e foram imple-

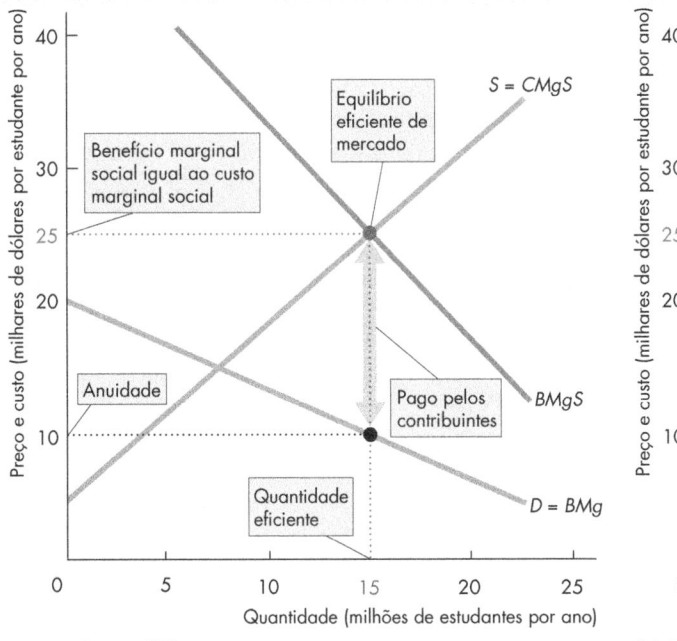

Figura 15.8 Provisão pública ou subsídio privado para alcançar um resultado eficiente

(a) Provisão pública

(b) Subsídio privado

Na parte (a), o benefício marginal social é igual ao custo marginal social, com 15 milhões de estudantes por ano, a quantidade eficiente. A anuidade determinada é de $ 10.000 por estudante, que é igual ao benefício marginal privado. Os contribuintes cobrem os outros $ 15.000 do custo por estudante.

Na parte (b), com um subsídio de $ 15.000 por estudante, a curva de oferta é $S_1 = CMgS - subsídio$. O preço de equilíbrio é de $ 10.000, e o equilíbrio do mercado é eficiente com 15 milhões de estudantes por ano. O benefício marginal social é igual ao custo marginal social.

mentados em algumas cidades norte-americanas, como Cleveland e Milwaukee.

Um *voucher* de educação permite que os pais escolham a escola que seus filhos freqüentarão e utilizem o *voucher* para pagar parte do custo. A escola converte os *vouchers* em dinheiro para pagar suas contas. Um *voucher* pode ser fornecido a um estudante universitário em um modo similar e, apesar de tecnicamente não ser um *voucher*, o Pell Grant – programa federal de subsídio educacional dos Estados Unidos no qual os subsídios são concedidos de acordo com indicadores de necessidade financeira – tem um efeito similar.

Como os *vouchers* podem ser gastos somente em um item específico, há mais disposição de pagar por esse item, o que aumenta a demanda por ele. A Figura 15.9 mostra como funciona um sistema de *vouchers*. O governo fornece um *voucher* por estudante igual ao benefício marginal externo. Os pais (ou estudantes) utilizam esse *voucher* para complementar o valor que pagam pela educação. A curva de benefício marginal social se torna a demanda por educação universitária, $D = BMgS$. O equilíbrio do mercado ocorre ao preço de $ 25.000 por estudante ao ano, e 15 milhões de estudantes cursam o ensino superior. Cada estudante paga $ 10.000 de anuidade, e as instituições de ensino recebem, por meio do *voucher*, $ 15.000 adicionais por estudante.

Se o governo estima corretamente o valor do benefício externo e faz com que o valor do *voucher* seja igual ao benefício marginal externo, o resultado do sistema de *vouchers* é eficiente. O custo marginal social é igual ao benefício marginal social, e a perda de peso morto é eliminada.

Os *vouchers* são similares aos subsídios, mas seus defensores alegam que eles são mais eficientes do que os subsídios porque o consumidor pode monitorar o desempenho escolar de maneira mais eficaz do que o governo.

Patentes e direitos autorais O conhecimento pode ser uma exceção ao princípio do benefício marginal decrescente. Conhecimento adicional (sobre as coisas certas) aumenta a produtividade das pessoas. Não parece haver uma tendência de diminuição da produtividade adicional resultante do conhecimento adicional.

Por exemplo, em apenas 15 anos, avanços do conhecimento sobre microprocessadores nos proporcionaram uma seqüência de chips processadores que fez com que nossos computadores pessoais ficassem cada vez mais potentes. Cada avanço do conhecimento sobre como projetar e produzir um chip processador levou a incrementos aparentemente maiores de desempenho e produtividade. De modo similar, cada avanço do conhecimento sobre como projetar e produzir um avião levou a incrementos aparentemente maiores de desempenho: o Flyer de Orville e Wilbur Wright, criado em 1903, era um avião com capacidade para apenas uma pessoa, capaz de sobrevoar o campo de um fazendeiro. O Lockheed Constellation, projetado em 1949, era um avião capaz de transportar 120 passageiros

Figura 15.9 Os *vouchers* alcançam um resultado eficiente

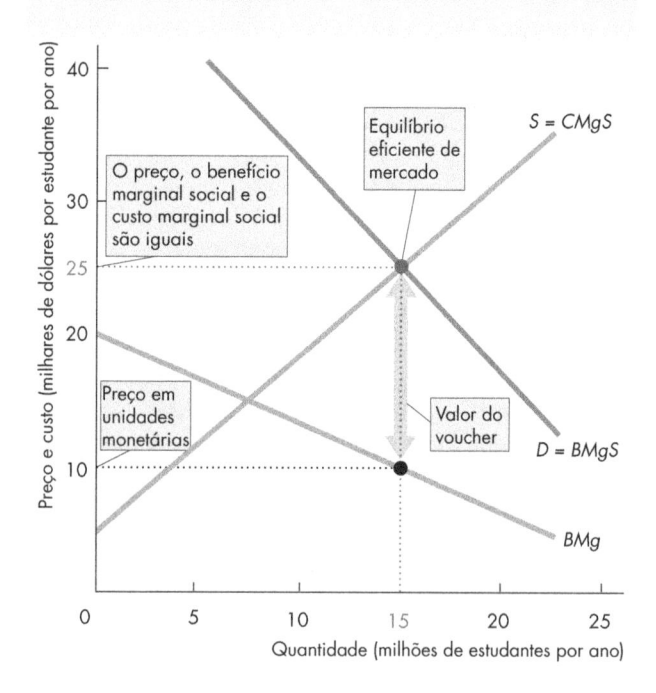

Com os *vouchers*, os compradores estão dispostos a pagar BMg mais o valor do *voucher*, de maneira que a curva de demanda se torna a curva de benefício marginal social, $D = BMgS$. O equilíbrio do mercado é eficiente com 15 milhões de estudantes matriculados no curso superior porque o preço, o benefício marginal social e o custo marginal são iguais. A anuidade consiste no preço de $ 10.000 e um *voucher* de $ 15.000.

de Nova York para Londres, mas com duas escalas para reabastecimento em Newfoundland e na Irlanda. A última versão do Boeing 747 pode levar 400 passageiros, sem escalas, de Los Angeles para Sydney ou de Nova York para Tóquio (vôos de 12 mil quilômetros que duram 13 horas). Exemplos similares podem ser encontrados na agricultura, biogenética, comunicações, engenharia, entretenimento e medicina.

Uma razão pela qual o conhecimento aumenta sem diminuir os retornos é o grande número de diferentes técnicas que podem, em princípio, ser testadas. Paul Romer explica esse fato. "Suponha que, para fazer um produto acabado, 20 partes diferentes precisam ser ligadas a uma estrutura principal, uma de cada vez. Um trabalhador poderia montar o produto na ordem numérica, ligando a parte 1 primeiro, depois a parte 2... Ou ele poderia utilizar qualquer outra ordem, começando com a parte 10 e depois ligando a parte 7... Com 20 partes... há [mais] seqüências diferentes... do que o número total de segundos transcorridos desde que o Big Bang criou o universo, de modo que podemos crer que, de todas as atividades, somente uma pequena fração das seqüências possíveis já foi testada."[1]

---

[1] Paul Romer, "Ideas and things", em *The future surveyed*, suplemento de *The Economist*, 11 set. 1993, p. 71-72.

Pense em todos os processos, todos os produtos e todas as diferentes peças e partes utilizadas em cada um deles e você pode observar que mal começamos a explorar as possibilidades.

Devido ao fato de o conhecimento ser produtivo e gerar benefícios externos, é necessário utilizar políticas públicas para garantir que as pessoas que desenvolvem novas idéias tenham incentivos para manter um nível eficiente de esforço. A principal maneira de proporcionar os incentivos corretos utiliza a idéia central do teorema de Coase e atribui direitos de propriedade – chamados de **direitos de propriedade intelectual** – aos criadores. O dispositivo legal para estabelecer os direitos de propriedade intelectual é a patente ou o direito autoral. **Patente** ou **direito autoral** é um direito exclusivo sancionado pelo governo e concedido ao inventor de um bem, serviço ou processo produtivo para produzir, utilizar e comercializar a invenção por determinado número de anos. Uma patente permite que o desenvolvedor de uma nova idéia impeça outras pessoas de se beneficiar livremente de uma invenção por um número limitado de anos.

Apesar de as patentes incentivarem a invenção e a inovação, há um custo econômico para isso. Enquanto a patente estiver em vigor, seu detentor tem um monopólio. E o monopólio é outra fonte de ineficiência (que explicamos no Capítulo 12). Mas, sem uma patente, o esforço para desenvolver novos bens, serviços ou processos é reduzido, e o fluxo de invenções é desacelerado. Portanto, o resultado eficiente é uma concessão que equilibra os benefícios de mais invenções com o custo do monopólio temporário em atividades recém-inventadas.

QUESTÕES PARA REVISÃO

1 O que há de especial no conhecimento que cria benefícios externos?
2 Como os governos podem utilizar a provisão pública, subsídios privados e *vouchers* para alcançar uma quantidade eficiente de educação?
3 Como os governos podem utilizar a provisão pública, subsídios privados, *vouchers* e patentes e direitos autorais para alcançar uma quantidade eficiente de pesquisa e desenvolvimento?

◆ A seção "Leitura das entrelinhas" analisa a poluição criada pelo desenvolvimento urbano na Califórnia e uma discussão sobre a cobrança de uma taxa das construtoras.

LEITURA DAS ENTRELINHAS

OBSERVATÓRIO ECONÔMICO

Combate da poluição do ar na Califórnia

As construtoras da Califórnia são contra uma taxa pela poluição do ar

27 de agosto de 2006

As construtoras e os órgãos reguladores da qualidade do ar estão engajados em uma batalha legal referente a novas taxas de construção para o vale central da Califórnia destinadas a reduzir o problema crônico de poluição da região.

As taxas, que entraram em vigor em março em oito municípios dessa região de rápido crescimento, são as mais abrangentes do país no esforço de vincular o desenvolvimento urbano à poluição do ar. A batalha legal para derrubar essa lei está sendo acompanhada de perto em outras partes do Estado, incluindo a Califórnia do Sul e a região da baía de São Francisco, onde as autoridades esperam impor taxas similares...

As taxas são parte de uma nova regulação por parte do órgão de controle da poluição do ar da região, o San Joaquin Valley Air Pollution Control District, a qual exige que as construtoras de empreendimentos comerciais e residenciais incorporem a seus projetos tecnologias para economizar energia e recursos para a redução de tráfego. A lei requer o pagamento de uma taxa para financiar o controle da poluição. A idéia é atribuir às construtoras mais responsabilidade pelo aumento do tráfego e das emissões de poluentes que normalmente acompanha o desenvolvimento urbano...

"Essa lei é um fracasso", afirmou Tim Coyle, vice-presidente e porta-voz da associação de construtoras da Califórnia, a California Building Industry Association, um dos grupos envolvidos no processo judiciário. "Eles nem definiram se há bases científicas para corroborar a idéia de que novas construções contribuem para uma baixa qualidade do ar."

Na ação judicial, instaurada no Tribunal Superior do Distrito de Fresno, alega-se que o distrito excedeu sua autoridade impondo taxas que duplicam as regulações já cobertas por outros órgãos estaduais. Nela também se argumenta que o distrito não conseguiu demonstrar como as taxas reduziriam a poluição ou como o distrito gastaria o dinheiro recolhido, que pode chegar a US$ 100 milhões por ano quando a lei estiver plenamente em vigor em 2010...

Fonte: Copyright 2006 The New York Times Company. Reproduzido com permissão. Proibido nova reprodução. Disponível em: http://www.nytimes.com

Essência da notícia

▶ Novas taxas de construção devem ser pagas pelas construtoras na região do vale central da Califórnia.

▶ As taxas, que entraram em vigor em março de 2006, visam a controlar a poluição do ar.

▶ Uma nova regulação também requer que as construtoras incorporem em seus projetos tecnologias para economizar energia e recursos para a redução de tráfego.

▶ Um porta-voz da California Building Industry Association diz que não há evidências de que novas construções contribuem para a baixa qualidade do ar.

▶ Em uma ação judicial alega-se que as taxas duplicam regulações já em vigor e não vão reduzir a poluição.

Análise econômica

▶ O vale central da Califórnia tem um problema crônico de poluição, e o desenvolvimento imobiliário está agravando esse problema.

▶ A situação na Califórnia é um exemplo de custo externo.

▶ Sem ações para lidar com o custo externo, há um excesso de desenvolvimento imobiliário, o que resulta em uma perda de peso morto do excesso de produção.

▶ A Figura 1 ilustra o mercado de desenvolvimento imobiliário no vale central da Califórnia.

▶ A curva de demanda, D, também é a curva de benefício marginal social.

▶ A curva CMg mostra o custo marginal do desenvolvimento imobiliário em que as construtoras incorrem.

▶ A curva $CMgS$ mostra o custo marginal social do desenvolvimento imobiliário, incluindo os custos externos da poluição.

▶ Com um mercado competitivo e não regulado, a quantidade de desenvolvimento é Q_1.

▶ A distância vertical entre a curva CMg e a curva $CMgS$ é o custo marginal externo da poluição, e o triângulo cinza-escuro mostra a perda de peso morto resultante.

▶ As construtoras obtêm um excedente do produtor mostrado pelo triângulo cinza-claro.

▶ A Figura 2 mostra os efeitos de uma regulação que requer que as construtoras utilizem tecnologias limpas para prevenir a poluição.

▶ Para evitar a poluição, as construtoras devem utilizar uma tecnologia mais cara, e seu custo marginal aumenta de CMg_0 para CMg_1, que também é a nova curva de custo marginal social. (O custo marginal presumido de evitar a poluição é igual à metade do custo marginal da poluição. Esse pressuposto pode ser otimista.)

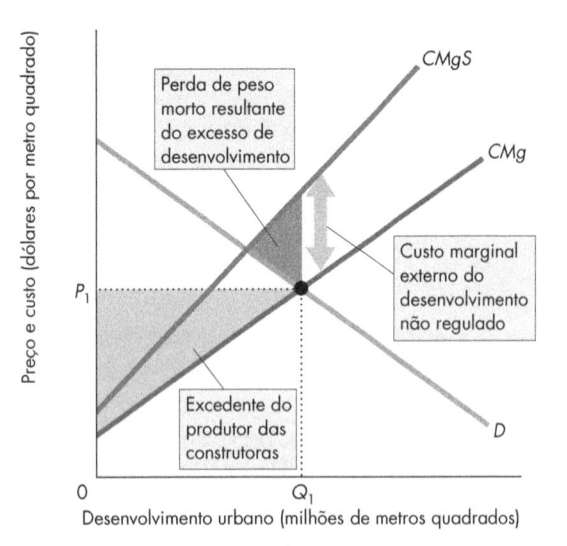

Figura 1: O mercado de construção não regulado da Califórnia

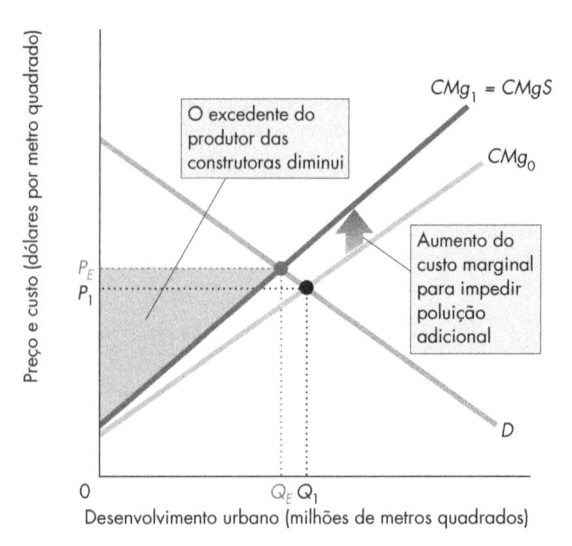

Figura 2: O mercado de construção regulado da Califórnia

▶ A quantidade de equilíbrio do desenvolvimento imobiliário diminui para Q_E. Se a regulação consegue prevenir a poluição adicional, a perda de peso morto é evitada, mas o excedente do produtor das construtoras diminui.

▶ A proposta de cobrar uma taxa das construtoras retira parte de seu excedente do produtor. No entanto, a taxa não altera o custo marginal do desenvolvimento imobiliário, de modo que não causa nenhum efeito sobre a quantidade de desenvolvimento ou a quantidade de poluição.

▶ É importante reconhecer que um imposto pigouviano deve alterar o custo marginal do produtor se influencia a quantidade produzida.

Você decide

▶ Você votaria a favor de uma taxa de imóveis novos cobrada das construtoras? Por quê?

▶ Se fosse cobrada uma taxa de construção, como você gastaria a receita arrecadada com a taxa?

RESUMO

Pontos-chave

Externalidades na nossa vida (p. 342-343)

- Uma externalidade pode surgir da atividade produtiva ou da atividade de consumo.
- Uma externalidade negativa impõe um custo externo.
- Uma externalidade positiva proporciona um benefício externo.

Externalidades negativas: poluição (p. 343-349)

- Custos externos são os custos de produção que recaem sobre pessoas que não os produtores de um bem ou serviço. O custo marginal social é igual ao custo marginal privado mais o custo marginal externo.
- Os produtores levam em consideração somente o custo marginal privado e produzem mais do que a quantidade eficiente quando há um custo marginal externo.
- Algumas vezes é possível superar uma externalidade negativa atribuindo um direito de propriedade.
- Quando os direitos de propriedade não podem ser atribuídos, os governos podem superar as externalidades utilizando impostos, taxas de emissão ou permissões comercializáveis.

Externalidades positivas: conhecimento (p. 349-353)

- Os benefícios externos são benefícios recebidos por pessoas que não os consumidores de um bem ou serviço. O benefício marginal social é igual ao benefício marginal privado mais o benefício marginal externo.
- Os benefícios externos da educação surgem porque pessoas com níveis mais altos de instrução tendem a ser cidadãos melhores, cometer menos crimes e apoiar atividades sociais.
- Os benefícios externos das pesquisas surgem porque, uma vez que alguém descobre uma idéia básica, os outros podem copiá-la.

- *Vouchers*, ou subsídios a escolas, ou a provisão de educação pública abaixo do custo podem atingir uma provisão mais eficiente da educação.
- Patentes e direitos autorais criam direitos de propriedade intelectual e um incentivo para inovar, mas também criam um monopólio temporário, cujo custo deve ser equilibrado com o benefício de mais atividades inventivas.

Figuras-chave

Figura 15.3:   Ineficiência com um custo externo, 346

Figura 15.4:   Os direitos de propriedade atingem um resultado eficiente, 347

Figura 15.5:   Imposto sobre a poluição para atingir um resultado eficiente, 348

Figura 15.7:   Ineficiência com um benefício externo, 350

Figura 15.8:   Provisão pública ou subsídio privado para alcançar um resultado eficiente, 351

Figura 15.9:   Os *vouchers* alcançam um resultado eficiente, 352

Palavras-chave

Benefício marginal externo, 349
Benefício marginal privado, 349
Benefício marginal social, 349
Custo marginal externo, 345
Custo marginal privado, 345
Custo marginal social, 345
Custos de transações, 347
Direito autoral, 353
Direitos de propriedade, 346
Direitos de propriedade intelectual, 353
Externalidade, 342
Externalidade negativa, 342
Externalidade positiva, 342
Impostos pigouvianos, 348
Patente, 353

Provisão pública, 351

Subsídio, 351

Teorema de Coase, 347

Voucher, 351

EXERCÍCIOS

1. Classifique cada um dos itens a seguir em termos da criação de uma externalidade negativa, uma externalidade positiva, uma externalidade resultante da produção, uma externalidade resultante do consumo ou a não-criação de uma externalidade.
   a. Aviões decolam do Aeroporto LaGuardia, em Nova York, durante um torneio de tênis que está ocorrendo nas proximidades.
   b. Um pôr-do-sol sobre o oceano Pacífico.
   c. Um aumento do número de pessoas cursando o ensino superior.
   d. Alguém usa um perfume na apresentação de uma orquestra sinfônica.
   e. O proprietário de uma casa faz um jardim atraente na frente de sua casa.
   f. Alguém dirige embriagado.
   g. Uma padaria faz pães.

2. A tabela fornece informações sobre custos e benefícios resultantes da produção de pesticidas que poluem um lago utilizado por um criador de trutas.

Produção de pesticida (toneladas por semana)	CMg do produtor de pesticida	Custo marginal externo	Benefício marginal social do pesticida
	(dólares por tonelada)		
0	0	0	250
1	5	33	205
2	15	67	165
3	30	100	130
4	50	133	100
5	75	167	75
6	105	200	55
7	140	233	40

   a. Se o lago não tem dono e a poluição não é regulada, qual é a quantidade produzida de pesticida e qual é o custo marginal da poluição em que incorre o criador de trutas?
   b. Se o lago é de propriedade do criador de trutas, quanto pesticida é produzido e o que o produtor de pesticida paga ao criador de trutas por tonelada?
   c. Se o lago é de propriedade do produtor de pesticida e se o valor do aluguel de um lago livre de poluição é $ 1.000 por semana, quanto pesticida é produzido e quanto o criador de trutas paga de aluguel para a empresa pela utilização do lago?
   d. Compare as quantidades de pesticida produzidas nas partes (b) e (c) e explique a relação entre essas quantidades.

3. Utilizando novamente a fábrica de pesticidas e a criação de trutas descritas no exercício 2, suponha que o lago não seja de ninguém e que o governo crie um imposto sobre a poluição.
   a. Qual é o imposto por tonelada de pesticida produzido para atingir um resultado eficiente?
   b. Explique a relação entre sua resposta à parte (a) e a resposta para o exercício 2.

4. Utilizando as informações fornecidas no problema 2, suponha que o lago não pertença a ninguém e que o governo emita duas permissões comercializáveis de poluição, uma para o criador de trutas e outra para a fábrica. Cada uma permite a mesma quantidade de poluição do lago, e a quantidade total de poluição é a quantidade eficiente.
   a. Qual é a quantidade produzida de pesticida?
   b. Qual é o preço de mercado de uma permissão de poluição? Quem a compra e quem a vende?
   c. Qual é a relação entre sua resposta e as respostas para os exercícios 2 e 3?

5. Betty e Anna trabalham no mesmo escritório em Filadélfia. As duas precisam ir a uma reunião em Pittsburgh e decidem ir de carro juntas. Betty é fumante, e seu benefício marginal de fumar um maço de cigarros por dia é de $ 40. O preço de um maço de cigarros é $ 6. Anna não gosta da fumaça do cigarro, e seu benefício marginal de um ambiente livre de fumaça é de $ 50 por dia. Qual é o resultado se:
   a. Betty dirige seu carro com Anna como passageira.
   b. Anna dirige seu carro com Betty como passageira.

6. A maioria dos enfermeiros nos Estados Unidos cursa o ensino superior em instituições comunitárias. Principalmente devido a diferenças do tamanho da turma, o custo da formação de um enfermeiro é de cerca de quatro vezes o de um aluno médio da instituição comunitária. O orçamento da instituição comunitária depende do número de estudantes e não dos cursos ministrados.
   a. Explique por que é possível esperar que essa maneira de financiamento leve a uma ineficiência no número de enfermeiros treinados.
   b. Sugira uma solução melhor e explique como ela funcionaria.

7. O custo marginal do ensino de um estudante é de $ 4.000 por ano e é constante. A figura mostra a curva de benefício marginal privado.

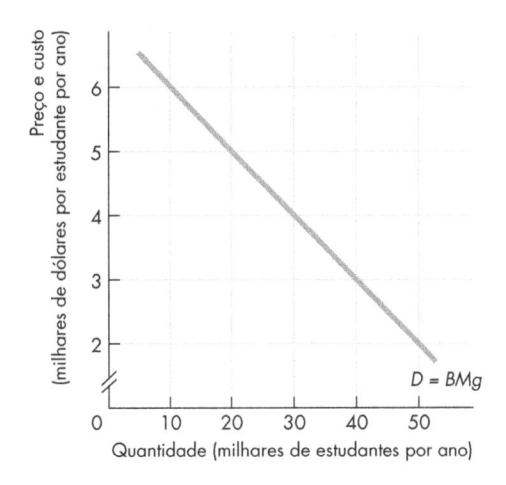

a. Se não há envolvimento do governo e se as escolas são competitivas, quantos estudantes estão matriculados e qual é a anuidade?

b. O benefício externo do ensino é de $ 2.000 por estudante ao ano e é constante. Se o governo fornece a quantidade eficiente de instrução, quantas vagas escolares ele oferece e qual é a anuidade?

PENSAMENTO CRÍTICO

1. Depois de estudar a seção "Leitura das entrelinhas", responda às seguintes perguntas:

   a. Como o desenvolvimento urbano cria a poluição no vale central da Califórnia?

   b. Quais são os prós e contras de reforçar as regulações impostas às construtoras?

   c. Se um avanço tecnológico elimina a poluição dos automóveis, mas custa tanto para ser implementado quanto o custo marginal externo da poluição dos automóveis existentes, a adoção da nova tecnologia melhoraria a eficiência da alocação de recursos? Explique sua resposta utilizando figuras como as apresentadas na seção "Análise econômica".

2. **A Merck perde a proteção de patente do Zocor**

   O Zocor, medicamento redutor de colesterol da Merck, perdeu hoje sua proteção de patente nos Estados Unidos... Essa mudança custará à Merck bilhões de dólares por ano... o Zocor... gerou para a Merck, no ano passado, vendas de... $ 4,4 bilhões no mundo todo. Mas, a partir de hoje, três outras empresas produtoras de medicamentos poderão vender legalmente o sinvastatina, o ingrediente ativo do Zocor... O resultado é que o preço de uma dose de sinvastatina provavelmente diminuirá 30 por cento ou mais nos próximos dias e até 90 por cento no próximo ano.

   The New York Times, 23 de junho de 2006

   a. Quem ganha quando uma patente expira? Quem perde quando uma patente expira?

   b. Alguém ganharia se o período de validade de uma patente de um novo medicamento fosse estendido?

   c. As patentes de medicamentos geram um benefício externo ou um custo externo?

ATIVIDADES NA INTERNET

1. Faça uma pesquisa na Internet sobre a questão do aquecimento global e em seguida responda a estas questões:

   a. Quais são os benefícios e os custos da emissão de gases do efeito estufa?

   b. Você considera que os ambientalistas estão corretos em sua opinião de que a emissão de gases do efeito estufa deve ser proibida ou você acredita que os custos da redução dessa emissão de gases são superiores a seus benefícios?

   c. Se a emissão de gases do efeito estufa devesse ser reduzida, as empresas poluidoras deveriam receber limites de produção ou permissões negociáveis?

2. Faça uma pesquisa na Internet e descubra os detalhes sobre a produção de energia elétrica de fonte eólica.

   a. Que tipos de externalidades podem surgir devido à produção de energia elétrica utilizando essa tecnologia?

   b. Compare as diversas fontes de produção de energia elétrica. Quais são as que promovem maior desperdício e afetam mais pessoas?

CENÁRIO BRASILEIRO

A poluição ambiental no Brasil

Rodrigo Mariano[1]

A questão da poluição ambiental no Brasil não é recente, porém, ainda é muito incipiente comparando-se com sua importância para o crescimento e desenvolvimento sustentável da economia.

Ao que tudo indica não há evidências de que haja crescimento econômico sem aumento da poluição ambiental. Este fato se torna mais evidente em países menos desenvolvidos, com industrialização crescente, no qual o crescimento da renda traz consigo um impulso de consumo muitas vezes desenfreado, fruto da demanda reprimida diante de uma renda baixa anterior. A população como um todo adota o consumo como fator principal no *trade off* que se depara (maior consumo ou preservação ambiental). Em países em desenvolvimento, o problema ambiental se agrava de duas maneiras. Primeira, porque há uma maior propensão a poluir em busca do crescimento, até então reprimido. Segunda, pelo fato de que, em países em desenvolvimento, os recursos destinados à preservação ambiental são escassos.

Os países desenvolvidos que obtêm um desenvolvimento tecnológico considerável podem adotar medidas que trazem menos impactos negativos ao meio ambiente. Aliado a isto, países com maior grau de desenvolvimento apresentam, geralmente, leis ambientais internas mais rígidas. Soma-se também a possibilidade de mais investimento de recursos em medidas que protejam o meio ambiente, bem como a implementação de agências reguladoras mais eficazes.

A poluição ambiental em si não é e, ao que tudo indica, nunca foi alvo de grandes discussões no Brasil ou no mundo. O que se questiona atualmente é a velocidade com que tal poluição avança sobre os países, porque a poluição ambiental sempre existiu e é inerente, por exemplo, à evolução de uma sociedade, ao crescimento populacional, ao aumento da urbanização, à industrialização, entre outros fatores.

O ponto central da discussão acerca da poluição ambiental gira em torno da incapacidade do meio ambiente em absorver a quantidade de resíduos poluentes – sejam eles quais forem – lançados diariamente por conta da ação humana. A quantidade expressiva de resíduos lançados no meio ambiente aliada à velocidade com que tal quantidade cresce tende a agravar o desequilíbrio ecológico em uma proporção sem precedente.

Precisamos entender os diversos tipos de poluição. Iniciemos pela poluição ambiental.

Por poluição ambiental entende-se toda a ação que contamine as águas, o solo e o ar. Sendo que esta poluição pode ocorrer por diversas maneiras. No Brasil, a poluição das águas é decorrente do lançamento de esgotos residenciais e industriais em rios e represas. Os resíduos químicos de toda a espécie (chumbo, cobre, mercúrio, zinco entre outros), fertilizantes, pesticidas, óleos diesel, petróleo, lançados nas águas também são grandes vilões. Este tipo de poluição causa danos dos mais diversos, com impacto na fauna e flora brasileira, bem como na qualidade de vida da população. A grande discussão em torno da poluição da água recai sobre sua importância fundamental para a sobrevivência humana. Em diversos debates é colocada em destaque a importância da água para a sobrevivência do homem, bem como, sua possível importância em termos estratégicos no futuro.

Já a poluição do ar também se caracteriza como poluição ambiental e se apresenta como problema grave em diversos centros urbanos mundiais. No Brasil, a situação é apontada como gravíssima em algumas cidades com alto nível de população urbana como é o caso de São Paulo e nas cidades consideradas pólos industriais, como foi o caso de Cubatão nas décadas de 1970 e 1980.

A poluição do ar se dá pela emissão de poluentes e gases tóxicos dos mais diversos, o que colabora, dentre outras coisas, para o agravamento do efeito estufa. Os principais causadores da poluição do ar são o monóxido de carbono, o dióxido de carbono, o oxido de nitrogênio, o dióxido de enxofre, o chumbo, carvão. As fontes são em geral os veículos automotivos, as refinarias de petróleo, as indústrias têxteis, as indústrias químicas, as indústrias de papel, as indústria de cimento, as siderúrgicas.

---

[1] Economista, mestrando em Economia.

O impacto causado na saúde do ser humano pela poluição do ar é muitas vezes grave e de difícil reversão, como os distúrbios respiratórios. Além disso, há forte incidência de outras doenças respiratórias, pulmonares, alergias e câncer.

Ainda temos a poluição do solo que também tem grande impacto no meio ambiente e que vem evoluindo de maneira a ser uma das grandes preocupações em termos de poluição ambiental. Isso porque a utilização de técnicas modernas na agricultura aliada ao aumento do desmatamento e das queimadas deixa o solo mais vulnerável. A disseminação do uso de adubos, fertilizantes e pesticidas para o combate de pragas e outras doenças que afetam as diversas culturas agrícolas impacta negativamente, pois seu uso modifica a estrutura do solo.

No longo prazo, a utilização em excesso de certos produtos e a prática de queimadas e desmatamento podem levar à infertilidade do solo, de uma maneira irreversível. O desmatamento cumpre um papel negativo ao deixar desprotegidas áreas imensas de floresta nativa que sofrem com a erosão do solo. Tão grave quanto o desmatamento, as queimadas – muito utilizadas ao fim do ciclo de algumas culturas, como é o caso da cana-de-açúcar – além de deixar o solo desprotegido, pode contaminá-lo diretamente, bem como afetar a fertilidade do solo ao destruir alguns componentes de matérias orgânicas.

Por fim, e não menos importante, é necessário ressaltar o impacto da poluição radioativa nos diversos níveis (água, solo, ar e os seres humanos). A poluição radioativa se dá em virtude de usinas nucleares, detritos nucleares, testes nucleares, explosão atômicas entre outras. (Os principais elementos radioativos são: colbato, estrôncio, iodo, plutônio, urânio.)

O problema ambiental está exposto e é de suma importância para toda sociedade brasileira. Cabe ao Estado e aos órgãos competentes a interferência em todo e qualquer tipo de poluição ambiental que coloque em risco a sustentabilidade do meio ambiente. As maneiras para coibir são as mais diversas, seja via regulamentação da proteção ambiental, incentivos a tecnologias que não poluem, cobrança de altos impostos, seja via punições rigorosas para crimes ambientais.

REFERÊNCIAS

DINIZ, M. J. T.; DINIZ, M. B. "Trajetórias da qualidade ambiental e do desenvolvimento econômico sustentável". Anais da Anpec, v. XXXIII, 2005.

RIBEIRO, E. P.; FONSECA, L. N. "Preservação ambiental e crescimento econômico no Brasil". In: VIII Encontro de Economia da Região Sul - ANPEC SUL, 2005, Porto Alegre, RS. Anais do VIII Encontro ANPEC Sul. Porto Alegre: UFRGS, 2005.

Site *Sua pesquisa*. Disponível em: http://www.suapesquisa.com/o_que_e/poluicao_ambiental.htm

Site *Serviços de Apoio Pedagógico On line*. Disponível em: http://www.sapo.salvador.ba.gov.br/arq/poluicao_arquivos/frame.htm

Site *Colégio São Francisco*. Disponível em: http://www.colegiosaofrancisco.com.br/alfa/meio-ambiente-poluicao-ambiental/poluicao-ambiental.php

QUESTÕES

1. A poluição ambiental pode ser caracterizada como uma externalidade negativa? Explique.

2. Em que medida o Estado pode atuar para que sejam minimizados os problemas relacionados à poluição ambiental?

3. Qual o impacto na economia de um país do aumento descontrolado da poluição ambiental?

Bens públicos e recursos comuns

CAPÍTULO 16

Ao término do estudo deste capítulo, você saberá:

▶ Distinguir entre bens privados, bens públicos e recursos comuns.
▶ Explicar como surge o problema do 'carona' e como é determinada a quantidade de bens públicos.
▶ Explicar a tragédia dos comuns e suas possíveis soluções injustas.

A 'carona' e a utilização excessiva dos recursos comuns

Qual é a diferença entre o Departamento de Polícia de Los Angeles e a empresa de segurança Brinks, entre os peixes do oceano Pacífico e os peixes produzidos em uma criação de peixes em Seattle e entre um show ao vivo do Coldplay e um show transmitido pela TV?
Por que o governo fornece alguns bens e serviços para garantir a execução das leis e a defesa nacional? Por que não permitimos que empresas privadas produzam esses itens e que as pessoas comprem no mercado a quantidade que demandarem? A dimensão da provisão desses serviços fornecidos pelo governo é correta? Ou os governos produzem esses itens em quantidade excessiva ou insuficiente?
Cada vez mais pessoas com renda em ascensão demandam quantidades crescentes da maioria dos bens e serviços. Um item cuja demanda está em crescimento são os peixes do mar. Os peixes dos oceanos do mundo não pertencem a ninguém. Eles são recursos comuns, e todos podem utilizá-los. Será que nossos estoques de peixes estão sendo explorados de maneira excessiva? Corremos o risco de levar algumas espécies à extinção? O preço dos peixes deve inevitavelmente continuar a aumentar? O que pode ser feito para conservar os estoques de peixes do mundo?

◆ Essas são as questões que estudaremos neste capítulo. Começaremos com a classificação de bens e recursos. Depois explicaremos o que determina a dimensão da provisão governamental de serviços públicos. Por fim, analisaremos a tragédia dos comuns. Na seção "Leitura das entrelinhas" no fim deste capítulo, analisaremos uma tragédia dos comuns do mundo de hoje: o problema da utilização excessiva das florestas tropicais.

Classificação de bens e recursos

Bens, serviços e recursos diferem na extensão na qual as pessoas podem ser *excluídas* do consumo deles e na extensão na qual o consumo de uma pessoa *rivaliza* com o de outras.

Um bem é **excludente** se somente as pessoas que pagam por ele podem desfrutar de seus benefícios. Os serviços de segurança da Brinks, os peixes da indústria de alimentos East Point Seafood e um show do Coldplay são exemplos de bens excludentes.

Um bem é **não excludente** se todos se beneficiam dele, independentemente de pagarem ou não por ele. Os serviços do Departamento de Polícia de Los Angeles, os peixes do oceano Pacífico e um show transmitido pela televisão são exemplos de bens não excludentes.

Um bem é **rival** se a utilização que alguém faz dele reduz a quantidade disponível para outra pessoa. Um carro-forte da Brinks não pode entregar dinheiro a dois bancos ao mesmo tempo. Um peixe só pode ser consumido uma vez.

Um bem é **não rival** se a utilização que uma pessoa faz dele não reduz a quantidade disponível para outra pessoa. Os serviços do Departamento de Polícia de Los Angeles e um show transmitido pela televisão são não rivais.

Uma classificação de quatro partes

A Figura 16.1 classifica bens, serviços e recursos em quatro tipos.

Bens privados Um **bem privado** é ao mesmo tempo rival e excludente. Uma lata de Coca-Cola e um peixe da criação da East Point Seafood são exemplos de bens privados.

Bens públicos Um **bem público** é ao mesmo tempo não rival e não excludente. Um bem público pode ser con-

Figura 16.1 Classificação de quatro partes dos bens

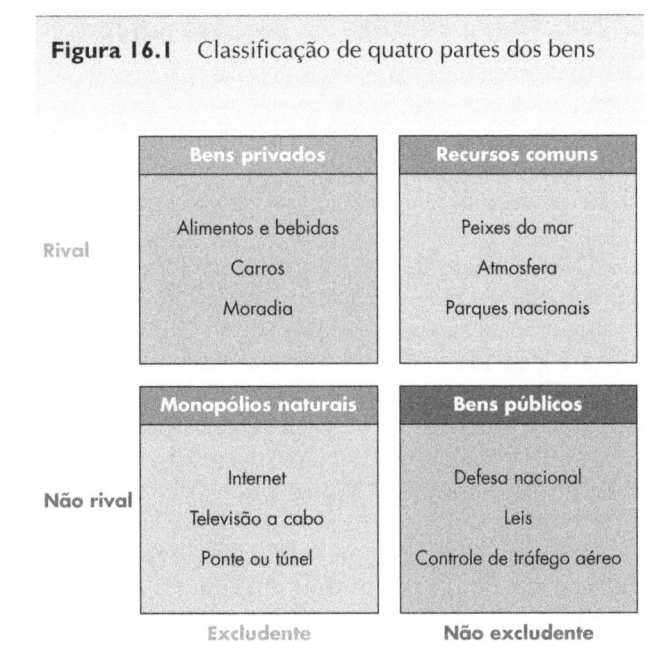

	Bens privados	**Recursos comuns**
Rival	Alimentos e bebidas Carros Moradia	Peixes do mar Atmosfera Parques nacionais
	Monopólios naturais	**Bens públicos**
Não rival	Internet Televisão a cabo Ponte ou túnel	Defesa nacional Leis Controle de tráfego aéreo
	Excludente	Não excludente

Um bem privado é um bem cujo consumo é rival e do qual os consumidores podem ser excluídos. Um bem público é um bem cujo consumo é não rival e do qual é impossível excluir um consumidor. Um recurso comum é rival, mas não excludente. Um bem não rival, mas excludente é produzido por um monopólio natural.

sumido simultaneamente por todos, e ninguém pode ser excluído do desfrute de seus benefícios. A defesa nacional é o melhor exemplo de bem público.

Recursos comuns Um **recurso comum** é rival e não excludente. Uma unidade de um recurso comum pode ser utilizada apenas uma vez, mas ninguém pode ser impedido de utilizar o que está disponível. Os peixes do mar são um recurso comum. Eles são rivais, porque um peixe pescado por uma pessoa não está disponível para mais ninguém, e são não excludentes, porque é difícil impedir as pessoas de pescá-los.

Monopólios naturais Em um monopólio natural, existem economias de escala em toda a faixa de produção para a qual existe uma demanda. Um caso especial de monopólio natural surge quando o bem ou serviço pode ser produzido a custo marginal zero. Um bem como esse é não rival. Se ele também for excludente, será produzido por um monopólio natural. A Internet e a televisão a cabo são exemplos disso.

Dois problemas

Os *bens públicos* criam o **problema do 'carona'** (a ausência de incentivos para que as pessoas paguem pelo que consomem), e os *recursos comuns* criam a **tragédia dos comuns** (a ausência de incentivos para impedir a utilização excessiva e o esgotamento de um recurso).

O restante deste capítulo analisa mais profundamente o problema do 'carona' e a tragédia dos comuns e analisa soluções de escolha pública para eles.

> **QUESTÕES PARA REVISÃO**
>
> **1** Faça a distinção entre bens públicos, bens privados, recursos comuns e monopólios naturais.
> **2** Dê exemplos de bens (ou serviços, ou recursos) de cada uma das categorias, que sejam diferentes dos apresentados nesta seção.

Bens públicos e o problema do 'carona'

Suponha que, para se defender, um país queira lançar alguns satélites de vigilância. O benefício fornecido por um satélite é o valor de seus serviços. O *valor* de um bem *privado* é a quantia máxima que uma pessoa está disposta a pagar por uma unidade adicional dele, o que é mostrado pela curva de demanda dessa pessoa. O *valor* de um bem *público* é a quantia máxima que *todas* as pessoas estão dispostas a pagar por uma unidade adicional dele. Para calcular o valor atribuído a um bem público, utilizamos os conceitos de benefício total e benefício marginal.

O benefício de um bem público

O *benefício total* é o valor em unidades monetárias que uma pessoa atribui a determinada quantidade de um bem. Quanto maior é a quantidade de um bem, maior é o benefício total usufruído por uma pessoa. O *benefício marginal* é o aumento do benefício total resultante do aumento de uma unidade na quantidade de um bem.

As figuras 16.2(a) e 16.2(b) mostram os benefícios marginais resultantes de satélites de defesa para uma sociedade com apenas duas pessoas, Lisa e Max, cujos benefícios marginais são apresentados nos gráficos como BMg_L e BMg_M, respectivamente. O benefício marginal de um bem público (como o de um bem privado) diminui à medida que a quantidade do bem aumenta. Para Lisa, o benefício marginal do primeiro satélite é $ 80 e o do segundo é $ 60. Quando são lançados cinco satélites, o benefício marginal de Lisa é zero. Para Max, o benefício marginal do primeiro satélite é $ 50 e o do segundo é $ 40. Quando são lançados cinco satélites, Max recebe apenas $ 10 de benefício marginal.

A parte (c) mostra a curva de benefício marginal social da economia, $BMgS$. A curva de benefício marginal social para um bem *público* é diferente da curva de benefício marginal social para um bem *privado*. Para obter a curva de benefício marginal social para um bem *privado*, somamos as quantidades demandadas por todos os indivíduos a cada *preço* – somamos as curvas de benefício marginal individuais *horizontalmente* (veja o Capítulo 5). Mas, para encontrar a curva de benefício marginal social de um bem *público*, somamos os benefícios marginais de todos os indivíduos a cada *quantidade* – somamos as curvas de benefício marginal individuais *verticalmente*. Desta maneira, a curva $BMgS$ na parte (c) é a curva de benefício

Figura 16.2 Benefícios de um bem público

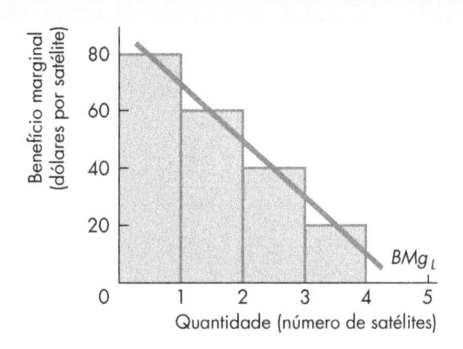

(a) Benefício marginal de Lisa

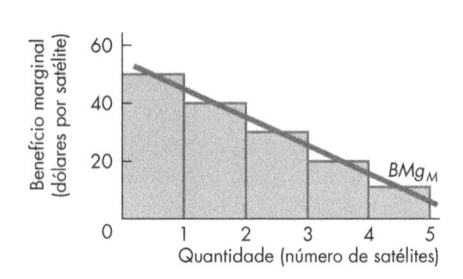

(b) Benefício marginal de Max

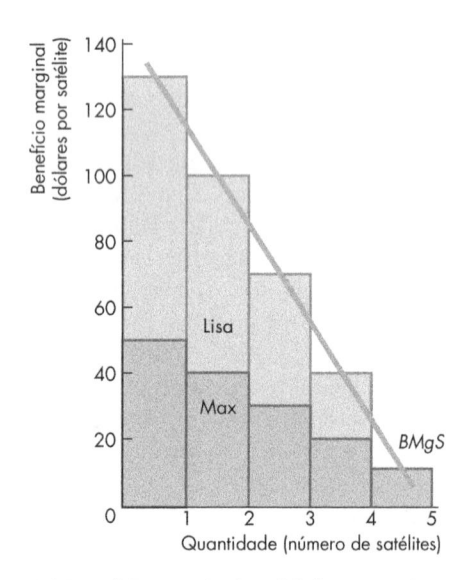

(c) Benefício marginal social da economia

O benefício marginal social para cada quantidade do bem público é a soma dos benefícios marginais de todos os indivíduos. As curvas de benefício marginal são BMg_L para Lisa e BMg_L para Max. A curva de benefício marginal social da economia é $BMgS$.

marginal social para a economia, composta por Lisa e Max. Para cada satélite, o benefício marginal de Lisa é somado ao benefício marginal de Max, porque *ambos* consomem os serviços de cada satélite.

A quantidade eficiente de um bem público

Uma economia com duas pessoas não compraria nenhum satélite – porque o benefício total seria muito menor que o custo –, mas uma economia com 250 milhões de pessoas compraria. Para determinar a quantidade eficiente, precisamos levar em consideração o custo, além do benefício.

O custo de um satélite se baseia na tecnologia e nos preços dos recursos utilizados para produzi-lo (como o custo da produção de blusas, que estudamos no Capítulo 10).

A Figura 16.3 apresenta os benefícios e os custos. A segunda e a terceira colunas da tabela mostram os benefícios total e marginal. As outras duas colunas mostram os custos total e marginal de produção dos satélites. A última coluna mostra o benefício líquido – benefício total menos o custo total.

As curvas de benefício total, BT e CT são apresentadas na Figura 16.3(a). A quantidade eficiente é a que maximiza o *benefício líquido* e ocorre quando são oferecidos dois satélites.

Os princípios fundamentais da análise marginal que utilizamos para explicar como os consumidores maximizam a utilidade e como as empresas maximizam o lucro também podem ser utilizados para calcular a escala eficiente de provisão de um bem público. A Figura 16.3(b) mostra essa abordagem alternativa. A curva de benefício marginal social é $BMgS$, e a curva de custo marginal social é $CMgS$. Quando o benefício marginal social excede o custo marginal social, o benefício líquido aumenta se a quantidade produzida aumenta. Quando o custo marginal social excede o benefício marginal social, o benefício líquido aumenta se a quantidade produzida diminui. O benefício marginal social é igual ao custo marginal social com dois satélites. Deste modo, quando o custo marginal social é igual ao benefício marginal social, o benefício líquido é maximizado, e os recursos são utilizados com eficiência.

Provisão privada

Acabamos de calcular a quantidade de satélites que maximiza o benefício líquido. Será que uma empresa privada – a North Pole Protection, Inc. – forneceria essa quantidade? A resposta é não. Para isso, ela teria de receber $ 15 bilhões para cobrir seus custos – ou $ 60 de cada um dos 250 milhões de integrantes da economia. No entanto, ninguém teria um incentivo para comprar sua 'parte' do sistema de satélites. Todos pensariam da seguinte maneira: o número de satélites fornecidos pela North Pole Protection, Inc. não é afetado pelos meus $ 60, mas meu próprio consumo privado é maior se eu pego 'carona' e não pago minha parcela do custo do sistema de satélites. Se eu não pago, usufruo do mesmo nível de segurança e posso comprar mais bens privados. Assim, gastarei meus $ 60 em outros bens e pegarei 'carona' no bem público. Esse é o problema do 'carona'.

Se todos pensarem do mesmo modo, a North Pole Protection terá receita zero e, assim, não fornecerá nenhum satélite. Como o nível eficiente é de dois satélites, a provisão privada é ineficiente.

Figura 16.3 A quantidade eficiente de um bem público

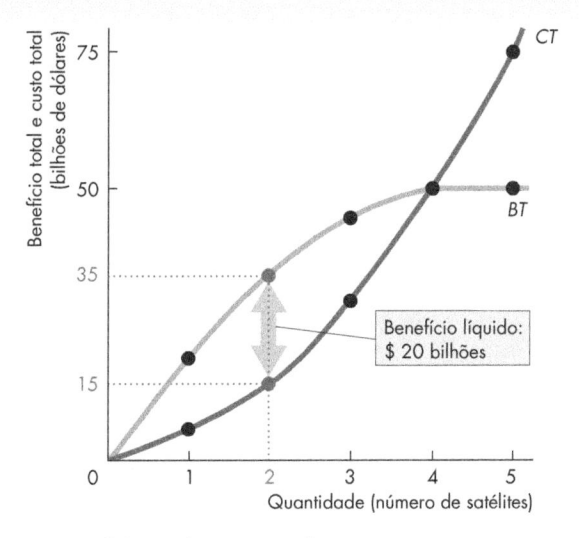

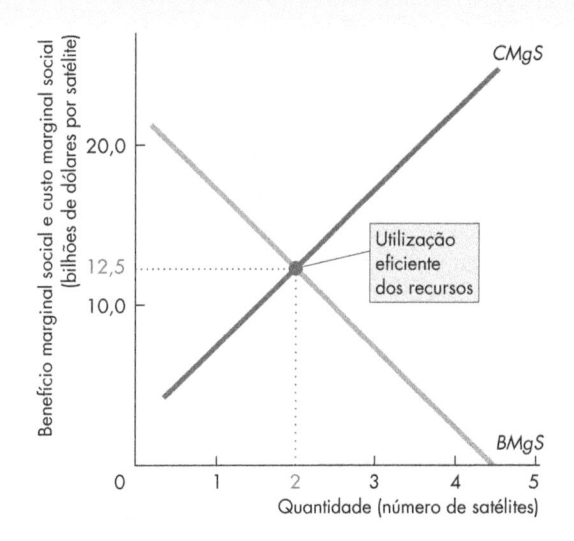

(a) Benefício total e custo total

(b) Benefício marginal social e custo marginal social

Quantidade (número de satélites)	Benefício total (bilhões de dólares)	Benefício marginal social (bilhões de dólares por satélite)	Custo total (bilhões de dólares)	Custo marginal social (bilhões de dólares por satélite)	Benefício líquido (bilhões de dólares)
0	0		0		0
		20		5	
1	20		5		15
		15		10	
2	35		15		20
		10		15	
3	45		30		15
		5		20	
4	50		50		0
		0		25	
5	50		75		−25

O benefício líquido – a distância vertical entre a curva de benefício total, *BT*, e a curva de custo total, *CT* – é maximizado quando dois satélites são lançados, como mostra a parte (a), e quando o benefício marginal social, *BMgS*, é igual ao custo marginal social *CMgS*, como mostra a parte (b).
Os Pombos gostariam de lançar um satélite, e os Falcões gostariam de lançar quatro, mas cada partido reconhece que a única esperança de se eleger é fornecer dois satélites – a quantidade que maximiza o benefício líquido.

Provisão pública

Suponha que haja dois partidos políticos, os Falcões e os Pombos, que concordam um com o outro em todas as questões, exceto na quantidade de satélites. Os Falcões gostariam de fornecer quatro satélites ao custo total de $ 50 bilhões, com benefícios totais de $ 50 bilhões e um benefício líquido zero, como mostrado na Figura 16.3(a). Os Pombos gostariam de fornecer um satélite ao custo total de $ 5 bilhões, um benefício de $ 20 bilhões e um benefício líquido de $ 15 bilhões – veja a Figura 16.3(a).

Antes de se decidir sobre suas propostas políticas, os dois partidos fazem uma análise do tipo 'e se'. Cada um deles raciocina desta maneira: se cada um oferecer o programa de satélites que quiser – os Falcões oferecerem quatro satélites e os Pombos, um – os eleitores perceberão que obterão um benefício líquido de $ 15 bilhões se os ganhadores forem os Pombos e um benefício líquido zero se forem os Falcões, e, assim, os Pombos vencerão a eleição.

Diante desse resultado, os Falcões percebem que estão sendo radicais demais para serem eleitos. Eles devem reduzir sua proposta a dois satélites, a um custo total de $ 15 bilhões. O benefício total é de $ 35 bilhões, e o benefício líquido é de $ 20 bilhões. Deste modo, se os Pombos continuarem a propor um satélite, os Falcões vencerão as eleições.

Diante desse resultado, os Pombos percebem que devem igualar sua proposta à dos Falcões. Com isso, os Pombos também propõem fornecer dois satélites. Se os dois partidos oferecerem o mesmo número de satélites, para os eleitores será indiferente um partido ou o outro. Eles decidirão seus votos aleatoriamente e cada partido receberá cerca de 50 por cento dos votos.

O resultado da análise 'e se' dos políticos é que cada partido oferece dois satélites, de modo que, independentemente de quem ganhar a eleição, essa é a quantidade de satélites lançados. E essa quantidade é eficiente. Ela maximiza o benefício líquido percebido pelos eleitores. Neste exemplo, a concorrência no mercado político resulta na provisão eficiente de um bem público. No entanto, para que esse resultado ocorra, os eleitores devem se informar bem e avaliar as alternativas. Como você verá a seguir, eles nem sempre têm um incentivo para alcançar esse resultado.

O princípio da diferenciação mínima No exemplo que acabamos de estudar, ambos os partidos propõem políticas idênticas. Essa tendência a políticas idênticas é um exemplo do **princípio da diferenciação mínima**, que é a tendência dos concorrentes de ficar cada vez mais parecidos uns com os outros para tentar atrair o máximo número possível de clientes ou eleitores. Esse princípio não somente descreve o comportamento dos partidos políticos como também explica por que restaurantes de fast-food se concentram no mesmo quarteirão e até mesmo por que novos modelos de automóveis têm características similares. Se o McDonald's abrir um restaurante em uma nova localização, o Burger King provavelmente abrirá um restaurante ao lado do McDonald's em vez de a um quilômetro de distância. Se a Chrysler projetar uma nova van com uma porta corrediça no lado do motorista, a Ford provavelmente fará um carro similar.

O papel dos burocratas

Já analisamos o comportamento dos políticos, mas não o dos burocratas que traduzem as escolhas dos políticos em programas e que controlam as atividades diárias que fornecem os bens públicos. Veremos agora como as escolhas econômicas dos burocratas influenciam o equilíbrio político.

Para isso, retomaremos o exemplo anterior. Vimos que a concorrência entre dois partidos políticos resulta na quantidade eficiente de satélites. Mas será que o Ministério da Defesa cooperará e aceitará esse resultado?

Suponha que o objetivo do Ministério da Defesa seja maximizar o orçamento da defesa nacional. Com dois satélites fornecidos ao menor custo, o orçamento da defesa é de $ 15 bilhões (veja a Figura 16.3). Para aumentar esse orçamento, o Ministério da Defesa tem duas opções. Para começar, ele pode tentar convencer os políticos de que dois satélites custam mais que $ 15 bilhões. Como mostra a Figura 16.4, se possível, o Ministério da Defesa gostaria de convencer o Congresso de que dois satélites custam $ 35 bilhões – o que é igual a todo o benefício total.

Em segundo lugar, e sustentando com mais vigor ainda sua posição, o Ministério da Defesa pode argumentar que são necessários mais satélites. Ele pode exigir quatro satélites e um orçamento de $ 50 bilhões. Nessa situação, o benefício total e o custo total são iguais e o benefício líquido é zero.

O Ministério da Defesa quer maximizar seu orçamento, mas será que os políticos não o impediriam de fazê-lo, já que o resultado desejado pelo Ministério da Defesa lhes custaria votos? Eles impediriam, se os eleitores fossem bem informados e soubessem o que é melhor para eles. No entanto, os eleitores podem optar pela ignorância racional.

Figura 16.4 Provisão burocrática em excesso

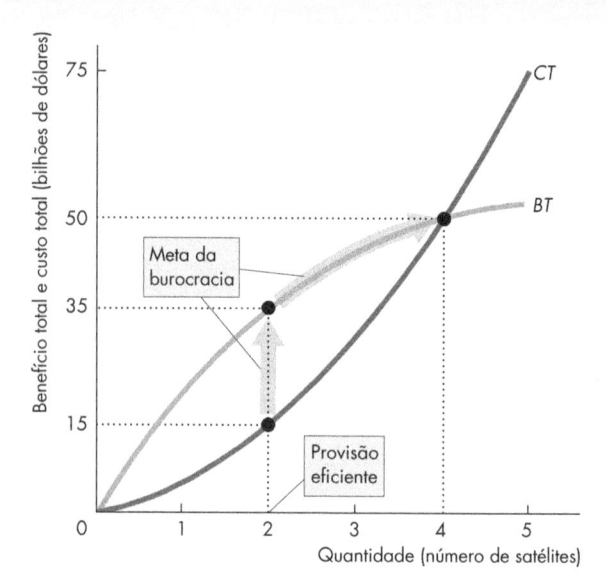

A meta da burocracia é maximizar seu orçamento. Uma burocracia que maximiza o orçamento buscará aumentar seu orçamento até que seu custo total seja igual ao benefício total. Então, utilizará esse orçamento para expandir a produção e os gastos. No caso, o Ministério da Defesa tenta obter $ 35 bilhões para fornecer dois satélites. Ele gostaria de aumentar a quantidade de satélites para quatro com um orçamento de $ 50 bilhões.

Nesse caso, grupos de interesse bem informados podem permitir que o Ministério da Defesa atinja seu objetivo.

Ignorância racional

Um princípio da teoria da escolha pública é que é racional para um eleitor ser ignorante sobre uma questão, a não ser que essa questão tenha um efeito perceptível sobre a renda do eleitor. A **ignorância racional** é a decisão de *não* obter informações porque o custo de fazê-lo excede o benefício esperado. Por exemplo, cada eleitor sabe que ele praticamente não fará nenhuma diferença para a política de defesa do Governo Federal. Cada eleitor também sabe que demandaria muito tempo e esforço se tornar ao menos moderadamente bem informado sobre tecnologias de defesa alternativas. Assim, os eleitores se mantêm relativamente desinformados sobre os aspectos técnicos das questões de defesa. (Apesar de utilizarmos a política de defesa como um exemplo, o mesmo se aplica a todos os aspectos da atividade econômica do governo.)

Todos os eleitores são consumidores da defesa nacional, mas nem todos são produtores da defesa nacional. Só um pequeno número se inclui na última categoria. Os eleitores que são proprietários de empresas que produzem satélites ou trabalham para elas têm um interesse pessoal na defesa, porque afeta a renda deles. Esses eleitores têm um incentivo para se informar sobre questões relativas à defesa e se engajar em atividades políticas de lobby que atendam a seus próprios interesses. Colaborando com a burocracia da defesa, esses eleitores exercem uma influência maior do que a dos eleitores relativamente mal informados, que se limitam a consumir esse bem público.

Quando a racionalidade do eleitor mal informado e dos grupos de interesse especial é levada em consideração, o equilíbrio político fornece bens públicos em uma quantidade maior do que a eficiente. Deste modo, no exemplo dos satélites, podem ser lançados três ou quatro satélites em vez da quantidade eficiente, que é de dois satélites.

Dois tipos de equilíbrio político

Vimos que são possíveis dois tipos de equilíbrio político: eficiente e ineficiente. Esses dois tipos de equilíbrio político correspondem a duas teorias do governo:

- Teoria do interesse social
- Teoria da escolha pública

Teoria do interesse social A teoria do interesse social prevê que os governos fazem escolhas que atingem a eficiência. Esse resultado ocorre em um sistema político perfeito no qual os eleitores estão plenamente informados sobre os efeitos das políticas e se recusam a votar por resultados que possam ser melhorados.

Teoria da escolha pública A teoria da escolha pública prevê que os governos fazem escolhas que resultam em ineficiência. Esse resultado ocorre em mercados políticos nos quais os eleitores são racionalmente ignorantes e baseiam seus votos apenas em questões que eles sabem que afetarão seu próprio benefício líquido. Os eleitores prestam mais atenção a seus interesses como produtores do que a seus interesses como consumidores, e funcionários públicos também agem em interesse próprio. O resultado constitui as chamadas *falhas do governo*, similares às falhas de mercado.

Por que o governo é grande e continua a crescer

Agora que sabemos como é determinada a quantidade de bens públicos, podemos explicar parte dos motivos do crescimento do governo. O governo cresce em parte porque a demanda por alguns bens públicos aumenta em uma velocidade maior do que a demanda por bens privados. Há duas razões possíveis para esse crescimento:

- Preferências dos eleitores
- Excesso de provisão ineficiente

Preferências dos eleitores O crescimento do governo pode ser explicado pelas preferências dos eleitores da seguinte maneira: à medida que a renda dos eleitores aumenta (como ocorre na maioria dos anos), a demanda por muitos bens públicos aumenta mais rapidamente do que a renda. (Tecnicamente, a *elasticidade-renda da demanda* por muitos bens públicos é maior do que 1 – veja o Capítulo 4.) Esses bens incluem saúde pública, educação, defesa nacional, rodovias, aeroportos e sistemas de controle de trânsito. Se os políticos não apoiassem os aumentos dos gastos nesses itens, eles não seriam eleitos.

Excesso de provisão ineficiente O excesso de provisão ineficiente pode explicar o *tamanho* do governo, mas não sua *taxa de crescimento*. Isso (possivelmente) explica por que o governo é *maior* que sua escala eficiente, mas não explica por que os governos utilizam uma parcela cada vez maior dos recursos totais.

Os eleitores reagem

Se o governo cresce demais em relação ao valor que os eleitores atribuem aos bens públicos, pode haver uma reação adversa dos eleitores contra os programas do governo e a crescente burocracia. O sucesso eleitoral nos Estados Unidos durante a década de 1990 nos níveis estadual e federal exigiu que todos os políticos de todos os partidos adotassem um governo menor, mais enxuto e mais eficiente. Os ataques de 11 de setembro levaram a uma maior disposição de pagar por segurança, mas provavelmente não reduziram o desejo de um governo mais enxuto.

Outra maneira pela qual os eleitores – e o políticos – podem tentar se opor à tendência dos burocratas de expandir seus orçamentos é privatizar a produção de bens públicos. A *provisão*, por parte do governo, de um bem público não implica automaticamente que um órgão público deva *produzir* o bem. A coleta de lixo (um bem público) costuma ser executada por uma empresa privada, e estão sendo conduzidos experimentos com organizações privadas de bombeiros e até mesmo com prisões privadas.

> **QUESTÕES PARA REVISÃO**
>
> 1 O que é o problema do 'carona' e por que ele faz com que a provisão privada de um bem público seja ineficiente?
> 2 Em que condições a concorrência por votos entre políticos resulta em uma quantidade eficiente de um bem público?
> 3 Como eleitores racionalmente ignorantes e burocratas maximizadores de orçamento impedem que a concorrência no mercado político produza a quantidade eficiente de um bem público? Isso resulta em muita ou pouca provisão pública dos bens públicos?

Vimos como os bens públicos criam o problema do 'carona' que resultaria na escassez de provisão desses bens. Examinaremos agora os recursos comuns e veremos por que eles resultam no problema oposto: a utilização excessiva desses recursos.

Recursos comuns

A quantidade de bacalhau do oceano Atlântico está diminuindo desde a década de 1950, e alguns biólogos marinhos temem que essa espécie esteja correndo o risco de ser extinta em algumas regiões. A população de baleias do sul do oceano Pacífico também está em queda, e alguns grupos estão se envolvendo em atividades de lobby para criar um santuário de baleias nas águas ao redor da Austrália e da Nova Zelândia, para que a população volte a crescer. Desde o início da Revolução Industrial, em 1750, a concentração de dióxido de carbono na atmosfera tem aumentado gradualmente. Estima-se que seja cerca de 30 por cento mais alta hoje do que em 1750.

Essas situações envolvem a propriedade comum, e o problema que identificamos é chamado de tragédia dos comuns.

A tragédia dos comuns

A *tragédia dos comuns* é a ausência de incentivos para impedir a utilização excessiva e o esgotamento de um recurso de propriedade comum. Se ninguém for proprietário do recurso, ninguém levará em consideração os efeitos de sua utilização sobre os outros.

A tragédia dos comuns original O termo 'tragédia dos comuns' teve origem na Inglaterra do século XIV, onde as vilas eram cercadas por áreas de pasto natural. Os recursos comuns eram abertos a todos e utilizados para criar vacas e ovelhas de propriedade dos aldeões.

Como os recursos comuns eram abertos a todos, ninguém tinha um incentivo para impedir que o pasto fosse utilizado excessivamente. O resultado foi uma séria situação de excesso de utilização. Como os recursos comuns eram utilizados de modo excessivo, a quantidade de vacas e ovelhas que podiam ser alimentadas caiu progressivamente.

Durante o século XVI, o preço da lã aumentou, e a Inglaterra passou a exportar lã para o mundo. Tornou-se lucrativo criar ovelhas, e os proprietários desses animais queriam obter um controle mais eficaz sobre a terra que utilizavam. Desta maneira, os recursos comuns foram aos poucos restringidos e privatizados. A utilização excessiva do pasto chegou ao fim, e a terra passou a ser utilizada de modo mais eficiente.

Uma tragédia dos comuns hoje em dia Uma das maiores tragédias resultantes da utilização dos recursos comuns hoje é a pesca excessiva. Várias espécies de peixes estão sendo submetidas à pesca excessiva, e uma delas é o bacalhau do Atlântico.

Para analisarmos a tragédia dos comuns, utilizaremos o exemplo dessa espécie.

Produção sustentável

A produção sustentável é a taxa de produção que pode ser mantida indefinidamente. No caso dos peixes do mar, a produção sustentável é a quantidade de peixes (de determinada espécie) que podem ser pescados todos os anos até um futuro indeterminado.

Essa taxa de produção depende da quantidade existente de peixes e do número de barcos de pesca. Para determinada quantidade de peixes, o envio de mais barcos pesqueiros ao mar aumenta a quantidade de peixes pescados, mas o envio de barcos demais ao mar diminui drasticamente a quantidade existente.

Desta maneira, à medida que aumenta o número de barcos, a quantidade de peixes pescados aumenta enquanto há peixes disponíveis. No entanto, acima de um nível crítico, à medida que mais barcos saem para pescar, a quantidade existente de peixes diminui, e o número de peixes pescados também.

A Tabela 16.1 fornece alguns números que ilustram a relação entre o número de barcos de pesca e a quantidade de peixes pescados. Os números apresentados no exemplo são hipotéticos.

Pesca total A pesca total é a taxa sustentável de produção. Os números apresentados nas duas primeiras colunas da Tabela 16.1 mostram a relação entre o número de barcos pesqueiros e a pesca total, e a Figura 16.5 ilustra essa relação.

É possível notar que, à medida que o número de barcos aumenta de zero para 5 mil, a pesca sustentável aumenta até o ponto máximo de 250 mil toneladas por mês. Acima de 5 mil, à medida que o número de barcos aumenta, a pesca sustentável começa a diminuir. Quando 10 mil barcos estão pescando, a quantidade existente de peixes diminui a tal ponto que mais nenhum peixe pode ser pescado.

Com mais de 5 mil barcos, há uma pesca excessiva. A pesca excessiva surge se o número de barcos aumenta até o ponto em que o estoque de peixes começa a diminuir e os peixes restantes são cada vez mais raros.

Pesca média A pesca média é a produção por barco e é igual à pesca total dividida pelo número de barcos. Os números da terceira coluna da Tabela 16.1 mostram a pesca média.

Tabela 16.1 Produção sustentável: pesca total, média e marginal

	Barcos (milhares)	Pesca total (milhares de toneladas por mês)	Pesca média (toneladas por barco)	Pesca marginal (toneladas por barco)
A	0	0		
				90
B	1	90	90	
				70
C	2	160	80	
				50
D	3	210	70	
				30
E	4	240	60	
				10
F	5	250	50	
				−10
G	6	240	40	
				−30
H	7	210	30	
				−50
I	8	160	20	
				−70
J	9	90	10	
				−90
K	10	0	0	

À medida que o número de barcos de pesca aumenta, a quantidade de peixes pescados aumenta até a pesca máxima sustentável e depois passa a diminuir. A pesca média e a pesca marginal diminuem à medida que o número de barcos aumenta.

Figura 16.5 Produção sustentável de peixes

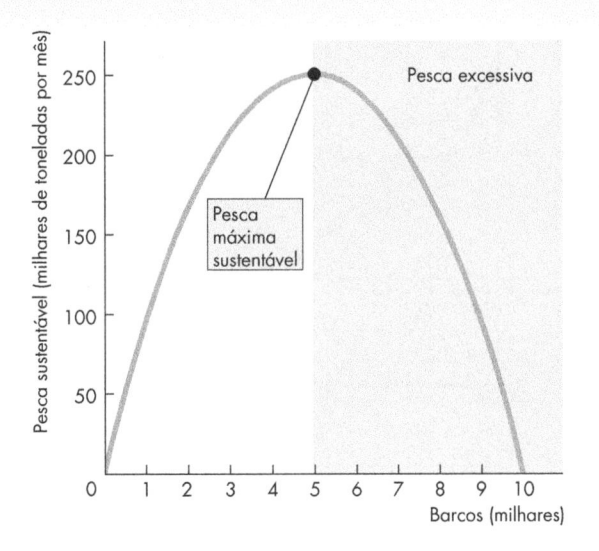

[Gráfico: Pesca sustentável (milhares de toneladas por mês) vs Barcos (milhares). Curva em forma de parábola invertida com máximo em 250 mil toneladas com 5 mil barcos, rotulado "Pesca máxima sustentável". À direita do máximo: região "Pesca excessiva".]

À medida que o número de barcos aumenta, a pesca sustentável aumenta até o ponto máximo. Acima dele, um número maior de barcos diminui a quantidade de peixes, e a pesca sustentável diminui. A pesca excessiva ocorre quando a pesca máxima sustentável diminui.

Com 1 mil barcos, a pesca total é de 90 mil toneladas, e a produção por barco é de 90 toneladas. Com 2 mil barcos, a pesca total é de 160 mil toneladas, e a produção por barco é de 80 toneladas. À medida que mais barcos são levados ao oceano, a produção por barco diminui. Com 8 mil barcos no mar, cada barco pesca apenas 20 toneladas por mês.

A diminuição da pesca média é um exemplo do princípio dos rendimentos decrescentes.

Pesca marginal A pesca marginal é a variação da pesca total que ocorre quando um barco adicional se une ao número existente. Ela é calculada como a variação da pesca total dividida pelo aumento do número de barcos. Os números da quarta coluna da Tabela 16.1 mostram a pesca marginal.

Por exemplo, nas linhas *C* e *D* da tabela, quando o número de barcos aumenta em mil, a pesca aumenta em 50 mil toneladas, portanto o aumento da pesca por barco é igual a 50 toneladas. Na tabela, essa quantidade é mostrada entre as duas linhas porque representa a pesca marginal com 2.500 barcos, ou seja, entre os dois níveis utilizados para calculá-la.

Observe que a pesca marginal, como a pesca média, diminui à medida que aumenta o número de barcos. Observe também que a pesca marginal é sempre menor que a pesca média.

Quando o número de barcos atinge o ponto no qual a pesca sustentável está no máximo, a pesca marginal é zero. Com um número maior de barcos, a pesca marginal se torna negativa – um acréscimo de barcos diminui a pesca total.

Um equilíbrio da pesca excessiva

A tragédia dos comuns se deve à utilização excessiva dos recursos comuns. Por que a quantidade existente de peixes seria utilizada em excesso? Por que ocorreria a pesca excessiva? Por que o número máximo de barcos levados ao mar não é o número que maximiza a pesca sustentável – 5 mil no nosso exemplo?

Para respondermos a essa questão, precisamos analisar o custo marginal e o benefício marginal privado para um pescador individual.

Suponha que o custo marginal de um barco de pesca seja o equivalente a 20 toneladas de peixes por mês. Ou seja, para cobrir o custo de oportunidade de manter e operar um barco, este deve pescar 20 toneladas de peixes por mês. Essa quantidade de peixes também proporciona ao proprietário do barco um lucro normal (parte do custo de operar o barco), de modo que o proprietário se dispõe a ir pescar.

O benefício marginal privado de operar um barco é a quantidade de peixes que o barco pode pescar. Essa quantidade é a pesca média que acabamos de calcular. A pesca média é o benefício marginal privado por ser a quantidade de peixes que o proprietário do barco obtém ao levar o barco para o mar.

O proprietário do barco vai pescar enquanto a pesca média (o benefício marginal privado) exceder o custo marginal. Ele maximizará o lucro quando o benefício marginal privado for igual ao custo marginal.

A Figura 16.6 mostra a curva de custo marginal, *CMg*, e a curva de benefício marginal privado, *BMg*. A curva *BMg* se baseia nos números da pesca média da Tabela 16.1.

Figura 16.6 Por que ocorre a pesca excessiva

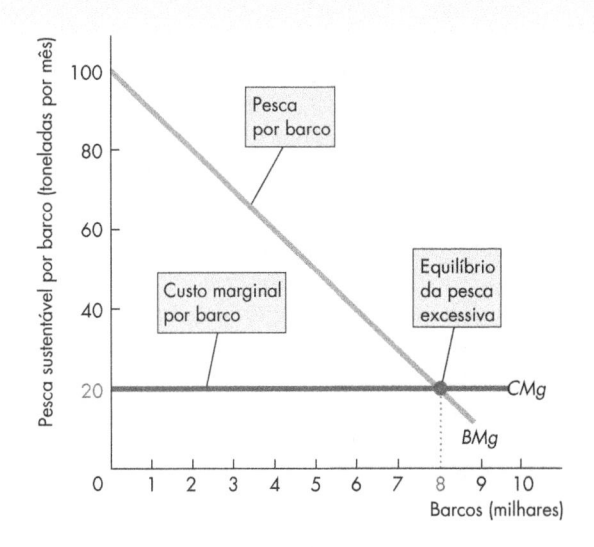

[Gráfico: Pesca sustentável por barco (toneladas por mês) vs Barcos (milhares). Linha decrescente rotulada "Pesca por barco" (BMg) de 100 até zero. Linha horizontal em 20 rotulada "Custo marginal por barco" (CMg). Interseção em 8 mil barcos rotulada "Equilíbrio da pesca excessiva".]

A pesca média diminui à medida que o número de barcos aumenta. A pesca média por barco é o benefício marginal privado, *BMg*, de um barco. O custo marginal de um barco de pesca é o equivalente a 20 toneladas de peixes, mostrado pela curva *CMg*. O número de equilíbrio de barcos é 8 mil – um equilíbrio da pesca excessiva.

Podemos observar na Figura 16.6 que, com menos de 8 mil barcos, cada um pesca mais peixes do que o necessário para cobrir os custos de pescá-los. Como os proprietários dos barcos podem ganhar com a pesca, o número de barcos é 8 mil, e há um equilíbrio da pesca excessiva.

Se um proprietário de barco parasse de pescar, a pesca excessiva seria menos grave, mas ele estaria abdicando da oportunidade de obter um lucro econômico.

O interesse pessoal do proprietário do barco é pescar, mas o interesse social é limitar a pesca. A quantidade de peixes que cada barco pesca diminui à medida que mais barcos saem para pescar. No entanto, quando os proprietários individuais de barcos decidem se pescam ou não, eles ignoram essa diminuição, levando em consideração apenas o benefício marginal *privado*. O resultado é uma utilização excessiva *ineficiente* do recurso.

A utilização eficiente dos recursos comuns

Qual é a utilização eficiente de um recurso comum? É a utilização cujo custo marginal é igual ao benefício marginal *social* que ela proporciona.

Benefício marginal social O benefício marginal *social* de um barco é sua pesca marginal – o aumento da pesca total resultante de um barco adicional. A razão disso é que, quando um barco adicional é levado ao mar, ele produz a pesca média, mas reduz a pesca média para si e para todos os outros barcos. O *benefício marginal social* é o *aumento* da quantidade de peixes pescados por barco, não o número médio de peixes pescados.

Calculamos a pesca marginal na Tabela 16.1 e, por praticidade, repetimos parte dessa tabela na Figura 16.7. A figura também mostra a curva de benefício marginal privado, *BMg*, e a curva de benefício marginal social, *BMgS*.

Observe que, com qualquer determinado número de barcos, o benefício marginal social é menor que o benefício marginal privado. Cada barco se beneficia de modo privado da pesca média, mas o acréscimo de mais um barco *diminui* a pesca de todos os barcos, e essa diminuição deve ser subtraída da pesca do barco adicional para calcular o benefício social dele.

Utilização eficiente Sem custos externos, o custo marginal social é igual ao custo marginal. Na Figura 16.7, a curva de custo marginal também é a curva de custo marginal social, *CMg* = *CMgS*. A eficiência é atingida quando *BMgS* é igual a *CMgS* com 4 mil barcos, cada um pescando 60 toneladas de peixes por mês. Podemos notar na tabela que, quando o número de barcos aumenta de 3 mil para 4 mil (com o ponto médio em 3.500), o benefício marginal social é de 30 toneladas, o que excede o custo marginal social. Quando o número de barcos aumenta de 4 mil para 5 mil (com o ponto médio em 4.500), o benefício marginal social é de 10 toneladas, o que é menor que o custo marginal social. Com 4 mil barcos, o benefício marginal social é de 20 toneladas, o que equivale ao custo marginal social.

Figura 16.7 Utilização eficiente de um recurso comum

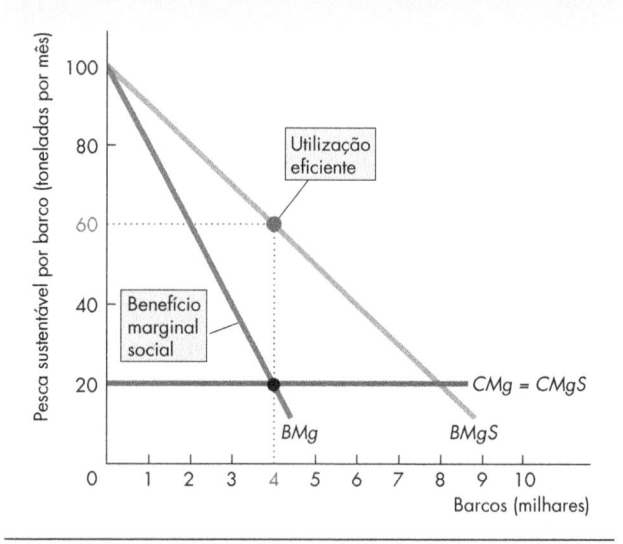

Barcos (milhares)	Pesca total (milhares de toneladas por mês)	Benefício marginal privado (toneladas por barco)	Benefício marginal social (toneladas por barco)
A 0	0		
			90
B 1	90	90	
			70
C 2	160	80	
			50
D 3	210	70	
			30
E 4	240	60	
			10
F 5	250	50	

O benefício marginal social de um barco de pesca é a variação do benefício total resultante de um barco adicional. A tabela mostra que, quando o número de barcos aumenta de 2 mil para 3 mil (da linha C para a linha D), a pesca total aumenta de 160 mil para 210 mil toneladas por mês, e a pesca marginal e o benefício marginal social é de 50 toneladas.

A figura mostra a curva de benefício marginal social, BMgS, e a curva de benefício marginal privado, BMg. O benefício marginal social é menor que o benefício marginal privado e diminui à medida que o número de barcos aumenta. O número eficiente de barcos é aquele no qual o benefício marginal social é igual ao custo marginal social de $ 20 por barco, ou seja, 4 mil barcos. O recurso comum é utilizado com eficiência.

A obtenção de um resultado eficiente

É mais fácil identificar as condições nas quais um recurso comum é utilizado com eficiência do que provocar essas condições. Para utilizar com eficiência um recurso comum, é necessário criar um mecanismo de incentivo que confronte os usuários do recurso com as conseqüências marginais sociais de suas ações. Os mesmos princípios que vimos ao analisar as externalidades no Capítulo 15 se aplicam aos recursos comuns.

Três métodos principais podem ser utilizados para atingir a utilização eficiente de um recurso comum. São eles:

- Direitos de propriedade
- Cotas
- Cotas individuais transferíveis (CITs)

Direitos de propriedade Um recurso comum do qual ninguém é proprietário e que todos podem utilizar livremente contrasta com a *propriedade privada*, que é um recurso do qual *alguém* é proprietário e tem um incentivo para utilizá-lo de um modo que maximize seu valor. Uma maneira de superar a tragédia dos comuns é transformar o recurso comum em um recurso de propriedade privada. Quando se atribui direitos de propriedade, cada proprietário se vê diante das mesmas condições que a sociedade. A curva *BMgS* da Figura 16.7 passa a ser a curva de benefício marginal *privado*, e a utilização do recurso é eficiente.

A solução da propriedade privada para a tragédia dos comuns *é* viável apenas em alguns casos. Ela foi a solução para a tragédia dos comuns original na Inglaterra, na Idade Média. Também é uma solução que tem sido aplicada para impedir que as ondas de radiofreqüência empregadas na telefonia celular sejam utilizadas em excesso. Os diretos de utilização desse espaço – chamado de espectro de freqüência – foram leiloados pelos governos aos ofertantes dos maiores lances, e o proprietário de uma parte específica do espectro é o único que tem permissão para utilizá-lo (ou para licenciar um terceiro para utilizá-lo).

Mas nem sempre é viável atribuir direitos de propriedade privada. Seria difícil, por exemplo, atribuir direitos de propriedade privada sobre os oceanos. Isso não seria impossível, mas o custo da proteção dos direitos de propriedade privada em milhares de quilômetros quadrados de oceano seria alto. E seria ainda mais difícil atribuir e proteger os direitos de propriedade privada sobre a atmosfera.

Em alguns casos, há uma objeção emocional à atribuição dos direitos de propriedade privada. Quando a atribuição e a garantia dos direitos de propriedade privada têm um custo alto demais, é utilizada alguma forma de intervenção do governo, e as cotas são as mais simples.

Cotas Analisamos os efeitos de uma cota no Capítulo 6 e vimos que uma cota pode levar a um hiato o benefício marginal social e o custo marginal social e isso cria uma perda de peso morto. Entretanto, naquele exemplo, o mercado era eficiente sem uma cota. No caso da utilização de um recurso comum, o mercado é ineficiente e produz em excesso. Desta maneira, uma cota que limita a produção pode levar a um resultado mais eficiente.

A Figura 16.8 mostra uma cota que atinge uma utilização eficiente de um recurso comum. Uma cota é determinada para a produção total na quantidade na qual o benefício marginal social é igual ao custo marginal social. No caso, a quantidade é aquela que 4 mil barcos podem produzir. É estabelecida para proprietários individuais de barcos uma cota da pesca total permitida. Se todos respeitam a cota atribuída, o resultado é eficiente.

Há dois problemas na implementação de uma cota. Para começar, é do interesse pessoal de todos trapacear e utilizar uma quantidade maior de um recurso comum

Figura 16.8 Aplicação de uma cota para a utilização eficiente de um recurso comum

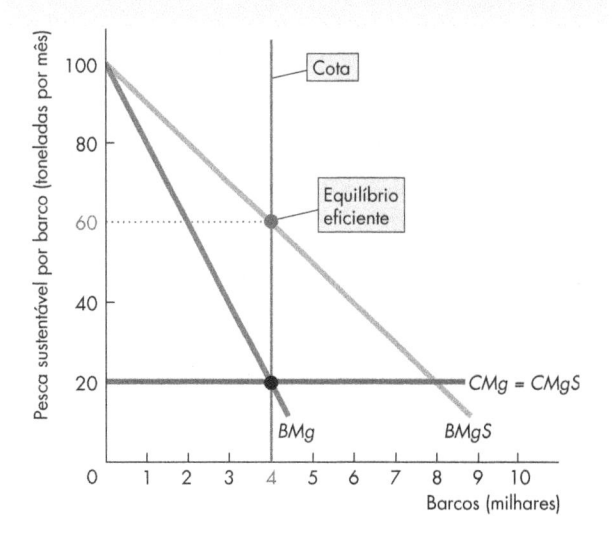

É determinada uma cota na quantidade eficiente que faz o número de barcos ser igual à quantidade na qual o benefício marginal social, *BMgS*, é igual ao custo marginal, *CMg*. Se a cota é respeitada, o resultado é eficiente.

do que a estabelecida pela cota. A razão para isso é que o benefício marginal privado excede o custo marginal. Assim, ao pescar mais que a cota alocada, o proprietário de cada barco obtém uma renda maior. Se todos desrespeitam a cota, o excesso de produção retorna, e a tragédia dos comuns permanece.

Em segundo lugar, o custo marginal não é, em geral, o mesmo para cada produtor. Alguns produtores têm uma vantagem comparativa na utilização de um recurso.

A eficiência requer que as cotas sejam alocadas aos produtores com o menor custo marginal. Entretanto, o órgão público que aloca as cotas não tem informações sobre o custo marginal individual. Mesmo que o governo tentasse obter essas informações, os produtores teriam um incentivo para mentir sobre seus custos e obter uma cota maior.

Deste modo, uma cota pode funcionar, mas apenas se as atividades de cada produtor puderem ser monitoradas e todos os produtores tiverem o mesmo custo marginal. Nos casos em que é difícil ou muito custoso monitorar os produtores ou em que os custos marginais variam de um produtor para outro, uma cota não é capaz de proporcionar um resultado eficiente.

Cotas individuais transferíveis Nos casos em que é difícil monitorar os produtores e em que os custos marginais diferem entre os produtores, pode ser utilizado um sistema de cotas mais sofisticado. Uma **cota individual transferível (CIT)** é um limite de produção atribuído a um indivíduo, que é livre para transferir a cota para outra pessoa. Com isso, surge um mercado de CITs, que são transferidas a seu preço de mercado.

A Figura 16.9 mostra como as CITs funcionam. No mercado de CITs, o preço é o mais alto que uma CIT pode valer. Se o número de CITs emitidas for igual ao nível eficiente de produção, esse preço será igual à quantia mostrada na figura. Esse preço é igual ao benefício marginal privado na quantidade estabelecida pela cota menos o custo marginal privado da utilização de um barco. O preço sobe a esse nível porque as pessoas que não têm uma cota estariam dispostas a pagar essa quantia para adquirir o direito de pescar. As pessoas que têm uma cota poderiam vendê-la por esse preço, de modo que não vendê-la implicaria incorrer em um custo de oportunidade. O resultado é que o custo marginal, que agora inclui o custo da CIT, aumenta de CMg_0 para CMg_1. O equilíbrio é eficiente.

Diferenças individuais no custo marginal não impedem um sistema de CITs de proporcionar o resultado eficiente. Os produtores que têm um custo marginal baixo estão dispostos a pagar mais por uma cota – e podem pagar mais – do que os produtores com um custo marginal alto. O preço de mercado de uma cota será igual ao custo marginal do produtor marginal na quantidade eficiente. Os produtores com custos marginais mais altos não produzirão.

Escolha pública e o equilíbrio político

Vimos na parte deste capítulo em que analisamos a provisão de bens públicos que um equilíbrio político pode ser ineficiente, isto é, que pode haver falhas do governo.

Esse mesmo resultado político pode surgir com uma tragédia dos comuns. Definir uma alocação eficiente de recursos e desenvolver um sistema de CITs para atingir essa alocação não basta para garantir que o processo político atinja um resultado eficiente. No caso da quantidade de peixes do mar, alguns países atingiram um equilíbrio político eficiente, mas nem todos tiveram o mesmo sucesso.

Muitos economistas concordam que as CITs representam a ferramenta mais eficaz para lidar com a pesca excessiva e atingir uma utilização eficiente dos peixes do mar. Deste modo, o comprometimento político com as CITs representa um resultado eficiente, e a falta de disposição de utilizar as CITs representa um resultado político ineficiente.

A Austrália e a Nova Zelândia implementaram CITs para conservar os peixes do sul do oceano Pacífico e no oceano Antártico. As evidências desses exemplos sugerem que as CITs funcionam bem. Operadores de barcos de pesca têm um incentivo para trapacear e produzir mais do que a quantidade estabelecida pela cota. No entanto, essas trapaças parecem ser relativamente raras. Os produtores que pagaram por uma cota têm um incentivo para monitorar e delatar trapaças realizadas por outros que não pagaram o preço de mercado pela cota.

Deste modo, as CITs fazem aquilo para o qual foram criadas: ajudar a manter as quantidades existentes de peixes. Mas elas também reduzem o tamanho da indústria pesqueira. Essa conseqüência das CITs as coloca em oposição ao interesse pessoal dos pescadores.

Em todos os países, a indústria pesqueira se opõe a restrições a suas atividades. Mas na Austrália e na Nova Zelândia a oposição não é forte o suficiente para impedir as CITs. Por outro lado, nos Estados Unidos, a oposição é tão forte que a indústria pesqueira convenceu o Congresso a proibir as CITs. Em 1996, o Congresso aprovou a Sustainable Fishing Act (Lei da Pesca Sustentável), que impõe uma moratória sobre as CITs. O resultado dessa lei é que tentativas anteriores de implementar as CITs no Golfo do México e no norte do oceano Pacífico foram abandonadas.

Figura 16.9 Aplicação de cotas individuais transferíveis para a utilização eficiente de um recurso comum

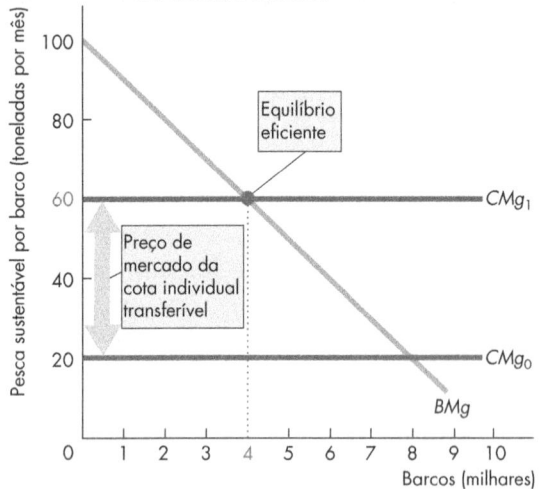

As CITs são emitidas em uma quantidade que mantenha a produção no nível eficiente. O preço de mercado de uma CIT é igual ao benefício marginal privado menos o custo marginal. Dado que cada usuário do recurso comum se defronta com um custo de oportunidade da utilização do recurso, o interesse pessoal alcança o interesse social.

QUESTÕES PARA REVISÃO

1. O que é a tragédia dos comuns?
2. Dê dois exemplos da tragédia dos comuns, incluindo um da sua região ou bairro.
3. Descreva as condições nas quais um recurso comum é utilizado com eficiência.
4. Reveja três métodos que podem alcançar a utilização eficiente de um recurso comum e explique os obstáculos à eficiência.

◊ A seção "Leitura das entrelinhas" apresenta a utilização excessiva das florestas tropicais.

O capítulo seguinte dá início a uma nova parte do nosso estudo de microeconomia e analisa a terceira grande questão: para quem os bens e serviços são produzidos? Examinaremos os mercados de fatores de produção e veremos como os salários e outras rendas são determinados.

LEITURA DAS ENTRELINHAS

OBSERVATÓRIO ECONÔMICO

Florestas tropicais: uma tragédia dos comuns

A floresta tropical de Porto Rico à beira do abismo

23 de abril de 2006

A fragrância das plantas tropicais em flor enche o ar úmido em meio a um coro de gorjeios de pássaros e coaxar de sapos. O único outro som que se ouve em um raio de um quilômetro é o estrondo de uma cachoeira de 30 metros de altura.

Apesar dos 28 mil acres de um cenário tão encantador, a floresta tropical que os índios pré-históricos taino de Porto Rico chamavam de El Yunque, ou 'Terra das Nuvens Brancas', corre um grave perigo. Milhares de acres de floresta e vegetação estão sendo desmatados em um ritmo muito rápido....

As conseqüências do desmatamento dessa área vão além do prejuízo às centenas de plantas raras e animais de El Yunque. A floresta tropical, 40 quilômetros ao leste de San Juan, fornece um terço da água potável da ilha...

Florestas tropicais como El Yunque constituem cerca de 6 por cento da superfície do planeta e abrigam de 50 a 80 por cento das espécies vegetais do mundo. No passado as florestas tropicais cobriam 14 por cento da superfície de terras do planeta, mas essa proporção diminuiu em razão do desenvolvimento e do desflorestamento.

Parte do desenvolvimento chegou a 10 metros da entrada principal de El Yunque.

"Eu gosto de pensar que vivemos em harmonia com El Yunque", disse Martha Herrera, 69, que comprou uma casa de dois andares ao lado da floresta tropical há uma década.

"Algumas pessoas dizem que estou prejudicando El Yunque, mas como?", ela perguntou, enquanto seus três cães e algumas galinhas andavam de um lado para outro no parque.

A cerca de 400 metros dali, operários da construção civil preparavam concreto em sua pressa de terminar um condomínio residencial de 20 acres.

"As pessoas que compram estas unidades querem a vista da floresta tropical", disse Hecter Ramirez, 35, um operário que trabalha nessa construção. "Eu tenho um emprego. É importante para minha família e para mim. As pessoas me dizem que isto não vai causar nenhum problema."

El Yunque abriga 240 espécies de árvores nativas – mais do que qualquer outra floresta nacional. Plantas incluídas na lista do governo federal de espécies em extinção também crescem na floresta, como a orquídea em miniatura e o *palo de jazmin*...

Fonte: © 2006 The Los Angeles Times via Tribune Media Services. Todos os direitos reservados. Reproduzido com permissão. Disponível em: http://www.latimes.com

---

Essência da notícia

▶ A floresta tropical El Yunque, em Porto Rico, abriga 240 espécies de árvores nativas – mais do que qualquer outra floresta nacional.

▶ As florestas tropicais, que foram reduzidas de 14 para 6 por cento da superfície da Terra, abrigam de 50 a 80 por cento das espécies de plantas do mundo.

▶ A floresta tropical nas proximidades de San Juan fornece um terço da água potável da ilha.

▶ A floresta tropical de Porto Rico está sendo desmatada em um ritmo acelerado.

▶ Um condomínio residencial está sendo construído perto da floresta tropical.

▶ Os operários e as pessoas que compram as casas no condomínio afirmam que não estão causando nenhum dano.

Análise econômica

▶ As florestas tropicais de Porto Rico estão localizadas em áreas onde algumas pessoas querem fazer construções.

▶ Essas florestas também abrigam várias espécies raras de árvores, são uma fonte de água potável e um filtro de dióxido de carbono que ajuda a manter a atmosfera do planeta.

- As florestas são de propriedade comum.
- O incentivo privado para explorar esses recursos florestais é forte.
- Como ninguém é o proprietário das florestas, não há nenhum incentivo para conservar os recursos e utilizá-los de modo sustentável.
- O resultado é o excesso de utilização, tal como a utilização em excesso dos recursos comuns da Inglaterra na Idade Média.
- As figuras ilustram a tragédia dos comuns em uma floresta tropical.
- A Figura 1 mostra a relação entre a produção sustentável de madeira de uma floresta tropical e o número de madeireiras que trabalham na floresta.
- A Figura 2 mostra o benefício marginal privado e o custo marginal privado de um produtor e o benefício marginal social e o custo marginal social da madeira.
- Considera-se que o custo marginal privado da derrubada de uma árvore incorrido por um produtor seja zero.
- Para um recurso comum, o benefício marginal privado recebido por um produtor é BMg e ME produtores agindo de acordo com seu interesse pessoal exaurem o recurso. A produção sustentável diminui para zero.
- Para um recurso de propriedade privada, a curva de benefício marginal social, BMgS, torna-se a curva de benefício marginal privado. O interesse pessoal resulta em MP produtores que maximizam a produção sustentável da floresta tropical.
- Se o único benefício da floresta tropical fosse sua madeira, a produção máxima sustentável de madeira seria eficiente.
- Mas benefícios externos se originam da diversidade da vida selvagem sustentada pela floresta, de modo que o custo marginal social excede o custo marginal privado nulo.
- A produção de acordo com o interesse social – o nível eficiente de produção – é atingida com MS produtores e é menor que a produção máxima sustentável.

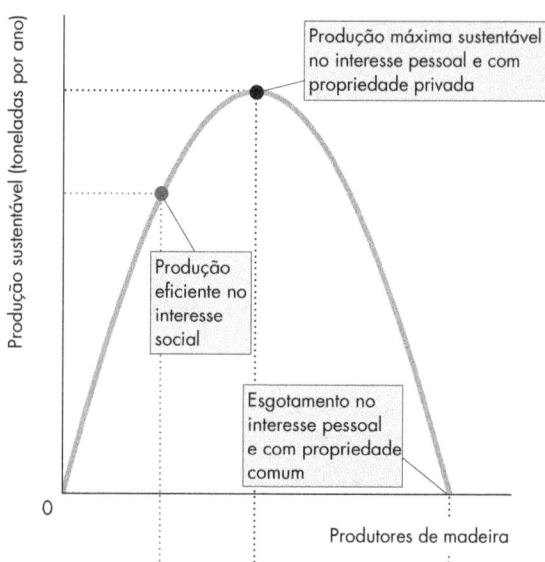

Figura 1: Produção de madeira na floresta tropical

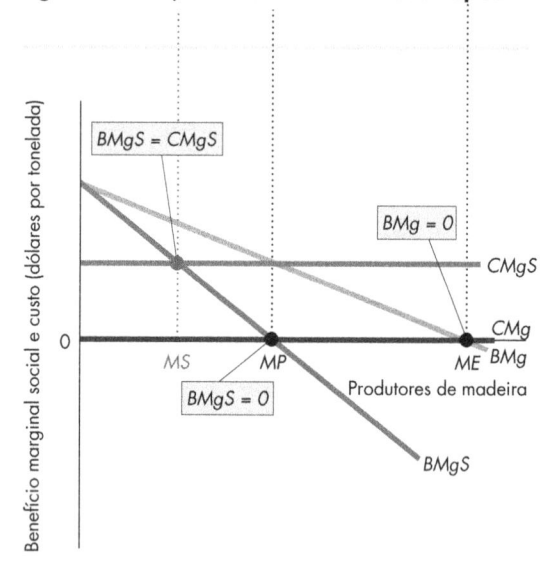

Figura 2: Benefícios marginais e custos marginais

Você decide

- Você apoiaria uma lei que proibisse a importação de produtos feitos com madeira de florestas tropicais? Explique suas razões.

RESUMO

Pontos-chave

Classificação de bens e recursos (p. 360-361)

- Um bem privado é um bem ou serviço que é ao mesmo tempo rival e excludente.
- Um bem público é um bem ou serviço que é ao mesmo tempo não rival e não excludente.
- Um recurso comum é um recurso rival, mas não excludente.

Bens públicos e o problema do 'carona' (p. 361-365)

- Como um bem público é um bem ou serviço que é ao mesmo tempo não rival e não excludente, ele resulta em um problema do 'carona': ninguém tem um incentivo para pagar por sua parte do custo do fornecimento de um bem público.

- O nível eficiente de provisão de um bem público é aquele no qual o benefício líquido é maximizado. Em outras palavras, é o nível no qual o benefício marginal social é igual ao custo marginal social.
- A concorrência entre partidos políticos, cada um dos quais tenta atrair o número máximo de eleitores, pode levar à dimensão eficiente de provisão de um bem público e a ambos os partidos propondo as mesmas políticas – o princípio da diferenciação mínima.
- Os burocratas tentam maximizar seus orçamentos e, se os eleitores são racionalmente ignorantes, os bens públicos podem ser fornecidos em quantidades que excedem aquelas que maximizam o benefício líquido.

Recursos comuns (p. 365-370)

- Os recursos comuns criam um problema chamado de tragédia dos comuns – ninguém tem um incentivo privado para conservar os recursos e utilizá-los a uma taxa eficiente.
- Um recurso comum é utilizado até o ponto em que o benefício marginal privado é igual ao custo marginal.
- Um recurso comum pode ser utilizado com eficiência por meio da criação de um direito de propriedade privada, do estabelecendo uma cota ou da emissão de cotas individuais transferíveis.

Figuras-chave

Figura 16.1: Classificação de quatro partes dos bens, 361
Figura 16.2: Benefícios de um bem público, 362
Figura 16.3: A quantidade eficiente de um bem público, 363
Figura 16.4: Provisão burocrática em excesso, 364
Figura 16.6: Por que ocorre a pesca excessiva, 367
Figura 16.7: Utilização eficiente de um recurso comum, 368

Palavras-chave

Bem excludente, 360
Bem não excludente, 360
Bem privado, 360
Bem público, 360
Cota individual transferível (CIT), 369
Ignorância racional, 364
Não rival, 360
Princípio da diferenciação mínima, 364
Problema do 'carona', 361
Recurso comum, 361
Rival, 360
Tragédia dos comuns, 361

EXERCÍCIOS

1. Classifique cada um dos itens a seguir como excludente, não excludente, rival, não rival, bem público, bem privado ou recurso comum.
   a. Parque Militar Nacional de Gettysburg
   b. Um Big Mac
   c. A ponte do Brooklyn
   d. O Grand Canyon
   e. Ar
   f. Proteção fornecida pela polícia
   g. Calçadas
   h. Correios
   i. FedEx

2. Para cada um dos bens a seguir, explique se há um problema do 'carona'. Se não houver, como ele foi evitado?
   a. Show de fogos de artifícios na passagem do ano
   b. Uma rodovia interestadual
   c. Acesso à Internet sem fio em hotéis
   d. Compartilhamento de arquivos de músicas
   e. A biblioteca pública de sua cidade

3. A figura fornece informações sobre um sistema de tratamento de esgoto que uma cidade com 1 milhão de habitantes está pensando em instalar.

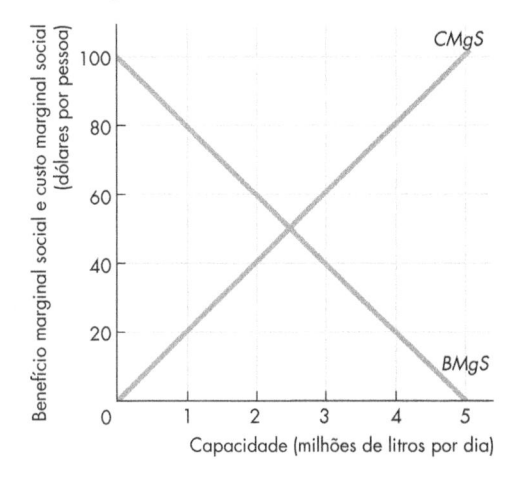

   a. Qual é a capacidade que alcança o máximo benefício líquido?
   b. Quanto cada pessoa terá de pagar em impostos para cobrir o nível de capacidade eficiente?
   c. Qual é o equilíbrio político se os eleitores são bem informados?
   d. Qual é o equilíbrio político se os eleitores são racionalmente ignorantes e os burocratas atingem o mais alto orçamento possível?

4. A tabela mostra o valor do bacalhau pescado no oceano Atlântico por barcos de pesca norte-americanos e europeus. O custo marginal da operação de um barco é de $ 80 mil por mês.

Número de barcos	Valor do bacalhau pescado (milhares de dólares por mês)
0	0
10	2.000
20	3.400
30	4.200
40	4.400
50	4.000
60	3.000
70	1.400

a. Qual é o benefício marginal privado de um barco de pesca a cada quantidade de barcos mostrada na tabela?

b. Qual é o benefício marginal social de um barco de pesca a cada quantidade de barcos mostrada na tabela?

c. Sem nenhuma regulação da pesca de bacalhau, qual é a quantidade de equilíbrio de barcos e o valor do bacalhau pescado?

d. O equilíbrio do item (c) é um equilíbrio de pesca excessiva?

e. Qual é o número eficiente de barcos?

f. Qual é o valor eficiente de bacalhau pescado?

g. Você acha que os consumidores de peixes e a indústria pesqueira concordarão sobre a quantidade de bacalhau que deve ser pescada?

h. Se os Estados Unidos, o Canadá e a União Européia impuserem uma cota para limitar a pesca à quantidade eficiente, qual seria o valor total da pesca de acordo com essa cota?

i. Se os Estados Unidos, o Canadá e a União Européia emitissem CITs para os barcos pesqueiros para limitar a pesca à quantidade eficiente, qual seria o preço de uma CIT?

PENSAMENTO CRÍTICO

1. Depois de estudar a seção "Leitura das entrelinhas", responda às seguintes perguntas:

a. O que está acontecendo em Porto Rico para provocar o desmatamento das florestas tropicais do país?

b. Como a criação de direitos de propriedade privada sobre as florestas tropicais de Porto Rico mudaria o modo como os recursos florestais são utilizados?

c. A propriedade privada solucionaria todos os problemas de utilização excessiva dos recursos? Se não, explique por quê.

2. A prefeitura da sua cidade está pensando em melhorar o sistema de controle de semáforos. A prefeitura acredita que, com a instalação de computadores, o trânsito poderia fluir melhor. Quanto maior for o computador comprado pela prefeitura, melhor será o resultado. O prefeito e outras autoridades eleitas que estão trabalhando na proposta querem determinar a dimensão do sistema que conquistará o maior número de votos. Os burocratas da cidade querem maximizar o orçamento. Suponha que você seja um economista observando essa escolha pública. Seu trabalho é calcular a quantidade desse bem público que utilize os recursos com eficiência.

a. De quais dados você precisaria para chegar às suas conclusões?

b. De acordo com a teoria da escolha pública, qual será a quantidade escolhida?

c. Como você poderia, na qualidade de eleitor informado, tentar influenciar a escolha?

3. Onde vivem os atuns

...para os primeiros colonizadores, a região das Grandes Planícies, no Oeste dos Estados Unidos, apresentava o mesmo problema que os oceanos hoje em dia: tratava-se de uma área ampla e aberta na qual, aparentemente, não havia como proteger os animais dos incansáveis predadores humanos... Mas a vida selvagem abundava no Oeste quando os colonizadores repartiram a terra e elaboraram novas e engenhosas maneiras de proteger seus animais... Hoje em dia, o oceano ainda é um território praticamente aberto e os peixes estão sofrendo as conseqüências... os pescadores têm um incentivo pessoal para ganhar o máximo que puderem, mesmo que destruam seu próprio meio de sobrevivência no processo. De acordo com o raciocínio deles, qualquer peixe que eles não pegarem para si será simplesmente pego por outro pescador...

The New York Times, 4 de novembro de 2006

a. Quais são as semelhanças entre os problemas enfrentados pelos colonizadores do Oeste dos Estados Unidos e os pescadores de hoje?

b. A tragédia dos comuns nos oceanos pode ser eliminada da mesma maneira que foi utilizada pelos colonizadores da região das planícies?

c. Como as CITs podem alterar a perspectiva de curto prazo dos pescadores para uma perspectiva de longo prazo?

4. Benjamin Franklin criou um corpo de bombeiros voluntário em Filadélfia depois de um grande incêndio em 1736. A idéia de grupos de bombeiros voluntários rapidamente conquistou popularidade e muitas companhias foram formadas. Cada uma pagava pelo próprio equipamento e estava localizada em pontos estratégicos da cidade.

a. Explique o problema do 'carona' associado a esses primeiros grupos de bombeiros.
b. Como os primeiros grupos de bombeiros podiam solucionar o problema do 'carona'?
c. Por que esse sistema de combate a incêndios não existe mais nos Estados Unidos?

ATIVIDADES NA INTERNET

1. Faça uma pesquisa na Internet e descreva alguns recursos comuns no Brasil cuja exploração não seja regulada pelo governo.

2. Faça uma pesquisa na Internet e descreva alguns recursos comuns no Brasil cuja exploração seja regulada pelo governo.

3. Faça uma pesquisa na Internet e descreva alguns bens públicos no Brasil cuja produção seria mais eficiente se estivesse sob responsabilidade do setor privado. Justifique sua resposta.

4. Faça uma pesquisa na Internet e descreva alguns bens privados no Brasil cuja produção seria mais eficiente se estivesse sob responsabilidade do setor público. Justifique sua resposta.

O desmatamento da floresta amazônica

Fernando Rejani[1]

Introdução

A floresta amazônica é a maior floresta tropical do mundo, abrangendo nove países da América do Sul, sendo 69 por cento dessa área pertencente ao Brasil. A biomassa da floresta amazônica está presente em nove estados brasileiros: Pará, Mato Grosso, Maranhão, Rondônia, Amazonas, Tocantins, Acre, Roraima e Amapá, constituindo a Amazônia brasileira (Amazônia Legal), possuindo uma área de 5.139.741 km² (INPE, 2008), isto corresponde a 61 por cento da área do território brasileiro.

Essa área adota um modelo tradicional de ocupação, tendo levado a um significativo aumento do desmatamento ao longo dos anos, devido principalmente às políticas de fomento da atividade econômica da região, tal como crescimento da agropecuária (bovinocultura de corte e plantação de soja), exploração madeireira, crescimento urbano e especulação imobiliária de terras (principalmente ao longo das estradas).

Esse tipo de política deixa o país negativamente em evidência perante a sociedade brasileira e mundial. Desta forma, a cada dia aumenta a pressão pelo controle do desmatamento da floresta amazônica e até mesmo em relação à soberania do país sobre a floresta. Organismos internacionais e outros países pressionam o Brasil em relação ao controle da Amazônia, propagando o discurso de que a floresta pertence ao planeta e deve ser uma zona de preservação internacional, portanto deveria ser desagregada do controle nacional.

O desmatamento da floresta amazônica

A área de desflorestamento na região amazônica está concentrada ao longo de uma faixa denominada 'arco de desmatamento', com início no nordeste do Pará, passando pelos estados de Maranhão, Tocantins, atingindo o nordeste do Mato Grosso e seguindo em direção ao norte de Rondônia até o Acre. Constata-se que as principais causas do desmatamento da floresta amazônica são o corte indiscriminado da madeira e as criações de áreas para agropecuária (sobretudo ao rebanho bovino e à produção de grãos).

Um dos problemas graves da predação da floresta é causado por madeireiras estrangeiras, principalmente da Indonésia, Malásia e China, instaladas na região. O corte clandestino de árvores, muitas vezes dentro de áreas de preservação (como, por exemplo, áreas indígenas) é facilitado pela falta de fiscalização.

A expansão da agricultura mecanizada também contribui em grande parte com o desmatamento da Amazônia, pois resulta na formação de grandes pastagens em substituição à floresta, provocando um grande impacto ambiental. A taxa de desmatamento e os sinais (macroeconômicos) de mercado estão correlacionados, e a expansão da fronteira agrícola na Amazônia Legal tem aumentado ao longo dos anos, conforme a elevação dos preços das commodities agrícolas, principalmente a soja.

No Brasil, a medição da área desmatada é feita pelo INPE (Instituto de Pesquisas Espaciais), por meio do sistema PRODES (Programa de Cálculo do Desflorestamento da Amazônia), no qual é feita a coleta de dados via satélite. O gráfico a seguir apresenta a área desmatada nos últimos dez anos (INPE, 2008):

No Brasil, o governo federal implementou um plano de ação de prevenção e controle do desmatamento na Região Amazônica e, de 2004 a 2007, a taxa de desmatamento anual na Amazônia Brasileira caiu de cerca de 27.000 km² para aproximadamente 10.000 km², uma das menores taxas dos últimos vinte anos. Desta maneira, as estratégias do governo de expandir as áreas protegidas, combater os infratores e atacar a corrupção estão entre os meios mais importantes para combater o desmatamento, mas mesmo assim não cobrem toda a extensão da floresta.

O agronegócio na Amazônia Legal

A atividade econômica na Amazônia Legal, baseada no agronegócio, cresce em ritmo duas vezes maior que a média nacional. De 2003 a 2005,

---

[1] Economista, mestrando em Economia.

Gráfico I Desmatamento Anual na Amazônia Legal (km²/ano)

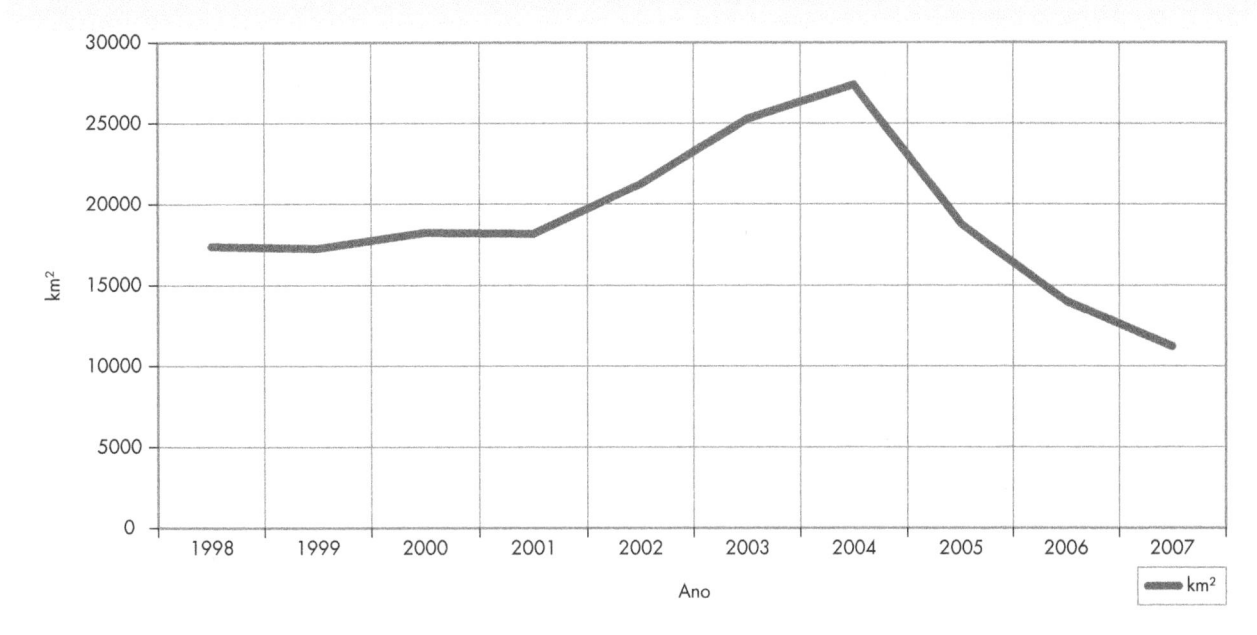

[Gráfico de linhas mostrando o desmatamento anual em km² entre 1998 e 2007, com valores aproximadamente de 17.500 em 1998, estável até 2001, subindo até cerca de 27.500 em 2004, e caindo para cerca de 11.500 em 2007.]

Fonte: MIDC; Elaboração do autor.

segundo o IBGE, a região cresceu cerca de 22 por cento, enquanto o PIB brasileiro acumulou um crescimento de 10 por cento, neste período.

O destaque do crescimento do agronegócio se deve principalmente aos estados de Mato Grosso, Pará, Rondônia e Tocantins. Estes estados também se destacam por apresentarem a maior área acumulada de desmatamento na Amazônia, veja o gráfico a seguir.

No estado de Mato Grosso, a riqueza gerada pela agricultura cresceu 44,3 por cento no período, ficando atrás apenas do estado de Tocantins, com crescimento de 92,1 por cento, são respectivamente, vice e campeão no país em percentual de variação do PIB entre 2002 e 2005. A área ocupada pela atividade agrícola na Amazônia representa aproximadamente 13 milhões de hectares e é responsável por cerca de 22 por cento da produção nacional de grãos.

Outro fator de destaque é o rebanho bovino na Amazônia que alcançou, em 2005, 74,59 milhões de cabeças. Sendo o resultado da concentração, na região, do crescimento da pecuária nacional. Os estados de Mato Grosso e Pará também se destacaram neste quesito. Segundo o Plano Amazônia Sustentável (PAS) do governo federal, a pecuária bovina já ocupa 70 milhões de hectares, isto é, aproximadamente 13 por cento da área da Amazônia.

Conclusões

Mesmo a política governamental tendo tido um efeito bem positivo contra o desmatamento da floresta amazônica, uma parcela significativa da queda na taxa de desmatamento entre 2004 e 2007 pode refletir também conjunturas do mercado, como as mudanças nas taxas de câmbio (real valorizado) e na diminuição dos preços das commodities (soja e carne) no mercado internacional.

A valorização do real contribuiu para a baixa dos preços, com isso a rentabilidade da expansão agrícola diminuiu ao longo do período, especialmente aquela relacionada ao cultivo de soja. Mudanças mais recentes no cenário internacional, contudo, indicam uma elevação de preços para commodities agrícolas, retomando a pressão por mais terra para cultivo.

Dessa forma, o desafio do governo, no sentido de manter a tendência de queda nas taxas de desmatamento na Amazônia, aumentará muito.

Gráfico 2 Área total desmatada por Estado (até 2007)

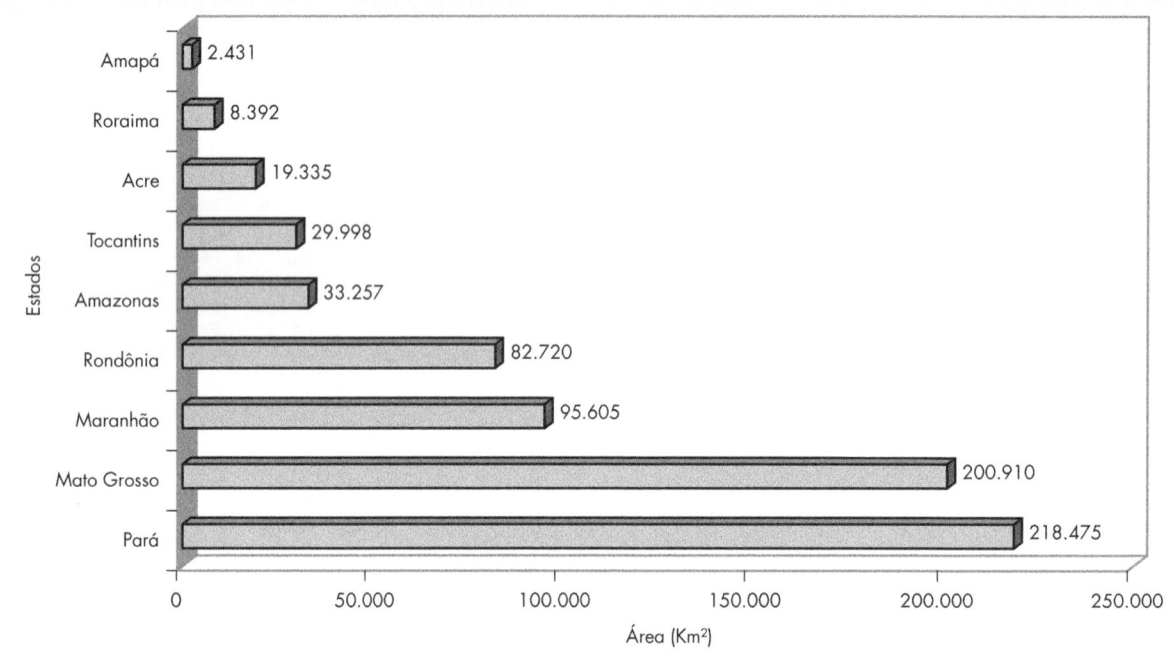

Estado	Área (Km²)
Amapá	2.431
Roraima	8.392
Acre	19.335
Tocantins	29.998
Amazonas	33.257
Rondônia	82.720
Maranhão	95.605
Mato Grosso	200.910
Pará	218.475

Fonte: INPE.

REFERÊNCIAS

Instituto Nacional de Pesquisas Espaciais (INPE). 2008. Disponível em: <www.inpe.br>.

Instituto de Pesquisa Ambiental da Amazônia (IPAM). *Três estratégias fundamentais para a redução do desmatamento.* 2007. Disponível em: <www.ipam.org.br>.

Instituto Socioambiental. 2008. Disponível em: <www.socioambiental.org>.

Ministério do Meio Ambiente (MMA). 2008. Disponível em: <www.mma.gov.br>.

SALOMON, M. "PIB da Amazônia Legal cresce mais que o do país". *Folha de S.Paulo,* 1 jun. 2008.

QUESTÕES

1. No Brasil, quais são os principais agentes responsáveis e qual a lógica do desmatamento da floresta amazônica?

2. Seria viável economicamente desenvolver o potencial agropecuário da Amazônia Legal em detrimento do aumento do desmatamento da floresta? Quais seriam os ganhos ou perdas do ponto de vista do empresário (produtor), governo e sociedade civil?

3. Apesar de a taxa de desmatamento na Amazônia Legal ter diminuído nos últimos anos, quais são os impactos negativos que o desmatamento causa na sociedade brasileira e mundial?

4. Do ponto de vista ecológico, quais políticas deveriam ser implantadas pelo governo para mitigar o risco de perdas irreversíveis ao meio ambiente?

ENTENDIMENTO DO GOVERNO E DAS FALHAS DE MERCADO

PARTE 5

Nós, o povo...

Thomas Jefferson sabia que a criação de um governo do povo, pelo povo e para o povo era um enorme empreendimento e que poderia facilmente dar errado. A criação de uma constituição dos Estados Unidos que impossibilitasse o governo despótico e tirânico foi relativamente fácil. Os fundadores da nação norte-americana fizeram o melhor que puderam para colocar em prática conceitos econômicos sólidos. Eles desenvolveram um sofisticado sistema de incentivos – de recompensas e punições – para fazer com que o governo fosse sensível à opinião pública e para limitar a possibilidade de interesses pessoais de indivíduos de ganhar à custa da maioria. Entretanto eles não foram capazes de criar uma constituição que impedisse de maneira eficaz a capacidade de grupos de interesse especial capturarem os excedentes do consumidor e do produtor resultantes da especialização e da troca.

Criou-se um sistema de governo para lidar com cinco problemas econômicos. A economia de mercado permite que um monopólio restrinja a produção e pratique um preço alto demais. Ela produz uma quantidade grande demais de alguns bens e serviços, o que cria a poluição. Ela produziria uma quantidade pequena demais desses bens e serviços públicos que todos consumimos juntos, como a defesa nacional e o controle do tráfego aéreo. Ela permite a utilização excessiva de recursos comuns, como florestas tropicais e peixes do mar. Ela gera uma distribuição de renda e riqueza que a maioria das pessoas acredita ser desigual. Deste modo, precisamos de um governo para nos ajudar a lidar com esses problemas econômicos. Mas, como os fundadores da nação sabiam que aconteceria, quando os governos se envolvem na economia, as pessoas tentam voltar as ações públicas para direções que lhes tragam ganhos pessoais à custa do interesse geral.

Os três capítulos desta parte explicaram os problemas com os quais o mercado tem mais dificuldades para lidar. Vimos, no Capítulo 14, toda a variedade de problemas e estudamos com mais detalhes um deles, a legislação antitruste e a regulação do monopólio natural. O Capítulo 15 abordou as externalidades. Nele, analisamos os custos externos impostos pela poluição e os benefícios externos resultantes da educação e da pesquisa. Descrevemos algumas maneiras como as externalidades podem ser solucionadas. E vimos que um modo de lidar com as externalidades é reforçar o mercado e 'internalizar' as externalidades, em vez de intervir no mercado. No Capítulo 16, estudamos os problemas criados pelos bens públicos e a tragédia dos recursos comuns.

Muitos economistas refletiram muito e longamente sobre os problemas discutidos nessa parte, mas nenhum deles provocou um efeito tão profundo sobre nosso modo de pensar nessa área quanto Ronald Coase, que conheceremos na página a seguir.

ANÁLISE DE IDÉIAS

Externalidades e direitos de propriedade

"A questão a ser definida é: o valor dos peixes perdidos é maior ou menor que o valor do produto que a contaminação dos rios possibilita?"

RONALD H. COASE

The problem of social cost

O economista

Ronald Coase *(1910-), nasceu na Inglaterra e estudou na London School of Economics, onde foi profundamente influenciado por seu professor Arnold Plant e pelas questões de sua juventude: o planejamento central comunista versus os mercados livres.*

O professor Coase vive nos Estados Unidos desde 1951. Sua primeira visita ao país ocorreu quando, aos 20 anos de idade, ele ganhou uma bolsa de estudos; isso se deu durante a pior fase da Grande Depressão. Foi ao longo dessa visita, e antes de concluir o bacharelado, que ele concebeu as idéias que, 60 anos mais tarde, renderam a ele o Prêmio Nobel de Ciências Econômicas em 1991.

Ronald Coase descobriu e esclareceu a importância dos custos de transações e dos direitos de propriedade para o funcionamento da economia. Ele revolucionou a maneira como pensamos sobre os direitos de propriedade e as externalidades e foi o pioneiro de um crescente campo de estudos de direito e economia.

As questões

À medida que o conhecimento se acumula, aumenta cada vez mais nossa sensibilidade às externalidades ambientais. Também desenvolvemos métodos mais refinados para lidar com elas, mas todos os métodos envolvem uma escolha pública.

A poluição urbana, que é tanto desagradável como perigosa quando inalada, forma-se quando a luz do sol reage com emissões dos escapamentos dos automóveis. Em função desse custo externo dos escapamentos automotivos, determinamos padrões de emissão e impostos sobre a gasolina. Os padrões de emissão aumentam o custo de um carro, e os impostos sobre a gasolina aumentam o custo do quilômetro marginal percorrido. Os custos mais altos diminuem a quantidade demandada do transporte rodoviário e diminuem, dessa maneira, a quantidade de poluição que ele gera. Mas será que o ar urbano mais limpo vale o custo mais alto do transporte? As escolhas públicas de eleitores, reguladores e legisladores respondem a essa questão.

A chuva ácida, que impõe um custo a todas as pessoas que moram no caminho dela, cai de nuvens carregadas de enxofre produzidas pelas chaminés de usinas de geração de eletricidade. Esse custo externo está sendo resolvido com uma solução de mercado – permissões comercializáveis, cujos preços e alocação são determinados pelas forças da oferta e da demanda. As escolhas privadas determinam a demanda por permissões de poluição, mas uma escolha pública define a oferta.

À medida que os carros percorrem as ruas das cidades durante a hora do rush matutino, as ruas se congestionam e se transformam em um caro estacionamento. Cada pessoa em um carro na hora do *rush* impõe custos externos a todas as outras. Hoje em dia, os usuários das ruas e estradas pagam pelos custos privados do congestionamento, mas não se defrontam com sua parcela dos custos externos do congestionamento que criam. No entanto, uma solução de mercado para esse problema é agora tecnologicamente viável. É uma solução que cobra dos usuários de ruas e estradas uma taxa similar a um pedágio que varia com a hora do dia e o nível de congestionamento. Diante do custo marginal social de suas ações, cada usuário faz uma escolha, e o mercado para o espaço de ruas e estradas é eficiente. No caso, uma escolha pública para utilizar uma solução de mercado deixa a decisão final sobre o nível de congestionamento para escolhas privadas.

Antes

Chester Jackson, um pescador do lago Erie, lembra que, quando começou a pescar no lago, não havia barcos que transportavam água potável. Os pescadores bebiam a água do lago. Depois da Segunda Guerra Mundial, Jackson disse: "Não podemos fazer isso hoje. As substâncias químicas aqui nos matariam". Os fazendeiros utilizavam substâncias químicas, como o inseticida DDT, que eram levadas pela enxurrada para o lago. Resíduos e lixo industrial também eram jogados no lago em grandes quantidades. Em conseqüência, o lago Erie ficou intensamente poluído durante a década de 1940 e tornou-se incapaz de manter uma quantidade viável de peixes.

Hoje

Hoje em dia, o lago Erie sustenta uma indústria de pesca, como ocorria na década de 1930. Depois de deixar de ser tratado como depósito de substâncias químicas descartadas, o lago está recuperando seu ecossistema. Fertilizantes e inseticidas são hoje reconhecidos como produtos que apresentam externalidades potenciais, e seus efeitos externos são avaliados pela Environmental Protection Agency antes de novas versões serem liberadas para utilização. O despejo de lixo industrial nos rios e lagos é hoje algo sujeito a regulações e penalidades muito mais rigorosas nos Estados Unidos. As externalidades do lago Erie foram solucionadas com um dos métodos disponíveis: a regulação por parte do governo.

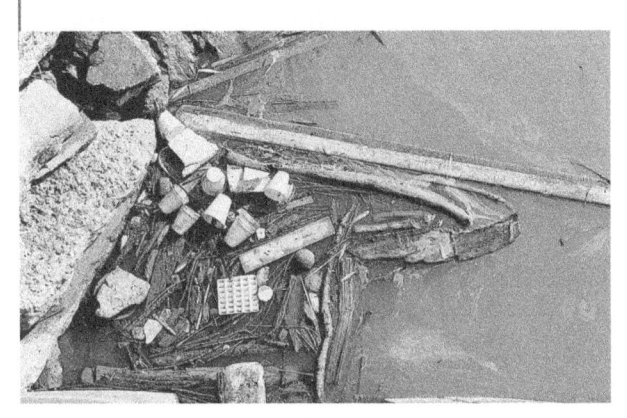

PONTO DE VISTA ECONÔMICO – PERSONALIDADE BRASILEIRA

José Alexandre Scheinkman[1]

José Alexandre Scheinkman é economista. Nascido no Rio de Janeiro em 1948, graduou-se em Economia na Universidade Federal do Rio de Janeiro (UFRJ) em 1969 e concluiu o mestrado em Matemática em 1970.

Fez mestrado e doutorado em Economia na Universidade de Rochester, no Estado de Nova York, em 1974, e fez pós-doutorado na Universidade de Chicago. José Alexandre Scheinkman escreveu muitos artigos sobre mercados de capitais, questões urbanas, entre outros assuntos correlatos.

*Você tem interessantes **papers** sobre crescimento de cidades. Faça, se possível, uma síntese desses trabalhos.*

Olha, essa história de crescimento das cidades vem de um 'ramo', é que depois da tese do Paul Romer criou-se todo um 'branch' [um ramo] da teoria do crescimento que é baseado em externalidades. Por exemplo, alguns modelos postulam uma externalidade na educação – se você trabalha comigo e eu me tornar mais educado, a sua produtividade aumenta. Outros postulam externalidades em idéias – as suas idéias podem ser adotadas por mim. Isto explicaria o sucesso do Silicon Valley [Vale do Silício], por exemplo. As firmas em Silicon Valley estariam todas se utilizando de certas idéias que seriam inacessíveis a uma firma que se localizasse, por exemplo, em Chicago. Uma das questões que precisam ser respondidas é quão importantes são essas externalidades no crescimento. Um dia eu estava discutindo com o Andrei Shleiffer, na presença de dois alunos meus na época, o Ed Glaeser, que hoje ensina em Harvard, e o Hedi Kallal, hoje um *Managing Director* na Salomon Brothers, quando nos ocorreu que, se essa externalidade que opera através de idéias fosse relevante, ela deveria ser ainda mais importante no contexto de uma cidade. Para examinar essa questão, nós criamos uma unidade que chamamos de cidade-indústria. Uma cidade-indústria é uma indústria numa cidade – indústria de automóveis em São Paulo, indústria de automóveis em Betim, calçados em Franca etc. Se externalidade de idéias dentro de uma indústria fosse importante, como postulam muitos dos modelos de crescimento, uma grande cidade-indústria deveria apresentar um maior crescimento. Uma outra forma de externalidade, que, no fundo, eu acho mais interessante, mas que os economistas ainda não aproveitaram muito, vem da Jane Jacobs, que é uma antropóloga que vive no Canadá. Ela estudou cidades do ponto de vista antropológico, mas uma das coisas que ela enfatizava muito eram os benefícios da diversidade para as cidades. Para Jacobs, uma indústria ajuda a outra. Muitas idéias importantes começam numa indústria e são aproveitadas por outras. Avanços importantes são feitos pela união de técnicas de diversas indústrias.

---

[1] Texto extraído de *Conversas com economistas brasileiros II*, de Guido Mantega e José Marcio Rego. Editora 34, 1999.

Essa idéia de externalidade vale também para departamentos de Economia... (risos)
Exatamente. Mas nós não encontramos evidências de que a externalidade dentro de uma indústria seja importante. Algumas cidades-indústria, como a indústria de computação no Vale do Silício, cresceram muito a partir de uma grande concentração, mas em muitos outros casos as cidades-indústria maiores cresceram menos. Foi o caso, por exemplo, do aço que deixou de ser produzido nos seus locais tradicionais, Gary ou Pittsburgh, e cresceu no sul dos Estados Unidos. Na média, se uma cidade-indústria era grande, a tendência dela era crescer menos do que uma cidade-indústria menor. Evidentemente, esse artigo foi recebido com certa alegria por pessoas que não acreditavam na importância dessas externalidades para o crescimento, e com menos alegria pelas pessoas que acreditam. Eu disse que eu tinha simpatia por essa idéia. Mas nesse caso não funciona bem. Por outro lado, há alguma evidência de que as externalidades sugeridas pela Jane Jacobs funcionam. As cidades-indústria em cidades diversificadas cresceram mais do que as cidades-indústria em cidades menos diversificadas.

> Por outro lado, há alguma evidência de que as externalidades sugeridas pela Jane Jacobs funcionam. As cidades-indústria em cidades diversificadas cresceram mais do que as cidades-indústria em cidades menos diversificadas

Agora, talvez, para o setor, o fato de concentrar, especializar, ter menos diversidade, como você citou, não seja vantajoso, mas para o dono da indústria, para o empresário, talvez tenha vantagens específicas...
Sem dúvida, há vantagens e desvantagens para o empresário. Uma coisa é evidente, quando você está numa indústria que é muito concentrada em sua cidade, você tem um maior problema em manter sua mão-de-obra. O trabalhador pode ir trabalhar na firma ao lado, que faz exatamente a mesma coisa. O seu incentivo para investir no treinamento da força de trabalho é menor. Por outro lado, você se beneficia da presença em abundância de insumos especializados que são comprados por todas as firmas da sua indústria.

Por trás dessa questão, não existe aquela velha discussão sobre a lei dos rendimentos crescentes ou decrescentes? Como é que fica o Romer nessa brincadeira?
O Paul Romer introduziu externalidades para acomodar rendimentos crescentes no nível da economia como um todo, com rendimentos decrescentes no nível de cada firma. Evidentemente, esses resultados mostram que essas externalidades, se existem, são mais entre as indústrias do que dentro de cada indústria. A Jane Jacobs conta várias histórias do livro dela sobre o papel da diversidade. Uma vez dei uma palestra sobre crescimento de cidades em São Paulo e o professor Delfim Netto estava na audiência. Ele me disse que uma razão importante para a Volkswagen escolher São Paulo foi exatamente o fato de São Paulo ser, já então, uma cidade altamente diversificada... Naquela época, você já encontrava um sujeito fazendo bicicleta, outro sujeito fazendo peças de motor. Então, a Volkswagen sabia que a chance de ter acesso a esses tipos de serviços era muito alta em São Paulo. Enquanto o Rio era uma cidade mais especializada em burocracia (risos).

Dos 52 papers que nós verificamos na sua produção acadêmica, somente dez não foram produzidos em co-autoria. Trabalhar assim dá mais sinergia do que trabalhar sozinho? Fale um pouco a respeito.
Eu gosto de trabalhar com co-autores. Eu aprendo muito com eles. Eu também gosto da competição que se cria entre co-autores. Quem trabalhou com co-autor sabe disso. A maioria das pessoas que tem boa relação com um co-autor tem uma relação um pouco competitiva, na qual você está tentando contribuir com a maior parcela do produto final. A má relação é com alguém que te deixa fazer tudo. Eu não tive muito co-autor desse tipo, felizmente (risos).

PARTE 6 **Mercados de fatores, desigualdade e incerteza**

CAPÍTULO 17

Mercados de fatores de produção

Ao término do estudo deste capítulo, você saberá:

▶ Explicar a relação entre o preço e a renda dos fatores.
▶ Explicar o que determina a demanda, a oferta, o salário e o emprego em um mercado de trabalho competitivo.
▶ Explicar por que os salários podem ser superiores ou inferiores àqueles em um mercado de trabalho competitivo.
▶ Explicar o que determina a demanda, a oferta, os juros, a poupança e o investimento no mercado de capitais.
▶ Explicar o que determina a demanda, a oferta, o preço e a taxa de utilização de um recurso não renovável.
▶ Explicar o conceito de renda econômica e fazer a distinção entre renda econômica e custo de oportunidade.

Parabéns!

Pode não ser seu aniversário e, mesmo que seja, você provavelmente passará grande parte do dia trabalhando. Mas, ao final da semana ou do mês (ou, se você estiver dedicando todo o seu tempo ao estudo, quando se formar), você receberá os *retornos* de seu trabalho. Esses retornos variam muito. Demetrio Luna, que passa os dias em uma pequena plataforma suspensa no alto de arranha-céus de Houston lavando janelas, ganha US$ 12 por hora. Katie Couric, âncora do noticiário noturno da CBS de segunda a sexta, ganha US$ 15 milhões por ano. Algumas diferenças entre os ganhos podem parecer surpreendentes. Por exemplo, nos Estados Unidos o técnico de futebol americano de uma faculdade pode ganhar muito mais do que um professor de economia. Mas por que nem *todos* os empregos são bem remunerados?

A maioria de nós não tem muita dificuldade de gastar o salário, mas a maioria de nós consegue poupar parte do que ganha. O que determina a quantia que as pessoas poupam e os retornos que recebem daquilo que poupam?

Algumas pessoas ganham uma renda fornecendo recursos naturais como o petróleo. O que determina o preço de um recurso natural como o petróleo? E o que determina quando o petróleo se esgotará, bem como outros recursos não renováveis?

O que acontece se submetemos grandes rendas a impostos? As pessoas que ganham essas rendas simplesmente dão de ombros e arcam com o imposto, mas continuam a fornecer a mesma quantidade de recursos? Ou os impostos diminuem a quantidade fornecida de recursos?

◊ Neste capítulo, estudaremos os mercados de fatores de produção – trabalho, capital, recursos naturais – e aprenderemos como seu preço e a renda das pessoas são determinados. Veremos que algumas altas rendas, mas nem todas, podem ser submetidas a impostos sem um efeito adverso. E veremos, na seção "Leitura das entrelinhas", ao fim do capítulo, por que as universidades dos Estados Unidos costumam pagar mais aos técnicos de futebol do que aos professores.

Preços e rendas dos fatores

Bens e serviços são produzidos utilizando-se *quatro fatores de produção – trabalho, capital, terra e capacidade empresarial* (veja o Capítulo 1). As rendas são determinadas pela quantidade dos fatores utilizados e pelos preços dos fatores, que são o *salário* recebido pelo trabalho, a taxa de *juros* obtida pelo capital, o *aluguel* (renda da terra) obtido pela terra e a taxa de *lucro normal* obtida pela capacidade empresarial. Além disso, há uma renda residual, o *lucro econômico* (ou *perda econômica*), para os proprietários da empresa, que podem ser o empresário ou os acionistas.

Fatores de produção, como bens e serviços, são comercializados nos mercados. Alguns mercados de fatores são competitivos e se comportam similarmente a mercados competitivos de bens e serviços. Alguns mercados de trabalho têm elementos não competitivos.

A demanda e a oferta são a principal ferramenta utilizada para compreender um mercado de fatores competitivo. As empresas demandam fatores de produção, e os indivíduos os oferecem.

A demanda por um fator de produção é chamada de **demanda derivada**, por ser *derivada* da demanda pelos bens e serviços produzidos por esse fator. A quantidade demandada do fator de produção é aquela que as empresas planejam contratar durante determinado período, a determinado preço do fator. A lei da demanda se aplica aos fatores de produção do mesmo modo que se aplica aos bens e serviços. Quanto mais baixo for o preço do fator, se todos os outros fatores forem mantidos constantes, maior será a quantidade demandada desse fator.

A quantidade ofertada de um fator de produção também depende de seu preço. Com uma possível exceção que veremos adiante neste capítulo, a lei da oferta se aplica aos fatores de produção. Quanto mais alto for o preço de um fator, se todos os outros fatores forem mantidos constantes, maior será a quantidade ofertada desse fator.

A Figura 17.1 mostra o mercado de um fator. A curva de demanda pelo fator é D e a curva de oferta do fator é S. O preço de equilíbrio do fator é PF, e a quantidade de equilíbrio é QF. A renda obtida pelo fator é o preço multiplicado pela quantidade utilizada. Na Figura 17.1, a renda do fator é igual à área do retângulo cinza.

Uma mudança na demanda ou na oferta muda o preço de equilíbrio, a quantidade e a renda. Um aumento da demanda desloca a curva de demanda para a direita e aumenta a renda. Um aumento da oferta desloca a curva de oferta para a direita, e a renda pode aumentar, diminuir ou permanecer constante, dependendo da elasticidade da demanda pelo fator. Se a demanda for elástica, a renda aumentará; se a demanda for inelástica, a renda diminuirá, e, se a demanda tiver elasticidade unitária, a renda permanecerá constante (veja o Capítulo 4).

> **QUESTÕES PARA REVISÃO**
>
> 1 Por que chamamos a demanda por um fator de produção de demanda derivada? Do que ela é derivada?
> 2 Por que um aumento da oferta de um fator de produção tem um efeito ambíguo sobre a renda do fator?

O restante deste capítulo explora as influências sobre a demanda e a oferta de fatores de produção. Começaremos pelo mercado de trabalho.

Mercados de trabalho

Para a maioria das pessoas, o mercado de trabalho é a principal fonte de renda. Para muitas, é a única fonte de renda. Em 2002, nos Estados Unidos, a renda do trabalho representava 72 por cento da renda total. Nesse ano, a quantia média obtida por hora de trabalho – o salário horário médio de toda a economia norte-americana – se aproximava de US$ 25 (dos quais US$ 21 eram pagos na forma de salário e US$ 4, como benefícios complementares).

O salário médio oculta muita diversidade entre salários individuais. É possível ver parte dessa diversidade na Figura 17.2, que apresenta uma amostra dos salários para 20 ocupações nos Estados Unidos. (Esses números se referem a 2001, que é o ano mais recente do qual havia informações detalhadas disponíveis na época em que este livro era escrito.)

O Bureau of Labor Statistics (Agência Norte-Americana de Estatísticas relativas ao trabalho) divulga dados salariais de 711 categorias profissionais e, destas, 78 por cento recebem abaixo da média e 22 por cento ganham acima da média. Essa distribuição em torno da média significa que um pequeno número de pessoas ganha mais do que a média, mas que seus salários a excedem em muito.

A variação dos salários horários médios apresentada na Figura 17.2 vai de $ 7 a quase $ 70. No extremo inferior da distribuição salarial estão trabalhadores da indústria de fast-food, operadores de projetores de filmes, caixas de bancos e vendedores do varejo. Especialistas de assistência em informática (como as pessoas que fornecem suporte técnico por telefone) ganham aproximadamente o salário médio. Escritores técnicos (como as pessoas que escrevem os manuais que ensinam como utilizar todos os recursos do seu telefone celular) ganham um pouco mais do que a média. Uma amostragem dos empregos que pagam salários acima da média inclui os de analista financeiro e economista. Mas os economistas ganham menos do que controladores de tráfego aéreo, dentistas e cirurgiões. (John Maynard Keynes disse que esperava que os economistas um dia se tornassem tão úteis quanto os dentistas. Talvez os salários estejam nos dizendo que eles ainda não chegaram lá!)

Figura 17.1 Demanda e oferta no mercado de um fator

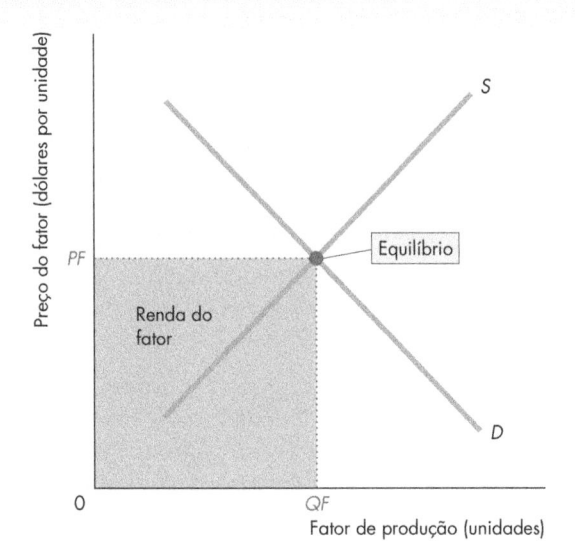

A curva de demanda de um fator de produção, D, inclina-se para baixo, e a curva de oferta, S, inclina-se para cima. No ponto em que as curvas de demanda e oferta se cruzam, são determinados o preço do fator, PF, e a quantidade utilizada do fator, QF. A renda do fator é o produto do preço do fator pela quantidade do fator, como indica o retângulo cinza.

Figura 17.2 Salários em vinte ocupações

Ocupação

- Cirurgiões
- Dentistas
- Controladores de tráfego aéreo
- Economistas
- Analistas financeiros
- Escritores técnicos
- Especialistas de assistência em informática
- Corretores de imóveis
- Operadores de guindaste
- Motoristas de caminhão
- Agentes de viagens
- Instrutores de ginástica
- Operários da construção civil
- Digitadores de texto
- Motoristas de vans
- Assistentes médicos
- Vendedores do varejo
- Caixas de banco
- Operadores de projetores de filmes
- Trabalhadores da indústria de fast-food

Salário médio nacional

Salário (dólares por hora): 0, 10, 20, 30, 40, 50, 60, 70

O salário nacional (de toda a economia norte-americana) é de US$ 21 por hora. Vinte de 711 ocupações das quais o Bureau of Labor Statistics divulga dados salariais representam uma amostra da distribuição dos salários em torno da média nacional. A maioria dos empregos paga salários abaixo da média nacional, e alguns empregos que pagam acima da média a excedem em uma grande quantia.

Fonte dos dados: Bureau of Labor Statistics.

Para entendermos esses salários, devemos investigar as forças que influenciam a demanda e a oferta de mão-de-obra. Começaremos com o lado da demanda do mercado de trabalho.

A demanda por trabalho

Há uma relação entre a quantidade de trabalho que uma empresa emprega e a quantidade de produção que ela planeja ter. A *curva de produto total* mostra essa relação (veja o Capítulo 10).

A demanda por trabalho de uma empresa representa o outro lado de sua oferta de produção. Uma empresa produz a quantidade que maximiza o lucro. A quantidade maximizadora de lucro é aquela na qual a receita marginal é igual ao custo marginal. Para produzir a quantidade maximizadora de lucro, uma empresa contrata a quantidade de trabalho maximizadora de lucro.

Qual é a quantidade de trabalho maximizadora de lucro? Como ela varia à medida que o salário varia? Podemos responder a essas perguntas comparando a receita marginal obtida da contratação de um trabalhador adicional com o custo marginal desse trabalhador. Vamos examinar primeiro o lado da receita marginal dessa comparação.

Receita do produto marginal

A **receita do produto marginal do trabalho** é a mudança da receita total que resulta da contratação de uma unidade adicional de trabalho. A Tabela 17.1 mostra como calcular a receita do produto marginal.

As duas primeiras colunas mostram a tabela de produto total do lava-rápido Wash 'n' Wax de Max. Os dados nos informam como o número de carros lavados por hora varia à medida que a quantidade de trabalho varia. A terceira coluna mostra o *produto marginal do trabalho* – a variação do produto total que resulta de um aumento de uma unidade na quantidade empregada de trabalho (veja o Capítulo 10 para rever esse conceito).

O mercado de lavagem de carros é perfeitamente competitivo, e Max pode vender o número lavagens que escolher a $ 4 cada, o preço de mercado presumido. Deste modo, a *receita marginal* de Max é de $ 4 por lavagem.

Considerando essas informações, é possível calcular a *receita do produto marginal* (a quarta coluna). Ela é igual ao produto marginal multiplicado pela receita marginal. Por exemplo, o produto marginal de um segundo trabalhador é de 4 lavagens por hora e, como a receita marginal é de $ 4 por lavagem, a receita do produto marginal do segundo trabalhador é de $ 16 (4 lavagens a $ 4 cada).

As duas últimas colunas da Tabela 17.1 mostram um modo alternativo de calcular a receita do produto marginal do trabalho. A receita total é igual ao produto total multiplicado pelo preço. Por exemplo, dois trabalhadores lavam 9 carros por hora e geram uma receita total de $ 36 (9 lavagens a $ 4 cada). Um trabalhador lava 5 carros por hora e gera uma receita total de $ 20 (5 lavagens a $ 4 cada). A receita do produto marginal, na sexta coluna, é a variação da receita total resultante da contratação de um trabalhador adicional. Quando o segundo trabalhador é contratado, a receita total se eleva de $ 20 para $ 36 – um aumento de $ 16. Desta maneira, a receita do produto marginal do segundo trabalhador é de $ 16, o que está de acordo com nosso cálculo anterior.

Receita do produto marginal decrescente À medida que a quantidade de trabalho aumenta, a receita do produto marginal diminui. Para uma empresa em concorrência perfeita, a receita do produto marginal diminui porque o produto marginal se reduz. Em um monopólio (assim como em concorrência monopolista ou em um oligopólio), a receita do produto marginal diminui por uma segunda razão. Quando se contrata mais trabalho e o produto total aumenta, a empresa precisa reduzir seu preço para vender o produto extra. Deste modo, o produto marginal *e* a receita marginal diminuem, e ambos resultam em uma receita do produto marginal decrescente.

CAPÍTULO 17 MERCADOS DE FATORES DE PRODUÇÃO

Tabela 17.1 Receita do produto marginal da Wash 'n' Wax de Max

	Quantidade de trabalho (L) (trabalhadores)	Produto total (PT) (carros lavados por hora)	Produto marginal (PMg = ΔPT/ΔL) (lavagens por trabalhador)	Receita do produto marginal (RPMg = RMg × PMg) (dólares por trabalhador)	Receita total (RT = P × PT) (dólares)	Receita do produto marginal (RPMg = ΔRT/ΔL) (dólares por trabalhador)
A	0	0		20	0	20
			5			
B	1	5		16	20	16
			4			
C	2	9		12	36	12
			3			
D	3	12		8	48	8
			2			
E	4	14		4	56	4
			1			
F	5	15			60	

O mercado de lavagem de carros é perfeitamente competitivo, e o preço é de $ 4 por carro lavado, de modo que a receita marginal é de $ 4 por lavagem. A receita do produto marginal é igual ao produto marginal (coluna 3) multiplicado pela receita marginal. Por exemplo, o produto marginal do segundo trabalhador é de 4 lavagens e a receita marginal é de $ 4 por lavagem, de maneira que a receita do produto marginal do segundo trabalhador é de $ 16 (na coluna 4). Se Max decide contratar 1 trabalhador (linha B), o produto total é de 5 carros lavados por hora, e a receita total é de $ 20 (coluna 5). Se ele contrata 2 trabalhadores (linha C), o produto total é de 9 lavagens por hora, e a receita total é de $ 36. Quando ele contrata o segundo trabalhador, a receita total aumenta em $ 16 – a receita do produto marginal do segundo trabalhador é de $ 16.

A curva de demanda por trabalho

A Figura 17.3 mostra como a curva de demanda por trabalho é obtida. A *curva de receita do produto marginal* mostra a receita do produto marginal do trabalho a cada quantidade contratada. A Figura 17.3(a) mostra a curva de receita do produto marginal de Max. O eixo *x* mede o número de trabalhadores que Max contrata, e o eixo *y* mede a receita do produto marginal do trabalho. As barras cinza mostram a receita do produto marginal do trabalho à medida que Max emprega mais trabalhadores. Essas barras correspondem aos números apresentados na Tabela 17.1. A curva indicada por *RPMg* é a curva de receita do produto marginal de Max.

A curva de receita do produto marginal de uma empresa também é a curva de demanda por trabalho. A Figura 17.3(b) mostra a curva de demanda por trabalho de Max, *D*. O eixo horizontal mede o número de trabalhadores contratados – o mesmo que na parte (a). O eixo vertical mede o salário em dólares por hora. Na Figura 17.3(a), quando Max aumenta a quantidade empregada de trabalho de 2 para 3 trabalhadores por hora, a receita do produto marginal é de $ 12 por hora. Na Figura 17.3(b), a um salário de $ 12 por hora, Max contrata 3 trabalhadores.

A curva de receita do produto marginal também é a curva de demanda por trabalho, porque a empresa contrata a quantidade de trabalho maximizadora de lucro. Se o salário é *menor* que a receita do produto marginal, a empresa pode aumentar seu lucro empregando um trabalhador adicional. Por outro lado, se o salário é *maior* que a receita do produto marginal, a empresa pode aumentar seu lucro empregando um trabalhador a menos.

Mas, se o salário é *igual* à receita do produto marginal, a empresa não pode aumentar seu lucro alterando o número de trabalhadores empregados. Ela está obtendo o máximo lucro possível. Deste modo, a quantidade de trabalho que a empresa demanda é aquela na qual o salário é igual à receita do produto marginal do trabalho.

Como a curva de receita do produto marginal também é a curva de demanda, e como a receita do produto marginal diminui à medida que a quantidade empregada de trabalho aumenta, a curva de demanda por trabalho se inclina para baixo. Se todos os outros fatores forem mantidos constantes, quanto mais baixo for o salário, mais trabalhadores uma empresa contratará.

Quando analisamos a decisão de produção de uma empresa, vimos que uma condição para o lucro máximo é que a receita marginal seja igual ao custo marginal. Agora, descobrimos outra condição para o lucro máximo: a receita do produto marginal do trabalho deve ser igual ao salário. Vamos analisar a relação entre essas duas condições.

Equivalência de duas condições para a maximização do lucro

O lucro é maximizado quando, com a quantidade de trabalho contratada, a *receita do produto marginal* é igual ao salário e quando, com a quantidade produzida, a *receita marginal* é igual ao *custo marginal*.

Essas duas condições para o lucro máximo são equivalentes. A quantidade de trabalho que maximiza o lucro produz a quantidade que maximiza o lucro.

Para observar a equivalência das duas condições para o lucro máximo, lembre-se primeiro de que:

$$\text{Receita do produto marginal} = \text{Receita marginal} \times \text{Produto marginal}.$$

Se chamamos a receita do produto marginal de *RPMg*, a receita marginal de *RMg* e o produto marginal de *PMg*, temos que:

$$RPMg = RMg \times PMg.$$

Se chamamos o salário de *W*, a primeira condição para que o lucro seja maximizado é:

$$RPMg = W.$$

Figura 17.3 A demanda por trabalho no Wash 'n' Wax de Max

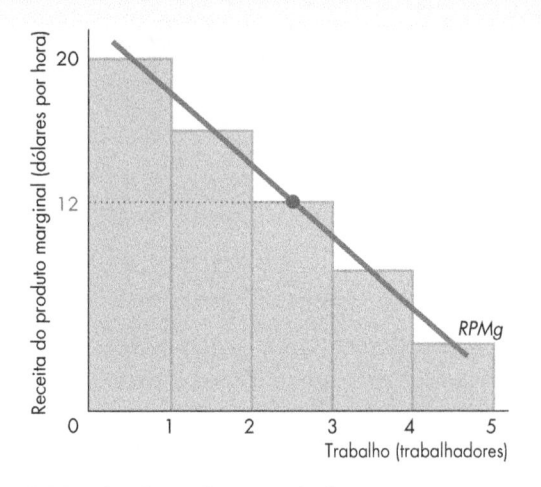

(a) Receita do produto marginal

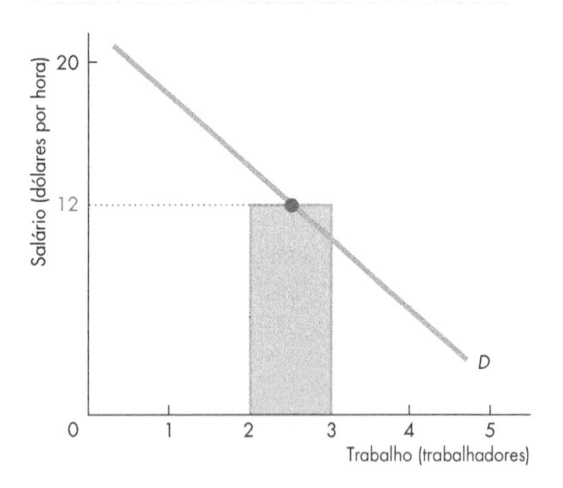

(b) Demanda por trabalho

A Wash 'n' Wax de Max opera em um mercado de lavagem de carros perfeitamente competitivo e consegue vender qualquer quantidade de lavagens a $ 4 cada. As barras cinza na parte (a) representam a receita do produto marginal do trabalho da empresa. Elas estão baseadas nos números apresentados na Tabela 17.1. A linha cinza-escuro é a curva de receita do produto marginal do trabalho. A parte (b) mostra a curva de demanda por trabalho de Max, que é idêntica à curva de receita do produto marginal de Max. Ele demanda a quantidade de trabalho que faz com que o salário seja igual à receita do produto marginal do trabalho. A curva de demanda por trabalho se inclina para baixo porque a receita do produto marginal diminui à medida que a quantidade empregada de trabalho aumenta.

Mas $RPMg = RMg \times PMg$, de modo que

$RMg \times PMg = W$.

Essa equação nos diz que, quando o lucro é maximizado, a receita marginal multiplicada pelo produto marginal é igual ao salário.

Divida a última equação por PMg para obter:

$RMg = W \div PMg$.

Essa equação nos informa que, quando o lucro é maximizado, a receita marginal é igual ao salário dividido pelo produto marginal do trabalho.

O salário dividido pelo produto marginal do trabalho é igual ao custo marginal. A contratação de mais uma hora de trabalho custa W à empresa, mas o trabalho produz PMg unidades de produção. Assim, o custo da produção de uma dessas unidades, que é o custo marginal, é W dividido por PMg.

Se chamamos o custo marginal de CMg, então

$RMg = CMg$,

que é a segunda condição para o lucro máximo.

Como a primeira condição para o lucro máximo implica a segunda condição, essas duas condições são equivalentes. A Tabela 17.2 resume os cálculos que acabamos de fazer e mostra a equivalência das duas condições para o lucro máximo.

Os números de Max Verifique os números do Wash 'n' Wax de Max e confirme as condições que acabamos de analisar. A decisão da quantidade de trabalho maximizadora de lucro de Max é contratar 3 trabalhadores se o salário for $ 12 por hora. Quando Max contrata 3 trabalhadores, o produto marginal é de 3 lavagens de carro por hora. Max vende as 3 lavagens por uma receita marginal de $ 4 por lavagem. Deste modo, a receita do produto marginal é de 3 lavagens multiplicadas por $ 4 por lavagem, o que equivale a $ 12 por hora. A um salário de $ 12 por hora, Max está maximizando o lucro.

De maneira equivalente, o custo marginal de Max é de $ 12 por hora dividido por 3 lavagens por hora, o que equivale a $ 4 por lavagem. Com uma receita marginal de $ 4 por lavagem, Max está maximizando o lucro.

Vimos que a lei da demanda se aplica ao trabalho do mesmo modo que se aplica aos bens e serviços. Se todos os outros fatores forem mantidos constantes, quanto mais baixo for o salário (o preço do trabalho), maior será a quantidade demandada de trabalho.

Vamos estudar agora as influências que alteram a demanda por trabalho e deslocam a curva de demanda por trabalho.

Variações da demanda por trabalho

A demanda por trabalho depende de três fatores:

1. O preço do produto da empresa.
2. Os preços dos outros fatores.
3. Tecnologia e capital.

O preço do produto da empresa Quanto mais alto é o preço do produto da empresa, maior é a demanda da empresa por trabalho. O preço do produto afeta a demanda por trabalho por meio de sua influência sobre a receita do produto marginal. Um preço mais alto do produto da empresa aumenta a receita marginal, que, por sua vez, aumenta a receita do produto marginal do trabalho. Uma variação do preço do produto de uma empresa leva a um deslocamento da curva de demanda por trabalho da

Tabela 17.2	Duas condições para o lucro máximo
Símbolos	
Custo marginal	CMg
Produto marginal	PMg
Receita marginal	RMg
Receita do produto marginal	RPMg
Salário	W
Duas condições para o lucro máximo	
1. *RMg = CMg*	2. *RPMg = W*
Equivalência das condições	
1. $RPMg/PMg = RMg$	$CMg = W/PMg$
Multiplique por PMg para obter $RPMg = RMg \times PMg$ Invertendo a equação	Multiplique por PMg para obter $CMg \times PMg = W$ Invertendo a equação
2. $RMg \times PMg = RPMg$	$W = CMg \times PMg$

As duas condições para o lucro máximo são que a receita marginal (*RMg*) deve ser igual ao custo marginal (*CMg*) e que a receita do produto marginal (*RPMg*) deve ser igual ao salário (*W*). Essas duas condições são equivalentes, porque a receita do produto marginal (*RPMg*) é igual à receita marginal (*RMg*) multiplicada pelo produto marginal (*PMg*), e o salário (*W*) é igual ao custo marginal (*CMg*) multiplicado pelo produto marginal (*PMg*).

empresa. Se o preço do produto da empresa aumenta, a demanda por trabalho aumenta e a curva de demanda por trabalho se desloca para a direita.

Os preços dos outros fatores Se o preço de algum outro fator de produção muda, a demanda por trabalho também muda, mas apenas no *longo prazo*, quando todos os fatores de produção podem variar. O efeito de uma variação do preço de algum outro fator depende de esse fator ser um *substituto* ou um *complemento* para o trabalho. Os computadores são substitutos de atendentes telefônicos, mas complementos de digitadores. Deste modo, se a utilização de computadores se torna mais barata, a demanda por atendentes telefônicos diminui, mas a demanda por digitadores aumenta.

Tecnologia e capital Um avanço na tecnologia ou um aumento de capital que altere o produto marginal do trabalho muda a demanda por trabalho. Há uma crença geral de que avanços tecnológicos e acumulação de capital eliminam empregos e, portanto, diminuem a demanda por trabalho. Mas, apesar de novas tecnologias e capital serem substitutos para alguns tipos de trabalho e diminuírem a demanda por trabalho, eles são complementares de outros tipos e aumentam a demanda por trabalho. Por exemplo, dispositivos eletrônicos de telefonia são substitutos para atendentes telefônicos, de modo que o surgimento dessa nova tecnologia diminuiu a demanda por esse trabalho. Essa mesma nova tecnologia é um complemento de gerentes de sistemas, programadores e engenheiros eletrônicos.

Assim, o surgimento dela aumentou a demanda por esses tipos de trabalho.

Mais uma vez, esses efeitos sobre a demanda por trabalho são efeitos de longo prazo, que ocorrem quando uma empresa ajusta todos os seus recursos e incorpora novas tecnologias em seu processo de produção.

A Tabela 17.3 resume as influências sobre a demanda de uma empresa por trabalho.

Demanda do mercado

Até agora, estudamos a demanda de uma empresa individual por trabalho. A demanda do mercado por trabalho é a demanda total de todas as empresas. A demanda do mercado por trabalho (similarmente à demanda do mercado por qualquer bem ou serviço) é obtida somando-se as quantidades demandadas por todas as empresas para cada salário. Como a curva de demanda por trabalho de cada empresa se inclina para baixo, o mesmo ocorre com a curva de demanda por trabalho do mercado.

Elasticidade da demanda por trabalho

A elasticidade da demanda por trabalho mede a sensibilidade da quantidade demandada de trabalho ao salário. Essa elasticidade é importante, porque nos informa como a renda do trabalho varia quando a oferta de trabalho também varia. Um aumento da oferta (se todos os outros fatores são mantidos constantes) reduz o salário. Se a demanda for inelástica, um aumento da oferta também reduzirá a renda do trabalho, mas, se a demanda for elástica, um aumento da oferta reduzirá o salário e aumentará a renda do trabalho. Se a demanda por trabalho tiver elasticidade unitária, uma variação da oferta manterá a renda do trabalho inalterada.

A demanda por trabalho é menos elástica no curto prazo, quando somente a quantidade de trabalho pode

Tabela 17.3	A demanda de uma empresa por trabalho
A lei da demanda (Movimentos ao longo da curva de demanda por trabalho)	
A quantidade de trabalho demandada por uma empresa	
Diminui se:	Aumenta se:
■ O salário aumenta	■ O salário diminui
Mudanças na demanda (Deslocamentos ao longo da curva de demanda por trabalho)	
A demanda de uma empresa por trabalho	
Diminui se:	Aumenta se:
■ O preço do produto da empresa diminui.	■ O preço do produto da empresa aumenta.
■ O preço de um substituto para o trabalho diminui.	■ O preço de um substituto para o trabalho aumenta.
■ O preço de um complemento do trabalho aumenta.	■ O preço de um complemento do trabalho diminui.
■ Uma nova tecnologia ou novo capital diminui o produto marginal do trabalho.	■ Uma nova tecnologia ou novo capital aumenta o produto marginal do trabalho.

variar, do que no longo prazo, quando as quantidades de trabalho e de outros fatores de produção podem variar. A elasticidade da demanda por trabalho depende:

- Da intensidade do trabalho no processo de produção.
- Da elasticidade da demanda pelo bem produzido.
- Do grau de substituição entre trabalho e capital.

Intensidade do trabalho Um processo de produção com intensidade de trabalho é aquele que utiliza muito trabalho e pouco capital. A construção civil é um exemplo. Quanto mais alto é o nível de intensidade de trabalho, mais elástica é a demanda por trabalho. Para entender por que, suponha que os salários representem 90 por cento do custo total. Um aumento de 10 por cento do salário aumentará o custo total em 9 por cento. As empresas serão sensíveis a uma variação tão grande do custo total, de modo que, se o salário aumentar, as empresas reduzirão a quantidade demandada de trabalho em uma quantidade relativamente grande. No entanto, se os salários representarem 10 por cento do custo total, um aumento de 10 por cento no salário aumentará o custo total em apenas 1 por cento. As empresas serão menos sensíveis a essa elevação do custo total, de maneira que, se o salário aumentar, as empresas reduzirão a quantidade demandada de trabalho em uma quantidade relativamente pequena.

Elasticidade da demanda pelo bem produzido Quanto maior for a elasticidade da demanda pelo bem, maior será a elasticidade da demanda pelo trabalho utilizado para produzi-lo. Um aumento do salário aumenta o custo marginal da produção do bem e diminui a oferta dele. A diminuição da oferta do bem aumenta o preço desse bem e diminui a quantidade demandada dele e a quantidade dos fatores de produção utilizados para produzi-lo. Quanto maior for a elasticidade da demanda pelo bem, maior será a diminuição da quantidade demandada do bem e, portanto, da quantidade dos fatores de produção utilizados para produzi-lo.

Substituibilidade do trabalho por capital Quanto mais facilmente o capital puder ser utilizado no lugar do trabalho na produção, mais elástica será a demanda por trabalho no longo prazo. Por exemplo, é fácil utilizar robôs em vez de trabalhadores na linha de montagem de fábricas de automóveis, bem como equipamentos para colher uvas em vez de mão-de-obra nos vinhedos. Deste modo, a demanda por esses tipos de trabalho é elástica. No outro extremo, é difícil (apesar de possível) substituir repórteres de jornais, analistas de empréstimo bancário e professores por computadores. Desta maneira, a demanda por esses tipos de trabalho é inelástica.

Vamos passar, agora, do lado da demanda para o lado da oferta do mercado de trabalho e analisar as decisões que as pessoas tomam sobre como alocar o tempo ao trabalho e outras atividades.

A oferta de trabalho

As pessoas podem alocar seu tempo a duas atividades amplas: oferta de trabalho e lazer. (Lazer é um termo abrangente, que inclui todas as atividades que não se referem à oferta de trabalho.) Para a maioria das pessoas, o lazer é mais agradável do que a oferta de trabalho. Vamos analisar a decisão de oferta de trabalho de Jill, que é como a da maioria das pessoas. Ela aprecia seu tempo de lazer e adoraria não ter de passar seus fins de semana trabalhando como caixa em um supermercado.

Mas Jill optou por trabalhar nos fins de semana. A razão para isso é que ela recebe um salário que excede seu *salário de reserva*. O salário de reserva de Jill é o menor salário pelo qual ela está disposta a ofertar trabalho. Se o salário exceder seu salário de reserva, ela oferece algum trabalho. Mas quanto trabalho ela oferece? A quantidade de trabalho que Jill oferece depende do salário.

Efeito substituição Se todos os outros fatores forem mantidos constantes, quanto mais alto for o salário recebido por Jill, pelo menos até um limite, maior será a quantidade de trabalho que ela oferece. A razão para isso é que o salário de Jill é seu *custo de oportunidade do lazer*. Se ela sair do trabalho uma hora mais cedo para ir ao cinema, o custo dessa hora a mais de lazer será o salário do qual Jill abdica. Quanto mais alto for o salário, menos disposta Jill estará a abdicar da renda e usufruir do tempo extra de lazer – essa tendência de um salário mais elevado induzir Jill a trabalhar por mais tempo é um *efeito substituição*.

Mas também há um *efeito renda*, que age na direção oposta à do efeito substituição.

Efeito renda Quanto mais alto for o salário de Jill, maior será sua renda. Uma renda superior, se todos os outros fatores forem mantidos constantes, induzirá Jill a aumentar sua demanda pela maioria dos bens. O lazer é um deles. Como um aumento da renda cria um aumento da demanda por lazer, isso também cria uma diminuição da quantidade ofertada de trabalho.

Curva de oferta de trabalho arqueada para trás. À medida que o salário aumenta, o efeito substituição resulta em um aumento da quantidade de trabalho ofertada, enquanto o efeito renda resulta em uma diminuição da quantidade de trabalho ofertada. Com salários baixos, o efeito substituição é maior que o efeito renda; assim, à medida que o salário aumenta, as pessoas ofertam mais trabalho. No entanto, à medida que o salário continua a aumentar, o efeito renda mais cedo ou mais tarde se torna maior que o efeito substituição, e a quantidade ofertada de trabalho diminui, de modo que a curva de oferta de trabalho *se arqueia para trás*.

A Figura 17.4(a) mostra as curvas de oferta de trabalho de Jill, Jack e Kelly. Cada curva de oferta de trabalho se arqueia para trás, mas essas três pessoas têm diferentes salários de reserva.

Oferta do mercado A curva de oferta de trabalho do mercado é a soma das curvas de oferta individuais. A Figura 17.4(b) mostra a curva de oferta do mercado, S_M, obtida a partir das curvas de oferta de Jill, Jack e Kelly (S_A, S_B e S_C, respectivamente) apresentadas na Figura 17.4(a). Com um salário inferior a $ 1 por hora, ninguém oferece trabalho.

Figura 17.4 A oferta de trabalho

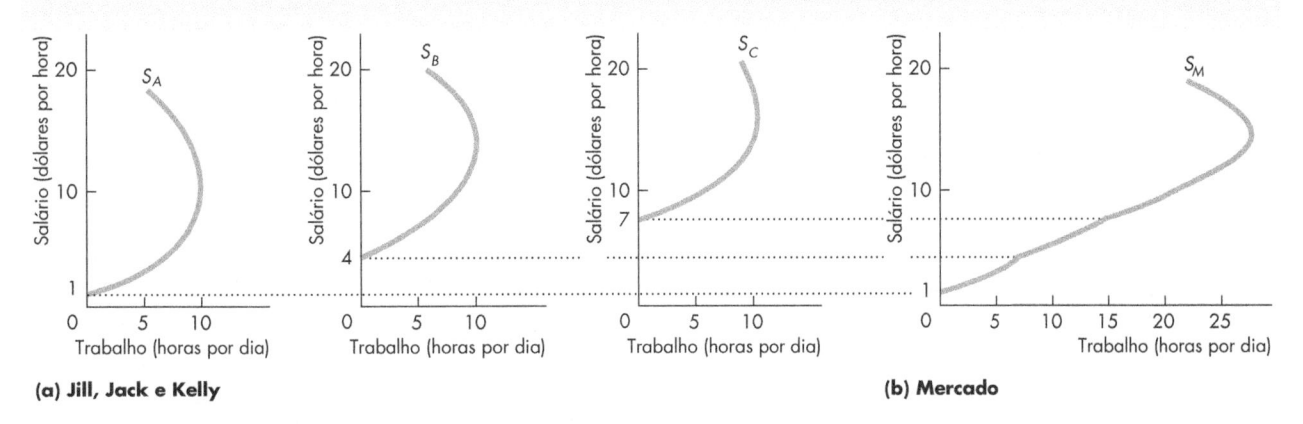

(a) Jill, Jack e Kelly

(b) Mercado

A parte (a) mostra as curvas de oferta de trabalho de Jill, Jack e Kelly (S_A, S_B e S_C, respectivamente). Cada um deles tem um salário de reserva, abaixo do qual não ofertaria nenhum trabalho. À medida que o salário aumenta, a quantidade de trabalho ofertada aumenta até atingir um máximo e depois começa a diminuir à medida que o salário continua a aumentar. A curva de oferta de cada um mais cedo ou mais tarde se arqueia para trás. A parte (b) mostra como, ao somarmos as quantidades de trabalho que cada um oferta a cada salário, obtemos a curva de oferta de trabalho do mercado, S_M. A curva de oferta do mercado apresenta um longo segmento inclinado para cima antes de se arquear para trás.

Com um salário de $ 1 por hora, Jill trabalha, mas Jack e Kelly não. À medida que o salário aumenta e atinge $ 7 por hora, os três trabalham. A curva de oferta de mercado, S_M, mais cedo ou mais tarde se arqueia para trás, mas apresenta um segmento mais longo inclinado para cima.

Mudanças na oferta de trabalho A oferta de trabalho muda quando influências que não o salário mudam. Os principais fatores que alteram a oferta de trabalho e que, ao longo dos anos, a elevaram são:

1. Aumento da população adulta.
2. Mudança tecnológica e acumulação de capital na produção nas residências.

À medida que a população adulta aumentou e que a mudança tecnológica e a acumulação de capital nos lares reduziram o tempo necessário para produzir refeições e serviços domésticos, a oferta de mão-de-obra aumentou.

Vamos agora utilizar o que aprendemos sobre a demanda e a oferta de trabalho e estudar o equilíbrio do mercado de trabalho e as tendências nos salários e no emprego.

Equilíbrio no mercado de trabalho

Os salários e o emprego são determinados pelo equilíbrio no mercado de trabalho, como vimos na Figura 17.1. Ao longo dos anos, o salário de equilíbrio e o nível de emprego aumentaram. Agora podemos explicar por quê.

Tendências da demanda por trabalho A demanda por trabalho *aumentou* em virtude da mudança tecnológica e da acumulação de capital, e a curva de demanda por trabalho se deslocou continuamente para a direita.

A mudança tecnológica e a acumulação de capital eliminam alguns empregos e criam outros. O *downsizing* se tornou uma palavra-chave à medida que a utilização de computadores eliminou milhares de empregos, até mesmo no nível de gestão.

No entanto, a mudança tecnológica e a acumulação de capital mais criam do que eliminam empregos e, *em média*, os novos empregos pagam mais do que os anteriores. Mas, para se beneficiar dos avanços da tecnologia, as pessoas devem adquirir novas habilidades e mudar de emprego. Por exemplo, durante os últimos 20 anos, a demanda por datilógrafos caiu para quase zero, porém a demanda por pessoas que saibam digitar e realizem outras tarefas aumentou. A produção dessas pessoas vale mais do que a de um datilógrafo. Deste modo, a demanda por pessoas com habilidade para digitar (e para outras tarefas) aumentou.

Tendências da oferta de trabalho A oferta de trabalho aumentou em função do crescimento populacional e da mudança tecnológica, além da acumulação de capital nas residências. A mecanização da produção em casa de serviços de preparação de comidas práticas (com o freezer e o forno de microondas) e serviços de lavanderia (com a máquina de lavar roupas automática, a secadora e tecidos que não amassam) reduziram o tempo gasto em atividades que antes representavam empregos em período integral e levaram a um aumento da oferta de trabalho. Como resultado, a curva de oferta de trabalho se deslocou continuamente para a direita, mas a uma velocidade menor do que a do deslocamento da curva de demanda.

Tendências do equilíbrio Como os avanços tecnológicos e a acumulação de capital fizeram a demanda aumentar mais do que o crescimento populacional, e a mudança tecnológica na produção em casa aumentou a oferta, tanto os salários quanto a quantidade de trabalho aumentaram. Mas nem todos usufruem da maior prosperidade resultante de salários mais elevados. Alguns grupos foram deixados para trás, e outros chegaram a ver uma diminuição de seus salários. Por quê?

Duas principais razões podem ser identificadas. Para começar, a mudança tecnológica afeta o produto marginal de diferentes grupos de diferentes maneiras. Trabalhadores que dominam a informática se beneficiaram da revolução da informação, ao passo que trabalhadores menos qualificados foram prejudicados. A demanda pelos serviços do primeiro grupo aumentou e pelos serviços do segundo grupo diminuiu. (Trace um gráfico de oferta e demanda e você verá que essas mudanças ampliam as diferenças salariais entre os dois grupos.) Em segundo lugar, a concorrência internacional reduziu a receita do produto marginal de trabalhadores menos qualificados e, assim, diminuiu a demanda pelo trabalho deles. Examinaremos com mais detalhes as diferenças de qualificação e as tendências da distribuição de renda no Capítulo 18.

QUESTÕES PARA REVISÃO

1. Qual é a relação entre a quantidade produzida por uma empresa e a quantidade de trabalho que ela emprega?
2. Qual é a diferença entre a receita do produto marginal e a receita marginal? Dê um exemplo que ilustre essa distinção.
3. Quando a receita do produto marginal de uma empresa é igual ao salário, a receita marginal é igual ao custo marginal. Por quê? Dê um exemplo numérico diferente do apresentado no texto.
4. O que define a quantidade de trabalho que os indivíduos planejam ofertar?
5. Descreva e explique as tendências dos salários e do emprego.

Poder no mercado de trabalho

Em alguns mercados de trabalho, trabalhadores organizados em sindicatos detêm poder de mercado e são capazes de colocar o salário acima do nível competitivo. Em alguns outros mercados de trabalho, um grande empregador domina o lado da demanda do mercado e pode exercer um poder de mercado que coloca o salário abaixo de seu nível competitivo. Mas um empregador também pode decidir pagar mais do que o salário competitivo para atrair os melhores trabalhadores. Examinaremos agora esses casos.

Sindicatos de trabalhadores

Um **sindicato de trabalhadores** é um grupo organizado de trabalhadores cujo objetivo é aumentar os salários e influenciar outras condições de trabalho. Os dois tipos de sindicatos são sindicatos de profissionais especializados e sindicatos setoriais. Um *sindicato de profissionais especializados* é um grupo de trabalhadores que têm um conjunto similar de habilidades, mas trabalham em muitas indústrias diferentes. Alguns exemplos são o sindicato dos jornalistas e o sindicato dos químicos. Um *sindicato setorial* é um grupo de trabalhadores que apresentam uma variedade de habilidades e tipos de empregos, mas trabalham em uma mesma indústria. Exemplos de sindicatos setoriais nos Estados Unidos são o United Auto Workers (UAW – sindicato dos trabalhadores da indústria automobilística) e o Steelworkers Union (USWA – sindicato dos trabalhadores da indústria do aço).

Os sindicatos negociam com os empregadores em um processo chamado de *negociação coletiva*. Uma *greve*, uma decisão do grupo de se recusar a trabalhar nas condições correntes, é a principal arma disponível ao sindicato. Um *locaute*, a recusa de uma empresa de operar suas fábricas e empregar seus trabalhadores, é a principal arma disponível para o empregador. Cada parte utiliza a ameaça de uma paralisação de atividades para tentar chegar a um acordo em seu próprio benefício. Algumas vezes, quando as duas partes no processo de negociação coletiva não conseguem chegar a um acordo sobre o salário ou outras condições de trabalho, eles concordam em submeter a divergência a um arbitramento. Um *arbitramento* é um processo no qual um terceiro – um mediador – determina os salários e outras condições de emprego em nome das partes que negociam entre si.

Objetivos e restrições dos sindicatos Um sindicato tem três objetivos gerais. Ele procura:
1. Aumentar a remuneração.
2. Melhorar as condições de trabalho.
3. Expandir as oportunidades de emprego.

A capacidade de um sindicato de alcançar seus objetivos é limitada por dois conjuntos de restrições – um do lado da oferta do mercado de trabalho e o outro do lado da demanda. No lado da oferta, em alguns países, as atividades do sindicato são limitadas pelo nível de sua capacidade de impedir que trabalhadores não sindicalizados ofereçam seu trabalho no mesmo mercado que os trabalhadores sindicalizados. Quanto maior for a parcela da força de trabalho controlada pelo sindicato, mais eficaz poderá ser a atuação dele. Os sindicatos têm dificuldades de operar em mercados nos quais há uma oferta abundante de mão-de-obra não sindicalizada disposta a trabalhar. Por exemplo, o mercado de mão-de-obra agrícola no sul da Califórnia é difícil de ser organizado por um sindicato devido ao grande fluxo de trabalhadores não sindicalizados, muitas vezes ilegais, provenientes do México. No outro extremo, sindicatos da indústria da construção civil podem alcançar mais facilmente suas metas por serem capazes de influenciar o número de pessoas que podem desenvolver habilidades como de eletricista, rebocador e carpinteiro. As associações profissionais de dentistas e médicos são mais capazes de restringir a oferta de dentistas e médicos. Esses grupos restringem o número de trabalhadores qualificados controlando os testes nos quais os novos profissionais devem passar ou o ingresso em cursos superiores de formação de algumas categorias profissionais.

No lado da demanda do mercado de trabalho, o sindicato se defronta com um *trade-off* resultante das decisões maximizadoras de lucro das empresas. Como as curvas de demanda de trabalho se inclinam para baixo, qualquer ação de um sindicato que aumente o salário ou outros custos de emprego diminuem a quantidade demandada de trabalho.

Vejamos como os sindicatos operam em um mercado de trabalho competitivo.

Um sindicato participa de um mercado de trabalho competitivo Quando um sindicato participa de um mercado de trabalho competitivo, ele tenta aumentar o salário e a demanda pelo trabalho de seus membros. Ou seja, o sindicato tenta realizar ações que desloquem para a direita a curva de demanda de trabalho de seus membros.

A Figura 17.5 ilustra um mercado de trabalho. A curva de demanda é D_C e a curva de oferta é S_C. Antes de o sindicato entrar no mercado, o salário era de $ 7 por hora, e eram empregadas 100 horas de trabalho.

Agora, suponha que seja formado um sindicato para organizar os trabalhadores nesse mercado. O sindicato pode tentar aumentar o salário no mercado de duas maneiras: pode tentar restringir a oferta de trabalho ou pode tentar estimular a demanda por trabalho. Inicialmente, veja o que acontece se o sindicato tem controle suficiente sobre a oferta de trabalho para ser capaz de restringir artificialmente essa oferta e mantê-la abaixo de seu nível competitivo – em S_S. Se isso é tudo o que o sindicato é capaz de fazer, a quantidade de trabalho diminui para 85 horas de trabalho, e o salário aumenta para $ 8 por hora. O sindicato simplesmente escolhe sua posição preferida ao longo da curva de demanda que define o *trade-off* entre o emprego e o salário.

Podemos notar que, se o sindicato pode apenas restringir a oferta de trabalho, ele aumenta o salário, mas diminui o número de empregos disponíveis. Devido a esse resultado, os sindicatos tentam aumentar a demanda por trabalho e deslocar a curva de demanda para a direita. Veremos o que eles podem fazer para alcançar esse resultado.

Como os sindicatos tentam mudar a demanda por trabalho O sindicato tenta alterar o demanda por trabalho de duas maneiras. Para começar, ele tenta fazer com que a demanda pelo trabalho sindicalizado seja menos elástica. Em segundo lugar, tenta aumentar a demanda pelo trabalho sindicalizado. Fazer com que a demanda por trabalho seja menos elástica não elimina o *trade-off* entre o emprego e o salário, mas faz com que o *trade-off* seja menos desfavorável. Se um sindicato pode fazer com que a demanda por trabalho seja menos elástica, ele pode aumentar o salário a um custo mais baixo em termos de oportunidades perdidas de emprego. Mas, se o sindicato pode aumentar a demanda por trabalho, ele pode até ser capaz de aumentar tanto o salário quanto as oportunidades de emprego para seus membros. Alguns dos métodos utilizados pelos sindicatos para alterar a demanda pelo trabalho de seus membros são:

- Aumentar o produto marginal dos membros do sindicato.
- Incentivar restrições a importações.
- Apoiar leis de definição de piso salarial.
- Apoiar restrições ao trabalho de imigrantes ilegais.
- Aumentar a demanda pelo bem produzido.

Organizando e patrocinando programas de treinamento, incentivando a aprendizagem e outras atividades de treinamento no trabalho e concedendo certificação profissional, os sindicatos tentam aumentar o produto marginal de seus membros, o que, por sua vez, aumenta a demanda pelo trabalho deles.

Os sindicatos se envolvem em atividades de lobby para restringir importações e incentivam as pessoas a comprar bens produzidos dentro do país por trabalhadores sindicalizados.

Além disso, os sindicatos apóiam leis de definição de piso salarial para aumentar o custo do emprego de trabalho de baixa qualificação. Um aumento do salário para o trabalho de baixa qualificação leva a uma diminuição da quantidade demandada de trabalho de baixa qualificação e a um aumento da demanda pelo trabalho qualificado do sindicato, um substituto para o trabalho de baixa qualificação.

Como a demanda por trabalho é uma demanda derivada, um aumento da demanda pelo bem produzido pelo trabalho sindicalizado aumenta a demanda por esse trabalho. Nos Estados Unidos, por exemplo, o sindicato dos

Figura 17.5 Um sindicato participa de um mercado de trabalho competitivo

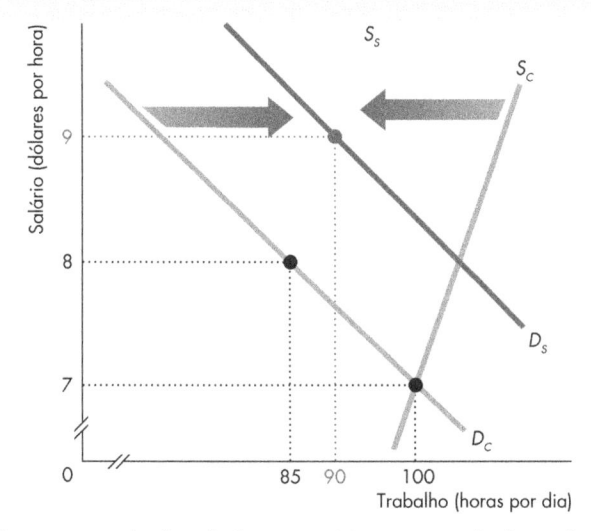

Em um mercado de trabalho competitivo, a curva de demanda é D_C, e a curva de oferta é S_C. O equilíbrio competitivo ocorre a um salário de $ 7 por hora com 100 horas empregadas por dia. Ao restringir o emprego e mantê-lo abaixo do nível competitivo, o sindicato desloca a oferta de trabalho para S_S. Se o sindicato não pode fazer nada além disso, o salário aumenta para $ 8 por hora, mas a quantidade de trabalho empregado diminui para 85 horas por dia. Se o sindicato pode aumentar a demanda por trabalho (aumentando a demanda pelo bem produzido por membros do sindicato ou aumentando o preço do trabalho substituto) e deslocar a curva de demanda para D_S, ele é capaz de aumentar o salário ainda mais, para $ 9 por hora, e atingir o emprego de 90 horas por dia.

trabalhadores da indústria do vestuário, que incentiva os norte-americanos a comprar somente roupas feitas por trabalhadores sindicalizados, e o sindicato dos trabalhadores da indústria automobilística (UAW), que pede à população que compre apenas carros norte-americanos feitos por trabalhadores do sindicato, são exemplos de tentativas, por parte dos sindicatos, de aumentar a demanda pelo trabalho sindicalizado.

A Figura 17.5 ilustra os efeitos de um aumento da demanda pelo trabalho dos membros de um sindicato. Se o sindicato também pode se envolver em ações que aumentem a demanda por trabalho para D_S, ele pode conseguir um aumento ainda maior do salário e uma menor diminuição do emprego. Ao manter em S_S a oferta de trabalho, o sindicato aumenta o salário para $ 9 por hora e atinge um nível de emprego de 90 horas por dia.

Como um sindicato restringe a oferta de trabalho no mercado no qual opera, suas ações aumentam a oferta de trabalho em mercados não sindicalizados. Os trabalhadores que não conseguem um emprego sindicalizado precisam procurar trabalho em outro lugar. Esse aumento da oferta de trabalho em mercados não sindicalizados reduz o salário nesses mercados e aumenta ainda mais a lacuna entre os salários de trabalhadores sindicalizados e os de trabalhadores não sindicalizados.

O tamanho da lacuna entre os salários de trabalhadores sindicalizados e os de não sindicalizados Em que extensão os sindicatos podem provocar uma diferença nos salários? Para responder a essa questão, devemos analisar os salários de trabalhadores sindicalizados e não sindicalizados que desempenham tarefas similares. Nos Estados Unidos, as evidências sugerem que, levando em consideração as diferenças na qualificação, a lacuna entre os salários de trabalhadores sindicalizados e os de trabalhadores não sindicalizados está entre 10 por cento e 25 por cento. Por exemplo, em alguns países, pilotos de companhias aéreas sindicalizados ganham cerca de 25 por cento mais do que pilotos não sindicalizados com o mesmo nível de qualificação.

Examinaremos agora um mercado de trabalho no qual o empregador detém poder de mercado.

Monopsônio no mercado de trabalho

Um mercado no qual há um único comprador é chamado de **monopsônio**. Em um mercado de trabalho de monopsônio, há apenas um empregador, e o salário é o menor com o qual a empresa é capaz de atrair o trabalho que planeja contratar.

Com o crescimento da produção de larga escala no decorrer do último século, grandes instalações industriais como minas de carvão, indústrias de aço e têxteis e fabricantes de automóveis se tornaram o principal empregador em algumas regiões e, em alguns locais, uma única empresa empregava quase todo o trabalho. Hoje em dia, em algumas regiões dos Estados Unidos, algumas empresas de assistência médica são o principal empregador de profissionais da área da saúde. Em algumas comunidades, o Wal-Mart é o principal empregador de caixas de supermercados. Essas empresas detêm poder de mercado.

Vejamos agora como um monopsônio utiliza seu poder para reduzir o salário abaixo do nível pago por empresas que devem competir pelo trabalho.

Como todas as empresas, um monopsônio tem uma curva de receita do produto marginal inclinada para baixo – a *RPMg* da Figura 17.6. Essa curva nos informa a receita extra que o monopsônio recebe pela venda da produção de uma hora adicional de trabalho. A curva de oferta de trabalho é *S*. Ela nos informa quantas horas são ofertadas a cada salário. Ela também nos informa o salário mínimo pelo qual determinada quantidade de trabalho está disposta a trabalhar.

Um monopsônio reconhece que, para contratar mais trabalho, ele deve pagar um salário mais alto; da mesma maneira, ao contratar menos trabalho, ele pode pagar um salário mais baixo. Como um monopsônio controla os salários, o custo marginal do trabalho excede o salário. O custo marginal do trabalho é mostrado pela curva *CMgL*. A relação entre a curva de custo marginal do trabalho e a curva de oferta é similar à relação entre as curvas de custo marginal e custo médio que estudamos no Capítulo 10. A curva de oferta é como a curva de custo médio do trabalho. Na Figura 17.6, a empresa pode contratar 49 horas de trabalho por um salário um pouco menor do que $ 4,90 por hora. O custo total do trabalho para a empresa é de $ 240. No entanto, suponha que ela contrate 50 horas de trabalho. Ela poderá contratar a 50ª hora de trabalho a $ 5 por hora e o custo total do trabalho, agora, será de $ 250 por hora. Deste modo, a contratação da 50ª hora

Figura 17.6 Um mercado de trabalho de monopsônio

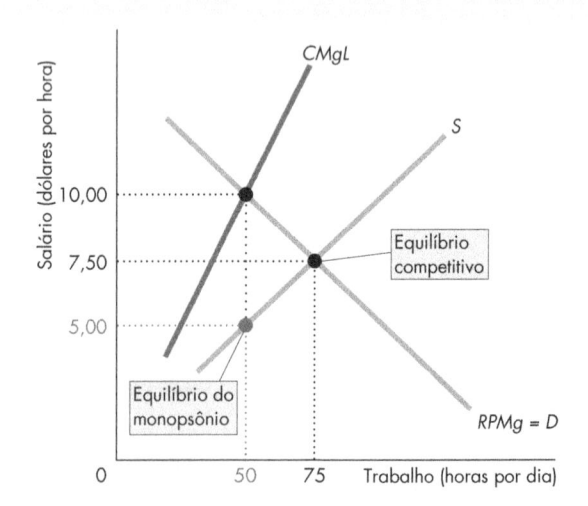

Um monopsônio é uma estrutura de mercado na qual há um único comprador. Um monopsônio no mercado de trabalho apresenta uma curva de receita do produto marginal *RPMg* e está diante de uma curva de oferta de trabalho *S*. A curva de custo marginal do trabalho é *CMgL*. Quando se faz com que o custo marginal do trabalho seja igual à receita do produto marginal, o lucro é maximizado. O monopsônio contrata 50 horas de trabalho por dia e paga o menor salário ao qual essa quantidade de trabalho estará disposta a trabalhar, que é de $ 5 por hora.

de trabalho aumentará o custo do trabalho de $ 240 para $ 250 – um aumento de $ 10. O custo marginal do trabalho é de $ 10 por hora. A curva CMgL mostra o custo marginal de $ 10 para a contratação da 50ª hora de trabalho.

Para calcular a quantidade maximizadora de lucro do trabalho a ser contratado, a empresa faz com que o custo marginal do trabalho seja igual à receita do produto marginal do trabalho. Ou seja, a empresa quer que o custo do último trabalhador contratado seja igual à receita total extra resultante. Na Figura 17.6, esse resultado ocorre quando o monopsônio emprega 50 horas de trabalho. Qual é o salário pago pelo monopsônio? Para contratar 50 horas de trabalho, a empresa deve pagar $ 5 por hora, como mostra a curva de oferta de trabalho. Desta maneira, cada trabalhador recebe $ 5 por hora. Mas a receita do produto marginal do trabalho é de $ 10 por hora, o que significa que a empresa obtém um lucro econômico de $ 5 pela última hora de trabalho contratada.

Compare esse resultado com o de um mercado de trabalho competitivo. Se o mercado de trabalho mostrado na Figura 17.6 fosse competitivo, o equilíbrio ocorreria no ponto de intersecção entre a curva de demanda e a curva de oferta. O salário seria de $ 7,50 por hora, e seriam empregadas 75 horas de trabalho por dia. Assim, em comparação com um mercado de trabalho competitivo, um monopsônio reduz tanto o salário quanto o emprego.

A capacidade de um monopsônio de reduzir o salário e o emprego e obter lucro econômico depende da elasticidade da oferta de trabalho. Se a oferta de trabalho for altamente elástica, um monopsônio terá pouco poder de reduzir o salário e o emprego para aumentar seus lucros.

Um sindicato e um monopsônio No Capítulo 12, vimos que, em um monopólio, o vendedor determina o preço de mercado. Vimos agora que, no monopsônio – um mercado com um único comprador –, é o comprador quem determina o preço. Suponha que um sindicato opere em um mercado de trabalho de monopsônio. Um sindicato é como um monopólio. Se o sindicato (vendedor monopolista) está diante de um comprador monopsonista, a situação é chamada de **monopólio bilateral**. No monopólio bilateral, o salário é determinado por meio de negociações.

Na Figura 17.6, se o monopsônio é livre para determinar o salário e a quantidade de trabalho, ele contrata 50 horas de trabalho por um salário de $ 5 por hora. Mas suponha que os trabalhadores sejam representados por um sindicato. O sindicato concorda em manter a quantidade de trabalho em 50 horas, mas visa ao salário mais alto que o empregador pode ser forçado a pagar. Esse salário é de $ 10 por hora – o salário igual à receita do produto marginal do trabalho. O sindicato pode não ser capaz de obter um salário de $ 10 por hora, mas não aceitará $ 5 por hora. A empresa monopsonista e o sindicato negociam o salário, e o resultado é um salário entre $ 10 e $ 5 por hora.

O resultado da negociação depende dos custos que cada parte pode infligir à outra em conseqüência de não se ter conseguido chegar a um acordo sobre o salário. A empresa pode fechar a fábrica e impedir os funcionários de trabalhar, e os trabalhadores podem interromper as operações da fábrica fazendo uma greve. Cada parte conhece a força da outra e sabe o que perderá se não concordar com as exigências da outra parte.

Se as duas partes forem igualmente fortes e perceberem isso, elas dividirão a diferença entre $ 5 e $ 10 e chegarão a um acordo em que o salário será de $ 7,50 por hora. Se uma parte for mais forte do que a outra – e ambas souberem disso – o salário negociado favorecerá a parte mais forte. Normalmente, chega-se a um acordo sem uma paralisação por parte dos trabalhadores ou da empresa. A ameaça costuma ser suficiente para levar as partes a um acordo. Quando ocorre uma paralisação, normalmente se deve ao fato de uma parte ter julgado mal os custos que a outra parte pode lhe infligir.

As leis que definem o salário mínimo têm efeitos interessantes sobre mercados de trabalho de monopsônio. Vamos estudar esses efeitos.

O monopsônio e o salário mínimo Em um mercado de trabalho competitivo, um salário mínimo que excede o salário de equilíbrio diminui o emprego (veja o Capítulo 6). Em um mercado de trabalho de monopsônio, um salário mínimo pode aumentar tanto o salário quanto o emprego. Vejamos como isso acontece.

A Figura 17.7 mostra um mercado de trabalho de monopsônio, no qual o salário é de $ 5 por hora e são empregadas 50 horas de trabalho. Uma lei de salário mínimo é promulgada e exige que os empregadores paguem pelo menos $ 7,50 por hora. O monopsônio agora está diante de uma oferta de trabalho perfeitamente elástica a $ 7,50 por hora a uma quantidade de até 75 horas. Acima de 75 horas, deve ser pago um salário acima de $ 7,50 por hora para se contratarem horas adicionais de

Figura 17.7 Lei do salário mínimo no monopsônio

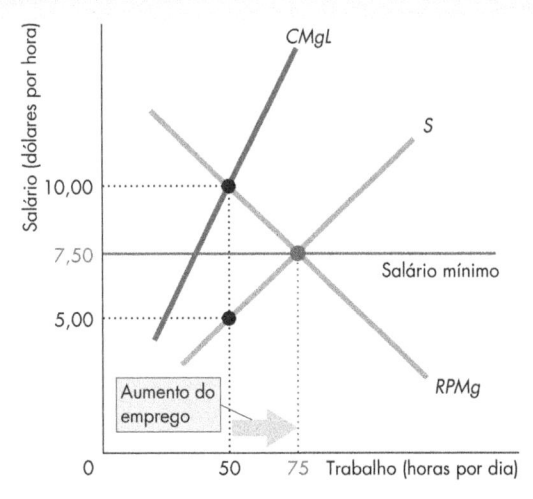

Em um mercado de trabalho de monopsônio, o salário é de $ 5 por hora e são contratadas 50 horas de trabalho por dia. Se uma lei do salário mínimo eleva o salário para $ 7,50 por hora, o emprego aumenta para 75 horas por dia.

trabalho. Como o salário é fixo em $ 7,50 por hora até 75 horas, o custo marginal do trabalho também é constante em $ 7,50 até 75 horas. Acima de 75 horas, o custo marginal do trabalho aumenta para mais de $ 7,50 por hora. Para maximizar o lucro, o monopsônio define que o custo marginal do trabalho deve ser igual à receita do produto marginal do trabalho. Ou seja, o monopsônio contrata 75 horas de trabalho a $ 7,50 por hora.

A lei do salário mínimo fez com que a oferta de trabalho fosse perfeitamente elástica e com que o custo marginal do trabalho fosse igual ao salário até o limite de 75 horas. A lei não afetou a oferta de trabalho ou o custo marginal do trabalho nos níveis de emprego acima de 75 horas. A lei do salário mínimo conseguiu aumentar em $ 2,50 por hora o salário e em 25 horas a quantidade de trabalho empregada.

Salários de eficiência

Um **salário de eficiência** é o salário real que uma empresa paga acima do salário de equilíbrio, visando a atrair os trabalhadores mais produtivos.

Em um mercado de trabalho perfeitamente competitivo, empresas e trabalhadores são bem informados. Os trabalhadores sabem exatamente para o que estão sendo contratados e as empresas podem observar o produto marginal de cada trabalhador. Com esse conhecimento total de todos os fatores relevantes, uma empresa nunca pagaria mais do que o salário do mercado competitivo.

Em alguns mercados de trabalho, o empregador não é capaz de observar o produto marginal de um trabalhador. É custoso monitorar todas as ações de todos os trabalhadores. Por exemplo, se o McDonald's empregasse gerentes suficientes para supervisionar de perto todas as atividades de todos os atendentes, seus custos seriam muito altos. E quem monitoraria todos esses gerentes? Como é custoso monitorar tudo o que um trabalhador faz, os trabalhadores detêm algum poder. Eles podem se empenhar ou negligenciar o trabalho.

Se todas as empresas pagarem a seus trabalhadores o salário competitivo corrente, alguns deles optarão por se empenhar e outros decidirão negligenciar o trabalho. Ameaçar demitir um funcionário negligente não ajuda muito, porque ele sabe que pode encontrar outro emprego pelo mesmo salário, e a empresa não sabe se substituirá uma pessoa negligente por uma pessoa empenhada ou por outra negligente.

Se uma empresa paga um salário acima do nível competitivo – um salário de eficiência –, a ameaça de demissão por negligência tem alguma força. Um trabalhador demitido pode esperar encontrar outro emprego, mas somente ao salário de equilíbrio do mercado, que é mais baixo. Assim, o trabalhador tem um incentivo para não ser negligente. Além disso, é mais provável que trabalhadores empenhados queiram trabalhar para a empresa, de modo que, se um trabalhador negligente for demitido, a empresa provavelmente atrairá um trabalhador empenhado para substituí-lo.

Assim, uma empresa que paga um salário de eficiência atrai trabalhadores mais produtivos, mas ao custo de um salário mais alto. Desta maneira, a empresa deve decidir quanto esse salário deve ser mais alto do que o salário competitivo. A empresa toma essa decisão fazendo com que a melhoria marginal de produtividade seja igual ao custo marginal do salário mais elevado. Se a maioria das empresas pagar um salário de eficiência, a quantidade ofertada de trabalho excederá a quantidade demandada, e o desemprego aumentará, fortalecendo o incentivo aos trabalhadores e desencorajando ainda mais a negligência.

QUESTÕES PARA REVISÃO

1 Em alguns países, quais são os métodos que os sindicatos trabalhistas utilizam para aumentar os salários de seus membros e colocá-los acima dos níveis salariais dos trabalhadores não sindicalizados?
2 O que é um monopsônio e por que ele é capaz de pagar um salário mais baixo do que o de uma empresa em um mercado de trabalho competitivo?
3 Como o salário é determinado quando um sindicato está diante de um monopsônio?
4 Qual é o efeito de uma lei do salário mínimo sobre o nível de emprego em um mercado de trabalho de monopsônio?
5 O que é salário de eficiência e como ele funciona?

Mercados de capitais

Mercados de capitais são canais por meio dos quais as empresas obtêm recursos *financeiros* para comprar recursos de capital *físico*. O *capital físico* é o *estoque* de ferramentas, equipamentos, maquinário, prédios e outras instalações que as empresas utilizam para produzir bens e serviços. O capital físico também inclui os estoques de matéria-prima e bens acabados e semi-acabados que a empresa mantém. Esses recursos de capital são chamados de *capital físico* para enfatizar o fato de serem objetos físicos reais. São bens que foram produzidos por algumas empresas e comprados por outras. O capital físico é um *estoque* – uma quantidade de objetos existentes em determinado momento. Mas, a cada ano, o estoque muda. Ele se esgota à medida que o capital antigo se desgasta e é reposto e aumentado à medida que as empresas compram novos itens de capital.

Os mercados nos quais cada item de capital físico é negociado não são os mercados de capitais. São mercados de bens, como os que estudamos nos capítulos 11, 12 e 13. Por exemplo, os preços e as quantidades de guindastes e maquinário de terraplenagem são determinados nos mercados desses itens.

Uma empresa compra muitos itens de capital diferentes ao longo de determinado período. O valor em unidades monetárias desses bens de capital é chamado de *investimento* da empresa. Mas são os próprios objetos que constituem o capital, não as unidades monetárias de valor que eles representam.

Os recursos financeiros utilizados para comprar capital físico são chamados de *capital financeiro*. Esses recursos são provenientes da poupança financeira. A taxa de juros é 'o preço do capital financeiro', que se ajusta para fazer com que a quantidade ofertada de capital financeiro seja igual à quantidade demandada.

Para a maioria de nós, os mercados de capitais são aqueles em que fazemos nossas maiores transações. Nós pegamos dinheiro emprestado no mercado de capitais para comprar uma casa e emprestamos dinheiro aos mercados de capitais para constituir um fundo que utilizaremos quando nos aposentarmos.

Será que as taxas de retorno dos mercados de capitais aumentam com o tempo, como os salários? A Figura 17.8 responde a essa pergunta com os dados de 1960 a 2005 para os Estados Unidos. Medindo a taxa de juros como uma taxa de juros *real* – o que significa que subtraímos a perda no valor monetário resultante da inflação –, a taxa de retorno do capital financeiro flutuou. Ela foi, em média, de 2,8 por cento ao ano na década de 1960, ficou negativa na de 1970, aumentou para 9 por cento ao ano na de 1980, se estabilizou em uma média de 4,6 por cento ao ano na década de 1990 e no início da década de 2000 e diminuiu para 2 por cento em 2005.

Os conceitos que já abordamos em nosso estudo da demanda e da oferta no mercado de trabalho também se aplicam aos mercados de capitais. No entanto, os capitais apresentam um aspecto especial: as pessoas devem comparar os gastos *presentes* em capitais com a renda *futura* que eles obterá.

Analisaremos agora a demanda por capital financeiro.

Figura 17.8 A taxa de retorno do capital financeiro: 1960-2005

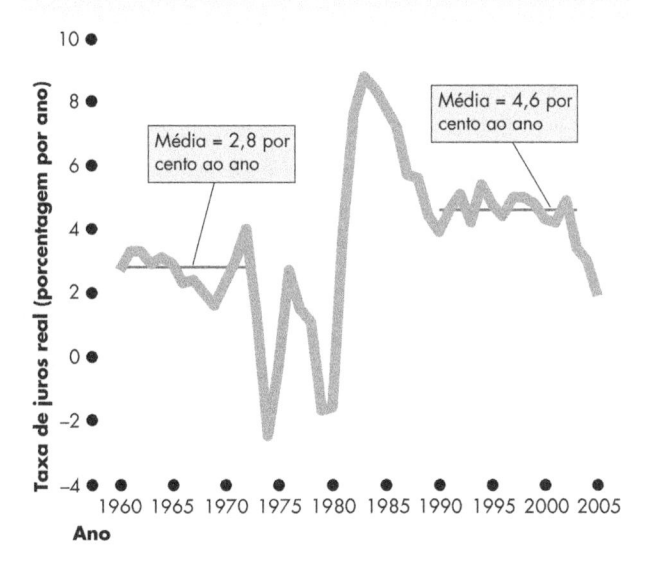

A taxa de juros real (a taxa de juros ajustada pela inflação) flutuou entre um retorno negativo em 1974 e 1975 e um pico de 9 por cento em 1984. Ela se estabilizou em 2,8 por cento na década de 1960 e em 4,6 por cento durante na década de 1990 e no início da década de 2000. Em 2005, ela diminuiu para 2 por cento.

Fontes dos dados: Economic Report of the President, 2006.

A demanda por capital financeiro

A demanda por *capital financeiro* de uma empresa é resultante de sua demanda por *capital físico*, e a quantia que uma empresa planeja tomar de empréstimo em um dado período é determinada por seu *investimento planejado* – suas compras planejadas de novo capital. Essa decisão é motivada pela tentativa de a empresa maximizar o lucro. Os fatores que determinam o investimento e os planos de empréstimo são:

- Receita do produto marginal do capital
- Taxa de juros

Vejamos como esses fatores influenciam as decisões de empréstimo e investimento de Tina.

Receita do produto marginal do capital A *receita do produto marginal do capital* é a variação da receita total que resulta do emprego de uma unidade adicional de capital. Suponha, por exemplo, que Tina, uma contadora que administra a Taxfile, Inc., compre um novo computador, que aumentará a receita da Taxfile em $ 1.150 ao ano pelos próximos dois anos. Neste caso, a receita do produto marginal desse computador é de $ 1.150 ao ano.

A receita do produto marginal do capital diminui à medida que a quantidade de capital aumenta. Nesse sentido, o capital é como o trabalho. Se Tina comprar um segundo computador, a receita total da Taxfile aumentará menos do que os $ 1.150 resultantes do primeiro computador.

Taxa de juros A taxa de juros é o custo de oportunidade dos fundos tomados de empréstimo para financiar o investimento. A taxa de juros também é o custo de oportunidade de uma empresa que utiliza os próprios fundos, pois ela poderia emprestar esses fundos para outra empresa e obter a taxa de juros corrente sobre o empréstimo. Quanto maior é a taxa de juros, menor é a quantidade de investimento planejado e de empréstimos tomados no mercado de capitais.

As empresas demandam a quantidade de capital financeiro que faz com que a receita do produto marginal do capital seja igual aos gastos com capital. Mas os gastos com capital são um desembolso *presente*, e a receita do produto marginal é um retorno *futuro*. Quanto mais alta é a taxa de juros, menor é o *valor presente* dos retornos futuros e, portanto, menor é a quantidade de investimento planejado. (O Apêndice apresenta os detalhes técnicos da comparação entre o valor presente e o futuro.)

A curva de demanda por capital financeiro

A curva de demanda por capital financeiro de uma empresa mostra a relação entre a quantidade de capital financeiro demandada pela empresa e a taxa de juros, com todos os outros fatores mantidos constantes. A Figura 17.9(a) mostra a curva de demanda por capital financeiro de Tina. Ela não demanda recursos financeiros a uma taxa de juros de 12 por cento ao ano, mas, a uma taxa de juros de 8 por cento ao ano, ela gasta $ 2.000 em um novo computador, e, a uma taxa de juros de 4 por cento ao ano, ela gasta $ 4.000 em dois computadores novos.

Figura 17.9 Demanda de uma empresa e demanda do mercado por capital financeiro

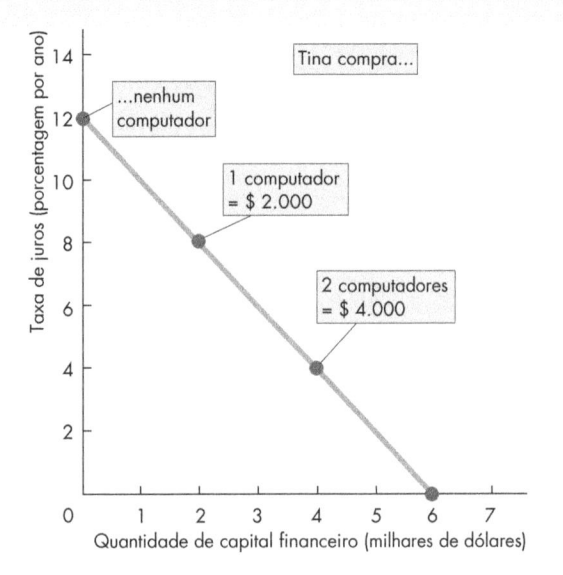

(a) Curva de demanda por capital financeiro da Taxfile

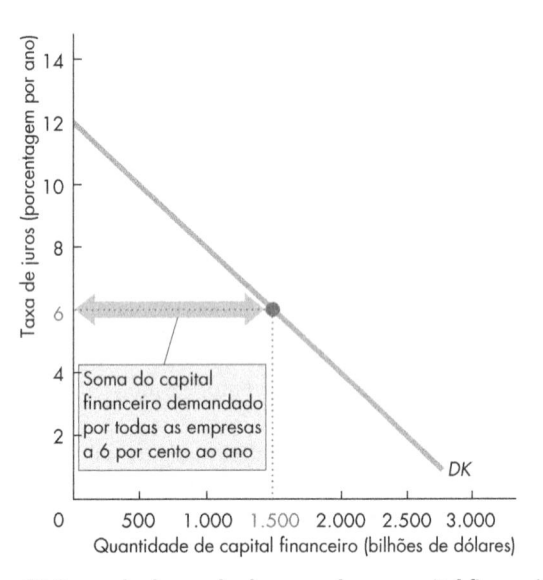

- Tina compra...
- ...nenhum computador
- 1 computador = $ 2.000
- 2 computadores = $ 4.000

(b) Curva de demanda de mercado por capital financeiro

Soma do capital financeiro demandado por todas as empresas a 6 por cento ao ano.

Para cada empresa, quanto mais baixa é a taxa de juros, maior é a quantidade demandada de capital financeiro. A curva de demanda de mercado é a soma (horizontal) das curvas de demanda das empresas.

A Figura 17.9(b) mostra a curva de demanda do mercado por capital financeiro, DK, que é a soma horizontal das curvas de demanda de todas as empresas. Na figura, a quantidade demandada de capital financeiro em todo o mercado é de $ 1.500 bilhões quando a taxa de juros é de 6 por cento ao ano.

Vimos como a demanda por capital é determinada. Vamos analisar agora o lado da oferta do mercado de capital financeiro.

A oferta de capital financeiro

A quantidade de capital financeiro fornecida resulta das decisões de poupança das pessoas. Os principais fatores que determinam a poupança são:

- Renda
- Renda futura esperada
- Taxa de juros

Vejamos como esses fatores influenciam as decisões de poupança de Aaron.

Renda Poupar é o ato de converter renda *corrente* em consumo *futuro*. Quando a renda de Aaron aumenta, ele planeja consumir mais, tanto agora quanto no futuro. Entretanto, para aumentar o consumo *futuro*, Aaron deve poupar hoje. Assim, se todos os outros fatores forem mantidos constantes, quanto maior for a renda de Aaron, mais ele poupará.

Renda futura esperada Se a renda corrente de Aaron for alta e sua renda futura esperada for baixa, ele terá um alto nível de poupança. Mas, se a renda corrente de Aaron for baixa e sua renda futura esperada for alta, ele terá um nível baixo (talvez até mesmo negativo) de poupança.

Os estudantes têm baixas rendas correntes em comparação com as rendas futuras esperadas, portanto eles tendem a consumir mais do que ganham. Na meia idade, a maioria das pessoas ganha mais do que espera ganhar quando se aposentar. Portanto, elas poupam para quando se aposentarem.

Taxa de juros Uma unidade monetária poupada hoje se torna uma unidade monetária mais juros amanhã. Quanto mais alta for a taxa de juros, maior será a quantia que uma unidade monetária poupada hoje se tornará no futuro. Deste modo, quanto mais alta for a taxa de juros, maior será o custo de oportunidade do consumo corrente. Com um custo de oportunidade maior do consumo corrente, Aaron reduz seu consumo corrente e aumenta sua poupança.

Curva de oferta de capital financeiro

A curva de oferta de capital financeiro mostra a relação entre a quantidade ofertada de capital financeiro e a taxa de juros, com todos os outros fatores mantidos constantes. A curva SK_0 apresentada na Figura 17.10 é uma curva de oferta de capital financeiro. Um aumento da taxa de juros leva a um aumento da quantidade ofertada de capital financeiro e a um movimento ao longo da curva de oferta.

Vamos agora utilizar o que aprendemos sobre a demanda e a oferta de capital financeiro e ver como a taxa de juros é determinada.

Equilíbrio no mercado de capital financeiro

Planos de poupança e planos de investimento são coordenados nos mercados de capital financeiro, e a taxa de juros se ajusta para fazer com que esses planos sejam compatíveis.

A Figura 17.10 mostra o mercado de capital financeiro. A demanda por capital financeiro é DK_0, e a oferta de capital financeiro é SK_0. A taxa de juros de equilíbrio

Figura 17.10 Equilíbrio do mercado de capital financeiro

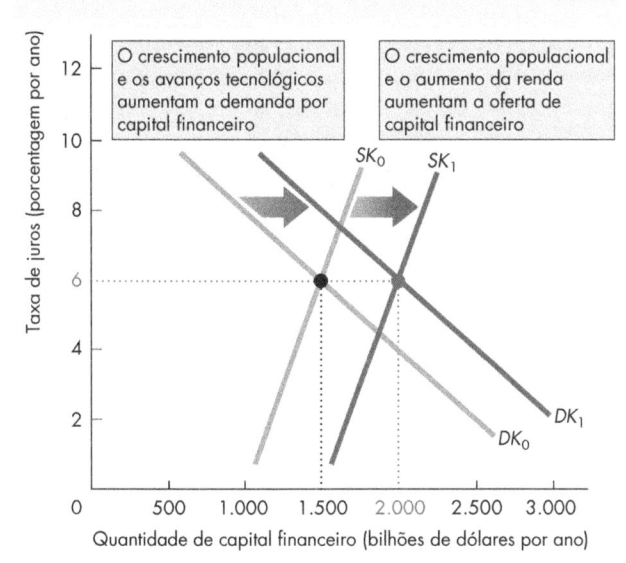

Inicialmente, a demanda por capital é DK_0 e a oferta de capital é SK_0. A taxa de juros de equilíbrio é de 6 por cento ao ano, e a quantidade de capital financeiro é de $ 1.500 bilhões. Com o tempo, tanto a demanda quanto a oferta de capital aumentam para DK_1 e SK_1. A quantidade de capital financeiro aumenta, mas a taxa de juros se mantém constante. A demanda e a oferta de capital financeiro são influenciadas por fatores comuns e relacionados.

é de 6 por cento ao ano, e a quantidade de capital financeiro – a quantia de investimento por parte de empresas e a poupança por parte dos indivíduos – é de $ 1.500 bilhões.

Se a taxa de juros fosse maior do que os 6 por cento ao ano, a quantidade ofertada de capital financeiro excederia a quantidade demandada e a taxa de juros diminuiria. A taxa de juros continuaria a diminuir até a eliminação do excedente de capital financeiro.

Se a taxa de juros fosse menor que 6 por cento ao ano, a quantidade demandada de capital financeiro excederia a quantidade ofertada e a taxa de juros aumentaria. A taxa de juros continuaria a aumentar até a eliminação da escassez de capital financeiro.

Variações da demanda e da oferta

Com o tempo, tanto a demanda quanto a oferta de capital financeiro aumentam. A curva de demanda se desloca para a direita, para DK_1, e a curva de oferta se desloca para SK_1. Ambas as curvas se deslocam, porque a mesma força ou forças relacionadas as influenciam. O crescimento populacional aumenta tanto a demanda quanto a oferta. Avanços tecnológicos aumentam a demanda e resultam em rendas mais altas, o que, por sua vez, aumenta a oferta. Como tanto a demanda quanto a oferta aumentam com o tempo, a quantidade de capital financeiro aumenta, mas a taxa de juros permanece constante.

Na verdade, a taxa de juros real flutua, como podemos ver na Figura 17.8. A razão para isso é que a demanda e a oferta de capital financeiro não variam necessariamente. Algumas vezes, uma mudança tecnológica rápida leva a um aumento da demanda por capital financeiro *antes* de resultar em rendas mais altas que aumentam a oferta desse capital. Quando ocorre essa seqüência de eventos, a taxa de juros real aumenta. Um exemplo disso ocorreu na primeira metade da década de 1980, como mostrado na Figura 17.8.

Em outros momentos, a demanda por capital financeiro aumenta lentamente ou até mesmo diminui temporariamente. Nessa situação, a oferta aumenta mais do que a demanda, e a taxa de juros real diminui. A Figura 17.8 mostrou que isso ocorreu, por exemplo, em meados da década de 1970 e no período entre 1984 e 1991.

QUESTÕES PARA REVISÃO

1. Qual é a diferença entre capital *físico* e capital *financeiro*, e o que é o mercado de capital financeiro?
2. O que é o produto marginal do capital?
3. Qual é o aspecto especial na comparação entre o produto marginal do capital e os gastos com capital?
4. Quais são as principais influências sobre a demanda por capital financeiro de uma empresa?
5. Por que a quantidade demandada de capital financeiro depende da taxa de juros?
6. Como é possível explicar as variações da taxa de juros nos Estados Unidos ou em qualquer outro país?

As lições que acabamos de aprender sobre os mercados de capitais físico e financeiro podem ser utilizadas para compreender os preços dos recursos naturais não renováveis. Vejamos como.

Mercados de recursos naturais

Os recursos naturais, ou o que os economistas chamam de *terra*, dividem-se em duas categorias:

- Renováveis
- Não renováveis

Os **recursos naturais renováveis** são aqueles repetidamente repostos pela natureza. Exemplos disso são a terra (no sentido comum), os rios, os lagos, a chuva, o vento e a luz do sol.

Os **recursos naturais não renováveis** são aqueles que a natureza não repõe. Uma vez utilizados, eles não estão mais disponíveis. Alguns exemplos são carvão, gás natural e petróleo – os chamados combustíveis de hidrocarbonetos.

A demanda por recursos naturais que são usados como os insumos da produção baseia-se no mesmo princípio da receita do produto marginal no caso da demanda por trabalho (e da demanda por capital financeiro). Mas a oferta de um recurso natural é especial. Vejamos primeiro a oferta de um recurso natural renovável.

A oferta de um recurso natural renovável

A quantidade de terra e de outros recursos naturais renováveis é fixa. A quantidade ofertada não pode ser alterada por decisões individuais. As pessoas podem variar a quantia de terra de sua propriedade. Mas, quando uma pessoa compra terra, outra pessoa a vende. A quantidade agregada ofertada de terra de qualquer tipo e em qualquer localização é fixa, independentemente das decisões de qualquer indivíduo. Isso significa que a oferta de cada lote específico de terra é perfeitamente inelástica. A Figura 17.11 ilustra uma oferta como essa. Independentemente da renda da terra, a quantidade ofertada de terra de uma área nobre de uma metrópole, por exemplo, é um número fixo de metros quadrados.

Como a oferta de terra é fixa, independentemente de sua renda, a renda da terra é determinada pela demanda. Quanto maior é a demanda por determinado lote de terra, mais alta é sua renda.

Um lote de terra caro pode ser, e é, utilizado mais intensamente do que um lote barato. Por exemplo, arranha-céus permitem que a terra seja utilizada mais intensamente. Contudo, para utilizar mais intensamente a terra, ela precisa ser combinada com um outro fator de produção: o capital. Um aumento da quantidade de capital por lote de terra não altera a oferta da terra.

Apesar de a oferta de cada tipo de terra ser fixa e perfeitamente inelástica, cada empresa individual, operando em mercados competitivos de terra, está diante de uma oferta elástica de terra. Por exemplo, a Quinta Avenida na cidade de Nova York tem uma quantidade fixa de terra, mas a livraria Doubleday poderia alugar parte do espaço da loja de departamentos Saks. Cada empresa pode alugar a quantidade de terra que demanda ao aluguel corrente, determinado pelo mercado. Assim, se os mercados de terra são competitivos, as empresas são tomadoras de preços nesses mercados, do mesmo modo que em mercados de outros recursos produtivos.

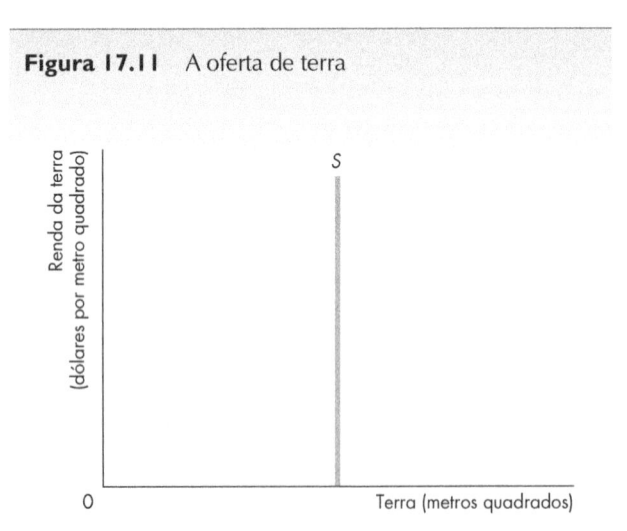

Figura 17.11 A oferta de terra

A oferta de determinado lote de terra é perfeitamente inelástica. Independentemente da renda da terra, não é possível ofertar mais terra do que a quantidade existente.

A oferta de um recurso natural não renovável

O *estoque* de um recurso natural é a quantidade existente desse recurso em determinado momento. Essa quantidade é fixa e independe do preço do recurso. O estoque *conhecido* de um recurso natural é a quantidade que foi descoberta. Essa quantidade aumenta com o tempo, porque avanços tecnológicos permitem que fontes menos acessíveis sejam descobertas. Esses dois conceitos de *estoque* influenciam o preço de um recurso natural não renovável. No entanto, a influência é indireta. A influência direta sobre o preço é a taxa à qual o recurso é oferecido para ser utilizado na produção – chamada de *fluxo* de oferta.

O fluxo de oferta de um recurso natural não renovável é *perfeitamente elástico* a um preço igual ao valor presente do preço esperado para o período seguinte.

Para entender o porque disso, pense nas escolhas econômicas da Arábia Saudita, um país que tem um grande estoque de petróleo. A Arábia Saudita pode vender um bilhão de barris de petróleo adicionais neste exato momento e utilizar a renda recebida para comprar títulos dos Estados Unidos. Ou pode manter o bilhão de barris de petróleo no solo e vendê-lo no próximo ano. Se vender o petróleo e comprar títulos, a Arábia Saudita ganhará a taxa de juros sobre os títulos. Se mantiver o petróleo e o vender no ano seguinte, ganhará a quantia equivalente ao aumento de preço ou perderá a quantia equivalente à diminuição do preço entre o momento atual e o próximo ano.

Se a Arábia Saudita esperar que o preço do petróleo suba no próximo ano em uma porcentagem *igual* à taxa de juros atual, o preço que ela esperará receber no próximo ano será igual a $(1 + r)$ multiplicado pelo preço deste ano. Por exemplo, se o preço deste ano é $ 60 por barril e a taxa de juros é 5 por cento ao ano ($r = 0,5$), o preço esperado para o próximo ano será $1,05 \times $ 60$, o que equivale a $ 63 por barril.

Ao esperar que o preço suba para $ 63 no próximo ano, para a Arábia Saudita é indiferente vender agora por $ 60 e não vender agora, mas esperar até o próximo ano e vender por $ 63. A Arábia Saudita espera obter o mesmo retorno de qualquer maneira. Assim, a $ 60 por barril, venderá qualquer quantidade que seja demandada.

Entretanto, se a Arábia Saudita esperar que o preço suba no próximo ano em uma porcentagem que *exceda* a taxa de juros atual, ela esperará que o retorno obtido por manter o petróleo seja maior do que o proporcionado pela venda e compra de títulos. Deste modo, ela manterá o petróleo e não venderá nada. E, se a Arábia Saudita esperar que o preço suba no próximo ano em uma porcentagem *menor* que a taxa de juros atual, os títulos proporcionarão um retorno maior do que o petróleo, assim a Arábia Saudita venderá o máximo que puder de petróleo este ano.

O preço mínimo pelo qual a Arábia Saudita está disposta a vender o petróleo é o valor presente do preço futuro esperado. A esse preço, ela venderá a quantidade de petróleo que os compradores demandarem. Assim, sua oferta é perfeitamente elástica.

Preço e o Princípio de Hotelling

A Figura 17.12 mostra o equilíbrio em um mercado de recurso natural não renovável. Como o fluxo de oferta é perfeitamente elástico ao valor presente do preço esperado do próximo período, o preço real do recurso natural é igual ao valor presente do preço esperado do próximo período. Além disso, como o preço corrente é igual ao valor presente do preço futuro esperado, espera-se que o preço do recurso aumente a uma taxa igual à taxa de juros.

A proposição de que se espera que o preço de um recurso aumente a uma taxa igual à taxa de juros é chamada de *Princípio de Hotelling*. Ela foi elaborada por Harold Hotelling, um matemático e economista da Universidade de Columbia. Mas, como mostra a Figura 17.13, os preços *reais* não seguem a trajetória *prevista* pelo Princípio de Hotelling. Por que os preços de recursos naturais não renováveis algumas vezes diminuem, em vez de seguir sua trajetória esperada e aumentar ao longo do tempo?

A principal razão é que o futuro é imprevisível. Mudanças tecnológicas esperadas se refletem no preço de um recurso natural, mas uma nova tecnologia inesperada que leva à descoberta ou à utilização mais eficiente de um recurso natural não renovável faz com que o preço diminua. Ao longo dos anos, à medida que a tecnologia avançou, tornamo-nos mais eficientes na utilização dos recursos naturais não renováveis. E não apenas nos tornamos mais eficientes. Tornamo-nos mais eficientes do que esperávamos.

QUESTÕES PARA REVISÃO

1 Por que a oferta de um recurso natural *renovável* como a terra é perfeitamente inelástica?
2 A que preço o fluxo de oferta de um recurso natural não renovável é perfeitamente elástico e por quê?
3 Por que se espera que o preço de um recurso natural não renovável aumente a uma taxa igual à taxa de juros?
4 Por que os preços dos recursos não renováveis não seguem a trajetória prevista pelo Princípio de Hotelling?

As pessoas ofertam fatores de produção para obter uma renda. Mas algumas pessoas obtêm rendas enormes. Será que essas rendas são necessárias para induzir as pessoas a trabalhar e a ofertar outros fatores? Vamos responder a essa questão a seguir.

Renda econômica, custo de oportunidade e impostos

Vimos como a demanda e a oferta em mercados de fatores determinam os preços e as quantidades destes. Vimos também que a demanda por um fator de produção é determinada por sua receita do produto marginal

Figura 17.12 Mercado de um recurso natural não renovável

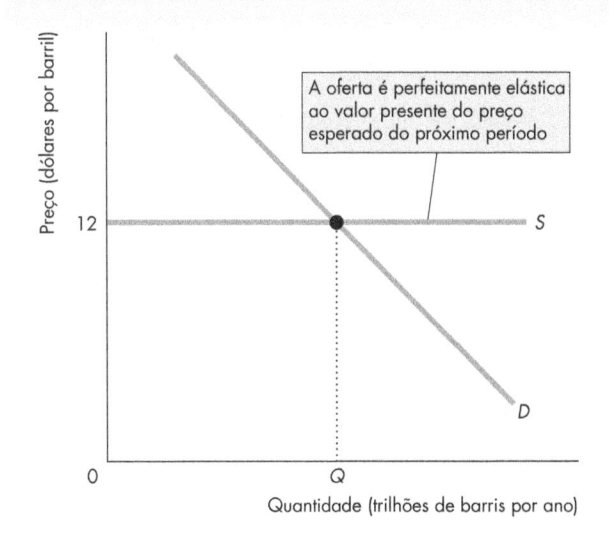

O fluxo de oferta de um recurso natural não renovável é perfeitamente elástico ao *valor presente* do preço esperado do próximo período. A demanda por um recurso natural não renovável é determinada por sua receita do produto marginal. O preço é determinado pela oferta e é igual ao *valor presente* do preço esperado do próximo período.

Figura 17.13 Preços decrescentes de recursos

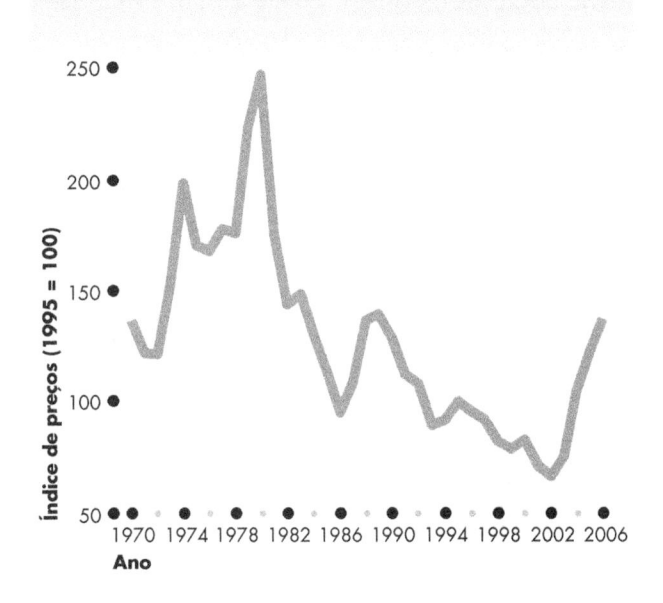

Os preços dos metais (neste caso, um índice de preços que mede a média dos preços do alumínio, do cobre, do minério de ferro, do chumbo, do manganês, do níquel, da prata, do estanho e do zinco) tenderam a diminuir ao longo do tempo, e não a subir como previsto pelo Princípio de Hotelling. A razão para isso foi que avanços tecnológicos não previstos reduziram o custo da extração dos recursos e aumentaram muito as reservas conhecidas exploráveis.

Fonte dos dados: International Financial Statistics (várias edições), Washington, DC: Fundo Monetário Internacional.

e a oferta de um fator de produção é determinada pelos recursos disponíveis e pelas escolhas de sua utilização pelas pessoas.

As pessoas que ofertam um fator de produção que tenha uma grande receita do produto marginal ou que tenha uma pequena oferta recebem um alto preço por esse fator. As pessoas que ofertam um fator de produção que tenha uma pequena receita do produto marginal ou que tenha uma grande oferta recebem um baixo preço por esse fator.

A elasticidade da oferta de um fator de produção determina a extensão à qual a renda proporcionada por ele representa o custo de oportunidade da utilização desse fator. Essa mesma elasticidade determina como o ônus de um imposto em um mercado de fatores é compartilhado entre o fornecedor e o usuário do fator. Vamos agora explorar essas questões, a começar com a distinção entre renda econômica e custo de oportunidade.

Renda econômica e custo de oportunidade

A renda total de um fator de produção é composta de sua renda econômica e de seu custo de oportunidade. A **renda econômica** é aquela recebida pelo proprietário de um fator de produção acima da quantia necessária para que ele seja induzido a oferecer esse fator. Qualquer fator de produção pode gerar uma renda econômica. A renda necessária para induzir a oferta de um fator de produção é o custo de oportunidade da utilização desse fator – o valor do fator em sua segunda melhor utilização.

A Figura 17.14(a) ilustra como a renda de um fator apresenta os componentes custo de oportunidade e renda econômica. A figura mostra o mercado de um fator de produção. Poderia ser *qualquer* fator de produção – trabalho, capital ou terra –, mas suponhamos que seja o trabalho. A curva de demanda é *D*, e a curva de oferta é *S*. O salário é *W*, e a quantidade empregada é *C*. A renda obtida é a soma das áreas cinza-claro e cinza-escuro. A área cinza-claro abaixo da curva de oferta mede o custo de oportunidade, e a área cinza-escuro acima da curva de oferta, mas abaixo do preço do fator, mede a renda econômica.

Para entender por que a área abaixo da curva de oferta mede o custo de oportunidade, lembre-se de que uma curva de oferta pode ser interpretada de dois modos diferentes. Ela mostra a quantidade ofertada a determinado preço e mostra o preço mínimo ao qual determinada quantidade é ofertada voluntariamente. Se os fornecedores receberem apenas a quantia mínima necessária para induzi-los a ofertar cada unidade do fator, eles receberão um preço diferente para cada unidade. Os preços acompanharão a curva de oferta, e a renda recebida será completamente composta de custo de oportunidade – a área cinza-claro da Figura 17.14(a).

O conceito de renda econômica é similar ao de excedente do produtor (veja o Capítulo 5). A renda econômica é o preço recebido por uma pessoa pela utilização de um fator menos o preço mínimo ao qual determinada quantidade do fator é ofertada voluntariamente.

A renda econômica *não* é igual ao 'arrendamento' que um fazendeiro paga pela utilização de um lote de terra ou o 'aluguel' que você paga pelo seu apartamento. O arrendamento ou o aluguel é o preço pago pelos serviços da terra ou de um imóvel. A *renda econômica* é um componente da renda que se recebe por qualquer fator de produção.

A parcela da renda do fator que consiste em renda econômica depende da elasticidade da oferta do fator. Quando a oferta de um fator é perfeitamente inelástica, toda a sua renda é composta de renda econômica. A maior

Figura 17.14 Renda econômica e custo de oportunidade

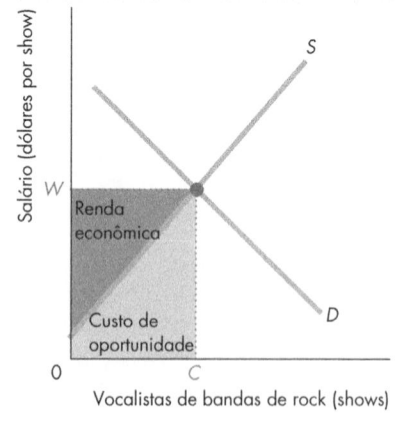

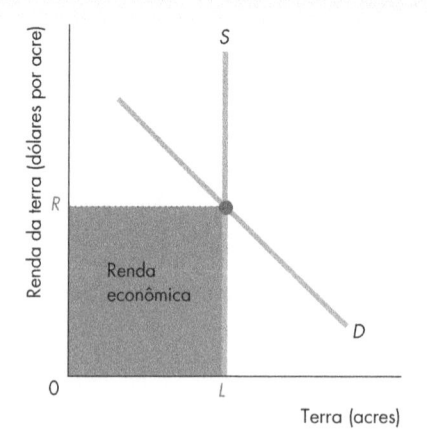

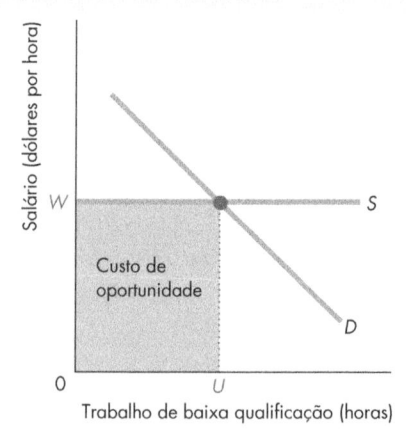

(a) Caso geral

(b) Toda a renda econômica

(c) Todo o custo de oportunidade

Quando a curva de oferta de um fator se inclina para cima – o caso geral –, como na parte (a), parte da renda do fator é renda econômica (a área cinza-escuro), e parte é custo de oportunidade (a área cinza-claro). Quando a oferta de um fator é perfeitamente inelástica (a curva de oferta é vertical), como na parte (b), toda a renda do fator é composta de renda econômica. Quando a oferta do fator é perfeitamente elástica, como na parte (c), toda a renda do fator é composta de custo de oportunidade.

parte da renda recebida pelo cantor de música country Garth Brooks e pela banda Pearl Jam é composta de renda econômica. Do mesmo modo, grande parte da renda de Katie Couric, a âncora de um telejornal da NBC, é constituída de renda econômica. Quando a oferta de um fator de produção é perfeitamente elástica, nenhuma parte de sua renda é constituída de renda econômica. A maior parte da renda de Demetrio Luna, um lavador de janelas, é constituída de custo de oportunidade. Em geral, quando a oferta não é perfeitamente elástica nem perfeitamente inelástica, como a ilustrada na Figura 17.14(a), uma parte da renda do fator é composta de renda econômica e a outra parte é de custo de oportunidade.

A Figura 17.14(b) mostra o mercado de um lote de terra na cidade de Nova York. A quantidade de terra é fixa em termos de tamanho, que é de L acres. Portanto, a curva de oferta da terra é vertical – perfeitamente inelástica. Independentemente da renda da terra, não há como aumentar a quantidade que pode ser ofertada. Suponha que a curva de demanda apresentada na Figura 17.14(b) mostre a receita do produto marginal desse lote de terra. Assim, ele gera uma renda da terra de R. Toda a renda obtida pelo proprietário da terra é representada pela área cinza-escuro da figura. Essa renda é a *renda econômica*.

A Figura 17.14(c) mostra o mercado para o trabalho de baixa qualificação em um país pobre como a Índia ou a China. Uma grande quantidade de trabalho está disponível ao salário corrente (no caso, W). A oferta de trabalho é perfeitamente elástica. Toda a renda obtida por esses trabalhadores é composta de custo de oportunidade. Eles não recebem nenhuma renda econômica.

Implicações da renda econômica para os impostos

A participação de um imposto na carga tributária e a ineficiência criada por um imposto dependem da elasticidade da oferta. Se a oferta é perfeitamente inelástica, o ônus de um imposto recai totalmente sobre o fornecedor (veja o Capítulo 6). Deste modo, se é cobrado um imposto sobre a renda de um fator de produção com uma oferta perfeitamente inelástica, o fornecedor arca com todo o imposto. Além disso, se a oferta é perfeitamente inelástica, o imposto não tem nenhum efeito sobre a quantidade ofertada nem sobre a eficiência. O único efeito do imposto é a transferência de poder de compra do proprietário do fator para o governo.

Mas observe que a situação na qual um imposto não tem nenhum efeito sobre a eficiência ocorre quando toda a renda do fator consiste em renda econômica. É eficiente submeter a renda econômica a impostos.

Se a oferta de um fator de produção não é perfeitamente inelástica, um imposto sobre a renda desse fator recai, pelo menos parcialmente, sobre o comprador. Além disso, como o comprador está diante de um preço mais alto do fator, a quantidade demandada diminui e há ineficiência.

Mas observe agora que a situação na qual um imposto resulta em ineficiência ocorre quando parte da renda do fator consiste em um custo de oportunidade. No caso extremo em que o comprador arca com todo o imposto, toda a renda do fator consiste em custo de oportunidade, e nenhuma parte dela consiste em renda econômica.

QUESTÕES PARA REVISÃO

1. Qual é a diferença entre renda econômica e custo de oportunidade?
2. A renda que o time de basquete Miami Heat paga ao jogador Shaquille O'Neal é uma renda econômica ou uma remuneração pelo custo de oportunidade dele?
3. Um imposto sobre uma renda econômica é mais eficiente do que um imposto sobre o custo de oportunidade?

◊ A seção "Leitura das entrelinhas" apresenta o mercado de técnicos de times universitários de futebol americano e o compara com o mercado de professores.

O próximo capítulo examina como a economia de mercado distribui a renda e explica as tendências da distribuição de renda. O capítulo também explora os esforços dos governos para redistribuir a renda e modificar o resultado do mercado.

LEITURA DAS ENTRELINHAS

Os mercados de trabalho em ação

Uma estranha coexistência no campus

9 de novembro de 2005

Vale a pena parar um pouco para pensar em como os cérebros por trás da educação superior nos Estados Unidos se perderam na busca da superioridade no futebol americano.

Será que eles foram hipnotizados pelos pompons das animadoras de torcida ou pelos anéis do Super Bowl que um bom técnico pode ganhar? Será que eles foram convencidos pelos fanáticos que só compram meias e iates com as cores de seu time favorito ou simplesmente se viram presos em uma tortuosa corrida para vencer o campeonato?

Todos os fatores citados conspiraram para induzir os tomadores de decisões das universidades dos Estados Unidos a estabelecer o clube de US$ 3 milhões para técnicos de times universitários de futebol americano. Depois que a Notre Dame ofereceu para o técnico Charlie Weis na semana passada uma renovação de contrato por mais 10 anos, supostamente no valor de US$ 30 a US$ 40 milhões, a N.C.A.A. – a associação norte-americana de atletismo universitário – atingiu um novo nível de insanidade financeira.

Onde está a vida inteligente no campus? Na Universidade do Texas, há um astro cósmico, mas que não é Mack Brown, o técnico do time de futebol americano da universidade. Ele é chamado de Big Steve pelos alunos da Universidade do Texas e reflete a energia do espaço vazio, mas não passa pelas lacunas deixadas pela linha ofensiva.

Steven Weinberg é um professor de física da Universidade do Texas que foi criado no Bronx, lecionou em Harvard e foi agraciado com o Prêmio Nobel em 1979, antes de ser seduzido pela Universidade do Texas três anos depois em uma das contratações mais notórias do universo da educação superior dos Estados Unidos...

De qualquer modo, o salário de US$ 2,1 milhões de Mack Brown continua a ser pago. Como relatou o jornal *The Austin-American Statesman*, Weinberg é o professor mais bem pago da universidade, ganhando cerca de US$ 400 mil de acordo com a maioria das estimativas. Quando ele entrou na instituição, os boatos foram de que seu salário seria contratualmente vinculado ao do técnico de futebol americano. Seria bom se fosse verdade, diz ele...

Fonte: Copyright 2005 The New York Times Company. Reproduzido com permissão. Proibido nova reprodução. Disponível em: http://www.nytimes.com

Essência da notícia

▶ Charlie Weis, o técnico de futebol americano da Universidade de Notre Dame, tem um contrato de 10 anos cujo valor estimado está entre US$ 30 e US$ 40 milhões – mais de US$ 3 milhões ao ano.

▶ Estima-se que Steven Weinberg, um professor de física da Universidade do Texas que ganhou o Prêmio Nobel em 1979, seja o professor mais bem pago da universidade, com um salário de cerca de US$ 400 mil ao ano.

Análise econômica

▶ O mercado de técnicos de futebol americano universitário é competitivo.

▶ O mercado de professores também é competitivo.

▶ A demanda tanto por técnicos quanto por professores é determinada pela receita do produto marginal de cada grupo.

▶ A receita do produto marginal de um técnico depende da capacidade dele de vencer jogos e da receita adicional que a faculdade ou universidade pode obter de seus ex-alunos e outros contribuintes quando o time de futebol tem sucesso.

▶ A receita do produto marginal de um professor depende da capacidade dele de atrair estudantes e financiamento para pesquisas.

▶ Para qualquer determinada quantidade de técnicos e professores, a receita do produto marginal de um professor quase certamente excede a de um técnico.

▶ Mas o salário de equilíbrio de um técnico e o de um professor dependem da receita do produto marginal de cada grupo, bem como da oferta de cada um deles.

▶ A oferta de técnicos é pequena e provavelmente inelástica.

▶ A oferta de professores é grande e mais provavelmente elástica.

▶ A oferta de técnicos é inelástica porque poucas pessoas têm o talento necessário para desempenhar essa atividade especializada.

▶ A oferta de professores é elástica porque eles são, em geral, pessoas com alto nível de instrução que podem executar muitos trabalhos alternativos.

▶ O equilíbrio no mercado de técnicos ocorre a um salário mais elevado e a uma quantidade muito menor do que os do equilíbrio no mercado de professores.

▶ A Figura 1 mostra os dois mercados. Observe que há uma ruptura no eixo *x* porque a quantidade de professores é muito maior do que a de técnicos.

▶ A curva de demanda por técnicos é D_T, e a curva de demanda por professores é D_P. A curva de oferta de técnicos é S_T, e a curva de oferta de professores é S_P.

▶ A quantidade de equilíbrio de técnicos é 8 mil, e a quantidade de equilíbrio de professores é 1 milhão.

▶ O salário de equilíbrio de um técnico é de US$ 200 mil ao ano, e o salário de equilíbrio de um professor é de US$ 100 mil ao ano.

▶ Como a oferta de técnicos é inelástica, grande parte da renda deles consiste em renda econômica.

▶ Mas faculdades e universidades não têm como reduzir o salário de um técnico, porque cada instituição está diante de uma oferta perfeitamente elástica de técnicos ao salário corrente de equilíbrio determinado pelo mercado.

▶ Alguns técnicos, como Charlie Weis, e alguns professores, como Steven Weinberg, ganham muito mais do que o técnico médio e o professor médio apresentados na figura porque são excelentes no que fazem e porque a oferta de técnicos e professores verdadeiramente excepcionais é menor do que a oferta de técnicos e professores medianos.

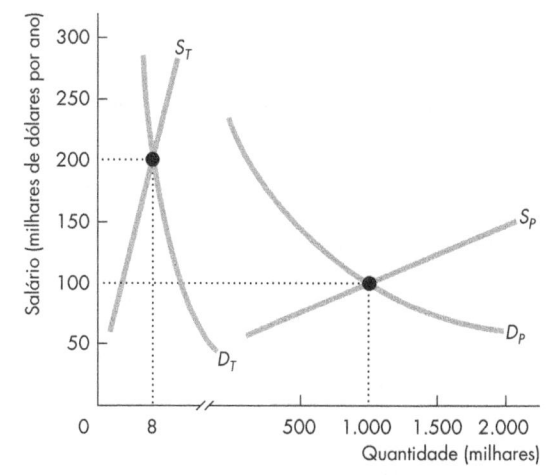

Figura 1: O mercado de técnicos e professores

RESUMO

Pontos-chave

Preços e rendas dos fatores (p. 384-385)

- A demanda e a oferta de um fator de produção determinam a renda e o preço de equilíbrio do fator.
- A renda do fator muda na mesma direção que uma mudança na demanda pelo fator. O efeito de uma variação da oferta de um fator sobre a renda do fator depende da elasticidade da demanda.

Mercados de trabalho (p. 385-392)

- A receita do produto marginal do trabalho determina a demanda por trabalho.
- A quantidade ofertada de trabalho aumenta à medida que o salário aumenta, mas, com salários altos, a curva de oferta mais cedo ou mais tarde se arqueia para trás.
- Os salários aumentam porque a demanda aumenta mais do que a oferta.

Poder no mercado de trabalho (p. 392-396)

- Um sindicato de trabalhadores pode aumentar o salário restringindo a oferta ou aumentando a demanda por trabalho.
- Um monopsônio pode reduzir o salário e deixá-lo abaixo do nível competitivo.
- Um salário mínimo no monopsônio pode aumentar o emprego e o salário.

Mercados de capitais (p. 396-399)

- O mercado de capitais determina a taxa de juros sobre os recursos financeiros que são utilizados para comprar capital físico.
- Para tomar uma decisão de investimento, uma empresa compara o *valor presente* da receita do produto marginal do capital com os gastos em capital.
- Quanto mais alta é a taxa de juros, maiores são a quantia de poupança financeira e a quantidade ofertada de capital financeiro.
- O equilíbrio do mercado de capital financeiro determina a taxa de juros real.

Mercados de recursos naturais (p. 399-401)

- A demanda por recursos naturais é determinada por sua receita do produto marginal.
- A oferta de terra é inelástica.
- O fluxo de oferta de recursos naturais não renováveis é perfeitamente elástico a um preço igual ao valor presente do preço futuro esperado.
- Espera-se que o preço dos recursos naturais não renováveis aumente a uma taxa igual à taxa de juros, mas flutue e algumas vezes diminua.

Renda econômica, custo de oportunidade e impostos (p. 401-403)

- A renda econômica é a renda acima do custo de oportunidade obtido pelo proprietário de um fator de produção.
- Quando a oferta de um fator é perfeitamente inelástica, toda a sua renda é composta de renda econômica, e quando a oferta é perfeitamente elástica, toda a renda é composta de custo de oportunidade.
- Um imposto sobre a renda econômica é um imposto eficiente.

Tabelas e figuras-chave

Figura 17.1: Demanda e oferta no mercado de um fator, 385

Figura 17.3: A demanda por trabalho no Wash 'n' Wax de Max, 388

Figura 17.5: Um sindicato participa de um mercado de trabalho competitivo, 393

Figura 17.9: Demanda de uma empresa e demanda do mercado por capital financeiro, 398

Figura 17.14: Renda econômica e custo de oportunidade, 402

Tabela 17.2: Duas condições para o lucro máximo, 389

Tabela 17.3: A demanda de uma empresa por trabalho, 389

Palavras-chave

Demanda derivada, 385

Monopólio bilateral, 395

Monopsônio, 394

Receita do produto marginal do trabalho, 386

Recursos naturais não renováveis, 399

Recursos naturais renováveis, 399

Renda econômica, 402

Salário de eficiência, 396

Sindicato de trabalhadores, 392

EXERCÍCIOS

1. A figura ilustra o mercado de apanhadores de morangos.

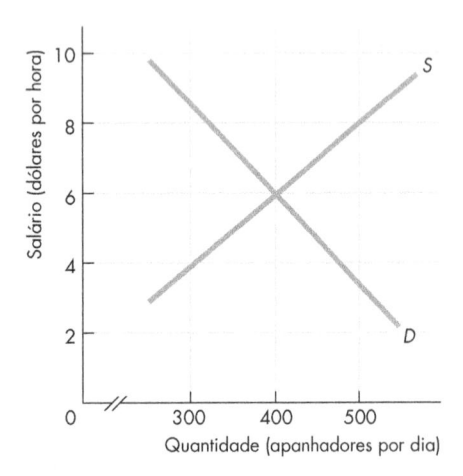

    a. Qual é o salário nesse mercado?
    b. Quantos apanhadores de morangos são contratados?
    c. Qual é a renda total recebida pelos apanhadores de morangos?

    Se a demanda por apanhadores de morangos diminui em 100 apanhadores por dia:

    d. Qual é o novo salário?
    e. Quantos apanhadores são demitidos?
    f. Qual é a renda total paga aos apanhadores?

2. Wanda tem uma peixaria. Ela emprega estudantes para selecionar e embalar os peixes. Os estudantes podem empalar as seguintes quantidades de peixes em uma hora:

Número de estudantes	Quantidade de peixes (quilos)
1	20
2	50
3	90
4	120
5	145
6	165
7	180
8	190

    Wanda pode vender os peixes por $ 0,50 o quilo, e o salário dos embaladores é de $ 7,50 por hora.

    a. Calcule o produto marginal dos estudantes e trace a curva de produto marginal.
    b. Calcule a receita do produto marginal dos estudantes e trace a curva de receita do produto marginal.
    c. Determine a curva de demanda por trabalho de Wanda.
    d. Quantos estudantes Wanda emprega?

3. Voltando à peixaria de Wanda descrita no exercício 2, o preço do peixe diminui para $ 0,3333 por quilo, mas o salário dos embaladores de peixes permanece constante em $ 7,50 por hora.

    a. O que acontece com o produto marginal dos estudantes?
    b. O que acontece com a receita do produto marginal de Wanda?
    c. O que acontece com a curva de demanda por trabalho de Wanda?
    d. O que acontece com o número de estudantes que Wanda emprega?

4. Voltando à peixaria de Wanda descrita no exercício 2, o salário dos embaladores de peixes aumenta para $ 10 por hora, mas o preço do peixe permanece constante em $ 0,50 o quilo.

    a. O que acontece com a receita do produto marginal?
    b. O que acontece com a curva de demanda por trabalho de Wanda?
    c. Quantos estudantes Wanda emprega?

5. Utilizando as informações fornecidas no exercício 2, calcule a receita marginal, o custo marginal e a receita do produto marginal de Wanda. Demonstre que, quando Wanda está obtendo o lucro máximo, o custo marginal é igual à receita marginal e a receita do produto marginal é igual ao salário.

6. Em uma cena rara nos dias de hoje, trabalhadores formam um sindicato em uma pequena rede de varejo

   Nas milhares de lojas dos bairros de baixa renda de Nova York, os sindicatos de trabalhadores praticamente não têm nenhuma presença, com exceção de alguns supermercados. Mas, em um desfecho notável de uma batalha de um ano, 95 trabalhadores de uma rede de 10 lojas de calçados esportivos formaram um sindicato... No dia 18 de janeiro, após três meses de negociações, os dois lados assinaram um contrato. O acordo de três anos define os salários em $ 7,25 a hora, que será aumentado para $ 7,50 no dia 1º de julho.

   The New York Times, 5 de fevereiro de 2006

   a. Que tipo de sindicato de trabalhadores foi formado nas lojas de calçados esportivos?

   b. Por que os sindicatos de trabalhadores são raros nos bairros de baixa renda de Nova York?

   c. Quem ganha com esse novo contrato firmado por meio do sindicato? Quem perde?

   d. Como esse sindicato tenta mudar a demanda por trabalho?

7. Quais dos itens a seguir são recursos naturais não renováveis, quais são recursos naturais renováveis e quais não são recursos naturais? Explique suas respostas.

   a. Um edifício
   b. Um lago
   c. Carvão em uma mina
   d. A Internet
   e. Um parque nacional
   f. Energia elétrica gerada por uma usina nuclear

8. **O Grupo Trump vende um lote por US$ 1,8 bilhão**

   Um consórcio de investidores de Hong Kong e Donald J. Trump estão vendendo um terreno de frente para o rio mais três prédios no Upper West Side por cerca de US$ 1,8 bilhão na maior venda residencial da história da cidade de Nova York... Se for fechada... a transação representará um golpe de sorte para os investidores e para Trump, que adquiriram o lote por menos de US$ 100 milhões há uma década, durante uma recessão do mercado imobiliário...

   The New York Times, 1º de junho de 2005

   a. Por que o preço da terra no Upper West Side na cidade de Nova York aumentou ao longo da última década? Inclua na sua resposta uma discussão sobre a demanda e a oferta de terra.

   b. O Grupo Trump está obtendo uma renda econômica ou um custo de oportunidade?

   c. A oferta de terra no Upper West Side é perfeitamente inelástica?

9*. Keshia administra um escritório de contabilidade. Ela está pensando em comprar quatro novos laptops, que terão uma vida útil de três anos e, depois disso, serão inúteis. O preço de cada laptop é de $ 1.600. A receita do produto marginal do primeiro laptop a cada ano é de $ 700; do segundo é de $ 625; do terceiro é de $ 575, e do quarto é de $ 500. Quantos laptops Keshia comprará se a taxa de juros for:

   a. 2 por cento ao ano
   b. 4 por cento ao ano
   c. 6 por cento ao ano

PENSAMENTO CRÍTICO

1 Analise a seção "Leitura das entrelinhas" e responda às seguintes perguntas:

   a O que determina a receita do produto marginal de um técnico de futebol americano universitário?

   b Você acha que a receita do produto marginal de um técnico é mais alta do que a do assistente de um técnico? Por quê?

   c O que determina a receita do produto marginal de um professor?

   d Você acha que a receita do produto marginal de um professor de economia é mais alta do que a de um professor de português? Por quê?

   e Por que um técnico ganha um salário mais elevado que um professor, em média?

   f. Explique o que ocorreria a uma universidade que decidisse pagar o mesmo salário a técnicos e professores.

2. "Nossos recursos naturais estão se esgotando e precisamos tomar medidas urgentes para conservar nossas preciosas reservas." "Não há escassez de recursos com a qual o mercado não consiga lidar." Discuta esses dois pontos de vista. Relacione os prós e os contras de cada um.

3. Por que continuamos a encontrar novas reservas de petróleo? Por que não fazemos um grande e definitivo levantamento para catalogar todo o estoque de recursos naturais do planeta?

ATIVIDADES NA INTERNET

Faça uma pesquisa no portal do IBGE na Internet e discuta as recentes mudanças que ocorreram na metodologia de elaboração dos índices de desemprego.

---

* Para responder a essa questão, você precisa estudar o Apêndice, p. 408-410.

APÊNDICE

Valor presente e desconto

Ao término do estudo deste apêndice, você saberá:

▶ Explicar como calcular o valor presente de uma quantia futura de dinheiro.

▶ Explicar como uma empresa utiliza um cálculo de valor presente para tomar uma decisão de investimento.

▶ Explicar a relação entre valor presente e taxa de juros.

Comparação de unidades monetárias atuais e futuras

Para decidir quanto capital comprar, uma empresa deve comparar os gastos presentes em capital com a receita do produto marginal futura do capital. Para compararmos um gasto presente em capital com seu retorno futuro, convertemos o retorno futuro em um 'valor presente'.

O **valor presente** de uma quantia futura de dinheiro é a quantia que, se investida hoje, crescerá até ficar tão grande quanto determinada quantia futura quando os juros correspondentes forem levados em consideração.

Assim, o valor presente de uma quantia futura de dinheiro é menor do que a quantia futura. O cálculo que utilizamos para converter uma quantia futura de dinheiro em um valor presente é chamado de **desconto**.

O modo mais fácil de entender o desconto e o valor presente é pensar em como um valor presente cresce para atingir uma quantia futura de dinheiro devido aos *juros compostos*.

Juros compostos

Os juros compostos são os juros sobre um investimento inicial mais os juros sobre os juros que o investimento obteve anteriormente. Devido aos juros compostos, uma quantia atual de dinheiro (um valor presente) cresce para atingir uma quantia futura maior. A quantia futura é igual à quantia atual (o valor presente) mais os juros que serão obtidos no futuro. Isto é,

Quantia futura = Valor presente + Renda dos juros.

Os juros no primeiro ano são iguais ao valor presente multiplicados pela taxa de juros, r, de modo que:

Quantia após 1 ano = Valor presente + (r × Valor presente).

ou

Quantia após 1 ano = Valor presente × $(1 + r)$.

Se você investir $ 100 hoje e a taxa de juros for de 10 por cento ao ano ($r = 0,1$), daqui a um ano você terá $ 110 – os $ 100 originais mais $ 10 de juros. Note que a fórmula acima também resulta na mesma resposta: $ 100 × 1,1 = $ 110.

Se você mantiver esses $ 110 investidos para ganhar 10 por cento durante o segundo ano, ao final desse ano, você terá:

Quantia após 2 anos = Valor presente × $(1 + r)^2$.

Com as informações do exemplo anterior, você investe $ 100 hoje com uma taxa de juros de 10 por cento ao ano ($r = 0,1$). Depois de um ano você terá $ 110 – os $ 100 originais mais $ 10 de juros. E, depois do segundo ano, você terá $ 121. No segundo ano, você ganhará $ 10 sobre seus $ 100 iniciais mais $ 1 sobre os juros de $ 10 que ganhou no primeiro ano. Observe que a fórmula acima também resulta nessa resposta: $ 100 × $(1,1)^2$ = $ 100 × 1,21 = $ 121.

Se você deixar seus $ 100 investidos por n anos, eles renderão:

Quantia após n anos = Valor presente × $(1 + r)^n$.

Com uma taxa de juros de 10 por cento ao ano, seus $ 100 se transformarão em $ 195 após 7 anos ($n = 7$) – quase o dobro do valor presente de $ 100.

Desconto de uma quantia futura

Acabamos de calcular as quantias futuras para um ano, dois anos e n anos a partir do valor presente e de uma taxa de juros. Para calcularmos o valor presente dessas quantias futuras, simplesmente fazemos o cálculo inverso.

Para calcularmos o valor presente de uma quantia futura resultante em um ano, dividimos a quantia futura por $(1 + r)$.

Isto é,

$$\text{Valor presente} = \frac{\text{Quantia de dinheiro futura em um ano}}{(1 + r)}$$

Vamos verificar se é possível utilizar a fórmula do valor presente calculando o valor presente de $ 110 daqui a um ano, quando a taxa de juros for de 10 por cento ao ano. Você pode imaginar que a resposta será $ 100, porque acabamos de calcular que os $ 100 investidos hoje a 10 por cento ao ano se tornarão $ 110 em um ano. Desta maneira, o valor presente de $ 110 daqui a um ano é igual a $ 100. Mas vamos utilizar a fórmula. Aplicando a fórmula anterior a esses valores, temos:

$$\text{Valor presente} = \frac{\$\,110}{(1 + 0,1)} = \frac{\$\,110}{1,1} = \$\,100.$$

Para calcularmos o valor presente de uma quantia de dinheiro daqui a dois anos, utilizamos a fórmula:

$$\text{Valor presente} = \frac{\text{Quantia de dinheiro futura em dois anos}}{(1 + r)^2}$$

Utilize essa fórmula para calcular o valor presente de $ 121 daqui a dois anos com uma taxa de juros de 10 por cento ao ano. Aplicando esses valores à fórmula, temos:

$$\text{Valor presente} = \frac{\$\,121}{(1+0,1)^2} = \frac{\$\,121}{(1,1)^2} = \frac{\$\,121}{1,21} = \$\,100.$$

Podemos calcular o valor presente de uma quantia de dinheiro daqui a *n* anos utilizando a fórmula genérica:

$$\text{Valor presente} = \frac{\text{Quantia de dinheiro futura em } n \text{ anos}}{(1+r)^n}$$

Por exemplo, se a taxa de juros é 10 por cento ao ano, os $ 100 a serem recebidos daqui a 10 anos têm um valor presente de $ 38,55. Ou seja, se forem investidos $ 38,55 hoje a 10 por cento ao ano, o valor acumulado em 10 anos será de $ 100.

Valor presente de uma seqüência de quantias futuras

Vimos como calcular o valor presente de uma quantia de dinheiro para daqui a um ano, dois anos e *n* anos. A maioria das aplicações práticas do valor presente calcula o valor presente de uma seqüência de quantias futuras de dinheiro que se estendem ao longo de vários anos. Para calcularmos o valor presente de uma seqüência de quantias ao longo de vários anos, utilizamos a fórmula que você aprendeu e a aplicamos a cada ano. Depois, somamos os valores presentes de todos os anos para calcular o valor presente da seqüência de quantias.

Por exemplo, suponha que uma empresa espere receber $ 100 ao ano em cada um dos próximos cinco anos e que a taxa de juros seja de 10 por cento ao ano (0,1 ao ano). O valor presente (*VP*) desses cinco pagamentos de $ 100 cada é calculado por meio da fórmula a seguir:

$$VP = \frac{\$\,100}{1,1} + \frac{\$\,100}{(1,1)^2} + \frac{\$\,100}{(1,1)^3} + \frac{\$\,100}{(1,1)^4} + \frac{\$\,100}{(1,1)^5},$$

o que equivale a:

$$VP = \$\,90,91 + \$\,82,64 + \$\,75,13 + \$\,68,30 + \$\,62,09 = \$\,379,07$$

Podemos notar que a empresa recebe $ 500 ao longo de cinco anos. Mas, como o dinheiro só se concretizará no futuro, ele não vale $ 500 hoje. Seu valor presente é de apenas $ 379,07. E, quanto mais distante no futuro o dinheiro se concretiza, menor é seu valor presente. Os $ 100 recebidos em um ano no futuro valem $ 90,91 hoje. Mas os $ 100 recebidos daqui a cinco anos valem somente $ 62,09 hoje.

Muitas decisões pessoais e de negócios se baseiam em cálculos como o que acabamos de fazer. Decisões como a de comprar ou alugar um apartamento, de quitar agora o empréstimo feito para pagar a faculdade ou esperar mais um ano, de investir em novo capital. Veremos agora como uma empresa utiliza o conceito do valor presente para tomar uma decisão de investimento.

Valor presente e decisão de investimento

Tina administra a Taxfile, Inc., uma empresa que vende consultoria tributária a contribuintes. Ela está pensando em comprar um novo computador que custa $ 2 mil e que tem uma vida útil de dois anos. Se Tina comprar o computador, ela pagará $ 2 mil agora e esperará que novos negócios lhe tragam $ 1.150 adicionais ao fim de cada um dos próximos dois anos.

Para calcular o valor presente, *VP*, da receita do produto marginal de um novo computador, Tina calcula:

$$VP = \frac{RPMg_1}{(1+r)} + \frac{RPMg_2}{(1+r)^2}$$

Neste caso, $RPMg_1$ é a receita do produto marginal recebido por Tina ao final do primeiro ano. Esse valor é convertido em um valor presente dividindo-o por $(1+r)$, onde *r* é a taxa de juros (expressa como uma proporção). O termo $RPMg_2$ é a receita do produto marginal recebido ao final do segundo ano. Ele é convertido em um valor presente dividindo-o por $(1+r)^2$.

Se Tina pode tomar emprestado ou emprestar a uma taxa de juros de 4 por cento ao ano, o valor presente de sua receita do produto marginal é dado por:

$$VP = \frac{\$\,1.150}{(1+0,04)} + \frac{\$\,1.150}{(1+0,04)^2}$$

$$VP = \$\,1.106 + 1.063$$

$$VP = \$\,2.169$$

O valor presente de $ 1.150 daqui a um ano é de $ 1.150 dividido por 1,04 (4 por cento em termos proporcionais é igual a 0,04). O valor presente de $ 1.150 daqui a dois anos é $ 1.150 dividido por $(1,04)^2$. Tina calcula esses dois valores presentes e então os soma para obter o valor presente do fluxo futuro da receita do produto marginal, que é de $ 2.169.

As partes (a) e (b) da Tabela A17.1 resumem os dados e os cálculos que acabamos de fazer. Reveja esses cálculos e certifique-se de que os entendeu.

A decisão de comprar

Tina decide se compra o computador comparando o valor presente do fluxo futuro da receita do produto marginal dele com o preço de compra. Ela faz essa comparação calculando o valor presente líquido (*VPL*) do computador. O **valor presente líquido** é o valor presente do fluxo futuro da receita do produto marginal gerado pelo capital menos o custo do capital. Se o valor presente líquido é positivo, a empresa compra capital adicional. Se o valor presente líquido é negativo, a empresa não compra capital adicional. A Tabela A17.1(c) mostra os cálculos do valor presente líquido de um computador feitos por Tina. O valor presente líquido é de $ 169 – maior que zero –, de modo que Tina compra o computador.

Como todos os outros fatores de produção, o capital é sujeito a rendimentos marginais decrescentes. Quanto maior é a quantidade de capital empregada, menor é receita do produto marginal. Deste modo, se Tina compra um segundo ou um terceiro computador, ela obtém receitas do produto marginal das máquinas adicionais sucessivamente menores.

Tabela A17.1 Valor presente líquido de um investimento – Taxfile, Inc.

(a) Dados

Preço do computador	$ 2.000
Vida útil do computador	2 anos
Receita do produto marginal	$ 1.150 ao final de cada ano
Taxa de juros	4% ao ano

(b) Valor presente do fluxo da receita do produto marginal

$$VP = \frac{RPMg_1}{(1+r)} + \frac{RPMg_2}{(1+r)^2}$$

$$= \frac{\$1.150}{(1+0,04)} + \frac{\$1.150}{(1+0,04)^2}$$

$$= \$1.106 + 1.063$$

$$= \$2.169$$

(c) Valor presente líquido do investimento

VPL = VP da receita do produto marginal – Preço do computador
= $ 2.169 – $ 2.000
= $ 169

Tabela A17.2 Decisão de investimento da Taxfile

(a) Dados

Preço do computador	$ 2.000
Vida útil do computador	2 anos
Receita do produto marginal:	
Utilizando 1 computador	$ 1.150 ao ano
Utilizando 2 computadores	$ 1.100 ao ano
Utilizando 3 computadores	$ 1.050 ao ano

(b) Valor presente do fluxo da receita do produto marginal

Se r = 0,04 (4% ao ano):

Utilizando 1 computador: $VP = \frac{\$1.150}{(1,04)} + \frac{\$1.150}{(1,04)^2} = \$2.169$

Utilizando 2 computadores: $VP = \frac{\$1.100}{(1,04)} + \frac{\$1.100}{(1,04)^2} = \$2.075$

Utilizando 3 computadores: $VP = \frac{\$1.050}{(1,04)} + \frac{\$1.050}{(1,04)^2} = \$1.980$

Se r = 0,08 (8% ao ano):

Utilizando 1 computador: $VP = \frac{\$1.150}{(1,08)} + \frac{\$1.150}{(1,08)^2} = \$2.051$

Utilizando 2 computadores: $VP = \frac{\$1.100}{(1,08)} + \frac{\$1.100}{(1,08)^2} = \$1.962$

Se r = 0,12 (12% ao ano):

Utilizando 1 computador: $VP = \frac{\$1.150}{(1,12)} + \frac{\$1.150}{(1,12)^2} = \$1.944$

A Tabela A17.2(a) apresenta as receitas do produto marginal de Tina para um, dois e três computadores. A receita do produto marginal de um computador (o caso que acabamos de analisar) é de $ 1.150 ao ano. A receita do produto marginal de um segundo computador é de $ 1.100 ao ano e de um terceiro computador é de $ 1.050 ao ano. A Tabela A17.2(b) mostra os cálculos dos valores presentes das receitas do produto marginal para o primeiro, o segundo e o terceiro computadores.

Vimos que, com uma taxa de juros de 4 por cento ao ano, o valor presente líquido de um computador é positivo. A tabela mostra que o valor presente líquido de um segundo computador também é positivo, de modo que Tina compra um segundo computador. Mas o valor presente líquido de um terceiro computador é negativo, de maneira que Tina não compra um terceiro computador.

Valor presente e a taxa de juros

Quanto mais alta é a taxa de juros, menor é o valor presente de uma determinada quantia futura de dinheiro. Os números apresentados na Tabela A17.2(b) ilustram esse fato. Quando a taxa de juros aumenta para 8 por cento ao ano, o valor presente do primeiro computador diminui para $ 2.051 e, quando a taxa de juros aumenta para 12 por cento ao ano, o valor presente do primeiro computador diminui para $ 1.944.

Como uma empresa só investe se o valor presente líquido é positivo, com todos os outros fatores mantidos constantes, à medida que a taxa de juros aumenta, a quantidade demandada de capital diminui. Os cálculos apresentados na Tabela A17.2 geram a curva de demanda por capital da Taxfile, apresentada na Figura A17.1, que mostra o valor dos computadores demandados a cada taxa de juros. Quanto mais alta é a taxa de juros, menor é a quantia de capital *físico* demandada. Mas para financiar a compra de capital *físico* as empresas demandam capital *financeiro*. Deste modo, quanto mais alta é a taxa de juros, menor é a quantia de capital *financeiro* demandada.

Figura A17.1 Demanda da Taxfile por capital

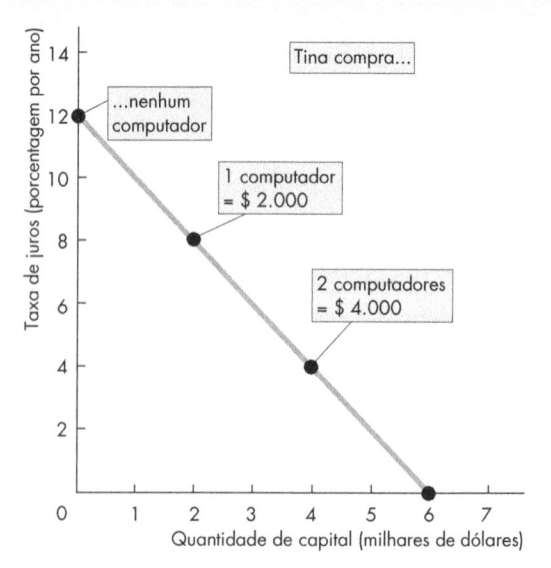

Quanto mais alta é a taxa de juros, menor é o valor presente de uma quantia futura de dinheiro e menor é a quantidade demandada de capital.

CENÁRIO BRASILEIRO

Mercado de trabalho no Brasil

Marcos Paulo de Oliveira[1]
Miguel Huertas Neto[2]

O Brasil possui uma população estimada em 187 milhões de habitantes, composta pelas etnias branca (49,7 por cento), parda (42,6 por cento), preta (6,9 por cento) e outras (0,8 por cento). Segundo os dados da Pesquisa Nacional por Amostra de Domicílios do Instituto Brasileiro de Geografia e Estatística (PNAD/IBGE) de 2006, da população total, 83,7 por cento forma a população com idade ativa (PIA), que é constituída por pessoas com dez anos ou mais de idade. Dentro da PIA, tem-se 97,5 milhões de pessoas que formam a população economicamente ativa (PEA); destas, 91,6 por cento estão ocupados e 8,4 por cento estão desocupados. Entre os desocupados e que estão procurando emprego, 71,7 por cento já trabalharam antes e 28,3 por cento nunca trabalharam e passam a pressionar o mercado de trabalho, diferentemente dos inativos, que não pressionam o mercado de trabalho devido ao fato de não estarem procurando emprego, como os aposentados, os estudantes entre outros, os quais totalizam 58,7 milhões de habitantes (37,6 por cento).

Ao olhar o mercado de trabalho através da PEA e por grandes regiões, percebe-se que 43,5 por cento dos trabalhadores ocupados e desocupados estão na Região Sudeste, 26,9 por cento na Região Nordeste, 14,9 por cento na Região Sul, 7,6 por cento na Região Norte e 7,1 por cento na Região Centro-Oeste. Do total de pessoas economicamente ativas, 56,3 por cento são do sexo masculino e 43,7 por cento são do sexo feminino, e a taxa de ocupação é maior entre os homens (68,2 por cento) e a de desocupação é maior entre as mulheres (11,0 por cento). Entre os ocupados, a faixa de idade com o maior número de trabalhadores é de 30 a 39 anos (24,3 por cento), seja do sexo masculino (23,5 por cento), seja do feminino (25,3 por cento). Já o número médio de anos de estudos de homens e de mulheres é de 7,2 anos e 8,2 anos, respectivamente. Porém, ao olharmos o rendimento médio do trabalho, os homens ganham R$ 998,00 e as mulheres R$ 714,00 mensais.

Segundo os grupamentos de atividade do trabalho principal, temos 19,3 por cento dos trabalhadores ocupados no setor agrícola, 14,8 por cento na indústria, 17,6 por cento no comércio e reparação, 13,3 por cento na educação, saúde, serviços sociais e outros serviços coletivos, sociais e pessoais, 8,3 por cento em transportes, armazenagem, comunicação, alojamento e alimentação, 7,6 por cento em serviços domésticos, 6,5 por cento na construção, 5 por cento na administração pública e 7,5 por cento em outras atividades. Já os maiores grupamentos ocupacionais do trabalho principal são os constituídos pelos trabalhadores da produção de bens e serviços e de reparação e manutenção (22,6 por cento), pelos trabalhadores dos serviços (19,8 por cento), pelos trabalhadores agrícolas (19,2 por cento), pelos vendedores e prestadores de serviço do comércio (10,0 por cento), pelos trabalhadores de serviços administrativos (8,4 por cento), pelos técnicos de nível médio (7,2 por cento), pelos profissionais das ciências e das artes (6,7 por cento), pelos dirigentes em geral (5,3 por cento) e pelos membros das forças armadas e auxiliares (0,7 por cento).

O mercado de trabalho brasileiro é caracterizado também por um elevado nível de informalidade da mão-de-obra. A partir da segunda metade do século XX até o início dos anos de 1980, o Brasil vivenciou uma bem-sucedida experiência de crescimento econômico e industrialização, baseada na ação do Estado e na grande empresa estrangeira.

Porém, foi nesse período de forte crescimento econômico, aumento do emprego industrial assalariado nas cidades, que o chamado setor informal tomou forma, devido, entre outros fatores, a um aumento da força de trabalho urbana desproporcional à capacidade de absorção dos segmentos modernos, impondo que parcelas expressivas da população ativa se mantivessem em ocupações de baixa produtividade (Dedecca, Baltar, 1997).

Assim, a nova estruturação da economia permitiu consolidar novos setores com níveis elevados de

---

[1] Economista, mestrando em Economia.
[2] Economista, mestrando em Economia.

produtividade, algumas vezes comparáveis aos padrões internacionais, reproduzindo, ao mesmo tempo, uma ampla gama de atividades de baixa eficiência (Tavares, 1981).

A partir de meados dos anos de 1980 e principalmente nos anos de 1990, a interrupção do crescimento econômico a taxas significativas reduziu a quantidade de postos de trabalho nos setores mais dinâmicos e de maior produtividade, desverticalizando boa parte dos processos produtivos e aumentando a rede de empresas subcontratadas, formadas, em parte, por ex-funcionários de grandes empresas que, então, passam a prestar serviços para seus antigos empregadores, sendo esse um dos movimentos conhecido como terceirização. Dessa forma, segundo os autores Dedecca e Baltar, "a nova dinâmica econômica alimenta o crescimento do setor informal, seja ao forçá-lo a absorver ex-assalariados de baixa qualificação em atividades bastante precárias, como o comércio ambulante e o serviço doméstico, seja ao estimular a formação de pequenos negócios sob a responsabilidade de ex-assalariados de melhor qualificação, cuja atividade fim é a prestação de serviços ou o fornecimento de produção ao setor organizado...".

Os dados da PNAD 2006 também mostram a situação da informalidade do mercado de trabalho. No Brasil, apenas 33,8 por cento dos ocupados tinham carteira de trabalho assinada, que somados ao militares e estatutários (servidores públicos) chega a um percentual próximo de 40 por cento apenas. É interessante notar as disparidades regionais deste tipo de indica-

Tabela I Pessoas de 10 anos ou mais de idade, ocupadas na semana de referência, por Grandes Regiões, segundo a atividade, a posição na ocupação e a categoria do emprego no trabalho principal em porcentagem

Atividade, posição na ocupação e categoria do emprego no trabalho principal	Pessoas de 10 anos ou mais de idade, ocupadas na semana de referência					
	Brasil	Grandes Regiões				
		Norte	Nordeste	Sudeste	Sul	Centro-Oeste
Agrícola (1)	**100,0**	**100,0**	**100,0**	**100,0**	**100,0**	**100,0**
Empregados (2)	27,6	21,2	23,9	45,1	15,3	39,7
Com carteira de trabalho assinada	9,2	3,7	4,7	21,0	6,3	18,1
Sem carteira de trabalho assinada	18,4	17,5	19,2	24,1	9,0	21,6
Conta própria	25,3	29,6	28,0	16,2	28,4	22,0
Empregadores	3,0	3,0	2,3	3,7	3,5	4,9
Não-remunerados	20,6	22,5	23,5	11,0	26,9	11,4
Trabalhadores na produção para o próprio consumo	23,4	23,7	22,3	24,0	25,9	22,0
Não-agrícola (1)	**100,0**	**100,0**	**100,0**	**100,0**	**100,0**	**100,0**
Empregados e trabalhadores domésticos (2)	72,3	65,1	67,2	75,1	73,1	73,7
Com carteira de trabalho assinada	39,7	25,2	26,9	46,0	46,0	36,5
Militares e estatutários	8,2	10,5	9,2	7,2	7,3	10,8
Outros sem carteira de trabalho assinada	24,4	29,3	31,1	21,8	19,7	26,4
Empregados (2)	62,8	56,3	57,2	65,6	65,1	62,8
Com carteira de trabalho assinada	37,1	24,0	25,4	42,8	43,5	33,6
Militares e estatutários	8,2	10,5	9,2	7,2	7,3	10,8
Outros sem carteira de trabalho assinada	17,5	21,8	22,5	15,6	14,3	18,3
Trabalhadores domésticos (2)	9,4	8,8	10,1	9,5	8,0	10,9
Com carteira de trabalho assinada	2,6	1,2	1,4	3,2	2,5	2,9
Sem carteira de trabalho assinada	6,9	7,5	8,6	6,2	5,4	8,1
Conta própria	20,2	25,8	25,1	18,0	18,3	19,0
Empregadores	4,8	3,4	3,5	5,2	5,9	5,2
Não-remunerados	2,6	5,6	3,9	1,6	2,5	2,0
Trabalhadores na construção para o próprio uso	0,2	0,1	0,2	0,2	0,2	0,2

Fonte: IBGE, Diretoria de Pesquisas, Coordenação de Trabalho e Rendimento, Pesquisa Nacional por Amostra de Domicílios 2005-2006. (1) Inclusive as pessoas sem declaração de posição na ocupação no trabalho principal. (2) Inclusive as pessoas sem declaração de categoria do emprego.

dor da informalidade. Na Região Nordeste, a soma de empregados com carteira assinada com militares e estatutários alcança apenas 25 por cento, já na Região Sudeste esse percentual é de 50 por cento. Na Tabela 1 estão os dados de posição de ocupação por grandes regiões, o que possibilita analisar a estrutura do mercado de trabalho brasileiro, em virtude da posição na ocupação e sua dinâmica formal e informal nas cinco regiões brasileiras.

REFERÊNCIAS

DEDECCA, C. S; BALTAR, P. E. A. *Mercado de trabalho e informalidade nos anos 90*. Estudos Econômicos, v. 27, São Paulo, 1997.

IBGE. *Pesquisa Nacional por Amostra de Domicílio (PNAD)*. Disponível em: www.ibge.gov.br. Acesso em: 15 jun. 2008.

TAVARES, M. C. *Problemas de industrialización avanzada en capitalismos tardios*. México: D.F., *Revista CIDE*, 1981.

QUESTÕES

1. Sobre os principais conceitos sobre o Mercado de Trabalho, descreva as diferenças entre PIA e PEA, e entre desocupados e pessoas que não estão ocupadas e a procura de emprego?

2. Podemos afirmar que no Mercado de Trabalho brasileiro não existe diferenças salariais em função do gênero do trabalhador?

3. Ao olhar somente os setores não agrícolas, podemos afirmar que a indústria ainda é o setor que possui o maior número de trabalhadores ocupados? Justifique.

4. Qual o principal critério utilizado pára diferenciar ocupações formais e informais? Com base na tabela 1, qual o percentual de trabalhadores informais no Brasil nos setores agrícola e não agrícola?

CAPÍTULO 18

Desigualdade econômica

Ao término do estudo deste capítulo, você saberá:

▸ Descrever a desigualdade na renda e na riqueza nos Estados Unidos em 2005 e as tendências dessa desigualdade.
▸ Explicar as características do mercado de trabalho que contribuem para a desigualdade econômica.
▸ Descrever a escala de redistribuição de renda promovida pelos governos.

Pobres e ricos

Seis por cento dos adultos da cidade de Los Angeles, cerca de 375 mil pessoas, não tiveram onde morar em algum momento nos últimos cinco anos. Nessa mesma região dos Estados Unidos se localiza Beverly Hills, com suas mansões que abrigam alguns astros do cinema incrivelmente abastados. Los Angeles não é incomum. Na cidade de Nova York, onde Donald Trump construiu um complexo de apartamentos de luxo com uma cobertura à venda por US$ 13 milhões, mais de 20 mil pessoas, 9 mil das quais são crianças, procuram todas as noites uma cama em um abrigo para pessoas sem teto. A extrema pobreza e a extrema riqueza coexistem em todas as grandes cidades dos Estados Unidos e na maioria das localidades do mundo.
Quantas pessoas ricas e pobres existem nos Estados Unidos? Como a renda e a riqueza são distribuídas? Será que os ricos estão ficando mais ricos e os pobres estão ficando mais pobres?
O que causa a desigualdade na distribuição de bem-estar econômico?
Quanta redistribuição o governo promove para limitar a pobreza extrema?

◆ Neste capítulo, estudaremos a desigualdade econômica – sua extensão, suas fontes e as ações adotadas pelos governos para atenuá-la. Começaremos analisando alguns fatos sobre a desigualdade econômica nos Estados Unidos. Ao final, na seção "Leitura das entrelinhas", examinaremos a variação da lacuna entre as rendas mais altas e mais baixas ao longo dos últimos 20 anos.

Mensurando a desigualdade econômica

A medida de desigualdade econômica mais comumente utilizada é a distribuição da renda anual. O Serviço de Recenseamento dos Estados Unidos define a renda como **renda monetária**, que equivale à *renda de mercado* mais pagamentos em dinheiro que o governo faz a indivíduos. A **renda de mercado** é igual aos salários, juros, aluguéis e lucros recebidos nos mercados de fatores antes do pagamento do imposto de renda.

A distribuição de renda

A Figura 18.1 mostra a distribuição da renda anual entre 113 milhões de indivíduos nos Estados Unidos em 2005. Observe que o eixo *x* mede a renda individual e o eixo *y* indica a porcentagem de indivíduos.
A renda individual mais comum, chamada de renda *modal*, foi recebida por 6,4 por cento dos indivíduos cuja renda variou de $ 10.000 a $ 15.000. O valor de $ 13.000 indicado na figura é uma estimativa.
O nível central da renda individual em 2005, chamado de renda *mediana*, foi de $ 46.326. Cinqüenta por cento dos indivíduos têm uma renda que excede a mediana, e 50 por cento têm uma renda abaixo da mediana.
A renda monetária individual média em 2005, chamada de renda *média*, foi de $ 63.344. Esse número é igual à renda individual total, cerca de $ 7,16 trilhões, dividida pelos 113 milhões de indivíduos.
Podemos observar na Figura 18.1 que a renda modal é menor que a renda mediana e que a renda mediana é menor que a renda média. Essa característica da distribuição de renda nos informa que há mais indivíduos com renda baixa do que com renda alta. E algumas dessas rendas altas são muito altas.
A distribuição de renda mostrada na Figura 18.1 é chamada de distribuição *positivamente assimétrica*, o que significa que o gráfico apresenta uma longa extremidade de valores elevados. Esse formato de distribuição contrasta

Figura 18.1 A distribuição de renda nos Estados Unidos em 2005

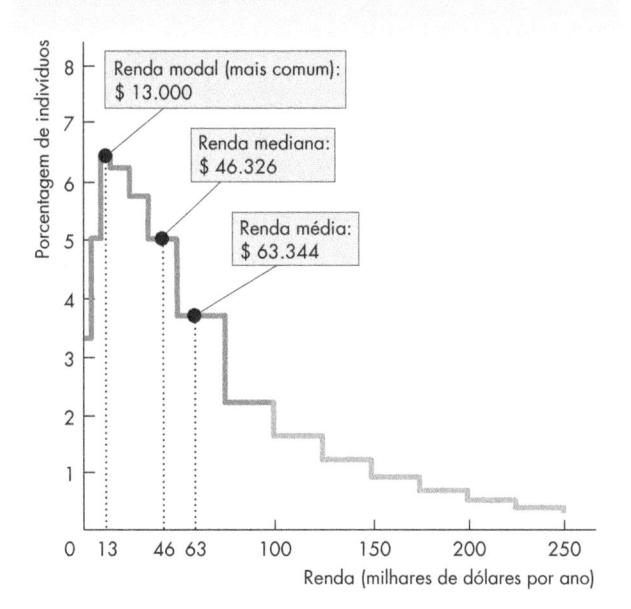

[Gráfico: Porcentagem de indivíduos vs. Renda (milhares de dólares por ano)]
- Renda modal (mais comum): $ 13.000
- Renda mediana: $ 46.326
- Renda média: $ 63.344

A distribuição de renda é positivamente assimétrica. A renda modal (a mais comum) é menor que a renda mediana, que, por sua vez, é menor que a renda média. O formato da distribuição acima de $ 100.000 é um indicativo, e não uma medida precisa, e a distribuição chega a vários milhões de dólares ao ano.

Fonte dos dados: U.S. Bureau of the Census, "Income, poverty, and health insurance coverage in the United States: 2005", *Current population reports,* P-60-231. Washington, D.C.: U.S. Government Printing Office, 2006.

Figura 18.2 Participação em quintis nos Estados Unidos em 2005

[Gráfico de barras: Porcentagem da renda total por quintil]

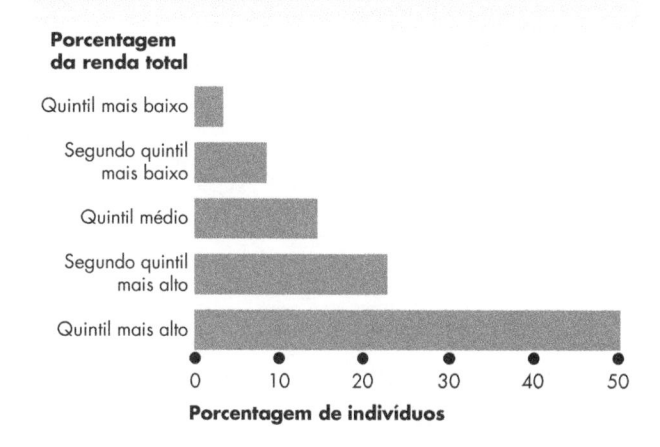

Indivíduos (porcentagem)	Renda (porcentagem da renda total)
Quintil mais baixo	3,4
Segundo quintil mais baixo	8,6
Quintil médio	14,6
Segundo quintil mais alto	23,0
Quintil mais alto	50,4

Em 2005, os indivíduos do quintil mais pobre receberam 3,4 por cento da renda total; o segundo quintil mais pobre recebeu 8,6 por cento; o quintil médio recebeu 14,6 por cento; o segundo quintil mais alto recebeu 23,0 por cento; e o quintil mais alto recebeu 50,4.

Fonte dos dados: U.S. Bureau of the Census, "Income, poverty, and health insurance coverage in the United States: 2005", *Current population reports,* P-60-231. Washington, D.C.: U.S. Government Printing Office, 2006.

com a distribuição em *forma de sino*, como a distribuição da altura das pessoas. Em uma distribuição em forma de sino, a média, a mediana e a modal são iguais.

Outra maneira de analisar a distribuição de renda é medir a porcentagem da renda total que cada parcela de indivíduos recebe. Há dados disponíveis para cinco grupos – chamados de *quintis* – cada um consistindo em 20 por cento dos indivíduos.

A Figura 18.2 mostra a distribuição baseada nesses grupos em 2005. Os indivíduos do quintil mais pobre receberam 3,4 por cento da renda total; o segundo quintil mais pobre recebeu 8,6 por cento da renda total; o quintil médio recebeu 14,6 por cento da renda total; o segundo quintil mais alto recebeu 23,0 por cento da renda total; e o quintil mais alto recebeu 50,4 por cento da renda total.

A distribuição de renda apresentada na Figura 18.1 e as participações nos quintis na Figura 18.2 nos indicam que a renda é distribuída de modo desigual. No entanto, precisamos de uma maneira de comparar a distribuição de renda em diferentes períodos, utilizando diferentes medidas. Uma boa ferramenta gráfica, chamada de *curva de Lorenz*, nos permite esse tipo de comparação.

A curva de Lorenz da renda

A **curva de Lorenz** da renda mostra graficamente a porcentagem acumulada da renda em relação à porcentagem acumulada de indivíduos. A Figura 18.3 apresenta a curva de Lorenz da renda utilizando as participações nos quintis descritas na Figura 18.2. A tabela mostra a porcentagem da renda de cada quintil. Por exemplo, a linha A nos informa que o quintil inferior de indivíduos recebe 3,4 por cento da renda total. A tabela também nos mostra as porcentagens *acumuladas* de indivíduos e renda. Por exemplo, a linha B nos informa que os dois quintis inferiores (40 por centomais baixos) recebem 12,0 por cento da renda total (3,4 por cento do quintil mais baixo e 8,6 por cento do segundo quintil mais baixo). A curva de Lorenz descreve as porções acumuladas de renda em relação às porcentagens acumuladas de indivíduos.

Se a renda fosse distribuída igualmente entre todos os indivíduos, cada quintil receberia 20 por cento da renda total e as porcentagens acumuladas de renda recebidas pelas porcentagens acumuladas de indivíduos estariam ao longo da linha reta, chamada de 'linha de igualdade'. A verdadeira distribuição de renda é mostrada pela curva chamada de 'curva de Lorenz da renda'. Quanto mais próxima da linha de igualdade a curva de Lorenz está, mais equitativa é a distribuição de renda.

Figura 18.3 A curva de Lorenz da renda em 2005

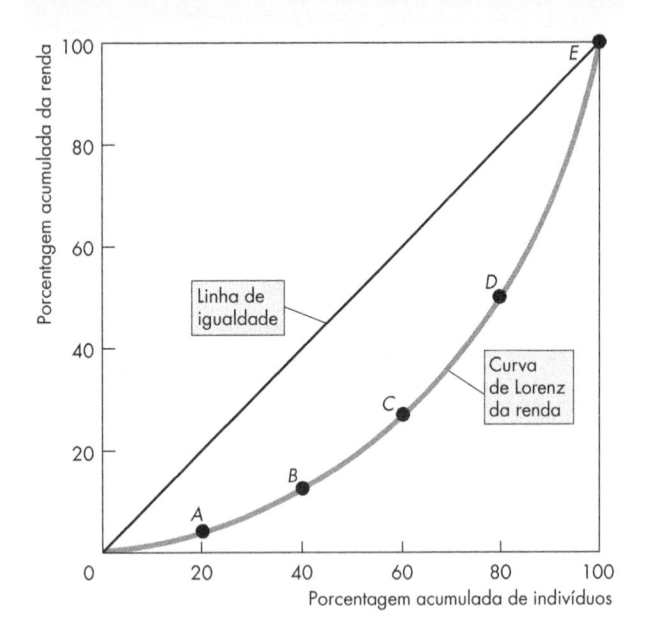

	Indivíduos		Renda	
	Porcentagem	Porcentagem acumulada	Porcentagem	Porcentagem acumulada
A	Quintil mais baixo	20	3,4	3,4
B	Segundo quintil mais baixo	40	8,6	12,0
C	Quintil médio	60	14,6	26,6
D	Segundo quintil mais alto	80	23,0	49,6
E	Quintil mais alto	100	50,4	100,0

A porcentagem acumulada da renda é mostrada graficamente em relação à porcentagem acumulada de indivíduos. Os pontos A a E da curva de Lorenz correspondem às linhas da tabela. Se a renda fosse distribuída igualmente, cada quintil de indivíduos receberia 20 por cento da renda total e a curva de Lorenz cairia ao longo da linha de igualdade. A curva de Lorenz mostra que a renda é distribuída de modo desigual.

Fonte dos dados: U.S. Bureau of the Census, "Income, poverty, and health insurance coverage in the United States: 2005", *Current population reports*, P-60-231. Washington, D.C.: U.S. Government Printing Office, 2006.

Figura 18.4 Curvas de Lorenz da renda e da riqueza

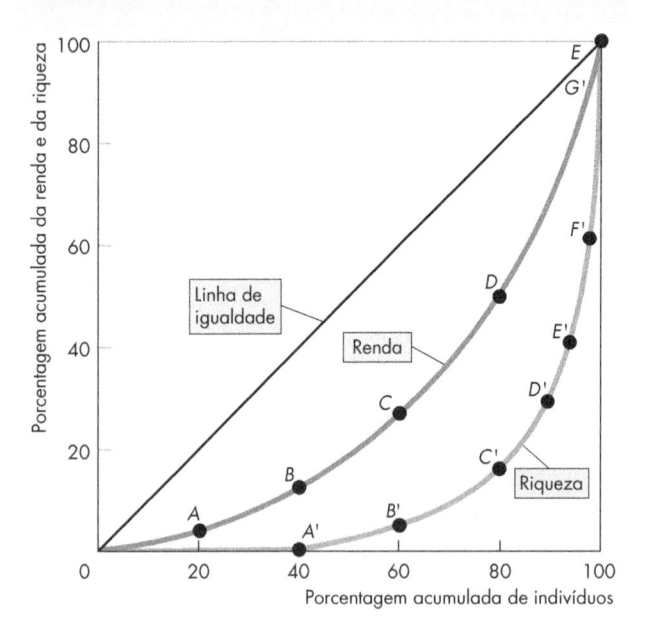

	Indivíduos		Renda	
	Porcentagem	Porcentagem acumulada	Porcentagem	Porcentagem acumulada
A'	40 inferiores	40	0,2	0,2
B'	Próximos 20	60	4,5	4,7
C'	Próximos 20	80	11,9	16,6
D'	Próximos 10	90	12,5	29,1
E'	Próximos 5	95	11,5	40,6
F'	Próximos 4	99	21,3	61,9
G'	1 mais alto	100	38,1	100,0

A porcentagem acumulada da riqueza é mostrada no gráfico em relação à porcentagem acumulada de indivíduos. Os pontos A' a G' da curva de Lorenz da riqueza correspondem às linhas da tabela. Por meio da comparação entre a curva de Lorenz de renda e a de riqueza, podemos notar que a riqueza é distribuída muito mais desigualmente do que a renda.

Fontes dos dados: U.S. Bureau of the Census, "Income, poverty, and health insurance coverage in the United States: 2005", *Current population reports*, P-60-231. Washington, D.C.: U.S. Government Printing Office, 2006, e Edward N. Wolff, "Recent trends in wealth ownership, 1938-1998", Jerome Levy Economics Institute Working Paper n. 300, abr. 2000.

A distribuição da riqueza

A distribuição da riqueza proporciona outra maneira de medir a desigualdade econômica. A **riqueza** de um indivíduo é o valor de tudo o que ele tem em determinado *momento*. Por outro lado, a renda é a quantia que o indivíduo recebe ao longo de determinado *período*.

A Figura 18.4 mostra a curva de Lorenz da riqueza nos Estados Unidos em 1998 (o ano mais recente para o qual há dados disponíveis de distribuição de riqueza). A riqueza individual mediana em 1998 foi de $ 60.700. A riqueza é distribuída de modo extremamente desigual e, por esse motivo, os dados são reunidos em sete grupos desiguais de indivíduos. Os 40 por cento de indivíduos mais pobres têm apenas 0,2 por cento da riqueza total (linha A' da tabela da Figura 18.4). Os 20 por cento dos indivíduos mais ricos têm 83,4 por cento da riqueza total. Como esse grupo detém quase toda a riqueza, precisamos segmentá-lo em subgrupos, os quais são representados pelas linhas D' a G'. Podemos notar que 1 por cento dos indivíduos mais ricos detém 38,1 por cento da riqueza total.

A Figura 18.4 mostra a curva de Lorenz da renda (da Figura 18.3) e a curva de Lorenz da riqueza. É possível notar que a curva de Lorenz da riqueza está muito mais distante da linha da igualdade do que a curva de Lorenz da renda, o que significa que a distribuição da riqueza é muito mais desigual do que a distribuição da renda.

Riqueza *versus* renda

Vimos que a riqueza é distribuída muito mais desigualmente do que a renda. Qual distribuição nos proporciona a melhor descrição do nível de desigualdade? Para respondermos a essa questão, precisamos pensar sobre a relação entre a riqueza e a renda.

A riqueza é um estoque de ativos, e a renda é o fluxo de rendimentos resultantes do estoque de riqueza. Suponha que uma pessoa tenha ativos no valor de $ 1 milhão – uma fortuna de $ 1 milhão. Se a taxa de retorno sobre os ativos é 5 por cento ao ano, essa pessoa recebe uma renda de $ 50.000 ao ano desses ativos. Podemos descrever as condições econômicas dessa pessoa utilizando a riqueza de $ 1 milhão ou a renda de $ 50.000. Com uma taxa de retorno de 5 por cento ao ano, $ 1 milhão de riqueza é igual a $ 50.000 de renda para sempre. A riqueza e a renda são simplesmente modos diferentes de observar o mesmo aspecto.

Mas, na Figura 18.4, a distribuição de riqueza é mais desigual do que a distribuição de renda. Por quê? Isso ocorre porque os dados sobre a riqueza não incluem o valor do capital humano, ao passo que os dados sobre a renda medem a renda proveniente de toda a riqueza, incluindo o capital humano.

A Tabela 18.1 ilustra as conseqüências da omissão do capital humano dos dados sobre a riqueza. Lee tem o dobro da riqueza e o dobro da renda que Peter tem, mas o capital humano de Lee é menor do que o de Peter – $ 200.000 em comparação com $ 499.000. A renda de Lee proveniente do capital humano, de $ 10.000, é menor do que a de Peter, de $ 24.950. O capital não humano de Lee é maior do que o de Peter – $ 800.000 em comparação com $ 1.000. A renda de Lee proveniente de capital não humano, de $ 40.000, é maior do que a de Peter, de $ 50.

Quando Lee e Peter respondem a um questionário de levantamento de riqueza e renda em âmbito nacional, a renda é registrada como $ 50.000 e $ 25.000, respectivamente, o que implica que Lee está em condições duas vezes melhores do que as de Peter. Os ativos tangíveis deles são registrados como $ 800.000 e $ 1.000, respectivamente, o que implica que Lee é 800 vezes mais abastado do que Peter.

Como o levantamento nacional da riqueza exclui o capital humano, a distribuição de renda é uma medida mais precisa da desigualdade econômica do que a distribuição de riqueza.

Renda anual ou vitalícia e riqueza?

Uma renda individual típica muda com o tempo. Ela começa em um nível baixo, atinge o pico quando os trabalhadores chegam à idade de se aposentar e diminui após a aposentadoria. Além disso, a riqueza individual típica também muda com o tempo. Como a renda, ela começa em um nível baixo, alcança o pico quando os trabalhadores atingem a idade de se aposentar e diminui após a aposentadoria.

Suponha que estejamos analisando três indivíduos com renda vitalícia idêntica. Um indivíduo é jovem, outro está na meia-idade e o terceiro é aposentado. O indivíduo de meia-idade tem a renda e a riqueza mais altas, o aposentado tem as mais baixas e o indivíduo jovem está entre os dois extremos. A distribuição da renda anual e da riqueza em determinado ano é desigual, mas a distribuição da renda vitalícia e da riqueza no mesmo período é igual. Assim, parte da desigualdade da renda anual resulta do fato de diferentes indivíduos estarem em diferentes estágios do ciclo de vida. Mas é possível ver *tendências* na distribuição de renda utilizando dados de renda anual.

Tendências na desigualdade

Para observarmos as tendências na distribuição de renda, precisamos de uma medida que nos permita classificar as distribuições em uma escala que vai do nível mais igual ao menos igual. Não existe uma escala perfeita, mas uma escala bastante utilizada é chamada de coeficiente de Gini. O **coeficiente de Gini** se baseia na curva de Lorenz e é igual à razão da área entre a linha de igualdade e a curva de Lorenz e da área total abaixo da linha de igualdade. Se a renda é igualmente distribuída, a curva de Lorenz é a mesma que a linha de igualdade, de modo que o coeficiente de Gini é zero. Se uma pessoa tem toda a renda e todas as outras não têm nada, o coeficiente de Gini é 1.

A Figura 18.5 mostra o coeficiente de Gini entre 1970 e 2005 nos Estados Unidos. Há rupturas nos dados em 1992 e 2000 porque, nesses anos, o Serviço de Recenseamento norte-americano mudou seu método de coleta de dados e suas definições, de modo que os dados antes e depois das rupturas não podem ser comparados. Apesar das rupturas na série, o coeficiente de Gini claramente aumentou, o que significa que, de acordo com essa medida, a renda se tornou menos igual.

A principal mudança é que a participação da renda recebida pelos 20 por cento de indivíduos mais ricos aumentou. Ninguém sabe ao certo por que essa tendência ocorreu, mas uma possibilidade que investigaremos na próxima seção é de que a mudança tecnológica tenha

Tabela 18.1	Capital, riqueza e renda			
	Lee		Peter	
	Riqueza	Renda	Riqueza	Renda
Capital humano	200.000	10.000	499.000	24.950
Outro capital	800.000	40.000	1.000	50
Total	$ 1.000.000	$ 50.000	$ 500.000	$ 25.000

Quando a riqueza é medida incluindo o valor do capital humano além de outras formas de capital, a distribuição da renda e a da riqueza mostram o mesmo grau de desigualdade.

Figura 18.5 O coeficiente de Gini nos Estados Unidos: 1970–2005

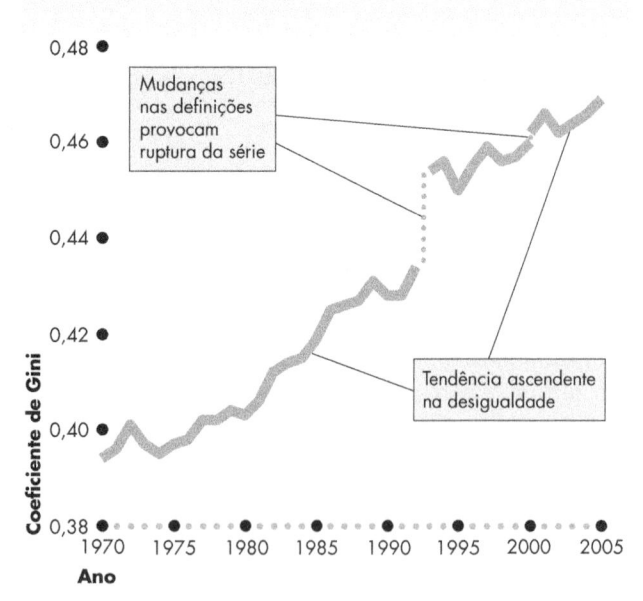

[Gráfico: Coeficiente de Gini versus Ano (1970-2005), mostrando tendência ascendente de aproximadamente 0,40 em 1970 para cerca de 0,47 em 2005. Anotações: "Mudanças nas definições provocam ruptura da série" e "Tendência ascendente na desigualdade".]

Mensurada pelo coeficiente de Gini, a distribuição de renda nos Estados Unidos se tornou mais desigual entre 1970 e 2005. A porcentagem da renda obtida pelos 20 por cento de indivíduos mais ricos aumentou ao longo desses anos. Mudanças nas definições fizeram com que os dados antes e depois de 1992 e antes e depois de 2000 não pudessem ser comparáveis. Apesar das rupturas nos dados, as tendências ainda são visíveis.

Fonte dos dados: U.S. Bureau of the Census, "Income, poverty, and health insurance coverage in the United States: 2005", *Current population reports*, P-60-231. Washington, D.C.: U.S. Government Printing Office, 2006.

aumentado o produto marginal de trabalhadores altamente qualificados e diminuído o produto marginal de trabalhadores de baixa qualificação.

Quem são os ricos e quem são os pobres?

As rendas mais altas dos Estados Unidos são obtidas por celebridades do cinema, astros do esporte e personalidades da televisão e também por executivos menos conhecidos, mas muito bem remunerados, de grandes corporações. As rendas mais baixas são obtidas por pessoas que sobrevivem de trabalho sazonal em propriedades agrícolas. Mas, tirando esses extremos, quais são as características de pessoas que ganham altas rendas e de pessoas que ganham baixas rendas?

Quatro características se destacam:

- Nível de instrução
- Tipo de domicílio
- Idade do chefe da família
- Raça e etnia

Nível de instrução A renda individual mediana nos Estados Unidos em 2005 foi de $ 46.326. O nível de instrução resultou na maior dispersão ao redor dessa mediana. Uma pessoa que não chegou ao primeiro ano do ensino médio vivia em um domicílio no qual a renda média era de $ 20.000 em 2005. No outro extremo, e mais uma vez em média, uma pessoa com especialização profissional (como um diploma de medicina ou direito) vivia em um domicílio no qual a renda média era de mais de $ 100.000. O simples fato de completar o ensino médio eleva a renda individual média em mais de $ 10.000 ao ano. Um diploma de graduação acrescenta mais $ 34.000 ao ano a uma renda individual, em média.

Tipo de domicílio O Serviço de Recenseamento dos Estados Unidos divide os domicílios em domicílios familiares e domicílios não familiares. A maioria dos domicílios não familiares é composta de pessoas solteiras que vivem sozinhas. Em 2005, homens que moravam sozinhos recebiam cerca de $ 34.000 em média. Mulheres que moravam sozinhas recebiam em média $ 23.000. Casais recebiam em média cerca de $ 66.000 em 2005. Por outro lado, homens com filhos e sem esposa presente recebiam $ 46.000, ao passo que mulheres com filhos e sem marido presente recebiam apenas $ 31.000.

Idade do chefe da família Nos Estados Unidos, domicílios com chefes de família mais velhos e mais novos têm rendas mais baixas do que aqueles com chefes de família na meia-idade. Em 2005, quando o chefe da família tinha entre 45 e 54 anos de idade, a renda individual era em média de $ 62.000. Quando o chefe da família tinha entre 35 e 45 anos, a renda individual era em média de $ 58.000. Quando o chefe da família tinha entre 15 e 24 anos, a renda individual média era de aproximadamente $ 29.000. Para chefes de família com mais de 65 anos, a renda individual média era de apenas $ 26.000.

Raça e etnia Em 2005, nos Estados Unidos, indivíduos brancos não latinos tinham uma renda média de $ 51.000, enquanto indivíduos negros tinham uma renda média de $ 31.000. Indivíduos de origem latina apresentavam condições um pouco melhores, com uma renda média de $ 36.000. Os que estavam em melhores condições eram os indivíduos orientais, com renda média de $ 61.000.

A Figura 18.6 proporciona um rápido resumo visual dos dados que acabamos de descrever. A figura também mostra o pequeno efeito que a região de residência tem sobre a renda per capita. As rendas foram mais altas no Nordeste e no Oeste dos Estados Unidos e mais baixas no Sul, com o Meio-Oeste posicionando-se entre esses dois extremos.

Pobreza

Em muitos países, indivíduos no extremo inferior da distribuição de renda são tão desprovidos de recursos que se considera que eles vivam na pobreza. A **pobreza** é uma situação na qual a renda familiar é baixa demais para comprar a quantidade de alimentos, abrigo e roupas considerada necessária. A pobreza é um conceito relativo. Em diversas partes do mundo, milhões de pessoas sobrevivem com renda de menos de $ 400 ao ano. Nos Estados Unidos, o nível de pobreza é calculado a cada ano pela Administração da Previdência Social. Em 2005, o nível de

Figura 18.6 A distribuição de renda per capita nos Estados Unidos por características individuais selecionadas em 2005

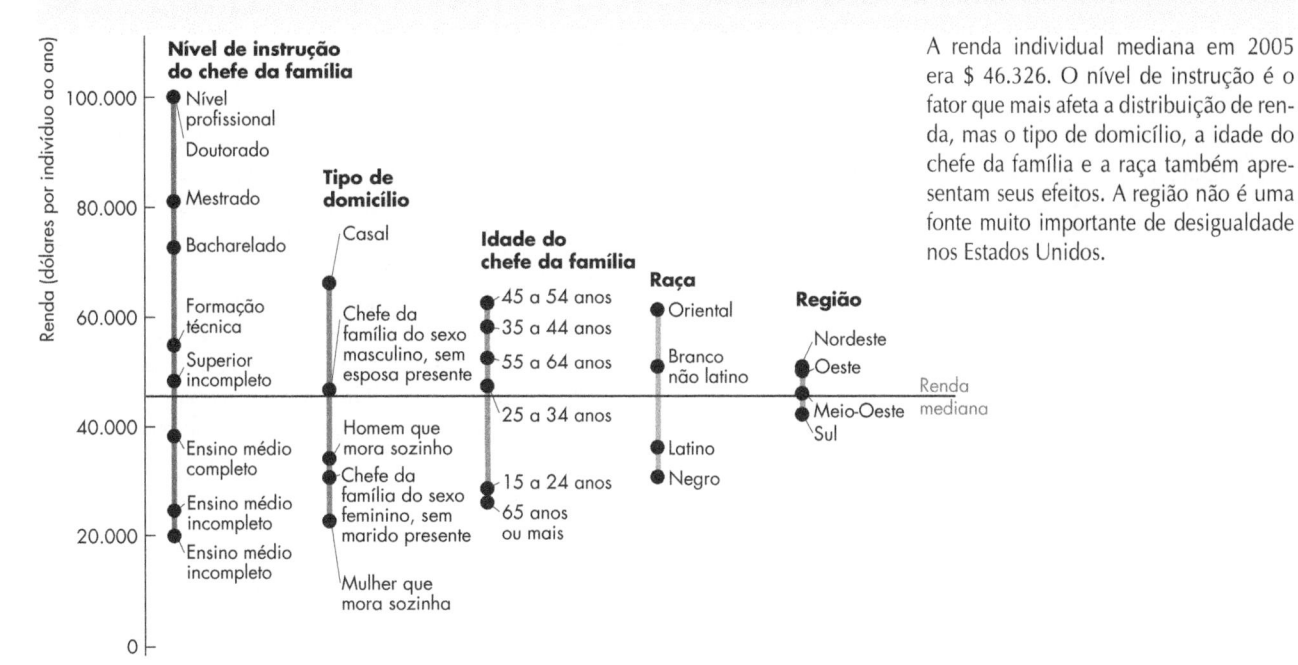

Nível de instrução do chefe da família
- 100.000 — Nível profissional
- Doutorado
- 80.000 — Mestrado
- Bacharelado
- 60.000 — Formação técnica
- Superior incompleto
- 40.000 — Ensino médio completo
- Ensino médio incompleto
- 20.000 — Ensino médio incompleto

Tipo de domicílio
- Casal
- Chefe da família do sexo masculino, sem esposa presente
- Homem que mora sozinho
- Chefe da família do sexo feminino, sem marido presente
- Mulher que mora sozinha

Idade do chefe da família
- 45 a 54 anos
- 35 a 44 anos
- 55 a 64 anos
- 25 a 34 anos
- 15 a 24 anos
- 65 anos ou mais

Raça
- Oriental
- Branco não latino
- Latino
- Negro

Região
- Nordeste
- Oeste
- Meio-Oeste
- Sul

Renda mediana

A renda individual mediana em 2005 era $ 46.326. O nível de instrução é o fator que mais afeta a distribuição de renda, mas o tipo de domicílio, a idade do chefe da família e a raça também apresentam seus efeitos. A região não é uma fonte muito importante de desigualdade nos Estados Unidos.

Fonte dos dados: U.S. Bureau of the Census, "Income, poverty, and health insurance coverage in the United States: 2005", *Current population reports*, P-60-231. Washington, D.C.: U.S. Government Printing Office, 2006.

pobreza para uma família de quatro pessoas era uma renda de $ 19.971. Naquele ano, 37 milhões de norte-americanos – 12,6 por cento da população – viviam em lares com renda abaixo do nível de pobreza. Muitas dessas famílias se beneficiavam do Medicare e do Medicaid, dois programas do governo norte-americano para ajudar as famílias mais pobres e colocá-las acima do nível de pobreza.

A distribuição da pobreza por raça é desigual: 8,5 por cento dos norte-americanos brancos não latinos vivem em famílias pobres, em comparação com 22 por cento de norte-americanos de origem latina e 25 por cento de afro-americanos. A pobreza também é influenciada pela situação familiar. Mais de 31 por cento dos domicílios nos quais o chefe da família era uma mulher sem marido presente tinham renda abaixo do nível de pobreza.

Apesar da ampliação da distribuição de renda, as taxas de pobreza estão em queda.

QUESTÕES PARA REVISÃO

1. Qual distribuição é mais desigual: a da renda ou a da riqueza? Por quê? Qual delas representa a melhor medida?
2. A distribuição de renda se tornou mais igual ou mais desigual? Qual participação de quintil mudou mais?
3. Quais são as principais características das pessoas que ganham grandes rendas e das que ganham pequenas rendas?
4. O que é pobreza e como sua incidência varia de acordo com as diferentes raças?

As fontes da desigualdade econômica

Descrevemos a desigualdade econômica nos Estados Unidos. Agora, nossa tarefa é explicá-la. Iniciamos essa tarefa no Capítulo 17, quando estudamos as forças que influenciam a demanda e a oferta nos mercados de trabalho, capital e terra. Agora vamos aprofundar nossa compreensão dessas forças.

A desigualdade surge de resultados desiguais do mercado de trabalho e da propriedade desigual do capital. Começaremos examinando o mercado de trabalho e duas características que contribuem para as diferenças na renda:

- Capital humano
- Discriminação

Capital humano

Um assistente em um escritório de advocacia ganha menos de um décimo da quantia recebida pelo advogado que ele auxilia. Uma assistente cirúrgica ganha menos de um décimo da quantia recebida pelo cirurgião com o qual ela trabalha. Um caixa de banco ganha menos de um décimo da quantia recebida pelo presidente do banco. Essas diferenças nos rendimentos resultam de diferenças no capital humano.

Suponha que existam apenas dois níveis de capital humano, que chamaremos de trabalho altamente qualificado e trabalho de baixa qualificação. O trabalho de baixa qualificação pode representar o assistente do escritório de advocacia, a assistente cirúrgica ou o caixa de banco, e o trabalho altamente qualificado pode representar o advogado, o cirurgião ou o presidente do banco. Vamos analisar primeiro a demanda de mercado por esses dois tipos de trabalho.

A demanda por trabalho altamente qualificado e por trabalho de baixa qualificação Trabalhadores altamente qualificados podem executar tarefas que trabalhadores de baixa qualificação não realizariam bem ou talvez não fossem capazes de realizar. Imagine uma pessoa não treinada realizando uma cirurgia cardíaca. O trabalho altamente qualificado tem uma receita do produto marginal mais alta do que o trabalho de baixa qualificação. Como vimos no Capítulo 17, a curva de demanda por trabalho de uma empresa é a mesma que a curva de receita do produto marginal do trabalho.

A Figura 18.7(a) mostra as curvas de demanda por trabalho de alta e de baixa qualificação. A curva de demanda por trabalho altamente qualificado é D_A e a por trabalho de baixa qualificação é D_B. Em qualquer nível de emprego, as empresas estão dispostas a pagar um salário mais elevado a um trabalhador altamente qualificado do que a um trabalhador de baixa qualificação. A lacuna entre os dois salários mede a receita do produto marginal da habilidade; por exemplo, a um nível de emprego de 2.000 horas, as empresas estão dispostas a pagar $ 12,50 por hora a um trabalhador altamente qualificado e apenas $ 5 por hora a um trabalhador de baixa qualificação, uma diferença de $ 7,50 por hora. Desta maneira, a receita do produto marginal da habilidade é de $ 7,50 por hora.

A oferta de trabalho altamente qualificado e de trabalho de baixa qualificação O trabalho altamente qualificado contém mais capital humano do que o trabalho de baixa qualificação, e custa caro adquirir capital humano. O custo de oportunidade da aquisição de capital humano inclui gastos em estudos e livros, além de rendimentos reduzidos ou abandonados enquanto a habilidade está sendo adquirida. Quando uma pessoa estuda em tempo integral, esse custo representa os rendimentos totais dos quais ela abre mão. Mas algumas pessoas adquirem habilidades no próprio emprego – o treinamento no trabalho. Normalmente, um trabalhador que passa por treinamento no trabalho recebe um salário mais baixo do que alguém que realiza uma função comparável, mas não recebe treinamento. Neste caso, o custo da aquisição da habilidade é a diferença entre o salário pago à pessoa que não está sendo treinada e aquele pago à pessoa em treinamento.

A posição da curva de oferta do trabalho altamente qualificado reflete o custo da aquisição de capital humano. A Figura 18.7(b) mostra duas curvas de oferta: uma para o trabalho altamente qualificado e a outra para o trabalho de baixa qualificação. A curva de oferta do trabalho altamente qualificado é S_A e a do trabalho de baixa qualificação é S_B.

A curva de oferta de trabalho altamente qualificado se posiciona acima da curva de oferta de trabalho de baixa qualificação. A distância vertical entre as duas curvas de

Figura 18.7 Diferenciais de habilidades

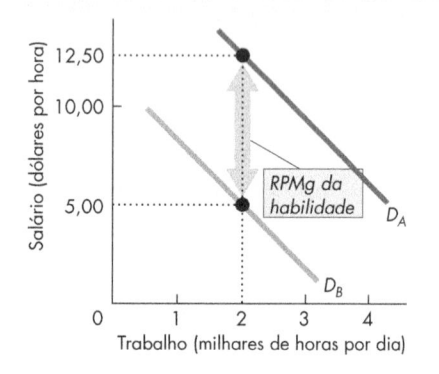

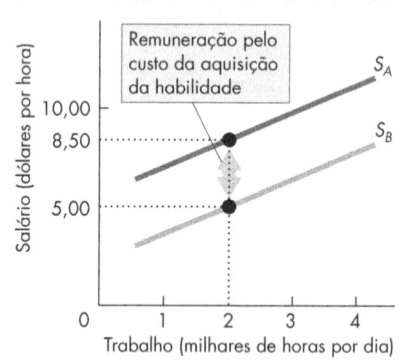

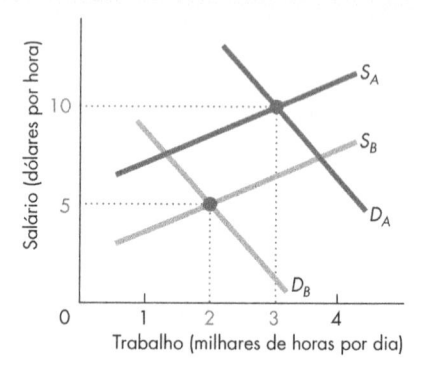

(a) Demanda por trabalho altamente qualificado e por trabalho de baixa qualificação

(b) Oferta de trabalho altamente qualificado e de trabalho de baixa qualificação

(c) Mercados de trabalho altamente qualificado e de trabalho de baixa qualificação

A parte (a) ilustra a receita do produto marginal da habilidade. O trabalho de baixa qualificação tem uma receita do produto marginal que gera a curva de demanda indicada por D_B. O trabalho altamente qualificado tem uma receita do produto marginal mais alta do que a do trabalho de baixa qualificação, de modo que a curva de demanda por trabalho altamente qualificado, D_A, está posicionada à direita da curva D_B. A distância vertical entre as duas curvas é a receita do produto marginal da habilidade.

A parte (b) ilustra o custo da aquisição da habilidade. A curva de oferta de trabalho de baixa qualificação é S_B. A curva de oferta de trabalho altamente qualificado é S_A. A distância vertical entre as duas curvas é a remuneração exigida pelo custo da aquisição de uma habilidade.

A parte (c) mostra a quantidade de equilíbrio de trabalho e a diferença salarial. Trabalhadores de baixa qualificação fornecem 2.000 horas de trabalho por um salário de $ 5 por hora. Trabalhadores altamente qualificados fornecem 3.000 horas de trabalho por um salário de $ 10 por hora.

oferta é a remuneração que o trabalho altamente qualificado requer pelo custo da aquisição da habilidade. Por exemplo, suponha que a quantidade ofertada de trabalho de baixa qualificação seja de 2.000 horas a um salário de $ 5 por hora. Esse salário remunera os trabalhadores de baixa qualificação principalmente pelo tempo que passam no trabalho. Para induzir trabalhadores altamente qualificados a ofertar 2.000 horas de trabalho, as empresas devem pagar um salário de $ 8,50 por hora.

Salários para o trabalho altamente qualificado e para o de baixa qualificação A demanda e a oferta de trabalho altamente qualificado e de baixa qualificação determinam os dois salários. A Figura 18.7(c) apresenta as curvas de demanda e as curvas de oferta do trabalho de alta e de baixa qualificação juntas. O equilíbrio ocorre no mercado de trabalho de baixa qualificação (nas curvas de oferta e demanda cinza-claro) a um salário de $ 5 por hora e uma quantidade de trabalho de baixa qualificação de 2.000 horas. O equilíbrio ocorre no mercado de trabalho de alta qualificação (nas curvas de oferta e demanda cinza-escuro) a um salário de $ 10 por hora e uma quantidade de trabalho de alta qualificação de 3.000 horas.

O salário de equilíbrio do trabalho altamente qualificado é superior ao do trabalho de baixa qualificação por duas razões. Em primeiro lugar, o trabalho altamente qualificado tem uma receita do produto marginal maior do que a do trabalho de baixa qualificação, assim, a determinado salário, a quantidade demandada de trabalho altamente qualificado excede a de trabalho de baixa qualificação. Em segundo lugar, custa caro adquirir as habilidades, assim, a determinado salário, a quantidade ofertada de trabalho altamente qualificado é menor do que a de trabalho de baixa qualificação. A diferença salarial (neste caso, $ 5 por hora) depende tanto da receita do produto marginal da habilidade quanto do custo da aquisição dela. Quanto maior é a receita do produto marginal de uma habilidade ou quanto mais cara é a aquisição dela, maior é a diferença salarial entre o trabalho altamente qualificado e o de baixa qualificação.

A educação e o treinamento compensam? Estima-se que as taxas de retorno sobre os estudos no ensino médio e no superior variem de 5 a 10 por cento ao ano, depois de levar em conta a inflação, o que sugere que um diploma de ensino superior é um investimento melhor do que praticamente todos os outros.

A desigualdade explicada pelas diferenças de capital humano As diferenças do capital humano ajudam a explicar parte da desigualdade que observamos.

Nos Estados Unidos, indivíduos de alta renda tendem a ser mais instruídos, de meia-idade, orientais ou brancos não latinos e casados (veja a Figura 18.6). As diferenças no capital humano se correlacionam com essas características. O nível de instrução apresenta contribuição direta para o capital humano. A idade apresenta contribuição indireta para o capital humano, porque trabalhadores mais velhos têm mais experiência do que trabalhadores mais novos. As diferenças no capital humano também podem explicar uma pequena parcela da desigualdade associada ao sexo e à raça. Uma proporção maior de homens (25 por cento) do que de mulheres (20 por cento) completou quatro anos de ensino superior, e uma proporção maior de brancos não latinos (24 por cento) do que de negros (13 por cento) tem pelo menos nível superior completo. Essas diferenças nos níveis de instrução entre os sexos e as raças estão diminuindo, mas ainda não foram eliminadas.

Interrupções na carreira podem reduzir o capital humano. Uma pessoa (com mais freqüência uma mulher) que interrompe a carreira para cuidar dos filhos normalmente volta à força de trabalho com uma capacidade de remuneração menor do que a de uma pessoa do mesmo nível que continuou a trabalhar. De modo similar, uma pessoa que passou por um período de desemprego geralmente encontra um novo emprego com um salário inferior ao de uma pessoa do mesmo nível que não ficou desempregada.

Tendências na desigualdade explicadas pela mudança tecnológica e pela globalização Vimos que indivíduos de alta renda detêm uma parcela cada vez maior da renda total, ao passo que indivíduos de baixa renda ganham uma parcela cada vez menor. A distribuição de renda nos Estados Unidos se tornou mais desigual, e a mudança tecnológica e a globalização são duas possíveis razões para explicar essa maior desigualdade.

Mudança tecnológica As tecnologias da informação, como computadores e leitores ópticos, são *substitutos* do trabalho de baixa qualificação: elas realizam tarefas que antes eram executadas pelo trabalho de baixa qualificação. A introdução dessas tecnologias reduziu o produto marginal e a demanda por trabalho de baixa qualificação. Essas mesmas tecnologias requerem que trabalhadores altamente qualificados as projetem, programem e operem. O trabalho altamente qualificado e as tecnologias da informação são *complementares*. Assim, a introdução dessas tecnologias aumentou o produto marginal e a demanda por trabalho altamente qualificado.

A Figura 18.8 ilustra os efeitos sobre os salários e o emprego. A oferta de trabalho de baixa qualificação, mostrada na parte (a), e a do trabalho altamente qualificado, mostrada na parte (b), é S e inicialmente a demanda em cada mercado é D_0. O salário do trabalho de baixa qualificação é $ 5 por hora, e o do trabalho altamente qualificado é $ 10 por hora. A demanda por trabalho de baixa qualificação diminui para D_1 na parte (a), e a demanda por trabalho de alta qualificação aumenta para D_1 na parte (b). O salário do trabalho de baixa qualificação diminui para $ 4 por hora, e o do trabalho de alta qualificação aumenta para $ 15 por hora.

Globalização A entrada da China e de outros países em desenvolvimento na economia global reduziu os preços de muitos produtos manufaturados. Preços mais baixos para o que uma empresa vende reduzem a receita do produto marginal dos trabalhadores da empresa e a demanda pelo trabalho deles. Ocorre uma situação como a apresentada na Figura 18.8(a) – o salário e a quantidade de trabalho diminuem.

Figura 18.8 Explicando a tendência na distribuição de renda

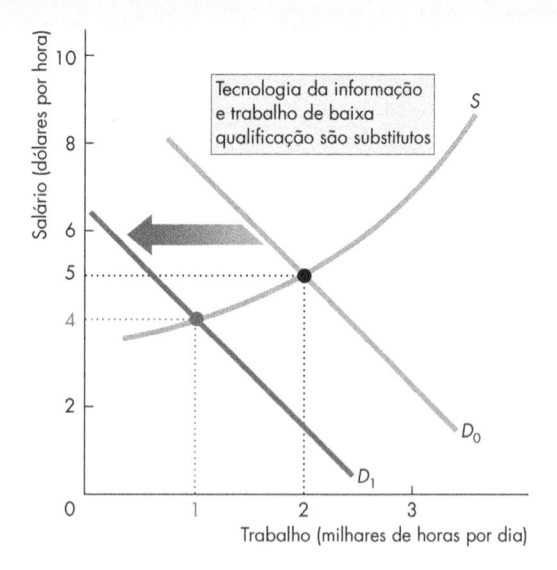

(a) Uma queda da demanda por trabalho de baixa qualificação

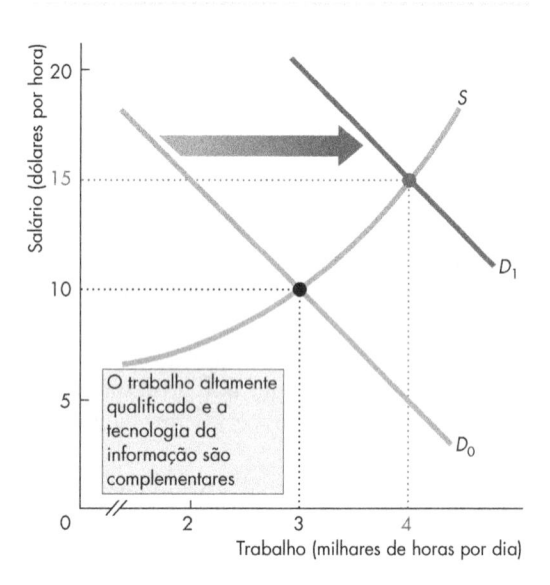

Tecnologia da informação e trabalho de baixa qualificação são substitutos

(b) Aumento da demanda por trabalho altamente qualificado

O trabalho altamente qualificado e a tecnologia da informação são complementares

O trabalho de baixa qualificação representado na parte (a) e as tecnologias da informação são substitutos. Avanços da tecnologia da informação diminuem a demanda por mão-de-obra menos qualificada e reduzem seu salário. O trabalho altamente qualificado representado na parte (b) e as tecnologias da informação são complementares. Avanços na tecnologia da informação aumentam a demanda por trabalho altamente qualificado e elevam seu salário.

Ao mesmo tempo, a crescente economia global eleva a demanda por serviços que empregam trabalhadores altamente qualificados, e a receita do produto marginal do trabalho altamente qualificado e a demanda por ele aumentam. Ocorre uma situação como a apresentada na Figura 18.8(b) – o salário aumenta, e as oportunidades de emprego para trabalhadores altamente qualificados se expandem.

Discriminação

As diferenças do capital humano podem explicar parte da desigualdade econômica que observamos. A discriminação é outra fonte possível de desigualdade.

Suponha que mulheres negras e homens brancos não latinos tenham habilidades idênticas como consultores de investimento. A Figura 18.9 mostra as curvas de oferta de mulheres negras, S_{MN}, na parte (a), e de homens brancos não latinos, S_{HB}, na parte (b). As receitas do produto marginal de consultores de investimento mostradas pelas duas curvas intituladas $RPMg$ nas partes (a) e (b) são as mesmas para os dois grupos.

Se não há preconceito contra sexo e raça, o mercado determina um salário de $ 40.000 ao ano para consultores de investimento, mas, se os clientes são preconceituosos sobre as mulheres e minorias étnicas, esse preconceito se reflete no salário e no emprego.

Suponha que a receita do produto marginal percebida para mulheres negras, o grupo prejudicado pela discriminação, seja $RPMg_{PD}$. Suponha que a receita do produto marginal percebida para homens brancos não latinos, o grupo favorecido pela discriminação, seja $RPMg_{FD}$. Com essas curvas de $RPMg$, as mulheres negras ganham $ 20.000 ao ano, e somente 1.000 mulheres negras trabalham como consultoras de investimento. Os homens brancos não latinos ganham $ 60.000 ao ano, e 3.000 deles trabalham como consultores de investimento.

Forças neutralizadoras Os economistas discordam sobre a possibilidade de o preconceito de fato criar diferenças salariais, e uma linha de raciocínio implica que isso não acontece. No exemplo anterior, os clientes que compram os serviços de homens brancos não latinos pagam mais por consultoria de investimento do que os clientes que compram os mesmos serviços de mulheres negras. Essas diferenças no preço funcionam como um incentivo para encorajar as pessoas que têm preconceito a comprar das pessoas contra as quais elas têm esse preconceito. Essa força poderia ser forte o suficiente para eliminar totalmente os efeitos da discriminação. Suponha, como ocorre na manufatura, que os clientes de uma empresa nunca encontrem os trabalhadores. Se uma empresa como essa pratica a discriminação contra mulheres ou minorias, ela não terá como competir com empresas que contratam esses grupos porque seus custos serão maiores do que os de empresas que não praticam essa discriminação. Só as empresas que não praticam a discriminação sobrevivem em uma indústria competitiva.

Independentemente da discriminação ou de qualquer outra razão, as mulheres e as minorias visíveis ganham rendas mais baixas do que homens brancos não latinos. Outra razão possível para os salários inferiores das mulheres surge das diferenças entre mulheres e homens no grau relativo de especialização.

Figura 18.9 Discriminação

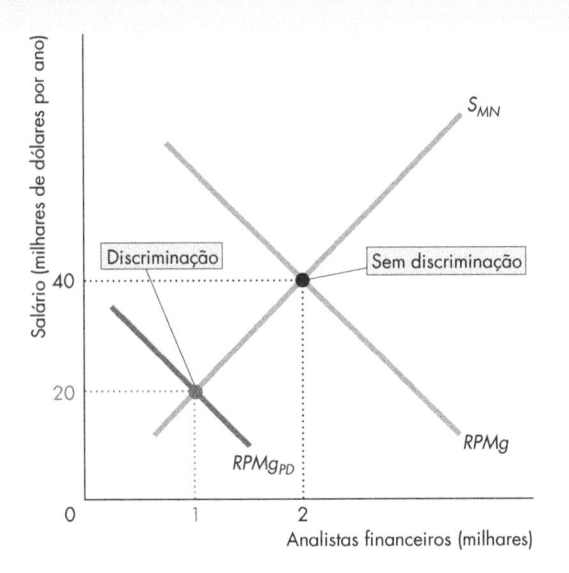

(a) Mulheres negras

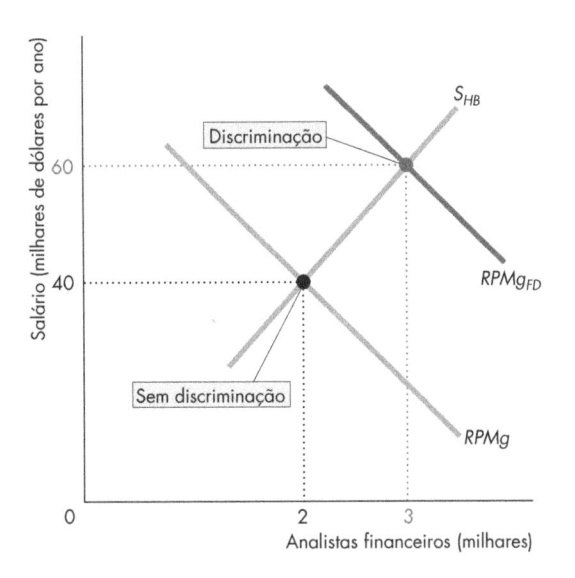

(b) Homens brancos não latinos

Na ausência de discriminação, o salário é $ 40.000 ao ano e são contratadas 2.000 pessoas de cada grupo. Na presença de discriminação contra negros e mulheres, a curva da receita do produto marginal na parte (a) é $RPMg_{PD}$ e a da parte (b) é $RPMg_{FD}$. O salário das mulheres negras diminui para $ 20.000 ao ano, e apenas 1.000 são empregadas. O salário dos homens brancos não latinos aumenta para $ 60.000 ao ano, e 3.000 são empregados.

Diferenças no grau de especialização Os casais devem escolher como alocar seu tempo ao trabalho por um salário e à realização de tarefas domésticas, como cozinhar, limpar, fazer compras, organizar as férias e, o mais importante, criar os filhos. Vamos analisar as escolhas de Bob e Sue.

Bob pode se especializar no recebimento de uma renda e Sue nos cuidados da casa. Ou Sue pode se especializar na obtenção de uma renda e Bob nos cuidados da casa. Ou ambos podem ganhar uma renda e compartilhar as tarefas domésticas.

A alocação que eles escolhem depende de suas preferências e do potencial de cada um deles de obter rendimento. A escolha de um número cada vez maior de famílias é que cada um deles tanto ganhe uma renda quanto execute algumas tarefas domésticas. Mas, como na maioria das famílias, Bob se especializará na obtenção de uma renda e Sue ganhará uma renda e ao mesmo tempo se responsabilizará pela maior parte das tarefas domésticas. Com essa alocação, Bob provavelmente ganhará mais do que Sue. Se Sue empregar tempo e esforço para garantir o bem-estar mental e físico de Bob, a qualidade do trabalho oferecido por Bob no mercado será superior à qualidade que ele poderia oferecer se não se especializasse. Se os papéis fossem invertidos, Sue seria capaz de ofertar trabalho ao mercado com um rendimento superior ao de Bob.

Para saber se o nível de especialização responde pelas diferenças de rendimentos entre os sexos, os economistas compararam a renda de homens e mulheres que nunca foram casados. Eles descobriram que, em média, com quantidades iguais de capital humano, os salários desses dois grupos eram iguais.

Já investigamos algumas fontes de desigualdade no mercado de trabalho. Vamos examinar agora o modo como a desigualdade se origina da propriedade desigual de capital.

Riqueza desigual

Vimos que a desigualdade da riqueza (excluindo o capital humano) é muito maior do que a desigualdade da renda. Essa desigualdade é resultante da poupança e da transferência de riqueza de uma geração para a seguinte.

Quanto mais alta é a renda individual, mais esse indivíduo tende a poupar e transferir riqueza para a geração seguinte. A poupança nem sempre é uma fonte de maior desigualdade. Se um indivíduo poupa para redistribuir uma renda desigual ao longo de seu ciclo de vida e permitir que o consumo flutue menos do que a renda, a poupança diminui a desigualdade. Se uma geração afortunada que tem uma alta renda poupa grande parte dessa renda e deixa capital para uma geração seguinte que não seja tão afortunada, esse ato de poupar também reduz o nível de desigualdade. Mas duas características de transferência de riqueza de uma geração para outra levam a uma maior desigualdade: as pessoas não podem herdar dívidas, e o casamento tende a concentrar a riqueza.

Impossibilidade de herdar dívidas Apesar de uma pessoa poder morrer com dívidas – com riqueza negativa –, uma dívida não pode ser imposta à geração seguinte de uma família. Assim, a herança só pode aumentar a riqueza de uma geração futura, e não diminuí-la.

A maioria das pessoas não herda nada ou herda uma quantia muito pequena. Algumas pessoas herdam uma enorme fortuna. Como resultado, as transferências entre gerações fazem com que a distribuição de renda seja cada vez mais desigual do que a distribuição de capacidade e de habilidades profissionais. Uma família que seja pobre em uma geração tem maior probabilidade de ser pobre na próxima. Uma família abastada em uma geração tem maior probabilidade de ser abastada na próxima. O casamento reforça essa tendência.

Casamento e concentração de riqueza As pessoas tendem a se casar com outras de seu próprio nível socioeconômico – um fenômeno chamado de *acasalamento seletivo*. Na linguagem cotidiana, "os semelhantes se atraem". Apesar da crença de que "os opostos se atraem", pode ser que esses contos de fadas nos pareçam tão interessantes por ser tão raros na realidade. Pessoas abastadas buscam parceiros abastados.

Devido ao acasalamento seletivo, a riqueza se concentra cada vez mais em um pequeno número de famílias, e a distribuição da riqueza se torna cada vez mais desigual.

QUESTÕES PARA REVISÃO

1 Qual é o papel do capital humano na desigualdade de renda?
2 Qual é o possível papel da discriminação na desigualdade de renda?
3 Quais são as possíveis razões para a desigualdade de renda se dever ao sexo e à raça?
4 Como a mudança tecnológica e a globalização podem influenciar a distribuição de renda?
5 Como a riqueza herdada faz com que a distribuição de renda seja menos ou mais igualitária?
6 Por que a desigualdade de riqueza persiste de uma geração para outra?

Veremos, em seguida, como os impostos e os programas do governo redistribuem a renda e reduzem o nível de desigualdade econômica.

Redistribuição de renda

As três principais maneiras de os governos dos Estados Unidos redistribuírem renda são:

- Impostos sobre a renda
- Programas de manutenção de renda
- Serviços subsidiados

Impostos sobre a renda

Os impostos sobre a renda podem ser progressivos, regressivos ou proporcionais. Um **imposto de renda progressivo** é aquele que taxa a renda a uma alíquota média que aumenta com o nível da renda. Um **imposto de renda regressivo** é aquele que taxa a renda a uma alíquota média que diminui com o nível da renda. Um **imposto de renda proporcional** (também chamado de *imposto de renda de alíquota fixa*) é aquele que taxa a renda a uma alíquota média constante, independentemente do nível da renda.

As alíquotas tributárias que se aplicam nos Estados Unidos são compostas de duas partes: impostos federais e estaduais. Algumas cidades, como Nova York, também têm um imposto sobre a renda. Os detalhes dos impostos cobrados em cada estado variam, mas o sistema tributário, tanto no nível federal quanto no estadual, é progressivo. Os trabalhadores mais pobres recebem dinheiro do governo por meio de uma transferência de crédito tributário. Os indivíduos de renda mais alta pagam, sucessivamente, 10 por cento, 15 por cento, 25 por cento, 28 por cento, 33 por cento e 35 por cento de cada unidade monetária adicional recebida.

Programas de manutenção de renda

Três principais tipos de programa redistribuem a renda por meio de pagamentos diretos (em dinheiro, serviços ou *vouchers*) a pessoas no nível inferior da distribuição de renda. São eles:

- Programas de previdência social
- Seguro-desemprego
- Programas de assistência social

Programas de previdência social O principal programa de previdência social nos Estados Unidos é o Old Age, Survivors, Disability and Health Insurance (OASDHI – Seguro para Pessoas Doentes, Idosas, Viúvas, Órfãos e Deficientes). Pagamentos mensais em dinheiro para trabalhadores incapacitados ou aposentados ou viúvos e órfãos sobreviventes são financiados por meio de impostos compulsórios descontados diretamente na fonte e cobrados tanto dos empregadores quanto dos empregados. Em 2005, os gastos totais em previdência social foram de $ 550 bilhões e o pagamento mensal padrão de previdência social para um casal era de pouco mais que $ 1.000.

O outro componente da previdência social é o Medicare, que fornece seguro de saúde e hospitais para os idosos e incapacitados.

Seguro-desemprego Com o objetivo de proporcionar uma renda para trabalhadores desempregados, cada estado norte-americano criou um programa de seguro-desemprego. Nesses programas, um imposto é pago com base na renda de cada trabalhador que faz parte do respectivo programa e esses trabalhadores recebem um benefício caso fiquem desempregados. Os detalhes dos benefícios variam de um estado para outro.

Programas de assistência social O objetivo dos programas de assistência social é proporcionar renda para pessoas que não estão qualificadas para a previdência social ou para o seguro-desemprego. São eles:

1. Programa Supplementary Security Income (SSI – Renda Suplementar da Previdência), criado para ajudar as pessoas idosas, incapacitadas e cegas mais necessitadas.
2. Programa Temporary Assistance for Needy Households (TANF – Assistência Temporária para Famílias Carentes), elaborado para pessoas com recursos financeiros insuficientes.

3. Programa de Food Stamp (vale-alimentação), elaborado para ajudar os indivíduos mais pobres a obter a dieta básica.
4. Medicaid, desenvolvido para cobrir os custos da assistência médica para indivíduos que recebem ajuda dos programas SSI e TANF.

Serviços subsidiados

Grande parte da redistribuição é promovida nos Estados Unidos por meio da provisão de serviços subsidiados – serviços oferecidos pelo governo a preços abaixo do custo de produção. Os contribuintes que consomem esses bens e serviços recebem uma transferência em espécie dos contribuintes que não os consomem. As duas áreas mais importantes nas quais esse tipo de redistribuição é promovido são a assistência médica e a educação – tanto os ensinos fundamental e médio quanto o ensino superior.

Em 2005-2006, os estudantes matriculados no sistema educacional da Universidade da Califórnia pagaram anuidades de $ 6.780. O custo do fornecimento de um ano de educação na Universidade da Califórnia provavelmente foi de cerca de $ 20.000. Deste modo, indivíduos matriculados em uma dessas instituições receberam um benefício do governo de mais de $ 13.000 ao ano.

A provisão pública de serviços de cuidados médicos se expandiu para a escala da provisão privada. Programas como o Medicaid e o Medicare proporcionam cuidados médicos de alta qualidade e alto custo a milhões de pessoas que não recebem o suficiente para pagar por esses serviços.

A escala da redistribuição de renda

A *renda de mercado* de um indivíduo nos informa quanto ele ganha quando não há redistribuição promovida pelo governo. Vimos que a renda de mercado *não* é a base oficial para mensurar a distribuição de renda que utilizamos da Figura 18.1 até a 18.6. A medida utilizada pelo Serviço de Recenseamento é a *renda monetária* (a renda de mercado mais transferências em dinheiro do governo). Mas a renda de mercado é o ponto de partida correto para mensurar a escala de redistribuição de renda.

Começamos com a renda de mercado e depois subtraímos impostos e adicionamos quantias recebidas em benefícios. O resultado é a distribuição de renda depois dos impostos e dos benefícios. Os dados disponíveis sobre os benefícios excluem o valor de serviços subsidiados, como ensino superior, de modo que a distribuição resultante pode ser menor que o montante total de redistribuição dos ricos aos pobres.

A Figura 18.10 mostra a escala de redistribuição em 2001, o ano mais recente para o qual o Serviço de Recenseamento divulgou esses dados. Na parte (a), a curva de Lorenz cinza-claro descreve a distribuição de renda do mercado e a curva de Lorenz cinza-escuro mostra a distribuição de renda depois de todos os impostos e benefícios, incluindo benefícios do Medicaid e do Medicare. (A curva de Lorenz baseada na renda monetária da Figura 18.3 está posicionada entre as duas curvas da Figura 18.10.)

Figura 18.10 Redistribuição de renda

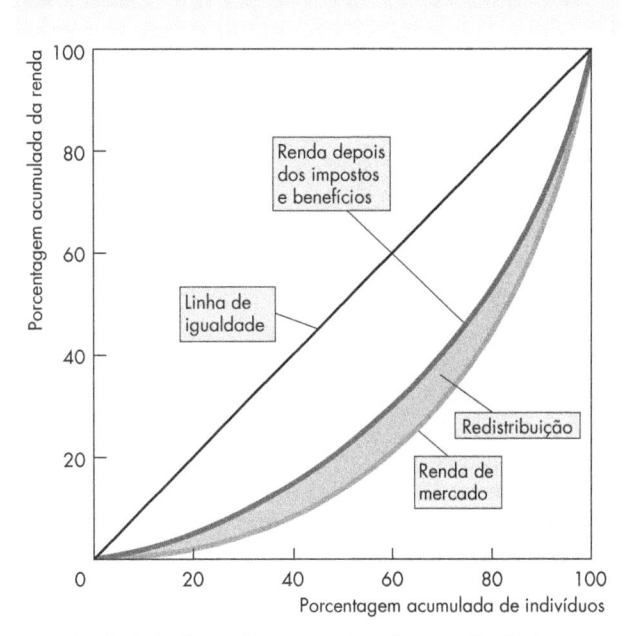

(a) Distribuição de renda antes e depois da redistribuição

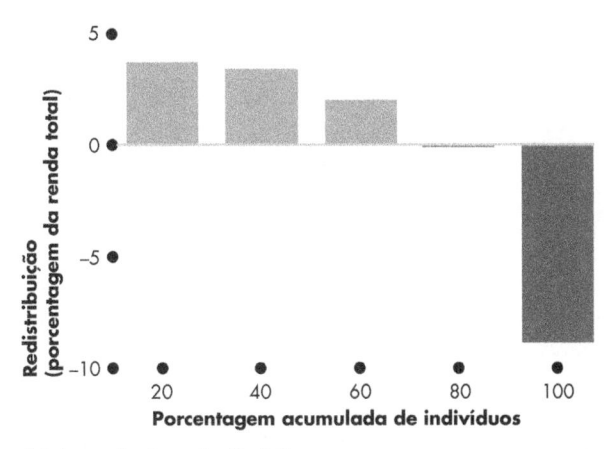

(b) A escala da redistribuição

Em 2001, o quintil de indivíduos com as rendas mais baixas recebeu benefícios líquidos que aumentaram sua parcela de renda total de 0,9 por cento para 4,6 por cento da renda de mercado depois dos impostos e benefícios. O quintil de indivíduos com as rendas mais altas pagou impostos que diminuíram sua parcela de 55,6 por cento para 46,7 por cento da renda de mercado depois dos impostos e benefícios.

Fonte dos dados: U.S. Bureau of the Census, "Money income in the United States: 2001", *Current population reports,* P-60-200. Washington, D.C.: U.S. Government Printing Office, 2003.

A distribuição depois dos impostos e benefícios é menos desigual do que a distribuição do mercado. O quintil inferior de indivíduos recebeu apenas 0,9 por cento de renda de mercado, mas 4,6 por cento de renda depois dos impostos e benefícios. O quintil superior de indivíduos recebeu 55,6 por cento de renda do mercado, mas somente 46,7 por cento de renda depois dos impostos e benefícios.

A Figura 18.10(b) indica a porcentagem da renda total redistribuída entre os cinco grupos. A participação da renda total recebida pelos 60 por cento inferiores de indivíduos aumentou, a recebida pelo quarto quintil quase não mudou, e a recebida pelo quintil superior diminuiu 8,9 por cento.

O grande *trade-off*

A redistribuição de renda cria o que tem sido chamado de o **grande *trade-off*** – a escolha entre equidade e eficiência. O grande *trade-off* surge porque a redistribuição utiliza recursos escassos e enfraquece os incentivos.

Uma unidade monetária coletada de uma pessoa rica não se traduz em uma unidade monetária recebida por uma pessoa pobre. Parte disso é consumida no processo de redistribuição. Órgãos de coleta de impostos como o Internal Revenue Service (Receita Federal norte-americana) e agências de assistência social (bem como contadores e advogados tributários) utilizam trabalho qualificado, computadores e outros recursos escassos para realizar seu trabalho. Quanto maior é a escala de redistribuição, maior é o custo de oportunidade da administração dela.

Mas o custo da coleta de impostos e dos pagamentos feitos em programas de assistência social representa uma pequena parcela do custo total da redistribuição. Um custo maior resulta da ineficiência (perda de peso morto) de impostos e benefícios. Uma maior igualdade pode ser atingida somente por meio de impostos sobre atividades produtivas, como o trabalho e a poupança. Os impostos sobre a renda das pessoas gerada por seu trabalho e poupança reduz a renda que elas recebem após os impostos. A renda mais baixa após os impostos induz as pessoas a trabalhar e poupar menos, o que, por sua vez, resulta em menor produção e menos consumo, não somente para os ricos que pagam os impostos, como também para os pobres que recebem os benefícios.

Não são apenas os contribuintes que recebem menos incentivos para trabalhar. As pessoas que recebem o benefício também têm incentivos menores. Na verdade, com os programas de assistência social anteriores à reforma de 1996, os menores incentivos para o trabalho eram os dos indivíduos que se beneficiavam da assistência social. Quando essas pessoas encontravam emprego, os benefícios eram retirados e elas deixavam de estar qualificadas para programas como o Medicaid, de modo que na verdade elas acabavam pagando um imposto de mais de 100 por cento sobre seus rendimentos. Esses programas prendiam os indivíduos em uma armadilha da assistência social.

Assim, órgãos que determinam a escala e os métodos de redistribuição de renda devem atentar para os efeitos dos incentivos sobre impostos e benefícios. Concluiremos este capítulo examinando uma forma de os legisladores enfrentarem o grande *trade-off* nos dias de hoje.

Um grande desafio para a assistência social Mulheres jovens que não completaram o segundo grau, que têm um filho (ou filhos), vivem sem um parceiro e muito provavelmente são negras ou latinas estão entre as pessoas mais pobres dos Estados Unidos hoje. Essas mulheres e seus filhos representam um grande desafio para a assistência social.

Para começar, o número dessas pessoas é grande. Em 2005 havia 14 milhões de famílias de mães solteiras. Esse número representa 12 por cento das famílias. Em 1997 (o ano mais recente com dados de censo disponíveis), as mães solteiras deveriam receber US$ 26 bilhões em assistência para cuidar dos filhos. Dessa quantia, US$ 10 bilhões não foram pagos, e 30 por cento das mulheres não receberam nenhuma ajuda do pai das crianças.

A solução de longo prazo para o problema dessas pessoas é educação e treinamento profissionalizante – aquisição de capital humano. As soluções de curto prazo são garantir o pagamento das pensões por parte dos pais ausentes e dos ex-maridos e fornecer assistência social.

A assistência social deve ser planejada para minimizar a falta de incentivo para atingir a meta de longo prazo de o beneficiário se tornar uma pessoa financeiramente autônoma. O programa de assistência social atual dos Estados Unidos tenta caminhar nessa corda bamba.

Promulgada em 1996, a Personal Responsibility and Work Opportunities Reconciliation Act (Lei da Reconciliação entre Responsabilidade Pessoal e Oportunidades de Trabalho) fortaleceu o Office of Child Support Enforcement (Órgão de Garantia de Assistência à Criança) e aumentou as penalidades pelo não-pagamento das pensões. A lei também criou o programa Temporary Assistance for Needy Households (Tanf – Assistência Temporária para Famílias Carentes). O Tanf é uma ajuda financeira federal paga aos estados, que administram o pagamento aos indivíduos. Não se trata de um programa para o qual todos estão qualificados. Um membro adulto de uma família que esteja recebendo assistência deve trabalhar ou realizar serviços comunitários, e há um limite de cinco anos para a assistência.

> ### QUESTÕES PARA REVISÃO
>
> 1. Como os governos dos Estados Unidos redistribuem a renda?
> 2. Descreva a escala de redistribuição de renda nos Estados Unidos.
> 3. Qual é um dos maiores desafios para a assistência social nos dias de hoje e como ele está sendo enfrentado nos Estados Unidos?

◆ Examinamos a desigualdade econômica nos Estados Unidos e vimos como ela surge a desigualdade. Vimos também que a desigualdade tem aumentado. A seção "Leitura das entrelinhas" explora a crescente desigualdade durante as décadas de 1980 e 1990.

No próximo capítulo estudaremos alguns problemas da economia de mercado resultantes da incerteza e de informações incompletas. Mas, diferentemente dos casos que estudamos nos capítulos 15 e 16, veremos que o mercado lida bem com esses problemas.

LEITURA DAS ENTRELINHAS

OBSERVATÓRIO ECONÔMICO

Tendências na desigualdade

A desigualdade da renda em Nova York é a mais alta da nação

27 de janeiro de 2006

Nova York continua a apresentar a maior disparidade de renda entre ricos e pobres do que a de qualquer outro estado norte-americano, de acordo com um novo estudo conduzido por dois grupos nacionais de política econômica.

A renda média do quintil mais rico de famílias do Estado de Nova York é 8,1 vezes a renda média do quintil mais pobre, segundo o estudo, que se baseou em dados compilados pelo Economic Policy Institute e pelo Center on Budget and Policy Priorities, dois grupos de pesquisa liberais sediados em Washington.

Em todos os estados norte-americanos, famílias do quintil superior ganhavam 7,3 vezes mais do que as do quintil inferior. Apesar de o estado de Nova York encabeçar a lista de desigualdade de renda por vários anos, ele ocupava o 11º lugar no início da década de 1980, quando a diferença entre a renda média do quintil superior e a do inferior era de 5,6 vezes...

A renda média de famílias do quintil superior no Estado de Nova York era de US$ 130.431, em comparação com os US$ 16.076 do quintil inferior, de acordo com dados do relatório.

De 1980-1982 a 2001-2003, os períodos analisados no estudo, as rendas médias aumentaram 18,9 por cento em âmbito nacional, ou $ 2.664, para as famílias mais pobres, e 58,5 por cento, ou $ 45.101, para as famílias do quintil superior.

"O fator que mais se destaca é o declínio dos salários das pessoas de renda baixa e média", disse Elizabeth McNichol, uma autora do relatório. "Parte das razões para isso são grandes períodos de desemprego, maiores que a média, globalização – postos de trabalho levados para o exterior –, mudança de empregos no setor industrial para empregos no setor de serviços com remuneração mais baixa, imigração, enfraquecimento dos sindicatos e o fato de que o salário mínimo federal está caindo em relação à inflação"...

Fonte: Copyright 2006 The New York Times Company. Reproduzido com permissão. Proibido nova reprodução. Disponível em: http://www.nytimes.com

Essência da notícia

▶ Em 2001-2003, a renda média das famílias do quintil superior no Estado de Nova York era 8,1 vezes a renda média do quintil inferior.

▶ Em 1980-1982, a renda média das famílias do quintil superior no Estado de Nova York era 5,6 vezes a renda média do quintil inferior.

▶ Em 2001-2003, a renda média das famílias do quintil superior nos Estados Unidos era 7,3 vezes a renda média do quintil inferior.

▶ De 1980-1982 a 2001-2003, as rendas médias aumentaram 58,5 por cento para famílias do quintil superior e 18,9 por cento para famílias do quintil inferior.

▶ Vários fatores contribuíram para a crescente desigualdade.

Análise econômica

▶ Entre 1980-1982 e 2001-2003, de acordo com o estudo analisado na notícia, a parcela da renda do quintil superior de famílias do Estado de Nova York aumentou de 5,6 vezes para 8,1 vezes a renda do quintil inferior.

▶ Elizabeth McNichol cita alguns fatores que, segundo ela, provocaram essas mudanças.

▶ Mas esses fatores têm uma causa mais profunda, que podemos entender como uma conseqüência de variações da demanda e da oferta nos mercados de trabalho de baixa e alta qualificação durante as décadas de 1980 e 1990.

▶ Na Figura 1, a curva de demanda para trabalho de baixa qualificação em 1979 é D_{79}, e a curva de oferta do trabalho de baixa qualificação é S_{79}. Em 2000, a demanda aumentou para D_{00}, e a oferta aumentou para S_{00}.

▶ Como a oferta aumentou mais do que a demanda, a quantidade de trabalho de baixa qualificação aumentou, mas o salário diminuiu.

▶ A oferta de trabalho de baixa qualificação aumentou em parte devido à imigração. A demanda por trabalho de baixa qualificação aumentou, mas menos do que a oferta, pela razão que identificamos neste capítulo: novas tecnologias são um substituto para a mão-de-obra pouco qualificada.

▶ Na Figura 2, a curva de demanda por trabalho altamente qualificado em 1979 é D_{79}, e a curva de oferta de trabalho altamente qualificado é S_{79}. Em 2000, a demanda aumentou para D_{00}, e a oferta aumentou para S_{00}.

▶ Como a demanda aumentou mais do que a oferta, a quantidade de trabalho altamente qualificado e o salário aumentaram.

▶ A oferta de trabalho altamente qualificado aumentou lentamente porque as novas tecnologias requerem um nível mais alto de educação para complementá-las.

▶ A demanda por trabalho altamente qualificado aumentou bastante porque as novas tecnologias que alteraram a estrutura da economia aumentaram a receita do produto marginal de trabalhadores com alto nível de instrução.

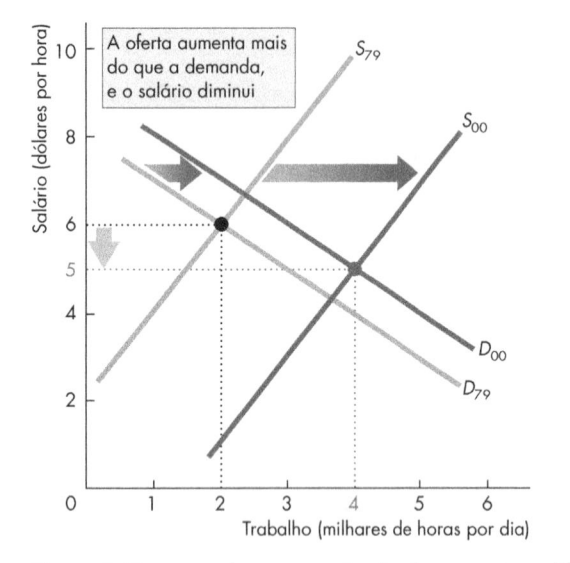

Figura 1: Um mercado para a mão-de-obra pouco qualificada

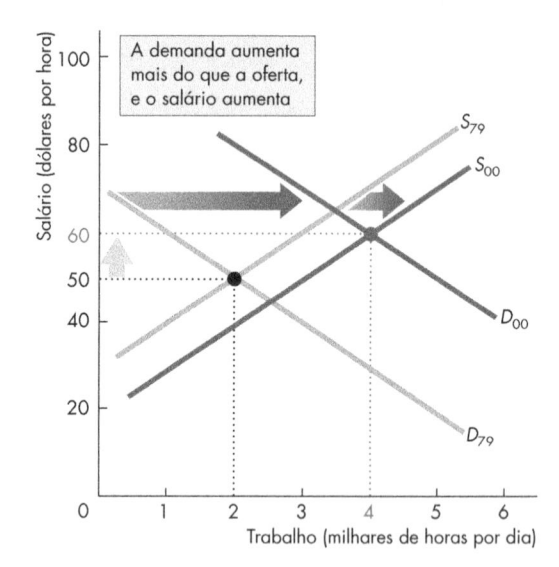

Figura 2: Um mercado para a mão-de-obra altamente qualificada

Você decide

▶ Em sua opinião, o governo precisa tomar alguma medida especial para lidar com a ampliação das diferenças de renda?

▶ Descreva as ações que você recomendaria e explique seus efeitos prováveis ou explique por que você acha que nenhuma medida é necessária e o que acha que ocorrerá com as diferenças de renda nos próximos dez anos.

RESUMO

Pontos-chave

Mensurando a desigualdade econômica
(p. 414-419)

- Em 2005, nos Estados Unidos, a renda monetária modal era $ 13.000, a renda monetária mediana era $ 46.326, e a renda monetária média era $ 63.344.
- A distribuição de renda é positivamente assimétrica.
- Em 2005, o quartil mais pobre de indivíduos recebeu 3,4 por cento da renda total, e o quartil mais rico recebeu 50,4 por cento da renda total.
- A riqueza é distribuída mais desigualmente do que a renda porque os dados de riqueza excluem o valor do capital humano.
- Desde 1970, a distribuição de renda se tornou mais desigual.
- Nível de instrução, tipo de domicílio, idade do chefe da família e raça influenciam a renda familiar.

As fontes da desigualdade econômica
(p. 419-424)

- A desigualdade resulta de diferenças do capital humano.
- As tendências da distribuição do capital humano resultantes da mudança tecnológica e da globalização podem explicar parte da tendência de desigualdade crescente.
- A desigualdade pode surgir da discriminação.
- A desigualdade entre homens e mulheres pode surgir de diferenças no nível de especialização.
- Transferências de riqueza entre gerações levam a uma maior desigualdade porque as pessoas não têm como herdar dívidas e o acasalamento seletivo tende a concentrar a riqueza.

Redistribuição de renda (p. 424-426)

- Os governos redistribuem a renda por meio de impostos de renda progressivos, programas de manutenção de renda e serviços subsidiados.
- A redistribuição aumenta a participação da renda total recebida pelos 60 por cento inferiores de indivíduos e diminui a participação da renda total recebida pelo quintil superior. A participação da renda total recebida pelo quarto quintil quase não mudou.
- Como a redistribuição de renda enfraquece os incentivos, ela cria um *trade-off* entre eqüidade e eficiência.
- A redistribuição eficaz busca sustentar a solução de longo prazo para a baixa renda, representada pela educação e treinamento profissionalizante – aquisição de capital humano.

Figuras-chave

Figura 18.1: A distribuição de renda nos Estados Unidos em 2005, 415

Figura 18.4: Curvas de Lorenz da renda e da riqueza, 416

Figura 18.5: O coeficiente de Gini nos Estados Unidos: 1970-2005, 418

Figura 18.6: A distribuição de renda per capita nos Estados Unidos por características individuais selecionadas em 2005, 419

Figura 18.7: Diferenciais de habilidades, 420

Figura 18.8: Explicando a tendência na distribuição de renda, 422

Figura 18.9: Discriminação, 423

Figura 18.10: Redistribuição de renda, 425

Palavras-chave

Coeficiente de Gini, 417
Curva de Lorenz, 415
Grande *trade-off*, 426
Imposto de renda progressivo, 424
Imposto de renda proporcional, 424
Imposto de renda regressivo, 424
Pobreza, 418
Renda de mercado, 414
Renda monetária, 414
Riqueza, 416

EXERCÍCIOS

1. A tabela mostra as participações da renda monetária nos Estados Unidos em 1967.

Indivíduos	Renda monetária (porcentagem do total)
Quintil mais baixo	4,0
Segundo quintil	10,8
Terceiro quintil	17,3
Quarto quintil	24,2
Quintil mais alto	43,7

a. O que é renda monetária?

b. Trace a curva de Lorenz para os Estados Unidos em 1967 e compare-a com a curva de Lorenz de 2005 mostrada na Figura 18.3.

c. A renda monetária dos Estados Unidos foi distribuída de forma mais igualitária ou menos igualitária em 2005 do que em 1967?

d. Você consegue pensar em algumas razões para as diferenças da distribuição de renda monetária nos Estados Unidos em 1967 e 2005?

2. A figura a seguir mostra a demanda e a oferta de trabalho de baixa qualificação.

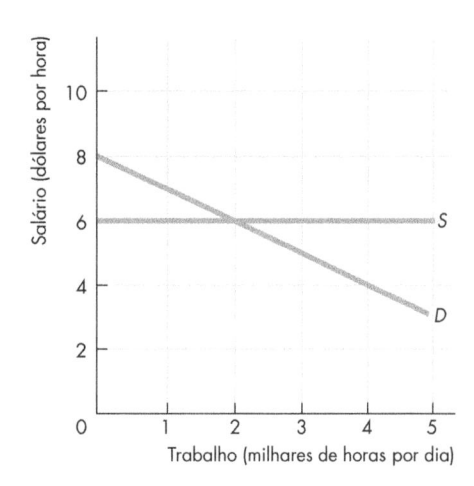

A receita do produto marginal de um trabalhador altamente qualificado é $ 8 por hora maior do que a de um trabalhador de baixa qualificação. (A receita do produto marginal a cada nível de emprego é $ 8 maior do que a de um trabalhador de baixa qualificação.) O custo da aquisição da habilidade aumenta em $ 6 por hora o salário que deve ser oferecido para atrair o trabalho altamente qualificado.

a. Qual é o salário do trabalho de baixa qualificação?
b. Qual é a quantidade empregada de trabalho de baixa qualificação?
c. Qual é o salário do trabalho altamente qualificado?
d. Qual é a quantidade empregada de trabalho altamente qualificado?
e. Por que o salário de um trabalhador altamente qualificado excede o de um trabalhador de baixa qualificação na quantia exata do custo de aquisição da habilidade?

3. A figura a seguir mostra a demanda e a oferta de trabalhadores que sofrem discriminação. Suponha que haja um grupo de trabalhadores na mesma indústria que não sofrem discriminação e que sua receita do produto marginal seja percebida como o dobro da receita do produto marginal dos trabalhadores discriminados. Suponha também que a oferta de trabalhadores que não enfrentam discriminação seja de 2.000 horas por dia a menos a cada salário.

a. Qual é o salário de um trabalhador que sofre discriminação?
b. Qual é o salário de um trabalhador que não sofre discriminação?
c. Qual é a quantidade empregada de trabalhadores que sofrem discriminação?
d. Qual é a quantidade empregada de trabalhadores que não sofrem discriminação?

4. A tabela mostra três esquemas de pagamento de impostos.

Renda antes do imposto (dólares)	Imposto do plano A (dólares)	Imposto do plano B (dólares)	Imposto do plano C (dólares)
10.000	1.000	1.000	2.000
20.000	2.000	4.000	2.000
30.000	3.000	9.000	2.000

Qual plano de pagamento de imposto
a. É proporcional?
b. É regressivo?
c. É progressivo?
d. Aumenta a desigualdade?
e. Reduz a desigualdade?
f. Não tem nenhum efeito sobre a desigualdade?

5. A tabela mostra a distribuição da renda do mercado nos Estados Unidos em 2005.

Indivíduos	Renda de mercado (porcentagem do total)
Quintil mais baixo	1,1
Segundo quintil	7,1
Terceiro quintil	13,9
Quarto quintil	22,8
Quintil mais alto	55,1

a. Qual é a definição de renda de mercado?
b. Trace a curva de Lorenz para a distribuição da renda do mercado.
c. Compare a distribuição da renda do mercado com a distribuição da renda monetária mostrada na Figura 18.3. Qual distribuição é mais desigual e por quê?

6. Utilize as informações do exercício 5 e da Figura 18.3.
a. Qual é a porcentagem da renda total redistribuída proveniente do grupo de renda mais alta?
b. Quais são as porcentagens da renda total redistribuídas para os grupos de renda mais baixa?
c. Descreva os efeitos do aumento da porcentagem da redistribuição de renda nos Estados Unidos até o ponto em que o grupo de renda mais baixa receba 15 por cento da renda total e o grupo de renda mais alta receba 30 por cento da renda total.

7. A renda na China e na Índia representa uma pequena fração da renda nos Estados Unidos. Mas a renda na China e na Índia está crescendo a uma taxa mais de duas vezes maior do que a da renda nos Estados Unidos. Considerando essas informações, o que você pode dizer sobre:
   a. Mudanças na desigualdade entre pessoas na China e na Índia e pessoas nos Estados Unidos?
   b. A curva de Lorenz e o coeficiente de Gini mundiais?

PENSAMENTO CRÍTICO

1. Depois de estudar a seção "Leitura das entrelinhas", responda às seguintes perguntas.
   a. Quais são os fatos amplos informados na notícia sobre a diferença na renda do quintil superior e do inferior?
   b. Relacione os fatores que contribuíram para a crescente diferença de renda de acordo com Elizabeth McNichol. Desses fatores, qual você acha que gerou a maior contribuição?
   c. Dos fatores que contribuíram para o aumento da diferença de renda de acordo com Elizabeth McNichol, qual você acha que é responsável pela tendência de desigualdade nos Estados Unidos e qual responde pelas mudanças mais extremas no Estado de Nova York?
   d. Quais questões políticas são levantadas pelas informações relatadas na notícia?
   e. Como você acha que, se for o caso, o sistema tributário, o sistema de assistência social ou o sistema de educação poderiam ser mudados para influenciar a distribuição de renda?

ATIVIDADES NA INTERNET

1. Faça uma pesquisa no portal do IBGE (www.ibge.gov.br) na Internet e procure as informações mais recentes sobre trabalho e rendimento das regiões brasileiras, com base na PNAD (Pesquisa Nacional por Amostra de Domicílios).
   a) Compare os rendimentos obtidos nas regiões mais ricas com os obtidos nas mais pobres.
   b) Compare os rendimentos dessas regiões com a média do país.

2. Faça uma pesquisa nos portais do Banco Mundial (www.worldbank.org) e do FMI (www.fmi.org) na Internet e procure as informações mais recentes sobre a distribuição da renda por países.
   a) Que países têm a distribuição mais desigual?
   b) Que países têm a distribuição menos desigual?

CONTEXTO BRASILEIRO

Distribuição de renda no Brasil

Marcia Flaire Pedroza[1]

Historicamente, a questão distributiva é tema de debate entre economistas. Sua complexidade e seu caráter ético a tornam um assunto particularmente polêmico. Durante muito tempo, a maior parte dos estudos e reflexões sobre o problema da distribuição de renda nas economias capitalistas se concentrou em tentativas teóricas de explicar o que determina a remuneração atribuída aos diversos fatores de produção (terra, capital, trabalho, lucros, aluguéis etc.) ou aos grupos sociais que os detêm.

Para a escola clássica, a primeira a conceber teorias sobre a distribuição, esses grupos sociais (capitalistas, trabalhadores e proprietários de terras) compunham a economia e eram definidos pelo próprio papel ou função que desempenhavam dentro da estrutura produtiva. Os trabalhadores produziam uma quantidade de produto tal que superava em muito suas próprias necessidades. Esse adicional, definido por Marx como mais-valia, seria apropriado pelos capitalistas com o intuito de transformá-lo em novo capital, que seria utilizado para aumentar a capacidade produtiva já instalada, definindo assim o ritmo de enriquecimento das nações. Uma parte do excedente auferido pelos capitalistas iria para os proprietários de terra. Estes acabariam por consumir, improdutivamente, parte do produto líquido, que, de outro modo, poderia ser destinado a um investimento produtivo. A expansão do sistema capitalista e, por conseqüência, da própria economia de mercado dependeria, portanto, de como cada uma dessas classes sociais se apropriasse do produto líquido nele gerado.

Nos últimos anos, a teorização sobre a distribuição de renda tomou nova direção. Os economistas que se dedicam a estudar o assunto estão mais preocupados em centrar seu objeto de estudo na chamada distribuição pessoal de renda, ou seja, na remuneração de cada indivíduo, não importando a origem ou a classe econômica à qual pertença. Essa nova forma de análise deixa de lado a distribuição funcional de renda, que estuda a remuneração dos fatores de produção.

Embora sejam conceitos distintos, é incorreto afirmar que não há relação entre elas. A teoria clássica, que prioriza a distribuição funcional da renda (a divisão entre salários, lucros e aluguéis), não é suficiente para explicar o funcionamento da distribuição pessoal. A existência de ganhos salariais extremamente desiguais e de pessoas se apropriando de mais de um fator de produção justifica a necessidade de ir além das análises sobre a participação dos fatores produtivos na renda nacional. Por sua vez, as tentativas de teorização em torno da distribuição pessoal de renda, levando em conta sua abrangência, suas peculiaridades e seus determinantes, esbarram em várias dificuldades.

Isso se explica pelo fato de a distribuição de renda não ser um aspecto isolado do processo de desenvolvimento econômico, mas o resultado de uma complexa mecânica de funcionamento da economia, em termos globais. Além disso, deve-se considerar as diferenças econômicas, culturais e institucionais dentro de cada país, que tornam ainda mais difícil a formulação de uma ou mais teorias capazes de explicar corretamente a sua estrutura distributiva.

Entretanto, diversas visões teóricas que permeiam os estudos sobre a distribuição – tanto funcional quanto pessoal – de renda valem a pena ser visitadas: a teoria ricardiana, a teoria marxista, a teoria marginalista, o modelo dualista de Lewis, a teoria kaleckiana, o modelo kaldoriano, a teoria do capital humano – esta, muito em moda atualmente – e os modelos de segmentação e discriminação no mercado de trabalho.

No caso do Brasil, grande parte dos estudos acerca da distribuição de renda iniciou-se no final dos anos 1960. A partir da divulgação dos dados do censo demográfico de 1970, foi possível acompanhar a evolução dessa distribuição. Posteriormente, foram realizados novos censos e as chamadas Pesquisas Nacionais por Amostras de Domicílios (PNADs). Esses estudos dão base para afirmar que a distribuição de renda no país é extremamente desigual, seja

---

[1] Economista, Mestre em Economia, Doutora em Ciências Sociais.

qual for o corte considerado: pessoal, funcional, familiar etc. Além de apresentarem as significativas disparidades internas, mostram que país está entre aqueles que apresentam os piores índices de distribuição.

Apesar de termos apresentado altas taxas de crescimento econômico nas décadas de 1960 e 1970, os índices de concentração de renda pioraram significativamente. Por conta disso, o Brasil se mantém entre os piores perfis de distribuição de renda, junto a países africanos como Botsuana e Serra Leoa, em estágio de desenvolvimento bem inferior ao do Brasil. Esses dados nos colocam em posição extremamente desfavorável em relação ao conjunto de países com indicadores pesquisados pelo Banco Mundial. Apesar disso, o país está situado entre os de renda *per capita* média, às custas de uma grande desigualdade entre a população.

Passados os períodos turbulentos da economia brasileira (com inflação, endividamento externo, falta de competitividade), a distribuição de renda se consolidou como o principal problema do Brasil atual, que já não se apresenta como um país pobre, mas um país que tem muita pobreza.

O grande desafio neste novo milênio será a adoção de políticas públicas que não só reduzam a desigualdade, mas criem mecanismos de acesso à vida econômica para grande parte da população. O crescimento da economia apresenta-se como condição necessária, ainda que insuficiente, para viabilizar qualquer política de distribuição de renda, e, nesse sentido, nossas taxas de crescimento já se mostram significativas, embora não comparáveis às da China e da Índia. Mas devem partir mesmo da iniciativa pública as ações para minimizar a desigualdade no Brasil, através de investimentos em educação, saúde, saneamento e geração de emprego.

Em comparação com outros países, o Brasil se destaca pela elevada desigualdade da distribuição da renda. Um fator fundamental na geração dessa conjuntura foi, sem dúvida, a alta concentração de terra. Por causa dela, a economia do país ficou quase inteiramente focada na produção agro-exportadora de produtos primários, como o açúcar e o café, o que facilita a existência de subemprego de fatores. Característico de economias subdesenvolvidas, este beneficia somente algumas indústrias de bens de consumo duráveis, que, no entanto, encontrando um mercado reduzido, não permitem o uso de economias de escala, fazendo com que os setores produtivos operem com custos altos.

Analisando os dados, podemos fazer algumas inferências sobre o comportamento do coeficiente de Gini frente ao desempenho da economia brasileira no decorrer dos últimos anos. Até o começo da década de 1980, o país apresentava taxas de crescimento médias acima

Tabela 1 Índice de Gini* (países selecionados)

País	Gini
Serra Leoa	0,629
África do Sul	0,578
Brasil**	**0,547**
Argentina	0,513
Zâmbia	0,508
Nigéria	0,505
Moçambique	0,473
Venezuela	0,482
Turquia	0,436
EUA	0,408
Portugal	0, 385
Irlanda	0,343
Austrália	0,352
França	0,327
Canadá	0,326
Alemanha	0,283
Japão	0,249
Suécia	0,250

* Mede o grau de desigualdade existente na distribuição de indivíduos segundo a renda domiciliar per capita.
** Atualizado pela última PNAD
Fonte: Human Development Reports – UNDP – 2007/2008

Tabela 2 Coeficientes de Gini no Brasil

Ano	Gini
1977	0,625
1979	0,605
1981	0,587
1983	0,599
1985	0,601
1987	0,603
1989	0,637
1991	0,601
1993	0,604
1995	0,601
1997	0,602
1999	0,594
2001	0,596
2003	0,581
2005	0,569
2006	0,547

Fonte: ipeadata.com.br

de 6 por cento. Após 21 anos de regime militar e com o agravamento da crise econômica, principalmente com a inflação chegando até a 37 por cento ao mês, o poder volta a ser civil. Para conter a inflação, o governo tenta controlar a economia através de políticas de renda baseadas em congelamentos de preços e choques antiinflacionários, buscando desindexar a economia, o que se mostrou totalmente ineficaz.

Ao final de 1989, a inflação no país chegou ao patamar de 1.431 por cento ao ano, tendo atingido 2.947 por cento em 1990. Após o fracasso dos planos Collor I e Collor II e o impeachment do presidente Collor, já no governo Itamar Franco, o então ministro da Fazenda Fernando Henrique Cardoso criou um novo plano de estabilização. O Plano Real proporcionou uma taxa de crescimento na ordem de 5,9 por cento em 1994, tendo a renda *per capita* atingido o maior valor desde os anos 1970. Nos anos 1997 e 1998, o Brasil sofreu os impactos das crises da Ásia e do México, o que levou o governo a promover alterações na política econômica.

Em 1999, a recuperação do crescimento econômico não foi suficiente para evitar a queda nos rendimentos, já que a inflação voltara a se elevar. A justificativa para a diminuição do índice de Gini é o fato de que a perda afetou majoritariamente as rendas mais altas. Os dados demonstram também que, a partir de 2001, os indicadores de distribuição de renda passaram a apontar uma queda contínua na desigualdade. O índice de Gini registra esse movimento, passando de 0,596 em 2001 para 0,547 em 2006.

Segundo estudo do Ipea (Instituto de Pesquisa Econômica Aplicada), de 2001 a 2004 os 70 por cento mais pobres ganharam rendimentos, ao passo que os 10 por cento mais ricos perderam. Cabe ressaltar que a situação ideal para reduzir a desigualdade é que todos ganhem e que os mais pobres ganhem mais. Isso passou a ocorrer a partir de 2004, com ganhos em todas as categorias de renda, com ênfase nas mais pobres. Tal evento deve-se à continuidade das taxas de crescimento do PIB, à estabilização e aos programas de renda compensatória implementados pelo governo Lula.

Considerando o atual cenário econômico brasileiro, cabe perguntar: o que é preciso fazer para conquistar índices cada vez mais baixos de desigualdade? Quanto tempo levaremos para alcançá-los? Quais as políticas públicas mais eficientes para torná-los sustentáveis?

Incerteza e informação

CAPÍTULO 19

Ao término do estudo deste capítulo, você saberá:

▶ Explicar como pessoas tomam decisões quando as conseqüências são incertas.
▶ Explicar por que as pessoas compram seguros e como as seguradoras ganham lucros.
▶ Explicar por que os compradores fazem pesquisas antes de efetivar a compra.
▶ Explicar como os mercados lidam com informações privadas.
▶ Explicar como as pessoas utilizam mercados financeiros para reduzir o risco.
▶ Explicar como a presença da incerteza e de informações incompletas influencia a capacidade dos mercados de atingir uma alocação eficiente de recursos.

Loterias e produtos de qualidade duvidosa

A vida é como uma loteria. Você se empenha nos estudos, mas quais serão os ganhos? Você conseguirá um trabalho interessante e bem remunerado ou um emprego horrível e mal remunerado? Você consegue um emprego temporário e se empenha nele. Mas será que terá renda suficiente para continuar a estudar no semestre que vem ou não conseguirá pagar os estudos? Como as pessoas tomam decisões quando não sabem quais serão as conseqüências delas?

Você está dirigindo e, ao passar um farol verde em um cruzamento, vê que um carro na rua à esquerda ainda está se movendo. Será que ele parará ou cruzará o farol vermelho? Você compra um seguro contra um risco como esse, e as seguradoras ganham com o negócio que firmaram com você. Por que estamos dispostos a adquirir um seguro a preços que dão lucros às seguradoras?

Comprar um carro novo – ou um carro usado – é divertido, mas também é amedrontador. Você pode acabar adquirindo um carro em mau estado. Praticamente qualquer produto complexo que compramos pode ter algum defeito. Como os donos de carros e vendedores nos induzem a comprar bens que podem se revelar produtos que não funcionam?

A maioria das pessoas com recursos para investir mantém uma diversidade de ativos em vez de investir apenas naquele que elas esperam que proporcione o maior retorno. Por que vale a pena diversificar?

Apesar de os mercados fazerem um bom trabalho ajudando as pessoas a utilizar com eficiência recursos escassos, há limitações a essa eficiência. Será que os mercados levam a um resultado eficiente quando há incerteza e informações incompletas?

◇ Neste capítulo, responderemos a questões como essas. Na seção "Leitura das entrelinhas" ao final do capítulo, examinaremos um modo pelo qual os mercados nos ajudam a obter o emprego certo e o problema que surge se as notas em escolas de ensino médio, faculdades e universidades são inflacionadas.

Incerteza e risco

Apesar de vivermos em um mundo incerto, raramente nos perguntamos o que é a incerteza. Contudo, para explicar como tomamos decisões e fazemos negócios uns com os outros em um mundo incerto, precisamos refletir mais profundamente sobre a incerteza. O que exatamente é a incerteza? Também vivemos em um mundo arriscado. Será que risco e incerteza são a mesma coisa? Vamos começar definindo incerteza e risco e fazendo a distinção entre eles.

Incerteza é uma situação na qual mais de um evento pode ocorrer, entretanto não se sabe qual deles ocorrerá. Por exemplo, quando os fazendeiros decidem o que e quanto plantar, eles não sabem como será o clima durante a temporada de cultivo.

Na linguagem comum, o risco é a probabilidade de incorrer em uma perda (ou em algum outro infortúnio). Em economia, **risco** é uma situação na qual pode ocorrer mais de um resultado e a probabilidade de resultado possível pode ser estimada. Uma *probabilidade* é um número entre 0 e 1 que mede as chances de algum possível evento ocorrer. Uma probabilidade de 0 significa que o evento não ocorrerá. Uma probabilidade de 1 significa que o evento com certeza ocorrerá. Uma probabilidade de 0,5 significa que o evento tem as mesmas chances de ocorrer ou não ocorrer. Um exemplo disso é a probabilidade de uma moeda jogada para o alto dar cara ou coroa. Em um grande número de lances, cerca da metade dará cara e cerca da metade dará coroa.

Algumas vezes, as probabilidades podem ser mensuradas. Por exemplo, a probabilidade de uma moeda dar cara se baseia no fato de que, em um grande número de lances, metade dá cara e metade dá coroa; a probabilidade de um automóvel em Chicago envolver-se em um acidente em 2009 pode ser estimada utilizando-se registros policiais e de seguradoras sobre acidentes anteriores; a probabilidade de você ganhar na loteria pode ser estimada dividindo-se o número de bilhetes que você comprou pelo número total de bilhetes comprados.

Algumas situações não podem ser descritas utilizando-se as probabilidades baseadas em eventos passados observados. Essas situações podem ser eventos únicos, como o lançamento de um produto. Quanto será vendido e a que preço? Como o produto é novo, não há experiência prévia sobre a qual basear a probabilidade. Mas as questões podem ser respondidas observando-se a experiência anterior com novos produtos *similares*, acrescida de alguns critérios racionais. Esses critérios são chamados de *probabilidades subjetivas*.

Independentemente de a probabilidade de ocorrência de algum evento se basear em dados reais ou critérios racionais – ou mesmo suposições –, é possível utilizar a probabilidade para estudar o modo pelo qual as pessoas tomam decisões diante da incerteza. O primeiro passo para isso é descrever como as pessoas avaliam o custo do risco.

Mensurando o custo do risco

Algumas pessoas estão mais dispostas a arcar com o risco do que outras, mas quase todas preferem menos a mais risco, com todos os outros fatores mantidos constantes. Mensuramos as atitudes das pessoas em relação ao risco com base na tabela e na curva de sua utilidade da riqueza. A **utilidade da riqueza** é a quantidade de utilidade que uma pessoa atribui a determinada quantidade de riqueza. Quanto maior é a riqueza de uma pessoa, com todos os outros fatores mantidos constantes, maior é a utilidade total dessa pessoa. Maior riqueza resulta em maior utilidade total, mas, à medida que a riqueza aumenta, cada unidade adicional de riqueza aumenta a utilidade total em uma quantidade menor. Ou seja, a *utilidade marginal da riqueza diminui*.

A Figura 19.1 apresenta a tabela e a curva de utilidade da riqueza de Tania. Os pontos *A* a *E* da curva de utilidade da riqueza de Tania correspondem às linhas da tabela identificadas pela mesma letra. Podemos observar que, à medida que sua riqueza aumenta, o mesmo ocorre com sua utilidade total da riqueza. Também podemos notar que sua utilidade marginal da riqueza diminui. Quando a riqueza aumenta de $ 3.000 para $ 6.000, a utilidade total aumenta em 20 unidades, mas, quando a riqueza aumenta mais $ 3.000, para $ 9.000, a utilidade total aumenta em apenas 10 unidades.

Podemos utilizar a utilidade da riqueza de Tania para mensurar seu custo do risco. Vejamos como Tania avalia dois empregos temporários de verão que envolvem diferentes quantidades de risco.

Um dos empregos, de pintora, paga o suficiente para que ela tenha $ 5.000 ao final do verão. Não há incerteza sobre a renda proveniente desse emprego e, portanto, nenhum risco. Se Tania aceitar esse emprego, ao final do verão sua riqueza será de $ 5.000. O outro emprego, de operadora de telemarketing para vender assinaturas de uma revista, é arriscado. Se ela aceitar esse emprego, sua riqueza ao final do verão dependerá totalmente de seu sucesso nas vendas. Ela pode ser uma vendedora boa ou ruim. Um vendedor bom ganha $ 9.000 em um verão, e um vendedor ruim ganha $ 3.000. Tania nunca trabalhou em telemarketing, portanto não sabe como será seu desempenho. Ela presume que tem chances iguais – uma probabilidade

Figura 19.1 A utilidade da riqueza

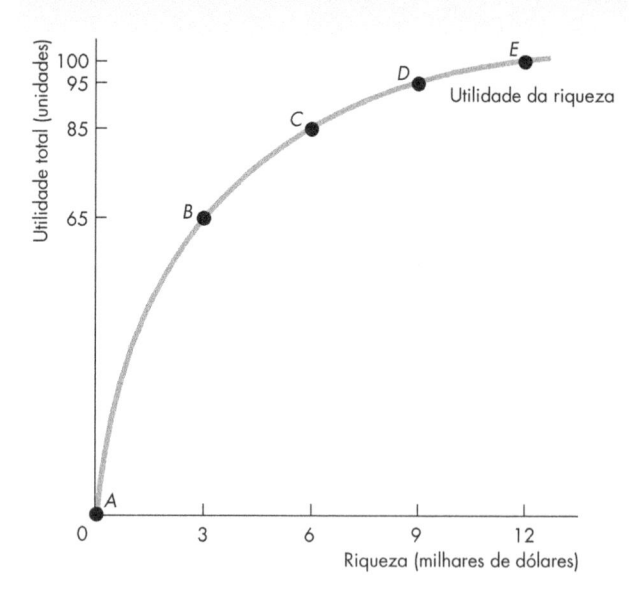

	Riqueza (milhares de dólares)	Utilidade total (unidades)	Utilidade marginal (unidades)
A	0	0	
			65
B	3	65	
			20
C	6	85	
			10
D	9	95	
			5
E	12	100	

A tabela mostra os dados de utilidade da riqueza de Tania, e a figura apresenta sua curva de utilidade da riqueza. A utilidade aumenta à medida que a riqueza aumenta, mas a utilidade marginal da riqueza diminui.

de 0,5 – de ganhar $ 3.000 ou $ 9.000. Qual resultado Tania prefere: $ 5.000 garantidos trabalhando como pintora ou uma chance de 50 por cento de ganhar $ 3.000 ou $ 9.000 trabalhando em telemarketing?

Quando há incerteza, as pessoas desconhecem a utilidade *real* que obterão de determinada ação. Mas é possível calcular a utilidade que elas *esperam* obter. A **utilidade esperada** é a utilidade média proveniente de todos os resultados decorrentes das escolhas possíveis. Assim, para escolher seu emprego de verão, Tania calcula a utilidade esperada de cada emprego. A Figura 19.2 mostra como ela faz isso.

Se Tania trabalhar como pintora, ela terá $ 5.000 de riqueza e 80 unidades de utilidade. Não há incerteza, de modo que sua utilidade esperada é igual à sua utilidade real – 80 unidades. Mas suponha que ela escolha trabalhar em telemarketing. Se ela ganhar $ 9.000, sua utilidade será de 95 unidades e, se ela ganhar $ 3.000, sua utilidade será de 65 unidades. A *renda esperada* de Tania é a média desses dois resultados, igual a $ 6.000 – ($ 9.000 × 0,5) + ($ 3.000 × 0,5).

Essa média é chamada de *média ponderada*, e os pesos são as probabilidades de cada resultado (ambas de 0,5, neste caso). A *utilidade esperada* de Tania é a média dessas duas utilidades totais possíveis, que é de 80 unidades: (95 × 0,5) + (65 × 0,5).

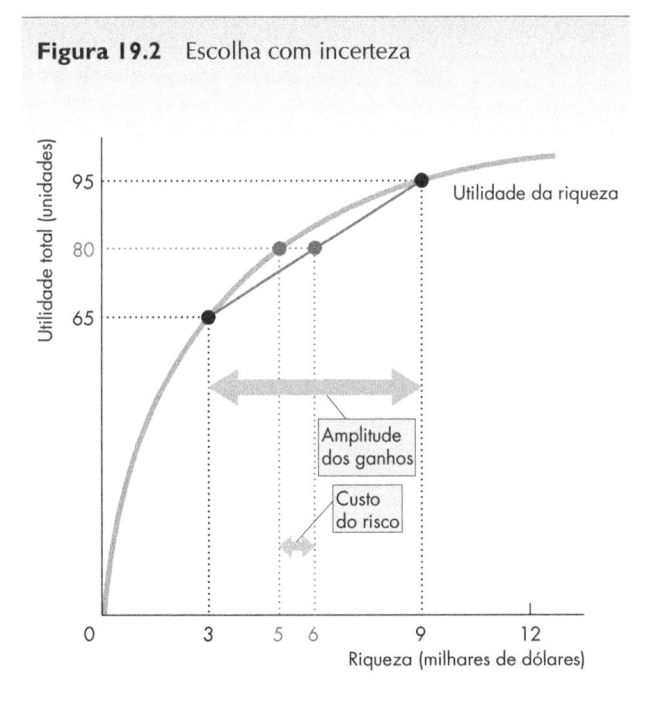

Figura 19.2 Escolha com incerteza

Se a riqueza de Tania é $ 5.000 e ela não arca com nenhum risco, sua utilidade é de 80 unidades. Se a probabilidade de ela obter $ 9.000 com uma utilidade de 95 é igual à de obter $ 3.000 com uma utilidade de 65, sua riqueza esperada é de $ 6.000. Mas sua utilidade esperada é de 80 unidades – igual à utilidade no caso de $ 5.000 sem nenhuma incerteza. Para Tania essas duas alternativas são indiferentes. O valor de $ 1.000 a mais na riqueza esperada de Tania é o suficiente para compensar o risco adicional.

Tania escolhe o trabalho que maximiza sua utilidade esperada. No caso, as duas alternativas resultam na mesma utilidade esperada – 80 unidades –, de modo que para Tania é indiferente escolher uma ou a outra. As chances de ela aceitar qualquer um dos dois empregos são as mesmas. A diferença entre a riqueza esperada de Tania de $ 6.000 resultante do emprego arriscado e a riqueza de $ 5.000 resultante do emprego sem risco – $ 1.000 – é exatamente a medida para compensar o risco adicional com que Tania arca.

Os cálculos que acabamos de fazer nos permitem mensurar o custo do risco de Tania. O custo do risco é a quantia na qual a riqueza esperada deve ser aumentada para resultar na mesma utilidade esperada de uma situação sem risco. No caso de Tania, o custo do risco resultante de uma renda incerta de $ 3.000 ou $ 9.000 é $ 1.000.

Se a quantia que Tania puder ganhar trabalhando como pintora continuar a ser $ 5.000 e a renda esperada do trabalho em telemarketing também permanecer constante enquanto sua variação de incerteza aumentar, Tania decidirá trabalhar como pintora. Para compreender essa conclusão, suponha que bons operadores de telemarketing ganhem $ 12.000 e operadores ruins não ganhem nada. A renda média do telemarketing permanece inalterada em $ 6.000, mas a variação de incerteza aumentou. A tabela da Figura 19.1 mostra que Tania obtém 100 unidades de utilidade resultantes de uma riqueza de $ 12.000 e zero unidade de utilidade proveniente de uma riqueza zero. Neste caso, a utilidade esperada de Tania resultante do trabalho em telemarketing é de 50 unidades – (100 × 0,5) + (0 × 0,5). Como a utilidade esperada do trabalho em telemarketing agora é menor do que a do trabalho de pintora, ela decide trabalhar como pintora.

Aversão ao risco e neutralidade diante dele

Há uma enorme diferença entre Mike Holmgren, o técnico do time de futebol americano Seattle Seahawks, que é a favor de um jogo mais cauteloso, e Peyton Manning, zagueiro do Indianapolis Colts, que prefere um jogo mais arriscado. Eles têm atitudes diferentes em relação ao risco. Mike tem mais *aversão ao risco* do que Peyton. Tania também tem *aversão ao risco*. O formato da curva de utilidade da riqueza nos informa a atitude em relação ao risco – o nível de *aversão ao risco* de uma pessoa. Quanto mais rapidamente a utilidade marginal da riqueza de uma pessoa diminui, mais aversão ao risco essa pessoa apresenta. Podemos entender melhor esse fato considerando o caso da *neutralidade diante do risco*. Uma pessoa neutra diante do risco só se interessa pela *riqueza esperada* e não se importa com o nível de incerteza.

A Figura 19.3 mostra a curva de utilidade da riqueza de uma pessoa neutra diante do risco. A curva é uma linha reta, e a utilidade marginal da riqueza é constante. Se essa pessoa tem uma riqueza esperada de $ 6.000, a utilidade esperada é de 50 unidades independentemente da variação de incerteza em relação a essa média. Uma probabilidade igual de obter $ 3.000 ou $ 9.000 resulta na mesma utili-

Figura 19.3 Neutralidade diante do risco

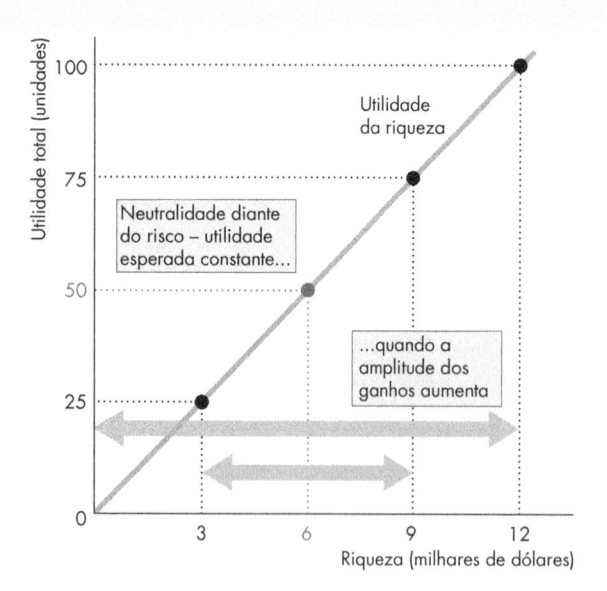

A aversão das pessoas ao risco implica uma utilidade marginal decrescente da riqueza. Uma pessoa (hipotética) neutra diante do risco apresenta uma curva linear de utilidade da riqueza e uma utilidade marginal da riqueza constante. Para uma pessoa neutra diante do risco, a utilidade esperada não depende da amplitude de incerteza, e o custo do risco é zero.

dade esperada que a proporcionada por $ 6.000 garantidos. Quando o risco de Tania aumentou para essa amplitude, ela precisou de mais $ 1.000. Essa pessoa não precisa disso. Mesmo que a amplitude do risco passe a ser de $ 0 a $ 12.000, a pessoa neutra diante do risco obterá a mesma utilidade esperada que a proporcionada por $ 6.000 garantidos. A maioria das pessoas tem aversão ao risco, e sua curva de utilidade da riqueza se parece com a de Tania. Mas o caso da neutralidade diante do risco ilustra a importância e as conseqüências do formato da curva de utilidade da riqueza para o nível de aversão ao risco apresentado por uma pessoa.

QUESTÕES PARA REVISÃO

1 Como as pessoas tomam decisões quando estão diante de resultados incertos? O que elas tentam obter?
2 Como podemos mensurar o custo do risco?
3 O que determina a quantia que alguém estaria disposto a pagar para evitar o risco? O custo do risco é o mesmo para todos?
4 O que é uma pessoa neutra diante do risco e quanto ela pagaria para evitá-lo?

A maioria das pessoas tem aversão ao risco. Veremos agora como a aquisição de um seguro lhes possibilita reduzir o risco.

Seguros

Uma maneira de reduzir o risco é comprar um seguro. Como o seguro reduz o risco? Por que as pessoas adquirem seguros? O que determina a quantia que gastamos em seguros? Antes de respondermos a essas questões, vamos analisar a indústria de seguros nos Estados Unidos hoje.

A indústria de seguros nos Estados Unidos

Os norte-americanos gastam cerca de 15 por cento de sua renda, em média, em seguros privados. Essa é a mesma porcentagem gasta em moradia e mais do que eles gastam em carros e alimentação. Além disso, também adquirem seguros por meio de contribuições de previdência social e seguro-desemprego.

Quando alguém compra um seguro privado, faz um acordo com uma seguradora para pagar um preço combinado – chamado de *prêmio* – em troca de benefícios que lhe serão pagos se ocorrerem alguns eventos específicos.

Os quatro principais tipos de seguro adquiridos são:

- De saúde
- De vida
- De patrimônio e contra acidentes
- De automóveis

Saúde O seguro de saúde reduz o risco de perda financeira no caso de doença. Ele pode fornecer fundos para cobrir tanto a remuneração que se deixa de ganhar quanto os custos da assistência médica. A Figura 19.4 mostra que os prêmios de seguros de saúde nos Estados Unidos foram de cerca de US$ 660 bilhões em 2004.

Figura 19.4 A indústria de seguros

Os gastos totais em seguros privados nos Estados Unidos foram de US$ 1,7 trilhão em 2004. A maior parte foi gasta em seguros de vida e seguros de saúde.

Fonte dos dados: U.S. Bureau of the Census, *Statistical Abstract of the United States 2007*, tabelas 121, 1206 e 1207.

Vida O seguro de vida reduz o risco de perda financeira em caso de morte. Quase 80 por cento dos indivíduos nos Estados Unidos têm seguro de vida, e o valor médio da cobertura é de US$ 150.000. A Figura 19.4 mostra que os prêmios totais pagos em seguros de vida em 2004 nesse país foram de mais de US$ 630 bilhões.

Patrimônio e acidentes O seguro patrimonial e contra acidentes reduz o risco de perda financeira no caso de um acidente envolvendo danos a pessoas ou à propriedade. Ele inclui remuneração aos trabalhadores, seguros contra incêndio, fenômenos da natureza e imperícia profissional e uma série de outros itens menores. A Figura 19.4 mostra que, em 2004, os norte-americanos gastaram US$ 210 bilhões nesses tipos de seguro.

Automóveis O seguro de automóveis reduz o risco de perda financeira no caso de um acidente ou furto de automóvel. A Figura 19.4 mostra que os norte-americanos gastaram US$ 180 bilhões em 2004 em seguros de automóveis.

Como funciona o seguro

O seguro funciona por meio da agregação dos riscos. Ele é possível e lucrativo porque as pessoas têm aversão ao risco. A probabilidade de uma pessoa ser vítima de um grave acidente de automóvel é pequena, mas o custo de um acidente para a pessoa envolvida é enorme. Em uma grande população, a probabilidade de uma pessoa sofrer um acidente é igual à proporção da população que de fato sofre um acidente. Como essa probabilidade pode ser estimada, é possível prever o custo total dos acidentes. Uma seguradora pode agregar os riscos de uma grande população e dividir os custos. Isso é feito cobrando-se prêmios de todas as pessoas e pagando-se benefícios àquelas que sofrem uma perda. Se a seguradora faz os cálculos corretamente, ela recebe em prêmios pelo menos a mesma quantia que gasta em benefícios e custos operacionais.

Para entender por que as pessoas adquirem seguros e por que isso é lucrativo, vamos analisar um exemplo. Dan tem a curva de utilidade da riqueza mostrada na Figura 19.5. Ele tem um carro que vale $ 10.000 e que é sua única riqueza. Se não há nenhum risco de ele sofrer um acidente, sua utilidade é de 100 unidades. Mas há 10 por cento de probabilidade (0,1) de ele se envolver em um acidente dentro de um ano. Suponha que Dan não adquira um seguro. Se ele de fato se envolve em um acidente, seu carro perde o valor e, sem um seguro, ele fica sem nenhuma riqueza e sem nenhuma utilidade. Como a probabilidade de ocorrer um acidente é de 0,1, a probabilidade de *não* haver um acidente é de 0,9. A riqueza esperada de Dan, portanto, é de $ 9.000 ($ 10.000 × 0,9 + $ 0 × 0,1), e sua utilidade esperada é de 90 unidades (100 × 0,9 + 0 × 0,1).

Na Figura 19.5, Dan também obtém 90 unidades de utilidade se não está diante de nenhuma incerteza e se sua riqueza é de $ 7.000. Para Dan, ter $ 7.000 sem nenhum risco é tão bom quanto ter $ 10.000 com 10 por cento de chances de perder tudo. Mas Dan teria $ 7.000 de riqueza

Figura 19.5 Os ganhos resultantes do seguro

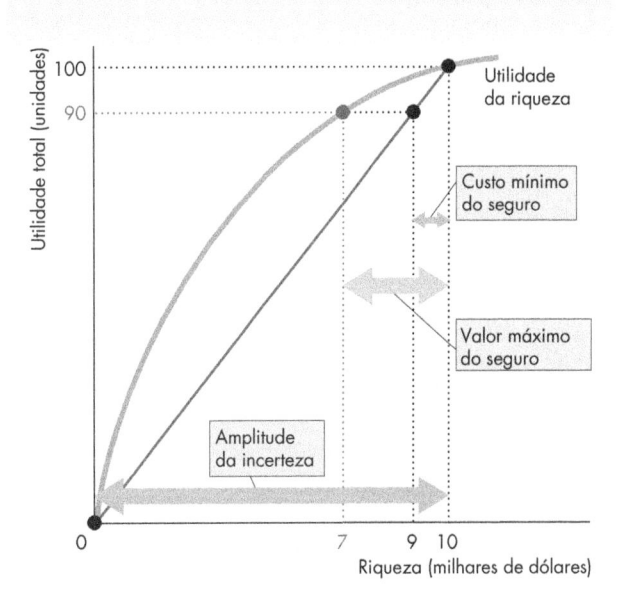

Dan tem um carro que vale $ 10.000 e que lhe proporciona uma utilidade de 100 unidades, mas há uma probabilidade de 0,1 de ele se envolver em um acidente, fazendo com que seu carro perca seu valor (riqueza e utilidade iguais a zero). Sem um seguro, sua riqueza esperada é de $ 9.000 e sua utilidade esperada é de 90 unidades. Sua riqueza garantida é de $ 7.000. Dan pagará até $ 3.000 pelo seguro. Se uma seguradora puder oferecer um seguro a Dan por $ 1.000, há um ganho potencial resultante do seguro tanto para Dan quanto para a seguradora.

e não correria nenhum risco se adquirisse $ 10.000 de seguro de automóvel por $ 3.000. Neste caso, ele teria 90 unidades de utilidade e ficaria nas mesmas condições adquirindo o seguro contra o risco ou correndo o risco. Se Dan adquirisse um seguro por menos de $ 3.000, sua utilidade total aumentaria. Assim, Dan apresenta uma demanda por seguro de automóvel a prêmios inferiores a $ 3.000 por uma cobertura de $ 10.000.

Se há muitas pessoas como Dan, uma empresa seguradora pode dividir os riscos delas. A atividade de compartilhar riscos é chamada de agregação dos riscos. Para agregar os riscos de Dan e de todas as pessoas como ele, uma seguradora concorda em pagar $ 10.000 a cada pessoa que sofra um acidente. A empresa paga $ 10.000 a um décimo das pessoas seguradas, ou uma média de $ 1.000 por pessoa coberta pelo seguro. Essa quantia é o prêmio mínimo da seguradora para esse seguro. Ela é menor que o valor do seguro para Dan, porque ele tem aversão ao risco. Ele está disposto a pagar para reduzir o risco que corre.

Se as despesas operacionais da seguradora são de $ 1.000 adicionais e se ela oferece seguros por $ 2.000, ela cobre todos os seus custos – suas despesas operacionais mais as quantias pagas aos segurados pelas perdas deles. Dan e todas as outras pessoas como ele maximizam sua utilidade comprando o seguro.

> **QUESTÕES PARA REVISÃO**
>
> 1. Que tipos de seguro os norte-americanos compram e que porcentagem da renda gastam em seguros (em média)?
> 2. Como funciona o seguro? Como as pessoas podem evitar resultados indesejados por meio da aquisição de seguros contra eles?
> 3. Como uma seguradora pode oferecer às pessoas um acordo capaz de beneficiar as duas partes? Por que as quantias pagas pelos segurados não cobrem apenas as quantias pagas pelas seguradoras aos segurados?

Grande parte da incerteza que enfrentamos resulta da ignorância. Simplesmente não sabemos todas as coisas que, se soubéssemos, nos beneficiariam. Mas o conhecimento ou a informação não são gratuitos, e a intervenção do governo é pouco útil para lidar com esse problema. Os governos normalmente são ainda menos informados do que os compradores e os vendedores. Diante de informações incompletas, devemos tomar decisões sobre quanta informação adquirir. Vamos estudar agora as escolhas que fazemos para obter informações e como os mercados lidam com informações incompletas.

Informações

Gastamos uma grande quantidade de nossos recursos escassos em informações econômicas. As **informações econômicas** incluem dados sobre preço, quantidade e qualidade de bens e serviços e fatores de produção.

Nos modelos de concorrência perfeita, monopólio e concorrência monopolista, a informação é gratuita. Todas as pessoas têm todas as informações das quais precisam. Os indivíduos estão totalmente informados sobre os preços dos bens e serviços que compram e os fatores de produção que vendem. De modo similar, as empresas estão completamente informadas sobre as preferências dos consumidores e sobre os preços e produtos de outras empresas.

Já no mundo real, as informações são escassas. Se não fosse assim, não precisaríamos do *The Wall Street Journal* e da CNN. Também não precisaríamos fazer pesquisas de preços em diferentes locais em busca de bons negócios ou gastar tempo procurando um emprego. O custo de oportunidade das informações econômicas – o custo da obtenção de informações sobre preço, quantidade e qualidade de bens, serviços e fatores de produção – é chamado de **custo de informação**.

O fato de muitos modelos econômicos ignorarem os custos de informação não os torna inúteis. Os modelos nos ajudam a compreender as forças que geram tendências de preços e quantidades no decorrer de períodos longos o suficiente para que limites da informação não sejam importantes. Mas a informação constitui a essência de alguns mercados e, para entendê-los, precisamos levar em consideração os problemas relativos à informação. Examinaremos agora algumas das conseqüências do custo da informação.

A procura de informações sobre o preço

Quando muitas empresas vendem o mesmo bem ou serviço, há uma variedade de preços, e os compradores querem encontrar o preço mais baixo. Mas essa busca demanda tempo e é custosa. Assim, os compradores devem equilibrar os ganhos esperados de uma busca mais aprofundada e o custo dessa busca. Para conseguir esse equilíbrio, os compradores utilizam uma regra de decisão chamada de *regra da busca ótima* – ou *regra da parada ótima*. A regra da busca ótima é:

- Procure um preço mais baixo até que o benefício marginal esperado da busca adicional seja igual ao custo marginal da busca.
- Quando o benefício marginal esperado da busca adicional for menor do que o custo marginal da busca ou igual a ele, pare de buscar e compre.

Para implementar a regra da busca ótima, cada comprador escolhe seu próprio preço de reserva. O **preço de reserva** do comprador é o preço máximo que ele está disposto a pagar por um produto. O comprador continuará a procurar um preço mais baixo se o preço mais baixo encontrado até então exceder o preço de reserva, mas parará de procurar e comprará se o preço mais baixo encontrado for menor do que o preço de reserva ou igual a ele. No preço de reserva do comprador, o benefício marginal esperado da busca é igual ao custo marginal da busca.

A Figura 19.6 ilustra a regra da busca ótima. Suponha que você tenha decidido comprar um Mazda usado. Seu custo marginal da busca é de $ C por loja visitada e é mostrado pela linha tracejada horizontal da figura. Esse custo inclui o valor de seu tempo, que é a quantia que você teria ganho se tivesse trabalhado, em vez de percorrer lojas de carros usados, e a quantia gasta em transporte e aconselhamento. Seu benefício marginal esperado da visita de mais uma loja depende do preço mais baixo encontrado. Quanto mais baixo for o preço que você já encontrou, menor será seu benefício marginal esperado da visita de uma loja a mais, como mostra a curva cinza-claro da figura.

O preço no qual o benefício marginal esperado é igual ao custo marginal é seu preço de reserva – $ 8.000 na Figura 19.6. Se você encontra um preço igual a seu preço de reserva ou abaixo dele, você pára de procurar e compra. Se encontra um preço acima do preço de reserva, você continua a procurar um preço mais baixo. Compradores individuais diferem em seu custo marginal da busca, de modo que apresentam diversos preços de reserva. Como resultado, itens idênticos podem ser encontrados à venda por uma variedade de preços.

A verdadeira procura de um carro para comprar Compradores reais de carros defrontam-se com um problema muito maior do que o que acabamos de analisar. Há muito mais aspectos que eles estão buscando além do preço. Eles podem passar um longo período coletando informações sobre as alternativas, mas, em algum ponto

Figura 19.6 Regra da busca ótima

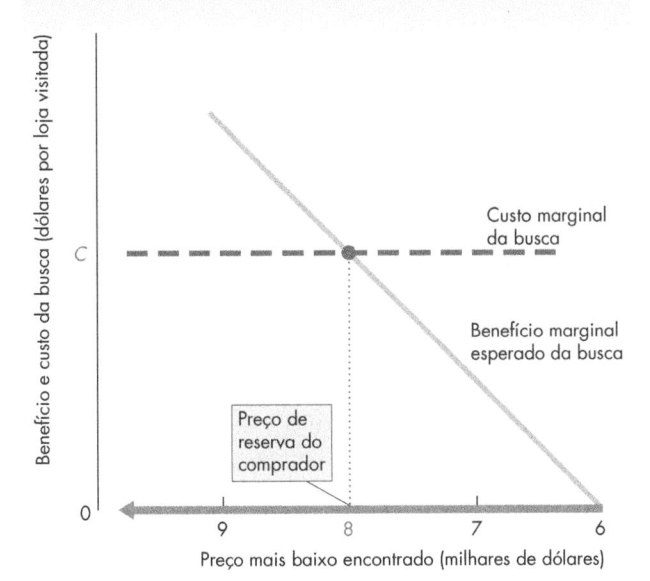

O custo marginal da busca é constante em $ C. À medida que o preço mais baixo encontrado (medido da direita para a esquerda no eixo horizontal) diminui, o benefício marginal esperado da busca adicional também diminui. O preço mais baixo encontrado ao qual o custo marginal é igual ao benefício marginal esperado é o preço de reserva. A regra da busca ótima é procurar até que o preço de reserva seja encontrado e então comprar ao preço mais baixo encontrado.

---

de sua busca, eles decidem que já procuraram o suficiente e tomam a decisão de comprar. Nossa procura imaginária de um Mazda usado racionaliza essa decisão. Os verdadeiros compradores pensam: "O benefício de mais procura é insuficiente para fazer valer a pena continuar com o processo". Eles não fazem os cálculos que acabamos de fazer – pelo menos não explicitamente –, mas suas ações podem ser explicadas por esses cálculos. Algumas vezes, as informações simplesmente não estão disponíveis nem para o comprador nem para o vendedor. A próxima seção analisa três exemplos desse tipo de situação.

QUESTÕES PARA REVISÃO

1. Que tipos de informação econômica as pessoas consideram úteis?
2. Por que as informações econômicas são escassas e como as pessoas economizam em sua utilização?
3. Qual é o preço de reserva do comprador?
4. O que determina o custo de oportunidade das informações econômicas?
5. Como você decide continuar a procurar um item, em vez de parar de procurar?
6. Como você decide quando parar de procurar um item de preço mais baixo para comprar?

Informações privadas

Até agora analisamos situações nas quais, com esforço suficiente, as informações estão disponíveis para todos. Entretanto, nem todas as situações são assim. Por exemplo, alguém pode ter informações privadas. **Informações privadas** são informações que estão disponíveis para alguém, mas que, para ser obtidas por qualquer outra pessoa, apresentam um custo alto demais.

As informações privadas afetam muitas transações econômicas. Uma delas é o conhecimento que você tem sobre como dirige. Você sabe muito mais do que sua seguradora sobre o nível de precaução que tem ao dirigir. Outra informação privada é seu conhecimento sobre seu empenho no trabalho. Você sabe muito melhor do que seu empregador quanto você se empenha no trabalho. Outra informação é seu conhecimento sobre a qualidade de seu carro. Você sabe se ele tem algum defeito, mas a pessoa a quem você está prestes a vendê-lo não sabe e não tem como saber disso até comprá-lo de você.

As informações privadas criam dois problemas:

1. Risco moral
2. Seleção adversa

O **risco moral** existe quando uma das partes de um acordo tem um incentivo, após o acordo ser firmado, para agir de um modo que produza benefícios adicionais para ela mesma à custa do outro participante do acordo. O risco moral surge porque é custoso demais para a parte prejudicada monitorar as ações da parte que se beneficia. Por exemplo, Jackie contrata Mitch para trabalhar como vendedor e lhe paga um salário fixo independentemente de quanto ele vender. Mitch está diante de um risco moral. Ele tem um incentivo para não se esforçar nem um pouco, beneficiando-se e reduzindo os lucros de Jackie. Por esse motivo, os vendedores normalmente são pagos de acordo com um cálculo que faz sua renda ser mais alta quanto maior for o volume (ou valor) de suas vendas.

A **seleção adversa** é a tendência das pessoas de fazer acordos nos quais possam utilizar suas informações privadas em vantagem própria e em prejuízo de participantes menos informados. Por exemplo, se Jackie oferecer aos vendedores um salário fixo, ela atrairá vendedores negligentes. Vendedores empenhados preferirão *não* trabalhar para Jackie porque eles podem ganhar mais trabalhando para alguém que lhes remunere de acordo com os resultados. O contrato de salário fixo seleciona de maneira adversa pessoas que detêm informações privadas (conhecimento sobre seus hábitos no trabalho) e que podem utilizar esse conhecimento em vantagem própria e em prejuízo da outra parte.

Foi elaborada uma série de mecanismos que permitem que os mercados funcionem diante do risco moral e da seleção adversa. Acabamos de analisar um desses mecanismos, a utilização de pagamentos de incentivo para vendedores. Vamos analisar alguns outros exemplos e ver como o risco moral e a seleção adversa influenciam três mercados no mundo real:

- O mercado de carros usados
- O mercado de empréstimos
- O mercado de seguros

O mercado de carros usados

Quando uma pessoa compra um carro, ela pode acabar descobrindo que o carro apresenta problemas. Se isso acontece, ele vale para o comprador e para todas as outras pessoas menos do que valeria se não tivesse nenhum defeito. Será que o mercado de carros usados tem dois preços refletindo esses dois valores – um preço baixo para carros com problemas e um preço mais alto para aqueles em bom estado? A resposta é não. Para entendermos por que, vamos examinar um mercado de carros usados, primeiro sem e depois com garantia do revendedor.

Carros usados sem garantia Visando esclarecer ao máximo as questões, faremos alguns pressupostos extremos. Há somente dois tipos de carros: aqueles com problemas e aqueles em bom estado. Um carro com problemas vale $ 1.000 tanto para seu proprietário atual quanto para qualquer pessoa que o comprar. Um carro sem problemas vale $ 5.000 tanto para seu proprietário atual quanto para os potenciais proprietários futuros. O fato de um carro apresentar problemas constitui uma informação privada disponível somente para o proprietário atual. Os compradores de carros usados somente terão como dizer se estão comprando um carro com problemas *depois* que comprarem o carro e souberem tanto sobre ele quanto o proprietário atual. Quem vende não oferece nenhuma garantia.

Como os compradores não têm como diferenciar um carro com problemas de um carro em bom estado, eles estão dispostos a pagar apenas um preço por um carro usado. Qual é esse preço? Será que eles estariam dispostos a pagar $ 5.000, o valor de um carro em bom estado? Não, porque há uma probabilidade de eles estarem comprando um carro com problemas que vale apenas $ 1.000. Se os compradores não estão dispostos a pagar $ 5.000 por um carro usado, será que os proprietários de carros em bom estado estarão dispostos a vendê-los? Não, porque um carro em bom estado vale $ 5.000 para eles, portanto eles preferem não vender seu carro. Só os proprietários dos carros com problemas estão dispostos a vendê-los – contanto que o preço seja $ 1.000 ou mais. Mas, raciocinam os compradores, se apenas os proprietários dos carros com problemas estão vendendo, todos os carros usados disponíveis para compra apresentam problemas, de modo que o preço máximo que vale a pena pagar é $ 1.000. Assim, o mercado de carros usados é um mercado de carros com problemas, e o preço é $ 1.000.

Há um *risco moral* no mercado de carros porque os vendedores têm um incentivo para alegar que os carros com problemas são bons. Mas, considerando as premissas na descrição anterior do mercado de carros, ninguém acredita nessas alegações. Também há *seleção adversa*, mas apenas se os carros com problemas de fato forem negociados. O mercado de carros usados não está funcionando bem. Bons carros usados simplesmente não são comprados ou vendidos, mas as pessoas querem comprar e vender bons carros usados. Como elas podem fazer isso? A resposta é: por meio de garantias.

Carros usados com garantia Os compradores de carros usados não têm como diferenciar um carro com problemas de um bom carro, mas os revendedores algumas vezes têm. Por exemplo, eles podem ter feito as revisões de manutenção do carro. Assim, eles sabem se estão comprando um carro com problemas ou um bom carro e podem oferecer $ 1.000 pelos carros com problemas e $ 5.000 pelos carros em bom estado.[1] Mas como eles convencem os compradores de que vale a pena pagar $ 5.000 pelo que pode ser um carro com problemas? Eles podem conseguir isso oferecendo uma garantia. O revendedor *sinaliza* quais carros são bons e quais não são. Um **sinal** é uma ação tomada fora do mercado que transmite informações que podem ser utilizadas pelo mercado. Há muitos exemplos de sinais, entre eles as notas dos alunos. Suas notas atuam como um *sinal* a empregadores potenciais.

No caso de carros usados, os revendedores adotam ações no mercado de conserto de carros que podem se utilizadas pelo mercado de compra e venda de carros. Para cada carro bom vendido, o revendedor oferece uma garantia. O revendedor concorda em pagar pelos custos do conserto do carro caso se constate que ele tem um defeito. Carros com garantia são bons; carros sem garantia são ruins.

Por que os compradores acreditam no sinal? Porque o custo de enviar um sinal falso é alto. Um revendedor que oferece uma garantia para um carro com problemas acaba pagando um alto custo pelo conserto – e se arrisca a ganhar uma má reputação. Um revendedor que oferece garantia somente para carros bons não tem nenhum custo de conserto e conquista uma reputação cada vez melhor. Vale a pena enviar um sinal preciso, portanto é racional para os compradores acreditar no sinal. As garantias solucionam o problema do carro com defeitos e permitem que o mercado de carros usados funcione com dois preços: um para carros com problemas e um para carros de boa qualidade.

O mercado de empréstimos

O mercado de empréstimos bancários é um exemplo de como as informações privadas exercem um papel crucial. Vejamos como.

A quantidade demandada de empréstimos depende da taxa de juros. Quanto mais baixa é a taxa de juros, maior é a quantidade demandada de empréstimos – a curva de demanda de empréstimos é inclinada para baixo. A oferta de empréstimos pelos bancos e outras instituições

---

[1] Neste exemplo, para simplificarmos os cálculos, ignoraremos as margens de lucro dos revendedores e outros custos de fazer negócios e partiremos da premissa de que os revendedores compram carros pelo mesmo preço que os vendem. Os princípios são os mesmos quando há margens de lucro dos revendedores.

depende do custo da concessão do empréstimo. Esse custo tem duas partes. Uma delas é composta dos juros, e esse custo dos juros é determinado pelo mercado de depósitos bancários – o mercado no qual os bancos tomam emprestado os fundos que emprestam. A outra parte do custo do empréstimo é o custo dos créditos irrecuperáveis – empréstimos não pagos –, chamado de custo da inadimplência. O custo dos juros de um empréstimo é o mesmo para todos os tomadores de empréstimo. O custo da inadimplência de um empréstimo depende da qualidade de quem toma o empréstimo.

Suponha que todos os tomadores de empréstimo possam ser classificados em duas categorias: de baixo risco e de alto risco. Tomadores de empréstimo de baixo risco raramente deixam de pagar suas dívidas e só o fazem por razões fora de seu controle. Por exemplo, uma empresa pode tomar dinheiro emprestado para financiar um projeto que acaba fracassando e ser incapaz de devolver o empréstimo ao banco. Tomadores de empréstimo de alto risco assumem altos riscos com o dinheiro que tomam emprestado e freqüentemente deixam de pagar os empréstimos. Por exemplo, uma empresa pode tomar dinheiro emprestado para especular no mercado de alto risco de prospecção de minérios, um investimento que tem poucas chances de dar retorno.

Se os bancos podem dividir os tomadores de empréstimo em categorias de risco, eles emprestam a tomadores de empréstimo de baixo risco a uma taxa de juros e a tomadores de empréstimo de alto risco a outra taxa de juros, mais alta. Na vida real os bancos tentam o máximo possível fazer isso. Mas nem sempre eles têm como classificar os tomadores de empréstimo. Eles não podem saber ao certo se estão emprestando para um tomador de empréstimo de baixo ou de alto risco.

Deste modo, os bancos cobram a mesma taxa de juros tanto de tomadores de empréstimo de baixo risco quanto daqueles de alto risco. Se oferecessem empréstimos a todos à taxa de juros de baixo risco, os tomadores de empréstimo estariam diante de um *risco moral* e os bancos atrairiam muitos tomadores de empréstimo de alto risco – *seleção adversa*. A maioria dos tomadores de empréstimo deixaria de pagar a dívida, e os bancos incorreriam em perdas econômicas. Se os bancos oferecessem empréstimos a todos à taxa de juros de alto risco, a maioria dos tomadores de empréstimo de baixo risco, com quem os bancos gostariam de fazer negócios lucrativos, não estaria disposta a fazer empréstimos.

Diante do risco moral e da seleção adversa, os bancos utilizam *sinais* para distinguir os tomadores de empréstimo e *racionam* ou limitam os empréstimos a quantidades abaixo das demandadas. Para restringir as quantias que estão dispostos a emprestar, os bancos utilizam sinais como tempo em um emprego, propriedade de um imóvel, estado civil, idade e histórico profissional.

A Figura 19.7 mostra como o mercado de empréstimos funciona diante do risco moral e da seleção adversa. A curva de demanda de empréstimos é *D*, e a curva de oferta é *S*. A curva de oferta é horizontal – oferta perfeitamente

Figura 19.7 O mercado de empréstimos

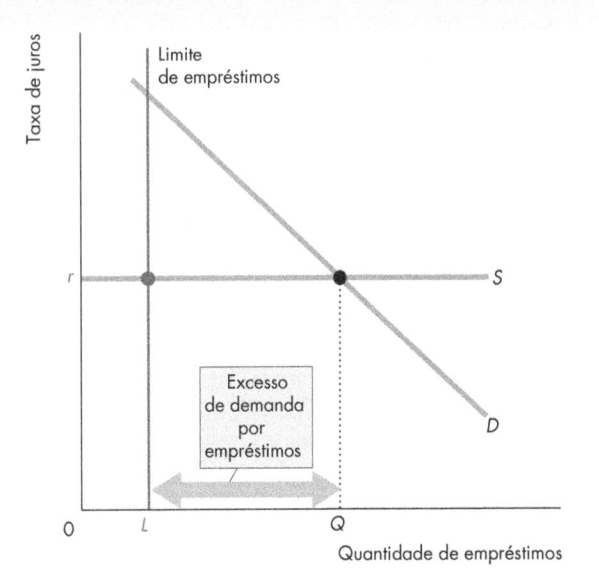

Se um banco oferecesse empréstimos na quantidade demandada à taxa de juros corrente *r*, a quantidade de empréstimos seria *Q*, mas a maior parte dos empréstimos seria feita por tomadores de empréstimo de alto risco. Os bancos utilizam sinais para distinguir tomadores de empréstimo de baixo risco e os de alto risco e limitam o total de empréstimos a *L* e os racionam. Os bancos não têm nenhum incentivo para aumentar as taxas de juros e a quantidade de empréstimos porque os empréstimos adicionais seriam concedidos a tomadores de empréstimo de alto risco.

elástica – porque se presume que os bancos tenham acesso a uma grande quantidade de fundos com um custo marginal constante de *r*. Sem limites de empréstimos, a taxa de juros é *r* e a quantidade de empréstimos é *Q*. Devido ao risco moral e à seleção adversa, os bancos estabelecem limites de empréstimos com base nos sinais e restringem os empréstimos totais a *L*. À taxa de juros *r*, há um excesso de demanda por empréstimos. Um banco não pode aumentar seu lucro oferecendo mais empréstimos porque não tem como identificar o tipo de tomador de empréstimo. Como os sinais utilizados implicam que mais tomadores de empréstimo de alto risco do que aqueles de baixo risco ficarão insatisfeitos, os empréstimos adicionais provavelmente tenderiam a ser feitos aos tomadores de empréstimo de alto risco.

O mercado de seguros

As pessoas que compram seguros estão diante de um risco moral, e as seguradoras estão diante da seleção adversa. O *risco moral* surge porque uma pessoa com seguro contra uma perda tem menos incentivo do que um não-segurado para evitar a perda. Por exemplo, uma empresa com seguro contra incêndio tem menos incentivo para instalar um alarme ou um sistema de combate a incêndios do que uma empresa que não tenha esse tipo de seguro. A *seleção adversa* surge porque é maior a probabilidade de as pessoas com riscos mais altos comprarem seguros. Por exemplo, a probabilidade de uma pessoa com histórico familiar de uma doença grave adquirir um seguro de saúde é maior do que a de uma pessoa com um histórico familiar de boa saúde fazê-lo.

As seguradoras têm um incentivo para encontrar modos de lidar com os problemas do risco moral e da seleção adversa. Com isso, elas podem reduzir os prêmios para pessoas de baixo risco e aumentar os prêmios para pessoas de alto risco. Vejamos como as seguradoras utilizam a sinalização para lidar com esses problemas de informações privadas no mercado de seguros de automóveis.

Um mecanismo utilizado é o bônus pela não-ocorrência de sinistros. Um motorista acumula esse bônus se dirigir com segurança e evitar acidentes. Quanto maior é o bônus, maior é o incentivo para dirigir com cautela.

Outro mecanismo utilizado é a franquia. Uma franquia é a parcela de uma perda com a qual o segurado concorda em arcar. Quanto maior é a franquia, menor é o prêmio, e a redução do prêmio é mais do que proporcional ao aumento da franquia. Ao oferecer um seguro com cobertura total – sem franquia – em condições atraentes, somente às pessoas de risco mais alto e ao oferecer cobertura com uma franquia em condições mais favoráveis, que sejam atraentes para outras pessoas, as seguradoras podem fazer negócios lucrativos com todos. As pessoas de alto risco escolhem políticas com baixas franquias e altos prêmios; pessoas de baixo risco escolhem políticas com altas franquias e baixos prêmios.

QUESTÕES PARA REVISÃO

1 Como as informações privadas geram risco moral e seleção adversa?
2 Como os mercados de carros utilizam garantias para lidar com informações privadas?
3 Como os mercados de seguros utilizam bônus pela não-ocorrência de sinistros para lidar com informações privadas?

A administração do risco nos mercados financeiros

O risco é um aspecto dominante dos mercados de ações e títulos – na verdade, para qualquer ativo cujo preço flutua. Para lidar com preços de ativos arriscados, uma das medidas que as pessoas tomam é diversificar seus ativos.

Diversificação para reduzir o risco

A idéia de que a diversificação reduz o risco é muito natural. Ela não passa de uma aplicação da idéia de não colocar todos os ovos em uma cesta só. Como exatamente a diversificação reduz o risco? Vejamos um exemplo.

Suponha que você possa se envolver em dois projetos arriscados. Cada um implica um investimento de $ 100.000. Os dois projetos são independentes um do outro, mas ambos prometem o mesmo nível de risco e retorno.

Em cada projeto, você pode ganhar $ 50.000 ou perder $ 25.000, e a chance de cada um desses eventos acontecer é de 50 por cento. O retorno esperado de cada projeto é de ($ 50.000 × 0,5) + (–$ 25.000 × 0,5), o que equivale a $ 12.500. Mas, como os dois projetos são totalmente independentes, o resultado de um não influencia o resultado do outro.

Não diversificado Suponha que você arrisque tudo, investindo todos os $ 100.000 no Projeto 1 ou no Projeto 2. Você poderá ganhar $ 50.000 ou perder $ 25.000. Como a probabilidade de cada um desses resultados ocorrer é de 50 por cento, seu retorno esperado é a média desses dois resultados – um retorno esperado de $ 12.500. Mas, nesse caso, só é escolhido um projeto, de modo que não há como você de fato obter um retorno de $ 12.500.

Diversificado Agora, suponha que você invista 50 por cento de seu dinheiro no Projeto 1 e 50 por cento no Projeto 2 (enquanto alguma outra pessoa investe os outros 50 por cento em cada projeto). Como os dois projetos são independentes, agora você tem *quatro* retornos possíveis:

1. Perder $ 12.500 em cada projeto, com retorno de –$ 25.000.
2. Ganhar $ 25.000 no Projeto 1 e perder $ 12.500 no Projeto 2, com retorno de $ 12.500.
3. Perder $ 12.500 no Projeto 1 e ganhar $ 25.000 no Projeto 2, com retorno de $ 12.500.
4. Ganhar $ 25.000 em cada projeto, com retorno de $ 50.000.

Cada um dos quatro resultados possíveis é igualmente provável – cada um tem 25 por cento de chances de ocorrer. Assim, seu retorno esperado é de $ 12.500. Você reduziu as chances de ganhar $ 50.000, mas também as de perder $ 25.000. Além disso, você aumentou as chances de fazer com que seu retorno esperado seja $ 12.500. Ao diversificar seu portfólio de ativos, você reduziu o nível de risco dele, ao mesmo tempo em que manteve um retorno esperado de $ 12.500.

Se você tem aversão ao risco – se a sua curva de utilidade da riqueza é parecida com a de Tania, que analisamos anteriormente neste capítulo –, você preferirá o portfólio diversificado ao não diversificado. Ou seja, sua *utilidade esperada* com um conjunto diversificado de ativos é maior.

Um modo comum de diversificar é comprar ações de diferentes empresas. Vamos analisar o mercado no qual essas ações são negociadas.

O mercado de ações

O preço das ações é determinado pela demanda e pela oferta. Mas a demanda e a oferta no mercado de ações são dominadas por uma coisa: o preço futuro esperado. Se o preço de uma ação hoje é superior ao preço esperado para amanhã, as pessoas venderão as ações hoje. Se o preço de uma ação hoje é inferior ao preço esperado para amanhã, as pessoas comprarão as ações hoje. Como resultado de negociações como essas, o preço de hoje é igual ao preço esperado de amanhã, de maneira que o preço de hoje incorpora todas as informações relevantes disponíveis sobre a ação. Um mercado no qual o preço real incorpora todas as informações relevantes disponíveis no presente é chamado de **mercado eficiente**.

Em um mercado eficiente, é impossível prever variações do preço. Por quê? Se você prever que o preço aumentará amanhã, você comprará agora. Sua atitude de comprar agora representa um aumento da demanda hoje e aumenta o preço de *hoje*. É verdade que sua atitude – a atitude de um único negociador – não vai fazer grande diferença em um enorme mercado como a Bolsa de Valores de Nova York. Mas, se os negociadores em geral esperarem um preço mais alto para amanhã e todos agirem hoje com base nessa expectativa, o preço de hoje aumentará. Ele continuará a aumentar até atingir o preço futuro esperado, porque somente a esse preço os negociadores não vêem nenhum lucro na compra de mais ações hoje.

Há um paradoxo aparente nos mercados eficientes. Os mercados são eficientes porque as pessoas tentam lucrar. Elas buscam lucro comprando a um preço baixo e vendendo a um preço alto. Mas o próprio ato de comprar e vender para lucrar significa que o preço de mercado se torna igual ao valor futuro esperado. Quando isso ocorre, ninguém, nem aqueles que buscam obter lucro, pode lucrar de maneira *previsível*. Cada oportunidade de lucro vista pelos negociadores leva a uma atitude que produz uma variação de preço que remove a oportunidade de lucro para os outros. O corretor na charge está sendo espantosamente honesto com seu cliente no conselho que oferece.

Assim, um mercado eficiente tem duas características:
1. Seu preço é igual ao preço futuro esperado e incorpora todas as informações disponíveis.
2. Não há oportunidades *previsíveis* de lucro disponíveis.

O principal fator a ser entendido sobre um mercado eficiente como o mercado de ações é que, se algo puder ser previsto, ele o será, e a previsão de um evento futuro afetará o preço *atual* de uma ação.

QUESTÕES PARA REVISÃO

1 Como a diversificação reduz o risco e como afeta a taxa de retorno esperada?
2 O que significa dizer que o mercado de ações é eficiente? O termo 'eficiente' está sendo utilizado no sentido comum?

Incerteza, informação e a mão invisível

Um tema recorrente em todo o estudo da microeconomia é a grande questão: quando as escolhas feitas em busca do *interesse pessoal* também promovem o *interesse social*? Quando a mão invisível funciona bem e quando ela fracassa? Já estudamos o conceito de eficiência, um importante componente do que queremos dizer com interesse social. Vimos que, enquanto os mercados competitivos geralmente fazem um bom trabalho ajudando a atingir a eficiência, dificuldades como o monopólio e a ausência de direitos de propriedade bem definidos podem impedir a obtenção de uma utilização eficiente dos recursos.

Como a incerteza e informações incompletas fazem a capacidade de escolha feita em interesse próprio resultar no interesse social? Será que essas características da vida econômica representam outra razão para os mercados fracassarem e algum tipo de intervenção do governo ser necessário para atingir a eficiência?

Essas perguntas são difíceis e não têm respostas definitivas, mas sabemos de algumas coisas úteis sobre os efeitos da incerteza e da falta de informações completas sobre a eficiência na utilização de recursos. Começaremos nossa breve revisão dessa questão pensando na informação como se fosse qualquer outro bem.

Informação como um bem

Costuma ser útil ter mais informações. Também costuma ser útil ter menos incerteza sobre o futuro. Pense na informação como um bem do qual desejamos adquirir uma quantidade maior.

A lição mais básica sobre eficiência que aprendemos no Capítulo 2 pode ser aplicada à informação. Ao longo da nossa fronteira de possibilidades de produção, estamos diante de um *trade-off* entre a informação e todos os outros bens e serviços. As informações, como todas as outras coisas, podem ser produzidas a um custo de oportunidade crescente – um custo marginal crescente. Por exemplo, podemos fazer previsões meteorológicas mais precisas,

"Esperamos uma alta nas ações, mas não sabemos em quais nem quando."

© 2004 Aaron Bacall de cartoonbank.com. Todos os direitos reservados.

mas somente a um custo marginal crescente, à medida que aumentamos a quantidade de informações coletadas da atmosfera e a quantia de dinheiro gasta em supercomputadores para processar os dados.

O princípio do benefício marginal decrescente também se aplica à informação. Mais informações resultam em maior valor, mas, quanto mais você sabe, menos valoriza um acréscimo de informação. Por exemplo, saber que choverá amanhã é uma informação valiosa. Saber se choverá muito ou pouco é ainda mais útil. Mas saber qual será a quantidade milimétrica de chuva provavelmente não valerá muito mais.

Como o custo marginal da informação está aumentando e o benefício marginal está diminuindo, há uma quantidade eficiente de informações. Seria ineficiente ter informações demais.

Em princípio, os mercados competitivos de informações são capazes de fornecer essa quantidade eficiente, mas é difícil constatar se eles realmente fazem isso.

Monopólio em mercados que lidam com a incerteza

Provavelmente há grandes economias de escala para a prestação de serviços que lidam com a incerteza e com informações incompletas. A indústria de seguros, por exemplo, é altamente concentrada. Nos mercados em que existem elementos de monopólio, surgem exatamente as mesmas questões de ineficiência que nos mercados nos quais a incerteza e as informações incompletas não representam um grande problema. Assim, é provável que em alguns mercados de informações, incluindo mercados de seguros, haja uma escassez de produção resultante da tentativa de maximizar o lucro do monopólio.

QUESTÕES PARA REVISÃO

1 Pensando na informação como um bem, por quais informações você estaria disposto a pagar?
2 Sobre informações pelas quais você estaria disposto a pagar, quais você pode comprar no mercado de informações e quais não pode?
3 Por que alguns dos mercados que fornecem informações provavelmente são dominados por monopólios?

Vimos como as pessoas lidam com a incerteza e como os mercados funcionam quando há problemas de informação. A seção "Leitura das entrelinhas", abaixo, explora a maneira como as notas escolares funcionam como sinais no mercado de trabalho e selecionam estudantes de acordo com a capacidade deles, de modo que os empregadores possam contratar o tipo de trabalho que buscam. Você verá que é ineficiente exagerar as notas.

A próxima parte deste livro estuda a *macroeconomia*. Ela se baseia no que aprendemos no Capítulo 2 sobre possibilidades de produção e mostra como o crescimento econômico expande essas possibilidades. Também estudaremos as flutuações de produção, emprego e preços.

LEITURA DAS ENTRELINHAS

Notas como sinais

Notas rigorosas podem ser notas justas?

7 de junho de 2006

Ao longo de seus estudos universitários, Andrew Lipovsky fez cursos de verão na Pace University e na Universidade de Columbia, em Nova York, passou três semestres na Northeastern e se transferiu para a Universidade de Boston no ano passado. Apesar de ter se formado em administração de empresas, ele acabou realizando um tipo de pesquisa experimental científica na qual atuou como variável de controle e essas quatro instituições de ensino foram as variáveis explicativas.

Suas médias foram 8,0 (Columbia), 8,75 (Northeastern) e 9,5 (Pace), que lhe valiam os conceitos A e B. Depois, nos dois anos que passou na Universidade de Boston, ele teve uma média de apenas 6,0, a linha divisória entre B– e C+. Quando ele precisou refazer na Universidade de Boston alguns cursos de administração que já tinha feito na Northeastern como parte do processo de transferência, suas notas caíram até cinco pontos.

A conclusão, de acordo com Lipovsky, é que ele foi vítima da "deflação de notas", algo extremamente comum entre estudantes da Universidade de Boston. Com esse eufemismo, os estudantes querem dizer que, curvando-se a uma pressão não oficial, porém efetiva, da administração da universidade, os professores forçam as notas a se adequar a uma curva.

"Eles querem dificultar", disse Lipovsky, um jovem de 20 anos de idade, de Manhattan. "Eles querem que o diploma da Universidade de Boston tenha algum valor. Mas isso causa um problema. Quando eu tento ingressar em uma pós-graduação, os selecionadores desconhecem essa política. Ela não está escrita em lugar algum. A administração nega a existência de uma deflação de notas"...

Fonte: Copyright ©2006 The New York Times Company. Reproduzido com permissão. Proibido nova reprodução. Disponível em: http://www.nytimes.com

Essência da notícia

▶ Andrew Lipovsky fez cursos de verão e comparou suas notas em quatro universidades.

▶ Suas médias de notas foram de 8,0 (Columbia), 8,75 (Northeastern), 9,5 (Pace) e 6,0 (Boston).

▶ Lipovsky diz que os estudantes da Universidade de Boston são vítimas da "deflação de notas" resultante da adequação delas a uma curva.

Análise econômica

▶ Notas precisas fornecem valiosas informações a estudantes e empregadores potenciais sobre a capacidade de um aluno.

▶ A Universidade de Boston quer proporcionar informações precisas e evitar o exagero de notas – pelo qual são concedidas altas notas para a maioria dos estudantes – porque essa prática deixa de fornecer informações sobre a capacidade de um estudante.

▶ O mercado de trabalho para recém-formados funciona mal com o exagero de notas e funciona bem com notas precisas.

▶ A Figura 1 mostra um mercado de trabalho para recém-formados no qual há exagero de notas.

▶ Os estudantes altamente capazes não se distinguem dos outros estudantes, e a curva de oferta representa a oferta de estudantes de todos os níveis de capacidade.

▶ A curva de demanda mostra a disposição dos empregadores de contratar novos trabalhadores sem conhecer a verdadeira capacidade deles.

▶ Os estudantes são contratados por um baixo salário. Com o tempo, eles são classificados de acordo com sua capacidade à medida que os empregadores descobrem a verdadeira capacidade de seus funcionários com base no desempenho deles no trabalho.

▶ As figuras 2 e 3 mostram o resultado no caso de notas precisas.

▶ Na Figura 2, estudantes com notas altas conseguem empregos bem remunerados.

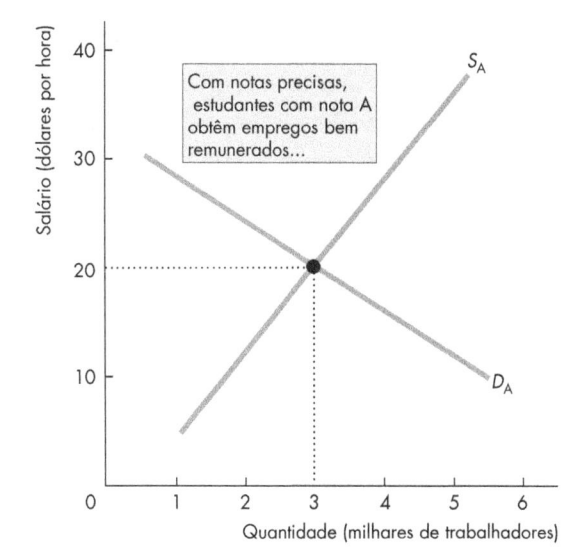

Figura 2: O mercado para estudantes com nota A

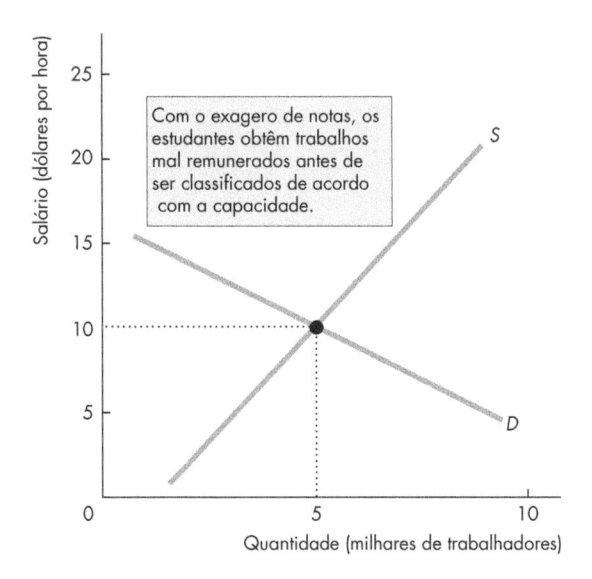

Figura 1: Mercado com exagero de notas

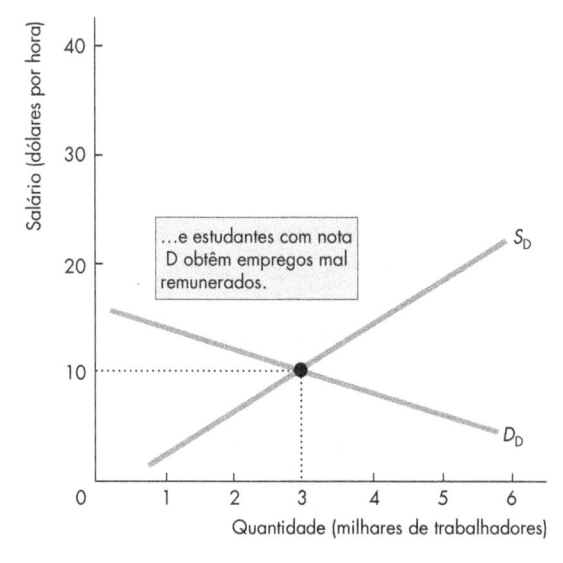

Figura 3: O mercado para estudantes com nota D

▶ Na Figura 3, estudantes com notas baixas conseguem empregos mal remunerados.

▶ Os resultados apresentados nas figuras 2 e 3 que surgem imediatamente quando há notas precisas ocorrem no caso do exagero de notas à medida que as informações sobre a capacidade se acumulam.

▶ No entanto, o custo da descoberta da verdadeira capacidade para o estudante e para o empregador é maior com o exagero de notas do que com notas precisas.

RESUMO

Pontos-chave

Incerteza e risco (p. 435-438)

- Incerteza é uma situação na qual mais de um evento pode ocorrer, mas não se sabe qual ocorrerá.
- O risco é a incerteza com uma probabilidade vinculada a cada resultado possível.
- A atitude de uma pessoa em relação ao risco, chamada de nível de aversão ao risco, é descrita por uma tabela e uma curva de utilidade da riqueza.
- Diante da incerteza, as pessoas escolhem a ação que maximiza a utilidade esperada.

Seguros (p. 438-440)

- Os norte-americanos gastam 15 por cento de sua renda em seguros para reduzir o risco que eles correm.
- Os quatro principais tipos de seguro são de saúde, vida, patrimônio e acidentes e automóveis.
- Por meio da agregação dos riscos, as seguradoras são capazes de reduzir os riscos enfrentados pelas pessoas (no caso de atividades cobertas pelo seguro) a um custo mais baixo do que o valor atribuído ao risco mais baixo.

Informações (p. 440-441)

- Os compradores buscam a fonte de oferta de menor custo e param quando o benefício marginal esperado da busca é igual ao custo marginal da busca.
- O preço no qual a busca é interrompida é menor do que o preço de reserva do comprador ou igual a ele.

Informações privadas (p. 441-444)

- As informações privadas são informações que estão disponíveis para alguém, mas que, para ser obtidas por qualquer outra pessoa apresentam um custo alto demais.
- As informações privadas criam os problemas do risco moral (a utilização de informações privadas em prol da pessoa informada e em prejuízo das partes menos informadas depois de um acordo ser firmado) e da seleção adversa (a tendência das pessoas de firmar acordos nos quais elas podem utilizar suas informações privadas em benefício próprio e em prejuízo das partes menos informadas).
- Os mecanismos que permitem que os mercados funcionem diante do risco moral e da seleção adversa são pagamento de incentivos, garantias, racionamento e sinais.

A administração do risco nos mercados financeiros (p. 444-445)

- O risco pode ser reduzido por meio da diversificação dos ativos, que combina os retornos de projetos independentes uns dos outros.
- Um modo comum de diversificar é comprar ações de diferentes empresas. Os preços das ações são determinados pelo preço futuro esperado das ações.
- Expectativas sobre os preços futuros das ações são baseadas em todas as informações que estão disponíveis e são consideradas relevantes.
- Um mercado no qual o preço é igual ao preço futuro esperado é um mercado eficiente.

Incerteza, informação e a mão invisível (p. 445-446)

- Menos incerteza e mais informações podem ser vistas como um bem que tem um custo marginal crescente e um benefício marginal decrescente.
- Os mercados competitivos de informações podem ser eficientes, mas economias de escala podem levar à produção insuficiente e ineficiente de informações e seguros.

Figuras-chave

Figura 19.1:   A utilidade da riqueza, 436
Figura 19.2:   Escolha com incerteza, 437
Figura 19.5:   Os ganhos resultantes do seguro, 439
Figura 19.6:   Regra da busca ótima, 441

Palavras-chave

Custo de informação, 440
Incerteza, 435
Informações econômicas, 440
Informações privadas, 441
Mercado eficiente, 445
Preço de reserva, 440
Risco, 435
Risco moral, 441
Seleção adversa, 441
Sinal, 442
Utilidade da riqueza, 436
Utilidade esperada, 437

EXERCÍCIOS

1. A figura mostra a curva de utilidade da riqueza de Lee.

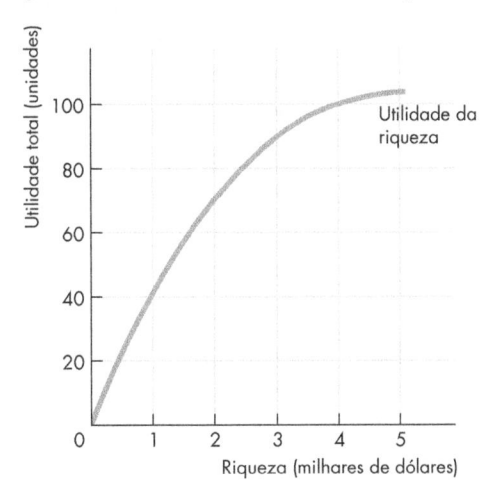

   Lee recebe uma oferta de emprego de vendedor, com 50 por cento de chance de ganhar $ 4.000 por mês e 50 por cento de chances de não ganhar nada.
   a. Qual é a renda esperada de Lee se ele aceita o emprego?
   b. Qual é a utilidade esperada de Lee se ele aceita o emprego?
   c. Que valor garantido outra empresa teria de oferecer a Lee para convencê-lo a não aceitar o emprego arriscado de vendedor?
   d. Qual é o custo do risco de Lee?

2. Jimmy e Zenda apresentam os seguintes dados de utilidade da riqueza:

Riqueza	Utilidade de Jimmy	Utilidade de Zenda
0	0	0
100	200	512
200	300	640
300	350	672
400	375	678
500	387	681
600	393	683
700	396	684

   a. Quais são as utilidades esperadas de Jimmy e Zenda de uma aposta que lhes dê 50 por cento de chance de ter uma riqueza de $ 600 e 50 por cento de chances de não ter nada?
   b. Calcule as tabelas da utilidade marginal de riqueza de Jimmy e Zenda.
   c. Quem tem mais aversão ao risco, Jimmy ou Zenda? Como você sabe?
   d. Quem apresenta maior probabilidade de comprar um seguro, Jimmy ou Zenda?

3. Suponha que tanto Jimmy quanto Zenda, do exercício 2, tenham $ 400 e que cada um esteja considerando um projeto de negócios que envolve comprometer os $ 400. Eles reconhecem que o projeto poderia ter um retorno de $ 600 (um lucro de $ 200) com uma probabilidade de 0,85 ou $ 200 (uma perda de $ 200) com uma probabilidade de 0,15. Quem investe no projeto e quem prefere manter os $ 400 iniciais?

4. Lee, do exercício 1, construiu uma casa de campo em um morro íngreme e inseguro. Ele gastou toda a sua riqueza, de $ 5.000, nesse projeto. Há 75 por cento de chances de aquela parte do morro ceder e a casa não valer nada. Quanto Lee está disposto a pagar por uma apólice de seguro que lhe pague $ 5.000 se o morro ceder e a casa for destruída?

5. Lee, do exercício 1, quer comprar um carro novo. Ele planeja tomar o dinheiro emprestado de um banco para pagar pelo carro. Descreva com detalhes os problemas de busca enfrentados por Lee. Quais informações ele considera úteis? Como ele as obtém? Como ele toma suas decisões?

6. Zaneb é uma professora do ensino médio reconhecida em sua comunidade por sua honestidade e integridade. Ela quer comprar um carro novo e planeja tomar o dinheiro emprestado de um banco local para pagar pelo carro.
   a. Zaneb cria algum problema de risco moral ou seleção adversa para o banco ou para o revendedor de carros? Explique sua resposta.
   b. O banco ou o revendedor de carros criam algum problema de risco moral ou seleção adversa para Zaneb? Explique sua resposta.
   c. Quais propostas Zaneb provavelmente encontrará para ajudá-la a lidar com os problemas de risco moral e seleção adversa com que ela depara na compra do carro e nas transações de empréstimo bancário?

7. Suponha que haja três ligas nacionais de futebol: a Liga do Tempo, a Liga da Diferença de Meta e a Liga Bônus para Vencer. As ligas têm a mesma qualidade, mas os jogadores de cada uma são pagos de modo diferente. Na Liga do Tempo, eles são pagos por hora de treinamento e de jogo. Na Liga da Diferença de Meta, eles recebem uma quantia que depende do número de pontos do time menos o número de pontos do adversário. Na Liga Bônus para Vencer, os jogadores recebem um salário se perderem o jogo, um salário mais alto se empatarem e o salário máximo se vencerem o jogo.
   a. Descreva brevemente as diferenças previstas na qualidade dos jogos de cada uma dessas ligas.
   b. Qual liga será a mais atraente para os jogadores?
   c. Qual liga gerará os maiores lucros?

8. **Phillies é prejudicado pela cláusula de não-negociação do jogador Burrell** O gerente geral do Phillies, Pat

Gillick... que criou times vencedores em Toronto, Baltimore e Seattle, não é fã de cláusulas que proíbem a negociação de jogadores. Gillick é tão avesso à proibição da negociação que afirma que o Phillies pode romper os acordos quando for negociar com grandes agentes neste inverno.

ESPN.com, 8 nov. 2006

a. Dê um exemplo de informação privada em posse de um jogador de beisebol que queira uma cláusula de não-negociação.
b. Um jogador de beisebol com uma cláusula de não-negociação apresenta um risco moral para seu time?
c. Um jogador de beisebol sem uma cláusula de não-negociação apresenta problemas de seleção adversa para seu time?

9. Às 11h10 da manhã do dia 21 de novembro de 2006, uma ação do Google estava sendo negociada por $ 504.07. Com base nesse horário e data, se o mercado de ações do Google for eficiente:
   a. Qual seria o preço esperado de uma ação do Google no dia 22 de novembro de 2006?
   b. Qual seria o lucro esperado resultante da venda de uma ação do Google hoje ou da espera de uma semana para vendê-la?

10. Explique por que você aumentaria sua utilidade esperada dividindo sua riqueza entre ações do Google, General Motors, eBay e Microsoft, em vez de investir toda a sua riqueza nas ações de apenas uma dessas empresas. Você também aumentaria sua riqueza esperada? Explique por quê.

PENSAMENTO CRÍTICO

1. Depois de estudar a seção "Leitura das entrelinhas", responda às seguintes perguntas:
   a. Que informações as notas precisas fornecem, mas o exagero das notas oculta?
   b. Se o exagero das notas fosse uma prática comum em escolas de ensino médio, faculdades e universidades, quais novos mecanismos você acha que surgiriam para proporcionar informações sobre a capacidade dos estudantes?
   c. Você acha que o exagero das notas está de acordo com o interesse pessoal de alguém? Explique quem se beneficia do exagero das notas e como isso ocorre.
   d. Como você acha que o exagero das notas poderia ser controlado?

2. Por que você acha que não é possível comprar um seguro contra um emprego horrível e mal remunerado? Explique por que um mercado de seguros desse tipo não funcionaria.

3. Apesar de não ser possível comprar um seguro contra o risco de comprar um carro em mau estado, o mercado lhe oferece alguma proteção. Como? Quais são as principais maneiras nas quais os mercados superam o problema dos carros ruins?

4. A Merck descobre um novo medicamento que se espera que gere grandes lucros. O que acontece com o preço de uma ação da Merck? Por que as pessoas não investiriam toda a sua riqueza em ações da Merck?

ATIVIDADES NA INTERNET

1. Faça uma pesquisa na Internet e obtenha informações sobre os preços de ações de três empresas que sejam de seu interesse.
   a) Descreva as mudanças no preço dessas ações ao longo do último mês.
   b) Se você tivesse comprado lotes de 100 ações de cada uma dessas empresas há exatamente um mês, quanto valeria sua carteira hoje?
   c) Se você tivesse uma quantia de $ 20.000,00 e fosse comprar ações hoje, quanto você compraria de cada uma delas?
   d) Forme um grupo com outros estudantes e compare suas respostas ao item (c). Qual de vocês tem mais aversão ao risco? Qual de vocês tem menos aversão ao risco? Justifique suas respostas.

ENTENDENDO OS MERCADOS DE FATORES, A DESIGUALDADE E A INCERTEZA

PARTE 6

Para quem?

Ao longo dos últimos 35 anos, os ricos ficaram cada vez mais ricos, e os pobres, cada vez mais pobres. Essa tendência é nova. Do final da Segunda Guerra Mundial até 1965, os pobres ficaram mais ricos a uma velocidade mais rápida do que a dos próprios ricos e a lacuna entre ricos e pobres diminuiu um pouco. Quais são as forças que geram essas tendências? A resposta a essa questão são as forças da demanda e da oferta nos mercados de fatores. Essas forças determinam os salários, as taxas de juros, os aluguéis e os preços dos recursos naturais. Essas forças também determinam a renda das pessoas.

As três categorias de recursos são recursos humanos, capital e recursos naturais. Os recursos humanos incluem trabalho, capital humano e capacidade empresarial. A renda resultante do trabalho e do capital humano depende dos salários e dos níveis de emprego, os quais são determinados nos mercados de trabalho. A renda do capital depende das taxas de juros e da quantidade de capital, que são determinadas nos mercados de capital. A renda de recursos naturais depende dos preços e das quantidades determinadas nos mercados de recursos naturais. Só o retorno da capacidade empresarial não é determinado diretamente em um mercado. Esse retorno é o lucro normal mais o lucro econômico e depende do nível de sucesso de cada empresário no negócio que ele opera.

Os dois primeiros capítulos desta parte estudaram as forças que atuam nos mercados de fatores e explicaram como essas forças levaram a mudanças na distribuição da renda.

A visão geral de todos os mercados de fatores apresentada no Capítulo 17 explicou como a demanda por fatores de produção resulta das decisões maximizadoras de lucro das empresas. Estudamos essas decisões a partir de um ponto de vista diferente nos capítulos 9-13, nos quais aprendemos como as empresas escolhem o preço e a produção maximizadores de lucro. No Capítulo 17, vimos como as decisões maximizadoras de lucro de uma empresa determinam sua demanda por fatores de produção. Vimos também como as decisões de oferta de fatores são tomadas e como o equilíbrio nos mercados de fatores determina o preço dos fatores e a renda dos proprietários de fatores de produção. Parte das maiores rendas obtidas pelas celebridades do cinema é composta de um excedente que chamamos de *renda econômica*.

O Capítulo 17 utilizou os recursos do trabalho e o mercado de trabalho como seu principal exemplo, mas também abordou algumas características especiais dos mercados de capital e dos mercados de recursos naturais.

No Capítulo 18, estudamos a distribuição de renda. Esse capítulo retomou os fundamentos da economia e respondeu a uma das grandes questões econômicas: quem consome os bens e serviços produzidos?

O Capítulo 19 é diferente dos outros dois. Nele, examinamos os problemas da incerteza e das informações privadas e vimos como o mercado lida com esses problemas.

Muitos renomados economistas ampliaram nossa compreensão sobre os mercados de fatores e o papel que eles exercem para nos ajudar a solucionar o conflito entre a demanda das pessoas e os recursos disponíveis. Um desses economistas é Thomas Robert Malthus, que você conhecerá na próxima página. Também poderá conhecer algumas idéias de David Card, professor de economia na Universidade da Califórnia, em Berkeley, e um reconhecido economista contemporâneo da área do trabalho.

ANÁLISE DE IDÉIAS

Os recursos estão se esgotando

> "A paixão entre os sexos aparentemente se manteve tão inalterada em todas as eras que poderia ser considerada, em linguagem algébrica, uma quantidade dada."
>
> THOMAS ROBERT MALTHUS
>
> Ensaio sobre o princípio da população

O economista

Thomas Robert Malthus *(1766-1834), pastor anglicano e economista inglês, foi um cientista social extremamente influente. Em seu bestseller* Ensaio sobre o princípio da população, *publicado em 1798, ele previu que o crescimento populacional superaria a produção de alimentos e disse que guerras, fome e doenças seriam inevitáveis, a não ser que o crescimento populacional fosse controlado pelo que ele chamou de 'contenção moral'. Por 'contenção moral', ele quis dizer casar mais tardiamente e viver uma vida de celibato. Ele se casou aos 38 anos com uma mulher de 27, a idade recomendada por ele aos outros para que se casassem.*

As idéias de Malthus eram consideradas radicais demais para a época. Elas levaram Thomas Carlyle, um pensador contemporâneo dele, a apelidar a economia de 'ciência lúgubre'. Mas as idéias de Malthus exerceram grande influência sobre Charles Darwin, que teve a principal idéia para elaborar a teoria da seleção natural lendo o Ensaio sobre o princípio da população. *Também David Ricardo e os economistas clássicos foram muito influenciados pelas idéias de Malthus.*

As questões

Será que existe um limite para o crescimento econômico ou podemos expandir a produção e a população sem um limite efetivo? Thomas Malthus deu uma das respostas mais influentes sobre essas questões em 1798. Ele argumentou que a população, se deixada sem controle, cresceria geometricamente – 1, 2, 4, 8, 16... – ao passo que a oferta de alimentos cresceria aritmeticamente – 1, 2, 3, 4, 5... Para impedir que a população cresça mais do que a oferta de alimentos, haveria guerras, escassez e pragas periódicas. De acordo com Malthus, só o que ele chamava de contenção moral poderia evitar desastres periódicos como esses.

À medida que a industrialização evoluiu ao longo do século XIX, a idéia de Malthus passou a ser aplicada a todos os recursos naturais, especialmente os esgotáveis.

Malthusianos dos dias de hoje acreditam que a idéia básica dele está correta e se aplica não somente aos alimentos como também a todos os recursos naturais. Com o tempo, conforme acreditam esses profetas da calamidade, seremos reduzidos ao nível de subsistência previsto por Malthus. Ele errou por alguns séculos nas suas projeções, mas não estava totalmente equivocado.

Um malthusiano atual é o ecologista Paul Ehrlich, que acredita que estamos sentados em uma 'bomba-relógio populacional'. Os governos devem, segundo Ehrlich, limitar tanto o crescimento populacional quanto os recursos que podem ser utilizados a cada ano.

Em 1931, Harold Hotelling desenvolveu uma teoria dos recursos naturais com previsões diferentes das de Malthus. O princípio de Hotelling afirma que o preço relativo de um recurso natural esgotável aumentará constantemente, levando a uma diminuição da quantidade utilizada e a um aumento da utilização de recursos substitutos.

Julian Simon (que morreu em 1998) contestou tanto o pessimismo malthusiano quanto o princípio de Hotelling. Ele acreditava que as pessoas eram o 'recurso definitivo' e previa que uma população crescente reduziria a pressão sobre os recursos naturais. Uma população maior proporciona um número maior de pessoas talentosas capazes de elaborar meios mais eficientes de utilizar recursos escassos.

À medida que essas soluções são descobertas, os preços de recursos esgotáveis na verdade diminuem. Para demonstrar essa idéia, em 1980 Simon apostou com Ehrlich que o preço de cinco metais – cobre, cromo, níquel, estanho e tungstênio – diminuiria durante a década de 1980. Simon ganhou a aposta!

Antes

Independentemente de se tratar de terra cultivável, um recurso natural esgotável ou uma área no centro de Chicago, e independentemente de ser em 2007 ou, como vimos aqui, em 1892, existe um limite de disponibilidade e estamos constantemente forçando-o. Os economistas vêem o congestionamento urbano como uma conseqüência do valor de fazer negócios no centro da cidade em relação ao custo. Eles vêem o mecanismo de precificação, que levam a aluguéis e preços de matérias-primas cada vez mais altos, como um modo de alocar e racionar recursos naturais escassos. Os malthusianos, por outro lado, explicam o congestionamento como uma conseqüência da pressão populacional e vêem o controle da população como a solução para o problema.

Hoje

Em Tóquio, a pressão por espaço é tão grande que, em alguns bairros residenciais, uma vaga de estacionamento custa US$ 1.700 ao mês. Para aproveitar ao máximo esse dispendioso espaço – e reduzir o custo da posse de um carro e, assim, aumentar as vendas de carros novos –, a Honda, a Nissan e a Toyota, três das maiores fabricantes japonesas de carros, desenvolveram uma máquina de estacionamento que permite que dois carros ocupem o espaço de um. A mais básica dessas máquinas custa meros US$ 10.000 – o equivalente a menos de 6 meses de taxa de estacionamento.

Malthus desenvolveu suas idéias sobre o crescimento populacional em um mundo no qual os incentivos exercem um papel limitado. Por exemplo, ele não considerou o custo de oportunidade do tempo das mulheres como um fator que poderia influenciar o crescimento populacional. Entretanto, nos dias de hoje, o custo de oportunidade do tempo das mulheres é um fator crucial porque as mulheres exercem um papel cada vez maior na força de trabalho. Um economista que fez importantes contribuições para nosso conhecimento sobre os mercados de trabalho é David Card, da Universidade da Califórnia, em Berkeley. Você poderá conhecer o professor Card nas páginas a seguir.

PONTO DE VISTA ECONÔMICO

David Card

David Card é professor de economia e diretor do Center for Labor Economics (Centro de Economia do Trabalho) da Universidade da Califórnia, em Berkeley, e pesquisador do National Bureau of Economic Research.

Nascido no Canadá, o professor Card se formou pela Queens University, em Kingston, Ontário, em 1977, e obteve Ph.D. pela Universidade de Princeton em 1983. Ele recebeu muitos prêmios, dos quais o mais notável é o Prêmio John Bates Clark, da American Economic Association (Associação Norte-Americana de Economia), concedido ao melhor economista com menos de 40 anos.

As pesquisas do professor Card sobre os mercados de trabalho e os efeitos das políticas públicas sobre os rendimentos, empregos e a distribuição de renda produziram cerca de 150 artigos em vários livros. Seu livro mais recente (organizado com Alan Auerbach e John Quigley) é Poverty, the distribution of income, and public policy *(Nova York: Russell Sage Foundation, 2006). Um livro mais recente (organizado com Alan B. Krueger),* Myth and measurement: the new economics of the minimum wage *(Princeton, NJ: Princeton University Press, 1995), teve uma grande repercussão e mexeu com uma das crenças mais fundamentais sobre os efeitos dos salários mínimos.*

Michael Parkin conversou com David Card sobre seu trabalho e o progresso que os economistas têm realizado no entendimento de como as políticas públicas podem influenciar a distribuição de renda e o bem-estar econômico.

Professor Card, o que o atraiu ao estudo da economia?
Quando entrei na universidade, eu não tinha nenhuma intenção de estudar economia: eu estava planejando me formar em física. Eu estava ajudando uma amiga com um exercício e comecei a ler a seção sobre oferta e demanda do livro. Fiquei impressionado com a maneira como o modelo parecia descrever bem o paradoxo de que uma boa colheita pode ser ruim para os agricultores. Eu li quase o livro inteiro nos dias subseqüentes. No ano seguinte, eu me matriculei em economia.

Quase todo o seu trabalho é baseado em dados. Você é um economista empírico. Como você realiza seu trabalho, de onde vêm os dados e como eles são utilizados?
Os dados que eu uso vêm de muitas fontes. Eu coletei meus próprios dados em levantamentos, transcrevi dados de fontes históricas e publicações do governo e utilizei dados informatizados de registros de censos e levantamentos nos Estados Unidos, Canadá, Grã-Bretanha e outros países.

Um economista pode fazer três coisas com os dados. A primeira é desenvolver estatísticas simples a partir de questões básicas como "qual proporção das famílias vive na pobreza?" Para isso, é necessário saber como os dados foram coletados e processados e como as perguntas foram feitas. Por exemplo, o índice de pobreza depende de como se define uma 'família'. Se uma mãe solteira e o filho moram com os pais dela, a renda da mãe e dos avós é contada como 'renda familiar'.

A segunda coisa que os economistas fazem com os dados é desenvolver comparações descritivas. Por exemplo, eu comparei as diferenças salariais entre trabalhadores do sexo masculino e feminino. Mais uma vez, os detalhes são importantes. Por exemplo, a diferença salarial entre homens e mulheres é muito maior se forem analisados os rendimentos anuais, e não os rendimentos por hora, porque as mulheres trabalham menos horas por ano.

Depois de constatar alguns fatos simples, você começa a ter idéias para possíveis explicações. Você também pode descartar uma série de outras idéias.

A terceira coisa, e a mais difícil, que os economistas empíricos tentam fazer é inferir uma relação causal. Em raros casos, temos uma verdadeira pesquisa experimental na qual um subgrupo aleatório de voluntários participa de um 'grupo de tratamento' e o resto se torna o 'grupo de controle'. O Self Sufficiency Program (SSP – Programa de Auto-Suficiência) – uma demonstração experimental da reforma da assistência social no Canadá – foi conduzido dessa maneira. Devido à atribuição aleatória, sabemos que os grupos de tratamento e controle seriam muito similares na ausência do tratamento. Assim, quando observamos uma diferença comportamental, como o nível mais alto de atividade no trabalho por parte de pais solteiros no grupo de tratamento do SSP, podemos inferir que os incentivos financeiros do SSP induziram as pessoas a trabalhar mais.

Com mais freqüência, não temos uma pesquisa experimental. Vemos um grupo de pessoas sujeitas a algum 'tratamento' (como um salário mínimo mais alto) e tentamos construir um grupo de comparação encontrando algum outro grupo similar ao grupo de tratamento que possa nos indicar como este seria na ausência desse tratamento. Se não podemos encontrar um grupo de comparação convincente, precisamos ficar alertas.

No seu livro sobre o salário mínimo, organizado com Alan Krueger, vocês relataram que um aumento do salário mínimo aumentou o emprego – o contrário do que diz o senso comum. Como vocês chegaram a essa conclusão?
Estudamos vários casos nos quais os salários mínimos foram aumentados em um lugar, mas não em outro. Por exemplo, quando descobrimos que os legisladores do Estado de Nova Jersey tinham recentemente votado para aumentar o salário mínimo, executamos um levantamento de restaurantes de fast-food em Nova Jersey e em regiões próximas do Estado da Pensilvânia. Fizemos um levantamento nos estabelecimentos alguns meses antes de o salário mínimo de Nova Jersey ser aumentado e repetimos a pesquisa um ano mais tarde, depois do aumento do salário mínimo. O primeiro levantamento nos informou que as condições eram muito similares nos dois estados. No segundo levantamento, descobrimos que, apesar de os salários na ocasião serem mais altos em Nova Jersey, a quantidade de trabalho também era ligeiramente superior. Foi muito importante ter feito o primeiro levantamento para ser utilizado como referência para quaisquer diferenças existentes antes do aumento do salário mínimo. Assim, argumentamos que quaisquer mudanças diferenciais em Nova Jersey em relação à Pensilvânia entre o primeiro e o segundo levantamento deviam-se, mais provavelmente, ao salário mínimo.

Como vocês explicaram as descobertas?
Argumentamos que muitos empregadores de Nova Jersey antes do aumento do salário mínimo estavam operando com funções vagas e gostariam de contratar mais trabalhadores, mas não teriam como fazê-lo sem aumentar os salários. Nessa situação, um aumento do salário mínimo pode fazer com que alguns empregadores contratem mais e outros contratem menos. Em média, o efeito líquido sobre o emprego pode ser pequeno. O que vimos foi um aumento salarial e uma redução das funções vagas no Estado de Nova Jersey, além de um pequeno incremento na quantidade de trabalho.

Você analisou praticamente todas as políticas do mercado de trabalho. Vamos falar um pouco sobre os pagamentos da assistência social a mães solteiras: como isso influencia as decisões do mercado de trabalho?
A demonstração do Self Sufficiency Program no Canadá testou um subsídio de rendimentos como uma alternativa aos pagamentos convencionais da assistência social. O problema com a assistência social convencional é que os beneficiários não têm incentivo para trabalhar: se ganharem $ 1, seus pagamentos são reduzidos em $ 1. Isso levou Milton Friedman, no início da década de 1950, a defender um programa alternativo de 'imposto de renda negativo', como o SSP, no qual os beneficiários que ganham mais só perdem uma fração de seus benefícios (no caso do SSP, 50 centavos por dólar recebido). Os resultados demonstraram que esse sistema alternativo incentiva pais solteiros a trabalhar mais.

A imigração tem atraído muito a atenção da mídia nos últimos anos. Você poderia descrever seu trabalho sobre essa questão e suas conclusões?
Minhas pesquisas tentam inferir se a entrada de imigrantes de baixa qualificação prejudica as oportunidades do mercado de trabalho para nativos mais bem qualificados. Um dos meus trabalhos analisa o efeito do Êxodo de Mariel, que ocorreu em 1980, após uma insurreição que levou Fidel Castro a declarar que as pessoas que quisessem sair de Cuba poderiam sair livremente pelo porto de Mariel. Em questão de dias, uma flotilha de pequenos barcos dos Estados Unidos começou a transportar pessoas para Miami, e 150 mil pessoas acabaram saindo de Cuba. Mais da metade ficou em Miami, criando um grande 'choque' na oferta de trabalho de baixa qualificação. Eu estudei o efeito analisando os salários e as taxas de desemprego de vários grupos de Miami em um conjunto de cidades de comparação que apresentaram tendências salariais e de emprego muito parecidas ao longo da última década. Descobri que o influxo de barcos não apresentou um efeito discernível

sobre os salários ou o desemprego de outros trabalhadores de Miami. Um trabalho posterior confirmou que a história de Miami parece acompanhar a da maioria das outras cidades. As cidades são capazes de absorver grandes fluxos de imigrantes de baixa qualificação com um impacto negativo sobre os nativos consideravelmente pequeno.

A distribuição de renda tem se tornado cada vez mais desigual. Nós sabemos por que isso acontece?
Há muitas razões para explicar isso. As rendas familiares se tornaram mais desiguais em parte devido ao aumento de famílias com duas pessoas muito bem remuneradas. Essas famílias se destacaram do resto, criando uma distribuição mais ampla. As famílias mais ricas, cuja renda está acima do 95º ou 99º percentil da distribuição de renda, ganham uma parcela cada vez maior da renda nacional. As tendências das rendas para esse grupo respondem pela maior parte do aumento da desigualdade que observamos nos últimos dez anos.

Infelizmente, é muito difícil estudar esse grupo porque ele representa uma fração muito pequena das famílias e normalmente tem pouca representação nos levantamentos. Os melhores dados disponíveis, provenientes de restituições de impostos, não nos informam muito sobre as fontes do sucesso desse grupo, apesar de aparentemente isso se dever aos rendimentos do mercado de trabalho e não a investimentos prévios ou riqueza familiar.

Há muitos trabalhos publicados sobre a desigualdade salarial entre a 'classe média', que representa a maior parte da população: pessoas que ganham até $ 150.000 por ano, por exemplo. A desigualdade salarial para homens desse grupo aumentou acentuadamente no início da década de 1980 nos Estados Unidos, aumentou um pouco mais entre 1985 e 1990 e se manteve relativamente estável (ou até diminuiu) na década de 1990. Parte deste aumento da década de 1980 foi resultado de uma menor sindicalização e parte foi resultado das mudanças nos efeitos do salário mínimo, que diminuiu em termos reais no início da década de 1980 e aumentou entre o começo e meados da década de 1990.

Alguns pesquisadores atribuem o restante da tendência da desigualdade salarial à popularização dos computadores e a maiores demandas por trabalhadores altamente qualificados. Outros culpam o comércio internacional e, mais recentemente, a imigração. Essas explicações são difíceis de analisar porque na verdade não vemos as forças da nova tecnologia ou da negociação que afetam qualquer trabalhador específico. Uma coisa que sabemos com certeza é que as tendências de desigualdade salarial foram bastante diferentes em muitos outros países. O Canadá, por exemplo, teve aumentos relativamente modestos de desigualdade na década de 1980.

> ... Descubra como é a vida para outras pessoas.... Os melhores economistas são cientistas sociais observadores e reflexivos

Qual conselho você daria a alguém que está apenas começando a estudar economia? Que outras áreas estão relacionadas à economia? Você teria algumas sugestões de leitura?
A parte da economia que mais me interessa é o comportamento das pessoas em sua vida cotidiana. As pessoas precisam responder constantemente a perguntas como: "Eu devo continuar a estudar? Quanto devo poupar? Devo mandar meus filhos à escola pública local?" É extremamente importante ver como essas perguntas são respondidas por diferentes pessoas: pessoas de famílias mais pobres ou de outros países ou que precisaram fazer escolhas muito diferentes. Aproveite qualquer oportunidade para descobrir como é a vida para outras pessoas. Você pode aprender muito lendo romances, passando um ano no exterior ou fazendo cursos de sociologia ou história. Os melhores economistas são cientistas sociais observadores e reflexivos. Meu outro conselho seria estudar matemática. Quanto mais você souber de matemática, mais facilmente poderá entender o que os economistas estão fazendo. Newton inventou o cálculo para estudar o movimento dos planetas, mas o estudo da economia se beneficiou das mesmas ferramentas.

PARTE **7** Visão geral da macroeconomia — CAPÍTULO **20**

Introdução à macroeconomia

Ao término do estudo deste capítulo, você saberá:

▷ Descrever as origens e as questões da macroeconomia.
▷ Descrever as tendências e as flutuações do crescimento econômico e explicar os benefícios e custos do crescimento econômico.
▷ Descrever as tendências e flutuações do desemprego e explicar por que o desemprego é um problema.
▷ Descrever as tendências e flutuações da inflação e o valor do dólar e explicar por que a inflação é um problema.
▷ Descrever as tendências e flutuações de superávits, déficits e dívidas e explicar por que elas são importantes.
▷ Identificar os desafios da política macroeconômica e relacionar as ferramentas disponíveis para superá-los.

Como será seu mundo?

Ao longo dos últimos 100 anos, a quantidade de bens e serviços produzidos nas fazendas, fábricas, lojas e escritórios de uma parcela considerável de países se expandiu mais de 20 vezes. Como resultado, temos um padrão de vida muito superior ao de nossos avós. Será que a produção sempre se expandirá?

Para a maioria de nós, um alto padrão de vida significa encontrar um bom emprego. Que tipo de emprego você encontrará quando se formar? Você terá muitas escolhas ou enfrentará um mercado de trabalho com uma alta taxa de desemprego, e no qual será difícil encontrar emprego?

Um alto padrão de vida significa poder comprar os bens essenciais da vida e se divertir um pouco. Se os preços aumentam rápido demais, algumas pessoas não conseguem manter seu padrão anterior e devem reduzir o que compram. O que um dólar poderá comprar no ano quem vem, daqui a 10 anos, quando você estiver pagando o empréstimo estudantil, e daqui a 50 anos, quando estiver gastando suas economias depois de se aposentar?

Quase todos os anos, desde 1970, o governo dos Estados Unidos gasta mais do que coleta em impostos. Na maioria dos anos, os Estados Unidos gastam mais em importações de outros países do que recebem pelas exportações. Os norte-americanos estão diante de grandes e persistentes déficits públicos e internacionais e de dívidas cada vez maiores. As dívidas e os déficits são um problema?

Para manter a expansão da produção e impedir uma desaceleração econômica, o governo federal e o Banco Central norte-americanos – os administradores financeiros dos Estados Unidos – tomam medidas referentes à política econômica. Como essas ações influenciam a produção, os empregos, os preços, o valor do dólar e a capacidade dessa nação de competir no mercado global?

◇ Essas são as questões macroeconômicas que estamos prestes a estudar. Com o que aprenderá nesses capítulos, você será capaz de compreender o mundo econômico no qual entrará quando se formar e no qual trabalhará para se manter. A seção "Leitura das entrelinhas" ao fim do capítulo proporciona uma visão pragmática, examinando a economia em 2006, que estava em expansão.

Origens e questões da macroeconomia

Os economistas começaram a estudar o crescimento econômico, a inflação e as finanças internacionais na década de 1750, e esse trabalho foi a origem da macroeconomia. No entanto, os macroeconomistas modernos só surgiram na **Grande Depressão**, uma década (1929-1939) de altos níveis de desemprego e produção estagnada em toda a economia mundial. No pior ano da Depressão, 1933, a produção de fazendas, fábricas, lojas e escritórios dos Estados Unidos era de apenas 70 por cento do nível de 1929, e 25 por cento da força de trabalho estava desempregada. Foram anos de miséria humana em uma escala difícil de imaginar nos dias de hoje. Também foram anos marcados por extremo pessimismo em relação à capacidade de os mercados funcionarem adequadamente. Muitas pessoas acreditavam que a propriedade privada, os livres mercados e as políticas democráticas não conseguiriam sobreviver.

A ciência econômica não tinha soluções para a Grande Depressão. O principal sistema alternativo, que consistia no socialismo e no planejamento central, parecia atraente para muitas pessoas. Foi nesse clima de depressão econômica e de agitação política e intelectual que a macroeconomia moderna surgiu com a publicação, em 1936, de *A teoria geral do emprego, do juro e da moeda*, de John Maynard Keynes.

Problemas de curto prazo *versus* metas de longo prazo

A teoria de Keynes era de que a depressão e o alto nível de desemprego resultam de gastos privados insuficientes e de que, para solucionar esses problemas, o governo deve aumentar seus gastos. Keynes se concentrou no *curto prazo*. Ele queria solucionar um problema imediato independentemente das conseqüências de *longo prazo* da solução. "No longo prazo", disse Keynes, "estaremos todos mortos."

No entanto, Keynes acreditava que, depois que a solução dele para a depressão restaurasse o pleno emprego, os problemas de longo prazo da inflação e do lento crescimento econômico retornariam. Além disso, suspeitava que a solução dele para a depressão – maiores gastos do governo – poderia gerar inflação e um lento crescimento no longo prazo. Com uma menor taxa de crescimento no longo prazo, a economia criaria menos empregos. Se esse resultado de fato ocorresse, uma política voltada para a redução do desemprego no curto prazo poderia acabar aumentando-o no longo prazo.

No final da década de 1960 e ao longo da década de 1970, as projeções de Keynes se concretizaram. A inflação aumentou, o crescimento econômico desacelerou e, em alguns países, o desemprego se tornou persistentemente alto. As causas desses fatos são complexas e apontam para uma conclusão inevitável: os problemas de longo prazo da inflação, do lento crescimento e do desemprego persistente e os problemas de curto prazo da depressão e das oscilações econômicas se sobrepõem, e o exame conjunto desses dois tipos de problemas é mais útil do que o estudo isolado de cada um deles. Assim, apesar de a macroeconomia ter renascido durante a Grande Depressão, ela acabou retornando à sua tradição antiga. Hoje em dia, a macroeconomia é uma área que estuda o crescimento econômico e a inflação no longo prazo, bem como as flutuações dos negócios e o desemprego no curto prazo.

O caminho pela frente

Não existe uma maneira única de estudar a macroeconomia. Como seu renascimento foi causado pela depressão, a prática comum por muitos anos foi concentrar a atenção em flutuações de produção e desemprego no curto prazo, mas sem nunca perder completamente de vista as questões de longo prazo. Quando surgiu uma inflação rápida durante a década de 1970, esse tópico voltou a ser proeminente. Durante a década de 1980, quando o crescimento de longo prazo desacelerou nos Estados Unidos e em outros países industriais ricos, mas explodiu na Ásia Oriental, os economistas voltaram sua atenção para o crescimento econômico. Durante a década de 1990, à medida que as tecnologias da informação encolheram ainda mais o planeta, a dimensão internacional da macroeconomia se tornou mais proeminente. O resultado é que a macroeconomia moderna é uma ampla área que estuda todas as questões que acabamos de identificar: crescimento econômico, desemprego e inflação. A macroeconomia também estuda moedas que sofrem flutuações e o orçamento governamental, assim como déficits e dívidas internacionais.

Ao longo dos últimos 40 anos, os economistas obtiveram um entendimento mais claro das forças que determinam o desempenho macroeconômico e elaboraram políticas que eles esperam que melhorem esse desempenho. Nossa principal meta é nos familiarizar com as teorias da macroeconomia e as políticas que elas possibilitam. Para seguirmos em direção a essa meta, examinaremos primeiro o crescimento econômico, o desemprego, a inflação e o dólar, bem como os superávits, déficits e dívidas, e veremos por que esses fenômenos macroeconômicos merecem nossa atenção.

Crescimento e flutuações da atividade econômica

Seus pais são mais ricos do que seus avós eram quando jovens. Mas será que você será mais rico do que seus pais? Será que seus filhos serão mais ricos do que você? As respostas dependem da taxa de crescimento econômico.

O **crescimento econômico** é a expansão das possibilidades de produção da economia. Ele pode ser visto como um deslocamento para fora da fronteira de possibilidades de produção (*FPP*).

Mensuramos o crescimento econômico por meio do aumento do produto interno bruto. Veremos no Capítulo 21 a definição do *produto interno bruto real* (também chamado de *PIB real*) e como ele é mensurado, mas, por enquanto, podemos pensar nele como o valor da produção total da economia mensurado em termos de preços de um único ano. O PIB real nos Estados Unidos é atualmente mensurado com base nos preços de 2000 (chamados de dólares de 2000). Utilizamos esses preços em dólares de um único ano para eliminar a influência da *inflação* – o aumento do nível médio dos preços – e determinar se a produção cresceu de um ano para outro.

O PIB real não é uma medida perfeita da produção total por não incluir tudo o que é produzido. Ele exclui as coisas que produzimos para nós mesmos em casa (ao cozinhar, lavar roupas, pintar a casa, cuidar do jardim etc.). Ele também exclui a produção que as pessoas ocultam para evitar impostos ou porque a atividade é ilegal – a economia informal. No entanto, apesar de suas deficiências, o PIB real é a melhor medida disponível da produção total. Vejamos o que ele nos informa sobre o crescimento econômico.

Crescimento econômico nos Estados Unidos

A Figura 20.1 mostra o PIB real nos Estados Unidos de 1960 a 2005 e salienta duas características do crescimento econômico:

- O crescimento do PIB potencial
- Flutuações do PIB real em torno do PIB potencial

O crescimento do PIB potencial Quando todo o trabalho, capital, terra e capacidade empresarial da economia são plenamente empregados, o valor da produção é chamado de **PIB potencial**. O PIB real flutua em torno do PIB potencial, e a taxa de crescimento econômico de longo prazo é medida por meio da taxa de crescimento do PIB potencial. Ela é mostrada pela inclinação da linha da PIB potencial (a linha preta) da Figura 20.1.

Durante a década de 1960, o PIB potencial cresceu a uma velocidade excepcionalmente alta, mas a taxa de crescimento da produção per capita caiu durante a década de 1970, um fenômeno chamado de **desaceleração do crescimento da produtividade**. O PIB potencial começou a aumentar mais rapidamente durante o final da década de 1980, e isso continuou ao longo das décadas de 1990 e 2000, mas a alta taxa de crescimento da década de 1960 não foi recuperada.

Figura 20.1 Crescimento econômico nos Estados Unidos

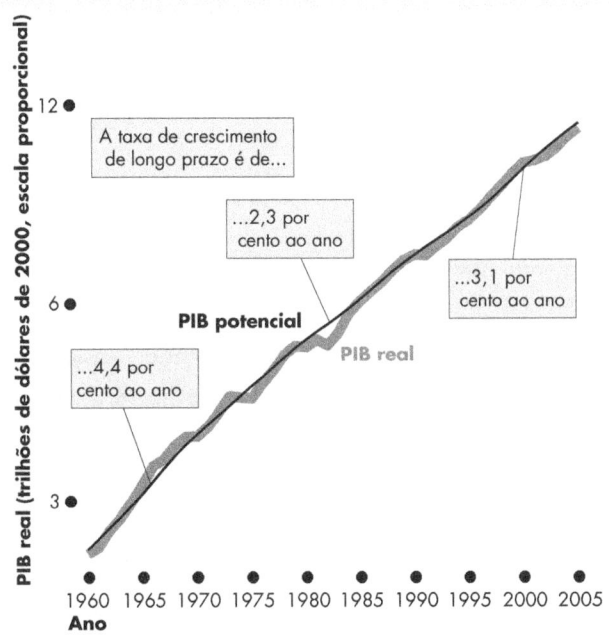

A taxa de crescimento econômico nos Estados Unidos, medida pelo crescimento do PIB potencial, foi de 4,4 por cento ao ano durante a década de 1960. O crescimento se desacelerou e passou para 2,3 por cento durante a década de 1970. E, durante o final da década de 1980 e no decorrer das décadas de 1990 e 2000, ele se acelerou, mas não recuperou sua taxa da década de 1960. O PIB real flutua em torno do PIB potencial.

Fonte dos dados: U.S. Department of Commerce, *National income and product accounts of the United States.*

O que explica a desaceleração do crescimento da produtividade? A resposta a essa questão é controversa. Uma causa possível é o aumento acentuado do preço relativo da energia. Analisaremos as causas da desaceleração do crescimento da produtividade no Capítulo 24. Independentemente de quais sejam essas causas, uma desaceleração do crescimento da produtividade significa que todos os norte-americanos têm renda menor hoje do que teriam se a economia tivesse mantido a taxa de crescimento da década de 1960.

Passaremos, agora, ao estudo das flutuações do PIB.

Flutuações do PIB real em torno do PIB potencial O PIB real flutua em torno do PIB potencial em um ciclo econômico. Um **ciclo econômico** é a flutuação periódica, porém irregular, da produção. O ciclo econômico é medido pelas flutuações do PIB real em torno do PIB potencial. Quando o PIB real é menor que o PIB potencial, alguns recursos estão sendo subutilizados. Por exemplo, parte dos trabalhadores está desempregada e o capital está sendo subutilizado. Quando o PIB real é maior que o PIB potencial, os recursos estão sendo utilizados em excesso. Muitas pessoas trabalham mais horas do que estão dispostas a suportar no longo prazo, o capital é utilizado tão intensivamente que não é mantido em condições de funcionamento excelente, o tempo de entrega aumenta, surgem gargalos, e o número de pedidos pendentes aumenta.

Os ciclos econômicos não são regulares, previsíveis ou repetitivos como as fases da lua. O ritmo muda de forma imprevisível, mas eles têm algumas coisas em comum. Todo ciclo econômico tem duas fases (uma recessão e uma expansão) e dois pontos de inflexão (um pico e um vale).

A Figura 20.2 mostra essas características no ciclo econômico mais recente dos Estados Unidos. Uma definição comum da **recessão** é um período no qual o PIB real cai – sua taxa de crescimento é negativa – durante pelo menos dois trimestres consecutivos. A recessão mais recente, destacada na figura, começou no primeiro trimestre de 2001 e teve fim no terceiro trimestre de 2001. Essa recessão durou três trimestres. Uma **expansão** é um período no qual o PIB real aumenta. A expansão mais recente teve início no quarto trimestre de 2001. A expansão anterior, que começou no segundo trimestre de 1991, foi a mais longa expansão da história dos Estados Unidos.

Quando uma expansão chega ao fim e uma recessão tem início, o ponto de inflexão é chamado de *pico*. O pico mais recente ocorreu no quarto trimestre de 2000. Quando uma recessão chega ao fim e uma expansão tem início, o ponto de inflexão é chamado de *vale*. O vale mais recente ocorreu no quarto trimestre de 2001.

A mais recente recessão norte-americana do ponto de vista histórico A recessão de 2001 foi mais suave do que as recessões de 1990-1991 e 1982, porém mais severa do que as anteriores. Podemos observar a intensidade de todas elas analisando a Figura 20.3, que mostra um histórico mais amplo do crescimento econômico dos Estados Unidos. A maior diminuição do PIB real ocorreu durante a Grande Depressão, na década de 1930. Também ocorreu

Figura 20.2 O ciclo econômico mais recente dos Estados Unidos

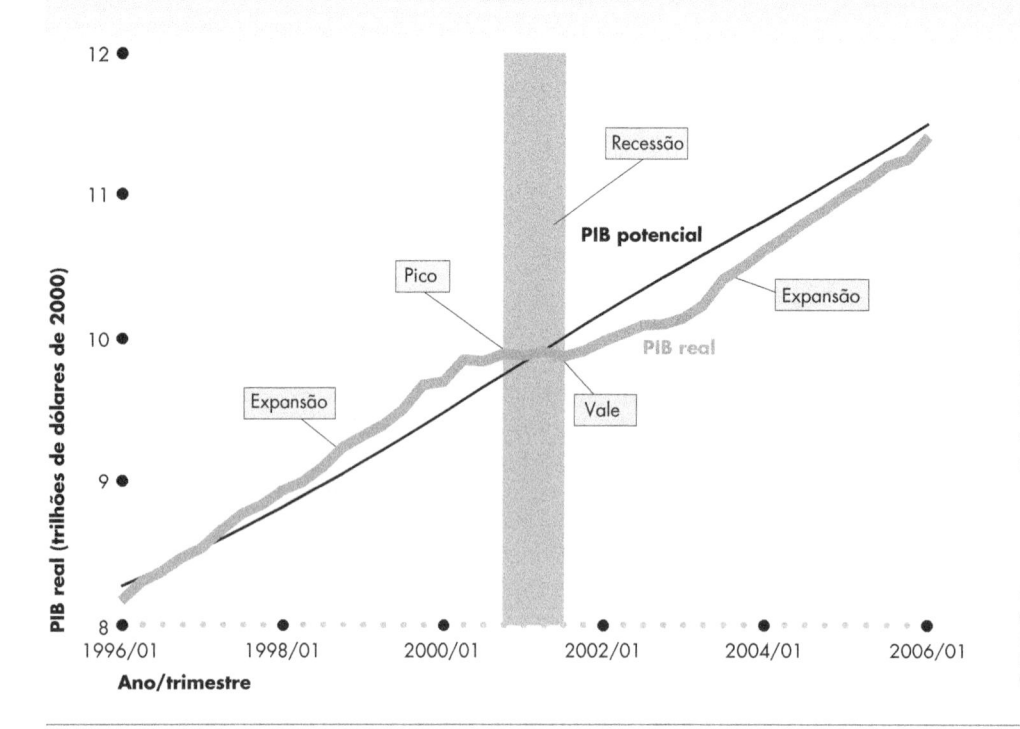

Um ciclo econômico tem duas fases: recessão e expansão. A recessão mais recente (destacada na figura) durou do primeiro ao terceiro trimestre de 2001. Depois, uma nova expansão teve início no quarto trimestre de 2001.

Um ciclo econômico tem dois pontos de inflexão: um pico e um vale. No ciclo econômico mais recente, o pico ocorreu no quarto trimestre de 2000, e o vale ocorreu no terceiro trimestre de 2001.

Fonte dos dados: U.S. Department of Commerce, *National income and product accounts of the United States*, e Congressional Budget Office.

uma grande diminuição em 1946 e 1947, depois de uma grande expansão na Segunda Guerra Mundial. Em períodos mais recentes, sérias recessões ocorreram em meados da década de 1970 e no início da década de 1980.

Cada uma dessas quedas econômicas foi mais severa do que as de 1990-1991 e 2001. Entretanto, podemos notar que a Grande Depressão foi muito mais severa do que qualquer crise posterior. Esse episódio foi tão extremo que não é chamado de recessão, mas de *depressão*.

A última verdadeira grande depressão nos Estados Unidos ocorreu antes de o governo começar a tomar medidas políticas para estabilizar a economia. Ela também ocorreu antes do nascimento da macroeconomia moderna. Será que a ausência de outra grande depressão é um sinal de que o estudo da macroeconomia contribuiu para a estabilidade econômica? Algumas pessoas acreditam que sim, e outras duvidam disso. Investigaremos essas opiniões em várias ocasiões ao longo deste livro.

Descrevemos o crescimento do PIB real e suas flutuações nos Estados Unidos. Mas será que a experiência norte-americana é típica? Será que outros países passaram pelas mesmas experiências? Veja as respostas a seguir.

Crescimento econômico mundial

Todos os países vivenciam um crescimento econômico, mas a taxa de crescimento varia tanto com o tempo quanto de um país para outro. As flutuações das taxas de crescimento econômico de um país ao longo do tempo tendem a estar correlacionadas com as de outros, mas alguns vivenciam uma volatilidade das taxas de crescimento maior do que a de outros. Algumas diferenças das taxas de crescimento entre países persistem ao longo de vários anos.

Vamos comparar o crescimento econômico dos Estados Unidos ao longo do tempo com o de outros países. Vamos também examinar as diferenças de longo prazo das taxas de crescimento entre países e grupos de países.

Taxas de crescimento ao longo do tempo Inicialmente, vamos comparar a taxa de crescimento do PIB real nos Estados Unidos com a do resto do mundo. A Figura 20.4(a) mostra essas duas taxas de crescimento entre 1976 e 2005. (Observe que essa figura mostra *taxas de crescimento* do PIB real, e não *níveis* do PIB real, que foram mostrados nas figuras anteriores. Assim, o eixo *y* desse gráfico representa uma taxa de crescimento expressa como uma porcentagem por ano.)

Podemos observar um fato notável na Figura 20.4(a). A taxa de crescimento do PIB real norte-americano flutua muito mais que a do resto do mundo. Ao longo de vários anos, o PIB real norte-americano na verdade diminuiu – uma taxa de crescimento negativa –, mas o crescimento econômico no resto do mundo nunca ficou negativo ao longo dos 30 anos mostrados na figura.

Diferenças persistentes nas taxas de crescimento Em segundo lugar, vamos analisar diferenças persistentes, de prazos mais longos, entre países. A Figura 20.4(b) compara a taxa de crescimento da economia norte-americana com a de vários outros países e regiões de 1996 a 2006. Entre as economias avançadas (as barras hachuradas), o Japão foi a que cresceu mais lentamente, e as economias asiáticas recém-industrializadas foram as que cresceram mais rapidamente. Os Estados Unidos se posicionam entre essas duas taxas de crescimento. A União Européia cresceu à taxa média das economias avançadas.

Figura 20.3 Crescimento econômico de longo prazo nos Estados Unidos

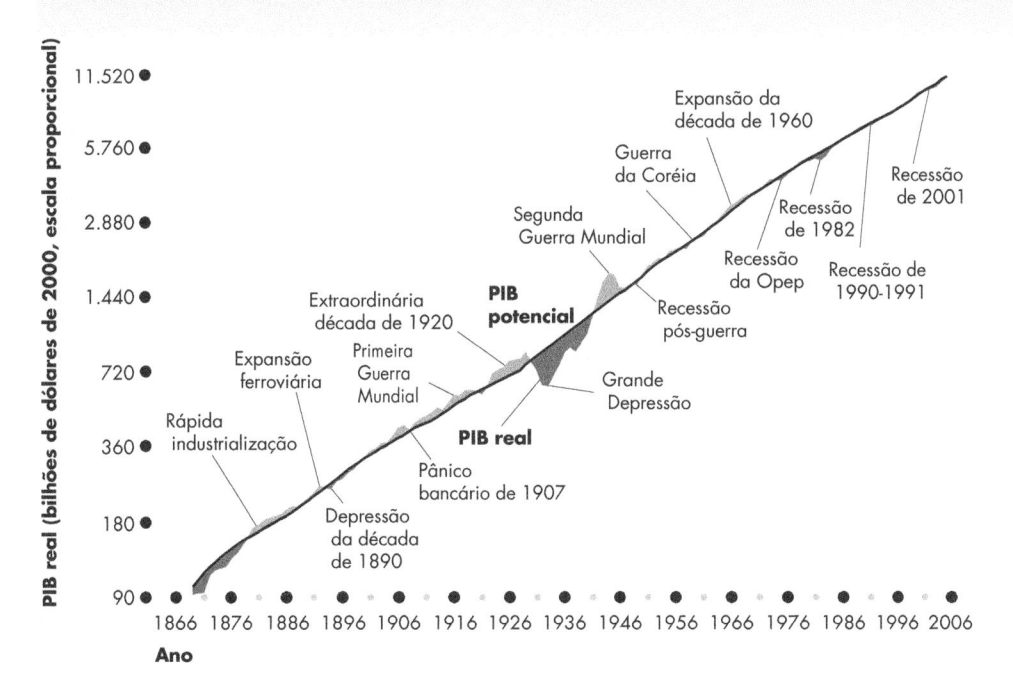

A linha preta mostra o PIB potencial. Ao longo dessa linha, o PIB real aumentou a uma taxa média de 3,7 por cento ao ano entre 1870 e 2005. As áreas cinza-claro indicam quando o PIB real estava acima do PIB potencial, e as áreas cinza-escuro indicam quando ele estava abaixo do PIB potencial. Durante alguns períodos, como a Segunda Guerra Mundial, o PIB real se expandiu rapidamente. Em outros, como a Grande Depressão, e mais recentemente os anos de 1975, 1982, 1990-1991 e 2001, o PIB real diminuiu.

Fontes dos dados: 1869-1928, Christina Romer, "The prewar business cycle reconsidered: new estimates of Gross National Product, 1869-1908", *Journal of Political Economy* 97, (1989) 1-37. 1929-2005, U.S. Department of Commerce, *National income and product accounts of the United States.*

Entre as economias em desenvolvimento (as barras pontilhadas), o crescimento mais rápido ocorreu na Ásia, onde a taxa de crescimento média foi de mais de 7 por cento ao ano. Os países em desenvolvimento que apresentam o crescimento mais lento estão no hemisfério ocidental (América Central e do Sul). As taxas de crescimento médias dos países em desenvolvimento da Europa central, do Leste Europeu e da África se aproximaram da taxa de crescimento mundial média.

O crescimento mundial médio (a barra cinza) foi de 4 por cento ao ano e ligeiramente maior do que a taxa de crescimento média norte-americana.

Conseqüências das diferenças persistentes As diferenças persistentes entre as taxas de crescimento resultam em mudanças drásticas para algumas parcelas nacionais do PIB real mundial. Como a taxa de crescimento do PIB real norte-americano é ligeiramente menor que a do resto do mundo, a participação norte-americana no PIB real mundial diminuiu de 21 por cento em 1980 para 20 por cento em 2005. No entanto, algumas das nações de crescimento mais rápido, como a China, estão passando a representar uma parte significativamente maior da economia global. A participação chinesa no PIB real mundial aumentou de 3 por cento em 1980 para 15 por cento em 2005 e continua a crescer. A África está crescendo a uma taxa próxima à média mundial, de modo que sua participação no PIB real mundial permanece constante em cerca de 3 por cento.

O hiato de Lucas e o hiato de Okun

Vimos que o crescimento da produtividade desacelerou durante a década de 1970. Também vimos que o crescimento do PIB real flutua, de modo que o PIB real fica abaixo do PIB potencial de tempos em tempos. Qual é o custo da desaceleração do crescimento e da produção perdida ao longo do ciclo econômico?

As respostas são proporcionadas por duas medidas:
- O hiato de Lucas
- O hiato de Okun

O hiato de Lucas O *hiato de Lucas* é a perda acumulada da produção resultante de uma desaceleração da taxa de crescimento do PIB real per capita. Ele recebeu esse nome porque Robert E. Lucas Jr., um proeminente macroeconomista, chamou a atenção para o fato e observou que, uma vez que se começa a pensar sobre os benefícios de um crescimento econômico mais rápido, é difícil pensar em qualquer outra coisa!

A Figura 20.5(a) mostra o hiato de Lucas resultante da desaceleração do crescimento da produtividade na década de 1970. A linha preta da figura indica a trajetória que o PIB potencial teria seguido se sua taxa de crescimento da década de 1960 fosse mantida ao longo dos 35 anos posteriores, até 2005.

O hiato de Lucas é de espantosos US$ 72 trilhões – quase 6,5 anos de PIB real no nível de 2005. Esse número é uma medida do custo de um crescimento mais lento da produtividade.

Figura 20.4 Crescimento econômico mundial

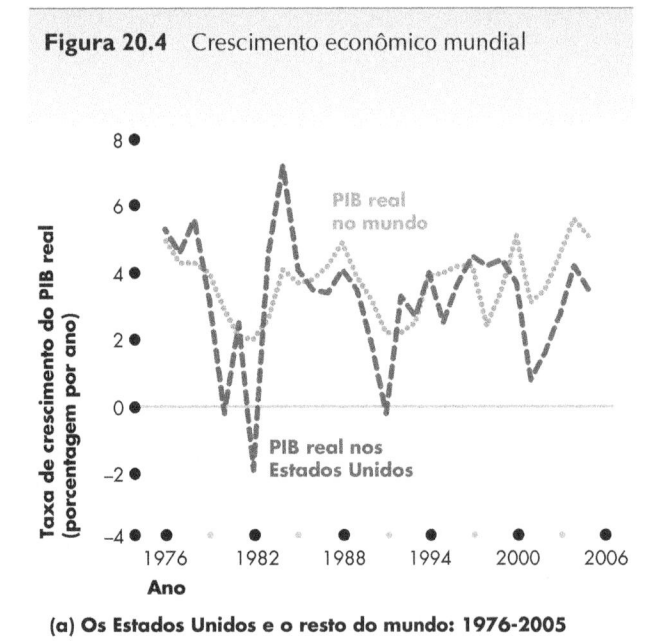

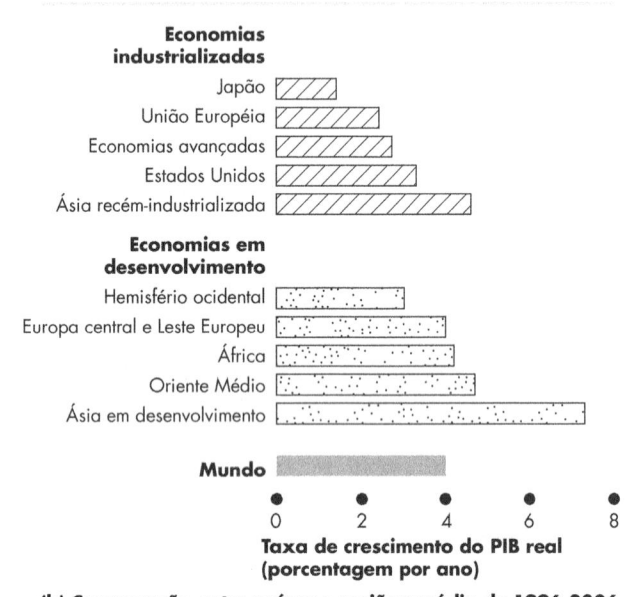

(a) Os Estados Unidos e o resto do mundo: 1976-2005

(b) Comparação entre países e regiões: média de 1996-2006

Na parte (a), o crescimento econômico norte-americano flutua muito mais do que o do resto do mundo como um todo, mas as flutuações dos Estados Unidos e do resto do mundo estão correlacionadas. Na parte (b), as diferenças entre as taxas de crescimento persistem. Entre 1996 e 2006, em média, as economias asiáticas em desenvolvimento cresceram mais rapidamente e o Japão cresceu mais lentamente. A taxa de crescimento dos Estados Unidos está na mediana, mas é ligeiramente menor que a taxa de crescimento mundial média.

Fonte dos dados: Fundo Monetário Internacional, *World Economic Outlook*, abr. 2006, Washington, D.C.

O hiato de Okun O PIB real menos o PIB potencial é o **hiato do produto**. Quando o hiato do produto é negativo, é chamado de *hiato de Okun*. Ele recebeu esse nome porque Arthur M. Okun, um economista especializado em política econômica que foi presidente do Conselho Econômico do presidente Lyndon Johnson durante a década de 1960, chamou a atenção para ele como uma fonte de perda resultante das oscilações econômicas.

A Figura 20.5(b) mostra o hiato de Okun resultante das recessões que ocorreram ao longo do mesmo período para o qual calculamos o hiato de Lucas.

O hiato de Okun é de US$ 3,3 trilhões – cerca de 30 por cento do PIB real em 2005. Esse valor é uma medida do custo das flutuações no ciclo econômico.

Podemos notar que o hiato de Lucas é muito mais significativo do que o de Okun – mais de *vinte* vezes é uma diferença muito significativa! A atenuação do ciclo econômico evita períodos de alto nível de desemprego e perda de produção. Mas uma alta taxa de crescimento de produtividade permanente faz uma grande diferença para o padrão de vida ao longo de vários anos.

Benefícios e custos do crescimento econômico

O hiato de Lucas é uma medida do valor em dólares do PIB real perdido se a taxa de crescimento desacelera. No entanto, esse custo se traduz em bens e serviços reais. Ele é um custo em termos de menos assistência médica para pobres e idosos, menos pesquisas para o tratamento do câncer e da Aids, menos pesquisa e exploração espacial, estradas piores e menos moradia. Tem-se menos para gastar até mesmo na obtenção de lagos mais limpos, mais árvores e ar mais puro.

Entretanto, o rápido crescimento também é custoso. Seu principal custo é o do consumo *corrente* do qual se abdica. Para se sustentar uma alta taxa de crescimento, os recursos devem ser dedicados ao avanço tecnológico e ao acúmulo de capital, em vez de ao consumo *corrente*. Esse custo não pode ser evitado, mas ele gera o benefício de um maior consumo no futuro (veja o Capítulo 2).

Dois outros custos possíveis do crescimento mais acelerado são um esgotamento mais rápido de recursos naturais não renováveis como o petróleo e o gás natural e uma maior poluição do ar, dos rios e dos oceanos. No entanto, nenhum desses dois custos é inevitável. Os avanços tecnológicos que geram crescimento econômico nos ajudam a poupar recursos naturais e limpar o ambiente. Por exemplo, motores mais eficientes de automóveis reduzem a utilização de gasolina e emissões de gases poluentes.

QUESTÕES PARA REVISÃO

1. O que é crescimento econômico e como a taxa de crescimento econômico de longo prazo é medida?
2. Qual é a distinção entre PIB real e PIB potencial?
3. O que é um ciclo econômico e quais são suas fases?
4. O que é uma recessão?
5. Em qual fase do ciclo econômico a economia dos Estados Unidos estava em 2005?
6. O que aconteceu com o crescimento econômico nos Estados Unidos durante a década de 1970?
7. Quais são os benefícios e os custos do crescimento econômico no longo prazo?

Figura 20.5 O hiato de Lucas e o hiato de Okun

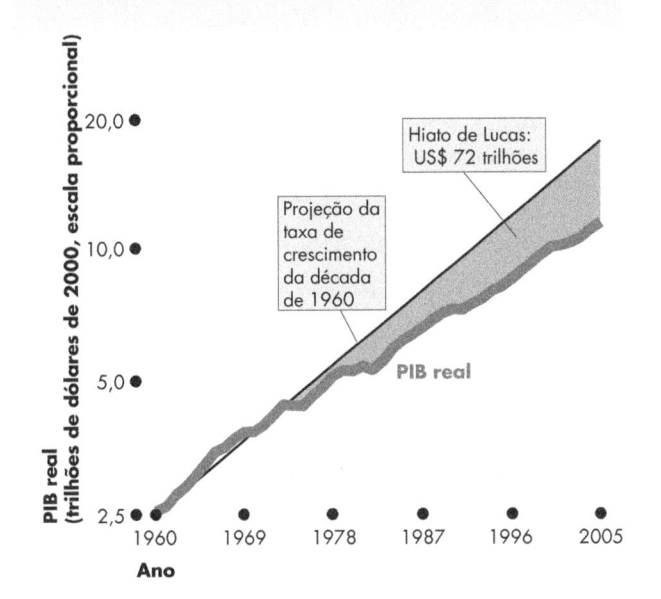

(a) O hiato de Lucas

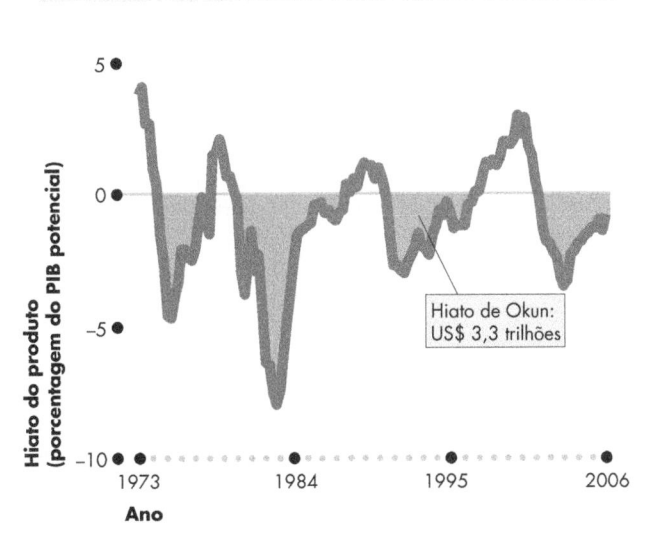

(b) Hiato de Okun

Na parte (a), o hiato de Lucas resultante da desaceleração do crescimento da produtividade na década de 1970 é de espantosos US$ 72 trilhões, ou 6,5 vezes o PIB real de 2005.
Na parte (b), o hiato de Okun resultante da produção perdida em recessões desde o início da década de 1970 é de US$ 3,3 trilhões, ou cerca de 30 por cento do PIB real de 2005.
Ao longo desse período de 35 anos, o hiato de Lucas foi mais do que 20 vezes maior que o hiato de Okun.

Fonte dos dados: Bureau of Economic Analysis e hipóteses do autor.

Vimos que o PIB real cresce e flutua ao longo do ciclo econômico. O ciclo econômico resulta em flutuações de empregos e desemprego. Vamos examinar agora os principais problemas macroeconômicos.

Empregos e desemprego

Em que tipo de mercado de trabalho você entrará quando se formar? Haverá várias opções de bons emprego ou haverá tanto desemprego que você será forçado a aceitar um emprego mal remunerado em que seu nível de instrução não seja aproveitado? A resposta depende, em grande extensão, do número total de empregos disponíveis e da taxa de desemprego.

Empregos

A economia norte-americana é uma incrível máquina geradora de empregos. Em 2006, 143 milhões de pessoas nos Estados Unidos estavam empregadas – 16 milhões a mais do que em 1996 e 33 milhões a mais do que em 1986. No entanto, o ritmo da criação de empregos flutua e, durante uma recessão, o número de empregos diminui. Por exemplo, durante a recessão de 1990-1991, mais de 1 milhão de empregos foram perdidos e, durante a recessão de 2001, 2 milhões de empregos desapareceram.

No decorrer da expansão que se segue a uma recessão, são criados mais empregos do que o número anteriormente perdido. Por exemplo, durante a expansão da década de 1990, foram criados 2 milhões de empregos a cada ano. Durante a expansão atual, a criação de empregos foi lenta e o número de empregos voltou a atingir o pico de 2001 somente perto do final de 2003.

Os empregos criados não são os mesmos que foram perdidos. A maioria dos novos empregos está nos setores de serviços. O número de empregos na indústria manufatureira diminui a cada ano porque os norte-americanos compram mais de seus bens de consumo de fontes estrangeiras mais baratas. Algumas pessoas se preocupam com a possibilidade de eles estarem exportando seus melhores empregos, mas a verdade é que, em média, os novos empregos são melhores do que os perdidos e pagam salários mais altos.

Desemprego

Nem todas as pessoas que desejam trabalhar conseguem encontrar emprego. Em qualquer dia de um ano normal ou médio, 7 milhões de pessoas nos Estados Unidos encontram-se desempregadas e, durante uma recessão ou depressão, o desemprego fica acima desse nível. Por exemplo, na recessão de 1990-1991 e novamente em 2003, 9 milhões de pessoas estavam em busca de trabalho. Nas condições econômicas de expansão de 1999, o número de pessoas que procuravam emprego diminuiu para 6 milhões.

Esses números são grandes. O número de pessoas desempregadas durante uma recessão equivale à população de Los Angeles. E, mesmo em uma tendência de alta, o número equivale à população de Chicago!

Para obtermos uma perspectiva do número de pessoas desempregadas, utilizamos uma medida chamada de taxa de desemprego. A **taxa de desemprego** é o número de pessoas desempregadas expresso como uma porcentagem de todas as pessoas que têm ou estão procurando emprego. (O conceito da taxa de desemprego, bem como outras medidas do mercado de trabalho, será explicado com mais detalhes no Capítulo 22.)

A taxa de desemprego não é uma medida perfeita da subutilização do trabalho por duas principais razões. Para começar, ela exclui as pessoas que estão tão desanimadas que desistiram de encontrar trabalho. Em segundo lugar, a taxa de desemprego mede pessoas desempregadas em vez de horas de trabalho desempregado. Assim, a taxa de desemprego não nos dá informações sobre os números de trabalhadores de meio período que gostariam de trabalhar em período integral.

Apesar dessas duas limitações, a taxa de desemprego é a melhor medida disponível dos recursos de trabalho subutilizados. Vejamos alguns fatos sobre o desemprego.

Desemprego nos Estados Unidos

A Figura 20.6 mostra a taxa de desemprego nos Estados Unidos de 1929 a 2006. Três aspectos se destacam. Em primeiro lugar, durante a Grande Depressão, na década de 1930, a taxa de desemprego aumentou para um pico recorde de 25 por cento em 1933 e permaneceu elevada ao longo de toda a década de 1930. Depois de 1934, a taxa oficial provavelmente exagera o desemprego porque conta como desempregadas pessoas que tinham empregos *pro forma* criados pelo governo.

Em segundo lugar, apesar de nos últimos anos os norte-americanos não terem vivenciado nada tão devastador quanto a Grande Depressão, eles viram algumas altas taxas de desemprego durante quatro recessões: a recessão da Opep de meados da década de 1970, a recessão de 1982, a recessão de 1990-1991 e a recessão de 2001.

Em terceiro lugar, o desemprego nunca cai a zero. No período que se seguiu à Segunda Guerra Mundial, a taxa de desemprego média foi de aproximadamente 5,5 por cento.

Como o desemprego nos Estados Unidos se compara com o desemprego em outros países?

Desemprego no mundo

A Figura 20.7 mostra as taxas de desemprego da Europa ocidental, do Canadá e do Japão e as compara com a taxa de desemprego dos Estados Unidos. Ao longo do período mostrado na figura, o desemprego nos Estados Unidos foi em média de 6,2 por cento, muito superior ao desemprego japonês, em média de 3,3 por cento, mas inferior ao desemprego canadense, em média de 8,9 por cento, e do europeu, em média de 8,6 por cento.

O desemprego nos Estados Unidos flutua ao longo do ciclo econômico. Ele aumenta durante uma recessão e diminui durante uma expansão. Como o desemprego norte-americano, o desemprego canadense e o europeu aumentam durante recessões e diminuem durante expansões. O ciclo do desemprego canadense é similar ao norte-americano, mas o europeu é diferente do norte-americano. Além disso, o desemprego europeu estava em uma tendência de alta durante a década de 1980. Em contraste com os outros países, o desemprego japonês permaneceu baixo e relativamente estável até meados da década de 1990, mas desde então apresenta uma tendência de alta.

Figura 20.6 Desemprego nos Estados Unidos

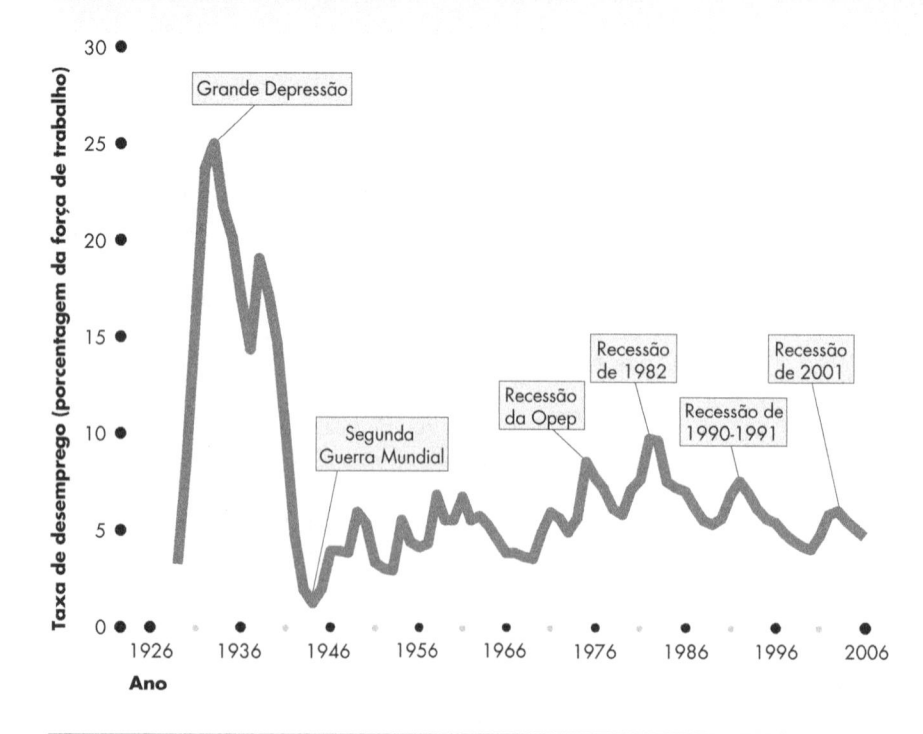

O desemprego é um aspecto persistente da vida econômica, mas sua taxa varia. Em seu pior nível – durante a Grande Depressão –, 25 por cento da força de trabalho estava desempregada. Na recessão da Opep, a taxa de desemprego aumentou para quase 8 por cento e, na recessão de 1982, ela aumentou para quase 10 por cento. Nas recessões de 1990-1991 e 2001, a taxa de desemprego aumentou para mais de 5 por cento. Entre o final da década de 1960 e 1982, houve uma tendência geral de aumento da taxa de desemprego. Desde então, a taxa de desemprego permaneceu abaixo de seu pico de 1982. A taxa de desemprego diminuiu durante as expansões das décadas de 1990 e 2000.

Fonte dos dados: Bureau of Labor Statistics.

Figura 20.7 Desemprego em economias industrializadas

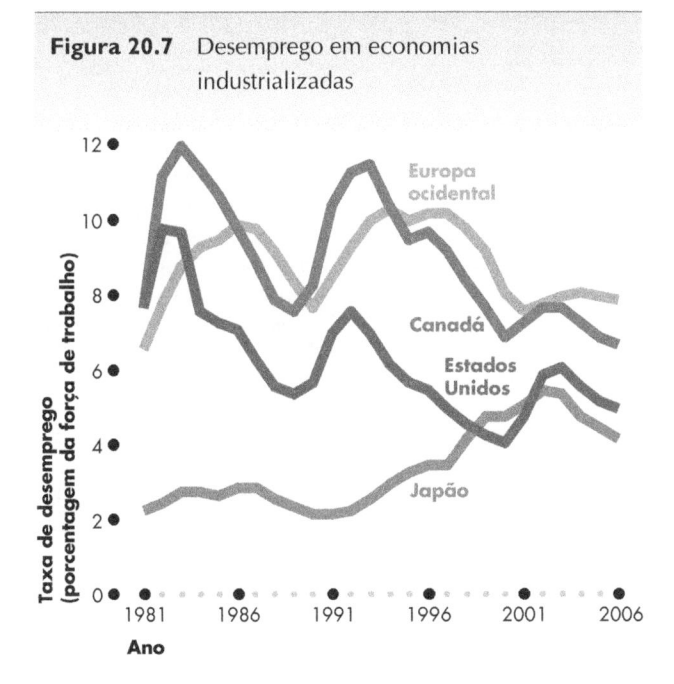

A taxa de desemprego nos Estados Unidos foi inferior às ocorridas na Europa ocidental e no Canadá, mas superior à registrada no Japão. O ciclo do desemprego canadense é similar ao norte-americano. O ciclo de desemprego na Europa ocidental é diferente do norte-americano. O desemprego no Japão tem apresentado uma tendência de alta desde meados da década de 1990.

Fonte dos dados: Fundo Monetário Internacional, *World Economic Outlook*, abr. 2006, Washington, D.C.

Examinamos alguns fatos sobre o desemprego. Veremos agora algumas das conseqüências do desemprego que fazem com que ele represente um sério problema.

Por que o desemprego é um problema

O desemprego representa um sério problema econômico, social e pessoal por duas principais razões:

- Rendas e produção perdidas
- Capital humano perdido

Rendas e produção perdidas A perda de um posto de trabalho leva a uma perda de renda e de produção. Essas perdas são devastadoras para as pessoas que arcam com elas; além disso, fazem com que o desemprego seja uma perspectiva aterrorizante para todos. Os benefícios recebidos quando se está empregado criam uma rede de segurança, mas não substituem totalmente os rendimentos perdidos.

Capital humano perdido Um período prolongado de desemprego prejudica permanentemente as perspectivas de trabalho de uma pessoa. Por exemplo, um gerente perde o emprego quando seu empregador promove um corte de custos. Sem ter outra fonte de renda, ele se torna motorista de táxi. Depois de um ano nesse trabalho, ele descobre que não tem mais como competir com aqueles que acabaram de obter um diploma de MBA. Ele acaba sendo contratado como gerente, mas em uma empresa pequena e com um salário baixo. Ele perdeu parte de seu capital humano.

Os custos do desemprego são divididos de modo desigual, o que faz dele um grande problema político e um sério problema econômico.

QUESTÕES PARA REVISÃO

1. O que é desemprego?
2. Quais foram as principais tendências e ciclos na taxa de desemprego norte-americana desde 1929?
3. Como o desemprego nos Estados Unidos se compara com o desemprego no Canadá, Europa Ocidental e Japão?
4. Quais são os principais custos do desemprego e o que o torna um problema sério?

Vamos nos voltar agora para o terceiro grande tema da macroeconomia: a inflação e o dólar.

A inflação e o dólar

Quanto de fato lhe custará saldar seu crédito estudantil? O que as economias de seus pais comprarão quando eles se aposentarem? As respostas dependem do que acontecerá com os preços e o valor do dólar.

Medimos o **nível de preços** como a média dos preços que as pessoas pagam por todos os bens e serviços que compram. Uma média comum do nível de preços é o *Índice de Preços ao Consumidor* (IPC), que explicaremos no Capítulo 22.

Medimos a **taxa de inflação** como a variação percentual anual do nível de preços. Por exemplo, se o IPC (o *nível* de preços) aumenta de 200 para 208 em um ano, a taxa de inflação é de 4 por cento ao ano.

A inflação ocorre quando o nível de preços aumenta persistentemente. Um salto ocasional no preço da gasolina não representa inflação. A inflação é um aumento *persistente* da *média* de todos os preços.

Se a taxa de inflação é negativa, o *nível* de preços está diminuindo e temos uma **deflação**.

Inflação nos Estados Unidos

A Figura 20.8 mostra a taxa de inflação nos Estados Unidos de 1960 a 2006. Note que a taxa de inflação é sempre positiva – não houve uma *deflação*. (A última ocorrência de uma deflação nos Estados Unidos foi durante a década de 1930.)

No início da década de 1960, a taxa de inflação estava entre 1 e 2 por cento ao ano. Ela começou a aumentar no final da década de 1960, na época da Guerra do Vietnã. Mas os maiores aumentos ocorreram em 1974 e 1980, quando a Organização dos Países Exportadores de Petróleo (Opep) forçou o preço do petróleo para cima e deu início a um período de preços que se elevavam mais amplamente e que o Banco Central norte-americano não conseguiu conter. A inflação diminuiu no início da década de 1980,

Figura 20.8 Inflação nos Estados Unidos

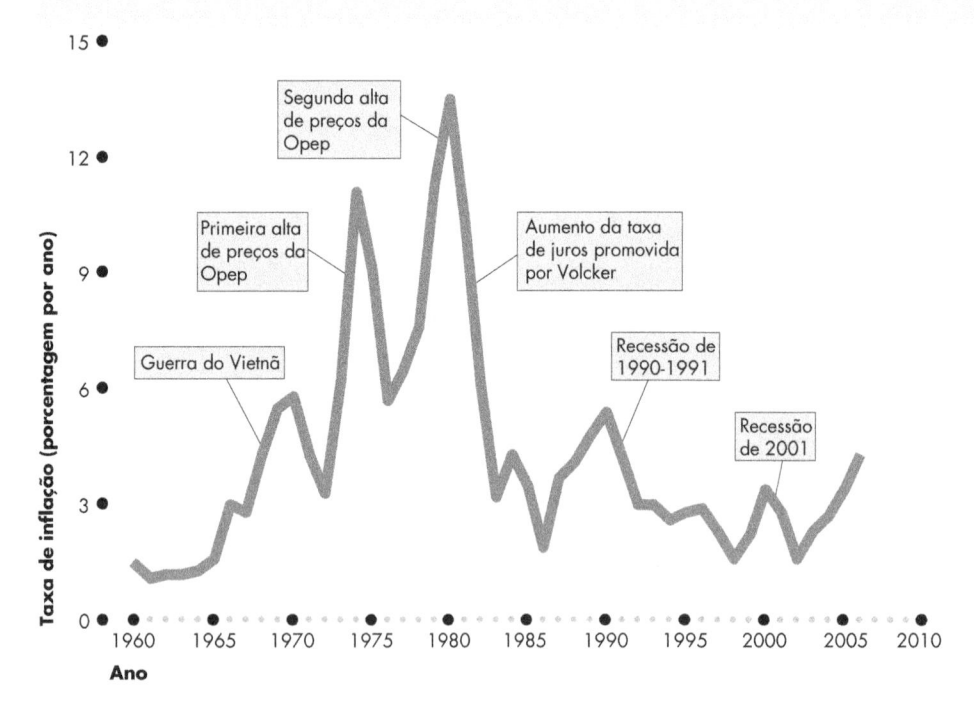

A inflação é um aspecto persistente da vida econômica dos Estados Unidos. A taxa de inflação estava baixa na primeira metade da década de 1960, mas aumentou no final dessa década com a Guerra do Vietnã. Ela aumentou ainda mais com as altas de preço da Opep, mas acabou diminuindo no início da década de 1980 devido a ações políticas adotadas pelo Banco Central norte-americano. A taxa de inflação se manteve baixa durante a década de 1990 e início da década de 2000, mas começou a aumentar depois de 2002.

Fonte dos dados: Bureau of Labor Statistics.

---

quando Paul Volcker, o presidente do conselho do Banco Central norte-americano, aumentou a taxa de juros e conteve os gastos.

A inflação foi branda da década de 1990 até 2002. Mas, depois de 2002, a taxa de inflação aumentou gradualmente. Em 2006, ela estava acima de 4 por cento ao ano, uma taxa que a maioria dos economistas considera alta demais e que pode forçar o atual presidente do conselho do Banco Central norte-americano, Ben Bernanke, a seguir o exemplo de Paul Volcker e continuar a aumentar a taxa de juros.

A Inflação mundial

A Figura 20.9 mostra a inflação mundial de 1980 a 2005. Ela também mostra a taxa de inflação dos Estados Unidos de uma perspectiva mais ampla. A parte (a) mostra que a inflação nos Estados Unidos tem sido similar à de outros países industrializados. Todos os países industrializados, incluindo os Estados Unidos, apresentaram uma redução da inflação no início da década de 1980, uma inflação em alta no final da década de 1980, uma inflação em queda durante a década de 1990 e uma inflação baixa, mas crescente, na década de 2000.

A parte (b) mostra que a taxa de inflação média dos países industrializados tem sido muito baixa em comparação com a dos países em desenvolvimento. Entre os países em desenvolvimento, a inflação mais extrema nos últimos anos ocorreu no Zimbábue, onde a taxa em 2006 foi de 17 por cento ao *mês*, ou 1.200 por cento ao ano.

Hiperinflação

A inflação no Zimbábue nos dias de hoje é muito séria. Mas mesmo essa taxa de inflação não se compara ao pior que já ocorreu. O pior tipo de inflação é chamado de **hiperinflação** – uma taxa de inflação que excede 50 por cento ao mês. No auge da hiperinflação, os trabalhadores podem ser pagos duas vezes ao dia, pois a moeda perde seu valor rapidamente. Assim que eles são pagos, correm para gastar seu salário antes que a moeda perca demais seu valor.

A hiperinflação é um fenômeno raro, mas vários países europeus a vivenciaram durante a década de 1920, depois da Primeira Guerra Mundial, e mais uma vez durante a década de 1940, após a Segunda Guerra Mundial. Em 1994, a nação africana então chamada de Zaire vivenciou uma hiperinflação que atingiu o auge a uma taxa de inflação *mensal* de 76 por cento, o que equivale 88 mil por cento ao ano! No Brasil, uma xícara de café que custava 15 cruzeiros em 1980 passou a custar 22 *bilhões* de cruzeiros em 1994.

Por que a inflação é um problema

A inflação é um problema por várias razões, mas a principal é que, uma vez que se estabelece, sua taxa é imprevisível. A inflação imprevisível resulta em sérios problemas sociais e pessoais porque:

- Redistribui a renda e a riqueza.
- Desvia recursos da produção.

Figura 20.9 A Inflação mundial

(a) Estados Unidos e outros países industrializados

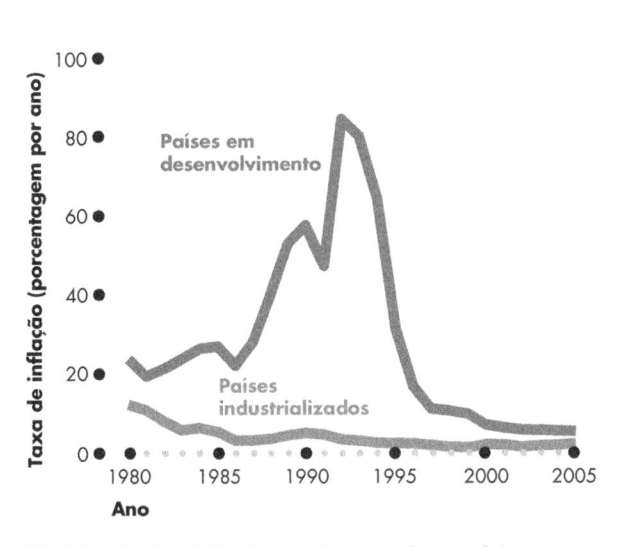

(b) Países industrializados e países em desenvolvimento

A inflação nos Estados Unidos é similar à de outros países industrializados. Em comparação com países em desenvolvimento, a taxa de inflação dos países industrializados é baixa.

Fonte dos dados: Fundo Monetário Internacional, *World Economic Outlook*, 2006.

Redistribuição da renda e da riqueza A inflação faz com que a economia se comporte como um cassino no qual algumas pessoas ganham e outras perdem e ninguém pode prever quem ganhará e quem perderá. Os ganhos e as perdas ocorrem devido a mudanças imprevisíveis do valor da moeda. A moeda é utilizada como uma referência de valor nas transações que fazemos. Tomadores e concessores de empréstimos, trabalhadores e empregadores, todos firmam contratos em termos monetários. Se o valor da moeda varia de modo imprevisível com o tempo, as quantias *de fato* pagas e recebidas – as quantidades de bens que

o dinheiro comprará – também flutuam de modo imprevisível. A mensuração do valor com um padrão de referência cujas unidades variam é semelhante à tentativa de medir um pedaço de tecido com uma régua elástica. O tamanho do tecido depende de quanto a régua está esticada.

Desvio de recursos da produção Em um período de inflação acelerada e imprevisível, os recursos são desviados das atividades produtivas para a previsão da inflação. Passa a ser mais lucrativo prever corretamente a taxa de inflação do que inventar um novo produto. Para médicos, advogados, contadores, fazendeiros – praticamente todas as pessoas – pode ser melhor não se especializar em sua profissão, mas passar mais tempo atuando como economistas amadores tentando prever a inflação e administrando seus portfólios de investimento.

De uma perspectiva social, esse desvio de talentos resultante da inflação é como jogar recursos escassos na lata de lixo. Esse desperdício de recursos é um custo da inflação.

O valor do dólar no exterior

Quando gastam dinheiro nos Estados Unidos, os norte-americanos pagam mais quando os preços nas lojas aumentam. A inflação reduz o valor do dinheiro no bolso e na conta bancária deles. Mas suponha que eles viajem de férias para o Canadá, México, Europa, Ásia ou Austrália. Quanto o dólar deles comprará nessas partes do mundo?

A resposta depende em parte da inflação nesses locais, mas também depende da **taxa de câmbio** – o valor da moeda nacional em relação a outras moedas. Um exemplo de uma taxa de câmbio é o número de dólares canadenses que um dólar norte-americano pode comprar. A taxa de câmbio varia de um dia para outro e de um ano para outro.

O dólar flutuante Em julho de 2006, 1 dólar norte-americano comprava 1,14 dólar canadense. Mas, cinco anos antes, em julho de 2001, o mesmo dólar americano teria comprado 1,51 dólar canadense. Deste modo, o dólar americano sofreu uma *depreciação* em relação ao dólar canadense. O dólar americano valia menos no Canadá em 2006 do que em 2001. Férias no Canadá que custavam 300 dólares (norte-americanos) em 2001 teriam custado 400 dólares em 2006, mesmo que não houvesse nenhuma inflação no Canadá.

Desde 2001, o dólar norte-americano sofreu uma depreciação em relação às moedas de todos os países mais importantes. Seu valor diminuiu de 1,18 para 0,80 euro; de 71 para 54 centavos de libras esterlinas; de 1,94 para 1,34 dólar australiano e de 124 para 117 ienes. A Tabela 20.1 resume esses dados e mostra a queda percentual do valor do dólar.

Mas o dólar norte-americano não teve seu valor reduzido em relação a todas as moedas. Podemos observar na Tabela 20.1 que, em relação ao peso mexicano, o dólar teve seu valor aumentado – ele sofreu uma *apreciação*. Um norte-americano que viajou de férias para Cancun em 2001 por US$ 300, sem nenhuma alteração nos preços mexicanos, poderia ter feito a mesma viagem em 2006 por apenas US$ 250.

Tabela 20.1 O valor do dólar norte-americano em outras moedas

Moeda	Taxa de câmbio em julho de 2001	Taxa de câmbio em julho de 2006	Variação percentual
	(Unidades de moeda estrangeira por dólar norte-americano)		
Euro	1,18	0,80	−32
Dólar australiano	1,94	1,34	−31
Dólar canadense	1,51	1,14	−25
Libra esterlina	0,71	0,54	−24
Iene japonês	124	117	−6
Peso mexicano	9,00	10,90	21

Fonte dos dados: *Economic Report of the President*, 2006.

Como há muitas moedas e taxas de câmbio diferentes, acompanhamos o valor do dólar em relação a uma média das moedas. A Figura 20.10 mostra esse valor como uma média das principais moedas, que incluem o euro, a libra esterlina, o iene japonês, o dólar canadense e o dólar australiano. Na figura, esse índice era igual a 100 em 1985.

Podemos notar que o dólar sofreu uma acentuada depreciação entre 1985 e 1995. Depois, ele sofreu uma *apreciação* – seu valor aumentou – até 2001, antes de voltar a cair durante a década de 2000.

Figura 20.10 A taxa de câmbio

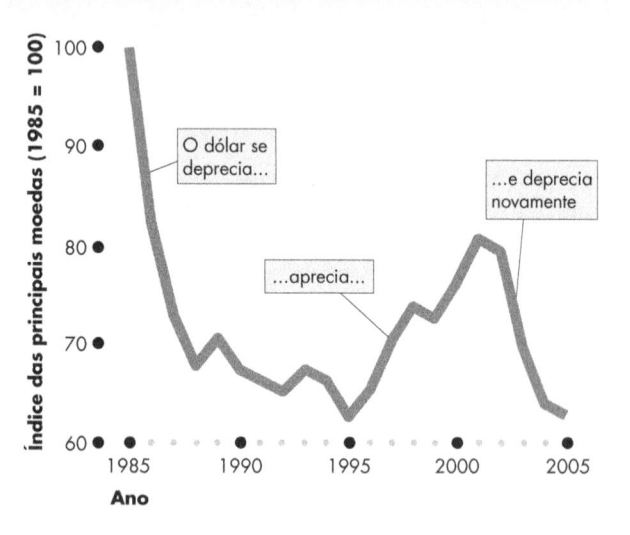

O valor do dólar norte-americano flutua em relação a outras importantes moedas no mercado de câmbio internacional. O dólar norte-americano sofreu uma depreciação entre 1985 e 1995 e depois de 2001. Ele apreciou entre 1995 e 2001.

Fonte dos dados: *Economic Report of the President*, 2006.

A importância da taxa de câmbio

Quando o dólar norte-americano se deprecia, com todos os outros fatores mantidos constantes, os norte-americanos precisam pagar mais pelo que importam. E, quando o dólar sofre uma apreciação, eles pagam menos pelo que importam. Deste modo, o dólar mais baixo prejudica os consumidores norte-americanos, e o dólar mais alto os beneficia.

Mas o que é bom para o consumidor pode dificultar a vida do produtor. O dólar mais alto faz com que seja mais difícil para um produtor norte-americano competir em mercados estrangeiros, e o dólar mais baixo facilita a competição.

O Capítulo 26 explora esses efeitos da taxa de câmbio com mais detalhes e explica o que determina a taxa de câmbio.

QUESTÕES PARA REVISÃO

1 O que é a inflação e como ela influencia o valor da moeda?
2 Como a inflação é medida?
3 Como tem sido o histórico da inflação dos Estados Unidos desde 1960?
4 Como a inflação dos Estados Unidos se compara com a inflação de outros países industrializados e de países em desenvolvimento?
5 Por que a inflação é um problema?
6 O que aconteceu com a taxa de câmbio do dólar americano ao longo dos últimos 20 anos?

Vamos examinar agora os superávits, déficits e dívidas do governo federal norte-americano e da nação.

Superávits, déficits e dívidas

Em 1998, pela primeira vez em quase 30 anos, o governo federal norte-americano teve um superávit fiscal,[1] mas que não durou muito tempo. Em 2002, o orçamento mais uma vez ficou deficitário. Os Estados Unidos também têm um grande e crescente déficit internacional.

O que acontece quando um governo ou uma nação gastam mais do que recebem e têm um déficit? Será que os governos e nações se defrontam com o problema que você e eu teríamos de enfrentar se gastássemos mais do que ganhamos? Será que governos e nações ficam sem fundos? Vamos estudar agora essas questões.

O balanço do orçamento governamental

Se um governo arrecada em impostos mais do que gasta, ele tem um superávit – um **superávit fiscal do governo**. Se

---

[1] A literatura econômica norte-americana sempre chama o superávit ou o déficit do governo de orçamentário, seja planejado ou efetivamente observado. Nesse sentido, a Figura 30.1 explica o processo orçamentário dos Estados Unidos. Entretanto, como o assunto é muito discutido no Brasil, foi feita uma pequena adaptação, chamando o resultado planejado do governo de superávit ou déficit orçamentário. O resultado efetivamente observado foi chamado no texto de superávit ou déficit fiscal. (N. R.T.)

um governo gasta mais do que arrecada em impostos, ele tem um déficit – um **déficit fiscal do governo**.

A Figura 20.11(a) mostra o superávit e o déficit fiscal do governo norte-americano, mensurados como uma porcentagem do PIB de 1960 a 2005.

Mensuramos o superávit ou o déficit fiscal como uma porcentagem do PIB para comparar o superávit ou o déficit de um ano com o de outro ano. Podemos pensar nessa medida como o número de centavos de superávit ou déficit por dólar de renda ganha por uma pessoa média.

O governo teve um superávit fiscal na década de 1960 e de 1998 a 2001. Em cada ano de 1970 até 1997, o governo norte-americano teve um déficit que flutuava e aumentava durante as recessões. De 1980 a 1995, o déficit nunca foi menor que 2 por cento do PIB.

Depois de 1992, o déficit fiscal do governo norte-americano diminuiu e, em 1998, houve um superávit fiscal. Em 2000, o superávit fiscal do governo era um pouco superior a 2 por cento do PIB. Em 2001, o superávit fiscal do governo voltou a se transformar em um déficit fiscal.

Déficit internacional

Quando os Estados Unidos importam bens e serviços do resto do mundo, fazem pagamentos ao exterior. Quando exportam bens e serviços para o resto do mundo, recebem pagamentos do exterior. Se as importações excedem as exportações, o país tem um déficit internacional.

A Figura 20.11(b) mostra o histórico do balanço internacional dos Estados Unidos de 1960 a 2005. Mostra também o saldo da **conta-corrente**, que inclui as exportações menos as importações norte-americanas, mas também leva em consideração juros pagos ao resto do mundo, bem como recebidos do resto do mundo. (Mais uma vez, para comparar um ano com outro, a figura mostra a conta-corrente como uma porcentagem do PIB.)

A conta-corrente norte-americana tem flutuado entre um superávit de 1 por cento do PIB e um déficit de mais de 6 por cento do PIB. No entanto, desde 1980, a conta-corrente tem estado em déficit. E, desde 1991, o déficit vem aumentando. Em 2005, o déficit da conta-corrente atingiu 6,3 por cento do PIB.

Déficits levam a dívidas

Um déficit é a quantia na qual os gastos excedem a renda durante determinado período. Suponha que você faça todas as suas compras com cartão de crédito e, quando recebe a fatura mensal do cartão, faz apenas o pagamento mínimo. Você tem um déficit pessoal.

Uma *dívida* é uma quantia devida. Ela representa o total de todos os déficits passados menos o total de todos os superávits passados. A quantia total devida mostrada na sua fatura de cartão de crédito é uma dívida. Ela representa a quantia que você deve à administradora do cartão.

Figura 20.11 Orçamento governamental e superávits e déficits internacionais dos Estados Unidos

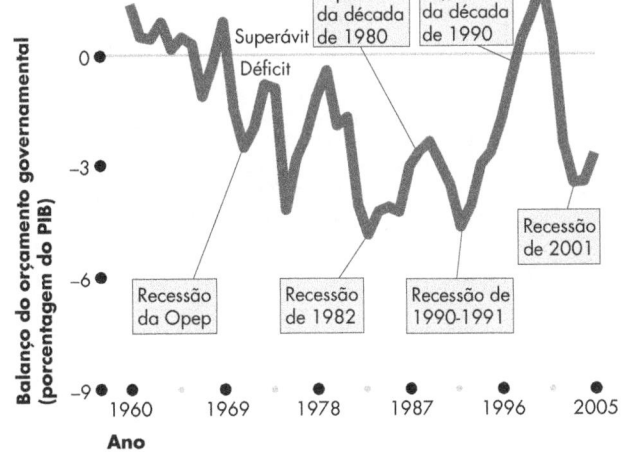

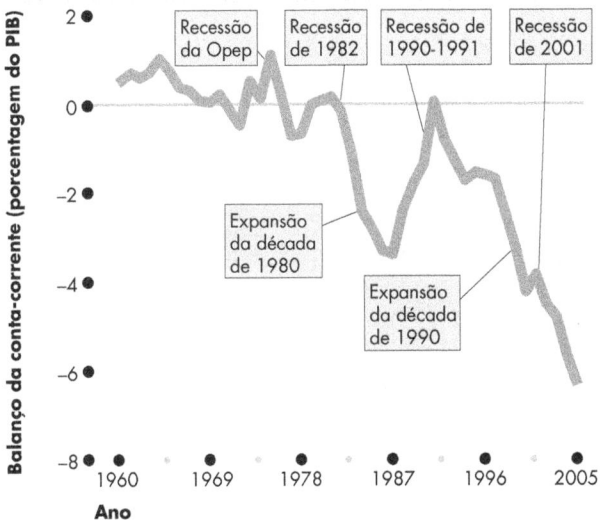

(a) Déficit fiscal do governo norte-americano

(b) Déficit internacional norte-americano

Na parte (a), vemos que o déficit fiscal do governo federal norte-americano como uma porcentagem do PIB aumentou durante as recessões e diminuiu durante as expansões. Houve um superávit fiscal em 1998, mas, em 2001, o déficit fiscal ressurgiu.

Na parte (b), a conta-corrente dos Estados Unidos mostra o balanço de exportações menos importações norte-americanas. Até o início da década de 1980, a conta-corrente norte-americana se manteve em geral em superávit. Durante a expansão da década de 1980, houve grande déficit de conta-corrente. Ele quase desapareceu durante a recessão de 1990-1991, mas voltou a surgir durante a expansão da década de 1990.

Fonte dos dados: Orçamento do governo federal norte-americano e *Economic Report of the President*, 2006.

O que acontece com o balanço do seu cartão de crédito – sua dívida – se você gasta mais do que paga? Sua dívida cresce.

O governo e a nação estão diante do mesmo problema que você. Quando um governo ou uma nação têm um déficit, a dívida deles cresce.

A dívida do governo é chamada de **dívida nacional**. É a quantia que o governo deve a todas as pessoas que fizeram empréstimos para cobrir os déficits do governo. Hoje em dia, a parcela da dívida nacional de um cidadão norte-americano se aproxima de US$ 30 mil!

A Figura 20.12(a) mostra o histórico da dívida nacional dos Estados Unidos desde 1945, quando a Segunda Guerra Mundial terminou. Naquele ano, a dívida nacional excedeu 100 por cento do PIB. Os superávits fiscais e o crescimento econômico reduziram a razão entre a dívida nacional e o PIB para 24 por cento em 1974. Mas, ao longo das décadas de 1970 e 1980, os déficits fiscais levaram a um nível crescente de dívidas. A razão entre a dívida e o PIB diminuiu ao longo de alguns anos, no final da década de 1990 e no início dos anos 2000, mas depois voltou a aumentar.

A Figura 20.12(b) mostra a dívida internacional dos Estados Unidos. Essa dívida é a quantia que os cidadãos norte-americanos devem aos estrangeiros. Quando a dívida internacional dos Estados Unidos é negativa, são os estrangeiros que devem aos cidadãos norte-americanos. Os Estados Unidos se tornaram um tomador de empréstimos líquido do resto do mundo em 1986. Desde então, o déficit da conta-corrente norte-americana aumentou a dívida internacional.

A importância de déficits e dívidas

O que acontece quando os impostos que um governo recolhe não são suficientes para cobrir seus gastos ou quando um país compra mais de outros países do que vende a eles?

Se é ou não uma boa idéia pegar empréstimos e pagar enormes quantias em juros depende do que fazemos com o dinheiro que tomamos emprestado. Se você tomar dinheiro emprestado para financiar suas férias, mais cedo ou mais tarde precisará apertar o cinto, reduzir os gastos e pagar a dívida, bem como os juros dela. Mas, se você tomar dinheiro emprestado para investir em um negócio que renderá um grande lucro, poderá ser capaz de pagar sua dívida e os juros dela ao mesmo tempo em que continua a aumentar seus gastos. O mesmo acontece com um governo e uma nação. Um governo ou uma nação que toma dinheiro emprestado para aumentar seu consumo pode se ver em dificuldades mais tarde. Mas um governo ou uma nação que tome dinheiro emprestado para comprar ativos que rendam lucro pode estar fazendo um sólido investimento.

Veremos com mais profundidade o orçamento governamental no Capítulo 30 e o déficit da conta-corrente internacional no Capítulo 26.

Figura 20.12 Dívidas do governo e internacional dos Estados Unidos

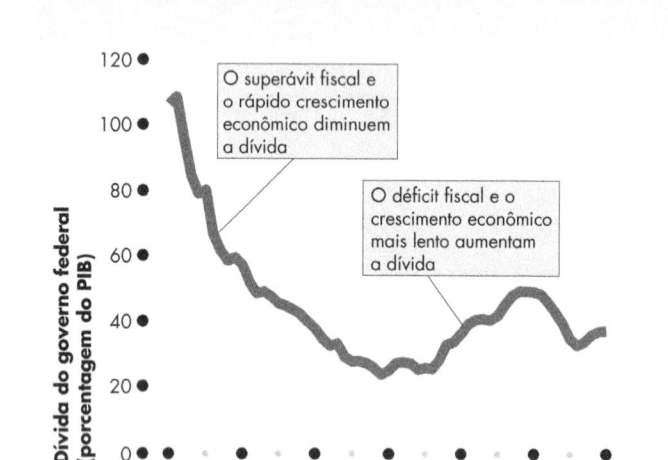

(a) Dívida do governo dos Estados Unidos

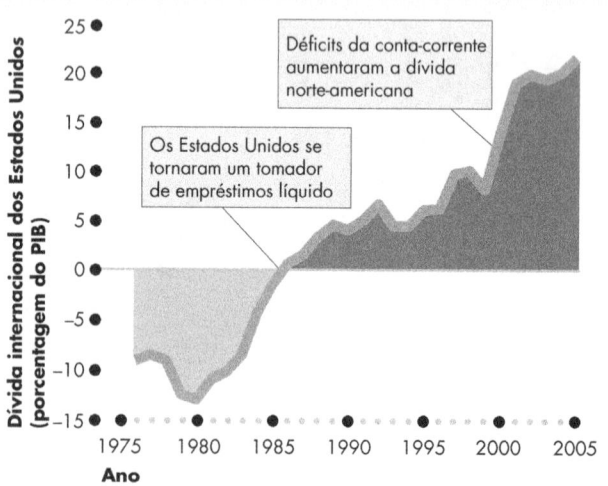

(b) Dívida internacional dos Estados Unidos

Na parte (a), superávits fiscais e crescimento econômico reduziram a dívida do governo de mais de 100 por cento do PIB em 1945 para 24 por cento em 1974. Então, os déficits fiscais aumentaram a dívida do governo até 1995. Por alguns anos, a dívida do governo diminuiu, mas voltou a subir em 2003. A parte (b) mostra que os Estados Unidos foram um concessor de empréstimos líquido até 1986, quando se tornaram um tomador de empréstimos líquido. Desde 1986, os déficits da conta-corrente aumentaram a dívida internacional dos Estados Unidos.

Fonte dos dados: Economic Report of the President, 2006.

> **QUESTÕES PARA REVISÃO**
>
> **1** Qual é a diferença entre um déficit e uma dívida? Dê um exemplo pessoal de cada um deles.
> **2** Qual foi a trajetória do orçamento governamental e dos déficits e dívidas internacionais dos Estados Unidos desde 1960?

Desafios e ferramentas da política macroeconômica

Com esse breve histórico do desempenho da economia norte-americana, vimos que o crescimento econômico se desacelerou, que sempre há certo nível de desemprego e que, em uma recessão, a taxa de desemprego é alta, a inflação corrói persistentemente o valor da moeda e os déficits do governo e internacionais aumentam consistentemente as dívidas. Você deve estar se perguntando se pode ser feito algo para melhorar o desempenho macroeconômico.

Os economistas acham que muito pode ser feito, mas não há um consenso em relação à abordagem mais eficaz. Seus pontos de vista se dividem em duas linhas amplas: a escola clássica e a escola keynesiana.

A visão clássica e a visão keynesiana

A visão *clássica*, apresentada pela primeira vez em *A riqueza das nações*, de Adam Smith, publicado em 1776, pressupõe que o único papel econômico do governo é garantir a execução dos direitos de propriedade. A economia apresenta seu melhor comportamento, na visão clássica, se o governo deixa que as pessoas sejam livres para agir de acordo com seu interesse pessoal. Tentativas por parte do governo de melhorar o desempenho macroeconômico não terão sucesso.

A visão *keynesiana*, que teve origem em *A teoria geral do emprego, do juro e da moeda*, de Keynes, publicado em 1936 e inspirado na Grande Depressão, é que a economia se comporta mal se não é controlada e que ações por parte do governo são necessárias para atingir e manter o pleno emprego.

Veremos mais detalhadamente essas visões nos capítulos a seguir.

Desafios e ferramentas da política econômica

Hoje em dia, todos concordam que os cinco desafios da política macroeconômica são:

1. Aumentar o crescimento econômico.
2. Manter a inflação baixa.
3. Estabilizar o ciclo econômico.
4. Reduzir o desemprego.
5. Reduzir o déficit do governo e o internacional.

Mas como tudo isso pode ser feito? Quais são as ferramentas disponíveis para lidar com os desafios da política macroeconômica? As ferramentas da política macroeconômica são divididas em duas categorias amplas:

- Política fiscal
- Política monetária

Política fiscal A **política fiscal** implica alterar as alíquotas tributárias e os programas de gastos públicos. Essas ações são controladas pelo governo federal. A política fiscal pode ser utilizada para tentar aumentar o crescimento no longo prazo, criando incentivos para a poupança, o investimento e a mudança tecnológica. A política fiscal também pode ser utilizada para estabilizar o ciclo econômico. No caso de uma recessão econômica, o governo pode reduzir impostos ou aumentar seus gastos. Por outro lado, quando a economia está em rápida expansão, o governo pode aumentar os impostos ou reduzir os gastos em uma tentativa de desacelerar o crescimento do PIB real e de impedir o aumento da inflação. Discutiremos a política fiscal no Capítulo 30.

Política monetária A **política monetária** implica alterar taxas de juros e a quantidade de moeda na economia. Essas ações são controladas pelo Banco Central. O principal objetivo da política monetária é manter a inflação sob controle. Para atingir esse objetivo, o Banco Central impede que a quantidade de moeda aumente rápido demais. A política monetária também pode ser utilizada para estabilizar o ciclo econômico. No caso de uma recessão econômica, o Banco Central pode reduzir as taxas de juros e injetar moeda na economia. Quando a economia está em rápida expansão, o Banco Central pode aumentar as taxas de juros em uma tentativa de desacelerar o crescimento do PIB real e impedir o aumento da inflação. Estudaremos o Banco Central no Capítulo 25 e a política monetária no Capítulo 31.

> **QUESTÕES PARA REVISÃO**
>
> **1** Quais são os principais desafios da política macroeconômica?
> **2** Indique as principais ferramentas da política macroeconômica.
> **3** Qual é a diferença entre a política fiscal e a política monetária?

◊ Nos capítulos a seguir, estudaremos as causas do crescimento econômico, ciclos econômicos, desemprego, inflação e déficits, bem como as escolhas de política econômica e os desafios que o governo e o Banco Central enfrentam. A seção "Leitura das entrelinhas" nos proporcionará uma visão mais detalhada da expansão de 2006 da economia norte-americana.

LEITURA DAS ENTRELINHAS

A expansão de 2006

Explosão do crescimento econômico nos Estados Unidos no primeiro trimestre

29 de abril de 2006

A economia norte-americana cresceu rapidamente nos primeiros três meses deste ano, de acordo com um relato do governo, mas novas evidências sugerem que os trabalhadores ainda não estão conseguindo acompanhar a inflação.

Depois de se livrar dos efeitos do furacão Katrina, a economia norte-americana cresceu a uma taxa real de 4,8 por cento no primeiro trimestre, de acordo com o Departamento do Comércio. A explosão de crescimento compensou a ínfima taxa de crescimento de 1,7 por cento nos últimos três meses do ano passado, depois que o furacão atingiu a Costa do Golfo.

Só em uma ocasião no governo de George W. Bush – quando a economia cresceu a uma taxa de 7,2 por cento no terceiro trimestre de 2003 – é que o crescimento econômico foi maior que o do primeiro trimestre deste ano.

"A economia estava a todo vapor", disse Mark Zandi, economista chefe da Moody's Economy.com. Os gastos de consumo e os investimentos em negócios foram significativos, e as exportações norte-americanas aumentaram rapidamente, de acordo com Zandi...

Os analistas geralmente concordam que a economia não tem como sustentar durante muito tempo o ritmo acelerado do primeiro trimestre.

Brian Bethune, economista norte-americano da Global Insight, disse que a taxa de crescimento média dos últimos seis meses – 3,25 por cento – representou o potencial atual da economia de "sólido crescimento, mas não excessivo"...

Fonte: © 2006 The Los Angeles Times via Tribune Media Services. Todos os direitos reservados. Reproduzido com permissão. Disponível em: http://www.latimes.com

Essência da notícia

▶ O furacão Katrina desacelerou a taxa de crescimento do PIB real, levando-a para uma taxa anual de 1,7 por cento durante o quarto trimestre de 2005.

▶ A taxa de crescimento do PIB real passou por um rápido crescimento durante o primeiro trimestre de 2006, aumentando para uma taxa anual de 4,8 por cento.

▶ O PIB real só cresceu mais rapidamente em uma ocasião durante o governo de George W. Bush: uma taxa anual de 7,2 por cento durante o terceiro trimestre de 2003.

▶ Os gastos de consumo, investimentos em negócios e exportações contribuíram para o crescimento mais acelerado.

▶ Um economista norte-americano diz que a taxa de crescimento do PIB real se desacelerará para uma taxa sustentável de 3,25 por cento ao ano.

Análise econômica

▶ A estimativa definitiva da taxa de crescimento do PIB real durante o primeiro trimestre de 2006 foi de 5,6 por cento, e não de 4,8 por cento, como relata a notícia.

▶ Essa taxa de crescimento é expressa como uma taxa de crescimento *anual* percentual.

▶ O PIB real na verdade aumentou em US$ 153 bilhões, o que equivale a 1,4 por cento de seu nível durante o quarto trimestre de 2005.

▶ Como a taxa de crescimento do primeiro trimestre se compara com a dos trimestres anteriores?

▶ A figura nos proporciona a resposta.

▶ Durante 2001, a economia norte-americana estava em recessão e o PIB real diminuiu – a taxa de crescimento do PIB real era negativa.

▶ Do quarto trimestre de 2001, quando a expansão teve início, até o quarto trimestre de 2005, o PIB real aumentou a uma taxa anual média de 2,8 por cento.

▶ Durante um trimestre de 2003, o PIB real aumentou a uma taxa anual excepcional de 7,2 por cento.

▶ Deste modo, a taxa de crescimento no quarto trimestre de 2006 não foi a mais rápida da história, mas foi mais rápida do que a média dos cinco anos anteriores.

▶ A linha preta da figura indica o PIB potencial.

▶ O PIB potencial aumenta a uma taxa média anual um pouco superior a 3 por cento.

▶ Até o terceiro trimestre de 2003, o PIB real estava crescendo abaixo de sua taxa de crescimento potencial e o hiato de Okun – a diferença entre o PIB real e o potencial – se ampliou.

▶ Uma expansão que amplia o hiato de Okun ou o mantém constante não cria novos empregos suficientes para reduzir a taxa de desemprego. Um episódio como esse é chamado de *recuperação sem empregos*.

▶ O valor acumulado da produção perdida – o hiato de Okun acumulado – ao longo de 2002 e 2003 era de cerca de US$ 1 trilhão, ou 10 por cento do PIB real anual.

▶ Será que uma taxa de crescimento de cerca de 5,6 por cento ao ano pode ser mantida ao longo de vários anos? Ou será que o crescimento sofrerá uma desaceleração, como previu o economista Brian Bethune, de acordo com a notícia?

▶ A figura mostra uma razão pela qual Brian Bethune está quase correto.

▶ No longo prazo, o crescimento do PIB real não tem como exceder a taxa de crescimento do PIB potencial.

▶ Uma taxa de crescimento de 4,8 por cento durante só mais dois trimestres faria com que o PIB real fosse superior ao PIB potencial.

▶ Mais cedo ou mais tarde, o crescimento do PIB real deve se desacelerar e atingir a média da taxa de crescimento do PIB potencial.

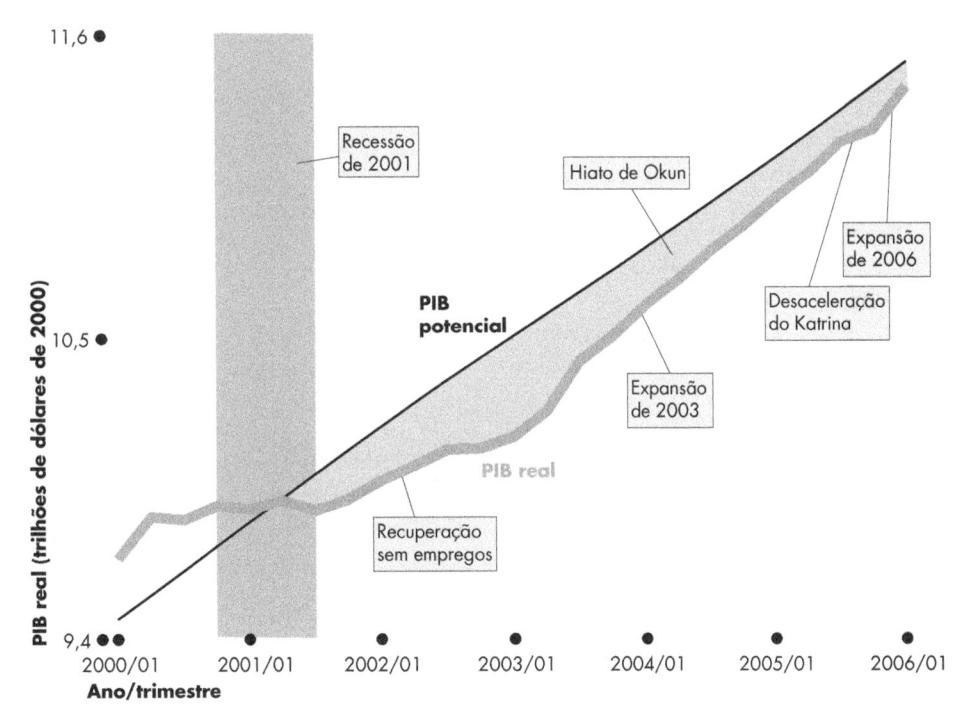

Figura 1: A recessão de 2001 e a recuperação sem empregos

RESUMO

Pontos-chave

Origens e questões da macroeconomia (p. 457-458)

- A macroeconomia estuda o crescimento econômico e as flutuações, o desemprego, a inflação, a taxa de câmbio e os superávits, déficits e dívidas.

Crescimento e flutuações da atividade econômica (p. 458-463)

- O crescimento econômico é a expansão do PIB potencial. O PIB real flutua em torno do PIB potencial em um ciclo econômico.
- Uma desaceleração do crescimento da produtividade é mais custosa que as recessões no ciclo econômico.
- O crescimento econômico aumenta o consumo futuro, mas reduz o consumo corrente.

Empregos e desemprego (p. 463-465)

- A economia norte-americana cria milhões de empregos todos os anos, mas o desemprego é persistente.
- O desemprego aumenta durante uma recessão e diminui durante uma expansão.
- A taxa de desemprego dos Estados Unidos é inferior à do Canadá e da Europa, mas superior à do Japão.
- O desemprego pode prejudicar permanentemente as perspectivas de trabalho de uma pessoa.

A inflação e o dólar (p. 465-468)

- A inflação, um processo de preços em alta, é mensurada pela variação percentual do IPC.
- A inflação é um problema porque reduz o valor da moeda e faz com que ela seja menos útil como um padrão para medir o valor.
- O dólar flutua no mercado de câmbio internacional e tem se depreciado nos últimos anos.

Superávits, déficits e dívidas (p. 468-471)

- Se um governo coleta em impostos mais do que gasta, ele tem um superávit fiscal. Se um governo gasta mais do que coleta em impostos, ele tem um déficit fiscal.
- Quando as importações excedem as exportações, uma nação tem um déficit internacional.
- Os déficits são financiados por empréstimos, que geram dívidas.

Desafios e ferramentas da política macroeconômica (p. 471)

- O desafio da política macroeconômica é utilizar as políticas fiscal e monetária para aumentar o crescimento de longo prazo, manter a inflação baixa, estabilizar o ciclo econômico, reduzir o desemprego e reduzir o déficit do governo e internacional.

Figuras-chave

Figura 20.1: Crescimento econômico nos Estados Unidos, 459

Figura 20.2: O ciclo econômico mais recente dos Estados Unidos, 460

Figura 20.5: O hiato de Lucas e o hiato de Okun, 463

Figura 20.6: Desemprego nos Estados Unidos, 464

Figura 20.8: Inflação nos Estados Unidos, 466

Figura 20.10: A taxa de câmbio, 468

Figura 20.12: Dívidas do governo e internacional dos Estados Unidos, 470

Palavras-chave

Ciclo econômico, 459

Conta-corrente, 469

Crescimento econômico, 458

Déficit fiscal do governo, 469

Deflação, 465

Desaceleração do crescimento da produtividade, 459

Dívida nacional, 470

Expansão, 459

Grande Depressão, 457

Hiato do produto, 462

Hiperinflação, 466

Nível de preços, 465

PIB potencial, 459

Política fiscal, 471

Política monetária, 471

Recessão, 459

Superávit fiscal do governo, 468

Taxa de câmbio, 467

Taxa de desemprego, 463

Taxa de inflação, 465

EXERCÍCIOS

1. A figura mostra as taxas de crescimento do PIB real na Índia e no Paquistão de 1989 a 1996.

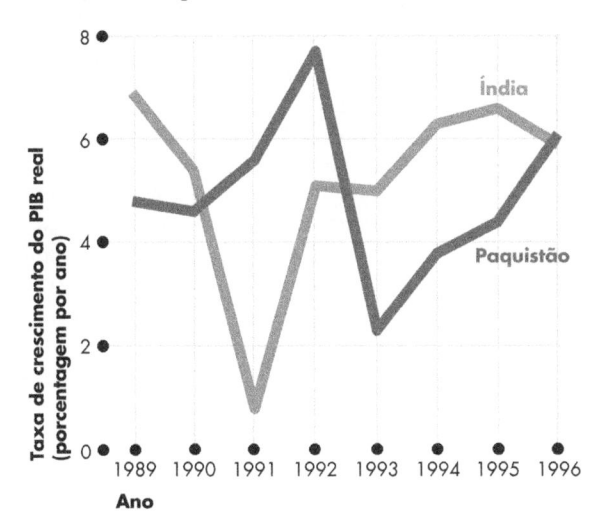

   a. Na Índia, em que ano o crescimento econômico aumentou e em que ano foi mais rápido?
   b. No Paquistão, em que ano o crescimento econômico diminuiu e em que ano foi mais lento?
   c. Compare o histórico do crescimento econômico na Índia e no Paquistão durante esse período.

2. A figura mostra a taxa de crescimento do PIB real per capita na Austrália e no Japão de 1989 a 1996.

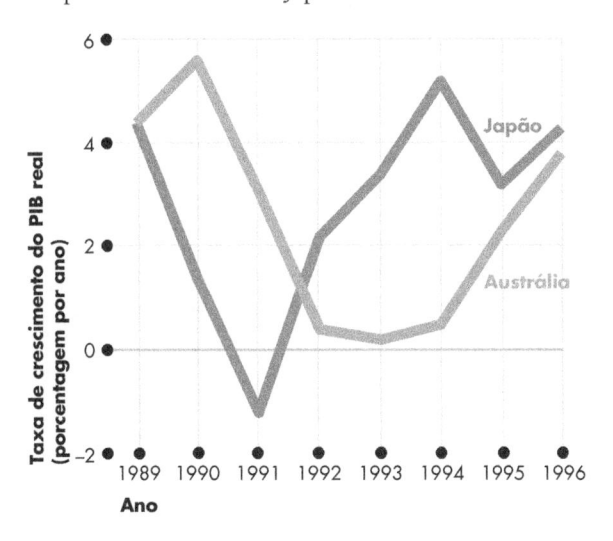

   a. Na Austrália, em que ano o crescimento econômico aumentou e em que ano foi mais rápido?
   b. No Japão, em que ano o crescimento econômico diminuiu e em que ano foi mais lento?
   c. Compare o histórico do crescimento econômico da Austrália e do Japão durante esse período.

3. A figura mostra o PIB real da Alemanha do primeiro trimestre de 1991 ao quarto trimestre de 1994.

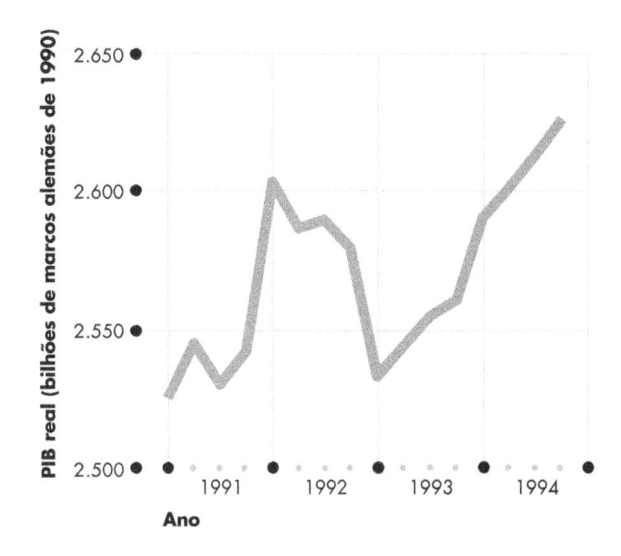

   a. Por quantas recessões a Alemanha passou durante esse período?
   b. Caso a Alemanha tenha vivenciado um pico do ciclo econômico, em quais trimestres isso aconteceu?
   c. Caso a Alemanha tenha vivenciado um vale do ciclo econômico, em quais trimestres isso aconteceu?
   d. Caso a Alemanha tenha vivenciado uma expansão, em quais trimestres isso aconteceu?

PENSAMENTO CRÍTICO

1. Analise a seção "Leitura das entrelinhas" e responda às seguintes perguntas:
   a. Quando a recessão mais recente chegou ao fim e uma expansão teve início?
   b. Por que a expansão em 2002 e 2003 foi chamada de uma recuperação sem empregos?
   c. Por que você espera que a taxa de crescimento do primeiro trimestre de 2006 seja temporária?
   d. Você consegue pensar em algumas razões pelas quais a taxa de crescimento do PIB potencial possa ter aumentado?
   e. Você consegue pensar em razões pelas quais a taxa de crescimento durante o primeiro trimestre de 2006 tenha sido mais alta do que o normal?

2. **Subitamente rica, a pobre e velha Irlanda parece perplexa.**
   Não muito tempo atrás... a Irlanda era uma nação esfarrapada, quase irrelevante nas questões européias... em pouco mais de uma década, o chamado Tigre Celta passou de um dos países mais pobres da Europa ocidental para um dos mais ricos do mundo. Seu produto interno bruto per capita, que não chegava a 70 por cento da média da União Européia em 1987, saltou para 136 por cento da média da União Européia em 2003, ao passo que a taxa de desemprego despencou de 17 por cento para 4 por cento.

   The New York Times, 2 de fevereiro de 2005

a. Em qual fase do ciclo econômico a Irlanda estava em 2005?
b. Há alguma relação entre a fase do ciclo econômico e o desemprego?
c. Compare a variação do desemprego da Irlanda com a dos Estados Unidos ao longo da última década. Dê algumas razões para explicar as diferenças das taxas de desemprego entre os dois países.

ATIVIDADES NA INTERNET

1. Faça uma pesquisa no portal do IBGE (www.ibge.gov.br) na Internet e obtenha os dados mais recentes sobre o PIB real, o desemprego e a inflação. Faça uma explanação rápida sobre a evolução dessas informações.

2. Faça uma pesquisa no portal da Secretaria do Tesouro Nacional (www.stn.fazenda.gov.br) na Internet e obtenha os dados mais recentes sobre receitas e gastos fiscais. Faça uma explanação rápida sobre a evolução dessas informações.

3. Faça uma pesquisa no portal do Banco Central do Brasil (www.bcb.gov.br) na Internet e obtenha os dados mais recentes sobre a taxa de juros básica e os principais agregados monetários. Faça uma explanação rápida sobre a evolução dessas informações.

A liberalização financeira no Brasil da década de 1990

Adriano Sampaio[1]

O que é liberalização financeira?

Liberalização ou abertura financeira pode ser entendida como a remoção ou redução de entraves legais para a obtenção de ativos e passivos denominados em moeda estrangeira por parte dos residentes, além da permissão do acesso de não residentes ao mercado financeiro doméstico.[2] Ou simplesmente o relaxamento das regras que impedem a livre movimentação de capitais entre os países. Esta definição pode ser entendida como sinônimo de abertura ou conversibilidade da conta de capitais.

O 'oposto' de liberalização financeira seria a utilização de controles de capitais, entendidos como regras que delimitam e restringem a atuação de residentes e não residentes no mercado financeiro e de capitais do país.

A liberalização financeira no Brasil

A liberalização financeira ocorrida no Brasil não pode ser vista como uma política isolada. Ela foi parte de uma estratégia de ajuste que envolvia, entre outras coisas, privatizações e liberalização comercial. Esse processo foi iniciado ainda no fim da década de 1980, mas foi na década de 1990 que ocorreram as maiores mudanças e que tal processo se aprofundou, tendo se consolidado a partir do ano 2000.

Os defensores da liberalização financeira argumentavam que o país deveria se integrar aos mercados financeiros internacionais, pois com isso haveria o fortalecimento do sistema financeiro doméstico, o desenvolvimento do mercado de capitais e um maior volume de recursos disponíveis para investimentos, o que contribuiria para a aceleração do crescimento econômico. Para muitos, o baixo nível de investimentos era decorrente da baixa disponibilidade interna de poupança, e, com a liberalização financeira, o país poderia recorrer à poupança externa. Para isso, seria necessário remover as restrições às entradas e saídas de capitais, de forma a incentivar os investidores a aplicar seus recursos no país.

Uma das mudanças mais importantes na legislação referente aos fluxos de capitais foi a criação do Anexo IV à Resolução n. 1.289/87, em 1991. Com ele, foram eliminadas diversas restrições e ampliadas consideravelmente as opções de investimentos disponíveis para os capitais estrangeiros. Durante muito tempo esse foi o canal mais usado para o investimento no mercado acionário.

Outra mudança que marca esse processo foi a permissão de remessa de recursos ao exterior sem que tivesse havido um ingresso correspondente no período anterior, além da eliminação da necessidade de autorização prévia do Banco Central (BC) para a realização dessas atividades.[3]

Os incentivos aos investidores estrangeiros foram consolidados pela Resolução 2.689/00, que liberou aos investidores estrangeiros todos os instrumentos e modalidades operacionais, dos mercados financeiros e de capitais, disponíveis no país. Os investidores estrangeiros teriam acesso às mesmas opções de investimento que os residentes.

Em 2005, as mudanças efetivadas desde a década de 1990 são consolidadas no novo Regulamento do Mercado de Câmbio e Capitais Internacionais (RMCCI), substituindo as Consolidações de Normas Cambiais (CNC), o que representou um grande passo em direção à livre movimentação de capitais. Com base na nova regulamentação do RMCCI, pessoas físicas e jurídicas podem negociar, com agentes autorizados, moeda estrangeira de qualquer natureza, sem limitação de valor.

Esse processo ainda não foi encerrado. Em maio de 2008, por exemplo, foram divulgadas novas medidas visando facilitar a compra e venda de moeda estrangeira no país e as remessas de recursos ao exterior e do exterior para o Brasil.[4] Além disso, passará a ser permitida a venda de reais por bancos no exterior.

---

[1] Economista, mestrando em Economia.

[2] PRATES, s/d.

[3] Essa mudança foi possível com a alteração do funcionamento das chamadas contas CC5.

[4] Mesmo com mais facilidades de negociação, ainda é proibido fazer pagamentos ou estipular contratos em moeda estrangeira no Brasil.

As mudanças realizadas ao longo desse período caminharam no sentido de abrir novos canais institucionais para a movimentação de fluxos de capitais com o exterior e de reduzir as restrições operacionais, as exigências burocráticas e os custos de transações a entradas e saídas de investimentos externos.[5]

A liberalização financeira não foi um processo contínuo, apresentando alguns recuos frente a instabilidades externas, como a crise da Ásia em 1997 e da Rússia em 1998. E é importante salientar que esse processo veio acompanhado por medidas visando a maior fiscalização de transações que envolvem recursos ilícitos.

Pode-se dizer que, atualmente, a conta de capitais do país se encontra em um estágio bastante avançado de abertura. Seguindo a metodologia de Laan (2007), é construído um índice de abertura financeira (IAF), que corresponde à soma dos fluxos financeiros de entradas e saídas (em módulo) sobre o PIB, de 1990 a 2006. Pelo gráfico a seguir, podemos ver que, no início da década de 1990, os fluxos eram equivalentes a menos de 5% do PIB, enquanto, nos anos de 2000, esse valor se situa sempre acima de 15%, o que indica um aumento bastante expressivo.

A liberalização teve sucesso em promover um substancial aumento dos fluxos, no entanto, muitos autores advertem que essa maior integração financeira pode gerar efeitos perversos sobre a economia. Devido à grande instabilidade desses fluxos, a economia pode ficar mais exposta aos efeitos das instabilidades internacionais, de modo que a liberalização deve se dar de maneira gradual e cuidadosa.

Figura I

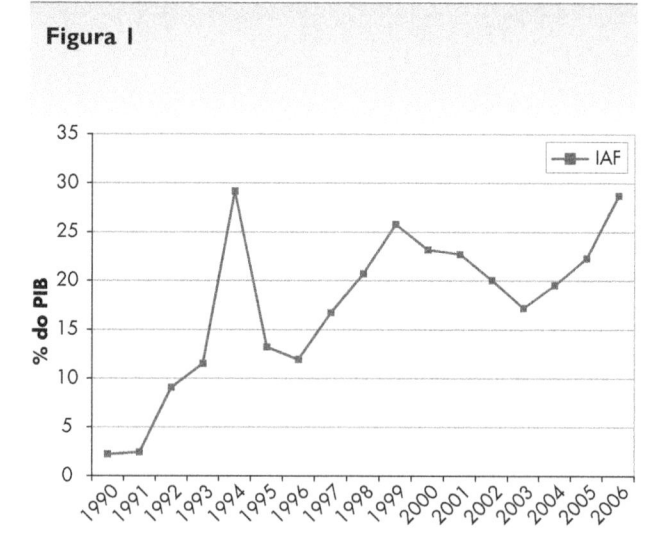

Fonte: Disponível em: www.bcb.gov.br e www.ipeadata.gov.br. Acesso em: 12 jun. 2008.

REFERÊNCIAS

BIANCARELI, A. M. Liberalização financeira e política econômica no Brasil recente: três momentos e duas visões. Anais do "IX Encontro Nacional de Economia Política". Uberlândia, 2004.

FRANCO, G.; PINHO NETO, D. A desregulamentação da conta de capitais: limitações macroeconômicas e regulatórias. Versão finalíssima de 18 jun. 2004. Disponível em: http://www.econ.puc-rio.br/gfranco. Acesso em: 16 jan. 2005.

LAAN, C. R. Liberalização da conta de capitais: evolução e evidências para o caso brasileiro recente (1990-2005). Dissertação de Mestrado. Universidade Federal do Rio Grande do Sul, 2006. 29º Prêmio BNDES de Economia, Rio de Janeiro: BNDES, 2007.

PRATES, D. M. Investimentos de portfólio no mercado financeiro doméstico. In: FREITAS, Maria Cristina P. (Org.). *Abertura do sistema financeiro no Brasil.* São Paulo: Fundap/Fapesp, Brasília: Ipea, 1999.

QUESTÕES

1 O que é liberalização financeira?

2 Quais são os benefícios que ela pode trazer? Quais os malefícios?

3 Por que a criação do anexo IV foi uma medida importante do processo de liberalização financeira brasileira da década de 1990?

---

[5] LAAN, C. R., 2007.

CAPÍTULO 21

Mensuração do PIB e do crescimento econômico

Ao término do estudo deste capítulo, você saberá:

▶ Definir o PIB e utilizar o modelo do fluxo circular para explicar por que o PIB é igual ao gasto e à renda agregados.
▶ Explicar os dois métodos utilizados pelo Bureau of Economic Analysis para mensurar o PIB dos Estados Unidos.
▶ Explicar como o Bureau of Economic Analysis mensura o PIB *real* e o deflator do PIB para separar o crescimento econômico e a inflação.
▶ Explicar as utilizações e limitações do PIB real.

Um barômetro econômico

Será que a economia norte-americana continuará a se expandir nos próximos anos? Se continuar, a expansão será rápida ou lenta? Ou será que o país entrará em uma nova recessão? Muitas corporações norte-americanas gostariam de saber as respostas a essas questões. O Google queria saber se deveria expandir sua rede de servidores e lançar novos serviços ou adiar um pouco esses planos. A Amazon.com queria saber se deveria aumentar seus estoques. Para avaliar o estado da economia e tomar grandes decisões sobre a expansão dos negócios, empresas como o Google e a Amazon utilizam projeções do PIB. O que exatamente é o PIB e o que ele nos informa sobre o estado da economia?

Para mostrarmos a taxa de crescimento ou de diminuição do PIB, devemos desconsiderar os efeitos da inflação e avaliar como o PIB *real* está mudando. Como podemos desconsiderar a inflação para mostrar o PIB real?

Alguns países são ricos enquanto outros são pobres. Como comparamos o bem-estar econômico de um país com o de outro? Como é possível fazer comparações internacionais do PIB?

◇ Neste capítulo, veremos como estatísticos da economia do Bureau of Economic Analysis (BEA – órgão de análise econômica do Ministério do Comércio dos Estados Unidos) mensuram o PIB, o PIB real e a taxa de crescimento econômico nos Estados Unidos. Também exploraremos as utilizações e as limitações dessas medidas. Na seção "Leitura das entrelinhas", no fim do capítulo, examinaremos o crescimento do PIB real durante a expansão do ciclo econômico que teve início em 2002 até pelo menos 2006.

Produto interno bruto

O que exatamente é o PIB, como é calculado, o que significa e por que é importante? Descobriremos as respostas a essas questões neste capítulo. Para começar, o que é o PIB?

Definição do PIB

O **PIB**, ou **produto interno bruto**, é o valor de mercado de todos os bens e serviços finais produzidos em um país durante determinado período. Essa definição tem quatro partes:

- Valor de mercado
- Bens e serviços finais
- Produzidos em um país
- Durante determinado período

Vamos examinar cada uma delas a seguir.

Valor de mercado Para mensurar a produção total, devemos somar a produção de maçãs e laranjas e de computadores e pipoca. A mera contagem dos itens não nos diz muito. Por exemplo, qual é a produção total maior: 100 maçãs e 50 laranjas ou 50 maçãs e 100 laranjas?

O PIB responde a essa questão avaliando os itens em termos de seu *valor de mercado* – os preços aos quais cada item é negociado nos mercados. Se o preço de uma maçã é $ 0,10, o valor de mercado de 50 maçãs é $ 5. Se o preço de uma laranja é 20 centavos, o valor de mercado de 100 laranjas é $ 20. Ao utilizar os preços de mercado para avaliar a produção, podemos somar as maçãs e as laranjas. O valor de mercado de 50 maçãs e 100 laranjas é $ 5 mais $ 20, ou $ 25.

Bens e serviços finais Para calcularmos o PIB, avaliamos os *bens e serviços finais* produzidos. Um **bem final** (ou serviço) é um item comprado por seu usuário final durante um período específico. Em comparação, um **bem intermediário** (ou serviço) é um item produzido por uma empresa, comprado por outra e utilizado como um componente de um bem ou serviço final.

Por exemplo, um carro da Ford é um bem final, mas um pneu da Firestone instalado no veículo é um bem intermediário. Um computador da Dell é um bem final, mas um chip Pentium da Intel instalado nele é um bem intermediário.

Se somássemos o valor dos bens e serviços intermediários produzidos com o valor dos bens e serviços finais, contaríamos a mesma coisa várias vezes – um problema chamado de *dupla contagem*. O valor de um carro já inclui o valor dos pneus, e o valor de um PC da Dell já inclui o valor do chip Pentium.

Alguns bens podem ser um bem intermediário em algumas situações e um bem final em outras. Por exemplo, o sorvete que você compra em um dia quente de verão é um bem final, mas o sorvete que um restaurante compra e utiliza para fazer sundaes é um bem intermediário. O sundae é o bem final. Deste modo, o fato de um bem ser intermediário ou final depende de sua utilização, não do que ele é.

Alguns itens que as pessoas compram não são bens finais nem bens intermediários. Exemplos de itens como esses incluem ativos financeiros – ações e títulos – e bens de segunda mão – carros e imóveis que não são novos.

Esses itens não fazem parte do PIB. No entanto, um carro e um imóvel que não são novos fizeram parte do PIB no ano em que foram produzidos.

Produzidos em um país Somente bens e serviços produzidos *em um país* são contados como parte do PIB desse país. A Nike Corporation, uma empresa norte-americana, produz tênis no Vietnã e o valor de mercado desse calçado faz parte do PIB do Vietnã, e não dos Estados Unidos. A Toyota, uma empresa japonesa, produz automóveis em Georgetown, no Estado norte-americano do Kentucky, e o valor dessa produção faz parte do PIB dos Estados Unidos, não do Japão.

Durante determinado período O PIB mensura o valor da produção *durante determinado período* – normalmente um trimestre – chamado de dados trimestrais do PIB – ou um ano – chamado de dados anuais do PIB.

O PIB mensura não somente o valor da produção total como também a renda total e os gastos totais. A igualdade entre o valor da produção total e da renda total é importante por demonstrar a relação direta entre a produtividade e os padrões de vida. Nosso padrão de vida sobe quando nossa renda aumenta e podemos comprar mais bens e serviços. Mas devemos produzir mais bens e serviços se queremos comprar mais bens e serviços.

Rendas e valor de produção crescentes caminham lado a lado. Eles são dois aspectos do mesmo fenômeno: maior produtividade. Para entendermos por que, estudaremos o fluxo circular dos gastos e da renda.

PIB e o fluxo circular dos gastos e da renda

A Figura 21.1 ilustra o fluxo circular dos gastos e da renda. A economia consiste em indivíduos, empresas, governos e o resto do mundo (os losangos hachurados), que negociam nos mercados de fatores, mercados de bens (e serviços) e mercados financeiros. Vamos nos concentrar primeiro nos indivíduos e nas empresas.

Indivíduos e empresas Indivíduos vendem e empresas compram os serviços trabalho, capital e terra nos mercados de fatores. Para esses serviços de fatores, as empresas pagam uma renda aos indivíduos: salários por serviços de trabalho, juros pela utilização do capital e aluguel (que equivale à renda da terra) pela utilização da terra. Um quarto fator de produção, a capacidade empresarial, recebe lucro.

Os rendimentos retidos pelas empresas – lucros não distribuídos aos indivíduos – constituem uma parte da renda dos consumidores. Podemos pensar nos rendimentos retidos como a renda que os indivíduos poupam e emprestam de volta às empresas. A Figura 21.1 mostra a renda total – *renda agregada* – recebida pelos indivíduos, incluindo rendimentos retidos, por meio das setas contínuas Y.

As empresas vendem e os indivíduos compram bens e serviços de consumo – como skates e cortes de cabelo – no mercado de bens. O pagamento total por esses bens e serviços são os **gastos de consumo**, mostrados pelas setas cinza-escuro C.

As empresas compram e vendem novos equipamentos de capital – como sistemas de computadores, aviões, caminhões e equipamentos de linha de montagem – no mercado de bens. Parte do que as empresas produzem não é vendida, mas acrescentada ao estoque. Por exemplo, se a GM produz mil carros e vende 950, os outros 50 permanecem no estoque de carros não vendidos da GM, que aumenta em 50 carros. Quando uma empresa acrescenta uma produção não vendida ao estoque, podemos pensar que ela está comprando bens de si mesma. A compra de instalações produtivas, equipamentos e construções novos e os acréscimos ao estoque são **investimentos**, mostrados pelas setas I.

Governos Os governos compram bens e serviços das empresas. Os gastos do governo em bens e serviços são chamados de **gastos do governo**. Na Figura 21.1, os gastos do governo são mostrados pelas setas G. Os governos utilizam os impostos para pagar por seus gastos. A seta T mostra os impostos como impostos líquidos. Os **impostos líquidos** são iguais aos impostos pagos aos governos menos os pagamentos de transferências recebidos dos governos e menos os pagamentos de juros sobre as dívidas dos governos. *Pagamentos de transferências* são transferências em dinheiro dos governos aos indivíduos e empresas na forma de benefícios de previdência social, seguro-desemprego e subsídios.

Figura 21.1 O fluxo circular dos gastos e da renda

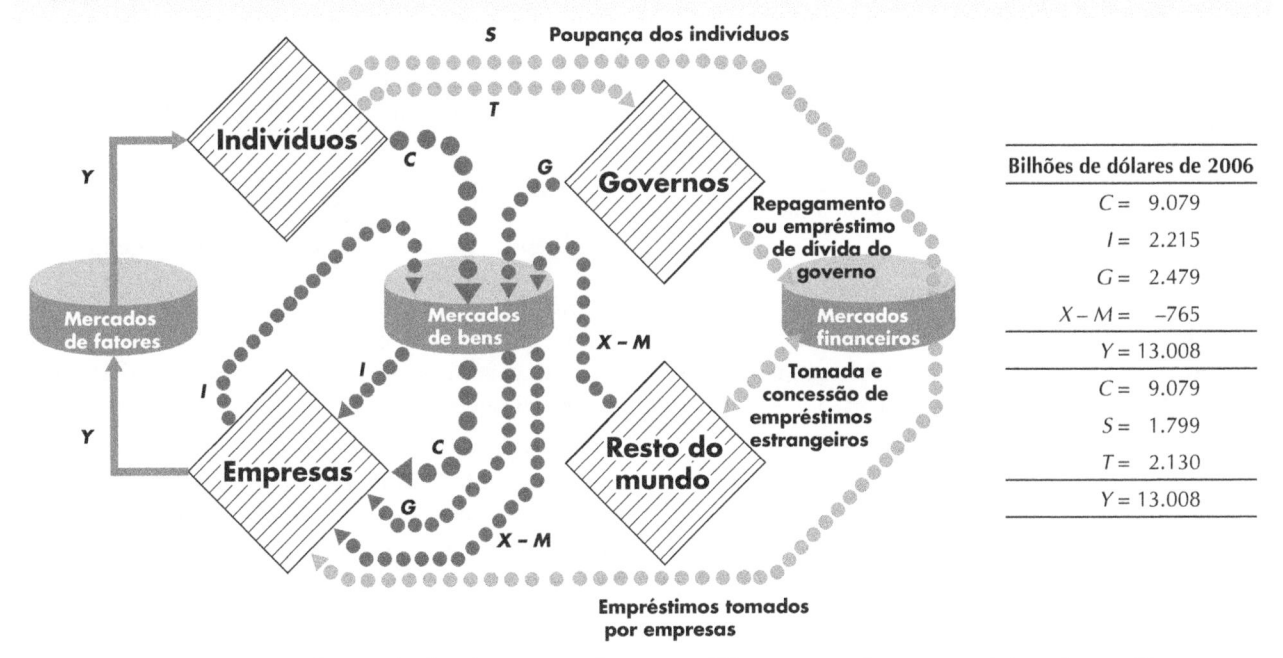

Bilhões de dólares de 2006	
C =	9.079
I =	2.215
G =	2.479
X − M =	−765
Y =	13.008
C =	9.079
S =	1.799
T =	2.130
Y =	13.008

No fluxo circular de gastos e renda, os indivíduos fazem gastos de consumo (C); as empresas fazem gastos de investimento (I); os governos compram bens e serviços (G); e o resto do mundo compra exportações líquidas (X − M) − (setas cinza-escuro). Os indivíduos recebem renda (Y) das empresas − (o fluxo indicado pelas setas contínuas).

A renda agregada (o fluxo indicado pelas setas contínuas) é igual aos gastos agregados (o fluxo indicado pelas setas cinza-escuro). Os indivíduos utilizam sua renda para consumir (C), poupar (S) e pagar impostos líquidos (T). As empresas tomam empréstimos para financiar seu investimento, e os governos e o resto do mundo tomam empréstimos para financiar seus déficits ou emprestam seus superávits (os fluxos indicados pelas setas cinza-claro).

Fonte dos dados: U.S. Department of Commerce, Bureau of Economic Analysis. (Os dados são referentes à taxa anual do primeiro trimestre de 2006.)

Resto do mundo As empresas vendem bens e serviços para o resto do mundo − **exportações** − e compram bens e serviços do resto do mundo − **importações**. O valor das exportações (X) menos o valor das importações (M) é chamado de exportações líquidas, as setas cinza-escuro X − M da Figura 21.1. Se as **exportações líquidas** são positivas, o fluxo líquido de bens e serviços ocorre de empresas nacionais para o resto do mundo. Se as exportações líquidas são negativas, o fluxo líquido de bens e serviços ocorre do resto do mundo para empresas nacionais.

PIB = Gastos = Renda O produto interno bruto pode ser mensurado de duas maneiras: por meio dos gastos totais em bens e serviços ou por meio da renda total obtida da produção de bens e serviços.

Os gastos totais − *gastos agregados* − são a soma das setas cinza-escuro da Figura 21.1. Os gastos agregados equivalem aos gastos de consumo mais o investimento mais os gastos do governo mais as exportações líquidas.

A renda agregada obtida da produção de bens e serviços é igual à quantia total paga pelos fatores de produção utilizados − salários, juros, aluguel e lucro. Essa quantia é mostrada pelas setas contínuas na Figura 21.1. Como as empresas fazem pagamentos na forma de renda (incluindo lucros retidos) de tudo o que recebem da venda de sua produção, a renda (as setas contínuas) é igual aos gastos (a soma das setas cinza-escuro). Isto é,

$$Y = C + I + G + X - M.$$

A tabela da Figura 21.1 mostra os dados de 2006. Podemos notar que a soma dos gastos é igual a $ 13.008 bilhões, o que também equivale à renda agregada.

Como os gastos agregados equivalem à renda agregada, esses dois métodos de mensuração do PIB resultam na mesma resposta. Deste modo,

PIB = Gastos agregados = Renda agregada.

O modelo do fluxo circular representa as bases sobre as quais os demonstrativos econômicos nacionais são elaborados.

Fluxos financeiros

O modelo do fluxo circular também nos permite enxergar a relação entre os fluxos de gastos e de renda e os fluxos dos mercados financeiros que financiam os déficits e pagam os investimentos. Esses fluxos são indicados pelas setas pontilhadas cinza-claro na Figura 21.1. A **poupança** (S) dos indivíduos é a quantia que sobra para eles após o pagamento dos impostos e a compra dos bens e serviços que consomem. Os empréstimos tomados pelo governo financiam um déficit orçamentário do governo. (Os empréstimos concedidos pelo governo ocorrem quando este tem um superávit orçamentário.) Uma nação toma empréstimos do resto do mundo para pagar por exportações líquidas negativas (e concede empréstimos para o resto do mundo quando as exportações líquidas são positivas). Esses fluxos financeiros são as fontes dos fundos que as empresas utilizam para pagar por seu investimento em capital novo. Vamos analisar um pouco mais de perto como esse investimento é financiado.

Como o investimento é financiado

O investimento se soma ao estoque de capital e é um dos determinantes da taxa de crescimento da produção. O investimento é financiado por três fontes:

1. poupança privada;
2. superávit orçamentário do governo;
3. empréstimos tomados do resto do mundo.

A poupança privada é a seta cinza-claro S na Figura 21.1. A renda dos indivíduos é gasta em consumo, poupada ou usada para pagar impostos. Deste modo, a renda é igual à soma dos gastos de consumo, poupança e impostos:

$$Y = C + S + T.$$

Mas vimos que Y também equivale à soma dos componentes dos gastos agregados:

$$Y = C + I + G + X - M.$$

Utilizando essas duas equações, temos que:

$$I + G + X - M = S + T.$$

Agora subtraímos G e X de ambos os lados da última equação e adicionamos M também a ambos os lados para obter:

$$I = S + (T - G) + (M - X).$$

Nessa equação, $(T - G)$ é o superávit fiscal do governo e $(M - X)$ é o empréstimo tomado do resto do mundo. Se os impostos líquidos (T) excederem os gastos do governo (G), o superávit fiscal do governo contribuirá para o pagamento do investimento. No entanto, se os impostos líquidos forem menores que os gastos do governo, o déficit fiscal dele deverá ser financiado com fundos que, de outro modo, poderiam ter financiado o investimento.

Se as importações (M) excederem as exportações de nosso país (X), nós emprestaremos uma quantia igual a $(M - X)$ do resto do mundo. Deste modo, parte da poupança do resto do mundo financiará o investimento em nosso país. Se nós exportarmos mais do que importarmos, emprestaremos uma quantia igual a $(M - X)$ para o resto do mundo. Assim, parte da poupança de nosso país financiará o investimento em outros países.

A soma da poupança privada, S, e da poupança pública, $(T - G)$, é chamada de **poupança nacional**. Deste modo, a poupança nacional e os empréstimos estrangeiros financiam o investimento.

Em 2006, um investimento de US$ 2.270 bilhões e um déficit do governo norte-americano (combinação dos déficits federal, estadual e local) de US$ 313 bilhões foram financiados por meio de poupança privada de US$ 1.799 bilhões e de empréstimos de US$ 784 bilhões tomados do resto do mundo.

Produto interno bruto e líquido

O que o 'bruto' do PIB significa? *Bruto* significa antes da depreciação do capital. O contrário de bruto é líquido, que significa após a depreciação do capital. Para compreendermos a depreciação do capital e como ela afeta os gastos e a renda agregados, precisamos entender a distinção entre fluxos e estoques.

Fluxos e estoques na macroeconomia Um *fluxo* é uma quantidade por unidade de tempo. A água que corre de uma torneira aberta em uma banheira é um fluxo. Como são o número de CDs que você compra ao longo de um mês e a quantia de renda que ganha em um mês. O PIB é um fluxo – o valor dos bens e serviços produzidos em um país *durante determinado período*. Poupança e investimento também são fluxos.

Um *estoque* é uma quantidade existente em determinado momento. A água em uma banheira é um estoque. Como são o número de CDs que você tem e a quantia de dinheiro em sua conta de poupança hoje. Os dois principais estoques da macroeconomia são a riqueza e o capital. Os fluxos de poupança e investimento alteram esses estoques.

Riqueza e poupança A **riqueza** é o valor de tudo o que as pessoas têm. O que as pessoas têm, um estoque, se relaciona com o que elas ganham, um fluxo. As pessoas ganham uma renda, que é a quantia que elas recebem ao longo de determinado período por fornecer os serviços dos fatores de produção. A renda restante após o pagamento dos impostos é gasta em bens e serviços de consumo ou poupada. Os *gastos de consumo* são a quantia gasta em bens e serviços de consumo. A *poupança* é a quantia de renda que sobra após o pagamento dos impostos líquidos e os gastos de consumo. Deste modo, a poupança se soma à riqueza.

Por exemplo, suponha que, ao final do ano escolar, você tenha $ 250 em uma conta de poupança e alguns livros que valem $ 300. Isso é tudo o que você tem. Sua riqueza é de $ 550. Suponha que você trabalhe durante as férias e ganhe uma renda, deduzidos os impostos, de $ 5 mil. Você poupa o máximo que pode e só gasta $ 1 mil nas férias em bens e serviços de consumo. No final das férias, você tem $ 4.250 na sua poupança. Sua riqueza nesse momento é de $ 4.550. Ela aumentou em $ 4 mil, o que equivale à sua poupança de $ 4 mil. Esta é igual à sua renda de $ 5 mil menos seus gastos de consumo de $ 1 mil.

A riqueza nacional e a poupança nacional funcionam exatamente como esse exemplo pessoal. A riqueza de uma nação no início do ano é igual a sua riqueza no início do ano anterior mais sua poupança no decorrer do ano. Deste modo, a poupança de uma nação é igual à sua renda menos seus gastos de consumo.

Capital e investimento *Capital* é o equipamento, as instalações produtivas, as construções e os estoques de matérias-primas e bens semi-acabados utilizados para produzir outros bens e serviços. A quantidade de capital na economia exerce uma grande influência sobre o PIB.

Dois fluxos alteram o estoque de capital: investimento e depreciação. O investimento, a compra de novo capital, aumenta o estoque de capital. (O investimento inclui acréscimos aos estoques.) A **depreciação** é a redução do estoque de capital resultante da deterioração pelo uso e pela obsolescência. A depreciação também é chamada de consumo de capital. A quantia total gasta em compras de novo capital e na substituição de capital depreciado é chamada de **investimento bruto**. O aumento líquido do estoque de capital é chamado de **investimento líquido**. O investimento líquido é igual ao investimento bruto menos a depreciação.

A Figura 21.2 ilustra esses conceitos. No dia 1º de janeiro de 2006, a empresa fabricante de CDs de Tom tinha 3 máquinas. Essa quantidade era o capital inicial da empresa. Ao longo de 2006, Tom se livrou de uma máquina antiga. Essa quantidade é a depreciação da empresa. Após a depreciação, o estoque de capital de Tom caiu para 2 máquinas. Mas, também ao longo de 2006, Tom comprou 2 novas máquinas. Essa quantidade é o investimento bruto da empresa. No dia 31 de dezembro de 2006, a empresa de Tom tinha 4 máquinas, de modo que seu capital havia aumentado em 1 máquina. Essa quantidade é o investimento líquido de Tom, que é igual a seu investimento bruto (a compra de 2 novas máquinas) menos sua depreciação (1 máquina velha descartada).

O exemplo da empresa de CDs de Tom pode ser aplicado à economia como um todo. O estoque de capital de uma nação diminui porque o capital se deprecia e aumenta em função do investimento bruto. A variação do estoque de capital da nação de um ano para o outro equivale ao investimento líquido dela.

De volta ao 'bruto' no PIB Agora podemos ver a distinção entre o produto interno bruto e o produto interno líquido. No que se refere aos fluxos da renda que mensuram o PIB, o lucro *bruto* de uma empresa é seu lucro *antes* de se subtrair a *depreciação*. O lucro bruto de uma empresa é parte da renda agregada, assim a depreciação é contada como parte da renda bruta e do PIB. De modo similar, no que se refere aos fluxos de gastos que mensuram o PIB, o *investimento bruto* de uma empresa inclui a depreciação, assim a depreciação é contada como parte dos gastos agregados, e os gastos totais constituem uma medida bruta.

O produto interno líquido exclui a depreciação. Tal qual o PIB, ele pode ser visto como a soma de rendas ou gastos. A renda líquida inclui os lucros *líquidos* das empresas – lucros *após* se subtrair a depreciação. Os gastos líquidos incluem o investimento *líquido*, que também exclui a depreciação.

A junção do curto com o longo prazo Os fluxos e os estoques que acabamos de estudar influenciam o crescimento e as flutuações do PIB. Uma das razões pelas quais o PIB cresce é o fato de que o estoque de capital aumenta. O investimento se soma ao capital, de modo que o PIB cresce devido ao investimento, mas este flutua, o que resulta em flutuações do PIB. Assim, capital e investimento são parte da chave para compreender tanto o crescimento quanto as flutuações do PIB.

O investimento e a poupança interagem com a renda e os gastos de consumo em um fluxo circular de gastos e renda. Nesse fluxo circular, a renda é igual aos gastos, que também equivalem ao valor da produção. Essa igualdade representa as bases sobre as quais os demonstrativos econômicos de uma nação são elaborados e o PIB é mensurado.

Figura 21.2 Capital e investimento

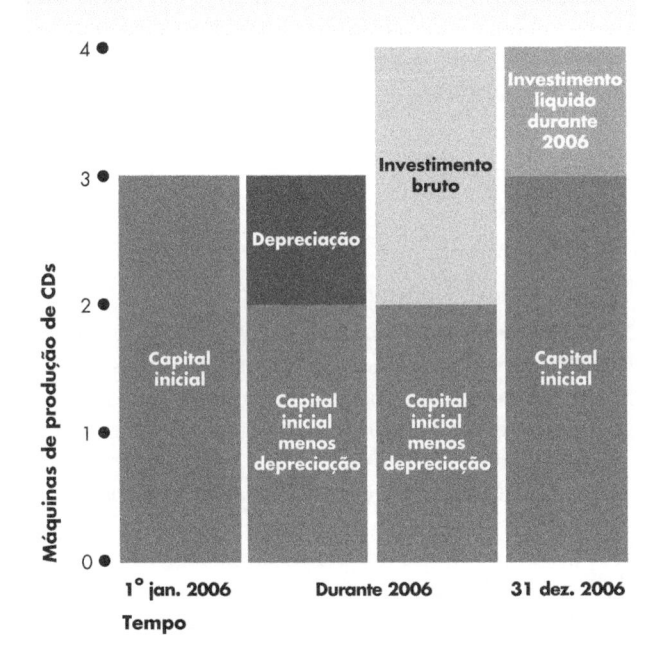

Ao final de 2006, a empresa de CDs de Tom tem um estoque de capital que é igual a seu estoque de capital no começo do ano mais seu investimento líquido. O investimento líquido é igual ao investimento bruto menos a depreciação. O investimento bruto de Tom é composto das 2 máquinas novas compradas ao longo do ano, e a depreciação da empresa é composta da 1 máquina que Tom descartou durante o ano. O investimento líquido de Tom é de 1 máquina.

QUESTÕES PARA REVISÃO

1 Defina o PIB e faça a distinção entre um bem final e um bem intermediário. Dê exemplos.
2 Por que o PIB é igual à renda agregada e também aos gastos agregados?
3 Como o investimento de um país é financiado? O que determina a poupança nacional?
4 Qual é a diferença entre bruto e líquido?

Veremos agora como as idéias que acabamos de estudar são utilizadas na prática. Examinaremos como o PIB e seus componentes são mensurados nos Estados Unidos hoje.

Mensuração do PIB dos Estados Unidos

O Bureau of Economic Analysis utiliza os conceitos do modelo do fluxo circular para mensurar o PIB e seus componentes na *National income and product accounts*, as contas nacionais de renda e produto dos Estados Unidos. Como o valor da produção agregada é igual aos gastos agregados e à renda agregada, há duas abordagens disponíveis para mensurar o PIB e ambas são utilizadas. São elas:

- A abordagem dos gastos
- A abordagem da renda

A abordagem dos gastos

A *abordagem dos gastos* mensura o PIB como a soma dos gastos de consumo (C), investimentos (I), gastos do governo em bens e serviços (G) e exportações líquidas de bens e serviços ($X - M$), correspondendo às setas cinza-escuro do modelo do fluxo circular apresentado na Figura 21.1. A Tabela 21.1 mostra o resultado dessa abordagem para 2006. A tabela utiliza os termos da *National income and product accounts*.

Os *gastos de consumo pessoal* são os gastos feitos por indivíduos em bens e serviços produzidos no próprio país e no resto do mundo. Eles incluem bens, como CDs e livros, e serviços, como serviços bancários e consultoria jurídica. Eles *não* incluem a compra de novas casas, que é contada como parte do investimento. Mas incluem a compra de bens duráveis de consumo, que tecnicamente são capital, como as casas.

O *investimento interno privado bruto* é o conjunto dos gastos de capital em equipamentos e construções por parte de empresas e dos gastos em novas casas por parte de indivíduos. Ele também inclui a variação dos estoques das empresas.

Os *gastos do governo em bens e serviços* são os gastos em bens e serviços feitos por todos os níveis do governo. Esse item inclui gastos com defesa nacional e coleta de lixo, mas *não* inclui *pagamentos de transferências*, porque estes não constituem gastos em bens e serviços.

As *exportações líquidas de bens e serviços* equivalem ao valor das exportações menos o valor das importações. Esse item inclui os computadores que a IBM vende à Volkswagen, a fabricante alemã de automóveis (uma exportação dos Estados Unidos) e aparelhos de DVD japoneses que a Circuit City compra da Sony (uma importação dos Estados Unidos).

A Tabela 21.1 mostra as grandezas relativas dos quatro itens dos gastos agregados.

A abordagem da renda

A *abordagem da renda* mensura o PIB somando as rendas que as empresas pagam aos indivíduos pelos fatores de produção contratados – salários pelo trabalho, juros pelo capital, aluguel pela terra e lucro pela capacidade empresarial. A *National income and product accounts* divide as rendas em cinco categorias:

1. Remuneração dos funcionários
2. Juros líquidos
3. Aluguéis
4. Lucros corporativos
5. Renda dos proprietários

A *remuneração dos funcionários* é o pagamento por serviços de trabalho. Ela inclui os rendimentos e os salários líquidos (chamados de 'pagamento líquido') que os trabalhadores recebem mais os impostos retidos sobre os rendimentos mais benefícios adicionais, como contribuições para a previdência social e fundos de aposentadoria.

Os *juros líquidos* são os juros que os indivíduos recebem por empréstimos que concedem menos os juros que eles pagam pelos empréstimos que tomam.

Os *aluguéis* são o pagamento pela utilização da terra e outros recursos alugados.

Os *lucros corporativos* são os lucros das corporações, parte dos quais é paga a indivíduos na forma de dividendos e parte é retida por corporações na forma de lucros não distribuídos. Todos eles são renda.

A *renda do proprietário* é a renda obtida pelo proprietário-administrador de uma empresa, que inclui a remuneração pelo trabalho do proprietário, a utilização do capital do proprietário e o lucro.

Tabela 21.1 PIB: a abordagem dos gastos

Item	Símbolo	Quantia em 2006 (bilhões de dólares)	Porcentagem do PIB
Gastos de consumo pessoal	C	9.079	69,8
Investimento interno privado bruto	I	2.215	17,0
Gastos do governo em bens e serviços	G	2.479	19,1
Exportações líquidas de bens e serviços	$X - M$	−765	−5,9
Produto interno bruto	Y	13.008	100,0

A abordagem dos gastos mensura o PIB como a soma dos gastos de consumo pessoal (C), do investimento interno privado bruto (I), dos gastos do governo em bens e serviços (G) e das exportações líquidas ($X - M$). Em 2006, o PIB norte-americano medido pela abordagem dos gastos foi US$ 13.008 bilhões. Mais de dois terços dos gastos agregados são gastos de consumo pessoal de bens e serviços.

Fonte dos dados: U.S. Department of Commerce, Bureau of Economic Analysis.

A Tabela 21.2 mostra essas cinco rendas e suas grandezas relativas.

A soma das rendas é chamada de *renda interna líquida a custo de fatores*. O termo 'custo de fatores' é utilizado por se tratar do custo dos fatores de produção utilizados para produzir os bens finais. Quando somamos os gastos com os bens finais, obtemos um total chamado de *produto interno a preços de mercado*. Os preços de mercado e o custo de fatores diferem devido a subsídios e impostos indiretos.

Um *imposto indireto* é um imposto pago pelos consumidores quando compram bens e serviços. (Por outro lado, um *imposto direto* é um imposto sobre a renda.) Impostos incidentes sobre as vendas e impostos sobre bebidas alcoólicas, gasolina e tabaco são impostos indiretos. Devido aos impostos indiretos, os consumidores pagam mais por alguns bens e serviços do que os produtores recebem. O preço de mercado é maior que o custo de fatores. Por exemplo, se o imposto sobre as vendas é de 7 por cento, você paga $ 1,07 quando compra uma barra de chocolate de $ 1. O custo de fatores do chocolate incluindo o lucro é $ 1. O preço de mercado é $ 1,07.

Um *subsídio* é um pagamento feito pelo governo a um produtor. Os pagamentos feitos a produtores de grãos e pecuaristas são subsídios. Devido aos impostos, os consumidores pagam por alguns bens e serviços menos do que os produtores recebem. O custo de fatores é maior que o preço de mercado.

Para calcularmos o preço de mercado com base no custo de fatores, adicionamos os impostos indiretos e subtraímos os subsídios. Esse ajuste nos aproxima um pouco mais do PIB, mas ainda não nos leva até lá.

O último passo é incluir a depreciação. Podemos entender a razão desse ajuste lembrando-nos da distinção entre lucro bruto e líquido e daquela entre investimento bruto e líquido. A renda total é um número líquido por incluir os lucros líquidos das empresas, que excluem a depreciação. Os gastos totais são um número bruto por incluir o investimento bruto. Assim, para calcularmos o PIB a partir da renda total, devemos adicionar a depreciação à renda total.

QUESTÕES PARA REVISÃO

1 Qual é a abordagem dos gastos para mensurar o PIB?
2 Qual é a abordagem da renda para mensurar o PIB?
3 Quais ajustes devem ser feitos na renda total para que ela seja igual ao PIB?

Agora sabemos como o PIB é definido e mensurado. Nossa próxima tarefa é aprender como solucionar duas fontes de variação do PIB – inflação e crescimento econômico – para revelar mudanças na quantidade de bens e serviços produzidos, mudanças no que chamamos de PIB *real*.

PIB real e o nível de preços

Vimos que o PIB mensura os gastos totais sobre bens e serviços finais em determinado período. Em 2006, o PIB dos Estados Unidos foi de US$ 13.008 bilhões. No ano anterior, em 2005, o PIB foi de US$ 12.199 bilhões. Como o PIB em 2006 foi maior do que o de 2005, sabemos que um destes dois eventos deve ter ocorrido durante 2006:

- Os norte-americanos produziram mais bens e serviços em 2006 do que em 2005.
- Os norte-americanos pagaram por seus bens e serviços preços mais altos em 2006 do que em 2005.

A produção de mais bens e serviços contribui para uma melhora no nosso padrão de vida. O pagamento de preços mais altos significa que nosso custo de vida aumenta, mas nosso padrão de vida não. Por essa razão, é muito importante saber por que o PIB aumenta.

Veremos agora como os economistas do Bureau of Economic Analysis dividem o PIB em duas partes. Uma nos informa a variação da produção, e a outra, a variação dos preços. O método utilizado foi alterado nos últimos anos, de modo que examinaremos tanto o método antigo quanto o novo.

Medimos a variação da produção utilizando um número que chamamos de produto interno bruto real. O **produto interno bruto real (PIB real)** é o valor dos bens e serviços finais produzidos em determinado ano quando, estimados a preços constantes. Comparando o valor dos bens e serviços produzidos a preços constantes, podemos mensurar a variação da quantidade produzida.

Cálculo do PIB real

A Tabela 21.3 mostra as quantidades produzidas e os preços em 2005 para uma economia que produz somente dois bens: bolas e tacos de beisebol. O primeiro passo para

Tabela 21.2	PIB: a abordagem da renda	
Item	Quantia em 2006 (bilhões de dólares)	Porcentagem do PIB
Remuneração dos funcionários	7.322	56,3
Aluguéis	77	0,6
Lucros corporativos	1.343	10,3
Renda dos proprietários	1.008	7,8
Impostos indiretos *menos* subsídios	1.004	7,7
Depreciação	1.548	11,9
Produto interno bruto	**13.008**	**100,0**

A soma de todas as rendas é igual à renda interna líquida a custo de fatores. O PIB é igual à renda interna líquida a custo de fatores, mais impostos indiretos menos subsídios mais depreciação. Em 2006, o PIB norte-americano medido pela abordagem da renda foi de US$ 13.008 bilhões. A remuneração dos funcionários – a renda do trabalho – representou de longe a maior parcela da renda agregada.

Fonte dos dados: U.S. Department of Commerce, Bureau of Economic Analysis.

calcular o PIB real é calcular o **PIB nominal**, que é o valor dos bens e serviços finais produzidos em determinado ano avaliados aos preços praticados naquele mesmo ano. O PIB nominal é apenas um termo mais preciso do que simplesmente PIB, que utilizamos quando queremos deixar claro que não estamos nos referindo ao PIB real.

Cálculo do PIB nominal Para calcularmos o PIB nominal em 2005, somamos os gastos em bolas e tacos em 2005 como se segue:

Gastos em bolas = 100 bolas × $ 1 = $ 100.
Gastos em tacos = 20 tacos × $ 5 = $ 100.
PIB nominal em 2005 = $ 100 + $ 100 = $ 200.

A Tabela 21.4 mostra as quantidades produzidas e os preços em 2006. A quantidade produzida de bolas aumentou para 160, e a quantidade produzida de tacos aumentou para 22. O preço de uma bola diminuiu para $ 0,50, e o preço de um taco aumentou para $ 22,50. Para calcularmos o PIB nominal em 2006, somamos os gastos em bolas e tacos em 2006 como se segue:

Gastos em bolas = 160 bolas × $ 0,50 = $ 80.
Gastos em tacos = 22 tacos × $ 22,50 = $ 495.
PIB nominal em 2006 = $ 80 + $ 495 = $ 575.

Para calcularmos o PIB real escolhemos um ano, chamado de *ano-base*, com o qual compararemos os outros anos. Atualmente, nos Estados Unidos, o ano-base utilizado é 2000. A escolha do ano-base não é importante. Ele é somente uma ponto de referência comum. Utilizaremos 2005 como o ano-base. Por definição, no ano-base, o PIB real é igual ao PIB nominal. Assim, o PIB real em 2005 é igual a $ 200.

Preços do ano-base para calcular o PIB real O método dos preços do ano-base para calcular o PIB real, que é o método antigo, estima as quantidades produzidas em um ano aos preços do ano-base. A Tabela 21.5 mostra os preços em 2005 e as quantidades em 2006 (com base nas informações apresentadas nas tabelas 21.3 e 21.4). O valor das quantidades de 2006 em relação aos preços de 2005 é calculado como se segue:

Gastos em bolas = 160 bolas × $ 1,00 = $ 160.
Gastos em tacos = 22 tacos × $ 5,00 = $ 110.
Valor das quantidades de 2006 aos preços de 2005 = $ 270.

Se utilizarmos o método antigo dos preços do ano-base, $ 270 seria registrado como o PIB real em 2006.

Cálculo pelo índice de produção encadeado O método do **índice de produção encadeado**, que é o novo método de cálculo do PIB real, utiliza os preços de dois anos subseqüentes para calcular a taxa de crescimento do PIB real. Assim, para calcularmos a taxa de crescimento do PIB real em 2006, comparamos as quantidades produzidas em 2005 e 2006 utilizando tanto os preços de 2005 quanto os de 2006. Depois calculamos a média dos dois conjuntos de números como descreveremos a seguir.

Para compararmos as quantidades produzidas em 2005 e 2006 aos preços de 2006, precisamos calcular o valor das quantidades de 2005 aos preços de 2006. A Tabela 21.6 resume essas quantidades e preços. O valor das quantidades de 2005 aos preços de 2006 é calculado como se segue:

Gastos em bolas = 100 bolas × $ 0,50 = $ 50.
Gastos em tacos = 20 tacos × $ 22,50 = $ 450.
Valor das quantidades de 2005 em relação aos preços de 2006 = $ 500.

Agora temos duas comparações entre 2005 e 2006. Aos preços de 2005, o valor da produção aumentou de $ 200 em 2005 para $ 270 em 2006. O aumento do valor é de $ 70, e o aumento percentual é de ($ 70 ÷ $ 200) × 100, o que equivale a 35 por cento.

Com os preços de 2006, o valor da produção aumentou de $ 500 em 2005 para $ 575 em 2006. O aumento do valor é de $ 75, e o aumento percentual é de ($ 75 ÷ $ 500) × 100, o que equivale a 15 por cento.

O novo método de cálculo do PIB real utiliza a média desses dois aumentos percentuais. A média de 35 por cento e 15 por cento é (35 + 15) ÷ 2, o que equivale a 25 por cento. O PIB real em 2006 é 25 por cento maior do que foi em 2005. O PIB real em 2005 é de $ 200, de modo que o PIB real em 2006 é de $ 250.

Encadeamento O cálculo que acabamos de descrever é repetido a cada ano. Cada ano é comparado com o anterior. Assim, em 2007, os cálculos são repetidos utilizando-se os preços e as quantidades de 2006 e de 2007. O PIB real em 2007 é igual ao PIB real em 2006 aumentado pela variação percentual calculada do PIB real para 2007. Por exemplo, suponha que o PIB real para 2007 seja cal-

Tabela 21.3	Dados do PIB em 2005	
Item	Quantidade	Preço
Bolas	100	$ 1,00
Tacos	20	$ 5,00

Tabela 21.4	Dados do PIB em 2006	
Item	Quantidade	Preço
Bolas	160	$ 0,50
Tacos	22	$ 22,50

Tabela 21.5	Quantidades de 2006 e preços de 2005	
Item	Quantidade	Preço
Bolas	160	$ 1,00
Tacos	22	$ 5,00

Tabela 21.6	Quantidades de 2005 e preços de 2006	
Item	Quantidade	Preço
Bolas	100	$ 0,50
Tacos	20	$ 22,50

culado como sendo 20 por cento maior do que o de 2006. Sabemos que o PIB real em 2006 é de $ 250. Assim, o PIB real em 2007 é 20 por cento maior do que esse valor, o que equivale a $ 300. Todos os anos, o PIB real é estimado em termos de dólares do ano-base (2005).

Quando a variação percentual do PIB real a cada ano é aplicada ao PIB real do ano anterior, o PIB real a cada ano se relaciona ao valor em dólares do ano-base, como os elos de uma corrente.

Cálculo do nível de preços

Vimos como o PIB real revela a variação da quantidade produzida de bens e serviços. Veremos agora como é possível calcular a variação dos preços que aumentam nosso custo de vida.

O nível médio de preços é chamado de **nível de preços**. Uma medida do nível de preços é o **deflator do PIB**, que é a média dos preços do ano corrente expressa como uma porcentagem dos preços do ano-base. Para calcularmos o deflator do PIB, utilizamos a fórmula:

Deflator do PIB = (PIB nominal ÷ PIB real) × 100.

Podemos ver por que o deflator do PIB mede o nível de preços. Se o PIB nominal aumenta, mas o PIB real permanece inalterado, o nível de preços deve ter aumentado. Quanto maior é o PIB nominal para determinado PIB real, maior é o nível de preços e maior é o deflator do PIB.

A Tabela 21.7 mostra como é calculado o deflator do PIB. Em 2005, o ano-base, o PIB real é igual ao PIB nominal, de modo que o deflator do PIB é 100. Em 2006, ele é

Tabela 21.7 Cálculo do deflator do PIB

Ano	PIB nominal	PIB real	Deflator do PIB
2005	$ 200	$ 200	100
2006	$ 575	$ 250	230

de 230, o que equivale ao PIB nominal de $ 575 dividido pelo PIB real de $ 250 e depois multiplicado por 100.

Esvaziando o balão do PIB

Podemos pensar no PIB como um balão que é enchido com a produção crescente e os preços em alta. Na Figura 21.3, o deflator do PIB dos Estados Unidos permite que o 'ar' da inflação – a contribuição dos preços em alta – saia do balão do PIB nominal, de modo que é possível ver o que aconteceu com o PIB *real*. Nessa figura, o ano-base é 1986, e o balão cinza-escuro de 1986 mostra o PIB real nesse ano. O balão cinza-claro mostra o PIB *nominal* em 2006. O balão cinza-escuro de 2006 mostra o PIB real para esse ano. Para vermos o PIB real em 2006, *deflacionamos* – ou 'esvaziamos' – o PIB nominal utilizando o deflator do PIB.

> **QUESTÕES PARA REVISÃO**
>
> 1. Qual é a distinção entre PIB nominal e PIB real?
> 2. Qual é o método antigo para o cálculo do PIB real?
> 3. Qual é o método novo para o cálculo do PIB real?
> 4. Como o deflator do PIB é calculado?

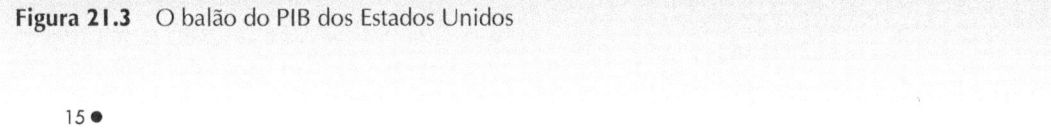

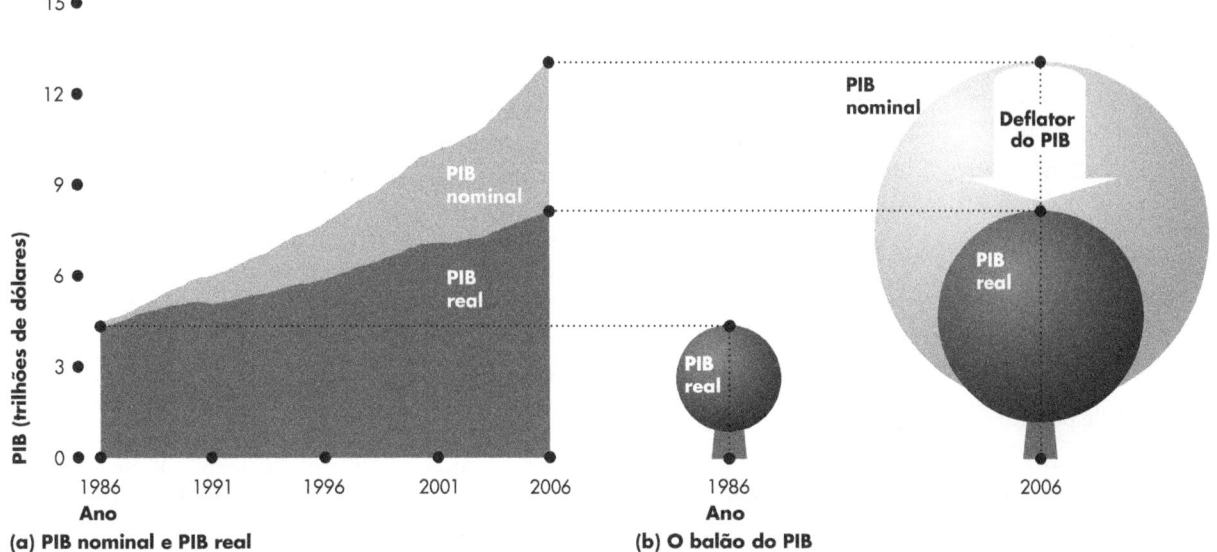

Figura 21.3 O balão do PIB dos Estados Unidos

(a) PIB nominal e PIB real
(b) O balão do PIB

Parte do aumento do PIB é resultado da inflação e parte é resultado de uma maior produção – um aumento do PIB real. O deflator do PIB permite que a inflação 'saia' do balão do PIB de modo que podemos ver a extensão na qual a produção aumentou.

Fonte dos dados: U.S. Department of Commerce, Bureau of Economic Analysis.

Agora sabemos como calcular o PIB real e o deflator do PIB. Nossa próxima tarefa é aprender como o PIB real é utilizado e examinar algumas de suas limitações.

As utilizações e limitações do PIB real

Utilizamos estimativas do PIB real para três principais finalidades. São elas:

- Comparações do bem-estar econômico ao longo do tempo.
- Comparações do bem-estar econômico entre países.
- Previsões do ciclo econômico.

Apesar de o PIB real ser utilizado para essas três finalidades, ele não é uma medida perfeita para nenhuma delas, mas também não é uma medida totalmente errada. Descreveremos as utilizações e avaliaremos as limitações do PIB real em cada um desses três casos.

Comparações do bem-estar econômico ao longo do tempo

O **bem-estar econômico** é uma medida abrangente do estado geral da prosperidade econômica. O bem-estar econômico aumenta quando a produção de *todos* os bens e serviços cresce. Os bens e serviços que compõem o crescimento do PIB real são só uma parte de todos os fatores que influenciam o bem-estar econômico.

Hoje em dia, devido ao crescimento do PIB real nos Estados Unidos, o PIB real per capita nesse país é o dobro daquele de 1971. Mas será que o bem-estar dos norte-americanos também dobrou? Será que esse crescimento do PIB real proporciona uma medida completa e precisa da variação do bem-estar econômico?

A resposta é não. A razão para isso é que o bem-estar econômico depende de muitos outros fatores que não são medidos com precisão pelo PIB real ou não são medidos de forma alguma por ele. Alguns desses fatores são:

- Erro no ajuste em relação à inflação
- Produção dos indivíduos
- Atividade econômica informal
- Saúde e expectativa de vida
- Tempo de lazer
- Qualidade ambiental
- Liberdade política e justiça social

Erro no ajuste em relação à inflação Os índices de preços utilizados para mensurar a inflação proporcionam uma estimativa da inflação real que tende para cima. Se superestimamos o aumento dos preços, subestimamos o crescimento do PIB real. Quando os preços dos carros aumentam devido a melhorias nos carros (mais segurança, utilização mais eficiente de combustível, maior conforto), o deflator do PIB considera o aumento de preço como inflação. Assim, o que na verdade é um aumento de produção é considerado um aumento do preço, em vez de um aumento do PIB real. Ele é deflacionado devido ao nível de preços maior medido incorretamente. A grandeza desse viés provavelmente é menor do que 1 ponto percentual ao ano, mas sua magnitude exata não é conhecida.

Produção dos indivíduos Uma enorme quantidade de produção tem origem todos os dias em nossa casa. O preparo de refeições, a limpeza da cozinha, a troca de uma lâmpada, o corte da grama, a lavagem do carro e o auxílio a uma criança na tarefa de casa são exemplos de atividades produtivas que não envolvem transações de mercado e não são contadas como parte do PIB.

Se essas atividades crescessem na mesma taxa que o PIB real, não seria um problema não mensurá-las. Mas é provável que a produção de mercado, que é parte do PIB, esteja cada vez mais substituindo a produção dos indivíduos, que não faz parte do PIB. Duas tendências apontam para essa direção. Uma delas é o número de pessoas que trabalham fora, que, nos Estados Unidos, aumentou de 54 por cento em 1970 para 62 por cento em 2006. A outra é a tendência de comprar no mercado de bens e serviços tradicionalmente produzidos em casa. Por exemplo, cada vez mais famílias comem em restaurantes de fast-food – uma das indústrias de mais rápido crescimento dos Estados Unidos – e utilizam serviços de creches ou babás. Essa tendência significa que uma proporção cada vez maior das atividades de preparo de refeições e criação dos filhos que antes faziam parte da produção dos indivíduos agora é mensurada como parte do PIB. Assim, o PIB real cresce mais rapidamente do que o PIB real mais a produção nas casas.

Atividade econômica informal A *economia informal* é a parte da economia que é propositadamente oculta dos olhos do governo para evitar impostos e regulações ou porque os bens e serviços produzidos são ilegais. Como a atividade econômica informal não é declarada, ela é omitida do PIB.

A economia informal é fácil de descrever, apesar de ser difícil de mensurar. Ela inclui a produção e a distribuição de drogas ilegais, uma produção na qual é utilizada mão-de-obra ilegal que recebe menos do que o salário mínimo, e trabalhos remunerados informalmente em dinheiro para evitar o pagamento do imposto de renda. Esta última categoria pode ser muito ampla e inclui gorjetas recebidas por motoristas de táxi, cabeleireiros e funcionários de hotéis e restaurantes.

Estimativas da escala da economia informal nos Estados Unidos variam de 9 a 30 por cento do PIB (US$ 1.200 bilhão a quase US$ 4.000 bilhões). A economia informal é muito maior em alguns outros países, particularmente em alguns dos países da Europa oriental que estão fazendo a transição de economias de planejamento central para economias de mercado.

Considerando que a economia informal representa uma proporção razoavelmente estável da economia total, a taxa de crescimento do PIB real ainda nos proporciona uma estimativa útil das variações do bem-estar econômico. Mas em algumas ocasiões a produção se desloca da economia informal para o restante da economia e algumas vezes na direção oposta. A economia informal se expande em relação ao restante da economia se os impostos se tornam especialmente altos ou se regulações se tornarem especialmente restritivas. A economia informal diminui em relação ao restante da economia se os impostos e as regulações são abrandados. Durante a década de 1980, quando as alíquotas tributárias foram reduzidas nos Estados Unidos, houve um aumento da declaração de renda antes oculta e as receitas tributárias aumentaram. Assim, uma parte (mas provavelmente uma parte muito pequena) da expansão do PIB real norte-americano durante a década de 1980 representou um deslocamento para fora da economia informal, em vez de um aumento da produção.

Saúde e expectativa de vida Boa saúde e vida longa – o que todos desejam – não são refletidas no PIB real, pelo menos não diretamente. Um PIB real mais alto de fato permite que se gaste mais em pesquisas na área da saúde, assistência médica, uma boa dieta e equipamentos de condicionamento físico. À medida que o PIB real aumenta, a expectativa de vida se estende. A mortalidade infantil e a mortalidade no parto, dois terríveis flagelos do século XIX, foram amplamente reduzidas nos Estados Unidos e também em outros países.

Mas enfrentam-se novos problemas de saúde e expectativa de vida todos os anos. A Aids e o vício em drogas estão ceifando jovens vidas em um ritmo que provoca grandes preocupações. Quando levamos essas influências negativas em consideração, vemos que o crescimento do PIB real exagera as melhorias do bem-estar econômico.

Tempo de lazer O tempo de lazer é um bem econômico que aumenta nosso bem-estar econômico. Se outros fatores permanecem os mesmos, quanto mais lazer temos, em melhores condições estamos. Nosso tempo de trabalho é estimado como parte do PIB, mas não nosso tempo de lazer. Contudo, da perspectiva do bem-estar econômico, esse tempo de lazer deve ser ao menos tão valioso para nós quanto o salário que obtemos da última hora trabalhada. Se não fosse o caso, decidiríamos trabalhar em vez de usar o tempo para o lazer. Ao longo dos anos, o tempo de lazer tem aumentado constantemente. A semana de trabalho ficou mais curta, mais pessoas se aposentam precocemente e o número de dias de férias aumentou. Essas melhorias no bem-estar econômico não são refletidas no PIB real.

Qualidade ambiental A atividade econômica influencia diretamente a qualidade do ambiente. A queima de combustíveis de hidrocarboneto é a atividade que mais visivelmente prejudica nosso ambiente. No entanto, esse não é o único exemplo. O esgotamento de recursos naturais não renováveis, a derrubada de florestas e a poluição de lagos e rios são outras importantes conseqüências ambientais da produção industrial.

Os recursos utilizados para proteger o ambiente são estimados como parte do PIB. Por exemplo, o valor de conversores catalíticos que ajudam a proteger a atmosfera das emissões de veículos é considerado parte do PIB. No entanto, se não utilizássemos esses equipamentos e, em vez disso, poluíssemos a atmosfera, não contaríamos o ar poluído que respiramos como uma parte negativa do PIB.

Uma sociedade industrial, possivelmente, produz mais poluição atmosférica do que uma sociedade agrícola, mas a poluição nem sempre aumenta à medida que ficamos mais abastados. Pessoas abastadas valorizam um ambiente limpo e estão dispostas a pagar por isso. Compare a poluição que surgiu na Alemanha Oriental no final da década de 1980 com a poluição nos Estados Unidos na época. A Alemanha Oriental, que era um país pobre, poluía seus rios, lagos e a atmosfera de um modo que então era inimaginável nos Estados Unidos ou na Alemanha Ocidental, países mais abastados.

Liberdade política e justiça social A maioria das pessoas do mundo ocidental valoriza liberdades políticas como as garantidas por muitas constituições. Elas valorizam a justiça social ou a igualdade – de oportunidades e de acesso às redes de segurança da previdência social que protegem as pessoas dos extremos do infortúnio.

Um país pode ter um PIB real per capita muito grande, mas ter liberdade política e igualdade limitadas. Por exemplo, uma pequena elite pode usufruir de liberdade política e de extrema riqueza enquanto a maioria absoluta é na verdade escravizada e vive na miséria. Uma economia como essa em geral proporcionaria menos bem-estar econômico do que uma com a mesma quantia de PIB real mas na qual liberdades políticas são usufruídas por todos. Hoje em dia, a China apresenta um rápido crescimento do PIB real, mas com liberdades políticas limitadas, ao passo que a Rússia tem um lento crescimento do PIB real e um sistema político democrático emergente. Os economistas ainda não descobriram um modo fácil de determinar qual desses países está em melhores condições.

Questão final Será que temos uma idéia errada sobre o crescimento do bem-estar econômico analisando o crescimento do PIB real? As influências omitidas do PIB real provavelmente são importantes e podem ser grandes. Países em desenvolvimento têm uma maior economia informal e maior quantidade de produção dos indivíduos do que países desenvolvidos. Deste modo, à medida que uma economia se desenvolve e cresce, parte do crescimento evidente do PIB real pode refletir uma transição da produção informal para a produção normal e da produção em casa para a produção de mercado. Esse erro de medida exagera a taxa de crescimento econômico e a melhora do bem-estar econômico.

Outras influências sobre os padrões de vida incluem a quantidade de tempo de lazer disponível, a qualidade do ambiente, a segurança de empregos e lares e a segurança nas ruas da cidade. É possível elaborar medidas mais amplas que combinem as muitas influências que contribuem para a felicidade humana. O PIB real será apenas um elemento dessas medidas mais amplas, mas de maneira alguma constituirá o conjunto delas todas.

Comparações do bem-estar econômico dos países

Todos os problemas que acabamos de rever afetam o bem-estar econômico de todos os países. Assim, para se fazerem comparações internacionais de bem-estar econômico, devem ser utilizados outros fatores além do PIB real. No entanto comparações do PIB real são importantes componentes das comparações internacionais de bem-estar, nas quais surgem dois problemas. Para começar, o PIB real de um país deve ser convertido às mesmas unidades monetárias que o PIB real do outro país. Em segundo lugar, devem ser utilizados os mesmos preços para estimar o valor dos bens e serviços nos países comparados. Vamos analisar esses dois problemas utilizando um exemplo notável: uma comparação entre os Estados Unidos e a China.

Comparação entre os Estados Unidos e a China Em 2006, o PIB per capita nos Estados Unidos foi de quase US$ 44 mil. Dados estatísticos oficiais chineses publicados pelo relatório semestral *World Economic Outlook* (WEO) do Fundo Monetário Internacional (FMI) relatam que o PIB per capita na China em 2006 foi de 15.500 iuanes. (O iuane é a moeda da China.) Em média, ao longo de 2006, 1 dólar norte-americano valia 9,9 iuanes. Se utilizamos essa taxa de câmbio para converter 15.500 iuanes em dólares norte-americanos, temos um valor de US$ 1.566. Essa comparação entre a China e os Estados Unidos faz com que a China aparente ser extremamente pobre. Em 2006, o PIB per capita dos Estados Unidos era 28 vezes maior do que o da China.

A Figura 21.4 mostra o histórico do PIB real na China de 1980 a 2006 com base na conversão do iuane em dólar norte-americano à taxa de câmbio do mercado.

Comparação da paridade do poder de compra A Figura 21.4 também mostra outro histórico baseado em uma estimativa do PIB real per capita da China que é muito maior do que a medida que acabamos de calcular. Vejamos como essa medida alternativa é calculada.

O PIB dos Estados Unidos é medido utilizando-se os preços praticados nos Estados Unidos. O PIB da China é medido utilizando-se os preços praticados na China. No entanto, os preços *relativos* nos dois países são muito diferentes. Alguns bens que são caros nos Estados Unidos custam muito pouco na China, de modo que esses itens têm um peso menor no PIB real chinês do que no PIB real norte-americano. Se, em vez de utilizarmos os preços vigentes na China, empregarmos os preços dos Estados Unidos para estimar o valor de todos os bens e serviços produzidos na China, teremos uma comparação mais válida do PIB dos dois países. Essa comparação utiliza preços chamados de preços de *paridade do poder de compra*, ou preços PPC.

Alan Heston, Robert Summers e Bettina Aten, economistas do Center for International Comparisons (Centro de Comparações Internacionais) da Universidade da Pensilvânia, utilizaram os preços PPC para calcular dados do PIB real de mais de cem países. O FMI agora utiliza um método similar ao de Heston, Summers e Aten para calcular as estimativas de PPC do PIB em todos os países. As comparações de PPC contam uma impressionante história sobre a China.

De acordo com as comparações de PPC, o PIB per capita nos Estados Unidos em 2006 era 5 vezes maior do que o da China, não as 28 vezes mostradas pela comparação baseada na taxa de câmbio do mercado. A Figura 21.4 mostra a visão do PPC para o PIB real da China e a compara com a visão da taxa de câmbio do mercado.

Incerteza e erros de mensuração Um proeminente estudioso da China, Thomas Rawski da Universidade de Pittsburgh, duvida dos dois conjuntos de dados mostrados na Figura 21.4. Ele acredita que a taxa de crescimento do PIB real da China foi exagerada durante alguns anos e que mesmo os dados de taxa de câmbio do mercado aumentam o PIB real chinês.

O PIB real norte-americano é mensurado de modo confiável, mas o da China não. As medidas alternativas do PIB real chinês não são confiáveis, e a verdade sobre o PIB da China não é conhecida. No entanto, o PIB real da China está crescendo, e muitas empresas estão acompanhando de perto as perspectivas de expandir suas atividades para a China e outras economias asiáticas de crescimento acelerado.

Figura 21.4 Duas visões do PIB real da China

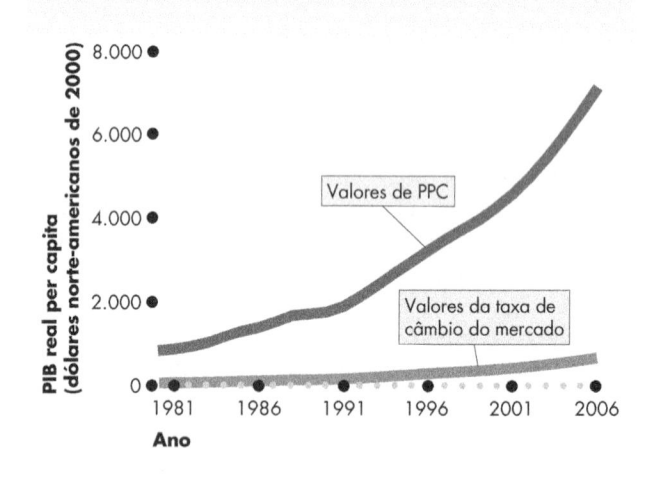

Quando o PIB é estimado de acordo com a taxa de câmbio do mercado, a China é um país pobre em desenvolvimento no qual a renda per capita em 2006 não chegou a atingir 4 por cento do nível dos Estados Unidos. Mas, quando o PIB é estimado de acordo com os preços de paridade do poder de compra, o PIB real da China em 2006 é de 20 por cento do nível dos Estados Unidos. Alguns pesquisadores sobre a China acham que até mesmo os números baseados na taxa de câmbio de mercado são grandes demais. Deste modo, há muita incerteza em relação ao PIB real da China.

Fontes dos dados: Fundo Monetário Internacional, *World Economic Outlook Database*, abr. 2006 e Alan Heston, Robert Summers e Bettina Aten, Penn World Table Version 6.1 Center for International Comparisons at the University of Pennsylvania (Cicup), out. 2002.

Previsões do ciclo econômico

Se os legisladores planejam aumentar as taxas de juros para desacelerar uma expansão que acreditam ser ampla demais, eles analisam as últimas estimativas do PIB real. Mas suponha que, pelas razões que acabamos de discutir, o PIB real não seja medido corretamente. Será que isso elimina nossa capacidade de identificar as fases do ciclo econômico? A resposta é não. A razão para isso é que, apesar de as omissões do PIB real de fato mudarem com o tempo, elas provavelmente não mudam de maneira sistemática com o ciclo econômico. Assim, medidas imprecisas do PIB real não implicam necessariamente uma estimativa errada da fase do ciclo econômico.

As flutuações da atividade econômica mensuradas pelo PIB real contam uma história razoavelmente precisa sobre a fase do ciclo econômico na qual a economia está. Quando o PIB real cresce, a economia está em uma expansão do ciclo econômico; quando o PIB real diminui (por dois trimestres), a economia está em recessão. Além disso, à medida que o PIB real flutua, o mesmo ocorre com a produção e o emprego.

Mas as flutuações do PIB real provavelmente exageram as flutuações da produção total e do bem-estar econômico. Isso ocorre porque, quando a atividade empresarial desacelera em uma recessão, a produção dos indivíduos aumenta, e o mesmo ocorre com o tempo de lazer. Quando a atividade empresarial se acelera em uma expansão, a produção dos indivíduos e o tempo de lazer diminuem. Como a produção dos indivíduos e o tempo de lazer aumentam em uma recessão e diminuem em uma expansão, as flutuações do PIB real tendem a exagerar as flutuações tanto da produção total quanto do bem-estar econômico. Mas as direções da mudança do PIB real, da produção total e do bem-estar econômico são provavelmente as mesmas.

QUESTÕES PARA REVISÃO

1. O PIB real mede o bem-estar econômico? Se não mede, explique por quê.
2. O PIB real mede a produção total de bens e serviços? Se não mede, quais são as principais omissões?
3. Como é possível fazer comparações internacionais válidas do PIB real?
4. Como o crescimento do PIB real mede com precisão a taxa de crescimento econômico?
5. As flutuações do PIB real medem o ciclo econômico com precisão?

Acabamos de estudar os métodos utilizados para mensurar o PIB, o crescimento econômico e o nível de preços. E vimos algumas limitações dessas métricas. A seção "Leitura das entrelinhas" examina o PIB real na expansão de 2006 dos Estados Unidos.

Nossa próxima tarefa será aprender como medir o nível de emprego e desemprego e o IPC.

LEITURA DAS ENTRELINHAS

O PIB real na expansão corrente

A economia tem o ritmo mais rápido desde o verão de 2003

29 de abril de 2006

Impulsionado por uma explosão de gastos de consumo e um vigoroso investimento empresarial, o produto interno bruto subiu rapidamente a uma taxa de 4,8 por cento no primeiro trimestre do ano, de acordo com o Ministério do Comércio dos Estados Unidos, o ritmo mais veloz de crescimento desde o verão de 2003.

Mas a frenética economia norte-americana pode estar começando a se acalmar. Mesmo em um momento em que o governo relata uma economia a pleno vapor, a maioria dos economistas argumenta que o crescimento deve se estabilizar em um ritmo mais moderado, desacelerado por elevados preços de energia, taxas de juros crescentes e um mercado imobiliário mais brando.

"Esse é o último grande PIB que veremos neste ciclo econômico", disse Ian Shepherdson, economista chefe do High Frequency Economics em Valhalla, Nova York. "Estamos diante de uma desaceleração."

Empresas e consumidores entraram em 2006 com um incrível vigor. Os gastos de consumo se expandiram a uma taxa anual de 5,5 por cento em comparação com o último trimestre de 2005. Os investimentos empresariais aumentaram 14,3 por cento, o maior aumento desde o segundo trimestre de 2000. Até o governo contribuiu para o crescimento, impulsionado por um aumento de 10 por cento dos gastos militares.

Apesar de a construção residencial ter desacelerado ligeiramente, os investimentos em estruturas comerciais como fábricas, hospitais e prédios de escritórios saltaram de 3,1 para 8,6 por cento. "Por toda a parte, as pessoas parecem estar agitadas e extremamente ocupadas", disse Kenneth D. Simonson, economista chefe da Associated General Contractors of America...

Fonte: Copyright ©2006 The New York Times Company. Reproduzido com permissão. Proibido nova reprodução. Disponível em: http://www.nytimes.com

Essência da notícia

▶ O PIB real cresceu a uma taxa anual de 4,8 por cento de janeiro a março de 2006.

▶ Esse foi o mais rápido crescimento trimestral desde o verão de 2003.

▶ Os investimentos em negócios cresceram a uma taxa anual de 14,3 por cento, o mais rápido crescimento desde 2000.

▶ Os investimentos em prédios comerciais cresceram a uma taxa anual de 8,6 por cento.

▶ Os gastos de consumo cresceram a uma taxa anual de 5,5 por cento.

▶ Os gastos do governo em defesa nacional aumentaram a uma taxa anual de 10 por cento.

Análise econômica

▶ O artigo relata dados do PIB real para o primeiro trimestre de 2006.*

▶ Os dados para esse trimestre mostram o segundo maior aumento percentual após a recessão de 2001.

▶ A Figura 1 mostra a taxa de crescimento (anual) do PIB real a cada trimestre, do primeiro trimestre de 2000 ao primeiro trimestre de 2006.

▶ Podemos notar um crescimento muito lento ao longo de 2002 e início de 2003.

▶ Também podemos notar um acentuado aumento da taxa de crescimento no terceiro trimestre de 2003, seguido por um forte e contínuo crescimento.

▶ A taxa de crescimento cai no quarto trimestre de 2005 – o efeito Katrina – e depois se recupera no primeiro trimestre de 2006.

▶ A Figura 2 mostra os componentes do PIB real. Podemos ver que a maior parte do crescimento do PIB real resulta dos gastos de consumo e do crescimento dos investimentos.

▶ A expansão de 2002-2006 foi fraca.

▶ A Figura 3 enfatiza a debilidade da expansão de 2002-2006.

▶ No primeiro trimestre de 2006, depois de 18 trimestres de expansão desde o vale de 2001, o PIB real chegou a 16 por cento acima seu nível mínimo.

▶ Em um ponto similar na média das cinco expansões anteriores, o PIB real estava 23 por cento acima seu nível mínimo.

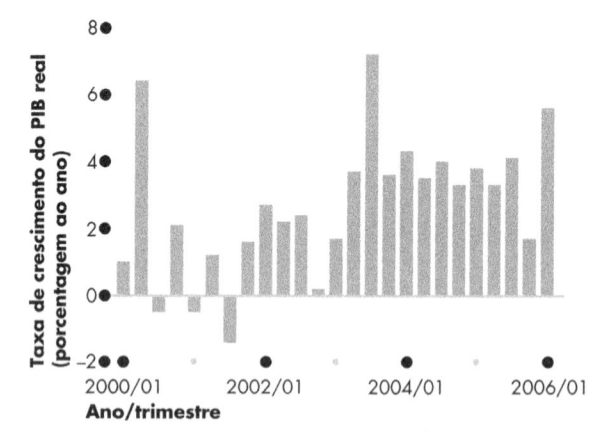

Figura 1: Taxas de crescimento do PIB real: 2000-2006

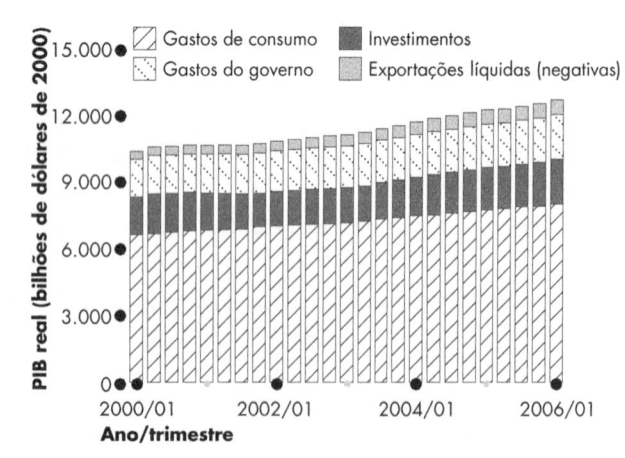

Figura 2: PIB real e seus componentes: 2000-2006

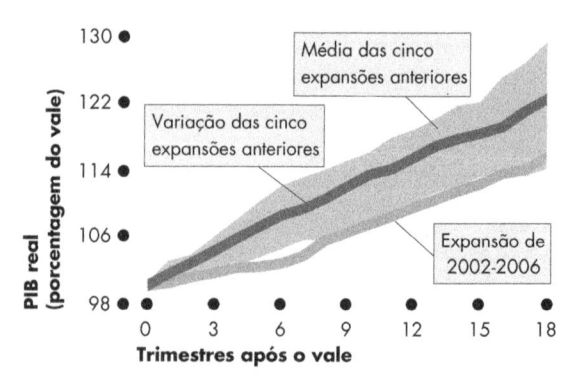

Figura 3: A lenta recuperação

---

* A taxa de crescimento foi posteriormente revista, passando dos 4,8 por cento apresentados no artigo para 5,6 por cento, e utilizamos, na nossa análise, os dados revistos.

- A expansão atual se aproxima da mais fraca das cinco expansões passadas.
- Desde o vale de 2001, o PIB real cresceu a uma taxa média de 3,3 por cento ao ano.
- Só a expansão da década de 1990 foi mais lenta, e a expansão da década de 1960 foi quase duas vezes mais rápida, com uma taxa de crescimento média anual de 5,8 por cento.

RESUMO

Pontos-chave

Produto interno bruto (p. 479-484)

- O PIB, ou produto interno bruto, é o valor de mercado de todos os bens e serviços finais produzidos em um país durante determinado período.
- Um bem final é um item comprado por seu usuário final e contrasta com um bem intermediário, que é um componente de um bem final.
- O PIB é calculado utilizando-se os totais de gastos ou de renda no modelo do fluxo circular.
- Os gastos agregados em bens e serviços equivalem à renda agregada e ao PIB.

Mensuração do PIB dos Estados Unidos (p. 484-485)

- Como os gastos agregados, a renda agregada e o valor da produção agregada são iguais, podemos mensurar o PIB utilizando a abordagem dos gastos ou a abordagem da renda.
- A abordagem dos gastos soma os gastos de consumo, os investimentos, os gastos do governo em bens e serviços e as exportações líquidas.
- A abordagem da renda soma salários, juros, aluguéis e lucros (e impostos indiretas menos subsídios e depreciação).

PIB real e o nível de preços (p. 485-488)

- O PIB real é mensurado por um índice de produção encadeado, que mostra a variação percentual do valor da produção a cada ano com base em uma média dos preços no ano corrente e no ano anterior.
- O deflator do PIB mensura o nível de preços com base nos preços dos itens que compõem o PIB.

As utilizações e limitações do PIB real (p. 488-491)

- O PIB real é utilizado para comparar o bem-estar econômico ao longo do tempo e entre países e para determinar a fase do ciclo econômico.
- O crescimento do PIB real não é uma medida perfeita do bem-estar econômico por excluir melhorias de qualidade, produção dos indivíduos, economia informal, saúde e expectativa de vida, tempo de lazer, danos ambientais e liberdade política e justiça social.
- As comparações internacionais utilizam preços PPC.
- A taxa de crescimento do PIB real proporciona um bom indicativo das fases do ciclo econômico.

Tabelas e figuras-chave

Figura 21.1: O fluxo circular dos gastos e da renda, 481
Tabela 21.1: PIB: a abordagem dos gastos, 484
Tabela 21.2: PIB: a abordagem da renda, 485

Palavras-chave

Bem final, 480
Bem intermediário, 480
Bem-estar econômico, 488
Deflator do PIB, 487
Depreciação, 483
Exportações, 481
Exportações líquidas, 481
Gastos de consumo, 480
Gastos do governo, 480
Importações, 481
Impostos líquidos, 480
Índice de produção encadeado, 486
Investimentos, 480
Investimento bruto, 483
Investimento líquido, 483
Nível de preços, 487
PIB nominal, 486
Poupança, 481
Poupança nacional, 482
Produto interno bruto (PIB), 479
Produto interno bruto real (PIB real), 485
Riqueza, 482

EXERCÍCIOS

1. A figura abaixo mostra os fluxos de gastos e renda nos Estados Unidos. Em 2001, A foi de $ 2.200 bilhões, B foi de $ 7.064 bilhões, C foi de $ 1.840 bilhões, D foi de $ 1.624 bilhões e E foi de –$ 330 bilhões. Calcule:

   a. Os gastos agregados.
   b. A renda agregada.
   c. O PIB.
   d. O déficit fiscal do governo.
   e. A poupança dos indivíduos.
   f. A poupança pública.
   g. A poupança nacional.
   h. Os empréstimos tomados do resto do mundo.

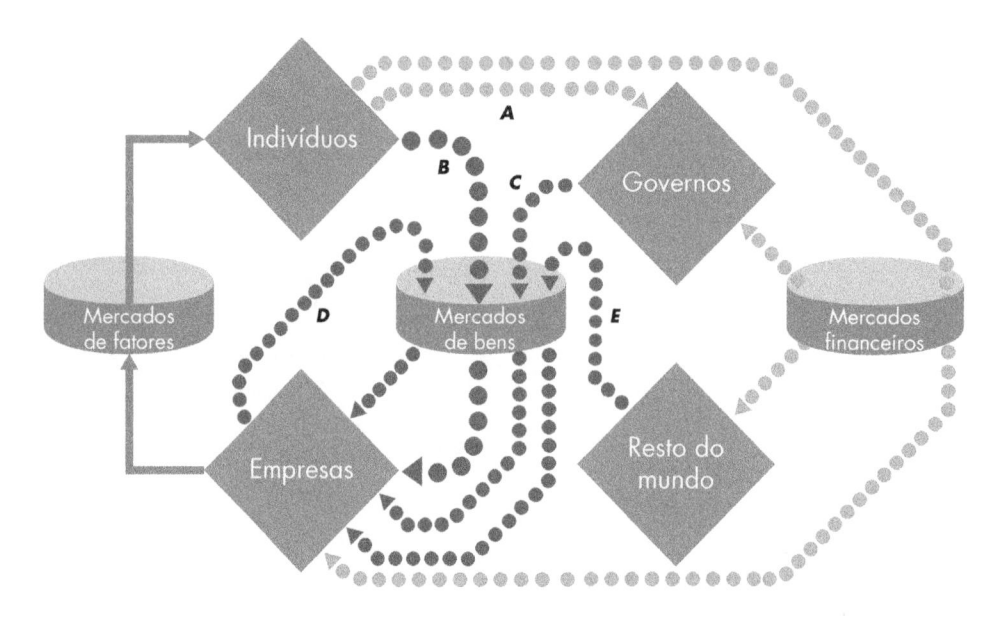

2. No exercício 1, em 2003, A foi de $ 1.507 bilhões, B foi de $ 7.274 bilhões, C foi de $ 2.054 bilhões, D foi de $ 1.624 bilhões e E foi de –$ 505 bilhões.
   Calcule as quantidades do exercício 1 para 2003.

3. Martha tem uma empresa de fotocópias com 10 fotocopiadoras. Uma fotocopiadora por ano se desgasta e é substituída. Além disso, este ano Martha expandirá seu negócio para 14 fotocopiadoras. Calcule o estoque de capital inicial, a depreciação, o investimento bruto, o investimento líquido e o estoque de capital final de Martha.

4. Martha, apresentada no exercício 3, compra papel da XYZ Paper Mills. Os gastos de Martha em papel fazem parte do PIB? Se não fazem, como o valor do papel é contado no PIB?

5. No Reino Unido em 2005,

Item	Bilhões de libras
Salários que se pagam pelo trabalho	685
Gastos de consumo	791
Impostos	394
Pagamentos de transferências	267
Lucros	273
Investimentos	209
Gastos do governo	267
Exportações	322
Poupança	38
Importações	366

   a. Calcule o PIB do Reino Unido.
   b. Explique a abordagem (de gastos ou renda) que você utilizou para calcular o PIB.
   c. Como o investimento é financiado no Reino Unido?

6. A República Tropical só produz bananas e cocos. O ano-base é 2005, e as tabelas mostram as quantidades produzidas e os preços.

Quantidades	2005	2006
Bananas	1.000 caixas	1.100 caixas
Cocos	500 caixas	525 caixas
Preços		
Bananas	$ 2 por caixa	$ 3 por caixa
Cocos	$ 10 por caixa	$ 8 por caixa

   a. Calcule o PIB nominal da República Tropical em 2005 e 2006.
   b. Calcule o PIB real em 2006 utilizando o método dos preços do ano-base.
   c. Calcule o deflator do PIB em 2006.

7. A República Tropical (descrita no exercício 6) decide utilizar o método do índice de produção encadeado para calcular o PIB real. Utilizando esse método:
   a. Calcule a taxa de crescimento do PIB real em 2006.
   b. Calcule o deflator do PIB em 2006.
   c. Compare e comente as diferenças do PIB real utilizando os métodos dos preços do ano-base e do índice de produção encadeado.

PENSAMENTO CRÍTICO

1. Analise a seção "Leitura das entrelinhas" e responda às seguintes perguntas.
   a. Quais componentes dos gastos agregados aumentaram em maior velocidade no primeiro trimestre de 2006?
   b. Quais componentes dos gastos agregados aumentaram em menor velocidade no primeiro trimestre de 2006?
   c. Por quanto tempo a economia norte-americana se expandiu desde o último vale do ciclo econômico?

d. Como a expansão atual se compara com as expansões anteriores? Ela começou fraca e depois se fortaleceu ou começou forte e depois se enfraqueceu? Ou foi fraca desde o início?

e. Você consegue pensar em quaisquer razões pelas quais a expansão corrente pode ser fraca?

2. **A Boeing aposta alto**

   A Boeing planeja produzir alguns componentes de seu novo 787 Dreamliner no Japão. A aeronave será montada nos Estados Unidos e a maior parte da produção do primeiro ano será vendida à ANA (All Nippon Airways), uma companhia aérea japonesa.

   The New York Times, 7 de maio de 2006

   a. Explique como as atividades e as transações da Boeing afetam o PIB dos Estados Unidos e o do Japão.

   b. Explique como as atividades e as transações da ANA afetam o PIB dos Estados Unidos e o do Japão.

   c. Utilize um diagrama do fluxo circular para ilustrar suas respostas às partes (a) e (b).

3. As Nações Unidas criaram um Índice de Desenvolvimento Humano (IDH) baseado no PIB real per capita, na expectativa de vida no nascimento e nos indicadores de qualidade e quantidade da educação.

   a. Explique por que o IDH pode ser melhor do que o PIB real como uma medida do bem-estar econômico.

   b. Quais componentes do IDH fazem parte do PIB real e quais não fazem?

   c. Você acha que o IDH deveria ser expandido para incluir componentes como poluição, esgotamento de recursos e liberdade política? Explique por quê.

   d. Existem outros fatores que influenciam o bem-estar econômico que você acha que deveriam ser incluídos em uma medida abrangente?

ATIVIDADES NA INTERNET

1. Faça uma pesquisa no portal do IBGE (www.ibge.gov.br) na Internet e obtenha informações sobre o PIB trimestral do Brasil.

   a) Qual é o último valor disponível do PIB nominal?

   b) Qual é o valor do PIB real do mesmo trimestre do ano anterior?

   c) O que a variação do PIB real mostra sobre as mudanças na economia ao longo desse ano?

As contas nacionais no Brasil

Pedro Paulo Ciseski[1]
Nelson Carvalheiro[2]

O sistema de apuração das contas nacionais é o resultado de um esforço empreendido pela Organização das Nações Unidas (ONU) desde sua criação, após o término da II Guerra Mundial. No Brasil, os primeiros esforços para criar um sistema de contabilidade nacional ocorreram a partir de 1947, a partir da criação do Núcleo de Economia na Fundação Getúlio Vargas (FGV). Em 1951, com a criação do Instituto Brasileiro de Economia (IBRE), ainda dentro da FGV, essa tarefa foi consolidada, passando a ser de responsabilidade do Centro de Contas Nacionais do IBRE.

A partir de 1986, a elaboração do sistema de contas nacionais passou a ser de responsabilidade do Instituto Brasileiro de Geografia e Estatística (IBGE). Ao assumir o novo encargo, o IBGE incumbiu-se de promover uma ampla e profunda revisão metodológica, aproveitando para adicionar um novo instrumento de acompanhamento das operações governamentais, com a criação da conta-corrente das administrações públicas.

A padronização mais recente do conjunto de regras do *System of National Accounts* foi divulgada em 1993 e contou com a participação de diversos outros organismos internacionais, entre os quais o Fundo Monetário Internacional (FMI), o Banco Mundial (BIRD) e a Organização para a Cooperação e o Desenvolvimento (OCDE). Adaptando-se às novas normas, o IBGE modificou a forma de apresentação do sistema de contas nacionais, englobando a Tabela de Recursos e Usos (TRU) e as Contas Econômicas Integradas (CEI).

Esse novo sistema é mais complexo e mais rico em informações do que o sistema anterior. A TRU apresenta a oferta total de bens e serviços da economia, o consumo intermediário, a demanda final e os componentes do valor adicionado, observando os principais agregados macroeconômicos sob as óticas da produção, da demanda e da renda. As CEI dividem-se em Contas Correntes, Contas de Acumulação e Contas de Patrimônio, e permitem Obter a Renda Nacional Disponível (RND), a Renda Disponível Bruta (RDB) e a Poupança Bruta (S). Os quadros a seguir resumem as informações básicas da Tabela de Recursos e Usos e das Contas Econômicas Integradas de 2005.

A partir dessas informações, é possível descrever alguns dos principais agregados da economia brasileira. Em 2005, o Produto Interno Bruto (PIB) do Brasil a preços do consumidor (mostrado na Tabela de Usos como o valor adicionado bruto) somou R$ 2.147 bilhões. Sob a ótica da despesa, do PIB total do Brasil no período, R$ 1.294 bilhões foram destinados ao consumo das famílias (C), R$ 428 bilhões ao consumo das administrações públicas (G), R$ 348 bilhões ao investimento (I) e R$ 77 bilhões às exportações líquidas de bens e serviços não-fatores (X-M). Pelo prisma da renda, do PIB total do país no ano, R$ 861 bilhões foram distribuídos como remuneração de empregados (W), R$ 201 bilhões como Rendimento Misto Bruto (RMB), R$ 755 bilhões como Excedente Operacional Bruto (EOB) e R$ 330 bilhões como impostos líquidos de subsídios sobre a produção e a importação (T). O RMB refere-se a atividades em que o rendimento do trabalho e do capital não podem ser especificados, e o EOB está ligado à remuneração do capital.

Considerando ainda 2005 como referência, o investimento total da economia brasileira, contabilizado em R$ 348 bilhões, foi integralmente financiado pela poupança interna bruta, que somou R$ 372 bilhões. O excesso de R$ 26 bilhões de poupança doméstica em relação ao investimento traduziu-se em um superávit equivalente em transações correntes do balanço de pagamentos, significando um financiamento do Brasil ao resto do mundo.

Foram remetidos ao exterior R$ 62 bilhões de renda líquida, no mesmo período. Com isso, o Produto Nacional Bruto (PIB) somou R$ 2.085 bi, número quase 3 por cento inferior ao PIB. No Brasil (assim como em boa parte dos países emergentes), o PNB é inferior ao PIB, diferentemente do que ocorre nos países mais avançados. A remessa de renda ao exterior depende do tamanho do Passivo Externo Líquido (PEL), que representou 38 por cento do PIB. O PEL é a diferença entre os ativos e os passivos externos do país.

---

[1] Economista; Mestre em Administração Pública e Governo pela EAESP/FGV, Técnico do Banco Central do Brasil.
[2] Doutor em Economia pela USP.

Tabela 1 Brasil – tabela de recursos e usos 2005 – resumo

I – Tabela de recursos

R$ bilhões

Oferta de bens e serviços				Produção	Total da economia	M
Oferta total$_{pc}$	Margens	Impostos	Oferta$_{pb}$			
4.339		305	4.034	3.786		248

II – Tabela de usos

Oferta de bens e serviços	Consumo intermediário	Total da economia	Demanda final				
Oferta total$_{pc}$			X	G	C	I	Total
4.339	1.944		325	428	1.294	348	2.395

Componentes do valor adicionado

Valor adicionado bruto	305	1.842	2.147
Remuneração de empregados			861
Rendimento misto bruto			201
Excedente operacional bruto			755
Impostos$_1$	305	25	330

pc – preço ao consumidor
pb – preço básico
1 – inclui outros impostos sobre a produção

Fonte: IBGE

Tabela 2 Brasil – Contas econômicas integradas 2005 – resumo

Contas correntes	Saldo	R$ bilhões
1. Conta de produção	Produto interno bruto	2.147
2. Conta de renda		
2.1. Conta de distribuição primária da renda		
2.1.1. Conta de geração de renda	Excedente operacional bruto	755
2.1.2. Conta de alocação da renda	Renda nacional bruta	2.085
2.2. Conta de distribuição secundária da renda	Renda disponível bruta	2.094
2.3. Conta de uso da renda	Poupança bruta	372
Contas de Acumulação	**Saldo**	**R$ bilhões**
3. Conta de acumulação		
3.1. Conta de capital	Capacidade de financiamento	26
3.2. Conta financeira	Idem com sinal trocado	–26
3.3. Conta de outras variações nos ativos financeiros e conta de reavaliação		
3.3.1. Conta de outras variações nos ativos	Mudança no patrimônio líquido	
3.3.2. Conta de reavaliação	Mudança no patrimônio líquido	
Contas de Patrimônio	**Saldo**	**R$ bilhões**
4. Conta de patrimônio		
4.1. Conta de patrimônio inicial	Patrimônio líquido inicial	
4.2. Conta variação do patrimônio	Variação do patrimônio líquido	
4.3. Conta de patrimônio final	Patrimônio líquido final	

Fonte: IBGE

Evolução do PIB

Em 2007, o PIB total somou R$ 2.559 bilhões e o PIB per capita, R$ 13,5 mil. Apresentaram crescimento real de 5,4 por cento e 4 por cento, respectivamente, em relação a 2006. Na última década, o PIB real cresceu 2,8 por cento ao ano; a população, 1,5 por cento; e o PIB real per capita, 1,3 por cento. Neste mesmo período, o deflator implícito do produto, o índice de inflação do PIB, acumulou aumento médio de 7,1 por cento ao ano. O quadro a seguir resume essas informações para o período 1998-2007.

Tabela 3 Brasil – Produto interno bruto

Período	Preços correntes (R$ bilhões)	Preços de 2007 (R$ bilhões)	Variação percentual real	População em milhões	Per capita R$ 1,00		
					Preços correntes	Preços de 2007	Variação percentual
1998	979	1.950	0,0	166	5.890	11.730	–1,5
1999	1.065	1.955	0,3	169	6.311	11.586	–1,2
2000	1.179	2.039	4,3	171	6.886	11.906	2,8
2001	1.302	2.066	1,3	174	7.491	11.886	–0,2
2002	1.478	2.121	2,7	176	8.378	12.024	1,2
2003	1.700	2.145	1,1	179	9.498	11.986	–0,3
2004	1.941	2.268	5,7	182	10.692	12.489	4,2
2005	2.147	2.340	3,2	184	11.658	12.702	1,7
2006	2.333	2.427	3,8	187	12.491	12.997	2,3
2007*	2.559	2.559	5,4	189	13.517	13.517	4,0

* dados preliminares – março de 2008
Fonte: IBGE

O Brasil no mundo

Quando convertido para dólares estadunidenses pela taxa de câmbio de mercado, o PIB brasileiro de 2005 somou US$ 883 bilhões e o PIB per capita, US$ 4,8 mil. Ficaram classificados em 9º e 61º lugar, respectivamente, entre 146 países pesquisados pelo Banco Mundial. Em Paridade do Poder de Compra (PPP), o PIB somou US$ 1.583 bilhões e o PIB per capita, US$ 8,6 mil, respectivamente em 10º e 64º lugar. O PIB brasileiro, em PPP, correspondeu a 2,9 por cento do PIB mundial, que é de US$ 55 trilhões, e o PIB per capita ficou próximo dos US$ 9 mil da média mundial. Em 2005, a população do Brasil representou 3 por cento da mundial. Essa contextualização do Brasil entre os principais países do mundo pode ser mais bem visualizada no quadro a seguir.

Tabela 4 As maiores economias do mundo – PPP 2005

País	PIB		PIB per capita		População em milhões
	PPP bilhões	posição	PPP mil	posição	
Estados Unidos	12.376	1	41.674	6	297
China	5.333	2	4.091	86	1.304
Japão	3.870	3	30.290	23	128
Alemanha	2.515	4	30.496	21	82
Índia	2.341	5	2.126	108	1.101
Reino Unido	1.902	6	31.580	20	60
França	1.862	7	29.644	24	63
Federação Russa	1.698	8	11.861	51	143
Itália	1.626	9	27.750	25	59
Brasil	**1.583**	**10**	**8.596**	**64**	**184**
Espanha	1.184	11	27.270	26	43
México	1.175	12	11.317	53	104
Canadá	1.133	13	35.078	13	32
Coréia do Sul	1.027	14	21.342	34	48
Irã	735	15	10.692	55	69
Total	**40.360**		**10.858**		**3.717**
Mundo	**54.976**		**8.971**		**6.128**

Fonte: Banco Mundial – 2005 Programa de Comparação Internacional

Desenvolvimento humano

Em termos de bem-estar, conceito mais amplo que o de crescimento econômico, o Brasil ficou classificado em 70º lugar entre os 177 países do mundo, segundo o Índice de Desenvolvimento Humano (IDH) da ONU medido em 2005. Esse índice varia de 0 a 1 e compõe-se de três indicadores: renda, saúde e educação. Um IDH inferior a 0,5 indica baixo desenvolvimento, entre 0,5 e 0,8 indica médio desenvolvimento e acima de 0,8 indica alto desenvolvimento. O IDH do Brasil evoluiu de 0,647 em 1975 para 0,800 em 2005. Essas informações podem ser vistas no quadro a seguir.

Tabela 5 Índice de Desenvolvimento Humano – países selecionados

Posição	País	1975	1980	1985	1990	1995	2000	2005
1	Islândia	0,868	0,890	0,899	0,918	0,923	0,947	0,968
4	Canadá	0,873	0,888	0,911	0,931	0,936	0,946	0,961
8	Japão	0,861	0,886	0,899	0,916	0,929	0,941	0,953
10	França	0,856	0,872	0,884	0,907	0,925	0,938	0,952
12	Estados Unidos	0,870	0,890	0,904	0,919	0,931	0,942	0,951
13	Espanha	0,846	0,863	0,877	0,896	0,914	0,932	0,949
16	Reino Unido	0,853	0,860	0,870	0,890	0,929	0,931	0,946
20	Itália	0,845	0,861	0,869	0,892	0,910	0,926	0,941
22	Alemanha	—	0,863	0,871	0,890	0,913	0,928	0,935
26	Coréia do Sul	0,713	0,747	0,785	0,825	0,861	0,892	0,921
52	México	0,694	0,739	0,758	0,768	0,786	0,814	0,829
67	Federação Russa	—	—	—	0,815	0,771	0,782	0,802
70	Brasil	0,649	0,685	0,700	0,723	0,753	0,789	0,800
81	China	0,530	0,559	0,595	0,634	0,691	0,732	0,777
94	Irã	0,571	0,578	0,615	0,653	0,693	0,722	0,759
128	Índia	0,419	0,450	0,487	0,521	0,551	0,578	0,619
177	Serra Leoa	—	—	—	—	—	—	0,336

Fonte: Organizações das Nações Unidas – Relatório Mundial do Desenvolvimento Humano 2007

CAPÍTULO 22

Monitoramento de empregos e do nível de preços

Ao término do estudo deste capítulo, você saberá:

▶ Definir a taxa de desemprego, a taxa de participação da força de trabalho, o coeficiente de emprego e as horas agregadas.

▶ Descrever as fontes de desemprego, sua duração, os grupos mais afetados por ele e o modo como varia ao longo do ciclo econômico.

▶ Explicar como medimos o nível de preços e a taxa de inflação utilizando o IPC.

Sinais vitais

A cada mês, acompanhamos o desemprego como uma medida da saúde da economia de uma nação. Como medimos o desemprego? O que a taxa de desemprego nos informa? Trata-se de um sinal vital confiável para a economia?
Todos os meses, também acompanhamos o número de pessoas que trabalham, o número de horas trabalhadas e os salários recebidos. A maior parte dos novos empregos é de período integral ou período parcial? E são empregos bem remunerados ou não?
Apesar de a economia dos Estados Unidos ter se expandido após 2002, o crescimento do emprego foi fraco e questões sobre a saúde do mercado de trabalho passaram a ser de importância vital para milhões de famílias norte-americanas. Analisaremos o mercado de trabalho nos últimos anos na seção "Leitura das entrelinhas", no fim deste capítulo.
Ter um bom emprego que pague um salário decente constitui apenas metade da equação que se traduz em um bom padrão de vida. A outra metade é representada pelo custo de vida. Acompanhamos o custo dos itens que compramos com outro número divulgado todos os meses: o índice de preços ao consumidor, ou IPC. O que é o IPC? Como ele é calculado? Será que ele nos proporciona um indicativo confiável das variações de nosso custo de vida?

◊ Essas são as questões que estudaremos neste capítulo. Começaremos examinando o modo como medimos o emprego e o desemprego.

Emprego e salários

A situação do mercado de trabalho tem um grande impacto sobre nossa renda e nossa vida. Ficamos preocupados quando os empregos são difíceis de encontrar e mais tranqüilos quando são abundantes. Mas queremos um bom emprego, o que significa que queremos um emprego bem pago e interessante. Veremos agora como os economistas acompanham a saúde do mercado de trabalho.

Pesquisa da população

Todos os meses, o Serviço de Recenseamento dos Estados Unidos conduz um levantamento de 60 mil domicílios e faz uma série de perguntas sobre a situação no mercado de trabalho e a idade dos membros de cada família. Esse levantamento é chamado de Pesquisa Corrente da População. O Serviço de Recenseamento utiliza essas respostas para descrever a anatomia da força de trabalho.

A Figura 22.1 mostra as categorias populacionais utilizadas pelo Serviço de Recenseamento e a relação entre elas.

A população é dividida em dois grupos amplos: a população em idade ativa e pessoas que são jovens demais para trabalhar ou que vivem em instituições e são incapazes de trabalhar. A **população em idade ativa** é o número total de pessoas com 16 anos de idade ou mais que não vivem na prisão, em hospital ou em algum outro tipo de instituição.

O Serviço de Recenseamento divide a população em idade ativa em dois grupos: as pessoas que fazem parte da força de trabalho e aquelas que estão fora dela. Divide também a força de trabalho em dois grupos: os emprega-

Figura 22.1 Categorias populacionais da força de trabalho nos Estados Unidos

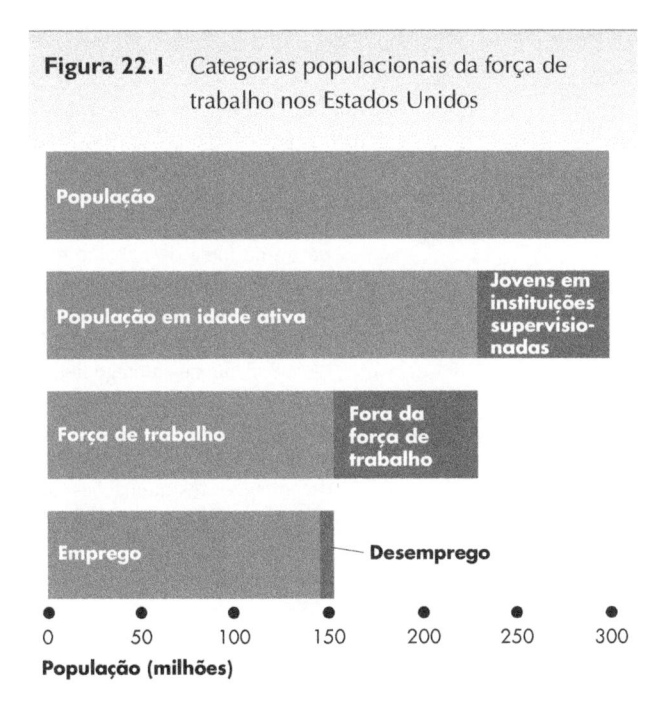

A população total é dividida em população em idade ativa e adultos que vivem em instituições supervisionadas e crianças. A população em idade ativa é dividida em pessoas que fazem parte da força de trabalho e aquelas que estão fora dela. A força de trabalho é dividida em empregados e desempregados.

Fonte dos dados: Bureau of Labor Statistics.

dos e os desempregados. Deste modo, a **força de trabalho** é a soma das pessoas empregadas e desempregadas.

Para uma pessoa ser considerada empregada na Pesquisa Corrente da População, ela deve ter um emprego de período integral ou parcial. Para uma pessoa ser considerada *des*empregada, ela deve estar disponível para trabalhar e deve se enquadrar em uma destas três condições:

1. Sem trabalho, mas que nas últimas quatro semanas fez esforços específicos para encontrar emprego.
2. Esperando para ser chamado de volta ao emprego do qual foi dispensada.
3. Esperando começar em um novo emprego dentro de 30 dias.

Qualquer pessoa que participe do levantamento e que satisfaça a uma dessas três condições é considerada desempregada. Pessoas da população em idade ativa que não estão empregadas nem desempregadas estão fora da força de trabalho.

Em 2006, a população dos Estados Unidos era de 299,3 milhões. Havia 70,6 milhões de pessoas com menos de 16 anos de idade ou vivendo em instituições. A população em idade ativa era de 228,7 milhões. Desse número, 76,1 milhões não faziam parte da força de trabalho. A maioria dessas pessoas estudava em período integral ou tinha se aposentado. Os outros 152,6 milhões de pessoas compunham a força de trabalho dos Estados Unidos. Dessas pessoas, 145,3 milhões estavam empregados e 7,3 milhões estavam desempregados.

Três indicadores do mercado de trabalho

O Serviço de Recenseamento dos Estados Unidos calcula três indicadores da situação do mercado de trabalho, que são mostrados na Figura 22.2. São eles:

- A taxa de desemprego
- A taxa de participação da força de trabalho
- O coeficiente de emprego

A taxa de desemprego A quantidade de desemprego é um indicador da extensão na qual as pessoas que querem trabalhar não conseguem encontrar emprego. A **taxa de desemprego** representa a porcentagem da força de trabalho que está desempregada. Isto é,

$$\text{Taxa de desemprego} = \frac{\text{Número de pessoas desempregadas}}{\text{Força de trabalho}} \times 100$$

e

$$\text{Força de trabalho} = \text{Número de pessoas empregadas} + \text{Número de pessoas desempregadas}.$$

Em 2006, o número de pessoas empregadas nos Estados Unidos era de 145,3 milhões, e o de desempregadas era de 7,3 milhões. Aplicando as equações anteriores, podemos constatar que a força de trabalho era de 152,6 milhões (145,3 milhões mais 7,3 milhões) e a taxa de desemprego era de 4,8 por cento (7,3 milhões divididos por 152,6 milhões, multiplicados por 100).

A Figura 22.2 mostra a taxa de desemprego nos Estados Unidos (a linha contínua cinza-claro representada graficamente em relação à escala à direita) e dois outros indicadores do mercado de trabalho de 1961 a 2006. A taxa de desemprego apresentou uma média de 5,9 por cento e atingiu valores máximos ao final das recessões de 1974, 1982, 1990-1991 e 2001.

A taxa de participação da força de trabalho O número de pessoas que entram na força de trabalho é um indicativo da disposição de trabalhar das pessoas na idade ativa. A **taxa de participação da força de trabalho** é a porcentagem da população em idade ativa que participa da força de trabalho. Isto é,

$$\frac{\text{Taxa de participação}}{\text{da força de trabalho}} = \frac{\text{Força de trabalho}}{\text{População em idade ativa}} \times 100$$

Em 2006, a força de trabalho nos Estados Unidos era de 152,6 milhões, e a população em idade ativa era de 228,7 milhões. Utilizando a equação anterior, podemos calcular a taxa de participação da força de trabalho. Ela foi de 66,7 por cento (152,6 milhões divididos por 228,7 milhões, multiplicados por 100).

A Figura 22.2 mostra a taxa de participação da força de trabalho nos Estados Unidos (a linha cinza-escuro representada graficamente em relação à escala à esquerda). Ela apresentou uma tendência ascendente antes de 2000, mas caiu ligeiramente depois desse ano. Ela também teve algumas pequenas flutuações, que ocorreram devido a pes-

Figura 22.2 Emprego, desemprego e a força de trabalho nos Estados Unidos: 1961-2006

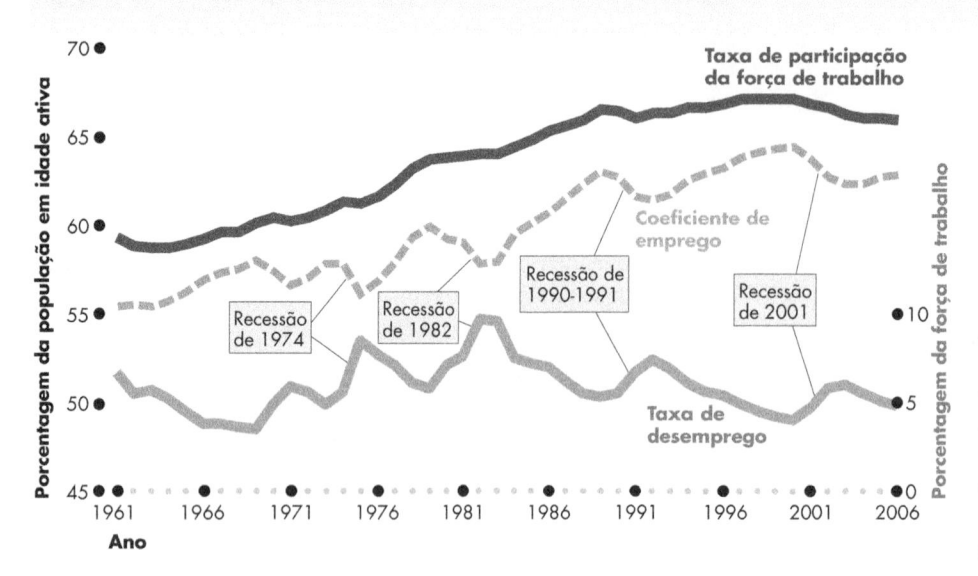

A taxa de desemprego aumenta nas recessões e diminui nas expansões. A taxa de participação da força de trabalho e o coeficiente de emprego apresentam tendências ascendentes e flutuam com o ciclo econômico. O coeficiente de emprego flutua mais do que a taxa de participação da força de trabalho e reflete flutuações cíclicas da taxa de desemprego. As flutuações da taxa de participação da força de trabalho ocorrem principalmente devido a trabalhadores desanimados.

Fonte dos dados: Bureau of Labor Statistics.

soas que buscaram emprego sem sucesso e se tornaram trabalhadores desanimados.

Trabalhadores desanimados são pessoas disponíveis e dispostas a trabalhar, mas que não fizeram nenhum esforço específico para encontrar um emprego nas quatro semanas anteriores. Esses trabalhadores normalmente deixam a força de trabalho temporariamente durante uma recessão e reingressam nela durante a expansão, quando se tornam pessoas que procuram trabalho de modo ativo.

O coeficiente de emprego O número de pessoas na idade ativa que estão empregadas é um indicador tanto da disponibilidade de empregos quanto do nível de correspondência entre as habilidades das pessoas e os empregos. O **coeficiente de emprego** é a porcentagem de pessoas em idade ativa que estão empregadas. Isto é,

$$\text{Coeficiente de emprego} = \frac{\text{Número de pessoas empregadas}}{\text{População em idade ativa}} \times 100$$

Em 2006, o número de pessoas empregadas nos Estados Unidos era de 145,3 milhões, e a população em idade ativa era de 228,7 milhões. Utilizando a equação anterior, podemos calcular o coeficiente de emprego. Ele foi de 63,5 por cento (145,3 milhões divididos por 228,7 milhões, multiplicados por 100).

A Figura 22.2 mostra o coeficiente de emprego nos Estados Unidos (a linha tracejada representada graficamente em relação à escala à esquerda). Esse indicador acompanha as mesmas tendências que as da taxa de participação: de ascensão antes de 2000 e de queda depois desse ano. O aumento antes de 2000 significa que a economia norte-americana criava empregos a uma velocidade maior que a do crescimento da população em idade ativa. Esse indicador também flutua, e suas flutuações coincidem com as da taxa de desemprego, mas são opostas a elas. O coeficiente de emprego diminui durante uma recessão e aumenta durante uma expansão.

Por que a taxa de participação da força de trabalho e o coeficiente de emprego aumentaram até 2000 e depois diminuíram? As mulheres impulsionaram essa tendência de ascensão. A Figura 22.3 mostra que, entre 1961 e 2000, a taxa de participação da força de trabalho feminina aumentou de 38 para 60 por cento. Menos horas de trabalho, produtividade mais alta e maior ênfase em empregos de escritório expandiram as oportunidades de emprego e os salários disponíveis para as mulheres. Ao mesmo tempo, avanços tecnológicos aumentaram a produtividade nos lares, o que proporcionou às mulheres mais tempo e lhes permitiu trabalhar fora de casa. Depois de 2000, a trajetória ascendente chegou ao fim.

Os homens desaceleraram a tendência ascendente e empurraram a tendência para baixo depois de 2000. Entre 1961 e 2000, a taxa de participação da força de trabalho masculina diminuiu de 83 por cento para 75 por cento e, em 2006, ela foi de 73 por cento.

A participação da força de trabalho masculina diminuiu devido ao fato de que mais homens estão estudando por mais tempo e alguns estão se aposentando antes.

Horas agregadas

Os três indicadores do mercado de trabalho que acabamos de analisar são parâmetros úteis da saúde da economia e medem diretamente o que interessa à maioria das pessoas: os empregos. No entanto, esses três indicadores não nos informam a quantidade de trabalho utilizada para produzir o PIB real, e não podemos utilizá-los para calcular a produtividade do trabalho. Esta é significativa por influenciar os salários ganhos pelas pessoas.

A razão pela qual o número de pessoas empregadas não mede a quantidade empregada de trabalho é que os empregos não são todos iguais. Pessoas em empregos de

Figura 22.3 As alterações do mercado de trabalho norte-americano

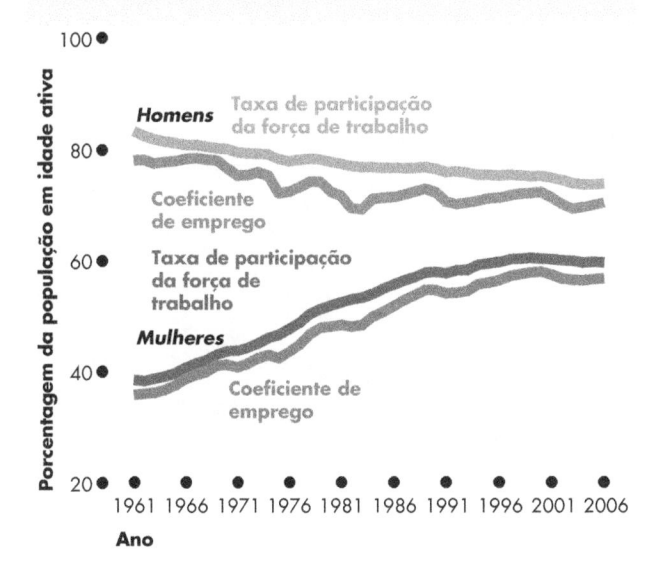

As tendências ascendentes da taxa de participação da força de trabalho e do coeficiente de emprego resultam principalmente da maior participação das mulheres no mercado de trabalho. A taxa de participação da força de trabalho masculina e seu coeficiente de emprego diminuíram.

Fonte dos dados: Bureau of Labor Statistics.

Figura 22.4 Horas agregadas nos Estados Unidos: 1961-2006

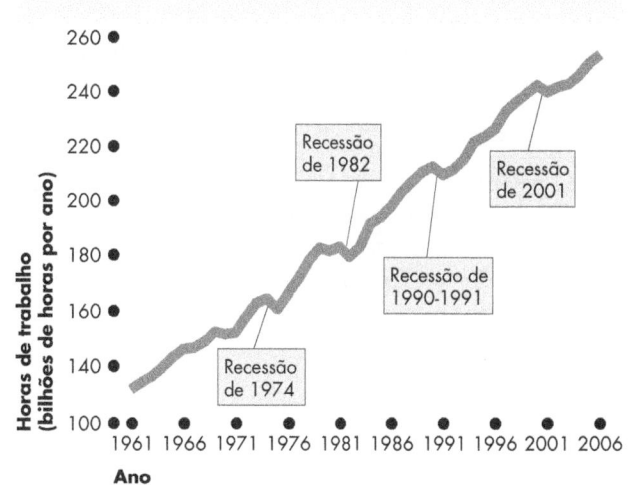

(a) Horas agregadas

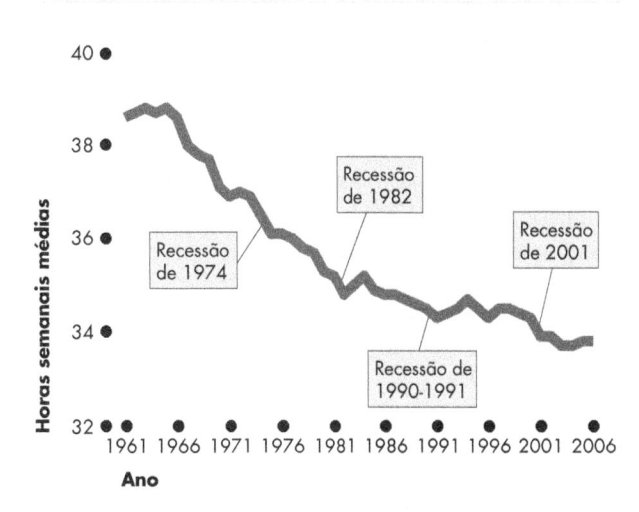

(b) Horas semanais médias por pessoa

As horas agregadas da parte (a) medem o trabalho total utilizado para produzir o PIB real com mais precisão do que o número de pessoas empregadas devido ao fato de que uma proporção cada vez maior de empregos é formada por vagas de período parcial. Entre 1961 e 2006, as horas agregadas aumentaram 90 por cento. As flutuações das horas agregadas coincidem com o ciclo econômico. As horas agregadas aumentaram a uma velocidade menor que a do número de empregos porque a semana de trabalho média da parte (b) ficou mais curta.

Fonte dos dados: Bureau of Labor Statistics e cálculos do autor.

período parcial podem trabalhar apenas algumas horas por semana. Nos Estados Unidos, pessoas em empregos de período integral trabalham entre 35 e 40 horas por semana. E algumas fazem horas extras regularmente. Por exemplo, uma loja de conveniência pode contratar seis estudantes para trabalhar três horas por dia. Outra loja de conveniência pode contratar dois trabalhadores em período integral para trabalhar nove horas por dia. O número de pessoas empregadas nessas duas lojas é oito, mas o número total de horas trabalhadas por seis das oito pessoas é igual ao número total de horas trabalhadas pelas outras duas. Para determinarmos a quantidade total de trabalho utilizada para produzir o PIB real, medimos o trabalho em termos de horas, e não de empregos. As **horas agregadas** são o número total de horas trabalhadas por todas as pessoas empregadas, tanto em período integral quanto em período parcial, durante um ano.

A Figura 22.4(a) mostra as horas agregadas na economia norte-americana de 1961 a 2006. Como o coeficiente de emprego, as horas agregadas apresentam uma tendência ascendente, mas não cresceram tão rapidamente quanto o número de pessoas empregadas. Entre 1961 e 2006, o número de pessoas empregadas na economia norte-americana aumentou 120 por cento. Durante esse mesmo período, as horas agregadas aumentaram 90 por cento. O que explica a diferença? A diminuição das horas médias por trabalhador.

A Figura 22.4(b) mostra as horas médias por trabalhador. Depois de se manter em quase 39 horas por semana no início da década de 1960, o número de horas médias por trabalhador diminuiu para um pouco menos que 34 horas por semana na década de 2000. A semana de trabalho média ficou mais curta em parte devido à diminuição das horas médias trabalhadas por pessoas que tinham empregos de período integral, mas também porque o número de empregos de período parcial aumentou mais rapidamente do que os empregos de período integral.

As flutuações das horas agregadas e das horas médias por trabalhador se alinham com o ciclo econômico. A Figura 22.4 destaca as quatro últimas recessões, durante as quais as horas agregadas diminuíram e as horas médias por trabalhador diminuíram mais rapidamente do que a tendência.

Salário real

O **salário real** é a quantidade de bens e serviços que uma hora de trabalho pode comprar. Ele é igual ao salário monetário (unidades monetárias por hora) dividido pelo nível de preços. Se utilizarmos o deflator do PIB para medir o nível de preços, o salário real será expresso em dólares de 2000 porque o deflator do PIB é de 100 em 2000. O salário real é uma variável econômica significativa por medir a remuneração do trabalho.

O que aconteceu com o salário real nos Estados Unidos? A Figura 22.5 responde a essa questão. Ela mostra três medidas do salário real horário médio da economia norte-americana entre 1961 e 2006.

A primeira medida do salário real é o cálculo do Ministério do Trabalho dos rendimentos horários médios de trabalhadores da indústria manufatureira que estão em níveis abaixo da supervisão. Essa medida aumentou para US$ 12,44 em 1978 (em dólares de 2000) e permaneceu praticamente constante em cerca de US$ 12,30 por 15 anos. A partir de meados da década de 1990, o salário real aumentou e chegou a US$ 14,44 em 2003 e depois disso novamente parou de aumentar.

A segunda medida do salário real é calculada dividindo-se os salários totais da *National income and product accounts* pelas horas agregadas. Essa medida é mais ampla do que a primeira e inclui a renda de todos os tipos de trabalho, independentemente de a taxa de pagamento ser calculada por hora ou não. Essa medida mais ampla não parou de crescer após 1978, mas sua taxa de crescimento desacelerou em meados de década de 1970 e permaneceu baixa até o início da década de 1980. Depois ela acelerou no fim da década de 1980, diminuiu no início da década de 1990 e cresceu muito rapidamente de 1996 a 2000. Essa medida da renda do trabalho por hora diminuiu temporariamente durante a recessão de 2001.

Benefícios adicionais, como contribuições para a aposentadoria e pagamento de seguro-saúde por parte dos empregadores, são cada vez mais uma parte da remuneração do trabalho. A Figura 22.5 mostra uma terceira medida do salário real horário que reflete essa tendência. Ela representa a *remuneração total do trabalho* – salários e *benefícios adicionais* – dividida pelas horas agregadas. Essa medida é a mais abrangente disponível e mostra que o salário real aumentou praticamente todos os anos até 2000, depois se estabilizou e então voltou a aumentar.

Os dados da Figura 22.5 nos mostram que, independentemente de como o salário real é mensurado, sua taxa de crescimento desacelerou durante a década de 1970. Essa desaceleração do crescimento salarial coincidiu com uma desaceleração do crescimento da produtividade – a taxa de crescimento do PIB real por hora de trabalho.

Figura 22.5 Salários reais nos Estados Unidos: 1961-2006

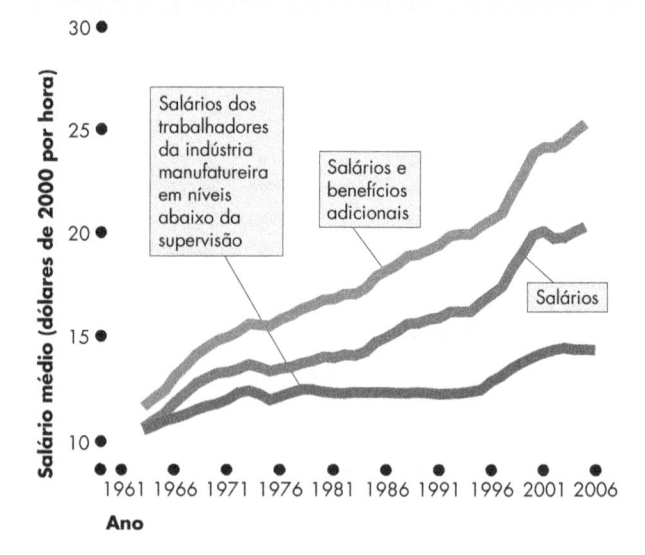

O salário real horário médio de trabalhadores da indústria manufatureira em níveis abaixo da supervisão atingiu o pico em 1978, manteve-se constante até 1993, aumentou até 2001 e depois permaneceu constante. As medidas mais amplas dos salários reais aumentaram, mas todas mostram uma desaceleração do crescimento durante a década de 1970.

Fonte dos dados: Bureau of Economic Analysis, Bureau of Labor Statistics e cálculos do autor.

O salário real médio dos trabalhadores da indústria manufatureira foi o mais gravemente afetado pela desaceleração do crescimento da produtividade, mas as medidas mais abrangentes também se desaceleraram.

A redução da remuneração horária nas medidas mais amplas durante a recessão de 2001 é incomum, mas não inédita. Uma pequena diminuição ocorreu durante a recessão de 1974, e o crescimento do salário real desacelerou temporariamente nas outras recessões.

QUESTÕES PARA REVISÃO

1 Quais são as tendências da taxa de desemprego, da taxa de participação da força de trabalho e do coeficiente de emprego?

2 Como a taxa de desemprego, a taxa de participação da força de trabalho e o coeficiente de emprego flutuam ao longo do ciclo econômico?

3 Nos Estados Unidos, a taxa de participação da força de trabalho feminina tem sido similar à da força de trabalho masculina ou tem sido diferente dela? Se elas são diferentes, descreva como.

4 Como as horas agregadas mudaram desde 1961 nos Estados Unidos?

5 Como os salários reais horários médios mudaram durante as décadas de 1990 e 2000 nos Estados Unidos?

Vimos como medimos o emprego, o desemprego e o salário real. Nossa próxima tarefa é estudar a anatomia do desemprego e ver por que ele nunca desaparece, mesmo no pleno emprego.

Desemprego e pleno emprego

Como as pessoas ficam desempregadas e como um período de desemprego chega ao fim? Durante quanto tempo, em média, as pessoas ficam desempregadas? Quem corre mais risco de ficar desempregado? Responderemos a essas questões analisando a anatomia do desemprego.

A anatomia do desemprego

As pessoas ficam desempregadas se:
1. Perdem o emprego e buscam outro emprego.
2. Deixam o emprego e buscam outro emprego.
3. Entram ou reentram na força de trabalho para buscar um emprego.

As pessoas encerram um período de desemprego se:
1. São contratadas ou chamadas de volta ao emprego.
2. Retiram-se da força de trabalho.

As pessoas que, permanente ou temporariamente, são dispensadas do emprego são chamadas de *pessoas que perdem o emprego*. Algumas dessas pessoas ficam desempregadas, mas outras se retiram imediatamente da força de trabalho. As pessoas que voluntariamente abandonam o emprego são chamadas de *pessoas que deixam o emprego*. Como as pessoas que perdem o emprego, algumas pessoas que o abandonam tornam-se desempregadas e buscam um emprego melhor, enquanto outras se retiram temporariamente da força de trabalho ou se aposentam. As pessoas que entram ou reentram na força de trabalho são chamadas de *entrantes* e *reentrantes*. Os entrantes são principalmente pessoas que ainda estudam ou acabaram de deixar a escola ou de concluir os estudos. Alguns entrantes encontram imediatamente emprego e nunca ficam desempregados, mas muitos passam algum tempo em busca do primeiro emprego e, durante esse período, são desempregados. Os reentrantes são pessoas que haviam se retirado da força de trabalho. A maioria dessas pessoas é composta de ex-trabalhadores desanimados. A Figura 22.6 mostra esses fluxos do mercado de trabalho.

Veremos quanto desemprego resulta dos três modos pelos quais as pessoas podem ficar desempregadas.

As fontes do desemprego A Figura 22.7 mostra o desemprego classificado por motivo pelo qual se ficou desempregado. As pessoas que perdem o emprego representam a maior fonte de desemprego. Em média, elas respondem por cerca da metade do desemprego total. Além disso, seu número flutua bastante. No ponto mínimo da recessão de 1990-1991, em qualquer dia, dos 9,4 milhões de desempregados mais de 5 milhões eram pessoas que perderam o emprego. Por outro lado, no pico do ciclo econômico, em março de 2001, apenas 3,3 milhões dos 6 milhões de desempregados eram pessoas que tinham perdido o emprego.

Figura 22.6 Fluxos do mercado de trabalho

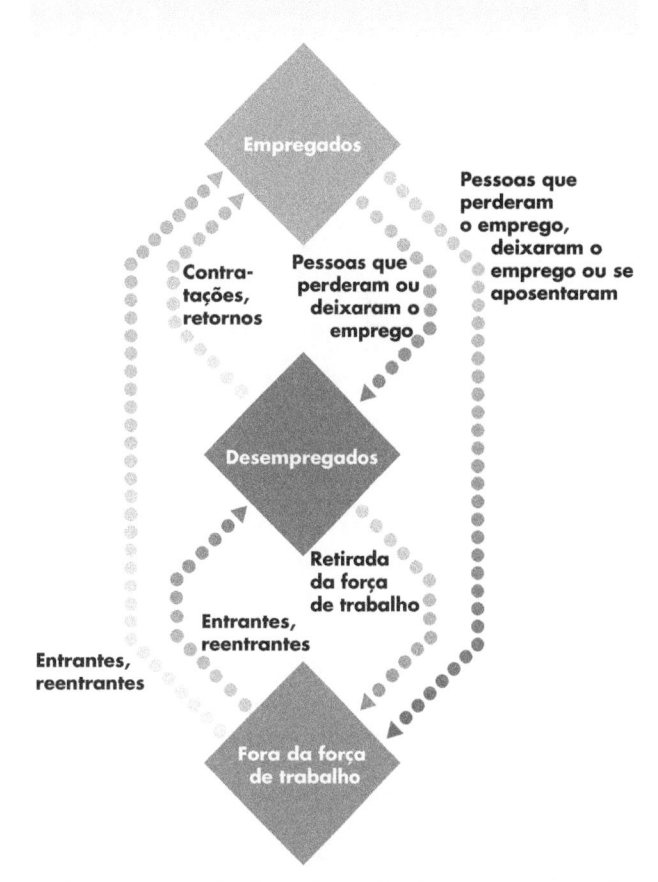

O desemprego resulta da perda ou abandono do emprego pelas pessoas empregadas e da entrada de pessoas na força de trabalho (entrantes e reentrantes). O desemprego chega ao fim quando as pessoas são contratadas ou chamadas de volta ao emprego ou quando se retiram da força de trabalho.

Entrantes e reentrantes também constituem uma grande parcela dos desempregados. Seu número flutua, porém mais brandamente do que as flutuações do número de pessoas que perderam o emprego.

Pessoas que deixaram o emprego compõem a menor e mais estável fonte de desemprego. Em qualquer dia, menos de 1 milhão de pessoas estão desempregadas por ter deixado o emprego. O número de pessoas que deixam o emprego é notadamente constante. O número flutua pouco, acompanhando o ciclo econômico: o número de pessoas que deixa o emprego em bons momentos é ligeiramente maior do que o daquelas que o fazem em maus momentos.

A duração do desemprego Algumas pessoas ficam desempregadas por uma semana ou duas e outras permanecem desempregadas por um ano ou mais. Quanto mais longa é a duração do desemprego, maior é o custo pessoal ao desempregado. A duração média do desemprego

Figura 22.7 Desemprego nos Estados Unidos classificado por motivo pelo qual se ficou desempregado

Qualquer desempregado é uma pessoa que perdeu o emprego, que deixou o emprego ou é um entrante ou reentrante na força de trabalho. A maior parte do desemprego resulta da perda do emprego. O número de pessoas que perderam o emprego flutua mais proximamente com o ciclo econômico do que o números de pessoas que deixaram o emprego e de entrantes e reeentrantes. Entrantes e reentrantes são o segundo tipo mais comum de desempregados. Seu número flutua com o ciclo econômico devido aos trabalhadores desanimados. As pessoas que deixaram o emprego compõem o tipo menos comum de desempregados.

Fonte dos dados: Bureau of Labor Statistics.

Figura 22.8 Desemprego nos Estados Unidos classificado por duração

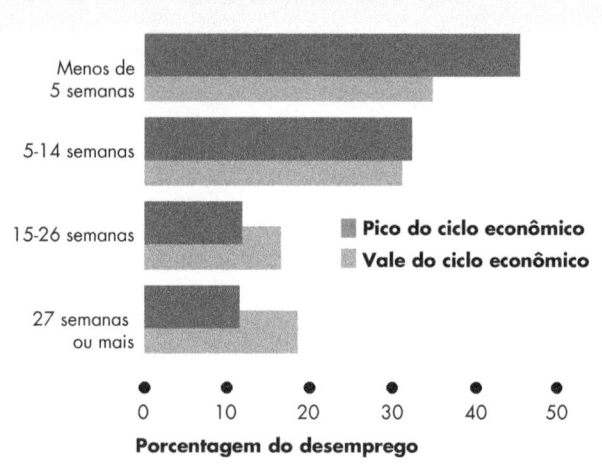

Perto de um pico do ciclo econômico em 2000, quando a taxa de desemprego foi de 4 por cento, 45 por cento dos desempregados ficaram nessa situação por menos de 5 semanas, e 30 por cento dos desempregados ficaram sem emprego entre 5 e 14 semanas. Assim, 75 por cento do desemprego durou menos de 15 semanas, e 25 por cento durou 15 semanas ou mais.
Perto de um vale do ciclo econômico em 2002, quando a taxa de desemprego foi de 5,8 por cento, 35 por cento dos desempregados ficaram nessa situação por menos de 5 semanas, e 31 por cento dos desempregados ficaram sem emprego entre 5 e 14 semanas. Assim, 66 por cento do desemprego durou menos de 15 semanas, e 34 por cento durou 15 semanas ou mais.

Fonte dos dados: Bureau of Labor Statistics.

varia ao longo do ciclo econômico. A Figura 22.8 compara a duração do desemprego próximo de um pico do ciclo econômico em 2000, quando a taxa de desemprego estava baixa, com a duração próximo de um vale do ciclo econômico em 2002, quando a taxa de desemprego estava alta. Em 2000, quando a taxa de desemprego atingiu um ponto mínimo de 4 por cento, 45 por cento dos desempregados ficaram nessa situação por menos de 5 semanas e apenas 11 por cento dos desempregados ficaram sem emprego por mais de 27 semanas. Em 2002, quando o desemprego se aproximou de 5,8 por cento, apenas 35 por cento dos desempregados encontraram um novo emprego em menos de 5 semanas e 18 por cento ficaram desempregados por mais de 27 semanas. Com taxas tanto baixas quanto altas de desemprego, cerca de 30 por cento dos desempregados levam entre 5 e 14 semanas para encontrar emprego.

A demografia do desemprego A Figura 22.9 mostra as taxas de desemprego para diferentes grupos demográficos nos Estados Unidos. Ela mostra que altas taxas de desemprego ocorrem entre jovens trabalhadores e entre negros. No vale do ciclo econômico em 2002, a taxa de desemprego de adolescentes negros do sexo masculino era de 42 por cento. Mesmo em 2000, quando a taxa de desemprego era de 4 por cento, as taxas de desemprego entre adolescentes negros eram de mais de 20 por cento. As taxas de desemprego para os adolescentes brancos são de menos do que a metade das taxas para os adolescentes negros. Também são constatadas diferenças raciais entre trabalhadores de 20 anos de idade ou mais. As taxas de desemprego mais altas que brancos de 20 anos ou mais vivenciam são menores do que as taxas mais baixas vivenciadas pelos outros grupos.

Por que as taxas de desemprego entre adolescentes são tão altas? Há três razões para isso. Para começar, os jovens ainda estão no processo de descobrimento do que eles fazem bem e estão experimentando diferentes linhas de trabalho. Por esse motivo, eles deixam o emprego com mais freqüência do que trabalhadores mais velhos. Em segundo lugar, as empresas algumas vezes admitem adolescentes com contratos de curto prazo. Assim, a taxa de perda de emprego é mais elevada para adolescentes do que para outras pessoas. Em terceiro lugar, a maioria dos adolescentes está na escola, e não na força de trabalho. Isso significa que a porcentagem da população adolescente que está desempregada é muito menor que a porcentagem da força de trabalho adolescente que está desempregada. Em

Figura 22.9 Desemprego nos Estados Unidos por grupo demográfico

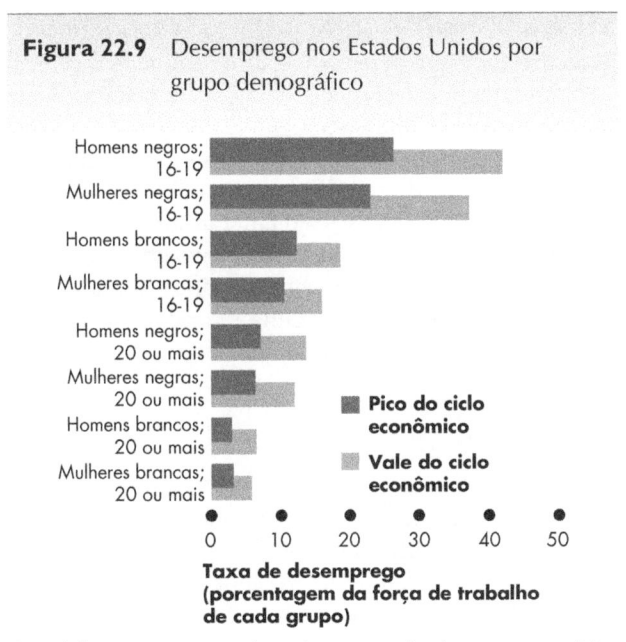

Os adolescentes negros vivenciam taxas de desemprego médias que chegam ao dobro daquelas de adolescentes brancos, e as taxas de desemprego de adolescentes são muito mais altas do que as de pessoas com 20 anos de idade ou mais. Mesmo em um vale do ciclo econômico, quando o desemprego está em sua taxa mais alta, apenas 6 por cento dos brancos com 20 anos ou mais estão desempregados.

Fonte dos dados: Bureau of Labor Statistics.

2003, por exemplo, 1 milhão de adolescentes estavam desempregados e 6 milhões estavam empregados. Assim, a taxa de desemprego entre os adolescentes (de todas as raças) era de 14 por cento. Mas 9 milhões de adolescentes estavam estudando. Se considerarmos que estar na escola é equivalente a ter um emprego e medirmos o desemprego entre adolescentes como uma porcentagem da força de trabalho adolescente mais a população escolar, constataremos que 6 por cento dos adolescentes estão desempregados.

Tipos de desemprego

O desemprego é classificado em três tipos com base em suas origens. São eles:

- Friccional
- Estrutural
- Cíclico

Desemprego friccional O desemprego resultante da rotatividade normal da mão-de-obra – de pessoas entrando na força de trabalho e saindo dela e da contínua criação e eliminação de empregos – é o **desemprego friccional**. O desemprego friccional é um fenômeno permanente e saudável em uma economia dinâmica e em crescimento.

O fluxo contínuo de pessoas entrando na força de trabalho e saindo dela e os processos de criação e eliminação de empregos criam a necessidade de as pessoas buscarem emprego e de as empresas buscarem trabalhadores. Sempre há empresas com vagas de emprego e pessoas em busca de trabalho. Se você olhar em jornais locais, verá que sempre há vagas sendo anunciadas. As empresas não costumam contratar a primeira pessoa que se candidata a um emprego, e pessoas desempregadas não costumam aceitar o primeiro emprego que surge em seu caminho. Em vez disso, tanto empresas quanto trabalhadores passam um tempo em busca do que acreditam ser a melhor possibilidade disponível. Por meio desse processo de busca, as pessoas podem fazer a correspondência de suas habilidades e interesses com os empregos disponíveis e encontrar um emprego satisfatório com uma boa renda. Enquanto essas pessoas desempregadas estão buscando emprego, elas estão friccionalmente desempregadas.

A quantidade de desemprego friccional depende da taxa de pessoas que entram e reentram na força de trabalho e da velocidade na qual os empregos são criados e eliminados. Durante a década de 1970, a quantidade de desemprego friccional aumentou como conseqüência do baby-boom, a explosão de nascimentos no pós-guerra que teve início durante a década de 1940. Ao fim da década de 1970, o baby-boom havia criado um grande aumento do número de pessoas que estavam saindo da escola. À medida que essas pessoas entravam na força de trabalho, a quantidade de desemprego friccional aumentou.

A quantidade de desemprego friccional é influenciada pela remuneração do desemprego. Quanto maior é o número de pessoas desempregadas cobertas pelo seguro-desemprego e quanto mais generoso é o benefício de desemprego recebido, maior é o tempo médio que as pessoas passam em busca de empregos e maior é a quantidade de desemprego friccional. Em 2005, nos Estados Unidos, 35 por cento dos desempregados recebiam o seguro-desemprego. O valor médio do benefício era de US$ 266 por semana. O Canadá e a Europa Ocidental apresentam benefícios mais generosos que os dos Estados Unidos e taxas de desemprego mais altas.

Desemprego estrutural O desemprego que surge quando mudanças tecnológicas ou na concorrência internacional alteram as habilidades necessárias para realizar o trabalho ou alteram a localização dos empregos é chamado de **desemprego estrutural**. O desemprego estrutural normalmente dura mais tempo que o desemprego friccional porque em geral os trabalhadores precisam passar por um novo treinamento e possivelmente mudar de localização para encontrar um emprego. Por exemplo, quando uma metalúrgica em Gary, no Estado norte-americano de Indiana, é automatizada, alguns empregos na cidade são eliminados. Enquanto isso, novas vagas para seguranças, vendedores do varejo e corretores de seguro de vida são criadas em Chicago, Indianápolis e outras cidades. Os ex-operários da metalurgia desempregados permanecem nessa condição por vários meses até se mudar, passar por novo treinamento e entrar em um desses empregos. O desemprego estrutural é doloroso, especialmente para trabalhadores mais velhos, para quem a melhor opção disponível pode ser se aposentar ou aceitar um emprego de qualificação ou remuneração mais baixa.

Em algumas ocasiões, a quantidade de desemprego estrutural é modesta. Em outros momentos, ela é grande e, nessas ocasiões, o desemprego estrutural pode se tornar um grave problema de longo prazo. Essa quantidade foi especialmente grande durante o fim da década de 1970 e o início da década de 1980. Durante esses anos, altas no preço do petróleo e um ambiente internacional cada vez mais competitivo acabaram com empregos em tradicionais indústrias norte-americanas, como a automobilística e a metalúrgica, e criaram empregos em novas indústrias, como as de eletroeletrônicos e bioengenharia, bem como no setor bancário e de seguros. O desemprego estrutural também esteve presente durante o início da década de 1990, quando muitas empresas e governos promoveram o *downsizing*.

Desemprego cíclico O desemprego flutuante ao longo do ciclo econômico é o **desemprego cíclico**, que aumenta durante uma recessão e diminui durante uma expansão. Um operário da indústria automobilística que é dispensado porque a economia está em recessão e que é contratado novamente meses mais tarde, na expansão, passa pelo desemprego cíclico.

Pleno emprego

Sempre há algum desemprego – alguém em busca de um emprego ou esperando ser chamado de volta ao emprego de que foi dispensado. Então, o que queremos dizer com pleno emprego? O **pleno emprego** ocorre quando não há desemprego cíclico ou, em outras palavras, quando todo desemprego é friccional e estrutural. A diferença entre a taxa de desemprego e o pleno emprego é o desemprego cíclico. A taxa de desemprego no pleno emprego é chamada de **taxa natural de desemprego**.

Pode haver muito desemprego no pleno emprego, e o termo 'pleno emprego' é um exemplo de termo econômico técnico que não corresponde à linguagem cotidiana. O termo 'taxa natural de desemprego' é outro termo econômico técnico cujo significado não corresponde à linguagem cotidiana. Para a maioria das pessoas – especialmente para trabalhadores desempregados – não há nada *natural* no desemprego.

Então, por que os economistas chamam uma situação com muito desemprego de 'pleno emprego'? E por que o desemprego no pleno emprego é chamado de 'natural'?

A razão para isso é que a economia é um mecanismo complexo que está em constante mudança. Em 2006, a economia dos Estado Unidos empregava 145 milhões de pessoas. Mais de 2,5 milhões de trabalhadores se aposentaram nesse ano e mais de 3 milhões de novos trabalhadores entraram na força de trabalho. Todas essas pessoas trabalhavam em cerca de 20 milhões de empresas, que produziam bens e serviços estimados em mais de $ 13 trilhões de dólares. Parte dessas empresas fez o *downsizing* ou faliu e outras empresas se expandiram. Esse processo de mudança cria fricções e deslocamentos inevitáveis. Isso, por sua vez, cria o desemprego.

Não há muita controvérsia sobre a existência de uma taxa natural de desemprego. Também não há muita discordância sobre o fato de ela ser dinâmica. A taxa natural de desemprego resulta da existência de desemprego friccional e estrutural e flutua porque as fricções e a quantidade de mudança estrutural flutuam.

Mas os economistas não concordam sobre a grandeza da taxa natural de desemprego e a extensão de suas flutuações. Alguns economistas acreditam que a taxa natural de desemprego flutua freqüentemente e que, em períodos de rápida mudança tecnológica e demográfica, a taxa natural de desemprego pode ser alta. Outros acreditam que a taxa natural de desemprego muda lentamente.

PIB real e desemprego ao longo do ciclo

A quantidade de PIB real ao pleno emprego é chamada de **PIB potencial**. Analisaremos as forças que determinam o PIB potencial no Capítulo 23. Ao longo do ciclo econômico, o PIB real flutua ao redor do PIB potencial e a taxa de desemprego flutua em torno da taxa natural de desemprego. A Figura 22.10 ilustra essas flutuações nos Estados Unidos entre 1981 e 2006 – do PIB real na parte (a) e da taxa de desemprego na parte (b).

Quando a economia está no pleno emprego, a taxa de desemprego é igual à taxa natural de desemprego e o PIB real é igual ao PIB potencial. Quando a taxa de desemprego é menor que a taxa natural de desemprego, o PIB real é maior que o PIB potencial. E, quando a taxa de desemprego é maior que a taxa natural de desemprego, o PIB real é menor que o PIB potencial.

A Figura 22.10(b) mostra um modo de ver a taxa natural de desemprego. Observe que os economistas desconhecem a grandeza da taxa natural de desemprego e que a taxa natural mostrada na figura é apenas uma estimativa. Ela mostra que a taxa natural de desemprego foi de 6,2 por cento em 1981 e que ela diminuiu constantemente ao longo das décadas de 1980 e 1990, chegando a 5,2 por cento em 1996. Essa estimativa da taxa natural de desemprego nos Estados Unidos é aceita por muitos economistas, mas não por todos.

QUESTÕES PARA REVISÃO

1. Quais são as categorias de pessoas que ficam desempregadas?
2. Defina o desemprego friccional, o desemprego estrutural e o desemprego cíclico. Dê exemplos de cada tipo de desemprego.
3. O que é a taxa natural de desemprego?
4. Como a taxa natural de desemprego muda e quais fatores podem causar sua mudança?
5. Como a taxa de desemprego flutua ao longo do ciclo econômico?

Nossa última tarefa neste capítulo é estudar outro sinal vital monitorado todos os meses: o índice de preços ao consumidor (IPC). O que é o IPC, como é medido e o que significa?

Figura 22.10 Desemprego e PIB real nos Estados Unidos

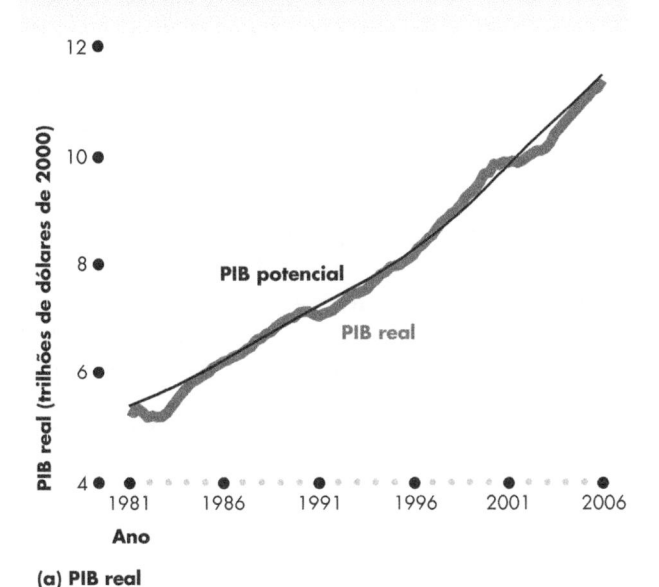

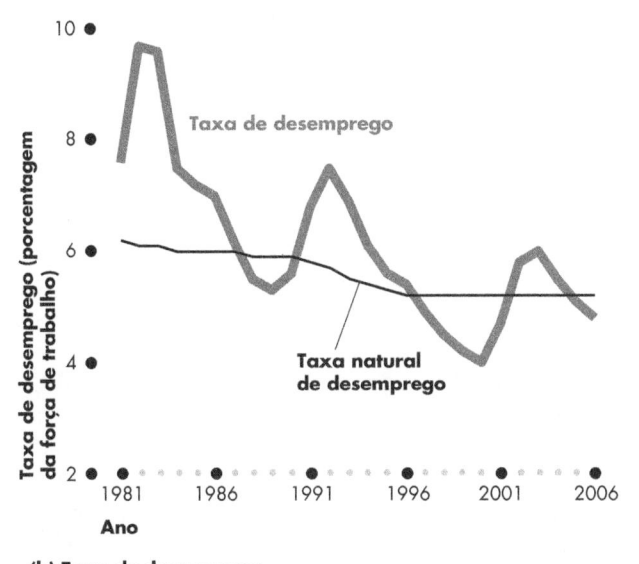

(a) PIB real

(b) Taxa de desemprego

À medida que o PIB real flutua em torno do PIB potencial, como mostrado na parte (a), a taxa de desemprego flutua em torno da taxa natural de desemprego, como mostrado na parte (b). Ao final da profunda recessão de 1982, a taxa de desemprego chegou a quase 10 por cento. Ao final das recessões mais brandas de 1990-1991 e 2001, o desemprego atingiu o pico em taxas mais baixas. A taxa natural de desemprego diminuiu um pouco durante as décadas de 1980 e 1990.

Fonte dos dados: Bureau of Economic Analysis, Bureau of Labor Statistics e Congressional Budget Office.

O índice de preços ao consumidor

O Bureau of Labor Statistics, agência norte-americana de estatísticas relativas ao trabalho, calcula o índice de preços ao consumidor todos os meses. O **índice de preços ao consumidor (IPC)** é uma medida da média dos preços pagos por consumidores urbanos por uma 'cesta' fixa de bens de consumo e serviços. O que aprenderemos nesta seção nos ajudará a compreender o IPC e relacioná-lo à nossa própria vida econômica. O IPC nos informa o que aconteceu com o valor do dinheiro no nosso bolso.

Interpretação dos números do IPC

O IPC é definido como igual a 100 por um período chamado de **período-base referencial**. Atualmente, o período-base referencial é 1982-1984. Isto é, para a média dos 36 meses de janeiro de 1982 a dezembro de 1984, o IPC é igual a 100.

Em junho de 2006, o IPC era de 202,9 nos Estados Unidos. Esse número nos informa que a média dos preços pagos por consumidores urbanos por uma cesta de mercado fixa de bens e serviços de consumo foi 102,9 por cento mais alta em 2006 do que a média durante 1982-1984.

Em junho de 2006, o IPC era de 202,9. No ano anterior, era de 194,5. Esses números nos informam que, entre 2005 e 2006, o índice dos preços pagos por consumidores urbanos por uma cesta de mercado fixa de bens e serviços de consumo aumentou 8,4 pontos, ou 4,3 por cento.

Cálculo do IPC

O cálculo do IPC é uma enorme operação que envolve três estágios:

- Seleção da cesta do IPC
- Condução de um levantamento mensal de preços
- Cálculo do IPC

A cesta do IPC O primeiro estágio do cálculo do IPC é a seleção do que chamamos de *cesta do IPC*. Essa 'cesta' contém os bens e serviços representados no índice e a importância relativa vinculada a cada um deles. A idéia é fazer com que a importância relativa desses itens da cesta do IPC seja igual à do orçamento de um consumidor urbano médio. Por exemplo, como as pessoas gastam mais em moradia do que em passagens de ônibus, o IPC atribui um peso maior ao preço da moradia do que ao preço de passagens de ônibus.

O Bureau of Labor Statistics utiliza duas cestas e calcula dois IPCs. Um deles, chamado de IPC-U (CPI-U no original), mede o preço médio pago por *todos* os consumidores urbanos. O outro, chamado de IPC-W (CPI-W no original), mede o preço médio pago por assalariados urbanos e trabalhadores de escritório. Nesta análise, vamos nos concentrar no IPC-U, a medida mais ampla.

Para determinar os padrões de gasto dos consumidores e selecionar a cesta do IPC nos Estados Unidos, o Bureau of Labor Statistics conduz um Levantamento de Gastos de

Consumo. Esse levantamento tem um custo alto, de modo que é realizado com pouca freqüência. Hoje em dia, a cesta do IPC é baseada em dados coletados em um Levantamento de Gastos de Consumo de 2001-2002. Até 1998, a cesta do IPC estava baseada em um Levantamento de Gastos de Consumo de 1982-1984, mas o Bureau of Labor Statistics agora atualiza a cesta do IPC com mais freqüência.

Até 1998, o período coberto pelo Levantamento de Gastos de Consumo também era o período-base referencial. Mas agora, quando o Bureau of Labor Statistics atualiza a cesta do IPC, ele utiliza 1982-1984 como período-base referencial.

A Figura 22.11 mostra a cesta do IPC nos Estados Unidos no fim de 2005. A cesta inclui cerca de 80 mil bens e serviços organizados nos oito amplos grupos mostrados na figura. O item mais importante no orçamento de um consumidor é a habitação, que representa 42 por cento do gasto total. O transporte vem em segundo lugar com 18 por cento. Em terceiro lugar, em termos de importância relativa, está a alimentação, com 15 por cento. Esses três grupos respondem por três quartos do orçamento de um consumidor médio. Saúde e lazer consomem 6 por cento cada um, e educação e comunicação compõem 5 por cento. Outros 4 por cento são gastos em outros bens e serviços, e o vestuário consome 4 por cento.

O Bureau of Labor Statistics segmenta cada uma dessas categorias em grupos menores. Por exemplo, a categoria de educação e comunicação é segmentada em livros e materiais, mensalidades, serviços de telefonia e serviços de informática.

Enquanto analisamos a importância relativa dos itens da cesta do IPC, devemos ter em mente que eles se aplicam ao consumidor *médio*. Consumidores *individuais* estão distribuídos em torno da média. Pense em seus próprios gastos e compare a cesta de bens e serviços que você compra com a cesta do IPC.

O levantamento mensal de preços Todos os meses, funcionários do Bureau of Labor Statistics verificam os preços de 80 mil bens e serviços da cesta do IPC em 30 áreas metropolitanas. Como o IPC visa a medir *mudanças* de preços, é importante que os preços registrados a cada mês se refiram exatamente ao mesmo item. Por exemplo, suponha que o preço de um pacote de chicletes tenha aumentado, mas que o pacote agora contenha mais chicletes. Será que o preço dos chicletes aumentou? O funcionário do Bureau of Labor Statistics deve registrar os detalhes das mudanças de qualidade ou embalagem de modo que as mudanças de preço possam ser isoladas das outras mudanças.

Uma vez que se tenham os dados de preços, a próxima tarefa é calcular o IPC.

Cálculo do IPC O cálculo do IPC é realizado em três passos:

1. Cálculo do custo da cesta do IPC aos preços do período-base.
2. Cálculo do custo da cesta do IPC aos preços do período corrente.
3. Cálculo do IPC para o período-base e o período corrente.

Vamos examinar esses três passos utilizando um exemplo simples. Suponha que a cesta do IPC contenha somente dois bens e serviços: laranjas e cortes de cabelo. Construiremos um IPC anual, em vez de um IPC mensal, utilizando o período-base referencial de 2006 e o período corrente de 2007.

A Tabela 22.1 mostra as quantidades da cesta do IPC e os preços no período-base e no período corrente.

A parte (a) contém os dados de preços do período-base. Nesse período, os consumidores compraram 10 laranjas a $ 1 cada uma e 5 cortes de cabelo a $ 8 cada um. Para calcular o custo da cesta do IPC aos preços do período-base, multiplique as quantidades da cesta do IPC pelos preços do período-base. O custo das laranjas é $ 10 (10 a $ 1 cada uma) e o custo dos cortes de cabelo é $ 40 (5 a $ 8 cada um). Deste modo, o custo total da cesta do IPC no período-base é $ 50 ($ 10 + $ 40).

A parte (b) contém os dados de preços do período corrente. O preço de uma laranja aumentou de $ 1 para $ 2, um aumento de 100 por cento – ($ 1 ÷ $ 1) × 100 = 100. O preço de um corte de cabelo aumentou de $ 8 para $ 10, um aumento de 25 por cento – ($ 2 ÷ $ 8) × 100 = 25.

O IPC proporciona um modo de calcular a média desses aumentos de preço comparando o custo da cesta, e não o preço de cada item. Para calcular o custo da cesta do

Figura 22.11 A cesta do IPC nos Estados Unidos

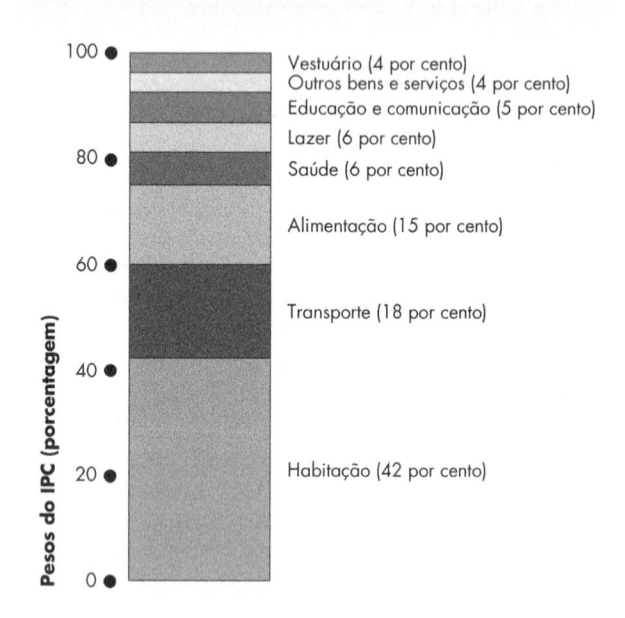

A cesta do IPC consiste nos itens que um consumidor urbano médio compra. Ela é formada principalmente por moradia (42 por cento), transporte (18 por cento) e alimentação (15 por cento). Todos os outros itens juntos compõem 25 por cento do total.

Fonte dos dados: United States Census Bureau e Bureau of Labor Statistics.

Tabela 22.1 O IPC: um cálculo simplificado

(a) O custo da cesta do IPC aos preços do período-base: 2006

	Cesta do IPC		
Item	Quantidade	Preço	Custo da cesta do IPC
Laranjas	10	$ 1	$ 10
Cortes de cabelo	5	$ 8	$ 40
Custo da cesta do IPC aos preços do período-base			$ 50

(b) O custo da cesta do IPC aos preços do período corrente: 2007

	Cesta do IPC		
Item	Quantidade	Preço	Custo da cesta do IPC
Laranjas	10	$ 2	$ 20
Cortes de cabelo	5	$ 10	$ 50
Custo da cesta do IPC aos preços do período-base			$ 70

IPC no período corrente, 2007, multiplique as quantidades da cesta por seus preços de 2007. O custo das laranjas é $ 20 (10 a $ 2 cada uma) e o custo dos cortes de cabelo é $ 50 (5 a $ 10 cada um). Dessa maneira, o custo total da cesta do IPC fixa aos preços do período corrente é $ 70 ($ 20 + $ 50).

Executamos os dois primeiros passos para o cálculo do IPC: o cálculo do custo da cesta do IPC no período-base e no período corrente. O terceiro passo utiliza os valores que acabamos de calcular para descobrir o IPC de 2006 e 2007.

A fórmula para o IPC é:

$$\text{IPC} = \frac{\text{Custo da cesta do IPC aos preços do período corrente}}{\text{Custo da cesta do IPC aos preços do período-base}} \times 100.$$

Na Tabela 22.1, vimos que, em 2006, o custo da cesta do IPC era $ 50 e, em 2007, $ 70. Também sabemos que o período-base é 2006. Assim, o custo da cesta do IPC aos preços do ano-base é $ 50. Se aplicarmos esses números à fórmula do IPC, podemos calcular o IPC para 2006 e 2007. Para 2006, o IPC é:

$$\text{IPC em 2006} = \frac{\$ 50}{\$ 50} \times 100 = 100.$$

Para 2007, o IPC é:

$$\text{IPC em 2007} = \frac{\$ 70}{\$ 50} \times 100 = 140.$$

Os princípios que utilizamos nesse cálculo simplificado do IPC se aplicam aos cálculos mais complexos realizados todos os meses pelo Bureau of Labor Statistics.

Medição da inflação

Uma das principais finalidades do IPC é medir *mudanças* no custo de vida e no valor da moeda. Para medir essas mudanças, calculamos a **taxa de inflação**, que é a variação porcentual anual do nível de preços. Para calcular a taxa de inflação, utilizamos a fórmula:

$$\text{Taxa de inflação} = \frac{(\text{IPC deste ano} - \text{IPC do ano anterior})}{\text{IPC do ano anterior}} \times 100.$$

Podemos utilizar essa fórmula para calcular a taxa de inflação em 2006. O IPC em junho de 2006 era de 202,9, e o IPC em junho de 2005 era de 194,5. Assim, a taxa de inflação durante o período de 12 meses até junho de 2006 foi:

$$\text{Taxa de inflação} = \frac{(202,9 - 194,5)}{194,5} \times 100 = 4,3\%.$$

A Figura 22.12 mostra o IPC e a taxa de inflação nos Estados Unidos durante os 35 anos entre 1971 e 2006. As duas partes da figura são relacionadas.

Essa figura mostra, também, que, quando o *nível* de preços na parte (a) aumenta rapidamente, a taxa de inflação na parte (b) é alta e, quando o nível de preços na parte (a) aumenta lentamente, a taxa de inflação na parte (b) é baixa. Observe na parte (a) que o IPC aumentou todos os anos durante esse período. No fim das décadas de 1970 e 1980, o IPC aumentou rapidamente, mas sua taxa de crescimento desacelerou durante as décadas de 1980, 1990 e 2000.

O IPC não é uma medida perfeita do nível de preços, e as mudanças no IPC provavelmente exageram a taxa de inflação. Vamos analisar agora as fontes dessa distorção.

A distorção do IPC

As principais fontes de distorção do IPC são:

- Viés dos novos bens
- Viés da mudança da qualidade
- Viés da substituição de produtos
- Viés da substituição de pontos-de-venda

Viés dos novos bens Se queremos comparar o nível de preços de 2007 com o de 1977, precisamos, de alguma forma, comparar o preço de um computador hoje com o de uma máquina de escrever em 1977. Pelo fato de um PC ser mais caro do que uma máquina de escrever era na época, o lançamento dos PCs cria uma distorção do IPC e da taxa de inflação para cima.

Viés da mudança da qualidade Carros, aparelhos de CD e muitos outros itens são melhorados a cada ano. Parte do aumento dos preços desses itens constitui um pagamento pela maior qualidade e não representa a inflação. Mas o IPC conta o aumento total do preço como inflação e, desta maneira, exagera a inflação.

Viés da substituição de produtos A mudança dos preços relativos leva os consumidores a mudar os itens que compram. Por exemplo, se o preço da carne bovina

Figura 22.12 O IPC e a taxa de inflação nos Estados Unidos

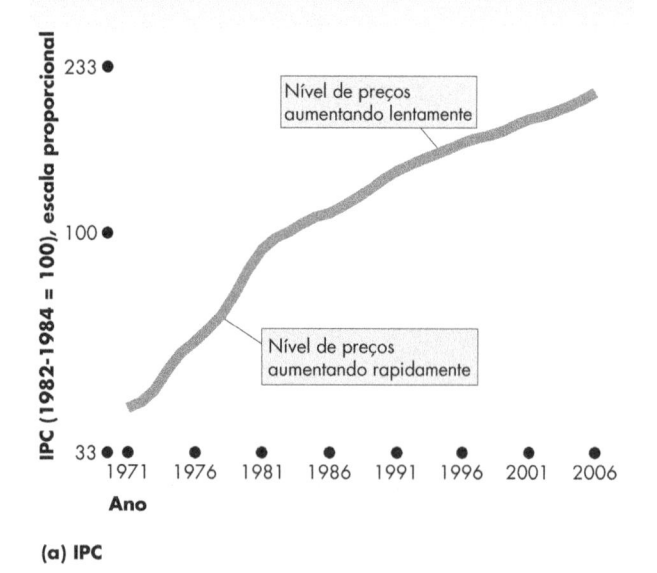

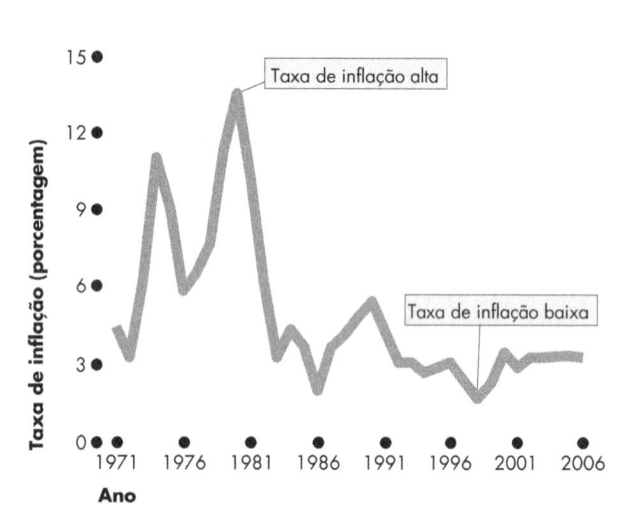

(a) IPC

(b) Taxa de inflação

Na parte (a), o IPC (o nível de preços) aumentou todos os anos. Na parte (b), a média da taxa de inflação foi 4,8 por cento ao ano. Durante a década de 1970 e o início da década de 1980, a taxa de inflação foi alta e em algumas ocasiões excedeu 10 por cento ao ano. Mas, depois de 1983, a taxa de inflação diminuiu para uma média de 3 por cento ao ano.

Fonte dos dados: Bureau of Labor Statistics.

aumenta e o preço da carne de frango permanece inalterado, as pessoas compram mais carne de frango e menos carne bovina. Suponha que elas passem de carne bovina para frango em uma escala que proporcione a mesma quantidade de proteínas e a mesma satisfação de antes e que os gastos continuem a ser os mesmos. O preço da proteína não mudou. Mas, pelo fato de ignorar a substituição de carne bovina por frango, o IPC informa que o preço da proteína aumentou.

Viés da substituição de pontos-de-venda Diante de preços mais altos, as pessoas utilizam lojas de desconto com mais freqüência e lojas de conveniência com menos freqüência. Esse fenômeno é chamado de *substituição de pontos-de-venda*. Os levantamentos de IPC não monitoram as substituições de pontos-de-venda.

A grandeza da distorção

Vimos as principais fontes de distorção do IPC. Mas qual é a magnitude dessa distorção? Um comitê consultivo congressional para o índice de preços ao consumidor presidido por Michael Boskin, um professor de economia da Universidade de Stanford, tentou responder a essa pergunta em 1996. O comitê concluiu que o IPC exagera a inflação em 1,1 ponto porcentual ao ano. Isto é, se o IPC informa que a inflação é de 3,1 por cento ao ano, provavelmente a inflação é, na verdade, de 2 por cento ao ano.

Algumas conseqüências da distorção

O viés do IPC distorce contratos privados e aumenta os gastos públicos. Muitos acordos privados, como contratos salariais, são vinculados ao IPC. Por exemplo, uma empresa e seus funcionários podem concordar com um acordo salarial de três anos pelo qual o salário tenha um aumento de 2 por cento ao ano *mais* o aumento porcentual do IPC. Um acordo como esse acaba proporcionando aos trabalhadores mais renda real do que a empresa pretendia.

Nos Estados Unidos, aproximadamente um terço dos gastos do governo federal, incluindo pagamentos de previdência social, está vinculado diretamente ao IPC. Apesar de uma distorção de 1 por cento ao ano parecer pequena, se acumulada ao longo de uma década, ela chega a um trilhão de dólares em gastos adicionais.

Reduzindo a distorção Para reduzir a distorção do IPC, o Bureau of Labor Statistics agora conduz levantamentos de gastos de consumo em intervalos mais freqüentes e está testando um IPC em cadeia (veja o Capítulo 21).

QUESTÕES PARA REVISÃO

1. O que é o IPC e como ele é calculado?
2. Como a taxa de inflação é calculada e qual é a relação entre ela e o IPC?
3. Quais são as quatro principais fontes de distorção do nível de preços do IPC para cima?
4. Quais problemas surgem da distorção do IPC?

◆ Concluímos agora nosso estudo das medidas do desempenho macroeconômico. Nossa tarefa nos capítulos a seguir é estudar o que determina esse desempenho e como ações políticas podem melhorá-lo. Mas, antes disso, vamos examinar a recuperação sem empregos de 2002 e 2003 na seção "Leitura das entrelinhas".

LEITURA DAS ENTRELINHAS

Empregos na expansão de 2002-2006

Sólido crescimento das folhas de pagamento nos Estados Unidos

8 de abril de 2006

A economia norte-americana apresentou um sólido desempenho no mês passado, criando 211 mil empregos líquidos e conduzindo a taxa de desemprego de volta a seu ponto mais baixo da expansão atual, informou o governo na última sexta-feira.

A taxa de desemprego de março diminuiu de 4,8 por cento para 4,7 por cento, atingindo o nível de dois meses atrás. Essa foi a taxa mais baixa desde julho de 2001, quando a economia estava em recessão.

O aumento dos empregos excedeu em 21 mil as previsões consensuais dos economistas. No entanto, o Ministério do Trabalho ajustou para baixo, em 34 mil, suas estimativas de crescimento de empregos nos dois meses anteriores.

Todos os principais setores da economia criaram empregos em março com exceção da indústria manufatureira, que perdeu 5 mil empregos...

O relato de sexta-feira proporcionou a mais recente evidência de que a economia se recuperou solidamente da queda do fim do ano passado...

A administração Bush, contudo, alardeou as informações do nível de empregos como uma boa notícia política rara e bem-vinda. Uma hora após a divulgação, o presidente Bush disse: "Esses milhões de novos empregos são uma evidência de uma recuperação econômica sólida, ampla e benéfica para todos os norte-americanos..."

A administração se vangloriou do fato de que o relatório de empregos de março informou um aumento total de empregos na economia de mais de 5 milhões desde o ponto mínimo em agosto de 2003. A economia criou empregos a uma taxa de 167 mil por mês desde então.

Por outro lado, a economia gerou 240 mil empregos por mês durante a segunda metade da década de 1990. A criação de empregos durante toda a década de 1990 prosseguiu a uma média de 180 mil ao mês – mais rapidamente do que na expansão atual, apesar de a década ter começado com a recessão de 1990-91...

Fonte: © 2006 The Los Angeles Times via Tribune Media Services. Todos os direitos reservados. Disponível em: http://www.latimes.com

Essência da notícia

▶ A economia dos Estados Unidos criou uma quantidade líquida de 211 mil empregos em março de 2006.

▶ A taxa de desemprego diminuiu para 4,7 por cento, a mais baixa desde julho de 2001.

▶ O presidente Bush disse que o número de empregos representava uma evidência de forte recuperação econômica.

▶ O governo salientou que a economia tinha criado empregos a uma taxa de 167 mil ao mês desde agosto de 2003.

▶ A economia gerou 240 mil empregos por mês durante a segunda metade da década de 1990.

▶ A criação de empregos durante toda a década de 1990 foi, em média, de 180 mil ao mês.

Análise econômica

▶ A notícia informa o número de empregos criados em março de 2006 e o número médio de empregos criados a cada mês entre 2003 e 2006 e durante a expansão da década de 1990.

▶ Os números mostram o desempenho da criação de empregos da economia norte-americana durante a expansão de 2002-2006 e o coloca em uma perspectiva histórica de prazo mais longo.

▶ Na Figura 1, o eixo vertical mostra o nível de emprego como uma porcentagem de seu nível no vale do ciclo econômico, e o eixo horizontal mostra o número de meses transcorridos desde o vale do ciclo econômico.

▶ Em março de 2006, a expansão vinha ocorrendo havia 54 meses (4,5 anos).

▶ A linha contínua da figura mostra o crescimento da quantidade de trabalho durante a expansão de 2002-2006.

▶ Em março de 2006, a quantidade de trabalho era apenas 6,5 por cento superior à do vale do ciclo, em novembro de 2001.

▶ A linha tracejada da figura mostra o crescimento médio da quantidade de trabalho durante as cinco expansões anteriores.

▶ Em média, após 54 meses de expansão, a quantidade de trabalho se expandiu 12 por cento – quase o dobro da expansão atual.

▶ A área cinza mostra a variação ao longo das cinco expansões anteriores.

▶ Podemos notar que a expansão atual acompanha a mais fraca das expansões anteriores.

▶ A Figura 2 mostra a mesma comparação para a taxa de desemprego.

▶ Em uma expansão média, a taxa de desemprego diminui depois de 54 meses para 70 por cento de seu nível mínimo.

▶ No entanto, nas expansões atuais, a taxa de desemprego na verdade aumentou e, após 18 meses, manteve-se 10 por cento *acima* de seu nível mínimo.

▶ Mais uma vez, a expansão atual é a mais fraca das últimas seis expansões.

▶ A lenta recuperação dos empregos resulta, em parte, de uma recuperação da produção mais fraca do que a média e, em parte, de um aumento da produção por trabalhador.

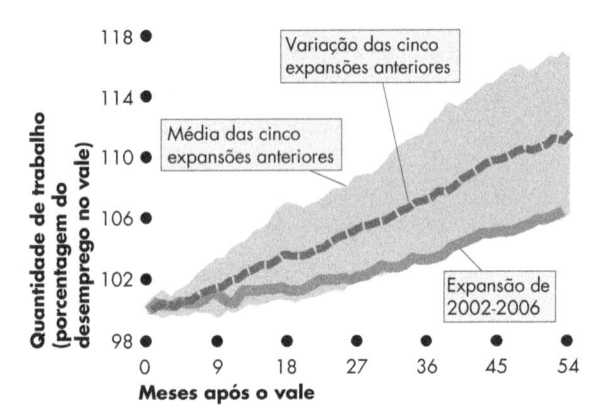

Figura 1: Quantidade de trabalho durante a expansão de 2002-2006

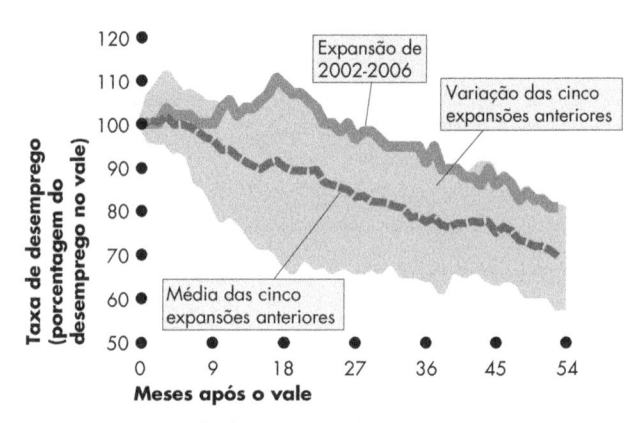

Figura 2: Taxa de desemprego durante a expansão de 2002-2006

RESUMO

Pontos-chave

Empregos e salários (p. 500-505)

■ A taxa de desemprego foi, em média, de 5,9 por cento entre 1961 e 2006 nos Estados Unidos. Ela aumenta em recessões e diminui em expansões.

■ A taxa de participação da força de trabalho e o coeficiente de emprego apresentam tendências ascendentes e flutuam com o ciclo econômico.

■ A taxa de participação da força de trabalho aumentou para mulheres e diminuiu para homens.

■ As horas agregadas apresentam uma tendência ascendente e flutuam com o ciclo econômico.

■ Os salários horários reais crescem, mas suas taxas de crescimento desaceleraram durante a década de 1970.

Desemprego e pleno emprego (p. 505-509)

■ As pessoas estão constantemente entrando no estado de desemprego e saindo dele.

■ O prazo de duração do desemprego flutua ao longo do ciclo econômico. Mas os padrões demográficos do desemprego são constantes.

■ O desemprego pode ser friccional, estrutural ou cíclico.

■ Quando todo o desemprego é friccional e estrutural, a taxa de desemprego é igual à taxa natural de desemprego, a economia está no pleno emprego e o PIB real é igual ao PIB potencial.

■ Ao longo do ciclo econômico, o PIB real flutua em torno do PIB potencial e a taxa de desemprego flutua em torno da taxa natural de desemprego.

O índice de preços ao consumidor (p. 509-512)

■ O índice de preços ao consumidor (IPC) é uma medida da média dos preços que consumidores urbanos pagam por uma cesta fixa de bens de consumo e serviços.

■ O IPC é definido como igual a 100 para um período-base referencial – atualmente de 1982 a 1984.

■ A taxa de inflação é a variação porcentual do IPC de um período ao seguinte.

■ As variações do IPC provavelmente exageram a taxa de inflação em virtude da distorção resultante de novos bens, mudanças de qualidade, substituição de produtos e substituição de pontos-de-venda.

■ O viés do IPC distorce contratos privados e aumenta os gastos públicos.

Figuras-chave

Figura 22.1:   Categorias populacionais da força de trabalho nos Estados Unidos, 501

Figura 22.6:   Fluxos do mercado de trabalho, 505

Figura 22.10: Desemprego e PIB real nos Estados Unidos, 509

Figura 22.11: A cesta do IPC nos Estados Unidos, 510

Palavras-chave

Coeficiente de emprego, 502

Desemprego cíclico, 508

Desemprego estrutural, 507

Desemprego friccional, 507

Força de trabalho, 501

Horas agregadas, 503

Índice de preços ao consumidor (IPC), 509

Período-base referencial, 509

PIB potencial, 508

Pleno emprego, 508

População em idade ativa, 500

Salário real, 504

Taxa de desemprego, 501

Taxa de inflação, 511

Taxa de participação da força de trabalho, 501

Taxa natural de desemprego, 508

Trabalhadores desanimados, 502

EXERCÍCIOS

1. O Bureau of Labor Statistics divulgou os seguintes dados para maio de 2006:
   Força de trabalho: 150.696.000
   Emprego: 144.041.000
   População em idade ativa: 228.428.000
   Calcule, para o mês em questão:
   a. Taxa de desemprego.
   b. Taxa de participação da força de trabalho.
   c. Coeficiente de emprego.

2. Na área metropolitana de Nova Orleans em agosto de 2005, a força de trabalho era de 634.512, e 35.222 pessoas estavam desempregadas. Em setembro de 2005, após o furacão Katrina, a força de trabalho diminuiu 156.518, e o número de pessoas empregadas diminuiu 206.024. Calcule a taxa de desemprego em agosto e em setembro de 2005.

3. Em junho de 2003, a taxa de desemprego nos Estados Unidos era de 6,5 por cento. Em junho de 2006, era de 4,8 por cento. Utilize essas informações para determinar o que aconteceu entre junho de 2003 e junho de 2006 com os números de:
   a. Pessoas que perderam e pessoas que deixaram o emprego.
   b. De entrantes e reentrantes na força de trabalho.

4. Em julho de 2007, na economia de Sandy Island, 10.000 pessoas estavam empregadas, 1.000 estavam desempregadas e 5.000 não faziam parte da força de trabalho. Em agosto de 2007, 80 pessoas perderam o emprego, 20 pediram demissão, 150 foram contratadas ou chamadas de volta ao emprego, 50 se retiraram da força de trabalho e 40 entraram ou reentraram na força de trabalho. Calcule, para julho de 2007:
   a. A taxa de desemprego.
   b. O coeficiente de emprego.
   Calcule também, para o fim de agosto de 2007:
   c. O número de pessoas desempregadas.
   d. O número de pessoas empregadas.
   e. A taxa de desemprego.

5. O *World Economic Outlook* do Fundo Monetário Internacional divulgou as seguintes taxas de desemprego:

Região	Maio de 2005	Maio de 2006
Estados Unidos	5,1	4,6
Europa	8,7	7,9
Japão	4,4	4,0

   a. O que esses números informam sobre a fase do ciclo econômico nos Estados Unidos, na Europa e no Japão em maio de 2006?
   b. O que você acha que esses números nos informam sobre o tamanho relativo das taxas naturais de desemprego nos Estados Unidos, na Europa e no Japão?
   c. Esses números nos informam alguma coisa sobre o tamanho relativo das taxas de participação da força de trabalho e dos coeficientes de emprego nas três regiões em questão?
   d. Por que esses números de desemprego subestimam ou exageram a verdadeira quantidade de desemprego?

6. O Bureau of Labor Statistics divulgou os seguintes dados do IPC:

Junho de 2004	189,7
Junho de 2005	194,5
Junho de 2006	202,9

   a. O que esses números dizem sobre o nível de preços nesses três anos?
   b. Calcule as taxas de inflação para os períodos de 12 meses até junho de 2005 e junho de 2006.

c. Como a taxa de inflação mudou em 2006?

d. Por que esses números do IPC podem ser distorcidos?

e. O que o Bureau of Labor Statistics está fazendo para minimizar a distorção dos números do IPC?

7. Uma família típica de Sandy Island consome somente suco e tecido. No ano passado, que foi o ano-base, a família gastou $ 40 em suco e $ 25 em tecido. No ano-base, o suco custava $ 4 por garrafa e o tecido custava $ 5 por corte. Neste ano, o suco custa $ 4 por garrafa e o tecido custa $ 6 por corte. Calcule:

a. A cesta do IPC.

b. O IPC no ano atual.

c. A taxa de inflação no ano atual.

8. O *World Economic Outlook* do Fundo Monetário Internacional divulgou os seguintes dados de níveis de preços (2000 = 100):

Região	2003	2004	2005
Estados Unidos	106,8	109,7	113,4
Europa	106,7	109,0	111,4
Japão	98,1	98,1	97,8

a. Qual região teve a maior taxa de inflação antes de 2004 e qual teve a maior taxa de inflação depois de 2004?

b. Descreva a trajetória do nível de preços no Japão.

PENSAMENTO CRÍTICO

1. Analise a seção "Leitura das entrelinhas" e responda às seguintes questões:

a. A expansão de 2002-2006 criou empregos a uma taxa incomumente alta, uma taxa incomumente baixa ou uma taxa média?

b. O que a administração Bush disse sobre os números de março de 2006? Essa avaliação estava correta?

c. Você consegue pensar em razões pelas quais os dois primeiros anos da expansão não criaram muitos empregos?

d. Você acha que o governo dos Estados Unidos deveria ajudar a criar mais empregos? Se acha que sim, por quê? Como?

2. Em 1929, o PIB real dos Estados Unidos foi de US$ 865,2 bilhões, o IPC foi de 17,2, e a taxa de desemprego foi de 3,2 por cento. Em 1933, no auge da Grande Depressão, o PIB real foi de US$ 635,5 bilhões, o IPC foi de 12,9, e a taxa de desemprego foi de 24,9 por cento.

a. Descreva a mudança do padrão de vida entre 1929 e 1933.

b. Calcule a taxa de inflação entre 1929 e 1933.

c. Explique o que aconteceu com o custo de vida de uma família urbana típica.

3. Vimos neste capítulo que a semana de trabalho média ficou mais curta ao longo dos anos. Você acha que menos horas de trabalho representam um problema ou um benefício? Você espera que a semana de trabalho média continue a diminuir? Por quê?

4. Um número cada vez maior de empregos é constituído de postos de período parcial. Você consegue pensar em algumas razões para essa tendência? Quem se beneficia dos empregos de período parcial: o empregador, o trabalhador ou ambos? Explique sua resposta com exemplos.

5. Vimos que o IPC é distorcido e exagera a taxa de inflação real. Seria fácil ajustar o IPC para o viés médio conhecido. Mas continuamos a utilizar uma medida distorcida da inflação. Por que você acha que não ajustamos o IPC para o viés médio conhecido de modo que a medida da taxa de inflação seja mais precisa? Explique quem ganha e quem perde com a medida distorcida. Tente pensar em razões pelas quais as pessoas que perdem não conseguiram convencer as pessoas que ganham a adotar uma medida mais precisa.

ATIVIDADES NA INTERNET

1. Faça uma pesquisa no portal do IBGE (www.ibge.gov.br) na Internet e obtenha informações recentes sobre o PIB, o emprego e os preços.

2. Em que fase do ciclo se encontra a economia brasileira?

3. Qual tem sido o comportamento do mercado de trabalho nos últimos meses?

4. Qual tem sido o comportamento do nível de preços (IPCA) nos últimos meses?

CENÁRIO BRASILEIRO

A elaboração de índice de emprego e de preços no Brasil

Ricardo Biolchini[1]
Rodrigo Mariano[2]

Índices de emprego

A elaboração de indicadores de emprego é realizada para que se possa observar como evolui o emprego em determinada economia. E isso se torna importante para que medidas de políticas públicas possam ser desenvolvidas com a finalidade de reduzir o impacto negativo do aumento do número de desempregados. No Brasil, as informações referentes ao emprego e desemprego são coletadas pelo Instituto Brasileiro de Geografia e Estatística (IBGE), por meio da Pesquisa Mensal de Emprego (PME), desde 1980.

No entanto, há outras ferramentas que também medem o emprego e o desemprego, como é o caso da Fundação Seade e Dieese, pela Pesquisa de Emprego e Desemprego (PED), e do Caged, pelo Índice de Evolução de Emprego.[3]

A Pesquisa Mensal de Emprego (PME) permite analisar a dinâmica conjuntural do mercado de trabalho brasileiro bem como sua evolução ao longo do tempo por meio de indicadores como a taxa de ocupação, a taxa de desocupação, dentre outros. Aqui as designações taxa de ocupação e taxa de desocupação correspondem à taxa de emprego e à taxa de desemprego, respectivamente. A pesquisa abrange as regiões metropolitanas de Recife, Salvador, Belo Horizonte, Rio de Janeiro, São Paulo e Porto Alegre.

A **taxa de ocupação** reflete a relação entre a população ocupada e a população economicamente ativa. Por sua vez, a **taxa de desocupação** é o porcentual da população desocupada, que tenha procurado trabalho nos últimos 30 dias, em relação à população economicamente ativa.

$$\text{Taxa de desocupação (Taxa de desemprego)} = \frac{\text{População ocupada}}{\text{População economicamente ativa}} \times 100$$

Fazem-se necessárias, agora, breves descrições para que alguns conceitos possam ser mais bem entendidos. Primeiramente, a **população ocupada** corresponde ao total de pessoas que exerçam trabalho, quer seja remunerado quer não, durante uma hora completa, no mínimo, na semana da pesquisa, ou ainda de pessoas que tenham trabalho remunerado, porém estejam temporariamente afastadas. Em segundo lugar, a **população desocupada** corresponde ao total de pessoas sem trabalho, mas que estejam à procura efetiva de uma vaga. Por fim, a **população economicamente ativa** (PEA) corresponde à soma das populações ocupada e desocupada.

De modo geral, o cálculo da taxa de desemprego é um indicador de grande importância e, embora seja realizado pela pesquisa por amostragem, ilustra com representatividade a economia real de um país.

Índices de preços

No Brasil, a preocupação com a inflação apresenta-se de forma proeminente no debate e na conseqüente adoção de políticas econômicas. Isso pôde ser observado principalmente a partir da década de 1960 até o Plano Real, período marcado por alta hiperinflação. Desta maneira, acompanhar a variação dos preços tornou-se, além de uma necessidade básica e primária para determinar políticas macroeconômicas, um instrumento de apoio para entender a economia brasileira.

Essa característica de economia com inflação alta e tendência inflacionária ao longo de vários anos fez a economia brasileira utilizar vários índices de preço tanto para monitorar como para reajustar os principais preços da economia. A seguir, alguns exemplos.

- IGP: **Índice Geral de Preços**, utilizado, geralmente, em contratos de longo prazo, como aluguel.
- IPA: **Índice de Preços no Atacado**, baseia-se na variação dos preços no mercado atacadista.
- IPC: **Índice de Preços ao Consumidor**, baseia-se na variação dos preços ao consumidor final.
- INCC: **Índice Nacional do Custo da Construção**, reflete o ritmo dos preços de materiais de constru-

---

[1] Economista, mestrando em Economia.
[2] Economista, mestrando em Economia.
[3] Para mais informações acesse as pesquisas mencionadas em: http://www.dieese.org.br/ped; e http://www.mte.gov.br/caged

ção e da mão-de-obra no setor. Utilizado em financiamento direto de construtoras e/ou incorporadoras.

- **IGP-DI: Índice Geral de Preços – Disponibilidade Interna**, apura as variações de preços de matérias-primas agrícolas e industriais no atacado e de bens e serviços finais no consumo.
- **IGP-M: Índice Geral de Preços do Mercado**, tem metodologia semelhante à utilizada no cálculo do **IGP-DI**. Porém, enquanto no IGP-DI a pesquisa de preços vai do primeiro ao último dia do mês, o IGP-M vai do dia 21 de um mês até o dia 20 do mês subseqüente.
- **IGP-10: Índice Geral de Preços 10**, elaborado com a mesma metodologia do IGP-DI e do IGP-M, porém com coleta de preços que vai do dia 11 de um mês ao dia 10 do mês seguinte.
- **IPC-RJ: Índice Preços ao Consumidor – Rio de Janeiro**, índice que considera a variação dos preços na cidade do Rio de Janeiro.
- **IPC-Fipe: Índice de Preços ao Consumidor da Fundação Instituto de Pesquisas Econômicas**, índice da Universidade de São Paulo (USP), pesquisado no município de São Paulo.
- **ICV-DIEESE: Índice do Custo de Vida**, calculado pelo Dieese (Departamento Intersindical de Estatística e Estudos Socioeconômicos), para a cidade de São Paulo refletindo o custo de vida de famílias com renda média de R$ 2.800.
- **INPC: Índice Nacional de Preços ao Consumidor**, mede a variação dos preços nas nove principais regiões metropolitanas do país para famílias com renda de 1 a 6 salários mínimos.

Depois da exposição dos mais variados índices de preços existentes no Brasil, vale ressaltar que o índice que o Banco Central do Brasil utiliza para gerir o sistema de metas de inflação é o IPCA. Portanto, vale discorrer de maneira mais detida sobre esse índice de preços em particular.

O índice de preços ao consumidor agregado – IPCA – é utilizado para monitorar as alterações nos preços e as conseqüentes mudanças do custo de vida da população brasileira ao longo do tempo. A inflação – elevação do nível geral de preços na economia – é a variação porcentual do nível de preços em relação a um período anterior, ou seja, em caso de aumento dos preços é bem provável que o custo de vida de uma família tenda a aumentar, dado seu consumo constante para sobrevivência.

Vamos às etapas para a elaboração de um índice de preços. De modo geral, segue um passo-a-passo que proporcionará a comparação dos índices de preços ao longo do tempo, o qual disponibilizará informações úteis para analisar a alteração no custo de vida das famílias.

1. Determina-se uma cesta de bens e serviços a ser analisada.
2. Pesquisam-se os preços de todos os bens em questão.
3. Calcula-se o custo da cesta escolhida.
4. Determina-se um ano-base e calcula-se o índice*.

Figura 1 Índices de preços

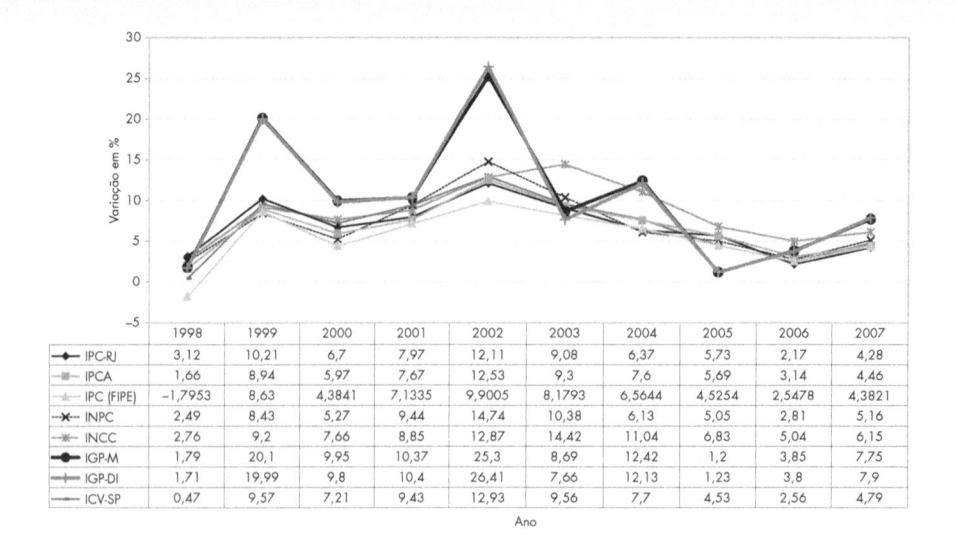

	1998	1999	2000	2001	2002	2003	2004	2005	2006	2007
IPC-RJ	3,12	10,21	6,7	7,97	12,11	9,08	6,37	5,73	2,17	4,28
IPCA	1,66	8,94	5,97	7,67	12,53	9,3	7,6	5,69	3,14	4,46
IPC (FIPE)	-1,7953	8,63	4,3841	7,1335	9,9005	8,1793	6,5644	4,5254	2,5478	4,3821
INPC	2,49	8,43	5,27	9,44	14,74	10,38	6,13	5,05	2,81	5,16
INCC	2,76	9,2	7,66	8,85	12,87	14,42	11,04	6,83	5,04	6,15
IGP-M	1,79	20,1	9,95	10,37	25,3	8,69	12,42	1,2	3,85	7,75
IGP-DI	1,71	19,99	9,8	10,4	26,41	7,66	12,13	1,23	3,8	7,9
ICV-SP	0,47	9,57	7,21	9,43	12,93	9,56	7,7	4,53	2,56	4,79

Fonte: IPEADATA.

---

* De maneira simplificada, para calcular o índice divide-se o preço da cesta de bens e serviços em cada ano pelo preço da cesta no ano-base e o resultado é multiplicado por 100. O número obtido por esse processo é o índice de preços ao consumidor do ano em questão.

5. Calcula-se a taxa de inflação do período.

A seguir podemos comparar os principais índices de preços.

Instituto Brasileiro de Geografia e Estatística (IBGE), disponível em: www.ibge.gov.br

Instituto de Pesquisa Econômica Avançada (IPEA), disponível em: www.ipeadata.gov.br

REFERÊNCIAS

CANO, Wilson. *Introdução à economia*. São Paulo: UNESP, 2007.

FEIJO, Carmem; BARBOSA Filho, Nelson Henrique; LIMA, Fernando Carlos G. de Cerqueira. *Contabilidade social*. Rio de Janeiro: Campus, 2007.

PAULANI, Leda Maria; BRAGA, Marcio Bobik. *A nova contabilidade social*. São Paulo: Saraiva, 2007.

VARIAN, Hal R. *Microeconomia: princípios básicos*. Rio de Janeiro: Campus, 2006.

QUESTÕES

1. Qual o intuito de uma economia, no caso a brasileira, ao utilizar vários índices de preços para suprir as expectativas dos agentes?

2. Relacione as tendências dos índices de emprego e de preço. Eles são correlacionados? Explique.

3. Pode-se afirmar a existência de uma curva de Philips para o caso brasileiro? Explique. Quais os impactos econômicos do alto nível de inflação e do alto nível de desemprego?

PARTE 7
ENTENDIMENTO DOS TEMAS DA MACROECONOMIA

O quadro geral

A macroeconomia é uma área ampla e controversa, repleta de discordâncias sobre ideologias políticas. Ela é um campo no qual charlatões, assim como pensadores sérios, têm muito a dizer. Esta página apresenta um mapa do caminho que você acabou de percorrer e do caminho que percorrerá a partir de agora.

Começamos nosso estudo da macroeconomia no Capítulo 20 com uma análise das origens e questões macroeconômicas. Também revimos as principais questões da área. O que causa:

- O crescimento econômico?
- Os ciclos econômicos?
- O desemprego?
- A inflação?
- As flutuações da taxa de câmbio?
- Os superávits, déficits e dívidas?

Além disso, no Capítulo 20, apresentamos alguns desafios da política macroeconômica.

No Capítulo 21, aprendemos a medir a produção da economia e vimos uma maneira de medir o nível de preços. Utilizamos essas medidas para calcular a taxa de crescimento econômico, as flutuações do ciclo econômico e a inflação. Vimos que não é simples fazer essas mensurações e que pequenos erros podem ter um grande efeito sobre nossas percepções de como estamos nos saindo. No Capítulo 22, aprendemos a medir a situação do mercado de trabalho – os níveis de emprego, desemprego e salários – e outra maneira de medir o nível de preços: o IPC.

Os capítulos a seguir apresentam as teorias desenvolvidas pelos economistas para explicar o desempenho macroeconômico.

Do Capítulo 23 ao 26, estudaremos a economia de longo prazo com pleno emprego. Esse material é essencial para responder à mais antiga questão da macroeconomia, à qual Adam Smith tentou responder: quais são as causas da riqueza das nações? Começaremos o Capítulo 23 estudando as forças que determinam o PIB potencial, a quantidade de trabalho e o salário real. Também veremos como a poupança e os empréstimos concedidos financiam os empréstimos tomados e os investimentos e determinam a taxa de juros real. Então, no Capítulo 24, estudaremos o processo de crescimento e os papéis que a acumulação de capital e a mudança tecnológica exercem no crescimento econômico.

Nos capítulos 25 e 26, analisaremos três outras questões antigas a que David Hume, contemporâneo e amigo de Adam Smith, tentou responder: o que causa a inflação? O que causa os déficits e superávits internacionais? Por que as taxas de câmbio flutuam?

Capítulos posteriores explicam o ciclo econômico, bem como a política macroeconômica, dois tópicos que David Hume foi um dos primeiros a explorar.

Antes de prosseguirmos com nosso estudo da macroeconomia, vamos nos deter um pouco em David Hume, grande pensador e escritor.

ANÁLISE DE IDÉIAS

Economistas *versus* mercantilistas

> "...em cada reinado no qual o dinheiro começa a fluir com maior abundância do que antes, tudo assume um novo aspecto: o trabalho e a indústria ganham vida; o mercador se torna mais empreendedor, o fabricante fica mais diligente e habilidoso, e até mesmo o fazendeiro segue seu arado com maior empenho e atenção."
>
> DAVID HUME
>
> Ensaios morais, políticos e literários

O economista

David Hume, *nascido na Escócia em 1711 e falecido nesse mesmo país, em 1776, não via a si mesmo como economista. "Filosofia e aprendizado geral" foi como ele descreveu o tema do trabalho ao qual dedicou sua vida. Hume foi um extraordinário pensador e escritor. Publicado em 1742, seu livro* Ensaios morais, políticos e literários *inclui economia, ciências políticas, filosofia moral, arte, história, literatura, ética e religião e explora temas como amor, casamento, divórcio, suicídio, morte e a imortalidade da alma! Mas também inclui algumas preciosidades econômicas. Seus ensaios sobre economia proporcionam insights impressionantes sobre as forças que causam a inflação, as flutuações do ciclo econômico, o equilíbrio de déficits de pagamentos e as flutuações da taxa de juros e explicam os efeitos de impostos e de déficits e dívidas do governo.*

Não havia muitos dados na época de Hume, de modo que ele não tinha como recorrer a evidências detalhadas para sustentar sua análise. No entanto, ele era empírico. Ele repetidamente recorria à experiência e à evidência como os juízes definitivos da validade de um argumento.

A abordagem fundamentalmente empírica de Hume domina a macroeconomia nos dias de hoje.

As questões

O *mercantilismo* é a crença (incorreta) de que a riqueza de uma nação depende da quantidade de ouro (ou, de maneira mais geral, da moeda) que ela possui. Os mercantilistas dizem que, ao impor tarifas para desencorajar as importações e ao incentivar as exportações, uma nação pode ganhar, no comércio com outras nações, mais do que gasta e pode ficar mais rica acumulando os fundos gerados pelo superávit comercial.

Os primeiros passos na direção do estudo científico da macroeconomia foram uma reação contra o mercantilismo, e três ensaios de David Hume sobre a moeda, os juros e o equilíbrio comercial visaram a desbancar o mercantilismo.

Em seu ensaio "Of money", Hume argumentou que a quantidade de moeda (ouro, na sua época) não era importante. Em sua argumentação, ele comparou a quantidade de moeda em sociedades antigas e contemporâneas e elaborou uma das primeiras descrições da teoria quantitativa da moeda.

Em seu ensaio "Of interest", ele tentou entender a diferença entre a taxa de juros real e a taxa de juros nominal e argumentou que uma taxa de juros baixa (real) possibilitava a prosperidade de uma nação.

No entanto, o ensaio mais importante de Hume é "Of the balance of trade". Nesse ensaio, ele explica por que, se uma nação perdesse a maior parte de sua moeda ou visse sua moeda multiplicar-se muitas vezes em relação a seu nível inicial, seriam acionadas forças para restabelecer a quantia inicial de moeda e deixar todo o resto inalterado.

Hume explicou as razões pelas quais um aumento da quantidade de moeda não enriqueceria uma nação e as forças que mantêm em equilíbrio a distribuição de moeda na economia global; para fazê-lo, ele traçou um paralelo entre a moeda e a água: assim como a água permanece em determinado nível, o mesmo ocorre com a moeda, ele argumentou. Ele chegou a essa conclusão por meio de uma poderosa mistura de evidências empíricas e experimentos de lógica.

Seu experimento teórico clássico foi imaginar que, devido a algum milagre, "quatro quintos de toda a moeda da Grã Bretanha... [tivessem sido]... destruídos em uma noite". Imaginando as conseqüências, ele prosseguiu: "O preço de toda a mão-de-obra e dos produtos não deveria diminuir proporcionalmente?... Qual nação poderia então... vender produtos industrializados ao mesmo preço, o que nos possibilitaria lucro suficiente? Em quanto tempo, portanto, isso traria de volta a moeda que perdemos e nos elevaria ao nível de todas as nações vizinhas?"

Antes

Em 1776, o ano no qual David Hume faleceu, William Playfair começou a utilizar dados econômicos e representá-los graficamente. Ele inventou o gráfico linear de série temporal, o gráfico de barras e o gráfico de torta. Dos gráficos que utilizamos hoje, só o diagrama de dispersão foi desenvolvido mais tarde. E a maneira como fazemos gráficos hoje continua praticamente inalterada desde a época de Playfair.

Alguns dos primeiros gráficos de Playfair (como o apresentado abaixo) mostravam exportações, importações e a balança comercial – o item que constituiu o centro das desavenças entre os economistas e os mercantilistas.

Hoje

Hoje em dia, o Bureau of Economic Analysis compila dados detalhados sobre estatísticas de comércio internacional e das contas nacionais. Avanços na informática e na tecnologia da comunicação colocaram um enorme banco de dados econômico à disposição de qualquer pessoa. Com o clique de um mouse, podemos criar gráficos e explorar dados de formas que William Playfair jamais poderia ter imaginado.

No site Web do Bureau of Economic Analysis (mostrado abaixo) e em um site Web similar administrado pelo Bureau of Labor Statistics, é possível acessar dados e fazer gráficos de milhares de variáveis que descrevem a saúde da economia dos Estados Unidos e suas regiões, estados e distritos.

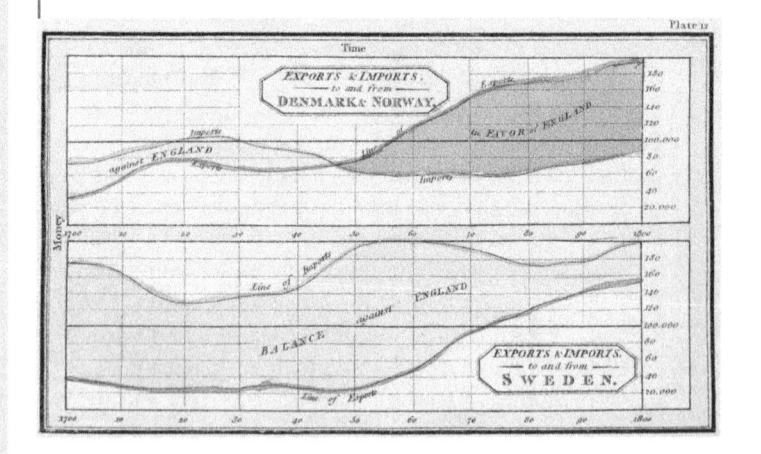

PONTO DE VISTA ECONÔMICO – PERSONALIDADE BRASILEIRA

Gustavo H. B. Franco[1]

Gustavo H. B. Franco é economista. Nascido no Rio de Janeiro em 1956, graduou-se e fez mestrado em Economia na PUC do Rio de Janeiro e, em seguida, foi a Harvard para obter o mestrado.

Seu grande interesse pela Economia surgiu muito cedo por causa da influência de seu pai, Guilherme Arinos Lima Verde de Barroso Franco, que foi secretário particular de Getúlio Vargas. Começou a lecionar em 1992 na PUC do Rio de Janeiro e, em 1993, assumiu o cargo de Secretário-Adjunto de política econômica do Ministério da Fazenda, a convite de Itamar Franco, à época Ministro da Fazendo do governo de Fernando Henrique Cardoso. Participou da implementação do Plano Real e, em 1994, foi diretor de Assuntos Internacionais do Banco Central do Brasil. É autor dos livros O Plano Real e outros ensaios, *de 1995;* O desafio brasileiro: ensaios sobre o desenvolvimento, globalização e moeda, *de 1999;* O papel e a baixa do câmbio: um discurso histórico de Rui Barbosa, *de 2005;* Crônicas da convergência: ensaios sobre temas já não tão polêmicos, *de 2006; e* A economia em pessoa, *também de 2006.*

No seu doutorado defendido em Harvard, você analisa as experiências de hiperinflação dos anos 20. Elas foram úteis para entender e combater a inflação brasileira? Aliás, por que Harvard?

Bom, são duas perguntas diferentes. Por que Harvard? Quando as pessoas saem daqui para fazer seu doutorado nos EUA sempre procuram uma vaga nas cinco ou seis universidades americanas do primeiro time. Qualquer uma delas que aceitar o indivíduo, ele vai. Eu pude escolher, como disse, entre Harvard, Yale e Chicago e preferi Harvard. Sobre a tese, é interessante observar que a minha primeira motivação era a oportunidade única na vida de estudar países europeus a partir das bibliotecas e dos arquivos de Harvard. Trabalhando no Brasil, jamais teria capacidade de fazer esse tipo de estudo, não só ter os livros e os materiais escritos em inglês, arquivos da Liga das Nações, correspondências pessoais, mas também a capacidade de contratar gente que falasse alemão, polonês, para trabalhar comigo, estudando esses países. Não era um trabalho dirigido para o grande tema brasileiro da década de 1980: a crise externa. Em 1982, quando eu comecei a escrever a tese, a hiperinflação era apenas uma referência vaga a eventos remotos, europeus, nada a ver com a realidade latino-americana. Se alguém dissesse que o Brasil ia experimentar uma hiperinflação, àquela altura, seria considerado um doido varrido. Eu mesmo, tenha-se claro, não tinha nenhuma premonição, nem nada disso: estava fazendo uma tese sobre história econômica. No entanto, quando eu já estava terminando a tese, no fim de 1985, a Bolívia já estava em hiperinflação. Era perfeito para mim. Era como estudar paleontologia e descobrir que alguém achou um dinossauro vivo num lugar remoto. Você fica doido para ir lá ver e testar suas conjecturas. No filme *Jurassic Park*, há uma cena desse tipo, quando os paleontólogos entram pela primeira vez no parque. Bem, eu estava trabalhando simultaneamente com três 'orientadores': Jeffrey Sachs, que começava aí a se envolver com a Bolívia como consultor, Barry Eichengreen, o historiador, hoje em Berkeley, e Lance Taylor, o heterodoxo de

---

[1] Texto extraído do livro *Conversas com economistas brasileiros II*, de Guido Mantega e José Marcio Rego, Editora 34, 1999.

plantão no MIT. Tentava, com isso, equilibrar interesses e métodos de história econômica e novos caminhos analíticos no estudo de inflações elevadas. As coisas pareciam se encaixar. O Sachs acabou contratado pelo governo boliviano e profundamente interessado no tema, o que me ajudou muito. Quando terminei o trabalho, e cheguei ao Brasil de volta, estávamos em agosto de 1986. No meio do Plano Cruzado. Mais do que nunca, a hiperinflação parecia uma alucinação, embora as nuvens negras já pudessem ser vistas. E, de fato, com o que se seguiu, a alucinação começou a ficar real. Já em fins de 1988, estávamos vivendo algo muito parecido com a experiência dos anos 1920. Era uma fantástica tragédia. A hiperinflação no Brasil igualzinha à que eu tinha conhecido na Europa. Do ponto de vista profissional foi extraordinário. Subitamente, havia vários brontossauros vivos por toda parte e eu tinha a capacidade não só de ver e estudar, mas também, e o mais importante de tudo, a oportunidade de trabalhar na estabilização.

Que relação tinha a experiência brasileira de estabilização com o fim das hiperinflações européias?
Tínhamos várias semelhanças importantes, mas algumas diferenças básicas. A primeira é que 'inflação', naquela época, dizia respeito à desvalorização da moeda, ou seja, do câmbio, e não como hoje, um aumento continuado no nível geral de preços. As experiências de estabilização dos anos 1920 são de retorno ao padrão-ouro, ou seja, de fixação da taxa de câmbio. Essa terminologia de hoje, a 'ancoragem', parece aludir especificamente a países que entram no padrão-ouro, como nos anos 1920, ou em *currency boards*, como mais recentemente a Argentina e alguns países do Báltico.

Aqui não foi feita exatamente uma ancoragem porque não foi decretada a conversibilidade, porém, há alguma familiaridade, há algum lastreamento, digamos assim, da moeda brasileira com uma moeda forte, que seria o dólar, mesmo que isso não tenha ficado 100 por cento caracterizado como na Argentina. Não há um anteparo da nossa moeda numa moeda forte?
Em alguma medida, mas vale uma digressão. Na experiência da década de 1920 de retorno ao padrão-ouro, assim como durante a vigência do padrão-ouro nos anos anteriores a 1914, e mesmo na Inglaterra, o lastreamento não era um elemento tão importante. A própria Inglaterra, em 1914, tinha no máximo 10% de lastro para o total de libras esterlinas em circulação. Foi só bastante tempo depois que se teve clareza de que não é bem o lastreamento que garantia o padrão-ouro e a estabilidade monetária, mas os dois déficits: o externo e o fiscal. A experiência de 1971 com o dólar foi um colapso de um suposto processo de lastreamento em ouro: o barril pode estar muito cheio, mas, se ele está furado, vai vazar tudo que está lá dentro. Essa experiência me faz crer que não é propriamente o nível de reservas, ou esse tipo de coisa, que faz a estabilização funcionar. A construção da confiança é o que importa. E em cada um dos casos ela teve uma arquitetura diferente. Veja um caso específico, por exemplo, o fim da hiperinflação na Polônia em 1923-24. A Polônia era um país que não existia em 1918, quando a guerra acabou, pois tinha sido dividida entre a Rússia, a Alemanha e o Império Austro-Húngaro, cem anos antes. Ela ficou desmembrada durante cem anos, quando deixou de existir como país. Em 1914, todavia, o Tratado de Versalhes recriou a Polônia. Era um país totalmente desarrumado. Tinha, por exemplo, três sistemas ferroviários de costas um para o outro. Não tinha administração pública, não tinha exército e, logo na sua refundação, já começou em guerra com a União Soviética. Nesse país, obviamente, você não vai resolver a estabilização por causa do lastreamento para fazer as reservas do Banco Central e, pronto, está feito o padrão-ouro. Não é assim. Você tem problemas objetivos, estruturais, que tem de resolver. O grande evento que acabou tornando a estabilização polonesa viável foi a anexação de um território da Alemanha à Polônia, a Alta Silésia, que era uma província exportadora de carvão, como se fosse, assim, uma grande ZPE. Essa anexação resolvia a situação externa da Polônia e viabilizava o padrão-ouro e a estabilização, principalmente depois de eles arrumarem a situação fiscal e encerrarem a guerra com os russos. A lição é a seguinte: a estabilização não deve ser vista como um simples coquetel de âncora cambial com âncora monetária. Em toda parte, onde os programas de estabilização deram certo, a parte mais importante é aquilo que a nossa terminologia houve por bem designar como 'reformas'. O 'mix' macroeconômico é apenas um coadjuvante do processo de reforma, e não varia tanto assim de um país para outro. Importante mesmo é ter claro que a hiperinflação é uma doença raríssima, muito séria e que não acontece à toa. Ela expressa, ou dá conseqüência, a problemas estruturais gravíssimos. E o mais comum é que os países parecem demorar muito tempo até se organizar para atacar o problema. A hiperinflação é uma espécie de febre que se agrava com a paralisia decisória. A hiperinflação é sempre uma criatura da complacência, um resultado da incapacidade de o país decidir.

> Tínhamos várias semelhanças importantes, mas algumas diferenças básicas. A primeira é que 'inflação', naquela época, dizia respeito à desvalorização da moeda, ou seja, do câmbio, e não como hoje, um aumento continuado no nível geral de preços

Ainda voltando à sua tese, em certa medida ela se contrapõe à abordagem das expectativas racionais – eu estou lembrando do texto do Thomas Sargent, Os Finais de Quatro Hiperinflações. *Ele enfatiza a questão da mudança do regime de política monetária e você tem uma preocupação de mostrar outros elementos, não?*

Pois é. Há uma dicotomia básica nessa matéria. Alguns dirão que a estabilização deu certo porque o país adotou o padrão-ouro, equilibrou o orçamento e tornou o Banco Central independente e comprometido com as boas práticas financeiras. Outros dirão que a estabilização deu certo porque arrumou os problemas estruturais, os conflitos distributivos. Em geral, os do primeiro grupo enfatizam o problema fiscal, enquanto os outros se concentram no balanço de pagamentos. É impressionante como essa dicotomia se repete nos debates de cada país que enfrentam o problema da estabilização. Em todos os casos a controvérsia é a mesma, só muda o endereço. E isso quer dizer alguma coisa, sim: quer dizer que os dois lados estão a enfatizar duas metades de uma mesma verdade. E por isso nenhum dos dois lados tem razão inteiramente. O trabalho do Sargent leva o 'ponto de vista fiscal' longe demais e acaba por mistificar a importância da 'ancoragem', imposta por um banco central independente. Ele não está errado. Errado é dizer que isso basta, ou que é uma condição suficiente para a estabilização. Não é. É uma condição necessária, com certeza, mas não suficiente. E, da mesma forma, a solução dos problemas 'estruturais' e de balanço de pagamentos, o que quer que sejam (cada país é uma história diferente), não é suficiente para a estabilização, embora seja necessária. No caso da Alemanha em 1920, por exemplo, havia uma obrigação de pagar, a título de reparações de guerra, um valor correspondente a 92% das exportações. Desse jeito não adiantava ter banco central independente nem orçamento equilibrado, que a estabilização era impossível. As reparações de guerra tinham de ser revistas. Assim sendo, a lição é que não se deve mistificar nem do lado ortodoxo nem do lado heterodoxo. Meu trabalho a propósito das teses do Sargent era apenas para mostrar que havia algo mais, além do receituário ortodoxo, até porque a própria estabilização se encarregou de rearrumar a situação fiscal desses países. O próprio Sargent, inclusive, conversando comigo a esse respeito, reconhece os limites do trabalho dele. Mas, por outro lado, não deve haver dúvida de que é fundamental a importância de equilíbrio orçamentário e da disciplina monetária nos processos de estabilização. O fato de argumentar que isso não é *suficiente* para resolver o problema da estabilização não quer dizer que não seja absolutamente necessário, nem deve servir de combustível para os heterodoxos de plantão inventarem teorias mirabolantes para justificar a desnecessidade do ajuste fiscal.

> A hiperinflação é sempre uma criatura da complacência, um resultado da incapacidade de o país decidir

PARTE **8** A economia no longo prazo   CAPÍTULO **23**

Pleno emprego: o modelo clássico

Ao término do estudo deste capítulo, você saberá:

▶ Explicar o propósito do modelo clássico.
▶ Descrever a relação entre a quantidade empregada de trabalho e o PIB real.
▶ Explicar o que determina o nível de pleno emprego, o salário real e o PIB potencial.
▶ Explicar o que determina o desemprego quando a economia está no pleno emprego.
▶ Explicar como decisões de tomada e concessão de empréstimos interagem para determinar a taxa de juros real, a poupança e o investimento.
▶ Aplicar o modelo clássico para explicar variações e diferenças internacionais do PIB potencial e do padrão de vida.

A bússola da economia

A trajetória seguida pela economia é um pouco como a de um explorador em busca de um novo caminho por um território desconhecido. O progresso do explorador é como o crescimento da economia, que resulta em um padrão de vida em ascensão. Algumas vezes o explorador se desvia do caminho, indo para a direita ou para a esquerda. Esses desvios do caminho principal são como a alternância entre a recessão e a expansão, à medida que a economia flutua ao longo do ciclo econômico.

Mas o explorador tem uma bússola que o ajuda a se manter na trajetória principal e evita que se desvie demais. A bússola do explorador é como as forças que impedem a economia de flutuar demais e que fazem com que adiante ela retorne a seu caminho. Elas são as forças que determinam o equilíbrio de pleno emprego.

A economia é um sistema complexo, de difícil entendimento. Os economistas realizaram progressos em sua tentativa de compreender a economia e melhorar o desempenho dela por meio da construção de modelos macroeconômicos. Não existe um modelo macroeconômico único e totalmente abrangente que explique tudo. Em vez disso, há uma série de modelos, cada um deles funcionando bem para o propósito específico para o qual foi desenvolvido.

Neste capítulo estudaremos um modelo – o *modelo clássico* – que explica as forças que determinam o PIB real ao pleno emprego. O modelo também explica o que determina o nível de emprego, o salário real e a taxa de juros real, bem como a alocação do PIB real entre o consumo e o investimento. Na seção "Leitura das entrelinhas", ao final do capítulo, veremos como o modelo clássico nos ajuda a entender por que o PIB real per capita é muito mais alto nos Estados Unidos do que na Europa, mas por que, ao mesmo tempo, o salário real nos Estados Unidos é quase igual ao da Europa.

O modelo clássico: apresentação

Os economistas realizaram progressos na compreensão do desempenho macroeconômico fazendo a distinção entre variáveis *reais* e variáveis *nominais*.

As variáveis reais, que incluem o PIB real, emprego e desemprego, o salário real, o consumo, a poupança, os investimentos e as taxas de juros reais, medem quantidades que nos informam o que está *realmente* acontecendo ao bem-estar econômico.

As variáveis nominais, que incluem o nível de preços (IPC ou deflator do PIB), a taxa de inflação, o PIB nominal, o salário nominal e a taxa de juros nominal, medem itens que nos informam como os *valores em unidades monetárias* e o custo de vida estão mudando.

A divisão do desempenho macroeconômico em uma parte real e uma parte nominal é a base de uma enorme descoberta chamada de **dicotomia clássica**, que afirma que:

> No pleno emprego, as forças que determinam as variáveis reais são independentes das forças que determinam as variáveis nominais.

Na prática, a dicotomia clássica implica que é possível explicar por qual motivo o PIB real per capita nos Estados Unidos é 20 vezes maior que na Nigéria examinando somente as partes reais das duas economias e ignorando diferenças de níveis de preço e taxas de inflação. De modo similar, podemos explicar por que o PIB real per capita em 2006 foi aproximadamente o dobro daquele de 1971 sem levar em consideração o que aconteceu ao valor da moeda entre esses dois anos.

O **modelo clássico** é um modelo da economia que determina as variáveis *reais* – PIB real, emprego e desemprego, o salário real, o consumo, a poupança, os investimentos e as taxas de juros reais – no pleno emprego.

A maioria dos economistas acredita que a economia raramente está no pleno emprego. Eles vêem o ciclo econômico como a flutuação do PIB real em torno de seu nível no pleno emprego. Economistas clássicos vêem a economia como se ela sempre estivesse no pleno emprego. Eles vêem o ciclo econômico como a flutuação do nível do PIB real no pleno emprego. Independentemente da visão que um economista tem do ciclo econômico, todos concordam que o modelo clássico, que analisaremos a seguir, possibilita um profundo conhecimento do desempenho macroeconômico.

PIB real e emprego

Para produzirmos mais PIB real, devemos utilizar mais trabalho ou mais capital para desenvolver tecnologias que sejam mais produtivas. A mudança da quantidade de capital e da situação da tecnologia leva tempo. Mas a quantidade empregada de trabalho pode mudar rapidamente. Dessa maneira, podemos alterar rapidamente o PIB real alterando a quantidade empregada de trabalho. Vamos analisar a relação entre a quantidade de trabalho e o PIB real.

Possibilidades de produção

Quando estudamos os limites da produção no Capítulo 2, vimos que a *fronteira de possibilidades de produção* é a fronteira entre as combinações de bens e serviços que podem ser produzidas e as que não podem. Consideremos a fronteira de possibilidades de produção para dois itens especiais: o PIB real e a quantidade de tempo de lazer.

O PIB real é uma medida dos serviços e bens finais produzidos na economia em determinado período (veja o Capítulo 21). Medimos o PIB real como um número de dólares de 2000, mas a medida é *real*. O PIB real não é uma quantidade de dólares; é uma quantidade de bens e serviços. Pense nele como uma série de grandes carrinhos de supermercado cheios de bens e serviços. Cada carrinho contém um pouco de diferentes tipos de bens e serviços produzidos, e um carrinho cheio de itens custa $ 1 trilhão. Dizer que o PIB real é de $ 12 trilhões significa que o PIB real equivale a 12 carrinhos cheios de bens e serviços.

A quantidade de tempo de lazer é o número de horas que passamos sem trabalhar. É o tempo que passamos praticando esportes, assistindo a eventos desportivos ou a filmes e conversando com os amigos. Ele também inclui o tempo que gastamos procurando emprego se não temos um.

Cada hora de lazer poderia ter sido gasta trabalhando. Quando a quantidade de tempo de lazer aumenta em uma hora, a quantidade empregada de trabalho diminui em uma hora. Se gastássemos todo o nosso tempo com lazer, não produziríamos nada. O PIB real seria zero. Quanto mais abdicamos do lazer, maiores são a quantidade empregada de trabalho e o PIB real.

A relação entre tempo de lazer e PIB real é uma *fronteira de possibilidades de produção* (FPP). A Figura 23.1(a) mostra um exemplo dessa fronteira. A economia tem 450 bilhões de horas de tempo disponível. Se as pessoas utilizam todas essas horas em lazer, não é empregado nenhum trabalho e o PIB real é zero. À medida que as pessoas abrem mão do lazer e trabalham mais, o PIB real aumenta. Se as pessoas gastassem 250 bilhões de horas com lazer e 200 bilhões de horas com trabalho, o PIB real seria de $ 12 trilhões no ponto A. Se as pessoas passassem todas as horas disponíveis trabalhando, o PIB real seria de $ 18 trilhões.

A FPP côncava em relação à origem mostra um custo de oportunidade crescente. Nesse caso, o custo de oportunidade de determinada quantidade de PIB real é a quantidade de tempo de lazer da qual se abdica para produzi-la. À medida que o PIB real aumenta, cada unidade adicional de PIB real custa uma quantidade cada vez maior de lazer da qual se abdica. A razão para isso é que utilizamos o trabalho mais produtivo primeiro e, à medida que utilizamos mais trabalho, passamos a utilizar trabalho cada vez menos produtivo.

A função de produção

A **função de produção** é a relação entre o PIB real e a quantidade empregada de trabalho quando todas as outras influências sobre a produção permanecem constantes. A função de produção é como uma imagem invertida da FPP do lazer e do PIB real. A Figura 23.1(b) mostra a função de produção para a economia cuja FPP é mostrada na Figura 23.1(a). Quando a quantidade empregada de trabalho é zero, o PIB real também é zero e, à medida que a quantidade empregada de trabalho aumenta, o mesmo ocorre com o PIB real. Quando são empregados 200 bilhões de horas de trabalho, o PIB real é de $ 12 trilhões (no ponto A).

Uma diminuição das horas de lazer e o aumento correspondente da quantidade empregada de trabalho resultam em movimentos ao longo da curva FPP e da função de produção e num aumento do PIB real. As setas ao longo da FPP e da função de produção apresentadas na Figura 23.1 indicam esses movimentos. Um exemplo de um movimento como esse ocorreu durante a Segunda Guerra Mundial, quando houve um rápido aumento da quantidade de emprego e do PIB real.

Figura 23.1 Possibilidades de produção e função de produção

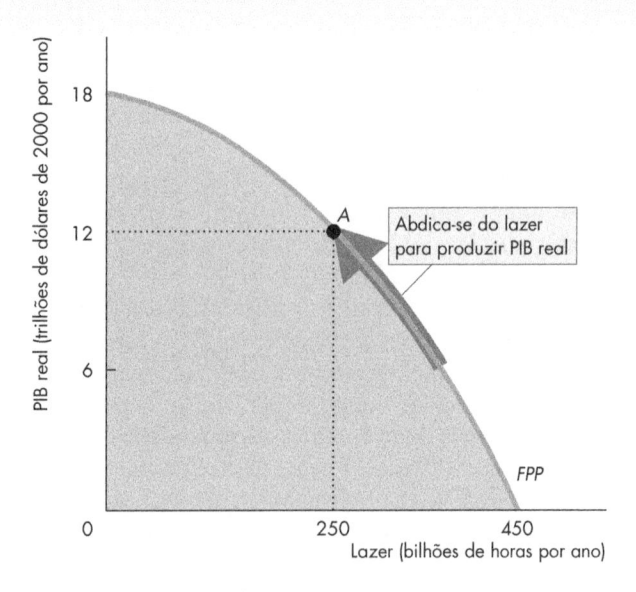

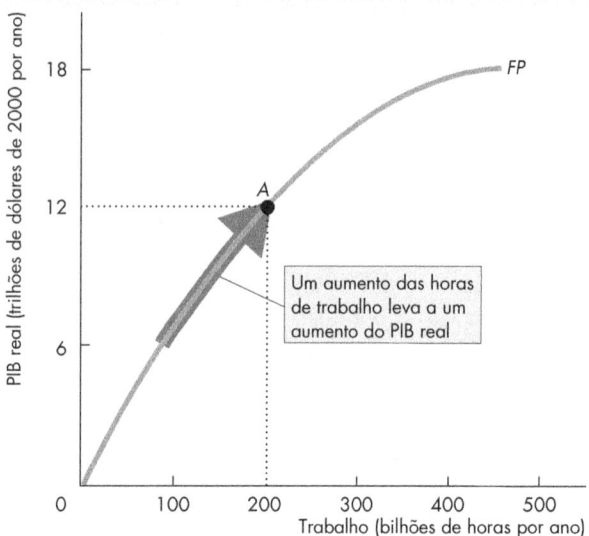

(a) Fronteira de possibilidades de produção

(b) Função de produção

Na FPP da parte (a), se usufruímos de 450 bilhões de horas de lazer, não produzimos nenhum PIB real. Se gastamos 250 bilhões de horas em lazer e trabalhamos 200 bilhões de horas, produzimos um PIB real de $ 12 trilhões, no ponto A.
No ponto A da função de produção na parte (b), trabalhamos 200 bilhões de horas e produzimos $ 12 trilhões de PIB real.

QUESTÕES PARA REVISÃO

1 Qual é a relação entre a função de produção e a FPP do tempo de lazer-PIB real?
2 O que o formato côncavo em relação à origem da FPP do tempo de lazer-PIB real implica para o custo de oportunidade do PIB real e por que a FPP é côncava em relação à origem?

O mercado de trabalho e o PIB potencial

Com determinada quantidade de capital (físico e humano) e determinado estado da tecnologia, o PIB real depende da quantidade de horas empregadas de trabalho. A FPP nos mostra a quantidade de trabalho que devemos empregar para produzir determinado nível de PIB real. Mas o que determina os níveis de emprego e PIB real nos quais a economia opera? Por que não geramos sempre a máxima produção possível?

A quantidade de PIB real produzido depende da decisão de como dividir o tempo entre trabalho e lazer. Essa decisão se expressa no **mercado de trabalho**, que é o mercado no qual as pessoas ofertam e as empresas demandam serviços da força de trabalho.

Na economia mundial, há muitos mercados de trabalho – mercados para encanadores, dentistas, economistas, cirurgiões etc. No estudo da macroeconomia, agregamos todos os tipos de trabalho em um único tipo, cuja quantidade é medida por *horas agregadas*. O mercado de trabalho determina a quantidade de horas empregadas de trabalho e a quantidade ofertada de PIB real. Veremos como isso ocorre estudando:

- A demanda por trabalho
- A oferta de trabalho
- O equilíbrio do mercado de trabalho
- O PIB potencial

A demanda por trabalho

A *quantidade demandada de trabalho* é o número de horas de trabalho contratadas por todas as empresas da economia durante determinado período. Essa quantidade depende do:

1. Salário real
2. Produto marginal do trabalho

Enfatizaremos a relação entre a quantidade demandada de trabalho e o salário real e manteremos constantes todas as influências sobre os planos de contratação das empresas. Perguntaremos: como a quantidade contratada de trabalho muda com a variação do salário real?

Tabela e curva de demanda por trabalho A **demanda por trabalho** é a relação entre a quantidade demandada de trabalho e o salário real quando todas as outras influências sobre os planos de contratação das empresas permanecem constantes.

Podemos representar a demanda por trabalho com uma tabela de demanda ou uma curva de demanda. A tabela da Figura 23.2 mostra parte de uma tabela de demanda por trabalho. Ela nos informa a quantidade demandada de trabalho em três faixas de salário real. Por exemplo, se o salário real é $ 40 por hora, a quantidade demandada de trabalho é 150 bilhões de horas por ano, como indicado na linha *A*. A curva de demanda por trabalho é *DL*. Os pontos *A*, *B* e *C* da curva correspondem às linhas *A*, *B* e *C* da tabela de demanda.

O que é o salário real e por que a quantidade demandada de trabalho depende dele, e não do salário em unidades monetárias? Vamos responder agora a essas perguntas.

O salário real O **salário real** é a quantidade de bens e serviços que uma hora de trabalho pode comprar. Em comparação, o **salário monetário** é o número de unidades monetárias recebidas por uma hora de trabalho. O salário real é igual ao salário monetário dividido pelo nível de preços (e multiplicado por 100). Deste modo, o salário real é aquele expresso em unidades monetárias constantes. (Hoje em dia, expressamos o salário real em dólares de 2000.)

Como o PIB real, o salário real é uma quantidade de bens e serviços, não uma quantidade de unidades monetárias. Pense nele como um número de cestas de supermercado cheias de bens e serviços. Cada cesta contém um pouco de diferentes bens e serviços produzidos e custa $ 10. Se o salário real é $ 40 por hora, ele equivale a 4 cestas de bens e serviços.

O salário *real* influencia a quantidade demandada de trabalho porque o que importa para as empresas não é o número de unidades monetárias que elas pagam (o salário monetário), mas quanta produção elas devem vender para ganhar essas unidades monetárias.

A quantidade demandada de trabalho *aumenta* à medida que o salário real *diminui*. A curva de demanda por trabalho se inclina para baixo. Por quê? Para respondermos a essa questão, devemos aprender sobre a produtividade do trabalho e o produto marginal do trabalho.

O produto marginal do trabalho O **produto marginal do trabalho** é a mudança do PIB real que resulta do emprego de uma hora adicional de trabalho quando todas as outras influências sobre a produção permanecem constantes. O produto marginal do trabalho é governado pela **lei dos rendimentos decrescentes**, segundo a qual, à medida que a quantidade de trabalho aumenta, se todos os outros fatores são mantidos constantes, o produto marginal do trabalho diminui.

A lei dos rendimentos decrescentes Os rendimentos decrescentes surgem porque a quantidade de capital é fixa. Duas pessoas operando uma máquina não são duas vezes mais produtivas do que uma pessoa operando uma máquina. Mais cedo ou mais tarde, à medida que são contratadas mais horas de trabalho, os trabalhadores começam a atrapalhar uns aos outros e a produção passa a não aumentar tanto.

Cálculo do produto marginal Calculamos o produto marginal do trabalho dividindo a variação do PIB real pela variação da quantidade empregada de trabalho. A Figura 23.3(a) mostra alguns cálculos e a 23.3(b) mostra a curva de produto marginal.

Na Figura 23.3(a), quando a quantidade empregada de trabalho aumenta de 100 bilhões para 200 bilhões de horas, um aumento de 100 bilhões de horas, o PIB real aumenta de $ 8 trilhões para $ 12 trilhões, um aumento de $ 4 trilhões, ou $ 4.000 bilhões. O produto marginal do trabalho é igual ao aumento do PIB real ($ 4.000 bilhões) dividido pelo aumento da quantidade empregada de trabalho (100 bilhões de horas), o que equivale a $ 40 por hora.

Quando a quantidade empregada de trabalho aumenta de 200 bilhões para 300 bilhões de horas, um aumento de 100 bilhões de horas, o PIB real aumenta de $ 12 trilhões para $ 15 trilhões, um aumento de $ 3 trilhões, ou $ 3.000 bilhões. O produto marginal do trabalho é igual a $ 3.000 bilhões divididos por 100 bilhões de horas, o que equivale a $ 30 por hora.

Na Figura 23.3(b), à medida que a quantidade empregada de trabalho aumenta, o produto marginal do trabalho diminui. Entre 100 bilhões e 200 bilhões de horas (a 150 bilhões de horas), o produto marginal do trabalho é $ 40 por hora. Entre 200 bilhões e 300 bilhões de horas (a 250 bilhões de horas), o produto marginal do trabalho é $ 30 por hora.

Figura 23.2 A demanda por trabalho

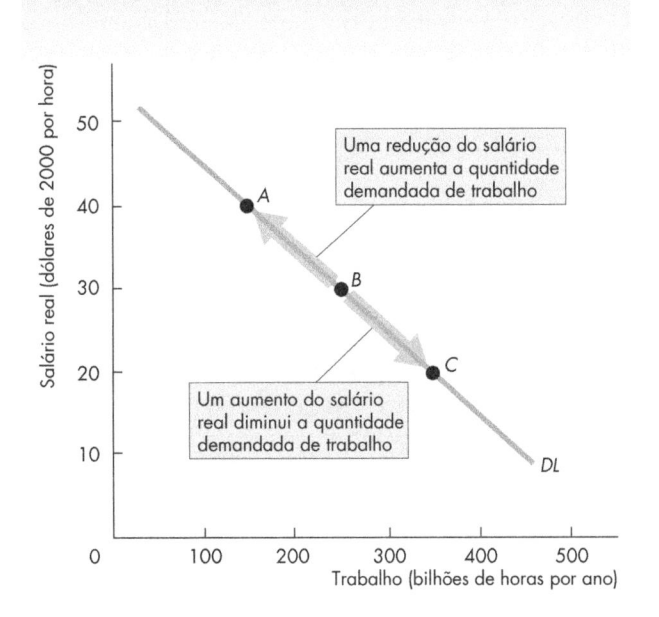

	Salário real (dólares de 2000 por hora)	Quantidade demandada de trabalho (bilhões de horas por ano)
A	40	150
B	30	250
C	20	350

A tabela mostra parte de uma tabela completa de demanda por trabalho. Os pontos *A*, *B* e *C* da curva de demanda por trabalho correspondem às linhas da tabela. Quanto mais baixo é o salário real, maior é a quantidade demandada de trabalho.

Produto marginal decrescente e demanda por trabalho O produto marginal decrescente do trabalho limita a demanda por trabalho. As empresas visam a maximizar os lucros. Cada hora contratada de trabalho aumenta a produção e acumula custos. Inicialmente, uma hora extra de trabalho gera uma produção maior do que o salário real que ela custa. O produto marginal excede o salário real.

Figura 23.3 Produto marginal e demanda por trabalho

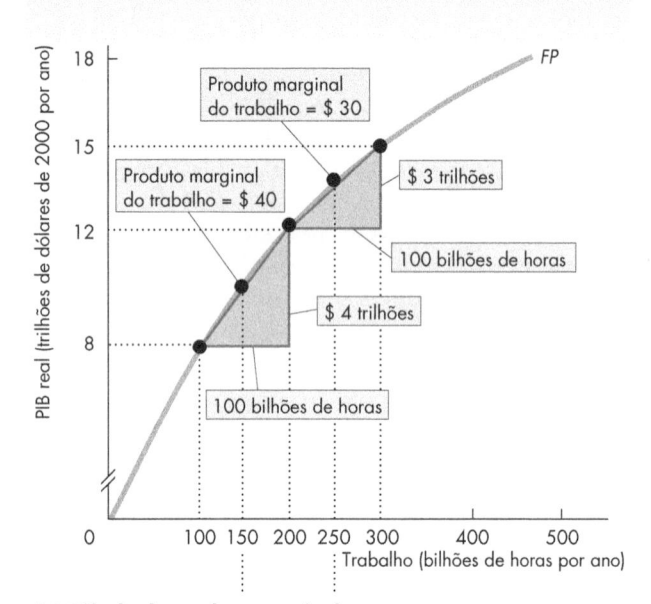

(a) Cálculo do produto marginal

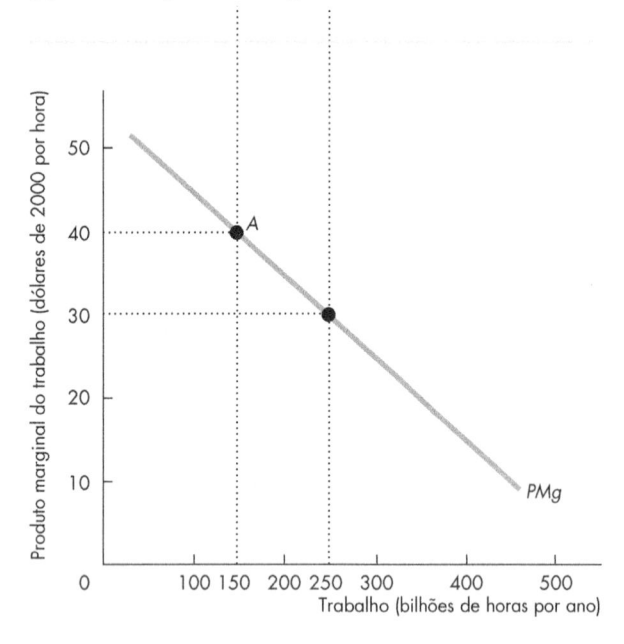

(b) A curva de produto marginal

Entre 100 bilhões e 200 bilhões de horas, o produto marginal do trabalho é $ 40 por hora. Entre 200 bilhões e 300 bilhões de horas, o produto marginal do trabalho é $ 30 por hora. No ponto A da curva *PMg*, o produto marginal do trabalho é $ 40 por hora e corresponde a 150 bilhões de horas (entre 100 bilhões e 200 bilhões). A curva *PMg* é a curva de demanda por trabalho.

No entanto, cada hora adicional de trabalho proporciona menos produção adicional que a hora anterior – o produto marginal diminui.

À medida que uma empresa contrata mais trabalho, mais cedo ou mais tarde a produção extra de uma hora adicional de trabalho equivale exatamente ao custo do trabalho. Nesse ponto, o produto marginal é igual ao salário real. Se a empresa contrata uma hora a menos, o produto marginal excede o salário real. Se a empresa contrata uma hora a mais, o salário real excede o produto marginal. Em qualquer caso, o lucro é menor.

Como o produto marginal diminui à medida que a quantidade empregada de trabalho aumenta, quanto mais baixo é o salário real, maior é a quantidade de trabalho que uma empresa pode contratar com lucro. A curva de demanda por trabalho é igual à curva de produto marginal.

Podemos entender melhor a demanda por trabalho pensando em um exemplo. Como uma fábrica de refrigerantes decide quanto trabalho contratar?

A demanda por trabalho em uma fábrica de refrigerantes Suponha que, se uma fábrica de refrigerantes aumenta sua quantidade de trabalho de 98 para 99 horas, sua produção aumenta em 11 garrafas e, se emprega 100 horas, sua produção aumenta em 10 garrafas. O produto marginal da 99ª hora de trabalho é de 11 garrafas e o da 100ª hora é de 10 garrafas.

Para a fábrica de refrigerantes, o salário real é o salário monetário dividido pelo preço do refrigerante. Se o salário monetário é $ 5,50 por hora e o preço do refrigerante é $ 0,50 por garrafa, o salário real é 11 garrafas por hora ($ 5,50 divididos por $ 0,50 é igual a 11 garrafas). Com esse salário real, a empresa contrata 99 horas de trabalho, mas não 100 horas. O custo da 100ª hora é de 11 garrafas, mas ela produz somente 10 garrafas.

Se o preço do refrigerante permanece em $ 0,50 por garrafa e o salário monetário diminui para $ 5 por hora, o salário real diminui para 10 garrafas por hora. De modo similar, se o salário monetário permanece em $ 5,50 por hora e o preço do refrigerante sobe para $ 0,55 por garrafa, o salário real diminui para 10 garrafas por hora. Em ambos os casos, quando o salário real diminui para 10 garrafas por hora, a fábrica de refrigerantes contrata a 100ª hora de trabalho.

Mudanças da demanda por trabalho Uma variação do salário real leva a uma variação da quantidade demandada de trabalho, mostrada por um movimento ao longo da curva de demanda. Uma variação de qualquer outra influência sobre a decisão de uma empresa de contratar trabalho leva a uma mudança da demanda por trabalho, mostrada por um deslocamento da curva de demanda.

Todas as outras influências que mudam a demanda por trabalho operam por meio da alteração do produto marginal do trabalho. O trabalho se torna mais produtivo quando uma nova tecnologia ou um novo capital ou uma combinação dos dois aumenta a produção por hora de trabalho. O trabalho também se torna mais produtivo à medida que as pessoas adquirem mais habilidades por meio da instrução, treinamento no trabalho ou experiência profissional.

Um avanço tecnológico ou um aumento de capital (físico ou humano) desloca a função de produção para cima. Essas mesmas forças aumentam o produto marginal do trabalho, que aumenta a demanda por trabalho, e deslocam para a direita a curva de demanda por trabalho.

Alguns avanços tecnológicos resultam em capital que possibilita a redução da mão-de-obra, o que, por sua vez, diminui a demanda por alguns tipos de trabalho. Por exemplo, software de reconhecimento de voz e computadores substituíram atendentes telefônicos, mas essas mudanças tecnológicas aumentam a demanda pelo trabalho que produz as novas máquinas e ferramentas. Em geral, avanços tecnológicos aumentam a demanda por trabalho. Podemos observar esse fato pensando no extraordinário aumento do trabalho durante a revolução da informação da década de 1990.

A oferta de trabalho

A *quantidade ofertada de trabalho* é o número de horas de trabalho que todos os indivíduos da economia planejam trabalhar durante determinado período. Essa quantidade depende:

1. Do salário real
2. Da população em idade ativa
3. Do valor das outras atividades

Enfatizamos a relação entre a quantidade ofertada de trabalho e o salário real quando mantemos constantes todas as influências sobre os planos de contratação das empresas. Como a quantidade ofertada de trabalho varia à medida que o salário real varia?

Tabela e curva de oferta de trabalho A **oferta de trabalho** é a relação entre a quantidade ofertada de trabalho e o salário real quando todas as outras influências sobre os planos de trabalho permanecem constantes. Podemos representar a oferta de trabalho com uma tabela ou curva de oferta. A Figura 23.4 mostra uma tabela de oferta de trabalho. Ela nos informa a quantidade ofertada de trabalho em três salários reais. Por exemplo, se o salário real é de $ 15 por hora, a quantidade ofertada de trabalho é de 150 bilhões de horas por ano, como indicado na linha *A*. A curva *SL* é uma curva de oferta de trabalho. Os pontos *A*, *B* e *C* da curva correspondem às linhas *A*, *B* e *C* da tabela de oferta.

O salário *real* influencia a quantidade ofertada de trabalho porque as pessoas não se importam com quantas unidades monetárias elas ganham, mas com o que esse dinheiro comprará. Por que a quantidade ofertada de trabalho aumenta à medida que o salário real aumenta? Há duas razões para isso:

1. As horas por pessoa aumentam.
2. A participação da força de trabalho aumenta.

Horas por pessoa Ao decidir quantas horas trabalhar, um indivíduo leva em consideração o custo de oportu-

Figura 23.4 A oferta de trabalho

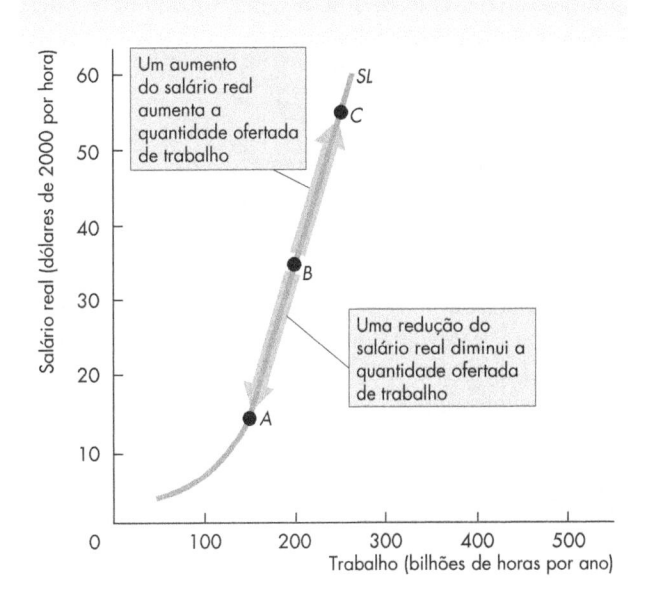

	Salário real (dólares de 2000 por hora)	Quantidade ofertada de trabalho (bilhões de horas por ano)
A	15	150
B	35	200
C	55	250

A tabela mostra parte de uma tabela completa de oferta de trabalho. Os pontos *A*, *B* e *C* da curva de oferta de trabalho correspondem às linhas da tabela. Quanto mais alto é o salário real, maior é a quantidade ofertada de trabalho.

nidade de não trabalhar. Esse custo de oportunidade é o salário real. Quanto mais alto é o salário real, maior é o custo de oportunidade de escolher o lazer e não trabalhar. À medida que o custo de oportunidade do lazer aumenta e outros fatores permanecem constantes, o indivíduo decide trabalhar mais horas.

No entanto, os outros fatores não permanecem constantes. Quanto mais alto é o salário real, maior é a renda do indivíduo, e, quanto mais alta é a renda do indivíduo, mais ele quer consumir. Um dos itens que ele quer aumentar é o lazer.

Desta maneira, um aumento do salário real tem dois efeitos opostos. O aumento do custo de oportunidade do lazer faz com que o indivíduo queira menos lazer e mais horas de trabalho. O aumento da renda do indivíduo faz com que ele queira mais lazer e menos horas de trabalho. Para a maioria dos indivíduos, o efeito do custo de oportunidade é mais intenso do que o efeito da renda. Assim, quanto mais alto é o salário real, maior é o número de horas que o indivíduo decide trabalhar.

Participação da força de trabalho Algumas pessoas têm oportunidades produtivas fora da força de trabalho e decidem trabalhar somente se o salário real excede o valor dessas outras atividades. Por exemplo, um pai ou mãe pode passar o tempo cuidando do filho. Uma das alternativas para isso é a contratação de uma babá. O pai ou mãe decidirá trabalhar somente se puder ganhar o suficiente por hora para pagar pelo custo da babá e se sobrar o suficiente para que o esforço de trabalhar compense.

Quanto mais alto é o salário real, maiores são as chances de um pai ou mãe decidir trabalhar e, deste modo, maior é a taxa de participação da força de trabalho.

Reação da oferta de trabalho Um aumento do salário real leva a um aumento da quantidade ofertada de trabalho, mostrado por um movimento ao longo da curva de oferta. No entanto, à medida que o salário real aumenta, uma dada variação porcentual do salário real leva a uma variação porcentual menor da quantidade ofertada de trabalho.

Mudanças na oferta de trabalho Uma variação do salário real leva a uma variação da quantidade ofertada de trabalho, mostrada por um movimento ao longo da curva de oferta. Uma variação de qualquer outra influência sobre a decisão de um indivíduo de trabalhar leva a uma mudança da oferta de trabalho, mostrada por um deslocamento da curva de oferta.

Identificamos dois fatores que alteram a oferta de trabalho: a população em idade ativa e o valor das outras atividades.

Com o tempo, a população em idade ativa aumenta porque o número de nascimentos excede o número de mortes. Em alguns países – e os Estados Unidos representam um importante exemplo –, a imigração resulta em um aumento cada vez maior da população em idade ativa.

Um aumento da população em idade ativa significa que há mais pessoas disponíveis para trabalhar, de maneira que a oferta de trabalho aumenta e a curva de oferta de trabalho se desloca para a direita.

O valor de outras atividades tem uma enorme influência sobre a oferta de trabalho e opera alterando a taxa de participação da força de trabalho. Uma importante atividade que compete com o emprego é a produção de bens e serviços em casa. As atividades de preparar refeições, cuidar dos filhos e cortar a grama são exemplos de produção em casa. Mudanças tecnológicas nas casas, como máquinas de lavar roupas e de lavar louças e fornos de microondas liberaram tempo e aumentaram a oferta de mão-de-obra, especialmente de mão-de-obra feminina. Mudanças de atitudes sociais reforçaram os efeitos desses avanços tecnológicos e aumentaram ainda mais a oferta de mão-de-obra.

Equilíbrio do mercado de trabalho

As forças da oferta e da demanda operam em mercados de trabalho da mesma maneira que em mercados de bens e serviços. O preço do trabalho é o salário real. Um aumento do salário real elimina uma escassez de trabalho reduzindo a quantidade demandada e aumentando a quantidade ofertada. Uma redução do salário real elimina um excedente de trabalho aumentando a quantidade demandada e diminuindo a quantidade ofertada. Se não há uma escassez nem um excedente, o mercado de trabalho está em equilíbrio.

Figura 23.5 Equilíbrio do mercado de trabalho

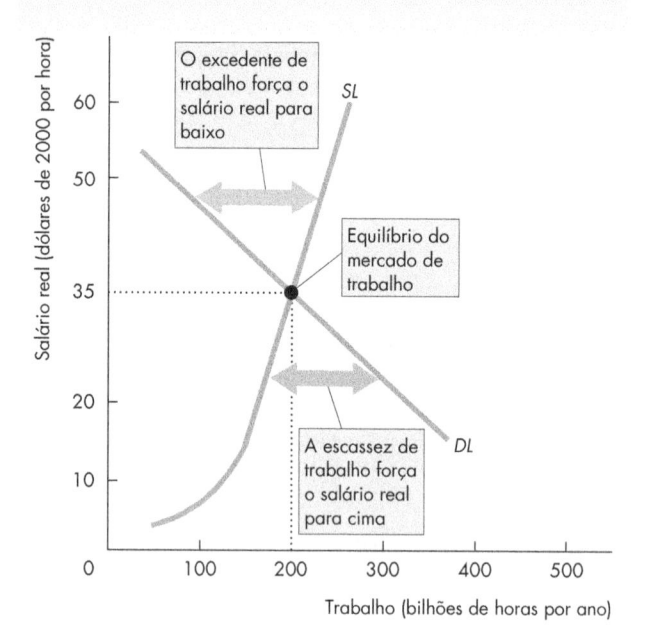

O equilíbrio do mercado de trabalho ocorre quando a quantidade demandada de trabalho é igual à quantidade ofertada de trabalho. O salário real de equilíbrio é $ 35 por hora e o emprego de equilíbrio é de 200 bilhões de horas por ano.
A um salário acima de $ 35 por hora, há um excedente de trabalho e o salário real diminui para eliminar o excedente. A um salário abaixo de $ 35 por hora, há uma escassez de trabalho e o salário real aumenta para eliminar a escassez.

A Figura 23.5 ilustra um equilíbrio do mercado de trabalho. A curva de demanda DL e a curva de oferta SL são as mesmas que as das figuras 23.2 e 23.4. Esse mercado de trabalho está em equilíbrio com um salário de $ 35 por hora e uma quantidade de emprego de 200 bilhões de horas por ano.

Se o salário real excede $ 35 por hora, a quantidade ofertada de trabalho excede a quantidade demandada e há um excedente de trabalho. Quando há um excedente de trabalho, o salário real diminui para se aproximar do salário real de equilíbrio, ponto no qual o excedente é eliminado.

Se o salário real é menor que $ 35 por hora, a quantidade demandada de trabalho excede a quantidade ofertada e há uma escassez de trabalho. Quando há uma escassez de trabalho, o salário real aumenta para se aproximar do salário real de equilíbrio, ponto no qual a escassez é eliminada.

Se o salário real é $ 35 por hora, a quantidade demandada de trabalho é igual à quantidade ofertada e não há escassez nem excedente de trabalho. Nessa situação, não há nenhuma pressão de nenhum lado sobre o salário real. Desta maneira, o salário real permanece constante e o mercado está em equilíbrio. Com esse nível de emprego e salário real de equilíbrio, a economia está no *pleno emprego*.

PIB potencial

Vimos que a função de produção nos informa quanto PIB real determinada quantidade de trabalho pode produzir – veja a Figura 23.1(b). A produção de PIB real aumenta à medida que a quantidade empregada de trabalho aumenta. No nível de equilíbrio do emprego, a economia está no pleno emprego. O nível de PIB real de pleno emprego é o PIB potencial. Deste modo, a quantidade de trabalho no pleno emprego produz o PIB potencial.

A Figura 23.6 ilustra o cálculo do PIB potencial. A parte (a) mostra o equilíbrio do mercado de trabalho. No salário real de equilíbrio, o nível de emprego de equilíbrio é de 200 bilhões de horas.

A Figura 23.6(b) mostra a função de produção, a qual indica que 200 bilhões de horas de trabalho podem produzir um PIB real de $ 12 trilhões. Essa quantia é o PIB potencial.

PIB potencial, não um limite físico Observe que o PIB potencial não é o nível mais alto de PIB real que a economia pode produzir. O PIB potencial é a *quantidade de equilíbrio* produzida no pleno emprego. A FPP mostra os limites da produção, e a economia não pode produzir mais PIB real e *ter mais lazer* do que a FPP permite. Mas o PIB potencial é um ponto da FPP. Se as pessoas estão dispostas a trabalhar mais horas, como fizeram durante a Segunda Guerra Mundial, o PIB real pode aumentar, em um movimento ao longo da FPP.

O PIB potencial é eficiência produtiva Lembre-se de que a *eficiência produtiva* ocorre em todos os pontos na FPP e que os pontos *dentro* da *FPP* são *ineficientes* porque alguns recursos *não são utilizados* ou são *desperdiçados* ou ambos (veja o Capítulo 2). Como o PIB potencial ocorre em um ponto na FPP, a produção é eficiente no PIB potencial. Como veremos na próxima seção, há algum desemprego no PIB potencial, mas esse desemprego diminui em um movimento ao longo da FPP.

Eficiência alocativa no PIB potencial Lembre-se de que a *eficiência alocativa* ocorre *no ponto* da FPP no qual não é possível produzir mais de qualquer bem sem abrir mão de algum outro bem *mais valorizado*. É esse ponto da FPP que a sociedade prefere a todos os outros pontos (veja o Capítulo 2). O PIB potencial ocorre nesse ponto.

Para entender por que, pense na divisão de tempo entre trabalho e lazer. Quanto mais baixo é o salário real, menor é a quantidade ofertada de trabalho e maior é a quantidade demandada de lazer. Em qualquer quantidade demandada de lazer, o salário real mede o benefício marginal do lazer.

Quanto mais alto é o salário real, menor é a quantidade demandada de trabalho e maior é a quantidade ofertada de lazer. Em qualquer quantidade ofertada de lazer, o salário real mede o custo marginal do lazer.

No pleno emprego, a quantidade demandada de trabalho é igual à quantidade ofertada de trabalho, e a quantidade demandada de lazer é igual à quantidade ofertada de lazer, portanto os recursos são alocados de maneira eficiente.

Figura 23.6 O mercado de trabalho e o PIB potencial

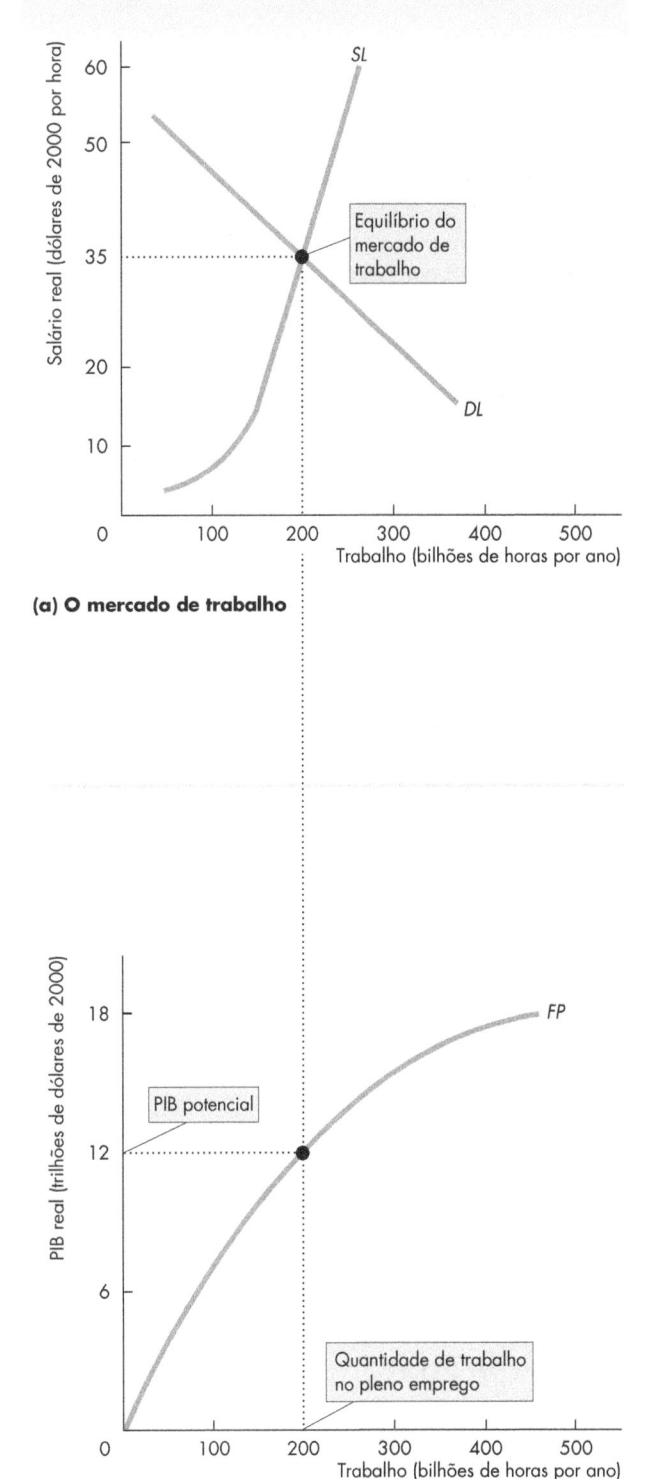

(a) O mercado de trabalho

(b) PIB potencial

A economia está no pleno emprego – parte (a) – quando a quantidade demandada de trabalho é igual à quantidade ofertada. O salário real é $ 35 por hora, e o emprego é de 200 bilhões de horas por ano. A parte (b) mostra o PIB potencial. Ele é a quantidade de PIB real determinada pela função de produção na quantidade de trabalho de pleno emprego.

QUESTÕES PARA REVISÃO

1. Por que um aumento do salário real leva a uma diminuição da quantidade demandada de trabalho?
2. Por que um aumento do salário real leva a um aumento da quantidade ofertada de trabalho?
3. O que acontece no mercado de trabalho se o salário real está acima ou abaixo de seu nível de pleno emprego?
4. Como o PIB potencial é determinado?
5. Por que o PIB potencial não é um limite físico?
6. Por que o PIB potencial pode ser eficiente?

Desemprego no pleno emprego

Até agora nos concentramos nas forças que determinam o salário real, a quantidade empregada de trabalho e o PIB potencial. Vamos agora incluir o desemprego na análise e estudar os fatores reais que influenciam a taxa natural de desemprego.

No Capítulo 22, vimos como o desemprego é medido e como as pessoas ficam desempregadas (elas perdem o emprego, deixam o emprego e entram ou reentram na força de trabalho) e também o classificamos (ele pode ser friccional, estrutural ou cíclico). Vimos que chamamos a taxa de desemprego no pleno emprego de *taxa natural de desemprego*.

Entretanto, medir, descrever e classificar o desemprego não o *explica*. *Por que* sempre há algum desemprego? Por que sua taxa varia de um país para outro? Por que a taxa de desemprego nos Estados Unidos é mais baixa que na Europa e no Canadá? Por que a taxa de desemprego varia com o tempo? Por que a taxa de desemprego foi mais alta durante as décadas de 1970 e 1980 do que nas décadas de 1960 e 2000?

Examinaremos agora as forças que determinam a taxa natural de desemprego. (Veremos as fontes do desemprego cíclico no Capítulo 27.)

O desemprego está sempre presente por duas razões amplas:

- Busca de emprego
- Racionamento de empregos

Busca de emprego

A **busca de emprego** é a atividade de procurar um emprego aceitável. Sempre há pessoas que ainda não encontraram um emprego aceitável e que estão ativamente procurando por um. A razão para isso é que o mercado de trabalho está em constante estado de mudança. A quebra de empresas existentes elimina empregos. A expansão de empresas existentes e a abertura de novas empresas que utilizam novas tecnologias e desenvolvem novos mercados criam empregos. À medida que as pessoas percorrem os diferentes estágios da vida, algumas entram ou reentram no mercado de trabalho. Outras deixam o emprego para procurar um emprego melhor e outras se aposentam. Essa constante agitação do mercado de trabalho significa que sempre há algumas pessoas em busca de emprego, e essas pessoas são os desempregados.

A quantidade de busca de emprego depende de uma série de fatores, e um deles é o salário real. Na Figura 23.7, quando o salário real é $ 35 por hora, a economia está no equilíbrio de pleno emprego. A quantidade de busca de emprego que ocorre com esse salário gera desemprego na sua taxa natural. Se o salário real está acima do equilíbrio de pleno emprego – por exemplo, $ 45 por hora –, há um excedente de trabalho. Com esse salário real mais alto, há menos busca de emprego e o desemprego excede a taxa natural. Se o salário real está abaixo do equilíbrio de pleno emprego – por exemplo, $ 25 por hora –, há uma escassez de trabalho. Com esse salário real, há menos busca de emprego e o desemprego é menor que a taxa natural.

As forças de mercado da demanda e da oferta movem o salário real na direção do equilíbrio de pleno emprego. Essas mesmas forças movem a quantidade de busca de emprego na direção do nível que cria o desemprego na taxa natural.

No entanto, outras influências sobre a quantidade de busca de emprego levam a variações da taxa natural de desemprego. As principais fontes dessas variações são:

- Mudança demográfica
- Mudança estrutural
- Seguro-desemprego

Figura 23.7 Desemprego e busca de emprego

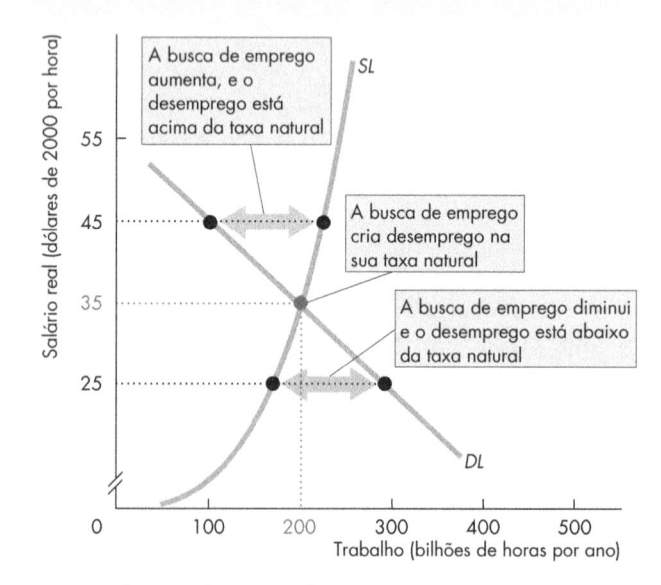

Com o salário real no nível de pleno emprego – $ 35 por hora, nesse exemplo –, a busca de emprego coloca o desemprego na sua taxa natural. Com o salário real acima do nível de pleno emprego, há um excedente de trabalho. A busca de emprego aumenta, e o desemprego sobe e fica acima da taxa natural. Com o salário real abaixo de seu nível de pleno emprego, há uma escassez de trabalho. A busca de emprego diminui, e o desemprego cai e fica abaixo da taxa natural.

Mudança demográfica Um aumento da proporção da população que está em idade ativa leva a um aumento da taxa de entrada na força de trabalho e um aumento da taxa de desemprego. O 'baby boom' – a explosão da taxa de natalidade que ocorreu nos Estados Unidos do fim da década de 1940 até o fim da década de 1950 – aumentou a entrada na força de trabalho durante a década de 1970 e aumentou a taxa natural de desemprego.

À medida que a taxa de natalidade diminuiu, a grande massa de pessoas passou para grupos de faixas etárias superiores e a entrada foi reduzida na década de 1980. Durante esse período, a taxa natural de desemprego diminuiu.

Mudança estrutural Algumas vezes, a mudança tecnológica leva a uma *queda estrutural*, uma condição na qual algumas indústrias e mesmo regiões declinam enquanto outras indústrias e regiões nascem e prosperam. Quando esses eventos ocorrem, a rotatividade do trabalho é alta – os fluxos entre emprego e desemprego aumentam e o número de desempregados aumenta. Nos Estados Unidos, o declínio de indústrias do 'cinturão da ferrugem' (na região Nordeste) e a rápida expansão de indústrias do 'cinturão do sol' (na região Sul) ilustram os efeitos da mudança tecnológica e constituíram uma fonte do aumento da taxa natural de desemprego durante as décadas de 1970 e 1980.

Salário-desemprego O período que um desempregado passa em busca de um emprego depende, em parte, do custo de oportunidade da busca de emprego. Uma pessoa desempregada que não recebe seguro-desemprego está diante de um custo de oportunidade da busca de emprego igual ao salário disponível sem busca adicional. O salário-desemprego reduz esse custo de oportunidade.

Uma extensão do salário-desemprego a grupos maiores de trabalhadores no fim da década de 1960 e durante a década de 1970 reduziu o custo de oportunidade da busca de emprego e aumentou a taxa natural de desemprego.

Um generoso salário-desemprego na Europa e no Canadá é um dos fatores que contribuem para o fato de essas economias terem taxas naturais de desemprego mais altas do que a dos Estados Unidos.

Racionamento de empregos

Os mercados alocam recursos escassos ajustando o preço de mercado para fazer com que haja correspondência entre os planos de compra e os de venda. Outra palavra que tem um sentido similar ao de 'alocação' é 'racionamento'. Os mercados *racionam* os recursos escassos ajustando os preços. No mercado de trabalho, o salário real raciona o emprego. Variações do salário real mantêm o equilíbrio entre o número de pessoas que buscam trabalho e o número de empregos disponíveis.

No entanto, o salário real não é o único instrumento possível para o racionamento dos empregos. Em algumas indústrias, o salário real é definido acima do nível de equilíbrio do mercado. O **racionamento de empregos** é a prática de pagar um salário real acima do nível de equilíbrio e a partir daí racionar empregos por algum método.

Duas razões pelas quais o salário real pode ser definido acima do nível de equilíbrio são:

- Salário de eficiência
- Salário mínimo

Salário de eficiência Um **salário de eficiência** é um salário real estabelecido acima do salário real de equilíbrio, que iguala os custos e benefícios desse salário mais elevado para maximizar os lucros da empresa.

O custo do pagamento de um salário mais alto é direto. Ele é o acréscimo à folha de pagamento da empresa. Os benefícios do pagamento de um salário mais alto são indiretos.

Para começar, uma empresa que paga um salário mais alto pode atrair os trabalhadores mais produtivos. Em segundo lugar, a empresa pode obter uma produtividade mais alta de sua força de trabalho se ameaça dispensar os funcionários que não apresentam desempenho em um nível considerado satisfatório. A ameaça de perder um emprego bem remunerado estimula mais empenho no trabalho. Em terceiro lugar, é menos provável que os trabalhadores abandonem o emprego, de modo que a empresa enfrenta uma taxa mais baixa de rotatividade da mão-de-obra e menos custos com treinamento. Em quarto lugar, os custos de recrutamento da empresa são mais baixos. A empresa está sempre diante de um fluxo estável de novos trabalhadores disponíveis.

Diante de benefícios e custos, uma empresa oferece um salário que equilibra os ganhos de produtividade obtidos do salário mais alto com seu custo adicional. Esse salário maximiza o lucro da empresa e é o salário de eficiência.

Salário mínimo Um **salário mínimo** é o salário mais baixo pelo qual uma empresa pode contratar legalmente mão-de-obra. Se o salário mínimo é definido *abaixo* do salário de equilíbrio, não há efeito algum. O salário mínimo e as forças do mercado não são conflitantes. No entanto, se o salário mínimo é definido *acima* do salário de equilíbrio, está em conflito com as forças do mercado e resulta em alguns efeitos sobre o mercado de trabalho.

Racionamento de empregos e o desemprego

Independentemente da razão, se o salário real é definido acima do nível de equilíbrio, a taxa natural de desemprego aumenta. O salário real acima do equilíbrio diminui a quantidade demandada de trabalho e aumenta a quantidade ofertada. Assim, mesmo no pleno emprego, a quantidade ofertada de trabalho excede a quantidade demandada.

O excedente de trabalho é um acréscimo ao desemprego. O desemprego resultante do racionamento de empregos e do salário real acima daquele do mercado aumenta a taxa natural de desemprego porque é acrescentado à busca de empregos que ocorre no equilíbrio de pleno emprego.

QUESTÕES PARA REVISÃO

1. Por que a economia apresenta desemprego no pleno emprego?
2. Por que a taxa natural de desemprego flutua?
3. O que é racionamento de empregos e por que ele ocorre?
4. Como o salário de eficiência influencia o salário real, o emprego e o desemprego?
5. Como o salário mínimo cria desemprego?

Vimos como o modelo clássico explica as forças que determinam o salário real, a quantidade empregada de trabalho, o PIB potencial e a taxa natural de desemprego.

O modelo clássico também explica as forças que determinam a taxa de juros real e a divisão do PIB real entre o consumo e o investimento em novo capital. A próxima seção analisa essas forças estudando o mercado de fundos disponíveis para empréstimos.

Fundos disponíveis para empréstimos e taxa de juros real

O PIB potencial depende da quantidade dos fatores de produção, um dos quais é o capital. O **estoque de capital** é a quantidade total de fábricas, equipamentos, instalações e estoques das empresas. O estoque de capital inclui o capital das empresas, como satélites de comunicação e computadores, bem como os estoques das empresas. Ele também inclui casas e apartamentos. Abrange ainda *capital de infra-estrutura social* de propriedade do governo, como estradas, diques, canais e instalações, equipamentos em escolas, e também universidades públicas, o sistema de defesa nacional e o sistema legal.

O estoque de capital é determinado por decisões de investimentos (veja o Capítulo 21). Os fundos que financiam os investimentos são obtidos no mercado de fundos disponíveis para empréstimos.

O mercado de fundos disponíveis para empréstimos

O **mercado de fundos disponíveis para empréstimos** é aquele no qual consumidores, empresas, governos, bancos e outras instituições financeiras concedem e tomam empréstimos.

Na economia dos Estados Unidos, há muitos mercados inter-relacionados de empréstimos. Há, por exemplo, mercados nos quais as ações de empresas são negociadas. Ações são títulos emitidos por corporações, e os mercados de ações determinam os preços e as taxas de retorno proporcionadas pelos estoques. A Bolsa de Valores de Nova York é um exemplo desse tipo de mercado. Há também mercados nos quais são negociados títulos de dívidas, que são títulos emitidos por corporações e governos. Há mercados para todos os tipos de empréstimo, como empréstimos em cartões de crédito e financiamentos educacionais.

Em macroeconomia, agrupamos todos esses mercados individuais de empréstimos em um grande mercado de fundos disponíveis para empréstimos. Pense nesse mercado como o agregado (ou soma) de todos os diferentes mercados nos quais pessoas, empresas e governos concedem e tomam empréstimos.

Fluxos no mercado de fundos disponíveis para empréstimos O *modelo do fluxo circular* (veja o Capítulo 21) proporciona a estrutura conceitual que explica os fluxos no mercado dos fundos disponíveis para empréstimos. Os fundos disponíveis para empréstimos são utilizados para três finalidades

1. Investimento empresarial
2. Déficit fiscal do governo
3. Empréstimos internacionais concedidos ou investimentos internacionais

Os fundos disponíveis para empréstimos são provenientes de três fontes:

1. Poupança privada
2. Superávit fiscal do governo
3. Empréstimos tomados no exterior

As empresas costumam utilizar lucros acumulados para financiar investimentos empresariais. Esses lucros pertencem aos acionistas da empresa e são tomados emprestado deles, em vez de ser pagos a eles como dividendos. Para mantermos a contabilidade o mais clara possível, pensamos nesses lucros acumulados como ao mesmo tempo demandados e ofertados no mercado de fundos disponíveis para empréstimos. Eles são incluídos como investimentos empresariais no lado da demanda e como poupança privada no lado da oferta.

Medimos todos os fluxos de fundos disponíveis para empréstimos em termos *reais* – em dólares constantes de 2000. Veremos agora como esses fluxos reais e seu custo de oportunidade ou preço são determinados estudando:

- A demanda por fundos disponíveis para empréstimos
- A oferta de fundos disponíveis para empréstimos
- O equilíbrio no mercado de fundos disponíveis para empréstimos

A demanda por fundos disponíveis para empréstimos

A *quantidade demandada de fundos disponíveis para empréstimos* é a quantidade total de fundos demandados para financiar o investimento, o déficit fiscal do governo e os empréstimos internacionais concedidos ou investimentos internacionais durante determinado período. Essa quantidade depende de:

1. Taxa de juros real
2. Taxa esperada de lucro
3. Fatores governamentais e internacionais

Para nos concentrarmos na demanda por fundos disponíveis para empréstimos, perguntamos: como a quantidade demandada de fundos disponíveis para empréstimos varia conforme a taxa de juros real sofre variação, quando todas as outras influências sobre os planos de tomada de empréstimos permanecem constantes?

A curva de demanda por fundos disponíveis para empréstimos A **demanda por fundos disponíveis para empréstimos** é a relação entre a quantidade demandada de fundos disponíveis para empréstimos e a taxa de juros real, quando todas as outras influências sobre os planos de tomada de empréstimos permanecem constantes.

O investimento nos negócios é o principal item que compõe a demanda por fundos disponíveis para empréstimos, e os outros dois itens – o déficit fiscal do governo e os empréstimos internacionais concedidos ou investimentos internacionais – podem ser considerados quantias a ser acrescentadas ao investimento. Com todos os outros fatores mantidos constantes, o investimento diminui se a taxa de juros real aumenta, e aumenta se a taxa de juros real diminui. Equivalentemente, a quantidade demandada de fundos disponíveis para empréstimos diminui se a taxa de juros real aumenta, e aumenta se a taxa de juros real diminui.

A Figura 23.8 ilustra a demanda por fundos disponíveis para empréstimos quando o investimento é a única fonte de demanda (não há déficit do governo nem empréstimos internacionais concedidos ou investimentos internacionais). A tabela mostra o investimento com três taxas de juros reais. Cada ponto (de A a C) da curva de demanda por fundos disponíveis para empréstimos corresponde a uma linha da tabela. Se a taxa de juros real é 6 por cento ao ano, então o investimento é $ 1 trilhão e a quantidade demandada de fundos é $ 1 trilhão. Uma variação da taxa de juros real leva a um movimento ao longo da curva de demanda por fundos disponíveis para empréstimos. Um aumento da taxa de juros real diminui o investimento e leva a um movimento para cima na curva de demanda. Uma diminuição da taxa de juros real aumenta o investimento e leva a um movimento para baixo na curva de demanda.

Por que a quantidade demandada de fundos disponíveis para empréstimos depende da taxa de juros real? E o que é exatamente a taxa de juros *real*?

A taxa de juros real e o custo de oportunidade dos fundos disponíveis para empréstimos A **taxa de juros real** é a quantidade de bens e serviços que se recebe por uma unidade de capital. Em comparação, a **taxa de juros nominal** é o número de unidades monetárias que se recebe por uma unidade de capital.

Para medir a taxa de juros real, começamos com a taxa de juros nominal expressa como uma porcentagem anual do número de unidades monetárias concedidas ou tomadas de empréstimo. Se o seu banco lhe paga $ 3 de juros ao ano por uma poupança de $ 100, você ganha uma taxa de juros nominal de 3 por cento ao ano.

Figura 23.8 A demanda por fundos disponíveis para empréstimos

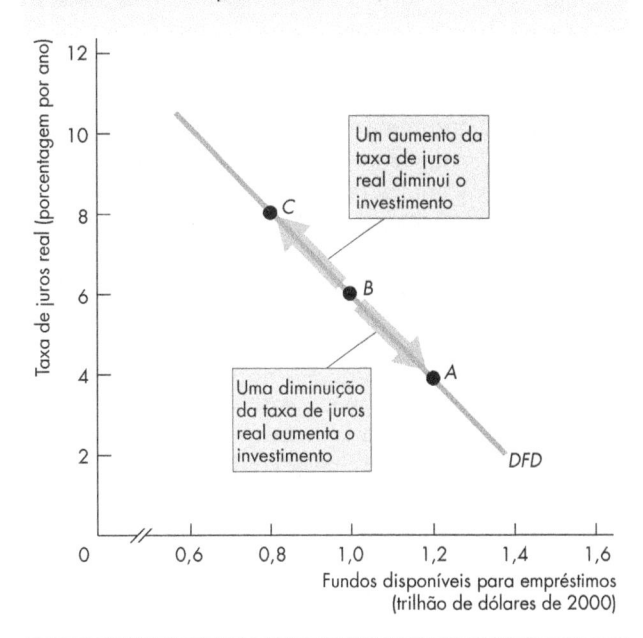

	Taxa de juros real (porcentagem ao ano)	Investimento (trilhão de dólares de 2000)
A	4	1,2
B	6	1,0
C	8	0,8

A curva de demanda por fundos disponíveis para empréstimos mostra os efeitos de uma variação da taxa de juros real sobre o investimento e a quantidade demandada de fundos disponíveis para empréstimos, com todos os outros fatores mantidos constantes. Uma variação da taxa de juros real leva a uma variação do investimento e a um movimento ao longo da curva de demanda por fundos disponíveis para empréstimos.

O próximo passo é ajustar a taxa de juros nominal à inflação. A taxa de juros real é aproximadamente igual à taxa de juros nominal menos a taxa de inflação.

Podemos entender o porquê disso se pensarmos no que você pode comprar com os juros sobre uma poupança de $ 100 em um ano. Se a taxa de juros nominal for 3 por cento ao ano, você terá $ 103 na sua conta de poupança após um ano. Suponha que, durante o ano, todos os preços tenham aumentado 2 por cento – uma taxa de inflação de 2 por cento. Você precisa de $ 102 para comprar o que, um ano antes, custava $ 100. Assim, você pode comprar $ 1 a mais de bens e serviços do que poderia ter comprado um ano antes. Você obteve bens e serviços no valor de $ 1, o que é igual a uma taxa de juros real de 1 por cento ao ano. O banco pagou uma taxa de juros real de 1 por cento ao ano. Deste modo, a taxa de juros real é a taxa de juros nominal de 3 por cento menos a taxa de inflação de 2 por cento.[1]

---

[1] A fórmula *exata* da taxa de juros real, que leva em consideração a variação do poder de compra tanto dos juros quanto do empréstimo é: taxa de juros real = (taxa de juros nominal – taxa de inflação) ÷ (1 + taxa de inflação/100). Se a taxa de juros nominal é 4 por cento ao ano e a taxa de inflação é 3 por cento ao ano, a taxa de juros real é (4 – 3) ÷ (1 + 0,03) = 0,97 por cento ao ano.

A taxa de juros real é o custo de oportunidade dos fundos disponíveis para empréstimos e também dos fundos de qualquer fonte. Os juros reais *pagos* sobre fundos tomados de empréstimos representam um custo óbvio, mas a taxa de juros real também é o custo de oportunidade da utilização dos lucros acumulados. Esses fundos poderiam ser emprestados a outra empresa, de modo que a taxa de juros real da qual se abdica é o custo de oportunidade da utilização dos lucros acumulados.

Agora que sabemos o que é a taxa de juros real, podemos estudar sua influência sobre a quantidade demandada de fundos disponíveis para empréstimos. Para isso, analisaremos a decisão de investimento de uma empresa.

A decisão de investimento Como o Google decide quanto investir em servidores e software para criar um novo sistema de busca na Internet? A decisão do Google é influenciada pela interação de dois fatores:

1. A taxa de juros real
2. A taxa esperada de lucro

Para decidir se investe em um novo sistema de busca na Internet, o Google compara a taxa esperada de lucro com a taxa de juros real. A taxa esperada de lucro é o benefício do investimento, e a taxa de juros real é o custo de oportunidade do investimento. Só é lucrativo investir se o benefício excede o custo.

Imagine que o Google esteja decidindo quanto investir em um novo sistema de busca na Internet que ficará em operação por um ano e depois será desativado e substituído por um sistema ainda melhor. A empresa acredita que, se investir $ 100 milhões em um sistema para atender ao mercado norte-americano, obterá um lucro de $ 20 milhões, ou 20 por cento ao ano. O Google também acredita que, se investir mais $ 100 milhões em um sistema para atender ao mercado europeu, obterá um lucro de $ 10 milhões, ou 10 por cento ao ano. O Google crê também que, se investir mais $ 100 milhões em um sistema para atender ao mercado asiático, obterá um lucro de $ 5 milhões, ou 5 por cento ao ano.

Suponha que o Google possa fazer um empréstimo no mercado de fundos disponíveis para empréstimos a uma taxa de juros de 9 por cento ao ano. Quanto a empresa tomará de empréstimo e investirá nos novos sistemas de busca? A resposta é que o Google tomará $ 200 milhões emprestados para implementar os sistemas nos Estados Unidos e na Europa, mas não na Ásia. Se a taxa de juros aumentasse para 15 por cento ao ano, o Google desistiria dos planos da Europa e investiria apenas $ 100 milhões no sistema norte-americano. Se a taxa de juros diminuísse para 4 por cento ao ano, o Google empreenderia todos os três projetos e investiria $ 300 milhões.

Quanto mais alta é a taxa de juros real, menor é o número de projetos que vale a pena implementar e menor é a quantia investida.

Variações da demanda por fundos disponíveis para empréstimos Uma variação da taxa de juros real leva a uma variação do investimento e também a uma variação da quantidade demandada de fundos disponíveis para empréstimos, mostrada por um movimento ao longo da curva de demanda. Uma variação de qualquer outra influência sobre a decisão de uma empresa de investir e tomar fundos emprestados é mostrada por um deslocamento da curva de demanda. Essas outras influências são fatores que afetam o lucro esperado de uma empresa. Com todos os outros fatores mantidos constantes, quanto maior é a taxa esperada de lucro resultante do novo capital, maiores são o investimento e a demanda por fundos disponíveis para empréstimos.

A tecnologia é uma importante influência sobre o lucro esperado. Algumas empresas procuram ser as primeiras a entrar no mercado com uma nova tecnologia. Algumas empresas esperam para ver qual será o desempenho de uma nova tecnologia antes de adotá-la. Mas os lucros de todas as empresas são influenciados por avanços tecnológicos, e planos de investimento devem ser constantemente reavaliados.

Em um período de mudanças tecnológicas rápidas e abrangentes, como a revolução da informação da década de 1990, as empresas se tornam extremamente otimistas com relação aos lucros e passam a investir mais.

A oferta de fundos disponíveis para empréstimos

A *quantidade ofertada de fundos disponíveis para empréstimos* é igual aos fundos totais disponíveis provenientes da poupança privada, do superávit fiscal do governo e de empréstimos tomados no exterior durante determinado período. Essa quantidade depende:

- Da taxa de juros real
- Da renda disponível
- Da riqueza
- Da renda futura esperada
- De fatores governamentais e internacionais

Para nos concentrarmos na relação entre a quantidade ofertada de fundos disponíveis para empréstimos e a taxa de juros real, mantemos constantes todas as outras influências sobre os planos de concessão de empréstimos e perguntamos: como a quantidade ofertada de fundos disponíveis para empréstimos varia conforme a taxa de juros real sofre variação?

A curva de oferta de fundos disponíveis para empréstimos A **oferta de fundos disponíveis para empréstimos** é a relação entre a quantidade ofertada de fundos disponíveis para empréstimos e a taxa de juros real quando todas as outras influências sobre os planos de concessão de empréstimos permanecem constantes.

A poupança é o principal item que compõe a oferta de fundos disponíveis para empréstimos, e o superávit fiscal do governo e os empréstimos tomados no exterior (quando não são zero) podem ser considerados quantias a ser somadas à poupança. Com todos os outros fatores mantidos constantes, a poupança aumenta se a taxa de juros real aumenta, e diminui se a taxa de juros real diminui. Equivalentemente, a quantidade ofertada de fundos disponíveis para empréstimos aumenta se a taxa de juros real aumenta, e diminui se a taxa de juros real diminui.

A Figura 23.9 ilustra essa relação quando a poupança é a única fonte de oferta de fundos (quando não há superávit fiscal do governo ou empréstimos tomados no exterior). A tabela mostra a poupança com três taxas de juros reais. A poupança proporciona fundos disponíveis para empréstimos, e a relação entre a quantidade ofertada de fundos disponíveis para empréstimos e a taxa de juros real, com todos os outros fatores mantidos constantes, é a oferta de fundos disponíveis para empréstimos.

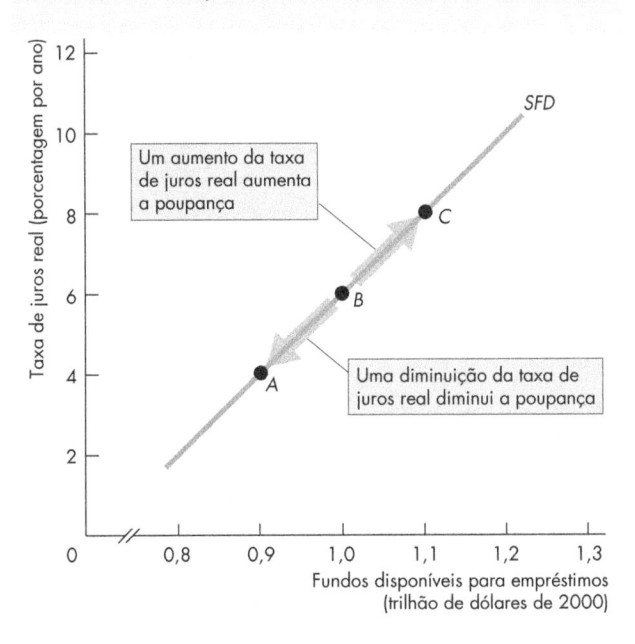

Cada ponto (de A a C) na curva de oferta de fundos disponíveis para empréstimos corresponde a uma linha da tabela. Se a taxa de juros real é 6 por cento ao ano, a poupança é \$ 1 trilhão e a quantidade ofertada de fundos é \$ 1 trilhão. Uma variação da taxa de juros real leva a um movimento ao longo da curva de oferta de fundos disponíveis para empréstimos. Se a taxa de juros real aumenta, a poupança aumenta e há um movimento para cima na curva de oferta de fundos disponíveis para empréstimos. Se a taxa de juros real diminui, a poupança diminui e há um movimento para baixo na curva de oferta de fundos disponíveis para empréstimos.

A poupança aumenta quando a taxa de juros real tem um aumento porque a taxa de juros real é o custo de oportunidade do consumo. Um dólar consumido é um dólar não poupado, de modo que se abdica dos juros que teriam sido obtidos desse valor poupado. Esse custo de oportunidade surge independentemente de a pessoa conceder ou tomar empréstimos. Para uma pessoa que concede empréstimos, poupar menos neste ano significa receber menos juros no próximo ano. Para uma pessoa que toma empréstimos, poupar menos neste ano significa saldar um valor menor de um empréstimo este ano e pagar mais juros no próximo ano.

Podemos ver por que a taxa de juros real influencia a poupança pensando no financiamento educacional. Se a taxa de juros real sobre o financiamento educacional aumentar para 20 por cento ao ano, os estudantes pouparão mais (consumirão alimentos mais baratos e encontrarão moradia mais econômica) para quitar seus empréstimos o mais rapidamente possível. Se a taxa de juros real sobre o financiamento educacional cair para 1 por cento ao ano, os estudantes pouparão menos e farão empréstimos maiores.

Variações da oferta de fundos disponíveis para empréstimos. Uma variação da taxa de juros real leva a uma variação da poupança e também a uma variação da quantidade ofertada de fundos disponíveis para empréstimos, mostrada por um movimento ao longo da curva de oferta. Uma variação de qualquer outra influência sobre os planos de poupança e concessão de empréstimos é mostrada por um deslocamento da curva de oferta. Essas outras influências são renda disponível, riqueza e renda futura esperada.

Renda disponível Quanto maior é a renda disponível de um indivíduo, com todos os outros fatores mantidos constantes, maior é sua poupança. Por exemplo, suponha que um estudante trabalhe durante as férias e obtenha uma renda disponível de \$ 10.000. Ele gasta os \$ 10.000 em consumo durante o ano e não poupa nada. Quando ele se forma em economia, sua renda disponível aumenta para \$ 20.000 ao ano. Ele então poupa \$ 4.000 e gasta \$ 16.000 em consumo. O aumento de \$ 10.000 da renda disponível aumentou a poupança em \$ 4.000.

Riqueza A *riqueza* de um indivíduo é igual a seus ativos (o que ele *tem*) menos suas dívidas (o que ele *deve*). O poder de compra da riqueza de um indivíduo é o valor *real* de sua riqueza. É a quantidade de bens e serviços que a riqueza de um indivíduo pode comprar. Quanto maior é a riqueza real de um indivíduo, se todos os outros fatores são mantidos constantes, menor é sua poupança.

Patty trabalha em uma loja de departamentos e tem uma renda disponível de \$ 30.000 ao ano. Ela vem poupando dinheiro e agora tem \$ 15.000 no banco e não tem nenhuma dívida. Ou seja, a riqueza de Patty é de \$ 15.000.

Figura 23.9 A oferta de fundos disponíveis para empréstimos

	Taxa de juros real (porcentagem ao ano)	Poupança (trilhão de dólares de 2000)
A	4	0,9
B	6	1,0
C	8	1,1

A curva de oferta de fundos disponíveis para empréstimos mostra os efeitos de uma variação da taxa de juros real sobre a quantidade ofertada de fundos disponíveis para empréstimos, com todos os outros fatores mantidos constantes. Uma variação da taxa de juros real leva a uma variação da poupança e a um movimento ao longo da curva de oferta de fundos disponíveis para empréstimos.

O colega de Patty, Tony, também tem uma renda disponível de $ 30.000 e não tem nenhuma dívida, mas não tem dinheiro no banco. A riqueza de Tony é zero. Patty decide que, neste ano, tirará férias e poupará apenas $ 1.000. Mas Tony decide não tirar férias e poupar $ 5.000. Com uma riqueza maior e com outros fatores mantidos constantes, Patty poupa menos que Tony.

Renda futura esperada Quanto maior é a renda futura esperada de um indivíduo, com todos os outros fatores mantidos constantes, menor é sua poupança. Ou seja, se dois indivíduos tiverem a mesma renda disponível neste ano, o indivíduo com a maior renda futura esperada gastará uma parcela maior da renda disponível atual no consumo de bens e serviços e poupará menos.

Vamos voltar ao exemplo de Patty e Tony. Patty acabou de ser promovida e receberá um aumento de $ 10.000 no próximo ano. Tony acabou de ser informado que será dispensado no fim do ano. Ao receber a notícia, Patty compra um carro novo – aumenta seu consumo e diminui sua poupança. Tony vende seu carro e passa a andar de ônibus – diminui seu consumo e aumenta sua poupança.

Um indivíduo jovem espera ter uma renda futura mais alta durante alguns anos e uma renda mais baixa durante a aposentadoria. Devido a esse padrão de renda ao longo do ciclo de vida, pessoas jovens e aposentados poupam menos e pessoas da meia-idade poupam mais.

Um aumento da renda disponível ou uma diminuição da riqueza ou da renda futura esperada aumenta a poupança, o que aumenta a oferta de fundos disponíveis para empréstimos e desloca para a direita a curva de oferta de fundos disponíveis para empréstimos. Uma diminuição da renda disponível ou um aumento da riqueza ou da renda futura esperada diminui a poupança, o que diminui a oferta de fundos disponíveis para empréstimos e desloca para a esquerda a curva de oferta de fundos disponíveis para empréstimos.

Veremos agora como as decisões de tomada de empréstimos e as de concessão de empréstimos interagem no mercado de fundos disponíveis para empréstimos para determinar a taxa de juros real.

Equilíbrio no mercado de fundos disponíveis para empréstimos

Vimos que, se todos os outros fatores são mantidos constantes, as quantidades demandadas e ofertadas de fundos disponíveis para empréstimos dependem da taxa de juros real. Quanto mais alta é a taxa de juros real, maiores são a quantia poupada e a quantidade ofertada de fundos disponíveis para empréstimos e menores são a quantia de investimento e a quantidade demandada de fundos disponíveis para empréstimos. Há uma taxa de juros na qual as quantidades demandadas e ofertadas de fundos disponíveis para empréstimos são iguais, que é a taxa de juros real no equilíbrio.

A Figura 23.10 mostra como a demanda e a oferta de fundos disponíveis para empréstimos determinam a taxa de juros real. A curva *DFD* é a curva de demanda, e a curva

Figura 23.10 Equilíbrio no mercado de fundos disponíveis para empréstimos

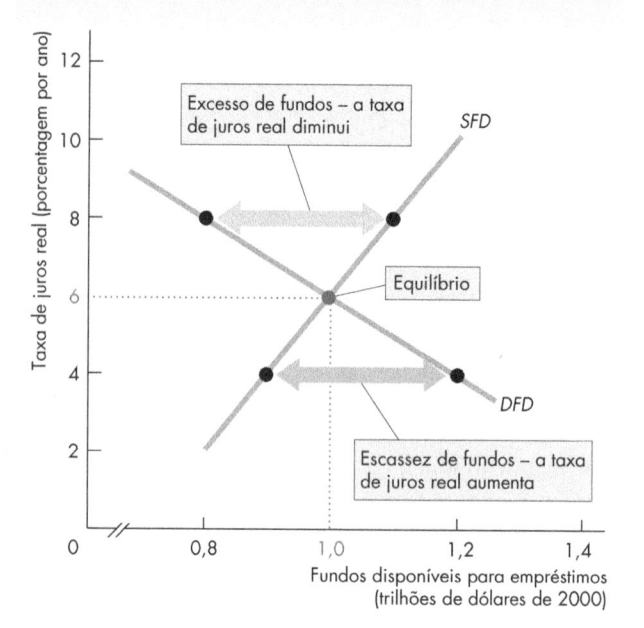

A figura mostra a curva de demanda por fundos disponíveis para empréstimos, *DFD*, e a curva de oferta de fundos disponíveis para empréstimos, *SFD*. Se a taxa de juros real fosse de 4 por cento ao ano, a quantidade demandada de fundos disponíveis para empréstimos excederia a quantidade ofertada e a taxa de juros real aumentaria. Se a taxa de juros real fosse de 8 por cento ao ano, a quantidade ofertada de fundos disponíveis para empréstimos excederia a quantidade demandada e a taxa de juros real diminuiria. Quando a taxa de juros real é de 6 por cento ao ano, a quantidade demandada de fundos disponíveis para empréstimos é igual à quantidade ofertada, e a taxa de juros real está em seu equilíbrio. A poupança é igual ao investimento.

SFD é a curva de oferta. Quando a taxa de juros real excede os 6 por cento ao ano, a poupança excede o investimento. As pessoas que tomam empréstimos têm facilidade em encontrar os fundos que desejam, mas as pessoas que concedem os empréstimos não conseguem emprestar todos os fundos que têm à disposição. A taxa de juros real diminui e continua a diminuir até que a quantidade ofertada de fundos seja igual à quantidade demandada. Com essa taxa de juros real, a poupança é igual ao investimento.

Por outro lado, quando a taxa de juros é menor que 6 por cento ao ano, a poupança é menor que o investimento. As pessoas que tomam empréstimos não conseguem encontrar os empréstimos que desejam, mas as pessoas que concedem empréstimos são capazes de emprestar todos os fundos que têm à disposição. Deste modo, a taxa de juros real aumenta e continua a aumentar até que a oferta de fundos seja igual à demanda por fundos e a poupança seja igual ao investimento.

Independentemente de haver um excesso ou uma escassez de fundos disponíveis para empréstimos, a taxa de juros real varia e é empurrada na direção do nível de equilíbrio.

Na Figura 23.10, esse equilíbrio é de 6 por cento ao ano. Com essa taxa de juros, não há excesso nem escassez de fundos. As pessoas que tomam empréstimos conseguem encontrar os empréstimos que demandam, e as pessoas que concedem empréstimos são capazes de emprestar todos os fundos que têm à disposição. Os planos das pessoas que tomam empréstimos (os investidores) e das pessoas que concedem empréstimos (os poupadores) são compatíveis uns com os outros.

QUESTÕES PARA REVISÃO

1 O que é o mercado de fundos disponíveis para empréstimos?
2 O que determina a demanda por fundos disponíveis para empréstimos?
3 Como as empresas tomam decisões de investimento?
4 O que é a taxa de juros real?
5 Por que a taxa de juros real é o custo de oportunidade dos fundos disponíveis para empréstimos?
6 O que determina a oferta de fundos disponíveis para empréstimos?
7 Como os indivíduos tomam decisões de poupar?
8 Como a taxa de juros real é determinada?
9 O que acontece se a taxa de juros real excede a taxa de equilíbrio?
10 O que acontece se a taxa de juros real é inferior à taxa de equilíbrio?

Agora conhecemos os componentes do modelo clássico e o que o modelo determina. Para completarmos nosso estudo do modelo clássico, veremos o que ele nos informa sobre a economia dos Estados Unidos atualmente.

Utilização do modelo clássico

O modelo clássico é uma poderosa ferramenta para compreender as forças que determinam o PIB potencial, o emprego, o salário real, a taxa de juros real e a quantidade de poupança e investimento, os quais exercem um papel crucial no proporcionamento de nosso padrão de vida atual e futuro. Como o modelo nos informa sobre a economia no pleno emprego, ele omite as forças que fazem com que a economia flutue em torno do pleno emprego. Desta maneira, ele não descreve completamente a economia em qualquer ano, a não ser que a economia tenha estado no pleno emprego durante o ano em questão. No entanto, como a economia flutua em torno do pleno emprego, podemos pensar que o modelo clássico nos informa sobre a situação média da economia no decorrer de um ciclo econômico.

Podemos aplicar o modelo clássico para responder a duas importantes questões: como a situação atual da nossa economia se compara com alguma situação passada e como a economia norte-americana se compara com a de algum outro país.

Utilizaremos o modelo para comparar a economia dos Estados Unidos em 2005 com sua situação quase 20 anos antes, em 1986. Na seção "Leitura das entrelinhas", utilizaremos o modelo clássico para investigar os fatores que fazem com que a economia norte-americana seja diferente da européia.

A economia dos Estados Unidos pelo olhar do modelo clássico

A economia dos Estados Unidos estava próxima do pleno emprego em 2005. Ela também estava próxima do pleno emprego 19 anos antes, em 1986. Vamos comparar esses dois anos e analisar as forças que moveram a economia de um equilíbrio de pleno emprego a outro.

Em 1986, nos Estados Unidos, o emprego era de 198 bilhões de horas, o salário real era de US$ 18 por hora e o PIB real era de US$ 6 trilhões. (Estamos utilizando dólares de 2000.)

Em 2005, as horas de trabalho aumentaram para 254 bilhões, o salário real subiu para US$ 26 por hora e o PIB real aumentou para US$ 11,8 trilhões. (Mais uma vez, estamos utilizando dólares de 2000.)

O modelo clássico nos indica fatores que mudaram para aumentar o emprego, o salário real e o PIB potencial.

Para começar, avanços na tecnologia e o investimento em capital que nos proporcionaram a Internet, o telefone celular, áudio em MP3 e vídeo em MP4, além de robôs em fábricas e depósitos, aumentaram a produtividade. Esses mesmos avanços tecnológicos e o crescimento do capital aumentaram o produto marginal do trabalho e a demanda por trabalho.

Em segundo lugar, a população norte-americana se expandiu. Em 1986, a população em idade ativa era de 170 milhões e, em 2005, era de 230 milhões. Esse aumento da população em idade ativa aumentou a oferta de trabalho.

Os efeitos combinados dos avanços tecnológicos, acúmulo de capital e crescimento populacional aumentaram o emprego, o salário real e o PIB potencial.

A Figura 23.11 ilustra esses efeitos. Em 1986 – parte (a) –, a demanda por trabalho era DL_{86}, a oferta de trabalho era SL_{86}, o salário real era de US$ 18 por hora, e foram empregados 198 bilhões de horas de trabalho. Na parte (b), a função de produção era FP_{86}, e o PIB potencial era de US$ 6 trilhões.

Em 2005, o aumento da população em idade ativa aumentou a oferta de trabalho e deslocou a curva de oferta de trabalho para SL_{05}. Os avanços tecnológicos e o acúmulo de capital aumentaram o produto marginal do trabalho, o que deslocou a curva de demanda por trabalho para DL_{05} e a função de produção para cima, para FP_{05}.

No novo equilíbrio de pleno emprego de 2005, o salário real aumentou para US$ 26 por hora, o emprego aumentou para 254 bilhões de horas, e o PIB potencial aumentou para US$ 11,8 trilhões.

QUESTÕES PARA REVISÃO

1 Como a função de produção dos Estados Unidos mudou desde 1986 e o que causou essa mudança?
2 Como a demanda por trabalho e a oferta de trabalho nos Estados Unidos mudaram desde 1986 e o que causou essas mudanças?
3 Utilize o modelo clássico para explicar a variação do emprego, do salário real e do PIB potencial nos Estados Unidos desde 1986.

◆ Vimos como o modelo clássico pode ser utilizado para explicar variações na economia ao longo do tempo. Antes de concluir este capítulo, leia a seção "Leitura das entrelinhas" e veja como o modelo também explica uma curiosa diferença internacional.

Figura 23.11 Pleno emprego nos Estados Unidos: 1986 e 2005

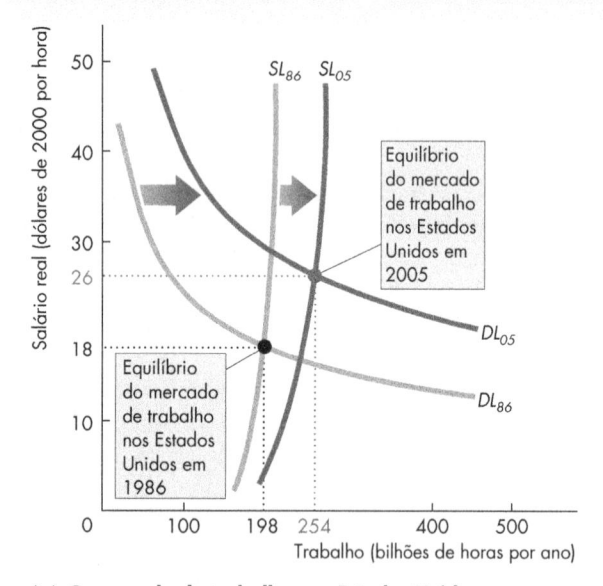

(a) O mercado de trabalho nos Estados Unidos em 1986 e 2005

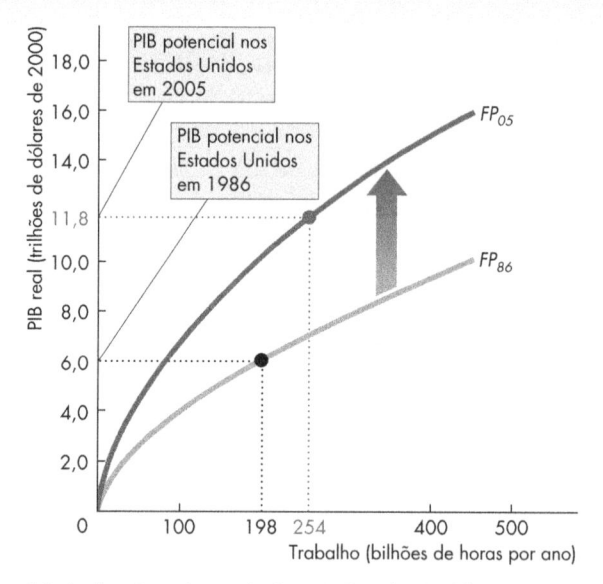

(b) As funções de produção nos Estados Unidos em 1986 e 2005

Em 1986, o salário real era de US$ 18 por hora e a quantidade empregada de trabalho era de 198 bilhões de horas na parte (a). O PIB potencial era de US$ 6 trilhões na curva FP_{86} na parte (b). Em 2005, o salário real era de US$ 26 por hora e foram empregados 254 bilhões de horas de trabalho. O PIB potencial aumentou para US$ 11,8 trilhões na curva FP_{05}.

LEITURA DAS ENTRELINHAS

Estados Unidos *versus* Europa

A economia européia se mantém comparável com as realizações dos Estados Unidos

26 de junho de 2004

Há uma crença generalizada... de que a Europa continental apresenta um desempenho repetidamente inferior ao dos Estados Unidos. Diz-se que os Estados Unidos são mais ricos do que a zona do euro e que a lacuna está aumentando.

Em 2003, a renda per capita na zona do euro – com diferenças de preços ajustadas – foi aproximadamente 30 por cento menor que a dos Estados Unidos...

As pessoas que consideram a Europa continental um fracasso econômico também não têm dúvidas sobre as razões pelas quais os Estados Unidos são mais ricos: ...O advento da "nova economia" resultou em ganhos de produtividade impulsionados pela tecnologia nos Estados Unidos.

Já a Europa, com suas economias burocratizadas e reguladas demais, tem levado mais tempo para desenvolver ou aproveitar novas tecnologias.

Contudo, há um problema com essa crença dominante – ela é contestada pelas evidências.

Por meio da aplicação de cálculos simples, é possível esclarecer as verdadeiras [diferenças das] fontes de renda: um nível superior de PIB per capita pode se dever a uma produtividade superior (PIB por hora trabalhada) ou a uma utilização mais intensa de mão-de-obra (horas totais trabalhadas por unidade populacional)...

O nível de produtividade da zona do euro, quando definido em termos de produção por hora, foi apenas 4 por cento inferior ao dos Estados Unidos em 2003...

Por outro lado, a utilização da mão-de-obra (horas totais trabalhadas por unidade populacional) em 2003 na zona do euro foi 28 por cento inferior à registrada nos Estados Unidos. Os assalariados da zona do euro trabalharam 15 por cento menos horas do que seus colegas norte-americanos em 2003, o que responde pela metade da diferença na utilização da mão-de-obra.

O restante da diferença resultou de uma menor proporção de pessoas empregadas. Isso se deve em parte a um desemprego estrutural superior (respondendo por cerca de um quarto da taxa de emprego inferior), mas deve-se principalmente à baixa participação da mão-de-obra, particularmente entre mulheres.

Fonte: © 2004 The Irish Times. Todos os direitos reservados. Disponível em: http://www.ireland.com

Trecho de um artigo de Kevin Daly, economista do banco de investimentos Goldman Sachs, baseado em "Euroland's secret success story", *Goldman Sachs Global Economics Paper*, n. 102, jan. 2004.

Essência da notícia

▷ Em 2003, a renda per capita da zona do euro foi 30 por cento mais baixa do que a dos Estados Unidos.

▷ Acredita-se que a Europa seja burocratizada, regulada demais e lenta para desenvolver ou aproveitar novas tecnologias.

▷ Os Estados Unidos, por outro lado, adotaram as novas tecnologias que aumentaram a produtividade.

▷ As evidências contradizem a crença dominante.

▷ Um nível mais alto de PIB per capita pode se dever a uma produtividade mais alta ou mais horas trabalhadas.

▷ A Europa é quase tão produtiva quanto os Estados Unidos, mas os europeus trabalham menos horas.

Análise econômica

▷ A população dos Estados Unidos é um pouco menor do que a da zona do euro – 300 milhões *versus* 313 milhões.

▷ Mas os Estados Unidos produzem um PIB real maior do que o da zona do euro – US$ 11,8 trilhões *versus* US$ 8 trilhões.

▷ Apesar dessa diferença na produção, o salário real dos Estados Unidos é apenas US$ 1 por hora mais alto do que o da zona do euro.

▷ Como os Estados Unidos podem produzir muito mais do que a zona do euro quando os norte-americanos ganham praticamente o mesmo salário por hora que os europeus?

▷ A resposta é apresentada no artigo: os norte-americanos trabalham muito mais horas do que os europeus.

▷ A semana de trabalho é mais longa, as férias são mais curtas, mais pessoas têm emprego e a taxa natural de desemprego é mais baixa nos Estados Unidos do que na zona do euro.

▷ As figuras utilizam o modelo clássico do mercado de trabalho para comparar as economias dos Estados Unidos e da zona do euro em 2005.

▷ A Figura 1 mostra os mercados de trabalho, e a Figura 2 mostra as funções de produção. Os dados referentes aos Estados Unidos (EUA) estão indicados em preto e os da zona do euro (ZE) estão em cinza.

▷ A demanda por trabalho nos Estados Unidos é maior que a da zona do euro. A curva DL_{EUA} está à direita da curva DL_{ZE} porque o produto marginal do trabalho é maior nos Estados Unidos.

▷ A maior produtividade nos Estados Unidos também se reflete nas funções de produção da Figura 2. Com mais capital e tecnologias mais avançadas (em média), a função de produção norte-americana, FP_{EUA}, se posiciona acima daquela da zona do euro, FP_{ZE}.

▷ A oferta de trabalho na zona do euro é menor que nos Estados Unidos. A curva SL_{ZE} se posiciona à esquerda da curva SL_{EUA}.

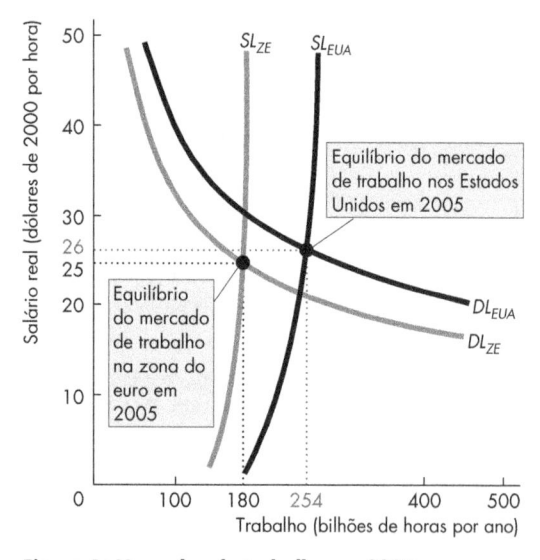

Figura 1: Mercados de trabalho em 2005

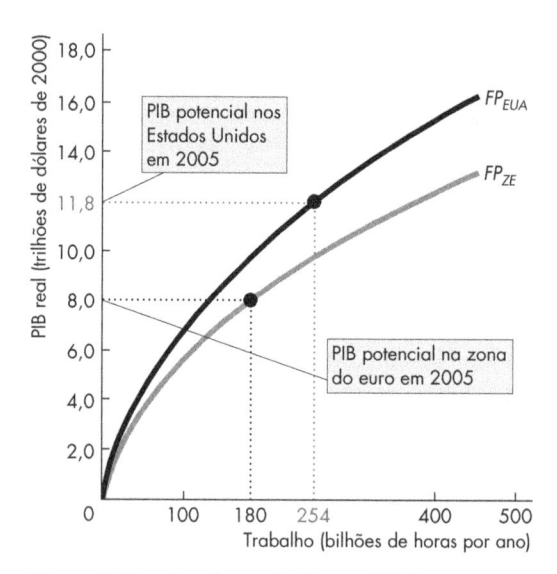

Figura 2: Funções de produção em 2005

▶ O equilíbrio no mercado de trabalho norte-americano ocorre a um salário real de US$ 26 por hora com 254 bilhões de horas de trabalho. Esse trabalho produz um PIB real de US$ 11,8 trilhões.

▶ O equilíbrio no mercado de trabalho europeu ocorre a um salário real de US$ 25 por hora com 180 bilhões de horas de trabalho. Esse trabalho produz um PIB real de US$ 8 trilhões.

▶ Se os europeus trabalhassem o mesmo número de horas que os norte-americanos, o salário real e o produto marginal do trabalho na Europa seriam muito mais baixos.

▶ Não se sabe por que a zona do euro tem uma oferta de trabalho menor.

▶ Alguns economistas dizem que a razão disso são os impostos mais altos na Europa. Alguns dizem que a razão são sindicatos trabalhistas mais atuantes na Europa. E outros dizem que os europeus simplesmente valorizam o lazer mais do que os norte-americanos.

▶ Independentemente da razão, os europeus usufruem mais lazer do que os norte-americanos, o que os europeus consideram uma compensação adequada por uma renda real mais baixa.

RESUMO

Pontos-chave

O modelo clássico: apresentação (p. 526-527)

- O modelo clássico explica como o PIB real, o emprego e o desemprego, o salário real, o investimento, a poupança e as taxas de juros reais são determinados no pleno emprego.

PIB real e emprego (p. 527-528)

- Para produzir o PIB real, devemos abdicar de tempo de lazer.
- À medida que a quantidade de trabalho aumenta, o PIB real também aumenta.

O mercado de trabalho e o PIB potencial (p. 528-534)

- Se todos os outros fatores são mantidos constantes, à medida que o salário real diminui, a quantidade demandada de trabalho aumenta e a quantidade ofertada diminui.
- No equilíbrio de pleno emprego, a quantidade demandada de trabalho é igual à quantidade ofertada e o PIB real é igual ao PIB potencial.

Desemprego no pleno emprego (p. 534-536)

- A taxa de desemprego no pleno emprego é chamada de taxa natural de desemprego.
- O desemprego persistente resulta da busca e do racionamento de empregos.

Fundos disponíveis para empréstimos e taxa de juros real (p. 536-541)

- Se todos os outros fatores são mantidos constantes, à medida que a taxa de juros real diminui, o investimento e a tomada de empréstimos aumentam e a poupança e a concessão de empréstimos diminuem.
- A taxa de juros real de equilíbrio faz com que a quantidade demandada de fundos disponíveis para empréstimos seja igual à quantidade ofertada.

Utilização do modelo clássico (p. 541-542)

- O modelo clássico pode explicar mudanças em uma economia ao longo do tempo e diferenças entre economias em determinado momento.
- Na economia norte-americana, avanços tecnológicos e acúmulo de capital aumentam a produtividade e a demanda por trabalho.
- Além disso, na economia norte-americana, o crescimento populacional aumenta a oferta de trabalho.
- Os efeitos combinados dos avanços tecnológicos, acúmulo de capital e crescimento populacional são o aumento da quantidade de trabalho, do salário real e do PIB potencial.

Figuras-chave

Figura 23.1: Possibilidades de produção e função de produção, 528
Figura 23.2: A demanda por trabalho, 529
Figura 23.3: Produto marginal e demanda por trabalho, 530
Figura 23.4: A oferta de trabalho, 531
Figura 23.6: O mercado de trabalho e o PIB potencial, 533
Figura 23.8: A demanda por fundos disponíveis para empréstimos, 537
Figura 23.9: A oferta de fundos disponíveis para empréstimos, 539
Figura 23.10: Equilíbrio no mercado de fundos disponíveis para empréstimos, 540

Palavras-chave

Busca de emprego, 534
Demanda por fundos disponíveis para empréstimos, 537
Demanda por trabalho, 528
Dicotomia clássica, 526
Estoque de capital, 536
Função de produção, 527
Lei dos rendimentos decrescentes, 529
Mercado de fundos disponíveis para empréstimos, 536
Mercado de trabalho, 528
Modelo clássico, 527
Oferta de fundos disponíveis para empréstimos, 538
Oferta de trabalho, 531
Produto marginal do trabalho, 529
Racionamento de empregos, 535
Salário de eficiência, 535
Salário mínimo, 535
Salário monetário, 529
Salário real, 529
Taxa de juros nominal, 537
Taxa de juros real, 537

EXERCÍCIOS

1. Robinson Crusoé mora em uma ilha deserta na linha do Equador. Ele tem 12 horas de luz do sol todos os dias para dividir entre lazer e trabalho. A tabela mostra sete combinações alternativas de lazer e do PIB real da economia de Crusoé.

Possibilidade	Lazer (horas por dia)	PIB real (dólares por dia)
A	12	0
B	10	10
C	8	18
D	6	24
E	4	28
F	2	30
G	0	30

   a. Faça uma tabela e um gráfico da função de produção de Crusoé.
   b. Encontre o produto marginal do trabalho para as diferente quantidades de trabalho de Crusoé.

2. Utilize as informações sobre a economia de Robinson Crusoé apresentadas no exercício 1 e o fato de que, a um salário real de $ 4,50 por hora, ele está disposto a trabalhar qualquer número de horas entre 0 e 12.

   a. Faça uma tabela que mostre os dados de demanda por trabalho de Crusoé e trace a curva de demanda por trabalho dele.
   b. Faça uma tabela que mostre os dados de oferta de trabalho de Crusoé e trace a curva de oferta de trabalho dele.
   c. Quais são o salário real de equilíbrio e a quantidade de trabalho na economia de Crusoé?
   d. Encontre o PIB potencial da economia de Crusoé.

3. A figura descreve o mercado de trabalho na Ilha do Cacau. Além disso (não mostrado na figura), um levantamento nos informa que, quando a Ilha do Cacau está no pleno emprego, as pessoas passam 1.000 horas por dia em busca de emprego.

a. Calcule o salário real do equilíbrio de pleno emprego e a quantidade empregada de trabalho.

b. Calcule a taxa natural de desemprego.

c. Se o governo cria um salário mínimo de $ 4 por hora, quanto desemprego é criado?

4. As instalações de uma montadora de telefones celulares custam $ 10 milhões e têm vida útil de um ano. A empresa terá de contratar mão-de-obra a um custo de $ 3 milhões e comprar peças e matéria-prima a um custo de mais $ 3 milhões. Se a empresa construir a montadora, ela será capaz de produzir telefones celulares que serão vendidos por uma receita total de $ 17 milhões. Compensa para a empresa investir nessa nova linha de produção com as seguintes taxas de juros reais:

a. 5 por cento ao ano?

b. 10 por cento ao ano?

c. 15 por cento ao ano?

5. Em 1999, a família Batman (Batman e Robin) tinha uma renda disponível de $ 50.000, uma riqueza de $ 100.000 e uma renda futura esperada de $ 50.000 ao ano. A uma taxa de juros de 4 por cento ao ano, os Batman pouparia $ 10.000; a 6 por cento ao ano, eles pouparia $ 12.500; e a 8 por cento ao ano, eles pouparia $ 15.000.

a. Trace um gráfico da curva de oferta de fundos disponíveis para empréstimos da família Batman para 1999.

b. Em 2000, todos os outros fatores permaneceram como eram no ano anterior com a exceção de que os Batman esperavam que sua renda futura aumentasse para $ 60.000 ao ano. Mostre a influência dessa mudança sobre a curva de oferta de fundos disponíveis para empréstimos dos Batman.

6. Se os Estados Unidos fossem mais rigorosos com os imigrantes ilegais e enviassem milhões de trabalhadores de volta a seu país de origem, o que aconteceria nos Estados Unidos com:

a. O PIB potencial?

b. O emprego?

c. O salário real?

7. Se um grande aumento dos investimentos aumentasse o produto marginal do trabalho, o que aconteceria com:

a. O PIB potencial?

b. O emprego?

c. O salário real?

8. Em 1973, o Reino Unido estava no pleno emprego. Um total de 47 bilhões de horas de trabalho produziram um PIB real de £ 550 bilhões, e o salário real era £ 7,12 por hora. Entre 1973 e 2003, o capital por trabalhador aumentou e a tecnologia avançou. Ao mesmo tempo, a população aumentou, porém impostos de renda mais altos e um seguro-desemprego mais generoso diminuíram a oferta de trabalho. Em 2003, a quantidade de trabalho no pleno emprego era igual à de 1973, mas o salário real era de £ 12,30 por hora e o PIB real era de £ 1.034 bilhões.

a. Trace um gráfico do mercado de trabalho do Reino Unido mostrando a demanda por trabalho, a oferta de trabalho e o salário real em 1973 e 2003.

b. Trace um gráfico da função de produção do Reino Unido em 1973 e 2003. Certifique-se de que seu gráfico mostre o PIB potencial nos dois anos.

PENSAMENTO CRÍTICO

1. Estude o artigo sobre as diferenças entre a economia dos Estados Unidos e a da zona do euro na seção "Leitura das entrelinhas" e depois:

a. Descreva as principais diferenças entre a economia dos Estados Unidos e a da zona do euro.

b. Por que você acha que os Estados Unidos são mais produtivos do que a Europa?

c. Por que você acha que os europeus trabalham menos horas do que os norte-americanos?

d. Explique os efeitos das diferenças de produtividade e hábitos de trabalho sobre o emprego, o PIB potencial e os salários reais dos Estados Unidos e da Europa.

2. Você está trabalhando para a equipe de assessores econômicos do presidente dos Estados Unidos e precisa escrever um relatório para o presidente com uma lista de iniciativas políticas que aumentarão o PIB potencial. Use o máximo que puder a imaginação e justifique cada uma das suas sugestões com referências aos conceitos que exploramos neste capítulo.

3. **O custo social do tsunami ainda está por vir**

Especialistas de assistência humanitária estimam que levará até uma década para que alguns locais se recuperem totalmente, e a reconstrução custará cerca de US$ 9 bilhões... Uma avaliação conduzida pelo governo da Indonésia estimou que os danos totais causados pelo tsunami foram de US$ 4,5 bilhões a US$ 5 bilhões... Habitação, comércio, agricultura, atividades de pesca e veículos e serviços de transporte sofreram perdas de US$ 2,8 bilhões, ou 63 por cento do total...

CNN, 19 de dezembro de 2005

a. O que aconteceu com a quantidade de trabalho de pleno emprego da Indonésia como resultado do tsunami de dezembro de 2004?

b. A Indonésia se moveu ao longo de sua função de produção ou sua função de produção se deslocou?

c. Qual foi o efeito do tsunami sobre o PIB potencial da Indonésia?

d. De acordo com o artigo da CNN, "as pessoas mais prejudicadas pelo tsunami foram as que estavam fora da economia 'formal' – principalmente pescadores, donos de propriedades rurais, mulheres e pessoas que tinham pequenos negócios". Essas informações alteram suas respostas para os itens (a), (b) e (c)? Explique por quê.

ATIVIDADES NA INTERNET

1. Faça uma pesquisa na Internet e obtenha informações sobre a economia brasileira na década de 1990. Procure imaginar o que aconteceu com a fronteira de possibilidades de produção e com a demanda e a oferta de trabalho ao longo da década.

2. Faça uma pesquisa na Internet e obtenha informações sobre a economia argentina na década de 1990. Procure imaginar o que aconteceu com a fronteira de possibilidades de produção e com a demanda e a oferta de trabalho ao longo da década.

3. Faça uma pesquisa na Internet e obtenha informações sobre a economia chinesa na década de 1990. Procure imaginar o que aconteceu com a fronteira de possibilidades de produção e com a demanda e a oferta de trabalho ao longo da década.

CENÁRIO BRASILEIRO

Os efeitos do Mercosul na economia brasileira

Paulo Van Noije[1]
Richard Wilson[2]

Neste tópico faremos uma breve análise dos efeitos do **Mercosul** (Mercado Comum do Sul) na economia brasileira. Primeiramente, será feito um histórico do bloco econômico e, na seqüência, serão sublinhadas algumas das vantagens e desvantagens mais importantes para o país.

O Mercosul é a **união aduaneira** (livre-comércio intrazona e política comercial comum) entre Argentina, Brasil, Paraguai e Uruguai, instituída pela assinatura do Tratado de Assunção, em 26 de março de 1991. O Mercosul constitui um importante exercício de **integração sub-regional**, originado num contexto internacional de formação de blocos econômicos e idealizado como meio de inserção competitiva de seus membros na economia mundial. O aprofundamento do processo de integração, com a consolidação do livre-comércio e da política comercial comum na região pretende alcançar, no futuro, um mercado comum que abarque todas as nações sul-americanas. O **Mercado Comum** é o estado de integração econômica que compreende a união aduaneira e o livre movimento de fatores produtivos (capital e trabalho).

O bloco foi inspirado no longo processo de integração que deu forma à União Européia (há mais de 40 anos) e nas experiências de integração latino-americanas anteriores, tais como a Associação Latino-Americana de Livre-Comércio (Alalc), em 1960, e a formação da Associação Latino-Americana de Integração (Aladi), em 1980. O bloco tem avançado em direção à criação de uma área de livre-comércio na América do Sul, sendo emblemática nesse processo a criação do Banco do Sul, em 2007, com o objetivo de financiar projetos de desenvolvimento nos países integrantes, e da União Sul-Americana (Unasul), em 2008, como meio de concertação política. O Mercosul e, recentemente, a Unasul têm servido para contrabalançar as investidas norte-americanas (principalmente) de criar a Associação de Livre-Comércio das Américas (Alca), iniciativa que vem sendo discutida desde 1994. Diante dos retrocessos nas negociações da Alca, os Estados Unidos adotaram uma nova estratégia de utilização de **negociações bilaterais** (negociação direta entre dois países) em contraposição ao **multilateralismo** (negociação entre vários países, usado com grande freqüência pelo Brasil), tendo como exemplo os acordos econômicos (e também militares) que estão em gestação com a Colômbia. Contudo, o Congresso norte-americano tem dificultado a aprovação de acordos dessa natureza, limitando, portanto, o escopo dessa nova estratégia.

A adoção do princípio do **regionalismo aberto**, que permite a entrada de novos sócios, ajudou a ampliar o bloco com a adesão de outros estados sul-americanos na condição de membros associados, sendo o Chile em 1996, a Bolívia em 1997, o Peru em 2003, além de Colômbia, Equador e Venezuela em 2004. As relativas dificuldades de coordenação política e econômica da Comunidade Andina de Nações (CAN – bloco concorrente do Mercosul estabelecido em 1996), que inclui Bolívia, Colômbia, Peru e Equador, favoreceram a ampliação do Mercosul. Atualmente, os países fundadores do Mercosul e os membros associados concentram uma população estimada em 365 milhões de habitantes e um PIB (Produto Interno Bruto), utilizando o critério de paridade de poder de compra, de aproximadamente 4 trilhões de dólares. Já o PIB *per capita* é de aproximadamente 11 mil dólares, tendo a Argentina o maior, 17 mil dólares, e a Bolívia o menor, em torno de 3 mil dólares.

O Mercosul previa inicialmente um período de transição, que duraria até 31 de dezembro de 1994, em que os sócios poderiam, por exemplo, utilizar **salvaguardas** (barreiras não-tarifárias) e criar listas de exceções, de modo a ajustar-se paulatinamente aos compromissos de livre-comércio intrabloco. A Tarifa Externa Comum (TEC) começou a vigorar em janeiro de 1995, tendo como limite máximo a alíquota de 20 por cento, mas não se aplicando a todos os produtos importados pelo bloco. A partir deste ano, cerca de 90 por cento das mercadorias produzi-

---

[1] Economista, mestrando em Economia.
[2] Economista, mestrando em Economia.

das nos países membros passaram a ser comercializadas sem tarifas comerciais. As políticas em torno da TEC expressam, em parte, algumas das limitações do bloco ao ser objeto de disputas fiscais entre os sócios, em situações de crise econômica ou assimetrias de competitividade, a exemplo do que ocorreu quando da redução unilateral da tarifa externa para bens de capital realizada pela Argentina em 2000, visando a atrair máquinas e equipamentos mais baratos para seu território. Outro problema refere-se à questão da dupla tributação, nos casos em que ocorre a cobrança da TEC cada vez que uma mercadoria passe por um dos países integrantes do Mercosul, prática que dificultou um acordo com a União Européia, por exemplo. O Brasil, neste último caso, abriu mão da TEC, porém os demais países não fizeram o mesmo.

Quanto ao desempenho econômico, o Mercosul passou por uma fase inicial de acentuado crescimento tanto dos fluxos de comércio intrabloco quanto dos investimentos diretos entre os sócios. A expansão sustentada do comércio intrabloco até 1997 produziu efeitos estruturais sobre as economias nacionais, revelando algumas vantagens comparativas de cada parceiro e aprofundando especializações setoriais. A integração comercial repercutiu positivamente na esfera das decisões de investimentos das corporações transnacionais, que começaram a estabelecer cadeias produtivas interligadas na área do Mercosul. A partir de 1999, contudo, com a desvalorização do real e, depois, com a crise Argentina em 2000, percebeu-se certo retrocesso no processo de integração. Também contribuíram, ainda que de maneira marginal, as turbulências financeiras internacionais propiciadas pelas crises do México, em 1994, da Ásia, em 1997, e da Rússia, em 1998. Nestes contextos adversos, alguns contenciosos se tornaram famosos entre os membros do bloco, tais como os da indústria de automóveis e de eletrodomésticos entre Brasil e Argentina, de Paraguai e Uruguai em relação ao tratamento assimétrico dispensado pelos dois membros maiores do bloco etc. Recentemente, com a entrada de novos atores e com o crescimento da economia mundial, houve um restabelecimento das bases de sustentação econômica do Mercosul.

Do ponto de vista do Brasil, o bloco representa, desde seu lançamento, no início da década de 1990, importante iniciativa para a política externa brasileira. Lançado no governo Collor, o Mercosul respondia aos objetivos de abertura econômica e intensificação das relações comerciais com o resto do mundo, consoantes com a visão neoliberal predominante naquela época. Os governos Itamar Franco e Fernando Henrique Cardoso seguiram o processo de ampliação do bloco. Contudo, é no governo Lula que se tem lançado apostas mais intensas no sentido de aprofundar o bloco, inclusive em termos estratégicos com a proposta de criação de uma política de defesa comum.

O Brasil obteve resultados positivos com o bloco não só no aspecto geopolítico mas também no econômico, a despeito das críticas generalizadas de que tem sido alvo. O saldo da balança comercial intrabloco parece ratificar esse julgamento. Após ela ter sido deficitária nos períodos de 1995 a 1998 e de 2000 a 2003 e residualmente superavitária em 1999, os saldos vigorosos nos últimos anos refletem uma nova dinâmica a partir de meados de 2003 até 2008 (veja gráfico a seguir).

Outro elemento importante refere-se à composição da pauta de exportações do Brasil para o Mercosul. A pauta de exportações brasileiras com destino ao bloco, segundo dados do Ministério do Desenvolvimento, Indústria e Comércio Exterior, é representada esmagadoramente por bens manufaturados e semimanufaturados, algo muito importante para o desenvolvimento industrial do país. Em 2007, por exemplo, foram exportados (FOB) 16,6 bilhões de dólares em bens industrializados (manufaturados e semimanufaturados) contra 710 milhões de dólares de bens básicos.

Mesmo passando por algumas crises, o bloco se sustenta por diversas vantagens que oferece a seus sócios. Primeiramente, uma das maiores vantagens do Mercosul refere-se à redução de tarifas, capaz de estimular o comércio da região, o que representa para as empresas, na prática, um **aumento do mercado consumidor**. Isso é muito benéfico, já que estimula investimentos e permite aproveitar as vantagens de escala decorrentes de um volume maior de produção (por exemplo, podemos citar um desconto com fornecedores por uma encomenda maior de matéria-prima).

Da mesma maneira que produtos brasileiros podem ser vendidos na região do bloco, o contrário também é verdadeiro, o que gera vantagens para os brasileiros. Notoriamente, como o Brasil não é auto-suficiente em todos os produtos, isso significa que não temos em território nacional toda a disponibilidade de recursos de que necessitamos. Isso fica muito mais evidente na questão dos recursos naturais, por exemplo, no caso do gás, ou seja, pode-se dizer que o Mercosul permite consumir 'novos' produtos, no sentido de que barateia a importação de produtos que o Brasil tem desvantagens relativas na sua produção, como é o caso do gás boliviano e do trigo argentino.

Um segundo fator positivo da entrada de produtos do Mercosul no mercado brasileiro é o **aumento da concorrência** com os produtos domésticos. O que em princípio pode parecer uma desvantagem só o é no

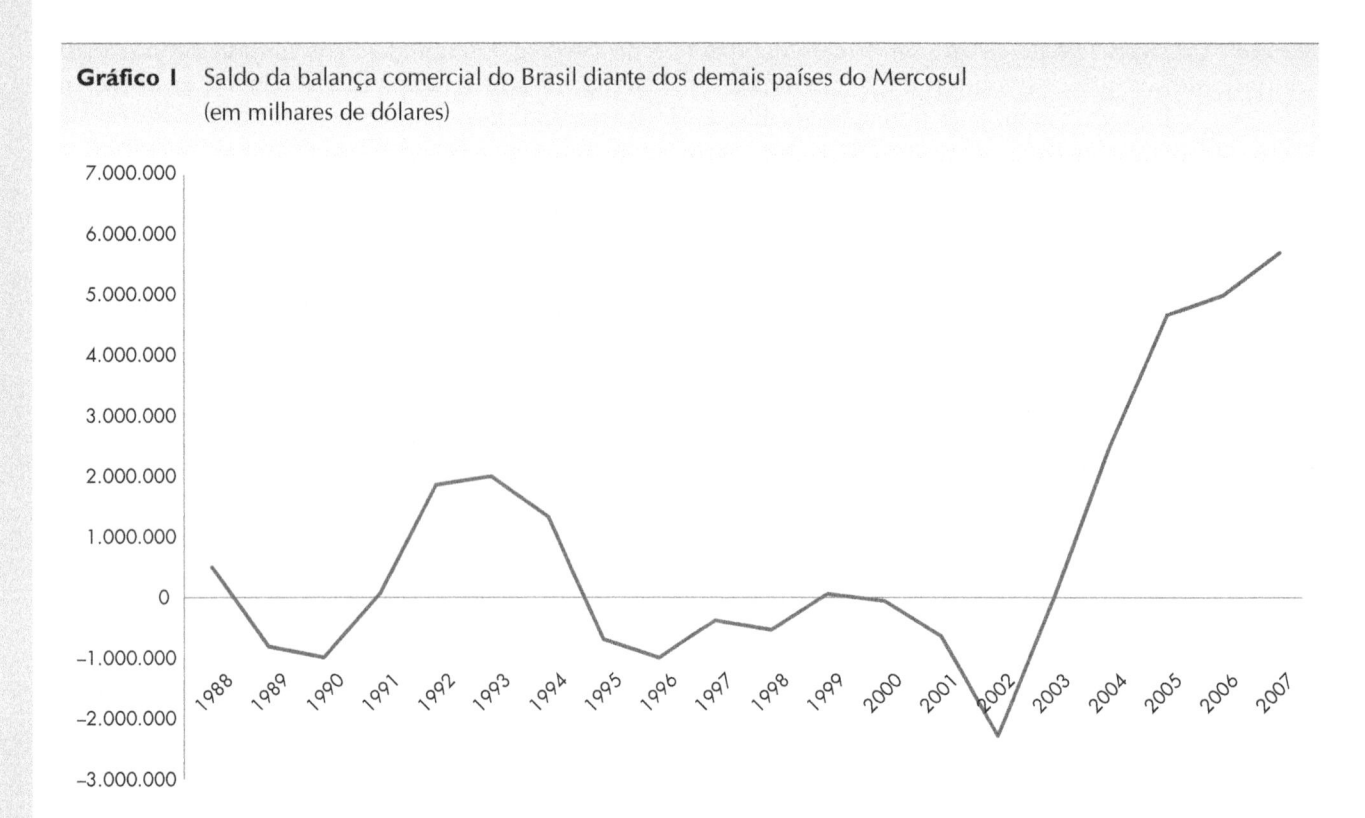

Gráfico 1 Saldo da balança comercial do Brasil diante dos demais países do Mercosul (em milhares de dólares)

Fonte: MIDC; Elaboração dos autores

caso de uma disputa desleal, quando o produto de fora é muito mais barato. Entretanto, caso isso não ocorra, empresas e consumidores tendem a sair ganhando. As primeiras porque isso estimula seu aperfeiçoamento, a busca por maior produtividade e a redução de custos, o que as prepara para concorrer com produtores de países mais desenvolvidos. Já os consumidores ganham com essa disputa por ter acesso a uma maior gama de produtos, por vezes de melhor qualidade e, talvez, pela menor possibilidade de aumentos de preços.

Outro elemento importante pode ser sintetizado pelo fato de que, com o bloco econômico, os países do Mercosul podem juntar forças e **aumentar o seu poder de barganha** nas questões relacionadas ao comércio mundial, até porque apresentam posições parecidas, sendo a principal delas a luta pela redução de subsídios agrícolas praticados pelos países mais desenvolvidos. Vale destacar que isso exige um grande esforço de coordenação e jogo político, pois as posições nem sempre são iguais. Contudo, parece ser mais vantajoso ceder em pequenas causas, em favor de questões maiores que podem trazer grandes benefícios para o país.

Há também outro fator que é pouco explorado nas diversas análises, mas que é muito importante para justificar o Mercosul. Ao longo da história, pode-se observar que povos que negociam entre si tendem a manter relações **mais pacíficas**. Isso é fruto das relações que constroem, sendo na maioria das vezes muito mais vantajoso, do ponto de vista econômico, encontrar saídas pacíficas que adotar práticas belicistas. Dessa forma, o desenvolvimento do bloco e a maior integração econômica tendem a diminuir a possibilidade de uma disputa bélica na região.

O Brasil, apesar de ainda não poder ser considerado um país desenvolvido, apresenta algumas empresas que são as maiores do mundo em seu ramo de produção. Nesses casos, os limites do território nacional acabam ficando relativamente pequenos para sustentar o seu potencial de crescimento. O bloco facilita o funcionamento dessas empresas em outros mercados e faz com que tenham **maiores possibilidades de realizar e receber investimentos**. Isso acaba sendo benéfico, já que permite auferir níveis de rentabilidade, por vezes, impossíveis de ser obtidos internamente. Outra vantagem pode ser atribuída à geração de divisas (moeda forte estrangeira), uma vez que, a despeito de uma saída inicial, ela representará no futuro um retorno sob a forma de lucros e de amortizações, que em geral superam o investimento inicial. Além disso, estrategicamente é muito interessante ter empresas brasileiras em outros países, especialmente quando estas possuem forte poder político e econômico.

É importante sublinhar que a cooperação técnica e o auxílio mútuo em situações de desastres naturais, no caso de países mais integrados, também trazem benefícios ao país. Além disso, o apoio político dos integrantes do bloco nos grandes contenciosos internacionais é decisivo para a sua resolução em termos mais favoráveis ao país.

Devemos salientar ainda que o bloco também possui algumas desvantagens. Dentre elas, destaca-se o **aumento de interdependência** com as outras economias, podendo gerar situações de escassez de alguns produtos não decorrentes de questões internas, mas de externas. Um exemplo é a questão do gás boliviano, em que muitas empresas industriais mudaram sua matriz energética, vislumbrando economia com uma nova alternativa energética. Entretanto, questões políticas provocaram um aumento significativo no preço do produto. O gás ainda aparece como uma fonte economicamente interessante, porém a incerteza em relação a futuros reajustes (ou disputas políticas) preocupa não apenas os empresários e o governo mas a população brasileira.

Por fim, cabe ao Brasil, diante de uma análise detalhada dos efeitos positivos e negativos que o Mercosul tem propiciado, decidir por um aprofundamento de sua inserção internacional, que passa necessariamente pelo fortalecimento e ampliação do bloco, ou pela limitação de suas interações externas, sob o risco de se tornar menos competitivo, elevar seu nível médio de inflação, limitar a recepção de investimentos diretos externos e arcar com o ônus político e econômico do isolamento.

REFERÊNCIAS

OLIVEIRA, Henrique. A; LESSA, Antônio. C. (Orgs). *Relações internacionais do Brasil: temas e agendas*. IBRI, São Paulo, 2006.

QUESTÕES

1. Quais foram os ganhos políticos e econômicos que o Brasil obteve com o Mercosul?

2. Quais são os principais desafios que os países integrantes do bloco terão de enfrentar para que haja a consolidação e ampliação do Mercosul?

Crescimento econômico

CAPÍTULO 24

Ao término do estudo deste capítulo, você saberá:

▶ Definir e calcular a taxa de crescimento econômico e explicar as implicações do crescimento sustentado.
▶ Descrever as tendências do crescimento econômico nos Estados Unidos e em outros países e regiões.
▶ Identificar as fontes do crescimento econômico.
▶ Explicar como medimos os efeitos das fontes de crescimento econômico e identificar por que as taxas de crescimento flutuam.
▶ Explicar as principais teorias do crescimento econômico.

Transformação da vida das pessoas

O PIB real per capita dos Estados Unidos quase triplicou entre 1960 e 2005. Nesse país, assim como em muitos outros, os quartos de imóveis construídos durante a década de 1960 geralmente têm apenas duas tomadas de energia elétrica: uma para uma luminária de mesa e outra para um abajur de cabeceira. Hoje em dia, com o uso de uma extensão elétrica (ou duas), esses quartos têm um computador pessoal, televisor, aparelho de DVD e de som etc. O que ocasionou esse crescimento de produção, renda e padrão de vida?
Observamos um crescimento econômico ainda maior na Ásia moderna. Às margens do rio Li, no sul da China, Songman Yang cria cormorões, pássaros incríveis que ele treina para pescar e depositar os peixes em uma cesta em sua rústica jangada de bambu. O trabalho de Songman, o equipamento de capital, a tecnologia que ele utiliza e a renda que ganha são similares aos de seus ancestrais de cerca de dois mil anos atrás. Contudo, pessoas que estão fazendo parte de um milagre econômico nas fervilhantes cidades da China rodeiam Songman por todos os lados. Elas estão abrindo empresas, investindo em novas tecnologias, desenvolvendo mercados locais e globais e transformando sua vida. Por que as rendas na China estão crescendo tão rapidamente?

◆ Neste capítulo, estudaremos as forças que provocam o crescimento do PIB real, que fazem com que alguns países cresçam mais rapidamente do que outros e que fazem com que nossa taxa de crescimento algumas vezes se desacelere e em outras vezes se acelere.
Na seção "Leitura das entrelinhas" no fim do capítulo, retornaremos ao crescimento econômico da China e veremos como ele se compara com o dos Estados Unidos.

Os fundamentos do crescimento econômico

O crescimento econômico é uma expansão sustentada das possibilidades de produção medidas com o aumento do PIB real ao longo de determinado período. Um rápido crescimento econômico mantido ao longo de vários anos pode transformar uma nação pobre em rica. Foi o que aconteceu com Hong Kong, Coréia do Sul, Taiwan e algumas outras economias asiáticas. Um lento crescimento econômico ou a ausência de crescimento podem condenar uma nação a uma pobreza devastadora. Esse foi o destino de Serra Leoa, Somália, Zâmbia e grande parte do resto da África.

O objetivo deste capítulo é ajudá-lo a entender por que algumas economias se expandem rapidamente e outras ficam estagnadas. Começaremos aprendendo como calcular a taxa de crescimento econômico e descobrindo a mágica do crescimento sustentado.

Cálculo das taxas de crescimento

Expressamos a **taxa de crescimento econômico** como a variação percentual anual do PIB real. Para calcularmos essa taxa de crescimento, utilizamos a fórmula:

$$\text{Taxa de crescimento do PIB real} = \frac{\text{PIB real no ano corrente} - \text{PIB real no ano anterior}}{\text{PIB real no ano anterior}} \times 100$$

Por exemplo, se o PIB real no ano corrente é de $ 11 trilhões e se o PIB real no ano anterior é de $ 10 trilhões, a taxa de crescimento econômico é de 10 por cento.

A taxa de crescimento do PIB real nos informa a rapidez com que a economia *total* está se expandindo. Essa medida é útil por nos informar sobre as mudanças potenciais no equilíbrio do poder econômico entre as nações. Entretanto, ela não nos informa sobre as mudanças no padrão de vida.

O padrão de vida depende do **PIB real per capita** (também chamado de PIB real por pessoa), que é o PIB real dividido pela população. Desta maneira, a contribuição do crescimento do PIB real para a variação do padrão de vida depende da taxa de crescimento do PIB real per capita.

Utilizamos a fórmula anterior para calcular essa taxa de crescimento, substituindo o PIB real pelo PIB real per capita.

Suponha, por exemplo, que, no ano corrente, quando o PIB real é de $ 11 trilhões, a população seja de 202 milhões. Neste caso, o PIB real per capita é de $ 11 trilhões divididos por 202 milhões, o que equivale a $ 54.455. Suponha também que, no ano anterior, quando o PIB real era de $ 10 trilhões, a população fosse de 200 milhões. Neste caso, o PIB real per capita nesse ano foi de $ 10 trilhões divididos por 200 milhões, o que equivale a $ 50.000.

Aplicamos esses dois valores do PIB real per capita à fórmula anterior de crescimento para calcular a taxa de crescimento do PIB real per capita. Isto é,

$$\text{Taxa de crescimento do PIB real per capita} = \frac{\$ 54.455 - \$ 50.000}{\$ 50.000} \times 100$$

$$= 8{,}9\ \%$$

A taxa de crescimento do PIB real per capita também pode ser calculada (aproximadamente) subtraindo-se a taxa de crescimento da população da taxa de crescimento do PIB real. No exemplo que acabamos de analisar, a taxa de crescimento do PIB real é 10 por cento. A população varia de 200 milhões para 202 milhões, de modo que a taxa de crescimento da população é 1 por cento. A taxa de crescimento do PIB real per capita é aproximadamente igual a 10 por cento menos 1 por cento, o que equivale a 9 por cento.

O PIB real per capita só cresce se o PIB real cresce mais rapidamente do que a população. Se a taxa de crescimento da população excede o crescimento do PIB real, o PIB real per capita diminui.

A mágica do crescimento sustentado

O crescimento sustentado do PIB real per capita pode transformar uma sociedade pobre em abastada. A razão para isso é que o crescimento econômico funciona como os juros compostos.

Juros compostos Suponha que você deposite $ 100 no banco e ganhe juros de 5 por cento ao ano sobre esse valor. Depois de um ano, você tem $ 105. Se você deixar esses $ 105 no banco mais um ano, você ganha juros de 5 por cento sobre os $ 100 originais *e sobre os $ 5 de juros que ganhou no ano anterior*. Você então está ganhando juros sobre juros! No ano seguinte as coisas melhoram ainda mais. Você ganha 5 por cento sobre os $ 100 originais e sobre os juros obtidos no primeiro e no segundo ano. Você ganha juros sobre os juros que ganhou sobre os juros do primeiro ano.

Seu dinheiro no banco está crescendo a uma taxa de 5 por cento ao ano. Você não precisará esperar muitos anos para que seu depósito inicial de $ 100 cresça para $ 200. Mas em quantos anos isso acontecerá?

A resposta é proporcionada por uma fórmula chamada de **Regra dos 70**, segundo a qual o número de anos que o nível de uma variável leva para dobrar é de aproximadamente 70 dividido pela taxa de crescimento anual percentual da variável. Utilizando a regra dos 70, você pode calcular quantos anos levará para que seus $ 100 se transformem em $ 200 – 70 dividido por 5, o que equivale a 14 anos.

Aplicação da regra dos 70

A regra dos 70 se aplica a qualquer variável, inclusive ao PIB real per capita. A Figura 24.1 mostra o tempo que taxas de crescimento de 1 por cento ao ano a 12 por cento ao ano levam para dobrar.

Podemos ver que o PIB real per capita dobra em 70 anos (70 dividido por 1) – o tempo de vida médio de um ser humano – se a taxa de crescimento for de 1 por cento ao ano. Ele dobra em 35 anos se a taxa de crescimento for de 2 por cento ao ano e em apenas 10 anos se a taxa de crescimento for de 7 por cento ao ano.

Podemos utilizar a regra dos 70 para responder a outras questões sobre o crescimento econômico. Por exemplo, em 2000, o PIB real per capita dos Estados Unidos era aproximadamente oito vezes maior que o da China. A recente taxa de crescimento do PIB real per capita da China foi de 7 por cento ao ano. Se essa taxa de crescimento se mantiver, quanto tempo levará para que o PIB real per capita da China atinja o dos Estados Unidos em 2000? A resposta proporcionada pela regra dos 70 é 30 anos. O PIB real per capita da China dobra em 10 anos (70 dividido por 7). Ele dobra novamente em outros 10 anos, o que representa quatro vezes seu nível atual. E dobra ainda mais uma vez em outros 10 anos, atingindo oito vezes seu nível atual. Então, após 30 anos de crescimento a 7 por cento ao ano, o PIB real per capita da China é de oito vezes seu nível atual e equivale ao dos Estados Unidos em 2000. É claro que, depois de 30 anos, o PIB real per capita norte-americano teria aumentado, de modo que a China ainda não teria alcançado os Estados Unidos.

Figura 24.1 A regra dos 70

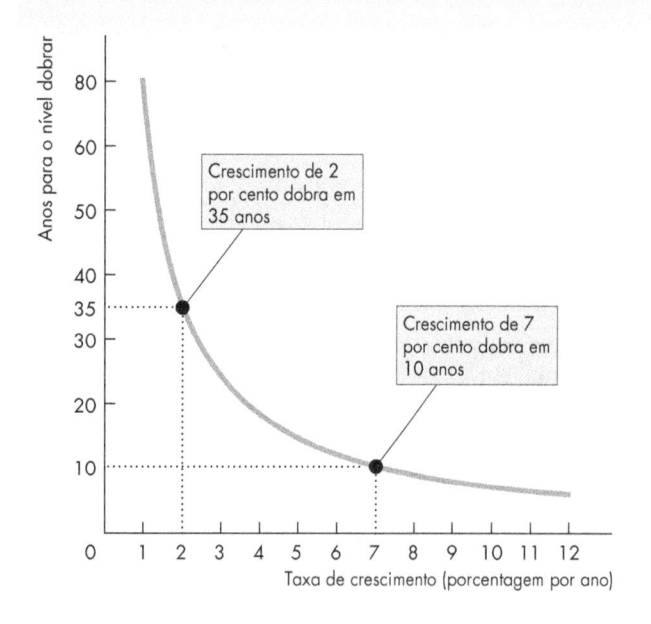

Taxa de crescimento (porcentagem ao ano)	Anos para o nível dobrar
1	70,0
2	35,0
3	23,3
4	17,5
5	14,0
6	11,7
7	10,0
8	8,8
9	7,8
10	7,0
11	6,4
12	5,8

O número de anos para o nível de uma variável dobrar é aproximadamente 70 dividido pela taxa de crescimento percentual anual.

QUESTÕES PARA REVISÃO

1. O que é o crescimento econômico e como calculamos sua taxa?
2. Qual é a relação entre a taxa de crescimento do PIB real e a taxa de crescimento do PIB real per capita?
3. Utilize a regra dos 70 para calcular a taxa de crescimento que leva à duplicação do PIB real per capita em 20 anos.

Tendências do crescimento econômico

Acabamos de analisar o poder que o crescimento econômico tem de aumentar as rendas. A uma taxa de crescimento de 1 por cento, o padrão de vida leva o tempo de vida médio de um ser humano para dobrar. No entanto, a uma taxa de crescimento de 7 por cento, o padrão de vida dobra a cada década. Em que velocidade a economia dos Estados Unidos está crescendo? Em que velocidade as outras economias estão crescendo? Os países pobres estão alcançando os ricos ou as lacunas entre os ricos e os pobres persistem ou até mesmo se ampliam? Vamos responder agora a essas perguntas.

Crescimento da economia dos Estados Unidos

A Figura 24.2 mostra o PIB real per capita dos Estados Unidos no período de cem anos de 1905 a 2005. No meio do gráfico ocorrem dois eventos extraordinários: a Grande Depressão, na década de 1930, e a Segunda Guerra Mundial, na década de 1940. A diminuição do PIB real per capita durante a depressão e a elevação durante a guerra ofuscam quaisquer mudanças da tendência de crescimento de longo prazo que possam ter ocorrido nesses anos.

Para o século como um todo, a taxa de crescimento média foi 2 por cento ao ano. Mas, de 1905 até o início da Grande Depressão, em 1929, a taxa de crescimento média foi de apenas 1,4 por cento ao ano. Entre 1930 e 1950, fazendo uma média da depressão e da guerra, a taxa de crescimento de longo prazo foi de 2,2 por cento ao ano. Depois, após a Segunda Guerra Mundial, a taxa de crescimento média foi de 2 por cento ao ano. O crescimento foi particularmente rápido durante a década de 1960 e no final da década de 1990 e mais lento de 1973 a 1983.

A Figura 24.2 mostra a desaceleração do crescimento da produtividade de 1973-1983 em uma perspectiva mais longa. Ela também mostra que desacelerações do crescimento da produtividade também tinham ocorrido antes. Os primeiros anos da década de 1900 e meados da década de 1950 apresentaram um crescimento ainda mais lento do que das décadas de 1970 e 1980. O rápido crescimento das décadas de 1960 e 1990 também não é incomum. A década de 1920 também foi um período de crescimento rápido.

Um importante objetivo deste capítulo é explicar por que a economia de um país cresce e por que sua taxa de crescimento varia no longo prazo. Outro objetivo é explicar as variações da taxa de crescimento econômico de um país para outro. Vamos examinar agora as taxas de crescimento em outros países.

Figura 24.2 Cem anos de crescimento econômico nos Estados Unidos

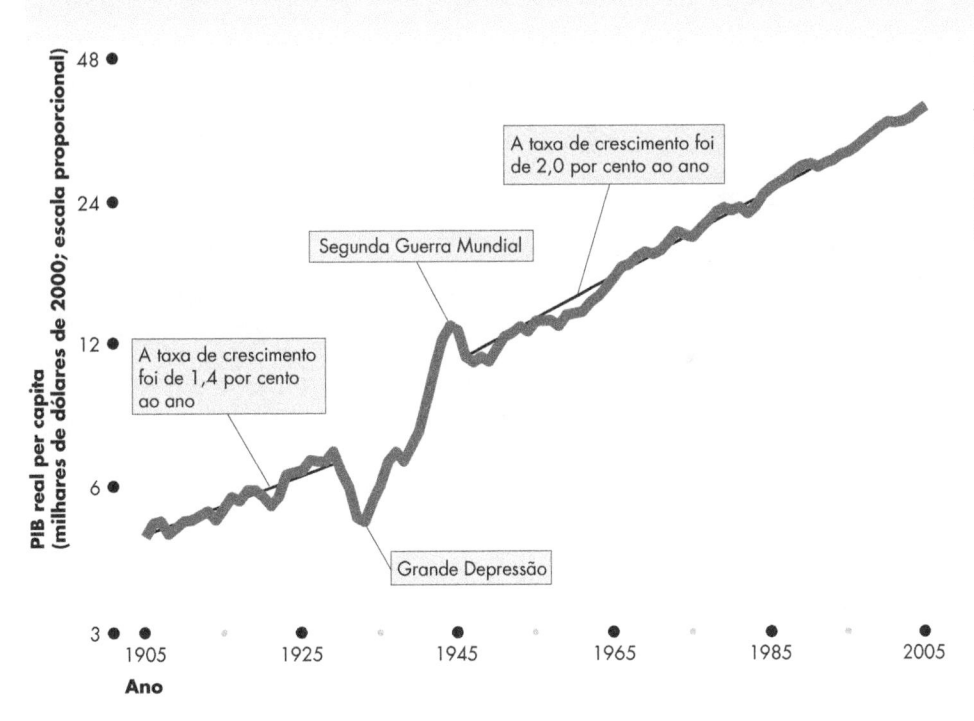

Durante os cem anos de 1905 a 2005, o PIB real per capita nos Estados Unidos cresceu 2 por cento ao ano, em média. A taxa de crescimento foi maior após a Segunda Guerra Mundial do que antes da Grande Depressão.

Fonte dos dados: Christina D. Romer, "The prewar business cycle reconsidered: new estimates of gross national product, 1869–1908", *Journal of Political Economy*, v. 97, 1989; Bureau of Economic Analysis e cálculos do autor para relacionar essas duas fontes.

Crescimento do PIB real na economia mundial

A Figura 24.3 mostra o PIB real per capita dos Estados Unidos e de outros países entre 1960 e 2005. A parte (a) analisa os sete países mais ricos – o antigo G7, ou Grupo dos Sete. Entre essas nações, os Estados Unidos apresentam o maior PIB real per capita. Em 2005, o Canadá tinha o segundo maior PIB real per capita, na frente do Japão e da França, Alemanha, Itália e Reino Unido (os Quatro Grandes da Europa).

Ao longo dos 45 anos mostrados na figura, as diferenças entre os Estados Unidos, o Canadá e os Quatro Grandes da Europa foram praticamente constantes. No entanto, havia muito tempo, o Japão vinha crescendo mais rapidamente. Ele alcançou a Europa em 1973 e o Canadá em 1990, mas, durante a década de 1990, sua economia se estagnou.

Muitos outros países estão crescendo mais lentamente do que os Estados Unidos e ficando muito para trás. A Figura 24.3(b) analisa alguns desses países.

O PIB real per capita da América Central e do Sul em 1960 representava 28 por cento do nível norte-americano. Em 1975 chegou a 31 por cento, mas começou a diminuir e, em 2005, tinha caído para 22 por cento.

Após um breve período de expansão durante a década de 1980, os países antes comunistas da Europa central se estagnaram e ficaram cada vez mais para trás dos Estados Unidos. Um crescimento mais rápido se reiniciou nesses países durante a década de 1990.

O PIB real per capita na África, o continente mais pobre do mundo, caiu de 12 por cento do nível norte-americano em 1960 para 6 por cento em 2005.

Um grupo de economias asiáticas proporciona um grande contraste com as persistentes e crescentes diferenças entre os Estados Unidos e outras economias, como mostra a Figura 24.3(b). Hong Kong, Coréia, Cingapura e Taiwan passaram por um crescimento espetacular, que podemos observar na Figura 24.4. Durante a década de 1960, o PIB real per capita dessas economias ficou entre 13 e 30 por cento do registrado nos Estados Unidos. Mas, em 2005, o PIB real per capita de Hong Kong e Cingapura chegou a 80 por cento daquele dos Estados Unidos.

A Figura 24.4 mostra que a distância entre a China e os Estados Unidos está diminuindo, mas ainda é grande. O PIB real per capita da China aumentou de 5 por cento do nível norte-americano em 1960 para 15 por cento em 2005.

As economias asiáticas mostradas na Figura 24.4 são como trens velozes percorrendo os mesmos trilhos em velocidades similares e com uma uma distância aproximadamente constante entre eles. Hong Kong é o trem que lidera e corre cerca de 15 anos à frente da Coréia e 40 anos à frente do resto da China, o último trem. O PIB real per capita na Coréia em 2005 foi similar ao de Hong Kong em 1985, e o PIB real na China em 2005 foi similar ao de Hong Kong em 1965. Entre 1965 e 2005, Hong Kong se transformou de uma pobre economia em desenvolvimento em uma das mais ricas economias do mundo.

Figura 24.3 Crescimento econômico do mundo: há alcance ou não?

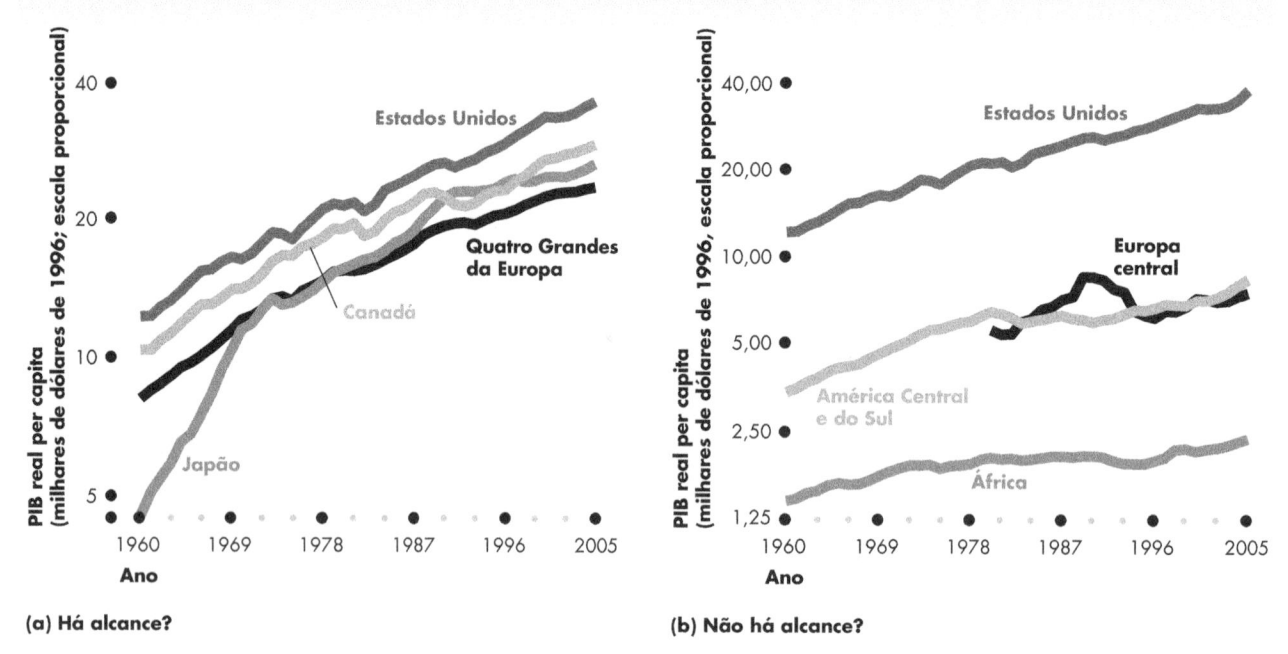

(a) Há alcance?

(b) Não há alcance?

O PIB real per capita cresceu em toda a economia mundial. Entre os países industriais ricos – parte (a) –, o PIB real per capita cresceu um pouco mais rápido nos Estados Unidos que no Canadá e nos quatro grandes países da Europa (França, Alemanha, Itália e Reino Unido). O Japão teve a taxa de crescimento mais rápida antes de 1973, mas se desacelerou e estagnou durante a década de 1990.
Entre a variedade mais ampla de países mostrada na parte (b), as taxas de crescimento foram mais lentas que a dos Estados Unidos. As lacunas entre o PIB real per capita dos Estados Unidos e os desses países se ampliaram. As lacunas entre o PIB real per capita dos Estados Unidos e o da África aumentaram muito.

Fonte dos dados: (1960–2000) Alan Heston, Robert Summers e Bettina Aten, Penn World Table Version 6.1, Center for International Comparisons at the University of Pennsylvania (CICUP), out. 2002, e (2001-2005) Fundo Monetário Internacional, *World Economic Outlook*, abr. 2006.

O resto da China agora está fazendo o que Hong Kong fez. Se a China mantiver seu rápido crescimento, a economia mundial mudará drasticamente. A China tem uma população 200 vezes maior que a de Hong Kong e mais de quatro vezes maior que a dos Estados Unidos.

QUESTÕES PARA REVISÃO

1 Qual tem sido a taxa de crescimento econômico média dos Estados Unidos ao longo dos últimos cem anos? Em quais períodos o crescimento foi mais rápido e em quais foi mais lento?
2 Descreva as lacunas entre os níveis do PIB real per capita nos Estados Unidos e em outros países. Para quais países elas estão se diminuindo? Para quais estão se ampliando? E para quais elas permanecem inalteradas?
3 Compare as taxas de crescimento e os níveis de PIB real per capita de Hong Kong, Coréia, Cingapura, Taiwan, China e Estados Unidos. A que distância o PIB real per capita da China está do registrado pelas outras economias asiáticas?

Os fatos sobre o crescimento econômico nos Estados Unidos e no mundo levantam algumas importantes questões a que vamos responder agora. Estudaremos as causas do crescimento econômico em três estágios. Primeiro, examinaremos as precondições para o crescimento e as atividades que o sustentam. Em segundo lugar, veremos como os economistas medem as contribuições relativas das fontes de crescimento – uma atividade chamada de *contabilidade do crescimento*. Em terceiro lugar, estudaremos três teorias do crescimento econômico que procuram explicar como as influências sobre o crescimento interagem para determinar a taxa de crescimento. Vamos começar explorando as causas do crescimento econômico.

As fontes do crescimento econômico

Há milhares de anos, muitas sociedades humanas vivem como o pescador do rio Li, Songman Yang, sem nenhum crescimento econômico. Por quê?
O PIB real cresce quando a quantidade dos fatores de produção cresce ou quando avanços tecnológicos persistentes fazem com que os fatores de produção sejam cada vez mais produtivos. Deste modo, para entendermos o que determina a taxa de crescimento do PIB real, devemos

Figura 24.4 Alcance na Ásia

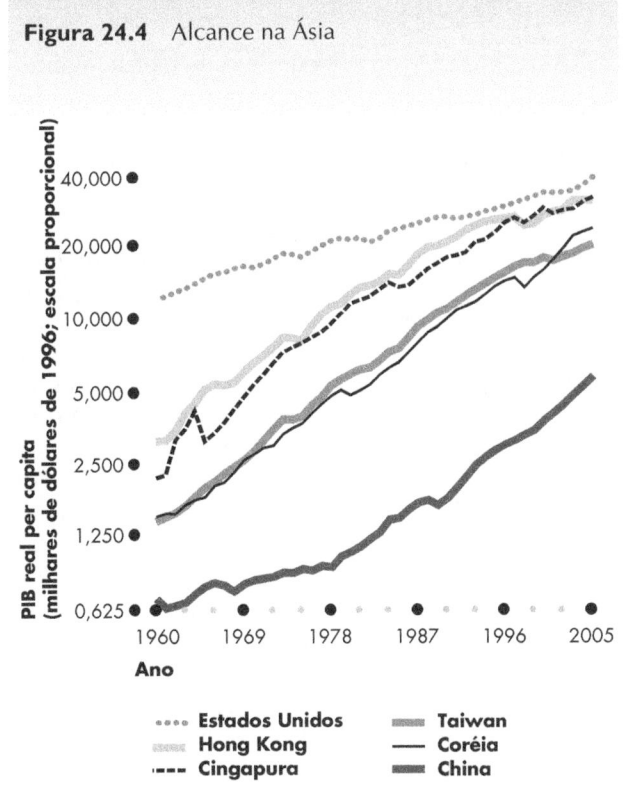

O alcance ocorreu em cinco economias asiáticas. Desde 1960, com um PIB real per capita de apenas 13 por cento do norte-americano, Hong Kong, Coréia, Cingapura e Taiwan reduziram substancialmente a lacuna que os separa dos Estados Unidos. Após ter sido um país em desenvolvimento muito pobre em 1960, a China agora tem um PIB real per capita igual ao de Hong Kong em 1965. A China está crescendo a uma velocidade que lhe permite continuar a acompanhar os Estados Unidos.

Fonte dos dados: Veja a Figura 24.3.

compreender o que determina as taxas de crescimento dos fatores de produção e a taxa de aumento da produtividade deles.

Temos interesse no crescimento do PIB real porque ele contribui para a melhoria de nosso padrão de vida, que, no entanto, só melhora se produzimos mais bens e serviços por pessoa. Deste modo, nosso principal interesse é compreender as forças que fazem nosso trabalho ser mais produtivo. Começaremos classificando todas as influências sobre o crescimento do PIB real em fatores que aumentam:

- As horas agregadas
- A produtividade do trabalho

Horas agregadas

As *horas agregadas* são o número total de horas trabalhadas por todas as pessoas empregadas durante um ano (veja o Capítulo 22). Calculamos as horas agregadas como o número de pessoas empregadas multiplicado pelas horas médias por trabalhador. Mas o número de pessoas empregadas é obtido multiplicando-se a população em idade ativa pelo *coeficiente de emprego* (veja o Capítulo 22). Assim, as horas agregadas variam em conseqüência de:

1. Crescimento da população em idade ativa
2. Variações do coeficiente de emprego
3. Variações das horas médias por trabalhador

As horas agregadas crescem à taxa de crescimento da população em idade ativa, ajustada para variações do coeficiente de emprego e das horas médias por trabalhador.

Com um crescimento populacional constante, a população em idade ativa cresce à mesma velocidade que a população total. Contudo, nos Estados Unidos, nos últimos anos, a população em idade ativa cresceu mais rapidamente do que a população total devido ao baby-boom – a explosão da taxa de natalidade nos anos seguintes ao final da Segunda Guerra Mundial. Ao longo da década de 1960 e início da década de 1970, um número cada vez maior de 'baby-boomers' entrou no grupo da idade ativa, e a população em idade ativa aumentou de 65 por cento da população total em 1960 para 77 por cento em 2005.

Nesse país, o coeficiente de emprego aumentou durante as últimas décadas à medida que a taxa de participação da força de trabalho aumentou, mas as horas médias por trabalhador diminuíram à medida que a semana de trabalho se tornou mais curta e que mais pessoas passaram a trabalhar em período parcial. Os efeitos combinados de um coeficiente de emprego crescente e horas médias decrescentes por trabalhador mantiveram surpreendentemente constantes, em cerca de 1.100 horas por ano, as horas médias por pessoa em idade ativa.

Desse modo, o crescimento das horas agregadas resulta do crescimento populacional, e não das variações das horas médias por pessoa.

O crescimento populacional aumenta as horas agregadas e o PIB real, mas, para aumentar o PIB real per capita, o trabalho deve se tornar mais produtivo.

Produtividade do trabalho

A **produtividade do trabalho** é a quantidade do PIB real produzida por uma hora de trabalho. Ela é calculada dividindo-se o PIB real pelas horas agregadas de trabalho. Por exemplo, se o PIB real é de $ 10.000 bilhões e as horas agregadas são de 200 bilhões, a produtividade do trabalho é de $ 50 por hora.

Quando a produtividade do trabalho cresce, o PIB real per capita aumenta e leva a um padrão de vida ascendente. O crescimento da produtividade do trabalho depende de três fatores:

- Crescimento do capital físico
- Crescimento do capital humano
- Avanços tecnológicos

Essas três fontes de crescimento, que interagem umas com as outras, são as principais fontes do extraordinário crescimento da produtividade do trabalho ao longo dos últimos 200 anos. Vamos examinar agora cada uma delas.

Crescimento do capital físico

O crescimento do capital físico resulta de decisões de poupança e investimento. À medida que a quantidade de capital por trabalhador aumenta, a produtividade do trabalho também aumenta. A produtividade do trabalho experimentou o aumento mais drástico quando a quantidade de capital por trabalhador aumentou durante a Revolução Industrial. Os processos de produção que utilizam ferramentas manuais podem criar belos objetos, mas os métodos de produção que utilizam grandes quantidades de capital por trabalhador, como linhas de montagem da indústria automobilística, são muito mais produtivos. A acumulação de capital em fazendas, fábricas têxteis, metalúrgicas, minas de carvão, canteiros de obras, fábricas de produtos químicos, fábricas de automóveis, bancos, seguradoras e shopping centers aumentou incrivelmente a produtividade da economia de inúmeros países. Da próxima vez que você vir um filme ambientado no Velho Oeste dos Estados Unidos ou que se passa no período colonial, observe a pequena quantidade de capital. Tente comparar o nível de produtividade que você teria se vivesse naquelas circunstâncias com a sua produtividade hoje.

Crescimento do capital humano

O capital humano – a habilidade e o conhecimento acumulados dos seres humanos – é a fonte mais fundamental do crescimento econômico. Trata-se de uma fonte tanto de maior produtividade do trabalho quanto de avanços tecnológicos.

O desenvolvimento de uma das habilidades humanas mais básicas – a escrita – foi a fonte de alguns dos maiores ganhos de produtividade no passado. A capacidade de manter registros escritos possibilitou ganhos cada vez maiores proporcionados pela especialização e pelo comércio. Imagine como seria difícil realizar qualquer tipo de transação se todas as contas, faturas e contratos existissem apenas na memória das pessoas.

Mais tarde, o desenvolvimento da matemática constituiu as bases para a ampliação do conhecimento sobre forças físicas e processos químicos e biológicos. Essa base de conhecimento científico constituiu os fundamentos dos avanços tecnológicos da Revolução Industrial cerca de 200 anos atrás e da revolução da informação nos dias de hoje.

No entanto, grande parte do capital humano extremamente produtivo é muito menos evidente. Esse capital assume a forma de milhões de indivíduos aprendendo, realizando repetitivamente tarefas simples de produção e tornando-se cada vez mais produtivos nessas tarefas.

Um exemplo cuidadosamente estudado ilustra a importância desse tipo de capital humano. Entre 1941 e 1944 (durante a Segunda Guerra Mundial), estaleiros norte-americanos produziram cerca de 2.500 unidades de um navio cargueiro, chamado de Liberty Ship, com base em um projeto padronizado. Em 1941, era necessário 1,2 milhão de pessoas-hora para construir um navio. Em 1942, era necessário 600 mil pessoas-hora e, em 1943, esse número era de apenas 500 mil. Não ocorreram grandes mudanças no capital empregado durante esses anos, mas uma enorme quantidade de capital humano se acumulou. Milhares de trabalhadores e supervisores aprenderam com a experiência e acumularam um capital humano que, em dois anos, mais do que dobrou sua produtividade.

Avanços tecnológicos

A acumulação de capital físico e capital humano contribuiu muito para o crescimento econômico, mas as mudanças tecnológicas – a descoberta e a aplicação de novas tecnologias e novos bens – contribuíram ainda mais.

As pessoas são muito mais produtivas hoje do que eram há cem anos. O motivo para sermos mais produtivos não é termos mais motores a vapor e mais carruagens por pessoa, mas termos motores e meios de transporte com tecnologias que eram desconhecidas cem anos atrás e que são mais produtivas que as tecnologias antigas. A mudança tecnológica promove uma enorme contribuição para o aumento de nossa produtividade. O avanço tecnológico resulta de programas formais de pesquisa e desenvolvimento e do método informal de tentativa e erro e envolve descoberta e novas maneiras de obter mais de nossos recursos.

Para obter os benefícios da mudança tecnológica, o capital deve aumentar. Algumas das tecnologias fundamentais mais poderosas e abrangentes são incorporadas ao capital humano – por exemplo, a língua, a escrita e a matemática. Mas a maioria das tecnologias é incorporada ao capital físico. Por exemplo, para obtermos os benefícios do motor de combustão interna, milhões de carruagens e cavalos foram substituídos por automóveis, e, para aproveitarmos os benefícios da música digital, milhões de walkmans foram substituídos por iPods.

A Figura 24.5 resume as fontes de crescimento econômico que acabamos de descrever. Ela também salienta que, para que o PIB real per capita aumente, o crescimento do PIB real deve exceder a taxa de crescimento da população.

Começamos esta descrição das fontes do crescimento econômico observando que, por milhares de anos, não houve nenhum crescimento. Vimos que o crescimento econômico resulta do crescimento da produtividade. Por que o crescimento da produtividade é um fenômeno relativamente recente?

A razão é que antigamente os seres humanos (como muitas pessoas hoje em dia) não tinham os acordos e as instituições sociais fundamentais que constituem precondições essenciais para o crescimento econômico. Vamos concluir nossa discussão sobre as fontes de crescimento analisando suas precondições.

Precondições do crescimento econômico

A precondição mais básica do crescimento econômico é um sistema de *incentivos* apropriado. Três instituições são fundamentais para a criação dos incentivos:

1. mercados;
2. direitos de propriedade;
3. trocas monetárias.

Os mercados permitem que compradores e vendedores obtenham informações e façam negócios uns com os outros, e os preços de mercado enviam sinais para compradores e vendedores, que criam incentivos para aumentar ou diminuir as quantidades demandadas e ofertadas.

Figura 24.5 As fontes do crescimento econômico

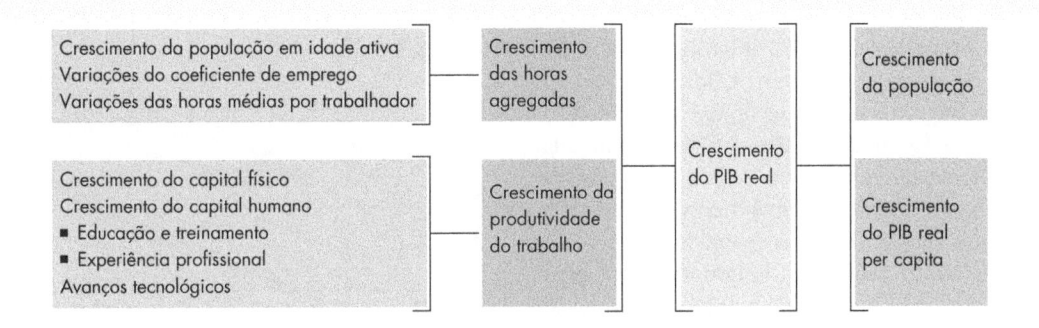

```
Crescimento da população em idade ativa
Variações do coeficiente de emprego          → Crescimento
Variações das horas médias por trabalhador      das horas
                                                agregadas     →  Crescimento    →  Crescimento
                                                                  do PIB real      da população
Crescimento do capital físico
Crescimento do capital humano                → Crescimento da                   →  Crescimento
 ■ Educação e treinamento                      produtividade                       do PIB real
 ■ Experiência profissional                    do trabalho                         per capita
Avanços tecnológicos
```

O crescimento das horas agregadas e o da produtividade do trabalho se combinam para determinar o crescimento do PIB real. O crescimento do PIB real per capita depende do crescimento do PIB real e do crescimento da população.

Os mercados permitem que as pessoas se especializem e comerciem e que poupem e invistam. Mas os mercados precisam de direitos de propriedade e trocas monetárias.

Os direitos de propriedade são os acordos sociais que governam a propriedade, a utilização e a disponibilidade de fatores de produção e bens e serviços. Eles incluem os direitos à propriedade física (terra, construções e equipamentos de capital), a bens financeiros (cobrança de dívidas) e propriedade intelectual (como invenções). Direitos de propriedade claramente estabelecidos e executados proporcionam às pessoas uma garantia de que um governo volúvel não confiscará sua renda ou poupança.

As trocas monetárias facilitam transações de todos os tipos, incluindo a transferência de propriedade privada de uma pessoa para outra. Os direitos de propriedade e as trocas monetárias criam incentivos para que as pessoas se especializem e comerciem, poupem e invistam e descubram novas tecnologias.

Nenhum sistema político específico é necessário para proporcionar as precondições para o crescimento econômico. A democracia liberal, baseada no princípio fundamental do estado de direito, é o sistema que funciona melhor nesse sentido. Ela proporciona uma base sólida sobre a qual os direitos de propriedade podem ser estabelecidos e executados. No entanto, sistemas políticos autoritários algumas vezes também proporcionaram um ambiente no qual houve crescimento econômico.

As primeiras sociedades humanas, baseadas na caça e na colheita, não vivenciaram o crescimento econômico porque não tinham essas precondições. O crescimento econômico teve início quando as sociedades desenvolveram as três principais instituições que criam incentivos. No entanto, a presença de um sistema de incentivos e das instituições que o criam não garante que o crescimento econômico ocorrerá. Ela permite o crescimento econômico, mas não faz com que seja inevitável.

QUESTÕES PARA REVISÃO

1. Como o crescimento de capital físico, o de capital humano e a descoberta de novas tecnologias geram crescimento econômico?
2. Dê alguns exemplos de como o capital humano criou novas tecnologias que são incorporadas tanto no capital humano quanto no capital físico.
3. Os mercados, os direitos de propriedade e as trocas monetárias facilitam quais atividades econômicas que levam ao crescimento econômico?

Veremos em seguida como se medem as contribuições quantitativas das fontes de crescimento econômico.

Contabilidade do crescimento

A acumulação de capital físico e humano e a descoberta de novas tecnologias levam ao crescimento econômico. Mas qual é a contribuição de cada uma dessas fontes de crescimento? A resposta a essa questão fornece informações cruciais para a elaboração de políticas para um crescimento mais rápido. Edward F. Denison, economista da Brookings Institution, proporcionou a resposta ao desenvolver a **contabilidade do crescimento**, uma ferramenta que calcula a contribuição quantitativa que cada uma das fontes do crescimento do PIB real dá a ele.

Para identificarmos as contribuições do crescimento de capital e separá-lo do efeito provocado pela mudança tecnológica e pelo crescimento de capital humano, precisamos saber como a produtividade do trabalho varia quando o capital muda.

A *lei dos rendimentos decrescentes* – segundo a qual, à medida que a quantidade de um insumo aumenta e a quantidade de outros insumos permanece constante, a produção aumenta, mas em incrementos cada vez menores – se aplica ao capital da mesma maneira que se aplica ao trabalho. No Capítulo 23, vimos essa lei em ação no mercado de trabalho.

Aplicada ao capital, a lei dos rendimentos decrescentes sustenta que, se determinado número de horas de trabalho utiliza mais capital (com a mesma tecnologia), a produção *adicional* resultante do capital *adicional* diminui à medida que a quantidade de capital aumenta. Uma pessoa trabalhando com dois computadores digita menos que o dobro de páginas por dia que uma pessoa trabalhando com um computador. De modo mais geral, uma hora de trabalho com $ 40 de capital gera menos que o dobro da produção de uma hora de trabalho com $ 20 de capital. Mas quanto a menos? A resposta é dada pela *regra do um terço*.

A regra do um terço

Utilizando dados sobre capital, horas de trabalho e PIB real na economia dos Estados Unidos, Robert Solow do MIT estimou o efeito do capital sobre o PIB real por hora de trabalho, ou a produtividade do trabalho. Com isso, ele descobriu a **regra do um terço**, segundo a qual, na ausência de mudanças tecnológicas, em média um aumento de 1 por cento do capital por hora de trabalho leva a um aumento de $\frac{1}{3}$ por cento da produtividade da mão-de-obra. A regra do um terço é utilizada para calcular as contribuições de um aumento do capital por hora de trabalho e da mudança tecnológica para o crescimento da produtividade do trabalho. Vamos fazer agora esse cálculo.

Suponha que o capital por hora de trabalho cresça 3 por cento ao ano e que a produtividade do trabalho cresça 2,5 por cento ao ano. A regra do um terço nos informa que o crescimento do capital contribuiu com um terço de 3 por cento – o que equivale a 1 por cento – para o crescimento da produtividade do trabalho. O restante do crescimento de 2,5 por cento da produtividade do trabalho resulta da mudança tecnológica. Ou seja, a mudança tecnológica contribuiu com 1,5 por cento, que é o crescimento de 2,5 por cento da produtividade do trabalho menos a contribuição estimada de 1 por cento do crescimento do capital.

Cálculo da desaceleração e da aceleração do crescimento da produtividade

Podemos utilizar a regra do um terço para medir as contribuições para o crescimento da produtividade nos Estados Unidos. A Figura 24.6 mostra os resultados do período entre 1960 e 2005. De 1960 a 1973, a produtividade do trabalho cresceu 3,7 por cento ao ano, e o crescimento do capital e a mudança tecnológica contribuíram ambos do mesmo modo para esse crescimento.

Entre 1973 e 1983, o crescimento da produtividade do trabalho se desacelerou e diminuiu para 1,7 por cento ao ano, e uma queda acentuada das contribuições do capital humano e da mudança tecnológica levou a essa desaceleração. A mudança tecnológica não parou durante a desaceleração do crescimento da produtividade, mas seu

Figura 24.6 Crescimento da produtividade do trabalho nos Estados Unidos

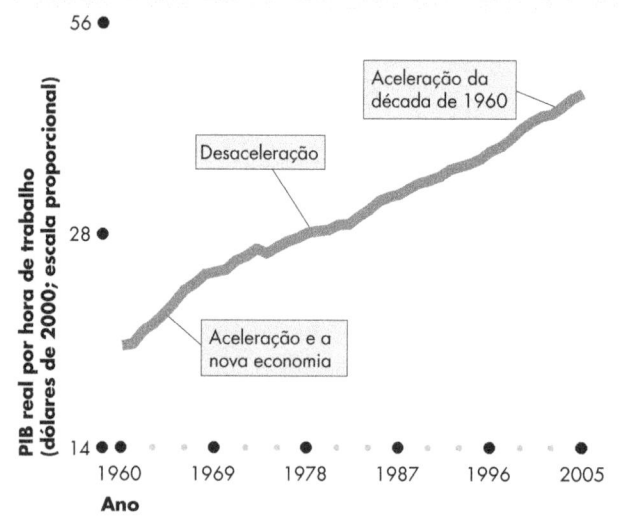

(a) Crescimento da produtividade do trabalho

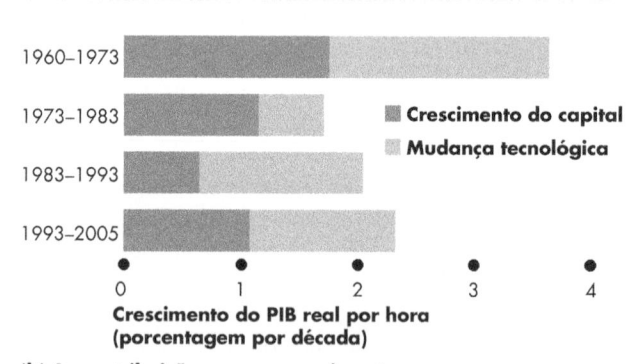

(b) As contribuições para o crescimento da produtividade do trabalho

A produtividade do trabalho cresceu mais rapidamente durante a década de 1960 e mais lentamente entre 1973 e 1983. Alterações no ritmo da mudança tecnológica foram a maior fonte de flutuações do crescimento da produtividade do trabalho.

Fonte dos dados: Bureau of Economic Analysis, Bureau of Labor Statistics e cálculos do autor.

foco se deslocou do aumento da produtividade do trabalho para o choque de preços da energia e questões de proteção ambiental.

Entre 1983 e 1993, o crescimento da produtividade do trabalho se acelerou e passou para 2 por cento ao ano e, entre 1993 e 2005, passou para pouco mais que 2,4 por cento ao ano. Apesar de o crescimento na 'nova economia' da década de 1990 e 2000 ter sido mais intenso do que o da década de 1970, foi muito menor do que o da explosão da década de 1960.

Obtenção de um crescimento mais rápido

A contabilidade do crescimento nos informa que, para atingirmos um crescimento econômico mais rápido, precisamos aumentar a taxa de crescimento do capital físico, o ritmo do avanço tecnológico ou a taxa de crescimento do capital humano.

As principais sugestões para atingir esses objetivos são:
- Estimular a poupança
- Estimular a pesquisa e desenvolvimento
- Concentrar-se em indústrias de alta tecnologia
- Incentivar o comércio internacional
- Melhorar a qualidade da educação

Estimular a poupança A poupança financia o investimento, que leva à acumulação de capital. Desta maneira, o estímulo à poupança pode aumentar o crescimento econômico. As economias da Ásia oriental apresentam as maiores taxas de crescimento e de poupança. Algumas economias africanas apresentam as menores taxas de crescimento e de poupança.

Incentivos tributários podem aumentar a poupança. As Individual Retirement Accounts (IRAs – Contas Individuais de Aposentadoria) representam um incentivo tributário para poupar. Os economistas alegam que um imposto sobre o consumo, e não sobre a renda, proporciona o melhor incentivo para a poupança.

Estimular a pesquisa e o desenvolvimento Todos podem utilizar os frutos dos esforços de pesquisa e desenvolvimento *básicos*. Por exemplo, todas as empresas de biotecnologia podem utilizar os avanços da tecnologia genética. Como as invenções básicas podem ser copiadas, o lucro do inventor é limitado e o mercado aloca poucos recursos a essa atividade.

Os governos podem direcionar fundos públicos para o financiamento da pesquisa básica, mas essa solução não é infalível. Ela requer um mecanismo para alocar os fundos públicos à sua utilização mais valorizada. A National Science Foundation (Fundação Norte-Americana da Ciência) é um canal possivelmente eficiente para alocar fundos públicos a universidades visando a financiar e estimular a pesquisa básica.

Concentrar-se em indústrias de alta tecnologia Algumas pessoas dizem que, ao fornecer fundos públicos a empresas e indústrias de alta tecnologia, um país pode se tornar o primeiro a explorar uma nova tecnologia e pode obter lucros acima da média durante o período em que os outros estarão ocupados tentando alcançá-lo. Essa estratégia é arriscada e apresenta a mesma probabilidade de os recursos serem utilizados de maneira ineficiente quanto de o crescimento ser acelerado.

Incentivar o comércio internacional O comércio internacional livre estimula o crescimento, extraindo da especialização e do comércio todos os ganhos disponíveis. As nações de mais rápido crescimento nos dias de hoje são aquelas com o crescimento mais rápido das exportações e das importações.

Melhorar a qualidade da educação O mercado produz pouca educação porque esta resulta em benefícios além daqueles valorizados pelas pessoas que recebem a educação. Ao financiar educação básica e garantir altos padrões de habilidades básicas, como língua, matemática e ciência, os governos podem contribuir para o potencial de crescimento de uma nação. A educação também pode ser estimulada e melhorada com a utilização de incentivos tributários para estimular uma maior provisão privada.

> **QUESTÕES PARA REVISÃO**
>
> 1 Como a regra do um terço isola a contribuição do crescimento de capital e o separa dos outros fatores que fazem com que a produtividade cresça?
> 2 Por que a produtividade do trabalho nos Estados Unidos cresceu lentame por cento nte entre 1973 e 1983?
> 3 Quais são as ações políticas que podem acelerar o crescimento da produtividade?

Teorias do crescimento

Vimos que o PIB real cresce quando as quantidades de trabalho, capital físico e capital humano aumentam e quando a tecnologia avança. Isso significa que o crescimento do trabalho e do capital e os avanços tecnológicos *causam* o crescimento econômico? Pode ser, mas há outras possibilidades. *Alguns* desses fatores podem ser a causa do crescimento do PIB real e outros podem ser o *efeito*. Devemos tentar descobrir como as influências sobre o crescimento econômico interagem umas com as outras para fazer com que algumas economias cresçam rapidamente e outras, lentamente. Também devemos investigar as razões pelas quais a taxa de crescimento de longo prazo de um país algumas vezes se acelera e algumas vezes se desacelera.

Para explicarmos o crescimento econômico, precisamos de uma teoria do crescimento econômico que explique as interações entre os vários fatores que contribuem para ele e que separe a causa do efeito.

Os economistas buscam uma teoria universal do crescimento econômico. Eles desejam compreender o crescimento de países pobres e ricos – por que e como países pobres ficam ricos e países ricos continuam a enriquecer.

O crescimento econômico ocorre quando o PIB real aumenta, mas um aumento isolado do PIB real em uma recuperação de uma recessão não representa um crescimento econômico. O crescimento econômico é um aumento sustentado do *PIB potencial* ano após ano.

Vamos dar início à nossa explicação da teoria do crescimento estudando os efeitos e as interações que ocorrem quando a produtividade do trabalho aumenta.

Aumento da produtividade do trabalho

Como um aumento da produtividade do trabalho muda o PIB real? Como ele muda as horas agregadas? E como influencia o salário real – a renda resultante do trabalho?

Podemos responder a essas questões utilizando o modelo clássico que vimos no Capítulo 23. Esse modelo da economia no pleno emprego é teoricamente adequado para estudar o crescimento econômico, porque o crescimento sustentado do PIB real pode ocorrer apenas quando o PIB potencial cresce.

Se a produtividade do trabalho aumenta, as possibilidades de produção se expandem. O PIB real que qualquer determinada quantidade de trabalho é capaz de produzir aumenta. O *produto marginal do trabalho* também aumenta, o que, por sua vez, aumenta a demanda por trabalho.

Com um aumento da demanda por trabalho e *nenhuma alteração da oferta de trabalho*, o salário real e a quantidade ofertada de trabalho aumentam. O emprego (horas agregadas) também aumenta.

O PIB potencial aumenta por duas razões. A primeira é que, como o trabalho é mais produtivo, uma dada quantidade de emprego produz mais PIB real. A segunda é que o emprego de equilíbrio aumenta.

Exemplo dos efeitos de um aumento da produtividade do trabalho

A Figura 24.7 ilustra os efeitos de um aumento da produtividade do trabalho que resulta de um aumento do capital físico ou humano ou de um avanço tecnológico.

Na parte (a), a função de produção é inicialmente FP_0. Com 200 bilhões de horas empregadas de trabalho, o PIB potencial é de $ 12 trilhões no ponto A.

Na parte (b), a curva de demanda por trabalho é DL_0, e a curva de oferta de trabalho é SL. O salário real é de $ 35 por hora, e o emprego de equilíbrio é de 200 bilhões de horas por ano.

Agora, um aumento do capital ou um avanço tecnológico aumentam a produtividade do trabalho. Na Figura 24.7(a), o aumento da produtividade do trabalho desloca a função de produção para cima, para FP_1. A cada quantidade de trabalho, pode ser produzido mais PIB real. Por exemplo, a 200 bilhões de horas, a economia agora pode produzir $ 17 trilhões de PIB real no ponto B.

Na Figura 24.7(b), a demanda por trabalho aumenta e a curva de demanda se desloca para a direita, para DL_1. Com o salário real original de $ 35 por hora, agora há uma escassez de trabalho. Assim, o salário real aumenta. Neste exemplo, o salário real continua a aumentar até atingir $ 45 por hora. A esse valor, a quantidade demandada de trabalho é igual à quantidade ofertada e as horas agregadas no emprego de equilíbrio aumentam para 225 bilhões por ano.

A Figura 24.7(a) mostra os efeitos do aumento da produtividade do trabalho sobre o PIB potencial. Há dois efeitos. Na quantidade inicial de trabalho, o PIB real aumenta para o ponto B na nova função de produção. Entretanto, à medida que as horas agregadas aumentam de 200 bilhões para 225 bilhões, o PIB potencial aumenta ainda mais, passando para $ 18 trilhões no ponto C.

O PIB potencial por hora de trabalho também aumenta. Isso pode ser observado dividindo-se o PIB potencial pelas horas agregadas. Inicialmente, com o PIB potencial em $ 12 trilhões e as horas agregadas em 200

Figura 24.7 Os efeitos de um aumento da produtividade do trabalho

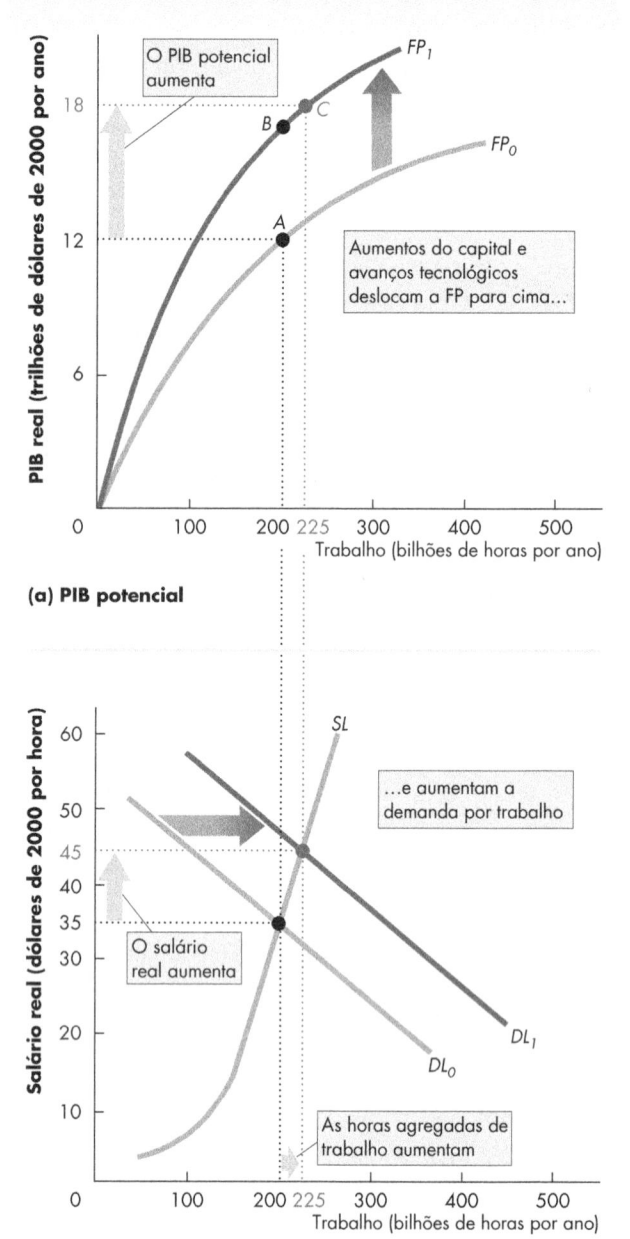

(a) PIB potencial

(b) O mercado de trabalho

Um aumento da produtividade do trabalho desloca a função de produção para cima, de FP_0 para FP_1 na parte (a), e desloca a curva de demanda por trabalho para a direita, de DL_0 para DL_1 na parte (b). O salário real aumenta para $ 45 por hora, e as horas agregadas aumentam de 200 bilhões para 225 bilhões. O PIB potencial aumenta de $ 12 trilhões para $ 18 trilhões.

bilhões, o PIB potencial por hora de trabalho era de $ 60. Com o aumento da produtividade do trabalho, o PIB potencial é de $ 18 trilhões e as horas agregadas são de 225 bilhões, de modo que o PIB potencial por hora de trabalho é de $ 80.

Vimos os efeitos de um aumento da produtividade do trabalho. Se a produtividade do trabalho cresce, o PIB potencial cresce, o salário real aumenta e as horas agregadas aumentam.

Há um limite para o aumento das horas agregadas e, se o processo de crescimento da produtividade do trabalho permanece sem nenhuma mudança da oferta de trabalho, mais cedo ou mais tarde, em algum salário real mais alto, a curva de oferta de trabalho passa a ser vertical. Nesse ponto, à medida que a produtividade do trabalho continua a crescer, o salário real e o PIB potencial aumentam, mas as horas agregadas permanecem constantes.

Acabamos de ver que as horas agregadas podem aumentar em conseqüência de um aumento da produtividade do trabalho. Essa interatividade entre as horas agregadas e a produtividade do trabalho é um exemplo dos efeitos da interação que os economistas procuram identificar em sua busca pelas causas definitivas do crescimento econômico. No caso que acabamos de estudar, as horas agregadas aumentam, mas esse aumento é uma conseqüência, e não uma causa, do crescimento do PIB real. A fonte do aumento do PIB real é um aumento do capital ou avanços tecnológicos que aumentam a produtividade do trabalho.

Entretanto, as horas agregadas podem aumentar caso a população aumente. Vamos analisar agora os efeitos dessa fonte de um aumento das horas agregadas.

Um aumento populacional

À medida que a população aumenta e as pessoas adicionais atingem a idade ativa, a oferta de trabalho aumenta. Com mais mão-de-obra disponível, as possibilidades de produção da economia se expandem. Mas será que a expansão das possibilidades de produção significa que o PIB potencial aumenta? E será que isso significa que o PIB potencial *por hora de trabalho* aumenta?

As respostas a essas questões intrigam os economistas há muitos anos. Elas são tema de calorosos debates políticos nos dias de hoje. Na China, por exemplo, há uma enorme pressão sobre as famílias para que limitem o número de filhos. Em outros países, como a França, o governo incentiva as famílias a serem grandes. Nos Estados Unidos e no Reino Unido, a imigração e seus efeitos sobre a população e o mercado de trabalho são causa de grandes preocupações.

Mais uma vez, podemos analisar os efeitos de um aumento populacional utilizando o modelo clássico da economia no pleno emprego que estudamos no Capítulo 23.

Se a população aumenta, a oferta de trabalho também aumenta. Não há mudança da demanda por trabalho nem da função de produção. A economia pode gerar mais produção utilizando mais trabalho (um movimento ao longo da função de produção), mas não há alteração da quantidade de PIB real que determinada quantidade de trabalho pode produzir.

Com um aumento da oferta de trabalho e nenhuma alteração da demanda por trabalho, o salário real diminui e o emprego de equilíbrio (horas agregadas) aumenta. O número maior de horas de trabalho gera mais produção e o PIB potencial aumenta.

Exemplo dos efeitos de um aumento populacional

A Figura 24.8 ilustra os efeitos de um aumento populacional. Na Figura 24.8(a), a curva de demanda por trabalho é DL, e inicialmente a curva de oferta de trabalho é SL_0. O salário real de equilíbrio é $ 35 por hora, e as horas agregadas são 200 bilhões ao ano. Na Figura 24.8(b), a função de produção (*FP*) mostra que, com 200 bilhões de horas de trabalho empregadas, o PIB potencial é de $ 12 trilhões no ponto *A*.

Um aumento populacional aumenta o número de pessoas na idade ativa, e a oferta de trabalho também aumenta. A curva de oferta de trabalho se desloca para a direita, para SL_1. Com um salário real de $ 35 por hora, há um excedente de trabalho. Assim, o salário real diminui. Neste exemplo, o salário real diminui até atingir $ 25 por hora. A $ 25 por hora, a quantidade demandada de trabalho é igual à quantidade ofertada. As horas agregadas aumentam para 300 bilhões ao ano.

A Figura 24.8(b) mostra os efeitos do aumento das horas agregadas sobre o PIB real. À medida que as horas agregadas aumentam de 200 bilhões para 300 bilhões, o PIB potencial aumenta de $ 12 trilhões para $ 15 trilhões no ponto *B*.

Desta maneira, um aumento populacional aumenta as horas agregadas e o PIB potencial e reduz o salário real.

Um aumento populacional também diminui o PIB potencial por hora de trabalho. Podemos ver essa diminuição dividindo o PIB potencial pelas horas agregadas. Inicialmente, com o PIB potencial em $ 12 trilhões e as horas agregadas em 200 bilhões, o PIB potencial por hora de trabalho era de $ 60. Com o aumento populacional, o PIB potencial é de $ 15 trilhões e as horas agregadas são de 300 bilhões. O PIB potencial por hora de trabalho é de $ 50. Rendimentos decrescentes são a fonte da diminuição do PIB potencial por hora de trabalho.

A teoria do crescimento econômico se baseia nos efeitos do crescimento da produtividade do trabalho e do crescimento populacional, como acabamos de ver.

Vamos estudar agora três teorias do crescimento econômico, as quais nos proporcionam algumas informações sobre o processo do crescimento econômico. No entanto, nenhuma delas nos oferece uma resposta completa e definitiva para as perguntas básicas: o que provoca o crescimento econômico e por que as taxas de crescimento variam? O estudo da economia ainda precisa avançar para conseguir proporcionar uma resposta definitiva para essas questões. As três teorias do crescimento que estudaremos são:

- Teoria clássica do crescimento
- Teoria neoclássica do crescimento
- Nova teoria do crescimento

Teoria clássica do crescimento

A **teoria clássica do crescimento** é a visão de que o crescimento do PIB real per capita é temporário e de que, quando ele estiver acima do nível de subsistência, uma explosão populacional mais cedo ou mais tarde o trará

Figura 24.8 Os efeitos de um aumento populacional

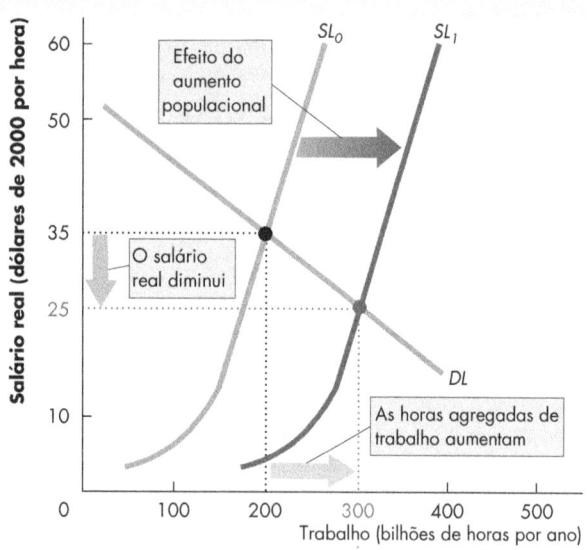

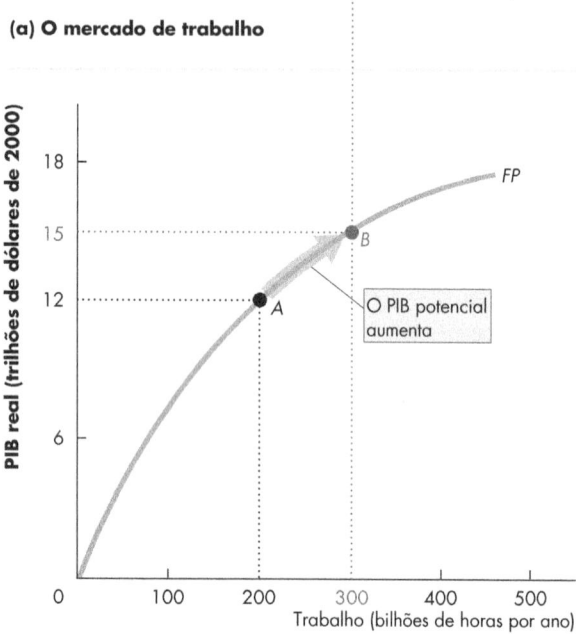

(a) O mercado de trabalho

(b) PIB potencial

Um aumento populacional aumenta a oferta de trabalho. Na parte (a), o salário real diminui e o emprego (horas agregadas) aumenta. Na parte (b), o aumento das horas agregadas aumenta o PIB potencial. Como o produto marginal do trabalho diminui, a população maior aumenta o PIB real, mas o PIB real por hora de trabalho diminui.

de volta ao nível de subsistência. Adam Smith, Thomas Robert Malthus e David Ricardo – os principais economistas do final do século XVIII e início do século XIX – propuseram essa teoria, mas ela está mais estreitamente associada ao nome de Malthus e algumas vezes é chamada de *teoria malthusiana*.

Malthusianos dos dias de hoje Muitas pessoas hoje em dia são malthusianas! Elas dizem que, se a população global atual de 6,2 bilhões aumentar para 11 bilhões até 2200, nossos recursos se esgotarão, o PIB real per capita cairá e retornaremos a um padrão de vida primitivo. Segundo os malthusianos, devemos tomar medidas para conter o crescimento populacional.

Os malthusianos contemporâneos também apontam para o aquecimento global e as mudanças climáticas como motivos para crer que, mais cedo ou mais tarde, o PIB real per capita diminuirá. Eles acreditam que, à medida que o planeta ficar cada vez mais quente, as calotas de gelo polar derreterem e os níveis de água dos oceanos subirem, a produção de alimentos diminuirá, as áreas de terra escassearão, e as possibilidades de produção serão reduzidas.

Essas condições para o fim dos tempos, acreditam eles, surgem em conseqüência direta do crescimento econômico atual e da intensa e crescente atividade que está aumentando a quantidade de dióxido de carbono na atmosfera terrestre.

A idéia clássica básica Para entendermos a teoria clássica do crescimento, vamos voltar no tempo e nos transportar para 1776, quando Adam Smith foi o primeiro a explicar a idéia. A maior parte dos 2,5 milhões de pessoas que viviam no recém-independente Estados Unidos da América trabalhava em lavouras ou em sua própria terra e realizava suas tarefas com a utilização de ferramentas rudimentares e tração animal. Essas pessoas ganhavam uma média de 2 xelins (um pouco menos de 12 dólares em moeda atual) para trabalhar 10 horas por dia.

Então, avanços na tecnologia agrícola proporcionaram novos tipos de arados e sementes que aumentaram a produtividade. À medida que a produtividade agrícola aumentava, a produção agrícola também aumentou e alguns trabalhadores rurais se mudaram do campo para as cidades, onde conseguiam trabalho produzindo e vendendo a variedade crescente de equipamentos agrícolas. As rendas aumentaram, e as pessoas pareciam prosperar. Mas será que essa prosperidade duraria? A teoria clássica do crescimento dizia que não.

Avanços tecnológicos – tanto na agricultura quanto na indústria – levaram a um investimento em novo capital, o que tornou o trabalho mais produtivo. Cada vez mais empresas foram abertas e contrataram o trabalho agora mais produtivo. A maior demanda por trabalho elevou o salário real e aumentou o emprego.

Nesse estágio, houve um crescimento econômico, do qual todos se beneficiaram. O PIB real e o salário real aumentaram. No entanto, os economistas clássicos acreditam que essa nova situação não tem como perdurar porque induzirá a uma explosão populacional.

Teoria clássica do crescimento populacional Quando os economistas clássicos estavam desenvolvendo suas idéias sobre o crescimento populacional, uma explosão populacional sem precedentes estava em curso. Na Grã-Bretanha e em outros países da Europa ocidental, melhorias na dieta e na higiene reduziram a taxa de mortalidade, ao passo que a taxa de natalidade permaneceu alta. Por várias décadas, o crescimento populacional foi extremamente rápido. Por exemplo, depois de se manter relativamente estável por vários séculos, a população da Grã-Bretanha aumentou 40 por cento entre 1750 e 1800 e mais 50 por cento entre 1800 e 1830. Enquanto isso, estima-se que 1 milhão de pessoas (cerca de 20 por cento da população de 1750) tenha ido da Grã-Bretanha para os Estados Unidos e para a Austrália antes de 1800, e a emigração prosseguiu em uma escala similar durante o século XIX. Esses fatos constituem a base empírica para a teoria clássica do crescimento populacional.

Para explicar a alta taxa de crescimento populacional, os economistas clássicos utilizaram a idéia de um **salário real de subsistência**, que é o menor salário real necessário para as pessoas se manterem. Se o salário real for inferior ao salário real de subsistência, algumas pessoas não conseguirão sobreviver e a população diminuirá. De acordo com a teoria clássica, quando o salário real excede o salário real de subsistência, a população cresce. No entanto, uma população crescente leva a rendimentos decrescentes do trabalho. Desta maneira, a produtividade do trabalho mais cedo ou mais tarde diminui. Essa implicação sombria levou a economia a ser chamada de *ciência lúgubre*. A implicação sombria é que, independentemente da intensidade da mudança tecnológica, os salários reais são sempre puxados para baixo, na direção do nível de subsistência.

A conclusão sombria da teoria clássica do crescimento é conseqüência direta da premissa de que haverá uma explosão populacional se o PIB real por hora de trabalho exceder o nível de subsistência. Para evitarmos essa conclusão, precisamos de uma visão diferente do crescimento populacional.

A teoria neoclássica do crescimento, que estudaremos agora, nos proporciona uma visão diferente.

Teoria neoclássica do crescimento

A **teoria neoclássica do crescimento** é a proposição de que o PIB real per capita cresce porque a mudança tecnológica leva a um nível de poupança e investimento que promove o aumento do capital por hora de trabalho. Esse aumento só chega ao fim se a mudança tecnológica cessa.

Robert Solow, do MIT, sugeriu a versão mais popular da teoria neoclássica do crescimento na década de 1950, mas o primeiro a desenvolvê-la foi Frank Ramsey, da Universidade de Cambridge, na Inglaterra, na década de 1920.

A grande ruptura da teoria neoclássica do crescimento com sua antecessora clássica é sua visão do crescimento populacional. Começaremos nossa descrição da teoria neoclássica analisando suas visões do crescimento populacional.

A abordagem neoclássica do crescimento populacional A explosão populacional do século XVIII na Europa, que resultou na teoria clássica da população, acabou chegando ao fim. A taxa de natalidade diminuiu e, apesar de a população continuar a aumentar, sua taxa de crescimento tornou-se moderada. Essa desaceleração do crescimento populacional pareceu fazer com que a teoria clássica perdia a relevância. Isso também acabou levando ao desenvolvimento de uma teoria econômica moderna do crescimento populacional.

A visão moderna é de que, apesar de a taxa de crescimento populacional ser influenciada por fatores econômicos, a influência não é algo simples e mecânico, como propuseram os economistas clássicos. Uma importante influência econômica sobre o crescimento populacional é o custo de oportunidade do tempo de uma mulher. À medida que o salário das mulheres aumenta e as oportunidades de trabalho delas se expandem, o custo de oportunidade de ter filhos também aumenta. Diante de um custo de oportunidade mais alto, as famílias decidem ter menos filhos, e a taxa de natalidade diminui.

Uma segunda influência econômica atua sobre a taxa de mortalidade. Os avanços tecnológicos que levam a uma maior produtividade e a maiores rendas levam a avanços nos cuidados com a saúde, e isso proporciona uma vida mais longa.

Essas duas forças econômicas opostas influenciam a taxa de crescimento populacional. À medida que as rendas aumentam, tanto a taxa de natalidade quanto a de mortalidade diminuem. Essas forças opostas quase chegam a neutralizar uma à outra, de modo que a taxa de crescimento populacional independe da taxa de crescimento econômico.

Essa visão moderna do crescimento populacional e as tendências históricas que a sustentam contradizem a visão dos economistas clássicos. Elas também questionam a conclusão moderna de que o planeta um dia terá mais pessoas do que conseguirá sustentar. A teoria neoclássica do crescimento adota essa visão moderna do crescimento populacional. Forças que não o PIB real e sua taxa de crescimento determinam o crescimento populacional.

Mudança tecnológica De acordo com a teoria neoclássica do crescimento, a taxa de mudança tecnológica influencia a taxa de crescimento econômico, mas o crescimento econômico não influencia o ritmo da mudança tecnológica. Presume-se que a mudança tecnológica seja resultado do acaso. Quando temos sorte, passamos por uma rápida mudança tecnológica e, em uma onda de azar, o ritmo do avanço tecnológico se desacelera.

Poupança e meta da taxa de retorno A principal premissa da teoria neoclássica do crescimento diz respeito à poupança. Se todos os outros fatores forem mantidos constantes, quanto mais alta for a taxa de juros real, maior será a quantia que as pessoas pouparão (veja o Capítulo 23). Entretanto, no longo prazo, a poupança é altamente sensível à taxa de juros real. Para decidir quanto poupar, as pessoas comparam a taxa de juros real com uma *meta de taxa de retorno*. Se a taxa de juros real exceder a meta da taxa de retorno, a poupança será suficiente para fazer o capital por hora de trabalho aumentar. Se a meta da taxa de retorno exceder a taxa de juros real, a poupança não será suficiente para manter o nível corrente de capital por hora de trabalho, de maneira que o capital por hora de trabalho diminuirá. Se a taxa de juros real for igual à meta da taxa de retorno, a poupança será exatamente suficiente para manter a quantidade de capital por hora de trabalho em seu nível corrente.

A idéia neoclássica básica Para entender a teoria neoclássica do crescimento, imagine o mundo em meados da década de 1950, quando Robert Solow explicou sua idéia. Os norte-americanos estavam usufruindo da prosperidade pós-Segunda Guerra Mundial. A renda per capita era cerca de $ 12.000 por ano em moeda de hoje. A população estava crescendo a uma taxa de aproximadamente 1 por cento ao ano. A poupança e o investimento estavam em torno de 18 por cento do PIB, o suficiente para manter constante a quantidade de capital por hora de trabalho. A renda per capita estava crescendo, mas não muito.

Então, a tecnologia começou a avançar em um ritmo mais rápido em diversas atividades. O transistor revolucionou uma indústria emergente de eletroeletrônicos. Novos plásticos revolucionavam a manufatura de eletrodomésticos. O sistema de estradas interestaduais revolucionou o transporte rodoviário. Jatos começaram a substituir aeroplanos com motor a pistão e agilizaram o transporte aéreo.

Esses avanços tecnológicos geraram novas oportunidades de lucro. Empresas existentes se expandiram e novas empresas foram criadas para explorar as tecnologias lucrativas recém-disponibilizadas. O investimento e a poupança aumentaram. A economia se beneficiou de novos níveis de prosperidade e crescimento. Mas será que essa prosperidade duraria? Será que esse crescimento persistiria? A teoria neoclássica do crescimento afirmava que a *prosperidade* duraria, mas que o *crescimento* não persistiria, a não ser que a tecnologia continuasse a avançar.

De acordo com a teoria neoclássica do crescimento, a prosperidade persistiria porque não haveria um crescimento populacional clássico para levar o salário a diminuir.

Mas o crescimento se interromperia se a tecnologia parasse de avançar, por duas razões relacionadas. Em primeiro lugar, altas as taxas de lucro resultantes da mudança tecnológica levariam a mais poupança e acumulação de capital. Mas, em segundo lugar, a acumulação de capital acabaria resultando em rendimentos decrescentes que reduziriam a taxa de juros real e acabariam por diminuir a poupança e desacelerariam a acumulação de capital.

Um problema com a teoria neoclássica do crescimento Todas as economias têm acesso às mesmas tecnologias, e o capital é livre para percorrer o planeta em busca da maior taxa de juros real disponível. Dados esses fatos, a teoria neoclássica do crescimento implica que as taxas de crescimento e os níveis de renda per capita ao redor do globo convergirão. Apesar de haver alguns sinais de convergência entre os países ricos, como mostra a Figura 24.3(a), a convergência é lenta e não parece ocorrer em todos os países, como mostra a Figura 24.3(b).

A nova teoria do crescimento supera essa deficiência da teoria neoclássica do crescimento. Ela também explica o que determina a taxa de mudança tecnológica.

A nova teoria do crescimento

A **nova teoria do crescimento** sustenta que o PIB real per capita cresce devido às escolhas que as pessoas fazem em busca do lucro e que o crescimento pode persistir indefinidamente. Paul Romer, da Universidade de Stanford, desenvolveu essa teoria durante a década de 1980, mas as idéias básicas dela remontam ao trabalho de Joseph Schumpeter durante as décadas de 1930 e 1940.

A teoria se fundamenta em dois fatos sobre as economias de mercado:

- As descobertas resultam de escolhas.
- As descobertas levam ao lucro, e a concorrência destrói o lucro.

Descobertas e escolhas Quando as pessoas descobrem um novo produto ou técnica, elas acreditam que têm sorte e estão certas. No entanto, a velocidade à qual as novas descobertas são feitas – e à qual a tecnologia avança – não é determinada pelo acaso. Ela depende de quantas pessoas estão buscando uma nova tecnologia e da intensidade dessa busca.

Descobertas e lucros O lucro é o motor da mudança tecnológica. As forças da concorrência reduzem os lucros, de maneira que, para aumentar o lucro, as pessoas estão constantemente em busca de métodos de produção de custo mais baixo ou novos e melhores produtos pelos quais os consumidores estão dispostos a pagar um preço mais alto. Os inventores podem manter um lucro por vários anos, registrando uma patente ou direito autoral. No entanto, mais cedo ou mais tarde, uma nova descoberta é copiada, e os lucros desaparecem.

Dois outros fatos exercem um importante papel na nova teoria do crescimento:

- As descobertas serem um bem de capital público.
- O conhecimento ser um capital que não está sujeito à lei dos rendimentos decrescentes.

As descobertas são um bem de capital público Os economistas chamam um bem de *bem público* quando ninguém pode ser excluído de sua utilização e quando o uso dele por uma pessoa não impede que outras o utilizem. A defesa nacional é um exemplo de bem público. O conhecimento é outro exemplo.

Quando, em 1992, Marc Andreesen e seu amigo Eric Bina desenvolveram um navegador da Internet que chamaram de Mosaic, eles constituíram as bases para o desenvolvimento do Netscape Navigator e do Internet Explorer, dois itens de capital que aumentaram a produtividade de modo inimaginável.

Apesar de patentes e direitos autorais protegerem os inventores ou criadores de novos produtos e de processos de produção e lhes permitirem obter os retornos de suas idéias inovadoras, uma vez que uma nova descoberta tenha sido feita, todos podem se beneficiar de seu uso. A utilização de uma nova descoberta por uma pessoa não impede as outras de usá-la. O uso que você faz de um navegador da Internet não impede outra pessoa de utilizar simultaneamente o mesmo código.

Como o conhecimento é um bem público, à medida que os benefícios de uma nova descoberta se disseminam, recursos gratuitos são disponibilizados. Esses recursos são gratuitos porque não se abdica de nada quando eles são utilizados. Eles têm um custo de oportunidade zero. O conhecimento é ainda mais especial por não estar sujeito a rendimentos decrescentes.

O capital do conhecimento não está sujeito a rendimentos decrescentes A produção está sujeita a rendimentos decrescentes quando um recurso é fixo e a quantidade de outro recurso varia. O acréscimo de trabalho a uma quantidade fixa de capital ou de capital a uma quantidade fixa de trabalho leva a um produto marginal decrescente – rendimentos decrescentes.

No entanto, o aumento do estoque de conhecimento faz com que o trabalho e as máquinas sejam mais produtivos. O capital do conhecimento não leva a rendimentos decrescentes.

O fato de o capital do conhecimento *não* levar a rendimentos decrescentes é a proposição singular central da nova teoria do crescimento. As implicações dessa simples e convincente idéia são impressionantes. Diferentemente das outras duas teorias, a nova teoria do crescimento não tem um mecanismo de interrupção do crescimento. À medida que o capital físico se acumula, o rendimento sobre o capital – a taxa de juros real – diminui. Mas o incentivo para inovar e ganhar um lucro maior se intensifica. Deste modo, a inovação ocorre, o capital se torna mais produtivo, a demanda por capital aumenta e a taxa de juros real volta a aumentar.

A produtividade do trabalho cresce indefinidamente à medida que as pessoas descobrem novas tecnologias que geram uma taxa de juros real mais alta. Essa taxa de crescimento depende da capacidade das pessoas de inovar.

No decorrer dos anos, a capacidade de inovar mudou. A invenção da língua e da escrita (as duas ferramentas mais básicas de capital humano), o subseqüente desenvolvimento do método científico e o estabelecimento de universidades e instituições de pesquisa levaram a enormes aumentos da velocidade da inovação. Hoje em dia, um conhecimento mais profundo dos genes está gerando lucros para uma indústria de biotecnologia em crescimento. Os avanços na tecnologia da computação estão criando uma explosão de oportunidades de lucro em uma ampla variedade de indústrias da era da informação.

Uma economia em eterno movimento A nova teoria do crescimento vê a economia com uma máquina em eterno movimento, o que é ilustrado pela Figura 24.9.

Nós podemos ficar extremamente ricos, mas nossas necessidades sempre excederão nossa capacidade de satisfazê-las. Sempre desejaremos um padrão de vida mais alto.

Na busca de um padrão de vida mais alto, as sociedades humanas desenvolveram sistemas de incentivos – direitos de propriedade e trocas monetárias voluntárias nos mercados – que permitem às pessoas lucrar com a inovação.

A inovação leva ao desenvolvimento de novas e melhores técnicas de produção e novos e melhores produtos.

Para se beneficiar das novas técnicas e para produzir novos produtos, novas empresas são abertas e empresas antigas saem do negócio – empresas nascem e chegam ao fim.

Figura 24.9 Uma máquina em eterno movimento

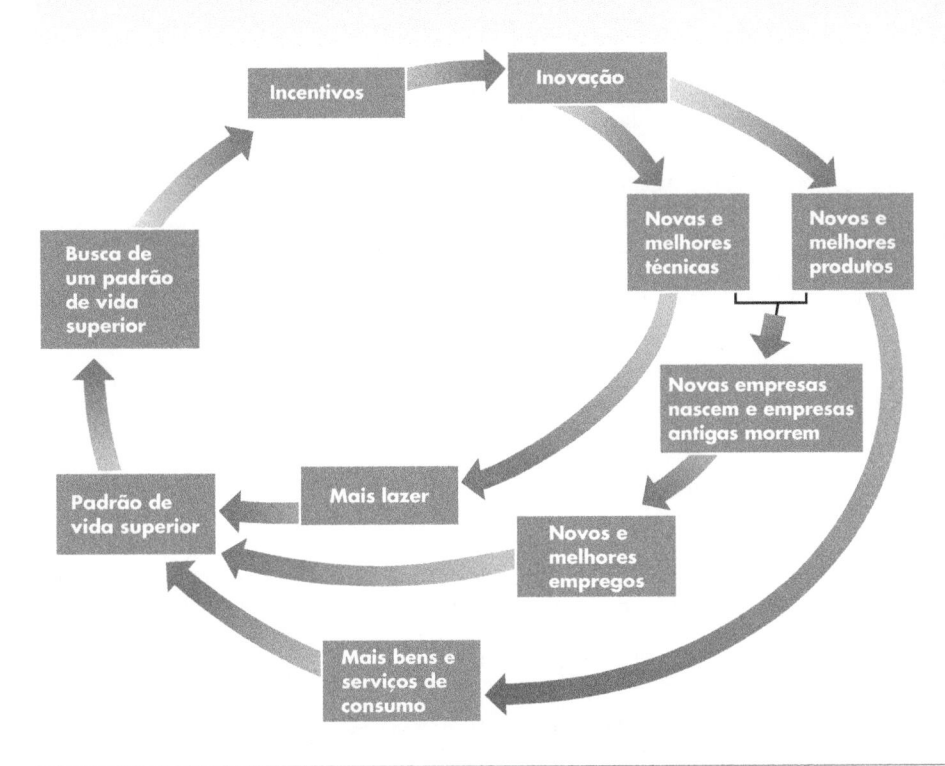

As pessoas querem um padrão de vida superior e são motivadas pelos incentivos dos lucros a promover as inovações que levam a novas e melhores técnicas e novos e melhores produtos. Esses novos e melhores produtos e técnicas, por sua vez, levam ao nascimento de novas empresas e ao fim de algumas empresas antigas, a novos e melhores empregos, a mais lazer e a mais bens e serviços de consumo. O resultado é um padrão de vida superior. No entanto, as pessoas querem um padrão de vida mais alto ainda, e o processo de crescimento continua.

Fonte: Baseado em uma figura similar em These are the good old days: a report on U.S. living standards, *Federal Reserve Bank of Dallas, Relatório Anual de 1993.*

À medida que empresas antigas chegam ao fim e novas empresas nascem, alguns empregos são destruídos e outros são criados. Os novos empregos criados são melhores do que os anteriores e pagam salários reais superiores. Além disso, com salários mais elevados e técnicas mais produtivas, o lazer aumenta.

Novos e melhores empregos e produtos levam a mais bens e serviços de consumo e, combinados com mais lazer, levam a um padrão de vida superior.

Entretanto, nossas necessidades insaciáveis continuam presentes, de modo que o processo prossegue em círculos de necessidades, incentivos, inovação, novos e melhores produtos e um padrão de vida cada vez mais alto.

A nova teoria do crescimento *versus* a teoria malthusiana

O contraste entre a teoria malthusiana e a nova teoria do crescimento não poderia ser maior. Os malthusianos vêem o fim da prosperidade que conhecemos hoje, e os novos teóricos do crescimento vêem uma prosperidade sem fim. O contraste fica mais claro se pensamos nas diferentes visões sobre o crescimento populacional.

Para um malthusiano, o crescimento populacional é parte do problema. Para um novo teórico do crescimento, o crescimento populacional é parte da solução! As pessoas representam o maior recurso econômico. Uma população maior leva a mais necessidades, mas também a mais descobertas científicas e avanços tecnológicos. Assim, em vez de ser a fonte da redução do PIB real per capita, o crescimento populacional leva a um crescimento mais rápido da produtividade e a um PIB real per capita crescente. Os recursos são limitados, mas a imaginação e a capacidade humana de aumentar a produtividade são ilimitadas.

Distinção das teorias

Qual teoria está correta? Provavelmente, nenhuma delas nos conta a história toda, mas todas nos ensinam algo de valor.

A teoria clássica do crescimento nos lembra que nossos recursos físicos são limitados e que, sem avanços tecnológicos, acabaremos por enfrentar rendimentos decrescentes.

A teoria neoclássica do crescimento chega à mesma conclusão, mas não em virtude de uma explosão populacional. Em vez disso, ela enfatiza os rendimentos decrescentes sobre o capital e nos lembra que não podemos sustentar o crescimento simplesmente por meio da acumulação do capital físico. Também devemos desenvolver a tecnologia e acumular capital humano. Devemos ser mais criativos em nossa utilização de recursos escassos.

A nova teoria do crescimento enfatiza a possível capacidade dos recursos humanos de inovar a uma velocidade que compense os rendimentos decrescentes.

A nova teoria do crescimento provavelmente corresponde melhor aos fatos do mundo atual do que as outras teorias, mas isso não faz com que ela seja correta.

QUESTÕES PARA REVISÃO

1 Quais são os efeitos de um aumento da produtividade do trabalho sobre o crescimento econômico?
2 Quais são os efeitos de um aumento da população sobre o crescimento econômico?
3 Qual é a principal idéia da teoria clássica do crescimento que leva ao resultado sombrio?
4 De acordo com a teoria neoclássica do crescimento, qual é a causa fundamental do crescimento econômico?
5 Qual é a principal proposição da nova teoria do crescimento para defender a persistência do crescimento?

Para completar nosso estudo do crescimento econômico, leia a seção "Leitura das entrelinhas" e veja como o crescimento econômico está transformando a economia da China.

LEITURA DAS ENTRELINHAS

OBSERVATÓRIO ECONÔMICO

Crescimento econômico na Ásia

A economia chinesa sobe 9,4 por cento no terceiro trimestre

21 de outubro de 2005

A extraordinária economia chinesa cresceu 9,4 por cento no terceiro trimestre deste ano, impulsionada pelo acelerado crescimento das exportações, pesados investimentos em infra-estrutura e grandes vendas do varejo, de acordo com estatísticas do governo divulgadas na quinta-feira.

Os números indicam que a economia da China, a grande economia de mais rápido crescimento no mundo, não mostra sinais de que se deterá, apesar das repetidas tentativas por parte do governo de abrandar o crescimento como uma maneira de evitar a inflação ou o superaquecimento.

Os economistas e analistas que previram no ano passado que o crescimento da China passaria de cerca de 9,5 por cento em 2004 para cerca de 8,5 por cento em 2005 foram repetidamente forçados a ajustar suas previsões para cima.

Na quinta-feira, mais analistas elevaram suas previsões.

"Este é um crescimento muito mais intenso do que o mercado esperava", disse Hong Liang, um economista da Goldman Sachs, que espera que a economia chinesa cresça 9,4 por cento este ano e 9 por cento em 2006...

Muitos especialistas dizem que a China parece empacada em um crescimento econômico de 9 por cento – mesmo depois de sua economia ter avançado ao longo dos últimos 20 anos mais rapidamente do que qualquer outro importante país da história moderna, chegando a superar as longas expansões do Japão e da Coréia do Sul em décadas anteriores.

"Isso não vai mudar", disse Yiping Huang, um economista do Citigroup em Hong Kong. "Atualmente o governo está tentando desacelerar um pouco o ritmo, mas não estamos vendo nenhuma desaceleração"...

Fonte: Copyright 2005 The New York Times Company. Reproduzido com permissão. Proibido nova reprodução. Disponível em: http://www.nytimes.com

Essência da notícia

▶ A taxa de crescimento do PIB real na China é de mais de 9 por cento ao ano.

▶ A economia chinesa é a grande economia de mais rápido crescimento do mundo.

▶ Os economistas que esperavam uma desaceleração da taxa de crescimento da China ajustaram suas previsões para cima.

▶ Espera-se agora que a China continue a atingir um crescimento econômico de 9 por cento.

▶ Espera-se que as tentativas do governo de desacelerar a taxa de crescimento tenham pouco efeito.

Análise econômica

▶ Em 1949, quando Mao Tsé-Tung fundou a República Popular da China, as rendas na China estavam entre as mais baixas do mundo.

▶ De 1949 a 1978, a China teve uma economia planejada, com pouco empreendimento privado. O crescimento econômico foi modesto e, em determinados anos, o PIB real diminuiu.

▶ Em 1978, sob a liderança de Deng Xiaoping, a China iniciou um programa de reforma econômica.

▶ Aos poucos, monopólios públicos foram substituídos por empresas competitivas privadas, muitas vezes financiadas com capital estrangeiro e operadas como joint-ventures com empresas estrangeiras.

▶ No início da década de 1980, o PIB real da China crescia a uma velocidade que era uma das maiores do mundo e a mais rápida de sua história.

▶ Em 2005, o PIB real da China era de mais de US$ 9 trilhões (utilizando dólares norte-americanos e preços PPC de 2000 – veja o Capítulo 21).

▶ O PIB real dos Estados Unidos em 2005 era de quase US$ 12 trilhões (em dólares de 2000).

▶ Apesar de o PIB real da China não estar muito atrás do PIB real dos Estados Unidos em 2005, a China utilizou muito mais trabalho do que os Estados Unidos.

▶ As horas agregadas de trabalho nos Estados Unidos em 2005 foram de aproximadamente 250 bilhões.

▶ Não sabemos quais foram as horas agregadas de trabalho na China, mas o emprego foi de 790 milhões e, com uma semana de trabalho média de 40 horas (uma premissa), as horas agregadas seriam de cerca de 1.650 bilhões – mais do que 6 vezes as horas nos Estados Unidos.

▶ Assim, o PIB real por hora de trabalho na China em 2005 foi de cerca de US$ 5 em comparação com cerca de US$ 48 nos Estados Unidos.

▶ Mas o PIB real da China está crescendo a uma taxa de cerca de 9 por cento ao ano. Por outro lado, o PIB real dos Estados Unidos está crescendo a uma taxa de cerca de 2,5 por cento ao ano.

▶ Se essas taxas de crescimento persistirem, o PIB real da China excederá o PIB real dos Estados Unidos na próxima década.

▶ Mas o PIB real por hora de trabalho da China continuará muito atrás do registrado nos Estados Unidos.

▶ A Figura 1 mostra a situação na China e nos Estados Unidos em 2005.

▶ A função de produção dos Estados Unidos é FP_{EUA05}, e a função de produção da China é FP_{C05}.

▶ Com o emprego em 250 bilhões de horas, os Estados Unidos produzem US$ 12 trilhões de PIB real e, com o emprego em 1.650 bilhões de horas, a China produz US$ 9 trilhões de PIB real.

▶ Ou seja, uma hora de trabalho nos Estados Unidos produz cerca de 10 vezes o que uma hora de trabalho na China produz.

▶ A figura também mostra a situação nos Estados Unidos e na China em 2015 se as taxas atuais de crescimento persistirem.

▶ A função de produção dos Estados Unidos será FP_{EUA15}, e a função de produção da China será FP_{C15}.

▶ Com um crescimento populacional de cerca de 1 por cento ao ano em ambos os países, as horas de trabalho e o PIB real aumentarão.

▶ Em 2015, a China produzirá um PIB real maior do que o dos Estados Unidos, mas o PIB real por hora de trabalho na China ainda ficará atrás daquele dos Estados Unidos.

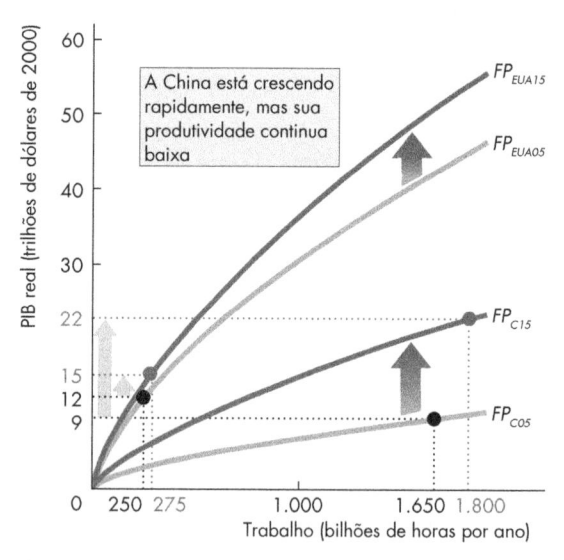

Figura 1: Crescimento na China e nos Estados Unidos

Você decide

▶ Você acha que os Estados Unidos podem aprender alguma lição com a China sobre como fazer com que a economia norte-americana cresça mais rapidamente?

▶ Você consegue pensar em alguma reforma tributária capaz de aumentar a taxa de crescimento dos Estados Unidos? Se você fosse norte-americano, votaria a favor dessas reformas? Por quê?

RESUMO

Pontos-chave

Os fundamentos do crescimento econômico (p. 552-554)

■ O crescimento econômico é a expansão sustentada das possibilidades de produção e é medido como a taxa de mudança percentual anual do PIB real.

■ O crescimento sustentado transforma nações pobres em ricas.

■ A regra dos 70 nos informa quantos anos são necessários para o PIB real dobrar – 70 dividido pela taxa de crescimento percentual anual.

Tendências do crescimento econômico (p. 554-556)

■ Entre 1905 e 2005, o PIB real per capita nos Estados Unidos cresceu a uma taxa média de 2 por cento ao ano. O crescimento foi rápido durante a década de 1960 e no final da década de 1990.

■ A lacuna entre os Estados Unidos e a América Central e a do Sul referente ao PIB real per capita persistiu. As lacunas entre os Estados Unidos e Hong Kong, Coréia, Taiwan e China diminuíram. As lacunas entre os Estados Unidos e a África e a Europa Central se ampliaram.

As fontes do crescimento econômico (p. 556-559)

■ As fontes do crescimento econômico são aumentos das horas agregadas e da produtividade do trabalho. A produtividade do trabalho depende do crescimento do capital físico e humano e de avanços tecnológicos.

■ O crescimento econômico requer um sistema de incentivos criado pelos mercados, direitos de propriedade e trocas monetárias.

Contabilidade do crescimento (p. 559-561)

■ A contabilidade do crescimento mensura as contribuições da acumulação de capital e da mudança tecnológica para o crescimento da produtividade do trabalho.

■ A contabilidade do crescimento utiliza a regra do um terço: um aumento de 1 por cento do capital por hora de trabalho resulta em um aumento de 1/3 por cento da produtividade do trabalho.

■ Durante a desaceleração do crescimento da produtividade da década de 1970, a mudança tecnológica não parou de ocorrer, mas seu foco se deslocou para choques de preços da energia e questões de proteção ambiental.

■ O estímulo à poupança e à pesquisa, o foco nas indústrias de alta tecnologia, o incentivo ao comércio internacional e a melhora da educação podem impulsionar o crescimento econômico.

Teorias do crescimento (p. 561-568)

■ Um aumento da produtividade do trabalho aumenta o emprego, o salário real e o PIB potencial.

- Um aumento da população aumenta o emprego e o PIB potencial, mas o salário real e o PIB real por hora de trabalho diminuem.
- De acordo com a teoria clássica, o PIB real per capita retorna ao nível de subsistência.
- De acordo com a teoria neoclássica do crescimento, sem uma mudança tecnológica adicional, rendimentos decrescentes do capital interrompem o crescimento econômico.
- De acordo com a nova teoria do crescimento, o crescimento econômico persiste indefinidamente a uma velocidade determinada por decisões que levam à inovação e à mudança tecnológica.

Figuras-chave

Figura 24.1: A regra dos 70, 554
Figura 24.2: Cem anos de crescimento econômico nos Estados Unidos, 555
Figura 24.5: As fontes do crescimento econômico, 559
Figura 24.6: Crescimento da produtividade do trabalho nos Estados Unidos, 560
Figura 24.7: Os efeitos de um aumento da produtividade do trabalho, 562
Figura 24.8: Os efeitos de um aumento populacional, 564
Figura 24.9: Uma máquina em eterno movimento, 567

Palavras-chave

Contabilidade do crescimento, 559
Nova teoria do crescimento, 566
PIB real per capita, 553
Produtividade do trabalho, 557
Regra do um terço, 560
Regra dos 70, 553
Salário real de subsistência, 565
Taxa de crescimento econômico, 552
Teoria clássica do crescimento, 563
Teoria neoclássica do crescimento, 565

EXERCÍCIOS

1. O PIB real do Japão foi de 515 trilhões de ienes em 2003 e 529 trilhões de ienes em 2004. A população do Japão era de 127,7 milhões em 2003 e 127,9 milhões em 2004. Calcule:
   a. A taxa de crescimento econômico do Japão em 2004.
   b. A taxa de crescimento do PIB real per capita no Japão em 2004.
   c. O número aproximado de anos necessários para que o PIB real per capita no Japão dobre se a taxa de crescimento econômico e a taxa de crescimento populacional de 2004 permanecerem constantes.

2. Se o PIB real da China estiver crescendo 9 por cento ao ano, sua população estiver crescendo 1 por cento ao ano e essas taxas de crescimento se mantiverem constantes, quantos anos levará para o PIB real per capita da China dobrar?

3. Foram descobertas as seguintes informações sobre a economia de Longland:

Capital por hora de trabalho (dólares de 2000)	PIB real por hora de trabalho (dólares de 2000)
10	3,80
20	5,70
30	7,13
40	8,31
50	9,35
60	10,29
70	11,14
80	11,94

   a. Essa economia está de acordo com a regra do um terço? Se está, por quê? Se não está, diga por que e explique com qual regra, se for o caso, ela está de acordo.
   b. Explique como você faria a contabilidade do crescimento para essa economia.

4. Na economia de Longland, descrita no exercício 3, o capital por hora de trabalho em 2004 era de $ 40 e o PIB real por hora de trabalho era de $ 8,31. Em 2006, o capital por hora de trabalho era de $ 50 e o PIB real por hora de trabalho era de $ 10,29 por hora.
   a. Longland apresenta rendimentos decrescentes? Explique por quê.
   b. Utilize a contabilidade do crescimento para calcular a contribuição do crescimento de capital entre 2004 e 2006 para o crescimento da produtividade do trabalho.
   c. Utilize a contabilidade do crescimento para calcular a contribuição da mudança tecnológica entre 2004 e 2006 para o crescimento da produtividade do trabalho.

5. Se os Estados Unidos fossem mais rigorosos com os imigrantes ilegais e enviassem milhões de trabalhadores de volta a seus países de origem, o que aconteceria com:
   a. O PIB potencial dos Estados Unidos?
   b. O emprego nos Estados Unidos?
   c. O salário real nos Estados Unidos?
   Nos países para os quais os imigrantes voltariam, o que aconteceria com:
   d. O PIB potencial?
   e. O emprego?
   f. O salário real?

6. Se um grande aumento nos investimentos aumentasse a produtividade do trabalho, o que aconteceria com:
   a. O PIB potencial?
   b. O emprego?

c. O salário real?

Se uma grande seca diminuísse a produtividade do trabalho, o que aconteceria com:

d. O PIB potencial?
e. O emprego?
f. O salário real?

7. Na economia de Cabo do Desespero, o salário real de subsistência é $ 15 por hora. Sempre que o PIB real por hora fica acima de $ 15, a população cresce e, sempre que o PIB real por hora de trabalho fica abaixo desse nível, a população diminui. A função de produção de Cabo do Desespero é a seguinte:

Trabalho (bilhões de horas por ano)	PIB real (bilhões de dólares de 2000)
0,5	8
1,0	15
1,5	21
2,0	26
2,5	30
3,0	33
3,5	35

Inicialmente, a população de Cabo do Desespero é constante e o PIB real por hora de trabalho se mantém no nível de subsistência de $ 15. Então, um avanço tecnológico desloca a função de produção 50 por cento para cima em cada nível de trabalho.

a. Quais são os níveis iniciais de PIB real e produtividade do trabalho?
b. O que ocorre com a produtividade do trabalho imediatamente depois do avanço tecnológico?
c. O que acontece com a taxa de crescimento populacional depois do avanço tecnológico?
d. Quais são os níveis finais do PIB real e do PIB real por hora de trabalho?

8. Explique os processos que interromperão o crescimento do PIB real per capita de acordo com:
a. A teoria clássica do crescimento.
b. A teoria neoclássica do crescimento.
c. A nova teoria do crescimento.

PENSAMENTO CRÍTICO

1. Depois de estudar a seção "Leitura das entrelinhas", esponda às seguintes perguntas:
a. Qual foi a taxa de crescimento do PIB real na China em 2005?
b. O PIB real por hora de trabalho na China está crescendo porque a produtividade do trabalho está aumentando ou somente porque a população está aumentado? Como você determinaria a contribuição de cada fator?
c. A China está reduzindo a lacuna entre seu PIB real per capita e o dos Estados Unidos?
d. Considerando a taxa atual de convergência, quanto tempo levará para que o PIB real per capita da China seja igual ao dos Estados Unidos?

2. **Observação da produtividade**

De acordo com Alan Greenspan, o ex-presidente do Banco Central norte-americano, na década de 1990 os investimentos em tecnologia da informação aumentaram a produtividade nos Estados Unidos, o que, por sua vez, aumentou os lucros corporativos, o que levou a mais investimentos em tecnologia da informação e assim por diante, levando a um 'nirvana' de alto crescimento.

Fortune, 4 setembro de 2006

Qual das teorias do crescimento estudadas neste capítulo corresponde melhor à explicação dada por Greenspan?

3. Um crescimento econômico mais rápido é sempre algo bom? Dê argumentos para defender o crescimento mais rápido e para defender o crescimento mais lento. Depois, conclua se o crescimento deveria ser acelerado ou desacelerado.

4. **Abram alas para a Índia – a próxima China**

... China (...) crescendo a cerca de 9 por cento ao ano (...) a política de um filho só começará a reduzir a população ativa da China nos próximos 10 anos. A Índia, por outro lado, terá uma população ativa maior por pelo menos mais uma geração.

The Independent, 1º de março de 2006

a. Considerando as mudanças populacionais esperadas, você acha que a China ou a Índia terá a maior taxa de crescimento econômico? Por quê?
b. A taxa de crescimento da China permaneceria constante em 9 por cento ao ano se não houvesse a restrição à taxa de crescimento populacional?
c. A taxa de crescimento populacional da Índia é de 1,6 por cento ao ano e, em 2005, sua taxa de crescimento econômico foi de 8 por cento ao ano. A taxa de crescimento populacional da China hoje é de 0,6 por cento ao ano e, no ano anterior, sua taxa de crescimento econômico foi de 9 por cento ao ano. Em que ano o PIB real per capita dobrará em cada país?

ATIVIDADES NA INTERNET

1. Faça uma pesquisa na Internet e obtenha dados sobre o PIB real per capita do Brasil, dos Estados Unidos, da China e do México desde 1960.
a. Desenhe um gráfico com os dados.
b. Que país tem o PIB real mais baixo? Que país tem o PIB real mais alto?
c. Que país experimentou a taxa de crescimento mais rápida desde 1960? Que país experimentou a taxa mais lenta?

CENÁRIO BRASILEIRO

Crescimento na América Latina

James Habe[1]
José Rampazo Filho[2]

Os anos de 1990 foram marcados com a recuperação da América Latina depois das crises da década anterior e a maior liberalização financeira. As crises na década passada trouxeram a redução no ritmo de crescimento e o 'fantasma' da inflação para a região. A recuperação da crise da dívida e a retomada dos ingressos de recursos estrangeiros associadas à queda na inflação puderam propiciar a recuperação do crescimento econômico. A importância da maior integração econômica propiciou o aumento na dinâmica da economia, embora o desempenho ainda ficasse abaixo dos países asiáticos e de outros emergentes (gráfico 1).

As principais economias sofreram com as altas taxas de inflação e com os planos de estabilização sem sucesso durante a década de 1980. O crescimento médio na década foi de 2,1 por cento ao ano, enquanto a taxa mundial era de 3,2 por cento. Na mesma época, a inflação média era algo estratosférico – 141,6 por cento ao ano. Brasil, Argentina e México foram os países que mais contribuíram para a elevação no nível de preços da região. Logo, a política de estabilização seria necessária para recuperar seu ritmo de crescimento para os próximos anos.

Na década seguinte, os programas de estabilização trouxeram queda na taxa de inflação para níveis

Gráfico 1   Produtividade da Indústria (Média móvel 3 meses – ajustado sazonalmente)

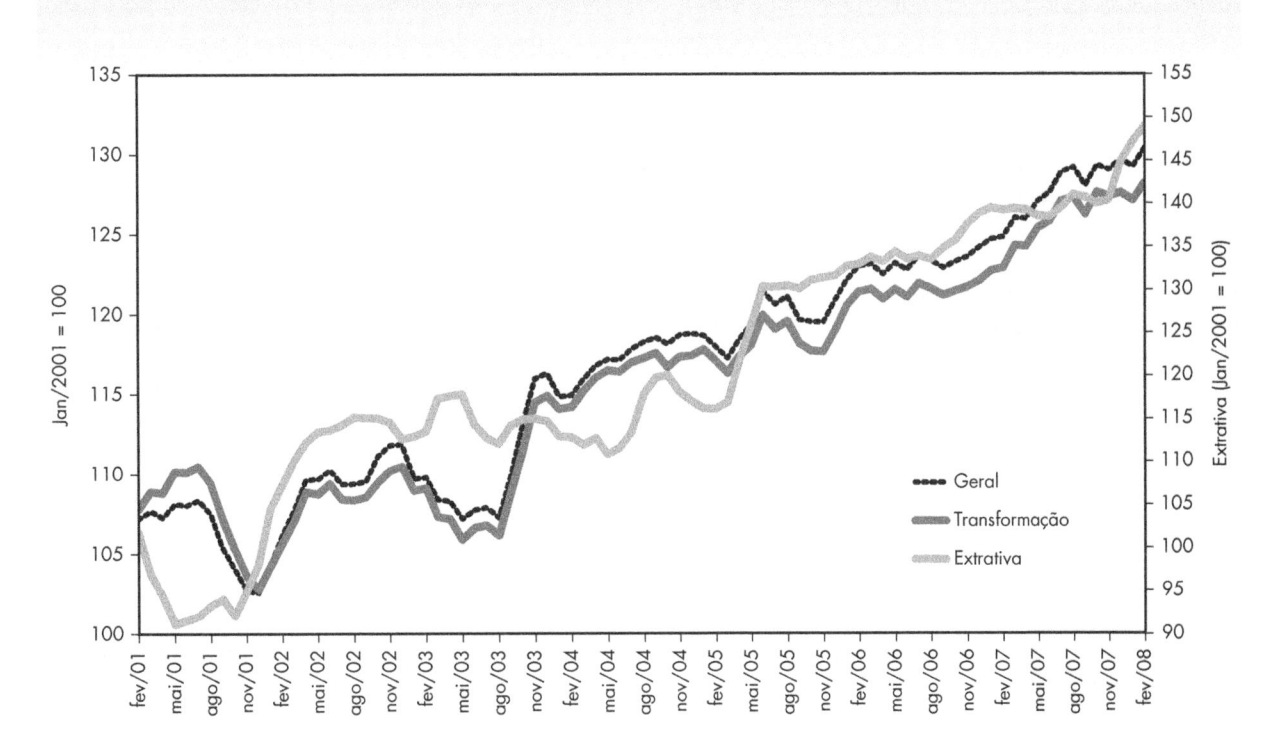

Fonte: IBGE

---

[1] Economista, mestrando em Economia.
[2] Economista, Mestre em Economia.

abaixo dos observados na década passada, porém com redução na taxa de crescimento das economias. As três principais economias citadas, que representam em torno de 70 por cento da economia da região, tiveram recuperação nos anos de 1990, com desempenho acima da média da América Latina, com exceção do Brasil, e com continuação até os anos recentes.[3] Na tabela a seguir, observa-se que a região se recuperou nos anos mais recentes em relação à 'Década Perdida', crescendo acima da média mundial e dos países emergentes, ficando abaixo apenas dos países asiáticos, influenciados pela China.

A maior integração internacional e a liberalização financeira foram importantes para a recuperação da região. Com o Plano Brady, que reestruturou as dívidas externas desses países e com a globalização financeira, que implicou maior grau de abertura financeira,[4] as nações latino-americanas puderam se beneficiar novamente dos fluxos de capitais internacionais.

O retorno dos recursos estrangeiros para a região foi um sinal de recuperação da confiança por parte dos investidores estrangeiros depois da crise da dívida na década passada. Um fato importante para os países da América Latina, que ajuda a impulsionar o crescimento, pois, dependendo da escolha do regime cambial, a dinâmica pode ter diferentes canais de transmissão. Os instrumentos utilizados poderiam influenciar de maneira diferente as variáveis de cada país de forma abrangente[5] (Grandes e Reisen, 2005).

As três principais economias adotaram em seus planos de estabilização regimes de câmbio praticamente semelhantes. A Argentina adotou o *currency board*, o México o *quasi-peg* e o Brasil o regime administrado. Apesar da recuperação na região, observou-se o aumento no déficit em conta corrente na média durante os anos de 1990. Um estudo de Painceira e Carcanholo (2002) analisou os efeitos da abertura financeira para a Argentina, México e Brasil e a conclusão a que chegaram foi que esse processo aumentou ainda mais a vulnerabilidade externa destes países. O cenário só não foi pior

Tabela I Crescimento do PIB

Regiões	Média anual (%)		
	1980s	1990s	2000s
Mundo	3,2	2,9	4,0
Desenvolvidos	3,0	2,7	2,4
Emergentes	3,5	3,3	6,4
África	2,6	2,3	5,6
Leste e Europa Central	2,1	1,2	4,9
Commonwealth of Independent States and Mongolia	3,5	−4,8	7,4
Ásia em Desenvolvimento	6,8	7,3	8,1
Oriente Médio	1,3	4,4	5,4
América Latina	2,1	3,0	3,6

Fonte: FMI

devido à retomada do ingresso de recursos privados externos (média de 3,1 por cento PIB nos anos de 1990) para financiar as transações correntes (média de −2,5 por cento PIB nos anos de 1990). Nas três economias,[6] neste cenário, a mudança de regime cambial foi inevitável devido aos ataques especulativos contra as respectivas moedas.

Na tabela, observa-se o aumento na taxa de crescimento nos últimos 18 anos. Países latino-americanos, como Chile, Venezuela e Colômbia, além de Argentina, México e Brasil, se beneficiaram da situação mundial. O crescimento da Ásia, leia-se China, foi um importante fator para o aumento no comércio exterior com esses países e geraram aumento de renda devido ao aumento principalmente as vendas de produtos básicos.

Em 2007, a economia latino-americana atingiu o seu maior nível de crescimento econômico desde o auge do euromercado em meados dos anos de 1970 (5,6 por cento) ligeiramente superior a 2006 (crescimento de 5,5 por cento). Para 2008 e 2009, as previsões de crescimento econômico para a América Latina são de 4,4 por cento e 3,6 por cento, respectivamente (FMI, 2008).

---

[3] O crescimento médio da Argentina, do Brasil e do México ocorreu nos anos de 1990 e foi de 4,3 por cento, 1,7 por cento e 3,4 por cento ao ano, respectivamente.

[4] O fenômeno da globalização financeira dos anos de 1990 é diferente da internacionalização do sistema financeiro ocorrida na década de 1970. Enquanto este foi um processo estritamente bancário, a globalização financeira dos anos de 1990 caracterizou-se pela liberalização do câmbio e dos fluxos de capitais.

[5] A taxa de câmbio pode influenciar por meio de diferentes canais o desempenho da economia. Dependendo da escolha entre um regime de *hard peg* ou flutuante, a formulação da política econômica assume um grau de liberdade distinto.

[6] Comparando o desempenho no período do ano de instituição do plano de estabilização e o ano anterior às respectivas crises nos países e o ano seguinte à crise até o ano atual, pode-se notar o aumento no crescimento médio nos três países. Ao ano, a Argentina (2002) passou de 3,5 por cento para 8,5 por cento; o Brasil (1999), de 2,5 por cento para 3,6 por cento; e o México (1995), de 3,5 por cento para 3,6 por cento.

REFERÊNCIAS

GRANDES, Martin; REISEN, Helmut. Exchange Rate Regimes and Macroeconomic. *Cepal Review*, Santiago, Cepal, n. 86, 2005.

PAINCEIRA, J. P.; CARCANHOLO, M. D. Abertura financeira e vulnerabilidade externa na América Latina: os impactos sobre Brasil, México e Argentina na década de 90. Textos para discussão, TD. 2002.004, Instituto de Economia da UFRJ, Rio de Janeiro, 2002.

World Economic Outlook: Housing and the Business Cycle, April 2008. Disponível em: http://www.imf.org/external/pubs/ft/weo/2008/01/index.htm.

QUESTÕES

1. O atual aumento nos preços dos alimentos pode elevar a taxa de inflação. Visto que os principais países latino-americanos implantaram planos de estabilização para retomar o crescimento, o atual risco de inflação reduziria o ritmo de crescimento na região?

2. Quais as diferenças do crescimento nos países asiáticos e latino-americanos? Cite alguns fatos.

3. O ingresso de recursos estrangeiros na América Latina é um fator importante para o crescimento?

4. É possível afirmar que existe uma correlação entre o crescimento econômico da América Latina e o desenvolvimento da democracia nos países que a compõem?

CAPÍTULO 25

Moeda, nível de preços e inflação

Ao término do estudo deste capítulo, você saberá:

- Definir a moeda e descrever suas funções.
- Explicar as funções econômicas dos bancos e de outras instituições depositárias.
- Descrever a estrutura e as funções do Federal Reserve System dos Estados Unidos (o Fed).
- Explicar como o sistema bancário cria moeda.
- Explicar o que determina a demanda por moeda, a oferta de moeda e a taxa de juros nominal.
- Explicar como a quantidade de moeda influencia o nível de preços e a taxa de inflação no longo prazo.

O dinheiro faz o mundo girar

O dinheiro, assim como o fogo e a roda, é utilizado há um bom tempo. Ele tem assumido muitas formas. O dinheiro consistia no *wampum* (contas feitas de conchas) para índios norte-americanos, dentes de baleia para os habitantes das ilhas Fiji e tabaco para os primeiros colonizadores americanos. Pedras de sal eram utilizadas como moeda na Etiópia e no Tibete. Hoje em dia, quando queremos comprar algo, utilizamos moedas metálicas ou notas, preenchemos um cheque ou apresentamos um cartão de crédito ou de débito. Logo utilizaremos um 'cartão inteligente', que monitora os gastos e que nosso computador de bolso é capaz de ler. Será que todas essas coisas são dinheiro?
Quando depositamos algumas moedas metálicas ou notas em um banco, elas continuam a ser dinheiro? E o que acontece quando o banco empresta a outra pessoa o dinheiro que depositamos? Como poderemos ter nosso dinheiro de volta se ele foi emprestado a alguém?
A quantidade de moeda da economia dos Estados Unidos é regulada pelo Federal Reserve – o Fed, o Banco Central norte-americano. Como o Fed influencia a quantidade de moeda? E o que acontece se o Fed cria moeda em excesso ou em quantidade insuficiente?

Neste capítulo, estudaremos as funções da moeda, os bancos que a criam, o Federal Reserve e sua influência sobre a quantidade de moeda e as conseqüências de longo prazo das mudanças da quantidade de moeda. Na seção "Leitura das entrelinhas", no fim do capítulo, examinaremos um exemplo espetacular de moeda e inflação na prática, na nação africana do Zimbábue.

O que é a moeda?

O que o *wampum*, o tabaco e as moedas metálicas e notas de dinheiro têm em comum? Todos são exemplos de **moeda**, que é definida como qualquer mercadoria, cupom ou peça metálica que geralmente sejam aceitos como meio de pagamento. Um **meio de pagamento** é um método de saldar uma dívida. Quando é feito um pagamento, as partes não têm mais nenhuma obrigação de uma transação. Então, o que o *wampum*, o tabaco e as moedas metálicas e notas de dinheiro têm em comum é que eles serviram (ou ainda servem) de meio de pagamento. A moeda desempenha três outras funções:

- Meio de troca
- Unidade de conta
- Reserva de valor

Meio de troca

Um *meio de troca* é qualquer objeto geralmente aceito em troca de bens e serviços. Sem um meio de troca, bens e serviços devem ser trocados diretamente por outros bens e serviços – uma troca chamada de **escambo**. O escambo requer uma *dupla coincidência de necessidades*, uma situação que raramente ocorre. Por exemplo, se você quer um hambúrguer, pode oferecer um CD em troca, mas precisa encontrar alguém que esteja vendendo hambúrgueres e que queira seu CD.
Um meio de troca elimina a necessidade de uma dupla coincidência de necessidades. A moeda atua como um meio de troca porque as pessoas que têm algo para vender sempre aceitarão dinheiro em troca. No entanto, a moeda não é o único meio de troca. Você pode comprar com car-

tão de crédito, mas um cartão de crédito não é moeda; ele não faz o pagamento final, e o débito que cria deve necessariamente ser saldado com a utilização da moeda.

Unidade de conta

Uma *unidade de conta* é uma medida consensual para expressar os preços de bens e serviços. Para aproveitar seu orçamento ao máximo, você deve calcular se um filme a mais que você vê compensa o custo de oportunidade dele. No entanto, esse custo não é representado por unidades monetárias. Ele é o número de sorvetes, refrigerantes ou xícaras de café dos quais você deve abdicar. É fácil fazer esses cálculos quando todos esses bens têm preços em unidades monetárias (veja a Tabela 25.1). Se um filme custa $ 6 e um pacote de seis refrigerantes custa $ 3, você sabe imediatamente que um filme a mais lhe custa dois pacotes de seis refrigerantes. Se as balas custam $ 0,50 por pacote, um filme a mais custa 12 pacotes de balas. Você só precisa fazer um cálculo para saber o custo de oportunidade de qualquer par de bens e serviços.

Mas imagine como seria complicado se o cinema divulgasse o preço de um ingresso como dois pacotes de seis refrigerantes, a loja de conveniência divulgasse o preço de um pacote de seis refrigerantes como dois sorvetes, a sorveteria divulgasse o preço de um sorvete como três pacotes de balas e a loja de doces expressasse o preços de um pacote de balas como dois chicletes! Neste caso, você precisaria ir de um lado a outro fazendo cálculos para descobrir quanto esse filme custa em termos de refrigerante, sorvete, bala ou chiclete de que você terá de abdicar para assisti-lo. Você obtém a resposta referente aos refrigerantes diretamente do preço divulgado no cinema, mas, para todos os outros bens, você teria de visitar muitas lojas diferentes para definir o preço de cada mercadoria em termos de outra e então calcular preços em unidades que sejam relevantes para sua decisão. Cubra a coluna intitulada 'Preço em unidades monetárias' da Tabela 25.1 e veja como é difícil descobrir o número de telefonemas locais que um filme custaria. É o suficiente para fazer uma pessoa desistir de ir ao cinema! Podemos ver como essa tarefa é muito mais simples se todos os preços são expressos em unidades monetárias.

Reserva de valor

A moeda é uma *reserva de valor* no sentido de que pode ser guardada e trocada mais tarde por bens e serviços. Se a moeda não fosse uma reserva de valor, não serviria de meio de pagamento.

Não é apenas a moeda que pode atuar como reserva de valor. Uma casa, um carro e uma obra de arte, por exemplo, também podem fazê-lo.

Quanto mais estável é o valor de uma mercadoria ou cupom, melhor eles podem atuar como uma reserva de valor e mais úteis eles são como moeda. Nenhuma reserva de valor tem um valor completamente estável. O valor de uma casa, um carro ou uma obra de arte flutua ao longo do tempo. O valor das mercadorias e cupons utilizados como moeda também flutua ao longo do tempo. Quando há inflação, seus valores caem cada vez mais.

Como a inflação resulta em um valor cada vez menor da moeda, é necessária uma baixa taxa de inflação para que a moeda seja o mais útil possível como uma reserva de valor.

Moeda nos Estados Unidos hoje

Nos Estados Unidos, hoje, a moeda consiste em:
- Moeda em circulação.
- Depósitos em bancos e outras instituições depositárias.

Moeda em circulação As notas e moedas mantidas por indivíduos e empresas são conhecidas como **moeda em circulação**. Notas em papel e moedas metálicas representam a moeda porque o governo declara isso com as palavras: "Esta nota é uma moeda para todas as dívidas, públicas e privadas". Podemos ver essas palavras impressas em cada nota de dólar. Notas em papel e moedas metálicas *dentro* dos bancos não são contadas como moeda.

Depósitos Os depósitos em bancos e outras instituições depositárias, tais como instituições de poupança e empréstimos, também são moeda. Os depósitos são moeda porque podem ser utilizados para fazer pagamentos.

Medidas oficiais da moeda As duas principais medidas oficiais da moeda nos Estados Unidos hoje são conhecidas como M1 e M2. A Figura 25.1 mostra os elementos que compõem essas duas medidas. O **M1** consiste em moeda em circulação e cheques de viagem mais depósitos à vista de propriedade de indivíduos e empresas. O M1 *não* inclui moeda em circulação mantida por bancos e não inclui moeda em circulação e depósitos a vista de pro-

Tabela 25.1 A função de unidade de conta simplifica as comparações de preço

Bem	Preço em unidades monetárias	Preço em unidades de outro bem
Filme	$ 6 cada	2 pacotes de seis refrigerantes
Refrigerante	$ 3 por pacote de seis	2 sorvetes
Sorvete	$ 1,50 por unidade	3 pacotes de balas
Bala	$ 0,50 por pacote	2 chicletes
Chiclete	$ 0,25 por unidade	1 ligação telefônica local

A moeda como uma unidade de conta: o preço de um filme é $ 6, e o preço de um chiclete é $ 0,25, de modo que o custo de oportunidade de um filme é igual a 24 chicletes ($ 6 ÷ $ 0,25 = 24).
Sem unidade de conta: você vai ao cinema e descobre que o preço de um filme é de dois pacotes de seis de refrigerantes. Você vai a uma loja de doces e descobre que um pacote de balas custa dois chicletes. Mas quantos chicletes custa um filme? Para responder a essa questão, você vai a uma loja de conveniência e descobre que um pacote de seis refrigerantes custa dois sorvetes. Depois você vai à sorveteria, onde um sorvete custa três pacotes de balas. Você saca sua calculadora: um filme custa dois pacotes de seis refrigerantes, ou quatro sorvetes, ou 12 pacotes de balas, ou 24 chicletes!

Figura 25.1 Duas medidas da moeda

	Bilhões de $ em junho de 2006
M2	6.830
Fundos mútuos do mercado monetário e outros depósitos	760
Depósitos de poupança	3.638
Depósitos a prazo	1.062
M1	1.370
Depósitos a vista	622
Moeda em circulação e cheques de viagem	748

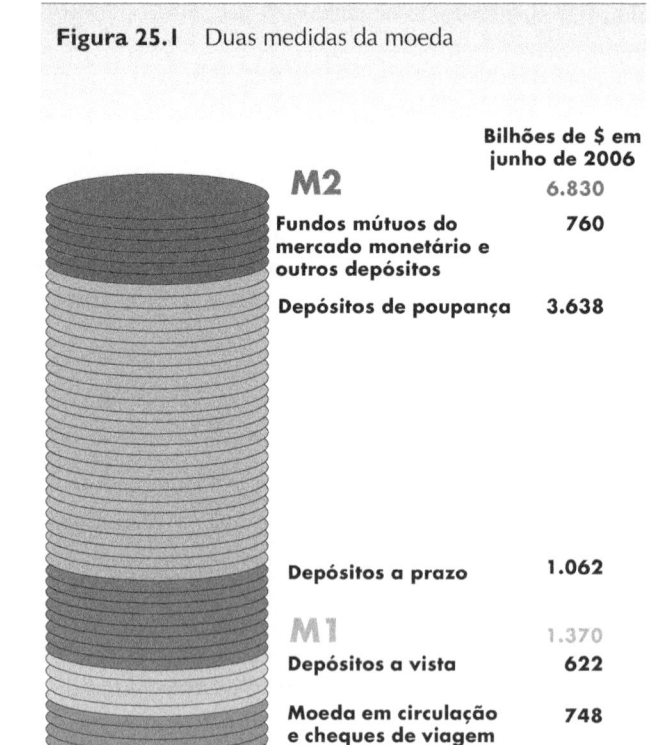

- M1 ■ Moeda em circulação e cheques de viagem
  - ■ Depósitos a vista em bancos comerciais, instituições de poupança e empréstimos, bancos de poupança e cooperativas de crédito
- M2 ■ M1
  - ■ Depósitos a prazo
  - ■ Depósitos de poupança
  - ■ Fundos mútuos do mercado monetário e outros depósitos

Fonte dos dados: The Federal Reserve Board.

priedade do governo dos Estados Unidos. O **M2** consiste no M1 mais depósitos a prazo, depósitos de poupança, fundos mútuos do mercado monetário e outros depósitos. Podemos notar que o M2 é quase cinco vezes maior que o M1. Também podemos notar que a moeda em circulação representa uma pequena parcela da moeda em geral.

O M1 e o M2 são mesmo moeda? A moeda é um meio de pagamento. Assim, para testarmos se um ativo é de fato moeda, verificamos se ele serve de meio de pagamento. A moeda em circulação passa no teste. Mas o que dizer sobre os depósitos? Depósitos a vista consistem em moeda porque podem ser transferidos de uma pessoa para outra por meio do preenchimento de um cheque ou da utilização de um cartão de débito. Uma transferência de propriedade como essa equivale à transferência de moeda. Como o M1 consiste em moeda em circulação mais depósitos a vista e cada um desses itens é um meio de pagamento, *o M1 é moeda*.

O que dizer do M2? Parte dos depósitos de poupança do M2 constituem um meio de pagamento, exatamente como os depósitos a vista do M1. Você pode utilizar um cartão eletrônico em um supermercado ou posto de gasolina e transferir fundos diretamente de sua conta de poupança para pagar pela sua compra. Mas alguns depósitos de poupança não constituem um meio de pagamento. Esses depósitos são conhecidos como ativos líquidos. A *liquidez* é a característica de ser facilmente conversível em um meio de pagamento sem perda de valor. Como os depósitos do M2 que não representam um meio de pagamento são rápida e facilmente convertidos em um meio de pagamento – em moeda em circulação ou depósitos a vista – eles são considerados moeda.

Os depósitos são moeda, mas os cheques não Ao definirmos a moeda, incluímos, com a moeda em circulação, depósitos em bancos e outras instituições depositárias. No entanto, não consideramos moeda os cheques que as pessoas emitem. Por que os depósitos são moeda e os cheques não?

Para entender o porquê disso, pense no que acontece quando Colleen compra patins por $ 200 na loja Rollers, de Rocky. Quando Colleen vai à loja de Rocky, ela tem $ 500 em sua conta-corrente no Banco Laser. Rocky tem $ 1.000 em sua conta-corrente – no mesmo banco de Colleen. O depósito total dessas duas pessoas é $ 1.500. Colleen emite um cheque de $ 200. Rocky imediatamente leva o cheque ao banco e o deposita. O saldo bancário de Rocky aumenta de $ 1.000 para $ 1.200, e o saldo de Colleen diminui de $ 500 para $ 300. O depósito total de Colleen e Rocky continua o mesmo que antes: $ 1.500. Rocky agora tem $ 200 a mais do que antes, e Colleen tem $ 200 a menos.

Essa transação transferiu moeda de Colleen para Rocky. O cheque em si nunca foi moeda. Não houve $ 200 adicionais em termos de moeda enquanto o cheque estava em circulação. O cheque instrui o banco a transferir moeda de Colleen para Rocky.

Se Colleen e Rocky utilizam bancos diferentes, há um passo adicional. O banco de Rocky credita o cheque na conta de Rocky e leva o cheque a um centro de compensação. Depois o cheque é enviado ao banco de Colleen, que paga ao banco de Rocky $ 200 e debita $ 200 da conta de Colleen. Esse processo pode levar alguns dias, mas os princípios são os mesmos daqueles que ocorrem quando duas pessoas utilizam o mesmo banco.

Cartões de crédito não são moeda Então, os cheques não são moeda. E os cartões de crédito? Levar um cartão de crédito na carteira e apresentá-lo para pagar pelos patins não é a mesma coisa que utilizar moeda? Por que os cartões de crédito não são considerados e contabilizados como parte da quantidade de moeda?

Quando você faz um pagamento em cheque, normalmente lhe pedem para comprovar sua identidade mostrando algum documento de identificação. Nunca lhe ocorreria pensar nesse documento como moeda. Ele não passa de um documento de identidade. Um cartão de crédito também é um documento de identidade, mas um que lhe permite fazer um empréstimo no instante em que você compra algo. Quando assina uma nota de cartão de crédito, você está dizendo: "Eu concordo em pagar por esses bens quando a empresa de cartão de crédito me cobrar". Quando recebe a fatura da empresa de cartão de crédito, você deve fazer pelo menos o pagamento mínimo. Para fazer esse pagamento, você precisa de moeda – você precisa ter moeda em circulação ou um depósito para pagar a empresa de cartão de crédito. Assim, apesar de você utilizar um cartão de crédito ao comprar algum item, o cartão de crédito não é o *meio de pagamento* e, portanto, não é moeda.

QUESTÕES PARA REVISÃO

1 O que faz com que algo seja moeda? Quais são as funções da moeda? Por que você acha que pacotes de chicletes não servem de moeda?
2 Quais são os problemas que surgem quando uma mercadoria é utilizada como moeda?
3 Quais são os principais componentes da moeda nos Estados Unidos hoje?
4 Quais são as medidas oficiais da moeda nos Estados Unidos? Todas são realmente moeda?
5 Por que cheques e cartões de crédito não são moeda?

Vimos que o principal componente da moeda nos Estados Unidos são depósitos em bancos e em outras instituições depositárias. Vamos estudar agora essas instituições.

Instituições depositárias

Uma empresa que aceita depósitos de pessoas físicas e jurídicas e concede empréstimos a outras pessoas físicas e jurídicas é uma **instituição depositária**. Compõem a moeda de uma nação os depósitos de três tipos de instituições depositárias:

- Bancos comerciais
- Instituições de poupança e empréstimo
- Fundos mútuos do mercado monetário

Bancos comerciais

Um *banco comercial* é uma empresa licenciada pelo Controlador da Moeda (do Tesouro dos Estados Unidos)* ou por um órgão estadual para receber depósitos e fazer empréstimos. Cerca de 8 mil bancos comerciais operam nos Estados Unidos hoje.

Lucro e prudência: um equilíbrio O objetivo de um banco é maximizar o patrimônio líquido de seus acionistas. Para ele atingir esse objetivo, a taxa de juros à qual concede empréstimos excede a taxa de juros à qual toma empréstimos. Mas um banco deve atuar em um delicado equilíbrio. É arriscado conceder empréstimos e, quanto mais um banco emprega seus depósitos em empréstimos de alto risco e com alta taxa de juros, maior é a chance de ele não ser capaz de reembolsar seus depositantes. E, se os depositantes perceberem um alto risco de não serem reembolsados, eles retirarão seus fundos e criarão uma crise para o banco. Deste modo, um banco deve ter prudência ao decidir como utilizar os depósitos, equilibrando a segurança para os depositantes e os lucros para seus acionistas.

Reservas e empréstimos Para proporcionar segurança a seus depositantes, um banco divide os fundos recebidos na forma de depósitos em duas partes: reservas e empréstimos. As *reservas* consistem em notas e moedas metálicas no cofre de um banco mais seus depósitos no banco central. (Estudaremos o banco central mais adiante neste capítulo.) As notas e moedas metálicas nos cofres de um banco representam uma reserva para atender à demanda de seus depositantes por moeda. Elas mantêm o caixa eletrônico abastecido para que você possa sacar dinheiro se quiser comprar uma pizza à noite. A conta de um banco no banco central é similar à sua conta bancária. Os bancos utilizam essas contas para receber e fazer pagamentos. Um banco comercial deposita ou saca dinheiro de sua conta no banco central e emite cheques dessa conta para pagar dívidas com outros bancos.

Se um banco mantivesse todos os seus depósitos como reservas, ele não teria nenhum lucro. Na verdade, um banco mantém somente uma pequena fração de seus fundos em reservas e concede o restante em empréstimos. Um banco tem três tipos de ativos:

1. *Ativos líquidos*, que são títulos do Tesouro do governo norte-americano e títulos comerciais. Esses ativos constituem a primeira opção dos bancos caso eles precisem de dinheiro em caixa. Os ativos líquidos podem ser vendidos e convertidos de imediato em dinheiro com praticamente nenhum risco de perda. Como são praticamente livres de risco, eles têm uma baixa taxa de juros.

2. *Títulos de investimentos*, que são obrigações do governo dos Estados Unidos e outras obrigações, todas de prazo mais longo. Esses ativos podem ser vendidos rapidamente e convertidos em dinheiro, mas a preços que flutuam. Devido à flutuação de seus preços, esses ativos apresentam risco mais alto do que o dos ativos líquidos, mas também têm uma taxa de juros mais alta.

3. *Empréstimos*, que são investimentos de quantias fixas de dinheiro por períodos determinados em acordos. A maioria dos empréstimos bancários é feita a empresas para financiar a compra de equipamentos de capital e estoques e a pessoas físicas – empréstimos pessoais – para financiar bens de consumo duráveis, como carros ou barcos. As dívidas em aberto nas contas de cartão de crédito também são empréstimos bancários. Os empréstimos são os ativos mais arriscados de um banco, porque não podem ser convertidos em dinheiro enquanto não forem pagos. Alguns tomadores de empréstimo são inadimplentes e nunca pagam a dívida. Como os empréstimos são os ativos mais arriscados de um banco, eles apresentam a maior taxa de juros.

---

* No Brasil, um banco comercial depende de autorização do Banco Central do Brasil para funcionar (N. RT.).

Instituições de poupança e empréstimos

As instituições de poupança e empréstimos são:

- Associações de poupança e empréstimos
- Bancos de poupança
- Cooperativas de crédito

Associações de poupança e empréstimos Uma *associação de poupança e empréstimos* é uma instituição depositária que recebe depósitos de poupança e depósitos à vista e que concede empréstimos pessoais e comerciais e empréstimos para a compra de imóveis.

Bancos de poupança Um *banco de poupança* é uma instituição depositária que aceita depósitos de poupança e concede, principalmente, empréstimos para a compra de imóveis. Alguns bancos de poupança (chamados de bancos *mútuos* de poupança) são propriedade de seus depositantes.

Cooperativas de crédito Uma *cooperativa de crédito* é uma instituição depositária de propriedade de um grupo social ou econômico – como os funcionários de uma empresa –, que aceita depósitos de poupança e concede, principalmente, empréstimos pessoais.

Fundos mútuos do mercado monetário

Um *fundo mútuo do mercado monetário* é um fundo operado por uma instituição financeira que vende ações do fundo e mantém ativos líquidos, como títulos do Tesouro norte-americano ou títulos comerciais de curto prazo.

As ações dos fundos mútuos do mercado monetário atuam como depósitos bancários. Os acionistas podem emitir cheques de suas contas de fundos mútuos do mercado monetário, mas há restrições na maioria dessas contas. Por exemplo, o depósito mínimo aceito pode ser de $ 2.500, e o menor cheque que um depositante pode emitir pode ser de $ 500.

As funções econômicas das instituições depositárias

Todas as instituições depositárias obtêm lucros provenientes da margem de risco entre a taxa de juros que pagam sobre os depósitos e a taxa de juros à qual concedem empréstimos. Por que as instituições depositárias podem obter depósitos a baixas taxa de juros e conceder empréstimos a uma taxa de juros mais alta? Que serviços elas oferecem para que os depositantes se disponham a receber uma baixa taxa de juros e os tomadores de empréstimo se disponham a pagar uma taxa de juros mais alta?

As instituições depositárias prestam quatro principais serviços pelos quais as pessoas estão dispostas a pagar:

- Criação de liquidez
- Minimização do custo de obtenção dos fundos
- Minimização do custo de monitoramento dos tomadores de empréstimo
- Agregação dos riscos

Criação de liquidez As instituições depositárias criam liquidez. *Ativos líquidos* são ativos facilmente conversíveis em moeda com pouca perda de valor. Alguns dos passivos das instituições depositárias constituem moeda; outros são ativos altamente líquidos convertidos em moeda com facilidade.

As instituições depositárias criam liquidez tomando empréstimos a curto prazo e concedendo empréstimos a longo prazo. *Tomar empréstimos a curto prazo* significa aceitar depósitos, mas estar pronto para reembolsá-los logo que isso seja solicitado (ou mesmo que não seja, como no caso de depósitos à vista). *Conceder empréstimos a longo prazo* significa firmar contratos de empréstimo para um período predefinido e, em geral, longo. Por exemplo, quando uma pessoa faz um depósito em uma instituição de poupança e empréstimos, esse depósito pode ser sacado a qualquer momento. No entanto, a instituição de poupança e empréstimos firma um contrato de empréstimo com um comprador de imóvel para ser pago, talvez, em mais de 20 anos.

Minimização do custo de obtenção dos fundos A busca de alguém de quem tomar um empréstimo pode ser um negócio custoso. Imagine como a situação seria complicada se não existissem instituições depositárias. Uma empresa que estivesse em busca de $ 1 milhão para comprar uma nova fábrica, provavelmente teria de tomar empréstimos de várias dezenas de pessoas para adquirir fundos suficientes para seu projeto de capital. As instituições depositárias reduzem os custos dessa busca. Uma empresa que precise de $ 1 milhão pode ir a uma única instituição depositária para obter esses fundos. A instituição depositária precisa tomar empréstimos de um grande número de pessoas, mas não faz isso unicamente por essa empresa e pelo milhão de dólares que ela precisa tomar de empréstimo. A instituição depositária pode estabelecer uma organização capaz de levantar fundos de um grande número de depositantes e pode dividir os custos dessa atividade entre um grande número de tomadores de empréstimos.

Minimização do custo do monitoramento dos tomadores de empréstimos A concessão de empréstimos é um negócio arriscado. Sempre existe o perigo de o devedor não saldar a dívida. A maior parte do dinheiro concedido em empréstimos é utilizada por empresas para investir em projetos com os quais elas esperam obter lucros. Mas algumas vezes não é o que acontece. O monitoramento das atividades de um tomador de empréstimos e a garantia de que as melhores decisões possíveis estejam sendo tomadas para obter lucros e evitar perdas são atividades custosas e especializadas. Imagine quanto se gastaria se cada indivíduo que concedesse um empréstimo a uma empresa tivesse de incorrer nos custos necessários para monitorar diretamente essa empresa. Ao depositar os fundos em uma instituição depositária, os indivíduos evitam esses custos. A instituição depositária conduz a atividade de monitoramento, utilizando recursos especializados a um custo muito mais baixo do que aquele em que as pessoas incorreriam se tivessem de realizar essas atividades individualmente.

Agregação dos riscos Como acabamos de observar, a concessão de empréstimos é um negócio arriscado. Sempre há uma possibilidade de não ser reembolsado – de ocorrer inadimplência. A concessão de empréstimos a um grande número de indivíduos diferentes pode reduzir o risco de inadimplência. Em uma situação como essa, se uma pessoa deixa de pegar um empréstimo, isso representa uma inconveniência, mas não um desastre. Por outro lado, se apenas uma pessoa toma dinheiro emprestado e não paga, todo o empréstimo acaba sendo uma baixa contábil. As instituições depositárias permitem que as pessoas agreguem os riscos de modo eficiente. Milhares de pessoas concedem empréstimos a uma instituição, que, por sua vez, empresta o dinheiro a centenas, talvez milhares, de empresas individuais. Se uma empresa deixa de pagar o empréstimo, essa inadimplência é dividida entre todas as pessoas que depositaram dinheiro na instituição, e nenhum depositante individual é exposto a um alto nível de risco.

Inovação financeira

Os depósitos que compõem a maior parte da moeda de uma nação são produtos financeiros, e as instituições depositárias estão constantemente em busca de maneiras de melhorar seus produtos e obter lucros maiores. O processo de desenvolvimento de novos produtos financeiros é chamado de *inovação financeira*. A meta da inovação financeira é reduzir o custo dos depósitos ou aumentar o retorno dos empréstimos concedidos ou ainda, o que é mais simples, aumentar os lucros provenientes da intermediação financeira. As três principais influências sobre a inovação financeira são:

- Ambiente econômico
- Tecnologia
- Regulação

A velocidade da inovação financeira foi notável durante as décadas de 1980 e 1990, quando todas essas três forças estavam em ação.

Ambiente econômico No final da década de 1970 e início da de 1980, uma alta taxa de inflação levou a altas taxas de juros. Por exemplo, a taxa de juros sobre empréstimos para a compra de imóveis chegou a 15 por cento ao ano.

As altas taxas de inflação e de juros criaram um incentivo para a inovação financeira. Por exemplo, as compras de imóveis costumavam ser financiadas por empréstimos a uma taxa de juros garantida. As altas taxas de juros do início da década de 1980 levaram a altos custos de tomada de empréstimo para as instituições de poupança e empréstimos. Mas, como elas tinham se comprometido a oferecer baixas taxas de juros fixas em seus empréstimos em aberto para a compra de imóveis, a indústria incorreu em grandes perdas.

Nos Estados Unidos, para superar essa situação, as instituições de poupança e empréstimos desenvolveram hipotecas com taxa de juros variável – empréstimos sobre os quais a taxa de juros varia de acordo com as mudanças das condições econômicas. A criação de hipotecas com taxa de juro variável eliminou parte do risco da concessão de empréstimos de longo prazo para a compra de imóveis.

Tecnologia A mais importante mudança tecnológica das décadas de 1980 e 1990 foi o desenvolvimento de comunicação de longa distância e computadores de baixo custo. Essas novas tecnologias tiveram profundos efeitos sobre os produtos financeiros e levaram a uma intensa inovação financeira.

Alguns exemplos de inovação financeira resultante dessas novas tecnologias são a ampla utilização de cartões de crédito e a popularização de contas que recebem juros diários.

O custo da manipulação de dados de transações e do cálculo de juros sobre depósitos ou sobre saldos remanescentes de cartões de crédito era alto demais para que esses produtos financeiros fossem amplamente disponibilizados antes da década de 1980. No entanto, com as tecnologias de hoje, esses produtos são altamente lucrativos para os bancos e amplamente utilizados.

Regulação Grande parte da inovação financeira ocorre para evitar a regulação. Por exemplo, nos Estados Unidos, uma regulação conhecida como Regulation Q impedia os bancos de pagar juros sobre depósitos a vista. A restrição criava um incentivo para que os bancos elaborassem novos tipos de depósitos nos quais fosse possível emitir cheques e pagar juros, contornando, desta maneira, a regulação.

Inovação financeira e moeda

A inovação financeira levou a mudanças na composição da moeda da nação. Depósitos a vista em instituições de poupança e empréstimos, bancos de poupança e cooperativas de crédito passaram a constituir uma porcentagem cada vez maior do M1, ao passo que depósitos a vista em bancos comerciais passaram a constituir uma porcentagem decrescente. A composição do M2 também mudou, à medida que depósitos de poupança diminuíram, ao passo que depósitos a prazo e fundos mútuos do mercado monetário se expandiram.

QUESTÕES PARA REVISÃO

1. Quais são as funções das instituições depositárias?
2. O que é liquidez e como as instituições depositárias a criam?
3. Como as instituições depositárias reduzem o custo da tomada e concessão de empréstimos e do monitoramento dos tomadores de empréstimos?
4. Como as instituições depositárias agregam os riscos?

Agora sabemos o que é a moeda e que a maior parte da moeda de uma nação está depositada em bancos e outras instituições. Nossa próxima tarefa é estudar o Federal Reserve System dos Estados Unidos e as maneiras pelas quais ele pode influenciar a quantidade de moeda.

O Federal Reserve System

O banco central dos Estados Unidos é o **Federal Reserve System** (normalmente chamado de **Fed**). Um **banco central** é um banco dos bancos e uma autoridade pública que regula as instituições depositárias de uma nação e controla a quantidade de moeda. Na qualidade de banco dos bancos, o Fed presta serviços bancários a bancos comerciais como o Citibank. Um banco central não é um banco para cidadãos. Ou seja, o Fed não presta serviços bancários gerais para empresas e cidadãos individuais.

As metas e objetivos do Fed

O Fed conduz a *política monetária* dos Estados Unidos, o que significa que ele ajusta a quantidade de dinheiro em circulação no país. As metas do Fed são manter a inflação sob controle, manter o pleno emprego, controlar o ciclo econômico e contribuir para o crescimento de longo prazo. É impossível atingir plenamente essas metas, e a meta mais modesta do Fed é melhorar o desempenho da economia e se aproximar mais das metas do que conseguiria com uma abordagem sem maiores intervenções. O fato de o Fed conseguir ou não melhorar o desempenho econômico é uma questão sobre a qual as opiniões variam muito.

Buscando atingir suas metas principais, o Fed monitora de perto as taxas de juros, com especial atenção à **taxa do mercado interbancário**, que é a taxa de juros que os bancos cobram uns dos outros sobre os empréstimos de um dia para o outro (*overnight*) das reservas. O Fed estabelece uma meta para a taxa do mercado interbancário compatível com suas metas básicas e promove ações para atingi-la.

Esta seção analisa as ferramentas de política econômica do Fed. Mais adiante, neste capítulo, analisaremos os efeitos de longo prazo das ações do Fed e, no Capítulo 31, veremos o contexto de curto prazo no qual ele conduz a política monetária. Começaremos descrevendo a estrutura do Fed.

A estrutura do Fed

Os principais elementos da estrutura do Federal Reserve System são:

- O conselho de diretores
- Os bancos regionais do Federal Reserve
- A Comissão Federal do Mercado Aberto

O conselho de diretores O Conselho de Diretores tem sete membros, nomeados pelo presidente dos Estados Unidos e confirmados pelo Senado, para um mandato de 14 anos. Os mandatos são escalonados de modo que a cada dois anos fica vaga uma cadeira no conselho. O presidente dos Estados Unidos nomeia um dos membros para presidir o conselho por um período de quatro anos, que é renovável.

Os bancos do Federal Reserve Há 12 bancos do Federal Reserve, um para cada um dos 12 distritos do Federal Reserve mostrados na Figura 25.2. Esses bancos do Federal Reserve prestam serviços de compensação de cheques a bancos comerciais e a outras instituições depositárias, mantêm as contas de reserva dos bancos comerciais, concedem empréstimos das reservas aos bancos e emitem notas bancárias que circulam como moeda.

Um dos bancos distritais, o Federal Reserve Bank de Nova York (conhecido como o Fed de Nova York), ocupa

Figura 25.2 O Federal Reserve System dos Estados Unidos

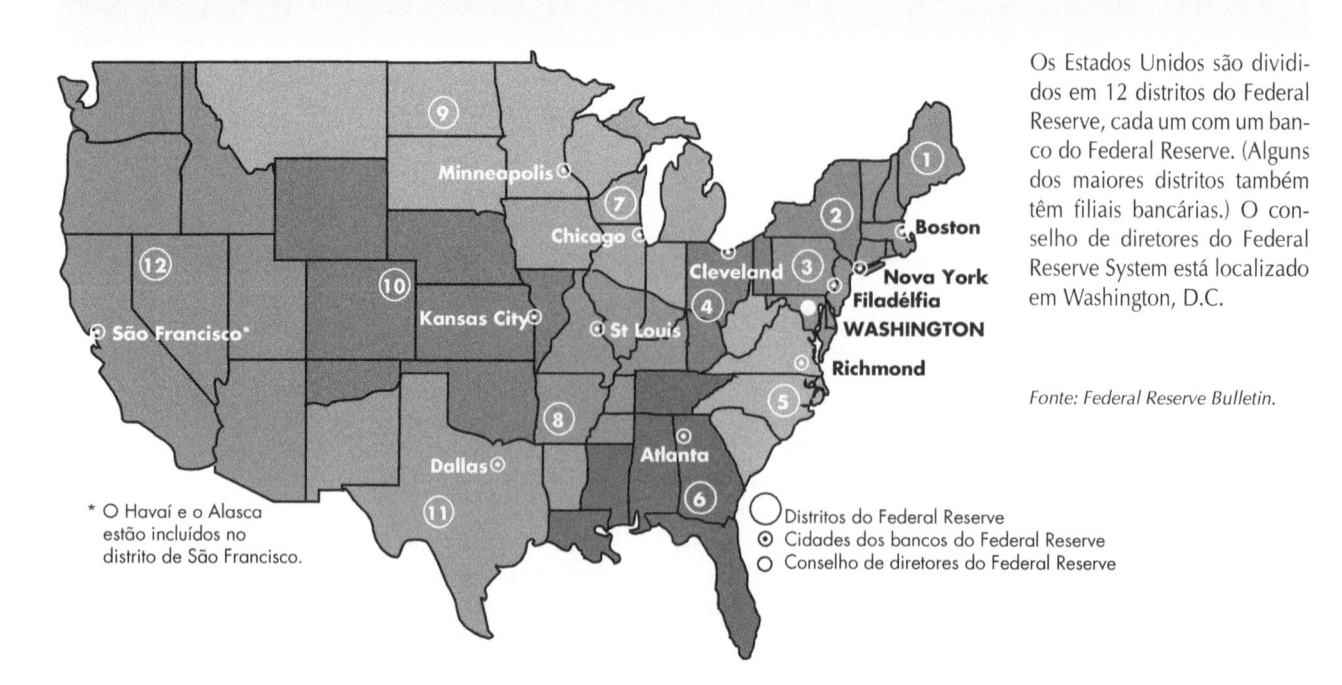

Os Estados Unidos são divididos em 12 distritos do Federal Reserve, cada um com um banco do Federal Reserve. (Alguns dos maiores distritos também têm filiais bancárias.) O conselho de diretores do Federal Reserve System está localizado em Washington, D.C.

Fonte: Federal Reserve Bulletin.

* O Havaí e o Alasca estão incluídos no distrito de São Francisco.

um lugar especial no Federal Reserve System por implementar as decisões de política econômica da Comissão Federal do Mercado Aberto.

A Comissão Federal do Mercado Aberto A **Comissão Federal do Mercado Aberto** (CFMA) é o principal órgão de definição de diretrizes da política monetária nos Estados Unidos. A CFMA é composta pelos seguintes membros com direito a voto:

- O presidente e seis outros membros do conselho de diretores
- O presidente do Federal Reserve Bank de Nova York
- Os presidentes de outros bancos regionais do Federal Reserve (dos quais, de acordo com um sistema rotativo anual, apenas quatro votam)

A CFMA se reúne aproximadamente a cada seis semanas para verificar a situação da economia e decidir as ações a serem realizadas pelo Fed de Nova York.

A central de poder do Fed

Uma descrição da estrutura formal do Fed dá a impressão de que o conselho de diretores é que detém o poder do Fed. Na prática, quem tem a maior influência sobre as ações relativas à política monetária do Fed é o presidente do conselho de diretores, e algumas pessoas notáveis já ocuparam essa posição. Atualmente, o presidente do conselho é Ben Bernanke, um ex-professor de economia da Universidade de Princeton, nomeado pelo presidente George W. Bush em 2006. Os antecessores de Bernanke foram Alan Greenspan (1987-2006) e Paul Volker (1979-1987).

O poder e a influência do presidente do conselho resultam de três fontes. Em primeiro lugar, é o presidente do conselho que controla a pauta e que conduz as reuniões da CFMA. Em segundo lugar, o contato diário com uma grande equipe de economistas e outros especialistas técnicos proporciona ao presidente do conselho relatórios detalhados sobre questões relativas à política monetária. Em terceiro lugar, o presidente do conselho é o porta-voz do Fed e o principal ponto de contato da instituição com o presidente e o governo dos Estados Unidos e com bancos centrais e governos estrangeiros.

As ferramentas de política econômica do Fed

O Federal Reserve System dos Estados Unidos tem várias responsabilidades, mas analisaremos aqui a mais importante: a de controlar a quantidade de moeda nos Estados Unidos. Como o Fed controla a quantidade de moeda? Ele faz isso ajustando as reservas do sistema bancário. Além disso, ao ajustar as reservas do sistema bancário e se prontificar a fazer empréstimos a bancos, o Fed é capaz de impedir falências bancárias. O Fed utiliza três principais ferramentas de política econômica para atingir seus objetivos:

- Taxas de reservas obrigatórias
- Taxa de desconto
- Operações de mercado aberto

Taxas de reservas obrigatórias Todas as instituições depositárias são obrigadas a manter uma porcentagem mínima de depósitos como reservas. Essa porcentagem mínima é conhecida como **taxa de reservas obrigatórias**. O Fed determina uma taxa de reservas obrigatórias para cada tipo de depósito. Em 2006, os bancos foram obrigados a manter reservas mínimas iguais a 3 por cento dos depósitos à vista entre US$ 7,8 milhões e US$ 48,3 milhões e 10 por cento desses depósitos acima de US$ 48,3 milhões. As reservas obrigatórias sobre outros tipos de depósitos são zero.

Taxa de desconto A **taxa de desconto** é a taxa de juros à qual o Fed está pronto para emprestar reservas a instituições depositárias. Uma alteração da taxa de desconto é proposta à CFMA pelo conselho de administração de pelo menos um dos 12 bancos do Federal Reserve e é submetida à aprovação do conselho de diretores.

Operações de mercado aberto Uma **operação de mercado aberto** é a compra ou venda, no mercado aberto, de títulos públicos federais – emitidos pelo Tesouro Norte-Americano – feita pelo Federal Reserve System. Quando o Fed conduz uma operação de mercado aberto, ele faz uma transação com um banco ou alguma outra empresa, mas não com o governo federal.

A Figura 25.3 resume a estrutura e as ferramentas de política econômica do Fed. Para compreendermos o funcionamento dessas ferramentas, precisamos conhecer o balanço patrimonial da instituição.

O balanço patrimonial do Fed

A Tabela 25.2 mostra o balanço patrimonial do Federal Reserve System dos Estados Unidos em junho de 2006. Os ativos à esquerda representam a propriedade do Fed, e os passivos à direita mostram o que ele deve. Os ativos do Fed são:

1. Ouro e moeda estrangeira
2. Títulos públicos dos Estados Unidos
3. Empréstimos a bancos

Ouro e moeda estrangeira são as reservas internacionais do Fed, que consistem em depósitos em outros bancos centrais e uma conta chamada de direitos especiais de saque, mantida pelo Fed no Fundo Monetário Internacional.

Os principais ativos do Fed são os títulos públicos dos Estados Unidos, que são obrigações de curto e longo prazos do Tesouro.

Quando os bancos não têm reservas suficientes, eles podem tomá-las emprestado do Fed. Essas reservas emprestadas são um ativo, 'empréstimos a bancos', no balanço patrimonial do Fed.

Os ativos do Fed são o lastro para seus passivos:

1. notas do Federal Reserve;
2. depósitos bancários.

As notas do Federal Reserve são as notas de dólares utilizadas nas transações diárias nos Estados Unidos. Algumas

Figura 25.3 A estrutura do Fed

Tabela 25.2 O balanço patrimonial do Fed – junho de 2006

Ativos (bilhões de dólares)		Passivos (bilhões de dólares)	
Ouro e moeda estrangeira	13	Notas do Federal Reserve	754
Títulos públicos dos Estados Unidos*	762	Depósitos bancários	21
Empréstimos a bancos	—		—
Total dos ativos	775	Total dos passivos	775

*Inclui outros ativos (líquidos)

Fonte dos dados: Federal Reserve Board.

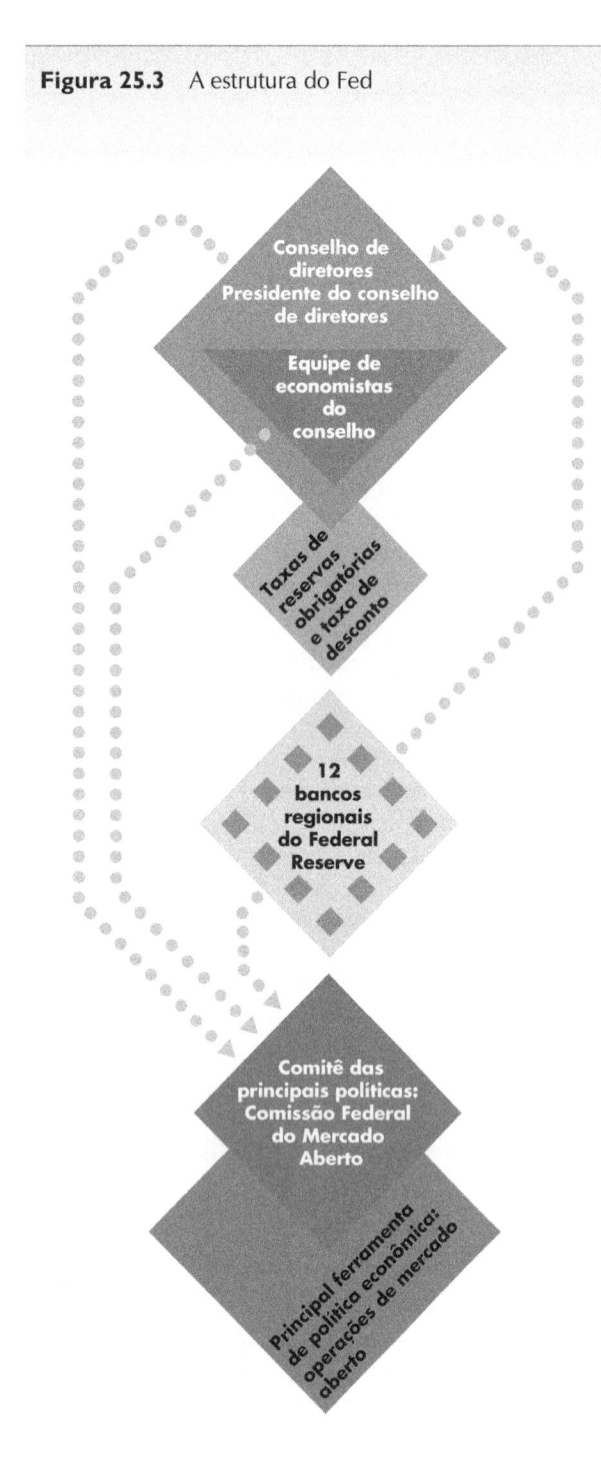

O conselho de diretores define taxas de reservas obrigatórias e, com base na proposta dos 12 bancos do Federal Reserve, define a taxa de desconto. O conselho de diretores e os presidentes dos bancos regionais do Federal Reserve se reúnem na CFMA para definir as operações de mercado aberto.

dessas notas são mantidas pelo público, enquanto outras estão nos caixas ou cofres dos bancos e de outras instituições financeiras. Os depósitos bancários fazem parte das reservas dos bancos.

Você pode estar se perguntando por que as notas do Federal Reserve são consideradas um passivo. Quando as notas bancárias foram inventadas, elas concediam ao proprietário um direito sobre as reservas de ouro do banco emissor. Essas notas eram a *moeda-papel conversível*, e o detentor de uma nota como essas poderia convertê-la em ouro (ou alguma outra mercadoria, como prata) a um preço garantido quando fosse solicitado. Desta maneira, quando um banco emitia uma nota, ele se tornava obrigado a convertê-la em ouro ou prata. As notas bancárias modernas não são conversíveis. Uma *nota não conversível* é uma nota bancária que não pode ser convertida em nenhuma mercadoria, cujo valor é obtido por meio uma ordem do governo; ela é chamada de 'moeda fiduciária'. Essas notas representam o passivo legal do banco que as emite e são garantidas por títulos e empréstimos. As notas do Federal Reserve são garantidas pelos títulos públicos dos Estados Unidos.

Os passivos do Fed, em conjunto com as moedas metálicas em circulação (moedas metálicas são emitidas pelo Tesouro e não representam passivos do Fed), compõem a base monetária. Em outras palavras, a **base monetária** é a soma das notas e moedas metálicas do Federal Reserve e dos depósitos dos bancos no Fed. A base monetária recebe esse nome por atuar como uma base que sustenta a moeda de uma nação. Quando a base monetária muda, o mesmo acontece com a quantidade de moeda, como veremos adiante.

QUESTÕES PARA REVISÃO

1. O que é o banco central dos Estados Unidos e quais funções ele desempenha?
2. Quem nomeia o presidente e os membros do conselho do Fed e qual é a duração de seus mandatos?
3. Quais são as ferramentas de política econômica do Fed?
4. O que é a Comissão Federal do Mercado Aberto e quais são suas principais funções?

Em seguida, veremos como o sistema bancário dos Estados Unidos – os bancos e o Fed – criam moeda.

Como os bancos criam moeda

Os bancos criam moeda, mas isso não significa que eles têm salas secretas e enfumaçadas de cigarro nas quais falsificadores trabalham. Lembre-se de que grande parte da moeda existe sob a forma de depósitos, não de moeda em circulação. O que os bancos criam são depósitos, e eles fazem isso concedendo empréstimos.

Criação de depósitos por meio da concessão de empréstimos

A maneira mais fácil de verificar que os bancos criam depósitos é pensar no que acontece quando Andy, que tem um cartão de crédito Visa emitido pelo Citibank, utiliza seu cartão para pagar por um tanque de gasolina em um posto da Chevron. Quando Andy assina a nota do cartão de crédito, ele toma um empréstimo do Citibank e se obriga a pagar a dívida em uma data posterior. No fim do dia, um funcionário do posto da Chevron leva uma pilha de notas de cartão de crédito assinadas, incluindo a de Andy, para o banco no qual a Chevron tem conta. Por enquanto, vamos presumir que a Chevron também trabalhe com o Citibank. O banco imediatamente credita na conta da Chevron o valor das notas (menos a comissão do próprio banco).

Podemos ver que essas transações criaram um depósito bancário e um empréstimo. Andy aumentou o volume de seu empréstimo (o valor do extrato de seu cartão de crédito), e a Chevron aumentou o volume de seu depósito bancário. Como os depósitos são moeda, o Citibank criou moeda.

Como acabamos de presumir, se Andy e a Chevron utilizam o mesmo banco, não ocorrem transações adicionais. Mas o resultado é essencialmente o mesmo quando dois bancos estão envolvidos. Se o banco da Chevron é o Bank of America, o Citibank utiliza suas reservas para pagar o Bank of America. O Citibank tem um aumento de empréstimos e uma redução de reservas; o Bank of America tem um aumento de reservas e de depósitos. O sistema bancário como um todo apresenta um aumento de empréstimos e depósitos e nenhuma alteração das reservas.

Se Andy tivesse passado seu cartão de débito, todas essas transações teriam ocorrido no momento em que ele encheu o tanque, e a quantidade de moeda teria aumentado na quantia de sua compra (menos a comissão do banco pela condução das transações).

Três fatores limitam a quantidade de depósitos que o sistema bancário pode criar:

- A base monetária
- Reservas desejadas
- Quantidade desejada de moeda em circulação

A base monetária Vimos que a *base monetária* é a soma das notas e moedas metálicas do Federal Reserve e dos depósitos de bancos no Fed. O tamanho da base monetária limita a quantidade total de moeda que o sistema bancário pode criar, porque os bancos têm um nível desejado de reservas, os indivíduos e as empresas têm um nível desejado de moeda em circulação, e esses dois níveis desejados da base monetária dependem da quantidade de moeda.

Reservas desejadas As **reservas** *reais* de um banco consistem nas notas e moedas metálicas nos cofres de um banco mais seus depósitos no banco central. Um banco utiliza suas reservas para atender à demanda dos depositantes por moeda e para fazer pagamentos a outros bancos.

Também vimos que os bancos não têm $ 100 de reservas para cada $ 100 que as pessoas depositaram neles. Se os bancos se comportassem dessa maneira, eles não teriam nenhum lucro.

Hoje em dia, os bancos mantêm reservas de $ 3 para cada $ 100 de depósitos M1 e $ 0,60 para cada $ 100 de depósitos M2. A maior parte dessas reservas é formada por moeda. Vimos na seção anterior que as reservas na forma de depósitos no banco central são mínimas. Mas não há razão para entrar em pânico. Esses níveis de reserva são adequados para as necessidades comuns dos negócios.

A parcela dos depósitos totais de um banco que é mantida como reserva é chamada de **coeficiente de reservas**. Assim, com reservas de $ 3 para cada $ 100 de depósitos M1, o coeficiente de reservas M1 é de 0,03, ou 3 por cento, e, com reservas de $ 0,60 para cada $ 100 de depósitos M2, o coeficiente de reservas M2 é de 0,006, ou 0,6 por cento.

As reservas desejadas de um banco são aquelas que ele deseja manter. Os bancos são obrigados a manter um nível de reservas que não seja menor do que uma porcentagem especificada dos depósitos totais. Essa porcentagem é a *taxa de reservas obrigatórias*.

O **coeficiente de reservas desejado** é a razão entre reservas e depósitos que um banco deseja manter. Essa razão excede a taxa de reservas obrigatórias em uma quantia que os bancos definem como prudente com base em seus requisitos de negócios diários.

O coeficiente de reservas de um banco muda quando seus clientes fazem um depósito ou um saque. Se o cliente de um banco faz um depósito, as reservas e os depósitos aumentam na mesma quantia, de modo que o coeficiente de reservas do banco aumenta. De maneira similar, se o cliente de um banco faz um saque, as reservas e os depósitos diminuem na mesma quantia, de modo que o coeficiente de reservas do banco diminui.

As **reservas excedentes** de um banco são suas reservas reais menos suas reservas desejadas. Sempre que o sistema bancário como um todo tem reservas excedentes, os bancos são capazes de criar moeda. Os bancos aumentam seus empréstimos e depósitos quando têm reservas excedentes, e diminuem seus empréstimos e depósitos quando têm reservas insuficientes – quando as reservas desejadas excedem as reservas reais.

No entanto, quanto maior é o coeficiente de reservas desejado, menor é a quantidade de depósitos e moeda que o sistema bancário pode criar a partir de determinada quantia de base monetária.

Quantidade desejada de moeda em circulação Mantemos nosso dinheiro na forma de moeda em circulação e de depósitos bancários. A proporção de moeda mantida como moeda em circulação não é constante, mas, em qualquer determinado momento, as pessoas têm uma visão definida de quanto desejam manter em cada forma de moeda.

Em 2006, para cada dólar de depósitos M1, os norte-americanos mantinham US$ 1,20 de moeda em circulação e, para cada dólar de depósitos M2, eles mantinham US$ 0,12 de moeda em circulação.

Como indivíduos e empresas desejam manter alguma proporção de seu dinheiro na forma de moeda em circulação, quando a quantidade total de depósitos bancários aumenta, o mesmo acontece com a quantidade de moeda em circulação que eles desejam manter. Como a quantidade desejada de moeda em circulação aumenta quando os depósitos aumentam, a moeda em circulação sai dos bancos quando são feitos empréstimos e os depósitos aumentam. Chamamos o escoamento de moeda em circulação do sistema bancário de *drenagem da moeda em circulação*. Chamamos a razão entre a moeda em circulação e os depósitos de **coeficiente de drenagem da moeda** em circulação.

Quanto maior é o coeficiente de drenagem da moeda em circulação, menor é a quantidade de depósitos e moeda que o sistema bancário pode criar a partir de determinada quantia de base monetária.

O processo de criação de moeda

O processo de criação de moeda tem início quando a base monetária aumenta e o sistema bancário tem reservas excedentes. Essas reservas excedentes resultam da compra de títulos de um banco por parte do Fed. (O Capítulo 31 explica exatamente como o Fed conduz essa compra, chamada de operação de mercado aberto.)

Quando o Fed compra títulos de um banco, as reservas desse banco aumentam, mas seus depósitos não se alteram. Deste modo, o banco tem reservas excedentes, que ele concede como empréstimos. Isso desencadeia uma seqüência de eventos.

Essa seqüência, que continua a se repetir até que todas as reservas sejam desejadas e nenhuma reserva excedente seja mantida, tem nove passos. São eles:

1. Os bancos têm reservas excedentes.
2. Os bancos emprestam as reservas excedentes.
3. Os depósitos do banco aumentam.
4. A quantidade de moeda aumenta.
5. É utilizada nova moeda para fazer pagamentos.
6. Parte da nova moeda permanece depositada.
7. Parte da nova moeda compõe uma *drenagem da moeda em circulação*.
8. As reservas desejadas aumentam porque os depósitos aumentaram.
9. As reservas excedentes diminuem, mas continuam positivas.

A seqüência se repete em uma série de rodadas, mas cada nova rodada tem início com uma quantidade menor de reservas excedentes do que a rodada anterior. O processo continua até as reservas excedentes finalmente serem eliminadas. A Figura 25.4 ilustra esse processo.

Para tornarmos o processo de criação da moeda mais concreto, vamos analisar um exemplo de um sistema bancário no qual cada banco tenha um coeficiente de reservas desejado de 10 por cento e o coeficiente de drenagem da moeda em circulação seja de 50 por cento, ou 0,5. (Apesar de esses coeficientes serem maiores do que os da economia norte-americana, eles fazem com que o processo termine mais rapidamente e nos permitem ver com mais clareza os princípios em ação.)

A Figura 25.5 acompanhará os números. O processo tem início quando todos os bancos têm reservas excedentes zero, com exceção de um banco, que tem reservas excedentes de $ 100 mil. Quando o banco concede um empréstimo de $ 100 mil de reservas excedentes, $ 33.333 são drenados e mantidos fora dos bancos como moeda em circulação. Os outros $ 66.667 permanecem nos bancos como depósitos. A quantidade de moeda agora aumentou em $ 100 mil – o aumento de depósitos mais o aumento da quantidade de moeda em circulação.

Os depósitos bancários maiores de $ 66.667 geram um aumento das reservas desejadas de 10 por cento dessa quantia, o que equivale a $ 6.667. As reservas reais aumentaram na mesma quantia que o aumento dos depósitos: $ 66.667. Assim, os bancos agora têm reservas excedentes de $ 60 mil. Nesse estágio, percorremos uma vez o ciclo mostrado na Figura 25.4. O processo que acabamos de descrever se repete, mas desta vez tem início com reservas excedentes de $ 60 mil. A Figura 25.5 mostra as duas rodadas seguintes. Ao final do processo, a quantidade de moeda aumentou em um múltiplo do aumento da base monetária. Neste caso, o aumento é de $ 250 mil, o que equivale a 2,5 vezes o aumento da base monetária.

O multiplicador monetário

A seqüência apresentada na Figura 25.5 mostra os quatro primeiros estágios do processo que finalmente atinge os totais mostrados na linha final do cálculo. Para entender o processo todo, observe atentamente os números apresentados na figura. O aumento inicial das reservas é de $ 100 mil (valor que chamaremos de A). A cada estágio, o empréstimo é de 60 por cento (0,6) do empréstimo anterior e a quantidade de moeda aumenta em 0,6 do aumento anterior. Chamaremos essa proporção de L ($L = 0,6$). Podemos descrever a seqüência inteira do aumento da quantidade de moeda como:

$$A + AL + AL^2 + AL^3 + AL^4 + AL^5 + ...$$

Lembre-se de que L é uma fração, de modo que, a cada estágio dessa seqüência, a quantidade de novos empréstimos e nova moeda diminui. O valor total de empréstimos concedidos e de moeda criada ao final do processo é a soma da seqüência, que é:[1]

$$A/(1 - L).$$

Figura 25.4 Como o sistema bancário cria moeda concedendo empréstimos

O banco central aumenta a base monetária, o que, por sua vez, aumenta as reservas bancárias e cria reservas excedentes. Os bancos emprestam as reservas excedentes, são criados novos depósitos, e a quantidade de moeda aumenta. São utilizados novos depósitos para fazer pagamentos. Parte da nova moeda permanece depositada nos bancos e parte sai dos bancos em uma drenagem da moeda em circulação. O aumento dos depósitos bancários aumenta as reservas desejadas dos bancos. No entanto, os bancos ainda têm reservas excedentes, apesar de em menor quantidade do que antes. O processo se repete até as reservas excedentes serem eliminadas.

Se utilizamos os números do exemplo, o aumento total da quantidade de moeda é:

$\$ 100.000 + 60.000 + 36.000 + ...$
$= \$ 100.000 (1 + 0,6 + 0,36 + ...)$
$= \$ 100.000 (1 + 0,6 + 0,6^2 + ...)$
$= \$ 100.000 \times 1/(1 - 0,6)$
$= \$ 100.000 \times 1/(0,4)$
$= \$ 100.000 \times 2,5$
$= \$ 250.000.$

O **multiplicador monetário** é a razão entre a variação da quantidade de moeda e a variação da base monetária. No caso, a base monetária aumentou $\$ 100$ mil e a quantidade de moeda aumentou $\$ 250$ mil, portanto o multiplicador monetário é de 2,5.

A magnitude do multiplicador monetário depende do coeficiente de reservas desejado e do coeficiente de drenagem da moeda em circulação. Chamaremos a base monetária de BM e a quantidade de moeda de M. Quando não há reservas excedentes,

BM = Quantidade desejada de moeda em circulação + Reservas desejadas

Além disso,

M = Depósitos + Quantidade desejada de moeda em circulação.

Chamamos o coeficiente de drenagem da moeda em circulação de a e o coeficiente de reservas desejado de b. Então,

Quantidade desejada de moeda em circulação = $a \times$ Depósitos

Reservas desejadas = $b \times$ Depósitos
$BM = (a + b) \times$ Depósitos
$M = (1 + a) \times$ Depósitos.

---

[1] A seqüência de valores é chamada de série geométrica convergente. Para calcularmos a soma de uma série como essa, começamos chamando a soma de S. Depois, descrevemos a soma como:
$S = A + AL + AL^2 + AL^3 + AL^4 + AL^5 + ...$
Multiplicamos por L para obter:
$LS = AL + AL^2 + AL^3 + AL^4 + AL^5 + ...$
e depois subtraímos a segunda equação da primeira para obter:
$S(1 - L) = A$ ou $S = A/(1 - L).$

Figura 25.5 O processo de criação de moeda: um exemplo

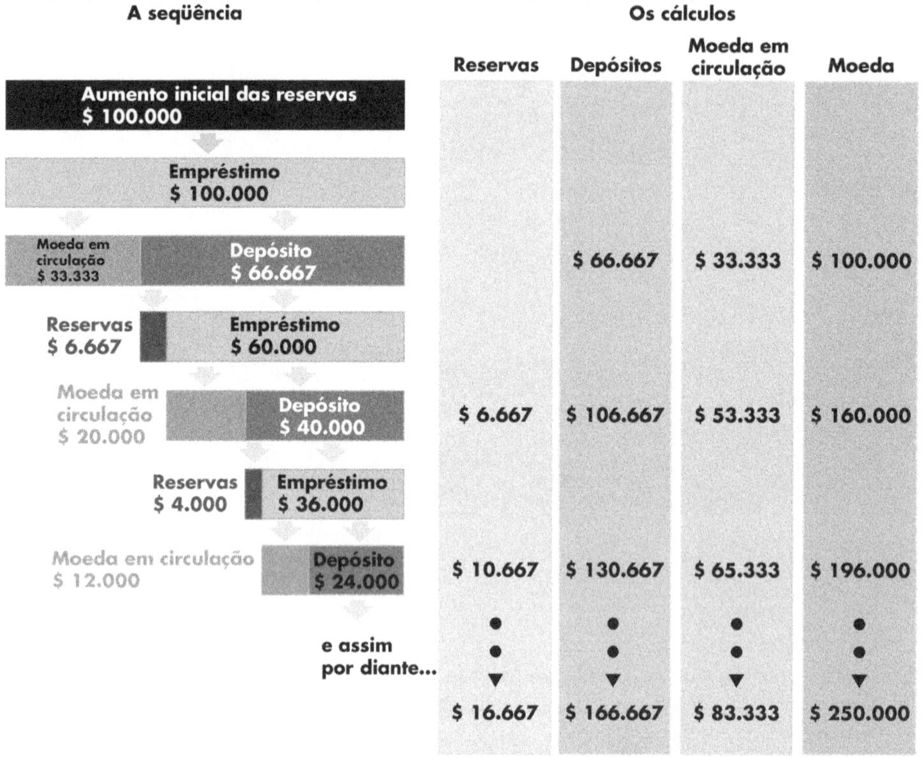

A seqüência	Reservas	Depósitos	Moeda em circulação	Moeda
Aumento inicial das reservas $ 100.000				
Empréstimo $ 100.000				
Moeda em circulação $ 33.333 / Depósito $ 66.667		$ 66.667	$ 33.333	$ 100.000
Reservas $ 6.667 / Empréstimo $ 60.000				
Moeda em circulação $ 20.000 / Depósito $ 40.000	$ 6.667	$ 106.667	$ 53.333	$ 160.000
Reservas $ 4.000 / Empréstimo $ 36.000				
Moeda em circulação $ 12.000 / Depósito $ 24.000	$ 10.667	$ 130.667	$ 65.333	$ 196.000
e assim por diante...	▼	▼	▼	▼
	$ 16.667	$ 166.667	$ 83.333	$ 250.000

Quando o banco central proporciona aos bancos $ 100 mil em reservas adicionais, os bancos concedem essas reservas como empréstimos. Da quantia concedida como empréstimo, $ 33.333 (50 por cento dos depósitos) saem dos bancos em uma drenagem da moeda e $ 66.667 permanecem na forma de depósitos. Com depósitos adicionais, as reservas desejadas aumentam $ 6.667 (10 por cento do coeficiente de reservas desejado) e os bancos concedem $ 60 mil como empréstimos. Dessa quantia, $ 20 mil saem dos bancos em uma drenagem da moeda e $ 40 mil permanecem na forma de depósito. O processo se repete até os bancos criarem depósitos suficientes para eliminar suas reservas excedentes. Um adicional de $ 100 mil de reservas cria $ 250 mil de moeda.

Chamamos a variação da base monetária de ΔBM e a variação da quantidade de moeda de ΔM. Então,

$\Delta BM = (a + b) \times$ Variação dos depósitos
$\Delta M = (1 + a) \times$ Variação dos depósitos.

Dividimos a equação para o cálculo de ΔM pela equação para o cálculo de ΔBM e vemos que o multiplicador monetário, que é a razão entre ΔM e ΔBM, é

Multiplicador monetário = $(1 + a)/(a + b)$.

Se utilizamos os valores do exemplo resumidos na Figura 25.5, $a = 0,5$ e $b = 0,1$,

Multiplicador monetário = $(1 + 0,5)/(0,5 + 0,1)$.
= $1,5/0,6 = 2,5$.

O multiplicador monetário dos Estados Unidos

O multiplicador monetário nos Estados Unidos pode ser calculado utilizando-se a fórmula acima com os valores de a e b da economia norte-americana.

Como há duas definições de moedas, M1 e M2, temos dois multiplicadores monetários. Os dados para M1 em 2006 são $a = 1,20$ e $b = 0,03$. Desta maneira:

Multiplicador de M1 = $(1 + 1,20)/(1,20 + 0,03)$
= $2,20/1,23 = 1,8$.

Para M2 em 2006, $a = 0,12$ e $b = 0,006$, assim:

Multiplicador de M2 = $(1 + 0,12)/(0,12 + 0,006)$
= $1,12/0,126 = 8,9$.

QUESTÕES PARA REVISÃO

1 Como o sistema bancário cria moeda?
2 O que limita a quantidade de moeda que o sistema bancário pode criar?
3 O gerente de um banco lhe diz que não cria dinheiro. Ele simplesmente empresta o dinheiro que as pessoas depositam. Explique por que ele está errado.
4 Se as pessoas decidirem manter menos moeda em circulação e mais depósitos, como a quantidade de moeda mudará?

Agora sabemos como a moeda é criada. Nossa próxima tarefa é estudar a demanda e a oferta no 'mercado' monetário e o equilíbrio do mercado monetário.

O mercado monetário

Não há limites para a quantidade de dinheiro que gostaríamos de *receber* em pagamento por nosso trabalho ou como juros pela nossa poupança. Mas *existe* um limite para o tamanho de um estoque de dinheiro – o dinheiro em nossa carteira ou em uma conta de depósito no banco – que gostaríamos de *manter* e não gastar nem utilizar para comprar ativos que geram renda. A *quantidade demandada de moeda* é o estoque de dinheiro que as pessoas planejam manter. A quantidade de moeda mantida deve ser igual à quantidade ofertada, e as forças que ocasionam essa igualdade no mercado monetário exercem poderosos efeitos sobre a economia, como veremos no restante deste capítulo.

No entanto, primeiro, precisamos explicar o que determina a quantidade de moeda que as pessoas planejam manter.

As influências sobre a decisão de manter moeda

A quantidade de moeda que as pessoas planejam manter depende de quatro principais fatores:

- O nível de preços
- A taxa de juros nominal
- O PIB real
- A inovação financeira

O nível de preços A quantidade de moeda mensurada em unidades monetárias é a *moeda nominal*. A quantidade demandada de moeda nominal é proporcional ao nível de preços, com todos os outros fatores mantidos constantes. Se o nível de preços aumenta 10 por cento, as pessoas mantêm 10 por cento mais moeda nominal do que antes, com todos os outros fatores mantidos constantes. Se você mantiver $ 20 para comprar seus filmes e refrigerantes semanais, aumentará a quantidade de moeda que mantém para $ 22 se os preços dos filmes e dos refrigerantes – e seu salário – aumentarem 10 por cento.

A quantidade de moeda medida em unidades monetárias constantes (por exemplo, em dólares de 2000) é a *moeda real*. A moeda real é igual à moeda nominal dividida pelo nível de preços e é a quantidade de moeda medida em termos do que comprará. No exemplo anterior, quando o nível de preços aumenta em 10 por cento e você aumenta em 10 por cento a quantidade de moeda que mantém, a quantidade de moeda *real* mantida é constante. Seus $ 22 com o novo nível de preços compram a mesma quantidade de bens e representam a mesma quantidade de *moeda* real que seus $ 20 no nível de preços original. A quantidade demandada de moeda real independe do nível de preços.

A taxa de juros nominal Um princípio fundamental da economia é que, à medida que o custo de oportunidade de algo aumenta, as pessoas tentam encontrar substitutos para ele. O mesmo se aplica à moeda. Quanto maior for o custo de oportunidade de manter a moeda, se todos os outros fatores forem mantidos constantes, menor será a quantidade demandada de moeda real. A taxa de juros nominal sobre outros ativos menos a taxa de juros nominal sobre a moeda é o custo de oportunidade de manter a moeda.

A taxa de juros que você ganha sobre a moeda em circulação e os depósitos à vista é zero. Assim, o custo de oportunidade de manter esses itens é a taxa de juros nominal sobre outros ativos como títulos do Tesouro. Se, em vez disso, você optar por manter a moeda, abdica dos juros que teria recebido.

A moeda perde valor devido à inflação. Então, por que a taxa de inflação não é computada como parte do custo de manter a moeda? Ela é. Se todos os outros fatores forem mantidos constantes, quanto maior for a taxa de inflação esperada, maior será a taxa de juros nominal.

PIB real A quantidade de moeda que indivíduos e empresas planejam manter depende da quantia que eles estão gastando, e a quantidade demandada de moeda na economia como um todo depende dos gastos agregados – o PIB real.

Mais uma vez, suponha que você mantenha uma média de $ 20 para financiar suas compras semanais de filmes e refrigerantes. Agora, imagine que os preços desses e de todos os outros bens permaneçam constantes, mas que sua renda aumente. Como conseqüência, agora você gasta mais e também mantém uma quantia maior de moeda à mão para financiar seu volume maior de gastos.

Inovação financeira A mudança tecnológica e a criação de novos produtos financeiros alteram a quantidade de moeda mantida. As inovações financeiras incluem:

1. Depósitos à vista de juros diários
2. Transferências automáticas entre depósitos à vista e poupança
3. Caixas automáticos de bancos
4. Cartões de crédito e cartões de débito
5. Serviços bancários e pagamento de contas pela Internet

Essas inovações foram elaboradas em virtude do desenvolvimento de um maior poder de computação que reduziu o custo de cálculos e do gerenciamento de dados.

Resumimos os efeitos das influências sobre a quantidade desejada de moeda utilizando uma curva de demanda por moeda.

A demanda por moeda

A **demanda por moeda** é a relação entre a quantidade demandada de moeda real e a taxa de juros nominal quando todas as outras influências sobre a quantidade de moeda que as pessoas desejam manter permanecem constantes.

A Figura 25.6 mostra a curva de demanda por moeda, *DM*. Quando a taxa de juros aumenta, se todos os outros fatores permanecem iguais, o custo de oportunidade de manter a moeda aumenta e a quantidade demandada de moeda real diminui – há um movimento para cima ao longo da curva de demanda por moeda. De modo similar, quando a taxa de juros diminui, o custo de oportunidade de manter a moeda diminui, e a quantidade demandada de moeda real aumenta – há um movimento para baixo ao longo da curva de demanda por moeda.

Com a alteração de qualquer influência sobre a quantidade mantida de moeda que não seja a taxa de juros, há uma mudança na demanda por moeda, e a curva de demanda por moeda se desloca. Vamos analisar esses deslocamentos.

Figura 25.6 A demanda por moeda

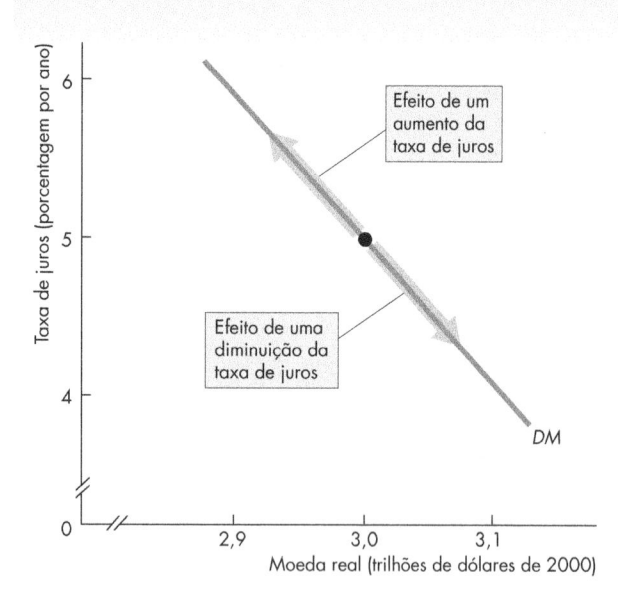

A curva de demanda por moeda, *DM*, mostra a relação entre a quantidade de moeda real que as pessoas planejam manter e a taxa de juros, com todos os outros fatores mantidos constantes. A taxa de juros é o custo de oportunidade de manter a moeda. Uma variação da taxa de juros leva a um movimento ao longo da curva de demanda por moeda.

Deslocamentos da curva de demanda por moeda

Uma variação do PIB real ou inovações financeiras alteram a demanda por moeda e deslocam a curva de demanda por moeda real.

A Figura 25.7 ilustra a variação da demanda por moeda. Uma diminuição do PIB real diminui a demanda por moeda e desloca a curva de demanda para a esquerda, de DM_0 para DM_1. Um aumento do PIB real tem o efeito oposto: ele aumenta a demanda por moeda e desloca a curva de demanda para a direita, de DM_0 para DM_2.

A influência da inovação financeira sobre a curva de demanda por moeda é mais complexa. Ela diminui a demanda por moeda em circulação e pode aumentar a demanda por alguns tipos de depósitos e diminuir a demanda por outros. No entanto, em geral, a inovação financeira diminui a demanda por moeda.

Vamos analisar os efeitos das mudanças do PIB real e da inovação financeira estudando a demanda por moeda nos Estados Unidos.

A demanda por moeda nos Estados Unidos

A Figura 25.8 mostra a relação entre a taxa de juros e a quantidade demandada de moeda real nos Estados Unidos de 1970 a 2005. Cada ponto mostra a taxa de juros e a moeda real mantida em determinado ano. Em 1970,

Figura 25.7 Variações da demanda por moeda

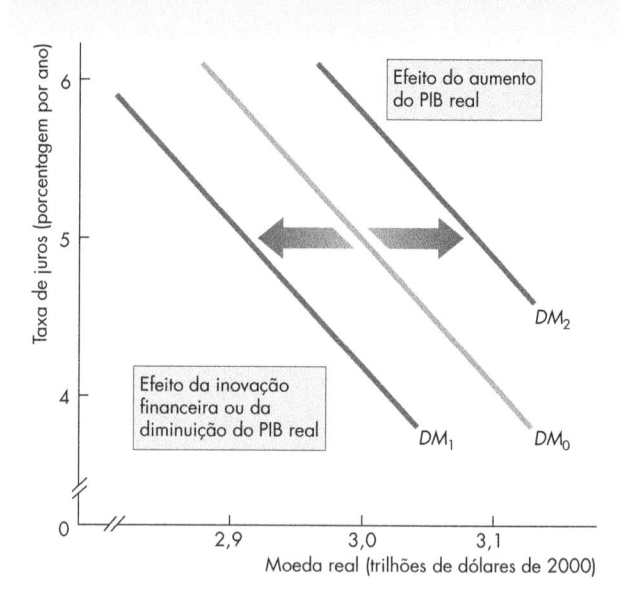

Uma diminuição do PIB real diminui a demanda por moeda. A curva de demanda se desloca para a esquerda, de DM_0 para DM_1. Um aumento do PIB real aumenta a demanda por moeda. A curva de demanda se desloca para a direita, de DM_0 para DM_2. A inovação financeira geralmente diminui a demanda por moeda.

a curva de demanda por M1, na parte (a), era DM_0. No início da década de 1970, a popularização de cartões de crédito diminuiu a demanda por M1 (moeda em circulação e depósitos à vista) e deslocou a curva de demanda por M1 para a esquerda, para DM_1. No entanto, ao longo dos anos, o crescimento do PIB real aumentou a demanda por M1 e, em 1994, a curva de demanda por M1 tinha se deslocado para a direita, para DM_2. Um aumento contínuo da utilização de cartões de crédito e a disseminação de caixas eletrônicos diminuíram a demanda por M1 e, durante as décadas de 1990 e 2000, mais uma vez deslocaram a curva de demanda para a esquerda, para DM_3.

Em 1970, a curva de demanda por M2, na parte (b), era DM_0. Novos depósitos que rendem juros aumentaram a demanda por M2 de 1970 até 1989 e deslocaram a curva de demanda para a direita, para DM_1. No entanto, entre 1989 e 1994, foram lançadas inovações de produtos financeiros que concorrem com depósitos de todos os tipos e a demanda por M2 diminuiu. A curva de demanda por M2 se deslocou para a esquerda, para DM_2. Depois de 1994, a economia em expansão resultou em um PIB real crescente e a demanda por M2 aumentou. Em 2005, a curva de demanda por M2 era DM_3.

Sabemos agora o que determina a demanda por moeda. E vimos como o sistema bancário cria moeda. Vamos examinar, então, como o mercado monetário atinge o equilíbrio no curto e no longo prazo.

Figura 25.8 A demanda por moeda nos Estados Unidos

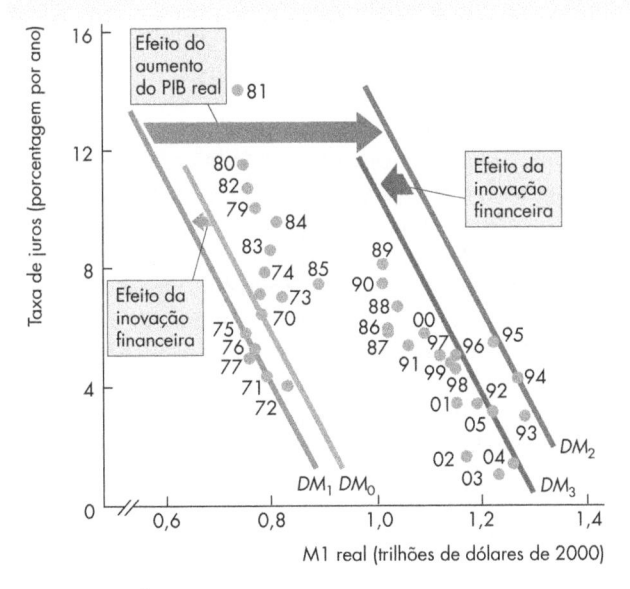

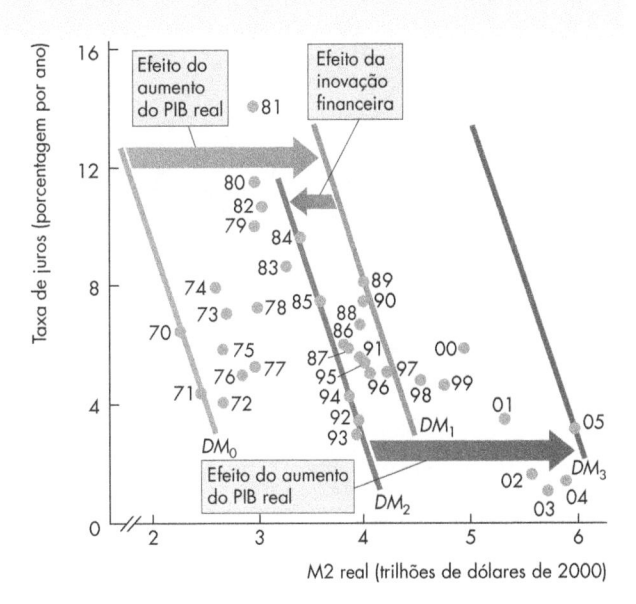

(a) Demanda por M1

(b) Demanda por M2

Os pontos mostram a quantidade de moeda real e a taxa de juros em cada ano entre 1970 e 2005. Em 1970, a curva de demanda por M1 era DM_0, na parte (a). A demanda por M1 diminuiu no início da década de 1970 em virtude da inovação financeira, e a curva de demanda se deslocou para a esquerda, para DM_1. No entanto, o crescimento do PIB real aumentou a demanda por M1 e, em 1994, a curva de demanda tinha se deslocado para a direita, para DM_2. Mais inovações financeiras diminuíram a demanda por M1 durante as décadas de 1990 e 2000 e deslocaram mais uma vez a curva de demanda para a esquerda, para DM_3.

Em 1970, a curva de demanda por M2, na parte (b), era DM_0. O crescimento do PIB real aumentou a demanda por M2 e, em 1989, a curva de demanda tinha se deslocado para a direita, para DM_1. No início da década de 1990, novos substitutos para M2 diminuíram a demanda por M2, e a curva de demanda se deslocou para a esquerda, para DM_2. Entretanto, no final da década de 1990, um rápido crescimento do PIB real aumentou a demanda por M2. Em 2005, a curva de demanda tinha se deslocado para a direita, para DM_3.

Fonte dos dados: Bureau of Economic Analysis e Federal Reserve Board.

Equilíbrio do mercado monetário

O equilíbrio do mercado monetário ocorre quando a quantidade demandada de moeda é igual à quantidade ofertada de moeda. Os ajustes que ocorrem para levar ao equilíbrio do mercado monetário são fundamentalmente diferentes no curto e no longo prazo. Por enquanto, vamos nos concentrar na análise do longo prazo. (Exploraremos as questões do curto prazo nos capítulos 27-31.) No entanto, antes, precisamos entender um pouco do curto prazo para saber como o equilíbrio de longo prazo é obtido.

Equilíbrio de curto prazo A quantidade ofertada de moeda é determinada pelas ações dos bancos e do banco central. Todos os dias, o banco central ajusta a quantidade de moeda para atingir sua meta de taxa de juros. Na Figura 25.9, com a curva de demanda por moeda DM, se o banco central quer que a taxa de juros seja 5 por cento, ele ajusta a quantidade de moeda de maneira que a quantidade ofertada de moeda real seja $ 3,0 trilhões e a curva de oferta de moeda seja SM.

A taxa de juros de equilíbrio é 5 por cento. Se a taxa de juros fosse 6 por cento, as pessoas desejariam manter menos moeda do que a quantidade existente. Elas comprariam títulos públicos, provocariam um aumento do preço deles e reduziriam a taxa de juros. Se a taxa de juros fosse 4 por cento, as pessoas desejariam manter mais moeda do que a quantidade existente. Elas venderiam títulos públicos, reduziriam o preço deles e aumentariam a taxa de juros.

Equilíbrio de longo prazo No longo prazo, a oferta e a demanda do mercado de fundos disponíveis para empréstimos determinam a taxa de juros. A taxa de juros nominal é igual à taxa de juros real de equilíbrio mais a taxa de inflação esperada. O PIB real, que influencia a demanda por moeda, é igual ao PIB potencial. Assim, a única variável restante a ser ajustada no longo prazo é o nível de preços. Este se ajusta para fazer com que a quantidade ofertada de moeda real seja igual à quantidade demandada. Se o banco central alterar a quantidade nominal de moeda, o nível de preços mudará (no longo prazo) na mesma porcentagem que a variação percentual da quantidade de moeda nominal. No longo prazo, a variação do nível de preços é proporcional à variação da quantidade de moeda.

Figura 25.9 Equilíbrio do mercado monetário

O equilíbrio do mercado monetário ocorre quando a quantidade demandada de moeda é igual à quantidade ofertada.

Curto prazo: no curto prazo, a quantidade de moeda real e o PIB real são dados e a taxa de juros se ajusta para atingir o equilíbrio, no caso, de 5 por cento ao ano.

Longo prazo: no longo prazo, a oferta e a demanda do mercado de fundos disponíveis para empréstimos determinam a taxa de juros, o PIB real é igual ao PIB potencial, e o nível de preços se ajusta para que a quantidade ofertada de moeda seja igual à quantidade demandada, no caso, $ 3 trilhões.

QUESTÕES PARA REVISÃO

1. Quais são as principais influências sobre a quantidade de moeda real que as pessoas e as empresas planejam manter?
2. Como uma variação da taxa de juros nominal altera a quantidade demandada de moeda e como você demonstraria esse efeito utilizando a curva de demanda por moeda?
3. Como uma variação do PIB real altera a demanda por moeda e como você demonstraria esse efeito utilizando a curva de demanda por moeda?
4. Como a inovação financeira alterou a demanda por M1 e a demanda por M2?
5. Como o equilíbrio do mercado monetário é determinado no curto e no longo prazo?

Exploraremos a seguir a relação de longo prazo entre a moeda e o nível de preços um pouco mais profundamente.

A teoria quantitativa da moeda

No longo prazo, o nível de preços se ajusta para fazer com que a quantidade demandada de moeda real seja igual à quantidade ofertada. Uma teoria especial da inflação e do nível de preços – a teoria quantitativa da moeda – explica esse ajuste de longo prazo do nível de preços.

A **teoria quantitativa da moeda** é a proposição de que, no longo prazo, um aumento da quantidade de moeda leva a um aumento percentual igual do nível de preços. Para explicarmos a teoria quantitativa da moeda, precisamos primeiro definir a *velocidade de circulação*.

A **velocidade de circulação** é o número médio de vezes que uma unidade monetária é utilizada anualmente para comprar os bens e serviços que compõem o PIB. Mas o PIB é igual ao nível de preços (P) multiplicado pelo PIB real (Y). Isto é,

$$\text{PIB} = PY.$$

Chamamos a quantidade de moeda de M. A velocidade de circulação, V, é calculada pela equação:

$$V = PY/M.$$

Por exemplo, se o PIB é de $ 1.000 bilhões (PY = $ 1.000 bilhões) e a quantidade de moeda é de $ 250 bilhões, a velocidade de circulação é 4.

A partir da definição da velocidade de circulação, a *equação de troca* nos informa a relação entre M, V, P e Y. Essa equação é:

$$MV = PY.$$

Considerando a definição da velocidade de circulação, a equação de troca é sempre verdadeira – ela é verdadeira por definição. Ela se torna a teoria quantitativa da moeda se a quantidade de moeda não influencia a velocidade de circulação ou o PIB real. Neste caso, a equação de troca nos informa que, no longo prazo, o nível de preços é determinado pela quantidade de moeda. Isto é,

$$P = M(V/Y),$$

onde (V/Y) independe de M. Desta maneira, uma variação de M leva a uma variação proporcional de P.

Também podemos expressar a equação de troca em termos de taxas de crescimento,[2] cuja equação afirma que:

---

[2] Para obter essa equação começamos com:
$MV = PY$
Depois, as alterações dessas variáveis são relacionadas pela equação:
$\Delta MV + M\Delta V = \Delta PY + P\Delta Y$
Dividimos essa equação pela de troca para obter:
$\Delta M/M + \Delta V/V = \Delta P/P + \Delta Y/Y$
O termo $\Delta M/M$ é a taxa de crescimento da moeda, $\Delta V/V$ é a taxa de variação da velocidade, $\Delta P/P$ é a taxa de inflação, e $\Delta Y/Y$ é a taxa de crescimento do PIB real.

Taxa de crescimento da moeda + Taxa de variação da velocidade = Taxa de inflação + Taxa de crescimento do PIB real

Resolvendo a equação para calcular a taxa de inflação, temos que:

Taxa de inflação = Taxa de crescimento da moeda + Taxa de variação da velocidade − Taxa de crescimento do PIB real

No longo prazo, a taxa de variação da velocidade não é influenciada pela taxa de crescimento da moeda. Com maior solidez, no longo prazo, a taxa de variação da velocidade é de aproximadamente zero. Com base nessa premissa, a taxa de inflação no longo prazo é determinada como:

Taxa de inflação = Taxa de crescimento da moeda − Taxa de crescimento do PIB real

No longo prazo, as flutuações da taxa de crescimento da moeda menos a taxa de crescimento do PIB real levam a flutuações iguais da taxa de inflação.

Além disso, no longo prazo, com a economia no pleno emprego, o PIB real é igual ao PIB potencial, de modo que a taxa de crescimento do PIB real é igual à taxa de crescimento do PIB potencial. Essa taxa de crescimento pode ser influenciada pela inflação, mas essa influência provavelmente será pequena, e a teoria quantitativa presume que seja zero. Desta maneira, a taxa de crescimento do PIB real é definida e não varia quando a taxa de crescimento da moeda se altera – a inflação se correlaciona com o crescimento da moeda.

Evidências da teoria quantitativa da moeda

A Figura 25.10 resume algumas evidências da economia dos Estados Unidos para a teoria quantitativa da moeda. A figura revela que, em média, como prevê a teoria quantitativa da moeda, a taxa de inflação flutua em alinhamento com as flutuações da taxa de crescimento da moeda menos a taxa de crescimento do PIB real.

A Figura 25.11 mostra dois diagramas de dispersão da taxa de inflação e da taxa de crescimento da moeda para 134 países na parte (a) e para os países com taxas de inflação abaixo de 20 por cento ao ano na parte (b). Podemos observar uma tendência geral de correlação entre o crescimento da moeda e a inflação, mas a teoria quantitativa (as linhas cinza-escuro) não prevê a inflação com precisão.

A correlação entre o crescimento da moeda e a inflação não é perfeita. Ela também não implica que o crescimento da moeda *causa* a inflação. O crescimento da moeda pode causar a inflação, a inflação pode causar o crescimento da moeda, ou uma terceira variável pode causar tanto a inflação quanto o crescimento da moeda.

Figura 25.10 Inflação e crescimento da moeda nos Estados Unidos

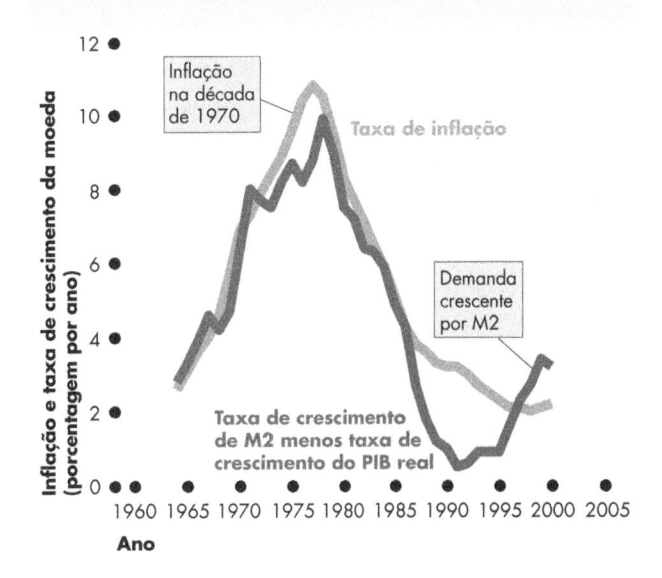

Em média, a taxa de inflação e a taxa de crescimento da moeda menos o crescimento do PIB real estão correlacionadas – elas aumentam e diminuem juntas.

Fonte dos dados: Federal Reserve e Bureau of Labor Statistics.

QUESTÕES PARA REVISÃO

1. O que é a teoria quantitativa da moeda?
2. O que é a velocidade de circulação e como ela é calculada?
3. O que é a equação de troca? A equação de troca pode estar errada?
4. O que as evidências internacionais e as evidências históricas de longo prazo nos informam sobre a teoria quantitativa da moeda?

◆ Já sabemos o que é a moeda, como os bancos a criam e como a quantidade de moeda influencia a taxa de juros no curto prazo e o nível de preços no longo prazo. A seção "Leitura das entrelinhas" aplica o que aprendemos neste capítulo, examinando a teoria quantitativa da moeda em ação no Zimbábue nos dias de hoje.

Figura 25.11 Inflação e crescimento da moeda no mundo

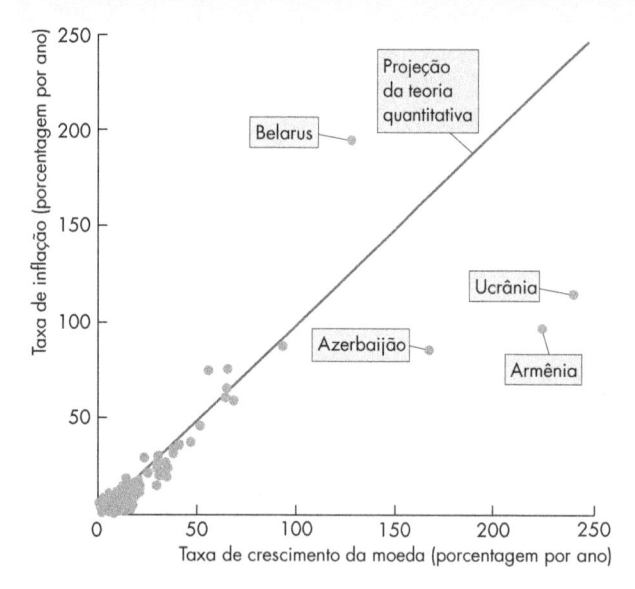

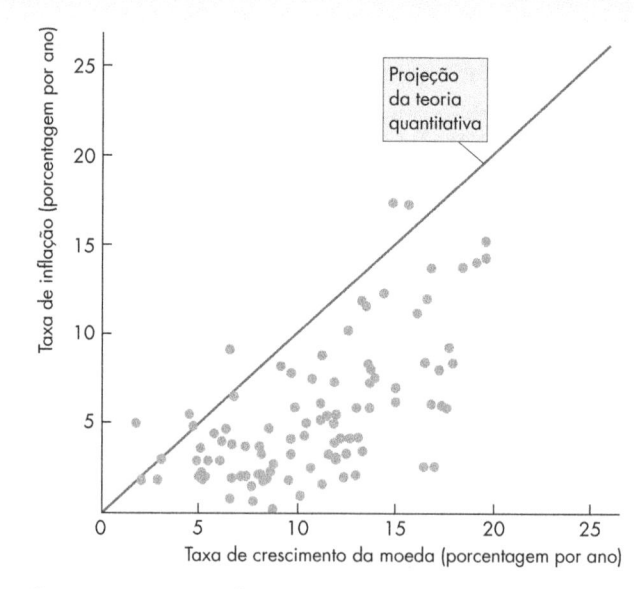

(a) 134 países: 1990-2005

(b) 104 países com inflação mais baixa: 1990-2005

Os dados de inflação e crescimento da moeda em 134 países na parte (a) e em países de baixa inflação na parte (b) mostram uma clara relação positiva entre o crescimento da moeda e a inflação.

Fonte dos dados: International Financial Statistics Yearbook, 2006 e Fundo Monetário Internacional, *World Economic Outlook*, abr. 2006.

LEITURA DAS ENTRELINHAS

A teoria quantitativa da moeda no Zimbábue

Os preços no Zimbábue aumentam 900%, transformando clipes de papel em produtos de luxo

25 de abril de 2006

Qual é a seriedade da inflação no Zimbábue? Bem, pense nisto: em um supermercado perto do centro de sua miserável capital, o papel higiênico custa $ 417.

Não, não por rolo. Quatrocentos e dezessete dólares do Zimbábue é o valor de um único pedaço. Um rolo custa $ 145.750 – em moeda norte-americana, cerca de 69 centavos de dólar.

O preço do papel higiênico, como o de todo o resto no país, sobe quase diariamente, provocando piadas sobre as melhores utilizações para a nota de $ 500 do Zimbábue, atualmente a menor em circulação.

Mas o que está acontecendo não é motivo de piada. Para inúmeros zimbabuanos, papel higiênico – e pão, margarina, carne e até a anteriormente tradicional xícara de chá matinal – se tornaram luxos inimagináveis. Tudo em conseqüência da hiperinflação, que se aproxima descontroladamente de 1.000 por cento ao ano, uma taxa geralmente vista apenas em zonas de guerra.

O Zimbábue tem sido afligido no decorrer de toda esta década tanto por uma profunda recessão quanto por uma alta inflação, mas, nos últimos meses, a economia parece ter perdido totalmente o controle. O orçamento nacional para 2006 já foi totalmente gasto. Os serviços públicos começaram a desmoronar.

A pureza da água potável de Harare, proveniente de um lago que fica próximo da saída de esgoto, é duvidosa há meses, e a disenteria e o cólera devastaram a cidade em dezembro e janeiro. A cidade sofre de constantes blecautes elétricos. Montes de lixo não coletado se acumulam nas ruas das favelas.

A inflação do Zimbábue não é a pior da história – na Alemanha de Weimar em 1923, os preços quadruplicavam a cada mês, em comparação com os preços que dobram uma vez a cada três ou quatro meses no Zimbábue. A partir disso, os especialistas concordam que a inflação do Zimbábue é atualmente a mais alta do mundo e vem sendo assim há algum tempo...

Fonte: Copyright 2006 The New York Times Company. Reproduzido com permissão. Proibido nova reprodução. Disponível em: http://www.nytimes.com

Essência da notícia

▷ Em abril de 2006, no Zimbábue, um único pedaço de papel higiênico custava $ 417 e um rolo custava $ 145.750 (em dólares do Zimbábue).

▷ O Zimbábue sofre com uma inflação de 1.000 por cento ao ano.

▷ O governo tinha gasto todo o previsto em seu orçamento de 2006 em abril e os serviços públicos estavam piorando muito.

▷ A inflação do Zimbábue não é a mais alta da história, mas atualmente é a mais alta do mundo.

Análise econômica

▷ A teoria quantitativa da moeda explica as tendências da inflação. Uma baixa taxa de crescimento da quantidade de moeda mantém a inflação baixa. Uma alta taxa de crescimento da quantidade de moeda leva a uma alta taxa de inflação.

▷ A teoria quantitativa da moeda é mais evidente quando o crescimento da moeda é rápido e a taxa de inflação é alta.

▷ Atualmente, o Zimbábue tem a taxa de inflação mais alta do mundo, de modo que o país proporciona um bom exemplo da teoria quantitativa da moeda em ação.

▷ Durante 2006, a taxa de inflação ficou em uma média de aproximadamente 1.000 por cento ao ano e excedeu essa porcentagem em alguns meses.

▷ Para ter uma idéia do que representa uma taxa de inflação de 1.000 por cento ao ano, pense em termos de taxa de inflação mensal. A cada mês, em média, os preços aumentam 20 por cento. Uma xícara de café que custava $ 3 em janeiro passa a custar $ 9 em junho e $ 27 em dezembro!

▷ Quando as pessoas esperam que os preços aumentem rapidamente, elas esperam que a moeda que mantêm perca valor rapidamente. Desta maneira, elas gastam o dinheiro e mantêm bens em vez de moeda.

▷ A velocidade de circulação começa a aumentar. A velocidade de circulação independe da quantidade de moeda, mas não da taxa de crescimento da moeda.

▷ A Figura 1 mostra o histórico da taxa de inflação e da taxa de crescimento da moeda no Zimbábue desde 2000.

▷ Entre 2000 e 2005, a taxa de crescimento da moeda aumentou de pouco mais de 100 por cento ao ano para 475 por cento ao ano. (O banco central do Zimbábue parou de divulgar dados monetários em 2006.)

▷ A taxa de inflação aumentou aos poucos no início, de cerca de 50 por cento ao ano em 2000 para 100 por cento ao ano em 2002.

▷ Em 2003, a taxa de inflação disparou à medida que as pessoas começaram a gastar seu dinheiro e correr para comprar bens e serviços antes de que os preços aumentassem demais.

▷ A taxa de inflação continuou a aumentar até atingir a marca dos 1.000 por cento ao ano em alguns meses de 2006.

▷ Em 2006, os preços tinham aumentado a tal ponto que um pequeno item, como um pedaço de papel higiênico, custava centenas de dólares, e um item maior, como uma calça jeans, custava $ 10.000.000!

▷ Para lidar com todos os zeros, o banco central de Zimbábue lançou o 'Projeto Alvorada', que redefiniu o dólar de Zimbábue eliminando três zeros.

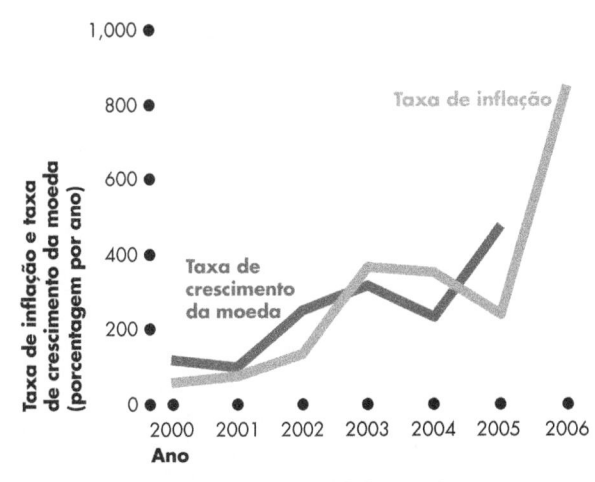

Figura 1: Inflação e crescimento da moeda

▶ Em dólares novos, uma calça jeans custa apenas $ 10.000!

▶ As notas bancárias emitidas pelo banco central do Zimbábue têm uma data de validade e perdem o valor após 31 de dezembro de 2006, quando serão substituídas por outros dólares 'novos'.

▶ O corte de três zeros da moeda não soluciona o problema da inflação do Zimbábue. Isso só faz com que seja mais fácil conviver com o problema.

▶ Uma inflação como a do Zimbábue não ocorre porque o banco central deseja criar inflação. Ocorre porque o governo não tem como levantar receitas tributárias suficientes, de modo que o banco central concede empréstimos para o governo, o que significa que o governo gasta a moeda recém-criada.

RESUMO

Pontos-chave

O que é moeda? (p. 576-579)

- A moeda é um meio de pagamento. Ela atua como um meio de troca, uma unidade de conta e uma reserva de valor.
- Hoje em dia, a moeda consiste em moeda em circulação e depósitos.

Instituições depositárias (p. 579-582)

- Bancos comerciais, instituições de poupança e empréstimos, bancos de poupança, cooperativas de crédito e fundos mútuos do mercado monetário são instituições depositárias cujos depósitos consistem em moeda.
- As instituições depositárias prestam quatro principais serviços econômicos: criam liquidez, minimizam o custo de obtenção dos fundos, minimizam o custo de monitoramento dos tomadores de empréstimos e agregam os riscos.

O Federal Reserve System (p. 582-584)

- O Federal Reserve System (Fed) é o banco central dos Estados Unidos.
- O Fed influencia a quantidade de moeda definindo a taxa de reservas obrigatórias, a taxa de desconto e conduzindo operações de mercado aberto.

Como os bancos criam moeda (p. 585-588)

- Os bancos criam moeda concedendo empréstimos.
- A quantidade total de moeda que pode ser criada depende da base monetária, do coeficiente de reservas desejado e do coeficiente de drenagem da moeda em circulação

O mercado monetário (p. 588-592)

- A quantidade demandada de moeda é a quantidade de moeda que as pessoas planejam manter.
- A quantidade de moeda real é igual à quantidade de moeda nominal dividida pelo nível de preços.
- A quantidade demandada de moeda real depende da taxa de juros nominal, do PIB real e da inovação financeira. Um aumento da taxa de juros nominal leva a uma diminuição da quantidade demandada de moeda real.
- No curto prazo, o banco central define a quantidade de moeda para atingir uma meta de taxa de juros nominal.
- No longo prazo, o mercado de fundos disponíveis para empréstimos determina a taxa de juros, e o equilíbrio do mercado monetário determina o nível de preços.

A teoria quantitativa da moeda (p. 592-594)

- A teoria quantitativa da moeda é a proposição de que, no longo prazo, o crescimento da moeda e a inflação oscilam juntos para cima e para baixo.
- Evidências nos Estados Unidos e no mundo confirmam a teoria quantitativa, em média.

Figuras-chave

Figura 25.3: A estrutura do Fed, 584
Figura 25.4: Como o sistema bancário cria moeda concedendo empréstimos, 587
Figura 25.6: A demanda por moeda, 590
Figura 25.9: Equilíbrio do mercado monetário, 592

Palavras-chave

Banco central, 582
Base monetária, 584
Coeficiente de drenagem da moeda, 586
Coeficiente de reservas, 585
Coeficiente de reservas desejado, 585
Comissão Federal do Mercado Aberto, 583
Demanda por moeda, 589
Escambo, 576
Federal Reserve System (Fed), 582
Instituição depositária, 579
M1, 577
M2, 578
Meio de pagamento, 576
Moeda, 576
Moeda em circulação, 577
Multiplicador monetário, 587
Operação de mercado aberto, 583
Reservas, 585
Reservas excedentes, 585

Taxa de desconto, 583
Taxa de reservas obrigatórias, 583
Taxa do mercado interbancário, 582
Teoria quantitativa da moeda, 592
Velocidade de circulação, 592

EXERCÍCIOS

1. Atualmente, nos Estados Unidos, a moeda inclui quais dos itens a seguir?
   a. Notas do banco central em caixas eletrônicos do Citibank.
   b. Um cartão de crédito Visa.
   c. As moedas metálicas dentro de telefones públicos.
   d. Notas de dólares na carteira das pessoas.
   e. O cheque que alguém acabou de preencher para pagar o aluguel de um imóvel.
   f. O empréstimo que alguém fez no começo do ano para pagar por seus estudos.

2. Sara saca $ 1.000 de sua conta de poupança no banco Lucky S&L, mantém $ 50 em dinheiro vivo e deposita o restante em sua conta corrente no Bank of Illinois. Qual é a mudança imediata no **M1** e no **M2**?

3. Os bancos comerciais em Zap têm:

Reservas	$ 250 milhões
Empréstimos	$ 1.000 milhões
Depósitos	$ 2.000 milhões
Total dos ativos	$ 2.500 milhões

Calcule o coeficiente de reservas desejado dos bancos.

4. Os bancos de New Transylvania têm um coeficiente de reservas desejado de 10 por cento e nenhuma reserva excedente. O coeficiente de drenagem da moeda em circulação é de 50 por cento. Então, o banco central aumenta as reservas bancárias em $ 1.200.
   a. Qual é o aumento inicial da base monetária?
   b. Qual é a quantia que os bancos concedem em empréstimos na primeira rodada do processo de criação de moeda?
   c. Quanto da quantia inicialmente concedida em empréstimos não retorna aos bancos, mas é mantida como moeda em circulação?
   d. Descreva as transações que ocorrem e calcule a quantidade de depósitos criados e o aumento da quantidade de moeda em circulação mantida após a segunda rodada do processo de criação de moeda.

5. Você recebe as seguintes informações sobre a economia de Nocoin: os bancos têm depósitos de $ 300 bilhões. As reservas são de $ 15 bilhões, das quais dois terços consistem em depósitos no banco central. Indivíduos e empresas mantêm $ 30 bilhões em notas bancárias. Não há moedas metálicas! Calcule:
   a. A base monetária.
   b. A quantidade de moeda.
   c. O coeficiente de reservas dos bancos (como uma porcentagem).
   d. O coeficiente de drenagem da moeda em circulação (como uma porcentagem).

6. No exercício 5, os bancos não têm reservas excedentes. Suponha que o Banco de Nocoin, o banco central, aumente as reservas bancárias em $ 0,5 bilhão.
   a. O que acontecerá com a quantidade de moeda?
   b. Explique por que a alteração da quantidade de moeda não será igual à variação da base monetária.
   c. Calcule o multiplicador monetário.

7. No exercício 5, os bancos não têm reservas excedentes. Suponha que o Banco de Nocoin, o banco central, reduza as reservas bancárias em $ 0,5 bilhão.
   a. O que acontecerá com a quantidade de depósitos?
   b. O que acontecerá com a quantidade de moeda em circulação?
   c. O que acontecerá com a quantidade de moeda?
   d. Calcule o multiplicador monetário.

8. No Reino Unido, o coeficiente de drenagem da moeda em circulação é 0,38 e o coeficiente de reservas desejado é 0,002. Calcule o multiplicador monetário do Reino Unido.

9. Na Austrália, a quantidade de **M1** é $ 150 bilhões, o coeficiente de drenagem da moeda em circulação é 33 por cento e o coeficiente de reservas desejado é 8 por cento. Calcule a base monetária da Austrália.

10. A tabela abaixo fornece informações sobre a demanda por moeda de Minland.

	A	B	C
1	r	Y_0	Y_1
2	7	1,0	1,5
3	6	1,5	2,0
4	5	2,0	2,5
5	4	2,5	3,0
6	3	3,0	3,5
7	2	3,5	4,0
8	1	4,0	4,5

A coluna A mostra a taxa de juros nominal, r. As colunas B e C mostram a quantidade demandada de moeda em dois diferentes níveis de PIB real: Y_0 é de $ 10 bilhões e Y_1 é de $ 20 bilhões. A quantidade de moeda é de $ 3 bilhões. Inicialmente, o PIB real é de $ 20 bilhões. O que acontecerá em Minland se a taxa de juros real:

a. Exceder 4 por cento ao ano?
b. For menor que 4 por cento ao ano?
c. For igual a 4 por cento ao ano?

11. A economia de Minland, apresentada no exercício 10, passa por uma grave recessão. O PIB real diminui para $ 10 bilhões. Se a quantidade ofertada de moeda permanecer constante:
    a. O que acontecerá em Minland se a taxa de juros for de 4 por cento ao ano?
    b. As pessoas comprarão ou venderão títulos públicos?
    c. A taxa de juros aumentará ou diminuirá? Por quê?

12. Quantecon é um país no qual se aplica a teoria quantitativa da moeda. O país tem população, estoque de capital e tecnologia constantes. No ano 1, o PIB real era $ 400 milhões, o nível de preços era 200 e a velocidade de circulação era 20. No ano 2, a quantidade de moeda era 20 por cento maior do que a do ano 1. Qual foi:
    a. A quantidade de moeda no ano 1?
    b. A quantidade de moeda no ano 2?
    c. O nível de preços no ano 2?
    d. O nível de PIB real no ano 2?
    e. A velocidade de circulação no ano 2?

13. Em Quantecon, descrito no exercício 12, no ano 3, a quantidade de moeda diminui para um quinto do nível do ano 2.
    a. Qual é a quantidade de moeda no ano 3?
    b. Qual é o nível de preços no ano 3?
    c. Qual é o nível de PIB real no ano 3?
    d. Qual é a velocidade de circulação no ano 3?
    e. Se levar mais de um ano para que todo o efeito da teoria quantitativa ocorra, o que você prevê que acontecerá ao PIB real em Quantecon no ano 3? Por quê?

PENSAMENTO CRÍTICO

1. Analise a seção "Leitura das entrelinhas" e:
    a. Descreva a taxa de crescimento da moeda e a taxa de inflação no Zimbábue desde 2000.
    b. Por que o corte de três zeros de todos os preços não impedirá a inflação do Zimbábue?
    c. O que deve ser feito para deter a inflação do Zimbábue?

2. A rápida inflação no Brasil no início da década de 1990 fez com que o cruzeiro perdesse sua capacidade de funcionar como moeda. Quais das seguintes mercadorias você acha que teriam apresentado maior probabilidade de assumir o lugar do cruzeiro na economia brasileira? Explique por quê.
    a. Peças de trator.
    b. Maços de cigarros.
    c. Pães.
    d. Pinturas impressionistas.
    e. Figurinhas de jogadores de futebol.

3. A tabela fornece alguns dados dos Estados Unidos na primeira década após a Guerra Civil.

	1869	1879
Quantidade de moeda	$ 1,3 bilhão	$ 1,7 bilhão
PIB real (dólares de 1929)	$ 7,4 bilhões	Z
Nível de preços (1929 = 100)	X	54
Velocidade de circulação	4,50	4,61

Fonte: Milton Friedman e Anna J. Schwartz, *A monetary history of the United States 1867–1960*

a. Calcule o valor de *X* em 1869.
b. Calcule o valor de *Z* em 1879.
c. Os dados estão de acordo com a teoria quantitativa da moeda? Explique sua resposta.

4. **De clipes de papel a uma casa em 14 transações**
   Um homem de 26 anos de idade em Montreal parece ter tido sucesso em sua missão de negociar, por meio do escambo, um único clipe de papel vermelho até chegar a uma casa. O processo levou quase um ano e 14 transações...

   CBC News, 7 de julho de 2006

   a. O escambo é um meio de pagamento?
   b. O escambo é tão eficiente quanto a moeda em transações no e-Bay? Explique.

ATIVIDADES NA INTERNET

1. Faça uma pesquisa no portal do Banco Central do Brasil (www.bcb.gov.br) na Internet e colete dados de meios de pagamento.

2. A prática cada vez mais comum de compras pela Internet está limitando a capacidade de o Banco Central do Brasil controlar a quantidade de moeda? Por quê?

CENÁRIO BRASILEIRO

O sistema financeiro nacional e o Banco Central do Brasil

Cilene Cardoso[1]
Joaquim Tavares[2]

Antecedentes históricos do setor bancário no Brasil

O início da história do setor bancário brasileiro se dá em 1808, com a criação do Banco do Brasil, que já em 1809 foi considerado o quarto banco emissor em todo o mundo – até então apenas a Suécia, a Inglaterra e a França dispunham de bancos emissores –, e gradativamente suas funções se expandiram.

Em 1833, foi promulgada pela Assembléia e sancionada pela Regência Lei que visava coibir definitivamente a desordem financeira que então se instaurara, fixando novo padrão monetário, gerando novas fontes de renda e restabelecendo o Banco do Brasil.

O setor financeiro brasileiro foi sustentado pelo banco estatal federal, ou seja, o Banco do Brasil, até meados de 1960, dividindo com o tesouro a responsabilidade pelo financiamento ao investimento e pelo BNDES (Banco Nacional de Desenvolvimento Econômico e Social). Os bancos privados, diante de incertezas relativas à liquidez, concentraram sua operações no curto prazo. Não havia um mercado monetário bem desenvolvido, de modo que os bancos financiavam suas operações por meio de depósitos de curto prazo, competindo para atrair depósitos em rede de agências de âmbito nacional. Serviços básicos de redesconto para gestão de liquidez eram fornecidos apenas pelo Banco do Brasil. Ao final dos anos de 1960, os bancos públicos (federais e estatais) respondiam por mais da metade dos depósitos e empréstimos totais do sistema.

A reforma da década de 1960 pretendia que os bancos de investimento e desenvolvimento fossem responsáveis pelos empréstimos de longo prazo, utilizando-se de depósitos a prazo e de recursos externos, enquanto os bancos comerciais se manteriam concentrados nas operações de crédito de curto prazo, o que efetivamente ocorreu.

Em 1964, o governo empreendeu uma reforma de larga escala no setor financeiro, com objetivo de diversificar instrumentos e instituições do sistema, de modo a superar as limitações impostas pelas leis da usura e cláusula do ouro, que limitavam as taxas de juros a um máximo de 12 por cento a.a., enquanto, a taxa de inflação alcançava em média 17 por cento a.a. O principal objetivo de tais reformas era assegurar o financiamento não-inflacionário do déficit público, bem como incentivar a poupança em um contexto de alta inflação.

Com a criação do Banco Central do Brasil (Bacen), a maioria das funções de política monetária e de regulação bancária do Banco do Brasil passou a ser de responsabilidade desse novo órgão. O Conselho Monetário Nacional tornou-se a autoridade máxima responsável pelas políticas monetária e financeira. O Banco do Brasil foi gradualmente convertido em banco comercial.

Uma das principais transformações na história recente do Banco do Brasil deu-se em 1986, quando o governo decidiu extinguir a conta movimento mantida pelo Banco Central, mecanismo que assegurava ao Banco do Brasil suprimento automático de recursos para as operações permitidas aos demais intermediários financeiros. Em contrapartida, o Banco do Brasil foi autorizado a atuar em todos os segmentos de mercado franqueados às demais instituições financeiras. Em 15 de maio de 1986, o Banco constitui a BB Distribuidora de Títulos e Valores Mobiliários S. A, iniciando-se, assim, a sua transformação em conglomerado financeiro.

Estrutura do sistema bancário brasileiro

O progresso do sistema bancário brasileiro inseriu-se no contexto do ambiente hiperinflacionário e da autonomia dos governos estaduais para criar seus próprios bancos. Em grande medida, esse processo explica as características estruturais do setor, que persistem até hoje. O setor financeiro compõe-se de representativo setor bancário privado, bancos federais e bancos públicos estaduais, conforme apresentado no Gráfico 1 e na Tabela 1.

---

[1] Economista, mestrando em Economia.
[2] Economista, Mestre em Economia.

Gráfico I Evolução do número de bancos por natureza do capital

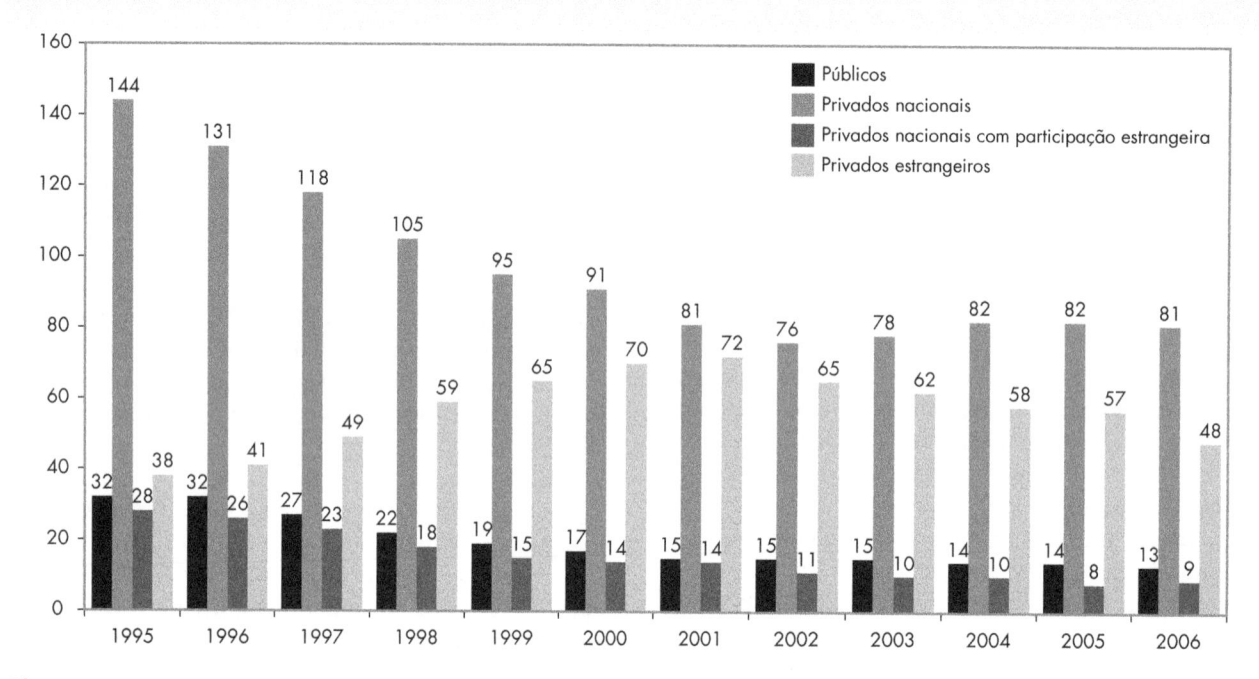

Legenda:
- Públicos
- Privados nacionais
- Privados nacionais com participação estrangeira
- Privados estrangeiros

Ano	Públicos	Privados nacionais	Privados nacionais c/ part. estrangeira	Privados estrangeiros
1995	32	144	28	38
1996	32	131	26	41
1997	27	118	23	49
1998	22	105	18	59
1999	19	95	15	65
2000	17	91	14	70
2001	15	81	14	72
2002	15	76	11	65
2003	15	78	10	62
2004	14	82	10	58
2005	14	82	8	57
2006	13	81	9	48

Observações:
Considera bancos múltiplos com carteira de investimentos e instituições com controles estrangeiros e filiais de bancos estrangeiros.

Fonte: Banco Central do Brasil – Relatório de Evolução do Sistema Financeiro Nacional.

Tabela I Evolução da participação das instituições nos ativos, depósitos e crédito do sistema bancário
Em porcentagem

	1995	1996	1997	1998	1999	2000	2001	2002	2003	2004	2005	2006
						Ativos totais						
Bancos públicos	52,3	51,1	50,2	46,0	43,3	36,9	32,3	35,0	37,7	34,9	33,0	37,2
Bancos privados nacionais*	39,0	38,4	36,9	35,5	33,3	35,5	37,5	37,3	41,3	42,3	43,8	36,3
Bancos com controle estrangeiro	8,7	10,5	12,9	18,5	23,3	27,6	30,2	27,7	21,0	22,8	23,2	26,5
						Depósitos totais						
Bancos públicos	58,6	59,3	59,4	51,5	51,0	44,4	43,8	42,7	43,2	39,8	37,3	43,5
Bancos privados nacionais*	35,4	33,5	33,0	33,3	32,1	34,3	35,8	37,2	38,9	40,0	42,2	32,6
Bancos com controle estrangeiro	6,0	7,2	7,6	15,2	16,9	21,3	20,4	20,1	17,9	20,2	20,5	23,9
						Operações de crédito						
Bancos públicos	62,3	58,4	52,6	53,7	48,0	39,5	25,2	29,1	33,4	32,0	31,2	39,9
Bancos privados nacionais*	31,6	32,0	35,6	31,3	32,0	35,0	42,8	40,4	42,2	42,3	41,8	28,3
Bancos com controle estrangeiro	6,1	9,6	11,8	15,0	20,0	25,5	32,0	30,5	24,4	25,7	27,0	31,8

* Considera bancos com participação estrangeira.

Fonte: Banco Central do Brasil - Relatório de Evolução do Sistema Financeiro Nacional.

O sistema bancário brasileiro situa-se entre as maiores indústrias bancárias entre os mercados emergentes. A maioria dos bancos privados opera como bancos múltiplos, com carteiras de investimento, comerciais e divisões de varejo, enquanto os bancos públicos não são, em geral, autorizados a atuar como bancos de investimentos.

A estrutura do sistema bancário é ainda caracterizada pela presença de dois grandes bancos federais, que, em conjunto, detinham 39 por cento do total de ativos e 37 por cento dos depósitos que circulavam no mercado financeiro ao final de 2000. O Banco do Brasil é o principal concedente de crédito para o segmento agrícola, enquanto a Caixa Econômica Federal é o mais importante provedor de financiamento imobiliário. Considerando-se os demais bancos públicos, ambas as proporções de ativos e de depósitos aproximam-se de 43 por cento. Esse perfil reflete algumas alterações experimentadas pelo sistema bancário ao longo do processo de ajustamento ao ambiente de inflação reduzida, decorrente da estabilização promovida pelo Plano Real. Outro aspecto é o fim dos lucros inflacionários, que explicitou sérios problemas institucionais e deficiências regulatórias do sistema bancário.

O Proer e o fortalecimento do sistema financeiro nacional

A credibilidade é o aspecto de maior relevância para a indústria bancária. Uma corrida aos bancos pode ser resultante da perda de credibilidade de poucos, mas, certamente, em função do efeito dominó, provocará transtornos graves para todos, até mesmo para os setores produtivos da economia.

Tabela 2 Receitas inflacionárias de bancos brasileiros

	% das receitas totais	
	Receitas inflacionárias/ PIB	Receitas inflacionárias/ Receitas totais
1990	4,0	35,7
1991	3,9	41,3
1992	4,0	41,9
1993	4,2	35,3
1994	2,0	20,4
1995	0,0	0,6

Fonte: Bacen.

O conjunto composto pela Medida Provisória n. 1179 e a resolução n. 2208, ambas em 3 de novembro de 1995, implantou o Proer (Programa de Estímulo à Reestruturação), que veio para ordenar a fusão e incorporação de bancos com regras ditadas pelo Bacen.

A edição da MP n. 1182 em 17 de novembro de 1995 dá ao Bacen o aparato legal de que a instituição necessitava para conduzir o sistema financeiro a um novo modelo, outorgando-lhe o poder de manter no sistema apenas as instituições que tivessem 'saúde', liquidez e solidez. O Bacen viu assim multiplicada a sua responsabilidade perante o país, mas passou a deter os instrumentos para sanear o sistema.

Quando se detectava uma situação de insuficiência patrimonial em uma instituição financeira, o Banco Central podia determinar:

- A capitalização da empresa financeira, no valor definido como necessário para o seu reerguimento.
- A transferência de seu controle acionário.
- Sua fusão, incorporação ou cisão.

A não implementação das providências no prazo fixado pela autoridade monetária podia acarretar a decretação do regime especial adequado (Reat, intervenção ou liquidação extrajudicial). Podemos citar algumas instituições que, por diversas falhas na sua administração e condução patrimonial, foram liquidadas, tiveram

Tabela 3 Intervenções do Banco Central no sistema bancário
Julho de 1994 à dezembro de 2000

Tipos de banco	Número de instituições liquidadas, sob intervenção ou sob REAT[1]
Bancos de investimento	1
Bancos comerciais privados nacionais	6
Bancos comerciais estaduais	3
Bancos estaduais de desenvolvimento	1
Bancos nacionais múltiplos com participação estrangeira	2
Bancos nacionais privados múltiplos	35
Bancos múltiplos estaduais	4
TOTAL	**52**

[1] REAT – Regime Especial de Administração Temporária.

Fonte: Bacen (1998).

seu controle acionário transferido ou passaram a ser administradas sob Reat:
- Banco Econômico S. A. (11.8.1995).
- BIG – Banco Irmãos Guimarães (25.8.1995).
- Banco Nacional S. A. (18.11.1995).
- Banco Bamerindus do Brasil S. A. (26.3.1997).
- Banco BMD S. A. (15.5.1998).
- Banco Crefisul S. A. (23.3.1999).

Banco Central do Brasil

Foi necessário um bom tempo até que as funções hoje caracterizadas como exclusivas de um banco central ficassem a cargo de uma única instituição especializada. No século XIX, durante as grandes crises financeiras e bancárias européias, o salvamento de bancos em dificuldades ficava a cargo dos maiores bancos das comunidades. Com o passar do tempo, esses grandes bancos foram se especializando nas funções de gestão da moeda e do crédito bem como na fiscalização dos bancos, e assim começou a surgir o que hoje em dia é entendido como Banco Central.

No Brasil, as funções de gestão da moeda e do crédito, durante mais de um século, foram da responsabilidade do Tesouro Nacional, cabendo parte das ações de emissão de moeda ao Banco do Brasil por meio de um recurso conhecido como conta movimento. A partir da década de 1920, a Inspetoria Geral de Bancos efetuava as tarefas da fiscalização dos bancos e instituições financeiras. Em 1945, atendendo aos requisitos de Bretton Woods, foi organizada a Sumoc (Superintendência da Moeda e do Crédito), e as funções de gestão da moeda e do crédito, além da sua fiscalização, ficaram a cargo desta entidade.

A partir de 1964, o Banco Central do Brasil passa a desempenhar as seguintes funções, dentre outras, como gestor do Sistema Financeiro Nacional:

- Autoridade monetária com as atribuições de controlar a emissão de papel moeda e gerenciar o meio circulante, definir o depósito compulsório, estabelecer a política de redesconto e empréstimos de liquidez além do controle de crédito.
- Fiscalização das instituições financeiras em diversos segmentos do mercado financeiro, desde os bancos comerciais até as empresas administradoras de consórcio.
- Controle de fluxos de capitais estrangeiros e registro de todas as operações.
- Autorizar e licenciar instituições financeiras para operar no Sistema Financeiro Nacional.
- Exercer a função de banco dos bancos e de banco emissor de títulos do governo.

Até 1985, algumas funções de caráter de política monetária eram divididas com o Banco do Brasil, pela possibilidade de emissão de moeda partindo da conta movimento. Em 1986, foi extinta essa conta e todas as atribuições de execução e gestão da política monetária ficaram a cargo do Banco Central do Brasil.

A instituição foi se modernizando e, em 1996, nos moldes do Fomc norte-americano (Federal Open Market Comitee), foi criado o Copom (Comitê de Política Monetária), que é integrado pela diretoria do próprio Banco Central do Brasil e pelos chefes do departamento econômico; pelos departamentos de estudos e pesquisas, de operações com o mercado, de operações bancárias e sistema de pagamentos; pelo departamento das operações com reservas internacionais e pela gerência executiva de relacionamento com investidores.

O Copom é um comitê que se reúne com o propósito de avaliar a situação macroeconômica e estabelecer uma meta de taxa de juros para os títulos da dívida pública, conhecida como Selic (Sistema Especial de Liquidação e Custódia). A partir de 1999, o Bacen adotou o regime de metas de inflação (*Inflation target*) e, desde então, o Copom estabelece a taxa Selic de acordo com as metas de inflação a serem alcançadas, valendo-se de diversos recursos, que vão desde a experiência de seus integrantes até sofisticados modelos econométricos de estimação e previsão (veja o Gráfico 2).

Quanto à fiscalização e normas prudenciais, o Brasil, por meio do Bacen, participa do Acordo de Basiléia, cuja edição mais recente conhecida como Basiléia II, se encontra em fase de implementação. A supervisão bancária brasileira é uma das mais eficientes da América Latina e possui um alto poder de intervenção e correção das instituições financeiras. Apresentamos na Tabela 4 os principais dados acerca do Sistema Financeiro Nacional sob a custódia do Banco Central do Brasil.

REFERÊNCIAS

AOKI, William Ken. *Princípios essenciais para uma supervisão bancária eficaz*: os princípios essenciais da Basiléia. Brasília: BCB, 2000.

Banco Central do Brasil. Disponível em: www.bacen.gov.br

CARVALHO, Fernando J. C. et al. *Economia monetária e financeira*. Rio de Janeiro: Campus, 2000.

Federação Brasileira de Bancos. Disponível em: www.febraban.org.br

Gráfico 2 Selic (Copom) e IPCA desde 1996 comparados com a meta de inflação desde 1999

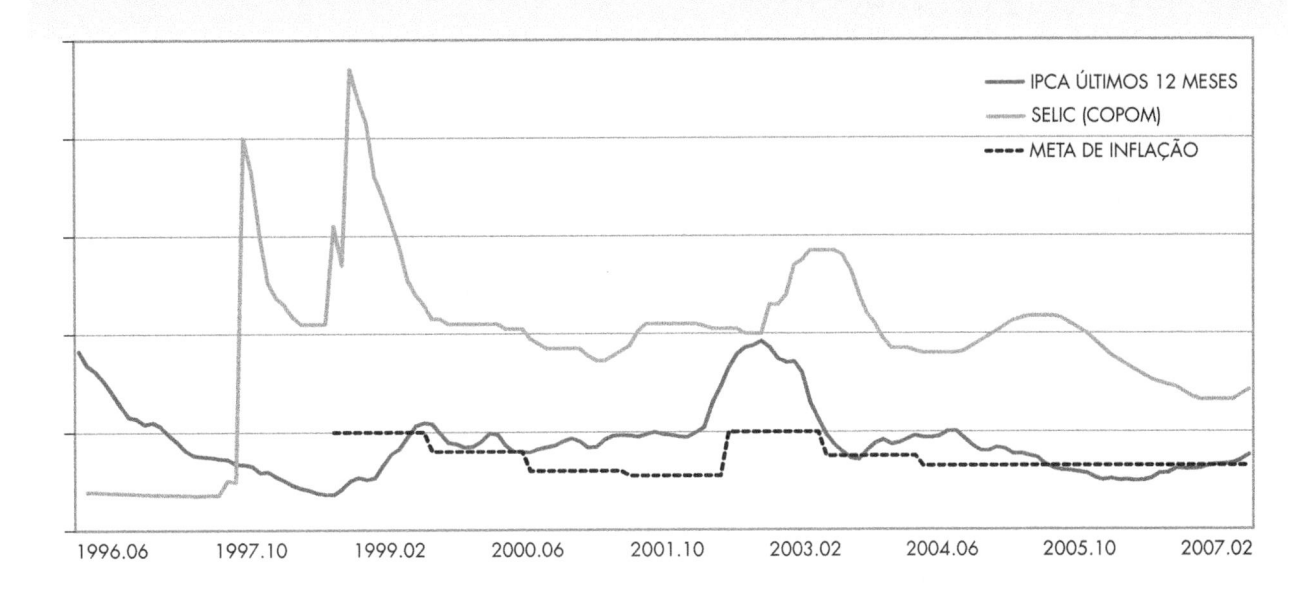

Fonte: Elaborado pelos autores de dados coletados em www.ipeadata.gov.br e www.bacen.gov.br.

Tabela 4 O BACEN e os bancos comerciais	
Bancos comerciais em 31 de dezembro de 2005	161
Total de ativos dos bancos comerciais em 31 de dezembro de 2005	R$ 1.543.096.877.000,00
Total de depositos dos bancos comerciais em 31 de dezembro de 2005	R$ 740.333.850.297,00
Total de empréstimos feitos pelos bancos comerciais em 31 de dezembro de 2005	R$ 408.313.397.762,00
Número de supervisores bancários	1311
Freqüência de inspeções on-site efetuadas nos bancos de médio e grande portes	01 a cada 02 anos

Fonte: Compilado pelos autores a partir de dados obtidos em:
http://econ.worldbank.org/WBSITE/EXTERNAL/EXTDEC/EXTRESEARCH/0,,contentMDK:20345037~pagePK:64214825~piPK:64214943~theSitePK:469382,00.html#Survey_III

Instituto Brasileiro de Geografia e Estatística. Disponível em: www.ibge.gov.br

MARTINS, Joaquim Oliveira. *Estudos econômicos da OCDE – 2000/2001*. Rio de Janeiro: FGV, 2001.

MISHKIN, Frederick S. *Moedas, bancos e sistema financeiro*. 5 ed. Rio de Janeiro: LTC, 2000.

QUESTÕES

1. Relacione as principais atividades desempenhadas pelo Banco Central do Brasil. Quais as vantagens e as desvantagens de uma única entidade desempenhar as funções de executor de política monetária e de supervisor do Sistema Financeiro Nacional?

2. Com relação às metas de inflação, considere um choque mundial na oferta de alimentos. Como poderá ou deverá ser a conduta do Bacen no combate à inflação? Quais as conseqüências de uma alta na taxa referencial de juros para o restante da economia? Considerando o Gráfico 2, você considera como efetiva a política monetária do Bacen? Sugestão: Considere outras variáveis como desemprego e crescimento do PIB para melhor fundamentar suas respostas.

CAPÍTULO 26

A taxa de câmbio e o balanço de pagamentos

Ao término do estudo deste capítulo, você saberá:

▶ Descrever o mercado de câmbio internacional, definir a taxa de câmbio e fazer a distinção entre a taxa de câmbio nominal e a taxa de câmbio real.

▶ Explicar como a taxa de câmbio é determinada dia a dia.

▶ Explicar as tendências de longo prazo da taxa de câmbio e explicar a paridade da taxa de juros e a paridade do poder de compra.

▶ Descrever as contas do balanço de pagamentos e explicar o que causa um déficit internacional.

▶ Descrever as políticas alternativas de taxa de câmbio e explicar seus efeitos de longo prazo.

Quantas moedas!

O dólar (US$), o iene (¥) e o euro (€) são três das moedas do mundo, mas são apenas três entre mais de 100 moedas. O dólar (a moeda dos Estados Unidos) e o iene (a moeda do Japão) existem há um bom tempo. O euro (a moeda da União Européia) é nova. Ela foi criada na década de 1990 mas só começou a ser utilizada no dia-a-dia na forma de notas de papel e moedas metálicas em 1º de janeiro de 2002. A maior parte dos pagamentos internacionais do mundo é feita utilizando-se essas três moedas.
Em agosto de 2002, 1 dólar norte-americano comprava 1,02 euro. De 2002 a 2005, o dólar ficou desvalorizado em relação ao euro e, em agosto de 2006, 1 dólar norte-americano comprava apenas 78 centavos de euro. No entanto, em relação ao iene, a moeda norte-americana manteve o valor de cerca de 117 ienes por dólar.
Por que o dólar ficou desvalorizado em relação ao euro? É possível fazer alguma coisa para estabilizar o valor do dólar? Antes de 1988, os norte-americanos detinham mais ativos estrangeiros do que ativos dos Estados Unidos. No entanto, em 1988, o valor dos ativos estrangeiros de propriedade dos norte-americanos era praticamente igual ao valor dos ativos que os estrangeiros tinham nos Estados Unidos. A cada ano desde 1988, a balança tem tendido cada vez mais para esse outro lado. Empreendedores estrangeiros têm percorrido os Estados Unidos com carrinhos de supermercado virtuais gigantes e os têm enchido de empresas como Gerber, Firestone, Chrysler, Columbia Pictures e Ben & Jerry's, negócios agora controlados por empresas japonesas ou européias. Por que os estrangeiros têm comprado empresas norte-americanas?

◆ Neste capítulo, veremos por que a economia norte-americana tem se tornado atraente para investidores estrangeiros, o que determina a quantia de empréstimos internacionais tomados e concedidos e por que o dólar flutua em relação a outras moedas. No final do capítulo, na seção "Leitura das entrelinhas", examinaremos a política cambial da China e veremos por que tantos norte-americanos se preocupam com ela.

Moedas e taxas de câmbio

Quando o Wal-Mart importa aparelhos de DVD do Japão, o pagamento é feito em iene. Quando a Japan Airlines compra um avião da Boeing, o pagamento é feito em dólar norte-americano. Sempre que as pessoas compram itens de outro país, elas utilizam a moeda daquele país para fazer a transação. Não faz nenhuma diferença qual é o item que está sendo comercializado internacionalmente. Pode ser um aparelho de DVD, um avião, seguros ou serviços bancários, imóveis, ações de corporações, títulos de um governo ou até mesmo uma empresa inteira.

A moeda estrangeira é exatamente como a moeda norte-americana. Ela consiste em notas e moedas metálicas emitidas por um banco central e moedas e depósitos em bancos e outras instituições depositárias. Quando descrevemos a moeda dos Estados Unidos no Capítulo 25, fizemos a distinção entre a moeda em circulação (notas e moedas metálicas) e os depósitos. No entanto, quando falamos sobre o dinheiro estrangeiro, estamos nos referindo a ele como moeda estrangeira. A **moeda estrangeira** é o dinheiro de outros países independentemente de estar na forma de notas, moedas metálicas ou depósitos bancários.

Portanto, os residentes de um país obtêm moeda estrangeira enquanto os estrangeiros obtêm moeda desse país no mercado de câmbio internacional.

O mercado de câmbio internacional

O **mercado de câmbio internacional** é o mercado no qual a moeda de um país é trocada pela moeda de outro. O mercado de câmbio internacional não é um local físico como um mercado de pulgas no centro da cidade ou uma feira de bairro. O mercado de câmbio internacional é composto de milhares de pessoas – importadores e exportadores, bancos, viajantes internacionais e negociadores especializados chamados de *corretores de câmbio internacional*.

O mercado de câmbio internacional abre na manhã de segunda-feira em Sydney e em Hong Kong, quando em Nova York ainda é a noite de domingo. À medida que o dia avança, mercados abrem em Cingapura, Tóquio, Bahrein, Frankfurt, Londres, Nova York, Chicago e San Francisco. Quando os mercados da Costa Oeste dos Estados Unidos fecham, em Sydney falta apenas uma hora para as operações do dia seguinte começarem. O sol quase não chega a se pôr no mercado de câmbio internacional. Negociadores ao redor do mundo estão em constante contato por telefone e por computador e, em um dia típico de 2006, aproximadamente US$ 2 trilhões (de todas as moedas) foram negociados no mercado de câmbio internacional – ou mais de US$ 400 trilhões em um ano.

Taxas de câmbio

Taxa de câmbio é o preço ao qual uma moeda é trocada por outra no mercado de câmbio internacional. Por exemplo, no dia 1º de setembro de 2006, US$ 1 podia comprar 117 ienes ou 78 centavos de euro. Assim, a taxa de câmbio era de 117 ienes por dólar ou 78 centavos de euro por dólar.

A taxa de câmbio flutua. Às vezes ela aumenta e às vezes ela diminui. Um aumento da taxa de câmbio é chamado de *apreciação* do dólar, e uma redução da taxa de câmbio é chamada de *depreciação* do dólar. Por exemplo, quando a taxa de câmbio aumenta de 117 para 130 ienes por dólar, o dólar sofre apreciação e, quando a taxa de câmbio diminui de 117 para 100 ienes por dólar, o dólar sofre depreciação.

A Figura 26.1 mostra a taxa de câmbio do dólar norte-americano em relação às cinco moedas mais proeminentes nas importações norte-americanas – o dólar canadense, o iuane, o euro, o peso mexicano e o iene – entre 1995 e 2005.

A figura mostra que o dólar norte-americano em geral sofreu uma apreciação em relação ao peso mexicano, manteve-se constante em relação ao iuane e flutuou em ambas as direções em relação às outras três moedas. No entanto, desde 2002, ele vem sofrendo uma depreciação em relação às moedas do Canadá, da Europa e do Japão.

A quantidade de moeda estrangeira que se obtém por 1 dólar norte-americano varia quando o dólar sofre uma apreciação ou uma depreciação. Mas uma variação do

Figura 26.1 O dólar norte-americano em relação a cinco moedas

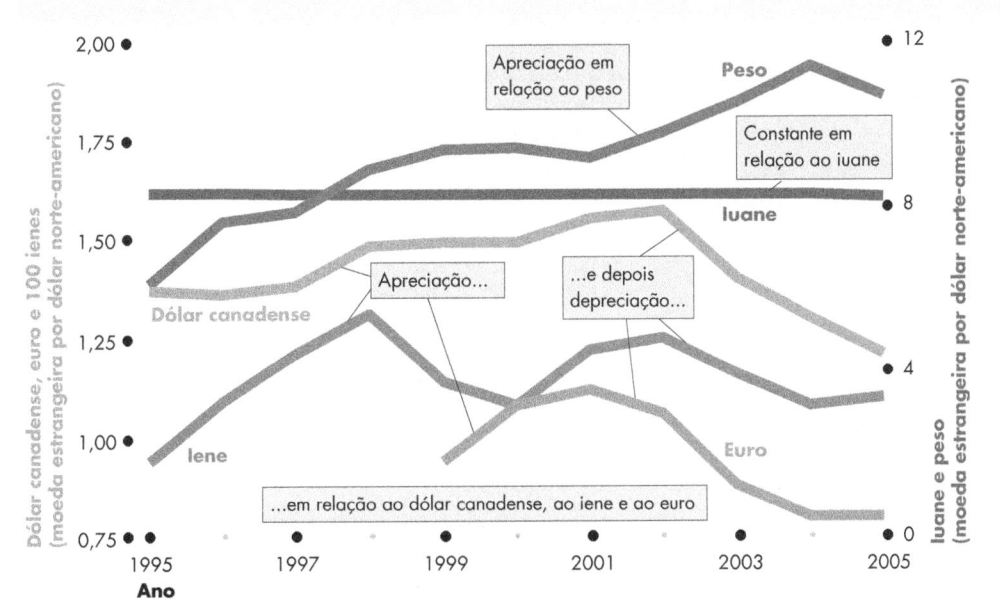

O dólar norte-americano sofreu apreciação em relação ao peso mexicano, manteve-se constante em relação ao iuane e tanto registrou apreciação quanto depreciação em relação ao dólar canadense, ao euro e ao iene. Desde 2002, o dólar norte-americano vem sofrendo uma depreciação em relação ao dólar canadense, ao euro e ao iene.

Fonte dos dados: Federal Reserve Board.

valor do dólar pode não alterar o que os norte-americanos *de fato* pagam por suas importações e ganham com suas exportações. A razão disso é que os preços podem variar para compensar a variação da taxa de câmbio e podem fazer com que os termos de negociação com os outros países permaneçam inalterados.

Para determinar se uma variação da taxa de câmbio muda o que ganhamos com as exportações e pagamos pelas importações, precisamos fazer a distinção entre taxa de câmbio *nominal* e taxa de câmbio *real*.

Taxas de câmbio nominal e real

Taxa de câmbio nominal é o valor da moeda nacional expresso em unidade de moeda estrangeira por unidade de moeda nacional. Ela é uma medida de quanto de uma moeda é trocado por uma unidade de outra moeda.

Taxa de câmbio real é o preço relativo de bens e serviços estrangeiros em relação a bens e serviços produzidos internamente. Ela é uma medida da quantidade do PIB real de outros países que um país obtém por uma unidade de PIB real nacional.

As taxas de câmbio que acabamos de discutir e que são apresentadas graficamente na Figura 26.1 são taxas de câmbio *nominais*. Para compreender o que é a taxa de câmbio real, suponha que o Japão produza somente aparelhos de DVD e que os Estados Unidos só produzam aviões. O preço de um aparelho de DVD é 10.000 ienes e o preço de um avião é $ 100 milhões. Suponha também que a taxa de câmbio – a taxa de câmbio *nominal* – seja de 100 ienes por dólar. Com essas informações, podemos calcular a taxa de câmbio *real*, que é o número de aparelhos de DVD que podem ser comprados com o valor pago por um avião. Vamos fazer agora esse cálculo.

Ao preço de 10.000 ienes e a uma taxa de câmbio de 100 ienes por dólar, o preço de um aparelho de DVD é US$ 100. Ao preço de US$ 100 milhões por um avião e US$ 100 por um aparelho de DVD, com o valor de um avião compra-se 1 milhão de aparelhos de DVD. A taxa de câmbio real é de 1 milhão de aparelhos de DVD por avião.

Em nosso exemplo, aviões representam o PIB real norte-americano e aparelhos de DVD representam o PIB real japonês. Desta maneira, o preço de um aparelho de DVD no Japão e o preço de um avião nos Estados Unidos representam os níveis de preços (deflatores do PIB) nos dois países.

Chamamos o nível de preços norte-americano de P, o nível de preços japonês de P^*, a taxa de câmbio nominal de E ienes por dólar e a taxa de câmbio real de TCR (PIB real japonês por unidade de PIB real norte-americano). Assim, a taxa de câmbio real é:

$$TCR = E \times (P/P^*).$$

Em palavras, a taxa de câmbio real é a taxa de câmbio nominal multiplicada pelo quociente entre o nível de preços nacional e o nível de preços estrangeiro.

A taxa de câmbio real varia se a taxa de câmbio nominal variar e os preços permanecerem constantes, mas, se o dólar sofrer apreciação (E aumenta) e os preços estrangeiros aumentarem (P^* aumenta) na mesma porcentagem, ela permanecerá inalterada. No exemplo anterior, se a taxa de câmbio aumentar para 120 ienes por dólar e o preço de um aparelho de DVD aumentar para 12.000 ienes, o preço de um avião continuará a corresponder ao de 1 milhão de aparelhos de DVD.

Como a taxa de câmbio real mudou? Será que ela mudou do mesmo modo que a taxa de câmbio nominal? Podemos responder a essas questões calculando uma taxa de câmbio real em termos de cada uma das moedas na Figura 26.1. No entanto, há uma maneira mais eficiente de medir a taxa de câmbio real. Em vez de analisarmos as taxas de câmbio entre várias moedas, podemos analisar uma média das taxas de câmbio em relação a todas as moedas envolvidas nas negociações dos Estados Unidos.

Índice ponderado de trocas

A taxa de câmbio média da moeda nacional em relação a outras moedas, com as moedas internacionais individuais ponderadas de acordo com sua importância no comércio internacional do país, é chamada de **índice ponderado de trocas**. O índice ponderado de trocas de moedas importantes é um índice baseado nas moedas da Europa, Austrália, Canadá, Japão, Suécia, Suíça e Reino Unido.

Esse índice foi calculado pela primeira vez em 1973 e é definido como 100 para esse ano. Assim, o índice nos informa o valor do dólar norte-americano em relação a essas moedas como uma porcentagem do valor dele em 1973.

A linha contínua da Figura 26.2 apresenta o índice ponderado de trocas do dólar desde 1995. O índice mostra que o dólar norte-americano sofreu apreciação de 1995 a 2000 e começou a se depreciar em 2001. A linha tracejada da Figura 26.2 mostra o índice ponderado de trocas. Podemos notar que as taxas de câmbio nominal e real se movem na mesma direção. No entanto, a taxa de câmbio nominal sofreu menos apreciação e mais depreciação do que a taxa de câmbio real. A lacuna entre a taxa de câmbio real e a taxa de câmbio nominal aumenta porque a taxa de inflação no resto do mundo está abaixo da taxa de inflação dos Estados Unidos.

Questões sobre a taxa de câmbio

O desempenho do dólar norte-americano no mercado de câmbio internacional levanta uma série de questões que abordaremos no restante deste capítulo.

Em primeiro lugar, como a taxa de câmbio nominal e a taxa de câmbio real são determinadas? Por que o dólar apreciou durante a década de 1990 e se depreciou durante a década de 2000? E por que o dólar apreciou em relação ao peso mexicano, mas se depreciou em relação a outras moedas?

Em segundo lugar, como as flutuações da taxa de câmbio influenciam o comércio internacional e os pagamentos internacionais dos Estados Unidos? Mais especificamente, seria possível eliminar, ou pelo menos reduzir, o déficit internacional dos Estados Unidos por meio da alteração da taxa de câmbio?

Figura 26.2 O índice ponderado de trocas do dólar norte-americano

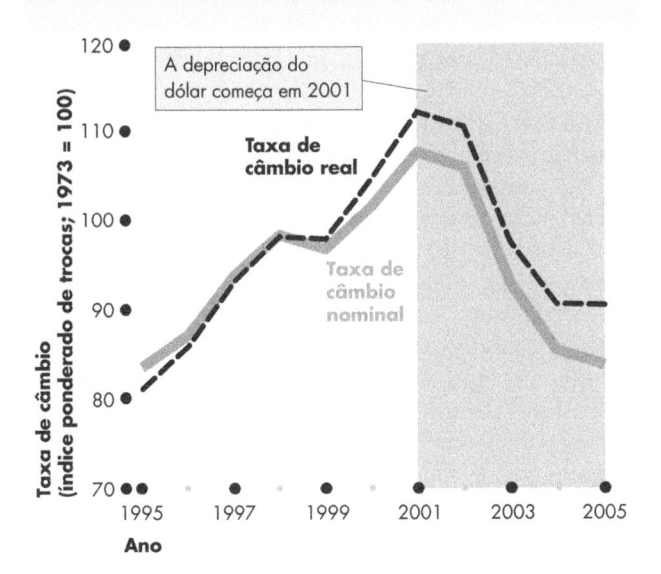

O índice ponderado de trocas nominal das principais moedas (linha contínua) e o índice ponderado de trocas das principais moedas (linha tracejada) registraram apreciação até 2000 e depois começaram a se depreciar. A taxa de câmbio nominal apreciou menos e depreciou mais do que a taxa de câmbio real porque a taxa de inflação dos Estados Unidos excedeu a taxa de inflação de outras importantes economias.

Fonte dos dados: Economic Report of the President, 2006.

Em terceiro lugar, como o Fed e outros bancos centrais operam no mercado de câmbio internacional? Mais especificamente, como a taxa de câmbio entre o dólar norte-americano e o iuane foi fixada e por que ela permaneceu constante por vários anos? Será que uma apreciação do iuane alteraria o balanço comercial e os pagamentos entre os Estados Unidos e a China?

Começaremos estudando como as operações no mercado de câmbio internacional determinam a taxa de câmbio.

QUESTÕES PARA REVISÃO

1 O que é o mercado de câmbio internacional e quais preços são determinados nesse mercado?
2 Faça a distinção entre apreciação e depreciação da moeda.
3 Quais são as principais moedas do mundo?
4 Em relação a quais moedas e durante quais anos o dólar norte-americano apreciou desde 1995?
5 Em relação a quais moedas e durante quais anos o dólar norte-americano se depreciou desde 1995?
6 Qual é a diferença entre a taxa de câmbio nominal e a taxa de câmbio real?
7 O que o índice ponderado de trocas mede?

O mercado de câmbio internacional

Uma taxa de câmbio é um preço – o preço de uma moeda em termos de outra. Como todos os preços, uma taxa de câmbio é determinada em um mercado – o mercado de câmbio internacional.

O dólar norte-americano é negociado no mercado de câmbio internacional e é ofertado e demandado por dezenas de milhares de negociadores a cada hora em cada dia útil. Como há muitos negociadores e não há restrições sobre quem pode negociar, o mercado de câmbio internacional é um *mercado competitivo*.

Em um mercado competitivo, a demanda e a oferta determinam o preço. Assim, para entendermos as forças que determinam a taxa de câmbio, precisamos analisar os fatores que influenciam a demanda e a oferta no mercado de câmbio internacional. Mas há uma característica do mercado de câmbio internacional que o torna especial.

A demanda por uma moeda é a oferta de outra moeda

Quando as pessoas que estão mantendo moeda de algum outro país querem trocá-la por dólares norte-americanos, elas demandam dólares norte-americanos e ofertam a moeda do outro país. Quando as pessoas que estão mantendo dólares norte-americanos querem trocá-los pela moeda de algum outro país, elas ofertam dólares norte-americanos e demandam a moeda do outro país.

Assim, os fatores que influenciam a demanda por dólares norte-americanos também influenciam a oferta de euros, dólares canadenses e ienes. Os fatores que influenciam a demanda pela moeda de outro país também influenciam a oferta de dólares norte-americanos.

Negociadores no mercado de câmbio internacional.

Examinaremos primeiro as influências sobre a demanda por dólares norte-americanos no mercado de câmbio internacional.

Demanda no mercado de câmbio internacional

As pessoas compram dólares norte-americanos no mercado de câmbio internacional para poder comprar bens e serviços produzidos nos Estados Unidos – exportações norte-americanas. Elas também compram dólares norte-americanos para comprar ativos norte-americanos, como títulos, ações, empresas e imóveis, ou podem manter parte de seu dinheiro em dólares norte-americanos em uma conta bancária.

A quantidade demandada de dólares norte-americanos no mercado de câmbio internacional é a quantia que os negociadores planejam comprar durante determinado período a determinada taxa de câmbio. Essa quantidade depende de muitos fatores, mas os principais são:

1. A taxa de câmbio.
2. A demanda mundial por exportações norte-americanas.
3. Taxas de juros nos Estados Unidos e em outros países.
4. A taxa de câmbio futura esperada.

Para podermos isolar a taxa de câmbio e ver como ela é determinada, examinaremos primeiro a relação entre a quantidade demandada de dólares norte-americanos no mercado de câmbio internacional e a taxa de câmbio quando as outras três influências permanecem inalteradas – a lei da demanda no mercado de câmbio internacional. Na próxima seção, veremos o que acontece quando essas outras influências mudam.

A lei da demanda por moeda estrangeira

A lei da demanda se aplica aos dólares norte-americanos da mesma maneira que se aplica a qualquer coisa que as pessoas valorizam. Se todos os outros fatores são mantidos constantes, quanto mais alta é a taxa de câmbio, menor é a quantidade demandada de dólares norte-americanos no mercado de câmbio internacional. Por exemplo, se o preço do dólar norte-americano sobe de 100 para 120 ienes, mas todos os outros fatores permanecem constantes, a quantidade de dólares norte-americanos que as pessoas planejam comprar no mercado de câmbio internacional diminui. A taxa de câmbio influencia a quantidade demandada de dólares norte-americanos por duas razões:

- Efeito das exportações
- Efeito dos lucros esperados

Efeito das exportações Quanto maior é o valor das exportações dos Estados Unidos, maior é a quantidade demandada de dólares norte-americanos no mercado de câmbio internacional. No entanto, o valor das exportações norte-americanas depende dos preços de bens e serviços produzidos nos Estados Unidos *expressos na moeda do comprador estrangeiro*, e esses preços dependem da taxa de câmbio. Quanto mais baixa é a taxa de câmbio, com todos os outros fatores mantidos constantes, mais baixos são os preços de bens e serviços produzidos nos Estados Unidos para os estrangeiros e maior é o volume de exportações norte-americanas. Desta maneira, se a taxa de câmbio diminui (e se todos os outros fatores são mantidos constantes), a quantidade demandada de dólares norte-americanos no mercado de câmbio internacional aumenta.

Para observar esse efeito em funcionamento, pense nas encomendas do novo avião 787 da Boeing. Se o preço de um 787 é US$ 100 milhões e a taxa de câmbio é 90 centavos de euro por dólar norte-americano, o preço desse avião para a KLM, uma companhia aérea européia, é € 900.000. A KLM considera o preço alto demais, de modo que não compra um novo 787. Se a taxa de câmbio diminui para 80 centavos de euro por dólar norte-americano e os outros fatores permanecem constantes, o preço de um 787 agora diminui para € 800.000. Neste caso, a KLM decide comprar um 787 e compra dólares norte-americanos no mercado de câmbio internacional.

Efeito dos lucros esperados Quanto maior é o lucro que se espera obter quando se mantêm dólares norte-americanos, maior é a quantidade demandada de dólares norte-americanos no mercado de câmbio internacional. No entanto, o lucro esperado depende da taxa de câmbio. Para determinada taxa de câmbio futura esperada, quanto mais baixa é a taxa de câmbio hoje, maior é o lucro esperado da compra de dólares norte-americanos hoje para mantê-los, de modo que maior é a quantidade demandada de dólares norte-americanos no mercado de câmbio internacional hoje.

Para ver esse efeito em ação, suponha que o Banco Mizuho, um banco japonês, espere que a taxa de câmbio seja de 120 ienes por dólar norte-americano no fim do ano. Se a taxa de câmbio de hoje também é de 120 ienes por dólar norte-americano, o Banco Mizuho não espera nenhum lucro da compra de dólares norte-americanos e decide mantê-los até o fim do ano. No entanto, se a taxa de câmbio é de 100 ienes por dólar norte-americano e o Banco Mizuho compra dólares norte-americanos, ele espera vendê-los no fim do ano por 120 ienes por dólar e ganhar um lucro de 20 ienes por dólar norte-americano.

Quanto mais baixa é a taxa de câmbio hoje, com todos os outros fatores mantidos constantes, maior é o lucro esperado de dólares norte-americanos mantidos e maior é a quantidade demandada de dólares norte-americanos no mercado de câmbio internacional hoje.

A curva de demanda por dólares norte-americanos

A Figura 26.3 mostra a curva de demanda por dólares norte-americanos no mercado de câmbio internacional. Uma variação da taxa de câmbio, com todos os outros fatores mantidos constantes, leva a uma variação da quantidade demandada de dólares norte-americanos e a um movimento ao longo da curva de demanda, como indicam as setas.

Figura 26.3 A demanda por dólares norte-americanos

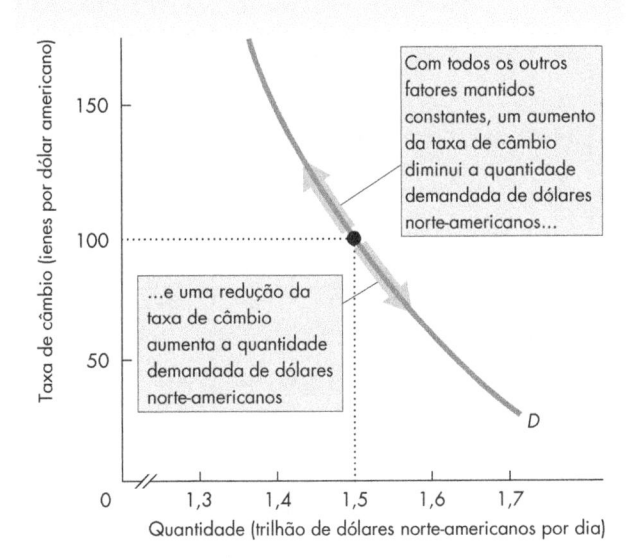

[Gráfico: Taxa de câmbio (ienes por dólar americano) vs. Quantidade (trilhão de dólares norte-americanos por dia). A curva D é decrescente, passando pelo ponto (1,5; 100). Anotações: "Com todos os outros fatores mantidos constantes, um aumento da taxa de câmbio diminui a quantidade demandada de dólares norte-americanos..." e "...e uma redução da taxa de câmbio aumenta a quantidade demandada de dólares norte-americanos".]

A quantidade demandada de dólares norte-americanos depende da taxa de câmbio. Com todos os outros fatores mantidos constantes, se a taxa de câmbio aumenta, a quantidade demandada de dólares norte-americanos diminui e há um movimento para cima ao longo da curva de demanda por dólares norte-americanos. Se a taxa de câmbio diminui, a quantidade demandada de dólares norte-americanos aumenta e há um movimento para baixo ao longo da curva de demanda por dólares norte-americanos.

Na próxima seção deste capítulo examinaremos os fatores que alteram a demanda, mas, antes disso, vejamos o que determina a oferta de dólares norte-americanos.

Oferta no mercado de câmbio internacional

Os norte-americanos vendem dólares e compram outras moedas, de modo que possam comprar bens e serviços produzidos externamente – importações dos Estados Unidos. Os norte-americanos também vendem dólares e compram moedas estrangeiras, de modo que possam comprar ativos estrangeiros, como obrigações, ações, empresas e imóveis, ou que possam manter parte de seu dinheiro em depósitos bancários expressos em uma moeda estrangeira.

A quantidade ofertada de dólares norte-americanos no mercado de câmbio internacional é a quantia que os negociadores planejam vender durante determinado período a determinada taxa de câmbio. Essa quantidade depende de muitos fatores, mas os principais são:

1. A taxa de câmbio.
2. A demanda por importações norte-americanas.
3. As taxas de juros nos Estados Unidos e em outros países.
4. A taxa de câmbio futura esperada.

Vamos examinar a relação entre a quantidade ofertada de dólares norte-americanos no mercado de câmbio internacional e a taxa de câmbio quando as outras três influências permanecem constantes – a lei da oferta no mercado de câmbio internacional.

A lei da oferta da moeda estrangeira

Se todos os outros fatores são mantidos constantes, quanto mais alta é a taxa de câmbio, maior é a quantidade ofertada de dólares norte-americanos no mercado de câmbio internacional. Por exemplo, se a taxa de câmbio aumenta de 100 para 120 ienes por dólar norte-americano e se todos os outros fatores são mantidos constantes, a quantidade de dólares norte-americanos que as pessoas planejam vender no mercado de câmbio internacional aumenta.

A taxa de câmbio influencia a quantidade ofertada de dólares norte-americanos por duas razões:

- Efeito das importações
- Efeito dos lucros esperados

Efeito das importações Quanto maior é o valor das importações dos Estados Unidos, maior é a quantidade ofertada de dólares norte-americanos no mercado de câmbio internacional. No entanto, o valor de importações norte-americanas depende dos preços de bens e serviços produzidos no exterior *expressos em dólares norte-americanos*. Esses preços dependem da taxa de câmbio. Quanto mais alta é a taxa de câmbio, com todos os outros fatores mantidos constantes, mais baixos são os preços dos bens e serviços produzidos no exterior para os norte-americanos e maior é o volume de importações norte-americanas. Assim, se a taxa de câmbio aumenta (e se as outras influências são mantidas constantes), a quantidade ofertada de dólares norte-americanos no mercado de câmbio internacional aumenta.

Efeito dos lucros esperados Esse efeito funciona como o efeito sobre a demanda pelo dólar norte-americano, mas na direção oposta. Quanto mais alta é a taxa de câmbio hoje, com todos os outros fatores mantidos constantes, maior é o lucro esperado da venda de dólares norte-americanos hoje para manter moedas estrangeiras, de modo que maior é a quantidade ofertada de dólares norte-americanos.

A curva de oferta de dólares americanos

A Figura 26.4 mostra a curva de oferta de dólares norte-americanos no mercado de câmbio internacional. Uma variação da taxa de câmbio, com todos os outros fatores mantidos constantes, leva a uma variação da quantidade ofertada de dólares norte-americanos e a um movimento ao longo da curva de oferta, como indicam as setas.

Equilíbrio do mercado

O equilíbrio no mercado de câmbio internacional depende das operações do Federal Reserve e de bancos centrais no mundo todo. Estudaremos aqui o equilíbrio quando os bancos centrais se mantêm fora desse mercado. Em uma seção posterior, analisaremos os efeitos de ações alternativas que o Fed ou outro banco central podem realizar no mercado de câmbio internacional.

A Figura 26.5 mostra a curva de demanda por dólares norte-americanos, *D*, da Figura 26.3, a curva de oferta de dólares norte-americanos, *S*, da Figura 26.4, e a taxa de câmbio de equilíbrio.

Figura 26.4 A oferta de dólares norte-americanos

Se todos os outros fatores forem mantidos constantes, um aumento da taxa de câmbio aumenta a quantidade ofertada de dólares norte-americanos...

...e uma redução da taxa de câmbio diminui a quantidade ofertada de dólares norte-americanos

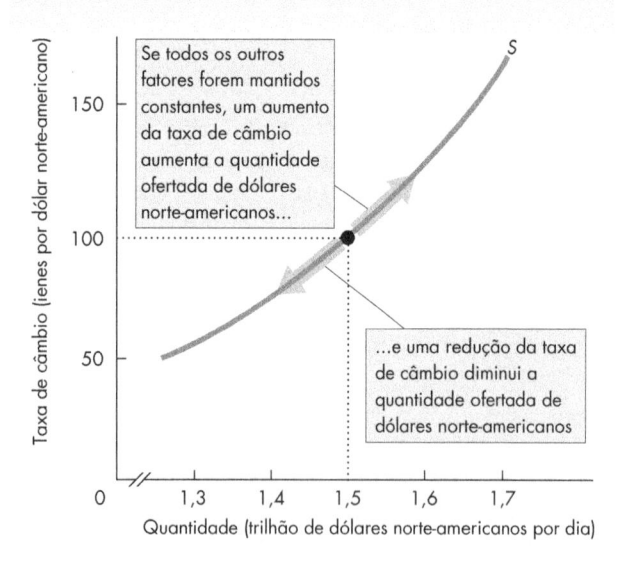

A quantidade ofertada de dólares norte-americanos depende da taxa de câmbio. Com todos os outros fatores mantidos constantes, se a taxa de câmbio aumenta, a quantidade ofertada de dólares norte-americanos aumenta e há um movimento para cima ao longo da curva de oferta de dólares norte-americanos. Se a taxa de câmbio diminui, a quantidade ofertada de dólares norte-americanos diminui e há um movimento para baixo ao longo da curva de oferta de dólares norte-americanos.

A taxa de câmbio atua para regular as quantidades demandada e ofertada. Se a taxa de câmbio é alta demais, há um excedente – a quantidade ofertada excede a quantidade demandada. Na Figura 26.5, por exemplo, se a taxa de câmbio é de 150 ienes por dólar norte-americano, há um excedente de dólares norte-americanos. Se a taxa de câmbio é baixa demais, há uma escassez – a quantidade ofertada é menor que a quantidade demandada. Por exemplo, se a taxa de câmbio é de 50 ienes por dólar norte-americano, há uma escassez de dólares norte-americanos.

Na taxa de câmbio de equilíbrio, não há excedente nem escassez. A quantidade ofertada é igual à quantidade demandada. Na Figura 26.5, a taxa de câmbio de equilíbrio é de 100 ienes por dólar norte-americano. Com essa taxa de câmbio, a quantidade demandada e a quantidade ofertada são iguais a US$ 1,5 trilhão por dia.

O mercado de câmbio internacional é constantemente puxado para o equilíbrio pelas forças da oferta e da demanda. Os negociadores de câmbio internacional estão constantemente em busca do melhor preço possível. Se estão vendendo, eles querem o maior preço disponível. Se estão comprando, eles querem o menor preço disponível. As informações fluem de um negociador para outro por meio da rede mundial de computadores, e os preços se ajustam minuto a minuto para manter os planos de compra e os de venda em equilíbrio. Ou seja, o preço se ajusta minuto a minuto para manter a taxa de câmbio em seu equilíbrio.

Figura 26.5 Taxa de câmbio de equilíbrio

Excedente a 150 ienes por dólar norte-americano

Equilíbrio a 100 ienes por dólar norte-americano

Escassez a 50 ienes por dólar norte-americano

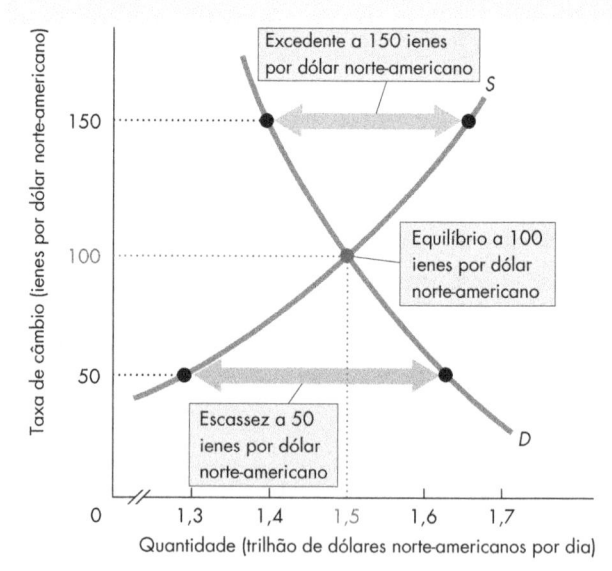

A curva de demanda por dólares norte-americanos é D, e a curva de oferta de dólares norte-americanos é S. Se a taxa de câmbio é de 150 ienes por dólar norte-americano, há um excedente de dólares norte-americanos e a taxa de câmbio diminui. Se a taxa de câmbio é de 50 ienes por dólar americano, há uma escassez de dólares norte-americanos e a taxa de câmbio aumenta. Se a taxa de câmbio é de 100 ienes por dólar norte-americano, não há uma escassez nem um excedente de dólares norte-americanos e a taxa de câmbio permanece constante. O mercado de câmbio internacional está em equilíbrio.

A Figura 26.5 mostra como a taxa de câmbio entre o dólar norte-americano e o iene é determinada. As taxas de câmbio entre o dólar norte-americano e todas as outras moedas são determinadas de maneira similar. O mesmo se aplica às taxas de câmbio entre as outras moedas. Entretanto, as taxas de câmbio são vinculadas umas às outras de modo que não seja possível obter lucros comprando uma moeda, vendendo-a para comprar uma segunda e voltando a comprar a primeira. Se tal lucro fosse possível, os negociadores o identificariam, a demanda e a oferta se alterariam e as taxas de câmbio voltariam a se alinhar.

QUESTÕES PARA REVISÃO

1 Quais são as influências sobre a demanda por dólares norte-americanos no mercado de câmbio internacional?
2 Dê um exemplo do efeito das exportações sobre a demanda por dólares norte-americanos.
3 Quais são as influências sobre a oferta de dólares norte-americanos no mercado de câmbio internacional?
4 Dê um exemplo do efeito das importações sobre a oferta de dólares norte-americanos.
5 Como a taxa de câmbio de equilíbrio é determinada?
6 O que acontece se há uma escassez ou um excedente de dólares norte-americanos no mercado de câmbio internacional?

Variações da demanda e da oferta: flutuações da taxa de câmbio

Quando a demanda ou a oferta de dólares norte-americanos variam, a taxa de câmbio também varia. Agora, vamos examinar os fatores que provocam alterações da demanda e da oferta, a começar pelo lado da demanda do mercado.

Mudanças na demanda por dólares norte-americanos

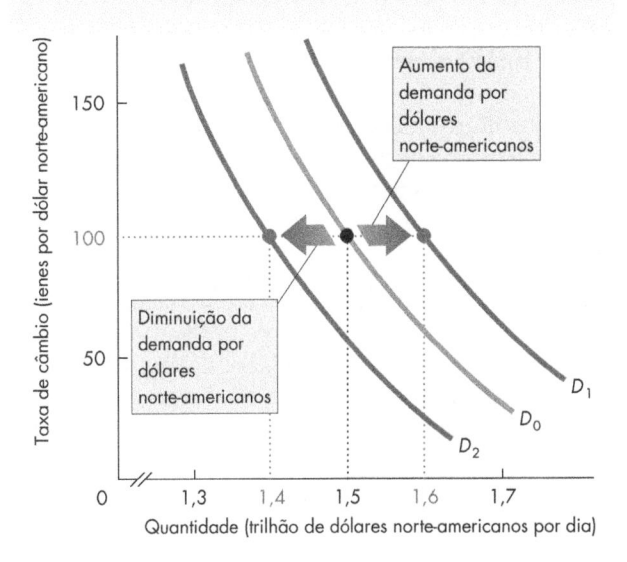

A demanda por dólares norte-americanos no mercado de câmbio internacional varia quando há uma variação:

- Da demanda mundial por exportações norte-americanas.
- Da taxa de juros nos Estados Unidos em relação à taxa de juros estrangeira.
- Da taxa de câmbio futura esperada.

Demanda mundial por exportações norte-americanas Um aumento da demanda mundial por exportações dos Estados Unidos aumenta a demanda por dólares norte-americanos. Para observar esse efeito, pense nas vendas de aviões da Boeing. Um aumento da demanda por transporte aéreo na Austrália faz com que as companhias aéreas desse país saiam pelo mundo em busca de aviões para comprar. Elas decidem que o 787 é o produto ideal, assim encomendam 50 aviões da Boeing. A demanda por dólares norte-americanos agora aumenta.

Taxa de juros nos Estados Unidos em relação à taxa de juros estrangeira Pessoas e empresas compram ativos financeiros para obter um retorno. Quanto mais alta é a taxa de juros que as pessoas podem obter com ativos norte-americanos em comparação com ativos estrangeiros, mais ativos norte-americanos elas compram.

O que importa não é o *nível* da taxa de juros nos Estados Unidos, mas a taxa de juros norte-americana menos a taxa de juros estrangeira – uma lacuna chamada de **diferencial da taxa de juros**. Se a taxa de juros norte-americana aumenta e a taxa de juros estrangeira permanece constante, o diferencial da taxa de juros aumenta. Quanto maior é o diferencial da taxa de juros, maior é a demanda por ativos norte-americanos e maior é a demanda por dólares norte-americanos no mercado de câmbio internacional.

Taxa de câmbio futura esperada Para determinada taxa de câmbio corrente, se todos os outros fatores são mantidos constantes, um aumento da taxa de câmbio futura esperada aumenta o lucro que as pessoas esperam obter mantendo dólares norte-americanos e aumenta a demanda por dólares norte-americanos hoje.

A Figura 26.6 resume as influências sobre a demanda por dólares norte-americanos. Um aumento da demanda por exportações norte-americanas, um aumento do diferencial da taxa de juros ou um aumento da taxa de câmbio futura esperada aumenta a demanda por dólares norte-americanos hoje e desloca a curva de demanda para

Figura 26.6 Mudanças na demanda por dólares norte-americanos

Uma alteração de qualquer influência – além da taxa de câmbio – sobre a quantidade de dólares norte-americanos que as pessoas planejam comprar leva a uma variação da demanda por dólares norte-americanos.

A demanda por dólares norte-americanos	
Aumenta se:	**Diminui se:**
■ A demanda mundial por exportações norte-americanas aumenta.	■ A demanda mundial por exportações norte-americanas diminui.
■ O diferencial da taxa de juros aumenta.	■ O diferencial da taxa de juros diminui.
■ A taxa de câmbio futura esperada aumenta.	■ A taxa de câmbio futura esperada diminui.

a direita, de D_0 para D_1. Uma diminuição da demanda por exportações norte-americanas, uma queda do diferencial da taxa de juros ou uma redução da taxa de câmbio futura esperada diminui a demanda por dólares norte-americanos hoje e desloca a curva de demanda para a esquerda, de D_0 para D_2.

Mudanças na oferta de dólares norte-americanos

A oferta de dólares norte-americanos no mercado de câmbio internacional varia quando há uma variação:

- Da demanda por importações norte-americanas.
- Da taxa de juros nos Estados Unidos em relação à taxa de juros estrangeira.
- Da taxa de câmbio futura esperada.

Demanda por importações norte-americanas Um aumento da demanda por importações norte-americanas aumenta a oferta de dólares norte-americanos no mercado de câmbio internacional. Para entender por que, pense nas compras de aparelhos de DVD feitas pelo Wal-Mart. Um aumento da demanda por aparelhos de DVD faz com que o Wal-Mart saia pelo mundo para comprá-los. O Wal-Mart considera que os aparelhos de DVD da Panasonic produzidos no Japão representam a melhor opção de compra, de modo que aumenta as compras desses aparelhos. A oferta de dólares norte-americanos então aumenta à medida que o Wal-Mart recorre ao mercado de câmbio internacional para comprar ienes para pagar a Panasonic.

Taxa de juros nos Estados Unidos em relação à taxa de juros estrangeira O efeito do diferencial da taxa de juros sobre a oferta de dólares norte-americanos é o oposto de seu efeito sobre a demanda por dólares norte-americanos. Quanto maior é o diferencial de taxa de câmbio, *menor* é a oferta de dólares norte-americanos no mercado de câmbio internacional. A oferta de dólares norte-americanos é menor porque a demanda por ativos *estrangeiros* é menor. Se as pessoas gastam menos em ativos estrangeiros, a quantidade de dólares norte-americanos ofertados no mercado de câmbio internacional diminui. Desta maneira, um aumento da taxa de câmbio norte-americana, se todos os outros fatores são mantidos constantes, aumenta o diferencial da taxa de juros e diminui a oferta de dólares norte-americanos no mercado de câmbio internacional.

Taxa de câmbio futura esperada Para determinada taxa de câmbio corrente, se todos os outros fatores são mantidos constantes, uma diminuição da taxa de câmbio futura esperada diminui o lucro que as pessoas podem obter mantendo dólares norte-americanos hoje e diminui a quantidade de dólares norte-americanos que as pessoas desejam manter. Para reduzir a quantidade de dólares norte-americanos mantidos, as pessoas devem vendê-los. Quando elas fazem isso, a oferta de dólares norte-americanos no mercado de câmbio internacional aumenta.

A Figura 26.7 resume as influências sobre a oferta de dólares norte-americanos. Se a oferta de dólares norte-americanos diminui, a curva de oferta se desloca para a esquerda, de S_0 para S_1, e, se aumenta, a curva de oferta se desloca para a direita, de S_0 para S_2.

Mudanças na taxa de câmbio

Se a demanda por dólares norte-americanos aumenta e a oferta permanece inalterada, a taxa de câmbio aumenta. Se a demanda por dólares norte-americanos diminui e a oferta permanece inalterada, a taxa de câmbio diminui. De modo similar, se a oferta de dólares norte-americanos diminui e a demanda permanece inalterada, a taxa de câmbio aumenta. Se a oferta de dólares norte-americanos aumenta e a demanda permanece inalterada, a taxa de câmbio diminui.

Essas previsões são exatamente iguais às de qualquer outro mercado. Vamos examinar agora dois episódios na vida do dólar norte-americano.

Um dólar norte-americano em apreciação: 2000-2002 Entre 2000 e 2002, o dólar norte-americano sofreu uma apreciação em relação ao iene. O aumento foi de 108

Figura 26.7 Mudanças na oferta de dólares norte-americanos

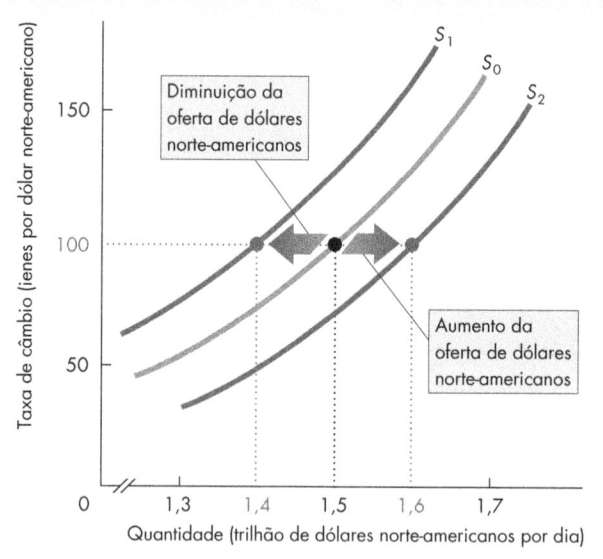

Uma alteração de qualquer influência – além da taxa de câmbio – sobre a quantidade de dólares norte-americanos que as pessoas planejam vender leva a uma mudança na oferta de dólares norte-americanos.

A oferta de dólares norte-americanos	
Aumenta se:	**Diminui se:**
■ A demanda por importações norte-americanas aumenta.	■ A demanda por importações norte-americanas diminui.
■ O diferencial da taxa de juros diminui.	■ O diferencial da taxa de juros aumenta.
■ A taxa de câmbio futura esperada diminui.	■ A taxa de câmbio futura esperada aumenta.

para 125 ienes por dólar norte-americano. A Figura 26.8(a) oferece uma explicação possível para essa apreciação.

Em 2000, as curvas de demanda e oferta eram D_{00} e S_{00}. A taxa de câmbio era de 108 ienes por dólar norte-americano.

Ao longo de 2001, o crescimento do PIB real se desacelerou tanto nos Estados Unidos quanto no Japão, mas a desaceleração foi maior no Japão. Investidores internacionais acreditaram que obteriam mais lucros com ativos norte-americanos do que com ativos japoneses. Dessa maneira, os fundos fluíram para os Estados Unidos. Além disso, negociadores de câmbio, cientes dessas projeções de lucro, esperaram que o dólar sofresse uma apreciação em relação ao iene. Houve um aumento da demanda e a oferta de dólares norte-americanos diminuiu.

Na Figura 26.8(a), a curva de demanda se deslocou para a direita, de D_{00} para D_{02}, e a curva de oferta se deslocou para a esquerda, de S_{00} para S_{02}. A taxa de câmbio aumentou para 127 ienes por dólar norte-americano. Na figura, a quantidade de equilíbrio permaneceu inalterada – uma hipótese.

Figura 26.8 Flutuações da taxa de câmbio

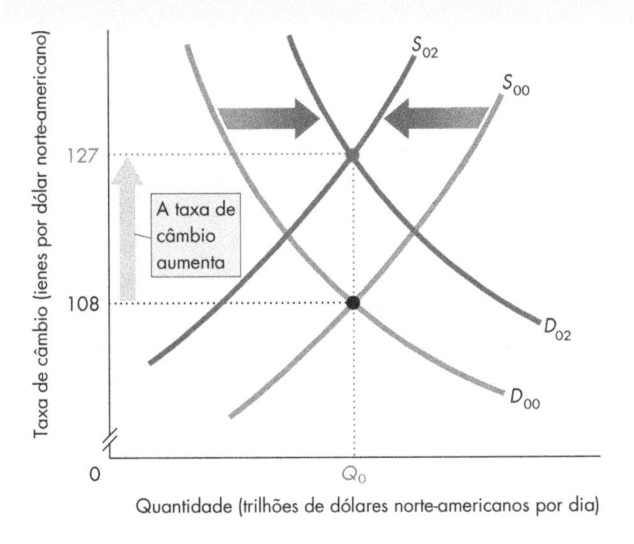

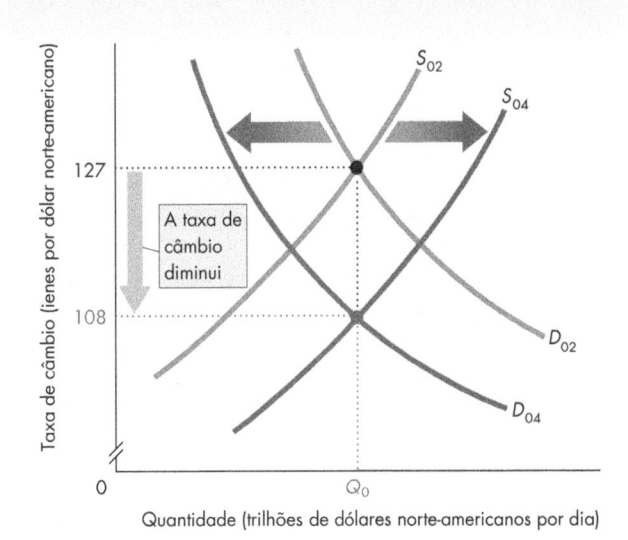

(a) 2000-2002

(b) 2002-2004

Entre 2000 e 2002 – na parte (a) –, os investidores esperavam maiores lucros nos Estados Unidos do que no Japão e negociadores de câmbio esperavam que o dólar norte-americano sofresse uma apreciação. A demanda por dólares norte-americanos aumentou, a oferta diminuiu e essa moeda sofreu uma apreciação.

Entre 2002 e 2004 – na parte (b) –, os investidores passaram a esperar maiores lucros no Japão e negociadores de câmbio esperavam que o dólar norte-americano sofresse uma depreciação. A demanda por dólares norte-americanos diminuiu, a oferta aumentou e essa moeda sofreu uma depreciação.

Um dólar norte-americano em depreciação: 2002-2004 Entre 2002 e 2004, o dólar norte-americano sofreu uma depreciação em relação ao iene. A redução foi de 127 para 108 ienes por dólar norte-americano. A Figura 26.8(b) fornece uma possível explicação para essa depreciação.

Em 2002, as curvas de demanda e oferta eram D_{02} e S_{02}. A taxa de câmbio era de 127 ienes por dólar norte-americano.

Ao longo de 2003, o crescimento do PIB real permaneceu baixo nos Estados Unidos, mas aumentou no Japão. Os investidores aos poucos mudaram suas previsões quanto aos lucros que eles poderiam obter com ativos norte-americanos e japoneses e passaram a ver maiores lucros no Japão. Além disso, o diferencial da taxa de juros diminuiu à medida que a taxa de juros nos Estados Unidos diminuiu. Os fundos fluíram para o Japão. E, diante dessa situação, negociadores de câmbio esperavam que o dólar norte-americano sofresse uma depreciação em relação ao iene. Houve uma diminuição da demanda e um aumento da oferta de dólares norte-americanos.

Na Figura 26.8(b), a curva de demanda se deslocou para a esquerda, de D_{02} para D_{04}, a curva de oferta se deslocou para a direita, de S_{02} para S_{04}, e a taxa de câmbio diminuiu para 108 ienes por dólar norte-americano.

Expectativas da taxa de câmbio

As mudanças na taxa de câmbio que acabamos de analisar ocorreram em parte porque *eram esperadas mudanças* na taxa de câmbio. Essa explicação soa um pouco como uma profecia que pode se realizar. Então, o que faz com que as expectativas mudem? A resposta é: novas informações sobre as forças mais profundas que influenciam o valor de uma moeda em relação ao valor de outra. Essas forças são:

- Paridade da taxa de juros
- Paridade do poder de compra

Paridade da taxa de juros Uma definição do valor da moeda é o que ela pode render. Dois tipos de moeda – dólar norte-americano e iene, por exemplo – podem render diferentes quantias. Por exemplo, suponha que um depósito bancário em ienes em Tóquio renda 1 por cento ao ano e um depósito bancário em dólares norte-americanos em Nova York renda 3 por cento ao ano. Nessa situação, por que alguém deposita dinheiro em Tóquio? Por que todo o dinheiro não flui para Nova York? Devido às expectativas da taxa de câmbio. Suponha que as pessoas esperem que o iene sofra uma apreciação de 2 por cento ao ano. Os investidores norte-americanos acreditam que, se comprarem e mantiverem ienes por um ano, obterão 1 por cento de juros e 2 por cento do iene valorizado (dólar depreciado), recebendo um retorno total de 3 por cento. Deste modo, a taxa de juros em termos de dólares norte-americanos é a mesma em Tóquio e em Nova York. Essa situação é chamada de **paridade da taxa de juros**, o que significa taxas de retorno iguais.

Com o ajuste do risco, a paridade da taxa de juros sempre prevalece. Os fundos se movimentam para obter o mais alto retorno disponível. Se, por alguns segundos, há em Nova York um retorno superior ao de Tóquio, a demanda por dólares norte-americanos aumenta e a taxa de câmbio aumenta, até que as taxas esperadas de retorno sejam iguais.

Paridade do poder de compra Outra definição do valor da moeda é o que ela pode comprar. Entretanto, duas moedas – dólar norte-americano e iene, por exemplo – podem comprar diferentes quantidades de bens e serviços. Suponha que um cartão de memória custe 5.000 ienes em Tóquio e US$ 50 em Nova York. Se a taxa de câmbio é de 100 ienes por dólar, as duas moedas têm o mesmo valor. É possível comprar um cartão de memória em Tóquio ou em Nova York pelo mesmo preço. Podemos expressar esse preço como 5.000 ienes ou US$ 50, mas o preço é o mesmo nas duas moedas.

A situação que acabamos de descrever é chamada de **paridade do poder de compra**, o que significa *valor igual do dinheiro*. Se a paridade do poder de compra não prevalece, algumas forças poderosas entram em ação. Para compreendermos essas forças, vamos supor que o preço de um cartão de memória em Nova York aumente para US$ 60, mas que em Tóquio ele continue a ser 5.000 ienes. Além disso, vamos supor que a taxa de câmbio continue a ser de 100 ienes por dólar. Neste caso, um cartão de memória em Tóquio continua a custar 5.000 ienes ou US$ 50. No entanto, em Nova York, ele custa US$ 60, ou 6.000 ienes. O dinheiro compra mais no Japão do que nos Estados Unidos; ele não tem o mesmo valor nos dois países.

Se todos os preços (ou a maioria deles) aumentarem nos Estados Unidos, mas não no Japão, as pessoas geralmente esperarão uma queda do valor do dólar norte-americano no mercado de câmbio internacional. Nessa situação, espera-se que a taxa de câmbio diminua. Há uma diminuição da demanda e um aumento da oferta de dólares norte-americanos. A taxa de câmbio diminui, como se esperava. Se a taxa de câmbio diminui para 83,33 ienes por dólar e não há mais mudança de preços, a paridade do poder de compra é restaurada. Um cartão de memória que custa US$ 60 em Nova York também custará o equivalente a US$ 60 em Tóquio (60 × 83,33 = 5.000).

Se os preços aumentarem no Japão e em outros países, mas permanecerem constantes nos Estados Unidos, as pessoas geralmente perceberão que o valor do dólar norte-americano no mercado de câmbio internacional estará baixo demais e esperarão que ele aumente. Nesta situação, espera-se que a taxa de câmbio aumente. Há um aumento da demanda e uma diminuição da oferta de dólares norte-americanos. A taxa de câmbio aumenta, como se esperava.

Reação instantânea da taxa de câmbio

A taxa de câmbio reage instantaneamente as notícias sobre alterações das variáveis que influenciam a demanda e a oferta no mercado de câmbio internacional. Podemos entender por que a reação é imediata pensando nas oportunidades de lucro esperado que essas notícias criam.

Suponha que o Banco do Japão divulgue que está considerando um aumento da taxa de juros para a semana seguinte. Se essa manobra é considerada provável, os negociadores esperam que a demanda pelo iene aumente e a demanda por dólares diminua. Eles também esperam que o iene sofra uma apreciação e o dólar se deprecie.

No entanto, para que seja possível se beneficiar de uma apreciação do iene e evitar a perda de uma depreciação do dólar, devem-se comprar ienes e vender dólares *antes* que a taxa de câmbio mude. Cada negociador sabe que todos os outros negociadores têm acesso às mesmas informações e têm expectativas similares. Cada negociador também sabe que, quando as pessoas começarem a vender dólares e comprar ienes, a taxa de câmbio mudará. Fazer a transação antes que a taxa de câmbio mude significa fazer a transação imediatamente, assim que as informações que mudam as expectativas são recebidas.

As taxas de câmbio nominal e real no curto prazo e no longo prazo

Anteriormente, neste capítulo, fizemos a distinção entre a taxa de câmbio nominal e a taxa de câmbio real. Até agora, explicamos somente como a taxa de câmbio nominal é determinada. Concentramo-nos nas flutuações diárias da taxa de câmbio nominal. Vamos nos voltar agora para a taxa de câmbio real e explicar como ela é determinada. Também faremos a distinção entre curto prazo e longo prazo.

Lembre-se da equação que relaciona as taxas de câmbio nominal e real. Essa equação é:

$$TCR = E \times (P/P^*),$$

onde P é o nível de preços nos Estados Unidos, P^* é o nível de preços no Japão, E é a taxa de câmbio nominal (ienes por dólar) e TCR é a taxa de câmbio real (PIB real japonês por unidade de PIB real norte-americano).

No curto prazo, essa equação determina a taxa de câmbio real. Os níveis de preços nos Estados Unidos e no Japão não variam cada vez que a taxa de câmbio nominal varia. Desta maneira, uma variação de E leva a uma variação equivalente de TCR.

Entretanto, no longo prazo, a situação é radicalmente diferente. A dicotomia clássica que descrevemos no Capítulo 23 se aplica ao mercado de câmbio internacional da mesma maneira que aos outros mercados. No longo prazo, a taxa de câmbio real é definida pela demanda e pela oferta nos mercados de bens e serviços. Se o Japão e os Estados Unidos produzissem bens idênticos (se, por exemplo, o PIB de ambos os países consistisse apenas de cartões de memória), a paridade do poder de compra faria com que a taxa de câmbio real fosse igual a 1. Um cartão de memória japonês seria trocado por um cartão de memória norte-americano. Na verdade, apesar de haver uma sobreposição do que cada país produz, o PIB real dos Estados Unidos representa um conjunto de bens e serviços diferente do PIB real do Japão. Desta maneira, o preço relativo do PIB real japonês e norte-americano – a taxa de câmbio real – é diferente de 1 e apresenta flutuações. No entanto, as forças da demanda e da oferta nos mercados de milhões de bens e serviços que compõem o PIB real determinam esses preços relativos.

No longo prazo, com a taxa de câmbio real determinada pelas forças reais da demanda e da oferta nos mercados de bens e serviços, a equação anterior deve ser modificada para determinar a taxa de câmbio nominal. Ou seja, a taxa de câmbio nominal é:

$$E = TCR \times (P^*/P).$$

Essa equação nos informa que, no longo prazo, a taxa de câmbio nominal é determinada pela taxa de câmbio real de equilíbrio e pelos níveis de preços nos dois países. Um aumento no nível de preços no Japão, P^*, leva a uma apreciação do dólar – um aumento de E; um aumento do nível de preços nos Estados Unidos, P, leva a uma depreciação do dólar – uma queda de E.

Vimos no Capítulo 25 que, no longo prazo, a quantidade de moeda determina o nível de preços. Contudo, a teoria quantitativa da moeda se aplica a todos os países. Deste modo, a quantidade de moeda no Japão determina o nível de preços no Japão, e a quantidade de moeda nos Estados Unidos determina o nível de preços nos Estados Unidos.

Portanto, uma taxa de câmbio nominal, no longo prazo, é um fenômeno monetário. Ela é determinada pela quantidade de moeda nos dois países.

As forças de longo prazo que acabamos de descrever explicam as amplas tendências das taxas de câmbio. Por exemplo, o dólar norte-americano geralmente está apreciado em relação ao peso mexicano porque o México tem criado moeda em uma velocidade mais rápida do que os Estados Unidos e o nível de preços tem aumentado mais rapidamente no México do que nos Estados Unidos. O dólar norte-americano tem se depreciado desde 2002 porque os preços nos Estados Unidos têm aumentado mais rapidamente, em média, do que os preços na Europa, no Canadá e no Japão.

QUESTÕES PARA REVISÃO

1 Por que a demanda por dólares norte-americanos varia?

2 Por que a oferta de dólares norte-americanos varia?

3 O que provoca as flutuações da taxa de câmbio do dólar norte-americano?

4 O que é paridade da taxa de juros e o que acontece quando essa condição não se mantém?

5 O que é a paridade do poder de compra e o que acontece quando essa condição não se mantém?

6 O que determina a taxa de câmbio real e a taxa de câmbio nominal no curto prazo?

7 O que determina a taxa de câmbio real e a taxa de câmbio nominal no longo prazo?

Financiamento do comércio internacional

Vimos como a taxa de câmbio é determinada. Mas qual é o efeito dela? Como a depreciação ou a apreciação da moeda influencia nosso comércio e os pagamentos internacionais? Vamos examinar os fundamentos para lidar com essas questões investigando a escala de comércio internacional, a tomada e a concessão de empréstimos internacionais e a maneira como são mantidos os registros sobre as transações internacionais. Esses registros são chamados de contas do balanço de pagamentos.

Contas do balanço de pagamentos

As **contas do balanço de pagamentos** registram as transações de um país referentes ao comércio internacional, bem como empréstimos internacionais tomados e concedidos. São elas:

1. Conta corrente
2. Conta de capital
3. Resultado global do balanço de pagamentos

A **conta corrente** registra receitas de exportações de bens e serviços, pagamentos por importações de bens e serviços, receita financeira líquida paga no exterior e transferências líquidas recebidas do resto do mundo (como pagamentos de ajuda humanitária estrangeira). O *balanço da conta corrente* iguala a soma das exportações menos importações, da receita financeira líquida e das transferências líquidas.

A **conta de capital** registra o investimento estrangeiro em um país menos os investimentos desse país no exterior. (Essa conta também apresenta uma discrepância estatística que resulta de omissões e erros na medição de transações de capital.)

O **resultado global do balanço de pagamentos** registra as variações das **reservas oficiais** de um país, representadas pela moeda estrangeira mantida pelo governo. Se as reservas oficiais de um país *aumentam*, o balanço do resultado global do balanço de pagamentos é *negativo*. A razão para isso é que manter moeda estrangeira é como investir no exterior. Os investimentos de um país no exterior representam um item negativo na conta de capital e no resultado global do balanço de pagamentos.

A soma dos balanços das três contas é sempre igual a zero. Ou seja, para pagarmos nosso déficit de conta corrente, precisamos tomar mais empréstimos do exterior do que concedemos para o exterior ou nossas reservas oficiais devem ser reduzidas para cobrir a defasagem.

A Tabela 26.1 apresenta as contas do balanço de pagamentos dos Estados Unidos em 2005. Os itens da conta corrente e da conta de capital que proporcionam moeda estrangeira aos Estados Unidos apresentam sinal positivo, e os itens que custam moeda estrangeira aos Estados Unidos apresentam sinal negativo. A tabela mostra que, em 2005, as importações norte-americanas excederam as

Tabela 26.1 Contas do balanço de pagamentos dos Estados Unidos em 2005

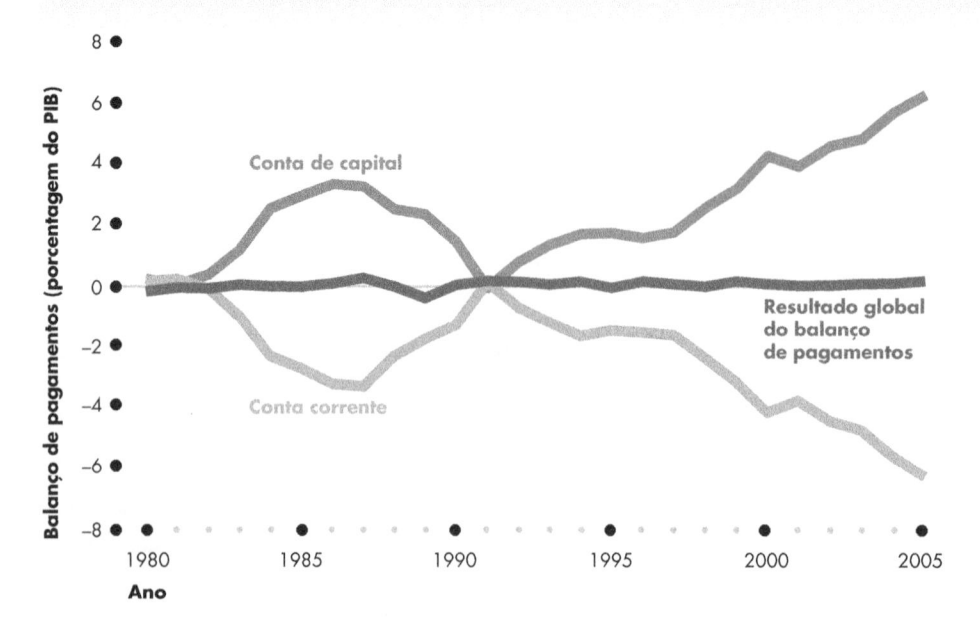

Conta corrente	Bilhões de dólares
Exportações de bens e serviços	+1.275
Importações de bens e serviços	–1.992
Receita financeira líquida	+11
Transferências líquidas	–86
Balanço da conta corrente	–792
Conta de capital	
Investimento estrangeiro nos Estados Unidos	+1.212
Investimentos dos Estados Unidos no exterior	–444
Discrepância estatística	10
Balanço da conta de capital	+778
Resultado global do balanço de pagamentos	14

Fonte dos dados: Bureau of Economic Analysis.

exportações norte-americanas e a conta corrente tinha um déficit de US$ 792 bilhões. Como os norte-americanos pagam pelas importações que excedem o valor das exportações? Em outras palavras, como o país paga seu déficit de conta corrente?

Um país faz seus pagamentos tomando empréstimos do resto do mundo. A conta de capital nos informa o montante desses empréstimos. Os Estados Unidos tomaram emprestado US$ 1.212 bilhões (investimento estrangeiro nos Estados Unidos), mas concederam empréstimos de US$ 444 bilhões (investimentos dos Estados Unidos no exterior). Os empréstimos *líquidos* tomados pelos Estados Unidos foram de US$ 1.212 bilhões menos US$ 444 bilhões, o que equivale a US$ 768 bilhões. Quase sempre há uma discrepância estatística entre a conta de capital de um país e suas transações de conta corrente e, em 2005, a discrepância para os Estados Unidos foi de US$ 10 bilhões. A combinação da discrepância com os empréstimos líquidos tomados resulta em um balanço de conta de capital de US$ 778 bilhões.

O balanço da conta de capital dos Estados Unidos mais seu balanço da conta corrente é igual à variação de suas reservas oficiais. Em 2005, o balanço da conta de capital dos Estados Unidos de US$ 778 bilhões mais seu balanço da conta corrente de –US$ 792 bilhões foi igual a –US$ 14 bilhões. As reservas oficiais dos Estados Unidos *diminuíram* US$ 14 bilhões em 2005. Essa quantia consta na Tabela 26.1 como +US$ 14 bilhões. Quando as reservas de um país *diminuem*, isso é registrado como um número positivo nas contas internacionais porque uma diminuição das reservas do país é como empréstimos tomados do resto do mundo – o governo reduz seus depósitos em bancos centrais estrangeiros.

Os dados da Tabela 26.1 fornecem um quadro das contas do balanço de pagamentos dos Estados Unidos em 2005. A Figura 26.9 coloca esse quadro em perspectiva mostrando o balanço de pagamentos entre 1980 e 2005. Como a economia cresce e o nível de preços aumenta, as variações do valor do dólar no balanço de pagamentos não fornecem muitas informações. Para eliminar as influências do crescimento e da inflação, a Figura 26.9 mostra o balanço de pagamentos como uma porcentagem do PIB nominal.

Como podemos notar, o balanço da conta de capital é quase uma imagem invertida do balanço da conta corrente. O resultado global do balanço de pagamentos é muito pequeno em comparação com os balanços das outras duas contas. Um grande déficit da conta corrente

Figura 26.9 O balanço de pagamentos dos Estados Unidos: 1980-2005

Durante a década de 1980, houve um grande déficit de conta corrente. Esse déficit diminuiu no fim da década de 1980, mas aumentou novamente em 2000, diminuiu ligeiramente na recessão de 2001 e voltou a aumentar. O balanço da conta de capital é uma imagem invertida do balanço da conta corrente. Quando o balanço da conta corrente é negativo, o balanço da conta de capital é positivo – os Estados Unidos tomam empréstimos do resto do mundo. As flutuações do resultado global do balanço de pagamentos são pequenas.

Fonte dos dados: Bureau of Economic Analysis.

(e um excedente da conta de capital) surgiu nos Estados Unidos durante a década de 1980, mas diminuiu de 1987 a 1991. O déficit da conta corrente então aumentou todos os anos até 2000, diminuiu ligeiramente em 2001 e depois voltou a aumentar.

Para ver mais claramente o que significam as contas do balanço de pagamentos de uma nação, pense em suas próprias contas do balanço de pagamentos.

As contas do balanço de pagamentos de uma pessoa
A conta corrente de uma pessoa registra a renda obtida da oferta de serviços dos fatores de produção e os gastos em bens e serviços. Vejamos o exemplo de Jackie. Ela trabalhou em 2005 e ganhou uma renda de $ 25.000. Jackie tem $ 10.000 em investimentos que lhe proporcionaram uma renda de juros de $ 1.000. A conta corrente de Jackie mostra uma renda de $ 26.000. Jackie gastou $ 18.000 comprando bens de consumo e serviços. Ela também comprou uma casa nova, que lhe custou $ 60.000. Assim, os gastos totais de Jackie foram $ 78.000. Os gastos de Jackie menos sua renda equivalem a $ 52.000 ($ 78.000 menos $ 26.000). Essa quantia é o déficit da conta corrente de Jackie.

Para pagar os gastos de $ 52.000 acima de sua renda, Jackie precisa utilizar o dinheiro que tem no banco ou fazer um empréstimo. Suponha que Jackie tenha tomado um empréstimo de $ 50.000 para ajudá-la a comprar sua casa e que esse tenha sido o único. O empréstimo tomado representa um *influxo* na conta de capital, de modo que o *excedente* da conta de capital de Jackie foi de $ 50.000. Com um déficit da conta corrente de $ 52.000 e um excedente da conta de capital de $ 50.000, Jackie ainda deve $ 2.000. Ela tirou esses $ 2.000 de sua própria conta bancária. O dinheiro que ela mantinha diminuiu $ 2.000.

A renda de Jackie proveniente de seu trabalho é como a renda de um país proveniente de suas exportações. A renda de Jackie proveniente dos investimentos é como a receita financeira de um país proveniente de estrangeiros. As compras de bens e serviços que Jackie fez, incluindo a compra de sua casa, são como as importações de um país. O empréstimo que Jackie fez é como o empréstimo que um país toma do resto do mundo. A variação da conta bancária de Jackie é como a variação das reservas oficiais de um país.

Tomadores e concessores de empréstimo

Um país que toma empréstimos do resto do mundo em um valor maior que o dos empréstimos que concede ao resto do mundo é chamado de um **tomador de empréstimos líquido**. De modo similar, um **concessor de empréstimos líquido** é um país que concede empréstimos para o resto do mundo em um valor maior que o dos empréstimos que toma do resto do mundo.

Os Estados Unidos são um tomador de empréstimos líquido, mas esse nem sempre foi o caso. No decorrer da década de 1960 e em grande parte da década de 1970, os Estados Unidos foram um concessor de empréstimos líquido para o resto do mundo – os Estados Unidos tinham um excedente da conta corrente e um déficit da conta de capital. No entanto, desde o início da década de 1980, com exceção de apenas um ano, 1991, os Estados Unidos têm sido um tomador de empréstimos líquido do resto do mundo. Desde 1992, a escala de empréstimos tomados pelos Estados Unidos tem aumentado rapidamente.

A maioria dos países é constituída de tomadores de empréstimos líquidos, como os Estados Unidos. No entanto, alguns países, incluindo a China, o Japão e a Arábia Saudita, rica em petróleo, são concessores de empréstimos líquidos. Em 2005, quando os Estados Unidos tomaram emprestado do resto do mundo quase US$ 800 bilhões, esses três países concederam empréstimos que totalizaram US$ 400 bilhões. Só a China concedeu empréstimos de US$ 160 bilhões.

Devedores e credores

Um tomador de empréstimos líquido pode estar reduzindo os ativos líquidos que mantém no resto do mundo ou pode estar se afundando em dívidas. O estoque total de investimento estrangeiro de uma nação determina se ela é devedora ou credora. Uma **nação devedora** é um país que, ao longo de toda a sua história, tomou empréstimos do resto do mundo em um valor maior que o dos empréstimos que concedeu aos outros países. Ela tem um estoque de dívidas em aberto com o resto do mundo que excede o estoque do que os outros países devem a ela. Uma **nação credora** é um país que, ao longo de toda a sua história, investiu no resto do mundo mais do que outros países investiram nele.

Os Estados Unidos foram uma nação devedora no século XIX, quando tomaram empréstimos da Europa para investir na expansão do Oeste, em ferrovias e na industrialização. O país pagou sua dívida e se tornou uma nação credora na maior parte do século XX, mas, após uma série de déficits em conta corrente, voltou a ser uma nação devedora em 1986.

Desde 1986, o estoque total de empréstimos tomados pelos Estados Unidos do resto do mundo excedeu os empréstimos concedidos pelos Estados Unidos ao resto do mundo. As maiores nações devedoras são os países em desenvolvimento necessitados de capital (como os Estados Unidos foram durante o século XIX). A dívida internacional desses países cresceu de menos de um terço para mais da metade de seu produto interno bruto durante a década de 1980 e criou o que se chamou de 'a crise do endividamento do Terceiro Mundo'.

Um país deve se preocupar se ele for um tomador de empréstimos líquido e um devedor? A resposta a essa questão depende principalmente do que o tomador de empréstimos líquido está fazendo com o dinheiro tomado de empréstimo. Se os empréstimos tomados estão financiando investimentos, que, por sua vez, estão gerando crescimento econômico e uma renda mais alta, não há problemas. Os empréstimos resultam em um retorno mais do que suficiente para pagar os juros. Contudo, se o dinheiro tomado de empréstimo for utilizado para financiar o consumo e pagar os juros e o empréstimo, mais cedo ou mais tarde o consumo deverá ser reduzido. Neste caso, quanto maior é o empréstimo tomado e quanto mais longo é o período no qual ele se estende, maior é a redução do consumo que será necessária.

Os Estados Unidos estão tomando empréstimos para consumir?

Em 2005, os Estados Unidos tomaram empréstimos do exterior de quase US$ 800 bilhões. Naquele ano, os investimentos privados em construções, fábricas e equipamentos foram de US$ 2.270 bilhões, e os investimentos do governo em equipamentos de defesa e projetos sociais foram de US$ 430 bilhões. Todo esse investimento se somou ao capital da nação, e grande parte disso aumentou a produtividade. O governo também gasta em educação e saúde, o que aumenta o *capital humano*. Os empréstimos internacionais estão financiando os investimentos privados e públicos do país, não o consumo.

Balanço da conta corrente

O que determina o balanço da conta corrente de um país e os empréstimos líquidos tomados do exterior? Vimos que as exportações líquidas (NX) constituem o principal item da conta corrente. Podemos definir o balanço da conta corrente (BCC) como:

BCC = NX + receita financeira líquida + transferências líquidas.

É possível estudar o balanço da conta corrente observando o que determina as exportações líquidas porque os outros dois itens são pequenos e não apresentam muita flutuação.

Exportações líquidas

As exportações líquidas são determinadas pelo orçamento público e pelo investimento e poupança privados. Para entendermos como as exportações líquidas são determinadas, precisamos nos lembrar de alguns fatos que aprendemos sobre a *National income and product accounts* – as contas nacionais dos Estados Unidos – no Capítulo 21. A Tabela 26.2 apresenta um resumo de alguns cálculos.

A parte (a) relaciona as variáveis necessárias da renda nacional, com seus respectivos símbolos. A parte (b) define três balanços. As **exportações líquidas** são as exportações de bens e serviços menos as importações de bens e serviços.

O **superávit ou déficit do setor público** é igual aos impostos líquidos menos os gastos do governo em bens e serviços. Se esse número é positivo, o superávit do setor público é concedido como empréstimo a outros setores; se o número é negativo, um déficit público deve ser financiado tomando-se empréstimos de outros setores. O déficit do setor público é a soma dos déficits dos governos federal, estadual e municipal.

O **superávit ou déficit do setor privado** é a poupança menos o investimento. Se a poupança excede o investimento, um excedente do setor privado é concedido como empréstimo a outros setores. Se o investimento excede a poupança, um déficit do setor privado é financiado por meio do empréstimo tomado de outros setores.

Tabela 26.2 Exportações líquidas, orçamento governamental, poupança e investimento

	Símbolos e equações	Estados Unidos em 2006 (bilhões de dólares)
(a) Variáveis		
Exportações*	X	1.395
Importações*	M	2.179
Gastos do governo	G	2.474
Impostos líquidos	T	2.161
Investimento	I	2.270
Poupança	S	1.799
(b) Balanços		
Exportações líquidas	$X - M$	1.395 − 2.179 = −784
Setor público	$T - G$	2.161 − 2.474 = −313
Setor privado	$S - I$	1.799 − 2.270 = −471
(c) Relação entre os balanços		
Contas nacionais	$Y = C + I + G + X - M$ $= C + S + T$	
Reorganização:	$X - M = S - I + T - G$	
Exportações líquidas equivalem a:	$X - M$	−784
Setor público mais	$T - G$	−313
Setor privado	$S - I$	−471

* As mensurações de exportações e importações da National income and product accounts são ligeiramente diferentes daquelas do balanço de pagamentos da Tabela 26.1.

Fonte dos dados: Bureau of Economic Analysis. Os dados são referentes ao segundo trimestre de 2006, com ajuste sazonal à taxa anual.

A parte (b) também mostra os valores desses balanços para os Estados Unidos em 2006. Como podemos notar, as exportações líquidas foram de −US$ 784 bilhões, um déficit de US$ 784 bilhões. A receita do setor público proveniente de impostos líquidos foi de US$ 2.161 bilhões e os gastos do governo foram de US$ 2.474 bilhões. O déficit do setor público foi de US$ 313 bilhões. O setor privado poupou US$ 1.799 bilhões e investiu US$ 2.270 bilhões, de modo que teve um déficit de US$ 471 bilhões.

A parte (c) mostra a relação entre os três balanços. Com base na *National income and product accounts*, sabemos que o PIB real, Y, é a soma dos gastos de consumo (C), investimento, gastos do governo e exportações líquidas. Ele também é igual à soma dos gastos de consumo, poupança e impostos líquidos. A reorganização dessas equações nos informa que as exportações líquidas equivalem à soma do déficit do setor público e do déficit do setor privado. Nos Estados Unidos, em 2006, o déficit do setor público foi de US$ 313 bilhões e o do setor privado foi de US$ 471 bilhões. O déficit do setor público mais o déficit do setor privado foi igual às exportações líquidas, de –US$ 784 bilhões.

Os balanços dos três setores

Vimos que as exportações líquidas equivalem à soma do balanço do setor público e do balanço do setor privado. Como os balanços desses três setores flutuam ao longo do tempo? A Figura 26.10 responde a essa questão. Ela mostra o balanço do setor público (a linha cinza-escuro), as exportações líquidas (a linha cinza-claro) e o balanço do setor privado (a linha tracejada) nos Estados Unidos.

O balanço do setor privado e o balanço do setor público se movimentam em direções opostas. Quando o déficit do setor público aumentou no fim da década de 1980 e início da década de 1990, o superávit do setor privado aumentou. Quando o déficit do setor público diminuiu e se transformou em um superávit durante a década de 1990 e no início da década de 2000, o superávit do setor privado diminuiu e se transformou em um déficit.

Em algumas situações, quando o déficit do setor público aumenta, como ocorreu durante a primeira metade da década de 1980, as exportações líquidas ficam mais negativas. No entanto, após o início da década de 1990, as exportações líquidas não acompanharam de perto o balanço do setor público. Em vez disso, as exportações líquidas reagiram à *soma* dos balanços do setor público e do setor privado. Quando tanto o setor privado quanto o setor público apresentam déficit, as exportações líquidas são negativas e o déficit privado e o público combinados são financiados por empréstimos tomados do resto do mundo.

Onde está a taxa de câmbio?

Ao explicarmos o balanço da conta corrente, não mencionamos a taxa de câmbio. Mas será que a taxa de câmbio também não tem uma função?

No curto prazo, uma diminuição da taxa de câmbio nominal reduz a taxa de câmbio real, o que faz com que as importações de um país sejam mais dispendiosas e as exportações sejam mais competitivas. Um preço mais alto dos bens de consumo importados pode levar a uma redução do consumo e a um aumento da poupança. Um preço mais alto dos bens de capital importados pode levar a uma redução do investimento. Se todos os outros fatores são mantidos constantes, um aumento da poupança ou uma redução do investimento diminui o déficit da conta corrente.

Entretanto, no longo prazo, uma variação da taxa de câmbio nominal deixa a taxa de câmbio real e outras variáveis reais inalteradas. Assim, no longo prazo, a taxa de câmbio nominal não exerce nenhuma influência sobre o balanço da conta corrente.

Figura 26.10 Os balanços dos três setores nos Estados Unidos

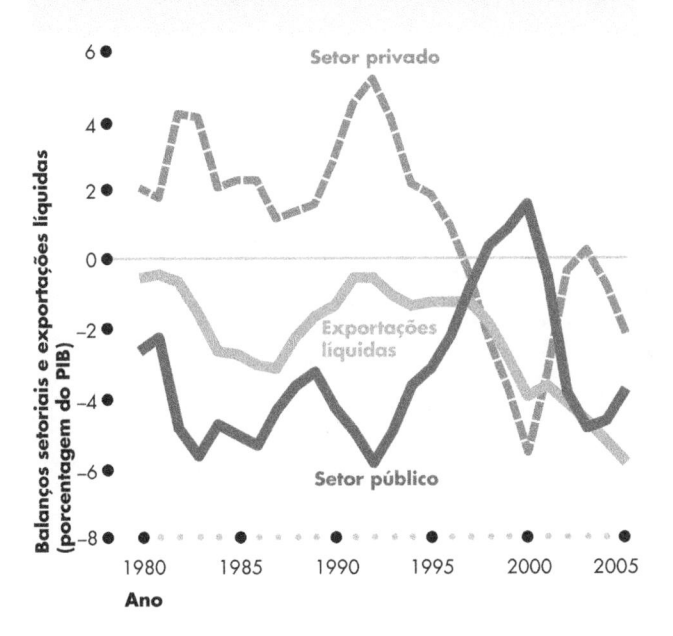

O balanço do setor privado e o balanço do setor público tendem a se movimentar em direções opostas. As exportações líquidas reagem à *soma* dos balanços do setor público e do setor privado. Quando o setor privado e o setor público juntos estão em déficit, esse déficit é financiado por empréstimos líquidos tomados do exterior.

Fonte dos dados: Bureau of Economic Analysis.

QUESTÕES PARA REVISÃO

1. Quais são as transações registradas pela conta corrente?
2. Quais são as transações registradas pela conta de capital?
3. Quais são as transações registradas pelo resultado global do balanço de pagamentos?
4. Os Estados Unidos são um tomador de empréstimos líquido ou um concessor de empréstimos líquido? E são uma nação devedora ou credora?
5. Como as exportações líquidas e o orçamento do setor público estão relacionados?

Política cambial

Como a taxa de câmbio é o preço da moeda de um país em relação à moeda de outro país, os governos e bancos centrais devem ter uma política para a taxa de câmbio. Três políticas cambiais possíveis são:

- Taxa de câmbio flexível
- Taxa de câmbio fixa
- *Crawling peg* (minidesvalorizações cambiais)

Taxa de câmbio flexível

Uma política de **taxa de câmbio flexível** é aquela que permite que a taxa de câmbio seja definida pela demanda e pela oferta sem intervenção direta do banco central no mercado de câmbio internacional. A maioria dos países – incluindo os Estados Unidos – opera uma taxa de câmbio flexível, e o mercado de câmbio internacional que analisamos até agora neste capítulo é um exemplo de regime de taxa de câmbio flexível.

Entretanto, mesmo uma taxa de câmbio flexível é influenciada pelas ações do banco central. Se o Fed aumenta a taxa de juros nos Estados Unidos e os outros países mantêm suas taxas de juros inalteradas, a demanda por dólares norte-americanos aumenta, a oferta diminui, e a taxa de câmbio aumenta. (De maneira similar, se o Fed reduz a taxa de juros nos Estados Unidos, a demanda por dólares norte-americanos diminui, a oferta aumenta, e a taxa de câmbio diminui.)

Em um regime de taxa de câmbio flexível, quando o banco central altera a taxa de juros, seu propósito não é influenciar a taxa de câmbio, mas sim atingir algum outro objetivo da política monetária. (Retomaremos esse tópico com mais profundidade no Capítulo 31.)

Taxa de câmbio fixa

Uma política de **taxa de câmbio fixa** é aquela que estabiliza a taxa de câmbio em um valor determinado pelo governo ou banco central e bloqueia as forças não reguladas da demanda e da oferta por meio da intervenção direta no mercado de câmbio internacional. A economia mundial operava um regime de taxa de câmbio fixa do final da Segunda Guerra Mundial ao início da década de 1970. A China tinha uma taxa de câmbio fixa até recentemente. Hong Kong tem uma taxa de câmbio fixa há muitos anos.

Uma taxa de câmbio fixa requer a intervenção ativa no mercado de câmbio internacional.

Se o Fed quisesse fixar a taxa de câmbio do dólar norte-americano com base no iene, ele teria de vender dólares norte-americanos para impedir que a taxa de câmbio aumentasse para mais do que o valor estabelecido como meta e comprar dólares norte-americanos para impedir que a taxa de câmbio diminuísse para menos do que esse valor-alvo.

Não há limites para a quantidade de dólares norte-americanos que o Fed pode *vender*. O Fed cria dólares norte-americanos e pode criar qualquer quantidade que desejar, mas há um limite para a quantidade que pode *comprar*. Esse limite é estabelecido pelas reservas oficiais norte-americanas de moeda estrangeira. Se as reservas se esgotarem, a intervenção para a compra de dólares norte-americanos será interrompida.

Vamos examinar as intervenções no câmbio internacional que o Fed pode promover.

Suponha que o Fed queira que a taxa de câmbio se estabilize em 100 ienes por dólar norte-americano. Se a taxa de câmbio aumenta para mais do que 100 ienes, o Fed vende dólares. Se a taxa de câmbio diminui para menos do que 100 ienes, o Fed compra dólares. Por meio dessas ações, o Fed altera a oferta de dólares e mantém a taxa de câmbio perto da taxa-alvo de 100 ienes por dólar norte-americano.

A Figura 26.11 mostra a intervenção do Fed no mercado de câmbio internacional. A oferta de dólares é S e inicialmente a demanda por dólares é D_0. A taxa de câmbio de equilíbrio é de 100 ienes por dólar. Essa taxa de câmbio também é a taxa de câmbio alvo do Fed, mostrada pela linha tracejada horizontal.

Quando a demanda por dólares norte-americanos aumenta e a curva de demanda se desloca para a direita, para D_1, o Fed vende US$ 10 bilhões. Essa ação aumenta a oferta de dólares norte-americanos em US$ 10 bilhões e impede que a taxa de câmbio aumente. Quando a demanda por dólares norte-americanos diminui e a curva de demanda se desloca para a esquerda, para D_2, o Fed compra US$ 10 bilhões. Essa ação diminui a oferta de dólares norte-americanos em US$ 10 bilhões e impede que a taxa de câmbio diminua.

Se a demanda por dólares norte-americanos flutua entre D_1 e D_2 e é, em média, igual a D_0, o Fed pode intervir repetidamente do modo que acabamos de estudar. Algumas vezes o Fed compra e algumas vezes ele vende, mas, em média, ele nem compra nem vende.

Figura 26.11 Intervenção no mercado de câmbio internacional

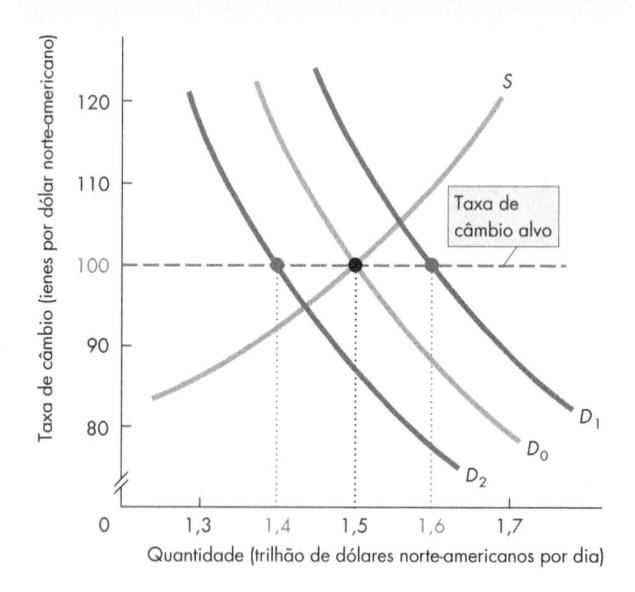

Inicialmente, a demanda por dólares norte-americanos é D_0, a oferta de dólares norte-americanos é S e a taxa de câmbio é de 100 ienes por dólar norte-americano. O Fed pode intervir no mercado de câmbio internacional para manter a taxa de câmbio perto da taxa-alvo (no caso, 100 ienes). Se a demanda aumenta de D_0 para D_1, o Fed vende dólares para aumentar a oferta. Se a demanda diminui de D_0 para D_2, o Fed compra dólares para diminuir a oferta. A intervenção persistente em um lado do mercado não pode ser sustentada.

No entanto, suponha que a demanda por dólares norte-americanos *aumente permanentemente* de D_0 para D_1. Para manter a taxa de câmbio em 100 ienes por dólar norte-americano, o Fed deve vender dólares e comprar moeda estrangeira, de modo que as reservas oficiais norte-americanas de moeda estrangeira aumentem. Em algum ponto, o Fed deve abandonar a taxa de câmbio de 100 ienes por dólar norte-americano e parar de acumular reservas de moeda estrangeira.

Agora, suponha que a demanda por dólares norte-americanos *diminua permanentemente* de D_0 para D_2. Nessa situação, o Fed *não pode* manter indefinidamente a taxa de câmbio em 100 ienes por dólar norte-americano. Para manter a taxa de câmbio em 100 ienes, o Fed deve *comprar* dólares norte-americanos. Quando o Fed compra dólares norte-americanos no mercado de câmbio internacional, ele utiliza reservas oficiais norte-americanas de moeda estrangeira. Deste modo, o Fed deve reduzir suas reservas de moeda estrangeira. Mais cedo ou mais tarde, o Fed esgotaria sua moeda estrangeira e teria de abandonar a taxa de câmbio de 100 ienes por dólar norte-americano.

Crawling peg (minidesvalorizações cambiais)

Um regime de **crawling peg (minidesvalorizações cambiais)** é um regime de política cambial que define uma trajetória para a taxa de câmbio, permitindo intervenções no mercado de moeda estrangeira para concretizar essa trajetória. O Fed nunca operou um regime de minidesvalorizações cambiais, mas alguns importantes países o utilizam. Quando a China abandonou sua taxa de câmbio fixa, ela a substituiu por um regime de minidesvalorizações cambiais. Vários outros países em desenvolvimento utilizam esse regime.

As minidesvalorizações cambiais funcionam como uma taxa de câmbio fixa, exceto pelo fato de que o valor-alvo é variável. Algumas vezes a meta varia uma vez por mês e outras vezes ela varia diariamente.

A idéia por trás das minidesvalorizações cambiais é impedir expectativas flutuantes quando se faz com que a taxa de câmbio flutue e evitar os problemas que podem ocorrer com uma taxa de câmbio fixa caso as reservas se esgotem ou se acumulem. (As minidesvalorizações cambiais também podem ser utilizadas para controlar a inflação, uma função que examinaremos no Capítulo 31.

O Banco Popular da China no mercado de câmbio internacional

Vimos na Figura 26.1 que a taxa de câmbio entre o dólar norte-americano e o iuane se mantém constante há vários anos. A razão para essa taxa de câmbio praticamente constante é que o banco central chinês, o Banco Popular da China, interveio para operar uma política de taxa de câmbio fixa. De 1997 a 2005, o iuane foi fixado em 8,28 iuanes por dólar norte-americano. Desde 2005, o iuane sofreu uma ligeira apreciação, mas não foi permitido que flutuasse livremente. Desde 2005, o iuane tem sido mantido em um regime de minidesvalorizações cambiais.

A conseqüência imediata da taxa de câmbio fixa (e uma taxa de câmbio em regime de minidesvalorizações cambiais) do iuane é que, desde 2000, a China acumula reservas de dólares norte-americanos em uma enorme escala. Em meados de 2006, as reservas oficiais de moeda estrangeira da China se aproximavam de US$ 1 trilhão!

A Figura 26.12(a) mostra a escala do aumento das reservas chinesas de moeda estrangeira (principalmente dólar norte-americano). Podemos notar que, em 2004 e 2005, as reservas aumentaram US$ 200 bilhões ao ano.

A Figura 26.12(b) ilustra o que está acontecendo no mercado de dólares norte-americanos em relação ao iuane e explica por que as reservas chinesas aumentaram. A curva de demanda D e a curva de oferta S se cruzam em 5 iuanes por dólar norte-americano. Se o Banco Popular da China não executar nenhuma ação no mercado de câmbio internacional, essa taxa de câmbio é a taxa de equilíbrio. (Esse valor específico é apenas um exemplo. Ninguém sabe qual seria a taxa de câmbio iuane–dólar norte-americano sem nenhuma intervenção.)

Ao intervir no mercado de câmbio internacional e comprar dólares norte-americanos, o Banco Popular fixa o iuane em 8,28 iuanes por dólar norte-americano. Mas, para isso, ele deve continuar a acumular dólares norte-americanos. Na Figura 26.12(b), o Banco Popular compra US$ 200 bilhões ao ano.

Se o Banco Popular parar de comprar dólares norte-americanos e acumular reservas dessa moeda, ela sofrerá uma depreciação e o iuane terá uma apreciação.

Por que a China fixa sua taxa de câmbio? Diz-se que a China fixa sua taxa de câmbio para manter seus preços de exportação baixos e para facilitar a concorrência nos mercados internacionais. Vimos que isso pode ser verdadeiro no curto prazo. Dados os preços na China e no resto do mundo, uma baixa taxa de câmbio iuane–dólar norte-americano leva a baixos preços do dólar norte-americano para as exportações chinesas. Mas a taxa de câmbio iuane–dólar norte-americano se mantém fixa há quase 10 anos. Esse longo período para uma taxa de câmbio fixa tem efeitos de longo prazo, não de curto prazo. No longo prazo, a taxa de câmbio não tem nenhum efeito sobre a competitividade. A razão para isso é que os preços se ajustam para refletir a taxa de câmbio e a taxa de câmbio real não é afetada pela taxa de câmbio nominal.

Então por que a China fixa sua taxa de câmbio? A resposta mais convincente é que a China vê uma taxa de câmbio fixa como uma maneira de atingir uma baixa taxa de inflação. Quando se fixa o iuane com base no dólar norte-americano, a taxa de inflação da China é atrelada à taxa de inflação dos Estados Unidos e não se desviará muito dessa taxa.

De modo similar, países que utilizam um regime de minidesvalorizações cambiais mantêm suas taxas de inflação próximas daquelas do país ao qual eles se atrelam. O resultado é que a política de taxa de câmbio é uma política monetária, não uma política de balanço de pagamentos. Para alterar esse balanço de pagamentos, um país deve alterar sua poupança e seu investimento.

Figura 26.12 Intervenção da China no mercado de câmbio internacional

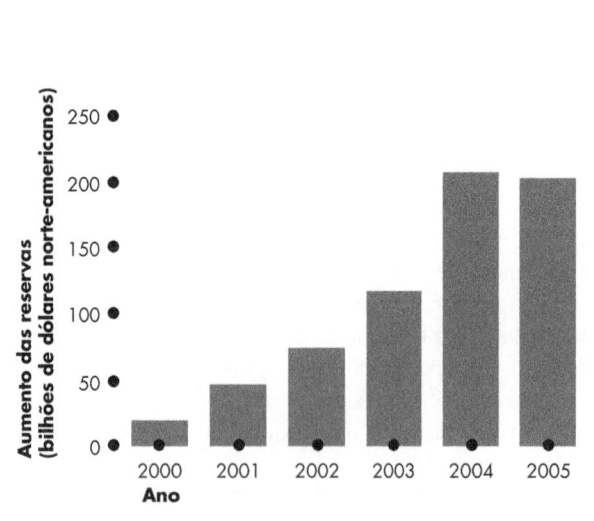

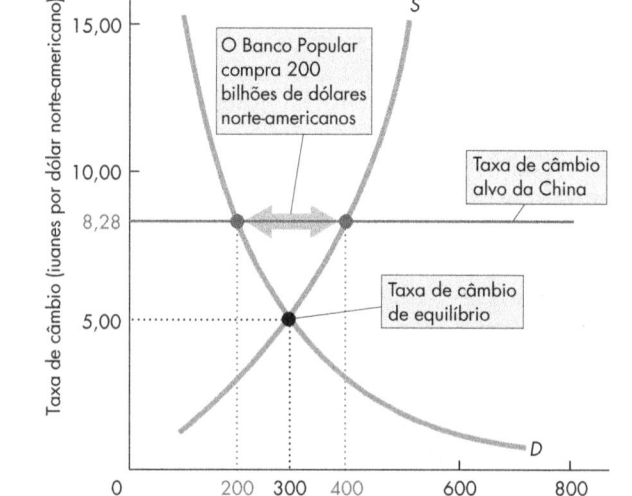

(a) Aumento das reservas de dólares norte-americanos

(b) O iuane no regime de minidesvalorizações cambiais

A parte (a) mostra o aumento anual das reservas chinesas de dólares norte-americanos.

A parte (b) mostra o mercado de dólares norte-americanos em relação ao iuane. (Observe que uma taxa de câmbio mais alta significa um valor mais alto do dólar norte-americano e um valor mais baixo do iuane.) Com a curva de demanda D e a curva de oferta S, a taxa de câmbio de equilíbrio está abaixo da taxa de câmbio alvo da China, de 8,28 iuanes por dólar. Para manter a taxa de câmbio fixa em seu nível-alvo, o Banco Popular da China deve comprar dólares norte-americanos e aumentar suas reservas de moeda estrangeira.

A seção "Leitura das entrelinhas" analisa com mais profundidade a política cambial da China.

QUESTÕES PARA REVISÃO

1. O que é uma taxa de câmbio flexível e como ela funciona?
2. O que é uma taxa de câmbio fixa e como ela é fixada?
3. O que é um regime de minidesvalorizações cambiais e como ele funciona?
4. Como a China tem operado no mercado de câmbio internacional, por que ela tem operado desse modo e quais são os efeitos dessa opção?

LEITURA DAS ENTRELINHAS

OBSERVATÓRIO ECONÔMICO

O dólar em queda

Bush ajuda na luta com o iuane

10 de maio de 2006

Depois de quase três anos forçando a China a permitir que sua moeda flutue mais livremente, com resultados apenas modestos, a administração Bush ainda parece relutante em acusar a China de manipular sua taxa de câmbio...

Fabricantes norte-americanos e muitos membros do Congresso dos Estados Unidos reclamam há anos que a China mantém sua moeda, o iuane, em uma taxa de câmbio artificialmente baixa em relação ao dólar como uma maneira de exportar seus produtos a preços baixos.

O secretário do Tesouro dos Estados Unidos, John W. Snow, tem resistido aos pedidos para ameaçar Pequim, argumentando que os líderes chineses estão fazendo 'progresso' na obtenção de uma taxa de câmbio mais flexível e de um sistema financeiro mais aberto.

Nesta semana, um representante do Tesouro dos Estados Unidos voltou a salientar as medidas tomadas pela China para promover a abertura.

"Se analisarmos o que a China está fazendo para cumprir seu compromisso de implementar um regime de moeda estrangeira que tenha maior flexibilidade", disse o porta-voz de Snow, Tony Fratto, aos repórteres na segunda-feira, "observaremos evidências de que isso está sendo feito".

No entanto, as variações do valor do iuane têm sido relativamente insignificantes. Os líderes chineses permitiram que o iuane aumentasse cerca de 2 por cento em relação ao dólar em julho e, mais recentemente, em outra pequena porcentagem.

Quando o presidente Hu Jintao visitou o presidente Bush em Washington no mês passado, altos funcionários chineses voltaram a enfatizar a necessidade de 'estabilidade' e não deram nenhum sinal de que permitiriam que o iuane flutuasse livremente...

O déficit comercial dos Estados Unidos com a China disparou para US$ 202 bilhões em 2005, um desequilíbrio que poderia, em condições normais, ter aumentado o valor do iuane em relação ao dólar. A China impediu que o iuane aumentasse comprando centenas de bilhões em reservas expressas em dólares...

Fonte: Copyright 2006 The New York Times Company. Reproduzido com permissão. Proibido nova reprodução. Disponível em: http://www.nytimes.com

Essência da notícia

▷ Os produtores norte-americanos e membros do Congresso reclamam que a China tem mantido o iuane artificialmente baixo para exportar a preços baixos.

▷ O secretário do Tesouro dos Estados Unidos, John W. Snow, diz que a China está progredindo na obtenção de uma taxa de câmbio mais flexível.

▷ As variações da taxa de câmbio iuane–dólar têm sido pequenas.

▷ O iuane teve uma apreciação em julho de 2005 e outra pequena apreciação mais recentemente.

▷ O déficit comercial dos Estados Unidos com a China foi de US$ 202 bilhões em 2005.

▷ Esse desequilíbrio deveria ter forçado o valor do iuane a subir, mas a China impediu isso e aumentou suas reservas de dólares norte-americanos.

Análise econômica

▷ A taxa de câmbio da China esteve fixada em 8,28 iuane por dólar norte-americano até julho de 2005.

▷ Em julho de 2005, o iuane teve uma apreciação (o dólar sofreu uma depreciação) de 2,1 por cento.

▷ Desde julho de 2005, o iuane tem subido persistentemente, mas de modo lento, em relação ao dólar (o dólar caiu em relação ao iuane).

▷ A Figura 1 mostra a trajetória do dólar em queda em relação ao iuane.

▷ Para fixar o iuane antes de julho de 2005 e impedir que a taxa de câmbio aumente mais do que o país deseja, o Banco Popular da China vem comprando dólares norte-americanos no mercado de câmbio internacional.

▷ O resultado dessas transações no mercado de câmbio internacional é um grande crescimento das reservas.

▷ A Figura 2 mostra a composição das reservas chinesas, que, em 2006, eram de quase US$ 1 trilhão.

▷ Os norte-americanos se preocupam com o iuane porque a China tem um grande superávit comercial com os Estados Unidos.

▷ No entanto, o superávit total da conta corrente chinesa não é grande e representa apenas uma fração do grande déficit da conta corrente norte-americana.

▷ A Figura 3 mostra o déficit da conta corrente norte-americana e o superávit da conta corrente chinesa.

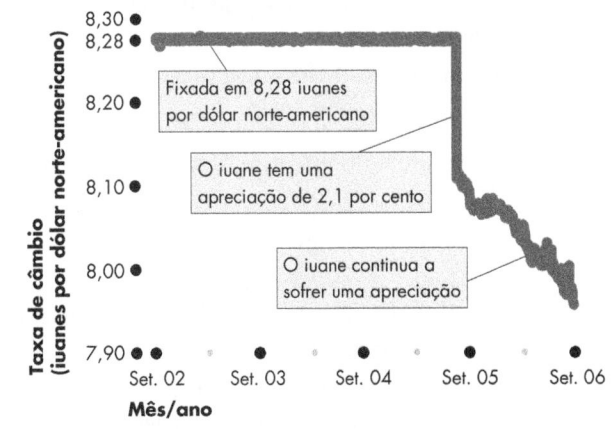

Figura 1: A taxa de câmbio iuane-dólar norte-americano

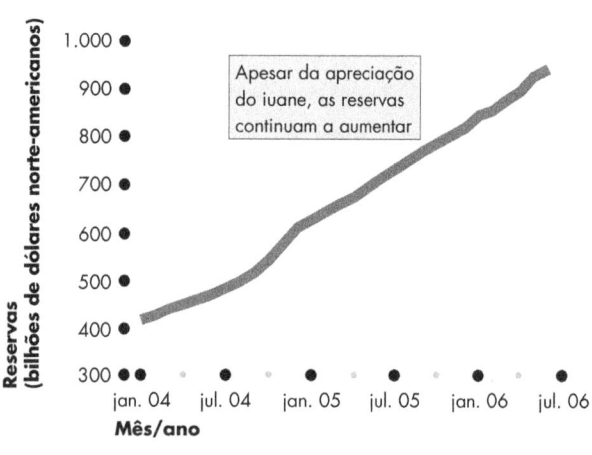

Figura 2: O acúmulo de reservas da China

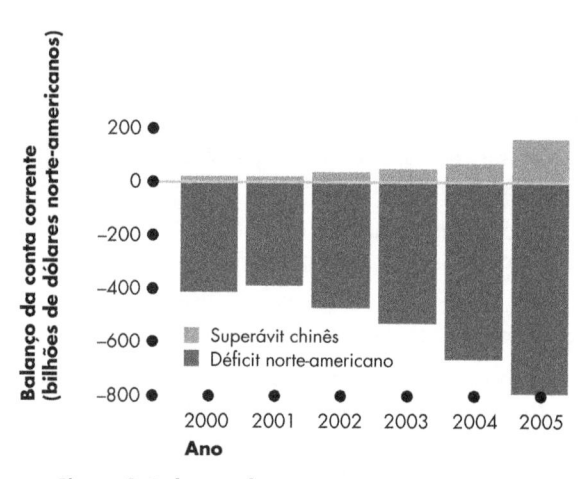

Figura 3: Balanços da conta corrente

▷ A análise feita neste capítulo explica que o déficit de uma conta corrente resulta de poupanças pública e privada muito baixas em relação ao investimento.

▷ A China poupa mais do que investe, e os Estados Unidos investem mais do que poupam.

▷ Uma variação da taxa de câmbio nominal entre o dólar norte-americano e o iuane não pode dar grande contribuição para a alteração desses desequilíbrios.

▷ O principal efeito da apreciação do iuane será a desaceleração da taxa de inflação da China em relação à dos Estados Unidos.

Você decide

▷ Em sua opinião, os Estados Unidos deveriam pressionar a China para aumentar substancialmente o valor do iuane?

▷ Em sua opinião, seria do interesse da China aumentar substancialmente o valor do iuane?

▷ Como um iuane com valor substancialmente mais alto afetaria o comércio internacional?

RESUMO

Pontos-chave

Moedas e taxas de câmbio (p. 604-607)

■ A moeda estrangeira é obtida em troca de moeda nacional no mercado de câmbio internacional.

■ A taxa de câmbio nominal é o valor de uma moeda em relação a outra.

■ A taxa de câmbio real é o preço do PIB real de um país em relação ao PIB real de outro país.

O mercado de câmbio internacional (p. 607-610)

■ A demanda e a oferta no mercado de câmbio internacional determinam a taxa de câmbio.

■ Quanto mais alta é a taxa de câmbio, menor é a quantidade demandada de moeda nacional e maior é a quantidade ofertada de moeda nacional.

■ A taxa de câmbio de equilíbrio faz com que a quantidade demandada de moeda nacional seja igual à quantidade ofertada.

Variações da demanda e da oferta: flutuações da taxa de câmbio (p. 611-615)

■ As variações da demanda internacional por exportações, o diferencial da taxa de juros ou a taxa de câmbio futura esperada alteram a demanda por moeda nacional.

■ As variações da demanda internacional por importações, o diferencial da taxa de juros ou a taxa de câmbio futura esperada alteram a oferta de moeda nacional.

■ As expectativas em relação à taxa de câmbio são influenciadas pela paridade do poder de compra e pela paridade da taxa de juros.

■ No longo prazo, a taxa de câmbio nominal é um fenômeno monetário e a taxa de câmbio real independe da taxa de câmbio nominal.

Financiamento do comércio internacional (p. 615-619)

■ O comércio internacional e a tomada e a concessão de empréstimos são financiados por meio da utilização de moeda estrangeira.

■ As transações internacionais de um país são registradas em sua conta corrente, conta de capital e resultado global do balanço de pagamentos.

- O balanço da conta corrente é similar às exportações líquidas e é determinado pelo balanço do setor público mais o balanço do setor privado.

Política cambial (p. 619-622)

- Uma taxa de câmbio pode ser flexível, fixa ou em regime de minidesvalorizações cambiais.
- Para atingir uma taxa de câmbio fixa ou em regime de minidesvalorizações cambiais, um banco central deve intervir no mercado de câmbio internacional comprando ou vendendo moeda estrangeira.

Tabela e figuras-chave

Figura 26.1: O dólar norte-americano em relação a cinco moedas, 605

Figura 26.2: O índice ponderado de trocas do dólar norte-americano, 607

Figura 26.5: Taxa de câmbio de equilíbrio, 610

Figura 26.11: Intervenção no mercado de câmbio internacional, 620

Tabela 26.2: Exportações líquidas, orçamento governamental, poupança e investimento, 618

Palavras-chave

Concessor de empréstimos líquido, 617
Conta corrente, 615
Conta de capital, 615
Contas do balanço de pagamentos, 615
crawling peg (minidesvalorizações cambiais), 621
Diferencial da taxa de juros, 611
Exportações líquidas, 618
Índice ponderado de trocas, 606
Mercado de câmbio internacional, 605
Moeda estrangeira, 605
Nação credora, 617
Nação devedora, 617
Paridade da taxa de juros, 613
Paridade do poder de compra, 614
Reservas oficiais, 615
Resultado global do balanço de pagamentos, 615
Superávit ou déficit do setor privado, 618
Superávit ou déficit do setor público, 618
Taxa de câmbio, 605
Taxa de câmbio fixa, 620
Taxa de câmbio flexível, 620
Taxa de câmbio nominal, 606
Taxa de câmbio real, 606
Tomador de empréstimos líquido, 617

EXERCÍCIOS

1. A taxa de câmbio do dólar norte-americano diminuiu de 1,30 dólar canadense em 2004 para 1,21 dólar canadense em 2005 e aumentou de 108,15 ienes em 2004 para 110,11 ienes em 2005.
   a. O dólar norte-americano sofreu uma apreciação ou uma depreciação em relação ao dólar canadense?
   b. O dólar norte-americano sofreu uma apreciação ou uma depreciação em relação ao iene?
   c. Qual foi o valor do dólar canadense em relação ao dólar norte-americano em 2004 e 2005?
   d. Qual foi o valor de 100 ienes em relação ao dólar norte-americano em 2004 e 2005?
   e. O dólar canadense sofreu uma apreciação ou uma depreciação em relação ao dólar norte-americano em 2005?
   f. O iene sofreu uma apreciação ou uma depreciação em relação ao dólar norte-americano em 2005?

2. Em 2004, o nível de preços na zona do euro era 112,4, o nível de preços nos Estados Unidos era 109,1 e a taxa de câmbio nominal era 80 centavos de euro por dólar norte-americano. Qual foi a taxa de câmbio real expressa em PIB real da zona do euro por unidade de PIB real norte-americano?

3. Em 2003, o nível de preços nos Estados Unidos era 106,3, o nível de preços no Japão era 95,4 e a taxa de câmbio real expressa em PIB real japonês por unidade de PIB real norte-americano era 103,6. Qual foi a taxa de câmbio nominal?

4. Há um grande aumento da demanda global por rosas, e a Colômbia é o maior produtor de rosas. Ao mesmo tempo, o banco central da Colômbia aumenta a taxa de juros. O que acontece no mercado de câmbio internacional de pesos colombianos no que se refere à:
   a. Demanda por pesos?
   b. Oferta de pesos?
   c. Quantidade demandada de pesos?
   d. Quantidade ofertada de pesos?
   e. Taxa de câmbio dos pesos em relação ao dólar norte-americano?

5. Em 2002, um depósito em euros em um banco de Paris, França, rende juros de 2,8 por cento ao ano, e um depósito em ienes em Tóquio, Japão, rende 0,036 por cento ao ano. Se todos os outros fatores permanecem constantes e são ajustados de acordo com os riscos, qual é a expectativa da taxa de câmbio para o iene?

6. A libra esterlina está sendo comercializada por 1,82 dólar norte-americano. Há uma paridade do poder de compra nessa taxa de câmbio. A taxa de juros nos Estados Unidos é de 2,5 por cento ao ano e no Reino Unido é de 3 por cento ao ano.

a. Calcule o diferencial da taxa de juros dos Estados Unidos.
b. Qual é o valor esperado da libra esterlina em relação ao dólar norte-americano daqui a um ano?
c. Que país tem mais chance de apresentar a taxa de inflação mais baixa? Como é possível prever isso?

7. Você pode comprar um laptop na Cidade do México por 12.960 pesos mexicanos. Se a taxa de câmbio é de 10,8 pesos mexicanos por dólar norte-americano e se a paridade do poder de compra prevalece, por qual preço você pode comprar um computador idêntico em Dallas, Texas?

8. A tabela apresenta informações sobre as transações internacionais dos Estados Unidos em 2003.

Item	Bilhões de dólares
Importações de bens e serviços	1.487
Investimento estrangeiro nos Estados Unidos	1.051
Exportações de bens e serviços	990
Investimentos dos Estados Unidos no exterior	456
Receita financeira líquida	7
Transferências líquidas	–68
Discrepância estatística	–36

a. Calcule o balanço da conta corrente.
b. Calcule o balanço da conta de capital.
c. As reservas oficiais dos Estados Unidos estão aumentando ou diminuindo?
d. Os Estados Unidos foram um tomador de empréstimos líquido ou um concessor de empréstimos líquido em 2003? Explique sua resposta.

9. A tabela apresenta algumas informações sobre a economia do Reino Unido em 2003:

Item	Bilhões de libras esterlinas
Gastos de consumo	721
Exportações de bens e serviços	277
Gastos do governo	230
Impostos líquidos	217
Investimento	181
Poupança	162

a. Calcule o balanço do setor privado.
b. Calcule o balanço do setor público.
c. Calcule as exportações líquidas.
d. Qual é a relação entre o balanço do setor público e as exportações líquidas?

10. A moeda de um país sofre uma apreciação e suas reservas oficiais de moeda estrangeira aumentam. O que é possível dizer sobre:

a. A intervenção do banco central no mercado de câmbio internacional?
b. O balanço da conta corrente do país?
c. O resultado global do balanço de pagamentos do país?

11. Um país tem uma taxa de inflação mais baixa do que a de todos os outros países. Ele apresenta um crescimento econômico mais rápido. O banco central não intervém no mercado de câmbio internacional. O que é possível dizer (e por que) sobre:
a. A taxa de câmbio?
b. O balanço da conta corrente?
c. A taxa de câmbio esperada?
d. O diferencial da taxa de juros?
e. A paridade da taxa de juros?
f. A paridade do poder de compra?

PENSAMENTO CRÍTICO

1. Analise a seção "Leitura das entrelinhas" e responda às seguintes perguntas.
   a. Você acha que o iuane representa um problema para os norte-americanos ou é a origem do déficit da conta corrente dos Estados Unidos?
   b. Você acha que a apreciação do iuane pode ajudar os Estados Unidos a se livrar de seu déficit da conta corrente?
   c. Quais seriam, na sua opinião, os principais efeitos de um aumento da taxa de câmbio iuane–dólar norte-americano?
   d. A política norte-americana pode fazer algo para reduzir o déficit da conta corrente dos Estados Unidos? O quê?

2. **A lição: compre Ruffles em Mianmar**
   ...Um pequeno pacote de batatas chips Ruffles com sabor de queijo custa US$ 1,69 no Japão e apenas US$ 0,08 em Mianmar. Uma camiseta branca básica custa US$ 16 em um shopping center em Cape Town, África do Sul, e... O preço de uma hora em um cibercafé no Vietnã é de US$ 0,62, na China é de US$ 1,48 e na África do Sul é de US$ 3,40.

   The Los Angeles Times, 23 de abril de 2006

   Esses preços indicam que a paridade do poder de compra não prevalece? Por quê?

3. A revista *The Economist* utiliza o preço de um Big Mac para determinar se uma moeda é subvalorizada ou supervalorizada. Em maio de 2006, o preço de um Big Mac era 3,10 dólares norte-americanos em Nova York, 10,5 iuanes em Pequim e 6,30 francos suíços em Genebra. As taxas de câmbio eram 8,03 iuanes por dólar norte-americano e 1,21 francos suíços por dólar norte-americano.

a. O iuane estava subvalorizado ou supervalorizado em relação à paridade do poder de compra?
b. O franco suíço estava subvalorizado ou supervalorizado em relação à paridade do poder de compra?
c. Você acha que o preço de um Big Mac em diferentes países proporciona um teste válido da paridade do poder de compra?

ATIVIDADES NA INTERNET

1. Faça uma pesquisa no portal do Banco Central do Brasil (www.bcb.gov.br) na Internet e colete informações mensais sobre as taxas de câmbio do real em relação ao dólar e ao euro desde o início da década de 1990.
   a. Como se comportaram essas moedas, em termos de valorização e desvalorização?
   b. Como podem ser explicados esses movimentos de valorização e desvalorização?

2. Faça uma pesquisa no portal do Banco Central do Brasil na Internet e colete informações mensais sobre o balanço de pagamentos desde o início da década de 1990.
   a. Em que períodos o país teve um superávit em conta corrente?
   b. Em que períodos o país teve um superávit na balança comercial?
   c. Em que períodos o país teve um superávit na balança de serviços?
   d. Como se comportou o investimento estrangeiro no período?

CONTEXTO BRASILEIRO

Taxa de câmbio e balanço de pagamentos

Marcel Guedes Leite[1]

A observação histórica do coeficiente de abertura da economia brasileira – isto é, o total de exportações e importações sobre o PIB – revela que a participação do setor externo na composição do PIB brasileiro é bastante inferior à da economia doméstica. A partir de meados dos anos 1950, quando a economia brasileira deixa de se caracterizar como primário-exportadora, o coeficiente de abertura manteve-se sempre abaixo de 20 por cento do PIB, com exceção de dois momentos: o ano de 1984, em que o esforço de exportação e o controle das importações ocorridos na primeira metade da década de 1980 atingem seu auge; e depois de 1999, quando passa a vigorar, efetivamente, um regime cambial flutuante no país.

Embora seja decisiva a importância do mercado interno na formação do PIB brasileiro, o setor externo sempre teve também um papel muito relevante na dinâmica do crescimento econômico. Isso porque ele funciona como força contracíclica das oscilações de crescimento da economia interna, absorvendo excedentes de produção gerados por uma estrutura produtiva nacional que atende indistintamente às demandas doméstica e externa, e porque é o grande fornecedor da poupança necessária ao financiamento da economia, num país com pouca capacidade de criá-la.

Com o fim do sistema cambial proposto pelo acordo de Bretton-Woods, em 1971, o Brasil não modificou o regime que vinha adotando, desde 1968, de taxa de câmbio fixa, porém ajustável, ou seja, fixada e garantida pelo Banco Central, mas com pequenos ajustes periódicos, que iam crescendo conforme o processo inflacionário se acelerava. Essa tática foi mantida até o início dos anos 1990, quando, com o Plano Collor, passou-se a adotar o regime de taxa de câmbio flexível. Mas, sendo o Banco Central o grande agente desse mercado, na realidade praticou-se um regime de taxas de câmbio flexíveis administradas (*dirty floating*).

Com a crise financeira internacional desencadeada a partir de 1995, quando o México enfrentou sérios problemas para manter suas reservas, o Brasil passou a adotar um regime cambial específico. O chamado sistema de bandas cambiais permitia que o câmbio oscilasse em torno de uma taxa de referência fixada pelo Banco Central, formando uma banda de flutuação fora da qual este intervinha. Foi abandonado em janeiro de 1999, quando então se passou a adotar o regime efetivo de câmbio flutuante.

De modo geral, quando observada no longo prazo, a taxa de câmbio real efetiva do real diante das moedas dos principais parceiros comerciais brasileiros apresenta tendência declinante, ou seja, de valorização. As maxidesvalorizações da moeda brasileira ocorridas em fevereiro de 1964 e em dezembro de 1979 mostraram-se extremamente pontuais, sem nenhum efeito mais prolongado. Já a maxidesvalorização de fevereiro de 1983 permitiu recompor a taxa real efetiva, que vinha se valorizando no início dos anos 1980, e teve efeito prolongado até 1986. No entanto, a tendência de valorização cambial não é homogênea ao longo das últimas décadas.

A elevação do preço do petróleo, aliada ao último grande esforço de crescimento acelerado levado a cabo no país (II Plano Nacional de Desenvolvimento, nos anos 1970), deu início ao processo de endividamento

Tabela I Brasil – Evolução das exportações, das importações, do coeficiente de abertura e do saldo da balança comercial, como proporção do PIB, em períodos selecionados.

Período	Exportações	Importações	Balança comercial	Coeficiente de abertura
1947-1955	10,6%	9,1%	1,4%	19,7%
1956-1969	7,1%	6,2%	0,9%	13,3%
1970-1979	6,7%	7,8%	–1,1%	14,5%
1980-1989	10,0%	6,7%	3,3%	16,7%
1990-1999	7,3%	6,2%	1,1%	13,5%
2000-2007	12,2%	9,1%	3,1%	21,2%

Fonte: ipeadata.gov.br. Elaboração própria.

---

[1] Economista, Doutor e Mestre em Economia pela EAESP/FGV.

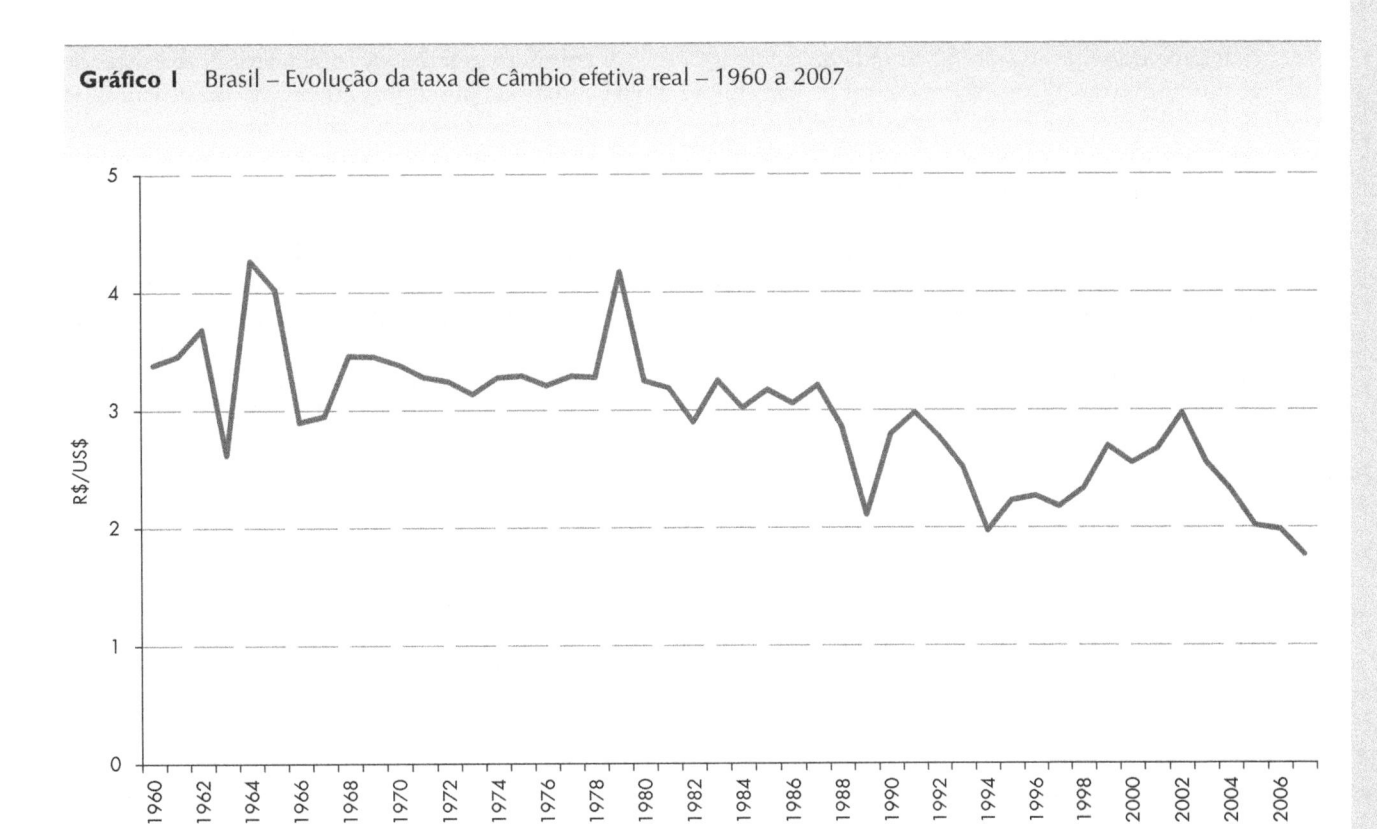

Gráfico 1 Brasil – Evolução da taxa de câmbio efetiva real – 1960 a 2007

Obs.: Após 1980, corrigida pelo IPA brasileiro e pela média do IPA dos 16 principais parceiros comerciais, antes apenas pelo IPA dos Estados Unidos.

externo da economia brasileira. Entretanto, apesar dos seguidos déficits comerciais, reflexos do primeiro choque do petróleo, a taxa de câmbio real efetiva continuou se valorizando em todo o período, já que a farta disponibilidade de recursos financeiros internacionais e a política de controle das importações permitiram ao país obter superávits de balanço de pagamentos, sem que fosse preciso estimular um aumento das exportações.

Se a geração de déficits sistemáticos da balança comercial na década de 1970 pôde ser finaniada por empréstimos externos, a dificuldade de obter novos empréstimos após o início dos anos 1980 passou a exigir superávits comerciais sistemáticos para permitir honrar os compromissos associados à dívida externa acumulada até então. Nesse período (1983 a 1986), observa-se uma política deliberada de desvalorização cambial, tendo a taxa real efetiva-se desvalorizado em torno de 11 por cento.

Mesmo a adoção do regime cambial flutuante, em 1990, não teve efeito duradouro para reverter a tendência histórica de valorização cambial. De fato, após o fim do Plano Collor, em 1991, a valorização da moeda nacional foi de tal magnitude que conduziu a taxa de câmbio, em termos efetivos reais, em 1994, ao seu patamar mais baixo até então observado.

Gráfico 2 Brasil – Variação da taxa de câmbio efetiva real – 1980 a 2007

O período de estabilização da economia brasileira, sob domínio do Plano Real, adotado em 1994, provocou um recorde de déficits de transações correntes, que foram financiados, parcialmente, pelos seguintes fatores: a) forte elevação do endividamento externo, essencialmente do setor privado; b) entrada de recursos externos oriundos das privatizações das empresas produtivas estatais; e c) utilização de reservas internacionais, especialmente em 1998. Neste período, apesar de a taxa de câmbio ter sido escolhida para exercer o papel de uma das âncoras da estabilização, o que, ao menos teoricamente, exigia a manutenção da taxa valorizada, observa-se certa desvalorização da taxa de câmbio real efetiva brasileira, embora insuficiente para permitir gerar os superávits comerciais necessários ao equilíbrio do balanço de pagamentos.

A partir de 1999, com a adoção do novo regime de câmbio flexível, se inicialmente há forte desvalorização da taxa de câmbio real efetiva, de 2003 em diante a tendência de valorização é retomada. Isso se dá especialmente por causa da entrada contínua de recursos externos, seja pelos crescentes superávits comerciais, seja pela manutenção de elevada taxa de juros real oferecida pelos títulos brasileiros no mercado financeiro, passando a acumular reservas internacionais jamais vistas historicamente.

Ao longo de quase toda a sua história recente, o país apresentou déficit de transações correntes, pois se sempre gerou superávits comerciais – exceto nos anos 1970 e na segunda metade da década de 1990 –, o déficit crônico do balanço de serviços, financeiros e não-financeiros, mais que os compensou. Como não há uma política de promoção de exportações, haja vista a contínua valorização da taxa de câmbio real efetiva, a acumulação de superávits comerciais, na primeira década do século XXI, reflete as oportunidades do comércio mundial, que também cresceu constantemente, acompanhando a expansão internacional da economia a níveis superiores aos do Brasil. Contudo, já no início de 2008, a retomada dos déficits de transações correntes parecia inevitável, em face da evolução acelerada das importações do país.

A contínua geração de superávits de balanço de pagamentos, não obstante, permitiu ao Brasil acumular reservas internacionais crescentes, mesmo num contexto de redução do endividamento externo de médio e longo prazos.

De forma geral, nos últimos 40 anos, poucas foram as vezes em que o governo brasileiro lançou mão da política cambial para um direcionamento da economia do país. Em agosto de 1968, passou a adotar a tática de minidesvalorizações do câmbio como tentativa de recuperar reservas cambiais internacionais que vinham chegando a níveis muito baixos (US$ 198 milhões). Desse modo, rompeu com a prática seguida até então pelo sistema monetário internacional de Bretton Woods e conseguiu recuperar parte de suas reservas, que seriam afetadas novamente com a crise do petróleo em 1974. Mas, apesar de toda a crise comercial internacional dos anos 1970, não se percebe nenhuma política clara de recuperação da taxa de câmbio efetiva real, pois mesmo a maxidesvalorização cambial de 30 por cento, em 1979, não foi suficiente para superar a média histórica que seria alcançada em meados de 1980.

O segundo momento em que se percebe a utilização da política cambial como instrumento de equilíbrio do balanço de pagamentos é a partir da nova maxidesvalorização cambial de 30 por cento, em fevereiro de 1983, quando tem início o período de promoção às exportações. A manutenção de uma taxa de câmbio real efetiva elevada por um longo tempo foi suficiente, inclusive, para que se continuasse a gerar superávits comerciais, mesmo durante a retração das reservas internacionais, em 1987. Já a partir de 1988, percebe-se uma crescente valorização da taxa de câmbio brasileira, seguida por uma tendência declinante que nem mesmo a adoção de um regime cambial flexível, em 1990, foi capaz de reverter.

A partir de 1994, com a adoção do Plano Real, de estabilização econômica, observa-se a terceira utiliza-

Tabela 2 Brasil – Evolução do balanço de pagamentos, das reservas internacionais e da dívida externa registrada – valor acumulado no período, em US$ milhões.

Período	Balança Comercial	Balança de Serviços	Transações Correntes	Balança de Capitais	Balanço de Pagamentos	Reservas Internacionais	Dívida Externa
1961-1970	2.355	–5.430	–2.610	4.165	1.130	1.187	5.295
1971-1980	–17.655	–44.210	–61.585	66.750	4.325	6.913	53.847
1981-1990	99.560	–141.700	–40.240	46.805	2.425	9.973	96.546
1991-2000	25.295	–198.735	–153.100	184.510	25.850	33.011	196.179
2000-2007	204.924	–213.328	14.594	128.634	136.724	180.334	165.608

Fonte: Ipeadata. Elaboração própria.

ção de manobras cambiais como instrumento claro de política econômica. Só que desta vez a preocupação não se voltava para o balanço de pagamentos, mas para a estabilização de preços. A taxa de câmbio deveria servir como uma das âncoras da estabilização da economia brasileira – a outra era a monetária. E, como esperado, houve intensa valorização. Até que a pressão exercida pelo balanço de pagamentos, reduzindo acintosamente as reservas cambiais do país, exigiu o fim do uso do câmbio como âncora de estabilização e a adoção de um regime efetivo de câmbio flexível, sem intervenção do Banco Central.

Desde então, os governos brasileiros pararam de usar o câmbio como instrumento de política econômica, não havendo interferência do Banco Central nem mesmo quando a taxa de câmbio subiu aceleradamente, em 2002, com a iminência da eleição do presidente Lula. A partir de 2003, a valorização da taxa de câmbio brasileira vem sendo constante, em especial por causa do freqüente acúmulo de superávits de balanço de pagamentos, favorecido por uma conjuntura internacional de crescente liquidez e preços de commodities negociados a patamares historicamente elevados.

PARTE 8

ENTENDIMENTO DA ECONOMIA NO LONGO PRAZO

Expansão das fronteiras

A economia estuda o modo como lidamos com a escassez. Como indivíduos, lidamos com a escassez fazendo escolhas que equilibram os benefícios marginais e os custos marginais, de modo que possamos utilizar nossos recursos escassos com eficiência. Como sociedade, lidamos com isso criando sistemas de incentivo e instituições sociais que motivem a especialização e a troca.

Essas escolhas e os sistemas de incentivo que as orientam determinam nossa especialização; quanto tempo passamos trabalhando; nosso empenho nos estudos para desenvolver as habilidades mentais que constituem nosso capital humano e que determinam o tipo de emprego que obtemos e a renda que ganhamos; quanto poupamos para grandes gastos futuros; quanto as empresas e os governos gastam em novo capital – em linhas de montagem da indústria automobilística, computadores e cabos de fibra óptica para serviços da Internet melhores, shopping centers, estradas, pontes e túneis –; a intensidade da utilização dos recursos naturais e do capital existente e a rapidez com a qual eles são esgotados; e os problemas que cientistas, engenheiros e outros inventores tentam solucionar para desenvolver novas tecnologias.

Todas as escolhas que acabamos de descrever se combinam para determinar o padrão de vida e a velocidade com a qual ele melhora – a taxa de crescimento econômico.

O crescimento econômico, mantido a uma taxa constante ao longo de várias décadas, representa a mais poderosa influência sobre qualquer sociedade. Ele leva a uma transformação que não pára de surpreender. Mantido em um ritmo veloz, o crescimento econômico transforma uma sociedade ao longo de anos, não de décadas. Essas transformações estão ocorrendo neste exato momento em muitos países da Ásia. Elas são verdadeiros milagres econômicos.

Os dois primeiros capítulos desta parte abordaram o padrão de vida e o milagre do rápido crescimento econômico. O Capítulo 23 explicou como o PIB potencial e a quantidade de trabalho no pleno emprego, o emprego e o desemprego são determinados pelo equilíbrio no mercado de trabalho. Este capítulo também explicou como a acumulação de capital resulta das decisões de poupança e investimento coordenadas no mercado de capitais. O Capítulo 24 analisou o processo do crescimento econômico nas economias de rápido crescimento da Ásia e dos Estados Unidos e explicou como o crescimento é influenciado pela mudança tecnológica e os incentivos que a estimulam.

A moeda que possibilita a especialização e a troca em mercados contribui imensamente para o crescimento econômico. No entanto, moeda demais leva a um custo ascendente de vida sem nenhuma melhora do padrão de vida.

Os outros dois capítulos desta parte explicaram o papel da moeda e sua influência sobre o nível de preços e a taxa de câmbio. O Capítulo 25 explicou exatamente o que é a moeda, como os bancos a criam, como o banco central influencia sua quantidade e como a quantidade de moeda influencia o nível de preços no longo prazo. O Capítulo 26 ampliou o quadro e investigou um mundo com várias moedas: as taxas de câmbio delas e os déficits e superávits que resultam do comércio internacional e do investimento.

ANÁLISE DE IDÉIAS

Incentivos para inovar, poupar e investir

"O progresso econômico, na sociedade capitalista, quer dizer tumulto."

JOSEPH SCHUMPETER

Capitalismo, socialismo e democracia

O economista

Joseph Schumpeter, *filho de um industrial do setor têxtil, nasceu na Áustria em 1883. Ele se mudou da Áustria para a Alemanha durante a tumultuada década de 1920, quando esses dois países vivenciavam uma hiperinflação. Em 1932, durante a Grande Depressão, ele foi aos Estados Unidos e se tornou professor de economia da Universidade de Harvard.*

Esse criativo pensador econômico escreveu sobre o crescimento e o desenvolvimento econômicos, ciclos econômicos, sistemas políticos e biografia econômica. Ele tinha opiniões fortes, expressando-as de maneira incisiva e deleitando-se com discussões.

Schumpeter involuntariamente se tornou o fundador da teoria moderna do crescimento. Ele viu o desenvolvimento e a difusão de novas tecnologias feitos por empresários em busca de lucros como a fonte do progresso econômico. No entanto, ele via o progresso econômico como um processo de destruição criativa – a criação de novas oportunidades de lucro e a destruição de empresas lucrativas. Para Schumpeter, o crescimento econômico e o ciclo econômico eram um único fenômeno.

Quando Schumpeter faleceu, em 1950, ele tinha concretizado a ambição de sua vida: ele era considerado o maior economista do mundo.

As questões

Mudança tecnológica, acumulação de capital e crescimento populacional interagem para produzir o crescimento econômico. Mas o que é causa e o que é efeito? Será que podemos esperar que a produtividade e a renda per capita continuem a crescer?

Os economistas clássicos dos séculos XVIII e XIX acreditavam que os avanços tecnológicos e a acumulação de capital eram os motores do crescimento. No entanto, eles também acreditavam que, por mais bem-sucedidas que as pessoas fossem na invenção de tecnologias mais produtivas e no investimento em novo capital, elas estavam destinadas a viver no nível de subsistência. Esses economistas basearam suas conclusões na crença de que o crescimento da produtividade causa o crescimento populacional, que, por sua vez, faz com que a produtividade diminua. Eles acreditavam que, sempre que o crescimento econômico elevar a renda e colocá-la acima do nível de subsistência, a população aumentará. Eles argumentavam que o aumento populacional leva a retornos decrescentes, que reduzem a produtividade. Como resultado, a renda deve sempre retornar ao nível de subsistência. Só quando a renda está no nível de subsistência é que o crescimento populacional está sob controle.

Uma nova abordagem, chamada de teoria neoclássica do crescimento, foi desenvolvida por Robert Solow, do MIT, durante a década de 1950. Solow, que foi aluno de Schumpeter, recebeu o Prêmio Nobel de Ciências Econômicas por seu trabalho.

Solow contestou as conclusões dos economistas clássicos, mas as novas teorias de crescimento econômico que foram desenvolvidas durante as décadas de 1980 e 1990 foram ainda mais longe. Elas pregam o inverso da teoria clássica. A teoria atual do crescimento populacional sustenta que a renda crescente desacelera a taxa de crescimento populacional por aumentar o custo de oportunidade de ter filhos e por reduzir o custo de oportunidade de investir em filhos e provê-los de mais capital humano, o que os torna mais produtivos. A produtividade e a renda crescem devido a avanços tecnológicos, e a extensão do crescimento da produtividade, que é estimulado pela busca por lucros, é praticamente ilimitada.

Antes

Em 1830, um forte e experiente agricultor podia colher três acres de trigo em um dia. O único capital empregado era uma foice para cortar o trigo, instrumento utilizado desde a época do Império Romano, e um ancinho para juntar os caules, inventado por agricultores flamengos no século XV. Com os recém-desenvolvidos arados, grades e semeadores puxados por cavalos, os fazendeiros podiam plantar mais trigo do que conseguiam colher. No entanto, apesar de grandes esforços, ninguém tinha conseguido criar uma máquina capaz de reproduzir o movimento de uma foice. Então, em 1831, Cyrus McCormick, de 22 anos de idade, construiu uma máquina que funcionava. Ela assustava o cavalo que a puxava, mas fazia, em questão de horas, o que três homens realizavam em um dia. A mudança tecnológica aumentou a produtividade de fazendas e levou ao crescimento econômico. Será que os fatos sobre o crescimento da produtividade implicam que os economistas clássicos, que acreditam que rendimentos decrescentes nos forçariam inflexivelmente a um padrão de vida de subsistência, estavam errados?

Hoje

As tecnologias atuais estão expandindo nossos horizontes para além dos limites de nosso planeta e estão expandindo nossa mente. Satélites geossíncronos nos proporcionam a televisão global, comunicação de voz e dados e previsões climáticas mais precisas, que, inclusive, aumentam a produtividade agrícola. Em um futuro próximo, poderemos ter supercondutores que revolucionarão o uso de energia elétrica, parques temáticos e centros de treinamento de realidade virtual, carros não poluentes movidos a hidrogênio, telefones de pulso e computadores ópticos que respondem a comandos de voz. Com essas novas tecnologias, nossa capacidade de criar tecnologias ainda mais surpreendentes aumenta. A mudança tecnológica gera mais mudança tecnológica, em um processo (aparentemente) interminável, faz com que sejamos ainda mais produtivos e resulta em rendas cada vez maiores.

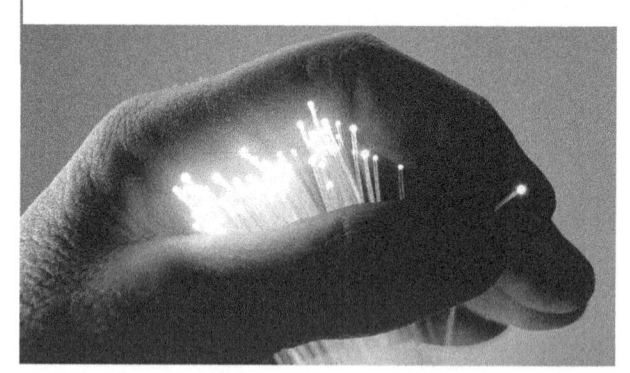

PONTO DE VISTA ECONÔMICO – PERSONALIDADE BRASILEIRA

Antônio Delfim Netto[1]

Antônio Delfim Netto é economista, professor universitário e político. Nascido em 1928, na cidade de São Paulo, graduou-se na Faculdade de Ciências Econômicas e Administrativas da USP em 1952.

Delfim Netto ingressou no Conselho Consultivo de Planejamento (Consplan) em 1965 e, em seguida, no Conselho Nacional de Economia. Lançou, nesse ano, em co-autoria, Alguns aspectos da inflação brasileira. *Em 1966, assumiu a Secretaria da Fazenda do Estado de São Paulo e participou do Encontro de Itaipava, evento que impulsionou o desenvolvimento dos cursos de pós-graduação em economia. Foi ministro da Fazenda durante o governo do general Costa e Silva (1967) até a posse de Ernesto Geisel, período em que houve o crescimento mais acelerado e mais longo da história do Brasil. Em 1973, participou de debate que originou o livro* Distribuição da renda e desenvolvimento econômico do Brasil. *Assumiu, entre 1975 e 1977, a Embaixada do Brasil em Paris, na França, e retornou ao Brasil para assumir o cargo de ministro da Agricultura em 1979, com a posse do presidente Figueiredo. Nesse mesmo ano, assumiu a chefia da Secretaria do Planejamento (Seplan) e seguiu até o final do governo militar, em 1985. Foi eleito deputado federal em 1986, ano em que publicou* Só o político pode salvar o economista, *sendo reeleito mais quatro vezes consecutivas.*

Qual sua concepção de desenvolvimento econômico?
Primeiro, ninguém sabe direito como é que se faz. Hoje há o modelo de crescimento endógeno, que é correto. Existem economias de escala mesmo, e a gente já viveu isso. Quando o motor pega, ele tende a continuar, tende a se expandir. Uma coisa é certa: desenvolvimento depende basicamente de conhecimento tecnológico e do nível de investimentos. Agora, como produzir isso não é uma coisa tão fácil. Produz-se isso – e aqui acho que Keynes é mais importante que os outros – com o *animal spirit* do empresário. Cria-se uma conjuntura na qual a ação do governo é consistente com o crescimento. A ação do governo produz aquele mínimo de estímulo necessário, e os empresários reagem de maneira positiva. Aquilo vai se auto-alimentando e começam a aparecer coisas misteriosas, há uma economia de escala, uma redução de custos, aumentam-se a eficiência e o nível de renda, ampliam-se a oportunidade de novos produtos e a demanda. Então são necessários instrumentos de política econômica que não inibam isso. Hoje, suspeito que é o 'desenvolvimento' que produz o investimento e a poupança, e não o contrário.
A história tem um efeito sobre o *trend* – o *trend* não é puramente aleatório. Às vezes perdem-se oportunidades porque não existe solução, quer dizer, tivemos uma crise mundial em 1982, não tinha como acomodar, mas acho que jogamos fora várias oportunidades. Certamente o Cruzado foi uma. O erro fundamental do Cruzado foi um congelamento que não tinha cabimento e o câmbio. Na verdade, ignoramos o fato de que construímos um fator de enorme restrição para o crescimento econômico no momento em que abandonamos a política de exportação. A política de exportação foi abandonada em 1984. Nesse ano, o Brasil representava 1,4 por cento do mercado mundial; hoje representa 1 por cento e está caminhando para 0,8 por cento. A rodada Uruguai[2] vai ampliar o mercado internacional, em um momento em que o mundo inteiro está solto, e o leste asiático fazendo as maiores barbaridades em matéria de comércio

---

[1] Texto extraído do livro *Conversas com economistas brasileiros*, de Ciro Biderman, Luis Felipe L. Cozac e José Marcio Rego. Editora 34, 1996.
[2] Refere-se à reunião do GATT realizada no Uruguai.

internacional, inclusive nos gozando. Prendem 10 mil chineses e mandam fabricar cadeado – isso é para gozar brasileiro. Tem um humor nisso, fazer prisioneiro político produzir cadeado, humor negro. E vem aqui atrapalhar a gente. E vêm uns idiotas me falar de sistema de preços!

No momento em que esse mercado está se ampliando, nós estamos algemados com uma taxa de câmbio sobrevalorizada. Se tivéssemos apenas conservado a nossa posição no mercado internacional, tínhamos que estar exportando agora de 65 bilhões a 70 bilhões de dólares. Em 1984 exportávamos 27, a Coréia, 26 e a China, 18; no ano passado exportamos 43, a Coréia, 96 e a China, 100. Isso foi produzido pelo congelamento do Cruzado e depois pelo congelamento do Collor. Nunca mais tivemos uma política consistente de comércio exterior, foram desmontando os mecanismos de integração do Brasil na economia mundial. Isso hoje constitui um fator limitante do crescimento econômico.

A importância do fator capital humano no leste asiático não foi relevante?
É verdade, só que nós estamos equivocados em duas coisas. Primeiro, que educação não nasce sozinha, isso é coisa de sociólogo, "vamos educar todo mundo". Quando estiver todo mundo educado, morreu todo mundo de fome. Esse negócio é um processo. Por que o Brasil foi o país que mais cresceu no mundo ocidental entre 1900 e 1980? Não sou eu quem falo, é o Banco Mundial, é o famoso Angus Maddison[3]. O Brasil era mais desarticulado que a Coréia? Não. Tínhamos uma educação inferior à da Coréia? Certamente. É um processo religioso, um processo cultural, tudo bem, mas não era esse o fator limitante. O fator limitante foram, em segundo lugar, algumas dificuldades que tivemos de enfrentar, e os países do leste asiático foram mais inteligentes sob esse ponto de vista. Na verdade, nenhum deles se meteu em um programa de substituição de importações, mas de expansão das exportações. E também com um suporte do Estado absolutamente fundamental. Hoje, a intervenção nesses países é completa, é total. Pega-se a pequena indústria e dá-se cota para ela exportar, obrigando o sujeito a exportar. Não tem conversa, o sujeito vende salsicha e vai ter de exportar salsicha. Nós estamos aqui com um purismo que beira o ridículo.

Mas essa estratégia de desenvolvimento e industrialização por substituição de importações não foi o possível histórico?
Não, espere aí, estou dizendo em 1975, 1976. Olhe, a grande vantagem do Brasil é o mercado. Tinha de continuar insistindo em que as indústrias deviam ser competitivas externamente. É disso que se trata, não que não se poderia fazer substituição de importações. É preciso fazer substituição de importações com o olho no mercado externo.

Como o senhor vê a substituição de importações na década de 50?
Era na verdade o natural, nós tínhamos um bruto de um espaço. Pode-se dizer o seguinte: foi feita com muita ineficiência? Foi, com alguma ineficiência. Só que nós crescemos mais que os outros entre 1900 e 1980. A prova do pudim é quando você come, não quando você discute a receita. Hoje sabemos que a receita posterior estava equivocada. Isso temos de reconhecer claramente, porque é assim que se superam as restrições.

Como estariam associados crescimento e melhoria do bem-estar?
Sem crescimento não há melhoria de bem-estar. A distribuição é um processo conflitivo de proporções inimagináveis. Quando o Brasil crescia, o salário real crescia 3 por cento, e o emprego crescia 3 por cento. Por que piorou a distribuição de renda? Primeiro, distribuição de renda não tem nada a ver com bem-estar, a distribuição de renda é medida de distância entre pessoas, e aumentou por uma razão óbvia. Nós estávamos em um processo de crescimento populacional acelerado, com a oferta de mão-de-obra no decil inferior crescendo, todo ano, 6 por cento, 7 por cento, achatando o salário. O decil superior tinha o benefício da Universidade, a demanda crescendo enormemente, o salário dessa gente disparado. Depois, a inflação, que é o instrumento mais pernicioso. Tem um artigo muito interessante da Eliana Cardoso[4], fazendo uma ligação entre o coeficiente de Gini[5] e as variações da taxa de inflação. Se se pega a contra-hipótese, é evidente. A estabilização produziu o aumento de renda do pessoal de renda mais baixa.

O trabalho que torna conhecido Fernando Henrique Cardoso nos centros acadêmicos internacionais é a 'teoria da dependência'. Como o senhor a analisou na época e como a vê hoje?
A teoria da dependência, desde o começo, é simplesmente uma retirada da posição inicial. Uma posição

> Sem crescimento não há melhoria de bem-estar. A distribuição é um processo conflitivo de proporções inimagináveis

---

[3] Maddison (1989) *The world economy in the twentieth century*.

[4] Cardoso, Barros e Urani (1993) *Inflation and unemployment as determinants of inequality in Brazil the 1980's*.

[5] Índice criado por Corado Gini (1884-1965) para medir a concentração de renda.

marxista, em que se tinha uma espoliação acentuada, é transformada no seguinte: "Não vamos ter ilusão, os estrangeiros se juntam aos empresários nacionais para continuar a exploração do sistema". Isso é a teoria da dependência. Ou é mais do que isso?

O que quero dizer é que não há exploração no sentido do Lênin[6], quer dizer, eles não vêm aqui fazer o imperialismo. Quando vêm, juntam-se com a burguesia nacional e os dois exploram. Durante anos o Brasil crescendo e eles dizendo que o Brasil não podia crescer. Foi só em 1976, quando já tinha crescido mesmo, que disseram: "Tem alguma coisa que está errada aí, vamos fazer a independência da teoria da dependência". O que estava errado? É que de fato não há esse processo de espoliação. O capital estrangeiro se une ao capital nacional, penetra na burguesia nacional e produz um aumento. Você quer chamar isso de teoria, pode chamar. Dizer que isso representa um conhecimento profundo e uma revolução sociológica do entendimento também pode, é uma questão de gosto.

---

[6] Lênin (1916) *Imperialismo, Etapa Superior do Capitalismo*.

PARTE **9** A economia no curto prazo   CAPÍTULO **27**

Oferta agregada e demanda agregada

Ao término do estudo deste capítulo, você saberá:

▶ Distinguir entre o longo prazo e o curto prazo macroeconômicos.
▶ Explicar o que determina a oferta agregada.
▶ Explicar o que determina a demanda agregada.
▶ Explicar como o PIB real e o nível de preços são determinados e como as variações da oferta agregada e da demanda agregada levam ao crescimento econômico, à inflação e ao ciclo econômico.
▶ Descrever as principais escolas de pensamento da macroeconomia atual.

Produção e preços

A produção cresce e os preços aumentam, mas o ritmo em que a produção cresce e os preços aumentam é irregular. Em 1997, mensurada pelo PIB real, a produção cresceu 4,5 por cento. A essa taxa de crescimento, o PIB real dobra em aproximadamente 16 anos. No entanto, em 2001, o crescimento se desacelerou para menos de 1 por cento, uma taxa à qual o PIB real leva cerca de 70 anos para dobrar!
De modo similar, nos últimos anos, os preços aumentaram a taxas que variaram de menos de 2 por cento a quase 4 por cento. Uma taxa de inflação de 2 por cento ao ano mal chega a ser notada, mas, a 4 por cento ao ano, ela se torna um problema, ao menos pelo fato de as pessoas começarem a se perguntar o que acontecerá em seguida.
O ritmo irregular do crescimento econômico e da inflação – o ciclo econômico – é o tema deste capítulo e dos dois seguintes. Aqui, estudaremos as forças que levam a flutuações no ritmo do crescimento do PIB real e da inflação e flutuações relacionadas ao emprego e ao desemprego.

◊ Este capítulo apresenta um *modelo* do PIB real e do nível de preços – *o modelo de oferta agregada–demanda agregada*, ou *modelo SA–DA*. Esse modelo representa a visão consensual dos macroeconomistas sobre como o PIB real e o nível de preços são determinados. O modelo proporciona uma estrutura conceitual para a compressão das forças que fazem a economia se expandir, que levam à inflação e que causam flutuações do ciclo econômico. O modelo *SA–DA* também fornece um quadro conceitual, no qual podemos observar a variedade de visões dos macroeconomistas das diferentes escolas de pensamento.

O longo prazo e o curto prazo macroeconômicos

A economia é constantemente bombardeada por eventos que distanciam o PIB real do PIB potencial e a quantidade de trabalho do pleno emprego. Choques naturais, como o furacão Katrina, e choques resultantes de conflitos entre culturas e ideologias, como ataques terroristas, reduzem o PIB real e o emprego e deixam a taxa de desemprego acima da natural. Choques tecnológicos, como o desenvolvimento e a popularização dos computadores e tecnologias da informação relacionadas, elevam o PIB real e o emprego e reduzem a taxa de desemprego.

Qualquer que seja a fonte de um choque ou da sua direção, uma vez que ele ocorre, o PIB real e o emprego entram em um processo de ajuste. Na parte anterior (do capítulo 23 ao 26), ignoramos os choques que atingem a economia e estudamos o longo prazo, que é como um ponto de ancoragem ao redor do qual a economia é arremessada de um lado para outro como um barco no mar. Estudaremos como isso ocorre, mas, primeiro, vamos esclarecer a distinção entre o longo prazo e o curto prazo macroeconômicos.

O longo prazo macroeconômico

O **longo prazo macroeconômico** é um período suficientemente longo para que o salário real seja ajustado para atingir o pleno emprego: o PIB real é igual ao PIB potencial, a taxa de desemprego é a natural, o nível de preços é proporcional à quantidade de moeda, e a taxa de inflação é igual à taxa de expansão monetária menos a taxa de crescimento do PIB real.

O curto prazo macroeconômico

O **curto prazo macroeconômico** é um período no qual alguns preços *monetários* são rígidos e, assim, o PIB real pode estar abaixo, acima ou no nível do PIB potencial e o desemprego pode estar abaixo, acima ou no nível da taxa natural de desemprego.

O modelo de oferta agregada–demanda agregada que estudaremos adiante explica o comportamento do PIB real e o nível de preços no curto prazo. Ele também explica como a economia se ajusta para restaurar o equilíbrio de longo prazo e o pleno emprego.

Começaremos estudando a oferta agregada.

Oferta agregada

A *quantidade ofertada de PIB real* (Y) é a quantidade total que as empresas planejam produzir ao longo de determinado período. Essa quantidade depende da quantidade empregada de trabalho, da quantidade de capital, tanto físico quanto humano, e da situação da tecnologia.

Em qualquer dado momento, a quantidade de capital e a situação da tecnologia são fixas. Elas dependem de decisões que foram tomadas no passado. A população também é fixa, mas a quantidade de trabalho não. Ela depende de decisões tomadas por pessoas e empresas sobre a oferta de trabalho e a demanda por trabalho.

O mercado de trabalho pode estar em uma das três situações: de pleno emprego, acima do pleno emprego ou abaixo do pleno emprego.

A quantidade de PIB real no pleno emprego é o *PIB potencial*, que depende da quantidade de trabalho de pleno emprego, da quantidade de capital e da situação da tecnologia (veja o Capítulo 23). Ao longo do ciclo econômico, o emprego flutua em torno do pleno emprego e o PIB real flutua em torno do PIB potencial.

Para estudarmos a oferta agregada em diferentes situações do mercado de trabalho, classificamos a oferta agregada por dois períodos distintos:

- Oferta agregada de longo prazo
- Oferta agregada de curto prazo

Oferta agregada de longo prazo

A **oferta agregada de longo prazo** é a relação entre a quantidade ofertada de PIB real e o nível de preços no longo prazo, quando o PIB real é igual ao PIB potencial. A curva de oferta agregada de longo prazo apresentada na Figura 27.1 ilustra essa relação.

A curva de oferta agregada de longo prazo é a linha vertical do PIB potencial denominada *SAL*. Ao longo da curva de oferta agregada de longo prazo, à medida que o nível de preços varia, o PIB real permanece no PIB potencial, que, na Figura 27.1 é de $ 12 trilhões. A curva de oferta agregada de longo prazo é sempre vertical e está sempre localizada no PIB potencial.

Figura 27.1 Oferta agregada de longo prazo

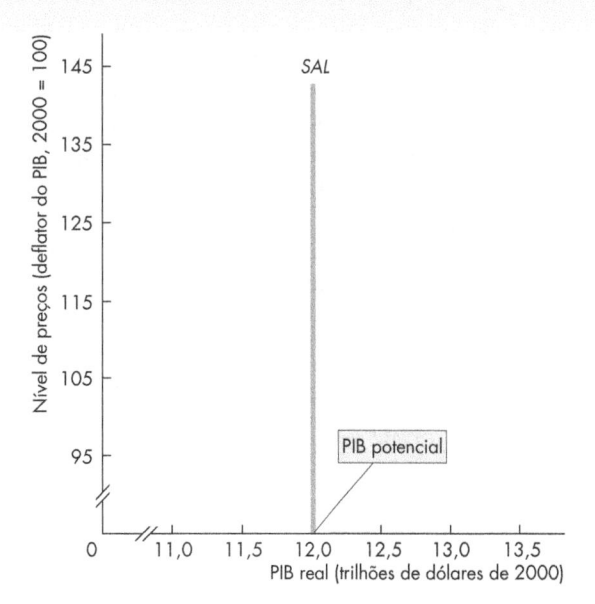

A curva de oferta agregada de longo prazo (*SAL*) mostra a relação entre o PIB potencial e o nível de preços. O PIB potencial independe do nível de preços, de modo que a curva *SAL* é vertical no PIB potencial.

A curva de oferta agregada de longo prazo é vertical porque o PIB potencial independe do nível de preços. A razão para essa independência é que um movimento ao longo da curva *SAL* é acompanhado por uma variação em *dois* conjuntos de preços: os preços de bens e serviços – o nível de preços – e os preços dos fatores de produção, mais notavelmente, o salário monetário. Um aumento de 10 por cento dos preços dos bens e serviços é acompanhado por um aumento de 10 por cento do salário monetário. Como o nível de preços e o salário monetário variam na mesma porcentagem, o *salário real* permanece constante no nível de equilíbrio de pleno emprego. Deste modo, quando o nível de preços varia e o salário real permanece constante, o emprego permanece constante e o PIB real permanece constante no PIB potencial.

Produção na fábrica da Pepsi Podemos ver mais claramente por que o PIB real permanece constante quando todos os preços variam na mesma porcentagem pensando nas decisões de produção de uma fábrica de envasamento da Pepsi. A fábrica está produzindo a quantidade de Pepsi que maximiza o lucro. Se o preço da Pepsi e o salário dos trabalhadores na fábrica de envasamento aumentam na mesma porcentagem, a empresa não tem nenhum incentivo para alterar a produção.

Oferta agregada de curto prazo

A **oferta agregada de curto prazo** é a relação entre a quantidade ofertada de PIB real e o nível de preços quando o salário monetário, os preços dos outros recursos e o PIB potencial permanecem constantes. A curva de oferta agregada de curto prazo apresentada na Figura 27.2 ilustra essa relação com a curva de oferta agregada de curto prazo *SAC* e a tabela de oferta agregada de curto prazo. Cada ponto da curva *SAC* corresponde a uma linha da tabela de oferta agregada de curto prazo. Por exemplo, o ponto *A* da curva *SAC* e a linha *A* da tabela nos informam que, se o nível de preços é 105, a quantidade ofertada de PIB real é $ 11 trilhões. No curto prazo, um aumento do nível de preços leva a um aumento da quantidade ofertada de PIB real. A curva de oferta agregada de curto prazo se inclina para cima.

Com determinado salário monetário, há um nível de preços no qual o salário real está no nível de equilíbrio de pleno emprego. Nesse nível de preços, a quantidade ofertada de PIB real é igual ao PIB potencial e a curva *SAC* cruza com a curva *SAL*. Neste exemplo, esse nível de preços é de 115. Em níveis de preços acima de 115, a quantidade ofertada de PIB real excede o PIB potencial; em níveis de preços abaixo de 115, a quantidade ofertada de PIB real é menor que o PIB potencial.

De volta à fábrica da Pepsi Podemos observar por que a curva de oferta agregada de curto prazo se inclina para cima retomando o exemplo da fábrica de envasamento da Pepsi. Quanto maior é a taxa de produção, maior é o custo marginal (veja o Capítulo 2). A fábrica maximiza seus lucros produzindo a quantidade na qual o preço é igual ao custo marginal. Se o preço da Pepsi aumentar enquanto o salário monetário e os outros custos permanecerem constantes, a Pepsi terá um incentivo para aumentar a produção porque o preço mais alto cobrirá o custo marginal superior. Como a Pepsi visa maximizar o lucro, ela decide aumentar a produção.

De modo similar, se o preço da Pepsi diminuir enquanto o salário monetário e os outros custos permanecerem constantes, a Pepsi poderá evitar uma perda diminuindo a produção. O preço mais baixo reduzirá o incentivo para produzir, de modo que a Pepsi diminuirá a produção.

O que se aplica às fábricas de envasamento da Pepsi também se aplica aos produtores de todos os bens e serviços. Quando todos os preços aumentam, o *nível de preços aumenta*. Se o nível de preços aumenta e o salário monetário e os preços dos outros fatores permanecem constantes, todas as empresas aumentam a produção e a quantidade ofertada de PIB real aumenta. Uma redução do nível de preços tem o efeito oposto e diminui o PIB real.

Movimentos ao longo das curvas *SAL* e *SAC*

A Figura 27.3 resume o que acabamos de aprender sobre as curvas *SAL* e *SAC*. Quando o nível de preços, o salário monetário e os preços dos outros fatores aumentam na mesma porcentagem, os preços relativos permanecem constantes e a quantidade ofertada de PIB real é igual ao PIB potencial. Há um *movimento ao longo* da curva *SAL*.

Quando o nível de preços aumenta, mas o salário monetário e os preços dos outros fatores permanecem constantes, a quantidade ofertada de PIB real aumenta e há um *movimento ao longo* da curva *SAC*.

Vamos analisar em seguida as influências que levam a mudanças da oferta agregada.

Variações da oferta agregada

Acabamos de ver que uma variação do nível de preços leva a um movimento ao longo das curvas de oferta agregada, mas não altera a oferta agregada. Esta varia quando há variações de outras influências sobre os planos de produção além do nível de preços. Começaremos examinando os fatores que alteram o PIB potencial.

Variações do PIB potencial Quando o PIB potencial varia, a oferta agregada também varia. Um aumento do PIB potencial aumenta tanto a oferta agregada de longo prazo quanto a de curto prazo.

Figura 27.2 Oferta agregada de curto prazo

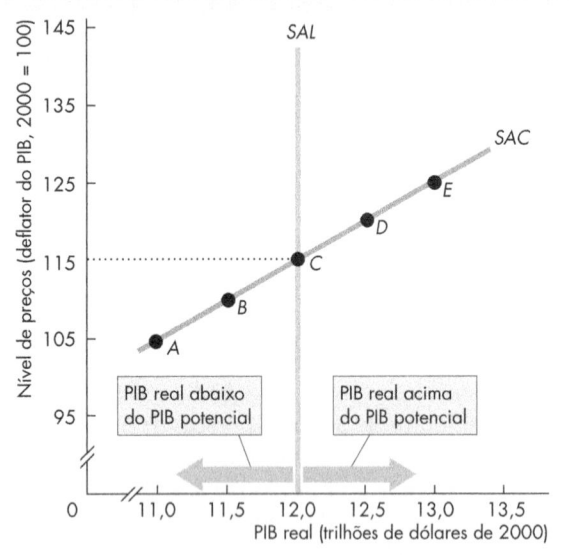

	Nível de preços (deflator do PIB)	PIB real ofertado (trilhões de dólares de 2000)
A	105	11,0
B	110	11,5
C	115	12,0
D	120	12,5
E	125	13,0

A curva de oferta agregada de curto prazo, *SAC*, e a tabela de oferta agregada de curto prazo mostram a relação entre a quantidade ofertada de PIB real e o nível de preços quando o salário monetário, os preços dos outros fatores e o PIB potencial permanecem constantes. Um aumento do nível de preços leva a um aumento da quantidade ofertada de PIB real: a curva de oferta agregada de curto prazo se inclina para cima.

No nível de preços no qual o salário monetário é igual ao salário real no equilíbrio do pleno emprego, a quantidade ofertada de PIB real é igual ao PIB potencial e a curva *SAC* cruza com a curva *SAL*. No caso, esse nível de preços é 115. Em níveis de preços acima de 115, a quantidade ofertada de PIB real excede o PIB potencial; em níveis de preços abaixo de 115, a quantidade ofertada de PIB real é menor que o PIB potencial.

Figura 27.3 Movimentos ao longo das curvas de oferta agregada

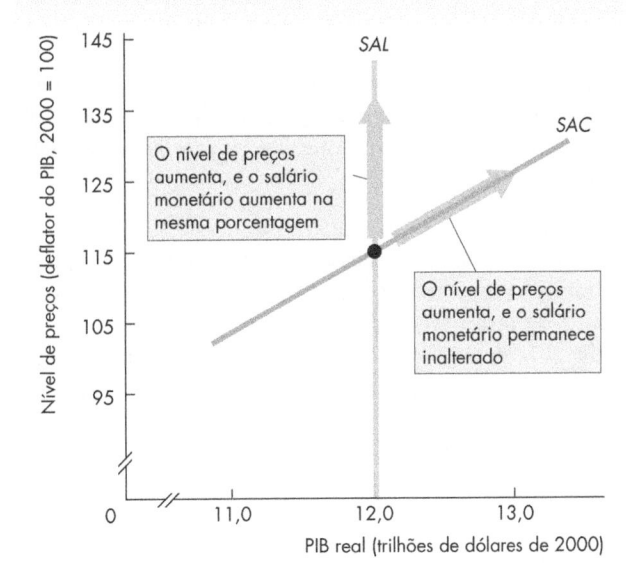

[Gráfico: Nível de preços (deflator do PIB, 2000 = 100) vs PIB real (trilhões de dólares de 2000). Curva SAL vertical em 12,0 e curva SAC ascendente cruzando em (12,0; 115).
- "O nível de preços aumenta, e o salário monetário aumenta na mesma porcentagem" (movimento vertical ao longo de SAL)
- "O nível de preços aumenta, e o salário monetário permanece inalterado" (movimento ao longo de SAC)]

Um aumento do nível de preços sem nenhuma variação do salário monetário e dos preços dos outros fatores leva a um aumento da quantidade ofertada de PIB real e a um movimento ao longo da curva de oferta agregada de curto prazo, *SAC*.

Um aumento do nível de preços com aumentos percentuais iguais do salário monetário e dos preços dos outros fatores mantém a quantidade ofertada de PIB real constante no PIB potencial e leva a um movimento ao longo da curva de oferta agregada de longo prazo, *SAL*.

Figura 27.4 Uma variação do PIB potencial

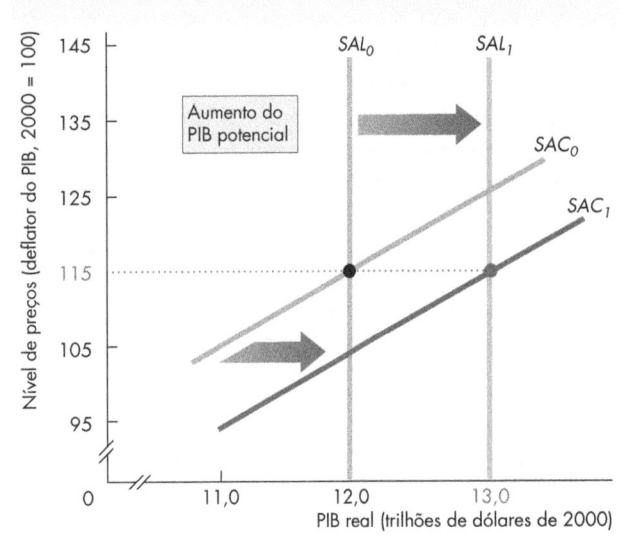

[Gráfico: curvas SAL_0 e SAL_1 verticais em 12,0 e 13,0; curvas SAC_0 e SAC_1 ascendentes. "Aumento do PIB potencial" com setas para a direita.]

Um aumento do PIB potencial aumenta tanto a oferta agregada de longo prazo quanto a de curto prazo e desloca as duas curvas de oferta agregada para a direita, de SAL_0 para SAL_1 e de SAC_0 para SAC_1.

A Figura 27.4 mostra os efeitos de um aumento do PIB potencial. Inicialmente, a curva de oferta agregada de longo prazo é SAL_0 e curva de oferta agregada de curto prazo é SAC_0. Se um aumento da quantidade de trabalho de pleno emprego, um aumento da quantidade de capital ou um avanço tecnológico aumenta o PIB potencial para $ 13 trilhões, a oferta agregada de longo prazo aumenta e a curva de oferta agregada de longo prazo se desloca para a direita, para SAL_1. A oferta agregada de curto prazo também aumenta, e a curva de oferta agregada de curto prazo se desloca para a direita, para SAC_1. As duas curvas de oferta se deslocam na mesma quantidade apenas se o nível de preços de pleno emprego permanecer constante, o que supomos ser o caso.

O PIB potencial pode aumentar devido a qualquer uma destas três razões:

- A quantidade de trabalho de pleno emprego aumenta.
- A quantidade de capital aumenta.
- A tecnologia avança.

Examinaremos essas influências sobre o PIB potencial e as curvas de oferta agregada.

Um aumento da quantidade de trabalho de pleno emprego Uma fábrica de envasamento da Pepsi que emprega 100 trabalhadores envasa mais Pepsi do que uma outra idêntica que emprega 10 trabalhadores. O mesmo se aplica à economia como um todo. Quanto maior é a quantidade empregada de trabalho, maior é o PIB real.

Com o tempo, o PIB potencial aumenta porque a força de trabalho aumenta. No entanto (com capital e tecnologia constantes) o PIB *potencial* aumenta somente se a quantidade de trabalho de pleno emprego aumentar. Flutuações do emprego ao longo do ciclo econômico levam a flutuações do PIB real. Mas essas variações do PIB real são flutuações em torno do PIB potencial e não variações do PIB potencial e da oferta agregada de longo prazo.

Um aumento da quantidade de capital Uma fábrica de envasamento da Pepsi com duas linhas de produção envasa mais Pepsi do que uma fábrica idêntica que tenha apenas uma linha de produção. Para a economia, quanto maior é a quantidade de capital, mais produtiva é a força de trabalho e maior é o PIB potencial. O PIB potencial per capita nos Estados Unidos, um país rico em capital, é muito maior do que na China ou na Rússia, países pobres em capital.

O capital inclui o *capital humano*. Uma fábrica da Pepsi é administrada por uma pessoa formada em economia, com MBA e que tem uma força de trabalho com, em média, 10 anos de experiência. Essa fábrica tem uma produção maior do que a de uma fábrica idêntica, administrada por alguém sem nenhuma formação ou experiência em negócios e que tenha uma força de trabalho jovem e inexperiente em envasamento. A primeira fábrica tem uma quantidade de capital humano maior que a segunda. Para a economia como um todo, quanto maior é a quantidade de *capital humano* – as habilidades que as pessoas adquiriram por meio da educação e de treinamento no trabalho –, maior é o PIB potencial.

Um avanço tecnológico Uma fábrica da Pepsi equipada com máquinas obsoletas produz menos do que uma que utiliza a mais recente tecnologia robótica. A mudança tecnológica permite que as empresas produzam mais com qualquer determinada quantidade de insumos. Desta maneira, mesmo com quantidades fixas de trabalho e capital, melhorias tecnológicas aumentam o PIB potencial.

Os avanços tecnológicos têm sido de longe a fonte mais importante de aumento de produção ao longo dos últimos dois séculos. Como resultado de tais avanços, um fazendeiro nos Estados Unidos hoje é capaz de alimentar 100 pessoas e um trabalhador de uma fábrica de automóveis é capaz produzir quase 14 carros e caminhões em um ano.

Analisaremos agora os efeitos das variações do salário monetário.

Variações do salário monetário e preços dos outros fatores Quando o salário monetário (ou o preço monetário de qualquer outro fator de produção, como o petróleo) varia, há uma variação da oferta agregada de curto prazo, mas não da oferta agregada de longo prazo.

A Figura 27.5 mostra os efeitos de um aumento do salário monetário. Inicialmente, a curva de oferta agregada de curto prazo é SAC_0. Um aumento do salário monetário *diminui* a oferta agregada de curto prazo e desloca a curva de oferta agregada de curto prazo para a esquerda, para SAC_2.

Um aumento do salário monetário diminui a oferta agregada de curto prazo por aumentar os custos da empresa. Com custos maiores, a quantidade que as empresas estão dispostas a ofertar a cada nível de preços diminui, o que é indicado por um deslocamento da curva *SAC* para a esquerda.

Figura 27.5 Uma variação do salário monetário

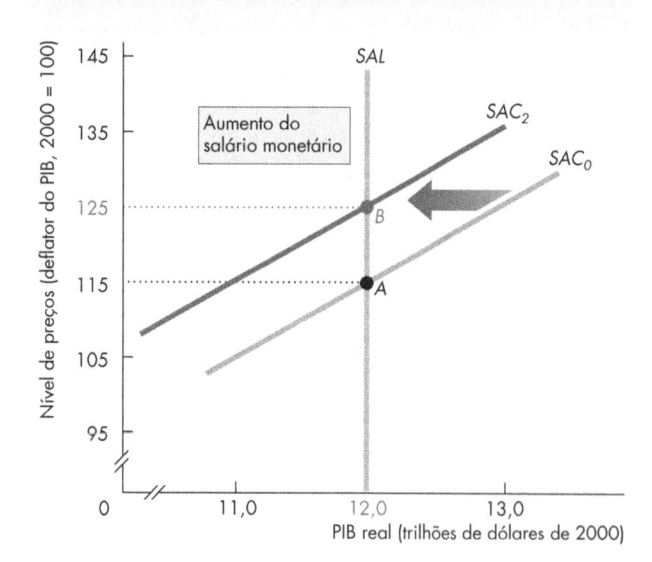

Um aumento do salário monetário diminui a oferta agregada de curto prazo e desloca a curva de oferta agregada de curto prazo para a esquerda, de SAC_0 para SAC_2. Um aumento do salário monetário não altera o PIB potencial, de modo que a curva de oferta agregada de longo prazo não se desloca.

Uma variação do salário monetário não altera a oferta agregada de longo prazo porque, na curva *SAL*, a variação do salário monetário é acompanhada por uma variação percentual igual do nível de preços. Sem nenhuma variação dos preços *relativos*, as empresas não têm nenhum incentivo para alterar a produção e o PIB real permanece constante no PIB potencial. Sem nenhuma variação do PIB potencial, a curva de oferta agregada de longo prazo permanece em *SAL*.

O que faz o salário monetário variar? O salário monetário pode variar por duas razões: afastamentos do pleno emprego e expectativas quanto à inflação. O desemprego acima da taxa natural pressiona o salário monetário para baixo, e o desemprego abaixo da taxa natural pressiona o salário monetário para cima. Um aumento esperado da taxa de inflação faz com que o salário monetário aumente mais rapidamente, e uma redução esperada da taxa de inflação desacelera a taxa à qual o salário monetário aumenta.

QUESTÕES PARA REVISÃO

1 Se o nível de preços aumentar e o salário monetário aumentar na mesma porcentagem, o que acontecerá com a quantidade ofertada de PIB real? Ao longo de qual curva de oferta agregada a economia se movimentará?

2 Se o nível de preços aumentar e o salário monetário permanecer constante, o que acontecerá com a quantidade ofertada de PIB real? Ao longo de qual curva de oferta agregada a economia se movimentará?

3 Se o PIB potencial aumentar, o que acontecerá com a oferta agregada? A curva *SAL* se deslocará ou haverá um movimento ao longo da curva *SAL*? A curva *SAC* se deslocará ou haverá um movimento ao longo da curva *SAC*?

4 Se o salário monetário aumentar e o PIB potencial permanecer constante, a curva *SAL* ou a curva *SAC* se deslocará ou haverá um movimento ao longo da curva *SAL* ou da curva *SAC*?

Demanda agregada

A quantidade demandada de PIB real é a soma dos gastos de consumo real (C), investimentos (I), gastos do governo (G) e exportações (X) menos importações (M). Isto é,

$$Y = C + I + G + X - M.$$

A *quantidade demandada de PIB real* é a quantidade total de bens e serviços finais produzidos internamente que pessoas, empresas, governos e estrangeiros planejam comprar.

Esses planos de compra dependem de vários fatores. Alguns dos principais fatores são:

- Nível de preços
- Expectativas

- Política fiscal e política monetária
- Economia mundial

Vamos nos concentrar primeiro na relação entre a quantidade demandada de PIB real e o nível de preços. Para estudar essa relação, devemos manter constantes todas as outras influências sobre os planos de compra e fazer a seguinte pergunta: como a quantidade demandada de PIB real varia à medida que o nível de preços varia?

A curva de demanda agregada

Se todos os outros fatores são mantidos constantes, quanto mais alto é o nível de preços, menor é a quantidade demandada de PIB real. Essa relação entre a quantidade demandada de PIB real e o nível de preços recebe o nome de **demanda agregada**. A demanda agregada é descrita por uma *tabela de demanda agregada* e uma *curva de demanda agregada*.

A Figura 27.6 mostra uma curva de demanda agregada (*DA*) e uma tabela de demanda agregada. Cada ponto da curva *DA* corresponde a uma linha da tabela. Por exemplo, o ponto *C'* da curva *DA* e a linha *C'* da tabela nos informam que, se o nível de preços é 115, a quantidade demandada de PIB real é $ 12 trilhões.

A curva de demanda agregada se inclina para baixo por duas razões:

- Efeito riqueza
- Efeito substituição

Efeito riqueza Quando o nível de preços aumenta, mas os outros fatores permanecem constantes, a riqueza *real* diminui. A riqueza real é constituída pela quantidade de moeda no banco, pelos títulos, pelas ações e pelos outros ativos de propriedade das pessoas, medidos não em unidades monetárias, mas em termos dos bens e serviços que a moeda, os títulos e as ações comprarão.

As pessoas poupam e mantêm moeda, títulos e ações por muitas razões. Uma delas é o acúmulo de fundos para despesas com educação. Outra, é o acúmulo de fundos suficientes para possíveis despesas médicas ou outras grandes despesas. Mas a principal razão é o acúmulo de fundos suficientes para uma renda na aposentadoria.

Se o nível de preços aumenta, a riqueza real diminui. As pessoas tentam, então, recuperar sua riqueza. Para isso, elas devem poupar mais e, em conseqüência, reduzir o consumo corrente. Essa diminuição do consumo é uma diminuição da demanda agregada.

Efeito riqueza de Maria Podemos observar o funcionamento do efeito riqueza pensando nos planos de compra de Maria, que mora em Moscou, Rússia. Ela trabalhou duro o verão inteiro e poupou 20 mil rublos (o rublo é a moeda da Rússia), que planeja utilizar para cursar a pós-graduação depois de se formar em economia. Assim, a riqueza de Maria é de 20 mil rublos. Ela tem um emprego de meio período e a renda proveniente desse emprego paga suas despesas correntes. O nível de preços na Rússia aumentou 100 por cento e agora Maria precisa de 40 mil rublos para comprar o que, antes, 20 mil compravam.

Figura 27.6 Demanda agregada

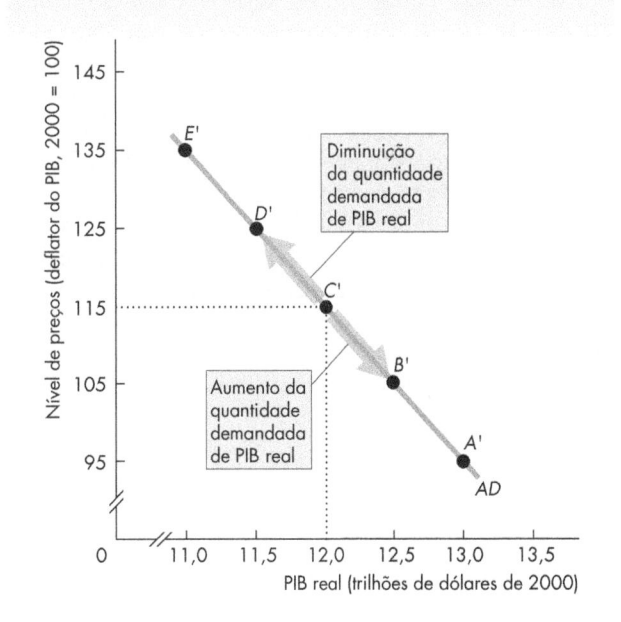

	Nível de preços (deflator do PIB)	PIB real demandado (trilhões de dólares de 2000)
A'	95	13,0
B'	105	12,5
C'	115	12,0
D'	125	11,5
E'	135	11,0

A curva de demanda agregada (*DA*) mostra a relação entre a quantidade demandada de PIB real e o nível de preços. A curva de demanda agregada se baseia na tabela de demanda agregada. Cada ponto, de *A'* a *E'*, da curva corresponde à linha da tabela identificada com a mesma letra. Quando o nível de preços é igual a 115, a quantidade demandada de PIB real é $ 12 trilhões, como indica o ponto *C'* da figura. Uma variação do nível de preços, quando todas as outras influências sobre os planos agregados de compra permanecem constantes, leva a uma variação da quantidade demandada de PIB real e a um movimento ao longo da curva *DA*.

Para tentar compensar a queda do valor de sua poupança, Maria poupa ainda mais e reduz seus gastos correntes ao mínimo.

Efeito substituição Quando o nível de preços aumenta e os outros fatores permanecem constantes, a taxa de juros aumenta. A razão para isso está relacionada com o efeito riqueza que acabamos de estudar. Um aumento do nível de preços diminui o valor real do dinheiro no bolso e na conta bancária das pessoas. Com uma quantia menor de moeda real em circulação, os bancos e outros concessores de empréstimos conseguem obter uma taxa de juros superior sobre os empréstimos. No entanto, diante de taxas de juros mais altas, as pessoas e as empresas adiam os planos de comprar novo capital e bens de consumo duráveis e reduzem os gastos.

Esse efeito substituição envolve substituir bens no presente por bens no futuro e é chamado de efeito substituição *intertemporal* – uma substituição ao longo do tempo. A poupança aumenta para aumentar o consumo futuro.

Para observar esse efeito substituição intertemporal com mais clareza, pense nos seus próprios planos para comprar um novo computador. A uma taxa de juros de 5 por cento ao ano, você pode tomar emprestado $ 2 mil e comprar o novo computador. Mas, a uma taxa de juros de 10 por cento ao ano, você pode concluir que os pagamentos seriam altos demais. Você não abandona seus planos de comprar o computador, mas decide adiar a compra.

Um segundo efeito substituição funciona por meio de preços internacionais. Quando o nível de preços em um país aumenta e os outros fatores permanecem constantes, bens e serviços produzidos nesse país ficam mais caros em relação a bens e serviços produzidos no exterior. Essa variação dos *preços relativos* incentiva as pessoas a gastar menos em itens produzidos internamente e mais em itens estrangeiros. Por exemplo, se o nível de preços nos Estados Unidos aumenta em relação ao nível de preços no Canadá, os canadenses compram menos carros produzidos nos Estados Unidos (as exportações norte-americanas diminuem), e os norte-americanos compram mais carros produzidos no Canadá (as importações norte-americanas aumentam). O PIB dos Estados Unidos diminui.

O efeito substituição de Maria Em Moscou, Maria faz algumas substituições. Ela estava planejando vender sua velha motocicleta e comprar uma nova. No entanto, com um nível de preços superior e taxas de juros mais altas, ela decide manter sua motocicleta velha por mais um ano. Além disso, com os preços dos bens russos aumentando acentuadamente, Maria substitui o vestido feito na Rússia que ela planejava comprar por um vestido de baixo custo feito na Malásia.

Variações da quantidade demandada de PIB real Quando o nível de preços aumenta e os outros fatores permanecem constantes, a quantidade demandada de PIB real diminui – um movimento para cima ao longo da curva de demanda agregada, como indica a seta na Figura 27.6. Quando o nível de preços diminui e os outros fatores permanecem constantes, a quantidade demandada de PIB real aumenta – um movimento para baixo ao longo da curva de demanda agregada.

Vimos como a quantidade demandada de PIB real varia quando há uma variação do nível de preços. Como as outras influências sobre os planos de compras afetam a demanda agregada?

Variações da demanda agregada

Quando ocorre uma mudança de qualquer outro fator, além do nível de preços, que influencia os planos de compras, há uma variação da demanda agregada. Os principais fatores são:

- Expectativas
- Política fiscal e política monetária
- Economia mundial

Expectativas Um aumento da renda futura esperada aumenta a quantidade de bens de consumo (especialmente itens caros, como carros) que as pessoas planejam comprar hoje e aumenta a demanda agregada.

Um aumento da taxa de inflação futura esperada aumenta a demanda agregada porque as pessoas decidem comprar mais bens e serviços aos preços relativamente mais baixos de hoje.

Um aumento dos lucros futuros esperados aumenta o investimento que as empresas planejam fazer hoje e a demanda agregada.

Política fiscal e política monetária À tentativa de o governo influenciar a economia, estabelecendo e alterando impostos, fazendo pagamentos de transferências e comprando bens e serviços dá-se o nome de **política fiscal**. Uma redução dos impostos ou um aumento dos pagamentos de transferências – por exemplo, seguro-desemprego ou pagamentos da previdência – aumenta a demanda agregada. Essas influências agem aumentando a renda *disponível* dos indivíduos. A **renda disponível** é a renda agregada menos os impostos mais os pagamentos de transferências. Quanto maior é a renda disponível, maior é a quantidade de bens e serviços de consumo que os indivíduos planejam comprar e maior é a demanda agregada.

Os gastos do governo com bens e serviços são um componente da demanda agregada. Assim, se o governo gasta mais em satélites de monitoramento, escolas e estradas, a demanda agregada aumenta.

A **política monetária** consiste em alterações das taxas de juros e da quantidade de moeda na economia. A quantidade de moeda é determinada pelo banco central e pelos bancos (em um processo descrito nos capítulos 25 e 31). Um aumento da quantidade de moeda na economia aumenta a demanda agregada. Para entender por que a moeda afeta a demanda agregada, imagine que o banco central pegue os helicópteros do exército, encha-os de milhões de notas novas de $ 10 e as jogue como confete pelo país. As pessoas pegam o dinheiro que acabou de ficar disponível e planejam gastar parte dele. Assim, a quantidade demandada de bens e serviços aumenta. Mas as pessoas não planejam gastar todo o novo dinheiro. Elas planejam poupar uma parte e concedê-la como empréstimo a outras pessoas por meio dos bancos. As taxas de juros diminuem e, com taxas de juros mais baixas, as pessoas planejam comprar mais bens de consumo duráveis e as empresas planejam aumentar os investimentos.

Economia mundial Duas principais influências que a economia mundial tem sobre a demanda agregada são a taxa de câmbio e a renda estrangeira. A *taxa de câmbio* é a quantia de moeda estrangeira que você pode comprar com uma unidade monetária nacional. Se todos os outros fatores forem mantidos constantes, um aumento da taxa de câmbio diminuirá a demanda agregada. Para ver como a taxa de câmbio influencia a demanda agregada, suponha que a taxa de câmbio seja de 1,20 euro por dólar norte-americano. Um telefone celular da Nokia fabricado na Finlândia custa 120 euros, e um celular equivalente da

Motorola feito nos Estados Unidos custa US$ 110. Em dólares norte-americanos, o aparelho da Nokia custa 100, de modo que as pessoas ao redor do mundo compram o telefone da Finlândia, que é mais barato. Agora, suponha que a taxa de câmbio diminua para 1 euro por dólar norte-americano. O aparelho da Nokia agora custa US$ 120 e é mais caro que o da Motorola. As pessoas passarão a comprar o celular da Motorola. As exportações dos Estados Unidos aumentarão, e suas importações diminuirão, de modo que a demanda agregada norte-americana aumentará.

Um aumento da renda estrangeira aumenta as exportações e a demanda agregada dos Estados Unidos. Por exemplo, um aumento da renda no Japão e na Alemanha aumenta os gastos planejados dos consumidores e produtores japoneses e alemães em bens e serviços produzidos nos Estados Unidos.

Deslocamentos da curva de demanda agregada Quando a demanda agregada varia, a curva de demanda agregada se desloca. A Figura 27.7 mostra duas variações da demanda agregada e resume os fatores que levam a essas mudanças.

A demanda agregada aumenta e a curva de demanda agregada se desloca para a direita, de DA_0 para DA_1, quando a renda, a inflação ou o lucro futuros esperados aumenta; os gastos do governo em bens e serviços aumentam; os impostos são reduzidos; os pagamentos de transferências aumentam; a quantidade de moeda aumenta e a taxa de juros diminui; a taxa de câmbio diminui; ou a renda estrangeira aumenta.

A demanda agregada diminui e a curva de demanda agregada se desloca para a esquerda, de DA_0 para DA_2, quando a renda, a inflação ou o lucro futuros esperados diminui; os gastos do governo em bens e serviços diminuem; os impostos aumentam; os pagamentos de transferências diminuem; a quantidade de moeda diminui e as taxas de juros aumentam; a taxa de câmbio aumenta; ou a renda estrangeira diminui.

Figura 27.7 Variações da demanda agregada

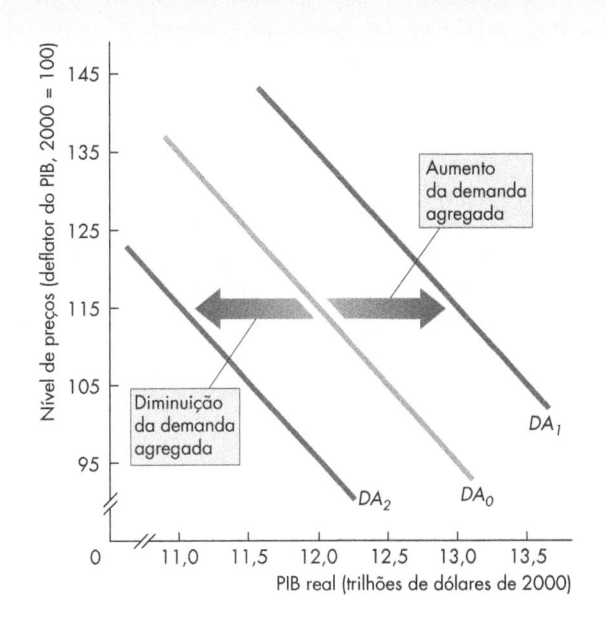

A demanda agregada	
diminui se:	**aumenta se:**
■ A renda, a inflação ou os lucros futuros esperados diminuem.	■ A renda, a inflação ou os lucros futuros esperados aumentam.
■ A política fiscal reduz os gastos do governo, aumenta os impostos ou diminui os pagamentos de transferências.	■ A política fiscal aumenta os gastos do governo, reduz os impostos ou aumenta os pagamentos de transferências.
■ A política monetária diminui a quantidade de moeda e aumenta as taxas de juros.	■ A política monetária aumenta a quantidade de moeda e diminui as taxas de juros.
■ A taxa de câmbio aumenta ou a renda estrangeira diminui.	■ A taxa de câmbio diminui ou a renda estrangeira aumenta.

QUESTÕES PARA REVISÃO

1 O que a demanda agregada mostra? Quais fatores mudam e quais permanecem constantes quando há um movimento ao longo da curva de demanda agregada?
2 Por que a curva de demanda agregada se inclina para baixo?
3 Como as variações de expectativas, das políticas fiscal e monetária e da economia mundial alteram a demanda agregada e a curva de demanda agregada?

Equilíbrio macroeconômico

O propósito do modelo de oferta agregada–demanda agregada é explicar variações do PIB real e do nível de preços. Para atingirmos esse objetivo, combinamos a oferta agregada e a demanda agregada e determinamos o equilíbrio macroeconômico. Há um equilíbrio macroeconômico para cada um dos períodos da oferta agregada: um equilíbrio de longo prazo e um equilíbrio de curto prazo. O equilíbrio de longo prazo é a situação para a qual a economia está rumando. O equilíbrio de curto prazo é a situação normal da economia enquanto ela flutua em torno do PIB potencial.

Começaremos nosso estudo do equilíbrio macroeconômico analisando o curto prazo.

Equilíbrio macroeconômico de curto prazo

A curva de demanda agregada nos informa a quantidade demandada de PIB real a cada nível de preços, e a curva de oferta agregada de curto prazo nos informa a quantidade ofertada de PIB real a cada nível de preços. O **equilíbrio macroeconômico de curto prazo** ocorre quando a quantidade demandada e quantidade ofertada de PIB real são iguais. Ou seja, o equilíbrio macroeconômico de curto prazo ocorre no ponto de intersecção entre a curva DA e a curva SAC. A Figura 27.8 mostra esse equilíbrio com um nível de preços de 115 e um PIB real de $ 12 trilhões (pontos C e C').

Para entender por que essa posição representa o equilíbrio, pense no que acontece se o nível de preços é diferente de 115. Suponha, por exemplo, que o nível de preços seja 125 e que o PIB real seja $ 13 trilhões (no ponto E da curva SAC). A quantidade demandada de PIB real é menor que $ 13 trilhões, de modo que as empresas são incapazes de vender toda a sua produção. Estoques indesejados se acumulam, e as empresas reduzem tanto a produção quanto os preços. A produção e os preços são reduzidos até que as empresas consigam vender toda a produção. Essa situação só ocorre quando o PIB real é $ 12 trilhões e o nível de preços é 115.

Agora, suponha que o nível de preços seja 105 e o PIB real seja $ 11 trilhões (no ponto A da curva SAC). A quantidade demandada de PIB real excede $ 11 trilhões, de modo que as empresas são incapazes de atender à demanda por sua produção. Os estoques diminuem e os clientes clamam por bens e serviços. Desta maneira, as empresas aumentam a produção e os preços. A produção e os preços aumentam até que as empresas possam atender à demanda por sua produção. Essa situação só ocorre quando o PIB real é $ 12 trilhões e o nível de preços é 115.

No curto prazo, o salário monetário é fixo. Ele não se ajusta para levar a economia ao pleno emprego. Assim, no curto prazo, o PIB real poder ser maior ou menor que o PIB potencial. No longo prazo, porém, o salário monetário se ajusta e o PIB real se aproxima do PIB potencial. Vamos estudar agora esse processo de ajuste. No entanto, antes disso, vamos examinar a economia no equilíbrio de longo prazo.

Equilíbrio macroeconômico de longo prazo

O **equilíbrio macroeconômico de longo prazo** ocorre quando o PIB real é igual ao PIB potencial – em outras palavras, quando a economia está em sua curva de oferta agregada de *longo prazo*. A Figura 27.9 mostra o equilíbrio macroeconômico de longo prazo, que ocorre na intersecção entre a curva DA e a curva SAL (as curvas cinza-claro). O equilíbrio macroeconômico de longo prazo é alcançado devido ao ajuste do salário monetário. O PIB potencial e a demanda agregada determinam o nível de preços, o qual influi no salário monetário. No equilíbrio de longo prazo, o salário monetário se ajusta para que a curva SAC (cinza-escuro) passe pelo ponto de equilíbrio de longo prazo.

Figura 27.8 Equilíbrio de curto prazo

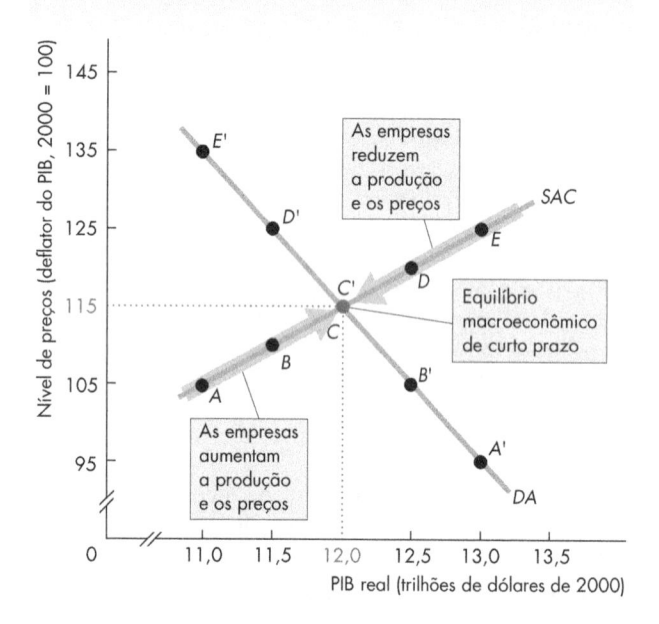

O equilíbrio macroeconômico de curto prazo ocorre quando a quantidade demandada e a quantidade ofertada de PIB real são iguais – na intersecção entre a curva de demanda agregada (DA) e a curva de oferta agregada de curto prazo (SAC). No caso, esse equilíbrio ocorre nos pontos C e C', nos quais o nível de preços é 115 e o PIB real é $ 12 trilhões. Se o nível de preços for 125 e o PIB real for $ 13 trilhões (ponto E), as empresas não serão capazes de vender toda a sua produção e reduzirão a produção e os preços. Se o nível de preços for 105 e o PIB real for $ 11 trilhões (ponto A), as pessoas não serão capazes de comprar todos os bens e serviços que demandam, e as empresas aumentarão a produção e os preços. Somente quando o nível de preços for 115 e o PIB real for $ 12 trilhões as empresas conseguirão vender tudo o que produzirem e as pessoas poderão comprar todos os bens e serviços que demandarem. Isso é o equilíbrio macroeconômico de curto prazo.

Figura 27.9 Equilíbrio de longo prazo

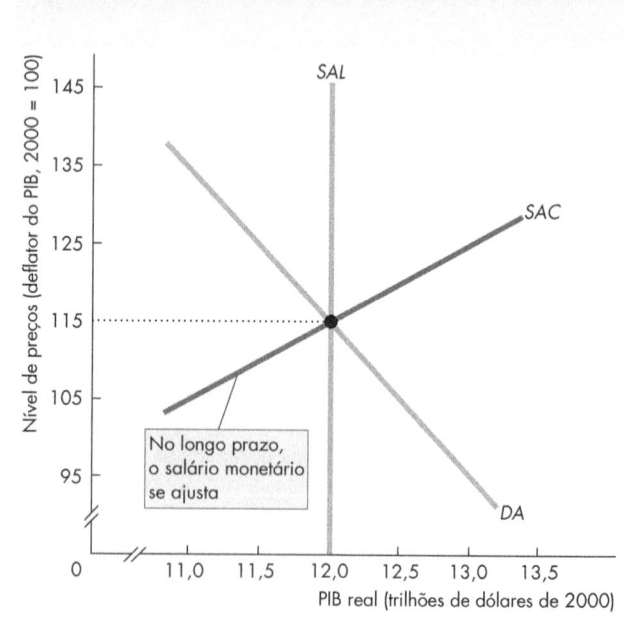

No equilíbrio macroeconômico de longo prazo, o PIB real é igual ao PIB potencial. Desta maneira, o equilíbrio de longo prazo ocorre no ponto em que a curva de demanda agregada, DA, cruza com a curva de oferta agregada de longo prazo, SAL. No longo prazo, a demanda agregada determina o nível de preços e não tem nenhum efeito sobre o PIB real. O salário monetário se ajusta no longo prazo, de modo que a curva SAC cruza com a curva SAL no nível de preços de equilíbrio de longo prazo.

Examinaremos esse processo de ajuste do salário monetário mais adiante neste capítulo. Antes, porém, vejamos como o modelo SA–DA nos ajuda a entender o crescimento econômico e a inflação.

Crescimento econômico e inflação

O crescimento econômico ocorre porque, ao longo do tempo, a quantidade de trabalho aumenta, o capital se acumula e a tecnologia avança. Essas mudanças aumentam o PIB potencial e deslocam a curva SAL para a direita. A Figura 27.10 mostra um deslocamento como esse. A taxa de crescimento do PIB potencial é definida pela velocidade à qual o trabalho aumenta, o capital se acumula e a tecnologia avança.

A inflação ocorre quando, ao longo do tempo, o aumento da demanda agregada é maior que o da oferta agregada de longo prazo. Ou seja, a inflação ocorre se a curva DA se desloca para a direita mais do que a curva SAL. A Figura 27.10 mostra deslocamentos como esses.

Se a demanda agregada aumentasse na mesma velocidade que a oferta agregada de longo prazo, teríamos um crescimento do PIB real sem inflação.

No longo prazo, a principal influência sobre a demanda agregada é a taxa de crescimento da quantidade de moeda. Em situações nas quais a quantidade de moeda aumenta rapidamente, a demanda agregada também aumenta rapidamente e a taxa de inflação é alta. Quando a taxa de crescimento da quantidade de moeda se desacelera, se os outros fatores permanecem constantes, a taxa de inflação mais cedo ou mais tarde diminui.

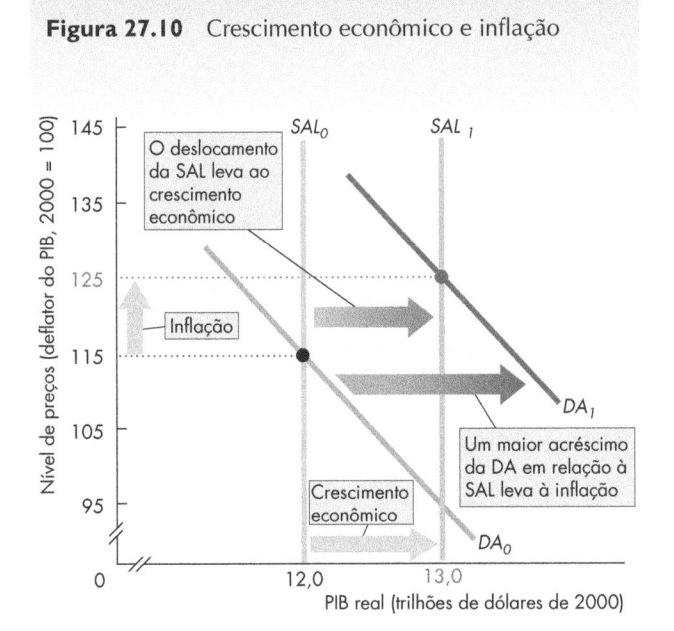

Figura 27.10 Crescimento econômico e inflação

O crescimento econômico é o aumento persistente do PIB potencial. Ele é mostrado como um deslocamento contínuo da curva SAL para a direita. A inflação é o aumento persistente do nível de preços. Ela ocorre quando o aumento da demanda agregada é maior que o da oferta agregada de longo prazo.

A economia passa por períodos de crescimento e de inflação, como os mostrados na Figura 27.10. Mas ela não passa por crescimento e inflação *estáveis*. O PIB real flutua em relação ao PIB potencial em um ciclo econômico, e a inflação é variável. Quando estudamos o ciclo econômico, ignoramos o crescimento econômico. Ao fazermos isso, podemos ver o ciclo econômico com mais clareza.

O ciclo econômico

O ciclo econômico ocorre porque a demanda agregada e a oferta agregada de curto prazo flutuam sem que, no entanto, o salário monetário se ajuste com rapidez suficiente para manter o PIB real no PIB potencial. A Figura 27.11 mostra três tipos de equilíbrio macroeconômico de curto prazo.

Na parte (a), há um equilíbrio abaixo do pleno emprego. Um **equilíbrio abaixo do pleno emprego** é um equilíbrio macroeconômico no qual o PIB potencial excede o PIB real. A diferença entre o PIB real e o PIB potencial é o **hiato do produto**. Quando o PIB potencial excede o PIB real, o hiato do produto também é chamado de **hiato recessivo**. Esse termo nos lembra que se abriu um hiato entre o PIB potencial e o PIB real devido ao fato de a economia ter passado por uma recessão ou de o PIB real ter crescido mais lentamente que o PIB potencial.

O equilíbrio abaixo do pleno emprego mostrado na Figura 27.11(a) ocorre quando a curva de demanda agregada DA_0 cruza com a curva de oferta agregada de curto prazo $SÁC_0$, em um PIB real de $ 11,8 trilhões. O PIB potencial é de $ 12 trilhões, de modo que o hiato recessivo é de $ 0,2 trilhão. A economia norte-americana estava em uma situação similar à mostrada na Figura 27.11(a) no início da década de 2000.

A Figura 27.11(b) é um exemplo de **equilíbrio de pleno emprego**, no qual o PIB real é igual ao PIB potencial. Nela, o equilíbrio ocorre no ponto em que a curva de demanda agregada DA_1 cruza com a curva de oferta agregada de curto prazo SAC1, em um PIB real e potencial de $ 12 trilhões. A economia norte-americana estava em uma situação similar à mostrada na Figura 27.11(b) em 1998.

A Figura 27.11(c) mostra um **equilíbrio acima do pleno emprego**. Um equilíbrio acima do pleno emprego é um equilíbrio macroeconômico no qual o PIB real excede o PIB potencial. Quando o PIB real excede o PIB potencial, o hiato do produto também é chamado de **hiato inflacionário**. Esse termo nos lembra que se abriu um hiato entre o PIB real e o PIB potencial e que esse hiato cria uma pressão inflacionária.

O equilíbrio acima do pleno emprego mostrado na Figura 27.11(c) ocorre no ponto em que a curva de demanda agregada DA_2 cruza com a curva de oferta agregada de curto prazo $SÁC_2$, em um PIB real de $ 12,2 trilhões. Há um hiato inflacionário é de $ 0,2 trilhão. A economia norte-americana estava em uma situação similar à mostrada na Figura 27.11(c) em 1999 e 2000.

A economia passa de um tipo de equilíbrio macroeconômico a outro como resultado de flutuações da demanda agregada e da oferta agregada de curto prazo. Essas flu-

Figura 27.11 O ciclo econômico

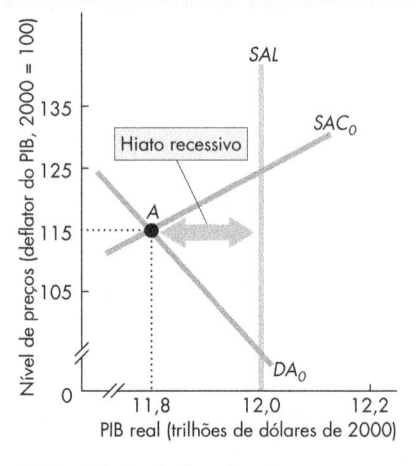

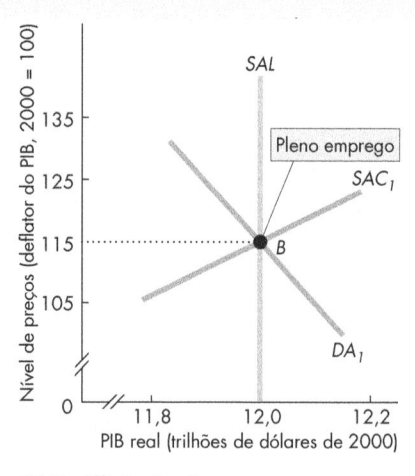

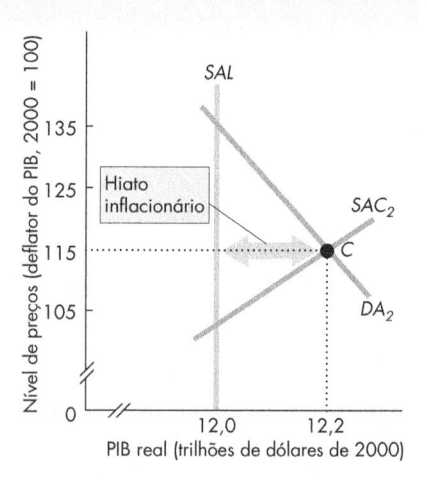

(a) Equilíbrio abaixo do pleno emprego

(b) Equilíbrio de pleno emprego

(c) Equilíbrio acima do pleno emprego

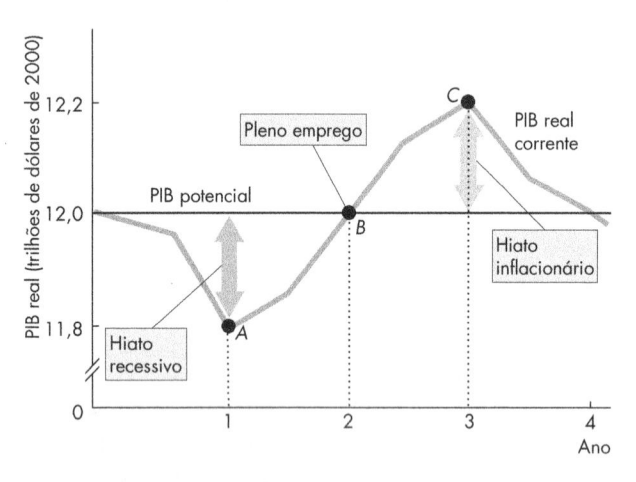

(d) Flutuações do PIB real

A parte (a) mostra um equilíbrio abaixo do pleno emprego no ano 1, a parte (b) mostra um equilíbrio de pleno emprego no ano 2, e a parte (c) mostra um equilíbrio acima do pleno emprego no ano 3. A parte (d) mostra como o PIB real flutua em torno do PIB potencial em um ciclo econômico.

No ano 1, há um hiato recessivo e a economia está no ponto A – nas partes (a) e (d). No ano 2, a economia está no pleno emprego e no ponto B – nas partes (b) e (d). No ano 3, há um hiato inflacionário e a economia está no ponto C – nas partes (c) e (d).

tuações, por sua vez, produzem flutuações no PIB real. A Figura 27.11(d) mostra como o PIB real flutua em torno do PIB potencial.

Analisaremos agora algumas das fontes dessas flutuações em torno do PIB potencial.

Flutuações da demanda agregada

Uma razão pela qual o PIB real flutua em torno do PIB potencial é que a demanda agregada flutua. Vejamos o que acontece quando a demanda agregada aumenta.

A Figura 27.12(a) mostra uma economia no pleno emprego. A curva de demanda agregada é DA_0, a curva de oferta agregada de curto prazo é SAC_0, e a curva de oferta agregada de longo prazo é SAL. O PIB real é igual ao PIB potencial em $ 12 trilhões, e o nível de preços é 115.

Agora, suponha que a economia mundial se expanda e que a demanda por bens produzidos nos Estados Unidos, por exemplo, aumente no Japão e na Europa. O aumento das exportações norte-americanas aumenta a demanda agregada nos Estados Unidos, e a curva de demanda agregada se desloca para a direita, de DA_0 para DA_1, na Figura 27.12(a).

Diante de um aumento da demanda, as empresas aumentam a produção e elevam os preços. O PIB real aumenta para $ 12,5 trilhões e o nível de preços aumenta para 120. A economia agora está em um equilíbrio acima do pleno emprego. O PIB real excede o PIB potencial e há um hiato inflacionário.

A variação da demanda agregada aumentou os preços de todos os bens e serviços. Diante de preços mais altos, as empresas aumentaram sua produção. Nesse estágio, os preços de bens e serviços aumentaram, mas o salário monetário permaneceu inalterado. (Lembre-se de que, à medida que nos movemos ao longo de uma curva de oferta agregada de curto prazo, o salário monetário permanece constante.)

Figura 27.12 Um aumento da demanda agregada

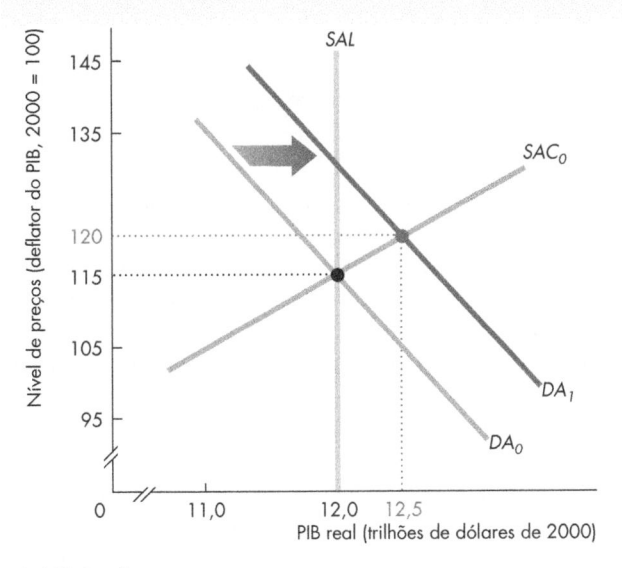

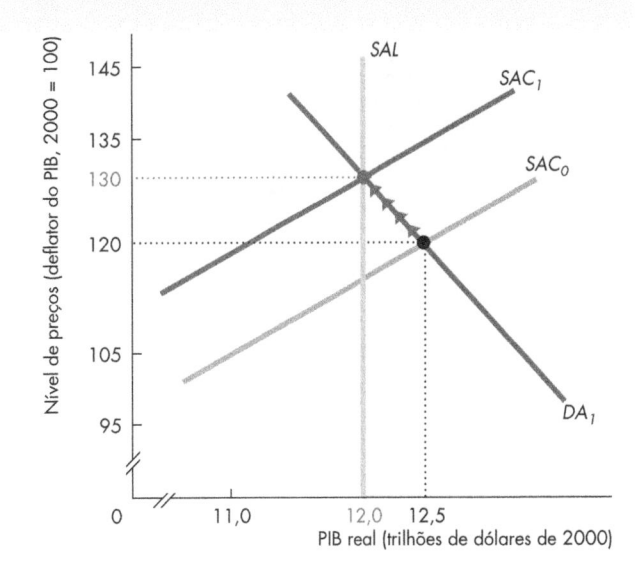

(a) Efeito de curto prazo

(b) Efeito de longo prazo

Um aumento da demanda agregada desloca a curva de demanda agregada de DA_0 para DA_1. No equilíbrio de curto prazo, o PIB real aumenta para $ 12,5 trilhões e o nível de preços aumenta para 120. Nessa situação, há um hiato inflacionário. No longo prazo, o salário monetário aumenta e a curva de oferta agregada de curto prazo se desloca para a esquerda na parte (b). À medida que a oferta agregada de curto prazo diminui, a curva SAC se desloca de SAC_0 para SAC_1 e cruza com a curva de demanda agregada DA_1 em níveis de preços mais altos e o PIB real diminui. Com o tempo, o nível de preços aumenta para 130 e o PIB real diminui para $ 12 trilhões – o PIB potencial.

A economia não pode produzir PIB potencial em excesso indeterminadamente. Por que não? Quais são as forças que levam o PIB real de volta ao PIB potencial?

Como o nível de preços aumentou e o salário monetário permaneceu inalterado, os trabalhadores vêem uma queda do poder de compra de seu salário e os lucros das empresas aumentam. Nessas circunstâncias, os trabalhadores demandam salários mais altos e as empresas, preocupadas em manter seus níveis de emprego e produção, atendem a essas demandas. Se as empresas não aumentarem o salário monetário, elas perderão trabalhadores ou serão forçadas a contratar trabalhadores menos produtivos.

À medida que o salário monetário aumenta, a curva de oferta agregada de curto prazo começa a se deslocar para a esquerda. Na Figura 27.12(b), a curva de oferta agregada de curto prazo se desloca de SAC_0 na direção de SAC_1. O aumento do salário monetário e o deslocamento da curva SAC produzem uma seqüência de novas posições de equilíbrio. Ao longo da trajetória de ajuste, o PIB real diminui e o nível de preços aumenta. A economia se move para cima ao longo de sua curva de demanda agregada, como indicam as setas da figura.

Com o tempo, o salário monetário aumenta na mesma porcentagem que o nível de preços. Nesse momento, a curva de demanda agregada DA_1 cruza com SAC_1 no novo equilíbrio de pleno emprego. O nível de preços subiu para 130, e o PIB real está de volta ao ponto onde começou, no PIB potencial.

Uma diminuição da demanda agregada tem efeitos similares, mas opostos, aos de um aumento da demanda agregada. Isto é, uma diminuição da demanda agregada desloca a curva de demanda agregada para a esquerda. O PIB real diminui e fica menor do que o PIB potencial e surge um hiato recessivo. As empresas reduzem os preços. O nível de preços mais baixo aumenta o poder de compra dos salários e aumenta os custos das empresas em relação aos preços de sua produção porque o salário monetário permanece inalterado. Com o tempo, o salário monetário diminui e a curva de oferta agregada de curto prazo se desloca para a direita.

Examinaremos agora como o PIB real e o nível de preços variam quando há alterações da oferta agregada.

Flutuações da oferta agregada

As flutuações da oferta agregada de curto prazo podem levar a flutuações do PIB real em torno do PIB potencial. Suponha que, inicialmente, o PIB real seja igual ao PIB potencial. Então, há um aumento grande, mas temporário, do preço do petróleo. O que acontece com o PIB real e o nível de preços?

A Figura 27.13 responde a essa questão. A curva de demanda agregada é DA_0, a curva de oferta agregada de curto prazo é SAC_0, e a curva de oferta agregada de longo prazo é SAL. O PIB real é $ 12 trilhões, o que equivale ao PIB potencial, e o nível de preços é 115. Nesse ponto, o preço do petróleo aumenta. Diante de custos mais altos de

Figura 27.13 Uma diminuição da oferta agregada

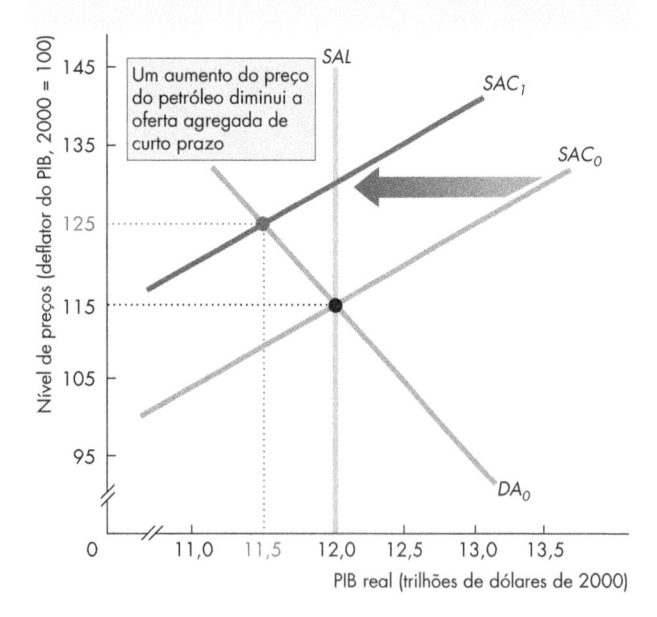

[Gráfico: Nível de preços (deflator do PIB, 2000 = 100) vs PIB real (trilhões de dólares de 2000). Curvas SAL, SAC₀, SAC₁ e DA₀. Um aumento do preço do petróleo diminui a oferta agregada de curto prazo. Pontos em (12,0; 115) e (11,5; 125).]

Um aumento do preço do petróleo diminui a oferta agregada de curto prazo e desloca a curva de oferta agregada de curto prazo de SAC_0 para SAC_1. O PIB real diminui de $ 12 trilhões para $ 11,5 trilhões, e o nível de preços aumenta de 115 para 125. A economia passa por uma estagflação.

energia e de transporte, as empresas reduzem a produção. A oferta agregada de curto prazo diminui, e a curva de oferta agregada de curto prazo se desloca para a esquerda, para SAC_1. O nível de preços aumenta para 125, e o PIB real diminui para $ 11,5 trilhões. Como o PIB real diminui, a economia passa por uma recessão. Como o nível de preços aumenta, a economia passa por uma inflação. Uma combinação de recessão e inflação, chamada de **estagflação**, de fato ocorreu nos Estados Unidos em meados da década de 1970 e início da década de 1980. Mas eventos como esse não são comuns.

Quando o preço do petróleo volta a seu nível original, a economia retorna ao pleno emprego.

QUESTÕES PARA REVISÃO

1 O crescimento econômico resulta de aumentos da demanda agregada, oferta agregada de curto prazo ou oferta agregada de longo prazo?
2 A inflação resulta de aumentos da demanda agregada, oferta agregada de curto prazo ou oferta agregada de longo prazo?
3 Descreva três tipos de equilíbrio macroeconômico de curto prazo.
4 Como as flutuações da demanda agregada e da oferta agregada de curto prazo levam a flutuações do PIB real em torno do PIB potencial?

Podemos utilizar o modelo SA–DA para explicar e ilustrar as visões das diferentes escolas de pensamento na macroeconomia. Essa será nossa próxima tarefa.

Escolas de pensamento macroeconômico

A macroeconomia é uma área ativa de pesquisas, e ainda há muito a ser descoberto sobre as forças que fazem a economia crescer e flutuar. Há um nível maior de consenso e certeza sobre o crescimento econômico e a inflação – as tendências de longo prazo do PIB real e do nível de preços – do que sobre o ciclo econômico – as flutuações de curto prazo dessas variáveis. Analisaremos aqui apenas as diferenças de pontos de vista sobre as flutuações de curto prazo.

O modelo de oferta agregada–demanda agregada que estudamos neste capítulo nos proporciona uma boa base para compreender a variedade de pontos de vista que os macroeconomistas sustentam sobre o tema. Mas o que aprenderemos aqui não passa de um primeiro vislumbre das controvérsias e dos debates científicos. Retomaremos essas questões em vários pontos deste livro e aprofundaremos nossa compreensão das visões alternativas.

Classificação normalmente requer simplificação, e a tarefa de classificar macroeconomistas não é uma exceção a essa regra geral. A classificação que utilizaremos aqui é simples, mas não enganosa. Dividiremos os macroeconomistas em três amplas escolas de pensamento e examinaremos as visões de cada um desses grupos. Os grupos são:

- Clássico
- Keynesiano
- Monetarista

A visão clássica

Os macroeconomistas **clássicos** acreditam que a economia é auto-regulada e está sempre no pleno emprego. O termo 'clássico' se origina do nome da escola que fundou a economia e que inclui Adam Smith, David Ricardo e John Stuart Mill.

A visão dos **novos clássicos** sustenta que as flutuações do ciclo econômico são reações eficientes de uma economia de mercado em bom funcionamento bombardeada por choques provocados pelo ritmo irregular das mudanças tecnológicas.

A visão clássica pode ser compreendida em termos de crenças sobre a demanda e a oferta agregadas.

Flutuações da demanda agregada Na visão clássica, as mudanças tecnológicas representam a influência mais significativa tanto sobre a demanda agregada quanto sobre a oferta agregada. Por essa razão, os macroeconomistas clássicos não utilizam a estrutura conceitual SA–DA, mas a visão que eles têm pode ser interpretada por meio desse modelo. Uma mudança tecnológica que aumenta a produtividade do capital leva a um aumento da demanda agregada porque as empresas aumentam seus gastos em novos equipamentos e instalações de produção. Uma mudança tecnológica que estende a vida útil do capital existente diminui a demanda por novo capital, o que diminui a demanda agregada.

Reação da oferta agregada Na visão clássica, o salário monetário por trás da curva de oferta agregada de curto prazo é instantânea e completamente flexível. O salário monetário se ajusta tão rápido para manter o equilíbrio do mercado de trabalho que o PIB real sempre se ajusta para equivaler ao PIB potencial.

O próprio PIB potencial flutua pelas mesmas razões pelas quais isso acontece com a demanda agregada: a mudança tecnológica. Quando o ritmo da mudança tecnológica é rápido, o PIB potencial, bem como o PIB real, aumenta rapidamente. Quando o ritmo da mudança tecnológica é lento, o da taxa de crescimento do PIB potencial também é.

Política econômica clássica A visão clássica da política econômica enfatiza o potencial dos impostos de reduzir incentivos e criar ineficiência. Minimizando os efeitos de desincentivo dos impostos, o emprego, os investimentos e os avanços tecnológicos atingem seus níveis eficientes e a economia se expande em um ritmo apropriado e rápido.

A visão keynesiana

Um macroeconomista **keynesiano** acredita que, se deixada por si só, a economia raramente operaria no pleno emprego e que, para atingir e manter o pleno emprego, seria necessário uma ajuda ativa da política fiscal e da política monetária.

O termo 'keynesiano' provém do nome de um dos economistas mais famosos do século XX, John Maynard Keynes.

A visão keynesiana se baseia em crenças sobre as forças que determinam a demanda agregada e a oferta agregada de curto prazo.

Flutuações da demanda agregada Na visão keynesiana, as *expectativas* são a influência mais significativa sobre a demanda agregada. As expectativas são baseadas no instinto 'de rebanho', ou no que Keynes chamava de 'instinto animal'. Uma onda de pessimismo sobre as projeções de lucro futuras pode levar a uma queda da demanda agregada e colocar a economia em uma recessão.

Reação da oferta agregada Na visão keynesiana, o salário monetário por trás da curva de oferta agregada de curto prazo é extremamente rígido na direção descendente. Basicamente, o salário monetário não diminui. Desta maneira, se há um hiato recessivo, não há nenhum mecanismo automático para se livrar dele. Se houvesse esse tipo de mecanismo, uma diminuição do salário monetário aumentaria a oferta agregada de curto prazo e restauraria o pleno emprego. No entanto, o salário monetário não diminui, de modo que a economia permanece presa na recessão.

Uma versão moderna da visão keynesiana conhecida como visão dos **novos keynesianos** sustenta que não apenas o salário monetário é rígido, como também os preços dos bens e serviços. Com um nível de preços rígido, a curva de oferta agregada de curto prazo é horizontal em um nível de preço fixo.

Reação necessária à política econômica A visão keynesiana requer que a política fiscal e a política monetária compensem ativamente as variações da demanda agregada que levam à recessão.

Ao se estimular a demanda agregada durante uma recessão, o pleno emprego pode ser restaurado.

A visão monetarista

Os **monetaristas** são macroeconomistas que acreditam que a economia é auto-regulada e que, normalmente, operará no pleno emprego, desde que não seja errática e a taxa de expansão monetária seja mantida estável.

O termo 'monetarista' foi cunhado por um importante economista do século XX, Karl Brunner, para descrever suas próprias visões e as de Milton Friedman.

A visão monetarista pode ser interpretada em termos de crenças sobre as forças que determinam a demanda agregada e a oferta agregada de curto prazo.

Flutuações da demanda agregada Na visão monetarista, a *quantidade de moeda* é a influência mais significativa sobre a demanda agregada. A quantidade de moeda em um país é determinada pelo banco central. Se este mantiver a moeda crescendo em um ritmo estável, as flutuações da demanda agregada serão minimizadas e a economia operará perto do pleno emprego. Mas, se o banco central diminuir a quantidade de moeda ou até mesmo apenas desacelerar a taxa de crescimento abruptamente demais, a economia entrará em recessão. Na visão monetarista, todas as recessões resultam de uma política monetária inapropriada.

Reação da oferta agregada A visão monetarista da oferta agregada de curto prazo é a mesma que a visão keynesiana: o salário monetário é rígido. Se a economia estiver em uma recessão, ela levará um tempo desnecessariamente longo para retornar, sem auxílio, ao pleno emprego.

Política econômica monetarista A visão monetarista da política econômica é a mesma que a visão clássica sobre a política fiscal. Os impostos devem ser mantidos baixos para evitar os efeitos de desincentivo que diminuem o PIB potencial. Desde que a quantidade de moeda seja mantida em uma trajetória estável de crescimento, não é necessário nenhuma estabilização ativa para compensar variações da demanda agregada.

O caminho adiante

Nos capítulos seguintes, retomaremos as visões keynesiana, clássica e monetarista. No próximo capítulo, estudaremos o modelo keynesiano original da demanda agregada. Esse modelo permanece útil nos dias de hoje por explicar como as flutuações dos gastos são ampliadas e levam a maiores variações da demanda agregada. Depois, aplicaremos o modelo *SA–DA* para uma visão mais aprofundada da inflação e dos ciclos econômicos nos Estados Unidos.

Nossa atenção se voltará, então, para a política macroeconômica de curto prazo – a política fiscal do governo e a política monetária do Fed.

> **QUESTÕES PARA REVISÃO**
>
> **1** Quais são as características distintivas da macroeconomia clássica e quais políticas os macroeconomistas clássicos recomendam?
>
> **2** Quais são as características distintivas da macroeconomia keynesiana e quais políticas os macroeconomistas keynesianos recomendam?
>
> **3** Quais são as características distintivas da macroeconomia monetarista e quais políticas os macroeconomistas monetaristas recomendam?

◆ Para completarmos nosso estudo do modelo de oferta agregada–demanda agregada, veja uma análise da economia norte-americana em 2006 feita om a aplicação desse modelo em "Leitura das entrelinhas".

LEITURA DAS ENTRELINHAS

Oferta e demanda agregadas em ação

Revisão dos dados de crescimento aplaca temor de inflação

26 de maio de 2006

Preocupações de que a economia dos Estados Unidos pode se superaquecer no primeiro trimestre foram apaziguadas depois que dados revistos do crescimento econômico do país mostraram que a expansão era de fato forte, mas não forte demais...

O Ministério do Comércio dos Estados Unidos afirmou ontem que o produto interno bruto da nação se expandiu 5,3 por cento no primeiro trimestre, e não 4,8 por cento, como foi originalmente divulgado no mês passado. Essa é a taxa mais alta de crescimento desde 2003. Mesmo assim, muitos esperavam uma taxa de crescimento de 5,8 por cento, de acordo com um levantamento feito pela Bloomberg News com economistas.

No entanto, em vez de mostrar sinais de que a inflação representaria no terceiro trimestre um problema ainda maior do que se pensava, os números revistos sugeriram pressões relativamente amenas sobre os preços. Os gastos de consumo, que respondem pela maior parte do produto interno bruto, contribuíram com 3,63 pontos percentuais para o crescimento geral de 5,3 por cento. Inicialmente, o governo divulgou que os gastos de consumo contribuíram com uma porcentagem ligeiramente maior.

Os gastos de consumo do núcleo da inflação, que exclui energia e a alimentação, aumentaram 2 por cento no primeiro trimestre – mesmo número apresentado no primeiro relatório. Os investidores em busca de sinais de que as pressões inflacionárias tinham se amenizado também foram acalmados por uma carta de Ben S. Bernanke, presidente do conselho do Banco Central norte-americano, ao presidente do conselho do Congressional Joint Economic Committee – o comitê econômico conjunto do Congresso norte-americano, afirmando que o núcleo da inflação parecia estar estável...

Apesar do tom otimista, Bernanke não deu nenhum indicativo daquilo que o Fed pode fazer quando se reunir no final do próximo mês para discutir o aumento da taxa de juros de referência de curto prazo. "É claro que as projeções da inflação continuarão baixas apenas enquanto o banco central demonstrar seu compromisso com a estabilidade dos preços", ele escreveu...

Fonte: Copyright 2006 The New York Times Company. Reproduzido com permissão. Proibido nova reprodução. Disponível em: http://www.nytimes.com

Essência da notícia

▶ O PIB real cresceu a uma taxa anual de 5,3 por cento durante o primeiro trimestre de 2006, a maior taxa desde 2003.

▶ Os gastos de consumo (o maior componente do PIB) contribuíram com 3,63 pontos percentuais para o crescimento em geral.

▶ O presidente do conselho do Banco Central dos Estados Unidos, Ben S. Bernanke, aplacou as preocupações sobre a inflação.

▷ Ele disse que o núcleo da inflação parecia estar estável e baixo, mas que permaneceria assim apenas enquanto o banco central demonstrasse seu compromisso com a estabilidade dos preços.

▷ Os dados indicaram uma forte expansão, mas aplacaram temores de que a economia pode ter se superaquecido.

Análise econômica

▷ O PIB real dos Estados unidos cresceu a uma taxa anual de 5,3 por cento durante o primeiro trimestre de 2006, a maior desde a espetacular taxa de crescimento anual de 8,2 por cento em 2003.

▷ O PIB real aumentou de maneira estável ao longo de 2005, e a taxa de inflação se manteve estável.

▷ Em 2006, a maioria dos analistas estava confiante de que o crescimento do PIB real não seria maior do que o crescimento do PIB potencial e que haveria pouco temor de um descontrole da inflação.

▷ A estimativa do Congressional Budget Office (CBO – o órgão orçamentário do Congresso norte-americano) para o PIB potencial e o hiato do produto implícito dele corrobora essa visão.

▷ Apesar do intenso crescimento, o CBO estimou que o PIB real estava abaixo do PIB potencial – que havia um hiato recessivo – em 2006.

▷ A Figura 1 ilustra a estimativa do CBO para o hiato recessivo ao longo de 2005 e no primeiro trimestre de 2006.

▷ O PIB real (a linha pontilhada) cresceu mais rapidamente do que o PIB potencial (a linha preta), de modo que o hiato recessivo diminuiu. No entanto, ele não desapareceu.

▷ Outro número estimado pelo CBO lança um ponto de interrogação sobre a estimativa do hiato do produto.

▷ A estimativa do CBO para a taxa natural de desemprego sugere que, em meados de 2005, a economia estava no pleno emprego e que, em 2006, houve um hiato inflacionário.

▷ A Figura 2 mostra a taxa de desemprego real e a estimativa do CBO para a taxa natural.

▷ A probabilidade de a inflação permanecer constante, aumentar ou diminuir depende do hiato do produto.

▷ A Figura 3 ilustra as três possibilidades.

▷ No segundo trimestre de 2006, o PIB real era US$ 11,4 trilhões e o nível de preços era 116 na intersecção entre a curva de oferta agregada de curto prazo, SAC, e a curva de demanda agregada, DA.

▷ A estimativa do CBO para o PIB potencial foi de US$ 11,5 trilhões, com a curva de oferta agregada de longo prazo em SAL_A.

▷ Se a estimativa do CBO para a taxa natural de desemprego proporcionasse uma estimativa melhor do hiato do produto, a curva SAL poderia ser a curva SAL_B.

▷ No entanto, com uma inflação estável, parece mais provável que a economia de fato atinja o pleno emprego com a curva SAL em SAL_C.

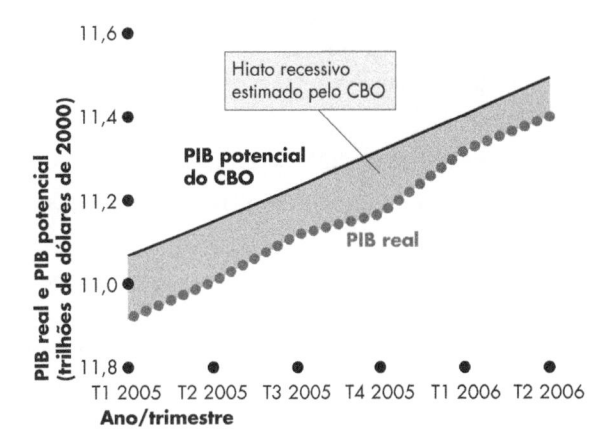

Figura 1: PIB real corrente e potencial

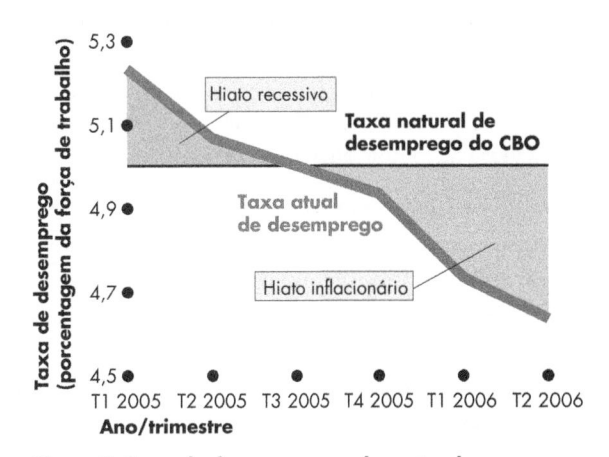

Figura 2: Taxa de desemprego real e natural

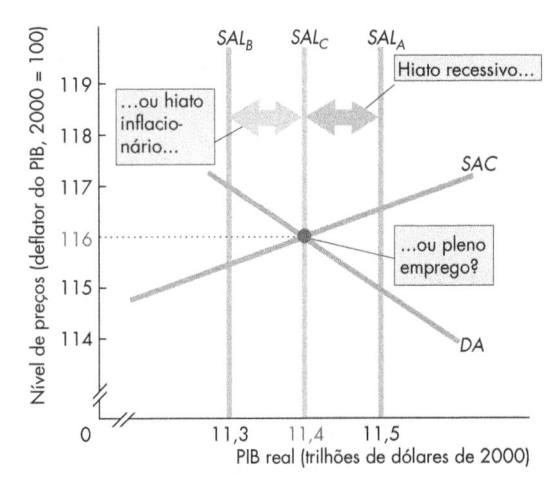

Figura 3: Oferta e demanda agregadas em 2006

RESUMO

Pontos-chave

O longo prazo e o curto prazo macroeconômicos (p. 638-639)

- O longo prazo macroeconômico é um período no qual os preços se ajustam para atingir o pleno emprego.
- O curto prazo macroeconômico é um período no qual alguns preços monetários são rígidos, de modo que a economia possa estar abaixo ou acima do pleno emprego ou exatamente nele.

Oferta agregada (p. 639-642)

- No longo prazo, a quantidade ofertada de PIB real é o PIB potencial.
- No curto prazo, um aumento do nível de preços leva a um aumento da quantidade ofertada de PIB real.
- Uma variação do PIB potencial leva a uma variação da oferta agregada de longo e de curto prazo. Uma variação do salário monetário altera apenas a oferta agregada de curto prazo.

Demanda agregada (p. 642-645)

- Um aumento do nível de preços leva a uma diminuição da quantidade demandada de PIB real.
- Variações da renda, da inflação e dos lucros futuros esperados; da política fiscal e monetária e do PIB real mundial e da taxa de câmbio alteram a demanda agregada.

Equilíbrio macroeconômico (p. 645-650)

- A demanda agregada e a oferta agregada de curto prazo determinam o PIB real e o nível de preços.
- No longo prazo, o PIB real é igual ao PIB potencial e a demanda agregada determina o nível de preços.
- O ciclo econômico ocorre porque a demanda e a oferta agregadas flutuam.

Escolas de pensamento macroeconômico (p. 650-652)

- Os macroeconomistas clássicos acreditam que a economia é auto-regulada e está sempre no pleno emprego.
- Os economistas keynesianos acreditam que o pleno emprego só pode ser alcançado com uma política econômica ativa.
- Os economistas monetaristas acreditam que as recessões resultam de uma política monetária inapropriada.

Figuras-chave

Figura 27.2: Oferta agregada de curto prazo, 640
Figura 27.3: Movimentos ao longo das curvas de oferta agregada, 641
Figura 27.6: Demanda agregada, 643
Figura 27.7: Variações da demanda agregada, 645
Figura 27.8: Equilíbrio de curto prazo, 646
Figura 27.9: Equilíbrio de longo prazo, 646
Figura 27.10: Crescimento econômico e inflação, 647
Figura 27.11: O ciclo econômico, 648
Figura 27.12: Um aumento da demanda agregada, 649

Palavras-chave

Clássicos, 650
Curto prazo macroeconômico, 639
Demanda agregada, 643
Equilíbrio abaixo do pleno emprego, 647
Equilíbrio acima do pleno emprego, 647
Equilíbrio de pleno emprego, 647
Equilíbrio macroeconômico de curto prazo, 645
Equilíbrio macroeconômico de longo prazo, 645
Estagflação, 650
Hiato do produto, 647
Hiato inflacionário, 647
Hiato recessivo, 647
Keynesiano, 651
Longo prazo macroeconômico, 638
Monetaristas, 651
Novos clássicos, 650
Novos keynesianos, 651
Oferta agregada de curto prazo, 639
Oferta agregada de longo prazo, 639
Política fiscal, 644
Política monetária, 644
Renda disponível, 644

EXERCÍCIOS

1. Os eventos a seguir ocorreram em diferentes momentos da história dos Estados Unidos.
   - Uma profunda recessão atinge a economia mundial.
   - O preço internacional do petróleo aumenta acentuadamente.
   - As empresas norte-americanas esperam uma diminuição dos lucros futuros.
   a. Explique, para cada evento, se há alterações da oferta agregada de curto prazo, da oferta agregada de longo prazo, da demanda agregada ou alguma combinação delas.
   b. Explique os efeitos separados de cada evento sobre o PIB real e o nível de preços nos Estados Unidos, começando de uma posição de equilíbrio de longo prazo.
   c. Explique os efeitos combinados desses eventos sobre o PIB real e o nível de preços nos Estados Unidos, começando de uma posição de equilíbrio de longo prazo.

d. Descreva o que um macroeconomista clássico, um keynesiano e um monetarista fariam em reação a cada um dos eventos citados.

2. Os eventos a seguir ocorreram em diferentes momentos da história dos Estados Unidos.
   - A economia mundial entra em expansão.
   - As empresas norte-americanas esperam um aumento dos lucros futuros.
   - O governo aumenta seus gastos em bens e serviços em uma época de guerra ou maior tensão internacional.

   a. Explique, para cada evento, se há alterações da oferta agregada de curto prazo, da oferta agregada de longo prazo, da demanda agregada ou alguma combinação delas.
   b. Explique os efeitos separados de cada evento sobre o PIB real e o nível de preços nos Estados Unidos, começando por uma posição de equilíbrio de longo prazo.
   c. Explique os efeitos combinados desses eventos sobre o PIB real e o nível de preços nos Estados Unidos, começando por uma posição de equilíbrio de longo prazo.

3. No Reino Unido, o PIB potencial é de 1.050 bilhões de libras, e a tabela a seguir mostra a demanda agregada e a oferta agregada de curto prazo.
   a. Qual é o equilíbrio de curto prazo do PIB real e o nível de preços?
   b. O Reino Unido tem um hiato inflacionário ou um hiato recessivo e qual é a magnitude dele?

Nível de preços	PIB real demandado	PIB real ofertado no curto prazo
	(bilhões de libras de 2001)	
100	1.150	1.050
110	1.100	1.100
120	1.050	1.150
130	1.000	1.200
140	950	1.250
150	900	1.300
160	850	1.350

4. No Japão, o PIB potencial é de 600 trilhões de ienes, e a tabela mostra a demanda agregada e a oferta agregada de curto prazo.

Nível de preços	PIB real demandado	PIB real ofertado no curto prazo
	(bilhões de ienes de 2000)	
75	600	400
85	550	450
95	500	500
105	450	550
115	400	600
125	350	650
135	300	700

a. Desenhe um gráfico da curva de demanda agregada e da curva de oferta agregada de curto prazo.
b. Qual é o equilíbrio de curto prazo do PIB real e do nível de preços?
c. O Japão tem um hiato inflacionário ou um hiato recessivo e qual é a magnitude dele?

5. Em setembro de 2006, o Bureau of Economic Analysis, órgão de análise econômica do Ministério do Comércio dos Estados Unidos, relatou que o PIB real durante o segundo trimestre de 2006 foi de US$ 11.388 bilhões em comparação com US$ 11.002 bilhões no mesmo trimestre de 2005. O deflator do PIB foi de 115,9, representando um aumento em relação aos 112,2 do segundo trimestre de 2005. O Congressional Budget Office, órgão orçamentário do Congresso norte-americano, estimou que o PIB potencial foi de US$ 11.491 bilhões no segundo trimestre de 2006 e de US$ 11.146 bilhões um ano antes.

a. Desenhe um gráfico da curva de demanda agregada, da curva de oferta agregada de curto prazo e da curva de oferta agregada de longo prazo em 2005 que seja consistente com esses números.
b. No gráfico, mostre como a curva de demanda agregada, a curva de oferta agregada de curto prazo e a curva de oferta agregada de longo prazo se deslocaram durante o ano até o segundo trimestre de 2006.

6. Inicialmente, a oferta agregada de curto prazo é SAC_0 e a demanda agregada é DA_0. Alguns eventos alteram a demanda agregada e, mais tarde, alguns outros eventos alteram a oferta agregada.

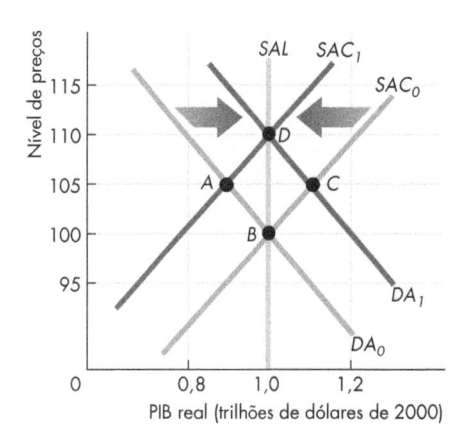

a. Qual é o equilíbrio após a variação da demanda agregada?
b. Qual é o equilíbrio após a variação da oferta agregada?
c. Descreva dois eventos que poderiam ter alterado a demanda agregada de DA_0 para DA_1.
d. Descreva dois eventos que poderiam ter alterado a oferta agregada de SAC_0 para SAC_1.

PENSAMENTO CRÍTICO

1. Depois de ter estudado a descrição da economia norte-americana em 2006 na seção "Leitura das entrelinhas":
   a. Descreva as principais características da economia norte-americana no primeiro trimestre de 2006.
   b. Os Estados Unidos tiveram um hiato recessivo ou um hiato inflacionário em 2006? Como você sabe?
   c. Utilize o modelo *SA–DA* para demonstrar as alterações da demanda agregada e da oferta agregada que levaram ao aumento do PIB real e a um pequeno aumento do nível de preços entre o quarto trimestre de 2005 e o primeiro trimestre de 2006.
   d. Utilize o modelo *SA–DA* para demonstrar as alterações da demanda agregada e da oferta agregada que ocorreriam se o banco central tivesse aumentado a taxa de juros.
   e. Utilize o modelo *SA–DA* para demonstrar as alterações da demanda agregada e da oferta agregada que ocorreriam se o governo federal aumentasse seus gastos em bens em serviços ou reduzisse ainda mais os impostos.

2. O banco de dados do World Economic Outlook, do Fundo Monetário Internacional, fornece os dados a seguir referentes à Índia em 2004, 2005 e 2006.

	2004	2005	2006
Taxa de crescimento do PIB real	8,1	8,3	7,3
Taxa de inflação	4,2	4,7	4,6

   a. Quais alterações da oferta agregada de longo e curto prazos e da demanda agregada são consistentes com esses números?
   b. Trace um gráfico para ilustrar sua resposta ao item (a).
   c. Cite os principais fatores que podem ter produzido as alterações da oferta agregada e da demanda agregada que você descreveu em sua resposta para o item (a).
   d. Com base nos dados acima, você acha que a Índia tem um hiato inflacionário, um hiato recessivo ou está no pleno emprego?

ATIVIDADES NA INTERNET

1. Faça uma pesquisa nos portais do Banco Central do Brasil (www.bcb.gov.br) e do IBGE (www.ibge.gov.br) na Internet e obtenha dados históricos, assim como projeções, do PIB e de um índice de preços relevante.
   a. Qual é sua previsão para o PIB do próximo ano?
   b. Qual é sua previsão para o nível de preços do próximo ano?

CAPÍTULO 28

Multiplicadores dos gastos: o modelo keynesiano

Ao término do estudo deste capítulo, você saberá:

▶ Explicar como os planos de gastos são determinados quando o nível de preços é fixo.
▶ Explicar como o PIB real é determinado quando o nível de preços é fixo.
▶ Explicar como o multiplicador dos gastos é determinado quando o nível de preços é fixo.
▶ Explicar a relação entre os gastos agregados e a demanda agregada e explicar o multiplicador quando o nível de preços varia.

Amplificador da economia ou amortecedor de choques?

Erykah Badu canta ao microfone em um sussurro que mal se consegue ouvir. Com o volume aumentado por meio da mágica da amplificação eletrônica, sua voz preenche o Central Park.
Michael Bloomberg, o prefeito de Nova York, e um assistente estão sendo levados de carro a uma reunião em uma das ruas menos conservadas da cidade. Os pneus do carro afundam e vibram em alguns dos maiores buracos da rua, mas os passageiros permanecem impassíveis, e as anotações do assistente são escritas sem nenhuma oscilação graças ao eficiente sistema de amortecimento de choques do carro.
Investimentos e exportações flutuam como o volume da voz de Erykah Badu e a superfície irregular de uma rua da cidade de Nova York. Como a economia reage a essas flutuações? Será que ela se comporta como um amplificador, intensificando as flutuações e propagando-as para afetar os muitos milhares de participantes em um show de rock da economia? Ou será que reage como uma limusine, amortecendo os choques e proporcionando um passeio suave para os passageiros da economia?

◈ Essas questões serão estudadas neste capítulo. Veremos como uma recessão ou uma expansão tem início quando uma variação dos investimentos ou das exportações induz a uma variação ampliada dos gastos agregados e do PIB real. A seção "Leitura das entrelinhas" no fim do capítulo analisa o papel exercido pelos estoques das empresas durante 2005, quando a economia se expandiu.

Preços fixos e planos de gastos

O modelo keynesiano que estudaremos neste capítulo descreve a economia em um prazo muito curto. Ele isola e enfatiza as forças que atuam em um pico do ciclo econômico, quando uma expansão chega ao fim e uma recessão tem início, e em um vale, quando uma recessão se transforma em uma expansão.

De acordo com esse modelo, todas as empresas são como o supermercado de seu bairro. Elas determinam os preços, anunciam os produtos e serviços e vendem as quantidades que os clientes estão dispostos a comprar. Se as empresas vendem seguidamente mais do que planejam e seus estoques se esgotam com regularidade, mais cedo ou mais tarde elas aumentam os preços. Se as empresas vendem persistentemente menos do que planejam e seus estoques se acumulam, mais cedo ou mais tarde elas reduzem os preços. No entanto, em um prazo muito curto, os preços são fixos. As empresas mantêm os preços que definiram, e as quantidades vendidas dependem da demanda, não da oferta.

Os preços fixos têm duas implicações imediatas para a economia como um todo:

1. Como o preço de cada empresa é fixo, o *nível de preços* é fixo.
2. Como a demanda determina as quantidades que cada empresa vende, a *demanda agregada* determina a

quantidade agregada de bens e serviços vendidos, o que equivale ao PIB real.

Assim, para entendermos as flutuações do PIB real quando o nível de preços é fixo, precisamos compreender as flutuações da demanda agregada. O modelo keynesiano de gastos agregados explica as flutuações da demanda agregada identificando as forças que determinam os planos de gastos.

Planos de gastos

Os planos de gastos têm quatro componentes:

1. Gastos de consumo
2. Investimentos
3. Gastos do governo em bens e serviços
4. Exportações líquidas (exportações *menos* importações)

A soma desses quatro componentes dos gastos agregados compõe o PIB real (veja o Capítulo 21).

Os **gastos agregados planejados** são a soma de gastos de consumo planejados, de investimentos planejados, de gastos do governo planejados em bens e serviços e de exportações planejadas menos importações planejadas. Os investimentos, os gastos do governo e as exportações planejados não dependem do nível corrente do PIB real. Mas os gastos de consumo planejados dependem do PIB real por dependerem da renda. Além disso, como alguns bens de consumo são importados, as importações planejadas dependem do PIB real.

Uma relação de duas mãos entre os gastos agregados e o PIB Como o PIB real influencia os gastos de consumo e as importações, e como os gastos de consumo e as importações são componentes dos gastos agregados, há uma relação de duas mãos entre os gastos agregados e o PIB. Se os outros fatores permanecem constantes,

- um aumento do PIB real aumenta os gastos agregados e
- um aumento dos gastos agregados aumenta o PIB real.

Veremos como essa relação de duas mãos entre os gastos agregados e o PIB real determina o PIB real quando o nível de preços é fixo. Nosso ponto de partida será a primeira parte dessa relação de duas mãos: a influência do PIB real sobre os gastos de consumo planejados e a poupança.

Função consumo e função poupança

Vários fatores influenciam os gastos de consumo e a poupança. Os mais importantes são:

- Renda disponível
- Taxa de juros real
- Riqueza
- Renda futura esperada

A **renda disponível** é a renda agregada menos os impostos mais os pagamentos de transferências. A renda agregada equivale ao PIB real, de modo que a renda disponível depende do PIB real. Para explorarmos a relação de duas mãos entre o PIB real e os gastos de consumo planejados, vamos nos concentrar na relação entre os gastos de consumo e a renda disponível quando os outros três fatores listados acima são constantes.

Planos de consumo e poupança A tabela da Figura 28.1 mostra um exemplo da relação entre os gastos de consumo planejados, a poupança planejada e a renda disponível. Ela contém os gastos de consumo e a poupança que as pessoas planejam manter a cada nível de renda disponível. Observe que, a cada nível de renda disponível, os gastos de consumo mais a poupança sempre equivalem à renda disponível. Os indivíduos só podem consumir ou poupar sua renda disponível, de modo que os gastos de consumo planejados mais a poupança planejada sempre equivalem à renda disponível.

À relação entre os gastos de consumo e a renda disponível, se todos os outros fatores são mantidos constantes, dá-se o nome de **função consumo**. E à relação entre a poupança e a renda disponível, se todos os outros fatores relevantes são mantidos constantes, dá-se o nome de **função poupança**. Vamos começar estudando a função consumo.

Função consumo A Figura 28.1(a) mostra uma função consumo. O eixo y mede os gastos de consumo, e o eixo x mede a renda disponível. Ao longo da função consumo, os pontos A a F correspondem às linhas da tabela. Por exemplo, o ponto E mostra que, quando a renda disponível é de $ 8 trilhões, os gastos de consumo são de $ 7,5 trilhões. Ao longo da função consumo, à medida que a renda disponível aumenta, os gastos de consumo também aumentam.

No ponto A da função consumo, os gastos de consumo são de $ 1,5 trilhão, apesar de a renda disponível ser zero. Esses gastos de consumo são chamados de *consumo autônomo* e representam a quantidade de gastos de consumo que ocorreria no curto prazo mesmo que as pessoas não tivessem nenhuma renda corrente. Os gastos de consumo acima dessa quantidade são chamados de *consumo induzido*, que consiste nos gastos induzidos por um aumento da renda disponível.

Linha de 45° A Figura 28.1(a) também contém uma linha de 45°, cuja altura mede a renda disponível. A cada ponto dessa linha, os gastos de consumo equivalem à renda disponível. Na faixa em que a função consumo está acima da linha de 45° – entre A e D –, os gastos de consumo excedem a renda disponível. Na faixa em que a função consumo está abaixo da linha de 45° – entre D e F –, os gastos de consumo são menores do que a renda disponível. No ponto em que a função de consumo cruza a linha de 45° – o ponto D –, os gastos de consumo equivalem à renda disponível.

Função poupança A Figura 28.1(b) mostra uma função poupança. O eixo x é exatamente o mesmo que o apresentado na parte (a). O eixo y mede a poupança. Mais uma vez, os pontos de A a F correspondem às linhas da tabela. Por exemplo, o ponto E mostra que, quando a renda disponível é de $ 8 trilhões, a poupança é de $ 0,5 trilhão. Ao longo da função poupança, à medida que a renda disponível aumenta, a poupança também aumenta. Quando

Figura 28.1 Função consumo e função poupança

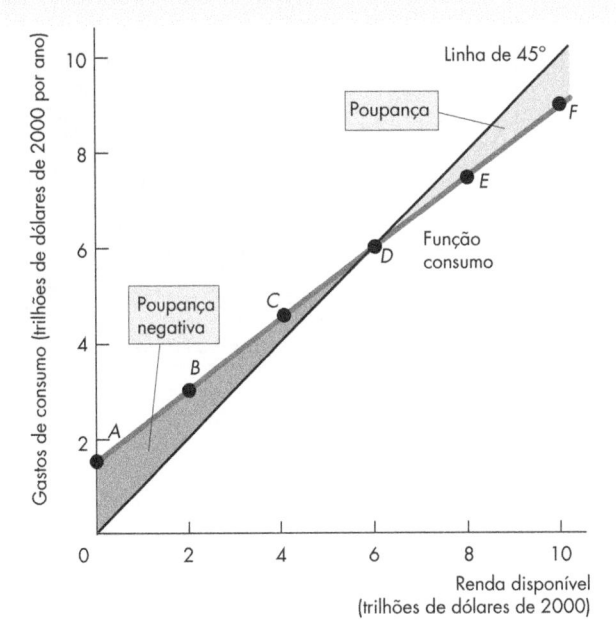

(a) Função consumo

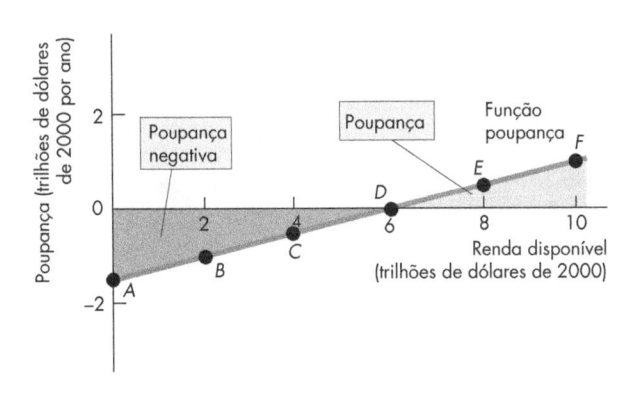

(b) Função poupança

	Renda disponível	Gastos de consumo planejados	Poupança planejada
		(trilhões de dólares de 2000)	
A	0	1,5	−1,5
B	2	3,0	−1,0
C	4	4,5	−0,5
D	6	6,0	0
E	8	7,5	0,5
F	10	9,0	1,0

A tabela mostra os planos de gastos de consumo e poupança em vários níveis de renda disponível. A parte (a) da figura mostra a relação entre os gastos de consumo e a renda disponível (a função consumo). A altura da função consumo mede os gastos de consumo a cada nível de renda disponível. A parte (b) mostra a relação entre a poupança e a renda disponível (a função poupança). A altura da função poupança mede a poupança a cada nível de renda disponível. Os pontos A a F das funções consumo e poupança correspondem às linhas da tabela.

A altura da linha de 45° na parte (a) mede a renda disponível. Assim, ao longo da linha de 45°, os gastos de consumo equivalem à renda disponível. Os gastos de consumo mais a poupança equivalem à renda disponível. Quando a função consumo está acima da linha de 45°, a poupança é negativa E, quando está abaixo da linha de 45°, a poupança é positiva. No ponto no qual a função consumo cruza a linha de 45°, toda a renda disponível é consumida e a poupança é zero.

a renda disponível é menor que $ 6 trilhões (ponto D), a poupança é negativa. Com uma renda disponível maior do que $ 6 trilhões, a poupança é positiva e, com uma renda disponível de $ 6 trilhões, a poupança é igual a zero.

Observe a relação entre as duas partes da Figura 28.1. Quando os gastos de consumo excedem a renda disponível na parte (a), a poupança é negativa na parte (b). Quando a renda disponível excede os gastos de consumo na parte (a), a poupança é positiva na parte (b). Quando os gastos de consumo equivalem à renda disponível na parte (a), a poupança é igual a zero na parte (b).

Quando a poupança é negativa (quando os gastos de consumo excedem a renda disponível), a poupança passada é utilizada para pagar o consumo corrente. Uma situação como essa não pode se manter para sempre, mas pode ocorrer se a renda disponível diminui temporariamente.

Propensão marginal a consumir e a poupar

A extensão na qual os gastos de consumo variam com a variação da renda disponível depende da propensão marginal a consumir. A **propensão marginal a consumir** (*PMgC*) é a parcela de uma *variação* da renda disponível que é consumida. Ela é calculada como a *variação* dos gastos de consumo (ΔC) dividida pela *variação* da renda disponível (ΔYD) que a causou. Isto é,

$$PMgC = \frac{\Delta C}{\Delta YD}.$$

Na tabela da Figura 28.1, quando a renda disponível aumenta de $ 6 trilhões para $ 8 trilhões, os gastos de consumo aumentam de $ 6 trilhões para $ 7,5 trilhões.

O aumento de $ 2 trilhões da renda disponível aumenta os gastos de consumo em $ 1,5 trilhão. A *PMgC* é igual a $ 1,5 trilhão dividido por $ 2 trilhões, o que equivale a 0,75.

A **propensão marginal a poupar** (*PMgS*) é a parcela de uma *variação* da renda disponível que é poupada. Ela é calculada como a *variação* da poupança (ΔS) dividida pela *variação* da renda disponível (ΔYD) que a causou. Isto é,

$$PMgS = \frac{\Delta S}{\Delta YD}.$$

Na tabela da Figura 28.1, um aumento da renda disponível de $ 6 trilhões para $ 8 trilhões aumenta a poupança de zero para $ 0,5 trilhão. O aumento de $ 2 trilhões da renda disponível aumenta a poupança em $ 0,5 trilhão. A *PMgS* é igual a $ 0,5 trilhão dividido por $ 2 trilhões, o que equivale a 0,25.

A soma da propensão marginal a consumir e da propensão marginal a poupar sempre é igual a 1. Isso ocorre porque os gastos de consumo e a poupança exaurem a renda disponível. Parte de cada aumento de unidades monetárias na renda disponível é consumida, e a parte restante é poupada. Podemos constatar que essas duas propensões marginais totalizam 1 utilizando a equação

$$\Delta C + \Delta S = \Delta YD.$$

Dividimos os dois lados da equação pela variação da renda disponível para obter

$$\frac{\Delta C}{\Delta YD} + \frac{\Delta S}{\Delta YD} = 1.$$

$\Delta C/\Delta YD$ é a propensão marginal a consumir (*PMgC*) e $\Delta S/\Delta YD$ é a propensão marginal a poupar (*PMgS*), de modo que

$$PMgC + PMgS = 1.$$

Inclinações e propensões marginais

A inclinação da função consumo é a propensão marginal a consumir, e a inclinação da função poupança é a propensão marginal a poupar. A Figura 28.2(a) mostra a *PMgC* como a inclinação da função consumo. Um aumento de $ 2 trilhões na renda disponível, de $ 6 trilhões para $ 8 trilhões, é a base do triângulo cinza. O aumento dos gastos de consumo resultante desse aumento da renda disponível é de $ 1,5 trilhão e é a altura do triângulo. A inclinação da função consumo é dada pelo quociente entre o segmento vertical e o segmento horizontal e é de $ 1,5 trilhão dividido por $ 2 trilhões, o que equivale a 0,75 – a *PMgC*.

A Figura 28.2(b) mostra a *PMgS* como a inclinação da função poupança. Um aumento de $ 2 trilhões da renda disponível, de $ 6 trilhões para $ 8 trilhões (a base do triângulo cinza) aumenta a poupança em $ 0,5 trilhão (a altura do triângulo). A inclinação da função poupança é de $ 0,5 trilhão dividido por $ 2 trilhões, o que equivale a 0,25 – a *PMgS*.

Figura 28.2 Propensão marginal a consumir e a poupar

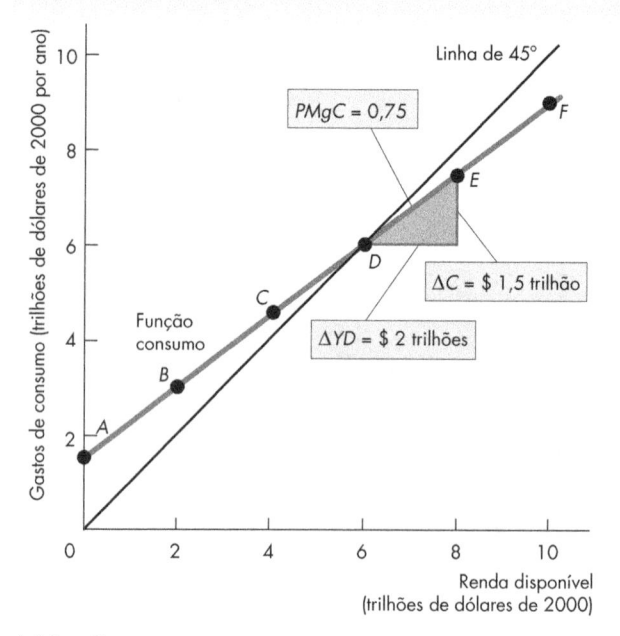

(a) Função consumo

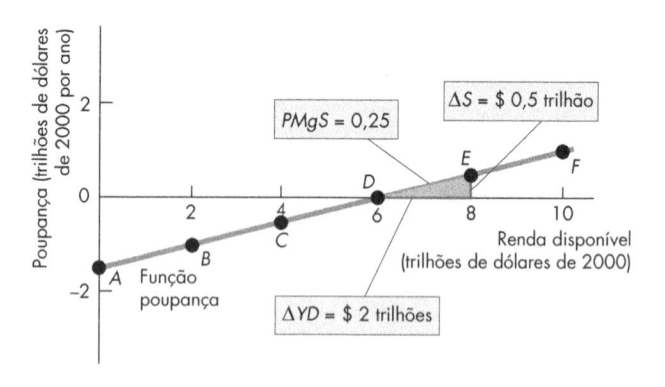

(b) Função poupança

A propensão marginal a consumir, *PMgC*, é igual à variação dos gastos de consumo dividida pela variação da renda disponível, se os outros fatores permanecem constantes. Ela é medida pela inclinação da função consumo. Na parte (a), a propensão marginal a consumir, *PMgC*, é igual a 0,75. A propensão marginal a poupar, *PMgS*, é igual à variação da poupança dividida pela variação da renda disponível, se os outros fatores permanecem constantes. Ela é medida pela inclinação da função poupança. Na parte (b), a propensão marginal a poupar, *PMgS*, é igual a 0,25.

Outras influências sobre os gastos de consumo e a poupança

Uma variação da renda disponível altera os gastos de consumo e a poupança e leva a movimentos ao longo da função consumo e da função poupança.

Ao longo da função consumo e da função poupança, todas as outras influências sobre os gastos de consumo e a poupança (como a taxa de juros real, a riqueza e a renda futura esperada) são fixas. Uma variação de qualquer uma dessa outras influências desloca tanto a função consumo quanto a função poupança.

Quando a taxa de juros real diminui ou quando a riqueza ou a renda futura esperada aumentam, os gastos de consumo aumentam e a poupança diminui. A Figura 28.3 mostra os efeitos dessas variações sobre a função consumo e a função poupança. A função consumo se desloca para cima, de FC_0 para FC_1, e a função poupança se desloca para baixo, de FS_0 para FS_1. Esses deslocamentos costumam ocorrer durante a fase de expansão do ciclo econômico porque, em momentos como esse, a renda futura esperada aumenta.

Quando a taxa de juros real aumenta ou quando a riqueza ou a renda futura esperada diminuem, os gastos de consumo diminuem e a poupança aumenta. A função consumo se desloca para baixo, e a função poupança se desloca para cima. Deslocamentos como esses ocorrem no início de uma recessão porque, em momentos como esse, a renda futura esperada diminui.

Acabamos de estudar a teoria da função consumo. Veremos agora como essa teoria se aplica à economia dos Estados Unidos.

A função consumo dos Estados Unidos

A Figura 28.4 mostra a função consumo dos Estados Unidos. Cada ponto cinza representa os gastos de consumo e a renda disponível em determinado ano. (Os pontos são referentes ao período entre 1965 e 2005, e os pontos de cinco desses anos são identificados na figura.) A linha FC_0 representa uma estimativa da função consumo dos Estados Unidos em 1965, e a linha FC_1 é uma estimativa da função consumo dos Estados Unidos em 2005.

A inclinação da função consumo mostrada na Figura 28.4 é 0,9, o que significa que um aumento de US$ 1 trilhão da renda disponível leva a um aumento de US$ 0,9 trilhão dos gastos de consumo. Essa inclinação, que é uma estimativa da propensão marginal a consumir, é uma suposição localizada na extremidade superior da faixa de valores que os economistas estimaram para a propensão marginal a consumir.

A função consumo se desloca para cima ao longo do tempo à medida que outras influências sobre os gastos de consumo variam. Dessas outras influências, a taxa de juros real e a riqueza flutuam, levando a deslocamentos da função consumo para cima e para baixo. Mas o aumento da renda futura esperada leva a um deslocamento estável da função consumo para cima. À medida que a função consumo se desloca para cima, o consumo autônomo aumenta.

Consumo como uma função do PIB real

Vimos que os gastos de consumo variam quando há variações da renda disponível. A renda disponível varia quando há variações do PIB real ou dos impostos líquidos. Se as alíquotas tributárias não variam, o PIB real é a única influência sobre a renda disponível. Desta maneira,

Figura 28.3 Deslocamentos da função consumo e da função poupança

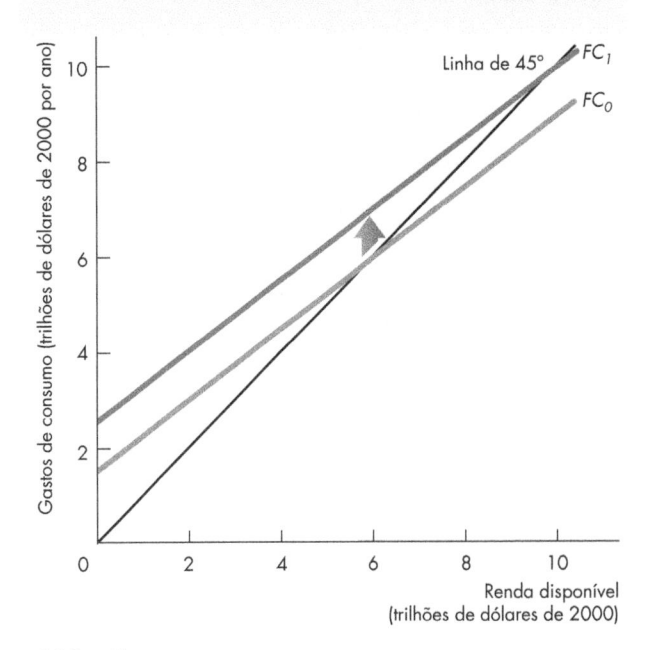

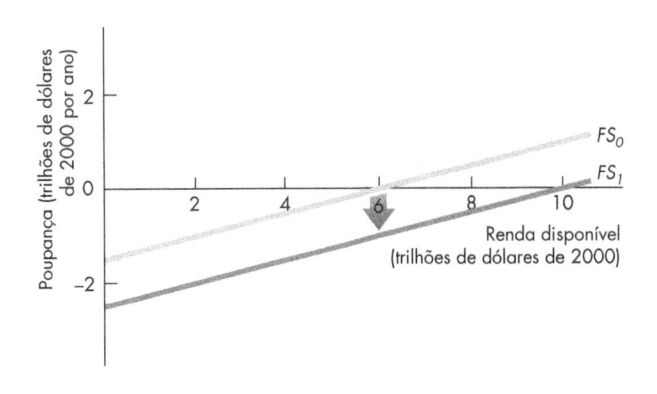

(a) Função consumo

(b) Função poupança

Uma queda da taxa de juros real, um aumento da riqueza ou um aumento da renda futura esperada aumentam os gastos de consumo e diminuem a poupança. A função consumo se desloca para cima, de FC_0 para FC_1, e a função poupança se desloca para baixo, de FS_0 para FS_1.

Um aumento da taxa de juros real, uma diminuição da riqueza ou uma diminuição da renda futura esperada diminuem os gastos de consumo e aumentam a poupança. A função consumo se desloca para baixo, e a função poupança se desloca para cima.

os gastos de consumo dependem não apenas da renda disponível como também do PIB real. Utilizamos essa relação entre os gastos de consumo e o PIB real para determinar os gastos de equilíbrio. Mas, antes disso, precisamos analisar outro componente dos gastos agregados: as importações. Como os gastos de consumo, as importações são influenciadas pelo PIB real.

Figura 28.4 A função consumo dos Estados Unidos

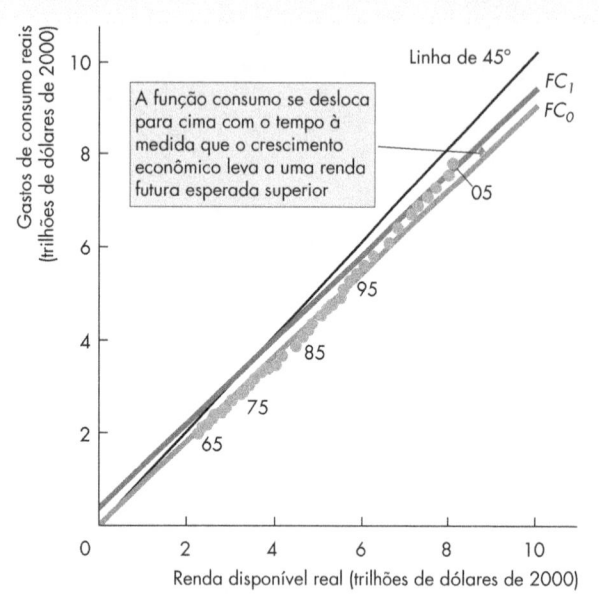

Cada ponto cinza mostra os gastos de consumo e a renda disponível para determinado ano. As linhas FC_0 e FC_1 são estimativas da função consumo dos Estados Unidos em 1965 e 2005, respectivamente. No caso, a propensão marginal a consumir (presumida) é de 0,9.

A função importação

As importações de um país são determinadas por muitos fatores, mas, em curto prazo, um dos fatores predomina: o PIB real do país. Se todos os outros fatores são mantidos constantes, quanto mais alto é o PIB real do país, maior é a quantidade de importações dele.

A relação entre as importações e o PIB real é determinada pela propensão marginal a importar. A **propensão marginal a importar** é a parcela de um aumento do PIB real gasto em importações. Ela é calculada como a variação das importações dividida pela variação do PIB real que a causou, se os outros fatores permanecem constantes. Por exemplo, se um aumento de $ 1 trilhão do PIB real aumenta as importações em $ 0,25 trilhão, a propensão marginal a importar é de 0,25.

Por exemplo, nos últimos anos, desde a implementação do Acordo de Livre Comércio da América do Norte (Nafta), as importações dos Estados Unidos aumentaram rapidamente. Por exemplo, entre 1991 e 2001, o PIB real aumentou US$ 2.657 bilhões e as importações aumentaram US$ 861 bilhões. Se nenhum outro fator além do PIB real influenciasse as importações durante a década de 1990, esses números implicariam uma propensão marginal a importar de 0,32. No entanto, outros fatores, como o Nafta, aumentaram as importações, de modo que a propensão marginal a importar é menor que 0,32. A propensão marginal a importar provavelmente está próxima de 0,2 e tem aumentado à medida que a economia global tem se tornado mais integrada.

QUESTÕES PARA REVISÃO

1 Quais componentes dos gastos agregados são influenciados pelo PIB real?
2 Defina propensão marginal a consumir. Qual é sua estimativa de sua própria propensão marginal a consumir? Depois que você se formar, ela mudará? Por quê?
3 Como calculamos os efeitos do PIB real sobre os gastos de consumo e as importações utilizando a propensão marginal a consumir e a propensão marginal a importar?

O PIB real influencia os gastos de consumo e as importações. No entanto, os gastos de consumo e as importações, além dos investimentos, dos gastos do governo e das exportações, influenciam o PIB real. Nossa próxima tarefa é estudar essa segunda parte da relação de duas mãos entre os gastos agregados e o PIB real e ver como todos os componentes dos gastos agregados planejados interagem para determinar o PIB real.

PIB real com um nível de preços fixo

Veremos agora como os planos de gastos agregados interagem para determinar o PIB real quando o nível de preços é fixo. Primeiro, estudaremos a relação entre os gastos agregados planejados e o PIB real.

Em segundo lugar, veremos a principal distinção entre os gastos *planejados* e os gastos *reais* e, em terceiro lugar, estudaremos os gastos de equilíbrio, uma situação na qual os gastos agregados planejados e os gastos reais são iguais.

A relação entre os gastos agregados planejados e o PIB real pode ser descrita por uma tabela de gastos agregados ou uma curva de gastos agregados. A *tabela de gastos agregados* contém os gastos agregados planejados gerados a cada nível de PIB real. A *curva de gastos agregados* mostra graficamente os dados da tabela de gastos agregados.

Gastos agregados planejados e PIB real

A tabela da Figura 28.5 apresenta os gastos agregados com os componentes dos gastos agregados planejados. Para calcularmos os gastos agregados planejados em determinado nível de PIB real, somamos os vários componentes. A primeira coluna da tabela mostra o PIB real, e a segunda mostra os gastos de consumo que cada nível de PIB real gera. Um aumento de $ 1 trilhão do PIB real leva a um aumento de $ 0,7 trilhão dos gastos de consumo – a *PMgC* é 0,7.

As duas colunas seguintes mostram os investimentos e os gastos do governo em bens e serviços. Os investimentos dependem da taxa de juros real e da taxa esperada de lucro (veja o Capítulo 23). Em dado momento, esses fatores geram determinado nível de investimento. Suponha que esse nível de investimento seja $ 2 trilhões.

Figura 28.5 Gastos agregados

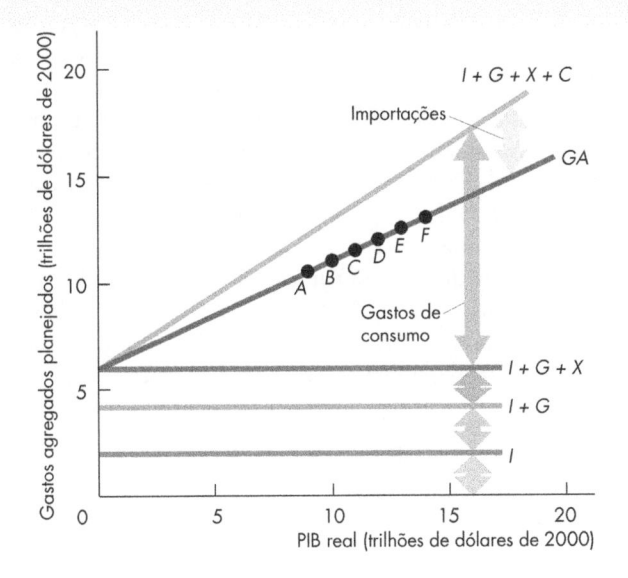

Os gastos agregados planejados são a soma dos gastos de consumo planejados, dos investimentos, dos gastos do governo em bens e serviços e das exportações menos as importações. Por exemplo, na linha B da tabela, quando o PIB real é de $ 10 trilhões, os gastos de consumo planejados são de $ 7 trilhões, os investimentos planejados são de $ 2 trilhões, os gastos planejados do governo são de $ 2,2 trilhões, as exportações planejadas são de $ 1,8 trilhão, e as importações planejadas são de $ 2 trilhões. Desta maneira, quando o PIB real é de $ 10 trilhões, os gastos agregados planejados são de $ 11 trilhões ($ 7,0 + $ 2,0 + $ 2,2 + $ 1,8 – $ 2,0). A tabela mostra que os gastos agregados planejados aumentam à medida que o PIB real aumenta. Essa relação é mostrada no gráfico como a curva de gastos agregados GA. Os componentes dos gastos agregados que aumentam com o PIB real são os gastos de consumo e as importações. Os outros componentes – investimentos, gastos do governo e exportações – não variam com o PIB real.

		Gastos planejados					
	PIB real (Y)	Gastos de consumo (C)	Investimento (I)	Gastos do governo (G)	Exportações (X)	Importações (M)	Gastos agregados planejados ($GA = C + I + G + X - M$)
				(trilhões de dólares de 2000)			
	0	0	2,0	2,2	1,8	0,0	6,0
A	9	6,3	2,0	2,2	1,8	1,8	10,5
B	10	7,0	2,0	2,2	1,8	2,0	11,0
C	11	7,7	2,0	2,2	1,8	2,2	11,5
D	12	8,4	2,0	2,2	1,8	2,4	12,0
E	13	9,1	2,0	2,2	1,8	2,6	12,5
F	14	9,8	2,0	2,2	1,8	2,8	13,0

Suponha também que os gastos do governo sejam $ 2,2 trilhões.

As duas colunas seguintes mostram as exportações e as importações. As exportações são influenciadas por eventos ocorridos no resto do mundo, preços de bens e serviços produzidos no exterior em relação aos preços de bens e serviços similares produzidos internamente e taxas de câmbio. No entanto, elas não são diretamente afetadas pelo PIB real do país. As exportações se mantêm constantes em $ 1,8 trilhão. Já as importações aumentam à medida que o PIB real do país aumenta. Um aumento de $ 1 trilhão do PIB real leva a um aumento de $ 0,2 trilhão das importações – a propensão marginal a importar é 0,2.

A última coluna mostra os gastos agregados planejados – a soma dos gastos de consumo planejados, dos investimentos, dos gastos do governo em bens e serviços e das exportações menos as importações.

A Figura 28.5 apresenta uma curva de gastos agregados. O PIB real é mostrado no eixo x, e os gastos agregados planejados são mostrados no eixo y. A curva dos gastos agregados é a cinza-escuro GA. Os pontos A a F dessa curva correspondem às linhas da tabela. A curva GA é uma representação gráfica dos gastos agregados planejados (última coluna) em relação ao PIB real (primeira coluna).

A Figura 28.5 também mostra os componentes dos gastos agregados. Os componentes constantes – investimentos (I), gastos do governo em bens e serviços (G) e exportações (X) – são mostrados pelas linhas horizontais da figura. Os gastos de consumo (C) são a distância vertical entre as linhas denominadas $I + G + X$ e $I + G + X + C$.

Para traçarmos a curva GA, subtraímos as importações (M) da linha $I + G + X + C$. Os gastos do governo são os gastos em bens e serviços produzidos internamente. Mas os componentes dos gastos agregados – C, I e G – incluem gastos em bens e serviços importados. Por exemplo, se você compra um novo telefone celular, esse gasto faz parte dos gastos de consumo. No entanto, se é um aparelho da Nokia produzido na Finlândia, esse gasto deve ser subtraído dos gastos de consumo para se descobrir quanto é gasto em bens e serviços produzidos internamente – em PIB real do seu país. O dinheiro pago à Nokia por importações de telefones celulares da Finlândia não se soma aos gastos agregados no seu país.

Como as importações são apenas uma parte dos gastos agregados, quando subtraímos as importações dos outros componentes dos gastos agregados, os gastos agregados planejados ainda aumentam à medida que o PIB real aumenta, como podemos observar na Figura 28.5.

Os gastos de consumo menos as importações, que variam com o PIB real, são chamados de **gastos induzidos**. A soma dos investimentos, dos gastos do governo e das exportações, que não variam com o PIB real, é chamada de **gastos autônomos**. Os gastos de consumo e as importações também podem ter um componente autônomo – um componente que não varia com o PIB real. Outra maneira de pensar sobre os gastos autônomos é que eles representariam o nível de gastos agregados planejados se o PIB real fosse zero.

Na Figura 28.5, os gastos autônomos são de $ 6 trilhões – os gastos agregados planejados quando o PIB real é zero. Para cada aumento de $ 1 trilhão do PIB real, os gastos induzidos aumentam $ 0,5 trilhão.

A curva de gastos agregados resume a relação entre os gastos agregados *planejados* e o PIB real. Mas o que determina o ponto na curva de gastos agregados no qual a economia opera? O que determina os gastos agregados *reais*?

Gastos reais, gastos planejados e PIB real

Os gastos agregados *reais* são sempre iguais ao PIB real, como vimos no Capítulo 21. Mas os gastos agregados *planejados* não são necessariamente iguais aos gastos agregados reais e, portanto, não são necessariamente iguais ao PIB real. Como os gastos reais podem ser diferentes dos gastos planejados? Por que os planos de gastos não são implementados? A principal razão para isso é que as empresas podem acabar ficando com estoques maiores ou menores do que planejaram. As pessoas executam seus planos de gastos de consumo, o governo implementa seus gastos planejados em bens e serviços, e as exportações líquidas são as planejadas. As empresas executam seus planos de comprar novos prédios, fábricas e equipamentos. Mas um componente do investimento é a alteração dos estoques de bens das empresas. Se os gastos agregados planejados são inferiores ao PIB real, as empresas não vendem todos os bens que planejavam vender e acabam ficando com estoques não planejados. Se os gastos agregados planejados excedem o PIB real, as empresas vendem mais do que planejavam vender e os estoques diminuem para menos do que o nível que as empresas tinham planejado.

Gastos de equilíbrio

Os **gastos de equilíbrio** representam o nível de gastos agregados que ocorre quando os gastos agregados *planejados* equivalem ao PIB real. Os gastos de equilíbrio representam um nível de gastos agregados e PIB real no qual os planos de gastos de todas as pessoas são concretizados. Quando o nível de preços é fixo, os gastos de equilíbrio determinam o PIB real. Quando os gastos agregados planejados e os gastos agregados reais são diferentes, ocorre um processo de convergência na direção dos gastos de equilíbrio. Por meio desse processo de convergência, o PIB real se ajusta. Vamos examinar os gastos de equilíbrio e os processos que os provocam.

A Figura 28.6(a) ilustra os gastos de equilíbrio. A tabela apresenta os gastos agregados planejados em vários níveis de PIB real. Esses valores são indicados como os pontos *A* a *F* ao longo da curva *GA*. A linha de 45° mostra todos os pontos nos quais os gastos agregados planejados equivalem ao PIB real. Desta maneira, quando a curva *GA* está acima da linha de 45°, os gastos agregados planejados excedem o PIB real; quando está abaixo da linha de 45°, os gastos agregados planejados são menores do que o PIB real, e, quando cruza a linha de 45°, os gastos agregados planejados equivalem ao PIB real. O ponto *D* ilustra os gastos de equilíbrio. Nele, o PIB real é de $ 12 trilhões.

Convergência para o equilíbrio

Quais são as forças que movimentam os gastos agregados na direção de seu nível de equilíbrio? Para respondermos a essa questão, devemos analisar uma situação na qual os gastos agregados estejam distante de seu nível de equilíbrio. Suponha que, na Figura 28.6, o PIB real seja de $ 10 trilhões. Com o PIB real igual a $ 10 trilhões, os gastos agregados reais também são de $ 10 trilhões. No entanto, os gastos agregados *planejados* são de $ 11 trilhões, o ponto *B* da Figura 28.6(a). Os gastos agregados planejados excedem os gastos *reais*. Quando as pessoas gastam $ 11 trilhões e as empresas produzem bens e serviços no valor de $ 10 trilhões, os estoques das empresas se reduzem em $ 1 trilhão, o ponto *B* da Figura 28.6(b). Como a alteração dos estoques é parte do investimento, o investimento *real* é de $ 1 trilhão a menos que o investimento *planejado*.

O PIB real não é de $ 10 trilhões por muito tempo. As empresas têm metas de estoque com base em suas vendas. Quando os estoques diminuem abaixo dessa meta, as empresas aumentam a produção para restaurar o nível de estoques a que elas visam. Para aumentar os estoques, as empresas contratam mão-de-obra adicional e aumentam a produção. Suponha que elas aumentem a produção em $ 1 trilhão no próximo período. O PIB real aumenta $ 1 trilhão, passando para $ 11 trilhões. No entanto, mais uma vez, os gastos agregados planejados excedem o PIB real. Quando o PIB real é de $ 11 trilhões, os gastos agregados planejados são de $ 11,5 trilhões, o ponto *C* da Figura 28.6(a). Mais uma vez, os estoques diminuem, mas desta vez menos do que antes. Com um PIB real de $ 11 trilhões e gastos agregados planejados de $ 11,5 trilhões, os estoques diminuem $ 0,5 trilhão, o ponto *C* da Figura 28.6(b). Mais uma vez, as empresas contratam mão-de-obra adicional e a produção aumenta; o PIB real aumenta ainda mais.

O processo que acabamos de descrever – os gastos planejados excedem o PIB real, os estoques diminuem e a produção aumenta para restabelecer os estoques – chega ao fim quando o PIB real atinge $ 12 trilhões. Com esse PIB real, há um equilíbrio. As mudanças não planejadas de estoques são zero. As empresas não alteram sua produção.

Figura 28.6 Gastos de equilíbrio

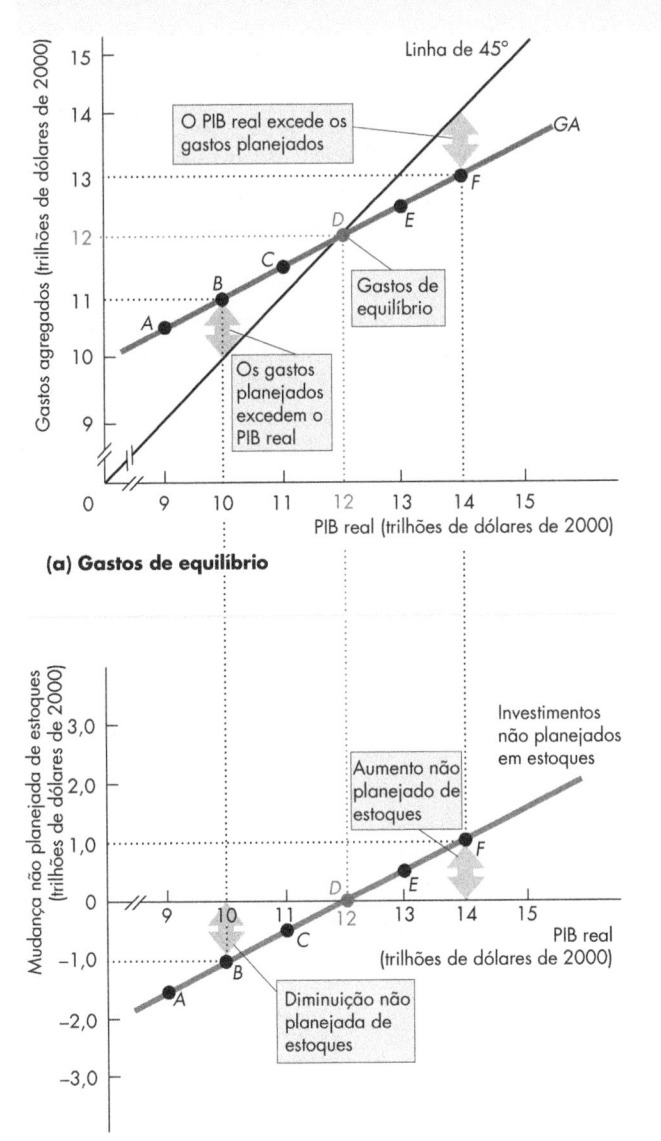

(a) Gastos de equilíbrio

(b) Mudanças não planejadas de estoques

	PIB real (Y)	Gastos agregados planejados (GA)	Mudança não planejada de estoques (Y – GA)
		(trilhões de dólares de 2000)	
A	9	10,5	–1,5
B	10	11,0	–1,0
C	11	11,5	–0,5
D	12	12,0	0
E	13	12,5	0,5
F	14	13,0	1,0

A tabela mostra os planos de gastos em diferentes níveis de PIB real. Quando o PIB real é de $ 12 trilhões, os gastos agregados planejados equivalem ao PIB real.

A parte (a) da figura ilustra os gastos de equilíbrio, que ocorrem quando os gastos agregados planejados equivalem ao PIB real na intersecção entre a linha de 45° e a curva GA. A parte (b) da figura mostra as forças que levam aos gastos de equilíbrio. Quando os gastos agregados planejados excedem o PIB real, os estoques diminuem – por exemplo, no ponto B em ambas as partes da figura. As empresas aumentam a produção, e o PIB real aumenta.

Quando os gastos agregados planejados são menores do que o PIB real, os estoques aumentam – por exemplo, no ponto F de ambas as partes da figura. As empresas diminuem a produção, e o PIB real diminui. Quando os gastos agregados planejados equivalem ao PIB real, não há mudanças não planejadas de estoques, e o PIB real permanece constante nos gastos de equilíbrio.

Podemos realizar um experimento similar a esse começando com um nível de PIB real maior que os gastos de equilíbrio. Neste caso, os gastos planejados são menores que os gastos reais, os estoques se acumulam e as empresas reduzem a produção. Como antes, o PIB real continua a mudar (diminuindo, desta vez), até atingir seu nível de equilíbrio de $ 12 trilhões.

Vimos que, quando o nível de preços é fixo, o PIB real é determinado pelos gastos de equilíbrio. Vimos também como as mudanças não planejadas de estoques e a reação que elas geram na produção levam a uma convergência na direção dos gastos de equilíbrio. Vamos estudar agora as *variações* dos gastos de equilíbrio e examinar um amplificador econômico chamado *multiplicador*.

QUESTÕES PARA REVISÃO

1. Qual é a relação entre os gastos agregados planejados e o PIB real nos gastos de equilíbrio?
2. Como se chega aos gastos de equilíbrio? O que se ajusta para se atingir o equilíbrio?
3. Se o PIB real e os gastos agregados são menores que os gastos de equilíbrio, o que acontece aos estoques das empresas? Como as empresas alteram sua produção? O que acontece ao PIB real?
4. Se o PIB real e os gastos agregados são maiores que os gastos de equilíbrio, o que acontece aos estoques das empresas? Como as empresas alteram sua produção? O que acontece ao PIB real?

O multiplicador

Os investimentos e as exportações podem variar por muitas razões. Uma diminuição da taxa de juros real pode induzir as empresas a aumentar seu investimento planejado. Uma onda de inovação, como a da popularização de computadores multimídia na década de 1990, pode aumentar os lucros futuros esperados e levar as empresas a aumentar seu investimento planejado. Uma explosão econômica na Europa ocidental e no Japão pode levar a um maior aumento dos gastos desses países em bens e serviços produzidos nos Estados Unidos – ou de exportações norte-americanas. Estes são exemplos de aumentos dos gastos autônomos.

Quando os gastos autônomos aumentam, os gastos agregados, os gastos de equilíbrio e o PIB real também aumentam. Mas o aumento do PIB real é *maior* que a variação dos gastos autônomos. O **multiplicador** é a quantidade pela qual uma variação dos gastos autônomos é ampliada ou multiplicada para determinar a variação dos gastos e do PIB real em equilíbrio.

Para termos uma idéia básica do multiplicador, vamos examinar uma economia hipotética na qual não há imposto de renda nem importações. Desta maneira, presumiremos, antes de mais nada, que esses fatores estejam ausentes. Depois, quando compreendermos a idéia básica, incluiremos esses fatores de volta no cenário e veremos que diferença eles provocam no multiplicador.

A idéia básica do multiplicador

Suponha que o investimento aumente. Os gastos adicionais por parte das empresas significam que os gastos agregados e o PIB real aumentam. O aumento do PIB real aumenta a renda disponível e, na ausência de imposto de renda, o PIB real e a renda disponível aumentam na mesma quantia. O aumento da renda disponível leva a um aumento dos gastos de consumo. Os gastos de consumo maiores elevam ainda mais os gastos agregados. O PIB real e a renda disponível aumentam ainda mais e o mesmo ocorre com os gastos de consumo. O aumento inicial do investimento leva a um aumento ainda maior dos gastos agregados por induzir um aumento dos gastos de consumo. A magnitude do aumento dos gastos agregados resultante de um aumento dos gastos autônomos é determinada pelo *multiplicador*.

A tabela da Figura 28.7 apresenta dados de gastos agregados planejados. Inicialmente, quando o PIB real é de $ 11 trilhões, os gastos agregados planejados são de $ 11,25 trilhões. Para cada aumento de $ 1 trilhão do PIB real, os gastos agregados planejados aumentam $ 0,75 trilhão. Essa tabela de gastos agregados é mostrada na figura como a curva de gastos agregados GA_0. Inicialmente, os gastos de equilíbrio são de $ 12 trilhões. Podemos ver esse equilíbrio na linha B da tabela e no ponto da figura no qual a curva GA_0 cruza com a linha de 45°, o ponto B.

Agora, suponha que os gastos autônomos aumentem $ 0,5 trilhão. O que acontece aos gastos de equilíbrio? Podemos ver a resposta na Figura 28.7. Quando esse aumento dos gastos autônomos é somado aos gastos agregados planejados originais, os gastos agregados planejados aumentam $ 0,5 trilhão a cada nível do PIB real. A nova curva de gastos agregados é GA_1. Os novos gastos de equilíbrio, destacados na tabela (linha D'), ocorrem no ponto em que GA_1 cruza com a linha de 45° e são de $ 14 trilhões (ponto D'). Com esse PIB real, os gastos agregados planejados equivalem ao PIB real.

O efeito multiplicador

Na Figura 28.7, o aumento de $ 0,5 trilhão nos gastos autônomos aumenta os gastos de equilíbrio em $ 2 trilhões. Isto é, a variação dos gastos autônomos leva, como o equipamento eletrônico de Erykah Badu, a uma variação ampliada dos gastos de equilíbrio. Essa variação ampliada é o *efeito multiplicador* – os gastos de equilíbrio aumentam

Figura 28.7 O multiplicador

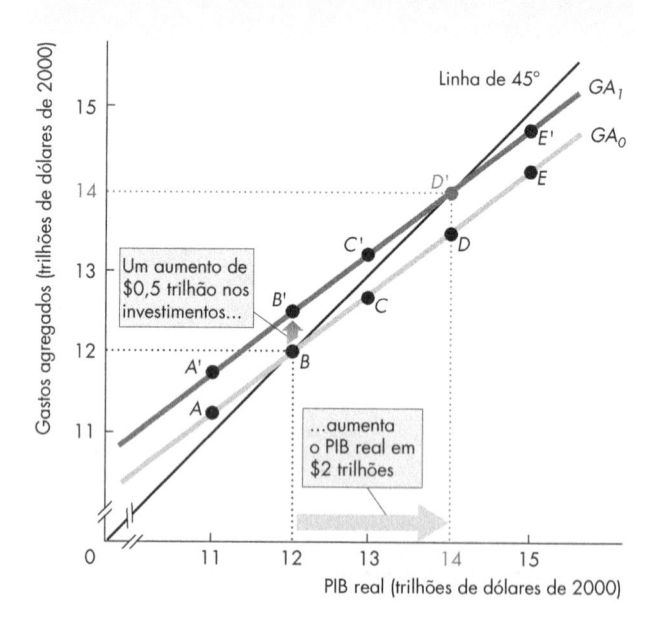

PIB real (Y)	Gastos agregados planejados			
	Originais (GA_0)		Novos (GA_1)	
	(trilhões de dólares de 2000)			
11	A	11,25	A'	11,75
12	**B**	**12,00**	B'	12,50
13	C	12,75	C'	13,25
14	D	13,50	D'	14,00
15	E	14,25	E'	14,75

Um aumento de $ 0,5 trilhão nos gastos autônomos desloca em $ 0,5 trilhão a curva GA para cima, de GA_0 para GA_1. Os gastos de equilíbrio aumentam $ 2 trilhões, de $ 12 trilhões para $ 14 trilhões. O aumento dos gastos de equilíbrio é 4 vezes maior do que o aumento dos gastos autônomos, de modo que o multiplicador é igual a 4.

mais do que os gastos autônomos. O multiplicador é maior do que 1.

Inicialmente, quando os gastos autônomos aumentam, os gastos agregados planejados excedem o PIB real. Como resultado, os estoques diminuem. As empresas reagem aumentando a produção para restabelecer o nível de estoques a que elas visam. À medida que a produção aumenta, o mesmo ocorre com o PIB real. Com um nível mais alto de PIB real, os *gastos induzidos* aumentam. Desta maneira, os gastos de equilíbrio aumentam na quantidade igual à soma do aumento inicial dos gastos autônomos e do aumento dos gastos induzidos. Neste exemplo, os gastos induzidos aumentam $ 1,5 trilhão, de modo que os gastos de equilíbrio aumentam $ 2 trilhões.

Apesar de termos acabado de analisar os efeitos de um *aumento* dos gastos autônomos, a mesma análise se aplica a uma diminuição dos gastos autônomos. Se, inicialmente, a curva de gastos agregados é GA_1, os gastos totais e o PIB real em equilíbrio são de $ 14 trilhões. Uma diminuição de $ 0,5 trilhão nos gastos autônomos desloca a curva de gastos agregados para baixo, para GA_0. Os gastos de equilíbrio diminuem de $ 14 trilhões para $ 12 trilhões. A diminuição dos gastos de equilíbrio ($ 2 trilhões) é maior do que a diminuição dos gastos autônomos que a provocou ($ 0,5 trilhão).

Por que o multiplicador é maior do que 1?

Vimos que os gastos de equilíbrio aumentam mais do que os gastos autônomos. Isso faz com que o multiplicador seja maior do que 1. Por quê? Por que os gastos de equilíbrio aumentam mais do que os gastos autônomos?

O multiplicador é maior do que 1 porque os gastos induzidos aumentam – um aumento dos gastos autônomos *induz* maiores aumentos dos gastos. O programa espacial da Nasa custa cerca de US$ 5 bilhões ao ano. Os gastos acrescentam diretamente ao PIB real US$ 5 bilhões ao ano. Mas a história não termina por aqui. Astronautas e engenheiros agora têm mais renda e gastam parte da renda extra em bens e serviços. O PIB real agora aumenta nos $ 5 bilhões iniciais mais os gastos de consumo extra induzidos pelo aumento de $ 5 bilhões na renda. Os fabricantes de automóveis e aparelhos de TV, os agentes de viagens e outros produtores de bens e serviços agora têm renda maior e, por sua vez, gastam parte desse aumento de sua renda no consumo de bens e serviços. A renda adicional induz gastos adicionais, o que gera renda adicional.

Vimos que uma variação dos gastos autônomos tem um efeito multiplicador sobre o PIB real. Mas qual é o tamanho desse efeito multiplicador?

O tamanho do multiplicador

Suponha que a economia esteja em recessão. As projeções de lucro começam a melhorar, e as empresas planejam grandes aumentos nos investimentos. A economia mundial também está se aproximando da expansão, e as exportações estão aumentando. A pergunta que todos fazem é: qual será a força dessa expansão? Trata-se de uma pergunta difícil. Mas um importante elemento da resposta é a definição do tamanho do multiplicador.

O *multiplicador* é a quantidade pela qual uma variação dos gastos autônomos é multiplicada para determinar a mudança dos gastos de equilíbrio que eles geram. Para calcularmos o multiplicador, dividimos a variação dos gastos de equilíbrio pela variação dos gastos autônomos. Vamos calcular o multiplicador para o exemplo da Figura 28.7. Inicialmente, os gastos de equilíbrio são de $ 12 trilhões. Assim, os gastos autônomos aumentam $ 0,5 trilhão e os gastos de equilíbrio aumentam $ 2 trilhões, passando para $ 14 trilhões. Então,

$$\text{Multiplicador} = \frac{\text{Variação dos gastos de equilíbrio}}{\text{Variação dos gastos autônomos}}$$

$$\text{Multiplicador} = \frac{\$ 2 \text{ trilhões}}{\$ 0,5 \text{ trilhão}} = 4.$$

O multiplicador e a inclinação da curva GA

A magnitude do multiplicador depende da inclinação da curva *GA*. Quanto mais inclinada é a curva *GA*, maior é o multiplicador. Para entendermos por que, vamos fazer um cálculo.

Os gastos agregados e o PIB real variam devido à variação dos gastos induzidos e dos gastos autônomos. A variação do PIB real (ΔY) é igual à variação dos gastos induzidos (ΔN) mais a variação dos gastos autônomos (ΔA). Ou seja,

$$\Delta Y = \Delta N + \Delta A.$$

No entanto a variação dos gastos induzidos é determinada pela variação do PIB real e pela inclinação da curva *GA*. Para entendermos por que, comecemos com o fato de que a inclinação da curva *GA* é igual ao segmento vertical, ΔN, dividido pelo segmento horizontal, ΔY. Ou seja,

$$\text{Inclinação da curva } GA = \Delta N \div \Delta Y.$$

Desta maneira,

$$\Delta N = \text{Inclinação da curva } GA \times \Delta Y.$$

Agora, vamos utilizar essa equação para substituir ΔN na primeira equação acima:

$$\Delta Y = \text{Inclinação da curva } GA \times \Delta Y + \Delta A.$$

Para calcularmos ΔY, fazemos

$$(1 - \text{Inclinação da curva } GA) \times \Delta Y = \Delta A$$

e reorganizamos para obter

$$Y = \frac{\Delta A}{1 - \text{Inclinação da curva } GA}.$$

Por fim, dividimos os dois lados desta equação por ΔA para obter

$$\text{Multiplicador} = \frac{\Delta Y}{\Delta A} = \frac{\Delta A}{1 - \text{Inclinação da curva } GA}.$$

Se utilizamos o exemplo da Figura 28.7, a inclinação da curva GA é 0,75, de forma que

$$\text{Multiplicador} = \frac{1}{1 - 0.75} = \frac{1}{0.25} = 4.$$

Na ausência de impostos de renda e de importações, a inclinação da curva GA é igual à propensão marginal a consumir ($PMgC$). Assim,

$$\text{Multiplicador} = \frac{1}{1 - PMgC}.$$

Mas $(1 - PMgC)$ é igual a $PMgS$. Portanto, outra fórmula é

$$\text{Multiplicador} = \frac{1}{PMgS}.$$

Voltando a aplicar os números da Figura 28.7, temos

$$\text{Multiplicador} = \frac{1}{0.25} = 4.$$

Como a propensão marginal a poupar ($PMgS$) é uma fração – um número entre 0 e 1 –, o multiplicador é maior do que 1.

Importações e imposto de renda

O multiplicador é determinado, em geral, não apenas pela propensão marginal a consumir, mas também pela propensão marginal a importar e pela alíquota do imposto de renda. As importações fazem o multiplicador ser menor do que seria de outra maneira. Para entender por que, pense no que acontece após um aumento dos investimentos. Um aumento dos investimentos aumenta o PIB real, o que, por sua vez, aumenta os gastos de consumo. Mas parte do aumento do investimento e dos gastos de consumo é constituída por gastos em bens e serviços importados, não em bens e serviços produzidos internamente. Apenas os gastos em bens e serviços produzidos internamente aumentam o PIB real de um país. Quanto maior é a propensão marginal a importar, menor é a variação do PIB real do país.

O imposto de renda também faz o multiplicador ser menor do que seria de outra maneira. Mais uma vez, pense no que acontece após um aumento dos investimentos. Um aumento dos investimentos aumenta o PIB real. Mas, como o imposto de renda aumenta, a renda disponível aumenta menos do que o PIB real. Em conseqüência, os gastos de consumo aumentam menos do que aumentariam se os impostos fossem invariáveis. Quanto maior é a alíquota do imposto de renda, menor é a variação da renda disponível e do PIB real.

A propensão marginal a importar e a alíquota do imposto de renda junto com a propensão marginal a consumir determinam o multiplicador. A influência combinada delas determina a inclinação da curva GA.

A Figura 28.8 compara duas situações. Na Figura 28.8(a), não há importações nem impostos. A inclinação da curva GA é igual à propensão marginal a consumir, que equivale a 0,75, e o multiplicador é igual a 4. Na Figura 28.8(b), as importações e o imposto de renda reduzem a inclinação da curva GA para 0,5. O multiplicador é igual a 2.

Com o tempo, o valor do multiplicador varia à medida que as alíquotas tributárias, a propensão marginal a consumir e a propensão marginal a importar variam. Essas variações contínuas fazem com que seja difícil prever o multiplicador, mas elas não alteram o fato fundamental de que uma variação inicial dos gastos autônomos leva a uma variação ampliada dos gastos agregados e do PIB real.

A nota matemática deste capítulo mostra os efeitos dos impostos, das importações e da $PMgC$ sobre o multiplicador.

O processo multiplicador

O efeito multiplicador não é um evento isolado que ocorre da noite para o dia. É um processo que se desenrola ao longo de alguns meses. A Figura 28.9 ilustra esse processo multiplicador. Os gastos autônomos aumentam $ 0,5 trilhão. Neste ponto, o PIB real aumenta $ 0,5 trilhão (a barra cinza-escuro da rodada 1). Esse aumento do PIB real aumenta os gastos induzidos na rodada 2. Com inclinação da curva GA igual a 0,75, os gastos induzidos aumentam 0,75 vez o aumento do PIB real, de modo que o aumento de $ 0,5 trilhão no PIB real induz a um maior aumento dos gastos, de $ 0,375 trilhão. Essa variação dos gastos induzidos (a barra cinza-escuro da rodada 2), quando somada ao aumento anterior dos gastos (a barra cinza-claro da rodada 2), aumenta o PIB real em $ 0,875 trilhão. O aumento do PIB real na rodada 2 induz um aumento dos gastos induzidos na rodada 3. O processo se repete ao longo de rodadas sucessivas. Cada aumento do PIB real é 0,75 vez o aumento anterior e, ao final, o PIB real aumenta $ 2 trilhões.

Agora que estudamos o multiplicador, podemos utilizá-lo para nos aprofundar no entendimento do que acontece nos pontos de inflexão do ciclo econômico.

Pontos de inflexão do ciclo econômico

Nos pontos de inflexão do ciclo econômico, a economia passa da expansão para a recessão ou da recessão para a expansão. Os economistas entendem esses pontos de inflexão como os sismólogos entendem os terremotos. Eles sabem muito sobre as forças e os mecanismos que os produzem, mas não têm como prevê-los. As forças que causam os pontos de inflexão do ciclo econômico são as oscilações dos gastos autônomos, como os investimentos e as exportações. O mecanismo que proporciona o impulso para o novo direcionamento da economia é o multiplicador. Vamos utilizar o que aprendemos agora para examinar esses pontos de inflexão.

Figura 28.8 O multiplicador e a inclinação da curva GA

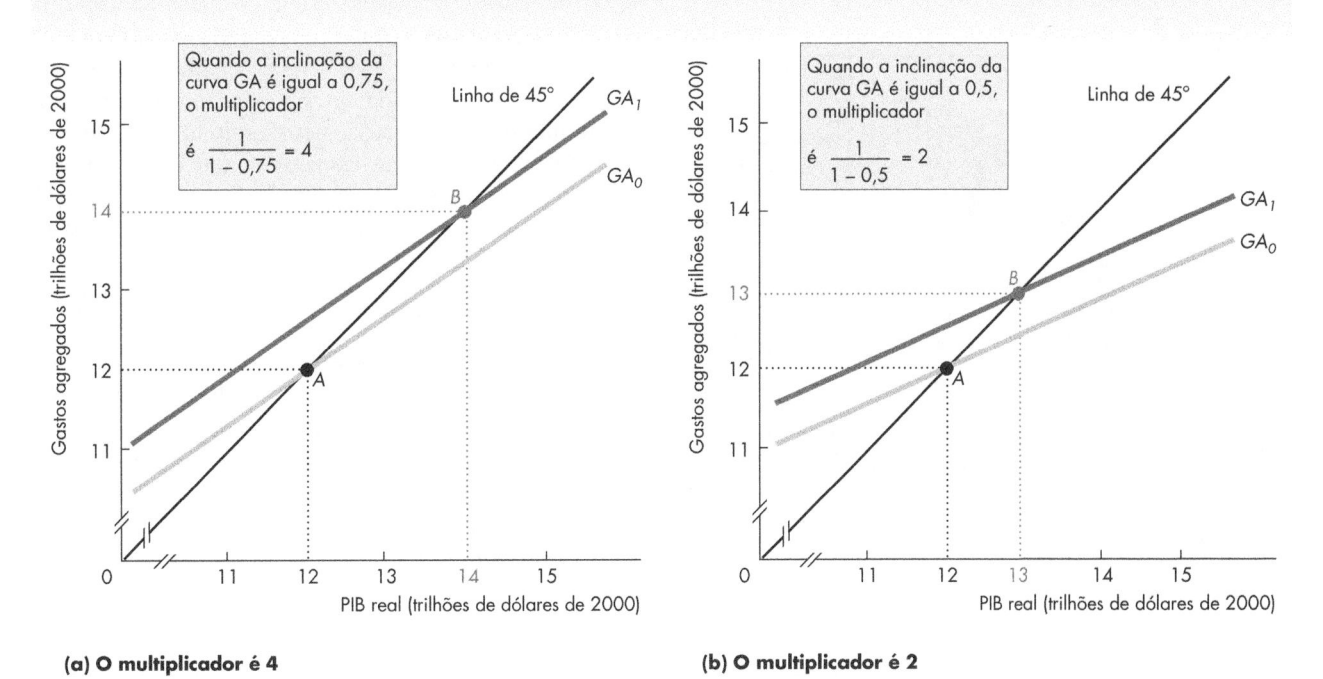

(a) O multiplicador é 4

Quando a inclinação da curva GA é igual a 0,75, o multiplicador é $\frac{1}{1-0,75} = 4$

(b) O multiplicador é 2

Quando a inclinação da curva GA é igual a 0,5, o multiplicador é $\frac{1}{1-0,5} = 2$

As importações e o imposto de renda fazem a curva *GA* ser menos inclinada e reduzem o valor do multiplicador. Na parte (a), na ausência de importações e de imposto de renda, a inclinação da curva *GA* é igual a 0,75 (a propensão marginal a consumir) e o multiplicador é igual a 4. Mas, na presença de importações e de imposto de renda, a inclinação da curva *GA* é menor do que a propensão marginal a consumir. Na parte (b), a inclinação da curva *GA* é igual a 0,5. Neste caso, o multiplicador é igual a 2.

Uma recessão tem início Uma recessão é acionada por uma diminuição dos gastos autônomos que reduzem os gastos agregados planejados. No momento em que a economia passa da expansão para a recessão, o PIB real excede os gastos agregados planejados. Nessa situação, as empresas vêem estoques não planejados se acumulando. A recessão começa nesse ponto. Para reduzirem seus estoques, as empresas reduzem a produção, e o PIB real começa a diminuir. Essa diminuição inicial do PIB real leva a rendas mais baixas que reduzem os gastos de consumo. O processo multiplicador tem início, e a recessão se estabelece.

Uma expansão tem início O processo que acabamos de descrever funciona ao contrário em um vale do ciclo econômico. Uma expansão é acionada por um aumento dos gastos autônomos que aumenta os gastos agregados planejados. No momento em que a economia passa para a expansão, os gastos agregados planejados excedem o PIB real. Nessa situação, as empresas vêem seus estoques esgotando-se de maneia não planejada. A expansão começa nesse ponto. Para atingirem suas metas de estoque, as empresas aumentam a produção, e o PIB real começa a aumentar. Esse aumento inicial do PIB real leva a rendas mais altas que estimulam os gastos de consumo. O processo multiplicador se estabelece, e a expansão adquire velocidade.

A expansão de 2002-2006 O National Bureau of Economic Research, órgão de pesquisas econômicas dos Estados Unidos, apontou novembro de 2001 como o início da mais recente expansão desse país. Durante 2001, o ano anterior à expansão, os estoques das empresas diminuíram em relação aos níveis desejados. De 2002 até 2006, os estoques aumentaram, mas não tanto quanto o planejado. Assim, durante esses anos, as empresas aumentaram a produção para elevar os estoques e atingir os níveis planejados.

> **QUESTÕES PARA REVISÃO**
>
> 1 O que é o multiplicador? O que ele determina? Por que ele é importante?
> 2 Como a propensão marginal a consumir, a propensão marginal a importar e a alíquota do imposto de renda influenciam o multiplicador?
> 3 Como as flutuações dos gastos autônomos influenciam o PIB real? Se os gastos autônomos diminuem, a economia entra em qual fase do ciclo econômico?

O multiplicador e o nível de preços

Acabamos de examinar ajustes dos gastos que ocorrem em prazo muito curto quando o nível de preços é fixo. Nesse intervalo de tempo, os buracos da estrada da economia, que são mudanças nos investimentos e expor-

Figura 28.9 O processo multiplicador

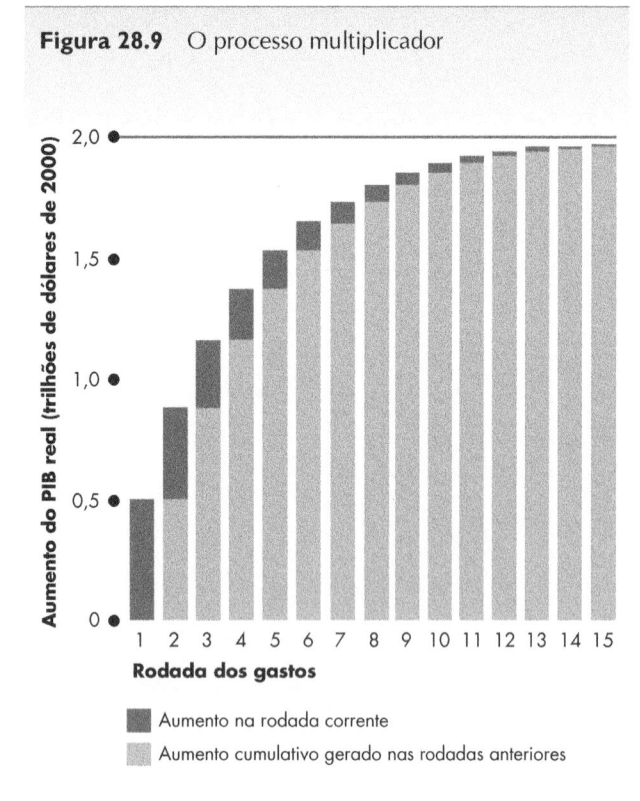

Os gastos autônomos aumentam $ 0,5 trilhão. Na rodada 1, o PIB real aumenta na mesma quantidade. Com a inclinação da curva GA igual a 0,75, cada dólar adicional de PIB real induz a 0,75 de dólar adicional em gastos induzidos. O aumento do PIB real na rodada 1 leva a um aumento de $ 0,375 trilhão nos gastos induzidos na rodada 2. Ao final da rodada 2, o PIB real terá aumentado $ 0,875 trilhão. O $ 0,375 trilhão adicional de PIB real na rodada 2 leva a um aumento adicional em gastos induzidos de 0,281 trilhão na rodada 3. O PIB real aumenta ainda mais, para 1,156 trilhão. Esse processo continua com o PIB real aumentando em quantias cada vez menores. Quando o processo chegar ao fim, o PIB real terá aumentado um total de 2 trilhões.

tações, não são atenuados por amortecedores de choques como os do carro de Michael Bloomberg. Em vez disso, eles são ampliados como a voz de Erykah Badu. Mas esses resultados ocorrem apenas quando o nível de preços é fixo. Vamos investigar agora o que acontece após um intervalo de tempo suficiente para que o nível de preços mude.

Ajuste de quantidades e preços

Quando as empresas não conseguem acompanhar as vendas e seus estoques diminuem para menos do que a meta, elas aumentam a produção, mas, em algum ponto, elevam os preços. De modo similar, quando as empresas percebem estoques indesejados acumulando-se, elas diminuem a produção, porém, mais cedo ou mais tarde, reduzem os preços. Até agora, estudamos as conseqüências macroeconômicos de empresas alterando seus níveis de produção quando suas vendas variam, mas não exploramos os efeitos das mudanças de preços. Quando as empresas individuais alteram seus preços, o nível de preços da economia varia.

Para estudarmos a determinação simultânea do PIB real e do nível de preços, utilizamos o *modelo de oferta agregada–demanda agregada*, que explicamos no Capítulo 27. Mas, para entendermos como a demanda agregada se ajusta, precisamos descobrir a relação entre o modelo de oferta agregada–demanda agregada e o modelo de gastos de equilíbrio que utilizamos neste capítulo. A chave para entender a relação entre esses dois modelos é a distinção entre *gastos* agregados e *demanda* agregada e a distinção relacionada entre a *curva de gastos* agregados e a *curva de demanda* agregada.

Gastos agregados e demanda agregada

A curva de gastos agregados mostra a relação entre os gastos agregados planejados e o PIB real, com todas as outras influências sobre os gastos agregados planejados mantidas constantes. A curva de demanda agregada mostra a relação entre a quantidade agregada de bens e serviços demandados e o nível de preços, com todas as outras influências sobre os gastos agregados planejados mantidas constantes. Vamos examinar as conexões entre essas duas relações.

A derivação da curva de demanda agregada

Quando o nível de preços varia, os gastos agregados planejados e a quantidade demandada de PIB real também variam. A curva de demanda agregada se inclina para baixo. Por quê? Há duas principais razões para isso:

- Efeito riqueza
- Efeito substituição

Efeito riqueza Se todos os outros fatores são mantidos constantes, quanto mais alto é nível de preços, menor é o poder de compra da riqueza. Por exemplo, suponha que você tenha 100 no banco e o nível de preços seja 105. Se o nível de preços aumentar para 125, seus $ 100 compram menos bens e serviços. Você está menos rico. Com menos riqueza, você provavelmente tentará gastar um pouco menos e poupar um pouco mais. Quanto mais alto é o nível de preços, com todos os outros fatores mantidos constantes, mais baixos são os gastos agregados planejados.

Efeito substituição Para determinado nível futuro esperado de preços, um aumento do nível de preços hoje faz com que os bens e serviços atuais sejam mais caros em relação a bens e serviços futuros, o que resulta em adiamentos das compras – uma *substituição intertemporal*. Um aumento do nível de preços em um país, se todos os outros fatores são mantidos constantes, faz com que os bens e serviços produzidos nesse país sejam mais caros do que bens e serviços produzidos no exterior. Como resultado, as importações do país aumentam e suas exportações diminuem – uma *substituição internacional*.

Quando o nível de preços aumenta, cada um desses efeitos reduz os gastos agregados planejados em cada nível de PIB real. Como resultado, quando o nível de preços *aumenta*, a curva de gastos agregados se desloca *para baixo*. Uma redução do nível de preços tem o efeito oposto.

Quando o nível de preços *diminui*, a curva de gastos agregados se desloca *para cima*.

A Figura 28.10(a) mostra os deslocamentos da curva GA. Quando o nível de preços é 115, a curva de gastos agregados é GA_0, que cruza com a linha de 45° no ponto B. Os gastos de equilíbrio são $ 12 trilhões. Se o nível de preços aumenta para 135, a curva de gastos agregados se desloca para baixo, para GA_1, cruzando com a linha de 45° no ponto A. Os gastos de equilíbrio diminuem para $ 11 trilhões. Se o nível de preços diminui para 95, a curva de gastos agregados se desloca para cima, para GA_2, cruzando com a linha de 45° no ponto C. Os gastos de equilíbrio aumentam para $ 13 trilhões.

Acabamos de ver que, quando o nível de preços varia, se todos os outros fatores são mantidos constantes, a curva de gastos agregados se desloca e os gastos de equilíbrio variam. Mas, quando o nível de preços varia, se todos os outros fatores são mantidos constantes, há um movimento ao longo da curva de demanda agregada.

A Figura 28.10(b) mostra os movimentos ao longo da curva de demanda agregada. Com um nível de preços de 115, a quantidade agregada de bens e serviços demandados é $ 12 trilhões – ponto B da curva DA. Se o nível de preços aumenta para 135, a quantidade agregada de bens e serviços demandados diminui para $ 11 trilhões. Há um movimento para cima ao longo da curva de demanda agregada – para o ponto A. Se o nível de preços diminui para 95, a quantidade agregada de bens e serviços demandados aumenta para $ 13 trilhões. Há um movimento para baixo ao longo da curva de demanda agregada – para o ponto C.

Cada ponto da curva de demanda agregada corresponde a um ponto dos gastos de equilíbrio. Os pontos A, B e C da Figura 28.10(a), referentes aos gastos de equilíbrio, correspondem aos pontos A, B e C da curva de demanda agregada na Figura 28.10(b).

Variações dos gastos agregados e da demanda agregada

Com a variação de quaisquer influências, além do nível de preços, sobre os gastos agregados planejados, tanto a curva de gastos agregados quanto a curva de demanda agregada se deslocam. Por exemplo, um aumento do investimento ou das exportações aumenta tanto os gastos agregados planejados quanto a demanda agregada e desloca tanto a curva GA quanto da curva DA. A Figura 28.11 ilustra o efeito de um aumento como esse.

Inicialmente, a curva de gastos agregados é GA_0 na parte (a) e a curva de demanda agregada é DA_0 na parte (b). O nível de preços é 115, o PIB real é $ 12 trilhões e a economia está no ponto A nas duas partes da Figura 28.11. Agora, suponha um aumento de $ 1 trilhão nos investimentos. Se o nível de preços permanece constante em 115, a curva de gastos agregados se desloca para cima, para GA_1. Essa curva cruza com a linha de 45° em gastos de equilíbrio de $ 14 trilhões (ponto B). Esses gastos de equilíbrio de $ 14 trilhões equivalem à quantidade agregada de bens e serviços demandados em um nível de preços de 115, como

Figura 28.10 Gastos de equilíbrio e demanda agregada

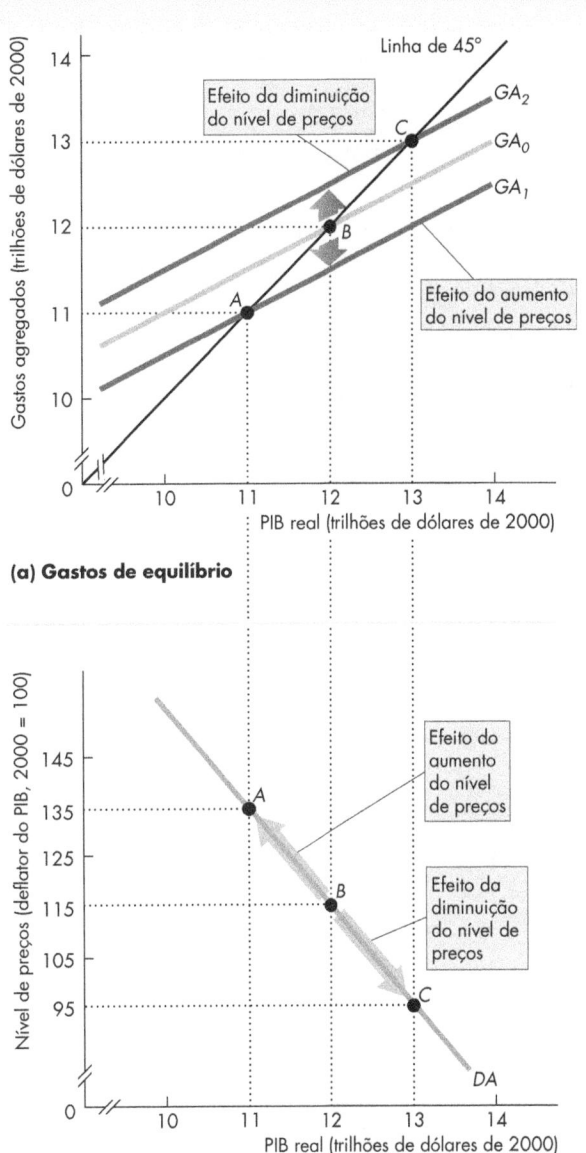

(a) Gastos de equilíbrio

(b) Demanda agregada

Uma variação do nível de preços *desloca* a curva GA e resulta em um *movimento ao longo* da curva DA. Quando o nível de preços é 115, a curva GA é GA_0 e os gastos de equilíbrio são $ 12 trilhões no ponto B. Quando o nível de preços aumenta para 135, a curva GA é GA_1 e os gastos de equilíbrio são $ 11 trilhões no ponto A. Quando o nível de preços diminui para 95, a curva GA é GA_2 e os gastos de equilíbrio são $ 13 trilhões no ponto C. Os pontos A, B e C da curva DA da parte (b) correspondem aos pontos de gastos de equilíbrio A, B e C da parte (a).

---

mostra o ponto B da parte (b). O ponto B está em uma nova curva de demanda agregada. A curva de demanda agregada se deslocou para a direita, para DA_1.

Mas como saber quanto a curva DA se desloca? A resposta está no multiplicador. Quanto maior é o multiplicador, maior é o deslocamento da curva de demanda agregada que resulta de determinada variação dos gastos

Figura 28.11 Uma variação da demanda agregada

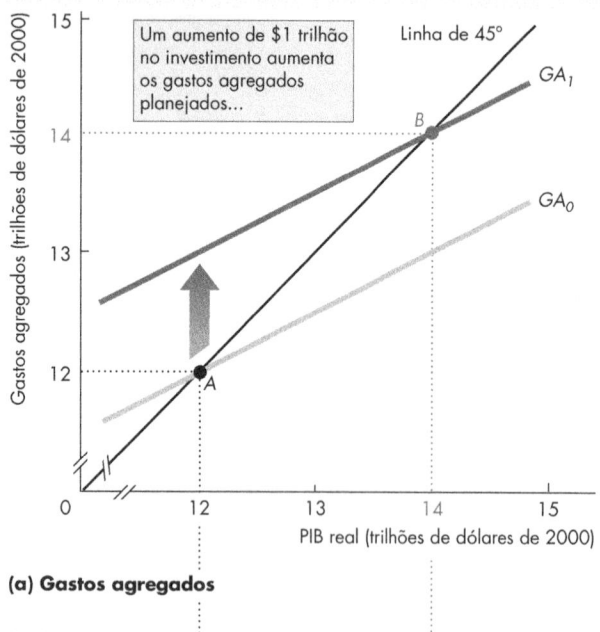

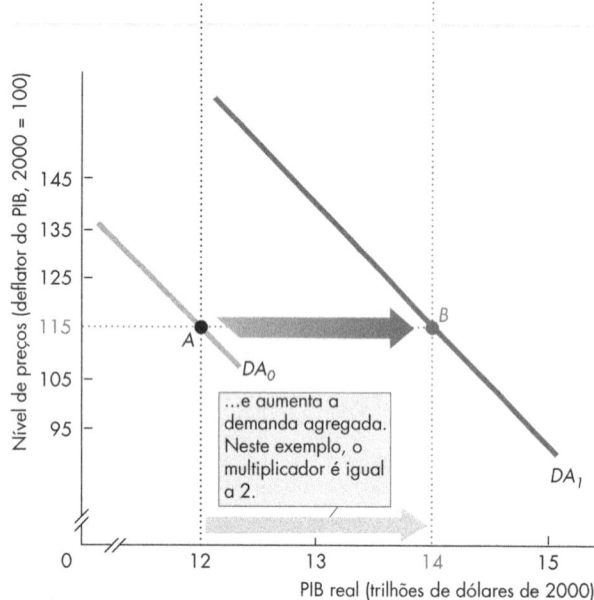

(a) Gastos agregados

(b) Demanda agregada

O nível de preços é igual a 115. Quando a curva de gastos agregados é GA_0 – parte (a) –, a curva de demanda agregada é DA_0 – parte (b). Um aumento dos gastos autônomos desloca a curva GA para cima, para GA_1. No novo equilíbrio, o PIB real é de $ 14 trilhões (no ponto B). Como a quantidade demandada de PIB real em um nível de preços de 115 aumenta para $ 14 trilhões, a curva DA se desloca para a direita, para DA_1.

autônomos. Neste exemplo, o multiplicador é igual a 2. Um aumento de $ 1 trilhão no investimento produz um aumento de $ 2 trilhões na quantidade agregada de bens e serviços demandados em cada nível de preços. Ou seja, um aumento de $ 1 trilhão nos gastos autônomos desloca a curva de demanda agregada para a direita em $ 2 trilhões.

Uma diminuição dos gastos autônomos desloca a curva de gastos agregados para baixo e a curva de demanda agregada para a esquerda. Podemos observar esses efeitos revertendo a alteração que acabamos de descrever. Se a economia está inicialmente no ponto B da curva de gastos agregados GA_1 e a curva de demanda agregada é DA_1, uma diminuição dos gastos autônomos desloca a curva de gastos agregados para baixo, para GA_0. A quantidade agregada de bens e serviços demandados diminui de $ 14 trilhões para $ 12 trilhões, e a curva de demanda agregada se desloca para a esquerda, para DA_0.

Vamos resumir o que acabamos de descobrir:

Se algum fator além de uma variação do nível preços aumenta os gastos autônomos, a curva GA se desloca para cima e a curva DA se desloca para a direita. A extensão do deslocamento da curva DA é igual à variação dos gastos autônomos multiplicada pelo multiplicador.

Nível de preços e PIB real no equilíbrio

No Capítulo 27, vimos que a demanda agregada e a oferta agregada de curto prazo determinam o nível de preços e o PIB real no equilíbrio. Agora, colocamos a demanda agregada sob um microscópio mais potente e observamos que uma variação do investimento (ou de qualquer componente dos gastos autônomos) altera a demanda agregada e desloca a curva de demanda agregada. A extensão do deslocamento depende do multiplicador. Mas o fato de uma variação dos gastos autônomos acabar resultando em uma variação do PIB real, uma variação do nível de preços ou uma combinação de ambas depende da oferta agregada. Há dois períodos a serem considerados: o curto prazo e o longo prazo. Vamos começar vendo o que acontece no curto prazo.

Um aumento da demanda agregada no curto prazo A Figura 28.12 descreve a economia. Inicialmente, na parte (a), a curva de gastos agregados é GA_0 e os gastos de equilíbrio são de $ 12 trilhões – ponto A. Na parte (b), a demanda agregada é DA_0 e a curva de oferta agregada de curto prazo é SAC. (O Capítulo 27 explica a curva SAC.) O equilíbrio está no ponto A, no qual as curvas de demanda agregada e de oferta agregada de curto prazo se cruzam. O nível de preços é igual a 115, e o PIB real é de $ 12 trilhões.

Agora, suponha que haja um aumento de $ 1 trilhão nos investimentos. Com o nível de preços fixo em 115, a curva de gastos agregados se desloca para cima, para GA_1. Os gastos de equilíbrio aumentam para $ 14 trilhões – ponto B da parte (a). Na parte (b), a curva de demanda agregada se desloca $ 2 trilhões para a direita, de DA_0 para DA_1. A extensão do deslocamento da curva de demanda agregada é determinada pelo multiplicador quando o nível de preços é fixo.

No entanto, com essa nova curva de demanda agregada, o nível de preços não permanece fixo. Ele aumenta e, à medida que isso acontece, a curva de gastos agregados se desloca para baixo. O equilíbrio de curto prazo ocorre quando a curva de gastos agregados se desloca para baixo,

Figura 28.12 O multiplicador no curto prazo

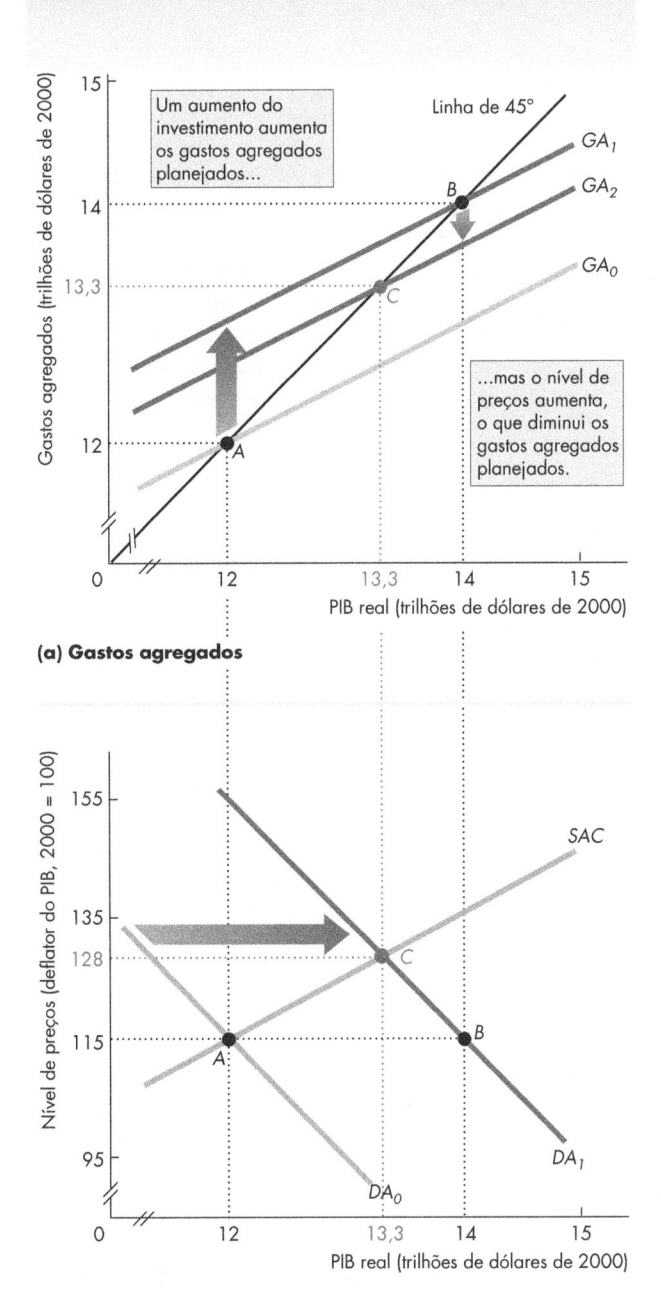

(a) Gastos agregados

(b) Demanda agregada

Um aumento do investimento desloca a curva GA de GA_0 para GA_1 e a curva DA de DA_0 para DA_1. O nível de preços aumenta, e o nível de preços mais alto desloca a curva GA para baixo, de GA_1 para GA_2. A economia se movimenta para o ponto C nas duas partes. No curto prazo, quando os preços são flexíveis, o efeito multiplicador é menor do que quando o nível de preços é fixo.

Figura 28.13 O multiplicador no longo prazo

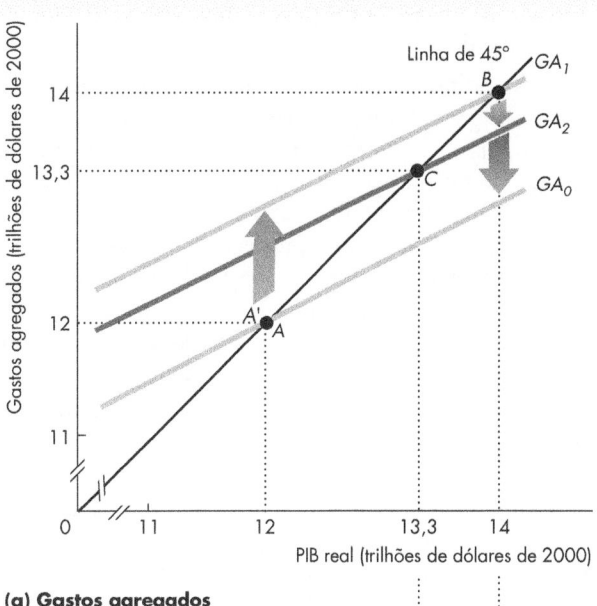

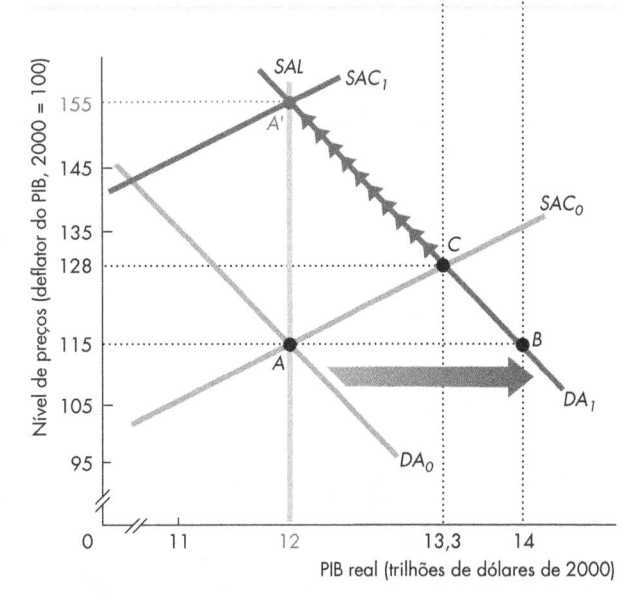

(a) Gastos agregados

(b) Demanda agregada

Partindo do ponto A, um aumento do investimento desloca a curva GA para GA_1 e a curva DA para DA_1. No curto prazo, a economia se movimenta para o ponto C. No longo prazo, o salário monetário aumenta e a curva SAC se desloca para SAC_1. À medida que o nível de preços aumenta, a curva GA se desloca de volta para GA_0 e a economia se movimenta para o ponto A'. No longo prazo, o multiplicador é zero.

para GA_2, e a nova curva de demanda agregada, DA_1, cruza a curva de oferta agregada de curto prazo no ponto C tanto na parte (a) quanto na parte (b). O PIB real é de $ 13,3 trilhões e o nível de preços é 128.

Quando os efeitos do nível de preços são levados em consideração, o aumento do investimento continua a ter um efeito multiplicador sobre o PIB real, mas o multi-

plicador é menor do que seria se o nível de preços fosse fixo. Quanto mais inclinada é a curva de oferta agregada de curto prazo, maior é o aumento do nível de preços e menor é o efeito multiplicador sobre o PIB real.

Um aumento da demanda agregada no longo prazo
A Figura 28.13 ilustra o efeito de longo prazo de um au-

mento da demanda agregada. No longo prazo, o PIB real é igual ao PIB potencial e há pleno emprego. O PIB potencial é de $ 12 trilhões e a curva de oferta agregada de longo prazo é *SAL*. Inicialmente, a economia está no ponto *A* nas partes (a) e (b).

O investimento aumenta $ 1 trilhão. Na Figura 28.13, a curva de gastos agregados se desloca para GA_1 e a curva de demanda agregada se desloca para DA_1. Sem nenhuma variação do nível de preços, a economia se moveria para o ponto *B* e o PIB real aumentaria para $ 14 trilhões. Mas, no curto prazo, o nível de preços aumenta para 128 e o PIB real aumenta para apenas $ 13,3 trilhões. Com o nível de preços mais alto, a curva *GA* se desloca de GA_1 para GA_2. A economia agora está em um equilíbrio de curto prazo no ponto *C*, tanto na parte (a) quanto na parte (b).

O PIB real agora excede o PIB potencial. A força de trabalho é mais do que plenamente empregada e, no longo prazo, uma escassez de mão-de-obra aumenta o salário monetário. O salário monetário mais alto aumenta os custos das empresas, o que reduz a oferta agregada de curto prazo e desloca a curva *SAC* para a esquerda, para SAC_1. O nível de preços aumenta ainda mais, e o PIB real diminui. Há um movimento ao longo de DA_1, e a curva *GA* se desloca para baixo a partir de GA_2 na direção de GA_0. Quando o salário monetário e o nível de preços aumentam na mesma porcentagem, o PIB real volta a ser igual ao PIB potencial e a economia fica no ponto *A'*. No longo prazo, o multiplicador é zero.

QUESTÕES PARA REVISÃO

1. Como uma variação do nível de preços influencia a curva *GA* e a curva *DA*?
2. Se os gastos autônomos aumentam sem variação do nível de preços, o que acontece à curva *GA* e à curva *DA*? Qual curva se desloca em uma extensão determinada pelo multiplicador e por quê?
3. Como um aumento dos gastos autônomos altera o PIB real no curto prazo? O PIB real varia na mesma extensão que a demanda agregada? Por quê?
4. Como o PIB real varia no longo prazo quando os gastos autônomos aumentam? O PIB real varia na mesma extensão que a demanda agregada? Por quê?

◊ Agora, estamos prontos para desenvolver o que aprendemos sobre as flutuações dos gastos agregados e estudar o ciclo econômico e os papéis que a política fiscal e a política monetária desempenham para atenuar o ciclo ao mesmo tempo em que se atingem a estabilidade de preços e o crescimento econômico sustentado. No Capítulo 29, estudaremos o ciclo econômico e a inflação nos Estados Unidos e, nos capítulos 30 e 31, estudaremos, respectivamente, a política fiscal e a política monetária. Mas, antes de concluirmos o tópico atual, leia a seção "Leitura das entrelinhas" e veja o modelo keynesiano em ação na economia norte-americana em 2005.

LEITURA DAS ENTRELINHAS

Estoques em expansão

A economia mostra alguma resistência no trimestre

1º de dezembro de 2005

A economia cresceu a uma taxa anual de 4,3 por cento de julho a setembro, de acordo com o que o Ministério do Comércio dos Estados Unidos divulgou ontem, a maior taxa desde o primeiro trimestre do ano passado e uma evidência de resistência diante de furacões e recordes de custos de energia...

"A economia está crescendo rapidamente", disse Mike Englund, economista-chefe da Action Economics em Boulder, Colorado. "Por mais que as pessoas possam ter se preocupado com os preços da gasolina, os consumidores absorveram o impacto e agora os preços da gasolina estão caindo"...

Além disso, o Banco Central norte-americano relatou ontem em seu levantamento regional de empresas que os varejistas estavam otimistas com a temporada de compras de final de ano. Ao mesmo tempo, o relatório mostrava que os preços de consumo "permaneceram estáveis ou passaram por aumentos em geral modestos"...

De acordo com o Ministério do Comércio, o produto interno bruto aumentou para $ 11,2 trilhões quando anualizado e com ajuste da inflação. Sem o ajuste, a economia cresceu a uma taxa anual de 7,4 por cento no trimestre, alcançando $ 12,6 trilhões.

O índice de preços do governo de gastos de consumo pessoal, uma medida dos preços atrelados aos gastos de consumo, aumentou 3,6 por cento, em comparação com o aumento de 3,7 por cento informado no mês passado e o aumento de 3,3 por cento do segundo trimestre.

Os estoques das empresas diminuíram a uma taxa anual de $ 13,4 bilhões, em comparação com a taxa decrescente de $ 16,6 bilhões relatada anteriormente.

Os gastos de consumo, que respondem por cerca de 70 por cento da economia, expandiram-se a uma taxa anual de 4,2 por cento, em comparação com os 3,9 por cento estimados em outubro e a taxa de 3,4 por cento para o segundo trimestre. Os economistas esperavam que os gastos de consumo se estabilizassem em uma taxa anual de 3,9 por cento.

Fonte: Copyright 2005 The New York Times Company. Reproduzido com permissão. Proibido nova reprodução. Disponível em: http://www.nytimes.com

Essência da notícia

▷ O PIB real aumentou para $ 11,2 trilhões (ao ano) no terceiro trimestre de 2005, uma taxa de aumento anual de 4,3 por cento.

▷ Os gastos de consumo reais aumentaram a uma taxa anual de 4,2 por cento.

▷ Os preços de bens e serviços de consumo aumentaram a uma taxa anual de 3,6 por cento.

▷ O Banco Central norte-americano relatou gastos maiores com preços em geral estáveis.

▷ Os estoques das empresas diminuíram a uma taxa anual de $ 13,4 bilhões.

▷ Um economista disse que "A economia está crescendo rapidamente".

Análise econômica

▷ Podemos utilizar o modelo de gastos agregados para interpretar a notícia.

▷ A notícia informa que a economia está crescendo rapidamente e que os estoques das empresas diminuíram.

▷ O efeito de uma diminuição dos estoques sobre o PIB real depende do fato de a diminuição ter sido planejada ou não.

▷ Uma diminuição planejada dos estoques diminui os gastos agregados planejados, desloca a curva *GA* para baixo e diminui os gastos de equilíbrio.

▷ Uma diminuição não planejada dos estoques não tem nenhum efeito direto sobre a curva *GA*, mas significa que os gastos reais são menores do que os gastos planejados.

▷ Quando os gastos reais são menores que os gastos planejados, o PIB real cresce mais rapidamente.

▷ A notícia não diz (e não tem como dizer) se a diminuição dos estoques foi planejada ou não.

▷ Mas os outros aspectos do PIB real no terceiro trimestre de 2005 corroboram a hipótese de que a variação dos estoques não foi planejada.

▷ As figuras mostram por quê.

▷ No terceiro trimestre de 2005 (o trimestre que terminou no dia 30 de setembro de 2005), o PIB real foi de $ 11.115 bilhões, um aumento de $ 113 bilhões em relação ao segundo trimestre (todos os valores são em dólares de 2000).

▷ Os estoques das empresas diminuíram $ 13 bilhões durante o terceiro trimestre.

▷ Mas, com o aumento do PIB real, as empresas planejavam estoques maiores.

▷ Com base nas tendências da razão entre estoque e vendas, podemos estimar que o investimento planejado nos estoques durante o terceiro trimestre de 2005 tenha sido de $ 11 bilhões.

▷ Se essa estimativa está correta, houve uma diminuição não planejada de $ 24 bilhões dos estoques (veja a Figura 2).

▷ Os gastos agregados *planejados* eram $ 24 bilhões maiores do que os gastos reais e eram iguais a $ 11.139 bilhões (na Figura 1).

▷ Com uma suposição sobre a inclinação da curva *GA*, podemos calcular os gastos de equilíbrio.

▷ Na Figura 1, a inclinação da curva *GA* é 0,457 (um valor baseado na premissa de que a *PMgC* seja 0,9, a alíquota de imposto de renda seja 0,27 e a propensão marginal a importar seja 0,2).

▷ Os gastos de equilíbrio, com base nessas premissas, são de $ 11.159 bilhões.

▷ Independentemente de os valores serem exatos, os gastos de equilíbrio excedem os gastos reais e taxa de crescimento do PIB real é crescente.

▷ A economia cresce em um ritmo acelerado, como afirma o artigo.

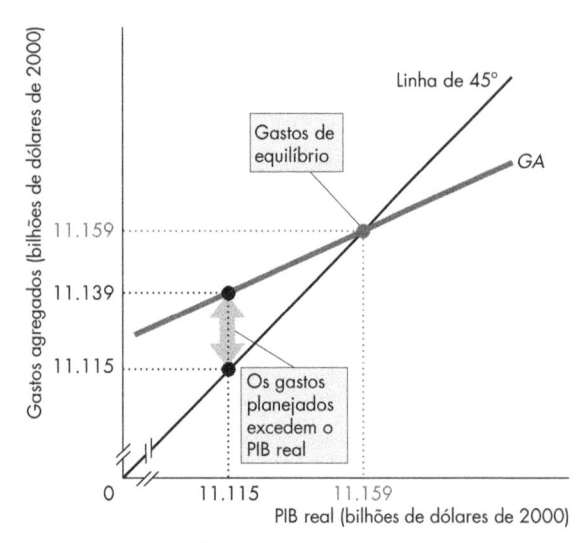

Figura 1: Gastos de equilíbrio

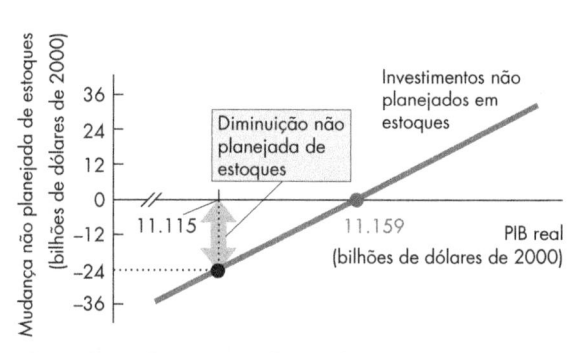

Figura 2: Mudanças não planejadas de estoques

Nota matemática:
A álgebra do modelo keynesiano

Esta nota matemática deriva fórmulas para os gastos de equilíbrio e os multiplicadores. Começaremos definindo os símbolos necessários:

- Gastos agregados planejados, GA
- PIB real, Y
- Gastos de consumo, C
- Investimentos, I
- Gastos do governo, G
- Exportações, X
- Importações, M
- Impostos líquidos, T
- Gastos de consumo autônomo, a
- Impostos autônomos, T_a
- Propensão marginal a consumir, b
- Propensão marginal a importar, m
- Alíquota marginal do imposto de renda, t
- Gastos autônomos, A

Gastos agregados

Os gastos agregados planejados (GA) são a soma das quantias planejadas de gastos de consumo (C), investimentos (I), gastos do governo (G) e exportações (X) menos a quantidade planejada de importações (M).

$$GA = C + I + G + X - M.$$

Função consumo Os gastos de consumo (C) dependem da renda disponível (YD), e a função consumo é expressa como

$$C = a + bYD.$$

A renda disponível (YD) é igual ao PIB real menos os impostos líquidos ($Y - T$). Desta maneira, se substituímos YD por ($Y - T$), a função consumo passa a ser

$$C = a + b(Y - T).$$

Os impostos líquidos, T, equivalem aos impostos autônomos (que independem da renda), T_a, mais os impostos induzidos (que variam com a renda), tY. Assim,

$$T = T_a + tY.$$

Utilizamos essa última equação para substituir T na função consumo. A função consumo passa a ser

$$C = a - bT_a + b(1 - t)Y.$$

Essa equação descreve os gastos de consumo como uma função do PIB real.

Função importação As importações dependem do PIB real, e a função importação é

$$M = mY.$$

Curva de gastos agregados Utilizamos a função consumo e a função importação para substituir C e M na equação GA. Isto é,

$$GA = a - bT_a + b(1 - t)Y + I + G + X - mY.$$

Agregamos os termos do lado direito da equação que envolvem Y para obter

$$GA = (a - bT_a + I + G + X) + [b(1 - t) - m]Y.$$

Os gastos autônomos (A) são $(a - bT_a + I + G + X)$, e a inclinação da curva GA é $[b(1 - t) - m]$. Assim, a equação da curva GA, mostrada na Figura 1, é:

$$GA = A + [b(1 - t) - m]Y.$$

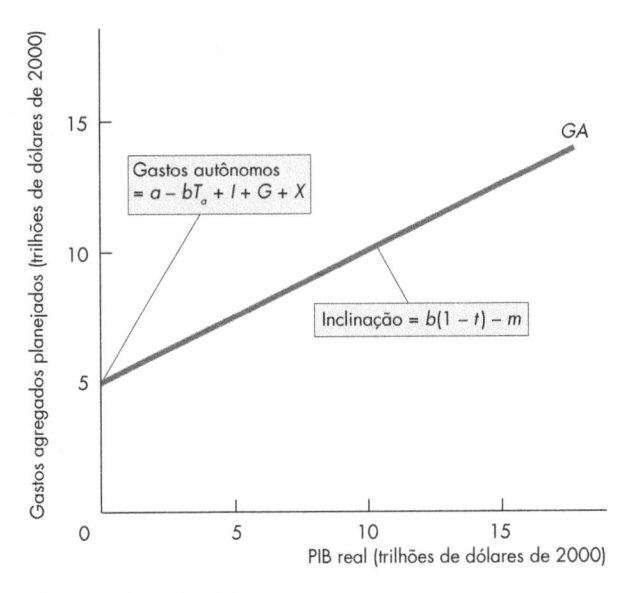

Figura 1: A curva GA

Gastos de equilíbrio

Os gastos de equilíbrio ocorrem quando os gastos agregados planejados (GA) equivalem ao PIB real (Y). Isto é,

$$GA = Y.$$

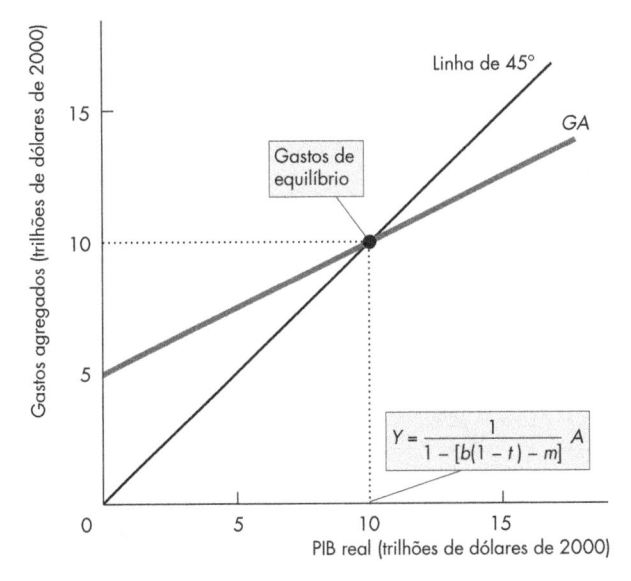

Na Figura 2, as escalas do eixo x (PIB real) e do eixo y (gastos agregados planejados) são idênticas, de modo que a linha de 45° mostra os pontos nos quais os gastos agregados planejados equivalem ao PIB real.

A Figura 2 mostra o ponto de gastos de equilíbrio na intersecção da curva GA com a linha de 45°.

Para calcular os gastos de equilíbrio, solucione as equações para a curva GA e a linha de 45° para as duas quantidades desconhecidas GA e Y. Então, começando por

$$GA = A + [b(1 - t) - m]Y$$
$$GA = Y,$$

substitua GA por Y na equação GA para obter:

$$Y = A + [b(1 - t) - m]Y.$$

A solução para Y é

$$Y = \frac{1}{1 - [b(1 - t) - m]} A.$$

O multiplicador

O multiplicador é igual à variação dos gastos de equilíbrio e do PIB real (Y) que resultam de uma variação dos gastos autônomos (A) dividida pela variação dos gastos autônomos.

Uma variação dos gastos autônomos (ΔA) altera os gastos de equilíbrio e o PIB real em equilíbrio da seguinte maneira:

$$\Delta Y = \frac{1}{1 - [b(1 - t) - m]} \Delta A,$$

$$\text{Multiplicador} = \frac{1}{1 - [b(1 - t) - m]}.$$

A grandeza do multiplicador depende da inclinação da curva GA, $b(1 - t) - m$. Quanto maior é a inclinação, maior é o multiplicador. Desta maneira, o multiplicador é maior:

- Quanto maior é a propensão marginal a consumir (b).
- Quanto menor é a alíquota marginal do imposto de renda (t).
- Quanto menor é a propensão marginal a importar (m).

Uma economia sem importações e sem imposto de renda tem $m = 0$ e $t = 0$. Neste caso especial, o multiplicador é igual a $1/(1 - b)$. Se b é 0,75, o multiplicador é igual a 4, como mostra a Figura 3.

Figura 2: Gastos de equilíbrio

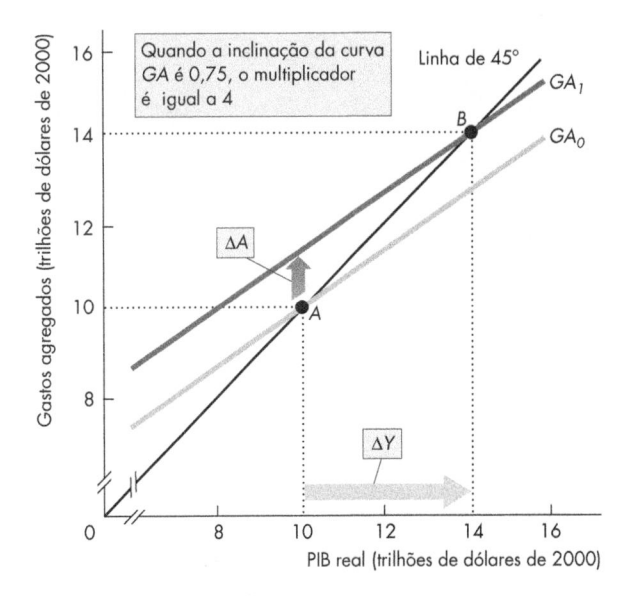

Figura 3: O multiplicador

Em uma economia com importações e imposto de renda, se $b = 0{,}75$, $t = 0{,}2$ e $m = 0{,}1$, o multiplicador equivale a 1 dividido por $[1 - 0{,}75(1 - 0{,}2) - 0{,}1]$, o que equivale a 2. Desenvolva alguns outros exemplos para demonstrar os efeitos de b, t e m sobre o multiplicador.

Multiplicador dos gastos do governo

O multiplicador dos gastos do governo é igual à variação dos gastos de equilíbrio (Y), que resulta de uma variação dos gastos do governo (G), dividida pela variação dos gastos do governo. Como os gastos autônomos equivalem a

$$A = a - bT_a + I + G + X,$$

a variação dos gastos autônomos equivale à variação dos gastos do governo. Isto é,

$$\Delta A = \Delta G.$$

Podemos notar a partir da solução para os gastos de equilíbrio Y que:

$$\Delta Y = \frac{1}{1 - [b(1 - t) - m]} \Delta G.$$

O multiplicador dos gastos do governo equivale a

$$Y = \frac{1}{1 - [b(1 - t) - m]}.$$

Em uma economia na qual $t = 0$ e $m = 0$, o multiplicador dos gastos do governo é $1/(1 - b)$. Com $b = 0{,}75$, o multiplicador dos gastos do governo é igual a 4, como mostra a Figura 4. Desenvolva outros exemplos e utilize a fórmula acima para demonstrar como b, m e t influenciam o multiplicador dos gastos do governo.

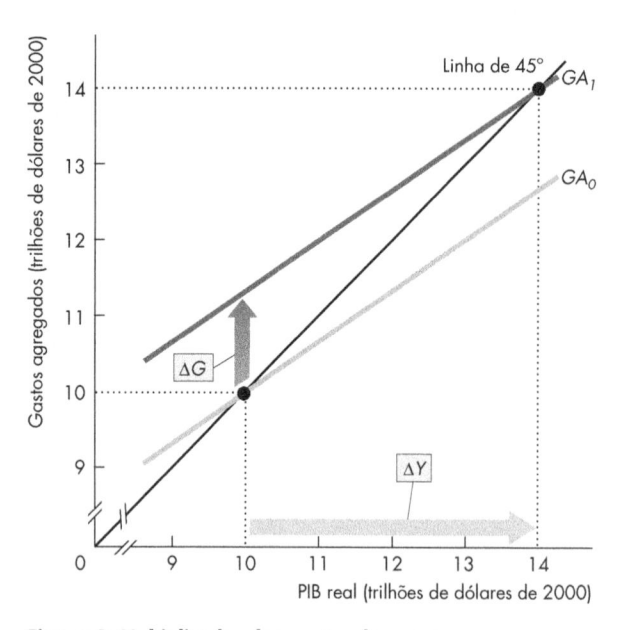

Multiplicador autônomo dos impostos

O multiplicador autônomo dos impostos é igual à variação dos gastos de equilíbrio (Y), que resulta de uma variação dos impostos autônomos (T_a), dividida pela variação dos impostos autônomos. Como os gastos autônomos equivalem a

$$A = a - bT_a + I + G + X,$$

a variação dos gastos autônomos equivale a *menos b* multiplicado pela variação dos impostos autônomos. Isto é,

$$\Delta A = -b\Delta T_a.$$

A solução para os gastos de equilíbrio Y nos permite ver que

$$\Delta Y = \frac{1}{1 - [b(1 - t) - m]} \Delta T_a.$$

O multiplicador autônomo dos impostos é igual a

$$\frac{-b}{1 - [b(1 - t) - m]}.$$

Em uma economia na qual $t = 0$ e $m = 0$, o multiplicador autônomo dos impostos é $-b/(1 - b)$. Neste caso especial, com $b = 0{,}75$, o multiplicador autônomo dos impostos é igual a –3, como mostra a Figura 5. Desenvolva outros exemplos e utilize a fórmula acima para mostrar como b, m e t influenciam o multiplicador autônomo dos impostos.

Multiplicador do orçamento equilibrado

O multiplicador do orçamento equilibrado equivale à variação dos gastos de equilíbrio (Y), que resulta de

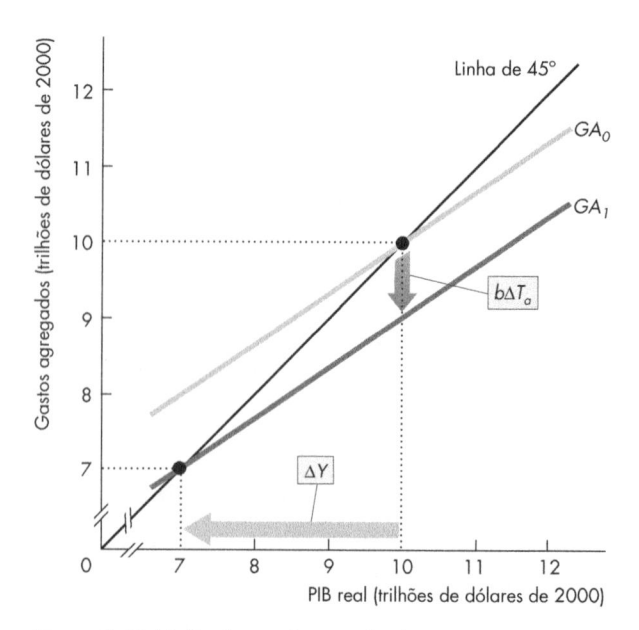

Figura 4: Multiplicador dos gastos do governo

Figura 5: Multiplicador autônomo dos impostos

variações iguais dos gastos do governo e impostos totais, dividida pela variação dos gastos do governo. Como os gastos do governo e os impostos autônomos variam na mesma quantia, o balanço orçamentário não varia.

A variação dos gastos de equilíbrio resultante da variação dos gastos do governo é:

$$\Delta Y = \frac{1}{1 - [b(1-t) - m]} \Delta G.$$

A variação dos gastos de equilíbrio resultante da variação dos impostos autônomos é

$$\Delta Y = \frac{-b}{1 - [b(1-t) - m]} \Delta T_a.$$

Desta maneira, a variação dos gastos de equilíbrio resultante das variações dos gastos do governo e dos impostos autônomos é

$$\Delta Y = \frac{1}{1 - [b(1-t) - m]} \Delta G + \frac{-b}{1 - [b(1-t) - m]} \Delta T_a.$$

Observe que

$$\frac{1}{1 - [b(1-t) - m]}$$

é comum a ambos os termos do lado direito. Desta maneira, podemos reescrever a equação como

$$\Delta Y = \frac{1}{1 - [b(1-t) - m]} [\Delta G - b\Delta T_a].$$

A curva GA se desloca em $\Delta G - b\Delta T_a$ para cima como mostra a Figura 6.

Mas a variação dos gastos do governo equivale à variação dos impostos autônomos. Isto é,

$$\Delta G = \Delta T_a.$$

E

$$\Delta Y = \frac{1 - b}{1 - [b(1-t) - m]} \Delta G.$$

O multiplicador do orçamento equilibrado equivale a

$$\frac{1 - b}{1 - [b(1-t) - m]}.$$

Em uma economia na qual $t = 0$ e $m = 0$, o multiplicador do orçamento equilibrado é $(1 - b)/(1 - b)$, o que equivale a 1, como mostra a Figura 6. Desenvolva outros exemplos e utilize a fórmula acima para demonstrar como b, m e t influenciam o multiplicador do orçamento equilibrado.

RESUMO

Pontos-chave

Preços fixos e planos de gastos (p. 657-662)

- Quando o nível de preços é fixo, os planos de gastos determinam o PIB real.
- Os gastos de consumo são determinados pela renda disponível, e a propensão marginal a consumir ($PMgC$) determina a variação dos gastos de consumo provocados por uma variação da renda disponível. O PIB real determina a renda disponível.
- As importações são determinadas pelo PIB real, e a propensão marginal a importar determina a variação das importações provocada por uma variação do PIB real.

PIB real com um nível de preços fixo (p. 662-665)

- Os gastos agregados *planejados* dependem do PIB real.
- Os gastos de equilíbrio ocorrem quando os gastos agregados planejados equivalem aos gastos reais e ao PIB real.

O multiplicador (p. 666-669)

- O multiplicador é o efeito amplificado de uma variação dos gastos autônomos sobre os gastos totais e o PIB real em equilíbrio.
- O multiplicador é determinado pela inclinação da curva GA.
- A inclinação da curva GA é influenciada pela propensão marginal a consumir, pela propensão marginal a importar e pela alíquota do imposto de renda.

O multiplicador e o nível de preços (p. 669-674)

- A curva de demanda agregada é a relação entre a quantidade demandada de PIB real e o nível de preços, se todos os outros fatores são mantidos constantes.

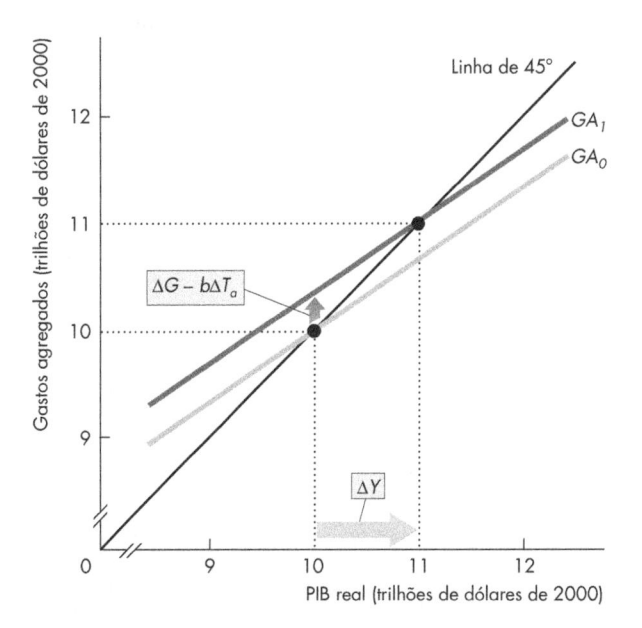

Figura 6: Multiplicador do orçamento equilibrado

- A curva de gastos agregados é a relação entre os gastos agregados planejados e o PIB real, se todos os outros fatores são mantidos constantes.
- A cada determinado nível de preços há determinada curva de gastos agregados. Uma variação do nível de preços altera os gastos agregados planejados e desloca a curva de gastos agregados. Uma variação do nível de preços também cria um movimento ao longo da curva de demanda agregada.
- Uma variação dos gastos autônomos que não seja causada por uma variação do nível de preços desloca a curva de gastos agregados e a curva de demanda agregada. A extensão do deslocamento da curva de demanda agregada depende do multiplicador e da variação dos gastos autônomos.
- O multiplicador diminui à medida que o nível de preços varia, e o multiplicador no longo prazo é zero.

Figuras-chave

Figura 28.1:   Função consumo e função poupança, 659

Figura 28.2:   Propensão marginal a consumir e a poupar, 660

Figura 28.5:   Gastos agregados, 663

Figura 28.6:   Gastos de equilíbrio, 665

Figura 28.7:   O multiplicador, 666

Figura 28.8:   O multiplicador e a inclinação da curva GA, 669

Figura 28.9:   O processo multiplicador, 670

Figura 28.10:   Gastos de equilíbrio e demanda agregada, 671

Figura 28.11:   Uma variação da demanda agregada, 672

Figura 28.12:   O multiplicador no curto prazo, 673

Figura 28.13:   O multiplicador no longo prazo, 673

Palavras-chave

Função consumo, 658

Função poupança, 658

Gastos agregados planejados, 658

Gastos autônomos, 664

Gastos de equilíbrio, 664

Gastos induzidos, 664

Multiplicador, 666

Propensão marginal a consumir, 659

Propensão marginal a importar, 662

Propensão marginal a poupar, 660

Renda disponível, 658

EXERCÍCIOS

1. Você recebe as seguintes informações sobre a economia do Reino Unido:

Renda disponível	Gastos de consumo
(bilhões de libras por ano)	
300	340
400	420
500	500
600	580
700	660

   a. Calcule a propensão marginal a consumir.
   b. Calcule a poupança a cada nível de renda disponível.
   c. Calcule a propensão marginal a poupar.

2. Você recebe as seguintes informações sobre a economia da Austrália:

Renda disponível	Poupança
(bilhões de dólares por ano)	
0	–5
100	20
200	45
300	70
400	95

   a. Calcule a propensão marginal a poupar.
   b. Calcule o consumo a cada nível de renda disponível.
   c. Calcule a propensão marginal a consumir.

3. A figura ilustra os componentes dos gastos agregados planejados de Turtle Island.

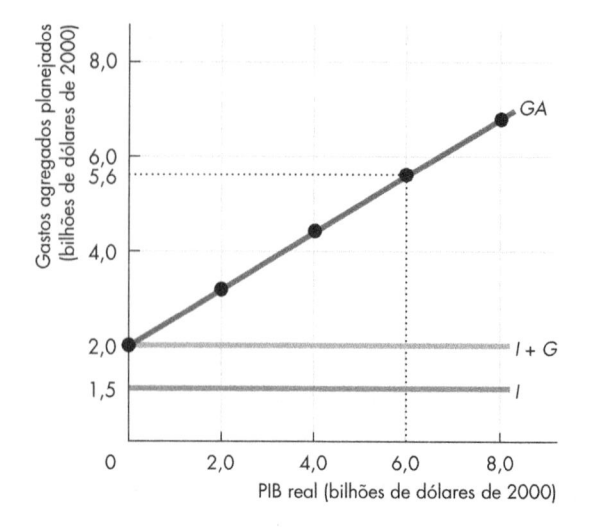

A Turtle Island não tem importações nem exportações, os moradores de Turtle Island não pagam imposto de renda e o nível de preços é fixo.

a. Calcule os gastos autônomos.
b. Calcule a propensão marginal a consumir.
c. Quais são os gastos agregados planejados quando o PIB real é de $ 6 bilhões?
d. Se o PIB real for de $ 4 bilhões, o que ocorrerá com os estoques?
e. Se o PIB real for de $ 6 bilhões, o que ocorrerá com os estoques?
f. Calcule o multiplicador.

4. A tabela relaciona os componentes dos gastos agregados planejados no Reino Unido. Os valores estão em bilhões de libras.

	A	B	C	D	E	F	G
1		Y	C	I	G	X	M
2	A	100	110	50	60	60	15
3	B	200	170	50	60	60	30
4	C	300	230	50	60	60	45
5	D	400	290	50	60	60	60
6	E	500	350	50	60	60	75
7	F	600	410	50	60	60	90

a. Calcule os gastos autônomos.
b. Calcule a propensão marginal a consumir.
c. Quais são os gastos agregados planejados quando o PIB real é de 200 bilhões de libras?
d. Se o PIB real for de 200 bilhões de libras, o que ocorrerá com os estoques?
e. Se o PIB real for de 500 bilhões de libras, o que ocorrerá com os estoques?
f. Calcule o multiplicador.

5. Você recebe as seguintes informações sobre a economia canadense: os gastos de consumo autônomo são de $ 50 bilhões, o investimento é de $ 200 bilhões, e os gastos do governo são de $ 250 bilhões. A propensão marginal a consumir é de 0,7 e os impostos líquidos são de $ 250 bilhões – presume-se que os impostos líquidos sejam constantes e não variem com a renda. As exportações são de $ 500 bilhões e as importações são de $ 450 bilhões.

a. Qual é a equação da função consumo?
b. Qual é a equação da curva *GA*?
c. Calcule os gastos de equilíbrio.
d. Se o investimento for reduzido para $ 150 bilhões, qual será a variação dos gastos de equilíbrio?
e. Descreva o processo na parte (d) que movimenta a economia para seus novos gastos de equilíbrio.
f. Calcule o multiplicador.

6. Suponha que a economia esteja no pleno emprego, o nível de preços seja 100, e o multiplicador do investimento seja 2. O investimento aumenta $ 100 bilhões.

a. Qual é a variação dos gastos de equilíbrio?
b. Qual é a variação imediata da quantidade demandada de PIB real?
c. No curto prazo, o PIB real aumenta mais, menos ou o mesmo que a quantidade demandada de PIB real da parte (b)?
d. No curto prazo, o nível de preços continua a ser de 100? Explique por quê.
e. No longo prazo, o PIB real aumenta mais, menos ou mesmo que a quantidade demandada de PIB real da parte (b)?
f. Explique como o nível de preços varia no longo prazo.
g. Compare os multiplicadores de curto prazo e longo prazo com o multiplicador de investimento.

PENSAMENTO CRÍTICO

1. Analise a seção "Leitura das entrelinhas" e responda às seguintes questões:

a. Se as variações dos estoques de 2005 fossem parte do investimento *planejado*, que papel elas exerceriam no deslocamento da curva *GA* e na variação dos gastos de equilíbrio? Trace uma figura similar à da p. 679 para responder a esta questão.
b. Se as variações dos estoques de 2005 fossem parte do investimento *não planejado*, qual papel elas exerceriam no deslocamento da curva *GA* e na variação dos gastos de equilíbrio? Trace uma figura similar à da p. 617 para responder a esta questão.
c. O que você acha que aconteceria ao PIB real, aos gastos agregados e aos investimentos em estoques em 2006? Quais indicativos podemos obter a partir das informações fornecidas pelo artigo?
d. Uma diminuição dos estoques das empresas é uma causa ou uma conseqüência da expansão?

2. **A economia dos Estados Unidos ainda cresce rapidamente**

...um forte crescimento global está alavancando as exportações norte-americanas, de acordo com os economistas. No ano passado, o Fundo Monetário Internacional estimou que a economia mundial cresceria a uma taxa de 4,9 por cento este ano, um aumento em comparação com os 4,8 por cento de 2005.

The New York Times, 28 de abril de 2006

a. O aumento das exportações norte-americanas cria um movimento ao longo da curva *GA* ou um deslocamento da curva *GA*?

b. Suponha que as exportações norte-americanas aumentassem $ 120 bilhões em 2006, e que o multiplicador fosse 1,5. Se os outros fatores continuassem os mesmos, qual seria aumento do PIB real?

c. Suponha que as exportações, bem como as importações, dos Estados Unidos aumentassem $ 120 bilhões em 2006. Ainda haveria um efeito multiplicador na economia norte-americana?

d. Suponha que a economia norte-americana estivesse no pleno emprego em 2006, quando as exportações aumentaram $ 120 bilhões. Ainda haveria um efeito multiplicador?

e. Suponha que a economia norte-americana estivesse acima do pleno emprego em 2006, quando as exportações aumentaram $ 120 bilhões. Nessa situação, o que aconteceria aos gastos agregados, à demanda agregada, ao PIB real e ao nível de preços?

ATIVIDADES NA INTERNET

1. Faça uma pesquisa na Internet e obtenha dados sobre o PIB per capita e o consumo como porcentagem do PIB real para o Brasil, os Estados Unidos, a China, a África do Sul e o México, desde 1960.

    a. Em uma planilha, multiplique o PIB real de cada país pela respectiva porcentagem do consumo e divida o resultado por 100, para obter dados sobre o consumo real.

    b. Construa um gráfico que mostre a relação entre o consumo real e o PIB real para todos os países.

    c. Qual é sua expectativa sobre a magnitude do multiplicador nesses países?

    d. Que informações adicionais seriam necessárias para calcular precisamente os multiplicadores em cada país?

CENÁRIO BRASILEIRO

Multiplicadores de despesas e programas de transferências de renda no Brasil

Fernanda Feil[1]
José Luiz Rampazo[2]

O princípio do multiplicador classifica que uma variação nas despesas por parte dos componentes da demanda final provoca um efeito sobre a renda de magnitude maior do que o montante de dispêndio inicialmente alocado. No conceito de despesa pública, esse é o princípio adotado pelos programas sociais – a despesa pública não afeta apenas o destinatário, mas gera uma cadeia de consumo e desenvolvimento que ultrapassa o beneficiário. Assim, os programas governamentais no Brasil – mais especificamente os programas de transferência de renda, dentre os quais o Bolsa Família, que fornece transferência de renda às famílias pobres, condicionado à freqüência escolar das crianças e *check-ups* médicos regulares, tanto de crianças como de mulheres grávidas – trabalham nesse sentido: fornecer renda para uma população desprovida de qualquer capacidade de consumo, a fim de provocar o desenvolvimento de lugares até então carentes que de outro modo não poderiam obtê-lo.

Conforme Paugam, os programas de transferência de renda têm origem nas primeiras décadas do século XX, mais especificamente a partir da década de 1930, quando foram implementados em alguns países europeus, tais como Dinamarca (1933) e Reino Unido (1948). Os sistemas de renda mínima garantida, cujo objetivo era a inserção social e profissional do cidadão, só ganharam destaque no cenário econômico internacional a partir da década de 1980, como uma alternativa para combater o recrudescimento do desemprego e o empobrecimento das populações. No Brasil, esse debate começou em 1991, com as discussões sobre o Programa de Renda Mínima do senador Eduardo Suplicy e tomou grandes proporções com a criação de diversos programas descentralizados durante o governo de Fernando Henrique Cardoso (FHC) e, posteriormente, no governo de Luiz Inácio Lula da Silva (Lula), quando foram alterados para o formato atual, com a unificação de todos os programas em um único projeto – o chamado Bolsa Família.

Em 1997, apenas três países no mundo adotavam esse tipo de experiência: Brasil, Bangladesh e México. Atualmente, quase todos os países latino-americanos são adeptos desse tipo de mecanismo de transferência de renda, e vários países de outros continentes também compartilham desta experiência ou ensaiam algo semelhante.

Em relação a tais programas, vale destacar que as transferências são instrumentos eficazes e de baixo custo para redução da pobreza e a ampliação de oportunidades aos cidadãos – elas permitem às famílias aumentarem seu consumo, o que, por sua vez, gera maior investimento. No Brasil, a soma das transferências representa uma parcela muito pequena dos orçamentos nacionais (em 2007, o Bolsa Família custou aos cofres públicos 9,3 bilhões de reais, sendo que o montante gasto pelo governo foi de 453,0 bilhões de reais) e, obviamente, uma parcela ainda menor do rendimento nacional. Mesmo assim, tais programas podem ter um expressivo impacto sobre a pobreza e a desigualdade.

O Bolsa Família é um programa altamente descentralizado, no qual a responsabilidade de direcionar os recursos fica a cargo dos municípios. Além disso, seu maior diferencial em relação aos outros programas é sua característica de temporário. O programa tem como objetivo aliviar a pobreza extrema para, então, criar as bases para o desenvolvimento econômico e social dessas famílias, que, conseqüentemente, será generalizado para a sociedade. Importante lembrar que a distribuição do Bolsa Família está concentrada nas regiões/estados menos desenvolvidos, especialmente os da região Nordeste (veja os gráficos 1, 2, 3 e 4, que mostram a distribuição absoluta e *per capita* do benefício por Estado), o que tem contribuído para o desenvolvimento dessas regiões, bem como para o aumento da produtividade.

Os programas de distribuição de renda, além de catalisadores do desenvolvimento local por meio do efeito multiplicador e de responsabilidade moral do governo, consistem muito mais em prover suporte

---

[1] Economista.
[2] Economista, Mestre em Economia.

Gráfico 1 PIB dos Estados 2006 (R$ milhões)

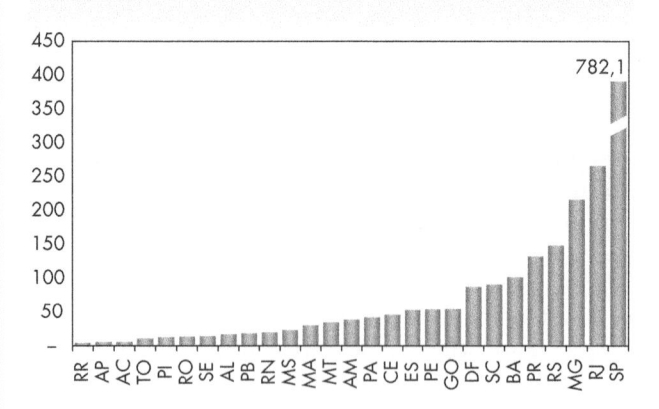

Fonte: IBGE.

Gráfico 2 PIB per capita (R$)

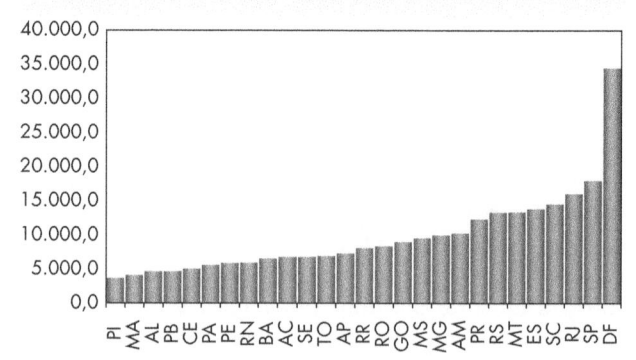

Fonte: IBGE.

vital à renda das famílias mais pobres, o que, por sua vez, reduz a profundidade e a gravidade da pobreza.

De acordo com Soares et al, o índice de Gini apresentou redução considerável desde a implementação do Bolsa Família, sendo que 21 por cento dessa redução é responsabilidade do programa. Ainda, de acordo com Zepeda, o Bolsa Família reduziu a incidência da pobreza em 5 por cento, a intensidade da pobreza e a gravidade da pobreza, em 12 por cento e 19 por cento, respectivamente.

Apesar de não ser uma unanimidade e de provocar controvérsias na sociedade brasileira, o Bolsa Família é defendido por importantes organismos internacionais, tais como o Banco Mundial, que presta apoio técnico e financeiro ao programa, e o International Poverty Centre da ONU, que aponta excelente desempenho de vários indicadores socais como efeito indireto da transferência de renda. De fato, além da melhora da qualidade de vida, o programa contribui para a elevação da taxa de freqüência escolar, promove incremento no uso de serviços básicos de saúde e melhora a nutrição. A apologia aos programas governamentais de transferência de renda não exclui o desenvolvimento de outras políticas públicas paralelas de criação de emprego e educação populacional, ou seja, uma política de desenvolvimento sustentável, que leve a economia a um novo nível, além daquele de subsistência. No entanto, tais programas são alternativas de curto prazo que aliviam a pobreza absoluta e colocam os beneficiários num novo contexto de cidadão consumidores.

Gráfico 3 Bolsa Família per capita (dados de 2007)

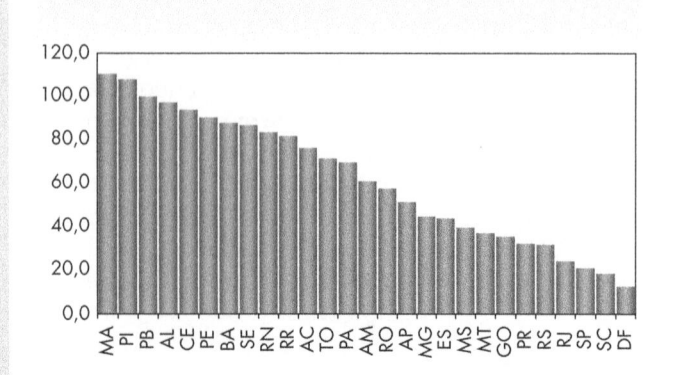

Gráfico 4 Bolsa Família % do total (dados de 2007)

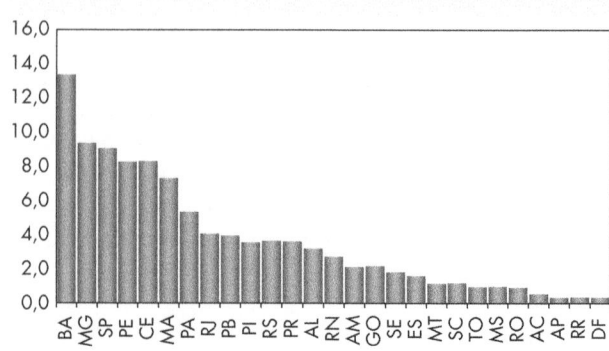

REFERÊNCIAS

PAUGAM, S. *L'Europe face à la pauvreté: les expériences nationales de revenu minimm*. Paris: La Documentation Française, 1999.

SOARES, Fábio Veras et al. "Avaliando o impacto do programa *Bolsa Família*: uma comparação com programas de transferência condicionada de renda de outros países. *International Poverty Centre*", dez. 2007,

ZEPEDA, E. "Transferências condicionadas de renda reduzem a pobreza?" Centro de Pobreza Internacional, *One Pager*, abr. 2008.

QUESTÕES

1. Por que o multiplicador de despesas tem um significado maior que o usual nos programas de transferência de renda?

2. Quais são os fatores mais importantes na avaliação do sucesso dos programas de transferência de renda?

3. Quais são as principais controvérsias a respeito de programas como o Bolsa Família?

CAPÍTULO 29

Inflação, desemprego e ciclos econômicos nos Estados Unidos

Ao término do estudo deste capítulo, você saberá:

▶ Descrever os padrões de produção e inflação na evolução da economia dos Estados Unidos.
▶ Explicar como as forças de demanda e de custos levam a ciclos de inflação e produção.
▶ Explicar o *trade-off* de curto e de longo prazo entre a inflação e o desemprego.
▶ Explicar como a teoria predominante dos ciclos econômicos e a teoria dos ciclos econômicos reais explicam as flutuações da produção e do emprego.

Inflação mais desemprego é igual a miséria!

Na década de 1970, quando a inflação aumentava a uma taxa de dois dígitos nos Estados Unidos, o economista Arthur M. Okun propôs o que chamou de Índice da Miséria. A miséria, ele sugeriu, podia ser medida como a soma da taxa de inflação e da taxa de desemprego. Quando atingiu o auge, em 1980, o Índice de Miséria chegou a 21. Em 2006, ele foi 9. No seu mínimo, em 1964 e depois em 1999, o Índice de Miséria foi 6.
A inflação e o desemprego resultam em miséria por boas razões. Nós nos preocupamos com a inflação porque ela eleva nosso custo de vida e nos importamos com o desemprego porque ou ele nos afeta diretamente e nos tira o emprego ou nos faz ter medo de perdê-lo.
Queremos um rápido crescimento da renda, baixo desemprego e baixa inflação. Mas será que podemos ter os três ao mesmo tempo? Ou será que precisamos escolher um deles?

◊ ▶ Este capítulo aplica o *modelo de oferta agregada–demanda agregada*, que estudamos no Capítulo 27, para explicar os padrões da inflação e da produção que ocorrem na economia. Além disso, ele analisa um modelo relacionado, a curva de Phillips, que ilustra um *trade-off* de curto prazo entre a inflação e o desemprego. Depois aplica o modelo clássico do Capítulo 23 para explicar como as flutuações do ciclo econômico podem resultar do funcionamento normal da economia e independentemente de flutuações das forças de custos ou da demanda agregada.
Começaremos explorando o desenrolar da economia dos Estados Unidos. No final do capítulo, na seção "Leitura das entrelinhas", examinaremos a situação da economia norte-americana em 2006, quando algumas pessoas começaram a temer tanto a inflação quanto a recessão.

A evolução da economia dos Estados Unidos

O PIB real e o nível de preços estão continuamente mudando. Veremos como é possível utilizar o modelo de oferta agregada–demanda agregada, que estudamos no Capítulo 27, para explicar essas mudanças.
Imagine que a economia é um vídeo e que a imagem do modelo de oferta agregada–demanda agregada é uma fotografia. Podemos assistir ao vídeo – assistir ao que aconteceu no passado – e apertar o botão de pausa para analisar alguns eventos importantes da ação. Vamos assistir ao vídeo de 1960.

A Figura 29.1 mostra a economia norte-americana em 1960, no ponto de intersecção de sua curva de demanda agregada, DA_{60}, com a curva de oferta agregada de curto prazo, SAC_{60}. O PIB real era $ 2,5 trilhões e o deflator do PIB era 21. Em 1960, o PIB real equivalia ao PIB potencial – a economia estava situada na sua curva de oferta agregada de longo prazo, SAL_{60}.
Em 2005, a economia tinha atingido o ponto indicado pela intersecção da curva de demanda agregada, DA_{05}, com a curva de oferta agregada de curto prazo, SAC_{05}. O PIB real era $ 11,1 trilhões e o deflator do PIB era 112. O Congressional Budget Office, o órgão orçamentário do Congresso norte-americano, estimou que o PIB potencial

Figura 29.1 Crescimento econômico, inflação e ciclos nos Estados Unidos: 1960-2005

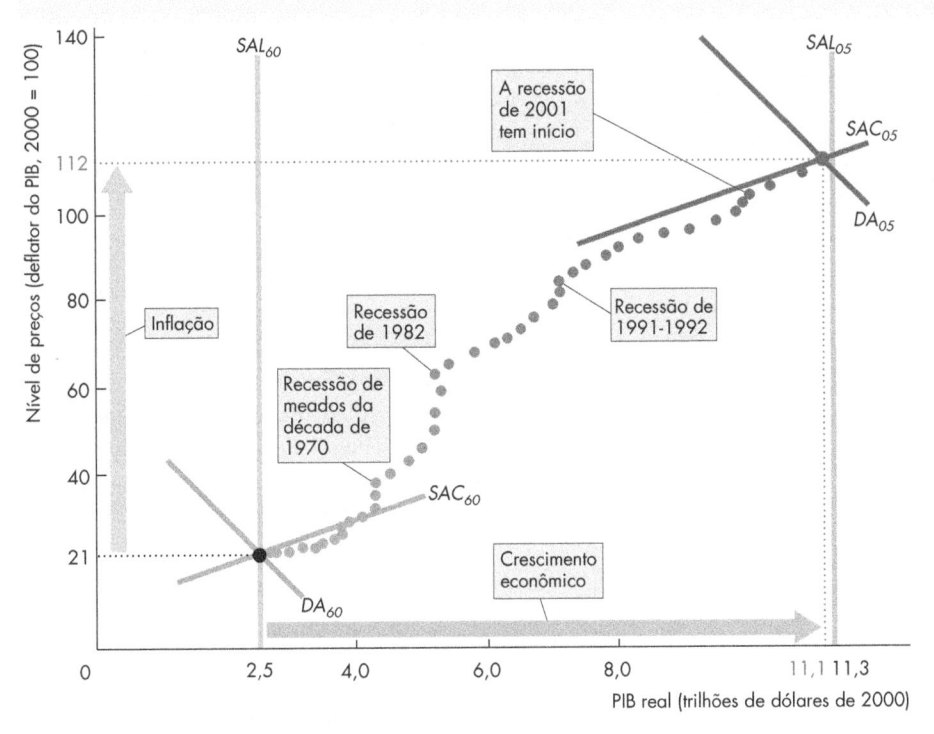

Cada ponto mostra o nível de preços e o PIB real dos Estados Unidos em determinado ano. Em 1960, a curva de demanda agregada, DA_{60}, e a curva de oferta agregada de curto prazo, SAC_{60}, determinavam essas variáveis. Cada ponto é gerado pelo deslocamento gradual das curvas DA e SAC. Em 2005, as curvas eram DA_{05} e SAC_{05}, respectivamente.

O PIB real cresceu rapidamente e a inflação foi moderada durante a década de 1960; o crescimento do PIB real decaiu em 1974-1975 e também em 1982. A inflação foi rápida durante a década de 1970, mas desacelerou depois da recessão de 1982. De 1982 a 1989, o crescimento do PIB real foi intenso. Uma recessão teve início em 1991, e uma expansão posterior, intensa e sustentada, seguiu-se até a recessão de 2001. A recuperação após 2001 foi inicialmente fraca.

Fonte dos dados: Bureau of Economic Analysis e Congressional Budget Office.

em 2005 foi $ 11,3 trilhões, de modo que o PIB real no equilíbrio era menor do que o PIB potencial em SAL_{05}.

A trajetória indicada pelos pontos cinza-claro e cinza-escuro na Figura 29.1 mostra três características principais:

- Crescimento econômico
- Inflação
- Ciclos econômicos

Crescimento econômico

Ao longo dos anos, o PIB real cresce – como mostra o movimento dos pontos para a direita na Figura 29.1. Quanto mais rápido o PIB real cresce, maior é a distância horizontal entre os pontos sucessivos. As forças que geram o crescimento econômico são aquelas que aumentam o PIB potencial e que estudamos no Capítulo 24. O PIB potencial cresce porque a quantidade de trabalho cresce e porque a acumulação de capital (capital físico e capital humano) e a mudança tecnológica aumentam a produtividade da mão-de-obra.

Essas forças que provocam o crescimento econômico atingiram o auge durante a década de 1960. Elas voltaram a se intensificar durante a década de 1990. Mas, na década de 1970 e no início das décadas de 1980 e de 2000, o crescimento econômico desacelerou.

Inflação

O nível de preços aumenta no decorrer dos anos – como mostra o movimento ascendente dos pontos na Figura 29.1. Quanto maior é o aumento do nível de preços, maior é a distância vertical entre os pontos sucessivos da figura. A principal força que gera o aumento persistente do nível de preços é uma tendência da demanda agregada de aumentar a uma velocidade maior do que a do aumento do PIB potencial. Todos os fatores que aumentam a demanda agregada e deslocam a curva de demanda agregada influenciam a velocidade da inflação. Mas o crescimento da quantidade de moeda é o principal fator que provoca aumentos *persistentes* da demanda agregada e da inflação persistente.

Ciclos econômicos

Ao longo dos anos, a economia cresce e se encolhe em ciclos – como mostra, na Figura 29.1, o padrão oscilante constituído pelos pontos, com as recessões em destaque. Os ciclos surgem porque tanto a expansão da oferta agregada de curto prazo quanto o crescimento da demanda agregada não se desenvolvem em um ritmo fixo e estável.

A evolução da economia: 1960-2005

De 1960 a 1967, o crescimento do PIB real foi rápido e a inflação foi baixa. Aquele foi um período de rápidos aumentos do PIB potencial e de aumentos moderados da demanda agregada. A velocidade da inflação aumentou no fim da década de 1960.

Em meados da década de 1970, uma série de grandes aumentos do preço do petróleo reduziu a oferta agregada de curto prazo e rápidos aumentos da quantidade de moeda elevaram a demanda agregada. A diminuição da oferta agregada de curto prazo foi maior que o aumento da demanda agregada e o resultado foi uma combinação de rápida inflação *e* recessão – a estagflação.

O restante da década de 1970 testemunhou uma alta inflação – o nível de preços aumentou rapidamente –, mas um lento crescimento do PIB real. Em 1980, a inflação era um grande problema e o Fed decidiu adotar medidas rigorosas. Ele levou as taxas de juros a níveis antes desconhecidos e reduziu a demanda agregada. Em 1982, a redução da demanda agregada colocou a economia em uma profunda recessão.

Durante o período entre 1983 e 1990, a acumulação de capital e mudanças tecnológicas estáveis resultaram em um aumento sustentado do PIB potencial. O crescimento salarial foi moderado, o preço do petróleo diminuiu e a oferta agregada de curto prazo aumentou. O crescimento da demanda agregada acompanhou o crescimento do PIB potencial. Um crescimento sustentado, mas estável, da oferta agregada e da demanda agregada manteve o PIB real crescendo e a inflação estável. A economia passou de uma recessão, em 1982, para um nível que estava acima do pleno emprego, em 1990.

A economia estava nessa situação quando uma redução da demanda agregada levou à recessão de 1991. Ao longo de 2001, a economia voltou a uma trajetória de expansão. No fim da década de 1990 e em 2000, a expansão elevou o PIB real a um nível que estava acima do PIB potencial e fez o emprego ficar acima do pleno emprego. No fim de 2000 e início de 2001, a demanda agregada diminuiu e houve mais uma recessão, que foi amena e seguida por uma lenta recuperação. Em 2005, apesar de o PIB real ter crescido, ele permaneceu abaixo do PIB potencial.

Vimos como o *modelo SA–DA* pode nos proporcionar uma descrição das forças que movimentam o PIB real e o nível de preços para levar ao crescimento econômico, à inflação e aos ciclos econômicos. Agora utilizaremos esse modelo para explorar os ciclos de inflação e PIB real com mais profundidade. Em seguida utilizaremos um modelo relacionado (a curva de Phillips) que se concentra no *trade-off* entre desemprego e inflação. No entanto, o modelo *SA–DA* e o modelo da curva de Phillips não são os únicos utilizados pelos economistas para estudar os ciclos. Concluiremos este capítulo analisando uma teoria alternativa dos ciclos econômicos reais que amplia o modelo clássico e o utiliza para explicar os ciclos e o crescimento em um quadro conceitual unificado.

QUESTÕES PARA REVISÃO

1 Em qual período desde 1960 o crescimento econômico dos Estados Unidos foi (i) mais rápido e (ii) mais lento?
2 Em qual período desde 1960 a inflação dos Estados Unidos foi (i) mais rápida e (ii) mais lenta?
3 Em quais anos as recessões ocorreram nos Estados Unidos?

Ciclos de inflação

No longo prazo, a inflação é um fenômeno monetário. Ela ocorre se a quantidade de moeda cresce mais rapidamente do que o PIB potencial. Entretanto, no curto prazo, muitos fatores podem dar início a uma inflação, e o PIB real e o nível de preços interagem. Para estudarmos essas interações, fazemos a distinção entre duas fontes de inflação:

- Inflação de demanda
- Inflação de custos

Inflação de demanda

Uma inflação que tem início devido ao aumento da demanda agregada é chamada de **inflação de demanda**. A inflação de demanda pode ser iniciada por *qualquer* fator que altere a demanda agregada. Exemplos disso são uma redução da taxa de juros, um aumento da quantidade de moeda, um aumento dos gastos do governo, um corte de impostos, um aumento das exportações ou um aumento dos investimentos estimulado por um aumento dos lucros futuros esperados.

Efeito inicial de um aumento da demanda agregada Suponha que, no ano passado, o nível de preços tenha sido 115 e o PIB real tenha sido $ 12 trilhões. O PIB potencial também foi $ 12 trilhões. A Figura 29.2(a) ilustra essa situação. A curva de demanda agregada é DA_0, a curva de oferta agregada de curto prazo é SAC_0 e a curva de oferta agregada de longo prazo é SAL.

Agora suponha que o banco central reduza a taxa de juros e eleve a quantidade de moeda e que a demanda agregada aumente para DA_1. Sem nenhuma variação do PIB potencial e do salário monetário, as curvas de oferta agregada de longo prazo e de curto prazo permanecem em SAL e SAC_0, respectivamente.

O nível de preços e o PIB real são determinados no ponto em que a curva de demanda agregada DA_1 cruza a curva de oferta agregada de curto prazo. O nível de preços aumenta para 118, e o PIB real aumenta para $ 12,5 trilhões e excede o PIB potencial. O desemprego cai e fica abaixo de sua taxa natural. A economia está em um equilíbrio acima do pleno emprego, e há um hiato inflacionário. O próximo fato do desenrolar dessa história é um aumento do salário monetário.

A reação do salário monetário O PIB real não tem como se manter eternamente acima do PIB potencial. Com o desemprego abaixo de sua taxa natural, há uma escassez de mão-de-obra. Nessa situação, o salário monetário começa a aumentar. À medida que isso acontece, a oferta agregada de curto prazo diminui e a curva SAC começa a se deslocar para a esquerda. O nível de preços aumenta ainda mais e o PIB real começa a diminuir.

Sem nenhuma variação adicional da demanda agregada – ou seja, a curva de demanda agregada permanece em DA_1 –, esse processo chega ao fim quando a curva de oferta

Figura 29.2 Um aumento do nível de preços provocado pela demanda

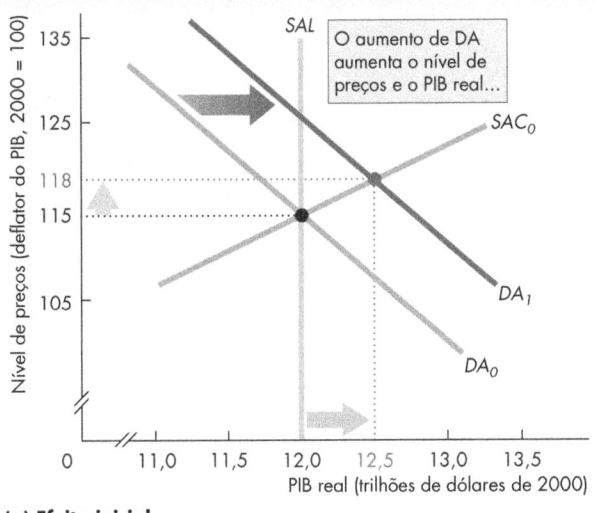

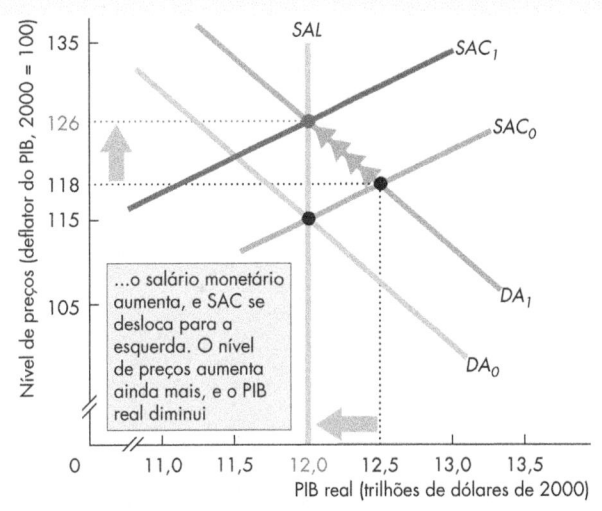

(a) Efeito inicial

(b) O salário monetário se ajusta

Na parte (a), a curva de demanda agregada é DA_0, a curva de oferta agregada de curto prazo é SAC_0 e a curva de oferta agregada de longo prazo é SAL. O nível de preços é igual a 115 e o PIB real é $ 12 trilhões, o que equivale ao PIB potencial. A demanda agregada aumenta para DA_1. O nível de preços aumenta para 118 e o PIB real aumenta para $ 12,5 trilhões.

Na parte (b), a partir de um nível que está acima do pleno emprego, o salário monetário começa a aumentar e a curva de oferta agregada de curto prazo se desloca para a esquerda, na direção da curva SAC_1. O nível de preços continua a aumentar e o PIB real volta a ser igual ao PIB potencial.

---

agregada de curto prazo se desloca para SAC_1 na Figura 29.2(b). Nesse momento, o nível de preços aumenta para 126 e o PIB real retorna ao PIB potencial de $ 12 trilhões, o nível no qual começou.

Um processo de inflação de demanda Os eventos que acabamos de descrever levam a *um aumento ocasional do nível de preços*, não a uma inflação. Para a inflação surgir, a demanda agregada deve aumentar *persistentemente*.

A demanda agregada só pode aumentar persistentemente se a quantidade de moeda também aumentar persistentemente. Suponha que o governo tenha um déficit orçamentário que ele financia vendendo títulos. Também suponha que o banco central compre alguns desses títulos. Quando ele compra títulos, cria moeda. Nessa situação, a demanda agregada aumenta ano após ano. A curva de demanda agregada continua a se deslocar para a direita. Esse aumento persistente da demanda agregada exerce uma pressão contínua sobre o nível de preços para que eles subam. Agora a economia passa por uma inflação de demanda.

A Figura 29.3 ilustra o processo da inflação de demanda. O ponto de partida é o mesmo mostrado na Figura 29.2. A curva de demanda agregada é DA_0, a curva de oferta agregada de curto prazo é SAC_0 e a curva de oferta agregada de longo prazo é SAL. O PIB real é de $ 12 trilhões e o nível de preços é 115. A demanda agregada aumenta, deslocando a curva de demanda agregada para DA_1. O PIB real aumenta para $ 12,5 trilhões e o nível de preços aumenta para 118. A economia está em um equilíbrio acima do pleno emprego. Há uma escassez de mão-de-obra, e o salário monetário aumenta. A curva de oferta agregada de curto prazo se desloca para SAC_1. O nível de preços aumenta para 126 e o PIB real retorna ao PIB potencial.

No entanto, o banco central aumenta a quantidade de moeda mais uma vez, e a demanda agregada continua a aumentar. A curva de demanda agregada se desloca para a direita, para DA_2. O nível de preços aumenta ainda mais, passando para 130, e o PIB real mais uma vez excede o PIB potencial. Novamente, o salário monetário aumenta e diminui a oferta agregada de curto prazo. A curva SAC se desloca para SAC_2 e o nível de preços aumenta ainda mais, passando para 138. À medida que a quantidade de moeda continua a crescer, a demanda agregada e o nível de preços aumentam, em um processo contínuo de inflação de demanda.

O processo que acabamos de estudar gera a inflação – um processo contínuo de nível de preços em ascensão.

A inflação de demanda em Kalamazoo Podemos entender melhor o processo de inflação que acabamos de descrever analisando o que ocorre em uma parte individual da economia, como uma fábrica de envasamento de refrigerantes de Kalamazoo. Inicialmente, quando a demanda agregada aumenta, a demanda por refrigerante e o preço do refrigerante também aumentam. Diante de um preço mais alto, a fábrica de refrigerante opera em períodos estendidos e aumenta a produção. As condições são boas para os trabalhadores de Kalamazoo, e a fábrica de refrigerante tem dificuldades de manter o melhor pessoal. Para isso, ela oferece um salário monetário mais alto. À medida que o salário aumenta, o mesmo acontece com os custos da fábrica de refrigerante.

Figura 29.3 Uma espiral da inflação de demanda

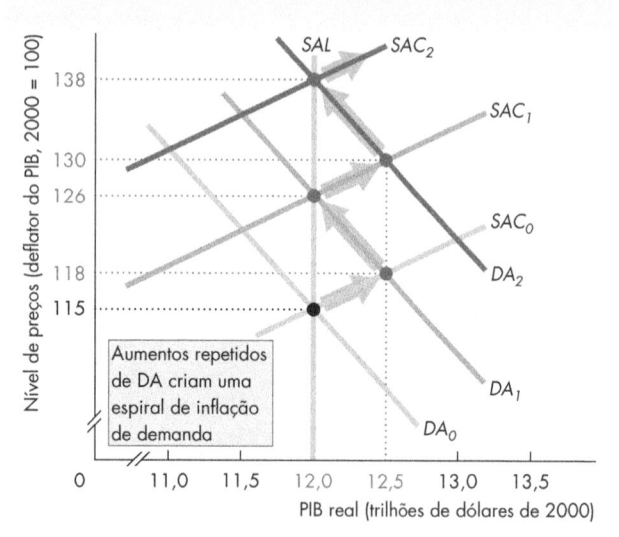

[Gráfico: Nível de preços (deflator do PIB, 2000 = 100) no eixo vertical com valores 115, 118, 126, 130, 138; PIB real (trilhões de dólares de 2000) no eixo horizontal com valores 11,0; 11,5; 12,0; 12,5; 13,0; 13,5. Curvas SAL, SAC_0, SAC_1, SAC_2, DA_0, DA_1, DA_2. Aumentos repetidos de DA criam uma espiral de inflação de demanda.]

A cada vez que a quantidade de moeda aumenta, a demanda agregada aumenta e a curva de demanda agregada se desloca para a direita, de DA_0 para DA_1, depois para DA_2 e assim por diante. A cada vez que o PIB real excede o PIB potencial, o salário monetário aumenta e a curva de oferta agregada de curto prazo se desloca para a esquerda, de SAC_0 para SAC_1, depois para SAC_2 e assim por diante. O nível de preços aumenta de 115 para 118, 126, 130, 138 e assim por diante. Há uma espiral da inflação de demanda. O PIB real flutua entre $ 12 trilhões e $ 12,5 trilhões.

O que ocorre em seguida depende da demanda agregada. Se a demanda agregada permanece constante, os custos da empresa aumentam, mas o preço do refrigerante não aumenta tão rapidamente quanto seus custos. Assim, a empresa reduz a produção. Com o tempo, o salário monetário e os custos aumentam na mesma porcentagem que o preço do refrigerante. Em termos reais, a fábrica de refrigerante continua na situação inicial. Ela produz a mesma quantidade de refrigerante e emprega a mesma quantidade de trabalho que antes do aumento da demanda.

No entanto, se a demanda agregada continua a aumentar, o mesmo ocorre com a demanda por refrigerante, e o preço do refrigerante aumenta na mesma taxa que os salários. A fábrica de refrigerante continua a operar acima do pleno emprego e há uma persistente escassez de mão-de-obra. Os preços seguem os salários para cima, e vice-versa, em uma espiral de inflação de demanda.

A inflação de demanda nos Estados Unidos Uma inflação de demanda como a que acabamos de analisar ocorreu nos Estados Unidos durante o fim da década de 1960. Em 1960, a inflação era de moderados 2 por cento ao ano, mas sua taxa aumentou lentamente para 3 por cento em 1966. Então, em 1967, um grande aumento dos gastos do governo norte-americano na Guerra do Vietnã e uma intensificação dos gastos em programas sociais, além de uma elevação da taxa de crescimento da quantidade de moeda, ampliaram mais rapidamente a demanda agregada. Em conseqüência, o deslocamento da curva de demanda agregada para a direita se acelerou e o nível de preços aumentou mais rapidamente. O PIB real superou o PIB potencial e a taxa de desemprego caiu para menos do que sua taxa natural.

Com um desemprego abaixo de sua taxa natural, o salário monetário passou a aumentar mais rapidamente e a curva de oferta agregada de curto prazo se deslocou para a esquerda. O Fed reagiu com mais um aumento da taxa de expansão monetária, e uma espiral da inflação de demanda se desenvolveu. Em 1970, a taxa de inflação tinha atingido 5 por cento ao ano.

Durante os anos seguintes, a demanda agregada cresceu ainda mais rapidamente e a taxa de inflação continuou a aumentar. Em 1974, a taxa de inflação tinha atingido 11 por cento ao ano.

Veremos, em seguida, como os choques da oferta agregada podem criar a inflação de custos.

Inflação de custos

Uma inflação resultante de um aumento dos custos é chamada de **inflação de custos**. As duas principais fontes de aumento dos custos são:

1. Um aumento do salário monetário.
2. Um aumento de preços monetário das matérias-primas.

A determinado nível de preços, quanto mais alto é o custo da produção, menor é a quantidade que as empresas estão dispostas a produzir. Desta maneira, se o salário monetário ou o preço das matérias-primas (por exemplo, o petróleo) aumenta, as empresas reduzem sua oferta de bens e serviços. A oferta agregada diminui e a curva de oferta agregada de curto prazo se desloca para a esquerda.[1] Vamos acompanhar os efeitos dessa diminuição da oferta agregada de curto prazo sobre o nível de preços e o PIB real.

Efeito inicial de uma diminuição da oferta agregada Suponha que, no ano passado, o nível de preços tenha sido 115 e o PIB real tenha sido $ 12 trilhões. O PIB real potencial também foi $ 12 trilhões. A Figura 29.4(a) ilustra essa situação. A curva de demanda agregada era DA_0, a curva de oferta agregada de curto prazo era SAC_0 e a curva de oferta agregada de longo prazo era SAL. No ano atual, os produtores internacionais de petróleo formam um cartel que fortalece seu poder de mercado e aumenta o preço relativo do petróleo. Eles elevam o preço do petróleo, e essa ação diminui a oferta agregada de curto prazo. A curva de oferta agregada de curto prazo se desloca para a esquerda, para SAC_1. O nível de preços aumenta para 122 e o PIB real diminui para $ 11,5 trilhões. A economia está no equilíbrio abaixo do pleno emprego e há um hiato recessivo.

---

[1] Algumas forças de custo, como um aumento do preço do petróleo acompanhado de uma redução da disponibilidade do petróleo, também podem diminuir a oferta agregada de longo prazo. Ignoraremos, aqui, esses efeitos e examinaremos os fatores de custo que alteram somente a oferta agregada de curto prazo. Mais adiante, neste capítulo, estudaremos os efeitos dos choques sobre a oferta agregada de longo prazo.

Figura 29.4 Um aumento do nível de preços provocado pelo custo

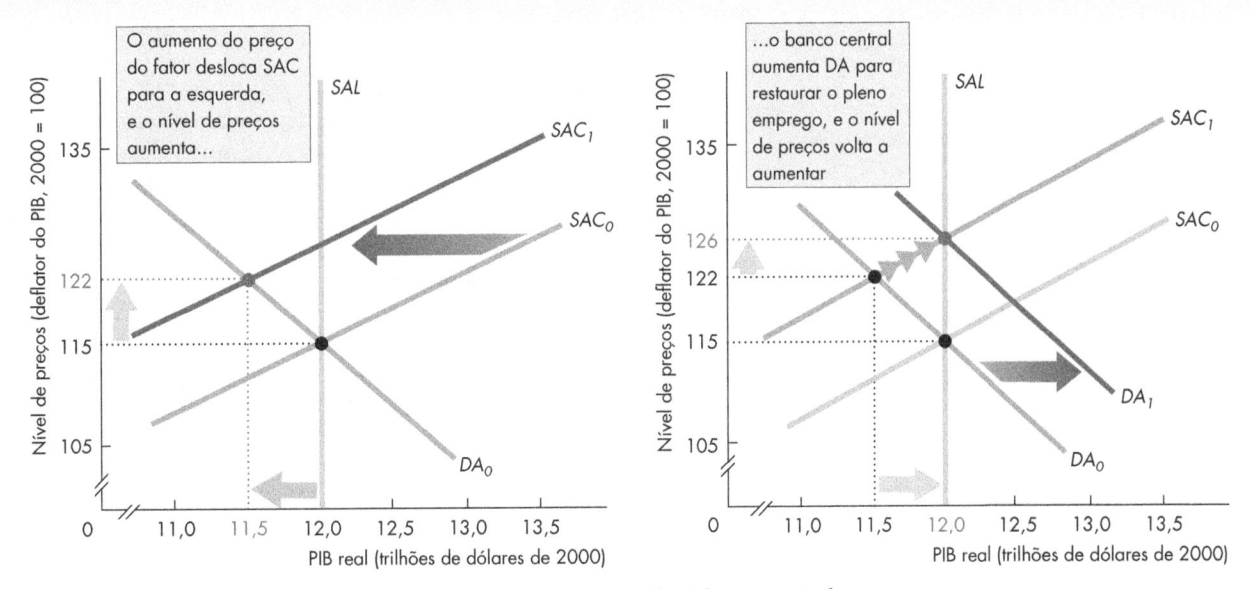

(a) Alteração inicial do custo

(b) O banco central reage

Inicialmente, a curva de demanda agregada é DA_0, a curva de oferta agregada de curto prazo é SAC_0 e a curva de oferta agregada de longo prazo é SAL. Uma diminuição da oferta agregada (por exemplo, resultante de um aumento do preço internacional do petróleo) desloca a curva de oferta agregada de curto prazo para SAC_1. A economia se movimenta para o ponto no qual a curva de oferta agregada de curto prazo SAC_1 cruza com a curva de demanda agregada DA_0. O nível de preços aumenta para 122 e o PIB real diminui para $ 11,5 trilhões. Na parte (b), se o banco central reage aumentando a demanda agregada para restabelecer o pleno emprego, a curva de demanda agregada se desloca para a direita, para DA_1. A economia retorna ao pleno emprego, mas o nível de preços aumenta ainda mais, passando para 126.

Esse evento é um *aumento ocasional do nível de preços*. Ele não representa uma inflação. Na verdade, um choque isolado da oferta não pode provocar inflação. Deve acontecer algo mais para permitir que um choque ocasional da oferta, que causa um aumento ocasional do nível de preços, seja convertido em um processo de inflação contínua. A quantidade de moeda deve aumentar persistentemente. Às vezes isso acontece de fato, como veremos em seguida.

Reação da demanda agregada Quando o PIB real diminui, o desemprego aumenta e fica acima de sua taxa natural. Uma situação como essa costuma provocar preocupação e exige medidas para restabelecer o pleno emprego. Suponha que o banco central reduza a taxa de juros e aumente a quantidade de moeda. A demanda agregada aumenta. Na Figura 29.4(b), a curva de demanda agregada se desloca para a direita, para DA_1, e o pleno emprego é restabelecido. No entanto, o nível de preços aumenta ainda mais, passando para 126.

Um processo de inflação de custos Os produtores de petróleo agora vêem que o preço de tudo o que compram está aumentando. Desta maneira, a Opep aumenta o preço do petróleo mais uma vez para restabelecer seu novo preço relativo elevado. A Figura 29.5 continua a história. A curva de oferta agregada de curto prazo agora se desloca para SAC_2. O nível de preços aumenta e o PIB real diminui.

O nível de preços aumenta ainda mais, para 134, e o PIB real diminui para $ 11,5 trilhões. O desemprego aumenta e fica acima de sua taxa natural. Se o banco central reage mais uma vez com um aumento da quantidade de moeda, a demanda agregada aumenta e a curva de demanda agregada se desloca para DA_2. O nível de preços aumenta ainda mais – para 138 – e o pleno emprego volta a ser restabelecido. Isso resulta em uma espiral da inflação de custos. A combinação de um nível de preços ascendente e um PIB real descendente é chamada de **estagflação**.

Podemos notar que o banco central está em um dilema. Se ele não reage quando a Opep aumenta o preço do petróleo, a economia continua abaixo do pleno emprego. Se o banco central aumenta a quantidade de moeda para restabelecer o pleno emprego, ele provoca mais uma alta do preço do petróleo que demanda um aumento ainda maior da quantidade de moeda.

Se o banco central reagir a cada alta do preço do petróleo aumentando a quantidade de moeda, a inflação vai disparar em uma velocidade determinada pela Opep. No entanto, se o banco central mantiver a expansão monetária sob controle, a economia permanecerá abaixo do pleno emprego.

A inflação de custos em Kalamazoo O que acontece na fábrica de envasamento de refrigerantes de Kalamazoo quando a economia passa por uma inflação de custos?

Figura 29.5 Uma espiral da inflação de custos

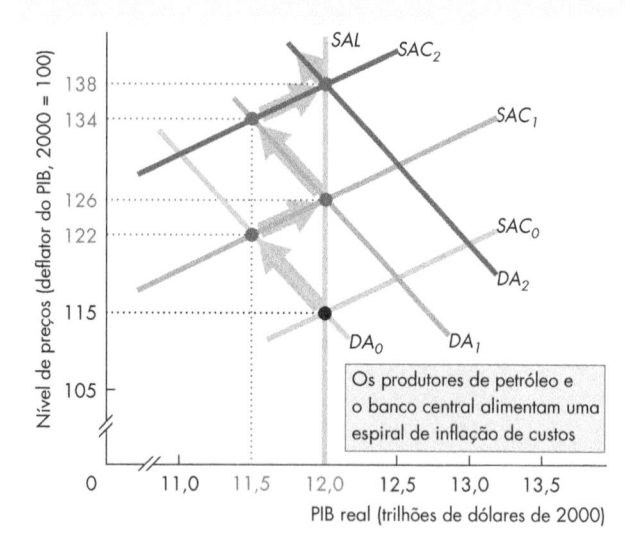

Cada vez que há um aumento do custo, a curva de oferta agregada de curto prazo se desloca para a esquerda, de SAC_0 para SAC_1, depois para SAC_2 e assim por diante. Cada vez que o PIB real diminui e fica abaixo do PIB potencial, o banco central aumenta a quantidade de moeda, e a curva de demanda agregada se desloca para a direita, de DA_0 para DA_1, depois para DA_2 e assim por diante. O nível de preços aumenta de 115 para 122, 126, 134, 138 e assim por diante. Há uma espiral da inflação de custos. O PIB real flutua entre $ 12 trilhões e $ 11,5 trilhões.

Quando o preço do petróleo aumenta, o mesmo ocorre com os custos de envasamento do refrigerante. Esses custos mais altos reduzem a oferta de refrigerante, aumentando seu preço e diminuindo a quantidade produzida. A fábrica de refrigerante dispensa alguns trabalhadores.

Essa situação persiste até que o banco central aumente a demanda agregada ou o preço do petróleo diminua. Se o banco central aumenta a demanda agregada, a demanda por refrigerante, assim como o preço dele, aumenta. O preço mais alto do refrigerante leva a lucros superiores, e a fábrica aumenta sua produção. Além disso, ela recontrata os trabalhadores dispensados.

A inflação de custos nos Estados Unidos Uma inflação de custos como a que acabamos de analisar ocorreu nos Estados Unidos na década de 1970. Ela teve início em 1974, quando a Opep elevou quatro vezes o preço do petróleo. O preço mais alto do petróleo diminuiu a oferta agregada, o que fez o nível de preços aumentar mais rapidamente e o PIB real diminuir. O banco central, então, se viu em um dilema: deveria aumentar a quantidade de moeda e acomodar as forças de custo ou deveria manter o crescimento da demanda agregada sob controle limitando a expansão monetária? Em 1975, 1976 e 1977, o Fed repetidamente permitiu que a quantidade de dinheiro crescesse rapidamente e a inflação aumentasse a um ritmo acelerado. Em 1979 e 1980, a Opep novamente foi capaz de elevar ainda mais os preços do petróleo. Naquela ocasião, o Fed decidiu não reagir à alta do preço do petróleo com um aumento da quantidade de moeda. O resultado foi uma recessão, mas também, por fim, uma queda da inflação.

Inflação esperada

Se a inflação é esperada, as flutuações do PIB real que acompanham a inflação de demanda e de custos que acabamos de estudar não ocorrem. Em vez disso, a inflação avança como acontece no longo prazo, com o PIB real igual ao PIB potencial e o desemprego em sua taxa natural. A Figura 29.6 explica por quê.

Suponha que, no ano passado, a curva de demanda agregada tenha sido DA_0, a curva de oferta agregada tenha sido SAC_0 e a curva de oferta agregada de longo prazo tenha sido SAL. O nível de preços era 115 e o PIB real era $ 12 trilhões, igual ao PIB potencial.

Para simplificarmos as coisas o máximo possível, vamos supor que o PIB potencial não mude e, assim, a curva SAL não se desloque. Vamos supor também que *se espere que a demanda agregada aumente* para DA_1.

Adiantando-se a esse aumento da demanda agregada, o salário monetário aumenta e a curva de oferta agregada

Figura 29.6 Inflação esperada

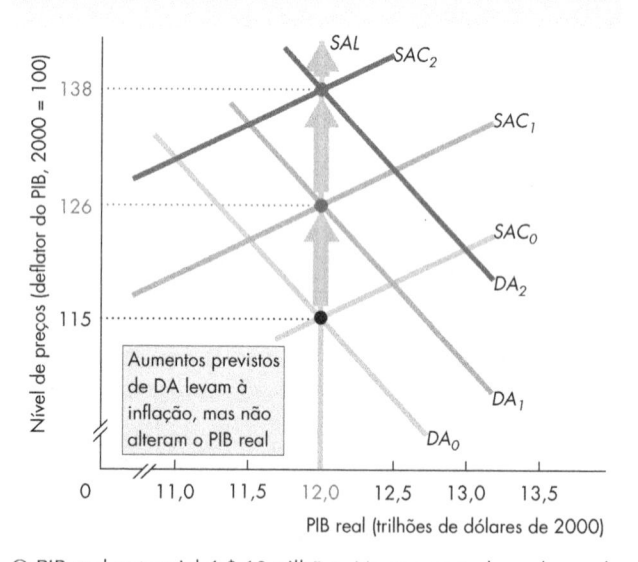

O PIB real potencial é $ 12 trilhões. No ano passado, a demanda agregada era DA_0 e a curva de oferta agregada de curto prazo era SAC_0. O nível de preços real era igual ao nível esperado de preços: 115. Neste ano, espera-se que a demanda agregada aumente para DA_1 e que o nível de preços aumente de 115 para 126. Como resultado, o salário monetário aumenta e a curva de oferta agregada de curto prazo se desloca para SAC_1. Se a demanda agregada de fato aumenta como se espera, a curva de demanda agregada real DA_1 é igual à curva de demanda agregada esperada. O PIB real é $ 12 trilhões e o nível de preços real aumenta para 126. A inflação é a esperada. No próximo ano, o processo continua com a demanda agregada aumentando para DA_2, como se espera, e o salário monetário aumentando para deslocar a curva de oferta agregada de curto prazo para SAC_2. Mais uma vez, o PIB real permanece em $ 12 trilhões e o nível de preços aumenta para 138, como se espera.

de curto prazo se desloca para a esquerda. Se o salário monetário aumenta na mesma porcentagem que se espera que o nível de preços aumente, a curva de oferta agregada de curto prazo para o próximo ano é SAC_1.

Se a demanda agregada acaba sendo a esperada, a curva de demanda agregada é DA_1. A curva de oferta agregada de curto prazo, SAC_1, e DA_1 estabelecem o nível de preços real em 126. Entre o ano passado e este ano, o nível de preços aumentou de 115 para 126 e a economia passou por uma taxa de inflação igual à esperada. Se essa inflação é contínua, a demanda agregada aumenta (como se espera) no ano seguinte e a curva de demanda agregada se desloca para DA_2. O salário monetário aumenta para refletir a inflação esperada e a curva de oferta agregada de curto prazo se desloca para SAC_2. O nível de preços aumenta para 138, como se espera.

O que causou essa inflação? A resposta imediata é que, como as pessoas esperavam a inflação, o salário monetário e o nível de preços aumentaram. Mas a expectativa se concretizou. Esperava-se que a demanda agregada aumentasse e ela de fato aumentou. Foi o aumento real e esperado da demanda agregada que causou a inflação.

Uma inflação esperada no pleno emprego é exatamente o que prevê a teoria quantitativa da moeda. Para rever a teoria quantitativa da moeda, veja o Capítulo 25.

Essa descrição mais ampla do processo de inflação e de seus efeitos de curto prazo esclarece por que as projeções da teoria quantitativa não explicam os ciclos da inflação. Só quando o crescimento da demanda agregada é corretamente previsto a economia segue o caminho descrito na Figura 29.6 e se alinha à teoria quantitativa da moeda.

Previsão da inflação

Para se anteciparem à inflação, as pessoas precisam prevê-la. Alguns economistas que trabalham para agências de projeções macroeconômicas, bancos, seguradoras, sindicatos de trabalhadores e grandes corporações se especializam na previsão da inflação. A melhor previsão disponível é aquela que se baseia em todas as informações relevantes e é chamada de **expectativa racional**. Uma expectativa racional não é necessariamente uma previsão correta. Ela é simplesmente a melhor previsão possível com as informações disponíveis. Freqüentemente ela acaba se mostrando errada, mas nenhuma outra previsão baseada nas informações disponíveis poderia ser melhor.

Inflação e ciclo econômico

Quando a previsão da inflação está correta, a economia opera no pleno emprego. Se a demanda agregada cresce mais rapidamente do que o esperado, o PIB real se move acima do PIB potencial, a taxa da inflação excede a taxa esperada e a economia se comporta como se estivesse em uma inflação de demanda. Se a demanda agregada cresce mais lentamente do que a esperada, o PIB real cai e fica abaixo do PIB potencial, a taxa da inflação desacelera e a economia se comporta como se estivesse em uma inflação de custos.

QUESTÕES PARA REVISÃO

1. Como a inflação de demanda tem início?
2. O que deve acontecer para criar uma espiral de inflação de demanda?
3. Como a inflação de custos tem início?
4. O que deve acontecer para criar uma espiral de inflação de custos?
5. O que é estagflação e por que a inflação de custos causa estagflação?
6. Como ocorre a inflação esperada?
7. Como o PIB real e o nível de preços mudam se a previsão da inflação é incorreta?

Inflação e desemprego: a curva de Phillips

Outra maneira de estudar os ciclos de inflação se concentra na relação e no *trade-off* de curto prazo entre a inflação e o desemprego, uma relação chamada de **curva de Phillips** – que recebeu esse nome por ter sido sugerida pela primeira vez pelo economista neozelandês A. W. Phillips.

Por que precisamos de outra maneira de estudar a inflação? Qual é o problema com a explicação do modelo *SA–DA* para as flutuações da inflação e do PIB real? A primeira resposta para ambas as questões é que freqüentemente queremos estudar as alterações tanto das taxas de inflação esperadas quanto reais e, para isso, a curva de Phillips nos proporciona uma ferramenta mais simples e uma visão mais clara do que as oferecidas pelo modelo *SA–DA*. A segunda resposta para ambas as questões é que muitas vezes queremos estudar as mudanças no *trade-off* de curto prazo entre a inflação e a atividade econômica real (o PIB real e o desemprego) e, mais uma vez, a curva de Phillips serve bem para essa finalidade.

Para começarmos nossa explicação da curva de Phillips, fazemos a distinção entre dois períodos (similares aos da oferta agregada). Estudaremos:

- A curva de Phillips de curto prazo.
- A curva de Phillips de longo prazo.

A curva de Phillips de curto prazo

A **curva de Phillips de curto prazo** mostra a relação entre a inflação e o desemprego, mantendo constantes:

1. A taxa de inflação esperada
2. A taxa natural de desemprego

Acabamos de examinar o que determina a taxa de inflação esperada. A taxa natural de desemprego e os fatores que a influenciam são explicados no Capítulo 23.

A Figura 29.7 mostra uma curva de Phillips de curto prazo, *CPCP*. Suponha que a taxa de inflação esperada seja de 10 por cento ao ano e a taxa natural de desem-

Figura 29.7 Uma curva de Phillips de curto prazo

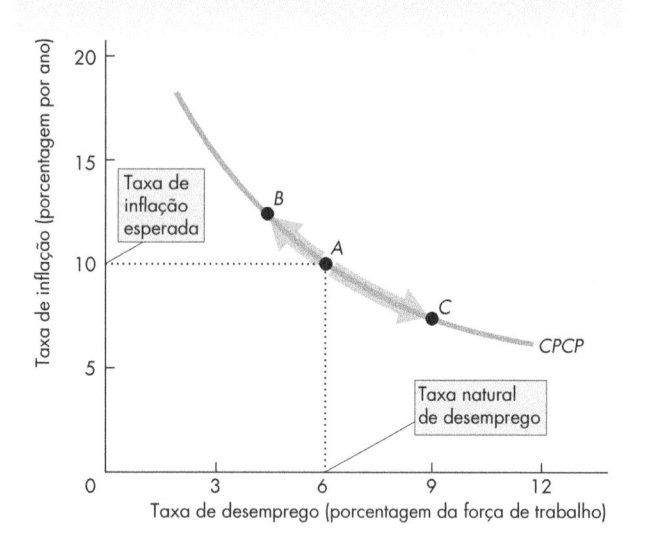

A curva de Phillips de curto prazo (*CPCP*) mostra a relação entre a inflação e o desemprego a determinada taxa de inflação esperada e a determinada taxa natural de desemprego. Com uma taxa de inflação esperada de 10 por cento ao ano e uma taxa natural de desemprego de 6 por cento, a curva de Phillips de curto prazo passa pelo ponto *A*.

Um aumento inesperado da demanda agregada reduz o desemprego e aumenta a taxa de inflação – um movimento para cima ao longo da curva de Phillips de curto prazo, para o ponto *B*. Uma redução inesperada da demanda agregada aumenta o desemprego e reduz a taxa de inflação – um movimento para baixo ao longo da curva de Phillips de curto prazo, para o ponto *C*.

---

prego seja de 6 por cento, ponto *A* da figura. Uma curva de Phillips de curto prazo passa por esse ponto. Se a inflação excede sua taxa esperada, o desemprego diminui e fica abaixo de sua taxa natural. Esse movimento conjunto da taxa de inflação e da taxa de desemprego é ilustrado como um movimento para cima ao longo da curva de Phillips de curto prazo, do ponto *A* para o ponto *B*. De modo similar, se a inflação cai e fica abaixo de sua taxa esperada, o desemprego excede sua taxa natural. Neste caso, há um movimento para baixo ao longo da curva de Phillips de curto prazo, do ponto *A* para o ponto *C*.

A curva de Phillips de curto prazo é como a curva de oferta agregada de curto prazo. Um movimento ao longo da curva *SAC* que leva a um nível de preços mais alto e a um aumento do PIB real equivale a um movimento ao longo da curva de Phillips de curto prazo do ponto *A* para o ponto *B*, que leva a um aumento da taxa de inflação e a uma redução da taxa de desemprego.

De modo similar, um movimento ao longo da curva *SAC* que leva a um nível de preços mais baixo e a uma diminuição do PIB real equivale a um movimento ao longo da curva de Phillips de curto prazo do ponto *A* para o ponto *C*, que leva a uma redução da taxa de inflação e a um aumento da taxa de desemprego.

A curva de Phillips de longo prazo

A **curva de Phillips de longo prazo** mostra a relação entre a inflação e o desemprego quando a taxa de inflação real é igual à taxa de inflação esperada. A curva de Phillips de longo prazo é vertical na taxa natural de desemprego. Na Figura 29.8, ela é a linha vertical *CPLP*. A curva de Phillips de longo prazo nos informa que qualquer taxa de inflação esperada é possível à taxa natural de desemprego. Essa proposição está de acordo com o modelo *SA–DA*, o qual prevê que, quando a inflação é esperada, o PIB real é igual ao PIB potencial e o desemprego está em sua taxa natural.

A curva de Phillips de curto prazo cruza com a curva de Phillips de longo prazo na taxa de inflação esperada. Uma variação da taxa de inflação esperada desloca a curva de Phillips de curto prazo, mas não a de longo prazo.

Na Figura 29.8, se a taxa de inflação esperada é de 10 por cento ao ano, a curva de Phillips de curto prazo é $CPCP_0$. Se a taxa de inflação esperada diminui para 6 por cento ao ano, a curva de Phillips de curto prazo se desloca para baixo, para $CPCP_1$. A distância vertical na qual a curva de Phillips de curto prazo se desloca do ponto *A* para o ponto *D* é igual à variação da taxa de inflação esperada. Se a taxa de inflação real também cai de 10 por cento para 6 por cento, há um movimento para baixo ao longo da curva de Phillips de longo prazo, de *A* para *D*. Um aumento da taxa de inflação esperada tem o efeito oposto ao que mostra a Figura 29.8.

A outra fonte de um deslocamento da curva de Phillips é uma variação da taxa natural de desemprego.

Figura 29.8 Curvas de Phillips de curto prazo e longo prazo

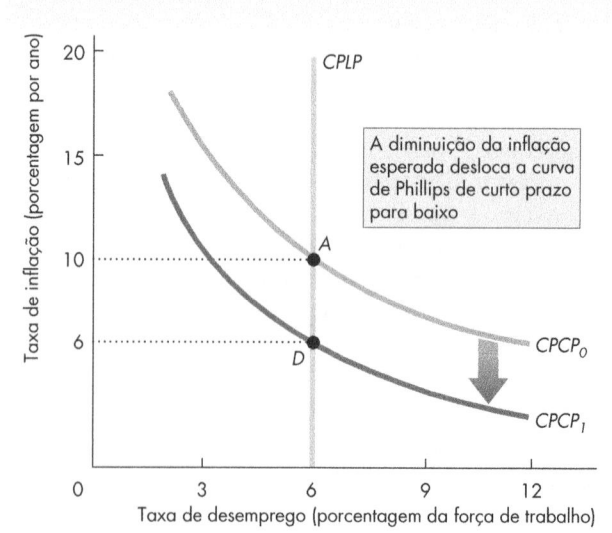

A curva de Phillips de longo prazo é *CPLP*. Uma diminuição da inflação esperada de 10 por cento para 6 por cento ao ano desloca a curva de Phillips de curto prazo para baixo, de $CPCP_0$ para $CPCP_1$. A curva de Phillips de longo prazo não se desloca. A nova curva de Phillips de curto prazo cruza com a curva de Phillips de longo prazo na nova taxa de inflação esperada – ponto *D*.

Variações da taxa natural de desemprego

A taxa natural de desemprego varia por muitas razões (veja o Capítulo 23). Uma variação da taxa natural de desemprego desloca tanto a curva de Phillips de curto prazo quanto a de longo prazo. A Figura 29.9 ilustra esses deslocamentos. Se a taxa natural de desemprego aumenta de 6 por cento para 9 por cento, a curva de Phillips de longo prazo se desloca de $CPLP_0$ para $CPLP_1$, e, se a inflação esperada se mantém constante em 10 por cento ao ano, a curva de Phillips de curto prazo se desloca de $CPCP_0$ para $CPCP_1$. Como a taxa de inflação esperada é constante, a curva de Phillips de curto prazo $CPCP_1$ cruza com a curva de longo prazo $CPLP_1$ (ponto E) na mesma taxa de inflação na qual a curva de Phillips de curto prazo $CPCP_0$ cruza com a curva de longo prazo $CPLP_0$ (ponto A).

A curva de Phillips dos Estados Unidos

A Figura 29.10(a) é um diagrama de dispersão da taxa de inflação e da taxa de desemprego nos Estados Unidos desde 1961. Podemos interpretar os dados em termos da curva de Phillips de curto prazo em deslocamento apresentada na Figura 29.10(b). Durante a década de 1960, a curva de Phillips de curto prazo era $CPCP_0$, com uma taxa natural de desemprego de 4,5 por cento e uma taxa de inflação esperada de 2 por cento ao ano (ponto A). No início da década de 1970, a curva de Phillips de curto prazo era $CPCP_1$, com uma taxa natural de desemprego de 5 por cento e uma taxa de inflação esperada de 6 por cento ao ano (ponto B). No fim da década de 1970, a taxa natural de desemprego aumentou para 8 por cento (ponto C) e a curva de Phillips de curto prazo era $CPCP_2$. Por um breve período em 1975 e mais uma vez em 1981, a taxa de inflação esperada aumentou rapidamente para 9 por cento ao ano (ponto D) e a curva de Phillips de curto prazo era $CPCP_3$. Durante as décadas de 1980 e 1990, a taxa de inflação esperada e a taxa natural de desemprego diminuíram e a curva de Phillips de curto prazo se deslocou para a esquerda. No início da década de 1990, a curva

Figura 29.10 Curvas de Phillips nos Estados Unidos

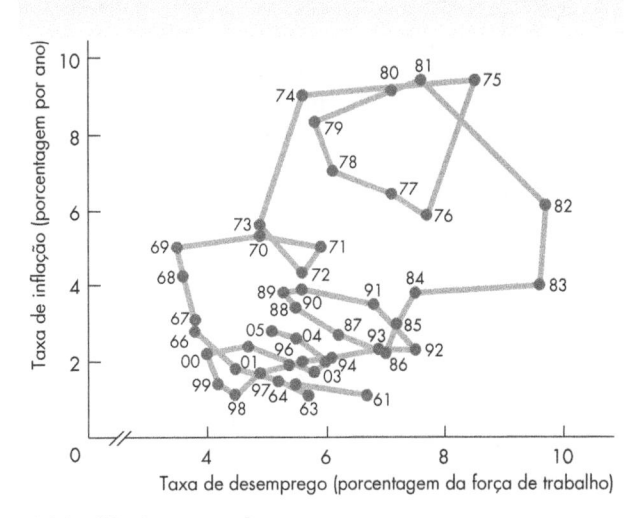

(a) Seqüência temporal

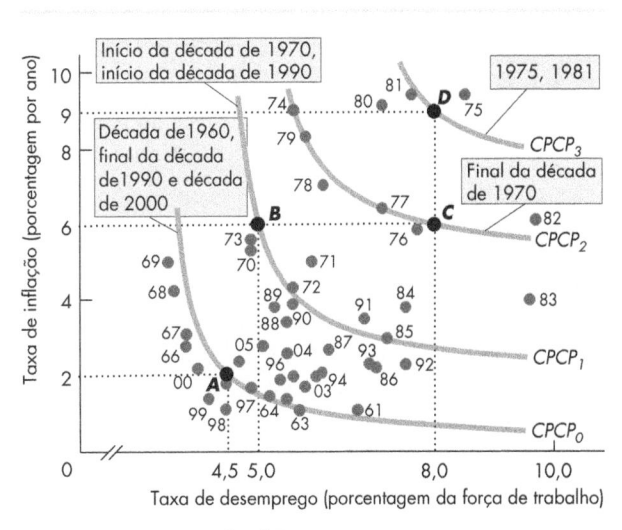

(b) As quatro curvas de Philips

Figura 29.9 Uma variação da taxa natural de desemprego

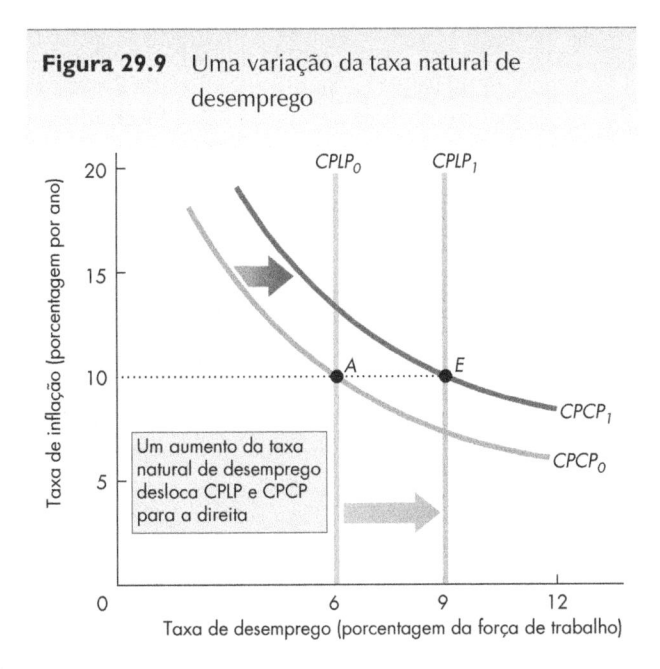

Uma variação da taxa natural de desemprego desloca tanto a curva de Phillips de curto prazo quanto a de longo prazo. Um aumento da taxa natural de desemprego de 6 por cento para 9 por cento desloca as curvas de Phillips para a direita, para $CPCP_1$ e $CPLP_1$. A nova curva de Phillips de longo prazo cruza com a nova curva de Phillips de curto prazo na taxa de inflação esperada – ponto E.

Na parte (a), cada ponto representa a combinação de inflação e desemprego para determinado ano. A parte (b) interpreta os dados com um deslocamento da curva de Phillips de curto prazo. Os pontos pretos A, B, C e D mostram a combinação da taxa natural de desemprego e da taxa de inflação esperada em diferentes períodos. A curva de Phillips de curto prazo era $CPCP_0$ durante a década de 1960 e no fim da década de 1990 e início da década de 2000. Ela era $CPCP_1$ no início das décadas de 1970 e 1990, $CPCP_2$ no fim da década de 1970 e $CPCP_3$ (por um breve período) em 1975 e 1981.

Fonte dos dados: Bureau of Labor Statistics e cálculos e premissas do autor.

de Phillips de curto prazo voltou para $CPCP_1$ e, em meados da década de 1990, voltou para $CPCP_0$, onde permanece na década de 2000.

QUESTÕES PARA REVISÃO

1. Como você utilizaria a curva de Phillips para ilustrar uma variação inesperada da inflação?
2. Se a taxa de inflação esperada aumenta 10 pontos porcentuais, como a curva de Phillips de curto prazo e a curva de Phillips de longo prazo mudam?
3. Se a taxa natural de desemprego aumenta, o que acontece à curva de Phillips de curto prazo, à curva de Phillips de longo prazo e à taxa de inflação esperada?
4. Os Estados Unidos têm uma curva de Phillips de curto prazo estável? Explique por quê.
5. Os Estados Unidos têm uma curva de Phillips de longo prazo estável?

Ciclos econômicos

Os ciclos econômicos são fáceis de descrever mas difíceis de explicar, e a teoria dos ciclos econômicos permanece uma fonte de controvérsias. Analisaremos duas abordagens para compreender os ciclos econômicos:

- A teoria predominante dos ciclos econômicos.
- A teoria dos ciclos econômicos reais.

A teoria predominante dos ciclos econômicos

A teoria predominante dos ciclos econômicos é que o PIB potencial cresce a uma taxa estável, ao passo que a demanda agregada cresce a uma taxa flutuante. Como o salário monetário é rígido, se a demanda agregada cresce mais rapidamente do que o PIB potencial, o PIB real excede o PIB potencial e surge um hiato inflacionário. Se a demanda agregada cresce mais lentamente do que o PIB potencial, o PIB real passa a ser menor que o PIB potencial e surge um hiato recessivo. Se a demanda agregada diminui, o PIB real também diminui em uma recessão.

A Figura 29.11 ilustra essa teoria dos ciclos. Inicialmente, o PIB real (e o potencial) é de $ 9 trilhões e a curva de oferta agregada de longo prazo é SAL_0. A curva de demanda agregada é DA_0 e o nível de preços é 105. A economia está no pleno emprego no ponto A.

Ocorre uma expansão quando o PIB potencial aumenta e a curva SAL se desloca para a direita, para SAL_1. Durante uma expansão, a demanda agregada também aumenta, e normalmente mais do que o PIB potencial, de modo que o nível de preços aumenta. Suponha que, na expansão atual, se espere que o nível de preços aumente para 115 e que o salário monetário seja definido de acordo com essa expectativa. A curva de oferta agregada de curto prazo é SAC_1.

Se a demanda agregada aumenta para DA_1, o PIB real aumenta para $ 12 trilhões – o novo nível de PIB potencial – e o nível de preços sobe para 115, como se esperava. A economia permanece no pleno emprego, mas agora no ponto B.

Se a demanda agregada aumenta mais lentamente para DA_2, o PIB real cresce menos do que o PIB potencial e a economia se move para o ponto C, com o PIB real em $ 11,5 trilhões e o nível de preços em 112. O crescimento do PIB real é mais lento e a inflação é menor do que se esperava.

Se a demanda agregada aumenta mais rapidamente para DA_3, o PIB real cresce mais do que o PIB potencial e a economia se move para o ponto D, com o PIB real em $ 12,5 trilhões e o nível de preços em 118. O crescimento

Figura 29.11 A teoria predominante dos ciclos econômicos

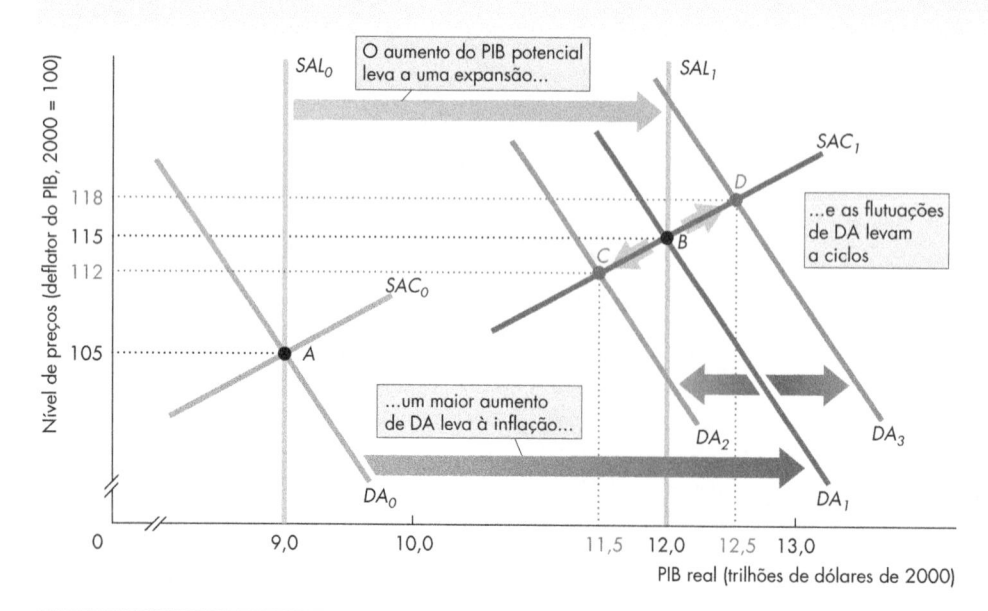

Em uma expansão do ciclo econômico, o PIB potencial aumenta e a curva SAL se desloca para a direita, de SAL_0 para SAL_1. Um aumento da demanda agregada maior do que o esperado leva à inflação.
Se a curva de demanda agregada se desloca para DA_1, a economia permanece no pleno emprego. Se a curva de demanda agregada se desloca para DA_2, surge um hiato recessivo. Se a demanda agregada se desloca para DA_3, surge um hiato inflacionário.

do PIB real é mais rápido e a inflação é mais alta do que se esperava.

O crescimento, a inflação e os ciclos econômicos surgem dos constantes aumentos do PIB potencial, aumentos mais rápidos (em média) da demanda agregada e flutuações da velocidade do crescimento da demanda agregada.

A teoria predominante apresenta diversas formas que variam no que se considera a fonte de flutuações do crescimento da demanda agregada e a fonte de rigidez do salário monetário.

Teoria keynesiana dos ciclos Na **teoria keynesiana dos ciclos**, as oscilações do investimento orientadas pelas flutuações da confiança nos negócios – resumidas na expressão 'instinto animal' – constituem a principal fonte das flutuações da demanda agregada.

Teoria monetarista dos ciclos De acordo com a **teoria monetarista dos ciclos**, as flutuações tanto dos investimentos quanto dos gastos de consumo, impulsionadas pelas flutuações da taxa de crescimento da quantidade de moeda, constituem a principal fonte de flutuações da demanda agregada.

Tanto a teoria keynesiana quanto a teoria monetarista dos ciclos simplesmente pressupõem que o salário monetário seja rígido, mas não explicam essa rigidez.

Duas teorias mais recentes procuram explicar a rigidez do salário monetário e ser mais cautelosas na projeção de suas conseqüências.

Teoria dos ciclos dos novos clássicos De acordo com a **teoria dos ciclos dos novos clássicos**, as expectativas racionais sobre o nível de preços – que são determinadas pelo PIB potencial e pela demanda agregada *esperada* – determinam o salário monetário e a posição da curva *SAC*. De acordo com essa teoria, só as flutuações *inesperadas* da demanda agregada levam a flutuações do PIB real em torno do PIB potencial.

Teoria dos ciclos dos novos keynesianos A **teoria dos ciclos dos novos keynesianos** enfatiza o fato de que o salário monetário de hoje foi negociado várias vezes no passado, o que significa que as expectativas racionais *passadas* sobre o nível de preços atual influenciam o salário monetário e a posição da curva *SAC*. De acordo com essa teoria, tanto as flutuações inesperadas quanto as flutuações correntemente esperadas da demanda agregada levam a flutuações do PIB real em torno do PIB potencial.

As teorias predominantes dos ciclos não excluem a possibilidade da ocorrência de choques ocasionais da oferta agregada. Uma alta do preço do petróleo, um longo período de seca, um violento furacão ou algum outro desastre natural, por exemplo, podem levar um país a uma recessão. Mas os choques de oferta não constituem a fonte normal de flutuações nas teorias predominantes. Já a teoria dos ciclos econômicos reais coloca os choques de oferta no centro do palco.

Teoria dos ciclos econômicos reais

A teoria mais recente dos ciclos econômicos, conhecida como **teoria dos ciclos econômicos reais** (ou teoria CER), considera as flutuações aleatórias da produtividade como a principal fonte de flutuações econômicas. Presume-se que essas flutuações da produtividade resultem principalmente de flutuações do ritmo da mudança tecnológica, mas elas também podem ter outras fontes, como turbulências internacionais, mudanças climáticas ou desastres naturais. É possível encontrar as origens da teoria CER na revolução das expectativas racionais deflagrada por Robert E. Lucas Jr., mas as primeiras demonstrações do poder dessa teoria foram proporcionadas por Edward Prescott e Finn Kydland e por John Long e Charles Plosser. Hoje em dia, a teoria CER faz parte de um amplo campo de pesquisas chamado de análise de equilíbrio geral dinâmico, e centenas de jovens macroeconomistas conduzem pesquisas sobre esse tópico.

Exploraremos a teoria CER analisando primeiro seu impulso e posteriormente o mecanismo que converte esse impulso em um ciclo do PIB real.

O impulso CER O impulso na teoria CER é a taxa de crescimento da produtividade resultante da mudança tecnológica. Os teóricos CER acreditam que esse impulso é gerado principalmente pelo processo de pesquisa e desenvolvimento de produtos que leva à criação e ao uso de novas tecnologias.

Para isolarem o impulso da teoria CER, os economistas utilizam a contabilidade do crescimento, que explicamos no Capítulo 24. A Figura 29.12 mostra o impulso CER nos Estados Unidos de 1960 a 2005. Podemos observar que as flutuações do crescimento da produtividade se correlacionam com as flutuações do PIB real.

Na maior parte do tempo, a mudança tecnológica é estável e a produtividade cresce a um ritmo moderado. Mas algumas vezes o crescimento da produtividade se acelera, e ocasionalmente a produtividade *diminui* – o trabalho se torna, em média, menos produtivo. Um período de rápido crescimento da produtividade leva a uma expansão do ciclo econômico, e uma *diminuição* da produtividade dá início a uma recessão.

É fácil entender por que a mudança tecnológica leva ao crescimento da produtividade. Mas como ela *reduz* a produtividade? Toda mudança tecnológica mais cedo ou mais tarde aumenta a produtividade. No entanto, se inicialmente a mudança tecnológica faz com que uma quantidade suficiente de capital existente – em especial o capital humano – fique obsoleta, a produtividade temporariamente diminui. Em momentos como esse, são destruídos mais empregos do que são criados e são fechadas mais empresas do que são abertas.

O mecanismo CER Dois eventos resultam de uma variação da produtividade que aciona uma expansão ou uma retração:

1. A demanda por investimentos varia.
2. A demanda por trabalho varia.

Vamos analisar esses efeitos e suas conseqüências durante uma recessão. Em uma expansão, eles atuam na direção oposta àquela que descreveremos a seguir.

Figura 29.12 O impulso dos ciclos econômicos reais

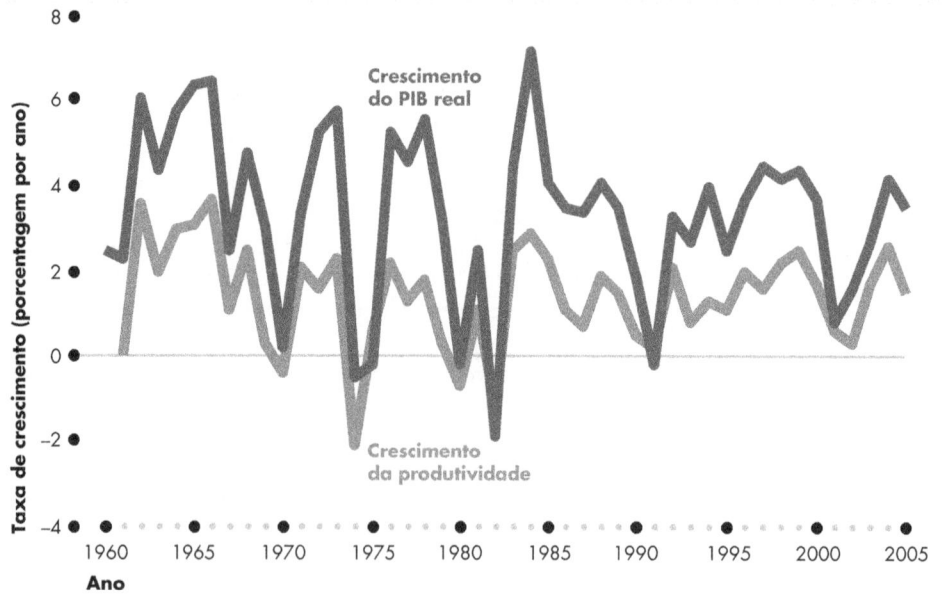

Os ciclos econômicos reais são causados por mudanças tecnológicas que levam a flutuações da taxa de crescimento da produtividade. As flutuações do crescimento da produtividade mostradas aqui são calculadas utilizando-se a contabilidade do crescimento (a regra do um terço) para excluir a contribuição da acumulação de capital ao crescimento da produtividade. As flutuações da produtividade se correlacionam com as flutuações do PIB real. Os economistas não têm certeza do que a variável da produtividade de fato mensura ou do que a faz flutuar.

Fonte dos dados: Bureau of Economic Analysis e pressupostos e cálculos do autor.

A mudança tecnológica faz com que parte do capital existente fique obsoleta e temporariamente reduz a produtividade. As empresas esperam que os lucros futuros diminuam e vêem a queda da produtividade de sua mão-de-obra. Com menores expectativas de lucro, elas reduzem suas compras de novo capital e, com uma menor produtividade do trabalho, elas planejam dispensar alguns trabalhadores. Desta maneira, o efeito inicial de uma queda temporária da produtividade é uma diminuição da demanda por investimentos e uma diminuição da demanda por trabalho.

A Figura 29.13 ilustra esses dois efeitos iniciais de uma diminuição da produtividade. A parte (a) mostra os efeitos de uma diminuição da demanda por investimentos no mercado de fundos disponíveis para empréstimo. A demanda por fundos disponíveis para empréstimos é DFD, e a oferta de fundos disponíveis para empréstimo é SFD (ambas explicadas no Capítulo 23). Inicialmente, a demanda por fundos disponíveis para empréstimos é DFD_0, e a quantidade de equilíbrio dos fundos é de $ 2 trilhões a uma taxa de juros real de 6 por cento ao ano. Uma diminuição da produtividade reduz a demanda por investimentos, e a curva de demanda por fundos disponíveis para empréstimos DFD se desloca para a esquerda, para DFD_1. A taxa de juros real diminui para 4 por cento ao ano, e a quantidade de equilíbrio de fundos disponíveis para empréstimos diminui para $ 1,7 trilhão.

A Figura 29.13(b) mostra a curva de demanda por trabalho DL e a curva de oferta de trabalho SL (explicadas no Capítulo 23). Inicialmente, a curva de demanda por trabalho é DL_0, e o emprego de equilíbrio é de 200 bilhões de horas anuais, a um salário real de $ 35 por hora. A diminuição da produtividade reduz a demanda por trabalho, e a curva DL se desloca para a esquerda, para DL_1.

Antes de podermos determinar o novo nível de emprego e o salário real, precisamos levar em consideração um efeito multiplicador – o efeito-chave da teoria CER.

A decisão-chave: quando trabalhar? De acordo com a teoria CER, as pessoas decidem *quando* trabalhar fazendo um cálculo de custo-benefício. Elas comparam o retorno que obtêm ao trabalhar no período atual com o retorno que *esperam* conseguir ao trabalhar em um período posterior. Você faz uma comparação como essa todos os dias durante seu curso superior. Suponha que sua meta nesse curso seja tirar a nota máxima. Para alcançar essa meta, você se empenha na maior parte do tempo. No entanto, durante os poucos dias que precedem as provas, você se esforça mais. Por quê? Porque você acredita que o retorno que obtém ao estudar pouco antes das provas é maior do que o retorno que consegue ao estudar quando a prova ainda está longe. Então, durante o semestre, você vai ao cinema e se envolve em outras atividades de lazer, mas, antes da prova, você estuda todos os dias e no final de semana.

De acordo com a teoria CER, os trabalhadores se comportam da mesma maneira. Eles trabalham menos horas, algumas vezes nenhuma hora, quando o salário real está temporariamente baixo e trabalham mais horas quando o salário real está temporariamente alto. No entanto, para compararem adequadamente o salário corrente com o salário futuro esperado, os trabalhadores devem utilizar a taxa de juros real. Se a taxa de juros real for de 6 por cento ao ano, um salário de $ 1 por hora obtido nesta semana vai se transformar em $ 1,06 daqui a um ano. Caso se espere que o salário real seja de $ 1,05 por hora no próximo ano, o salário real de hoje, de $ 1, parece atraente. Ao trabalhar mais horas agora e menos horas no próximo ano, uma pessoa pode obter um salário real 1 por cento superior. Mas

Figura 29.13 Mercado de fundos disponíveis para empréstimos e mercado de trabalho em um ciclo econômico real

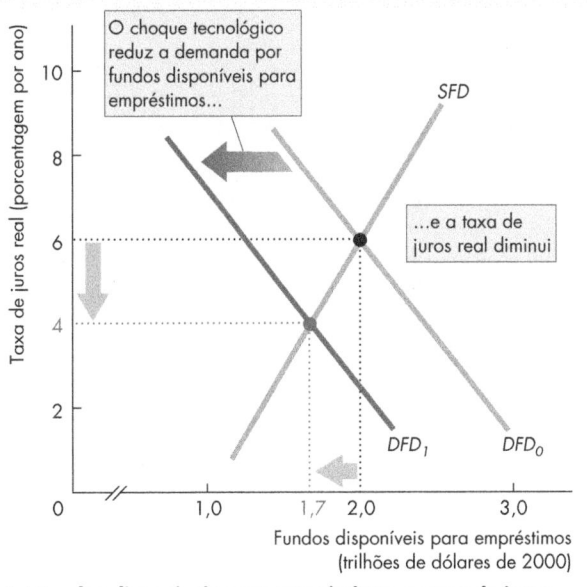

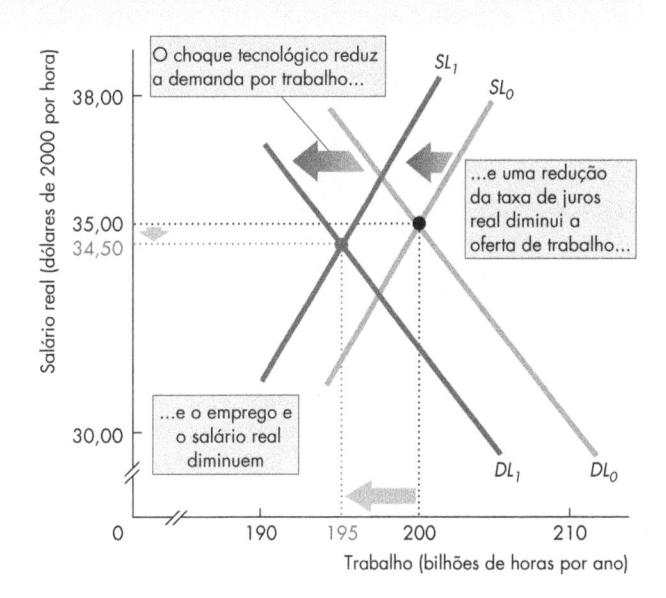

(a) Fundos disponíveis para empréstimos e taxa de juros

(b) Trabalho e salário

Na parte (a), a oferta de fundos disponíveis para empréstimos SFD e a demanda inicial por fundos disponíveis para empréstimos DFD_0 estabelecem a taxa de juros real em 6 por cento ao ano. Na parte (b), a demanda inicial por trabalho DL_0 e a oferta de trabalho SL_0 estabelecem o salário real em $ 35 por hora e o emprego em 200 bilhões de horas. Uma mudança tecnológica reduz temporariamente a produtividade, e tanto a demanda por fundos disponíveis para empréstimos quanto a demanda por trabalho diminuem. As duas curvas de demanda se deslocam para a esquerda, para DFD_1 e DL_1. Na parte (a), a taxa de juros real diminui para 4 por cento ao ano. Na parte (b), a diminuição da taxa de juros real reduz a oferta de trabalho (a decisão de quando trabalhar), e a curva de oferta de trabalho se desloca para a esquerda, para SL_1. O emprego diminui para 195 bilhões de horas, e o salário real diminui para $ 34,50 por hora. Uma recessão é iminente.

suponha que a taxa de juros real seja de 4 por cento ao ano. Neste caso, $ 1 ganho agora vale $ 1,04 no próximo ano. Trabalhar menos horas agora e mais no próximo ano é o modo de obter um salário real 1 por cento mais alto.

Assim, a decisão de quando trabalhar depende da taxa de juros real. Quanto mais baixa é a taxa de juros real, se todos os outros fatores são mantidos constantes, menor é a oferta de trabalho hoje. Muitos economistas acreditam que o efeito dessa *substituição intertemporal* seja desprezível. Os defensores da teoria CER acreditam que o efeito seja grande e que ele constitua o principal aspecto do mecanismo CER.

Vimos, na Figura 29.13(a), que a diminuição da demanda por fundos disponíveis para empréstimos reduz a taxa de juros real. Essa queda da taxa de juros real reduz o retorno proporcionado pelo trabalho corrente e diminui a oferta de trabalho.

Na Figura 29.13(b), a curva de oferta de trabalho se desloca para a esquerda, para SL_1. O efeito da diminuição da produtividade sobre a demanda por trabalho é maior do que o efeito da diminuição da taxa de juros sobre a oferta de trabalho. Isto é, a curva DL se desloca para a esquerda mais do que a curva SL. Como resultado, o salário real diminui para $ 34,50 por hora e o emprego diminui para 195 bilhões de horas. Uma recessão teve início e está se intensificando.

O que aconteceu à moeda? O nome teoria dos ciclos econômicos *reais* não é acidental. Ele reflete a principal previsão da teoria. As coisas reais, não nominais ou monetárias, causam os ciclos econômicos. Se a quantidade de moeda varia, a demanda agregada também varia. No entanto, se não há mudança real – sem variação do uso dos recursos e sem variação do PIB potencial –, a variação da quantidade de moeda altera apenas o nível de preços. De acordo com a teoria CER, esse resultado ocorre porque a curva de oferta agregada é a curva *SAL*, que fixa o PIB real no PIB potencial, de modo que, com uma variação da demanda agregada, só o nível de preços varia.

Ciclos e crescimento O choque que impulsiona os ciclos econômicos da teoria CER é o mesmo que a força que propicia o crescimento econômico: a mudança tecnológica. Em média, à medida que a tecnologia avança, a produtividade cresce. No entanto, ela cresce em um ritmo instável. Vimos esse fato quando estudamos a contabilidade do crescimento no Capítulo 24. Naquele capítulo nos concentramos em tendências de lentas mudanças no crescimento da produtividade. A teoria CER utiliza a mesma idéia, mas afirma que há choques freqüentes na produtividade que são em geral positivos, mas ocasionalmente negativos.

Críticas e defesas da teoria CER As três principais críticas à teoria CER são que (1) o salário monetário *é* rígido, e a presunção de que não é entra em conflito com um fato claro; (2) a substituição intertemporal é uma força fraca demais para explicar grandes flutuações da oferta de trabalho e do emprego com pequenas variações do salário real; e (3) os choques de produtividade têm a mesma probabilidade de ser causados por *alterações da demanda agregada* que de ser provocados por mudanças tecnológicas.

Se as flutuações da produtividade são causadas por flutuações da demanda agregada, então as teorias tradicionais da demanda agregada são necessárias para explicá-las. As flutuações da produtividade não causam os ciclos econômicos, mas são causadas por eles!

Com base nisso, os críticos observam que as chamadas flutuações de produtividade medidas pela contabilidade do crescimento estão correlacionadas com variações da taxa de crescimento da moeda e com outros indicadores de mudanças da demanda agregada.

Os defensores da teoria CER alegam que ela explica os fatos macroeconômicos sobre os ciclos econômicos e está de acordo com os fatos sobre o crescimento econômico. Com efeito, uma única teoria explica *tanto o crescimento quanto os ciclos*. O exercício da contabilidade do crescimento que explica tendências lentas de mudança também explica as oscilações mais freqüentes dos ciclos econômicos. Seus defensores também alegam que a teoria CER está de acordo com uma ampla variedade de evidências *micro*econômicas sobre decisões de oferta de trabalho, sobre demanda por trabalho e sobre decisões de demanda por investimentos e informações sobre a distribuição de renda entre o trabalho e o capital.

> ### QUESTÕES PARA REVISÃO
>
> 1 Explique a teoria predominante dos ciclos econômicos.
> 2 Quais são as quatro variedades da teoria predominante dos ciclos econômicos e como elas diferem?
> 3 De acordo com a teoria CER, o que causa os ciclos econômicos? Qual é o papel das flutuações da taxa de mudança tecnológica?
> 4 De acordo com a teoria CER, como uma diminuição do crescimento da produtividade influencia a demanda por investimentos, o mercado de fundos disponíveis para empréstimos, a taxa de juros real, a demanda por trabalho, a oferta de trabalho, o emprego e o salário real?
> 5 Quais são as principais críticas contra a teoria CER e como os defensores dela a justificam?

◆ Você poderá concluir seu estudo da inflação e dos ciclos econômicos na seção "Leitura das entrelinhas", que aborda o *trade-off* entre a inflação e o desemprego nos Estados Unidos em 2006.

LEITURA DAS ENTRELINHAS

O *trade-off* de curto prazo entre o desemprego e a inflação em 2006

Um pequeno aumento ainda amplia os temores da inflação

15 de junho de 2006

... Depois de assumir o cargo de presidente do conselho do Fed neste ano, Ben S. Bernanke mencionou que acreditava que a taxa subjacente de inflação não deveria exceder 2 por cento ao ano. Essa meta difícil, que a maioria dos outros formuladores de política econômica do Fed compartilha, reflete uma grande mudança de atitude em relação aos riscos de inflação.

De modo bastante similar àquele como a depressão da década de 1930 afetou toda uma geração de norte-americanos que conviveram com ela, a estagflação da década de 1970 e a aguda recessão do início da década de 1980 marcaram para sempre toda uma geração de economistas.

"Trata-se de uma total mudança de regime", disse Barry P. Bosworth, um dos principais assessores econômicos do presidente Jimmy Carter durante os piores anos de inflação em alta.

"Na época, discutíamos sobre o *trade-off* entre o desemprego e a inflação e não sabíamos com clareza qual deles era o mais importante", ele explicou. "Hoje em dia, não há dúvidas: não é possível conduzir a economia sem a primazia da meta da estabilidade dos preços."

Nos dias de hoje, a meta do Fed é reduzir as "expectativas de inflação", mesmo que os efeitos sejam a desaceleração de uma economia que já parece estar se desacelerando, outro balde de água fria jogado no mercado imobiliário e possivelmente o aumento do desemprego. Tudo isso apesar de os salários horários mal terem conseguido acompanhar os preços dos bens de consumo, que, incluindo os custos de energia e alimentação, subiram 0,4 por cento em maio, ficando 4,2 por cento mais altos do que no ano anterior.

O esforço para manter a inflação tão baixa, contudo, não está livre de controvérsias. Alguns argumentam que o Fed deveria tolerar uma faixa ligeiramente mais alta e se preocupam com o fato de que, caso o Fed defina uma zona de conforto mais estreita de zero por cento a 2 por cento, haverá o risco de algo pior – uma verdadeira deflação – se a economia deparar com uma pedra no meio do caminho.

Fonte: Copyright 2006 The New York Times Company. Reproduzido com permissão. Proibido nova reprodução. Disponível em: http://www.nytimes.com

Essência da notícia

▶ O Fed quer manter a taxa de inflação em aproximadamente 2 por cento ao ano.

▶ A estagflação da década de 1970 e a recessão do início da década de 1980 marcaram para sempre a geração de economistas da qual Bernanke faz parte.

▶ Na década de 1970, os economistas discutiam sobre o *trade-off* entre o desemprego e a inflação e não sabiam com clareza qual era mais importante.

▶ Hoje em dia, os economistas concordam que a principal meta é a estabilidade dos preços.

▶ O Fed quer reduzir as expectativas de inflação, mesmo que o efeito seja a desaceleração ainda maior de uma economia que já está desacelerando.

▶ Alguns economistas acham que o Fed deveria tolerar uma taxa de inflação ligeiramente mais alta porque um choque negativo poderia causar deflação.

Análise econômica

▶ A taxa de inflação (IPC) em julho de 2006 era de 0,4 por cento, o que se traduz em uma taxa de inflação anual de quase 5 por cento.

▶ A taxa de desemprego em julho de 2006 era de 4,7 por cento.

▶ A estimativa do Congressional Budget Office, o órgão orçamentário do Congresso norte-americano, sobre a taxa natural de desemprego é de 5,5 por cento.

▶ Utilizando essa estimativa da taxa natural, a economia estava em um equilíbrio acima do pleno emprego no terceiro trimestre de 2006.

▶ A Figura 1 ilustra a situação da economia dos Estados Unidos em julho de 2006 utilizando o modelo da curva de Phillips.

▶ A curva de Phillips de longo prazo é *CPLP* com a taxa natural de desemprego de 5,5 por cento.

▶ A curva de Phillips de curto prazo é $CPCP_0$, com base em uma taxa de inflação esperada presumida de 3 por cento ao ano.

▶ A taxa de inflação real excede a taxa de inflação esperada.

▶ Se o Fed não tomar nenhuma providência e se a economia não desacelerar sozinha, a taxa de inflação esperada aumentará e a curva de Phillips de curto prazo se deslocará para cima e fará o *trade-off* entre a inflação e o desemprego ser mais desfavorável.

▶ A Figura 2 mostra o que acontece se o Fed desacelera a taxa de crescimento da demanda agregada e empurra a taxa de desemprego para cima.

▶ A taxa de inflação desacelera e a economia se movimenta para baixo ao longo da curva de Phillips de curto prazo $CPCP_0$.

▶ A Figura 3 mostra os efeitos de prazo mais longo da desaceleração da inflação.

▶ Quando a taxa de desemprego aumenta e fica acima da taxa natural, a taxa de inflação desacelera e fica abaixo da taxa de inflação esperada.

▶ Mais cedo ou mais tarde, a taxa de inflação esperada começa a diminuir e a curva de Phillips de curto prazo se desloca para baixo.

▶ Se o Fed consegue reduzir a taxa de inflação esperada para 2 por cento ao ano, a curva de Phillips de curto prazo se desloca para baixo, para $CPCP_1$.

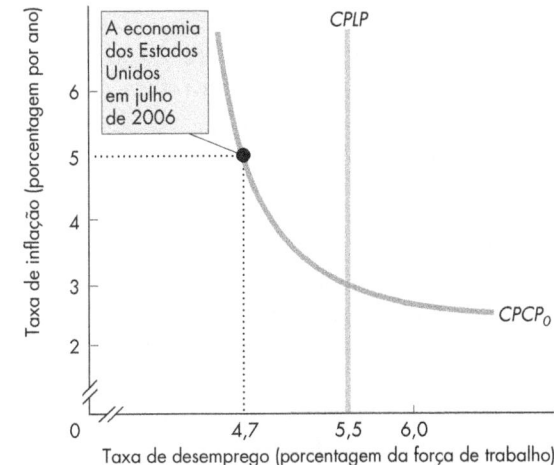

Figura 1: As curvas de Phillips

▶ É improvável que um choque negativo leve a uma deflação, como o artigo afirma que alguns temem.

▶ No entanto, se o Fed não tomar nenhuma medida para reduzir a taxa de inflação, é muito provável que as expectativas de inflação percam a estabilidade e aumentem.

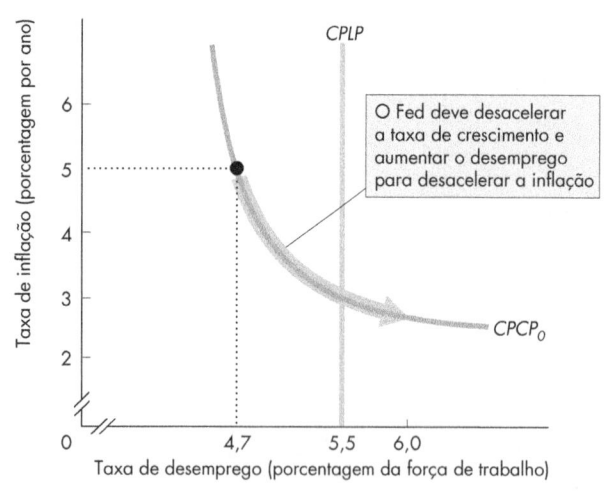

Figura 2: O Fed reduz a taxa de expansão monetária

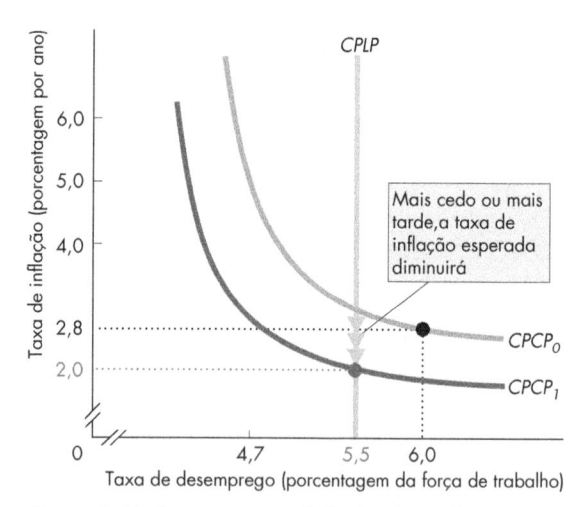

Figura 3: No longo prazo, a inflação desacelera

RESUMO

Pontos-chave

A evolução da economia dos Estados Unidos (p. 686-688)

- O PIB potencial aumenta.
- A inflação persiste porque a demanda agregada cresce mais rapidamente do que o PIB potencial.
- Os ciclos econômicos ocorrem porque o PIB potencial e a demanda agregada mudam em um ritmo instável.

Ciclos de inflação (p. 688-693)

- A inflação de demanda é iniciada por um aumento da demanda agregada e fomentada por uma expansão monetária contínua. O PIB real flutua acima do pleno emprego.
- A inflação de custos é iniciada por um aumento do salário monetário ou do preço das matérias-primas e fomentada por uma expansão monetária contínua. O PIB real flutua abaixo do pleno emprego em uma estagflação.
- Quando a expectativa da inflação é correta, o PIB real permanece no PIB potencial.

Inflação e desemprego: a curva de Phillips (p. 693-696)

- A curva de Phillips de curto prazo mostra o *trade-off* entre a inflação e o desemprego quando a taxa de inflação esperada e a taxa natural de desemprego permanecem constantes.
- A curva de Phillips de longo prazo, que é vertical, mostra que, quando a taxa de inflação real é igual à taxa de inflação esperada, a taxa de desemprego é igual à taxa natural de desemprego.

Ciclos econômicos (p. 696-700)

- A teoria predominante dos ciclos econômicos explica os ciclos econômicos como flutuações do PIB real em torno do PIB potencial e como ciclos resultantes de uma expansão estável do PIB potencial combinada com uma expansão da demanda agregada a uma taxa flutuante.
- A teoria dos ciclos econômicos reais explica os ciclos econômicos como flutuações do PIB potencial, que surgem de flutuações da influência da mudança tecnológica sobre o crescimento da produtividade.

Figuras-chave

Figura 29.1: Crescimento econômico, inflação e ciclos nos Estados Unidos: 1960-2005, 687

Figura 29.3: Uma espiral da inflação de demanda, 690

Figura 29.5: Uma espiral da inflação de custos, 692

Figura 29.6: Inflação esperada, 692

Figura 29.8: Curvas de Phillips de curto prazo e longo prazo, 694

Figura 29.11: A teoria predominante dos ciclos econômicos, 696

Figura 29.13: Mercado de fundos disponíveis para empréstimos e mercado de trabalho em um ciclo econômico real, 699

Palavras-chave

Curva de Phillips, 693

Curva de Phillips de curto prazo, 693

Curva de Phillips de longo prazo, 694

Estagflação, 691

Expectativa racional, 693

Inflação de custos, 690

Inflação de demanda, 688
Teoria dos ciclos dos novos clássicos, 697
Teoria dos ciclos dos novos keynesianos, 697
Teoria dos ciclos econômicos reais, 697
Teoria keynesiana dos ciclos, 697
Teoria monetarista dos ciclos, 697

EXERCÍCIOS

1. A tabela abaixo fornece informações sobre a economia da Argentina. A coluna A é o ano, a coluna B é o PIB real em bilhões de pesos de 2000 e a coluna C é o nível de preços.

	A	B	C
1	1993	244	97,2
2	1994	257	99,9
3	1995	250	103,1
4	1996	264	103,1
5	1997	286	102,6
6	1998	297	100,8
7	1999	297	99,0
8	2000	284	100,0
9	2001	272	98,9
10	2002	242	129,1
11	2003	263	142,7
12	2004	287	155,8

   a. Em quais anos a Argentina passou por uma inflação? Em quais anos ela passou por uma deflação?
   b. Em quais anos ocorreu recessão? Em quais anos ocorreu expansão?
   c. Em quais anos você esperaria que a taxa de desemprego fosse mais alta? Por quê?
   d. Os dados mostram uma relação entre o desemprego e a inflação na Argentina?

   Utilize a figura a seguir para os exercícios 2, 3, 4 e 5.

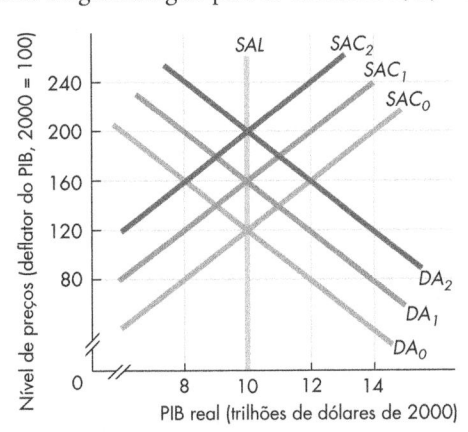

2. A economia parte das curvas DA_0 e SAC_0. Ocorrem alguns eventos que geram uma inflação de demanda.
   a. Relacione os eventos que poderiam causar uma inflação de demanda.
   b. Utilizando a figura, descreva os efeitos iniciais de uma inflação de demanda.
   c. Utilizando a figura, descreva o que acontece à medida que a espiral de inflação de demanda evolui.

3. A economia parte das curvas DA_0 e SAC_0. Ocorrem alguns eventos que geram uma inflação de custos.
   a. Cite os eventos que poderiam causar uma inflação de custos.
   b. Utilizando a figura, descreva os efeitos iniciais de uma inflação de custos.
   c. Utilizando a figura, descreva o que acontece à medida que uma espiral de inflação de custos evolui.

4. A economia parte das curvas DA_0 e SAC_0. Ocorrem alguns eventos que geram uma inflação esperada.
   a. Cite os eventos que poderiam causar uma inflação esperada.
   b. Utilizando a figura, descreva os efeitos iniciais de uma inflação esperada.
   c. Utilizando a figura, descreva o que acontece à medida que uma inflação esperada evolui.

5. Suponha que as pessoas esperem uma deflação (um nível de preços em queda) mas a demanda agregada permaneça em DA_0.
   a. O que acontece com as curvas de oferta agregada de curto prazo e de longo prazo? (Trace algumas novas curvas se necessário.)
   b. Utilize a figura para descrever os efeitos iniciais de uma deflação esperada.
   c. Utilize a figura para descrever o que acontece à medida que começa a ficar claro para as pessoas que a deflação esperada não ocorrerá.

6. O Banco Central da Nova Zelândia assinou um acordo com o governo da Nova Zelândia no qual concordou em manter a inflação dentro de uma meta composta de uma faixa estreita. O fracasso em atingir a meta resultaria na demissão do presidente do banco.
   a. Explique como esse acordo poderia ter influenciado a curva de Phillips de curto prazo da Nova Zelândia.
   b. Explique como esse acordo poderia ter influenciado a curva de Phillips de longo prazo da Nova Zelândia.

7. Uma economia tem uma taxa de desemprego de 4 por cento e uma taxa de inflação de 5 por cento ao ano no ponto A da figura.

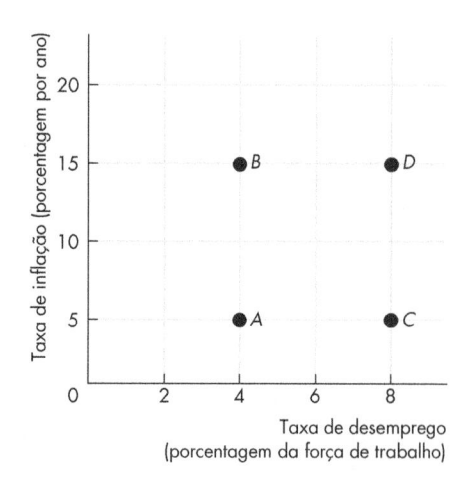

Ocorrem alguns eventos que movem a economia em uma espiral em sentido horário de *A* para *B*, para *D*, para *C* e de volta a *A*.

a. Descreva os eventos que poderiam ocasionar essa seqüência.

b. Trace na figura a seqüência das curvas de Phillips de curto prazo e de longo prazo da economia.

c. A economia passou por uma inflação de demanda, uma inflação de custos, uma inflação esperada ou nenhuma delas?

8. Suponha que os ciclos econômicos nos Estados Unidos sejam bem descritos pela teoria CER. Um avanço tecnológico aumenta a produtividade.

a. Trace um diagrama para mostrar o efeito do avanço tecnológico no mercado de fundos disponíveis para empréstimos.

b. Trace um diagrama para mostrar o efeito do avanço tecnológico no mercado de trabalho.

c. Qual é a decisão de quando trabalhar quando a tecnologia avança?

PENSAMENTO CRÍTICO

1. Depois de ter estudado a descrição da economia norte-americana em 2006 na seção "Leitura das entrelinhas":

a. Descreva as principais características da economia norte-americana em julho de 2006.

b. Os Estados Unidos tiveram um hiato recessivo ou um hiato inflacionário em julho de 2006? Como você sabe?

c. Utilize o modelo *SA–DA* para mostrar as alterações da demanda agregada e da oferta agregada que levaram a um baixo desemprego e a uma alta taxa de inflação em 2006.

d. Utilize o modelo *SA–DA* para mostrar as alterações da demanda agregada e da oferta agregada que teriam ocorrido se o banco central tivesse aumentado a taxa de juros e desacelerado a taxa de expansão monetária durante 2006 e 2007.

e. Utilize o modelo da curva de Phillips para mostrar as alterações da taxa de inflação e da taxa de desemprego que teriam ocorrido se o banco central tivesse aumentado a taxa de juros e desacelerado a taxa de expansão monetária durante 2006 e 2007.

2. Os salários reais não conseguem acompanhar o aumento da produtividade

Na maior parte do século passado, os salários e a produtividade – a principal medida da eficiência da economia – cresceram juntos, aumentando rapidamente nas décadas de 1950 e 1960 e muito mais lentamente nas décadas de 1970 e 1980. Mas, nos últimos anos, os ganhos de produtividade continuaram, ao passo que os aumentos salariais não acompanharam o mesmo ritmo.

The New York Times, 28 de agosto de 2006

Explique a relação entre os salários e a produtividade no artigo segundo a teoria dos ciclos econômicos reais.

ATIVIDADES NA INTERNET

1. Faça uma pesquisa no portal do Banco Central do Brasil (www.bcb.gov.br) na Internet e obtenha dados sobre as previsões do PIB real e da inflação no Brasil nos últimos anos.

a. Qual é sua previsão sobre o crescimento do PIB real neste ano?

b. Qual é sua previsão sobre a inflação neste ano?

c. Em sua opinião, haverá um hiato recessivo ou um hiato inflacionário neste ano?

2. Amplie sua pesquisa e obtenha dados semelhantes para as principais economias do mundo. Responda às mesmas questões apresentadas na pergunta anterior.

CONTEXTO BRASILEIRO

Inflação e desemprego

Mariana Ribeiro Jansen Ferreira[1]

A análise da curva de Phillips, conforme demonstrado no capítulo, constrói uma relação entre as taxas de desemprego e inflação vigentes na economia. No entanto, é também fundamental compreender como se formam tais indicadores no Brasil e como eles podem estar relacionados na economia brasileira e nas políticas econômicas adotadas pelo governo.

A taxa de desemprego mede a relação entre o total de desempregados e a população economicamente ativa (PEA), e tem como base indicadores variáveis de acordo com o órgão que o calcula. Os dois principais institutos que medem o desemprego no Brasil são o IBGE, por meio da Pesquisa Mensal de Emprego (PME), e o Dieese, com a Pesquisa de Emprego e Desemprego (PED).

O IBGE, que divulga os dados oficiais apresentados pelo governo, faz uma análise do desemprego considerando as regiões metropolitanas de Recife, Salvador, Belo Horizonte, Rio de Janeiro, São Paulo e Porto Alegre, em pesquisas com periodicidade mensal. Os pressupostos da pesquisa são os implementados pela Organização Internacional do Trabalho (OIT), que considera desocupadas as pessoas sem trabalho na semana de referência – a anterior à da entrevista realizada na unidade domiciliar (IBGE, 2007) – e que procuraram alguma ocupação[2]:

> "São classificadas como desocupadas na semana de referência as pessoas sem trabalho na semana de referência, mas que estavam disponíveis para assumir um trabalho nessa semana e que tomaram alguma providência efetiva para conseguir trabalho no período de referência de 30 dias, sem terem tido qualquer trabalho ou após terem saído do último trabalho que tiveram nesse período" (IBGE, 2007).

Assim, a taxa de desemprego é medida pelo IBGE como a taxa de desocupação na semana de referência, englobando todos os que se classificam como desocupados em relação à população economicamente ativa.

Outro importante indicador da taxa de desemprego no Brasil é o pesquisado pelo Dieese, em parceria com a Fundação Seade. Quando foi criado, em 1984, tinha como foco o desemprego registrado na região metropolitana de São Paulo. Com a realização de parcerias com órgãos locais, pôde expandir-se para o Distrito Federal e para as regiões metropolitanas de Porto Alegre, Recife, Salvador e Belo Horizonte.

A medição de desemprego realizada pelo Dieese é um pouco diferenciada em relação à do IBGE, tendo em vista que considera em desemprego aberto as "pessoas que procuraram trabalho de maneira efetiva nos 30 dias anteriores ao da entrevista e não exerceram nenhum trabalho nos sete últimos dias" (Dieese, 2008). Deste modo, há uma importante diferença de tempo de procura por emprego considerado nas duas pesquisas: apenas sete dias na medição do IBGE e 30 dias na do Dieese.

Além disso, o Dieese considera como desempregado o indivíduo na situação do chamado desemprego oculto pelo trabalho precário e pelo desalento, isto é, a parcela da população não contabilizada na pesquisa do IBGE como desempregada. O desemprego oculto pelo trabalho precário considera pessoas que exerceram, em regime de auto-ocupação, algum trabalho de forma descontínua e irregular e, além disso, tomaram providências concretas, nos 30 dias anteriores ao da entrevista ou até nos 12 meses anteriores, para conseguir um trabalho diferente. Já o desemprego oculto pelo desalento considera os que não possuem trabalho nem o procuraram nos últimos 30 dias, por desestímulos do mercado ou por circunstâncias fortuitas, mas apresentaram procura efetiva de trabalho nos últimos 12 meses (Dieese, 2008).

Portanto, a taxa de desemprego é maior na medição realizada pelo Dieese do que na auferida pelo

---

[1] Economista; Mestre em Economia.
[2] Define-se como procura de trabalho a tomada de alguma providência efetiva para conseguir trabalho, ou seja, o contato estabelecido com empregadores; a prestação de concurso; a inscrição em concurso; a consulta a agências de emprego, sindicatos ou órgãos similares; a resposta a anúncio de emprego; a solicitação de trabalho a parente, amigo, colega ou por meio de anúncio; a tomada de medida para iniciar negócio, etc. (IBGE, 2007).

IBGE, considerando que a pesquisa daquele possui um critério mais amplo na classificação de pessoas desempregadas, como pode ser verificado na tabela 1.

Com relação à taxa de inflação, o país também possui indicadores diferenciados, em números muito superiores aos que medem a taxa de desemprego. O índice nacional de preços ao consumidor amplo (IPCA), que é o indicador oficial, considerado pelo governo, é medido mensalmente e abrange as famílias com rendimentos mensais de 1 a 40 salários mínimos e residentes nas áreas urbanas das regiões pesquisadas. Já o índice nacional de preços ao consumidor (INPC) tem uma análise mais restrita, ao considerar apenas as famílias com rendimentos mensais de 1 a 6 salários mínimos, cujo chefe é assalariado em sua ocupação principal e residente nas áreas urbanas das regiões (IBGE, 2008b). O INPC é a base para os reajustes salariais. Tanto o IPCA quanto o INPC são medidos pelo IBGE e abrangem as regiões metropolitanas de Belém, Fortaleza, Recife, Salvador, Belo Horizonte, Rio de Janeiro, São Paulo, Curitiba, Porto Alegre, Brasília e o município de Goiânia.

Outro importante indicador de inflação é o índice geral de preços – disponibilidade interna (IGP-DI), calculado pela Fundação Getúlio Vargas. Trata-se de uma média ponderada de outros três índices: o IPA, que mede o aumento do preço para o atacado; o IPC, que mede elevações de preços para consumidores com renda de 1 a 33 salários mínimos e residentes em São Paulo e Rio de Janeiro; e o INCC, que mede os aumentos de preço no setor de construção civil. A média ponderada implementada pelo IGP, com relação ao IPA, ao IPC e ao INCC é de 60 por cento, 30 por cento e 10 por cento, respectivamente. O IGP-DI é um importante indicador, utilizado para os reajustes de contratos de aluguéis e preços públicos.

A inflação e o desemprego figuram como os grandes problemas macroeconômicos de curto prazo. Por isso, a sua evolução é foco nas políticas econômicas de governo.

Tabela I Taxa de desemprego (%)

	2002	2003	2004	2005	2006	2007
IBGE – PME	11,7	12,3	11,5	9,8	10,0	9,3
DIEESE – PED	19,0	19,9	18,7	17,9	16,8	15,5

Fonte: IBGE (2008); Dieese (2008).

Tabela 2 Indicadores de taxa de inflação: IPCA, INPC, IGP-DI

	2002	2003	2004	2005	2006	2007
IPCA	12,5	9,3	7,6	5,7	3,1	4,5
INPC	14,7	10,4	6,1	5,1	2,8	5,2
IGP-DI	26,4	7,7	12,1	1,2	3,8	7,9

Fonte: IBGE (2008); FGV (2008).

Neste sentido, é interessante observar como o governo brasileiro costuma organizar sua política monetária. Isso porque, desde o segundo mandato do governo Fernando Henrique, em 1999, tal política tem se restringido à evolução da inflação. Em vez de controlar a quantidade de moeda, o Banco Central deveria focar-se na determinação da taxa de juros, de modo que esta não se afaste da taxa de juros real efetiva, que é aproximadamente igual à diferença entre a taxa nominal de juros fixada pelo Banco Central e a taxa esperada de inflação[3].

Levando em consideração esse conceito, o papel do Banco Central seria manter alinhada a taxa de juros real com o seu "valor de equilíbrio", modificando os juros – a taxa básica de juros Selic – conforme a evolução da pressão inflacionária: quando esta aumentasse, os juros seriam elevados; quando fosse menor que a esperada, os juros poderiam ser reduzidos.

Dentro desta lógica, montou-se, no Brasil, o arranjo institucional do sistema de metas de inflação, que, como o nome diz, tem como base a criação de uma meta para a inflação anual com intervalos de tolerância, isto é, bandas entre as quais a inflação pode flutuar. No caso brasileiro, as metas são fixadas pelo Banco Central, através do Conselho Monetário Nacional, tendo sido o IPCA definido para basear as metas.

Vale destacar que, da forma como é elaborado, o sistema de metas assume como pressuposto que a inflação é de demanda. Ou seja, a elevação de preços na economia seria gerada por um excesso de demanda em relação à oferta existente. Dessa forma, apenas com a redução da procura pelos bens e serviços já haveria uma queda na taxa de inflação. Mas grande parte da inflação registrada no Brasil ocorre pelo lado da oferta, isto é, pelo aumento nos preços administrados. Assim, uma elevação da taxa de juros atacaria os sintomas da inflação e não as suas causas (SICSÚ, 2003).

---

[3] "Se a taxa de juros real efetiva, aproximadamente igual à diferença entre a taxa nominal de juros fixada pelo Banco Central e a taxa esperada de inflação, for maior do que a taxa de juros de equilíbrio, então o nível de atividade econômica irá se reduzir, fazendo com que a taxa de inflação também se reduza em função da existência do *trade-off* de curto prazo entre inflação e desemprego, expresso pela curva de Phillips. Por outro lado, se a taxa real efetiva for menor do que a taxa de juros de equilíbrio, então o nível de atividade econômica irá aumentar, o que induzirá um aumento da taxa de inflação" (OREIRO, 2005).

Tabela 3 Histórico de metas para a inflação no Brasil

Ano	Norma	Data	Meta (%)	Banda (p.p.)	Limites inferior e superior (%)	Inflação efetiva (IPCA% a.a.)
1999			8	2	6 – 10	8,94
2000	Resolução 2.615	30/6/1999	6	2	4 – 8	5,97
2001			4	2	2 – 6	7,67
2002	Resolução 2.744	28/6/2000	3,5	2	1,5 – 5,5	12,53
2003[1]	Resolução 2.842	28/6/2001	3,25	2	1,25 – 5,25	9,30
	Resolução 2.972	27/6/2002	4	2,5	1,5 – 6,5	
2004[1]	Resolução 2.972	27/6/2002	3,75	2,5	1,25 – 6,25	7,60
	Resolução 3.108	25/6/2003	5,5	2,5	3 – 8	
2005	Resolução 3.108	25/6/2003	4,5	2,5	2 – 7	5,69
2006	Resolução 3.210	30/6/2004	4,5	2	2,5 – 6,5	3,14
2007	Resolução 3.291	23/6/2005	4,5	2	2,5 – 6,5	4,46
2008	Resolução 3.378	29/6/2006	4,5	2	2,5 – 6,5	
2009	Resolução 3.463	26/6/2007	4,5	2	2,5 – 6,5	

[1] A Carta Aberta, de 21/1/2003, estabeleceu metas ajustadas de 8,5 por cento para 2003 e de 5,5 por cento para 2004.

Fonte: Banco Central do Brasil (2008).
Disponível em: http://www.bcb.gov.br/Pec/metas/TabelaMetaseResultados.pdf

Uma possibilidade discutida é a manutenção do sistema de metas de inflação, porém incluindo um mecanismo que permita acompanhar se o controle da inflação não gera grande sacrifício para o crescimento econômico nem para a criação de emprego. Ou seja, a curva de Phillips com uma taxa de inflação muito baixa, aliada a um elevado desemprego. Esse acompanhamento poderia ser feito exatamente com base no diferencial entre inflação e desemprego, a chamada 'taxa de sacrifício'.

A taxa de sacrifício (*misery rate*) no Brasil, de acordo com a tabela 4, está diminuindo nos últimos anos. Ou seja, o país tem reduzido o sacrifício entre inflação e desemprego. Os indicadores de inflação diminuem sem elevar o desemprego, sem que se verifique o princípio que embasa a curva de Phillips. Na verdade, ambos têm se reduzido.

Tabela 4 Taxa de inflação, taxa de desemprego e taxa de sacrifício (%)

	2002	2003	2004	2005	2006	2007
Taxa de inflação (IPCA)	12,5	9,3	7,6	5,7	3,1	4,5
Taxa de desemprego	11,7	12,3	11,5	9,8	10,0	9,3
Taxa de sacrifício	24,2	21,6	19,1	15,5	13,1	13,8

Fonte: IBGE (2008); Banco Central do Brasil (2007).

REFERÊNCIAS

Banco Central do Brasil (2007). Histórico de metas para a inflação no Brasil. Disponível em: http://www.bcb.gov.br/Pec/metas/TabelaMetaseResultados.pdf.

BONOMO, Marco Antonio; BRITO, Ricardo D. "Regras monetárias e dinâmica macroeconômica no Brasil: uma abordagem de expectativas racionais". *Revista Brasileira de Economia*, vol. 56, n. 4, Rio de Janeiro, out./dez, 2002.

Dieese (2008). Disponível em: http://www.dieese.org.br/ped/pedmet.xml; http://www.dieese.org.br/ped/metropolitana.xml#.

Fundação Getúlio Vargas (2008). http://www.fgv.br/dgd/asp/dsp_IGP.asp; http://www.fgvdados.fgv.br/dsp_frs_pai_ferramentas.asp.

IBGE (2007). Série Relatórios Metodológicos: Pesquisa Mensal de Emprego. v. 23, 2. ed. Rio de Janeiro, 2007.

IBGE (2008). Banco Sidra: tabelas 2167. Disponível em: http://www.sidra.ibge.gov.br/bda/tabela/listabl.asp?z=t&c=2176.

OREIRO, José Luís; PASSOS, Marcelo. *A Governança da Política Monetária Brasileira: Análise e proposta de mudança*. UFPR, 2005.

SABÓIA, João. "O eterno dilema: crescimento ou inflação". *Valor Econômico*, 11 abr. 2005.

SICSÚ, João. "Políticas não monetárias de controle da inflação: uma proposta pós keynesiana". *Revista Análise Econômica*, Rio Grande do Sul, v. 21, n. 1, 2003.

PARTE 9
ENTENDIMENTO DA ECONOMIA NO CURTO PRAZO

Alta e queda

Para curar uma doença, os médicos primeiro precisam entender como ela reage a diferentes tratamentos. É útil conhecer os mecanismos que causam a doença, mas, algumas vezes, pode ser encontrada uma cura viável mesmo antes de toda a história sobre as causas ter sido contada.

Curar mazelas econômicas é como curar doenças. Precisamos saber como a economia reage aos tratamentos que poderíamos prescrever. Além disso, algumas vezes, queremos obter uma cura apesar de não compreender totalmente as razões para o problema que estamos tentando controlar.

Vimos como o ritmo da acumulação de capital e da mudança tecnológica determina a tendência de crescimento de longo prazo. Vimos como as flutuações em torno da tendência de longo prazo podem ser geradas pelas alterações da demanda agregada e da oferta agregada. Também aprendemos sobre as principais fontes de flutuação da demanda agregada e da oferta agregada.

Os três capítulos desta parte explicaram as teorias alternativas das oscilações econômicas. Começamos no Capítulo 27 estudando o modelo *SA–DA*. Ele explica as forças que determinam o PIB real e o nível de preços no curto prazo. O modelo também nos permite ver o quadro geral ou o panorama mais amplo das diferentes escolas de pensamento macroeconômico referente às fontes de flutuações agregadas.

O Capítulo 28 explicou o modelo keynesiano dos gastos agregados. Esse modelo proporciona uma descrição dos fatores que determinam a demanda agregada e fazem com que ela flutue. O modelo keynesiano também explica como as alterações dos estoques das empresas provocam alterações da produção e levam a um efeito multiplicador quando os investimentos, as exportações ou os gastos públicos em bens e serviços variam.

No Capítulo 29, vimos teorias alternativas sobre a inflação e os ciclos econômicos. Todas essas teorias podem ser traduzidas no modelo *SA–DA*. Isso nos ajuda a comparar e contrastar as diferentes visões. No entanto, a nova teoria dos ciclos econômicos é mais adequada para o modelo de demanda e oferta da microeconomia do que para o modelo *SA–DA*. A maioria dos economistas não adotou a abordagem dos ciclos econômicos reais. Essa visão é extrema. Mas o método utilizado pela teoria dos ciclos econômicos reais chegou para ficar. Esse método consiste em construir um modelo matemático para a economia inteira e depois observar, em uma simulação por computador, que tipo de ciclos o modelo cria. A economia simulada é calibrada de acordo com a economia real, e os ciclos são comparados. O modelo de computador pode ser tratado com uma variedade de 'medicamentos', e então seus efeitos são observados. Esse novo estilo de pesquisa dos ciclos econômicos não pode ser explicado em detalhes sem a utilização de conceitos matemáticos avançados. Mas o Capítulo 29 explicou os conceitos econômicos que o fundamentam e demonstrou o tipo de modelo que os teóricos dos ciclos econômicos reais utilizam.

O economista que você conhecerá na página a seguir, John Maynard Keynes, foi o primeiro a formar as bases do modelo *SA–DA*, apesar de sua versão do modelo ser de difícil compreensão. De qualquer modo, ele revolucionou a macroeconomia.

ANÁLISE DE IDÉIAS

Ciclos econômicos

> "As idéias dos economistas e filósofos políticos, quando estão certos e quando estão errados, são mais poderosas do que se costuma perceber. Com efeito, o mundo é governado por pouco mais do que isso."
>
> JOHN MAYNARD KEYNES
>
> A teoria geral do emprego, do juro e da moeda

O economista

John Maynard Keynes, *nascido na Inglaterra em 1883, foi uma das mentes mais brilhantes do século XX. Ele escreveu sobre probabilidades, bem como sobre economia, representou a Grã-Bretanha na conferência de paz de Versalhes no final da Primeira Guerra Mundial, foi um grande especulador nos mercados financeiros internacionais (uma atividade que ele conduzia na cama todas as manhãs e que lhe possibilitou ganhar, mas também perder, muitas fortunas) e exerceu um importante papel na criação do Fundo Monetário Internacional.*

Ele era um dos membros do Grupo de Bloomsbury, um círculo de proeminentes artistas e escritores que incluía E. M. Forster, Bertrand Russell e Virginia Woolf.

Keynes era uma figura controversa e incisiva. Um crítico uma vez reclamou que Keynes tinha mudado de opinião sobre uma questão qualquer, e ele retorquiu: "Quando descubro que estou errado, mudo de idéia. O que você faz?"

O livro de Keynes, A teoria geral do emprego, do juro e da moeda, *escrito durante a Grande Depressão e publicado em 1936, marcou a origem da macroeconomia como uma área distinta da economia*

As questões

Durante a Revolução Industrial, à medida que o avanço tecnológico criava novos empregos e destruía antigos, as pessoas começaram a se perguntar se a economia geraria empregos suficientes e demanda suficiente para comprar todas as coisas que a nova economia industrial poderia produzir.

Jean-Baptiste Say argumentou que a produção cria renda suficiente para comprar tudo o que é produzido – a oferta cria sua própria demanda –, uma idéia que passou a ser chamada de Lei de Say.

Say e Keynes teriam muito em que discordar. Jean-Baptiste Say, nascido em Lyon, França, em 1767 (ele tinha 9 anos de idade quando *A riqueza das nações*, de Adam Smith, foi publicado), sentiu a ira de Napoleão devido a suas visões sobre o governo e a economia. No mundo de hoje, Say lideraria um movimento conservador radical a favor de um governo mais enxuto e mais ágil. Say foi o economista mais famoso de sua época em ambos os lados do Atlântico. Seu livro *Traité d'économie politique* (*Tratado de economia política*), publicado em 1803, tornou-se um dos mais vendidos livros didáticos de economia tanto na Europa quanto na América do Norte.

À medida que a Grande Depressão, na década de 1930, se intensificava e se prolongava, a Lei de Say se tornava menos relevante. John Maynard Keynes revolucionou o pensamento macroeconômico contradizendo a Lei de Say, argumentando que a oferta não cria a própria demanda. Em vez disso, a produção agregada depende do que as pessoas estão dispostas a comprar – depende da demanda agregada. Ou, como disse Keynes, a produção depende da demanda *efetiva*. Keynes argumentou que as pessoas podem se recusar a gastar toda a sua renda. Se as empresas não gastam em novo capital o montante que as pessoas planejam poupar, a demanda pode ser menor que a oferta. Nessa situação, os recursos podem não ser empregados e continuar assim indefinidamente.

A influência de Keynes se faz sentir até os dias de hoje, mais de 60 anos depois da publicação de seu principal trabalho. No entanto, durante os últimos 20 anos, Robert E. Lucas Jr., vencedor do Prêmio Nobel, revolucionou ainda mais a macroeconomia, com significativas contribuições de uma lista de brilhantes macroeconomistas, longa demais para especificar aqui. Hoje em dia, sabemos muito sobre as oscilações econômicas, mas ainda não temos todas as respostas. A macroeconomia continua a ser uma área de inflamadas controvérsias e empolgantes pesquisas.

Antes

A Grande Depressão, que Keynes tentou compreender e que ajudou a evitar, foi um período de prolongadas e extremas dificuldades econômicas que se estendeu de 1929 até o fim da década de 1930.

Em 1933, o pior dos anos da Depressão, o PIB real tinha despencado 30 por cento. As pessoas da fotografia estavam entre os 25 por cento de desempregados que procuravam em vão por um emprego.

Os horrores da Grande Depressão levaram ao New Deal e moldaram as atitudes políticas que permanecem até hoje.

Hoje

Como um edifício projetado para ser uma loja não tem uma utilidade melhor do que ser lacrado e mantido vazio? Segundo os keynesianos, isso se explica por uma demanda agregada insuficiente. De acordo com os teóricos dos ciclos econômicos reais, não é bem assim. A mudança tecnológica reduziu a zero a produtividade atual do prédio como uma loja. Mas sua produtividade futura esperada é suficientemente alta para que não seja eficiente reformar o prédio para alguma outra finalidade. Por isso, o prédio é mantido fechado.

Toda falta de emprego, de prédios ou de pessoas pode ser explicada de modo similar. Por exemplo, como é possível que, durante uma recessão, um vendedor treinado fique desempregado? Uma resposta é a demanda agregada insuficiente. Outra resposta é que a produtividade atual dos vendedores é baixa, mas sua produtividade futura esperada é suficientemente alta para não valer a pena para um vendedor desempregado passar por um novo treinamento para outro tipo de emprego correntemente disponível.

Já faz mais de 75 anos que a Grande Depressão teve início. Apesar de ter havido muitas recessões nos Estados Unidos desde então, nenhuma delas teve a gravidade daquele evento. Mas ainda há oscilações econômicas. Nas páginas a seguir, você poderá conhecer Ricardo Caballero, professor do MIT e um dos mais renomados economistas e especialistas em flutuações econômicas.

PONTO DE VISTA ECONÔMICO

Ricardo J. Caballero

Ricardo J. Caballero é professor de economia internacional do MIT. Ele foi agraciado com muitas honras, inclusive a Frisch Medal da Econometric Society (2002) e o título de Economista do Ano do Chile (2001). Professor altamente conceituado, ele é muito requisitado como palestrante especial e, em 2005, conduziu a prestigiada Palestra Yrjo Jahnsson da Universidade de Helsinque.

O professor Caballero se formou em 1982 e obteve seu título de mestrado em 1983 pela Pontifícia Universidad Católica de Chile. Depois, ele se mudou para os Estados Unidos, onde obteve seu Ph.D. pelo MIT em 1988.

Michael Parkin conversou com Ricardo Caballero sobre seu trabalho e o progresso realizado pelos economistas na compreensão das oscilações econômicas.

Professor Caballero, por que você decidiu se tornar economista?

Será que fui eu que decidi? Estou convencido de que uma pessoa já nasce economista ou não. Eu comecei estudando administração, mas, assim que fiz meu primeiro curso de economia, me encantei com a lógica simples, porém elegante, de um (bom) raciocínio econômico. Dada a complexidade do mundo real, a análise econômica é necessariamente abstrata. Mas, ao mesmo tempo, a economia em geral diz respeito a questões concretas e importantes que afetam a vida de milhões de pessoas. Abstração e relevância – uma maravilhosa e estranha combinação. Nem todos se sentem à vontade com isso, mas, se você se sente, a economia é uma boa área para você.

A maior parte de seu trabalho é sobre ciclos econômicos e outros fenômenos de alta freqüência. Podemos começar revendo os custos das recessões? Robert Lucas diz que as recessões pós-guerra nos Estados Unidos custaram muito pouco. Você concorda?

Não... mas não estou certo de que seja realmente isso que Robert Lucas esteja tentando dizer. Minha opinião é que ele está tentando fazer a área se concentrar um pouco mais em questões de crescimento de longo prazo. Minimizar os custos das recessões foi um recurso útil para defender esse ponto.

Acredito que a afirmação de que as recessões não são custosas é incorreta. Para começar, acho que os cálculos que ele fez para chegar a essa conclusão refletem algumas deficiências fundamentais na maneira como os modelos que utilizamos na economia deixam de levar em consideração os custos do risco e da volatilidade. Essa deficiência se evidencia em muitos mistérios da economia, incluindo o famoso enigma do *equity premium* (diferencial entre os retornos do mercado acionário e os do mercado de títulos públicos). Os modelos econômicos subestimam, em uma ordem de grandeza, a infelicidade dos agentes diante da incerteza. Em segundo lugar, é altamente improvável que as recessões e o crescimento de médio prazo sejam completamente separáveis. Em particular, o processo contínuo de reestruturação, que é fundamental ao crescimento da produtividade, é seriamente prejudicado por profundas recessões.

As recessões são custosas porque desperdiçam enormes recursos, afetam decisões de investimentos físicos e humanos, têm grandes consequências negativas sobre a distribuição, influenciam os resultados políticos etc.

O que dizer sobre o custo das recessões em outras partes do mundo, especialmente na América Latina?

O custo das recessões cresce exponencialmente com o tamanho delas e com a incapacidade do país de amenizar o impacto sobre as partes mais afetadas. Países menos desenvolvidos sofrem choques muito maiores porque sua economia não é bem diversificada e eles vivenciam escoamentos de capital que exacerbam o impacto dos choques recessivos. Os setores financeiros internos desses países são pequenos e normalmente exige-se demais deles durante as recessões, o que dificulta a realocação de recursos escassos aos que mais precisam deles. Para piorar ainda mais as coisas, a capacidade do governo de utilizar a política fiscal fica prejudicada pelos escoamentos de capital, e a política monetária também fica fora de questão quando a moeda em circulação está em queda livre e os passivos estão em dólares. Há muitas coisas que funcionam nos Estados Unidos e que simplesmente não são viáveis para mercados emergentes em dificuldades. É preciso ter cautela ao projetar diretamente nesses países as receitas contracíclicas utilizadas nas economias desenvolvidas.

> As recessões são custosas porque desperdiçam enormes recursos [e] afetam decisões de investimentos físicos e humanos

Seu primeiro trabalho, na sua dissertação de mestrado, foi a construção de um modelo macroeconômico da economia do Chile. O que aprendemos com a comparação de diferentes economias? A economia chilena se comporta essencialmente como a economia norte-americana ou há diferenças fundamentais?

O Chile é uma economia especial entre os mercados emergentes. Ele deu início a reformas pró-mercado muitos anos antes dos outros países e tem uma administração macroeconômica muito prudente há várias décadas. Por essa razão, a economia chilena é um pouco mais 'parecida com a economia norte-americana' do que a maioria das outras economias de mercados emergentes. Entretanto, ainda há diferenças importantes, do tipo que descrevi na minha resposta à questão anterior. Além das especificidades do Chile, em algum nível profundo, os princípios macroeconômicos e, de modo mais geral, os princípios econômicos são os mesmos em todo lugar. Tudo diz respeito a incentivos, *trade-offs*, esforço, compromissos, disciplina, transparência, seguros etc. Mas diferentes economias sofrem em diferentes locais e, portanto, a prática da economia é muito diversificada.

Durante a mais recente expansão dos Estados Unidos, os preços de alguns ativos – em especial o preço dos imóveis – pareciam estar passando por uma bolha especulativa, e você acabou de concluir um trabalho sobre as bolhas. Como podemos saber se estamos de fato testemunhando uma bolha ou simplesmente um rápido aumento dirigido pelos fundamentos das forças de mercado?

Vamos começar do começo. Acho que precisamos nos acostumar com a presença das bolhas especulativas. A razão para isso é que o mundo de hoje tem uma enorme escassez de ativos financeiros que os poupadores podem utilizar para armazenar valor. Devido a essa escassez, ativos 'artificiais' estão prontos para surgir a qualquer momento. Bolhas específicas vão e vêm – como a Nasdaq, os imóveis, as commodities –, mas o total é muito mais estável.

Eu não acho que a distinção entre as bolhas e os fundamentos seja tão clara quanto as pessoas descrevem. Provavelmente fora de períodos de crises de liquidez todos os ativos têm algum componente de bolha neles. A questão é quanto eles têm.

Você estudou situações nas quais o capital subitamente pára de fluir do exterior para uma economia. Quais são as lições aprendidas dessa pesquisa?

A lição mais básica para os mercados emergentes é que os fluxos de capital são voláteis. Algumas vezes eles simplesmente ampliam os problemas domésticos, mas, em muitos outros casos, eles representam uma fonte direta de volatilidade.

Contudo, a conclusão dessa observação não é que os fluxos de capital deveriam ser limitados, da mesma maneira como não fechamos os bancos dos Estados Unidos para eliminar a possibilidade de corrida aos bancos. Pelo contrário, grande parte da volatilidade resulta de uma integração insuficiente com os mercados de capitais internacionais, o que faz com que os mercados emergentes sejam ilíquidos e alvo de especialistas e especuladores. Para curto e médio prazos, a principal lição de política econômica é que súbitas interrupções do fluxo de entrada de capitais devem se colocadas no centro da política macroeconômica em mercados emergentes. Isso tem profundas implicações para a elaboração de políticas monetárias e fiscais, bem como para práticas de administração de reservas inter-

> A lição mais básica para os mercados emergentes é que os fluxos de capital são voláteis

nacionais e regulação dos mercados financeiros domésticos.

O déficit de conta corrente dos Estados Unidos tem sido grande e vem aumentando há muitos anos, e os níveis de dívida em dólares no mundo têm aumentado. Você vê algum perigo nesse processo para os Estados Unidos ou para o resto do mundo?
Acredito que os déficits persistentes de conta corrente nos Estados Unidos não são resultado de uma anomalia que, como tal, deve se dissipar em uma quebra súbita, como prevê a visão tradicional. Em vez disso, minha visão é que esses déficits são apenas a contraparte de grandes fluxos de entrada de capitais resultantes da escassez global de ativos financeiros que mencionei anteriormente. Um bom potencial de crescimento dos Estados Unidos em relação ao da Europa e do Japão e a qualidade muito melhor de seus ativos financeiros em comparação com a dos países asiáticos emergentes e de países produtores de petróleo fazem com que os Estados Unidos sejam um país muito atraente para investidores internacionais privados e públicos.
Sem grandes choques, esse processo pode se estender por mais um tempo. Mas é claro que os choques de fato ocorrem e, nesse sentido, a alavancagem é perigosa. Contudo, não há muito o que possamos, ou deveríamos fazer, além de implementar reformas estruturais ao redor do mundo visando a melhorar o potencial de crescimento em alguns casos e o desenvolvimento financeiro doméstico em outros.

> ...um bom potencial de crescimento dos Estados Unidos em relação ao da Europa e do Japão e a qualidade muito melhor de seus ativos financeiros em comparação com a dos países asiáticos emergentes e de países produtores de petróleo fazem com que os Estados Unidos sejam um país muito atraente para investidores internacionais privados e públicos

Qual conselho você daria a alguém que está apenas começando a estudar economia e que deseja se tornar economista? Os estudantes que não são norte-americanos deveriam ir aos Estados Unidos para buscar cursos de pós-graduação, como você fez?
Não há outro lugar no mundo como os Estados Unidos para obter um Ph.D. e para conduzir pesquisas em economia. Entretanto, este é apenas o estágio final do processo de se tornar economista. Há muitos economistas espetaculares em todo o mundo, especialmente os que trabalham com economia aplicada.
Acredito que o passo mais importante seja aprender a pensar como um economista.
Ouvi Milton Friedman dizer que ele conhece muitos economistas que nunca passaram por um curso de Ph.D. e muitos outros que completaram o Ph.D., mas que na verdade não são economistas. Eu concordo com ele a esse respeito. Um excelente primeiro passo é fazer um bom curso de graduação e conversar sobre economia. Quase tudo na vida tem um aspecto econômico – procure-o e converse a respeito com os amigos. Isso não melhorará sua vida social, mas fará de você um economista melhor.

> Quase tudo na vida tem um aspecto econômico – procure-o...

PARTE **10** Política macroeconômica CAPÍTULO **30**

Política fiscal

Ao término do estudo deste capítulo, você saberá:

- Descrever o processo de elaboração do orçamento federal e a história recente de gastos, receitas tributárias, déficits e dívidas.
- Explicar os efeitos da política fiscal, no lado da oferta, sobre o emprego e o PIB potencial.
- Explicar os efeitos dos déficits sobre os investimentos, a poupança e o crescimento econômico.
- Explicar como as escolhas referentes à política fiscal redistribuem benefícios e custos ao longo das gerações.
- Explicar como a política fiscal pode ser utilizada para estabilizar os ciclos econômicos.

O equilíbrio das ações no Congresso norte-americano

Em 2007, o governo federal dos Estados Unidos planejava arrecadar em impostos 18,2 centavos de cada dólar ganho pelos norte-americanos e gastar 21,1 centavos de cada dólar ganho por eles. Desta maneira, o governo planejava um déficit de quase 3 centavos de cada dólar ganho – um déficit total de US$ 370 bilhões. Os déficits do governo norte-americano não são novidade. Tirando o período de quatro anos entre 1998 e 2001, o orçamento do governo esteve em déficit todos os anos desde 1970. Os déficits resultam em dívidas, e a parcela de cada norte-americano da dívida do governo federal dos Estados Unidos é de cerca de US$ 29.000.
Quais são os efeitos dos impostos sobre a economia? Eles prejudicam o emprego e a produção?
Faz diferença o fato de o governo não equilibrar suas contas? Quais são os efeitos de um contínuo déficit público e de uma permanente acumulação de dívidas? Será que eles desaceleram o crescimento econômico? Eles impõem um fardo às gerações futuras – a você e seus filhos?
Quais são os efeitos dos gastos do governo sobre a economia? Um dólar gasto pelo governo em bens e serviços tem o mesmo efeito que um dólar gasto por qualquer pessoa? Será que esse dólar gasto pelo governo cria empregos ou os destrói?

◆ Essas são as questões sobre política fiscal que estudaremos neste capítulo. Na seção "Leitura das entrelinhas", no final do capítulo, examinaremos o orçamento federal norte-americano em 2007 e o compararemos com o de 2000, o último ano do governo Clinton.

O orçamento federal dos Estados Unidos

A declaração anual dos gastos e receitas tributárias do governo, em conjunto com as leis e regulações que aprovam e sustentam esses gastos e receitas tributárias, constitui o **orçamento federal**. Este tem duas finalidades:

1. Financiar as atividades do governo federal.
2. Atingir objetivos macroeconômicos.

Nos Estados Unidos, a primeira finalidade do orçamento federal foi seu único propósito antes da Grande Depressão, ocorrida na década de 1930. A segunda finalidade surgiu como uma reação à Grande Depressão. A utilização do orçamento federal para atingir objetivos macroeconômicos como pleno emprego, crescimento econômico sustentável e estabilidade do nível de preços é chamada de **política fiscal**. Neste capítulo nos concentraremos nessa segunda finalidade.

As instituições e as leis

A política fiscal norte-americana é elaborada pelo presidente e pelo Congresso de acordo com um cronograma anual mostrado na Figura 30.1 para o orçamento de 2007.

Os papéis do presidente e do Congresso norte-americano O presidente *propõe* um orçamento ao Congresso em fevereiro e, depois que o Congresso aprova as propostas orçamentárias em setembro, transforma essas propostas em lei ou veta *todas*. O presidente não tem poder para vetar itens específicos de uma proposta orçamentária e aprovar

Figura 30.1 O cronograma do orçamento federal norte-americano para o ano fiscal de 2007

1° jan. 2006
6 fev. 2006 — O **presidente** submete uma proposta de orçamento ao Congresso.

Março — O **Congresso** discute, ajusta e promulga o orçamento.

Setembro
1° out. 2006 — **O ano fiscal de 2007 tem início.**

Leis complementares do orçamento podem ser aprovadas.
A situação da economia influencia os gastos, as receitas tributárias e o déficit fiscal.

30 set. 2007 — **O ano fiscal de 2007 chega ao fim.**

Declarações do ano fiscal de 2007 são preparadas. Gastos, receitas tributárias e o déficit fiscal são divulgados.

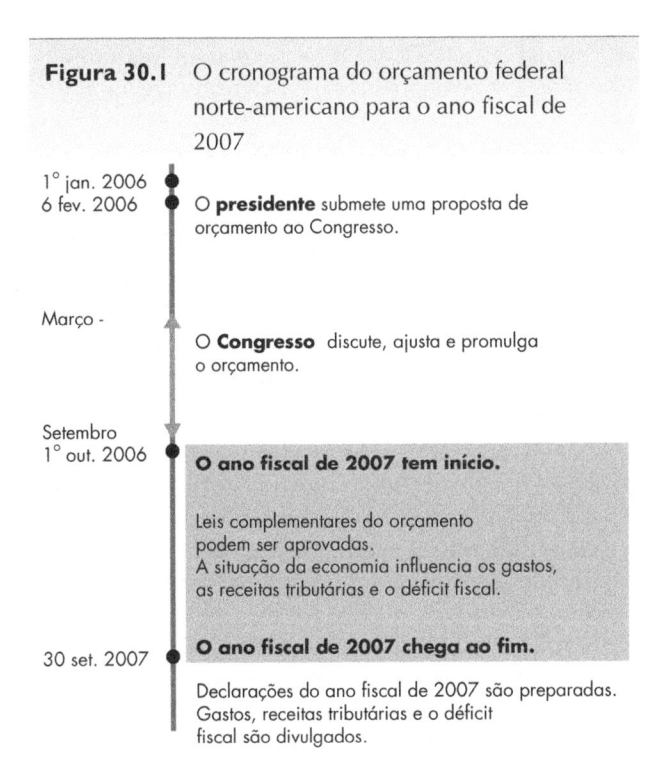

O processo do orçamento federal se inicia com as propostas do presidente em fevereiro. O Congresso discute e ajusta essas propostas e promulga um orçamento antes do início do ano fiscal, no dia 1º de outubro. O presidente transforma as propostas orçamentárias em lei ou veta todas. Ao longo do ano fiscal, o Congresso pode aprovar leis orçamentárias complementares. O resultado do orçamento é calculado após o final do ano fiscal.

---

outros – conhecido como *veto parcial de lei*. Muitos governadores estaduais já têm a autoridade de veto parcial de lei e o Congresso tentou conceder esses poderes ao presidente dos Estados Unidos em 1996, mas, em uma decisão da Corte Suprema em 1998, o veto parcial de lei para o presidente foi declarado inconstitucional. Apesar de o presidente propor e em última instância aprovar o orçamento, a tarefa de tomar as difíceis decisões sobre os gastos e os impostos recai sobre o Congresso.

O Congresso começa a trabalhar no orçamento a partir da proposta do presidente. A Câmara dos Representantes e o Senado desenvolvem, nos comitês orçamentários da Câmara e do Senado, respectivamente, suas próprias opiniões sobre o orçamento. São conduzidas conferências formais entre esses dois grupos para resolver diferenças de pontos de vista, e, antes do início do ano fiscal, normalmente são aprovadas pelos dois grupos uma série de leis de gastos e uma lei orçamentária geral. Um *ano fiscal* é um ano que vai do dia 1º de outubro a 30 de setembro do ano civil seguinte. O *ano fiscal de 2007*, por exemplo, *começou* em 1º de outubro de 2006 e terminou em 30 de setembro de 2007.

No decorrer de um ano fiscal, o Congresso normalmente aprova leis orçamentárias complementares, e o resultado do orçamento é influenciado pela situação inconstante da economia. Por exemplo, se há uma recessão, as receitas tributárias diminuem e os pagamentos da área de assistência social aumentam.

A Lei do Emprego de 1946 A política fiscal dos Estados Unidos opera dentro do contexto da Lei do Emprego de 1946, na qual o Congresso declarou que:

... é política contínua e de responsabilidade do governo federal utilizar todos os recursos viáveis... para coordenar e utilizar todos os seus planos, funções e recursos... para promover o máximo emprego, produção e poder de compra.

Essa lei reconheceu o papel das ações do governo de manter o desemprego baixo, a economia em expansão e a inflação sob controle. A *Lei do Pleno Emprego e do Crescimento Equilibrado de 1978*, mais conhecida como *Lei de Humphrey-Hawkins*, foi além da **Lei do Emprego de 1946** e definiu a meta específica de 4 por cento para a taxa de desemprego. No entanto, essa meta nunca foi tratada como uma meta política inflexível. Sob a lei de 1946, o presidente deve descrever a situação financeira corrente e as políticas que ele acredita ser necessárias no *Relatório Econômico do Presidente*, um relatório anual elaborado pelo Council of Economic Advisers, o conselho de assessores econômicos do presidente dos Estados Unidos.

O Council of Economic Advisers O Council of Economic Advisers foi estabelecido pela Lei do Emprego de 1946. O conselho é composto de seu presidente e de dois outros membros, todos economistas licenciados por um ou dois anos de seu emprego regular em universidades ou no serviço público. O **Council of Economic Advisers** monitora a economia e mantém o presidente e o público informados sobre a situação corrente da economia e as melhores previsões disponíveis de sua trajetória. Essa atividade de coleta de informações econômicas constitui uma fonte de dados sobre a qual o processo de elaboração do orçamento se baseia.

Vamos analisar o mais recente orçamento federal dos Estados Unidos.

Principais pontos do orçamento norte-americano de 2007

A Tabela 30.1 mostra os principais itens do orçamento federal norte-americano proposto pelo presidente Bush para 2007. Os números são quantias projetadas para o ano fiscal iniciado em 1º de outubro de 2006 – o ano fiscal de 2007. Observe as três principais partes da tabela: as *receitas tributárias* são as receitas do governo, os *gastos* são os pagamentos do governo e o *déficit* é a quantia na qual os gastos do governo excedem suas receitas tributárias.

Receitas tributárias norte-americanas A projeção era que as receitas tributárias norte-americanas seriam de US$ 2.521 bilhões no ano fiscal de 2007. Essas receitas são provenientes de quatro fontes:

1. Impostos de renda de pessoas físicas.
2. Impostos de previdência social.

Tabela 30.1 Orçamento federal norte-americano no ano fiscal de 2007

Item	Projeções (bilhões de dólares)
Receitas tributárias	**2.521**
Impostos de renda de pessoas físicas	1.098
Contribuições previdenciárias	949
Impostos de renda de pessoas jurídicas	297
Impostos indiretos	177
Gastos	**2.891**
Pagamentos de transferências	1.738
Gastos em bens e serviços	837
Juros sobre as dívidas	316
Déficit	**370**

Fonte dos dados: *Budget of the United States Government, Fiscal Year 2007*, Tabela 14.1.

3. Impostos de renda de pessoas jurídicas.
4. Impostos indiretos.

A principal fonte de receita dos Estados Unidos são os *impostos de renda de pessoas físicas*, cuja projeção para 2007 foi de US$ 1.098 bilhões. Esses impostos são pagos por indivíduos sobre sua renda. A segunda maior fonte são as *contribuições previdenciárias*, que são pagas por trabalhadores e seus empregadores para financiar os programas de previdência social do governo. A terceira fonte em volume são os *impostos de renda de pessoas jurídicas*. Esses impostos são pagos por empresas sobre seus lucros. Por fim, a menor fonte de receita federal é o que se chama de *impostos indiretos*. Esses impostos incidem sobre a venda de gasolina, bebidas alcoólicas e alguns outros itens.

Gastos do governo norte-americano Os gastos são classificados em três categorias:

1. Pagamentos de transferências.
2. Gastos em bens e serviços.
3. Juros sobre as dívidas.

O maior item dos gastos, os *pagamentos de transferências*, são pagamentos a indivíduos, a empresas, a outros níveis do governo e ao resto do mundo. Para 2007, esperava-se que esse item totalizasse US$ 1.738 bilhões. Ele inclui benefícios da previdência social, do Medicare e do Medicaid, seguro-desemprego, pagamentos de assistência social, subsídios agrícolas, concessões a governos estaduais e locais, assistência a países em desenvolvimento e pagamentos a organizações internacionais, como as Nações Unidas. Os pagamentos de transferências, especialmente os do Medicare e Medicaid, são fontes de crescimento persistente dos gastos públicos norte-americanos e uma grande fonte de preocupação e discussões políticas.

Os *gastos em bens e serviços* são os gastos em bens e serviços finais e, para 2007, estima-se que seu total fosse de US$ 837 bilhões. Esses gastos, que incluem despesas com a defesa nacional, segurança doméstica, pesquisa para a cura da Aids, computadores para a Receita Federal, carros do governo, estradas federais e diques, diminuiu nos últimos anos. Este componente do orçamento federal norte-americano constitui os *gastos do governo em bens e serviços* incluídos no fluxo circular dos gastos e renda e nas contas nacionais dos Estados Unidos (veja o Capítulo 21).

Os *juros sobre as dívidas* são os juros devidos pela dívida pública. Esperava-se que esse item, em 2007, fosse de US$ 316 bilhões – cerca de 10 por cento dos gastos totais. O pagamento de juros é alto porque o governo tem uma dívida de mais de US$ 4 trilhões, resultante de vários anos de déficits fiscais durante as décadas de 1970, 1980, 1990 e 2000.

Superávit ou déficit O balanço orçamentário de um governo é igual às receitas tributárias menos os gastos.

Balanço orçamentário = receitas tributárias – gastos.

Se as receitas tributárias previstas excedem os gastos previstos, o governo tem um **superávit orçamentário**. Se os gastos previstos excedem as receitas tributárias previstas, o governo tem um **déficit orçamentário**. Se as receitas tributárias previstas são iguais aos gastos previstos, o governo tem um **orçamento equilibrado**. No ano fiscal de 2007, com gastos previstos de US$ 2.891 bilhões e receitas tributárias de US$ 2.521 bilhões, o governo norte-americano estimava um déficit orçamentário de US$ 370 bilhões.

Grandes números como estes são difíceis de visualizar e de comparar ao longo do tempo. Para termos uma idéia melhor da grandeza das receitas tributárias, gastos e déficit, costumamos expressá-los como porcentagens do PIB. Isso nos permite visualizar o tamanho do governo em relação ao tamanho da economia e também nos ajuda a estudar *variações* do tamanho do governo ao longo do tempo.

O orçamento federal de 2007 dos Estados Unidos é um orçamento típico? Vamos analisar a história recente do orçamento desse país.

O orçamento em uma perspectiva histórica

A Figura 30.2 mostra as receitas tributárias, os gastos e o superávit ou déficit do governo dos Estados Unidos desde 1980. Houve um déficit fiscal até 1997. O governo federal norte-americano começou a desenvolver um déficit em 1970, e o déficit de 1983 mostrado na figura foi o maior da história, chegando a 5,2 por cento do PIB. O déficit diminuiu até 1989, mas voltou a aumentar durante a recessão de 1990-1991. Durante a expansão da década de 1990, o déficit diminuiu aos poucos, e, em 1998, surgiu o primeiro superávit fiscal desde 1969. No entanto, em 2002, o orçamento mais uma vez ficou deficitário.

Por que o déficit fiscal cresceu durante a década de 1980 e desapareceu no fim da década de 1990? A resposta está nas variações dos gastos e das receitas tributárias. Mas quais componentes dos gastos e das receitas tributárias variaram para aumentar e depois diminuir o déficit? Vamos examinar com mais detalhes as receitas tributárias e os gastos.

Receitas tributárias A Figura 30.3(a) mostra os componentes das receitas tributárias dos Estados Unidos como porcentagens do PIB de 1980 a 2006. Cortes dos impostos

Figura 30.2 Superávit e déficit fiscal dos Estados Unidos

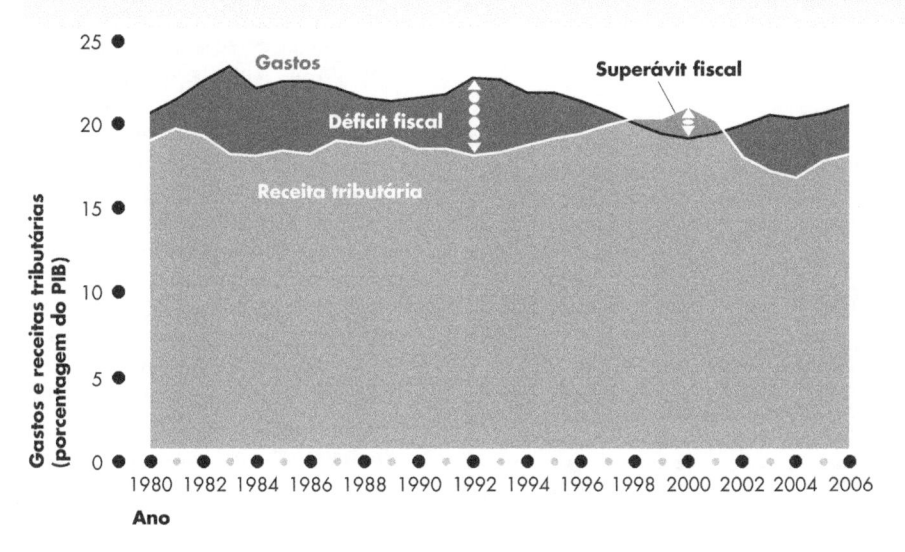

A figura mostra os gastos, as receitas tributárias e o resultado do governo federal norte-americano de 1980 a 2006. Durante a década de 1980, um grande e persistente déficit surgiu da combinação de receitas tributárias em queda e gastos em alta. Em 1998, receitas tributárias em alta e gastos em baixa (como porcentagens do PIB) criaram um superávit, mas voltou a surgir um déficit em 2002 à medida que os gastos em segurança aumentaram e os impostos foram reduzidos.

Fonte dos dados: Budget of the United States Government, Fiscal Year 2007, Tabela 14.2.

de renda de pessoas físicas e jurídicas reduziram as receitas tributárias totais entre 1983 e 1986. A queda resultou de cortes tributários aprovados em 1981. De 1986 a 1991, as receitas tributárias não variaram tanto em termos de porcentagem do PIB. Os pagamentos de imposto de renda de pessoas físicas aumentaram ao longo da década de 1990, mas diminuíram acentuadamente depois de 2000.

Gastos A Figura 30.3(b) mostra os componentes dos gastos do governo norte-americano como porcentagens do PIB de 1980 a 2006. Os gastos totais diminuíram ligeiramente até 1989, aumentaram durante o início da década de 1990, diminuíram de modo estável até 2000 e depois voltaram a aumentar. Os gastos em bens e serviços diminuíram até 2001. Eles aumentaram quando os gastos em bens e serviços relativos à segurança aumentaram acentuadamente em 2002, em razão dos ataques de 11 de setembro de 2001. Os pagamentos de transferências aumentaram ao longo de todo o período. Os juros sobre as dívidas se mantiveram como porcentagem constante do PIB na década de 1980 e diminuíram ligeiramente no fim da década de 1990 e durante os anos 2000. Para compreendermos o papel dos juros sobre as dívidas, precisamos conhecer a relação entre o resultado fiscal e a dívida do governo.

Resultado fiscal e dívida O governo toma empréstimos quando tem um déficit fiscal e faz pagamentos quando tem um superávit fiscal. A **dívida do governo** é o montante total que o governo tomou emprestado. É igual à soma dos déficits fiscais passados menos a soma dos superávits fiscais passados. Um déficit do governo aumenta a dívida pública. Um déficit persistente alimenta a si mesmo: o déficit leva a mais empréstimos tomados; mais empréstimos tomados levam a maiores pagamentos de juros, e maiores pagamentos de juros levam a um déficit maior. Essa é a história do déficit fiscal cada vez maior nos Estados Unidos durante as décadas de 1970 e 1980.

A Figura 30.4 mostra duas medidas de dívida do governo desde 1940. A dívida bruta inclui os montantes que o governo deve às gerações futuras em pagamentos de previdência social. A dívida líquida é a dívida mantida pelo público e exclui obrigações da previdência social.

A dívida do governo (como porcentagem do PIB) atingiu seu ponto máximo histórico no final da Segunda Guerra Mundial. Os superávits fiscais e o rápido crescimento econômico reduziram a razão dívida–PIB até 1974. Pequenos déficits fiscais aumentaram ligeiramente a razão dívida–PIB até a década de 1970, e grandes déficits fiscais a aumentaram acentuadamente durante a década de 1980 e a recessão de 1990-1991. A taxa de crescimento da razão dívida–PIB desacelerou à medida que a economia se expandiu em meados da década de 1990, diminuiu quando o orçamento teve um superávit no fim da década de 1990 e início dos anos 2000 e voltou a subir à medida que o resultado fiscal se transformava em déficit.

Dívida e capital Empresas e indivíduos incorrem em dívidas para comprar capital – ativos que geram um retorno. Com efeito, o principal propósito da dívida é permitir que as pessoas comprem ativos que proporcionarão um retorno maior que os juros pagos sobre a dívida. Nesse sentido, o governo é similar aos indivíduos e às empresas. Grande parte dos gastos do governo é direcionada para ativos públicos que geram um retorno. Rodovias, grandes projetos de irrigação, escolas e universidades públicas, bibliotecas públicas e o estoque de capital da defesa nacional proporcionam uma taxa de retorno social que provavelmente excede muito a taxa de juros que o governo paga sobre sua dívida.

No entanto, a dívida total do governo norte-americano, que excede os US$ 4 trilhões, é quatro vezes o valor do estoque de capital do governo. Desta maneira, alguma dívida pública foi contraída para financiar gastos de consumo públicos e pagamentos de transferências, que não

Figura 30.3 Receitas tributárias e gastos do governo federal dos Estados Unidos

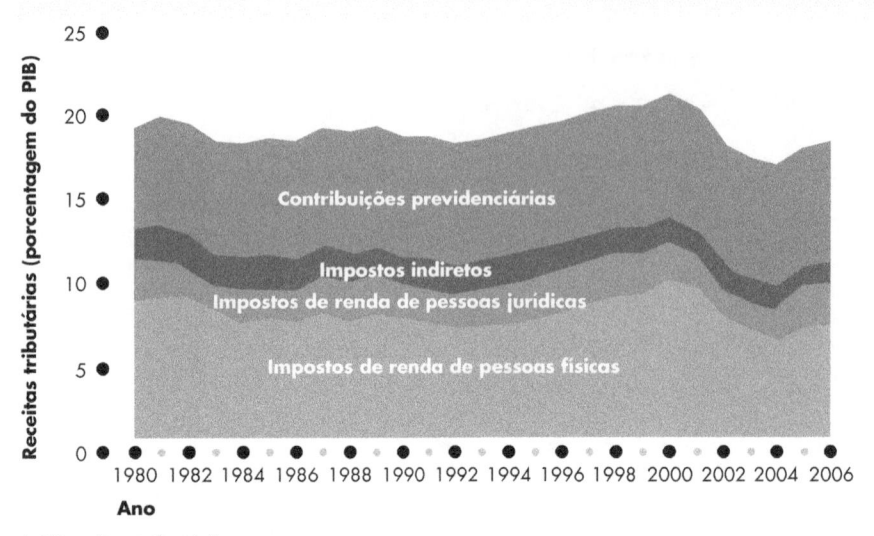

(a) Receitas tributárias
- Contribuições previdenciárias
- Impostos indiretos
- Impostos de renda de pessoas jurídicas
- Impostos de renda de pessoas físicas

(b) Gastos
- Pagamentos de transferências
- Juros sobre as dívidas
- Gastos em bens e serviços

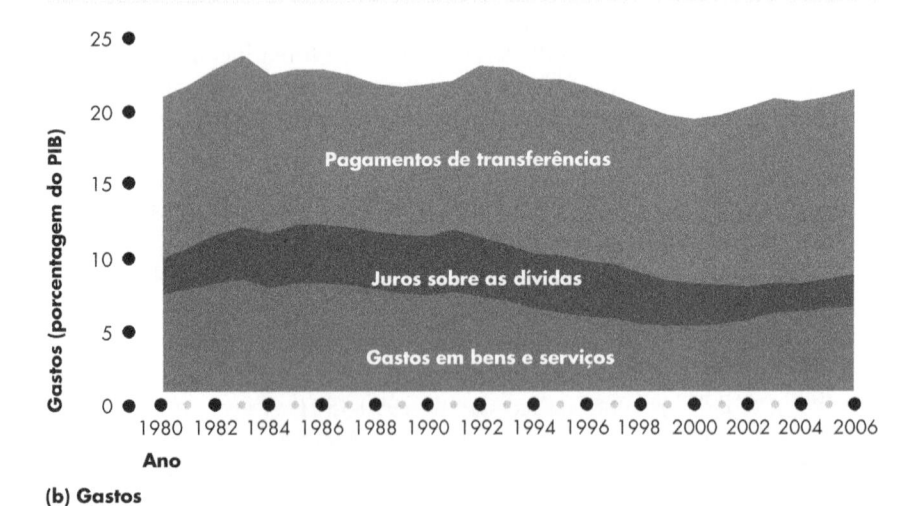

Na parte (a), as receitas provenientes de impostos de renda de pessoas físicas e jurídicas como porcentagem do PIB se mantiveram aproximadamente constantes durante a década de 1980, aumentaram durante a década de 1990 e diminuíram acentuadamente de 2000 a 2004, mas depois voltaram a aumentar. Os outros componentes das receitas tributárias permaneceram estáveis.

Na parte (b), os gastos em bens e serviços como porcentagem do PIB diminuíram até 2001, mas depois aumentaram porque os gastos em bens e serviços relativos à segurança aumentaram acentuadamente depois de 2001. Os pagamentos de transferências aumentaram ao longo de todo o período. Os juros sobre as dívidas se mantiveram estáveis durante a década de 1980 e diminuíram durante as décadas de 1990 e 2000, ajudados por um déficit fiscal cada vez menor durante a década de 1990 e baixas taxas de juros durante 2002 e 2003.

Fonte dos dados: Budget of the United States Government, Fiscal Year 2007, Tabela 14.2.

---

têm um retorno social. As gerações futuras arcam com o custo dessa dívida.

Como o resultado fiscal do governo dos Estados Unidos se compara com o de outros países?

O orçamento do governo dos Estados Unidos em uma perspectiva global

A Figura 30.5 coloca o orçamento público dos Estados Unidos de 2006 em uma perspectiva global. Naquele ano, praticamente todos os países tiveram déficits fiscais. Somando os déficits de todos os governos, o mundo como um todo teve um déficit de 3 por cento do PIB mundial – um déficit público total de aproximadamente US$ 2 trilhões.

O governo do Japão teve o maior déficit, em termos de porcentagem do PIB. Os Estados Unidos, a Itália e a Alemanha vieram na seqüência, seguidos dos países em desenvolvimento. Das outras economias avançadas, o Reino Unido, a França e toda a União Européia tiveram grandes déficits.

Até mesmo as economias recém-industrializadas da Ásia (Hong Kong, Coréia do Sul, Cingapura e Taiwan) tiveram déficits. As outras economias avançadas, agrupadas, e o Canadá tiveram superávits fiscais em 2006.

Orçamentos estaduais e locais

O setor *público total* dos Estados Unidos inclui governos estaduais e locais, bem como o governo federal. Em 2005, quando os gastos do governo federal foram de cerca de US$ 2.500 bilhões, os gastos estaduais e locais foram de quase US$ 1.700 bilhões. A maior parte desses gastos foi para escolas, faculdades e universidades públicas (US$ 550 bilhões); policiamento e serviços de bombeiros e estradas.

A combinação das receitas tributárias, dos gastos e dos déficits dos governos federal, estadual e municipal influencia a economia. Mas os orçamentos estaduais e municipais

Figura 30.4 A dívida do governo federal norte-americano

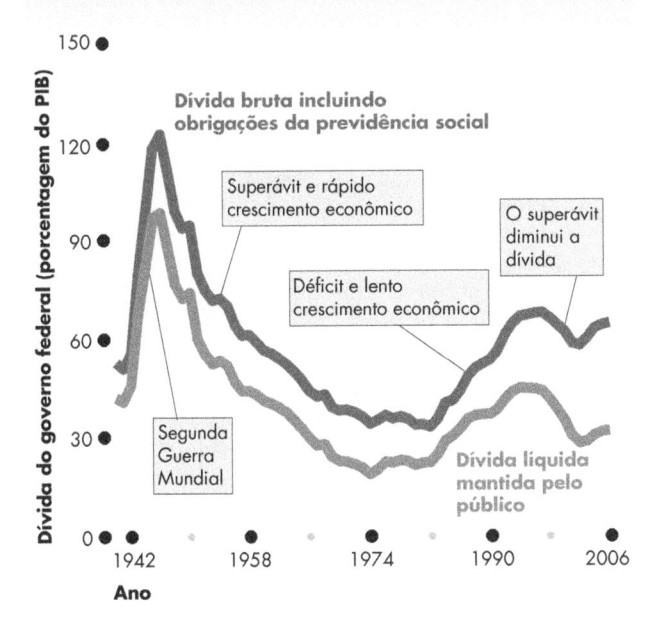

As dívidas públicas bruta e líquida (o acúmulo de déficits passados menos superávits passados) atingiram o auge no final da Segunda Guerra Mundial. A dívida como porcentagem do PIB diminuiu até 1974, mas então começou a aumentar. Após uma breve queda posterior durante o fim da década de 1970, ela explodiu durante a década de 1980 e continuou a aumentar até 1995, diminuindo a partir de então. Depois de 2002, ela voltou a aumentar.

Fonte dos dados: Budget of the United States Government, Fiscal Year 2007, Tabela 7.1.

não são elaborados para estabilizar a economia agregada ou fazer com que ela seja mais eficiente. Desta maneira, algumas vezes, quando o governo federal corta impostos ou gastos, os governos estaduais e municipais fazem o contrário e, até certo ponto, neutralizam os efeitos das ações federais. Por exemplo, durante 2001, quando os impostos federais começaram a diminuir como porcentagem do PIB, os impostos estaduais e locais aumentaram.

QUESTÕES PARA REVISÃO

1. O que é a política fiscal, quem a define e qual é o campo de influência dela?
2. Qual é o papel especial do presidente na criação da política fiscal?
3. Quais são os papéis especiais dos comitês orçamentários da Câmara dos Representantes e do Senado na criação da política fiscal?
4. Qual é o cronograma anual para o orçamento federal dos Estados Unidos? Quando começa e termina um ano fiscal?
5. O orçamento atual do governo federal está em superávit ou déficit?

Figura 30.5 Os orçamentos públicos ao redor do mundo em 2006

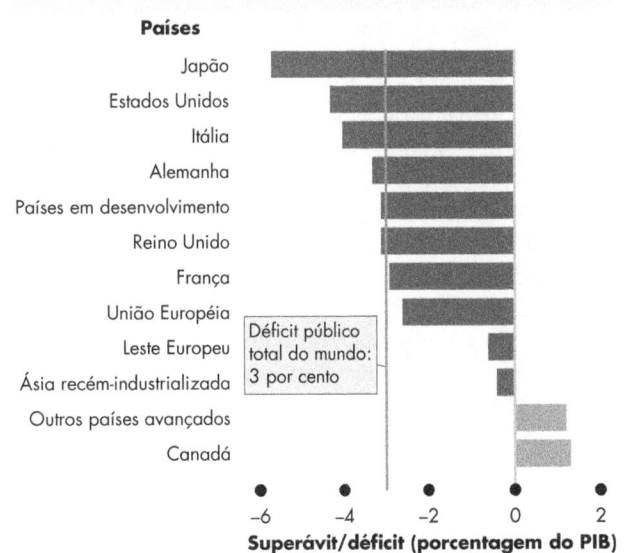

Os governos da maioria dos países tiveram déficits fiscais em 2006. O maior déficit foi o do Japão, seguido pelo dos Estados Unidos, da Itália e Alemanha. Os países em desenvolvimento, o Reino Unido e a França também tiveram grandes déficits. Outras economias avançadas e o Canadá tiveram superávits fiscais.

Fonte dos dados: Fundo Monetário Internacional, World Economic Outlook, abril 2006.

Agora que conhecemos a definição do orçamento federal e sabemos quais são os principais componentes das receitas tributárias e dos gastos, podemos estudar os *efeitos* da política fiscal. Começaremos aprendendo os efeitos dos impostos sobre o emprego, a oferta agregada e o PIB potencial. Depois estudaremos os efeitos dos déficits fiscais e veremos como a política fiscal leva à redistribuição ao longo das gerações. Por fim, examinaremos os efeitos da política fiscal no lado da demanda e veremos como ela proporciona uma ferramenta para estabilizar os ciclos econômicos.

O lado da oferta: emprego e PIB potencial

A política fiscal tem importantes efeitos sobre o emprego, o PIB potencial e a oferta agregada, os quais vamos examinar agora. Esses efeitos são conhecidos como **efeitos do lado da oferta**, e os economistas que acreditam que esses efeitos são grandes são em geral chamados de *economistas do lado da oferta*. Para estudarmos esses efeitos, começaremos revendo como o pleno emprego e o PIB potencial são determinados na ausência de impostos. Depois incluiremos um imposto de renda e veremos como isso altera o resultado econômico.

Pleno emprego e PIB potencial

Vimos no Capítulo 23 como a quantidade de trabalho e o PIB potencial de pleno emprego são determinados. No pleno emprego, o salário real se ajusta para fazer com que a quantidade demandada de trabalho seja igual à quantidade ofertada. O PIB potencial é o PIB real produzido pela quantidade de trabalho no pleno emprego.

A Figura 30.6(a) ilustra uma situação de pleno emprego. Na parte (a), a curva de demanda por trabalho é *DL* e a curva de oferta de trabalho é *SL*. Com um salário real de $ 30 por hora e 250 bilhões de horas de trabalho empregadas ao ano, a economia está no pleno emprego.

Na Figura 30.6(b), a função de produção é *FP*. Quando são empregados 250 bilhões de horas de trabalho, o PIB real – que também é o PIB potencial – é de $ 13 trilhões.

Veremos agora como um imposto de renda altera o PIB potencial.

Os efeitos do imposto de renda

O imposto sobre a renda do trabalho influencia o PIB potencial e a oferta agregada alterando a quantidade de trabalho de pleno emprego. O imposto de renda reduz o incentivo para trabalhar e leva a uma diferença entre o salário que os trabalhadores levam para casa e o custo do trabalho para as empresas. O resultado é uma menor quantidade de trabalho e um menor PIB potencial.

A Figura 30.6 mostra esse resultado. No mercado de trabalho, o imposto de renda não tem nenhum efeito sobre a demanda por trabalho, que permanece em *DL*. A razão é que a quantidade de trabalho que as empresas planejam contratar depende somente de quão produtivo é o trabalho e de quanto ele custa – o salário real dele.

No entanto, a oferta de trabalho *de fato* muda. Sem imposto de renda, o salário real é de $ 30 por hora e são empregados 250 bilhões de horas de trabalho por ano. Um imposto de renda enfraquece o incentivo para trabalhar e diminui a oferta de trabalho. A razão para isso é que, para cada unidade monetária de rendimentos antes dos impostos, os trabalhadores devem pagar ao governo uma quantia determinada pela lei do imposto de renda. Desta maneira, os trabalhadores analisam o salário após os impostos quando decidem quanto trabalho ofertar. Um imposto de renda desloca a curva de oferta de trabalho para a esquerda, para *SL + imposto*. A distância vertical entre a curva *SL* e a curva *SL + imposto* mede o montante do imposto de renda. Com a menor oferta de trabalho, o salário *antes dos impostos* aumenta para $ 35 por hora, mas *depois dos impostos* diminui para $ 20 por hora. A diferença entre o salário antes dos impostos e o salário depois dos impostos é chamada de **cunha fiscal**.

A nova quantidade de trabalho empregada no equilíbrio é de 200 bilhões de horas ao ano – menos do que na situação sem impostos. Como a quantidade de trabalho de pleno emprego diminui, o mesmo acontece com o PIB potencial. Uma diminuição do PIB potencial diminui a oferta agregada.

Figura 30.6 Os efeitos do imposto de renda sobre a oferta agregada

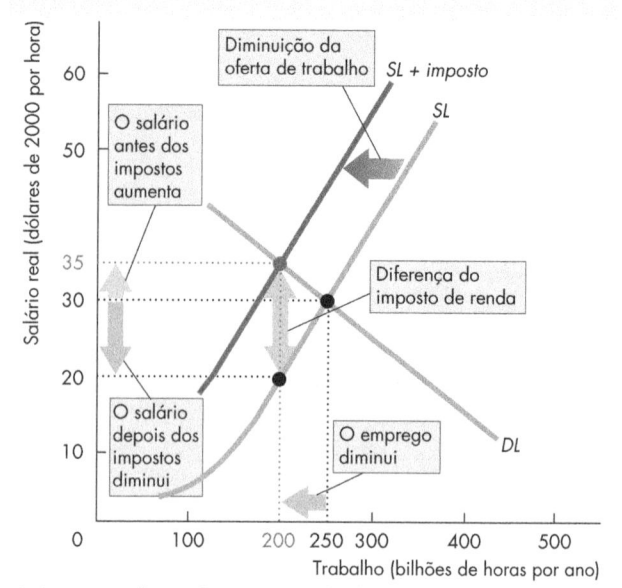

(a) Imposto de renda e o mercado de trabalho

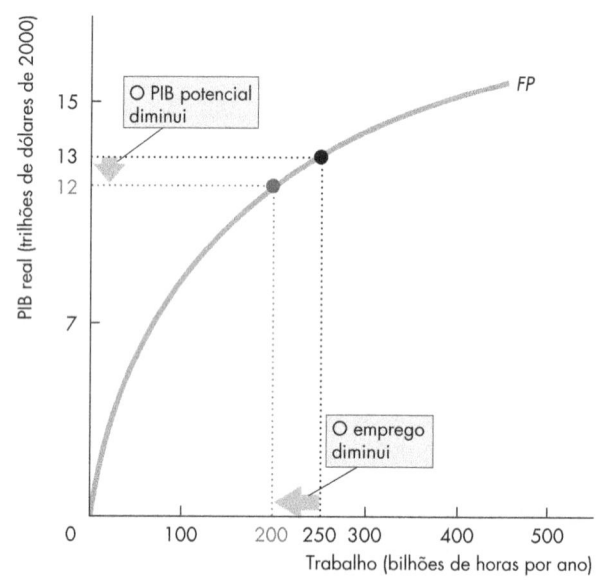

(b) Imposto de renda e PIB potencial

Na parte (a), na ausência de impostos de renda, o salário real é de $ 30 por hora e o emprego é de 250 bilhões de horas. Na parte (b), o PIB potencial é de $ 13 trilhões. Um imposto de renda desloca a curva de oferta de trabalho para a esquerda, para SL + imposto. O salário antes dos impostos aumenta para $ 35 por hora, o salário depois dos impostos diminui para $ 20 por hora, e a quantidade empregada de trabalho diminui para 200 bilhões de horas. Com menos trabalho, o PIB potencial diminui.

Neste exemplo, a alíquota tributária é alta – $ 15 de impostos sobre um salário de $ 35, cerca de 43 por cento. Uma alíquota tributária mais baixa teria um efeito menor sobre o emprego e o PIB potencial.

Um aumento da alíquota tributária para mais de 43 por cento diminuiria a oferta de trabalho mais do que o mostrado na Figura 30.6. O emprego de equilíbrio e o PIB potencial também diminuiriam ainda mais. Um corte de impostos aumentaria a oferta de trabalho, o emprego de equilíbrio e o PIB potencial.

Impostos sobre os gastos e cunha fiscal

A cunha fiscal que acabamos de considerar é apenas uma parte da divisão que afeta as decisões de oferta de trabalho. Os impostos sobre gastos de consumo se somam a essa divisão. A razão é que um imposto sobre o consumo eleva os preços que se pagam por bens e serviços de consumo e equivale a uma redução do salário real.

O incentivo para ofertar trabalho depende dos bens e serviços que uma hora de trabalho pode comprar. Quanto mais altos são os impostos sobre bens e serviços e mais baixo é o salário após os impostos, menor é o incentivo para ofertar trabalho. Se o imposto de renda é de 25 por cento e a alíquota tributária sobre os gastos de consumo é de 10 por cento, um dólar ganho compra apenas 65 centavos de bens e serviços. A cunha fiscal é de 35 por cento.

Algumas cunhas fiscais do mundo real

Edward C. Prescott, da Arizona State University, que recebeu o Prêmio Nobel de Ciências Econômicas em 2004, estimou as cunhas fiscais para uma série de países. A cunha fiscal dos Estados Unidos é uma combinação de um imposto de 13 por cento sobre o consumo e um imposto de 32 por cento sobre a renda. O imposto de renda inclui contribuições previdenciárias e é uma alíquota tributária *marginal*.

Dentre os países industrializados, os Estados Unidos têm uma cunha fiscal relativamente pequena. Prescott estima que, na França, os impostos sobre o consumo são de 33 por cento e os impostos sobre a renda são de 49 por cento. As estimativas para o Reino Unido ficam entre as dos Estados Unidos e as da França. A Figura 30.7 mostra esses componentes das cunhas fiscais nos três países.

A cunha fiscal tem importância?

De acordo com as estimativas de Prescott, a cunha fiscal tem um poderoso efeito sobre o emprego e o PIB potencial. O PIB potencial da França é 14 por cento menor do que o dos Estados Unidos (per capita), e toda a diferença pode ser atribuída à diferença da cunha fiscal entre os dois países.

O PIB potencial do Reino Unido é 41 por cento menor do que o dos Estados Unidos (per capita), e cerca de um terço dessa diferença resulta das diferentes cunhas fiscais. (O restante se deve a diferentes produtividades.)

Receitas tributárias e a curva de Laffer

Uma conseqüência interessante do efeito de um imposto sobre o emprego é que uma *alíquota* tributária mais alta nem sempre leva a uma *receita* tributária maior. Uma alíquota tributária mais alta resulta em mais receita

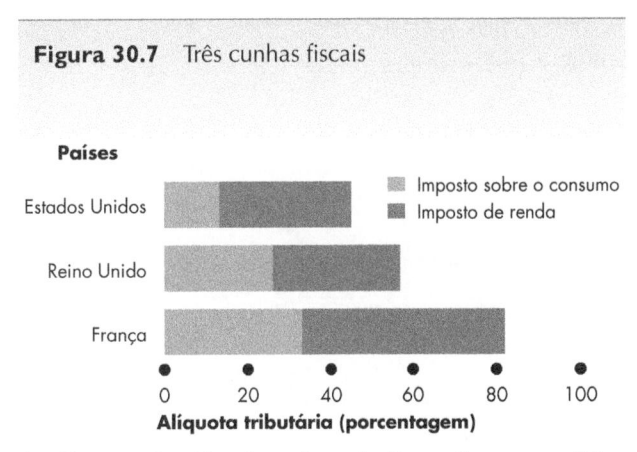

Figura 30.7 Três cunhas fiscais

As alíquotas tributárias são muito mais altas na França e no Reino Unido do que nos Estados Unidos, e podem responder por grande parte da diferença do PIB potencial per capita.

Fonte dos dados: Edward C. Prescott, *American Economic Review*, 2003.

por unidade monetária ganha. No entanto, como uma alíquota tributária mais alta diminui o número de unidades monetárias ganhas, duas forças operam em direções opostas sobre a receita tributária arrecadada.

A relação entre a alíquota tributária e a receita tributária arrecadada é chamada de **curva de Laffer**. A curva recebeu esse nome porque Arthur B. Laffer, membro do Conselho Consultivo de Política Econômica do presidente Reagan, traçou essa curva em um guardanapo e lançou a idéia de que *cortes* de impostos poderiam *aumentar* a receita tributária.

A Figura 30.8 mostra uma curva de Laffer. A *alíquota* tributária é mostrada no eixo *x*, e a *receita* tributária total é mostrada no eixo *y*. Para alíquotas tributárias abaixo de T^*, um aumento da alíquota tributária aumenta a receita tributária; em T^*, a receita tributária é maximizada; um aumento da alíquota tributária acima de T^* diminui a receita tributária.

A maioria das pessoas pensa que os Estados Unidos estão na parte de inclinação ascendente da curva de Laffer. O Reino Unido está. No entanto, a França pode estar perto do ponto máximo ou talvez até mesmo além dele.

O debate do lado da oferta

Antes de 1980, poucos economistas prestavam atenção aos efeitos do lado da oferta dos impostos sobre o emprego e o PIB potencial. Então, quando Ronald Reagan assumiu como presidente dos Estados Unidos, um grupo de economistas do lado da oferta começou a apregoar as virtudes dos cortes de impostos. Arthur Laffer foi um deles. Laffer e seus defensores não eram muito apreciados pelos economistas da corrente predominante, mas foram influentes por um período. Eles argumentaram corretamente que cortes de impostos aumentariam o emprego e a produção. Mas se enganaram ao dizer que os cortes de impostos aumentariam as receitas tributárias e diminuiriam o déficit fiscal. Para que essa previsão estivesse correta, os Estados Unidos teriam de estar no lado 'errado' da curva de Laffer. Con-

Figura 30.8 Uma curva de Laffer

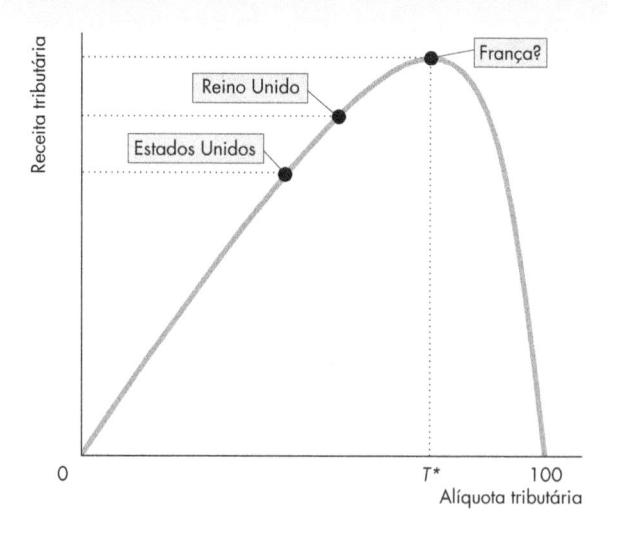

Uma curva de Laffer mostra a relação entre a alíquota tributária e as receitas tributárias. Para alíquotas tributárias abaixo de T^*, um aumento da alíquota tributária aumenta a receita tributária. Em uma alíquota tributária T^*, a receita tributária é maximizada. Para alíquotas tributárias acima de T^*, um aumento da alíquota tributária diminui a receita tributária.

siderando que as alíquotas tributárias dos Estados Unidos estão entre as mais baixas do mundo industrializado, é improvável que essa condição fosse satisfeita. Quando o governo Reagan de fato cortou os impostos, o déficit fiscal aumentou, o que reforça essa visão.

A economia do lado da oferta foi maculada em virtude de sua ligação com Laffer e passou a ser chamada de 'economia vodu'. No entanto, os economistas da corrente predominante, incluindo Martin Feldstein, um professor de Harvard que foi o principal assessor econômico de Reagan, reconheceram o poder dos cortes de impostos como incentivos, mas assumiram a abordagem-padrão de que os cortes tributários sem cortes de gastos aumentariam o déficit fiscal e levariam a sérios problemas posteriores. Essa visão é hoje amplamente aceita por economistas de todas as vertentes políticas.

QUESTÕES PARA REVISÃO

1 Como um imposto sobre a renda do trabalho influencia a quantidade de emprego de equilíbrio?
2 Como a cunha fiscal influencia o PIB potencial?
3 Por que os impostos sobre o consumo são relevantes para medir a cunha fiscal?
4 O que é a curva de Laffer e por que é improvável que os Estados Unidos estejam do lado 'errado' da curva?

Agora conhecemos os efeitos dos impostos sobre o PIB potencial. Os efeitos que estudamos influenciam o *nível* do PIB real, mas não sua *taxa de crescimento*. Vamos examinar a seguir os efeitos dos impostos e do déficit fiscal sobre a poupança e o investimento, que, por sua vez, influenciam o ritmo do crescimento econômico.

O lado da oferta: investimento, poupança e crescimento econômico

Vimos no Capítulo 21 como o investimento é financiado pela poupança nacional e por empréstimos tomados do resto do mundo. No Capítulo 23, estudamos os fatores que influenciam as decisões de investimento e poupança e como a taxa de juros real se ajusta no mercado de fundos disponíveis para empréstimos para coordenar os planos de poupança, concessão de empréstimos, investimentos e tomada de empréstimos. Depois, no Capítulo 24, vimos como o investimento aumenta o estoque de capital e contribui para o crescimento do PIB real.

Quando estudamos o mercado de fundos disponíveis para empréstimos no Capítulo 23, observamos que um déficit (ou superávit) fiscal do governo influencia o mercado de fundos disponíveis para empréstimos, mas estudamos o equilíbrio em um mercado no qual o orçamento público é equilibrado. Veremos agora como um déficit fiscal do governo altera o equilíbrio no mercado de fundos disponíveis para empréstimos. Começaremos revendo as fontes de financiamento dos investimentos.

As fontes de financiamento dos investimentos

O PIB é igual à soma dos gastos de consumo, C, investimentos, I, gastos do governo em bens e serviços, G, e exportações líquidas $(X - M)$. Isto é,

PIB = $C + I + G + (X - M)$.

O PIB também é igual à soma dos gastos de consumo, poupança, S, e impostos líquidos, T. Isto é,

PIB = $C + S + T$.

Combinando essas duas maneiras de observar o PIB, podemos notar que:

$I + G + (X - M) = S + T$

ou

$I = S + (T - G) + (M - X)$.

Essa equação nos informa que os investimentos, I, são financiados pela poupança, S, poupança pública, $T - G$, e empréstimos tomados do resto do mundo $(M - X)$. A poupança e os empréstimos tomados do resto do mundo são as fontes privadas de poupança, SP, e:

$SP = S + (M - X)$.

O investimento é igual à soma da poupança privada e da poupança pública. Isto é,

$I = SP + (T - G)$.

- Se T é maior que G, o setor público tem um superávit fiscal e a poupança pública é positiva.
- Se G é maior que T, o setor público tem um déficit fiscal e a poupança pública é negativa.

Quando o setor público tem um superávit fiscal, ele contribui para o financiamento do investimento. Mas, quando o setor público tem um déficit fiscal, ele compete com as empresas pela poupança privada.

A Figura 30.9 mostra as fontes de financiamento do investimento nos Estados Unidos de 1973 a 2005. Ela mostra que, durante a década de 1990, um aumento acentuado do investimento foi financiado por um aumento dos empréstimos tomados do resto do mundo e uma diminuição do déficit público. Durante a década de 2000, a poupança privada e os empréstimos tomados do resto do mundo têm financiado tanto o investimento quanto o crescimento do déficit do governo.

A política fiscal influencia o investimento e a poupança de duas maneiras:

- Os impostos afetam o incentivo a poupar e alteram a oferta de fundos disponíveis para empréstimos.
- A poupança pública – o superávit ou déficit fiscal – é um componente da poupança total e da oferta de fundos disponíveis para empréstimos.

Figura 30.9 Financiamento do investimento nos Estados Unidos

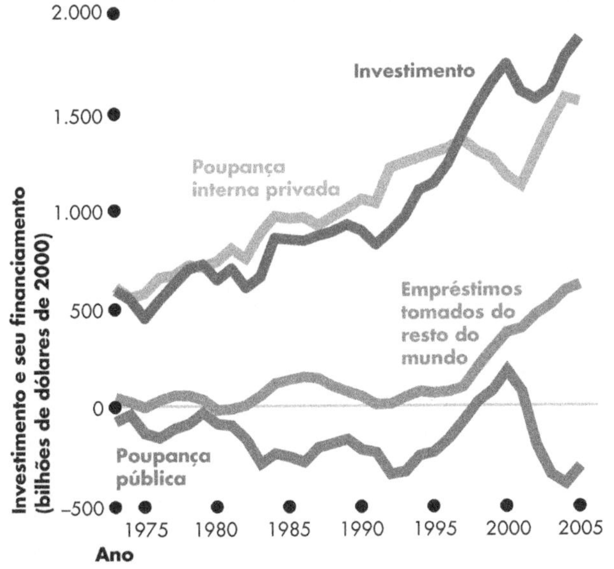

Durante a década de 1990, o crescente investimento dos Estados Unidos foi financiado por um aumento de empréstimos tomados do resto do mundo e por uma queda do déficit fiscal. Durante a década de 2000, o investimento dos Estados Unidos e um crescente déficit fiscal têm sido financiados por um acentuado aumento de empréstimos tomados do resto do mundo e por um aumento da poupança privada.

Fonte dos dados: Bureau of Economic Analysis e Office of Management and Budget.

Impostos e incentivo a poupar

Um imposto sobre a renda dos juros enfraquece o incentivo a poupar e cria uma divisão entre a taxa de juros depois dos impostos obtida pelos poupadores e a taxa de juros paga pelas empresas. Esses efeitos são análogos aos de um imposto sobre a renda do trabalho, porém são mais sérios por duas razões.

Primeiro, um imposto sobre a renda do trabalho reduz a quantidade empregada de trabalho e o PIB potencial, enquanto um imposto sobre a renda do capital reduz a quantidade de poupança e de investimento e *desacelera a taxa de crescimento do PIB real*. Um imposto sobre a renda do capital cria um hiato de Lucas (veja o Capítulo 20) – uma lacuna cada vez maior entre o PIB potencial e o PIB potencial possível.

Em segundo lugar, a verdadeira alíquota tributária sobre a renda dos juros é muito maior do que aquela sobre a renda do trabalho devido ao modo como a inflação e os impostos sobre a renda dos juros interagem. Examinaremos essa interação antes de estudar os efeitos dos impostos sobre a poupança e o investimento.

Alíquota tributária sobre a taxa de juros real A taxa de juros que influencia os planos de investimento e de poupança é a *taxa de juros real depois dos impostos*. A taxa de juros real *depois dos impostos* subtrai da taxa de juros real o imposto de renda pago sobre a renda dos juros. Mas os impostos dependem da taxa de juros nominal, não da taxa de juros real. Desta maneira, quanto mais alta é a taxa de inflação, maior é a alíquota tributária real sobre a renda dos juros. Vejamos um exemplo. Suponha que a taxa de juros real seja de 4 por cento ao ano e a alíquota tributária seja de 40 por cento.

Se não há inflação, a taxa de juros nominal é igual à taxa de juros real. O imposto sobre os juros de 4 por cento é de 1,6 por cento (40 por cento de 4 por cento), de modo que a taxa de juros real depois dos impostos é de 4 por cento menos 1,6 por cento, o que equivale a 2,4 por cento.

Se a taxa de inflação é de 6 por cento ao ano, a taxa de juros nominal é de 10 por cento. O imposto sobre os juros de 10 por cento é de 4 por cento (40 por cento de 10 por cento), de maneira que a taxa de juros real depois dos impostos é de 4 por cento menos 4 por cento, o que equivale a zero. A verdadeira alíquota tributária neste caso não é 40 por cento, mas 100 por cento!

Efeito do imposto de renda sobre a poupança e o investimento Na Figura 30.10, inicialmente não há impostos. Além disso, o governo tem um orçamento equilibrado. A curva de demanda por fundos disponíveis para empréstimos, que também é a curva de demanda por investimento, é *DFD*. A curva de oferta de fundos disponíveis para empréstimo, que também é a curva de oferta de poupança é *SFD*. A taxa de juros de equilíbrio é de 3 por cento ao ano, e a quantidade de fundos tomados como empréstimo e concedidos em empréstimos é de $ 2 trilhões ao ano.

Figura 30.10 Os efeitos de um imposto sobre a renda do capital

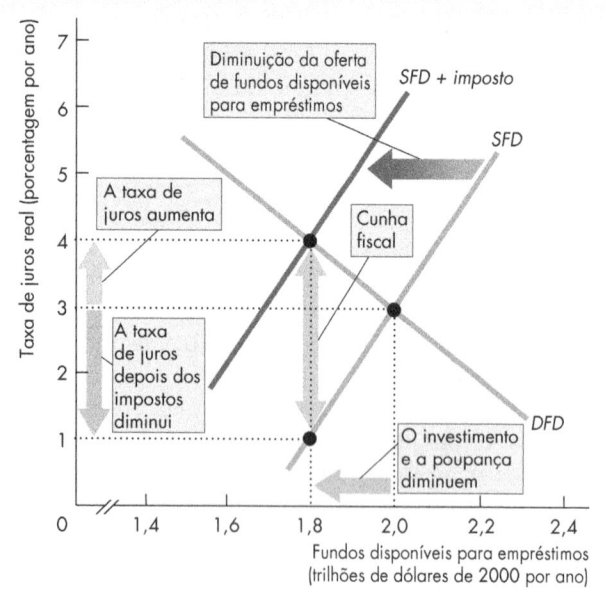

A curva de demanda por fundos disponíveis para empréstimos e de demanda por investimento é *DFD*, e a curva de oferta de fundos disponíveis para empréstimo e de oferta de poupança é *SFD*. Sem nenhum imposto de renda, a taxa de juros real é de 3 por cento ao ano e o investimento é de $ 2 trilhões. Um imposto de renda desloca a curva de oferta para a esquerda, para *SFD + imposto*. A taxa de juros aumenta para 4 por cento ao ano, a taxa de juros depois dos impostos diminui para 1 por cento ao ano e o investimento diminui para $ 1,8 trilhão. Com menos investimento, a taxa de crescimento do PIB real diminui.

Um imposto sobre a renda dos juros não tem nenhum efeito sobre a demanda por fundos disponíveis para empréstimos. A quantidade de investimento que as empresas planejam fazer e de empréstimos que planejam tomar depende somente do nível de produtividade do capital e de seu custo – sua taxa de juros real. Mas um imposto sobre a renda dos juros enfraquece o incentivo a poupar e conceder empréstimos e diminui a oferta de fundos disponíveis para empréstimos. Para cada unidade monetária de rendimentos antes dos impostos, os poupadores devem pagar ao governo uma quantia determinada pela lei tributária. Desta maneira, os poupadores analisam a taxa de juros real depois dos impostos quando decidem quanto poupar.

Na presença de um imposto, a poupança diminui e a curva de oferta de fundos disponíveis para empréstimos se desloca para a esquerda, para *SFD + imposto*. O montante de encargos é medido pela distância vertical entre a curva *SFD* e a curva *SFD + imposto*. Com essa oferta menor de fundos disponíveis para empréstimos, a taxa de juros aumenta para 4 por cento ao ano, mas a taxa de juros *depois dos impostos* diminui para 1 por cento ao ano. Uma cunha fiscal se forma entre a taxa de juros e a taxa de juros depois dos impostos, e a quantidade de equilíbrio de fundos disponíveis para empréstimos diminui. A poupança e o investimento também diminuem.

Os efeitos do imposto de renda sobre a poupança e o investimento provavelmente serão grandes. Com uma taxa de inflação alta, esses efeitos provavelmente serão especialmente grandes.

Vimos como os impostos afetam a poupança privada. Veremos agora como a poupança pública afeta o mercado de fundos disponíveis para empréstimos.

Poupança pública

A poupança pública é positiva quando o governo tem um superávit fiscal, negativa quando ele tem um déficit fiscal e zero quando tem um orçamento equilibrado.

Na Figura 30.11, *DFD* é a curva de demanda por fundos disponíveis para empréstimos. A curva *SPFD* mostra a oferta privada de fundos disponíveis para empréstimos gerada pela poupança privada. Com um orçamento público equilibrado, a curva *SPFD* é a curva de oferta do mercado, a taxa de juros real é de 4 por cento ao ano, e a quantidade de fundos disponíveis para empréstimos, de poupança e de investimento é de $ 1,8 trilhão ao ano.

Quando o governo tem um déficit fiscal, devemos subtrair esse déficit da poupança privada para calcular a oferta de fundos disponíveis para empréstimos – a curva *SFD*. A distância horizontal entre a curva *SPFD* e a curva *SFD* é a poupança pública, que, neste exemplo, é de $ 0,3 trilhão

Figura 30.11 Um efeito *crowding-out*

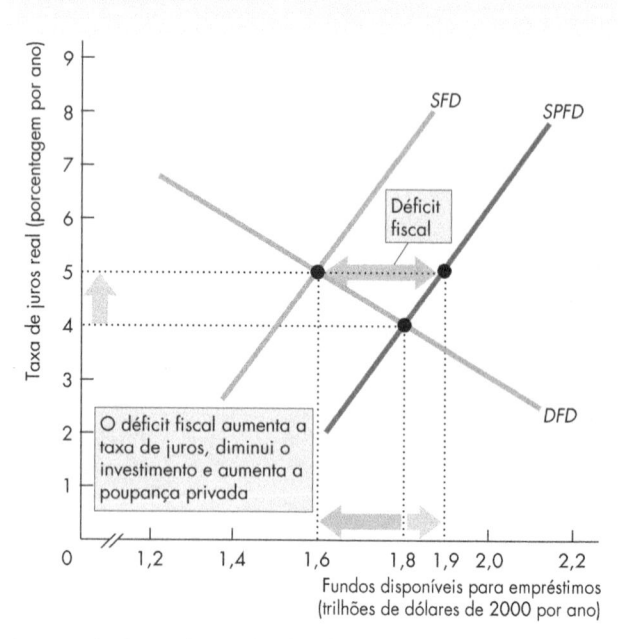

A curva de demanda por fundos disponíveis para empréstimos é *DFD*, e a oferta privada de fundos disponíveis para empréstimos é *SPFD*. Com um orçamento público equilibrado, a taxa de juros real é de 4 por cento ao ano e o investimento é de $ 1,8 trilhão ao ano. Um déficit fiscal do governo é uma poupança pública negativa. Subtraímos o déficit fiscal da poupança privada para calcular a curva de oferta de fundos disponíveis para empréstimos *SFD*. A taxa de juros real aumenta, o investimento diminui (é deslocado) e a poupança privada aumenta.

negativo. (Este número, como todos os outros números da Figura 30.11, é similar ao valor real nos Estados Unidos em 2006.)

Os efeitos da poupança pública negativa são a diminuição da oferta de fundos disponíveis para empréstimos e o aumento da taxa de juros real. A quantidade demandada de fundos disponíveis para empréstimos e o investimento que ele financia diminuem. Na Figura 30.11, com um déficit público de $ 0,3 trilhão, a curva de oferta de fundos disponíveis para empréstimos se desloca para a esquerda e a taxa de juros real aumenta de 4 para 5 por cento ao ano. A quantidade de equilíbrio dos empréstimos tomados e do investimento diminui de $ 1,8 trilhão para $ 1,6 trilhão. O investimento não diminui em todo o montante do déficit público porque a taxa de juros real mais alta induz um aumento da poupança privada. Na Figura 30.11, a poupança privada aumenta $ 0,1 trilhão, passando para $ 1,9 trilhão.

A tendência de um déficit fiscal governamental de reduzir os investimentos é chamada de **efeito crowding-out**. Ao elevar a taxa de juros real, o déficit fiscal do governo desloca (*crowds out*) o investimento privado. Um superávit fiscal público tem o efeito oposto àquele que acabamos de ver. Ele aumenta a oferta de fundos disponíveis para empréstimos, reduz a taxa de juros real e aumenta o investimento.

No caso do efeito *crowding-out*, a *quantidade de poupança privada* varia porque a taxa de juros real varia. Há um movimento ao longo da curva *SPFD*. No entanto, a oferta privada de fundos disponíveis para empréstimos não varia. Isto é, a curva *SPFD* não se desloca. Mas suponha que uma variação da poupança pública altere a poupança privada e desloque a curva *SPFD*. Essa possibilidade é chamada de efeito Ricardo-Barro, que recebeu esse nome por ter sido sugerida pela primeira vez pelo economista inglês David Ricardo no século XVIII e aprimorada por Robert J. Barro, da Universidade de Harvard, durante as décadas de 1970 e 1980. A **equivalência Ricardo-Barro** é a proposição de que os impostos e os empréstimos tomados pelo governo são equivalentes – um déficit fiscal não tem nenhum efeito sobre a taxa de juros real ou sobre o investimento.

A lógica por trás da equivalência Ricardo-Barro é a seguinte: um governo que tenha um déficit fiscal deve vender títulos para pagar pelos bens e serviços que não são pagos pelos impostos. Além disso, o governo deve pagar juros sobre esses títulos. Ele também deve arrecadar mais impostos *no futuro* para pagar os juros sobre a maior quantidade de títulos em aberto. Os contribuintes são racionais e têm uma boa capacidade de projeção. Eles podem ver que seus impostos serão mais altos no futuro e que, portanto, sua renda disponível será mais baixa. Uma renda disponível futura esperada mais baixa aumenta a poupança. Se os contribuintes quiserem neutralizar os efeitos do déficit fiscal sobre seus próprios planos de consumo, eles aumentam sua poupança no mesmo montante da poupança pública negativa do governo, devido a seu déficit.

Esse resultado é extremo e provavelmente não ocorreria de fato. Os contribuintes provavelmente reagiriam na *direção* sugerida por Ricardo e Barro, mas não no *montante* que eles sugerem. Desta maneira, o efeito de um déficit fiscal provavelmente ficaria entre o caso mostrado na Figura 30.11 e o caso de Ricardo-Barro. Um déficit fiscal aumenta a taxa de juros e desloca em parte o investimento privado, mas também induz um aumento da poupança privada adiantando-se a impostos futuros mais altos.

QUESTÕES PARA REVISÃO

1 Por que o imposto sobre a renda dos juros tem um efeito mais sério do que o imposto sobre a renda do trabalho?
2 Como um imposto sobre a renda dos juros afeta a taxa de juros real, a poupança e o investimento?
3 Um déficit fiscal do governo desloca o investimento? Como?
4 O que é a equivalência Ricardo-Barro e por que ela provavelmente não atuaria plenamente?

Agora sabemos como um déficit fiscal público influencia a poupança e o investimento. Como um déficit fiscal desloca o investimento, ele reduz a taxa de crescimento do PIB real. Examinaremos em seguida os efeitos da política fiscal sobre a redistribuição intergerações.

Efeitos intergerações da política fiscal

O déficit fiscal representa um fardo para as gerações futuras? Se ele representa, como será carregado? Será que o déficit fiscal representa o único fardo para as gerações futuras? O que dizer do déficit dos fundos da previdência social? Faz diferença a quem pertencem os títulos que o governo vende para financiar seu déficit? O que dizer dos títulos de propriedade de estrangeiros? Será que o pagamento desses títulos não implicaria um fardo mais pesado do que o pagamento dos títulos mantidos por norte-americanos?

Para responder a questões como essas, utilizamos uma ferramenta chamada de **contabilidade intergerações** – um sistema contábil que mede, para cada geração, a carga tributária e os benefícios ao longo da vida dos indivíduos. Esse sistema de contabilidade foi desenvolvido por Alan Auerbach, da Universidade da Pensilvânia, e Laurence Kotlikoff, da Universidade de Boston. A contabilidade intergerações para os Estados Unidos foi elaborada por Jagadeesh Gokhale, do Federal Reserve de Cleveland, e Kent Smetters, da Universidade da Pensilvânia.

Contabilidade intergerações e valor presente

O imposto de renda e as contribuições previdenciárias são pagos por pessoas que têm emprego. Os benefícios da previdência social são pagos a pessoas aposentadas. Assim, para comparar impostos e benefícios, devemos comparar o valor dos impostos pagos pelas pessoas durante sua vida produtiva com os benefícios recebidos em sua aposentadoria. Para compararmos o valor de uma quantia de dinheiro em uma data com a de uma data posterior, utilizamos o conceito do valor presente. Um **valor presente** é uma quantia de dinheiro que, se investida hoje, crescerá até ser tão grande quanto determinada quantia futura quando os juros a ser gerados forem levados em consideração. Utilizando os valores presentes, podemos comparar a unidade monetária hoje com a unidade monetária em 2030 ou qualquer dia futuro.

Por exemplo, se a taxa de juros for de 5 por cento ao ano, os $ 1.000 investidos hoje crescerão, com juros, para $ 11.467 depois de 50 anos. Desta maneira, o valor presente (em 2006) de $ 11.467 em 2056 é $ 1.000.

Com a utilização do valor presente, podemos avaliar a magnitude das dívidas públicas para os cidadãos mais velhos na forma de pensões e benefícios de assistência médica.

No entanto, a taxa de juros e a taxa de crescimento presumidas dos impostos e benefícios influenciam as respostas que obtemos. Por exemplo, com uma taxa de juros de 3 por cento ao ano, o valor presente (em 2006) de $ 11.467 em 2056 é $ 2.616. Quanto mais baixa é a taxa de juros, maior é o valor presente de determinada quantia futura.

Como há incerteza em relação à taxa de juros adequada para utilizar no cálculo dos valores presentes, são utilizados números alternativos plausíveis para estimar uma variedade de valores presentes.

Utilizando a contabilidade intergerações e os valores presentes, os economistas estudaram a situação que o governo federal norte-americano enfrentaria como resultado de suas obrigações de previdência social. Eles encontraram uma bomba-relógio!

A bomba-relógio da previdência social

Quando a previdência social dos Estados Unidos foi implementada, no New Deal da década de 1930, a situação demográfica atual não foi vislumbrada. A distribuição etária da população norte-americana hoje é dominada pela explosão da taxa de natalidade ocorrida após a Segunda Guerra Mundial, que criou a chamada 'geração do baby-boom'. Há 77 milhões de 'baby boomers'.

Em 2008, o primeiro deles começará a receber pensões da previdência social e, em 2011, eles terão direito aos benefícios do Medicare. Em 2030, todos os baby boomers estarão aposentados e, em comparação com 2006, a população sustentada pela previdência social terá dobrado.

De acordo com as leis existentes da previdência social, o governo federal tem uma obrigação para com esses cidadãos de pagar pensões e benefícios do Medicare em uma escala já declarada. Essas obrigações constituem uma dívida do governo e são tão reais quanto os títulos que ele emite para financiar seu déficit fiscal corrente.

Para avaliar toda a extensão das obrigações do governo, os economistas utilizam o conceito do desequilíbrio fiscal. O **desequilíbrio fiscal** é o valor presente dos compromissos do governo de pagar benefícios menos o valor presente de suas receitas tributárias. O desequilíbrio fiscal é uma tentativa de medir a escala dos verdadeiros passivos do governo.

Gokhale e Smetters estimaram que o desequilíbrio fiscal dos Estados Unidos era de US$ 45 trilhões em 2003. (Utilizando-se premissas alternativas referentes às taxas de juros e taxas de crescimento, esse montante pode variar de US$ 29 trilhões a US$ 65 trilhões.) Para colocar o montante de US$ 45 trilhões em perspectiva, note que o PIB dos Estados Unidos em 2003 foi de US$ 11 trilhões. Deste modo, o desequilíbrio fiscal era 4 vezes maior que o valor da produção de um ano inteiro.

Como o governo federal pode cumprir suas obrigações de previdência social? Gokhale e Smetters pensaram em quatro alterações alternativas da política fiscal que poderiam ser implementadas:

- Elevação dos impostos de renda
- Elevação das contribuições previdenciárias
- Redução dos benefícios da previdência social
- Redução dos gastos discricionários do governo federal

Eles estimaram que, a partir de 2003 e com a promoção de apenas uma dessas mudanças, os impostos de renda precisariam ser elevados 69 por cento, ou as contribuições previdenciárias deveriam ser elevadas 95 por cento, ou os benefícios da previdência social deveriam ser reduzidos 56 por cento. Mesmo que o governo cortasse todos os gastos discricionários, incluindo os gastos em defesa nacional, ele não seria capaz de pagar suas contas.

É claro que, combinando-se as quatro medidas, a intensidade de cada uma poderia ser reduzida, mas ainda seria imensa. Para piorar ainda mais as coisas, qualquer adiamento faz com que esses números aumentem.

Desequilíbrio intergerações

Um desequilíbrio fiscal deve ser corrigido mais cedo ou mais tarde e, quando isso acontece, as pessoas pagam impostos mais altos ou recebem benefícios mais baixos. O conceito do desequilíbrio intergerações nos informa quem vai arcar com o pagamento. O **desequilíbrio intergerações** é a divisão do desequilíbrio fiscal entre as gerações corrente e futura, supondo que a geração corrente usufruirá os níveis existentes de impostos e benefícios.

A Figura 30.12 mostra uma estimativa de como o desequilíbrio fiscal nos Estados Unidos é distribuído entre as gerações corrente (nascidas antes de 1988) e futura (nascidas em 1988 ou depois desse ano). Ela também mostra que a principal fonte de desequilíbrios é o Medicare. Os benefícios de pensões da previdência social criam um desequilíbrio fiscal, mas esses benefícios serão mais do que totalmente pagos pela geração corrente. No entanto, a geração corrente pagará menos de 50 por cento de seus custos do Medicare, e o saldo recairá sobre as gerações futuras. Se somarmos todos os itens, a geração corrente pagará 43 por cento e as gerações futuras pagarão 57 por cento do desequilíbrio fiscal.

Figura 30.12 Desequilíbrio fiscal e desequilíbrio intergerações

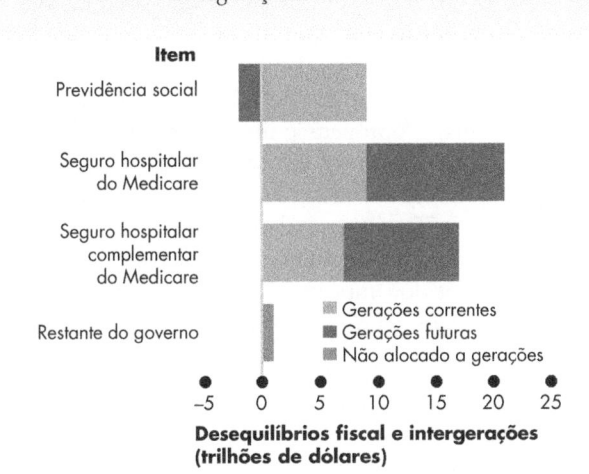

As barras mostram a escala do desequilíbrio fiscal. O maior componente é composto dos mais de US$ 20 trilhões de benefícios do Medicare. Esses benefícios também são o principal componente do desequilíbrio intergerações. As pensões da previdência social são totalmente pagas pela geração corrente.

Fonte dos dados: Jagadeesh Gokhale e Kent Smetters, *Fiscal and generational imbalances: new budget measures for new budget priorities*, Washington, D.C: The AEI Press, abril 2003.

Como o desequilíbrio fiscal estimado é tão grande, não é possível prever como ele será solucionado. Mas podemos prever que o resultado envolverá tanto benefícios mais baixos quanto impostos mais altos. Um desses impostos pode ser o imposto inflacionário – pagar contas com nova moeda e criar inflação. No entanto, o Fed resistirá à utilização da inflação para lidar com o desequilíbrio, como veremos no capítulo a seguir.

Dívida internacional

Até este ponto de nossa discussão dos déficits e dívidas do governo, ignoramos o papel exercido pelo resto do mundo. Concluiremos esta discussão levando em consideração o papel e a magnitude da dívida internacional.

Vimos que os empréstimos tomados do resto do mundo são uma fonte de financiamento dos investimentos. Também vimos que essa fonte de financiamento dos investimentos aumentou no fim da década de 1990 e durante a década de 2000.

Qual é o tamanho da contribuição do resto do mundo? Quanto investimento os Estados Unidos custearam tomando empréstimos do resto do mundo? Quanto da dívida do governo norte-americano é mantida no exterior?

A Tabela 30.2 responde a essas perguntas. Em junho de 2006, os Estados Unidos tinham uma dívida líquida de US$ 5,2 trilhões para com o resto do mundo. Dessa dívida, US$ 2,2 trilhões constituíam uma dívida do governo dos Estados Unidos. As empresas norte-americanas tinham utilizado US$ 4,4 trilhões de fundos estrangeiros (US$ 2,1 trilhões em títulos e US$ 2,3 trilhões em valor acionário). Mais da metade da dívida em aberto do governo está em mãos de estrangeiros.

A dívida internacional dos Estados Unidos é importante porque, quando ela for paga, os Estados Unidos transferirão recursos reais para o resto do mundo. Em vez de desenvolver um grande déficit de exportações líquidas, os Estados Unidos precisarão de um superávit de exportações em relação às importações. Para que o superávit seja possível, a poupança dos Estados Unidos deve aumentar e o consumo deve diminuir. Algumas escolhas difíceis aguardam o país no futuro.

Tabela 30.2 O que os Estados Unidos deviam para o resto do mundo em junho de 2006

	Trilhões de dólares
(a) Passivos dos Estados Unidos	
Depósitos em bancos dos Estados Unidos	0,8
Títulos públicos dos Estados Unidos	2,2
Títulos corporativos dos Estados Unidos	2,1
Ações corporativas dos Estados Unidos	2,3
Outros (líquido)	– 2,2
Total	5,2
(b) Títulos públicos dos Estados Unidos	
Mantidos pelo resto do mundo	2,2
Mantidos nos Estados Unidos	1,9
Total	4,1

Fonte dos dados: Federal Reserve Board.

QUESTÕES PARA REVISÃO

1. O que é um valor presente?
2. Faça a distinção entre desequilíbrio fiscal e desequilíbrio intergerações.
3. De quanto era o desequilíbrio fiscal estimado dos Estados Unidos em 2003 e como ele se dividia entre as gerações corrente e futuras?
4. Qual é a fonte de desequilíbrio fiscal dos Estados Unidos e quais são as difíceis escolhas diante das gerações corrente e futuras?
5. Quanto da dívida do governo norte-americano é mantida pelo resto do mundo?

Agora sabemos como os economistas avaliam o desequilíbrio fiscal e como eles dividem o custo de cobrir um desequilíbrio entre gerações. E vimos a extensão e a implicação da dívida norte-americana mantida pelo resto do mundo. Concluiremos este capítulo examinando a política fiscal como uma ferramenta para estabilizar os ciclos econômicos.

Estabilização dos ciclos econômicos

As ações da política fiscal influenciam tanto a oferta agregada quanto a demanda agregada. As políticas que procuram estabilizar os ciclos econômicos funcionam alterando a demanda agregada e podem ser:

- Discricionária ou
- Automática

Uma ação de política fiscal de iniciativa do governo é chamada de **política fiscal discricionária**. Ela requer uma alteração de um programa de gastos ou de uma lei fiscal. Por exemplo, um aumento dos gastos em defesa ou uma redução do imposto de renda é uma política fiscal discricionária.

Uma ação de política fiscal provocada pela situação da economia é chamada de **política fiscal automática**. Por exemplo, um aumento do desemprego induz um aumento dos pagamentos aos desempregados. Uma redução das rendas induz uma diminuição das receitas tributárias.

As alterações dos gastos do governo e dos impostos têm efeitos multiplicadores sobre a demanda agregada. O Capítulo 28 explica a idéia básica do multiplicador e a nota matemática desse capítulo demonstra os cálculos dos multiplicadores da política fiscal que estudaremos a seguir.

Multiplicador dos gastos do governo

O **multiplicador dos gastos do governo** é o efeito amplificador que uma alteração dos gastos do governo em bens e serviços tem sobre a demanda agregada. Os gastos do governo constituem um componente dos gastos agregados, de modo que, quando há uma alteração dos gastos do governo, a demanda agregada varia. O PIB real varia e induz uma variação dos gastos de consumo, o que leva a outra alteração dos gastos agregados. Um processo multiplicador se sucede.

Um multiplicador da segurança doméstica Os ataques terroristas de 11 de setembro de 2001 levaram a uma reavaliação dos requisitos de segurança doméstica dos Estados Unidos e a um aumento dos gastos do governo. Esse aumento inicialmente ampliou a renda dos produtores de equipamentos de segurança para aeroportos e fronteiras e dos trabalhadores do setor de segurança. Os trabalhadores do setor de segurança, em melhores condições, aumentaram seus gastos de consumo. Com maiores rendimentos, outras empresas em todas as partes do país começaram a prosperar e expandir sua folha de pagamento. Uma segunda rodada de aumento dos gastos de consumo elevou ainda mais a renda. Esse efeito multiplicador ajudou a pôr um fim à recessão de 2001.

O multiplicador autônomo dos impostos

O **multiplicador autônomo dos impostos** é o efeito amplificador de uma alteração dos impostos autônomos sobre a demanda agregada. Uma *diminuição* dos impostos *aumenta* a renda disponível, o que, por sua vez, aumenta os gastos de consumo. Uma diminuição dos impostos funciona como um aumento dos gastos do governo. Mas o multiplicador autônomo dos impostos é menor do que o multiplicador dos gastos do governo. A razão para isso é que um corte de impostos de $ 1 gera *menos de* $ 1 em gastos adicionais. A propensão marginal a consumir determina o aumento dos gastos de consumo induzidos por um corte de impostos. Por exemplo, se a propensão marginal a consumir é 0,75, um corte de impostos de $ 1 aumenta os gastos de consumo em apenas 75 centavos. Nesse caso, o multiplicador dos impostos é 0,75 vezes a grandeza do multiplicador dos gastos do governo.

Um multiplicador do corte de impostos de Bush O Congresso norte-americano promulgou o pacote de corte de impostos de Bush que reduziu os impostos a partir de 2002. Esses cortes de impostos tiveram um efeito multiplicador. Com mais renda disponível, as pessoas aumentaram os gastos de consumo. Esses gastos aumentaram a renda das outras pessoas, o que impulsionou ainda mais os gastos de consumo. Com o aumento dos gastos em segurança, o corte de impostos e seu efeito multiplicador ajudaram a acabar com a recessão de 2001.

O multiplicador do orçamento equilibrado

O **multiplicador do orçamento equilibrado** é o efeito amplificador que uma mudança *simultânea* dos gastos do governo e dos impostos para deixar o orçamento equilibrado tem sobre a demanda agregada. O multiplicador do orçamento equilibrado é positivo porque um aumento de $ 1 dos gastos do governo aumenta a demanda agregada mais do que um aumento de $ 1 em impostos a diminui. Assim, quando tanto os gastos do governo quanto os impostos aumentam $ 1, a demanda agregada aumenta.

Estabilização fiscal discricionária

Se o PIB real está abaixo do PIB potencial, a política fiscal discricionária pode ser utilizada em uma tentativa de restaurar o pleno emprego. O governo pode aumentar seus gastos em bens e serviços, cortar impostos ou ambos. Essas ações aumentariam a demanda agregada. Se implementadas no momento certo e na extensão certa, elas podem restaurar o pleno emprego. A Figura 30.13 mostra como. O PIB potencial é de $ 12 trilhões, mas o PIB real está abaixo do potencial, em $ 11 trilhões, e há um *hiato recessivo* de $ 1 trilhão (veja o Capítulo 27). Para restabelecer o pleno emprego, o governo implementa uma ação de política fiscal discricionária. Um aumento dos gastos do governo ou um corte de impostos aumenta os gastos agregados em ΔE. Se essa fosse a única alteração dos planos de gastos, a curva DA passaria a ser $DA_0 + \Delta E$ na Figura 30.13. Mas a ação de política fiscal dá início a um processo multiplicador, que aumenta os gastos de consumo. À medida que o processo multiplicador avança, a demanda agregada aumenta ainda mais e a curva DA se desloca para a direita, para DA_1.

Sem nenhuma alteração do nível de preços, a economia se moveria do ponto A para o ponto B em DA_1. Mas

Figura 30.13 Política fiscal expansionista

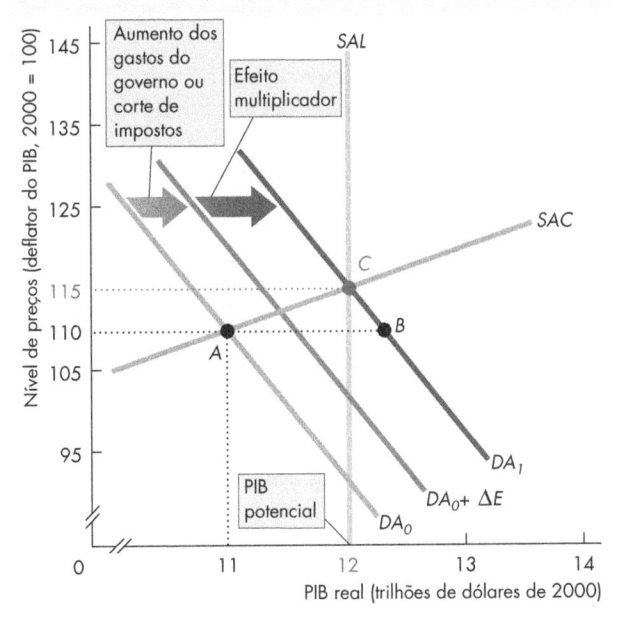

O PIB potencial é de $ 12 trilhões, o PIB real é de $ 11 trilhões e há um hiato recessivo de $ 1 trilhão. Um aumento dos gastos do governo ou um corte de impostos aumenta os gastos em ΔE. O multiplicador aumenta os gastos induzidos. A curva DA se desloca para a direita, para DA_1, o nível de preços aumenta para 115, o PIB real aumenta para $ 12 trilhões, e o hiato recessivo é eliminado.

o aumento da demanda agregada combinado com a curva SAC inclinada para cima causa uma elevação do nível de preços. A economia se move para o ponto C e, além disso, retorna ao pleno emprego.

A Figura 30.14 ilustra o caso oposto, no qual a política fiscal discricionária é utilizada para eliminar a pressão inflacionária. O governo diminui seus gastos em bens e serviços ou eleva os impostos para diminuir a demanda agregada. Na figura, a ação de política fiscal provoca uma diminuição de ΔE nos gastos agregados e a curva DA se desloca para $DA_0 - \Delta E$. A redução inicial dos gastos agregados aciona um processo multiplicador, que diminui os gastos de consumo. O processo multiplicador diminui ainda mais a demanda agregada e a curva DA se desloca para a esquerda, para DA_1.

Sem nenhuma alteração do nível de preços, a economia se moveria do ponto A para o ponto B na curva DA_1 da Figura 30.14. Mas a diminuição da demanda agregada combinada com a curva SAC inclinada para cima leva a uma redução do nível de preços. Desta maneira, a economia se move para o ponto C, onde o hiato inflacionário foi eliminado, a inflação foi evitada e a economia está de volta ao pleno emprego.

As figuras 30.13 e 30.14 fazem com que a política fiscal pareça fácil: calcule o hiato recessivo ou o hiato inflacionário e o multiplicador, altere os gastos do governo ou os impostos e elimine a diferença. Na realidade, as coisas não são tão simples.

Figura 30.14 Política fiscal contracionista

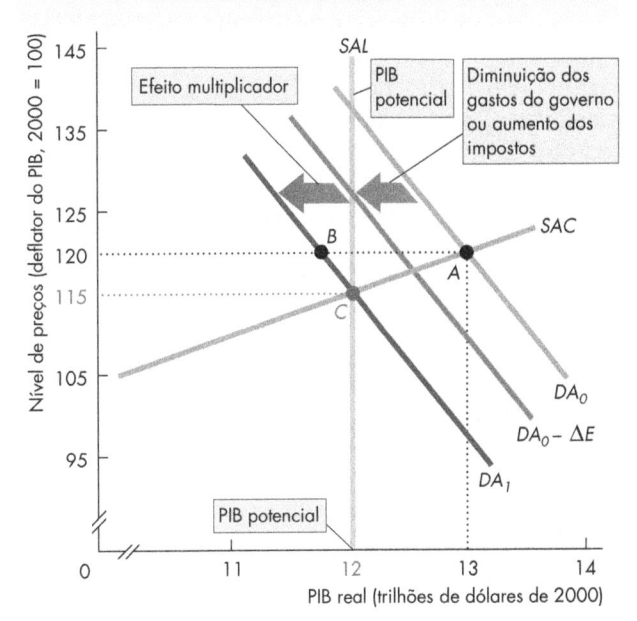

O PIB potencial é de $ 12 trilhões, o PIB real é de $ 13 trilhões e há um hiato inflacionário de $ 1 trilhão. Uma diminuição dos gastos do governo ou um aumento dos impostos provoca uma diminuição de ΔE nos gastos. O multiplicador diminui os gastos induzidos. A curva DA se desloca para a esquerda, para DA_1, o nível de preços diminui para 115, o PIB real diminui para $ 12 trilhões, e o hiato inflacionário é eliminado.

Limitações da política fiscal discricionária

A utilização da política fiscal discricionária é seriamente prejudicada por três defasagens temporais:

- Defasagem de reconhecimento
- Defasagem legislativa
- Defasagem de impacto

Defasagem de reconhecimento A defasagem de reconhecimento é o tempo necessário para definir quais ações de política fiscal são necessárias. Esse processo tem dois aspectos: avaliação da situação corrente da economia e projeção da situação futura.

Defasagem legislativa A defasagem legislativa é o tempo que demora para o Congresso aprovar as leis necessárias para alterar os impostos ou os gastos. Esse processo demanda tempo porque cada membro do Congresso tem uma opinião diferente sobre qual é o melhor programa tributário ou de gastos, de modo que são necessárias longas discussões e reuniões de comitês para conciliar visões conflitantes. A economia pode se beneficiar de um estímulo fiscal hoje, mas, quando o Congresso age, é necessária uma ação fiscal diferente.

Defasagem de impacto A defasagem de impacto é o tempo transcorrido desde que se aprova uma alteração tributária ou de gastos até que são sentidos os efeitos sobre o PIB real. Essa defasagem depende em parte da velocidade com que os órgãos públicos são capazes de agir e em parte do impacto das mudanças nos planos de gastos de indivíduos e empresas.

As previsões econômicas melhoraram nos últimos anos, mas ainda são imprecisas e sujeitas a erros. Desta maneira, em função dessas três defasagens temporais, a atitude fiscal discricionária pode acabar *distanciando* o PIB real do PIB potencial e criando justamente os problemas que busca corrigir.

Vamos examinar agora uma política fiscal automática.

Estabilizadores automáticos

A política fiscal automática é uma conseqüência das receitas tributárias e dos gastos que flutuam com o PIB real. Esses mecanismos da política fiscal são chamados de **estabilizadores automáticos** porque agem para estabilizar o PIB real sem uma ação governamental explícita. Esse termo foi tomado de empréstimo da engenharia e evoca imagens de amortecedores de choque, termostatos e sofisticados dispositivos que mantêm aviões e navios estáveis em cenários turbulentos.

Impostos induzidos No lado das receitas do governo, as leis fiscais definem as *alíquotas* tributárias, não os valores dos impostos. Os valores dos impostos dependem das alíquotas tributárias e das rendas. Mas as rendas variam com o PIB real, de modo que as receitas tributárias dependem do PIB real. Os impostos que variam com o PIB real são chamados de **impostos induzidos**. Quando o PIB real aumenta em uma expansão, os salários e os lucros aumentam, de maneira que os impostos sobre essas rendas – os impostos induzidos – também aumentam. Quando o PIB real diminui em uma recessão, os salários e os lucros diminuem, de modo que os impostos induzidos sobre essas rendas também diminuem.

Gastos em necessidades comprovadas No lado dos gastos, o governo cria programas que pagam benefícios a pessoas e empresas qualificadas. Os gastos nesses programas são chamados de **gastos em necessidades comprovadas** e resultam em pagamentos de transferências que dependem da situação econômica das empresas e cidadãos individuais. Quando a economia está em uma recessão, o desemprego é alto e o número de pessoas que passam por dificuldades econômicas aumenta, portanto os gastos em necessidades comprovadas referentes a seguro-desemprego e auxílio-alimentação também aumentam. Quando a economia se expande, o desemprego diminui, o número de pessoas que passam por dificuldades econômicas diminui e os gastos em necessidades comprovadas também diminuem.

Os impostos induzidos e os gastos em necessidades comprovadas reduzem os efeitos multiplicadores das alterações dos gastos autônomos (como investimentos e exportações). Assim, eles amenizam tanto as expansões quanto as recessões e fazem com que o PIB real seja mais estável. Eles atingem esse resultado enfraquecendo a relação entre o PIB real e a renda disponível e, portanto, reduzem o efeito de uma variação do PIB real sobre os gastos de consumo. Quando o PIB real aumenta, os impostos induzidos aumentam e os gastos em necessidades comprovadas diminuem, de modo que a renda disponível não aumenta tanto quanto o PIB real. Como resultado, os gastos de consumo não aumentam tanto quanto aumentariam se a situação fosse diferente e o efeito multiplicador é reduzido.

Podemos notar os efeitos dos estabilizadores automáticos examinando o modo como o déficit fiscal do governo flutua ao longo dos ciclos econômicos.

Déficit fiscal ao longo dos ciclos econômicos A Figura 30.15 mostra os ciclos econômicos na parte (a) e as flutuações do déficit fiscal na parte (b), entre 1983 e 2005. Ambas as partes destacam as recessões, indicando esses períodos em cinza. Comparando as duas partes da figura, podemos notar a relação entre os ciclos econômicos e o déficit fiscal. Quando a economia está em expansão, o déficit diminui. (Na figura, um déficit decrescente significa um déficit que se aproxima de zero.) À medida que a expansão desacelera antes do início de uma recessão, o déficit aumenta. Ele continua a aumentar durante a recessão e por um período depois que a recessão chega ao fim. Então, com uma expansão iminente, o déficit volta a diminuir.

O déficit fiscal flutua com o ciclo econômico porque tanto as receitas tributárias quanto os gastos flutuam com o PIB real. À medida que o PIB real aumenta durante uma expansão, as receitas tributárias aumentam e os pagamentos de transferências diminuem, de modo que o déficit automaticamente diminui. À medida que o PIB real diminui durante uma recessão, as receitas tributárias diminuem e os pagamentos de transferências aumentam, de modo que o déficit automaticamente aumenta. As flutuações dos investimentos e das exportações têm um efeito multiplicador sobre o PIB real. Mas as flutuações do déficit fiscal diminuem as oscilações da renda disponível e reduzem o efeito multiplicador. Elas abrandam tanto as expansões quanto as recessões.

Equilíbrios cíclicos e estruturais Como o equilíbrio orçamentário do governo flutua com os ciclos econômicos, precisamos de um método para medir o equilíbrio que nos informe se é um fenômeno cíclico temporário ou um fenômeno persistente. Um superávit ou déficit cíclico temporário chega ao fim com o retorno do pleno emprego. Um superávit ou déficit persistente requer ações do governo para chegar ao fim.

Para determinar se o equilíbrio fiscal é persistente ou temporário e cíclico, os economistas desenvolveram os conceitos do equilíbrio fiscal estrutural e do equilíbrio fiscal cíclico. O **superávit ou déficit estrutural** é o equilíbrio fiscal que ocorreria se a economia estivesse no pleno emprego e o PIB real fosse igual ao PIB potencial. O **superávit ou déficit cíclico** é o superávit ou déficit real menos o superávit ou déficit estrutural. Isto é, o superávit ou déficit cíclico é parte do equilíbrio fiscal que surge unicamente porque o PIB real não é igual ao PIB potencial. Por exemplo, suponha que o déficit fiscal seja de $ 100 bilhões. Suponha também que os economistas tenham identificado um déficit estrutural de $ 25 bilhões. No caso, há um déficit cíclico de $ 75 bilhões.

A Figura 30.16 ilustra os conceitos do superávit ou déficit cíclico e do superávit ou déficit estrutural. A curva contínua cinza-claro mostra os gastos do governo. A curva dos gastos se inclina para baixo porque os pagamentos de transferências, um componente dos gastos do governo, diminuem à medida que o PIB real aumenta. A curva tracejada mostra as receitas tributárias. A curva de receitas tributárias se inclina para cima porque a maioria dos componentes das receitas tributárias aumenta à medida que as rendas e o PIB real aumentam.

Na Figura 30.16(a), o PIB potencial é de $ 12 trilhões. Se o PIB real é igual ao PIB potencial, o governo tem um *orçamento equilibrado*. Os gastos e as receitas tributárias

Figura 30.15 Os ciclos econômicos e o déficit fiscal

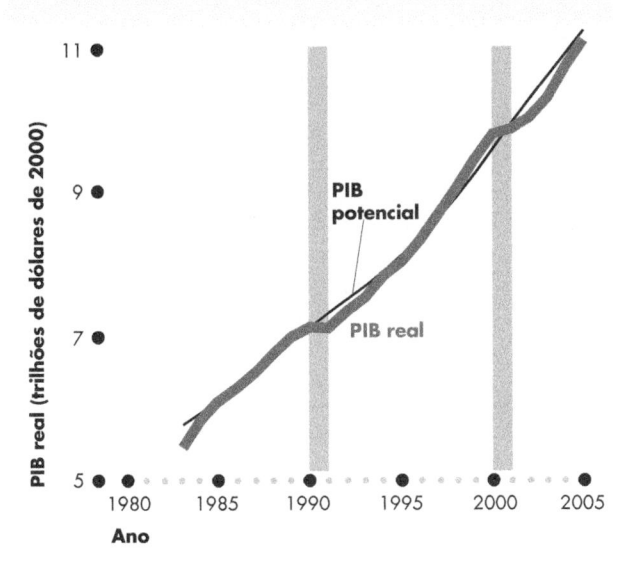

(a) Crescimento e recessões

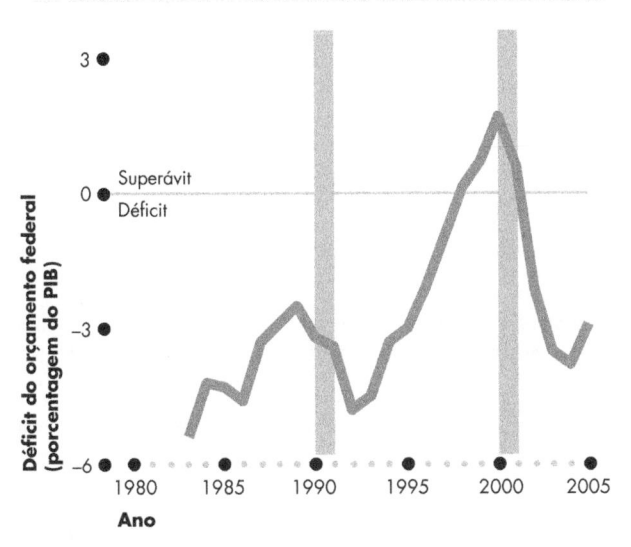

(b) Déficit do orçamento federal

À medida que o PIB real flutua em torno do PIB potencial – parte (a) –, o déficit fiscal também flutua – parte (b). Durante uma recessão (anos em cinza), as receitas tributárias diminuem, os pagamentos de transferências aumentam e o déficit fiscal aumenta. O déficit também aumenta *antes* de uma recessão à medida que o crescimento do PIB real desacelera e *após* uma recessão antes de o crescimento do PIB real se acelerar.

Fonte dos dados: Bureau of Economic Analysis, Congressional Budget Office e Office of Management and the Budget.

Figura 30.16 Superávits e déficits cíclicos e estruturais

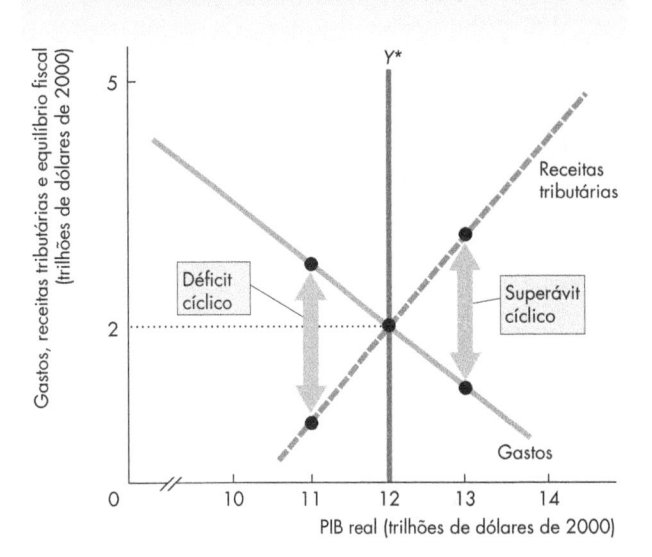

(a) Déficit cíclico e superávit cíclico

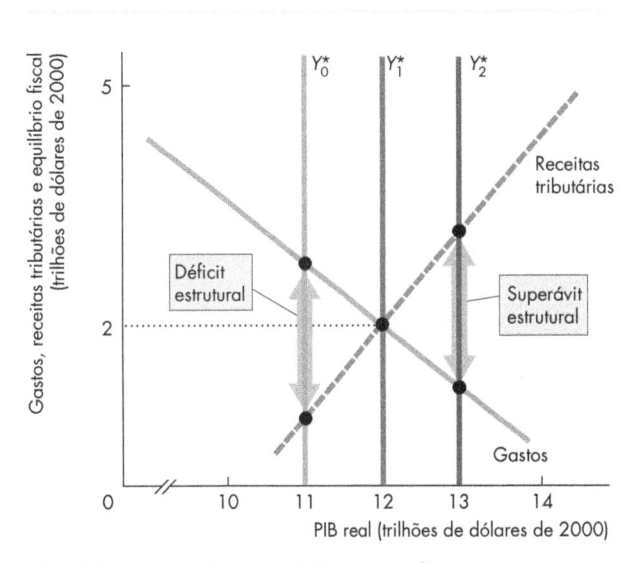

(b) Déficit estrutural e superávit estrutural

Na parte (a), o PIB potencial é de $ 12 trilhões. Quando o PIB real é menor que o PIB potencial, o orçamento está em um *déficit cíclico*. Quando o PIB real excede o PIB potencial, o orçamento está em um *superávit cíclico*. O governo tem um *orçamento equilibrado* quando o PIB real é igual ao PIB potencial. Na parte (b), se o PIB real e o PIB potencial são de $ 11 trilhões, há um *déficit estrutural*. Mas, se o PIB real e o PIB potencial são de $ 13 trilhões, há um *superávit estrutural*.

são iguais a $2 trilhões. Se o PIB real é menor que o PIB potencial, os gastos excedem as receitas tributárias e há um *déficit cíclico*. Se o PIB real é maior que o PIB potencial, os gastos são menores do que as receitas tributárias e há um *superávit cíclico*.

Na Figura 30.16(b), se tanto o PIB real quanto o PIB potencial são de $11 trilhões ($Y^*_0$), o governo tem um déficit fiscal e há um *déficit estrutural*. Se tanto o PIB real quanto o PIB potencial são de $12 trilhões ($Y^*_1$), o orçamento é equilibrado – um *equilíbrio estrutural* de zero. Se tanto o PIB real quanto o PIB potencial são de $13 trilhões ($Y^*_2$), o governo tem um superávit fiscal e há um *superávit estrutural*.

O orçamento federal dos Estados Unidos está em um déficit estrutural e se encontra nessa situação desde o início da década de 1970. O déficit estrutural diminuiu de 1992 a 2000 e foi quase eliminado em 2000. Mas, desde 2000, o déficit estrutural tem aumentado. Estima-se que o déficit cíclico seja pequeno em relação ao déficit estrutural.

O governo federal está diante de alguns grandes desafios de política fiscal.

> **QUESTÕES PARA REVISÃO**
>
> **1** Como o governo federal utiliza a política fiscal para estabilizar os ciclos econômicos?
> **2** Por que o multiplicador dos gastos do governo é maior do que o multiplicador autônomo dos impostos?
> **3** Por que um orçamento equilibrado aumenta os gastos e os impostos aumentam a demanda agregada?
> **4** Como os impostos induzidos e os programas de gastos em necessidades comprovadas funcionam como estabilizadores automáticos para abrandar os ciclos econômicos?
> **5** Como é possível saber se um déficit fiscal requer ações do governo para removê-lo?

◆ Vimos como a política fiscal influencia o PIB potencial, a taxa de crescimento e as flutuações do PIB real. A seção "Leitura das entrelinhas" analisa com mais profundidade o orçamento norte-americano de 2007 e o compara com a política fiscal nos anos da administração Clinton.

LEITURA DAS ENTRELINHAS

OBSERVATÓRIO ECONÔMICO

A política fiscal hoje

80 por cento do orçamento efetivamente não pode ser cortado

6 de abril de 2006

...Desde que o presidente Bush assumiu o cargo, os gastos federais gerais aumentaram 33 por cento, duas vezes mais rápido do que durante o governo do presidente Bill Clinton e mais rápido do que no governo de qualquer outro presidente desde Lyndon B. Johnson.

Mas o maior crescimento provém de áreas que os republicanos, de modo geral, têm apoiado: a segurança militar doméstica e a maior expansão do Medicare em 40 anos.

Os gastos militares e os chamados programas de promoção social, como o Medicare, agora respondem por cerca de quatro quintos do orçamento de US$ 2,7 trilhões do governo, e estima-se que continuarão a crescer muito mais rapidamente do que a inflação ou a economia. Considerando as realidades políticas, eles efetivamente estão fora do alcance dos cortes orçamentários.

Com os cortes de impostos apertando as receitas públicas, quase toda a batalha para reduzir o déficit fiscal passa, portanto, a se concentrar em menos de um quinto dos gastos do governo, alocado a programas 'discricionários' domésticos como educação, pesquisa científica, parques nacionais e programa espaciais.

Os gastos em programas discricionários domésticos – aqueles para os quais o Congresso deve alocar uma receita anual – aumentaram 31 por cento de 2001 a 2005.

Um dos resultados disso é uma batalha em torno de pequenos detalhes do orçamento – se US$ 7 bilhões dos mais de US$ 500 bilhões de gastos militares devem ser realocados para programas de saúde e educação – em vez de se atacarem as questões mais amplas.

Se os líderes republicanos conseguirem o que quiserem, por exemplo, ao longo dos próximos cinco anos, o Congresso retiraria cerca de US$ 6,8 bilhões do aumento esperado de programas de promoção social como o Medicare e o Medicaid.

Mas essa pequena economia seria totalmente ofuscada pelos US$ 385 bilhões em gastos adicionais ao longo de cinco anos em benefícios de medicamentos do Medicare que o Congresso, liderado por republicanos, aprovou em 2003...

Fonte: Copyright 2006 The New York Times Company. Reproduzido com permissão. Proibido nova reprodução. Disponível em: http://www.nytimes.com

Essência da notícia

▶ Os gastos federais aumentaram 33 por cento desde 2000.

▶ Esse aumento porcentual é o dobro do aumento da década de 1990, no governo do presidente Clinton, e o aumento mais rápido desde a década de 1960, no governo do presidente Lyndon B. Johnson.

▶ O maior crescimento tem sido na segurança militar doméstica e no Medicare.

▶ Os programas militares e de promoção social representam 80 por cento do orçamento de US$ 2,7 trilhões e não são passíveis de cortes.

▶ Os cortes de impostos diminuíram as receitas do governo, de modo que os gastos devem ser reduzidos.

▶ Os cortes de gastos que estão sob consideração são ofuscados pelo crescimento dos gastos ao longo dos próximos cinco anos em benefícios de medicamentos do Medicare que o Congresso aprovou em 2003.

Análise econômica

▶ O artigo compara o crescimento dos gastos nos Estados Unidos durante o governo Bush com o do governo Clinton.

▶ A Figura 1 mostra o panorama geral do orçamento federal em 2000 e 2007. Os números de 2000 são referentes ao último ano de Clinton e os números de 2007 são os últimos disponíveis do governo Bush.

▶ Os gastos aumentaram substancialmente. Os pagamentos de transferências aumentaram US$ 484 bilhões; os gastos em defesa aumentaram US$ 234 bilhões; e outros gastos aumentaram US$ 121 bilhões. Os gastos totais aumentaram US$ 1.039 bilhões.

▶ As receitas tributárias aumentaram muito menos do que os gastos. Os impostos de renda de pessoas físicas *diminuíram* US$ 2 bilhões. Os impostos de renda de pessoas jurídicas aumentaram US$ 91 bilhões e as contribuições previdenciárias e impostos indiretos aumentaram US$ 224 bilhões. Os impostos totais aumentaram US$ 480 bilhões.

▶ O resultado do orçamento federal passou de um superávit de US$ 189 bilhões em 2000 para um déficit de US$ 370 bilhões em 2007.

▶ A Figura 2 expressa os dados do orçamento como porcentagens do PIB. Esse modo de encarar o orçamento salienta a divisão de recursos entre o governo federal e o restante da economia.

▶ Em relação ao PIB, o aumento dos gastos é pequeno. Podemos observar que os pagamentos de transferências e os gastos não relacionados à defesa aumentaram mais do que os gastos em defesa.

▶ A Figura 2 também destaca a diminuição dos impostos de renda de pessoas físicas. Esses cortes de impostos e a oscilação resultante do superávit ao déficit representam os principais eventos da política fiscal do governo Bush.

▶ Essas ações de política fiscal têm efeitos do lado da oferta sobre o mercado de trabalho e o mercado de capitais, efeitos intergeracionais e efeitos de estabilização.

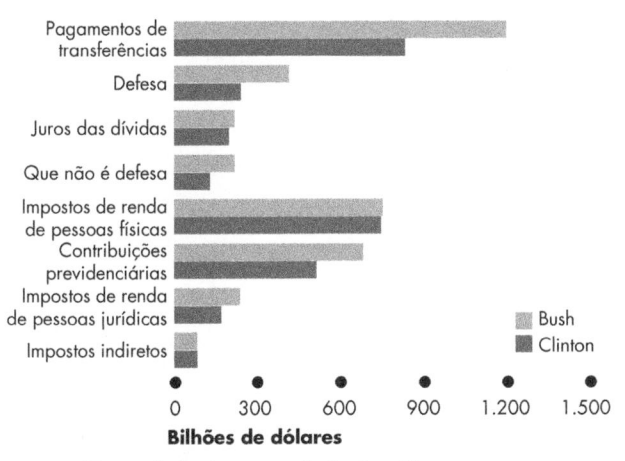

Figura 1: Orçamentos de Bush e Clinton em bilhões de dólares

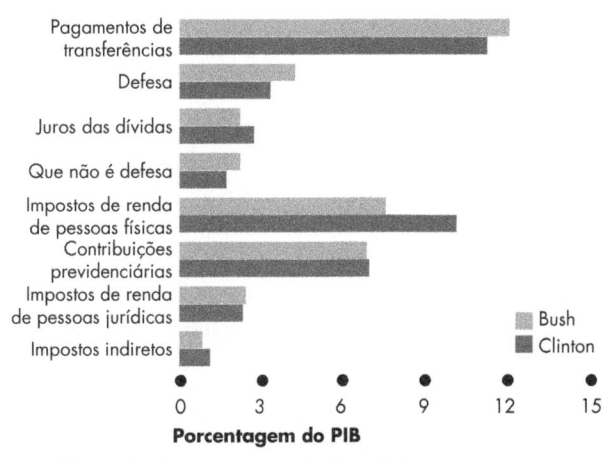

Figura 2: Orçamentos de Bush e Clinton como porcentagens do PIB

▶ A passagem do superávit ao déficit, uma oscilação de US$ 559 bilhões, tem sido financiada por um *aumento* de US$ 300 bilhões dos empréstimos tomados do resto do mundo e um deslocamento de US$ 259 bilhões de gastos privados.

▶ Os cortes de impostos têm efeitos positivos do lado da oferta, mas o aumento dos gastos do governo tem um efeito *crowding-out* negativo.

▶ O déficit maior aumenta o fardo transferido para as gerações futuras.

▶ Os aumentos dos gastos combinados com os cortes de impostos aumentaram a demanda agregada e ajudaram a tirar a economia de uma recessão.

▶ Mas, de acordo com o Congressional Budget Office, o órgão orçamentário do Congresso norte-americano, o PIB real continuou abaixo do PIB potencial em 2006.

Você decide

▶ Você acha que a política fiscal federal atual dos Estados Unidos é apropriada?

▶ Você votaria por mais cortes de impostos e de gastos, por aumentos de impostos e gastos ou por aumentos de impostos e cortes de gastos? Explique.

RESUMO

Pontos-chave

O orçamento federal dos Estados Unidos (p. 714-719)

■ O orçamento federal é utilizado para atingir objetivos macroeconômicos.

■ As receitas tributárias podem ser maiores, menores ou as mesmas que os gastos – o orçamento pode estar em superávit, equilíbrio ou déficit.

■ Os déficits fiscais criam a dívida pública.

O lado da oferta: emprego e PIB potencial (p. 719-722)

■ A política fiscal tem efeitos do lado da oferta porque os impostos enfraquecem o incentivo a trabalhar e diminuem o emprego e o PIB potencial.

■ A cunha fiscal dos Estados Unidos é grande, mas pequena em comparação com a de outros países industrializados.

■ A curva de Laffer mostra a relação entre a alíquota tributária e a receita tributária arrecadada.

O lado da oferta: investimento, poupança e crescimento econômico (p. 722-725)

■ A política fiscal tem efeitos do lado da oferta porque os impostos enfraquecem o incentivo a poupar e investir, o que reduz a taxa de crescimento do PIB real.

■ Um déficit fiscal do governo eleva a taxa de juros real e desloca parte do investimento.

■ Se a proposição da equivalência Ricardo-Barro está correta, um déficit fiscal do governo não tem nenhum efeito *crowding-out*.

Efeitos intergerações da política fiscal (p. 725-727)

■ A contabilidade intergerações mede o período da carga tributária e dos benefícios para cada geração.

■ Em 2003, o desequilíbrio fiscal dos Estados Unidos foi estimado em US$ 45 trilhões – 4 vezes o valor da produção de um ano.

■ As gerações futuras pagarão por 57 por cento dos benefícios da geração corrente.

■ Cerca de metade da dívida do governo norte-americano está em mãos do resto do mundo.

Estabilização dos ciclos econômicos (p. 728-732)

■ A estabilização fiscal pode ser discricionária ou automática.

■ As mudanças discricionárias dos gastos do governo ou dos impostos podem alterar a demanda agregada, mas são prejudicadas por defasagens legislativas e pela dificuldade de diagnosticar e projetar corretamente a situação da economia.

■ As mudanças automáticas da política fiscal moderam os ciclos econômicos.

Figuras-chave

Figura 30.6: Os efeitos do imposto de renda sobre a oferta agregada, 720

Figura 30.10: Os efeitos de um imposto sobre a renda do capital, 724

Figura 30.13: Política fiscal expansionista, 729

Figura 30.14: Política fiscal contracionista, 729

Palavras-chave

Contabilidade intergerações, 725

Council of Economic Advisers, 715

Cunha fiscal, 720

Curva de Laffer, 721

Déficit orçamentário, 716

Desequilíbrio fiscal, 726

Desequilíbrio intergerações, 726

Dívida do governo, 717
Efeito *crowding-out*, 725
Efeitos do lado da oferta, 719
Equivalência Ricardo-Barro, 725
Estabilizadores automáticos, 730
Gastos em necessidades comprovadas, 730
Impostos induzidos, 730
Lei do Emprego de 1946, 715
Multiplicador autônomo dos impostos, 728
Multiplicador do orçamento equilibrado, 728
Multiplicador dos gastos do governo, 728
Orçamento equilibrado, 716
Orçamento federal, 714
Política fiscal, 714
Política fiscal automática, 728
Política fiscal discricionária, 728
Superávit orçamentário, 716
Superávit ou déficit cíclico, 730
Superávit ou déficit estrutural, 730
Valor presente, 726

EXERCÍCIOS

1. O governo está propondo um aumento da alíquota tributária sobre a renda do trabalho e pede que você relacione os efeitos do lado da oferta dessa ação. Responda às seguintes perguntas utilizando os diagramas apropriados. Você só precisa relatar as direções da mudança, não grandezas exatas.
    a. O que acontecerá com a oferta de trabalho e por quê?
    b. O que acontecerá com a demanda por trabalho e por quê?
    c. Como o nível de emprego no equilíbrio mudará e por quê?
    d. Como o salário antes dos impostos no equilíbrio mudará e por quê?
    e. Como o salário depois dos impostos no equilíbrio mudará e por quê?
    f. O que acontecerá com o PIB potencial?
    g. Como suas respostas às questões acima mudariam se, ao mesmo tempo em que eleva a alíquota tributária sobre a renda do trabalho, o governo cortar a alíquota de impostos incidentes sobre vendas para manter constante a quantia arrecadada de impostos?
    h. Quais evidências você apresentaria ao governo para sustentar a visão de que um imposto mais baixo sobre a renda do trabalho aumentará o emprego, o PIB potencial e a oferta agregada?

2. Suponha que, nos Estados Unidos, em 2007, o investimento tenha sido de $ 1.600 bilhões, a poupança tenha sido de $ 1.400 bilhões, os gastos do governo em bens e serviços tenham sido de $ 1.500 bilhões, as exportações tenham sido de $ 2.000 bilhões e as importações tenham sido de $ 2.500 bilhões.
    a. Qual é o montante da receita tributária?
    b. Qual é o resultado fiscal do governo?
    c. O governo está exercendo um impacto positivo ou negativo sobre o investimento?
    d. Qual ação de política fiscal poderia aumentar o investimento e a velocidade do crescimento econômico? Explique como a ação funcionaria.

3. Suponha que, na China em 2007, o investimento fosse de $ 400 bilhões, a poupança fosse de $ 400 bilhões, as receitas tributárias fossem de $ 500 bilhões, as exportações fossem de $ 300 bilhões e as importações fossem de $ 200 bilhões.
    a. Calcule os gastos do governo.
    b. Qual é o resultado fiscal do governo?
    c. O governo está exercendo um impacto positivo ou negativo sobre o investimento?
    d. Qual ação de política fiscal poderia aumentar o investimento e a velocidade do crescimento econômico? Explique como a ação funcionaria.

4. O governo aumentou seus gastos em $ 100 bilhões sem nenhuma alteração das receitas tributárias.
    a. Explique como a oferta de fundos disponíveis para empréstimos reage a essa ação da política fiscal.
    b. Explique como a taxa de juros real e os montantes de poupança e investimento reagem a essa ação da política fiscal.
    c. Como sua resposta à parte (a) depende da adequabilidade da equivalência Ricardo-Barro?

5. Suponha que, em vez de tributar a renda de capital nominal, o governo alterasse a lei fiscal de modo que a taxa de inflação fosse subtraída da taxa de juros antes de a renda tributável do capital ser calculada. Utilize diagramas apropriados para explicar e ilustrar o efeito que essa alteração teria sobre:
    a. A alíquota tributária sobre a renda do capital.
    b. A oferta de fundos disponíveis para empréstimos.
    c. A demanda por fundos disponíveis para empréstimos.
    d. O investimento e a taxa de juros real.

6. Suponha que os impostos de renda sobre o capital sejam baseados (como ocorre nos Estados Unidos e na maioria dos países) nas taxas de juros nominais. Suponha também que a taxa de inflação aumente 5 por cento. Utilize diagramas apropriados para explicar e ilustrar o efeito que essa alteração teria sobre:
    a. A alíquota tributária sobre a renda do capital.
    b. A oferta de fundos disponíveis para empréstimos.
    c. A demanda por fundos disponíveis para empréstimos.

d. O investimento de equilíbrio.
e. A taxa de juros real de equilíbrio.

7. A economia está em recessão e o hiato recessivo é grande.
   a. Descreva as ações de política fiscal discricionária e automática que poderiam ser executadas.
   b. Descreva um pacote de estímulo fiscal discricionário que poderia ser utilizado e que *não* resultaria em um déficit fiscal.
   c. Explique os riscos da política fiscal discricionária nessa situação.

8. A economia está em alta e o hiato inflacionário é grande.
   a. Descreva as ações de política fiscal discricionária e automática que poderiam ser executadas.
   b. Descreva um pacote de restrição fiscal discricionário que poderia ser utilizado e que *não* resultaria em sérios efeitos do lado da oferta.
   c. Explique os riscos da política fiscal discricionária nessa situação.

9. A economia está em recessão, o hiato recessivo é grande e há um déficit fiscal.
   a. É possível saber se o déficit é estrutural ou cíclico? Explique sua resposta.
   b. É possível saber se os estabilizadores automáticos estão aumentando ou diminuindo a demanda agregada? Explique sua resposta.
   c. Na ocorrência de um aumento discricionário dos gastos do governo, o que acontece com o déficit ou o superávit estrutural? Explique.

10. A economia está em alta, o hiato inflacionário é grande e há um déficit fiscal.
    a. É possível saber se o déficit é estrutural ou cíclico? Explique sua resposta.
    b. É possível saber se os estabilizadores automáticos estão aumentando ou diminuindo a demanda agregada? Explique sua resposta.
    c. Na ocorrência de uma redução discricionária dos gastos do governo, o que acontece com o déficit ou superávit estrutural? Explique sua resposta.

PENSAMENTO CRÍTICO

1. Estude a seção "Leitura das entrelinhas".
   a. Descreva as principais diferenças entre os orçamentos do presidente Clinton em 2000 e do presidente Bush em 2007.
   b. "Uma batalha em torno de pequenos detalhes do orçamento" indica que os gastos do governo estão fora de controle? Explique por quê.
   c. Você acha que o orçamento de 2007 deveria ser equilibrado? Em caso afirmativo, você acha que o governo deveria reduzir os gastos ou elevar os impostos? Se você acha que o orçamento não deveria ser equilibrado, explique por quê.

2. Pense nos efeitos do lado da oferta do orçamento dos Estados Unidos para 2007.
   a. Quais seriam os principais efeitos de impostos de renda mais baixos sobre o nível do PIB potencial?
   b. Como impostos de renda mais baixos influenciariam o salário real e a taxa de juros real?
   c. Quais são os principais custos de impostos de renda mais baixos?

3. **Já passou da hora de uma abrangente reformulação da lei fiscal nos Estados Unidos**

   Alguns conservadores do Congresso norte-americano alegam que... os cortes de impostos se pagam. Apesar da insistência deles, há amplas evidências e um consenso geral entre especialistas de que esse não é o caso...

   Washington Post, 24 de abril de 2006

   a. Explique o que significa dizer que os cortes de impostos se pagam. O que essa afirmação sugere sobre o multiplicador de impostos?
   b. Por que os cortes de impostos não se pagariam?

4. **Perspectivas mais otimistas para o déficit de 2006 dos Estados Unidos, mas o longo prazo é sombrio**

   O déficit do orçamento federal norte-americano diminuirá este ano para seu nível mais baixo desde 2001... O órgão orçamentário estimou o déficit para o ano fiscal de 2006, que termina no dia 30 de setembro, em US$ 260 bilhões.

   The New York Times, 18 de agosto de 2006

   a. Quais eventos ocorreram na economia norte-americana em 2006 para fazer o déficit do orçamento federal norte-americano diminuir para seu nível mais baixo desde 2001?
   b. Você acha que o déficit do orçamento federal em 2006 era cíclico ou estrutural? Por quê?

ATIVIDADES NA INTERNET

1. Faça uma pesquisa no portal da Secretaria do Tesouro Nacional (www.tesouro.fazenda.gov.br) na Intenet e faça um levantamento das informações fiscais deste ano.
   a) analise os efeitos dessas informações sobre a demanda agregada da economia;
   b) analise os efeitos dessas informações sobre a oferta agregada da economia.

Considerações sobre a política fiscal do Brasil no período recente

Waldemir Luiz de Quadros[1]

Introdução

A partir de 1999, seguindo o acordo com o FMI, o Brasil passou a adotar uma política de ajuste fiscal baseada na definição de metas de superávit primário para garantir a redução e solvência da dívida pública. Desde então, a cada ano o setor público consolidado tem apresentado superávits primários expressivos, em todos os níveis de governo, em patamar sempre superior à meta estabelecida. Em conseqüência, a dívida líquida pública do setor público, que chegou a atingir 52,4 por cento do PIB em 2003, passou a cair como proporção do PIB, alcançando 43,5 por cento dele, em 2007.

Mudanças institucionais

A política de austeridade fiscal foi apoiada por um processo de reestruturação institucional, no qual podemos destacar cinco elementos. Em primeiro lugar, o aumento da receita pública apresenta-se como fator determinante dos resultados primários superavitários. A carga tributária bruta evoluiu de 26,7 por cento do PIB entre 1995 e 1998 para 36,1 por cento do PIB em 2007 (veja o Quadro 1). O destaque desse processo foi o aumento da carga tributária federal, que, no mesmo período, cresceu de 17,8 por cento para 25,4 por cento do PIB, por causa, principalmente, da maior arrecadação gerada pelas contribuições sociais, isentas de partilha com estados e municípios.[2]

Em segundo lugar, verifica-se a importância da desvinculação de receitas orçamentárias na geração do superávit primário do governo federal. Ainda em 1993, com vigência a partir de 1994, foi criado o Fundo Social de Emergência (FSE), formado pela desvinculação de 20 por cento do produto da arrecadação de todos os impostos e contribuições da União. O FSE permitiu aumentar a flexibilidade na gestão, diminuindo os recursos orçamentários vinculados à área social. Posteriormente, em 1996, o FSE foi substituído pelo Fundo de Estabilização Fiscal (FEF), que vigorou até 1999. Finalmente, com o término da vigência do FEF, em 2000 foi instituída a Desvinculação de Recursos da União (DRU), em vigor desde então.

Em terceiro lugar, as condições contratuais dos acordos de renegociação de suas dívidas com o governo federal explicam o superávit primário verificado nos estados e municípios. O governo central assumiu dívidas dos estados (lei 9.496/97) e de cerca de 180 municípios (medida provisória 1.811/99). Em contrapartida, os estados e municípios assumiram dívidas com o Tesouro Nacional, financiada por 30 anos, com taxa de juros reais de 6 por cento a 9 por cento ao ano. O serviço da dívida renegociada implicou o pagamento mensal de no máximo 13 por cento da receita corrente líquida dos governos municipais e estaduais, o que significou um patamar estrutural de superávit primário nas contas deles. Os contratos de acordo da dívida dos estados e municípios também estabeleceram um programa de ajuste fiscal, com metas para a dívida financeira, o resultado primário, as despesas de pessoal, os investimentos, a arrecadação de receitas próprias e as privatizações.

Em quarto lugar, deve-se destacar o advento da Lei de Responsabilidade Fiscal (LRF) – lei complementar 101/2000 –, que estabeleceu regras de disciplina fiscal, com destaque para: limites para gastos com pessoal e para a dívida pública; metas fiscais anuais; regras para compensar a criação de despesas permanentes ou a redução de receitas tributárias; regras para controlar as finanças públicas em anos eleitorais; transparência da ação governamental, com ampla disseminação de estatísticas fiscais, inclusive pela Internet. Parte importante das medidas de ajuste fiscal da LRF já constava dos contratos de renegociação das dívidas dos entes municipais e estaduais.[3]

---

[1] Economista, Mestre em Economia e doutorando em Economia pela Unicamp; técnico da Fundap.

[2] Para a análise da carga tributária, ver: Instituto Brasileiro de Planejamento Tributário (IBPT). "Carga tributária atinge o índice de 36,08 por cento do PIB em 2007". São Paulo, Estudos do IBPT, mar. 2008.

[3] A LRF estabelece limite máximo para o gasto total com pessoal (incluindo funcionários ativos, inativos, terceirizados etc.), em porcentagem da receita corrente líquida: 50 por cento para o governo central e 60 por cento para os governos municipais e estaduais, limite que é distribuído por

Quadro I Indicadores fiscais selecionados do setor público consolidado – Brasil 1995-2007

Indicadores fiscais	Em % do PIB						
	1995-98	1999-02	2003	2004	2005	2006	2007
1. Resultado primário	–0,2	3,3	3,9	4,2	4,4	3,9	4,0
Governo central	0,3	1,9	2,3	2,7	2,6	2,2	2,2
Estados e municípios	–0,4	0,6	0,8	0,9	1,0	0,9	1,1
Empresas estatais	–0,1	0,8	0,8	0,6	0,8	0,8	0,7
2. Despesa com juros nominais	6,0	7,3	8,5	6,6	7,3	6,9	6,4
3. NFSP nominais (3-1)[a]	6,2	4,0	4,7	2,4	3,0	3,0	2,4
4. DLSP[b]	32,4	47,3	52,4	47,0	46,5	44,9	43,5
Interna	27,8	37,0	41,7	40,2	44,1	47,6	51,9
Externa	4,6	10,3	10,7	6,8	2,4	–2,7	–8,4
5. Carga tributária bruta	26,7	30,7	32,5	33,5	34,1	35,1	36,1
Federal	17,8	21,4	23,0	23,4	24,0	24,5	25,4
Estadual	7,6	8,0	8,2	8,6	8,8	9,1	9,1
Municipal	1,3	1,3	1,4	1,5	1,4	1,5	1,5

[a] NFSP – Necessidades de financiamento do setor público: (+) = déficit fiscal / (–) = superávit fiscal
[b] DLSP – Dívida líquida do setor público. Valor do estoque no mês de dezembro

Fonte: BCB, IBPT (para a carga tributária bruta). Elaboração própria.

Por fim, em quinto lugar, devem-se considerar as três reformas previdenciárias implementadas.[4] A primeira delas (emenda constitucional 20/1998), no primeiro governo Fernando Henrique Cardoso (FHC), adotou o princípio da idade mínima (60 anos para os homens e 55 anos para as mulheres) para a aposentadoria por tempo de contribuição, no caso dos servidores públicos. A segunda reforma (lei 9.876/1999), no segundo governo FHC, complementou a reforma anterior, criando o chamado 'fator previdenciário' para o cálculo dos benefícios, que estabeleceu: a) que as aposentadorias por tempo de contribuição seriam calculadas não mais pela média dos últimos 36 salários de contribuição, e sim por uma média ligada ao histórico contributivo do indivíduo; e b) que a aposentadoria resultaria da multiplicação da média contributiva por um fator previdenciário diretamente proporcional à idade do indivíduo e ao seu tempo de contribuição, podendo ser significativamente inferior a 1,0 no caso de aposentadorias especialmente precoces. Por fim, a reforma constitucional do governo Lula (emenda constitucional 41/2003) dirigiu-se principalmente aos inativos do serviço público, antecipando a vigência da idade mínima para a aposentadoria dos que estavam na ativa, ampliando as exigências de permanência no cargo para fazer jus à aposentadoria integral e instituindo uma contribuição de 11 por cento do valor das aposentadorias e pensões excedente ao teto de aposentadoria do INSS. Em resumo, verifica-se que as reformas da previdência têm seguido uma lógica em que se aumentam o tempo e o valor das contribuições e se diminuem o tempo e o valor do pagamento dos benefícios, visando a eliminar o chamado 'déficit previdenciário' (diferença entre receita das contribuições e despesa com pagamento de benefícios).

esfera de poder, em cada nível de governo. Define ainda uma série de regras fiscais para a gestão da dívida pública. Os limites máximos para o estoque das dívidas são fixados pelo Senado, por proposta do presidente da república. O Banco Central está impedido de conceder créditos e garantias a qualquer governo. As instituições financeiras estatais não podem conceder créditos aos governos que as controlam. A LRF estabelece também a chamada 'regra de ouro': a contratação de operações de crédito em cada exercício deve ficar limitada ao montante de gasto de capital, ou seja, os empréstimos somente devem ser destinados a gastos com investimentos. Por fim, proíbe a concessão de empréstimos de um governo a outro e o refinanciamento de dívidas passadas. Para assegurar o cumprimento da lei, estão previstas punições administrativas e punições pessoais. A fiscalização do cumprimento das regras fiscais da LRF fica a cargo do Poder Legislativo por meio dos tribunais de contas, do Ministério de Fazenda, do Ministério Público e do cidadão.

[4] Ver Giambiagi, Fábio, "Dezessete anos de política fiscal no Brasil: 1991-2007. Rio de Janeiro: IPEA, TDI 1309, nov. 2007.

Metas de superávit primário

Destaca-se a seguir um breve histórico da evolução desse processo de ajuste fiscal nas contas do setor público consolidado.[5] Durante o primeiro governo FHC (1995-1998) verificou-se a ocorrência de um déficit primário da ordem de 0,2 por cento do PIB (veja o Quadro 1).

A estabilização inflacionária proporcionada pelo Plano Real contribuiu para esse resultado negativo, pois a alta inflação do período anterior auxiliava no controle do déficit público, ao desvalorizar o valor real das despesas, num contexto de receitas razoavelmente indexadas à inflação.[6] No segundo governo FHC (1999-2002), após o acordo com o FMI, foi introduzida importante mudança na condução da política econômica do país, que passou a ser apoiada no tripé taxas de câmbio flutuantes, metas de inflação e metas de superávit primário. Desde 1999 verifica-se a ocorrência de expressivos níveis de superávit primário. Em 2007, o setor público consolidado registrou superávit primário de 4,0 por cento do PIB, composto de resultados positivos de 2,2 por cento do PIB no governo central, 1,1 por cento do PIB nos estados e municípios e 0,7 por cento do PIB nas empresas estatais.

A análise dos resultados do governo central evidencia a característica fundamental do atual processo de ajuste fiscal: o aumento da receita em patamar superior ao do aumento da despesa. Conseqüentemente, destaca-se o aumento das despesas com benefícios previdenciários do INSS, com saúde, educação e assistência social e com servidores inativos e das transferências aos estados e municípios.[7]

No caso dos governos dos estados e municípios, o ajuste verificado pós-1999, como visto, reflete as mudanças decorrentes dos acordos de renegociação das dívidas estaduais e municipais, seguidas da aprovação da LRF. Os estados e os municípios também se beneficiaram do aumento significativo de suas receitas, pelo maior esforço de arrecadação de seus impostos e também pelo aumento das transferências federais, que deixaram a despesa com pessoal dentro dos limites da LRF e permitiram ainda que se cumprisse o pagamento do serviço da dívida renegociada.

Já no caso das empresas estatais, cabe destacar o efeito da privatização de empresas estatais estaduais e municipais deficitárias, a melhora operacional das estatais remanescentes e os excelentes resultados da Petrobras, como fatores para explicar o superávit primário verificado a partir de 1999.

Controle do déficit público

A análise da evolução histórica do déficit público por meio das estatísticas das necessidades de financiamento do setor público (NFSP) indica que no primeiro governo FHC (1995-1998) as despesas de juros nominais, somadas ao déficit primário, geraram um déficit nominal médio de 6,2 por cento do PIB no período (veja o Quadro 1). Esse resultado está relacionado às taxas de juros muito elevadas praticadas pelo Banco Central nesse período, em razão do programa de estabilização da inflação. No segundo governo FHC (1999-2002), os resultados primários superavitários fizeram com que as NFSP diminuíssem para 4,0 por cento do PIB. Finalmente, nos anos do governo Lula, verifica-se a continuidade da queda das NFSP, como resultado da manutenção da política de superávit primário. O total de juros nominais apropriados por competência em 2007 alcançou 6,4 por cento do PIB, e as NFSP registraram déficit de 2,4 por cento do PIB. Vale destacar a permanência de um patamar elevado de despesas com os juros da dívida pública ao longo de todo o período.

Sustentabilidade da dívida pública

No primeiro governo FHC (1995-1998) a dívida líquida do setor público (DLSP) representava 32,4 por cento do PIB (veja o Quadro 1). A partir desse período, a DLSP aumentou continuamente até atingir 52,4 por cento do PIB em 2003. Desde então, tem caído como proporção do PIB e, em 2007, atingiu 43,5 por cento do PIB. Nesse processo, destacam-se os seguintes aspectos:[8]

a) A dívida externa perdeu peso a partir de 2003, e atualmente o setor público brasileiro passou a ser credor líquido do exterior (dívida externa líquida negativa).

---

[5] Ver Giambiagi, F., *op. cit.*

[6] Nos governos Fernando Collor e Itamar Franco (1990-1994), o resultado primário apresentou-se, em termos médios, superavitário em 2,8 por cento do PIB.

[7] Ver Ministério da Fazenda / Secretaria do Tesouro Nacional, Resultado do Tesouro Nacional. Brasília: STN, mensal, vários números; Banco Central do Brasil, Notas Econômico-Financeiras para a Imprensa, Política Fiscal. Brasília: BCB, mensal, vários números; Giambiagi, F., *op. cit.*

[8] Ver Ministério da Fazenda / Secretaria do Tesouro Nacional, Relatório Anual da Dívida Pública. Brasília: STN, vários números; Ministério da Fazenda / Secretaria do Tesouro Nacional, Relatório Mensal da Dívida Pública Federal. Brasília: STN, vários números; Banco Central do Brasil, *op. cit.*; Giambiagi, F., *op. cit.*

b) O aumento da importância relativa da dívida interna, que atingiu 51,9 por cento do PIB em 2007, com destaque para o aumento da dívida pública mobiliária federal interna (DPMFi) (de 41,7 por cento para 47,9 por cento do PIB, entre 2004 e 2007) (veja o Quadro 2).

c) O aumento da dívida renegociada dos estados e municípios, por causa do forte aumento de seu indexador (IGP-DI/FGV) como reflexo dos momentos de desvalorizações cambiais.

d) A importância dos 'ajustamentos patrimoniais' associados aos efeitos cambiais sobre a dívida pública e ao reconhecimento de passivos contingentes ('esqueletos').

e) O recente processo de mudança na composição da DPMFi, com o desaparecimento da dívida interna indexada ao câmbio, a redução da parcela vinculada à taxa Selic e o aumento progressivo da parcela de títulos prefixados e dos títulos vinculados a índices de preço.

f) O aumento do prazo médio da DPMFi (para 36,5 meses, em 2007) e do porcentual de títulos vincendos em 12 meses (para 30,2 por cento, em 2007), que entretanto ainda permanece muito concentrado no curto prazo. Em resumo, a atual estratégia de gestão da dívida pública segue uma tendência de ter uma dívida menos ligada a taxas de câmbio e taxas de juros de curto prazo e de progressivamente alongar a maturidade dos vencimentos dos títulos.

Federalismo fiscal

O Brasil apresentou um processo de grande descentralização após a Constituição de 1988. Aumentou a autonomia dos estados e municípios, com o aumento de receita e de gasto nas políticas públicas. Esse processo favoreceu principalmente os municípios e as regiões menos desenvolvidas. Verifica-se no período recente, porém, uma maior centralização, principalmente em virtude da ação do governo federal na política de ajuste fiscal e na condução das políticas públicas.[9]

A divisão federativa da receita tributária de 2006 (35,1 por cento do PIB) apresentou o seguinte quadro: a) em termos de arrecadação direta, 68 por cento do total destinado à União, 26 por cento aos estados e 6 por cento aos municípios; b) em termos de receita disponível (após as transferências constitucionais), 57 por cento do total destinado à União, 25 por cento aos estados e 18 por cento aos municípios.

Como mostra o Quadro 3, a análise da divisão federativa do gasto total[10] realizado pelo setor público consolidado em 2006 (69,79 por cento do PIB) revela que:

a) Como porcentagem da despesa total, a União participou com 72 por cento, os estados com 19 por cento e os municípios com 9 por cento.

b) O gasto total apresenta-se muito concentrado: a despesa total com encargos da dívida (37,06 por cento do PIB) representa o principal item, e, adicionando-se as despesas com previdência (10,76 por cento do PIB),

Quadro 2 Dívida pública mobiliária federal interna em poder do público – Brasil 2003-2007

Indicadores	dez/03	dez/04	dez/05	dez/06	dez/07
Estoque da DPMFi (em % do PIB)	43,0	41,7	45,6	46,9	47,9
Prazo médio (meses)	31,3	28,1	27,4	31,1	36,5
% vincendo em 12 meses	35,3	46,1	41,6	35,7	30,2
Composição do estoque da DPMFi					
Prefixados (%)	12,5	20,1	27,9	36,1	37,3
Selic (%)	13,6	14,9	15,5	22,5	26,3
Índice de preços (%)	61,4	57,1	51,8	37,8	33,4
Câmbio (%)	10,8	5,2	2,7	1,3	0,9
TR e outros (%)	1,8	2,7	2,2	2,2	2,1

Fonte: STN, BCB (para o PIB). Elaboração Própria.

[9] Para a análise a seguir, ver Afonso, José Roberto Rodrigues. "Descentralização fiscal, políticas sociais, e transferência de renda no Brasil". Santiago do Chile: Cepal, Série Gestión Pública nº 63, fev. 2007; Ministério da Fazenda / Secretaria do Tesouro Nacional. Consolidação das Contas Públicas Exercício de 2006. Brasília: STN, Portaria n. 402, de 27/06/2007.

[10] Vale destacar que essas estatísticas consideram a despesa total do setor público consolidado, que é financiada pela receita total do setor público, a qual é muito superior aos recursos da carga tributária bruta. Nesse sentido, destaque-se a receita de capital de operações de crédito de 23,40 por cento do PIB, fundamental para permitir o financiamento da despesa total com a dívida pública (despesa corrente com juros e encargos de 7,23 por cento do PIB, mais despesa de capital com amortização e refinanciamento, de 21,91 por cento do PIB).

Quadro 3 Despesas realizadas do setor público consolidado – Brasil exercício de 2006

Despesas realizadas	Em % do PIB			
	Municípios	Estados	União	Total
Despesas por funções programáticas				
Legislativa	0,18	0,31	0,18	0,67
Judiciária	0,02	0,75	0,55	1,32
Essencial à Justiça	0,01	0,22	0,11	0,34
Administração	0,85	0,74	0,43	2,02
Defesa Nacional	0,00	0,00	0,71	0,71
Segurança Pública	0,04	1,17	0,15	1,37
Relações Exteriores	0,00	0,00	0,06	0,06
Assistência Social	0,19	0,11	0,92	1,22
Previdência Social	0,34	1,31	9,11	10,76
Saúde	1,40	1,47	1,70	4,57
Trabalho	0,02	0,03	0,70	0,75
Educação	1,51	2,09	0,74	4,35
Cultura	0,07	0,06	0,02	0,15
Direitos da cidadania	0,00	0,13	0,04	0,18
Urbanismo	0,72	0,10	0,09	0,92
Habitação	0,05	0,06	0,05	0,15
Saneamento	0,18	0,14	0,00	0,33
Gestão ambiental	0,05	0,08	0,06	0,19
Ciência e Tecnologia	0,00	0,07	0,16	0,23
Agricultura	0,05	0,14	0,43	0,61
Organização agrária	0,00	0,01	0,18	0,19
Indústria	0,01	0,05	0,09	0,14
Comércio e serviços	0,03	0,05	0,12	0,19
Comunicações	0,01	0,02	0,02	0,04
Energia	0,02	0,07	0,02	0,12
Transporte	0,20	0,53	0,30	1,03
Desporto e lazer	0,07	0,02	0,03	0,12
Encargos especiais	0,31	3,38	33,37	37,06
Despesa total	6,32	13,11	50,35	69,79
Despesas por categorias econômicas				
1. Despesas correntes	5,52	11,44	27,03	43,99
Pessoal e encargos sociais	2,67	5,34	4,59	12,60
Juros e encargos da dívida	0,13	0,62	6,48	7,23
Outras despesas correntes	2,73	5,47	15,96	24,16
2 Despesas de capital	0,81	1,67	23,32	25,80
Investimentos	0,67	0,94	0,84	2,45
Inversões financeiras	0,02	0,27	1,14	1,43
Amortização / refinanciamento da dívida	0,12	0,46	21,34	21,91
Despesa total (1+2)	6,32	13,11	50,35	69,79

Fonte: STN, BCB (para o PIB). Orçamento fiscal e da seguridade social. Elaboração própria.

educação (4,35 por cento do PIB) e saúde (4,57 por cento do PIB), tem-se cerca de 80 por cento da despesa total.

c) Muito pouco é gasto em áreas cujas despesas não são obrigatórias ou não contam com recursos vinculados.

d) A União predomina nas despesas com dívida e previdência (84 por cento do gasto federal).

e) Os governos estaduais e municipais são responsáveis por 72 por cento do gasto total com educação e saúde.

f) Nos estados as despesas com encargos da dívida também têm um grande peso (3,38 por cento do PIB), e as demais despesas apresentam uma melhor distribuição: 19 por cento para a educação (2,09 por cento do PIB) e entre 9 por cento e 11 por cento para a saúde (1,47 por cento do PIB), a previdência (1,31 por cento do PIB) e a segurança (1,17 por cento do PIB).

g) Os municípios apresentam despesas concentradas nas áreas sociais básicas: 46 por cento do gasto total destinado à educação (1,51 por cento do PIB) e à saúde (1,40 por cento do PIB), tendo também destaque as despesas com administração (0,85 por cento do PIB) e urbanismo (0,72 por cento do PIB).

h) Por fim, deve-se destacar que cerca de dois terços da despesa total com pessoal e encargos sociais (12,60 por cento do PIB) e das despesas com investimentos (2,45 por cento do PIB) são realizados pelos estados e municípios.

Considerações finais

Dentre as ações colocadas para a continuidade da política de ajuste fiscal, destacam-se as seguintes: a) conter o aumento do gasto primário corrente e garantir o aumento do investimento público – item mais prejudicado no processo de crise e de ajuste fiscal; b) reformar o sistema tributário, para permitir alguma queda da excessiva carga tributária e promover a correção de suas principais distorções (guerra fiscal, regressividade e tributação das exportações e dos investimentos), o que contribui positivamente para o crescimento e desenvolvimento econômico; c) continuar com a política de sustentabilidade da dívida pública, o que implica conter o recente processo de expansão da dívida mobiliária federal, reduzir as taxas de juros da dívida pública e continuar a gerar superávits primários; d) conciliar, de um lado, descentralização fiscal e autonomia federativa e, de outro, as exigências macroeconômicas do ajuste fiscal e das políticas entre as esferas de governo para a promoção da harmonização tributária, cooperação financeira, redução das desigualdades sociais e regionais e competitividade da economia.

CAPÍTULO 31

Política monetária

Ao término do estudo deste capítulo, você saberá:

▶ Descrever os objetivos da política monetária dos Estados Unidos e a estrutura conceitual para defini-los e atingi-los.
▶ Explicar como o Federal Reserve toma sua decisão de taxa de juros e atinge sua meta de taxa de juros.
▶ Explicar os canais de transmissão por meio dos quais o Federal Reserve influencia a taxa de inflação.
▶ Explicar e comparar as estratégias alternativas de política monetária.

O que a política monetária é capaz de fazer?

Em oito reuniões anuais periódicas, o Federal Reserve, o banco central norte-americano, anuncia se a taxa de juros aumentará, diminuirá ou permanecerá constante até a decisão da reunião seguinte. A cada dia útil, o Federal Reserve Bank de Nova York opera em mercados financeiros para implementar a decisão do Fed e assegurar que a meta da taxa de juros seja atingida. Operadores do mercado financeiro e analistas econômicos observam a economia em busca de indicativos da decisão do Fed na reunião seguinte.
Como o Fed toma a decisão sobre a taxa de juros? O que exatamente o Fed de Nova York faz todos os dias para manter a taxa de juros no nível desejado? Como as alterações da taxa de juros promovidas pelo Fed influenciam a economia? O Fed é capaz de acelerar o crescimento econômico e diminuir o desemprego reduzindo a taxa de juros e de manter a inflação sob controle elevando a taxa de juros?
A estratégia da política monetária do Fed evolui gradualmente. A estratégia corrente não é a única que pode ser utilizada. Será que a estratégia da política monetária corrente é a melhor possível? Quais são os benefícios e os riscos associados a estratégias alternativas da política monetária?

◆ Estudamos as funções do Federal Reserve e seus efeitos de longo prazo sobre o nível de preços e a taxa de inflação no Capítulo 25. Neste capítulo, estudaremos a política monetária do Fed, tanto no longo quanto no curto prazo. Veremos como o Fed influencia a taxa de juros e como a taxa de juros influencia a economia. Também revisaremos as maneiras alternativas pelas quais a política monetária pode ser conduzida. Na seção "Leitura das entrelinhas" no fim do capítulo, veremos o dilema que o Fed enfrenta algumas vezes quando tenta conduzir uma trajetória estável entre a inflação e a recessão.

Objetivos e estrutura conceitual da política monetária

Os objetivos da política monetária de uma nação e o contexto para definir e atingir esses objetivos resultam do relacionamento entre o banco central e o governo.

Descreveremos os objetivos da política monetária dos Estados Unidos e a estrutura e a atribuição de responsabilidades para atingir esses objetivos.

Objetivos da política monetária

Os objetivos da política monetária são, em última instância, políticos. Os objetivos da política monetária dos Estados Unidos são estabelecidos no mandato do Conselho de Diretores do Federal Reserve System, que é definido pela Lei do Federal Reserve, de 1913, e suas emendas subseqüentes.

A Lei do Federal Reserve O mandato do Fed foi mais recentemente esclarecido em emendas da Lei do Federal Reserve aprovadas pelo Congresso em 2000. A lei de 2000 especifica esse mandato nas seguintes palavras:

> O Conselho de Diretores do Federal Reserve System e a Comissão Federal do Mercado Aberto deverão manter o crescimento de longo prazo dos agregados de moeda e crédito proporcional ao potencial de longo prazo da economia de aumentar a produção, a fim de promover com eficácia as metas de máximo emprego, preços estáveis e taxas de juros de longo prazo moderadas.

Metas e recursos Essa descrição dos objetivos da política monetária do Fed tem duas partes distintas: uma declaração das metas, ou objetivos finais, e uma prescrição dos recursos que o Fed deve usar para atingir suas metas.

Metas da política monetária As metas são 'máximo emprego, preços estáveis e taxas de juros de longo prazo moderadas'. No longo prazo, essas metas estão em harmonia e reforçam umas às outras. Mas, no curto prazo, elas podem entrar em conflito. Vamos examiná-las um pouco mais detalhadamente.

Atingir a meta de 'máximo emprego' significa atingir a máxima taxa de crescimento sustentável do PIB potencial e manter o PIB real perto do PIB potencial. Também significa manter a taxa de desemprego perto da taxa natural de desemprego.

Atingir a meta dos 'preços estáveis' significa manter a taxa de inflação baixa (e talvez perto de zero).

Atingir a meta das 'taxas de juros de longo prazo moderadas' significa manter as taxas de juros *nominais* de longo prazo perto das taxas de juros *reais* de longo prazo (ou mesmo iguais a elas).

A estabilidade de preços é a meta-chave. Ela é a fonte do máximo emprego e das taxas de juros de longo prazo moderadas. A estabilidade de preços proporciona o melhor ambiente disponível para que indivíduos e empresas tomem suas decisões de poupança e investimento que levam ao crescimento econômico. Desta maneira, a estabilidade de preços incentiva a máxima taxa de crescimento sustentável do PIB potencial.

A estabilidade de preços possibilita taxas de juros de longo prazo moderadas porque a taxa de juros nominal reflete a taxa de inflação. A taxa de juros nominal é igual à taxa de juros real mais a taxa de inflação. Com preços estáveis, a taxa de juros nominal se aproxima da taxa de juros real e, na maior parte do tempo, provavelmente será moderada.

No curto prazo, o Fed está diante de um *trade-off* entre a inflação e as taxas de juros e entre a inflação e o PIB real, o emprego e o desemprego. Uma ação elaborada para reduzir a taxa de inflação e atingir preços estáveis pode significar a elevação das taxas de juros, que reduz o emprego e o PIB real e aumenta a taxa de desemprego no curto prazo.

Recursos para atingir as metas A lei de 2000 instrui o Fed a buscar suas metas mantendo "o crescimento de longo prazo dos agregados de moeda e crédito proporcional ao potencial de longo prazo da economia de aumentar a produção". Você talvez perceba que essa afirmação está de acordo com a teoria quantitativa da moeda, que estudamos no Capítulo 25. O 'potencial de longo prazo da economia de aumentar a produção' é a taxa de crescimento do PIB potencial. Os 'agregados de moeda e crédito' são as quantidades de moeda e os empréstimos concedidos. Ao se manter a taxa de crescimento da quantidade de moeda alinhada à taxa de crescimento do PIB potencial, espera-se que o Fed seja capaz de manter o pleno emprego e de fazer o nível de preços permanecer estável.

Para atingir as metas da política monetária, o Fed deve fazer com que os conceitos gerais da estabilidade de preço e do máximo emprego sejam precisos e operacionais.

Meta operacional dos 'preços estáveis'

O Fed utiliza o índice de preços ao consumidor (IPC) para determinar se a meta dos preços estáveis está sendo atingida, mas concentra sua atenção no *núcleo do IPC* – o IPC menos alimentação e combustível. A taxa de aumento do núcleo do IPC é a **taxa do núcleo da inflação**.

O Fed se concentra na taxa do núcleo da inflação porque ela é menos volátil que a taxa de inflação do IPC total e o Fed acredita que proporciona melhores indicativos da obtenção ou não da estabilidade de preços.

A Figura 31.1 mostra a taxa do núcleo da inflação ao lado da taxa de inflação do IPC total desde 1990. Podemos ver por que o Fed diz que a taxa do núcleo constitui um indicador melhor. Suas flutuações são mais brandas e representam uma espécie de tendência para as flutuações mais amplas da inflação do IPC total.

O Fed não definiu a estabilidade de preços, mas é quase certo que ele não considera que estabilidade de preços significa taxa do núcleo da inflação igual a zero. Alan

Figura 31.1 Meta operacional de estabilidade de preços: núcleo da inflação

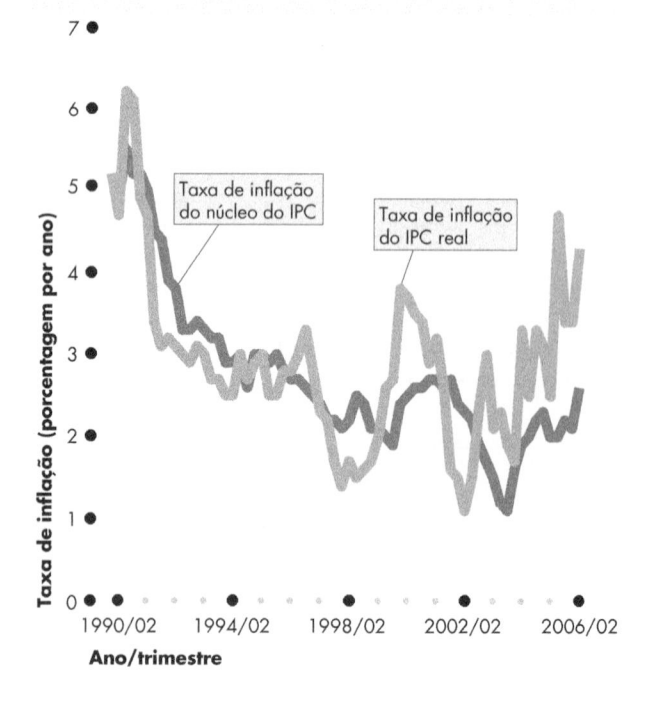

A taxa de inflação do IPC flutua mais do que a taxa do núcleo da inflação. Se uma taxa do núcleo da inflação de 1 a 2 por cento é considerada uma estabilidade de preços, o Fed atingiu preços estáveis em 1999 e entre 2002 e 2005. Em todos os outros anos, a taxa de inflação se manteve acima do nível compatível com a estabilidade de preços.

Fonte dos dados: Bureau of Labor Statistics.

Greenspan, ex-presidente do conselho do Fed, sugere que a "estabilidade de preços é mais bem descrita como um ambiente no qual a inflação é tão baixa e estável ao longo do tempo que não é incluída concretamente nas decisões de indivíduos e empresas". Ele também acredita que "uma meta de inflação numérica específica representaria uma precisão enganosa e pouco útil".[1]

Ben Bernanke, o sucessor de Alan Greenspan, foi mais preciso e sugeriu uma taxa do núcleo da inflação entre 1 e 2 por cento ao ano como o equivalente à estabilidade de preços. Essa taxa leva em consideração o viés para cima da medida de inflação do IPC que estudamos no Capítulo 22.

Meta operacional do 'máximo emprego'

O Fed considera que a estabilidade dos preços (uma taxa do núcleo da inflação entre 1 e 2 por cento ao ano) é a principal como meta da política monetária e um meio de atingir as outras duas metas. Mas o Fed também monitora os ciclos econômicos e tenta conduzir uma trajetória estável entre a inflação e a recessão. Para avaliar a situação da produção e do emprego em relação ao pleno emprego, o Fed analisa um grande número de indicadores, que incluem a taxa de participação da força de trabalho, a taxa de desemprego, medidas de utilização da capacidade de produção, a atividade do mercado imobiliário, o mercado de ações e informações regionais coletadas pelos bancos regionais do Federal Reserve. Todos esses dados são resumidos no *Beige book* do Fed.

Apesar de o Fed analisar uma ampla variedade de dados, um indicador se destaca como um resumo da situação geral da demanda agregada em relação ao PIB potencial. Esse número é o *hiato do produto* – o desvio percentual do PIB real quanto ao PIB potencial.

Quando o hiato do produto é positivo, ele é inflacionário e leva a um aumento da taxa de inflação. Quando o hiato do produto é negativo, ele é recessivo e resulta em perda de produção e em um nível de emprego abaixo do nível de equilíbrio do pleno emprego. Desta maneira, o Fed tenta minimizar o hiato do produto.

Responsabilidade pela política monetária dos Estados Unidos

Quem é o responsável pela política monetária dos Estados Unidos? Quais são os papéis do Fed, do Congresso e do presidente?

O papel do Fed A Lei do Federal Reserve responsabiliza o Conselho de Diretores do Federal Reserve System dos Estados Unidos e a Comissão Federal do Mercado Aberto (CFMA) pela condução da política monetária. Descrevemos a composição da CFMA no Capítulo 25. A CFMA toma uma decisão de política monetária em oito reuniões anuais agendadas e a comunica com uma breve explicação. Três semanas depois de uma reunião da CFMA, as atas integrais são publicadas.

O papel do Congresso norte-americano O Congresso não exerce nenhum papel na tomada de decisões da política monetária, mas a Lei do Federal Reserve requer que o Conselho de Diretores reporte ao Congresso as questões da política monetária. O Fed emite dois relatórios por ano: um em fevereiro e outro em julho. Esses relatórios e o testemunho do presidente do conselho do Fed diante do Congresso, além das atas da CFMA, comunicam aos legisladores e ao público como o FED vê a política monetária.

O papel do presidente dos Estados Unidos O papel formal do presidente dos Estados Unidos é limitado a nomear os membros e o presidente do Conselho de Diretores. No entanto, alguns presidentes – como Richard Nixon – tentaram influenciar as decisões do Fed.

Agora conhecemos os objetivos da política monetária dos Estados Unidos e podemos descrever a estrutura e a atribuição de responsabilidade para atingir esses objetivos. Nossa próxima tarefa é ver como o Federal Reserve conduz sua política monetária.

QUESTÕES PARA REVISÃO

1 Quais são os objetivos da política monetária?
2 As metas de política monetária estão em harmonia ou em conflito (a) no longo prazo e (b) no curto prazo?
3 O que é a taxa do núcleo da inflação e como ela difere da taxa de inflação do IPC geral?
4 De quem é a responsabilidade pela política monetária dos Estados Unidos?

A condução da política monetária dos Estados Unidos

Nesta seção, descreveremos o modo como o Federal Reserve conduz sua política monetária e explicaremos a estratégia de política monetária que ele utiliza. Avaliaremos a estratégia do Fed na seção final deste capítulo, quando descreveremos e compararemos estratégias alternativas de política monetária.

Escolha de um instrumento de política monetária

Um **instrumento de política monetária** é uma variável que o banco central pode controlar diretamente ou acompanhar de perto. Na qualidade de emissor exclusivo da base monetária, o banco central é um monopólio. Como todos os monopólios, ele pode fixar a quantidade de seu produto e deixar que o mercado determine o preço ou pode fixar o preço de seu produto e deixar que o mercado determine a quantidade.

A primeira decisão é fixar ou não o preço da moeda doméstica no mercado de câmbio estrangeiro – a taxa de

---

[1] Alan Greenspan, "Transparency in monetary policy", *Federal Reserve of St. Louis Review*, 84(4), 5-6, jul./ago. 2002.

câmbio. Um país que opera uma taxa de câmbio fixa não pode buscar uma política monetária independente. Os Estados Unidos têm uma taxa de câmbio flexível e buscam uma política monetária independente. (O Capítulo 26 explica o mercado de câmbio estrangeiro e os fatores que influenciam a taxa de câmbio.)

Mesmo com uma taxa de câmbio flexível, o Fed ainda pode escolher o instrumento de política econômica. Ele pode decidir visar à base monetária ou à taxa de juros de curto prazo. Apesar de o Fed poder estabelecer qualquer uma dessas duas variáveis, ele não pode estabelecer ambas. O valor de uma é consequência da outra. Se o Fed decidisse diminuir a base monetária, a taxa de juros aumentaria. Se o Fed decidisse aumentar a taxa de juros, a base monetária diminuiria. Desta maneira, o Fed deve decidir quais dessas duas variáveis visar.

A taxa de juros de títulos públicos federais

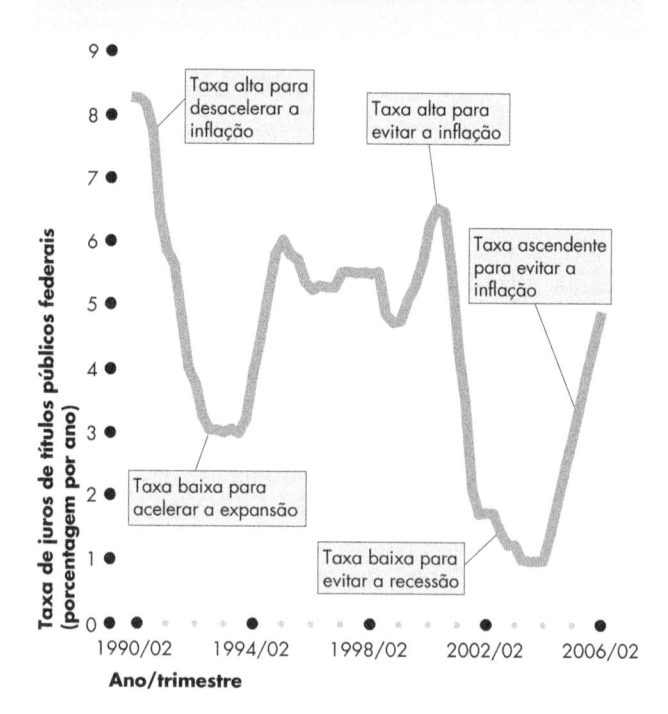

A escolha do instrumento de política monetária por parte do Fed, que é a mesma escolha feita pela maioria dos outros importantes bancos centrais, é uma taxa de juros de curto prazo. Com essa escolha, o Fed permite que a taxa de câmbio e a quantidade de moeda encontrem seus próprios valores de equilíbrio e não tem visões predeterminadas de quais deveriam ser esses valores.

A taxa de juros a que o Fed visa é a **taxa de juros de títulos públicos federais**, que é a taxa de juros que os bancos cobram uns dos outros em empréstimos de um dia para o outro

A Figura 31.2 mostra a taxa juros de títulos públicos federais desde 1990. Podemos notar que ela foi 8,25 por cento em 1990 e que aumentou para 6,5 por cento em 2000. Nesses dois períodos de alta taxa de juros de títulos públicos federais, o Fed procurou adotar medidas que reduzissem a taxa de inflação.

Entre 2002 e 2004, a taxa de juros de títulos públicos federais foi definida em níveis historicamente baixos. A razão para isso é que, com a inflação bem ancorada perto dos 2 por cento ao ano, o Fed estava menos preocupado com a inflação do que com a recessão, de modo que preferia adotar uma posição que visasse evitar a recessão.

Apesar de o Fed poder alterar a taxa de juros de títulos públicos federais em qualquer porcentagem (razoável) que escolher, ele normalmente a altera em apenas um quarto de ponto percentual.[2]

Como o Fed decide o nível apropriado para a taxa de juros de títulos públicos federais? Tendo tomado essa decisão, como o Fed altera essa taxa de juros para o nível a que ele visa? Vamos responder agora a essas duas questões.

A estratégia de tomada de decisões do Fed

Podem ser utilizadas duas estratégias alternativas de tomada de decisões. Elas são resumidas pelos termos:

- Regra instrumental
- Regra de metas

Figura 31.2 A taxa de juros de títulos públicos federais

O Fed define uma meta para a taxa de juros de títulos públicos federais e executa ações que mantenham a taxa perto da sua meta. Quando o Fed deseja desacelerar a inflação, ele adota medidas que elevem a taxa de juros de títulos públicos federais. Quando a inflação é baixa e o Fed deseja evitar a recessão, ele executa ações que reduzam a taxa de juros.

Fonte dos dados: Conselho de Diretores do Federal Reserve System.

Regra instrumental Uma **regra instrumental** é uma regra para as decisões da política monetária que estabelece o instrumento de política econômica em um nível baseado no estado corrente da economia. A regra instrumental mais conhecida é a *regra de Taylor*, na qual o instrumento é a taxa de juros de títulos públicos federais e que faz essa taxa reagir à taxa de inflação e ao hiato do produto. (Descreveremos a regra de Taylor na próxima página.)

Para implementar a regra instrumental de Taylor, a CFMA pode simplesmente obter as melhores estimativas da taxa de inflação corrente e do hiato do produto e calcular mecanicamente o nível que estabelecerá para a taxa de juros de títulos públicos federais.

Regra de metas Uma **regra de metas** é uma regra para as decisões da política monetária que estabelecem o instrumento de política econômica em um nível que faz com que a previsão da meta final da política econômica seja igual à meta dela. Se o objetivo final da política é uma taxa de inflação de 2 por cento e o instrumento é a taxa de juros de títulos públicos federais, a regra de metas estabelece essa taxa em um nível que faz com que a previsão da taxa de inflação seja igual a 2 por cento.

---

[2] Um quarto de ponto percentual também é chamado de 25 *ponto-base*. Um ponto-base é igual a um centésimo de ponto percentual.

Para implementar uma regra de metas como essa, a CFMA deve coletar e processar um grande volume de informações sobre a economia, o modo como ela reage a choques e o modo como reage à política econômica. Depois, a CFMA deve processar todos esses dados e chegar a uma definição do melhor nível para o instrumento de política econômica.

As atas da CFMA sugerem que o Fed segue uma estratégia de regra de metas. Mas alguns economistas acreditam que os níveis de taxa de juros definidos pela CFMA são mais bem descritos pela regra de Taylor. A próxima seção analisa as influências sobre a taxa de juros de títulos públicos federais.

Influências sobre a taxa de juros de títulos públicos federais

John B. Taylor, economista da Universidade de Stanford, sugeriu uma regra para os títulos públicos federais que, segundo ele, descreve o *resultado* das complexas deliberações de tomada de decisões da CFMA. A **regra de Taylor** determina que a taxa de juros de títulos públicos federais (*FFR*) é igual à taxa de juros real de equilíbrio (que Taylor afirma ser 2 por cento ao ano) mais outros percentuais baseados na taxa de inflação (*INF*) e no hiato do produto (*GAP*), de acordo com a fórmula a seguir (todos os valores são em porcentagens):

$$FFR = 2 + INF + 0,5(INF - 2) + 0,5 GAP$$

Em outras palavras, a regra de Taylor estabelece a taxa de juros de títulos públicos federais em 2 por cento mais a taxa de inflação, mais metade do desvio da inflação de sua meta implícita de 2 por cento, mais metade do hiato do produto.

Taylor afirma que, se o Fed seguisse essa regra, a economia teria um desempenho melhor que seu desempenho histórico. Mas ele também diz que o Fed se aproxima dessa regra.

A Figura 31.3 mostra quanto o Fed se aproxima da utilização da regra de Taylor. A parte (a) mostra a extensão na qual a taxa de inflação excedeu os 2 por cento ao ano – a extensão na qual o Fed deixou de atingir a meta da estabilidade de preços. Essa variável tem uma tendência descendente. A parte (b) mostra o hiato do produto – a extensão na qual o Fed deixou de atingir sua meta do máximo emprego. Essa variável flutua em ciclos. A parte (c) mostra a taxa de juros de títulos públicos federais que teria sido definida nas partes (a) e (b) se a regra de Taylor tivesse sido seguida (a linha tracejada) e as decisões da CFMA sobre a taxa de juros de títulos públicos federais (a linha cinza-claro).

Podemos notar que, entre 1991 e 1994, o Fed estabeleceu a taxa de juros de títulos públicos federais em um nível mais baixo do que aquilo que a regra de Taylor teria atingido. Entre 1992 e 1994, a lacuna entre a decisão do Fed e a regra de Taylor foi especialmente ampla. A razão para a discrepância é que, durante a recessão de 1990-1991, o Fed atribuiu um peso maior à meta de 'máximo emprego'

Figura 31.3 Influências sobre a taxa de juros de títulos públicos federais

(a) Desvio da meta de 'estabilidade de preços'

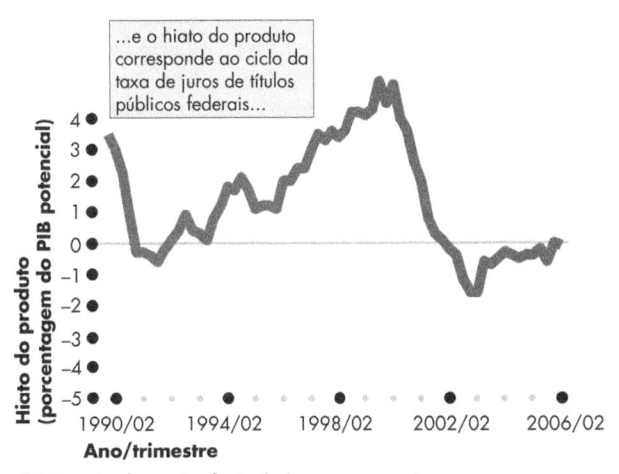

(b) Desvio da meta do 'máximo emprego'

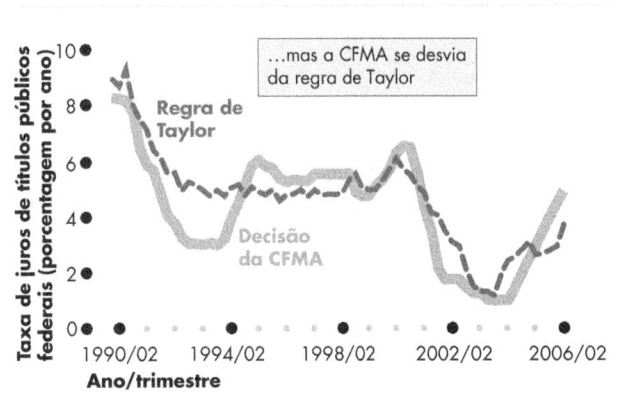

(c) As decisões da CFMA e a regra de Taylor

A tendência descendente da taxa de juros de títulos públicos federais segue a tendência descendente da taxa de inflação de se aproximar de 2 por cento na parte (a) e os ciclos da taxa da taxa de juros de títulos públicos federais seguem os ciclos do hiato do produto na parte (b), mas a decisão da CFMA na parte (c) não corresponde exatamente à fórmula da regra de Taylor.

Fonte dos dados: Conselho de Diretores do Federal Reserve System, Congressional Budget Office e Bureau of Labor Statistics.

e um peso menor à redução da taxa de inflação. Por outro lado, a regra de Taylor atribui o mesmo peso ao desvio que a inflação tem de sua meta e ao hiato do produto.

Depois dos ataques de 11 de Setembro, o Fed também reduziu a taxa de juros de títulos públicos federais mais do que o exigido pela regra de Taylor, para se assegurar de que os mercados financeiros não entrassem em colapso durante um período de crescente incerteza e pessimismo.

Acabamos de descrever o instrumento de política monetária do Fed e a estratégia da CFMA para determiná-lo. Veremos em seguida como o Fed atinge sua meta de instrumento.

Alcance da meta da taxa de juros de títulos públicos federais: operações de mercado aberto

Uma vez que a decisão da taxa de juros é tomada, o Fed alcança sua meta instruindo o Fed de Nova York a realizar *operações de mercado aberto* – comprar títulos públicos de um banco comercial ou do público ou vender esses títulos para eles. Quando o Fed compra títulos, ele paga com reservas recém-criadas mantidas pelos bancos. Quando o Fed vende títulos, ele recebe reservas mantidas pelos bancos. Assim, as operações de mercado aberto influenciam diretamente as reservas dos bancos.

Uma compra no mercado aberto Para entender como uma operação de mercado aberto altera as reservas bancárias, suponha que o Fed compre $ 100 milhões de títulos públicos do Bank of America. Quando o Fed faz essa transação, duas coisas acontecem:

1. O Bank of America tem $ 100 milhões a menos em títulos, e o Fed tem $ 100 milhões a mais em títulos.
2. O Fed paga pelos títulos depositando $ 100 milhões na conta de depósito do Bank of America no Fed.

A Figura 31.4 mostra os efeitos dessas ações sobre os balanços gerais do Fed e do Bank of America. A propriedade dos títulos passa do Bank of America para o Fed, de modo que os ativos do Bank of America diminuem $ 100 milhões e os ativos do Fed aumentam $ 100 milhões, como indica a seta cinza-escuro que vai do Bank of America ao Fed.

O Fed paga pelos títulos depositando $ 100 milhões na conta de depósito do Bank of America no Fed, como indica a seta cinza-claro que vai do Fed ao Bank of America.

Os ativos e passivos do Fed aumentam $ 100 milhões. O patrimônio líquido do Bank of America permanece inalterado: ele vendeu títulos para aumentar suas reservas.

Uma venda no mercado aberto Se o Fed *vende* $ 100 milhões de títulos públicos no mercado aberto:

1. O Bank of America tem $ 100 milhões a mais em títulos, e o Fed tem $ 100 milhões a menos em títulos.
2. O Bank of America paga pelos títulos utilizando $ 100 milhões de sua conta de depósito de reservas no Fed.

A Figura 31.5 mostra os efeitos dessas ações sobre os demonstrativos financeiros do Fed e do Bank of Ame-

Figura 31.4 O Fed compra títulos no mercado aberto

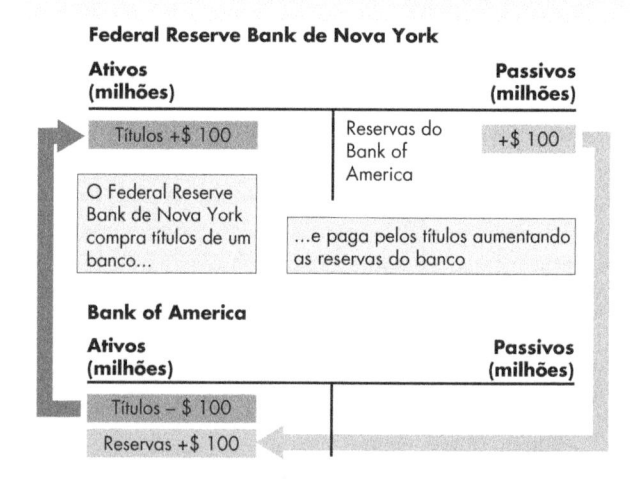

Federal Reserve Bank de Nova York

Ativos (milhões)	Passivos (milhões)
Títulos +$ 100	Reservas do Bank of America +$ 100
O Federal Reserve Bank de Nova York compra títulos de um banco...	...e paga pelos títulos aumentando as reservas do banco

Bank of America

Ativos (milhões)	Passivos (milhões)
Títulos – $ 100	
Reservas +$ 100	

Quando o Fed compra títulos no mercado aberto, ele cria reservas bancárias. Os ativos e passivos do Fed aumentam, e o banco que realiza a venda troca títulos por reservas.

rica. A propriedade dos títulos passa do Fed ao Bank of America, de modo que os ativos do Fed diminuem $ 100 milhões e os ativos do Bank of America aumentam $ 100 milhões, como indica a seta cinza-escuro que vai do Fed ao Bank of America.

O Bank of America utiliza $ 100 milhões de suas reservas para pagar pelos títulos, como indica a seta cinza-claro que vai do Bank of America ao Fed.

Tanto os ativos quanto os passivos do Fed diminuem $ 100 milhões. O patrimônio líquido do Bank of Ame-

Figura 31.5 O Fed vende títulos no mercado aberto

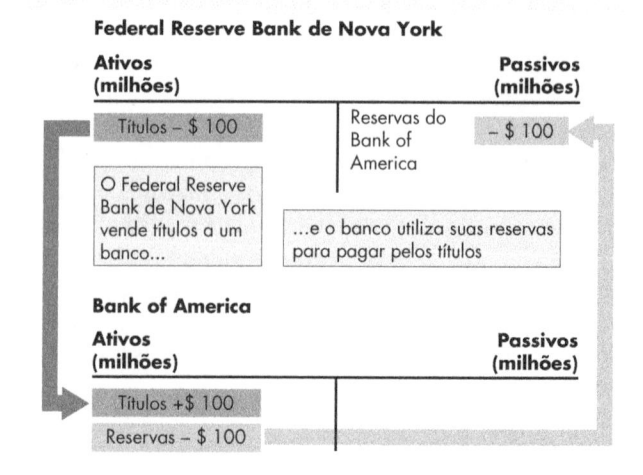

Federal Reserve Bank de Nova York

Ativos (milhões)	Passivos (milhões)
Títulos – $ 100	Reservas do Bank of America – $ 100
O Federal Reserve Bank de Nova York vende títulos a um banco...	...e o banco utiliza suas reservas para pagar pelos títulos

Bank of America

Ativos (milhões)	Passivos (milhões)
Títulos +$ 100	
Reservas – $ 100	

Quando o Fed vende títulos no mercado aberto, ele reduz as reservas bancárias. Os ativos e passivos do Fed diminuem, e o banco que realiza a compra troca reservas por títulos.

rica permanece inalterado: ele utilizou reservas para comprar títulos.

Equilíbrio no mercado de reservas

Para vermos como uma operação de mercado aberto altera a taxa de juros de títulos públicos federais, devemos observar o que acontece no mercado desses títulos – o mercado no qual os bancos tomam e concedem empréstimos uns aos outros da noite para o dia – e no mercado de reservas bancárias.

Quanto mais alta é a taxa de juros de títulos públicos federais, maior é a quantidade de empréstimos ofertados da noite para o dia e menor é a quantidade demandada desses empréstimos no mercado de títulos públicos federais. A taxa de juros de equilíbrio desses títulos iguala as quantidades demandada e ofertada.

Um modo equivalente de analisar as forças que determinam a taxa de juros de títulos públicos federais é considerar a demanda e a oferta de reservas bancárias. Os bancos mantêm reservas para cumprir a taxa de reservas obrigatórias e, assim, poder fazer pagamentos. No entanto, é custoso manter reservas. A alternativa é emprestar as reservas no mercado de títulos públicos federais e ganhar a taxa de juros. Quanto mais alta é essa taxa, maior é o custo de oportunidade de manter as reservas e maior é o incentivo a economizar na quantidade de reservas mantidas.

Assim, a quantidade de reservas demandada pelos bancos depende da taxa de juros de títulos públicos federais. Quanto mais alta é essa taxa, se todos os outros fatores são mantidos constantes, menor é a quantidade demandada de reservas.

A Figura 31.6 ilustra o mercado de reservas bancárias. O eixo x mede a quantidade de reservas depositadas no Fed, e o eixo y mede a taxa de juros de títulos públicos federais. A demanda por reservas é a curva *DR*.

As operações de mercado aberto do Fed determinam a oferta de reservas, mostrada pela curva de oferta *SR*. Para diminuir as reservas, o Fed conduz uma venda no mercado aberto. Para aumentar as reservas, o Fed conduz uma compra no mercado aberto.

O equilíbrio no mercado de reservas bancárias determina a taxa de juros de títulos públicos federais na qual a quantidade de reservas demandada pelos bancos é igual à quantidade de reservas ofertada pelo Fed. Ao utilizar operações de mercado aberto, o Fed ajusta a oferta de reservas para manter a taxa de juros na meta definida.

QUESTÕES PARA REVISÃO

1 Qual é o instrumento de política monetária do Fed?
2 Quais são as principais influências sobre a decisão de taxa de juros de títulos públicos federais da CFMA?
3 O que acontece quando o Fed compra ou vende títulos no mercado aberto?
4 Como a taxa de juros é determinada no mercado de títulos públicos federais ou no mercado de reservas?

Transmissão da política monetária

Vimos que a meta do Fed é manter o nível de preços estável (manter a taxa de inflação em torno de 2 por cento ao ano) e atingir o máximo emprego (manter o hiato do produto perto de zero). Vimos também como o Fed pode utilizar seu poder para definir a taxa de juros de títulos públicos federais em seu nível desejado. Vamos acompanhar agora os eventos que se seguem a uma variação da taxa de juros e ver como esses eventos levam ao objetivo final da política econômica. Começaremos com uma breve visão geral do processo de transmissão e analisaremos cada passo com mais profundidade.

Breve visão geral

Quando o Fed reduz a taxa de juros de títulos públicos federais, outras taxas de juros de curto prazo e a taxa de câmbio também diminuem. A quantidade de moeda e a oferta de fundos disponíveis para empréstimos aumentam. A taxa de juros real de longo prazo diminui. A taxa de juros real mais baixa aumenta os gastos de consumo e o investimento. A taxa de câmbio mais baixa faz com que as exportações norte-americanas fiquem mais baratas e as importações, mais caras. Desta maneira, as exportações líquidas aumentam. Empréstimos bancários facilitados reforçam o efeito das taxas de juros mais baixas sobre os

Figura 31.6 O mercado de reservas bancárias

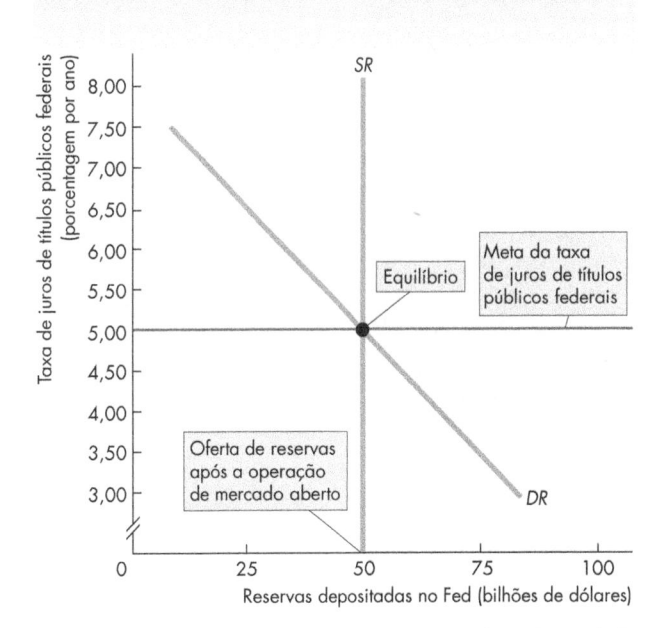

A curva de demanda por reservas é *DR*. A quantidade demandada de reservas diminui à medida que a taxa de juros de títulos públicos federais aumenta porque essa taxa é o custo de oportunidade de manter reservas. A curva de oferta de reservas é *SR*. O Fed utiliza as operações de mercado aberto para fazer com que a quantidade ofertada de reservas seja igual à quantidade demandada de reservas (no caso, $ 50 bilhões) na meta da taxa de juros (no caso, 5 por cento ao ano).

gastos agregados. A demanda agregada aumenta, o que, por sua vez, aumenta o PIB real e o nível de preços, deixando-os mais altos do que deveriam ser. O PIB real cresce e a inflação se acelera.

Quando o Fed eleva a taxa de juros de títulos públicos federais, à medida que a seqüência de eventos que acabamos de rever se desenrola, os efeitos ocorrem em direções opostas.

A Figura 31.7 fornece um resumo esquemático desses efeitos propagadores tanto para uma redução quanto para uma elevação da taxa de juros de títulos públicos federais.

Esses efeitos propagadores se estendem por um período de um a dois anos. Os efeitos da taxa de juros e da taxa de câmbio são imediatos. Os efeitos sobre a moeda e os empréstimos bancários ocorrem em algumas semanas e atuam por alguns meses. As taxas de juros reais de longo prazo variam rapidamente e muitas vezes se adiantam às variações de curto prazo da taxa de juros. Os planos de gastos variam e o crescimento do PIB real desacelera após cerca de um ano. A taxa de inflação varia entre um e dois anos após a variação da taxa de juros de títulos públicos federais. No entanto, essas defasagens temporais não são completamente previsíveis e podem ser mais longas ou mais curtas.

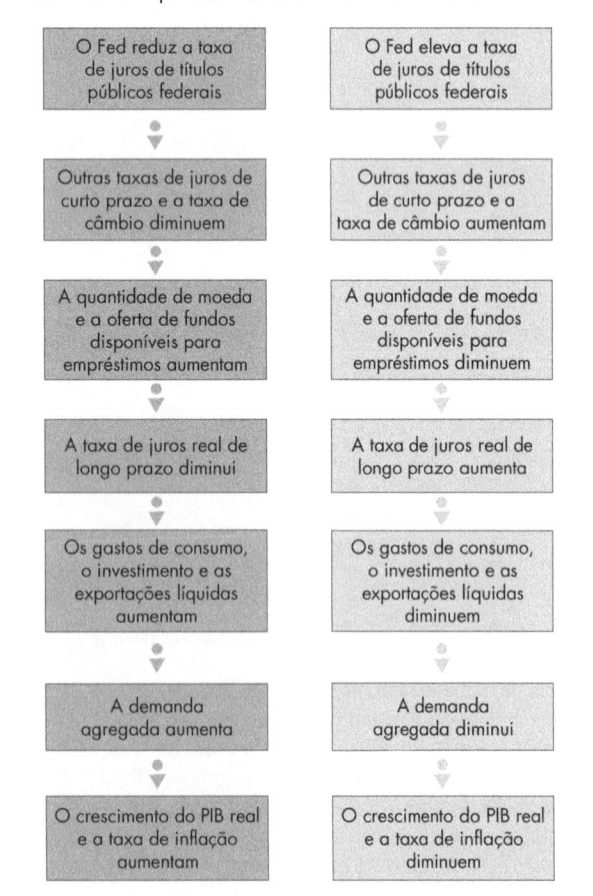

Vamos examinar cada estágio do processo de transmissão, a começar pelos efeitos da taxa de juros.

Alterações da taxa de juros

O primeiro efeito de uma decisão de política monetária por parte da CFMA é uma variação da taxa de juros de títulos públicos federais. Depois, outras taxas de juros também variam. Esses efeitos das taxas de juros ocorrem rapidamente e de modo relativamente previsível.

A Figura 31.8 mostra as flutuações de três taxas de juros: a taxa de juros de títulos públicos federais, a taxa de juros de títulos de curto prazo e a taxa de juros de títulos de longo prazo.

Taxa de juros de títulos públicos federais Assim que a CFMA anuncia uma nova definição da taxa de juros de títulos públicos federais, o Fed de Nova York conduz as operações necessárias no mercado aberto para atingir essa meta. Não há dúvidas sobre onde são geradas as alterações das taxas de juros mostradas na Figura 31.8. Elas são impulsionadas pela política monetária do Fed.

Taxa de juros de títulos de curto prazo A taxa de juros de títulos de curto prazo é a taxa de juros paga pelo governo dos Estados Unidos por títulos de três meses. Ela é similar à taxa de juros paga por empresas norte-americanas em empréstimos de curto prazo. Observe como a taxa de juros de títulos de curto prazo acompanha de perto a taxa de juros de títulos públicos federais. As duas são quase idênticas.

Figura 31.7 Os efeitos propagadores causados por uma variação da taxa de juros de títulos públicos federais

Figura 31.8 Três taxas de juros

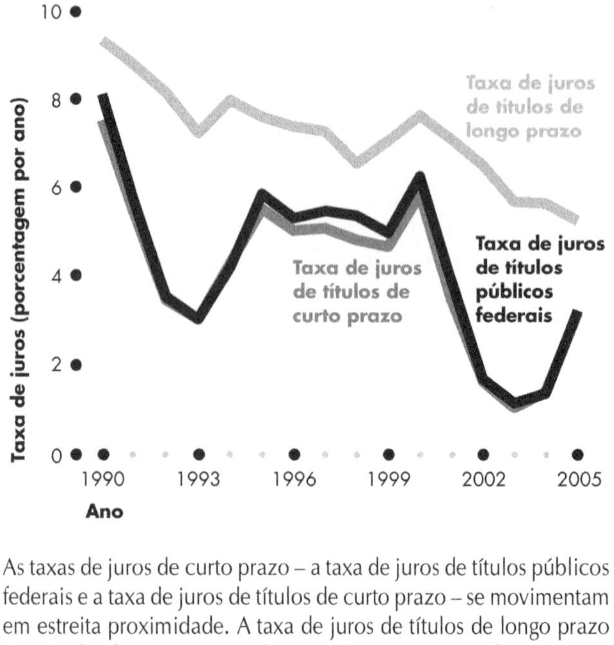

As taxas de juros de curto prazo – a taxa de juros de títulos públicos federais e a taxa de juros de títulos de curto prazo – se movimentam em estreita proximidade. A taxa de juros de títulos de longo prazo é mais alta do que as taxas de juros de curto prazo e flutua menos do que elas.

Fonte dos dados: Conselho de Diretores do Federal Reserve System.

Um poderoso efeito substituição mantém próximas essas duas taxas de juros. Os bancos comerciais podem decidir como manter seus ativos líquidos de curto prazo. Um empréstimo da noite para o dia a um banco é um substituto próximo para títulos de curto prazo. Se a taxa de juros sobre títulos de curto prazo é maior que a taxa de juros de títulos públicos federais, a quantidade ofertada de empréstimos da noite para o dia diminui e a demanda por títulos de curto prazo aumenta. O preço desses títulos aumenta e a taxa de juros real diminui.

De modo similar, se a taxa de juros sobre títulos de curto prazo é menor que a taxa de juros de títulos públicos federais, a quantidade ofertada de empréstimos da noite para o dia aumenta e a demanda por títulos de curto prazo diminui. O preço desses títulos diminui e a taxa de juros real aumenta.

Quando a taxa de juros dos títulos de curto prazo se aproxima da taxa de juros de títulos públicos federais, não há incentivo para um banco trocar operações de empréstimos da noite para o dia por títulos de curto prazo. Tanto o mercado desses títulos quanto o mercado de títulos públicos federais estão em equilíbrio.

Taxa de juros de títulos de longo prazo A taxa de juros de títulos de longo prazo é a taxa de juros paga por títulos emitidos por grandes corporações. É essa taxa de juros que as empresas pagam sobre os empréstimos que financiam a compra de novo capital e que influenciam suas decisões de investimento.

Duas características da taxa de juros de títulos de longo prazo se destacam: ela é mais alta que as taxas de juros de curto prazo e flutua menos que elas.

A taxa de juros de longo prazo é mais alta que as duas taxas de curto prazo porque os empréstimos de longo prazo são mais arriscados do que os de curto prazo. Para proporcionar os incentivos a uma oferta de empréstimos de longo prazo, os concessores de empréstimos devem ser recompensados pelo risco adicional. Sem a recompensa pelo risco adicional, seriam ofertados somente empréstimos de curto prazo.

A taxa de juros de longo prazo flutua menos que as taxas de curto prazo porque é influenciada pelas expectativas sobre as taxas de juros de curto prazo futuras bem como pelas taxas de juros de curto prazo atuais. A alternativa à tomada ou concessão de empréstimos de longo prazo é a tomada ou concessão de empréstimos utilizando-se uma seqüência de títulos de curto prazo. Se a taxa de juros de longo prazo exceder a média esperada das taxas de juros de curto prazo futuras, as pessoas concederão empréstimos de longo prazo e tomarão empréstimos de curto prazo. A taxa de juros de longo prazo diminuirá. Se a taxa de juros de longo prazo for menor que a média esperada das taxas de juros de curto prazo futuras, as pessoas tomarão empréstimos de longo prazo e concederão empréstimos de curto prazo. A taxa de juros de longo prazo aumentará.

Essas forças do mercado mantêm a taxa de juros de longo prazo perto da média esperada das taxas de juros de curto prazo futuras (mais um prêmio pelo risco extra associado aos empréstimos de longo prazo). A média esperada das taxas de juros de curto prazo futuras flutua menos que a taxa de juros de curto prazo corrente.

As flutuações da taxa de câmbio

A taxa de câmbio reage a variações da taxa de juros nos Estados Unidos relativas às taxa de juros em outros países – *o diferencial da taxa de juros dos Estados Unidos*. Explicamos essa influência no Capítulo 26.

Quando o Fed eleva a taxa de juros de títulos públicos federais, o diferencial da taxa de juros dos Estados Unidos aumenta e, se todos os outros fatores são mantidos constantes, o dólar norte-americano se valoriza. Quando o Fed reduz a taxa de juros de títulos públicos federais, o diferencial da taxa de juros dos Estados Unidos diminui e, se todos os outros fatores são mantidos constantes, o dólar norte-americano se deprecia.

Muitos fatores além do diferencial da taxa de juros dos Estados Unidos influenciam a taxa de câmbio; assim, quando o Fed altera a taxa de juros de títulos públicos federais, a taxa de câmbio normalmente não varia exatamente como variaria se todos os outros fatores fossem mantidos constantes. Desta maneira, enquanto a política monetária influencia a taxa de câmbio, muitos outros fatores também produzem variações da taxa de câmbio.

Moeda e empréstimos bancários

A quantidade de moeda e de empréstimos bancários varia quando o Fed altera a meta de taxa de juros de títulos públicos federais. Um aumento da taxa de juros de títulos públicos federais diminui a quantidade de moeda e empréstimos bancários e uma redução da taxa de juros de títulos públicos federais aumenta a quantidade de moeda e empréstimos bancários. Essas variações ocorrem por duas razões: a quantidade de depósitos e empréstimos criada pelo sistema bancário e a quantidade demandada de moeda variam.

Vimos que, para alterar a taxa de juros de títulos públicos federais, o Fed deve alterar a quantidade de reservas bancárias. Uma variação da quantidade de reservas bancárias altera a base monetária, que, por sua vez, altera a quantidade de depósitos e empréstimos que o sistema bancário pode criar. Um aumento da taxa de juros de títulos públicos federais diminui as reservas e a quantidade de depósitos e empréstimos bancários criados; e uma redução dessa taxa de juros aumenta as reservas e a quantidade de depósitos e empréstimos bancários criados.

A quantidade de moeda criada pelo sistema bancário deve ser mantida por indivíduos e empresas. A alteração da taxa de juros altera a quantidade demandada de moeda. Uma redução da taxa de juros aumenta a quantidade demandada de moeda, e um aumento da taxa de juros diminui a quantidade demandada de moeda.

Uma variação da quantidade de moeda e da oferta de empréstimos bancários afeta diretamente os planos de consumo e investimento. Com mais moeda e um acesso mais fácil aos empréstimos, os consumidores e empresas gastam mais. Com menos moeda e mais dificuldade de obter empréstimos, os consumidores e empresas gastam menos.

A taxa de juros de longo prazo

A demanda e a oferta no mercado de fundos disponíveis para empréstimos determinam a *taxa de juros real* de longo prazo, que equivale à taxa de juros *nominal* de longo prazo menos a taxa de inflação esperada. A taxa de juros real de longo prazo influencia as decisões de gastos.

No longo prazo, a demanda e a oferta no mercado de fundos disponíveis para empréstimos depende apenas das forças reais – das decisões de poupança e investimento. Mas, no curto prazo, quando o nível de preços não é totalmente flexível, a oferta de fundos disponíveis para empréstimos é influenciada pela oferta de empréstimos bancários. Alterações da taxa de juros de títulos públicos federais alteram a oferta de empréstimos bancários, e esta, por sua vez, altera a oferta de fundos disponíveis para empréstimos e a taxa de juros no mercado de fundos disponíveis para empréstimos.

Uma redução da taxa de juros de títulos públicos federais que aumenta a oferta de empréstimos bancários aumenta a oferta de fundos disponíveis para empréstimos e reduz a taxa de juros real de equilíbrio. Um aumento da taxa de juros de títulos públicos federais que reduz a oferta de empréstimos bancários diminui a oferta de fundos disponíveis para empréstimos e aumenta a taxa de juros real de equilíbrio.

Essas variações da taxa de juros real, além dos outros fatores que acabamos de descrever, alteram os planos de gastos.

Planos de gastos

Os efeitos propagadores que se seguem a uma variação da taxa de juros de títulos públicos federais alteram três componentes dos gastos agregados:

- Gastos de consumo
- Investimento
- Exportações líquidas

Gastos de consumo Se todos os outros fatores forem mantidos constantes, quanto menor for a taxa de juros real, maior será a quantidade de gastos de consumo e menor será a quantidade de poupança.

Investimento Se todos os outros fatores forem mantidos constantes, quanto menor for a taxa de juros real, maior será a quantidade de investimento.

Exportações líquidas Se todos os outros fatores forem mantidos constantes, quanto menor for a taxa de juros, menor será a taxa de câmbio e maiores serão as exportações e menores serão as importações.

Assim, uma redução da taxa de juros de títulos públicos federais mais cedo ou mais tarde aumentará os gastos agregados, e um aumento dessa taxa de juros mais cedo ou mais tarde reduzirá os gastos agregados. Essas variações dos planos de gastos agregados alteram a demanda agregada, o PIB real e o nível de preços.

A variação da demanda agregada, do PIB real e do nível de preços

O elo final da cadeia de transmissão é uma variação da demanda agregada e uma conseqüente variação do PIB real e do nível de preços. Ao alterar o PIB real e o nível de preços devido a uma alteração da taxa de juros de títulos públicos federais, o Fed influencia suas metas finais: a taxa de inflação e o hiato do produto.

O Fed combate a recessão

Se a inflação está baixa e o PIB real está abaixo do PIB potencial, o Fed executa ações destinadas a restaurar o pleno emprego. A Figura 31.9 mostra os efeitos das ações do Fed, começando no mercado de reservas bancárias e terminando no mercado do PIB real.

O mercado de reservas bancárias Na Figura 31.9(a), que mostra o mercado de reservas bancárias, a CFMA reduz a meta da taxa de juros de títulos públicos federais de 5 por cento para 4 por cento ao ano. Para atingir a nova meta, o Fed de Nova York compra títulos e aumenta a oferta de reservas do sistema bancário de SR_0 para SR_1.

Mercado monetário Com maiores reservas, os bancos criam depósitos fazendo empréstimos e a oferta de moeda aumenta. A taxa de juros de curto prazo diminui e a quantidade demandada de moeda aumenta. Na Figura 31.9(b), a oferta de moeda aumenta de SM_0 para SM_1, a taxa de juros diminui de 5 por cento para 4 por cento ao ano e a quantidade de moeda aumenta de $ 3 trilhões para $ 3,1 trilhões. A taxa de juros no mercado monetário e a taxa de juros de títulos públicos federais são mantidas próximas uma da outra pelo poderoso efeito substituição.

Mercado de fundos disponíveis para empréstimos Os bancos criam moeda fazendo empréstimos. No longo prazo, um aumento da oferta de empréstimos bancários é acompanhado por um aumento do nível de preços e a quantidade de empréstimos *reais* permanece inalterada. No entanto, no curto prazo, com um nível de preços mais rígido, um aumento da oferta de empréstimos bancários aumenta a oferta de fundos disponíveis para empréstimos (reais).

Na Figura 31.9(c), a curva de oferta de fundos disponíveis para empréstimos se desloca para a direita, de SFD_0 para SFD_1. Com a demanda por fundos disponíveis para empréstimos em DFD, a taxa de juros diminui de 6 por cento para 5,5 por cento ao ano. (Presumimos uma taxa de inflação zero, de modo que a taxa de juros real seja igual à taxa de juros nominal.) A taxa de juros de longo prazo varia menos que a taxa de juros de curto prazo pela razão que explicamos anteriormente.

O mercado do PIB real A Figura 31.9(d) mostra a demanda agregada e a oferta agregada – a demanda e a oferta de PIB real. O PIB potencial é de $ 12 trilhões, onde SAL está localizada. A curva de oferta agregada de curto prazo é SAC e, inicialmente, a curva de demanda agregada é DA_0. O PIB real é de $ 11,8 trilhões, menos do que o PIB

Figura 31.9 O Fed combate a recessão

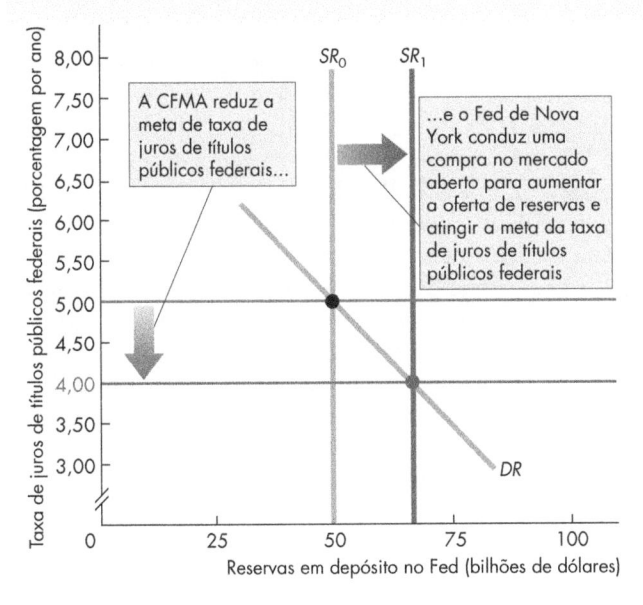

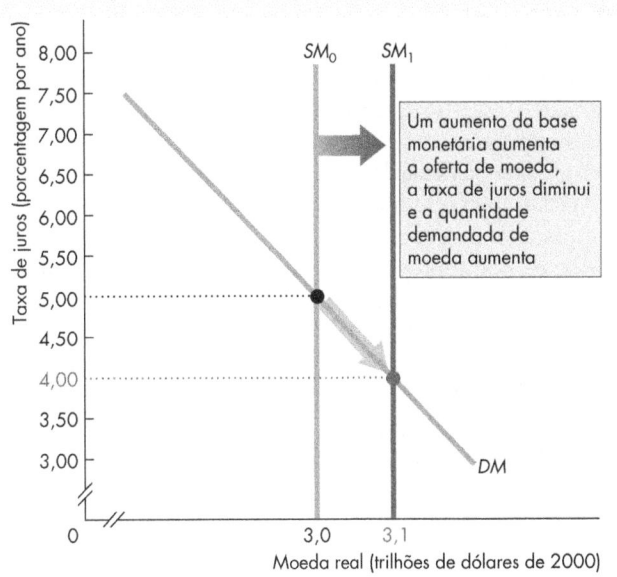

(a) O mercado de reservas bancárias

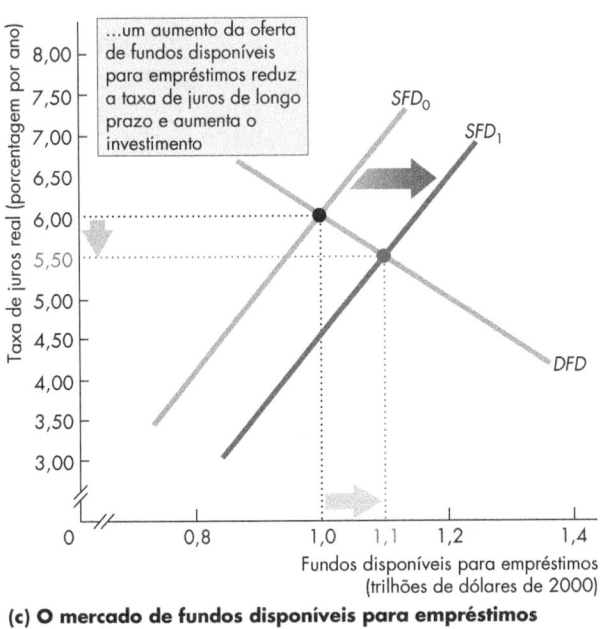

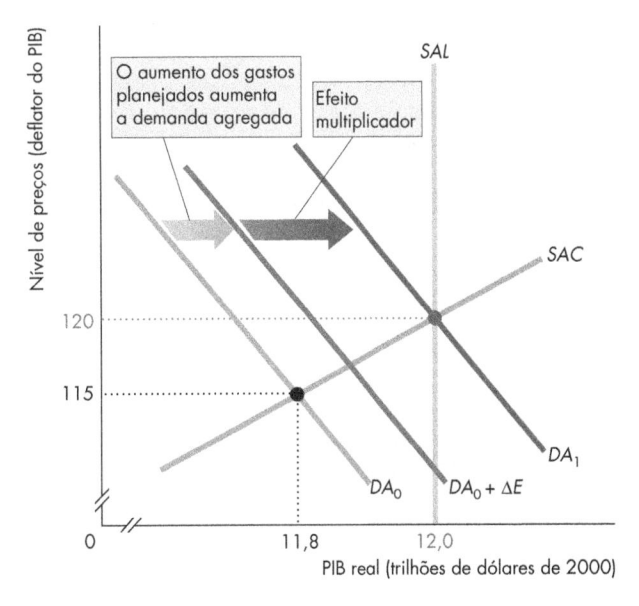

A CFMA reduz a meta de taxa de juros de títulos públicos federais...

...e o Fed de Nova York conduz uma compra no mercado aberto para aumentar a oferta de reservas e atingir a meta da taxa de juros de títulos públicos federais

(b) O mercado monetário

Um aumento da base monetária aumenta a oferta de moeda, a taxa de juros diminui e a quantidade demandada de moeda aumenta

(c) O mercado de fundos disponíveis para empréstimos

...um aumento da oferta de fundos disponíveis para empréstimos reduz a taxa de juros de longo prazo e aumenta o investimento

(d) PIB real e o nível de preços

O aumento dos gastos planejados aumenta a demanda agregada

Efeito multiplicador

Na parte (a), a CFMA reduz a meta de taxa de juros de títulos públicos federais de 5 por cento para 4 por cento. O Fed de Nova York compra títulos em uma operação de mercado aberto e aumenta a oferta de reservas de SR_0 para SR_1 para atingir a nova meta de taxa de juros.

Na parte (b), a oferta de moeda aumenta de SM_0 para SM_1, a taxa de juros de curto prazo diminui e a quantidade demandada de moeda aumenta. A taxa de juros de curto prazo e a taxa de juros de títulos públicos federais variam em grandezas similares.

Na parte (c), um aumento da oferta de empréstimos bancários aumenta a oferta de fundos disponíveis para empréstimos de SFD_0 para SFD_1 e a taxa de juros diminui. O investimento aumenta.

Na parte (d), os gastos agregados planejados aumentam. A curva de demanda agregada se desloca para $DA_0 + \Delta E$ e mais cedo ou mais tarde se deslocará para a direita, para DA_1. O PIB real aumenta para o PIB potencial e o nível de preços aumenta.

potencial, de modo que temos um hiato recessivo. O Fed está reagindo a esse hiato recessivo.

O aumento da oferta de empréstimos e a diminuição da taxa de juros aumentam os gastos agregados planejados. (A figura não mostra que uma redução da taxa de juros diminui a taxa de câmbio, o que aumenta as exportações líquidas e os gastos agregados planejados.) O aumento dos gastos agregados, ΔE, aumenta a demanda agregada e desloca a curva de demanda agregada para a direita, para $DA_0 + \Delta E$. Um processo multiplicador tem início. O aumento dos gastos aumenta a renda, o que induz um aumento dos gastos de consumo. A demanda agregada aumenta ainda mais e a curva de demanda agregada mais cedo ou mais tarde se deslocará para a direita, para DA_1.

O novo equilíbrio está no pleno emprego. O PIB real é igual ao PIB potencial. O nível de preços aumenta para 120 e se estabiliza nesse nível. Assim, após um único ajuste, há uma estabilidade de preços.

Nesse exemplo, o Fed atingiu perfeitamente o pleno emprego e manteve o nível de preços estável. É improvável que o Fed fosse capaz de atingir a precisão desse exemplo. Se o estímulo da demanda por parte do Fed não fosse intenso o suficiente e se ocorresse tarde demais, a economia passaria por uma recessão. Se o Fed exagerasse na intensidade e na velocidade do estímulo, ele forçaria a economia a passar de uma recessão para uma inflação.

O Fed combate a inflação

Se a taxa de inflação está alta demais e o PIB real está acima do PIB potencial, o Fed executa ações destinadas a reduzir a taxa de inflação e restaurar a estabilidade de preços. A Figura 31.10 mostra os efeitos das ações do Fed, começando no mercado de reservas e terminando no mercado do PIB real.

O mercado de reservas bancárias Na Figura 31.10(a), que mostra o mercado de reservas bancárias, a CFMA eleva a meta da taxa de juros de títulos públicos federais de 5 por cento para 6 por cento ao ano. Para atingir a nova meta, o Fed de Nova York vende títulos e reduz a oferta de reservas do sistema bancário de SR_0 para SR_1.

Mercado monetário Com menos reservas, os bancos reduzem os depósitos diminuindo os empréstimos e a oferta de moeda diminui. A taxa de juros de curto prazo aumenta e a quantidade demandada de moeda diminui. Na Figura 31.10(b), a oferta de moeda diminui de SM_0 para SM_1, a taxa de juros aumenta de 5 por cento para 6 por cento ao ano e a quantidade de moeda diminui de $ 3 trilhões para $ 2,9 trilhões.

Mercado de fundos disponíveis para empréstimos Com uma redução das reservas, os bancos precisam reduzir a oferta de empréstimos. A oferta de fundos disponíveis para empréstimos (reais) diminui e a curva de oferta de fundos disponíveis para empréstimos se desloca para a esquerda na Figura 31.10(c), de SFD_0 para SFD_1. Com a demanda por fundos disponíveis para empréstimos em DFD, a taxa de juros real aumenta de 6 por cento para 6,5 por cento ao ano. (Mais uma vez, presumimos uma taxa de inflação zero, de modo que a taxa de juros real seja igual à taxa de juros nominal.)

O mercado do PIB real A Figura 31.10(d) mostra a demanda agregada e a oferta agregada no mercado do PIB real. O PIB potencial é de $ 12 trilhões onde SAL está localizada. A curva de oferta agregada de curto prazo é SAC e inicialmente a demanda agregada é DA_0. Agora, o PIB real é de $ 12,2 trilhões, um valor maior que o PIB potencial, de modo que há um hiato inflacionário, e o Fed está reagindo a ele.

O aumento da taxa de juros de curto prazo, a redução da oferta de empréstimos bancários e o aumento da taxa de juros real diminuem os gastos agregados planejados. (As figuras não mostram que um aumento da taxa de juros eleva a taxa de câmbio, o que diminui as exportações líquidas e os gastos agregados planejados.)

A redução dos gastos agregados, ΔE, diminui a demanda agregada e desloca a curva de demanda agregada para $DA_0 - \Delta E$. Um processo multiplicador tem início. A redução dos gastos diminui a renda, o que induz uma redução dos gastos de consumo. A demanda agregada diminui ainda mais, e a curva de demanda agregada mais cedo ou mais tarde se desloca para a esquerda, para DA_1.

A economia retorna ao pleno emprego. O PIB real é igual ao PIB potencial. O nível de preços diminui para 120 e se estabiliza nesse nível. Desta maneira, após um único ajuste, há uma estabilidade de preços.

Mais uma vez, nesse exemplo, o Fed atingiu perfeitamente o pleno emprego e manteve o nível de preços estável. Se a redução da demanda agregada por parte do Fed não fosse intensa o suficiente e ocorresse tarde demais, a economia teria permanecido com um hiato inflacionário e a taxa de inflação teria ultrapassado a taxa compatível com a estabilidade de preços. Se o Fed pisasse demais no freio, ele forçaria a economia a passar de uma inflação para uma recessão.

Elos frouxos e defasagens longas e variáveis

Os efeitos propagadores provocados pela política monetária que acabamos de analisar com a precisão de um modelo econômico são, na realidade, muito difíceis de prever e antecipar.

Para atingir suas metas de estabilidade de preços e pleno emprego, o Fed precisa de uma combinação de boa capacidade de julgamento e sorte. Uma redução exagerada da taxa de juros em uma economia que opera abaixo do pleno emprego pode levar à inflação, como ocorreu na década de 1970. Um aumento exagerado da taxa de juros em uma economia inflacionária pode levar ao desemprego, como ocorreu em 1981 e 1991.

Elos perdidos na cadeia que vai da taxa de juros de títulos públicos federais até as metas finais da política fazem com que resultados indesejados sejam inevitáveis. Defasagens temporais ao mesmo tempo longas e variáveis aumentam ainda mais os desafios do Fed.

CAPÍTULO 31 POLÍTICA MONETÁRIA 755

Figura 31.10 O Fed combate a inflação

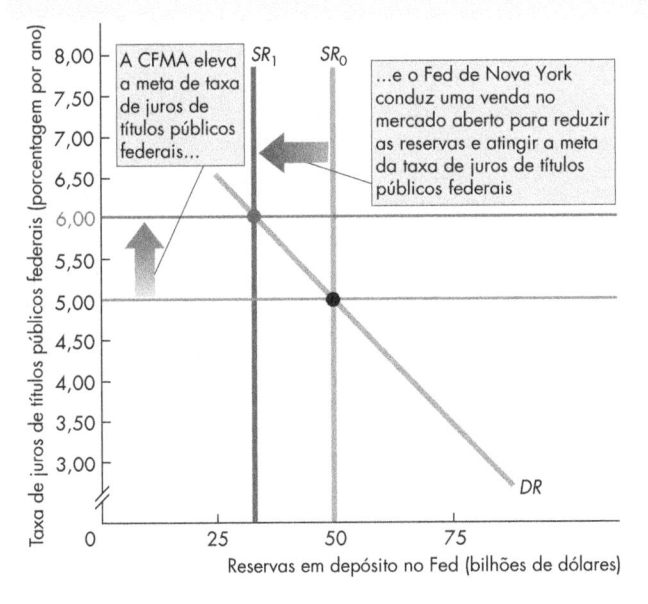

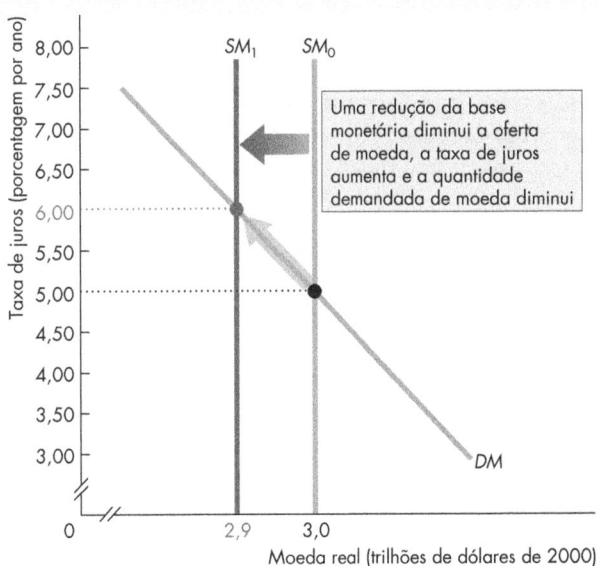

(a) O mercado de reservas bancárias

A CFMA eleva a meta de taxa de juros de títulos públicos federais...

...e o Fed de Nova York conduz uma venda no mercado aberto para reduzir as reservas e atingir a meta da taxa de juros de títulos públicos federais

(b) Mercado monetário

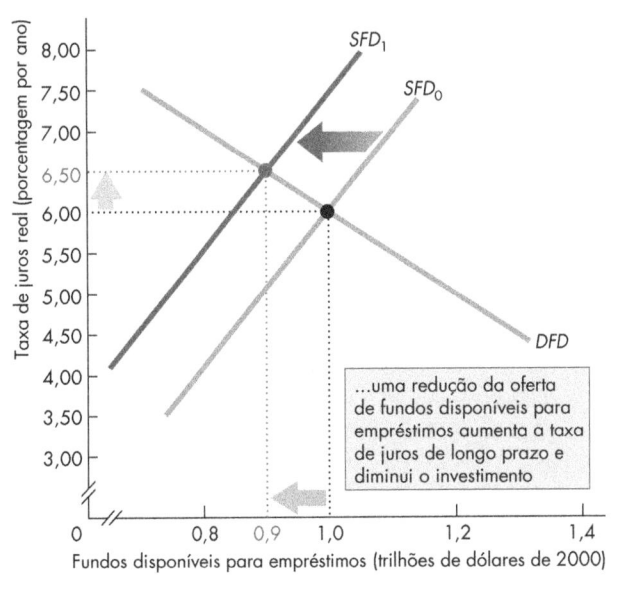

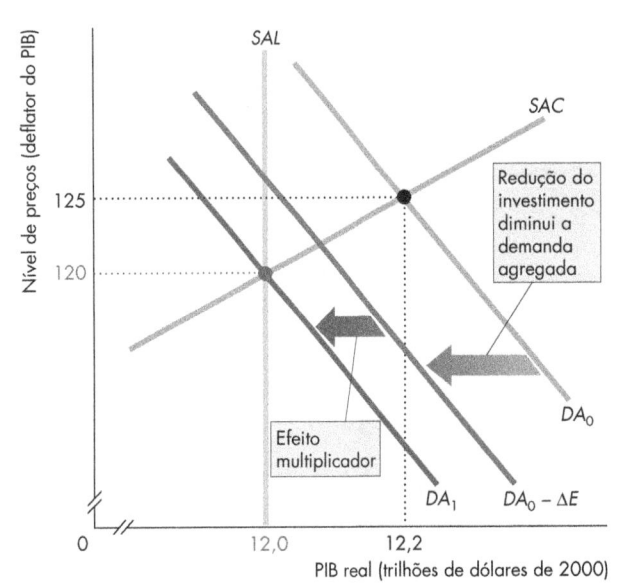

Uma redução da base monetária diminui a oferta de moeda, a taxa de juros aumenta e a quantidade demandada de moeda diminui

(c) O mercado de fundos disponíveis para empréstimos

...uma redução da oferta de fundos disponíveis para empréstimos aumenta a taxa de juros de longo prazo e diminui o investimento

(d) PIB real e o nível de preços

Redução do investimento diminui a demanda agregada

Efeito multiplicador

Na parte (a), a CFMA eleva a taxa de juros de títulos públicos federais de 5 por cento para 6 por cento. O Fed de Nova York vende títulos em uma operação de mercado aberto para diminuir a oferta de reservas de SR_0 para SR_1 e atingir a nova meta de taxa de juros de títulos públicos federais.
Na parte (b), a oferta de moeda diminui de SM_0 para SM_1, a taxa de juros de curto prazo aumenta e a quantidade demandada de moeda diminui. A taxa de juros de curto prazo e a taxa de juros de títulos públicos federais variam em magnitudes similares.
Na parte (c), uma redução da oferta de empréstimos bancários diminui a oferta de fundos disponíveis para empréstimos de SFD_0 para SFD_1 e a taxa de juros real aumenta. O investimento diminui.
Na parte (d), os gastos agregados planejados diminuem. A demanda agregada diminui e a curva DA se desloca para a esquerda, de DA_0 para DA_1. O PIB real diminui para o PIB potencial e o nível de preços diminui.

Elo frouxo entre a taxa de juros de títulos públicos federais e os gastos A taxa de juros real de longo prazo que influencia os planos de gastos se liga por um elo não muito fixo à taxa de juros de títulos públicos federais. Além disso, a reação da taxa de juros *real* de longo prazo a uma variação da taxa de juros nominal depende da variação das expectativas de inflação. Além disso, a reação dos planos de gastos às variações da taxa de juros real depende de muitos fatores que tornam a reação difícil de prever.

Defasagens temporais no processo de ajuste O Fed é especialmente prejudicado pelo fato de o processo de transmissão da política monetária ser longo e moroso. Além disso, a economia nem sempre reage exatamente da mesma maneira a uma mudança na política econômica. Muitos fatores além da política econômica estão em constantes mudanças e levando a novas situações, às quais a política econômica deve responder.

Uma última checagem da realidade

Acabamos de estudar a teoria da política monetária. Será que ela realmente funciona como descrevemos? Funciona. A Figura 31.11 proporciona algumas evidências disso.

Na Figura 31.11, a linha cinza-claro mostra a taxa de juros de títulos públicos federais a que o Fed visa menos a taxa de juros de títulos de longo prazo. Podemos analisar a lacuna entre a taxa de juros de títulos de longo prazo e a taxa de juros de títulos públicos federais como uma medida do quanto o Fed está se empenhando para promover uma mudança de trajetória. Quando a taxa de juros de títulos públicos federais diminui em relação à taxa de juros de títulos de longo prazo, o Fed está tentando estimular o crescimento do PIB real. Quando a taxa de juros de títulos públicos federais aumenta em relação à taxa de juros de títulos de longo prazo, o Fed está tentando conter a inflação e desacelerar o crescimento do PIB real.

A linha cinza-escuro da Figura 31.11 mostra a taxa de crescimento do PIB real *um ano mais tarde*. Podemos notar que, quando a CFMA eleva a taxa de juros de títulos públicos federais, a taxa de crescimento do PIB real desacelera um ano depois. Quando a CFMA reduz a taxa de juros de títulos públicos federais, a taxa de crescimento do PIB real acelera até um ano depois.

Apesar de não ser mostrado na Figura 31.11, a taxa de inflação aumenta e diminui de acordo com as flutuações da taxa de crescimento do PIB real. No entanto, os efeitos sobre a taxa de inflação levam mais tempo para serem sentidos.

Vimos como o Fed opera e os efeitos de suas ações. Concluiremos este capítulo examinando maneiras alternativas pelas quais o Fed poderia operar.

Figura 31.11 Taxa de juros e crescimento do PIB real

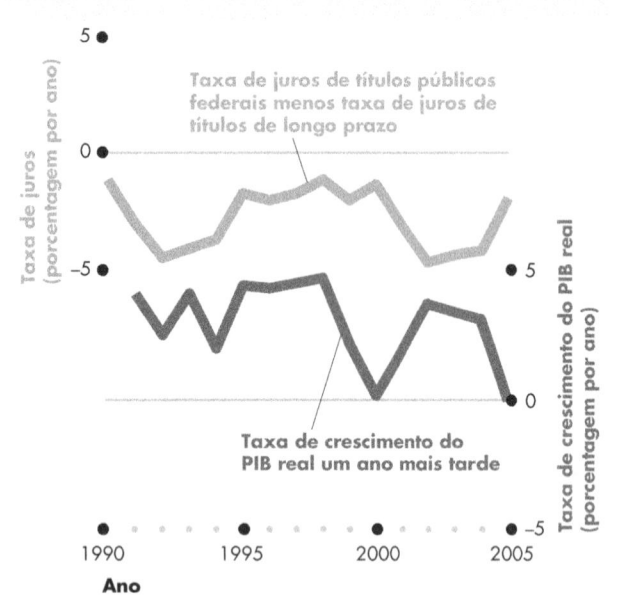

Quando a taxa de juros de títulos públicos federais aumenta em relação à taxa de juros de títulos de longo prazo, a taxa de crescimento do PIB real geralmente desacelera cerca de um ano mais tarde. De modo similar, quando a taxa de juros de títulos públicos federais diminui em relação à taxa de juros de títulos de longo prazo, a taxa de crescimento do PIB real geralmente acelera cerca de um ano mais tarde.

Fonte dos dados: Taxa de juros, veja a Figura 31.8; crescimento do PIB real, Bureau of Economic Analysis.

QUESTÕES PARA REVISÃO

1. Descreva os canais pelos quais a política monetária se propaga ao longo da economia e explique por que cada canal opera.
2. As taxas de juros flutuam em reação às ações do Fed?
3. Como as ações do Fed alteram a taxa de câmbio?
4. Como as ações do Fed influenciam o PIB real e quanto tempo leva para que o PIB real reaja às alterações da política monetária promovidas pelo Fed?
5. Como as ações do Fed influenciam a taxa de inflação e quanto tempo leva para que a inflação reaja às alterações da política monetária promovidas pelo Fed?

Estratégias alternativas da política monetária

Até este ponto do capítulo, descrevemos e analisamos o método do Fed de conduzir a política monetária. Mas o Fed também pode escolher entre estratégias alternativas da política monetária. Concluiremos nossa discussão da política monetária examinando as alternativas e explicando por que o Fed as rejeitou e optou pela estratégia da taxa de juros que descrevemos.

Vimos que é possível resumir as estratégias da política monetária em duas categorias amplas: *regras instrumentais* e *regras de metas*. Vimos também que o Fed utiliza uma estratégia de *regra de metas*, mas uma que se aproxima da regra de Taylor, uma regra instrumental para a taxa de juros de títulos públicos federais. Desta maneira, o Fed rejeitou uma regra instrumental pura e simples. Ele também rejeitou algumas outras possíveis regras instrumentais e de metas.

O Fed poderia ter escolhido qualquer uma das quatro estratégias alternativas de política monetária: uma delas é uma regra instrumental e as outras três são regras alternativas de metas. As quatro alternativas são:

- Regra instrumental da base monetária
- Regra de metas monetárias
- Regra de metas da taxa de câmbio
- Regra de metas da taxa de inflação

Regra instrumental da base monetária

Apesar de o Fed utilizar operações de mercado aberto para atingir sua meta de taxa de juros de títulos públicos federais, ele poderia optar por uma meta da base monetária.

A idéia de utilizar uma regra para estabelecer a base monetária foi sugerida por Bennet T. McCallum, economista da Carnegie-Mellon University, e uma regra da base monetária recebeu seu nome.

A **regra de McCallum** faz com que a taxa de crescimento da base monetária responda à taxa de crescimento médio de longo prazo do PIB real e às mudanças de médio prazo da velocidade de circulação da base monetária.

Essa regra se baseia na *teoria quantitativa da moeda* (veja o Capítulo 25). A idéia de McCallum é que, ao se fazer com que a base monetária cresça a uma taxa igual à taxa de inflação definida como meta mais a taxa de crescimento de longo prazo do PIB real menos a taxa de crescimento de médio prazo da velocidade de circulação da base monetária, a inflação será mantida próxima da meta e a economia será mantida próxima do pleno emprego.

A regra de McCallum tem algumas vantagens sobre a regra de Taylor. Para tentar atingir a meta de taxa de juros utilizando a regra de Taylor, o Fed precisa estimar a taxa de juros real de equilíbrio no longo prazo e o hiato do produto.

De acordo com a regra de Taylor, a taxa de juros real de equilíbrio no longo prazo é de 2 por cento ao ano. A taxa de juros de títulos públicos federais é estabelecida nesse nível se a taxa de inflação e o hiato do produto são zero. Mas, se a taxa de juros real de equilíbrio no longo prazo não fosse de 2 por cento ao ano, a regra de Taylor estabeleceria a taxa de juros em um nível alto demais em média, levando a uma recessão persistente, ou em um nível baixo demais em média, levando a uma inflação persistente e acelerada.

De modo similar, se o Fed superestimasse o hiato do produto, ele estabeleceria a taxa de juros de títulos públicos federais em um nível alto demais em média, levando a uma recessão persistente. Se o Fed subestimasse o hiato do produto, ele estabeleceria a taxa de juros de títulos públicos federais em um nível baixo demais em média, levando a uma inflação persistente.

Como a regra de McCallum não reage à taxa de juros real nem ao hiato do produto, ela não sofre dos problemas da regra de Taylor.

Uma desvantagem da regra de McCallum em comparação com a de Taylor é que ela conta com a relativa estabilidade da demanda por moeda e da demanda pela base monetária.

O Fed acredita que deslocamentos da demanda por moeda e da demanda pela base monetária levariam a grandes flutuações da taxa de juros, o que, por sua vez, resultaria em grandes flutuações da demanda agregada.

Regra de metas monetárias

Em 1948, Milton Friedman, ganhador do Prêmio Nobel, propôs uma regra de metas para a quantidade de moeda. A **regra do k por cento** de Friedman faz com que a quantidade de moeda aumente a uma taxa de k por cento ao ano, onde k é igual à taxa de crescimento do PIB potencial.

Como a regra de McCallum, a regra do k por cento de Friedman conta com uma demanda estável por moeda, o que se traduz em uma velocidade estável de circulação. Friedman analisou os dados sobre a moeda e o PIB nominal e argumentou que a velocidade de circulação da moeda era uma das variáveis macroeconômicas mais estáveis e que isso poderia ser explorado para se obterem um nível de preços estável e pequenas flutuações dos ciclos econômicos.

A idéia de Friedman permaneceu inalterada até a década de 1970, quando a inflação aumentou para mais de 10 por cento ao ano nos Estados Unidos e para taxas muito superiores em alguns outros importantes países.

Durante meados da década de 1970, em uma tentativa de acabar com a inflação, os bancos centrais da maioria dos mais importantes países adotaram a regra do k por cento para a taxa de crescimento da quantidade de moeda. O Fed também começou a monitorar mais de perto as taxas de crescimento dos agregados monetários, incluindo M1 e M2.

As taxas de inflação diminuíram no início da década de 1980 nos países que adotaram uma regra do k por cento. Mas, um a um, esses países abandonaram a regra do k por cento.

As metas monetárias funcionam quando a demanda por moeda é estável e previsível – quando a velocidade de circulação é estável. Mas, no mundo da década de 1980, e possivelmente no mundo de hoje, as mudanças tecnológicas no sistema bancário levam a grandes e imprevisíveis flutuações da demanda por moeda, que fazem a utilização das metas monetárias deixar de ser considerada confiável. Com as metas monetárias, a demanda agregada flutua porque a demanda por moeda flutua. Com as metas da taxa de juros, a demanda agregada é isolada das flutuações da demanda por moeda (e da velocidade de circulação).

Regra de metas da taxa de câmbio

Se quisesse, o Fed poderia intervir no mercado de câmbio estrangeiro para atingir a meta da taxa de câmbio. Uma taxa de câmbio fixa é uma meta possível de taxa de câmbio. O Fed poderia fixar o valor do dólar norte-americano em relação a uma cesta de outras moedas como o *índice ponderado de trocas* (veja o Capítulo 26).

Entretanto, com uma taxa de câmbio fixa, um país não tem controle sobre sua taxa de inflação. A razão é que, para mercadorias comercializadas internacionalmente, a *paridade do poder de compra* alinha os preços internos com os preços estrangeiros. Se um chip de computador custar 100 dólares em Los Angeles e se a taxa de câmbio for 120 ienes por 1 dólar, o chip de computador será vendido em Tóquio por 12 mil ienes (ignorando as diferenças tributárias locais). Se essa paridade do poder de compra não prevalecesse, seria possível obter lucro comprando ao preço mais baixo e vendendo ao preço mais alto. Essa negociação concorreria com a diferença de lucros e preços.

Desta maneira, o preço das mercadorias comercializadas (e, no longo prazo, o preço de todos os bens e serviços) deve aumentar nos Estados Unidos na mesma taxa em que aumenta em média em outros países em relação aos quais o dólar norte-americano é fixo.

O Fed poderia evitar uma relação direta da inflação utilizando um *regime de minidesvalorizações cambiais* (veja o Capítulo 26) como um modo de atingir uma meta de inflação. Para isso, o Fed alteraria a taxa de câmbio a uma taxa igual à taxa da inflação nos Estados Unidos menos a taxa de inflação definida como meta. Se os outros países tivessem uma taxa média de inflação de 3 por cento ao ano e os Estados Unidos quisessem uma taxa de inflação de 2 por cento ao ano, o Fed provocaria no dólar norte-americano uma apreciação de 1 por cento ao ano em relação ao índice ponderado de troca das outras moedas.

Alguns países em desenvolvimento com problemas com a inflação utilizam essa estratégia de política monetária para reduzir a taxa de inflação. A principal razão para esses países escolherem esse método é que eles não têm mercados de títulos e de empréstimos da noite para o dia com um funcionamento muito bom, de modo que não podem utilizar a abordagem de política econômica que conta com essas características do sistema bancário.

Uma grande desvantagem de um regime de minidesvalorizações cambiais para atingir a meta da taxa de inflação é que a taxa de câmbio real costuma variar de maneiras imprevisíveis. A **taxa de câmbio real** entre os Estados Unidos e seus parceiros comerciais é o preço relativo da cesta de bens e serviços do PIB dos Estados Unidos em relação ao de outros países. O PIB dos Estados Unidos contém uma proporção maior de produtos e serviços de alta tecnologia do que a do PIB de outros países. Assim, quando o preço relativo desses itens varia, a taxa de câmbio dos Estados Unidos também varia. Com o regime de minidesvalorizações cambiais definindo a taxa de inflação, precisaríamos ser capazes de identificar variações da taxa de câmbio e compensá-las. Essa tarefa é difícil de realizar.

Regra de metas da taxa de inflação

A **meta para a inflação** é uma estratégia da política monetária na qual o banco central se compromete publicamente a:

1. Atingir determinada taxa de inflação.
2. Explicar como suas ações atingirão essa meta.

Das alternativas para a estratégia atual do Fed, a meta para a inflação é a que tem mais chances de ser considerada. Com efeito, alguns economistas a vêem como um pouco diferente do que o Fed faz correntemente. Por esses motivos, explicaremos essa estratégia com um pouco mais de detalhes. Quais países praticam a meta para a inflação, como eles o fazem e o que essa meta possibilita?

Os praticantes das metas para a inflação Vários importantes bancos centrais praticam a meta para a inflação e têm feito isso desde meados da década de 1990. Os melhores exemplos de bancos centrais que utilizam a meta para a inflação são os bancos centrais da Inglaterra, do Canadá, da Nova Zelândia e da Suécia. O banco central europeu também pratica a meta para a inflação. O Japão e os Estados Unidos são as mais proeminentes das importantes economias industrializadas que não utilizam essa estratégia de política monetária. Mas é interessante observar que, quando o presidente do Conselho de Diretores do Federal Reserve System, Ben Bernanke, e um membro desse conselho, Frederic S. Mishkin, eram professores de economia (das universidades de Princeton e Columbia, respectivamente), eles conduziram pesquisas juntos e escreveram importantes artigos e livros sobre o tema. Sua conclusão geral era que a meta para a inflação representa uma maneira sensata de conduzir a política monetária.

Como a meta para a inflação é conduzida As metas para a inflação são especificadas em termos de uma faixa para a taxa de inflação do IPC. Essa faixa costuma ser definida entre 1 por cento e 3 por cento ao ano, com a meta de atingir uma taxa de inflação média de 2 por cento ao ano. Como as defasagens na execução da política monetária são duradouras, se a taxa de inflação está fora da faixa objetivada, a expectativa é de que o banco central faça a taxa de inflação retornar à meta ao longo dos próximos dois anos.

Todos os bancos centrais que praticam a meta para a inflação utilizam a taxa de juros do mercado aberto (o equivalente da taxa de juros de títulos públicos federais) como o instrumento da política monetária. Eles utilizam operações de mercado aberto como a ferramenta para atingir a taxa da noite para o dia desejada.

Para explicar suas ações, os bancos centrais praticantes da meta para a inflação publicam um relatório de inflação que descreve o estado atual da economia e sua evolução esperada para os próximos dois anos. O relatório também explica a política econômica corrente do banco central e como e por que o banco central espera que essa política atinja a meta de inflação.

O que a meta para a inflação possibilita? Os objetivos da meta para a inflação são afirmar clara e publicamente as metas da política monetária, estabelecer uma estrutura de prestação de contas e manter a taxa de inflação baixa e estável, ao mesmo tempo em que é mantido um nível alto e estável de emprego.

Há um grande consenso de que a meta para a inflação atinge seus dois primeiros objetivos. Os relatórios de inflação apresentados pelos bancos centrais que praticam a meta para a inflação aumentaram o nível da discussão e compreensão do processo de política monetária.

Não é tão claro se a meta para a inflação tem um desempenho melhor do que o das metas implícitas a que o Fed visa correntemente para alcançar um nível de inflação baixo e estável. O desempenho histórico do Fed, sem uma meta formal para a inflação, tem sido impressionante nos últimos anos.

Mas a política monetária visa administrar as expectativas da inflação. Parece claro que uma meta explícita para a inflação que seja levada a sério e para a qual as ações da política econômica são direcionadas e explicadas representa uma maneira sensata de administrar as expectativas.

É quando a situação fica difícil que a meta para a inflação é mais atraente. É difícil imaginar um banco central que leva a sério suas metas para a inflação, permitindo que esta decole, como ocorreu durante a década de 1970 nos Estados Unidos. Também é difícil imaginar uma deflação e uma recessão contínua como as que o Japão enfrentou ao longo dos últimos dez anos se a política monetária é orientada por uma meta explícita para a inflação.

O debate sobre a meta para a inflação está longe de chegar ao fim!

Por que regras?

Você pode estar se perguntando por que todas as estratégias da política monetária envolvem regras. Por que o Fed não se limita a fazer o que lhe parece melhor a cada dia, mês e ano, de acordo com seus próprios critérios? A resposta se encontra no que acabamos de afirmar. A política monetária visa administrar as expectativas sobre a inflação. Tanto nos mercados financeiros quanto nos mercados de trabalho, as pessoas devem assumir compromissos de longo prazo. Assim, esses mercados funcionam melhor quando os planos são baseados em resultados de inflação corretamente previstos. Uma regra clara da política monetária ajuda a criar um ambiente no qual a inflação é mais facilmente projetada e administrada.

> **QUESTÕES PARA REVISÃO**
>
> 1 Quais são as quatro principais estratégias alternativas para a condução da política monetária (além da estratégia utilizada pelo Fed)?
> 2 Explique brevemente por que o Fed rejeita cada uma dessas alternativas.

◊ Para completar seu estudo da política monetária, leia a seção "Leitura das entrelinhas" e conheça os desafios enfrentados pelo Fed em 2006.

LEITURA DAS ENTRELINHAS

OBSERVATÓRIO ECONÔMICO

A política monetária em ação

Em uma manobra política, o Fed interrompe uma seqüência de dois anos de aumentos de taxa de juros

9 de agosto de 2006

...Depois de 17 aumentos consecutivos, [um] a cada reunião desde junho de 2004, o banco central votou pela manutenção de sua taxa de juros de referência estável em 5,25 por cento. Os formuladores da política econômica sugeriram que gostariam de mais tempo para observar o direcionamento da economia antes de decidir se seriam necessários mais aumentos.

Em uma declaração que acompanhou sua decisão, o Fed reconheceu que a inflação tinha se acelerado. Mas previu que a desaceleração do crescimento econômico – conduzida pelo recuo do mercado imobiliário – em breve levaria a menores aumentos dos preços de consumo.

...A manobra reflete uma aposta do presidente do Federal Reserve, Ben S. Bernanke, em uma defícil meta da política monetária: um 'pouso suave', no qual a economia desacelera o suficiente para reduzir os gastos e amenizar as pressões inflacionárias, mas não o suficiente para causar um grande salto do desemprego.

...Muitos economistas afirmaram discordar da perspectiva otimista do Fed, dizendo que os preços e salários estavam aumentando significativamente mais rápido do que há apenas um ano e que ainda não demonstravam sinais de desaceleração.

...Bernanke, tanto antes quanto depois de ter assumido o cargo de presidente do Fed, disse que sua definição de estabilidade de preços é uma taxa do 'núcleo' da inflação – excluindo-se os preços da energia e da alimentação – de 1 a 2 por cento. No entanto, de acordo com a medida preferencial do Fed, os preços do núcleo da inflação estão cerca de 2,9 por cento mais altos do que um ano atrás. Esse foi o maior salto em 11 anos.

...Laurence H. Meyer, um ex-diretor do Fed e atualmente analista econômico da Macroeconomic Advisers, previu que seria necessário mais do que um pouso suave para reduzir significativamente a inflação. Para que isso aconteça, disse ele, o desemprego precisaria aumentar por um período sustentado...

Fonte: Copyright 2006 The New York Times Company. Reproduzido com permissão. Proibido nova reprodução. Disponível em: http://www.nytimes.com

Essência da notícia

▶ No verão de 2006, a taxa do núcleo da inflação era de 2,9 por cento.

▶ Na reunião do dia 8 de agosto de 2006, o Fed observou que a taxa de inflação estava alta demais, porém disse que ela diminuiria sem mais aumentos da taxa de juros.

▶ Assim, o Fed decidiu manter a meta de taxa de juros de títulos públicos federais em 5,25 por cento.

▶ A esperança era de que a taxa de inflação diminuiria sem um grande salto do desemprego, em um 'pouso suave'.

▶ Muitos economistas discordaram do Fed e disseram que a inflação não mostrava sinais de desaceleração.

▶ O economista Laurence H. Meyer previu que seria necessário mais do que um pouso suave para reduzir a inflação e que o desemprego precisaria aumentar por um período sustentado.

Análise econômica

▶ Em meados de 2006, a taxa do núcleo da inflação estava acima da taxa compatível com a estabilidade de preços.

▶ A Figura 1 ilustra a situação no segundo trimestre de 2006 comparada com a do segundo trimestre de 2005.

▶ Em 2005, a curva de demanda agregada era DA_{05}, a curva de oferta agregada de curto prazo era SAC_{05}, o PIB real era US$ 11 trilhões, e o nível de preços era 112.

▶ Em 2006, a curva de demanda agregada era DA_{06}, a curva de oferta agregada de curto prazo era SAC_{06}, o PIB real era US$ 11,4 trilhões, e o nível de preços era 116.

▶ Durante o ano, o PIB real cresceu cerca de 3,6 por cento, e o nível de preços, mensurado pelo deflator do PIB, aumentou 3,6 por cento.

▶ A taxa do núcleo da inflação estava um pouco abaixo de 3 por cento ao ano. Nessa situação, o Fed queria reduzir a taxa de inflação.

▶ Mas o Fed está diante de um futuro incerto e deve definir a taxa de juros com base em sua melhor projeção de como a economia evoluirá no decorrer do ano seguinte.

▶ No verão de 2006, o Fed esperava que a economia desacelerasse e a taxa de inflação diminuísse sem nenhuma outra ação de política monetária. Desta maneira, o Fed manteve constante a taxa de juros de títulos públicos federais.

▶ Alguns economistas acharam que o Fed estava errado e que maiores aumentos da taxa de juros seriam necessários para desacelerar uma economia em um crescimento rápido demais.

▶ A Figura 2 ilustra a situação no segundo trimestre de 2007 se o Fed estivesse errado e a inflação persistisse em uma taxa muito alta.

▶ Em meados de 2007, a curva de demanda agregada seria DA_{07}, a curva de oferta agregada de curto prazo seria SAC_{07}, o PIB real seria US$ 11,9 trilhões, e o nível de preços seria 122.

▶ A Figura 2 também ilustra o que o Fed esperava para o segundo trimestre de 2007.

▶ Em meados de 2007, o crescimento da demanda agregada desaceleraria para DA_{07Fed}, a curva de oferta agregada de curto prazo seria SAC_{07Fed}, o PIB real seria US$ 11,7 trilhões, e o nível de preços seria 118.

▶ A taxa de inflação e a taxa de crescimento do PIB real teriam desacelerado e a inflação voltaria para a faixa compatível com a estabilidade de preços.

Você decide

▶ Você acha que o Fed tomou a decisão certa ao manter constante a taxa de juros em agosto de 2006?

▶ Se você fosse um membro da CFMA, por qual taxa de juros votaria hoje? Explique sua decisão.

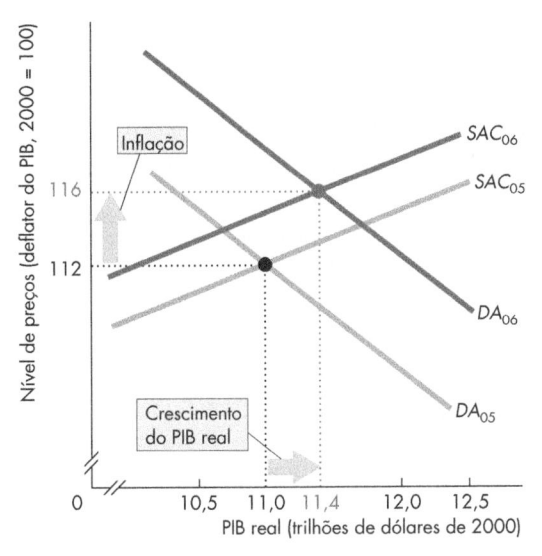

Figura 1: PIB real e inflação - 2005 a 2006

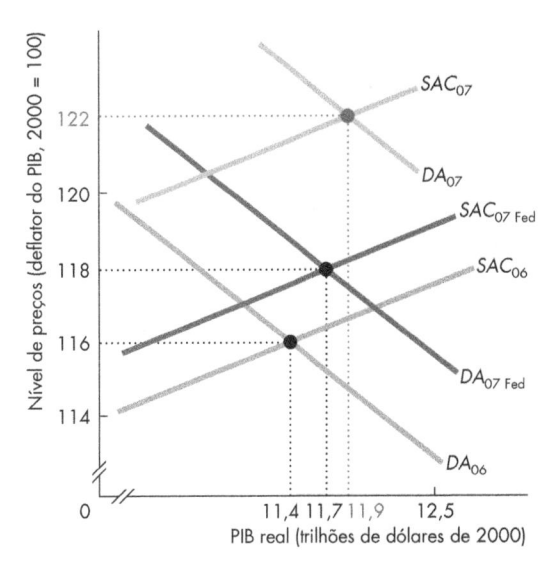

Figura 2: Possibilidades para 2006 e 2007

RESUMO

Pontos-chave

Objetivos e estrutura conceitual da política monetária (p. 743-745)

- A Lei do Federal Reserve exige que o Fed utilize a política monetária para atingir o máximo emprego, preços estáveis e taxas de juros moderadas de longo prazo.
- A meta dos preços estáveis possibilita o máximo emprego e baixas taxas de juros no longo prazo, mas pode entrar em conflito com as outras metas no curto prazo.
- O Fed traduz a meta dos preços estáveis em uma taxa de inflação entre 1 por cento e 2 por cento ao ano.
- A CFMA é responsável pela condução da política monetária, mas o Fed se reporta ao público e ao Congresso norte-americano.

A condução da política monetária dos Estados Unidos (p. 745-749)

- O instrumento de política monetária do Fed é a taxa de juros de títulos públicos federais.
- O Fed define a meta da taxa de juros de títulos públicos federais e, em oito datas a cada ano, anuncia alterações.
- Uma *regra instrumental* para a política monetária faz com que o instrumento reaja de modo previsível ao estado da economia. O Fed *não* utiliza uma regra instrumental mecânica.
- Uma *regra de metas* para a política monetária estabelece o instrumento para fazer com que a previsão da taxa de inflação seja igual à taxa de inflação estabelecida como meta. O Fed *utiliza* uma regra como essa, mas suas ações são similares às de uma regra instrumental.
- O Fed atinge sua meta de taxa de juros de títulos públicos federais utilizando operações de mercado aberto.
- Ao comprar ou vender títulos públicos no mercado aberto, o Fed é capaz de alterar as reservas bancárias e a taxa de juros de títulos públicos federais.

Transmissão da política monetária (p. 749-756)

- Uma variação da taxa de juros de títulos públicos federais altera outras taxas de juros, a taxa de câmbio, a quantidade de moeda e empréstimos, a demanda agregada e, com o tempo, o PIB real e o nível de preços.
- As variações da taxa de juros de títulos públicos federais alteram o PIB real cerca de um ano mais tarde e a taxa de inflação com uma defasagem temporal ainda mais longa.

Estratégias alternativas da política monetária (p. 756-759)

- As principais alternativas para definir a taxa de juros de títulos públicos federais são um instrumento de regras de base monetária, uma regra de metas monetárias, uma regra de metas de taxa de câmbio ou uma regra de metas de taxa de inflação.
- As regras dominam os critérios da política monetária porque possibilitam que o banco central administre melhor as expectativas de inflação.

Figuras-chave

Figura 31.1: Meta operacional de estabilidade de preços: núcleo da inflação, 744

Figura 31.2: A taxa de juros de títulos públicos federais, 746

Figura 31.6: O mercado de reservas bancárias, 749

Figura 31.7: Os efeitos propagadores causados por uma variação da taxa de juros de títulos públicos federais, 750

Figura 31.9: O Fed combate a recessão, 753

Figura 31.10: O Fed combate a inflação, 755

Palavras-chave

Instrumento da política monetária, 745

Meta para a inflação, 758

Regra de McCallum, 757

Regra de metas, 746

Regra de Taylor, 747

Regra do *k* por cento, 757

Regra instrumental, 746

Taxa de câmbio real, 758

Taxa de juros de títulos públicos federais, 746

Taxa do núcleo da inflação, 744

EXERCÍCIOS

1. Suponha que o Fed deva manter a taxa de inflação entre 1 por cento e 2 por cento ao ano sem nenhuma exigência de que a tendência da inflação seja mantida no centro dessa faixa. O Fed atinge sua meta.
   a. Se, inicialmente, o nível de preços é 100:
      i. Calcule o nível de preços mais alto que poderia ocorrer após 10 anos.
      ii. Calcule o nível de preços mais baixo que poderia ocorrer após 10 anos.
      iii. Qual é a faixa de incerteza em relação ao nível de preços após 10 anos?
   b. Esse tipo de meta da inflação serviria bem aos mercados financeiros e proporcionaria um ponto de fixação para as expectativas de inflação?

2. Suponha que o Fed deva manter a taxa de inflação entre 0 por cento e 3 por cento ao ano e também deva manter a tendência da inflação no centro dessa faixa. O Fed atinge sua meta.
   a. Se, inicialmente, o nível de preços é 100, qual é o nível de preços provável após 10 anos?
   b. Compare essa economia com a economia descrita no exercício 1. Qual economia possibilita o maior nível de certeza em relação à inflação no longo prazo? Qual possibilita o maior nível de certeza no curto prazo?

3. Suponha que o banco central da Inglaterra decida seguir a regra de Taylor. Em 2005, o Reino Unido tinha uma taxa de inflação de 2,1 por cento ao ano e seu hiato do produto foi de −0,3 por cento. Em que nível o banco central inglês define a taxa de juros de títulos públicos federais?

4. Suponha que o banco central da Nova Zelândia siga a regra de Taylor. Em 2005, ele estabelece a taxa oficial de juros de títulos públicos federais em 5,8 por cento ao ano. Se a taxa de inflação da Nova Zelândia é de 3,0 por cento ao ano, qual é seu hiato do produto?

5. Suponha que o banco central do Canadá siga a regra de McCallum. O banco central do Canadá visa a uma faixa de inflação entre 1 por cento e 3 por cento ao ano. A taxa de crescimento de longo prazo do PIB real no Canadá é de 2,4 por cento ao ano. Se a velocidade de circulação da base monetária é 2, qual é:
   a. A máxima taxa de crescimento da base monetária que ocorrerá?
   b. A mínima taxa de crescimento da base monetária que ocorrerá?

6. A figura mostra a economia de Freezone. A curva de demanda agregada é *DA*, e a curva de oferta agregada de curto prazo é SAC_A. O PIB potencial é de $ 300 bilhões.

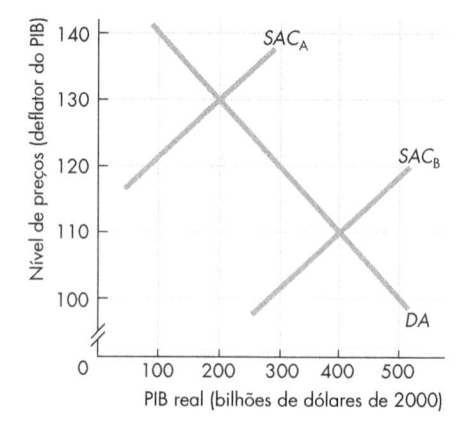

   a. Qual é o nível de preços e o PIB real?
   b. Freezone tem um problema de desemprego ou um problema de inflação? Por quê?
   c. O que você prevê que ocorrerá em Freezone se o banco central não tomar nenhuma medida de política monetária?
   d. Que ação da política monetária você aconselharia ao banco central e qual, você acha, seria o efeito dessa ação?

7. Suponha que em Freezone, apresentado no exercício 6, a curva de demanda agregada seja *DA* e o PIB potencial seja de $ 300 bilhões, mas a curva de oferta agregada de curto prazo seja SAC_B.
   a. Qual é o nível de preços e o PIB real?
   b. Freezone tem um problema de desemprego ou um problema de inflação? Por quê?
   c. O que você prevê que ocorrerá em Freezone se o banco central não tomar nenhuma medida de política monetária?
   d. Que ação da política monetária você aconselharia ao banco central e qual, você acha, seria o efeito dessa ação?

8. Suponha que em Freezone, apresentado no exercício 6, a curva de oferta agregada de curto prazo seja SAC_B e o PIB potencial aumente para $ 350 bilhões.

a. O que aconteceria em Freezone se o banco central reduzisse a taxa de juros de títulos públicos federais e comprasse títulos no mercado aberto?

b. O que aconteceria em Freezone se o banco central elevasse a taxa de juros de títulos públicos federais e vendesse títulos no mercado aberto?

c. Você recomendaria ao banco central que reduzisse ou elevasse a taxa de juros de títulos públicos federais? Por quê?

9. Suponha que em Freezone, apresentado no exercício 6, a curva de oferta agregada de curto prazo seja SAC_A e uma seca reduza o PIB potencial para $ 250 bilhões.

a. O que aconteceria em Freezone se o banco central reduzisse a taxa de juros de títulos públicos federais e comprasse títulos no mercado aberto?

b. O que aconteceria em Freezone se o banco central elevasse a taxa de juros de títulos públicos federais e vendesse títulos no mercado aberto?

c. Você recomendaria ao banco central que reduzisse ou elevasse a taxa de juros de títulos públicos federais? Por quê?

PENSAMENTO CRÍTICO

1. Analise a seção "Leitura das entrelinhas" e responda às seguintes perguntas:

a. Como a expectativa do Fed sobre a inflação futura difere da previsão de alguns economistas?

b. Por que o Fed manteve a taxa de juros de títulos públicos federais estável em agosto de 2006?

c. Você acha que o Fed tomou a decisão correta, considerando as informações disponíveis na ocasião? Se acha que sim, por quê?

d. Você acha que o Fed tomou a decisão correta, considerando as informações disponíveis agora? Se acha que sim, por quê?

2. Quando o Fed controlou a inflação durante o início da década de 1990, ele criou uma recessão. Você acha que uma recessão poderia ter sido evitada enquanto a taxa de inflação ainda estava sendo reduzida? Explique por quê.

3. **O Fed não tem pressa de cortar as taxas de juros**

Apesar de indicações de que pressões inflacionárias podem estar começando a se abrandar, o Federal Reserve não está inclinado a reduzir as taxas de juros de curto prazo em breve, como demonstram as atas de sua mais recente reunião. A razão para isso é a incerteza: incerteza quanto ao mercado imobiliário, incerteza quanto ao crescimento econômico e, acima de tudo, incerteza quanto à inflação... A palavra 'incerteza' ou alguma variação dela é mencionada cinco vezes nas atas.

The New York Times, 12 de outubro de 2006

a. Se a taxa de inflação aumentar, que efeito a decisão do Fed de não alterar a taxa de juros de títulos públicos federais terá sobre a economia dos Estados Unidos?

b. Se a taxa de inflação diminuir, que efeito a decisão do Fed de não alterar a taxa de juros de títulos públicos federais terá sobre a economia dos Estados Unidos?

4. O Ministério do Trabalho afirmou que os preços de consumo gerais nos Estados Unidos diminuíram 0,5 por cento em setembro, apesar de a inflação, que exclui a alimentação e a energia, ter se mantido em alta...

CNN.com, 18 de outubro de 2006

Se o Fed estivesse seguindo a regra de Taylor, quais ajustes faria na taxa de juros de títulos públicos federais, considerando as informações do artigo?

ATIVIDADE NA INTERNET

1. Faça uma pesquisa no portal do Banco Central do Brasil (www.bcb.gov.br) na Internet e descreva as características mais importantes da política monetária vigente no Brasil.

CONTEXTO BRASILEIRO

Banco Central e política monetária no Brasil

Darcio Genicolo Martins[1]

Breve histórico do Banco Central do Brasil

O Banco Central do Brasil (BCB) é uma autarquia federal integrante do Sistema Financeiro Nacional (SFN), criada em 31 de dezembro de 1964, a partir da lei nº 4.595. Vinculado ao Ministério da Fazenda, foi constituído para atuar como órgão executivo central do SFN, cabendo-lhe a responsabilidade de cumprir e fazer cumprir as disposições que regulam o funcionamento do sistema e as normas expedidas pelo Conselho Monetário Nacional (CMN).

Antes da criação do BCB, o papel de autoridade monetária era desempenhado conjuntamente pela Superintendência da Moeda e do Crédito (Sumoc), pelo Banco do Brasil (BB) e pelo Tesouro Nacional.

A Sumoc, criada em 1945 para exercer o controle monetário e preparar a organização de um banco central, tinha as seguintes responsabilidades:

- Fixar os percentuais de reservas obrigatórias dos bancos comerciais.
- Estabelecer as taxas do redesconto e da assistência financeira de liquidez, bem como os juros sobre depósitos bancários.
- Supervisionar a atuação dos bancos comerciais.
- Orientar a política cambial.
- Representar o país junto a organismos internacionais.

O Banco do Brasil era o 'banco do governo', com as funções de controlar:

- As operações de comércio exterior.
- O recebimento dos depósitos compulsórios e voluntários dos bancos comerciais.
- A execução de operações de câmbio, em nome de empresas públicas e do Tesouro Nacional, de acordo com as normas estabelecidas pela Sumoc e pelo Banco de Crédito Agrícola, Comercial e Industrial.

O Tesouro Nacional era o órgão emissor de papel-moeda.

Após sua criação, buscou-se dotar o BCB de mecanismos que o permitissem desempenhar o papel de 'banco dos bancos'. Em 1985, foi realizado o reordenamento financeiro governamental, com a separação das contas e das funções do Banco Central, do Banco do Brasil e do Tesouro Nacional. Este processo se estendeu até 1988, quando as funções de autoridade monetária foram transferidas progressivamente do Banco do Brasil para o Banco Central, enquanto as atividades atípicas exercidas por este, como as relacionadas ao fomento e à administração da dívida pública federal, foram transferidas para o Tesouro Nacional.

A Constituição Federal de 1988 estabeleceu dispositivos importantes para a atuação do Banco Central, como:

- Exercício exclusivo de competência da União para emitir moeda.
- Exigência de aprovação prévia pelo Senado Federal, em votação secreta, após argüição pública, dos nomes indicados pelo presidente da República para os cargos de presidente e diretores da instituição.
- Impedimento ao Banco Central de conceder, direta ou indiretamente, empréstimos ao Tesouro Nacional.

Funções do BCB

O Banco Central do Brasil, como já mencionado, é a autoridade monetária executiva central do

Figura 1 Processo de criação, delegação de funções e consolidação do atual arranjo institucional da autoridade monetária brasileira (1964-1985)

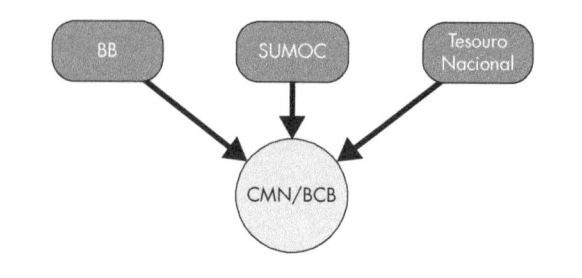

---

[1] Mestre em Economia.

Tabela 1	Instituições do SFN brasileiro				
Órgãos normativos	Entidades supervisoras	Operadores			
Conselho Monetário Nacional – CMN	Banco Central do Brasil – BCB	Instituições financeiras captadoras de depósitos à vista	Demais instituições financeiras	Outros intermediários financeiros e administradores de recursos de terceiros	
			Bancos de Câmbio		
	Comissão de Valores Mobiliários – CVM	Bolsas de mercadorias e futuros	Bolsas de valores		
Conselho Nacional de Seguros Privados – CNSP	Superintendência de Seguros Privados – Susep	IRB-Brasil Resseguros	Sociedades seguradoras	Sociedades de capitalização	Entidades abertas de previdência complementar
Conselho de Gestão da Previdência Complementar – CGPC	Secretaria de Previdência Complementar – SPC	Entidades fechadas de previdência complementar (fundos de pensão)			

Sistema Financeiro Nacional, cuja estrutura geral e as principais instituições componentes podem ser vistas na Tabela 1.

O órgão normativo, responsável pela fixação das diretrizes das políticas monetária, creditícia e cambial do país que orientam a ação do BCB, é o Conselho Monetário Nacional (CMN). Participam dele, desde junho de 1994, o ministro da Fazenda, que o preside, o ministro do Planejamento, Orçamento e Gestão e o presidente do Banco Central.

A partir das orientações e decisões do CMN, é de competência exclusiva do BCB:

- Emitir papel-moeda e moeda metálica.
- Executar serviços de meio circulante.
- Receber os recolhimentos compulsórios dos bancos comerciais e os depósitos voluntários das instituições financeiras e bancárias que operam no país.
- Realizar operações de redesconto e empréstimos de assistência à liquidez às instituições financeiras.
- Regular a execução dos serviços de compensação de cheques e outros papéis.
- Efetuar, como instrumento de política monetária, operações de compra e venda de títulos públicos federais;
- Emitir títulos de responsabilidade própria.
- Exercer o controle de crédito sob todas as suas formas.
- Autorizar, normatizar, fiscalizar e intervir nas instituições financeiras.
- Controlar o fluxo de capitais estrangeiros, garantindo o correto funcionamento do mercado cambial.

De maneira resumida, as funções do BCB são, essencialmente:

a) Controlar a emissão de moeda.
b) Ser o depositário das reservas internacionais.
c) Ser o banco dos bancos.
d) Ser o banqueiro do governo.

Utilizando-se dos instrumentos de política monetária, o BCB atua no mercado de reservas bancárias, alterando sua disponibilidade e ajustando as taxas de juros básicas da economia brasileira. Com isso, cumpre sua missão institucional, que é manter o poder aquisitivo da moeda brasileira, ou seja, controlar a inflação.

Breve comparação dos aspectos institucionais dos bancos centrais brasileiro e norte-americano

Objetivos

A missão institucional do Banco Central do Brasil é garantir a estabilidade do poder de compra da moeda e fazer com que o sistema financeiro seja sólido e eficiente. Isso acontece por meio da política monetária.

No caso norte-americano, o Fed estabelece como objetivos da política monetária, no âmbito nacional, não apenas manter a estabilidade de preços e do sistema financeiro, como também promover o pleno emprego e definir moderadas taxas de juros de longo prazo. Ou seja, para o Fed, diferentemente de para o BCB, está explicitamente definida a preocupação com as condições do chamado 'lado real' da economia, não somente do 'lado monetário'.

Autonomia

O Fed é considerado um banco central autônomo, porque suas decisões não precisam ser ratificadas pelo presidente dos Estados Unidos ou qualquer outro membro do Poder Executivo. Mas é subordinado ao Congresso, e, por isso, não pode ser considerado uma instituição independente.

O banco central norte-americano deve trabalhar dentro das diretrizes gerais da política monetária determinada pelo governo. Mas o estabelecimento e o uso dos instrumentos monetários para seguir as determinações gerais do governo são de total responsabilidade do Fed.

O BCB, por outro lado, é formalmente subordinado ao Poder Executivo; portanto, não é autônomo, tampouco independente. Verifica-se isso, fundamentalmente, na relação CMN–BCB: o Banco age submetido às decisões do Conselho, que, de um total de três participantes, dois são componentes do Poder Executivo (o ministro da Fazenda e o do Planejamento, Orçamento e Gestão). Ou seja, na prática, o BCB é apenas o braço executivo da política monetária.

Política monetária no Brasil: de 1980 até hoje

Período pré-Plano Real

Na segunda metade da década de 1980, como pode ser visto na Tabela 2, a taxa de crescimento econômico médio anual entre 1985 e 1989 foi de 4,3 por cento – um número razoável em comparação com o resto do mundo, que cresceu, em média, 3,7 por cento ao ano no mesmo período. Mas o que de fato preocupava o governo brasileiro e as autoridades monetárias era, fundamentalmente, o crescimento descontrolado da inflação. Neste período (de 1985 a 1989), a inflação cresceu, em média, a uma taxa assustadora de 471 por cento ao ano.

A grande questão era: O que fazer? Como atacar o problema da inflação?

Houve, neste período, quatro tentativas coordenadas do governo – quatro planos de estabilização. A política monetária foi um elemento-chave nessas tentativas, com forte atuação das autoridades monetárias. Tais planos de estabilização estão sintetizados na Tabela 3.

Além dos planos citados, existiram também os Planos Collor I e II, no período de 1990-91, que também não foram bem-sucedidos na tarefa de acabar com o crescimento inflacionário.

De qualquer maneira, um fator sempre considerado nesses planos e que se tornou crucial para a concepção do Plano Real é o diagnóstico da inflação, ou seja, o entendimento das causas fundamentais da variação descontrolada dos preços: o conceito de inflação inercial.

A teoria inercialista foi uma grande inovação no que diz respeito à interpretação do fenômeno inflacionário brasileiro nos anos 1980 e no início dos 1990. Ela lançou uma visão do processo inflacionário diferente daquela estabelecida pelas teorias keynesiana e monetarista. Seus defensores afirmavam que a eliminação da inflação inercial seria precondição para recuperar a eficácia da política monetária. E o que seria a inflação inercial?

Em essência, a inflação inercial consistiria na idéia de que a principal causa da variação de preços no presente seria a própria inflação passada. E, para acabar

Tabela 2 Dados sobre a Economia Brasileira na segunda metade da década de 1980

	1985-1989 (Médias anuais)
Crescimento do PIB (% a.a.)	4,3
Inflação (IGP dez/dez, % a.a.)	471,7

Tabela 3 Planos de estabilização da inflação no Brasil, no período de 1985 a 1989

	Planos de Estabilização			
	Cruzado I 28.fev.1986	Bresser 15.jun.1987	"Feijão com arroz" jan.1988	Verão 14.jan.1989
Diagnóstico da inflação	Inflação inercial	Inflação inercial e inflação de demanda	Inflação de demanda	Inflação inercial e inflação de demanda
Política monetária	Proposta: acomodatícia Prática: expansionista	Proposta e prática: contracionista	Proposta: contracionista Prática: expansionista	Proposta e prática: neutra
Preços	Congelamento: previsão de 1-3 meses, mas durou 11	Congelamento em três fases	Prefixação dos reajustes de preços públicos e privados	Congelamento por prazo indeterminado
Moeda	mil cruzeiros = 1 cruzado	—	—	mil cruzados = 1 cruzado novo
Inflação	Próxima a zero nos primeiros meses. Ágio, 'cruzadinho', gatilho salarial dispara	Aumento de tarifas e expectativa de novo congelamento levam à subida de preços.	Explosão inflacionária contida no curto prazo, mas aumentada depois de três meses.	Falta de confiança no governo, juros elevados e má gestão fiscal e monetária levam à nova aceleração nos preços.

com esta, seria preciso realizar o chamado 'choque heterodoxo' e introduzir a moeda indexada.

A discussão em torno das causas principais do processo inflacionário brasileiro e as tentativas frustradas de estabilização dos preços formaram um pano de fundo, um processo de aprendizado importante para que o Plano Real pudesse ser concebido e colocado em prática com grande sucesso.

Período de 1993 a 1999: concepção e implantação do Plano Real

O Plano Real "consistiu em uma estratégia de estabilização de preços que se fundamentou na adoção de um novo padrão monetário e na implementação de uma âncora cambial" (Modenesi, 2005).

Pode ser dividido em três fases de implementação:

1) Concepção do plano e ajuste fiscal (pré-condições do Plano).
2) Reforma monetária (Plano propriamente dito).
3) Adoção de uma âncora cambial.

De maio de 1993 a fevereiro de 1994 deu-se a concepção do plano e o ajuste fiscal, em que se tentou otimizar as contas públicas. Havia a visão de que essa medida era precondição para o plano lograr êxito na estabilização de preços.

Em seguida, de março a julho de 1994 ocorreu a reforma monetária, inspirada na idéia de moeda indexada, tão discutida na década de 1980 e no começo dos anos 1990. O objetivo fundamental dessa fase era a eliminação da inércia inflacionária.

Com este intuito foi criada a Unidade Real de Valor (URV), que, sendo uma unidade de conta, estabeleceria o alinhamento dos preços relativos da economia. A URV serviria como referência para o reajuste de todos os preços e rendimentos em uma mesma data, com a menor defasagem possível, além de coordenar as expectativas inflacionárias.

Vale ressaltar que a URV não exercia função de troca, mas era somente uma unidade de conta, pois havia a moeda em circulação à época (o cruzeiro real), que cumpria tal função. Portanto, não foi adotado um sistema bimonetário no Brasil nesse período.

Simultaneamente à URV, o BCB comprometeu-se com a garantia de um teto cambial máximo de uma URV para um dólar norte-americano. Assim, os novos contratos da economia passaram a ser cotados obrigatoriamente em URV, sendo facultativa a conversão dos contratos já existentes. Em 1º de julho de 1994, a URV passa a ser a moeda corrente no país, com o nome de real, completando a reforma monetária. Todos os ativos e contratos da economia foram gradualmente sendo convertidos para real.

A terceira fase, a adoção de uma âncora cambial, deu-se a partir de julho de 1994. A idéia era, após um breve período de flutuação cambial, partir de uma taxa de câmbio semifixa e, progressivamente, flexibilizar o regime monetário de metas cambiais.

Em relação ao controle da inflação, o Plano Real foi extremamente bem-sucedido. A inflação, que era, em 1993, de acordo com o IGP-DI, de 2.708,3 por cento ao ano, baixou para 1,70 por cento ao ano, em 1998. A estrutura e a seqüência das ações adotadas no Plano Real foram fundamentais para o controle inflacionário. Nesse contexto, pôde-se verificar também que a política monetária foi extremamente restritiva, mantendo a demanda agregada em nível compatível com a baixa inflação.

Período pós-1999: metas de inflação

Apesar do sucesso da implementação do Plano Real, uma crise cambial, em janeiro de 1999, fez com que o regime monetário de metas cambiais fosse substituído por um regime de metas de inflação. Uma grande perda nas reservas internacionais foi um dos fatores mais importantes para que isso acontecesse.

O regime de metas inflacionárias foi implementado levando em consideração alguns elementos importantes:

1) Estabelecimento de uma meta de médio prazo para a inflação, no caso, o Índice de Preços ao Consumidor Ampliado (IPCA), medido pelo IBGE.
2) O compromisso institucional com o grande objetivo de longo prazo da política monetária: estabilidade de preços.

Tabela 4 O regime de metas de inflação (1999-2009)

Ano	Meta (% a.a.)	Limite inferior e Superior (% a.a.)	Inflação efetiva (IPCA % a.a.)
1999	8,0	6,0-10,0	8,94
2000	6,0	4,0-8,0	5,97
2001	4,0	2,0-6,0	7,67
2002	3,5	1,5-5,5	12,53
2003	4,0	1,5-6,5	9,30
2004	5,5	3,0-8,0	7,60
2005	4,5	2,0-7,0	5,69
2006	4,5	2,5-6,5	3,14
2007	4,5	2,5-6,5	4,46
2008	4,5	2,5-6,5	—
2009	4,5	2,5-6,5	—

3) A transparência na condução da política monetária.
4) Um grau suficiente de independência de instrumentos do BCB.

Os principais conceitos do regime de metas de inflação são credibilidade e reputação. A credibilidade refere-se às ações da política monetária. Elas devem ser claras, de fácil compreensão pelos agentes econômicos e fundamentalmente críveis, ou seja, factíveis e viáveis. A reputação diz respeito à capacidade institucional das autoridades monetárias – o CMN e, essencialmente, o BCB. Isso pode ser aferido avaliando-se a atuação destas instituições: Elas cumprem o que prometem? Punem quando devem punir? São comprometidas com as metas da política monetária no curto e no longo prazos?

Somente com a boa reputação dessas instituições e sua credibilidade é que a política monetária se torna eficaz no combate e no controle da inflação. Para isso, o BCB dispõe de mecanismos como os relatórios periódicos de acompanhamento da inflação, as atas da reunião do Copom (Comitê de Política Monetária), a divulgação de amplas estatísticas, entre outros.

REFERÊNCIAS

ALVES DE SOUZA, Leandro. *Sistema de pagamentos brasileiro: nova estrutura e seus impactos econômicos*. São Paulo: Saraiva, 2001.

CARDIM DE CARVALHO, Fernando J. e outros (orgs.). *Economia monetária e financeira: teoria e política*. 2. ed. Rio de Janeiro: Elsevier, 2007.

FORTUNA, Eduardo. *Mercado financeiro: produtos e serviços*. 15. ed. Rio de Janeiro: Qualitymark, 2003.

GIAMBIAGI, Fábio e outros (orgs.). *Economia brasileira contemporânea* (1945-2004). Rio de Janeiro: Elsevier, 2005.

GOLDFAJN, Ilan e outros (orgs.). *Inflation targeting, debt, and the brazilian experience, 1999 to 2003*. Cambridge: MIT Press, 2005.

LIMA, Iran S. e outros (orgs.). *Curso de mercado financeiro: tópicos especiais*. São Paulo: Atlas, 2007.

MODENESI, André de Melo. *Regimes monetários: teoria e a experiência do real*. Barueri: Manole, 2005.

OLIVEIRA, Virgínia e outros (orgs.). *Mercado financeiro: uma abordagem prática dos principais produtos e serviços*. Rio de Janeiro: Elsevier, 2006.

PAULANI, Leda Maria e BRAGA, Marcio B. *A nova contabilidade social: uma introdução à macroeconomia*. 2. ed. São Paulo: Saraiva, 2006.

SOLA, Lourdes e outros (orgs.). *Banco Central: autoridade política e democratização – um equilíbrio delicado*. Rio de Janeiro: Editora FGV, 2002.

ENTENDIMENTO DA POLÍTICA MACROECONÔMICA

PARTE 10

Trade-offs ou almoços grátis

Ocorre um *trade-off* na política econômica se, quando se promove uma ação para atingir uma meta, é necessário abrir mão de alguma outra meta. Por exemplo, o governo pode desejar aumentar os gastos em defesa *e* estimular o investimento privado. Mas se os gastos em defesa aumentam, as receitas tributárias ou os empréstimos tomados pelo governo precisam aumentar, e qualquer um desses métodos de financiamento do aumento dos gastos em defesa eleva a taxa de juros real, o que reduz, então, ou 'desloca', os investimentos privados. O governo está diante de um *trade-off* entre os gastos em defesa e o investimento privado.

De modo similar, o Fed pode querer evitar um aumento da taxa de inflação e da taxa de desemprego. Mas, se o Fed eleva a taxa de juros para controlar a inflação, ele pode reduzir os gastos e aumentar o desemprego. Neste exemplo, o Fed está diante de um *trade-off* entre a inflação e o desemprego.

Um 'almoço grátis' surge na política econômica se, quando são promovidas ações para se buscar atingir uma meta, alguma outra meta (pretendida ou não) também seja atingida. Por exemplo, o governo pode querer reduzir uma enorme onda de desemprego e, ao mesmo tempo, pode querer aumentar os gastos em defesa. Se ao aumentar os gastos em defesa o governo estimular a demanda agregada e elevar a quantidade de trabalho, ele usufruirá de um almoço grátis. Ele obterá maiores gastos em defesa e reduzirá o desemprego.

De modo similar, o Fed pode querer manter a inflação sob controle e, ao mesmo tempo, estimular a taxa de crescimento econômico. Se uma inflação mais baixa levar a menos incerteza em relação ao futuro e estimular a poupança e o investimento, o Fed obterá ao mesmo tempo uma inflação mais baixa e um crescimento mais acelerado do PIB real. Ele usufruirá de um almoço grátis.

Os dois capítulos desta parte descreveram o contexto institucional no qual a política fiscal (Capítulo 30) e a política monetária (Capítulo 31) são elaboradas, apresentaram os instrumentos da política monetária e analisaram os efeitos da política econômica. Essa exploração da política econômica se baseia em quase tudo o que aprendemos nos capítulos anteriores.

A política fiscal influencia tanto o nível quanto a taxa de crescimento do PIB potencial. A política fiscal também influencia as flutuações do PIB real corrente em torno do PIB potencial. Desta maneira, para estudarmos a política fiscal, precisamos utilizar o modelo clássico da economia do pleno emprego, os modelos de crescimento e o modelo *SA–DA* das oscilações econômicas.

A política monetária opera pela alteração da taxa de juros e, assim, influencia o nível de preços e a taxa de inflação no longo prazo e as flutuações do PIB real em torno do PIB potencial e os ciclos da taxa de inflação no curto prazo. Desse modo, para estudarmos a política monetária, teremos de utilizar o modelo do mercado de fundos disponíveis para empréstimos no qual a taxa de juros é determinada, a teoria quantitativa da moeda que governa as tendências da inflação e o modelo *SA–DA* das oscilações econômicas.

Esses capítulos sobre política econômica representam o ponto alto de nosso conhecimento da macroeconomia e reúnem tudo o que estudamos nos capítulos anteriores.

Milton Friedman, que conheceremos na próxima página, influenciou profundamente nossa compreensão da política macroeconômica.

ANÁLISE DE IDÉIAS

Incentivos e surpresas

"A inflação é sempre e em qualquer lugar um fenômeno monetário."

MILTON FRIEDMAN

A contra-revolução na teoria monetária.

O economista

Milton Friedman *nasceu em uma família pobre de imigrantes na cidade de Nova York em 1912. Ele se formou na Rutgers University e fez pós-graduação na Universidade de Columbia durante a Grande Depressão. De 1977 até seu falecimento, em 2006, o professor Friedman foi pesquisador sênior na Hoover Institution da Universidade de Stanford. Mas sua reputação se consolidou entre 1946 e 1983, quando foi um dos principais membros da 'Escola de Chicago', uma abordagem da economia desenvolvida na Universidade de Chicago e baseada na visão de que os mercados livres alocam recursos com eficiência e que um crescimento estável e baixo da oferta de moeda resulta em estabilidade macroeconômica.*

Friedman aprofundou nosso conhecimento das forças que determinam o desempenho macroeconômico e esclareceu os efeitos da quantidade de moeda. Pelo seu trabalho, ele recebeu o Prêmio Nobel de Ciências Econômicas em 1977.

Fundamentando-se em princípios econômicos básicos, Friedman (com Edmund S. Phelps, agraciado com o Prêmio Nobel de Economia em 2006) previu que um estímulo persistente da demanda não aumentaria a produção, mas causaria inflação.

Quando o crescimento da produção desacelerou e a inflação explodiu na década de 1970, Friedman foi visto como um profeta e, durante um tempo, seu preceito de política econômica, conhecido como monetarismo, foi adotado ao redor do mundo.

As questões

Os desafios centrais das políticas fiscal e monetária são contribuir para o alcance da mais rápida taxa de crescimento possível e sustentável do PIB real, manter preços estáveis e minimizar a volatilidade das flutuações do PIB real em torno do PIB potencial.

Todas as ações das políticas fiscal e monetária funcionam pela influência aos incentivos que indivíduos e as empresas enfrentam. Esses incentivos podem ser influenciados de maneira previsível e clara ou surpreendente.

Faz diferença se a política econômica é previsível ou é uma surpresa?

Os economistas concordam que, de fato, faz diferença, e que as ações de uma política econômica previsível provocam resultados melhores do que os de surpresas na política econômica.

Um governo que se compromete com um regime tributário e de gastos previsível e que não esteja sujeito a mudanças inconstantes cria um ambiente no qual as decisões em interesse próprio podem servir melhor ao interesse social.

Um banco central que adota uma meta clara, que define seu instrumento de política monetária para atingir essa meta e explica suas escolhas no contexto de sua meta, proporciona um resultado melhor para todas as metas da política macroeconômica do que um banco central que age de modo inconstante e surpreende os mercados financeiros com suas ações.

Mas ainda há muita discussão sobre quais deveriam ser as metas da política econômica. A política fiscal deveria visar aos objetivos de crescimento e do balanço intergerações no longo prazo ou aos objetivos de estabilização no curto prazo? A política monetária deveria ser governada por uma meta de inflação explícita, uma meta de crescimento do estoque da moeda ou alguma meta implícita que poderia incluir a produção e o emprego, bem como a taxa de inflação? Ainda não existem respostas definitivas para essas questões.

Antes

O que acontece com a economia quando as pessoas perdem a confiança nos bancos? Elas sacam seus fundos. Esses saques alimentam-se uns aos outros, criando uma bola de neve de saques e, com o tempo, geram pânico. Com fundos insuficientes para pagar os depositantes, os bancos fazem empréstimos, e empresas, antes sólidas, se vêem diante de dificuldades financeiras. Elas fecham as portas e dispensam funcionários. A recessão se aprofunda e se transforma em depressão. Nos Estados Unidos, o fracasso dos bancos e o declínio resultante da oferta de moeda e, de crédito da nação representaram fatores significativos no aprofundamento e prolongamento da Grande Depressão. Mas eles mostraram a importância de instituições financeiras estáveis e resultaram no estabelecimento de seguros de depósitos federais para impedir colapsos financeiros no futuro. A Grande Depressão também fez com que o Fed ficasse muito mais ciente de seu poder e de sua responsabilidade de influenciar e melhorar o desempenho dos mercados financeiros.

Hoje

Por meio de uma meticulosa análise da situação financeira corrente e prevista para o futuro nos Estados Unidos e ao redor do mundo, o Conselho de Diretores do Federal Reserve System dos Estados Unidos procura manter a estabilidade macroeconômica e evitar um desastre como a Grande Depressão.

Desde a Grande Depressão, o Fed tem administrado o sistema bancário e financeiro dos Estados Unidos com a meta de manter o nível de preços estável e evitar um colapso da demanda agregada. Quando uma crise financeira na Ásia, em 1997, ameaçou a estabilidade do sistema financeiro mundial, o Fed injetou reservas nos bancos norte-americanos para garantir que eles não precisassem vender títulos. De modo similar, após os ataques terroristas de 11 de setembro de 2001, o Fed manteve o fluxo de reservas do sistema bancário.

Nos últimos anos, os Estados Unidos têm usufruído de baixa inflação e crescimento econômico sustentado. Parte do crédito desse desempenho macroeconômico se deve ao Conselho do Federal Reserve e à sua política monetária. A seguir, você poderá conhecer Peter Ireland, professor do Boston College e ex-economista pesquisador do Federal Reserve Bank de Richmond.

PONTO DE VISTA ECONÔMICO

Peter N. Ireland

Peter N. Ireland é professor de economia do Boston College. Nascido em Cambridge, Massachusetts, ele cursou graduação e pós-graduação na Universidade de Chicago. O professor Ireland começou sua carreira como economista pesquisador do Federal Reserve Bank de Richmond e também lecionou na Rutgers University antes de retornar à região de Boston. Suas pesquisas incluem uma ampla variedade de questões teóricas, empíricas e relativas à política econômica nos campos da macroeconomia e da economia monetária.

Michael Parkin conversou com Peter Ireland sobre seu trabalho e os desafios de conduzir a política econômica.

O que o atraiu ao estudo da economia?
Quando iniciei minha formação superior, não sabia ao certo a área na qual eu queria me formar. Mas, depois de cursar uma série de disciplinas em diferentes áreas, vi que gostava mais de economia.
Acima de tudo, eu gostava do modo como a economia utiliza a precisão quantitativa da matemática e da estatística – duas outras áreas que sempre achei interessantes – e ao mesmo tempo aborda muitas das questões políticas e sociais que sempre me pareceram importantes.
Além disso, quando cursava a graduação em Chicago, tive a sorte de trabalhar como assistente de pesquisas do professor Robert Fogel, que, como você sabe, ganhou o Prêmio Nobel de Economia. Foi uma experiência incrível; ensinou-me, acima de tudo, o valor da paciência e da perseverança na condução das pesquisas econômicas. Freqüentemente, a resposta a uma difícil questão econômica está só esperando que alguém a encontre – basta alguém se dispor a investir tempo e esforço para descobrir e analisar os dados relevantes.

O que faz um economista pesquisador em um banco regional do Federal Reserve?
Os economistas do Fed desempenham muitas funções. Por meio de seus artigos e discursos públicos, eles atuam como interfaces do Fed com as comunidades locais. Além disso, por meio de sua pesquisa básica, eles ajudam a descobrir maneiras de melhorar a política monetária nos Estados Unidos.
Contudo, talvez o trabalho mais importante dos economistas pesquisadores do Fed envolva o fornecimento de informações ao presidente de seu banco antes de cada reunião da Comissão Federal do Mercado Aberto. Oito vezes ao ano, membros da equipe de pesquisas de cada banco se reúnem com seu presidente para rever os dados econômicos mais recentes e interpretá-los utilizando seus modelos teóricos e estatísticos. Todo o trabalho realizado é aplicado para responder a uma importante questão: na reunião da CFMA, o presidente deve recomendar o aumento, a redução ou a estabilização das taxas de juros?

Eu gostava muito dessa parte de meu trabalho no Fed de Richmond. Era empolgante ser capaz de aplicar os conceitos de economia que aprendi na universidade para lidar com uma questão específica de política econômica. Era agradável pensar que meu trabalho poderia estar fazendo uma diferença, por menor que fosse, para ajudar os líderes seniores do Fed a tomar as decisões certas.

Você poderia resumir o que acha que nós atualmente sabemos sobre as flutuações agregadas? Os salários rígidos têm alguma função? Qual é o papel dos choques tecnológicos que a teoria dos ciclos econômicos reais enfatiza?

A identificação da fonte das flutuações dos ciclos econômicos continua a ser um tópico importante e dinâmico de pesquisas na macroeconomia. Diferentes economistas têm diferentes opiniões sobre a questão, mas eu, particularmente, gosto de assumir uma postura relativamente eclética.

Concordo com os economistas monetaristas e keynesianos que argumentam que a política monetária pode ter importantes efeitos reais no curto prazo devido à rigidez dos preços nominais e dos salários. Ao mesmo tempo, contudo, acho que há um grande elemento de verdade na teoria dos ciclos econômicos reais, com sua ênfase nos choques tecnológicos. Na minha opinião, talvez o insight mais importante proporcionado pela teoria dos ciclos econômicos reais seja a idéia de que há alguns tipos de choques que atingem a economia e aos quais os formuladores da política monetária e fiscal não podem ou não devem reagir.

Suponha, por exemplo, que o preço do petróleo importado aumente acentuada e subitamente, como aconteceu em várias ocasiões na história pós-guerra dos Estados Unidos. Quando esse tipo de choque – que se assemelha a um choque tecnológico negativo – atinge a economia, tanto a inflação quanto o desemprego aumentam – não se vê o *trade-off* normal da curva de Phillips entre essas duas variáveis. Qualquer ação que o Fed tente promover para compensar o aumento conjunto da inflação e do desemprego, provavelmente, só irá piorar a situação.

Mas há um aspecto mais positivo dessa mesma história. Suponha que a economia passe por um período de crescimento extraordinariamente rápido de produtividade – como o que os Estados Unidos vivenciaram durante a década de 1990 e ainda podem estar usufruindo hoje. Esse período é como um choque tecnológico positivo no modelo dos ciclos econômicos reais e será acompanhado por baixa inflação e desemprego em queda. Mais uma vez, não há um *trade-off* da curva de Phillips. Neste caso, o Fed pode simplesmente relaxar e aproveitar o melhor dos dois mundos.

Alguns economistas defendem uma regra de política monetária que ajusta a taxa de juros de títulos públicos federais de acordo com os mais recentes dados de inflação e produção – uma regra de Taylor. Qual é sua opinião a respeito de uma regra como essa?

Considero a regra de Taylor muito útil, porque proporciona aos elaboradores da política monetária um modo simples, mas sistemático, de comparar o presente com o passado. Suponhamos, por exemplo, que se descubra que a taxa de juros de títulos públicos federais de hoje seja menor do que o nível recomendado pela regra de Taylor. Com isso os membros da CFMA sabem que a política monetária é mais expansionista, em relação ao estado da economia, do que era no passado. Desta maneira, se os membros da CFMA quiserem que a economia seja mais expansionista, então eles poderão acreditar que estão no caminho certo. Mas, se, por outro lado, os membros da CFMA preferirem que a política esteja mais próxima de ser neutra ou até mesmo, de alguma maneira, restritiva, a regra de Taylor os alertará sobre o fato de que a taxa de juros de títulos públicos federais logo poderá ter de ser elevada.

Outros economistas defendem uma regra de política monetária que ajusta gradativamente a taxa de crescimento da base monetária às tendências de longo prazo do PIB real e à velocidade – uma regra de McCallum. Qual é sua opinião sobre essa regra?

Mais uma vez, meu ponto de vista sobre esse assunto é um pouco eclético. Eu também acho que a regra de McCallum proporciona um guia valioso para a elaboração da política monetária – e pelas mesmas razões pelas quais considero a regra de Taylor útil!

Acredito que os economistas freqüentemente caem na armadilha de concluir que, se existem dois modelos – vamos chamá-los de modelos A e B – e, se o modelo A tem sido útil para compreender os dados, então a conclusão inevitável é de que o modelo B deve ser falso. É claro que, caso se comprove que o modelo B tem produzido projeções sistematicamente imprecisas, ele deve ser substituído por seu concorrente mais preciso. No entanto, em muitos casos, modelos diferentes podem atuar como complementares, e não como concorrentes.

Pense na situação que prevalece na economia dos Estados Unidos hoje, no quarto trimestre de 2003. A taxa de juros de títulos públicos federais está extraordinariamente baixa, de modo que a regra de Taylor nos informa que a política monetária é acomodativa – pois, pre-

> ...talvez o insight mais importante proporcionado pela teoria dos ciclos econômicos reais seja a idéia de que há alguns tipos de choques que atingem a economia e aos quais os formuladores da política monetária e fiscal não podem ou não devem reagir

sume-se, ela deveria ajudar a tirar a economia da recessão. Ao mesmo tempo, a base monetária e os agregados monetários mais amplos também estão crescendo em um ritmo robusto, de modo que a regra de McCallum nos leva à mesma conclusão de que a política monetária é apropriadamente expansionista. Assim, neste caso, observando que dois modelos muito diferentes levam exatamente à mesma conclusão, podemos ficar mais confiantes de que o Fed está no caminho certo.

Pensando no que se sabe e no que não se sabe sobre as flutuações agregadas, como você descreveria a tarefa da política de estabilização macroeconômica?
Pode ser paradoxal de algum modo, mas as duas lições mais importantes sobre a política de estabilização que a macroeconomia aprendeu nas últimas décadas se aplicam ao longo prazo. A primeira lição é que, no longo prazo, a taxa de inflação é restringida pela definição do banco central da taxa de expansão monetária; em outras palavras, o banco central é responsável pelo controle da inflação. A segunda lição é que, no longo prazo, há pouco ou nenhum *trade-off* entre a inflação e o desemprego.
Juntas, essas duas lições implicam que a mais importante tarefa do banco central é proporcionar uma taxa de inflação baixa e estável. Isso é algo que o Fed pode atingir sem sacrificar nada em termos de suas metas de emprego.
Restringido por esse objetivo de longo prazo, o Fed pode fazer o possível para ajudar a estabilizar a economia real. Mas uma difícil questão nos leva a algo que mencionamos antes: o fato de que diferentes choques podem demandar diferentes reações do Fed. Desta maneira, os altos funcionários do Federal Reserve e seus assessores devem se empenhar para continuar a construir modelos que nos ajudem a identificar exatamente que tipos de choques podem estar atingindo a economia em determinado momento. Acima de tudo, ao procurar atingir seus objetivos de estabilização, o Fed deve agir com cautela, a fim de evitar a repetição de grandes erros do passado – mesmo que isso signifique que ele nem sempre pode reagir aos acontecimentos da economia com o mesmo vigor ou rapidez que alguns observadores gostariam.

Que conselho você daria a alguém que está apenas começando a estudar economia? Economia seria uma boa área de especialização? Quais outras disciplinas você incentivaria os alunos a estudar, além de economia?
Acho, definitivamente, que a economia é uma excelente escolha para qualquer estudante de graduação. Complementando o que disse – sobre como a economia combina alguns dos aspectos mais interessantes de muitas outras áreas –, um diploma de graduação em economia também pode servir de trampolim para uma ampla variedade de profissões. É claro que muitos economistas decidem trabalhar com administração ou finanças, mas outros descobrem que estão igualmente bem preparados para uma carreira ligada à área de direito ou de políticas públicas. Ou se você se formar em economia hoje, quem sabe, poderá até fazer um curso de pós-graduação e se tornar o professor que vai escrever o próximo livro mais utilizado sobre economia! Falando sério, a questão é que se pode fazer uma série de coisas diferentes com um diploma de economia.
Para alguém que está apenas começando a estudar economia, eu recomendaria cursar pelo menos algumas disciplinas adicionais, como estatística, econometria (que não passa de estatística aplicada especificamente à economia) e matemática, porque a área tende a ser cada vez mais quantitativa. Mas eu diria, ainda, que cursar disciplinas como ciências políticas, sociologia e psicologia também pode ser muito útil, especialmente se elas sugerirem novos problemas que ainda não foram abordados de um ponto de vista econômico.

> ...a mais importante tarefa do banco central é proporcionar uma taxa de inflação baixa e estável

PARTE **11** A economia global

CAPÍTULO **32**

Comercializando com o mundo

Ao término do estudo deste capítulo, você saberá:

▶ Descrever as tendências e os padrões do comércio internacional.
▶ Explicar o que é vantagem comparativa e por que todos os países podem ganhar com o comércio internacional.
▶ Explicar por que as restrições ao comércio internacional reduzem o volume de importações e exportações e nossas possibilidades de consumo.
▶ Explicar os argumentos utilizados para justificar as restrições ao comércio internacional e mostrar suas deficiências.
▶ Explicar por que temos restrições ao comércio internacional.

Rotas da seda e sons de sucção

Desde os primórdios da civilização, as pessoas têm expandido o comércio até onde a tecnologia permite. Marco Pólo estabeleceu a rota da seda entre a Europa e a China no século XIII. Hoje em dia, navios cargueiros cheios de carros e eletroeletrônicos e Boeings 747 carregados de produtos agrícolas frescos transitam por rotas marítimas e aéreas levando bilhões de dólares em mercadorias. Por que as pessoas atravessam distâncias enormes para comercializar com pessoas de outras nações?
Em 1994, os Estados Unidos firmaram um acordo de livre-comércio com o Canadá e o México – o Acordo Norte-Americano de Livre-Comércio. Algumas pessoas previram um 'grande som de sucção' à medida que os empregos fossem transferidos de Michigan, região de altos salários, para o México, país de baixos salários. Os norte-americanos têm condições de concorrer com um país que paga a seus trabalhadores uma fração dos salários dos Estados Unidos?
Os trabalhadores na China ganham ainda menos do que os mexicanos, e, hoje em dia, praticamente todos os objetos manufaturados comprados nos Estados Unidos parecem ter sido produzidos na China. Como os norte-americanos podem concorrer com a China e outras nações asiáticas de baixos salários? Será que existem indústrias, além, talvez, da cinematográfica de Hollywood e da construção de grandes aviões de passageiros, nas quais os Estados Unidos ainda têm alguma vantagem?
Seria uma boa idéia para os Estados Unidos limitar as importações da China e de outros países impondo a essas importações uma tarifa ou uma cota?

◆ Neste capítulo estudaremos o comércio internacional e veremos como todas as nações podem ganhar ao negociar com outras nações. Você descobrirá que todas as nações podem competir com outras, independentemente do nível salarial delas. Mas você também verá por que, apesar do fato de o comércio internacional trazer benefícios a todos, os governos restringem o comércio. Na seção "Leitura das entrelinhas", no final do capítulo, examinaremos o crescente comércio entre os Estados Unidos e a China e veremos por que todos se beneficiam disso.

Padrões e tendências do comércio internacional

Os bens e serviços comprados de pessoas e empresas de outros países são chamados de **importações**. Os bens e serviços vendidos a pessoas e empresas de outros países são chamados de **exportações**. Quais são as coisas mais importantes que os Estados Unidos importam e exportam? A maioria das pessoas provavelmente pensaria que uma nação rica como os Estados Unidos importa matéria-prima e exporta produtos manufaturados. Embora isso represente um aspecto do comércio internacional nos Estados Unidos, não é o mais importante. A maior parte das exportações *e* das importações norte-americanas é composta de produtos manufaturados. Os Estados Unidos vendem a outros países equipamentos de escavação e terraplenagem, aviões, supercomputadores e equipamentos científicos e compram deles televisores, aparelhos de DVD, jeans e camisetas. Além disso, os Estados Unidos são um importante exportador de produtos agrícolas e matérias-primas. E também importam e exportam um enorme volume de serviços.

Comércio de bens

Bens manufaturados representam 55 por cento das exportações e 68 por cento das importações dos Estados Unidos. Materiais industriais (matérias-primas e itens semimanufaturados) representam 14 por cento das exportações e 15 por cento das importações desse país e produtos agrícolas representam apenas 8 por cento de suas exportações e 4 por cento de suas importações. Os maiores itens individuais de exportação e importação dos Estados Unidos são bens de capital e automóveis. Mas os bens representam apenas 70 por cento de suas exportações e 84 por cento de suas importações. O restante do comércio internacional norte-americano é composto de serviços.

Comércio de serviços

Talvez você esteja se perguntando como um país pode 'exportar' e 'importar' serviços. Veja alguns exemplos.

Se você resolve passar férias na França e viaja para lá em um vôo da Air France, está importando serviços de transporte da França. O dinheiro que você gasta na França em hotel e restaurantes também é classificado como importação de serviços. De modo similar, o dinheiro gasto por um estudante francês que está passando férias nos Estados Unidos representa uma exportação norte-americana de serviços para a França.

Quando os Estados Unidos importam televisores da Coréia do Sul, o proprietário do navio que os transporta pode ser grego e a empresa da qual se contrata o seguro para a carga pode ser inglesa. Os pagamentos pelo transporte e pelo seguro são importações de serviços. De maneira similar, quando uma empresa norte-americana de entregas leva vinho da Califórnia para Tóquio, o custo de transporte é uma exportação norte-americana de um serviço para o Japão. O comércio internacional dos Estados Unidos para esse tipo de serviços é grande e crescente.

Padrões geográficos do comércio internacional

Os Estados Unidos têm relações comerciais com todas as partes do mundo, mas o Canadá é seu maior parceiro comercial. Em 2006, 20 por cento das exportações norte-americanas foram para o Canadá e 17 por cento das importações foram provenientes do Canadá. O Japão, o segundo maior parceiro comercial dos Estados Unidos, respondeu por 8 por cento das exportações e 9 por cento das importações em 2006. As regiões nas quais o comércio norte-americano é maior são a União Européia – com 24 por cento das exportações e 23 por cento das importações dos Estados Unidos em 2006 – e a América Latina – com 20 por cento das exportações e 18 por cento das importações desse país em 2006.

Tendências do volume do comércio

Em 1960, os Estados Unidos exportaram 3,5 por cento de sua produção total e importaram 4 por cento dos bens e serviços comprados. Em 2006, o país exportou 10 por cento da produção total e importou 15 por cento dos bens e serviços comprados.

No lado das exportações, bens de capital, automóveis, alimentos e matérias-primas têm sido importantes itens e têm representado uma parcela aproximadamente constante das exportações totais dos Estados Unidos. Mas a composição das importações mudou. As importações de alimentos e matérias-primas têm diminuído gradativamente. As importações de combustível aumentaram drasticamente na década de 1970, mas diminuíram na década de 1980. As importações de maquinário aumentaram e hoje se aproximam de 50 por cento das importações totais.

Exportações líquidas e captações no exterior

As **exportações líquidas** consistem no valor das exportações menos o valor das importações. Em 2006, as exportações líquidas dos Estados Unidos foram de US$ 780 bilhões negativos. Isso quer dizer que as importações excederam as exportações em US$ 780 bilhões. Quando um país importa mais do que exporta, como aconteceu com os Estados Unidos em 2006, ele faz empréstimos no exterior ou vende parte de seus ativos aos outros países. Quando um país exporta mais do que importa, ele concede empréstimos aos estrangeiros ou compra parte dos ativos deles.

Os ganhos proporcionados pelo comércio internacional

A força fundamental que gera o comércio internacional é a *vantagem comparativa*, cuja base é a divergência dos *custos de oportunidade*. Vimos esses conceitos no Capítulo 2, quando estudamos os ganhos proporcionados pela especialização e pela troca entre Joe e Liz.

Joe e Liz se especializam na produção de apenas um bem e comercializam um com o outro. A maioria das nações não chega ao extremo de se especializar em apenas um bem e importar todo o resto. Mas as nações podem aumentar o consumo de todos os bens se redirecionarem seus recursos escassos para a produção de bens e serviços nos quais têm uma vantagem comparativa.

Para vermos como isso acontece, aplicaremos ao comércio entre nações as mesmas idéias básicas que aprendemos no caso de Joe e Liz. Começaremos recordando como é possível utilizar a fronteira de possibilidades de produção para medir o custo de oportunidade. Depois veremos como custos de oportunidade divergentes levam a vantagens comparativas e ganhos comerciais para países, bem como para indivíduos, apesar de nenhum país se especializar exclusivamente na produção de apenas um bem.

Custo de oportunidade na Agrolândia

A Agrolândia (um país fictício) consegue produzir grãos e carros em qualquer ponto dentro e ao longo de sua fronteira de possibilidades de produção, *FPP*, mostrada na Figura 32.1. (Mantivemos constante a produção de todos os outros bens produzidos no país.) Seus habitantes con-

CAPÍTULO 32 COMERCIALIZANDO COM O MUNDO   777

Figura 32.1 Custo de oportunidade na Agrolândia

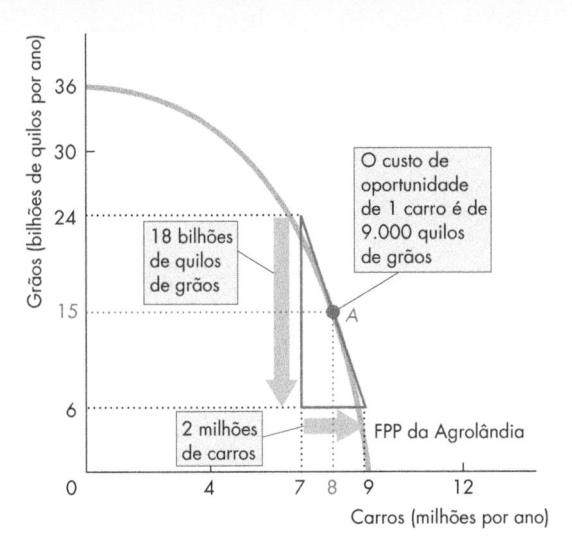

A Agrolândia produz e consome 15 bilhões de quilos de grãos e 8 milhões de carros por ano. Isto é, ela produz e consome no ponto A de sua fronteira de possibilidades de produção. O custo de oportunidade equivale à magnitude da inclinação da FPP. O triângulo nos mostra que, no ponto A, é necessário abdicar de 18 bilhões de quilos de grãos para obter 2 milhões de carros. Isto é, no ponto A, 2 milhões de carros custam 18 bilhões de quilos de grãos. De modo equivalente, 1 carro custa 9.000 quilos de grãos ou 9.000 quilos de grãos custam 1 carro.

somem todos os grãos e carros que produzem e operam no ponto A da figura. Em outras palavras, a Agrolândia produz e consome 15 bilhões de quilos de grãos e 8 milhões de carros por ano. Qual é o custo de oportunidade de um carro nesse país?

Podemos responder a essa questão calculando a inclinação da fronteira de possibilidades de produção no ponto A. A magnitude da inclinação da fronteira mede o custo de oportunidade de um bem em relação ao outro. Para medir a inclinação da fronteira no ponto A, trace uma linha reta tangente à fronteira no ponto A e calcule a inclinação dessa linha reta. Lembre-se de que a fórmula para calcular a inclinação de uma linha é a variação do valor da variável mensurada no eixo *y* dividida pela variação do valor da variável mensurada no eixo *x* à medida que nos movemos ao longo da linha. Neste caso, a variável mensurada no eixo *y* está em bilhões de quilos de grãos e a variável mensurada no eixo *x* está em milhões de carros. Assim, a inclinação é a variação do número de quilos de grãos dividida pela variação do número de carros.

Como é possível notar pelo triângulo no ponto A da Figura 32.1, se o número de carros produzidos aumenta 2 milhões, a produção de grãos diminui 18 bilhões de quilos. Portanto a magnitude da inclinação é de 18 bilhões divididos por 2 milhões, o que equivale a 9.000. Para obterem um carro a mais, os habitantes da Agrolândia devem abrir mão de 9.000 quilos de grãos. Assim, o custo de oportunidade de 1 carro é igual a 9.000 quilos de grãos. De modo equivalente, 9.000 quilos de grãos custam 1 carro. Para as pessoas da Agrolândia, esses custos de oportunidade são o preço que elas têm de pagar. O preço de um carro equivale a 9.000 quilos de grãos, e o preço de 9.000 quilos de grãos equivale a 1 carro.

Custo de oportunidade na Mobilândia

A Figura 32.2 mostra a fronteira de possibilidades de produção da Mobilândia (outro país fictício). Assim como os habitantes da Agrolândia, os habitantes da Mobilândia consomem todos os grãos e carros que produzem. A Mobilândia consome 18 bilhões de quilos de grãos por ano e 4 milhões de carros, no ponto A'.

Vamos calcular os custos de oportunidade da Mobilândia. No ponto A', o custo de oportunidade de um carro é igual à magnitude da inclinação da linha cinza que tangencia a FPP da Mobilândia. O triângulo nos mostra que a magnitude da inclinação da FPP da Mobilândia é de 6 bilhões de quilos de grãos divididos por 6 milhões de carros, o que equivale a 1.000 quilos de grãos por carro. Para obterem um carro a mais, os habitantes da Mobilândia devem abdicar de 1.000 quilos de grãos. Assim, o custo de oportunidade de 1 carro é 1.000 quilos de grãos ou, de modo equivalente, o custo de oportunidade de 1.000 quilos de grãos é 1 carro. Esses são os preços na Mobilândia.

Vantagem comparativa

Os carros são mais baratos na Mobilândia do que na Agrolândia. Um carro custa 9.000 quilos de grãos na Agrolândia, mas apenas 1.000 quilos de grãos na Mobilân-

Figura 32.2 Custo de oportunidade na Mobilândia

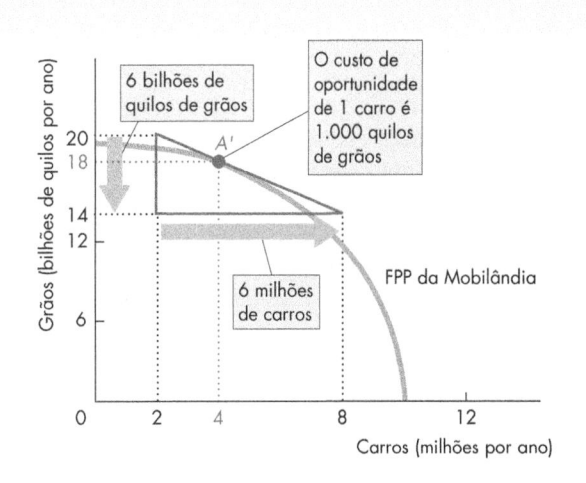

A Mobilândia produz e consome 18 bilhões de quilos de grãos e 4 milhões de carros por ano no ponto A' de sua fronteira de possibilidades de produção. O custo de oportunidade é igual à magnitude da inclinação da FPP. O triângulo nos informa que, no ponto A', deve-se abdicar de 6 bilhões de quilos de grãos para obter 6 milhões de carros. Isto é, no ponto A', 6 milhões de carros custam 6 bilhões de quilos de grãos. De modo equivalente, 1 carro custa 1.000 quilos de grãos ou 1.000 quilos de grãos custam 1 carro.

dia. No entanto, os grãos são mais baratos na Agrolândia do que na Mobilândia – 9.000 quilos de grãos custam apenas 1 carro na Agrolândia, ao passo que a mesma quantidade de grãos custa 9 carros na Mobilândia.

A Mobilândia tem uma vantagem comparativa na produção de carros. A Agrolândia tem uma vantagem comparativa na produção de grãos. Um país tem uma **vantagem comparativa** na produção de um bem se pode produzir esse bem a um custo de oportunidade mais baixo do que o de qualquer outro país. Vejamos como as diferenças de custo de oportunidade e vantagem comparativa geram ganhos provenientes do comércio internacional.

Os ganhos proporcionados pelo comércio: é mais barato comprar do que produzir

Se a Mobilândia comprasse grãos pelo que custa a produção deles para a Agrolândia, a Mobilândia poderia comprar 9.000 quilos de grãos com 1 carro. Isso é muito menos do que o custo da produção de grãos na Mobilândia, onde o custo da produção de 9.000 quilos de grãos é equivalente a 9 carros. Se os moradores da Mobilândia puderem comprar grãos pelo preço mais baixo da Agrolândia, eles conseguirão obter alguns ganhos.

Se os moradores da Agrolândia puderem comprar carros pelo que custa a produção deles para a Mobilândia, eles serão capazes de obter um carro por 1.000 quilos de grãos. Como a produção de um carro na Agrolândia custa 9.000 quilos de grãos, seus habitantes ganhariam com uma oportunidade como essa.

Nesta situação, para os habitantes da Mobilândia faz sentido comprar grãos da Agrolândia e para os habitantes da Agrolândia faz sentido comprar carros dos habitantes da Mobilândia. Mas a que preço a Agrolândia e a Mobilândia se envolverão em um comércio internacional mutuamente benéfico?

Os termos de troca

A quantidade de grãos que a Agrolândia deve pagar à Mobilândia por um carro representa os **termos de troca** da Agrolândia com a Mobilândia. Como um país exporta e importa vários bens e serviços, medimos os termos de troca no mundo real como um índice que fornece a média dos termos de troca de todos os itens negociados.

As forças da oferta e da demanda internacional determinam os termos de troca. A Figura 32.3 ilustra essas forças no mercado internacional de carros entre a Agrolândia e a Mobilândia. A quantidade de carros *comercializados internacionalmente* é mensurada no eixo *x*. No eixo *y*, mensuramos o preço de um carro. Esse preço é expresso como os *termos de troca*: quilos de grãos por carro. Se não há comércio internacional, o preço de um carro na Agrolândia é 9.000 quilos de grãos, seu custo de oportunidade, indicado pelo ponto *A*. O ponto *A* da Figura 32.3, no qual não há comercialização, corresponde ao ponto *A* da Figura 32.1. Quanto mais baixo é o preço de um carro no mercado internacional (termos de troca), maior é a quantidade de carros que os habitantes da Agrolândia estão dispostos

Figura 32.3 Comércio internacional de carros

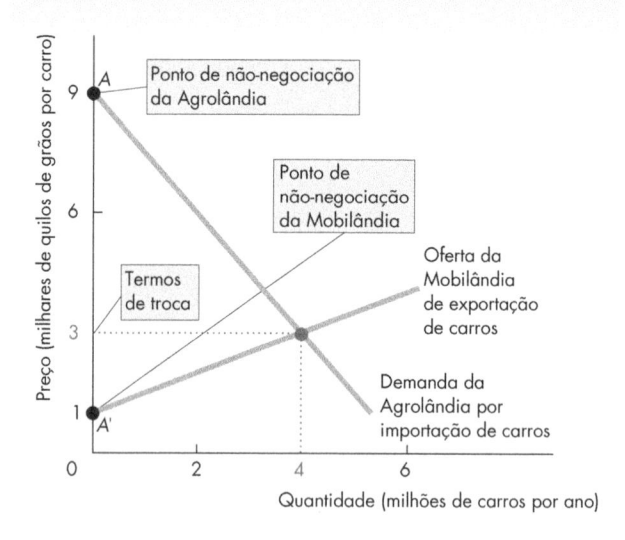

A curva de demanda da Agrolândia por importação de carros se inclina para baixo, e a curva de oferta da Mobilândia de exportação de carros se inclina para cima. Se não há comércio internacional, o preço de um carro é 9.000 quilos de grãos na Agrolândia (ponto *A*) e 1.000 quilos de grãos na Mobilândia (ponto *A'*).
Com o livre-comércio internacional, o preço (termos de troca) é determinado no ponto em que a curva de oferta de exportação cruza a curva de demanda por importação: 3.000 quilos de grãos por carro. A esse preço, 4 milhões de carros são importados pela Agrolândia e exportados pela Mobilândia anualmente. O valor dos grãos exportados pela Agrolândia e importados pela Mobilândia é de 12 bilhões de quilos por ano, a quantidade necessária para pagar pelos carros importados.

a importar da Mobilândia. Esse fato é ilustrado pela curva inclinada para baixo, que mostra a demanda da Agrolândia por importação de carros.

Mais uma vez, se não há comércio internacional, o preço de um carro na Mobilândia é 1.000 quilos de grãos, seu custo de oportunidade, indicado pelo ponto *A'*. O ponto *A'* da Figura 32.3, no qual não há comercialização, corresponde ao ponto *A'* da Figura 32.2. Quanto mais alto é o preço de um carro no mercado internacional, maior é a quantidade de carros que os habitantes da Mobilândia estão dispostos a exportar para a Agrolândia. Esse fato é ilustrado pela oferta de exportação de carros da Mobilândia – a linha inclinada para cima na Figura 32.3.

O mercado internacional de carros determina os termos de troca de equilíbrio (preço) e a quantidade comercializada. Esse equilíbrio ocorre no ponto em que a curva de demanda por importação cruza a curva de oferta de exportação. Neste caso, os termos de troca de equilíbrio equivalem a 3.000 quilos de grãos por carro. A Mobilândia exporta e a Agrolândia importa 4 milhões de carros por ano. Observe que os termos de troca são mais baixos que o preço de não-comercialização na Agrolândia, porém mais altos que o preço de não-comercialização na Mobilândia.

Comércio equilibrado

O número de carros exportados pela Mobilândia – 4 milhões ao ano – é exatamente igual ao número de carros importados pela Agrolândia. Como a Agrolândia paga pelos carros que importa? Exportando grãos. Quanto de grãos a Agrolândia exporta? É possível responder a essa pergunta observando que, por 1 carro, a Agrolândia deve pagar 3.000 quilos de grãos. Desta maneira, por 4 milhões de carros, a Agrolândia paga 12 bilhões de quilos de grãos. As exportações de grãos da Agrolândia são de 12 bilhões de quilos ao ano, e a Mobilândia importa a mesma quantidade de grãos.

A Mobilândia troca 4 milhões de carros por 12 bilhões de quilos de grãos ao ano, e a Agrolândia troca 12 bilhões de quilos de grãos por 4 milhões de carros. O comércio é equilibrado. Para cada país, o valor recebido das exportações é igual ao valor pago pelas importações.

Variações da produção e do consumo

Vimos que o comércio internacional possibilita aos habitantes da Agrolândia comprar carros a um preço mais baixo do que custa para eles a produção de um carro e vender os grãos por um preço mais alto. O comércio internacional também permite aos habitantes da Mobilândia vender seus carros por um preço mais alto e comprar grãos a um preço mais baixo do que custa para eles a produção desses grãos. Ambos os países saem ganhando. Como é possível *os dois* países ganharem? Quais são as variações da produção e do consumo que acompanham esses ganhos?

Uma economia que não comercializa com outras tem possibilidades de consumo e de produção idênticas. Sem o comércio, a economia só pode consumir o que produz. Mas, com o comércio internacional, uma economia pode consumir quantidades de bens diferentes daquelas que ela produz. A fronteira de possibilidades de produção descreve os limites do que um país pode produzir, mas não descreve os limites do que ele pode consumir. A Figura 32.4 vai ajudá-lo a ver a distinção entre possibilidades de produção e possibilidades de consumo quando um país comercializa com outros.

Em primeiro lugar, observe que a Figura 32.4 tem duas partes: a parte (a) para a Agrolândia e a parte (b) para

Figura 32.4 Expansão das possibilidades de consumo

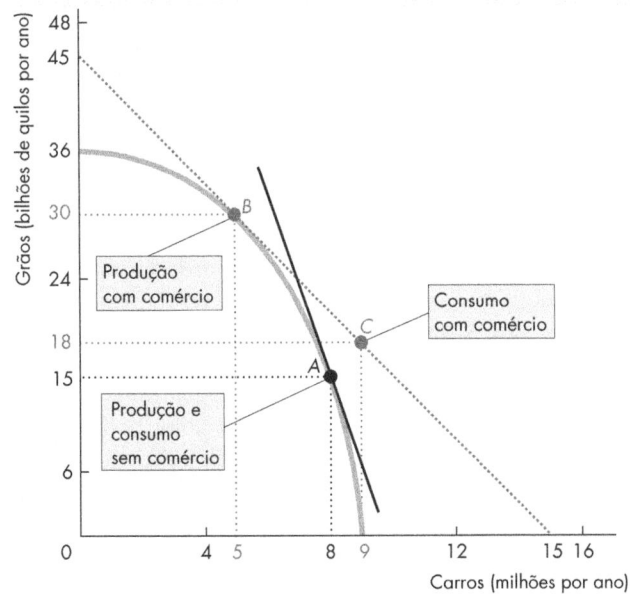

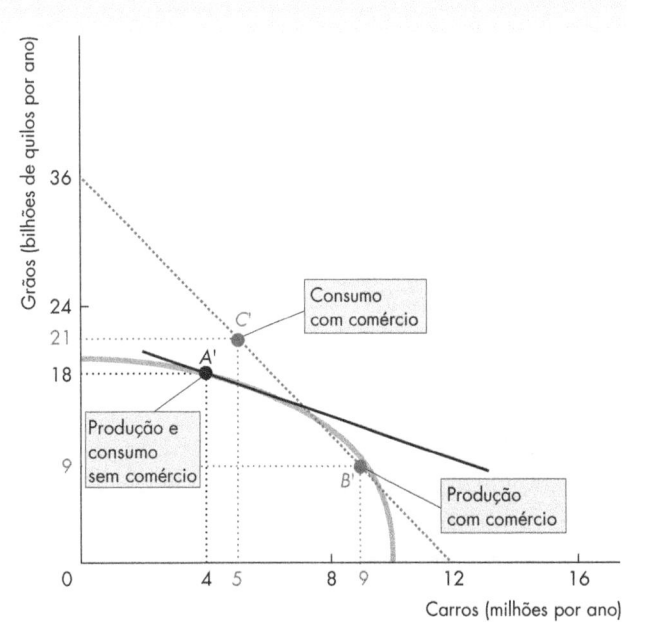

(a) Agrolândia

(b) Mobilândia

Na ausência de comércio internacional, os habitantes da Agrolândia produzem e consomem no ponto A e o custo de oportunidade de 1 carro é de 9.000 quilos de grãos – a inclinação da linha preta na parte (a). Além disso, na ausência de comércio internacional, os habitantes da Mobilândia produzem e consomem no ponto A' e o custo de oportunidade de 1 carro é de 1.000 quilos de grãos – a inclinação da linha preta na parte (b).

Os bens podem ser negociados internacionalmente ao preço de 3.000 quilos de grãos por 1 carro ao longo da linha pontilhada em cada parte da figura. Na parte (a), a Agrolândia reduz sua produção de carros e aumenta sua produção de grãos, passando de A para B. A Agrolândia exporta grãos e importa carros e consome no ponto C. Os habitantes da Agrolândia têm ao mesmo tempo mais carros e mais grãos do que teriam se produzissem todos os seus bens de consumo – no ponto A.

Na parte (b), a Mobilândia aumenta a produção de carros e reduz a produção de grãos, passando de A' para B'. A Mobilândia exporta carros e importa grãos e consome no ponto C'. Os habitantes da Mobilândia têm ao mesmo tempo mais carros e mais grãos do que teriam se produzissem todos os seus bens de consumo – no ponto A'.

a Mobilândia. As fronteiras de possibilidades de produção que você viu nas figuras 32.1 e 32.2 são reproduzidas aqui. As inclinações das duas linhas pretas representam os custos de oportunidade dos dois países quando não há comércio internacional. A Agrolândia produz e consome no ponto *A*, e a Mobilândia produz e consome no ponto *A'*. O custo de oportunidade de um carro é de 9.000 quilos de grãos na Agrolândia e 1.000 quilos de grãos na Mobilândia.

Possibilidades de consumo A linha pontilhada de cada parte da Figura 32.4 mostra as possibilidades de consumo do país quando há comércio internacional. Essas duas linhas pontilhadas têm a mesma inclinação, e a magnitude dessa inclinação é o custo de oportunidade de um carro em termos de grãos no comércio mundial: 3.000 quilos de grãos por carro. A *inclinação* da linha de possibilidades de consumo é a mesma para ambos os países porque sua magnitude é igual ao preço *internacional*. Mas a posição da linha de possibilidades de consumo de um país depende das possibilidades de produção do país. Um país não pode produzir fora de sua curva de possibilidades de produção, portanto sua curva de possibilidades de consumo toca sua curva de possibilidades de produção. Desta maneira, a Agrolândia poderia decidir consumir no ponto *B* na ausência de comércio internacional ou, com o comércio internacional, em qualquer ponto da linha pontilhada de possibilidades de consumo.

Equilíbrio do livre-comércio Com o comércio internacional, os produtores de carros na Mobilândia podem vender seus carros a um preço mais alto. Como resultado, eles aumentam a quantidade de carros produzidos. Ao mesmo tempo, os produtores de grãos da Mobilândia recebem um preço mais baixo por seus grãos e, assim, reduzem a quantidade produzida de grãos. Os produtores da Mobilândia ajustam sua produção movendo-se ao longo de sua *FPP* até que o custo de oportunidade no país seja igual ao preço internacional (o custo de oportunidade no mercado mundial). Essa situação surge quando a Mobilândia produz no ponto *B'* da Figura 32.4(b).

Mas os habitantes da Mobilândia não consomem no ponto *B'*. Ou seja, eles não aumentam seu consumo de carros e reduzem seu consumo de grãos. Em vez disso, eles vendem para a Agrolândia parte dos carros que produzem em troca de parte dos grãos da Agrolândia. Assim, eles praticam o comércio internacional. Mas, para entendermos como isso funciona, precisamos primeiro entender o que está acontecendo na Agrolândia.

Na Agrolândia, produtores de carros agora recebem um preço inferior e os produtores de grãos podem vender seus grãos a um preço mais alto. Em conseqüência, os produtores da Agrolândia reduzem a produção de carros e aumentam a produção de grãos. Eles ajustam sua produção movendo-se ao longo da *FPP* até que o custo de oportunidade de um carro em termos de grãos seja igual ao preço internacional (o custo de oportunidade no mercado mundial). Eles passam para o ponto *B* da parte (a). Mas os habitantes da Agrolândia não consomem no ponto *B*. Em vez disso, eles comercializam parte de sua produção adicional de grãos para obter os carros agora mais baratos da Mobilândia.

A figura nos mostra as quantidades consumidas nos dois países. Vimos na Figura 32.3 que a Mobilândia exporta 4 milhões de carros por ano e que esses carros são importados pela Agrolândia. Também vimos que a Agrolândia exporta 12 bilhões de quilos de grãos por ano e que esses grãos são importados pela Mobilândia. Desta maneira, o consumo de grãos da Agrolândia é 12 bilhões de quilos por ano a menos do que sua produção e seu consumo de carros é 4 milhões por ano a mais do que sua produção. A Agrolândia consome no ponto *C* da Figura 32.4(a).

De modo similar, sabemos que a Mobilândia consome 12 bilhões de quilos de grãos a mais do que produz e 4 milhões de carros a menos do que produz. A Mobilândia consome no ponto *C'* da Figura 32.4(b).

Cálculo dos ganhos proporcionados pelo comércio

Agora podemos literalmente ver na Figura 32.4 os ganhos proporcionados pelo comércio. Sem ele, os habitantes da Agrolândia produzem e consomem no ponto *A* na parte (a) – um ponto na fronteira de possibilidades de produção da Agrolândia. Com o comércio internacional, os habitantes da Agrolândia consomem no ponto *C* na parte (a) – um ponto *fora* da fronteira de possibilidades de produção. No ponto *C*, os habitantes da Agrolândia consomem 3 bilhões de quilos de grãos por ano e 1 milhão de carros por ano a mais do que antes. Esses aumentos do consumo tanto de carros quanto de grãos, para além dos limites da fronteira de possibilidades de produção, são os ganhos que os habitantes da Agrolândia obtêm do comércio internacional.

Os habitantes da Mobilândia também ganham. Sem o comércio, eles consomem no ponto *A'* na parte (b) – um ponto na fronteira de possibilidades de produção da Mobilândia. Com o comércio internacional, eles consomem no ponto *C'* – um ponto *fora* de sua fronteira de possibilidades de produção. Com o comércio internacional, a Mobilândia consome 3 bilhões de quilos de grãos por ano e 1 milhão de carros a mais do que consumiria sem o comércio. Esses são os ganhos da Mobilândia provenientes do comércio internacional.

Ganhos para ambos os países

O comércio entre os habitantes da Agrolândia e da Mobilândia não gera ganhadores e perdedores. Ambos os países saem ganhando. Os habitantes da Agrolândia que vendem grãos e os habitantes da Mobilândia que vendem carros estão diante de uma maior demanda por seus produtos porque a demanda estrangeira se soma à demanda interna. Com um aumento da demanda, o preço aumenta.

Os habitantes da Agrolândia que compram carros e os habitantes da Mobilândia que compram grãos estão diante de uma maior oferta desses produtos porque a oferta estrangeira se soma à oferta interna. Com um aumento da oferta, o preço diminui.

Ganhos proporcionados pelo comércio na realidade

Os ganhos proporcionados pelo comércio entre a Agrolândia e a Mobilândia que acabamos de analisar ocorrem em uma economia-modelo – em uma economia mundial hipotética. No entanto, esses mesmos fenômenos ocorrem todos os dias na economia global real.

Vantagem comparativa na economia global Os Estados Unidos compram aparelhos de TV e DVD da Coréia do Sul, maquinário da Europa e artigos de vestuário de Hong Kong. Em troca, vendem maquinário, grãos, madeira, aviões, computadores e serviços financeiros. Todo esse comércio internacional é gerado pela vantagem comparativa, assim como acontece com o comércio internacional entre a Agrolândia e a Mobilândia na nossa economia-modelo. Todo o comércio internacional surge da vantagem comparativa, mesmo quando o comércio é de bens similares, como ferramentas e equipamentos. À primeira vista, parece estranho que os países troquem bens manufaturados. Por que cada país desenvolvido não produz todos os bens manufaturados que seus cidadãos desejam comprar?

O comércio de bens similares Por que os Estados Unidos produzem automóveis para exportação e ao mesmo tempo importam grandes quantidades de automóveis do Canadá, Japão, Coréia do Sul e Europa ocidental? Não faria mais sentido produzir nos Estados Unidos todos os carros que os norte-americanos querem comprar? Afinal, eles têm acesso à melhor tecnologia disponível para a produção de carros. Os trabalhadores da indústria automobilística norte-americana certamente são tão produtivos quanto seus colegas do Canadá, Europa ocidental e Ásia. Então, por que os Estados Unidos têm uma vantagem comparativa para alguns tipos de carros e a Ásia e a Europa têm para outros?

Diversidade de preferências e economias de escala A primeira parte da resposta é que as pessoas diferem enormemente em termos de preferências. Vamos nos ater ao exemplo dos carros. Algumas pessoas preferem modelos esportivos, outras preferem limusines, algumas preferem um carro de tamanho padrão, outras preferem grandes utilitários esportivos, enquanto outras preferem carros pequenos. Além do tamanho e do tipo do carro, há muitas outras dimensões nas quais os carros variam. Alguns consomem pouco combustível, outros têm um alto nível de desempenho, alguns são espaçosos e confortáveis, alguns têm um bagageiro grande, outros têm tração 4 por 4, alguns têm uma grade frontal que parece um templo grego outros têm formato de cunha. As preferências das pessoas em relação a todas essas dimensões variam. A enorme diversidade de preferências por carros significa que as pessoas valorizam a variedade e estão dispostas a pagar por ela no mercado.

A segunda parte da explicação para o mistério são as *economias de escala* – a tendência de o custo médio ser mais baixo quanto maior é a escala de produção. Nessas situações, produções cada vez maiores levam a custos médios cada vez mais baixos. A produção de muitos bens, incluindo carros, envolve economias de escala. Por exemplo, se um fabricante de carros faz apenas algumas centenas (ou talvez alguns milhares) de carros de um tipo e modelo específico, ele precisa adotar técnicas de produção que utilizam muito mais mão-de-obra e que são muito menos automatizadas do que as empregadas para produzir centenas de milhares de carros de determinado modelo. Com produções pequenas e técnicas de produção de uso intensivo de mão-de-obra, os custos são altos. Com produções muito grandes e linhas de montagem automatizadas, os custos de produção são muito menores. Mas, para obter custos menores, as linhas de montagem automatizadas devem produzir um grande número de carros.

É a combinação da diversidade de preferências com as economias de escala que determina o custo de oportunidade, produz vantagens comparativas e gera um grande volume de comércio internacional de mercadorias similares. Com o comércio internacional, cada fabricante de carros tem todo o mercado internacional para atender. Cada produtor pode se especializar em uma variedade limitada de produtos e vender sua produção para todo o mercado mundial. Isso permite grandes produções dos carros mais populares e produções viáveis até mesmo dos carros mais customizados demandados por apenas algumas pessoas em cada país.

A situação do mercado de carros se repete em muitas outras indústrias, especialmente naquelas que produzem equipamentos e peças especializados. Por exemplo, os Estados Unidos exportam chips de processamento para computadores de grande porte, mas importam chips de memória, exportam computadores de grande porte, mas importam PCs, e exportam equipamentos especializados de vídeo, mas importam aparelhos de DVD. O comércio internacional de produtos manufaturados similares, mas ligeiramente diferentes, é lucrativo.

QUESTÕES PARA REVISÃO

1 Qual é a fonte fundamental dos ganhos proporcionados pelo comércio internacional?
2 Em quais circunstâncias os países podem ganhar com o comércio internacional?
3 O que determina os bens e serviços que um país exportará?
4 O que determina os bens e serviços que um país importará?
5 O que é vantagem comparativa e qual papel ela exerce na determinação da quantidade e do tipo de comércio internacional?
6 Como todos os países podem ganhar com o comércio internacional sem haver perdedores?
7 Dê alguns exemplos de vantagem comparativa no mundo atual.
8 Por que os Estados Unidos ao mesmo tempo exportam e importam automóveis?

Vimos como o livre-comércio internacional resulta em ganhos para todos os países. Mas o comércio internacional não é livre no mundo. Vamos dar uma breve olhada na história e nos efeitos das restrições ao comércio internacional. Veremos que o livre-comércio leva aos maiores benefícios possíveis e que as restrições ao comércio internacional são custosas.

Restrições ao comércio internacional

Para proteger as indústrias locais da concorrência estrangeira, os governos restringem o comércio internacional por meio da utilização de duas ferramentas:

1. Tarifas
2. Barreiras não tarifárias

Tarifa é um imposto cobrado pelo país importador quando um bem importado cruza sua fronteira. **Barreira não tarifária** é qualquer ação que não seja uma tarifa e que restrinja o comércio internacional. Exemplos de barreiras não tarifárias são restrições quantitativas e regulações de autorizações para limitar as importações. Primeiro, vamos analisar as tarifas.

A história das tarifas nos Estados Unidos

As tarifas norte-americanas atuais são modestas se comparadas com seus níveis históricos. A Figura 32.5 mostra a alíquota tarifária média – tarifas totais como uma porcentagem das importações totais. Podemos ver na figura que essa média atingiu o máximo de 20 por cento em 1933. Nessa época, três anos após a promulgação da Lei Smoot-Hawley, um terço das importações dos Estados Unidos estava sujeito a uma tarifa, e a alíquota tarifária sobre essas importações era de 60 por cento. A tarifa média da Figura 32.5 para 1933 equivale a 60 por cento multiplicado por 1/3, o que equivale a 20 por cento. Hoje em dia, a alíquota média é de menos de 2 por cento.

Em 1947, os Estados Unidos e 22 outros países assinaram o **Acordo Geral sobre Tarifas e Comércio** (Gatt). A partir de sua formação, o Gatt organizou uma série de 'rodadas' de negociações que resultou em um processo estável de redução tarifária. A rodada final, a Rodada Uruguai, teve início em 1986 e, concluída em 1994, levou à criação da **Organização Mundial do Comércio** (OMC).

Em 2001, a OMC embarcou em um ambicioso programa conhecido como *Agenda de Desenvolvimento de Doha*, que procura criar o livre-comércio internacional para todos os bens e serviços, incluindo produtos agrícolas. O principal desafio desse programa é abrir mercados no mundo desenvolvido para países em desenvolvimento. Um progresso limitado foi alcançado nesse programa em conferências realizadas em Cancun em 2003, Genebra em 2004 e Hong Kong em 2005, e o programa é contínuo.

Além de estarem envolvidos no Gatt e na OMC, os Estados Unidos participam do **Acordo Norte-Americano de Livre-Comércio** (Nafta), que entrou em vigor em 1º de janeiro de 1994, visando a eliminar todas as barreiras ao comércio internacional entre os Estados Unidos, o Canadá e o México após um período de 15 anos de implementação gradual.

Figura 32.5 Tarifas dos Estados Unidos: 1930-2006

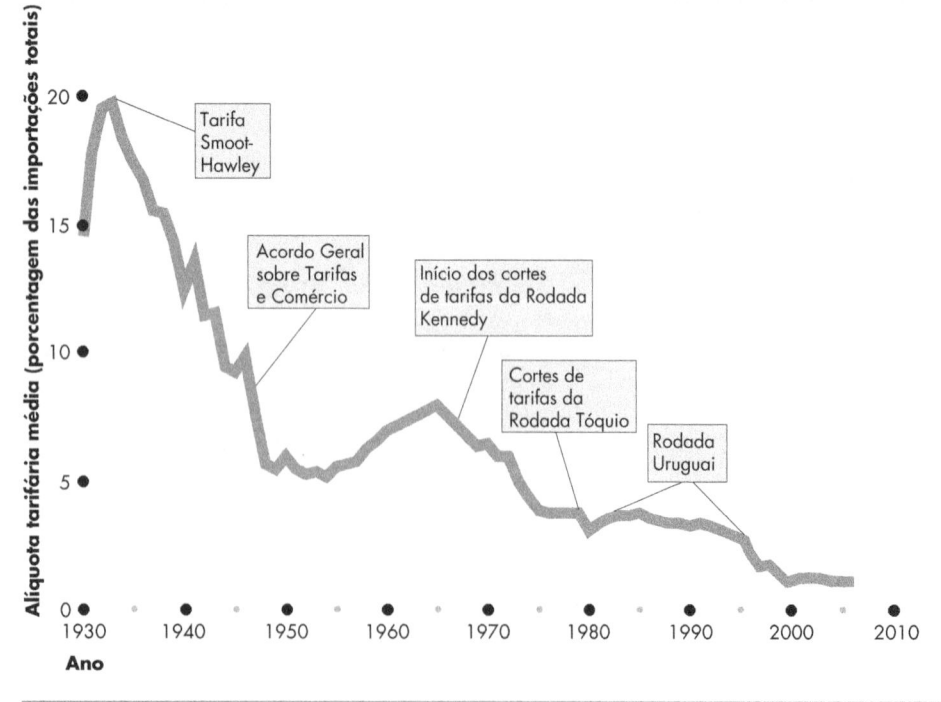

A Lei Smoot-Hawley, promulgada em 1930, levou as tarifas dos Estados Unidos a um pico de alíquota média de 20 por cento em 1933. (Um terço das importações estava sujeito a uma alíquota tarifária de 60 por cento.) Desde o estabelecimento do Acordo Geral sobre Tarifas e Comércio (Gatt), em 1947, as tarifas norte-americanas diminuíram constantemente em uma série de rodadas de negociações, das quais as mais importantes estão identificadas na figura. Atualmente as tarifas estão no nível mais baixo de todos os tempos.

Fonte dos dados: U.S. Bureau of the Census, *Historical statistics of the United States, colonial times to 1970*, Bicentennial Edition, Part 1 (Washington, D.C., 1975); Série U-212: atualizada de *Statistical Abstract of the United States*: várias edições.

Em outras partes do mundo, as barreiras ao comércio foram praticamente eliminadas entre os países membros da União Européia, que criaram o maior mercado unificado livre de tarifa do mundo. Em 1994, discussões entre a Cooperação Econômica da Ásia e do Pacífico (Apec) levaram a um acordo para criar uma área de livre-comércio incluindo a China, todas as economias da Ásia oriental e do Pacífico Sul, o Chile, o Peru, o México, os Estados Unidos e o Canadá. Esses países incluem as economias de mais rápido crescimento e trazem a promessa de introduzir uma zona global de livre-comércio.

Os esforços para obter um comércio mais livre salientam o fato de que o comércio de alguns bens nos Estados Unidos ainda está sujeito a altas tarifas. Produtos têxteis e calçados estão entre os bens com as tarifas mais altas, cujas alíquotas atingem em média mais de 10 por cento. Alguns itens individuais estão sujeitos a tarifas muito mais altas do que a média. Por exemplo, quando um norte-americano compra uma calça jeans por US$ 30, ele paga cerca de US$ 7 a mais do que pagaria na ausência de tarifas sobre os produtos têxteis. Outros bens protegidos por tarifas nos Estados Unidos são produtos agrícolas, energia, substâncias químicas, minerais e metais. A carne, o queijo e o açúcar consumidos pelos norte-americanos custam significativamente mais com a proteção do que custariam com o livre-comércio internacional.

A tentação de impor tarifas é grande para os governos. Em primeiro lugar, as tarifas proporcionam receita para o governo. Em segundo lugar, elas permitem que o governo satisfaça grupos de interesse especial nas indústrias que concorrem com as importações. Mas, como veremos, o livre-comércio internacional resulta em enormes benefícios, que são reduzidos quando as tarifas são impostas. Vejamos como.

Como funcionam as tarifas

Para vermos como as tarifas funcionam, vamos retomar o exemplo do comércio entre a Agrolândia e a Mobilândia. A Figura 32.6 mostra o mercado internacional de carros no qual esses dois países são os únicos participantes. O volume do comércio e o preço de um carro são determinados no ponto de intersecção entre a curva de oferta da Mobilândia de exportação de carros e a curva de demanda da Agrolândia por importação de carros.

Na Figura 32.6, esses dois países comercializam carros e grãos exatamente da mesma maneira que vimos na Figura 32.3: a Mobilândia exporta carros e a Agrolândia exporta grãos. O volume de importações de carros para a Agrolândia é de 4 milhões anuais, e o preço de mercado internacional de um carro é 3.000 quilos de grãos. A Figura 32.6 expressa os preços em dólares, e não em unidades de grãos, e se baseia em um preço monetário de grãos de $ 1 por quilo. Com os grãos custando $ 1 por quilo, o preço monetário de um carro é igual a $ 3.000.

Agora suponha que o governo da Agrolândia, talvez sob pressão dos produtores de carros, decida impor uma tarifa sobre os carros importados. Mais especificamente, suponha que seja imposta uma tarifa de $ 4.000 por carro.

Figura 32.6 Os efeitos de uma tarifa

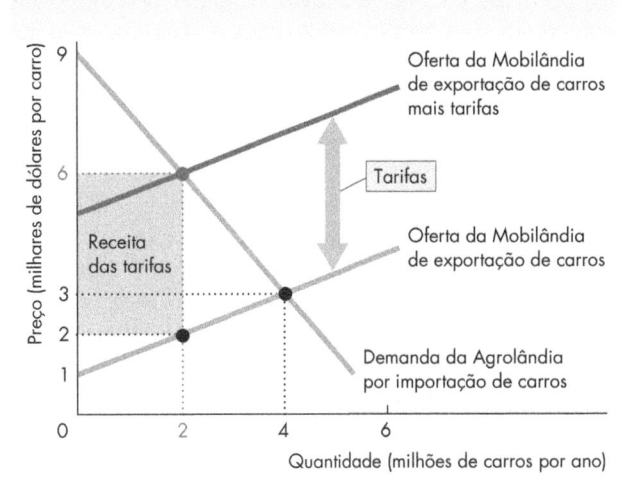

A Agrolândia impõe uma tarifa sobre as importações de carros da Mobilândia. A tarifa aumenta o preço que os habitantes da Agrolândia precisam pagar por um carro e desloca para a esquerda a curva de oferta de carros na Agrolândia. A distância vertical entre a curva de oferta original e a nova é igual ao valor da tarifa, $ 4.000 por carro. O preço de um carro na Agrolândia aumenta, e a quantidade de carros importados diminui. O governo da Agrolândia recolhe uma receita tarifária de $ 4.000 por carro – um total de $ 8 bilhões sobre os 2 milhões de carros importados. As exportações de grãos da Agrolândia diminuem porque agora a renda que a Mobilândia obtém de suas exportações de carros é menor.

(Trata-se de uma tarifa enorme, mas os fabricantes de carros da Agrolândia estão cansados da concorrência da Mobilândia.) O que acontece neste caso?

- A oferta de carros na Agrolândia diminui.
- O preço de um carro na Agrolândia aumenta.
- A quantidade de carros importados pela Agrolândia diminui.
- O governo da Agrolândia recolhe a receita tarifária.
- A utilização dos recursos é ineficiente.
- O *valor* das exportações varia na mesma quantidade que o *valor* das importações, e o comércio continua equilibrado.

Variação da oferta de carros A Agrolândia não tem como importar carros ao preço de oferta de exportações da Mobilândia. Ela precisa pagar esse preço mais a tarifa de $ 4.000. Desta maneira, a curva de oferta na Agrolândia se desloca para a esquerda. A nova curva de oferta é "Oferta da Mobilândia de exportação de carros mais tarifas". A distância vertical entre a curva de oferta da Mobilândia de exportação original e a nova curva de oferta equivale à tarifa de $ 4.000 por carro.

Aumento do preço de um carro Ocorre um novo equilíbrio no ponto em que a nova curva de oferta cruza a curva da Agrolândia de demanda por importação de carros. Esse equilíbrio ocorre a um preço de $ 6.000 por carro, $ 3.000 a mais do que no livre-comércio.

Diminuição das importações As importações de carros diminuem de 4 milhões para 2 milhões ao ano. Ao preço mais alto de $ 6.000 por carro, os fabricantes nacionais de carros aumentam sua produção. A produção interna de grãos diminui à medida que os recursos são alocados à indústria automobilística, que está em expansão.

Receita tarifária Os gastos totais dos habitantes da Agrolândia em carros importados equivalem a $ 6.000 por carro multiplicados pelos 2 milhões de carros importados ($ 12 bilhões). Mas nem todo esse dinheiro vai para os habitantes da Mobilândia. Eles recebem $ 2.000 por carro, ou $ 4 bilhões pelos 2 milhões de carros. A diferença – $ 4.000 por carro, ou um total de $ 8 bilhões pelos 2 milhões de carros – é recolhida pelo governo da Agrolândia na forma de receita tarifária.

Ineficiência Os habitantes da Agrolândia estão dispostos a pagar $ 6.000 pelo carro marginal importado. Mas o custo de oportunidade desse carro é $ 2.000. Desta maneira, a comercialização de um carro extra resulta em ganho. Com efeito, há ganhos – a disposição de pagar excede o custo de oportunidade – até o número de 4 milhões de carros por ano. Só quando estão sendo comercializados 4 milhões de carros é que o preço máximo que um habitante da Agrolândia está disposto a pagar equivale ao preço mínimo aceitável para um habitante da Mobilândia. A restrição ao comércio reduz os ganhos provenientes dele.

O comércio continua equilibrado Com o livre-comércio, a Agrolândia pagava $ 3.000 por carro e comprava 4 milhões de carros por ano da Mobilândia. A Agrolândia pagava à Mobilândia $ 12 bilhões ao ano pelos carros importados. Com uma tarifa de $ 4.000 por carro, as importações da Agrolândia diminuíram para 2 milhões de carros ao ano, e o preço pago para a Mobilândia diminuiu para $ 2.000 por carro. O montante total que a Agrolândia pagou para a Mobilândia pelas importações diminuiu para $ 4 bilhões ao ano. Isso significa que a Agrolândia agora tem um excedente da balança comercial? A resposta é não.

O preço de um carro na Mobilândia diminuiu, mas o preço dos grãos continua a ser $ 1 por quilo. Desta maneira, o preço relativo de um carro diminuiu e o preço relativo dos grãos aumentou. Com o livre-comércio, os habitantes da Mobilândia podiam comprar 3.000 quilos de grãos com um carro. Agora, eles só conseguem comprar 2.000 quilos com um carro.

Com um preço relativo mais alto dos grãos, a quantidade demandada pelos habitantes da Mobilândia diminui e a Mobilândia importa menos grãos. Mas, como a Mobilândia importa menos grãos, a Agrolândia exporta menos grãos. Com efeito, a indústria de grãos da Agrolândia é prejudicada por dois fatores. Em primeiro lugar, há uma diminuição da quantidade de grãos vendidos à Mobilândia. Em segundo lugar, há uma maior concorrência por recursos provenientes da agora expandida indústria automobilística. A tarifa leva a uma retração da escala da indústria de grãos na Agrolândia.

No início parece paradoxal que um país que impõe uma tarifa sobre os carros prejudique sua própria indústria de exportação, reduzindo suas exportações de grãos. Pode ajudar pensar nisso da seguinte maneira: os habitantes da Mobilândia compram grãos com o dinheiro que ganham exportando carros para a Agrolândia. Se exportam menos carros, eles não conseguem comprar tantos grãos. Com efeito, na ausência de empréstimos internacionais feitos e tomados, a Mobilândia precisa reduzir suas importações de grãos exatamente na mesma quantia da perda de receita de suas exportações de carros. A Mobilândia reduz suas importações de grãos para um valor de $ 4 bilhões, a quantia que pode ser paga com a nova receita, mais baixa, proveniente das exportações de carros da Mobilândia. O comércio continua equilibrado. A tarifa reduz o valor das importações e das exportações na mesma quantia. A tarifa não tem nenhum efeito sobre o *equilíbrio* do comércio, mas reduz o *volume* do comércio.

O resultado que acabamos de descrever talvez seja um dos aspectos mais mal compreendidos da economia internacional. Em inúmeras ocasiões, políticos e outras pessoas preconizam tarifas para excluir um déficit do balanço comercial ou argumentam que uma redução das tarifas resultaria em um déficit do balanço comercial. Eles chegam a essa conclusão deixando de levar em consideração todas as implicações de uma tarifa.

Vamos analisar agora as barreiras não tarifárias.

Barreiras não tarifárias

As duas principais formas de barreiras não tarifárias são:
1. Cotas
2. Restrições voluntárias de exportações

Cota é uma restrição quantitativa à importação de determinado bem, a qual especifica a quantidade máxima que pode ser importada em determinado período. A **restrição voluntária de exportações** (RVE) é um acordo entre dois governos no qual o governo do país exportador concorda em restringir o volume de suas próprias exportações.

As cotas são especialmente proeminentes na indústria têxtil e na agricultura. As RVEs têm sido utilizadas no comércio dos Estados Unidos com o Japão em uma ampla variedade de produtos e, mais recentemente, no comércio de produtos têxteis com a China (veja a seção "Leitura das entrelinhas").

Como as cotas funcionam

Suponha que a Agrolândia imponha uma cota de 2 milhões de unidades anuais para as importações de carros. A Figura 32.7 mostra os efeitos dessa ação. A cota é indicada pela linha cinza-escuro vertical em 2 milhões de carros por ano. Os importadores de carros de Agrolândia agora compram essa quantidade da Mobilândia e pagam $ 2.000 por carro. Mas, como a quantidade de carros importados é restrita a 2 milhões de carros ao ano, as pessoas da Agrolândia estão dispostas a pagar $ 6.000 por carro. Esse é o preço de um carro na Agrolândia.

O valor das importações diminui para $ 4 bilhões (o mesmo valor que no caso da tarifa). Com rendas menores proveniente das exportações de carros e com um preço relativo mais alto dos grãos, os habitantes da Mobilândia reduzem as importações de grãos exatamente como fizeram no caso da tarifa.

A principal distinção entre a cota e a tarifa é quem fica com a diferença entre o preço de fornecimento do exportador e o preço doméstico. No caso da tarifa, o governo do país importador é que recebe a diferença. No caso da cota, ela vai para o importador.

Como as RVEs funcionam

Uma RVE é como uma cota alocada para cada exportador. Os efeitos de uma RVE são similares aos de uma cota, mas a diferença entre o preço doméstico e o preço de exportação é recebida não pelos importadores locais, mas pelo exportador estrangeiro. O governo do país exportador precisa estabelecer procedimentos para dividir o volume restrito de exportações entre seus produtores.

QUESTÕES PARA REVISÃO

1 Quais são as ferramentas que um país pode utilizar para restringir o comércio internacional?

2 Quais são as conseqüências das restrições do comércio internacional para os ganhos proporcionados pelo comércio internacional?

3 O que é melhor para um país: comércio restrito, nenhum comércio ou livre-comércio? Por quê?

4 Quais são as conseqüências de uma tarifa sobre as importações para o volume de importações e para o volume de exportações?

5 Na ausência de empréstimos internacionais concedidos e tomados, como as tarifas e outras restrições ao comércio internacional influenciam o valor total das importações e das exportações e o equilíbrio comercial?

Vamos examinar agora alguns argumentos comuns a favor da restrição do comércio internacional e ver por que eles quase nunca são válidos.

O argumento contra a proteção

Desde o início da existência das nações e do comércio internacional, as pessoas têm discutido se um país se beneficia mais com o livre-comércio internacional ou com a proteção da concorrência estrangeira. O debate continua, mas a maioria dos economistas chegou à mesma conclusão que acabamos de explicar. O livre-comércio promove a prosperidade para todos os países; a proteção é ineficiente. Vimos o argumento mais poderoso a favor do livre-comércio no exemplo que mostra como tanto a Agrolândia quanto a Mobilândia se beneficiam de sua vantagem comparativa. No entanto, há uma variedade mais ampla de questões no debate entre os defensores do livre-comércio e os defensores da proteção. Vamos examinar estas questões.

Figura 32.7 Os efeitos de uma cota

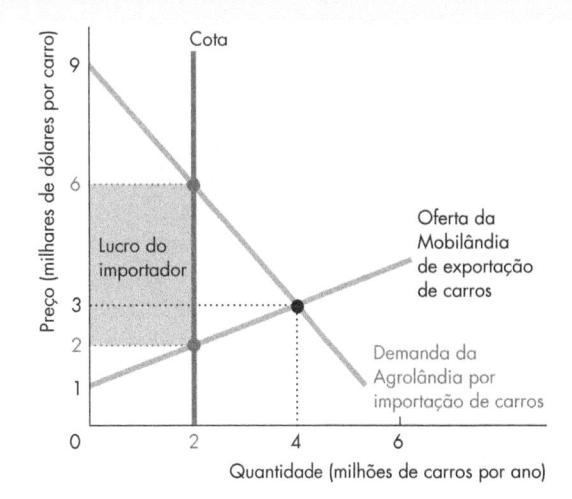

A Agrolândia impõe uma cota de 2 milhões de carros por ano para as importações de carros produzidos na Mobilândia. Essa quantidade é indicada pela linha vertical chamada de 'Cota'. Como a quantidade de carros importados pela Agrolândia é restrita a 2 milhões de carros ao ano, o preço de um carro nesse país aumenta para $ 6.000. É lucrativo importar carros porque a Mobilândia está disposta a fornecer carros a $ 2.000 cada um. Há uma concorrência pelas cotas de importação.

Os três principais argumentos a favor da restrição do comércio internacional são:
- O argumento da segurança nacional
- O argumento da indústria nascente
- O argumento do *dumping*

O argumento da segurança nacional

Segundo o argumento da segurança nacional, um país deve proteger as indústrias que produzem equipamentos de defesa e armamentos e aquelas com as quais as indústrias de defesa contam para o suprimento de matérias-primas e outros insumos intermediários. Esse argumento para a proteção não se sustenta se submetido a uma análise mais meticulosa.

Em primeiro lugar, trata-se de um argumento a favor do isolamento internacional, já que, em épocas de guerra, todas as indústrias contribuem para a defesa nacional.

Em segundo lugar, se o argumento visa a aumentar a produção de uma indústria estratégica, é mais eficiente atingir esse resultado com um subsídio para as empresas da indústria, financiado por meio de impostos. Esse subsídio manteria a indústria operando na escala considerada apropriada, e o livre-comércio internacional manteria nos níveis do mercado mundial os preços com que os consumidores se defrontam.

O argumento da indústria nascente

De acordo com o chamado **argumento da indústria nascente**, é necessário proteger uma nova indústria para permitir que ela se desenvolva até se tornar uma indústria madura, capaz de competir nos mercados internacionais. O argumento se baseia na idéia da *vantagem comparativa dinâmica*, que pode ser resultado do *aprendizado por meio da prática* (veja o Capítulo 2).

Esse aprendizado é um poderoso recurso para alavancar o crescimento da produtividade, e a vantagem comparativa de fato evolui e muda em virtude da maior experiência no trabalho. Mas esses fatos não justificam a proteção.

Em primeiro lugar, o argumento da indústria nascente só é válido se os resultados do aprendizado por meio da prática *não somente* beneficiam os proprietários e trabalhadores das empresas da indústria nascente como também *se espalham* para outras indústrias e áreas da economia. Por exemplo, na fabricação de aviões há enormes ganhos de produtividade resultantes do aprendizado por meio da prática. Mas quase todos esses ganhos beneficiam os acionistas e os trabalhadores da Boeing e de outros fabricantes de aviões. Como as pessoas que tomam as decisões, que arcam com os riscos e que realizam o trabalho é que se beneficiam, elas levam os ganhos dinâmicos em consideração ao decidir a escala de suas atividades. Neste caso, quase nenhum benefício se espalha para outras partes da economia, de modo que não há necessidade de assistência do governo para atingir um resultado eficiente.

Em segundo lugar, mesmo que o argumento vise a proteger uma indústria nascente, é mais eficiente fazer isso por meio de um subsídio às empresas da indústria, com o subsídio sendo financiado pelos impostos. Esse subsídio incentivaria a indústria a amadurecer e a concorrer com produtores internacionais eficientes e manter nos níveis do mercado internacional os preços com que os consumidores se defrontam.

O argumento do *dumping*

O ***dumping*** ocorre quando uma empresa estrangeira vende suas exportações a um preço menor que o custo de produção. O *dumping* pode ser utilizado por uma empresa que queira conquistar um monopólio global. Neste caso, a empresa estrangeira vende sua produção a um preço inferior a seu custo para forçar as empresas locais a sair do negócio. Quando as empresas nacionais fecham as portas, a empresa estrangeira se aproveita de sua posição de monopólio e cobra um preço mais alto pelo seu produto. O *dumping* costuma ser considerado uma justificativa para tarifas temporárias, que são chamadas de *direitos compensatórios*.

Mas há bons motivos para resistir ao argumento do *dumping*. Em primeiro lugar, é praticamente impossível detectar o *dumping* porque é difícil determinar os custos de uma empresa. Como resultado, o teste para o *dumping* é identificar se o preço de exportação de uma empresa está abaixo de seu preço doméstico. Mas esse teste não é tão eficaz porque pode ser racional para uma empresa cobrar um preço inferior em mercados nos quais a quantidade demandada é altamente sensível ao preço e um preço superior em um mercado no qual a demanda é menos sensível ao preço.

Em segundo lugar, é difícil pensar em um bem que seja produzido por um monopólio *global* natural. Desta maneira, mesmo que todas as empresas locais em determinada indústria fossem forçadas a fechar as portas, sempre seria possível encontrar muitas fontes estrangeiras alternativas e comprar o bem ao preço definido em mercados competitivos.

Em terceiro lugar, se um bem ou serviço fosse um monopólio natural verdadeiramente global, a melhor maneira de lidar com isso seria pela regulação – exatamente como ocorre no caso dos monopólios domésticos. Essa regulamentação demandaria cooperação internacional.

Os três argumentos a favor da proteção que acabamos de analisar têm certo elemento de credibilidade. Entretanto, os contra-argumentos são em geral mais consistentes, de modo que esses argumentos não justificam a proteção. Mas eles não são os únicos possíveis. Há muitos outros novos argumentos contra a globalização e a proteção. Os mais comuns são que a proteção:

- Protege empregos.
- Permite a competição com a mão-de-obra estrangeira mais barata.
- Resulta em diversidade e estabilidade.
- Penaliza padrões ambientais frouxos.
- Protege a cultura nacional.
- Impede países ricos de explorar os países em desenvolvimento.

Protege empregos

O argumento é que, quando os Estados Unidos compram sapatos do Brasil ou camisetas de Taiwan, por exemplo, os trabalhadores norte-americanos dessas indústrias perdem o emprego. Sem rendimentos e com poucas perspectivas de futuro, esses trabalhadores passam a depender de recursos da assistência social e a gastar menos, provocando um efeito multiplicador e mais perdas de emprego. A solução proposta é banir as importações de bens estrangeiros baratos e proteger os empregos internos. Esse argumento não resiste a uma análise mais detalhada por três razões.

Em primeiro lugar, o livre-comércio de fato implica a perda de alguns empregos, mas também cria outros. Ele leva à racionalização global da mão-de-obra e aloca recursos de trabalho a suas atividades mais valorizadas. O comércio internacional de produtos têxteis custou dezenas de milhares de empregos aos Estados Unidos com o fechamento de fábricas locais. Mas dezenas de milhares de empregos foram criados em outros países com a abertura de fábricas de produtos têxteis. Dezenas de milhares de trabalhadores norte-americanos conseguiram empregos mais bem remunerados do que os da indústria têxtil porque as indústrias de exportação dos Estados Unidos se expandiram, criando novos empregos. A quantidade de empregos criados foi maior do que a de destruídos.

Em segundo lugar, as importações criam empregos para varejistas que vendem bens importados e para as empresas que prestam serviços relacionados a esses bens. As importações também criam empregos ao gerar mais renda no resto do mundo, parte da qual é gasta em importações de bens e serviços do país em questão.

Apesar de a proteção de fato poupar empregos específicos, ela o faz a um alto custo. Por exemplo, até 2005 os empregos na indústria têxtil dos Estados Unidos eram protegidos por um acordo internacional chamado de Multifiber Arrangement. A U.S. International Trade Commission (ITC – Comissão de Comércio Internacional dos Estados Unidos) estimou que, devido às cotas, havia 72 mil empregos na indústria têxtil que de outra maneira teriam desaparecido e que os gastos anuais em vestuário nos Estados Unidos foram de US$ 15,9 bilhões, ou US$ 160 por família, um valor superior ao que seria gasto no livre-comércio. De modo equivalente, o ITC estimou que cada emprego da indústria têxtil poupava um custo de $ 221.000 por ano.

Permite competir com a mão-de-obra estrangeira mais barata

Com a remoção das tarifas no comércio dos Estados Unidos com o México, por exemplo, as pessoas diziam que os norte-americanos ouviriam um 'grande som de sucção' e os empregos passariam para o México (como ironiza a charge). Vamos ver o que não se sustenta nessa visão.

O custo de mão-de-obra de uma unidade de produção equivale ao salário dividido pela produtividade do trabalho. Por exemplo, se um trabalhador da indústria automobilística norte-americana ganha $ 30 por hora e produz 15 unidades de produção por hora, o custo médio da mão-de-obra de uma unidade de produção é $ 2. Se um trabalhador da indústria automobilística mexicana ganha $ 3 por hora e produz 1 unidade de produção por hora, o custo médio da mão-de-obra de uma unidade de produção é $ 3. Se todos os outros fatores são mantidos constantes,

"Eu não sei o que aconteceu – eu estava trabalhando em Michigan quando de repente ouvi um enorme som de sucção e estou aqui no México."

© The New Yorker Collection 1993. Mick Stevens, de cartoonbank.com. Todos os direitos reservados.

quanto maior é a produtividade de um trabalhador, maior é o salário dele. Trabalhadores bem remunerados têm alto nível de produtividade. Trabalhadores mal remunerados têm baixa produtividade.

Apesar de o trabalhador norte-americano, mais bem remunerado, ser mais produtivo, em média, do que o trabalhador mexicano, de baixos salários, também há diferenças entre as indústrias. A mão-de-obra dos Estados Unidos é relativamente mais produtiva em algumas atividades do que em outras. Por exemplo, a produtividade de trabalhadores norte-americanos na produção de filmes, serviços financeiros e chips de computador customizados é relativamente mais alta do que sua produtividade na produção de metais e algumas peças padronizadas de maquinário. As atividades nas quais os trabalhadores norte-americanos são relativamente mais produtivos do que os mexicanos são aquelas nas quais os Estados Unidos têm uma *vantagem comparativa*. Ao se envolver no livre-comércio, aumentar a produção e as exportações dos bens e serviços nos quais os Estados Unidos têm uma vantagem comparativa e reduzir a produção e aumentar as importações dos bens e serviços nos quais os parceiros comerciais têm uma vantagem comparativa, os norte-americanos, bem como os cidadãos de outros países, se beneficiam.

Resulta em diversidade e estabilidade

Um portfólio de investimentos diversificado é menos arriscado do que uma carteira de investimentos que coloca todos os ovos em uma cesta só. O mesmo se aplica à produção de uma economia. Uma economia diversificada flutua menos do que uma economia que produz apenas um ou dois bens.

Mas economias grandes, ricas e diversificadas como a dos Estados Unidos, do Japão e da Europa não têm esse tipo de problema de estabilidade. Mesmo um país como a Arábia Saudita, que produz apenas um bem (no caso, petróleo), pode se beneficiar da especialização na atividade na qual ele tem uma vantagem comparativa e depois investir em uma ampla variedade de outros países para obter maior estabilidade de sua renda e consumo.

Penaliza padrões ambientais frouxos

Outro argumento a favor da proteção é que muitos países mais pobres, como o México, não têm as mesmas políticas ambientais que países mais ricos, como os Estados Unidos, e, pelo fato de estarem mais dispostos a poluir do que os países mais desenvolvidos, impedem que estes concorram com eles se não há a imposição de tarifas. Desta maneira, se quiserem o livre-comércio com os países mais ricos e mais 'ecologicamente corretos', eles devem elevar seus padrões ambientais.

Esse argumento a favor das restrições ao comércio internacional é fraco. Em primeiro lugar, nem todos os países mais pobres têm padrões ambientais significativamente mais baixos que os dos países ricos. Muitos países pobres e os países antes comunistas do Leste Europeu apresentam um histórico ambiental ruim. Mas alguns países têm leis rigorosas. Em segundo lugar, um país pobre não tem condições de se preocupar tanto com seu meio ambiente quanto um país rico. A maior esperança de um ambiente melhor no México e em outros países em desenvolvimento é um rápido crescimento da renda por meio do livre-comércio. Com o crescimento de sua renda, os países em desenvolvimento terão os *recursos* necessários para melhorar seu ambiente. Em terceiro lugar, os países pobres têm uma vantagem comparativa na execução do trabalho 'sujo', o que ajuda os países ricos a alcançar padrões ambientais mais elevados do que seria possível de outra maneira.

Protege a cultura nacional

O argumento da cultura nacional não é muito comum nos Estados Unidos, mas é muito popular no Canadá e na Europa.

Nos Estados Unidos, o temor expresso é que o livre-comércio de livros, revistas, filmes e programas de televisão implique o domínio do país e o fim da cultura local. Desta maneira, segundo o argumento, é necessário proteger as indústrias 'culturais' locais do livre-comércio internacional para assegurar a sobrevivência de uma identidade cultural nacional.

A proteção dessas indústrias é comum e assume a forma de barreiras não tarifárias. Por exemplo, costumam ser impostas regulações locais do conteúdo de transmissões de rádio e televisão e de revistas.

O argumento da identidade cultural a favor da proteção não tem nenhum mérito. Escritores, editoras e emissoras querem limitar a competição estrangeira para poder obter maiores lucros econômicos. Não há ameaça real à cultura nacional. Na verdade, muitos dos criadores dos chamados produtos culturais norte-americanos não são norte-americanos, mas talentosos cidadãos de outros países, assegurando a sobrevivência de sua identidade cultural nacional em Hollywood! Além disso, se uma cultura nacional está em perigo, não existe uma maneira mais segura de ajudá-la a acabar do que empobrecer a nação. A proteção é uma forma eficaz de fazer justamente isso.

Impede países ricos de explorar os países em desenvolvimento

Outro argumento a favor da proteção é que o comércio internacional deve ser restringido para impedir que as pessoas do rico mundo industrializado explore as pessoas mais pobres dos países em desenvolvimento, forçando-as a trabalhar por salários miseráveis.

A mão-de-obra infantil e a mão-de-obra quase escrava são problemas sérios corretamente condenados. Mas, ao comercializar com os países pobres, os países desenvolvidos aumentam a demanda pelos bens produzidos por aqueles países e, mais significativamente, aumentam a demanda pela mão-de-obra deles. Quando a demanda por trabalho nos países em desenvolvimento aumenta, o salário também aumenta. Desta maneira, em vez de explorar as pessoas nos países em desenvolvimento, o comércio pode melhorar suas oportunidades e aumentar sua renda.

Revimos os argumentos mais populares a favor da proteção e também os contra-argumentos. Existe um contra-argumento à proteção que é geral e bastante convincente. A proteção suscita retaliação e pode provocar uma guerra comercial. O melhor exemplo de uma guerra comercial ocorreu nos Estados Unidos durante a Grande Depressão, na década de 1930, quando a tarifa Smoot-Hawley foi estabelecida. País após país retaliou com suas próprias tarifas e, em pouco tempo, o comércio internacional quase desapareceu. Os custos para todos os países foram maiores e levaram a uma decisão internacional de evitar esse tipo de manobra de autodefesa no futuro. Isso também levou à criação do Gatt e é a motivação por trás do Nafta, da Apec e da União Européia.

QUESTÕES PARA REVISÃO

1. É possível atingir as metas de segurança nacional, estimular o crescimento de novas indústrias ou restringir o monopólio estrangeiro por meio da restrição do comércio internacional? Se é, explique como.
2. É possível, por meio da restrição do comércio internacional, proteger empregos, contrabalançar os baixos salários estrangeiros, diversificar mais a economia, compensar as custosas políticas ambientais, proteger a cultura nacional ou evitar que países em desenvolvimento sejam explorados? Se é, explique como.
3. Qual é o principal argumento contra as restrições do comércio internacional?

Por que o comércio internacional é restringido?

Por que, apesar de todos os argumentos contra a proteção, há restrições ao comércio? Há duas razões principais para isso:

- Receita das tarifas
- *Rent-seeking*

Receita das tarifas

É custosa a arrecadação da receita do governo. Em países desenvolvidos como os Estados Unidos, foi implementado um sistema bem organizado de recolhimento de impostos capaz de gerar bilhões de dólares em impostos de renda e receitas de tributos sobre as vendas. Nesses países, o sistema de recolhimento de impostos é possibilitado pelo fato de que a maioria das transações econômicas é feita por empresas que devem manter registros financeiros adequadamente auditados. Sem esses registros, os órgãos de recolhimento de receita teriam grandes dificuldades de realizar seu trabalho. Mesmo com a contabilidade financeira auditada, uma parcela da receita tributária potencial é perdida. Contudo, para os países industrializados, o imposto de renda e os impostos incidentes sobre vendas são as principais fontes de receita e a tarifa exerce um papel muito pequeno.

Mas os governos de países em desenvolvimento têm dificuldade de recolher os impostos de seus cidadãos. Grande parte da atividade econômica ocorre em uma economia informal, com poucos registros financeiros, de modo que apenas uma pequena parcela da receita é arrecadada por meio de impostos sobre a renda e impostos incidentes sobre vendas. Uma área na qual as transações econômicas são bem registradas e auditadas é o comércio internacional. Assim, essa atividade é uma base atraente para o recolhimento de impostos nesses países e é utilizada muito mais extensivamente do que em países desenvolvidos.

Rent-seeking

Principal razão pela qual o comércio internacional é restrito, a atividade de **rent-seeking** consiste em atividades de lobby ou outras atividades políticas para tentar captar os ganhos de comércio. O livre-comércio aumenta as possibilidades de consumo *na média*, mas nem todos saem ganhando e algumas pessoas chegam a perder. O livre-comércio resulta em benefícios para alguns e impõe custos a outros, com os benefícios totais excedendo os custos totais. A distribuição desigual dos custos e benefícios é a principal fonte de impedimentos para a obtenção de um comércio internacional mais liberal.

Voltando a nosso exemplo do comércio de carros e grãos entre a Agrolândia e a Mobilândia, os benefícios do livre-comércio para a Agrolândia vão para todos os produtores de grãos e para os produtores de carros que não arcam com os custos de se ajustar a uma indústria automobilística menor. Esses custos são de transição, não permanentes. Os custos da mudança da Agrolândia para o livre-comércio recaem sobre os fabricantes de carros que são forçados a se tornar produtores de grãos e também sobre seus funcionários. Na Mobilândia, os benefícios proporcionados pelo livre-comércio vão para os produtores de carros e para aqueles produtores de grãos que não arcam com os custos de transição para uma indústria de grãos pequena. Quem perde são os produtores de grãos, que precisam passar a produzir carros, e seus funcionários.

O número de pessoas que ganham, em geral, é grande em comparação com o número de pessoas que perdem. Desta maneira, o ganho por pessoa é pequeno, mas a perda por pessoa para aquelas que arcam com a perda é grande. Como a perda que recai sobre aqueles que arcam com ela é grande, compensa para eles incorrer em despesas consideráveis em atividades de lobby contra o livre-comércio. Por outro lado, não compensa para aqueles que saem ganhando organizar-se para que o livre-comércio seja alcançado. Os ganhos obtidos do comércio por qualquer pessoa são pequenos demais para que essas pessoas gastem muito tempo ou dinheiro em uma organização política para alcançar o livre-comércio. A perda resultante do livre-comércio será vista como tão grande pelas pessoas que arcam com ela que elas *considerarão* lucrativo se unir a uma organização política para evitar o livre-comércio. Cada grupo está fazendo otimizações – pesando os benefícios e os custos e escolhendo a melhor ação para si mesmo. O grupo contrário ao livre-comércio, contudo, vai se envolver em mais atividades de lobby político do que o grupo a favor do livre-comércio.

Recompensa aos perdedores

Se, no total, os ganhos proporcionados pelo livre-comércio internacional excedem as perdas, por que as pessoas que ganham não recompensam aquelas que perdem de modo que todos sejam a favor do livre-comércio? Em certo nível essa compensação de fato ocorre. Quando o Congresso dos Estados Unidos aprovou o Nafta com o Canadá e o México, criou um fundo de US$ 56 milhões para fornecer assistência e treinamento a trabalhadores que perdessem o emprego em consequência do novo acordo comercial. Durante os seis primeiros meses de operações do Nafta, só cinco mil trabalhadores se qualificaram para receber os benefícios desse programa.

As pessoas que perdem com o comércio internacional mais livre também são indiretamente compensadas por meio dos acordos normais de compensação do desemprego. Mas só tentativas limitadas são feitas para compensar as pessoas que perdem. A principal razão pela qual a compensação plena não é realizada é que os custos em que se incorre para identificar todas as pessoas que saem perdendo e para estimar o valor de suas perdas seriam enormes. Além disso, não é possível saber com absoluta certeza se uma pessoa está em dificuldades em virtude do livre-comércio ou por outras razões que poderiam estar sob seu próprio controle. Algumas pessoas que parecem perder em algum momento podem, na verdade, acabar ganhando. O jovem trabalhador da montadora de automóveis que perde o emprego em Michigan e vai montar computadores em Minneapolis ressente a perda do emprego e a necessidade de se mudar. Mas um ou dois anos depois, fazendo um retrospecto, ele conclui que teve sorte. Ele fez uma mudança profissional que aumentou sua renda e lhe proporcionou maior segurança no emprego.

O fato de muitos países não compensarem as pessoas que perdem com o livre-comércio internacional faz com que o protecionismo seja um aspecto tão popular e permanente na vida política e econômica nacional desses países.

QUESTÕES PARA REVISÃO

1. Quais são as duas principais razões para se imporem tarifas sobre as importações?
2. Que tipo de país se beneficia mais das receitas provenientes das tarifas? Dê alguns exemplos desses países.
3. Os Estados Unidos precisam utilizar tarifas para aumentar a receita pública? Explique por quê.
4. Se as restrições ao comércio internacional são custosas, por que são utilizadas? Por que as pessoas que ganham com o comércio não organizam uma força política forte o suficiente para assegurar que seus interesses sejam protegidos?

◈ Vimos por que todas as nações ganham com a especialização e o comércio. Ao produzirmos bens nos quais temos uma vantagem comparativa e ao trocarmos parte de nossa produção pela produção de outros países, expandimos nossas possibilidades de consumo. O estabelecimento de uma restrição ao comércio reduz os ganhos provenientes do comércio internacional. Se abrimos o país para o livre-comércio, o mercado para as coisas que vendemos se expande e seu preço relativo aumenta. O mercado para as coisas que compramos também se expande, e seu preço relativo diminui.

A seção "Leitura das entrelinhas" examina a globalização da produção e os ganhos que os norte-americanos e asiáticos obtêm à medida que a produção na China e o comércio entre a China e os Estados Unidos se expandem.

LEITURA DAS ENTRELINHAS

OBSERVATÓRIO ECONÔMICO

Os ganhos proporcionados pela globalização

A China e os Estados Unidos esperam chegar a um acordo sobre os produtos têxteis

7 de novembro de 2005

Espera-se que um acordo para limitar por três anos o crescimento explosivo das importações de produtos têxteis chineses para os Estados Unidos seja firmado ainda esta semana, segundo representantes do governo Bush.

...O temor de que os atritos comerciais pudessem interromper o envio de produtos têxteis da China fez com que alguns varejistas norte-americanos relutassem em fazer grandes pedidos. O acordo é supostamente similar a um outro firmado no terceiro trimestre deste ano para limitar as exportações de roupas chinesas para a União Européia, que se seguiu à interrupção de fornecimento aos varejistas.

...A China comprou US$ 278 milhões em produtos têxteis norte-americanos em 2004 e vendeu 52 vezes esse montante, ou US$ 14,6 bilhões, para os Estados Unidos, conforme o órgão de representação comercial dos Estados Unidos. Em 2002, os Estados Unidos tinham 651.000 empregos em fábricas têxteis e de vestuário, menos da metade do número de 1990, de acordo com os dados do Census Bureau.

...Em geral, as exportações têxteis da China para os Estados Unidos aumentaram 54 por cento nos oito primeiros meses deste ano, passando para US$ 17,7 bilhões, informou o governo chinês no mês passado. O governo norte-americano informa que essa porcentagem foi de 46 por cento.

...O estado norte-americano da Carolina do Norte oferecia 350.000 empregos na indústria têxtil em 1972, porém mais de 90 por cento deles deixarão de existir até o fim desta década, afirmou ontem Mark Vitner, economista sênior do Wachovia Bank em Charlotte. Segundo ele, a produção não diminuiu tão acentuadamente porque as importações chinesas incentivaram as empresas do estado a fazer investimentos em maquinário automatizado, o que reduziu as folhas de pagamento.

A China vendeu 700 milhões de pares de meias aos Estados Unidos nos oito primeiros meses deste ano, um grande aumento em relação aos 12 milhões de quatro anos atrás, e as vendas de jeans, roupas de baixo e outros itens que demandam a utilização intensiva de mão-de-obra aumentaram até dez vezes este ano, em comparação com 2004.

Fonte: Copyright 2005 The New York Times Company. Reproduzido com permissão. Proibido nova reprodução. Disponível em: http://www.nytimes.com

---

Essência da notícia

▶ Espera-se que a China concorde em limitar as exportações de produtos têxteis para os Estados Unidos.

▶ Em 2004, para cada dólar que a China gastou em produtos têxteis norte-americanos, os Estados Unidos gastaram US$ 52 em produtos têxteis chineses.

▶ O emprego na produção de produtos têxteis nos Estados Unidos diminuiu, o que ocorreu de maneira especialmente intensa na Carolina do Norte.

▶ As exportações de produtos têxteis chineses para os Estados Unidos aumentaram 54 por cento nos oito primeiros meses de 2005.

▶ A China vendeu 700 milhões de pares de meias aos Estados Unidos nos oito primeiros meses de 2005, um aumento significativo em relação aos menos de 12 milhões quatro anos antes.

▶ As vendas de jeans e roupas íntimas aumentaram dez vezes em 2005 em comparação com 2004.

Análise econômica

▷ Com o livre-comércio, os bens são produzidos onde o custo de oportunidade de sua produção é mais baixo.

▷ O vestuário pode ser produzido a um custo de oportunidade mais baixo na China do que nos Estados Unidos.

▷ Se os Estados Unidos se especializam em itens nos quais têm uma vantagem comparativa e se compram roupas da China, ambos os países saem ganhando.

▷ Os Estados Unidos ganham porque suas roupas custam menos; a China ganha porque pode vender roupas aos Estados Unidos a um preço mais alto do que o custo de produção.

▷ Os Estados Unidos também ganham porque vendem para a China itens como grandes aviões de transporte de passageiros a um preço mais alto que o custo de produção, e a China ganha porque pode comprar itens como aviões de transporte de passageiros por um preço mais baixo do que o custo de produção.

▷ A Tabela 1 mostra alguns números ilustrativos, e a figura mostra esses números em um gráfico.

▷ Os Estados Unidos podem produzir roupas Nike ou outros bens e serviços. O custo de oportunidade nos Estados Unidos de 1 unidade de roupas Nike é igual a 1 unidade de outros bens e serviços.

▷ A China também pode produzir roupas Nike ou outros bens e serviços. O custo de oportunidade na China de 1 unidade de roupas Nike é igual a 0,5 unidade de outros bens e serviços.

▷ Mas, se a China produz roupas Nike e os Estados Unidos produzem outros bens e serviços, os dois países podem expandir suas possibilidades de consumo.

▷ Na Figura 2, a China produz 40 unidades de roupas Nike e os Estados Unidos produzem 100 unidades de outros bens e serviços.

▷ Se os dois países trocam 1 unidade de roupas Nike por 0,75 unidade de outros bens e serviços, os Estados Unidos obtêm as roupas Nike por menos do que seu custo de oportunidade para produzi-las, e a China vende as roupas por mais do que seu custo para produzi-las.

▷ A Tabela 1 mostra as possibilidades de comércio, e cada país pode negociar ao longo de sua linha de comércio na Figura 2.

▷ Os Estados Unidos compram mercadorias da China, mas a China também compra mercadorias dos Estados Unidos.

Tabela I Possibilidades de produção e possibilidades de comércio para a China e os Estados Unidos

	Outros bens e serviços			
	Possibilidades de produção		Possibilidades de comércio	
Roupas Nike	Estados Unidos	China	Estados Unidos	China
0	100	20	100	30
20	80	10	85	15
40	60	0	70	0
100	0			

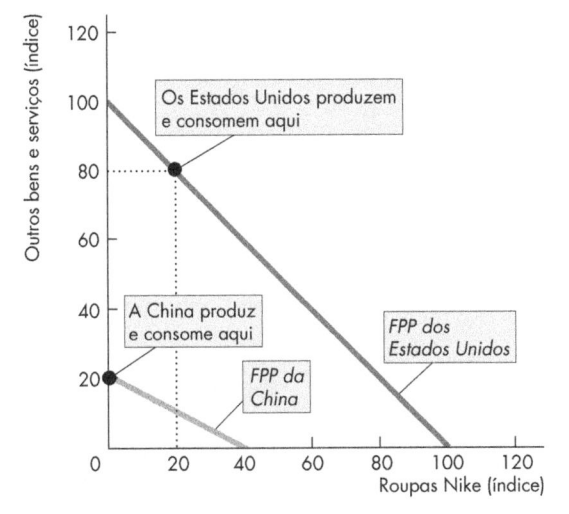

Figura 1: Sem comércio

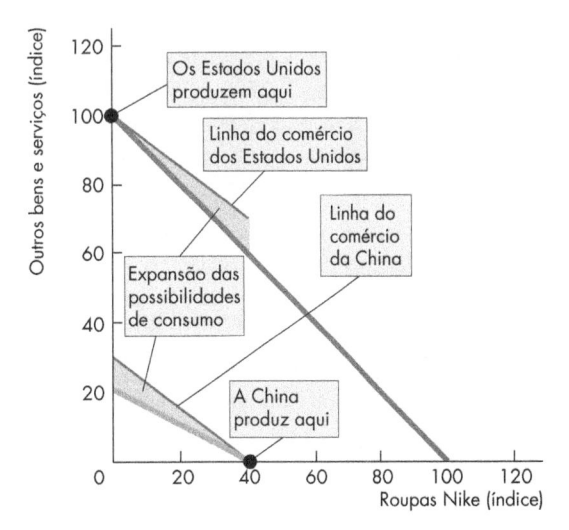

Figura 2: Livre-comércio

Você decide

▶ Você acha que o comércio dos Estados Unidos com a China e outros países asiáticos de baixa renda deve ser livre?

▶ Se você fosse norte-americano, você votaria a favor de medidas para proteger os empregos na indústria de vestuário nos Estados Unidos? Explique por quê.

RESUMO

Pontos-chave

Padrões e tendências do comércio internacional (p. 775-776)

- Grandes fluxos comerciais ocorrem entre países, a maior parte dos quais composta de bens manufaturados comercializados entre países industrializados ricos.
- Desde 1960, o comércio internacional dos Estados Unidos quase triplicou.

Os ganhos proporcionados pelo comércio internacional (p. 776-782)

- A vantagem comparativa é a fonte fundamental dos ganhos proporcionados pelo comércio internacional.
- A vantagem comparativa existe quando os custos de oportunidade entre os países são diferentes.
- Ao aumentar sua produção de bens e serviços nos quais tem uma vantagem comparativa e, então, ao comercializar parte dessa produção maior, um país pode consumir em pontos fora de sua fronteira de possibilidades de produção.
- Na ausência de empréstimos internacionais concedidos e tomados, o comércio se equilibra à medida que os preços se ajustam para refletir a oferta e a demanda internacionais por bens e serviços.
- O preço mundial equilibra os planos de produção e consumo dos países que comercializam uns com os outros. No preço de equilíbrio, o comércio está equilibrado.
- A vantagem comparativa explica o comércio internacional que ocorre mundialmente.
- O comércio de bens similares surge das economias de escala diante de diversas preferências.

Restrições ao comércio internacional (p. 782-785)

- Os países restringem o comércio internacional impondo às exportações tarifas, cotas e restrições voluntárias.
- As restrições ao comércio internacional elevam o preço local dos bens importados, reduzem o volume das importações e reduzem o valor total das importações.
- As restrições ao comércio internacional também reduzem o valor total das exportações em uma quantia igual à redução do valor das importações.

O argumento contra a proteção (p. 785-788)

- Os argumentos de que a proteção é necessária para a segurança nacional, para a proteção de indústrias nascentes e o impedimento do *dumping* não se sustentam.
- Os argumentos de que a proteção preserva empregos, permite que se concorra com mão-de-obra estrangeira mais barata, faz a economia ser diversificada e estável, penaliza padrões ambientais frouxos, protege a cultura nacional e impede que países ricos explorem países em desenvolvimento são fatalmente deficientes.

Por que o comércio internacional é restringido? (p. 788-790)

- O comércio é restringido porque as tarifas elevam a receita pública e porque a proteção resulta em uma pequena perda para um grande número de pessoas e em um grande ganho por pessoa para um pequeno número de pessoas.

Figuras-chave

Figura 32.1:   Custo de oportunidade na Agrolândia, 777
Figura 32.2:   Custo de oportunidade na Mobilândia, 777
Figura 32.3:   Comércio internacional de carros, 778
Figura 32.4:   Expansão das possibilidades de consumo, 779
Figura 32.6:   Os efeitos de uma tarifa, 783
Figura 32.7:   Os efeitos de uma cota, 785

Palavras-chave

Acordo Geral sobre Tarifas e Comércio, 782
Acordo Norte-Americano de Livre-Comércio, 782
Argumento da indústria nascente, 785
Barreira não tarifária, 782
Cota, 784
Dumping, 786
Exportações, 775
Exportações líquidas, 776
Importações, 775
Organização Mundial do Comércio, 782
Rent-seeking, 789
Restrição voluntária de exportações, 784
Tarifa, 782
Termos de troca, 778
Vantagem comparativa, 778

EXERCÍCIOS

1. A tabela fornece informações sobre as possibilidades de produção de Virtual Reality, um país fictício.

Televisores (por dia)		Computadores (por dia)
0	e	36
10	e	35
20	e	33
30	e	30
40	e	26
50	e	21
60	e	15
70	e	8
80	e	0

   a. Calcule o custo de oportunidade de Virtual Reality para um televisor quando o país produz 10 aparelhos por dia.
   b. Calcule o custo de oportunidade de Virtual Reality para um televisor quando o país produz 40 aparelhos por dia.
   c. Calcule o custo de oportunidade de Virtual Reality para um televisor quando o país produz 70 aparelhos por dia.
   d. Com base nas respostas aos itens (a), (b) e (c), descreva a relação entre o custo de oportunidade de um televisor e a quantidade de televisores produzidos por Virtual Reality.

2. A tabela fornece informações sobre as possibilidades de produção de Vital Sign, um país fictício.

Televisores (por dia)		Computadores (por dia)
0	e	18,0
10	e	17,5
20	e	16,5
30	e	15,0
40	e	13,0
50	e	10,5
60	e	7,5
70	e	4,0
80	e	0

   a. Calcule o custo de oportunidade de Vital Sign para um televisor quando o país produz 10 aparelhos por dia.
   b. Calcule o custo de oportunidade de Vital Sign para um televisor quando o país produz 40 aparelhos por dia.
   c. Calcule o custo de oportunidade de Vital Sign para um televisor quando o país produz 70 aparelhos por dia.
   d. Com base nas respostas aos itens (a), (b) e (c), descubra a relação entre o custo de oportunidade de um televisor e a quantidade de televisores produzidos pela Vital Sign.

3. Suponha que, na ausência de comércio internacional, Virtual Reality, apresentado no exercício 1, produza e consuma 10 televisores por dia e Vital Sign, do exercício 2, produza e consuma 60 televisores por dia. Suponha agora que os dois países comecem a comercializar entre si.
   a. Qual país exporta televisores?
   b. Quais ajustes são feitos à quantidade de cada bem que cada país produz?
   c. Quais ajustes são feitos à quantidade de cada bem que cada país consome?
   d. O que é possível dizer sobre os termos de troca (o preço de um televisor expresso em termos de computadores por televisor) no livre-comércio?

4. Suponha que, na ausência de comércio internacional, Virtual Reality, apresentado no exercício 1, produza e consuma 50 televisores por dia e Vital Signs, do exercício 2, produza e consuma 20 televisores por dia. Suponha agora que os dois países comecem a comercializar entre si.
   a. Qual país exporta televisores?
   b. Quais ajustes são feitos à quantidade de cada bem que cada país produz?
   c. Quais ajustes são feitos à quantidade de cada bem que cada país consome?
   d. O que é possível dizer sobre os termos de troca (o preço de um televisor expresso em termos de computadores por televisor) no livre-comércio?

5. Compare as quantidades totais de cada bem produzido nos exercícios 1 e 2 com as quantidades totais de cada bem produzido nos exercícios 3 e 4.
   a. O livre-comércio aumenta ou diminui as quantidades totais de televisores e computadores produzidos em ambos os casos? Por quê?
   b. O que acontece ao preço de um televisor em Virtual Reality nos dois casos? Por que ele aumenta em um caso e diminui no outro?
   c. O que acontece ao preço de um computador em Vital Sign nos dois casos? Por que ele aumenta em um caso e diminui no outro?

6. Compare o comércio internacional do exercício 3 com o do exercício 4.
   a. Por que Virtual Reality exporta televisores em um dos casos e os importa no outro?
   b. Os fabricantes de TV ou os fabricantes de computadores ganham em cada caso?
   c. Os consumidores ganham em cada caso?

7. A figura mostra o mercado mundial de soja.

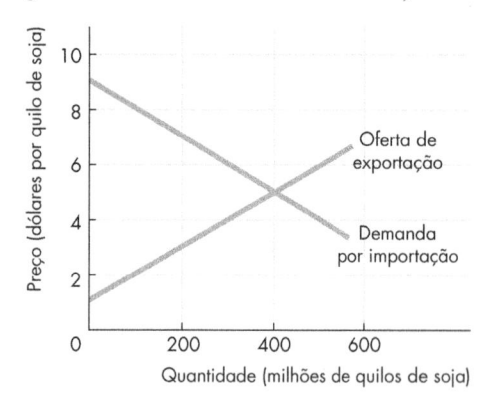

a. Na ausência de comércio, qual é o preço da soja nos dois países?
b. Com o livre-comércio, qual é o preço da soja?
c. Qual é a quantidade negociada de soja?

8. Se o importador de soja do problema 7 impõe:
a. Uma tarifa de $ 2 por quilo, qual é o preço da soja no país importador e a receita tarifária?
b. Uma cota de 300 milhões de quilos, quem ganha com a cota?

PENSAMENTO CRÍTICO

1. Analise a seção "Leitura das entrelinhas", e responda às seguintes perguntas.
   a. Quais mudanças estão ocorrendo no mercado global de vestuário?
   b. Por que a China vai se tornar a maior produtora de vestuário?
   c. Você acha que os norte-americanos devem se preocupar com quem fabrica suas roupas?
   d. Os Estados Unidos correm o risco de ficar sem atividades nas quais têm uma vantagem comparativa? Explique sua resposta.

2. **O aumento do comércio**
   ...o custo da proteção de empregos em setores não competitivos por meio das tarifas é estupidamente alto,...
   A sucursal do Banco Central dos Estados Unidos em Dallas informou em 2002 que a proteção de um emprego na indústria do açúcar custava aos consumidores norte-americanos US$ 826.000 em preços mais altos por ano, a proteção de um emprego na indústria de laticínios custava US$ 685.000 por ano e a proteção de um emprego na indústria de manufatura de bolsas femininas custava US$ 263.000.

   The New York Times, 26 de junho de 2006

   a. Nesse artigo, quais são os argumentos mencionados a favor da proteção de empregos?
   b. Explique por que esses argumentos não se sustentam.
   c. Existe algum mérito na proteção desses empregos?

3. **Promessas de nova ajuda para os pobres não impressionam os pobres**
   ...os Estados Unidos, a União Européia e o Japão [planejam] eliminar cotas e impostos sobre quase todos os bens provenientes de mais de 50 das nações pobres do mundo... A proposta da ausência de impostos e cotas é tão polêmica entre os países em desenvolvimento que até alguns negociadores... estão dizendo que o plano deve ser ampliado...

   The New York Times, 15 de dezembro de 2005

   a. Por que os Estados Unidos, a União Européia e o Japão querem eliminar as barreiras comerciais a importações somente dos países mais pobres?
   b. Quem vai se beneficiar da eliminação dessas barreiras comerciais? Quem vai ser prejudicado?
   c. Por que o plano é polêmico entre os países em desenvolvimento?

ATIVIDADES NA INTERNET

1. Faça uma pesquisa na Internet no portal do Cade (www.cade.gov.br) e obtenha informações sobre a política de antidumping praticada pelo Brasil.

2. Faça uma pesquisa na Internet sobre a questão da integração comercial.
   a. Quais são as principais diferenças entre o Nafta e o Mercosul?
   b. Por que a idéia da Alca vem enfrentando dificuldades para ser implantada?

Efeitos da globalização no Brasil e na América Latina

Paulo Daniel e Silva[1]
Paulo Januzzi[2]

A América Latina é um importante conglomerado do sistema mundial. Seu grande tamanho, sua população e sua força como periferia, ou território em desenvolvimento, fazem com que o que acontece nessa região cause repercussão na geopolítica e na estrutura do sistema mundial. Neste sentido, pode-se examinar as características desse sistema ao compreender seus sistemas geopolíticos, imperialismos, dependências, trocas desiguais, lutas por liberação nacional.

A entrada dos países latino-americanos no processo de ajuste e das reformas é variável no tempo. O Chile, país onde ocorreu a mais radical ruptura político-institucional do continente, inicia o ajuste nos anos de 1970. Diversos países iniciam seus processos de ajuste nos anos de 1980 com reformas parciais, como a financeira e a renegociação das dívidas. Mas é a partir do fim dos anos 1980 e, sobretudo, no início de 1990 que a maioria dos países latino-americanos avança nas reformas. O primeiro grande país da região a sentir o golpe da política de Paul Volcker foi o México, gerando impactos em todos os outros países da região, já que minguaram os fluxos de capitais para a América Latina, à exceção do Chile e da Colômbia. Segundo Medeiros, tal política deu o 'pontapé' inicial no processo de 'retomada da hegemonia norte-americana', gerando, inclusive, o crescimento e a consolidação do padrão dólar flexível que alteraria profundamente o nível de desenvolvimento dos países centrais e periféricos. Esse regime macroeconômico mostrou-se de crescimento moderado nos Estados Unidos e de muito baixo crescimento nos demais países avançados, com taxas de inflação bastante reduzidas e com grande piora nos termos de troca das *commodities* em geral (inclusive petróleo). Por essas razões, a valorização do dólar em 1979, como um típico ato de força, acabou por repercutir sobre os diversos espaços nacionais, inclusive levando toda a economia mundial a uma profunda recessão entre 1981 e 1984.

A partir daí, a região adentra numa fase denominada de 'década perdida', na qual grandes países, como a Argentina, o Brasil e o México, em diferentes momentos da década, enfrentam crises internas agudas, cujas características recorrentes principais foram a recessão e a inflação galopante.

Essas crises serviram como legitimação para a ascensão do modelo de desenvolvimento liberal na década de 1990, pois não conseguiram compatibilizar o ajustamento do balanço de pagamentos e o reordenamento das finanças públicas. Assim, o conflito distributivo na América Latina, que foi modelado pelo regime inflacionário da época, significou a primeira etapa da maior renúncia da soberania monetária dos seus Estados, já que delegaram, em grande parte, ao FMI e ao Banco Mundial suas estratégias econômicas que, num segundo momento, se voltaram completamente à acumulação com os títulos da dívida e à legitimação do ideário neoliberal.

Conforme Cano, a crise financeira internacional, que explicitou a supremacia do capital financeiro sobre as outras formas de capital, impôs a quebra de nossa soberania nacional, liberando seu movimento de busca incessante de valorização; no que diz respeito à reestruturação produtiva das empresas transnacionais (ET) em suas bases localizadas nos países desenvolvidos, o que também teria exigido, na década de 1990, que se reestruturassem aquelas localizadas nos subdesenvolvidos. Destas questões derivaram as reformas institucionais liberais impostas a nosso país.

É importante desenvolver o conjunto das políticas de estabilização e das reformas implantadas, pois constitui em seu todo uma engrenagem fundamental para permitir a funcionalidade do modelo neoliberal implantado na América Latina, que são as seguintes:

a) Ampla liberdade ao capital financeiro (estrangeiro ou nacional), com o objetivo de se apropriar, nos diferentes países, de elevados ganhos possibilitados

---

[1] Economista, mestrando em Economia.
[2] Economista, mestrando em Economia.

pela sua alocação setorial e regional, pela especulação e pela liberdade de remessa de lucros e juros.

b) Necessidade de reformas do sistema financeiro nacional, com o objetivo de compatibilizar a velocidade exigida pelos novos fluxos externos.

c) Abertura comercial e de serviços, por via de forte rebaixamento tarifário e não tarifário e valorização cambial.

d) Flexibilização das relações trabalho e capital, para diminuir ainda mais o já baixo custo do trabalho.

e) Reformas do sistema previdenciário, objetivando criar mais um importante flanco de mercado para o capital financeiro e abrir um espaço maior no orçamento público.

f) Reforma do Estado via eliminação de órgãos públicos, redução dos salários reais e dispensa de funcionários, privatização de ativos públicos, desmantelamento dos sistemas de planejamento e de regulamentação.

Nesse sentido, é importante ressaltar que o modelo imposto desde o fim da década de 1980 à América Latina resultou numa considerável piora de nossas condições econômicas, políticas e sociais, já deterioradas na década anterior.

A nova realidade de maior liquidez potencializou a integração da América Latina como espaço de reprodução da acumulação financeira, por um lado, e como espaço de realização das mercadorias do setor manufatureiro norte-americano, por outro, haja vista o ajuste importador[3] verificado na região durante os anos 1990.

Em síntese, a América Latina, ao longo dos anos 1990, integrou-se passivamente aos circuitos de produção do capital por meio dos ajustes estruturais liberais, 'acreditando' que esse seria o único caminho para a 'modernização' da região. A prosperidade não chegou, pelo contrário, o que se verificou foi uma ampliação da dependência e da subordinação latino-americana às potências centrais capitalistas, gerando, com isso, a ampliação do legado histórico de concentração de riquezas e das mazelas sociais do capitalismo dependente regional.

REFERÊNCIAS

CANO, W. *Soberania e política econômica na América Latina*. São Paulo: Unesp/Unicamp, 2000.

CEPAL *Balance preliminar de las economias de America Latina y el Caribe*. Cepal, 2006.

DOWBOR, L.; IANNI, O.; RESENDE, P. E. A. (Orgs.). *Desafios da globalização*. Rio de Janeiro: Vozes, 1997.

FIORI, J. L. Sistema mundial e América Latina: mudanças e perspectivas. Rio de Janeiro: UFRJ, 2006. Mimeo.

MEDEIROS, C. Globalização e a inserção internacional diferenciada da Ásia e da América Latina. In: TAVARES, M. C., FIORI, J. L. (Orgs.). *Poder e dinheiro*: uma economia política da globalização. Rio de Janeiro: Vozes, 1997.

QUESTÕES

1. A América Latina entrou de forma subordinada na nova globalização?

2. As crises econômica e financeira na América Latina nos anos 1980 justificaram e aprofundaram o ajuste das economias?

---

[3] Ajuste esse que nasceu, em certa medida, fruto da estratégia comercial norte-americana de abertura de mercados na região para os seus diversos tipos de produtos manufatureiros, haja vista a desvalorização do dólar em relação às moedas locais, com a implementação dos planos de estabilização macroeconômica e a redução das barreiras tarifárias dos países latino-americanos.

ENTENDIMENTO DA ECONOMIA GLOBAL — PARTE 11

O mundo é pequeno!

A escala do comércio internacional de empréstimos concedidos e tomados, tanto em termos de dólares absolutos quanto como porcentagem da produção mundial total, aumenta a cada ano. Um país como Cingapura importa e exporta bens e serviços em um volume que excede seu produto interno bruto. A maior nação do mundo, a China, retornou ao cenário econômico internacional na década de 1980 e é hoje uma importante produtora de bens manufaturados.

A atividade econômica internacional é grande porque o mundo econômico de hoje é pequeno e porque a comunicação é incrivelmente veloz. Mas o mundo contemporâneo não é um mundo novo. Desde os primórdios da história, as pessoas praticam o comércio em distâncias cada vez maiores. As grandes civilizações ocidentais da Grécia e de Roma comercializavam não apenas na região do Mediterrâneo como também no Golfo Pérsico. As grandes civilizações orientais comercializavam na região do oceano Índico. Na Idade Média, o Oriente e o Ocidente já comercializavam rotineiramente em rotas abertas pelos comerciantes venezianos e exploradores como Marco Polo. Quando, em 1497, Vasco da Gama abriu uma rota marítima entre os oceanos Atlântico e Índico ao redor da África, isso deu início a um novo comércio entre o Oriente e o Ocidente, o que resultou em preços mais baixos de mercadorias orientais nos mercados ocidentais.

A descoberta européia das Américas e a subseqüente abertura do comércio no Atlântico deram prosseguimento ao processo contínuo de globalização. Assim, os acontecimentos da década de 1990, por mais incríveis que possam ter sido, representam uma continuidade da expansão dos horizontes humanos.

O Capítulo 32 descreveu e explicou o comércio internacional de bens e serviços. Nesse capítulo, você se defrontou com uma das maiores questões políticas de todos os tempos: o debate sobre a questão livre-comércio *versus* proteção e sobre a globalização. O capítulo explicou como todas as nações podem se beneficiar do livre-comércio internacional.

Enquanto reflete sobre o Capítulo 32, lembre-se do Capítulo 26, que explicou os fundamentos dos empréstimos internacionais tomados e concedidos e a taxa de câmbio.

Lembre-se de como explicamos o fato mal compreendido de que o tamanho do déficit internacional de uma nação não depende de seu nível de eficiência, mas de quanto seus cidadãos poupam em relação a quanto investem. Nações com baixas taxas de poupança, se todos os outros fatores são iguais, têm déficits internacionais.

A economia global é uma grande novidade nos dias de hoje, mas ela sempre atraiu atenção. Nas próximas páginas, você poderá conhecer o primeiro economista que compreendeu a vantagem comparativa: David Ricardo. Você também conhecerá um dos principais estudiosos da economia internacional dos dias de hoje: Jagdish Bhagwati, da Universidade de Columbia.

ANÁLISE DE IDÉIAS

Os ganhos proporcionados pelo comércio internacional

"Sob um sistema de comércio perfeitamente livre, cada país naturalmente destina seu capital e trabalho à utilização que lhe é mais proveitosa."

DAVID RICARDO

Princípios de economia política e tributação, 1817.

O economista

David Ricardo *(1772-1832) era um corretor da bolsa de valores extremamente bem-sucedido aos 27 anos quando deparou com um exemplar de* A riqueza das nações, *de Adam Smith em fim de semana ao país. Ele imediatamente ficou cativado e se aprofundou em seus estudos para se tornar o economista mais celebrado de sua época e um dos maiores economistas de todos os tempos. Uma de suas várias contribuições foi o desenvolvimento do princípio da vantagem comparativa, a base sobre a qual a teoria moderna do comércio internacional se fundamenta. O exemplo que ele utilizou para ilustrar esse princípio foi o comércio de tecidos e vinhos entre Inglaterra e Portugal.*

O Acordo Geral sobre Tarifas e Comércio (Gatt) foi firmado como uma reação contra a devastação resultante das tarifas impostas durante a década de 1930, em que todos os países visavam beneficiar-se das tarifas. Mas o acordo também representa uma vitória da lógica elaborada por Smith e Ricardo.

As questões

Até meados do século XVIII, acreditava-se que o propósito do comércio internacional era manter as exportações maiores do que as importações e acumular ouro. Achava-se que, com o acúmulo de ouro, a nação prosperaria; se o ouro fosse perdido por meio de um déficit internacional, a nação perderia dinheiro e empobreceria. Essas crenças são chamadas de *mercantilismo*, e os *mercantilistas* eram panfletários que defendiam com um fervor missionário a busca de um superávit internacional. Se as exportações não excediam as importações, os mercantilistas defendiam a restrição das importações.

Na década de 1740, David Hume explicou que, à medida que a quantidade de moeda (ouro) muda, o mesmo acontece com o nível de preços, e a riqueza *real* da nação permanece inalterada. Na década de 1770, Adam Smith argumentou que as restrições às importações reduziriam os ganhos provenientes da especialização e empobreceriam a nação. Trinta anos mais tarde, David Ricardo comprovou a lei da vantagem comparativa e demonstrou a superioridade do livre-comércio. O mercantilismo foi intelectualmente derrubado, mas continuou a ser um conceito politicamente poderoso.

Aos poucos, ao longo do século XIX, a influência mercantilista perdeu força e a América do Norte e a Europa ocidental prosperaram em um ambiente de comércio internacional cada vez mais livre. Mas, apesar dos notáveis avanços dos estudos econômicos, o mercantilismo nunca chegou a desaparecer. Ele passou por uma breve e radical revitalização nas décadas de 1920 e 1930, quando grandes elevações de tarifas levaram ao colapso do comércio internacional e acentuaram a Grande Depressão. Ele voltou a perder a força após a Segunda Guerra Mundial, com o estabelecimento do Acordo Geral sobre Tarifas e Comércio (Gatt).

Mas o mercantilismo continua presente. A visão popular de que os Estados Unidos deveriam restringir importações chinesas e reduzir seu déficit com a China e os temores de que o Acordo Norte-Americano de Livre-Comércio (Nafta) resultará na ruína econômica dos Estados Unidos são manifestações modernas do mercantilismo. Seria interessante ouvir os comentários de David Hume, Adam Smith e David Ricardo sobre essas visões. Mas sabemos que eles diriam as mesmas coisas que eles disseram para os mercantilistas do século XVIII. Eles ainda estariam certos hoje.

Antes

No século XVIII, quando os mercantilistas e os economistas discutiam os prós e contras do livre-comércio internacional, a tecnologia de transportes disponível limitava os ganhos provenientes do comércio internacional. Veleiros com minúsculos compartimentos de carga levavam cerca de um mês para cruzar o oceano Atlântico. Mas os ganhos potenciais eram grandes, assim como o incentivo para reduzir os custos de expedição. Na década de 1850, foi desenvolvido um veleiro mais veloz, reduzindo o tempo de viagem de Boston a Liverpool a apenas 12 dias e 6 horas. Meio século mais tarde, navios a vapor de 10 mil toneladas iam da América à Inglaterra em apenas 4 dias. À medida que o tempo de viagem diminuía, os ganhos obtidos do comércio internacional aumentavam e o volume do comércio se expandia.

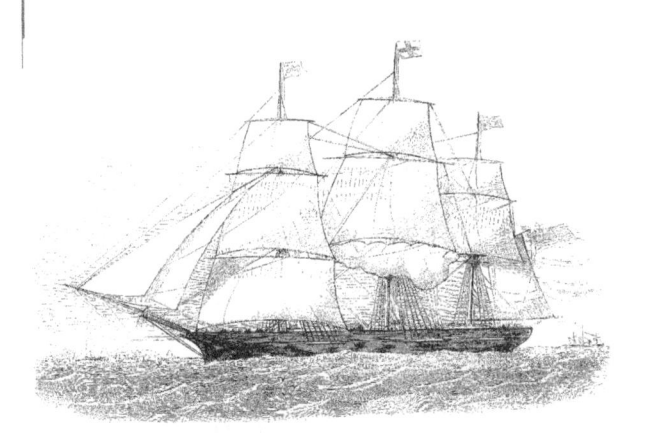

Hoje

O navio cargueiro revolucionou o comércio internacional e contribuiu para sua expansão. Hoje em dia, a maioria das mercadorias cruza os oceanos em contêineres – caixas de metal – repletos e empilhados em navios cargueiros. A tecnologia dos contêineres reduziu o custo do transporte marítimo ao proporcionar uma economia no manuseio e dificultar o roubo de cargas, o que resultou em custos mais baixos de seguro. É improvável que haja muito comércio internacional de mercadorias como televisores e aparelhos de DVD sem essa tecnologia. Cargas de alto valor e perecíveis, como flores e alimentos frescos, além de pacotes urgentes, são transportadas via aérea. Todos os dias, dezenas de Boeings 747 repletos de carga cruzam países, continentes e oceanos.

Jagdish Bhagwati, que você poderá conhecer nas páginas seguintes, é um dos mais renomados estudiosos da economia internacional. Ele tem contribuído para aprofundar nosso conhecimento sobre os efeitos do comércio internacional e da política comercial no desenvolvimento e no crescimento econômico e tem prestado uma ajuda notável na elaboração de acordos comerciais globais nos dias de hoje.

PONTO DE VISTA ECONÔMICO

Jagdish Bhagwati

Jagdish Bhagwati é professor da Universidade de Columbia. Nascido na Índia em 1934, ele estudou na Universidade de Cambridge, Inglaterra, no MIT e na Universidade de Oxford antes de retornar a seu país natal. Ele voltou aos Estados Unidos em 1968 para lecionar no MIT e foi para a Columbia em 1980. Acadêmico produtivo, o professor Bhagwati também escreve para importantes jornais e revistas do mundo inteiro. Ele é reconhecido tanto por seu trabalho científico quanto por sua influência nas políticas públicas. Suas maiores contribuições são na área de comércio internacional, mas também se estendem a questões de desenvolvimento e ao estudo de economia política.

Michael Parkin conversou com Jagdish Bhagwati sobre seu trabalho e o progresso que os economistas têm feito na compreensão dos benefícios da integração econômica internacional desde o trabalho pioneiro de Ricardo.

Professor Bhagwati, o que o atraiu ao estudo de economia?
Se você vier da Índia, onde a pobreza está por toda parte, é fácil se sentir atraído pelo estudo de economia, que pode ser utilizado para trazer prosperidade e proporcionar aos pobres empregos vantajosos.
Descobri mais tarde que há dois tipos amplos de economistas: aqueles que tratam o assunto como um árido brinquedo matemático e aqueles que o vêem como uma séria ciência social.
Se Cambridge, onde me formei, tivesse interesse em economia matemática esotérica, eu teria optado por outra área. Mas os economistas de Cambridge com os quais tive aula – muitos deles entre os mais importantes nomes da área – viam a economia como uma ciência social. Assim, eu pude perceber o poder da economia como uma ferramenta para lidar com a pobreza na Índia e fiquei imediatamente cativado.

Quem exerceu o maior impacto sobre você em Cambridge?
Foi Harry Johnson, um jovem canadense de grande energia e profundos talentos analíticos. Bem diferente dos tímidos e reservados acadêmicos ingleses, Johnson era expansivo, efusivo e gostava de ajudar os estudantes, que viviam ao redor dele. Mais tarde ele se mudou para Chicago, onde se tornou um dos membros mais influentes da Escola de Chicago, voltada para o mercado. Outra importante influência para mim foi Joan Robinson, reconhecida por muitos como a mais impressionante economista do sexo feminino do mundo.
Quando saí de Cambridge e fui para o MIT, indo de uma Cambridge para a outra, tive a sorte de passar de um grupo de economistas fenomenais para outro. No MIT, aprendi muito com dois futuros ganhadores do Nobel, Paul Samuelson e Robert Solow. Ambos mais tarde se tornariam grandes amigos e colegas quando entrei no corpo docente do MIT, em 1968.

Depois de Cambridge e do MIT, você foi para Oxford e depois voltou para a Índia. O que fez na Índia?
Eu entrei na Comissão de Planejamento de Nova Délhi, onde meu primeiro grande trabalho foi des-

cobrir maneiras de tirar da pobreza os 30 por cento mais pobres da população indiana, elevando-os a um nível de 'renda mínima'.

E o que você sugeriu?
Minha principal sugestão foi um 'aumento da torta'. As minhas pesquisas sugeriram que a parcela da torta recebida pelos 30 por cento mais pobres não parecia variar drasticamente com alterações nos sistemas econômico e político. Desta maneira, o crescimento da torta parecia ser o principal (se não o único) componente de uma estratégia contra a pobreza. Para complementar os bons efeitos do crescimento sobre os pobres, os planejadores indianos também se dedicaram a reformas da educação, da saúde e das áreas sociais, bem como a reformas agrárias. Além disso, o acesso de grupos de renda mais baixa e com desvantagens sociais ao processo de crescimento e a seus benefícios poderia ser melhorado de várias maneiras, como a extensão do crédito sem exigência de garantia de pagamento.

Hoje em dia, essa estratégia não tem concorrentes. Grande parte do trabalho empírico demonstra que, nos casos em que ocorreu crescimento, a pobreza foi reduzida. É bom saber que uma ação básica para solucionar um problema de importância tão fundamental para o bem-estar da humanidade teve origem na experiência!

> Minha principal sugestão foi um 'aumento da torta'... Hoje em dia, essa estratégia não tem concorrentes. Grande parte do trabalho empírico demonstra que, nos casos em que ocorreu crescimento, a pobreza foi reduzida

Você deixou a Índia em 1968 para vir para os Estados Unidos e assumir um cargo acadêmico no MIT. Por quê?
Embora a decisão de emigrar muitas vezes reflita fatores pessoais – que, no meu caso, também estavam presentes –, o convite para lecionar no MIT certamente me ajudou a tomar a decisão. Na época, aquele era sem dúvida o departamento mais celebrado do mundo. Por um feliz acaso, os departamentos mais renomados do MIT não estavam na engenharia nem nas ciências, mas na lingüística (que tinha Noam Chomsky) e na economia (que tinha Paul Samuelson). Fazer parte do corpo docente do MIT foi para mim um grande salto: eu me sentia motivado todos os anos por vários alunos fantásticos e por vários dos economistas mais criativos do mundo.

A imprensa popular fala muito sobre o comércio justo e a igualdade nas oportunidades de negócios. Qual é a diferença entre o livre-comércio e o comércio justo? Como as oportunidades de negócios podem ser desiguais?
O livre-comércio simplesmente significa não permitir nenhuma barreira comercial como tarifas, subsídios e cotas. As barreiras comerciais fazem com que os preços internos sejam diferentes dos preços mundiais para as mercadorias comercializadas. Quando isso acontece, os recursos não estão sendo utilizados com eficiência. A economia básica, desde a época de Ricardo, nos informa por que o livre-comércio é bom para nós e por que as barreiras ao comércio nos prejudicam, apesar de nossa compreensão dessa doutrina nos dias de hoje ser muito mais sutil e profunda do que era na época de sua criação.

O comércio justo, por outro lado, é quase sempre uma maneira dissimulada de objetar ao livre-comércio. Se é difícil concorrer com seus rivais, é provável que o fato de você simplesmente dizer que não consegue melhorar não lhe traga proteção. Mas, se você diz que seu rival comercializa de maneira 'injusta', o argumento é mais facilmente aceito! Como a concorrência internacional está cada vez mais agressiva, as acusações de 'comércio injusto' têm se multiplicado. Os protecionistas menos sagazes demandam um 'comércio livre e justo' ao passo que os piores exigem o 'comércio justo, não livre'.

> O comércio justo... é quase sempre uma maneira dissimulada de objetar ao livre-comércio

No final da Segunda Guerra Mundial, o Acordo Geral sobre Tarifas e Comércio (Gatt) foi firmado e seguiram-se a ele várias rodadas de negociações comerciais multilaterais e reduções de barreiras comerciais. Como você avalia a contribuição do Gatt e de sua sucessora, a Organização Mundial do Comércio (OMC)?
O Gatt prestou uma grande contribuição supervisionando uma enorme liberalização comercial de bens industrializados entre os países desenvolvidos. As regras do Gatt, que vinculam as tarifas a tetos negociados, evitam o aumento das tarifas e têm impedido guerras tarifárias como as da década de 1930, nas quais barreiras tarifárias mútuas e retaliativas foram criadas, prejudicando a todos.

O Gatt se desdobrou na OMC no final da Rodada Uruguai das negociações comerciais, e a OMC é institucionalmente mais forte. Por exemplo, ela tem um mecanismo de solução de controvérsias, ao passo que o Gatt não tinha isso. Ela também é mais ambiciosa em termos de escopo, estendendo-se a novas áreas como meio ambiente, proteção de propriedade intelectual e regras de investimento.

Andando lado a lado com a busca do livre-comércio multilateral está o surgimento de acordos comerciais bilaterais, como o Nafta e a União Européia (UE). Como você vê as regiões de livre-comércio bilateral nos dias de hoje?
Infelizmente, o mundo atual tem testemunhado uma explosão de regiões de livre-comércio bilateral. De acor-

do com algumas estimativas, os acordos bilaterais já existentes e outros que estão em planejamento chegam a 400! Cada acordo bilateral concede tratamento especial ao parceiro comercial em detrimento aos outros. Como atualmente há tantos acordos bilaterais, como aqueles entre Estados Unidos e Israel e entre Estados Unidos e Jordânia, o resultado é um padrão caótico de diferentes tarifas, dependendo da origem de um produto. Além disso, devem ser estabelecidas 'regras de origem' para determinar se um produto é, digamos, proveniente da Jordânia ou de Taiwan, se a Jordânia se qualifica para uma tarifa preferencial, mas Taiwan não, e insumos taiwaneses são incluídos na produção jordaniana do produto.

Eu chamo de 'tigela de espaguete' o emaranhado resultante de preferências e regras de origem de problema. O sistema de negociação mundial está se engasgando com a proliferação de negociações liberais. Compare essa complexidade com a simplicidade de um sistema multilateral com tarifas comuns para todos os membros da OMC.

Temos, atualmente, um mundo de políticas comerciais não coordenadas e ineficientes. A UE firma acordos de livre-comércio bilateral com diferentes países que não fazem parte da UE, de modo que os Estados Unidos criam seus próprios acordos bilaterais; e, como a Europa e os Estados Unidos praticam seus acordos, os países asiáticos, tradicionalmente praticantes do multilateralismo, acabaram sucumbindo à mania.

Em vez disso, se os Estados Unidos tivessem exercido liderança reelaborando regras para tornar extremamente difícil a assinatura desses acordos bilaterais, essa praga no sistema de negociação poderia ter sido evitada.

Apesar dos benefícios provenientes do livre-comércio multilateral que são indicados pelo estudo da economia, a principal organização que busca essa meta, a OMC, está tendo muitas dificuldades com o movimento antiglobalização. O que podemos dizer sobre a globalização que coloque a OMC e seu trabalho em uma perspectiva adequada?

O movimento antiglobalização envolve um grupo diversificado de ativistas. Essencialmente, todos eles alegam ser parte interessada no fenômeno da globalização. Mas há aqueles que querem cravar uma estaca no sistema, como nos filmes do Drácula, e aqueles que querem participar do sistema. Os primeiros querem ser ouvidos; os últimos querem ser escutados. Durante um tempo, esses dois grupos de críticos atuavam juntos, em busca de oportunidades em conferências internacionais como o encontro da OMC em novembro de 2000, em Seattle, onde as manifestações irromperam com violência. Agora as coisas se acalmaram e os grupos que querem trabalhar sistematicamente e a sério para melhorar o funcionamento da economia global estão muito mais atuantes.

Mas a OMC também é vista, na maior parte das vezes de maneira errônea, como uma organização que impõe sanções comerciais que ignoram interesses como a proteção ambiental. Por exemplo, a legislação norte-americana bane a importação de camarão pescado sem a utilização de dispositivos para evitar que se apanhem tartarugas. A Índia e outros países reclamaram, mas a OMC sancionou a legislação norte-americana. Sem procurar se informar sobre os fatos, manifestantes saíram às ruas vestidos de tartarugas para protestar contra a decisão da OMC!

Qual conselho você daria a alguém que apenas está começando a estudar economia? Economia seria uma boa área de especialização?

Eu diria: com certeza. Particularmente, nós, os economistas, trazemos três insights singulares para a elaboração de boas políticas.

Em primeiro lugar, os economistas procuram levar em consideração os efeitos secundários e subseqüentes das ações.

Em segundo lugar, nós enfatizamos corretamente que uma política não pode ser julgada sem uma análise do que aconteceria em outras circunstâncias. Existe uma piada que diz que, quando perguntam a uma economista como o marido dela está, ela diz: "Em comparação com o quê?".

Em terceiro lugar, incorporamos, de maneira única e sistemática, o princípio do custo social e do benefício social à análise de políticas públicas.

ÍNDICE REMISSIVO

Palavras-chave e páginas nas quais são definidas estão destacadas.

Abordagem da renda no PIB, 484-485
Abordagem dos gastos no PIB, 484
Ações, 380
Acordo Geral de Tarifas e Comércio, 782, 798, 801
Acordo Norte-Americano de Livre Comércio (NAFTA), 662, 775, **782,** 788, 799
Acordos de colusão, 295, 295-298
Acumulação de capital, 35
Advanced Micro Devices, 280
Afirmações normativas, 10
Afirmações positivas, 10
Afro-americanos, 8, 423, 427
Agenda de Desenvolvimento de Doha, 782
Agricultura, 3
Alchian, Armen, 205
Almoço grátis na política econômica, 769
Aluguel máximo, 121, 122
 ineficiência do, 122
 justiça do, 123
 na prática, 123
América Central, 555-556
América do Sul, 5, 6, 548
American Telephone and Telegraph Company (AT&T), 321
Análise marginal
 poder da, 156
 produção maximizadora de lucro e, 237-238
Anarquia, Estado e Utopia (Nozick), 108
Andreesen, Marc, 566
Ano fiscal, 715
Apple Computer, 315
Apreciação do dólar, 605, 612
Aprender fazendo, 38, 786
Aquecimento global, 10, 344
Arbitramento, 392
Argumento da indústria nascente, 785-786
Argumento da segurança nacional, 785
A riqueza das nações (Smith), 4, 11, 49, 51, 104, 471
Ásia
 crescimento econômico na, 5, 462, 552, 555, 557
 crescimento econômico na (*Leitura das entrelinhas*), 568-570
 crise financeira de 1997 na, 771
 déficits fiscais na, 719
Asics, 281
Assistência médica universal, 10
Associações de poupança e empréstimos, 580
Ataque terrorista de 11 de setembro de 2001, 1, 6, 771
Aten, Bettina, 490
Ativos líquidos, 579, 580
Athey, Susan, 319
Atividade de busca, 122
Auerbach, Alan, 454, 725
Aversão ao risco, 437-438

Baby-boomers, 726
Balanço do setor privado, 619
Balanço do setor público, 619
Banco central, 582
 funções dos, 770
 metas de taxa de inflação, 758-759
Banco Central da Nova Zelândia, 758
Banco central europeu, 758
Banco da Suécia, 758

Banco Popular da China, 621-622
Bancos
 centrais, 582-583, 758
 comerciais, 579
Bancos comerciais, 248, 579
Bancos de poupança, 580
Bancos do Federal Reserve, 582, 584, 772-773
Bancos mútuos de poupança, 580
Bank of Canada, 758
Bank of England, 758
Barreiras à entrada, 258
 monopólio e, 258
 oligopólio e, 289-290
Barreiras não tarifárias, 782, 784
Base monetária, 584, 585
Bem-estar econômico, 488
 comparações ao longo do tempo, 488-489
 comparações entre países, 489-490
Bem final, 480
Bem inferior, 58, 85
 efeito substituição e, 175
 renda e, 159
Bem intermediário, 480
Bem normal, 58, 159
Bem privado, 360
Bem público, 360, 566, 567
 benefícios do, 361
 burocratas e, 364
 crescimento do governo e, 365
 eleitores e, 365
 equilíbrio político e, 365
 ignorância racional e, 364
 problema do 'carona' e, 105, 361-365
 provisão de, 322, 362-364, 365
 quantidade eficiente do, 105, 361-362, 363
Benefício líquido, 362
Benefício marginal, 9, 33, 160, 362
 demanda e, 99-100
 disposição e capacidade de pagar e, 57, 99
 externo, 349
 preferências e, 33
 privado, 349-350
 social, 349
 utilização de recursos e, 33-34
Benefício marginal externo, 349
Benefício marginal privado, 349
Benefício marginal social, 349, 368
Benefício total, 361
Benefícios
 da inovação de produto, 286
 dos monopólios, 269-270
 externos, 105
 totais, 361
Benefícios externos
 eficiência e, 105
 marginais, 349, 350
Benefícios privados, marginais, 349-350
Benefícios sociais, marginais, 349, 368
Bens, 2, 484
 classificação, 82, 360-361
 comércio de, 396, 776, 781
 complementares, 58
 divisíveis e indivisíveis, 167
 excludentes, 360
 finais, 480
 inferiores, 58, 85, 175
 informações como, 445-446
 intermediários, 480

 não excludentes, 360
 não rivais, 360
 normais, 58, 159
 preço dos, 63
 privados, 360
 proporção da renda gasta em, 82-83
 públicos, 105, 322, 360, 361-365, 566-567
 rivais, 360
 substitutos, 61
 tendências da produção de, 3
Bens complementares, 58
 curvas de indiferença e, 171-172
 elasticidade cruzada da demanda e, 83-84
 na produção, 62
Bens de luxo, 82
Bens divisíveis, 167
Bens essenciais, 82
Bens e serviços, 2
 custo de oportunidade de, 9
 disponibilidade de, 9
 escolhas relacionadas a, 2-3, 8
 gastos em, 109
 trade-offs relacionados a, 8
Bens excludentes, 360
Bens financeiros, 40
Bens indivisíveis, 167
Bens não excludentes, 360
Bens não rivais, 360
Bens relacionados, 57-58, 61
 bens complementares, 58
 bens complementares na produção, 58
 bens substitutos, 57
 bens substitutos na produção, 61
 elasticidade cruzada e, 83-84
Bens rivais, 360
Bens substitutos, 57
 elasticidade cruzada da demanda e, 84
 elasticidade da demanda e, 82
 monopólio e falta de, 258
 na produção, 61
 próximos, 171
Bentham, Jeremy, 187
Bernanke, Ben, 12, 466, 583, 652, 700, 745, 758, 759
Berners-Lee, Tim, 192
Bhagwati, Jagdish, 800-802
Bolsa de Valores de Nova York, 54, 144, 536
Boorstin, Daniel J., 144
Break-even point, 237
Brin, Sergey, 192
Brunner, Karl, 651
Bureau of Economic Analysis (BEA), 484, 485, 522
Bureau of Labor Statistics (BLS), 385, 510, 511, 522
Burocratas
 escolhas de bens públicos e, 364
 no mercado político, 323
Busca de empregos, 534, 534-535
Bush, George H. W., 583, 622-623, 715
 multiplicador do corte de impostos de Bush, 728

Caballero, Ricardo J., 711-713
Canadá
 crescimento econômico no, 556
 desemprego no, 464-465, 534, 535
 superávit fiscal no, 719
 valor do dólar no, 467

Capacidade empresarial, 3, 193-194
Capital, 3
 custo presente comparado com o retorno futuro do, 408
 demanda por, 397
 dívida e, 717
 explicação, 483
 financeiro, 3, 397
 físico, 396
 oferta de, 398
 produto marginal decrescente do, 224
 propriedade desigual de, 423
 receita do produto marginal do, 397
 grau de substituição entre trabalho e, 390
 taxa implícita de aluguel do, 193
Capital financeiro, 3, 396, 410
Capital físico, 396, 557-558
Capital humano, 3
 crescimento econômico e, 558
 desigualdade econômica e, 419-422
 explicação, 558
 gastos do governo e aumento do, 618
 produtividade do trabalho e, 3
 renda e, 417
Características pessoais, alocação de recursos por, 98
Card, David, 126, 451, 453, 454
Cartéis, 290
 ilegais, 329
 regulação dos, 329-330
Cartões de crédito, 578
Casamento, concentração de riqueza devido ao, 424
Causa e efeito, 11-12
Certificados de emissão, 349
Certificados de poluição por chumbo, 349
Cesta do IPC, 509-510
Ceteris paribus, **11,** 29
Cheques, 578
Chile, 712
China
 crescimento econômico na, 552, 557
 empreendimentos privados na, 5
 ganhos da globalização na (*Leitura das entrelinhas*), 790-792
 indústria manufatureira na, 5, 797
 mercado de câmbio internacional e, 621-622
 PIB real na, 490
 poluição do ar na, 343
Chuva ácida, 343-344, 380
Ciclo econômico, 459
 crescimento econômico e, 461-462, 687
 déficits fiscais no, 730
 equilíbrio macroeconômico e, 647
 estabilização dos, 728-729
 fase de expansão do, 661
 flutuações do desemprego ao longo dos, 464-465, 527
 inflação e, 693
 modelo *SA–DA* e, 708
 política fiscal e, 471
 política monetária e, 471
 teoria dos ciclos dos novos clássicos, 697
 teoria dos ciclos econômicos reais, 697-700
 teoria keynesiana dos, 697
 teoria monetarista dos ciclos, 697

teoria predominante dos, 696-697
Ciência lúgubre, 565
Cingapura
　crescimento econômico em, 557
　déficits fiscais em, 718
　vantagem comparativa dinâmica em, 38
Circulação, velocidade de, 592
Civil Aeronautical Agency, 325
Civil Aeronautical Board, 325
Clássicos, 650
Coase, Ronald, 204, 347, 380
Coca-Cola, 288-289, 321, 333
Coeficiente de concentração, 201, 202, 203
Coeficiente de concentração de quatro maiores empresas, 200-201
Coeficiente de drenagem da moeda em circulação, 586
Coeficiente de emprego, 502, 557
Coeficiente de Gini, 417
Coeficiente de reservas, 585
Coeficiente de reservas desejado, 585
Colusão, 281, 295-296
Comércio
　equilibrado, 779, 784
　ganhos proporcionados pelo, 36-39, 778, 781
　justo, 801
　livre, 785, 801
　termos de, 778
Comércio equilibrado, 779
Comércio internacional
　argumento contra a proteção e, 785-788
　balanço da conta corrente e, 618
　contas do balanço de pagamentos e, 615-617
　crescimento econômico e, 561
　de bens, 776, 781
　de serviços, 776
　devedores e credores e, 617-618
　empréstimos tomados pelos Estados Unidos e, 618
　escala do, 797
　exportações líquidas e, 618-619, 776
　ganhos da globalização e (*Leitura das entrelinhas*), 790-792
　ganhos provenientes do, 776, 781, 798-799
　o balanço dos três setores e, 619
　padrões geográficos do, 776
　perdedores do comércio mais livre, 789
　produção e consumo e, 779-780
　receita das tarifas e, 788-789
　rent-seeking e, 789
　restrições do, 782-785, 792
　taxa de câmbio e, 619
　tendências do, 775, 792
　termos do, 778
　tomadores e concessores de empréstimos e, 617
Comércio justo, 801
Comissão Federal do Mercado Aberto (CFMA), 583, 743, 745, 772
Compaq, 243
Competição, alocação de recursos por, 98
Comportamento do consumidor
　bens inferiores e, 175
　efeito renda e, 175
　efeito substituição e, 174-175
　previsão do, 172-173
　variação da renda e, 174
　variação do preço e, 173-174
Compradores
　de drogas ilegais, 135
　discriminação entre grupos de, 266-267
　impostos para os, 128

Comunicações, 5
Concessão de empréstimos a longo prazo, 580
Concessor de empréstimo líquido, 617
Concorrência. *Veja* Concorrência monopolista; Concorrência perfeita
Concorrência monopolista, 200, 280-281, 315
　concorrência perfeita *versus*, 284
　decisão de preço e de produção de curto prazo na, 282-283
　diferenciação do produto na, 281
　eficiência na, 284-286
　entrada e saída na, 281
　exemplos de, 281-282
　inovação e desenvolvimento de produto na, 286
　lucro econômico zero na, 283-284
　marketing e, 281
　maximização dos lucros na, 283
　nomes de marca na, 289
　número de empresas na, 281
　preço na, 281
　propaganda na, 286-289
　qualidade e, 281, 288-289
Concorrência perfeita, 200, 201, 234, 257, 315
　ajustes de longo prazo na, 241-242
　alterações no tamanho das instalações produtivas na, 243-244
　concorrência monopolista *versus*, 284
　criação de condições, 234-235
　curva de oferta de curto prazo e, 239-240
　decisões das empresas na, 236-241
　economias e deseconomias externas na, 246-247
　eficiência na, 249
　entrada e saída na, 242-243
　equilíbrio de curto prazo na, 241
　equilíbrio de longo prazo na, 244-245
　índice de Herfindahl-Hirschman e, 201
　lucro econômico e receita da, 235, 263
　monopólio de preço único e, 262-265
　mudança da demanda, 241, 245-246
　mudança tecnológica na, 245, 248
　no pomar (*Leitura das entrelinhas*), 250-252
　tomadores de preços na, 235
Congresso dos Estados Unidos, 8, 789
Conhecimento, 566-567
　ações do governo diante do, 350-353
　benefícios privados e sociais do, 349-350
Conselho de Diretores do Federal Reserve, 582
Consumo
　autônomo, 660
　externalidades resultantes do, 343
　indivíduos, 150
　induzido, 658
　linha orçamentária e, 150-151, 166-167
　possibilidades do, 150-151, 166-169
　tomada de empréstimos para o, 618
　variação da renda e, 174
Consumo autônomo, 658
Consumo de tabaco, 245, 343
Consumo induzido, 658
Conta corrente, 469, 615
Conta de capital, 615
Contabilidade
　crescimento, 555, 559-561, 570-571
　econômica, 194
　escândalos na, 6
　intergerações, 725
Contabilidade do crescimento, 559, 559-561, 570

Contabilidade intergerações, 725, 725-726
Contas do balanço de pagamentos, 615, 615-617
Contratos de longo prazo, problemas da relação agente-principal e, 198
Contribuições previdenciárias, 128-129 716, 725
Cooperação Econômica da Ásia e do Pacífico (APEC), 783
Cooperativas de crédito, 580
Coordenação econômica, 39-41
Coordenadas, 15, 23
Copyright Royalty Tribunal, 325
Coréia do Sul, 552, 718
Corporações, 198
　proporções de, 200
　prós e contras de, 198-199
Correios dos Estados Unidos, 258
Corretores de câmbio internacional, 605
Cota, 784
　de produção, 133-134
　individual transferível, 369, 370
　recursos comuns e, 369
Cota de produção, 133-134
Cota individual transferível, 369, 370
Council of Economic Advisers, 715
Couric, Katie, 384
Cournot, Antoine-Augustin, 316
Crescimento econômico, 35, 458
　benefícios e custos do, 35, 462-463
　ciclos econômicos e, 461-462, 687
　contabilidade do crescimento e, 559-561
　crescimento do capital humano e, 558
　entre países, 460-461
　explicação, 552
　forças geradoras do, 687
　Hiato de Lucas e, 461
　equilíbrio macroeconômico e, 647
　métodos para atingir, 560-561
　Hiato de Okun e, 462
　avanços tecnológicos e, 5, 35, 462, 558-559
　crescimento do capital físico e, 557-558
　na expansão de 2006, 472-473
　nos Estados Unidos, 35-36, 459-460, 554-555, 556
　precondições para, 558-559
　resumo do, 570-571
　horas agregadas e, 557
　mundial, 460-461, 555-556
　na Ásia (*Leitura das entrelinhas*), 568-570
Crescimento populacional
　PIB potencial e, 563
　teoria clássica do, 564-565
　teoria do crescimento e, 563-565
　teoria neoclássica do, 565-566
Criação de empregos, 463
Cultura nacional, 788
Cunha fiscal, 720
Curto prazo, 216
　decisões das empresas na concorrência perfeita no, 236
　demanda agregada no, 672-673
　determinação de preço e de produção de, 282-283
　lucros e perdas no, 238-239
　macroeconômico, 639-640
Curto prazo macroeconômico, 639
Curva da receita marginal, 260
Curva de benefício marginal, 34
　bens públicos e, 362
　curva de demanda e, 100
Curva de benefício marginal social, 99, 100, 103
Curva de custo marginal, 346, 347
Curva de custo marginal social, 101, 102

Curva de custo médio, longo prazo, 225, 226
Curva de custo médio de longo prazo, 226
Curva de demanda, 56
　aumento da demanda e, 57
　deslocamentos da, 59, 65, 66, 78, 242
　efeito preço e, 173
　efeito renda e, 174
　elasticidade ao longo de uma linha reta, 80
　equilíbrio e, 64
　explicação, 56-57, 70
　inclinação da, 77
　movimento ao longo da, 58-59
　por capital, 398
　por dólares, 608
　quantidade de demanda e, 59
　trabalho, 388
Curva de demanda agregada
　deslocamentos da, 645
　efeito riqueza e, 643
　efeito substituição e, 643-644
　explicação, 670
　movimento ao longo da, 671
Curva de demanda do mercado, 99
　monopólio e, 260
Curva de demanda por trabalho, 387
Curva de disposição e capacidade de pagar, 57
Curva de gastos agregados
　álgebra da, 676
　deslocamentos da, 671
　explicação, 662, 670
Curva de indiferença, 169
　bens complementares e, 171
　grau de substituição e, 171-172
　para renda e tempo, 176
　taxa marginal de substituição e, 169
　utilidade marginal e, 182-183
Curva de Laffer, 721
Curva de Lorenz, 415-416, 416, 425
Curva de oferta, 60, 61, 62
　curto prazo, 88, 120, 240
　da indústria no curto prazo, 240
　de capital, 398
　de dólares, 610
　deslocamentos da, 62, 65, 66, 84
　do trabalho arqueada para trás, 390
　equilíbrio e, 63, 64
　indústria de longo prazo, 246, 247
　interpretação da, 60-61
　longo prazo, 88, 120
　momentânea, 88
　mudança da quantidade ofertada e, 62, 63
Curva de oferta agregada
　curto prazo, 646
　longo prazo, 646
　movimentos ao longo das curvas *SAL* e *SAC* e, 640, 641
Curva de oferta agregada de curto prazo, 640, 641
Curva de oferta agregada de longo prazo, 639
Curva de oferta da indústria de curto prazo, 240
Curva de oferta da indústria de longo prazo, 246-247
Curva de oferta de curto prazo, 88
　da empresa na concorrência perfeita, 239-240
　de habitação, 120
Curva de oferta de longo prazo, 88
　para moradia, 120
Curva de oferta de trabalho
　arqueada para trás, 390
　salário e, 177
Curva de oferta momentânea, 88, 132
Curva de Phillips, 693

ÍNDICE REMISSIVO 805

de curto prazo, 693-694, 695
de longo prazo, 694
nos Estados Unidos, 695
variações da taxa natural de desemprego e, 695
Curva de Phillips de curto prazo, 693-694, 695
Curva de Phillips de longo prazo, 694
Curva de preço de oferta mínimo, 61
Curva de produto marginal, 218
Curva de produto total, 217, 386
Curva do custo total médio, 221, 222
Curva do produto médio, 219
Curvas de custo
curva de produto, 223
deslocamentos das, 222-223
formato das, 221-222
Curvas de oferta da indústria
curto prazo, 241
longo prazo, 246, 247
Curvas de produto, 217
curvas de custo e, 222
marginal, 218-219
médio, 219
total, 217
Custo a fundo perdido, 216
Custo de informação, 440
Custo de longo prazo, 224
Custo de oportunidade, 9, 31-32, 776-777
aumento do, 31-32
como um coeficiente, 31
de bens, 122
de empresas, 193
renda econômica e, 402-403
Custo fixo médio, 221, 224
Custo fixo, 224
total, 220-221
Custo fixo total, 220, 224
Custo marginal, 9, 32-33, 221, 224
cálculo do, 221
comparação da receita marginal com, 238
fronteira de possibilidades de produção e, 32-33
no monopólio, 261
social, 103
utilização de recursos e, 33-34
Custo marginal externo, 345
Custo marginal privado, 345
Custo marginal social, 103, 345, 346
Custo total, 220, 221-222, 224, 287
Custo total médio, 221, 224
Custo variável, 220
Custo variável médio, 221, 224
Custo variável total, 220, 224
Custos, 223
a fundo perdido, 216
curto prazo, 225-226
de inovação de produto, 286
de transações, 106, 204, 347
de venda, 287-287
do crescimento econômico, 35
explícitos, 193
externos, 346, 348-349, 350-353
fixos, 224
fixos médios, 221-222, 224
fixos totais, 224
implícitos, 194
longo prazo, 225
marginais, 222, 223, 224
na indústria automobilística (*Leitura das entrelinhas*), 228-229
privados, 345
sociais, 345
totais médios, 221-222, 224
totais, 220-221, 222, 224
variáveis, 224
variáveis médios, 221-222, 224
variáveis totais, 224

Custos de transações, 106, 204, 347
Custos de venda, 287-288
Custos explícitos das empresas, 193
Custos externos
ações governamentais e, 348-349
cálculo de, 345
ineficiência com, 346
produção e, 345
Custos implícitos das empresas, 193
Custos privados, 345
Custos sociais, marginais, 103, 345, 346

Dados trimestrais do PIB, 480
Darwin, Charles, 452
De Beers, 259
Decisão de compra, 409
Decisões
de compra, 409-410
de empresas perfeitamente competitivas, 236-241
momentos para, 215-216
Defasagem de impacto, 729-730
Defasagem de reconhecimento, 729
Defasagem legislativa, 729
Déficit internacional, 469
Déficits, 7. *Veja também* Déficits fiscais
dívida e, 469-470
internacionais, 469
orçamento governamental, 468-469, 716
Déficits fiscais, 12, 716. *Veja também* Orçamento federal
ao longo dos ciclos econômicos, 730
do ponto de vista histórico, 716-718
efeitos dos, 725
equação do orçamento, 167-168
governo, 468, 469
no início do século XXI, 719
visão geral, 714
Déficits fiscais do governo, 469
Deflação, 465
Deflator do PIB, 487, 504
Dell Computer, 192, 193, 243, 280, 281, 304-305
Demanda, 56
custos de venda e, 288
derivada, 385
disposição de pagar e valor, 99
elasticidade cruzada da, 83-84
elasticidade da, 77-86, 129, 389-390
elasticidade-preço da, 77-83
equilíbrio e, 63-68, 71
excedente do consumidor e, 100
individual e de mercado, 99-100
inelástica, 79-80
lei da, 55-56, 145-146
mercado, 235, 389
mudança da, 57-58, 58-59, 241, 245-246, 399
pelo produto da empresa, 235
por capital, 397
por dólares, 607-608, 611, 620
por fundos disponíveis para empréstimos, 536-538
por moeda, 589-590
por regulação, 324
por um ambiente livre de poluição, 343-344
preço e, 65-68
preços da gasolina e (*Leitura das entrelinhas*), 68-70
Demanda agregada, 643. *Veja também* modelo OA–DA
dados de crescimento (*Leitura das entrelinhas*), 652-653
explicação, 654
flutuações da, 642-645, 648-649, 672
inflação e, 688
no curto prazo, 672-673
no longo prazo, 673-674

PIB real e, 752-754
visão clássica da, 650-651
visão keynesiana das flutuações da, 651
visão monetarista da, 651
Demanda com elasticidade unitária, 79
Demanda de mercado, 99
demanda pelo produto de uma empresa e, 235
por trabalho, 390-391
Demanda derivada, 385
Demanda elástica, 79
Demanda individual, 99-100
Demanda inelástica, 79, 79-80, 260
renda, 85
Demanda perfeitamente elástica, 79, 129
Demanda perfeitamente inelástica, 79
Demanda por fundos disponíveis para empréstimos, 536-538
Demanda por moeda, 589
Demanda por trabalho, 386, 528-531
da empresa, 386
elasticidade da, 389-390
mudanças da, 388-389, 530-531
PIB potencial e, 528-531, 720
produto marginal decrescente e, 530
sindicatos de trabalhadores e, 393
tendências da, 394
Demografia
busca de empregos e, 534
do desemprego, 506-507
Demsetz, Harold, 205
Denison, Edward F., 559
Depósitos
criados pelos bancos, 585-586
explicação, 577
Depreciação, 193, 483
do dólar, 605, 613
explicação, 483
PIB e, 483
Depreciação econômica, 193, 194
Depressões, teoria keynesiana das, 458
Desaceleração do crescimento da produtividade, 459, 554, 560
Desastres naturais, 1, 109-110
Desconto, 408, 408-409
Deseconomias de escala, 226, 226-227
Deseconomias externas, 246, 247
Desemprego
anatomia do, 505
ao longo dos ciclos econômicos, 508
cíclico, 508
demografia do, 500-507
duração do, 505-506
durante as recessões, 463, 464, 502
estrutural, 507
fontes de, 505
friccional, 507
inflação e, 686, 693-696, 700-702
interesse próprio e, 7
no mundo, 464
no pleno emprego, 534-536
nos Estados Unidos, 7, 464, 501, 502
PIB real e, 508
problemas devidos a, 465
racionamento de empregos e, 535
resumo do, 514
salário mínimo e, 125, 126
taxa de, natural, 508
visão geral do, 463-464
Desemprego cíclico, 508
Desemprego estrutural, 507-508
Desemprego friccional, 507
Desenvolvimento do produto, 286
Desequilíbrio fiscal, 726
Desequilíbrio intergerações, 726-727
Desigualdade. *Veja* Desigualdade econômica
Desigualdade econômica

capital humano e, 419-422
discriminação e, 422-423
mensuração da, 414-419
tendências da (*Leitura das entrelinhas*), 427-428
tendências na, 417-418
redistribuição de renda e, 424-426
riqueza desigual, 423-424
Desregulação
razões para a, 330
tendências da, 324-325
Diagramas de dispersão, 16, 16-17
Dicotomia clássica, 526-527
Diferenciação de produtos, 200, 281
na concorrência monopolista, 200, 281
propaganda e, 286-288
Diferencial da taxa de juros, 751
Diferencial da taxa de juros dos Estados Unidos, 611
Dilema dos duopolistas, 298-299
Dilema dos prisioneiros, 293-295
Direito autoral, 255, 353
Direitos compensatórios, 786
Direitos de propriedade, 40, 346-347
intelectual, 353
poluição e, 345-346
recursos comuns e, 368-369
resultado e, 347
teorema de Coase e, 347, 353
Direitos de propriedade intelectual, 353
Discriminação, desigualdade econômica e, 422-423
Discriminação de preços, 259, 265-266
eficiência e *rent-seeking* com, 268-269
excedente do consumidor e, 266-267
lucro obtido da, 267-268
monopólio natural e, 270-271, 326
perfeita, 268
Discriminação perfeita de preços, 268. *Veja também* Discriminação de preços
Diversificação para reduzir o risco, 444
Dívida
capital e, 717
déficits e, 469-470
explicação, 469
internacional, 727
nacional, 470
pública, 717
Dívida do governo, 717
Dívida internacional, 727
Dívida nacional, 470
Divisão do trabalho, 49-50
Dixit, Avinash, 320
Dólares
apreciação e depreciação, 605, 606, 613
demanda por, 607-609, 611, 620-621
em queda (*Leitura das entrelinhas*), 622-624
oferta de, 609, 611-612
valor dos, 467-468, 604, 605
Downloads ilegais (*Leitura das entrelinhas*), 136-138
Downsizing, 244
Drenagem da moeda em circulação, 586
Drogas ilegais, 135-136
Dubner, Stephen J., 189
Dumping, 786
Duopólio, 289-290, 295-299, 315
Dupla coincidência de necessidades, 576
Dupla contagem, 480
Dupuit, Jules, 146

eBay, 257
Economia, 2, 13
como ciência social, 10, 13
como uma ciência lúgubre, 565
época de mudança e, 1
escopo da, 2-7, 13, 48

gráficos na, 15-26 (*Veja também* Gráficos)
modelos e, 11
obstáculos e armadilhas na, 11-12
pontos de vista sobre, 12-13
vodu, 722
Economia da União Européia, 542-544
Economia do lado da oferta
cunha fiscal e, 721
curva de Laffer e, 721
debate da, 721-722
emprego e PIB potencial e, 719-722, 734
financiamento e investimento e, 722-723
impostos e incentivos a poupar e, 723-724
investimento, poupança e crescimento econômico e, 722-725, 734
poupança pública e, 724-725
Economia global
histórico da, 797
vantagem comparativa na, 781
Economia informal, 488-489
Economias de escala, 205, 226, 227, 781
monopólio e, 269-270
Economias de escopo, 205
monopólio e, 269-270
Economias externas, 246, 247
Economistas *versus* mercantilistas, 521-522
exaustão dos recursos, 452-453
externalidades e direitos de propriedade, 380-381
fontes da riqueza econômica, 49-50
ganhos do comércio internacional, 798-799
incentivos à inovação, 633-634
leis da demanda e da oferta, 145-146
poder de mercado, 316-317
processo decisório racional, 187-188
Educação
como um investimento, 421
crescimento econômico e qualidade da, 561
da população norte-americana, 3
escolhas relativas à, 9
remuneração e, 41-43, 418
Efeito de *crowding-out*, 725
Efeito preço, 173
Efeito renda, 56, 174
curva de demanda e, 174
efeito substituição e, 174-175
salário e, 177, 390-391
Efeito riqueza
demanda agregada e, 643
gastos agregados e nível de preços e, 670
Efeito substituição
demanda agregada e, 643-644
gastos agregados e nível de preços e, 670-674
intertemporal, 644
taxas de juros e, 750-751
Efeito substituição, 56, 174-175
efeito renda, 174-175, 390
salário e, 177, 390
Efeitos do lado da oferta, 719, 721
Eficiência. *Veja também* Ineficiência
alocativa, 33
com discriminação de preços, 268
da concorrência monopolista, 284-285
da propaganda e nomes de marca, 289
do consumidor, 159-160
do equilíbrio competitivo, 103
econômica, 195, 196, 249
impostos e, 131
inovação de produto e, 286
justiça e, 106, 107

mão invisível e, 104
na concorrência perfeita, 249-250, 263-264
no monopólio, 263-264
produtiva, 30, 33, 533
recursos comuns e, 105, 322, 368-370
tecnológica, 195, 248
Eficiência alocativa, 33
Eficiência econômica, 195, 196
Eficiência produtiva, 30, 33-34, 533
Eficiência tecnológica, 195
Ehrlich, Paul, 452-453
Elasticidade cruzada da demanda, 83, 83-84
Elasticidade da demanda, 79, 260
ao longo da curva de demanda de linha reta, 80
divisão do imposto e, 129
fatores que influenciam a, 82-83
medida de número puro, 79
para notebooks e computadores de mesa (*Leitura das entrelinhas*), 90-91
por trabalho, 389-390
preço, 77-83, 97
receita do produtor rural e, 132
receita marginal e, 260, 261
receita total e, 81
sinal de menos e, 79
Elasticidade da oferta, 87
cálculo da, 87
divisão do imposto e, 130
fatores que influenciam e, 87-88
Elasticidade-preço da demanda, 77-78
ao longo da curva de demanda de linha reta, 80-81
cálculo da, 78-79
elástica e inelástica, 79-80
fatores que influenciam a, 82-83
gastos e, 82
receita total e, 81
Elasticidade–renda da demanda, 85, 86
Elasticidades da demanda, mundo real, 85
Eleitores
ignorância racional e, 364-365
no mercado político, 322
preferências dos, 365
Emprego
globalização e, 786
PIB real e, 527-528, 638-639
Empregos, globalização e, 786-787
Empresas, 39-40, 192
cálculo do lucro das, 193
combinação de comando e incentivos e, 197
contabilidade econômica e, 194
coordenação pelo mercado e, 204
custo de oportunidade e, 193-194
custos de transações e, 204
economias de escala e, 204-205
economias de escopo e, 205
eficiência econômica das, 195-196
eficiência tecnológica das, 195
fluxo circular de gastos e renda e, 480-481
lucro econômico das, 193, 194, 238-239
mercados e o ambiente competitivo das, 199-203
metas das, 192-193
na concorrência monopolista, 281-282
na concorrência perfeita, 236-241
no mercado político, 322-323
no oligopólio, 290-291
problemas da relação agente-principal e, 198
restrições das, 194-195
sistemas de comando e, 197
sistemas de incentivos e, 197
tipos de, 198-199

Empresas farmacêuticas, poder de mercado de (*Leitura das entrelinhas*), 334-335
Empréstimos
meta de taxa de juros de títulos públicos federais e, 751
pelos bancos, 585-586
Energia nuclear, 345
Enron Corporation, 6, 197
Entrada no mercado, na concorrência perfeita, 242-243
Entrada potencial, 203
Entrantes, 505
Environmental Protection Agency, 349, 381
Equação da demanda, 70, 71
Equação da oferta, 71
Equação linear, 24
Equações lineares, 24
Equilíbrio, 63, 71
abaixo do pleno emprego, 647
acima do pleno emprego, 647-648
convergência para o, 664-665
cooperativo, 301
curto prazo, 241, 242, 245, 591, 645-646
demanda e oferta e, 63-67, 71
de Nash, 294, 298-299, 300, 319
do consumidor, 154
do mercado, 63, 67
do mercado monetário, 591-592
gastos com, 664
longo prazo, 244, 246, 283-284, 591, 646
macroeconômico, 654
mercado de câmbio internacional, 610
mercado de capital, 398-399
mercado de fundos disponíveis para empréstimos, 536
mercado de trabalho, 391-392, 532
na concorrência perfeita, 249
no mercado imobiliário, 120-121
político, 323, 364, 365, 370
poluição e mercado, 345-346
preço e quantidade e, 63-67
recursos comuns e, 367-368
regulação de, 324-325
rent-seeking, 265
Equilíbrio abaixo do pleno emprego, 647
Equilíbrio acima do pleno emprego, 647
Equilíbrio competitivo, 103
Equilíbrio cooperativo, 301
Equilíbrio de curto prazo, 241, 242, 245, 591
Equilíbrio de estratégias dominantes, 300
Equilíbrio de longo prazo, 591
na concorrência monopolista, 284
na concorrência perfeita, 244, 245, 246
Equilíbrio de Nash, 294, 319
no dilema dos duopolistas, 298-299
para o dilema dos prisioneiros, 300
Equilíbrio de pleno emprego, 647
Equilíbrio do consumidor, 154
Equilíbrio do mercado, 63-64, 71, 346
Equilíbrio do mercado monetário, 591-592
Equilíbrio macroeconômico, 654
ciclos econômicos e, 647-648
crescimento econômico e inflação e, 647
flutuações da demanda agregada e, 648-649
flutuações da oferta agregada e, 649-650
de curto prazo, 645-646
de longo prazo, 646-647
Equilíbrio macroeconômico de curto prazo, 645-646

Equilíbrio macroeconômico de longo prazo, 646
Equilíbrio político, 323
escolha pública e, 370
ignorância racional e, 364
tipos de, 365
Equivalência Ricardo-Barro, 725
Escala, 227
Escala mínima eficiente, 227, 235
Escambo, 576
Escândalos corporativos, 6
Escassez, 1, 64
Escassez de água, 7, 109-110
Escolha pública
equilíbrio político e, 370
mercado político e, 322-323
Escolhas
mudanças associadas às, 9
na concorrência perfeita, 249
na margem, 9-10
nova teoria do crescimento e, 566
trade-offs e, 8-9
Especialização, 36, 422-423
Estabilização
dos ciclos econômicos, 728-732
fiscal discricionária, 728-729
Estabilizadores automáticos, 730
Estados comunistas, 4-5
Estados Unidos
capital humano nos, 3
caso da Microsoft nos, 332-333
certificados de emissão nos, 349
ciclos econômicos nos, 460
Coeficiente de Gini nos, 417, 418
como tomador de empréstimos líquido, 617
crescimento econômico nos, 35-36, 459-460, 554, 555
criação de empregos nos, 463
Curva de Phillips dos, 695
déficits fiscais dos, 7, 716-718
demanda por moeda nos, 590, 591
desemprego nos, 7, 464, 501, 502
distribuição de renda nos, 414, 415, 424
dívida do governo dos, 717
estruturas de mercado nos, 203
evolução da economia dos, 686-688
exportações líquidas dos, 776
função consumo dos, 661, 662
indústria de seguros nos, 438-439
inflação nos, 465-466, 690, 692
medidas de concentração nos, 201
moeda nos, 577-579
multiplicador monetário nos, 588
PIB real nos, 459, 460, 488, 541, 552, 560
pleno emprego nos, 541-542
população dos, 500-501
produção de serviços nos, 5
recessões nos, 461, 502
salário real nos, 504
tarifas nos, 782-783
Estagflação, 650, 688, 691
Estoque de capital, 536
Estoques em expansão (*Leitura das entrelinhas*), 674-676
Estratégia de gatilho, 301
Estratégia olho por olho, dente por dente, 301-302
Estratégias, 294
Estratégias da política monetária
metas de taxa de inflação como, 758-759
regra de metas da taxa de câmbio como, 757-758
regra de metas monetárias como, 757
regra instrumental da base monetária como, 757
Etnia, 418

Euro, 467-468, 604
Europa. *Veja também países específicos*
  crescimento econômico na, 555
  desemprego na, 464-465, 534
  produtividade na, 542-544
Excedente
  consumidor, 100, 160, 264, 266-267
  do produtor, 102-103, 249
  preço e, 64
  redistribuição do, 264
Excedente do consumidor, 100, 267
  discriminação de preços e, 266-267
  eficiência e, 263-264
  valor e, 160-161
Excedente do produtor, 102, 249, 264
Excesso de capacidade na concorrência monopolística *versus* concorrência perfeita, 284
Excesso de produção, 104-105
Excite@Home, 283
Expansão, 459
  de 2002-2006, 669
  estoques em (*Leitura das entrelinhas*), 674-676
  processo multiplicador e, 668
Expectativa de vida, 489
Expectativa racional, 693
Expectativas, demanda agregada e, 644
Exportações, 481, 776
  demanda mundial por, dos Estados Unidos, 611
  líquidas, 481, 483, 618-619, 752, 776
  mercado de câmbio internacional e, 608
Exportações líquidas, 481, 618-619, 776
  de bens e serviços, 484
  taxa de juros e, 752
Externalidade, 342
  combate à poluição do ar na Califórnia (*Leitura das entrelinhas*), 353-355
  como problema econômico para o governo, 322
  como um obstáculo à eficiência, 105
  negativa, 342, 343-349
  positiva, 342-343, 349-353
Externalidade de rede, 257
Externalidade negativa, 342
  ações governamentais e, 348-349
  consumo, 343
  poluição como, 343-349, 353-355
  produção, 342
Externalidade positiva, 342
  ações do governo diante da, 350-353
  benefícios privados e sociais da, 349-350
  conhecimento e, 349
  consumo, 343
  produção, 342-343

Falácia, 12
Falácia *post hoc*, 12
Falha de mercado, 321
Famílias de mães solteiras, 426
Fatores de produção, 2, 3-4, 384-385, 401
  demanda por, 385
  renda econômica dos, 402-403
  tecnologia e, 61
Federal Communications Commission, 324
Federal Deposit Insurance Corporation, 325
Federal Energy Regulatory Commission, 325
Federal Maritime Commission, 325
Federal Power Commission, 324
Federal Reserve, 582-584
  criação de moeda pelo, 585-592
  poupança, 580

Federal Reserve Bank de Nova York, 582, 583, 748
Federal Reserve System dos Estados Unidos (Fed), 582
  ações para minimizar as recessões, 752-754
  ataques terroristas de 2001 e, 771
  aumentos de taxas pelo (*Leitura das entrelinhas*), 759-761
  balanço patrimonial do, 583-584
  centro de poder do, 583
  controle da quantidade de moeda pelo, 749, 751
  estrutura do, 582-583
  ferramentas de política econômica do, 583, 743
  funções do, 582
  Grande Depressão e, 770-771
  metas e objetivos do, 582
  no mercado de câmbio internacional, 621
  papel no combate à inflação, 687, 754, 755
  trade-offs de política econômica e, 769
Federal Trade Commission (FTC), 331, 336
Feldstein, Martin, 722
  moeda fiduciária, 584
Financiamento do investimento, 722-723
Firmas individuais
  explicação, 198
  proporções de, 199
  prós e contras de, 198-199
Fisher, Franklin, 332
Fixação de preço
  duopólio e, 289-290
  leis antitruste e, 331
Florestas tropicais, 6-7
  tragédia dos comuns (*Leitura das entrelinhas*), 371-372
Flutuações da colheita, 132
Fluxo circular
  de gastos e renda, 480-481
  dos mercados, 40, 41
Fluxo de oferta, 400, 401
Fluxos, 482
Fonseca, Eduardo Giannetti, 51
Força, alocação de recursos pela, 98-99
Força de trabalho, 501
Fracasso dos bancos, 771
Franco, Gustavo H. B., 523-525
França
  déficit fiscal na, 719
  impostos na, 721, 722
Friedman, Milton, 120, 651, 757, 770-771
Fronteira de possibilidades de produção, 30
  crescimento econômico e, 35
  curva de produto total e, 217
  custo de oportunidade e, 31-32
  custo marginal e, 32-33
  explicação, 527
  ganhos resultantes do comércio e, 39, 40
  para o PIB real e tempo de lazer, 527
  trade-offs ao longo da, 30-31
Fudenberg, Drew, 318-320
Função consumo, 658
  álgebra da, 676
  explicação, 658
  inclinação da, 660
  para os Estados Unidos, 661, 662
Função de importação, 676
Função de produção, 224, 527, 533
Função poupança, 658, 658-659
Fundo Monetário Internacional (FMI), 490
Fundos disponíveis para empréstimos

demanda por, 536-538
equilíbrio e, 540-541
mercado de, 536, 752
oferta de, 538-540
taxa de juros e, 537-538, 699
Fundos mútuos do mercado monetário, 580
Furacão Katrina, 1, 638
Fusões
  Federal Trade Commission e, 331
  leis antitruste para impedir, 321, 331
  na indústria automobilística (*Leitura das entrelinhas*), 228-229

Gastos. *Veja também* Gastos agregados
  agregados, 486, 658
  autônomos, 664, 666-668
  consumo, 480
  de equilíbrio, 664, 671, 677
  do governo, 480
  fluxo circular de renda e, 480-481
  induzidos, 664
  no orçamento federal, 717
  planejados, 662-665
  reais, 664
Gastos agregados
  álgebra dos, 676-677
  componentes dos, 658
  convergência para o equilíbrio, 664-665
  explicação, 486, 489
  PIB real e, 662-664, 665, 666, 667, 668
  reais, 664
  tabela dos, 663
  variação da taxa de juros de títulos públicos federais e, 750
Gastos agregados planejados, 658
  explicação, 676
  PIB real e, 662-664, 665, 666, 667, 668
Gastos autônomos, 664, 676
  multiplicador e, 666-667, 670
Gastos de consumo, 480, 482
  fatores que influenciam os, 658, 660-661
  PIB real e, 661
  propensão marginal a consumir e poupar e, 659-660
  taxa de juros de títulos públicos federais e, 751
  Gastos de consumo pessoal, 484
Gastos de equilíbrio, 664
  álgebra dos, 677
  demanda agregada e, 671
Gastos do governo, 480, 484
Gastos em necessidades comprovadas, 730
Gastos induzidos, 664
Gates, Bill, 4, 5, 6, 197
General Electric, 39, 316
General Motors, 205
Globalização
  desigualdade de renda e, 421
  ganhos da, 790-792
  histórico da, 5
Gokhale, Jagadeesh, 725, 726
Google Inc., 192, 206-207, 257
Governo
  ações diante de benefícios externos, 350-353
  ações para lidar com externalidades, 348-349
  crescimento do, 365
  fluxo circular dos gastos e da renda e, 480
  funções do, 321-322
  teoria do interesse social do, 324
  teoria econômica do, 321
Gráficos

com valores máximos e mínimos, 19-20
  de dados transversais, 16
  em modelos econômicos, 18-20, 25-26
  enganosos, 17
  das relações entre mais de duas variáveis, 23-24
  de relações nos, 20-22
  de série temporal, 15-16
  de variáveis não relacionadas, 20
  diagramas de dispersão, 16-17
  inclinação e, 20-22, 26
  observação matemática para, 24-25
Gráficos de dados transversais, 16
Gráficos de série temporal, 15, 15-16
Grande Depressão, 7, 457
  desemprego durante a, 464
  explicação, 461, 709-710
  fracasso dos bancos e, 771
Grande trade-off, 8-9, 107-108, 426
  redistribuição de renda e, 107-108, 426
Grau de substituição entre trabalho e capital, 390
Greve, 392

Hamermesh, Daniel, 126
Heston, Alan, 490
Hewlett-Packard (HP), 280, 304, 305
Hiato de Lucas, 461, 462, 723
Hiato de Okun, 462
Hiato do produto, 462, 463, 647, 757
Hiato inflacionário, 647, 754
Hiato recessivo, 647, 728-729
Hiperinflação, 466
HIV/AIDS, 1, 6
Holt, Charles, 146-147
Hong Kong
  crescimento econômico em, 35-36, 555
  déficits fiscal em, 718
Horas agregadas, 503
  crescimento econômico e, 557
  explicação, 528
Hotelling, Harold, 401, 452
Hume, David, 521-522, 798, 799

IBM, 205, 243, 315
Iene, 604
Ignorância racional, 364
Importações, 481, 775. *Veja também* Comércio internacional
  demanda norte-americana por, 611-612
  mercado de câmbio internacional e, 609
  multiplicador e, 668
  PIB real e, 661
Imposto de renda de alíquota fixa, 424
Imposto de renda progressivo, 424
Imposto de renda proporcional, 424
Imposto de renda regressivo, 424
Imposto direto, 485
Imposto sobre os cigarros, 127, 128
Impostos
  diretos, 485
  eficiência e, 131
  elasticidade da demanda e, 129
  elasticidade da oferta e, 130
  incentivo a poupar e, 723-724
  incidência dos, 127
  indiretos, 485, 716
  induzidos, 730
  líquidos, 480
  na prática, 130-131
  para os compradores, 128
  para os vendedores, 127-128, 128-129
  pigouvianos, 348

renda econômica e, 403
sobre drogas ilegais legalizadas, 135-136
sobre os cigarros, 127, 128
sobre os gastos de consumo, 721
sobre renda, 424, 668, 715-716, 720-721
taxa de juros real e, 723
trade-offs em relação a, 8-9
Impostos de renda, 424
multiplicador e, 667-668
no orçamento federal, 716
PIB potencial e, 720-721
Impostos de renda de pessoas jurídicas, 716
Impostos indiretos, 485, 716
Impostos induzidos, 730
Impostos líquidos, 480
Impostos pigouvianos, 348
Incentivos, 2
à inovação, 269
resposta aos, 10
Incerteza, 435
interesse pessoal e, 445
monopólio em mercados que lidam com a, 446
Incidência do imposto, 127
Inclinação, 20
da função consumo e da função poupança, 660-661
da linha reta, 20-21
de uma linha curva, 21-22
em um arco, 22
em um ponto, 22
multiplicador e, 667-668, 669
Índice de Herfindahl-Hirschman, 201, 202
na concorrência monopolista, 282
no oligopólio, 291
utilização do, 302, 333
Índice de Miséria, 686
Índice de preços ao consumidor (IPC), 509
cálculo do, 509-511
explicação, 465, 514
medição da inflação e, 511-512
viés do, 512
Índice de produção encadeado, 486
Índice ponderado de trocas, 606, 607
Indivíduos
fluxo circular dos gastos e da renda e, 480
poupança pelos, 481
produção dos, 488
renda e, 418
renda real de, 168
Indústria automobilística, 228-229
Indústria de computadores pessoais
concorrência na, 77, 234, 280
elasticidade da demanda na (*Leitura das entrelinhas*), 90-91
entrada e saída na, 242-243
Indústria de transporte aéreo, 247, 272-273
Indústria fonográfica (*Leitura das entrelinhas*), 177-179
Indústria manufatureira
na China, 5, 797
tendências da, 2, 5
Indústria pesqueira, 366-369
Indústrias de alta tecnologia, 561
Ineficiência
benefício externo e, 350
custo externo e, 346
de aluguéis máximos, 122
do monopólio, 264
do salário mínimo, 125-126
na produção, 104-105
na utilização da água (*Leitura das entrelinhas*), 110-112

Inflação
ciclos econômicos e, 693
de custos, 690-692
de demanda, 688-690
desemprego e, 686, 693-696, 700-702
equilíbrio macroeconômico e, 647
esperada, 692-693
explicação, 458, 702
fatores que influenciam a, 687
mundial, 466
medida da, 488
nos Estados Unidos, 465-466
papel do Fed no combate à, 688, 754
previsões, 693
problemas devido à, 466-467
tendências da, 638, 687-688
Inflação de custos, 690, 690-692
Inflação de demanda, 688, 688-690
Informações
como bens, 445-446
econômicas, 440
privadas, 441-444
restrições impostas sobre a empresa pelas, 194-195
Informações econômicas, 440
Informações privadas, 441
no mercado de empréstimos, 442-443
no mercado de seguros, 443-444
nos mercados de carros usados, 442
Inovação, 258
incentivos à, 269
na concorrência monopolista, 286
Inovação financeira, 581, 589
Instituições de poupança e empréstimo (thrift institutions), 580
Instituições depositárias, 579
funções econômicas das, 580-581
inovação financeira e, 581
Instrumento de política monetária, 745
Insuficiência da produção, 104, 105, 350
Intel Corporation, 5-6, 280, 302, 315
Intensidade do trabalho, 390
Interdependência estratégica, 315
Interesse pessoal, 4, 7, 10, 445
Interesse social, 4, 7, 445
eficiência e, 97
legislação antitruste e, 333
regulamentação de acordo com, 325-327, 328-329
International Trade Commission (ITC), 787
Internet
mercado de portais na, 283
negócio de leilões na, 257
serviços na, 246
Interstate Commerce Commission (ICC), 324, 324
Invenção, 258
Investimento, 396, 482, 483
bruto, 483
ciclos econômicos e, 698
financiamento do, 482
líquido, 483
variação da taxa de juros de títulos públicos federais e, 750
Investimento bruto, 483
Investimento interno privado bruto, 484
Investimento líquido, 483
Ireland, Peter N., 772-774
Itália, 719
Iuane, 621-623

Japão
crescimento econômico no, 460, 556
déficit fiscal no, 718, 719
desemprego no, 465
questões comerciais com o, 799
Jefferson, Thomas, 379
Jogo de determinação de preços, 295-299
Jogo de entrada seqüencial, 303

Jogo de P&D, 299-300
Jogos
da galinha, 300-301
Dell e HP pela participação de mercado (*Leitura das entrelinhas*), 304-305
dilema dos prisioneiros, 293-295
explicação, 293
formação de cartel no oligopólio, 295-299
Johnson, Harry, 800
Juros, 3
compostos, 408, 553
Juros compostos, 408, 553
Juros líquidos, 484
Juros sobre as dívidas no orçamento federal, 716
Justiça
da alocação em desastres naturais, 109
de aluguéis máximos, 123
do mercado competitivo, 106-110
eficiência e, 106, 109
regras de, 108-109
Justiça social, 489

Keynes, John Maynard, 458, 471, 651, 708, 709-710
Keynesiano, 651
Kimberly-Clark, 299-301
Kotlikoff, Laurence, 725
Krueger, Alan, 126
Kydland, Finn, 697

Lardner, Dionysus, 145-146
Laffer, Arthur B., 721
Lay, Kenneth, 6, 197
Lazear, Edward P., 715
Lazer, 176
oferta de trabalho e, 390-391
Legislação antitruste, 321, 323-324, 331-332, 333
Lei Celler-Kefauver de 1950, 331, 332
Lei Clayton de 1914, 331
Lei da demanda, 55-56, 145-146
por moeda estrangeira, 608
Lei da oferta, 60, 145-146
Lei de Humphrey-Hawkins de 1978, 715
Lei de Moore, 5
Lei de Say, 709
Lei do emprego de 1946, 715
Lei do Pleno Emprego e do Crescimento Equilibrado de 1978, 715
Lei dos rendimentos decrescentes, 219, 529, 559-560
Lei Robinson-Patman de 1936, 331, 332
Lei Sherman de 1890, 331, 332
Lei Smoot-Hawley, 782
Leitura das entrelinhas
a batalha por mercados na área de busca na Internet, 206-207
aumentos da taxa de juros pelo Fed, 759-761
combate da poluição do ar na Califórnia, 353-355
concorrência no pomar, 250-252
crescimento econômico na Ásia, 568-570
custo e benefício da educação, 41-43
demanda e oferta: o preço da gasolina, 68-70
dólar em queda, 622-624
elasticidade da demanda por notebooks e computadores de mesa, 90-91
empregos na expansão de 2002-2006, 513-514
Estados Unidos *versus* Europa, 542-544
estoques em expansão, 674-675
expansão de 2006, 472-473
florestas tropicais: uma tragédia dos comuns, 371-372

ganhos proporcionados pela globalização, 790-792
ineficiência na utilização da água, 110-112
mercado de downloads ilegais, 136-138
mercados de trabalho em ação, 403-405
notas como sinais, 446-448
oferta e demanda agregadas em ação, 652-653
paradoxo do valor no mercado de trabalho, 161-163
PIB real na expansão corrente, 491-492
poder de mercado das empresas farmacêuticas, 334-335
política fiscal hoje, 732-734
taxa marginal de substituição entre CDs e downloads, 177-179
tendências na desigualdade, 427-428
teoria quantitativa da moeda no Zimbábue, 594-596
trade-off de curto prazo entre o desemprego e a inflação em 2006, 700-702
Levantamento de Gastos de Consumo, 509-510
Levine, David K., 318
Levitt, Steven D., 186, 188, 189
Liberdade política, 489
Licença do governo, 258
Linha orçamentária, 150, 166
comportamento do consumidor e, 172, 173
indivíduos, 150, 166-169
preço relativo e, 151
renda real e, 151
renda-tempo, 176
Linha orçamentária renda-tempo, 176
Liquidez, 580
Locautes, 392
Long, John, 697
Longo prazo
demanda agregada no, 673-674
macroeconômico, 638
Longo prazo, 216
decisões de empresas na concorrência no, 236
produção e preço no, 284
Longo prazo macroeconômico, 638
Lucas, Robert E., Jr., 461, 710
Lucro, 3
cálculo do, 193
discriminação de preços e, 267-268
econômico, 193, 194
no curto prazo, 238-239
normal, 235
nova teoria do crescimento e, 566
resultante de manter dólares, 609
Lucro econômico, 194, 384. *Veja também*
Lucros das empresas, 193, 194, 235
na concorrência perfeita, 234-236
no monopólio, 262, 263
zero, 283-284
Lucro normal, 193, 220, 384
capacidade empresarial e, 193
na concorrência perfeita, 237
Lucros corporativos, 484

Macroeconomia, 2
explicação, 650
fluxos e estoques na, 482
origens e questões da, 457-458
visão clássica, 471, 650-651
visão dos novos keynesianos, 651
visão keynesiana da, 471, 651
visão monetarista da, 651-652
Macroeconomia keynesiana
demanda agregada e, 651
explicação, 651

novos keynesianos, 651
oferta agregada e, 651
questões de política econômica e, 651
Macroeconomistas clássicos, 471, 650
Malthus, Thomas Robert, 452-453, 564
Mão invisível, 104, 300, 445
Mapa de indiferença, 182
Mapa de preferências, 169-170
Margem, 9
Marketing, na concorrência monopolista, 281
Markup, na concorrência monopolista, 284
Marshall, Mary Paley, 145-146
Matriz de ganhos, 294, 298
Maximização da utilidade
 análise marginal e, 156
 combinações para a, 154
 regra para, 153-156
Maximização do lucro
 colusão e, 295-296
 condições para a, 238, 387-388
 na concorrência monopolista, 283
 no monopólio natural, 271
McCallum, Bennett T., 757
McDonald's, 119, 364
Medicaid, 424, 425
Medicare, 424, 425
Medida de número puro, 79
Medidas de concentração
 coeficiente de concentração das quatro maiores empresas como, 200-201
 Índice de Herfindahl-Hirschman como, 201
 limitações das, 201-203
 para a economia norte-americana, 201
Meios de pagamento, 576, 578
Melhor ponto possível, 173, 174
Mercado(s), 40
 alternativas ao, 106
 bens, 40, 54
 competitivo, 55, 106-110, 203
 contestável, 302-304, 315
 coordenação da produção pelo, 204
 coordenação das decisões pelo, 40-41
 de downloads ilegais (*Leitura das entrelinhas*), 136-138
 de drogas ilegais, 134-135
 digladiando-se por (*Leitura das entrelinhas*), 206-207
 eficiente, 445
 empresas e, 204-205
 fluxos circulares pelo, 40, 41
 medidas de concentração para, 201-203
 preços e, 54-55
 recursos naturais, 399-401
 restrições impostas sobre a empresa pelo, 194-195
 tipos de, 199-200
 trabalho, 385-396
Mercado competitivo, 55
 eficiência do, 103-106
 justiça do, 106-109
 mercado de câmbio internacional como, 55, 607
 nos Estados Unidos, 203
Mercado de câmbio internacional, 605
 Banco Popular da China no, 621-622
 China e, 621-622
 demanda no, 608
 demanda por dólares no, 608-609
 equilíbrio no, 609-610
 Fed e, 620-621, 757
 lei da demanda por moeda estrangeira e, 608
 lei da oferta da moeda estrangeira e, 609
 oferta de dólares no, 609
 taxa de câmbio fixa e, 620-621

Mercado de carros usados, 442
Mercado de empréstimos, 442-443
Mercado de fundos disponíveis para empréstimos, 536, 752-754
Mercado de trabalho, 385
 demanda de mercado e, 389
 demanda por trabalho e, 386, 388, 389
 equilíbrio no, 391-392
 maximização dos lucros e, 387-388
 monopsônio no, 394-396
 mulheres no, 187-188, 502, 503
 no campus (*Leitura das entrelinhas*), 403-405
 oferta de trabalho e, 390-391
 paradoxo do valor no (*Leitura das entrelinhas*), 161-163
 receita do produto marginal e, 386-387
 salário mínimo e, 124-127, 395-396
 salários de eficiência no, 396
 sindicatos de trabalhadores e, 392-394
Mercado de trabalho, 528
 equilíbrio do, 532
 indicadores do, 501-502
 PIB potencial e, 459, 508, 528-534, 544
Mercado eficiente, 445
Mercado negro, 122
Mercado político, 322-323
Mercados contestáveis, 302, 302-304, 315
Mercados de bens, 40
Mercados de capitais, 396-397
 curva de demanda por capital e, 397-398
 curva de oferta de capital e, 398
 demanda por capital e, 397
 equilíbrio nos, 398-399
 oferta de capital e, 398
 variações da demanda e da oferta nos, 399
Mercados financeiros, 444-445
Mercados imobiliários
 aluguel máximo nos, 120-123
 atividade de busca nos, 122
 depois do terremoto de São Francisco, 119-120
 mercados negros nos, 122
 regulamentados, 122
Mercantilismo, 521, 798-799
Meta da taxa de retorno, 565-566
Meta para inflação, 758
Meyer, Laurence H., 759
Microeconomia, 2
Microsoft Corporation, 5, 6, 200, 205, 257-258, 315, 321, 322, 332-333
Mill, John Stuart, 650
Minorias. *Ver também* Etnia; Raça
 desemprego entre, 506, 507
 distribuição de renda e, 3
Mishkin, Frederic S., 758
Modelo clássico, 526-527
 economia dos Estados Unidos e, 541-542, 544
 explicação, 526-527, 541, 544
Modelo da curva de demanda quebrada para o oligopólio, 291-292
Modelo de oferta agregada–demanda agregada. *Veja* modelo OA–DA
Modelo do fluxo circular, 481, 536
Modelo OA–DA. *Veja também* Oferta agregada; demanda agregada
 aplicação do, 687-688
 ciclos econômicos e, 708
 crescimento econômico e inflação e, 647
 demanda agregada e, 642-645
 em ação (*Leitura das entrelinhas*), 652-653

equilíbrio macroeconômico e, 645-650
 modelo de gastos de equilíbrio e, 670
 oferta agregada e, 639-642
 PIB real e determinação do nível de preços e, 694
 propósito do, 638, 645
 visão clássica e, 650-651
 visão keynesiana e, 651
 visão monetarista e, 651
Modelos econômicos, 11, 18
 construção de, 11
 gráficos utilizados nos, 18-20, 25-26
 teste dos, 11
 variáveis com máximos ou mínimos nos, 19, 20
 variáveis não relacionadas nos, 20
Moeda, 40, 576
 controle da quantidade, pelo Fed, 749, 750
 demanda por, 589-590, 607-608
 equilíbrio de curto prazo e, 591
 equilíbrio de longo prazo e, 595
 funções da, 577
 influências sobre a decisão de manter a, 589
 inovação financeira e, 581
 medidas da, 577-578
 moeda-papel conversível, 584
 nominal, 589
 nos Estados Unidos, 577-579
 papel dos bancos na criação de, 585-588
 real, 589
 teoria quantitativa da, 593
 visão geral da, 576, 596
Moeda em circulação, 577
 dinheiro mantido como, 586
 estrangeira, 605
Moeda estrangeira, 605
Moeda nominal, 589
Moeda-papel conversível, 584
Moeda real, 589
Monetarista, 651
Monopólio, 106, 200, 201, 258
 bilateral, 395
 criação de condições, 258
 discriminação de preços e, 266-267
 elasticidade da demanda no, 260
 em mercados que lidam com a incerteza, 446
 enfraquecimento dos monopólios das companhias aéreas (*Leitura das entrelinhas*), 272-273
 estratégias de determinação de preços do, 259, 260-262
 ganhos do, 269-270
 Índice de Herfindahl–Hirschman e, 202
 legal, 258
 metas do, 106
 natural, 258, 270-271, 325-328, 361
 poder de mercado e, 257
 preço único, 259-265
 regulação do, 270-271, 321-322
 teoria econômica da regulação do, 324
Monopólio bilateral, 395
Monopólio de preço único, 259. *Veja também* Monopólio
 concorrência *versus*, 262-265
 preço e decisões de produção e, 260-262
 preço e receita marginal e, 259-260
 receita marginal e elasticidade e, 260
Monopólio legal, 258. *Veja também* Monopólio
Monopólio natural, 258, 270-271, 325-328, 361 *Veja também* Monopólio
 criação do, 289

regra do custo marginal e médio para determinação de preços e, 271, 272, 326
 regulação do, 270-271, 324-331
Monopsônio, 394
 salário mínimo e, 395-396
 sindicatos de trabalhadores e, 395
Moore, Gordon, 5
Morgan, J. P., 331
Morgenstern, Oskar, 293
Mosaic (navegador da Internet), 566
Motorola, 203
MSN, 283
Mudança da demanda, 57-58
 fatores causadores da, 58
 na concorrência perfeita, 241, 245-246
 variação da quantidade demandada *versus*, 58-59
Mudança da oferta, 61-62
 fatores causadores da, 61
 mudança da quantidade ofertada *versus*, 62-63
Mudança da quantidade demandada, 58
 mudança da demanda *versus*, 58-59
Mudança da quantidade ofertada, 62
 mudança da oferta *versus*, 62-63
Mudança tecnológica, 35
 alocação de tempo, 176
 concorrência perfeita e, 245, 248
 crescimento econômico e, 5-6, 35, 462, 558, 560
 curvas de custo e, 222-223
 desigualdade econômica e, 421
 globalização e, 5
 lucros esperados e, 538
 mudança da oferta e, 61
 na indústria financeira, 581
 patentes e direitos autorais e, 352-353
 PIB potencial e, 642
 PIB real e, 638
 produtividade e, 541, 698, 699
 queda estrutural devido a, 535
 restrições da empresa pela, 194
 teoria neoclássica do crescimento e, 565
Mulheres
 desigualdade econômica e, 422
 diferenças de renda e, 4
 na força de trabalho, 187-188, 503
Multifiber Arrangement, 787
Multiplicador, 666, 679
 álgebra do, 677
 ciclos econômicos e, 668-669
 corte de impostos de Bush, 728
 gastos do governo, 678
 importações e imposto de renda e, 668
 impostos totais, 679
 nível de preços, 669-674
 orçamento equilibrado, 678-679, 728
 segurança doméstica, 728
 tamanho do, 667
Multiplicador autônomo dos impostos, 678, 728
Multiplicador da segurança doméstica, 728
Multiplicador do orçamento equilibrado, 728
Multiplicador dos gastos do governo, 728
Multiplicador monetário, 587
M1, 577, 578
 multiplicador monetário e, 588
M2, 578
 composição do, 581
 multiplicadores monetários e, 588

Nação devedora, 617
Nações credoras, 617

Nações Unidas, 6
Nash, John, 294, 300
National Bureau of Economic Research, 669
Natureza humana, 10
Nautica Clothing Corporation, 282, 283, 284, 285
Necessidades, 55
Negociação coletiva, 392
Neto, Antônio Delfim, 635-637
Neutralidade ao risco, 437-438
Nike Corporation, 480
Nível de preços, 465, 487
  gastos agregados e, 670-672
  manutenção de moeda e, 589
  multiplicador e, 669-674
  PIB real e, 485-488, 493, 662-665, 672-674, 693, 752
  política monetária e estabilidade no, 744-745, 754
  preços fixos e, 657-658
Nomes de marca, 289
Nota média, 219-220
Nota não conversível, 584
Notas como sinais (*Leitura das entrelinhas*), 446-447
Nova economia, 5-6
Nova teoria do crescimento, 566, 566-568
Novos clássicos, 650
Novos keynesianos, 651
Nozick, Robert, 108
Núcleo da inflação, 744

Observação, 11
Oferta, 60
  da moeda estrangeira, 609, 611-612
  da regulação, 324
  de capital, 398
  de fundos disponíveis para empréstimos, 538-540
  de recursos naturais não renováveis, 399-400
  de um recurso natural renovável, 399-400
  elasticidade da, 86-88, 130
  equilíbrio e, 63-68, 71
  excedente do produtor e, 102
  fluxo, 400
  individual e de mercado, 101-102
  lei da, 60, 145-146
  mudança da, 61-62, 399
  preço e, 65-67
  preço mínimo de oferta e, 100-101
  preços da gasolina e (*Leitura das entrelinhas*), 68-70
Oferta agregada, 654. *Veja também* modelo OA–DA
  curto prazo, 639-640
  dados de crescimento (*Leitura das entrelinhas*), 652-653
  flutuações da, 649-650
  inflação e, 691
  longo prazo, 639
  variações da, 640-642
  visão clássica da, 651
  visão keynesiana da, 651
  visão monetarista da, 651
Oferta agregada de curto prazo, 639-640
Oferta agregada de longo prazo, 639
Oferta de mercado, 101-102
  de trabalho, 391
Oferta de fundos disponíveis para empréstimos, 538
Oferta de trabalho, 531
  escolha do consumidor e, 176
  imposto de renda e, 721
  lazer e, 390-391
  mercado, 393

mudanças na, 391, 532
participação da força de trabalho e, 531-532
tendências da, 391
Oferta individual, 101
Oferta perfeitamente elástica, 130
Okun, Arthur M., 462
Old Age, Survivors, Disability, and Health Insurance, 424
Oligopólio, 200, 289, 315, 329
  barreiras à entrada no, 289-290
  empresa dominante, 292
  exemplos de, 290-291
  modelo da curva quebrada de demanda para o, 292
  natural, 289
  número de empresas no, 290
  regulação do, 321-322, 329, 330
  teoria dos jogos e, 292-304
  teoria econômica da regulamentação do, 323-324
Oligopólio da empresa dominante, 292
Oligopólio natural, 289, 290
Operações de mercado aberto, 583
Opinião da maioria, 98, 106
Orçamento equilibrado, 716. *Veja também* déficits fiscais; superávits fiscais; orçamento federal
Orçamento federal, 714
  de 2007, 715-716
  em uma perspectiva global, 718
  em uma perspectiva histórica, 716-718
  explicação, 734
  instituições e leis que afetam o, 714-715
  superávits no, 468-469
Orçamento individual
  possibilidades de consumo e, 150-151, 166-167
  preço relativo e, 151
  renda real e, 151
Orçamentos estaduais, 718-719
Ordem de chegada, alocação de recursos por, 98
Organização dos Países Exportadores de Petróleo (OPEP), 329, 465, 691, 692
Organização Mundial da Saúde, 184
Organização Mundial do Comércio (OMC), 782, 801

Pagamento de incentivos, 198
Pagamentos de transferências, 480, 484, 716
Page, Larry, 192
Países em desenvolvimento, 788
Pakes, Ariel, 319
Paridade da taxa de juros, 613
Paridade do poder de compra, 614
Participação no mercado, 281
Patente, 258, 353
P&D, 299-300
  duopólio repetido, 301-302
  entrada seqüencial, 302-304
  preço da gasolina (*Leitura das entrelinhas*), 68-69
PepsiCo, 321, 323
Perda
  de peso morto, 104
  no curto prazo, 239
Perda de peso morto, 104
  aluguel máximo e, 122
  benefício externo e, 349, 350
  cotas e, 369
  discriminação perfeita de preços e, 268
  excesso de produção e, 104-105
  impostos e, 131
  insuficiência de produção e, 104
  insuficiência e, 104

monopólio e, 264, 326
rent-seeking e, 266
salário mínimo e, 125
Período-base referencial, 509
Períodos, 88, 216. *Veja também* Longo prazo; Curto prazo
Permissões comercializáveis, 348
Personal Responsibility and Work Opportunities Reconciliation Act of 1996, 426
Pesca excessiva, 366-370
Pesquisa e desenvolvimento, 299-300, 561
Pessoas com diplomas de MBA podem ter uma remuneração mais alta (*Leitura das entrelinhas*), 41-43
Pessoas que deixaram o emprego, 505-506
Pessoas que perderam o emprego, 505-506
Phillips, A. W., 693
Pigou, Cecil, 348
PIB nominal, 486. *Veja também* Produto interno bruto (PIB)
PIB potencial, 459, 508
  aumentos da população e, 563
  crescimento do, 459, 687
  demanda por trabalho e, 528-531, 719-720
  eficiência alocativa no, 533
  equilíbrio macroeconômico e, 645-650
  explicação, 528, 533-534
  flutuações do PIB real ao redor do, 459
  hiato entre PIB real e, 462
  mercado de trabalho e, 528-534, 544
  oferta agregada e, 639-642
  pleno emprego e, 508, 533, 639, 640, 720
  produtividade do trabalho e, 562
  razões para variações do, 641-642
PIB real de equilíbrio, 672-674
PIB real per capita, 553
Picos, 459
Planos de gastos
  explicação, 658
  preços fixos e, 657-660, 679
  taxa de juros de títulos públicos federais e, 750
Playfair, William, 522
Pleno emprego, 508
  ações do Fed e, 754
  desemprego no, 534-536
  explicação, 514
  nos Estados Unidos, 541-542
  PIB potencial e, 508, 533, 639, 641, 720
  salário real de equilíbrio e, 532
  visões dos economistas em relação ao, 526-527
Plosser, Charles, 697
Pobreza, 418-419
Poder de mercado, 257
  de empresas farmacêuticas (*Leitura das entrelinhas*), 334-335
Política fiscal, 471, 644, 714
  automática, 728
  ciclos econômicos e, 471, 728-732
  demanda agregada e, 644
  discricionária, 728, 728-729
  efeitos intergerações da, 725-727, 734
  expansionista, 729
  explicação, 644, 714, 769
  impostos de renda, 720-721, 725
  investimento, poupança e crescimento econômico e, 722-725
  objetivos da, 770
  Previdência social e, 726
  quantidade de trabalho e PIB potencial e, 719-722

situação atual da (*Leitura das entrelinhas*), 732-734
visão keynesiana da, 651
Política fiscal automática, 728
Política fiscal discricionária, 728, 729-730
Política monetária, 471, 644
  ciclos econômicos e, 471
  demanda agregada e, 644, 752
  em ação (*Leitura das entrelinhas*), 759-761
  escolha de um instrumento de política econômica e, 745-746
  estabilidade de preços e, 744-745
  estratégia do Fed e, 746-747, 749-750, 752-754, 761
  explicação, 582, 769
  flutuações da taxa de câmbio e, 751
  flutuações da taxa de juros e, 750-751
  máximo emprego e, 745
  mercado de títulos públicos federais e, 749
  moeda e empréstimos bancários e, 751
  objetivos da, 743-744, 761, 770
  planos de gastos e, 752
  responsabilidade por, 745
  taxa de juros de títulos públicos federais e, 745-749
  taxa de juros real de longo prazo e, 751
  transmissão da, 749-756
  visão Keynesiana da, 651
Políticos, no mercado político, 323
Poluição
  ações do governo e, 348-349
  água, 345
  ar, 344-345, 353-355
  combate à poluição do ar na Califórnia (*Leitura das entrelinhas*), 353-355
  custos privados e sociais da, 345
  demanda por ambiente livre de, 343-344
  direitos de propriedade e, 346-347
  produção e, 345-346
  solo, 345
  teorema de Coase e, 347, 353
Poluição da água, 345
Poluição do ar
  combate da poluição do ar na Califórnia (*Leitura das entrelinhas*), 353-355
  fontes e tendências da, 344-345, 380-381
Poluição do solo, 345
Poluição urbana, 380
Ponto de encerramento de atividades, 239
Ponto de vista econômico
  Charles A. Holt, 147-149
  David Card, 454-456
  Drew Fudenberg, 318-320
  Jagdish Bhagwati, 800-802
  Peter N. Ireland, 772-774
  Ricardo J. Caballero, 711-713
  Steven D. Levitt, 189-191
Ponto de vista econômico – personalidade brasileira
  Antônio Delfim Neto, 635-637
  Eduardo Giannetti da Fonseca, 51-53
  Gustavo H. B. Franco, 523-525
  José Alexandre Scheinkman, 382-383
População, 58
  em idade ativa, 500, 532, 541
População em idade ativa, 500, 532, 541
Poupança, 481
  crescimento econômico e, 561
  explicação, 481
  fatores que influenciam a, 658-659
  governo, 724-725
  impostos e incentivos para a, 723-724

individual, 481
nacional, 482
privada, 482, 725
teoria neoclássica do crescimento e, 565-566
Poupança nacional, 482
Poupança privada, 482, 724-725
Poupança pública, 724-725
Preço de equilíbrio, 63
Preço de mercado, 97-98, 109-110
Preço de reserva, 440, 440-441
Preço limite, 303
Preço máximo, 120-121
Preço mínimo, 125
Preço monetário, 55
Preço relativo, 55, 151, 168, 642
 custo de oportunidade e, 55
 linha do renda individual e, 168
 renda individual e, 151
Preços. *Veja também* Monopólio de preço único
 ajustes de, 63-64
 como reguladores, 63
 concorrência com base em, 280-281
 da gasolina, 68-70
 demanda e, 65
 de reserva, 440
 dos recursos produtivos, 61, 223
 duas partes, 271
 em monopólios, 259, 262, 263
 equilíbrio, 63
 futuros esperados, 58
 informações sobre, 440-441
 limite, 303
 mercados e, 54-55
 monetários, 55
 na concorrência monopolista, 282-283
 oferta e, 66
 paridade do poder de compra, 490
 predatórios, 332
 previsão de mudanças dos, 65-68
 princípio de Hotelling e, 401
 receita marginal e, 259-260
 relativos, 55, 151, 168, 644
 tempo transcorrido desde a variação dos, 83
 teoria da utilidade marginal e, 156-158
 variações proporcionais dos, 79
Preços de paridade do poder de compra, 490
Preços fixos
 implicações dos, 657-658
 planos de gastos e, 657-662, 679
 PIB real e, 662-665
Preços futuros esperados
 demanda e, 58
 oferta e, 61
Preços predatórios, 332
Preferências, 33
 curvas de indiferença e, 169-172
 demanda e, 58
 eleitores, 365
 maneiras para descrever, 182-183
 utilidade e, 152-153
Prescott, Edward, 697, 721
Presidente, Estados Unidos, 715
Previdência social, 726, 727
Princípio da diferenciação mínima, 364
Princípio da simetria, 116
Princípios de Economia (Marshall), 145
Princípio de Hotelling, 401, 452
Princípio do benefício marginal decrescente, 33
Privatização, 4-5
Problema da relação agente-principal, 197
Problema do 'carona', 361
 benefício de bens públicos e, 361

burocratas e, 364
crescimento do governo e, 365
eleitores e, 365
equilíbrio político e, 365
ignorância racional e, 364
provisão privada *versus* pública e, 362-364
quantidade eficiente de bens públicos e, 105, 361-362
Processo multiplicador, 668
Procter & Gamble, 299, 300, 301
Produção, 224
 cotas de, 133-134
 custos externos e, 345, 346
 dos indivíduos, 488
 efeito da inflação sobre a, 467
 em monopólios, 262, 263
 externalidades resultantes da, 342-343
 fatores de, 2-4, 384-385
 ineficiência na, 104-105
 maximizadora de lucros, 237-238
 na concorrência monopolista, 282
 poluição e, 345-346
 preço da, 388-389
 subsídios e, 132-133
 sustentável, 366-367
 tendências da, 2-3, 6, 638
 vantagem comparativa na, 777-778
Produção maximizadora de lucro, 237-238
Produção sustentável, 366-367
Produtividade
 desaceleração da, 459, 554, 560
 habilidades e conhecimento resultantes da, 558
 mudança tecnológica e, 541-542, 697, 698, 699
Produtividade do trabalho, 557
 crescimento econômico e, 557, 562-563, 563-565
 regra do um terço e, 560
Produto
 demanda por, das empresas, 235
 marginal, 216
 médio, 217
 total, 216
Produto interno a preços de mercado, 485
Produto interno bruto (PIB), 479
 dívida nacional e, 469-470
 fluxo circular dos gastos e da renda e, 480-481
 fluxos financeiros e, 481-482
 gastos agregados e, 658
 investimento e, 480, 482
 medida do, 484-485
 nominal, 486
 potencial (*Veja* PIB potencial)
 produto interno líquido e, 483
 real (*Veja* PIB real)
 resumo do, 493
 superávits e déficits do governo como uma porcentagem do, 468-470, 716-718
Produto interno bruto (PIB) real, 485
 cálculo do, 485-487
 comparações de bem-estar econômico ao longo do tempo e, 488-489
 comparações de bem-estar econômico entre países e, 489-490
 consumo como uma função do, 661
 crescimento do, 553, 566, 687
 crescimento sustentado do, 553
 demanda por moeda e, 590-591
 desemprego e, 508
 emprego e, 527-528
 equilíbrio, 672-674
 equilíbrio macroeconômico e, 645-650
 explicação, 458

fases do, 459
flutuações do, 459, 462
fronteira de possibilidades de produção para lazer e, 527
gastos agregados e, 663, 662-664, 666, 668, 669
global, 460-461, 555-556
hiato entre PIB potencial e, 461-462
importações e, 662
longo prazo e curto prazo macroeconômico e, 638-639
manutenção de moeda e, 589
medida do, 527
mercado do, 527, 752, 753, 754
na China, 490
na expansão corrente (*Leitura das entrelinhas*), 491-492
nível de preços e, 485-488, 493, 662-665, 672-674, 694, 752
nos Estados Unidos, 459-460, 462, 488, 541, 552, 560
oferta agregada e, 639-642
per capita, 553, 558
política fiscal e, 471
política monetária e, 471
previsões do ciclo econômico e, 490-491
produção e, 638
produtividade do trabalho e, 562-563
Regra dos 70 e, 553-554
taxas de juros e, 756
Produto marginal, 217
Produto marginal decrescente do capital, 224
Produto marginal do capital, 224
Produto marginal do trabalho, 529
 aumento do, 562-563
 cálculo do, 529
 decrescente, 530
Produto médio, 217
Produto total, 216
Programa de vale-alimentação, 424
Programa Temporary Assistance for Needy Households (TANF), 424, 426
Programas de assistência social, 424
Programas de manutenção de renda, 424
Programas de previdência social, 424
Propaganda
 na concorrência monopolista, 286-289
 para sinalizar qualidade, 288-289
Propensão marginal a consumir, 659-660
Propensão marginal a importar, 662
Propensão marginal a poupar, 660
Propriedade intelectual, 40
Propriedade privada, 10, 368-369. *Veja também* Direitos de propriedade
Propriedade, problemas da relação agente-principal e, 198
Proteção, argumentos contra, 468-470
Provisão pública, 350, 350-351
Puma, 281

Qualidade
 concorrência com base em, 281
 propaganda como sinal de, 288-289
Qualidade ambiental, 489
Quantidade
 de equilíbrio, 63, 533
 demanda e, 65-66, 67-68
 oferta e, 66, 67-68
Quantidade de equilíbrio, 63
 de emprego, 721
 explicação, 533
 preço de equilíbrio e, 77
Quantidade demandada, 55
 mudança da, 58-59
 variação do preço e, 78

Quantidade demandada de trabalho, 528-529, 533
Quantidade ofertada, 60, 62-63
Quantidade ofertada de fundos disponíveis para empréstimos, 537
Queda estrutural, 535
Questões ambientais
 aquecimento global, 10, 344
 escassez de água, 7, 109-110
 florestas tropicais, 6-7
 restrições comerciais e, 787-788
Quigley, John, 454

Raça. *Veja também* Minorias
 desigualdade econômica e, 419, 422
 renda e, 418
Racionamento de empregos, 535
Ramsey, Frank, 565
Rawls, John, 108
Rawski, Thomas, 490
Receita
 de diferentes tipos de empresas, 199
 marginal, 235, 259-260
 total, 235, 259
Receita do produto marginal, 386, 388, 397
Receita do produto marginal decrescente, 386-387
Receita Federal dos Estados Unidos, 788
Receita marginal, 235
 comparação do custo marginal com, 238
 elasticidade e, 260, 261
 em monopólios, 262, 263
 preço e, 259-260
Receita total, 81, 235, 259
Receitas tributárias
 curva de Laffer e, 722
 no orçamento federal, 716, 718
Recessão, 459
 ações do Fed para minimizar as, 752-754
 custos da, 711-713
 de 2001, 459-460
 desemprego durante a, 463-464, 501
 nos Estados Unidos, 464, 501
 processo multiplicador e, 670
 tendências da, 687
Recursos
 alocação de, 97-99, 106
 comuns, 105, 322, 361
 má alocação dos, 30
 naturais, 3, 7, 361, 399-401, 462
 preço dos, produtivos, 61, 223
 utilização eficiente dos, 33-34, 248-249
Recursos comuns, 361
 equilíbrio da pesca excessiva e, 367
 escolha pública e equilíbrio político e, 370
 produção sustentável e, 366-367
 tragédia dos comuns, 361, 365-366
 utilização eficiente de, 105, 322, 368-370
Recursos naturais, 361 *Veja também* Recursos comuns
 água como, 7
 crescimento econômico e esgotamento dos, 462
 não renováveis, 399, 400
 renováveis, 399-400
 terra como, 2-3
Recursos naturais não renováveis, 399, 401
Recursos naturais renováveis, 399, 399-400
Redistribuição de renda
 como problema econômico para o governo, 323
 escala da, 425

grande trade-off, 426
impostos sobre a renda e, 424
programas de manutenção de renda e, 424
serviços subsidiados e, 425
Redução da camada de ozônio, 344
Reforma da assistência médica, 10
Regime de minidesvalorizações cambiais, 621, 622, 758
Regra da busca ótima, 440-441
Regra de McCallum, 757
Regra de metas, 746
Regra de metas da taxa de câmbio, 757-758
Regra de metas monetárias, 757
Regra de Taylor, 746, 747, 757, 773
Regra do custo marginal para a determinação de preços, 271, 325
monopólio natural e, 270, 271, 325
Regra do custo médio para a determinação de preços, 271, 326
Regra do k por cento, 757
Regra do um terço, 560
Regra dos 70, 553, 553-554
Regra instrumental, 746
Regra instrumental da base monetária, 757
Regulação, 323
de instituições depositárias, 581
demanda por, 324
de preço máximo, 329
de preços, 105, 125
distribuição dos ganhos, 328
do monopólio, 324
do monopólio natural, 270-271, 325-328
do oligopólio, 324, 329
dos cartéis, 329-330
equilíbrio, 324
interesse social, 324, 327, 328-329
oferta de, 324
processo de, 325
taxa de retorno, 327, 328
teoria da captura da, 324
teoria econômica da, 324
Regulação da distribuição dos ganhos, 328
Regulação da taxa de retorno, 327
Regulação de preço máximo, 327
Regulation Q, 581
Reino Unido, 7, 721
Relação inversa, 19
Relação positiva, 18, 25
Relações diretas, 18
Relações lineares, 18, 19
Relações negativas, 19, 25
Remuneração
educação e, 41-42
executiva, 6
Renda. *Veja também* Pobreza; Riqueza
agregada, 658
capital humano e, 417
curva de Lorenz para a, 415-416
disponível, 539, 540, 644, 658, 659
distribuição de, 4, 414-415, 417, 419, 456
educação e, 41-43, 418
futura esperada, 540
gasta em bens, 82-83
individual, 151
mediana, 414
mercado, 414, 425
monetária, 414, 425
raça e etnia e, 418
real, 151
redistribuição da, 466-467
riqueza *versus*, 417
tipo de indivíduo e, 418
utilidade marginal e, 158-159
Renda, 3

aluguéis de apartamento, 119
econômica, 402-403
Renda da terra, 484
Renda de mercado, 414, 425
Renda disponível, 644, **658**
Renda dos proprietários, 485
Renda econômica, 265, 401-403, 402-403
Renda futura esperada, 58, 540
Renda interna líquida a custo de fatores, 485
Renda mediana, 414
Renda monetária, 414, 425
Renda real, 151, **168**
orçamento individual e, 151, 168
variações da, 168
Rendimentos constantes de escala, 227
Rendimentos decrescentes
lei dos, 529, 559-560
produção e, 224, 567
Rendimentos marginais
crescentes, 218
decrescentes, 219, 221
Rendimentos marginais decrescentes, 219
Rent-seeking, 264-265, 789
com discriminação de preços, 268-269
equilíbrio e, 265
Reserva de valor, 577
Reservas, 585
desejadas, 585
Reservas excedentes, 585
Reservas oficiais dos Estados Unidos, 616
Responsabilidade
ilimitada, 198
limitada, 198
Responsabilidade ilimitada, 198
Responsabilidade limitada, 198
Restrição voluntária de exportações, 784
Restrições comerciais
não tarifárias, 782, 784
tarifas como, 782-784
Restrições tecnológicas de curto prazo, 216-220
curvas de produto, 217
curvas de produto marginal e, 218-219
curvas de produto médio e, 219
curvas de produto total e, 217
nota marginal e nota média e, 219-220
tabelas de produto e, 216-217
Resultado global do balanço de pagamentos, 615
Revolução Agrícola, 5, 48
Revolução da Informação, 5-6, 48
Revolução Industrial, 5, 48, 365, 558, 709
Ricardo, David, 452, 564, 650, 725, 798-799
Riqueza, 416, **482**
concentração pelo casamento, 424
distribuição de, 416-417, 423-424
poupança e, 539
redistribuição da, 466-467
renda *versus*, 417
renda anual ou vitalícia e, 417
utilidade da, 436
Risco, 435
agregação do, 581
mensuração do custo do, 436-437
nos mercados financeiros, 444-445
Risco do mercado de ações, 444
Risco moral, 441, 441-444
Robinson, Joan, 316
Rockefeller, John D., 331, 332
Romer, Paul, 352, 566

Rússia, 343, 489. *Veja também* União Soviética, ex-

Saída
na concorrência monopolista, 281
na concorrência perfeita, 243
Salário
monetário, 642
real, 504-505, 529
Salário de eficiência, 396, **535**
Salário de reserva, 390
Salário digno, 126
Salário mínimo, 125, **535**
apoio do sindicato para aumento do, 392-393
efeitos do, 126
ineficiência do, 125-126
monopsônio e, 395-396
Salário monetário, 529
inflação e, 689
oferta agregada e, 641
Salário real, 504, **529**
oferta de trabalho e, 532, 533
quantidade demandada de trabalho e, 529
Salário real de subsistência, 565
Salários, 4
curva de oferta de trabalho e, 176
dados sobre os, 386
de eficiência, 396
de reserva, 390
do trabalho altamente qualificado e de baixa qualificação, 420-421
efeito renda e, 390
efeito substituição e, 390
mínimo, 125, 394, 395-396
nos países em desenvolvimento, 788
salário monetário e, 529
salário real e, 529
sindicalizado *versus* não sindicalizado, 394
São Francisco, mercado imobiliário de, 120
Saúde, comparações de bem-estar econômico e, 489
Say, Jean-Baptiste, 709
Scheinkman, José Alexandre, 382-383
Schmalensee, Richard, 332
Schumpeter, Joseph, 566, 633
Securities and Exchange Commission, 324
Segunda Guerra Mundial, 558
Seguro de automóveis, 439
Seguro de patrimônio e acidentes, 439
Seguro de saúde, 438. *Veja também* Medicaid; Medicare
Seguro de vida, 439
Seguro-desemprego, 424, 507, 534, 535
Seguros
mercado de, 443-444
nos Estados Unidos, 438-439
operações de, 439-440
Seleção adversa, 441, 441-444
Serviços, 2
comércio de, 776
tendências da produção de, 2-3, 5
Serviços públicos, 269-270
Serviços subsidiados, 425
Simon, Julian, 452-453
Sinal, 288, **442**
notas como (*Leitura das entrelinhas*), 446-448
Sindicatos de profissionais especializados, 392. *Veja também* Sindicatos de trabalhadores
Sindicatos de trabalhadores, 392
demanda por trabalho e, 393-394
diferenciais de salário e, 394
monopsônio e, 395-396

no mercado de trabalho competitivo, 393
objetivos e restrições dos, 392-393
Sindicatos industriais, 392-394. *Veja também* Sindicatos de trabalhadores
Sistema de comando, 98, **197**
alocação de recursos por, 98
combinação dos sistemas, 197
para organizar a produção, 197
Sistema de incentivos, 197
Smetters, Kent, 725, 726
Smith, Adam, 4, 11, 49-50, 104, 160, 300, 316, 471, 564, 650, 798, 799
Smoot-Hawley, 782
Sociedade, 198
proporções de, 200
prós e contras de, 189-199
Solow, Robert, 560, 565, 566, 633
Songman Yang, 556
Sorteio, alocação de recursos por, 98
Spence, Michael, 320
Standard Oil Company, 332
Steelworkers Union, 392
Stigler, George J., 120
Subsídio, 133, **351**, **485**
benefícios externos e, 354
flutuações da colheita, 132-133
Substituição
de recursos, 87-88
grau de, 171
internacional, 670
intertemporal, 644, 670, 699
taxa marginal de, 169-171, 177-179
Substituição de pontos-de-venda, 512
Substituição de recursos, 87-88
Substituição internacional, 670
Substituição intertemporal, 644, 670, 699
Summers, Robert, 490
Superávit fiscal do governo, 468
Superávit ou déficit do setor privado, 618
Superávit ou déficit do setor público, 618
Superávit ou déficit estrutural, 730, 731
Superávits/déficits cíclicos, 730, 731
Superávits fiscais, 714. *Veja também* Orçamento federal
do ponto de vista histórico, 716-718
governo, 468-469
poupança pública e, 724-725
Supplementary Security Income (SSI), 424
Sustentação do preço de venda, 331-332

Tabaco, 245
Tabela de demanda, 56-57
Tabela de oferta, 60
Taiwan, 557, 718
Tamanho das instalações produtivas, 243-244
Tarifa de duas partes, 271, 326
Tarifas, 782
histórico das, 782-783
operações de, 783-784
receitas provenientes das, 788-789
Taxa de câmbio, 468, **605**
regime de minidesvalorizações cambiais, 621, 622 758
balanço da conta corrente e, 619
China e, 621, 622
de equilíbrio, 610
diferencial da taxa de juros e, 751
estrangeira, 605, 644-645
flexível, 620
flutuações da, 606, 611-615, 624
futura esperada, 611, 612
importância da, 461
índice ponderado de trocas e, 606
nominal, 606, 614-615

paridade da taxa de juros e, 613
paridade do poder de compra e, 614
questões relativas à, 606-607
reação instantânea da, 614
real, 606, 614-615, 758
Taxa de câmbio fixa, 620, 620-621
Taxa de câmbio flexível, 620
Taxa de câmbio nominal, 606
curto e longo prazo, 614-615
explicação, 606
Taxa de câmbio real, 606, 758
curto e longo prazo, 614-615
Taxa de crescimento econômico, 552-553
Taxa de desconto, 583
Taxa de desemprego, 463-464, 501
natural, 534-535, 695
seguro-desemprego e, 507, 535
taxa de inflação e, 686
Taxa de inflação, 465, 511
medição da, 511-512
taxa de desemprego e, 686
Taxa de juros de títulos de longo prazo, 751
Taxa de juros de títulos públicos de curto prazo, 750-751
Taxa de juros de títulos públicos federais, 583, 746
empréstimos bancários e, 751
explicação, 749-750
Taxa de juros nominal, 537, 589
Taxa de juros real, 537
de longo prazo, 752
fundos disponíveis para empréstimos e, 537
taxa de câmbio real, 723, 724
Taxa de participação da força de trabalho, 501, 502
Taxa de reservas obrigatórias, 583
Taxa implícita de aluguel, 193
Taxa marginal de substituição, 169-170
decrescente, 171
entre CDs e downloads (*Leitura das entrelinhas*), 177-179
Taxa marginal de substituição decrescente, 171
Taxa natural de desemprego, 508
busca de empregos e, 534-535
explicação, 534
racionamento de empregos e, 535
variações da, 695
Taxas de câmbio estrangeiras
demanda agregada e, 644-645
explicação, 605, 644
Taxas de emissão, 348
Taxas de juros
dos Estados Unidos em relação à estrangeira, 611
fundos disponíveis para empréstimos, 537-538, 698, 699
manutenção de moeda e, 589
nominal, 537, 589
oferta de capital e, 398
PIB real e, 756
real, 537-538, 723, 752
real de longo prazo, 752
taxa de desconto, 583

taxa de juros de títulos públicos de curto prazo, 750-751
taxa do mercado interbancário, 582
transmissão da política monetária e, 749-756
valor presente e, 410
Taylor, John, 747
Tecnologia, 194
Tempo de lazer
comparações de bem-estar econômico e, 489-490
fronteira de possibilidades de produção e, 527-528
Tendência, 16
Teorema de Coase, 347, 353
Teoria clássica do crescimento, 563, 563-565, 568
Teoria da captura, 324, 329
Teoria da escolha pública, 322, 365
ignorância racional e, 364
problema dos recursos comuns e, 361
regulação e, 330
Teoria da utilidade marginal
aumento da renda e, 158-159
aumento do preço e, 156-158
eficiência e, 159
hipóteses, implicações e previsões da, 159
redução do preço e, 156, 157
temperatura e, 159
valor e, 160
Teoria do interesse social, 324, 365
Teoria dos ciclos dos novos clássicos, 697
Teoria dos ciclos dos novos keynesianos, 697
Teoria dos ciclos econômicos reais, 697
críticas e defesas da, 700
decisões de quando trabalhar e, 698-699
impulso na, 697
mecanismo da, 697-698
Teoria dos jogos, 292-293
aplicações de, 319
crítica à, 149
mão invisível que desaparece e, 300
Teoria econômica, 11
da regulação do monopólio e do oligopólio, 321-322
Teoria econômica do governo, 321-323
Teoria geral do emprego, do juro e da moeda (Keynes), 458, 471, 709
Teoria keynesiana dos ciclos, 697
Teoria keynesiana dos ciclos econômicos, 697
Teoria malthusiana, 564, 568
Teoria monetarista dos ciclos, 697
Teoria neoclássica do crescimento, 565, 565-566, 568
Teoria predominante dos ciclos econômicos, 696-697
Teoria quantitativa da moeda, 592
evidências da, 593
no Zimbábue (*Leitura das entrelinhas*), 594-596
regra de McCallum e, 757
regra do *k* por cento e, 757

Teorias do crescimento. *Veja* Teorias do crescimento econômico
Teorias do crescimento econômico
aumento populacional e, 563
clássica, 563-565, 568
distinção das, 568
neoclássica, 565-566
nova, 566-568
produtividade do trabalho e, 562-563
visão geral das, 562, 570-571
Terceirização, 204
Termos de troca, 778
Terra, 2-3
oferta de, 400
Teste da receita total, 81
The Discoverers (Boorstin), 144
explicação, 539, 658
função consumo e poupança e, 658-659
poupança e, 539
Tirole, Jean, 318, 320
Títulos de investimentos, 579
Tomador de empréstimos líquido, 617
Tomador de preços, 235
Tomar empréstimos a curto prazo, 580
Toyota, 480
Trabalhadores desanimados, 502
Trabalho, 3, 176-177
como um fator de produção, 3-4
de baixa qualificação e altamente qualificado, 420
demanda por, 528-531
divisão do, 49, 50
estrangeiro, concorrência com, 788
oferta de, 531-532
produto marginal do, 217, 530
produto médio do, 217
produto total do, 217
quantidade demandada, 528-531
grau de substituição entre capital e, 390
Trade-off, 8
ao longo da fronteira de possibilidades de produção, 30-31
decisões relativas ao, 8-9
entre eficiência e justiça, 107
grande, 8
Trade-offs na política econômica, 769
Tragédia dos comuns, 105, 361
contemporânea, 366
eficiência e, 368-370
equilíbrio político e, 370
exemplo da, 367
florestas tropicais como (*Leitura das entrelinhas*), 371-372
original, 366
produção sustentável e, 366-367
Tsunami, 1

Uma teoria da justiça (Rawls), 108
União Européia, 719, 801
União Soviética, ex-, 4, 5. *Veja também* Rússia
Unidade de conta, 577
United Auto Workers (UAW), 392, 394
Utilidade, 156
esperada, 437

marginal, 152-156, 182
marginal decrescente, 153
maximizadora, 153-154, 183
total, 152
unidades de, 154
Utilidade da riqueza, 436
Utilidade esperada, 437
Utilidade marginal, 152
curvas de indiferença e, 182-183
decrescente, 153
utilidade total e, 154
Utilidade marginal decrescente, 153
Utilidade marginal por unidade monetária, 155, 155-156, 160
Utilidade total, 152, 154
Utilitarismo, 107

Vales, 459
Valor
benefício marginal e, 99
excedente do consumidor e, 160-161
paradoxo do, 160
Valor presente, 408, 726, 725-726
de computadores, 409-410
de quantias futuras, 409
líquido, 409, 410
Valor presente líquido, 409, 410
Vanderbilt, W. H., 331
Vantagem absoluta, 37, 37-38
Vantagem comparativa, 36, 778
comércio internacional e, 777-778
dinâmica, 38-39, 786
na economia global, 781
vantagem absoluta e, 36-38
Vantagem comparativa dinâmica, 38-39, 786
Variação do preço
linha do orçamento e, 168-169
renda e, 151, 152
Variáveis nominais, 526
Variáveis reais, 526
Vazamentos de petróleo, 345
Velocidade de circulação, 592
Vendas casadas, 332
Vendedores
de drogas ilegais, 134-135
impostos sobre, 127-128
Veto parcial de lei, 715
Viés do IPC, 511-512
Volcker, Paul, 446
von Neumann, John, 292, 315
Voucher, 351, 351-352
Vouchers de educação, 351-352

Wal-Mart, 39-40, 205
Walton, Sam, 40
Welch, Finis, 126
Westinghouse, 203, 316
WorldCom, 6
Wright, Frank Lloyd, 343
Wrigley Building, 343

Yahoo!, 206-207

Zaire, 466
Zimbábue, 466, 594-596

CRÉDITOS DAS FOTOS

Parte 1:
Adam Smith – Corbis-Bettmann.
Fábrica de alfinetes – Culver Pictures.
Wafer de silício – Bruce Ando/Tony Stone Images.

Parte 2:
Alfred Marshall – Stock Montage.
Ponte ferroviária – National Archives.
Aeroporto – PhotoDisc, Inc.
Charlie Holt – University of Virginia/Rebecca Arrington

Parte 3:
Jeremy Bentham – Corbis-Bettmann.
Mão-de-obra feminina na manufatura – Keystone-Mast Collection (V22542) UCR/California Museum of Photography, University of California, Riverside.
Homem e mulher no escritório – PhotoDisc, Inc.
Campo de trigo (p. 207) PhotoDisc, Inc.

Capítulo 9:
Tela do Google – © 2006 Google
Tela do Yahoo! – Copyright © 2007 Yahoo! Inc. Todos os diretos reservados.

Parte 4:
John von Neumann – Stock Montage.
Charge sobre o poder do monopólio – Culver Pictures.
Trabalhador da empresa de transmissão a cabo – Don Wilson/Weststock.

Parte 5:
Ronald Coase – David Joel/David Joel Photography.
Poluição dos Grandes Lagos – Jim Baron/The Image Finders.
Barco de pesca no Lago Erie – Patrick Mullen.

Parte 6:
Thomas Robert Malthus – Corbis-Bettmann.
Tráfego em Boston, Tremont Street, 1870 – Cortesia de The Bostonian Society/Old State House.
Máquina de estacionamento – Mark E. Gibson.
David Card – Foto – cortesia de Stuart Schwartz.

Parte 7:
David Hume – Library of Congress.
Gráfico de Playfair – Annenberg Rare Book & Manuscript Library, University of Pennsylvania.

Capítulo 26:
Câmbio internacional – Currency Market/APA555943/AP Wide World Photos.

Parte 8:
Joseph Schumpeter – Corbis-Bettmann.
Primeira máquina colheitadeira de McCormick, ca. 1834 – North Wind Picture Archives.
Fibra óptica – PhotoDisc, Inc.

Parte 9:
John Maynard Keynes – Stock Montage.
Loja fechada – © Susan van Etten.
Distribuição de sopa para os pobres – Corbis-Bettmann.

Parte 10:
Milton Friedman – Marshall Henrichs/Addison-Wesley.
Clientes do lado de fora de um banco fechado – Corbis-Bettmann.
Prédio do Federal Reserve – Getty Images/Photographer's Choice.
Peter N. Ireland – L. Pellegrini.

Parte 11:
David Ricardo – Corbis-Bettmann.
Veleiro – North Wind Picture Archives.
Navio cargueiro – © M. Timothy O'Keefe/Weststock.